近代報紙圖書副刊選編

下

王青雲 主編

國家圖書館出版社

下册目録

圖書副刊

BOOKMAN 第一百六十一期

[illegible]

書評

歐洲外交史

希聰

張忠紱著 世界書局出版 定價一元三角

著者在緒言中說，這本書是應世界書局之約，祇許二十萬字，限期一年，可說這本外交史是在匆促的百忙中寫出的，張先生是國內有數的以研究外交史著稱的人：他現在正從事寫一部中國外交史大著，前半部已出版。以他的能力來寫一部普通的歐洲外交史，當然游刃有餘，但是這本外交史並沒有我們理想的精審，想係著者教務紛忙，或書局有字數和時間的限制，所以這本書有幾點是值得討論的。

一、編制的缺陷 寫一部完備的歷史，應注意的是：全部的布局，材料的真確與分配，歷史演變的核心，和書中的命題。此四條件俱備，才能成為一部差堪人意的著作，前面兩個條件，張先生都已注意到，但關於後面兩個條件，就有討論的必要了。

先說書中的命題，命題須提綱挈領，在幾個字裏面抽出一章一節的精義，命題如精確，對於讀者有莫大的便利。例如第一章維也納會議，若章目井然有條，則由簡單的目錄裏，便得知內容的概要。所以應該將會議的來由，參與會議的人物，解決問題的原則，會議的經過和結果等各點，都得用較粗重的字標出，使讀者易有所注意。而本書僅將全部分為二十幾章，每章中無詳細的目錄，一章就是一篇史實推排的文章，如讀者對於西洋外交史無相當的認識，必感到頭緒紛繁，莫能所適的痛苦。綱目清楚，條理井然，不但使讀者對於書的內容得到明確的印象，同時，也可以引起他們的興趣，我們費了相當的忍耐，才將此書讀完。普通的習慣，除專為供給材料的書而外，其餘的，都必須有詳細的節目，縱然前面沒有，而書的裏面，每頁的旁邊，都得有短的標題，用稍大的字體排出，在西文書中，此例尤多。而這書完全沒有普通慣用的節目，不能不說是編製上的一個遺憾。

二、未能把握歷史的核心 我們對世界大戰爆發的必然性來討論，本書在第十九章（世界大戰前夕）裏面，關於戰爭的內在原因，並未敘述，僅記載奧皇子斐迪南（Ferdinand）與其后，於一九一四年六月二十八日，在波斯尼亞之塞拉耶佛（Sarajĕvo）被狙擊，這不過是使大戰爆發的直接導火線而已，他在這一章的前段說：『各國政府日從事於軍備之擴張，外交之縱橫，以厚己之力而孤敵之勢，戰爭隨處皆因和平低蕩而愈加大，其間經過之情節詳博，作者已於本書前數章中，詳細述及，勿須再贅。』

前面共十八章，在這十八章中並無詳細論及戰爭的因素，不過是敘述自維也納會議以來，百年間的國際糾紛複雜的關係，演變的一堆史實而已。我們讀外交史，不僅希望明瞭國際關係演變的陳迹，必須進而推求其內在的原因：但是普通的讀者是不能從這一堆歷史的記載中，抽出他內在的原因的。

依蘭森（Langsam）的書，他把世界大戰原因歸納為(1)民族主義的過分膨大，(2)窮兵黷武主義之流行，(3)經濟的衝突與帝國主義者間的矛盾，(4)缺少支配國際的組織。（註一）著了兩本名著，專門研討世界大戰原因的費(Fay)氏，依他研究的結果，把原因歸納為五，(1)各國間締結秘密條約的流行，(2)黷武主義的蔓延，(3)民族主義，(4)帝國主義者從此經濟的衝突，(5)新聞界之鼓吹。（註二）

世界大戰並不是偶然爆發的，她是各帝國主義者不可避免的也是他們進入墳墓的喪鐘。在大戰的前夜，各國瘋狂的擴充海陸軍備，拼命向海外掠取殖民地，和佔有工業落後的國家，以為他銷貨的場所，投資的尾閭；但海外的市場畢竟是有限的，而機械和技術的改進，卻一日千里，市場掠奪不均祇有訴諸武力；奧俄在巴爾幹半島的衝突，英俄在近東的角鬥，德法在摩洛哥的衝突與緊張，德與英在非洲的瓜分，和在遠東中國的劃分勢力範圍，這一些歷史的事實，都是各帝國主義者衝突的透制，因為帝國主義本身，包含着一種不可調和的矛盾，祇有繼續不斷的向外擴張，才能維持其生存。現在國際的情形，是與一九一四年大戰前夜相同，第二次世界大戰又是不可避免的事，他們正在準備殖民地的再分割。

三、應注意重點 譬如第一章維也納會議，一般應注意的各點外，還應注意的是解決問題所根據的原則，和對於後日的影響，亦須加以詳細的敘述。

(A)解決問題的原則：「正統主義」，「補償原則」，成為解決此會各種問題的兩條大準繩（註三）雖然有例外，究居少數。法國是戰敗國，他擾亂歐洲二十餘年，成為各國切齒的仇敵，但他在會議中竟得足輕重，得到很寬的條約，這不能不歸功於法代表塔列朗（Talleyrand），利用各國間的利害衝突，縱橫捭闔：尤其是他所首先解決問題的「正統主義」。「正統主義」將各國[illegible]舊來的王室。

「補償原則」也成為解決問題的另一指標，英國在拿破崙戰爭時代，得了不少的荷蘭屬地，如錫蘭（Ceylon）與非洲等各地，為補償荷蘭的損失，維持奧的尼得蘭（Netherland）歸荷蘭王統治，奧國因失了尼德蘭，在意大利取得了最肥沃的兩省倫巴底（Lomberdy）與威尼沙（Venetia），意大利的各小邦如摩得那（Modena），多斯加納（Tuscany）巴爾馬（Parma）等，又以哈布斯堡王族來統治，瑞典因割芬蘭與俄，又從丹麥割取挪威，以作補償。

(B)對於後日的影響：當時與會的君主和外交家們，都祇顧及到本國的目前的利益，而不問是否適合理與否，最大的錯誤是用補償原則解決問題時，毫未顧及當時方興未艾的民族思想和民主思想，將比利時（尼德蘭）併入荷蘭，但兩國國民在宗教習慣言語文字都不相同，兩國人情感隔閡，如水火不容：將挪威併於瑞典，將意大利各邦，或直接劃入奧國版圖，或用奧國皇族來統治。德意志諸邦也祇組成一個鬆懈的邦聯（German Confederation）而以奧國為領袖。

他們開了九個月的會議，腦袋的政治家們，以為如此解決可以一勞永逸，用壓力斷制各國的革命，摧殘民族思想，但是歷史的巨流並不是幾個人可以遏止的，民族思想卻因此而愈益澎湃，荷比兩國人的水火相執，意大利各邦和德意志各邦，都感受奧國的壓迫和宰制，有待崛起而作民族革命的必要，歐洲各國當時不斷的革命舉動，比利時終於一八三〇年脫荷蘭而獨立，意和德的革命情緒，民族思想，已深為法國的革命怒潮所喚醒，都在渴望着民族統一，終於在十九世紀中葉，歐洲有兩大強國的出現。維也納會議忽略民族主義，民主思想，違背全體進時代的潮流，民族思想更因此反而愈益澎湃，這種遺留下的結果，豈是參與會議者所能夢及的？

另一個影響是歐洲的協調：拿破崙擾亂歐洲十餘年，各國以連年用兵，財源不堪，很有暫時的休養生息，而他們所得的教訓是，拿氏的覆敗乃由於各國的合力，各國宜通力合作，以保障歐洲的和平，以防法國革命之再起：如是有神聖同盟和四國同盟的產生，四國同盟是由英俄普奧四國訂約，完全用來防止法國的。而神聖同盟是出俄皇亞力山大發起，帶有濃厚的宗教色彩，簽字的國家很多，但沒有什麼效用，他希望：『國內外政務的處理，都以公正慈愛和平的教規，為唯一的準則。』各國的君主宜如兄弟的親愛，共同保護歐洲的和平；神聖同盟除思想混亂的俄皇而外，其餘的人都很輕視的，梅特涅竟與斯時期很重視他，無非藉此博得他的好感，而收羅他於組織之下。四國同盟本來的目的完全是對法的，後來梅特涅更用以鎮壓自由思想，和消滅革命勢力，德意志各邦的自由思想，意大利的那不勒斯（NaPles）和皮得蒙的革命，都為奧國所撲滅。英國的思想是比較

孝文弔比干墓文碑跋

谷霽光

續金石萃編卷二十七載：孝文弔比干墓碑，高七尺七寸，廣四尺一寸，二十八行，行四十六字，正書，在汲縣比干廟。此碑劉燕庭氏藏有拓本，現存北京大學文科研究所，余承馬叔平先生之介，得睹其所藏拓本全部，並承馬先生以碑文大小及字數見示，特錄於次：

碑長六英尺七寸五分，廣三尺九寸，額題「皇帝弔殷比干文」七字，共二十八行，行四十六字，正書。碑陰從官題名，宋吳處厚記，長六尺六寸，廣三尺八寸，共四列，列二十八行，行十五字，正書。碑側宋石柔等題名，金范端題名，共兩頁，(一)長三尺，廣六寸，四行，(二)長九寸，廣五寸三分，三行，兩頁中每行字數均不定，正書。

碑文及題名，諸家均有考釋，金石萃編亦已著錄，茲不贅。惟從官題名所列姓氏與郡望，尚有二事可供商榷，用考訂之以補諸家之缺。

(一)拓跋改姓與北人郡望問題。從官題名中拓拔氏凡數，均已改為元氏，其他北人諸姓則否；又北人郡望均為河南，以郡名冠諸高車姓族一人。關於拓拔改姓問題，王昶金石萃編曾有論列，其跋文云：

諱王之名，既以元字，高祖紀：太和二十年，春正月丁卯，詔改姓為元氏，據此碑則十八年已著為元氏矣，抑或碑文乖紕，當碑係在二十年之後耶？

詔改元氏，在太和二十年正月丁卯，若碑必在詔書之後，此說非確。按從官題名，其上論均十八年時官爵，考之史籍，亦大體相合，例如始平王元勰，據魏書高祖紀，太和二十年正月壬辰改封彭城王，碑作不改，又如長樂公馮誕以太和十九年二月薨，碑題仍存其名，官爵亦不更易，可見碑題仍為太和十八年所錄，所改者均姓氏與郡望，此不特於史實，而合於當時情形，均為明證。

至其中姓氏有仍舊貫者，則亦當時情境有以使然，考穆陸賀劉樓于嵇尉等八姓，見於太和二十年詔書，（魏書官氏志列為十九年，誤。因穆亮等之奏，北人姓族，與宋弁之品題州士族，當在大選之後，大選始於十九年十二月乙未，則詔定北人姓族，不能在前，且詔改元氏在二十年，八姓之定，亦應在後。）而碑陰從官題名均係郡公河南郡開國，故能單姓，（開國即魏書卷四所載之階府之，開字模糊，疑父與東郡王，例皆為公，與此正合。）改姓之初，北人必多不樂為此，故書者只能一仍其舊。且北人姓族之稱，於魏未純，北人亦以部落為姓氏，隨為賜姓，碑陰題名，用多「複姓」，為魏書官氏志所不載者，故當時未能改正，亦屬必然。

郡望係高車蕃人附魏後未改，恐係新附，或為仍住北方，抑或族祖為高車人之故，不得而知。然拓拔氏之正式以河南為郡望，在太和十九年六月丙辰，魏書高祖紀云：

詔遷洛之民，死葬河南，不得還北。於是代人南遷者，悉為河南洛陽人。

代人南遷，既已奉詔，故郡望均改。

(二)北人姓氏書譯之混淆。碑陰所列之丘目陵氏，即魏書官氏志之丘穆陵氏，丘穆陵氏後改為穆氏，自當以穆為正。然北人姓氏在初均為音譯，用字殊不一致，例如魏書官氏志載步六孤氏後改為陸氏，總即六字之音，然步六孤並不作陸，此其一。万忸于氏，碑陰於万忸于則作万忸于，其他三人則作万忸乎，魏書官氏志仍作万忸于氏（勿字誤），後改為于氏，自當以于為正，碑陰作乎者，譯名尚未統一之故，此其二。碑陰奚斯董氏，即魏書官氏志之達奚氏，奚斯董後改為奚氏，然魏書一作紀又作達奚，此其三。

此外有最重要之姓氏異譯例，為侯文氏。按文即宇文氏，按碑陰於郁巨河南郡侯文福一例可以証明。按魏書四四宇文福傳，其任官履歷，可列如次：

太和初拜羽林監軍，
遷建節將軍，
賜爵晉昌侯兼北征都將，
授陽武將軍，
除振武將軍北征都將，
除都牧給事，
太和十七年假冠軍將軍後軍將軍，
遷洛後行牧馬之所，
為司衛監，
…………

太和十八年，宇文福仍為都牧給事，故碑陰題銜給事臣，是時宇文福實隨高祖遷洛，其列名亦屬無疑。

日人白鳥庫吉博士考定「宇文」二字字源，其大意如下：（見方壯猷先生譯東胡民族考上編頁七九至八七）

宇文二字對音，依古音研究，應為ōbōn。此其一。周書文帝紀：北俗謂天曰宇，謂君曰文，因推求其音：謂宇為蒙古語之ugo 及 Burjat 語之ū（同為偉大義）之轉音，斯為偉大之義，轉而為天之名。又謂文為通古斯語之 bygin（首領之意）bogin（君主之意）轉變而來。此其二。

白鳥博士此種解說，未免附會，按北俗謂天曰宇謂君曰文，已為附會中國「天子」二字之義，不必可信，即依此說，所求對音，與古語之宇文，亦毫不能符合。白鳥博士既未詳「俟汾」與「宇文」二字音近，則「宇文」為「俟汾」之轉訛，其說實能成立，資治通鑑晉紀卷三太康六年註引何氏姓苑：

宇文氏出自炎帝，其後以嘗草之功，鮮卑呼草為俟汾，遂號為俟汾氏，後世通稱俟汾，蓋音訛也。

又[illegible]卷四：

宇文氏出自神農之後，以其有嘗草之功，自號俟汾氏，其後訛為宇文氏。

神農嘗草之說，固為附會，然宇文本於俟汾及俟文

權於自由的，對於俾特麥利用四國同盟，來撲滅各國的自由思想多所不滿，後以西班牙革命，引起列強意見的紛歧，英國堅決反對干涉政策，所謂歐洲協調，至此遂正式破裂了。

五、結論 本書還有幾處小錯誤，有的是手民的粗心，有的則爲張先生的筆誤，今擇數點舉出：

…德意志於一九〇三年前滅亡之各國，均未恢復，（頁六）

…先是康寧於一九二七年八月逝世。（頁二十七）

上面兩個「九」字皆應改爲「八」字

德意志境中之小邦，在拿破崙時代共約百餘，拿破崙對於意大利之供獻，即在消滅此無數小邦。（頁九）

意大利當爲德意志之誤。

一九一七年十月俄國發生革命，列寧領導之布爾什維克黨推翻克倫斯基政府，乃單獨與同盟國媾和，雙方代表會於倍雷力托斯克（Brest-Litovsk），幾經磋商，至翌年三月三日簽訂，並非不割地不賠款，蘇俄放棄波蘭，立陶宛等地，撤退在芬蘭境內之俄軍，因此損失的土地約五十萬方哩，人口約六千六百餘萬，並賠款六十萬萬金馬克；附約中並還有幾條很苛刻的條件，也是俄不願而不得不接受的。（註四）本書在中文的歐洲外交史中，當算上乘，上面幾點無非是美中不足罷了。

註一：Langsam, World Since 1914, Chap. 1.

註二：Fay, The Origin of The World Wor vol. I

註三：Hayes, Political & Social History of Modern Europe Vol. II pp 6-8

註四：Penns, Europe Since 1914 pp. 86-88 Langsam, World Since 1914 pp. 65-66.

十月四日於故都

俟汾轉訛。）又宇文原義爲草，Khalkha蒙古語謂草曰ebesun, ebesum, übüsü, übesün, 長城附近蒙古語謂草曰……。遼史語解：滿語謂草曰額(勒)本，訛(里)本，歐(里)本。金史語解：鄂(爾)和，沃(里)活，草也。（勒里爾均輕音）此均與「宇文」音近。余因「俟文」與「宇文」關係，因附論「俟汾」「俟汾」「俟文」「宇文」之關係，以藉正於讀者。

【附錄】見於魏書之從官題名：

(一)	元　暉	見魏書二一上
(二)	馮　誕	仝上八三
(三)	丘目陵亮	仝上二七穆亮傳
(四)	元　羽	仝上二一上
(五)	元　勰	仝上二一下
(六)	元　澄	仝上一九中
(七)	元　詳	仝上二一上
(八)	李　堅	仝上九四
(九)	秦　松	仝上九四
(十)	郭　祚	仝上六四
(十一)	崔　光	仝上六七
(十二)	游　肇	仝上五五
(十三)	俟文福	仝上四四宇文福傳
(十四)	陸　昕	仝上四〇陸昕之傳
(十五)	甄　琛	仝上六八
(十六)	邢　巒	仝上六五

廿五年九月廿九日於南開

中國文學史大綱

容肇祖著　實價一元　二十四年九月樸社出版

關於文學史大綱這一類書，近來出版的很多，可是精美的著作很少，原因恐怕是因爲上下古今，其中待研究的問題太多，綜合的書無從着手之故。文學的史的研究，固然是一條大道，但是近來學者傾向於爲專題研究的文章，或者斷代或分體研究的著作，能括古今的書，看來總也不能十分完美的。現在所出版的，大半是各人的講義，可以作初學者的參考而已。本書的作者，也知道這一層，所以在自序上說，本來是在嶺南大學時的講稿，後來在輔仁大學印過，顧頡剛先生看了，認爲可以多印一點，因此介紹到景山書社出版。作者很客氣地說：「還是一個大綱」，而取材謹嚴，文字流利，是這一冊書的長處。

對於古代文學，作者敘述得很不錯，甲骨文及金文學作了開頭的兩章，材料新鮮，作者引用了傅斯年先生的說話：說明中國文學與英美文學的不同，不能單講詩歌小說等純文學，史書實在可以說是文學中重要的一門，所以承認史記是漢代最大的文學書。對於司馬遷特立專章，這見解當然很正確的，不但漢代如此，就以南北朝而論，文人的大事業，也還有偏重在史書方面的，例如謝靈運沈約，不徒以詩名家，同時也是修史的人，可惜作者對於漢以後的史書，因篇幅所限，卻不能給予重要的位置了；對於哲學思想書，也只有呂覽的淮南，列以專章。大概作者的意思，古代文學，範圍較廣，而近代文學，不能不單敘述純文學方面。我們覺得編述中國文學史的人，總不能擺脫英美文學史者觀點，來發揮中國文學的特點，所以只是變成一部『詞章』之學的歷史。事實上，在近代，有許多大文章，是出乎詞章之學的範圍的，例如宋代的散文，實在以政論爲重要，讀宋文鑑即可知宋代文學之重心所在。鄭宋對宋代散文，倘有不少可以補充的地方。

作者自序說：「這個書是我的剪裁並我的佈置，我的意見，是注重每一個時代的新興的文學，要將這種文學的來源明白的說出。」所以對於文體的源流，敘述得很清楚。章節的分配也順着一種體裁的演化和發展，使讀者明白文學的流變，意思是很好的；但其困難，就是這樣，重要作家不能專章討論了。此書得列專章的，只有司馬遷及陶潛，此因唐以後側重文體流變之故。我們覺得有補充的必要。

總之文學史一類書，在中國學術上尚在草創，欲如何精到完美是難能的。現有的如鄭振鐸的插圖本文學史，材料最豐富，戲曲小說部分，尤多精采。鄭賓于側重文體流變，陸侃如馮沅君專述詩史，都是比較詳細的著作，而可供學人參考的。此書簡潔扼要，便於初學。書中多簡括徵引，近人胡適傅斯年諸氏之說，使讀者接觸學者們新的研究，能采納許多別人的結論，也是此書優點之一。（君綱）

新書介紹

越縵堂日記補

李慈銘著　國立北平圖書館收藏　民國二十五年十月商務印書館影印　實價十二元　一函十三冊

近年所出名人日記，關繫於晚清政教學術者，如翁文恭(同龢)李越縵(慈銘)王湘綺(闓運)梁節菴(鼎芬)諸家，皆爲時所重，足與曾文正日記並傳。其中知人論世，發潛搜幽，可補正史所不及。翁當世蓋目爲權臣，同光朝局，黨啟門戶之爭，翁實爲中堅人物。湘綺遨遊卿相間，其所交往，俱能窺見其私，戲笑成文，遂同秘史。節菴雖晚出，而久客京師，適逢拳匪之亂，當時世變之形迹，均可考見。而越縵自傷匪類，身藏人海，雖操清議，當時士大夫幾莫遁其筆端，翁記謂學世目之爲狂生，自彼觀之，蓋策士也，其言雖未必，然越縵好臧否人倫，每因細故輒爲苛論，殆所謂立言有餘而令德不足以持其志者歟！然其居京師，才望傾朝右，獨能鍵戶讀書，非其人不與通，日記中嘗舉啟門七例：一不答外官，二不交翰林，三不轉名士，四不齒富人，五不認天下同年，六不拜房薦科舉之師，七不與婚壽慶賀，皆所以矯世俗之枉，救末流之失者，亦可見其獨風傲骨矣。今吾人每讀越縵堂所藏遺書，常見圈批滿紙，密行細書，則歎服其好學深思，功力之深厚。生平自謂於宋以前史事造詣獨深，方之錢趙王三家，蓋不多讓，惜尚無規模宏大之作以貽世。

其越縵堂日記，民國九年所印行者，祇孟學齋至荀學齋五十一冊，孟學齋以後八冊歸樊樊山，樊山歸道山，書亦不可究詰。孟學齋以前手稿，實存十三冊，起咸豐四年三月十四日，訖同治二年三月十三日，正與孟學齋日記甲集相銜接，即此補編十三冊也。按咸豐四年，越縵年二十六，九年二月二十七日始辭家入都，首六冊半爲在家日記，入都以後，撥錄邸抄較詳，其幼年情況，咸同兩代朝政，洪楊捻匪之平滅，英法聯軍入京，及當時坊巷之聯衛，商人爲貨而講和，諸正史所不紀，野史所未聞，均可於此書約畧徵之，其關係於近世史固非淺鮮也。

民國二十二年由楊才民先生將此書手稿送交北平圖書館收藏，該館遂與商務印書館商訂，依九年所印日記之例，近始出版云。（鉿）

新書簡訊

當代國際名人傳

葛喬著　民國二十五年七月　上海大公報代辦部總經售　實價一元

有些人主張，歷史不過是一個人或幾個人的傳記而已；換句話說，歷史的演進，乃是由於個人的推動。這種主張以英人克萊爾最爲明顯，他的「英雄與英雄崇拜」一書，可謂這一派歷史觀的代表作。我們有一句古話，「英雄造時勢」，也就是這個意思。不過這種主張，究竟有多少真理，是頗可懷疑的。

葛君此書，五一五頁，包括二十三個國度，九十四位「名人」。這些名人，大約百分之九十還是活着的。而且這些名人，除了最少數的金融和企業家以外，全是在政治舞台上演過戲或正在粉墨登場的。二十三國的元首或執政，一概現身書中，如英王愛德華八世，法總理賴伐爾，德元首希特勒，意相墨索里尼，蘇聯獨裁者史達林，日本廣田首相，以及美總統羅斯福等，除有短短的傳記以外，都有一幅最能代表他們個性的照相或速寫像。其中只有兩位是女性，那就是資本主義民治國美國的勞工部長潘里斯，和社會主義民治國蘇聯的柯侖泰。這雖然是一本傳記，但如能從頭至尾細讀一過，則對於國際現勢，可得一明確的概念。如現在四大政治型式的資本主義，社會主義，法西斯蒂，和人民陣線，我們可以從實行它們的國家的執政或領袖的傳記，看出其本身的內蘊以及彼此之間的關係。這是時勢造英雄呢？還是英雄造時勢？

本書除了政治方面「名人」以外，幾無其他方面的，與書名「名人」的含義頗有未合。

書名當代國際名人傳，而無中國，未知何故？難道中國都沒一位值得提及的名人麼？或是另有中國當代名人傳？因原書前無序文，後無跋語，無從得知。

又其中錯字舉不勝舉。而尤其以數目字爲最多。如第一頁第一行「三十五週年」應作「二十五週年」，第四頁第三行「三十多」應作「二十多」，第八行「三十五」應作「二十五」。第六十八頁第六行「英法大海戰」應作「英德大海戰」。第九十四頁第八行「以後連任了二十八九年的市長」，數目字也有錯誤。第二二六頁第三行「他又與法國締立了同盟」，照上文所意，應作「與德」。第三六五頁末行「他生於一八九四年」應作「一八四九年」。這些雖然只相差一二字，但在歷史上的意義卻很重大。希望設法校正。（仲）

+ + +

東西漢姓名韻

傅青主原著　民國二十五年十一月太原山西書店出版　定價三十元

太原傅青主(山)爲明末北地大儒，所著霜紅龕集，清末山陽丁寶銓氏撫晉時，爲集資刊行，早已風行海內。最近壽陽趙正楷從平遙王子仁氏處，得見傅氏手稿東漢書姓名韻二十冊，又從壽陽某氏處，購得西漢書姓名韻十二冊。卷首均題太原傅山公之它甫編輯，子眉壽毛同甡仁壽元同抄較。首尾完整。依洪武正韻爲次，不分卷帙。凡兩漢書中人名，不論有傳無傳，均按韻羅列，而注史文出處於下。不啻一兩漢書人名總索引也。如賈丹之名，一見於光武紀，二見於杜茂傳。又如侯丹之名，一見於光武紀，二見於公孫述傳，三見於顯德懷侯傳，四見於岑彭傳。此二人後漢書均無傳，賴傅氏此書得知其詳。光緒間武進莊鼎彝亦嘗作兩漢不列傳人名韻編，近已由商務印行，今並此書，讀兩漢書者，從此可省卻許多麻煩，豈非快事。全書由太原橋頭街山西書局出版，每部定價三十元，預約七折，實收二十一元。書價太貴，實非寒士所能致云。

+ + +

魚類學（自然科學小叢書）

陳兼善及費鴻年著　民國二十五年初版二冊　上海商務印書館印行　每部定價八角五分

中國魚類，千有餘種。近百年間，歐美科學家，多所研究。十年以來，國內學子，亦繼起調查。惟以中國海岸線之長，江河湖泊之多，欲搜集全國魚類，詳究其分類與分佈，似非三五年之時間，十數人之精力，所能竣事！且專門論文，多用西文發表，分散在各種刊物。初學之人，欲得一中國魚類概況，實非易事，識者憾焉！

本書著者陳君兼善，曾留學法國，專攻魚類之學。費君鴻年，昔年肄業東瀛，對于水產方面，亦饒有興趣。二君均掌教國內大學，學問經驗，二俱豐富。以之寫作此等通俗書籍，可稱勝任愉快。

本書上冊，分述魚類之形態，生理，生殖，生長，色彩及習性；共十一章，一百七十八面。可供習比較解剖學者參考之用。下冊依分類之順序，述習見或重要之魚類；末後一章，述魚類學與人生，共一百六十八頁，可供初學分類，或從事水產事業者閱覽之用。

書中插圖多幅，可以補說明之不足。每圖之下，雖未註明號數，尚覺易於對照。

上海商務印書館，于民國五年，曾有水產動物學（江蘇省立水產學校編輯）之刊印。其中亦有一部分，述及魚類；惟其缺點，在于過於簡略。今此書之出，較水產動物學爲詳盡，其能得一般讀者之歡迎，可預卜者！

下冊對于分類方面，附檢查表數則。缺而不全，應用者頗感不便。甚望著者于再版時，實行增補，使成完璧！（理初）

+ + +

鄉村建設理論（一名中國民族之前途）

梁漱溟著　二十六年一月鄒平鄉村書店出版　定價一元八角　預約一元二角

一個人很難對社會動向有先見，更何況近數十年來之中國被捲在急遽變化之大世界漩渦內，而引致其自身於前後矛盾左右反覆之中，誰能預見出他的前途，而指示一條有方向，有步驟的道路？然而梁漱溟先生獨每能見到眞處，說在前頭：方五四運動之時，國人競相唾棄本國文化，而梁氏獨能以其研究東西文化之心得，指出東方文化眞精神所在，以示國人，而盛讚之。（見東西文化及其哲學）那時候的人們還未能十分相信。然而十五年後的今日，卻大談「本位文化」了。迨國民黨改組以後，黨人之談政制者，幾無不嚮往蘇俄，而梁氏獨以爲此路不通！（見中國民族自救運動之最後覺悟）依我們的意見，這一點似乎有些同梁先生相反。又有人回頭再去作十八世紀民主政治之夢，而他又以爲此路不通！（見前書）。他的獨標異議，有他的獨特的思想和見解，這是因爲他能忠實於他的生活，凡事不肯馬虎過去，所以對問題老追求不放鬆，而必求一個心安理得。中國到現在，抄襲人家終歸是要失敗的，中國人自有中國路可走，中國人也只能走中國自己創造的路。究竟這是一條什麼路？這路又如何走法？這便是梁氏的鄉村建設理論所欲解決的問題。是書一名中國民族之前途，是因爲對中國問題之煩悶，經過多少拐灣抹角，而後發見出來的。先後在廣東地方武裝團體訓練人員養成所，河南村治學院及山東鄉村建設研究院講過將近十遍。顧以著者審慎太過，迄未全部正式發表。而一二散篇文章或未完之講稿却早已傳佈各處。今得梁氏手訂，足以窺數年來梁氏言論之眞面也。

圖書副刊

BOOKMAN
第一百六十二期

一、本刊專載關於中外圖書之介紹批評[illegible]
二、本刊[illegible]
三、投稿逕寄「北平文津街國立北平圖書館內圖書副刊編輯處」

羅馬訪書記

王重民

余此行舊歲，未嘗多所學問。來歐洲後，見巴黎國家圖書館藏天主教士譯述之書甚多，心竊喜之，然未暇問津也。時袁守和先生在歐洲，時欲之來，輒相勉勵。先生曰：「歐洲學者，日本學者於羅馬教廷藏中國文字，是不及看西學大利好圖，未為晚也！」然先生固謂余志。既回國後，於適羅馬時手鈔諸館所（教皇圖書館）書目十餘葉見示，且曰：「余目努力於此，羅馬不可不遊也。」同時張蔭先先生亦屢余書數催，乃於近一年中，抽暇巴黎所藏諸籍，稍能得其厓略。今年九月二十六日由威尼斯抵羅馬，兼遊佛倫斯。

二十七日謁德禮賢神父，(P. Pasquale d'Elia)。求得梵諦岡圖書館(Bibliothique Vaticane)介紹信。並聞知十月一日方開館，乃於次日赴那波利，遊那不里古城。三十日再來羅馬。十月一日謁館長希神父，二日開始閱覽。十一日又往謁華嘉教授，(Prof. Giovanni Vacca)知國立圖書館 (Bibliothique Nationale Centrale) 亦藏有天主教譯文書，因請華先生介紹函，自十二日以後，下午則又在國立圖書館閱書。日讀數百冊，耗精神竭之。喜得若干種，珍貴者攝影。總名城之中，而羅馬一宮之內，終日流連身為樂，但覺書以漸日，時亦稍須略，惟非前書之餘，得此甚樂也。十五日上午十二時，閱梵諦岡圖書館畢，乃前往拿坡里。十六日下午，又閱畢國立圖書館所藏。次日遊覽古城一日，十八日離羅馬，北歸佛倫斯。

梵諦岡圖書館所藏漢文書，今歸於寫本印本兩部，而總錄於一九二二年伯希和先生所編書目。(Inventaire Sommaire des Manuscrits it imprinies Chinois de la Bibliothique Vaticane)。內分若干部類，其重要者有下列五種：

1. Barberini Orient (Barb. or. n' 131-158).
2. Bargians Cinese (Borg. cin. n' 1-533).
3. Vaticans Estrêmo Orient (Vat. Estr. or. n' 1-34)
4. Raccalta prima (Racc. III. n' 331-339)
   IV. 2214-2217
5. Raccalta generale Oriente (Racc. gen. or. n' 13-106)
   I. n' 42-54
   II. n' 162-194
   III. n' 176-292
   V. n' 442-446
   IV. n' 99-100

共著錄號碼八百餘，第一號碼少者包括書籍一種，多者數冊至二三十冊不等，全目約有書籍可三千種。國立圖書館所藏華文書，則於大書目內者，尚未編目。第一庫全為中國書，第二庫半為日文書，或日刻華文書，今藏於若干大書櫃內。其總館藏有關漢籍者，如天主教書共有一大書櫃中，均編於C字母下，蓋非指第三類，蓋謂Chrétien即排列上為明非類別。另一部分在在雜理，蓋有目錄卡片，則別錄於閱覽室旁之兩小書櫃內。

梵諦岡所藏華文書，幾三千部，而伯希和先生編書目，僅用二十四日，（一九二二年六月十三日至七月六日）。且余將已編詳錄，若非暑期停，精力過人，何克臻此！余閱華籍，又兼外國書，每日六小時正式工作，已感疲倦，而又博覽泛群，稍則無時不在焦燥中，亦無時不在悟覺中，無餘力以觀其他，至今未能稍遊一種文字，何論拉丁等語，總覺慚愧，以為有負吾師所期望者多矣！然因若不可明，近者不能故通，現在非華文文件不能助，而不知者即不敢言！故此行所見所聞，概要紀錄於，其餘將於拙作「明清之間天主教士譯述書錄」詳焉。

西字奇蹟一卷 利瑪竇撰，今藏梵諦岡圖書館，書錄號碼為 Racc. gen. or. III. 231.12 。版刻本，共七葉，上書口刻書名，下記葉數。按明萬曆三十三年，利氏遇寶像三幅，（蓋因 Vos 名畫，和係丙來方。）撰文說明其故事，並以羅馬字母注音。於時與程大約相見京師，為文贈之，亦為注音，程氏並刻入墨苑中。此西字奇蹟，即寶像三幅之說明也。持與相較，書體刻法全同，疑為依程氏原版，刪改書口，抽印而為是編耳！先是余在巴黎國家圖書館，見錢德明 (Jean-Joseph-Marie Amist) 所藏墨苑，(Courant 1134-1137) 圖存而說明佚，因考得繪圖者 Martin de Vos (1531-1603) 與刻者 Antonins Wierix 之姓名。Vos 以善畫耶穌聖蹟，Wierix 以善刻，並顯於世，可稱雙絕。而程氏刻本，乃今又幾見此書，彌覺珍貴。民國十六年，陳援庵先生曾用王氏鳴晦廬藏墨苑，抽印為「明季之西洋畫及羅馬字注音」一書。余若據 Wierix 所刻本，摹而為專文以紀之。

大西利西泰先生行蹟一卷 艾儒略撰，今藏梵諦岡圖書館，書錄號碼為 Borg. Cin. 350.3 。閩中景教堂原刻本，半頁九行，行十九字。第一葉上面書題後，題著者及校訂人姓名，下面為利氏正字。大德賓路士諾撰大西利西泰子傳，(共十葉。)次艾儒略行蹟正文，(共二十葉。)次李九標撰利先生傳後，(共一葉。)又次附錄熊明遇西文紀與張賡等詩，王徵撰哀辭文。(共七葉。)按艾氏行蹟，巴黎國家圖書館藏抄本四：甲，Courant 1014 半頁八行，行二十七八字不等，共十一葉，首為張賡序。乙，Courant 1015，行款與刻本同，字為宋體，當係影抄原刻。後有熊明遇文紀，而多附西學曲意八章。曲意行款與行蹟不同，則非行蹟原刻本所附。丙，Courant 1016，半頁八行，行二十字，共十九葉，書法甚工整。丁，Courant 996，前有張賡利傳，後附李氏書後，行款並與刻本同，末有「丙子十一月錄，計三十三張」一行，則崇禎九年寫本也。總此四本，文字並同，則並錄自此刻本可知。又我國徐家匯藏書樓，亦藏有舊抄本，民國八年陳援庵先生校印行世。於時日人高橋[illegible]中村久次郎全引入所撰利瑪竇傳稿中，洪煨蓮先生取以對讀，知頗有不同。余至今未見陳先生印本，但於全開錄第二十六號至三十四號(光緒五年十月十七日至十二月十四日)見一印本，不但全同抄本，且題「上海慈母堂重印」，則係入清以後所為，恐與陳本又異。Rob. Streit Bibliotheca Missionum 錄艾撰利瑪竇行略，有一六二〇年北京印本 Pfister 據其說，(p. 133) 洪先生謂「此說若無誤，則必與今所見之本不同。」按巴黎國家圖書館有抄本耶穌會士墓誌目錄(Courant 7046)著錄利瑪竇行略，而同號抄本之北京刊行天主聖教書板目，總北京所刊書百二十三種，獨無此書。然不能因此遂謂此書無刊本。蓋「行略」為「行蹟」之初稿，天啓以後，遂有增修，於閩中刻本，增入天啓時事頗多，自為訂本出而原本遂佚。余謂錄所載者，亦係此增訂本改題，行蹟原書，今蓋不易睹見矣。又按李九標書後云：「自西泰利子之逝，閩音寂乎也，五十年於茲矣」，則當刻於崇禎三四年。

坤輿全圖 畢方濟撰，今藏梵諦岡圖書館，書錄號碼為 Barg. Cin. 529。刻本，一大幅，面積為 1 m. 11 X 0 m. 76.，裝裱甚精，惟以紬裱，其裝璜之也如是。幅之四隅，為「地球圖說」說明，共五十九行，行十八字，內附小圖三。說明之四角，刻坤輿全圖四大字。正幅為兩大圓：右圖亞洲，左圖歐非等洲。其左下方，有「耶穌會士畢方濟撰」圖識記。諸家未有著錄，余亦以為孤本。以商諸華先生，華先生曰：「米蘭尚有一本，並已由 Gênes 大學地學教授 Paols Revelli 印行矣」。余聞之，大為過望，亟欲得人作介紹信，冀返巴黎時，道出米蘭，往 Ambrosiana 圖書館一閱。乃不可得，華先生即約往羅馬大學地學系觀圖室閱 P. Revelli 影印本。[illegible]華先生復允寄出後，將照片寄巴黎。余所以必欲以一觀米蘭本為快者，蓋因余目睹明清間西洋教士所為輿圖較多，而二三十年來，東西學者關於米蘭本，眾說紛紜，欲由比較而作一最後解決故也。余在巴黎，既見國家圖書館所藏兩幅

書評

評校補三國疆域志

陶元珍

金兆豐著 民國二十五年十月商務印書館出版

是書著者金兆豐氏，字雪孫，浙江金華人，曾任京師大學堂教習，清史館纂修，民國二十三年卒。清史稿志及儒官志均氏屬稿，列傳光宣朝臣部分，則氏與桐城馬其昶氏共屬稿。氏復私撰有清史稿，已由門人[illegible]於氏歿之翌年易名清史大綱出版。是書亦氏壽餘之作，而晚所寫成，參考書籍不下四百餘種，用力亦可謂勤矣。(王桐齡序金氏自序金兆梓清史大綱序清史稿附錄清史館職名及金梁氏清史稿校刻記)

金氏自序云：「洪氏所撰之三國疆域志，論者謂其體大思精。楊氏補之，間有異同；謝氏踵其後，較為翔實。顧見聞偏，考覈別修異同，於郡縣沿革，不無漏略，爰就耳目所及，彙錄排比，名曰校補，以補諸家之所未及，亦間有正其誤云」。按是書內容，與金氏自序所云似不盡合。蓋是書既以校補為名，則書中何者為洪志原文，何者為金氏校補，應略加標識以示區別。今是書混而為一，而洪志原文復多被刪改。如洪志揚州淮南郡系縣下云：「漢舊縣。沈志云，漢舊縣，屬沛。今考續漢志，[illegible]屬沛國，晉地理志亦同，沈志蓋誤」。是書則作：「漢舊縣。沈志屬沛，蓋誤」。(頁一八)又洪志魏兗州北部[illegible]縣下云：「有酸棗」。自注云：「未能注明其相隸屬之地名目，姑附於此」。是書則去其相隸所繫者名。(頁三六)是乃改作，非如常所謂校補也。若云改作，則須析其正當，是書則尚未足語此。如洪志謂魏有十三州，中列雍州。是書則謂三國郡縣表附吳氏自撰考證云：「馬氏文獻通考據顧氏方輿紀要洪氏補三國疆域志所載，均言魏有十三州，曰司隸，曰冀，曰兗，曰豫，曰荊，曰揚，曰青，曰徐，曰幽，曰并，曰涼，曰秦，又增置雍州，以足十三之數。杜氏通典及顧祖禹讀史方輿紀要云，魏有十二州。而或遺雍州，或遺荊州，皆誤也。魏志蔣濟傳景初中濟上疏云，今雖有十二州，至於民數，不過漢時一大郡。又杜恕傳恕於太和中疏云，今荊揚青徐幽并雍涼諸州，皆有兵矣。所恃內充府庫外制四夷者，兗豫司冀而已。十二州之名悉見於此，惟不數秦州。晉書地理志，魏文帝即位，分隴右置秦州。然又云，魏分隴右置秦州，中間省併。考秦州旋置旋省，如為置郡，則亦屬漢隴一之等，亦僅暫旁於史，乃武侯整兵北伐出師，經四十餘年，不聞有秦州刺史之事，是不得有秦州也。元和郡縣志云，魏分隴右置秦州，尋省，還屬雍州。是為近實」。如洪氏之論，至為精當，今是書乃從洪志列秦州。又洪志魏兗州東郡白馬下云「有白馬津」洪氏自注云：「一名白馬津。漢建安五年，魏武征先主，禽關羽於此。關羽斬顏良於白馬，亦在此地」。謝鍾英氏補注云：「關羽傳，先主襲殺徐州刺史車胄，使羽守下邳。建安五年，曹公東征，先主奔袁紹，曹公禽羽以歸，拜為偏將軍，禮之甚厚。紹遣大將顏良攻東郡太守劉延於白馬，曹公使張遼及羽為先鋒擊之。羽望見良麾蓋，策馬刺良於萬眾之中，斬其首還，遂解白馬圍。是禽羽在下邳，斬顏良乃在白馬。洪氏謂禽羽在此，非也」。洪氏之誤，謝氏辨之甚明。今是書仍襲洪說。凡茲所舉，均足證金氏未能精考。故就是書內容言，謂為校補之作，固無一當也。

是書中錯誤，亦所在多有。如司州河南尹偃師下云：「有……大饗碑」。金氏自注：「魏文帝踐祚，大饗於譙，大饗六軍及譙父老，因立大饗碑，曹植文，梁鵠隸書，時稱三絕。」(頁六)考大饗碑當在譙，大饗碑及大饗碑均在譙，不應繫偃師縣下。誤一。又豫州汝南郡[illegible]下云：「有古[illegible]城」。自注云：「吳赤烏十三年孫權遣兵攻[illegible]以沈江道，築此城」。(頁二二)案[illegible]城不應在汝南。誤二。又豫州安豐郡松滋下云「有高城」。自注云：「未能注在何處。[illegible]抗魏兵邊境，築高城，按西陵，乃築此」。又：「高城」自注云：「吳志孫權傳，赤烏……城，築[illegible]城。胡三省曰，[illegible]城在松滋縣，後省入陸縣」。(頁三三)案松滋及高城均在吳荊州宜都郡陸縣，不應繫於魏豫州安豐郡松滋下。顧氏所謂松滋縣，乃明清荊州府所屬，非指漢魏舊縣之名松滋者也。誤三。又徐州下邳郡下邳下云：「漢舊縣。建安初，先主討袁術，留張飛守之，為呂布所襲」。(頁五四)案蜀志先主傳云：「袁術來攻先主，先主拒之於盱眙淮陰。(曹)先主與術相持經月，呂布乘虛襲下邳。」張飛傳注引英雄記云：「備留張飛守下邳，引兵與袁術戰於淮陰石亭，更有勝負」。是金氏所謂討袁，乃拒術之誤也。誤四。又徐州下邳郡盱眙下云：「有……石亭」。自注云：「吳志太平二年，[illegible]以[illegible]於此」。(頁五五)案石亭應在淮陰附近，不應在盱眙，金氏繫石亭於徐州下邳郡盱眙縣下，誤也。誤五。又徐州琅邪郡陽都下云：「有諸葛亮故里」。自注云：「蜀先主紀建安十二年，劉備三顧諸葛亮於此」。(頁五八)考蜀志諸葛亮傳及裴注引漢晉春秋，先主訪亮於隆中，而隆中在南陽鄧縣之隆中，金氏所云誤也。誤六。以上皆是書疆域志謬誤之例也。蜀疆域志益州江陽郡江陽縣下云：「有[illegible]維城」。金氏自注云：「志云，姜維築城於此以拒西羌」。(頁一四九)案江陽今四川瀘縣地，姜維拒西羌，何能築城於此？誤七。又益州江陽郡符節下云：「漢符縣，中興後改名。蜀志孟光傳，後主踐阼，除符節令。即此」。(頁一五〇)案孟光為符節令，乃任掌符節之官，非任符節縣令也。誤八。又梁州漢中郡沔陽下云：「有……烏林」。自注云：「沔陽東南，水經注沔水又東逕烏林，即曹公敗於烏林處」。(頁一六六)案烏林在今湖北沔陽縣境，並不在漢中之沔陽。誤九。吳疆域志揚州廬江郡[illegible]下云：「有牛渚」。自注云「吳志孫權傳，黃武七年，[illegible]」(頁二〇九)考杜佑通典及洪氏補三國疆域志，牛渚在丹陽，不在廬江。誤十。(牛渚即牛渚，吳志作牛渚，晉書作牛渚，金氏從吳志，不應兼作牛渚。)又揚州廬江郡舒縣下云：「有……當利口」。自注云：「

[illegible]

Courant 1914–1922 [illegible]

Barb. or. 150.1–6 [illegible]

151.1 [illegible]

[illegible]圖，以引繪圖之稿[illegible]也。又[illegible]本，[illegible]小引，[illegible]於[illegible]以前，[illegible]，[illegible]國人所未知。惜[illegible]，余[illegible]，以[illegible]之[illegible]也。

中國圖 [illegible]「[illegible]」。今[illegible]藏[illegible]Barg. Cin. 531[illegible]本，[illegible]一[illegible]，[illegible]圖。[illegible]文[illegible]，而以[illegible]。[illegible]，及[illegible]。[illegible]先生[illegible]所作[illegible]中，[illegible]XXXI, P. 95–151, 1934. 不再[illegible]。又[illegible]十三[illegible]圖[illegible]本，(Barg. cin. 532)[illegible]十三[illegible]，[illegible]。[illegible]本，[illegible]。[illegible]九十九，[illegible]十卷，又[illegible]十[illegible]十卷，[illegible]一[illegible]。而[illegible]十[illegible]，[illegible]不可[illegible]一[illegible]，[illegible]此本，[illegible]。[illegible]之[illegible]。今[illegible]此，亦有[illegible]，因[illegible]及之。

湯若望恩綸奏疏錄 余[illegible]一[illegible]，(Racc. gen. or. II. 163.)一[illegible]國立圖書館。(C. 121)[illegible]，[illegible]，因[illegible]「[illegible]錄」。[illegible]初年，[illegible]以前。[illegible]元年[illegible]月二十五日[illegible]一事，[illegible]，[illegible]此知之，即有足[illegible]者。[illegible]，今[illegible]下：

[illegible]

天學傳概 李祖白撰，今[illegible]國[illegible]館，[illegible](Racc gen. or III. 213–12. [illegible]本，[illegible]九行，行二十字，[illegible]三年[illegible]正月[illegible]下[illegible]之[illegible]序，[illegible]六行，行十一字。[illegible]云：「[illegible]，[illegible]，[illegible]天學[illegible]之[illegible]者，[illegible]所[illegible]之，以代口答」，[illegible]二年十月。[illegible]序在三年正月，[illegible]也。[illegible]，[illegible]，[illegible]。三月二十五日[illegible]，[illegible]之[illegible]。又[illegible]七月二十六日[illegible]云：「西洋人湯若望，[illegible]，今[illegible]李祖白，[illegible]天學[illegible]，[illegible]，[illegible]之子孫，[illegible]，[illegible]之法[illegible]，[illegible]，[illegible]不[illegible]。[illegible]湯若望，[illegible]，[illegible]，

[illegible]

[illegible]上。[illegible]年十一月，[illegible]，八年七月，有：「[illegible]西洋人[illegible]，及天學[illegible]，[illegible]」之[illegible]，[illegible]以後，[illegible]已[illegible]，[illegible]：[illegible]以後，[illegible]不[illegible]已，[illegible]。今[illegible]此二書[illegible]本，[illegible]：余[illegible]山[illegible]本不[illegible]已[illegible]，(Courant 1329)今在[illegible]又[illegible]此，[illegible]，[illegible]以百[illegible]千元[illegible]者，余以此二書[illegible]之。

身見錄 [illegible]撰，今[illegible]國立圖書館，[illegible]於[illegible]，[illegible]人[illegible]。[illegible]四十六年，[illegible]，[illegible]身見[illegible]。[illegible]人[illegible]者，[illegible]氏[illegible]，[illegible]氏[illegible]，[illegible]，[illegible]不[illegible]，[illegible]氏[illegible]人[illegible]，又[illegible]之[illegible]。此身見錄[illegible]國人[illegible]之[illegible]一

[illegible]

[illegible]而[illegible]之。[illegible]其自序於下：

「余[illegible]氏名守[illegible]生[illegible]山右之平[illegible]而已[illegible]丁亥[illegible]冬之月[illegible]四[illegible]先生（[illegible]）[illegible]及[illegible]而[illegible]乃[illegible]月余[illegible]中土[illegible]人[illegible]以大西洋人[illegible]十余[illegible]以十[illegible]年之[illegible]二[illegible][illegible]云」

本草品彙精要四十二卷目錄一卷 明劉文泰等奉勅撰，今[illegible]國立圖書館。明[illegible]本，[illegible]有[illegible]。[illegible]弘治十八年三月十三日[illegible]太醫院[illegible]院判劉文泰[illegible]太醫院[illegible]，[illegible]

[illegible]

[illegible]日，五月十一日[illegible]，[illegible]可[illegible]之[illegible]，[illegible]，以[illegible]參考。二十五年十二月二十日寫記，巴黎。

新書介紹

師石山房叢書

[illegible] 開明書店發行 民國二十五年十月出版 實價十二元

山陰[illegible]氏（[illegible]）治[illegible]之學，近世[illegible]。[illegible]氏生[illegible]，早[illegible]名不[illegible]，三十歲以後[illegible]，[illegible]力[illegible]，[illegible]而[illegible]三十餘年，以光緒三十二年卒於家。所[illegible]，[illegible]也，[illegible]未[illegible]明，[illegible]之[illegible]，[illegible]，[illegible]，[illegible]早[illegible]，[illegible]，[illegible]自[illegible]。又[illegible]，[illegible]

[illegible]

通訊

關於「續通鑑紀事本末」答孟森先生 梁少文

[illegible]十二月十日圖書副刊所載孟森先生「續通鑑紀事本末書後」一文，[illegible]，[illegible]，[illegible]之。[illegible]李氏[illegible]，[illegible]今且多由吾宗參與主持之，蓋三世矣，[illegible]也。

李[illegible]先生父子，共事[illegible]先生門下，[illegible]，[illegible]門戶見，此尤其小者。二氏立身行事，光風霽月，一介不苟，以[illegible]之，[illegible]，[illegible]，[illegible]不在其有功學林也。[illegible]

[illegible]

圖書副刊

BOOKMAN
第一百六十三期
一本刊登載關於中外圖書之介紹批評以及學術界消息爲公開性質歡迎投稿
二刊登本刊之文略致薄酬
三投稿通訊可寄「北平文津街國立北平圖書館內圖書副刊編輯收」

記鈔本章氏遺書

錢穆

書肆挾鈔本章氏遺書來北大求售，余携歸燈下檢讀，蓋是實齋子華紱所錄副本也。何以言之？道光壬辰，華紱初刻文史通義，跋云：「先君子易簀時，以全稿付蕭山王穀塍，乞爲校定，時嘉慶辛酉，及道光丙戌，長兄杼思自南中寄出原草，併穀塍先生訂定目錄一卷，查閱所遺尚多，亦有與先人原編篇次互異者，自應更正，以復舊觀，先錄成副本十六冊，庚寅辛卯，得交洪洞劉子敬華亭姚春木二先生，將副本乞爲覆勘，今勘定文史通義內篇五卷，外篇三卷，校讎通義三卷，先爲付梓」云云。今鈔本裝十六冊，與華紱言合一也。初刻文史通義外篇三，有答甄秀才論修志兩書，與甄秀才論文選義例二書，修志十議，天門縣志藝文考五行考學校考三序，查劉刻本知爲王氏原目所無，而此鈔本皆有之。（與甄四書在卷十通義外篇四，修志十議以下四篇在卷十八方志略例三。）華紱所謂王目所遺尚多，其合二也。又鈔本偶有夾附別紙評識，字跡皆出一手，不知何人所評。惟史注篇原注「義詳敘例篇」，附紙云，「敘例篇內篇未見，外篇亦無其名，豈見他篇耶？似當注明。」一旁附別一手字跡云「正文已云太史敘例之作，是敘例乃太史公篇名，然史記有自敘無敘例，或是自敘之誤，師陸記。」按師陸即洪洞劉子敬，時爲大梁書院山長，與姚春木同定通義篇目者。則其他評識，是否係姚春木筆，雖不可知，而此書實爲劉子敬過目，其合三矣。本此三證，故疑此本當係華紱所錄副本也。

此本文字，有王本有目無文，劉刻於他處搜訪得之，而此本明有其文者，如評沈梅村古文之類是也。有王本有目無文，劉刻亦搜訪未得，而此本有之者，如與孫淵如論學十規之類是也。有王目所無，劉刻有之，此本亦有者，如說文字原課本書後之類是也。亦有王目劉刻有之，而此本轉缺者，如此本卷一文史通義內篇一目錄最後一篇爲禮教，有目無文，劉刻遺書附錄王宗炎復實齋書，有「禮教已著成否」之語，是實齋當時先已擬有禮教篇目，而文則後成，或華紱副本乃從其兄杼思所寄原草寫錄，故此文亦未補入也。（此本所見亦有目無文）亦有王目劉刻皆無之，而獨見此本者，如史考摘錄，清漳書院留別條訓諸文是也。有可以校補劉刻之誤者，如論課蒙學文法一篇，劉刻采自汪如藻小方壺叢刻，乃自「故初學囿以爲養」下脫去原刻一頁，凡六七百字，遂以隔頁之首字直接上頁之末字，遂使文理不通，讀此本始見其全文之眞相。凡此之類，若彙而刊之，近有二十篇，誠可爲愛讀章氏文者一極可喜之發現矣。

章氏通義，生前曾刻其一部分。余前檢燕大圖書館所藏章氏遺書鈔本，篇目均附小註，載列年月，亦有注「已刻」者，即指實齋生前所刻也。此本凡遇已刻，即分頁散訂，不再鈔寫，遂可得章氏生前所刻文字之全目及其書樣，亦此本一貢獻也。今寫其目如下：

易教上中下
書教上中下
詩教上下
言公上中下
說林
知難
評沈梅村古文
論課蒙學文法
與邵二雲論文
評周永清書其婦孫孺人事
與史餘村論文
又與史餘村
答陳鑑亭
方志立三書議
州縣請立志科議

凡二十二篇。王本自評沈梅村古文下至又與史餘村凡六篇皆有目無文，答陳鑑亭則並目失之，殆因文已前刻，故未寫錄乎？（劉刻據嘉業藤花館所藏文史通義鈔本補入，亦由未見章氏生前通義刻本也。）

然頗有極有關係之文，而王本失之，劉刻遂亦不知有此文，未能搜訪補入者。如此本卷九與史餘村「文章經世之業」一篇，又答邵二雲「來書於戴東原」一篇，皆評戴東原學行及自道爲學綱行本末，爲考論戴章兩人學術異同極可貴之材料，而王本並目無之。疑當時學人不知實齋論學深意，嫌其貶戴太過，恐召鬩門後學之鬨爭，故遂諱之。即實齋原文，亦謂「此時未可舉以示人，恐驚一時之耳目。」又曰，「辨戴諸說，不欲遽爲今人所知。」（上引與史餘村。）又曰，「藏其稿不敢示人，恐驚曾好曾惡之耳目」。（上引答邵二雲書。）今大典本水經注行世，戴氏偷竊趙東潛書假託欺世之事大白，則實齋論戴氏專從其心術隱微處著眼者，其意旨亦可以取諒於人也。

即如與孫淵如論學十規，劉刻本附錄臧鏞堂丙辰山中草跋，謂「論學十規，古文十弊，淮南子洪保辨，祠堂神主辨諸篇，僅論閫議，又復精細入神，切中文學之病，不朽之作也。穀塍先生以此冊寄讀，（按即指丙辰山中草。）即以歸見貽之」云云，則王穀塍處固明明有此諸文，不應此後獨失十規一篇，殆亦諱而滅之耳。此本論學十規，不知由何人貼去十規二字，將原文第十項批評袁簡齋一節，墨筆鈎去，是此人之意，亦欲改十規爲九規。蓋原書第八本規孫氏攻摘古人太甚，並謂「讀於辨正文字，但明其理，而亦不必過責其人」，且云「歸著亦染此病，特未如尊著之甚，今已知悔，多所刪改。」而第十規即醜詆簡齋，目之爲「名教中之罪人，不誅爲幸。」所以規人與所以自悔者，乃一篇之中，不踰數百言而即自犯之。故疑今王本無其文，乃由王氏還爲刪去，非如洒話之快空也。

此本婦學篇書後，「近日無行文人」，又「彼浮薄文人」，又「人首者鳴，創爲風趣之說」，又「今濫邪之人」，皆旁筆改「不學之徒」字樣，又「非聖無法」下，本有「罪不容於死」五字，亦加筆抹去，末句「其視浮薄文人直禽家爾」，旁筆改「視不學之徒直妄人爾」，此亦皆後人所爲，而章氏之評詆袁簡齋尚有雖悔之而未盡改者。（華紱劉其父書亦多刪削，即如詩話篇詩話論詩非論說也以下全滅去不刻，是也。士習篇，王有目無文，此本并目無之，豈亦砭世有太甚耶）。

此本言公篇，係已刻本散頁訂入，篇首有一行云，「道聽塗說，爭名趨詭，胸械心害，斯文如燈，著言公上中下篇。」黏紙云，「此行宜刪」，今華紱刻本無之，劉刻本亦無之，此亦後人之意。今考實齋與邵二雲論學，有云，「鄙性淺率，生平所得，無不見於言談，至筆之於書，亦多新奇可喜，其間遊士襲其談鋒，經生資爲策括，足下亦既知之，斯其淺焉者也，近則遨遊南北，目見耳聞，自命專門著述者，率多陰用其言，陽更其貌，且有明翻其說，暗剿其意，幾於李義山之敝縕，身無完膚，杜子美之殘膏，人多沾丐，才非先哲，而涉境畧同，言之可慚，亦可憫也。鄙昔著言公篇，久有謝名之意。」此函所言，正可與原刻言公篇首行互相發明，使讀者知作者當時下筆之動機。然苟誠意謝名，則篇首一行固可刪去。惟居今而論，則留此一行文字，亦未始不足爲知人論世之一助也。

此本又有「又與朱少白」一書，謂「鄙著通義之書，諸知己者，許其可與論文，不知中多有爲之言，不盡爲文史計者，關於身世有所棖觸，發憤而筆於書，嘗謂百年而後，有能許通義文辭與老杜歌詩同其沈鬱，是僕身後之桓譚也。」此文收入文史通義卷九，王目劉刻，乃並篇目而失之，豈亦以中論史考一案，牽涉及於當時勝流名士種種實相，遂亦有所諱而滅之耶？余爲近三百年學術史，於實齋文史通義精旨，頗多抉發，時風衆勢之旣，身世隱微之感，實弦外之音於毀譽寂寞之後，惜乎子雲不作，身後桓譚，竟不知其亦見許否爾。讀此文，自比其著作於老杜之歌詩，不禁長喟深吁，若想見乎其人。余以其生前刻本流傳，皆非著作深意所寄，及身後愛重其學者，爲之搜刻全書，而此等關係文字，仍多湮滅不彰，爰亟寫錄其軼文不傳者，彙爲一卷，而記其涯略如此。

附補抄篇目：

與孫淵如觀察論學十規（鈔本卷九）
又與朱少白論文（仝上）
又與朱少白（仝上）
與史餘村（仝上）
答邵二雲書（仝上）
與史氏諸表姪論策對書（鈔本卷十）
史考摘錄（鈔本卷十五）
「書朱孝女」附錄案牘（卷二十二）
書李孝婦事（仝上）
書李節婦事（仝上）
家石亭封君七十初度屏風題辭（鈔本卷二十六）
許可型七十初度轉子題辭（仝上）
清漳書院留別條訓（鈔本卷二十七）
定武書院教諸生識字訓約（仝上）
定武書院教諸生經傳文字異同凡例（仝上）
寓體（鈔本卷三十二通志稿）
熊傳（仝上孝友傳）

書評

漢武梁祠畫像錄（附考釋）

容庚著　燕京大學考古學社發行　實價八元

藏雲

今日言中國藝術史者，大抵皆略於六朝唐，以其受西域佛教藝術之影響最爲顯著複雜，藝術意識，至六朝唐亦最爲濃厚，而於六朝與漢之淵源，則鮮能作正本探源之論。其實從正統意義言，無論思想，文學，藝術，六朝皆爲漢之解放時代，即以藝術論，漢代之石刻與六朝之造像，其人物之輪廓與所用之線條，關係皆極密切。而六朝之佛像如雲岡龍門者，其身段及衣紋之手法，固受健馱羅佛教藝術之影響，然六朝佛像常帶一種「古拙的微笑」，論者謂其意匠（Motive）蓋沿承漢代土偶之手法而來。六朝之畫，如相傳顧愷之女史箴圖及敦煌千佛洞壁畫之天人，其活躍生動之态，與近時朝鮮發掘高勾麗時代之四神圖及武梁祠畫像石，均有相似之風致，六朝人所標舉之氣韻生動，漢畫中已約略見之，不過至謝赫始歸納而成一種理論耳。

漢承秦火，自漢武創設秘閣以徵圖書，明帝尙丹青，開畫室，又立鴻都學，天下之藝，雲集中秘。於未央甘泉畫天地太一鬼神之象，於麒麟閣畫股肱功臣，雲臺寫二十八將之像，畫家如毛延壽，陳敞，劉白，龔寬，陽望，樊育，張衡，趙岐，劉褒，劉旦，楊魯等，其畫已不可見，惟今存之石刻，與當時之名畫，容有精麤巧拙之異，但猶可窺漢代藝術之大略也。

今存漢代眞蹟，除朝鮮出土者外，尙有四種，余舊嘗爲文以記之，（文學季刊第一期）或繪於墓磚上，或繪於墓壁上，雖非必出於名工之手，殆天壤間僅存之漢人畫蹟。至於漢畫像石，則今存者頗多，如四川新都之王稚子闕，雅安之高頤東西闕，江蘇江都之射陽石門畫像，河南登封之泰室少室及開母廟石闕。其間已有流落海外者，然近來亦時有發現，尤以山東所存爲多，如肥城西南之孝堂山石室，通稱郭巨祠，今存二十餘石，開保存狀態尙完好。嘉祥縣東西晉陽山之慈雲寺畫像，共存九石。濟寧南城山之畫像石，共拓本見於各家著錄約三十八種。此外散見於各處如汶上縣，費縣，滕縣，濟寧及今藏山東省立圖書館者，尙難計數，而就中尤以武氏祠最有名。

武氏祠在山東嘉祥縣東南約三十里紫雲山下之武翟山，又名武宅山。當初本爲一墓石室，後經歷代河水氾濫，泥土淤積，遂淹沒土中。最初著錄見於宋趙明誠金石錄，題武氏石室畫像，次洪适隸釋，始名武梁祠堂畫像，略加解說，其隸續則載圖像，與拓本相較，差誤頗多。此後諸家所據，大抵不出於二家之著錄。至清乾隆五十一年錢塘黃易（小松）易官山左，乃親至其地，搜訪蹤蹟，將其湮沒土中者，一一發掘，並重爲建立祠堂，募善手精拓，黃氏作修武氏祠堂記畧以記之，嵌於祠內。其後嘉慶二十五年續得「王陵母」一石，光緒六年又得「何饋」一石，校碑隨筆謂此石「在山東濟寧」，漢石存目謂在「山東嘉祥武宅山」，聞今均已流落海外，上有光緒庚辰（六年）陳錦題記。

武氏祠石闕及石室之建造年代，諸家均無決定之說，但以武梁，武開明，武斑諸碑及武氏石闕記之記年觀之，大約成於漢末桓靈間。畫像石所畫之故事，有題字者，有無題字者，皆隸書，書法精妙。其內部之配置，黃小松祠堂記略分爲前室畫像，後室畫像，及武氏祠祥瑞圖三部，山左金石志及石索又分以東西壁及後壁，關野貞支那山東省漢代墳墓之表飾，圖版第五十二有地繪其方位及諸石之分布甚詳，合計武氏祠所存石刻，有：左右石闕二，東西石闕二，武梁祠三石，祥瑞圖二石，前石室十四石，孔子見老子一石，（此石乾隆間黃小松已移於濟寧文廟），後石室十石，（按容氏書作九石，又謂「第八石兩面有畫象，或分稱十石」，但據關野貞書，係第四第五兩石兩面有畫像，並非第八石兩面畫像，若分稱之，亦當爲十二石）左石室九石，（容書作十石，疑有誤）。其餘關野氏當時調查所得，尙有武梁祠階石畫像二石，武氏祠祥瑞圖一石，武氏祠兩道旁畫像一石，武氏祠東西幕間壁畫像一石。

以上云云，或有爲容先生此書所未詳者，聊當讀是書者參考之資而已。

武梁祠畫像三石所繪，大率爲忠孝節義之故事，多取材於史漢及列女傳諸書，前後石室及東西壁所繪，則有爲墓主生前行狀者。諸畫像石所繪人物之外，又飾以鳥獸草木車蓋器皿屋宇之屬甚衆，飛禽走獸，永拱雕欂，劉畫頗爲工巧。此等墳墓裝飾之風，由來已久，至後漢尤爲盛行，兩漢書及水經注等記載甚多，本書已約略舉之，而余所得尙有數事，如水經注濁水之州包冢，尹儉墓，汝水之張鶯冢，粉水之文將軍墓，比水胡著墓，陰溝水曹尚冢，洱水之王稚子墓等。此等畫像，非特可以窺漢代藝術之制作，即於當時風俗服制之研究，亦爲重要之資料。藏雲有意於此，以拙於製圖，因循未卒其業，今讀此書，不覺欣然如釋所負焉。

此書分二冊，上冊印畫像及碑銘，下冊爲考釋。畫像及碑銘，皆據拓本，舊言爲同治時之物，而前後石室，左右室，孔子見老子，伏羲圖，諸石，因未得拓本，故只印其題字，則此書所印，僅爲武氏祠中畫像祠之三石，非武氏祠之全部也。愚見以爲前後石室及左右室之畫像，其手法之敏活，人物之生動，實爲中所含之宏識，以繪武梁祠三石爲勝，惜此書未能全錄。按武梁祠畫像共存，武梁祠堂石刻畫像爲五卷，左石室畫像爲一卷，共六卷，又附圖一卷，前石室畫像考一篇，考證詳備，精核無疵，此書蓋據之而再以精密補充者也，以視畫像碑目自爲清晰，余於此處有可補益者，但多無關宏旨，今謹貢其一得之愚，以求正於容先生。如武梁祠第一石第一層（本書作第二層）之伏羲女媧圖，伏羲左手所執矩形之物，本書未加說明，瞿氏引鄭康成注謂爲「斗魁」，以爲此說者也。女媧所執已殘闕，瞿亦疑爲規，山左金石志則以爲規矩，其實今已可決定其爲矩，蓋近新疆吐魯番阿斯塔那發現「伏羲女媧圖」三幅，繪於麻布之上，正如此武梁祠伏羲女媧圖，見大谷光瑞西域考古圖譜上冊圖版第五十四，圖中伏羲所執亦如弓形，女媧所執如人形，可證其必爲規矩無疑。

又本書所據武梁祠畫像三石，謂爲容庚拓本，分圖爲三卷，謂係同治拓本，余以燕京所藏較之，如第一石奉芹公之奉字，本書所據拓本已不明，而余藏拓本明可辨；第三石帝軒轅之軒字，亦較本書所據爲勝。又第三石騎都尉下，本書及關野貞，沙畹，大村西崖諸書所據，皆缺闕一大塊白，而此拓尚幾存一部分，其明兮。余所得之本，因無拓工題記，不知拓於何年，不敢臆定，若容氏所據果爲黃易同治之物，則此拓當在其前也。

又「何饋」一石，其上本有隸書題字，此書未能印出，此石本光緒庚辰（六年）新出土，爲新縣所藏，陳氏題記即在此時，當不能謂爲舊拓，故無此項題字也。且此石乃左石室畫像，與嘉慶二十五年出土之左室第一石「王陵母」相連，本書既祇收武梁祠三石，不知何以復收此石，似不免自亂其例。又以本書校拓本，書中各圖之版框反較原拓爲大，本書既以保存舊拓之面目爲主，不知其所以致此之原因何在也。

武梁祠三石，每石之頂皆作鋸三角形之式，（本書稱爲第一層，正圖則稱第二層，蓋意此係裝飾畫，與非正圖，故宜與正圖之第一層有別），其正中所繪人像及左右作飛翔姿勢之人或禽，皆不無意義，此種裝飾圖案，漢畫中屢見不一，如Chavannes, Mission Archaeology, Plates XIX, XXXVIII, XLI. Tizac ,L'art Chinois Classique, Pl. 66. 而本書將此頂層之畫像省去不印，似不甚可。

武氏祠之畫像，吾人希望容先生以後能作進一步之實地考察，將其現在情況全部詳加調查，再以舊拓本及沙畹，關野貞，大村西崖諸人之書參校，考其異同，而以珂羅版印行，石印既患不便研究，亦不足供鑒賞，但此事恐又非私人一時之力所能及也。

中文參考書指南

緯佳

何多源編著　廣州嶺南大學圖書館　二十五年九月　七七八面　平裝三元

本書分上下兩編：上編爲說明普通參考書。普通參考書，依字典，辭典，類書，百科全書，書目，叢書，雜誌目錄，報紙期刊物，政府機關刊物等。下編爲專科參考書，依圖書館學，哲學，宗教，社會科學，語文學，自然科學，應用科學，藝術，文學，歷史，地理指南地圖等。

本書所收參考書之範圍，以字典，辭典，百科全書，書目，年鑑，年表，索引，表圖，指南，傳状，史料爲限。至普通書籍如內容精審而附有豐富之參考書目或傳記者，如鄭振鐸之文學大綱，中國文學史，或傳記頗多而有完備索引，可作參考書之用者如二十五史（已編有人名索引）；或爲中國數千年來重要典籍而已編有語索引者，如十三經（已有索引），亦加收錄。至浩繁之書如大藏經，道藏及四庫全書於本書本屬叢書，然既不錄，但四庫總目，道藏，藏經，爲中國古今大部圖書目錄之用，故亦特收錄。（上文引凡例第二條）

本書前有凡例十二條。後有附錄四種：中文參考書目精選，美國各大圖書館中國之參考書舉要，全國出版家指南及書名著者索引。

從本書所收參考書的數量上說，計有一千三百種左右，不可爲不豐富。但以嚴格眼光來看，有許多書是不當收而收的。好在這點作者在凡例一中業已申明。至於當收而不收的，卻非常之多。例如關於三民主義，作者祇收陳彬龢編三民主義註釋與索引。但本書對於三民主義缺了分書籍，編索引，加註釋三種工作，自然是一本好的參考書。但是我們於此能想起中山先生其他的著作，有沒有同類的參考書呢？例如甘乃光編的中山全集：分類索引一冊，其編製與一般的全集，已屬不同。它的目次和索引，與三民主義註釋與索引的，有一樣的功用。而且它的內容較前者範圍爲廣，對於研究中山先生的學說，主義，計畫，以及黨國的歷史，實在是一本重要的典籍與史料。

凡例第三條中說：「本書所收之書，以中文爲限，但作者係日人而用中文寫成或譯者以日文而國人不懂日文亦可應用者，如饒島氏之杜(甫)詩索引……等亦加收錄」。這辦法是對的。可是燕京大學引得編纂處的四書索引（大正十年編書索引刊行所出版，現由東京目黑書店出售）及五經索引(目黑書店)，何以未曾錄入？

此外常錄皇清經解的索引皇清經解編目（陶治元編），皇清經解總目(蔡啓盛編)二種，而於皇清經解續編的索引如尤瑩編式古堂目錄，上海蜚英館出版的皇清經解續編縮本目錄，一種也沒有提及，未免有些遺憾。

此書係分類排列，但因其並未採任何圖書分類法爲標準，故不十分精密。本來一本書目錄，對於分類可不必苛求，然於排列方法是否便利一點上，仍不可忽視。原書二四○面上有「皇清經解（一名學海堂經解）索引」，二四一面上有「皇清經解——書目提要」，二九一面有「人口」，五二八面有「隨筆雜錄」……等標題，與目次中的類目一對，再與其他的類目如「經解」，「社會學」，「小說」等一比，就會發覺類目在書中與目次中的差異，及其系統上的混亂。如其把所收的中文參考書，要在這一點上一致，則須採用一種分類法，同時把類目系統以印刷字體的大小來分別，於排印上是較便了。

再各類下的文體，如書目，字典，辭典，索引，指南等，其次序也有劃一的必要。在上編第七章雜誌目錄中，雜誌的索引是在目錄前的，而目錄方面卻是相反。雖然這無關重要，但究竟有些不順眼。

「一書可入兩類者，即用見例」，這於編書本目錄，是一條極可採用的例。因爲如此，方能「使閱者在任何一類中，均可檢得。」可是在詩類中可檢得毛詩引得，而於十三經索引類中卻未見有；在全唐文後著有全唐詩文作家引得合編，而於全唐詩後卻未見有。諸如此類，隨書中遇不一而足罷。

本書並有若干分析著錄，例如於丁文江等編的中華民國新地圖，有中國交通圖，中國氣象圖等六個分析目；於王庸等編的中國地學論文索引，有中國遊記索引，全國地質論文索引等九個分析目。這些辦法本來是好的，可是因爲這本書所收集的書太多，而一書中可分析的又復不少，所以難免掛一漏萬。例如期刊索引第三卷第三期法學論文索引專號，同卷第六期附載在吳宣編五年來教育論文索引之未析入法律與教育二類中即是。

本書緒論一章，對於參考書各方面的討論，頗多可取。其他各章中的總論說等，對於閱者也有很大的幫助。各書有提要，間舉例以示其用法，並有一部分加以評語，如財政年鑑條下，中華民國新地圖條下，這於參考上予以不少便利。書之所選提要，除言作之一二未見原書外，其他都是作者見到的。所以除之誤錯或謬誤的要可矣。然而其中不無有小誤的地方，如二三面十三經之次第表，爲什麼不照原書的排爲易，書，詩，周禮……而改爲易，書，公羊，周禮儀禮……等呢？再如期刊索引條下說：「其編製分分類索引著者索引兩部。分類索引則依各論文性質，照杜定友氏杜氏圖書分類法，分類排列。同類者以題目第一字，再照漢字形位排檢法排列。但一卷一期至三卷二期，係採用著者篇名，題名混合索引，三卷四期起改用分類索引，著者索引，三卷三期爲法學論文索引專號。」「著者索引則依第一字，照漢字形位排檢法排列。」其實著者篇名題混合索引，非從一卷一期至三卷二期，實由一卷五期至三卷二期。一卷一期至四期，祇有著者與篇名的兩種索引。而且自一卷一期至三卷二期，不論哪種索引，排列均以首字之筆畫多少爲次第。在分類索引中，其第一字相同者，依第二字筆畫次序……，在著者索引及著者篇名題混合索引中，則同畫數及第一字相同者，依漢字形位排檢法排列。上文所說，祇適用於三卷四期後耳。再此書一卷一期至四期，內容前有日報索引。在提要中亦未提及，雖在日報索引條中羅列，此地仍舊不能省去的。

要想善用這樣一本內容豐富的書目，一個書名著者索引，是必不可少的。附錄內共佔八十六面，篇幅不能不多。其實有些地方，可以省出許多篇幅，而且對于檢查上更感便利。例如在七六九至七七○面，以燕京大學引得編纂處編爲標題者，共二十見，爲什麼不照普通編索引的方法，用細格，縮集，再提三兩格式而省去其他十九個字錄呢？

同一個著者，而其著述性質不同時，照編目上排列的規則，著作的排在前，編輯的排在後，這一點本書的索引中也未顧到。例如七六八面，屬於鄭振鐸的有八種，編的有二種，現在於著述性質上卻不分，而採用書名首字爲其排列之標準，於是見得有些紛亂的現象了。上面的兩種甚多，如丁文江，王雲五等條下，真不知要增多少的篇幅呢？

書有分入兩類者，在本文中雖可用「見」來避免重複，但於索引中以祇兩見者爲宜。如元典章在索引中祇有見於三九面一條，其實它在二八三面，也有一個地位的。如其後者不錄入，豈非減少了一種功用嗎？

此外在各章子目下，均應載全標題入，中文參考書要的辦法，讓於檢查者，究可得到不少的便利呢。

附錄一中文參考書舉要，大體可稱允當，頗於中小圖書館及個人，都可採用的。附錄三全國出版家指南，共錄二百七十餘家，把全國中國都包括在內了。這於購書上是十分便利的。

總之，這本中文參考書指南，是照美人I. G. Mudge的New Guide to Reference Books爲藍本的。其中雖不免有小疵，但其組織嚴密，繁簡明晰。著者之用力於此書者至，至非常人所能及。正如陳氏所謂「其有益於中國學術界，定當不少。」我這裏所說，也不過求全責備之意而已。

二五，一○，一九。

新書簡訊

國立北平圖書館排印卡片目錄

(25-1至25-2000…附錄-1至錄-125)

目錄之形式，現常有「卡片」「書本」兩種。在功用上，兩者互有利弊。以排檢而便讀說，卡片目錄之所長也；以易查而便攜帶，書本目錄爲長也。是以一般較大的圖書館，常以二者並用。有卡片目錄，隨時將新購書籍目片插入；有書本目錄，可流通館外，使人知其圖書館所藏之狀況。二者實有相助之功。今國立北平圖書館，印行卡片目錄，意亦不外以上之意義。惟此卡片目錄，因各地需要情形不同，訂購者多無從選擇，至訂購整組者，如何將卡片排列妥當，如何使卡片組織完善，編者說明，亦多所未詳。該館有鑒及此，特又將排印卡片編爲書本目錄，以便購者。如此使訂購者無檢查之不便，整購者，亦不致無排之難也。實際上不啻代全國圖書館編排一書本目錄。該者，此項目錄，業已印行成冊。此爲該館中文編目組黃湛清所編，內容計有：凡例，分類簡表，分類目錄，書名索引，著者索引，出版處所名索引等項。分類目下且列有著者，出版年，出版處，及卡片排印號碼。於書名著者之別名，均附有參見款目。又此目錄，將與卡片目錄並行。今後每有卡片一千種，即續印一冊，一年共計卡片六千種，即裝訂爲一巨冊。將來完成後即爲「全國新書總目」一類之書，爲用更大也。聞此目錄續編又在編排，不日當可問世。此後各圖書館如每年出五十金，即可購得卡片目錄六千種，並附書本目錄數冊，於圖書館之經濟上，尚屬請省也。

通訊

致副刊再答馮承鈞先生

王重民

承鈞先生史席：

讀副刊百四十一期，讀承七月十六日明教，指出前一閔明我原名Dominicus Navarrete，獲益良多，感何可言，然消弭前一事，重民前者未讀舊聞事，故四月十日信，謂此事或爲傳記著錄所略而未言，先生因有所疑。五月間讀傳記書，見p. 372已有此說，若見此書，前信定不敢臆斷矣。故讀副刊百二十一期謂敬，謂……如全，有失明斷，故以爲錯別之。今先生謂「當時確有兩閔明我」，但「似不必以再崇此真而後信」，則以前後爲別，說法雖與鄙意不同，亦何卓然，此從教言，亦不固執。惟先生前謂「若謂後一閔明我爲假，則應從時間與當時文獻性情而論所，及在欽天監者遂之閔明我，不特筆改爲格里瑪弟」，則重民以爲閔明我既係名格里瑪弟，則遂改爲格里瑪弟，似亦未爲不可。在副刊百二十一期說中，先生亦曾知「格里瑪弟即是閔明我之原名」矣；且百替之說，甚爲先生所見證矣：「衆類之書，又爲先生所習讀矣」，據記書錄P. 372引Colombel 神父之說曰：『宇德先之閔明我，或即Dominique Navarrete 神父之名，因其地位與名氏，爲格里瑪弟神父所取代也』，則謂爲正名，不亦可乎？再據以當時西洋神父取譯華名之例，Dominique 可名閔明我，Grimaldi 不易譯爲閔明我也，則 Colombel 神父之說，有足是者。且重民之意，推闡於此二者，分別清楚：如爲後一閔明我也，應注明爲格里瑪弟；如用格里瑪弟也，則易知爲後一閔明我，而爲是以閔明我注之，方不至混淆。如何大化 Innocentia Victrix, Sive Sententia Comitiarum Imperii Sinici pro innocentia Christianæ religionis lato judicio per annum 1669, 紀康熙十年正月十八日兵部咨文，有關於前一閔明我事，此何氏謂爲Dominicus Navarrete, (p. 41. 余所見本無頁碼，Racc. gen. or. III. 219.13, 又 246.9—11。讀書華 Cardier n° 126, p. 26-28。又 Pfister p. 222-223。）時閔明我在德已三年矣。又聖教信證刊於康熙八年，(Courant 6969) 有『同會閔明我訂』字樣，康熙十一年李九功序，即刻於是年，時閔明我在德已四年矣。又利類思譯司鐸典要一卷，(N. F. Chinois 3128, Borg. Cin. 330.2-4, 又 333.1-2; Racc. gen, or III. 203.1-20）康熙十五年刻本，亦有『同會閔明我訂』字樣，時閔明我在德已七年矣。然謂德之同會者 Dominique Navarrete, 利類思之同會者 Grimaldi, 則余敢謂利類思神父能分別之。又 Nouvelle Biographie Générale 稱前一閔明我著之著作，有：(a) Explication des vérités de la religion, (b) Traité des noms admirable de Dieu, (c) Apologie des Missionnaires三種。(Par MM. Firmin Didot frères, Paris 1866. Tome 37, p. 538）。重民尚未見，不知其華文書名何作，有且著譯之者，未勿說爲後之閔明我也。

先生又謂：『西士姓名，雖爲譯音，不無小誤。如 Semedo 譯本多作魯德照，然譯以謝務祿之名，及北平圖書館藏一六五八號鈔本，並作會德照。即其一例。會德之…，不可讀作也。』按會德照 p. 144. 會以謝務祿作會德昭，在其說教者中，未即改從；今先生據北平館一六五八號鈔本說之，是也。然重民所知，謝務祿所著刻本（Courant 6903-6903, Barb or. 134.4, 305.10a; Racc. gen. or. III. 222.10, 222.13, 246.6）並作會德昭。刻本名理探，（Courant 3413; Racc. gen. or. III. 231.1-9; B. N. C. Rome. C.76）刻本大西西泰利先生行蹟，(Barg. Cin. 350.3) 及刻本天主聖教啓蒙，(Courant 6861-6862; Barg. Cin 336.5) 卷端校訂人署名，亦並作會德昭。又鄭鍾翰所編一六三七年艾儒略等撰熙朝崇正集，及李九功撰勵修一鑑，(Barb. or. 154) 又並作『會』不作『曾』，則先生所說，可成鐵案矣。然重民未見原書，未盡敢定，有是多者。重民年幼，又以無工夫學，然往時讀書，於說之是者，必悉心研究，如有所疑，則必欲推敲探之。先生謂『乘生謂合』者，非也。重民與先生，雖未一面，讀先生之書，久欽風範，學識博淵已足千古，可與我師胡適相頡頏。今承明教，使知隱誤所疑之點，與其性情之美，爲有古人之風，未有其他也。倘此類之世，幸遇先生，與重民所期夕相求而不能者也。然者，謹爲錄來，方凝接後作幾。不宣。重民頓首。十一月二十一日。

圖書副刊

BOOKMAN

第一百六十四期

一本刊登載關於中外圖書之介紹批評以及學術界消息
二投稿一經登載致薄酬
三投稿請寄北平文津街國立北平圖書館內圖書副刊編輯收

畿輔安瀾志與趙戴兩書公案

孟森

東華錄，嘉慶十三年九月丁亥（二十四日）諭：試用通判王履泰，於同學途次，恭進編輯畿輔安瀾志六函，當令董誥等，公同閱看具奏，朕覆加披覽，於直隸通省河道原委，辨證明晰，並將古今修防事實，詳悉登載，足資參考。尚屬有用之書，著武英殿用聚珍板排印，以備陳設頒賞。王履泰着發往直隸，以通判即補，交溫承惠，遇有應辦水利事宜，差遣委用。

此爲戴趙案發生之始。戴東原之子中孚，以爲王履泰竊其父書，因以得官，大恚，至欲叩閽。旋知戴書又實襲趙東潛，大約因根究不便而止。而段茂堂爲東原爭著作之權，欲以戴掩趙，其取巧正與王履泰等。戴又於生前，竊趙著水經注釋得官，其無賴尤甚於王，特時未發覺，世尚以戴爲學問最高之人，並地理之學而信之。茂堂詆斥履泰，正其罪曰攘竊，襲其詞曰履泰何物，以呼籲於總督方維甸。以維甸爲故督臣方觀承之子，而觀承則曾聘東原修直隸河渠書，即戴氏門人及子弟，所翕然謂履泰盜竊改名者也。既知東原預其事不久，其前已有趙東潛應觀承之聘，撰成直隸河渠水利書百三十二卷，書未付刊而趙卒。一閱四年，始聘東原校刊。東原蒞局不過數月，遂改併爲百零二卷，而尚闕灤河未成，並不如趙書之完整。以乾隆三十三年戊子任事，其年八月，觀承歿，事又罷。東原挾其稿爲己有，寄頓其姻家曲阜孔氏，迨東原歿而孔氏標爲戴氏遺書之一種，東原子中孚及段茂堂，據以攻訐王履泰。同時浙人有知趙氏亦藏遺稿者，從趙氏後人覓得其稿，交質於維甸。維甸反問段茂堂，趙稿眞僞，段知戴書出於趙，不敢言趙書爲僞，而惟以東原久冒虛名，以相凌壓，請維甸抑趙扶戴，其訛謬正之於趙，其闕漏補之於趙，而請維甸刻爲戴氏之書，維甸未能從。其中曲折，無維甸覆謝明文，然其必譽戴氏理由，則事證不可誣也。王履泰所補之文牘，亦正不少，特未明言爲續前人成稿，其咎與戴之抹煞趙稿同。且趙戴之稿，俱爲王有，王所因襲尚是趙稿，特戴已襲趙，遂亦多與戴相同之處，而爲戴氏口實。趙氏子弟長厚，不與於攘讐之列，至今遂以履泰竊戴書爲定說，非細推種種證據，不能窮其眞相也。分述如下：

段茂堂經韻樓集，與方葆巖制府第一書。中言大門中恪敏公總督直隸。乾隆戊子，延請戴東原師於蓮花書院，撰次直隸河渠書一部，凡百有二卷，曰衛河七卷，次漳水十一卷，次滏水三卷，次大陸澤五卷，次寧晉泊一卷，次滹沱河八卷，次東西淀二十一卷，次永定河十六卷，次白河十九卷，次薊運河九卷，次陡河一卷，次灤河一卷。

以上可考知東原書之百有二卷原目。又於東西淀下注：內唐河三卷，沙河一卷，滋河一卷，府河五卷，易水五卷，滱水一卷，淸河五卷，是爲東西淀二十一卷之子目。永定河下注：內永定河十二卷，桑乾河四卷，是爲永定河十六卷之分目。白河下注：內白河八卷，潮河二卷，榆河四卷，大通河五卷，是爲白河分目。總以上各河，總目凡十二，而東西淀既爲唐河等七河之總匯，則計七河不必復計東西淀，是總目祇有十一河也。永定河分目一，白河分目三。計入子目分目者十一河，共二十二河爲戴書之標目也。

灤河下又有注云：內熱河，此二河草創而未潤色，以屬任總督不樂爲此也。此後有余君蕭客補之。東原云不配。此注語據文義言，灤河內應標一熱河分目，然據茂堂求二書言，趙戴皆無熱河標目，則注文乃段以意爲之。蓋爲武英殿刻戴校水經注，首冠以御製熱河考。段以尊君之故，因尊避暑山莊所在之地，而升熱河爲一河。夫入灤之河非一，大於熱河者亦非一，段可因行宮所在而加尊，不惜增目於趙戴原書之外，何以於王履泰之全書首冠永定河，以尊京師，則視爲全失義例，斥履泰爲何物，此豈非意氣之爲累乎。灤河一卷，書並未成，東原已爲後任不禮而去，有改聘余蕭客之說。東原身已離局，猶悻悻於繼任之余蕭客，而詆爲不配，此大失學人態度，東原縱有是言，茂堂亦當曝之，何可形諸文字。此等倨傲之態，戴段略同，想見其性質之相近。但段爲誠服其師，用心無他，戴已取巧襲趙氏之書，又盛氣壓他人以自標異，內省得無怍乎。灤河原稿，趙自完全無闕，戴能襲趙，余蕭客遂不可襲趙乎，所云不配，乃不配倫竊，非不配著述，則不配之說，反足推重余蕭客矣。其實余蕭客之繼聘入局，並非事實，後任直督爲楊廷璋，若果聘余終事，則河渠書早行世，不至爲再後一任周元理所挾稿以歸，至王履泰始改名進呈矣。

段書又言：非恪敏經畫，不能制此書規模，非東原師熟於地理，博洽精敏，不能年餘遂成此書，爲國家鉅製。顧恪敏未及進呈，閣下方冲年，書遂流轉落吳江，惟東原師藏其副爲眞本云云。前言戊子延請東原，後作東原年譜，亦詳敘戊子應聘修書，未成，會恪敏薨，接任者不能禮敬先生，辭之入都。夫戊子應聘，縱正月即到局，至恪敏之薨，亦不過歷七個月，烏有年餘之久？東華錄，乾隆三十三年八月壬申，即十七日諭：方觀承老成歷練，任直隸總督兼理河務，二十年來，奉職恪勤，方資倚任，昨該督至石槽迎鑾，見其病後氣弱，即令回任安心靜養，冀因其患痊增劇，特賜經驗藥丸，並遣醫診視，以冀速痊，今聞溘逝，朕心深爲軫惜，所有應得䘏典，該部察例具奏。尋予祭葬，謚恪敏。此論在熱河所發，距觀承出缺必已數日，後任不欲成書，以改聘謝東原，東原遂行，故云任書事多不過七閱月也。

以東原後奉召校永樂大典，而竊趙書以應詔，其於地理水道之學，可知毫無心得。趙書成於水經注釋成後十年，於考訂古代原委變遷，乃出其餘緒耳。東原本無此功力，況以數月之間，有何成就。攘取副本以歸，度亦不過微有移改，遂用戴氏書稿之名，以存諸孔氏。盜名之智，發爲棧詞，以至不可糟遏。東原於論他學時尚不至此，殆內熱花者色衰厲耶。

書中又言：上年冬，東原師之子中孚，抱曲阜孔氏所藏副本入都，與軍機章京龔麗正，往翻板處時觀，知其悉用原書妄爲刪併，略增乾隆戊子以後事實，改百二卷爲五十六卷，且移易其目次先後，原本首衛河，以地勢自南而北爲次也。今乃首永定河，則全失其義例。竊謂履泰何物，乃敢刪定通儒之書，恐失著書之用。閣下文章政事，淵源世美，實奏明是書原委，取眞本進呈重刻，以章聖鑒之明，以成先志之美，以發東原著作之光，以懲履泰盜名之罪，究紹聞之實用，助聖代之經綸，幸甚幸甚。

此書發時，尚未知戴書之竊自趙書，但以盛氣詆王履泰耳。麗正即茂堂女夫，龔定庵自珍之父，時以軍機章京，受茂堂之屬，以戴氏遺書本直隸河渠書，實於武英殿刻板處，聲聲言此爲眞本，皆以未知有趙本之故。京曹亦未敢多事，據以張揚，茂堂乃仍求諸方氏之後，冀維甸繼觀承之志，爲發此隱。平心而論，履泰者將趙戴原稿之部分，悉用趙戴原名，而自爲移改刪併，與戊子以後四十年之直隸治水檔牘，廣續成書，則其畿輔安瀾志，亦自爲切實有用之名作。惟其掩取見長，博得一官，轉爲士論所譏，此取巧之失計也。然其取巧之程度，猶愈於東原。今考其書，距乾隆戊子戴修後者四十年，以嘉慶十三年進呈。其於修治之工程，官司之設置，橋道隄防之興革，皆至嘉慶十二年爲止。至段所斥爲移易目次，全失義例者，則殊不然。履泰自有凡例，冠全書之首，有一條云：是志爲篇二十有三，首永定，尊京師也。又爲聖祖仁皇帝賜名，萬世永賴，宜爲全書之冠。由永定河溯源，桑乾次之，由桑乾以次而南，唐河次之，沙河又次之，滋河又次之，滹沱又次之，漳河又次之。衛河發源河南，與漳河近，故又次之。由桑乾以次而北，洋河次之，榆河又次之，白河又次之，潮河又次之，灤河又次之。由永定以次而西而南，淶水次之，易水又次之，府河又次之，滱河又次之，大陸澤又次之，寧晉泊又次之，滏河又次之。由永定以次而北而東，大通河次之，薊運河又次之，陡河沙河又次之（此又一沙河）。略綜實注，務俾全省瞭如，不致稍紊云云。若段氏闞及此條，必無從詆斥，與其灤河篇中，獨標熱河之目，意義何殊。所謂履泰何物，乃敢刪定通儒之書，未免私學問爲己有，而於河渠書之所謂通儒，究終難竊，事

墨井書畫集錄文訂誤

陳垣

民國二十六年爲墨井道人吳歷晉陞司鐸二百五十年紀念，著者曾爲文登輔仁學誌第五卷，此篇專論墨井書畫集錄文之誤，特載於此。　編者識。

墨井書畫集有二本，皆上海土山灣印書館出版，卷首有李鍾珏序，一本二十九幅，宣統二年影印，以附墨井集末者，無錄文，已絕版。一本三十八幅，民國三年增輯本，由張漁珊司鐸與李問漁司鐸譯爲法文，收入漢學叢書第三十七種，今所論者即此本。

此本錄文多誤，初以爲排印使然，後知譯文亦誤，則是錄者之過也。其致誤之由，固因墨本模糊，行草難辨，然詩句有平仄，有對仗，稍加研究，錯誤當不至如是之多。今全集三十八幅，誤者乃十九幅，凡二十餘處，本書勘誤表所自訂正者僅二處而已。誠恐引用此書者隨之而誤，特爲訂正如左。

第三幅　稽柏未能也。　柏誤穖。

第四幅　棕竹枝葉修鬖，蒼翠處處欲滴。　誤以鬖字處字斷句。

第七幅　到來逢醉客。　逢誤遂。

知敢暇比鄰。　敢暇誤倒。

松壑先生。　誤招摇，通雲樓書畫記云，松壑爲錢封，字帙案，隱西湖，游情翰墨，故漁山贈以湖上之詩。

第八幅　癸丑淸和朔日。　朔誤翔。

十二幅　漢章屬畫。　誤模章屬畫。

十三幅　萬軸圖書光石閣。　萬軸對千章，今誤爲軸。

服北茶芝縮轉少。　充誤朮。

十七幅　長景如相避。　如誤病。

十八幅　有此山川。　川誤水。

聊得吾逸。　誤斯得吾全。

二十幅　美看牧童歸去穩。　美誤我。

此中容我讀書堂。　容誤客。

廿四幅　傾盖相看北海同。　北誤地。

醉聽鶯燕語春風。　鶯誤老。

廿五幅　寄晤汲古諸昆。　古誤左，毛氏汲古閣，爲著名藏書之所，何至誤爲波左。

廿六幅　康熙十六年丁巳。　漏十字，已自訂正。

廿八幅　先滴逐吟驗。　逐誤畫。

廿九幅　漁磐三渡快。　快誤慘。

三十幅　已酉立冬後。　漏後字，已自訂正。

卅三幅　重九後一日。　誤重九日後一日。

卅六幅　分北者久之。　誤作分南北者久之，分北猶言分袂，不得其解，遂加南字。

卅七幅　尤能脫去平時畦徑。　尤能誤作猶然。

奈何奈何。　漏一奈何。

詩草松雲亂茅屋。　雲誤雪。

卅八幅　臨於毘陵許氏之槐蔭堂。　漏許氏二字。

此專就錄文之誤訂之也，其非錄文之誤不錄。抑有言者，墨井書畫集，一方錄文，一方有原畫可證，故譯人能確知其誤，若其他書畫錄，無原畫可證，其誤否又何從而證之，推而至於鐘鼎石刻，若僅據錄錄之文，而不追求原物原拓，則書經三寫，烏焉成馬，其眞何可勝道，又豈獨一墨井書畫集然耶。

四庫提要辨證

余嘉錫

顏氏家訓二卷　隋顏之推　雜家類一

舊本題北齊黃門侍郎顏之推撰。考陸法言切韻序作於隋仁壽中，所列同定八人，之推與焉，則實終於隋，舊本所題，蓋據作書之時也。

嘉錫案：北齊書文苑傳有之推傳云：隋開皇中，太子召爲學士，甚見禮重，尋以疾終。北史文苑傳同。陳書文學阮卓傳云：至德元年聘隋，隋主夙聞其名，遣河東薛道衡，琅琊顏之推等與卓談宴賦詩。南史文學傳略同。然則之推終於隋，史傳具有明文，不知提要何以捨正史不引而必旁徵切韻也。考切韻序末雖題大隋仁壽元年，然其序云：昔開皇初有儀同劉臻等八人同詣法言門宿，夜永酒闌，論及音韻，蕭顏多所決定，（蕭該顏之推也），魏著作（著作郎魏淵），謂法言曰，向來論難處悉盡，何不隨口記之，法言即燭下握筆，略記綱紀，十數年間未遑修集，今返初服，私訓諸弟子，凡有文藻，即須明聲韻。屛居山野，交游阻絕，疑惑之所，質問無從，亡者則生死路殊，空懷可作之歎，存者則貴賤禮隔，以報絕交之旨。遂取諸家音韻，古今字書，以前所記者，定之爲切韻五卷。是則法言之書，雖作於仁壽元年，而其與之推等論韻，實在開皇之初，本傳云，開皇中太子召爲學士，尋以疾終。法言亦有亡者生死路殊之語，蓋之推即卒於開皇時，（錢大昕疑年錄卷一云：顏之推六十餘，生梁中大通三年辛亥，卒隋開皇中。自註云：本傳不書卒年，據家訓序致篇云，年始九歲，便丁荼蓼，以梁書顏協傳推之，得其生年。又終制篇云，吾已六十餘，則其卒蓋在開皇十一年以後矣。）提要乃云切韻序作於仁壽中，所列同定八人之推與焉，一若之推至仁壽時尚存者，亦誤也。切韻序前所列八人姓名，有內史顏之推。（古逸叢書本作外史），內史之官，本傳不書，史通正史篇云：齊天保二年，勑秘書監魏收勒成一史，成魏書百三十卷，世薄其書，號爲穢史。至隋開皇，勑著作郎魏澹與顏之推辛德源更撰魏書，矯正收失，總九十二篇。此亦之推入隋後逸事之可見者。唐顏眞卿撰顏氏家廟碑云：北齊給事黃門侍郎待詔文林郎平原太守隋東宮學士諱之推，字介，著家訓二十篇，冤魂志三卷，證俗音字五卷，文集三十卷，事具本傳。（據拓本，亦見金石萃編卷一百一）。又顏勤禮碑亦云：祖諱之推，北齊給事黃門侍郎隋東宮學士，齊書有傳（此碑僅見於集古錄，他家皆不著錄，近時始復出土）。敘之推官職皆與史合，提要謂舊本題北齊黃門侍郎爲據作書之時，考家訓雖敘齊亡時事，其終制篇云：先君先夫人皆未還建鄴舊山，今雖混一，家道罄窮，何由辦此奉營經費。則家訓實作於隋時，提要以爲作於北齊，蓋未嘗一檢原書，姑以臆說之耳。顏眞卿所撰殷夫人顏氏碑云：北齊黃門侍郎

實尙待證明也。

爰孫將制府第一書後，已引起議論，茲案乃有趙戴直隸河渠書辨，斯時所謂眞本者出矣。段於此書，不能似水經注之橫決成見，反以趙書爲竊戴，惟欲以東原名重，歸案趙書，使出於學趙之書，反代趙享其名實，果如是，又何貴於王履泰。履泰不學明原本趙戴，戴又何嘗學明有趙，而公然題戴氏之書。其移動關併之跡，今雖不能覆按，然多不過如王履泰之改定凡例，自張門面而已。其於水道之考訂古今，料東潛之成說，斷非戴所能翻駁，充戴心力，未嘗不可驅趙之後，習練水地專門之業，但急於藏事，諒方恪敏本不過以趙有成書，發刊前尙需經一番校訂，聘戴原非令其創作，故數月即成書百零二卷，其末未成之漯河一卷，據趙書漯河占六卷，戴書著成，漯河亦必不止一卷。今王履泰書，漯河猶有兩卷，履泰已併全書爲五十六卷，約當戴之半數，趙之十分之四，其兩卷必爲戴之四卷，而由趙之六卷所併也。且戴無而履泰有，亦可證履泰本用趙本，非用戴本，其與戴同者，證明戴實同趙也。今用段之趙戴直隸河渠書辨，明其事實。

辨文言：戴東原師卒於乾隆丁酉，遺書皆歸曲阜孔戶部葒谷繼涵。直隸河渠書六十四冊，葒谷裁爲二十四冊，計百單二卷，以卷帙重大，故葒谷未能刻，藏於家。葒谷於吾師爲執友，其子廣根，又吾師之婿，故遺書收藏刊刻，引爲己任也。云云。據此則東原稿本中，但未將趙東潛之名載入，書係直隸總督官幣所修，例應署總督之名，承修者或署名，或竟不署名亦可。戴之不署趙名，亦可云留作官修的定署名之地。身後由孔氏認爲戴氏遺書，或非東原本意也。果如此，則當爲東原諒。東原之竊趙氏水經注釋，則無從代辨，推其用意，乃與王履泰同。履泰爲一官，東原爲一第耳。其於水經注釋所加之功，尙不及王履泰於河渠書之多，東原有此不韙之事，今於河渠書亦難爲人諒矣。其水經注之有關於登第者，幷彖述之，以推究東原之心術。

東華錄，乾隆三十八年七月戊辰（十一日）諭：前據辦理四庫全書總裁，奏請將進士邵晉涵周永年余集，舉人戴震楊昌霖調取來京，同司校勘，業經降旨允行。但余集等見在尙無職任，自當予以登進之途，以示鼓勵，著該總裁等留心試看年餘，如果行走勤勉，實於辦書有益，其進士出身者，准其與壬辰科庶吉士一體散館。舉人則准與下科新進士，一體殿試，候殿時量降官錄用。自有此諭，而東原之欲心動矣。非辦一大著作，恐不得爲辦書有益，而其知大典中有水經注全帙，必先已聞之盧抱經，戴至京師，傾動諸公，抱經實爲被傾動之一。抱經作羣書拾補，由武進臧鏞堂抄得宋本水經注原序，曾向永樂大典對校異同，列入拾補之中。東原之治水經注，據段茂堂言，始於乾隆三十年，來京時，言經注混淆，已爲諸公之聽，抱經是時，豈有不告以大典有水經注之事。東原既奉勅校大典，於輯遺書，自以水經注自任，而欲卸試看年餘之限，則不能多延時日。其倡說水經注經注混淆，意已得諸趙東潛。趙氏已亡，其書未出，戴遂據以動人。觀其數年間即刻水經注定本，所改之字，皆同假校大典以後，其安心竊趙氏稿本爲己有，已在平日。但定本不載校語，無從覈其來歷，旣有校大典之機會，乃盡推翻趙之文爲得之大典，歸美中秘，即迎合高宗，校語即以宋鑒列誤爲藍本，省時省力，一年即淸稿上進。其殿試本有得無失，蓋奉旨候旨錄用，則雖殿試而不由閱卷官去取，其得失悉憑辦書之成績，故尤以校書見長，非乞靈於趙書不可矣。水經注定戴之生平，而河渠書之公案繼起。

辨文又言：始桐城方恪敏公總督直隸，聘吾師修此書，未竣而恪敏薨。嘉慶十四年，有吳江捐職通判王履泰，進獻畿輔安瀾志一書，蒙恩賞錄，命武英殿刊行，實竊取戴書刪改而成者。履泰係周公元理姻戚，周公係方公後任，於時葆巖制府方十二齡，故書稿入於周氏，而王氏得之，吾師之子中孚，意欲赴闕伸辨而未能，爰於孔府携書稿二十四冊至蘇州，屬余校定，此十五年二月也。云云。據段撰東原年譜，履泰之父爲周元理甥婿，此姻戚之說也。據淸史疆臣表，元理以乾隆三十六年十月繼楊廷璋督直，至四十四年三月免。履泰之書，繼至嘉慶十二年，亦非恃元理任期中輒得染指，其爲留心搜訪而成者可知。其於當代修防之實事實效，詳哉言之。且留藏久續修之地，其於官纂水利書之性質，實無不合。世因段戴之故，隔薄王履泰，非篤論也。

辨文又言：余披讀往復，見其書繁重，纖悉畢備，因思吾師推戊子年在恪敏處，一年內何以能成書之多至此，每與李松雲太守言，此必有底稿，斷非出戴師一人之手也。是年冬，松雲入都，杭州何夢華元錫來言，直隸河渠書，乃趙東潛作，於戴先生無涉，往者孔葒谷文，收入戴氏遺書中，誤也。余以二十四冊者示之，彼云，趙氏之書，尙多一倍，不止此也。余曰，吾故疑吾師一年內不能成書至百二卷之多。今足下之趙書乃更倍此，然則趙爲草創而戴爲刪定乎。云云。茂堂爲戴書與王履泰憤爭，至是乃知眞本之爲眞本，尙有所出，其氣頓平。但戴變趙書，則抑趙爲草創，而尊戴爲刪定，王所襲者爲趙爲戴，尙待審核，何以不可用刪定之說，轉罪爲功乎？茂堂之辭遁矣。

辨文又言：十六年正月，松雲自都還，以武英殿聚珍板畿輔安瀾志相示，知其確爲竊取戴書，而刪繁就簡，不學無術所爲，頓失廬山眞面，蓋此書之美在繁，而被竄將夾行細注刪去，令考訂古今者，俱倀倀在幽室之中，是可惜也。云云。段氏此言愈失事理，王履泰自以其名成書，有何眞面在其書之外，官書以實用爲主，能刪繁以就簡，即是長處，不與前人爭考古博聞之勝。若云不學無術，由王履泰任其咎，非戴段所能干預也。履泰凡例自言刪節之故，則云：是志援引諸書，但取其足證水道，至郡邑沿革，名蹟附會，皆足以迷誤古水，不容不考。但究與城邑考名勝志輿地記有別，如夸詳博，未免喧雜。又引書或古今並載，或舍古取今，惟簡明爲貴，煩複是刪，以淸眉目。云云。然則履泰明謂有舊本，經其刪節，特未指出所本者何人耳。所刪者既爲夾行細注，則本爲考訂之引伸，或非修防之要務，不得謂所刪之無意義。趙戴原書，儘可各行，何必以盛氣役一王履泰也。

辨文又言：二月，松雲復以葆巖制府札相示，知夢華已將趙本抄送葆巖。而葆巖問趙氏作此書，可有證據。松雲屬余考之。余謂趙氏爲此書，惟汪韓門集保定旅懷詩道及之。而堇浦謝山皆其老友，集內皆未道及，即東潛文稿亦無道及之語。然其書稿藏於家，固確然可信爲東潛之作也。至於吾師之書，則有孔葒谷之收藏，有洪舍人榜之戴氏行狀，有孔體生約之戴氏遺書總序，有程方正易田之答余書，有余親聞吾師說撰之書之語，有吾師親筆，戊子余應方制府之請，寓保定蓮花池園內，與河間同知黃君，尋滹河源至之語，皆可證據。夢華乃云此書無預戴氏，乃非確語也。云云。方葆巖得段書未復，而趙本河渠書已至，乃反以趙作此書，有無證據爲問，是即有疑於趙戴之間，孰爲眞本矣，是即於信仰戴段之心，不能無搖動矣。其中間傳達之李松雲，轉屬段氏自考，豈非示段前書之難據，段乃舉前輩集中道及不道及爲臆測，段豈不知謝山歿於乾隆二十年，趙書雖不知何年着手，然必在二十一年方恪敏再任直督以後，前輩曾任直督，決未將此一事，貽諸代任之鄂彌達也。指二十年已故之人，證二十一年以後之事，段之不欲爲趙書探求，以故恍惚不實如此。但書稿具在，不能謂趙爲僞造，乃以東原與修此書，亦有證據並說之，以前之盛氣已渠然矣。

辨文又言：松雲云，東原先生非掠人美者，若非東原大爲刪潤，斷不欲其副本，自稱已書，蓋趙草創而戴刪改必矣。松雲所見，正與余合，古人改定他人之作，有並存集中者，如盧韓之月蝕詩是也。今者二公之書，固當並存。云云。刪潤即可自稱已書，又何以辨於輕詆王履泰，履泰刪潤之後否，以履泰之名負責，並不用戴名義，則段之輕肆詆譏非也。若果趙戴二書並存，戴之襲趙，亦如水經注之暴露，豈不甚快。然此固段氏違心之論也。

辨文又言：趙雖精於地理，而地理之學，尙不及戴，文章之學，亦不及戴，在今日而論，自當以戴爲主，以趙書校勘其訛字。云云。此又溢出情理之外，戴書從趙出，依趙分王履泰之說，東原是否得罪，尙待輿論，乃云當以戴爲主，趙書供校訛字，即可發案，其理由何在。謂戴學問高於趙耳。地理之學，戴欲步趙後塵。距離太遠。即文章之事，趙固不爲名家，戴亦安得爲作手。戴於經義算術，不爲無功，豈能挾前日之一長，任意從後日之名，而掩取他人之心得爲已有。故知前趙戴並存之說，非段眞意。

辨文又言：戴書唐河卷一中，有云，杭人趙一淸，補注水經，於地理學甚核，嘗遊定州，爲定州牧姚立德作盧奴水考，並附於右，下附盧奴水考，云云。今此篇見東潛文稿，吾師方採摭趙文，此豈得謂戴書即趙書耶。云云。戴書是否即趙書，當觀其剿襲之多寡而定，不當以有無採摭趙文而定，今東潛文稿中盧奴水考，據段說，戴採在唐河卷一中，今王履泰之書，唐河卷一，有盧奴水，徵引及論斷，與其他各河大致相同，而東潛文稿之文，爲糾正定州牧所修之定州志，所主張之盧奴水，然詞甚委婉，別是對人而作之文。安瀾志之盧奴水篇，乃與他水爲一例敘述之文，既有此文，不必復用盧奴水考。意戴書不用趙原稿之文，而以趙盧奴水考代之。篇幅較安瀾志所載者爲簡，而王履泰則用趙書，故與戴不同，此又履泰所襲者乃趙書而非戴之一證也。惟此尙不敢決，或戴既襲趙之河渠水利書，又重錄趙之盧奴水考，以示其取材之多，亦未可定。果爾則戴之一切倚賴於趙，豈無自知之明，惟性好虛憍，自誇已甚，而段又以忮嫉之氣加之，致令失儒者誠懇氣象，未可知也。若漯河之未成爲戴所未成，東原思剿趙書漯河六卷，爲之補足，而累趙之全書，實爲有已無人之偏見。然可知王履泰之根據趙書，非根據戴書，此則確鑿不磨者也。段文末言：戴於漯河一卷未成，而趙有無漯河若干卷，則余所未知也，夢華口說趙漯河十一卷，恐未可信，必須葆巖以目錄相寄乃可，果有漯河十一卷，則可補戴書成完璧矣。云云。此爲尙未確見趙書目錄時口吻，未幾而又有致方葆巖第二書，則趙書漯河六卷之論定矣。

段集中又有與方葆巖書，略云：趙書名直隸河渠水利書百三十二卷，戴改稱直隸河渠書，去水利二字，百二卷，減原書三十卷，而漯河熱河，僅存涯略，因恪敏是年秋後歿於位，而書遂未竟也，趙書漯河六卷，若依戴本刊版，則漯河可取趙書補綴，戴本係影鈔曲阜孔府原本原本舛訛特甚，今有趙本互校，舛訛尙可推求。云云。夫戴本舛訛，而可用趙本互校，豈非同係一書，既係一書則趙所已成，何故容戴奪取，且缺者並取補於趙，而刻則用戴之名，此豈情理以外之事。王履泰襲趙未必襲戴，且更動及補綴甚多，則以醜詆辱之，東原襲趙，趙書已同時出矣，猶欲加黃其襲取之伎倆，而並其名奪之，以此爲尊師重道，未免可笑矣。末又言畢竟刊刻用戴用趙，惟乎數示之，幷將趙本漯河六卷，命小史抄寄，感激不小。云云。此則自覺強詞刻爲戴本，亦有不安，尙作一試探語，而戴所剿襲未盡者，復令方葆巖抄與補完，成爲無缺之戴氏遺書中直隸河渠書，此亦天下最占便宜之計，書生氣有臆見，不可理喻也。恐其所恃，以爲東原名重，已亦有淸望在當時，足以虛聲奪人而已矣。後來刻書事竟不成，度亦爲方葆巖所心非，事遂閣置。而至今日，趙戴書皆未知尙有存否，惟讀王履泰之畿輔安瀾志，吾意應作趙東潛之原本觀，戴縱與相同，亦是戴之巧取於趙，無來爲段文所動，非薄王履泰，傾想戴東原，皆誤解也。

之推，（據拓本，齊字推字渦，亦見萃編卷一百二）歐家訓署銜同，家廟碑雖書隋官，而下文云黃門兄之儀，仍舉齊官爲稱，豈非以之推在齊頗久，且官位尊顯耶。新唐書顏籀傳云：祖推，終隋黃門郎，其以官黃門爲隋時世，固誤，然亦可見從來之推官爵，必署黃門矣。隸釋卷九司隸校尉魯峻碑跋云：漢人所書碑誌，或以所重之官揚之司隸，權尊而秩清，非列校可比，亦猶馮緄捨廷尉而用車騎也。余謂唐人之以黃門稱之推，亦從所重言之耳。盧文弨補家訓趙曦明注例言曰：黃門始仕蕭梁終於隋代，而此書向來惟題北齊，唐人修史以之推入北齊書文苑傳中，其子思魯旣纂其父之集，則此書自必亦經整理所題，當本其父之志。此言是也。然則此書之題北齊黃門侍郎，不關作書之時亦明矣。

陳振孫書錄解題云：古今以此爲祖，然李翺所稱太公家敎，雖屬僞書，至杜預家誡之類，則在前久矣，特之推所撰卷帙較多耳。

案：李翺文公集卷六答朱載言書云：其理往往有是者，而詞章不能工者有之矣，劉氏人物表，王氏中說，俗傳太公家敎是也。抑未嘗指爲齊之太公所作，更未言其爲僞，四庫旣不著錄，作提要者未見其書，何從知其爲僞書耶。宋王明淸玉照新志卷三云：世傳太公家敎，其書極淺陋鄙俚，然見之唐李習之文集，至以文中子爲一律，觀其中猶引周漢以來事，當是有唐村落間老校書爲之，太公者猶曾高祖之類，非謂渭濱之師臣明矣。然則此所謂太公，並非呂望，宋人辨之甚明，提要不考而以爲僞書誤矣。寶續間，敦煌石室千佛洞發見古寫本書中，有太公家敎一卷，上虞羅氏得之，影印入鳴沙石室古佚書中，其書開卷即云代（此句上缺五字），長値危時，望鄉失土，波迸流離，只欲隱山居住，不能忍凍受飢，只欲揚名後代，復無晏嬰之機，才輕德薄，不堪人師，徒消人食，浪費人衣，隨緣信業，且逐時之隨體，以討其憤典，簡擇詩書，依經傍史，約禮時宜，爲書一卷，助幼童兒用傳於後，幸願思之。觀其自敘，眞王明淸所謂村落間老校書也，何嘗有僞託古人之意哉。王國維跋（在本書卷後亦見觀堂集林卷二十一），云：原書有云太公未遇釣漁水，（原注水上疑脫渭字），相如未達，賣卜於市□天（嘉錫按：此字似脫上半恐非天字），居山，魯連海水，孔鳴（原注明字之誤）盤桓，候時而起，書中所用古人事止此，或後人取太公二字，冠其書，未必如王仲言曾高祖之說也。嘉錫考古人摘字名編，多取之第一句，否則亦當在首章之中，今王氏所引在其書之後半，未必摘取以名其書，且其前尚有唐虞雖聖不能化其明主，微子雖賢不能諫其暗君，比干雖惠（惠字疑是忠字之誤），不能自免其身云云，亦是用古人事，不獨太公數句也。名書之意，仍當以王明淸說爲是。要之，無論如何絕非僞託齊太公所撰，則可斷言也。

新書簡訊

·史學消息·

第一卷第一期民國二十五年十月二十五日出版第二期十一月二十五日出版

這個月刊是燕大歷史學會，爲聯絡會員研究便利起見而出版的。雖非賣品，但會外人亦可向其函索（印刷費六分，郵費一分）。學會探討，不能閉門造車，那麼，有這一類刊物來溝通消息，也很緊要的。該刊內容首爲國內外史學界消息（包含發掘，著作，人物，陳列等項），以次爲講演錄，調查報告，燕大歷史系消息，該會會務及會員消息等。而著作一項又分爲西洋漢學論文提要，日本「支那學」論文提要，書報評介及各國關於漢學的新刊書目等。流通中外史學界消息，對於內地的人，實在重要。現在已出兩期了，其中如 John C Ferguson的德國漢學家帕雷秋阿斯之生平及著作概略，及江上波夫之現代蘇聯的東方學文獻（以上二文均劉選民譯）等，都是很好的參考資料。（結）

通訊

徵求集印康熙年原刊本明儒學案啓事

明儒學案六十二卷，爲黃梨洲先生撰，梨洲一代大儒，著述洪博，尤以此書爲其精心撰述之作。理學大家二百餘人，言行並載，支派各分，擇精語詳，鉤玄提要，俾有明三百年學術瞭如指掌，稱理學之大成，誠爲學術史之首創。是後纂輯宋儒學案，未及脫稿而卒。故城賈若水先生於康熙年見稿本，即行付梓，梨洲爲作序跋兩篇，亟稱之，同時許氏萬氏各刻數本，迄未成書，後人乃據傳抄之本刊行，是後一再翻刻，粗俗訛奪，不及此本遠甚，且不載黃氏此序，北方學者閉淺自修，不事宣揚，流傳未廣，目錄家多未寓目，閩周氏鄭堂讀書記，徵引繁博，亦云未見此本也。茲與賈氏接洽印行，已通梓人赴其原籍刷印，如有同好欲讀是書，請於二十六年二月二十八日以前，將工料費擲寄，以資附印，計用上等竹連紙六開本精裝十六巨冊，工料費國幣拾圓。通訊處北平廠甸前錢局賀九號賀性存君。

圖書副刊

BOOKMAN

第一百六十五期

一本刊登載關於中外圖書之介紹批評以及學術界消息等公開性質歡迎投稿
二刊登本刊之文稿致酬
三投稿請寄「北平文津街國立北平圖書館內圖書副刊編輯收」

樂府古辭考補

彭麗天

郭茂倩的樂府詩集，著錄各曲，多爲之考證，但所引諸書，今多不傳，其言各曲之起源最爲詳備。陸侃如先生作樂府古辭考，大抵本之郭氏而稍益以所見。我年來亦常耽好漢魏六朝樂府，偶有所獲，今錄之於後，以補綴二書之所未盡。

薤露

薤露一曲亦稱挽歌。劉孝標世說新語注（卷下之上）莊子曰：「紼謳所生，必於斥苦」。司馬彪注曰：「紼，引柩索也，斥，疏緩也。苦，用力也，引紼所以有謳歌者，乃爲人有用力緩慢（緩慢二字，據御覽五五二引增）不齊，促急之也」。春秋左氏傳曰：「魯哀公會吳，伐齊，其將公孫夏命歌虞殯」。杜預曰：「虞殯送葬歌，示必死也」。史記絳侯世家曰：「周勃以吹簫樂喪」，然則挽歌之來久矣。

搜神記。卷十六：

挽歌者喪家之樂，執紼者相和之聲也。

莊子所謂「紼謳」，便是挽歌，他說挽歌生於斥苦，和近代的韻律生于勞動說正合，實是探本的話，又晉書二十禮志：

漢魏故事，大喪及大臣之葬，執紼者挽歌，新禮以爲挽歌出於漢武帝役人之勞歌，聲哀切遂以爲送終之禮，雖音曲摧愴非經典所制。違禮銜枚之義，方在號慕，不宜以歌爲名，除挽歌，摯虞以爲挽歌因唱和而爲摧愴之聲，銜枚所以全哀，此亦足以感衆，雖非經典所載，是歷代故事，詩稱君子作歌惟以告哀，以歌爲名無所嫌，宜定禮如舊。

晉志以爲挽歌出于漢武帝役人之勞歌，諒是另有所據。莊子的挽歌生於斥苦，和勞歌的性質與韻律大概是很相同的，漢武帝役人之勞歌和挽歌是有一段關係是可以的，說自漢武勞歌以後才有挽歌，便不能置信。有紼之制以來，我想便有挽歌了，其產生之期恐怕還遠在莊子前，相沿至于後代乃入樂府。其後賓婚嘉會均得用之，續漢書曰：

大將軍梁商三月上巳日會洛水，倡樂畢，極綜以薤露歌之，座中流淚，（御覽五五三引）

風俗通：

京師賓婚嘉會，酒酣之後，續以挽歌，（御覽五五三引）

是東漢魏晉以來挽歌不僅爲喪家樂了。

樂府古今注：

薤露蒿里並喪歌也，出田橫門人……世呼爲挽歌。

薤露諒以曲中言「薤上露何易晞」（露上應有一朝字）而名爲薤露。此爲挽歌中之一曲，而產生之期亦當較原始之挽歌爲晚。崔豹說他爲田橫門人作，而譙周法訓僅說是田橫之從者爲挽歌以寄哀音，未言作薤露一曲（樂府詩集二七引），薤露作于何時及其作者爲誰究未可定，宋玉對楚王問：

客有歌于郢中者……其爲陽阿薤露國中屬而和者數百人。

宋玉對楚王問一篇見于文選四十五，是否爲宋玉的雖未確定，但此篇之作，至遲也不會晚于漢代。續漢書謂梁商會于洛水曾歌薤露，則薤露于東漢已有是可斷言。

平陵東

在相和歌現存的歌辭中平陵東當是一首很古而且具有很原始的形式的歌辭，他和荀卿成相篇于音韻字句的排比上極爲相似，成相篇：

請成相，世之殃，愚闇愚闇墮賢良。

又：

論臣過，反其施，尊主安國尚賢義。

篇中這樣的句法約佔其半，不能俱舉，再看平陵東一辭：

平陵東，松柏桐，不知何人刼義公。
刼義公，在高堂下，交錢百萬兩走馬。
兩走馬，亦誠難，顧見追吏心中惻。
心中惻，血出漉，歸告我家賣黃犢。

二者俱是三言句和七言句相間成韻。崔豹古今注謂此辭是漢翟義門人作，樂府解題因之曰：

義，丞相方進之少子，字文仲，爲東郡太守，以王莽方篡漢，舉兵誅之，不克，見害，門人作歌以怨之。（樂府詩集二十八引）

但此辭決非歌咏翟義之事，古今注謂爲翟義門人作，是不可信的。大概崔豹以爲在歌辭中有「刼義公」之句，乃牽强附會，捏合故實以爲是爲翟義作。不知前人稱謂，並不稱名。楚王語公淮南王以封地稱，先秦諸子，史記刺客列傳：「願因太傅而得交於田先生」，則是以姓稱。便在古樂府中找例子如：雁門太守行，洛陽令王君，乃言王渙事。翳陽兒童歌：「山公出何許？」是指山簡事。可知無論在樂府或歌謠中，稱謂都不稱名。故歌辭中所說的義公務是另有人在，決不是翟義。漢書九十酷吏列傳：

義縱河東人……遷以應擊毛擊爲治。後會五銖錢白金起民爲姦，京師尤甚，乃以縱爲右內史……至冬楊可方受告緡，縱以爲此亂民，部吏捕爲可使者，天子聞，使杜式治以爲廢格沮事，棄縱市。

我以爲平陵東一辭便是歌咏此事。歌辭裏面說到「義公」和「平陵」，平陵那時正爲右內史的治地，又說到關于錢的事，都很脗合。大抵那時告緡的事很不滿于衆，史記三十平準書：

卜式相齊而楊可告緡徧天下（集解，瓚曰：商賈居積，及伎巧之家，非農桑所生出謂之緡）中家以上大抵皆遇告，杜周治之獄少反者。……於是商賈中家以上大率破，民偷甘食好衣，不事畜藏之產業，而縣官有鹽鐵緡錢之故，用益饒矣。

所以其時義縱爲着捕楊可告緡的使者而反被誅，遇告者爲之作歌是意料中的事。想來這歌初或在民間流行而後才被採入樂府。辭中的意思不能全懂，故亦不能絕對地決定此辭爲歌咏義縱的事，但較古今注所說，我想這種說法是接近事實些，那末，這首辭是漢武時作的了。

長歌行

古今樂錄（樂府詩集卷三十引）說：

荀氏錄所載平調十二曲，傳者五曲：武帝周西，對酒，文帝仰瞻並短歌行：文帝秋風別日並燕歌行是也。其七曲今不傳：文帝功名明帝青青並長歌行。武帝吾年明帝雙桐並猛虎行燕趙君子行；左延年苦哉從軍行雉朝飛短歌行是也。

凡所謂「某某並某某」就是說某某歌辭合某某曲調，前者是文辭名，後者是聲調名，如：「武帝周西，對酒，文帝仰瞻並短歌行」，就是說魏武的「周西伯昌」「對酒當歌」兩篇和魏文的「仰瞻帷幕」一篇，都是短歌行這個調子的歌辭。今傳長歌行古辭，荀錄所載的「明帝青青並長歌行」。古今樂錄說：「明帝青青並長歌行」不傳，恐怕智匠其時未見此辭，或至陳代此辭作者姓名已經佚失而誤。文選載此辭亦無作者姓名。藝文類聚樂府詩集因沿文選和古今樂錄俱以爲魏明帝青青已不傳，致「青青園中葵」一篇至今無主。

董逃行

鄭樵謂董逃行疑作於漢武之時，董逃爲一古仙人，通志四十九樂略：

疑此辭作於漢武帝之時，蓋武帝有求仙之興，董逃者古仙人也。後漢遊董謠歌之，有董卓之亂，卒以逃亡，此則謠讖之言，因其所尚之歌，故有是事，實非起於後漢也。梁簡文咏行幸甘泉云：「董逃拜金紫，賢妻侍禁中」又云：「不羨神仙侶，排烟逐駕鴻」，所言仙事也。

鄭氏謂董逃爲一古仙人，諒即是據梁簡文的咏行幸甘泉詩而言，在神仙傳（卷十）裏頭有一個董子陽「少知長生之道，隱博落山九十餘年。但食桃，飲石泉。後逢司馬季主，以導仙八方與之，遂度世。」「董逃」依宋書，玉臺新咏都作「董桃」，鄭樵明之爲古仙人，我想也許就是神仙傳所說的董子陽，因爲他「但食桃」，故或名之爲董桃，司馬季主史記上有傳。神仙傳謂董子陽逢司馬季主，那末董子陽諒也是漢代傳說的一古仙人。總之現傳的一篇董逃行古辭「吾欲上謁」是言求仙之事，鄭樵謂董逃爲仙人，此篇爲求仙之作，是很合理的。

楊孚董卓傳謂：「卓改董逃爲董安樂府」（樂府詩集三四引），可知董卓時董逃行已爲樂府中樂曲，其產生之期是否爲漢武時固很難斷定，但必然在董卓之前是可無疑，文選二十七曹子建箜篌引李善注引古董逃行：

年命冉冉我遑，
零落下歸山丘（又文選二十三沈休文宿東園詩李善注引亦同）

所引的古董桃行辭和現傳的董逃行古辭全異，諒是另一董逃行辭的佚文。六言詩一體在曹魏時始盛，所引之辭二句都是六言，疑是其時的產品。晉陸機董逃行「和風習習薄林」一篇都是六言句，當源於此。又今傳傅玄的董逃行歷九秋篇最先見于玉臺新咏，題爲傅玄擬北樂府歷九秋篇董桃行，共十二首，（此據趙小宛堂覆宋本，五雲溪館本玉臺則載「綠幃頓兮含嚬」和「鸞與麥兮夏零」二首爲歷九秋篇董桃行，餘則歸爲梁簡文帝辭，諒爲傳寫之誤），樂府詩集三十四引樂府解題曰：「晉傅玄有歷九秋篇十二章，具叙夫婦別離之思，亦云董逃行，未詳。」我以爲現傳傅玄之歷九秋篇董逃行乃是歷九秋妾薄命行之誤，曹植的樂府有妾薄命二首都是六言，大抵言燕私之歡和傅玄的歷九秋篇同一之形式和內容。文選（三十四卷）七啓和（二十二卷）謝靈運登石門最高頂詩李善注云：古樂府有歷九秋妾薄相行，又（二一卷）西京賦李善注引古樂府歷九秋妾薄相行歌辭曰：

齊謳楚舞紛紛
歌聲上徹青雲

二句正是傅玄的歷九秋篇裏面的辭句，所以我以爲現傳的傅玄歷九秋篇董逃行，大概是因董逃行辭有六言體，致六言體之妾薄命行誤爲董逃行。

艷歌何嘗行

宋書樂志謂：艷歌何嘗行一曰飛鵠行，王僧虔技錄謂：艷歌何嘗行歌文帝何嘗（宋志作古辭）古辭白鵠二篇（樂府詩集三九引）。竊天案：「白鵠」和「何嘗」古本爲二曲，至宋才合爲一曲。白鵠就是現傳的「飛來雙白鵠」一篇，或謂之爲飛鵠行。這支曲子大概很早就已經有了，魏文帝臨高臺樂府中便有一部份引用白鵠篇。又西京雜記（卷五）謂：「齊人劉道强善彈琴，能作單鵠寡鳧之弄」，所說的單鵠或便是白鵠一曲。（白鵠篇歌辭中有，妻卒被病，行不能相隨。」之語故或謂之單鵠吟）可知白鵠本是一支獨立的曲子，他的產生期也許比何嘗還早，到了宋戴顒才把白鵠和何嘗合爲一曲，宋書九二戴顒傳：

顒及兄勃並受琴於父。父沒，所傳之聲不忍復奏，各造新弄，勃五部，顒十五部。顒又制長弄一部並傳於世……爲義季鼓琴並新聲變曲，其三調游弦廣陵止息之流皆與世異。太祖欲見之，嘗謂黃門侍郎張敷曰：「吾東巡之日當讌戴公山也。」以其好音，長給正聲伎一部。顒合何嘗白鵠二聲爲一調，號爲清曠。

宋志載艷歌何嘗一曲歌古辭白鵠而或謂之爲飛鵠行是因爲戴顒合何嘗和白鵠二聲爲一調，故調名可相互用，而歌辭白鵠和何嘗都共歌一調。

胡無人行

胡無人行一曲曾見於王僧虔的技錄，（通志四十九樂略及樂府詩集四十引）古辭現已經不傳。御覽八〇〇引古胡無人行曰：

望胡地，何嶮巇？
斷胡頭，歸胡臚。

僅四句，大概便是胡無人行的不完全的古辭。唐僧貫休胡無人行：

霍嫖姚，趙充國，天子將之平朔漠，
肉胡之肉，燼胡帳幄，……
將軍旣立殊勳，遂有胡無人曲。（樂府詩集四十）

他說胡無人行便是起于漢武帝時。

泰山吟

樂府解題曰：

泰山吟言人死精魂歸於泰山，亦薤露蒿里之類也。（樂府詩集四十一引）

韓非子十過篇：

師曠曰：……昔者黃帝合鬼神于泰山之上。

風俗通，正失篇：

俗說岱宗上有金篋玉策能知人年壽修短。

博物志一：

泰山一曰天孫言爲天帝孫也，主召人魂魄，東方萬物始成，知人生命之長短。

依據歷代的傳說，都以爲泰山是知人壽命長短和鬼神聚會之所。[illegible]晉人陸機和宋人謝靈運[illegible]泰山吟[illegible]見的泰山吟[illegible]題所說的[illegible]者，當是一篇古辭[illegible]

巴黎敦煌殘卷叙錄（二六）

王重民

李陵蘇武書

李陵與蘇武書一篇，蘇武答書一篇，同寫一卷上。巴黎所藏，共有三本：一、天成三年戊子歲（九二八）正月七日學郎李幸思寫本，編號在二四九八。二、丁亥年（九二七）二月三日淨土寺比丘僧靜惠寫本，編號在二八四七。三、壬午年（九二二）二月二十五日金光明寺學郎索富通寫本，編號在三六九二。〇三本互相校補，文字得無殘缺。按藝文類聚卷三十，載李陵與蘇武書一首，蘇武報李陵書一首，又李陵重報蘇武書一首。梁昭明太子纂文選，獨取重報蘇武書。今以文選校類聚，知多所刪節，類書體例，固如是也。前兩書雖無別本可校，若其刪節尤多。文選潘岳西征賦注，曹植責躬詩注，班固燕然山銘注，張載答何劭詩注，繁欽與魏文帝牋注，孫楚爲石仲容與孫皓書注及史記匈奴列傳索隱，並引李陵書或李陵與蘇武書，當並是類聚所刪與蘇武書佚文。又文選海賦注，北堂書鈔卷一百十七，太平御覽卷九百十九，及文選韋昭博弈論注，並引與李陵書，則又當並是類聚所刪報李陵書佚文。然則六朝初唐以來，此三書者，固並流行於世。李善與世南歐陽詢司馬貞所見，均是完本。後世放失之餘，祇以重報蘇武一書，編入文選，全篇因獲保全，至今傳誦不絕；然自劉子玄以來，已疑其僞，後人疑信參半。以余觀之，殆西晉之季，五胡亂華，偏安江左，有志之士，力圖恢復，而又不見助於江南天子，孤忠泣血，因慕李陵之武功，蘇武之勁節，殆以寄其慨者所作耶？淸儒多謂作於齊梁之世，若果出於齊一首東武泰山吟謂而歸之怨詩，詞中言，人命一何促，「人命不可續」和蒿里高里二樂府，辭很相似，又謂「各繫太山錄」「忽然歸東嶽」明明爲解題所說的「人死精魂歸於泰山」之意。所以我很相信這一首辭便是解題所見的泰山吟詞。再考查所傳的古代的各怨詩行詞如所傳班婕妤怨詩，曹植怨詩，古爲君都有辛苦憂怨之言，和這篇「天德悠且長」古辭文意皆格不相合也，可以佐證這一篇古辭決不是怨詩行。

梁甫吟

梁甫吟「步出齊城門」一篇傳爲諸葛亮作，藝文類聚十九引爲蜀志諸葛亮梁甫吟。蜀志（三十五）諸葛亮傳：「亮躬耕隴畝，好爲梁甫吟」。荊州記：「鄧城西七里有獨樂山，諸葛亮嘗登此山作梁甫吟」（李白詩楊齊賢注引），藝文類聚所引的梁甫吟說是蜀志所載，大概就是根據蜀志「好爲梁甫吟」一語而言，楊時偉諸葛武忠書序曰：「又味傳言『好爲梁父吟』，不言自作，若今所傳『步出齊城門』寔淺庸淺，奚取而好吟之」，他的意見我以爲很對。覆宋版古文苑（依閩閩叢書本）也著錄梁甫吟「步出齊城門」一篇，題爲古梁甫吟並無作者姓名，陸士衡擬今日良宴會：

齊僮梁甫吟。

秦娥張女彈。

便是說梁父吟爲一曲齊謳罷了。又現傳梁甫吟詞首句便是「步出齊城門」。這是各樂府古辭所具的最普遍的形式，像步出夏門行，西門行，東門行，上留田行（文選注引上留田古辭曰：「出是上留西門…」）都是具有這種同樣的形式，所以我想「步出齊城門」一辭也是一首徒歌入樂或是伶人的作品。

梁人手，傳誦未久，昭明必能辨之。

此二篇又與前三書異趣。陵書勸蘇武降匈奴，武復書責其七大罪，謂以松柏爲心，雖桑田變海，終不改也。此三抄本均寫於五代，則作者當爲晚唐人。蓋當時之時勢，與西晉之背影又不同。迴鶻既衰，吐蕃已弱，西州版籍，重入唐家。回憶往事，子弟戍於邊塞，親族陷入蕃中，飽嘗戰爭之苦，沃受戎狄之威，蘇武與李陵故事，因隨時代而稍演變。際此恢復之後，艷傳陷蕃者之勁節，爭鄙降夷者之汙行，作者託之蘇李以摛文，殆有無限感慨蘊於其中耶？唯文字不甚通達，殆出於沙州學人之手。沙州陷蕃幾及百年，文事凋殘，恢復以後，求其能作通順文字者已難得，此兩文在西州，已屬上乘，宜其傳誦之廣如此也。

六朝人所傳蘇武李陵三書，嚴可均全漢文卷二十八，郝懿行曬書堂筆記卷上，並有輯本。郝氏引李獻人言，何義門所見李陵僞書有五本，余雖不知此語出於何書。然則類聚所引以外，殆尚有其他僞本耶？抑敦煌石室未開以前，此二書者，曾有傳本在人間耶？七月二十三日。

古文尚書殘卷

尚書殘卷二：甲卷爲盤庚之後半，存者十三行；（Pelliot 3605）乙卷爲禹貢之開端，存者二十有二行。（Pelliot 3675）兩卷筆跡相同，治字並不缺筆，則原同一書，唐高宗以前寫本也。持與段氏撰異對讀，如謂隸字從肉，自來古本如是，以駁大徐之非；隸字不從草，說文或有脫誤，以申小徐之是。其言曰：「此非好爲異說，願潛心小學者審之。」今照以此寫本，段君之言爲定讞矣。七月二十日。

怨詩行

晉書八十一桓伊傳：

帝召伊飲讌，安侍坐，帝命伊吹笛伊神色無迕即爲一弄，乃放笛云：「臣於箏分乃不及笛，然自足以韻合歌管，請以箏歌並請一吹笛人…臣有一奴善相便串」……奴已吹笛，伊便撫箏而歌怨詩曰：「爲君既不易，爲臣良獨難，忠信事不顯，乃有見疑患。周旦佐文武，金縢功不刊。推心輔王政，二叔反流言」聲節慷慨俯仰可觀，安泣下沾衿，乃越席而就之，捋其鬚曰：「使君於此不凡」，帝有愧色。

世說新語注（卷下之上）引續晉陽秋曰：

左將軍桓伊善音樂，孝武飲讌謝安侍坐……伊撫箏而歌怨詩，因以爲諫也。

即是晉人樂府怨詩歌爲君一詞，王僧虔技錄：

布錄所載古爲君一篇今不傳。（樂府詩集四十一引）

布錄所載的古爲君一篇應即是「爲君既不易」一詞，王僧虔技錄說此詞已不傳，知爲君一篇在宋時已經佚失，陳則歌東阿王明月照高樓一篇，（見樂府詩集四十一引古今樂錄）唐人樂府解題：

怨詩行古辭云：「爲君既不易，爲臣良獨難。」言周公推心輔政二叔流言，致有雷雨拔木之變。（樂府詩集四十一引）

據此，唐人尙曾見怨詩爲君一詞。蓋晉代淪亡，其初各樂府散失的很多，所以宋人或有所未見，藝文類聚四十一引魏陳王曹植怨歌行曰：

爲君既不易，爲臣良獨難，忠信事不顯，乃有見疑患。周旦佐文武，金縢功不刊，推心輔王政，二叔反流言，待罪居東國，泣涕常流連，皇靈大動變，震雷風且寒，拔樹偃秋稼，天威不可干，素服開金縢，感悟求其端，公旦事既顯，成王乃哀歎，吾欲竟此曲，此曲悲且長，

今日樂相樂，別後莫相忘。

這便是怨詩行爲君一篇的全文，和晉書解題二書所載的怨詩符合，有餘說他是古辭，而類聚引作曹植辭，未知何所根據，總之爲君一篇爲怨詩擬古的辭，而樂府詩集不載，而把爲泰山吟古詞的一篇載入怨詩，總算疏忽得很。

長樂佳

佳是鳥名，詩小雅四牡：「翩翩者鵻」傳：「鵻，夫不也」箋：「鵻，本作佳」，爾雅釋鳥：「佳其鳺鴀」注：「今鵓鳩」疏：「佳一名鵓鳩，今楚鳩，」長樂佳第二曲曰：「雖鳩不樂林」，說其時佳或叫做雌鳩，又同曲言：「長樂戲汀洲」「所以曲名叫做長樂佳。又第三曲云：「鴛鴦翻碧樹，皆以戲蘭渚」第六曲云：「比翼交頸遊，千載不相離。情情欣歡念長樂佳（疑末句有脫字）所以徐陵玉臺新詠序「陪遊馺娑騁纖腰於結風，長樂鴛鴦奏新聲於度曲」把牠叫做長樂鴛鴦。陳徐陵說他是新聲，可以知道長樂佳一曲是梁陳間或稍前的作品。

莫愁樂

本歌第一曲云：

莫愁在何處，莫愁石城西，艇子打兩槳，催送莫愁來。

古今樂錄謂：「莫愁樂者出於石城樂。石城有女子名莫愁善歌謠；石城樂和中復有忘愁聲，因有此歌」（御覽五七一引）。洪邁容齋隨筆云：「莫愁者郢州石城人。今郢有莫愁村，畫工傳其貌，好事者多寫寄四方。周美成樂府西河一闋詠金陵所云：『莫愁艇子曾繫』之語，豈非誤指石頭城爲石城乎？」

紫騮馬

樂府詩集，梁鼓角橫吹曲中有紫騮馬歌辭載「燒火燒野田」「高高山頭樹」二曲和「十五從軍征……淚落沾我衣」八十言，古今樂錄謂「十五從軍征」以下爲古詩（見樂府詩集二十五引）明人便以爲「十五從軍征……淚落沾我衣」，是詩，而不是樂府中的歌辭。案古今樂錄謂「十五從軍征」爲古詩，意思是說「十五從軍征……淚落沾我衣」是一首梁以前的紫騮馬古辭。所言「古詩」便是「古辭」之意，漢代的樂府歌辭都謂之樂府歌詩，「詩」和「辭」本來無別。樂府詩集四十二引古今樂錄：

紫騮馬古辭云：「十五從軍征，八十始得歸，道逢鄉里人：『家中有阿誰』」又梁曲曰：「獨柯不成樹，獨木不成林…」

是古今樂錄已明言「十五從軍征」一首，乃是紫騮馬的古辭。他先引古辭，後引梁曲，就是指明「十五從軍征」一曲不是梁人的紫騮馬歌辭。樂府詩集把「十五從軍征」一曲載入梁鼓角橫吹中，說是因循前人的編制，固是不很適當，但如沈氏古詩源把「十五從軍征」擯之於樂府之外而入古詩，便是荒謬。陸侃如樂府古辭考誤認古樂府「十五從軍征」與明人所著錄之古詩「十五從軍征」爲二，亦未愼審。

傷歌行

今文選卷二十七載有傷歌行一曲並古辭「昭昭素月明」一首。案王僧虔技錄和唐以前關於樂府的諸記載中俱未見有傷歌行這一支曲名，我以爲傷歌行這一個樂府名是起得很晚。現傳文選所載的傷歌行乃爲長歌行之誤，文選所載樂府諸曲題下俱有善注，而傷歌行一曲獨無，這是傷歌行一題爲後人所加的一個證明，現行文選于傷歌行之次載長歌行一曲，其題下李善注曰：「此上一篇似傷乎命，而下一首直敍怨情」。即是明謂長歌行有兩篇，而現傳文選僅載「青青園中葵」一篇，即是所謂「似傷年命」的一篇，而所謂「直敍怨情」的一首便無所指。又本書（二十九卷）張衡四愁詩注及何敬祖雜詩注兩引傷歌行「昭昭素月明」篇都作古長歌行。則知「昭昭素月明」一篇本非傷歌行而爲古本文選所載的長歌行第二首，即善注所謂「下一首直敍怨情」便是，藝文類聚四十二引古長歌行第一首爲「青青園中葵」其第二首便是今傳傷歌行「昭昭素月明」一篇，亦可佐證今傳文選之誤。後人因「長」「傷」聲近致誤，而別出長歌行第二首爲傷歌行，宋以來俱以訛傳訛相傳而莫之知。今應將「昭昭素月明」一首歸之長歌行。而傷歌行曲名似是晚起，宜不應稱爲古樂府。

新書簡訊

禹貢半月刊專號五種

禹貢學會，成立以來，介紹研究，不遺餘力。而自五卷以後所出各專號尤爲精彩，蓋以同類論著，刊佈於一卷之中，既便於檢尋，復利於購買，其裨益良非淺也。茲略爲介紹各期專號於左：

一、利瑪竇世界地圖專號（第五卷第三四合期）

明末之際，耶穌會士，相繼來華，利瑪竇，湯若望，艾儒略，龐迪我，南懷仁等，其卓著者也。此等教士挾其科學知識，來中土傳教，影響頗大，而尤以利瑪竇最爲特出。利瑪竇意大利人，其學淵博，於傳教之餘，治天文地理測量繪畫諸學，其在中國俱有表現。其所繪製爲『山海輿地全圖』之世界地圖，當時中國人尙不知世界之大究如何也，於是一新國人之眼界，實爲不僅。其在中國科學上或治天文地理上固宜有以紀念之也。本號有洪煨蓮考利瑪竇的世界地圖，[illegible]大觀。

二、西北研究專號（第五卷第八九合期）

近年[illegible]

三、回教與回族專號（第五卷第十一期）

回教傳入中國，由來已久，而其關係最深者即爲新疆。該會於西北專號之後發行此刊，似有意於存疑。本號重要文字有馬松亭阿衡之中國回教與成達師範學校，趙振武之三十年中國回教文化概況，說明內地回教文化近況；金吉堂之回教回族說，王日蔚之回教回族辨：闡述回教與回族之關係；至於日人桑原隲藏著牟潤孫譯之創建清眞寺碑考，白壽彝之從怛邏斯戰役說到伊斯蘭教之最早的華文紀錄，德國夏德著安文倬譯之十三世紀前中國海上阿拉伯商人之活動以及韋北昔之陝甘回亂初起時之地理關係等文，則均史的探討。

四、東北研究專號（第六卷第三四合期）

此一專號之發刊意義，當爲國人所共知！所刊除張印堂之中國東北四省的地理基礎外，大抵爲東北四省歷史地理之考證及其參考目錄。馮家昇之原始時代之東北，王懷中之唐安東都護府考略，侯仁之之燕雲十六州考，尹克明之契丹漢化略考，潘承彬之明代之遼東邊墻，劉選民之東三省京旗屯墾始末，趙泉澄之淸代東三省地理沿革表及關維航之淸代漢人拓殖東北述略等文，均屬史地考證。此外有金毓黻之遼海叢書總目提要，陳鴻舜之東北期刊目錄，東北書目之書目等。筆者於東北淪陷之五年，得讀此專號之出版，不禁喟然興嘆，熱血奔騰。不知何時東北可以「重見漢旌旗」也。

五、後套水利調查專號（第六卷第五期）

諺云「黃河百害，唯利一套」，此語明示後套在墾殖上之重要。二十三年夏顧頡剛氏往遊察綏，聞王同春開發河套事，歸後爲文，先後刊於大公報史地周刊及禹貢半月刊。今歲七月該會組織河套水利調查團，往查水利實況，乃有此專號之發刊。本號所載李秀潔後套沖積地的自然環境概況及郭敬輝劃分西北自然區域之我見，均爲自然地理之闡述。張維華古代河套與中國之關係，蒙思明河套農墾水利開發的沿革及張維華王同春生平事蹟訪問記，或述河套沿革，或述開發經過及開發人物。至於河北新村訪問記（侯仁之），後套兵屯概況（張瑋瑛）及旅程日記（侯仁之，張維華，王日蔚）等篇，則爲參與調查諸君之紀程。吾人當今綏遠烽火頻傳之日，塞上風雲緊急之時，讀此自當更爲興奮！ （郁）

（編者按：「禹貢」最近南洋專號已出版，閩粵檔尚有綏察專號廣西專號之編輯。）

書人月刊創刊消息

目前國內出版界期刊仍如雨後春筍，不過專事批評介紹國內出版圖書的雜誌依然缺少，書評全盤局面僅賴各大日報圖書副刊及各雜誌書評欄撐支，聞近來上海方面創辦一種『書人月刊』，內容似乎比較從前的圖書評論還要擴大些，有左列各種項目，並且歡迎投稿：

圖影—有關文化學術之照像圖畫

象傳—著作家，思想家，藏書家，藝術家，科學家，出版家，言論家，……

論壇—有關文化學術之短論

論文—關於作家及作品研究論文，兼收其他學術思想論文及年譜考證。

書評—兼收特殊外國圖書

『期刊書人』—期刊（包括日刊）介紹評論

『小書人』—五百字以下精短圖書介紹評論（不限古今中外）

書華—圖書精華

文華—論文精華

雜文—序，跋，書話，人話，隨筆，雜感，書市記，訪問記，印象記，回憶錄等，

討論，消息，新書目錄，書評索引，統計，調查等。譯稿同時容納。

該刊創刊號，一月中旬在上海出版，通訊處在上海縣三林塘裕豐米號轉書人月刊社，該刊創刊號目錄，主要的有：吳安昌：中國目前需要書評，蔣弗華：給——沈有乾：漢字排檢問題談話，湯朝華：張蔭麟『中國史綱』評論，湯朝華：教科書大觀書風景線外的中國兒童『方字』，常風：論茅盾的創作，沈綸：王造時譯『歐洲現代外交史』評論等。此外尚有論壇，書華，文華，雜文，譯文等。

圖書副刊

BOOKMAN
第一百六十六期

國立北平圖書館善本叢書第一集敍錄

謝國楨

有明一代疆域之廣，與漢唐比，西域土番，武功之盛，……

[illegible]

一、皇明九邊考跋

[illegible]

二、邊政考跋

[illegible]

三、三雲籌俎考跋

[illegible]

四、西域行程記跋

[illegible]

五、西域番國志跋

[illegible]

六、籌遼碩畫跋

[illegible]

七、皇明象胥錄跋

[illegible]

要仍在其說，此當海禁未開以前，士大夫對於域外之觀念往往如是也。然明自永樂成化以還，鄭和張宣乘艦航海，經營南洋，其後若鄭道明，陳祖義之據長鶴港，使後之主政者不主放任之策，則南洋羣島，或轉為國之殖民。又是書稱美洛居，歲輸丁香，明史稱：『美洛居有香山，雨後香墮沿流滿地』，此與十六世紀，歐洲人士爭覓香料羣島之事，可以相證。又是島後為紅毛番，佛郎機所分，此即荷蘭與葡萄牙爭雄南洋群島之事，是書實之確鑿可據。至書記海外風俗，如佛郎機人高鼻白皙，鶯嘴貓眼，鬚捲而髮近赤，亦多與實符合，書考鈔冠，賤者頂笠，見尊長撤去之，則其俗於今猶不相遠也。且是書所載各國事實與明史略同，如是書云：『賤者頂笠，見尊長撤去之』，而明史則云：『賤者笠見尊長輒去之』，明史僅刪『頂』字『撤』改為『輒』字，是明史與殊域周咨錄，及是書所據史料，必出一源，但互有詳略之不同耳。

八、行邊紀聞跋

右行邊紀聞一卷，明田汝成撰，汝成錢塘人，字叔禾，嘉靖間進士，官廣西右參議，分守右江，甚著政績，遷福建提學副使，博學工古文，長於撰述，歷官西南，諳曉邊務，千頃堂書目地理類著有炎徼紀聞四卷，四庫提要亦作四卷，實即是書，昭文張海鵬曾刻於借月山房彙鈔。是書為嘉靖丁巳刻本，每半頁十行，行二十字，借月山房本，較此本多自序，及書尾論曰一條，茲逐錄於後，然四庫本及借月山房本，即由是書所出也。明代西南之患，苗猺為烈，苗猺散處四川，雲貴，廣西各地，而以廣西思田，岑氏，大藤峽藍胡侯槃四族為最強悍，負固自守，屢平屢叛，迄無定局。正德間，思田土酋，岑猛為岑璋所害，餘黨盧蘇王受復叛，總督姚鏌不能定，乃詔新建伯王守仁往討，馳赴南寧受盧蘇王受二酋之降，立岑猛之子邦佐為武靖知州，遂破大藤峽，八寨，仙臺，花相諸洞之蠻，猺亂乃平。未幾而有嘉靖間大藤峽侯公丁之變又起，副使翁萬達賺得百戶許雄通賊狀，乃屬右參議田汝成往治其事，既斬公丁，大軍乘勢前進，連破諸猺，藤峽復平。汝成馳驅兵間，周旋實盡，凡兩閱歲月，適以耳目之所親，經畫之所具，以次錄之，首廣西岑猛，岑璋，斷藤峽，次貴州，寄香，安貴榮，阿溪，阿向，雲南鐵鏁，麼柴禿老諸蠻，而以猺獞，孟養，蠻夷，羅羅，狆猪，畔獠諸族終焉，其記思田斷藤峽諸苗，較明史尤為詳盡。而斷藤峽者，有明憲宗時為浙江參政韓雍所破，改大藤峽為斷藤峽者也。王文成之破思田，思威並濟，有用兵十害招撫十善之議，因請於田州復設流官，別置十九巡檢，並受於流官知府約束，此即改土歸流之說也。明代苗猺之患，明史稱：『由規模草創未嘗設立文武為之鈐轄，聽其自相雄長，雖受天朝爵號，實自王其地，故終明之世，嘗煩撻伐。』其說甚當，文成之議，實早見及此，乃汝成謂『新建伯受鉞專征，事出姑息。』並云：『翁仁夫曰，新建伯之將兵也，予適侍側，嘗田州事，非我本心，後世誰諒我者，而參將余恩亦言，田州乃陽明未竟之功。然岑猛實伏誅，而疏言病死，蘇受大赦漏網，而疏稱其功，此何解也？』至譏文成：『蔽奸罔上，失諸夷心，此其人寧復顧國家大體。』蓋汝成在文成征苗之後，故不惜詆誹前哲，以揚己之功，則純為誣衊之說，無傷於日月之明，然汝成之削平藤峽諸猺，載在明史，其功實不可沒也。

九、朝鮮史略跋（從略）

十、安南圖誌跋

右安南圖誌一卷，明鄧鍾撰，鍾溫陵人，官廣東瓊崖副總兵，萬曆戊申交趾莫登庸殘黨倡亂邊徼，欽州告急，鍾奉檄討賊，乃檢篋中舊存安南圖，及粵向為安南考，俞大猷平交圖說，乃梓是編，人授一冊，以為取交之嚮導。是書為錢氏述古堂鈔本，每半頁九行，行二十二字，鈔寫甚精，為黃氏士禮居舊藏，有黃蕘圃手跋，丕烈等朱文印，其書流傳有自，蓋從明刊本所影鈔者也。安南自漢唐以來，已入吾國版圖，至宋乃自稱制，明成祖朝因黎季犛篡立，乃遣張輔討平其亂，輔凡四至交南，削平其地，改安南為交趾，建置郡邑，及增設驛傳郵運，規畫甚備。然交事甫定，輔即召還，未能效沐氏之世守滇南，交趾旋又不守。其後柳升以輕敵殞師，王通以提怯棄地，逮宣宗朝，守老成持重之言，僅邊荒於度外，而交事益不可為矣。後之持邊事者，未見有緩靴之張輔，而徒存怯敵之王通，可慨也夫！

十一、日本考跋

右日本考五卷，明李言恭郝杰同撰，言恭字惟寅，號秀巖，岐陽武靖王文忠之九世裔孫，以萬曆二年，襲封臨淮侯，杰字彥輔，蔚州人，言恭生而岐嶷，喜讀書，及長工詩，與王鳳洲，李滄溟輩稱海內十才子，有貝葉齋青蓮閣二集行世。與胡應麟為友，應麟少室山房集與之往還倡和甚衆，通於日本情事，應麟送之詩有：『月支奉藏朝，日本新封』之句。督京營戎政，時倭亂方劇，與右都御史杰撿拾舊聞，同撰日本考，黃氏千頃堂書目，四庫全書地理類存目，均著錄其書。是書卷一為日本國倭國事略，卷二沿革疆域，卷三字書歌謠，卷四語音史文時令風俗，卷五文辭詩歌游藝，條例詳明，刊於明萬曆間，每半頁九行，行十八字，四庫存目稱：『此書記其山川地理，及世夫士風，而於字書譯語，臚載尤詳，後倭陷朝鮮，封貢議起，杰以力爭不合，徙南京，而言恭子宗城，辛為石星所荐，充正使往封，而倭情中變，易服逃歸，被劾論戍，蓋徒恃紙上空言，食其不能悉知情偽。』然日本自會然入貢吾國，人始知日本五畿七道之名，及所僻州郡之數，惜未能辨其地望，如靜儉之日本考略，據傳聞以為圖，方向易明，是書之圖，殆亦猶是。惟是書所引文辭，如戒飭王思行成表，明史即錄以入日本傳。所記日本史事，雖未如明史之詳審，而民物風俗，語言文字，實可補明史之未備。明代於東南沿海邊防，隆慶以還，前有倭寇之擾，而後有朝鮮之亂，時當日本室町幕府時代，群臣宗室，互相屠殺，為日本混亂之秋，各島諸倭，薩摩浪民，蔑常侵掠海濱，而吾國奸民徐海汪直輩，又往句結之，卒釀倭寇之亂，蔓及沿海諸省，兵連禍結，垂數十年，名將如戚繼光，俞大猷等，僅而後能克之。是書稱：『向之入寇者，薩摩肥後及長門三州之人居多，其次則大隅，筑前，筑後，博多，日向，攝摩，津州，紀伊種島，而豐前豐後和泉之人，亦間有之，乃因商于薩摩而附行者也』，其言極為有據。自豐臣秀吉之寇朝鮮，雖經李如松之撻伐，亂甫削平，而東酋又起，是倭寇之亂，恰與明廷相終始。故明史日本傳云：『終明之世，通倭之禁甚嚴，閭巷小民，至指倭相詈，甚以噤其小兒女。』當時士大夫於日本情事，亦兼研究，較於千頃堂書目者，有許儀日本考略三卷，鄭若曾日本圖考二卷，侯繼曾他關於日本史事者，尚有鄭若曾籌海圖編十三卷，宋應昌經日本風土記四卷，且薛俊鄭若曾二書，均著錄四庫存目，其略復國要編十四卷，然記日本民物風俗，語言文字，則無逾是書之詳者也。

十二、使琉球錄跋

右明嘉靖刊本使琉球錄，每半頁十行，每行二十字，千頃堂書目著錄於史部地理類，四庫未見著錄，明刊紀載彙編，及明鈔本秘冊叢說，僅採其使事紀略一卷，凡是書所缺略者據秘冊叢說補入，所附夷語模糊之字太多，以無書可校，姑亦仍之。明史外國傳四琉球云：『嘉靖五年尚眞卒，其世子尚清以六年來貢，因報訃使者，還至海溺死。九年遣他使來貢，並請封命，福建守臣勘報。十一年世子以國中臣民狀來，上乃命給事中陳侃，行人高澄持節往封，及還，即此書。』按琉球自古不通中國，元世祖遣官招諭不能達，洪武初其國有三王，曰中山，曰山南，曰山北，皆以尚為姓，而中山為強，山南山北皆為中山所併，成祖以還，嚮向華風，朝貢不絕，侃等以嘉靖十二年五月奉命使節琉球，先赴福建造舡，翌年四月舡成，五月初八日解纜放洋，五月二十五日到達彼國，七月初二日行封王禮，凡停泊一百五十日，九月二十日開舡返國，十月初二抵福州，飄泊半歲，屢經風濤，備嘗艱辛，始克返國，歸乃述其途中所遇山川風景，民物土俗，撰為使事紀略。又輯大明一統志，贏蟲錄，星槎勝覽，集事淵海，使職要務等書，凡關於琉球事者，輯為群書質異，中多未見之本。凡前書所記之妄，皆為辨證，如琉球本無：『落漈之水，趨下不回』，前人謂中山王所居壁下，多聚髑髏，侃遍觀王宮壁下，皆累以石，國王制備雅飭，貌若儒生，實未有壁枯髑髏之事，足以匡大明一統志之謬。至侃持節反擊，不失大國使臣之風，梯航浮海，於怒浪驚濤之中，心神俱怖，及其歸也，乃有得慶生還之感，蓋猶於琉球使臣漂溺之覆轍也。琉球介於中華日本兩國之間，事秦事楚，極感肆趾之艱，侃之使彼邦也，初則禮貌甚隆，中忽冷落，其行也則又歎接愈殷，如是記所云：『二十三日王始至館相訪，令長史致詞曰，清顯左右久矣，因日本人寓茲，狡焉不可測其衷，俟其出境而後行，非敢慢也。』蓋當嘉靖時，琉球已存兩屬之心，明史所稱：『外禦强鄰，內修貢不絕。』此亦小國事大之一道也。

新書簡訊

中國方志學通論 傅振倫著 商務印書館印行 定價七角

因為此書的原稿本是著者在國立北平大學女子文理學院的講義，所以後來雖然經過增刪，仍舊保留原來神氣。全書所論及的範圍甚廣，關於方志的各方面都曾說到，不過有詳略之不同而已。開首幾章論方志之名稱，種類，性質，功用，價值，沿革等，均應有盡有。以下則為對於已往各種方志的批評。我國載籍之中，方志佔一很大的部分，（據書中引朱士嘉著中國地方志綜錄序，共採訪所及者將六千種。）然而能夠記載翔確，系統整飭者，為數較少，其大多數都不免雜亂，鄙陋，鈔襲，怪僻等等毛病。此書第十章方志之派別和第十一章方志之通病兩章將這種種非有相當的努力不能知道的事實畫量的舉出，對於想在方志上用功的人是有用的。再次則為關係撰述的部分。著者曾經編過新河縣志，又曾經擬定過河北通志例目，總有實際經驗，自謂「吾志雖計日成稿，採訪容有未周，書成不及兩定，體例或未盡劃一，紀事尤覺煩蕪，然體裁編製，頗可供史家參考」，並非虛語，會讀過此志的自然會知道其璧壘一新的精神，不過在本書中，對於修志的方法卻少特別的表現。修志的問題大別有二：一為人事，一為撰述。撰述方面又可分為材料和義例二項，至於文詞的運用尚在其次。人事問題姑且不論。義例問題，書中依舉出著者所擬之北平志類目，河北通志例目，及新河縣志目錄三者作為例證，而對於各門類之有無，分合的原故並無詳盡的討論。然而此種討論實在很為重要，不明瞭各門類之性質與範圍，便難以擬定適當的目錄。關於材料問題，在第十九章方志之撰述下中論述甚詳，只是太泛。採集及鑒定的方法和一般歷史學研究法中所說的相差無幾，殊不知方志有較狹的範圍，又注重當代，其問題是如何蒐集到（即調查）正確的資料，不能和史料的蒐集與鑒定相提並論。所錄幾種修志調查表格倘可供參考，然亦嫌太簡，無裨實用。至於編次的方法，僅有綜論式的抽象的原則，既少討論，又無舉例，徒令讀者莫名其妙而已。總之，著者在撰述的部分是失敗了，以言理論，則少詳盡的研究，以言應用，則無實施的方法，和其他部分相比，不免輕率從事之譏。此外另有一比較的輕微問題，即著者既承認襄陽耆舊傳，洛陽伽藍記，溫州經籍志等記一地之事者偏而不全者為雜志之屬，列為方志之一類，（見第二章）何以又將專記地理之地記及記一隅歷史之方記劃出方志範圍之外，其故令人不解。（于鶴年）

+ + + +

十七世紀南洋羣島航海記兩種

第一種：佛蘭克著東印度之航海及軍事紀實 第二種：適威思頓著航行東印度六年間日記 黃素封 姚枬合譯 商務印書館印行定價一元二角

原著於十七世紀末葉在德國出版，後譯為荷蘭文，十八世紀之初譯成英文，並冠以英國法義耳之導言。此本即是從英譯本重譯的。佛氏及適氏均服務於荷蘭東印度公司船中，佛氏為醫生，適氏為義務隊員，從事航海生活，往返於東印度羣島之間，就所見所聞，著成遊記。佛氏所作，凡十四章，自一六八〇年起，至一六八六年止。適氏所作，凡九章，自一六七五年起，至一六八五年止。二人在海上的時間前後，約略相當，正在荷蘭海外殖民事業發皇的時代。所記的事實，自海上生活的種種情形、荷人拓殖的方法，以及各島上的風土人情，都十分的詳細，雖然不免幻想的成分，然而態度是忠實的。在歐洲人的關於南洋羣島的記載中還算是兩種最古的。第一種的體裁是隨時隨事的記錄，第二種的體裁是日記體，然大致相差不多。法氏的導言將當時的背景及二書的內容均詳加考證，可以輔助讀者的了解。譯文流暢可讀，每章後附譯者的注釋，最有價值。惜未附以當時的航海地圖，始可謂為盡善。（于鶴年）

+ + + +

頌齋書畫錄

書畫鑑第一集 容庚輯一冊 民國二十五年八月考古學社印行 定價三元

東莞容希白氏精鑑金石而兼及書畫。近以自來傳書畫者不能合譜錄傳記收藏而一之，故擬輯印書畫鑑，分集印行，專搜明清兩代書畫而以不著聞者為先務。先為墨迹圖譜，珂羅版精印，後附作者小傳，及記書畫之形迹，皆極詳確。是集共十六幅，末次為林紓畫迦音閣讀詩圖，有楊均舉，陳詩，趙熙，康有為題詩。迦音閣者，羅癭公悼亡夫人之居也。

容氏去取謹嚴，不自炫耀，銅山張伯英為之序，謂是集具四善，而除五失，亦可推當今著錄書畫者法之先河。聞第二集為陳氏伏廬所藏，陳氏所藏多精品，是必大有可觀也。（頌）

出版消息

三代吉金文存預約

上虞羅振玉氏著吉金凡五十年，搜所藏為海內冠，近纂集成書，用珂羅版精印，以三代為斷，計凡得四千七八百品。凡傳世三代彝器，有文字拓本者，莫不羅致，分門別類，同羅氏著三代金文錄表，再加以近世所出諸彝器，有見必錄，去偽存真，期無遺漏。書凡二十大冊，四函，於本月已先成首函五冊，聞現售預約，每部一百八十元，（外埠郵費另加），凡購預約者，款請交足，即將首函五冊郵寄。餘書於本年六月內出全，預約期本年二月截止，逾期每部實售二百三十元。以其成本浩大，聞只成百部云。

來函照登

敬啓者：頃閱貴刊第一百六十四期新書簡訊欄「史學消息」介紹一文，謬蒙獎許，無任慚愧。惟有數點乞為更正如下：該刊係燕大歷史學系（非歷史學會）出版，因本系學生輪流擔任編輯，第一卷曾出八期（自民國二十五年十月至二十六年七月），以後每卷十期（自每年之十月至翌年七月）。現已出至一卷三期。第一二期原擬為非賣品，但近以來函要求發售者甚夥，故自本期起定價零售每冊大洋八分，預定半年（五冊）連郵費三角五分，預定全年（十冊）連郵費洋七角，國外加倍。發行者為本學會發行部（北平成府蔣家胡同三號）專此致

圖書副刊編輯先生

燕京大學歷史學系啓 一月七日

圖書副刊

BOOKMAN
第一百六十七期

一本刊專載關於中外圖書之介紹批評以及學術界消息爲公開性質歡迎投稿
二刊登本刊之文略致薄酬
三投稿通訊可寄「北平文津街國立北平圖書館內圖書副刊編輯收」

清世祖實錄初纂本跋

孟 森

從古開創之朝，能取人種世之天下而代之，乘時會者半。而其時爲之君長者，至少亦必較優於所被取之朝，而其創業垂統之精神，亦必有大影響於後來國運之隆替，世數之多寡。故史家觀政觀德，尤注其心力於一國之國初，此稽古論世之通例也。清之開創，爲太祖太宗世祖三世，史家既有特注心力之例，而無奈清之後王，務掩開創三朝之眞相，取已勒定之紀載，一再以意潤色之，自以爲盡孝子慈孫之力，以塗飾其祖宗，無論祖宗自有未滿之眞氣，不能爲之完璞，非守文之世爲粉飾之習者所能知，即此屢改而屢將初定之本作廢，轉使天下疑此一代之祖先，何以多不可告人之隱如是。是欲彰其全美，而反使人疑其有隱慝。是欲爲孝子慈孫，曾不若率眞無僞者之爲能以遺奉其先也。清太祖太宗世祖三朝實錄，清世所勒爲定本者，皆乾隆間改修，今舉世皆清實錄已將有刊本行世矣。夫實錄向爲秘府禁書，故清定四庫，並不將乾隆以前諸帝實錄，列入四部之內。今果印行一代列帝實錄，爲一代史事之徵信，史料之總匯，豈不即以揭破其神秘，與萬世以共見，爲大快人意之舉乎哉。乃以清之開創三朝實錄，先自爲神秘而不可揭，則縱得十二朝實錄之全，徒仍其不滿於首三朝之意而已。故不背快觀實錄，猶渾然未動好奇之念也。既背有實錄可盡閱，而不得首三朝開創之眞相，豈不深孤悶讀之願乎。實錄以故宮爲藏，根本之地，幸而尙有太祖太宗初纂實錄在，又不幸而世祖實錄初纂本，已無漢文之本，亦無蒙文之本，僅存一滿文本。夫無蒙文，於事無損，無漢文即成大缺陷，縱欲恃滿文本重繙，無論工費浩大，譯才難得，且譯文究能悉如漢文原本與否，斷無把握也。故宮文獻館影印太祖太宗初纂實錄將告成，余頗有參以末議之處，以世祖初纂實錄之已缺，深以爲憾。旋知南中藏書家有一鈔本，輾轉商借，併印爲三朝初纂實錄，主人亦允之，而余仍恐其未可信，請先寄兩冊來審視再定。久之寄來，乃仍係乾隆修本，再問之，則云世祖實錄其家固有兩本，此係副本，但知爲璧價較次之本，亦不自知其孰爲初纂也。因再請其所謂正本者兩冊寄閱，則遷延未至。南北隔越，書問要求，人事羣羣，遂逡巡久之，忽由董君綬經見告，謂廠肆新收得清世祖實錄，係康熙時抄本，是時固未有改定世祖實錄，當係初纂本也。亟往訪之，肆主言書共十函，首函已爲人取去，有成言將售與矣。姑取其次函觀之，每卷首行所題世祖章皇帝尊號，爲體天隆運英睿欽文大德弘功至仁純孝十六字，與乾隆本作體天隆運定統建極英睿欽文顯武大德弘功至仁純孝二十二字者不同。蓋定統建極爲雍正元年所加，顯武爲乾隆元年所加也，紙墨確爲年久色澤，行款亦與乾隆本有異，決爲初纂本無疑。又知藏書家之抄本，紙墨甚新，其祖本即出於是。乃奔走有力之機關收購之，或以價鉅不易立措爲躊躇，而北平圖書館館長袁守和先生，知其爲故宮已佚，海內僅存之本，決意不使由今日既已覩而遇之，仍復交臂失之，流出國外，更成神秘中之神秘，乃與肆賈論價，而竟究其首函之所在，則果已東渡扶桑矣。袁君自與彼國之經手收書者商，此爲吾國治清史者必得之書，非情讓不可，東友亦諒解，乃由東復渡歸返，卒爲吾國坦然共見之物，袁君之於圖書館，可謂盡職守耳矣。既得此復乘太祖太宗兩朝實錄正在影印之際，並以此書合之，成一完全無缺之三朝初纂實錄。以余著此意特此說者久，且於此事微有審定徵求之勞，屬爲紀其原委。余以爲此於學人之渴望而外，即對清室後人八旗子弟，亦可補其前王自造神秘以啓天下疑其祖先之過。而鄰邦之以我國故物讓我安得，即如其原狀印行公布於世，則謙其原本亦仍得見其影本，有以慰之。此亦所以酬鄰邦之審意也。謂非一舉而三善備者歟。二十六年一月，孟森爲之跋。

康熙重修太祖實錄跋

孟 森

清太祖第一次初纂實錄，在太宗天聰九年，先成太祖戰蹟之圖，每圖帶說，既成而又摘圖中之說，別爲一本，兩皆名之曰武皇帝實錄。蓋由漢人以中土舊有之帝王體制相推奉，其先雖有留紀念以爲永存之計，未知實錄之爲何物，故文字體例，與歷代之實錄殊，即與後來規仿歷代實錄以爲實錄者，形式亦自迥別也。所載事實與乾隆定本頗有出入，故宮前數年已有排印本，惜錯誤太多，字小而行欵靡改，有因行欵示其義例之處，一改動即本意湮晦。如太祖之名努爾哈赤，四字圈以四圈，知已微有避諱之意，而排印本去之，其附見諸部世系，明係另一標題，標題之下，各部自當分列，方有眉目，排印本自首至尾，不空一格，其意以爲提行以示尊敬，可以不必，遂并其應析之眉目而混之。加以字如蠅頭，使人對此史學中實重徵信之要典，同於市肆偷工減料之小說，科舉時士子懷挾之夾帶，不但令人虛費玩索提挈之勞，即陳之目前，亦覺喪氣。而其中脫誤重疊，尤不可言。主者有轉移，用意亦遂有變化，乃不但覺太祖實錄之必須重印，并議三朝初纂實錄之重要，不可不彙爲一書，以慰史學家之望。而太祖之初纂本，有共觀之快矣。頃嘗見大冊殘稿本，有康熙重修太祖實錄，在太祖已改謚爲高之後，謂之高皇帝實錄，偶檢其殘存之文，如英睿豫三王之母殉太祖時，由太宗及諸王之強迫情狀，尙仍前不改，而乾隆定本盡沒之，私願取而與上下兩本作一總對勘，訪之故宮，則已佚矣。雖既有初纂，其遞漸改纂，不過介乎兩者之間，未必能添出兩本事實之外。然仍欲求全責備之意爲，則終歉然也。袁館長守和先生，既購世祖初纂實錄，事先余走訪廠肆時，肆中告以首函中尙有太祖實錄在，是其全書蓋兩朝實錄云。私念兩朝實錄中有太祖實錄，而又爲康熙鈔本，此太祖實錄亦是康熙間所修，非初纂本，但亦決非乾隆間之定本，如果爲康熙修本，則又爲故宮已佚而別無他傳本者，得之亦足慰顧見清掌故邇漸遞嬗之眞相。凡乾隆定本，成於乾隆初，而修改之動意，尙在雍正之末，故雍正間修聖祖實錄，至乾隆間並不改修，惟上三朝實錄，則太祖太宗經三修，世祖經兩修，今世祖兩修本已備，太宗初纂本之外，故宮亦尙有康熙本，亦爲三修皆備。惟太祖實錄，故宮已佚康熙本，今以得世祖初纂實錄，而並得太祖再纂實錄，豈非意外之獲。既而兩朝實錄之首函，由日本寄回，急取閱之，果有康熙修本太祖實錄冠首，喜極告袁君，袁君亦稱快。因商此時印三朝初纂實錄，應否並附印以饜海內之意。余謂此再修本究是不發生新事實之書，但可供校讎，以驗清代入關後漢化遞深之程度，不如由館自取三本，用列表式標舉其異同，別爲一著作間世。推之太宗實錄，亦與故宮商同作此便人之法，則不必將原書多費紙墨，亦節省之一策。惟太祖實錄，三本外尙有一本。即所謂帶圖本之乾隆重繪者。蓋乾隆時以帶圖僅有一本，恐其孤存易遭意外之損，乃奉繪新本，而於其所附之說，則以意改從後起之意，然說爲圖之篇幅所限，不能任意更動，祇可扣準字數，略加增損，故雖有改動，又不似定本之稱意變置。其所改字句，乃與初纂再纂本皆不同，亦與定本適別。自帶圖太祖實錄，前數年爲遼寧所印行，世間遂有此太祖實錄之又一本，而原來帶圖本之遺同初纂本者，今反不可得，正應高宗恐其孤本易損之慮。今若作太祖實錄校勘記，應並此四本合校之，重修帶圖本，又在修定本之後，而其意改之跡，反不及定本之多，所存初纂之原狀，則且多於再修本，此亦審其眞相，而可知作僞之終有支絀也。明成祖改修明太祖實錄，以掩其母爲碽妃，而自附於馬后所出，後卒發露，而徒於纂國之外，又多一悖棄所生之大惡。則知雖帝王之力，無能矯揉造作，於眞實之外妄有粘綴，而可以不露痕跡者也。袁君屬並記得書原委，樂爲連及之。二十六年一月，孟森書。

近代劇韻

書評

王了一

張伯駒余叔岩合著，北平京華印書局印刷。非賣品。

我很重視這一類的書：它在戲劇史上很重要，因爲這是「亂彈」的眞傳，是近代「京戲」發音的規律；它在音韻學史上也頗重要，因爲這是戲劇社會中所謂正音；它在語音史上也是將來的好資料，因爲這裏頭有現代北平音，有現代湖北音，有古音系統的殘留等等。周德清的中原音韻也就是這一類的書；我們很重視中原音韻，只因爲周德清能說內行話。余叔岩是一代名伶，他的話無疑的是內行，執筆者雖是張君伯駒，然而據他的序裏說：「每與作長夜談，深相契合」，可見他所叙述的「陰陽平仄尖團粗細之旨」大致是根據余君所談的了。

書中共分三卷。第一卷可算是總論，但沒有總論的標目；第二卷是五聲輯要，把劇韻分爲十三韻，即普通所謂十三轍；第三卷是尖團輯要，仍依十三轍次序，但把每韻細析爲尖團兩類而已。大致看來，本書的錯誤很少；因爲凡是自成一個系統的書，我們就不該根據別的系統去批駁它。所以本文着重在根據語音學的或中國音韻學的理論，對於書中諸術語（行話）加以說明，然後附帶地指出此書措辭不大妥當的地方。

卷一有論「尖團」一篇云：『尖團字本於切音。如「妻」，尖也，則七雞切；「欺」，團也，則乞雞切。南北因方音之別，切音各有所誤，尖團遂亦至不分。如「詩」，商知切，「書」，束於切，而南音或以「詩」爲桑滋切，「書」爲騷粗切，是以「詩書」而爲「思蘇」矣。又如城，澄盈切（按，依音韻闡微當爲赴盈切，若依現代北音，則澄營自更適合），「池」，長時切，而南音或以「城」爲會層切，「池」爲藏時切，是以「城池」而爲「層慈」矣。如「祭」，箭繫切，「酒」，精有切，而北音或以「祭」爲見繫切，「酒」爲幾有切，是以「祭酒」而爲「計九」矣。又如「瀟」，西妖切，「湘」，星秧切，而北音或以「瀟」爲希妖切，「湘」爲興秧切，是以「瀟湘」而爲「囂香」矣。』由此看來，所謂尖字，就是語音學上所謂舌尖的摩擦音(fricative)及塞擦音(affricate)在守溫三十六字母中屬於精清從心邪五母。所謂團字，就是語音學上所謂舌面的或捲舌的摩擦音及塞擦音，在守溫三十六字母中屬於見溪羣曉匣五母的齊撮呼，及知徹澄照穿牀審禪八母。然而如果我們參看本書卷三的尖團輯要，却發見溪羣曉匣五母的開合呼及端透定泥娘幫滂並明非敷奉微影喻來日十八母的字也是歸入團字一類的，然則所謂團字竟包括了精清從心邪以外的一切音。這麼一來，我們對於團字就有兩種可能的定義：(一)所謂團字，是指見曉系字的齊撮呼及知照系字；(二)所謂團字，是指精系以外的一切音。關於這兩種定義，我比較地喜歡第一種。因爲尖團之分，本是教伶人們把兩類易混的字分別清楚。端透精非諸母字既不會與精系字相混，就不必稱爲團字了。

書中最能引起我們的興趣的，是所謂「上口字」。書裏云：『上口字亦本於切音。如「書」，束於切，上口音也；「疏」，朔烏切，不上口音也。「主」，朱羽切，上口音也；「阻」，捉楚切，不上口音也。歌者不知所本，往往誤念』。今按上口字係屬於韻母方面。知徹澄照穿牀審禪日九母字，今北平只有開口合口兩呼，而劇韻則多數具備四呼或三呼；甚至剛剛相反，只有齊齒撮口兩呼。如知照母字，「支」「卮」「之」「脂」爲開口呼，「知」「蜘」「蛛」「質」爲齊齒呼，「阻」爲合口呼，「豬」「諸」「朱」「誅」「竹」「祝」「主」爲撮口呼。徹穿母字，「齒」爲開口呼，「喫」（本溪母字，今音如「赤」，見本書五聲輯要）爲齊齒呼，「楚」「礎」爲合口呼，「杵」「處」「楮」「褚」爲撮口呼。澄牀母字，「馳」「池」「篪」「遲」爲齊齒呼，「除」「儲」「厨」「躇」爲撮口呼。審母字，「世」「勢」「氏」爲齊齒呼，「疏」「蔬」「梳」爲合口呼，「紓」「舒」「輸」「書」爲撮口呼，禪母字，「市」爲齊齒呼，「豎」「樹」爲撮口呼。日母字，「日」爲齊齒呼，「如」「儒」「汝」「乳」爲撮口呼。凡此類齊齒撮口的字，都是所謂上口字。依舊音韻學的說法，凡北平收音於「厄」或「烏」而劇韻收音於「衣」或「迂」的，都是上口字。收音於「衣」的上口字，中原音韻時代更多，如「知蜘智織蚩癡池馳遲持直姪擲恥侈質隻炙織識汁只失室識適拭飾釋濕尺赤喫勑叱世勢逝誓日」諸字周氏都歸齊微韻，不歸支思韻，就顯得它們是上口字。他在中原音韻正語作詞起例裏，教人分別「知」與「之」，「癡」與「眵」，「恥」與「齒」，「世」與「市」，「智」與「志」，就是教人分別上口字與非上口字的意思。現在本書五聲輯要裏，「恥」與「齒」，「世」與「市」，「智」與「志」都已混爲一音，可見古今劇韻的變遷。收音於「迂」的上口字，在本書中，比收音於「衣」的多了好幾倍。關於收音於「衣」的，我說不出一個所以然來。關於收音於「迂」的，在語音史上很好解釋。原來照穿牀審四母依陳澧的切韻考可以細分爲八類，即照二等，照三等；穿二等，穿三等；牀二等，牀三等；審二等，審三等。凡屬三等的字，在近代劇韻姑蘇韻中都收聲於「迂」，即是所謂上口字。凡屬二等的字，在姑蘇韻中都收音於「烏」，所謂不上口字。「主」是照母三等字，故上口；「阻」是照母二等字，故不上口。「書」是審母三等字，故上口；「疏」是審母二等字，故不上口；「暑」「鼠」「黍」是審母三等字，故上口；「所」「數」是審母二等字，故不上口。「杵」「處」是穿母三等字，故上口；「楚」是穿母二等字，故不上口。（「助」字，陳澧認爲二等，當依切韻指南歸三等，故亦上口）。其他如禪日二母本只有三等，知徹澄三母在姑蘇韻也只有三等，故皆上口。上口字雖屬於韻母方面，但也稍微影響及於聲母方面。我雖沒有機會做過實驗，依我猜想，上口字的聲母的發音部位頗近似於英語的[ʃ]，[ʒ]。

卷一又有切音一篇，認「反」與「切」爲「實有區別」。其言曰：『今爲學者易於明晰起見，以一得之愚，將切音分爲反切正切兩種。例如「東」，都翁切，「歸」，姑威切，「街」，基埃切，「年」，泥妍切，「蕭」，西腰切，「家」，基鴉切，「劉」，離尤切，皆係兩字相摩以成聲，合念兩字即成本字，其音長而遲，即所謂切正切也。如「同」，徒紅切，「奇」，勤移切，「眞」，支因切，「朝」，知妖切，「牙」，宜遐切，「岡」，歌肛切，「侯」，何樓切，等字，合念兩字則不成字，必須念上字之本音，下字之尾韻，展轉相協，始成本字，其音短而促，即所謂切反切也』。按「反」與「切」其實是一件事。宋人諱言反，故改稱切。切韻殘本「東」，德紅反；廣韻「東」，德紅切，可見「反」就是「切」。反切舊法，係取上字的聲母與下字的韻母相切，但取雙聲疊韻，並非連讀二字即成一音，陳澧在切韻考卷六已有說明。在廣韻裏，「東」，德紅切，「歸」，舉韋切，「街」，古膎切，「年」，奴顛切，「蕭」，蘇彫切，「家」，古牙切，「劉」，力求切，合念兩字亦不成字。音韻闡微對舊法加以改良，上字用支微魚虞歌麻諸韻中字，下字用影喻兩母中字，於是合念兩字，即成本字，在音韻闡微中叫做「合聲」或「協用」。然而有時無適當之字可用，也只好拿別的字勉強應付，如本書所謂展轉相協，在音韻闡微中叫做「今用」或「借用」。例如「同」，徒紅切，因爲沒有與「同」字相當的陽平字，只好勉強用「紅」

字。「閒」，歌韻切，因爲沒有與「昂」字相當的陰平字，只好勉强用「康」字。「奇」，照「合聲」的辦法當是宜牙切；「牙」，照「合聲」的辦法當是奇移切；「侯」，照「合聲」的辦法當是何侯切。然以「奇」切「奇」，以「牙」切「牙」，以「侯」切「侯」，等於不切，故只好另換他字。至於「眞」支因切，「朝」，知妖切，因爲「眞」「朝」二字本屬於齊齒呼，音韻闡微不敢擅改審呼，只好仍舊以「因」「妖」爲切；如果我們要改合今北平音，只須把「眞」改爲支恩切，「朝」，改爲知炒切，就行了。著者又云：『再有音同而切異者，如「身」「生」同音，「身」詩因切，「生」，師亨切；又「塵」「成」同音，「塵」，池寅切，「成」，匙盈切。「身」「塵」爲正切，「生」「成」爲反切。南北因口音各異，故詞曲念「生」「成」同於「身」「塵」，亂彈念「身」「塵」同於「生」「成」，不可更拘泥韻書，知之可也』。按「身」與「塵」，「生」與「成」，在古音實不相混，今北平亦不相混，故音韻闡微的反切亦不相混，自不能認爲音同而切異。周德清在中原音韻裏，以「身」「塵」歸眞文韻，以「生」「成」歸庚青韻，又在正語作詞起例裏教人分辨「親」與「青」，「津」與「精」，「陳」與「成」，「神」與「繩」，「賓」與「冰」，「貧」與「平」等，更不能認爲詞曲念「生」「成」同於「身」「塵」。亂彈合併眞文庚青爲人辰韻，根據湖北音，這乃是京戲的家法，無可批評；然不能因此而認韻書爲音同而切異。

卷一又有五聲一篇。其言曰：『「昌」，陰平，其音高而直，起也；「長」，陽平，其音低而橫，承也；「敞」，上聲，其音厲而舉，先高後低，轉也；「暢」，去聲，其音清而遠，先低後高，合也；「綽」，入聲，其音短而促，收也』。這樣描寫京戲道白的音，頗爲恰當。但京戲用湖北音，而湖北音似無入聲，京戲道白，實際上恐怕也沒有入聲，故入聲似可如中原音韻併入平上去三聲。王鵕是崑山人，故將平上去入四聲各分陰陽，李松石是大興人，故祇言仄無陰陽。著者云：「仄分陰陽，於歌劇之道無所用之」，可謂卓識。然此處四聲之相配，與卷二之五聲轉要未能一律。例如此處以「篤」配「東」，以「獨」配「同」，卷二則以「篤」「獨」爲姑蘇韻之入聲；此處以「覺」配「江」，以「藥」配「陽」，卷二則以「覺」「藥」爲梭波韻之入聲；此處以「織」配「眞」，以「日」配「人」，以「擊」配「鳩」，以「亦」配「由」，卷二則以「織」「日」「擊」「亦」爲醫扱韻的入聲。這雖是小疵，但初學的人比較看看，便覺得茫然了。

著者又論及音的粗細。他說：『李松石音鑑因切音選母字，同類之音各分粗細，更有不分粗細之音。例如「陽銀燒飛翻尤天聽淡輕中晚山沙秋淸遠能俠西」等字，細音也。「魚雲風衰知趣奴紅湖黃涓軍蘇雖村」等字，皆粗音也。

二十六年一月七日寫完。

中國近三百年哲學史（上）

蔣維喬編述　中華書局印行

新書簡訊

近六十年來全國鐵路建設概要

北平廟宇通檢

圖書副刊

BOOKMAN
第一百六十八期

一本刊登載關於中外圖書之介紹批評以及學術界消息，爲公開性質歡迎投稿
二刊登本刊之文稿致酬
三投稿通訊可寄「北平文津街國立北平圖書館內圖書副刊編輯收」

書評

滿清遜國與列强

沈鑑

The Manchu Abdication and the Powers, 1908-1912 (An Episode in Pre-war Diplomacy, A Study of the Rôle of Foreign Diplomacy During the Reign of Hsüan-T'ung). By John Gilbert Reid. University of California Press, Berkeley, California, 1935, pp. 497.

誰也知道辛亥革命是中國近代史上劃時代的一頁。這一頁所以不只是照例的朝代的變換者，最重要的原因就是歐洲勢力的加入。在明代末年，政治的腐敗與及社會經濟的破產，也已產生了革命運動，李自成張獻忠所代表的正是這種革命運動擴張劣的發展的傾向，適其時滿清入關，一個外族的朝代頂替了漢族朝代的變換。但是，我們可以這樣肯定的說，如果沒有滿清入關，中國本部革命運動發展的終極狀態，仍不免是朝代的更迭，政治制度等傳統是不會變質的，一個趨向漢化的外族的朝代與一個本族的新朝代，徹底說來，不會有很大的差別。但在滿清統治的二百多年中却來了個很大的國家性質的改變，那就是中葉以還被列强所迫而加入國際政治經濟集團的一項。這一項趨勢及歷史潮流，至今還沒有結束，在這個潮流的泛濫之中，一方面因爲滿清政府之控制失宜，一方面因爲另一方向足以動搖滿清政治權力的新事態的發展，辛亥革命就應運產生。要研究辛亥革命的歷史，外力的背景也是最不容忽略的。所以 Reid 先生這書是一部不可少的著作。

這一本書，看它的詳細書名，就知是敘述討論宣統一朝的外交以輸出辛亥革命的一個要素，因爲這一朝的外交是與歐戰密切地關聯着，所以又稱之爲『戰前外交的一段插話』，其實，也何嘗插話而已。

Reid 先生是 Gilbert Reid 的兒子(Gilbert Reid 是中國人非常熟悉的)，在義和團之亂時，他是被圍在北京公使館中一個最年青的美國人，他在中國耽了二十三年之久，(均見自序)辛亥革命是他親身在中國經驗到的，他自己也期望這個背景能幫助他這本書的構成。全書計分十四章，第一章敘述從尼布楚條約(一六八九)起到慈禧及光緒之死(一九〇八)爲止的滿清政府與各國間的重要條約及史實，是背景的追敘。第二章到第十四章是全書的主體，起一九〇八年十一月十五日（醇親王攝政）而迄一九一二年二月十二日（宣統退位），按年月日的排比，而以重要事態來分章，將這四年中列强如何在中國各部活動以及清政府如何極力掙扎而終至絕望的情形盡量平鋪敘述出來。最後另有一個總敘與結論，將宣統一朝及各國外交方策作了個概評。書共四九七頁，正文只佔到三〇三頁，書後的書目註解與索引却佔到一八二頁，尤以註解爲多，眞是不厭詳備。另有附圖一張，以供參考。全書以敘述爲主，論斷極鮮，我仔細的讀完這很短的四年外交經過後，覺得此書有兩點有價值的貢獻。

第一，可以使讀者更明瞭歐戰前的外交實況。歐洲發展到十九世紀末及大戰前夕，各强國都走上經濟帝國主義的階段，極力向外擴展，作爲歐洲尾閭的亞非二洲就變爲列强互爭的銷路與礦場。所謂外交，幾無不與國際財政與投資相牽連，歐洲外交舞台常有爲世界任何一角的紛擾而頓起不安的敏感。這種事實，早經普遍承認，而戰前外交史的作者，也頗多傾注於是。但在許多以歐洲爲重心的戰前外交史中，要檢出一本同時能將歐洲以外的中國的種種鉤心鬥角的外交詳情細加檢討的，要也不可多覯。此書在一九〇八至一九一二之重要時期內，至少在這方面給予我們若干的滿足。此時期內，歐洲的外交局面是三國同盟與三國協約的對峙已經成立，雖然，德國總是個不安分子，英俄間也復猜結良多，景況是雖對峙而不穩定，故英以爲未足，德也機會常在，其表現在遠東的有英之引日本以自重，及德之邀美國以相抗的形勢。惟其遠東又多日美二角，這幕劇也演得比歐大陸更見複雜緊張。一九〇八年的 Bosnia-Hezergovina 事件爲大戰將臨的演習，只是俄當時不能戰，英內部有問題，而法又絕備不足，因而事得平息，產生了一九〇九至一九一一兩年歐洲外交上的安寧。歐洲的安寧却偏是問題之一方面，他方面遠東的外交角逐反見活躍，德國要衝出外交的包圍，揷足長江與英法分庭抗禮外，且極力勾美；正巧美之 Taft 與 Knox 上台後，將『羅斯福—路得政策』(Roose-velt-Root Policy)的『實際的』(realistic)解釋改變爲『合法的』(legalistic)解釋(頁三〇八)，以『金元外交』的新方案來推動門戶開放，很自然的與德聯成一氣。結果因英之袒日與法之助俄，反促成日俄堅强的聯盟，以致各不相讓，中國則始終傾向美德以求擺脫，其間的爭奪援擴到達了極點。從這裏明的部份來透視歐洲外交上暫時的段落，有趣而外，也大有裨益於讀者的。到一九一一年，此歐洲的兩年安寧又因摩洛哥問題之再起而擊破。這摩洛哥的Agadir事件中，法德衝突極烈，就在同年九月，因爲清廷與四國銀行團簽訂幣制借款的事，四川的動亂就隨之惡化，俄國就抓住了這個新機會，從她的聯盟國那裏獲得了讓她在滿洲蒙古新疆加强動作的允諾，俄之反對四國借款終于在新利權之獲得上得了補償，四川的變亂却只有延長。所以說 Agadir 事件，與九月間四川的緊急，並不是無關的，因爲國際政治限制住了列强解決在中國新產生的問題的行動的自由。（頁二三九）國際間的行爲就有這樣的錯綜微妙，能明白這些，才能明白眞正的歷史。

第二，給了辛亥革命一個充分的經濟解釋。清廷自光緒末葉備憲政改革以來，各方面的鋪張都是以經濟爲起點，尤以新軍的編練，增加了財政上過重的負担，在國內已再無可籌措。再加幣制改革及鐵路國有策的施行，以及振興東三省實業的計劃，『他們痛切的需要他們所能集得的資本』（頁二一三），於是舉外債就成爲惟一的生路，巧中了列强的口脾，更以鐵路投資一項爲其注意力所集中，競爭特烈，造成了經濟上瓜分的局面。自清廷着意借外債時起，各國活動也加緊，德進而揷足長江，首開紛擾；美國新起，要藉門戶開放以彌補遲暮，提出了 knox 計劃等，再廣波瀾；這樣，長江之英法與滿洲之日俄二集團同被震撼，就發動了劇烈的經濟外交戰，清廷屬意美德，但壓力相加，只有到處退讓，地位愈益困難。後美因 knox 滿洲計劃失敗，也轉變而參與聯合投資政策。內外相迫，辛亥年春夏間外債就幾躍至二萬萬兩，就中以英美德法四國銀行團之幣制借款及湖廣鐵路借款爲最著。這些借款的糾葛與磋商，就構成此書的大部分。但是這個清廷與列强資本的聯合，却加强了各省的反抗。原來如粵漢川漢等路均准商辦在案，今忽借外資而收歸國有，無異于無故制奪了各省紳商中飽贏利的大機會，所以首先發難反對外資築路的有浙江之湯壽潛，醞成浙路風潮。一俟湖廣鐵路借款成立，湘鄂川粵乃相繼叛亂，其中尤以川省爲甚，由護路而倡自保，革命分子乃得乘機策動，清廷挾雷霆萬鈞之勢以事壓制，情況乃至不可收拾，借外債與鐵路國有策就成爲武昌起義的近因。這種各省紳商與政府外商對抗的局面，可以說是小資產階級與外國大資本家及其掩護下的滿清政權的鬥爭，法國大革命中的布爾喬亞 (bourgeois) 居然出現在中國辛亥革命之中，是個極可注意的現象。

各省的反對運動既爲革命之導火線，然則列强借款究竟給了北京以何種實惠呢？各國只爲自己的利益而奮鬥，北京無疑的始終處于被犧牲的地位，這且不用說；美國似乎是北京的救主了，然而自從美國加入聯合借款的集團，『在直接從美國外交而產生的危難中，無論是國內的或國外的，北京沒有從華盛頓得到具體的幫助。』（頁三一〇）

爲猜忌的列强及各省反抗運動者所夾攻，滿清終至覆亡，這是作者於詳盡的描述後所得的結論，辛亥革命之經濟解釋我們也因而得以充分了解。

一本書能供給我們這兩種有用的說明，也頗可稱道了，但並非全無缺憾，舉其大者，有以下二端。

第一，這是一本十分難讀的書。全書都是用年月日的安排(chronological arrangment)，所用材料極廣博，凡私人回憶錄，各國國家公文，以及各種文字（除中日文外）的著作，都被採錄，一看書後的書目，就可知作者用力之勤。惟其材料太多，不能剪裁得當而運用自如，材料的堆積反阻礙了事實的清晰的發展，有點近乎史料式的歷史 (documental history) 的弊病，我們只看人名地名及年月不斷的躍入眼底，如不先費力清理出個條緒去追尋，很難以把捉得住事局的開展，也許讀不上幾頁就會丟下的。而且，作者以註解(notes)代替底註(footnotes)，也許是因爲註得太多的緣故(恐不少于正文)，可是前後翻查，也够麻煩了。

第二，未能引用中文材料。前面說過，作者居中國二十三年之久，能寫讀中文，可是他竟沒有利用這個背景，實有違於他自己的期望。如能利用中文材料，此書定有許多的地方改觀。舉例來說，當革命在武昌爆發時，交戰的雙方，都恐懼列强干涉，都處於財政困難的地位，列强的態度就爲左右雙方勝敗的決定因子。中山先生有鑒於此，所以不即返國，繼續其結納各邦人士的情感，從美國 Colorado 的 Denver 過道歐洲，去遊說英法等國。在英國，他積極的止絕清廷借款與日本對清的援助；在法國，則消極的遊得其朝野人士（尤其是Clemenceau）的同情。這些事實均見中山先生中國革命之經過一文（註一），非常重要，因爲中山先生的重視外交及其外交的初步順利，是民軍不受列强干涉而成交戰力量的關鍵，而此關鍵却又關係後來整個革命軍事暨外交發展的前途，是應該特書的。作者於此，只於頁二四九一筆輕描過去，就是未能利用中文材料的結果。

中文中關於宣統一朝的外交，有一部極重要的書，那就是王彥威的清宣統朝外交史料。從這部史料裏，我們知道在Knox 計畫提出之先，中日在滿洲有吉長新奉等鐵路的緊張交涉，Reid的書中敘述不够；又與Knox計劃相抗衡的俄國錦齊鐵路計劃，也甚重要，書中敘述也嫌簡略；法國在宣二正月間也有[illegible]路的事，書中未提；宣三九月清政府因川路軍事，軍需緊急，先後與法訂立借一萬五千萬法郎的合同，也未採錄；宣三十一月有張謇爲革軍向借洋款之傳聞，足證革軍一樣的需要外資輔助，惜未着筆。一本敘述中國革命時期外交的書，中文材料能用而不用，實在太可惜了。

總之，這本書缺點或不當此，但瑕不掩瑜，雖不能視爲好的書籍讀物，然其外國材料的收羅這一點而言，是對這時期外交有研究興趣的人的重要參考品，如以與最近出版的張忠紱的中華民國外交史（註二）前兩章同時比讀，辛亥革命的外交關係，可以飽覽無餘了。

（註一）見左舜生：中國近百年史資料初編下冊。

（註二）二十五年六月北京大學出版組印行。

許甲骨文字理惑

陳庚

徐英著　民國二十五年七月出版　定價二元
代售處　安徽大學出版課

甲骨卜辭，出土迄今，將四十年，傳習者衆，蔚成顯學。當初出土時，收集之者有王懿榮劉鶚二氏，劉鶚所藏千片爲鐵雲藏龜，世人始知有商代之甲骨。羅振玉氏繼之，搜集尤富。先是，孫詒讓見藏龜後，作契文舉例，又頗采其字於名原，然所見太狹，僅屬草創。羅氏殷虛書契考釋出，始闢蹊徑，王國維氏繼之，引證古史，多所發明，故言甲骨學者稱羅王。甲骨之初出，爲學者夢想所不到，其文字又難通，以是頗有疑之者。章太炎氏嘗訟言其僞，謂是劉鶚所造。其後所出日多，中央研究院又從事發掘，章氏之言與事實違，乃稍變其說，謂是宋人所爲，如王欽若天書之類。章氏宿儒，又已高年，其成見遂不可破，固無足怪。近年來，此學既盛，尚未有附和章說者。最近安徽大學教授徐英氏作甲骨文字理惑一書，乃大張章說，力主甲骨爲僞造。吾友人以此書見示，翻閱一過，覺徐氏膽力誠有過人處，不失爲一奇書也。

徐書謂甲骨爲僞，凡辨其事理之證者二十二條，辨其字形之僞者十條。首曰：

　清光緒中有吳人劉鶚游學宛平，主朝士王氏，適庖丁持龜甲數攜，將以煎膏，瞭之，類有刻畫，若文字然，異焉。詢知購自藥肆，訪諸肆，曰，來自安陽，奇之，悉市以歸。拓之楮上，曰鐵雲藏龜，鐵雲者鶚字也。時人相驚以奇貨，展轉僞刻，以逐市利，詭云安陽洹水之南，猶(原誤爲埔)土所得，其後喜事者，或詣安陽掘之，雖間獲甲骨，而真者蓋稀。安陽故殷虛也，好異者謂此殷商文字矣。聞風而悅，蠭踴而興。於是越人羅振玉王國維之徒不識小學之原，未覩字例之條，怪舊蓺而善野言，以甲文之新異，易以譁世取寵，閉戶造車，不求合轍，變亂常行，罔惑愚昧，與商賈爭毫末之利，與文士角錐刀之名，名利所歸，趨之若市，轉相摹放，競爲詭異，而四十年來，怪說徧天下。予傷其惑也久矣，今茲六月，避暑天都，聊藉暇日，疏其僞妄，凡如干條，次序錄之，命曰理惑。解文釋字，本世俗之學，無關理要，然亦非僞學所可奪。予之此篇，姑發其凡，反隅之資，竢俟來學。

今按此文已極奇妙。首述卜辭發見源流，不知何本，齊東野語，乃爲故實矣。鐵雲藏龜自序述得甲骨事甚詳，豈皆鐵雲僞造，抑徐氏所未嘗讀耶？劉氏主王氏，未聞其說，容見劉佩韋王漢章二君聞之，想另有明也。庖丁持龜甲將以煎膏，亦奇事，煎龜版膏似是藥舖徒弟分內事，而庖丁乃棄刀而代之耶？或者僕中有此一味爲我人所未知也。且劉氏得之於庖丁，庖丁得之於藥肆，藥肆得之於安陽，彼安陽人與藥肆，庖丁，固未知其爲奇貨，故終致於煎膏，劉氏一睐，出諸膏而拓之紙，則必非安陽人與藥肆庖丁相約作僞以欺劉氏者也。方劉氏睐之之時，『類有刻畫，若文字然』，既拓於紙上，而爲鐵雲藏龜，今其書具在，（雖有翻版，尚無僞造）果有文字乎，抑只是刻畫乎？我恐徐氏眞未曾讀劉氏之書也，非然者，此爲出劉氏一睐而出膏登紙之龜版，片片皆眞，而具有文字，則徐氏所攻甲骨之僞，不乃無的放矢乎？徐氏又謂『詭云安陽洹水之南，猶土所得』，以我人所知，則甲骨初出，估人多秘所從來，故劉氏誤以爲湯陰所出，未嘗知安陽也。小屯之地，乃羅振玉所訪得，非賈人所詭云也。謂『或詣安陽掘之，雖間獲甲骨，而眞者蓋稀』，我人不知徐氏所謂眞僞以何爲標準也。中央研究院發掘所得，發表者甚少，不知何者爲眞，何者爲僞，然苟有眞者，則徐氏之辨僞，乃一堆廢話也。謂『越人羅振玉王國維之徒，不識小學之原，未覩字例之條，怪舊蓺而善野言』，妙極。此鈔說文序語，固極博雅，但不知許叔重所以作此語，是爲當時俗儒鄙夫只知隸書，而不信壁中古文經而發，處今日而只知篆籀六國古文，不信甲骨金文如徐氏者，用此語移贈，似更適合也。又云：『以甲文之新異，易以譁世取寵』，其實甲骨出土後，若存若亡，不甚爲人重視，在十數年前，通此學者才數人，初不意四面批評，甚可怪，不知其加罪於羅王者，爲假造甲骨，抑爲甲骨之文字也。『與商賈爭毫末之利，與文士角錐刀之名』云云，更與起波瀾，徐氏爲熱於名利之說，故有此一轉也。其忽翻逾行也，譁世取寵，義徐氏生今之世，所產生之思想耳。又謂『閉戶造車，不求合轍，變亂常行，罔惑愚昧』，此『轉相摹放，競爲詭異，四十年來，怪說徧天下』，而徐氏獨能疏其僞妄，此舉世學者俱不如徐氏之學也，能作此等語，

誤不使有膽有識。徐又謂：『解文釋字，本世俗之學，無關理要，然亦非俗學所能窺』。解釋文字，乃世俗之學，眞聞所未聞，徐氏胸中所想必有非世俗之學，我儕俗人，想不敢領教也。

徐氏之書，玄妙如此，惜本刊篇幅過狹未能盡錄，姑更摘舉精要介紹之，以示不能割愛云。

徐氏所辨事理之謬二十二條，由一至十二，俱由甲骨出土而辨其謬，按發掘殷墟，今有專家，或貪習考古，或富有經驗，爲我人所信賴，而徐氏謬爲天都，一月之間，兩騰騫舉，成十二謬，此誠天縱奇才，絕於科學，與終日搭土者不同也。第十三謬云：『年出十餘萬片』，不知根據何種統計，又據羅氏說謂殷墟爲自武乙至帝乙之都，而疑卜兆之數之太多，不知卜辭實自武丁以前也。第十四謬謂『殷商金石，萬不獲一，寶開釋家，亦屬偏見，而甲骨文字乃屢見無窮』，蓋不知卜辭類於檔案，不可以銅器比，且傳世殷器數千，亦不可謂少矣。第十五謬謂安陽古董商人有藍葆光及王某擅刻甲，甲文之僞，厥迹已顯。第十六謬謂刻甲者深藏地中，發掘者淆諸土中，遂以爲眞。此二條較爲扼要，蓋不直接判定甲骨之眞僞，其餘皆妄談也。甲骨誠有僞刻，其數量亦頗不少，特以示徐氏，必不能辨，以彼固不能識其眞者也。王襄生，劉鐵雲，羅叔言等皆實驗之家，甲骨之眞僞，在鑒家本亦易辨，故見於著錄者，僞品甚少，獨庫全英方法斂所收，（見庫方所藏甲骨卜辭）則僞品幾占其半，以彼等爲外邦人也。鑒別之學，本有專家，若自謂萬能，不屑下學，則終其身不能知孰眞孰假。徐氏如欲確知眞假，何妨以十年之力，爲藍葆光王某之學，專刻假字，如有仿刻所不能及者，則必有眞者矣。如所仿刻，能使一世學者受欺，然後放言其僞，亦未晚也。第十七至二十二謬，俱以文字爲證，不知此非問題之核心，苟甲骨而眞矣，則此五證，俱不能成立也。且徐氏所謂文字由繁而省，乃不通之邏輯，豈一必從弌省耶？彼蓋不知說文之古文，乃六國時之古文經也。謂『古者天下一統，則車同軌，書同文』，不知何以考定之，而謂殷商一代，書體無更易也。又謂氓字始見於左傳，前此殆莫詳其名，尤爲可笑，豈見於左傳即爲春秋時始稱道水之證耶？此類尚可以證甲骨之謬，則徐氏之腦筋，大有問題也。至於僞造銅器，固自有之，然徐氏書中所舉寶器，則爲專治斯學者所不致聞，亦適成其爲一人之高見耳。

總之，此二十二條，皆懷疑也，而徐氏名之爲辨謬，名實蓋不符矣。懷疑本治學應有之精神，然有幼稚與合理之分。見人矣，而疑其是否爲鬼，此幼稚之懷疑也，於是而疑心生暗鬼，覺處處有鬼矣。而嘵嘵然曰此皆鬼也，非人也，辨之愈勤，其神經病愈重。

至於辨字形僞者十條，其實乃辨各家釋文之誤，不知何以認爲辨甲骨文字之謬，此種纏夾，出自作者，亦太奇矣。其所辨間有中學者之弊者，然至於干支表而未讀，於各字一一辨之，其他離奇可笑者正多，今不能具錄也。作者自命通字例之條，殊僞學所不能等，然於文字初未有發明。其說余字從『禾聲』『出入高裘之外』，蓋馬頭人爲長，人持十爲斗之類也。又秦鈢漢印之鈢字，乃寫作從金𠂇聲之鉩，不知鈢從公聲，即璽之異文也。若此之類，即有造字之倉頡亦不能辯，何況僞學哉。

甲骨書錄中有一奇書爲徐氏協貞所作，本刊已評之，然似尚隔此，蓋彼謂甲骨爲眞，猶落下乘也。此書作者，適亦徐氏，可謂二難。故爲之作評。以此等奇書足爲後人殷鑒，不可不廣爲介紹也。

大丈夫

范文瀾著　一六七頁　二十五年七月開明書店印行

實價四角　　辰

快二十年了，在上小學時讀到孫毓修先生編的少年叢書，中國的，外國的大人物傳記，尤其是班超，玄奘，諸葛亮幾個人的小傳，特別動人。最近讀到范仲澐先生的大丈夫，雖然已不再是小學生了，却仍然到極大的喜悅，勾引起兒時讀少年叢書時的心情。

大丈夫是一本中國民族英雄的傳記集。取材於正史野史文集筆記，無一語無來歷，無一事無根據，却深入淺出，用最通俗的文體寫出。在體裁和組織方面，近似於永樂大典本的忠傳，那也是一部用白話寫出的通俗讀物。所不同的是忠傳有插圖，而無案語，大丈夫有案語而無插圖。忠傳的目的是教人忠君，大丈夫的目的是教人忠於民族，忠於國家。忠傳所收的是名臣名將，大丈夫所收的却只限於發揚漢族聲威，抗拒夷狄侵陵，和獻身民族間的悲壯鬪爭，知其不可爲而爲之的大丈夫。

歷史上所謂英雄，大抵是指以事業著稱的大人物。在范先生這本書中所選錄的民族英雄，可注意的是不只是注重事業，尤其着重在道德一方面。他在凡例中說：「事業成敗，大部份是受環境支配的；道德的責任，任何人都可以負担起來。」因之，凡是忘却種族間的大義，爲異族效勞的，所謂忠義之夫，大節既虧，一律不取。反之，雖然在事業上無所成就，却以正義所在，捨命去做，百折不撓，去保障民族生存的失敗者却儘量收錄。孟子說：「富貴不能淫，貧賤不能移，威武不能屈，此之謂大丈夫。」要事業和道德並重，這是這本書叫作大丈夫的理由。

作者在歷史上舉出二十六個大丈夫的代表，給我們後一輩人作楷模。二十六人中張騫通西域，衛青霍去病李廣破匈奴，蘇武守節絕域，趙充國討西羌，馬援平交趾，班超定西域，劉琨祖逖保並豫，玄奘萬里求學，顏杲卿張巡許遠力抗安祿山，狄青平南蠻，宗澤岳飛抗金兵，張世傑陸秀夫文天祥存宋室，方孝孺反對用蒙古軍造反的明成祖，戚繼光平倭寇，熊廷弼袁崇煥阻建州西寇，史可法黃道周以身殉國。雖然在事業方面有成功的，有失敗的，却沒有一個不是代表民族正氣，轟轟烈烈的大丈夫。

在內容方面，作者的努力有幾點值得我們提出。第一是注重當時所處的社會環境和政治狀況，使我們能明瞭他們的成功或失敗的原因。例如宗澤傳後的案語說：

朝廷始終不相信中國人會有抵抗金國的能力，更不相信會有最後的成功。寧願東奔西逃，什麼好力量好計劃總不敢大胆一試。在危急環境中，失去了自信力，這是不可救藥的死症。

在這種環境下，縱然有宗澤岳飛一兩個肯誓死抗敵，決心恢復失地的將帥，是不相干的。在文天祥傳後，作者引用周密癸辛雜識所記當時士大夫的典型人物方回說明南宋之亡，是由於中堅階級（士大夫）的整個崩潰，文天祥這樣不識時務的人只能說是例外。第二是史料搜集的精博，例如袁崇煥之死，向來都以爲是中了清太宗的反間計，（清太宗照三國演義上蔣幹偷書的辦法，故意放破綻的明太監回去，崇煥因之下獄被殺。）作者却引錄秋水閣雜記鶴徵館詩話所載溫體仁家書，證明是溫體仁想作宰相，羅織崇煥，想借此一網打盡正人君子。恰好和敵人的反間計內外相合，遂使明廷自壞長城。第三是否定命運說，從實際事物上去分析，求得答案。例如在霍去病李廣傳後，作者解釋在同一時代，同一敵人，同一環境下的兩個成敗不同的大將，舉衛霍士王朝的陰陽說，和史家所說運氣說。却從行軍的組織和軍器的使用上，去說明一個戰無不勝，一個却每戰必敗的理由。這是最精當最近情的解釋。

其次，作者「抄在書頭」一文，雖然所抄的却是前人的詞句，所說的都是幾百千年前的情形。所包含的意義却是字字血淚，最是沈痛。他引歸潛志：「南渡之後，爲宰執者往往無恢復之謀，上下同風，止以苟安目前爲樂。」熊廷弼與各總兵將官書：「向來主客將官，不肯整搠軍馬，收拾器械。一聞有警，心忙自亂，不知所措；及其稍緩，則又高坐僵臥，而一無所事事。以此斷送許多城堡，坑陷無數生靈。」而又：「各鎮領兵，不以殺敵而自相屠毒，日傾朝廷講和。」（劉宗周將行疏陳五事）而又「百姓不敢誹怨。」（呂氏春秋）「官吏出城迎拜。」（周密癸辛雜志）。在這樣情形下，作者爲了這本書，教我們學習，教我們每個人都學做大丈夫，要知其不可爲而爲之。

這是青年人最好的一本課外讀物。爲求此書的更完善更能普遍流行起見，我們貢獻作者以下列意見。

在編製方面，我們希望能仿忠傳的例，每一傳加以插圖。一是人物故事的圖，二是地理形勢的圖。使能增加讀者的興趣，和幫助讀者的了解。

在內容方面，有幾點可以商榷的場所，例如戚繼光傳，「朱紈蒙不白之冤，下獄自殺。」（頁一一九行五）按明史朱紈傳：

御史陳九德遂劾紈擅殺，落紈職。命兵科都給事中杜汝禎按問。紈聞之慷慨流涕曰：吾貧且病，又負氣不任對簿。縱天子不欲死我，閩浙人必殺我，吾死自決之，不須人也。製壙志作絕命詞，仰藥死。二十九年詔逮紈，紈已前死。

所作壙志見吳都文粹續編。是明紈一聞被劾即仰藥自殺，并未下獄也。又如方孝孺傳「勾結胡將九良哈。」（頁一一五行五）九良哈非人名，應該去掉胡將二字。頁三九馬援傳按語：

可怪銅柱上明明寫着九九百年，從建武十九年平定交趾，到清光緒十一年割讓給法國，中間恰巧一千八百多年，也許眞是運命前定。所以中國放棄安南，很可以說，這是天意而非人事啊！

這一段似乎是實話，可以刪去。熊廷弼傳似乎也應該略提當時的黨爭和以封疆爲題目的黨案。校對方面也嫌稍欠精密，例如頁八十一行五，「朝進一言以告知」，知當作和。頁八十三行六「清將請略避待援」，請將當作諸將。頁八十七行九「才得樂足了業礎」，樂足當作奠定。頁九十行十一「軍中呼爲瘦官人。」瘦官人當作瘟官人。頁一〇三行十二「後悔不可運」，運當作追之類，因爲這書是預備給青年和兒童讀的，他們沒有辨別和校讎的能力，一字之誤，便使他們感覺困難。希望能在再版時細細加校正。

此外，關於外族人名，最好也一律適用新譯。如頁一〇一阿珠應作阿朮，蒙古岱應作忙兀兒台，案多應咬都，頁一〇九博囉應作孛羅之類。

在當前的民族危機之下，我們所需要的不是在崩潰中的中堅份子士大夫，而是正在受教育的愛國青年。復興民族的責任在他們身上。如何使他們受到良好的，民族意識的教育，這是前一輩人的責任。我們希望因爲大丈夫這本書的出現，刺戟出版界，多編印同性質的書。在目下，縱然是「不許百姓誹怨」，大約談談先烈，表彰前賢，總該不致被友邦所抗議干涉吧！

新書簡訊

蟫隱廬輯印書六種

羅振常編著　民國二十五年上海蟫隱廬印行

一、南監本新唐書糾謬　上虞羅振常著。此書專據明南監本，合紀傳表志而互校之，其誤刻本之不同者皆不錄，自謂其旨不在校勘字句之異同，而在本書史事之歧證也。惜僅成初唐一部分，全書猶未能蕆也。其中如林士弘起豫章稱皇帝條，契必何力爲崑丘行軍大總管率三總管伐龜茲條等，皆頗有裨史事。

二、姚春木樗寮文集續稿　姚椿著，生於乾隆之際，當時學競攻漢學，春獨於漢宋兼採，晚年益守其師桐城之說，遂成通儒。其著書已刊行者，有通藝閣詩錄二十四卷，晚學齋文錄十二卷，和陶詩三卷，樗寮詩話三卷，近人又集刻其外集一卷，其門人沈曰富所作行狀中稱有文續錄若干卷，藏於家。此本止一卷，大約非其家藏稿而爲友朋門人所輯者也。稿末多署年月，大率在道光二十七八年，樗寮沒於咸豐三年，蓋均晚年之作也。

三、沈存仲流寇陷巢記　沈常仵著。此書盡記明崇禎八年正月流寇張獻忠之一股陷皖之巢縣事也。原名沈存仲再生紀異錄，羅氏以其近於說部而易以今名。此書所記均爲目擊，其言城破被賊蹂躪，悽慘之狀，殆爲人生之絕境，而流賊不過五六百人耳。

四、方時軒樹蕙編一卷　此書前有嘉慶癸酉時軒自序，並有石黑花農題辭稱爲方時軒，其籍里不詳。編中自序稱其伯祖華亭與沈歸愚等唱和，則亦世家名族。自來藝蘭者多，藝蕙者少，方氏獨專意藝蕙，本其畢生見聞經驗，作如此編，其種類名目，怪怪奇奇，不可彈述，栽培灌溉，本之實驗，皆可取法，非花鏡等書之比也。（花鏡藝花法多不適用。）

五、無名氏端石考一卷　此書不署作者姓氏，後附袁樹端溪硯譜記，係震澤王硯農鈔本，有王氏跋語謂其持論之確，鑑別之精，視歐陽所紀石精數語，魏泰所記端溪三種，尤爲詳審。昔人以青州石爲上，次及絳州，殊不言端溪，要未身歷其境。端溪在粵肇慶界，溪近端山故名。至唐時大爲有名，柳子厚李長吉皆盛稱之，劉參得詩云，尋常滿篋次，恨不到端溪，近時猶未絕產。

六、李鋆一端溪研坑記一卷　李兆洛著。此係嘉慶庚辰李氏遊粵所記，於端溪產地之情形，記述頗詳。

聞此項單本書籍，多無刻本流傳，蟫隱廬將陸續印行於世云。　（給）

國學概論

錢泰著　民國二十五年六月中華書局出版　實價五角

時下國學概論之書多矣，高下參差，立有雲泥之判，要繫乎作者之道德與學問，非摭摘陳言，無自見之明者所能幾希也。何以言著述有關乎道德？中國學術最重自受，即人格之修養，有崢嶸之人格，則其立言自能拔立不群，不自覺間融道德（生活之認識）學問（知識）而爲一，故義理（哲學思想），考據（史學），辭章（文學）三者，其說雖殊，必合道德與學問之精，乃勉可成一家之言，而考據，辭章，倘聞乎義理（持身立己左右逢源之一貫思想），則又直等市儈之學耳。吾故曰，國學易言而實極不易言。

近年吾所見以國學概論名書者，惟錢穆氏之作與錢氏此書，其人可謂勉於合道德學問而爲一者也。知其人而論其書，吾重有感於吾言。錢氏之書，大抵側重於文化史之敘述，此書則先之以六書，聲韻，章句諸篇，爲讀書之舟車，次六經，諸子，四部，爲讀書之圖經指南。殿以漢宋學術之異同，使學者知漢學之所以貴乎博觀，而宋學之所以貴乎約取，發爲文章，故以文章體製一篇終焉。此一編之中，窺其所三致意者，惟在漢宋異同篇，自序謂：「自清人標榜漢學，排詆宋儒，以言理爲禁忌，於是講經經不足以潤身，治史史不足以平世，周章於訓詁，物役於考據，乃至竭畢生之力，而不免爲窮人之無所歸，不亦悲乎！」其言雖若有可商，然何其深切著明矣。　（給）

南林叢刊五種十五卷

民國二十五年南林周氏鉛印本　定價不詳

周延年編，按南潯雖爲湖州之鎮邑，然桑麻盈野，人民富庶，嚮學之士，代有其人。有清一代，若張鑑施國祁之史學，汪日楨之於長術，范鍇之於文學掌故，均著名於世，其爲鎮志者則有董若雨之潯書，汪日楨范來庚均著有南潯鎮志，董書久佚，汪范兩家，各有其長。延年字子美，南潯人，曾館於南潯嘉業堂劉氏，爲典守其藏書，後敎授滬上聖約翰大學，課餘之暇，搜討鄉邦掌故，不遺餘力。爰刊南潯學故之書，凡五種，爲之敍云：「吾潯鎮志，以汪志爲最詳贍，而范志則以簡明勝，但無完本，適園張氏僅藏其半，王君雄民於無意中，得全帙，誠爲碩果之存，潯溪紀事詩爲范白舫所撰，於里中掌故，采輯宏富，讀此一書，而數百年史實，可以瞭然，原書版燬，今與范志同印，以爲好談文獻者之一助焉。朱文肅歷仕萬宗朝，時璫勢熾，獨能潔身遠之，大節不阿，詩以人重，久有定評。至李雅深之敬餘堂詩，論咸豐季年太平軍擾潯事頗詳，其流離轉徙之狀，令人觸目驚心，實近代歷史中足爲殷鑑者。先師溫叢蘿先生，博雅多聞，專心著述，其品節尤清高絕俗，於式微國，所著多未寫定，茲先以遺詩問世。劉承幹序，稱「爲學之道，其分野愈廣，則其業愈精，叢書之關於一省者，其完備必不及一郡一邑，關於一郡一邑者，其完備必不及一鎮一鄉」，是鎮邑之志即爲國史最基本之史料也。　（圭）

圖書副刊

BOOKMAI

第一百六十九期

一、本刊登載關於中外圖書之介紹批評以及學術界消息，爲公開性質，歡迎投稿。
二、刊登本刊之文略致薄酬。
三、投稿通訊可寄「北平文津街國立北平圖書館內圖書副刊編輯收」。

論別本竹書紀年

蒙文通

竹書紀年自唐以降，通鑑外紀路史御覽諸書多見稱引。於今所見，皆明人本，與唐宋所引者絕不同。王靜安氏輯錄宋諸氏之後，輯錄羣書所引紀之文，以存古本之舊。復取林雷陳徐之書，就今本爲作疏證，以明僞作者之所本。間亦是見僞作者爲一博物君子，誠非蒐國殘闕者之能爲也。而今本紀年，究不逮乎庸昧者之爲。則今本之先，必別有一本，爲今本所從出。雖不必即唐宋之舊，亦決不至若今本之妄，固可知也。今本既以周紀元，而曰「鄭宣王來朝」，「楚敗我襄陵」，我之辭誰主也。「秦歸我焦曲沃」，「韓侯來會」，來之辭何至也。數行之間，執主執賓，紛錯莫定，知其必據一晉魏紀元之本以改作，似可無疑。貞定王七年「晉荀瑤城南梁」，注云「一本出公二十二年」，則正有依晉紀元之本以參校，正所謂一本者也。有清之初，馬驌作繹史，陳厚耀作春秋戰國異辭，其中引紀年者最多。而皆周自宣幽以下，以晉文侯鄂侯哀侯繼紀元。晉自烈公桓公以下，以梁之惠成王今王紀元。固猶近汲冢舊書之矩範。雷輯錄之，馬引近三百事，自黃帝以來。陳引近八十事，自春秋以來。二家大體相合。初以爲二氏皆博贍之儒，殆以今本與佚文雜用，旋乃見其實別有一本。陳稍後於馬，常引繹史，其引紀年，頗似即據馬書用之，旋乃知陳實別有所據，非取之馬。馬於梁之今王皆云襄王，陳則云哀王，或又注云襄王即哀王，是陳依史遷書而云然也。馬引「齊人禽子之而醢其身」，陳引「之子殺太子平，不克，齊殺子之，醢其身」，馬同史記索隱引文，陳則同於今本。馬本梁惠成王十四年「魯恭侯宋桓侯衛成侯鄭釐侯來朝」，而陳作「魯哀侯」。陳引梁惠王「十七年齊田忌敗梁桂陵」，又「十七年（應是二十七年）齊田盼敗梁馬陵」，此二事馬引無之。馬引「於粵」，陳引皆作「於越」。馬引晉定公「十八年青虹見」，陳引無晉字。陳引晉哀侯三年「荀人董伯皆叛曲沃」，馬引無皆字，馬本同今本，而陳本實同水經注所引。此見馬陳所引，同非今本，而陳實未取之於馬。二氏所見，與王弇州所見者，亦屬近同。今通行之改訂本，則無識者爲之也。

馬引紀年「惠成王六年夏四月甲寅徙邦於大梁」，附注云「史注梁惠成王九年，徙都大梁，今本在六年」。馬所云史注者，史記魏世家集解也。於其云六年者實據水經渠水注，馬氏固未之考，故但據集解所引以疑之，則以梁惠成王紀元，實當時之「今本」，而非改於馬氏之手可知也。若爾日通行之本，則以徙邦大梁爲周顯王之四年也。馬引紀年「鄂侯五年十月莊伯以曲沃叛伐翼，公子萬救翼，荀叔軫追之，至于家谷，翼侯焚曲沃之禾而還，翼侯伐曲沃大捷，武公請成於翼，至相而還，六年王使虢公伐晉之曲沃，晉鄂侯卒，曲沃莊伯復伐晉，立鄂侯子光是爲哀侯，公子萬救翼，荀叔軫追之，至於家谷」，附注云「水經注引紀年，與坊本不同」，「公子萬救翼事前後兩見，與爾日通行本同，知馬所云「坊本」，與爾日通行本實不相遠。推通行本以鄂侯五年六年爲周桓王之元年二年，若水經注所引，則以翼侯焚曲沃之禾，爲晉莊伯十二年。以曲沃叛伐翼事，御覽引又以爲莊伯（原誤作公）八年。焚禾而還下水經注引有「作爲文公」句。此馬氏所謂與坊本不同者。水經注所引以曲沃莊伯紀元，馬引本以鄂侯紀元，爾日通行本以周桓王紀元，則馬所謂坊本自別一本，此其絕不相同者也。陳引「魏襄王七年楚景翠圍雍氏，韓宣王卒，秦助韓共敗楚屈匄」，注云「史注引此，今本不載」，此陳據韓世家集解所引佚文，而陳之今本無之也。陳引「晉獻公元年王如成周」，注云「即周惠王元年」，「魏惠成王十一年東周惠公傑薨」注云「即顯王九年」，「後元八年九鼎淪泗，沒於淵」，注云「即顯王四十二年」，此見晉魏紀元，爲陳所見今本，不然無勞別注周年也。馬氏於引紀年盤庚「自奄遷于北蒙曰殷」下，附注云「按紀年近代人僞作，固非汲冢原本，而所載殷王之名及年數，不知何據也」。馬氏固不信坊本之紀年，故時用之而又時引古籍以辨之也。

馬氏固有不引今本紀年，而徵舊籍所存紀年佚文用之者。如云「晉武公元年芮人乘京，七年芮伯萬之母芮姜逐萬，萬出奔魏，八年周師虢師圍魏，取芮伯萬而東之，九年戎人逆芮伯萬于郊」，附注云「水經注引此」，則直從水經河水注所引者而用之，而自注明於下，惟闕去「荀人董伯皆叛」一句，以無關馬所欲論事也。此自以曲沃紀元，非如馬所用坊本以翼紀元。又如「魏襄王七年楚景翠圍雍氏韓宣王卒，秦助韓共敗楚屈丐」，附注云「史注引」，爾日通行本無此三事，或馬所用坊本亦無此三事，故直從韓世家集解所引佚文用之。又如引紀年「惠成王後元十三年齊威王封田嬰於薛，十月齊城薛，十四年薛子嬰來朝，十五年齊威王薨」，附注云「索隱引，此與史不同」，今本無此四事，馬所見本或亦無之，故直從孟嘗君列傳索隱所引紀年文用之，而注明於下。陳於此亦然。注又引後漢書「王伐條戎奔戎，王師敗績，後二年晉人敗北戎於汾隰，戎人滅姜侯之邑，明年王征申戎破之」，繹史引紀年惟用之注文，此類大事，後漢正史，皆用之正文，此以紀年文例用之，是亦直取水經注以易坊本紀年之例。

馬陳二氏引紀年「晉出公十年十一月於粵子勾踐卒，是爲菼執，次鹿郢立，十六年於粵子鹿郢卒，次不壽立，敬公三年於粵子不壽見殺，是爲盲姑，次朱勾立，烈公五年於粵滅滕，六年於粵子伐郯，八年於粵子朱勾卒，子翳立，桓公十三年於粵遷于吳，十六年於粵太子諸咎弒其君翳，十月粵殺諸咎，立孚錯枝爲君，十七年於粵大夫寺區定粵亂，立初無余，是爲莽安，魏惠成王六年於粵寺區弟思弒其君莽安，次無顓立，十年於粵子無顓卒，是爲菼蠋卯」，而越世家索隱引紀年「晉出公十年勾踐卒，次鹿郢立，六年卒，不壽立，十年見殺，次朱句立，三十四年滅滕，三十五年滅郯，三十七年卒，（子翳立）翳三十三年遷于吳，三十六年七月太子諸咎弒其君翳，十月粵殺諸咎立孚錯枝爲君，明年大夫寺區定粵亂，立無余之（是爲莽安），無余之十二年，寺區弟思弒其君莽安，次無顓立，無顓八年薨，是爲菼蠋卯」，索隱所言之年，以越君紀，馬陳二氏本所用之年以晉君紀，是自有一本也。以爾日所見通行本校陳馬本以晉魏之元合周王之元，年事尙合，其差者僅一年耳。馬陳二氏引紀年「齊宣公十五年田莊子卒，明年立田悼子，宣公四十七年田悼子卒，次立田和，齊康公五年田侯午生，二十二年田侯剡立，後十年齊田午弒其君剡，及孺子喜而爲公，齊威王十四年田盼伐梁，戰馬陵」，此則直用田敬仲世家索隱所引紀年之文，濫田莊子田和田午田剡之事，悉不見於今本紀年，故馬陳二氏直用索隱之文。益見馬陳二氏本與今本不相遠。見於越世家索隱者，以同見於馬陳二氏所謂今本，則取今本而舍索隱，見於田敬仲世家索隱者，以馬陳二氏所謂今本無之，則直用索隱，此馬陳二氏之意可見者。益知晉魏紀元，實爲馬陳二氏之今本實然，不由馬陳二氏推算改定以晉魏紀元。至陳氏注周年於晉魏之年後，更可驗其所據原非以周紀元本也。

馬氏所見之坊本紀年，與爾日通行本紀年，除一以晉魏紀元，一以周王紀元外，實大體相同，而又小有字句之異。明人所見，實有即馬氏之本，而非爾日通行本者。王弇州四部稿曰「竹書紀年云『后桀命扁伐岷山氏，岷山氏女於桀二人曰琬曰琰，桀愛之，斵其名於苕華之玉』，又曰『云棄其元妃於洛，曰妹喜氏，以與伊尹交，遂以夏亡』，則妹喜以寵而亡國，非以璧而亡國也。」此全同馬氏所引，但中有刪節。爾日通行本作「癸命扁伐山民，山民女於桀二人」，此則從御覽八十二所引之文也。又無「以與伊尹交遂以夏亡」二句，別有「於傾宮飾瑤臺居之」，亦依御覽八十二所引而然也。王馬二氏所取之本，爲從御覽一百三十五所引之文，是知馬氏所用之本，與後日通行本不同，實所見之本爲然，非由馬氏據舊籍改之，即此足以見也。馬氏引紀年「昭王末年，有星孛見光五色，貫於紫微，荊人卑辭致于王，曰願獻白雉，乃密使漢濱之人，膠船以待，王遂南巡狩，將抵于漢，天大曀，雉兔皆震，喪六師於漢，時至中流，舟夜船解，王及祭公辛餘靡皆溺」，後世通行本作「十九年春有星孛于紫微，祭公辛伯從王伐楚，天大曀雉兔皆震，喪六師于漢，王涉」，似馬氏就紀年有所潤益，然馬氏既別取帝王世紀呂氏春秋言膠船及辛餘靡振王事著之篇中，安用復補之紀年，以亂其舊，殆以馬所見者實然，爲剽取羣書，綴拾成文，近於稍實之本，後世通行本，則就馬王所見本而删易之耳。

馬氏所見竹書紀年，爲用古籍舊文，而今通行本改之，實無據別一舊籍之文以改之者，馬引「夏相元年征畎夷」，此依范漢書西羌傳文也，通行本作「征淮夷」，則依御覽所引之文。北堂書鈔引紀年「后發元年諸夷賓于王門，再保庸會于上池，諸夷入舞」，馬引無「再保庸會于上池」七字，同御覽所引，通行本蓋依書鈔補之。通鑑外紀引紀年「伊尹即位，於太甲七年，太甲潛出自桐殺伊尹」，馬本即同外紀所引，而通行本則依帝王世紀文，增「大霧三日」，則亂紀年之文也。馬引「武王年五十四陟」，此從路史之文，而與逸周書合，王氏疏證據通行本則作「九十四」，則依禮記帝王世紀改之也。馬引「穆王西征至于青鳥之所憩」，此從藝文類聚文，通行作「青鳥所解」，則從山海經註也。馬引「夷王三年致諸侯，剪齊哀公昂」，此從周本紀正義引文也，通行本作「王致諸侯烹齊哀公于鼎」，則從御覽引文也。馬引「共伯干王位」此從索隱引文也，通行本作「共伯和攝行天子事」，則採魯連子文以亂紀年也。馬引「孝王七年冬大雨雹，江漢冰，牛馬死」，此從通鑑外紀文也，通行本作「大雨雹，江漢水」，而注曰「牛馬死，是年厲王生」，則從御覽文也。由通行本論之，其注「不知何年，附此」，凡數見，又注「魂之不知是何年」，亦注「此年未的」，明是輯者之辭，或此書之編亦謹，實有不知則闕之意，注文或衆，殆刊削之後存者僅耳。「武公請成於翼，至相而還」，注「相一作桐」，作桐水經注文也。「衛及赤狄戰於洞澤」注「洞當作泂」，此杜預說也。馬引仍作杜注之名，當是馬所見竹書紀年如此，通行本但存杜說，已削杜名也。「扁帥師伐岷山」，注「一作山民」，此用御覽引紀年文也。「相出居商邱依邳侯」，注「一作依同姓諸侯斟灌斟鄩」，則用御覽引世紀文也。輯紀年時，見異說多，注每存之，以資考異。馬所見本與通行本同異，當並在注中，而改訂紀年者取一爲主，遂删其注也。「杼能帥禹者也，故夏后氏報焉」，「上甲微復興，故殷人報焉」，通行本仍存沈約此注也。馬氏引有宋忠云「高圉能帥稷者也，周人報之」，此可知爲紀年舊本之注，存於馬所見者，而通行本已削之也。今注中頗列考異者，所徵有尙書，有國語，有韓非，有竹書，有史記，殆二十許事，明考異之作之僅存者。馬引紀年亦頗有考其同異者，但未易定爲紀年舊注，抑馬自所注乎？若「祖甲返自西戎」注「祖甲西征，得一丹山」，此用山經注引紀年文也。「芮伯萬出奔魏」注「萬之母逐萬」，此用水經注引紀年文也。「虢公翰立王子余臣于攜」，注「是爲攜王，二王並立」此用左傳疏引紀年文也。知紀年固有注，而存者無多，則凡通行本異於馬本而各有所據者，知改紀年者固取之注中耳。

馬陳二氏所見紀年，多用採自古籍舊文，而爾日通行本輒以意改之。馬引「益干啓位，啓殺之」，此史通等篇所見之舊文也，而通行本無之，別云「伯益薨祠之」，此冬烘先生以意改之也。馬引「伯靡出奔有鬲」，此用左傳文，通行本刪有字。馬引「少康使女艾伐過」，通行本作「世子少康」，加世子二字。馬引「周王季伐西落鬼戎，俘二十翟王」，此范漢西羌傳文，通行本作「周公季歷」則以意改之，又刪「俘二十翟王」五字。馬引「周人伐燕京之戎，周師大敗」，「周人伐余吾之戎」，「周王季命爲殷牧師」，「周人伐始呼之戎」，「周人伐翳徒之戎捷其三大夫」，此亦依西羌傳文，通行本於四言「周人」，並改作「周公季歷」，「周師大敗」，改作「敗績」，「周王季命爲殷牧師」，改「命爲牧師」，「捷其三大夫」，改「獲其三大夫，來獻捷」，馬引「紂六祀周文王初禴于畢」，此依通鑑前編之文，通行本改作「六年西伯初禴于畢」。馬引「昭王末年有星孛見光五色，貫於紫微」，此依路史，通行本竟改作「有星孛于紫微」。馬引「北唐之君來見，以一驪馬，是生綠耳」，此從穆天子傳注，通行本改「北唐來賓，獻一驪馬，是生騄耳」。馬引「居鄭父之丘，名之曰鄭，是曰桓公」，此用水經注文也，通行本竟改作「是爲鄭桓公」。馬引「幽王死，申侯立平王于申，虢公立王子余，二王並立，余爲晉文侯所殺，是爲攜王」，此從左傳疏引文也，通行本作「立宜臼于申」。馬引「出公奔楚，立敬公」，此從晉世家索隱文，通行本改「出公薨」，馬陳引「魏文侯初立」，此晉世家索隱文，通行本刪「初」字。馬陳引「幽公九年丹水出，反相擊」，此從水經注文也，通行本改「反濁」。馬陳引「幽公十年夫人秦嬴賊公於高寢之上，魏文侯立幽公子止，是爲烈公」，前用晉世家索隱引文，通行本改夫人爲大夫。後用晉世家文，通行本刪「是爲烈公」四字。馬陳引「韓山堅賊其君哀侯，而韓若山立」。馬又引是年「趙敬侯卒」。此依索隱文也，通行本刪後二句。馬陳引「於粵子無顓卒是爲菼蠋卯」，馬復引索隱曰「按紀年無顓薨後十年，楚伐徐州，無殺無疆之語，是無疆爲無顓之後，紀年不得錄也」，通行本菼蠋卯下增「次無疆立」四字。馬陳引「秦公孫爰帥師伐我，圍皮氏」，此從水經注文，通行本刪「圍」字。馬陳引「又命將軍大夫適子戍吏皆貂（貉）服」，此從水經注文，通行刪「又命」二字。由此諸文觀之，馬陳所見本頗存古籍之眞，而通行本則改訂於腐儒之手，不以晉魏紀元爲可，則悉易之以周王，而不能正主人之辭，數行之間，周史魏史，紛繆錯出。嫌益干啓位之說則改之，嫌伊尹自立之說，則注曰「蓋誤以攝政爲眞耳」，以文王受命爲得專征伐之命，改武王年五十四爲九十四，直謂妄人耳。馬引紀年「自盤庚徙殷，至紂之滅，二百七十三年，更不徙都，紂時稍大其邑，南距朝歌，北距邯鄲，及沙邱，皆爲離宮別館」，此通鑑外紀引紀年文也，通行本蓋亦以疑而削之。王靜據殷本紀正義引作「七百七十三年」以斥朱輯改作「二百」之非，然「二百」固通鑑外紀所引，非由朱氏臆改，王氏偶不察耳。

通行本紀年，其間遺脫者蓋亦不少。若晉魏之君，其即位與卒之年，本皆書之，而偶不書者，正遺脫也。如魏武侯不書卒年，而馬本有之，在晉桓公十九年，以通行本所云之年計之適合，知通行本脫此條耳。魏世家索隱引紀年「作二十六年武侯卒」，馬本作「晉桓公十九年魏武侯卒」，則馬自據坊本用之，非徵之舊籍也。通行本之有脫文，既有確証，則馬陳本一有「韓若山立」，馬有「趙敬侯卒」，馬陳「東周惠公傑薨」，馬「秦內亂殺其太后及公子雍公子壯」諸條，皆馬本陳本所有，而通行本無之，喪其佚者已多矣。又其繫事先後，馬陳二本與通行本尤爲參差。馬陳本「公子緩如邯鄲以作難」在惠成王之七年，通行本系之周烈王元年，即以紀年推之，則晉桓公之十六年，而魏武侯之十年也。馬陳本與魏世家索隱所引合，通行本爲無據也。馬陳本「晉桓公十五年桓公邑哀侯於鄭，韓山堅賊其君哀侯，而韓若山立」，此據晉世家索隱文，而通行本改在周烈王之二年，則桓公之十九年也。僅據世家「武侯二十三年」之說，而通行本武侯又不得有二十三年，而姑繫之武侯之十三年耳，則進退皆無據也。馬本以「韓滅鄭，哀侯入于鄭」繫於越遷於吳之後一年，通行本繫之於越遷于吳前二年，以韓世家索隱引紀年文校之，則二本皆不實也。馬陳本以「惠成王十年於粵子無顓卒」，則在周顯王之八年，通行本則在十二年，與越世家索隱所引無顓八年薨之說合，馬陳本無顓才四年耳，儻馬陳引惠成王十年，本作十四年，所引十下脫四字，非陳馬本原繫此年也。然

戴東原乩語選錄乙

編之一

素·癡

——為編書案答辯——

乩　（陸鴻詩）

仙家自欽叩樂府，

令鐘王衞將何言？

更筆閱如能能言，

聽斷樂中跡讀時！

本仙作學載雲又來也。

素　久違了，東原大仙。為什麼有兩年多，連求請大仙都請不動？

乩　「邦無道，其默足以容。」

素　上年何似乎要辯的。

乩　我所謂道，非指常道。歷史上有一等時代，在此中，不忍見捉那道若干非善古的人，只合緘默。

素　不過近來亦少有一件事，大仙不容緘默。

乩　什麼事？

素　涉及大仙寫作以前的事。

乩　到底什麼事？

……

（乩停）

新書介紹

陶齋古玉圖　大·木

蠡分縣端方　王大隆編　二十五年夏上海來青閣發行　定價十二圓

我國金石之學，在宋代最為發達。……

……

（Berthold Laufer: Jade; a study in Chinese Archaeology and Religion, 1912.）……

I hare followed him with keen admiration and stand to him in the relation of a disciple to his master……My lasting thanks and acknowledgments are due to his great scholar whose ingenious investigations havefurnished the basis for research …… ……(p. 13)

吳氏自序亦謂

余得一玉，必考其源流，證以經傳，歲月既久，根討益廣。……是以其說經之助而補金石家之所不及。……

故今世之言玉者，必以吳書為準繩也。

……

圖書副刊

BOOKMAN
第一百七十期
本刊專登關於中外圖書之介紹批評以及學術界消息。爲公開性質，歡迎投稿。三投稿者請寄北平文津街國立北平圖書館轉本刊編輯部。

記倫敦圖書展覽會

叔子

倫敦星期時報主辦一年一度的圖書展覽會，於一九三六年十一月二日在下攝政街的道倫大廈 (Dorland Hall) 開幕，到十一月十六日閉幕。事先除在日報上早已登載消息外，星期時報並且出了一個專號，臨時又僱用了若干「三明治人」做活動廣告。因此遊客雖不及汽車展覽會理想家庭展覽會之盛，每天也還有三千人光景。

會場計樓下及一樓二樓三層，加上一個半樓（平地與一樓之間），面積還寬大。樓下設攤二十五間，專供書業的輔助業 (Ancillary Trades) 展覽。半樓和一樓整整一百間攤頭，盡是出版家陳列新書之處。二樓則除名著展覽室外，有一演講室，可容五百人。地下層有點心店，生意不大佳，因爲價錢不甚公道。

展覽會的主要部份當然是出版家的新書展覽了。參加展覽的出版家有九十幾家，一家佔一間書攤最爲普通，也有幾家合佔一間的，也有一家佔兩間的，麥克倫和科林斯各佔三間，牛津大學出版部和 Hodder & Stoughton 最闊，各佔四間。一百間書攤分成八段，各段有不同的顏色設計，而一段之內，各家又有各家的陳列法；鉤心鬥角，出奇制勝，以期吸引遊客的注意。現在的英國新書的包書紙久已由實用而變成裝飾，圖案和彩色已幾乎成爲必備的條件（普通要佔一本書的成本的百分之十至十五光景），在展覽會裏再經過一番選擇，參差錯落的排列起來，自然是五光十色了。有些出版家把幾百種一套的叢書整整齊齊排列，如科林斯袖珍名著便佔整個一間書攤；更普通的是把他們的 Best-seller 同一書陳列上二三十本，或是一溜兒順排，或是搭成金字塔。John Lane 是把多年被禁而新開禁的新印的 Joyce 的 Ulysses 高擧在中間，版式旣大而又金碧輝煌；Hodder & Stoughton 便稱道 Great Mother Forrest (Attilio Gatti) 一書佔了一間書攤，背後懸起大幅的森林佈景，穿插了幾十盞紅綠小電燈。作家的照片當然是充分利用，比本人的臉還大的老氣橫秋的勞合喬治站在他的六大本大戰回憶錄 (Ivor Nicholson) 的旁邊。Penguin Books 書攤上站立大大小小十幾只僞頭僞腦的Penguin 鳥。另一家書攤上縱橫躑躅了些貓狗兒熊，原來他家出了不少兒童讀物。最可笑的是一家攤頭上擺起一副全套防毒面具，近前一看纔知道是爲一本名爲「笑氣」的幽默文集做廣告。

二樓的名著展覽室 (Library of living books) 是分類陳列的，而兒童讀物獨佔一室，陳列的板架較低，室內且有小桌小椅，可以讓小朋友坐下賞玩。這個名著選集是由書業和圖書館界合組的一個委員會選定，並且曾就正於各科專家的。但專家鑑定云云恐怕只是一句話，也儘有名著而不入選，入選而非名著的，雖說不以新書爲限，實際十之七八是三五年來出版的書，戰前的書就很寥寥。這個選集印有一本目錄，照目錄上分類計算，共有五千二百多種，如將兒童讀物除外，也還有四千五百種光景。這裏兩類書不入選，一是科學方面專門書籍，一是小說。就所選各類而論，兒童書七三七種爲最多，其次爲廉價本的近代文學類（最普通的價格是三先令六便士，這是和美國及日本的壹圓本相當的書，但版式一律爲袖珍本，這類三六叢書現有四十多種），佔六百種，而詩集美文和文藝評論又別出，各有一百幾十種，合起來，文學書近千種，歷史有三五三種，如合傳記及遊憶錄之類，也有六百種左右。最使記者驚異的是建築類佔一二八種，戲劇音樂跳舞電影類佔二四〇種，美術及玩賞類佔一九六種，騎馬遊船釣魚打獵之類佔二五一種，草木鳥獸及鄉村生活類佔二四七種，圖畫類佔二五〇種。這些多少帶些「有閑」氣味的書籍，合計在千種以上，而且裏面的確有寫印俱佳的書，有銷行很廣的書，這一點，也很可以反映出英國人民生活之一面。

樓下的展覽也很有可觀，有「生活與文學」「新政治家」等期刊出版家，有「不列顛百科辭書」，Whitaker 等特種出版業，有裝訂業，有製紙業，乃至 Unix 書架店，以及製造書面布的廠家也各備一格。而最多的是印刷業（英國的出版家自營印刷的佔少數）有印普通書籍的，有專印圖版的，有專印包書紙的。牛津大學出版部代麥克倫公司印的「古老的西班牙」，把套印八九次的圖版，分析陳列，很引起遊客的興趣。（此書四開式兩冊，售價一百零五先令，在limited edition 中也算是稀有的高價了。）但最吸引觀衆的是一個圖版的表演攤，四五個雕手在不斷的遊客包圍之中當場雕製各種圖版。

除這些展覽外，另有一個文學家遺物陳列處，陳列的東西大半皆責大公開展覽者。隨便說幾件，桌椅之類有哈提少年時的書桌，有司各脫寫 Waverley 的書桌，有約翰生的坐椅，有薩克雷的坐椅，有 Bulwar-Lytton 兒童時代的矮椅。煙具之類有康拉特的香煙匣，Landor 的雪茄匣，C. Kinsley 的煙斗，Burns 的鼻煙壺。以人而論，拜倫最多，有二三十件，是 John Murray 的出品，因爲這是印行拜倫詩集的書店，當年的老John Murray 和拜倫是好朋友。其中有拜倫結婚時穿的繡花背心，出門帶的筆記簿，裏面還記有一篇啤酒賬。有集合他的若干女友的頭髮編成的賀圖，有「雅典女郎」的一綹青絲。有一隻雕鏤很精緻的大銀杯，裏面一隻玻璃瓶，是盛 Hemlock 的，拜倫親筆標識「一八一一年二月在雅典採集。」最有趣的是一位 Lady Caroline Lamb 仿拜倫的筆跡向 John Murray 騙取拜倫的畫像的信，據說仿的逼真，所以那個畫像給她騙去了，拜倫在信後有跋語，兩相比較，可以顯出這位西方聖手書生的本領。

此外的點綴品，走道兩旁有世界名圖書館照片百餘張，演講室壁上有現代作家的素描像三十多幅。還有一個特別陳列品，是納爾遜公司的，一本老書上面安一架擴大鏡，鏡中看去，挺大的一對蠹魚正在活動，書旁一冊，說明藏書防蠹方法，不知蠹輪生見此攤大宣傳作何感想。

作家的演講也是書展的一個特色，每天兩點半四點半六點半各有一人演講。威爾斯蕭伯訥這些老頭兒是拉不動了，但其中也不乏知名之士，如 Lord Dunsany, Aldous Huxley, J. B. Priestley 之流。新近寫 News from Tartary 一書的「傳勒銘」(Peter Fleming) 也是其中之一。最妙的是陸軍大臣 Duff Cooper 在招兵招不着乾着急的時候也偷空來一個，講題是「傳記文學」，可惜那天記者未去，不知是否給自己的海格將軍傳捧捧場。（他雖竭力表揚海格，勞合喬治偏不知趣，在新出的大戰回憶錄第六冊中大罵其海格。）這些作家講演之後，立即有遊客在場內買好他或她的著作送上去簽名留紀念，如錢歌川先生便是女作家 E. M. Delafield 的包圍者之一。

另一很有意思的事情是書業公會 (National Book Council，簡稱N. B. C. 譯名不妥，因這個組織表面除出版業及售書業外還有圖書館界代表) 監製的電影 Chapter & Verse，表演一本書的歷史，從文字的起源起，歷敘古時的抄書，近代的手工印刷，現代的機器印刷，旁及紙的製造，書的裝訂，最後演到書籍的經由圖書館和書店而達到讀者手中爲止。（另有一個大同小異的影片名 From Cover to Cover，也是N. B. C. 監製，在各電影院和學校放演。）

這個書展由星期時報主辦而由N. B. C. 與之合作。費用以房租爲最重，兩星期四千鎊。出版家等租用書攤，每間二十五鎊，如牛津出版部便要出到一百鎊。此外門票（每張一先令，在書店買只九便士）可收一千多鎊，大致報館所貼有限。

今年的書展已經是第四年。一九三三初開，在 Sunderland House 嫌地方不够，第二年改在另一處，仍然擁擠，第三年才改在道倫大廈。第一年遊客一萬三千人，參加展覽者出版業四十八家，印刷等業無。今年遊客有三萬八千人，參加展覽者出版業近百家，印刷等業二十家，並且有愛爾蘭出版業七家，澳洲出版業一家，海外領地的參加這是第一次。

書展所標宗旨爲提倡讀書，幫助選書。但出版家之樂於參加，當然是貪圖推廣銷路，所以場中到處有「此處陳列之書皆可出售」之標語，今年總結，展覽會中售書達兩萬鎊（第一年只三千三百鎊）。但英國的出版業和售書業的界限很分明，很少出版家設門市部的，展覽會中大賣而特賣，當然無形中奪去售書的若干利益，因此有幾家書攤上標明，「如蒙購本店陳列圖書，請賜示平日往來書店，即由該店奉上」。英國的售書業在過去幾年很不景氣，去今兩年雖然生意轉好，而新出版書定價大率較廉，特印的廉價本也多起來了，所售冊數雖然加多，而獲利轉少。出版和售書本是共存共榮的兩業，所以這幾家出版家的同情待遇，很得人稱道。

對於此次書展的批評，自以贊許的爲多，但也有表示不滿的。如 The Bookseller 上便有人批評出版家的風頭主義，說爲什麼不全部都照名著展覽室的辦法分類展覽呢，省得遊客走馬看花，茫無所主，可以讓他們各就所好，從容瀏覽。現在的辦法是各家推銷各家的招牌，並非推銷他們的書籍。但是反對派也有他們的說法，說是那麼一來，出版家的個性無從表達，陳列也不免要流於單調。

倫敦以外的地方也有同類的書展。先於倫敦的有愛丁堡和 Bristol，後於倫敦的有格拉斯哥等處。Bristol 遊客二萬人，如以居民數目作比例，其成功更在倫敦之上。美國紐約在和倫敦同時有由紐約時報主辦的書展，辦法和倫敦差不多。德國在十月二十五到十一月一日有一全國讀書週，由政府主辦，在全國六十八個城市同時舉行，但這要詳細記述，就未免離題太遠了。

新書介紹

中古時代

孫毓棠

James Westfall Thompson: The Middle Ages 二冊。一〇六九頁，序言三十頁，索引四十六頁。一九三一年 Alfred. A. Knopf 出版。定價兩鎊兩先令。

這部千餘頁的中古史的大著作是近來年史界鮮見的出品。作者是美國支加哥大學的中古史教授，對中古歐洲歷史的研究已經有三十五年之久。在此書出版以前曾經寫過「法國之宗教戰爭」，「封建的德國」等，最重要的還是他的「中古經濟社會史」（一九二八出版）和「中古末期經濟社會史」（一九三一出版），已爲研究歐洲中古史者必讀的書。現今這本中古史因其範圍包括較廣，又是一部中古的通史，所以很有介紹和商榷的必要。

全書兩巨冊，自紀元後三百年述至一千五百年。敘事之詳，引用原料之博，爲前此各通行本的中古史所未有。作者把每一個中古史中的問題當作一個單位來詳細分析解剖，用許多事實來證明每一個結論；不但重要的問題與事實都有詳盡而仔細的敘述，就是次要的問題與事實也都敘述得很周到；由此可見作者所注重的不僅是「撮要」，而尤重「系統」。以前我們讀的各種通行本的中古史都感到重要的事實特詳而次要的事實特略，因此讀起來模糊如在霧中，僅能得一概念而不能得到清楚的結果。在這本書裏完全沒有這種毛病。西洋中古歷史本是一個非常紊亂的時代，不但讀起來不易，寫書的人更不易寫到條理清晰，錯綜不紊的地步。所以我們所企望的一部中古史自然寧可繁不可簡；寧可有線索而乾燥，不可僅撮要而忽視系統。此書正恰到好處。凡是中古史中成爲不易解決的問題，本書作者也都有個人主見的答案，如君士坦丁大帝之信仰基督教，英國中古文學中之阿德王的傳說，羅馬滅亡原因之分析等等，而尤以關於德國一部分處處皆有特殊的見地。雖然因此在西洋各雜誌中引起不少的批評，但作者都有相當的自信，我們對於作者的許多見解也有相當的欽佩。

此書對於德國一方面特別詳盡，而對於法國方面稍略，也比較上沒有多少獨到之處。這本是中古史中一個很有趣的問題。德國史家以爲中古時代的歐洲歷史當以德國爲主幹，法國史家則以爲當以法國歷史爲主幹；其實在十三世紀以前德國歷史確是比法國重要，一則因爲神聖羅馬帝國實是中古一個特殊的大組織（也可以說是一個中古特殊的政治觀念），一則又因爲他和教會元首發生繁雜而密切的紛爭關係。但自十三世紀末葉起，法國因爲漸漸發展成一個民族的王權較重的

四庫提要辨證

酉陽雜俎二十卷續集十卷　唐段

是書首有自序云，凡三十篇爲二十卷，今自忠志至肉攫部凡二十九篇，尚闕其一。考語資篇後有云，客徵鼠益事，今叙據作破益錄，又無所謂破益錄者，蓋脫其一篇獨存其篇首引語綴前篇之末耳。至其續集六篇十卷，合前集爲三十卷，諸史志及諸家書目並同，而胡應麟筆叢云，酉陽雜俎世有二本，皆二十卷，無所謂續者，近於太平廣記中鈔出續記不及十卷，而前集漏軼甚多，悉鈔入續記中爲十卷，俟好事者刻之。又似乎其書已佚，應麟復爲鈔合者，然不知應麟何以得其篇目，豈以意爲之耶。

謹案：楊守敬日本訪書志卷八云：酉陽雜俎二十卷續集十卷，明刊本，新唐志及崇文總目並三十卷，中興書目則云雜俎二十卷，續雜俎十卷，（自注云見玉海）。郡齋讀書志書錄解題同。說者謂唐志崇文之三十卷，蓋合續雜俎計之，顧近代著錄家有宋元本前集，無舊本續集，胡應麟少室山房筆叢云，近於太平廣記中鈔出續集，而稗海及津逮秘書皆只有前集（案津逮本實有續集，楊氏此語失考），通行坊本有續集，不言是鈔綴而成，故四庫提要致疑於此。余幸已於日本市上購得明萬曆戊申四川道監察御史內鄉李雲鵠刻本，前有宋嘉定癸未武陽鄧復序云，陳君江刊止前集二十卷，又缺其序，余以家藏續集十卷，並前集之序畀之，遂爲全書。然則續集在宋時已微，自鄧氏重刻，始有全書。又有明海虞趙琦美序，言得是書之原委，並增補續集之由。（楊氏錄其全序略云：美每從吳門過，必於書攤于上覓書一遍，歲戊子偶一攤見雜俎續集十卷，以錢金易歸，堂兄可菴案頭有校本雜俎前集，詢其據何本，兄曰吾婦翁翁會爾可貞氏，曾見崑山葉氏有宋刻雜俎，因謄是書，吾婦錄此耳。美攜之歸，較三四過，又爲搜廣記類書及雜說所引，隨類續補，歲乙巳嘉禾項墨玉氏，復以數條見示，又所未備也，復爲續之，乃知是書必經人刪取，不然何放逸之多乎。丁未官留臺，侍御內鄉李公自美案頭見之，欣然刻焉。）

然則此書之前集，根原於宋刻本，而續集則鄧氏

圖案，歷史的重要性乎是遠遠的在上之，因此本書講英法百年戰爭甚詳，亦作者對於中古文化方面特別重視，所以也有普通的書中不常見的詳盡的描寫。此外還有一大貢獻，就是作者對於[illegible]的發展，變遷，組織，及其各方面的活動都有了系統而詳細的敘述，特別是第二十二章講[illegible]非常詳備。

但是此書不是完全沒有可商榷處。第一，全書把中古英國的歷史完全擱開未談，實是一本中古歐洲大陸史。我們都知道英國在中古時代雖不如法德之重要，但在文化上，政治上也有相當特殊的地位。並且因為此時代大陸的文化常受到英國的影響，而法國的歷史與英國又有糾纏不清的密切關係。況以英國的民族活動，政治組織，國會政治，封建制度之特色等實在與大陸歷史相提並論，才可以互相比較而有發明。此書之重要雖是[illegible]以英國歷史為主的缺點而研究以補充之，但從全書的立足點講，總是遺憾。第二，關於社會方面的敘述略嫌不足。封建制度與封建社會，本不如我們所[illegible]的，農民生活的，等也未詳述。至於說到城市興起與城市組織和生活的，[illegible]問題我們認為[illegible]作者不作詳細敘述。作者在他編本的中古史中描寫農民與城市生活反比此書的詳，我們不知道為什麼在這部大書作中反而不曾詳及。第三，此書重視西歐與中歐，關於北歐與東歐一部分非常簡略，遂使我們不能了解北方民族的歷史。尤其對回教

[illegible]證 段成式 小說家類三

余嘉錫

所撰，亦未[illegible]也，[illegible]氏有所據耳。[illegible]氏以[illegible]一代，所謂[illegible]人者是也，其語必不誤，[illegible]以[illegible]六篇之目，[illegible]之，今[illegible]此書，乃原本[illegible]，非[illegible]又[illegible]云，段氏自序凡三十篇為二十卷，今目[illegible]凡二十九篇，[illegible]一，[illegible]一篇，今以[illegible]，此本有[illegible]一篇，[illegible]本亦有之，目錄[illegible]無。（[illegible]本，目錄有[illegible]一門。）[illegible]十條，此以前[illegible]，而以後六條[illegible]，[illegible]六條[illegible]，[illegible]一條。又按段氏序凡三十篇，今[illegible]凡二十[illegible]篇，[illegible]八篇，又加[illegible]，實三十六篇。[illegible]三十一篇，與自序不合，余[illegible]段氏[illegible]三十卷，[illegible]二十卷，[illegible]十卷，以合於[illegible]，其自[illegible]二十卷三十篇三十二篇者，實亦後人合[illegible]之故，余[illegible]不相應，今以[illegible]一篇，[illegible]此式也。[illegible]六篇之目，[illegible]，[illegible]。余謂[illegible]氏以[illegible]非[illegible]，[illegible]而[illegible]，[illegible]之乎，[illegible]也。[illegible]××[illegible]××[illegible]，又有[illegible]二十卷，[illegible]，[illegible]一冊，[illegible]十卷之[illegible]，[illegible]二[illegible]，[illegible]十卷，[illegible]，[illegible]。[illegible]一[illegible]，[illegible]（見一百三十二[illegible]），[illegible]，[illegible]也。[illegible]，[illegible]又[illegible]一[illegible]，[illegible]，[illegible]，[illegible]其。

回教伯人及突厥人種也不甚好。雖有一章專論東古人的西侵與土耳其人的，不但不如我們所希望的那樣詳細，而且敘述中亦間有可商榷處。本來中古時代之歷史中，當然以東歐西亞的民族，文化，宗教，政治的問題最為繁雜，從來未曾有過一部中古史能在這方面使我們滿意的。此書也還是如此。第四，此書關於十四十五世紀的政治方面很好，但關於文藝復興時代的文化方面則嫌略，未足以說明這過渡時代的精神如何把中古的歐洲轉入了近代。作者在前一年出版的「中古末期經濟社會史」本是一本驚人的著作，但在本書中關於此兩世紀的經濟社會的變遷並未詳細敘述，也是憾事。

至於文章的風格(Style)方面亦未盡善。我覺得歷史著作也是一種藝術品，不但敘述要詳盡詳確，條理清晰，就是在文章風格，措辭的色彩與氣勢上也當有相當的注意。英國史家Trevelyan 著作之可貴，一部分也在其風格上。此書作者文章雖不是乾燥無味，但是有時因過重詳盡，以致使讀者感到冗雜，繁重，拖沓過長，有時也有條理不清楚的地方。英國史家作品一向是繁雜無系統，東敘述不甚清晰。法國史家又過重系統，把歷史變成公式。美國史家則往往重科學式的組織，結成條理，平均分配，缺少藝術的精神的力量，因此作品的氣勢，就比例調重視帶着沉悶。此書作者的風格所表現的，一部即是美國式的。

前面我說此書在東羅馬與西亞方面過於簡略，這實在讓

一個中古史的很大的問題[illegible]

中古史

James Westfall Thompson: History of the Middle Ages 一冊，四六六頁，一九三一年W. W. Norton & Company出版 定價美金三元五角

[illegible]

三國經濟史

楊聯陞

陳嘯江著 三國經濟史 國立中山大學文科研究所民國二十五年一月出版 定價六角。

陳嘯江先生此書，大體是集合他過去在各雜誌中發表的文章加以修補而成的。徵引頗為豐富。有些不清楚的地方，差令人頗有瞭解之感。所引的材料，時有不出於原始來源的。如荀悅漢紀，明明作者，荀悅的話，却要從袁宏後漢紀轉引（頁五七）。又同一材料，有時引三國志當書，有時却又引通典通考。

頁六七，六八頁各有一錯誤。六七頁的錯誤是評者允體指出的，因為仿佛曾見有人以此相詰，又誤抄了陳先生的引文及解釋。

六七頁引三國志鄧艾傳：

令淮北屯二萬人，淮南三萬人，十二分休，常有四千人，且田且守。水豐常收，三倍於西。計除衆費，歲完五百萬斛，以為軍資。六七年間，可積三千萬斛於淮上，此則十萬之衆五年食也。

陳先生解釋十二分休為『十二分人中有十一分的人去耕種而餘下的守的人僅一分』（六七頁），這是錯的。古今十二[illegible]的解釋用法都是十分之二，縱休作十二分之一解釋。何況五萬人的十二分之一並非四千。事實上是有一單錯字，『四千人』乃『四萬人』之誤。殿版四年翻宋版三國志，皆作四千人。但我的毛晉汲古閣本十七史及百衲本影宋本三國志，則都作四萬人。通典卷二通考卷七所引亦作四萬人。陳先生在引原文偏此段下注說通典食貨略同，可惜沒有注意到這『萬』一字的大不同。

因此，在六十五頁的生產統計『每人每年約可生產一百六十八斛有奇』也錯了。實際以四萬人除五百萬斛，每人一百二十五斛。不過說五百萬斛是米，不能跟上面引的三國志[illegible]傳（八四，八五頁）[illegible]二十餘斛所稱六十餘斛的米樣地比較。因為六十餘斛的米，是就畝計算者所得，五百萬斛却是未舂過的粟。[illegible]換算原米，就不夠五百萬斛了。還有可注意的，是五百萬斛乃『計除衆費』所得，似乎已經除去生產費，實際所得當多於此數。這一增一減的兩個因子都不能忽略，正如我們比較歷代各地生產不能忽略斗斛大小的差異一樣。

六八頁的錯誤是引文錯誤：

上引河流，下通淮潁，大理諸陂，於潁南北穿渠三百餘里，溉田二萬頃。

陳先生在大理一字旁加了個私名號，這與冀朝鼎先生『中國歷史中的經濟區』引晉書食貨志此段『上引河流，下通淮潁，大治諸陂』，大治一字錯作大理，可謂同誤。不過都是錯了。大治大理，形近。治理之為動詞，由於晉書及通典（卷二，大理諸陂）通考（卷七，大理諸陂）用治理兩個同義字就可明白了。

雜錄

論衡校箋中之「短書」

劉盼遂

余於八年前，讀王充論衡，[illegible]之[illegible]，[illegible]有所得，[illegible]記之，凡得數百事，名曰論衡校箋。[illegible]之作。前年秋，國立北平圖書館館刊，採錄此稿。予因乘時增補，釐成[illegible]三十二卷。而以[illegible]付印。[illegible]之[illegible]，[illegible]所難免。然[illegible]大體觀之，[illegible]。茲[illegible]論『短書』[illegible]於下：

[illegible]之[illegible]，以為[illegible]上者，[illegible]，[illegible]之事，[illegible]之，[illegible]之。[illegible]之[illegible]之，則必謂短書不可信用。……

[illegible]「則必謂短書不可信用」九字[illegible]之目：

[illegible]，此云短書者，[illegible]之[illegible]也。

今按[illegible]，今[illegible]引[illegible]之，[illegible]云者，[illegible]人用以[illegible]於不[illegible]之[illegible]也，[illegible]。[illegible]以[illegible]之[illegible]所[illegible]之[illegible]，[illegible]。[illegible]「短書不可信用」。此[illegible]之所由[illegible]也。[illegible]名[illegible]，[illegible]。王[illegible]之[illegible]。[illegible]之[illegible]，[illegible]：

[illegible]小說家，合[illegible]小語，近取[illegible]，以作短書。（[illegible]引[illegible]，[illegible]引所出，[illegible]本。）

王充[illegible]，[illegible]中[illegible]。[illegible]「[illegible]之短書，[illegible]所云云，[illegible]所云之[illegible]短書，[illegible]。[illegible]中「此云」二字，[illegible]之[illegible]。[illegible]以「不可信用」四字，[illegible]王充[illegible]也。又[illegible]人之[illegible]，[illegible]之[illegible]「小冊子」矣。小冊子[illegible]之[illegible]小者，[illegible]之[illegible]，[illegible]小冊子之[illegible]矣。

[illegible]十九期[illegible]，[illegible]，[illegible]之[illegible]。[illegible]之[illegible]。

新書簡訊

十經齋遺集五種六卷

民國[illegible]刊本 定價不詳

清沈濤撰，[illegible]，[illegible]，字[illegible]，[illegible]人，未[illegible]，[illegible]江西[illegible]，[illegible]之[illegible]，[illegible]四十九日[illegible]，[illegible]之[illegible]。[illegible]，[illegible]，十經齋文集，[illegible]。十經齋文集[illegible]中[illegible]，[illegible]氏[illegible]，[illegible]一卷，十經齋文[illegible]二卷，[illegible]二卷，[illegible]一卷，[illegible]一卷。沈氏於小學之功用力甚勤，[illegible]，[illegible]，可[illegible]。（圭）

圖書副刊

BOOKMAN

第一百七十一期

一本刊登載關於中外圖書之介紹批評以及學術界消息
二本刊每星期出版一次
三投稿請寄北平文津街國立北平圖書館轉圖書副刊編輯處

巴黎敦煌殘卷敘錄（二七）

王重民

白香山詩集　五五四二

敦煌出白香山詩集，袖珍折疊裝本，書法甚工，半頁十行，行十八字至二十二字不等。遇當代尊睦均空格，又以諱避之字代本字，蓋唐人箸作，唐人寫本之原式也。（世字缺筆，殆避太宗二名不偏諱之勅。）今存八葉有半，第一首爲寄元九微之，下署「白樂天」名。次爲和樂天䜩同前，下署「微之」兩字。以後俱新樂府十五首，曰上陽人，曰百鍊鏡，曰兩朱閣，曰華原磬，曰別母子，曰草茫茫，曰天可度，曰時世粧，曰司天台，曰胡旋女，曰昆明春，曰捺綾歌，曰賣炭翁，曰折臂翁，曰鹽商婦。鹽商婦僅存一行，以下殘缺。樂府各篇無小序，亦無夾注，爲與今本不同。按白氏詩文集，生前手自寫定五本，分藏東林南禪等寺，更有傳至日本與高麗者；今日本傳本與宋明刻本，彼此不相異，並均不能彷彿於白氏手定本之舊矣。又明正德年間，海寧衛指揮嚴曦別刊新樂府二卷，題爲白氏諷諫，盧文弨曾據以校入羣書拾補第三十六卷中。持與相校，敦煌本與白集同者十七八，與諷諫同者十八九。余未見嚴刻，亦不知其所自，而異同獨與敦煌本爲近，則非從世傳白集抽出，必爲別有所據可知，自是嚴刻因以增價矣！此敦煌小冊子，似即當時單行之原帙。所可疑者，寄元九一詩，不應列入諷諫之內；更以時代考之，同爲元和四年作品，則此小冊子，蓋據元和間白氏稿本。白氏詩歌，脫稿後即傳誦天下，故別本甚多，即白氏所謂通行本也。然其價值，當仍在今行諸本之上。余生千載之後，親此殘編，爲勝於高麗遣使，故爲入獨矣。

白集今以明萬曆間馬元調刻本爲最通行，康熙癸未，汪立名又別刻詩集爲四十卷，間有據稿本校正處。盧文弨得海鹽葛氏影宋本，及嚴刻諷諫，校入羣書拾補。今據汪本，參以汪盧二家校語，作爲校勘記如次：十二月二十日。

校勘記

寄元九微之

歸來兩行淚　汪本兩作數
忙忙靈田路　汪本忙忙作悠悠
已到商山北　汪本到作過
問君意何如　汪本君作我
答云苦相憶　汪本答云作君言
叩門聲鑿鑿　盧校同汪本鑿鑿作冬冬
云是商州使　汪本云作言
上論天譴心　汪本天作遷
夜宿商山東　汪本商山作商州
獨自挑燈坐　汪本自挑作對孤
夜深作書罷　汪本罷作畢
山月影西斜　汪本影作向
月中何所有　汪本作月下何所有
桐花落地時　汪本作桐花半落時
花下正相思　汪本作復道正相思

上陽人

上陽人　盧校同汪本句疊
綠衣監使守宮門　盧校綠宮作六宮汪本作綠衣
一閉上陽來幾春　盧校同汪本來幾作多少
扶入車中不敢哭　盧校同汪本敢作教
皆云入內並承恩　汪本並作便
臉似破蓮胸似玉　汪本破蓮作芙蓉
一生遂向空床宿　汪本床作房校云舊本作床
蕭蕭暗雨灑窗聲　盧校灑作洒汪本作打
宮鶯百囀秋厭聞　汪本秋作愁
天宗遙賜尚書號　盧校汪本天並作大
青黛畫眉眉細長　盧校同汪本畫作點
天寶年中時世粧　汪本年中作末年盧校作年中
少老苦兩如何　汪本少下有苦字
又不見今日上陽人白髮歌　汪本上陽下有宮字

百鍊鏡

容範非常規　汪本容作鎔
日辰處所靈且奇　汪本處所作處處
鋼函珠匣鎖幾重　汪本作揚州長吏手自封校云一作鋼函金匣鎖幾重盧校殿本與一本同
人間臣妾不敢照　汪本敢作合
背有五色飛天龍　盧校五色作五爪汪本作九五
人人呼云天子鏡　汪本云作爲
四海安危照掌內　汪本照作居
百王理化懸心中　盧校理化作理亂汪本作治亂

兩朱閣

五雲飄颻飛上天　汪本飄颻作飄颺
妝閣妓臺何寂靜　汪本妓臺作妓樓
比屋齊人何處居　汪本何作無

華原磬

華原磬　盧校殿本不重下泗濱石同均與此合
今人不聽古人聽　汪本作古人不聽今人聽
古人不擊今人擊　汪本作今人不擊古人擊
樂工豈在耳如壁　汪本豈作者
始稱浮磬出泗濱　汪本始作古
立辨致死能感人　盧校同汪本能作聲
宮商一聽華原磬　汪本商作懸磬作石
君王遂亡封疆臣　汪本王作心
長安市人爲樂師　汪本市人作市兒

別母子

悲在君家留二兒　汪本二作兩
以爾夫婦新燕婉　汪本爾作汝
應似園中桃與李　汪本作桃李樹盧校作桃與李與此合
花落隨風子在枝　汪本在作住校云一作在
但願將軍更策勳　汪本更策勳作重立功

草茫茫

當時自以爲深錮　汪本錮作固
下流銀水作江海　汪本作下流水銀象江海
上綴珠光作狐兔　汪本狐作烏
一朝盜掘墳墓破　汪本墓作陵
憑君回目向南望　汪本回目作回首。

天可度

唯人之心不可防　汪本作唯有人心不可防
誰知僞言巧如簧　汪本如作似
使君夫婦成參商　汪本成作爲
唯人之心相對時　汪本作唯有人心相對時
唯不測人間笑是嗔　汪本衍唯字

時世粧

時世流傳無遠近　汪本傳作行
烏膏唇唇恰似泥　汪本作烏膏注唇唇似泥
雙眉畫爲八字低　汪本爲作作
元和新粧君記取　汪本新粧作粧梳
鬟椎面赭非華風　汪本鬟作髻

司天台

羲和死來人事廢　汪本人作職
官不求賢唯取藝　汪本唯作空
上陵下替謫見天　汪本作下陵上替
五緯微暗少光色　汪本五緯作北辰
羅芒振角射三台　汪本振作動
上台半墜中台坼　汪本墜作滅
天文時變兩若斯　汪本若作如
九重天子不得知　汪本句不疊僅作不得知三字
安用司天百尺圖　汪本作安用臺高百尺爲

胡旋女

胡旋女　汪本句疊盧校殿不重
弦催鼓促曲已畢　盧校作絃催鼓促曲欲遍汪本作人間物類無可比
奔車轉轂旋風遲　汪本轂作輪
外國來此居　汪本作出康居
徒勞東方萬里餘　汪本方作來
天寶末年時欲變　汪本末年作季年
貴妃胡旋惑君心　汪本惑作感
從此地輪天維轉　汪本此作茲輪作軸
數唱此曲悟明主　汪本曲作歌

昆明春

昆明春春池　敦煌本衍此五字
黿尾鼉黿魚煦沫　盧校鼉作泥汪本作鱉
千介萬虫同日活　汪本虫作鱗
今來淨淥水鏡天　汪本鏡作照
游魚撥撥蓮田田　汪本撥撥作鱍鱍
洲香杜若抽心長　汪本長作短盧校殿作長與此合
洞植幽沉性皆遂　汪本洞作動幽作飛
皇化如春無不被　汪本化作澤
蒹葭無証魚無稅　汪本蒹作菰証作租
君惠獨何人　汪本君上有感字
吾聞率土皆王人　汪本人作民下遠人作遠民
願惟此惠及天下　汪本惟作推
天涯地角盡蒙利　盧校同汪本盡蒙利作無禁利

捺綾歌　汪本捺作繚下並同

不似輕綃與紈綺　汪本輕作羅
越溪寒女漢宮妃　盧校同汪本妃作姬
染作池中春水色　盧校同汪本池中作江南
異彩奇紋相隱映　汪本紋作文
捺綾織時費功績　汪本時作成
昭陽人不見織時應不惜　汪本作昭陽殿裏歌舞人若見織時應也惜

賣炭翁

滿面塵埃烟火色　汪本埃作灰
賣炭得錢何所爲　汪本爲作營
翩翩兩騎閒是誰　汪本作兩騎翩翩來是誰
黃衣使者白衣兒　盧校同汪本衣作衫
迴車叱牛令向北　汪本令作牽
一車炭千餘斤　汪本炭下有重字校云一本無重字
驅入宮中惜不得　汪本作宮使驅將惜不得
繫在牛頭充炭直　汪本在作向

折臂翁

新豐老翁年八十　汪本年八十作八十八
右臂憑肩左臂折　汪本左右二字互易夾注一本與此合
唯聽驪宮歌吹聲　汪本作慣聽梨園歌管聲夾注一本與此合
點向何處去　汪本作點得驅將何處去
傳道雲南有瀘水　汪本傳作聞
未戰十人五人死　汪本作未過十人二三死
鄉南鄉北哭聲哀　以下四句至千萬人行無一回共二十八字敦煌本缺
自把大石槌折臂　汪本自把作偷將注云一作自把
從此始免征雲南　盧校同汪本此始作茲始
且圖揀退歸鄉土骨碎筋傷非不苦　汪本二句互倒
臂折來來六十年　盧校同汪本作此臂折來六十年
至今陰雨風寒夜　汪本陰風二字互倒
猶到天明痛不眠　汪本猶作直
痛不眠兮終不悔　汪本衍兮字
所喜老身今猶在　汪本所作且
不然當昔瀘水頭　汪本昔作時
身死魂歸骨不收　汪本歸作孤
老人言君聽取　敦煌本無此六字
君不見開元宰相宋開府　盧校同汪本見作聞下句又不見汪本見亦作聞
立邊功功不立生人怨　汪本作欲求恩幸立邊功邊功未立生人怨
君不見新豐折臂翁　汪本君不見作請問二字

書評

羅馬法

周枏

丘漢平著　上海會文堂新記書局出版　上下兩冊，共八百八十八頁

上冊　二十四年九月出版　定價一元六角
下冊　二十五年三月出版　定價二元四角

[illegible]

[illegible]現在也不過五六部。因爲羅馬法確是不容易做，著者不但要懂得法律，並且要熟悉羅馬史，明瞭當時的社會情形，對於拉丁文要有研究，最好還要能懂得希臘文，好直接參看羅馬法的資料，再後還要能辨別資料的眞僞；所以眞正著羅馬法的人，要以法律家而兼歷史家和考古家。著者對於此項艱難的工作，雖曾化了多年的工夫，參考了五六種文字和二百多種的書籍，但是結果不能使人滿意的地方仍不在少數。現在舉幾端在下面，以供同道的討論。

第一編制　我們知道羅馬法的編制，有純採羅馬式的（就是完全依據「嘎尤士法學綱要Institutiones Gai」的編制），有採羅馬式而加以整理的，有按照各國現行民法的次序編制的，有徹底改造不以任何典籍爲藍本，而自擬新次序的。純採羅馬式的好處在能保持原狀，不過這種編制法太不合理化，許多地方，應當排在前面的，他排在後面去了，應當在甲部份講的，他在乙部份講了。增加讀者在了解方面和記憶方面的困難。所以這種編制法在十九世紀和二十世紀之交的著作，還有採用他的，現在却都廢棄不用了。第二種編制的好處，是在大體上保持羅馬式編制的原狀，而把其中不合理的地方，加以整理，能夠彼此兼顧；第三種以各該國法典爲編制的藍本，便於讀者對照和比較；第四種是採用最合理化的編制法，在閱讀方面最爲便利。本書的編制是採用第二種「修正式」，著者在第一〇〇頁中說：「本書爲便於敘述起見，仍依羅馬法之原來分類而加以整理，使讀者獲得正確之觀念……。」這種主張，我們自然不能說不對，不過他所

權正的，是否都必需，這就值得研究一下了。現在舉幾個例子來看看：

[illegible] Praetor [illegible]

又如「法律訴訟 Legis Actiones」的方式（本書第八〇八頁以次）[illegible]「宣誓式 Sacramentum」[illegible]「請求指定承審式 Judicis postulatio」[illegible] 式Conditio」[illegible]「拘押式 Manus injectio」[illegible] 扣押式 Pignoris Capio」[illegible] 不甚妥當。

Capitis demunitio（本書第一九三頁以次）[illegible]

第二 [illegible]「國法大全Corpus juris civilis」[illegible]「烏爾比安法律規範 Regulae Ulpiani」，「梵蒂岡斷片 Fragmenta Vaticana」，「[illegible] Codex Theodosiani」等。[illegible]

[illegible] C. 2. 42. 3. pr; D. 16. 1. 2. pr; G. 1.5; C. Th. 1. 4. 1; Ulp. 19.4.5; Nov. 123. 4; Vat. Fr. 272 [illegible] Inst. [illegible] Just. [illegible] P. F. Girard [illegible] post-Glossateurs」[illegible]

[illegible] 例如本書的裁判官，有時指「裁判官Praetor」（見本書第一八，四八頁）有時指「執政Consul」或「帝國Imperator」（見本書第三一，四七頁），有時又泛指「高級官吏Magister」（見本書第一八頁），但以著者在譯文下面又不註出拉丁原文，讀者讀到五五篇中，不知道著者所說的執政官是指那一種執政官呢？

又如 Capitis demunitio（本書第一九三頁以次）著者譯為人格減等，這樣一來，以羅馬市民受刑罰而淪為奴隸，入外國籍而喪失市民資格，和自權人的淪為他權人等，因為在這種情形中，他們的人格都是減少的，但是另一方面，我們知道家屬的被收養，他權女子結婚有夫權婚姻等，祇不過是人格的變更，而並不減低，又如家屬的被解放，夫權下的妻子在離婚後而未再歸於家長權下等等，他們的人格，不但未減少，反而升高了。這點著者雖在「人格減等之意義」一節中談到些，但是因為拘泥於 demunitio 解作減少的關係，所以竟把名和實不合於不顧了。其實 demunitio 還可以解作變失，就消等，所以優帝士帝 Capitis demunitio 為 permutatio Status，即人格的更變。因此我們認為倘把他譯為「人格的變更」便確切得多了。

如 litis contestatio（本書第八〇八頁），著者譯為「爭訟」，並在譯文下面加了一個註釋：拉丁文原意指「訴訟爭點之結合」。Litis Contestatio譯為爭訟，已是欠妥，再加上這樣一個附註，便使讀者更加糊塗了。litis 在此地本是解「訴訟」，contestatio 是「證明」，合起來是「證明訴訟」而已。因為在羅馬當初，文字還不很普遍，一切都用證人來證明，所以當事人可當把雙方的爭執請裁判決，為免除日後一方的反悔，請人做見證人，就是在法律審理完結時，請旁聽審判為證人，以便在事實審理時代為證明一切的經過。所以把 litis Contestatio 譯做「證訟」，或者較為相合了。況且Contestatio根本便不能解做「結合」呢？

除外，著者常把一個名詞或一個人名譯了兩種以上的中文。如 praetor peregrinus 有時譯「外事執政官」（本書第三一頁），有時譯「外務裁判官」，（本書第七八四和八一六頁）。Cessio bonorum 有時譯「交付財產」（本書第八三六頁），有時譯「財產和解」（本書第八七九頁）。Diocletion有時譯為戴克勒先帝（本書第三五頁），有時譯地奧克立典帝（本書第二一三，一八六頁），有時譯地奧克立典帝（本書第六四頁）。Constantine 有時譯康士坦丁大帝（本書第五一頁），有時譯康斯坦丁（本書第二三〇，二八五，三六一，三六二，五五五頁）。Nerva 有時譯涅法（本書第三〇頁），有時譯涅維（本書第四一七頁）。Theodosius 有時譯狄奧多西大帝（本書第四六，五三，五一六頁）有時譯提荷多細斯帝（本書第一四八頁），有時譯惹荷多蒂斯帝（本書第二一九頁），有時譯惹荷陀修士帝（本書第三八五頁），有時譯惹荷總修帝（本書第五六三頁）。有時一人名下註拉丁，有時則註英文，如Papinianus譯伯比尼安士（本書第三八頁），[illegible] Papinian [illegible] Julianus [illegible] Julian [illegible]

[illegible]「Latini Juniani」（Ulp. Reg. 24.7.）[illegible] Legatum per Vindicationem [illegible]（Ulp. Reg. 1.16.）[illegible] Mancipatio [illegible] Usucapio [illegible]

代要。

總之，著者沒有能在既有了要式買賣之後，為何又產生合意買賣之中，探求他的原因，而在既產生了合意買賣之後，需問他為何不與要式買賣所有權，所以便覺得茫無頭緒了。

又如本書第一九六頁所論「人格減等的原因」，亦誤錯誤，不過本文因為篇幅的關係，我們也留待另文討論罷。

第五錯誤 想是因為羅馬法史講義的錯誤罷？本書的錯誤，可謂不在少數。在緒論第一章列沿四時中的錯誤，則與把寄格 Cug 羅馬法分期的第三時 Période du Bas—Empire 譯為法律退步時期，把皇帝Justinianus的舅父使斯狄拿士大帝 Justinus I 當做皇帝的父親等等，我們已經在前次一篇文字裏說過（參看前期中華法學雜誌），毋庸再行說明，在此地我們再提出幾點討論一下：

本書第一一七頁論什麼，謂『家父權因家父被俘而暫時停止，但是歸國時因被俘而「終止」，因其生還依復權法而恢復。婚姻之關係因被俘之事實而解除，如欲回復，必須得雙方之同意……』「終止」兩字雖有語病，但著者之意思，尚不難窺見，至於下文所說，就不免把一時而語全部。因為羅馬的婚姻，有「有夫權婚姻 matrimonium cum manu」和「無夫權婚姻 matrimonium sine manu」的區別。夫權亦和家長權一樣，同為特權的一種，家長權既因家父被俘而暫時停止，因其生還而恢復，則夫權自亦應因夫被俘而暫時停止，因其生還而仍恢復。這點我們并不很著疑難，一讀本書的上文，立刻便會曉得。故經過法定儀式結婚的丈夫，即使在外國做了俘虜，他的婚姻關係，亦不因此而解除，若遇生還，自然不必徵得雙方的同意才恢復夫婦的關係啊。

又如本書第一九八頁把「俘虜入作俘者」列為人格大減等的原因之一，此地著者又和陳先生的講義先生犯了同一樣的毛病。他們根本忘了此時的羅馬絕對不承認外國法的效力，故事實上即使市民在外國做俘虜，而羅馬法則根本看做不知道，所以祇要市民能重入國境reversum postliminio（後來附有相當的條件），在法律方面，就視為他從未做過奴隸一般。著者在此地顯然沒有注意到「復境權Jus postliminii」的基本原理。

又如本書第三八五頁，關於善意占有人對於返還未經消耗孳息之責任，著者謂：「迨至紀元後三百六十六年之惹歐陀修士帝著令而規定善意占有人於所有人提起返還物件之訴時，其在爭訟期間前取得之孳息，仍歸占有人享受。」其實這條著令并不是惹歐陀修士Theodosius帝頒布的，而是哇倫底尼亞魯士大帝 Valentinianus I 和哇倫士帝Valens 所頒佈的，況且年代亦是紀元後三百六十九年，而不是三百六十六年。不過這條著令後來被惹歐陀修士第二 Theodosius II 編在他的法典裏罷了。紀元後三百六十六年，惹歐陀修士大帝 Theodosius I 當還還有十多年，（大帝登極年為三七九——三九五），惹他孫子惹歐陀修士第二的出生還有三十多年（二世的生死年為四〇一——四五〇）呢？

又如質與抵押，著者謂「債務人……逾期不償者，抵押財產的所有權當然移轉於債權人取得。」（本書第八一四頁），其實抵押不過是一種擔保權，而給債務人求償時的一種辦法而已，若是逾期不償，除非雙方另有和解，債權人祇能把所抵押的財產賣掉了，而該項財產的所有權，並不當然由債權人取得。

又如著者在本書第八四四頁說，「解放自由人非經得舊主人之同意不得對其提起訴訟，違者受罰」。其實解放自由人因為要感謝舊主解放的恩，所以對舊主要表示尊敬，而對舊主提起訴訟是一種不尊敬的舉動，所以羅馬法規定違則受罰制，解放自由人應當要得到法官的允許方能起訴（參看本書第一〇八頁）。若是具真起訴時，要預先得到舊主人的同意，則舊主人因有對自己起訴是不利，不消說是加以拒絕，如此解放自由人那能達到進行訴訟的目的呢？

至於本書的錯字，雖然亦不少，但這是手民和校對的疏忽，與著者無涉；並且也不會因此而有損本書的價值。

以上幾項，我們不過舉數端而言，總沒有吹毛求疵的地方。我們以為一部羅馬法，主要點在能闡明羅馬法的基本原理；至於把年代弄錯些，或是把舅父當做父親等等都沒有大關係。本書雖然有許多地方不能使讀者滿意，但在中文的羅馬法中，他的確還要算上乘的。

末後我們很希望著者在再版時，能抽些時間來修正一遍，尤其是注意到基本原理的說明，使這部大著能格於完善，則著者對於法學界的貢獻便更大了。 二六，一，七。南京

新書簡訊

集・韻・聲・類・表・

黃侃撰 上海開明書店發行 二十五年十一月發行 定價八角

此為黃氏手稿，身後始由人為付影印者，故書首無序文。除總目及各表外，僅附勘誤字四葉。集韻行世板本，較廣韻為少。通常所見，不出（一）曹刻（2）曹刻揚州（3）姚覲元刻三種，而訛奪甚多。方成珪所為校正，亦皆未盡。坊間偶見過錄段玉裁校本，亦多雜鄉偽舛，參差多誤。黃氏此書，于此項基本整理之工作，既有未盡其能事；至其排比之法，亦多可商，姑始勿論。要之黃氏搜羅之勤，在過去聲韻史上自有其地位。此書之印，足以見其平日辛勤力學之一斑，固亦不為讀者無所貢獻也。（翼）

圖書副刊

BOOKMAN
第一百七十二期

一　本刊登載關於中外圖書之介紹批評以及學術界消息爲公開性質歡迎投稿
二　刊登本刊之文略致薄酬
三　投稿通訊可寄「北平文津街國立北平圖書館內圖書副刊編輯收」

書評

集韻聲類表

黃侃撰　開明書店出版　價八角

集韻表

施則敬撰　來薰閣出版　價一元五角

王了一

黃季剛先生逝世後，其哲嗣以先生所撰「集韻聲類表」手稿交開明書店影印出版。就書中精審之程度而言，似可認爲定本；然出版在著者逝世後，故未有凡例，使讀者對於表中符號頗有不易了解之感。本文之旨趣在：（一）對表中條理及各種符號加以說明，其不可知者暫從闕疑；（二）對本書略有商榷；（三）從此表歸納得若干結論。

本書卷首先列集韻切語校字，次列聲類總目。正編共分四卷，以聲紐爲綱，以韻爲目，依著者所考定之四十一聲類（除陳澧切韻考之四十聲類外，復分微於明），每紐分爲上下二圖。共得八十二圖。以紐爲經，而韻附於紐者，據余所知，除李氏音鑑外，但有此書。然音鑑爲近代語音而作；至於依廣韻或集韻作表而以紐爲綱者，則黃氏一人而已。卷一有影喻爲曉匣見溪羣疑九類，十八圖；卷二有端知照透徹穿審定澄乘禪泥娘日來十五類，三十圖；卷三有精莊清初從牀心邪疏九類，十八圖；卷四有幫非滂敷並奉明微八類，十六圖。每類分爲上下兩圖：上圖爲開口呼，下圖爲合口呼。開口呼包括支脂之微之開，齊祭泰佳皆夬灰咍廢之開，眞諄臻文欣魂痕之開，元寒桓刪山先僊之開，蕭宵爻豪，歌戈麻之開，陽唐之開，庚耕清青蒸登之開，尤侯幽侵覃談鹽沾嚴咸銜凡；合口呼包括東冬鍾江，支脂之微之合，魚虞模，齊祭泰佳皆夬灰咍廢之合，眞諄臻文欣魂痕之合，元寒桓刪山先僊之合，歌戈麻之合，陽唐之合，庚耕清青蒸登之合。韻之次序，悉依集韻。每圖按宋元等韻分爲四等，每等分爲平上去入四聲，每音有一代表字，即集韻每紐之第一字。每一代表字之上記出此字所屬之韻目，及其反切。

每圖自上至下共三十三格。四聲四等相乘，共得十六格；每字之上所記韻目及其反切共佔一格，十六加倍得三十二格。其最高一格則以符號表示陰陽聲之分別：凡作圓圈者表示陰聲韻，凡作圓點者表示陽聲韻。亦有不加圈點，但留空格者，則因以類相從，其屬陰屬陽本已易知，例如支屬陰聲，則其同類之脂之微自屬陰聲，不言而喻，故不煩加圈也。

字旁加圓圈者，乃切韻指掌圖中所有之字。字旁加圓點者，疑係其他等韻圖所有之字，未能查明，不敢妄測。何字歸何等，大致以切韻指掌圖爲依據；其與指掌圖違異者，則於字旁加乂，並加眉批說明之。例如「要」字，指掌圖入三等，黃氏則歸四等，並加眉批云「要三等」。此僅說明異點，不置可否。又有認謂指掌圖爲誤者，例如本書以「佁」字入四等，並加眉批云：「佁一等，誤也」；亦有加疑辭者，如「蠅」字上批云：「蠅三等疑誤」，「封」字上批云「封在三等恐誤」，「吹」字上批云「吹在二等疑非」，「暴」字上批云：「暴一等恐誤」等等。此外尚有開合口之與指掌圖違異者，例如「倜」字上批云「倜在合口圖內」，「[illegible]」字上批云「[illegible]在開口圖內」。脣音之開合，與指掌圖違異尤多，故凡脣音在指掌圖中屬合口而在本書屬開口者，則於字旁作三角形之符號。黃氏自批云：「作△記者皆在合口圖內者，然十七圖邦滂並明四母重出，與二十圖同，當以二十圖爲正。」又云：「第十六圖開口有脣音誤也，當移十五圖，然此所分開合，彼則合而一之也。」蓋指掌圖以梗攝脣音字盡歸開口，本書則分爲二類，以「崩朋北逼並餅迸瀕偪佰[illegible]聘[illegible]瓣傰朋彭白恆辟僻[illegible][illegible]塴孟陌[illegible]名瞑覛」歸開口呼，「兵丙柄碧平病並明皿命」歸合口呼也。

圖中入聲分承陰陽，然以配陽聲爲正例，故凡配陽聲之入聲字皆如平上去聲字居格中直書，字上並記韻目及反切。其配陰聲者則僅記韻目，不記反切，且韻目及代表字皆斜寫。其入聲配陰聲，亦與指掌圖有異同：例如指掌圖以鐸覺藥配豪爻宵蕭，本書則以鐸配模，以藥配魚，以覺配爻。蓋指掌圖以當時語音爲依據，黃氏則以古音爲依據也。配陰之入聲亦有二類：總目表中，韻目向左傾斜者，表示入聲等呼與平上去聲之等呼相當；韻目向右傾斜者，表示入聲等呼與平上去聲之等呼不相當。等呼相當者，如三等昔之與支，質之與脂，迄之與微，薛之與祭，月之與廢；等呼不相當者，如一等沃之與豪（沃合口，豪開口），二等覺之與爻（覺合口，爻開口），三四等燭之與宵（燭合口，宵開口），一等屋之與侯（屋合口，侯開口），二三四等屋之與尤（屋合口，尤開口）。故昔質迄薛月等字向左傾斜，沃覺燭屋等字向右傾斜。亦有入聲一韻之中，其等呼或相當或不相當者，則共寫兩字，既左傾，復右傾，如與之相配之職，與咍相配之德，與模相配之鐸，與魚三等相配之藥三等，皆是也。其入聲兩韻共承一陰聲者，則合兩韻爲一格：等呼皆相當，故皆左傾。正編諸表中，其等呼不相當者，則入聲韻目亦從略，其入聲代表字則佔全格二分之一，居左正寫，不復右傾。例如「屋」之配「謳」，「鐸」之配「蒿」，「欲」之配「遙」，「育」之配「由」，「藥」之配「余」，「或」之配「矣」，「閾」之配「尤」，皆是也。其等呼或相當或不相當者，則亦合兩代表字爲一格；其相當者向左傾斜，其不相當者則佔全格二分之一，居左正寫，亦不復右傾。例如與「烏」相配之「穫」「惡」，與「於」相配之「矱」「約」，與「咍」相配之「黑」「郝」，與「僖」相配之「[illegible]」「[illegible]」，與「呼」相配之「霍」「[illegible]」，與「咳」相配之「劾」「或」，與「該」相配之「械」「國」，皆是也。聲韻在指掌圖中配江韻，在十四圖，屬合口呼；然第一圖重出，屬開口呼。黃氏以第十四圖爲準，當其以聲配爻時，亦認爲等呼不相當（聲合而爻開），故與「嗃」相配之「[illegible]」，與「姣」相配之「嘵」，與「爻」相配之「[illegible]」，與「交」相配之「覺」，與「敲」相配之「殼」，亦皆左偏，不佔全格也。

凡同紐同韻同呼同等同聲而反切不同之字，仍不令同格。如影紐去聲箇韻開口一等有「侉」，安賀切，「極」，阿个切，「侉」「極」並列，各佔一格；然「極」之與「侉」，所屬之音系全同，僅反切爲異，故「極」字上不記韻目，表示與「侉」共一韻目。「譪」與「餓」，「噯」與「唆」，「印」與「隱」，「[illegible]」與「褐」，「浥」與「[illegible]」等，皆同此例。

總目上，二等支紙寘不同行，四等支寘與紙不同行，三等諄與準稕不同行，四等諄與準稕不同行，三等之諄與四等之諄亦不同行，三等之準稕與四等之準稕亦不同行。總目下，二等東與送屋不同行，三等東屋與送不同行，二等僊線薛與獮不同行，三等僊獮與線薛不同行，四等僊獮與線薛不同行，又四等之線薛與刪韻同行，三等之僊獮與山韻同行，三等之線薛與四等之僊獮同行；一等唐蕩鐸與宕不同行，清勁昔與靜不同行。凡平上去入本宜相配而不同行者，以斜線連繫之。此外，開口蒸三等與蒸四等不同行，鹽三等與鹽四等不同行，合口脂二等與脂三四等不同行。總目表空格處，或加直線貫於空格之中，或僅有空格。又有「形之線，似連繫兩行。凡此種種，一時未能索解，留待再考。然此僅係總目難索解之處，正編中則無此種難解之情形。

何字歸何等，大致以切韻指掌圖爲依據。然本書所收之字，大半爲指掌圖所無者，其歸等之標準似有二種：（一）根據反切下字之等列，例如「[illegible]」，[illegible]了切，「了」在指掌圖中屬四等，則「[illegible]」亦當屬四等；（二）根據反切上字之等列，例如「[illegible]」，都皆切，「都」在指掌圖中屬一等，則「[illegible]」亦當屬一等。

以上係擬測本書之凡例；下文將略貢余對於本書之意見。

凡爲唐宋韻書作圖表，最大困難在乎爲等韻門法所拘束。以聲紐論，舌頭齒頭無二三等，舌上正齒無一四等，輕脣與日母無一二四等；以韻部論，豪韻無二三四等，爻韻無一三四等，宵韻無一二等，蕭韻無一二三等……。此指等韻門法，然以韻書之反切律之，則往往相抵觸，尤以脣音爲甚。例如指掌圖黠鎋兩韻無一三四等，端透定泥四母無二三等，然而集韻之皆韻（即指掌圖之皆韻）有「[illegible]」字，迷皆切，若以韻部論，當屬二等，若以聲紐論，當屬一等，作表者實處於兩難之地位。黃氏此書以「[illegible]」字入一等，蓋謂字屬透母，不當歸二等；然陳蘭甫切韻考以「[illegible]」字入二等（「[illegible]」在廣韻爲他諧切，亦屬透母），其意殆謂皆韻不當有一等。在此類情形之下，黃氏與陳氏違異之處頗多：例如廣韻「[illegible]」，杜懷切，「搱」，諾皆切，「嬭」，奴蟹切，「啐」，倉夬切，「[illegible]」，都江切，「[illegible]」，丁滑切，「[illegible]」，丁刮切，「罩」，都教切，「[illegible]」，奴巧切，「撓」，奴教切，「[illegible]」，都賈切，「[illegible]」，奴下切，「[illegible]」，乃亞切，「湛」，徒減切，皆端系字；「[illegible]」，子鑑切，「[illegible]」，昨閑切，皆精系字，以聲紐論，宜在一等，然陳氏以其屬於皆佳夬江黠山鎋爻麻咸銜諸韻，故不歸一等而歸二等。集韻「[illegible]」，都皆切，「打」，都冷切，「[illegible]」，都賈切，「譠」，託山切，「[illegible]」，度皆切，「[illegible]」，徒駭切，「[illegible]」，杜買切，「女」，奴解切，「赧」，乃版切，「[illegible]」，乃諫切，「[illegible]」，乃嫁切，「[illegible]」，奴卦切，「[illegible]」，子鑑切，「[illegible]」，千洽切，「[illegible]」，倉[illegible]切，「啐」，倉夬切，「[illegible]」，才[illegible]切，「[illegible]」，昨閑切，「巢」，徂交切，「[illegible]」，在銜切，「儳」，才[illegible]切，「[illegible]」，素檻切，情形與陳蘭甫所遇者相同，然黃氏皆歸於一等，不歸二等，與陳氏異。陳氏據韻以定等，黃氏據紐以定等，其說似皆可通；然細加審核，則陳氏爲優。夫爲韻書作表，必須以韻書自身之系統爲依據；宋元韻圖僅供參考而已。所謂韻書自身之系統，即反切是也。據反切上字，可考定聲紐之種類；據反切下字，可考定等呼。固亦有聲紐等呼互相影響者，如見系三等之聲母與一二四等之聲母在切韻時代適不相同；然此等情形在集韻中已不顯著。故專就集韻而論，雖謂等呼之不同由於韻母之不同，可也。陳蘭甫所謂「系聯法」，仍可認爲科學之方法。凡反切下字相同者，依原則應爲同等。三等與四等之反切下字，自切韻以後皆可通用，然黃氏皆不肯使之溷，如「[illegible]」，呼馴切，「吏」，良志切，指掌圖歸四等，黃氏則歸三等，以「馴」「志」亦皆三等也。此則善矣，獨惜黃氏自壞其例。一等與二等之反切下字，在理決不可通用，證之廣韻，韻鏡，七音略，指掌圖，四聲等子，切韻指南，皆顯然可知。今按本書，「皆冷賈山[illegible]解版諫嫁卦鑑洽夬黠閑交銜檻」諸字皆在二等，而其所切之字乃在一等，則矛盾殊多矣。且宋元韻圖中，舌頭齒頭之所以無二三等者，徒以二三等適爲舌上正齒所佔耳（參看高本漢中國音韻學研究），非謂定無二等也。韻鏡，七音略，四聲等子，等韻切音指南（手邊無劉鑑經史正音切韻指南，故但據康熙字典卷首所附等韻切音指南）皆以舌頭與舌上爲一行，齒頭與正齒爲一行，故有舌上正齒之處不能有舌頭齒頭；指掌圖，舌頭與舌上分爲兩行，齒頭與正齒，分爲兩行矣，然仍依等韻慣例，於舌頭齒頭，缺二三等，舌上正齒缺一四等。所以缺者，祇相沿如此，非謂二等必不容有舌頭或齒頭音也。據高本漢研究三等乃腭化音，猶可謂與非腭化之舌頭音或齒頭音相妨；至於二等，則並非腭化音，與舌頭齒頭無相妨之理。依高氏臆測，皆佳夬刪黠山鎋爻麻咸銜諸韻之主要元音爲a，然則「[illegible]」之音當爲 tai, t'an, t'ai, d'ai, nan, na, nuai, tsam, ts'am, ts'uai, dz'uai, dz'am, dz'au, dz'am, sam 俱係易發之音，正不必歸一等也。況「撓」「罩」諸字，或游移於舌頭與舌上之間，或游移於齒頭正齒之間，如「撓」廣韻奴教切，屬泥紐，集韻女教切，則屬娘紐；「罩」，廣韻都教切，屬端紐，集韻陟教切，則屬知紐；「[illegible]」，廣韻都江切，屬端紐，集韻株江切，則屬知紐；「[illegible]」，廣韻杜懷切，屬定紐，集韻幢乖切，則屬澄紐；「[illegible]」，廣韻奴蟹切，屬泥紐，集韻女蟹切，則屬娘紐；「[illegible]」，廣韻丁滑切，屬端紐，集韻張滑切，則屬知紐：此係廣韻歸舌頭而集韻歸舌上者。又如「譠」，廣韻陟山切，屬知紐，集韻他山切，則屬透紐；「赧」，廣韻女版切，屬娘紐，集韻乃版切，則屬泥紐。此係廣韻歸舌上而集韻歸舌頭者。「儳」，廣韻仕陷切，屬牀紐，集韻才鑒切，則屬從紐。此係廣韻歸正齒而集韻歸齒頭者。亦有一字兩屬者，如集韻「打」既有中莖切，屬知紐，復有都冷切，屬端紐，「巢」既有鋤交切，屬牀紐，復有徂交切，屬從紐。凡此足見舌頭與舌上本可相通，而歸等尤當以反切下字爲準也。請更以韻鏡，四聲等子，等韻切音指南諸書證之：「[illegible]」「譠」「赧」「[illegible]」在諸書皆屬二等，「巢」在等子指南亦屬二等，「[illegible]」在韻鏡等子亦屬二等，總之，上述黃氏所歸一等之字，宋元等韻書無歸一等者，則其不宜歸一等可知。

以上專就舌頭齒頭之二等論之，他紐他等亦同此理。「顯」，曳來切，「佁」，夷在切，「佔」，與廿切，「阢」，俞罪切，「[illegible]」，于外切，「[illegible]」，於罪切（按，疑是于罪切之誤，黃氏於「於」字旁加乂，示疑），「倄」，尤孤切，「譆」，于戈切，「[illegible]」，巨內切，「[illegible]」，汝來切，「[illegible]」，汝亥切，「[illegible]」，如坎切，「[illegible]」，呼紺切，「[illegible]」，汝甘切，「[illegible]」，儒五切，「取」，儒昆切，依反切下字皆當屬一等，「佔」又音弋咸切，「[illegible]」，于萌切，「[illegible]」，雲白切，「[illegible]」，渠鰥切，依反切下字皆當屬二等，「[illegible]」，求獲切，亦當屬二等（指掌圖誤以「[illegible]」入一等，四聲等子切音指南皆不誤）。黃氏亦拘於等韻門法，以爲喻羣日母無一二等，故以「顯佁佔阢」歸四等，「[illegible]倄譆[illegible]取」歸三等。今按韻鏡有「佁倄[illegible]」，指掌圖有「佁倄」，四聲等子有「顯佁倄」，切音指南有「阢[illegible]顯倄」，皆在一等，又指掌圖有「[illegible]」，四聲等子切音指南有「[illegible]」「[illegible]」，等子有「[illegible]」，皆入二等，由是觀之，等韻門法亦未嘗禁人以喻羣日母字入一二等也。唯照系一等之地位爲精系一等所佔，故照系字不能有一等；集韻「[illegible]」，昌來切，「[illegible]」，昌亥切，指掌圖以「[illegible]」歸三等，「[illegible]」歸二等，韻鏡四聲等子切音指南「[illegible]」「[illegible]」，皆歸三等。此乃特殊情形，不能執此以例其餘也。細審指掌圖，可得此中道理。按指掌圖於有音無字處祇加空圈，若無其字並無其音者則但留空格。（所謂並無此音，亦係習慣相沿，非謂定無此音也。說見上文。）除日母僅有三等，與韻鏡不同外，喻羣兩母於一二等無字處皆加空圈，故知係有音無字，「佁」「倄」之入一等，「[illegible]」之入二等，固不足怪也。

關於開合問題，黃氏書與等韻諸書亦有異同。指掌圖重脣字在效流梗咸深五攝內歸開口呼，蟹攝開合兩見，其餘歸合口呼；輕脣字除咸攝外，悉入合口。韻鏡等子指南皆以重脣輕脣混列。韻鏡之開合與諸書違異頗多，如東韻歸開口，冬鍾爲「開合」，皆不易索解，故不具論。等子效流咸深四攝之脣音皆入開口，與指掌圖同，惟「貝沛倍昧」等字及眞質先仙僊屑諸韻字入開口，「崩彭盲兵平明幷名[illegible]猛丙皿餠孟柄病命聘拍白陌擗」等字入合口，則與指掌圖異，又假宕江三攝脣音悉入開口，亦與指掌圖異。指南效流咸深脣音之等呼，與指掌圖同，「貝沛倍昧」等字及眞質先屑仙薛諸韻字入開口，假宕江三攝重脣字入開口，與等子同，梗攝脣音悉入開口，宕攝輕脣入合口，則又同於指掌圖，而與等子違異。按廣韻脣音字反切，亦游移於開合口之間。高本漢解釋此現象，以爲脣音聲母本帶圓脣之勢，故與眞合口混而難辨。今黃氏以效流深三攝脣音字入開口，與等韻諸書相同。咸攝輕脣字（即凡韻字），獨韻鏡入合口，然黃氏不依韻鏡，而依指掌圖。又黃氏以「貝沛倍昧」等字及眞質先屑仙薛諸韻脣音字入開口，「兵丙柄碧平病明皿命」等字入合口，則與等子同而與指掌圖違異；以「彭白[illegible]拍[illegible]百盲猛孟陌」入

[illegible]

新書簡訊

中國上古文化的形成時期

The Birth of China, A Survey of Formative Period of Chinese Civilization, by H. G. Creel. Jonathan Cape, London, 1936.

[illegible] 全書分三編，第一編分三章，論新史料的發見，與中國文化之起源。第二編分十一章，論商代的社會生活，各種工藝，文字，宗教，戰爭等。第三編分十四章，論周民族的起源，及其社會，政治，文學，思想等。全書三百餘頁，插圖十餘幅。近年來英美方面出版的關於中國文化史的書，除了 Ltaourette 的 The Chinese, Their History and Culture 外，此書算是最完善的了。[illegible]

◇　◇　◇　◇

中國的新文化

The New Culture in China, by Lancelot Forster. George Allen and Unwin Ltd. 1936.

[illegible]

這本書在近來論中國新動向的西洋著作中，是一部有趣的比較深刻的著作。（鈴）

◇　◇　◇　◇

中華民國政府公報命令記事索引目錄（一）

南滿洲鐵道株式會社調查課編（非賣品）

此書將吾國中央政府公報揭載之重要者，依其性質，分門別類，編為索引，起清光緒三十三年，迄民國十七年。所收公報凡四種：（一）政治官報，起光緒三十三年九月二十日第一號，迄宣統三年六月二十九日第一千三百七十號。（二）內閣官報，起宣統三年七月一日第一號，迄全年十二月二十五日第一百七十三號，及二十六日號。（三）臨時公報，起宣統三年十二月二日迄民國元年四月三十日。（四）政府公報，分三段：（一）起民國元年五月一日第一號，迄民國[illegible]

圖書副刊

BOOKMAN
第一百七十三期

一本刊登載關於中外圖書之介紹批評以及學術界消息爲公開性質歡迎投稿
二刊登本刊之文略致薄酬
三投稿通訊可寄「北平文津街國立北平圖書館內圖書副刊編輯收」

書評

中國人名大辭典正誤

張洪城

我國古來人名辭典，若萬姓統譜，尚友錄，僅錄賢者，不及奸佞，範圍既隘，其不能盡爲世用也固宜。商務印書館因時勢之需求，爰聘時彥，編纂中國人名大辭典，依據正史，旁及叢聞，歷時六載，蒐羅古來人數逾四萬，可謂勤矣。然甄錄既廣，舛訛在所不免，有誤複姓爲單姓者，如石作蜀複姓石作，而誤爲單姓石。有因形似而誤者，如宗均誤爲宋均。有依據世俗版本而誤者，如王孫圉宋明道本楚語作「圉」而誤爲「圍」。有久經考訂，著爲定論，而猶仍其誤者，如元之國姓爲博爾濟錦氏，而誤爲奇渥溫氏。諸如此類，可一一指數。夫編纂者囿於見聞，錯誤固不能免，然是書自問世以來，歷時二十年之久，一再印行，不下十版之多，而猶未嘗爲之訂正也。余恐其展轉訛誤，故就所知者爲之改正，凡得百數十則。至所不知，蓋闕如也。

元太祖 「元，開國之帝。姓奇渥溫氏。名鐵木眞。」（原書頁二十五）

按元之國姓爲博爾濟錦氏，即孛兒只斤之異譯也。孛兒只斤突厥語。譯義灰色目睛。蒙古以灰睛爲貴種也。柯紹忞新元史序紀云：「元人敎典志祖，稱其國姓曰奇渥溫氏。而舊史因之。我高宗純皇帝知其誤，旣命館臣改譯，復據蒙古源流訂元之國姓爲博爾濟錦氏。數百載相沿之謬，至我高宗始爲之釐訂焉。今蒙古喀兒喀諸部非博爾濟錦氏不得稱台吉，蓋猶自別於庶姓云。」

孔．頴達 「唐，衡水人。字仲達。」（頁四十六）

王鳴盛曰：孔頴達碑作字沖遠。新舊唐書皆云字仲達者，以字相似而誤也。（十七史商榷卷八十四）。

公西．蒧 「春秋，魯。字子尙，亦作，子上。」（頁三十四）

按說文玉篇廣韵俱無蒧字。史記作「公西箴，字子上」。蒧爲箴之譌。

公伯．僚 「春秋魯，字子周。孔子弟子。」（頁三十四）

按公伯僚廣韵作公伯寮。說文引論語憲問篇作公伯寮。畢行本史記索隱仲尼弟子傳作「公伯繚字周。」繚曲也。爾雅「小枝上繚爲喬。」郭注云：「翹繚上句」是也。周亦曲也。詩唐風有杕之杜篇，「生于道周。」毛傳云：「周曲也。」是也。班固西都賦曰：「繚以周牆」是繚與周義相通。僚與寮可通。惟俱無周曲之義。故應從畢行本史記索隱作繚。（王引之說）。

公西．輿如 「春秋魯，字子上。孔子弟子。」（頁三十四）

臧西成曰：今本史記作輿如者誤字也。唐六典載孔子弟子本之史記作與如。通典及宋本家語弟子篇亦作與如。「與」與「舉」古字通。「與」有舉上之義，故字子上。

孔．忠 「春秋魯，孔子兄子。字子蔑。」（頁四十二）

按史記無字子蔑三字。此本家語。王引之曰：凡家語所列名字異於他書者，皆不可信。

孔．鮒 「秦，穿子。字子魚。亦字甲。」（頁四十六）

按史記儒林傳謂之孔甲。無字子魚三字。此亦本家語後序而誤也。

文．種 「春秋越，本楚之鄒人。字會。爲越大夫。」（頁五十六）

按會爲禽字誤。呂氏春秋當染篇云：「文種字禽。」王引之曰：種讀爲䳇。玉篇：䳇，先壟切，雀也。廣韵：䳇，小鳥飛也。故字禽。

殳斨 「有虞氏，舜之臣。」（頁六十六）

按廣韵十虞，殳下注云：「又姓。舜典有殳斨。」殳爲姓，應加、。

王孫．圍 「春秋楚大夫。聘於晉。定公饗之。」（頁百十二）

按宋明道本楚語作圉。困學紀聞亦引作圉。圍圉字相似，因誤爲圍。

王．良 「春秋，晉，一名郵無恤。晉卿。」（頁九十六）「郵無恤。周，王良字無恤。食邑於郵，故稱郵良。亦稱郵無恤。」（頁一〇五九）

按此二條可併爲一條，否則一爲晉人，一爲周人。似爲二人矣。且於王良既曰「一名郵無恤。」又曰「字無恤。」則不能斷無恤之果爲王良之名或字矣。按王良字伯樂。漢書王褒傳云：王良執靶。張晏曰：王良郵無恤字伯樂。是也。俞正燮癸巳存稿云：古有兩伯樂。趙之伯樂曰王良曰郵無恤亦曰郵良又曰郵無正曰王子期曰王子於期。良樂無恤是一義，名字相發也。正期是一義，亦名字相發。秦簡子時名無恤字良亦字樂。後避襄子名，則改名政字期。伯樂爲王族，故曰王曰王子。其曰郵者，以官氏也。秦之伯樂曰孫陽曰孫明。莊子馬蹄篇釋文云：伯樂姓孫名陽。是也。

王．淮之 「南朝宋，彪曾孫。字元曾。家世相傳。並諳江左舊事，緘之靑箱，世謂之王氏靑箱學」。（頁一一三）

王鳴盛曰：梁書王僧孺傳祖准，南史作準之，非。劉本誤作淮之。

石．作蜀 「春秋成紀人。字子明。」（頁二一三）

按石作爲複姓。見廣韵入聲二十二昔韵石下注。蜀音燭。明也。

由余 「春秋秦，本晉人，亡入戎。戎王使由余於秦。由余降秦。」（頁二〇四）

按廣韵十八尤，由下云：由又姓。史記有由余。

白乙丙 「春秋秦大夫。晉敗之於殽。獲乙丙等以歸。」（頁二〇七）

按廣韵入聲十九鐸，白下注云：白亦姓。秦帥有白乙丙。王引之曰：白姓乙字丙名。僖三十三年左傳作白乙丙者，文十二年左傳正義曰：古人連言名字者，皆先字後名也。

叱列．伏龜 「北周代西部人。世爲部落大人。魏初入附，遂攝第一領民酋長。」（頁一七三）

按廣韵五質叱下云：亦虜三字姓。周有叱列伏龜。周書同。原書應於叱列伏下加、。

正考父 「春秋宋，爲上卿。歷佐戴武宣三公。位高益恭。生孔父嘉。別爲公族。以字爲孔氏。即孔子所祖也。」（頁一九三）

按應作公孫考父字正。昭七年左傳正考父，先字而後名也。考父佐戴武宣在春秋前。

史佚 「周史佚。成王與弟叔虞戲，削桐葉爲圭以與之，曰：以此封汝。史佚請擇日，成王曰：吾與之戲耳！史佚曰：天子無戲言。言則史書之，禮成之，樂歌之。於是封叔虞於唐。」（頁一七五）

按史佚見史記周本紀。周書克殷解作尹逸。漢書藝文志諸子略作尹佚。尹其姓，佚逸其名。史其官也。原書應筆其姓。

冉．季 「春秋魯，字子產。孔子弟子。」（頁一六八）

按今本史記及家語七十二弟子篇俱作「冉季字子產。」畢行本史記索隱作「冉季產。」季乃長幼之序，非名也。今本史記作冉季字子產者，後人以家語改之也。

弘演 「春秋衛懿公臣。」（頁一九二）

按廣韵十七登，弘下云：弘亦姓。衛有弘演。

申鮮虞 「春秋齊，與閭丘嬰同事莊公。」（頁二〇七）

按廣韵十七眞，申下云：申鮮複姓。左傳齊有申鮮虞。

田．駢 「戰國齊，宣王好文學游說之士。駢等皆賜列第。」

按莊子天下篇釋文引愼子曰「田駢名廣。」

舟之僑 「春秋虢大夫。虢公敗犬戎於渭汭。之僑曰無德而祿，殃也。遂奔晉。其後虢果爲晉所滅。」（頁二八〇）

按廣韵十八尤，舟下云：舟又姓，左傳晉大夫舟之僑。

列禦寇 「戰國鄭，劉向以爲與繆公同時。」（頁二三三）

按漢書藝文志諸子略道家著錄列子八篇，注云：名圉寇，先莊子，莊子稱之。列下應加、。

州綽 「春秋晉大夫。……後奔齊，事莊公。」（頁二四五）

按廣韵十八尤，州下云：州又姓。左傳晉大夫州綽。

合傅．胡害 「漢，以越戶將從破秦入漢定三秦，以都尉擊項籍。封貰侯。謚齊。」（頁二三五）

按漢書功臣表作合傅胡害。齊召南漢書考證云：史表無合字。實是其所封之地。齊是其謚。然則功臣表合字衍文也。

伍．孚 「後漢，字德瑜。獻帝時爲越騎校尉，忿董卓凶毒，乃朝服懷佩刀見卓。孚語畢辭出，卓送至閤，以手撫其背。孚因出刀刺之，不中。卓呼左右執殺孚。孚大言曰恨不得磔裂奸賊於都市以謝天地。言未畢而斃。」（頁二二九）伍．瓊 「後漢，官城門校尉，爲董卓所信任。瓊所舉皆出宰州郡。後皆合兵討卓。卓疑瓊賣己，斬之。」（頁二三〇）

按英雄記曰：伍瓊字德瑜，汝南人。謝承書亦曰：伍孚字德瑜，汝南吳房人。謝書記孚之刺卓不云何時。而衛攸傳不叙伍瓊被殺。細覈其事，前後當一人也。李慈銘曰：三國志董卓傳注引謝承書載伍孚刺董卓事與後漢書同。裴松之謂謝承記孚字及本郡則與瓊同，而致死事異，不知孚爲瓊之別名，非別有伍孚也。又衛攸傳載「董卓徙都長安，攸與越騎校尉伍瓊等謀刺卓事，事垂就而覺」。三國志辨誤據此以爲當時有二伍瓊同郡同字，一死於卓未西遷之前，一被殺在後。謝承所記乃與衛攸同謀刺卓之人，則孚爲瓊之別名無疑也。按二人同郡同名同字同時爲列校，同爲董卓所殺，必無是理也。

吉．本 「後漢，官太醫令。建安中與耿紀韋晃等謀誅曹操，不克被殺。」（頁二三五）

按吉本後漢書作吉丕。三國志辨誤云：魏郎中魚豢所著魏略已作吉本。殆魏臣避文帝諱改，陳氏仍魏史之舊耳。李慈銘云：丕本二字每易相亂。如後漢書循吏傳劉寵父丕。而續漢書作本也。又耿紀三國志魏書武帝紀作耿紀。原書作耿紀亦誤。

仲虺 「按尙書正義曰伯仲叔季人字之常。或字仲而名虺。古人名不可審知。縱使其字，亦得謂之名云。」（頁二二二）

按仲是姓，不是名或字。廣韵一送仲下云：仲亦姓。風俗通云：凡氏於字，伯仲叔季是也。湯左相有仲虺。仲虺爲奚仲之後，蓋以其祖之字而氏焉。尙書正義之說不如廣韵精審。應從廣韵。

西乞術 「春秋秦穆公時大夫。與孟明視白乙丙同率師爲晉師所敗。」（頁二八二）

按廣韵上平聲十二齊西字下，注云：西乞複姓。秦有西乞術。

朱．泙漫 「周，學屠龍於支離益。」（頁二五五）

按莊子有朱泙漫。郭象注云：朱泙姓也。廣韵十虞朱下注云：朱泙複姓。

朱．育 「三國吳，山陰人。少好奇字。嘗與太守濮陽興問對。條答會稽古今人物及漢以來郡治遷徙甚詳敏。」（頁二五五）

按朱育字嗣卿。見新唐書經籍志。

任．文公 「後漢，閬中人。父文孫。」（頁二三）

李慈銘曰：文公文孫皆字也。華陽國志亦失其名。又案華陽國志文孫官侍御史。文公文孫弟。

朱．祐 「後漢，南陽宛人。字仲先。」（頁二五八）

按此本後漢書朱祐傳。章懷注曰：東觀記曰：祐作福，避安帝諱。劉氏後漢書刊誤曰：據注則名當作祜，非祐矣。劉說是也。說文祜下注曰：上諱。謂安帝諱也。祐下曰：助也。从示，右聲。二字不同。

伏．完 「後漢，無忌孫。尙桓帝女陽安公主。女爲孝獻皇后。曹操殺后，誅伏氏，國除。」（頁二三一）

按伏后紀完卒子典嗣。操所殺者典也。而伏完傳不及完之卒，幾疑操所殺者完矣。原書「孝獻皇后」下應添「完卒子典嗣」五字。

伯虔 「春秋魯，字子析。孔子弟子。」（頁二八三）

王引之曰：虔當爲黚。聲相似而誤也。史記衛康叔世家：出公季父黚。索隱曰：系本名虔。誤與此同。析，皙古字通。

告子 「戰國，與孟子同時，嘗以性理與孟子辨難。」（補遺頁七）又「浩生．不害，戰國齊，孟子同時人。按一說浩生不害即告子。詳告子條。」（補遺頁十三）

按告子與浩生不害非一人。浩生不害從祀孟廟，爲孟子弟子。告子名勝。見陳孔璋爲曹洪與魏文書「子勝斐然之志」善注。王伯厚謂勝爲告子名。朱彝尊經義考亦謂告子與浩生不害是二人。

狄．黑 「春秋衛，字皙。作字晳之。孔子弟子。」（頁五〇四）

按史記仲尼弟子傳作字晳。王肅家語七十二弟子傳作字晳之。王引之曰：晳爲晳之譌。王肅家語所列名字異於他書者，皆不可信。

李．獻 「明，甌寧人。字時言。正德進士。萬曆間追謚文愍。有建寧人物傳，甕玉樓集。」（頁四四九）

按康熙甌寧縣志名臣傳云：李默字時言。所著有甕玉樓集建安人物傳朱子年譜輿地圖行世。原書作建寧人物傳誤。又以輿地圖列入甕玉樓下，亦誤。參看李默條。

李．善 「後漢，淯陽人。字次孫。本同縣李元蒼頭」（頁四二三）

按後漢書獨行傳作李元。古逸叢書玉集引孝子傳李元作李文。

李．耳 「周，楚之苦縣人。字伯陽。一名重耳。外字聃。亦稱老聃」。（頁三九〇）

按今本史記老莊申韓列傳云：老子者姓李氏名耳字伯陽謚曰聃。司馬貞索隱云：許愼云聃耳曼也。故名耳字聃。今作字伯陽，非正也。王念孫讀書雜志云：史公原文本作名耳字聃姓李氏。今本姓李氏在名耳之上，字聃作字伯陽，

新書介紹

故宮俄文史料

王之相劉澤榮譯 國立北平故宮博物院文獻館編輯
民國二十五年十月故宮博物院出版 精裝一冊定價四元

中俄關係，開始最早，元代西征，俄羅斯幾成蒙古人牧地，而俄人之從蒙古東來者亦復不少。明嘉靖四十三年（一五六四年）通使以還，萬曆間俄人居於中土。逮夫明末清初，俄人旣據西伯利亞，交涉乃益頻繁，邊界糾紛，日形緊迫，此即一六八四年清俄戰爭所由發生，一六八九年訂定尼布楚條約，兩國遂入於正式外交關係。其後貿易日興，交涉益繁，直至同治間英法聯軍之役，俄人始棄此正常關係，而參加歐西其他各國之集團。

當尼布楚條約訂定之際，中俄交涉，係由邊疆大員，折衝辦理。當其事者中國方面爲蒙古大員及黑龍江將軍，俄國則爲尼布楚總督及伊爾庫次克總督。往來文書，係由理藩院傳遞。所用文字俄方爲斯拉夫文，中國方面多用蒙文及斯拉夫文，亦間用滿文及拉丁文。且凡往還文書，皆須譯爲滿文存案，故中俄文件，現存者，多有滿文譯本。

清理內閣大庫之舉，自沈兼士氏倡導以來，頗著成績。

新書介紹

太平天國史綱

羅爾綱著　民國二十六年一月初版　上海商務印書館發行　定價六角

太平天國的研究，近年盛極一時，是因爲這一代的革命運動，無論在民族革命史上或社會革命史上，都有着重要的意義。但是在這運動的發生，滿清以至滅亡的當時，清廷和一般士大夫不自覺地，即自覺亦諱，文獻的記載不是記述不詳，便多失其真，並有多被毀了的。要想這種研究工作的順利進行，第一步便要在史料的蒐集與考訂。近來，這方面流傳海外及散落內地的史料日有發現，經關於某一事件或一人物的研究者，也屢見於報章雜誌。近來如簡又文君的太平天國雜記（第一輯），蕭一山君太平天國叢書（第一集），謝興堯君的太平天國史事論叢等等的出版，在太平天國史的研究上，都是很有補益的。

羅爾綱君亦爲研究太平天國史的最努力的人。所作論文，散見於大公報圖書副刊，史地週刊，天津益世報，南京中央日報史學副刊，國立北平圖書館館刊等。他對於自己作成的文章，是抱着一種試了又改的謹慎態度的。

羅君是廣西貴縣人，童年時代，已經飽聽了關於太平天國的遺聞軼事，幾年前即已致力於「太平天國廣西起事史」的著作。但是在他的著作裏，卻並不含以鄉土觀念，替他的鄉先輩掩飾，以歪曲事實。

這部史綱，可以說是目前惟一的一部太平天國全史的綱要。作者理想中的太平天國史，雖要在二十年後方可完成，這本書，已經包括太平革命運動的各方面。

書凡八章，一二兩章敘述太平革命的經濟，民族，政治，軍備各方面的背景。指出了乾隆以來的爭奪事件，人口增加，和道光間的金融外溢，以及造成中國近來，以及漢族秘密民族運動的興起，當時政治的貪污腐化與鴉片戰爭後清政府的腐敗無能，軍隊的窳敗等影響。第三章述太平革命的醞釀及爆發的情形，四五兩章述十五年戰爭的經過，條分縷晰，頗爲詳明。

第六章討論的是太平天國的土地制度，即「天朝田畝制度」，對於當時解決土地問題的方案之內容，此章問題和來源，以及實施問題，均有闡述。七章，討論着太平革命的性質和失敗原因，著者說明了太平革命是貧民革命，並指出貧民革命在中國史上不能成功，而太平天國的失敗原因，更由於政治組織中封建關係的殘留，和其相的腐化與內訌。第八章，是最後的一章，著者由軍事，政治，財政經濟，社會，文化運動，革命運動各方面，觀察這一運動所給予的影響。這本書可以作「一本好的歷史著作之出現，最主要的條件是時，地，人」的最好說明。（玨）

◇　◇　◇　◇

嘉興錢氏遺書九種二十二卷

嘉興錢氏排印本　中國史學叢書第八冊本定價八元　十一冊本定價六元　國立北平圖書館發售

[illegible]

……共用力可謂勤矣。（玉）

◇　◇　◇　◇

譜目錄。此條人表誤仙家書說竄之耳。又云：「李耳字伯陽，乃列仙傳文，非史記文也。索隱本作名耳字聃，無伯陽諡曰四字。後人據神仙家之傳會，妄竄史文，後人又據以改史，故字李耳爲伯陽，伯陽即聃之合音也。」

李·克　「魏國賢，子夏弟子，文侯使守中山，……克後爲文侯相。」（據漢書食貨志李悝爲魏文侯作盡地力之教。史記平準書作魏用李克，盡地力。○世說誤李悝李克爲一人。○漢書藝文志法家有李子三十二篇。○注云名悝，相魏文侯，富國強兵。○儒家有李克七篇。○注云子夏弟子。○爲魏文侯相。○古今人表李悝三等，李克四等。○是悝與克當爲二人。○）（補遺頁八）

按魏文侯時有二李克，一爲儒家。漢書藝文志儒家李克七篇。注云子夏弟子，爲魏文侯相。一爲法家。漢書藝文志法家李子三十二篇。注云名悝，相魏文侯，富國強兵。史記貨殖傳云當魏文侯時，李克務盡地力。○漢書食貨志言李悝爲魏文侯作盡地力之教，正合。○克悝聲相近，故古字通。○是法家之李克即李悝，與儒家之李克，迥不相同。

李·懸　「後唐，齊州人。事莊宗爲寧朔使。……具言可取之狀。後以觀爲三川招討使。」（頁四五五）

按新五代史李懸傳。懸爲三川招討使。○王鳴盛曰：懸一作觀。○是時招討乃郭崇韜，非懸也。（十七史商榷卷九十八）

宋·均　「後漢，安衆人。字叔庠。建武中爲九江太守。」（頁三四九）

按後漢書宋均傳考證云：惠棟補注引謝承書云：宗資字叔都，南陽安衆人也。家代爲漢將相名臣。○則宋字傳寫誤也。○范書傳中稱宗，諸注作稱宗均，此即見於本書可參校者。

宋·衷　「後漢南陽章陵人。字仲子。爲荊州五業從事。與劉表共定五經章句，有世本注。」（頁三五三）

按此係劉氏後漢書補注引魏志劉表傳文也。○惠後漢書劉表傳作宋忠。○魏太子答王朗書亦作宋忠。○三國志尹默傳注曰：宋仲子後在魏，[illegible]……然則忠當爲其氏所書也。○

宋·意　「後漢均族子。字伯志。父京。以大夏侯尚書教授。官至遼東太守。意傳父業。舉孝廉。以召對合旨，擢拜河南相。建初中徵爲尚書。遷司隸校尉。」（頁三五五）

按後漢書儒林宋意傳太子注云：意祖均有傳。今後漢書有宋均傳而無宗均傳。宋均傳末云族子意。意傳末云孫俱。○靈帝時爲司空。而靈帝紀熹平四年書太常宗俱爲司空。○注云俱字伯儷，南陽安衆人。○兼平一年書司空宗俱薨。○又姓苑載南陽安衆宗氏云：後漢五官中郎將宗伯，伯子司隸校尉河內太守均，均族兄遼東太守京，京子司隸校尉意，意孫司空俱。○元和姓纂所載亦同。○則伯，均，京，意，俱之姓爲宗無可疑者。○原書本後漢書列宋於宗姓，○而其祖均及族子意列入宋姓，大誤。○

杜·度　「後漢字伯度。工章書。」（頁四六四）

按杜伯度名操。魏代避諱，易爲杜度。晉人循因之。○衛恆四體書勢可證也。○（見三國志補註。）

杜·恕　「晉畿之子。字務伯。有志節。嘉平時爲幽州刺史，程喜奏收以劾之。」（頁四六五）

按原書本晉書杜預傳。而魏志作杜恕。○王鳴盛云：杜子當作杜子。（十七史商榷卷五十一）

杜·如晦　「唐，杜陵人。字克明。」（頁四六一）

按新唐書杜如晦傳云京兆杜陵人。○王鳴盛云：漢地理志京兆有杜陵縣。但有萬年縣。○貞觀間改杜陵爲萬年縣，作京兆萬年人是。○（十七史商榷卷八十六）

佗·羽　「漢，東莞人。字公子。以游俠名。」（頁一九七）

按此本漢書游俠傳顏師古注而誤也。○李慈銘漢書札記云：史記作焦延壽佗，羽公子。羽非出獻之羽部。曹參傳有羽嬰公子者人名。何武傳有西陽杜公子。此傳有北陵高公子。書當以字爲名，如許遠字公子比也。讀書雜誌一謂字。疑注望文爲說，非是。

延歲　「南太戊之臣，待王家有成，作威之。」（頁三六七）

[illegible]

人。……亦進士（據明史本傳在正德十六年）曾因討荒傳上地方事宜，論次爲廣輿圖若干卷。凡形勢扼塞，兵馬錢糧之事甚具。○常在桂林見而合之，特爲表明。」而姓氏人附錄：蕭家學，始於嘉靖八年二月，至十年正月殺仕。○明史宗室傳云：嘉靖八年六月，以陳大學士桂萼進輿地圖十有七，各有叙記。○是則李圖爲桂萼一而一也。○萬曆中何喬遠著名山藏云：安仁桂公萼嘗進輿地，以昭聖政。○而張萱彙書附列要鑰表輿利害，於是爲大明輿地圖。○所謂圖學即本此也。○桂氏原本今之本，何氏猶及見之也。○又此書名稱亦不一。○四庫全書提要稱桂萼輿圖記敘。○明史藝文志稱明輿地指掌圖。○千頃堂書目稱輿地指掌。○百川書志作大明輿地指掌圖。○讀書敏求記，馬氏寶文堂書目，世善堂書目均作一統輿圖。○略據說之所以爲明輿圖。○是書初名桂萼所進，萬曆間陳季而謂也。○

易牙　「春秋齊，亦作狄牙，名巫，以善味說桓公，桓公用爲雍人。其見寵幸。」（頁五七七）

按廣韻入錫二十二書，易下云：亦姓，齊大夫易牙。○易狄聲近而誤，非姓狄也。○

孚·熙　「戰國齊，七十子之後，有書十七篇」。（頁六〇〇）

按漢書藝文志儒家有宓子十八篇。○師古注曰：宓讀曰伏。○宓字今作宓。○史記孟子荀卿傳云：阿之宓子是也。○七十子無孚姓者，不知爲誰之後也。○

馬·詠　「春秋齊，……與吳國晏狐駘合」。（頁六〇二）

按廣韻三十八梗丙下作「齊有大夫丙歜」。○與此異。○

原·生　「漢齊人，受易於田何。著易傳數篇」。（頁五七八）

按漢書藝文志六藝略易類服氏二篇。○師古注曰：劉向別錄云「服氏齊人，號服光。」○據此藝文志注引作服光。○光爲名，原光爲號，疑作名生者。○

宗·伯鳳　「漢，官少府，王莽篡位以爲太子傅丞。在四輔之列。」（頁五五八）

按廣韻冬韻宗字下云：宗伯鳳姓。○則漢有宗伯鳳，舊以宗伯爲姓矣。○

宗佛·　「後漢，仕爲荊州大將軍。王莽遣王尋王邑將兵到潁川，詐宗佛曰。後與光武出昆陽城南門外收兵。」（頁五五八）

按後漢書光武紀作宗佻。（十七史商榷卷三十）

孟明　「春秋秦，名視。百里奚子。」（頁五五三）

按孟明是字。○應作百里視字孟明。○

武·姐　「漢，高帝微時，常從王媼武負貰酒。時飲醉臥。武負王媼見其上常有龍。帝每酤留飲，酒讎數倍。及見怪，兩家折券棄責。」（頁五九四）

按漢書高紀如淳注云：武姓也，俗謂老大母爲阿負。○然則武負其名矣。○而原書名下加一武字，誤負爲名，誤矣。○

長·沮　「春秋楚人。與桀溺耦而耕。孔子過之，使子路問津焉。沮曰：夫執輿者爲誰？子路曰：爲孔丘。曰：是魯孔丘與？曰：是也。曰：是知津矣。」（頁六一四）

俞樾曰：長沮，桀溺，皆名也。一子問津且不告，豈復以姓名通於吾徒哉？特以下文各有問答，故爲假設之名以別之。○曰沮曰溺，惜其沈淪不返。○桀之言傑然。○長與桀，指目其狀也。○若以爲二人之真姓名，則泥矣。○

佽非　「春秋，一作次飛，又作茲非，荊勇士。」（頁五一九）

按廣韻去聲六至次下云：又姓，呂氏春秋荊有勇士次非。○通志略，無有姓佽者。○自以佽次名非爲是。○

周·竈　「漢，從高祖擊項籍有功。高祖以，受封爲隆慮侯。○卒諡哀侯。○」（頁五四二）

齊召南漢書考證云：隆慮既封周竈，不應一地兩侯。○按史記索隱云：周竈封隆慮侯作堂陽侯，○堂與唐字形相近而誤耳。○」

叔梁紇　「春秋，魯，孔子之父。」（頁五一三）

按襄十年左傳正義引名紇字叔梁。○應作孔·紇，○字叔梁。○

共石　「漢高祖時以中尉從擊項籍有功，封陽阿侯。」（頁五二二）

按廣韻七之其下云：其亦姓，陽阿侯其石。○是也。○原書共字疑誤。○

奈·史光　「晉末人，字孝明，善算術。義熙初，由中郎將……史傳作史陟。○」（頁六二二）

按風俗通云：奈氏爲晉史官，後因氏焉。○廣韻卷三六止「史」字下云「奈史姓○晉有奈史光。○」原書以奈姓爲名史光，非是。○

信·都芳　「北齊河間人，字玉琳。少明算術。」（頁六三一）

按北齊書方技傳稱其名爲芳，下自稱芳即信都爲複姓可知。○廣韻去聲二十一震，信下云：「信都複姓。○」

編者按：是先生文約三萬餘言，本刊篇幅所限，特擇其要者錄之一部份，餘者從略。○

◇　◇　◇　◇

庫作史料固多，而老譜文據及像讚題識，則爲其中之最珍希者。原編計分三種：曰俄國來文原件，抄本俄文據及滿文原據。此三種中，尤以俄國來文原件爲最珍貴，蓋爲從二百年來所難，亦即此書之所據也。

沈氏鑒於此項文件之重要，特請王之相及劉澤榮二氏細以整理。計得一六七〇年至一七五七年間俄國來文三十二件，即此書所刊印者。蓋據俄文譯案雖多，而作有俄國來文原件者僅此。此項文件，所用俄文，皆爲大彼得改革前之文字，古奧未通，故須先加董理，譯爲現代俄語文字，而後譯爲中文。前項工作，爲劉氏所作，後項工作，則由王氏擔任，兩氏精誠有年，自能勝任愉快也。此書所刊文件係按年代先後爲次，所以先影印俄文原件，次現代俄語譯文，次漢文譯文者以此。今使此項珍藏之珍貴文獻，得以原來面目流行於世。

此項俄國來文，時間雖甚短促，交涉內容，含有通使，通商，欠債，徵稅，越界，逃亡諸事，方面殊多，誠爲斷片，足供研究中俄交涉史者之參考。首冠沈王二氏序，對此項文件之來源及其重要與夫整理經過，均有申述。末附劉氏中俄文引言，對此項文件之內容，詳加分析，頗爲重要。並附滿譯俄國來文原據，可互對讀。此誠研究俄文檔案及中俄關係者，必備之書。（蟾軒）

◇　◇　◇　◇

圖書副刊

BOOKMAN　第一百七十四期

一　本刊登載關於中外圖書之介紹批評以及學術界消息等，公開性質，歡迎投稿
二　刊登本刊之文略致薄酬
三　投稿請寄「北平文津街國立北平圖書館內圖書副刊編輯收」

讀清實錄商榷

孟森

清一代君臣所標舉之美德，有八大字，曰敬天法祖，勤政愛民。此八字固非清世始倡，漢以前用大禹謨中人心惟危四句，爲帝王之心傳，謂之十六字心傳，又約之爲危微精一四字。清以後漸歸納至敬天法祖勤政愛民八字。至明而大備。至清而標榜尤力。大致清所以維持綱紀，亦尚得力於此。清一代之君，無有甚不肖如明之武宗熹宗者，即其驗也。惟其法祖之意，過猶不及，務使祖宗所爲不可法之事，一一諱飾淨盡，不留痕跡於實錄中，而改實錄一事，遂爲清世日用飲食之恆事，此爲亘古所未聞者。

實錄本藏中秘，外間不得共見，入國史館供職者乃見之。定制：史館奉旨爲諸臣立傳，所采事蹟，必以實錄所見者爲準，私家傳狀碑志，止許作履歷生卒等年月日之參考。故史臣例得詳閱實錄。問實錄不禁其有摘鈔本，然亦無刊刻傳布者，有之自全州蔣良騏始。蔣入史館，在乾隆三十年，所見不過雍正以前實錄，故所錄亦至雍正末爲止。刊刻未必在當時，當時恐不敢犯此口實，不過有此稿本，爲後人所得而印行耳。其摘鈔據言祗備作傳資料，積鈔既稍多，乃排比年月，略成紀錄時政之一體。至同光時，其書已盛行，而長沙王先謙入史館，援例遂爲詳備之東華錄，凡政事之可紀者悉錄之，惟去其例行之祭祀等條。由此推之，似乎王錄行而蔣錄可廢，蔣所錄者王必不遺漏也。豈知蔣錄雖簡，而出於王錄以外者甚多，且多爲世人所必欲知之事實，如順治間言官因論圈地逃人等弊政而獲譴者，蔣有而王無。康熙間陸隴其論捐納不可開而獲譴，李光地因奪情犯清議，御史彭鵬兩疏痛斥之，使光地無以自立於天壤，蔣錄皆有之，而王錄無。初疑王氏自以己意爲去取，以順時旨，既而翻檢故宮定本實錄，則皆與王錄同，然後知王所見之實錄，非蔣所見之實錄也。

夫逃人圈地捐納等事，在清代帝王，亦自知非善政，當時則成驕自專，後世以爲惡德而去之，猶易解也。李光地事，乃本人之私惡，何故於實錄諱之，參以光地之自撰語錄，及李氏子孫所布洗雪之語，合諸家公私文證以究之，以奪情誣光地者，聖祖也。光地特利令智昏，一時受愚，而終身遂以理學爲聖祖穿鼻，他人講理學而格君之非，光地講理學而揚君之惡。即如陸隴其以疏論捐納罷官，光地語錄，曲道隴其之大過。又湯文正斌，爲清代最純正之理學名臣，而聖祖有與爭名之心，以其在蘇撫任時，許爲吳民陳疾苦，明珠余國柱輩，揣摩帝指，謂非善則歸君過則歸己之義，媒蘖翻騰而死，光地語錄中，形容文正爲一矜伏汙窩之人。夫光地語錄，自道其所遇，皆傾軋之雄，身處其間，機牙四應，令人望而生畏，以學道人而偽巽不以爲恥，大悖聖人不逆詐不億不信之旨，以此與湯文正相較，湯自在落伍之列，然李之甘心謅湯，不恤時論，則亦爲聖祖牽鼻而然。在李爲曲學阿世，在聖祖爲收服人望，手腕高於百王。古帝王但能使奉侯傾心，聖祖則令聖賢之徒與首帖耳而服也。故既以奪情一事汙之，後乃隆禮厚遇，以光地爲理學得君之第一人，所謂兩人不復反矣。此其微指，爲後世所窺見，故又於實錄中削之。存寥寥數語，以紀其事目而已。

乾隆初改定太祖以來三朝實錄，世多知之，其改定乃自雍正間所已奉敕，至乾隆初畢工耳。若聖祖實錄，則修自雍正時，已經世宗裁定，乾隆初，不在改定之列。至乾隆中葉以後，蔣良騏錄出，猶是舊文，則其重改，不知究在何時。故謂清實錄爲長在推敲之中，欲改即改，並不似前朝修實錄之尊重，亦毫無存留信史之意，因法祖而尊祖惟恐不至，因尊祖之至而不免誣祖，使人愈疑清之祖先，事多不可告人，轉特子孫爲之文飾，則清之祖先，反因此有怨恫矣。改革以後，人心又本以禁網初開，昌言攻詆之會，而以此屢改實錄，授之以隙，無怪離奇之揣測，影響之附會，羣爲清列帝集矢也。故考定實錄爲不可已，非惟爲推求信史，即自命遺老，有故國之思者，亦應念以此事爲効忠故國之道也。

夫改實錄之不止於乾隆初年，既於王蔣兩東華錄驗之矣。至王錄成於光緒初，而王錄之所有，又爲今定本實錄之所削，其可舉者，則雍正實錄中之曾靜一案。此案眞相，自非官書所能盡，然以官書而論，有世宗欽定之大義覺迷錄，高宗時反成禁書，令各省府州縣搜毀，其實搜毀不盡，今大義覺迷錄仍在，不過因奉禁而增高書價耳。高宗既能毀大義覺迷錄，必能於修世宗實錄時，斟酌恰當，如其所願發表者而修之。自有王氏東華錄，則知實錄與大義覺迷錄之異同，如彼如此。余嘗以進一層推求之法，究王氏之爲東華錄，是否悉照實錄，乃抽取世宗實錄中曾靜案驗之，一開卷則瞠目結舌，爲之駭然。凡王錄中之連篇累牘所涉曾案，實錄中乃無一字，然則在實錄中世宗朝，並未有此一驚天動地之大案也。此其改削，在王錄已成之後，即必在光緒中葉，問之故老，乃言清制：日講官每日進講祖宗實錄一卷，翁同龢爲師傅，值講筵時，即於進講實錄之便，爲酌改實錄之事，是光緒朝又改實錄，乃事實也。改於講筵之便，絕無收改痕跡。故曰清改實錄，乃日用飲食之事也，因而吾有著疑於此。

清修實錄，定制繕必五分，每分又具漢滿蒙文各一部。大本紅綾面者兩分，一貯皇史宬，一貯奉天大內。小本紅綾面者兩分，一貯乾清宮，一貯內閣實錄庫。又有小本黃綾面一分，亦貯內閣實錄庫。其常取入講筵用者，當是此小黃綾本，以其較輕而取用較便，以常供御覽，故用黃面。今余所較其與兩家東華錄之異同者，亦此小黃綾本，驗實乾隆初大舉改實錄，改定後必已照繕五分，將五分所藏，盡行更換，而收回其舊修者。以故如太祖初纂本實錄，即有數部積存內閣大庫之內，大庫乃廢閣之物爲多，清代於廢閣之物，亦存大庫，不遽銷毀，是猶其審慎處，不失爲能保存文物之高等意識。獨疑乾隆以後之改實錄，既由講筵酌改，跡同私改，私改之役，或未詢各處所藏，而悉重繕易之，則苟取黃綾本與他紅綾本互較，即可得其眞相，即不能徧較，用余所已發見之異點，抽較數處，亦可決其是否有需校之要，曾與故宮文獻館同人道此，均以爲然，而終於未實行也，則此疑尚未斷也。

又進而思在內閣者兩分，或同時改繕，存他所者未必盡改繕也。又進而思在京者或已盡改繕，在奉天者未必并及也。則即以故宮力之所及，能校在京四分之異同，未必能盡抉其疑於奉天本也。今奉天本乃由日本人代印矣，此本問世，大可抽較閣庫之黃綾本。如果奉天本尚未經講筵私改，則欲求清實錄之佳本，轉俟日本所刻矣。聞日人預備以三十部，贈與吾國文化機關，惟須文化機關正式函索。又聞南方有文化機關，向日所組之東方文化協會函索者矣。或者以東方文化協會，於庚款支配之條件，吾國尚未接受，以此不願向索書物，則聞此書定價頗鉅，書冊亦繁多。如乾隆一朝，即有一千五百冊。列朝全書在四千五百冊左右。日人既印此書，吾文化機關即不能不備。否則徵文考獻之長，近來已多甘讓日本人着我先鞭，且願以轉販日本學人之論著，爲史學中一恥辱，實之恥乎可恥。參文獻之底本，我無而彼有，因購取何害。吾願主持文化機關者，對此印行之清實錄，早定方策，或求學寶籍，或備續完璧，務有以應求學之士，希望讀書知識之需。至太祖太宗世祖三朝初纂本實錄，已由文獻館及北平圖書館合印，此本非日本人所得有，中而已竟齊付印，會望向來印之書局，照約定期限，從速出版，勿任怠惰延宕可耳。

補朱氏中國地方志綜錄

（浙江之部）

許振東

欲考各地疆域，物產，食貨，政教，風俗，名勝，古蹟者，胥以方志爲工具，已爲學者所公認。全國志書，向無總目可稽，即如各史藝文志中有記載者，亦疏漏殊甚，不適於用。近人朱士嘉君有中國地方志綜錄之刊印，朱君竭五年之力，博采廣輯，得國內外現存方志五千餘種，列爲目錄，附以藏家，以便查考，學者得此一編，智珠在握，左之右之，誠治斯學之津梁，其功不可沒也。

方志目錄之編纂，必得廣事徵訪，方可完備無漏，詳實無誤。朱君業竭此目，能集國內外大圖書館之書目及私家珍藏，得此成績，已屬盡廣徵博訪之能事。然以茲事體大，一手一足之烈，自不無千慮之失處，故此目出後，孫崇珙，譚澄清二君，曾爲文匡正。（載二十四年九月二十日本報史地周刊第五十三期）列舉綜錄所未收及誤錄各志，供其採補。並望各地同志就其所知者爲之補正云。二君本學術合作之義，提供材料，甚爲欽佩。惟方志綜錄爲朱君創製，漏列錯誤，在所不免。蓋自來藏家，罕會編錄，即有珍本，亦多不肯輕易示人，甚且有目無書，當存以待訪者，此其一。又以藏家而論，小圖書館所藏方志，頗有爲大圖書館所未備。而綜錄者，恒不免重大而遺小，況小圖書館多無目錄可稽，則見聞不周，亦無足異也，此其二。又各書著錄，非親自翻檢，則卷數，著者，時代，版本，諸項，輒不免有出入，而志書散佈各處，備稽又勢所不能也。故此目之有待於補苴增訂者，固不待言。茲本省方志而以本省人編輯，見聞自較爲親切，爰本斯義，就平日所悉之浙江方志，爲綜錄所未列者，依例條纂於後，並以所修各志增補之，倘亦譚孫二君之志而爲朱君所樂聞乎？

（有△號者爲罕傳本）

乾隆浙江通志考異殘稿　四卷（民國）王國維　在海寧王忠愨公遺書三集第五第六冊

△續修浙江通志稿　未分卷（民國）沈曾植吳慶坻主纂　民初編稿本　浙館藏二〇五冊　民國二十六年一月由浙館收回五冊合二一〇冊

民國浙江新志　（民國）姜卿雲撰　民國二十五年正中書局排印本二冊

浙志便覽　七卷（清）李應珏等著　光緒十七年杭州吏隱齋刊　浙館杭人王綬珊藏

臨安志輯逸　八卷（清）胡敬輯　光緒甲子錢塘丁氏刊　浙館藏

康熙重修杭州府志　四十卷（清）李鐸纂修　康熙三十三年刊浙館王綬珊藏

湖墅小志　四卷（清）高鵬年撰　光緒二十二年　石印本　浙館藏

定鄉雜著　二卷（清）胡敬輯　光緒七年刊本　浙館藏　綜錄有定鄉小識

臨平記　四卷附附錄（明）沈謙編　光緒十年錢塘丁氏刊本　浙館藏

臨平記補遺　四卷續補遺一卷（清）張大昌　光緒十一年錢塘丁氏刊本　浙館藏

康熙海寧縣志略　不分卷（清）范方恒等修　康熙十九年刊　王綬珊藏

海寧縣志略　（清）范驤　光緒八年清風室校刊本　浙館藏

新書介紹

飲冰室專集

梁啓超著　林志鈞編校　民國二十五年出版　上海中華書局發行

飲冰室專集已出版三十一種：其中如新民說，各國興亡小史，飲冰室自由書，中外偉人傳等，係通行本飲冰室文集之抽印；如中國之武士道，子墨子學說，王荊公，管子傳等，係商務版飲冰室叢著之單刊；如先秦政治思想史，墨子學案，墨經校釋等，係商務（或舊）所印單行本；如中國近三百年學術史，佛學研究十八篇，歐遊心影錄節錄，新大陸遊記節錄等，係已發表及未發表之講義或雜文之彙刊或改訂者，（內中如中國近三百年學術史前十二講北平早有私自翻印本，後四講清代學者整理舊學之總成績曾經登載東方雜誌二十一卷各期；又佛學研究十八篇大半爲梁任公近著第一輯之抽印）；一部分如儒家哲學，古書眞僞及其年代，國學指導兩種（國學入門書目及其讀法與要籍解題及其讀法；兩種均已發表于清華週刊，後者曾一度編爲清華週刊叢書），中國美文及其歷史等，係梁先生在清華及燕京諸校講演筆記的整理（筆記者係吳其昌周傳儒姚名達等）；如辛稼軒先生年譜，中國古代學術流變研究十篇，國史研究六篇等，則多爲未發表之作（內有如五千年史勢鳥瞰等已發表過，但居少數）。

其餘可看中華書局的廣告，不必贅述。上面所以不憚辭費詳爲說明，因爲讀者中不乏從前已經零碎買過梁先生的著作，再買恐怕買重份。一方面也借此稍爲說明梁先生著作版本的變遷。

梁先生在學問上的興趣很廣，著作的魄力也很偉大。已經出版過的各種想來讀者中多半許看過。至於沒有發表過的及在清華燕京諸校的講演筆記等，對於國學有興趣的青年，則此集可謂集其大成。梁先生的著作，總是親切有味，循循善誘，除了關于專門研究及叙述史實的各篇外，他不但想盡方法告訴你過去學者治學的情形及成績，而且指導你治學的門徑及方法，其中如國史研究六種，簡直可以稱爲中國上古史講義（雖然其中並無發掘材料）。儒家哲學分量不多，但很簡要。國學指導兩種及古書眞僞及其年代實爲初學入門之要籍，價值似乎超過書目答問。中國美文及其歷史其實是一部很好的中國韻文學史。辛稼軒先生年譜爲梁先生最後一部未完成的著作，譜中錄存稼軒祭朱晦庵文「凜凜猶生」之「生」字，實爲先生之絕筆。中國古代學術研究十篇內中有幾篇並不全，全書亦以莊子天下篇釋義，史記中所述諸子及諸子書提錄考釋，漢志諸子略考釋爲主。

飲冰室合集是梁先生的老朋友林志鈞（宰平）先生編校，但從已出版的三十一種單行本看來，我不很滿意，這責任也許要歸書局方面負，但我不得不說：

第一：編輯方面，似很疏忽，例如古書眞僞及其年代一書，原分「總論」及「分論」二編，後「分論」部分只講完經部，共分六章，分講十三經，但正講完三禮的當兒，書中一一三頁，忽又驟的插入分論二本草等數經，然後再接第五章春秋及三傳，想來必有錯誤，大約分論二是當放在最後的。他如各種未完作品，也未註明。至在每書或每篇之後，編者如加註本書或本篇著作年月及已曾在某處發表過或講演過等說明，才有意思，將來如有人爲梁先生作年譜及研究先生思想及治學經過，亦是很重要的史料。

第二：校對也嫌太不嚴。在一頁上面發現一二個錯字並不少見，也有把引號弄錯的。

第三：印刷過於簡陋；紙張也不好，如同從前在商務發行過的各書一比較，太易令人發生今昔之感。

梁先生本人在世時是刻刻求進的，在學問上是這樣（例如中國歷史研究法補編序論上面先生便說，「一則因本人性情，已經講過的東西不願再講，再用舊的著作做講演稿，有甚麼意思？」先生著作中諸如此類的話很多），在事情上當無不同，我們做爲先生的書校料，應當多費些功夫，整理方面不必說，就如原書本有標點符號的，現在合集已經除去了，這在讀者本無多少不便，但也實在不必多此删除之一舉。

（胡緘）

新書短評

考古探險記（This Business of Exploring）

美國安得思(Dr. Roy Chapman Andrews)著 一九三五年紐約 G.P. Putnam' S Sons 出版 定價美金三元五角

本書作者安得思博士 (Dr. Andrews) 現任紐約美國天產博物館(American Museum of Natural History N. Y.)館長。安氏從事多年，著作甚多，其文字。[illegible]，[illegible]，[illegible]，[illegible]，[illegible]。安氏之書，安氏第一[illegible]之[illegible]人矣！

古生物學大師奧斯明博士 (Dr. F. H. Osborn) 在世時，對于安氏，[illegible]。奧氏自一九〇〇年起，[illegible]中亞[illegible]說 (Central Asia Theory) 以中央亞細亞，[illegible]人類之發源地，[illegible]，[illegible]由此產生。安氏[illegible]，[illegible]，[illegible]，[illegible]以證明此『中亞學說』。安氏在蒙考查，前後幾及十年，其初期工作（一九二二年至一九二五年）見 on the Trail of Ancient Man (1926)後期工作（一九二八年至一九三〇年）叙述于『蒙古考察記』中。

本書共二十章，二百八十八頁，其中之一部分記錄，已見諸 The Saturday Evening Post Cosmopo-litan This Week 及 Natural History. 各刊物。

安氏所言，以[illegible]為主體，其中材料，或言地形，或言地質，或言動物(化石)，或言植物，或言古生物，或言[illegible]人情風俗，或言考查團中[illegible]，大都已見諸 (The NewConquest of central Asia (1932)。凡從事考查工作者，閱讀此書，可資借鑒，[illegible]，[illegible]，[illegible]一[illegible]。[illegible]，[illegible]，對于中國，多所[illegible]。古人有言，[illegible]，[illegible]，[illegible]安氏之言哉！

\+ \+ \+ \+

清代燕都梨園史料續編

張次溪編 二十六年 北平松筠閣書店排印本四冊

[illegible]，久居北平，[illegible]，[illegible]，[illegible]……

[illegible]

\+ \+ \+ \+

[illegible]

\+ \+ \+ \+

[illegible]

也，而文化的關防，亦如此落後，良可慨矣。

本書[illegible]，但有若干處，不如仍依通用之名稱，如不丹譯為布丹，[illegible]。又一三三頁 Chō-me 應係拉明，譯曰「聖火」，一七五頁[illegible]等，均可商榷也。(李某非)

△花溪志(附[illegible])補遺 不分卷 [illegible] [illegible] 浙館藏鈔本一冊

△[illegible]小志([illegible]) 一卷 [illegible] [illegible] 浙館藏鈔本一冊

△[illegible]志略 一卷 （清）[illegible] [illegible] 浙館藏鈔本一冊

[illegible]志補正 不分卷 （清）[illegible] 浙館藏宣統三年鈔本

[illegible]志校記 一卷 （清）[illegible] 浙館藏[illegible]刊本

△萬曆[illegible]縣志 四卷 （明）[illegible] （明）[illegible] 萬曆四年刊 [illegible] 浙館藏鈔本

以上[illegible]

嘉[illegible]志 八卷 （清）[illegible] 嘉慶四年刊 浙館藏[illegible]鈔本 [illegible] [illegible]乾隆五十四年刊本

嘉[illegible] 八十卷 （清）[illegible] 嘉慶六年刊 浙館藏

又 九十卷 （清）[illegible] 光緒四年刊 浙館藏

宣統[illegible]小志 十卷首一卷 （清）[illegible] 宣統三年鉛印本 浙館藏

[illegible]小志 十卷 （清）[illegible] 鉛印本 [illegible]

△[illegible]縣志 十卷 （清）[illegible] [illegible] 浙館藏鈔本十冊 [illegible]鈔本[illegible]三冊

△嘉靖[illegible]志 九卷 （明）[illegible] 嘉靖三十六年 浙館[illegible]鈔本

△萬曆[illegible]縣志 十二卷 （明）[illegible] 萬曆[illegible]刊 [illegible]

△[illegible]志 一卷 [illegible] 刊本 [illegible]

竹[illegible]志([illegible]) 十二卷首一卷 [illegible] 民國二十一年石印本 浙館[illegible]

以上[illegible]

△弘治[illegible]志 [illegible]六卷七卷十八至二十二 卷十八二十二均不全

民國[illegible]縣志 四十四卷 （民國）[illegible] [illegible] 民國二十五年刊本 浙館藏

嘉慶[illegible]志 八卷 （清） [illegible] 嘉慶十七年刊本 浙館[illegible]

以上[illegible]

宋元四明六志 八十三卷附校刊記九卷 （清） [illegible] 刊 [illegible]本 [illegible] [illegible]

四明志 [illegible]刊本 [illegible]八一冊

成化[illegible]志 五卷 （明） [illegible] 四明叢書三集本

△成化四明郡志 十卷 （明） [illegible] 成化四年刊本 [illegible]

民國[illegible]志 （民國）[illegible] 民國二十五年鉛印本 [illegible]

[illegible]志 八卷 （清）[illegible] [illegible]本 見[illegible]

正[illegible]志 二十卷 （明） [illegible] 見[illegible]

目 存卷未詳

[illegible]志 四卷 （明） [illegible] 鈔本 見[illegible]

目 存卷未詳

△嘉靖[illegible]志 十卷 （明）[illegible] 嘉靖[illegible]

[illegible]十

[illegible]志 十六卷 （清）[illegible] [illegible]四十年 見[illegible]

四[illegible]志 二十四卷首一卷 鈔本 [illegible]

[illegible]

[illegible]志 四卷 （明）[illegible] [illegible]

目 存卷未詳

△[illegible]志 不分卷 不著撰人名氏 浙館藏鈔本 原目

二二十七四[illegible]

[illegible]志 （清）[illegible] 見[illegible]

老

[illegible]志 三卷 [illegible] [illegible] 見[illegible]

存卷未詳

[illegible]志 二十卷首一卷 [illegible] 民國七年刊本 [illegible]

[illegible]

以上[illegible]

[illegible]志 不分卷 （清）[illegible] 民國十八年鉛印本 [illegible]

[illegible]志 （清）[illegible] 民國十九年鉛印本 [illegible]

民國[illegible]志 二十三卷首一卷末一卷 （民國）[illegible] 民國二十四年鉛印本 浙館藏

[illegible]

△[illegible]志 （清）[illegible] [illegible] 二十四[illegible]

[illegible]志 十二卷 （民國）[illegible] 鉛印本 浙館藏

以上[illegible]

[illegible]志 一百四十卷首一卷 [illegible] 民國二十五年鉛印本 浙館藏

民國[illegible]志 四十二卷首一卷 （民國）[illegible] 民國二十四年鉛印本 浙館藏

諸暨志略 二卷 （清）[illegible] 民國四年石印本 浙館藏

增訂諸暨志略 六卷 （清）[illegible] [illegible] 民國二十四年 [illegible]鉛印本 浙館藏

宣統天台縣志稿 四十卷卷首一卷 （清）[illegible] 民國四年 石印本 浙館藏

雍正太平縣志 八卷 （清）[illegible] 雍正三年刊本 王[illegible]

以上[illegible]

△嘉靖永康縣志 八卷 （明）[illegible] 嘉靖甲戌刊 天一閣藏 浙館藏鈔本

以上[illegible]

嘉慶西安縣志[illegible] 三卷 （清）[illegible] 嘉慶十六年 王[illegible]

民國[illegible]縣志 三十卷 （民國）[illegible] 民國二十五年印 已出四冊 浙館藏[illegible]本

以上[illegible]

[illegible]州新定續志 十卷 （宋）[illegible] 民國甲戌年[illegible]宋刊 王[illegible]

[illegible]州府志 十卷 [illegible] 光緒二十六年[illegible]刊 王[illegible]

宣統[illegible]縣志 二十卷 （清）[illegible] 宣統鉛印 王[illegible]

以上[illegible]

永嘉[illegible] 一卷 （明）[illegible] [illegible]之[illegible] （清）[illegible] 光緒四年刊 [illegible] 民國元年石印本浙館藏

△[illegible]永嘉縣志 二十七卷 （清）[illegible] [illegible]本十冊

△嘉靖[illegible]縣志 十卷 （明）[illegible] 嘉靖三十三年刊 [illegible]本四冊

光緒[illegible]縣志 二十卷 （清）[illegible] 光緒年刊 王[illegible]

光緒玉環廳志 十四卷補遺一卷附錄增一卷 （清）[illegible] [illegible]（清）[illegible] 光緒十四年刊本 浙館藏 [illegible]光緒六年本

以上[illegible]

△[illegible]志 十五卷（明）[illegible] 王一中[illegible] [illegible]八年刊 王[illegible]

民國[illegible]縣志 十四卷卷首一卷 （民國）[illegible] [illegible]民國二十三年鉛印本浙館藏

民國[illegible]縣志 十七卷卷首一卷 （民國）[illegible] [illegible] 民國二十二年

以上[illegible]

圖書副刊

BOOKMAN 第一百七十五期

新書介紹

馬可波羅行記

馮承鈞譯 中華教育文化基金董事會編譯委員會編輯 民國二十五年商務印書館發行 上中下三冊 定價三元五角

馬可波羅(Marco Polo)的行記，在歐洲人所謂中古時代的世界史上佔很重要的地位。據說，科侖布的發現美洲，也因為受了馬可波羅遊記的影響。波羅是介紹東西兩民族的文化交通的第一人。元以前中國與西方之交通，至多止到地中海的西岸，元以後歐亞兩洲幾乎混而為一，元人兵力，西達波蘭，匈牙利，德國東境，才把兩漢以來幾經挫折未通的中西交通路線打成一片，開闢了一個新天地，其實開始負有了這種使命的，便是馬可波羅。

馬可波羅以公元一二五四年生於威尼斯，(本書譯作物搦齊亞)是當地的貴族。父親尼古剌(Nicolas)，與叔父瑪竇(Mattes or Maffeo)，都是在孔士坦丁堡和克里米亞經商的，當時中國正是元世祖忽必烈的時代，兄弟二人要探往東方營業，沿著瓦爾加(Volga)河而東行，到了波斯境內一個很重要的不花剌(Boukhara)城，一住三年，後來遇著東韃靼王旭烈兀遣使北京朝見忽必烈，便帶領他們同往北京。元帝見了他們，十分歡喜，便命他們往謁羅馬教皇，請教皇遣送一批通曉基督教律和各種學藝的人東來。湊巧，羅馬教皇新逝，不得要領，他們一行便轉回威尼斯的故里，這時尼古剌的妻已死了，他的兒子馬可波羅正是一個十五歲的倜儻不羈的少年。

這兄弟兩個商人在故鄉威尼斯過了兩年，新教皇久不能選出，遂決回到中國來報覆忽必烈大汗的使命，這一次遠行，便攜帶著馬可同行。三人取道天山南路，經甘肅一帶，途中大約有三年半之久，才到了忽必烈大汗的上都(開平府，距今多倫西北四十公里，今在將廢)，為時約當元至元十二年，公元一二七五年五月。

馬可聰明絕頂，很得大汗的歡心，居元廷未久，便學會了這裏的各種語言文字和風俗禮節。世祖甚器重，命其奉使中國西南部之雲南緬甸一帶。他在中國居留前後約十七年之久，(這年代各說不一，有說二十年，有說十八年，今從本書之說)足跡所到，遍及南北各地，如北京，太原，西安，成都，大理，貴州，濟南，揚州，南京，襄陽，九江，鎮江，常熟，蘇州，杭州，福州，泉州，以及許多不能用今名指出的城市，都是當時工商業最興盛的地方。馬可波羅當時以何種官職出使中國各地，史書及其遊記中，都沒有[illegible]

[illegible]

，在馬可波羅的前後，歐洲人也有來中國的，如William of Rubruck (1253—1255) John of Pian de Carpini (1245—1247), Friar Odoric (1318—1330), Rabbi Benjamin of Tudela (1160—1173), 諸人都有遊記，但遠不及馬可波羅書內容之豐富，諸人的行記，可參閱M. Komroff 編輯的Contemporaries of Marco Polo (1928, New York)。

馬可波羅的書，因當時歐洲印刷術未通行，所有各抄本，都出自手抄，一五五九年刺木學(G. B. Ramusio)始有印本刊行，書中詞句往往互有不同之處，甚至有極重的改變，據說，現在抄本約有八十五種保存在各處博物館和圖書館，沒有兩種本子是完全相同的，有的是意大利文，有的是拉丁文，有的是法文。關於馬可波羅書的版本問題，可參閱 Aldo Ricci 據 Benedetto 本翻譯的 The Travels of Marco Polo (1931, London)，卷首有 D. Ross 的一篇序，論此頗詳。

至於我國最初翻譯馬可波羅書的，似乎是魏易，譯本題名「元代客卿馬哥博羅遊記」，譯文曾在清末北京京報發表，全書民國二年七月出版，並不註明其所據之本，馮承鈞先生在他的譯本序言中說他所見中文初譯的馬兒斯登(Marsden)本，當是指的魏氏譯本，兼譯文中地名人名的翻譯，錯誤百出，且妄加注釋，柳詒徵先生在張氏馬哥孛羅遊記導言中曾指摘之。比起現今各中文譯本，自然是很幼稚的。次之，便是張星烺先生的譯本了，張氏據戈爾迭(H. Cordier)增補玉爾(H. Yule)譯注本為之重譯，凡几十餘年，裴竟之補正參事，其致力最大者，似為波羅在中國的政治任務，但他的意見，已為伯希和所非難，他譯玉爾的書，僅成「馬哥孛羅

說導言」(民國十三年中國地學會發行)及「馬哥孛羅遊記第一冊」(十八年燕京大學圖書館發行)，其餘久聞已脫稿，不知何日出版。

此外，尚有李季氏據梅斯菲爾(John Masefield)在萬人叢書出版的「馬可波羅遊記」的譯本(民國二十五年亞東圖書館出版)，李氏對於史地之學，非其所長，他的注意只在於文學藝術方面，似不甚宜於譯此等書，並且他的注釋刪去十之八九，也毫無理由。

馮氏譯本是據沙海昂(A. J. H. Charignon)的注釋本(Livre de Marco Polo)，沙氏書係根據(Pauthier)本轉為新文體，出版於民國十三年至十七年間，原書分三冊出版，譯本也成三冊出版，沙書除了 Benedetto 本晚出未能參考外，他所參考重要版本為數不少，可以說是一部比較新的版本。沙海昂所屬法國籍，清末同拉法國籍，首先歸化中國，入民國任交通部技正有年，是一鐵道專家，公餘之暇，從事纂譯。馮氏譯序說，這部注釋可以說是一種好事者(Amateur)的成績，不是一種純粹考據家的作品，所以免不了若干缺點，而於材料亦昧於鑑別。這可謂愛之而知其所短，所以他的翻譯是取其所長，棄其所短，刪削原註的地方，大致以第五十九章以後為多。書中凡地名人名有誤譯者，皆用新譯，有可以補訂者，則另附補註，譯文亦頗簡潔。

沙海昂的書，現在已有完全的譯本了，我們希望張先生也將玉爾的譯稿完全整理出來。與馬可波羅同時的幾個那訪會的旅行家的遊記，向覺明先生只譯了一小部分(一般東方雜誌二十六卷十號元代馬哥孛羅諸外國人所見之杭州，一載北京大學史學第一期拉班掃馬遊記)，我們希望也有完全的中文譯本。 (精華)

雜錄

跋萬歷刻閨範四卷

王立中

[illegible]

符，刻縣卧非元圖考，尤負盛譽，諸書沈氏序末，黃鎮應瑞刻，分圖四款，有黃應瑞伯符，仲階，王王生，元吉等。圖範於余氏引言中誌下，黃應瑞刻，(此黃氏同時名應泰者，亦見近平雜州木刻文中)，分圖四款有吉字，當即元吉，有伯字，當即伯符，俱刻於每中誌下，與非元圖考刻在欄中不同。考四香氏飛食圖，獸臨聚花圖，宋體文宗圖，俱題伯符，此則于鐫信證，無誤認出於斷測。其宋體文宗圖，與非元圖考，均是供有線無約筆，於路不提即木鎮，能一刀不亂。至於刻畫之妙，如一挑帶也，林林風髮長，一捻細也，亂絲綵色，若朋北繪聲。人物之意態，筆墨之具並，錦妙錦肖，無一點禮媒之氣。余所藏非元圖考，乃非初印，此本印刷係宣紙，初印精整如生，因念我而出之，一紙抉擇，名工作刻，不致埋沒，此真書林清話，輔邦雜故。元有一編，萬曆戊子泊如齋刻宣和博古圖，都記閒話，俱不知何人，此書封頁有泊如齋雕板五字，且序中誌下，有泊如齋三字，於則泊如齋實黃氏刻書，此刻於萬曆十八年，宣和博古圖刻於十六年，又稍此五訂其他其人之姓氏也。

◇ ◇ ◇ ◇

斯坦因西域考古記

向達譯 民國二十五年九月中華書局出版 實價一元六角

二十世紀西人稱為「發見時代」(Age of Discoveris)，其意蓋指百年來古城古墓的發掘，在人類文化史上添了許多舊史籍所不詳的嶄新史實。如意大利有名的龐培城的發掘，巴比倫，埃及等的古遺跡之出現等。自拿破崙遠征埃及(1908—1801 A. D.)就有各國紛起組織探險隊(Expedition)，周遊非洲及近東各地，作系統的發掘，結果打破了許多東方舊史所傳的錯誤。至於我國西北蒙古，新疆及西藏高原，却還保存着神秘的面紗，於是最近三十年來，各國人來我國西北探險或遊歷者，相望於道。初為耶蘇會士，其後多為科學家與遊歷者，來人數甚多，紀行之書，不勝枚舉，然終不能謂為大規模的有組織的從事。

十九世紀中葉，新疆歸入中央亞細亞未發見區的時期中，兩國人士往新疆蒙古各地調查旅行，起初往往在沙漠中偶然發見埋沒於沙堆的古代城市遺址，遂惹起學者的注意。俄國的克萊門茲(D. Klementz)科茲洛夫(P. K. Kozloff)，德的格倫威德爾(A. Grunwedel)勒柯克(A. von Le Coq)，法國的伯希和，日本的橘瑞超等，都曾組織探險隊，先後到新疆一帶，所獲至多，各國探險的成績，大多已有正式報告行世。

英國方面，則有英印度政府所派遣的匈牙利人斯坦因(A. Stein)即本書的著者，斯氏最初服務於印度教育部，繼供職於考古學調查所(Archaeological Survey)。他第一次旅行在一九〇〇年至一九〇一年，沿塔里木河盆地南至和闐，其目的只是考古與地理，實際則以地理測量為其重大任務，此次他在和闐附近沙磧中掘得許多唐寺的壁畫及漢晉木簡及各種語文的佛經殘卷。一九〇一年出版其「考古的地形的初步報告書」(Preliminary Report on a Journey of archaeological and Topographical Exploration in Chinese Turkestan. London)，此書篇幅雖少，而卷末所附彩色圖版，極其精美。一九〇三年又出「沙埋和闐廢墟記」(Sand-buried Ruins of Khotan, London)，歸後復將其所得全部加以整理，成「古和闐考」，(Ancient Khotan. Oxford, 1907)，此書第一冊為本文，第二冊為圖版，古色斑爛。

一九〇六——八年間，斯氏更作第二次旅行，遍歷塔里木盆地，至甘肅敦煌及蒙古西北部長城故址從事發掘，又發見許多漢晉木簡，即世所稱「流沙墜簡」。又在敦煌千佛洞(莫高窟)石室中取得古代封閉的多種語文的佛經寫本及古畫等之類，滿載而歸印度。後十數年，斯氏將其所得整理成書，即有名的「沙漠契丹廢址記」(Ruins of Desert Cathay. London, 1912)，「西域考古圖記」(Serindia. Oxford, 1921.)，「千佛洞」(The Tousand Buddhas, London, 1913.)此外尚有一篇短文，載一九〇六年七月及九月號地理學報(Geographical Journal)，其所得物大部分陳列倫敦大英博物館，小部分留在印度。

一九一三——一六年間，斯氏復由喀什噶爾經新疆甘肅作第三次之探檢。他的探檢，調查勘測，每次都有專門技師隨行，測量地形，他對於中央亞細亞地學上的貢獻，可以說與瑞典的斯文赫定(Sven Hedin)都有偉大的成績，除Serindia中附圖一卷，尚有Note on Maps illustrating Dr. Stein's Exploration in chinese Turkestan and Kansu(Geogra, Journ., March, 1911.)本地的圖，即為Memoir on Maps of Chinese Turkestan and Kansu from the Surveys made during Sir Aurel Stein's Exploration 1900—1901 1906—1908, 1913—1915. 這是他三次調查的總圖，共四十七幅，為Record of Survey of India. 此圖在其第三次的正式報告「亞洲腹部旅行記」(Innermost Asia, Oxford, 1928.)一書中，有的另外附有，有的或無，也有單行的。此外他還有一篇第三次的簡單報告，載一九一六年八九月的地理學報。民國十九年五月，斯坦因氏又來我國，欲圖再舉，為我政府所禁，入新疆又為新疆當局所阻。向先生譯的這部「西域考古記」，原名On Ancient Central Asian Tracks(London, 1933)，是綜合他三次(本書譯者敘言上作四次，恐是筆誤)的結果而寫成的，乃通俗的專門報告書的，讀此固可洞悉其前後，得一條理，沒有看過的人，讀此也可得一概念。斯氏用原的書，都是異常昂貴的，普通圖書館不易購備，而且各書除「沙漠契丹廢址」外，其餘都久已絕版，很難買到，即使我們要將他以前的任何一書譯成中文，也不容易，且也不必，祇有這部是比較通俗的綜合的，自然值得翻譯了。譯這類書，必須要對於西北史地有素養，才不至錯誤，向先生是一個最適合的譯者。

這類考古的書，內容之外，最有趣而最重要的是書中的圖版，記得前兩年有人將A. Barwell 女士譯和研究的Buried Treasures of chinese Turkestan (此書原文原名為「中亞古帝國佛教藝術」)譯為漢文出版，便把書中圖版省去許多，讀者於西北史地之學既不素有深造詣，本是一部有趣的書，便成索然無味了。西洋翻譯別人的著作，譯者雖十保存原著的狀態，圖版尤不能刪省，原著者的姓名仍用大號字印，譯者姓名不過附在原著人的下邊，以明翻譯的責任，而我國的譯本，祇知「偷工減料」，譯者的名字，則必須與原著人平分，並或不指標明，這種風氣，實在應該力改。向先生的這譯本，將原書一百四十七幅圖版完全印出，這是中國出版界最近可慶的兆象，雖然原書的彩色版和後面所附的一幅新疆甘肅全圖未曾加入，但地圖的省略對於中國的讀者是無大礙的。

末了，就便說說關於斯坦因的著作。斯氏對於印度的歷史，美術，梵文，都有相當的素養，可是他不懂中文，古代中亞語言，一無所通，這是他在各書中每引為深憾的。他的漢籍故紙卷子，全憑他的一個不學無術的助手蔣師爺(蔣孝琬)，這一點他萬不能比伯希和，所以他取去的卷子以佛典及中亞語言為最多，伯氏尚有經史子的殘卷。他因為無漢學素養，故書中遺物的考證和歷史的述說，大都都是依據沙畹，Franke, Bushell, Rapson, Thomas, church諸人之說，尤其是沙畹。如關於漢代與西域的貿易，絲路，屯戍的制度，書中並不少錯誤和隱謬的地方。斯氏的書最重要的我以為還是他的探檢的紀述，及對於遺物的描述，考證方面，若要精密典要，應該很審慎的使用。

向先生的譯本中，有一處遺與錯相近。譯本頁一二九說：『木簡上面寫明倉內藏有「玉門關明顯典兵器」字樣』。照原書頁一八一並無這十一字的原文，想當是向先生於外求譯者明瞭加入的，然兵是真矣之筆誤，雖亦恐為誤之謬。譯者沙陀龍幾器物，第十七幅，沙畹書第五八七簡釋文為矢，亦是錯的。斯氏這書中並無一個漢字，而譯本中的漢文的原文，都是譯者苦心的引證，這是我們應該感謝的。([illegible])

…集皆在高駢幕府及充鎮使東歸途中所作，春佚見於集中，當又在中和四年以前。若如提要之說，中和四年春佚年僅十歲，… [illegible] …合。春佚之書，既作於唐代，考天祐四年唐亡之時，春佚年已五十四歲，其後不聞更仕五代，然則春佚是唐人，而非五代人矣。

新書簡訊

秦漢政治制度

陶希聖沈巨塵著 民國二十五年十二月出版 商務印書館印行 定價六角五分

中國的政治到秦才有了形式的統一，中國的政治組織到漢才有了完整的系統。所以研究中國政治制度者第一先要對於漢代的制度注意，然而因為前漢的制度多沿自秦，所以又不得不上溯至秦(春秋戰國是貴族政治與秦漢以下差異較甚，應該另作一階段)。本書內所包括的正是中國政治制度的成形時期。由此遞嬗而下，歷代的政治制度雖然經過多次的變更，可是內而三公九卿，外而郡縣的系統，仍能存在，不過是部分經籍變化而已。直到清末變法，政治制度，(至少在觀念上)才近代化起來。

本書共分五章，第一章緒論，第二章中央政府，第三章司隸與刺史，第四章地方政府，第五章文官制度。緒論的第三節秦漢政制的特點，將秦漢政權的運用，扼要的敘述出來，可算是全書的骨幹。其他四章是大綱節，資料豐備，第五章分析尤詳。(因為司隸校尉和刺史是介乎中央和地方之間的，所以特列一章，其實為省事起見，儘可附在地方政府之內。)書中關於丞相和中丞相，尚書令和中書令的說明均有特見。而小處亦在所不免，現在順便指出幾處加以討論。

本書第三頁說：「但至三國時代，諸葛亮仍說『宮中府中俱為一體』，宮中的事亦要諮詢政府的大臣，等到國家的組織真進展，宮中府中的分立顯明了，於是宮中不復有府官，所謂的只是皇帝的家室與奴僕，秦漢時皇帝有私產的現象亦不存在了。」此處誤會諸葛亮所說的府是政府，其實是指丞相而言。至於皇帝有私產的話，到清代還有明。

第十三頁：「秦以前的君主有皇帝有王。」這是三皇五帝三王的舊說法，和現在古代史上研究的結果不合。

第十四頁：「帝又是賢者的稱號，如高帝五年羣臣請漢王即帝位，漢王曰：吾聞帝賢者有也，空言虛語非所守也，吾不敢當帝位。」漢王所說的本意是帝位應該由賢者居之，未會明言帝即是賢者，不能證明帝是賢者的稱謂。

第三十五頁：「所以使者直接受皇帝的調節，除非有詔書命令使他們對某事除去給某官以外，其他均直接上聞。」所引證據太少。漢武帝使人調查卜式輸財助邊的理由及欲求，未曾經過丞相，亦相不知，固然可以說明調節，然而亦未嘗不可說他是一種聯絡。而元狩六年遣博士褚大等循行天下的詔，使使者錄「郡國有所以為便者上丞相御史以聞」，說係特別命令，然而亦可說是常例。若想考定第一說是對的，還應該多覓其他證據。

第五十頁：「兩府非公卿而任太傅者」此是說會為太傅以三公九卿以外各官為太傅的，實際上只有哀帝一人是前大將，不是現任的公卿。

第六十一頁：「東漢三公又分部九卿，每公轄三卿。」僅百官志中有此一說，不見三公各別指揮所屬三卿的史實。

第一百零七頁西漢三公升遷表的說明亦應附在東漢三公升遷表的後面。

第一百十九頁：「太常掌管宗廟乃是丞相卜筮等專門的業務地，東漢此詔仍存，地方求學者多去京師跟太常受業。」漢代的宗廟已亦宗廟的意味，跟太常受業者乃是跟博士受業為弟子，所學的是儒家的經傳，與丞相卜筮無關。

第一百二十頁：「六令丞外，又有長史一人，……均有長史，……都水長史，……」。史字衍，應作均官長，都水長。

第一百二十一頁：「太子樂令」應作「太子洗令」。

第一百八十一頁：「功曹外有主簿主給造補闕。」應據是後漢書王渙傳「主簿為闕給造補闕」。主簿之職主簿文書，並非專負給造補闕的責任。王渙傳不過記錄郡功曹的關係而已。

第一百八十四頁：「(岑熙)遷魏郡太守，招聘隱逸，與參政事。(後漢書岑彭傳)所聘隱逸，大概都以幕友。」這是臆斷。招聘即指辟除而言，在漢代並沒有為私人聘任的幕友。

第二百一十七頁：注言「又有攻產的選舉。」並非專舉，而是一兩郡特殊意義罷了。「(睦宿)始為布衣時，貧無行，不得推擇為吏」，乃是因為他品行不端。「(王霸)家貧不得仕」，乃因為家貧，無法謀生的緣故。

此外還有一點最重要的缺點就是未將武官列入。雖大約因為軍事方面可以書出者極少，以外。要知道兩漢時代的官吏，文武界限並不十分嚴格。公卿將兵征討是常有的事。而後漢的校尉和公卿同樣的列席朝議，其在行政上的地位不算不重要。本書未能將行政的各方面一齊敘述，實一遺憾。(子穀年)

出版消息

日本有光社刊行「新西域記」

自一九〇二年，日本西本願寺大谷光瑞伯爵鑒於英法俄諸國常派遣探險隊往新疆考古發掘，乃與其弟子橘瑞超等組織「中亞探險隊」，由西伯利亞入新疆北部及甘肅一帶旅行，前後凡三次。第一次自一九〇二——四，大谷與渡邊哲信，堀賢雄，本多惠隆，井上圓哲一行五人，從倫敦起程，經裏海沿岸之縛喝(Balkh)由此過葱嶺至于闐，經[illegible]等，西入喀什噶爾，至莎車。[illegible]一九〇四年歸國。

第二次一九〇八——九年，為橘瑞超與野村榮三郎二人，由北京出發，在蒙古，庫車及吐魯番附近發掘。翌年轉入南路，往羅布泊附近沙漠中探索漢代樓蘭故址。[illegible]

第三次在一九一〇——一四年，橘瑞超與吉川小一郎二人，在塔里木盆地吐魯番敦煌一帶考查，且三年餘。綜合他們這三次所獲，有佛典，經籍，史料，西域語文書，繪畫，雕刻，染織物，古錢等。其中最著者，如繪畫斷片中有天寶十年，大曆六年之年號。佛典中有西晉元康六年題記之諸佛要集經，西涼建初五年題記之法華經，[illegible]。經籍有論語史記漢書殘卷，此外尚有太和五年木簡帖子，西域長史關內侯李柏書稿殘紙，天寶五年牒，大曆九年牒，大曆十年借錢契約，延昌五年孔目司文書等。這些遺物一部分大谷氏已印入「西域考古圖譜」中，印刷極精美，現在很難得，價值須日金三百餘元。又橘瑞超有中亞探險一書，又有「二樂叢書」。

這些遺物從前在東京陳覽一次，羅振玉氏曾參觀過。現在才整理完畢，據說將有萬餘葉，圖版數百枚，將與其事的二十餘人的日記，通信，紀行等二十餘種，包括蒙古，新疆，印度，錫蘭，西藏，緬甸，安南，中國內地如四川雲南等處的旅行記。本書二大冊，由東京都町區丸之內有光社發行，定價百五十元，預約價百二十元，三月十五日止，本文執筆時，預約期尚餘十五日。此等專籍，將來不易重版，歲月稍久，便不易購求，希望我國各省立圖書館不妨及早購置一部。這種書不完全是佛教的，尤如於考古學，地理學，人類學的研究材料。

圖書副刊

BOOKMAN
第一百七十六期

書評

中國理學史

劉仲備

賈豐臻著　民國二十五年十二月　商務印書館出版
定價一元五角

商務印書館最近編印中國文化史叢書，分中國史爲若干部門，以類相從，爲有統系之介紹，第一輯近已出版，賈豐臻先生此書即其中之一。

理學在中國思想史上佔重要之位置，舊日治學，有「漢學」「宋學」之對立，所謂理學，即宋學也。因其在宋明兩代特別發達，通常所謂「宋學」，實「宋明理學」之省稱，學者或稱之爲「新儒學」，皆是也。理學家大都各有專著，成一家之言，然紛綸浩繁，難於畢讀，賴有四朝學案以貫穴之，惟兩書謝山[illegible]諸人之作，皆以學派爲主，賈君此書則以學爲主，蓋綜合各時代之理學，源源本本，約於一篇，使學人一覽無餘，則此書之作，於無暇披覽程朱陸王專書者，亦足以認識理學之輪廓，在誤解理學之今日，誠不可少也。

此書共分四編：第一編緒言，第二編上古理學，第三編中古理學，第四編近世理學，都十萬餘言，每編又分章節，綱舉目張，敘述亦不甚枝蔓，至於文筆清晰，脈絡分明，尤其餘事。賈氏以爲中國以前只有理學，科學則「越看越遠」，其自序云：「中國人和西洋各國人不同，中國人看見鳥反哺，羊跪乳，而想到怎樣事親？看見鴻雁行列，而想到怎樣敬兄？看見鴛鴦交頸，而想到夫婦愛情怎樣？看到迅雷烈風，而想到怎樣敬天之怒？看到地震山崩，而想到怎樣修省戒懼？他的『格物致知』，是屬於理學的。西洋各國人不是這樣的；他們看見葉子在樹上落地，就發明地心引力；看見熱水壺蓋蒸而掀動，就發明蒸汽機關；看見摩擦生電，就發明電氣機關；又從槍礮戰爭而發明毒氣戰爭；光線戰爭；從海陸戰爭而發明天空戰爭；他的『格物致知』是屬於科學的。」此言理學與科學之背道而馳，由於精神上之根本差別，可謂能把握其核心矣。通觀全書，優點固多，其值得商榷之處，亦復不少，余不揣謭陋，欲以一二以與高明商討，可乎？

第一，著者言「中國以前只有理學，沒有甚麼叫做哲學」，「說理學的方面多，說哲學的方面絕無而僅有」，西洋哲學「天道和人道終究說成兩橛」，不能「和中國理學相提並論」，此種問題，吾人願從新提出討論。哲學和理學之範圍如何？概難一語破的。竊著者本意，似以哲學注重「天道」而理學注重「人道」，但此絕不能成爲兩者之鴻溝，蓋哲學本爲對於自然，人生及知識三者探究綜合的原理及根本的原理之學；易言之，哲學包有自然及知識及人生三者，雖今之講哲學概論者，每多略人生而不講，別立人生哲學爲專言「人道」之哲學，然哲學究係一大名辭，不能劃人生於哲學之外；故理學與哲學，亦僅爲範圍之廣狹問題，絕無大相徑庭之處。哲學未始不言「人道」，理學未始不言「天道」，豈眞「不能合攏一起」乎？況今之作中國哲學史者，多以宋明理學與周秦諸子學，兩漢經學，魏晉玄學，隋唐佛學諸主要學術潮流，相提並論，其與哲學，寧爲交叉關係而非對立關係，即依著者意見，亦未能截然劃分，此點似不無遺憾。

第二，爲學必先正名，何謂理學？著者謂「就是從古至今一般人說的性理之學」，此言大體不錯。究竟是否只言「性理」而不及其他？究竟當時理學家所言所討論之理學爲何？此可以朱子與楊時之兩種分類爲比較：

朱熹近思錄：	楊時編二程粹言：
1.論道體	1.論道
2.論爲學	2.論學
3.論格物窮理	3.論書
4.論存養	4.論政
5.論改過遷善克己復禮	5.論事
6.論齊家之道	6.論天地
7.論出處進退辭受之義	7.論聖賢
8.論治國平天下之道	8.論君臣
9.論制度	9.論心性
10論臨事之方	10論人物
11論教學之道	
12論改過及人心疵病	
13論異端之學	
14論聖賢氣象	

兩者相較，龜山所列尤爲賅括，可知理學包有「天道」「人道」二者，實重身體力行，與哲學之爲純理論科學異者在此。而著者於理學注重實行方面，則未加以說明。

第三，理學之成立，實始於宋代。蓋漢儒治經，注重章句訓詁（魏時王弼注易爲例外），宋儒捨之而專講義理，又參以二氏之說，而理學乃十分成熟矣！其始似以唐李翺之復性書爲濫觴，宋亡而理學一脈相傳，至明代而復大盛；故言中國理學史者，宜本史家略遠詳近之旨，對宋明特加詳，方足以明斯學之眞際。今觀此書共二百四十五頁，從畫卦之伏羲以迄著呂覽之呂不韋，竟耗去一百一十三頁，再加中古理學以迄李翺，合去一百四十四頁，占全書二分之一而强，使人讀是書，如中國哲學史而非所謂理學史也。與朱熹分庭抗禮之陸九淵，尚不及傳說中楊朱所講之多，頭重尾輕之譏所難免也。總之，言中國理學無論如何宜詳於周程張朱陸王諸家之學，至於伏羲神農黃帝堯舜等，以及尸佼呂不韋之徒，豈可專章詳述，此竟不知近代學術趨勢之若何也。

第四，著者以理學從伏羲說起，固不當，即從八卦說起，亦未爲妥；蓋八卦初不過書契文字之起源而已，後人以陰陽五行之說附會八卦，以河圖洛書之說解釋八卦，尤其極不過後人之理學而決非伏羲或伏羲時代之理學。推而廣之，農家假託神農，儒家依託堯舜，此乃學術思想史上之事，倘得認爲神農及堯舜之理學乎。故本書第一編第一二章，儘可删去，於講理學史並無妨礙。又黃帝下著者謂「前說八卦是理學的根本，那末書契當然是理學的根本，可以無疑了」，此等語句，亦陷於不愼思明辨之失。所以此書於上古之學術，舉凡持之有故言之成理者，皆以爲理學而樂道之，儒家固是理學，其他道家墨家法家名家雜家等無往而非理學也，豈有此理哉？

第五，此書緒言謂「要辨明眞僞」，然通觀書中取材，實有未免以僞爲眞而引用之者：其引尙書，仍是僞古文尙書之篇，第八頁之末引舜典，即僞書割裂堯典而成者之篇目。又第九頁，所引大禹謨之警廷十六字，清儒閻百詩在其所著尙書古文疏証，卷二第三十一條，已指明係襲用荀子解蔽篇引道經之言，而「隱括爲四字，復幷以論語『允執厥中』以成十六字」者，此處亦引用之。又第十二頁引仲虺之語，引伊訓，引太甲，引咸有一德，不過欲爲商湯求得理學之根據，遂至陷入僞古文尙書之術中，僅就第二章材料而論，可靠價値殊少。此外論及楊朱，取材亦有僞者，如引列子楊朱篇全不足恃，蓋列子爲張湛所造之僞書，就思想而言，即作僞之人當時之思想。此書完全採用，謂爲楊朱之理學，且列於老子之後。楊子以後，論及列禦寇之理學，全引列子，且列於莊子之前。所當注意者，列子雖是僞書，思想則是六朝亂世之產物，此種材料，並非不可廢物利用，置之兩晉，南朝則爲眞，置之老子之後，莊子之前則爲僞，此不可不知也。僞古文尙書以及列子之僞，人皆見之，而著者不能別取捨何也。

第六，理學在清代頗爲不振，清代學者鑑於理學之流爲「狂禪」，故力矯其弊，反而求諸六經，顧炎武高呼「經學即理學」，一時學風丕變，遂有乾嘉樸學之昌明。然清儒有深湛之思者，亦時有其人。此書敘清代理學，至於戴震而止，亦係百密之一疏，縱爲篇幅所限，亦有數人不當略而略去者：如前於戴震有王夫之，王氏氣質頗與橫渠相近，故推挹張子正蒙，而有意繼承之。唐鑑謂其由關而洛而閩，又王夫之亦深於佛書，尤篤好相宗，其學精微博大，非陸隴其湯斌輩所及，此書敘陸湯而不及王，殊不可解。比戴震生略晚者有焦循，焦循以周易爲其理學基礎，從「旁通時行」而解析價値世界，發揮道德哲學，與東原「理情遂欲之「情絜論」同爲理學史上極有權威之創作，與胡煦以河圖洛書之分合爲概念而解釋自然之生成者不同，不能不敘。後於戴震者有曾國藩，欲將義理考據詞章三者合而爲一，此蓋本之姚鼐，國藩早年在京師，與倭仁講求理學，尤重躬行實踐，且發展之而爲事功，其影響匪小。又如陳澧，以考證方法而研究義理，對於朱熹之理學，頗多心得，足稱通儒；當時嶺南之朱次琦，講理學於舉世不講之日，惟不如陳澧學之純粹，不敘朱次琦可，不敘陳澧則不可。此外清代理學別派之足稱者，尙有二：一爲溝通儒釋派，如羅有高，汪縉，彭紹升三人，皆以理學家而專精釋典，最爲別致，實開今日楊文會，歐陽漸，章炳麟之端，在理學史上，自有其特殊地位。一爲今文學派，如康有爲，譚嗣同，廖平之徒，雖時有「非常異義可怪之論」，然其爲新環境之反應，舊瓶新酒，未可以其粗疏而非笑之！要皆可以代表孔子思想與耶穌宗教接觸之初期，足爲本書之殿。況本書終止太早，使無識者頗疑清代理學有至戴震而斬之慨，此不可不察也。

綜而論之，此書除上所述外，大體講來，全書之中，於每時代理學遞嬗之痕跡，亦少詳細之說明，例如言董仲舒天人之學，其天人合一之思想，淵源甚早，即古代術數中之「天文」「曆譜」「五行」以及陰陽家，雜揉各種學說之混合，均未能加以提及。又如言及朱熹陸九淵，亦未嘗明兩者對禪宗之了解，蓋朱子受大慧宗杲教旨，主先慧後定，由萬殊而歸於一本；陸子則受宏智正覺教旨，主先定後慧，由一本而歸於萬殊；兩人受禪宗之影響本各不同，故其後講學，每相枘鑿，毫無調和餘地，其立腳點本非一處也。明乎此，則言及宋儒理學，焉可不將其伏流——禪宗略爲提及，況禪宗之重要經典，如石頭希遷之參同契（非魏伯陽之參同契），洞山良價之五位頌，臨濟義玄之四料簡，宋儒多已領略，特不願明白言其學之所自出也。此不過舉例。尙可注意者：宋明理學之系統發展，人材消長，賈氏不妨將理學宗派及其傳授之師承，作一簡表，作爲此書之附錄，甚難人而敘之，必致浪費若干篇幅，且不免輕重無別之弊，事實恐亦不許；如此，則讀者一目了然，理學之全部，瞭若指掌矣。

此書取客觀之態度，不輕下一斷語，其敘術學，則引錄東坡之術數論，論調雖嫌迂腐，然可窺見著者審愼之意。全書各章，除所指出商榷之處外，大都平正通達，無可疵瑕，確爲一本値得參考之書籍，故樂爲批評而介紹之也。

一本刊專載關於中外圖書之介紹批評以及學術界消息爲公開性質歡迎投稿
二刊登本刊之文略致薄酬
三投稿通訊可寄「北平文津街國立北平圖書館內圖書副刊編輯收」

古玉概說

李下

近在首都中華書局買了一本上海市博物館叢書之一的『古玉概說』，原作者書上說是日本人濱田耕作，譯者則爲胡肇椿先生。在譯者的序文中，有幾段說話我覺得是値得我們注意的。他譯序的一開始就說：

『我國考古學界關於古玉的專著，自清末吳大澂古玉圖考以來，簡直不見有鴻篇巨製的出版。大抵還是收藏家不大肯做研究工夫，做研究工夫的沒有實物來研究的結果罷！……此書刊於十一年前，本係上野氏紹述父志，刊以贈諸學者及各學術機關者，坊中殊不易得。』

根據胡氏的說話，是可以知道我們中國關於古玉的專著，一般的收藏家與研究者當然沒有什麼著作，就是我們中國的『考古專家』，也同樣的並沒有什麼『鴻篇巨製的出版』。所以，像這本在日本尙且『坊中殊不易得』的『古玉概說』，其爲『鴻篇巨製』，當然是無庸懷疑的了。這樣，我就將它細細的捧讀了一遍。但結果，卻不由的使我對於譯中有幾段說話，記得在我們中國是早已有一位先生說過了，而且，是再三再四地說過的了。這本書的第四節『玉器與石器』開始就說：

『中國玉器之所以特殊的發達，其理由當然是因其美麗且產於近傍而易得。而玉之所以製成各種器用實爲石器時代之遺風，如後章的詳細說明：如圭由石斧產生，璧由環狀石斧產生等，一見即知其然。』

這段話中最可注意的是：『玉之所以製成各種器用實爲石器時代之遺風』。因爲我們要知道所謂：『如後章的詳細說明』，要說明的是什麼？當然就是這個：『玉之所以製成各種器用實爲石器時代之遺風』。我們知道這個意思的重要以後，就可跟着明白這部『古玉概說』，其爲『鴻篇巨製』者，那重心也就在此了。所以在第五節『圭及其與有關係的玉器』，那一開始也就說是：

『如上述中國玉器由石器時代之石器傳統而來，其最有力之證佐即有孔石斧和玉器的圭相類似一點，林博士和 LAUFER 氏的意見也一致，我們對此亦屬同意的。』

這節所謂『有孔石斧和玉器的圭相類似一點』，無非是證明『中國玉器由石器時代之石器傳統而來』的這句說話。同樣地也無非是在說明第四節那句『玉之所以製成各種器用實爲石器時代之遺風』。我們請想那『石器時代之石器傳統』，同那『石器時代之遺風』，這兩句在說明玉器與石器之關係上，又有什麼不同之處？假使這第四與第五兩節，還不足證明這部鴻篇巨製的『古玉概說』，其重心是在說明『玉之所以製成各種器用實爲石器時代之遺風』，或在說明『中國玉器由石器時代之石器傳統而來』，則我們不妨再將這部

巴黎敦煌殘卷敘錄（二八）

王重民

李氏蒙求

敦煌本李氏蒙求殘卷二：甲卷爲卷子本，（Pelliot 2710）存者二十六行。始李良進表之後段，次李華序，又次蒙求白文二十八句。乙卷爲折葉裝本，（Pelliot 5522）僅存兩葉，恰是一折。自「燮盎邵坐」注語起，至「李郭仙舟」句止。半頁六行，本文單行，注雙行，每行二十二三字至二十六七字不等，與李華序所謂「每行注兩句」者不合，則傳鈔已失原本之舊矣。按自中唐至於北宋，是書爲童蒙課本，最爲通行。及徐子光補注出，而李氏原注微，及三字經百家姓行，而徐注又微。明清之間，學者已不識李瀚爲何人，遑論其書！四庫全書提要竟以晉之李瀚當之矣！邢澍守雅堂文集，黃廷鑑第六絃溪文鈔，周中孚鄭堂讀書記，始稍稍辯証，至光緒初年，楊守敬訪書日本，獲古鈔卷子改裝本蒙求一卷，舊抄附音增廣古注本二通，博考詳徵，俱載日本訪書志中，自是李氏原書，始大明於世。楊氏云：「意此書在唐時，鄉俗鈔寫，憚其煩文，遂多刪節，其後並所引書名略之。至宋徐子光，不見有書名之本，但見其文與事換之，故往往有與標題不符」，理或然也。蓋瀚自撰書而自作注，當無失引誤引之事，如提要列舉「周嵩狼抗」等事，以爲補注精核者，楊氏照以古鈔本，瀚原注莫不如是，則非以誰爲不誣，乃因不見古書而誣也。今按此兩敦煌殘卷，甲卷李良進表後，有「良令國子司業陸善經造表，表未行而良授替，事因寢矣」一行，唯楊氏所

『古玉概說』的緒論第十一節的『結論』來作以說明的。這段的一節裏曾說過：

『中國的玉器，就始於石器時代的石器……』。

在這部純屬巨製的『古玉概說』裏，雖然還有許多論見是在講玉的種類與加工法，或在講中國玉器的圭、璧、琮、璜等，但其議論的中心，都不出於『玉為石器時代之遺風』，『玉器由石器時代之石器遞嬗而來』，或即是『中國的玉器，就始於石器時代的石器』。我們雖說不勝其煩，在這部書的第四節『玉器與石器』中另一段說話，也可舉出來引證的於後：

『以上這兩部書，德國地利中國的玉器和石器的關係的問題。即如安陽發見的玉斧和普通的石斧形式全同，又證之中國石斧的特徵——有孔的斧——也和玉器的主要特徵一點，可知玉器的製作，由石器時代傳統下來的了。LAUFER 氏及林泰輔博士等也曾經有此見解，這以上不外把 HOERNES 氏 MüNSTERBERG 氏等所說之說，用了實物來證明而已。要之，中國特殊產物的玉器，實分明是全世界普遍的文化階段——石器時代文化之餘響，且也是重要的事象啊！』

在這段說話裏，更可將『古玉概說』裏所『用了實物來證明』的 HOERNES 氏與 MüNSTERBERG 氏等所說的『見解』，也只是在說明『玉器製作是由石器時代傳統下來的』，或即是在說明『中國特殊產物的玉器』，乃是『石器時代文化之餘響，且也是重要的事象』這一問題而已。

這部鴻篇巨製的『古玉概說』，對於玉器為石器時代之遺風，或為石器時代之傳統，或為就始於石器時代的石器，或玉器為石器時代文化之餘響……，這樣的再三再四重複

> 據古鈔卷子注疏本有之，可見此出自本調[illegible]為是古，之爾雅注疏不佳，約亦為晚唐五代監本，皆與陸氏義疏所謂古本及徐子光補注本相校，互有詳略。而陸氏必注所出書名，則較兩本為翔詳。如「[illegible]」引東記，古本補注則並引漢書。「[illegible]」引韓非子，古本同，補注不著引書名。「諸治興俄」引魏[illegible]，古本補注引北史。「不[illegible]」引史記，古本補注引漢書。「[illegible]」引晉書，古本補注並不著引書名。「太初日月」引世說，古本不著引書名，補注引說苑。「[illegible]」引世說，古本補注不著引書名。凡古本補注見以後出之書者，皆補氏所謂泛見於書史之者也。余未見補氏所據古鈔卷子注疏本，然[illegible]僅載卷中所引史書，不及細書，則古鈔本「諸治興俄」下，以己氏之補注書之名。[illegible]引之。徐子光不應見，遂易以北史。[illegible]行，則於宋人所引舊書，以修文殿御覽為氏小史北史補北據[illegible]。蓋一時代有一時代通行之書，學者據書撰書，而去取引，往往為時代潮流所限，此又共例也。（又如「[illegible]」補氏古鈔本引[illegible]，補注據[illegible]，「[illegible]」古鈔本引帝[illegible]，補注據[illegible]史記異孔文[illegible]。[illegible]較通行之書。）然則補氏所謂最通近李氏原本者，疑之致過本，已有[illegible]。至於時皆納原本，補氏謂[illegible]，以余觀之，其所謂古本，於補注之篇末引，甚不足貴。若謂古本引書多於補注，余補注亦有多於古本者何？要不得以其注文簡略，遂疑近古。如「[illegible]」一條，古本引晏子春秋，補注作「[illegible]」，「[illegible]」，而徐本[illegible]作「[illegible]」，則補氏所[illegible]，其謂源自吾補古，古本諸之，正是其多自[illegible]也。
>
> 十二月十二日

說明玉器與石器的關係，可知這部書的重心，以及這部鴻篇巨製中『研究的結果』，或他的『見解』也就在此了。

根據，『玉器為石器時代之遺風』的發見，的確出自這部『古玉概說』，則這部書以前，是在中國考古界關係有一個從古玉的鴻篇巨製著者，這部書亦是世界文化界裏的一部寶書。可惜的是，中國考古界雖然沒有關於古玉的鴻篇巨製，但這部『古玉概說』中再三重複中述的『玉器為石器時代之遺風』這一點，在中國是早已給一位王斧先生再三再四地申說過了。

在民國二十二年一月一日出版的第一卷第一期逸真月刊裏，王斧先生曾發了一篇叫『我的見解和我的打算』的文章，他裏面有一段說話：

『……但是，以我所見，圭也，璧也，琮也，璜也，璋也，古人所奉為五瑞者也。然圭呢？就是刀圭。璧呢？就是『作以止作』的作。琮呢？就是既石的[illegible]。璜呢？就是[illegible]上飾的東西。璋呢？就是所謂『[illegible]』的矢東西。所以五瑞的產生，無一不是象徵石的利器的，亦就無一不是象徵古人奉來斬伐一切，及創造一切的唯一工具的。是以玉，是濫觴於石的，亦就是石之菁者，……』。

王斧先生在這裏所說『五瑞的產生』，既然都是『象徵石的利器的』與『象徵古人奉來斬伐一切，及創造一切的唯一工具的』。這裏所謂『斬伐一切』與『創造一切』的『唯一工具』，當然就是『石器』了，所以他在這段文章末尾說明『是以玉，是濫觴於石的，亦就是石之菁者』，這跟那同『古玉概說』中再三重複說明『玉器為石器時代之遺風』這一點，又有什麼不同呢？

也許，有人會說『古玉概說』的原著，據胡肇椿先生翻譯序中，說是『此書刊於十一年前』，而胡先生的序是作於民國二十五年，則於民國二十五年之先的十一年，即是民國十四年。再據『古玉概說』的日本原序者內藤虎氏所云，乃大正十四年十二月，亦即民國十四年十二月，這與胡肇椿先生所云的十一年前的時期，恰相符合。至於王斧先生文章在逸真所發表的時期，則是民國二十二年，較之『古玉概說』發行的時期，要遲了八年之久，這也許就是王斧先生看了這譯的藍本吧？關於這點，我們不妨再將王斧先生以前發表關於古玉與石器關係的文字看一看，就可證明是否巧合了。王斧先生也同樣在民國十四年七月，他和胡毅生、馬武、許奇、蔡元培等組織了一個『國粹合作美術展覽會』，在這展覽會的『徵求會員小序及出品規則』一節叫『我的觀念』底文字中，曾這樣說過：

『玉是什麼東西呢？玉是「石之菁者」，玉是濫觴於石的。』

同樣，在這展覽會的『目錄』裏，曾有對於玉器的說明。像玉器的『圭』，『璧』，『琮』，『璜』等等。都用王斧先生底文以『[illegible]』條例分類作文字上底說明的。關於『圭』，他說是：

『圭是主器，主是什麼？主是石器時代人類工作唯一的利器。西方藝術石器做斧，但都以它為『石斧』，因他無主的歷史，且無玉器璧的遺傳。他為五瑞之一，五瑞者，圭，璧，琮，璜，璋也。』

關於璧，王先生在目錄中也說明着是：

『然則璧也，璜也，瑞國的東西也。瑞國的東西，在石器時代佔重要之位置。而[illegible]以[illegible]者，既為現今手工界應專上適用的『[illegible]』。工界所用之[illegible]，他們只知道[illegible]，而不知[illegible]乃[illegible]字，而[illegible]以[illegible]之者，乃璧也。』

關於琮，他說明着是：

『然琮究為何物？琮，蓋即古代石工獨石之石閣，內圓乃以套木，外方，乃以平石。合鉢木之一端，互相磨擦，石乃光滑。又世俗多呼琮為「磨閣」，蓋即木鉢，亦即以木穿石開之謂。故現今石工鑿石之石，多呼為『磨閣』。而磨閣也，璧瑞也，均琮也。』

關於璜，則王先生也說明着是：

『然璜石器時代之璜，[illegible]以[illegible]，共[illegible]，乃似[illegible]。[illegible]寸，闊一寸左右，或穿孔，或無孔，其用以[illegible]者，他不之書。（[illegible]南北[illegible]下，均有此璜出土。）我鄉（廣東潮州）[illegible]用是，其形圓長[illegible]也。』

其它玉器的說明，我們可以不必再引了。但王斧先生在這些說明上，那最重要的一點，也就是『玉是濫觴於石的』。這一點與現在上海市博物館叢書的『古玉概說』，那裏面再三重複說明的玉器為石器時代之遺風這一點，又有什麼不同呢？『古玉概說』的原著，據日本原序及胡先生譯序所云，都是完成在民國十四年。而日本原序者內藤虎氏所云是大正十四年十二月，亦即中華民國的十四年十二月，至於王斧先生的文字，則據展覽會目錄所云，是民國十四年七月。這樣，則以內藤虎氏的序文與『古玉概說』底文同時發表的話，這部『古玉概說』底要遲於王斧先生的文字，有四五個月之久了。那這樣的情形，我們可以說是王斧先生這方面的事了？

根據，我們對於王斧先生在展覽會的『小序』及『目錄』中所發表的文字，與看到『古玉概說』的日本原序相去不久，在這四五個月之間，我們還不能下分言是誰的模擬，則我們不妨暫將這『古玉概說』日本原序已有十一年之久的，王斧先生所發表關於中國古玉的見解，拿來證實一下好了。那就是在民國十一年十二月的北平上海等地報紙，都曾發表過的。像十一年十一月十二日的北平全民報，[illegible]

[illegible]由石器時代之石器遞嬗而來』，『中國的玉器，就始於石器時代的石器』，『中國特殊產物的玉器是石器時代文化之餘響』，王斧先生與濱田耕作氏並沒有什麼不同之處，我們實在無法可以將他們分別出來。可是，我們根據內藤虎氏的序明年代看一看，則明明寫着是『大正十四年十二月』，也即中華民國的十四年十二月，而看看王斧先生『玉器與石器』一文的年代，則據本報各條所載，都是在民國十一年十二月，在日本則為大正十一年，王斧先生在濱田耕作氏前三年已講了這玉器與石器的關係是如此，我們能說是王斧先生抄襲濱田耕作氏的嗎？而濱田耕作氏這部『古玉概說』中再三重複申述的『意見』，也只是『玉為石器之遺風而已』。現在，這部『古玉概說』在日本，據胡肇椿先生所說，已是『坊中殊不易得』的珍本，在我們中國又是據胡先生序文所云：

『我國考古學界關於古玉的著述，自清末吳大澂『古玉圖考』以來，幾乎不見有鴻篇巨製的出版。大抵還是由於蒐藏家不大肯做研究工夫，做研究工夫的沒有實物來研究的結果罷？』

像這樣，這部『古玉概說』之為不易得的珍本與鴻篇巨製，至少在胡肇椿先生譯這部書時的情形是如此的。可惜的是這書中的最精彩處，在先於這部書出版的前三年，已有我們中華民國的王斧先生，早拿來講過了，也是給他早已發現過了！也許有人又會這樣說：『濱田耕作氏的書籍，不是世界提到 LAUFER 等西洋人的嗎？他關於王斧先生的主張，也早並無有見到，所以也就沒有在那書裏提起了。』本來，在現在研究中國古玉的中國人，就據胡肇椿先生序中也說過是自清末吳大澂以來，幾乎不見有鴻篇巨製的，所以他只有從日本去找那『坊中殊不易得』的珍本來翻譯了，即日本人的濱田耕作氏只引證西洋人而不知我們現代中國人先他已有的主張而不理不問，當然是『並無不合』的。至於他對王斧先生的主張因沒有早見到而不曾在自己書裏提起，那更沒有什麼關係了。我們可再再讀胡肇椿先生序文的另一段說話：

『余往歲居日，即有逸譯之志，因循未果。回國後，益感覺到古玉研究中依參考的著述太少，……』。

胡先生在日本，當然要立志譯此珍本，回國後更以古玉研究的著述太少，於是他就實行初志。關於中國研究的著述，他雖是中國人，卻並沒有見到王先生在民國十一年有這樣的意見，大概他是因為研究的著述太少，所以就根本『不看』了罷？那麼，日本濱田耕作氏的不知有中華民國的王斧先生及其意見，又有什麼關係呢！實是有不禁者，竊希讀者及胡先生的指教。

新書館訊

中國西方語文學會會刊

[illegible] (B.D. Jameson) [illegible] (Lawrence H. Conrad) [illegible] (R. Winter) [illegible] (G.M. Hopkins) [illegible] Charlotte Tyler [illegible]

教學概況，並與中國近年學會有密切聯絡，其價值自值得吾人深切之注意也。

劉棣博君乃國內有數之語音學家。本期載其『語音學與英文』一篇，力言已往教學者忽視語音學之不當，今後非設法改良，充分應用語音學之發見，以糾正並增進學生讀音說音之習慣與能力不可。

燕京大學教授 Anne Cochran 女士，對於當中『冠詞』之用法列舉規則及其理由，並設習題多則，備學者練習之用，亦目前極端需要之作也。

「書評書報」一欄，篇幅較前增多，材料較前更豐。該刊定年出五期，一卷四期於本月十五日已出版，每期定價五角，由該會直接發售，該會會址在北平東城蕭安伯五號。

史記（白文之部）

顧頡剛徐文珊點校　民國二十六年北平研究院史學研究會出版

史記一書在中國典籍中佔極重要的地位，它是上古史的第一等史料，是史部的開山之作，是史體的創制，是古今文章的泉源，前此史家無不好讀史記，而於讀者，也不過用為賞鑒而已。史記之文，有一種「奇氣」，所以它在史學之外，還佔有文學的地位。[illegible]這部史記白文的點校，就是[illegible]當作讀本讀的，所據刻本依湖北書局仿刻明震澤王延喆本，王氏原本乃以宋板翻刻者，如今已不易得，而[illegible]印書館的百衲本史記係據宋黃善夫本，即王本所自出，然仍覺不完善。其中間有誤字，則以金陵書局所刻張文虎校本校之，並參以日本瀧川龜太郎之史記會注考證本。[illegible]三家注[illegible]，以便[illegible]，司馬貞索隱與[illegible]守節正義[illegible]此外尚有考證史記一種用小字刊印，各種有所[illegible]字句之後，列三家注。他們共稱史記本文的，即先列考證史記一種而後列三家注。年表，地圖，以及索引等，亦實在是[illegible]可以[illegible]的實現，於史記之學，必有莫大的補益。（遠）

圖書副刊

BOOKMAN　第一百七十七期

一本刊登載關於中外圖書之介紹批評以及學術界消息爲公開性質歡迎投稿
二刊登本刊之文略致薄酬
三投稿通訊可寄「北平文津街國立北平圖書館內圖書副刊編輯收」

清史稿后妃傳訂補

方甦生

張爾田氏清列朝后妃傳稿，有平毅氏識語云：

近聞清史稿告成，其中惟樂志八卷，用先生（指張氏）原稿，后妃列傳，則但就先生初稿刪改而成，識者病之。

張氏初稿如何？世未能共見。史稿刪改何似？識者病之者何？平氏亦未詳言。蓋有待校勘也。嘗取張氏書（清列朝后妃傳，下同。）與清史稿后妃傳（列傳一）合讀之，乃知史稿文省而事多漏誤。夫自昔史法，有筆有削。且有以「文省事增」自許者。史稿體裁，因襲舊法，故省文不足病，而病在漏誤。豈張氏初稿考訂未盡，而主者更加删削有以致之耶？史稿曾經政府禁止發行，然流傳於世者已有多部，近復有人翻印出售，治清代史者未必不據爲資料。故不嫌瑣屑，以張氏書及故宮文獻館所藏內閣舊檔，校其遺漏諸妃嬪，補著於篇，兼爲訂其譌誤焉。

一、補遺

太宗諸妃：遺所納察哈爾汗兩福金。張氏書據太宗實錄，附著於諸妃之後：

天聰八年，察哈爾寨（案）桑德參濟王噶爾馬巴圖魯，濟農多爾濟達爾漢，諸顏多尼庫魯克等，攜汗妻竇土門福金來降，帝納其妻。明年又納察哈爾汗大福金囊囊太后。皆無封號。

此雖未明著封號，要已納諸後宮，載在實錄。甚於不虛美，不隱惡之道，固當據事直書，而史稿竟未著一字。

世祖諸妃：遺悼妃博爾濟吉特氏，張氏書云：

妃博爾濟吉特氏，科爾沁和碩達爾漢親王曼珠錫禮女，以選入宮待年未冊薨。順治十五年追封爲妃，謚曰悼。

聖祖諸妃：遺妃二，嬪三，貴人二，凡七人。張氏書云：

慧妃科爾沁博爾濟吉特氏，以選待年未冊薨。康熙九年……追封慧妃。

宣妃博爾濟吉特氏，科爾沁達爾漢親王和塔女，康熙五十七年封爲妃。高宗元年薨。

安嬪李氏，漢軍正藍旗人，總兵官剛阿岱女。敬嬪章佳氏，護軍參領華善女。僖嬪赫舍里氏，賚山女……皆康熙十六年封。

（貴人）納喇氏，那丹珠女，生皇子萬黼，允禶……

納喇氏，驍騎校昭格女。不詳何年封。

高宗諸妃：遺妃三，嬪七，凡十人。張氏書云：

循嬪伊爾根覺羅氏，滿洲鑲藍旗人，總督桂林女。乾隆四十一年以貴人封嬪，五十九年進循妃。薨，以貴妃禮葬。

內閣大庫有乾隆四十一年封循嬪冊文一，又四十四年冊式一。（案四十一年晉封，遭太后喪，未及授冊，四十四年補行冊封。順妃，誠嬪同。）五十九年晉封循妃冊文冊式各一，可證張氏書不誤。

豫妃博爾濟吉特氏，寨桑根敦女。乾隆二十四年以貴人封爲嬪。二十九年進豫妃，三十八年薨。

內閣大庫有乾隆二十四年封豫嬪，二十九年晉封豫妃冊式各一。

順妃鈕祜祿氏，滿洲鑲黃旗人，總督愛必達女。乾隆三十三年封爲嬪，四十一年進順妃。

內閣大庫有乾隆三十三年封順嬪冊式一，四十一年晉封順妃冊文冊式各一，又四十四年冊式一。

怡嬪柏氏，柏士彩女。乾隆六年封爲嬪，二十二年薨。

恂嬪拜爾噶斯氏，德穆齊賽音察克女。從幸木蘭，薨於行在，乾隆二十七年追封。

愼嬪霍碩特氏，台吉烏巴什女。乾隆二十七年以貴人封。五十九年薨。

誠嬪鈕祜祿氏，二等侍衛穆克登女。乾隆四十一年以貴人封。

內閣大庫有乾隆四十一年封誠嬪冊文一，又四十四年冊文冊式各一。

恭嬪林佳氏，拜唐阿佛保女。乾隆五十九年以貴人封。嘉慶十年薨。

內閣大庫有乾隆五十九年封恭嬪冊文冊式各一。

芳嬪陳佳氏，陳廷倫女，乾隆五十九年封。仁宗即位，奉上皇敕進爲妃，嘉慶六年薨。

內閣大庫有乾隆五十九年封芳嬪陳氏冊文冊式各一，六十三年晉封芳妃冊文冊式各一。

仁宗諸妃：遺妃二，嬪一。張氏書云：

愼嬪貴氏，乾隆元年以潛邸格格追封。

恕妃完顏氏，輕車都尉哈豐阿女，嘉慶二年以潛邸側福晉追封。

內閣大庫有嘉慶二年追封恕妃冊文。

莊妃王佳氏，舉人伊里布女。初爲春貴人，嘉慶六年封吉嬪，十三年進爲莊妃，十六年薨。

內閣大庫有嘉慶六年封吉嬪王氏冊文一，十三年晉封莊妃冊文冊式各一。

淳嬪董佳氏，庫長時泰女。嘉慶六年以淳貴人封，十六年薨。

內閣大庫有嘉慶六年封淳嬪董氏冊文冊式各一。

宣宗諸妃：遺妃一，嬪二。張氏書云：

珍妃赫舍里氏，道光五年以珍貴人封嬪，尋進爲妃，不詳薨年。

內閣大庫有道光四年封珍嬪冊文一，又失年封珍妃冊文一。案清續通考道光五年四月封珍嬪，八月晉珍妃，似可信。

恬嬪富察氏，道光二年以側福晉封，二十五年薨。

內閣大庫亦有此冊文。又睦嬪赫舍里氏，道光十一年封，張氏書亦未著於篇。內閣大庫有晉封睦嬪冊文，雖士善之詞。又滿本堂隨手日記檔道光十一年三月載有：

禮部來文爲晉封睦嬪，移送清漢冊底一摺

等語，亦一證也。

右補史稿之遺，凡妃嬪二十六人。至於史稿起自顯祖宣皇后，訖於宣統后妃，張氏書略宣統后妃不書，而起以肇祖原皇后，則觀點不同，各一是非，匪所論矣。

二、訂誤

太宗宸妃，崇德六年冊謚爲敏惠恭和元妃，載在實錄。史稿云：

敏惠恭和元妃博爾濟吉特氏……崇德元年封關睢宮宸妃……

其下若麟趾大貴妃，若康惠淑妃，稱其尊封之號，皆著其封年。此獨不叙冊謚之年，則稱其謚爲無據。其誤一。

側妃博爾濟吉特氏，天聰六年封東宮福金。張氏書云：

始太宗立孝端嫡妃曰中宮大福金，又立西宮福金，惟東宮未備員。天聰六年聞蒙古札魯特部落貝勒代青女賢，聘焉。時當草創，宮闈位號簡略，但稱東宮福金而已。

此其地位，實與後之皇貴妃貴妃埒。且係當時封號，較之後來玉牒通考所稱側妃，猶爲近實。史稿但稱側妃，不及封東宮福金事。其誤二。

聖祖孝昭仁皇后，康熙十七年崩，謚曰孝昭皇后。世宗立，追謚孝昭靜淑明惠正和欽天順聖皇后，明年乃增繫聖祖謚。至於乾隆嘉慶，各增謚二字。史稿但云「乾隆嘉慶累加謚……」云云，略康熙時謚，雍正追謚及增謚不書，於事之委曲爲未盡。其誤三。

孝恭仁皇后，雍正元年崩，上謚曰孝恭宣惠溫肅定裕贊天承聖仁皇后。乾隆元年于定裕下加謚慈純二字，嘉慶四年於慈純下再加欽穆二字。史稿惟云：

雍正元年五月辛丑崩，年六十四，葬景陵，上謚曰孝恭宣惠溫肅定裕慈純欽穆贊天承聖仁皇后。

是以乾嘉累加之謚，均誤爲雍正初之謚。其誤四。

通嬪納喇氏，史稿稱其有子二，萬黼，允禶，女一。按張氏書：

貴人納喇氏，監生常素保女，生皇十女固倫純慤公主。世宗雍正二年，尊爲皇考通嬪。

注引玉牒云：

聖祖皇十女純慤固倫公主，通嬪納喇氏生。

又別一貴人「納喇氏，那丹珠女，生皇子萬黼允禶。」注引玉牒云：

聖祖皇子萬黼，皇子允禶，貴人納喇氏生。

使爲前者之子，則玉牒應如純慤公主之例，稱通嬪生。今稱貴人，當指後者。史稿誤兩納喇氏爲一人，而謂後者之子爲前者所生。其誤五。

世宗裕妃耿氏，乾隆二年尊爲皇考貴妃，四十三年尊爲皇貴妃。四十九年薨，謚曰皇考純懿皇貴妃。內閣大庫有乾隆四十三年尊封裕皇貴妃冊文，五十年三月尊謚皇考純懿皇貴妃冊式。史稿云：

純懿皇貴妃耿氏，……高宗時屢加尊爲裕皇貴太妃……謚曰純慤皇貴妃。

於「裕皇貴妃」加稱太妃，倘可言也。而以「純懿」爲「純慤」，則必不可。其誤六。

高宗皇貴妃高佳氏，乾隆二年封貴妃，十年進皇貴妃，薨，謚曰慧賢皇貴妃。史稿云：

乾隆初封貴妃。薨，謚曰慧賢皇貴妃。

於晉封皇貴妃事，略而不書，其誤七。

史稿於淑嘉皇貴妃金佳氏傳云：

事高宗潛邸爲貴人，乾隆初封嘉妃，進嘉貴妃。

案金佳氏乾隆二年封嘉嬪，六年進爲妃，十四年進爲貴妃。依純惠皇貴妃，慶恭皇貴妃等傳省文之例，應作「乾隆初封嘉嬪，累進嘉貴妃。」今不言以嬪進。其誤八。

仁宗孝和睿皇后崩於道光二十九年，明年上謚曰孝和恭慈康豫安成應天熙聖睿皇后。同年文宗立，於「安成」下加謚欽順二字，同治元年於欽順下再加謚仁正二字。內閣大庫有道光三十年上大行皇太后尊謚冊文一；同年九月加上孝和睿皇后尊謚冊文一，玉冊墨拓本二；咸豐十一年再加孝和睿皇后尊謚冊文一（同治元年始上冊），同治元年紙冊一，玉冊墨拓本二。史稿但云：

逮崩上謚，咸豐間加謚曰孝和恭慈康豫安成欽順仁正應天熙聖睿皇后。

簡略過甚，時代不明。其誤九。

宣宗孝穆，孝愼，孝全三后，道光三十年九月，同時上十二字謚，同治元年加上十四字謚，光緒元年再加十六字謚。其冊文及玉冊墨拓本，具存於內閣大庫。而史稿於三后均作：「咸豐初上謚，光緒間加謚……」云云，於同治間加謚事，略而不書。其誤十。

彤貴妃舒穆嚕氏，道光三十年文宗尊爲皇考彤嬪，同治元年穆宗尊爲皇祖彤妃，光緒元年德宗尊爲皇祖考彤貴妃。冊文具存於內閣大庫。史稿云：

文宗尊爲皇考彤嬪，穆宗累尊爲皇祖彤貴妃。

誤以德宗尊封貴妃爲穆宗事。其誤十一。

祥妃鈕祜祿氏道光三年以貴人封祥嬪，五年進爲妃，（內閣大庫有道光四年晉封祥妃冊文，實錄則作五年四月授冊。）降貴人。咸豐元年尊爲皇考祥嬪，十一年薨，穆宗追封爲祥妃。史稿云：

祥妃鈕祜祿氏，事宣宗爲貴人，進嬪復降。文宗尊爲皇考祥妃，穆宗追尊爲皇祖祥妃。

於宣宗時未嘗自嬪進妃，於文宗尊封祥嬪，誤爲祥妃。其誤十二。

佳嬪郭佳氏，成嬪鈕祜祿氏，皆自貴人進嬪復降，文宗尊爲嬪，穆宗尊爲妃，德宗尊爲貴妃。史稿則作：

佳貴妃郭佳氏，成貴妃鈕祜祿氏，皆事宣宗爲貴人，進嬪復降。歷咸豐同治二朝進封。

以三朝尊封，誤爲二朝。其誤十三。

麗妃他他拉氏，穆宗尊爲麗皇貴妃，德宗立，有奉太后懿旨尊爲麗皇貴太妃之諭，光緒十六年薨，謚曰莊靜皇貴妃。玫（從文，與玟字不同，史稿及張氏書均誤。）嬪徐佳氏，穆宗尊爲玫妃，德宗立，有奉太后懿旨尊爲玫貴妃之諭。光緒十六年薨，追尊爲皇考玫貴妃。（內閣大庫有此冊文。）史稿則作：

莊靜皇貴妃……穆宗尊封爲皇考麗皇貴太妃，薨，謚曰莊靜皇貴妃……玫貴妃……穆宗尊爲皇考玫貴妃

均以德宗之尊封誤爲穆宗事。其誤十四。

右訂史稿之誤凡十四則。

清史稿之失，論者衆矣。此特其列傳中之一卷，而遺漏譌誤如是，他可知矣。

民國二十六年三月於北平。

討論

關於集韻表評論之商榷

施則敬

閱三月十一日大公報圖書副刊，誦王君了一評論嚴春黃君集韻聲類表及拙著集韻表一文。敬自慚頑昧，於音學略無成就，今以與嚴春黃君之書並列，是猶以及肩之牆而望數仞者矣。敬之所作，本前賢，表中以韻目爲經，陰聲列上，陽聲列下，入聲列中，以聲類爲緯，本於嚴春黃君之入聲分配陰聲陽聲表。二十三攝取錢君玄同韻攝表而黃君改訂者。其合材於喻，此敬之說而就正於餘杭章君者也。表成稿於十三年秋，藏之篋笥，未遑問世，後持書往謁餘杭章君，經其校訂，始印行焉。繙錄舛誤當自不免，承王君校閱一過，改正數字，深爲感荷；惟於指示三點，敬則未敢苟同，茲爲闡明學術計，草成此文，非好爲嘵嘵也。（爲便利閱者起見，先錄王君原文，而以答辯者書其后。）

（一）宋元等韻但有開合兩呼，未有齊撮之名。後人以爲開口至三等則爲齊齒，合口至三等則爲撮口，（江永即主此說）此乃以古今音系比較，得其大要耳；若以此說明宋元等韻，即成影響之談。吾人爲宋以前韻書作表，自應依宋元等韻之成規，施君排斥宋元等韻，未爲中肯。

音呼有開合之分，開合又各分洪細，開洪爲開，開細爲齊，合洪爲合，合細爲撮，是爲四等。然此僅口吻開合之異，要無古今之別。先民之世，即具此矣，特其名稱晚出耳。敬按開合之名，始於漢魏，劉熙釋名之橫口合唇蹙口開唇，許愼淮南子注之籠口閉口，即開口合口也。及切韻指掌圖出，分之爲圖，始啓等韻家開合之說，四聲等子，切韻指南皆承用之。至齊撮之名，定於明梅膺祚之韻法圖，然此古有其實，今有其名，若取名遺實，此亦通人之弊也。錢氏且謂開齊合撮之說，雖後人新立，而二百六韻之譜，實以此審定部分，是呼等亦隋唐舊法耳。後人竊其意以名專學，是又名論已。以等分韻，啓自江戴，其後陳澧作切韻考，根據切語下字，分別部居，雖諱等不言，然實師其意，其外篇則純用此法矣

河南通志文物志吉金編出版消息

河南位于天下之中，爲古代帝王都邑之所在，是以地下[illegible]

知其器之出土在某坑者。上編以分墓爲單位，下編以銅器之分類而排列。今錄其子目于次：

甲 上編

一、殷墟銅器 由李濟之考編次，爲中央研究院在安陽所[illegible]

作，想必能燦然可觀，先附黄君所著論文一篇，中中國所出銅器出土之紀錄，銅器之定名，花文之演變，細繪詳述。現正在努力印刷中，俟出版後，諒能與相異行本百份分售，此爲吉金石考古者之所樂于預聞也。（延要）

[illegible]

答韻第一類屬諸撮脣齒呼，答韻第二類屬諸撮口呼，表中標明，未爲卷舛。魚韻第三類屬諸撮口呼，蟹韻亦係合口呼，觀入聲韻諸陌麥等韻均爲撮口呼可證也。德韻第一類屬諸撮脣齒呼，德韻第二類屬諸撮口呼，表中分別甚然，未嘗稱合口呼也。此『諸母反音爲幫三母』字，不列於開齊而列於合撮者，蓋脣音無開口故也。蓋脣音在兩脣相接而成音，輕脣音則音於脣齒而成音，自非合口不可。前人所以不明此者，其故有二：（一）脣音爲時甚促，及其開口則成喉音。今試讀「邦」字，即可知之。其音發於兩脣相接之際，及至開口則成喉音矣。（二）韻書反切用字，有以開口之音切脣音者，（廣韻中以開口切脣音者有十許，陳澧以爲切韻少疏，非是，觀於黄君表之，則爲中肯。）按字列圖，故有此誤，觀於黄君諸韻通例曰：脣音俱有合口，而可以切開口之音。開口之音，亦可以切脣音，此由脣音介於開合之間，故可以互用爲切。開口之音於脣音而必合。有參於等韻者無非分爲四類之合口者，而非脣音則無非合口也。等韻家不皆是理，往往同一脣音，而一屬之開口，一屬之合口，切韻者更嫌切語之下一字分類，而因聲相承者每有作平作開，作上爲合，如其有二音相承者，以其用爲韻反切，則在前韻爲一類，則以其歸於一類，若用爲韻爲切，則在前韻爲一類，不悟脣音無開口也。王君以江氏四聲切韻表訂正黄君，不知江氏於此不悟，其四聲切韻表列脣音於開齊者皆誤也。黄君撰四聲切韻表訂正一書，於此區別甚明。茲取黄君反切上字幫系各紐中以開口切脣音若干字證明之。

試將黄君反切上字幫系各紐中以開口切脣音字者：

幫紐	巴(伯加切)	巴(合)	加(開)	
	卑(府移切)	卑(撮)	移(齊)	
	并(府盈切)	并(撮)	盈(齊)	
	必(卑吉切)	必(撮)	吉(齊)	
	畀(必至切)	畀(撮)	至(齊)	
滂紐	滂(普郎切)	滂(合)	郎(開)	
	匹(譬吉切)	匹(撮)	吉(齊)	
	譬(匹賜切)	譬(撮)	賜(齊)	
	披(敷羈切)	披(撮)	羈(齊)	
並紐	薄(傍各切)	薄(合)	各(開)	
	部(蒲口切)	部(合)	口(開)	
	皮(符羈切)	皮(撮)	羈(齊)	
	便(房連切)	便(撮)	連(齊)	
	毗(房脂切)	毗(撮)	脂(齊)	
明紐	莫(慕各切)	莫(合)	各(開)	
	母(莫后切)	母(合)	后(開)	此字王君文中引以爲例
	彌(武移切)	彌(撮)	移(齊)	
	綿(武延切)	綿(撮)	延(齊)	
非紐	方(府良切)	方(撮)	良(齊)	
奉紐	父(扶雨切)	父(撮)	雨(齊)	

拙著反切上字幫系諸紐中以開口切脣音者：

幫紐	冰(筆陵切)	冰(撮)	陵(齊)
	卑(補匹切)	卑(合)	匹(開)
	逼(彼力切)	逼(撮)	力(齊)
	彆(必列切)	彆(撮)	列(齊)
	陂(彼爲切)	陂(合)	爲(開)
滂紐	丕(敷悲切)	丕(合)	悲(開)
	篇(紕延切)	篇(撮)	延(齊)
	紕(匹夷切)	紕(撮)	夷(齊)
	片(匹見切)	片(撮)	見(齊)
並紐	頻(符真切)	頻(撮)	真(齊)
	鼻(毗至切)	鼻(撮)	至(齊)
	貧(符巾切)	貧(撮)	巾(齊)
明紐	民(彌鄰切)	民(撮)	鄰(齊)
	瀰(綿婢切)	瀰(撮)	婢(齊)
	忙(莫郎切)	忙(合)	郎(開)
	覓(莫狄切)	覓(撮)	狄(齊)
	茫(莫郎切)	茫(合)	郎(開)
	牡(莫后切)	牡(合)	后(開)

觀上列諸表，脣音無開口，信而有徵，非同臆論。且黄君集韻聲類表中脣音八紐皆合口呼，雖脣音有參齊之四類者，然凡等韻合韻開口而脣音仍歸合口，此亦凡例之一，而王君誤認者也。

答施則敬先生 王了一

昨承國聞週報編者示施則敬先生「關於集韻表的討論之商榷」一文，其態度之謙，不可不答。今分爲三點，敬加闡明如左。

（一）施先生謂古無開齊合撮之名而有其實，其說自可成立。然宋人八等之說，亦自有其根據。蓋四呼之別，僅在韻頭；八等之別，兼及韻腹。故八等以斥四呼則非，以四呼以斥八等亦非。愚所謂「吾人爲宋以前韻書作表，自應依宋元等韻之成規」者，非欲謂八等以斥四呼也。祇以宋元等韻之與集韻作爲圖表，其語音系統必甚相符，至少亦必相近耳。若由八等作爲四呼，則於韻書系統殊難解釋。例如「何」「遐」二字，在施氏表中同屬開口呼，其音無由分別。若依八等之說，則何屬開口一等，遐屬開口二等，其音固顯然有別也。

（二）愚前文所謂「古今音韻，勢不兩全」者，謂以古今音系迥異，分則兩利，合則兩傷也。例如集韻表依脂韻，爲古音學家所承認，然所謂某依某者，乃指古音某部依某部而言，非指集韻中之某韻與某韻也。施氏表中非特以集韻之依配某，且以集韻之入韻作配某，以致有以「錫」配「真」，以「青」配「真」之事。然「真」及人聲，當與「眞」同在古音眞部，（非在某部）。「錫」「青」則在古音之部（非在眞部），之後不能相配。愚所謂於古音無據者，此也。「丁」「定」古音在耕部，「氏」「赤」古音在錫部（非在支部），韻耕不能對轉，亦即不能相配。施先生謂列四聲相配之字，僅能說明集韻系統爲如此，與古音無關。

（三）愚對表中祭齊一韻有誤會處，承施先生指正，甚感。魚韻第三韻應係獨立之誤，更不必再提。惟施先生文論及脣音無開口，愚以爲此乃極有興味之問題，故復略加論列。施先生謂「重脣音在兩脣相接而成音，輕脣音則音於脣齒而成音，自非合口不可」，其意似謂開口爲絕對不可能。今按法文pas字讀作pa，即開口呼也，poi字讀作pua，始爲合口呼耳。此雖異國語言，足證天下實有此理。（施先生文云試讀「邦」字及至開口則成「安」音，此則爲江浙方音所囿。）廣韻脣音字反切開合淆亂，另有原因（參看Karlgren, Etudes sur la Phonologie Chinoise, pp. 59-66），陳澧以爲切之疏，誠已近是，惜未探求其故耳。施先生又云：「黄君表中雖屬皆等韻合於開口，而脣音仍歸合口」，此亦未合事實。今按「集韻聲類表」每紐分上下兩圖，上圖爲開口呼，下圖爲合口呼。脣音八母亦皆如其他各紐分爲上下兩圖，「賓繽頻民鞭篇便綿等字」皆入上圖，亦即認爲開口矣。再於上圖自注云「作△記者皆在合口圖內者」，意謂此表所認爲開口者，其中有若干韻所認爲合口者也。又其序云：「然此所分開合，依韻合而一之也」，此則明言脣音有開合之分矣。

愚前文所指宿誤者，此就其大體而言。他若亦偶有勝黄者處，如「馬」莫下切，「怕」普駕切，黄氏以入四等，施氏以入開口呼；「佹」元委切，「毀」于外切（施作于歲切），黄氏以入三等，施氏以入合口呼，此則施勝於黄者。圖表之作，其難其繁，施先生所作未多訛誤，亦爲事實。愚前文所論乃一人之私見，與施先生所論孰是孰非，讀者自能判斷可也。

本刊第一七五期（四月一日）圖書副刊新證「估價說」一文，著者係余嘉錫先生，誤爲吳某，未能刊出，謹致歉忱。

圖書副刊

BOOKMAN　第一百七十八期

一　本刊專載關於中外圖書之介紹批評以及學術界消息，稿件歡迎外界投寄
二　刊登本刊之文稿酌致薄酬
三　投稿請逕寄「北平文津街國立北平圖書館內圖書副刊編輯處」

王韜手鈔謝介鶴「金陵癸甲紀事略」之發現

羅爾綱

在同治年間，太平天國平定之後，王韜著述太平天國史事，他在洪楊紀末記前寫了一段小序，在小序裏，極力推崇謝介鶴著的金陵癸甲擴錄一書。他說道：

甲寅以來述粵逆事者，如謝氏之金陵擴錄，……亦可云詳矣。謝氏陷賊中，得之於目擊，言多確鑿。

王韜曾到太平天國的首都天京，他曾上書太平軍的將領，與太平軍中人士有往來。他是個熟悉太平天國事跡的人，他對謝氏書的批評，不是隨便加以贊許的。案金陵擴錄，即金陵癸甲擴錄的省稱。此書行世者有咸豐七年春張汝南刻本。（光緒三十一年國粹保存會依據張汝南刻本重印收入國粹叢書中）此本著者闕名。卷首有無名氏序文一篇，推論此書記敘極翔其詳，未說此書著者爲何人。而在本文之前，另有一段話解釋所以撰錄太平軍事跡之故，說道：

盜賊之起，由天意人，蓋蓄者無知，賊故易惑其衆也。承平日久，民不知兵，而忽觀者半，隨敗者半，賊故得肆其志也。癸甲以來，粵逆陷金陵，生民塗炭。而諸難逃出之人，非非條聽，言之不忍，然又不忍不言。蓋欲人人洞悉其故，共知么麼小醜，立可殄平，殊非黃巾赤眉之比。則孫亦撫而誅之，且得亦撫而誅！

這段話中最可疑的是「而諸難逃出之人非非條聽，言之不忍，然又不忍不言」一句話。我們據這句話看來，此書的著者乃是根據從賊中逃出的人的話來撰錄的，而不是得自親見親聞的記載。然則王韜所謂「謝氏陷賊中，得之於目擊，言多確鑿」的話，難道是說錯了的嗎？或者是著者故意隱其名，託稱得自他人的傳聞而刊以行世的嗎？我這個懷疑，四五年來還不曾得到解答。

去年冬，我到北平琉璃廠去訪問書籍。有一家書店的夥計告我說他們收到了一部舊鈔本的「金陵癸甲紀事略」。我叫他拿出來一看，卷首有序文一篇，也沒有作序者的姓名。序中稱此書爲謝介鶴著。鈔本內未記鈔錄者的姓名，但細審鈔本的字體，卻正是王韜的手跡，與故宮博物院藏的「黃畹」（即王韜的改名）上太平軍書及國立北平圖書館藏王韜手稿的字體一般無二。……

爵士之前，緊王韜在同治元年因上太平軍書被通緝逃往香港，則他手鈔這部鈔本的年代必在同治元年以前，即在咸豐年間。我疑心或者是在咸豐七年春時當他見到刻此書之前也說不定。我們考出了王韜鈔錄的年代，還可以給我們解開了一個疑問：就是爲什麼這部書既是王韜的手鈔本，此書本名爲「金陵癸甲紀事略」，他後來卻說此爲擴錄？而著者的人名他也把謝介鶴說爲張繼庚？我的意見，以爲王韜鈔此書時是在咸豐年間，到了同治元年，他爲了逃避通緝到香港去，他這部鈔本，大概就在這個時候散失了。上面說的艾約瑟爵士或許就是得到他這部鈔本的人也說不定。即使他這部鈔本在那時候還不曾散失，而他也不會在逃亡的時候帶在身邊。所以到了他在同治年間寫太平天國史事時，他所用的卻是張汝南書賊的刻本。他已經忘記了此書的原名，便跟刻本稱爲擴錄，而著者姓名雖仍在記憶中，但因「介」「繼」音相近，也誤了一個字。

我們今天發現了王韜這部鈔本，不但可以知道此書的原名爲「金陵癸甲紀事略」，而不是「金陵癸甲擴錄」，此書的著者爲謝介鶴與其身世。而且這部鈔本與刻本校勘，使我們知道那部在太平史料中給研究者特別重視的張汝南刻本，還是一部給人改竄的刪節本。這部鈔本才是原書的本來面目。在這裏，我們不能把我們的校勘記一一寫出來，只把不同的舉出來一說。在編制方面，鈔本分爲兩卷，上卷即「金陵癸甲紀事略」，下卷爲「粵逆名目略」，上卷是癸甲年間太平天國京都的雜事記，下卷則爲洪秀全楊秀清諸人傳記，兩卷合爲一冊。在紀事略正文之前，並無「而諸難逃出之人，非非條聽，言之不忍，然又不忍不言」那一段爲改編此書的人附加的話。而在下卷洪秀全諸人傳記正文前卻有小序一段說：

噫，盜賊之起，豈盡偶然，觀賊天意，共信之者亦必有所由來也。欲使人預知而不惑，必先詳其名，以其罪，俾無所隱而後可。附粵逆名目略。

這段話才是親見親聞的人的語氣，與刻本在擴錄前改編者所增的小序語氣絕不相同。但刻本卻無此小序。刻本洪楊諸人的傳記是際在擴錄之後的，並不分卷。我們讀刻本是看不出原書的編製的。至於內容的不同相差更甚。以鈔本紀事略與刻本擴錄對勘，則發見刻本所記諸條多刪節和錯誤之處，試舉兩例以概其餘。如「賊有述謊言」條，刻本記道：

賊有述謊言，謂曾聞天句爲功成名就者，東賊將，故殺之。聞又謊言前語，蓋恐外人能通，得以混入賊隊也。此等荒誕，殊屬可笑，何足攖之有。

這段記載是被改編的人刪節了的，試看鈔本便知道。鈔本記道：

賊有述謊言謂曾聞天句爲功成名就者，東賊將，故殺之。聞又謊言，又易此語曰：謊言上帝爲天聖父，是魂爺，第一真人。謊言天兄爲救世主，是衆人，拚命代人。謊言東王爲禾乃師，是聖靈，聞稱救人。謊言西王爲雨師，是高天仁人。謊言南王爲雲師，是高天忠人。謊言北王爲雷師，是高天正人。後改換這等語。蓋恐外人能通，得以混入賊隊，故又換易之。聞賊素謂「謊言來到上」，荒誕不經，殊屬可笑。

又如「金陵賊鄉生員張炳元謀內應」條，刻本記道：

金陵賊鄉生員張炳元謀內應，與大營約初九初十十一日乘賊瞞罪年節不爲備，出賊不意，進攻東門，偽守城官陳桂堂許斬關相應。不意賊于初八日調陳桂堂至七里洲之賊水營。初十日，官兵至城外，見城頭無應，乃返。

這段記事，刻本是錯的，我們試看鈔本便知道。鈔本記道：

金陵賊鄉生員張炳元謀內應，與大營約初七初八初九日乘賊瞞賀元節不爲備，出賊不意，進攻東門，偽守城官陳桂堂許斬關相應。不意城信人退悔，改約初九初十十一日。適賊（鈔本「賊」字誤作「城」）于初八日調陳桂堂至七里洲水營。初十日官兵至城外，見城頭無人應，乃返。

案咸豐四年甲寅正月初七日爲太平新曆元旦，（見同書「正月七日賊以爲元旦」條）初七初八初九即太平新曆的元旦，初二，初三日。故張炳元與向榮大營約，即在此三日乘太平軍賀新年攻城。後來因城信人退悔，乃改約初九初十十一日。而初九初十十一日乃太平新曆初三初四初五日，已過新年了。刻本未錄城信人退悔改約一節，而以爲初約即爲初九初十十一日，是與事實大不相符的。但是，刻本擴錄諸條中內容雖有刪節和錯誤之處，而條書諸條還能保存，則不是原來面目，乃退本書失真相。我們倘再以鈔本的粵逆名目略來和刻本洪楊諸人傳記校勘，立刻使我們看出刻本關於太平軍諸人傳記之多，出乎意料之外，而像王韜這部鈔本保存原書內容之可貴。案刻本太平軍諸人傳共三十二人，其名爲洪秀全，楊秀清，蕭朝貴，馮雲山，韋昌輝，石達開，秦日綱，……

巴黎敦煌殘卷敘錄（二九）

王重民

春秋後語　卷上　五五一三

令，證諸秦日綱」。如謂楊秀清被殺時(據曾作諸賊供)載內訌事，是太平天國一件大事。從來記載楊秀清之死，皆失諸內幕未詳，隨明元等雖據死，而楊秀清無下文。讀史者多疑此事。雖賊情彙纂有楊秀清之案，雖有史料而未記其實詳內情事，故也不可考。但在此書楊秀清之案已有簡明的記載，記作「初四日楊朝，守東門，諸內應朝門。圍攻東門將軍，並殺心，乃殺於此」。我們讀了此書，才知道楊秀清被殺是出於太平朝的。又如太平天日（朝廷大事關書籍，近經刊王重民先生校錄本）記有貢院正副洪秀全事，又錄定士階條例（見蕭一山先生太平天國叢書第一集第九冊）記錄明官爲貢明職。此兩人在太平天國史上關係重要，而在賊情彙纂中均無條可考。惟在此書中有條。貢爲正總理兼正，爲「初階天條南條在太平天山詩為最高者」，貢明職則記明職官爲總理條，稱「總管諸事，今出明職」。太平朝以宗教立國，讀此書知兩人皆爲洪氏最倚之得力者，故太平天日特記貢爲正事，而給予大典亦以貢明職兼總理官。此外，此書可以訂證補缺者甚多，在這裏篇幅所限，他日當作專文來考訂。總之，此書在洪楊諸人列傳方面既較賊情彙纂爲多而且詳，而在紀事方面又兼記太平朝天京的大事，也爲賊情彙纂所無，雖此書門類不如賊情彙纂之多，但其所記卻是足以補賊情彙纂之缺。故我們要研究太平天國的著作，除賊情彙纂外，當以謝氏此書爲第一。昔日國學保存會編賊情彙纂時還特選勝蹟重印，今日王重民先生影印此書既然隔多一年，則表揚而刊行的責任便在我們的身上了。

新書簡訊

中國歷代年號索引

汪宏聲編　開明書店出版

研究中國歷史最感困難的，是歷代年號的推究：舊日可資參考之工具書，除清李兆洛編的「歷代紀元編」以外，別無善本。不過李書的編例，係分朝代，甲子編年，分韻等三卷，在檢查年號時，雖未能如近代索引式之便利，然其網羅之富，用力之勤，其功實未可泯。近年有許多年表出版，姑無論其內容充否詳實或簡當，僅就編例言，大多還是以年爲經，若按年序而檢年號，則其時間上之不經濟，仍與李書等。

此書分上下兩篇，上篇以年號爲主，下篇以朝代年序爲主。至此書何必要如此的編法？即有下二因：1、爲求檢諸年號之便捷（此謂上篇）。2、以明先後銜接之序（此謂下篇）。蓋因年號之與年表，「合之雙美，離之兩傷」，所以析爲二篇，以便稽考。這種不嫌繁雜的精神，實在值得欽佩。然而試一檢索本書，則有不少欠安之處：例如年號的檢查法，既然採用四角號碼，但又不完全以年號之首字的號碼爲準，而於年號首二字各取二號合成一號，以爲檢查之綱，而以號碼之多寡，即爲排列之序。按四角號碼，現尚未爲一般人所熟習，而本書之編例，又複雜如此，倘普通有年號索引，然與查目錄紀元編者何異？是以此法不特不新穎，反覺爲繁苛所累。又如筆畫索引之排列法，既以年號首字之筆畫多寡爲準，自次字以下，依此類推，其法原甚善。惜於每個年號之間，亦以阿拉伯字碼，今舉一例：

大4中

萬13歲通天

而卷首又無說明，非細心體會，誰不知此阿拉伯數字爲作何用者。又如上下篇均無總目，亦嫌粗略。

至於本書之內容方面，據凡例云：「上自漢武帝建元，下訖清末帝宣統，一統偏安，以及僭竊列國，凡建有年號者，包括殆盡。」本書所收年號，約四百餘條，爲數雖巨，但遺漏者仍甚多，如漢會時之「代」（即仕謀的），五代時之「蜀」，「吳」，「南唐」，「閩」，以及僭僞稱號之不久者，一概未收。又如北魏之孝莊帝的「永安」和「建武」年號，及唐武后的「萬歲登封」年號，並皆而未著錄。

又如下篇之年表，關於對立的朝代，排列雜亂，均未能分晰清楚，致檢閱者，欲明其先後銜接之序，非反覆考究不可。例如本書宋遼時代，於主太祖耶律億以下年號，錯誤尤多，今略舉以爲證。

考契丹太祖耶律億神冊元年，時當五代後梁末帝貞明二年，即公元九一六年。至遼穆宗應曆十年，即公元九六○年，宋太祖始即帝位，建元建隆。按自公元九一六至九六○年，相距凡四十四年，其時乃五代之際，非趙宋也；而表中自遼太祖神冊元年，以迄天祿帝保大五年，概列爲『宋·遼』，此其誤一。又契丹太祖神冊七年，公元九二二年，二月改元天贊，天贊五年，公元九二六年，二月改元天顯，七月崩，皇后稱制，攝決軍國事，明年十一月，太宗即位，均不改元，仍以天顯爲號，至十三年十一月，即公元九三八年，始改元會同，是天顯一號，凡歷二主，乃表中天顯僅止於十一年，而又誤會同於太祖，其誤二。又按遼史本紀：會同十年，公元九四七年，二月，建國號曰遼，改元大同，四月崩，世宗繼立，初仍舊元，九月改元天祿。五年，公元九五一年，九月，帝遇弒，穆宗立，改元應曆；十九年，公元九六九年，二月，帝遇弒，景宗立，改元保寧；十一年，公元九七九年，十一月，改元乾亨；四年，公元九八二年，九月崩，聖宗立，不改元，明年，公元九八三年，六月始改元統和；

[illegible]

辛丑日記

[illegible]

近來刊行的日記以[illegible]辛丑日記爲最新最近。作者日記甚勤，數十年如一日，[illegible]

[illegible]

人境廬詩草箋注

[illegible]

尚書通檢

顧頡剛主編　民國二十五年十一月哈佛燕京社出版　定價一元

[illegible]

來函

[illegible]

二六，一，二一。

圖書副刊

BOOKMAN
第一百七十九期

一、本刊專載關於中外圖書之介紹批評以及學術界消息爲公開性質歡迎投稿
二、刊登本刊之文略致薄酬
三、投稿通訊可寄「北平文津街國立北平圖書館內圖書副刊編輯收」

鮚埼亭集爲杭堇浦所抳公案

孟森

全謝山鮚埼亭正集，爲謝山所手定，謝山既歿，門人以濟中杭全爲兩大師，且又至契，因求作序，並請作志狀，遂爲堇浦乾沒多年，至堇浦身後乃出。而謝山門人董秉純，以所托失當，引爲深恨，輯謝山遺稿，歷二十餘年，又爲成五十卷，皆謝山所未編定者，謂之外集。又越二十餘年，乃有慈溪史夢蛟，展轉得杭氏所乾沒之正集，其中有經史問答十卷，謝門人各有稿，先已刊行，史遂任刊正集而謂得經史問答本版合之。後又有人刻外集五十卷，刻者亦詳叙其經歷，而不叙年月姓名，直專爲敬仰謝山而表章之，竟無附名集中之意。其後又有人刻謝山詩集十卷。謝山文字，外此惟有句餘土音一種，最後爲劉喻怡所刻，則未嘗羼入集中，別屬劉氏之叢書矣。至堇浦與謝山，生前出處多同，遂從甚密，後此推服無間，忽於謝山身後，有相抳之意，或謂將竊據爲已有，此實不然。惟其作雖甚怪，此不得不詳其曲折也。

謝山下世時，以所著述一大簏，付門人董秉純藏弆，其中已鈔清之文集五十卷，命移交維揚馬氏叢書樓，秉純求序及志狀於堇浦，殆以書先寄堇浦，俾據以作序，尚未交馬氏也。秉純作謝山世譜云：先生文集，手自編次，命純精寫而畢，而先生謝世。純致書錢唐杭堇浦先生，求序其端，且請作志狀，堇浦以書來，命述先生世系，純因述先生世譜，冠於集端云云。則者世譜即冠於集端以去。所云奉命移交馬氏者，乃待序成寄回再交去耳。是年爲乾隆二十年，謝山年止五十一歲而卒，而可傳之集已如是，其他編纂校訂之書，又倍蓰焉。此天授非人力也。於時手定之正集，在堇浦所，門下士思所以傳其師，方以爲得所託矣。

越十六年，秉純重鈔謝山文稿，按目已得大半，乃據詩文之可考者及所聞見，撰謝山年譜，末言純所得堇浦之志，竟不報，並所遺馬氏文集十冊，亦歸堇浦，索之再三，而終不應。是則可爲長慟者矣。是爲堇浦有意抳鮚埼亭之事，確見當時原寄與人所述者，何以知其已越十六年也？年譜下文又言：乾隆已酉，純在杭，萬三輾謀刻先生文集，請與丈[illegible]亭馬丈半查協力，純率同鄉後進助之，先得經史問答十卷，歲在庚寅，純居安州，次年，至京師，取所還先生叢殘舊稿，按手定之目重鈔之，既得大半，乃據所聞見及詩文中可考者，作爲年譜一卷云云。則正在庚寅之次年，即乾隆三十六年辛卯矣。堇浦乾沒謝山集，至十六年之久而屢索不報，此眞極怪之事，堇浦殁於乾隆三十七年，秉純發表於年譜時，堇浦亦已將死，蓋純堇浦之生前，無望其見還此集矣。

又後五年，秉純編定外集五十卷，而其正集，唯未由堇浦處索還清本，但其草稿似尚在，秉純又重行鈔成清冊。然今所印行者，則又爲堇浦留置未還之物，與董鈔微有不同，蓋董於外集有題詞云：謝山先生易簀時，以詩文稿付純藏弆，手定凡六十卷云云。按前董撰年譜云：二十年乙亥，先生五十一歲卒，是年正月，手定文稿，删其十之七，得五十卷。又云：删定詩稿，自辛酉以前盡去之，辛酉以後，收其十之六，得十卷，合詩文爲六十卷。與題詞合。題詞又云：其餘殘稿剩篇，及重出未删之作，亦有數幅成帙者，幾滿一竹笥，純泣拜而受，先生瞑目，細爲搜檢，粘連補綴，又彙爲七十卷。其中與正集重複及別見於他作者，幾十之三四，擬重删定，以多先生手書，不忍塗乙，思更繕寫，衣食奔走，卒卒未及。歲丙戌，館東村邱氏之松隱柏影樓，課徒之隙，手鈔稗三百餘紙，後復南北驅馳，作輟無定，雖稍稍增訂，無暇排比繕行，而竟未能竟事。今丙申春判那州，那僻政簡，署中寂靜，日課字四千四，閱月而卒業。於是重爲釐定云云。丙戌爲乾隆三十一年，尙在辛卯作謝山年譜痛恨正集歸杭久索不還之前，六年所鈔謝山遺稿，已能別其與正集有無重複，則正集之底稿尙在也。至丙申爲乾隆四十一年，乃鈔畢，是爲今之外集，其文皆與正集不重複，可知其所據以稱對之正集，必有稿本在。是時距謝山之殁爲二十一年，董自稱二十二年，則併謝山亡年算入二十至四十一，其年數亦可作二十二計也。那州爲廣西慶遠府之土那地州，以流官爲土官之佐，民安政暇，至此可見其時之太平，書生得一命以自瞻，努力爲師門留遺稿，事俱可風，而其時則堇浦亦下世後四年矣。堇浦年七十八而卒，長於謝山十歲，而後死於謝山十七年，謝山文集爲董所整理保存，雖所刻止有經史問答十卷，其未遭亡失，則賴有董也。董亡而謝山集稿又歸同門蔣樗庵學鰲，鰲爲校理，其間得於堇浦殁後，見堇浦道古堂集出版者，而根究堇浦之何以不慊於謝山，似已紙有時。而董亡矣，董於謝山外集題詞，署丙申秋七月，而道古堂書端書堇浦故友汪棨銘公，代刻遺集，始於堇浦殁後三年乙未二月，至明年丙申十月訖工，裝訂出書，或又需時，前人紀載中有蔣樗庵見道古堂集之曲折可考也。

陳康祺郎潛紀聞：後鴻博科，吾浙方聞博學之士，浙東推謝山，浙西推堇浦，獨康熙大科之有秀水鄞山也。康祺少時，即聞堇浦負謝山於死後，而未得其詳，頃讀先師徐先生烟嶼樓文集有記杭堇浦一篇，謹節錄之，云云。烟嶼樓爲徐柳泉藏書處，柳泉名時棟，字定宇，一字同叔，學者稱柳泉先生，而以四明學統歸之，謂足繼謝山之後者，其年輩與謝山門人相及，蓋據董浦所作柳泉墓表，以同治十二年卒，年六十，則生於嘉慶十八年癸酉，道光中以舉人捐納內閣中書，家富藏書，能治學，則其言爲可信者。文略言：「杭全二人始以才學相投契，最爲昵密，客京師維揚，無一日不相見，談笑辨論，相服相狎歟，數十年無間言也。既而謝山膺東粤制府之聘，往主端谿書院，堇浦同時爲粵秀書院山長，謝山自束修外，一介不取，雖弟子饋時物亦峻拒之，而堇浦則捆載湖州筆數百萬，乞券中大吏函致其僚屬，用重價強賣與之，謝山貽書規戒，謂此非人師所宜，不聽，謝山歸，以

海外希見錄

王重民

名理探原刻本

名理探五公稱五卷，十倫五卷，明末耶穌會士傅汎際譯義，李之藻達辭，實奇規會德昭喪樂德訂，蓋節自Philosophie des Conimbricenses原書，爲我國輸入希臘論理學之祖。惜讀者鮮其人，三百年來，幾無有知之者！巴黎國家圖書館藏一部，(Courant3413-3414)紙墨俱佳，當是初印本，惟十倫卷一缺第七十八葉。羅馬梵諦岡圖書館(Kare gen Or II.231)國立中央圖書館(C.76)各藏一部，刷印似稍後。且梵諦岡本十倫缺卷二，中央圖書館本十倫缺卷五，然卷端並有李天經李次彪序，則爲巴黎本所無。我國所存，原刻本似已久佚，馬相伯先生序李之藻傳謂祗見五公稱刻本，然亦飲之先生所藏，僅有抄本，陳援菴先生曾據以錄副。民國十五年六月，輔仁社影印行世；十倫五卷，猶未見傳本也。嗣徐宗澤先生游歐，攝得巴黎本照片，次年書友章俊之先生，倩人在羅馬梵諦岡抄補卷一第七十八葉，寄往上海徐家匯，於是我國又獲全帙。俊之承其尊大人名理之學，讀書德法兩國，勤搜秘籍，訪得是書拉丁文原本，以讀傅李譯文，參[illegible]微旨，不久必將研究所得，公之於世。余懵然無所知，故不贅敍！但暇曾以輔仁社印本五公稱，用陳先生所謂「土校法」者，以讀巴黎所藏原刻，竟覓全書，以還本來面目。然余亦非能讀是書者，僅覽一卷，便不能再進。第一葉下面第九行：「遺數人偏遊天下」，刻本偏作「編」，則原本亦有誤字。而第二十一葉下面第九行有錯簡，誤入第二十二葉上面十二行內，按以刻本，恰是第三十四葉全葉，蓋底本三十三十四兩葉互列，抄者不察，致有此誤也。其餘誤字，幾於每葉均有，則以抄本出於刻本，定不能如刻本之善也。茲將卷一校記附後，並錄二李序文，冀影印十倫時，弁於卷首，以見原書刊刻原委。次彪爲之藻子，能世其學；奈戰禍佚其名，亦惟賴此以知之。一月十八日

附錄一　輔仁社印本五公稱校記

葉數	行數	字數	誤	正
三上	9	21	於	乎
三下	3	12	何謂向一	應提行
六下	12	5	類	數
八上	2	3	今	令
九下	12	20		不上脫誤字
十一上	11	5	屬	鑑
十一下	1	1	三（注文）	二
十四上	3	2	晉	留
十四下	12	1	屬	熱
十五下	8	12		熱下脫也字
十六上	5	18	由（注文）	出
十六上	6	18	其（注文）	析
十六下	9	16	德	得
十七下	10	17		止上脫故字
十八下	1	2	無	與
十八下	10	6	諸	論
廿一下	8	4	造	照
廿一下	9	10		之字下脫一葉
廿二上	12	11		自「推論」至二十三葉上三行「辨之爲」上葉錯簡
廿二下	5	14	之	知
廿五下	6	6	謂	爲
廿六上	10	17	羅	類
廿六下	2	7	爲	謂
廿七下	9	5	實	然
廿八下	7	15	視	規
三十上	5	2	勒	棟
卅一上	5	23	下	當衍

附錄二

序一

蓋天地間莫非實理結成，而人心之靈，獨能達其精微，是造物主所以顯其全能，而又使人人窮盡萬理，以識元尊，乃爲不負此生，惟此眞實者是矣，世乃侈譚虛無，詑爲神奇，是致知不必格物，而法象都捐，識解盡掃，希頓悟爲宗旨，而流於荒唐幽謬，其去眞實之大道，不亦遠乎，西儒傅先生，旣詮寰有，復衍名理探十餘卷，大抵欲人明此眞實之理，而以明悟爲用，推論爲梯，讀之其旨似奧，而味之其理皆眞，誠爲格物窮理之大原本哉。嚮嘗共相探討而遂其調旨，以爲是眞實者，乃靈才之糧，併爲其美，成爲其眞觸焉，爲[illegible]人肉軀，惟賴五穀之精氣，滋養以生，若一日去飲食，則必弱，久去則必死，又或不謹，而雜以毒味，則必病，亦且必死，靈才之不得離眞實而進爲謬也亦如是矣。爲美成者人靈，初生如素楮，然凡所爲習熟，凡所爲學問，凡所爲道德，舉非其有，盡繇後來因功力加飾，而靈魂受爲者，觀所受惟眞惟實，其飾也加美，否則不美必醜矣，可惜也。所謂眞觸者，非繇外得，而不可必者也，惟於我所欲得，即繇我得之，惟我欲得而繇我得，乃始爲屬於我，惟屬於我，乃始爲我眞觸也，彼世所有如財也貴也樂也，皆無一繇我得，無一屬我，則無一爲我眞觸可知矣。然則孰爲我欲得，而繇我得，誠然屬於我者，夫非明悟所向之眞實歟，雖然眞實之理，不可不明，而明眞實之理，正匪易也，全明者享全觸，此惟在天神聖則然，吾儕處下域，拘于氣稟，則不能明其全，而可以明其端，以爲全明之所自起，其道舍推論而無繇矣。古人嘗以理寓形器，猶金藏土沙，求金者必淘之汰之，始不爲土掩，研理者非設法推之論之，能不爲謬誤所覆乎。推論之法，名理探是也。舍名理探而別爲推論以求眞實，免謬誤，必不可得，是以古人又比名理探於太陽焉，太陽雖其光于月星諸曜，月星諸曜賴以生明，名理探在衆學中，亦施其光照，令無外迷，衆學賴之，以歸眞實，此其爲用固不重且大哉。其爲學也，分三大論，以神於明悟之用，蓋明悟之用凡三，一直，二斷，三推。名理探第一端，論所以輔明悟於直用也。第二端，論所以輔明悟於斷用也。第三端論所以輔明悟於推用也。三論明而名理出，即吾儒窮理盡性之學，端必繇此，其裨益心靈之妙豈淺鮮哉。余向於秦中閱其草創，今于京邸讀其五秩，而尙未覩其大全也。不勝跂望以俟之！是爲序。

崇禎九年日躔壽星之次，奉命督修曆法山東布政使司右參政李天經書於修曆公署。

序二

明窮理道，吾儒本然，然世之揣摩比，譚修詣者，同異互標，靜俯競驚，而統緒攘岐，其或負敏諧，侈贍博者，鬼奇騁能，祇事雕蟲織悅，而皆趨於意，浸假而承身毒之唾，拾柱下之瀋，以奸吾儒之正，舉凡一切修齊克治，咸芥睨爲虛無假合，而理道且愈迷厥嚮矣。詎古經籍所載，明德明命，精微奧蘊，絕無實地可踐，定序可循，本元可探，以祈返於一眞之路哉，抑性與天道，可得而言者，果不可得聞，而徒傾後儒擬議歟。余小子其何知，惟憶嚴侍先大夫，日聆泰西諸賢昭事之學，其旨以盡性至命爲歸，其功則本於窮理格致，蓋自函蓋內外，有模有象，不論不議者，無不叩其底蘊而發其所以然，覺吾人恍精，始有實際，身心性靈，始有究竟歸宿，眞欲淑世，直邁宣尼公旦而嚮焉，彼膠固窒於習見者，未窺其藩，輒生疑沮，曉曉然則道之難明也，雖關閩濂洛諸儒，當年不能援挽使翕，情勢則然，斯又奚足爲西賢致呫乎。先大夫自晤利先生於京邸，嗣後宦轍所之，必日偕西賢，切劘揚扢，迨癸亥歲居靈竺，迺延體齋傅先生，譯寰有詮兩載削藁，再閱歲，因復譯是編，蓋寰有詮詳論四行天體諸義，皆有形聲可晰，其於中西文言，稍易融會，故特先以暢其所欲吐，而此則推論名理，迪人開通明悟，洞徹是非虛實，然後繇因性以達夫超性，凡人從事諸學諸藝，必梯是爲嚆矢，以啓其倪，斯命之曰名理探云。其爲書也，計三十卷，奧而不淆，曖而有序，統之函五大論，而究其歸於一眞，語語抉源，步步歸實，殊海心同，若合符節，何有携貳，以自生障礙哉。第厥意義宏深，發抒匪易，或一字未安含毫幾腐，或片言少棘，輒解移時，以故歷數年所，竟帙十許，乃先大夫旋以修所致身矣。嗣余入署揚業，缺掌測演，悵居諸之虛邁，慨織述之未從，每爲披閱，有餘惆焉。丁丑冬，先生主會入都，示余劂本五帙，余竊私喜欣艱交縈，自揣報者，所貽淸白力集，能助剖剟之費，至欣者則幸昨天闕，聖天子留心欽若，廣日昭曜，斯道有裨世敎，因竊以御歷，頌曰欽奉天學，大畀皇實，闡發繫無，俾體原究，定一眞，是斯道大明大行之一會乎，有志於正學者，得是編爲引端焉，於以備表，審之實，豈不迷，統體歸一，則繇之衛者猶，疑者信，事惟亦名理非誣，僞豪錐之有自，至德不孤，行將與西學以公諸寰寓，使是探而已耶，余小子實不勝企匯焉！因不揣固陋，僭撰其大端如此。會將殺脫，犂單閼之歲日躔降婁，仁和後學李次彪謹識。

新書簡訊

金陵大報恩寺塔志 吳世昌

[illegible]

韓非子考證

容肇祖著 民國二十五年八月商務印書館代中央研究院歷史語言研究所專刊之[illegible] 實價五角

[illegible]

南唐二主詞彙箋

唐圭璋編 民國二十五年正中書局發行 實價四角

[illegible]

西北行

林鵬俠著 一冊 非賣品 [illegible]

[illegible]

圖書副刊
BOOKMAN
第一百八十期

一、本刊登載關於中外圖書之介紹批評以及學術界消息，為公開性質，歡迎投稿。
二、凡登本刊之文，略致薄酬。
三、投稿通訊可寄「北平文津街國立北平圖書館內圖書副刊編輯收」

宋代以前中國輿圖沿革略

王庸

中國地圖史可約分為三大時期：晉裴秀以前為上古期，中國地圖由原始進步至裴秀而集其大成，於是地圖之學，遂有理論上之準繩；裴秀以後，地圖與地志迭為進退，方法上多因襲而少新創，是為中古時期；洎乎明末清初之際，一面有利瑪竇坤輿圖之輸入，一面有康熙間東來教士之測繪中國地圖，中國地圖之學，始為之大變；迄乎近今，坊間流行中國地圖，尤間接受清初測繪地圖之影響，是為中國地圖史之近世期。至於中古時期，其內容之進步雖簡，而為時甚長，吾人可以其主要之地圖製作家，更劃為三分期：由裴秀至唐賈耽為一期，由賈耽至元代之朱思本為一期，而自朱思本以迄清初則又為一期。拙著明代輿圖彙考，（總圖之部）對於此末一期地圖之大要，以及朱思本圖在當時之勢力，可以見其梗概。是篇所述，則為自古代迄宋中國輿圖之大要，蓋包括上古期與中古期之前二分期。至於近世期之歷史，雖有翁文灝先生之清初測繪考考論其原委，而於清代以迄近今所受該圖之影響，尚未之及。與日得暇擬另文述之。

至於本篇所述輿圖以國家行政地圖及私撰總圖為主。蓋此項輿圖大抵多淵源於中央政府所藏之圖籍；雖不免隨政事之動亂，而有絕續興廢之變，但大體上較有系統可尋，實為地圖史中之骨幹。此中源委既明，則於中國地圖史之全豹，可以得其要領。其他各圖如山水都會圖等，蓋不過總圖之支流餘裔，或且有另成系統，各不相關者。亦當另文述之。

一、輿圖之掌管與造送

秦代以前，政府中執掌輿圖者，周官而外，未見有明白之記載。漢代圖籍則御史中丞掌之，秦代當亦相同。

漢書百官公卿表：「御史大夫，秦官，位上卿，銀印青綬，副丞相。有兩丞，秩千石：一曰中丞，在殿中蘭臺掌圖籍秘書。」

通典卷二十四職官六中丞：「初，漢御史大夫有兩丞，一曰御史，一曰御史丞，一曰中丞，亦謂中丞為御史中執法。中丞在殿中蘭臺掌圖籍秘書。（漢中丞有石室以藏秘書圖讖之屬，以其居殿中故曰中丞。）……哀帝元壽二年，更名御史長史，後漢光武復改為中丞。」

三輔黃圖稱，蕭何所得秦圖籍，於成帝時移藏秘書；至東漢桓帝延熹二年始置秘書監掌典圖書。

通典卷二十六職官八，秘書監：「漢氏圖籍，所在有石渠石室，延閣廣內，貯之於外府。又有御史中丞，居殿中，掌蘭臺秘書及麒麟天祿二閣，藏之於內禁。後漢圖書，在東觀。桓帝延熹二年，始置秘書監一人，掌典圖書古今文字，考合同異，屬太常。（以其掌圖書秘記，故曰秘書。）後省。魏武帝又置秘書令一人，典尚書奏事。文帝黃初初，乃置中書令，典尚書奏事，而秘書改令為監，掌藝文圖籍之事。初屬少府，後乃不屬。其蘭臺亦藏書籍，而御史掌之。（魏薛夏云，蘭臺為外臺，秘書為內閣。）晉武帝以秘書併入中書省，而秘書著作之局不廢。惠帝永平中，復置秘書監，并統著作局，掌三閣圖書。自是秘書之府，始居於外。……隋秘書省領著作太史二曹。……大唐武德初復改為監。……天授初，改秘書省為麟臺。神龍初，復舊，掌經籍圖書，監國史，領著作太史二局。太極元年，均秘書少監為二員，通判省事。其後國史太史分為別曹，而秘書省但主書寫校勘而已。（漢初御史中丞掌蘭臺秘書圖籍之事，至梁晉其制猶存，故歷代營都邑，置府寺，必以秘書省及御史臺為鄰）。雖非要劇，然好學君子，亦求為之。」

秘書省與御史臺，雖常比鄰，而並藏圖書，但御史臺所掌，殆為當時政治上應用之新圖籍，而秘書監所藏，則多關於學術史料之舊典籍，故為好學君子所樂就。蓋前此三輔黃圖已言秦圖籍於成帝綏和中歸秘書。而後此明宋之秘書監，即「掌古今經籍圖書及國史實錄，天文歷數之事」。（續通典卷三十）元秘書監亦「掌歷代圖籍，並陰陽禁書。」及明洪武十三年，始以秘書監所掌內府書籍「并入翰林院典籍，遂不復設秘書監。」（俱引續通典卷三十）且唐宋金元，又有集賢殿書院，亦「掌古今經籍圖書，國史實錄，天文歷數之事」，（續通典卷二十五）至明代設翰林院，遂與秘書監合為一耳。

後魏北齊及隋，尚有工部職曹亦掌地圖。

通典卷二十三工部尚書職部郎中一人：「職部蓋古職人之遺職。至魏，尚書有職曹郎中，晉因之。梁陳曰侍郎。後魏北齊，職曹掌地圖山川遠近園囿田獵雜木等，並屬職部尚書。後周有職部下大夫一，掌山澤草木鳥獸而阜蕃之。」

隋書卷二十七百官志尚書省：「職曹掌地圖山川遠近園囿田獵殽膳雜味等事。」

是其所掌，殆非一般之軍政圖籍，而為山林川澤等特種地圖也。

後周仿周官。隋初有職方侍郎而唐代亦有職方掌地圖。

通典卷二十三兵部尚書職方郎中一人「周禮夏官有職方氏，掌天下之圖，辨九州之國。歷代無聞。至後周依周官。隋初有職方侍郎。煬帝除侍字，武德中加中字。龍朔二年，改為司城大夫。咸亨元年復舊。掌地圖，城隍鎮戍，烽堠防人，路程遠近，歸化首渠。」

唐職方所掌輿圖，各州府需三年或五年一造送。凡山河之改移，州縣之創造，以及都邑之廢置，疆場之爭訟，均隨時改正之。

唐六典兵部：「職方員外郎，掌天下之地圖，及城隍鎮戍烽堠之數，辨其邦國都鄙之遠邇，及四夷歸化者。凡地圖委州府，三年一造，與版籍皆上省。其外夷每有蕃客到京，委鴻臚訊其人本國山川風土，為圖以奏焉。副上於省。其五方之區域，都邑之廢置，疆場之爭訟，舉而正之。」

新唐書百官志：「兵部職方郎中，員外郎各一人，掌地圖城隍鎮戍烽候防人道路之遠近，及四夷歸化之事。凡圖經非州縣增廢，五年乃修，歲與版籍偕上。」

唐會要職方員外郎：「建中元年十一月二十九日，請州圖每三年一送職方。今改至五年一造送。如州縣有創造，及山河改移，即不在五年之限。後復故。」

舊唐書玄宗本紀：「天寶五載春正月……天下山水名稱，或同義，且不經，多因於里諺，宜令所司各據圖籍改定。」

五代之際，各地方送圖之制，曾經作罷。

五代會要職方：「後唐天成三年閏八月，敕諸道州府每於閏年合送圖經地圖，今後權罷。」

權又因沿襲舊圖不加改訂，故有奏請勅諸道州府進圖經者。

五代會要職方：「長興三年五月二十三日，尚書吏部王權奏，見諸道州府，每遇閏年准例送尚書省職方地圖者。頃因多事之後，諸道州府舊本雖存，其間郡邑或遷，館遞增改，添增鎮戍，創造城池，竊恐尚以舊規，錄為正本，未專詳勘，必有差殊。伏請頒下諸州，其所送職方地圖，各令按目下郡縣鎮戍城池水陸道路，或經新舊移易者，並須載之於圖。其有山嶺溪湖步騎舟楫，各得便於登涉者，亦須備載。奉敕宜令諸道州府據所管州縣，先各進圖經一本，並須點勘文字，無令差誤。所有裝寫工價，並以州縣雜罰錢充，不得配率人戶。其間或有今古事迹，地里山川土地所宜，風俗所尚，皆須備載，不得漏略，限至年終進納。其畫圖候紙到，圖經別敕處分。」

據前引唐六典唐書，及唐會要，均言地圖三年一造送，而建中元年則改為五年一造送。茲所謂閏年圖者，則當為五年兩造送。此制尚未見五代以前之紀載。但按五代會要所言，又若閏年進圖，已成慣者然，豈此制之更改，即在建中以後，晚唐之世乎？

宋世仍沿五代之法，以閏年進圖。但亦間有再閏一造者，則與唐代之五年一造送者相類也。

玉海地理圖大平興國閏年圖：「興國二年，閏七月丁巳（二十八日），有司上諸州所貢閏年圖故事。三年，令天下貢地圖，與版籍皆上尚書省。國初以閏年為限，所以周知地理山川之險易，戶口之眾寡。至雍熙中，吳晉悉平，奉圖來獻者，州郡幾四百。淳化四年，詔畫工集諸州圖，用絹一百匹，合而畫之，為天下圖，藏於秘閣。又令諸州所上閏年圖，自今再閏一造。至道二年二月，壬柄言二十四司板籍，惟職方有諸司閏年圖云云。……兩朝志：職方受諸州閏年圖及圖經。」

惟宋初地圖，曾由儀鸞司掌之，至咸平中以吳淑上言，始歸職方，且需合繪諸州圖為各路圖本，十年一上。

玉海卷十四咸平職方圖：「咸平四年八月甲子，職方員外郎秘閣校理吳淑言，諸路所納閏年圖，當在職方，近者並納儀鸞司。伏以山川險要，皆王室秘奧，國家急務。故周禮，職方氏掌天下圖籍，又詔土訓以夾王車。漢祖入關，蕭何收秦圖籍，由是周知險要。請以今所納圖並上職方，又州郡地理，犬牙相入，向者獨畫一州地形，何以傳合他郡？請令諸路轉運使，從今閏年各畫本路諸州圖一面上之，每十年各納本路圖一，亦上職方。所貴天下險要，不窺牖而可知，九州廣輪，如指掌而斯在。從之。」（宋史吳淑傳略同此）

宋史職官志兵部職方郎中：「員外郎，掌天下圖籍，以周知方域之廣袤，及郡邑鎮砦道里之遠近。凡上地所產，風俗所尚，具古今興廢之因，州為之籍，遇閏歲，造圖以進。四夷歸附，則分隸諸州，度田屋錢粮之數以給之。分案三，置吏五，舊制司事一人，以無職事，朝官充掌，受閏年圖經。國初令天下每閏年造圖，納儀鸞司。淳化四年，令再閏一造。咸平四年，令上職方轉勘，畫本路諸州圖，十年一上。」

此十年一上之圖，蓋咸平四年以後新增之各路總圖，而諸州圖仍五年一上也。

自是以後，歷金元以迄明清，輿圖掌於兵部職方成為通例。

續通典卷二十九兵部：「金兵部尚書一人，掌兵籍，軍器，城隍，鎮戍，廄牧，鋪驛，車路，儀仗，郡邑圖志，險阻障塞，遠方歸化之事。」又「元兵部尚書三人，掌天下郡邑郵驛屯牧之政令，凡城池廢置之故，山川險易之圖，兵站屯田之籍，遠化歸化之人。」又「明兵部尚書一人。職方郎中一人，掌輿圖軍制城隍鎮戍簡練征討之事，凡天下地理險易遠近，邊腹疆界，俱有圖本，三歲一報，與官軍車騎之數偕上。」

清通典卷二十五兵部：「職方清吏司郎中。主事，滿洲蒙古各一人，漢人二人，掌天下輿圖，以周知險要，敘職遷以待掌嶽黜陟。」

但其來歷，則固源於後周之摹倣周官也。

二、秦漢輿圖與裴秀製圖

先秦之世，中國古籍中關於地圖之記載，多渾含糊。書，詩，論語所記，雖似有言及地圖者：

尚書洛誥：「周公拜手稽首曰：……伻來以圖及獻卜。」偽孔傳：「遣使以所獻卜吉兆來告成王。」孔穎達疏：「周公……使人來以所卜地圖及獻所卜吉兆為王。」

詩周頌：「於皇時周，陟其高山，嶞山喬嶽，允猶翕河。」鄭箋：「猶，圖也。……皆信案山川之圖，而次序祭之。」爾雅釋言：「猷，圖也。」

論語鄉黨：「式負版者。」鄭注：「負版者，持邦國之圖籍。」

但此皆由後人箋注之解釋，是否其原義即言地圖，尚屬疑問。至於周官管子之言地圖者，雖較詳明，但其著之時代未定，猶不足以據為典要。惟春秋戰國之世，各國地域廣大，戰爭頻繁，用兵行政之際，當有圖籍為依據。故荊軻刺秦王之燕督亢地圖，實屬事出有因。至於國策所謂天下之圖：

戰國策趙策「蘇秦從燕之趙始合縱說趙王曰：『臣竊以天下地圖按之，諸侯之地五倍於秦。』」

或不免誇張之辭，但在當時有各國地圖可按，似屬不成問題也。

秦滅六國，當併各國之圖籍，亦席捲而入關中。且一統之局既成，則中央政府，不僅備有「天下」各種之圖籍，又當有綜合之一統地圖以為全國行政用兵之綱領，可以推想而知。沛公入關，蕭何收秦圖籍，固為劉漢治天下之基礎：

漢書蕭何傳：「沛公至咸陽……何獨先收丞相御史律令圖書藏之，沛公具知天下阸塞戶口多少彊弱處民所疾苦者

清代學者象傳之吳漁山

陳垣

清代學者象傳四冊，凡百七十餘象，為吾粵葉蘭臺先生衍蘭所纂集，象必有據，傳皆手寫，精美絕倫。惟此書為蘭臺先生未定之本，今所影印者，由其文孫譽虎總長輯出，冠以今名，傳中間有譌誤，以係先生手稿，未便改易，又未暇一一為之校正，附刊卷末，故美猶有憾。余近撰吳漁山年譜，偶參考是書，覺漁山傳之誤，多沿自前人，無足異，惟其中天池石壁一段，乃本書所獨誤，謹條辨之如後，庶覽者不至復循其誤焉。

吳漁山象在本書第一冊，象出練川名人畫象附卷，練川象戴笠，此亦戴笠，練川象携杖，此亦携杖，此其所同也。練川象半身，此全身，練川象古裝，此清裝，此其所異也。至於面目部位，完全無異，知其出自練川也。

練川象稱漁山為常熟文學生，此嘉定人之誤也，常熟人無是說。國朝歷陽科名錄順治康熙生員中亦無吳歷名，此書稱漁山為常熟諸生，襲練川象之誤也。區區生員，何足為漁山輕重，然史實所在，不可不辨者一也。

練川象，漁山無卒年，此書引或云卒年八十有六，此王應奎海虞詩苑之說也。據漁山墓碑，漁山卒年實八十七，此不可不辨者二也。

至謂漁山初與石谷為畫友，後假去石谷所摹大癡陡壑密林圖不還，因之隙末，此循畫徵錄之誤也，練川象無是說。近年姚儼桓大榮已力辨其非，見東方雜誌廿三卷廿一號，此不可不辨者三也。

天池石壁，為吳山十六景之一，石壁上鐫華山鳥道四大字，為明趙宧光所書，山半有池，橫浸山腹，遙數十丈，名天池，景奇勝，漁山曾為天池石壁圖，藏華山寺，乾隆二十二年丁丑南巡，至其地，有賦得華山鳥道一首，又有題吳歷天池石壁圖一首，見今高宗御製詩二集卷六十九，道光蘇州志寺觀門亦載之，題吳歷詩云：

我登鳥道華山巔，一泓天地乃俯視，設從山下望石壁，虛無縹在雲端撰，乃知居高見自廣，遊於物內迷惡美，漁山寫照即境披，評圖莫若評其理。

練川象謂漁山所畫天池石壁，曾蒙睿賞者此也。練川象徒言睿賞，未云何帝，誠為疏略，此傳於睿賞之上，加入仁廟二字，反為謬誤，此不可不辨者四也。民國廿六年穀雨前二日陳垣。

以何為楷圖書也。」

且裴以前之圖籍，當亦有賴以保存者。至於後世，猶修纂於簡書。

三輔黃圖：「石渠閣，蕭何造。其下礱石為渠，以導水，若今御溝，因為閣名。所藏入關所得秦之圖籍，至於成帝，又於此藏秘書焉。」（「秘」四部叢刊影元刊本作「於」此據長安志叢書本）

漢書地理志注猶有引秦地圖者：

漢書地理志代郡班氏下註：「秦地圖書班氏。」臨淮郡... 下註：「秦地圖曰：... 」

此項圖籍，大抵皆亡於漢末之兵燹，故晉時之世，裴秀即言未之見矣。

晉書裴秀傳引禹貢地域圖序：「暨漢屠咸陽，丞相蕭何盡收秦之圖籍。今秘書既無古之地圖，又無蕭何所得。」

漢代雖得秦圖籍，而治政區域與名稱，有變更必另繪新圖以應新政之用，於封建諸王，不僅依圖而定區域，又必按所奏輿地圖。

史記三王世家：「臣請令史官擇吉日具禮儀，上御史奏輿地圖，他皆如前故事，制曰可。四月丙申，奏未央宮太常臣充言卜入四月二十八日乙巳，可立諸侯王。臣昧死奏輿地圖，請所立國名。」

後漢書光武帝紀建武十六年：「初巴蜀既平，大司馬吳漢上書請封皇子，不許。……大司空融……奏議曰：臣請大司空上輿地圖，太常擇吉日具禮儀。」注：後漢初罷御史大夫，故所由御史大夫奏圖者此所歸大司空。

又明德馬皇后紀：「帝案輿地圖，將封皇子，悉半諸國。」

東觀漢記明帝紀：「皇子之封，皆減舊制，常案輿地圖。」

是西漢封國，不僅有本郡之圖，亦備有天下之輿地圖。

漢書淮南王傳：「日夜與左吳等案輿地圖，部署兵所從入。」

又江都易王傳：「具天下之輿地及軍陳圖。」

此殆由中央地圖抄錄之副本也。又據後漢書所記則中央似有一統之輿圖可據。

後漢書馬援傳：「援又為書與隗囂將楊廣，……前披輿地圖，見天下郡國百有六所，奈何欲以區區二邦，以當諸夏百有四乎。」

又鄧禹傳：「光武舍城樓上，披輿地圖，指示禹曰：天下郡國如是，今始乃得一。」

至此項地圖之來源，則大抵由各地方政府進呈之圖籍彙輯而成。即孟堅東都賦所謂「天子受四海之圖籍」者是也。

漢代輿圖，流傳至魏晉之世。

「漢書武帝本紀注：「臣瓚曰，浮沮井在匈奴中，去九原二千里，見漢輿地圖。」

晉書裴秀傳引禹貢地域圖序：「又秘書既無古之地圖，又無蕭何所得，惟有漢氏輿地，及括地諸雜圖。」

魏晉以後則漢圖不知何時亡失，尚待考證。大抵當在五胡亂後。惟水經注，初學記，及文選注等，間有引括地圖者耳。至於其圖之內容則據裴秀之說，製作殊欠精審。

晉書裴秀傳引禹貢地域圖序：「今秘書既無古之地圖，又無蕭何所得，惟有漢氏輿地及括地諸雜圖，各不設分率，又不考正準望，亦不備載名山大川，雖有粗形，皆不精審，不可依據。或荒外迂誕之言，不合事實，於義無取。」

裴氏觀於所得之評語，所言當甚可靠，故遂創立六體之說，為製圖之準繩，即今日經緯測繪之地圖，原則上亦大體相合。但裴氏之禹貢地域圖，恐未必盡能兼造於六體，較之今日測繪之地圖，其精確程度相差未遠。吾人且能閱覽漢籍輿圖為精審，不必盡如所言，為無差失。且裴氏自序中，明言有與蜀地圖之依據，故此說之立，當亦觀察漢以來製圖經驗演進之結果，及裴氏而始著為成文之規制，未可謂全由裴氏獨創也。

裴氏製圖，固為中國地圖史上劃時代之事實，近人多言及之，茲不贅述。惟尚有二事，為一般論者所不甚注意者。一為實際製作禹貢地域圖者，尚有京相璠其人。

水經注穀水：「京相璠與裴司空秀（季彥之誤）修晉輿地圖作詳秋地名，亦言今太谷西南北水名穀泉」

蓋裴氏身為司空，始不過於製圖時發凡起例，總其規劃之人，而實際作編製考訂之工作者，疑即京相璠之手也。

另一事則裴氏又縮製一全國輿圖，名曰地形方丈圖。

北堂書鈔卷九十六圖九方丈圖：「晉諸公贊云：司空裴秀，以舊天下大圖，用縑八十疋，省視既難，事又不審，乃裁減為方丈圖。以一分為十里，一寸為百里，備載名山都邑，王者可不下堂而知四方也」。（隋書宇文愷傳作「裴秀輿地以二寸為千里」疑有錯誤）

歷代名畫記述古之秘畫珍圖「裴秀地形方丈圖一」

梁昭明太子謝賚地圖啓「晉世方丈，比非其妙。」

此為方丈之舊時地圖，始與禹貢地域圖之分為十八篇者非一。惟晉諸公贊所謂「舊天下大圖」，不知是否即漢代輿圖。其圖「用縑八十疋」之多，且不問未精誠與否，而製圖工程之浩大可以想見當時矣。

水經注論引裴圖，則此圖或至遲尚存於北魏之時。又據歷代名畫記，裴秀方丈圖至唐代猶存。隋有地域方丈圖，當係沿襲舊制。又有方尺圖，則縮之更小矣。（見隋志論文略及歷代名畫記卷）（未完）

新書簡訊

中國算學史

李儼著 民國二十六年一月 上海商務印書館出版 二九三頁 定價一元七角（中國文化史叢書第一輯）

吾國科學之發達，當推曆算為最著，自周髀算經以下，代有述作。古有禮樂射御書數，算學蓋亦列為六藝之一。唐宋間科舉取士，猶以算學為考試之一。迨至明初以八股文取士，於是算學亦隨之晦而不興焉。明末清初之際，西洋教士利瑪竇等始以西洋曆算之術輸入中國，當時學者如徐光啓李光地等皆從而習之。因而曆算之學，遂轉見復興之象，其影響於清初學術思想之處實甚鉅。

李儼氏治中國算學史有年，所撰關於中算史作，如中國算學大綱，中國數學史綱言，中算史論叢及中國算學小史等書，久已行世。李君近復撰中國算學史一書，都十萬餘言，凡分十章，將中國歷代有關中算史資料分為五期，茲略為介紹如下：

第一期為上古期：略述上古結繩與數字之源及其有作數字之傳說，並討論古代規矩之用與幾何圖案之作。其所引圖譜有漢武梁祠石刻之伏羲氏執矩，女媧氏手執規圖，及陝西寶雞門鎮案所發見銅器幾何圖案及陝西西安漢城出土之漢磚幾何圖案等圖，頗饒趣味。而晚近新疆吐魯番和卓發現「高昌伏羲女媧像圖」二種（見日本大谷光瑞：西域考古圖譜上冊第五十四圖），亦繪有伏羲女媧氏執規矩圖，正如武梁祠所刻，可證漢代以前已有規矩無疑也。至於古代圖案花紋之精，除李氏所舉之銅器漢磚外，更可於兩周銅器與漢鏡之紋樣，及歷代織錦所繡之圖案考見之。如俄國 Kozoff 於蒙古所發現之漢代織錦，與斯坦因於樓蘭所發現之漢代織錦以及隋宋以後之刻絲，皆足為吾人研究中國古代幾何圖案花紋之參考也。

第二期為中古期：敍述自漢至隋古算經。

第三期為近古期：記述唐代算學之制度，唐代算學傳入日本之略史，印度曆算之傳入，天元術研究，宋元算學之史略以及回回曆算之傳入。

第四期為近世期：詳述明代西洋曆算之傳入，珠算術研究，並略論近世期中算傳入日本之情形。

第五期為最近世期：考證算經十書之復刻，清初算學之成績，中算史工作之發聲，四象解析，級數論，方程論等之研討，以及清末算學之制度與所用之算學教科書籍之調查等。本書蒐集材料豐富，敍述詳明，洵為治中國算史重要之作也。（竹逸）

× × × ×

啓禎野乘十六卷

清鄒漪著 民國二十五年十二月故宮博物院圖書館鉛印本 定價二元五角

鄒漪所著啓禎野乘，作於清康熙初年，首中述崇禎，講述殉節諸臣。此書記啓禎兩朝忠節事蹟，分門別類，各為立傳，以表彰其時人物，發潛闡幽，為其微志。然行文平允，無偏見門戶之習。全謝山嘗論此書曰：「小人之過」，全氏本其鄉前輩黃太沖之說，力主東林之議，凡於東林作對者，皆須以誅，實則東林非盡君子，非東林非盡皆小人也。鄒氏之書，亦少可以保存啓禎兩代不少史料，況其存心忠厚，予人以自新之地，尤非他家所可企及。在明季野史中，尤為上乘。惟自乾隆禁書之後此書即少流傳，故流傳甚罕。此為故宮博物院圖書館所藏，以其為罕見之籍，且可供纂治明代史學家所採討，因為付諸剞劂，原書缺者，用南京國學圖書館，及閩縣李氏所藏之書補之。鄒氏尚著有啓禎野乘二集八卷，天津河北省立圖書館藏，有清初刻本似可續為影印，以成全豹云。（圭）

× × × ×

毛刻宋六十家詞勘誤

朱居易編 民國二十五年中華書局發行 實價二角

宋詞之彙刻，始於汲古閣毛氏，天水一代詞家，賴是以傳者不少，實為宋詞之功臣。毛氏所刊止於五集六十一家，初意以為宋詞第一期，而明末清初，宋詞作者尚富。自彊村叢書出，始為宋詞之大觀，而毛刻始漸絀焉。然其蒐采之功，固不可沒也。此書係據毛刻之錯落處，據合陰鈔劉鉛拱毛斧季手校六十家詞原本，及雙照樓景刊景宋本，四印齋本，彊村叢書及其他所刻善本合校正補，其異文非顯不可讀者，無關義例者，亦不復註出，存其本來面目。至於宋元善本亦間有錯誤者，則兼取他本互校，如推崇詞，取彊村本，參以外諸家山左人刊本，夢窗詞兼取四印齋本。凡此皆於宋詞精確釋之研究，不無助益也。（山）

北平歲時志

張江裁著 民國二十五年九月 北平國立北平研究院史學研究會出版 售價二元

我國舊習，一年之中，節令甚多，如正月元旦，元宵，五月端午，八月中秋，九月重陽等，各地皆然，而以京師為尤甚。此外有京師獨有而他處所無者，如正月十九之燕九，六月六日之洗象等項，明清以來，不復見矣。此等節習，在吾國尚未實行新曆以前，上自朝廷，下至庶民，實無不敬天尊地以將之也。士人著述，亦往往而記錄之，如梁宗懍氏之荊楚歲時記，宋陳元靚氏之歲時廣記，清潘榮陛氏之帝京歲時紀勝，敦崇氏之燕京歲時記等書，然或泛或簡，均不足以見舊京節游之盛。今張君編纂此書，搜遠金以來諸北平風物之書，史家筆記，旁徵博引，凡記述當地事物，有涉及歲時者，依其日月，分條排比，共為十二卷，較之以前各書，詳而且備，誠可謂北平風俗大觀，讀者由是讀之，猶可以想見當時之盛況也。（仲）

出版消息

二十五史補編全書出齊

開明書店刊行之二十五史補編，所收一以表志為限，凡關於表志之增補，注釋，考訂，校勘之作，不問古今，皆不遺余，所收各史補志凡二百四十六種，七百五十六卷，其中未刊稿本有五十四種之多，而其他刊本散見於各叢書中不易購求者，今皆一檢可得矣。全書凡八千八百九十二頁，六鉅冊，已經週年計一律有餘，此不能不謂主其事者努力之所至矣。而其可貴者，排印精美，良非虛譽。現在全書出齊後，至六月底止，特價四十八元，（定價六十元）。治史者備此一帙，誠可省無數精力也。

× × × ×

浙江省立圖書館印行宋元四明六志

宋元四明六志，為鄞縣徐柳泉氏（時棟）據舊鈔本校刊而成。所謂六志即（1）宋張津等乾道四明圖經十二卷，（2）宋羅濬等寶慶四明志二十一卷，（3）宋梅應發等開慶四明續志，（4）元袁桷等延祐四明志二十卷，（存十七卷缺卷十一缺），（5）元王元恭至正四明續志十二卷，（6）元馮福京大德昌國州圖志七卷。另附宋魏峴四明它山水利備覽二卷。及徐時棟氏四明六志校勘記六卷。除校勘記外，共八十三卷。此書刊後，時人頗為珍視。惜印無多，該館設法，商得徐氏後裔，將書版一千三百四十九方，寄存館中，預備印行。惟所版存貯日久，頗有殘損者，該館現正鳩工補刻。其中寶慶志所有地圖十葉，當時徐氏未見，故未刻入。此次該館借得原本，將該圖影刻十葉，使該書更為完善。現聞該書業已開印，於本年六月底一次出版。全書用連史紙印，共四十冊，每部定價四十元。第一次印百部，發售預約，每部二十元，即於本年六月底截止預約云。（平）

× × × ×

鄞縣通志出版

鄞縣志自清光緒初纂成後，至今已數十年未修。近該縣人士，創議重修，延請鄞縣陳氏為總纂。全書業已脫稿付印，並已有大部分出版。內容計分輿地，政教，博物，文獻，食貨，工程六門。自成系統，可分可合。合之為通志，分之則為專志。體例新穎，為纂修地志所僅見。而其中地圖八十餘幅，皆用新法製繪，成一巨帙，尤為縣志中空前之作。全書原計三十八冊，後增至四十八冊，印費因以增加。茲原擬印二千部者，今減印一千部。定價每部三十元。現由杭州浙江省立圖書館代售云。（平）

來函

編者先生左右：頃閱大公報四月十五日北新書局廣告中，列代名人詩文選注，有元好問文選一種，蔣新龍選注，並云：「中國文學批評史的著者對於元好問的文學也有深刻的研究」，不勝驚異。此書非愚所著，不能掠美。除函問北新書局外，請在編輯後記賜以聲明為幸。敬頌撰祺 郭紹虞敬啓

圖書副刊

BOOKMAN
第一百八十一期

一本刊登載關於中外圖書之介紹批評以及學術界消息爲公開性質歡迎投稿
二凡登本刊之文略致薄酬
三投稿通訊可寄「北平文津街國立北平圖書館內圖書副刊編輯收」

宋代以前中國輿圖沿革略（續）

王庸

三、十道圖

永嘉以後國土分崩離析，輿圖亦無大規模之製作。及北周與隋唐之際，始有文字多於圖繪之圖經代之而興。計南北朝之世，除幽州，齊州，冀州等圖經（見隋書經籍志及文選注等）外，其規模之大者，則有周地圖記一百九卷，郎蔚之諸州圖經集一百卷，隋區宇圖一百二十九卷。（俱見隋書經籍志及新舊唐書藝文志等。）此則一方面爲後此總地志與方志之始基，一方亦可謂地圖退化之結果也。（此當別詳禹貢半月刊二卷二期中拙著「地志與地圖」，茲不贅。）

唐宋之世，地圖當掌於職方，所藏歷年各州府進呈之地圖，必甚豐富。政府亦據此以製作一綜合地圖，爲體國經野之參考。故唐代有十道圖之作。其見於記載者，計有長安四年之十道圖十三卷，及開元三年十道圖十卷，（俱見舊唐書經籍志新唐書藝文志及通志藝文略）又有李吉甫之元和十道圖十卷。（見新唐書藝文志及通志藝文略）

舊唐書憲宗本紀：「元和八年，宰相李吉甫進所撰元和郡國圖三十卷，又進六代略三十卷，又爲十道州郡圖五十四卷。」按十道州郡圖當即元和十道圖，惟其卷數當以十卷爲近是，所謂五十四卷，疑因元和郡縣志五十四卷而誤。

且此等十道圖，其附說甚多，全國行政大綱，均備載焉。

玉海卷十五十道志：「寰宇記引唐開元十道要略」。又「開元十道圖，其山川所分，貢賦所出，得禹貢別州任土之制，今載六典。」

直齋書錄解題卷八：「唐十道圖一卷，唐宰相趙郡李吉甫弘憲撰。首載州縣總數，文武官員數俸料。唐志云十卷，今不分卷。」（按此可知元和十道圖，尚存於南宋。）

五代之世是項輿圖仍沿襲未替，爲政事所依據。

五代會要選事上：「後唐同光二年八月，中書門下奏吏部三銓下省南曹，廢置甲庫格式，流外等司。公事並繫長定格，循資格，十道圖等格式。……望差權判尚書省銓左丞崔沂，吏部侍郎崔貽孫……等同詳定舊長定格循資格，十道圖，務令簡要，可見施行。從之。」

舊五代史唐書明宗本紀：「長興三年四月戊午，中書奏準勅重定三京諸州府地望次第者。舊制以王者所都之地爲上，今都洛陽，請以河南道爲上，關內道爲第二，河東道爲第三，餘依舊制。其五府，按十道圖以鳳翔爲首，河中成都江陵興元爲次。……十道圖有大都護，請以安東大都護爲首。防禦團練等使，自來升降極多，今具見在，具員依新定十道圖，以次第從之。」五代會要州縣分道改制：「後唐長興三年四月，中書門下奏據十道圖舊制，以王者所都之地爲上。本朝都長安，遂以關內道爲第二。……」

五代會要州縣望註：「晉天福二年正月，尚書吏部奏自清泰三年創造以上三縣，（平涼同川吉陽）欲編入十道圖，皆未有地望。勅以吉陽平涼並爲中縣，同川爲下縣。」

及宋祥符間，乃變而爲有說無圖之九域志。唐代規制，至是始絕。惟九域志至今猶存，尚可恍惚推見十道圖之內容也。

玉海卷十五景德重修十道圖：「景德四年八月己酉，（十六日）命知制誥孫僅龍圖待制戚綸重修十道圖（書不成）。祥符六年十月戊子，判吏部銓從吉言，格式司用十道圖，考郡縣上下緊望，以定俸給，法官亦以定刑。而戶口歲有登耗。請校定新本詔校理[illegible]，邵煥，晏殊校定，王曾總領之。天禧元年，書成，凡三卷。詔付有司。」

又祥符九域圖：「祥符初，命李宗諤修圖經，有司請刊唐十道圖以定賦役。上命學士王曾修九域圖。六年成。（崇文目二卷）……熙寧……八年六月辛丑，劉師旦言九域圖訛舛，請刪定。既成，王存言不繪地形，難以稱圖，更名曰九域志。」

又據直齋書錄解題，（見前引）知元和十道圖，至南宋猶存。但此在當時已成爲古物性質，並非實用之圖籍耳。

四、賈耽隴右山南圖與海內華夷圖

據唐書賈耽傳所述，知賈氏深留意地理之學。

舊唐書賈耽傳：「耽好地理學，凡四夷之使及四夷還者，必與之從容訊其山川土地終始，是以九州之夷險，百蠻之土俗，區分指畫，備究源流。」

其先行製繪而進呈者，爲關中隴右及山南九州圖。

舊唐書賈耽傳：「自吐蕃陷隴右，積年，國家守於內地。舊時鎮戍，不可復知。耽乃畫隴右山南圖，兼黃河經界遠近，纂此說爲書十卷。表獻曰：『臣聞楚左史倚相，能讀九丘。晉司空裴秀，創爲六體。九丘乃成賦之古經，六體則爲圖之新意。臣愚昧，夙嘗師範。……然而隴右一隅，久淪蕃寇，職方失其圖記，境土難以區分。輒扣課虛微，採接輿議，畫隴中隴右及山南九州等圖一軸。伏以洮湟舊壤，連接監牧，甘涼右地，控帶朔陲。岐路之偵候交通，軍政之備禦衝要，莫不匠意就實，依稀像眞。如聖恩遣將議邊，新書授律，則臨芝之設險在目，原會之封略可知。諸州諸軍，須論里數人額；諸山諸水，須言首尾源流。圖上不可備書，憑據必資記注，謹別撰別錄六卷。又黃河爲四瀆之宗，西戎乃羣羌之帥，臣並研尋史牒，翦棄浮詞，纂所聞知，編爲四卷通錄，都爲十卷。文義疏朴，伏增慚悚。』」

賈氏所謂職方失其圖記，殆謂新進之本土地圖，而舊圖如長安開元之十道圖等，當不至毫無留存。否則關於隴右之舊圖俱亡，僅恃「採接輿議」，恐賈氏亦未能憑空創製也。且賈氏以前，已有親歷西州之元載，圖河西隴右地形。

新唐書元載傳：「大曆八年，蕃戎入邠寧之後，朝議以爲三輔以西，無襟帶之固，而涇州散地不足以守。載嘗爲西州刺史，知河西隴右之要害，指畫於上前曰：……。」……乃圖河西隴右地形。」

其後李德裕籌邊樓中，當亦有圖及隴右者。

新唐書李德裕傳：「乃建籌邊樓，按山川險要，與蠻相入者圖之左，西道與吐蕃接者圖之右。其部落衆寡，饋運遠近咸具。乃召習邊事者，指畫商訂，凡虜之情僞盡知之。」

而憲宗亦嘗覽天下圖，（殆即十道圖之類）見河湟舊封赫然。及大中間，張潮義始以瓜州伊肅甘等十一州之圖來歸。

新唐書吐蕃傳：「乾元後，劍南西山三州七關軍鎮監牧三百所，皆失之。憲宗嘗覽天下圖，見河湟舊封赫然，思經略之未暇也。……明年，沙州首領張潮義，奉瓜州伊肅甘等十一州地圖以獻。」

新唐書宣宗本紀：「大中五年八月，……沙州刺史張潮義遣兄義澤以瓜州伊肅等十一州戶口來獻。」

新唐書地理志：「上元年後，河西隴右州郡，悉陷吐蕃。大中咸通之間，隴右遺黎，始以地圖歸國。」

賈圖成於隴右失而復得之時期中，則另著之別錄六卷與通錄四卷，其記注貞元以前地理事實當甚詳備，惟其圖繪則恐不如張潮義等所獻者之正確矣。

至於賈氏之海內華夷圖與古今郡國道縣四夷述，固爲賈氏之大著作，且留存其遺制於南宋時刻石之華夷圖與禹跡圖，至今中國地圖之可見者，以此爲最古。是則近今學者每言及之，無待贅述。惟前乎賈氏者，有長安與開元之十道圖，而後乎賈氏者有李吉甫之元和十道圖。前修後出，均非偶然。且賈氏之作，關於國內地圖，當有職方圖書及古來典籍可據，而四夷之地，少所憑藉，不能不恃間接之訪問。此所以史籍特稱其探訊四夷往來之使者也。由是以推，則其自言訂正之例，皆在黔州四夷，疑亦非偶然者矣。

舊唐書賈耽傳：「至十七年，又撰成海內華夷圖及古今郡國道縣四夷述四十卷，表獻之曰：『……前地理書以黔州屬酉陽，今則改入巴郡。前西戎志以安國爲安息，今則改入康居。凡諸疏舛，悉從釐正。』」

若其所記地名，以朱墨分今古，或可謂以朱墨合繪沿革輿圖之濫觴歟？

舊唐書賈耽傳：「其古郡國題以墨，今州縣題以朱。今古殊文，執習簡易。」（此言或指郡國縣道四夷述而言，未必指圖之本身。）

賈氏身居相位，與裴秀相似，惟不知其是否如裴氏之有京相璠其人爲之編製。其獻圖之表，僅自言「謹令工人，畫海內華夷圖」耳。

五、唐方誌圖與其他總圖

隋唐之際，另有一種地圖，似與普通官府地圖來源不同者，曰方志圖（或方域圖）。是種地圖，與道教及曆法家有關。如李淳風父子均有方志圖之作。

舊唐書李淳風傳：「父播，隋高唐尉。以秩卑不得志，棄官而爲道士。頗有文學。自號黃冠子。注老子，撰方志圖，文集十卷，並行於代。」

又天文志注：「李淳風列定隋方志圖，頗嘗詳悉。所注郡邑，多依用。其復州縣，又隸管屬不同，但據山河以分耳。」

又天文志注：「且懸象在上，終天不易，而郡國沿革名稱屢遷，撿令後學難爲凖的。貞觀中，李淳風撰法象志，始以唐之州縣配焉。至開元初，沙門一行，又增損其書，更爲詳密。」（宋史藝文志有方志圖二卷，不知即此圖者？）

由是觀之，此圖疑有分野之說寄寓其中。其後呂才，尚獻甫，均有方域圖。

舊唐書呂才傳：「呂才博州清平人也，少好學，善陰陽方技之書。……太宗又令造方域圖，及飛騎戰陣圖，皆稱旨。擢授太常丞」。

又尚獻甫傳：（方技）「則天時，……以獻甫爲渾儀監，數問災異事，皆符驗。又令獻甫於上陽宮集學者撰方域圖。」

此等圖中，是否有分野圖說，雖不敢臆測。但其編製，皆出曆法占星家之手，與普通地圖之源各地方及職方官吏者，當屬另一系統也。宋史藝文志有趙瑀開元分野圖一卷，通志藝文略及圖譜略記無，亦著錄而不記撰人。趙瑀爲宋人，宋史有傳，（趙振傳附）著有察采圖經，未言其作分野圖。豈唐開元時另有一趙瑀其人，抑趙氏據唐代圖籍而製作此圖乎？是尚有待於續考也。

又據唐文粹，有李該之地誌圖。

唐呂和叔文集卷三地誌圖序：「廣陵李該，博達之士也。學無不通，尤好地理。患其書多門，歷世浸廣，文詞浩瀚，學者疲老。由是以獨見之明，法先聖之制。黜諸子之傳記，述仲尼之職方。會源流，考同異，務該暢，從簡要，粹然勒成一家之說。猶懼其奧，未足以昭啓後生，乃與素爲古儀，據書而畫，隨方而以區別，擬形容而測解，命之曰地志圖。觀其紛散百川，綺濯眾山，元氣剖判，成乎筆端。任土之毛，有生之類，大鈞變化，不出其意。然後列以城郭，雜乎墟落。內自五侯九伯，外至要荒蠻貊。禹跡之所窮，漢譯之所通。五色相宜，萬邦錯峙。毫釐之差，而下正乎封略，方寸之界，而上當乎分野。乾象坤勢，炳焉可觀。與夫衆采擬其端倪，盡地限乎梗概，固不可同年而語其詳略也。……窮地而述，舉世而載。事極鴻纖，理通幽昧。混一家之文軌，張大國之襟帶。覽人物之虛實，總山川之要會。表皇威之有截，明王道之無外。斯乃用功之大也。見蒼梧塗山，則思帝禹郡民之艱。觀窮荒大漠，則悟秦漢勞師之弊。覽齊晉舊壤，則知桓文勤王之績。觀洞庭荊門，則知苗蜀恃險之敗。」

據此，則該圖固亦有分野，惟其主要性質，則不但表明當代形勢，似尚兼有沿革地圖之意味焉。此方誌圖及以圖爲附屬之地志而外，唐代尚有數種總圖可附述者，馬敬實之諸道行程血脈圖一卷。（見新唐書藝文志，通志藝文略與圖譜略記無，及崇文總目。）

殆即全國道路總圖；而江融之九州設險圖，

舊唐書魏元忠傳：「時有左史盩厔人江融，撰九州設險圖，備載古今用兵成敗之事，元忠就傳其術。」

韋瑋之域中郡國山川圖經，

玉海卷十四唐天下圖：「書目域中郡國山川圖經一卷，韋瑋撰，始關內，終劍南爲圖。」

又卷十五唐郡國志：「中興書目，郡國志二卷，始於關內，終於嶺南。韋瑋域中郡國山川圖一卷，始關內，終劍南，據郡縣山川爲之圖。」

則山川形勢之總圖，而附有記志者也。至於地域方丈圖與地域方尺圖，乃爲總圖之簡[illegible]者。

見新唐書藝文志。通志藝文略稱「唐地域方丈圖唐地域方尺圖各一卷」（新唐書無「唐」字）並見圖譜略記無。（方丈圖如爲廣袤各一丈，則約當賈耽華夷圖面積十分之一。）

此殆沿晉時裴秀之制而加以修改者，前已言之。又據通志是圖列入圖譜略記無，則至遲在南宋時已亡佚矣。

六、宋代總輿圖

宋代職方承襲唐代舊制，各地方總進諸州閏年圖及圖經，而圖經之編制，至宋代始大盛。明清以來，方志之作，汗牛充棟，實多於宋代植其基礎。（參拙著地志與地圖）以是純粹地圖之製作，不免視唐代爲較遜。但圖經雖以記述爲主，亦皆附有地圖，而其他各種總分圖，亦復不少。茲略述其時之總圖與沿邊諸圖，亦可以見宋代輿圖之概要矣。

據眞宗滋福殿觀圖之記載，可見宋初滋福殿所藏各地方輿圖，甚爲詳備。

玉海卷十四至道滋福殿觀地圖：「至道三年七月四日，眞宗諭宰臣曰：朕欲觀邊防郡縣山川形勢，（一作地形）繪圖以獻。丙寅（四日），御滋福殿，召輔臣觀西鄙地圖。指山川險要曰：朕已令屯兵於地內州郡，簡冗省費，以息關輔之民。咸平四年十月庚戌，上以陝西二十三州地圖示輔臣，歷指山川險易蕃部居處。又指秦州曰：此州在隴山之外，號爲富庶，且與羌戎接畛，已命張雍出守，冀其撫綏有方。次指靈武北靈壁州圖曰：此邊鄙所豐，頗爲周悉。山川形勢如此，安得智勇之士，爲朕守之乎。又指西涼甘沙伊涼等州圖曰：此圖載黃河所出之山，乃在積石外，與禹貢所述異。又指北鄙幽州北契丹國界圖，戰契丹所據地，南北千五百里，東西九百里。上曰：封域非廣，借燕薊之富與族也。是年八月戊申，上出環慶涇原至靈州圖，指示輔臣。又指靈州西楡木天調路，且議戰守方略。五年六月甲申，對輔臣於便殿出河北、河東地圖，指示山川要害。」

至景德間曾下詔分諸路圖上山川形勢。

王洙卷十四熙寧山川形勢圖：「四年七月戊子，詔編修院選畫工，分詣諸路，圖上山川形勢地里遠近，納樞密院。以備檢閱，修述邊防以備檢閱。元年十月甲午，令……圖以聞。」

北宋製圖工作之較大者，有全國之十八路州軍圖，

王洙卷十四熙寧十八路圖：「仁宗初，命修十八路州軍三百六十餘所為圖上之。……」

趙彥若之十八路圖。

王洙卷十四熙寧十八路圖：「熙寧四年二月甲戌（十八日）召修撰校理趙彥若編修，重畫天下州軍府監縣鎮地理。先是，中書令畫院待詔編畫上之，既有紀而省精者圖籍，於令彥若。六年十月戊戌，上十八路圖一，及圖副二十卷」。

王洙卷十五熙寧九域志：「四年二月甲戌命趙彥若編考圖籍，畫天下地圖。六年十月甲午（一云戊戌），上十八路圖二，及圖副二十卷。」（宋史藝文志亦著錄。並註云：「熙寧前天下州府軍監縣鎮圖」，惟不著撰人。）

稍後則又有沈括之天下郡縣圖。（見宋史藝文志）

王洙卷十四天下州縣圖：「熙寧九年八月六日，三司使沈括言天下州府軍監縣鎮圖，其間未令供。乞令別繪天一本，稍為精詳，遂再於職方修圖局地圖等本，稍與編未。從之。元祐三年八月丙子，沈括賜絹百匹，以括上編修天下州縣圖故也。」

至於王洙等之皇祐方域圖志，

王洙卷十四皇祐方域圖志：「三年七月己巳，（二十一日）知制誥王洙直史館范鎮等上所修地理圖五十卷，（國史志三卷）圖繪要覽一卷，詔賜名皇祐方域圖志。」（宋史藝文志作三十卷，通志藝文略作皇祐方域圖志五十卷，王洙撰。）宋史宋庠傳：「帝嘗修皇祐方域圖志，地理敘錄，參訂舊籍。王洙推步精於考訂，賜三品服。及校正周禮，詔農本草，館閣名之所，尚圖記。著命篇。」

王洙卷十四皇祐方域圖志：「至和元年十一月，庚子，集賢校理上皇祐方域圖志。」

與李德芻之元豐郡縣志，

王洙卷十五元豐郡縣志：「元豐三年十月辛酉，詳定官制，所檢討文字。光祿寺丞李德芻上元豐郡縣志三十卷，圖三十卷。」（宋史藝文志作「圖三卷」）

以及許李宜之九州圖志等類，

根據補宋史藝文志及雍正浙江通志引萬曆溫州府志，均著錄。惟宋史許李宜傳不載。

雖均另附地圖，與寰宇記輿地廣記之無圖者不同。但究以記述為主，而地圖僅其附庸也。

南宋偏安，尚有王象之之輿地圖，明刊蓋於西蜀。

直齋書錄解題卷八：「王象之輿地圖十六卷　起臨安州為卷，圖若干為卷，其規模亦勤矣。而西蜀諸郡尤詳。其兄觀之漢嘉門時所刻也。」（補宋史藝文志作王觀之撰。）

唐九韶亦製有州郡圖。

宋史唐九韶傳：「九韶著作有鹿山文集，家譜，州郡圖。」

而光宗時黃裳亦製有輿圖，並製渾天儀，天文圖等。

宋史黃裳傳：「時光宗守邸，裳進封，……作八圖以獻：曰太極，曰三才本性，曰皇帝王伯學術，曰九流學術，曰天文，曰地理，曰帝系，以寓規諷。……裳久侍王邸，諸皆誦祕，即隨時以為諷。知光宗欲以渾天儀，輿地圖，俾以時察，欲王觀象而知進學如天運之不息，披圖而思祖宗境土半陷於異域而未歸。」

至於洪渚刻石而至今猶存之王致遠地理圖，亦係自蜀中，此時乃存蘇州府學。王氏圖係此圖由蜀中得來，淳祐七年仲冬刻石。

但其規制已不知著名圖之佳勝矣。

北宋初盛行之全土華夷圖，（見王洙卷十四，十五，及宋史藝文目錄），雖或冒號華夷乃稍稍未，通志圖譜略記有，書為華夷圖一冊，不知其是否即就此圖，抑另為一圖。而於乾道間應詔中頒屬上之華夷圖，則所以保釋，而非時大臣，或有因其命而繪製者。

王洙卷九十一乾道閱潼蜀總頒屬華夷圖：「乾道元年七月癸丑，詔御覽潼蜀總頒屬並修華夷之詳，令重詳選，令列監司郡守兼兩行，以資參考佐證。上指示洪適等曰：經紀作此詳，若繪華夷圖，並覽閱覽。朕等於都堂亦可依此。」

此外四海圖之撰人及時代未明者，尚有混一圖，（宋史藝文志）地理圖，（宋史藝文志補見，王洙卷十四亦有地里圖。）十七路圖（通志圖譜略記有）等。而天下至京地理圖，（通志藝文略）諸路至京驛程圖，（通志圖譜略記有）十七路轉運圖，（通志圖譜略記有）則均屬程之類圖也。

至於秋安縣之地理指掌圖，則係流本地圖性質。

直齋書錄解題地理指掌圖一卷：「蜀人稅安禮撰。元符中，欲上之朝，未及而卒。書肆所刊，皆不著名氏，亦頗闕不備。此蜀本有涪右任慥序，言之頗詳。」

朱子語類：「指掌圖非東坡所為。」

王洙卷十四祥符州縣圖經：「祥符指掌圖，始於唐堯時，為圖凡四十有四。此序曰：……首目三卷，不知作者。」

（宋史藝文志著錄有契丹疆宇圖一卷，蓋即此圖）

吾人所知能言古今之沿革地圖，蓋以此為最早，且示今猶未亡佚。惟今日刊本，（明劉基行本及何鏜編輯叢書本）則內容殊粗略耳。

七、宋邊防圖

北宋疆土，較唐代為狹小。沿邊之地，多備為界域。故時常有收復失地之意。以是宋代邊防地圖，較為眾多，而尤以契丹及與西夏一帶為主。吾人由此邊防地圖之多寡詳略，蓋亦可以略見其對外關係之輕重焉。

真宗於澶淵定盟地圖，即注意於邊防地圖，可見北宋初對於邊疆之注意。（參上節所引王洙卷十四，「西路諸屯駐兵地圖」。）及嘉祐間既有修及會合秀山等圖籍，亦皆注意於邊防。

王洙卷十四元祐職方圖：「嘉祐五年，既內修舊圖籍，與會合秀等天下兵數及三路屯戍多少，地理遠近，更為圖籍。凡邊防久屯戍者，必備書焉。」

至若契丹與幽燕地圖之見於記載者，在後唐時已有契丹所進圖。

如五代史藝文志：「契丹地圖一卷。長興三年，契丹遣其王與傳進。」及宋太祖時有曹翰之幽燕地圖。

王洙卷十四：「太祖以幽燕地圖示普。普曰：此必曹翰為之。上曰：然。普曰：翰可取，孰可守云云」。

至道元年破契丹，楊守素乃上地圖。

王洙卷十四元祐職方圖：「至道元年，府州折御卿大破契丹，圖山川地形以按戰地。三月內楊守素以地圖來上，帝披覽久之。」

及嘉祐間，趙至忠又上契丹地圖。

王洙卷十六嘉祐契丹圖：「嘉祐二年四月辛未，歸明首州趙至忠上契丹地圖，及僭位雜記十卷，賞賜甚厚。」

而沈括之使遼圖抄，既出諸有科學素養者之手，又因出使而親歷北境，其內容當較精確。

宋史沈括傳：（沈括傳附）賜括白金千兩，使行至契丹。……凡六會。契丹知不可奪。遂舍黃嵬而以天池請。括乃還。在道圖其山川險易迂直，風俗之純厖，人情之向背，為使契丹圖抄，上之。拜翰林學士。」

通志藝文略：「沈括使遼圖抄一卷。」（圖書館有沈括使北圖，當係同一圖。）

又曾以木雕等創製邊境之地形模型，而邊州皆為木圖，藏內府焉。

夢溪筆談：「予奉使按邊，始為木圖，寫其山川道路。其初遍履山川，旋以麪糊木屑，寫其形勢於木案上。未幾寒凍，木屑不可為，又熔蠟為之。皆欲其輕易齎故也。至官所則以木刻上之。上召輔臣同觀，乃詔邊州皆為木圖，藏於內府。」

另有契丹地理圖及契丹疆宇圖，則其作者與時期均未之知。

宋史藝文志：「契丹地理圖一卷。並不知作者。」（亦見通志藝略）又「契丹疆宇圖一卷。」

直齋書錄解題卷八：「契丹疆宇圖一卷，不著名氏。錄契丹諸蕃地及中國失地。」

王洙卷十六熙寧北道刊誤志：「契丹疆宇圖一卷，地里圖一卷，不知作者。」

他若有禹跡圖一，或由前圖仿製而成者。

關於西北地圖，則有鄭文寶之河西隴右圖，

王洙卷十四咸平河西隴右圖：「鄭文寶咸平中命知府召勒延州，文寶因獻河西隴右圖，亦言靈州可棄。時自言：祥化初，常遭隊右，西覽河隴，備將方志，乘間糾寄。探月支日逐之舊壤，討金城玉塞之故跡，列于隘疏，覽然在目。」（宋史鄭文寶傳略同而不引序文。）

曹瑋張宗貴之所進涇原邊州軍山川城寨圖，

王洙卷十四，祥符山川城寨圖：「二年四月，先是，曹瑋張宗貴上涇原環慶兩路州軍山川城寨圖。己未，上出示王欽若曰：邊防得宜，備禦甚悉，蓋其山川城郭險固，出入戰守之要，盡在是矣。宜令別繪一圖用樞密印，一付本路，一留密院，令諸將按圖以計事。」

盛度之西域圖與河西隴右圖。

王洙卷十四河西隴右圖：「天禧二年十一月己未朔，以知制誥盛度為學士。先是度奉使陝西，因覽地域，參質蕃落所地，繪為西域圖以獻。祥符六年，還知制誥。明年，奏事便殿。上問山川形勢之詳，乃出舊命工別繪。度因言已圖漢所置五郡，（酒泉至金城）併記載五郡之東南，自秦築長城，唐界節度，總其山川道路壁塞堡障，為河西隴右圖以獻。上稱其博學。」（宋史盛度傳略同）

其後劉渙又得西州地圖以獻。

王洙卷十六慶曆西州圖：「慶曆二年，劉渙使西蕃，得西州地圖以獻。四月甲辰，為陝西招安蕃落使。」

而元豐中劉昌祚又上鄜延邊圖：

王洙卷十四元祐職方圖：「元豐六年七月壬申，知延州劉昌祚以鄜延邊圖來，自義合西至德靖，綿亙七百里，徼塞綴衛不齊，峰燧不相應，乃立為定式。凡控扼要害，屯守屯戍據聚，分地望，畫山川形勢上之。上嘉納。」

又有所為對境圖者，蓋亦當時之邊界圖也。

王洙地理圖元祐職方圖：「兼有四界對境圖。自興國四年，詳繪所兼其間。元豐五年六月己未，詔畫五路對境圖。」

王洙異域圖書，元豐五路對境圖：「五年六月己未，上批先有四界對境圖。四封以來，兼維文字，皆畫山川道里及異同，無以考證。今諸路經歷山界，熟知地形大多者，兼畫工同前並山川堡寨，四賊形兵馬地名，畫對境地圖，以為朝之。上樞密院。既刊，取畫對境圖及策兵察候，比對考按，續為五路都對境圖。」

又有大遼對境圖，大金接境，及西夏賀蘭山圖，（俱見通志圖譜略記有）其作者及時期均未詳。此外更有六合遼案圖。

直齋書錄解題卷八：「六合運掌圖一卷　不著名氏。凡為圖四十有列。其諸夷為中國故地，北三境，北塞山川諸路，及蠻以及諸地離界亦著之。」

是北宋時雖尚有興圖，而實為邊防圖之精華耳。（完）

雜錄

論「檔案」

曾宗儒

「檔案」兩字，已為現在一個公認的名詞，但是這名詞的涵義與其所指之物，是不是名實相符的？自民國十八年故宮文獻館開始整理檔案起，直到現在，於是史學界對於「檔案」兩字的定名，似乎很沒有注意，這名詞幾乎是漫無標準而成立了。若干年後，約定俗成，這名詞的真義，自然更沒有人過問了。

我們為研究的，我從事整理檔案，雖然已經八年要多，在這個過程中，蒙幾位前輩和學人的指導，與自己的體驗，稍有了解，感到於檔案中，我深覺對於這個名詞的界說，也還有的有了一些意見，現在寫了出來，敬求讀者前輩的指正。

「現在所謂「檔案」，是把清代所有文件總稱而言，其中包涵的範圍很多。這些品類，是不是能以「檔案」兩字包括得盡的？我們須將他的界說一下。據我個人這幾年的體驗，以為「檔」是「物」，這「物」的形式和用途，是裝訂成本記錄事件的。「案」是「事」，集「事」成「案」，集「案」成「檔」，所以叫作「檔案」。那麼，究竟是「檔」，還是「檔案」，要區別這些，仍須從「檔」的意思分析。

內閣大庫的滿文老檔，上諭檔，史書檔，絲綸檔，交部檔，秋審本檔，紅本檔，揭帖引片檔，承辦謄錄檔，秋審停米檔，大事檔，揭帖檔……。軍機處的隨手登記檔，奏摺錄片檔，剿捕檔片檔，電寄檔，剿發照件檔，清卷交議事件檔，上諭檔，現月檔，明發檔，寄信檔，上諭檔，外紀檔，奏摺檔，萬壽節並檔，大員子弟檔，存記檔……。清史館的隨手登記檔，各處稿件檔，宮中的記事檔，雜事檔，命案檔，交事檔，朱批檔，流水檔，閱進檔。內務府的奏銷檔，紅本檔，呈文檔，行文檔，來文檔，上傳檔，日美錢糧摺白本檔，堂諭檔，上記檔，值宿檔，升平署的恩賞日記檔，行在檔，行走班檔，花名檔，人名檔，月摺檔，造辦檔，白米檔，知會記錄檔等。都是裝訂成本而記錄事件的「檔」。

但是「檔」構成的主因，不是一樣的，可以分成兩類。

一、隨時記錄而成的。

二、集合各「案卷」謄錄而成的。

隨時記錄而成的，如軍機處的隨手登記檔，清史館的隨手登記檔，宮中的記事檔，交事檔，內務府的值宿檔，升平署的日記檔等。是隨時隨地記錄，而不一定能成案，只能稱為「檔」。

集合各「案卷」謄錄成的，如內閣大庫的滿文老檔，大事檔，內務府的奏銷檔，紅本檔，呈文檔等。這些奏稿，紅本，呈文，或其他文件中抄錄而成的。纔可以算是「檔案」。在內務府堂現行則例（宣統朝本）卷一內載：「據查該吏……因京師兵變之後，各房案卷散失……，著照所開，隨時新檔成案」，可以證明「案」，是由「卷」中集合而來，然後纔成「檔」。若依這種說法，那麼我們正這個名詞可以給它下一個定義說：凡是非謄錄而成的「檔」，不能稱名之曰「檔案」。

我們的檔案，內閣大庫的紅本，史書，實錄，軍機處的摺包，宮中的奏摺，清史館的稿，志，本紀，列傳註，內務府的呈稿，奏摺，升平署的劇本等，真是繁多。而至於「檔」不過其中一部份。「檔案」，又為其中的一部份而已。就形式及性質言，紅本，呈稿，奏摺，奏摺，都沒有「檔」的形式。史書，實錄，劇本，雖裝訂成本，但是它的性質，又與「檔」不同，它們又各有固有的名稱。在內務府堂則例（宣統本）卷四：「奏銷冊籍……，道光二十四年五月，本府議覆奏准，嗣後造冊一年，將本府所有應存案冊，檔，稿件，並且清冊一本，即將無用之件，隨時銷燬」云云。所以「案」已將冊，檔，稿件等，分別的很清楚了。這是我們的證據，方能分得清晰。如今要把一個不能代表其他物的名詞「檔案」來包括一切的清代文件，恐怕名不正，則言不順吧！

圖書副刊

BOOKMAN
第一百八十二期

書評

三種左傳索引正誤（上）

聶崇岐

三種左傳索引者，合英人Sir Everard D. H. Fraser及J. H. S. Lockhart之Index to the Tso Chuan，日人重澤俊郎佐藤匡玄之左傳人名地名索引，及日本大東文化學院志道會研究部之綜合春秋左氏傳索引而言也○三書名稱雖殊，但皆屬於左傳之索引，故總稱之爲三種左傳索引焉○

Index to the Tso Chuan 出版於一九三○年，發行者爲牛津大學印刷所，承印者爲上海商務印書館○書係根據一八七二年出版之Legge英譯左傳編纂而成，譯文間或參以己意○書首爲Lockhart序言，次爲凡例，次爲十二公年代與Legge譯本頁數對照表，次爲索引，都共四百三十八頁○索引排列皆依康熙字典順序，每字之下注其羅馬拼音，旁注譯文並所在之頁數行數○舉凡左傳所有之字，除專名詞第二字以後諸字外，蓋皆詳列無遺；謂之Index固可，即謂之Co-ncordance，亦無不可也○

左傳人名地名索引出版於昭和十年，發行者爲弘文堂書房○書首爲小島祐馬中文序言，次爲凡例，次爲檢字，次爲人名索引，次爲地名索引，而以春秋列國公室世族譜系圖爲之殿，都共三百一十頁○索引排列皆以筆畫繁簡而定；筆畫同者，則依康熙字典順序；惟一人數稱者，則以本名爲主，下列字號及各條之出處；而字號之下，則用互見方法，僅注本名，不注出處，用者據其本名之目，即可按圖索驥，不必再事翻檢字號之目；其簡便處，實有足多者○

綜合春秋左氏傳索引出版於昭和十年，發行者爲大東文化協會○書係根據秦鼎春秋左氏傳校本編纂而成○首爲諸橋轍次序言，次爲凡例，次爲索引，都共九百五十二頁○索引之中又分語句，人名，地名，引經，官名，器物，動植物，飲食物，衣服，天文災異，君子曰，仲尼曰，凡例等十三部○諸部之前，除引經，天文災異，凡例三部外，餘皆附有檢字○其排列次第，除凡例一部外，大致與左傳人名地名索引相同；惟人名地名，更以國分；至人有數稱者，不論其爲名爲字號爲諡，則皆分別立目，每目之下，並列其他異稱，不用以名爲主以字號見於本名之互見方法；其爲用之便利與否，則殊難言矣○

頃以讀春秋左氏傳，查於上述三種索引者良多○其體製之是否完善，以仁智所見雖同，殊不易判其優劣，評其得失○惟譌誤之處，以有原書可據，注文可考，則較爲易於辨別○茲姑略爲糾正，對於購用此三種索引者，諒或不無小補也○

×　×　×　×

一 Index to the Tso Chuan 正誤

1 頁十九「仲」字下：

仲子，Daughter of Duke of Sung○ $1_{s.4}:21_4$ ○…仲子，2nd wife of 14th Marquis of Lu○ 18_6 ○

依索引前所附之十二公年代與Legge譯本頁數對照表（以下簡稱對照表），$1_{s.4}:21_4$ 皆爲隱元年，18_6 爲隱五年○攷隱元年之仲子及隱五年之仲子實爲一人，蓋爲第十四公（惠公）夫人仲子即宋武公女仲子，索引列爲二人，誤也○

2 頁七十二「哀」字下：

哀姜 Popular name of wife of莊公q. v. of Lu…279_{15} ○依對照表，279_{15} 爲文十八年○考文十八年之哀姜乃文夫人出姜，非莊夫人也○

3 頁七十八「固」字下：

公子固（子成）son of 公孫蠆 of Chi. $621_8:627_{16}$ (where name is 子城)

依對照表，621_8 爲昭八年，627_{16} 爲昭十年○考昭八年及十年之子成（或子城）爲齊頃公之子公子固，索引以爲公孫蠆之子，誤也○

4 頁一百五十二「心」字下：

心……the heart. 437_1 ……○

依對照表，437_1 爲襄九年○考襄九年之「心」乃指心星而言，非心肝之心也○

5 頁二百零五「棄」字下：

棄疾 or 弃「弃?」Son of Ch'u 追舒，afterwards 平王 q. v. $493_{18}\ 494_{4.5}:594_3:608_{8.11}:621_{11}:624_2:631_8:632_{15.17}:643_{6.8.15-17}:644_{12}$ ○

依對照表，$492_{18}:494_{1.4.5}$ 皆爲襄二十二年，594_3 爲昭四年，$608_{8.11}$ 爲昭六年，621_{11} 爲昭八年，624_2 爲昭九年，$631_8:632_{15.17}$ 皆爲昭十一年，$643_{6.8.15-17}:644_{12}$ 皆爲昭十三年○考追舒之子棄疾與楚平王同名，平王乃共王之子，非追舒之子○襄二十二年之棄疾乃追舒子，昭四年以後之棄疾則爲平王，索引混而爲一，誤也○

6 頁二百二十八「淸」字下：

淸… a chêng peace. 127_8 ○

依對照表，127_8 爲閔二年○考閔二年並無言及鄭地淸者，僅有「鄭人惡高克…爲之賦淸人」一段；但淸人爲詩篇名，非鄭之地名也○

7 頁二百八十七「糾」字下：

公子糾 son, by concubine, of chi 襄公○

考公子糾爲齊僖公庶子，襄公之弟，索引以爲襄公庶子者，誤也○

8 頁三百一十六「良」字下：

子良（name去疾）son, by concubine of chêng 靈公，…$481_{0.12.13}$…良霄（T.伯有）grandson of Chêng 穆公，son of last○…

依對照表，$481_{0.12.13}$ 爲襄十九年○考襄十九年之子良非去疾，乃另一人○又名去疾之子良爲鄭穆公庶子，乃靈公弟，非靈公子○又良霄乃子良之孫，子耳之子，索引以爲 son of last（指子良），誤也○

9 頁三百六十二「趙」字下：

趙勝（平原君）one of the 四豪，son of 趙旃○ 498_9 ○

依對照表，498_9 爲襄二十三年○考襄二十三年之趙勝，與戰國時之平原君趙勝，前後相距二百餘年，索引編者以習聞四公子之名，遂妄將二趙勝牽合爲一，實大誤也○

10 頁四百一十五「駟」字下：

駟帶（T.子上）son of 公孫夏 of Chêng.……669_{12}. 依對照表，669_{12} 爲昭十八年○考名駟帶之子上已卒於昭六年，昭十八年之子上爲另一人，非駟帶也○

11 頁四百一十九「鬭」字下：

鬭伯比（T.子良）son of 若敖，14th ruler of ch'u……

鬭穀於菟（T.子文）son of last, governor of ch'u capital

……

鬭伯賁，鬭伯棼（T.子越，椒）son of 鬭伯比 above. 考子良爲子文之弟，鬭伯比之子，非鬭伯比之字○子越椒爲子良之子，子文猶子，乃鬭伯比之孫，非子也○

12 仝頁：

鬭克 is 析公子儀○……$265_{18}:266_3$……521_{13-15}.

依對照表，$265_{18}:266_3$ 皆爲文十四年，521_{13-15} 爲襄二十六年，考襄二十六年傳云，「子儀之亂，析公奔晉」○註未審析公爲何人，僅云在文十四年○又考文十四年傳云，「公子燮與子儀……作亂，…廬戢棃及叔麇誘之，遂殺鬭克及公子燮○」注，「鬭克，子儀也○」是子儀因作亂被殺，析公因子儀之亂出亡，二者之非一人明甚，索引以析公爲子儀者，誤也○

二 左傳人名地名索引正誤—人名之部

1 頁八：

子元（鄭）隱五　桓五　莊二十八　昭十一

按：莊二十八年之子元乃楚公子元，非鄭之子元○索引列於鄭子元下，誤也○

2 頁十四

子瑕　「見」駟乞

按：春秋凡三子瑕：一爲鄭公子瑕，見於宣三年；一爲鄭駟乞，見於昭十九年；一爲楚陽匄，見於昭二十三年○索引不應於子瑕下僅注見駟乞一人○

3 頁十五

子蟜　「見」公孫蠆

按：春秋有兩子蟜：一爲衛大夫，見於襄十四年；一爲鄭公孫蠆○索引不應於子蟜下僅注見公孫蠆一人○

4 頁二十

公子固　昭二十

子成　昭八

按：昭二十年之公子固爲宋人，昭八年字子成之公子固則爲齊人，二者不容混列○

5 頁三十一

公孫捷　昭十

子車　襄二十八　昭八　二十六

子淵捷　昭二十六

按：襄二十八年之子車乃北宮捷，索引列於公孫捷下，誤也○

6 頁四十二

王孫賈　定五　定八

按：定五年之王孫賈爲楚人，定八年之王孫賈爲衛大夫，二者不容相混○

7 頁五十

田孟諸　昭二十一

按：昭二十一年傳曰，「乃與公謀逐華貙，將使田孟諸而遣之○」孟諸，澤名，田者田獵之意，田孟諸乃獵於孟諸澤之謂，索引以爲人名，大誤也○

8 頁七十三至七十四

叔孫州仇　定十經　十二經　哀二經　三經

武叔懿子　定十

按：定十年經文，「叔孫州仇仲孫何忌帥師圍郈○秋，叔孫州仇仲孫何忌帥師圍郈○」傳曰，「……侯犯以郈叛，武叔懿子圍郈，弗克○秋，二子及齊師復圍郈，弗克○……」傳文明言武叔懿子爲二人（武叔爲叔孫州仇，懿子爲仲孫何忌），索引乃以爲叔孫州仇一人，誤矣○

9 頁七十九

叔禽　成十　昭五

按：成十年之叔禽爲鄭人；昭五年之叔禽爲晉人○二者不容相混○

10 頁八十九

侯獳　僖二十八　成十七

按：僖二十八年之侯獳爲曹人，成十七年之侯獳爲鄭人，二者不容相混○

11 頁一百○五

祝宗　昭二十五

按：昭二十五年傳曰，「冬十月，辛酉，昭子齊於寢，使祝宗祈死○戊辰，卒○」祝宗爲主祭祀祈禱者，索引以爲人名，誤也○

12 頁一百三十一

華向　昭二十　昭二十一

按：昭二十年傳曰，「宋元公無信多私而惡華向，華定華亥與向寧謀曰：『亡愈於死，先諸！』……夏六月，丙申，殺公子寅，公子御戎…公如華氏請焉○…癸卯，取大子欒…以爲質，公亦取華亥之子…向寧之子…以爲質○…冬十月，公殺華向之質而攻之○…華向奔陳…」又昭二十一年經文，「宋華亥，向寧，華定自陳入於宋南里以叛○」傳曰，「…華向入，樂大心…禦諸橫，華氏…以南里叛○…」是華向爲二族之稱，索引以爲人名，誤也○

13 頁一百三十七

瑕辛于市　昭十二

按：昭十二年傳曰，「成景之族……殺瑕辛于市○」殺瑕辛于市者，似爲瑕辛被殺于市之意，恐非一人名氏爲瑕辛于市也○

14 頁一百五十四

樂喜　襄九　二十七

子罕　成十　襄六　十七　二十七

按：成十年之子罕乃鄭公子喜，非宋樂喜，二者不容相混○

15 頁一百五十八

鄭子　桓十八　莊十四　宣三

子儀　桓十八　莊十四

按：桓十八年之子儀乃周王子克；索引以鄭子亦字子儀，故有此誤○

16 頁一百六十二

駟乞　昭十九

子瑕　昭十九

令尹子瑕　昭十九

按：令尹子瑕爲楚陽匄，非鄭駟乞○匄乞雖皆字子瑕，但令尹楚官，駟乞鄭人，且居於鄭，自不能爲楚令尹也○

新書介紹

中國之農業與工業

朱輝君

譯者　陶振譽　正中書局　二十六年三月初版　一冊二百三十頁　定價六角五分

本書原名「Land and Labour in china」，係英國倫敦大學陶內（R. H. Tawney）教授的著作○他寫這本書的來源，譯者說得很清楚：一九二九年十月太平洋國際學會在日本京都舉行第三次會議，會中所討論的最重要的問題就是東三省問題○會議終了時，列席者感覺要理解東三省問題非認識東三省問題背後之中國問題不可；於是決定把中國問題作爲第四次會議之中心問題○議定之後，即着手準備；其準備之一便是委託陶內教授來調查中國之農業與工業○陶內教授於一九三○年來華，一九三一年十月把調查和研究的結果提出在上海舉行的太平洋國際學會之第四次會議，本書的大部份便是那次調查和研究的結果○

本書的價值，沒有人能够否認○幾年前蔣廷黻教授曾爲文介紹，本刊第一三二期有連士升先生介紹，遲到今天居然有中文譯本出版，實在是一件可喜的事○原書共分六章，討論的範圍全限於農業和工業上的問題，僅第六章附以政治與教育○因爲農業在中國是一個極主要的問題，故全書討論農業者佔三章，討論工業者僅佔一章○就頁數言，全書討論農業者共一百二十頁，而討論工業者只七十頁○

第一章（導言）著者論到工業革命在中國的影響；第二章討論農業組織問題；著者謂中國農民約佔全國人口四分之三，中國農民的衣食問題一日不解決，便不能說中國已有了最低限度的生活標準○中國的農業是小農經營；中國的農民問題，是佃農問題，不是僱農問題。中國農地之關係等等，實為中國農業組織中的嚴重問題。最後，著者以西洋農作比較，謂中國農業組織中，資本不足而人口過多。每一畝地的平均產量雖然高，但每一農民的平均產量卻很低。第三章從耕作方法，農產出賣，金錢借貸，土地租佃，賦稅，雇農，種種方面討論農民問題。在這章著者討論農業發展之可能性的訓練，改良交通，推行合作，改良租佃制度，提倡科學與教育等等，為農業上主要的改良政策。在論科學與教育時，著者除勸中國採用機械試驗新肥料等等而外，並說：中國的教育應該在農村裏建設起來，中國的科學研究亦應該與農民聯繫起來。對於改良租佃制度，他建議：一面由政府供給佃農使他們收買地主的土地，一面強迫地主出賣土地減輕地租；設一研究機關，選擇租佃問題最尖銳的地方，研究計劃，然後計劃在這地方去試驗。

第五章論中國工業制度，著者謂在技術和組織上，中國大部分的工業，還在資本主義前期時期。「它的特徵，不是應用動力的機械，合股的金融和富有經濟性的階級等等，而是幼稚的器具，手工業的方法，以及由商人或者經營小規模企業的小企業主所付的小額投資」。近三四十年來中國已經有了一種近代經濟技術和工業機構發生，可是根據許多數字，著者得了幾個結論：(一)中國工業革命只在幾個大城市內開了開始；(二)工業的地理分佈很不平均——在遼寧等沿海六省，國際貿易佔全國百分之九十二，鐵路佔百分之五十三，汽車路佔百分之四十二，郵局佔百分之九三，鐵礦佔百分之九十二；(三)鐵路的四分之一以上，煤產的四分之三以上，鐵產額的半數以上，紡織投資的半數以上，都在外國人手裏。

著者以為中國工業化是無可避免的，問題不在要不要工業化，而在用甚麼方法以甚麼目的去工業化。因此發生三個問題：(一)關於生產的計劃和組織；(二)關於保護勞動的標準；(三)關於都市化發生以後的生活狀況。關於第一個問題，他主張中國在大規模工業化時，應該同時像過去二十年間歐洲所做的一樣，幫助手工業者改良他們的技術，鞏固他們的金融組織和商業組織。關於第二點，著者以為應由兩方面努力：一是勞工組合運動，一是工場法之制定。勞工組合運動，他以為不能依賴政府，應由工人自己籌備，自己鬥爭。工場法的內容，他主張不要把勞動生活標準一下定的太高，以致不能實行；而要不息地一階段一階段地把他提高到最高度。

綜觀全書，有幾點是我們應當特別提出的：第一，講事的條理和議論都很精闢透澈。陶內教授本來是一位著名的學者，英國經濟史的權威，在這本書裏，我們更可以看見他從敏銳眼光的深刻。他並非以驚異的事物和高妙的議論來眩惑讀者，反之，他的議論和條理都是普通的事。但是這本書之所以能引人注意，我想是在著者把材料安置得法和議論平實。一方面著者雖也引用了許多的統計數字，但同時卻給予讀者明確簡潔的暗示，幫助讀者去推想。

第二，在論及農業的衰落時，著者以數字打破我們「地大物博」的信念。他說中國大部分太燥，太冷，太崎嶇，農業不能成功，其他礦產蘊藏，亦不富足。論及中國的人口，他說：

「中國的人口太大，現有資源不足以供養這許多人口。中國全部人口的中間密度，比之於多數西洋各國雖然低，而中國某些部分的人口密度則高得驚人。有些省分和歐洲諸國一樣地大，其人口密度之高，我們足可以說它們是一種擁擠之地。密集的人群，為了糊口活命而鬥爭，這是經常不斷的現實。農村中一切悲慘現象——耕地之零細，收入之微少，嬰女殺害，饑荒——都是這種現實之不可避免的結果。」(譯文一百三十一頁)

第三，在工業一章裏著者雖然勸中國應該工業化，但是工業問題本是一個複雜問題；尤其在政府未能有持久政策之前，工業化應當從何處下手呢？著者誠懇地勸我們說：

「青年中國的毛病，是在熱中於模仿。在工業改造的各項計劃裏，都能「熱中」亦就犧牲無節制。那些計劃是為美洲設計的，是為歐洲設計的，是為月球設計的，是為不幸的中國以外之一切地方而設計的；而那些計劃要想搬來在中國去實行，那些計劃一條一條的都是些不可能的事情，千篇一樣得可怕，好像只要照樣反復，就可以把幻想變成事實的樣子。在經濟問題當中，賢明的道路正與此相反。賢明的道路是「因勢利導」。一個明智的民族不需要依賴雜地去抄襲別國的方法。他要發現他本身的特長何在；他不去徬徨模仿在別國已經成功了的事情；反之，他要集中全力於別國還沒有做或是已做而還沒有成功的事情。如果中國被歐美工業文明的成就所迷惑，只想去模仿他們而不想去自闢道路，那我們可說是中國很大的錯誤。中國必須從已有的經濟基礎出發，必須擴張有最好條件的且最適宜於他本國的那些工業，必須發展他所已經有的優長。」(譯文一百七十六頁)

這雖是平凡的話，可是很值得我們的深思。

但是，假使這書僅在是一本可貴的書，我們也應當用同樣的心情去感謝譯者。譯筆的忠實和流暢，沒有一點晦澀和曲筆的地方，都是這本書的可取處。本書的翻譯是依照直譯法的，但無直譯法的弊病，句句都經過譯者一番融化，再用地道的言語說出，讀起來令人不覺有艱澀困難。可知譯者在翻譯上確實下了一番功夫。

不過亦有幾處譯錯或有斟酌的必要，現在錄出來，請教譯者：

(一)原書二十六頁：a tolerable standard of well-being cannot be said to prevail as long as some considerable proportion of her rural population is underfed and under-housed, decimated by preventable disease, and liable to be plunged in starvation by flood and drongit. Astable state is equally difficult of creation until the social condetions of rural China have been substantially improved. Political organization rests on economic foundation when the latter crumble, it crumbles with them.

譯文頁三十一：只要中國農村人口的相當部分一天缺乏衣食住，一天有十分之一要死於可以預防的病疫，一天要被水災旱災而陷於饑餓之境，那，就一天就不能說中國有了最低限度的生活標準。除非中國的社會情況已經有了實質的改善，那，要建立一種安定的國家仍是非常地困難。政治組織是建立在經濟基礎上面的。當經濟基礎動搖的時候，政治組織也隨之而動搖。

此處譯文最大的錯誤是在「除非中國的社會情況已經有了實質的改善」一句裏將原文rural一字漏去，因為上文明明說的是農村人口，此處將「農村的」意義漏去，便顯得不很妥了。最後一句，crumble 一字譯為動搖，亦覺不當，譯為「崩潰」或較切當些。

(二)原書七十三頁："The small fncomes" to puote the most distinguished foreign authority on Chinese agrienlture," reduce most of the farmers and their families to a mere subsisteace basis. In fact th pesple feed themselves in Winter, just as one 'coughs" labour animals through the wiuten, by ocnstr in aing aslittle and as poor food as possible."

譯文九十四頁：引用關於中國農業之最有名的外國權威布洛克的話來說：「微少的收入使中國大多數的農民及其家屬陷於僅能生存的境界。事實上，他們過冬正好像耕牛等苦的動物過冬一樣，能夠少吃一點便少吃一點，能夠吃壞一點便吃壞一點。」

「能夠吃壞一點便吃壞一點」，譯來有點生澀，還不如照原文去譯得好：「事實上他們過冬正好像耕牛等苦的動物過冬一樣，飲食能夠少吃一點便少吃一點，能夠吃得壞一點便吃得壞一點」。

(三)原書七十三頁：It is taped by one ruffien who caels himselt a general, by anater, by actlrd and, when it has brought themoff, stillowes taxes to the Government; in some places actually more than twenty year's taxation has beer paid in advanse.

譯文九十四頁：有一個自稱將軍的惡漢向他徵稅，又有第二個第三個接踵而來，即使買了他們的安以後，他還是欠政府的稅；在有些地方，政府的稅事實上已經預繳了二十年以上。

「即使買了他們的安以後」這句話亦覺不妥，不如譯為：「給了他們的錢，打發他們走後……」。

其次，我認為應當提及的是：譯者在翻譯時恐怕讀者誤解，每將原文的普通名詞寫出；本來譯者寫出原文是常有的事，但是通常都是限於專名詞，非人名即地名。如果譯者總是不放心，每將普通的名詞寫出，就未免太累贅了。

此外尚有許多印刷上的錯誤，如頁一Jawnby應作Jawney，頁四十五United States應作United Provinces，頁一百四十四「徙置」應作「徙宣」，頁一百六十一「二百九十」應作「二十九」，頁一八九「鑑」應作「監」。

總之，陶譯實在是一本不可多得的讀物，譯者的譯筆忠實和流暢也同樣值得欽佩。陶教授的著作雖是我們不清楚自己的國家，譯者能把這本書譯成中文出版，使一般讀者能夠更加認識自己的國情，這是我們應當表示感謝的。

天主教十六世紀在華傳教誌

于鶴年

[illegible]

[illegible]

圖書副刊
BOOKMAN
第一百八十三期

書評

三種左傳索引正誤（下）

聶崇岐

三　綜合春秋左氏傳索引正誤——人名之部

1 頁一晉人下：

士文伯　士匄・范匄・范宣子・匄・伯瑕・文伯・宣子

按：士文伯爲士鮒之子，雖亦名匄，但與范宣子之士匄（即范宣子，范匄）非一人，索引混而爲一，大謬。

2 頁二晉人下：

士魴　彘季・士魴・先縠・彘子

按：士魴與先縠雖皆有彘季之稱，但非一人，索引混而爲一，誤矣。

3 頁三晉人下：

子容　羊舌赤・伯華・赤

按：子容爲羊舌赤（即伯華）之子，索引以爲子容即羊舌赤，大謬。

4 頁五齊人下：

大公　齊桓公・小白・公子小白・齊侯小白・齊桓・齊侯

按：大公，雖人皆知爲齊開國之君，齊桓（即公子小白，……）之祖，索引誤以大公即齊桓，謬矣。

5 頁六齊人下：

子家　析文子・析歸父・慶封・慶季

按：析文子（即析歸父）慶封（即慶季）雖皆字子家，皆爲齊人，又皆在同時，但究不可相混。索引列爲一人，大謬。

6 全頁齊人下：

子旗　欒施　昭二　昭三　昭一〇　昭一三

按：昭十三年之子旗乃楚令尹鬭成然，索引以爲齊欒施，誤矣。

7 頁七楚人下：

子木　屈建・令尹子木・令尹・建　襄二五　……　襄一六

按：襄十六年之子木乃大子建，非令尹屈建。索引以爲一人，大謬。

8 全頁楚人下：

子西　鬭宜申・宜申・司馬子西・商公・公子申・令尹子西・令尹

按：楚有二公子申，一於襄二年被殺，一字子西（即令尹，令尹子西），死於哀十六年白公之亂。後者之字與鬭宜申（即司馬子西，商公）同。索引竟將三人兼合爲一，誤矣。

9 全頁楚人下：

子良　宣四　宣一二　襄一七

按：宣四年之子良，爲楚令尹子文之弟，越椒之父，司馬子良，宣十二之子良爲鄭公子去疾，襄十七年之子良爲楚昭王之子，惠王之弟。三者亦非一人，而索引誤爲混列，大謬。

10 全頁楚人下：

子南之子　楚王・楚平王・平王・楚子・楚子居・棄疾・公子棄疾・蔡公・熊居　襄二二

按：襄二十二年傳文，「……子南之子棄疾爲王御士……」子南即楚公子追舒，其子棄疾與亦名棄疾之楚平王非一人，索引混而爲一，誤矣。

11 頁八楚人下：

子靈　薳罷・王子罷・公子罷　成七　襄一七　襄三〇　昭五　昭六

按：成七年之子靈乃巫臣族人，爲子重子反所殺，其室爲沈尹及王子罷所分，與字子蕩之薳罷及不字子靈之王子罷及公子罷皆非一人，索引竟爲兼合，大謬。

12 頁九鄭人下：

子上　駟帶・帶　襄三〇　昭一八

按：昭十八年之子上並非駟帶，Index to the Tso Chuan 正誤第十條已略言及，不贅錄。

13 全頁鄭人下：

子羽　公孫揮・行人揮　成一三　襄二四　……

按：成十三年之子羽爲鄭穆公之子，與公孫揮（即行人揮）非一人，索引竟爲混合，大謬。

14 全頁鄭人下：

子罕　公子喜　成一〇　……　襄一五　襄一七

按：襄十五年及十七年之子罕乃宋樂喜，非鄭公子喜，索引混而爲一，誤矣。

15 全頁鄭人下：

子良　去疾・公子去疾　宣四　……　襄一九

按：襄十九年之子良，因鄭子孔，被往楚國，非字子良之公子去疾，索引竟爲混合，大謬。

16 全頁鄭人下：

子儀　桓一八

按：桓十八年之子儀乃周之王子克，此列於鄭人之中，誤矣。

17 頁十鄭人下：

子游　公子偃　成六　昭一六　昭一九

按：成六年之子游爲公子偃，昭十六年及十九年之子游乃駟偃，索引誤合爲一，大謬。

18 全頁鄭人下：

子晳　公孫黑　駟良

按：駟良爲二氏。襄三十年傳文「子產相鄭伯以如晉，叔向問鄭國之政焉。對曰，『吾得見與否，在此歲也。駟良方爭，未知所成。……』」駟指公孫黑，良指伯有，非公孫黑字子晳，又號駟良也。索引誤矣。

19 全頁鄭人下：

子瑕　公子瑕　宣三　昭一九

按：昭十九年之子瑕乃駟乞，索引以爲鄭公子瑕，大謬。

20 頁十一鄭人下：

子豐　鄭襄公・鄭伯堅・公子堅　成二

按：成二年之子豐乃鄭穆公子，非襄公（即公子堅，鄭伯堅），索引誤以爲一人，大謬。

21 全頁周人下：

大王　穆王・穆　僖五

按：大王乃周室之祖，並非穆王。僖五年傳文，「大伯虞仲，大王之昭也……」註，「大伯虞仲皆大王之子，……穆生昭，昭生穆，以世次計，大伯虞仲於周爲昭」。若索引編者以昭穆爲謚，並因文注有「穆生昭」及「大伯虞仲，大王之昭也」二句，遂誤穆爲大王乎？

22 頁十二衛人下：

女叔　莊二五

按：女叔爲陳人，索引誤入於衛，大謬。

23 全頁衛人下：

子伯　閔二　襄一四

按：閔二年之子伯及襄十四年之子伯雖皆爲衛大夫，但二者相距幾百年，並非一人，索引竟合，誤矣。

24 全頁衛人下：

子鮮　成一三　成一五　成一六　襄一四

按：成十三年至襄十四年之子鮮乃曹公子欣時，子鮮下既未注公子欣時，又誤列衛人之中，大謬。

25 頁十四晉人下：

宋光宗時代之刻書

張秀民

宋孝宗倦於勤，禪位三子惇，是爲光宗。紹熙初政，謹嚴簡明，亦有可取，而李后悍妒，帝不能制，竟憂悸成疾，孝帝怒而政治昏。紹熙五年，壽皇（孝宗）崩，帝以疾未能執喪，傳位嘉王。（寧宗）慶元六年，崩於壽康宮。計光宗在位不過五年耳，此五年間刻書事業亦頗盛，餘姚者凡四十餘種，以經部集部之書爲多，各十餘種，子部次之，史部又次之，約當乾道間所刻五之一。其中除坊本外，亦以士大夫所刻爲多，監本則無考。仍襲前例，略述刻書之「人」，「地」，與「匠」所名於左：諸釋自知不免，尚希方聞之教正。

一、士大夫之刻書

光宗時士大夫刻書之風仍甚盛。其著者，曰新安朱氏，朱子出守臨漳，刻易，詩，書，春秋四經，易用呂氏本古經傳十二篇，而綴詩書之序，置之經後，春秋左氏經文，別爲一書，以附三經之後，四經刊成，爲文以告先聖。又刊大學，論語，中庸，孟子四書，（四子）以曉當世。復刊正蒙守傳景仁所編祭祀儀，（均紹熙元年）蓋朱氏在光宗時所刻爲尤多。曰鄱陽洪氏，洪邁以守會稽，取其舊所撰唐人絕句，於蓬萊閣初止四十卷，帝詞因時，以私錢雇工刻成書，遂補爲百之數。紹熙三年奏進，壽皇稱其精博，有「茶」，「香」，金帛之賜。與其兄适守越刻書，先後比美。曰三山黃氏，黃唐提舉兩浙東路茶鹽常平公事，取毛詩，禮記註疏，如前三經編彙，（浙東漕司先刊易，書，周禮，正經注疏，萃見一書），精加讎正，用鋟諸木，以廣前人之未備，即所刊所稱越中舊本注疏也。曰贛川曾氏，曾集知南康軍，以田賦爲陶淵明舊遊地，搜葛詩文，彙爲一編，並其卷尚與夫五老堂以下四八目錄等，爲宣先賢，以厲世勵俗，非異於俗吏之所爲遠矣。他如洪鉌，張堯祚，吳獬，譚元錫，何喬，曾致，劉孝會，周必，沈樞等，皆嘗所至，版皆刊書。

其經費來源，不外私資與公帑，私資又多爲官俸所餘，張宏「出俸家錢」，刊其祖詠所撰集四十卷於池州郡齋。朱思知邵陽軍事，「捐俸委工」，刻其從祖父長文樂圃先生餘藁十卷，附錄一卷。王明清守洪光，以「俸餘」命刻淵明揮塵錄其父中朝揮塵後錄五十四卷。宋時士大夫論於禮書則曾之諸[illegible]刻書，固由於好學，而其最大原因，則宋朝待官吏甚厚，俸祿廩祿之外，有「公用錢」等種種名目，給賜優裕，入仕者不但以仰事俯蓄爲憂，各自勉其治行，故吏治循良，名臣輩出，政事文學，彪炳於後世，爲後代所不可及也。其用公帑者，如陳[illegible]

若詩集九卷，拾遺一卷，補遺一卷。邵輯守常德，以高沙爲郡學孫公故里，遂刊其春秋經解十五卷，總目大數，未嘗一，紹熙四年，撰序，公私相給，於是講習有使，鳩工鋟板，寘之郡齋。胡榘知秀州華亭縣，修雲間志三卷，書成鋟梓，公帑匱而莫能舉，得邑之寓士大夫鳩工助成。（均四年）則後世府縣志，由地方人士捐助付梓所自昉也。

二、刻書地域之分布

紹熙間刻書，依地域言，仍以兩浙，福建爲多。其他諸路所刻，數額不等，西蜀四路，惟成都府路有刻本。若淮南兩路，廣南東，西，兩路，均無有也。而有京西路襄陽本，與孝宗時彷彿。兩浙路，浙東紹興府續萬首唐人絕句，毛詩正義，禮記正義。婺州刊五經。浙西路光宗爲浙漕，其刊其祖忠敏公鄱陽集十二卷，版行於世，又以高郵西湖林和靖先生詩集四卷，刊置祠堂。會稽記，清波雜志，皆亦杭本。嘉泰雲間志。丹陽刊少陵外傳，郡文學譚元誠刻於學宮。餘如東坡集，尚書正義，武經七書等，並稱浙本云。

福建路所刻，仍以建安余仁仲爲著。除淳熙間刊尚書精義外，此時復刻春秋公羊經傳解詁，春秋穀梁傳各十二卷。仁仲題云：「公羊，穀梁二書，書肆苦無善本，謹以家藏監本，及江浙諸處官本參校，頗加釐正，惟是陸氏釋音，字或與正文字不同，不敢以臆見更定，姑兩存之，以俟知者。」謹愼不敢臆改，宜其書爲後世所寶，一再翻刻也。兩書於卷末均詳記經，注，音義字數，並余氏刊于萬卷堂，余仁仲刊于家塾，仁仲比校訖等字。仁仲所刊尚有周禮，禮記，三禮書葉一元錄，豈亦刊于此時耶？建寧府刊纂圖互注尚書十三卷，朱子稱「書坊印得六經，前面纂圖子，也皆可觀，如東萊不甚詳，然大概也是」，即指建坊刻纂圖互注本而言也。漳州刻四經，四子，當時稱譽，而無泉州本，（孝宗時刻書較多）斯爲可異。

江南東路南康軍刊陶淵明集，又曾致堯撰呂祖謙撰，會氏呂伯恭之內弟也。池州郡齋刊張詠集。當塗縣令沈綰刊兩漢詔令，用集一卷于正己堂，書爲官廷撰日而設也。四路寶章，永嘉張栻撰括門闡發。盱江刊歷代紀年十卷，紫清知縣常因是公適粟錢之工費五十萬，歎其博而且要，有補於學者，故爲鋟木以成其志云。

荊湖北路，江陵府刊張栻集。漢陽軍刊吳郡志圖經集。又湖北庾司舊刊漢書，歲深板久，板缺字訛，觀者病之，庾臣錢參仲，因取其朽腐漫滅者，凡百二十有七板，命工重刊，或補修錄，以便細覽。湖南路長沙，郡倅十部刊刻三家詩集于學宮。武岡郡齋，修纂湘鄉志詩，永州州學校刻錢重，蕭易刊渭南先生文集於學校之書院者。桂陽監，荔子隴州，[illegible]

均無有也。至於湖南路，蘊不可缺。淮南東路，亦都曾刊龍學孫公春秋經解，（見前）亦如兩淮合肥之包孝肅集，山陽之徐節孝集，皆因其鄉里名以傳布也。又舊刻淮海集，謝雩爲軍學教授，復以蜀本校之，增字六十有五，去字二十有四，易謬字三百有奇，遂爲善本。

成都府路，眉山程舍人宅刊東都事略一百三十卷，目錄後木記云：「眉山程舍人宅刊行，已申上司，不許覆板。」爲後世坊本「翻刻千里必究」，以及今日「版權所有，翻印必究」之所自始。

京西路，吳琚守襄陽，以京右漕司，舊有某圖書舊板，歲久漫不可讀，於是鋟木郡齋。蓋襄陽雖屬京西南路，與淮陵仍爲宋有也。

他若司馬氏書儀十卷，丞相魏公譚訓十卷，（四年）聖宋名賢五百家播芳大全文粹，後漢書等，皆未詳其刻于何地也。

三、刻工

此時刻工可考者：永嘉張栻撰詩集，命劉昌，吳丙，郭下，高安禮，高二，高二總，余光，余光，晁友，黃用，劉仁，高，文定，王禮，吳良，高友成，吳仲，嘉言，文仲，郭安，向定，向文定，傳仲，吳丙，高安，鄧翔，高安二十五人，雕金華邢氏所撰括門闡題三十三卷。（元年）其中劉昌高安禮黃用劉仁吳良吳仲六人，與高安國，范從，郭發，（見下）宋敏，「錢安阿奇」等，即淳熙王寅，在江西漕台，爲丘漕宗卿刊呂氏家塾讀詩記者也。劉仁文與吳中，余仲，胡時，何益，辛，昌，（劉昌？）全，等在南康爲曾集刻陶淵明集。此三書字體遒勁，刀法嚴謹，無愧出於良工手，除兩浙爲建安人外，餘蓋多贛籍也。

高安國等於池州刻龍及碑文（紹熙間），又與范從諸在諸州刊春秋經傳集解。（乾道間刊，補刊各頁，有蔡丑刊，王成刊，蔡通刊字，蔡非即是郎）郭發又與蔡成，蔡慈，蔡侍，蔡權，胡彥，胡昌，劉良，劉宗，郭振，寶，思等，刊周氏清波雜志十二卷，大字悅目，亦稱佳製。至若王永，王林，王政，王存中，王珍，徐顏，徐茂，徐彥，陳俊，陳明，李憲，李文，趙通，高俊，許中，方誠，胡昌，朱春，宋琳，張通，周彥，劉文，丘甫，丘允，丘祐，潘亨，毛昌，洪新，洪茂，毛奇，丘清等之刊論衡。劉昭，陳晃，張良，章宇，吳俊二，弘祐，符肇，凌宗，孫日新，用，石，昌，風等之刻武經七書。蔣中，蔡榮，劉章，劉清，蔡清，蔡達，金榮，吳從，阮正等之梓東坡集。其均浙中刻匠歟？又洪邁續刻鋪版，雇匠續成萬首唐人絕句于蓬萊閣，如日而畢工，（名未詳）可見浙匠爲當時所重矣。其他若方成，朱因，沈政，汪德，洪光，洪茂，葛珍，王定，吳吉，（俱尚書正義）顧忠，吳文，李秀，李憲，李榮，李緒，陳鎡，一瑞等，（周易注疏）亦爲此時刻工云。

文　文侯·鈸　襄二五　昭九　昭一三
按：昭九年及十三年之文，皆為晉文公，非晉文侯。誤引誤矣。
26 見十五晉人下：
午　籍午·齊午　襄三　襄二三　昭元
按：籍午與齊午非一人。襄三年及昭元年之午乃籍午，襄二十三年之午乃齊午。誤引妄合，大謬。
27 見十五魯人下：
文子　季孫行父·季文子·行父　文六　……　襄二七
按：襄二十七年之文子乃趙孫武，非季孫行父。誤引誤矣。
28 見十六魯人下：
公子偃　莊一〇　成一六
按：莊十年之公子偃與成十六年之公子偃非一人。誤引妄合，大謬。
29 全見魯人下：
公子嬰齊　公孫嬰齊·子叔嬰齊·子叔聲伯·聲伯·嬰齊　成二
按：成二年之公子嬰齊，乃楚令尹子重，非魯公孫嬰齊（即子叔嬰齊，子叔聲伯）。誤引妄合，謬矣。
30 見十八宋人下：
公子朝　宋朝　文一六　文一八
按：文十六年及十八年之宋公子朝，並非宋朝，後者乃通衛之南子者，誤引以為一人，大謬。
31 全見齊人下：
文子　鮑國·鮑文子　襄二八　昭一〇
按：襄二十八年之文子乃陳須無，誤引以為鮑文子，謬矣。
32 見十九齊人下：
公子鉏　子鉏·齊丘子鉏·南郭且于
按：齊丘子鉏（即子鉏）與公子鉏（即南郭且于）非一人，誤引混列，大謬。
33 見二十一鄭人下：
公子士洩　僖二四
按：僖二十四年傳文：「鄭公子士洩堵俞彌帥師伐滑。」句中公子士為一人，洩堵俞彌為一人，誤引洩字併於公子士，謬矣。
34 見二十四衛人下：
文子　大叔儀·大叔文子·世叔儀　襄二七　襄二八　襄二九
按：襄二十八年之文子乃齊陳須無，誤引以為衛大叔儀，大謬。
35 見二十五衛人下：
王孫齊　哀一六
按：哀十六年之王孫齊為楚白公勝之弟，勝敗亦與，誤引列之衛人之中，謬矣。
36 見二十九魯人下及見三十宋人下皆有：
弗父何　昭七
正考父　昭七
按：孔子先世弗父何及正考父皆為宋臣，未曾仕魯，不應列入魯人中。
37 見三十四衛人下：
北宮文子　北宮括之子·北宮遺　昭二
北宮遺　北宮文子　襄二六
按：昭二年之北宮文子乃北宮佗，非北宮遺，且遺亦不稱文子，誤引混為牽合，大謬。
38 見三十六晉人下：
先俱　陽處父·陽氏·陽子·處父　文三
按：先俱與陽處父非一人，誤引妄為混列，謬矣。
39 全見晉人下：
曲沃伯　晉武公·曲沃武公·晉侯·桓叔·成師·晉桓　桓七　莊一六
按：桓七年及莊十六年之曲沃伯為晉武公（即曲沃武公）。桓叔（即成師）為武公之祖，誤引以為桓叔即武公，大謬。
40 見三十八魯人下：
匠慶　莊公·魯莊公　桓六
按：魯莊公名同，匠慶非莊公，誤引謬矣。
41 見三十九齊人下：
仲孫　公孫無知·無知　閔元　昭四
按：齊仲孫湫及公孫無知雖皆稱仲孫，但閔元年之仲孫乃指仲孫湫而言，誤引以為公孫無知，大謬。
42 見四十衛人下：
夷姜　急子　桓一六
按：夷姜為急子之母，桓十六年傳曰：「初，衛宣公烝於夷姜，生急子。」傳文甚明。誤引妄以母子為一人，謬矣。
43 見四十二宋人下：
宋公　莊公馮·公子馮·宋莊公·莊公·莊·馮　桓二　……　莊一一　莊一四　莊一六　莊一九
按：莊十一年之宋公乃指閔公而言，莊十四年、十六年及十九年之宋公則為桓公，誤引併列於宋莊公下，大謬。
44 見四十八衛人下：
成子　衛侯鄭·衛成公·衛侯·成公　襄九
按：襄九年無成子，且衛成公亦無稱成子者，不識公之誤。
45 全見陳人下：
成子　莊二二
按：莊二十二年之成子即齊陳恒，誤引入於陳人中，大謬。
46 見五十二晉人下：
叔還　哀八
按：哀八年之叔還為魯人，誤引列入晉人中，謬矣。
47 見五十五魯人下：
叔孫輒　子張·子叔·叔輒　定八　定一二　哀八
按：叔孫輒（即子張）與叔輒（即子叔）為二人，誤引混而為一，大謬。
48 見五十六魯人下：
季氏　閔二　宣一六　……　……
按：宣十六年之季氏乃周王卿士毛召之屬，誤引以為魯之季氏，謬矣。
49 全見魯人下：
季孫　季孫斯·季桓子·桓子　定九　哀三　哀六
按：季桓子卒於哀三年，哀六年之季孫乃指季康子而言，誤引以為指桓子，大謬。
50 見六十六魯人下：
南氏　南蒯子　昭一三　哀三
按：昭十三年及哀三年皆有南氏，無南氏子，南恐為蒯之訛。但昭十三年之南氏乃指南蒯而言，非南蒯子也。誤引謬矣。
51 全見魯人下：
姜　穆姜·齊姜　成一六　襄九　襄二五
按：襄二十五年之姜乃指齊東郭姜而言，誤引以為指魯穆姜，大謬。
52 全見魯人下：
姜氏　穆姜　襄九　襄一〇　襄二三
按：襄十年之姜氏乃指衛定姜而言，誤引以為指魯穆姜，謬矣。
53 全見魯人下：
宣公　文一八　成元　成二　成一六
按：成十六年之宣公，乃曹君，誤引入於魯宣公下，大謬。
54 見六十七宋人下：
皇瑗　哀七　哀九　……　哀一八　哀二六
按：皇瑗於哀十八年被殺，宋景公以皇之從子緩為右師。哀二十六年，僅見皇緩，並無皇瑗。誤引以瑗緩二字相似，遂以二人為一，謬矣。
55 見六十九鄭人下：
皇頡　羽頡·頡·馬師頡　襄二六
按：皇頡與羽頡（即馬師頡）非一人，誤引混列，大謬。
56 全見衛人下：
宣姜　姜氏　桓一六　閔二
姜子　宣姜　昭七
按：昭七年有姜氏，無姜子，子恐為氏之誤。又此姜氏乃衛襄公夫人，誤引以為宣姜，謬矣。
57 見七十一晉人下：
晉君　晉悼公·晉侯周·孫周·周子·晉侯　成一八　襄八　襄九　襄三一
按：晉悼公卒於襄十五年。襄三十一年之晉君乃指平公而言，誤引以為指悼公，大謬。
58 見七十三晉人下：
晉侯　晉靈公·夷皋·晉君·靈公　文七　……　宣三
按：晉靈公於宣二年被殺。宣三年之晉侯乃成公，誤引以為靈公，謬矣。
59 見七十九齊人下：
桓公　齊侯小白·公子小白·小白·齊桓·齊侯·大公　莊九　……　……　昭一六
按：齊桓之非大公，本報第四期已略言及。又昭十六年之桓公乃鄭桓公，誤引以為齊君，大謬。
60 見八十七齊人下：
陳侯吳　昭一三
按：陳侯吳為陳君，誤引列於齊人中，謬矣。
61 見八十八齊人下：
連稱　管至父　莊八
按：連稱管至父為二人，此混而為一，大謬。
62 見九十陳人下：
陳公　陳惠公·陳侯吳·悼大子之子·吳　昭八
按：昭八年之陳公乃楚人穿封戌，非陳惠公。且春秋書法，諸侯除宋以外，未有不逾年而稱公者。豈誤引編者並此而不知乎？
63 全見陳人下：
陳侯　陳桓侯·陳侯鮑·桓公　隱四　……　桓一一
按：陳桓公卒於桓五年，桓十一年之陳侯乃指厲公而言，誤引以為桓公，謬矣。
64 見九十一陳人下：
陳侯　哀公·陳侯溺　襄五　……　哀元　哀一五
按：陳哀公卒於昭八年。哀元年以後之陳侯乃指陳湣公而言，誤引以為哀公，大謬。
65 見九十三許人下：
許穆公　許男新臣·許叔·許男
按：許穆公與許叔非一人，誤引妄合，謬矣。
66 見九十六魯人下：
惠公　惠　隱元　隱二　桓一六　莊五
按：桓十六年及莊五年之惠公乃衛惠公，誤引以為魯惠公，大謬。
67 見一百〇二蔡人下：
蔡侯　蔡公　昭一三
按：十三年之蔡公蔡侯即楚平王，誤引以其稱蔡公而入蔡人中，謬矣。
68 見一百〇九晉人下：
趙氏　趙盾·趙宣子·宣孟·盾·宣子·趙孟　文六　……　哀二
按：趙氏乃泛稱，雖間有一二處係指趙盾而言，但大多數與趙盾無干。誤引乃將趙氏皆屬之趙盾，焉乃不可也！
69 見一百一十一晉人下：
鞅　趙鞅，趙簡子，志父，簡子，趙孟　昭二五　昭二七　定六　……
按：昭二十七年及定六年之鞅乃范鞅，誤引以為趙鞅，大謬。
70 見一百一十二齊人下：
齊君　齊侯·杵臼·景公·齊景公　宣一七　昭一二　昭一六　昭二五
按：左傳有齊君處不僅此四條，如文十七年，成二年，襄二十六年，昭四年，定十年，皆有齊君。即此數條，除宣十七年之齊君係指頃公外，餘如昭十二年，十六年，二十五年則皆指景公。誤引既遺漏齊君數條，又將齊君皆屬於頃公，謬誤未免過甚矣！
71 見一百一十三齊人下：
齊侯　齊悼公，公子陽生　哀八　哀九　哀一七　哀二一
按：齊悼公於哀十年為齊人所殺，哀十七年及二十一年之齊侯乃平公，誤引以為悼公，大謬。
72 見一百二十至一百二十一鄭人下：
鄭伯　鄭簡公·嘉【鄭】伯嘉·簡公·嘉　襄八　……　昭一二
按：鄭簡公雖卒於昭十二年，但其年之鄭伯乃指定公而言，誤引以為簡公，謬矣。
73 見一百二十二鄭人下：
厲王　文二
按：文二年之厲王乃周王，誤引列鄭人中，大謬。
74 見一百二十四蔡人下：
蔡叔　桓一一　昭元　定四
按：昭元年及定四年之蔡叔乃周初管蔡之蔡叔，桓十一年之蔡叔乃另一人，誤引妄合為一，謬矣。
75 見一百二十七宋人下：
濮羌【差】　昭一一
按：昭十一年之濮羌乃宋之邑名，誤引以為人名，大謬。
76 全見宋人下：
穆姜　成九
按：成九年之穆姜乃魯夫人，誤引列之宋人中，謬矣。
77 見一百二十九衛人下：
衛子　僖二五　僖二八
按：僖二十五年之衛子為成公，二十八年之衛子為叔武，二者非一人，誤引妄為混列，大謬。
78 全見衛人下：
衛侯　衛侯臧·衛定公·定公　成二　成三　……
按：成二年之衛侯乃穆公，誤引以為定公，謬矣。
79 見一百三十衛人下：
衛莊公　隱三　哀一一
按：隱三年之衛莊公乃桓公父，哀十一年之衛莊公乃靈公子，二者非一人，誤引妄為混列，大謬。
80 見一百三十六宋人下：
襄公　宋襄公·宋公茲父·宋公·大子茲父·宋子　莊八　僖九　……
按：莊八年之襄公乃齊襄公，誤引以為宋襄公，謬矣。
81 見一百四十一魯人下：
懿伯　孟孫·何忌·孟懿子·仲孫何忌·懿子　昭三
按：昭三年之懿伯為仲孫蔑之子，仲孫何忌（即孟懿子）之曾叔祖，誤引誤為一人，大謬。
82 全見陳人下：
懿氏　莊二二
按：莊二十二年之懿氏為齊人，誤引妄入陳人中，謬矣。

×　　×　　×

以上所舉，三種左傳索引錯誤共一百一十條，且皆為人名部份，若並其他各類計之，則不知尚有若干。三書之中，以綜合春秋左氏傳索引為最多，其人名之部僅一百四十四頁，而誤謬錯亂者，乃至八十有二，吁！亦可觀矣！諸橋轍次序氏所言，譽之為古今左傳索引之一大集成，實之實不符，則諸橋氏所言，用者自有公評，故不具論也。

吾華自鴉片戰役以後，國勢不振，凡百皆遭外人歧視，甚至我自身之國故，亦讓於外人觀之，我之整理能力，亦不若異域學者。惟事實昭示吾等，外人研究漢學，其能有相當成就者固有人在，但一知半解而敢以漢學自居者恐仍居大多數也。夫索引編纂，其事易舉，然亦有若許錯誤，則其對於艱難著作闡明而論之能否精湛，不問可以知矣。

新書簡訊

史地雜誌創刊號

國立浙江大學史地系編輯　民國二十六年五月一日出版
全年六冊　定價全年一元

史地之學，就縱橫兩方面言之，為研究人類社會過去所演之因與現在所得之果，或現在所種之因，將來應得之果。自民族國家之意義言之，可以培育其人民愛民族愛國家之心，故史地學科在今日其重要不下於實用應用科學，前者屬於精神的，後者屬於物質的，精神與物質並進，而後可以言復興民族之大業。

近年國內關於史地雜誌之刊物，大多歷史與地理分載，而史地論文合載，僅見數年前南京之史地學報。本刊則因主其事者咸為以前史地學報之人，故其風格多少繼承前規，而內容亦更為豐富，本期論文十一篇，此外有附錄等。論文目有張其昀中國歷史上之國防區域，梅耕會三江考，王以中山海經圖與外國圖，俞大綱武帝鼎湖考，陳叔陶元史弟振傳考，[illegible]，或別有新解，要可備讀。此外有任美鍔之浙江之風景與地質，李海晨西北諸省之農產區域，[illegible]。[illegible]（秀）

圖書副刊
BOOKMAN
第一百八十四期
[illegible]

敦煌本伍子胥變文之研究

劉修業

（上缺）悲歌而歎曰：

「大江淼兮森無邊，　雲與水兮相接連。
痛兮痛兮難可忍，　苦兮苦兮冤復冤。
自恨人情有離別，　生死富貴總關天。
先生恨胥何怨事，　遂向江西覆船中。
[illegible]
一寸愁腸似刀割，　途中不覺淚沾裳。
[illegible]」

悲歌已了，更復前行。[illegible]

「我所思兮道路長，　沙江水兮入吳鄉。
父兄冤枉何所告，　[illegible]
[illegible]」

[illegible]

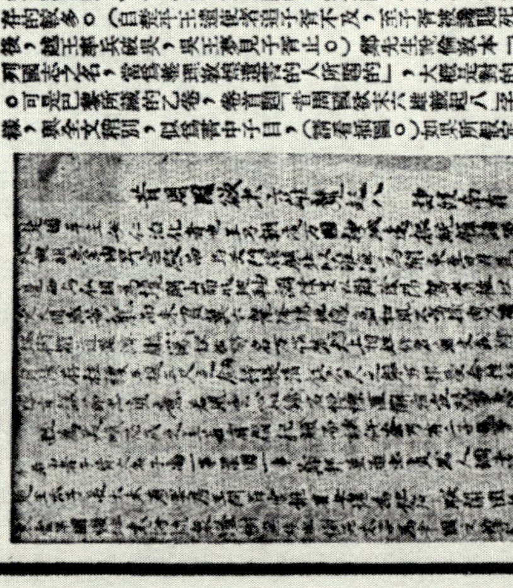

[illegible]

的演化歟？

求子，我讀這變文後，我感到伍子胥為父兄復仇，乃春秋末年大復仇之一，可與後來儒家宗族觀念相表裏，故其故事能與儒家思想相提並論。從宗族觀念為懷，社會對他的同情心甚大，因為他是「孝子」，也是「烈士」，故他雖鞭屍報讎，後人卻都原諒他。又因後來他受奸人之讒，身死吳越，用悲劇結尾，令後人憐忘。如吳越春秋及越絕書等，便像以子胥為主人翁而演說的兩部小說。考漢書藝文志雜家有伍子胥八篇，因為篇數和越絕書相同，便有人懷疑越絕書即為伍子胥所撰。我們雖不敢相信，可是列國時代，越絕書等成為伍子胥故事的總匯，大概是可以相信的。日本見在書目雜傳類，有伍子胥傳一卷，或和這篇變文相近。但早已亡失，今得到這篇變文，未免令人驚喜萬狀！

從這篇變文以後，故事的變衍甚大，鄭振鐸師所著伍子胥與伍雲召一文，（中國文學論集頁三七七至三八八）已經述及，故不再贅。惟鄭先生以東周列國志所見之伍子胥事不及元曲之熱鬧，我最近在巴黎國民圖書館見一部春秋列國志，附西周演義，共十六卷，（Conrant 4159-4161）與現在通行之東周列國志不同，凡鄭先生所說東周列國志沒有的，這書上都有，幾或即明余邵魚編纂之列國志傳者？他日得暇，擬再撰文以論之。

書評

中國經學史

覺齋

馬宗霍著　商務印書館出版　中國文化史叢書第一輯　定價洋一元

商務印書館以張菊生先生七十生日之紀念，編印中國文化史叢書，共第一輯二十冊，于昨年十二月開始發行；第二輯二十冊，亦已約定海內學人擔任撰述。吾人觀其書目與著者，無論其出版與否，知其不乏勝任愉快者，然亦有不得其人，以致其書內容，不足一觀。其中如中國理學史，本刊既已評之矣。再一篇評其中國經學史，覺其內容蕪雜，體裁繁多，尤甚于中國理學史；列之中國文化史叢書中，恐其名實之有乖，誠不能不略加以評論也。

吾國經學，具有數千年之歷史，典籍浩繁，講論紛歧，欲為部帙之考訂，系統之敘述，本屬難事。故至今日，猶無良好之經學史，可以供吾人之參稽。過去劉師培之經學教科書（原名經學教科書）皮錫瑞之經學歷史，無論其見解為如何，其所敘述皆為簡略，于歷代經學之變遷，並不能詳細推論之。在今日編述經學史，自當更就各時代之政治社會情形以闡明其與經學變遷之關係，根據各史儒林藝文等志以詳列歷代經學上之著述與人物，並能為精之研究以見各時代經學之演進與趨勢，如是乃能明變求因，明于經學且得。為今編中國文化史而編著之中國經學史，尤當能之詳明。馬書共為十篇，第一篇古之六藝，第二篇孔子之六藝，第三篇孔門之經學，第四篇秦火以前之經學，第五篇秦火以後之經學，第六篇兩漢之經學，第七篇魏晉之經學，第八篇南北朝之經學，第九篇

新書簡訊

俄文文法

劉澤榮編　北平新生書局發行　定價一圓

自蘇俄新政體成立後，舉凡其一切事物，均引動世界人士注意，因而發生研究俄文興趣者，亦日漸其多。惟俄文之組織，較諸西歐各國文字，頗為繁苛，而我國通曉俄文者，又甚少，故一切應有之輔修工具，如文法字彙辭典等書，亦鮮應得適用之書，遂致有志斯學之人，殊生莫大困阻。今國立北平大學法商學院俄教授劉和園氏，有鑒於此，乃於教課之餘，作成俄文文法一書。劉氏於俄文既有深刻之研究，更兼以多年教授之經驗，對於國人學習俄文感困難之點，莫不深悉，故是書編制，除俄文外，佐以中文解釋，並於篇後，附以必要例題，對於各種詞類之變化與用法，均與以精細之講解與例證。初修俄文者，手此一冊，有無師自通之便。聞本書初版已售罄，現以各界需要者諸多，總因求購，再作修訂，於書坊者頗多，業重印千冊。是版較前多所增補與修正，更見完美，紙張與裝訂，亦較初版精良美觀，誠為學習俄文者之一種最完備工具也。

圖書副刊

BOOKMAN 第一百八十五期

一、本刊專載關於中外圖書之介紹批評以及學術界消息。
二、投寄本刊之文稿或書籍，請逕寄「北平文津街國立北平圖書館內圖書副刊編輯收」。

餘杭章氏學別記

錢穆

余爲近三百年學術史，例不載生人，去歲，餘杭章太炎先生逝世，余稿已付印，遂未補列。今太炎逝世已周年，聊述此文，表私人之悼念。並將以備余學術史之外編焉。

餘杭章炳麟太炎，爲學博涉多方，不名一家。晉韵小學文辭度越前人。然此特經生之專業，殊不足以盡太炎。或贊稱其文章，太炎論學頗輕文士，於唐宋文人多所譏彈，謂學貴樸不貴華，枝葉盛而根荄瘁。自稱爲文特取翔實，說義既了，不爲壯論浮詞，以自藻飾。謂百年以前，學者惟患散碎，今正患受衍也。又謂非爲慕古，欲使雅言故訓，復用於常文。其自述文章能事亦止此。或又以經學稱之，太炎論經學，僅謂六經皆史，說經所以存古，非所以適今。過崇前聖，推爲萬能，則適爲桎梏。亦値並世今文家言方張，激而主古文，時若不免門戶之辨，然後世當觀其意也。今論太炎學之精神，其在史學乎。

太炎論史大義，約而述之，可歸三塗。一曰民族主義之史學也。嘗謂推人能羣，羣之大者，在建國家，辨種姓，其條例所繫，曰言語風俗歷史。三者喪一，其萌不植。又謂凡在心在物之學，體自周圓，無間方國，獨於言文歷史，其體則方，自以己國爲典型，不能取之域外。又曰，歷史斷無可以與人相通之理。故史者，上以存國性，下以紀成敗。人不習史，愛國之念必薄，出而行事，猶冥行擿途也。又曰，民族意識之憑藉，端在經史。史即經之別子。承平之世，有賴儒家，一至亂世，史家爲有用。國亡再起，非歸功史家不可，民族主義如稼穡，以史籍所載人物制度地理風俗之類爲之灌溉，則蔚然以興。不然徒知主義之可貴，而不知民族之可愛，吾恐其漸就萎黃也。逮變羣起，繼之以滔滔之戰，舉國震動，或問有可永久寶貴之國粹否？太炎答曰，有之，即其國已往之歷史也。嗟乎！廑斯一言，足以百世矣。二曰平民主義之史學也。嘗論伯夷與盜跖，同爲上世之無政府主義者，以春秋貴族之世無俠名，而儒跖以爲盜。又深推儒行，謂世有大儒，固舉俠士而包之。譏刺者，當亂世則輔民，當平世則輔治。又盛稱五朝法律，爲之案擬，曰五朝律重生命，恤無告，平吏民，抑富人，損上益下，抑强輔微。此可以窺其旨矣。三曰，文化主義之史學也。曰仲尼賢於堯舜，惟在作春秋，修六藝，布籍籍，脫世卿。又曰，孔子賢於堯舜，由其出身編戶。孔子以前爲帝王立言者多，爲平民立言者少。孔子於中國，爲保民開化之宗，不爲教主。然則太炎論史，三塗同趣，曰歸一於民族文化是已。晚近世稱大師，而眞能有民族文化之愛好者，其惟在太炎乎！

太炎早歲即奔走革命，故論史亦每與世事相發，而論政俗尤深切。嘗謂政治之於生民，猶乾矢鳥糞之孳殖百穀。百穀無乾矢鳥糞，不得孳殖，然其穢惡固自若。求無政府而自治，猶去乾矢鳥糞而望百穀之自長。以生民之待政府而頌美之，猶見百穀之孳殖，而幷以乾矢鳥糞爲馨香也。又曰，以法令化民，是謂櫽栝足以揉曲木，而責其生便楠梓鳳，民未及化，而夭枉者已多矣。當時主變法者，力尊黃梨洲有治法無治人之論，太炎深非之，爲非黃篇以見意。謂有時弊非關法弊者，以法救世，正如以孝經治黃巾。吾儕志在光復而已，光復者，義所任，情所迫也。光復以後，復立設共和政府，則不得已而爲之，非義所任，情所迫也。太炎頗疑代議制之實效，爲代議然否論，曰中國欲圖强，不可苟效憲政，當除胡虜而自植於夏人。是則太炎之從事於革命，亦一本其民族之觀點而然也。

故太炎雖從事革命，而所希冀於政治者常至嚴。曰英雄之言，與鬼神等，世有其名，本無其實也。今日言治，以循常守法爲先，用人亦當假次資勞，不以驟進，法雖有疵，自有漸進改良之日；若有法不守，精粗又何足言？資勞固非至善，驟欲破格，適長奔競之門。爲政於今日，兩言蔽之，以資勞用人，以刀筆吏守法而已。中國民智之弱，民德之衰久矣，欲令富强如漢唐，文明如歐美，正如夸父逐日之見。吾猶望之，正能如北宋，次如東晉耳。

然太炎之望於政者雖嚴，而期於俗者則深。常屢爲分異政俗之辨，曰法家者，輔萬物之自然而不敢爲，與行己者絕異。行己欲陵，而長民欲恕也。言欲不可絕，欲貴即爲理，乃緣政之實，非飭身之典。以道涖天下者，貴乎微妙玄深，不持異已。不知其說而提倡一類之學，鼓舞泰甚，雖善道亦以滋敗。齊所失不在道術，鼓舞甚而僞託者多也。學校爲朝廷所設，利祿之途，使人苟偷。中國學術，自下倡之則益善，自上建之則日衰矣。

昔顧亭林有言，目擊世趨，方知治亂之關，必在風俗人心，而所以轉移人心，整頓風俗，則敎化紀綱爲不可缺。太炎早歲卽慕亭林，其嚴種姓，重風俗，皆與亭林論學之旨相近。而其評論歷代風俗人物進退得失之故，則頗有不與亭林同者，亦各據其世而爲言也。謂東漢可慕在獨行逸民諸傳，其素鋼不足矜，獨有范滂李膺，已近標榜，張儉輩無可道矣。而盛推五朝，謂駢說者不務綜終始，苟以玄言爲詬。玄學固不與藝術文行悖，且扶翼之。經莫穹乎禮樂，政莫要乎律令，技莫微乎算術，形莫急乎藥石，五朝諸名士皆綜之。其言術虛，其藝控實，故可貴也。學術當辨誠僞，世說雖玄虛，猶近形名，其言間雜調戲，要之中誠之所發舒。中說時有詐言，其長夸詐則甚矣。魏晉老莊形名之學，覃思自得，政事隋於上，民德厚於下。進士之科，只崇其僞，致爲大言，不疑，一自以爲俊傑，一自以爲聖賢，浮澤盤放廣慝衰，矜居之夸行故廉讓廢。其敗俗與科目相依，而加勁較焉。

又爲思鄉愿，所言益沉痛。曰古之狂狷者，自才性感慨。唐以降之狂狷者，自對策夸詐。辭章於人，敎之矜伐，予之殷飾，授之詆譏，致之朋黨，鄉愿多持常訓之士，高者即師保閔。大抵成氣類則僞，獨行則貞，雖有矯情，未如飾狂猾者甚也。故補存程朱，約以孳乳鄉愿，上睎庸德，令邑有敦誨之賢，野有不二之老，則人道不爽於鶉鵲，利澤及乎百世。非欲带得狂猾，爲史書增華也。

凡太炎論政俗，大率具是，其評騭諸家學術，亦可準此推。謂學以求是，不以致用，用以親民，不以干祿。孔氏之學，本以歷史爲宗，宗孔氏者，當沙汰其干祿致用之術，惟以前王成迹可以感懷者，流連弗替。又曰執禮者質而有科條，行亦匡飭。禮過故矜，平之以玄。玄過故蕩，體與玄者循環，更起迭用。象之，老聃也。偶得之，孫卿莊周也。深賞莊周齊物，謂論有互負，無異門之釁，人無愚智，盡一曲之用，所謂衣養萬物而不爲主者。其論宋明諸儒，曰定性書腷象而無誠，格物論博觀而無統，至德惟匹夫可以行之，持是長國家，適亂其步伍。故程伯子南面之任，朱元晦侍從轉僕之器，王文成匹夫游俠之材。四民分業，不必兼務，亦不可相非。自學術觀之，諸科平等，但於一科中有高下耳。近人專守一術，詆他人爲無用，此未知舟車之異宜也。其自道則曰莊生之玄，荀卿之名，劉歆之史，仲長統之政，諸葛亮之治，陸遜之諫，管寧之節，張機范汪之醫，終身以爲師資。少年著馗書，自擬仲長統。孫詒讓見之，曰淮南鴻烈之嗣也，何有於仲長氏！逮民國以還，所造益深閎，自述爲學經過，謂少時治經，謹守樸學，遭世衰微，不忘經國。尋求政術，歷覽前史，獨於荀卿韓非所說，謂不可易。因繫上海，專修慈氏世親之書，以分析名相始，以排遣名相終，從入之途，與平生樸學相似。居東樂莊子，癸甲之際，厄於龍泉，始玩爻象，重說論語，又以莊證孔，知其階位卓絕。古近政俗之消息，社會都野之情狀，華梵聖哲之義諦，東西學人之所說，操齊物以解紛，明天倪以爲量，割制大理，莫不逕順。此其所自負也。

當其時，與太炎論敵相抗衡者，有南海康氏。康極恢奇，而太炎則守平實。故康欲上繫孔子爲教主，稱長素，而太炎所慕則在晚明遺老，有意乎亭林之爲人，而號太炎。然康主保王，太炎則力呼革命。康唱爲變法，太炎又諄諄明循俗爲。太炎之於政治，其論常夷常退，其於民族文化，師教身修，則其論常峻常激。然亦不偏尊一家，輕立門戶，蘄乎實而能博大，不爲放言高論，而眞能爲民族文化之愛好者，誠近世一人而已矣。

× × × ×

四庫提要辨證

涑水紀聞十六卷

宋司馬光 小說家類一

余嘉錫

陳振孫書錄解題曰，此書行世久矣，其間記呂文靖數事，呂氏子孫頗以爲諱，蓋常辨之爲非溫公全書，而公之曾孫侍郎伋遂從而實之，上章乞毀版，識者以爲譏，知當時公論所在，不能以私憾抑矣。

謹按：朱子晦菴文集卷八十一題跋云：洛人范仲彪炳文，自眉安來寓崇安，予得從之游，炳文親唐鑑公諸孫，曾娶溫國司馬氏，遂閱文正公事，且多藏文正公遺墨，嘗問炳文，或謂涑水紀聞非溫公書者信乎？炳文曰，是何言也，溫公日錄月別爲卷而記行事，皆述見聞，手筆細書，今可覆視，豈他人之所得爲哉，特其間善惡雜書，無所隱避，使所書之家或諱之而不欲傳耳。又朱子語類卷一百三十云：涑水紀聞，呂家子弟力辨以爲非溫公書，蓋其中有記呂文靖公數事，如殺郭后等，某嘗見范太史之孫某，說親收溫公手寫藁本，安得爲非，溫公書某編八朝言行錄，呂伯恭兄弟亦來辨，爲子孫者只得

之言乃所以迎合紹聖之意，特借口書中所引呂氏之事，不實以爲名耳，非眞爲呂家子弟之故所動也。振孫之言於當日情事亦尙未能盡合。又案建炎以來繫年要錄卷一百四云：初光孫植既死，立其再從孫稹爲嗣，而稹不肖，其書籍生產皆蕩覆之，有得光紀聞者，上命趙鼎諭沖，（范沖也時爲翰林侍讀學士），令編類進入，沖言光平生紀錄文字甚多，自兵興以來，所存無幾，當時朝廷政事，公卿士大夫議論，賓客遊從，道路傳聞之語，莫不記錄，有身見者，有得於人者，得於人者，注其名字，皆細書連粘，綴集成卷，即未暇照據年月先後，是非虛實，姑記之而已，非成書也，故自光至其子康，其孫植，皆不以示人，誠未可傳也，臣既奉詔旨，旣欲略加刪修以進，又念此書已散落於世，今士大夫多有之，刪之適足以增疑，臣雖不敢私，其能必人以爲無疑哉，不若不刪之爲愈也，輒據所錄疑者傳疑，可正者正之，闕者從闕，可補者補之，事雖參錯而文有不同者兩存之，要之此書雖不可盡信，其有補治道亦多矣，於是沖裒爲十冊上之，其書今行於世上，因覽沖奏，謂鼎曰，光字畫端勁如其爲人，朕恨生太晚，不及識其風采耳。又卷一百五十四云：紹興十五年七月右承務郎新添差浙江安撫司幹辦公事司馬伋言，建安近刊行一書曰司馬溫公記聞，其間頗關前朝故事，緣曾祖平日論著，即無上件文字，顯是妄借名字售其私說，伏望降旨禁絕，庶幾不惑羣聽，詔委建州守臣，將不合開板文字並行毀棄，伋特遷一官，初范沖在使館，上出光記聞，命沖編類進入，沖言此書雖未可盡信，其有補治道亦多，乃釐爲十冊上之，至是綦崈禮請禁野史，伋懼罪遂諱其書，然其書卒行於世。考宋史儒林范沖傳云：司馬光家屬，皆依沖所，沖撫育之，請以光之族曾孫宗召主光祀。要錄（一百四）記范沖入對，言司馬光今止有族曾孫宗召一人，雖以出繼，乞令權主光祀。云事在紹興六年八月至八年七月，始書詔以司馬光族曾孫伋爲右承務郎嗣光後（見卷一百二十一）。是范沖初尙不知光之族中有司馬伋其人者，其後伋奉詔入嗣，必是後來訪求而後得之，當其未入嗣之時，其於司馬光不嘗途之人耳，而范沖則嘗經紀光之家事。要錄卷二十，建炎三年兩浙轉運副使范沖疾病，朱勝非奏罷之，上以司馬光家屬在沖所不許，沖在兩浙又爲通鑑刻板，見要錄卷二十六。今以沖據光手稿編類之書，而爲伋者忽出而自辨謂光無此件文字，不亦謬乎。范沖爲祖禹之子，（見祖禹本傳）而朱子所見之范炳文爲祖禹諸孫，皆曾親見光之手稿者，炳文言溫公日錄月別爲卷面記行事，皆述見聞，手筆細書，與沖所言光平生紀錄文字，有身見者，有得於人者，皆細書連粘，綴集成卷者，無一不合，然則此書爲光所作，更無疑義。其書出於光之曾孫家中，而爲高宗所得，觀高宗言光字畫端勁如其爲人，則范沖之所編類者，皆據光之親筆，高宗留心翰墨，喜收書畫，自具精鑒。要錄卷一百六又載上論大臣曰：司馬光隸字眞似漢人，近時米芾輩所不可髣髴，朕有光隸字五卷，日夕置之坐隅，每取展玩。是高宗於光之筆跡辨之熟矣，記聞既是光手筆細書，豈他人所能僞作者哉。至其所說之事，有得之道路傳聞，未可盡信者，則范沖論之詳矣，乃後人猶有因其書中年月姓名之偶有差誤，疑非光之所作者，皆不考之過也。（細案繫年要錄所記范沖論次之涑水紀聞，出於光之親筆無疑，然朱子又言范太史孫收得手稿者，豈沖編類之後，別行繕寫進入，而原本遂留范氏耳。）

其書宋史藝文志作三十卷，書錄解題作十卷，今所傳者凡三本，其文無大同異，而分卷則多寡不齊。一本十卷，與陳氏目錄合，一本二卷，不知何人所併，一本十六卷，又補遺一卷，今參稽厘訂，定著爲一十五卷，其補遺一卷，仍併入此書共爲一十六卷。

按宋史儒林范沖傳云：爲光編類記聞十卷。然則作十卷者，乃沖所編之原本，要錄云沖裒爲十冊，上之，其書今行於世。是南宋時即以沖所編本通行，故書錄解題亦作十卷，四庫館之校此書，乃不據十卷之本，而別編爲十六卷，雖卷帙分合與宏旨無關，然非宋本之舊也。

七十一傳

王重民

七十一，號椿園，滿洲正藍旗人。（道光九年王榮陛武陟縣志職官表名宦傳，及卷二十三宋佩蘭縣尹七公築護城堤記。）乾隆十九年進士，二十六年任武陟縣知縣。武陟居兩北黃沁之間，水患無定，爲預防計，築護城堤數百丈。經費不足，輒撥廉俸以集事。始築於乾隆二十七年冬，工竣於二十八年秋，民感其德而勒諸石，曰七公堤。（護城堤記。又熊寶泰纂藕颺稿卷十九異域瑣談跋。）時苦旱，値入覲，泣請緩賦之不應。民私相謂曰：「聞我公將至，至必雨」，觀事日果大雨，民又呼爲七公雨。（異域瑣談跋）壯年西出關，（案二十八年去武陟縣任，出關年當距此不遠。）逾河源三千餘里，跋涉既廣，事多目驗，以爲伊吾以西，不嘗見於簡冊，史傳所載，每多闕略，因撰異域瑣談四卷，蓋成書於供職

庫車時。（本書自序，又雜跋。）備嘗艱苦，傳溯長安。時有某貴人欲易其一字，輒爲鏟版，不肯也。（雜跋）椿園娶德庶姊；德庶字吟甫，又字一邨，正白旗，乾隆四十二年，延潛山熊寶泰館於家，囑爲叙次付梓，未及卒讀，而寶泰因病出都。五十五年，寶泰主汜水講席，徐立功知武陟縣事，立功，椿園故友也，暇日相會，偕觀七十一所著，則知椿園已歿矣！（異域瑣談跋，又德一邨徐敏樓傳）後數年，寶泰始爲校定瑣談，然以寶泰之見重於時也，坊間已有梓本，爲題曰西域聞見錄云。

清代學人，如天主教中藥教士，於輸入西學有功，使稱西算之梅人，於闡發科學有功，他若經經耆宿，異域諸官，戲曲小說作家等，其書或有膾炙人口，而史蹟反闕焉無聞者。余爲讀書知人計，搜秘探微，欲爲「闡微錄」一書，已得若干人。適見圖書季刊百五十九期載萬斯年先生西域聞見錄之板本與著者一文，可與拙稿互相補正，因錄出一則，以請教於　萬先生。

跋七十一傳

萬斯年

斯年前撰「西域聞見錄之板本與著者」一文，以各書序跋，雖有敘七十一氏之遊蹤者，然對其赴新前之身世，俱未道及。今據讀王有三先生此傳，補訂良多，殊深欣感。王先生閱讀清人文集極多，「闡微錄」之作，發潛德之幽光，拜服之至！

年於欣幸之餘，遍檢讀王氏徵引諸作，尤以異域瑣談跋，足證年前文臆測之說：一、跋中有「在庫車辦事時，輯瑣談四卷」之語，全知其非庫車辦事大臣，亦非糧員，其官不題。否則寶泰必將明言其職也。二、寶泰所見原稿或抄稿，題「異域瑣談」，凡四卷，而未道及「西域聞見錄」之名，可證拙文以瑣談爲未定稿而西域聞見錄爲定本之說。

又按有三先生原稿云：「乾隆□年進士」，當以旅居法京，檢覈不便，故爲闕文，茲謹據「八旗文經著者考」所記，爲之訂補。又原稿有乾隆五十五年徐立功知武陟縣之說，年按之熊跋文意，似應作汜水知縣。武陟縣志現存版本凡四，一修於萬曆，一修於康熙，俱在徐氏任職前，不必檢索，而道光八年及民國十九年所修者，雖經閱讀，而亦無之。至於汜水縣志，清代順治乾隆間曾修二次，然均在立功任職年代前。民國十七年國有田金祺趙東階重修本之刊印，然以乾隆至重修，中歷百八十餘年，檔案遺佚，其間職官，多湮沒不可考，故此志雖無其人名氏，不足爲證。觀寶泰徐傳，一則曰：「久之以疏通例官汜水知縣，九年不調朴人，有廉校者，以理勸之」，再則曰：「調鹿邑，亦如治汜水法」，且類稿卷二十「先君軼事」中亦有「乾隆庚戌（按即五十五年）余遊大梁，巡撫梁公肯堂延余主成皋書院（按此書院在汜水城西）講席，汜水知縣徐君立功，余舊友也，一日走余寓相告曰：……」而於知武陟事，隻字未及，似可佐證年說。意者，當出於有三先生一時筆誤也。

熊跋爲年所見七十一之書各本所無，而於著者身世及其書淵源爲重要文獻，且藕頤類稿刊於嘉慶，世不多見，爰加標點，錄之於後，以供留心此事者之參考：

異域瑣談跋（今坊本改作西域聞見錄）

異域瑣談四卷，長白七十一椿園撰。椿園爲德一邨姊夫，乾隆丁酉余館一邨家，一邨代署椿園知武陟縣時，甫到官，役民夫數千築堤。方盛暑，怨聲騰沸。堤甫成，河決，水大至，城賴以完，田數千頃得無害。民以爲神，立碑名七公堤。嘗入覲，苦旱，禱之不應。民私相謂曰：「聞我公將至，至必雨」。覲事日果大雨。民又呼爲七公雨。在庫車辦事時，輯瑣談四卷。一邨囑余敘次，椿園亦歸有期矣，適余因病出都不及待，書亦不暇審視也。庚戌，余主汜水講席，知縣事宿松徐敏樓，余老友也，與椿園交最厚，始知椿園歸，已歿，且無子。噫息久之。武陟百里而近，暇日渡河觀七公堤，碑字存尺尙完好，土人頌之至今猶不衰。冬間訪一邨於烏程縣齋，快讀瑣談，隨手校其誤字。一邨云「往年京師有貴人，欲易瑣談一字，願爲鏟版，椿園不肯，謂此書紀道里風俗耳，非爲名也。」近時說部甚多，不下數十種，竟有因此失名者，名雖如畫餅，不可啖，顧得之甚難，一旦於給閒暇之書以敗之，不亦傎乎！一邨罷官後，余挈書到吳。毛初文榕坪昆仲，方聞士也，見而悅之，謀付工剞劂，以傳於世。余與二毛公，皆不識椿園，而汲汲如是者，以書出循吏手也。今一邨戍新疆，即椿園著書地。將寓書屬一邨，續成一書，以補瑣談所未載。一邨其許我乎？

七十一氏之書，抄本頗多，計國立北平圖書館藏抄本二，北京大學圖書館藏鈔本一，江蘇省立國學圖書館藏鈔本一，而丁氏八千卷樓（題異域瑣談四卷），嘉業藏書樓（題西域聞見錄，八卷，長白七十一著，舊鈔本，四冊，雲林小硯齋野杭樓舊藏）亦有著錄，是知其鈔本，名稱即不一致。二毛欲刊異域瑣談，果刊行否，不敢斷言，而熊氏作跋之年亦不可考。年下所注「今坊本改爲西域聞見錄」，似爲寶泰自注，否則，即爲其男象階刻藕頤類稿時所注，亦當刻於嘉慶間。（按熊氏藕頤類稿自序，作於嘉慶十二年丁卯冬，時年六十六歲）。蓋至少類稿刊刻之前，已有名爲「西域聞見錄

圖書副刊

BOOKMAN 第一百八十六期

[illegible]

書評

秦漢哲學史　森予志

姚舜欽著　商務印書館出版　定價一元五角

秦漢哲學在中國哲學史上佔有最重要之地位，這是誰都知道的。他結束了他以前的哲學，開創了以後的哲學。他是上古哲學之總彙，是近古哲學之根源。姚氏這部書，算是對於這樣一個重要時期的哲學，作有系統研究的第一部書。姑無論其內容之豐富，只此開山之功勞，已足以讓步一時了。

此書，除緒論外，共分四編。緒論三章，第一章泛論哲學與哲學史，第二章泛論先秦哲學與秦漢哲學，第三章泛論秦漢哲學的派別，而歸之為法道儒雜四家。第一編，分別敘述法家的李斯，賈誼，晁錯，桑弘羊，與張敘等之哲學；第二編，分別敘述道家的蓋公，司馬談，淮南，楊王孫等之哲學；第三編，分別敘述儒家的董仲舒，司馬遷，劉歆，匡衡，翼奉，韓弘，京房，李尋，劉向，劉歆，揚雄，何休，王符，仲長統，崔寔，荀悅，與徐幹等之哲學；第四編，分別敘述淮南王與王充之哲學。此書之內容，大略若此。

[illegible]

評高中外國史（上冊）　杜呈祥

李季谷編　世界書局出版

[illegible]

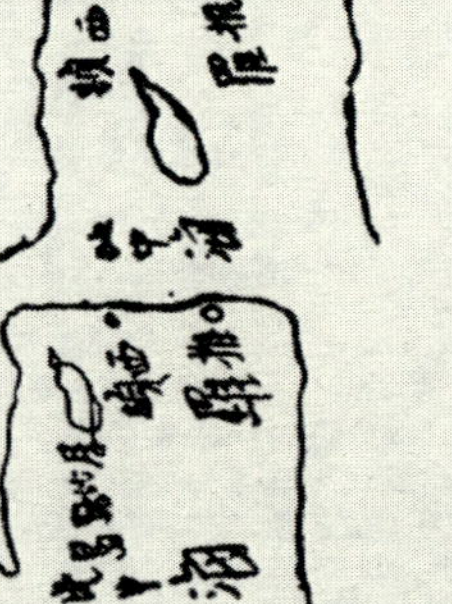

[illegible]

第七圖何以將西羅馬位置移到阿比斯為以北去？

三、關於民族及國家名稱的

一〇七頁第三行：紀元三七八年羅馬軍會與日耳曼人大戰於亞得亞那堡(Adrianople)。按羅馬帝維倫司(Valeus)亡於此役，對方爲日耳曼人中之一部分的西哥德人(West-goths or Tisi-goths)，並非泛稱日耳曼人。

同頁第八行之「西哥德王國」應當是「西哥德王國」(The King-dom of West-goths)。

一二四頁第一行稱查理曼(Charlemagne)所建帝國爲神聖羅馬帝國。一五一頁第七行稱鄂多大帝(Ottothegreat)之帝國爲神聖羅馬帝國之再造。按神聖羅馬帝國(Holy Roman Empire)一名，專指鄂多大帝於九六二年所建帝國，查理曼所建者，僅可稱爲查理曼帝國(Charlemagne's Empire or the Empire of Charlemagne)。

四、關於度名的

四〇頁第六行：埃及最大金字塔底每面寬七百五十五尺，塔尖高五百尺。按尺當作呎。

以上的錯誤，我們不能不否認其中有的是手民的誤植，可是我現在是根據民國二十年的初版和二十五年七版的兩種本子對勘，錯誤相同，著者也不能辭其責了！

乙、遺漏

本書有重大遺漏兩處，特爲指出如下：

一、埃及上古史，本書分爲四期：第一黎明時期B. C. 4000-3000，第二金字塔時期B. C. 3000-2500，第三外族騷擾時期 B. C. 2500-1500，第四帝國征伐時期 B. C. 1500-1100。又三六頁第六七兩行稱希克索人(Hyksos)於紀元前兩千五百年間攻入埃及。按埃及在紀元前二千五百年間正是古王國(Old Kingdom)的強盛時期，中王國(Middle Kingdom)於兩千四百年間建立，到兩千年間衰亡，希克索人於一千八百年間才由敘利亞經西奈半島(Sinai Pen.)而到埃及，到一五八〇年被埃及人驅回敘利亞（參看上舉(Hayes and Moon)書，又Tillinghast編譯之Ploetz' Manual of Univercal Hictory以爲中王國建立於紀元前二一六〇年，希族侵入在一六七五年，埃及人驅逐希族在一五八〇年）。今觀本書，顯然是將中王國時代遺漏，所以就把希族侵入提前了幾百年，使將外族騷擾時期延長了幾百年，因而埋沒了中王國時代的輝煌。

二、英法百年戰爭（一三三九－一四五三）時代法王之系統是力普第六（一三二八－一三五〇）－約翰第二（一三五〇－六四）－查理第五（一三六四－八〇）－查理第六（一三八〇－一四二二）－查理第七（一四二二－六一）。本書一四七頁敘百年戰爭的文字的最前有下面一段話：「一三五〇年腓力普第六病死，其子約翰第二即位，一三五五年戰端重啓，……一三六九年兩國又開戰了，當時愛德華三已老，黑太子又在患病，所以法國不但奪得了英國的艦隊，而且陸軍方面，也大獲勝利，法國與英國的領土都收回了！然而不幸，一三八〇年，約翰第二及幾個名將相繼死去，幼主查理第六不能支配諸侯……」這顯然是把查理第五從法王系統中排擠出去，讓查理第六世襲了乃祖約翰第二，因而約翰第二的壽命只得從一三六四年延長到一三八〇年，查理第五在位時代對英勝利的榮譽，也遂拱手送給他短壽的老子了！

丙、錯簡

一五〇頁第七行以下：八四三年查理曼三孫定凡爾登(Verdun)條約以分祖父之帝國，長孫羅泰爾(Lothare)得中部地，即萊因流域及意大利，幼孫查理得東部即德意志，二孫路易得西部即法蘭西。按據凡爾登條約，得德意志者爲二孫路易(Louis the German)，得法蘭西者爲幼孫查理(Charles the Bald)，本書的記載，恰犯了「張冠李戴」的毛病。後面接着說：「九百十一年國王路易死後，加羅林朝便斷絕了！」這正是敘德意志的歷史，然而本書的讀者也不要以爲二孫路易活到九百十一年，這是八九九年即位九一一年死掉的另一個路易(Louis the child)。我以爲在這些地方，稍應該加注說明，否則，會很容易地引起讀者的誤會或懷疑的！

丁、矛盾

二二頁第一行：「尼安德塔人（內安得塔爾人 Neanderthalman）到了第一冰期時代便減死了不少，到了第四冰期，約莫已經絕跡了！」二三頁又附一冰期與冰間期簡表：

第一冰期……約距今五十萬年前

文化　舊石器時代
- 第一冰間期
- 第二冰期……約距今四十萬年前
- 第二冰間期
- 第三冰期……約距今十五萬年前
- 第三冰間期
- 第四冰期……約距今五萬年前

據此，內安得塔爾人當然是發生在「約距今五十萬年前」之前，所以到第一冰期時代，會「減死不少」，到「約距今五萬年前」的第四冰期時代，會「約莫已經絕跡」！並且著者在表內已明定石器時代的範圍是從「約距今五十萬年前」到「約距今五萬年前」了，而二三頁第十一行講石器時代的人類生活則這樣說：「距今約五萬年至五千年前的四萬五千年間，我們稱爲石器時代」，下面又說石器時代可分爲初，中，後三期，初石器期人便是上面說過的內安得塔爾人。這樣，內安得塔爾人豈不又變成發生在「距今約五萬年前」了嗎？石器時代也縮短或延長了幾十萬年！這兩段矛盾的記載

，大概是由著者根據兩種不同的材料，未經考訂，所以才弄出這種前後不符合的笑話！

戊、譯名的錯誤及歧異

[illegible]（Thebes）[illegible]（Cyrus，[illegible]）[illegible]（Achaeans [illegible]）[illegible]（Gracchus [illegible]）[illegible]Aurelius[illegible]Mancus[illegible]Marcus Aurelius（161—180）[illegible]（Philip）[illegible]「力」「利」「菲」[illegible]

以上幾點，全是我個人認爲可商榷的地方，至於本書的優點，如文字優美，眉目清新，那是不用多說了。

于曲阜師範

新書摘訊

西方美術東漸史

[illegible] 民國二十五年十月出版 商務印書館發行 定價一元五角

[illegible]

第一章，古代歐洲美術之東漸，[illegible]

第二章，[illegible]

[illegible]

第十章，由荷蘭傳播於日本的歐洲美術。當鎖國時代，維持西方與日本間交通貿易的，是荷蘭和葡萄牙的商館。荷蘭的科學和實用的藝術，十八世紀以來北歐的藝術（以前由葡萄牙輸來的是南歐的藝術），漸漸的傳入，日本的人亦多了起來。前一期傳入的西方藝術多宗教的氣息，此一期傳入的西方藝術則與科學發生關係。本章所敘自十六世紀末葡萄牙輸入日本起，至十九世紀油畫和銅版畫的發達止。

因爲這本書是日本人所著，所以處處都從日本着眼，中國在日本之西，對於日本亦算是廣義的西方。又因爲各地方各時代的資料不能完全獲得，所以敘述得不能詳略一致。不過當此日本文化史的研究尚未發達的時期，讀者如可從此書獲見若干可貴的史實，例如葡人輸入日本及文化混合的經過，都有注意的價值。總括言之，此書條理整飭，敘述詳備，確是一本良好作品。所譯者覺中不足的，是插圖略嫌太少，製版亦未甚精，希讀者參考。（于）

× × × ×

貨幣學

趙蘭坪著 正中書局出版 實價一元五角

[illegible]

× × × ×

北平圖書館藏中文輿圖目錄

[illegible]

[illegible]本。前者注重實用，後者保存文獻。該館所收藏者除舊藏之地圖外，凡在歷史上有相當價值之古地圖，亦無不盡量徵集，於今所藏，數已滋富。民國廿二年該館曾有中文輿圖目錄之刊行。茲編所收係該館續編，係自民國廿三年至廿五年中陸續所得，計約二千三百餘種。今觀此目所列，除明清舊圖外，近年各省陸地測量局出版之地文圖，各縣政府出版之縣圖，以及各機關出版之水利公路地質等圖，皆有搜羅，大致地無遺漏。分類仍依正編，分爲總圖與類圖兩大類。總圖以地圖之本國地圖，縱列市街圖一項。類圖亦因實際所需，各圖類別，分爲地文，經濟，交通，政治，名勝，古蹟，歷史以及民族等類。每類各系以子目，著錄之項目則有：圖名，設色，比例，版框，製圖年，出版年，及出版人，冊數，或幅數，附註等，各目下細亦略有說明，而輿圖中有錯訛詳可以考訂者，均附著說明於附註中。末附地名索引，尤便檢閱。按輿圖之分類，本爲圖書館學初創，此目所列門類雖未能十分正確，而創始之功總不可謂也。（按此目僅爲該館普通之中文輿圖，尚有特藏清內閣大庫輿圖目錄，搜羅明清舊本，極爲珍貴，目錄早經刊印，西文輿圖目錄，則尚未見刊行也）。（文）

× × × ×

河北省立第一圖書館書目（語文部別集類）

民國二十六年四月出版 四冊 非賣品

河北省立第一圖書館前名天津圖書館，爲故總督楊氏所創立，藏書豐富，爲北平以外河北各地公家藏書之冠。所有書目編於三十年前，因其入藏書籍歷年增加，早已不能適用。迨民國十七年以後，政治稍上軌道，館中始能籌款，從事編纂新書目，分類，著者，書名各目錄同時並舉。以書籍繁多，人員過少，將及十年，尚未竟全功。現因事實需要，先印書本式分類目錄。惟爲經費所限，（首冊僅發印費五百元）紙能暫出語文部別集類四冊。其他各部類目錄，俟經籌印費，再行陸續付印。（聞現在籌備印總部及史地部目錄）就此一端亦足見館中如何苦心孤詣於此舍勝將矣。今類標準，係依劉國鈞氏中國圖書分類法。而於類目之配置，全取其歸納的方法，必等實上有此類書籍始設此類目，以免「閉戶造車」，「削足適履」之弊。至於分析之條例，編纂之法定，則以書之固有的性質及其學術上的價值爲斷。故此書最爲精善，資其參稽識別之用。他如叢書子目與單行書籍並列，更爲便於翻檢。惟一書屢互見於各類者，以省印費之故，概未另列，實屬遺憾。然而就河北省之全般教育事業言之，則此亦爲難能可貴矣。（于）

× × × ×

北平地旅行記

李薦儂著 民國二十五年七月出版

自來入新之人，因其地遼遠，旅行不易，多記程紀，以誌見聞。洪亮吉伊犁日記，祁韻士萬里行程記，林則徐荷戈紀程，方士淦東歸日記，裴景福河海崑崙錄，雖或往或來，或流或謫，或係赴任，心緒不同，而用意當不外此。

黔縣李德貽氏，幼受庭訓，長入陸軍軍醫學院，治藥史，兩番不怍，改而自修，凡歐美名人所著遊記，旁諳西洋高等軍官學堂，畢業後歸設於鎭江。清光緒三十三年夏，長伊犁府任伊犁鎭軍，簡約赴新疆用兵故，李又隨長伊寧經州，此旅行記所由作也。

因所記係由鎭江旅行至北京，經歸化綏遠內外蒙古等地，由綏化以達伊犁，故以北平地旅行記名其書。其行程，總計一萬餘里，經時二十餘月。凡水陸道程，山川形勢，風俗人情，均略記及。全書分爲八部日記，所記係由鎭江至北京：出塞日記，由北京至歸化：北征日記，由歸化至伊犁：入關日記，由伊犁至蘭州。末並附以宣統元年至民國四年在甘之行事。

成都劉緣仙氏，與李氏曾旅行新疆且有所記，以其足供遊事參考，爲爲付印。民國二十年，劉緣仙氏七十壽辰，其家人及爲印出，而以行記付後，使讀其書，知其人，亦良相也。然洪，林，祁，方諸氏，俱係取道陝甘大道，此記路程則經由蒙古各地，在前人之記程中，足見其等並美矣。

（蒙之）

圖書副刊

BOOKMAN
第一百八十七期

書評

邵鳴九國音沿革六講材料探源

王愓蓀

商務印書館印行　百科小叢書　二十六年二月初版

邵書例言中說：『本書所搜材料，除用歷代有關國音上之論著參考外，大都採自王璞先生著作宏論，以充實內容，誌此感謝』。可惜不知王璞的『著作宏論』，究竟是什麼書？我想邵書既係採自王氏，邵書尚如此精探，臆料王氏之書，當比邵書更好。

日前因事至錢玄同師處，偶然於塵土積寸的書架上，見鉛印講義一本。翻閱看來，亦爲國音沿革，並爲六講；且其中文字多與邵書相同，甚覺訝然！按邵書爲民國二十六年二月初版，錢書則爲民國十年在北平國音講習會教授的講義；時代分明，賓主自然判別了。我想邵先生所謂王璞的『著作宏論』，或即此書；否則邵書所採者既是王氏之論，何以書中文盡是錢先生之文呢？

玄同先生，爲海內聲音文字學的前輩。但因晚年對聲音文字的新見特多，故始終不願寫成著作爲定論。數十年來，釐定付印的除文字學音篇以外，只有作者近見的國音沿革；其餘見於報章雜誌的僅散篇的論文而已。文字學音篇坊間可買，國音沿革則不得見，幸邵氏代爲摘要印行，足以嘉惠來學！作者此文，雖不敢言：爲師門辨學術，爲後世考鏡源流；但或有所助於後代術儒家和考證家吧！

邵書雖幾全部抄襲錢書，但次序的條暢，卻費了鈎稽之苦。茲以邵書爲經，其爲錢書原文者，逐次指明見於錢書何處；偶有增益的地方，亦指明起訖，以資印證。

邵鳴九國音沿革六講：

總論：

自「現在注音符號已經公布了」，至「一卻總有許多不同之點」，爲錢書第一講（1）之原文。自「我們欲明中國字音的變遷」，至「如『宣』(ㄙㄩㄢ)(Süan)」，爲邵氏所增。自「中國音韵學裏有所謂反切」，至「而反切也就盛行起來了」，則係稍事删削於錢書第二講(80)(81)(82)(83)諸節。自「現在要把古今各時代可考的標準音分作六期於下」，至末，爲錢書第一講（2）節的原文。

第一講　周秦時代的標準音：

1古音和今音，全爲錢書第一講（3）節中之原文。不過將「第一期的音」改成「周秦時代的音」的幾個字。

2周秦的音，見錢書第一講（5）節至（6）節，毫未增損。

3周的標音，自首至「張成孫著說文諧聲譜」，見錢書第一講（7）節至（8）節；餘爲邵氏所增。

4周音的紐韵，見錢書第六講（20）節。邵氏僅在近三百年來考明周音的著作目錄中，增：說文諧聲譜，諧聲表，說文通訓定聲三書。

第二講　兩漢時代的標準音：

1兩漢時代用韵的混雜，見錢書第一講（9）節至（10）節，中自「這時期韵文用韵混雜的原因」至「一以雅言爲本」，爲邵氏所增。

2兩漢時代沒有標準音，見錢書第一講（12）節，毫未增損。

第三講　魏晉六朝的標準音：

1魏晉六朝的韵書，自首至「則這期的音，必可發明許多」，見錢書第一講（13）（14）（15）三節。以下爲邵氏所增。

2韵書定音的標準，見錢書第一講（14）節，略有删省。

第四講　隋唐宋的標準音：

1聲類，自首至七音表，與自「以四十一紐爲主」，至有聲俟音無聲俟表，見錢書第五講各節；不過是摘錄聯綴而成的。其餘爲邵氏所增。

2韵部，見錢書第一講（16）節，和第五講（166）（167）（168）（177）四節，邵氏略加斷語。

3韵攝，此節（c）以前，或爲邵氏採取他書與錢書合糅而成者。案（c）假定廣韵元音爲十九攝之說，還是玄同先生的意見，原文見錢書第五講（190）節中。而邵氏說：「最近據王璞先生所說」；末又謂：「以上爲王璞先生所定之十九攝。」，很足奇怪，由此看來，似乎玄同先生的意見和書，王璞先生據爲已有了，邵氏不過又得王璞的緒餘而已。可惜不知王璞的「著作宏論」究竟是什麼書，只得暫留此公案，以待後日的研討。

第五講　元明清三代的標準音：

自「你想」至「於是元明的新韵書出現了。」見錢書第一講(22)節。略增舉三代的幾部重要的韵書。

1中原音韵，見錢書第四講(118)(119)(120)三節，無增損。

2洪武正韵，見錢書第四講(125)(126)(127)(128)(129)(130)六節，無增損。

3字母切韵要法，見錢書第四講(131)(132)兩節，無增損。

4五方元音，見錢書第四講(134)(135)(136)(137)(138)五節，無增損。

第六講　現代的標準音——注音符號：

自「注音符號」，至「爲數年以後中國拼音新文字的預備」，見錢書第三講(85)節。其餘或採自國語運動史綱。附聲韵和反切的說明，全爲錢書第二講的原文，毫無增損。

按邵氏既申明是『大都採自王璞先生「著作宏論」』，則似邵氏未見錢書，而全部根據王氏；但邵書既全部與錢書相同，則當爲王氏抄襲錢書而邵氏再抄襲王氏者，總之非邵氏之書明矣。然邵氏只言『王璞先生「著作宏論」』，而不指明何書，竊意邵氏實抄襲錢書，所謂王璞之「著作宏論」，不似書名，蓋假託以期蒙蔽讀者耳目。但邵先生這一部書，可算是一部很精探的著作，我希望國內青年與我共讀之！惜錢先生近年對音韻的新見很多，邵先生不及收入書內；而錢先生對其舊日見解之改定，邵先生亦未能依據錢說修正原書，且錢先生國音沿革，尚有許多邵先生沒有採取的材料，故邵書究非錢先生的完書，這是一件可惜的事情！

六月一日於師範大學

新書介紹

「人的義務」

李鼐

J' oseph Mazzini著，唐擘黃譯，二十六年一月初版，商務版，價伍角伍分。

中國目前感受到一些極大困難的問題，這問題我們很容易猜想到是日本侵略問題，農村破產問題，政治不上軌道問題……。然而這都是表面的觀察，枝節的看法。這不若另外一個問題嚴重，而且其他問題也隨着這個根本問題以解決而解決。這個根本問題就是我們正處在一個社會轉變期，舊社會生活標準失去，而新社會生活標準未建立的青黃不接時代。鴉片戰爭以前，我們在閉關自守時代，社會生活有牠固定的標準，不管合理與否，總是大家共守共喻的一套標準。社會得以維持進展，個人亦安於其中。例如朋友有「信」，君主有「忠」，夫婦有「敬」，師生之間也有所謂「師嚴道尊」，「敬業樂群」。這些都是社會上共守共喻的標準，循之則「夷狄可行」，違之雖「百里不通」。鴉片戰爭以後，資本主義的經濟組織，政治制度，社會思潮，整個掀動了中國社會，我們否認了自己一切舊的所有，接受了外來的新的思潮。官吏與人民之間是「公僕」，是「契約」關係，無所謂「父母官」，也談不到「愛民如子」；夫婦之間是自由戀愛的結合，人生甜蜜的樂鄉，無所謂「敬」，也談不到「夫唱婦隨」；師生之間是智識的傳授，學校是讀書的場所，無所謂「師嚴道尊」，也談不到「敬業樂羣」。要是整個中國人都具有了這種新的觀念，整個中國的社會事實都改變過來而符合這些新的觀念，也無所謂中國問題。問題就在一部分智識份子，具有這種新觀念，而大多數中國人還是舊禮教的擁護者，尤其是除了幾個沿海的大都市外，偉大的內地鄉村，還是舊禮教的根據地。因此，都市與鄉村衝突，青年人與老年人衝突，新婦女與舊婦女衝突。在這些衝突矛盾之下，整個社會組織解體了！整個中國人苦悶了！這便是我所設的當前的社會生活標準需要建立的問題。

最近商務出版的「人的義務」(The Duties of man)一書，是義大利建國三傑之一的瑪志尼(J' oseph Mazzini 1805—1872)，針對着十八世紀末獨立，未統一，正在危亡中的意大利人民的一些沉痛呼喊。目前我們國家的國難和需要建國的迫切，其程度較之十八世紀的意大利要嚴重到萬分。所以在我們讀到瑪氏的著作以後，並沒異國著者的感覺，簡直有些中國人在啓發中國人。所以馮友蘭先生在介紹本書做星期標準書的時候，說道：「一個民族的自由平等，或一個人的自由平等，都是自己奮鬥來的，不是別人賜與的。在現在世界裏，每一個民族，在他得到他的自由平等以前，都經過一番激烈的奮鬥，都有幾篇可以表現民族的呼聲的文章。」「在中國現在爭取民族自由的時候，讀這篇文章，可以長人志氣。」其實，「長人志氣」還不是本書最大的供獻所在，主要的本書指示了我們一個社會生活的標準，解答了我們社會轉變期的社會生活標準問題。他指示給我們怎樣對「人類」，對「家庭」，對「國家」，和怎樣處理你自己的個人生活。這都是新的生活標準，也是每個青年要遵守的生活標準。本書的譯者是唐擘黃先生。譯的並不是意大利原文本而是從英譯本 J' oseph Mazzini, The Duties of man, Translated by Miss Ella Nayes 轉譯過來的。然而唐先生譯筆的流暢易讀[illegible]

三、「第七章對你自己的義務」。

這些都是我們當前需要知道的，更要緊的是照着實行的；這，也就是我所願介紹的。

（1）國家是什麼？國家的定義在政治學上的紛爭，到如今還沒解決。有的人說牠是社會推進的動力，有的說牠是人與人間剝削工具，還有說牠是股份公司的寫照。真是衆說紛紜。我們且看著者對國家的解釋：「天給我們國家，就是給你們這個工具——天像個有見識的監工，把工作的各部按照工人的能力分配一樣，牠把人類分成了地球上的各個不同的團體，這樣留下組織國家的種子。至少在歐洲，你們可以分明看出天的意旨，有大河的航線，高山的路線和其他地理上的環境做界限。」（頁六四）讀者不要誤會，著者「天」的解釋，並不專指上帝而言。主要的是指自然的地理環境影響到人生，而形成特殊的語言，文字，宗教，和風俗習慣，這便是「天」的解釋，也是國家的來源。「天已經在你們周圍畫了宏偉的明白不容爭辯的界線；在一邊是歐洲的最高山脈，阿爾卑山，在一邊是海，不可測量的大海。拿一張歐洲的地圖，把一隻圓規的一個尖擱在意大利北部的帕馬(Parma)，另一尖擱在發河(The Var)口，把這隻規朝着阿爾卑山畫個半圓；半圓畫完的時候，這個尖就在伊孫左(The Lsanzs)河口，它就把天給你們的地界劃出了。一直到這邊界上，人都說你們的語言，也都是這種語言；出了這個邊界，你們是沒有權利的。西西里，撒地尼科，科西嘉(Sicily, Sardinia, Corsica)，和這些中間更小的島嶼，並意大利的本部陸地是你們的；這是不可否認的。」（頁六六）我們看到這裏，想起東北四省三千萬同胞，淪落在異族的手中，心中有萬分的難過！

（2）國家是必要的嗎？是的，國家是十分必要的，在今日的世界中。我們再不要迷信「工人無祖國」的話，因爲人類還不夠那種程度，空想的烏托邦最是以害事。無國籍的猶太人，亞比西尼亞人，和我們流落在關內的東北四省的同胞，是多麼樣的可憐，我們就不能不承認國家的必要了。著者寫這本書的時候，意大利並未亡國，然而他已經從歷史上深深地體會到亡國的慘痛。所以他說：「沒有國家，你們就沒有名義，沒有證物，沒有發言權，沒有權利，各民族間也不承認你們做同胞。」（頁六六）所以我們將來信仰的口號是結合(Association)，就是向共同目標像同胞似的通力合作」（頁六三），建設一個統一獨立的國家。建國工作的完成，不是侵略世界的弱小民族，而是利益人類的全體。只是這工作的起點由組國做起，而做到國際間的通力合作，征服自然，有益人類。「這些國家彼此之間會和諧，會友愛，這樣人類一般的改進，並關於生活的真正法則的發現與應用，合作進行，並照各部分的力量分配的，就可以用和平進步的方式去完成它；這樣，你們每個人都有幾百萬說同一語言，具同一傾向，受同一的歷史傳統薰陶的人相愛相助。因而力量增大了，可以希望用你們個人的努力，去利益人類全體了。」（頁六五）

（3）怎樣來實現我們的國家？「就是要維護國家的統一，保守領土的完整。『我們的國家是整一而不可分的；』這裏頭要知有人在那地方，他要兄的去處達不到他，全家的人同食時候，就不能够滿意。同樣的道理，假如在你們需要運行的區域還有一部份與國家分離，你們不應該快活，不應該休息的。」（頁六九）讀者至此，應該把頭腦冷靜一下，想一想我們有多少地方與我們國家分離？只要略為內數一數，就可以說出括出有香港，朝鮮，大連，台灣，緬甸，外蒙，東北四省，察北六縣，以及國內的租借地，這些都和我們國家分離了！的確我們目前「不應該快活，不應該休息」，不達到實現的成功之路不止。但是實現的先決條件，是力量的統一，步驟的一致，方向的齊一。所以著者說：「一個國家一定只可有一個政府。那些自命為聯邦主義者的政客，要把意大利弄成一個多數小邦的結合，他們是不懂統一的觀念的，他們要把意大利國家分裂了。意大利現在分成的各邦並不是我們民族自己的產品；這些不過是王公和外族們的野心累積的結果；各小地方的貴族一定要比統一的國家更褊狹小的區域纔可以滿足他們的貪慾心，這些小邦除了迎合這種貪慾心之外沒有什麽用處。」（頁七〇）「威尼斯人說他們的城說：威尼斯是我們自己的；是我們建成功的；你們每人只能對你們的城這樣說。你們在你們的城裏一定要有自由，就像在你們國家裏一定要結合一樣。所以市區的自由和國家的統一應該成為你們的信仰。」（頁七〇）

（4）但是怎樣才能够達到國家的統一呢？那就是中央政府要容納國內各黨各派的意見，調整統一，走向共同的大道。我們且看著者的指示：「一個國家是個許多自由平等的人的社團，——這些人像弟兄那樣同心協力合在一起朝唯一的目標努力的。你們一定要使國家成為這樣的社團，並且使他永遠這樣。一個國家不是一個集羣，是一個結合。」（頁七一）這點在國家遇到非常時期尤其重要，中央與地方必須有着深切的了解，共同的信任，而後才可以達到共同的目標。去年我國雙十二事件，幾乎陷國家於萬劫不復之地，不就是因為一部份軍人不明瞭中央的決心嗎？其次就是舉國一致的擁護，那就是著者所說的「這些人像弟兄那樣同心協力合在一起朝唯一的目標努力的」。中央的人員要抱着「不咎既往」的寬大心來對付異己，別的黨派人，也要放寬眼界，共同擁護，在彼此相信相諒之下，而後建國大業始克完成。

以上是我們怎樣對國家的。

× × × ×

（1）家庭是什麽？「家庭是情感之國。家庭裏頭有個天使——一個位天使由於溫柔，溫和，以及撫愛的神秘勢力使得履行義務的工作不怎樣厭煩，使得悲哀不怎樣痛苦。因為這位天使的力量，所以只有家庭的快樂是人在這世界所能嘗到的純粹的不雜悲苦的快樂。有環境所迫不能够在這位天使的翅膀底下享受家庭的安靜生活的人，他的靈魂上有個憂鬱的陰影，他的心坎裏有個空洞，沒有什麽可以填補的——我們這些受苦的人——是深知此中苦味的。」（頁七六）

「家庭有一種好處，在別處沒有的，就是恒久。家庭的愛情慢慢地纏繞你們，像長春藤纏繞樹木一樣，人不知不覺的，但是很堅固的很耐久的；這種愛情時時刻刻依你們，暗默無聲地和你們的生命合而為一。」（頁同上）

「你也許還能够找到短時期的快樂和慰安；但是總不能得到最高的慰安，不能得到平靜，像水波在湖面上的那種平靜，像十分放心的安睡——那種小孩睡在母親懷裏不動的安睡——的那種平靜。」（頁七七）

著者寫出來的話，都是個人的一些親切感覺，所以寫來十分動人。為了某種特殊的家庭變故發生，或者環境異常，得不到家庭安慰的人們，都覺得心情上若有所失，而有莫明其妙的煩惱，有時總不住這種煩惱的壓迫，而想着找到外面的一些刺激——電影，戲劇，跳舞等——，來解決心理上煩惱，但等到這些刺激在你的心理過程上消失了以後，會馬上感覺到「樂極生悲」，心理上更增多了一種煩悶和無聊了。這就是著者所說的「你也許還能够找到短時期的快樂和安慰，但是總不能得到最高的安慰。」

（2）家庭為什麼具有這種魔力？「家庭的天使就是女人。女人——母親，妻室，或是姊妹——是護惜人生的撫愛，是滴在人生辛苦上去減輕辛苦的那種愛情的香液，是慈愛人類的天心反映在個人身上的影像。」（頁七七）

（3）國家與家庭是衝突的嗎？「我的同胞們！你們要認家庭為神聖的。把家庭當做人生不可少的條件。擺脫了那些要的誤解的哲學思想的人，有些攻擊家庭制度。還有些念性狂的思想家，因為常看見家庭成了狹隘利己主義和門戶觀念的地方，就生氣，並且像野蠻人一樣，相信只有破壞家庭是補救家庭弊端的法子。」（頁七八）

「但是，只要人存在，家庭也總存在。家庭是人類的搖籃。家庭像人生的一切成分一樣，一定要有進步的，它的傾向，它的願望，一定要一時代比一時代進步的；然而沒有什麼人能够把家庭毀滅的。」（頁同上）

「把家庭弄得越來越聖潔，把家庭和國家聯結得越來越密切：這是你們的使命。國家對於人類怎麼樣，家庭對於國家也一定要這樣。我已經告訴過你們，國家的任務就是要教練成人；恰恰一樣，家庭的任務是要教練成公民。國家和家庭是同一條線的兩端。」（頁同上）

社會無論進展到什麼階段，家庭無論變化到若何形式，然而家庭總是有的，而且也是必要的。他和國家不但不互相衝突，而且是相輔而行，「是一條線的兩端。」但是在目前中國的家庭，似乎都已脫離着行了，他已經不是「情感之國」，也想負不了「教練公民」的任務，而實實在在的工具化了，歐化了！

（4）我們怎樣愛女人？「愛女人，敬女人。不要只在女人身上尋求安慰，還應該尋求力量，求啓發，求你們智力和道德力的加倍。」（頁八〇）只在消極方面，求得女人的一些安慰，那決不是愛女人，而直是女人做男子的犧牲品。所以著者特別提出「還應該尋求力量，求啓發，求你們智力和道德力的加倍」話來，提醒「自暴自棄」，「害人不利己」的男子們，然而，還要在男女平等的心理支配下求「安慰」，求「力量」，才是合理的。「歷代的偏見給女人以不平等的教育，加女人以永久的法律壓制造成了那個似乎是有的智力上低劣——而你們現在反而把那種低劣作為延長這種壓制的一種理由。」（頁八〇）因為「在唯一的天父之前，沒有男人或女人，只有人——人是有那些別於禽獸的特性（即合羣的傾向，教育的能力，進步的材能）的；或為男身，或為女身，是一樣的。」（頁八一）「男女，像那個民族一樣，在人類中有不同的功能。」所以不特要認女人為你們快樂和悲哀中的伴侶和共同享受的人，並且要認她為共同抱負你們的熱望，你們的思想，你們的研究，以及改造社會的努力的人。」（頁八一）

我們怎樣愛女人？著者指示了三點，很值得追逐戀愛場合中的青年朋友，自我的反省與檢討——我什麽愛她？又怎樣愛她？

甲、愛女人要站在男女平等的立場上愛。

乙、愛女人不但在消極方面求得對方的「安慰」，而要在積極方面「求力量，求啓發」，求我們「智力和道德力的加倍。」

丙、男女要在愛的結合上，增加了力量，增加了聯合的力量為社會努力，共同「擔負改進社會的努力的人」。

（5）我們怎樣教育子女？「要把愛天賜給你們的兒女；但是，要用真正的深遠的嚴肅的愛愛他們；不要用無魄力的不合理的盲目的愛——這種愛在你們就是利己行為，在他們就是毀了他們。」（頁八一）既然不是利己行為的教育，該是什麽教育呢？「應該引他們到真正生活，到生活的義務，到管制生活的道德律上頭。」教育的目標是有了，但用什麽方法來達到這個教育目標呢？那就是個人人格的示範感召與語文教學中的歷史啓發。

甲、父母人格示範與感召的教育工夫——「你們子女或是善良，或是惡劣，都是像你們，就看你們自己是善是惡。假如你們自己不方正，並且對同胞兄弟不友愛，他們怎樣能够變成公正，慈愛，仁愛呢？假如他們看見你們縱慾，他們怎樣能够控制他們粗下的慾望呢？假如你們在他們純潔不怕無體統，做出猥褻的行為，說出污穢的言語，他們怎樣能保全他們天真的純潔呢？」因為「你們子女是依照你們的。你們就是陶鑄他們性格的活模範。你們兒子，將來成為人或是野蠻人，都看着你們自己。」（轉引於「我們的人民的手冊」第十二章(Lamennais, Luire peuple, XII)。

乙、本國歷史的啓發——用歷史教育很顯著的格龍惕(Grunting)曾說過：怎樣啓發民衆？用丹麥語講丹麥祖先的故事，使民衆從過去光榮的回憶，得到將來民族底自覺。因為祇有感到民族衰亡的恐懼，而懷着生長和繁榮希冀的人，纔能將歷史的靈魂注入民衆。著者也告訴我們要把本國歷史的過去的光榮，傳給兒童。這是好像歷史教育的回憶，也就成年後生活感奮的源泉。所以他說：「當在晚上，比跟的美餐，和你們膝上小孩子的親熱的訴訊細語，使你們忘掉白天辛苦的時候，對他們反覆地說，我們古代共和國的平民偉烈；把那些為意大利，愛意大利的人民，忍受痛苦，誹謗和迫害想法去改良意大利的命運的好人的名字教給他們。不要把對於專制者的憎恨心灌到他們幼稚的腦中，但要他們養成堅決的『抗專制的決心』。那就是使他們『曉得那條路是怎樣艱苦的，以眞理的使徒自任是怎樣偉大的，遇着必要，為同胞犧牲自己是怎樣神聖的。」（頁八四）

歷史上偉大人物的事蹟，最足以啓發我們的內心，而鑄完我們的人格；同時歷史又不以抽象的推論替於一個，而有所贊賞。他只是把這些人類經驗的紀錄，忠實的陳列出來，讓你自己理論，自己取捨，自己判斷，絕不加入任何的偏見或成說，要人們一致地信從。這種客觀忠實的人生教訓，復活了丹麥，復活了意大利；近幾年來山東鄒平梁漱溟先生領導下的鄉村運動，鄉村建設，都特別注重在教學上特別著重歷史的教學，人生的啓發；同樣的我們相信這種教育風氣的轉變——把我們民族歷史的靈魂，傳遞於兒童，使他了解了中國人的立國精神，而深體到民族盛衰的所在，這是建國的新動力，也是中國復活的新消息！

（6）我們怎樣愛父母？「愛你們的父母，不要讓你們自己產生的家庭，使你們忘了產生你們的家庭。往往新的家庭把舊的家庭弄得鬆弛了；這是太常見了；其實，親子之愛應該把家庭的三代人聯成一條鍊鎖，兒女的愛應該只是這條鍊子中的一個環。將和柔的恭敬的愛情接你們父母的老年，一直到他們離世為止。」（頁八五）

中國舊俗有句俗話說：「門外有天地，膝下無情趣」，又說：「山鳥翅尾長，娶了媳婦忘了娘」，這都是形容因為「自己產生了的家庭」，「忘記了產生自己的家庭」的人。於此看來，真是不分中外古今，成問題的都成問題了。這豈是鄉下的無智愚民，受過新時代教育男女的結合，獨不至忘了「娘」呢？那更糟糕了！「娘」就成了他們的奴隸分佣僕，可憐那些愁想他的「娘」們，竟在新時代的支配下，做了「老媽」的洗衣，燒飯，打水工作了！親生的兒子，在男女平等的新女性支配下，「可念見慈」之後，也應該合理了？

（7）我們怎樣愛兄弟姊妹？「父母，姊妹和兄弟，妻室，子女，你們要認他們為同一個樹上長出來的枝葉。由愛的統一，把家庭神聖化。將家庭弄成一個寺院——在這裏，你可以一起犧牲於國家。」（頁八五）

然而怎樣是「愛的統一」，「家庭神聖化」，「一起犧牲於國家」？在我們看，單就一個「愛的統一」，那所遇的困難就不少，當然這問題是在父母，妻室，兄弟，姊妹，子女共居下的家庭產生的。我們試略加分析其間的衝突：

甲、父母與兒媳的衝突，影響到兒子也不高興。

乙、小姑與諸嫂之間的衝突，影響到哥哥們的不高興。

丙、兄弟間子女的衝突，影響到大人間的衝突。

這都是很可能的衝突，而衝突的性質也不外乎飲食，乾飯，穿衣等這些瑣碎問題。所以我們想要真正做到「愛的統一」，先決條件是打倒中國人一向視為美德的「五世同堂」的大家庭制度，而趨向小家庭化。其實，這個問題由於經濟上的變動，職業的分工，大家庭都在這些力量支配下，開始在變動，滅亡！不過，我們再加上一些人力，那會更早一天實現社會的幸福，減少社會的損失。

以上是我們怎樣對家庭部份。

× × × ×

（1）他們需要受到教育。人是教育的產物，人們的權利，也以教育為決定。培根(Bacon)說：「智識即權利」，這話到了社會進步到更複雜的現代，越足證明這話的含有真理。我們十分相信如果在教育上沒有真平等，社會上也不會有真平等，雖然法律條文能够訂的堂皇漂亮。我們且看著者告訴我們的：「你們個人都有若干的材能——理智的能力和道德的傾向——這些，只有教育能够使它生命活動；沒有教育，這些一定會老是無結果，老是息伏不動，或是只是一閃一閃地出現，不能够有猶序的發展。」（頁八九）因為教育是生命上的必需，不單個人的生活需要教育，而且也是人與人間的一種聖潔的感通(Communion)。

（2）教育的功用——使個體的分離到聯帶的組織。著者告訴我們：「上天因為要使得這種教育工作快些成功，要使你們個人的生命和全體的共同生命(和人類的生命)，聯結更穩定些，更密切些，他把你們造成了根本是合羣性的生類。」（頁九〇）人類能够戰勝一切生物發展到現在，支配了整個的宇宙，惟一的法寶，就在「連鎖」(Solidarity)。季特(C. Gide)說：「人類的進步，沒有什麽奇特，簡之就是「合作」，具體一點說，就是「我為人人，人人為我」的實現」。法國哲學家傅依爾(M. Fouillee)曾說：「應使人人完全自由而却完全一致。」這就充分的說明了人類互助合羣的根性，但進一步的連性結合，則不能不靠教育工夫，予以開明指導了。

（3）人類需要組織嗎？斯賓塞爾(Spencer)和達爾文(Darwin)所昌明的「生存競爭」與「優勝劣敗」的進化論，早被俄哲克魯泡特金(Kropathin)的互助論推翻了，他說明了人類除了生存競爭而外，尚有互助本能的發展，而且這種本能的發展，遠超過了競爭。著者也告訴我們說：「你們是天生要結合(Assocration)的。結合能把你們的力量增加百倍，把別人的觀念變成自己的觀念，把別人的進步變成自己的進步；並且結合由於感情以及種種深切地聯帶人類一體的感想，能把你提高，改進並聖潔化。你們與你們同胞的結合越廣博，越密切，越奪容並包，你們在個人進步的途徑也越前進。」（頁九一）

（4）我們組織起來做什麽？人類既然是具有合羣的根性，那麽組織起來做什麽？這個有兩個目的：

甲、本國的同胞結合，保護我們的祖國。著者一再申說國家是能够向世界各民族講平等的惟一條件，沒有祖國的人，不配在國際上說話，就也無效。所以著者激勵國民要養成「反抗專制的決心」，甚至「遇着必要，為同胞犧牲自己也是神聖的」。

乙、具有了在國際上講話的條件，第二步要和全世界人類携手起來，共同合作，征服自然界，開發經濟事業，增進人類的人生。著者告訴我們：「除了由全體聯合工作，生活的法則不能够完全實現的。並且在歷史上，每一次大進步，每一次創新偏法則發現一部份，都先有了人類結合的相當推廣，許多民族與民族中間的更大的接觸。」（頁九一）今日人類所充滿了民族鬥爭，國家鬥爭，階級鬥爭，這完全是人類的變態，把力量用錯了方向了——人與人間的鬥爭，我們需要的是人們的偉大結合，向着自然界用力，利益人生。所以著者不懈地的催促說：「現在我們所知道生活的法則就是進步：個人的進步，人類的進步。」（頁九七）因此，人類一定要和衷共濟，將於一切分佈於人間的智力可以去思想與行為與進步發展。」（頁九六）

以上是對於本書第五，六，七章的介紹，讀者要想進一步完全了解，最好是細讀著者這本文介紹的譯本。不過，讀的時候，也要留心到兩點：

第一、是著者為一宗教信徒，有時候遇到問題不能解釋的時候，則推之於「天」，「神」。

第二、是著者為一教育家，所以總是着重於人的「自動」與「啓發」。這話當然是教育上的根本工作，然而也要注意到「時代」。例如我國目前的時代，就沒有讓人有「自動」的寬綽來教誨，則未免「時不我待」了。所以我們主張從「訓練到組織」，從「訓練到啓發」。這是時代的使命，不是方法上的優劣。

把握住了這兩點以後，讀者可以大膽的看去，充分的思索，經過一番周密的考慮，把著者指示給我們的生活規律，表現在行動上，生活上。那麽在個人方面說，是道德的解放，在社會方面說，是社會問題的解決，在國家方面說，是建國工作的基礎。那是筆者十二分希望的，也是介紹本書的一個根本的動機所在！

（給讀者）

圖書副刊
BOOKMAN
第一百八十八期
[illegible]

記南明翼王朱議汸被獲事

（故 順治六年山東巡撫呂逢春題本）

王崇武

欽差巡撫山東等處地方督理營田提督軍務都察院右僉都御史臣呂逢春謹題：爲恭報擒獲僞王僞軍師，獻俘闕廷，以慰聖懷事。順治六年正月二十四日，據長清縣知縣呂朝輔報稱：孫化庭盤踞山寨，肆害地方，蒙明奉撫標把總丘汝吉周起垣，並縣衙丁洪起順李茂寨，鄉長劉守才李之蘭周羽龍等，屢次圍山，相機剿撫，業經節次塘報在案。今於本月二十二日，復帶各官兵丘汝吉等，分路馳往張村等處攻剿，孫化庭被我兵屢次剿殺，計窮力蹙，將僞王子僞軍師，並僞印信一顆，僞勅書一道獻出，今被擒獲，理合綁解」等因到臣，臣即面同城守何統大胡什那等，驗得朱議汸昂然挺立，口稱僞明江西寧王之後，僞軍師宗佺稱爲浙江金華府秀才……審得朱議汸供稱：議汸原住江西瑞昌縣，始祖係故明太祖子寧王，初住大寧，至成祖改封九江府。議汸係瑞昌王派下，祖名朱世塝，父名朱統鉦，沿襲王爵。至崇禎十四年，父病死，嗣後議汸未得襲封。延至順治三年，僞隆武二年二月內，在台州府見僞唐王，始封議汸襲瑞昌王。至五月內，到紹興府見魯王，僞稱監國元年，乃進封議汸爲翼王，托汸各處糾合叛衆，圖謀中興。汸乃於順治五年二月內，削髮爲僧，留鬚，領一徒弟月隱，遊到金壇縣城北耳村大聖院，撞遇宗佺，敘說籍貫。宗佺說是浙江金華府義烏縣人，係生員，欲出外求館度日，彼時議汸隱含不肯將實話說知，只說亂世何用處館，叙談多時而別。宗佺因往別處求館，各行散去，後至本年五月內，止帶一人，名喚董國正，係寧國府人，隨議汸各改換滿洲衣粧，來至寶應縣運河船上，又撞見宗佺，彼因叙前日相見的言語，議汸欲山東串糾叛賊，隨向宗佺議說，你要訪館跟我，前途我有相知，給你個好館，我今帶你緊投。宗佺聽言，隨跟議汸行走，到順治五年七月內，到長清縣地方萬德集，見孫化庭，庭問議汸是那裏人？議汸同說是江南客人許化龍。他說許兄到敝莊住兩日何如？議汸應允，隨同宗佺董國正跟孫化庭到上峪莊裏住有十餘日，議汸嫌董國正有病，打發回南去了。後魯王自浙江又差僞遊擊張鳳翔係寧波府定海縣人，持僞勅一道，封孫化庭爲蕩寇侯。孫化庭隨問張鳳翔：「我贊有一江南客人許化龍，你認得否？」張鳳翔問了狀貌，隨同說他不是許化龍，乃明朝翼王朱議汸。孫化庭見汸即跪拜，口稱千歲。此後孫化庭愈加敬重。張鳳翔仍回浙江見魯王去訖，又化庭因差張稱玉等往河西一帶遍封李彎樓爲靖番侯，李三幡子爲遂魯伯，田松山爲定東伯，周魁軒爲東昌伯，陳濟宇爲玉湖伯，張二幡子陳復興侯伯總兵，議定二月半糾集人馬十餘萬，在曲阜縣各處起手。翼王的僞錫印係孫化庭毀的錫壺鑄成，李士廉篆字，僞劄付係朱議汸立主意，俱管做稿，李士廉楷書。……以上俱爲總兵，其餘忘記。孫化庭約同前封各僞後孫化庭垂涎肥城地方道錫銷傍有美礦，欲要去盜礦砂，來招兵買馬，被長清縣赶勦，勢敗，將朱議汸並佺獻出被擒。又訊宗佺，你係議汸軍師，爲何不招？佺供各總兵等官劄付，本係佺創稿，許佺作監軍道，若議汸軍師原係河南南城縣人司馬延，彼時說在他家，等著接應，如今不知下落。又訊朱議汸江南亳州地方渦河口集擒丁二賊：一名陳思治，一名劉富明，曾招出夥賊王英是你的兵部右侍郎，江南寧陵縣人陳抒是你的部下大頭目，並夥黨顧貴賓等，你速速報錯實來！據議汸供稱：略記的有一個陳杜，也不知是那裏人。其餘並不認的等情。又訊宗佺，你可認得否？據宗佺供稱：佺自來到孫化庭十餘日後，見衆賊下拜，口稱議汸千歲，始知是翼王。其南邊的事情，佺實不知。」各情吐供在案。……案查先准總督江南三省部院咨內開獲賊陳思治等，供稱：同賊首王英係山東濟南府長清縣僞翼王標下僞侍郎陳抒係河南寧陵人，俱在部下，應充大頭目，並夥賊蔣小鬍等三十餘人，布散省城，勾結腹黨，打探南信消息。……緣係恭報擒獲僞王僞軍師，獻俘闕廷，以慰聖懷事理未敢擅便，爲此具本專差官徐綸齎捧謹題請旨。

硃批：

順治六年二月二十七日

皇父攝政王旨，朱議汸、宗佺著確審正法，呂朝輔等察明議敘具奏。本內未獲司馬延等，各該撫按嚴緝務獲，該部知道。

右題本藏北京大學研究院文科研究所。按王氏東華錄順治六年（一六四九）二月丙辰（二十七日）載：「山東巡撫呂逢春奏：長清縣知縣呂朝輔率官兵擊剿孫化庭，化庭勢窮，遂獻僞翼王朱議汸，軍師宗佺，並僞印僞敕。命將朱議汸宗佺正法，呂朝輔等下所司察敘。」於議汸之身世與起兵情形，頗嫌略而不詳，而晚明典籍亦罕有載其行事者，得原檔比較對證之，可洞悉原委。考明史（卷一〇〇）諸王世表，太祖以子孫蕃衆，命名慮有重複，乃於東宮親王世系各擬二十字，字爲一世。子孫初生，宗人府依世次立雙名，以上一字爲據，其下一字則取五行偏，以火土金水木爲序。寧府之擬名爲「磐奠覲宸拱，多謀統議中……」等字。寧獻王權爲太祖庶十七子，洪武二十四年（一三九一）封，二十六年（一三九三）就藩大寧，永樂元年（一四〇三）移駐九江府。（此據口供，世表作改封南昌府。）瑞昌恭僖王名奠墠，爲獻王庶五子惠王盤烒之庶二子，景泰二年（一四五一）以鎮國將軍加封。寧府一系因正德時宸濠謀叛，誅連甚衆，故其流不暢。瑞昌一支至第六世拱栟時，坐宸濠反死，子送鳳陽，爵除。據右檔，議汸於隆武二年（一六四六）二月始謁唐王，襲封瑞昌王，而口供所謂祖若父襲爵者實誤也。瑞昌一支至第六世時既已革除，而以後議汸等祖孫之命名，爲請名抑爲自擬，則茫昧無徵。世表中所述拱栟子之送赴鳳陽者，當爲「多」字輩，議汸之子朱世塝，據字系當爲朱謀塝，當時或筆錄者誤，或其名已不按字排（以當時已無爵），亦不可考；然仍可據此以補明史世表之不及也。清順治二年（一六四五）豫王率兵下江南，克金陵，南明顛覆，而唐王魯監國亦局促無鴻展，此時瑞昌既失，議汸就魯監國，改封爲翼王，託往各處聯絡聲氣，以至於遁跡爲僧，從人皆服滿洲裝束，羅致人材遍浙豫魯諸省，號召義兵至十餘萬，用心亦良苦矣。

道光時修之長清縣志（卷一六，雜事志），以孫化庭作孫化亭，未知孰是，茲特輯其事如左：

崇禎十三年（一六四〇）荒旱，土寇孫化亭等嘯聚萬人，踞青崖山寨倡亂。

十四年（一六四一），饑民作亂，盜賊蠭起。

是時有泰安寇，有青崖寇，有靈巖寇，以青崖爲魁。孫寇既踞青崖，黨羽橫行，以靈巖爲屬寇巢穴，寺僧有受害者，亦有被脅者。……

崇禎十六年（一六四三），賊攻城急。先是，省城失陷，衡王邑侯去，代治歷城，賊逐肆，併力破縣城，士民屠戮殆盡，公署焚燬無存，儒學殿廡門堂古檜舊柏，悉化灰燼。

城破之日，官寮無存（惟遺教官一人）。鄉民胡鼎鉉以力雄人，莊衆將奉之爲亂。胡曉以大義，且曰：「若爲身家計，作賊何如禦賊乎？」率衆入守，得舊印；以號令嚴明有法，衆咸服之。屢卻賊建功，竟保全殘邑。順治初，邑令劉公璉隆至，始交篆焉。胡仍署守備以協守。」

順治五年（一六四八），邑令呂公朝輔以積寇爲害，力請勦捕，躬措軍需，率鄉勇爲導。六年（一六四九）春正月滿漢官兵悉集，乘風雪，直搗青崖寨，圍攻三晝夜，破之，擒渠魁，尋分兵四勦，餘寇悉平。

知孫化庭原爲明末巨寇，屢殺劫掠本極慘。國變後，流寇轉

說林

滿文木牌及老滿文檔

曾宗儒

（一）滿文木牌

柳邊紀略載：「邊外文字，多書於木。往來傳遞者，曰牌子，以削木片若牌故也，存貯年久者，曰檔案，曰檔子。以積累多，貫皮條掛壁若檔故也，然今人文字之書於紙者，亦沿稱檔子，牌子」云云。儒按此段記載，殊甚含混。牌子與檔子，檔案，並非一物。形式雖相似，性質不同，茲略分其性質如下：

屬於往來傳遞之性質者：清代入關以後，有「膳牌」，光緒會典八二膳牌註：「宗室王公用紅頭牌，文職副都御史以上，武職副都統以上，用綠頭牌。遇直班奏事引見之日，各於御膳前呈遞曰膳牌……凡外官來京者，文職按察使以上，武職副都統，總兵以上，皆遞膳牌……」，池北偶談：「國朝六曹章奏，悉沿明制，惟緊急事，或涉瑣細者，則削木牌而綠其首，以滿洲字書節略於上，不時入奏取旨，不下內閣票擬，謂之綠頭牌子，蓋古方策之遺意也」。嘯亭雜錄：「膳牌，王公大臣入朝奏事者，皆書名粉牌呈進，以待召見，於上用膳時呈進，名曰膳牌」。又：「綠頭牌定制，召見，引見等名次，皆用粉牌書名以進。王，貝勒用紅頭牌，公以下，皆用綠頭牌，繕寫姓名籍貫及入仕年歲，出師勳績，以便上觀覽焉」。宮中檔內又載有外邊行走牌子，御前行走牌子，乾清門牌子，正分，備分等字樣。又挑選秀女牌，宮中則例一：「咸豐四年二月初十日奉旨，着敬事房傳諭內務府，以後挑女子，如有現告病之女子，不准撤牌，次年再挑。蓋常挑女子時，亦用綠頭牌書應選之女子旗名，姓名，年歲。其不入選者，即去其牌曰撂牌，或曰撩排。」

其他臨時應用者，如齋戒牌，清會典太常寺齋戒牌註：「齋戒牌，木製，飾以黃紙，以清漢文書齋戒日期」。又：「齋戒牌，廣一寸，長二寸，書清漢齋戒字，佩著心胸之間」云。以上各說，除齋戒牌外，共紅頭牌，綠頭牌，似即柳邊紀略所載之：「往來傳遞者曰牌子」也，蓋自入關後，滿變其質而爲文，故有紅頭，綠頭之分。復因得紙甚易，將其他公文及記載，多改用紙，而木片遂爲專用於引見等事。追源溯始，當係有往來傳遞之性質者，始得謂之牌子，不能以形式相同，遽指爲一類。

屬於記載性質者：柳邊紀略謂：「存貯年久者曰檔案，曰檔子」者，其性質係屬於記載性質。與前項之「牌子」，迥不相同，如內閣大庫發見之「阿濟格略明事件之滿文木牌」，即係「檔子」，而非「牌子」。茲擇錄其譯文如下（見故宮文獻館出版之「阿濟格略明事件之滿文木牌」）：

兩白正藍蒙古三旗，土默特七旗，入雖石口時，命與拜烏木難領土默特步兵，及察納賴爾之喀喇沁步兵，進攻關口上所駐敵兵，擊敗之。

廣濟橋駐有步兵一隊，兩正白，正藍旗擊殺之。

至涿州之日，王命遣阿山圖爾格達爾漢額駙碩臣奕克舒譚泰蘇納額駙，往視涿州城。涿州出兵三百，殺我白奇超哈採樵者四人，取首級回，遇而擊之，及於城，獲馬八，至京城之日，正藍，正白旗追擊遵化韓副將之馬步兵一千，正藍旗獲馬八，記之。

詳讀其中語氣及有「記之」之言，係記載戰功者無疑，非往來傳遞之件。此項木牌，當屬存貯，與柳邊紀略所錄：「存貯年久曰檔案，曰檔子」之語，正相符合。而「檔案」二字之解釋，又可於此尋出其真正出處。

但其中有二可疑之點，今闡釋之，據另木牌載有（照錄譯文）：「命蘇納錫將總兵官解來城中。此總兵官若使脫逃，爾承其罪，在筆帖式中，如爾者尚較少也。勿使脫逃，勉之勉之」云。此足可使人疑爲係當時命令筆帖式蘇納錫之原件，若自原文首字之「命」字換之，此件仍爲記載性質，非爲原件，蓋因此事重大，特將原令記載耳。不然與蘇納錫之件，何以仍存阿濟格處，且此項木牌，多係記載性質，何以往來文書，祇此一件耶，余以爲非往來之文件也。

又：「列陣援救懷來城之馬步兵五百，突圍移營。沙爾虎達，追擊至城，斬二人，略馬二」，與王處送來」，此「與王處送來」之語，最易使人疑此木牌，爲隨同俘獲品，送來之用，而等於呈文。但當時滿人雖爲實勝於文，而屬下對於武英郡王（王封號見原包牌子之高麗紙皮）呈遞之牌子，亦應直書「與王處送來」，如此簡慢之語，且既係沙爾虎達之功，亦無自將功名，敘於文內之理，況「與王處送來」五字，純係第三者記事語氣，決不似呈遞之文也。

綜觀以上各點，據形式言則「牌子」及「檔」，似爲一類，然考其內容，「牌子」之性質，屬於往來傳遞，檔子之性質，則屬於記載，已無疑義，吾故謂故宮文獻館所存之「阿濟格略明事件之滿文木牌」，應名之曰「阿濟格略明事件之滿文檔」，蓋柳邊紀略亦未深明其真象也。

（二）滿文老檔

「檔」字之用於清代，入關後，祇限於各部院及大小各衙門，各該衙門並設有檔房，而記載國事之件，未嘗以檔名，如實錄方略，史書等，且各有館，即昔在關外，勢力雖小，幅員雖狹，亦儼然一國，其記載國事之件，既非木片，何可以檔名之。柳邊紀略所見：「木片……存貯年久……以積累多貫皮條掛壁……」清代在關外時屬下所存之檔也。內閣大庫之滿文木牌，原有高麗紙皮有滿文（照錄譯文）爲：「蘇開往武英郡王，在昌平州之軍中，取來之文書」。未入關前，軍中之檔也。今之所謂滿文老檔者，乃書字於紙，以年代計之，時在關外，非如柳邊紀略所謂：「今人文字之書於紙者，亦謂檔子……」之時也，是項以老滿文所記載之件，以年代，地位，原質論之，皆不可以檔名。

按滿文老檔中，其中間註有漢字爲：「克事因差使往拽黑去，死了，十五刃之錄」。又：「哈哈那在孟古路上，遇拽黑人斷殺了，因授五刃之錄」。又：「木哈答在扎害搭陣上，中一箭，十一刃之錄」。又：「皇帝勅論，八溪在兀剌陣上，中一箭，二品備禦，占丁夫八名」（全文見故宮出版之阿濟格略明事件之滿文木牌之插圖）。既係有「皇帝勅論」四字，則爲記載國事無疑，其前三條，於每條之尾，俱有「之錄」兩字。按其用此兩字之義，似仿明朝實錄體裁，但彼時關外實未曾見實錄記載之方法及體裁。所記事，似甚瑣細。實則以清代初起而論，亦可謂軍國大事。因陋就簡之處，乃時勢使然。況入主中國以後，且追尊三代。人且如此，物何獨不然。故謂此滿文老檔之內容及地位言之，宜名之爲老滿文錄，但此不過一人之管見而已。

貫明若相符合，若化龍者亦此例也。吾人觀其異議于前輔弼，曰降于敵，曰殉于陣，則憑空明欲昧天下之公可知，勢同書民族意識乎？

長清縣志（卷四）修官志載知縣昌師頸，遼東人，調江寧，有平定有謀無戰功。而舊志依據兩朝熙之事跡云：

孫翔有氣，守於兩朝不能動搖，遂有死明於戴把虞居不出，為兩從計朝勝。

此外題本中所敘動功諸人，事跡俱不可考。康熙志謂孫翔後受清巡令，以開平陳縣里。迨闖賊敗去，遂令求教，遂以攀主歸撫，不煩兵戎，萬新舉為報仇，特而接納，穢暖地中，城邦以全。而人物志（卷十二）總兵秦條（列傳類學作秦，乃作傳。）云：「輔策員公諭時延迹，奉訓立功，殺罪，總守備」。知當時平撫諸將，除見前文所舉者外，尚有戰勝屢建帝功之總兵等，杞戴明勤時失於之者，非謀都猜疑使然之歟。開年後，以遺民自居，專意不出，或即以此而刪其名，並可補右條之遺也。

又小腆紀傳補遺有謂昌王嗣者，謂係賓藩太祖十世孫，初英顯王即位，及其行禮，（如與康熙隆與相當，及起兵陳與南京等事）則知係隱遺而非謂王：「唐」字爲第十代孫而非實詳。小腆紀傳（卷四六）謹錄明方明的將，述隨遷事甚詳。隆遷兵敗兩廣，陳德化田都司方明迎入其軍，號召義旅，遂攻佔荊州等縣，雖然初振，關中因封爲昌王。徐承烈因謂協為昌王旁，遂誤二人爲一，並改「協」字爲「隨」耳。

二十六年六月十四日於北平三眼井寓廬

跋舊寫本東華錄十六卷

王立中

實錄一名，始於梁朝，最初見於隋書經籍志，大約由起居注推演而來，皆近侍之臣所錄，必無諱飾，其修撰者，人亦不甚重之。惟唐順宗實錄，爲韓昌黎撰，稍爲以行，流傳至今，然亦不過一時代史事編輯而已。然史爲過去事實，不能憑空構造，故易代修史，實錄在所必資，惟宋明兩朝實錄，俱一再修改，爲新政者之好惡以爲變更，如楊慎鑒聞山叢談卷三：

「國朝實錄諸史，凡萬事俱偏訪之采，隨而聞。……大凡前書不若後書，初書簡略，至後書粉飾見易，則金鑑難取信矣。」按若宋今見哲宗實錄，惟此書嘗特詳論，謹改修神宗實錄。又周密齊東野語卷八：

紹聖中，蔡卞重修神宗實錄，用朱黃刪改，每一卷成，輒納之禁中，蓋將盡泯其跡，而使後世不得見也。所謂朱墨本者，世不得而復見矣。及蔡師成用事，自謂蔡氏遺緒，輒相元祐諸公子孫。若范仲淹業之徒，皆成於禁中，見其舊爲諸人遺之，謂人必收藏之出，因目，此亦不可不錄也。傳成如其言，及取歸入，有得其書以述江，遂傳於世。

按平重修神宗實錄，又可見宋史紀事本末卷四十六，謂能安石能守防，未著作日錄，擬改正史，范祖禹，趙彥若，黃庭堅，坐詆誣降官，但未言朱墨本耳。而周煇清波雜志卷十一：

淳化五年，翰林學士張洎，撰重修太祖紀一卷，以朱墨雜書。凡約赤宗門，及史官采摭事，即以朱墨別之，神宗正史，朝國從誣，而非實錄，既後刪改，亦有朱墨本傳於世，其用淳化故事數。

又清波別志卷下：

翰林學士承旨曾布，言比奉詔旨，重行修定神宗皇帝實錄，臣竊觀實錄所載事跡，於去取之際，誠有所偏，如時政記，起居注所書，編修往往不以爲信。而司馬光記事及雜錄，多傳於實者，或道路傳聞，悉以爲實，對不敢發。聞王安石撰日錄，凡所奏對議論，日有記錄，於安石手自書寫，一時君臣奏陳及答之語，謂降旨下本家取索投進，付本院參合照對編修，使一代信史，不失事實從之。此議既上，實錄總成，而議論紛起，轉爲私史，爲宗廟，不但一二力爲詆誣，致一代信史，頗多舛謬，猶不失事實之真，其證乎。（原刻注未兩行似有脫文）。

按宋神宗實錄凡三改，皆因執政者爲門戶之見，而明初時事，與宋不同，然亦三更其史，如禹野獲編卷一：

本朝太祖實錄修于建文中，王景等爲總裁，後文皇靖難，再命曹國公李景隆監修，而總裁則解縉，盡焚前稿。其後永樂九年，復以爲未善，更命姚廣孝監修，總裁則楊士奇，今所傳本是也。然前兩番所修，則不及見矣。

又：

文皇帝即位，以前任翰林苗衷等修太祖錄，皆斥爲奸臣黨，論死謫戍，本年十二月，始命重修。其時監修者爲曹國公，李景隆，忠誠伯茹瑺，翰文武各一人，皆勳臣也。永樂九年，又以景隆等心術不正，編輯不精，改命姚廣孝夏原吉爲監修，其纂修則儒之胡廣等，又命楊士奇金幼孜佐之，而總裁則胡廣，楊士奇，楊榮。

又卷二：

本朝無國史，以列帝實錄爲史，已屬紕漏，乃太祖錄凡經三修，當時開國功臣，壯猷偉略，稍不爲靖難歸伏諸公所喜者，俱被削削。建文帝一朝四年，燬滅無遺，後人搜拾得拾，百千之二耳。景帝事雖附英宗錄中，其政令尚可考見，但曲筆爲多。

宋明兩朝之刪改實錄，其主因在好惡，各欲達其主觀目的，以補其所欲修，動機雖不同，其不實則一，於人間罕同也。

清朝國史，凡敍累朝，但致群且，不免事實，惟以實錄紅本及令朝官修之書為主，（見諸書說）。乾隆三十年，特命開國史館纂修，據實錄紅本，成東華錄十六卷，上起長白山發祥，止於雍正末，此爲紅格寫本，每半頁八行，行二十字，與後來刻本三十二卷，多有不同，當非乾隆時鈔本，惜缺七八兩卷（蔣氏刻於何時，謂顯見本太少，不得而詳）。以與蔣錄第一山清代通史，見清太祖興京奉師往來事，詳句多不同，又與王氏本一較，則有增無減，一代大事，不應任意塗改如此。及見本刊孟森先生論清代實錄兩錄，知清歷朝改實錄，乃如家常便飯，此與宋明兩朝，遷事改者好惡以為修改，又自不同。蓋清為異族入主，諸漢果能事服，其開國之君，又為一時雄傑，鑒前朝之辭，有不可以明示後世者，此其一。入關以前，對於漢人文化，缺萎無所了解，如文后下嫁攝政，康熙帝之纳妃，實錄中尚可留此等痕跡，此其二。統治多為漢人，乾隆以來，文字獄迭興，惴惴不安，執筆之際，焉能不嚴諱回飾，以免罪戾，又文獄，謝諭，弘曆，漢文程度俱不高，指示修改，恰如彼意之所欲發表，乃意中事，此其三。

具此三因，則清之實錄，迭經修改，與宋明兩代因由其不同，所同者則抹去信史一部分耳。本擬將蔣王兩本互勘，列為一表，然三朝實錄初纂本，及康朝實錄，俱待影印，故暫未從事。

孟森先生謂「王錄中之遺旨異撰所涉實錄，實錄中乃無一字，…是光緒朝又改實錄」。按明史紀陋正傳：

徐紘臣，紀太祖列聖實錄，今朝成書，凡四十日朝罷觀，日與群臣治，……請以蕭等之職進講。

清末當是光緒朝明制，重編進講之本，未必又改實錄，惟寫居萬山之中，未見故宮文獻館所藏各本，一論其實也。

新書介紹

鄉土志叢編

北平燕京大學編印　線裝十冊　定價十元　民國二十六年二月出版

一個民族國家的成立，是以人民的民族意識，國家精神及愛國心為基礎的，而這種思想的根據，却要建立在鄉土，國族的那種土。所以，在養成國民民族意識這點上說，鄉土教育的研究，實施，成為必要，而在研究地方自治上，也是必要的。

清末興學以後，鄉思振作，因此在奏定學堂章程中，乃列有初等小學格致科，歷史方面講述鄉土大端故事及本地古先名人事蹟等，地理方面講述鄉土道里建置及本地的先賢祠廟，遺蹟等，格致，則理科方面講述鄉土的動物，植物，礦物等的規定。因而使注意到教材的蒐集。清代光宣間各府廳州縣鄉土志的編輯，也就是由於注意到鄉土教材的蒐集而起。

當時編成的鄉土志，印行的雖有百數十部之多，而其餘或爲清本，或爲副本，或爲底稿，既未刊印，流傳不廣，便都隱沒在無聞的情形之間了。聞年以還，多所散佚，燕京大學圖書館，廣事蒐求，所得有數十種。本編所收，僅是陝西富平縣，甘泉縣，宜川縣，岐山縣，城固縣，寧羌州，神木，朝邑縣，華州，中部縣等處鄉土志十種。餘將陸續出版，不限冊數。

在編輯鄉土志的時候，所規的綱目爲：歷史，政績錄，兵事錄，耆舊錄，人類，戶口，氏族，宗教，實業，地理，山水，道路，物產，商務等十五項。各項並加以內容的說明，如歷史一項即說明其應載內容：「本境何代何年建置，未建置以前，在秦夏商周屬何州，春秋戰國屬何國，秦漢以後何代屬何郡縣，何代改何州縣名，既建本境以後，何代屬何州郡府」，很像一種需要填寫的調查表，用意是在求編例的一致。所以各處編輯的鄉土志，雖詳略有所不同，而大體還是包括着這些項目。

在這十種鄉土志裏，當以寧羌州，神木，華州三志為較詳。寧羌州鄉土志，是該中附寧羌州知州陳克昌撰，教員附生鄭彩綵輯的（十種鄉土志中，僅此及華州鄉土志署錄編輯人員名氏），把全志分訂爲歷史，地理一兩分，神木鄉土志，把全志分爲四卷，前者在物產方面列有物產表，商務方面列有商務細目表，方法較爲精密，後者在規定的項目之外，加述了天文（分述經緯度，節氣時刻，太陽冬夏出入晷度和氣候）爾政，鹽法，風俗等項，則別出生面。華州鄉土志爲楊成員述，和其他鄉土志一樣，在項目上無大出入，不過較詳而已。又這十種鄉土志，多無地圖，只宜川，岐山，朝邑三志是各有冠有全境興圖的。

燕京大學圖書館編印這種鄉土志，使封閉在一個圖書館裏的鄉土資料流傳於世，其功自非淺鮮。不過，一個圖書館所蒐究竟有限，如以談西鄉土志論，北平圖書館，即還藏有扶風，隆縣一種鈔本的鄉土志，爲本編所未收。希望燕京大學圖書館能把這一種刊行的辦法，擴大起來。（綱）

新書簡訊

國立暨南大學圖書館館報

創刊號民國二十六年四月二十四日出版　定價五分

暨南大學圖書館館報創刊號目錄，附刊於該校校刊，他們藉此爲謀宣傳本館的目的擴大，設置了此刊，一方面既便於檢索，一方面另闢「專著」一欄，刊載有系統的專門的學術論文，如籌設美國的南洋史研究圖書館之類。又闢「介紹與批評」一欄，意思也許想藉此刊物，可多發表點關於南洋的材料，因為該校的教育方針是注意於南洋僑胞的事業，使他們負荷着本國的文化去向海外發展，這是很好的計劃，我們希望這刊物特別注意中外古今關於南洋的資料，使其在這方面爲國內別處所不及的一個南洋文獻的淵藪。

● ● ● ●

渾源彝器圖

商承祚編　金陵大學中國文化研究所叢刊甲種　民國二十五年六月初版　實價二元

民國十二年三月山西渾源縣城西南十五里之李峪村，有鄉人高鳳堂者，於村南之廟坡掘土，發見銅器鼎豆敦壺盤簋等，爲數十事，高因無知，任人取去，是時爭購者甚多，其事聞於官，乃集而得諸今者，而散處民間者猶不計焉。其錄今者，先存置於渾源中學，繼經縣政府上聞於省政府，始經教育會，訂立保管章程，從大同移歸以備展覽，其與渾源縣村之間，於是商人聞風購集而價日高，計未有成。法商某君以五萬元為之，亦未果。北平市道古齋商說縣興議爭購，開以九萬八千元，繼而停止。民國二十一年有盧鼎卿者，能至二十九萬元，售運北平以謀出國，事聞於古物保管委員會，當由海關扣留，並函請中華文化基金董事會購歸保存，事隔數年，迄無良策。十年來北西方考古家著文論之者，不下二三十篇，其書有如朴拉特氏之戰國式銅器之研究，錯誤甚鮮。

商承祚君集在北平見此項銅器照片於沈倫氏，共十八紙，且附當地土人鄉記事文，共兵器凡度量衡，乃將該片為之放大，並折合其尺度為公尺，重量為克斤。並將梯斯氏支那古銅器精華所載渾源銅器為鄉人所私售流出海外者也器，附入編中。今賢此帝珍可寶，幾經轉折，始為他人所有，所出尚存之影，因不如此器遠而之易矣，其竭損為甚於故土也。（建）

● ● ● ●

治史雜誌創刊

北京大學史學會主編　民國二十六年四月發行　每冊定價三角

本誌爲北京大學史學系同學所組織之史學會編輯，該會宗旨以聯絡感情，依分工合作之原則以研究史學。該誌之創刊及編輯的問題，而內容側重在史實，尚所謂刊登著者也。本期多爲該系師生之作。一、孟心史氏後明韓手，錢穆考南明三王之外，尚有韓王餘於靖瑄稱號定武。二、王輯五氏之宋朝倉與日本武士，論南宋時代宋僧如圓爾辨圓，兀菴普寧等之東渡宣揚禪宗，與日本北條時代日本武士之精神生活之關係。三、蘇乾英氏成吉思汗時代的沙漠教，以校正普通中國歷史教科書中以爲蒙古帝國只信回教與佛教之說。四、孫名聚氏布言斯等教授略。五、傅振倫氏論史料之搜羅。六、余文豪氏說契丹九部中的巫。七、王德昭氏遼與高麗關係史初稿。八、傅安華氏北魏兵制研究。九、[illegible]氏清代的喇嘛與沙漠教。皆各有可觀。（光）

● ● ● ●

鐵路工程論文索引

一冊　定價一元　民國二十六年四月　國立北平圖書館索引組編　南京工程參考圖書館出版

我國近來建設事業，突飛猛晉，關于鐵路之建設與計劃，尤有長足之進展，比年以來，此種論文之著述，日趨繁多，大都散見于各種期刊之中，查檢不易，使研究者研究上之參考，良非淺鮮。此書係該館所編工程論文索引之一部分。所收論文，專以關于鐵路工程者爲限。舉凡工路，鐵路，車路，路等，一切技術上有關之問題，儘量搜集。所收刊物，自民國元年以迄二十五年十二月止，共計八十五種。每篇名下詳記：撰人姓名，雜誌名稱，卷期頁數，出版年月等項，著錄極爲詳明。書後並附著者索引，尤便檢查。至於分類綱目，乃參照中外各種圖書分類表擇宜採用，以分類排比最爲允洽。內容共分六類計：

（一）總論　包括鐵路工程思想，技術研究，材料及施工，鐵路工廠，建築計劃，以及鐵路工程史等。

（二）軌道　包括設計，測量，路基，隧道，橋樑，軌枕，軌條及連件等。

（三）站場　包括車站，貨站，調車場，車站設備，鐵路港埠，鐵路轉運等。

（四）車輛　包括車輛構造，以及行于軌道上各種機車車輛之研究等。

（五）列車與行車　包括行車技術，安全設備，以及列車編排，軌道運用等。

（六）特種鐵路　包括輕便鐵路，單軌鐵路，地下鐵路，高架鐵路，以及電氣鐵路等。

圖書副刊

BOOKMAN
第一百八十九期

一、本刊登載關於中外圖書之介紹批評以及學術界消息，爲公開性質，歡迎投稿。
二、刊登本刊之文略致薄酬。
三、投稿通訊可寄「北平文津街國立北平圖書館內圖書副刊編輯收」

書明史鈔略

孟森

南潯莊氏私史一案，相傳垂三百年，無有能詳述其真相者，四部叢刊三編，忽得一稿鈔本，標題爲明史鈔略，中有傳論，首署「莊鑨曰」者兩見，據收藏之家稱，即莊氏之明書殘本。然原署明史鈔略，不云明書，其果即莊氏書否，惟以兩見「莊鑨曰」爲據耳。又相傳出石門呂氏所鈔，章太炎及趙蟄雲，皆審其鈔中避留字必缺末筆，證爲晚村後人爲晚村之名諱。此本出呂氏之說益信，但謂即莊廷鑨所修之私史，則傳者之過也。

商務印書館昔年先印痛史數十種，中有莊氏史案一種，乃當時人所著之櫟庵隨筆，其品評莊氏書，頗多所指摘，蓋親見其書者，其言有云：況無志表帝紀世家，止有列傳，即王陽明一傳，有上下卷，共三百餘頁，其冗長無體裁可知矣，所謂三長五難者安在也。據此則莊氏書本無帝紀，鈔略則有神宗光宗熹宗三紀，其非一書可知。夫莊氏史名爲私史，乃實指列傳一種，僅有列傳，安得稱史，亦並未足稱史稿，不過集一朝人物，若名臣實行錄琬琰集之類，別定一名，留作修史時資料而已。若果如此，或不至蠹傳修史，致招指摘而擾禍也。

莊廷鑨之無學識，不但櫟庵隨筆言，顧亭林先生當時亦曾被莊氏延請，因薄其不學而去，見先生集書吳潘二子事。有云：莊名廷鑨，目雙盲，不甚通曉古今，以史遷有左邱失明乃著國語之說，嘗欲著書，其居鄰故閣輔朱公國禎家，朱公嘗取國事及公卿誌狀疏草，命胥鈔錄凡數十帙，未成書而卒，廷鑨得之，則招致賓客，日夜編輯爲明書，書冗雜不足道也。廷鑨死無子，家貲可萬金，其父允城流涕曰：吾三子皆已析產，獨仲子死無後，吾哀其志，當先刻其書，而後爲之立嗣，遂梓行之，慕吳潘盛名，引以爲重，列諸參閱姓名中。書凡百餘帙，頗有忌諱語，本前人詆斥之詞，未經刪削者。又有云：發廷鑨墓，焚其骨，籍沒其家產，所殺七十餘人，而吳潘二子與其難。方莊生作書時，屬客延予一至其家，予薄其人不學，竟去，以是不列名，獲免於難。

據亭林先生言，廷鑨成書，本不足觀，但廷鑨縱極不學，決不至用鈔略之三紀爲帝紀。三紀純係節鈔實錄，明實錄之體例，書大臣病故，即載其人小傳，鈔略則用實錄原文，修史既有列傳，何至於本紀中再重出諸臣之傳，如神宗紀萬曆三十三年王家屏卒，有家屏小傳，三十四年魏允貞卒，有允貞小傳，三十五年于慎行卒，有慎行小傳，溫純卒，有純小傳。慎行傳中屢稱張居正爲江陵，更乖本紀文體。三十八年王汝訓孫繼皋王錫爵卒，皆有小傳，錫爵傳尤詳，餘以傳或傳贊入紀者甚多不備列。其他不合本紀體者，如論文冗長，不加翦裁，獨曰論本王言，應入本紀，其無翦裁，或爲求詳求實之過。而諸臣奏議，則亦連篇累牘入紀，奏議而既入紀，爲作奏諸臣立傳，又將以何文字入之，不知莊氏私史本無帝紀，而以有紀之鈔略作私史，此好奇之過也。

明人節鈔實錄，即名爲紀，蓋自陳建之皇明通紀始。此書備科舉士人場屋中對時務策之用，故陳建通紀以後，撰續通紀者甚多，正德以前爲陳氏通紀，嘉靖以後，諸家續之。今傳本往往而有，而以沈國元之書爲最顯，國元自撰續通紀，上接陳氏通紀，而又總名之曰皇明從信錄，至萬曆朝爲止，後又續泰昌天啓兩朝，謂之兩朝從信錄，此皆明人作明紀之見存本。清初尚沿此風，爲晉元之通紀輯要，亦用陳建原書而補至天啓朝，晉元中順治十五年進士，選庶吉士，散館授編修，官至侍讀，其成書不在明代，然於清室忌諱之語，亦皆有刪，列行於世，至乾隆間乃入禁書。可見清初禁網尚疏，有志著作之人，直述明代史實，並不甚知有忌諱。莊氏乃以家富遭忌，又修史之名太震，致接奇禍，又因得禍甚酷，舉世反甚願見私史原文，以饜好奇之心，乃此鈔略出世，而不知其已屬贗鼎也。爲鈔略者遇明時史料即鈔之，故有諸帝紀，當鈔自一家續明紀之書，而其列傳則實出莊氏私史，並合雜鈔，故不曰莊氏明書，而曰明史鈔略。

鈔略中之帝紀，雖載明代指斥建州文字，然於奴兒哈赤速兒哈赤等名字，往往空缺。尤可異者，并李及佟氏諸人名。神宗紀，萬曆四十七年正月，有云：援遼遊擊□□□叛附建州，以父□□在彼也。明實錄則云：援遼遊擊佟國祚叛附建州，以父鶴年在彼也。佟氏之盛，在康熙中葉，聖祖生母爲佟氏，後所立之后亦佟氏，故佟氏布在朝列，北人至今尚傳佟半朝之語。私史之獄，起於順治十八年辛丑之春，爲怨家及地方縣令所挾而告發，時大吏尚不欲究其事，輾轉相激，致聞於朝。櫟庵隨筆言莊氏居潯未久，因其饒於貲，故世情不替，初發難，爲歸安令，令吳姓，故羅吏也。不遑爲恐嚇之詞，以冀升斗耳。而君維即挾書入長安，冀疏欲上陳，遍下諸公，泡詞附會之。時予居西村，君維歸，以疏稿示予，自以爲無恙矣。而羅吏挾其書中悖亂之語，以達於部使者，部使者不敢隱，上之於朝，而獄不可解矣。云云。據此則櫟庵乃與廷鑨之父君維甚稔，君維奔走欲自直於朝時，且以疏稿示櫟庵，櫟庵自爲親見其事。且與莊氏有交誼者，其言私史無帝紀，決非傳聞不確語。至案發在順治末，廷鑨著書必在順治中葉，其時安知爲佟氏避諱，此或鈔者避之，尚不得爲非出莊氏之證。要之鈔略中十之八九爲紀，而紀則並非私史所有，此則出於附會雖信者可決也。

惟鈔略中之列傳，則頗可信其出於莊史，列傳中惟李成梁戚繼光杜松三傳有論，論首李戚兩傳論俱冠以莊鑨曰。杜傳則冠以□□曰。莊鑨字作空缺，櫟私史之人，觀亭林謂之莊廷鑨，櫟庵筆記則作廷鑨，私史案並不見於東華錄，清代官書中無可據，櫟庵於莊氏父子兄弟皆稔，又舉廷鑨之字曰子相，似不致誤。又櫟案內牽涉陸驤武之女孝行，所著老父雲遊始末一書，備述私史一案，言王于一病歿昭慶寺。其父爲于一斂資棺喪送歸，因至江滸，有人與言莊姓纂史，抵觸本朝，有查陸范評定姓名，大爲不便，因與查伊璜商，具牒文宗，行文湖郡教諭趙君宋查驗，趙至莊，始知作書者名龍，係瞽目，已故無子云云。則其時口傳莊之名爲龍，當即書中之莊鑨，又叙定案行刑事云。發莊龍塚，塚前有坊，曰才高班馬，棺內富麗之甚，衣壽字錦衣，顏色如生。劊以刀碎其首，腦出，濺劊喉中，立死，是時天昏地暗，日色無光，及末方點吾父等，至明倫堂，三人此際魂已去身，督撫皆曰，爾等不應無罪，且有斂資，於是叩謝出。云云。則牘案中亦指作莊龍，蓋莊龍即莊鑨，而莊鑨實爲私史主名罪犯，共在家命名實作廷鑨，而亭林則與莊亦不甚近暱，既彷彿爲廷鑾，又知案牘名莊龍，遂誤會爲莊廷鑨之名，而後又以亭林之文，遂相沿謂之莊廷鑨私史歟。

各傳文其爲查伊璜罪惟錄所有者，文句多同，雖互有詳略，但存在之文，至字句相同，必是出於一手，衍非查實與莊之修史，即是莊璧用查錄傳文爲已稿，以查亦私史案中人，雖以出首蒙賞，不坐之罪，然其先則同與此事爲可信，即罪惟錄與莊氏私史之大有關聯亦可信也。查之免罪蒙賞，自以出首私史之故，世或傳得吳六奇之力，聊齋志異中所傳大力將軍事，以爲查之獲罪幸免，亦大力將軍之力，此或附會，與六奇微時自受查之惠，清初與貴而有以報查，則是實事。惟未必爲救免其私史之獄者。若果坐私史，恐吳六奇亦不易救免也。今因罪惟錄之文與鈔略多同，故信鈔略中之列傳，實出莊氏私史。

鈔略後有章炳麟跋，謂書中謂他失爲阿台塔，而清人自述其事，則以阿台爲教場孫塔，考其事厤行蹤，當以此爲正，清人所述，使阿台與他失翁塔易位矣。云云。太炎好武斷，昔太炎謂明人以猛哥帖木兒之弟爲名凡察，而清實錄則述肇祖之先有范察者，數世而後傳至肇祖孟特穆，因謂清實錄之好自爲舛繆，予告以明實錄中，建州酋長名凡察者共十數起，凡察自爲女眞人習用之名，至子孫應避祖宗之諱，此事爲漢人風俗所獨有。清在肇祖以前，安知漢俗，何必以凡察與范察名字略同，定謂清實錄舛繆，太炎亦首肯。今此跋又謂明人以顯祖爲阿台塔，清實錄以阿太爲京爲景祖長子禮敦之塔，必以明紀載爲正，而清之所述則爲翁塔易位，此又太炎之未審也。顯祖固阿台塔，而清實錄亦言太祖必爲阿古都督女，阿古二字乃乾隆間所改定，天聰修太祖實錄，謂太祖爲阿姑都督女，天聰修實錄時所用漢文之名詞，乾隆間盡改作滿文之齊譯，務使文理難通，以成其與明別爲一國，古不相通之說。太祖諸子原稱幾王，必改作幾貝勒，貴婦女原稱夫人，必改作福晉，阿姑都督即姑夫都督，自改作阿古都督而文義不可通。其實阿台先娶之妻生女綠他失，後又納他失從兄之女爲妻。此事本無所嫌，且阿姑都督字，清太祖初纂本實錄原有明文，何必强生分別，惜今太炎往矣，不及與凡察事並與面罄也。

明史鈔略之爲書，雖所存莊氏私史之成分甚少，但其神宗光宗熹宗三紀，即亦是明實錄原文。今明實錄尚未印行，不無可資實明季史事，尤可證清初在明季之史事，固亦有價值之書，今特分別言之，以明其非出莊氏私史，適宪其明史鈔略之名義，而又指明鈔略中實有一部分爲莊史，則亦足以慰世人願見莊史之意，而吾意願見莊史，莫如罪惟錄觀之，其所載事蹟之不見他書實至夥。或可想見查所參與之莊史，必有其相類似者在。

又論秦事紀有一則云：事在辛丑之春，決獄在癸卯之秋，潘吳諸子在獄，日以賦詩爲事，時余寓烏溪，而潘子芸野至，館於刷址之南，相距里許，時相過從，得見諸子傳出晉獄詩稿，及既授命，芸野爲吳潘立傳，獨於左黃則言其少年游冶，至於慷慨激烈，力辨朱畇之冤，則未之悉也，余爲備述其故，芸野始爲改竄一稿，是夜，余夢己身在一亭之上，左黃在水中揖謝余，余急起援之，則已沈水中矣，次日與芸野言，共嗟異之。云云。左黃名廷鉞，鑨之弟，辨朱畇冤事，亦見筆記中。總之，櫟庵爲與莊氏親密之人，同時同里，耳聞目見，所言必不謬，莊史之無帝紀，自可據以辨明史鈔略之非莊史也。再檢鮚埼亭集江浙兩大獄記，其記莊廷鑨史稿云：明相國烏程朱文恪公嘗著明史，舉大經大法者筆之，已刊行於世，未刊者爲列朝諸臣傳，國變後，朱氏家中落，以稿本質千金於莊廷鑨，廷鑨家故富，因竄名己作刻之，補崇禎一朝事，中多指斥昭代語。云云。此亦謂其所刻止有列傳，則莊氏私史之無帝紀，謝山亦知眞相，皆足證明史鈔略之大部分爲帝紀，即大部分非莊氏私史矣。

飲水詞箋

書評

鄧鉞

談到清詞的時候，雖然大家對納蘭性德有不同的意見，但誰也不能忽略了他的重要，因爲他確是有清三百年詞壇上一顆明星。他的著作有十來種，但以飲水詩詞爲最重要。據我所知他的詩不曾單行過，雖有幾種，全是與詞合刊的。所有版本中要以張純修所刊飲水詩詞集和通志堂集本爲最早。張本雕刻頗精，係康熙三十年在揚州所刻，首頁有「錫山顧貞觀閱定」一行，篇數次序與字句異同，大致與通志堂集相似，但流傳絕少，不易得見。前有張純修序，記時「康熙辛未秋仲」是康熙三十年，而嚴繩孫序通志堂集又在「康熙三十年秋九月」，因之二者前後，不易判別。但張序說：

『余既哀容若詩詞付之梓人，劂既成，隨就錄而爲之序。』

似書已成而後作序，嚴序說：

『今佛庵先生已裒輯其遺文而刻之。』

像嚴序時書未刻成；則張本是在前了。張純修即張見陽，飲水集中數見投贈，他與納蘭原有相當的交誼，又說『此卷得之渠汾手授』，當然是比較可靠的本子。道光二十五年，張辟河（詩舲）在桂林借到周稚圭所存張純修本，乃重行付梓，縮小版心爲一冊。周稚圭本得之於廠肆，後面原有缺頁。咸豐元年，伍崇曜刻粵雅堂叢書，收有飲水詩集飲水詞集；前有二張序言，據伍氏跋語這本子與二張所刻原是一脈相承的。最近的詩詞合刊本，則推胡子晉萬松山房叢書本的飲水詩詞集了。詩分卷上下，詞則是上中下三部；是仿易大厂所存張純修本而刻的。

單刊的詞集比較多些：趙函序汪珊漁所刻納蘭詞言：

『向所見者，惟側帽詞刊本，並與顧梁汾合刊本。』

又丁藥園（澎）曰

『容若塡詞有飲水側帽二本，大約於鞍前馬上得之。』

朝鮮徐良崎又有題側帽彈指二詞詩，張任政便說：

『「側帽風前花滿路」晏小山清平樂句也。容若平生服膺晏詞，其弱冠時所作曰側帽詞，有承平烏衣少年樽前馬上之概』。

足見這是納蘭詞的最早本子，但惜早已失傳了；吳綺說：

『一編側帽，旗亭競拜雙鬟；千里交襟，樂部唯推隻手。吟哦送日，已教刻遍琅玕；把玩忘年，行見裝之玳瑁矣』。

也可借之想見其傾倒一時了。由趙函納蘭詞序中，我們還可以得知道光時在側帽以外，還有彈指側帽的合刊本。康熙十七年閏三月，顧梁汾在吳中與吳薗次（綺）共同訂定飲水詞，序而刊之，今世亦無傳本。容若歿後，又取詩合刻爲張純修本飲水詩詞集，所以單行的飲水詞也許似張純修本飲水詩詞集而略少吧？嘉慶年間袁蘭村（通）選入隨園三十二種之中，計詞二百十一闋，無序無跋，最爲通行。此板毀於嘉慶二年，宣統二年金州重刊本一仍其舊，但民十著易堂鉛印本隨園全集則於卷首多海寧楊文蓀嘉慶己卯（二十四年）春三月序，而以納蘭飲水詞爲七家詞之一了。（註一）嘉慶二年又有梁溪楊芳燦（蓉裳）因酷愛飲水詞，手鈔一本，後來鈔本流入汪珊漁（仲安）之手，汪爲錢塘人，亦好飲水詞，倚聲落筆，輒似納蘭；道光十二年乃因顧梁汾原輯本和楊蓉裳鈔本，袁蘭邨刊本，昭代詞選，名家詞鈔，詞匯，詞綜，詞雅，草堂嗣響，亦園詞選等書參鈔得二百七十餘闋，又於彭相橋家得通志堂全集（註二），增爲三百多闋，是爲納蘭詞。其前後次序，按體編排，字句異同，皆行註明，卷首並有詞評詞話；雖有失考之處，也可以說是比較完美的本子了。（註三）光緒六年許邁孫（增）重梓汪本納蘭詞入榆園叢刊；前加墓誌銘，神道碑，和張預『重刻納蘭詞序』以外，皆仍汪本之舊，惟卷末補遺詞二十一闋，則不詳所出。中華四部備要本納蘭詞，便是據此校刊的。宣統三年六月萬松山房叢書本飲水詩詞集劉世珩題記：

『近浙江許氏以容若詞與頻伽詞合刻，亦甚精緻』。

不知是否還另有這樣一種合刊本。有正書局『納蘭飲水詞側帽詞全稿』是影印本，不曾述明來源；但與榆園叢刻本毫釐不差，祇是換了一個名字而已（註四）。民國十七年光華書局出版鉛印飲水詞集一種，爲謝秋萍編校，除胡雲翼作『納蘭性德及其詞』冠於卷首以外，有詞三百三十首，自言是根據有正書局的納蘭飲水詞側帽詞全稿，顧貞觀的飲水詩詞，袁校的飲水詞鈔，粵雅堂叢書的飲水詞彙校而得。爲謀時出，印刷也劣，雖是爲「欣賞叢書」，却太不適於欣賞了。然而民十七到二十一年之間，再版七次之多，也正可見一般社會如何渴慕這本書，而他種刊本如何難得了。民二十二年，亞細亞書局出詞學小叢書，第九種便是羅芳洲編納蘭性德詞。去年開明書店印行陳乃乾校輯清名家詞，第四冊有通志堂詞，係以通志堂定本爲主，次其餘爲集外詞，共得三百四十七首；無論在蒐集，校對，印刷各方面，全可以算作差强人意的本子了。但以上所列，全是白文；飲水詞箋一書，最近才見出版。納蘭詞的讀者很多，此書出版，自然是件值得注意的事。

飲水詞箋是李勗編注，爲正中書局國學叢刊之一，全書共五百十一頁。前有葉恭綽黃孝紓題字，納蘭二十，三十小影與手書詞稿鋼圖各一，自序之前又有龍沐勛序，夏承燾題辭。目次共分九類：一、飲水詩詞集序，二、墓志銘，三、論道理，四、小說，五、年譜，六、問評，七、雜錄：1、詩話，2、曲考，3、書簡，4、其他，5、遺聞逸事。八、譜序跋附錄及題署等略，九、同書共有計三百四十四頁。此書可以說是資料和豐富的譜本一他和好的作品，讀來適爲參考，於實也很便利；現察記的眼光且寫下一點小小的意見來。

全書既以飲冰同書爲名，自以第九節爲主，因之我現在也來說明這一項的情形：據註者自序，讀是三年工作的成績，不算自滿，斷斷可觀，所以能是很完美的；但其間也有不盡如人意者，第一就是體例方面常常有不劃一之病。書注中有不少『見前』，可是也有譯見同註的；例如一百三十頁註三和一百三十九頁註二便是一例。而且『見前』的說明法也不很一律，如一百零四頁註八『見天仙子月落風』標明調名，調名是最完全的，一百六十一頁註六『見前惡功然調』，惡功然只有一調，所以也不患混淆，但像第一百七十頁註一『見前人譜集浮句』，如果讀者記憶力差，或翻檢不熟，便不很容易立刻想到『人譜樂浮』是同調『林下觀月』一首（頁一百六十四）中的一句；再像一百四十一頁註四『見前』，依從用兩個字，對讀者是更不方便了；所以我認爲『見前』時，必註明調名題名和號註的次序，如果某調只有一闋當然可以省略題名，如果沒有題名必須註上首句數字，像這樣少一調有三十九首之多，檢查起來對時間太不經濟了。同時既有『見前』的辦法，便該儘量利用，如一百七十四頁註一，與一百零一頁註一『令書同文』；一引謝惠連詩序，一引晉書列女傳，全是流審事，根本沒有並註的必要。然是兩者相合的話，最好也以並列在一百七十四頁註一項下爲宜，一百零一頁的註可作『見本調同文「孝中」一首註一』，因爲一書只是詩結集，而詩結集中以『同文』爲題者又不止一首。此外像四百四十八頁註八但作『別號：「京山深水淤涉釀」』，不著作者江滬之名，第五百零六頁註一但作『白鷗詩「鮮衣蒙

[illegible]

（未完）

新書介紹

自由與組織

羅素著　陳瘦竹譯　中山文化教育館編輯

商務印書館發行　定價國幣二元五角

羅素的著作，大抵譯成國語，發人未能。這本大著亦可看見其智慧在焉，讀來饒有相之一快。以清闢的文字討論高深學問，精確淨的筆法，敘述錯綜複雜的十九世紀史蹟。惟以其對於歷史自具其觀點或立場，對於讀史有根底的人，能予以不少啓示，但若對於一個初治史學的人，這本書所給予的十九世紀的史蹟，是不完全的，抑且帶些危險，前人所評，評人所略，而缺少普遍周到的敘述。

作者的主旨——依在序中所言自貫，這書似乎是有相當成功的。一書在追溯百年來（一八一四至一九一四）改變的主因，以爲可以分三種：經濟技術，政治理論，重要人物。他不相信三者中間任何一種可能忽視，或完全視作其他一種的結果。不過他雖則承認經濟技術是十九世紀中最重要的變化因素，然決不能承認他是唯一無二的因素；至於人類之所以會分成若干民族，這一點尤非經濟技術所可解釋。除這三者之外，他以爲我們不能忽視機緣的作用，所謂機緣，便是令種具有重大影響的細小事變，其因所造成的是機緣的或然性，並非歐洲的必然性。只要有細小事變，則雖至山窮水盡時，戰爭亦不會立刻爆發，無奈這些細小事變未曾發生，雖則我們不知道他們爲什麼不能發生，要是戰爭不即爆發，則促進和平的勢力說不定會占得優勢。他曾說爲一八一五年後歐洲之傾向反動，泰半歸於沙皇與約翰夫人與亞歷山大之相遇；條路之失敗，歸於俾斯麥的智與英國的見童；馬克斯之得以完成其著作，一部分須歸功於英國的博物館；工業制度之所以發生，未始是由於中央亞細亞的乾旱。更舉出列寧之得返國尤許說國，俄國革命方始成功；反之，成功未必。這當然都是作者的創見，惟於史料集也多少自有其必然性，以最後一事爲言，俄國之有一次革命，亦可說是勢有其發生之必然性，抑且真的發生和成功了。作爲揭開「繼續青史」的人是可以的，若應其說，對照成爲實作觀察，殊期期以爲不可。這非苛責於此書，却是提作讀者不要其驚其說的在作這書成篇大的工作。

羅素在序中並稱及歷史云：「這不算是一種科學，也就得說以科學，僅爲造與顯明。」這話當然有其相當的真理，不過「他無能以科學爲造與顯明」，也決不是絕對真理，近代歷史學家在力求真實，當然有用的一些史家，是難不問爲造和顯明，不過總不能以偏概全，以歷史劇視爲工具，乃至視爲作爲工具。這點以他的話給我們一個深刻的提醒是十分對的，但不能說在乎歷史本身，或過信輕於求真的歷史記述方面，予以無限的不信任。羅素爲思想進步，天生哲人，自此自有見地，不過仍能此爲實試者，亦自有其道理，非關立言之無據，實要真具在不容不出此耳。

氏以爲「歷經巨因之果，而又不致過於簡略，亦未嘗斷不到，只得記住別的因素亦有作用這一層。本書的目的，便是想探十九世紀間一種變化之主因的對立與相制：一是自由黨與急進派所共有的對於自由(Freedom)之信仰，一是從工業技術與科學技術中產生出來的對於組織(Organization)之需要。」雖然總述，却令於他所說歷史認爲科學至少在簡明一點了，他先有此一立場，而後以十九世紀的事變分爲兩端，不但新穎可喜，抑且切顯詳細，終不失爲一部名著。

譯本前有王文山先生序一篇，可以先讀，對羅素本人及本書皆有詳盡之說明，頗便讀者。全部計分四部：第一部正統主義，敘拿破崙敗北後三十年中歐洲國際政治；第二部思想的進展，敘社會背景，哲學的急進派和社會主義；（此部與常識同）第三部美國的民主政治與財閥政治，敘美國的民主政治和資本家的競爭與獨占，可作爲一部很好的美國史讀；第四部國家主義與帝國主義。作者以爲現代各國，在國際間但重自由而不重組織，國內但重組織而不重自由，終其極，將自陷於具有毀滅性的悲境，危及文化的生機。（王序中論斷甚詳。）所以在結論中他發警語，主張以爲「欲謀文明的人類能免於集團的自殺，必須組織國際經濟組織，而非和平主義者的熱情所能濟事。」這點意見和 F. Delaisi 作「政治的神話與經濟的現實」(Political Myths and Economic Realities) 中所主張的相同。此種主張亦自有其暗通和平的經濟主義者的見解，但究竟有其困難之處：第一經濟與政治如何分開？讀羅素本人對唯物史觀者的批評已在說明其不可能。（經濟外尚有其他重要歷史因素如民族主義。）第二經濟本身的組織，其所採取的方式，又是歷史上長期爭論的問題。

不以小疵掩大德，我願治史者讀一讀此書有創見的一本名著。讀譯亦流利，能傳原著之精神思想。　（緊非）

圖書副刊

BOOKMAN
第一百九十期

亞理士多德的物理學

余又蓀

亞理士多德的物理學（Physika）一書，很早就有德文和法文的譯本了，但在十年以前，尚沒有英譯本。一九二九年羅布古典叢書（The Loeb Classical Library）中出版了一部英譯的物理學（Aristotle's Physics, Tr. by P. H. Wicksteed and P. M. Cornford. 2 Vols.），書中附有希臘語原文，共計二冊。一九三〇年，洛斯教授（W. D. Ross）主編的英譯亞氏全集中，又有哈底和格愛二氏（R. P. Hardie and R. K. Gaye）的物理學譯本。研究亞氏學說者，因此得到很多的方便。

一九二四年，洛斯教授將亞氏希臘語原文的形而上學一書，精細考訂，並用英文解說及註釋，成書二卷。（Aristotle's Metaphysics, A Revised Text with Introduction & Commentary. 2 Vols.）一般學者稱爲校釋亞氏形而上學原典的標準書。去年洛斯校釋亞氏希臘語原文的物理學又出版了。

這本物理學要算一九三六年出版界中最有價值的一本古典。洛斯教授研究亞氏哲學的成績，更爲學術界所推崇。

Physika (Physics) 一語，從前有人譯爲窮理學，亦有譯爲格物學或格致學者。但現在一般都譯爲物理學了。

希臘語Physis一語，拉丁語譯爲Nātūra，其意較現今所謂「物理」一語爲廣，殆即「自然」之義。故亞氏Physika一書，與其稱爲物理學，不如稱之爲自然哲學或科學概論，尚覺恰當。在古代希臘，亞理士多德用Physika一語以稱其自然哲學。但近代牛頓以及克爾溫（Lord Kalvin）等的自然哲學，則稱爲『Natural Philosophy』，而不稱爲『Physika』了。

明崇禎年間，方以智撰有物理小識一書，敘述天文，地理，氣象，醫藥等學。宋代亦有物類相感志等書，性質略同。這可說是中國古時論『Physika』學之書。但中國自然哲學的淵源，要推古代的易了。

亞理士多德生於紀元前四世紀，相當於中國的戰國時代，時孔子已歿，孟子正大露頭角。亞理士多德大概與孟子同時。亞氏的物理學要較易晚出一二百年了。

亞氏在物理學中，極注重相反（對待）的原理。與易說近似。亞氏在此書開始即批評希臘古代哲學家之一元論與多元論，認爲他們都只見到真理的一部份。但他承認巴門里茲（Parmenidēs）和德謨克里特（Dēmokritos）都是贊成他所注重的對待原理的。

亞理士多德是柏拉圖的弟子，曾在柏氏的學園中就學二十年。柏拉圖死後，他纔離去雅典。但他們的哲學，在某一種觀點上看來，不是屬於柏拉圖式（Platonic），就可以歸入於亞理士多德式（Aristotlian）。一部哲學史，可以說是這兩類哲學的消長演變。柏拉圖只承認超越感覺的觀念世界是宇宙的本源。反之，亞理士多德則注重經驗與感覺；因此亞氏極注重自然哲學。柏拉圖的學說，可以說是純粹的哲學；但亞理士多德的學說，則最富於科學的意義。亞理士多德是希臘的一個大科學家，據說他的弟子馬其頓王亞歷山大遠征東方時，曾搜集所經各地特產的動植物，以供亞氏的研究。歐洲中世紀教會勢力很大，科學思想完全不能自由發展。亞理士多德所遺留下來的物理，天文，博物等自然科學的知識，是中世黑暗時代唯一的光明。至於柏拉圖的哲學，完全爲基督教派所利用。中世紀的經院派哲學，可以說是一種基督教化的新柏拉圖主義。

及至文藝復興，思想界始脫離宗教的羈絆，又恢復了希臘的自由精神。近世自然科學長足進步，亞理士多德的科學學說又覺陳腐了。我們現在所謳歌的科學方法，的確是古代希臘所沒有的。希臘的原子論派，以及亞理士多德的科學思想，雖與近代的科學略同；但他們都沒有現代科學所用的實驗的研究法。留克波斯（Leukippos），德謨克里特等人的原子說，在科學的價值上說來，豈能與近代的原子論電子論同日而語？至於亞理士多德的物理學，動物學，心理學等，現代自然科學家看來更覺幼稚了。並且亞理士多德所遺傳下來的科學知識，有許多是錯誤的；譬如他說物體墜落的速率，是與其重量成比例，這就與現代的物理學知識不相符合了。

因此，若果從科學的立場上來講，原子論派以及亞理士多德的學說，可以說是一種幼稚的科學。但是如果從哲學的立場上看來，又不能完全否認他的價值。

亞理士多德的哲學注重感覺與經驗。在他的物理學中，更可以看出這種特質。亞氏的論理學說中，也有歸納的方法。因此，若果從較高的觀點上來說，文藝復興以來極發達的實驗精神，也可以說是亞理士多德式，而不是柏拉圖式。

但是，自伽利略，笛卡爾，牛頓以來，物理學的理論是傾向於性質論。這又與亞理士多德式的理論相反，可以說是屬於柏拉圖式，或比太哥拉斯派的數學式。近代的物理學學說，由天動說而進爲地動說，由連續論而變爲原子論；一切亞理士多德所否認了的學說，現代的物理學家都來認了。

不過在近世各派物理學的理論中，若果仔細分析起來，仍然可以分爲柏拉圖式或亞理士多德式兩派對立的學說。若果以爲原子論派是柏拉圖式，則現象論即是亞理士多德式。同屬原子論派之中，亦有精微的區別；比較注重演繹者若以爲是柏拉圖式，則比較注重歸納者即爲亞理士多德式。主張實在超越感覺者如果歸入柏拉圖式，則主張實在即感覺說者即應歸入亞理士多德式。各派的學說，從他們理論構成的不同點上看來，都可作如此分類的。

亞理士多德的物理學，永遠是自然哲學界的一本重要的典籍。

讀顏習齋先生年譜與習齋記餘瑣記

趙衛邦

顏習齋曾於六十二歲時，（康熙三十五年丙子）就肥鄉郝公函之聘，主講漳南書院；到後，首改建書院。年譜於是年記之甚詳，以其文字觀之，可知係根據習齋自著漳南書院記。（習齋記餘卷二）習齋生平施教以六藝及經世之學爲主，故擬建正廳三間，名「習講堂」，堂前東西相向各二齋：曰「文事」，「武備」，「經史」，「藝能」。四齋之外，更設「理學」與「帖括」二齋。漳南書院記記此二齋曰：

其南相距三五丈爲院門，門內直東曰理學齋，課靜坐編著，程朱陸王之學；直西曰帖括齋，課八股舉業，皆北向。……置理學帖括二齋北向者，見吾道之敵對，非周孔本學；暫收之以示吾道之擴，且以應時制；俟積習正，取士之法復古，然後空二齋，左處儐价，右宿來學。

年譜中改其文曰：

門內直東曰理學齋，課靜坐編著，程朱陸王之學；直西曰帖括齋，課八股舉業，皆北向；以應時制，且漸引之也。

書評

飲水詞箋（續完）

鄧鋐

第五項便是年譜，在『飲水詞人年譜』題下不着一字；似乎和作者小傳是出諸一人之手。但看完一遍便覺出標題之下一定是遺漏了『張任政』三個字，翻到自序也找不出一些是采用張作的痕迹。每年之下的事蹟，字句與張譜全不參差，間或多出幾條來標上（勗補）；但沒注意國學季刊的人，想不到天地之間還有一位自十八九歲便愛好納蘭詞而努力爲他製譜的張任政先生，則可斷言。第四十四頁有『勗校』一條，下按『勗按棻氏（棻松齡）於是年秋充順天鄉試正考官，旋以磨勘落職，張任政先生謂以辛酉主江西鄉試，被勘落職，實誤』。

張先生的『誤』到是表彰出來了，可沒想到十分之九以上的現成飯，也是他的成績。

第六和第七兩項是詞評和叢錄，而叢錄在目次中所分的詞話，逸事，酬贈，其他，和遺物志略並沒有清晰的標明。張任政作年譜自序：

『凡譜餘材料及先後各家之紀載文字，彙爲一卷曰叢錄。』

而兩叢錄的面目是太相近了。飲水詞箋的叢錄自五十一頁起至六十頁止，只比張作叢錄少五六條，而這五六條是被移於『詞評』項下了；還有一條『飲水詞詠紅姑娘眼兒媚』一條被漏去，怕是只有兩行不引人注意，順序抄下來滑過去是很容易的。在徐釚詞苑叢談卷五條下辯證阮葵生茶餘客話的訛誤，稱是註明『錄張任政語』（註十四）；但根本註明轉錄張任政納蘭性德年譜不更爽快而正直些。

由萬松山房本飲水詩詞集跋語中抄來的三條『勗增』以下，大概就是所謂『遺物志略』的一部了。這一部連同遺著考略和附弟揆叙遺著攷略，又和張譜後紀中雷同；連接爵全出一轍，遺物志略第一項天香滿院圖是『遺物志略』中唯一的畫象，可是編註者在卷首明明附了兩幀小影，張氏在自序中也曾提到這幅照從元煥的三十小影；我不懂何以註者不會補入；如果天香滿院圖是可靠的話（註十五），我們今日至少有納蘭三幀遺像才對。（註十六）在畫像之外，只有雙鳳硯，抄手形硯，和趙孟頫鶴華秋色圖被提到，此外還有須待補入的：

一、昭代名人尺牘裏有一通納蘭的手札，後署上款，結尾有長方『長白』陰文篆章一枚；雖只寥寥七十字，也可以一看納蘭的筆姿。（註十七）中有『日夕讀左氏離騷餘，但焚香靜坐』，這一段自白可以和徐乾學墓誌『閉門掃軌，蕭然若寒素……擁書數千卷，彈琴咏詩自娛悅』互相發明。

二、譚篆卿藏有納蘭手書詞稿（註十八），是『書似蒙人年道兄正』的。『成德』之下有陽文方章『成德』，下面又一方陰文篆章是『自傷情多』。詞則是一闋菩薩蠻一闋鷓鴣天，字句與刊本頗有出入；注者在卷首也附了銅圖，但遺物志略中不及一字，詞文校記也不利用這寶貴的材料是很可怪的。

三、胡汀鷺藏有納蘭書扇（註十九），是自作題岳陽樓圖水調歌頭一首。上下款俱全『成德』上有『松花江漁』四字，下蓋方章二枚。

張任政納蘭性德年譜自序：

『先生手跡聞有津人某氏藏墨本數頁，數年前曾携請梁啓超氏題跋。』

可知納蘭手跡的流傳，並不止以上三種。

四、葉恭綽藏書紀事詩註：

『武進費屺懷藏容若玉印，一面鐫綉佛樓，一面鐫冢書龕。』

『彈指滄桑二百秋，依然惆悵想風流。高齋寂寞賓朋散，玉印猶鐫綉佛樓。』

不知此印是否仍存費家？楊壽枏題天香滿院圖詩：

也不詳是親見此印，或是人云亦云。

遺著考略和附弟遺著考略也和納蘭性德年譜的後紀一樣，只在納蘭遺著中多加胡氏萬松山房飲水詩詞集一種，但這還是不够的；現在比較流行的幾個本子，似乎該全提到。總之註者似乎對張任政先生過爲信賴崇仰，一步一趨；但張先生年譜後面附有參考書目一表，如果註者也學到了，而且掛上一條『張任政納蘭性德年譜（見國學季刊二卷四號）』，那麼讀者會舒服得多。

這一篇小文章，似乎要點有二：第一是對飲水詞箋的內容貢獻一點意見，第二則是對注者的態度稍稍地加以討論而已，我是飲水詞的酷嗜者，對飲水詞箋一書的出版是感到最大的快慰；這篇文章也只好算是愛護此書的讀者，所發出的求全責備的呼聲。我不認得張任政先生，對李勗先生也毫無所知；但對二位皆極感謝，因爲他們爲飲水詞讀者費了不少氣力，造不少方便。我極欣慰中國學術界的蓬勃氣象，後人是應該繼續前人的路向前開展的；但是，我們不該抹煞前人的血汗，把豪條大道算作自己的功業；飲水詞箋是多少人的歡喜，多少人的慰安；於是，不由地我們要苛求它內容是硬朗朗地，態度也光明正直！

註一　七家詞除納蘭外有陽湖劉美初，錢塘袁蘭邨，無錫顧翰，上元汪[illegible]樓，儀徵汪竹素，金匱楊荒蘆六人。

註二　見通例序

註三　謝章鋌賭棋山莊詞話卷七：『容若詞有：……而最備者莫如錢塘汪仲安元治之納蘭詞，九五卷三百二十三闋，比之原本多百餘闋，[illegible]』

註四　[illegible]

註五　[illegible]

註六　[illegible]

註七　[illegible]

註八　[illegible]

註九　[illegible]

註十　[illegible]

註十一　[illegible]

註十二　[illegible]

註十三　[illegible]

註十四　[illegible]

註十五　[illegible]

註十六　[illegible]

註十七　[illegible]

註十八　[illegible]

註十九　[illegible]

北容三齋，左題僧什，右指米券。
前記中謂係楷書正，數十字漫漶者，「燕然」容齋即指一齋，以題僧什指米券，尚未詳明。年譜中謂以「燕然」之「然」字指徐方言，並謂「然」字爲「北」字，謂即「北容一齋」，恰是六齋之外，又增一容齋矣。

王法乾（名養粹）爲顏習齋平生摯友，二人相繼於康熙癸卯年，年譜中於是年記二人結盟之經過曰：

閱王法乾焚結指，應踊，拔劍擊柱……，廢衣冠，棄家業別諸鄉祖廟，父母，相共往母舅墳。入日觀，先生曰，土地祠，願追帝來……歃血盟之。後又閱法乾自稱其氣化身，日此即焚結而誓矣……，乃未履信，十一月篤深三日，二十六日往拜之。

就此段文字觀之，習齋之「閱王法乾焚結指……歃血盟之」與「往拜之」，一齊間隔有一「後」字，然顯同繫於是年之下，顯係必同一年之事。然記錄卷四，初帝王法乾第一即謂帝與之第一題下明注有「壬寅」二字，且帶中有「不識時文八年矣」之語，然習齋業舉業不識時文爲康熙乙未年事，依彼計算年數之慣例計之，八年爲壬寅，是顏習齋之閱王法乾焚結指，歃血盟之，與往拜乃同年中事也。

習齋記錄與本之本爲餘耕書本（北平四存學會編習齋叢書本係依此本排印，增補遺文十一篇），前者爲四存學會劉成棠先生舊得見一鈔本，係出桑籍鈔元，（鑛鈔傳入）較普通本及遺文多十九篇，最重要者有……初稿之兩時及與萬斯同書等，前者可見顏習齋對於科舉文字之態度，後者可見顏習齋實事求是之精神。

習齋記餘卷二，有記某處王化觀孝父事一文，題曰：孝子王作觀父記，校以鈔本，題中遺一「處」字。卷五有與湯陰李家宅書，劉成棠先生所存鈔本中更有與李主一書：帶書中與主一（名毅），乃父子，皆爲朱姓，均見年譜。然此顏氏學記謂爲明宗室。

記餘卷三，有答五公山人王介祺書，下注爲乙巳年作。案年譜中是年並無關於此信之記載，而有「七月，……王介祺來，贈記詩」之語。此書首云「承錦賜詩」，與之正相符合。蓋王介祺來後，顏習齋所答者，並非「答書」，顏氏編記餘時，因其起首有「承錦」二字，遂誤爲答書。王介祺五公山人集中有答朱易菴王法乾一書，內云因事路經蠡縣留顏習齋家中一宿，（顏習齋三十九歲前名朱易直），有「一宿清談，千秋高義」之語，蓋亦指此次也。

記餘卷三，有上太倉陸桴亭先生書，（此書亦見存學編卷一，惟字句間有不同處），題下注有「甲寅」二字，年譜中繫之於壬子三月，顏記餘誤。

呂著復興高中本國史

洙一帆

編著教科書，不是件容易的事，年來出版的高中本國史教本雖很多，詳略適宜起來，不堪適用的多，令人滿意的少，只有呂思勉先生的復興高中本國史是比較適用些，可是這本書也有好些美中不足的地方。

（一）引証和叙述上的錯誤。呂先生是個博學嚴謹的人，但他編這書的時候，大概沒有工夫去詳細參考，所以免不了有引証錯誤和叙述錯誤的地方，譬如「上古的社會」一章中有說：

「史記平準書：『大公爲周立（九府）圜法，黃金方寸而重一斤，錢圜函方，輕重以銖，布帛廣二尺二寸爲幅，長四丈爲匹，』」（見該本頁七十四）

我們看了以後，知道這很分明是漢書食貨志裏的一段，平準書是沒有這段記載的，著者因不檢原書，故而錯了。又如說「吳楚七國之亂」時，說：

「……文帝即位後，封如意之子遂爲趙王……」（見該本頁九十一）

這亦是錯的。道個的兒子如意雖曾封爲趙王，但是這裏的遂，不是如意的兒子，而是趙幽王友的兒子，趙幽王後來遷爲趙王，所以史稱趙王的兒子，呂先生只知道封趙王的如意，而不知還有初封淮陽王後遷爲趙王的友，所以致誤。

後漢帝系說（見該本頁九十八）也常有不很對，霸帝是順立在另外的一行，難道他是孤生子嗎？不然，我們就不懂得這個意思了。桓帝明明是章帝（本書誤作桓，殆誤與文帝同名）的元孫，蠡吾侯翼的兒子，和帝的姪兒，沖帝和質帝的兄弟，靈帝是解瀆亭侯萇的兒子，是又是章帝子河間孝王開的兒子，這是很明白的，爲簡明起見，不若附某諸人的名氏在表上，雖然可以，但不表明靈帝和漢室的關係，似乎有點說不過吧！還有殤帝兄弟稱的謚，范書陳志均作「少帝」，著者依萬季野之說，似屬非是。

述元代的東西交通的原因，也不妥當，他說：「當時蒙古強盛，歐洲人……並因和天方教國兵爭，要想聯蒙古攻之策，於是一二四六年，羅馬教皇派柏朗嘉賓（Plano-Carpini）一二五三年，法王路易第九又派路卜洛克（Re-Bruck），先後來到和林……」。（見該本頁二五八）

「十字軍」固然是十一世紀至十三世紀間的大事，蒙古西征的時候，歐洲人雖然有「十字軍」，以抗蒙古，然終沒有成功，這大概就是十字軍和蒙古的關係了，至于 Plano-Carpini, Rebruck. 諸人東來的目的，是請蒙古人息兵，停止殘殺，請受基督洗禮，而不是和蒙古人聯絡共攻「回教徒」，況蒙古可以不顧管領而亂說嗎？所謂「景教」，不是基督教的正宗，而是Nestorius 所創的一派，若以一派而代表基督教的全體，也是不大對的。

據晉書載記，劉淵的兒子劉聰是病死的，著者說他是被殺。宋與金議和以淮水大散關爲界，時在紹興十一年（一一四一年），誤爲一一六〇年。諸如此類的小誤，還很多。

本書還有一個大缺點，就是引用書籍時，不依原來文句而任意伸縮，如說楚國的風俗和漢代的佛教交通諸段，雖云據漢書地理志，而和漢志原文很多不合。不引用的地方，也應該用些符號表示出來才是。

（二）取材不甚合理。高中的本國史，材料似乎不必太多，重要的地方，就要精詳，需要詳細的時候，不妨多花些筆墨，譬如說殷代的政治吧！似可不必說什麼太甲，雍己太戊中丁河亶甲祖乙陽甲……諸人在位時的興衰，作這樣詳的叙述就很夠了。至于春秋戰國時代的事情，「漢代的吳楚七國之亂」和「後漢的黨錮之禍」，都於當時歷史很有關係，我以爲應該說得詳細些。

講到周分封的諸侯，並附著明的表格，當然是看得清楚些，可是，以後的「五胡十六國」和「五代十國」，爲什麼不並照周的興亡圖呢？難道這些都是不要緊的嗎？

法國的內戰，雖都知道是絕對必要的，但我看張君勱先生的「法國發見內戰的誤說」大可不必補進去，因爲今日的中學生是不需要這種無稽的考証的。

至于文化史上的「六部制度」的興起，經濟史上唐代的「飛錢」宋代的「現錢關子」，以及學術史上的顏習齋，似乎應當略加叙述才是。

我們也知道，在一本薄薄的小冊子內，要包括上下數千年的各方面，是不能的，但以上所舉數點的重要性，大概不至于有人否認的吧！

（三）缺少的圖表——著者也曾說過：「讀史地圖，年表，系譜，都是讀史者當備的書」，因爲「當備的書」，所以不再附入了，以我個人教學的經驗，知道高中學生因求一般的常識，所以在他們的時間，精神，經濟，各方面看來，都沒有允許他們買參考書和看參考書的可能，不若在教科書中，略附幾張圖表，教者學者均有其便，有志研究者，固可再購，而求普通之知識者，亦可免空疏有缺之憾。

（四）紀年專用西曆——西曆紀年，是世界各國都採用的，本書卻專用西曆，未免「矯枉過正」，我以爲著書既爲中國史，應當以國史紀年爲主，將公元紀年注于其後，才不失中國史的特色，不然，與世界史有什麼兩樣呢？

新書介紹

太平天國書翰

蕭一山

太平天國忠王李秀成等書函照片，凡十五件，附翼王石達開致唐友耕函僞書一件，係藏倫敦不列顛博物院東方部，及政府檔案局，兩處者蓋外國教士譯官之所搜，而後者則當日英軍將之所得也。余所搜錄冒此書之類，已於前年編爲太平天國詔諭一卷，由國立北平研究院影印行世矣。當時復擬往來文移爲太平天國書翰一卷，照片既付雕工，而考釋迄未脫稿，入事忽忽，荏苒經年，亦以太平天國史料方在蒐集研究中，問題之待決而未決者尚多，固不可以此書就事也。去年來容料稍有發現，治史之秀，亦各出新義，使得將原此書而李董理，並略與國內學人以參考之助也。此書雖僅寥寥十餘篇，而於太平天國對外之關係，以及英人交涉往來之狀況，則頗有所貢獻。尤可貴者，即忠王嘉王致戈登兩書，觀此可以知外人助剿之內幕矣。至石達開一書，雖云僞作，而事出依託，特附錄之，僅以引玉云。

太平天國書翰目錄

附太平天國翼王石達開致四川湘軍總兵唐友耕書一件，係僞書考。

□　□　□　□

山西票莊考略

陳其田著　一冊　定價六角

中華民國二十六年三月初版

在大清銀行未設爲中國銀行，中國還沒有新式銀行的新式組織輸入的時候，這一百年來的中國經濟史上，山西票莊，是佔有重要地位的。

山西票莊，以太谷，祁縣，平遙三縣爲中心。是由於清季道光初年，隨乾嘉一朝之後，承平日久，商業發達而興起的。他的基礎，起始建築在商業金融的流通上。其後與官吏往還，代理省庫出納，乃於國家財政發生關係，於是範圍更大，業務且廣，管理更嚴，及至光緒時期，爲其全盛時代，在倫敦，紐約，巴黎等國際金融市場均設有代理店，經營中國外匯，有代理國庫之權，當時山西票莊在中國金融界的權威，於此可見。惜其沒能改爲銀行的機會錯過，日趨沒落。現在，這種人本位主義的金融制度，雖已到了無法補救，但是因爲他把握了中國金融一個時期，在中國經濟上有過一種應運而興的任務，對於他的發生，發展以及沒落的情況，不能不加以研究。

陳其田氏，幾年來注意于此。且曾到太原，祁縣，平遙，太谷作實際調查。兼引中外關於山西票莊的記述，著爲此書。這是研究山西票莊的第一本專門著述。

全書七章。第一章山西票莊起源的傳說，對於起於隋末唐初，起於明代中葉，起於明末清初諸說，有所探討。他認爲「假使明以前有山西票莊的話，也是另一系統，和清朝中葉以後的山西票莊沒有族譜上的關係」。此說與衛聚賢氏的「考其淵源，起源於乾嘉之間，正式成立則自道光十年始」的說法，都是認爲山西票莊起源於道光間的。第二章山西票莊的沿革，述山西商人與山西票莊的關係，清代山西票莊的起源及其發展概況。第三章山西票莊的衰落，述其衰落原因，從失掉改革機會，民國以後的一般狀況及各地各號票莊的衰落情形。

第四五兩章，是關於票莊自身的探討。前者述其源別組織，分五節敘述平遙祁縣太谷三幫，四十九家票莊及外省外縣票莊概況，票莊的組織，總號與分號的關係。後者則在山西票莊營業的概況標題之下，分述營業地域，種類，代匯公款的實例，營業和獲利的估計，及營業的方法。

往次，進而討論山西票莊對外的關係，舉凡山西票莊與政府官僚，與錢莊，與對外貿易等關係，均有敘述。最後結論，說明道光以後，中國受着西洋通商的影響，政治，經濟，社會各方面都有劇烈變動，山西票莊，因其守舊，不求設法適應新的環境，「再讓他們支配民國以後的中國經濟，恐怕就要發生很大的障礙了」。這種意見，我們應當接受。

附錄凡三：一、參考材料，二、山西票莊調查表，三、山西資產家一覽表。附錄一，介紹中，日，英文關於山西票莊的論著五十餘之多，足見陳氏用力之勤。但是最近中央銀行月報上所載的李清沂氏的「山西太谷銀錢業之今昔」及衛聚賢氏的「山西票號之最近調查」兩文，都作在本書脫稿之後，可以互相訂補，值得參看。　　　　（武相）

新書簡訊

浙江圖書館善本書目甲編

浙江省立圖書館編印　全一冊　實價一元

兩浙自宋以還爲人文淵藪，至明而藏古異書之風益盛。如天一閣，以私家保存一代文獻，至今猶昔推重望。清代二百餘年間，浙人士以藏書名者，尤難僂計。爲自清季陸氏皕宋樓之頹，嚴劉家藏，丁氏八千卷樓之遺，繼於日下，私家藏書亦先後流散，後起未出，識者憂嘆。民國肇造，館中公家藏書之網羅搜輯，而浙江圖書館亦以保存之責，徵訪求珍秘，搜私藏以代起，二十餘年來，所藏既冠於全國省立圖書館，而聚籍之富與湖山之美，輝映而合彰焉。頃自該館館長陳訓慈氏主持館務以來，於提倡鄉邦之餘，更廣蒐鄉邦文獻，與浙館財力未充，而成就蔚然可觀。該館前此既所藏普通書編成圖書總目初輯二冊矣，近復由該館館員毛春翔君選擇善本，就所收宋元明刻本舊本精鈔批校本，成善本書目甲編四卷，凡錄書六百餘種，其涉初版及稀刻鈔本之稍次者，擬別爲乙編云。

□　□　□　□

中國植物圖鑑

賈祖璋等著　開明書店出版　一六六八頁　布面精裝一冊

本書記載植物二千四百餘種，插圖二千四百六十餘幅，凡我國所常見之草木，花卉，蔬果，藥材，類無所不包，又有分類檢索表與中西文索引。本書編著以五年探集之功，並廣徵中外著作而成此。先進如胡先驌先生錢崇澍先生胡刊敘言謂此書爲我國植物學界一新基石……「科學雜誌」評爲「本書之出，可謂應時代之需求，同時亦表現吾國植物學之發達，亦提到可稱我國植物之程度，此在吾國科學發達史上，誠然爲值得紀念之一事也。」此實可占近二十年來此學研究之進步，而爲一般中學教師及專門學者所當採備之參考書。

圖書副刊

BOOKMAN　第一百九十一期

一 本刊專登關於中外圖籍之介紹批評以及學術界消息爲公開性質歡迎投稿　二 凡登本刊之文酌致薄酬　三 投稿請寄「北平文津街國立北平圖書館內圖書副刊編輯處」

新書介紹

山右叢書初編

山西省文獻委員會編輯　民國二十六年五月出版　定價連史紙每部一百一十元毛邊紙每部百元太原皇華館東巷三號發行

山西風氣閉塞，先哲遺著，多湮沒不彰。山西省文獻委員會蒐羅歷年搜求所得，擇其要者刊行山右叢書，現初編業已印竣，共計三十七種，四百三十餘卷，內三十種係在太原排印，七種係委託北平京華印書局影印。所據均係善本罕見及舊刊善本，海內承學之士，諒必以先睹爲快也。茲將各書內容略爲介紹如左：

周易史證四卷　附易證圖解一卷清翟沙鈴作邦撰。據家刻本排印。翟氏字對山，曾官湘鄉，晚隱林泉成是書。其大旨以史證易，而以宋儒說易爲之輔。

尚書考辨四卷　清安邑宋鑒撰。據蓮陳排印。宋氏字元衡，號半塘。於閻若璩考定古文尚書之後，半塘實繼其業。書凡四卷，一辨古文傳述源流，二辨古文經字異同，三辨偽經文抄襲之本，四辨論語孟子等書所引與偽經異同古文然異。錢大昕嘗言：宋氏實與閻氏並稱，閻標遵之。清代山西學者治考據學者，曰閻若璩，曰張敦仁，曰張穆，曰王軒，而宋氏其一也。

論語簡言上下二卷　清安邑宋作時撰。據家刻本排印。宋氏字□伯，號野荊老人，官至國學，半塘之父。是書以正身心之間，說以當世之務，雖無新學，時於讀者有所啓發。

讀孟子劄記　清太谷□撰。據原刻本排印。此乃其官國子監祭酒時所作也。推闡孟子七篇之論，皆根柢於大學。

四書說六卷　明陽城辛全撰。據明版排印。辛氏字復元，三晉理學名臣，自明以來清而下，首數先生。生平著述甚多，此僅其一種耳。

讀□十四卷　清徐潤第撰。據原刻本排印。徐氏字□□，官至□□。是書比次諸文，不令與訓詁相混，所採諸儒之說，與漢宋古注用意不同，不可以漢儒之學概之。

大唐創業起居注三卷　唐太原溫大雅撰。

從戎始末一卷　明沁水張道濬撰。據原抄本排印。張氏爲張忠烈公銓之子，是書所記爲闖亂時守禦事，賊以數萬攻不能破，引去。明史已載其事，所謂夫人城者是也，蓋一家并心禦賊，卒有成功云。

東遊記一卷　清陽城孫嘉淦撰。據抄本排印。孫氏字錫公，官至協辦大學士，諡文定，生平著述除奏議外，多自焚毀。東遊記乃其少作，天下傳之，今據此排刊。

萬里行程記一卷　附塞北紀程一卷年譜一卷　清祁韻士撰。萬里行程記年譜據家刻本，塞北紀程據原稿排印。祁氏字鶴皋，所著萬里行程記，除家刻本外，傳世罕見，塞北紀程則爲原稿，今合刊之。祁氏於西北輿地之學，實開道咸間之風氣，雖著作不多，不可忽視也。

西陲要略四卷　附西陲竹枝詞百首　祁韻士撰。據家刻本及手稿排印。祁氏以事謫居新疆，爲此書，又就十六城之風土產物，作竹枝詞百首，每首之後，附以注釋。

萬卷精華樓藏書記一百四十六卷　清靈石耿文光撰。據原稿本排印。耿氏字斗垣，精於四庫提要之學，專力收書，所藏至八萬卷。晚年恐其散佚，著爲是書，自言用意有四：一以自課，一以示後，一防錯亂，一備考記。每凡一書之著錄宗旨，考其源流，篇卷分合，皆條著詳審。其例仿朱彝尊經義考及四庫總目，全書一千五百餘頁，幾占本叢書全部四分之一。

閱見齋詩集十卷　附西湖竹枝詞一卷　清曲沃衛武城撰。據原刻本排印。衛氏字子雄，少年出從關隴，老遊金川，中歲以後足跡遍於北，舉凡山川風物，莫不加意採訪，尤於古今圖籍之所在，金石碑版之存亡，考訂精詳。清代山西學術著述甚豐，此書更以雅令爲宗，簡潔清暢。

蛻菴詩一卷　清□成□撰。據原刻本排印。□氏字介人，與趙秋谷、王阮亭同時，嘗以詩名於京師，所著詩甚豐，久已風行海內。是書乃其少年之作，簡潔紀錄，其學既有所本，亦異乎常流。

蘗峰文札記八卷　清徐潤第撰。據家刻本排印。此書以考據爲宗，乃困學紀聞一流，古今此派著作已多，非實事求是，確有心得，即皆同異而已。

文潞公文集四十卷　宋文彥博撰。據明嘉靖刻本排印。潞公事蹟具宋史本傳。是集爲呂元質等據於山西時所刊刻，行世甚稀，故彌爲貴。四庫所收，亦即此本。爲詩七卷，序記四卷，雜文一卷，表議二十七卷，共四十卷。

西臺集二十卷　宋畢仲游撰。據聚珍本排印。畢氏字公叔，與秦黃諸學士交之至深，事蹟具宋史。四庫提要言其文章明達，王苔原論古文推門古集，以世人不甚習覽爲惜。

莊靖集十卷　金李俊民撰。據舊刻本排印。李氏字用章，文章與學問兼備於一身，金集僅數家，故此書尤可珍之，是集凡古近體詩六卷，樂府一卷，雜文三卷，總爲十卷。

常評事集四卷　明常倫撰。據明嘉靖本排印。常氏字明卿，少負才而豪俠。王元美謂其詩如沙苑兒駒，驕嘶自賞，是集爲其邑人劉羽所編輯，較四庫本所收者多三倍。

常評事寫情集二卷　明常倫撰，據明嘉靖本。明中葉時，北方填曲家首推對山王渼陂，先生更豪放不羈，風流自賞，實康王之勁敵。

沁水稿文鈔二卷　明張慎言撰，據舊鈔本排印。張氏字金銘，官南京吏部尚書，明亡，憂憤卒，與錢謙益李維楨同年進士，均以文章名世，是集爲張伯顏所選錄，雖非全豹，亦可見其一斑矣。

沁水稿詩鈔六卷　明張慎言撰。據舊鈔本排印。四庫提要存目中，惟論其文而不及詩。詩觸心深切，妙絕天成，與今日晉派詩格最近，而今日則實爲今文矣。宜如何珍視耶。

自課堂集六卷　清武□□撰。據原刻本排印。

王石和文九卷　清王緩撰，據原刻本排印。

西北之文十二卷　清畢振姬撰，據原刻本排印。畢氏字亮四，清初仕至湖廣布政使。

樸元西堂集明史樂府一卷　附舊詩絕句六十首。

兵質詩集四卷文集八卷　附年譜一卷。

□，□文據所刊年譜，即先生據既晚輩文集，今附刊於詩文之後。

松龕全集九卷　清五台徐繼畬撰，據新刻本排印。徐氏字健男，號松龕。所撰瀛寰志略一書，久經風行海內。是集凡文四卷，詩一卷，奏疏一卷，兩漢郡國縣三州今地考略一卷。先生論詩明清，納而爲詩，不主一家，蒼健閑雅，洞中機宜。

顧齋遺集上下兩卷　清洪洞王軒撰。據思潛堂手抄本排印。王氏字霞舉，號顧齋，石舟之後，劉霞手鈔，付刻者有顧齋詩初編八卷，續編十三卷，是集上卷爲先生年譜及先生手錄詩稿四卷，每卷之後，有許潘孫王沙諸家評，下卷爲文五十餘篇，皆當年諸師友手批。先生之文，能未刊刻，今合其手稿詩卷刊之，頗可見先生平生精神面目也。

鶴麓紡詩草一卷　清代州馮婉琳女史撰。據馮氏家藏抄本排印。女史字佩□，曾三之女，帝川之姪，董文煥之妻，董文燦之弟婦，王顧齋之門人，詩歌婉約，雅有家法。

桃溪文鈔一卷　附詩話一卷，清陽城郭兆麟撰。據稿本排印。郭氏字鵬伍，官至滄州刺史，古文以桐城爲主。

老生常談一卷　清陽城延君壽撰。據稿本排印。延氏字荔浦，詩與張晉齊名，此爲其所撰詩話，尚論流派，厚力企古，而能于樸野之辭，或語或文雜出，實天下之奇作也。其論詩尚宋人，在今日固無足行不足異矣，若百年之前，安得有此魄力耶。

晉溪本兵敷奏十四卷

明太原王瓊撰。據明嘉靖刊本影印全書九百餘頁。王氏字德華，號晉溪，與王憲馬文升稱河東三鳳，正德之際，歷任漕河總督戶部尚書兵部尚書三邊總制等職，是書爲任本兵時所上章奏，凡十四卷，曰京營，大邊，大寧，大三關，大陝西延寧甘肅，大山東河南四川兩廣雲南湖廣，大江西，大南京兩廣雲貴，又大四川陝甘騰巖馬政，而以雜行類終。其保馬劉之家輩者十卷，其案所劉者多四卷，均爲完本，史稱先生久在本兵，天下士馬多寡強弱及關塞形勝，歷歷若指，一一實錄，所上條陳，多中機要，可以此證之也。

司馬奏議六卷

明陽城王國光撰。據萬曆本影印，全書四百三十一頁。王氏字汝觀，萬曆時官吏部尚書，是書即其時所上奏章，關於人才吏治，均主激文，以飭貪故，掃舊開新，官中貴要，嘗謂江陵之政，先生佐助實多，故後來以江陵黨罷官云。

國史紀聞十二卷　明沁水張銓撰。

據明天啓刊本影印，全書一千一百餘頁。張氏字宇衡，巡按遼東，遼陽失守，先生殉義，事蹟具明史本傳，是書爲官京師時討論舊章，參據異同，以備遺忘之作，名曰紀聞者，蓋稱之實述，而不敢據以爲信也。自太祖起兵以迄嘉靖，朝政得失，邊計安危，皆挺挺可考。徐揚先稱其史材官之評等，則野史之繩墨，備前書之記載，爲諸家之羽翼，非剽竊耳以爲耳，非信臆以爲筆，非過譽也。

介庵詩稿五卷　明浦州王崇古撰。據明隆慶刊本影印全書一百七十餘頁。王氏字學甫，號鑑川，歷官宣大總督陝西總督兵部尚書，是書爲總督宣大時所作，封俺答款貢事所存，凡五卷，據鄭業修公詩大要主于風骨，使人詩文初不必以工拙論也，足以論史事證年譜則已矣，況鑑然可誦乎。

勾注山房集二十卷　明雁門張鳳翼撰。

據崇禎刊本影印全書四百餘頁。張氏字九苞，崇禎時官兵部尚書，時參東流說，皆是當時，文以經奇世，神明發舒，亦若鑑罔杜時之餘，樸法素謨之中，其有張孟之劉，一洗向來之結構，再洗近世之奇窮。凡賦一卷，古近體詩八卷，詞一卷，雜文十卷，門人孫傳庭校梓，清代列入禁書，以其事急，時先生總督本兵，集中多觸諱之辭也，在今日正以此見重矣。

白雲集二十四卷　明洪洞韓大道撰。據明天啓本影印全書五百餘頁。韓氏字性之，以總督不仕，文宗司馬遷氏，詩學杜陵韓川，均能名家，李本寧先生司吳晉曾，與先生酬唱甚歡，許爲作者，及歿官命陵，輯詩爲註成，是集古近體詩八卷，雜文十八卷，爲先生自定之本。

雲楠齋詩稿一卷　清代州馮志沂撰。據帝川先生手稿影印。

近六十年全國郡縣增建誌要

吳承洛編　民國二十五年十一月出版　每冊定價九角
北平宗花胡同甲九號編者發行

清代郡邑，初因明制，雍正之世，增改始多，廢明代衛所土司，改爲郡縣，增闢東北，改流西南，釐制興革，是爲最盛。乾嘉以後，無大改革，殆至光緒，乃有創建。民國以來，建置尤多，此書記述近六十年來郡縣建置，斷自光緒，（民國紀元前三十七年）良有以也。

著者服職部曹有年，公餘之暇，勤於著述，此種精神，令人欽佩。此書係據內務部檔案及今內政部公布表冊，以及其他著述纂輯而成，凡上下二卷。上卷述光宣兩朝之增置，下卷述民國以來至二十五年十月之增改。上卷各省次序，依清代舊制，下卷依內政部行政區畫表，至各縣先後則依增建年月，秩序井然。每一郡縣之下，均載明建置年月，設治地點，區域沿革，疆界形勢等，並於改更變革，有所注明，末附各省設治局一覽表，各省縣名更定表，各省縣治今昔建置比較表，及餘記（誌民國增置旋裁各縣等）頗便檢査，嘉惠士林，自非淺鮮。惟智者千慮，或有一失，査二十年三月二十五日，山東省政府請准以濮縣河東六區設置之鄄城縣，二十二年六月十二日雲南省政府請准以文山縣之江那縣佐及廣南縣之小維摩縣佐合併改置之硯山設治局，及二十五年九月四日察哈爾省政府請准以康保商都兩縣間之加蒲寺一帶地方建置之化德設治局，均未列入。而湖北禮山，新疆棠留等縣，記述亦未能詳盡，然此均小疵，未足爲全書垢病也。光宣以來，爲吾國多事之秋，內憂外患，紛至沓來，余讀此書，深爲有感，吳氏所謂「後世披覽此編，既瞭然於近六十年間郡縣之增建固如是之繁，且鑒保拓疆殖民之發，又如是其重，則維護此成規，自必有保境固圉之方，以謀益加謹守，非然者，欲如東晉之僑置州郡，將有不可得之一日，不亦大可憫哉！」明矣！（尉）

新書簡訊

支那地名集成

日本外務省情報部編　定價日金四圓　日本東京外事協會出版

研究中國的西文書裏，最使人感到困難的，是中國固有的地名和人名的譯解。就是中國人，對於小的地名，也會發生認識上的問題，更何況外國人。所以中國的西文字典辭書後面，多附有The Gazetter of China 一類的東西，以便檢査，這是很需要的。

日本外務省會編有中國人名鑑之類的書，以供査中國人名之用。這本書，該部所定的英文名字是 A Gazatteer of Chinese Geographical Names，是專爲檢査地名而編製的，分爲二編：第一編依羅馬字母先後排列，由英文名稱以査中文名稱，並註明所在省分及其方位，如 Abaga-beitzefu 阿巴嘎貝子府，察哈爾省多倫北方達里泊（Tari Nor）之北；Abagaiawangfu阿巴嘎大王府，察哈爾省多倫北方達里泊之西北；A chan阿昌，新疆省南部且末（車爾成）西南，舉凡中國省，市，縣，鎮，山河，湖沼，島嶼，關山，及鐵路車站等名均包括其中，共收一萬五千餘條，是很可觀的。第二編爲和漢對照，爲了避免註解的重複，只將英漢部份同一地名的頁數，注在地名後面，可以向前檢査，便不註明某地的所在了。全書六百二十三頁，附有中國鐵路一覽表和省及省政府所在地名一覽表。這書，是可以利用參考的。

但是，工具書總是難免錯誤和脫漏的。瀏覽所及，舉示二三如次：一，「Acheng，阿城，山東濟南府西南東阿縣西，聊城縣南大運河沿岸」。按中國早已廢府改縣，這裏還稱濟南府，未免疏忽。至於中國有兩阿城，一爲鎮，在山東，一爲縣，在吉林。這裏只有一個山東的鎮，而對於吉林的阿城縣一字未提，是大錯誤。二，「Aksu阿克蘇條後，漏了阿克蘇河（Aksu darla）；Altai 阿爾泰條後漏了阿爾泰山，這些忽漏，都是不出第一Page的。不過，雖有錯誤，但如Wangtsun王村條，註有（一）安徽省南部浙江省歙縣（徽州）之南，（二）湖南省西北部古丈縣之北，保靖縣之東，西水沿岸，（三）山東省膠濟鐵路西段張店站西第四站名，（四）河北省西南部胡盧河東，南宮縣東北二十華里」，也有詳盡的地方。這本書可供我們參考，同時也使我們感到有自己編訂一本更正確而又詳盡的「西文中國地名表」的需要。（達之）

× × ×

包安吳說儲上編

江蘇省立國學圖書館發行　實價六角

安吳包慎伯先生經世之學，照灼寰宇，而痛清政之窳敝，銳意改制，爲說儲上篇數萬言，自序稱體大事衆，不可分散，晚年手定安吳四種，以此書議革制度，懼干禁忌，未付剞劂，而此實爲先生少年論治之綱領，湮沒垂百年，今該館借得吳尉祖氏所藏稿本影印問世，眉有沈小宛周保緒案語，評附商討，益加審密，想治國故談改革者皆以得此篇人稱爲一快也。

× × ×

京江冷秋江先生絡風吟

江蘇省立圖書館發行　實價一元四角

京江冷秋江先生爲明代遺民，頗負物望，雖僻處江鄉，終身不忘故國，所著詩文集，晚年館粟灰劍廝行世，其後重刊因板多斷爛，僅存文集正續二編，至詩集太半漫漶，僅擇其絡風吟一編，尤爲罕見，該館近覓得斷簡原刊本攷以影印復校補，後刻詩文之舛脫者，別爲一冊。秋江詩文與人品俱高，激楚之音，繼響小雅，該館表章秀詩者，俱當捧讀。

× × ×

雅學考

胡元玉撰　民國二十五年　北京大學出版組印行　定價不詳

爾雅一書，所以疏通故訓，系類繁稱，辨別名物，取資多識者也。先儒有謂東爲訓釋五經六藝之旨者，要亦爲齊一殊言，歸於統緒耳。至爾雅撰人，凡有三說，一以爲本孔子門人所作，鄭玄劉彥和賈公彥主之，二爲以周公所著，見於張揖上廣雅表，三以爲爾雅爲漢儒所作，宋以後人多主之，如朱子紀昀。惟漢爾雅之學最爲隆盛，文帝曾設爾雅博士，武帝置博士，必取通雅者爲之，然授受源流闕焉無考。迨于東晉注者十餘，如漢之劉歆，樊光，梁之李巡，孫炎等，皆實爲之。降及隋唐，猶有作者。宋以後雅學之書，乃就散佚，迄於今日，惟存郭璞所注，璞好經術博學有高才，好古文奇字，見晉書本傳，其書取證豐富，故近代疏家，咸據此爲主焉。宋代治爾雅之學者，惟王雱，陸佃，鄭樵，羅願四家爲著。元明二代，治者寥寥，其見於經義考小學考者，數家而已。清世爾雅之業，獨遠於前古，如邵晉涵爾雅正義，姜兆錫爾雅補注，翟灝爾雅補郭，戴震爾雅文字考，任基振爾雅注疏箋補，邵晉涵爾雅正義，郝懿行義疏，皆體大思精，最能光大爾雅之學者也。

光緒間湘潭胡元玉乃稱前人雅注，集匡僞訛之謬，著雅學考一書，敘列宋代以前雅學諸書，次爲五種，博稽衆說，成書一卷，使有書者不因書亡而名沒不稱，無書者不以誤紀而濫戶作者，於雅學之源流，乃得其統紀。按胡氏此書，本與其所著駮春秋名字解詁，漢晉鉤沈，鄭許字義異同評三書合刻於長沙，名胡氏雜著，而坊間每見零種，全書頗不多觀，今北大依式重印，並有周祖謨氏續雅學考擬目一通，附於卷末，蓋據宋元以來諸家所作，以補胡氏書所未備也。（餘）

× × ×

隆平縣志出版

隆平縣古爲有扈之國，舜弟象，封邑也。禹貢爲冀州之地，漢爲廣阿，隋改象城，唐曰昭慶，宋曰隆平。地僻冀南，交通不便，文化低落，人少閱識。民念四年冬，張慶祿氏蒞任，遍歷高下原隰，周覽地勢，博訪輿情，略得其梗概；遂議來五較時勢，民氣以和，乃力倡重新纂縣志，以便展卷而攬若列星，而作興利革弊之準繩。斉隆平舊志，原創自前明崇禎年間，至今三百年未加修改，朽蠹之餘，傳聞異詞，幾不可考。今張氏創議重修，慨然復多方觀助，搜集材料，參乎舊本，詳加研究，已於最近問世。全縣共分上下二卷，內容計有地理，建置，田賦，典禮，學校，官師，選舉，人物，事記，藝文十卷，體例新穎，條目分明。並以新式繪圖表二十餘幅，成一巨帙。該書共印一百六十部，除二十部留縣以備列案調取外，其餘一百三十部分發各編輯，各機關士紳，每部取價一元七角。（蕃）

× × ×

中國教育史

陳東原著　民國二十五年七月初版　上海商務印書館發行　定價每冊四元

本書著者曾有中國古代教育一書，敘述先秦教育史，故本書雖名爲中國教育史，而斷自漢代，迄於清末，著者認爲中國教育歷史，可分三大時期，先秦爲第一時期，漢至清末爲第二時期，清末迄今爲第三時期。

第二時期，爲時頗長，計有二千餘年之久，雖其間漢代爲[illegible]時代，隋唐以後爲科舉時代，但就取士制度言，實爲一時期，著者稱此時期爲「養士教育時期」。

本書在敘述此一時期之歷史時，[illegible]，凡二十八章，述漢之敎育，東漢之敎育，魏晉南北朝之學校，隋唐之科舉，宋代之學校，五代之敎育，宋之敎育政策，南宋之官學與書院，明代科舉，明代之學校，清代之科舉，書院，新敎育之萌芽及其發展等，洵一部有價值之書。（蕃）

× × ×

善齋彝器圖錄

容庚編　二十五年五月燕京大學哈佛燕京學社印行　定價二十二元

廬江劉體智氏收藏經籍書畫金石之富，名聞海內，有善齋吉金十錄。劉氏所藏，其中爲金石家所未著錄者甚多。二十年八月燕京大學敎授容庚氏訪之上海，劉氏出所藏器四五百事供其攝影。容氏近乃選取片一百七十五器略加詮釋，由哈佛燕京社出版，俾與善齋吉金十錄相參證。其大小尺寸乃據漢建初尺，從十錄迻錄者。其中所收，以商周之器爲最多。秦漢亦數事。此外有宋賽格家顧豆，元冰溪壺祭器各一事。圖版清晰逼真，不下於羅振玉氏所印之書。（蕃）

× × ×

元詞斠律

王玉章編　民國二十五年七月商務印書館出版　實價二元八角　共三冊

自明代傳奇盛，顧曲家遂獨宗南曲，而北曲遂漸失其傳，近世流傳者惟太和正音譜，北詞廣正譜，然有譜而無調，作曲家雖可據之以作曲詞，而曲調已無法演唱，今人有據納書楹曲譜之工尺，而唱北曲者，實亦南曲中之北曲，非所謂元時之北曲也。

今日作北曲者多謂北詞之難訂，在於襯字，因同一闋牌而襯字之多寡不一，故何者爲正，何者爲襯，若二者平仄相同，尤難分辨也。且北詞無定版，每就文字之多寡爲板式之疏密，是以聚訟紛紜。故此書不點板眼，僅就詞句之異同，而原其所以然之故，而於增句格式縱曲之互異，亦旁證棣剔之。所列各曲，均採自臧晉叔元曲選，而以太和正音譜之宮調編次，凡分十卷，復訂前四卷曰上編，餘曰下編，此三書即上編也。每卷所收曲調少或數章，多或數十章，一以臧錄之有無而定去取，元人散曲概未羼入。其所參用斠律之書，爲北詞廣正譜，大成九宮譜，太和正音譜，欽定簡譜，共有是非異同者，則別爲按語以識之。句末用韻者皆有符號以爲識別，倘欲製曲者，得此當知所準繩矣。（川）

《大公報（天津）·圖書周刊》目録

大公報（天津）·圖書周刊

第一期—第七十八期

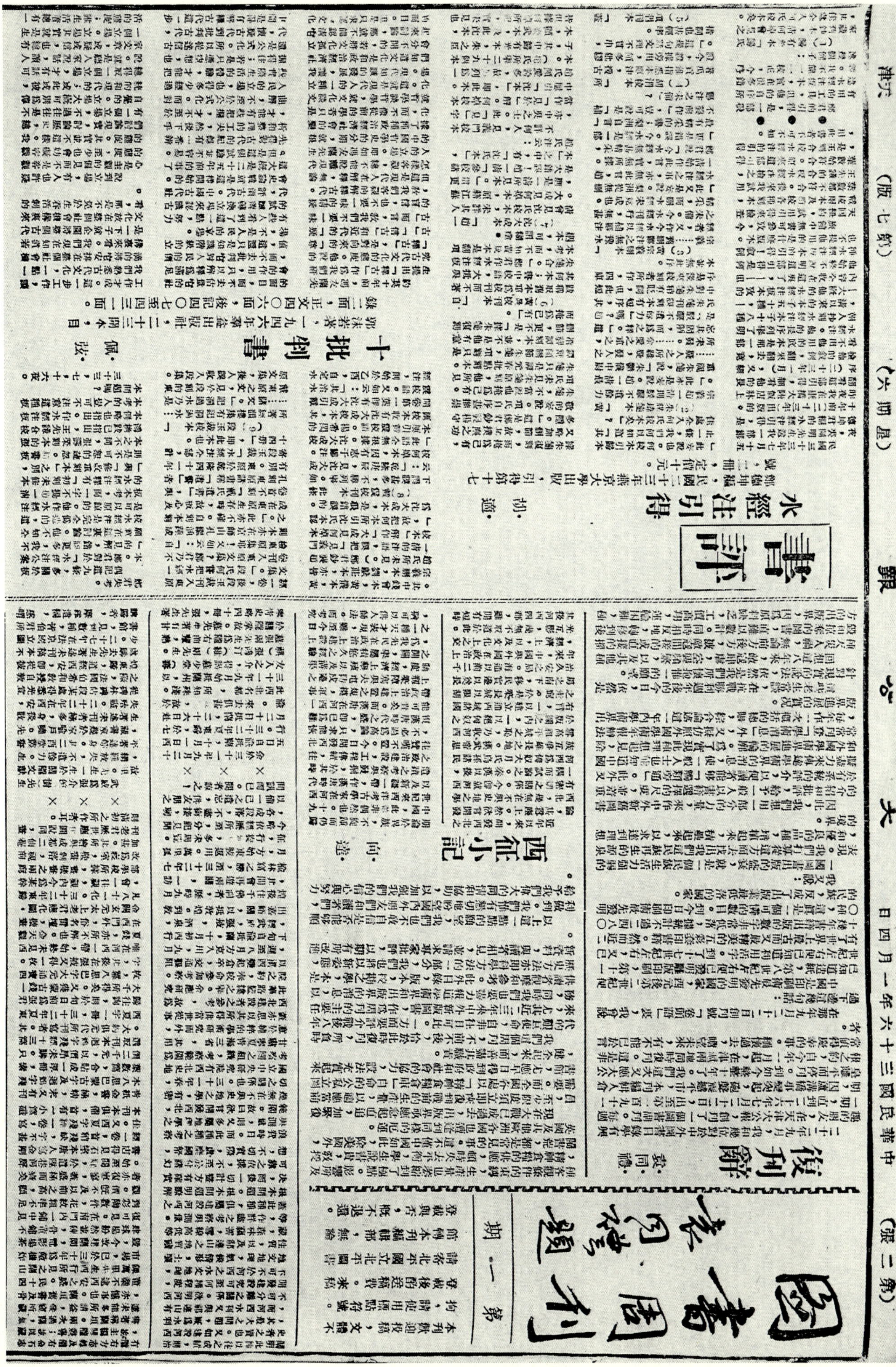

圖書周刊

袁同禮題

第一期

本刊歡迎投稿，文體不拘，請使用標點符號。來稿登載後酌送稿費。來稿請寄北平國立北平圖書館轉本刊編輯部，無論登載與否，概不退還。

復刊辭

袁同禮

二十二年九月，我和幾位對於中外圖書目錄學有興趣的朋友，在天津大公報，創刊了一個圖書副刊。每週一期，直到二十六年七月二十二日，出至第一百九十一期，因蘆溝橋事變突起，砲聲震撼平市，本刊編輯人倉皇離平而停刊。到如今整整十年了。我們這次又應大公報之約，自今年一月起，在津滬兩地同時復刊。這是非常值得慶幸的事。緬懷過去，矚望未來，有不能已於言者。

在那年九月二十二日創刊號「卷頭語」裏，我曾說過下邊這幾句話：

中國是印刷術最先發明的國家，西元後第二世紀便已知道造紙，第八世紀左右便已發明雕版印刷，第十一世紀左右便已知道利用活字。到了十七世紀左右，又已有了世界上最古而又最精美的五彩套印書籍。然而近二十幾年書籍出版的數字非常低落，據統計不過二四八〇〇種，這眞是一個可憐的數目。到今日印刷術最先發明的民族，反成了出版業最低落的國家。

我又說：

一國圖書出版的盛衰，就是一個民族生活力强弱的表現。我們打算從這方面去找出我們這民族再生的源泉，和優良的品種，培植起來，積聚起來，以求達到理想的境界。

因此，我們想用一部分的力量，來作中外新舊圖書的介紹和批評，給予一般人以書籍選擇的尺度，並着重於有系統的評介，以便讀者能夠「觸類旁通」。此外又擬盡力來傳遞學術界的消息，使一般人士也能知道中國和外國學術界進展的輪廓。爲了實現此種理想起見，除常常刊登「學術消息」外，又擬仿照外國學術年報辦法，每年作一次概括的總賬，綜合論述這一年內學術界出版界進展的實況。

這些老生常談，在抗戰勝利週年後的今日，依然是針對現實的說法，依然是我們所懷抱惟一的願望。

回想這八年來，敵寇肆虐，空襲頻繁，以及其他種種天災人禍，無論前方後方，被敵寇間接的或直接的搬毀和掠奪的圖書，直難以數計。同時相反地，轉移到後方的出版界，因爲原料缺乏，工價高翔，運輸困難，種種客觀條件的束縛，生產量也萎縮到了極點。影響所及，精神食糧的供應，頓時失去平衡，學生說書貴，教授鬧書荒，都是常見的事。這不僅中國如此，除美國外，英國及其他歐洲各國也遭逢到同樣的厄運。

現在大戰已成過去，出版界亟應急起直追，加緊復員，至少限度須立即恢復到戰前的生產量，以適應當前需要。而全國各處以「精神食糧倉庫」自命的公私立圖書館，尤應早日得到政府和社會的協力，設法充實起來，健全起來，而善盡其職責。

我們這個周刊，不前不後，恰於此時復刊，所負時代的艱巨使命，自非往日可比。一方面要評介戰後八年來，尤其近二三年來中外新版圖書，作爲周刊的主要任務，同時我們也要盡力報道學術界和出版界的消息，以供讀者觀摩和參考。此外目錄，版本，校勘之學，本是歷史方法亦即科學方法的一部分，我們也將以新姿態，新資料，與讀者相見，並請求專家批評，以期有所改進。

以上這一點點的願望，我們也不敢自信是否能夠順利做到。我們惟有懇切地盼望國內外朋友們和讀者們，給予我們偉大的同情和協助，以加強我們的信心與努力。

西征小記

向達

近年以來，開發西北之論，甚囂塵上。然欲言開發西北，幾無在不與史地之學有密切之關係。今即就河西一隅而試論之。秦漢以後，河西爲匈奴大月氏烏孫諸民族互爭雄長之地。漢武帝思雪高祖平城之恥，乃收河西於版圖之內，一以絕匈奴之右臂，一以建立通西域諸國之走廊。於是築長城以限胡馬之南下，移民實邊以爲長治久安之局。海通以前二千年來，中國與外國在政治上，經濟上，以及文化上之交光互影，幾無不取道於此。此後河西四郡，雖間有短期淪於異族，不旋踵而仍歸中國，此蓋非偶然也。十九世紀來西洋考古學家在河西以及新疆一帶，作漢唐時代遺蹟之考察與發掘，於其時之政治建設，工程偉績，往往贊嘆不置。今日開發西北，不必過爲高論，只求能恢復漢唐時代之盛，即已爲難能可貴矣。而漢唐在河西一帶政治上建置之規模，軍事上障塞與夫屯防戍邊之制度，經濟上之墾殖以及溝渠之開闢，舉屬積悠久之經驗，爲我先民在政治上建設上之一種天才表現，雖至今日，猶可以供人師法。而考究闡明此種以往之成績，則治史者之責也。又如建設河西，其最大之問題，厥爲水利，而河西水利又與祁連山有不可分離之關係。欲明河西開發建設之可能程度，則不可不於河西之水文地理，地文地理，氣候情形，地質土壤性質，森林以及祁連山之地質，雪線高低等等，作詳盡之考察與測量。蓋此種種，俱屬建設河西之根本問題。根本問題明瞭解決，而後一切計畫方有確實可靠之依據，不至於付諸幻想，不切實際，虛糜國帑，浪費時日。而此種種之考察與測量，則又多屬地理學之範圍。故曰欲言開發西北，幾無在不與史地之學有密切之關係也。三十一年春，國立中央研究院有西北史地考察團之組織，考察範圍以甘肅青海寧夏三省爲主，用意於純粹的學術研究，而外蓋亦思以其所得供當世從事西北建設者之參考，故爲此篳路藍縷之舉。余應研究院之約，奉校命，參加考察。以滇西變起，倉卒交通艱阻。遲至八月方克入川，九月下旬自渝抵蘭，十月初西行，經武威，張掖，酒泉，出嘉峪關，以抵敦煌。到敦煌後住千佛洞者，歷時九月，其間曾再遊兩關，一訪榆林窟之勝，至三十二年七月，方始東裝返川。萬里孤征，行旅匆匆，多未周覽。今略依經歷所至，分記見聞，各成段落，不盡銜接，聊以備一己之遺忘，供友朋之閒談而已。閱者諒之！

×　×　×

余於三十一年九月二十五日自渝抵蘭，十月一日西行。三十二年夏東歸，於七月二十日抵蘭，二十六日赴渝。來去俱甚匆匆，故於此西北名都，所知殊淺。三十一年九月始抵蘭州，以友人之介，得謁蘇少棠（[illegible]）張鴻汀（維）兩先生。張先生爲隴右前輩，熟於關隴掌故。蘇先生著有甘肅青史略四十冊，張先生著有隴右方志錄及隴右金石錄 [illegible] 在西門外，俗名僧墳，中有金剛玄元太上老君應化圖，凡八十一化。三十二年東歸，曾一往觀，觀內今爲某幹部學校所據，壁畫剝落，殿前改爲教室，僅存之兩廊加甚。其所繪與成都二仙菴刊老君歷世應化圖說同，蓋則清初之所作者耳。

×　×　×

武威爲張介侯（澍）先生故里。先生一生於關隴文獻，搜羅放失，不遺餘力。生平著述等身。其二酉堂叢書，藏書家幾於家喻戶曉。先生著述未刊者極多，身後散失殆盡。二十二年在西安，從碑林碑估段某處得悉光宣之際，法國伯希和教授自敦煌東歸，道經西安，即從彼處購去先生著述未刊稿本不少。二十七年在法京國立圖書館，見有數種，皆伯君所購歸者，摩挲遺稿，感喟

書評

水經注引得

鄭德坤編，民國二十三年燕京大學出版，引得第十七號，二冊，定價十元。

胡適

民國三十三年七月十五夜，裘開明先生送我一部鄭德坤君編的水經注引得，是十年前（二十三年）出版的。昨夜我在康橋大陸飯店牀上翻看這部引得，細看他的長序（二十三年一月），又細檢他的敘例，翻來翻去，竟看不出他用的底本是那一部水經注。他的長序列舉了明朝人抄刻水經注本子十八種，清以來的本子五十種，一一大概他的水經注板本收的內容全收在這裏了，一一但他始終不曾說明這部引得是用何種水經注底本的引得！敘例也不提他用的是什麼版本。

旅館中無書可參攷，今天 [illegible] 試用引得來檢查戴校用本及各種刻本，葉數都不符合。後來我試用王先謙的合校水經注檢之，葉數始符合。原來這部引得是王刻合校水經注的引得，用此書者不可不知。

●　●　●

鄭君的引得，是一部很有用的工具，但他的自序所述水經注版本，實在很多錯誤。我不能一一校正，今舉幾個例子：

（1）說有宋本「歸氏家藏殘本，清何焯曾見之，其佳處全入何氏校本矣。」此妄說也。何校本引歸本止一條，我們何以知道「其佳處全入何氏校本」？

（2）朱謀瑋箋本「黃宗羲趙一清則駁擊不遺餘力。」此亦是妄說。趙一清最重視朱箋，說「朱鬱儀中尉……疑人之所輕疑，發人之所未發。……余愛之重之，忘其固陋，而爲之釋。」這是「駁擊不遺餘力」嗎？趙氏朱箋刊誤刻本有短序，其中對朱箋稍有貶詞，但此短序是後來校刻者所作，四庫本並無此序。

（4）胡渭校本「所著禹貢錐指悉本酈注，校古證今，證據旁出，頗多批駁。」這幾句話文理不貫串，措詞也甚模糊。

（5）項絪刊本「蓋據朱箋復刻，而掩爲己有，又略加刪節，故其攘與之功多隱。」這是鄭君鈔襲楊守敬的妄說。項氏自序並推崇朱箋，不當說他掩爲己有。項氏未見朱箋原刻，他所見朱箋只是譚元春批點刻本。譚刻頗刪節朱箋，項刻只是沿襲譚刻本，並不是他有意刪節，更不是「據朱箋復刻而掩爲己有」。

（6）黃晟校刊本「自跋稱取諸本中校語，刊而不著其何本；爲本甚校刊而大抵與朱箋合。」鄭君作水經注版本考，而不知黃晟本是翻項刻本，可謂糊塗。

（7）沈大成校本「趙一清曾見沈氏校本，未詳其人。大成見何焯本，原籍江蘇，應是一清所見本。」這更是大錯誤！趙一清「參校諸本」之中，有「沈氏本」，趙氏注云：

不詳何人，見義門校本，亦中興之士。此「見」字當作「見於」解。何焯校本中屢引「沈本」，即此本。趙氏頗疑沈本多，故列爲一本。（趙氏所舉二十九個本子，其中錄有宋本，朱之臣本，顧炎武本，及此沈本，皆但據何焯所記，實未見也。其中錢曾本，黃儀本，黃宗羲刪本，劉獻廷本，亦皆趙氏所未見。）鄭君鈔襲楊守敬的話，誤把「見義門」一清的注語，讀作「大成見何焯本」，故把何本所引沈氏本認爲沈大成本，是很錯誤的。

（8）戴震校刊本　此條下錯誤甚多，不勝列舉。如云：「乾隆庚辰，見沈大成校何焯本，因有志于酈注。」此語全無根據。沈大成校本原引戴震校語。楊希閔的匯校本收有沈大成校本，其開卷第一葉即有沈大成引戴震校語。又如云：「其治水經注，則始於乙酉，自定水經一卷，後段玉裁刊入東原文集。」段氏何嘗把水經一卷刊入東原文集？鄭君乃不檢東原集耶！又如云：「自刻本亦在京師由孔繼涵蹟成之。」此亦不確。自刻本刻成在東原生存時，故板心及卷首不刻「戴氏遺書」，與孔刻東原諸書稱「遺書」者有別。東原於乾隆四十一年寄段玉裁「水經注全部，計十四冊」，即此本也。

（9）段玉裁校本　「所著經韻樓集有記洞過水……跋文。」記洞過水乃是駁東原之文，見於段刻的東原文集，後人誤收入段集。鄭君失考。

偶記這九條，多關於板本。鄭君對於「水經注公案」的見解，錯誤更多，我不願在這裏討論。他不知全校水經注是完全僞造的，這是可以原諒的。他作水經注板本考，而一字不提趙一清的水經注釋有「初刻未修本」與「修改重刻本」之別，則是不可恕的疏忽。這書板本之不同，張壽榮刻本的張鴻楨跋已指出，王先謙合校本例略也指出。作水經注板本考的人豈可不注意這種板本問題嗎？

三十三，七，十六夜。

十批判書

郭沫若著，一九四六年羣益出版社，二十三開本，目錄二面，正文四〇六面，後記四〇七至四三一面。

佩弦

約其十年前，馮友蘭先 [illegible] 作，爲我們研 [illegible] 度。他說的 [illegible] 向來的「疑 [illegible] 近代的「疑 [illegible] 們不要一味 [illegible] 一味的猜疑 [illegible] 解釋古代。 [illegible] 解釋，無論 [illegible] 能脫離現代 [illegible] 馮友蘭先生 [illegible] 分期，就根 [illegible] 的面目，而不去估量它的社會的作用，只以解釋爲滿足，而不去批判它對人民的價值，這還只是知識階級的立場，不是人民的立場。

有些人看到了這一點，努力的試圖轉換立場來認識古代，評價古代。中國古代社會史論戰就是這樣開始的。這大概是二十五年前的事了。但是這個試驗並不容易。先得對古代的紀錄有一番辨析和整理的工夫，然後下手，才能有些把握，才不至於曲解，不至於公式化。而對人民的立場，也得多少經過些實際生活的體驗，才能把握得住；若是只憑空想，也還是公式化。所以從迷信古代，懷疑古代，到批判古代，中間是得有解釋古代這一步工作才成。這一步工作，讓我們熟悉古代文化，一點一滴的將它安排在整個社會機構裏來看。我們現在知道若是一下子就企圖將整個古代文化放在社會機構裏來看，那是不免於生吞活剝的。

說到立場，有人也許疑心是主觀的偏見，而不是客觀的態度，至少也會妨礙客觀的態度。其實並不這樣。我們討論現實，討論歷史，總有一個立場，不過往往是不自覺的。立場大概可別爲傳統的和現代的；或此或彼，總得取一個立場，才有話可說。就是懷疑，也總有人家一家之說，或疑或信，也總有一個立場。立場其實就是生活的態度；誰生活着總有一

海外書訊

抱 眞

英國刊行世紀叢書

最近英國愛爾·斯潑茲烏德公司(Eyre & Spottis-Woode)仿照丹特公司(Dent)刊印萬人叢書(Everyman's Library)的先例，發行一套新的叢書，名為「世紀叢書」(The Century Library)。這套叢書專門翻印廿世紀所刊的最佳小說，並且把「萬人叢書」所遺漏的古典名著也翻印出來。

這部叢書的每本小說都附有一位名作家或批評家的介紹文字。現在預告的作品已有十多種，並於去年九月陸續出版，如詹姆士(Henry James)的「鴿翼」(The Wings of a Dove)，威爾士(H. G. Wells)的「波里先生的故事」(The History of Mr. Polly)，莫里遜(Arthur Morrison)的「牆洞」(The Hole in the wall)，雅可布(W. W. Jacobs)的「日晷巷」(Dialstone Lane)，霍尼曼(Roy Horniman)的「以色列·蘭克」(Isreal Rank)，貝雷斯福特(J. D. Beresford)的「罕普夏爾的奇蹟」(The Hampdenshire Wonder)，布勞頓 Rhoda Broughton 的「流浪者的行進」(A. Waif's Progress)，馬克斯威爾(W. B. Maxwell)的「貝文約克案件」(The Case of Bevan Yorke)，李德(Herbert Read)的「綠孩」(The Green Child)，霍甫(Antony...)的「皇帝的鏡子」(The King's Mirror)，懷特(Antonia White)的「五月霜」(Frost in May)。

△ △ △ △

英譯范成大的四季詩

宋代詩人范成大晚年退居在他的故鄉吳縣石湖，淳熙十三年(西元一一八六年)他寫了六十首四時田園雜興，中春日，晚春，夏日，秋日，冬日各十二首。最近倫敦大學的我國學者卅熊先生已經把范氏的四時田園雜興詩譯成英文，並由英國的布里特氏(Bullet)繪圖插圖，現已由「劍橋大學出版社」刊印，書名「范成大的黃金年代」(The Golden Year of Fan Cheng-Ta)。

△ △ △

編輯後記

本刊的稿號，主要部分，計有專著，書評，學術界消息三類，茲略加說明如次：

專著係長篇論文，每期一篇或二篇，每篇二三千字至五六千字。通常討論一個比較重要的名著，或同類的新書數種。體裁與歐美最悠久的倫敦泰晤士報(Times Literary Supplement 簡稱TLS)附刊的文藝副刊相似。(該刊係綜合性而學術性的新書評論週報。)所不同者，我們對於文藝的書評，此間的刊物，古典的作品，均屬該類刊載，不僅限於新出版圖書而已。

這裏所謂文藝的書評，指的不僅是書目提要的或書內某一部分的檢討或評論，而尤着重於前所未聞或未見的基本材料的公開介紹。譬如不能忘記，本能追及十年前本刊曾分期刊載王重民先生從倫敦所見敦煌卷子敘錄，即其一例。此外，本刊仍擬刊載王先生另一宋刊新著，敘錄所見敦煌殘卷，以饗讀者。此外去年東北行營經濟委員會接收故宮所藏的「天祿琳琅」舊藏古本九十二冊，及月前於寶應出版我國有的宋元舊刊經籍百種六十冊，本刊亦將為文介紹，以供學者參考。

書評，預定每期二三篇，每篇數百字至二三千字。凡是許者認為值得評論的新書，無論屬於文藝，史地，社會科學，自然科學，如蒙示寄，我們深願予以介紹。不過除非必要，我們不必過分苛求，總應要謹和，持論要客觀，這些，乃是寫書評的要訣。但對於教科書，工具書，假如有人發現了他們比較重大的錯誤，那也不必過分客氣，要明快地指摘出來，讓大家藉以改正，以免貽誤後學。

至於出版界和學術界消息，我們已請舒巴等，論致……方面的朋友擔任這項工作。同時希望全國出版界和學術界的朋友能和我們協力，時常供給我們報道的資料，使這一欄的內容，不僅活潑，而且能夠格外充實。

最後我們要聲明：這個週刊，是我們幾個愛好圖書的朋友，利用業餘的時間，接受本報之託而發刊的。雖然是一件刊物，但我們的任務，是評介國內外的新版圖書，但絕對不受時間的限制，和學術上流派的限制，我們努力保持獨立自由研究的作風。我們對於公開歡迎投稿，文責由撰稿人自負。本刊只向大公報負責，與主持人個人所服務的機關不發生任何關係。以上各點，希望讀者隨時督促！

民國三十六年元旦

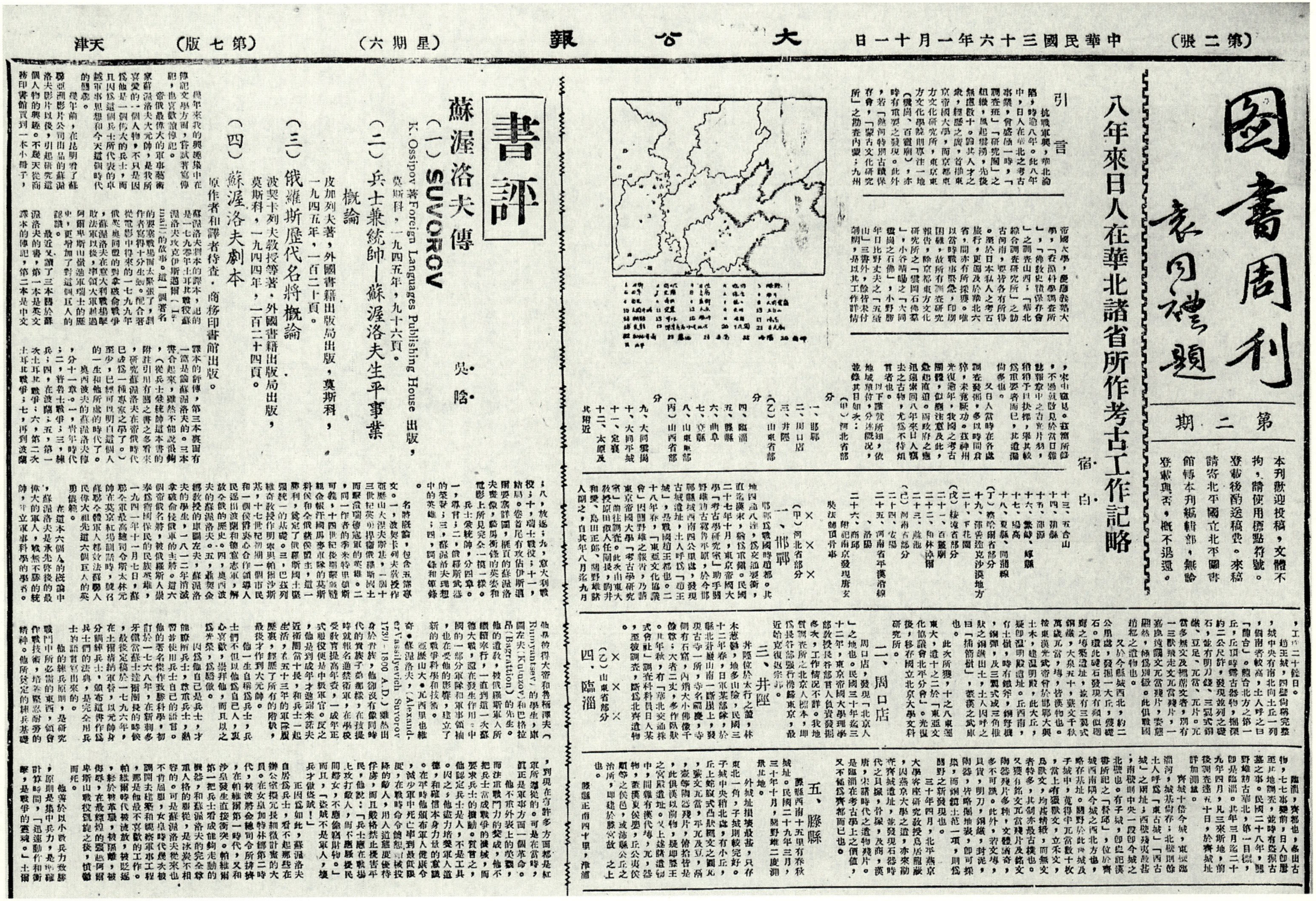

圖書周刊

袁同禮題

第二期

本刊歡迎投稿，文體不拘，請使用標點符號。來稿請寄北平國立北平圖書館轉本刊編輯部，無論登載與否，概不退還。

八年來日人在華北諸省所作考古工作記略

宿白

引言

抗戰軍興，華北淪陷，時逾八年。此八年中，日人在華北之考古事業，曾盛極一時，「調查班」「研究閣」之組織，風起雲湧，先後無慮數十。論其人才之衆，經歷之廣，首推東京帝國大學，而京都東方文化研究所，而東京東方文化學院研究所則專注一地（雲岡、百靈廟），亦時有重要之發現。此外，若「熱河時期古蹟保存會」，「蒙古文化研究所」之勘查內蒙；九州帝國大學，慶應義塾大學，「奈良科學調查所」，「佛教史蹟保存會」之調查山西；「華北綜合調查研究所」之訪古河南，要皆各有所得。至於日本私人之考古旅行，更遍及於豫北六省，間亦有所採獲。唯以當時戰事緊急，印刷困難，故所有調查研究報告，除京都東方文化研究所之「雲岡石佛羣」、小谷晴暘之「大同雲岡之石佛」，小野勝年日比野丈夫之「五臺山」三書以外，其餘皆未付剞劂，其工作詳情，未由窺見。故簡所錄，不過就散見於當日雜誌報章中之吉光片羽，稍稍予以抉擇，舉其較爲重要者而已，其遺漏尚多也。

又日人當時在各處調查發掘，多以時間倉猝，未竟厥功。我神州光復逾年，我國之考古團體，似應注意及此，急起直追。而政府之應迅速索回八年來日人攫去之古物，尤爲不待煩言者也。

以下謹就所知，依地域單位，分述概況，並條其目如次：

（甲）河北省部分
一、邯鄲
二、周口店
三、井陘

（乙）山東省部分
四、臨淄
五、滕縣
六、曲阜
七、兗縣
八、山東東部

（丙）山西省部分
九、大同雲岡
十、大同平城
十一、定襄
十二、太原及其附近
十三、五台山
十四、朔縣
十五、渾源
十六、繁峙、崞縣
十七、陽高
十八、夏縣、同蒲線

（丁）察哈爾省部分
十九、蒙古造克沙漠地方
二十、下花園

（戊）綏遠省部分
二十一、百靈廟
二十二、和林格爾

（己）河南省部分
二十三、澠池
二十四、安陽
二十五、河南省平漢沿線、洛陽
二十六、商邱

附記南京發現唐玄奘法師頂骨事

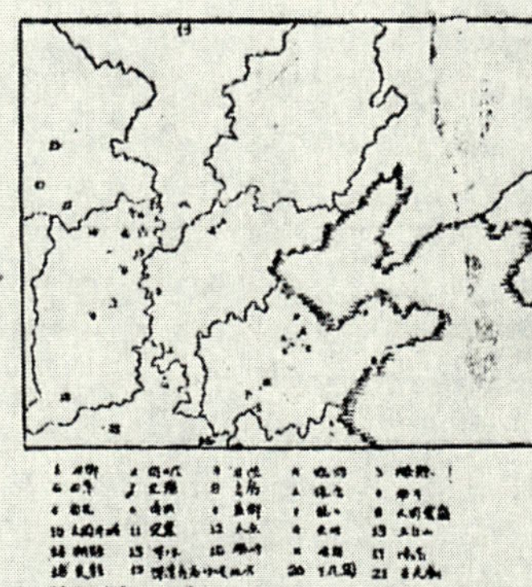

×　×　×

（甲）河北省部分

一、邯鄲

邯鄲爲戰國時趙都。其地四通八達，爲交通要衝。民國二十七年十月，東京帝國大學「考古學研究室」助手關野雄訪古燕趙，於今邯鄲縣城西南四公里處，發現古城遺址，土人呼爲「趙王城」，蓋戰國趙王都也。二十八年春，「東亞考古學會」因關野雄之報告，乃請東京帝國大學「考古學研究室」前往調查。此次由東大教授原田淑人任團長，駒井和愛、島田正郎、關野雄諸人副之，自其年八月迄九月，工作二十餘日。

趙王城，四壁尚稱完整，城中央有南北向土丘一列，偏南者較高，土人呼之曰「龍台」。龍台北方之第一丘，丘頂時露古器物，掘深約二公尺許，發現並列之礎石，並有明刀錢、三棱式銅鏃、豆足、瓦器、瓦片。瓦當多無文及捲雲文者，別有一三獸飛走文瓦當殘片，一蟠螭殘闕文瓦當殘片，要之圓然，傾頹崩毀。此俱戰國趙都之遺物也。

又於今縣城西北，約二公里處，發掘一大丘，殘礎石。環此礎石發現有類似迴廊之導柴遺址，並有三棱式銅鏃，大泉五十，嶺文千秋萬歲瓦當，塼，皆漢物也。按東漢光武帝封於邯鄲大興土木，建溫明殿，此大丘，疑即溫明殿遺址。丘西南，有土樹，時有鐵斧，銅鏃及，銅彈，及三棱式或三角棱狀之銅鏃出土，土人因呼之曰「插箭樹」，蓋漢之武庫也。

此次所獲，十之八運東大，遺十之二於「東亞文化協議會北平分會」。光復後，移存國立北京大學文科研究所。

二、周口店

周口店，發現「北京人」之地也。民國三十年迄三十二年，東京帝國大學理學部教授長谷部言人負責發掘多次，工作情況不詳。我地質調查所之北京人標本，即爲長谷部攜歸東京，最近始交還宗邦。

三、井陘

井陘位於太行之麓，林木蒼鬱，境多山險，民國三十二年春，日軍某部隊，於縣北蒼巖山南一斷崖上，發現古寺一所，寺名福慶寺，側有石窟，內鎸大小佛像千餘尊；大者二丈，多作臥狀。其年秋，有「華北交通株式會社」調查科科員日人某，至彼調查，斷爲北齊遺物。

×　×　×

（乙）山東省部分

四、臨淄

臨淄，齊都也，各出古物，七七事變前，日人即屢至此地調查，並時有盜掘古墓之事。民國二十八年，關野雄訪古華北，第一目標，即是臨淄。其年三月迄二十九年四月，凡三來斯地，前後調查達五十日，於齊城址詳加調查。

齊城十倍今城，東依淄淄河，城基尚存：北壁則爲土人呼爲「東古城」「西古城」之兩址；西壁殘與殆甚；南壁則中央一段即今城之北壁也。有子城，即史記漢書所記之「營邱」，位於齊城西南隅今城之西北方也，略存基址。關野於此再城及子城中，竟得中瓦當數十枚，當上有饕獸文，立禾文，鳥獸文，均甚精緻，而無文者特多，其制亦最古樸也。又獲有銘文瓦當殘片及銘文陶器殘片多種，文體詭奇，多不可識。此外，若文塼，貝貨，明刀，銅鏃，封泥，陶器，皆略掘地表，即可採集，而銅鐵土范一項，則爲關野之新發現也。

三十年四月，北平燕京大學客座研究教授鳥居龍藏，因燕京大學之邀，亦來勘查齊城遺址，並發現石器時代之貝塚，骨塚，及商，漢，唐，宋諸時代之遺物殘片。是臨淄在考古學上之價值，又不僅爲齊都而已也。

五、滕縣

滕縣西南十五里有春秋城址。民國二十九年三月，三十年十月，關野雄二度調査其地。

外城址損壞殊甚，只存東北一角，子城則較完好。子城中央稍北處，有小丘，丘上鋪式凸狀圓文之圓瓦，並文瓦當，平瓦及豆，爲，壺等陶器殘片，俯拾皆是，此俱漢以前物，疑即滕王之宮殿遺址。又上述諸遺物中，間雜有漢代塼，瓦，器物，蓋漢夏侯嬰，夏侯顯等之侯邑，或沛縣公丘之治所，即建於滕宮故址之上也。

滕縣正南四十里，津浦

書評

蘇渥洛夫傳

吳　晗

（一）SUVOROV

K. Ossipov 著 Foreign Languages Publishing House 出版，莫斯科，一九四五年，九十六頁。

（二）兵士兼統帥—蘇渥洛夫生平事業概論

皮加列夫著，外國書籍出版局出版，莫斯科，一九四五年，一百二十頁。

（三）俄羅斯歷代名將概論

波契卡列夫教授等著，外國書籍出版局出版，莫斯科，一九四四年，一百二十四頁。

（四）蘇渥洛夫劇本

原作者和譯者待查，商務印書館出版。

幾年來我的興趣集中在傳記文學方面，嘗試著寫傳記，也喜歡讀傳記。

帝俄最偉大的軍事藝術家蘇渥洛夫大元帥，是我所喜愛的一個人物，不只是因爲他是一個偉大的兵士，而且因爲這個兵士所代表的卓越軍事思想和今天這個時代的關係。

幾年前，在昆明看了蘇聯亞洲影片公司出品的蘇渥洛夫影片以後，引起研究這個人物的興趣。不幾天從商務印書館買到一本小冊子，蘇渥洛夫劇本的譯本，記的是一七九零年土耳其戰役蘇渥洛夫攻克伊斯邁爾（Ismail）的故事。這一個著名的要塞戰場面太緊張了，劇作者寫得十分生動。配合著從電影中得來的一七九九年俄奧同盟的對拿破侖戰爭，蘇渥洛夫在意大利戰場擊敗法軍以後，率領大軍越過阿爾卑斯山嶺進軍瑞士的歷中，更增加了對這個巨人的認識。

最近又讀了三本關於蘇渥洛夫的書，第一本是英文譯本的傳記，第二本是中文譯本的評傳，第三本裏面有一篇是論蘇渥洛夫的。三本書合起來，雖然不能說很夠，（從兵士兼統帥這本書的附註引用有關之書之多看來，研究蘇渥洛夫在帝俄時代已成爲一種專家之學了。）至少，已經可以明白這個人的一生和他所處的時代了。

與西波夫的蘇渥洛夫傳，分十一章。一，青年時代；二，普魯士戰爭；三，練兵；四，在波蘭；五，第一次土耳其戰爭；六，第二次土耳其戰爭；七，再到波蘭；八，放逐；九，意大利戰役；十，瑞士戰役；十一，結局。卷首尾有攻佔伊斯邁爾要塞詳圖，極有價值的蘇渥洛夫畫像，猶馬衛的英姿和電影上所見完全一模一樣。

兵士兼統帥，分四章。一，軍事；二，俄羅斯武器的榮譽；三，蘇渥洛夫理想中的英雄；四，附錄和筆錄。

名將概論，包含五篇專文。一，波契卡列夫教授作亞歷山大涅夫斯基，一個十三世紀英勇捍衛俄羅斯國土而擊潰瑞典寇軍的英雄。二，同一作者的季米特里頓斯可義，十四世紀俄羅斯聯軍組金帳汗國馬麥軍隊的英雄，科伏和全俄諸侯盟主，這一勝利，奠定了俄羅斯國土堅強統一的基礎。三，巴茲列維奇教授作明東與帕得沙斯基，十七世紀初期一個市民和一個侯爵衷心合作領導人民逐出波蘭和瑞典志軍，解放全俄的歷史。四，奧西波夫的蘇渥洛夫。五，蒸契金娜教授的庫圖左夫，蘇渥洛夫的學生，一八一二年消滅拿破崙侵俄軍的主將。這六個帝俄名將，被俄羅斯人崇奉爲衛國保民的民族英雄，一九四一年十一月七日，蘇聯全軍最高總司令斯太林元帥在莫京紅場訓話時，號召蘇聯全體軍人都效法蘇聯人民偉大祖先這六個巨人的英勇儀範。

在這本六個人的概論中，蘇渥洛夫是承先啟後的最偉大的軍人，戰無不勝的統帥，并立軍事科學的學者。他曾做過彼得大帝和魯梅澤夫（Rumyantsev）的學生，庫圖左夫（Kutuzov）和巴格拉昂（Bagration）的先生。他的遺教，被俄羅斯軍人所繼續來行，一直到這一次蘇德大戰，還在發生作用：中國的一部分軍隊和軍事領袖，也在受他的影響，建立了新的戰爭科學和技術。

亞歷山大·瓦西里也維奇·蘇渥洛夫（Alexander Vassilyevich Suvorov 1730-1800 A.D.）雖然出身於貴族，他卻沒有像同時代的貴族子弟那樣，在孩提時就報名進禁衛軍，在學校受教育提高年資，一成年正式服役便是中級軍官。反之，他是到成年才進謝米諾夫近衛團當十長，和兵士一起生活，在五十三年的軍隊履歷裏，經歷了所有的階級，最後才作到大元帥。

他一生自稱爲兵士，兵士們不但以他爲自己人，衷心喜歡，崇拜他，而且以之爲光榮，爲驕傲。

因爲他自己是兵士，才能瞭解兵士，尊重兵士，熟習並使用兵士自己的語言。他的著名傑作致勝科學，初訂於一七六八年，在新拉多牙鎮當蘇士達爾團長的時候，最後定稿於一七九六年，在土爾精納軍營，以元帥身分訓練兵士，頒布這傑作爲兵士們的法典，是完全用兵士的語言寫出來的。

他的練兵原則，是研究戰鬥中所必需的東西，領會作戰技術，培養堅忍耐勞的精神。他所奠定的練兵基礎，到現在有許多方面都是紅軍所遵從的。可是在當時，眞正是軍事方面一個革命。

他不重外表上的裝飾，而注重戰鬥力的養成，他不把兵士當成戰爭的機械，而要求兵士的機動。質言之，他認定兵士是人，不是工具。因之，他盡力培養軍人道德，和確信本身力量的意識。在平時他頒布軍人健康令，減少軍中死亡率到最低限度，在戰時[illegible]，用人道態度對待投降的敵人，而且嚴格禁止搶劫平民，他說：「兵士應在戰場上攻打敵人，而不應騷擾民間婦女，不應偷竊財物。」而且，「盜賊不是軍人，壞兵才做盜賊！」

正因爲如此，蘇渥洛夫自居爲兵士，看不起那些在辦公室擬冗長細微計畫的大員。在女皇加特林娜第二時代，被波將金總司令所排擠，在帕維爾第一時代，又和沙皇發生直接衝突。帕維爾第一把兵士看成能夠走動的機器，和蘇渥洛夫的完全尊重人格的服從，是冰炭不相容的。可是蘇渥洛夫從來也不肯屈服，女皇時代幾次被調開去建築和視察軍事工程，那是他最不喜歡的工作。帕維爾時代被流放，被貶逐，終於被革職，被隔離，被侮辱，在最輝煌的瑞士阿爾卑斯山戰役凱旋之後，憤鬱而死。

他善於以小數兵力致勝，原則是集中兵力，是準確計算時間，「迅速動作和衝擊，是戰爭的靈魂。」士爾

六、曲阜

七、宣縣

八、山東東部

九、大同雲岡

十、大同平城

十一、定襄

十二、太原及其附近

……北參。（未完）

學術界消息

北平圖書館回紇文經典由德運平

國立北平圖書館舊藏回紇文寫本經典，內載玄奘法師列傳，一九三六年曾由德國普魯士學院商借運至柏林研究，由該院研究員 Von Gabain 女士，根據此項資料，完成著述二種。但因戰爭，迄未歸還，戰事發生，該經典是否完整，中外學術界頗為關懷。

去年夏間，北平圖書館館長袁同禮氏訪問柏林，獲悉該經典依然無恙，乃由普魯士學院[illegible]

……盛名云。

× × × ×

馬相伯文集出版有期

丹徒馬相伯先生，道德文章，為世所仰。先生精研中西學術，自天文、數理、宗教、哲學、政治、倫理，以及經史之學，無不窮其博奧。同時又創辦大學，折衝外交，建贊革命，反對帝制，東北事變後力主團結禦侮，呼籲民主，提倡人民自治等，一生言行，關係我國近百年之政治文教各方面者，至深且鉅。惜先生歷年所著文字，從不存稿，以致散佚者多。輔仁大學教授方杰人（豪）司鐸，窮二十年之搜求，得手迹四五十件，近又得北平教友先生與英斂之札五十餘通，合其他文稿，共得二百餘篇，彙為一書，其中數篇手稿，尤為難得。

該書，近由輔大校長陳援庵（垣）先生作序，由北平西安門堂[illegible]上智編譯館發行預約，每部定價國幣一萬五千元，預約減收為九千元。預約期至一月底截止，三月中出書云。

× × × ×

海外書訊

抱真

遠東簡史

美國遠東問題專家拉托雷特博士（Kennoth Scott Latonrette）去年完成了一部新著「遠東簡史」（A Short History of the Far East），已由美國的麥克米倫公司（Macmillan）出版。這本書的讀者對象是那些對於遠東問題很少接觸的美國人士。

根據作者的意見，如果想要瞭解現代遠東，必須對它的過去具有基本的認識。因此本書的前半部詳細敘述十九世紀以前的遠東，其中包括中國、日本、朝鮮、東部西伯利亞、印度、錫蘭、安南、暹羅、緬甸、馬來半島等地。

本書的後半部敘述十九世紀和二十世紀的遠東情勢，對於鴉片戰爭以後的中國，和美日訂立「神奈川條約」（一八五三年）後的日本，都有詳細的敘述，每章後附有參考書目，頗便讀者。

△ △ △ △

蘇聯的遠東政策

一九四五年秋季美國太平洋學會出版了美國女士（Harriet L. Moore）的新著「蘇聯的遠東政策」（Soviet Far Eastern Policy）由「普林斯頓大學出版社」（The Princeton University Press）印行。莫女士是美國研究蘇聯問題的專家，現任美俄學會（American - Russian Institute）的研究主任（Research Director）。這本書敘述十五年來（一九三一——一九四五）蘇聯的遠東政策。

作者以發生在中國東北的大事件為綱領，來討論蘇聯對這些問題的態度，如九一八事變，中東鐵路的出售，日蘇漁業的協議和一九三七年爆發的中日戰爭。書後附有外交文件的原文參閱，足資參考。

▲ ▲ ▲ ▲

馬歇爾將軍報告集

馬歇爾將軍（Gen. Marshall）在第二次世界大戰期間擔任美國參謀總長，對於聯合國的最後勝利貢獻很大，去年美國陸軍部和美國戰時書籍協會（Council on Book in Wartime）商定，把馬氏的軍事報告集交西蒙舒斯特公司（Simon & Schuster）出版，附有彩色地圖二十九幅。

這本報告集所包括的時間，是從一九四三年七月初起，至一九四五年六月底止。馬氏在報告集裏說明國際間戰略政治相配合的意義，特殊性的國際會議和特殊性的戰役的相互關係。本書對於研究世界大戰史和關心當代史的人士，將是一種重要的資料。

期刊簡介

中國文化學誌

(Sinologica, Reviw of Chinese Culture and Science)

瑞士拜色（Basle）出版，每期定價三十瑞士法郎。

瑞士的中瑞協會，於一九四六年底，創辦一種綜合性的中國文化研究雜誌，定名「Sinologica」，由瑞士學者季岡（Gigon）和國人羅常、胡天石等五人擔任編輯。每期約係九十頁，每卷十二期。

該刊論文用英、法、德三種文字發表，內容注重中國歷史，地理，地質，哲學，語言，民俗，美術，等各科門。

△ △ △ △

法國圖書評論

(Bulletin Critique du Livre Francais)

巴黎文化關係局（Direction Génerale des Relations Culturelles）出版。

法國的「文化關係局」，於去年七月創辦一種評論雙月刊，定名「法國圖書評論」（Bulletin Lritique du Livre Francais），專門評介法國出版的書籍。該刊並聘請名家多人，擔任編輯委員。

△ △ △ △

圖書周刊

袁同禮題

第三期

本刊歡迎投稿，文體不拘，請使用標點符號。登載後酌送稿費。來稿請寄北平國立北平圖書館轉本刊編輯部，無論登載與否，概不退還。

新書業和作家

沈從文

隨同五四運動的發展，為推行出版物，中間產生了……和北伐不無關係。……先是創造社郭沫若，郁……成立。有股份公司，有版稅制度，有選集那樣文學叢書……

八年來日人在華北諸省所作考古工作記略（續）

宿白

（丙）山西省部分

十三 五台山

十四 朔縣

十五 渾源

十六 繁峙縣

十七 陽高

十八 同蒲線 夏縣

（丁）察哈爾省部分

十九 渾善達克沙漠地方

二十 下花園

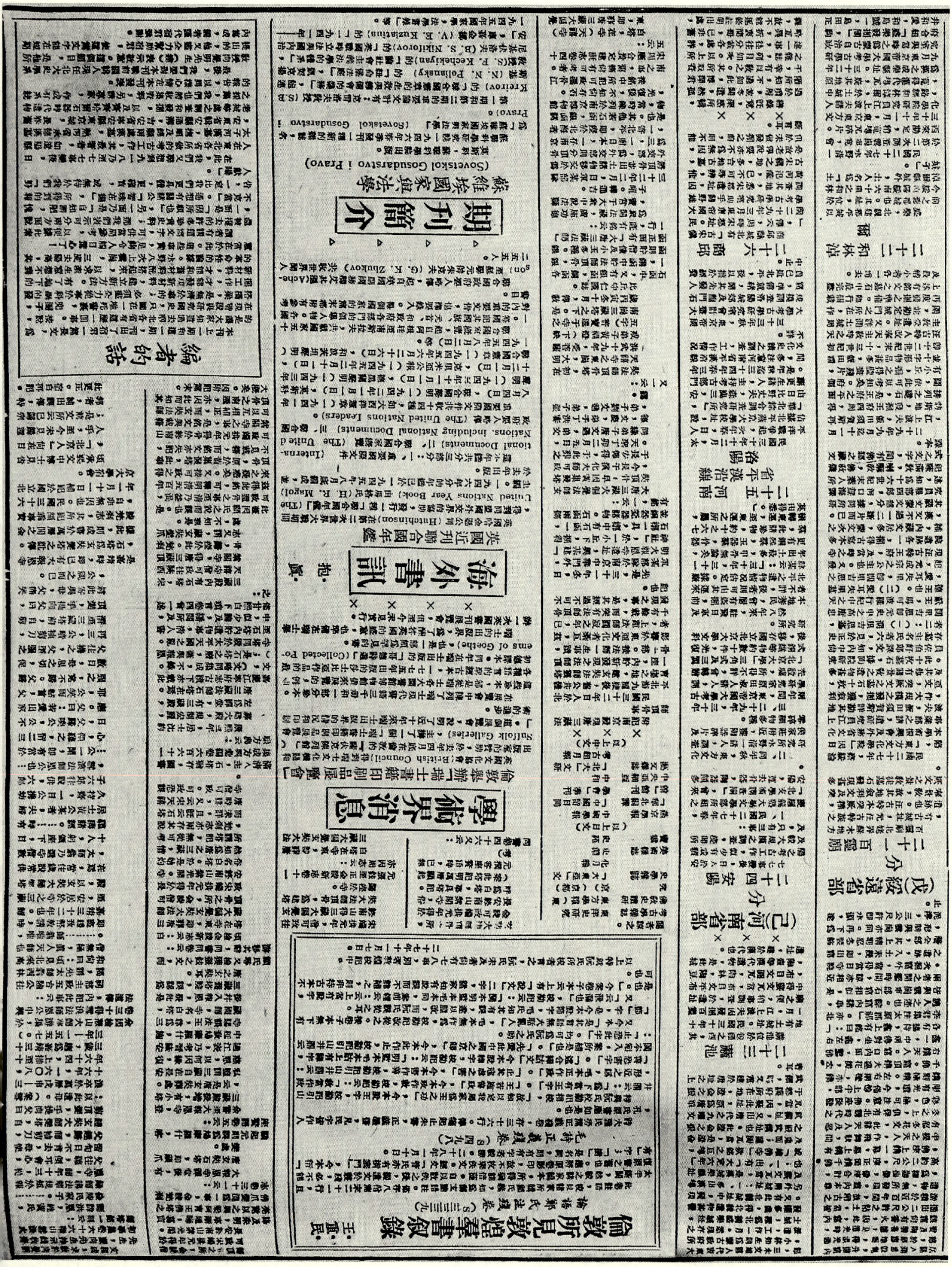

依路人謂曾從龕，并從窟內部，於廟宇塑像臉面，是道光時，窟內實及陶，尚有殘香火；因此，窟內掘出二公尺許之黏土，而皆古之淤積於近百年間，故所古之遺物，無所發現。窟內本尊之，爲釋迦坐像，像座合計，高約二公尺，座正面鐫千佛。佛座上佛一尊，尊上佛有中楔之天人，作飛舞狀，間有忍冬花文；此諸天人及忍冬之上，俱保有北魏時代之彩色，可佳窟。北壁佛座後壁形有光環，今佚僅上半部，亦佛刻條幅。左右兩壁，亦佛千佛。窟頂作大蓮花圓，云右佛天人。窟口內面，坐佛龕一，中爲佛對坐，龕左右各有脇侍，龕上有銘曰：「李君集往太原郡部」。亦北魏人之遺也。綜窟內諸，中皆與雲崗東部石窟相似，是兩者之開鑿時間，或亦相近。次掘窟外，時得當日寺院之遺跡，入土未幾，即出窟簷全部，其上雕刻忍冬裝飾，形制與雲崗亦同。再下爲泥淨，三公尺許即水源，途止。

（戊）綏遠省部分

二十一　百靈廟

百靈廟北姥界蘇木地方，有古城址，元汪古特族之遺跡也。汪古特本突厥種，奉景教，故其地敘利文及突厥文之景教徒墓石發現甚多。

民國二十七年，察綏淪陷，「東方文化學院」因日本學術振興會及外務省文化事業部之請，遣研究員江上波夫，飯田須賀斯詳勘其地，作大規模之發掘，獲敘利亞文、突厥文之墓石十枚，及其他有關景教之遺物甚多。此十枚墓石，據同院研究員佐伯好郎譯文，知內中尚存墓主名氏者六，見於正史者二：（一）闊里吉思墓，闊里吉思即元史中之高唐忠獻王，馬可波羅行紀中之天德王也。（二）愛耳失里墓，愛耳失里，即闊里吉思之妃，元成宗之公主也。又發現汪古特王府，及當時之寺院遺跡各一處，得古寫本多種，其漢文又不過一二斷片而已。其藏文蒙文部分，據同所研究員服部四郎，河口慧海譯述，知爲十四十六世紀末葉人所紀錄，滿洲喇嘛教之佛教儀式之文字，間有佛經之殘文譯本。

二十九年九月迄十一月，江上波夫，飯田須賀斯再訪斯地，發掘王府四周，得排列之礎石，發見王府之平面圖，依此可以考知矣。府側有小丘，此掘之得殘片，頗並十字形物品甚多，飯田須[illegible]即十二世紀末，十三世紀初汪古特人改奉天主教時之天主教堂遺址。又詳調土城周圍，並勘定城門之所在，作再度發掘之準備。臨行攜載上述有銘文之墓石中最完整及最細小者各一而去。

二十二　和林淖爾

盛樂，北魏建都平城以前之舊都城也。其址位於今綏遠[illegible]南六十里之和林淖爾縣城外，土人名爲「土城子」。

民國二十七年水野清一於第二次調查雲崗事竟，曾西來勘定，拾蒐磚瓦碎片。三十年十一月，東京東方文化學院研究員江上波夫諸人，路經和林格爾，於土城中，蒐得漢代磚瓦，疏其地原爲漢之成樂縣址。三十二年九月東京帝國大學考古學研究室與當時之偽蒙古自治政府合組「盛樂發掘團」，駒井和愛，和島誠一，島田正郎，三木文雄爲人代表大學考古政府所派遣，工作一月。茲現存之土城，得北魏盛樂城址，發掘甚多，得北魏遺物甚豐。又有此北魏城址中，發現另外兩城址：一、多出漢磚及漢文瓦當，是漢成樂縣址也；一、出有「大定六年」款「維佛寺」殘銘之巨磚，及鬼面、蓮花瓦當，是遼金之城遺址也。此遼金之城武州故址，又出唐代之九體文瓦當，因此址，原爲唐單于都護府所在地，遼金之城武州，爲又重建於唐址之上者耳。

二十三　蕪池

蕪池位於包頭之西，其地有土城址。民國三十年十一月，江上波夫因發掘百靈廟之便，往事調查，於遺址中得繩文瓦當，布目文平布，布目文圓瓦，陶缽，陶豆，陶瓮等漢代遺物，是此城遺址，疑於漢代也。

（己）河南省部分

×××

二十四　安陽

七七事變後，日人於安陽之考古工作，似少有成績及較大規模之調查，聞所及，只有三事：

一、民國二十七年春，慶應義塾大學文學部所組之「北支學術調查團」，曾來安陽，蒐去骨器，陶器頗多。

二、同年秋，東方文化研究所水野清一諸人，調查侯家莊附近，獲陶器碎片及零碎細物多種。

三、二十九年，三十年兩年間，東京帝國大學考古學研究室原田淑人諸人，調查殷墟，所得不詳，曾轉贈「北京大學」三角式及三翼式銅鏃等物約數十件，光復後，移存國立北京大學文科研究所。

然八年來，駐防日軍及本地劣民，曾屢有盜掘，前者不詳，後者則可由其運來北平之遺物情況估定。據廠肆人云：「三十年，三十一年出土最多，甲骨無論矣，更有銅器，玉器，骨器，石器，此諸珍物，約十之六七被轉東運。」至東運之所屬，莫由得悉。

二十五　河南省平漢沿線洛陽

民國三十年十二月，太平洋戰爭起，次年春，日人佔據北平燕京大學校址，設「華北綜合調查研究所」，由日比野丈夫，森鹿三，安藤更生諸人，主持考古部門。是年秋迄三十四年春三年間，多注意河南省平漢沿線文化史蹟之調查，工作情況不詳。

三十三年秋，東京帝國大學考古學研究室，曾計劃大規模調查洛陽城郊及龍門石窟，準備就緒，其先發人員已抵北平，後以戰事中止。

二十六　商邱

商邱縣城北有「古宋城」，傳云，周時宋都址。民國二十九年三月東京帝國大學考古學研究室助手關野雄調查其地，悉宋都遺址，因黃河氾濫，已不可尋辨，惟古宋鎮之地，多合地古墓，是故老傳說要亦不爲無因，但於未做發掘之前，則不能斷言耳。

××××

總錄既覺，深感所輯，過於瑣屑，甚多闕遺，然陋所知，不過如此，博聞君子，幸有以教之。其所取材之雜誌，列目如次。以上所述一求，往往分載各處，詳略互異，折衷隨每，已非舊雜，故不能逐條註明出處，[illegible]

倫敦所見敦煌羣書敘錄

王重民

論語鄭氏注殘卷（S三三三九）

此卷註語，校以諸家所輯鄭氏義，知爲鄭玄論語注。僅存八佾篇末二十一行，且太半斷闕，然較之諸家輯本，所得猶較倍蓰。自以散佚之後，緝遺文於數段，必不能復原書之舊也。應將原卷影印，故不收采佚文。經文「管氏亦有樹塞門」，今本衍「有」字；「樹」是名詞，則有有字者較勝。二十八年一月十日。

毛詩正義殘卷（S四九八）

此大雅民勞篇正義殘卷，存三十六行。傳箋起止未書，正義隨書，凡民字皆作人，孔氏原書應如是也。

持與阮氏校勘記相校，「故知以定我周家爲王之功」，今本脫王字，校勘記引山井鼎云：「爲下當有王字」。「王若施實政」，今本政作教，校勘記云：「教當作政，形近之譌，毛本正作政」。「止其寇虐之害」，今本害作爲，校勘記引山井鼎云：「爲恐害字」。「遠合韓詁文」今本脫韓字，校勘記云：「明監本毛本詁上有韓字，閩本剜入，案所補是也」。「先變此中國之京師」，今本此作止，校勘記引山井鼎云：「止恐此字」。均可爲阮氏之助。

又今本「是其言語無大聒亂人」，毛本無作爲，校勘記改從之。按卷子本無下有「節」字，是今本脫節字，毛氏知其有誤，遂以臆改，而阮氏誤從之耳。

又「云泄漏也」，校勘記云：「閩本明監本毛本同，案浦鏜云：云上當有脫字，是也。」今案卷子本云上有「說文」二字，諸家知有脫誤而不能補之，則非待古本不可也。

以上特就阮氏所校者言之，阮氏未及者尚有七八事，別寫敦煌校記中。二十七年十一月七日。

閱者錄之。

考古學雜誌　東洋史研究

佛教史蹟研究　東方學報（東京）（京都）

史學雜誌　「大東亞」文化月報

美術雜誌　史潮

寶雲　史苑

（以上日文）

燕京學報　中國學報

「華北編譯館」館刊　「中國留日同學會」季刊

中央亞細亞　中和

談文雜誌　「北大」文研

考古組月報

（以上中文）

×××

附記南京發現唐三藏法師頂骨事

民國三十二年日人於北平北衙九龍樓後，發見公共體育場之地，獲玄奘法師靈塔一座，內貯新發現之法師頂骨一部。按法師一生事蹟，影響於東亞文化者至大，茲者，上距法師圓寂之年，已千有餘載，而突有法師頂骨發現之事，是其關係不可不記也。

先是，三十一年冬，日軍某部隊於南京中華門外，明大報恩寺遺址，興建「神社」，於一小丘下，掘得石槨一具，槨中有石函一，並銅器瓷器諸物。石函兩側有銘，一云：

> 大唐三藏大遍覺法師玄奘頂骨，早因黃巢發塔，今長干演化大師可政，于長安傳得，于此葬之。天聖丁卯二月五日，弟文同緣弟子唐文遇，弟文德，文慶，弟子丁洪審，弟子劉文進，弟子張靄。

又一云：

> 玄奘法師頂骨塔，初在天禧寺之東岡，大明洪武十九年，受菩戒弟子黃福燈（下缺五字）普寶遷于寺之南岡三藏塔之下。是歲丙寅冬十月，傳敎比丘守仁識誌。

石函中，又有銀函，銅函各一，銅函中貯法師頂骨，銀函則貯佛像及小玉多種。銀函正面有「大唐三藏法師」一行，底有銘云：

> 爲最開法藏，廣施功德，寶當于大衆中說法師子吼。釋證吉。

三十二年二月，日軍某部隊將頂骨並出土諸物移交於僞外交部，僞外交部則分頂骨爲三，一謝日本，一存南京，一寄北平，即發於北海者是也。其他若石函，銀函諸物，當時陳列於南京博物館，光復後，不知尚存否。

按銘中所記可政遷骨江南之事，頗饒尙有可考者。宋周應合景定建康志卷四十五云：

> 白塔，在寺（天禧寺）東，即葬唐三藏大遍覺玄奘大法師頂骨之所，金陵可政端拱元年得於終南山紫閣寺，俗呼爲白塔，事具塔記。（案此塔記明萬曆顧起元撰客座贅語時，已無考）

同書卷四十六又云：

> 宋端拱元年，僧可政往終南山得三藏大遍覺玄奘大法師頂骨，爲建塔歸瘞於寺。

元張鉉至正金陵新志卷十一亦因周志云：

> 白塔在寺東，即葬唐三藏大遍覺玄奘大法師頂骨之所，金陵僧可政宋端拱元年得於長安終南山紫光閣。[illegible]

歸及朱明，事漸湮晦，甚至竟以之與梁阿育王佛塔之佛爪髮混爲一事，金陵梵剎志卷三十一云：

> 大報恩寺碑客後，有唐玄奘石塔，即藏爪髮處。

顧起元則誤爲鳩摩羅什，客座贅語卷五云：

> 余嘗至大報恩寺，登三藏殿後塔，有小塔，云是唐玄奘葬處。私臆謂三藏自在長安慈恩，以何因緣，復過江表，乃考晉隆安中延致鳩摩羅什，施寺賜號法王，來爲三藏國師，寺名白塔，移并入報恩，疑此是三藏舍塔院，誤認爲唐之玄奘耳。

顧氏等又檢獲碑銘之文，而游移其辭，同書同卷云：

> 頃檢金陵新志云：白塔在寺東，即葬唐三藏大遍覺玄奘大法師頂骨之所，金陵僧可政宋端拱元年得於長安終南山紫光閣。寺僧名白塔。於是始灼然知爲唐之三藏，惜所謂塔記，無從可考，然剎志亦兩存其說而未詳，且既云石塔唐時建，又云宋天禧寺僧可政。可政恐誤。

清人主，石塔猶存，圖書集成方輿彙編卷六百六十一職方典云：

> 康熙三年，居士沈約募建大殿，規制宏麗，左爲禪堂，有三藏殿，唐三藏法師石塔在焉。

嘉慶江寧府志古蹟下亦載此文，（文略同然成，不錄。）是石塔之毀，蓋與報恩寺塔同毀於太平天國之亂。至石塔內貯遺物事，清人書中，似少論及，播聞所及，僅甘熙白下瑣言卷四曾一述之：

> 三藏殿內有石塔，宋天禧寺僧可政往陝西紫閣寺，得唐三藏頂骨，歸瘞於此。梵剎志又謂，藏玄奘爪髮處，不知孰是。

此蓋因顧氏之說而誤也。是可政遷骨之事至清乃益混，茲得此銘，可釋明清五百年來之疑惑矣。又按可政之得頂骨，原於黃巢發塔，此事不見載籍，而銘文亦失記，可政端拱元年得骨於終南山紫閣寺之事，是銘文與載籍可以互相補正，而玄奘法師頂骨之南遷，亦因此而知其大概矣。因附記篇末。

文錄成，求載於內學院[illegible]先生，要向先生抄示錢牧齋初學集卷六十六憨山[illegible]大師塔銘一則云：

> 師諱德清，姓蔡氏，全椒縣民家子。……歸師講法華規矩於報恩寺，師年十三，從父往聽，傾耳會心，留旬日不肯去，母使父趣歸，師袖剪刀，自翦頂髮，手提向父曰：以此遺母。

（案雪浪卒於萬曆戊申——三十六年，一六〇八，年六十四，上推至十三歲，應爲嘉靖三十三年——一五五七。）

余因檢憨山大師夢遊集，於卷三十得雪浪法師恩公中興法道傳，內記此事云：

> 嗣部主敗五台翰公往謁，謂先太師翁西林和尚曰：頃見北來高僧無極，眞人天師也。……師翁唯唯，即隨請致幣教請，時嘉靖三十二年也。師至，安居於寺之三藏殿，以玄奘大師舍塔在焉，常住鐵設常供，大師翁乃選寺僧數十人，朝儞座下，日聽講誦。……時有居士黃公某者，夫婦久持齋，一日公攜幼子六郎往設供，六郎，雪浪法師恩公也：……公一聞，即有當於心，傾聽之，留二三日，父歸喚公，公不聽。父曰：若豈出家耶，公笑而點首，父强之，竟不歸。父歸數日，母思之切，促父往携之，父至强之再三，公遽袖剪刀，潛至三藏塔前，自剃頂髮，手提向父曰，將此寄與母，父怖哭，公視之而已。

是嘉靖時，即已有大報恩寺，石塔爲玄奘髮塔之訛傳。據此，則成書於萬曆間之金陵梵剎志，其所記頗乖事實，自非無因也。民國三十六年一月十一日補記於國立北京大學宿舍。

頃承裴文中博士見告，「北京人」尚在日人手，至今未見歸還；是前文所云已歸原邦者，純出誤傳，特此更正。宿白再記。

學術界消息

倫敦舉辦「瑞士書籍印刷品展覽會」

英國文化協會（British Council）得到瑞士文化機關和出版家的贊助，於去年四月底在倫敦的「蘇伏克陳列館」（Suffolk Galleries），主辦了一個「瑞士書籍印刷品展覽會」。這個展覽會，說明了近十年來瑞士出版界的情況和印刷術的進步。

在展覽會中陳列了瑞士現代書籍三千册和一部分珍本。這些珍本，都是從瑞士各大圖書館博物館借來展覽的，例如各種語言的聖經古本，一七七五年出版的莎士比亞作品的最初德譯本。同年在瑞士出版的「歌德詩選」（Collected Poems of Goethe），也是一部頗爲罕見的書。

瑞士的出版界，爲了酬答英國的盛意，也準備在瑞士舉辦一次英國書刊展覽會，但至今未見實行。

××××

海外書訊

抱眞

英國近刊聯合國年鑑

英國哈金遜公司（Hutchinson）在第二次世界大戰期間，得到同盟國外交界的協助，發行一種「聯合國年鑑」（The United Nations Year Book）由馬格氏（H. R. Magol）主編。一九四六年分的年鑑已於一九四五年八月底編成，並於去年出版。

這本年鑑共分三部分：一、重要國際文件（International Documents）二、聯合國家槪覽（The United Nations, including National Documents）三、聯合國政府要人略傳（The United Nations Leaders）。

重要國際文件共收十四種，如大西洋憲章（一九四一年八月四日），聯合國宣言（一九四二年一月一日），莫斯科宣言（一九四三年十月一日），德黑蘭宣言（一九四三年十二月一日），克里米亞公報（一九四五年二月十一日），聯合國憲章（一九四五年六月二十六日），和波茨坦宣言（一九四五年八月二日）等。

聯合國家槪覽，起自阿根廷至南斯拉夫，共數國家五十一。每國記其國旗、元首、和政府各部門的領導人物。各國對內的重要文告，也擇要錄入。每個國家的篇末都附有參考書目。

聯合國政府要人略傳，起自英國副國務卿艾其遜（Acheson）至蘇聯元帥朱克夫（G. K. Zhukov）共收世界聞人二五五人。

期刊簡介

蘇維埃國家與法學

（Sovetskol Gosudarstvo i Pravo）

莫斯科，蘇聯科學院出版。

蘇聯科學研究院一九四六年春季發刊一種新的雜誌，名爲「蘇維埃國家與法學」（Sovetskol Gosudarstvo i Pravo）。

第一期和第二期的重要論文計有：克雷洛夫教授（S. B. Kreirov）的「聯合國憲章的生效與聯合國的業務」，施連斯基（N. N. Poliansky）的「紐倫堡法庭」，凱契克揚教授（S. P. Kechekiyan）的「論社會主義法學的體系」，尼基伏洛夫（B. S. Nikiforov）的「英國戰時立法與國內治安」，庫茲金娜（V. E. Kuziatina）的「一九四一年——一九四五年國家學，法學書錄」等。

編者的話

本刊上一期和這一期，刊出了宿白一篇長文，爲的是讓大家知道過去華北各省有這麼一回事。按說，在現階段與研究國史，只圖在一堆死書裏，兜圈子，搭橋梁，是無濟於事的；必須盡全力從事於科學的發掘工作，才能發現新材料，建立新方法。有了地下的新材料，才能和舊材料配搭起來，以求產生意想不到的革命性的論據。水野八次上雲崗，三度去陽高，共寒暑在於此。這些事實，足夠令人觸目驚心了！

讀者有謂這篇文字，可供當局參考，以便據此索還被搶去的許多珍貴史料；那我們表示可分兩方面說，一面是「固所願也」，另一面乃是「自知謭陋，愧不克當」。遙想有關諸公「智珠在握」，所得到的報告，一定比我們更具體，更確實，或無待於我們「野人獻曝」。

在此，我們又聯想到九一八乃至七七事變後，日人在東北各省所做的考古工作，其最著者，如遼陽縣太子河漢墓，撫順及錦縣附近漢墓，熱河省承德漢墓，安東省輯安縣通溝，吉林省寧安縣東京城，長春當老城等處之調查和發掘，以及齊齊哈爾石器時代遺物之採集，我們也將收集資料，另請專家，作成有系統的報告，以同樣心情在本刊發表。

最後，我們要對本刊最前編輯人現任北大史學系教授向覺明先生（達）表示敬意。這個題目，是他所提出的，他又盡全力幫助宿君，使這篇文字能在短期內寫成，編者謹代宿君致謝。

圖書周刊

袁同禮題

第四期

本刊歡迎投稿，文體不拘，請使用標點符號。登載後酌送稿費。來稿請寄北平國立北平圖書館轉本刊編輯部，無論登載與否，概不退還。

梵蒂岡出版利瑪竇坤輿萬國全圖讀後記

方豪

關於利瑪竇Matteo Ricci所畫的萬國全圖，民國二十五年四月出版的禹貢第五卷第三四合期「利瑪竇世界地圖專號」和第六卷第十期，曾經登過好幾篇研究得很詳細的文章，但以中國藏本爲主。二年後，德禮賢神父P. Pasquale d'Elia卻以梵蒂岡教廷圖書館的藏本爲主，加上全世界各地的藏本，爲利氏萬國地圖，作一最完備的研究，在梵蒂岡出版了一部義文鉅著。

德禮賢神父和利瑪竇是同會士，（耶穌會）在中國多年，對於中國天主教史和中西文化關係史，有很深的研究；曾以法文撰中國天主教傳教史，後譯爲中文，在商務印書館出版，還又譯爲西班牙文Las Missiones Catoalicas de China，一九三三年上海徐家匯出版；次年又譯爲英文The Catholic Missions in China，上海商務印書館出版；此外著有義文中國基督教藝術之原始Le origini dell arte cristiana cinese (1583—1640)一九三九年羅馬出版；英文中國本籍主教考Catholic native Episcopacy in China，一九二七年上海土山灣出版；並將三民主義譯爲英文、法文、義文、班文。義國漢學家的第一把交椅，至少到目前爲止，還是他穩坐着的；所以我們對於他的著作，不能不特別加以注意。

× × × ×

本書原名Il Mappamondo Cinese del P. Matteo Ricci，一九三八年梵蒂岡城Citta del Vaticano教廷圖書館Biblioteca Apostolica出版。寬四六公分，長五六公分，XXVI加275頁，附圖甚多。共書頗大無朋，印刷精美。梵蒂岡對此不惜工本，亦可見其對是書之重視。

本書出版於我國抗戰後一年，據說目前全中國只有一本，藏於北平東交民巷義國使館。

在本書問世後幾個月，我就知道這本以梵蒂岡所藏的利瑪竇世界全圖爲主的鉅著業已出版，可是當時流離於滇、川、黔三省，無論如何也看不到。民國二十九年，日本開國二千六百年紀念，外國報上登載羅馬教廷曾以該書精裝本一冊送給昭和，作爲賀禮。當時我曾懇轉託人，致書羅馬友人，希望教廷方面亦能送我們政府或教育部，或中央研究院，或國立北平圖書館，至少一本，但因爲當時交通已斷，音訊全無。

今年我自重慶復員回京，因爲在重慶時聽說義國駐華大使館有一本，於是我便在首都探詢，但結果是並無其書；於是又有朋友猜想是在北平；六月二十日我到了北平，即了幾天，最後在義籍雷永明神父P. Gabriel Allegra處探訪問出下落，雷神父並願伴我去；義國使館秘書某先生非常客氣，答應我借閱十五天；我事先已知道那本書的版式很大，所以我借了一部汽車，同去的還有北堂圖書館主任惠澤霖神父P. Verhaeren；那地圖在司機旁竟佔一座位，我們三人笑說：三百年前，利瑪竇決想不到他的地圖印本，會坐最新式的汽車，在北平城裏飛馳吧！

這本坤輿萬國全圖印得很講究，德禮賢神父的考證，也頗下些工夫，然而我們也發現了幾點值得注意的地方：

（一）利瑪竇繪坤輿萬國全圖，必有所本；十餘年前，外國學者早就注意這一點，並認爲利氏必本於奧代理Abraham Ortelius的「地球大觀」Theatrum Orbis Terrarum，或亦曾參考梅加多Gerardus Mercator的「地球簡說」Orbis Terrarum Compendiosa descriptio和柏郎濟Peter Plancius的「最新地球水陸詳圖」Nova et exacta Terrarum Orbis tabula Geographica ac Hydrographica（以上書名均係拉丁文）。禹貢利瑪竇世界地圖專號內洪煨蓮先生所撰「考利瑪竇的地界地圖」一文中，亦曾提到這一點，（洪氏譯奧代理所著書名爲「輿圖彙纂」），完全不合原義，Theatrum本作舞台解，故譯爲「大觀」。但他們都未能得而將與利氏的地圖細校，」他那時還不知道在北平城裏（北堂圖書館）就有一五七〇年（以下簡稱甲本）和一五九五年（以下簡稱乙本）兩版奧代理的書。但德禮賢在洪文發表前三年，即民國二十二年（一九三三）十二月，即會與已故福開森先生Ferguesson同訪北堂圖書館；當時圖書館尚未整理，一切書籍都堆置在現北堂西角一屋內，他們發現了一部一五九五年出版（甲本）奧代理著「地球大觀」，福開森借去攝影，次年三月，他將照片另印一份，送給北堂圖書館，他自己用英文作一說明，並在封面上題爲一五七〇年出版。不過這是錯的，他所見的實際是乙本即一五九五年版，而不是甲本即一五七〇年版。因爲北堂所藏一五九五年版，內有某君題字，此題字亦見於福開森的攝影，所以我們可以斷定福開森和德禮賢所見到的一定是這一五九五年版，（乙本）他題爲一五七〇年版（甲本），無疑是錯的。

然而他們又何以會把一五九五年版（乙本）誤認爲一五七〇年版（甲本）呢？我以時有一種很簡單的想法，北堂圖書館的西文書不是有一本拉丁文的親手抄目錄嗎？福開森和德禮賢一定查過那目錄。（福開森也曾把目錄攝影）我們亦何不翻翻那目錄？說不定是目錄有誤；待一查目錄，目錄上固然載有奧代理的書兩部，卻注明都是一五七〇年版；德禮賢以爲既然兩部都是同年一五七〇出版，所以要了一部也就夠了，不必再要第二部，[illegible]書最大的缺點，也是德禮賢的不幸！那目錄誤害人不淺！

惠神父另有一個解釋，他以爲也許因爲一五七〇年版（甲本）在當時尚未重裝，殘爛不堪，所以管理員根本沒有拿出來。這假定是很可能的，而且直到如今還可以成立。

還有一個原因，使德禮賢看到北堂的一五九五年版（乙本）而輕它臉過去，竟不知道它是一五九五年版；因爲這一五九五年版剛剛缺了第一頁，即記載書名和出版年代出版地點的那一頁；而參面的敘序的年代，又恰恰註明是一五七〇年，德禮賢偶一失考，遂認爲是一五七〇年版（甲本）。可是我們又怎麼知道這是一五九五年版呢？第一，奧代理此書確有一五九五年版，外文書目中紀錄的頗多；第二，這乙本所引參考書目中，很多是一五七〇年以後出版的，其中最晚的一本，Marcus versus nobilis augustanus Vindeliciae veteris delineationem nobis dedit, in Rerum august arum suis Commentariis出版於一五九四年，所以這乙本應該就是一五九五年版，而決不是一五七〇年版。

（二）本書第五十註解，引艾儒略P. Julio Aleni職方外紀，說職方外紀僅有三圖，即一歐洲圖，一非洲圖，一南北美洲圖；但其實現存職方外紀各版本，以及北堂圖書館所藏抄本，無一不是五圖，即五大洲總圖、亞細亞圖、歐羅巴圖、利未亞圖、亞墨利加圖。德禮賢所見的，或爲殘本。

（三）在分類目錄Indice Analitico二六九頁，所引書目中，作者Severtius本書誤爲Sereitius，余曾取北堂圖書館原書對校，纔知道德神父之所以把「v」字誤成「r」，是因原書有一摺皺，一眼看去，恰恰像「r」。這眞可以說是小疵了！

（四）本書中三次提到現在北平傳教的Lazzaristi會，華譯味增爵會，因會祖名味增爵Vincentius，或譯遣使會Congregatio Missionis，德禮賢三處均以小寫l代大寫L；又書中因不列顛博物院曾借攝利氏地圖，故特別誌謝，但渠在北堂圖書館借閱書籍，何止十餘種，而竟未一言申謝。豈會門戶之見，學者猶未能免耶？（案此節爲惠神父意見。）

本書優點，在將前人研究成績，全部採入；中國、日本、教倫、巴黎所藏利瑪竇世界地圖，亦都有攝影，頗便稽考。爲了這本書是德禮賢最得意之作，又爲了梵蒂岡教廷對於本書非常重視，（書上還說有教皇庇護十二世的命令），同時國內看到的人又很少，因此我們不揣謭陋，特爲評介如上。北堂圖書館惠神父提供意見甚多，併此誌謝。

附註：自教廷以此書附送日皇後，日本曾大事宣傳，見

記西伯利亞發現的滿

一、前言

中國和蘇聯相隣的邊境最長，兩國間的文化溝通可以追溯到兩千年以上。以現存的考古遺物爲證，可以舉出葉尼塞河上游出土的北朝銅造像，銘文曰：「大將軍時口鹼口爲亡兄弘國公造像」，座背另鑄一種異族文字，現藏莫斯科蘇聯國立歷史博物館。

伊爾庫次克博物館藏有西伯利亞各地出土秦漢以來的中國銅鏡很多。再如一九四二年蘇聯的考古機關在西伯利亞勒拿河（Lena）下游的維呂城（Vilui）附近，曾經發現大批青銅器，如銅矛，銅劍，銅斧等。其中一器，紋樣作魚鱗狀，形制和中國周代銅器非常相像，因此蘇聯學者斷定它是中國古代的銅器。

一九四一年蘇聯的考古學者在葉尼塞河中游的阿巴闊（Abakan）左近，發掘了一個中國的建築遺址。根據出土的瓦當和青銅門環等物，他們認爲這個遺址修建於漢代，並且可能是李陵留居匈奴時的邸宅。

一九四五年的夏天，郭沫若先生應蘇聯科學院之請，訪問蘇聯。他曾在莫斯科國立歷史博物館中參觀阿巴闊附近出土的古物，不過他認爲這個遺址不會是李陵的住居。去年十月間中央社的電訊，也報道了西伯利亞發現李陵住宅的消息。不久以前在南京復刊的「中蘇文化」新一期（第十七卷第七期）上，刊載了盧特內赫的短文「李陵住宅的發現」。目前這個問題，已經引起中外學術界的注意。

最近我們有機會讀到蘇聯科學院「物質文化史研究所」（The Institute of the History of Material Culture）的田野考古報告第十二期（一九三六年三月出版），本期刊有主持發掘中國建築遺址的考古家伊芙求霍瓦（L.A. Evtiukhova）女士的文字一篇，現在撮節其大要，並略附淺見以獻讀者。

二、遺址的考察

一九四〇年在西伯利亞哈咯斯克（Khacassk）自治區（唐努烏梁海以北）的阿巴闊西南十二公里的地方，蘇聯的築路工人在一個高約二公尺的土丘中，發現了大量的瓦片，因此他們便立刻通知哈咯斯克博物館，以後又報告米奴森斯克（Minusinsk）博物館。後者派遣該館職員列瓦碩瓦女士（V.P. Levashiova）前往作初步的勘察，列氏斷定這是一個古建築的遺址。

一九四一年蘇聯國立歷史博物館組織了一個考古探險隊，由考古家伊芙求霍瓦女士率領，前往作有系統的發掘。一九四五年的夏天，這個考古隊又在那兒行進了第二次的發掘。

根據地面上的遺跡來看，這個建築物的整個情形，已經不能推知。關於建築的修築，已經判明是使用版築法，採層泥土厚四至六公分。地面體質很硬，係夯（讀如抗）打而成，硬土厚二十至二十五公分。這個建築遺

書評

中華民國誌（China）

鄧嗣禹

Harley F. MacNair主編，美國加利福尼亞大學出版部發行，一九四六年出版，五七三頁，定價美金六元五角。

一九四七年初，剛從美國寄到而值得介紹的一本書，要數到MacNair編輯的中華民國誌"China"了。此輯爲聯合國叢書之一（The United Nations Series），用意在瞭解第二次世界大戰時的聯合國家，所謂知己知彼，知友知敵。[illegible]

歷史政治的發展，按時代次序，分成數章。民國期間，分軍閥時代，復興時代，社會革命與國際關係等章，執筆者有宓倫特，傅學家，鄧嗣禹，MacNair，Linebarger與Agnes Smedley等人。

第三部分論中國的哲學[illegible]

[illegible]育，分時期審查，美術，建築，戲劇，新舊文學等章；爲蔣彝，熊式一，賽珍珠等人所投稿。第五部分講經濟建設，有吳景超，裴開明，李卓敏等人的著作。末了一部分是回憶與前瞻，有「中國在國際中之地位」一文，爲David N. Rowe所寫。

總此三十四章的作者，有二十位是美國，英國或加拿大人，十四位是中國人。文章內容新頴，通俗，輕鬆，在外國人看來，可說是雅俗共賞的書籍，可作中國通史的課本，亦可供學生課外參考書之用。然書中文字既多爲各著名忙碌學者所撰述，又毫無報酬，故內容亦參差不齊。[illegible]

現代中國人口論

周榮德

Population in Modern China

陳達著，美國芝加哥大學出版部發行，一九四六年出版。

[illegible]多，僅僅一百二十六面；但內容却是非常的充實。據作者自己在序言裏說：抗戰期間，清華大學國情普查研究所在雲南關於人口及相關問題的研究，和以往個人研究的某些部分，都要約略地容納在這本書裏。他寫這本書的目的，不但希望對我國戰後社會科學的研究，供給一些資料，而且還要在使國家的現代化，奠定一個基礎。本書的內容，除了美國芝加哥大學教授奧格朋（William F. Ogburn）的導言外，共分七章，並有附表六十五個。第一章，我國歷史上人口資料的評價，確直人口估計的討論。現代人口學的創始，作者所指出的兩點，是很值得我們注意的：（一）堅持用個人直接訪問法以代替間接法，[illegible]

昭和十五年三月六日東京朝日新聞晚報。次年四月十五日駐澤信太郎著「利瑪竇世界地圖在日本文化史上之地位」出版，前年十二月十五日已再版。東京龍文書局發行，所收日本方面材料，至爲豐富，承燕京大學翁獨健教授借閱，謹誌謝意。

一九四六年十二月八日北平上智編譯館

漢代建築

鐵弦

址沒有台基，各處發現木柱很多，柱下有砂岩質的柱礎，礎石入地六十至八十公分，這種形制已見於中國殷代的建築中。

蘇聯學者調知道所住宅分爲二室，第一室是正方形，長寬各十二公尺，第二室長十二公尺，寬減半。住宅南部和東部的外牆厚二公尺，間隔兩室的內牆厚一、八公尺，中有一門，貫通二室。第一室的東牆設一門，在這裏發現了銅門環一具。

這個建築物中部的四周的牆壁較高，那麼可以推想它們的牆的高度較低，並且沿簷中部各牆發現有文字的瓦當最多。根據以上兩點，蘇聯考古學者認爲這所住宅屋頂的原形，可能是漢代流行的，同時也是中國宮殿，廟宇建築中習見的「重簷四斜式」。

還有一個極有興味的問題，就是在遺址的地下發現了一些取暖的坑道。這種坑道深入地面六十公分，是用石片砌成筒狀，在若干地方還發現了修補的痕跡。住宅第一室內坑道的敷設，是和牆壁平行，成爲一個方形，至於燃火的機關究在何處，目前尚未判明。

按這種取暖的坑道，或許就是漢書中所記的「熅火」。漢書蘇建附蘇武傳云：「單于使衛律召武受辭，武謂惠等（常惠，張勝），屈節辱命，雖生何面目以歸漢！引佩刀自刺。衛律驚，自抱持武，馳召醫，鑿地爲坎，置熅火，覆武其上，蹈其背以出血，武氣絕半日復息」。

三、出土的器物

在這個遺址中，出土的器物以瓦片，瓦當，木柱，礎石和鐵製的建築用品爲多。此外還發現一青銅門環兩具和殘破的玉盤一件，陶器發現得最少。

瓦片的背面多有繩痕，這是爲了固泥之用。瓦當的文字作「天子千秋萬歲常樂未央」，「天子千秋」四字居中，「萬歲」在右，「常樂未央」在左。郭沫若先生參觀莫斯科國立歷史博物館時，曾經看到這種瓦當，並且親自拓了瓦文。他發現有的瓦當秋字已經殘泐，祇餘火字，並認爲秋作火，很容易被附會爲漢朝的「火德」。

按漢代瓦文超過九字者，頗爲少見。例如上虞羅氏著錄的瓦文，字數較多的祇有「延壽萬歲常與天長久」，和「千秋萬世長樂未央昌」兩瓦。本瓦「長樂」作「常樂」，長、常古通假字，在漢代的吉語瓦中長樂作常樂，長生作常生者也比較少見。那麼，西伯利亞中國建築遺址中發現的這種十字瓦，由於它的出土地點和字數，應該具有特殊的考古價值。

在出土的器物中，應當予以注意的還有銅門環，就是古書上所稱的「鋪首」。這個遺址銅鋪首兩具，它的形狀是人面有角銜環。我們知道，獸面環飾最早用於周代的銅器，環飾用於門扉，是從漢代開始。不過漢代的門飾，歷來缺乏實證，我們祇能從漢代石刻，甎的畫象，和殉葬的陶器上窺知門飾的形狀。上虞羅氏雖然藏有浮雕獸狀的門鋪一具，但未說明它是何代之物，（見「古器物識小錄」），存世的漢代門飾既然如此罕見，那麼阿巴岡地方出土的青銅鋪首，在目前說來，可謂之絕無僅有的實物了。

此外在遺址中發現玉盤一件，作淺綠色，惜已殘損。蘇聯學者認爲與督城子漢墓所出玉盤的形制，非常相似。在遺址的東部地面發現瑪瑙珠一枚，體積很大。遺址中又出鐵刀一柄，與牧羊城出土的鐵刀也極相似。

遺址中祇發現一、二陶器殘片，蘇聯考古家認爲這個邸宅，多半屬於一個高貴的人物，因此普通日用的陶器發現得特別稀少。

四、修建者的疑問

蘇聯的考古家們根據阿巴岡出土的器物和史記漢書，通典等書的記載，認爲這個住宅大概是紀元前九十九年（天漢二年），漢朝的李陵降匈奴後所建。他們以爲在這個遺址中，並未發現任何的「地方文化」，所以可以斷定它是中國人爲中國人所建立；至於修築的工人，可能是匈奴境內若干中國的移民和那些被俘的士卒。

但是郭沫若先生抱着相反的意見，他在「蘇聯紀行」裏說：「在我的想法，恐怕不會是李陵的住居。館中所陳列者，只有瓦當和一銅製獸環，應該都是由中國傳去的。匈奴境內沒有可能自行製造。李陵降匈奴後雖然做到左賢王的高位，無法從中國境內輸入這些物品。假使在發掘品中還有更確鑿的證據，可以斷定爲李陵遺物，自當別論。假使不然，可能是漢家的公主下嫁時，王室爲慰藉她的鄉愁，特別建立此屋以爲陪嫁的」。（「蘇聯紀行」一三六頁）這話說得極有見地。

目前關於阿巴岡遺址的發掘的材料，尚未完全披露，因此這個中國式的建築物是誰修造的以及它是否李陵的住居問題還是一件未決的疑案。我們期待着更多的確證。然而漢代的建築，現存於中國境內者，已稀如麟鳳，而這個遺址卻發現在遼遠的西伯利亞，並且保存了一些具有研究價值的器物。那麼，我們拋開它的修建人和住居者的問題不談，單就這個建築遺址和發掘品來講，這些在漢代考古學上，在中國建築史上，在西伯利亞古文化研究上，都是應該特別提出的。

三十六年一月脫稿於北平。

期刊簡介

中國學術季刊（創刊號）

中國學術工作者協會編印，三十五年八月出版，一一零頁，重慶三聯分店總經售，定價一千二百元。

中國學術工作者協會，係最近成立之文化團體，其旨趣見於中國學術季刊創刊號所載該會成立宣言。本期創刊號發表各文，大都爲人文科學論文。

主要論文有：郭沫若之「戰時中國歷史研究」，原係郭君在蘇聯之演講稿，文雖節譯。郭君此文討論近年來國內人士對於古代社會史之見解，於呂振羽「中國歷史簡編」及翦伯贊「中國史綱」兩書，備致推許。

杜守素之「評馮友蘭的新形上學」；對馮氏著作五種——新理學，新世訓，新事論，新原人，新原道——抨擊甚力，謂其祟尚玄虛，足以阻礙科學發展，標榜道統，又復違背民主精神。

蘇聯費德林之「屈原的生平及其創作之研究」（張鐵弦譯）；文爲費氏專著之第二章後半及第三章全章。第二章駁廖平胡適兩氏屈原無其人之假定，並論史記列傳之可靠性。第三章論屈原在歷史上之地位。

翦伯贊之「論陳涉吳廣的起義」；謂陳吳起義爲中國史上一件農民革命，其發生並非偶然，其失敗於革命政權之變質。

楊榮國之「致宋室於何處者王安石新法乎？」一文；歸咎靖康之禍於司馬光之推翻新政，楊君論調大致沿襲陳汝錡王夫之諸氏之史評。

孫根譯之「朱熹對於文學之批評」；述晦菴於文道統一說，謂明理之詩文只是說出，不是做出，說出之文只是實說，不須學習琴棋，做出之文則需學習琴棋，且須琴棋常格，排斥新格。晦菴又謂文有治世衰世亂世之別，詩亦有三變，上古至魏晉一等，晉宋至唐初一等，唐初至朱氏當時又爲一等。

蔡儀之「論藝術美」；探討藝術美與自然美社會美之區別，以及藝術美之特性。藝術美是創造的，故較爲高級。

論文之外，本期又有學術短評五則。梁希之「一個學術工作者的自白」，揭發國立大學教授戰時研究工作之內幕。吳晗之「論戰史的楊墨」，提出楊墨信實戰史之原則。（宣）

海外書訊

蘇聯文藝出版界新動態

高尼茲的「阿高德」長篇小說，於一八九七年在英國出版後，即風行一時。他曾寫過許多書，都同樣受到讀者的推崇。「阿高德」一書，在一八九八年就已有俄文譯本，不過因沙皇檢查過嚴，未能普遍流行。那時一般讀者受這本小說的鼓舞很不少，小說中的主人翁「阿高德」的典型，感地刺激了當時的青年，革命之後，成爲盛銷書之一，並受高爾基讚賞。去年重刊行世，共二五六頁。

鄂洛比耶夫，耶夫戈尼的「步兵的驕傲」，現已出版，輯入「蘇維埃作家」叢書中，全書一八四頁。這是一位青年作家的處女作，書中顯然是着重戰爭的意義，以及對於蘇聯英雄們的愛情，特別是一羣戰爭勞動者，曾引起讀者大眾注意。其作調盡力渲染，雖然藝術上的成功，卻是現實題材的傑出之作。

「大兵的生活」，二五四頁。全書均由實際參預大戰的青少年所寫，大部份爲日記，或書札，都是從未發表過，而現在已成爲歷史上的文件。每段描寫均可看出他們各自生活的姿態，以及各人所供獻給國家的忠忱。在信札裏，沒有一個對於戰事發生過拋棄的信念。

「在西比利亞那兒」，是一部日記體材的作品，作者伊琳娜曾親身在西比利亞做過勞工，所描寫的，大半爲工廠中事物，對於當時一般蘇聯青少年的獻身於國防建設及防衛戰爭，深致讚美。全書二三二頁，輯入「少年近衛」叢書。

「三稜史詩」，是自俄羅斯天才詩人萊列頓夫所作，近由伊薩閣夫斯基譯成俄文，在國家文學出版局出版，一二〇頁。這位詩人，也同其他文學家一樣，曾以文學的天賦，供獻給這次大戰。

電子學辭典出版

美國麥克格勞公司（Mc-Graw）去年出版了一本「電子學辭典」（Electronics Dictionary）由庫克（Cooke），納爾遜馬古（Nelson Magor）和瑪加斯約翰（Markus John）三人主編。

這部辭典搜羅了六千多個電子學原理和應用方面的名詞，包括無線電，電訊術，錄音術等。若干電子學名詞的體裁也搜集在裏面。這些術語都是美國標準化協會（American Standards Association）審定的。有些術語雖然尚未正式被採用，但是作者們深信這些術語一定會被標準化協會所承認。這種綜合性的電子學辭典在美國的出版界還是首次出現。

學術界消息

美國的「大西洋文學獎金」

美國羅氏基金會（Rockfeller Foundation），爲援助受了戰爭影響的美國青年作家起見，特撥款獎金五萬圓，作爲「大西洋文學獎金」。該會將有名家多人主持其事。

這種獎金的獎額，以能維持一年的生活爲度。至於寄作所用的文字，並不拘於英語，用愛爾蘭、威爾斯、或蘇格蘭方言都可。

× × ×

意國組「書籍進出口協會」

最近意大利的各大出版家，組織了一個團體，名爲「意大利書籍進出口協會」（Commercio Estero Libro Italiano），簡稱（C. E. L. I.）。他的任務，就是對外輸出意國出版的書籍，並且把外國出版的書報輸入國內，此外還從事於國內外文化消息的溝通。

× × ×

蘇聯科學院的五年計畫

蘇聯政府爲了復興戰後的國民經濟，已經於去年三月頒佈了一九四六年——一九五〇年新的五年計畫，其中包括發展工業、農業、交通運輸和提高人民物質和文化水準的計畫。

蘇聯科學院所屬的各科研究機構，爲了配合蘇聯經濟的五年新計畫，於去年六月間也擬定了五年的研究計畫，並且開會討論。[illegible]「歷史與哲學部」的研究計畫，以見一斑。該部設有下列研究所：（1）物質文化史，（2）歷史，（3）藝術史，（4）民族學，（5）哲學，（6）自然，（7）太平洋。一九四六年——一九五〇年歷史與哲學部準備研究的專題，共有七十五個，計歷史學——四十八，民族學——十，考古學——十，哲學——七。史學方面準備印行的專書，有「蘇聯史」（八卷），「蘇聯各族人民史」（二卷），[illegible]

確生動，對於資料的分析，尤有高瞻的氣概。讓我們便引錄一節在下面，作爲本文的結束。

「我國現代人口資料，正在以縣的普查爲單位，從小規模的選樣開始搜集。直到現在爲止，已有十個區域舉行過戶口普查。這十個區域所包括的總人口，不過三、一七〇、五五五人，其中八個區域的面積是確實知道的，總計爲九、七一八・一九方公里。

以地理來說，這十個普查是廣闊地分佈於各個不同的區域。河北定縣和山東鄒平，可以代表華北的人口。在這個區域裏，麥是主要的農產品，但玉蜀黍、黍米和豆也頗豐富。居民屬於漢族的血系，身材高大，體格強壯，他們的祖先曾居住於黃河流域。人口密度甚高，大概每方公里在二〇〇至二四〇人之間。

江蘇的江陰、句容和江寧，及浙江的蘭谿，位於土地肥腴的揚子江和錢塘江流域，它們恰在魚米之鄉的中心，是我國最富的省分。[illegible]

[illegible]表我國東南部的山居地帶。農業祇限於河流區域，和沿海岸狹窄的平原，山中的出產品是木材和茶。福州以北的居民，差不多是完全同化於我國文化的；但在漳州以南，有志氣的青年則多搭渡重洋，謀居海外，藉以提高其社會地位，改善其經濟生活。福建人和廣東人，確是充滿冒險者的精神。這個區域的人口密度較低，每方公里恐怕不會超過八〇〇人。

四川成都平原的三個縣，位於我國西南米麥出產很富的中心。以往因爲交通和運輸的困難，四川和我國中部是隔離的。但當它成爲國都的所在地以後，它的重要性就大大地增加了。四川人強健而富有智慧，他們是耐勞的商人。人口密度每方公里約在九〇〇人以上。

雲南環湖區域，包括呈貢在內，是西南高原的地帶。米是重要的農產品，但麥、玉蜀黍和豆亦爲主要的農產品，比較起來，這個省分在農產品上是比較貧乏的。這個區域在歷史上有不少漢人和非漢人之間的糾紛。自從抗戰以來，外省的移民源源而來，使這個區域的社會增加了不少人口。[illegible]

○和四○人之間。根據上述，可知我國某些地區還未有選樣普查，最顯著的遺漏是華中產米的中心各省（湖北、湖南、江西、安徽），華北產麥區域（河南、山西），西北產玉蜀黍和麥的省區（陝西、甘肅、寧夏），和東北產大豆中心的地區（東九省和熱河）。

由於上面所說的限制，這十個區域的戶口普查，當然不能代表全國的總人口。其實，假使我國在一九三三年的總人口是四萬萬的話，則這些選樣普查所包括的人口，不過佔全人口的百分之點八而已。但由於它們是採用直接調查法，因而其結果是比較可靠的，這些普查所反映的人口狀況，在我國廣大區域上的意義，實遠勝於僅從普查的大小所表示的。因爲這個主要理由，下列各章的分析，大部分是根據它們的，應得我們殷切的注意。」

現代文錄第一集

慧草

朱光潛沈從文等主編，三十五年十二月初版，北平新文化出版社發行。

擺在我們眼前的，是一本規規矩矩的好刊物。前些年有一個時期大後方的文藝刊物「多」得使人頭痛，[illegible]

從封面上就看出來它不同於別的刊物：沒有漂亮的圖案，和醒目的美術字，卻有的是一種樸素和乾淨，這見出了刊物編者和同人的態度。同時，翻開人的陣容，也使人立刻感到這個刊物底分量。十萬字的陣容，包括了三篇學術性的論文，兩篇小說，兩篇散文，和一篇翻譯。

第一篇是楊振聲先生底「詩與近代生活」，討論近代科學與工業高度發達中，詩作者所遭遇到的問題及其可能性，值得關心新詩前途的人一讀。

馮至先生底「浮士德裏的魔」，是一篇精到的論文，解釋「浮士德」裏魔鬼梅非斯托非勒斯底性格，和他在「浮士德」中所具的意義。[illegible]

[illegible]幫很大的幫助。這篇文章本身，也簡潔可誦。

朱光潛先生底「陶淵明」，對於詩人有很正確的看法。朱先生特別指出，無論在思想上，感情生活以及作品風格上，陶淵明都是一個極平凡，極富人性的詩人。從這方面來着眼，我們就更容易接近這位大詩人的作品了。

這三篇都是學術性的作品，使人感到沉重。接着的是一篇很好的小說，「鄉村的傳奇」。它底作者蕭乾先生的名字，雖然是一個不算生疏的名字，寫來卻不弱於任何描寫鄉村生活的老手。這篇展開了一幅北方鄉村的風土畫，使多年沒有回過老家的人，才從都像回到了自己的小村莊。真的，牛店子這樣地方，四先生，二牛子，大麻子這種人物，對於生長在北方鄉村中的人是太熟悉了。作者把他們活生生地描繪在我們面前，還用了那麼熟練，充滿了鄉土味的語言，讀後令人感到高興。

再一篇是沈從文先生底「赫麗」。在這裏沈先生以他特有的情緻和好的文筆和巧思，領我們跟着他作一次思想的旅行。文字讀起來輕鬆，[illegible]我們雖來「用腦子走路」，一不小心就會迷失在思索的途程中，找不到歸路。旅行回來後，我們也同樣充滿了一大堆問題：生命是什麼？感情、意志、和美，又是什麼？[illegible]

朱自清先生底「回來」，寫得像一個老朋友促膝談心那麼親切，把他回到北平來之後，對北平的觀感和印象，告訴遠方關心北平情況的朋友。希辟先生底「他與他的大公雞」，文筆也清新可喜。最後是法國[illegible]的幾段作品，譯者陳占元先生把它們題作「空中的伴侶」。讀過陳先生翻譯的聖一作者底「夜航」的人，對於這裏面那些充滿熱情和精力的飛行員，都不會感到生疏。我們深信陳先生的譯筆，也傳達了原作的本色。

北平原來是新文學運動上的搖籃，今後在新文學運動上必然還得佔重要的地位。這個刊物的出版，應該是北方文化復員與文學運動展開的第一面旗子，也是一件喜人而實在的大工作的開端。刊物的「編者自白」說得很清楚，[illegible]

圖書周刊

袁同禮題

第五期

本刊歡迎投稿，文體不拘，請使用標點符號。登載後酌送稿費。來稿請寄北平國立北平圖書館轉本刊編輯部，無論登載與否，概不退還。

海瑞的文集讀後記

容肇祖

在貪官汚吏成爲風尙的氣氛裏，偶然想起了淸廉而且眞能爲國爲民的官史，是我要讀海瑞文集的動機。

做官的目的是爲國家爲人民，誰不會這樣說？思弄百姓的把戲，是經不起事實的考驗；懷抱着爲國家爲人民空洞而迂腐的心情，也解決不了現實的問題；祇有肯站在人民立場上去切實考慮，解決問題，才能把握社會的實際性與重要性而擔負時代的使命。

海瑞（西曆一五一四—一五八七）的時代，是明代專制政治快到崩潰的末期……

書評

浪跡十年

陳達著　商務印書館出版，民國三十五年六月重慶初版，同年十月上海初版，四百七十頁，定價七元四角。

陶孟和

一

……

二

……

侯中

……

孔雀女

印度伽利陀娑著，盧前（冀野）譯，重慶正中書局印度文學叢刊本，中華民國三十四年十月初版，序二頁，正文一百五十二頁，定價國幣二元三角。

吳曉鈴

期刊簡介

中國史學（第一期）

中國史學會編，三十五年五月重慶中華書局出版，一加一六四頁，定價一千二百元

是刊爲中國史學會會刊，不定期，撰稿人暫限於該會會員。本期載論文十二篇。

海外書訊

蘇聯東方學者的新著

蘇聯東方學者伯恩斯坦（A. Bernstam）對於突厥古史素有研究，十年前他曾向蘇聯科學研究院的「東方學研究所」（The Institute of Eastern Research）提出一篇論文，題名「突厥人在蒙古」（Turki V Mongolii）。近年伯氏又得了許多新的材料，又把這部著作加以修訂，改名「六——八世紀鄂爾渾葉尼塞流域突厥人的社會經濟制度」（Sotsialno - ekonomicheskii Stroi Orkhono-Eniseiskikh Turok VI—VIII Vekov）。這本書已由東方學研究所於去年秋季出版。

本書分爲前後兩部，前部敘述（一）在唐突厥文石刻發現的經過，和各國學者對於這些石刻文字的研究。（二）突厥文的各種材料，例如：蒙古和林故城等地發現的漢文突厥文兩體的闕特勤碑，苾伽可汗碑，突厥文回紇毗伽可汗碑，暾欲谷碑，作利吸碑，此外葉尼塞等地出土的回鶻語（突厥字）寫本等。此外作者並引證中國、阿拉伯、波斯古代史籍中有關突厥的記載，和西伯利亞、外蒙古考古發掘所得的器物。

本書後半部記述東突厥的起源、領土、部族以及他們的家族制度和社會制度。繼後論及突厥別種吉爾吉斯族（點戛斯）的社會制度，最末一章敘到回鶻的興和東突厥的滅亡。

書後附有索引四種：一、引用書作者索引，二、人名索引，三、地名索引，四、部族名稱索引。

(第二張)　中華民國三十六年八月二日　大公報　(星期六)　(第七版)　天津

圖書周刊

袁同禮題

第六期

讀唐代俗講考

周一良

書評

中國古史的傳說時代

徐炳昶著，中國文化服務社印本，三十五年五月上海版，三九四頁，又敘言三十頁，定價五元五角。

趙光賢

學術界消息

大英博物院新購音樂文庫

德國著名的音樂書籍收藏家赫爾施氏(Hirsch)，五十年前便在富蘭克福城開始搜集各種音樂書籍和世界音樂家們的樂譜，現在他是私人收藏音樂書籍和樂譜的巨擘。

一九三六年赫氏把這批藏書借給「劍橋大學圖書館」，以供愛好音樂人士的參考。最近大英博物院(The British Museum)已經籌到專款，擬把這個著名的音樂文庫收買，並交與該院的音樂圖書部'The Museum Music Library'專藏。

海外書訊

美國近十五年的科學書錄

美國全國研究協會(The National Research Council)，為了調查最近十五年美國出版的科學書籍，並編輯一本書錄起見，於一九四四年三月特地組織了一個專門委員會，主持這件工作。這個委員會以克萊爾(Harrison W. Claver)和費爾敦(J. F. Fulton)為主席。另外聘請了委員十人。該會指定紐約公立圖書館的科學工程圖書部(The Science and Technology Division)主任霍金絲氏(R. R. Hawkins)為主編。

這個委員會向美國的數百個出版家寄去了調查表，請他們提出自一九三〇年以後至一九四五年一月出版的科學書籍的名稱和每種書的內容提要。根據各出版家的答覆，經過霍金絲氏和他的編輯部的協力，這本書終於一九四五年底編成，並委託「耶魯大學出版社」代印，於一九四六年在美國發行。

這本書名為「一九三〇—一九四四年美國出版科學，醫學及工程書錄」(Scientific, Medical and Technical Books, Published in U. S. A. 1934-1944 A Selected List of Titles in Print with Annotations)。

全書共一一一四頁，裝訂一厚冊，所收的科學門類有：科學通論，數學，天文，物理，化學，地質，人類學，生理心理，醫學，工程學等五十九門，每門又分為若干細目。共收書五千一百九十三種。

書錄的體例是：先舉書名，出版家，出版年分，頁數，版式，定價；然後敘明內容(Contents)和備註性質的提要(Note)，書後附以美國「出版家地址錄」(Directory of Publishers)，「作者索引」(Author Index)和學科分類索引(Subject Index)。

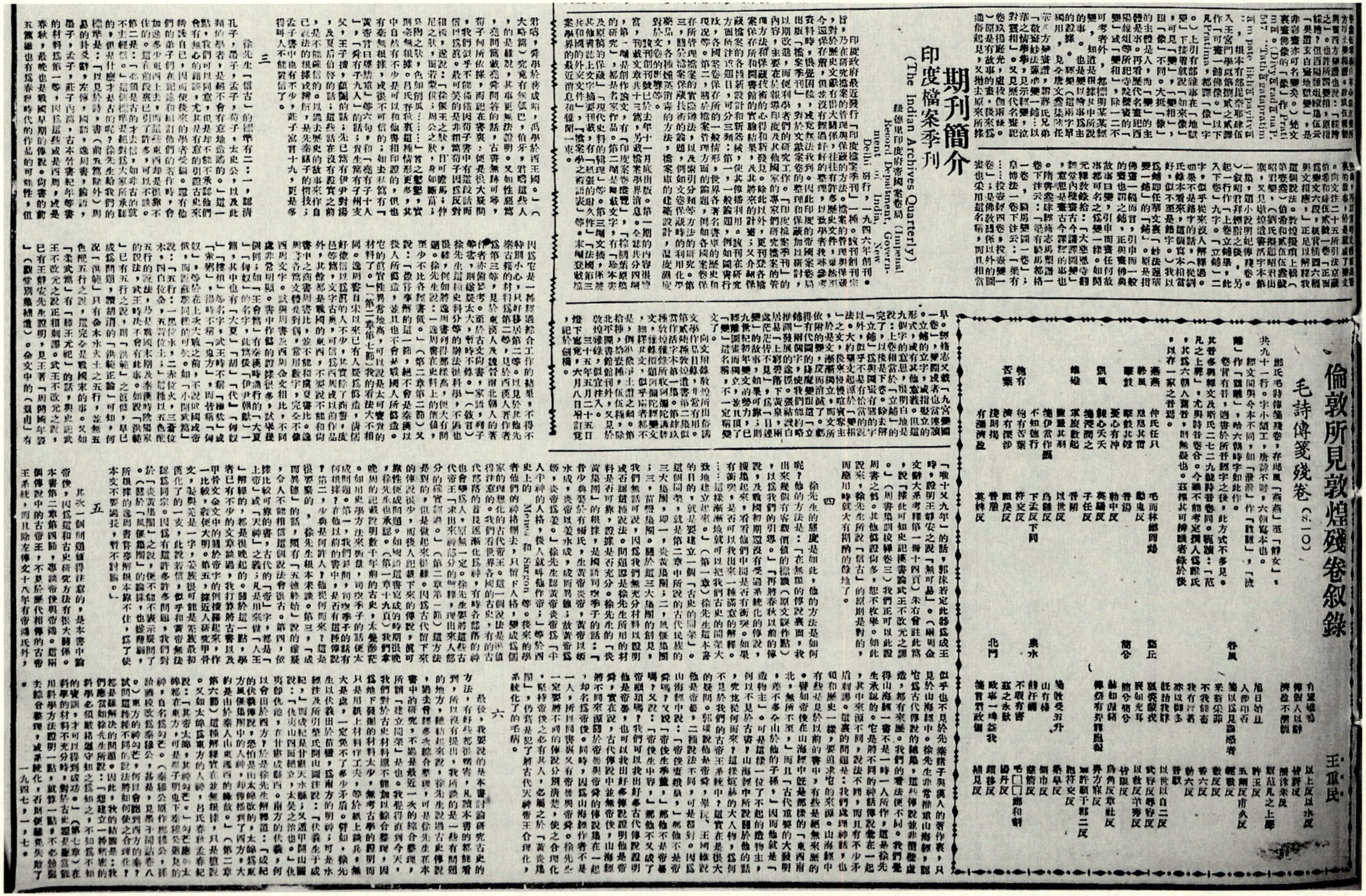

期刊簡介

印度檔案季刊

(The Indian Archives Quarterly)

組德里印度府帝國案卷局 (Imperial Record Department, Government of India, New Delhi) 發行，一九四六年創刊。

倫敦所見敦煌殘卷敘錄

王重民

毛詩傳箋殘卷 (S.一〇)

鄭氏毛詩傳箋殘卷，存邶風「燕燕」至「靜女」，共九十一行。字小頗工，唐諱不避，六朝寫本也。經文間與今本不同，如「泄泄」作「洩洩」，「流離」作「鶹鷅」，蓋六朝時字如此作。卷背有音，適書於所音經字之後，此方式不多見。其音多與釋文及斯氏二七二九號詩音卷同。魏讀：「范凡之上聲」，尤與時音卷合。今雖不能考定撰人為誰氏，其為六朝人舊音，則無疑也。茲據其可辨識者錄於後，以存一家之音焉。

圖書周刊

袁同禮題

第七期

名著評介

南宋初河北新道教考

陳垣著，北平輔仁大學叢書第八種，民國三十年十二月印本，一冊，一百十二頁，定價二元五角。

孫楷第

新會陳援庵先生，民國二十九年曾撰「明季滇黔佛教考」，凡十餘萬言。以明季政治，說明明季宗教，義精而詞贍，於民風國勢盛衰消長之故，未嘗不三致意焉。其書雖論明季事，實不專為明事而作，慨乎其有餘味焉。是以當變夷猾夏之際，士大夫寓西南者，見之莫不矜為秘本。越時一年，先生復為「南宋初河北新道教考」一書，其宗旨則猶之乎其為「明季滇黔佛教考」也。是時國家西遷五年矣。居河朔而言滇黔，則滇黔為正朔所在，河朔人因日望河朔之同於滇黔也。居滇黔而言河朔，則河朔為中國之河朔，河朔人為中國人；士之久居河朔，不得已南下寓滇黔者，固日望復為河朔人也。而無知之人乘變後居河朔者，或忘河朔為中國之河朔，甚者忘其為中國人。先生憫之，因復撰此「南宋初河北新道教考」一書，使知南宋初河北人因宋嘗忘宋，未嘗忘其為中國人，且逃而之三教者皆是也。何今人不如古人乎？以宋事言今事，此先生著書之旨。……

海外書訊

美國經濟史叢刊

美國林哈特公司（Rinehart & Company）最近發行一套新的叢刊，名為「美國經濟史叢刊」（The Economic History of United States, New Series）。這部叢刊的編輯委員會由六人組成，有大衛得（Henry David），福爾納（H. U. Faulkner），海克（Louis M. Hacker），奈托斯（Curtis P. Nettels），山儂（Fred A. Shannon）諸氏。

這部叢刊擬出九冊，第一冊是殖民時代的經濟史（Colonial Period to 1775），第二冊是一七七五年—一八一五年的經濟史，第三冊是一八一五年—一八六〇年的農業經濟史，第四冊是一八一五年—一八六〇年的工業經濟史，第五冊是一八六〇年—一八九七年的農業經濟史，第六冊是一八六〇年—一八九七年的工業經濟史，第七冊包括的年代是一八九七年至一九一七年，第八冊一九一七年至一九二九年，第九冊一九二九年至一九四一年。

第五冊一八六〇年—一八九七年的農業經濟史由山儂氏執筆，已首先出版，計四三四頁，售價美金三元七角五分。

學術界消息

北平圖書館影照中英中美外交史料

期刊簡介

中法漢學研究所圖書館館刊（第一、二號）

中法漢學研究所編輯，三十四年三月，三十五年十月北平該所出版，每期約二四〇頁，定價不詳。

中法漢學研究所為中法兩國人士合組之學術團體，所址設北平。民三十三年出有刊物「漢學」第一輯。此該所圖書館館刊，年出一册，創刊於民三十四年四月。

圖書周刊

袁同禮題

第八期

四庫提要與宋史藝文志之關係

陳樂素

紀念一位德國學者西克靈教授

季羨林

昨天晚上接到我的老師西克先生（Prof. Dr. Emil Sieg）從德國來的信，說西克靈教授（W. Siegling）已經於去年春天死去，看了我心裏非常難過。生死本來是一種自然現象，值不得大驚小怪。但死也並不是沒有差別。有的人死去了，對國家，對世界一點影響都沒有。他們只是在他們親族的回憶裏還生存一個時期，終於也就漸漸被遺忘了。有的人的死卻是對國家，對世界是一個損失。連不認識他們的人都會覺到悲哀，何況認識他們的朋友們呢？

西克靈這名字，對許多中國讀者大概還不太生疏，雖然他一生所從事研究的學科可以說是很僻的。他是西克先生的學生。同他老師一樣，他也是先研究梵文，然後纔轉到吐火羅語去的。當時學術界的注意點就正在吐火羅語。四十年前，當德國的探險隊在Grünwedel和Le Coq領導之下從中國的新疆發掘出來了無數的用各種文字寫的殘卷運到柏林去。德國學者雖然還不能讀通這些文字，但他們卻意識到這些殘卷的重要。當時柏林大學的梵文正教授Pischel就召集了許多年青的語言學者，尤其是梵文學者，來從事研究。西克和西克靈決心合作研究的就是後來定名為吐火羅語的一種語言。當時他們有的是幻想和精力，這種稍稍帶有點冒險意味，有的時候簡直近於猜謎式的研究工作，更提高了他們的興趣。他們日夜地工作，在三十多年以後，西克先生每次談起來還不禁眉飛色舞，彷彿他自己又走回青春裏去，當時熱烈的情景就可以想見了。

他們這合作一直繼續了幾十年。他們終於把吐火羅語讀通。在這期間，他們發表了許多重要的文章和書，除了在第一次世界大

學術界消息

英國星期時報的文學獎金

英國Sunday Times報於去年秋季創設了一種文學獎金，名為「Sunday Times Prize for Literature」。這項獎金每年頒發一次，獎額是一千英鎊。

獲得的作家必須為英國國民，他的作品必須在每年六月三十日以前的一年間出版，未刊印的原稿不能得獎。第一次的獎金，將頒給本年度（一九四六年七月至本年六月底）的英國文學傑作。

作品評選委員會的主席由Sunday Times的主筆金斯理先生（Viscount Kemsley）担任。

△ △ △ △

蘇聯近設建築博物館

最近莫斯科成立了一個新的博物館，它的名字叫作「俄羅斯建築博物館」（The Museum of Russian Architecture）。館址的大廈是一個古老的建築物，它是俄國十八世紀的著名建築師卡扎克夫（M. Kazakov）所設計。

這所博物館的展品，說明着近五百年來俄羅斯建築的發展和趨勢。這裏面陳列着俄國著名城市的古代建築模型，如莫斯科，克里姆宮，列寧格勒，諾甫哥羅德，諾斯克夫等。

此外俄國歷史上著名的建築學家，如沃羅尼輕（Voronikhin），瓦仁諾夫（Bazhenov），扎哈洛夫（Zakharov），斯達洛夫（Starov）諸人所繪製的建築圖樣，也都陳列着。

關於蘇維埃時代的建築，該館闢有專室展覽。

（第二張）

圖書周刊

表紙題

第九期

美國文藝刊物在國外的地位（上）

Malcolm Cowley著　畢樹棠譯

一

……辛克萊（Upton Sinclair）……華爾多·法蘭克（Waldo Frank）……「草葉社」（Society of the Leaves of Grass）……惠特曼（Walt Whitman）……

……愛默生（Emerson）……威廉·詹姆士（William James）……愛倫·坡（E. Anan Poe）……一九〇〇年……一九三〇年……

二

……（Reminngtan）……

……Anna Katherine Green……The Leavenworth Case……馬克·吐溫（Mark Twain）……William Dean Howels……Henry James……The Adventures of Nicholas Carter……Dadaism……Surrealism……「飄」（Gone with the Wind）……Uncle Tom's Cabin……

……惠特曼（Whitman）……Bret Harte……Henry Ford……Society for the Suppression of Vice……Charles Cestre……Friedrich Shchonemann……

……Ellen Glasgow……Booth Tarkington……Winston Churchill……Mary Johnston……

……Zane Grey……James Oliver Curwood……James Branch Cabell……Jurgen……Joseph Hergesheimer……Willa Cather……辛克萊·路易士（Sinclair Lewis）……Theodore Dreiser……「大街」（Mainstreet）……「巴比德」（Babbit，在一九二二年）……「阿洛斯密士」（Arrow Smith）……Robinson……Frost……Masters……Sandburg……林賽（Vachel Lindsay）

（未完）

學術界消息

美國科學促進會召開年會

美國科學促進會（American Association for the Advancement of Science）於去年年底在波士頓城的交響樂堂（Boston Symphony Hall），舉行第一一三次大會，開會的日期是十二月二十六日至三十一日。參加的科學團體有三十六個學社，如美國氣象學會，天文學會，地質學會，動物學會，遺傳學會，科學歷史學會等。

二十六日大會的主席凱特林先生（C. F. Kettering），他的演講，題為「科學未來的展望」（A Look at the Future of Science）。二十七日會議……

自二十七日至三十一日在波士頓和其他學術機關所在地，舉行分組（Sections）會議，如數學，天文，物理，化學，地質與地理，動物，植物，人類學，社會與經濟，歷史與哲學，工程，醫學，農業，教育等組。……

全蘇美展閉幕

……莫斯科的特列恰科夫博物館（The Tretyakov Gallery）舉辦一個「全蘇美術展覽會」（The All-Union Art Exibiton），參加的展品，共一千三百件，其中包括繪畫，雕刻和版畫。參加的美術家，有五百餘人。這個展覽會業於去年十月底閉幕，據統計，參觀的人數在九個月期間共達七十萬人云。

△　△　△　△

德國出版業的復活

近代德國的印刷和出版業著名於世，但自希特勒執政以後，對於文化事業大施摧殘，因此許多出版家都停止了營業。

最近德國的出版業已經逐漸復活，……Gustav Kilpenheuer）已經在……（Philipp Reclam）在……（Malikverlag）在……（Ernst Rowolt）在……

書評

南德的暮秋　少若

蕭乾作，文化生活出版社文學叢刊第八集，三十五年三月上海初版。

一

……

二

……

三

……

四

……

海外書訊

蘇格蘭方言辭典

英國的「蘇格蘭方言研究會」（The Scottish Dialects Committee），從事於蘇格蘭方言的搜集和研究，已經有二十餘年的歷史。自大戰結束後，該會的研究工作，現正繼續進行。這部辭典名為Scottish National Dictionary，共十卷，每卷又分為四部。目前第一，二卷和第三卷的第一部，業已出版。

這部辭典，由亞伯丁大學（University of Aberdeen）的……格蘭特先生（Dr. William Grant）主編，……過去的和現在通行的蘇格蘭方言。……蘇格蘭民族文化的資料。

△　△　△　△

鄧特新刊音樂辭典

英國著名的出版公司鄧特（Dent）最近出版了一部新的音樂辭典，名為「萬人音樂辭典」（Everyman's Dictionary of Music）由布朗氏（Eric Blom）主編，共七二〇頁，售價十先令六便士。

這部辭典雖然形式不大，但是內容相當豐富。其中包括了一千二百個音樂名詞，二百個樂器名稱，三千位作曲家的小傳，一千三百支樂曲的解說，二百個著名音樂社團的介紹。本辭典所徵引的音樂書籍在一千種以上。

圖書周刊

袁同禮題

第十期

西征小記（續第一期）

向達

一、兩關遺址

學術界消息

美國學者赴英發掘

去年夏季倫敦考古學院(The London Institute Archaeology)曾經決定在若干蒙受空襲損害的英國城市，如倫敦，坎特伯雷(Canterbury)，愛克西特(Exeter)等地，進行考古發掘工作。

為了國際上的文化合作，該院致函「美國學術團體聯合會」(The American Council of Learned Societies)，請其推薦對考古學有研究的美國人士。十五人前往英國參加發掘。這件工作目前已在上述各地進行，根據初步的報告，以倫敦附近發現的古物最有學術價值云。

△　△　△

國際文學易名發行

蘇聯著名的外文期刊「國際文學」(International Literature)，向以俄，英，法，德，西班牙五種文字出版。它的俄文本側重歐美各國進步文學的介紹，而英法等文字本側重蘇聯文藝作品的翻譯和介紹。自去年一月起，這個刊物已改名為「蘇聯文學」(Soviet Literature)，仍以英，法，德，西四種文字發行，每月一冊。該誌英文本現由加拉干諾夫(Alexander Karaganov)主編，內容的調整已有部分的革新。

美國文藝刊物在國外的地位（下）

Malcolm Cowley著　畢樹棠譯

四

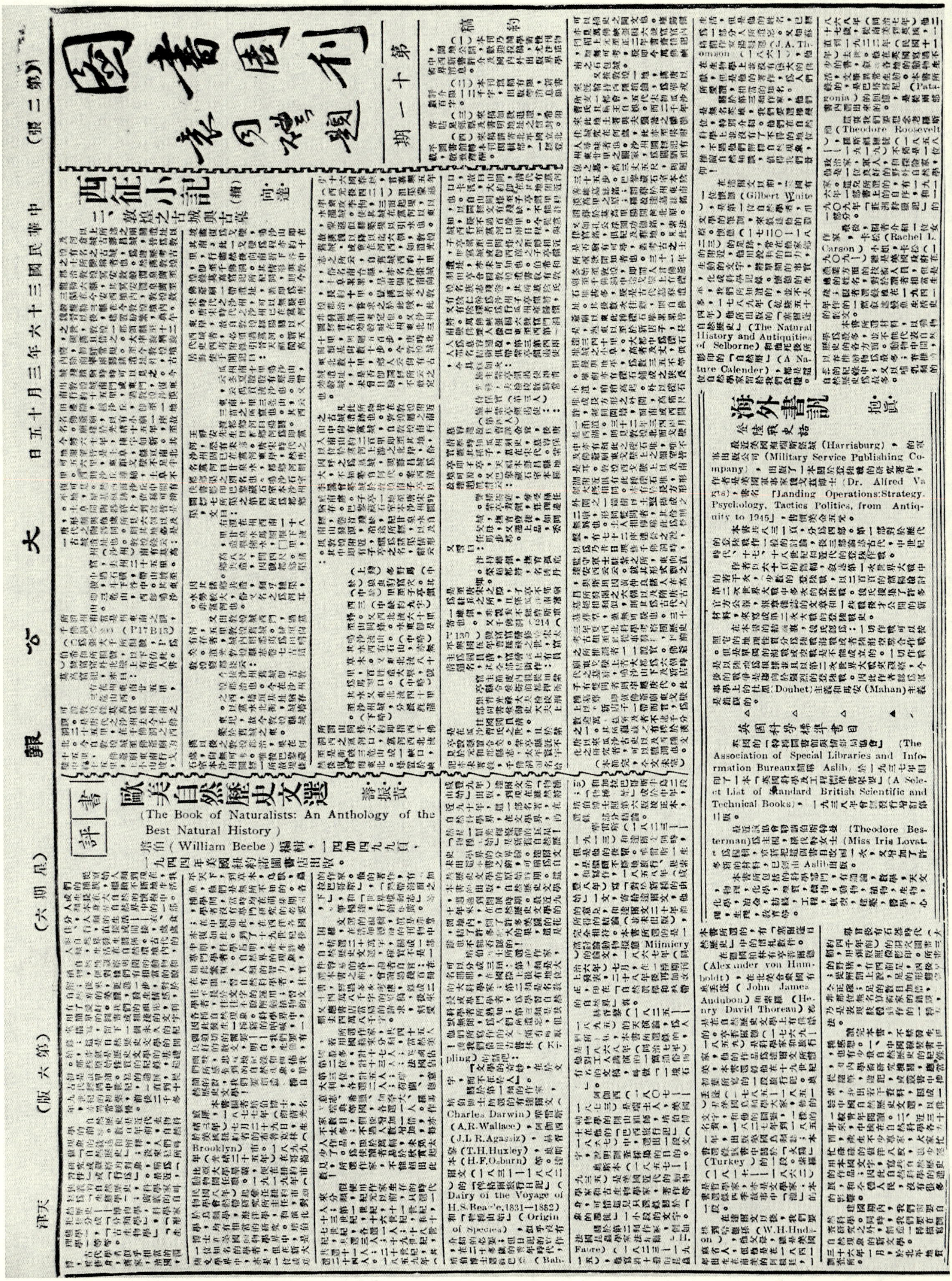
中華民國三十六年三月十五日
大公報
(第六版)
星期六
天津
圖書周刊
胡適題
第十一期
西征小記(續)
二、敦煌之古城與古墓
向達
書評
歐美自然歷史文選
壽振黃
(The Book of Naturalists: An Anthology of the Best Natural History)
畢伯(William Beebe)編輯,一四冊四九百,一九四四年美國紐約諾圖書店出版。
海外書訊
挹
登陸戰史話
最近美國賓州哈里斯堡(Harrisburg)的軍事出版公司(Military Service Publishing Company),出版了一本關於登陸戰的研究著作,作者是美國軍事家微戈茲博士(Dr. Alfred Vagts),書名「Landing Operations: Strategy, Psychology, Tactics Politics, from Antiquity to 1945」,售價美金五元。
本書共八三一頁,分爲四部。第一部對於歷代的登陸戰作一般的討論,第三部論述古代,中世紀時代,十七,十八世紀和近代的登陸作戰。

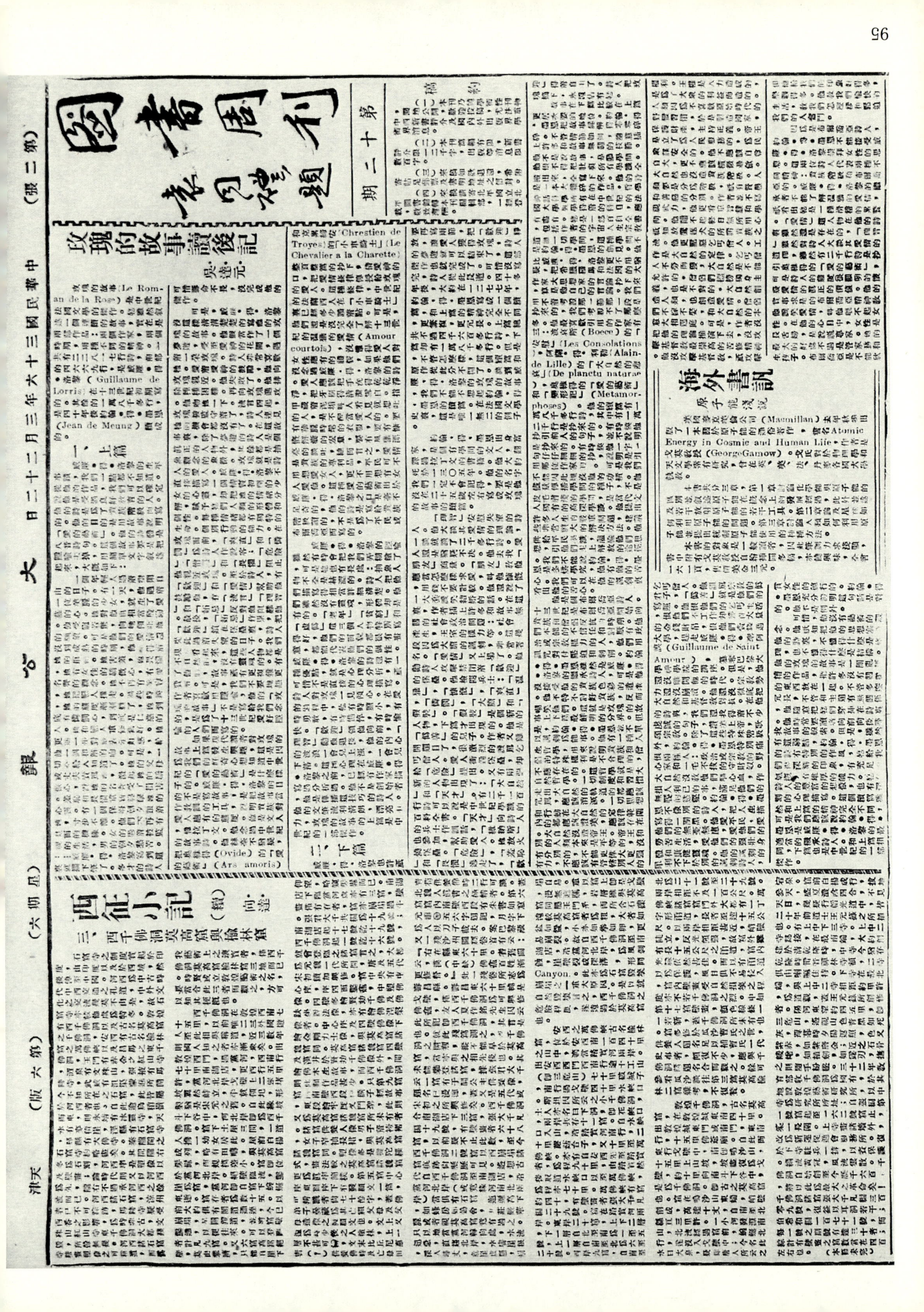

圖書周刊

第十二期

玫瑰的故事讀後記

吳達元

玫瑰的故事(Le Roman de la Rose)是中世紀法國文學的傑作。

一、上篇

Guillaume de Lorris

Jean de Meung

Chrestien de Troyes 的「小車騎士」(Le Chevalier a la Charette)

Amour courtois

二、下篇

Ovide

Ars amoris

Boece

Les Consolations

Alain de Lille

De planctu naturae

Metamorphoses

Guillaume de Saint Amour

西征小記(續)

向達

三、西千佛洞莫高窟與榆林窟

Canyon

海外書訊

原子能淺說

Macmillan

Atomic Energy in Cosmic and Human Life

George Gamow

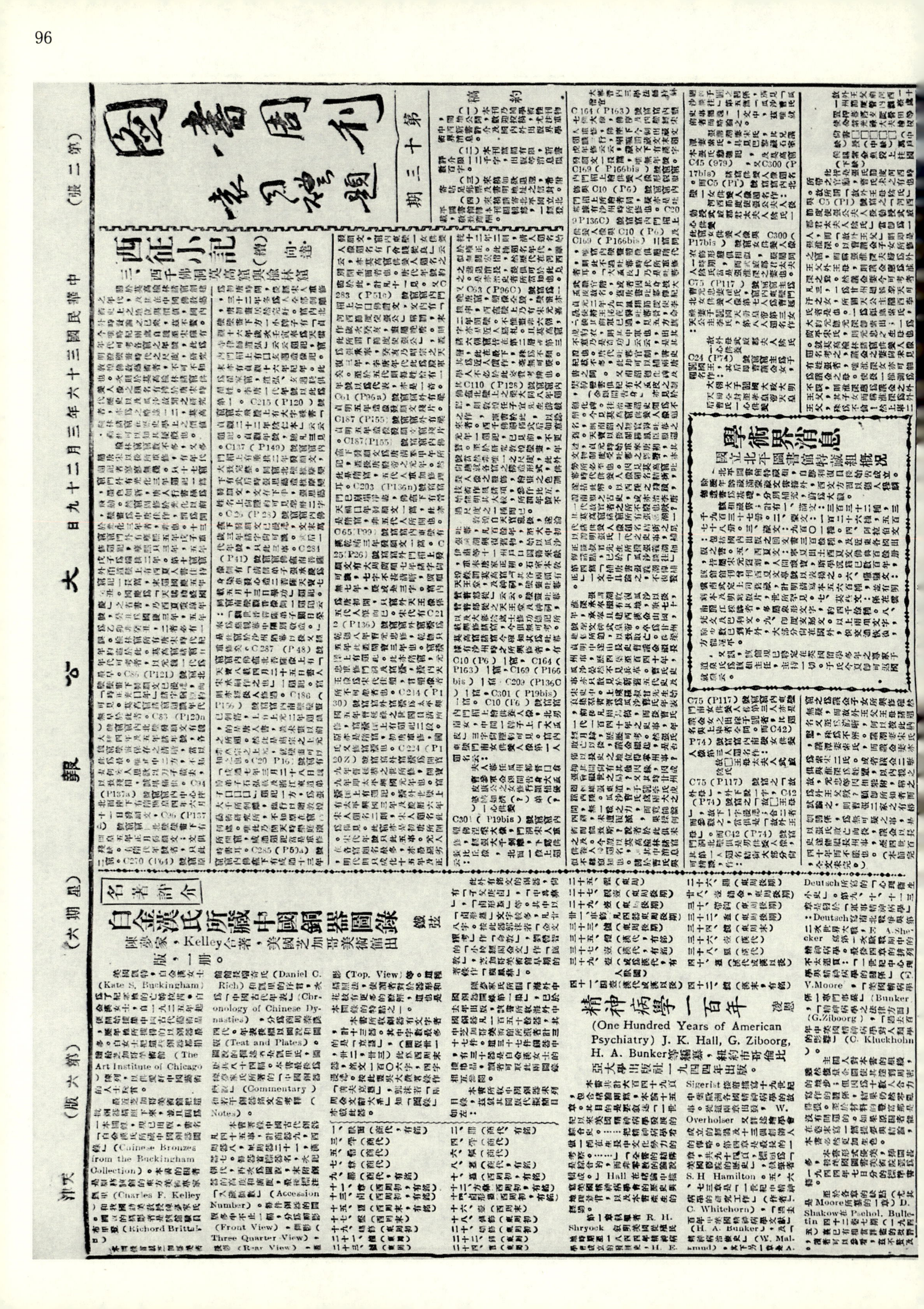

圖書副刊

袁同禮題

第六十三期

西征小記(續)

向達

三、西千佛洞及萬佛峽榆林窟

學術界消息

國立北平圖書館特藏組概況

名著評介

白金漢氏所藏中國銅器圖錄

陳夢家、Kelley合著,美國芝加哥美術館出版,一冊。

幾茲

…… (Kate S. Buckingham) …… (The Art Institute of Chicago) …… (Daniel C. Rich) …… (Chronology of Chinese Dynasties) …… (Teat and Plates) …… (Commentary) …… (Notes) …… (Top. View) ……

…… (Chinese Bronzes from the Buckingham Collection) …… (Charles F. Kelley) …… (Richord Britten) …… (Accession Number) …… (Front View) …… (Three Quarter View) …… (Rear View) ……

精神病學一百年

(One Hundred Years of American Psychiatry) J. K. Hall, G. Zilboorg, H. A. Bunker等編纂,紐約哥倫比亞大學出版社一九四四年出版。

…… Sigerist …… W. Overholser …… S. H. Hamilton …… C. Whitehorn …… H. A. Bunker …… W. Malamud …… R. H. Shryock …… Deutsch …… A. Sheeker …… V. Moore …… Bunker …… G. Zilboorg …… C. Kluckhohn …… Moore …… D. Shakow …… Psychol. Bulletin ……

圖書周刊

第十四期

書評　十批判書

郭沫若著　一九四五年重慶群益出版社

西征小記（四）

向達

海外書訊

蘇聯近二十五年來之生物學

數年前，蘇聯科學院的生物學部（Department of Biological Sciences）為紀念蘇聯建國廿五週年（一九四二年）而編輯紀念論文集一冊，但因為受了蘇德戰爭的影響，這本文集延至一九四五年夏季才出版。

本書原名（Uspekhi Biologicheskikh Nauk V.S.S S.R. Za 25 Let）英文書名Advances in Biological Sciences in the U.S.S.R. Within the Recent 25years，由蘇聯著名生理學家奧伯利（L.A. Orbeli）主編，共三百五十頁，售價三十盧布。

本論文集分為六部分，對於蘇維埃時代生物學的研究成果逐門加以檢討。第一部分為動物生理學與人類生理學，共載紀念論文十篇，如奧伯利的「蘇聯生理學的發展」，文爾沙托的「感覺器官生理學」，史列特斯的「比較生理學」，拉茲普斯基的「神經生理學」等。第二部分為生物化學，……

學術界消息

意大利新刊文學雜誌

意大利的表現派文學家伯爾提（Luigi Berti）和美國布朗大學（Brown University）的語文教授鮑齊奧里（Renati Poggioli）於一九四六年的夏天創辦了一個新的文學雜誌，名為「Inventario」。這本雜誌係由佛羅倫薩（Florence）的巴倫提（Fratelli Parenti）公司發行。

第一、二期刊有下列作家的作品，如托拉斯基，西洛奈（Iganzio Silone），包爾吉斯（G. A. Borgese），紀廉（Jorge Guillen），安加列提（G. Ungaretti）等。

該刊為了謀增進意國和其他各國的文化關係起見，並且約請了一些外國名作家擔任國外通訊撰稿人，如名詩人T. S.Eliot，哈佛大學英國文學教授Harry Levin，耶魯大學法國文學教授Henry Peyre，德國文學專家Herbter Steiner等人。

天津 《版六第》 《六期星》 大公報 日二十月四年六十三國民華中 《張二第》

圖書周刊

表列標題

第十五期

讀「唐代俗講考」的商榷

關德棟

書評

通鑑胡注表微

柴德賡

期刊簡介

蘇聯民族學集刊

(Sovetskaya Etnografia)

本刊啓事

圖書周刊

袁同禮題

第十六期

稿約

（一）本刊乃純學術性刊物，園地公開，歡迎投稿，尤注重中西新書評介及國內外出版界學術界的消息。

（二）本刊篇幅有限，新書評介限一二千字，出版界消息限數百字。

（三）來稿如欲退還，希附寄貼足郵票及書明地址之信封。

（四）來稿請寄北平國立北平圖書館轉本刊編輯部，一經登載，敬致薄酬。

讀利瑪竇全集

方豪

德禮賢 Pasquale M. d'Elia 編（義文）
第一冊　一九四二年羅馬國家書局出版，CLXXX VII 加390頁，22.5×29版式，附圖十八幅。

本書按原名Fonti Ricciane應譯爲利氏源流，實際上是利瑪竇西文稿的全集，標題上亦有「利瑪竇全集」中名，但原書上却沒有。利氏的西文已刊稿未刊稿都已全部收入，由義國王家學院協助，並由政府爲之出版。第一冊爲「基督教傳入中國史」，據預告第二冊可以續完，並附兩冊索引。

本書爲一標題，說明所收爲利氏原始材料，是一五七九年至一六一五年中國與歐洲最初發生關係的歷史記述。但第一冊只是第一編的第一卷至第三卷，記利瑪竇從澳門到南昌止。編者時任教於額我略大學及羅馬王家大學漢學教授。

本書既由義國政府出版，所以印刷非常講究，但同時法西斯化的國家色彩亦極濃厚。利氏一生爲教盡瘁，到中國來祇是介紹學術，闡揚教義，初未嘗爲本國作何打算，志行高潔，中國教內外人，三百年來無不敬仰；是書如由教廷或耶穌會或中國教會爲之刊行，最爲適宜；以利氏之超然物外，敝履一切，而今日在利氏全集之首，乃有「敬獻於與教會言歸於好之義大利」之dedicatio，以及義王與墨索利尼簽署的政府出版令，書末則有紅色之棒喝黨標記，（紙張亦有棒喝黨標記水印）使讀者一見即生反感，誠可謂美中不足矣！

導言一、論古代中國的宗教思想，儒釋道；二、基督教最初的傳入；三、公教的曙光；四、初來中國的耶穌會；五、基督教由利瑪竇正式傳入中國；六、利氏著作的刊行，本節較爲重要，詳述東西交通、利氏的義國文學、中國最早的羅馬注音字、義大利非蠻夷之邦、利氏對中國的印象，利氏已刊的著述，新發見等。

文集引用文字，分五類，因號碼排印：

一、利氏基督教傳入中國史，自一至一〇〇〇

二、利氏親筆稿，自一〇〇一至二〇〇〇

三、利氏手筆與他人合作一處者，自二〇〇一至四〇〇〇

四、一般性的資料，如每年報告等，自四〇〇一至五〇〇〇

五、其他資料，自五〇〇一至六〇〇〇

本書可貴處，乃在一切採用原始材料，以前未經人引用的材料，本書收入不少；略舉之，如游文輝所繪利氏眞容，與現在國內流傳的頗有不同，游爲澳門人，一六三〇年卒於杭州，[illegible]，爲我國人研究西洋畫最早的一個。利氏西文[illegible]，亦有攝影。羅明堅Ruggieri新編西竺國天主實錄，爲我國天主教明末第一部著述，有扉頁、目錄、序文及天主十誡攝影等。

可議處，大略有五：

一、中國書引用太少；其已引用之一部分書，則在版本上有問題。編者嘗在徐家匯研究，且屢來北平，北平圖書館與徐家匯藏書樓所藏方志爲全國之冠，但作者引用的方志，竟未能採用距利瑪竇時代較近的版本。民國八年新會陳氏刻本大西利先生行蹟，係據馬相伯先生改本，馬先生所據爲徐家匯藏本，但此書原有福建刻本，法國巴黎國家圖書館有藏本，牛津大學及梵蒂岡教廷圖書館亦有抄本，作者在歐洲，不能參考，否則，據徐家匯藏書樓抄本亦可；新刻本目的在闡揚利氏並引起教中人回憶當年學術傳教之盛事；但編者對西文方面，均用原始材料，對中文利氏行蹟，似亦當用原刻本或早期抄本。

二、忽略他人的研究成績，如景教碑之發現，天啓五年（一六二五）說，早成過去；最近中外學者大都主天啓三年說（一六二三）。又元史中之阿兒渾使臣馬決非馬可波羅 Marco Polo，可謂已成定論，編者仍採舊說，未免失當。

三、解釋間有牽强處，如：司鐸原爲我國對教官之稱，並以稱主持教化者，後天主教會用以稱其教士，亦頗恰當。天主教士最初稱僧，實因鐸德，爲Sacerdoles的譯音，或稱鐸德，當年譯音時，採用「鐸」字，是否兼有譯義之意，已不可考，但本書稱「司鐸」爲「司鐸鐸」之簡名，則涉於牽强。

四、中文譯字頗多。在歐洲刊行，附有中文之書籍，中文譯字，誠爲不易避免者，[illegible]和，而伯氏[illegible]往往別字連篇[illegible]其關著者：[illegible]，繪者游文[illegible]LXXI頁回紇、CXXVIII[illegible]頁論誤論；[illegible]誤同姓不同[illegible]式徵；不勝枚舉。

五、據編者序言，知是書之成，向覺明教授暨北平圖書館館長袁守和先生協助甚多；國人對利氏作研究者尚少，[illegible]先生最近已完成其「合校本大西西泰利先生行蹟」，特由北平上智編譯館出版，可惜不讓外人專美於前矣。

書評

通鑑胡注表微（續）

陳垣撰，二十篇，分載輔仁學誌民國三十四年出版第十三卷，三十五年第十四卷內。

柴德賡

（三）對明清以來治通鑑者算總賬

胡注以前，史炤作過一部通鑑釋文，錯誤百出，胡三省因此做通鑑釋文辯誤，[illegible]，糾其有礙史學常識部分，[illegible]極可笑。明代讀通鑑最勤的，要算陳仁錫，能將通鑑及胡注評點一過，已頗不容易，陳先生在書法篇中指出陳仁錫不知考異爲溫公作，反誤認爲胡身之作，頗爲可怪。明末清初嚴衍談允厚師生，撰通鑑補，極力替革除辯誣，删去通鑑中華歆[illegible]印綬一節，陳先生在出處篇說：「爲通鑑補而删去，非通鑑補也，[illegible]」清代學者[illegible]

給事中韓偓責帝王之道，胡注：「嗚呼，世固有能知之言之，而不能究於行者，韓偓其人也！」陳先生因爲王應麟貶譏韓偓，疑爲胡三省何以這樣語切韓偓，後見登城熊氏校記，方知胡注原文是「嗚呼！世固有能知之言之而不能究於行者，韓偓其人也。」胡注本是贊成韓偓的，因[illegible]輕輕地把行字改成能字，又把句逗改變，胡三省一變爲很不滿意韓偓的辭氣了，無怪陳先生在校勘篇胡注「宋國當作宗國」的一條裏，說「[illegible]不諳身之身世，不能讀身之書」了。[illegible]胡注，更不在話下，故陳先生於考證篇說之。

（四）陳先生自己的議論

[illegible]

學術界消息

北平圖書館版畫書在美展覽

美國耶魯大學二百週年紀念大會，關於東方學會議，已於四月初舉行。與會者除我國學者馮友蘭、梁思成、錢氏外，荷蘭之戴聞達（Prof. J. J. L. Duyvendack），英國之葉慈（Pr. Percival Yetts）等，均在被邀之列。北平圖書館中文善本，在珍珠港事變前運存美國國會圖書館，其中版畫書籍爲數甚多，平館研究部主任王重民氏特選出一百種，乘該校召開東方學會議之際，展覽七天。會後仍運回華京，一俟國內交通恢復，即行運回北平云。

巴黎展覽伯希和遺書

據法國圖書館學專家杜乃揚女士（Madame Roberte Guignard）近致北平友人，稱巴黎現在籌備伯希和遺書展覽會。所展覽的文件，以伯氏中亞探險所得爲主，如古寫本書及歷史語言文字重要之件，均在展覽之列。又訊，一九四八年巴黎將籌備一全世界東方學大會云。

海外書訊

蕭伯納九秩紀念集

一九四六年七月二十六日是英國大文豪蕭伯納（G. Bernard Shaw）的九十誕辰。英國的文化界爲了紀念蕭氏，特地由溫斯頓（S. Winsten）編輯了一本紀念集，名爲「蕭伯納九十之慶：蕭氏生平及其著作」（G. B. S. 90 Aspects of Bernard Shaw's Life and Work）。

這本紀念集已經於去年由英國的哈金遜公司（Hutchinson）出版，共二〇〇頁，售價二十一先令。本書的裝幀是採紅色的封面，上有蕭翁的畫像攝影。書內附有彩色畫像兩幅，攝影和速寫四十一幅。

本書以麥斯斐德（John Masefield）的獻詩「On the Ninetieth Birthday of Bernard Shaw」爲首，共載著家紀念文字二十八篇，計有麥克麥納斯（M. J. MacManus）的「蕭氏在愛爾蘭的童年」（Shaw's Irish Boyhood），許瑞斯特萊（J. B. Priestley）的「蕭伯納——一個社會批評家」（G. B. S.—Social Critic），喬得（C. E. M. Joad）的「蕭氏哲學」（Shaw's Philosophy），布瑞底（James Bridie）的「作爲戲曲家的蕭氏」（Shaw as Dramatist），伯納爾教授（Prof. J. D. Bernal）的「作爲科學家的蕭氏」（Shaw the Scientist），多布（Maurice Dobb）的「蕭伯納與經濟學」（Bernard Shaw and Economics），尼爾（A. S. Neill）的「蕭氏與教育」（Shaw and Education），崔文（J. C. Trewin）的「作爲一個機智者的蕭氏」（Shaw as a Wit），和中國學者熊式一的「以東方的眼光來看」（Through Eastern Eyes）等。

△　△　△

遠東攝影集

英國著名攝影家畢登（Cecil Beaton）於一九四五年受英國情報部（The British Ministry of Information）的委託，曾來遠東各地遊歷，他在旅途中攝了一些風土人情的照片。

畢登氏把這些照片編爲兩個攝影集，第一個叫做「中國影集」（Chinese Album），第二個叫做「印度影集」（Indian Album），每本收集了照片七十八幀。

這兩本影集最近已由英國的貝茨福特（Batsford）公司出版，並且作爲畢登的新著「遠東」（Far East）的插圖。

△　△　△

美國遠東外交文獻

[illegible]（American Diplomacy in the Far East）[illegible]（Vol. 5）。[illegible]（乾）

圖書周刊

第十七期

中國北部之藥草讀後記

汪良寄

海外書訊

二次大戰的新語言

美國羅契斯特(Rochester)公立圖書館的文學部主任泰勒女士(Miss A. Morjorie Taylor),在第二次大戰期間留意於報章雜誌上的新語言,經過數年的搜集和訪問工作人員的協助,她寫了一本戰時新語言的研究著作,名為「第二次世界大戰的語言」(The Language of World War II)。

她所搜集的材料,多半是新聞文字,雜誌論文,和廣播演詞等。這類新語言大約分為兩大類:一、引用語(Quotations),二、標語(Slogans)。此外戰時官傳用的標語,和重要歌曲的題目,也列入第二類。

這本書已於一九四四年由紐約的威爾遜公司(Wilson Company)出版。(武)

跋隋開皇寫本禪數雜事殘卷

周一良

圖書周刊

袁同禮題

第十八期

稿約

[illegible]

艾森豪威爾將軍的幕僚布琪爾中校隨軍日記讀後記

嚴仁賡

(My Three Years With Eisenhower The Personal Diary of Captain Harry C. Butcher, U. S. N. R. Simon and Schuster, 1946)

[illegible]

海外書訊

抱一

蘇聯概觀

[illegible]（William M. Mandel）[illegible]「蘇聯概觀」（A Guide to the Soviet Union）[illegible]「日晷書店」（The Dial Press）出版。本書共分六章：一，十六個共和國（The Sixteen Republics）；二，一九一七年以後的歷史（History Since 1917）；三，現代外交政策（Contemporary Foreign Policy）；四，[illegible]（Not by Bread Alone）；五，蘇聯政府（The Soviet Government）；六，蘇聯經濟（The Soviet Economy）。[illegible]

英國出版古今叢刊

[illegible]（Cobbett Press）[illegible]「古今叢刊」（Past and Present）[illegible]（General History）；二，[illegible]（Particular Countries）；三，[illegible]（Human Geography）；四，技術與文化（Technique and Culture）。

[illegible]（Grahame Clark）[illegible]（From Savagery to Civilization）[illegible]（Roy Pascal）[illegible]（The Growth of modern Germany）[illegible]（Frank Walbank）[illegible]（The Decline of the Roman Empire in the West）[illegible]（Moorhouse）[illegible]（Swanson）[illegible]（Writing and the Alphabet）[illegible]

蘇聯出版美國短篇小說集

[illegible]（Washington Irving）[illegible]（Rip Van Winkle）[illegible]（Stephen Crane）[illegible]（E. Allan）[illegible]（Golden Bug）[illegible]（The Grey Champion）[illegible] Edward Hale [illegible]（Man Without a Country）[illegible]（Bret Harte）[illegible]（Tennessee's Partner）[illegible]（An Episode of War）[illegible]（Henry James）[illegible]（Daisy Miller）[illegible]（A. Startsev）[illegible]（Lev Brodsky）[illegible]

補說唐代俗講二三事

兼答周一良關德棟兩先生

向達

[illegible]

二十六年六月出版的國學季刊六卷二號上有孫子書先生的唐代俗講之科範與體裁一文，對於講經時法師都講所據高座等問題，繁徵博引，論述甚詳，廣弘明集梁武帝文也在徵引之中。季刊此號印就後，似乎未及裝訂，即遂淪陷，因此流傳不多。故周先生大約未見此文，故未提及。我於梁武帝華林殿講經一事而外，還可以舉出一條。太平廣記卷一百四報應三李山龍條引紀聞，說新息令李山龍病卒至冥間，見冥王。

有二僧來至殿前。王問「師何所業」？一答曰，「常誦[illegible]」。一曰，「常誦[illegible]」。王起，合掌曰，「請法師登座」。王座之後有二高座，右金左銀，王請師者坐金座，讀者坐銀座。坐訖，開經，王合掌聽之，師讀將畢，忽有五色雲至金座前，二僧乘雲飛去空中遂滅。王謂階下人曰，「見二僧乎？皆生天矣。」

紀聞所說的金座在右，即是東向，銀座在左，即是西向。六朝以來上右，誦指轉讀，讀指普通讀誦，故誦者據上座也。紀聞與廣弘明集所紀不同者，梁武帝席地而坐，在二高座之北，冥王王座在金銀座之南，如此而已。周先生提出講經時的高座，也可以有一東一西的排列，我曾以此說求於本師湯錫予先生。據湯先生的意思，梁武帝華林殿講經，武帝親臨聽講。帝王必須南面，故法師都講所據高座，不能不加以變通，而爲東西，東向者爲法師，西向者爲都講。太平廣記所引紀聞的記載，金銀座之所以一右一左，其理由也不外乎此。故講經高座之有時一東一西，這是變例，並且限於帝王亦在聽席的時候。若不然則大都一北一南也。周先生文於此點未予說明，因爲補陳如此。

二、「變」字的來源問題

關於變文的來源，我曾有一個假設，以爲可能以南朝的清商舊樂爲其來源之一。周先生不贊成我的說法，而主張「變文者變相之文也」。因而推論到變相的變字，「疑心變字的原語也許就是 Citra」。周先生因梵文 Citra 一字有不同，變化，奇異諸義，所以疑心變相之變，即是梵文 Citra 一字，「若是翻譯梵語」。關先生則不同意周先生的主張，以爲「與其說變字的原語是 Citra，不如說變字的原語是 Mandala，較爲得宜」。關先生並舉兩點以爲說明。我之說南朝清商舊樂爲變文來源之一，本是一種假設，見仁見智既各有不同，可以存而不論。不過關先生主以變相的變字爲梵語的 Citra 或者 Mandala 一字的說法，我覺得其中不無未安之處。

Citra 或者 Citrakarma 乃是梵文中用來泛指一般繪畫或雕塑之字，並不是專指以本生，淨土，或佛經上的故事爲題材的所謂變相畫。所以 Citra 或者 Citrakarma 是通名，變或變相是專名。以專名爲即通名，所謂有未安者此其一。其次 Citra 一字的原意爲明顯妙勝，而不同、變化、奇異乃是後起或引伸之義。（此承季羨林先生教）將繪畫或雕塑的意義，再加上變化奇異等涵義，糅合以成爲類似中國佛教美術上的變或變相的意義，在梵文中 Citra 或 Citrakarma 一字是否可以如此解釋，不無問題。所謂有未安者此其二。

至於關先生說變，變相，或變圖，即是 Mandala 一字的繙譯，就音韻上，就意義上講，都有可以待商之處。就音韻學上講，P 和 M 二音固然可以互轉，但是在中國的古音和中古音上，P 和 M 二音的分別仍然很清楚，似乎並未混淆。如說「變」，「變相」，「變圖」即是曼荼羅（Mandala）的對音或異譯，最好是能在古代或中古音中找出 P 和 M 二音互轉的例子來，特別是在繙譯的佛經中找出以「變」字對梵文 Man 一音的例子來，以爲證明。又，梵文的 Mandala 一字，本然是有圓輪具足之義，舊譯多曰壇，又曰道場。若用來指佛教上的繪畫，則只限於密宗的壇，所謂大曼荼羅是也。密宗的曼荼羅，壇面中心大都成一圓形。如安西萬佛峽張大千編號第一、第二、第三元代諸窟的繪畫，以及敦煌石窟所出諸唐代曼荼羅，都是此說最好的例證。我國密宗興於唐代，則以變字爲即曼荼羅之別譯的說法，如何解釋洛陽伽藍記卷五的釋迦四塔變一語？此其一。又存諸唐代變文如維摩變，法華變等之稱爲變者，其構圖布局，與傳世諸唐代元代的曼荼羅無一相似者。以變或變相爲即曼荼羅的別譯

倫敦所見敦煌羣書敍錄

王重民

期刊簡介

國立中央研究院植物學彙報

新書評介

中英法綜合辭典

啓事

圖書周刊

袁同禮題

第十九期

稿約

（一）本刊乃純學術性刊物，園地公開，歡迎投稿，尤注重中西新書評介及國內外出版界學術界消息。

（二）本刊篇幅有限，新書評介限一二千字，出版學術消息限數百字。

（三）來稿如欲退還，希附寄貼足郵票及書明地址之信封。

（四）來稿請寄北平國立北平圖書館轉本刊編輯部，一經登載，稍致薄酬。

近十年來德國學者研究漢學的成績

季羡林

這不是一篇學術論文，只是一篇簡略的報告。其實連簡略的報告，我也未必能作得好。因為自己的書籍因了交通的困難都沒能帶回來，手邊可以說是一本參考書都沒有。在北平又很難找到新書，德國出版的純粹論學術的書當更沒有地方去找。所以我現在只能就耳目所及拉雜寫一點，詳細節目有時難免省略過去，但主要研究的成績我相信還不會遺漏。倘若讀者看了，能對德國學者近十年來研究漢學的成績得到一個大概的輪廓，或者甚而對他們自己的研究有了幫助，那我就於願已足了。

題目上寫了「近十年來」，我的意思當然是要敘述近十年來德國學者的成績。但有的時候為了敘述方便起見，或者需要一個歷史的回顧，我就不得不打破這個界限，談一談十年以前的成績。先在這裏聲明一句，免得有人說是文不對題。還有幾本書，我現在已經記不清是不是近十年出版的，原書又不在手邊，無從查閱。倘若弄出了錯誤，當然作者負責。好在我們在這裏不是算數學，差個一年兩年沒有什麼關係。諸位讀者一定能原諒的。

在德國的漢學家中流行着一種說法，就是，中國的經史子集這四部分每一部分都正巧有一個權威漢學家在研究而且都有了很大的成績。換句話說，在德國漢學家的行列中坐着四把交椅的正巧每人研究了中國經史子集四部的一部。這四個人互相補充，他們合起來就研究遍了中國整個的文化遺產，雖然有時候不能深刻。這四個人究竟是誰呢？代表經部的是衛禮賢（Richard Wilhelm）。他把許多的中國經書譯成德文，同時也譯子書，譬如說莊子他就有一個德文譯本。在德國他成了中國文化的宣傳者。在福蘭克府（Frankfurt a. m.）創立了中國學院，是大家都知道的。所以有人說他是以耶穌教牧師的資格到中國來的，終於成了孔教的牧師又回到德國去。他死去已經很久，不在我們本文討論範圍以內，所以我們就不再詳細談了。

代表史部的是福蘭閣（Otto Franke）。他最初本來是研究梵文的，後來才轉到中國語文來。他的著作方面非常廣，量也非常多。但是他的研究範圍很少離開史部。他的最偉大的著作就是中國通史（Geschichte des Chinesischen Reiches）。單以量論，現代用任何文字寫成的中國通史沒有一本可以同這部鉅著比的，中國出的幾部大作也都差得遠。他這部大作完全是晚年的產品。多一半的工作是在柏林大學退休以後作的。預定出四大本，現在只出了三本。第一二兩本是論中國上古史中古史的。第三本是註釋，補充和改正。於一九三七年出版。第四本論中國近代史，材料搜集得已經很多了。我一九四二年在柏林看到他的時候，他還說到，不久就可以寫起來。但戰爭卻把這工作拖延下來。戰爭結束後，我以為而且希望他一定可以完成，因為他雖然已經八十多歲了，但身體還非常健康。誰知道他竟於去年死去。我們只能希望他兒子傅吾康來完成他父親的工作了。

子部的代表是A. Forke。他翻譯過許多子書，像墨子和論衡他都譯過。但他的畢生大作卻是中國哲學史。在量的方面也很驚人，雖然就質說有些地方不能令人滿意。第一部中國古代哲學史（Geschichte der alten chinesischen Philosophie）是一九二七年出版的，第二部中國中古哲學史（Geschichte der mittelalterlichen chinesischen Philosophie）一九三四年出版，第三部也就是最後一部中國近代哲學史（Geschichte der neueren chinesischen Philosophie）一九三八年出版。有些人對這書不很滿意，他們以為Forke雖然研究哲學史，但他最大的致命傷卻是自己並不是哲學家，對哲學很外行。但話對不對，我不敢說，因為我對哲學也是外行。

最後我們來談Erwin von Zach，他是奧國的代表。他的中文造詣雖然很高深，但他沒有什麼創造的能力。所以他一生主要學術工作就限於翻譯。他曾經把全部的杜工部詩集李太白詩集韓昌黎詩集譯成德文，在荷屬南洋的一個雜誌上發表了。可惜到現在還沒有出單行本。他的譯文雖然對原文很忠實，但卻不是詩。聽說他把全部的昭明文選也譯成了德文，據我所知，似乎還沒在任何地方發表過。自從他前幾年在南洋慘死以後，這部稿子也不知道流落到什麼地方去了。

Von Zach的爲人很古怪，他最喜歡同人打筆墨官司，他能用最刻薄辛辣的詞句攻擊對方。法國最近剛死去的漢學大家伯希和（Pelliot）就是他的死敵之一。因了他這種性格，他就最喜歡寫書評，而他的書評也充分表現他的性格。他常一挑每本書裏面的錯誤，以一百起碼，有時到五百一千甚至幾千。中國的辭源他也評過，好像也被他找出了一千多錯。他自己也知道，別人對他這樣的作風不滿意，在一本他譯註的書的序裏，他寫道，以前他只是挑別人的錯，現在他也譯了書了，有本領，有勇氣的好漢們儘管來挑錯吧！我們很可以想見這位出身軍官世家的漢學家是怎樣[illegible]了。

除了上面這幾大金剛以外，德國還有幾多比較年幼的漢學家。我們現在也大略談一談。海尼士（Haenisch）是接替福蘭閣任柏林大學漢學正教授的。他雖然以漢學家著名，但他關於這方面的著作實在少得可憐。以前寫過一部學習中文文言的書，到現在一共出了三冊。一冊是簡略的文法，另外兩冊是原文，大半是從民國初年中國小學教科書裏選出來的，目的是給德國學生作練習用的。他自己還作了一個翻譯，裏面到處都是很幼稚可笑的錯誤。海尼士究竟是老實人，倘若聰明一點的話，何必把這些練習譯成德文？反正文章已經選出來了，念在學生，還有人會懷疑這選這些文章的人不懂這些文章嗎？在最近幾年來，他寫了幾篇論文。據說其中最有價值的就是一篇論孟子與劉向的文章，是柏林普魯士學士院出版。我因為沒有讀，不知道內容怎樣。

同海尼士年齡差不多的是顏復禮（Fritz Jäger）。他原來繼Forke爲漢堡大學的漢學正教授。據他自己說，他是蔡孑民先生的弟子，曾從蔡先生治史記。所以他的專門研究就是以史記裏面的問題爲對象。對中國歷史裏面的褒貶問題，據說他有很精深的研究。很多東西，已經積稿盈尺了。不過，也許爲了小心起見，他都還沒發表。他所發表的都是些短篇論文。裏面論到的東西都很個別，譬如說中國古代的奇器等他都論到過。在中國近代學者中他最崇拜胡適之先生。倘若有學生想跟他作博士論文，他給的題目多半與胡先生的研究有關係。胡先生曾寫過紅樓夢考證，他的一位學生就作了一篇關於紅樓夢的論文。胡先生寫過說儒，他就讓一位學生作關於說儒的論文。他並不要讓學生對胡先生的文章發表意見，他只希望他的學生能把胡先生的結論介紹到德國去而已。他的一位高足現在住在北平的青年漢學家霍福民（Alfred Hoffmann），也譯了不少胡先生的著作。詞的起源，四十自述，敬告日本國民書和一篇關於文學革命的論文他都譯成了德文。顏復禮對中國感情很好，但不知爲什麼，在這次大戰前但忽然加入了納粹黨。正當德日邦交鬧得火熱的時候，一位日本語言學家作了漢堡大學的校長，他就作了文學院長。德國戰敗後，他也就因此被英國人撤職。這位年老的待人接物都有中國古風的學者不知道現在怎樣了。

另外一位專門研究漢學的青年漢學家是Hans O.G. Stange。他曾將王莽傳譯成德文，並且加了很豐富的註釋。他是在一九三三年以前就入了國社黨，同時又是衝鋒隊隊員。但因爲人太不圓滑，在黨裏混了十年，也沒混出什麼名目來。到第二次世界大戰爆發的那一年總算作了哥廷根大學的漢文講師。德國一敗，立刻被英國人撤職。中間雖然因了他父親的神通廣大，曾一度復職。但最近我接到德國的來信，說他又被撤職了。再復職恐怕就很難了。

在國際上負有盛譽的德國漢學家首推夏倫（Gustav Haloun）。他原來是哥廷根大學漢學副教授，一九三八年到英國劍橋大學任正教授。他因爲過於謹慎，所以著作不算太多。但據我所知道的，他研究的範圍並不小。對於甲骨文，鐘鼎文，周秦諸子，周代地理，中國音韻學，文字學他都有獨到的研究。生平最致力的就是中亞古代史地。二十多年前他寫過一本書，論什麼時候起中國人知道了印度日耳曼人。十年前他又寫了篇論文關於月氏問題，對這個中亞古代史上令人最頭痛的問題發揮了不少的新見解，雖然還談不到是結論。到了英國以後的工作情形，我不大清楚。有一個期間他似乎在治中亞發現的殘卷。因爲戰爭關係，我好久沒能看到英國學術刊物，他是不是有新的著作發表，我就不得而知了。

另外一位專研究中亞史地而不被德國漢學家認爲是漢學家的是Hermann。很多年以前他寫過一本關於橫亙中亞的絲路的書，論到東西交通的問題。他也寫過一本關於樓蘭的書，不是專門學術著作，而是一本比較通俗的書。十多年前他出過一本中國古代地圖，是按朝代來分的。評者對這本書可以說是毀譽參半。Hermann大概不像其他的德

學術界消息

汎非洲考古會議

近年英法兩國的考古學者，在南非和埃及境內進行多次發掘，所獲史前遺物甚多。例如英國考古家李凱博士（Dr. L. S. B. Leakey）在怯尼亞（Kenya英屬東非洲）的奈羅畢城（Nairobi）附近獲得的古人類化石已引起考古界的注意。再如法國史前史權威步日耶長老（Pere Breuil）在南非也獲得大批的史前遺物。本年一月在非洲曾舉行一次「汎非洲史前史會議」（Pan-African Congress on Prehistory）。在這次會議中一共出席了三十幾個國家的代表，六十位考古學者。與會的考古家們，曾前往奈羅畢城附近的奧羅加賽地方（Olorgasailie）參觀李凱博士所獲得的器物云。

× × ×

英國科學史協會成立

國際科學界爲了研究科學的發展曾組成一個共同的機構，名爲「國際科學史學院」（The International Academy for the History of Science）。一九四六年十一月底英國一部份人士在倫敦的「科學博物館」（Science Museum）舉行一次初步會議，在這次會中，決定組織一個科學史的研究團體，名爲「英國科學史協會」（British Society for the History of Science）。該會的主要宗旨，是配合「國際科學史學院」的工作，以促進世界科學史的研究。它的活動包括下列各項：（一）科學史的討論和研究。（二）有關材料的出版。（三）與其他團體的合作。該會的籌備會已將組織大綱和計畫擬妥，並定於本年五月間召開第一次會員大會云。

跋王徵的王端節公遺集

王重民

民國十二三年間，王兆麟在涇陽作知縣，因爲陝西要修通志，於是他接到一篇催修縣志的通令。兆麟的老師柏堃，字厚甫，就是涇陽縣人，剛剛辭了宣平縣職，遂請他來主持縣志局的事情。他於是仿他老師賀瑞麟修三原縣志的例子，把涇陽學人的作品，和與涇陽史地人事有關係的詩文，輯成了涇獻文存正編十二卷，外編六卷；又詩存正編四卷，外編三卷。又把涇陽先賢的遺著，印行了七種，總題爲涇陽文獻叢書。都於民國十四年鉛印行世。大概因爲涇陽很偏僻，書籍不易流通的原故，自印行後二十二年，北平圖書館方才買到這一部涇陽文獻叢書。叢書第一種爲是王端節公遺集四卷，第五種是正學齋文集三十卷。

在最近二十年內，我們很注意研究王徵的遺文和歷史。可惜這部遺集雖說鉛印於二十年以前，我們大家都沒有見到。正學齋文集是王介作的，介字一匝，是王徵的七世孫。他曾把他的七世祖王徵遺書的版片整理過，又把王徵的遺文細心搜輯。所以我們要研究王徵，王介這部文集，也是很重要的參攷書。

不但我們住在北平的人沒有看到這部王端節公遺集，就是陝西省圖張鵬一扶萬先生，也沒有看到。扶萬先生早即注意王徵的遺詩遺文，曾從涇獻詩文存內，輯出了王徵的散文十四篇，詩詠四篇。民國二十二年，向覺明先生遊陝西，就向張老先生錄了一個副本，帶回來刊在國立北平圖書館館刊第八卷第六號內，題爲「王徵遺文抄」。在沒有看到這部遺集以前，我們所知道的王徵遺文，以這部遺文抄爲最多。

我現在看到了王端節公遺集，又看到了涇獻詩文存，於是先用詩文存校遺文抄，再用校本遺文抄來攷校這部遺集。

× × ×

涇獻文存卷三有王徵的新製連弩圖說引，卷七有奇器圖說序，兵約序，西儒耳目資序，卷八有跋士約後，凡六篇，都不見於遺文抄。疑是張老先生抄閱的時候，有的由於失檢，有的因爲原書有傳本，遂沒有再抄。遺集內沒有西儒耳目資序和了一要語兩文，似乎也可以用同一的理由來解釋：西儒耳目資序因爲有原書流行，了一要語大概是失檢了！

遺集凡有散文三十篇，然無遺文抄內的告神文。告神文原載兩理略卷四，恐怕柏堃未必能注意到這一點，——這便是說：他把告神文收入涇獻文存而不收入遺集的原因，大概也是由於編輯時候的失檢，不一定因爲兩理略有了那篇文字，柏堃便不收他入遺集了！

遺集比遺文抄多出了十九篇，有的很重要，有的不甚重要。遺集卷一凡載奏疏三篇；第一篇奏承特命監理遼餉邊鎮堅辭分外殊恩，願佐軍前戮力期裏實功疏，第二篇奏仰祈天恩恭請明命疏，並爲遺文抄所無，都是很重要史料。卷二爲書牘十五首，惟末一篇與張鐵昭書已見遺文抄外，餘均未見，都是他丁艱以後辭謝了廣平推官以後所寫的應酬文字。王介正學齋文集卷一有先端節公尺牘全集序云：「天下之士，仰公如泰山北斗，不獲長與公游，往往以尺素相通訊，他公即無不以尺素答之。數十年來，往復手翰，不下數千百篇。余生也晚，凡公尺牘，年歲既遠，多所失存，今雖竭力搜羅，不過十之三四。而共十有餘年，所獲爲參考閱次，綿貫成帙，藏之先祠，以遺于後世。」若是原來果有幾千篇，王介既然收到了十之三四，則那部尺牘全集，約應有一千多篇，今僅得十五牘，可見散亡之多了。卷三載序跋八篇，均見於遺文抄及涇獻文存內。卷四銘著七篇，惟士約兵約兩篇，不見於遺文抄與文存，我也沒有見過別的刻本。上智圖書館館刊第二卷第二期，有李宣義先生的王徵著述遺書版本編序略一文，說他在涇陽的通遠天主堂內，發見的王徵的著述遺版裏邊，有士約殘版九葉，兵約殘版十四葉。這兒所載的士約兵約都是全文，一定是從那兩種版的初印本鈔來的。那麼現在那些刻版不完全了，殘存的文字，也有些脫誤。

這部四卷本遺集，說有柏堃的序文，說：「先生著書數十種，編輯的有：兩理略，奇器圖說，士約兵約等，刻本多散佚。余與邑人士謀將先生奇器圖說及兩理略付印，而於先生文集六卷，書二十七卷，經濟全

[illegible]

……的詳細的康熙時代天主教士的地圖(Der Jesuiten-Atlas der Kanghsi-Zeit)也是一部很重要的著作。

另外一位我們要談的漢學家是衛德明(Hellmut Wishelm)，他是住在北平的，他是我們上面談到的衛禮賢的兒子。他對於易經有獨到的研究，寫過幾篇很有價值的論文。他最近完成的德華字典是在這方面最好的一部。

我們還想談一位現在還留在北平的德國漢學家羅越(Max Loehr)。他的專門研究的範圍是中國古代的銅鼎彝器，他曾寫過許多篇文論銅器的鑑定和裝飾。

德國近來有些新的漢學家，但在上面大都論過了。我們還想談到一位自己不說是漢學家而別人也不以漢學家看他的德國學者Misch。他是德國很有地位的哲學家，是德國近代大哲學家Diethey的高足和女婿。Diethey死後，他的全集就由Misch編定出版。Misch主要成就當然是在哲學方面。但他對中國哲學非常愛好，中國和印度哲學他都細心研究過，研究的心得就寫在一本叫Die Wege in die Philosophie(入哲學去的路)的書裏。他常說，歐洲的所謂哲學大半都作的是希臘哲學。自從叔本華(Schopenhauer)提倡研究印度哲學以後，印度哲學也在歐洲學者研究的哲學中占了一個位置。叔本華自己的哲學就受了印度哲學的影響。Misch希望，能從這一部書起，中國哲學可以同希臘哲學印度哲學鼎足而三。足見他對自己這部書是非常自負的。他以前是在德國大學的教授，後來到英國劍橋大學去。在大戰期間我一直沒得到他的消息。聽說他最近幾年來研究中國的論文，又完成了一部關於中國哲學的大著，大概還沒有出版。以七十高齡的老人，還有這種精神，真值得我們佩服。

以上只介紹了德國學者近十年來研究漢學的成績。至於研究其他東方語言的成績以後再來介紹罷。

三十六年二月十九日

海外書訊

詩貓詩選

……(Mona Gooden)編了一本關於貓的詩集，名為「詩人的貓」(The Poet's Cat)，本書已由哈拉普公司(George G. Harrap)出版，售價八先令六便士。

本書選著作英、法、希臘、拉丁、貝拉伯各文的詩……

× × ×

斯朋德的新著

英國現代詩人兼批評家斯朋德(Stephen Spender)，生於一九〇九年，他的著作除詩集之外，已出版的計有：「維也納」(Vienna)，「西班牙詩抄」(Palms for Spain)，「替死」(Instead of Death)，「戰爭時期的公民」(Citizens in War and after)……

[illegible] (European Witness) [illegible] (Hamish Hamilton) [illegible]

× × ×

國際現勢參考地圖

英國的出版公司「鳳凰社」(Phenix House)最近刊印一冊「國際現勢參考地圖」，名為Serial Maps，由貝克(John Baker)和柏爾特(Eric Burt)主編。

這冊地圖，每月發行一次，活頁式，讀者於年終可以自行裝訂成冊。每月所發行的普通地圖(Single Maps)四幅，長十一英寸，闊九英寸。大型地圖(Double Maps)二幅，長十七英寸，闊十一英寸。

地圖之外，每月並附有國際現勢的解說，均由權威人士執筆，在解說中亦附有地圖多幅(Text Maps)。這本地圖的全年訂費為三十五先令六便士云。

× × ×

雅洪托夫的新著

近年以來，美國人士研究蘇聯的興趣頗為濃厚，因此關於蘇聯，尤其是牠的外交政策的書籍，美國出版了許多。其中如美國女士和若干俄人的著作，均引起讀書界的注意。去年紐約的考華特公司(Coward-Mc Cann)刊行了雅洪托夫(Victor A. Yakhontoff)的新著「蘇聯的外交政策」(U S S R. Foreign Policy)。

雅洪托夫是帝俄時代的一位將軍，他在第一次世界大戰期間，曾任帝俄駐日大使館的武官。俄國革命後，他便流居美國，並且取得了美國的國籍。

雅氏在美，多年來致力於蘇聯問題的研究，他的名著「俄羅斯與蘇聯在遠東」(Russia and the Soviet Union in the Far East)十餘年前已譯有中譯本(民國廿二年上海商務……出版)。此外雅氏的著作有「日本觀」(Eyes on Japan)，「中國的蘇維埃」(The Chinese Soviets)等書。

一九四五年雅氏在紐約的「新社會學研究所」(New School of Social Research)對蘇聯的外交政策作了連續的講演，以後把講稿彙集起來刊印成書，本書同時並由朗曼斯·格林(Longmans, Green)公司在加拿大的多倫多出版。

本書共分為十五章，首七章敘述蘇聯自初期(一九一七年)以至法蘇簽定互助條約(一九三五年)，這一時期的蘇聯外交政策。第八章至第十一章敘述蘇聯在世界法西斯主義猖獗時期的外交活動，如西班牙內戰問題，日本侵略中國及中蘇互不侵犯協定，德蘇互不侵犯協定等。

第十二章至第十五章，作者敘述第二次世界大戰期間蘇聯的外交政策，例如波蘭邊界，芬蘭戰爭，日蘇協定，蘇德戰爭的爆發，第二戰場的開闢問題，雅爾達會議，舊金山的國際會議。

本書末附有參考書目，列舉有關書籍八十四種，並附索引十五頁，全書三一一頁，售價美金三元五角云。

期刊簡介

"Erasmus"

荷蘭阿姆斯丹Pantheon Press出版，定價每年二十八荷盾。

本年荷蘭及比利時合出一國際性的人文科學目錄雜誌，定名Erasmus。但本雜誌專門刊載各國人文科學類主要圖書的介紹。文字以英法文為主，凡用不此語言的文學所著之書，其介紹時加評，以便讀者。

該刊為了避免撮錄之見，在可能範圍內，某一國人所著之書，必請另一國人介紹。該刊第一期已登刊中國……，內除前者除明外，共載介紹二十三篇，附新書選目四面，著錄近年出版書籍一百五十餘種。

綜觀本刊的體裁，略近以前德國出版之各科目錄雜誌Litaratur Zeitung，不過因為範圍較大，未能摘錄介紹人文科學期刊中的論文。

新書評介

因明大疏蠡測

[illegible]

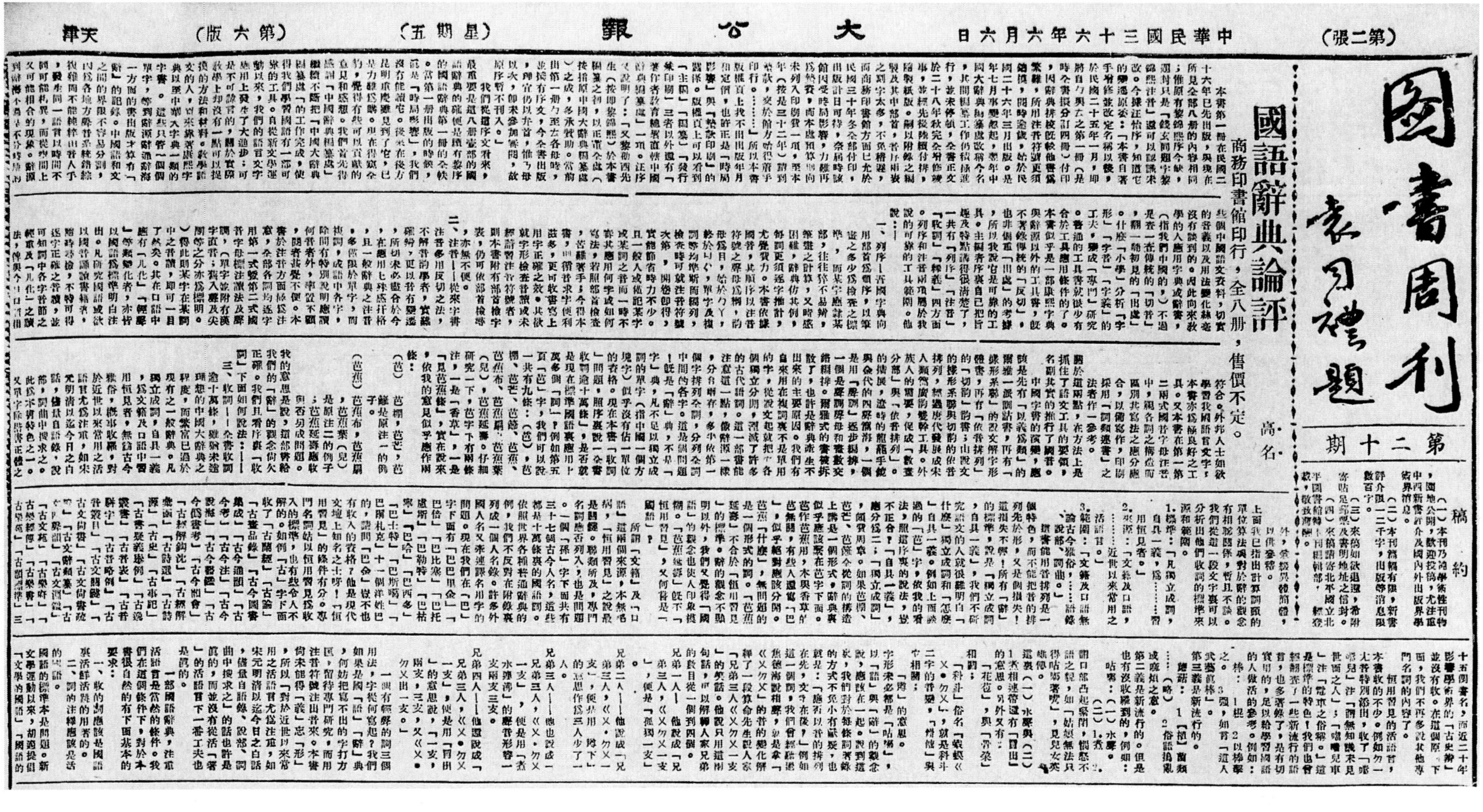

圖書周刊

袁同禮題

第二十期

國語辭典論評

商務印書館印行，全八冊，售價不定。

高名

本書第一冊在民國二十六年已先出版，與現在所見全部八冊的內容相同；惟原有黎錦熙序今缺，題簽只是「錢玄同題字黎錦熙注音」還可以認識來歷。今據汪怡序，知道它的變遷原委：「本書自著手增修並改定名稱以後，於民國二十五年一月，即將自ㄅ至ㄈ之第一冊（是時全書擬分訂四冊）付印，時因辭典排校既較他書爲繁難，所用注音符號更須鑄填，開時逾歲，始於民國二十六年三月出版。是年七月事變忽起，中國大辭典編纂處改稱今名，其間編纂工作仍積極進行，並未停頓，全書正文於二十八年秋完全增修竣事，並經先後擬陳付排，隨製紙版。嗣以附錄之製及其中部首，音序兩表之刻字太多，不免稽遲，而商務印書館方面已允於民國三十年冬全部付印，出版計日可待，奈因時局影響，力難再墊，而本處預算向未列入印刷費一項，至本年（按是三十二年）請到若干款，交於館方始得着手印行。……」所以本書版權頁上找不出出版年月和定價，也許正是「時局影響」與「墊款印刷」的關係。版權頁上可以看到「主編」「編纂」「發行」「印刷」三者以外還有「著作者教育部國語推行委員會中國大辭典編纂處」一項。汪序又說明了：「又黎劭西先生（按即黎錦熙）於本書編纂之初，正值全處（……）辭典編纂處，多所贊助。當前出第一冊ㄅ至ㄈ各冊時，並擬有序文，今全書出版，理宜仍以弁首，惟乃毋以次參加審閱，故原序暫不刊入。」

我們從這篇序文看來，最重要是這八冊壹部的國語辭典，便是擬有黎序的國語辭典第一冊出版的時候，我們沒能讀它的全帙。後來在後方見到了它，已是很晚，覺得有些可以貢獻的意見和感想。我們首先得感謝「中國大辭典編纂處」繼續不斷把「中國大辭典」的編纂工作完成，使得我們學習國語有一部可以運用的工具。自從新文學運動以來，文字語言上發生了大進步；關於實際的教學方法和材料，不可謂沒有一點可以提供。教學語文的人，從來只有康熙字典以至中華大字典一類的字書。等到辭源辭海出版，才算有「辭」的記錄。中國語和文之間的界限不容易分割，內容各地方限度不容易分割，複雜而不能純粹，有音柔錯綜。同一語言在時間上不同，可能相界，而從空間上又可能相合的現象。辭源辭海不能分時排列這些個中國語文資料，切實的音義以及用法變化，絲毫沒有談到的。因此向來教學的人應用字典或辭書，（指我們中國的，）不過是查一查傳統的「切音」，翻一翻初見的「出處」，什麼「小學」分析「字形」「字音」「字義」的工夫，變成「專門」研究。普通的工具書就很少有合於工具應用條件的了。本書似乎是一部康熙字典與辭源以外的工具書，既不著錄傳統的「反切」，也非僅重「出處」的考據工具。所以我說它是可靠的工具。主編者序裏自己把它的特點講得很清楚了，一共有「列序」「注音」「收詞」「釋義」四方面。列序和注音兩項屬於我說的可靠的工具範圍。他說：——

一、列序——普通字典向用部首爲次序，以筆畫之多少爲檢查之標準，而某字應隸某部，往往不易辨識，又時感筆畫之計算，困難，辭典仿其例，尤覺費力。本書依據國音字母之序列，以聲母爲綱，韻母爲目，始於ㄅ及ㄚ，終於ㄙ以ㄩ，單字複詞均依此序，檢查時，可就注音符號之次第，開卷即得，實能節省時力不少。且一般人或記某字或某詞之音，而一時不詳其寫法，應用何字，如何寫法，若照部首檢查，勢必無從着手；今得依音求字，便利多多，更可收正音之效。其欲就字形檢查者，則本書附有部首檢字表，仍可依部首檢字，亦無不便。

二、注音——從來字書注音多用反切之法，實繁不解音韻學者，更以音有變遷，確紛，所切求必不盡合於今，在應用上殊感扞格，且一般辭典之注音，多僅限於單字，而複詞成語中各字，除有特別說明，率不顯示其讀音，何者發音在何方面，均無從逆知。本書於注音方面均逐字注明，第一式注音符號，第二式國音字母（羅馬字），單字並附讀音及尖團等之音；亦爲標明。得此則某字在某詞中之讀音，即可一目了然矣。其在口語中應有「儿化」「輕聲」等類變化者，亦皆以國語爲標準明白注出。凡研究國語者，隨時查檢，讀書或欲求逐字正確之音讀，不特可得，並可知詞中各字音節之輕重及「儿化」一音之讀法，俾與今日口語相符合。外邦人士如欲學習我國語言文字，本書亦爲極良好之工具。又本書在第一第二兩式國音字母注音中，兼寫各詞之構造而區別其寫法之應分應合，以備寫作，印刷採用「詞類連書」之法者作一參考。」

關於這兩點，在方法上是抓住了語文工具的要領，名副其實的推行了國音，應是中國字書的演變。就是先有「以義爲類」的爾雅一派的訓詁書，再有「據形系聯」的說文解字形體書，再有「依音排列」的「切韻」韻書，由說文的形系排列，標準遞變，發展成依音排列，宋代以來人類的擴大，族人的需要，促成「數分部」與「依音排列」的擴展，這時的聲調四聲與聲母排列，是用「聲調」和聲母錯綜排列。爾雅式辭典散了。這也許是辭典的出來的，主要原因不是我們自用在複詞裏就不用的字，從說文起把單個獨立分開，減了許多的古代詞語。一部能注意這一點，多少依據辭書分名存列，第一詞個字都各分個，不是「題」中間的排列「問全成」字！既是「辭」典，以一個獨立方詞的單字（指中國以一個單位塊字）似乎沒有估一個單詞」的資格。照現在本書「收詞逾十萬條」說，全書是現在標準國語裏應用是否就太多？例如第五十頁「芭」字，我們可以說一共有九條：（芭），芭棚、芭芒、芭籬、芭蕉、芭蕉布、芭蕉扇、芭蕉葉（兒），芭蕉延壽。仔細研究一下，芭字下有兩條注，一是「香草」，一是「見芭蕉條」，實在說來，依我的意見似乎應作兩條：

（芭）芭棚，芭芒，芭籬，是原注一的例子。

（芭蕉）芭蕉布，芭蕉扇，芭蕉葉（兒），是原注二的例子；芭蕉延壽問題應收與否另成問題。

我的意思是說，這部辭書給我們的「辭」的觀念尚欠正確。我們且看序與「收詞」下面如何說法：——

三、收詞——全書收詞逾十萬條，雖猶未逮理想的中國大辭典之程度，而繁富已過於現有之一般辭典。凡獨立成詞，自具一義，用爲文籍及口語中習用恆見者，無論古今雅俗，概事收羅，對於近世以來常用之活語言尤爲注重，如宋元明清以迄今日之白話，儘量自語錄，說部，詞曲中搜求之。此爲本詞特色之一。又單字除附書正體之外，兼綴異體簡體，以供參稽。

上面我已指出計算詞彙的單位算法與對於辭的觀念有相關係，暫且不論。我們從這一段文字裏可以分析出他們收詞的標準來源和範圍。

1. 標準：「凡獨立成詞，自具一義，爲……習用恆見者。」

2. 來源：「文籍及口語，……近世以來常用之活語言。」

3. 範圍：「文籍及口語，……無論古今雅俗，……語錄、說部、詞曲。」

辭書能用音排列是一個特色，而不能把音的排列先失於形，又是損失！所有「辭」這標準不夠！我們所研究的「獨立成詞」和「自具一義」，不研究語文的人就很明白「怎麼」「什麼」的自具一義」。例如上面講過的「芭」字，依我的說法，照「序」說的「獨立成詞」、「自具一義」，不正應分爲二？如果芭芒、芭蕉周章，上講芭蕉一個從形式的構造講是一個字，在辭典裏似乎應該聯在芭字下面。芭作芭蕉用，木與香草無關，有些人還寫作「巴」，似乎絕對應該分開。「芭蕉」什麼，應該分開，無問題的是一個形式的詞。「芭蕉延壽」不合於「恆用習見」的標準。辭的觀念不顯明以外，我們又覺得「國語」的觀念也使人印象模糊。「芭蕉延壽」既不「恆用習見」，又何嘗是「國語」？

所謂「文籍」及「口語」這兩個來源，本無可病，「恆用習見」之說最是關鍵。聯類所及，專門名詞應否列入，也是問題。一個「孫」字下面共有三十七個古今人名，這些都是十萬條裏的國語詞。依照世界各種辭典的例，我們不反對在附錄裏列成一個人名錄。許多外國人名又來連譯名用字的問題。現在我們在「巴」字下面有「巴巴里」「巴倍」「巴比塞」「巴托盧斯」「巴勒特」「巴枯寧」「巴哈」「巴西多」「巴士特」「巴斯噶」「巴爾札克」十一個洋姓巴的，請問「巴金」豈不也有收入的資格？他是現代文壇上知名之士呀！「恆用習見」的條件有分。專門名詞姑以恆用習見爲收入的標準，也有些令人不解的。如例「古」字下面收了「古關經」「古論」「古畫品錄」「古今圖書集成」「古今通韻」「古今考」「古今注」「古今說海」「古今醫鑑」「古今偽書考」「古今韻會」「古經解鉤沉」「古經解彙函」「古詩選」「古詩源」「古史」「古事記」「古書疑義舉例」「古逸叢書」「古音表」「古音駢字」「古音略例」「古音叢目」「古文關鍵」「古文尚書」「古文尚書疏證」「古文辭類纂」「古文淵鑑」「古文苑」「古樂府」「古樂經傳」「古樂書」「古樂苑」「古韻標準」三十五個書名，而近二十年影響學術界的「古史辨」並沒有收。在這個原則下面，我們不再多說其他專門名詞的內容了。

恆用習見的活語言，本書收的不少。例如ㄉㄧㄝ「嗲」字特別添出，收了「嗲兒」注「謂無知識未見世面之人」；「嘰嚓兒車」注「驢車之俗稱。」這是標準的特色！我們也曾經翻查了一些新流行的語言，也多著錄了，是有切實用的，足以給學習國語的人做活的參考。例如：

棒：1 極 2 以棒擊 3 強，如：「這人武藝真棒」。第三義是新流行的。

攪話：1【扯】閒類或麻煩之意。（略） 2 俗語，搗亂。

第二義是新流行的。但是也有沒收羅到的，例如：

咕嘟：（一）水聲。（二）1. 煮 2. 閉口部凸起緊閉，惱怒不語之貌，如「姑娘無法只得咕嘟著嘴」，見兒女英雄傳。

還有（一）水聲與（二）1 煮相連帶還有「冒出」的意思。另外又有：「花苞」，與「骨朵」和義；「科斗」俗名「蝌蚪」ㄍㄨ·ㄉㄨ，就是科斗二字的音變，「蛤蟆」與之相關；「蹲」的意思，字形未必都是「咕嘟」，以「語」與「辭」的觀念說，應該在一起。我們對於有些詞，著錄也是小有疑的。排列方式：不免有「應看以音的排列就是在先，文字在後？」例如這一個詞，我們曾經拿焦德海說相聲，就是拿「ㄍㄨㄉㄨ」的音的變化解釋了一段算命先生說人家「兄弟三人ㄍㄨㄉㄨ一支」的笑話。他說只用這兩句話，可以解釋人家兄弟的數目從一個到四個。

兄弟一人——他說成「兄弟三人，ㄍㄨㄉㄨ一支」，便是「孤獨一支」。

兄弟二人——他說成「兄弟三人，ㄍㄨ·ㄉㄨ一支」，便用「跨下」的意思，作爲三人少了一人。

兄弟三人——他也說成「兄弟三人，ㄍㄨ·ㄉㄨ一支」，便是用「煮水滴滴」的聲音形容一支兩支三支。

兄弟四人——他還說成「兄弟三人，ㄍㄨ·ㄉㄨ一支」，便是用「冒出」的意思，說「一支，兩支，三支，又ㄍㄨ·ㄉㄨ出一支。」

用法，一個有幾解的詞，如果是國字從何寫起？我們何妨把寫不出的字打方匡，留待專門研究，而用注音符號注出音來。本書倘未能得「義」忘「形」，所以「對於近世以來常用之活語言尤爲注重，如宋元明清以迄今日之白話，儘量自語錄、說部、詞曲中搜求之」的話也許是真的，而並沒有從活「書」的活語言下一番工夫也是真的。

一部國語辭典，注重活語言是當然的條件。我們在這個條件下，對於本書很自然的有下面基本的要求：

一、收的詞應該是國語裏活鮮活的用著的。

二、詞的注釋應該是活的口語。

國語的標準本是問題。新文學運動以來，胡適提倡「文學的國語」，「國語的三十六年二月十二日於上海。

學術界消息

莫斯科建城紀念種種

本年四月是莫斯科建立八百年的紀念。目前蘇聯各學術機關，如：蘇聯科學院、蘇聯國立歷史博物館、蘇聯舞蹈學院等都在積極籌備紀念的節目。

蘇聯科學院的歷史研究所現正編纂一部「莫斯科誌」(The History of Moskow)，共分爲六卷。這部書由蘇聯著名史學家巴赫魯森(S. V.Bakhrushin)和潘克拉托瓦女士(A. M. Pankratova)主編。

國立歷史博物館在紀念期間將要展覽十六、十七世紀莫斯科居民的服飾，武器和工藝品。該館於去年九月曾在莫斯科的近郊進行考古發掘，獲得陶器和鐵器很多，這些出土的古物也將在這個展覽會中陳列。

蘇聯國立歷史圖書館在四月中將舉辦一個有關莫斯科的圖書展覽，其中收有罕見的書籍多種。此外該館還編印了一本「莫斯科論著目錄」，共收有關莫斯科的文字五萬五千餘篇。

圖書周刊

袁同禮題

第二十一期

關於俗講考再說幾句話

周一良

上月看到關德棟先生批評拙作「讀唐代俗講考」的文章，昨天又得讀向覺明先生的「補說」，對於我的意見都有所商榷糾正。學問本由相互羣討才有進步，我讀了兩先生的大作後歡喜無量。尤其向先生引揚錫予先生的話，更進一步解釋法師都講座位東西向的原故，尤所感佩。我對於關向兩先生所說，也還有點意見。姑借圖書周刊寶貴的篇幅，簡單地陳述於下，來跟諸位先生請教。

關先生以爲如果「素舊」是「素唱」之誤，在「素唱溫室經」之下，再有「便素唱經文了」，未免重複。所以主張「素舊溫室經」五字該在括弧裏，「素舊」是「過去」的意思。我現在手邊沒有向先生原文。據我記憶所及，這段記載俗講儀式的文字的體例，似乎是先說作某某事，下面又說作某某事了。猶之今日相禮者喊完了「就位」「跪」「叩首」「興」等等之後，還要叫「禮畢」。假如注意還「了」字，就知道是敘述體例上的丁寧周到，而不是重複。至於「素舊」作「過去」解，似乎不甚普通，不知關先生還有別的例證否？

我說「變」字之所以有繪畫的意思，或本於梵文的Citra，本是一種猜想，實不敢自信其確。關先生在Mandala之說，聲音、時代、意義三方面，都有未安，已如向先生所論。M的，舊譯與假借有用P來對「普門品經」用「諷首」譯二字寫曼殊室利的「曼殊」。不過「敦煌菩薩」所排斥梵本抑或中亞語譯本不可信，即使是梵本，似乎也還不足以證成曼陀羅一說也。

關先生說「契」是一個「歌讚」，比我說「契」是樂譜上的意義的話來得直截了當。向先生更進一步，推定「契」是Gatha的對音，所以「一契」即「一個歌讚」，亦即「一偈」。Gatha一字的語根本是「歌」，所以第一義是「歌唱」，引申而有佛家「偈頌」之義。向先生比定「契」即Gatha，正確自屬無疑，但若逕說「一契」即「一偈」，似稍有語病。高僧傳的「作三契經」，僧辨傳的「初夜讀經始得一契」，以及續高僧傳位僧旻傳所記道安使都講「轉經三契」的經，是否全爲偈頌，不得而知。至於僧辨傳蕭子良夢中「詠維摩一契」，醒後「用夢中法更詠古維摩一契」，前者是羅什譯本。兩者都是以長行爲主，只有兩大段偈頌來詠。又如三本起——中本起經——修行本起和瑞應本起——也全是散文多於偈語。瑞應本起與支謙譯，曹子建刪治而製魚山梵唄之說，恐不可信。即使屬實，所謂「傳聲則三千有餘，在契則四十有二」者，大約與蕭子良之夢中得了靈感，集僧人於府第來「作聲」，（南齊書卷四十竟陵王傳作「造經唄新聲」）同爲區分經文爲若干節。所謂「契」，附以歌詠時之腔調。那麼，「一契」恐怕可以是把長行的經文改成偈頌而歌詠的。換言之，我的意思是以指偈頌言，也可以指長行言。Gatha一字分化成中譯「契」和「偈」兩個字。「契」指樂曲上的單位，涵義已較原文「歌」的範圍爲廣。「偈」則專指文體言，即有韻文格式而不一定有韻的「偈頌」。因爲中譯才有此分別，所以僧辨傳的說法。（所謂七言偈，當指卷上「比丘何求坐樹下」一段。）所論是否有當，還要請揚先生和向先生指正。我一向覺得「契經」二字費解，翻譯名義集隸「契理契機名契經也」的話實在不能令人滿意。解釋「契經」一詞裏的「契」爲Gatha，確是再好沒有了。

記得向先生原文引了酉陽雜俎續集寺塔記一段，記平康坊菩薩寺裏維摩變裏屏壁的事。段成式說那幅畫裏「舍利弗角而轉膝」。向先生以爲「膝」是「睞」之誤，極是。唐人寫「柔」往往只是「來」上加一橫，最易致誤。至於「角而」兩字，我找到一個解釋：「角」就是「斜」的意思。竺法護譯生經卷壹國王五人經：「但角睛眼，色視夫人」。羅什譯法華經普賢菩薩勸發品：「眼目角睞」。宋寶雲譯佛本行經贊現樂遊女遊居品：「角眼角睨」。又卷玖降魔品：「或眼目角睞，或口面喎斜」。宋求那跋陀羅譯大方廣寶篋經中：「鼻眼角睞」。唐地婆訶羅譯方廣大莊嚴經出家品：「或有唇口喎斜，或有眼目角睞。」慧琳一切經音義好幾處解釋「角睞」的「睞」字，而未釋「角」字，歸納起來看，「角」就是「斜」，「角而轉睞」就是「斜而轉睞」。這個用法到唐代還保存着。此點與俗講沒有直接關係，但因爲向先生原文引及，而向先生此文是討論俗講問題的不刊之作，以後研究的人所必讀，故不避繁瑣，識爲補充如此。

最後有一點想借此聲明的，就是我寫成「讀唐代俗講考」後，不久離開劍橋。回到北平人事擾攘，直等那篇文章發表了相當時日，才發現輔仁學誌裏孫子書先生論傀儡戲一文。其中也談到昭君變「立鋪」的問題，並且意見與我相同。當時且喜且懼，喜的是有專家支持我的話，懼的是犯了剽竊嫌疑。一直耿耿於心，現在謝謝圖書周刊編者的好意，我讀有一個機會可以鄭重聲明，並向孫先生致敬。

三十六年五月十日寫於燕京。

稿約

（一）本刊乃純學術性刊物，園地公開，歡迎投稿，尤注重中西新書評介及國內外出版界學術界消息。

（二）本刊篇幅有限，新書評介限一二千字，出版等消息限數百字。

（三）來稿如欲退還，希附寄貼足郵票及書明地址之信封。

（四）來稿請寄北平國立北平圖書館轉本刊編輯部，一經登載，敬致薄酬。

附記

向達

自從寫補說俗講二三事兼答周關兩先生一文後，周先生見了，覺得尚有餘意，因又寫了上面一文寄給我看。施蟄存先生在上海寄信來，也有所商榷。此外還接到關德棟先生自瀋陽來的信。在這連天烽火的時候，諸位先生仍然能平心靜氣，殷勤賜教，高情盛誼，感不可言。今將個人的意見略述如次。施先生的信因未及徵求同意予以發表，謹摘要介紹。

轉讀中經與契的問題，其解決尚自有待。陳思王發漁山唄，固然是一種傳說，不必爲信史，但是慧皎所云「傳聲則三千有餘，在契則四十有二」的話，必有所本，不能漫無根據。如其一契即相當於一節或一段，可以兼指長行與偈頌，則所詠之經有長短之不齊，豈可一概區分爲四十有二？這就是說，短經轉讀，區分爲四十二節或四十二契，是否其所區分之段落稍嫌太多？如其是大經，則四十二節是否又嫌不夠？周先生說契指樂曲上的單位，這是很有意思的啓示。我想根據周先生這一句話，作更進一步的推測，以爲契是指樂調而言，「在契則四十有二」者，即謂調則四十有二耳。日本所傳聲明因無四十二調，這或者是後來逐漸失傳，故只餘十二調，原來當不止此數也。

周先生對於酉陽雜俎中記維摩變一段的「角而轉睞」一語中的「角」字予以解釋甚爲確當，歎爲無疑。以前對於「角」一字，總不得其解，後來看到不少唐人所繪的維摩變，想找出其中的舍利弗，揣摩他的姿態，以解釋「角而轉睞」的「角」字。但因所見維摩變，大都繪的文殊問疾一品，變方人物甚多，誰是舍利弗竟無從辨認，只好廢然作罷。三

海外書訊

維丁霍斯紀念叢刊

美國著名工程師維丁霍斯(George Westinghouse)，生於一八四六年，卒於一九一四年。維氏以發明「制動機」聞名於世。

一九四六年五月十六日爲維氏誕生百年紀念。美國科學界及工程界人士特於必珠卜城(Pittsburgh)開會慶祝，並發表科學紀念論文多篇。紀念會中出席的工程界名流有麻省理工學院院長康普登(K. T. Compton)，布施(U. Bush)，朱維特(F. B. Jewett)，鮑林(L. Pauling)等。

這些紀念論文，已經編爲叢刊一種，名爲「世界的科學與生活」(Science and Life in the World: The George Westinghouse Centennial Forum)，共分三卷，由麥克格勞希爾書局(McGraw-Hill Book Company)出版。

第一卷題名「科學與文明」(Science and Civilization; The Future of Atomic Energy)，一五二頁。第二卷題名「運輸—文明的尺度」(Transportation:—A Measurement of Civilization; Light, Life and Man)，二三六頁。第三卷題名「世界的挑戰」(A Challenge to the World)，一九八頁，每卷售價均爲三元五角云。

名著評介

「外人」

吳達元

存在派作家加繆的新作

—節錄Scrutiny第十四卷第二期Camus and the tragic hero

法國文學界新近產生了一種新門派，叫作存在派(Existentialisme)。這門派不單限於文學，哲學和批評和影劇都受了牠的影響，有所謂存在派的藝術家。在文學界，主要作家有三位：約翰·保羅·沙爾德(Jean-Paul Sartre)，西蒙娜·得·包伏瓦(Simone de Beauvoir)和阿勒貝爾·加繆(Albert Camus)。他們同時是哲學家，小說作家和戲劇作家。他們不但把哲學思想寫成哲學書，還把他們的思想表現在小說和戲劇創作裏，因爲存在主義是一種人生哲學，小說和戲劇是最適宜於表現人生的文藝作品。

在巴黎Gallimard書店出版的「外人」(L'Etranger)是存在派的最近的一部小說，牠的作者就是阿勒貝爾·加繆。

麥梭勒(Meursault)是非洲阿爾及爾的小公務員，三年前把母親送到馬朗哥的養老院去。小說開始時，他的母親死了，他把她安葬。回到阿爾及爾的途中，他到一個游泳池去，遇見瑪麗。瑪麗是個女打字員，是他的老同事。他倆一起去看電影。看完電影就一同過夜。瑪麗要和麥梭勒結婚，麥梭勒並不反對，雖然不是很熱誠的。在這以前，麥梭勒認識了一個奶酪老板，雷蒙(Raymond)，幫助他處待他的妓女。因此，他們發生友誼關係。他們和瑪麗一起到海邊過週末假期。一羣阿剌伯人追蹤他們，要受他們虐待的妓女的哥哥召集來，蓄意對他們報復的。在一場角鬥裏，雷蒙挨了一頓鞭子。麥梭勒已經和雷蒙分手，把他的手鎗帶走。他無意中回到雷蒙挨打的地點。太陽當空。因爲汗流如注，麥梭勒的眼睛看不見東西。阿剌伯人拉出刀子，刀光一閃，麥梭勒就放鎗。對方應聲倒地後，麥梭勒還對着他連放數鎗，把子彈全數射出。麥梭勒被執。他雖然犯了殺人罪，但是因爲自衛殺人，罪名或可減輕。不過，法官是個基督教徒，麥梭勒的口供裏有好些話損傷他的基督教徒的心靈。[illegible]

[illegible]……荒謬無稽的……也有加繆……性是可貴的……了自己的生……他不肯放棄……凡，對生命……梭勒，對他……抑有無限的[illegible]

……最好不要說他的道德觀念是對還是錯，我們祇能說他的人性不是一般人所能了解的。加繆的人性是特殊的，存在派的人性主義不是普通的人性主義。

廣韻聲系

沈兼士等編，民國三十三年北平輔仁大學出版，售價不定。

程宏

共上下二巨冊，是近年新出的著作。[illegible]……建設漢語學……先研究漢語……語語根及語詞之縱橫衍變，均可由其諧聲系統爲出發點以推求之。今即據此書，取其形聲字之主諧字爲綱，凡[illegible]

十三年，畢體象先生提印度來信，提到西周銅器的「角而轉眯」四字，以爲「角」字疑與「日角體」值」之「角」相同。今且因先生的解釋，似乎近爲妥當。

施先生附從是討論「學」字的來源的。他不贊成我的學相變文之學與子夜學是史學的學有關係的假設，以爲「子夜六學有學頭，恐當是從此所謂過我，學頭當即作頭」。何以呢？他解釋說，「大曲中之過，恐是爲避免學文之學而改用過字者，因爲當時之學，已不很有學歌之學的意義了。」

他也不贊成學相是學文之學有變化的意義，他以爲「學用必國查」。舉彼然依卷八數教若觀世音普賢菩薩序的「乃于學勝殿內捨結圓學」，普勝師瑞璃光佛證非序的「迷幽此學，以於佛經，」以及清具錄劉氏叔通月兩詩「且而且來山惡停，及謂作此非角學」諸文中學的學字作說，「所謂非角學即非角因之意也。」「學相即聲象也。相也者，學形聲，聲半片半之義也」。因此他主張「學字必須說」，並且作進一步的推之測義」，以爲「英文曰Paint，法文曰Peindre，皆及物，此字源出拉丁，但」可能拉丁字源出東方語。施先生在此我們要學的朱先生，而要先生不贊成意外之說，許米當今有文說此非，今不贅。

施先生信末說到學相說我說明此像象之文字「當爲祭告他老作罰次韓昭甘學誇為翻。祖先我的修誠致中已經有所釋，故可以不提。（三十六年五月二十九日午夜於北平）。

期刊簡介

書林季刊 (Philobiblon)

第一、二、三期，一九四六年六、九、十二月，國立中央圖書館出版，他價不定。

抗戰期間，國立中央圖書館在渝曾刊辦中文「圖書月刊」一種，勝利後停頓。該館復員返京後，最近發行期刊一種，名爲「國立中央圖書館館刊」，第一期業於今年春季出版。

該館除中文期刊外，自去年六月起又聘請顧廷龍教授主編英文季刊一種，名爲「書林季刊」(Philobiblon, A Quarterly Review of Chinese Publications)，每年出四期，現已出至第三期。

該刊所載文字分爲論著(Articlis)，書評(Critical Notice)，書刊簡介(Abstracts)，新書出版目錄，及官書目錄。

近三期該刊所刊論著有周傳儒的「甲骨文字的研究」(The Study of Inscription on the Oracle Bones, Translated by A. J. Schwarz)，李玄伯的「古代中國社會與現代初民社會」(Ancient Chinese Society and Modern Primitive Society, Translated by Kasten L. Chang)。數年前李君曾有「中國古代社會新研」一書問世，最近李君對於前書所論及之問題又獲得若干新意見，因撰此文，特交該刊發表。

第三期刊有英國學者斯伯丁氏(K. J. Spalding)的「古代中國哲學之精神」(The Spirit of Ancient Chinese Philosophy)。斯氏撰有「中國三大思想家—孟子、莊子、荀子」(Three Chinese Thinkers)一書，本文係摘此書而成。斯氏曾在英國各大學主講哲學、倫理學，現任牛津大學布雷茲諾斯學院(Brasenose College)研究員，並由我國立中央圖書館聘爲通訊研究員。斯氏此文之前有該館館長蔣復璁氏的序言「東方文化的理解」(Orientation towards the Orient)。

書評一欄，第一期刊有裴化行神父(R. P. Henri Bernard)的「Le Pere Matthieu Ricci et la Societe Chinoise de son temps 1551—1610」一書。此書於一九三七年在天津出版，共二卷。民國三十二年王昌社曾譯成中文，名爲「利瑪竇司鐸和當代社會」，由上海徐家匯土山灣印書館出版，分爲二冊，列爲震旦大學史學研究所出版品。

第二期書評欄有錢存訓評美國學者拉托瑞德(K. S. Latourette)的「中國通史」(The Chinese: Their History and Culture)。本書初版發行於一九三四年，錢氏所評爲修訂第三版，一九四六年紐約麥克米倫公司出版。拉氏此書問世後，頗受中外人士推崇，錢氏認爲本書關於中國政治、經濟、社會各方面的分析甚爲精闢，但對中國文化的瞭解和所說多有不足與不當之處。

書刊簡介欄，近三期有英文叢書三十二種，明清史料叢書二十種，及錢氏藏印唐宋六種及他書的介紹。

古史季刊 (Vestnik Drevnoi Istoru)

復刊第一期，一九四六年六月蘇聯科學院出版，他價每冊三十盧布。

蘇聯科學院歷史研究所於一九三七年創辦古史和考古的期刊一種，名爲「古史季刊」，年出四冊，執筆者都是蘇聯史學界和考古界的名家，迨至一九四一年蘇德戰爭爆發，該刊暫告停頓。

自去年起，「古史季刊」業已恢復出版，該刊復刊第一期已於一九四六年六月問世。該誌現由米舒林教授(Prof. A. B. Mishulin)主編，另附編輯委員四人。

本期刊載論文九篇，計有社論一篇，題爲「考古學和它在蘇聯歷史科學發展中的任務」，德拉塔尼(Deratani)的「愛斯林(Eschyle)與希(臘)波(斯)戰爭」，尼柯爾斯基(Nicolsky)的「腓尼基古文字碑銘中的穆勒崇拜」，此種古文字係法國考古家沙弗爾(Schaeffer)近年(一九二九—一九四〇)在敘利亞境內拉斯·沙姆拉(Ras-Shamra)附近所發現者。

中亞考古專家托爾斯多夫(Tolstov)的「關於古代貨勒自彌文化史的新資料」，本文敘述一九四〇年蘇聯若干考古組織在今中亞北部一帶的考古發掘及所獲的器物。

葉甫秋霍瓦女士(Evtiukhova)的「葉尼塞河中游的中國古代建築」，本文敘述一九四〇年及一九四一年阿巴甘城附近發現的中國式住宅。蘇聯考古家曾認爲此遺址是爲漢代李陵將軍所居，但最近伯恩斯坦氏(Bernstam)主張此一建築遺址不純屬於漢時。

除論文外，本期刊有書評十五則，均爲蘇聯近年出版古史名著。另有英美考古雜誌介紹一欄，本期所介紹的考古雜誌共六種，每期摘有內容提要，例如：American Journal of Archaeology, American Journal of Philology, Hesperia, The Journal of Egyptian Archaeology等。

本期附有附錄一種，題名「兵略論」(Stratagems)，爲紀元一世紀希臘佛羅丁(Juli Frontini)的兵書，由史學家拉諾維奇(A. Ranovich)譯成俄文，並附導言。

學術界消息

英國索城圖書館的五百年紀念

英國的索爾茲巴立城(Salisbury)位於倫敦西南，這座古城建於一二二〇年。它的最有名的建築物，便是「索爾茲巴立大教堂」(Salisbury Cathedral)。這所教堂塔的尖頂，高達四百英尺，旅行家們在他們的遊記中常提到它。

這個大教堂附設有一個有名的圖書館，它成立於一四四五年。前年(一九四五年)是這個圖書館的五百年紀念，但是因爲戰爭的關係，該館的珍貴的藏書均已移存其他安全地點，因此延至去年秋季才舉行五百年紀念。在紀念期間，索爾茲巴立大教堂圖書館並且舉辦了一次善本書籍展覽。

在展覽會中，陳列着許多罕見的珍本和書籍。其中最有價值的珍本，有寫於一二一五年的英國自由大憲章(Magna Carta)，英國七世紀名僧貝德(Bede)的De Temporum Ratione，又名僧St. Aldhelm的De Laude Virginitatis等。

罕見的印本中有：一四八二年佛羅倫薩出版的意大利哲學家費西諾(Marsilio Ficino)的Theologia Platonica de Animorum Immortalitate，十六世紀荷蘭著名神學家伊拉斯莫(Erasmus)的「新約釋義」(Annotations on the New Testament)，一五一九年瑞士拜色城(Basle)出版。

德國民族學者的活動

自德國投降後，德籍民族學家(Ethnologist)重新獲得了學術研究的自由。一九四六年九月德國各地(美國四佔領區)民族學者曾在佛蘭克福城(Frankfort)集會，共同發表宣言，表示民族學家必須打破納粹主義的種族偏見，並與世界各國學者通力合作云。

中美洲考古會議

一九四六年八月一日至十一日，中美洲各國，(其中包括宏都拉斯，危地馬拉，薩爾瓦多，尼加拉瓜等，)曾在宏都拉斯的首府舉行「加比利區國際考古會議」(The Primera Conferencia Internatinal de Arqueologos del Caribe)。大會中通過議決案三十件，閉幕後論文刊在印刷中。

「日」之次序爲先後。同屬類者，又以二百六十之次序爲先後。此時諧字復爲他字之主諧字者，則依此相生之次序，順遞相之。[illegible]一目了然矣。[illegible]「字典」[illegible]的Analytic Dictionary[illegible]有必不可少的重要性。

[illegible]

圖書周刊

表同禮題

第二十二期

稿約 [illegible]

百川學海版本考略

（譯自蘇聯東方學第三號頁二六九—二八〇）

K. K. 弗恰戈著　韓承鐸譯

[illegible]

書評

海外中國銅器圖錄第一集

（陳夢家編，二冊，三十五年五月國立北平圖書館出版，商務印書館發行，定價六十元，加成發售。）

唐蘭

[illegible]

劫后災黎

袁方

[illegible]

省	縣	人口數	災民數	頁數
廣西	雒容	四五〇〇〇	二九〇〇〇	三〇
	靈川	一三六〇〇〇	三五〇〇〇	四二
	興安	一六〇〇〇〇	五六〇〇〇	四四
	全縣	三二〇〇〇〇	一〇〇〇〇〇	四七
湖南	零陵	五一六〇〇〇	一五八〇〇〇	五五
	祁陽	七二〇〇〇〇	一二〇三三三	六〇
	衡陽	九六〇〇〇〇	四四一六一〇	六九
	湘潭	九一〇〇〇〇	一〇〇〇〇〇	八八
	邵陽	一四〇〇〇〇〇	一五〇〇〇〇	九〇
	總計	五[illegible]五七〇〇〇	一一八九八三三	

[illegible]

學術界消息

捷克成立新研究所

本年春季捷克的「國立化學廠」（The National Chemical Corporation）曾派遣代表赴英國考察化學工業。據捷克考察人士在倫敦談話，捷克政府擬於本年內開辦兩個新的研究所，一為「塑膠研究所」（Plastics Research Institute）一為「人造絲研究所」（Rayon Research Institute）云。

× × ×

美通俗科學著作獎金

最近美國惠特西公司（Whittlesey House）和「科學畫報社」（Science Illustrated）共同懸賞獎金一萬元，徵求通俗科學傑作一種。此次應徵的科學書共二百五十種，參加評判的委員有哈佛大學教授沙普雷（H. Shapley），紐約時報科學欄主編康斐特（W. Kaempffert），科學畫報主筆溫特博士（Dr. Gerald Wendt）等人。

審查結果，此種獎金決定贈與哈佛大學人類學教授克魯洪恩（Clyde Kluckhohn），得獎的作品，名為「人類學和今日的世界」（Anthropology and the World Today）。

作者克氏，現年四十二歲，生於美國愛荷華州，曾在牛津及哈佛大學獲得博士學位。克氏曾在新墨西哥大學任教，對於印第安人的拿伐奧（Navaho）族和霍比（Hopi）的生活甚有研究云。

× × ×

巴士特紀念展覽會

路易巴士特（Louis Pasteur）為近世細菌學的創始者，生於一八二二年，卒於一八九五年。巴氏首先發見酒類之發酵係由細菌繁殖所致。並曾研究蠶和家畜的傳染病及其治法，對於細菌學貢獻甚大。

本年春季巴黎的「發明陳列館」（Palais de la Decouverte）曾舉辦巴士特紀念展覽會一次，關於巴氏一生的研究成績均按年代加以說明。

本年四月十日起該館又在倫敦主辦同樣的展覽會，會期四十五天，地址是倫敦的科學博物館（The Science Museum, South Kensington）。

巴氏於一八八八年自設「巴士特研究所」，後又遍設世界各地，專門研究各種血清及其製造，對於人類及動植物可謂造福無量。此展覽會將有關各地巴氏研究所的活動情形的照片予以陳列，以供參觀云。

傅氏曾就日本帝室圖書寮藏圖考證中國舊刻善本，其中亦有宋本百川學海，在日本帝室圖書寮訪書記（註二五）中傅氏謂此本與其他私人所藏者極相似（註二六）。張文稱日本所藏百川學海百冊有全書總目，而其他私人所藏者則付闕如。據目錄，共分十集，自甲至癸，每集各十種，首為前定錄，終為硯譜。傅氏又稱，目錄末刻有「後集見刊」字樣，此足為其時尚有續補之意之明證，然任何有名藏書家皆未曾著錄。

百川學海一書，在中國甚為人所寶愛。此點不僅由原本或明本價值極高一事可以證明，即就其後陸續有續與增編一點，亦可以知之。

宋刊本百川學海之重要價值，不在於其書價昂貴（此僅對於愛好書籍之收藏家而言），而是在於其內容（註二七）。自此點觀之，則翻印本之出現，正不失為宋刊本之復現，而可以保持原刻之正確性，此一點乃為極重要之事。

註一，汪辟疆目錄學研究頁九五，及叢書書目彙編頁一沈乾一序，均有此說。

註二，陸治字彥淵，南齊人，南齊書有傳。

註三，據諸書所載，故入地理書之種數僅有四十二種，保持其自成篇目之形式，其中大部份為任昉所補，而亦亡佚（八十四種僅存十二種）。

註四，見齊書卷六〇頁一五；直齋書錄解題卷一六頁二八—二九著錄悠齊讀書四卷補遺一卷，政和間刊於吳江（江蘇）。

註五，宋史卷二〇七頁一八作佘冊，身世無考，僅知其為太學生。

註六，馬永卿自一一一一—一一一七年累仕於朝（見Giles傳記辭典一四九二條），著有懶真子五卷。四庫林續語作馬永易，據宋史卷二〇六及四庫全書總目卷一二一頁一，則永卿一名較為確實。

註七，鈔本歸於藏書家繆荃孫（一八四四—一九二〇），繆氏著有藝風堂藏書記及續記，其後歸張玉於續藏刻書目戊集頁一曾著錄此鈔本備學營悟。

註八，此種誤解，亦見於雜濫（午一〇八），謂醫書之刊畸於百川學海。（譯者按都穆疑亦謂百川學海為醫書之類）。

註九，傅是樓書目卷二頁二〇，及翠碧樓書目卷七頁一一，均著錄百川學海，編者為明人，而非宋人。漢籍解題頁九二七及叢書目彙編沈乾一序，亦有相似之錯誤。即以四庫全書總目而論，乃一般講求目錄學所必備之書，竟未著錄百川學海，此可以想見著錄本叢書之不正確及不完備為何如矣。猶有可怪者，即四庫全書總目著錄明代叢書甚多，而百川學海亦在內，而於百川學海則屏棄不錄，此實非沿襲之事。

註一〇，見通報二十三號一六三—二二〇，其譯文取於國立北平圖書館館刊六卷六號。

註一一，通報二十三號一七一頁作十九，疑為手民誤植。

註一二，據百川學海自序，百川學海一名，用揚雄「法言」語。

註一三，寶山在浙江鄞縣，經籍訪古志卷四頁二五誤寶為鄴。（譯者按：寶一作鄴，故訪古志誤為鄴。）

註一四，姚書廉緒論跋語，其書即於是年付刻者。

註一五，此本曾著錄於宋元本書目行格表卷下頁二六。

註一六，經籍訪古志卷四頁二五誤理為鄴。

註一七，名文伯。

註一八，陸心源名其書目為皕宋樓藏書志，因其收羅宋本書二百部之多也。然實際其數目不無誇大，蓋其書中常分割一書為數種而分別著錄之，如百川學海即是，且亦元明以後之刻本而誤為宋本也。

註一九，參看北京圖書館月刊一九二八年一卷二號，頁一一八。

註二〇，伯希和撰文云，見通報二十六號，頁一八二。

註二一，行宮在蘇山。傅增湘氏時，此書出東陵（見國立北平圖書館館刊四卷一號三三頁）。

註二二，徐健庵名乾學，字原一，（一六三一—一六九四）。季滄葦名振宜，字詵兮，一六四七年進士。徐氏曾集宋元本書目，有傳是樓宋元本書目，一八八五年始稿本印行於世（收入玉簡齋叢書），一九一五年又有石印本。季氏有季滄葦藏書目，亦收於士禮居叢書，並有掃葉山房石印本。

註二三，其後此書又歸傅氏，此可由國立北平圖書館館刊四卷一號，頁三三，傅氏撰文知之。

註二四，樹傳為名藏書家德化李盛鐸晚年別號。

註二五，見國立北平圖書館館刊四卷一號頁三三—三八。

註二六，以現有材料觀之，傅增湘氏在日本所見之有一五〇一年補配五卷之宋刊本，當即經籍訪古志卷四頁二五—二六所載之書，然在傅氏文中與訪古志所載卷數又不甚相同，此點尚待攷證。

註二七，百川學海內容即作一簡單之敘述，亦嫌要極多時間與篇幅。茲就作品之性格區分為三類，即詩話，筆記及譜錄是也。筆者對於後者最感興趣。此類包括各種花木鳥獸。牡丹記為歐陽修撰（一〇〇七—一〇七二），記牡丹二十四品，並其栽培生長以及名稱等事均有記錄。菊類則有劉蒙於十二世紀所撰之菊譜，錄菊二十五品（四庫總目卷一一五），其後並有史正志及范成大二家菊譜。再次如海棠譜，大約皆採擷詩集中所吟咏者，作者陳思，為南宋著名之文學家。據其自序其書作於一二五九年。又有關於荔枝之著作。荔枝在歐洲作 Le Chi 或 Litchi，蔡襄於一〇五九年撰寫此譜，詳其栽培收穫之道及其於食物中之重要性。關於溫州橘，則有韓彥直於一一七八年所撰之橘錄，此為一本研究當柑之古老著作。據筆者所知此類譜錄僅有橘錄一書，曾經伯希和譯為法文（通報二十二號頁六三一—九六）。此外尚有竹譜、茶譜以及陳仁玉菌譜，釋贊寧筍譜，竇苹酒譜，洪芻香譜之類。（按四庫卷一一五謂洪芻為一〇九四年進士，而Hirth撰文Cho Ju-Kua頁八九，則謂其書作於十二世紀初。）

（未完）

期刊簡介

中印研究

季羨林

師覺月（P.C. Bagchi）主編・印度加爾各答出版。

過去中國同印度文化關係的密切，已經是人人都知道的事實，用不着再來討論了。但一說到中印文化關係，我就感覺到這關係有點奇怪，因為這幾乎是一面倒的；換句話說，就是只有印度文化流到中國來，影響了中國文化的各方面，中國文化卻幾乎根本沒有流到印度去，自然更談不到影響。今年春天印度政府派師覺月先生到北大來講學，胡適之先生在第一次公開講演時的介紹辭中曾談到這現象。師覺月先生在答辭中也承認了印度中世的神秘主義也許受了中國思想的影響。但他也就只能找到這一個例子，再多恐怕就很難找到了。

但中國對印度也並不是全沒貢獻。產生在印度的佛教幾乎可以說是搬家到中國來了，印度已經佚失的佛經很多都完整地保存在中譯的大藏經裏。中國歷史裏關於印度和西域的記載，中國高僧到印度去求學求法的記錄，現在都成了研究印度歷史的無上寶典。印度人並沒有時間和歷史觀念的，這我們都知道。倘若沒有中國歷史裏這些記載和中國高僧這些記錄，印度歷史恐怕比現在還要充滿了暗霧，中亞古代史上的研究也無從着手。只有這一點，我們也就可以酬答印度對我們文化的功績了。

這些材料雖然對中印文化關係這樣重要，但在過去在這方面研究的幾乎都是歐洲和日本的學者。中國學者很少注意到這方面，印度更沒有人注意。這不能不說是一件很大的憾事。但現在印度卻有人起來提倡這方面的研究了。這就是我上面提到的印度國際大學研究院院長現在北大講學的師覺月先生。他在一九四五年創辦了「中印研究」Sino-Indian Studies，是季刊，每年一、四、七、十四個月出版。主要目的是介紹中國關於印度歷史和文化的材料，翻譯印度已經佚失而在中國譯文裏還保存着的典籍，此外當然也涉及到中印關係的各方面。根據我上面所談的，這刊物本身已經有很大的意義，尤其是當中印兩方面都正在努力恢復以前的文化關係的時候，更值得我們特別注意。

「中印研究」到現在一共出了一卷半，就是第一卷的第一、二、三、四期，第二卷的第一、二期。內容非常充實。我現在把重要的論文題目寫在下面：

第一卷第一期：P.C. Bagchi-Beginnings of Buddhism in China（中國初期佛教）

P.C. Bagchi-Vajragarbhat utrarajasutra（最上大乘金剛大教寶王經）of King Indrabodhi—研究與翻譯

第二期：P.C. Bagchi-Sino Indian Relations（中印關係）Chou Ta-fu-Three Buddhist hyms in Chinese (Reconstructed into Sanskrit)（中文三佛教讚歌—還原為梵文）

第三期：Lo Ch'ang-Pei-Indian Influence on the Study of Chinese Phonology（羅常培：印度對中國音韻學之影響）

N. A. Sastri- Harivarman and Vaisaradya P.C. Bagchi-Bodhisattvasila of Subbhakarasimha（無畏三藏禪要）—研究與翻譯

第四期：P.C.Bagchi-Sino-Indian Relations（中印關係）

第二卷第一期：P.C. Bagchi-Kipin and Kashmir（罽賓與迦濕彌羅）

第二期：S.Livi-Ptolemic, le Niddes et la Brbatkatha（英譯）

從上面六期的論文題目上，我們大概可以看出這刊物過去的成績和將來的趨勢。裏面有好幾篇中國學者的論文，我們希望中印學者能繼續地合作下去，也希望這刊物能把這合作的精神繼續發揚光大起來。

三十六年六月三日於北大

觀念上的一朵雲花！

這觀在著作的描寫裏不難找到實際的說明：例如「南海縣的救濟工作」，有數個部份特別，第一，救濟物資的多少，係以各鄉負擔軍糧的標準，分配給各鄉，所用的標準是各鄉的多少來決定各鄉應得物資的多少。這個標準的用意，就是負擔軍糧最多的鄉，災情也就是最重，這真是對於政府的一種諷刺」（頁一三）。

又如：「分署的救濟政策，與政府的徵收軍糧，發生相抵消的作用，如陳靑際從化縣自街口至七上下神崗良口各鄉，面積凡五十餘公里，一片焦土，人民多用樹根黃狗頭等草充飢，因而體力衰損，百病滋生，該十五萬人有病的佔百分之二十五，最近軍糧徵納，仍交甚急，雖至困之鄉，仍須照原人口攤派。從化人民，現已陷於水深火熱之中。我們在工作隊的物資配發單，知道從化縣曾從第一工作隊領得麵粉七噸，食米二五五七六磅。政府給從化的糧食，與自從化縣所抵的軍糧，兩者是否可以相抵，我們無法斷定。花縣工作隊須得麵粉二十七噸，食米八九二二七磅，便還些振米，運到縣境，便給縣長移作軍糧，付納就是各縣府撥有[illegible]辦法，鄉可以在應繳軍糧的數目內，扣除其所應得振米的人數量。但是應徵軍糧的人，並非就是應得振米的人。」（頁一一〇—一一一）

此種抵消的作用，當然令人痛心，救濟的實惠，並沒有落到災民的手裏，所謂救濟事業，不過是在災黎的死亡上，掛一塊堂皇的招牌而已！由於這種抵消作用，使我們對於救濟工作的本身，不能不懷疑起來：為什麼有災荒，為什麼有飢餓的災民，為什麼災黎不應該？這是人類應該消滅的不幸。根絕貧窮，免於匱乏之災，災黎需要努力，而我們所作的只是災荒遍地之後，頭痛醫頭，腳痛醫腳的去救濟，杯水車薪，無補於事。設如著者說：「由各保發給貧戶，每人所得，不到一兩（指麵粉）此種所謂救濟，可謂『毫無意義』！」（頁一二四）

與其對救濟事業這麼用着全力，不如對災荒的防範，實施徹底的救濟，減少災荒和飢餓。還是無飢餓，死亡。用救濟去延長災黎走向死亡，只能延長災黎的生命一兩天，如果只有一條路，此種救濟的辦法，不過聊勝於無而已。

作者在「劫後災黎」一書裏，特別着重救濟工作的描寫。各處的救濟工作，成敗得失，都有詳細的比較說明。從救濟工作的立場上說，自然是辦理救濟事業的寶貴經驗，也是富有價值的史料。吳景超先生是大家知名的社會學家，曾經寫過不少關於解決中國問題方面的書，例如「第四種國家的出路」（商務）「中國工業化之途徑」（商務）等，只有這本「劫後災黎」是用日記體寫的；雖是日記體，但絕少個人私事，日常生活是關於災區人的描寫及救濟工作的紀實。由於作者有意義的訪問，與深刻的觀察，書中還有不少關於地方問題的許多問題，都活躍在作者的筆尖下，尤足以引人深省。全書不少數字記載，可是與先生的文筆流暢，讀來有如小說一樣的爽快，不致發生沉悶疲倦之感。（完）

圖書周刊

第二十三期

百川學海版本考略（續）

（譯自燕京學報第三十一號頁二六九—二八〇）

K·K·弗承鐸 韓戈譯

期刊簡介

英國博物館月報

(The Museums Journal)

第四十六卷 第十號 一九四七年一月

倫敦英國博物館協會（The Museums Association）出版

英國博物館協會發行博物館月報一種，名為 The Museums Journal，這是專門研究博物館學兼報道各國博物館活動的一種期刊。該刊第四十六卷第十號業已出版，本期為介紹瑞典博物館的專號。

瑞典文化關係協會（The Swedish Institute forCultural Relations）於一九四六年九月曾邀請英美兩國的博物館圖書館專家來瑞作三星期的參觀，先後應邀前往的人士，計英國八人、美國二人。

英國方面的代表有大英博物院的泉幣部主任阿朗（John Allan），該院英國古物部副主任布魯斯米仲（R.L.S. Bruce- Mitford）等。美國方面的代表有波士頓美術館的館長馬爾搜（Henri Marceau）等。

這批專家參觀了瑞典的博物館之後，特為英國博物館月報撰述印象記及論文多篇，計有布魯斯米仲的「瑞典博物館及公衆」（Swedish Museum and Jhe Public），對於瑞典博物館的設備介紹甚詳。阿朗氏的「瑞典博物館所藏的錢幣」（Coins in Swedish Museums），蘭勃特（Frank Lambert）的「瑞典的美術陳列館」（The Art Galleries of Sweden），皮特氏（J. C. Peate）的「瑞典的民俗博物館」（Swedish Folk Museums），瓦里斯氏（F. S. Wallis）的「瑞典的科學與藝館」等。

書評

中國國民所得

(China's National Income 1931—1936)

汪 敬 虞

劉大中著，八十八頁，一九四六年九月出版。

國外總收入		國外總支出與國際投資(或負投資)單位百萬圓	
I. 國外總收入		II. 國外總支出	
1.貨物出口	811.60	1.貨物入口	1141.50
2.華僑匯款	320.00*	2.政府公債利息支出	127.80
3.國外利潤收入	37.50	3.外國在華投資收入	70.00
4.外人在中國消費	160.00	4.本國人在外國消費支出	12.00
		5.其他支出	425.50
		總支出合計	1776.80
		III. 國外負投資	
		1.黃金出口	45.60
		2.白銀出口	289.60*
		3.外國放款及投資	112.50
		負投資合計	447.70
總收入	1329.10	總支出減負投資	1329.10

*外國放款及投資與國外利潤收入共150百萬元，依照劉氏意見以分為外國放款及投資，以分為國外利潤收入

文藝

（新津）第八十一期

海外書訊

勞佛爾名著新版

美國著名東方學家與人類學家勞佛爾氏（Berthold Laufer），於一九三四年九月不幸墮樓而死。勞氏對於考古學，宗教學，藝，藏語言學均有研究，其遺著不下四十餘種。其中最爲學人稱道者有三書，即「中國古玉考」，「漢代之陶器」及「中國伊朗編」。「中國古玉考」（Gade a study in Chinese archaeology and Religion）一書，於一九一二年由芝加哥自然歷史博物館（The Field Museum of Natural History）出版，迄今已三十五年，此書近年甚難搜求。

最近美國加州，南巴薩登那（South Pasadena）的伯金斯公司（P. D. and Ione. Perkins）有鑒及此，特將「中國古玉考」重版，以應各國學者之需云。

魏敦瑞的新著

世界古人類學權威魏敦瑞教授（Franz Weidenreich），生于一八七三年，德國人，曾在特拉斯堡大學卒業。魏氏曾任美國自然史博物館研究員，一九三五年五月來北平，主持地質調查所與協合醫學院合辦的新生代研究室（Cenozoic Research Laboratory）之工作，對於周口店人類化石研究甚勤。

中日戰起，魏氏過返美國，埋首於古人類之研究，極有心得。一九四五年魏氏在芝加哥大學作了數次有關人類進化的講演，以後氏將講稿加以整理補充，交芝加哥大學出版社（University of Chicago Press）刊行，本書已於一九四六年出版，書名「猿，巨人和人」（Apes, Giants and Man），全書一二二頁，定價美金三元五角。

魏氏根據多年研究的結果，和近年爪哇和中國南部的新發現，認爲人類的進化可以分爲十個型態（Phase）和四個地理區域。十個型態可以分爲三個階段（Stage）：（一）「遠古人類」（Archanthropinae），本階段包括北京人，直立猿人；（二）「古代人類」（Paleanthropinae），包括奈安德塔爾人；（三）「新時代人類」（Neoanthropinae），本階段爲化石眞人和眞人。

根據魏氏的結論，人類起源於印度北部，其年代約在二千至三千萬年以前。最初印度猿爲人的動物，慢慢遷移到中國南部演變成爲「巨人」，這種巨人的身體，約比現在的人高大至兩倍以上，其年代約在一百萬至八百萬年以前。

中國南部的「巨人」，一支南行至爪哇，演變爲「爪哇猿人」，另一支北行，至北平附近，演變爲「中國猿人」，其時代約在四十至五十萬年以前。經四五十萬年後，中國猿人復變爲現在亞洲的「蒙古人種」，爪哇猿人演變成現在澳洲的土著人種。魏氏此書篇幅雖短，但頗多新見解，因此各國學者都很重視云。

雨夜遙寄

任非

柳絮

蕭沅

……只有我卻無窮中承受了他們未靈而廻有的繁響。

……恍如午醉醒來，自覺適才那陣子消褪的夢幻。身上的容懆消逝了，代替它的，卻是一種涼爽的喜悅。

伴侶

買的

一新生了的人，好像不止我一個一

高砥基：母

故鄉

秦敢

天津 大公報 中華民國三十六年八月一日 （星期五） （第六版） （第二張）

圖書周刊

表見禮題

第二十四期

關於「中國古史的傳說時代」書評 答趙光賢王鍾翰兩先生（上）

徐炳昶

期刊簡介

植物學彙報

書評

中國抗戰畫史

楊人楩

曹聚仁，舒宗僑編著，上海聯合畫報社發行，四八面，三十六年五月初版，售價十八萬元，外埠郵寄另加掛號費一萬五千元。

海外書訊

塑膠工業總論

塑膠工業是一種新興的工業，近年來所謂「塑膠」物品已風行一時。各國塑料的製品數目門巧，日新月異。今日的器物，無分鉅細，大至汽車，小至樂器，都可以用塑膠爲原料。

英國「國際貿易出版社」（National Trade Press）前請耶斯雷（V. E. Yarsley）主編塑膠工業一書，聘請專家多人分任撰述。本書已於去年問世。

本書名爲Plastics Applied共五二八頁，附有彩色插圖八幅，售價四十二先令。據說第二版業已出版。

本書共分四冊，第一冊綜論塑膠工業，特別着重於塑膠製品的設計及其染色問題。第二冊所收論文，多半論述塑料在各種工業中的應用。第三冊討論塑膠工業的安全設備及製造工人的健康問題。第四冊爲各項統計表及英國各地塑料原料出產表等。

英國名人錄

英國凱里（Kelly's）公司歷年發行「英國名人錄」一冊，對於英國各界名流，網羅無遺，極便參考。

最近一九四七年的名人錄，業已出版，書名Kelly's Handbook to the Tithed, Landed and Official Classes 1947，是爲第七十三冊，共二一六二頁，售價六十先令。

本書所錄的人，計有英國爵士、內閣閣員、陸海空軍、內政、司法、外交、各界要員、上下議院議員、英國駐外使節、外國駐英使節、皇室顧問、鄉族世家，以及工商界名流。此外英國文人、藝術家、學者、音樂家，亦網羅在內云。

歲。並且當大家公同相信正統古史說法的時候，疑古派初起，大家也是不敢輕於毀棄他們疑；經過二十餘年，疑古派完全勝利了，我忽然又標榜信古，雖說我所標榜的信古，同從前信正統派的說法大不相同，可是信古，總是一種新的看法，大家不敢輕於相信，無寧說是一種必然的現象。從這一個角度看，更無所用其詫異。我對於他們懷疑的看法所能答覆的是：第一、世界任何古民族的歷史起頭全是由傳說開始的，並不是中國古代特別如此。第二、傳說部分總不免含有矛盾或難解的地方，它的來源全不夠清楚。如果用治近代史每一史料必搜尋它的來源的辦法，恐怕任何治古代史的人全很難有所建立。雖來源不明而並無其他的異說，對於全體的看法並沒有什麼衝突，通常就應當假定其真實。將來能有地下物的證明固然更好，即使沒有證明，只要沒有反證，也只可暫時認為滿意。古史中的近似性(Probability)超過於必然性(Necessity)的性質，也就是從這裏生出。比方說，趙先生所問我「司空季子之說有何根據？在他以前的書中是否有這種傳說？」我固然無從答覆。但是我們可以說的，是：在此問題中，司空季子[illegible]係甚小，可以不談。頂重要的有兩點：（一）是左傳和國語的來源問題。懷疑論者對於它們很可以說它們的來源不夠明了。可是如果還懷疑下去，那就除了一小部分學術團體親自下手發掘出來的甲骨和鐘鼎，陶器以外，大部分的上面所說的東西，以及最可信任的文獻材料，如詩經，書經，易經等類，它們的來源也不能比左傳及國語的來源更明了。研究埃及史的，所珍視的Manethon書，研究巴比倫史的所必參考的Berosus說，它們的來源也不能比上二書的來源更明了。過度懷疑的結果，一定會使任何的古代歷史無法研究。（二）國語這一段書有作本證的價值，可惜能是孤證。但是大家所絕不懷疑的史實，如商契姚有娀，周祖妣姜嫄之說，在詩書易裏面，何嘗出面過第二次？並且在甲骨文及金文裏面毫無影子，豈不更可懷疑？對於那些不懷疑，則對於司空季子的說法，沒有一定必須懷疑的理由。至於可以支持此說法的旁證，下面再談，暫時不敘。第二，大家總要密切注意[illegible]

[illegible]認他們人格和關係的真實性？如果不然，那豈不就像將來的歷史家提得今日國民黨與共產黨互相詬厲的文件，就毅然決然根本否認兩黨的存在和關係，那豈不是一件大笑話？甲骨文及金文以及詩書易[illegible]地方也不夠多，（除書首的三篇外）但是甲骨文和金文不過是當時的史料，並不追溯以前。詩一部分是抒情敘景，一部分是[illegible]（王先生言論語

未診察舜，未細檢。泰伯篇末三見；雍也篇末及憲問篇末兩言「堯舜其猶病諸」。衛靈公篇一見。論語自衛靈公篇前皆寫定較早，比較可信。）如果不然，[illegible]

[illegible]

（未完）

---

tion）是英國著名的學術團體，現任會長為史學家屈味林氏（G. M. Trevelyan）。該會除發行季刊「歷史」（History）一種外，並按年編印史學書目，以供給書界參考。此種書目近年已出至第三十冊。

最近該會聘請畢爾（E. S. de Beer）及赫勃特（J. W. Herbert）主編書目一冊，此為第三十一冊，名為Annual Bulletion of Historical Literature No. XXXI. 本書已由金斯泰普斯（King and Staples）公司出版，共四十八頁，售價一先令七便士。

本書目共收書六百種，其中大半為一九四二年至一九四五年英國所刊史學著作，一小部份則為美國出版之歷史書籍。書目的體例是略述每種書的內容，並記其出版家，刊印年份，定價及頁數。

本書目所收論著分為：歷史哲學，歷史方法，史前學，希臘羅馬史，英國古代近代史，南北美洲史，世界通史，（一九一四至一九四五）各類。每類均聘一專家擔任編纂。

該會刻已着手編纂「史學書目年刊」第三十二冊，本冊專收近來歐洲其他各國學者之著述云。

美國國會圖書館書本目錄

在第二次世界大戰期間，美國的愛德華石印局（Edwards Brothers Inc.）完成了一件偉大的影印工作。該局將美國國會圖書館在一九四二年七月三十一日以前所印的目錄片影印成一大部「著者書本目錄」，共一六七巨冊。最近該局擬印行補編一種，包括近五年來的目錄卡片。

本年起，美國國會圖書館開始將新編的目錄片，影印為累積式（Cumulative）書本目錄，月出一冊，每三個月裝訂為一合訂本，除本月新片外，並收前二個月的卡片。每年底並刊行全年綜合本一種。[illegible]

第二張 中華民國三十六年八月十五日 大公報 星期五 第六版 天津

圖書周刊

袁同禮題

第二十五期

關於「中國古史的傳說時代」書評　答趙光賢王鍾翰兩先生（續）

徐炳昶

期刊簡介

海外書訊

戰時俄國的生活

學術界消息

中山大學農植研究所近訊

韞輝齋藏

唐宋以來名畫集序錄

鄭振鐸

吳興張珩（蔥玉）鑑藏，長樂鄭振鐸（西諦）編輯並說明，珂羅版國產三層裱綿料紙精印，定價每部一百六十萬元，特價一百二十八萬元，外埠另加郵費。

經售處　京滬區：上海南京西路六二四號上海出版公司　平津區：北平琉璃廠來薰閣書店

圖書周刊

袁同禮題

第二十六期

關於「中國古史的傳說時代」書評

答趙光賢王鍾翰兩先生（續）

徐炳昶

書評

赫胥黎自由教育論

全慰天

Aldous Huxley原著　潘光旦譯述

民國三十五年九月上海商務印書館初版，定價一元六角，加成發售。

本書作者Aldous Huxley，雖不是寫「天演論與倫理」的Thomas Huxley，但兩人有些密切的關係，一是孫子，一是祖父。潘光旦先生於譯者序言中說：「赫氏於一九三七年寫一書，叫「目的與手段」（The Means and the Ends），全書十五章……

社會心理學

朱亦松著

民國三十五年一月商務印書館出版，全書二冊，價不定。

作者卻走這樣相反的方向，是爲什麼？並且自春秋和戰國以後所保存的史料已經不少，這位先生既然要作綜合改造舊，那所綜合的事實總會差不多全有來歷，現在關于帝俊的材料共有十六事或可以說十七事，而可以同帝嚳或帝舜相附會的僅有幽寂不甚分明的剛三事，並且「自桑桑、工業、交通工具、文藝……無不是他手所發明，弓矢雖不是他手所的發明者，而彈必須受他的形弓素矰，才能『去恤下地之百艱』，這就是說：除了人民的百皆，……還能有人類還能有文化麼？」（本書五八頁）像他這一切的豐功偉烈，卻全不見于帝嚳，帝舜或帝顓頊的記錄中，另外，帝顓頊的主要事蹟「絕地天通」，帝嚳的最燦爛的榮譽，有四個有名的兒子，帝舜的事蹟更多，卻全不見於帝俊的大綜合內，這實在非常可怪。趙先生說：「我們可以找出好多傳說證明他是帝嚳，也可以找出許多傳說證明他是帝舜」；想我策拙，絕看不出罷，大家再仔細研究。我不能承認帝俊爲分裂人的綜合結果的主要理由是因爲中國民性本不喜歡神秘，到春秋戰國以後，人智與常進步，如果那時候的人作綜合的工作或造謠，一定非常的人們及跟想化，絕不會添加些當時人已經不很相信的神話。如關於帝俊那樣的神話，如果不是由於古代的流傳，實在很難解釋。趙先生問我：「可是這樣一位了不起的造物主，何以不見於古書？山海經中所說關於他的話，究竟從何而來？這樣煊赫的大人物，爲何不見於我們的古帝王系統中？」對於這些疑問，我在本書中並不是全無答復。我的答復在敍言的第二十七頁，說「我們認帝俊爲神，是因爲當時（春秋戰國）的人全不認他爲人。」不過這句話太簡單，我現在需要把我的意思詳細申明一下：我覺得帝俊，及帝嚳的神話發生得很古，大約在華夏民族還沒有[illegible]的時候。也在顓頊氏，有虞氏，及殷人的宗教集團中，可約還有相當煊赫的地位。可是自從周人想推翻不但爲政治宗主而且亦爲宗教宗主的殷朝，他們就不得不在人民的思想方面找出根據，他們所找出來的新根據就是「天視自我民視，天聽自我民聽」及「民之所欲，天必從之」的民本主義。從此以後，大家對於神的觀念有重要的變化。看左傳上所載季梁的話：「夫民神之主也，是以聖王先成民而後致力於神，」「人道邇，天道遠，」和子產[illegible]的話，就可以知道當時知識界的人，對於鬼神而遠之的態度，他們只能夠相信些許帶神話的歷史事實，至於帝俊那樣完全神話的人物，他們並不相信，所以就沒有談到。我們今日沒有理由因爲他偶然不見於古書，便說他完全是後人的假造。我對於這樣的解釋也感覺到不十分滿意，但是如果改取像那派及趙先生一類的看法，困難恐怕更要大得多，至少說絕不比我的看法所有的困難小。我希望趙先生及其他注意此問題的人誠實地承認此種困難，再繼續研究下去，或者將來可以得到更滿意的結果。好在，這點，在我那本書中並不重要，即是將來有另外更好的解釋，也還不至於影響到我那三集團或六部分及三大變化的說法，這個問題現在可以不談了。

三六，三，二六寫完

海外書訊

美國西部彙編

美國西部山脈起伏，森林茂盛，民性强悍，開發較遲，美國獨立後，其領土僅十三州，因此頗嚮向西發展，甚至不惜以流血戰爭取得加州各地，「西進運動」在美國史上可謂一大事件。

紐約諾甫公司（Alfred. A. Knopf）最近決定在數年以內刊印叢刊一種，名爲「美國西部彙編」（Western Americana）。本叢刊專門重印有關美國西部各州的若干絕版的名著。該公司已聘請克里蘭（R. G. Cleland），及列維斯（Oscar Lewis）兩氏任本叢刊的主編。克氏著有「從曠野到帝國」（From Wilderness to Empire）及「現代的加州」（California in Our Time）兩書，對美國西部各州的史地，頗有研究，曾有若干發表。本叢刊的第一冊，業於本年三月由該公司出版，書名「大富源」（The Big Bonanza），原作者爲十九世紀作家路特（Dan de Lutle），全書四九○頁，售價美金五元。

田野考古通論

英國考古學者艾金遜氏（R. J. C. Atkinson），對於考古發掘工作，[illegible]著「田野考古通論」（Field Archaeology）[illegible]公司（Methuen）出版，全書二三八頁，附版八幅，售價十二先令六便士。

著者在本書的序論中，特別提到，現代考古學與其他科學的密切關係，[illegible]

……編爲緒論，除於概括地陳述其全書見解外，以及第六編爲結論，概述社會心理學的應用外，其餘第二、三、四、五各編皆係由此五個基本原則而寫成者。孫先生云：「本書內容……自定一比較完整的體系。」其理由殆在是乎？

評者鑒案在社會心理學的發展文獻中，孫氏最爲利用之者：㈠哥爾保以個人的社會行爲爲其研究中心之社會心理學；㈡白乃德的綜合性的社會心理學原論；㈢勞史之集體行爲的社會心理學；㈣麥獨孤之本能說；以及㈤柏夫洛夫的制約反應說。孫書五個基本原則的來源殆即在是。

二、關於此書卓越的特色

孫著社會心理學，若用之爲大學教科書，殊有值得讚許之處。第一，該書上下二冊各編材料，大體說，尚屬勻稱。教者加以補充，分作一學年二學期六學分之用，頗合需要。第二，該書徵引繁博，皆能明其資料來源。此足示後生以治學之楷範。而孫氏孜孜不倦勤於鉤稽之科學家的研究精神，於此可見。此大可矯正時下一般論說家信口胡柴，毫無事實，提筆爲之附會也。第三，該書引證之取材於我國歷史者極多，此更具有甚深之意義：㈠足徵古今中外「人性」之相去不甚遠，故可以作喻或取例說明之。社會心理學問題之有科學的研究可能性，於茲皆信而有徵。㈡該書以各類具體的例證之故，可使學生對抽象的概念，獲得甚深之印象。㈢可以引起學生及一般讀者對中國典籍之研究與興趣。㈣可使當代各種派別的社會心理材料得以充實其[illegible]的力量。㈤可以明示中國學生，舉凡現代社會心理學學說暨各種社會科學學說，皆可與我國典籍中之有關學說比較參證之。此一種通古今中外之嘗試，評者認爲極可稱道。孫氏立此奠石之功，誠不可沒。㈥文化與人性之密切關係，由是稍比較決，益可有所闡明。第四，該書所載附錄五種，皆搜查完備，便利讀者不少。其第一第二兩種附錄，尤有價值。第一種附錄爲社會心理學「重要」文獻年表，起自一七三八年以迄於一九四五年。雖「重要」二字不免有主觀地選擇之意義，然就大體上說，其表中所列之文獻實包括甚多有高度價值之著述在內。其所列舉者計有二百四十三種之多，頗便檢閱。其第二種附錄爲「重要」社會心理學家小傳，計有五十八位之多，皆係孫氏認爲對社會心理學有特殊貢獻者。此處「重要」二字當然亦含有主觀的意見在內。但其中多數名字確爲學生及一般讀者之所當熟習者。

三、評者對於此書之管見

第一：評者在大學中講授社會心理學，與孫本文先生之年月相若，然向來皆採取一假而社會的文化的環境觀點，而與孫先生所採取的綜合觀點，大異其趣。然此觀點既殊，則評者對於孫先生此書之材料組織法及其若干主張，自不能無條件贊同之。惟是批判者對於任何學說，皆應抱客觀地同情欣賞態度，方不失爲公允，而不宜強執自己觀點，以貶他人觀點，以造成學者間門戶之見。此即評者對孫書所抱之態度。

第二：評者對於孫著諸大體滿意，亦承認其採取綜合性的觀點，有其正當之理由，惟有一點不安。評者竊認孫書雖採取綜合的觀點，然對於行爲主義派心理學，未免有一點偏見，阿其所好。孫先生論爲「社會心理學是研究個人在社會中的行爲，或社會中個人的行爲」。然行爲主義派心理學的不全之點，亦宜揭發之，而不宜明知其弱點所在，卻爲之曲加袒護。彼行爲主義倡導者華森，既將意識現象與生理的行爲認爲一體，我國郭任遠氏更青出於藍，竟將意識或心靈現象認爲原民留下來的「迷信」，可謂變本加厲，故爲立異以鳴高。華森氏欲使心理學變爲生理學之一部門，郭任遠氏則欲使其變爲物理學之一部門。（註四）二人皆犯了玄學上的唯物主義之錯誤。華氏猶可加以原諒，郭氏持論則簡直不可思議了。至於哥爾保氏僅爲一個溫和派的行爲主義者，雖未否認意識之存在，然強調意識不能決定行爲，而祇是伴隨行爲而起之現象。其功用僅似一個新聞訪事者報告行爲之如何發生而已。是哥爾保氏之社會心理學，仍爲一種生理的社會心理學而已。（註五）孫先生於行爲主義派之此等「黃色新聞」，在此書中從不加以揭發或挫評，是非阿其所好而何？所以然者，因孫先生於此書第九章中，固明白地介紹精神分析學派與精神病理學派之學說。惟此，當然可以斷定孫氏並非關於意識實同溫和派行爲主義者哥爾保氏之學說者。評者謂孫氏阿其所好，固不能謂爲無的放矢了。

註一，見孫書序頁一。

註二，見孫書序頁一。

註三，參閱孫著序頁四一至頁二。

註四，參閱㈠郭任遠氏著：Behavior 一書第一章頁十六至頁二十八及㈡郭任遠：心理學與遺傳頁二五九至頁二六六。

註五，參閱 Allport, F. H. Social Psychology, Ch. I.

三十六年七月於蘇州

學術界消息

南非圖書館近訊

南非開普敦城（Cape Town）爲英領好望角的首府，該城設有著名的圖書館一所，名爲「南非圖書館」（The South African Library），開館於一八一八年。該館收藏有非洲南部的各種文獻，頗爲豐富。該館現在刊行季刊一種，名爲「南非圖書館季刊」（The Quarterly Bulletin of the South African Library），最近該刊將大量介紹有關南非之論著，又將附刊南非書報的目錄，該館近擬大批搜集云。

列寧圖書館興築新屋

莫斯科的國立列寧圖書館，是蘇聯最大的一個圖書館。該館創辦於一八六二年，現藏圖書一千萬冊，其中善本書籍約十萬冊左右。最近列寧圖書館擬增築新屋，此項建築計畫，業經蘇聯建築委員會（USSR Committee on architecture）通過，不久即可興工。新建房屋計有大閱覽室一所，可容六百五十人閱讀，此外並設[illegible]專門閱覽室。新館落成後，該館可容納一千七百人同時閱覽云。

活字印刷術紀念展覽

[illegible]谷騰堡（J. Gutenberg）[illegible]富士特（Fust）[illegible]斯特拉斯堡（Strasbourg）[illegible]英國文化委員會（British Council）[illegible]

期刊簡介

醫史雜誌創刊號

上海慈谿路四十一號中華醫史學會編輯並出版，全年四冊，預定二萬元。

[illegible]

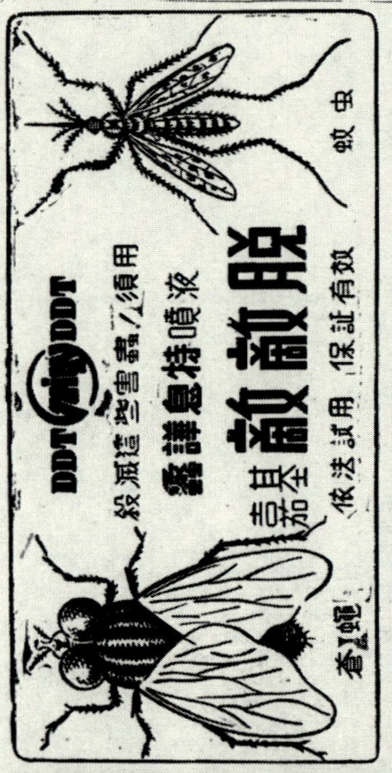

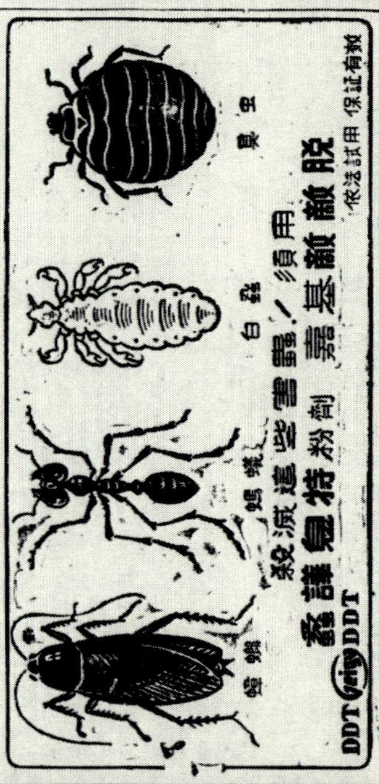

圖書周刊

袁同禮題

第二十七期

德國圖書館損失之實況及其現狀

張天麟

關於戰後德國圖書館損失的狀況，各方多有推測之詞，但是究竟實際情形如何，截止現在，並沒有可靠的消息發表。事實上那戰前與戰時的三千個大圖書館之真實情況，為了交通的不方便，也實在難於令人作詳盡的報告。數月來，德國的學術界漸露復活之象，瑞士的圖書館專家曾經設法在德國作過詳細的調查，可是調查的結果，却令人非常失望：原來可以視為學術工作主要工具的德國圖書館，在整個的意義上說，已經不復存在了。

首先我們看看各地圖書館館址的情形：那些最大的圖書館多數已毁在空襲之下了。損失最利害的，要算原來擁有三百萬本書以上的柏林普魯士國立圖書館。現在雖然又開了門，但是可用的房間只有寥寥數間。戰前可容千人以上的閱覽室，現在容納不到一百人，以前有六十個部門的主管人，現在一共算來不過十二個人。第二個大圖書館是明興巴燕國立圖書館，七個大樓的建築，現在僅剩了兩小部分。再則得勒斯登撤可遜邦立圖書館，從樓上到地下室完全消毁無餘，史士葛的邦立書庫，已經燒毁，只剩了四堵牆壁。此外，Karlsruhe, Darmstadt, Kassel, Dortmund以及Dusseldarf統已全部被毁。完全存在的只有Wiesbaden, Detmold和Fulda圖書館，其實為數太少了，所幸收藏手稿本的Wolfenbuttel Bamberg, Waimar邦立圖書館，尚未被毁，同時萊茵齊的德國大書庫，也算保存了下來。

各個大學的圖書館，損失也很厲害，哥廷根大學圖書館被毁五分之四。同樣被毁者，有Munchen, Wurzburg, Frankfurt, Giessen, Bonn, Munster, Hamburg各大學圖書館。耶余和萊爾大學的圖書館，只存留幾個書庫。萊設齊大學的圖書館本來藏書非常堅固，但是現在想要恢復原狀也需要幾年的工夫。弗萊堡大學的圖書館目錄室全毁，馬堡大學圖書館則僅將全部玻璃震壞。截止現在，未經空襲而保留下來的大學圖書館，只有Tubingen, Heidelberg, Erlangen, Halle, Koln, Greifswald和Rostock，這不能不算是幸運了。

德國工業大學的圖書館損失更重，因為工業大學多是設在工業軍心的重要城市，結果也成了被轟毁的目標。如柏林，Munchen, Dresden, Hanover, Stuttgard, Karlsruhe, Darmstadt各個工業大學的圖書館。只有Achen工業大學的圖書館損失比較輕些，所幸明興德國博物院的圖書館，也算完全保存了下來。

至於那些著名的古式建築的市立圖書館，如Nurnberg, Mannheim, Erfurt，也都被破壞了。就是那新式建築的市立圖書館Leibzig, Dresden, Magdeburg, Essen, Achen，也都破壞無餘，只有Mainz的圖書館保留了一部分。

柏林國會圖址，是個大建築物，它藏書甚富。可惜這個建築物也被炸壞了。就是政府各部院會都收藏豐富專門書籍，也都付之一炬。柏林國立博物館的中央圖書館，以及藝術館的圖書也皆毁於轟炸之中。萊茵齊的以前該家法院舊址內所設的圖書館，亦不免於難。

幸好德國圖書館館址的破壞，未盡是書籍的消毁；雖然各個圖書館因轟炸蒙受極大損失，但是因為各個圖書館的外運密藏在深山，礦區，廟宇以及地下古老的住宅裏，幾百萬本的書籍，賴以保全。原來自一九三九年九月戰事初起，各大圖書館便紛紛將好書疏散。柏林普魯士國家圖書館的藏書，向德國內地疏散的，達二百萬本。其他各圖書館疏散的冊數，計有萊茵齊國家圖書館一百五十萬本。明興國家圖書館一百萬本，海岱山大學一百萬本，史士特葛五十五萬本，富萊堡三十五萬本，外國廿萬本，這些書大部分都已得救。可是雖然經過各地的運出收藏，終還損失了不少的書，如：馬堡藏洞中，因為起火損失了五萬本僅餘二十萬本；哥廷根圖書館的圖書，藏在礦場洞裏，因為軍火爆炸，損失了六萬本，僅餘五千本。幸而存在大學圖書館地下室的那九萬本，倒是保存未毁。此外海德山圖書館也損失了五十萬的書籍。

前面已經說過大學圖書館未被轟炸而保完整的，只有Tubingen, Heidelberg, Erlangen, Halle等校。富萊堡大學圖書館目錄室，雖然中了一顆彈，但是他們事前已經把書目搬開，只毁了房子，並未損失書目，亦云幸事。但是史士特葛邦立圖書館，則太倒霉了；因為書未運走，存在地下室內，結果一彈直入地下室，五十八萬本書目立刻同歸於盡。Karlsruhe圖書，亦遭同樣的命運，所存三十八萬本書，只救出五千本。Giessen圖書館則全部破壞，毫無餘留。萊設齊的市立圖書館，原藏珍本十九萬本，結果便燒掉十七萬五千本，柏林國會，原藏書四十萬本，全部燬毀無遺。漢堡大學圖書館，原藏書六十萬本，被毁出者僅二十二萬五千本。明興巴燕國家圖書館，被焚五十萬本。明興大學圖書館，被焚三十五萬本。富朗先府的市立圖書館和大學圖書館損失書籍，與明興幾乎相同。爾茲堡和基爾大學圖書館藏書，損失過半，而Darmstadt邦立圖書館則損失四分之三。涉恩大學圖書館曾遭出百分之六十，其餘百分四十除其中百分之十五外，皆被毁焚。

德國私家的藏書為數甚巨，因住房被轟炸而書被毁者，為數亦甚可觀。據萊茵齊十城大學報告私家損失，約有三千餘冊，這個數字未免估計太少。但是德國公私的藏書，除了被毁外，還有一個損失的來源，便是被人沒收和運走。這個數字相當的大。一般都曉得的，Gotha公爵圖書館向以收藏原稿手抄本及珍本見稱於世，現在可憐的無以復加，主持人想圖謀恢復，只好以Thueringen僅有的稿本，及一個中學圖書館存有幾個世紀最珍貴之珍本十五萬本，悉數被人運走。最可惜的是柏林敗戰的那些各科專門的參考用書，也被人拿走了。其他私人的好書，被沒收者更不可勝計。

至於究竟那些好書損失最多，這是很難容預的。從圖書館學立場而論，首先我們注意到閱覽室和目錄室中常應用的參考用書。這些寶貴的參考用書完全被毁的，有Mouenchon, Stuttgast, Nouernberg, Frankfurt, Mannheim, Bonn Duessldorf, Muenster, Dresden, Berlin, Hamburg, 等圖書館，尤其各地圖書館各別的珍本的損失，更是可惜，譬如Muenster Westfaelischer作家全集，以及Muenster全部論文，特藏的老報紙；更如漢堡特藏的「Hamburgensien」，富朗先府「Frankfurtiana」，明興「Bavarica」，以及Greifswald所藏下原德國的特集，Wuerttenberg所藏古時宮院圖書館及德國自然科學圖書協會選集。他如柏林植物園的專科圖書館的損失，以及私家所藏的專門用書，更是難以補償。

運出秘藏的那些珍貴手稿及珍本，有的是保存了下來，有的就找不到下落。至於那些東西存在與否目前無從推測，就是將來搬回的時候能否保險不受損失，却大有問題在。

圖書館目錄室是於實際的，這都是經過了多少年代的辛苦工作纔做成的。不幸，德國圖書館把目錄全部毁了的，有Karlsruhe的邦立圖書館，漢堡大學圖書館，爾茲堡大學圖書館，明斯特大學圖書館，萊設齊市立圖書館，和柏林工業大學圖書館的自然科學書目，分類書目以及字母書目之損失，都是非常可惜的。海岱山的直錄本書目的損失，更是學術上的大不幸。

德國的出版界，原來一大部都集中在萊設齊。一九四三年十二月三日的大災，使這個出版城蒙受了莫大的損失。可是出版界之復活，繼續與圖書館的恢復。學術研究的結果，尤賴學術雜誌的出版。最近漸漸地有少數學術雜誌出刊了，偶然報上也登着有新書出版，幾月前，德國的圖書館書目彙報竟然出版，但是德國全境的新書出版，各個佔領區都未必能彼此收到。最困難的是外來的出版物，就是法國、瑞士、英國出了些什麼書和雜誌，德國境內的人都還無從知道。

三十六年四月十六日於南京。

稿約

（一）本刊乃純學術性刊物，園地公開，歡迎投稿，尤注重中西新書評介及國內外出版界學術界消息。（二）本刊篇幅有限，新書評介以一二千字，出版界消息數百字。（三）來稿如欲退還，希附寄貼足郵票及書明地址之信封。（四）來稿請寄北平國立北平圖書館轉本刊編輯部，一經登載，敬致薄酬。

海外書訊

「我知道什麼」小叢書

巴黎的「法國大學出版社」(Presses Universitaires de France)近年發行小叢書一種，名爲「我知道什麼？」(Que Sais-je?)，共旨趣在於以淺近的文字闡發科學的基本問題。此種小叢書雖在戰事期間，並未停止刊行。一九四三至一九四五年間，該社曾出版生物類叢書五種，計：（一）遺傳學與遺傳(Genetique et Heredite)，（二）人類的起源(La Genese de l'humanite)，（三）人體如何自衞(Comment se defend l'organisme)，（四）種屬的起源(L'origin des Especes)，（五）活的機器(Le Moteur Vivant)。

第一種「遺傳學與遺傳」，作者爲考勒瑞氏(M. Caullery)，全書一二八頁，插圖三十二幅，一九四三年出版。考氏在本書中詳述現代遺傳學的發展和成果，並闡述遺傳學與遺傳實際研究之重要關係。

第二種「人類的起源」，作者爲阿蘭堡氏(C. Arambourg)，全書一三六頁，插圖三十六幅，一九四三年出版。阿氏認爲似猿的人類開始向人進化的時期，是在第三紀的「中新統」(Miocene)。所謂人(Homo)，是以奈安達塔爾人的形態出現於第四紀。阿氏懷疑「眞人」可能發展爲「超人」(Super man)的學說。

第三種「人體如何自衞」，作者爲賓邁氏(Leon Binet)，全書一二〇頁，插圖十二幅，一九四三年出版。賓氏在本書中以有趣的筆調，討論人體如何利用生理器官抵禦冷，熱，飢，渴，痛楚，失血，養氣缺乏等。此外作者並述及近年法國學者對此一問題研究之成績。

第四種「種屬的起源」，作者爲居揭諾氏(E. Guyenot)，全書一二八頁，插圖十九幅，一九四四年出版。居氏綜述進化學說現階段的發展，並且認爲目前生物學尚未解決新的官體(Organ)或新的組織類型(Structural type)的起源問題。

第五種「活的機器」，作者爲邵沙德氏(P. Chauchard)，全書一二八頁，插圖二十三幅，一九四五年出版。邵氏在本書中主要討論人體肌肉的動作，肌肉和骨骼的關係，神經系統如何控制肌肉的活動等問題。

期刊簡介

歷史政治學報

嶺南大學政治學會編印，民國三十六年一月創刊，無定價。

嶺南大學歷史政治學會，前曾出版「政治」，「黌風」，「政風」三種定期刊物，均先後因種種困難或受戰爭影響而停刊。現該會以研究社會科學須學理與實用配合，乃創學報。現創刊號業已出版，要目如後：

（一）「中國秘密會黨之源流及組織」，莊澤宣、陳學恂撰。莊陳二氏年來專心研究中國社會與教育之關係，本文乃此項專題研究之一章，對於我國秘密會黨如白蓮教、天地會之源流組織，論述頗詳。

（二）「南嶺何在？」，吳尚時、曾昭璇撰。吳氏係嶺大地理學教授，專研南中國地理，著述頗多。「南嶺山脈」在中外史地學家之腦海中，佔有極重要之位置，幾無不以此山脈對於中華民族之南移，文化之傳播，有強力之限制；而嶺南文化及自然地理、人文地理上種種特徵，亦受此重要「山脈」之賜；吳氏對此論見，不敢苟同，此文即其年來研究之結果。

（三）「外蒙古的國際地位」，羅應榮撰。此文探討外蒙古在國際政治上與國際法上所佔之地位。

（四）「中俄蒙的接觸與清代的理藩政策」，羅應榮撰。本文分三節：（1）中俄第一次締約，（2）外蒙入清版圖的經過，（3）清廷統治外蒙的政策。最後一節評論外蒙社會的性質，封鎖外蒙的四種交通，統治外蒙之目的，外蒙的政治組織，外蒙對清廷的權義關係。講蒙的國際關係及其宗教政策，理藩政策的缺點等。

（五）「論歷史變動的方向」，晚照撰。全文徵引節詳，可供近代史家參致。

（六）「歷史的功用」，Garett Mattingly著，張榮楷譯。本文譯自一九四六年七月出版之「大西洋雜誌」。作者Mattingly，係美國著名之史學家。

（七）「巴黎和會的檢討」，黃文謙撰。

（八）「黃道周著述考略」，李鏡池撰。李氏係嶺大教授，文著錄黃道周著述五十種，每種將其內容撮要，間附考證。

（九）「西周社會性質問題」，胡家鍾撰。

圖書周刊

張元濟題

第二十八期

「一九四五年英國大選」的分析

王承緒

R. B. McCallum and Alison Readmau: The British General Election of 1945. Oxford University Press, 1947.

學術界消息

海外書訊

原子的故事

……Gamow）、納恩（Born）、佛瑞胥（Dr. Frisch）等人，都有此類著作發表。

最近美國物理學者康貝爾（John W. Campbell）寫成一部通俗的著作，書名「原子的故事」（The Atomic Story），已由紐約的亨利·霍特公司（Henry Holt and Company）出版，全書二九七頁，售價美金三元。

期刊簡介

協大生物學報第五卷

福建協和大學生物學系主編，三十六年四月出版，每卷售價三千元。

……定名「協大生物學報」（Biological Bulletin of Fukien Christian University）。……

……Gomphus intinctus Needham……Styloperla Wu……

圖書周刊

袁同禮題

第二十九期

稿約

（一）本刊乃純學術性刊物，園地公開，歡迎投稿，尤注重中西新書評介及國內外出版界學術界消息。（二）本刊篇幅有限，新書評介限一二千字，出版界消息限數百字。（三）來稿如欲退還，希附寄貼足郵票及書明地址之信封。（四）來稿請寄北平國立北平圖書館轉本刊編輯部，一經登載，敬致薄酬。

南宋書棚本 江湖小集經眼記

顧廷龍

來青閣書肆收得南宋書棚本江湖小集，書林競傳，歎爲觀止。余曾由徐森玉先生偕往，亦得繙帶一過，確爲希覯之本。錄其全目，述其故事如左：

鄧林，皇荂曲一卷 胡仲參，竹莊小藁一卷 高似孫，疎寮小集一卷 高九萬，菊磵小集一卷 林尚仁，端隱吟藁一卷 劉翰，小山集一卷 張良臣，雪窗小集一卷 俞桂，漁溪詩藁一卷，漁溪乙稿一卷 張弋，秋江烟草一卷 葉紹翁，靖逸小集一卷 陳必復，山居存藁一卷 危稹，巽齋小集一卷 葛起耕，檜庭吟藁一卷 李濤，蒙泉詩藁一卷 余觀復，北窗詩藁一卷

釋斯植，采芝集續集一卷 沈說，庸齋小集一卷 陳鑒之，東齋小集一卷 劉仙倫，招山小集一卷 杜旃，癖齋小集一卷 施樞，芸隱橫舟藁一卷，芸隱勌遊藁一卷 吳汝弌，雲臥詩集一卷 毛珝，吾竹小稿一卷 許棐，梅屋詩藁一卷，融春小綴一卷，梅屋三藁一卷，四藁一卷 王同祖，學詩初藁一卷 姜夔，白石道人詩集附詩說一卷 葛天民，無懷小藁一卷 張蘊，斗野藁支卷一卷

吳仲孚，菊潭詩藁一卷 戴復古，石屏續集一卷 林希逸，竹溪十一藁詩選一卷 敖陶孫，臞翁詩集二卷 鄒登龍，梅屋吟一卷 趙希㯝，抱拙小藁一卷 朱繼芳，靜佳龍尋藁一卷，靜佳乙藁一卷 薛嵎，雲泉詩一卷 劉過，龍洲道人詩集一卷 劉翼，心游摘藁一卷 黃文雷，看雲小集一卷 張[illegible]，順適堂吟藁甲集一卷，乙集一卷，丙集一卷，丁集一卷，戊集一卷 趙崇鉘，鷗渚微吟一卷 黃大受，露香拾藁一卷 武衍，適安藏拙餘藁一卷，藏拙乙卷一卷

李龏，翦綃集一卷，梅花衲一卷 陳允平，西麓詩集一卷 林同，孝詩一卷 王琮，雅林小藁一卷 朱南杰，學吟一卷 利登，骳藁一卷 徐集孫，竹所吟藁一卷 姚鏞，雪蓬集一卷 何應龍，橘潭詩集一卷 周文璞，方泉詩集三卷 陳起，芸居乙稿一卷 釋永頤，雲泉詩集一卷 沙門紹嵩，亞愚江行集句詩七卷，續稿一卷 陳起編，聖宋高僧詩選前集一卷，後集一卷，續集一卷 陳起編，前賢小集拾遺五卷

全書分裝六十冊，惟有潘魚莊，曹倦亭，錢遵王三家藏印，末有朱竹垞跋，審係僞題。較之南宋羣賢小集，失西橋，曰鑑與之雪坡小稾，薛師石瓜廬詩，趙汝鐩野谷詩集，周弼端平詩雋，當即鮑淥飲據鈔之底本也。錄其跋，有云：

右南宋陳起編刻江湖羣賢小集，借鈔於汪氏輯錄堂。汪本傳自瓶花齋吳氏。繡谷亭云：「曹倦亭所得宋刻，得之邵溫叔，今見於吳石倉書舍者。」溫叔爲三韓郎中丞廷梅，石倉則錢塘吳允嘉志上也。宋刻最爲溫叔寶愛，常置座右，朝夕把玩。邵卒於官署，家人將並其平生服御偕之以殉。時石倉在邵幕，[illegible]手百餘金，賄其家僮，出之烈火中，攜歸秘藏，非至好不得一見也。石倉既歿，家人不之寶，持以求售，爲錢君鶴得之，以歸揚州馬氏小玲瓏山館。乾隆壬辰仲冬予於吳門錢君景開書肆見之，驚喜，與以百金不肯售，許借校讐，才及三之一，忽忽索去，以售汪君雪礓。不數年雪礓委死命園，平生所藏書悉委化爲鬱攸，而此書遂不可蹤跡矣。宋刻實六十家，裝二十八冊，鮑淥飲云，僅得其半，蓋遇時石倉老人不肯出示之耳。予鈔是書在乾隆辛巳之春，維時成於成書，友人二野民季，姚君竹似，潘君穆園，邵君滸亭，俱踴躍助予手鈔錢成。

關於是書收藏之淵源，及前人所以珍秘者，可謂詳盡矣。

書評

新知言

馮友蘭著 上海商務印書館出版

張岱年

這是馮芝生先生貞元之際所著書第六種。（前五種是新理學，新事論，新世訓，新原人，新原道。）是一本討論哲學方法的書。

這本書的主旨，在於經過對於維也納派的批判，而建立新的形式主義的形上學方法論。所謂新理學，主要是新形式主義的形上學。維也納派認爲，形上學的命題，都是沒有可證實性的，即無證實之可能的，所以是無意義的，因而形上學不能是關於事實的學問。馮先生則以爲真正的形上學，並不講實際之內容，而僅是對於經驗作形式的釋義，不作積極的釋義，所以對於實際無所肯定，或僅作最少的肯定，如此形上學的命題便不需要證實，而形上學與科學完全沒有衝突之可能。馮先生以爲唯心論與唯物論，都對於實際有很多的肯定，所以都不是真正的形上學。真正的形上學不討論關於心物的問題。

「形式底」，與「積極底」是本書中一個最主要的區別。所謂「積極的」，當是英文Positive之譯語，在哲學中普通譯爲「實證的」。所謂「形式的」，照馮先生自己的解釋，即是「沒有內容底」，是「空底」。（頁一〇）

第一章「論形上學的方法」，說明「真正形上學的方法有兩種：一種是正底方法，一種是負底方法。正底方法是以邏輯分析法講形上學，負底方法是講形上學不能講，講形上學不能講，亦是一種講形上學的方法」。（頁九）此章中以佛會的話「開所開而來，見所見而去」，與程伊川的話「絕于起處」爲譬喻，表示形上學命題之性質。馮先生以爲人的知識可分爲四種：第一種是邏輯算學，是對于命題套子或對于概念分析之知識。第二種爲形上學，是對于經驗作形式底釋義。第三種是科學，對于經驗作積極底釋義。第四種爲歷史，乃對于經驗底紀述底知識。這是一個很有特見的分法。馮先生更認爲真正的形上學，是「一片空靈」，以爲這是真正形上學的標準。

第二章「柏拉圖的辯證法」，述柏拉圖與亞力士多德之形上學方法。認爲柏拉圖的貢獻在于『他發現我們可對于事物作形式底分析』（頁二二）；而亞力士多德對于柏拉圖的批評『大多是由于不明，或者是不贊成柏拉圖哲學中底形式主義的成分』（頁二三）。

第三章「斯賓諾莎的反觀法」，述笛卡兒，斯賓諾莎的形上學方法，以及休謨對于形上學的批評。這章中有一段關于西洋哲學之很精闢的話：「在西洋中世紀，哲學是宗教的婢女，更確切一點說，是耶教的婢女。西洋近代哲學，雖說是已從耶教中解放出來，但其爲婢女的習慣，仍未完全脫掉。在西洋近代哲學中，形上學所討論底幾個主要問題，仍是耶教教會中所討論底幾個主要問題。這些問題就是上帝存在，靈魂不滅，意志自由。」（頁三三）這真是一個很正確而精銳的觀察。

第四章「康德的批判法」，述康德與黑格爾的方法。認爲康德爲形上學立了一個新方法，即形上學的負底方法。亦即用負底方法講形上學，這是對于康德哲學的一個新的看法。

第五章「維也納學派對于形上學底看法」，述維也納學派對于形上學的批評及其主張取消形上學的理由。馮先生認爲維也納派對于形上學的批評，對于西洋傳統的形上學，是適當的。但真正的形上學之大部分，則不在維也納派的批評範圍之內，而非維也納派所可取消。維也納派所能取消底形上學，然而「與真正底形上學無干，而且對于真正底形上學，有顯正推邪的功用」（頁五七）。

第六章「新理學的方法」，述新理學之形上學系統及其在方法方面之特色。新理學的形上學，有四組主要命題，這四組命題，「或是，或幾乎是，重複敘述的命題；就一方面說，這些命題都包括甚廣，就又一方面說，又都對于實際沒有或甚少肯定」（頁五八）。新理學的形上學對于實際的唯一肯定，即是有實際；除了肯定有實際之外，對于實際無所肯定。

這四組主要命題便是：

（一）「凡事物必都是甚麼事物，是甚麼事物，必都是某種事物。某種事物是某種事物，必有某種事物之所以爲某種事物者。」（頁五九）

（二）「事物必都存在。存在底事物必都能存在。能存在底事物必都有其所有以能存在者。」（頁六一）

（三）「存在是一流行。凡存在都是事物的存在。事物的存在，都是其氣實現某理或某某理的流行。總所有底流行，謂之道體。一切流行所涵蘊底動，謂之乾元。」（頁六四）

（四）「總一切底有，謂之大全，大全就是一切底有。」（頁六五）

這一章是全書的中心，然而可以商榷之點也較多。在這個短評中，我們不能作詳盡的分析，我們僅指出四點：

（1）所謂「形式底」一詞，似乎是馮先生新理學的一個最基本的詞字。形上學的工作，是對于經驗作形式底釋義，亦即作形式的分析與總括。然而所謂「形式底」，究竟是何意義？此書中似乎解釋得太少，僅僅說「形式底」即是「沒有內容底」，「空底」。這是不夠的。我以爲所謂形式底一詞之意義，尚大有分析之餘地。

（2）第一組命題中「是甚麼事物，必都是某種事物」，這個「種」字甚爲重要。我們說『凡事物必都是某種事物』，這一命題實涵蘊『事物有種類之不同』一命題的。如後一命題不眞，則前一命題也不能眞。然而『事物有種類之不同』似乎是一個需要證實的經驗命題。

（3）第二組命題中『存在底事物必都能存在』，這個能字是什麼意義？似乎有詳細分析的必要。由『能存在』一詞而爲『有其所有以能存在者』。如能字意義不明，則『所有以能存在者』亦不是一個全然明晰的觀念。

（4）第三組命題中『存在是一流行』，馮先生似乎是認爲是一個分析命題，然而普通所謂存在一詞中似乎並不會有流行的意思。如謂此所分析是『存在的動作』，所以其中涵蘊流行。然而『存在的動作』一詞，意義似乎不大清楚。假如我們說：『一切存在的事物，皆有其存在的動作，』這句話似乎不甚適當。我們只能說：『凡存在的事物，都存在着。』然而『存在着』似乎並不涵有流行之意，它可以指永恆靜地存在着。所謂流行，當是變動歷程之意。我以爲存在是流行，似乎應當說是一需要事實證實的經驗命題；假如經驗中的事物不是常在變化流轉之中，這句話是不能講的。

第七章「論分析命題」，批評西洋傳統哲學與維也納派關於分析命題的說法，而提出一個理性主義的新說。這一章，我認爲是全書最精彩的一章，其中對於維也納派的辯論，分析入微，明澈犀利，可謂精闢無倫。由此章看，也可以見馮先生在邏輯分析法之應用上，實已達到火候純青的境界。這種精澈的分析文字，在國內

郭氏鄭明經曾藏汲古閣景宋鈔南宋羣賢六十家小集，初皆以爲必從刻本出者，今觀錢曾云是稿本[illegible]十六，每半頁行四，第二字，鈔本缺，刻本尙存數字。同頁行五，第十四字，鈔本缺，刻本尙存雜字。此事係原本紙損，非板漫漶，故可證明景宋本皆從此出，毛鈔則又展轉傳寫而來。並可知毛子晉於刻本未及寓目，書中未有毛氏一印，亦可證也。方回瀛奎律髓云：

寶慶初，史彌遠廢立之際，錢唐書肆陳起宗之能詩，凡江湖詩人俱與之善，刊江湖集以售，劉潛夫南岳稿亦與焉。宗之賦詩有云，「秋雨梧桐皇子府，春風楊柳相公橋」，本改劉屏山句也，或嫁「秋雨」「春風」句爲敖器之所作。言者併潛夫梅詩論列，劈江湖集版，二人皆坐罪，而宗之坐流配；於是詔禁士大夫作詩。

又周密齊東野語云：

寶慶間，李知孝爲言官，與曾極景建有隙，每欲尋釁以報之，會極有春詩云：「九十日春晴日少，一千年事雨時多」，刊之江湖集中，因復改劉子翬汴京紀事一聯云，「秋雨梧桐皇子宅，春風楊柳相公橋」，以爲指巴陵及史丞相；及劉潛夫黃巢戰場詩曰：「未必朱三能跋扈，只緣鄭五欠經綸」，遂皆指爲謗訕。同時被累者，如敖陶孫，周文璞，趙師秀，又刊詩陳起，皆不免焉。

四庫館臣，謂此說與方回所記小異，未詳孰是，然南渡後詩家姓氏不顯者，多賴是書以傳，其摭拾之功，亦不可沒。案劉潛夫，曾極等稿，此集均未有，然全集版片曾經禁燬，是已佚存之本，讀者自昔流傳迄今，恐只此帙耳，可貴一也。

四庫總目著錄江湖小集九十五卷、江湖後集二十四卷，又兩宋名賢小集三百八十卷，陳氏當年究刻若干，末由致見，意必得一家即刻一家，積久漸多，彙爲總集，故其行款，亦不一律，大多爲十行，行十八字，若學詩初稿，方泉先生詩，均爲八行，行十六字，雲泉詩爲九行，行十七字，可知非一時所刻者也。吳尺鳧所謂并無序目可考，板樣亦參差不齊，蓋陳氏所刻詩，得於江淮之間作者，往往以已刻本與人，良可信也。

據本集者，傳於今者寥寥可數，所知存者，有中央研究院之披沙集，孫氏之玉集、翳餘集，常熟集，周賀集；南潯[illegible]魚玄機集；國學圖書館及烏程劉氏之韋蘇州集；北平圖書館之甲乙集（羅氏舊藏），計九種，都十部。元和江氏靈鶼閣所刻之五十種唐人小集，實係明翻宋本，不能並論。宋人集原極少見，惟嘉興錢氏之棠湖詩稿一種耳。江湖小集固不易得，即書棚所刻各書，傳於今而見之著錄者，以影鈔本爲多，刻本僅釋名，鑑誡錄，圖畫見聞，賓退錄，續世說，唐求詩，續幽詩集，江文通集，浣花集，常建集，王建集，弘秀集，河嶽英靈集，共十三種，通計不過二十餘種。今忽遇此棚本五十家之多，雖彙編成集，尤爲難得，可貴二也。

唐宋人別集，端賴陳氏一刊，展轉傳鈔，乃克流傳至於今日。是集雖有虞山顧氏假版於前，江寧鄧氏景印於後，皆屬虎賁中郎，一旦宋本發現，寧非奇遇，可貴三也。

長沙，不詳出於誰家。或疑何氏東洲草堂舊藏，因蝯叟曾與官中，得之珍秘，什襲藏白數十年，而未爲人知，頗有可能。或以爲汲古閣舊藏，檢諸部國審識，從無記載，是未曾入於毛氏，可知也。書在市上，頗有主張以各種另售，可得多金，後卒歸海某先生會於政府，收而歸於中央圖書館珍藏，遂免分崩離析之厄，而有洋洋乎得其所者之幸矣。

三十六年三月於上海合衆圖書館。

海外書訊

蘇聯學者評傳彙刊

蘇聯科學院爲介紹彼邦學者之生平及著述起見，自一九四五年起特編刊「蘇聯學者評傳彙刊」一種，按科學部門分組出版，由瓦維洛夫（S. Y. Vavilov）及布魯耶維奇（N. G. Bruyevich）任正副主編。一九四六年該院共刊行學者評傳十一種，其中計：化學組三人，地質組二人，生理組二人，生物組二人，生物化學組一人，土壤組一人，工程組一人。

化學組所介紹之學者爲：捷林斯基（N. D. Zelinsky），奈米特金（S. S. Nameotkin）[illegible]（N. Z. Semenov）三人。「捷林斯基評傳」由奈米特金執筆，其著述目錄由伊薩克夫編輯，本書八十六頁，售價五盧布。

地質組所介紹之學者爲：奧布魯徹夫（V. A. Obruchev）及札瓦里茨基（A. N. Zavaritsky）二人。奧氏評傳係由楚拉考夫（Churakov）執筆，其著述目錄由阿薩弗娃編輯，本書八十八頁，售價二盧布五十戈比。

生物組所介紹之生物學家爲：克馬洛夫（V. L. Komarov），及凱勒爾（B. A. Keller）二人。「克馬洛夫評傳」[illegible]編輯，全書一百頁，售價五盧布。克氏爲著名生物學家，曾任蘇聯科學院院長，於一九四五年秋季逝世。本書內容包括：克氏年譜，克氏之研究教育，組織工作述評，克氏生平及著作參考文獻，克氏著評介紹，[illegible]紀念克氏命名表，克氏報章演講彙錄等。

生物化學組所介紹之學者爲巴赫氏（A. N. Bach），生理組爲奧勃里氏（L. A. Orbeli），工程組爲布魯耶維奇氏云。

哲學界，實是不可多得的。

維也納派大師卡納普以爲，『這玫瑰是物』，『這部書講非洲』，都是不應該說的語句，而應該改爲『玫瑰之名是一個物名』，『這部書包括有非洲之名』。這種說法雖出自一個專重分析的哲學家之筆，實際是粗疏的，武斷的。馮先生以爲『玫瑰是物』，與『玫瑰之名是一個物名』，可以互相翻譯，但翻譯後原語句並不因翻譯而取消。只爲玫瑰是一物，所以玫瑰之名是一物名。玫瑰是一物一語，並不能取消。『這部書講非洲』，與『這部書包括有非洲之名』，二句不能互相翻譯。『講非洲底書是一部地理書，但包括非洲之名底書，並不一定是地理書。若沒有這種分別，卡納普這本書中，即包括有非洲之名，豈不也成了講地理底書了。』（頁七一）這些，都是極中肯綮的辯語。馮先生認爲，卡納普的辯決，只是避免問題，不是解決問題，問題仍在那裏。這也是極精審的評論。

馮先生自己對於分析命題的解釋是，分析命題都是理的命題，而不是空言語命題。理是『永恆底』，所以分析命題是『必然底普遍底眞』，分析命題的特點，就是它的必然性與普遍性。我們如承認『必然地普遍地眞底分析命題』，就需要承認有『永恆底理』。這是永恆底理的一個證明。這個證明，卻不免是循環論證。似乎仍需要更進的討論。

第八章「約定說」，批評維也納派的約定說。維也納派以爲，分析命題之爲眞，並其中所包括底符號的定義，此種命題，不過表示人們自己的一種約定。馮先生對於此說提出兩個問題：一、所謂與符號以定義，究竟是甚麼意義？二、如分析命題的是眞，只是靠其中底符號的定義，則說分析命題是必然地眞，究竟是甚麼意義？由此二問題，指出維也納派學說之困難。馮先生的分析，甚爲深刻而精細。馮先生與維也納派之主要不同在於：維也納的觀點是唯名論的，只承認經驗事實與人造的符號。馮先生的觀點是理性主義的，於經驗事實與符號之外，尙承認有永恆的理的，分析命題都是顯示永恆的理的，[illegible]可以說成立了一個關於邏輯算學之理性主義的新解釋。

第九章「禪宗的方法」，以唐宋禪宗爲例，說明形上學的負底方法。[illegible]

第十章「論詩」，對論詩與形上學之關係。馮先生以爲，『有止于技底詩，有進于道底詩』。『以可感覺者表示可感覺者』，是『止于技底詩』。『若能以可感覺者表示不可感覺只可思議者，以及不可感覺亦不可思議者，』是『進于道底詩』。（頁九八）『就止于技底詩及有些哲學家的形上學說，形上學可比于詩。就進于道底詩及眞正形上學說，詩可比于形上學。』（頁九九）所謂『進于道底詩』，並不是普通所謂哲學詩，或說理詩。『進于道底詩，亦可以說是用負底方法講形上學。』馮先生又認爲，『哲學家可用長篇大論底方式，或用名言雋語的方式以表達其意思。』淨是兩種表達意思的方式。前者可稱爲散文底方式，後者可稱爲詩底方式。』（頁一〇二）這些都是很好的見解。這一章的文筆極爲『空靈』，是一篇富於文學意味的文章。

我們可以稱馮先生的學說與維也納派的見解作一比較。維也納派要取消[illegible]

的攻擊，雖然有力，卻並非完全適當。馮先生所謂的「不著實際」的形式主義的形上學，亦未免過於空虛。我以爲形上學仍然是要講實際的，講論實際而不陷於無意義的形上學，仍然並非不可以有。形上學之性質與方法，尙待從新討論。

對於馮先生所揭示的形式主義的理論，我雖然不能完全贊同；然而對於馮先生的系統的嚴整，分析的縝密，文筆的明確，治學態度之篤實，我惟有衷心欽服。就系統的宏大，條理之明晰，方面之衆多，影響之廣遠，來說，馮先生的學說，實在是現代中國哲學的最高峯。

在新理學與新世訓諸書中，馮先生常用以舊瓶裝新酒的辦法。這種方法有一好處，便是令人有親切之感；但也有其弊端，即是容易引起誤解。新世訓的末章，講作首領的態度，標題爲論帝王，於是有人說這是要作帝王師。新原道的末章，講新系統，標題爲新統，于是有人說這是想建立新道統。這都是可笑的誤解，然而這種誤解卻很容易流行。本書用舊名詞不多。在這一方面，這本書可以說比前幾本書爲更進一步。

〔附識〕我近年來，困于舊病，三年前[illegible]成書數種，[illegible]竟迄今未能抄寫，本無餘力更寫文字。雙雲先生索稿，先情不可卻。勉獻馮先生的新著作一篇簡單的介紹與批評，以儘補白之用。疏略謬短或有詞不達旨之處，讀者諒之。

三十六年八月三日於清華大學

圖書周刊

第三十期

明清間譯著底本的發現和研究

方豪

——明清間譯著的研究

書評

答高名凱先生評「國語辭典」

徐一士 徐世榮 孫崇義 何梅岑 王述達 傅一誠 牛文青

期刊簡介

學術建國叢刊（第七卷第二號）

(National Reconstruction Journal)

(China Institute in America)

(China In titute Bulletin)

(G. F. Winfield) (Language and the Development fo Science in China)

(J. Arnold) 「如果我是中國人」(If I were a Chinese)

(Viola Smith) 「中國貿易的國際因素」(International Factors in China's Trade)

海外書訊

外籍教士在華傳教法（傳教學叢書第七種）

(De Jure Peregrino Missionario in Sinis)（拉丁文）

Officium libri catholici

中國人的智慧：儒學

(La Sapienya dei Cinesi, il Confucianesimo)（義文）

Officium libri catholici

Felice Beretta

中國哲學思想之一：道家

(Una Conceyione Filosofica Cinese, il Taoismo)（義文）

Scientia catholica

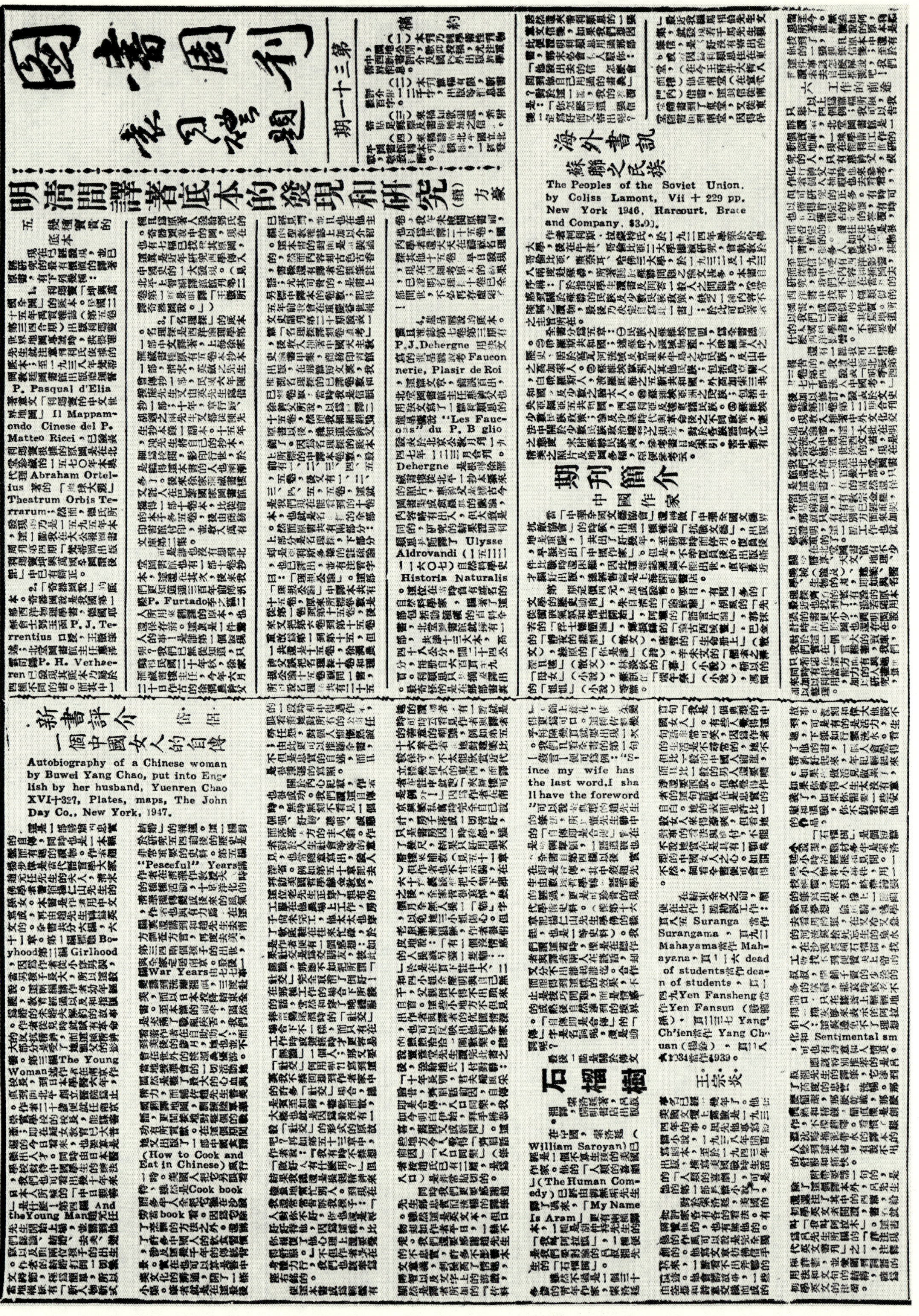

圖書周刊

第三十一期 題簽：沈尹默

明清間譯著底本的發現和研究（續） 方豪

[illegible]

P. Pasqual d'Elia ... Il Mappamondo Cinese del P. Matteo Ricci ... Abraham Ortelius ... Theatrum Orbis Terrarum ... P. Furtado ... P. J. Terrentius ... P. H. Verheeren ... P. J. Dehergne ... Fauconnerie, Plasir de Roi ... "Les Faucons" du P. Buglio ... Ulysse Aldrovandi ... Historia Naturalis

海外書訊

蘇聯之民族

The Peoples of the Soviet Union, by Coliss Lamont, Vii + 229 pp. New York 1946, Harcourt, Brace and Company, $3.00.

[illegible]

期刊簡介

中國作家

[illegible]

新書評介

一個中國女人的自傳

Autobiography of a Chinese woman by Buwei Yang Chao, put into English by her husband, Yuenren Chao XVI+327, Plates, maps, The John Day Co., New York, 1947.

[illegible] The Young Woman ... Girlhood ... War Years ... "Peaceful" Years ... (How to Cook and Eat in Chinese) ... Cook book ... Since my wife has the last word, I shall have the foreword ...

石榴樹

王宗炎

William Saroyan ... (The Human Comedy) ... "My Name Is Aram" ... Surangama ... Mahayana ... n of students ... Yen Fansheng ... Yen Fansun ... Yang Ch'uan ... Sentimental ...

[illegible]

圖書周刊

第三十二期

袁同禮題

稿約

（一）本刊乃純粹學術性質刊物，介紹中外新出版物，批評舊籍，闡發學術。

（二）本刊篇幅有限，每篇稿以一二千字為度。

（三）來稿請用稿紙寫，如未經採用，而附郵票者，即行寄還。

（四）來稿請寄北平圖書館轉本刊編輯部。

寫在西域畫之後

西諦

鄭振鐸編，上海南京西路六二四號上海出版公司出版，上輯售價七十二萬元。中，下輯在十二月底前預約者，每輯各收八十六萬元。平津區代售處為北平琉璃廠來薰閣書店。

[illegible]

讀劉汝霖「漢晉學術編年」

（專論揚雄的部分）

陸侃如

[illegible]

海外書訊

國際知識辭典

[illegible]

（未完）

圖書周刊

袁同禮題

第三十三期

寫在「西域畫」之後（續）

西諦

鄭振鐸編，上海南京西路六二四號上海出版公司出版，上輯售價七十二萬元，中、下輯在印刷中。[illegible]每輯各收八十六幅。

……大抵在古西域所有的圖畫，可分爲兩大類；勒・柯克諸家所得的壁畫，都很少帶有中國風味的；多半爲該地居住的各民族的藝術家們的作品；而在敦煌千佛洞裏所得到的絹本及紙本的圖畫，像佛幡等等（現在還保存着的許多壁畫也在內），則中國風趣極爲顯明，大部分當出於中國畫家們的手筆。這是一個大概的區別。

今日，經過了這一次的滔天浩劫之後，德、日二國的收藏，是否無恙，尚不可知。而格魯威特爾、勒・柯克、史坦因、伯希和、大谷光瑞諸家的著作，也成了圖書館裏的珍籍，我們很不容易見得到。（據我們所知，藏有這些珍貴的畫冊的，在國內也不過三五個國立的圖書館而已。）我們的藝術家們喜好此種古畫的影本也成了望梅止渴，不能獲得的東西了。

我在編輯「中國歷史參考圖譜」的時候，搜集了這一類的書籍不少；買不到的，便去借。大致還算搜采得相當完備。而「圖譜」爲體裁所限，不能多量刊載，因此，便有編成「西域畫」的興心。經過了半年多的經營，總算能够把上輯印出。這「上輯」所收的，以敦煌千佛洞窟藏的絹本及紙本的唐、宋畫爲限，凡均爲史坦因，伯希和二家所獲而西去者。國內所藏者則未遑及之。又敦煌壁畫，伯希和的「敦煌千佛洞」六卷，所收已多，而印刷不精，複製不易，故暫不取，有待將來學者們的更精心的攝影與模寫。

中、下二輯所收，則爲敦煌千佛洞以外的格魯威特爾、勒・柯克及大谷光瑞諸家所收的壁畫及其他壁幅。而西北考察團所得的壁畫，不久，也許便會和世人相見。

我們一旦發見了那末多的北宋以前的繪畫，其喜悅可知！而其影響更是極大的。如入了寶山，能够空手回來麼？史坦因和伯希和的所得，數量甚多，而究竟以宗教畫爲最大多數。這些宗教畫，給專家們以很好的研究資料，而對於畫家們也甚有影響。惟題材單複過甚，如果多量收採，不免有單調之感。故這一集裏，[illegible]只選收了五十七幅。寶山裏的寶物，決不止這戔戔之數，而爲了能力所限，僅能取十一於千百。凡是足以表現當代風俗人情的，總設法網羅在內，雖然對於宗教畫也並不排斥。大抵在當時寫佛幡，畫供養的佛像時，畫幅的下端，往往繪上供養主的畫像，而在大幅的佛像裏，也往往雜畫着塵世的人物和景色。那些畫景，在這些畫幅裏每每是「斷章取義」的把他們單獨的截取了下來。功德主穿戴的時世的裝飾，男和女都活生生的被表現出來，還有侍婢們，侍從們，他們的佩帶物，手裏執持的東西，無不足以供研究唐、宋歷史者以極珍貴的材料。我們在那些佛畫中見到唐、宋時的生活，而與之面對。配合着出土的種種陶俑和日本正倉院所藏的唐代實物，那個過去千餘年的偉大的時代的輪廓是可以鈎勒出來的。

就繪畫的本身來講，這些畫幅也是最可珍奇的遺物。他們的作者們並沒有留下姓名來。也許還是那邊鄙之區的畫匠們之作。在當時，只是以畫作佛幡，佛畫爲生涯，姓氏不列於畫壇之中，作品難入於雅士之目。然而，就在這些最平常的沒沒無聞的畫匠們之手，我們見到了從來不會見到的作品。——並不是因爲那是千年以前之作了，便以「古」爲貴，其實是值得稱爲名作的——他們不是王維，不是吳道子，不是李昭道，不是李思訓，不是曹霸、韓幹，不是戴嵩，不是荊浩、巨然，不是范寬，然而，他們卻傳下了中國畫裏湮沒已久的人物畫的一脈。我們知道，在中國古代，特別是漢，人物畫是甚被重視的；畫家們也以畫人像爲主體。有名的毛延壽畫王昭君的故事，在好幾個戲曲裏流傳着。六朝時，顧愷之也以畫人物著名，傳爲他作的「女史箴圖」，至今還存於世。閻立本的「帝王圖」，也尚無恙。吳道子也以人物爲主。到了五代北宋以後，似乎人物畫便衰落了下去，而畫家們遂專從事於山水，花卉，翎毛，禽鳥的創作。他們以王維，大小李將軍爲宗，一直到了清代的四王、吳、惲，還是如此。畫家們似乎很怕接觸到「人」間似的，即作人物，也只是作爲山與水之間的點綴，或作古裝仕女；除了肖像畫之外，是絕少作「時世裝」的。而肖像畫，則畫家們甚少着手。無數的「喜神」畫軸，都是出於畫匠之手，而有名的畫家們絕對的不肯染指於此。不知他們爲什麼避「人」若浼呢？難道有見於「畫鬼容易畫人難」之說，故趨於「易」歟？這是一個繪畫的現象，不可挽救的失敗。而欲於「繪畫」裏看見「歷史」的，便永不會有希望了。這是多末重大的損失呢！幸而，於所謂「正統派」的畫家們之外，還有無數的沒沒無名的畫師們在埋頭苦作着，以肖像畫血脈於一線。其實，他們乃是眞正的畫壇的正宗，眞正的肯下苦功的藝人。今日，有無數的明、清的「喜神」像（肖像畫），從冷攤的一個室裏，被不肖的子孫們一卷卷的賣出，售於古董市場，輸出於國外。他們外邦人對此種肖像特別注意，當然是由於他們傳統的藝術觀所指導着，然而，我們爲什麼那末鄙夷這些正宗的作品呢？到現在也還沒有把我們的觀念改正過。無怪乎當代的畫家們再也跳不出「四王」的手掌心。[illegible]其實是傳了的藝術的一支大宗，這一支大宗的突然大量的在西陲的發見，乃是中國藝術史上絕大的消息！我們的畫家們，如果要有遠大的前途，該從這方面多找他們的道路。我之所以要印了這些唐、宋畫，其目的也多半在此。對於當代的許多畫家們，也許[illegible]的供給。這些姓氏無聞的西陲的畫家們的作品，我們別以爲他們是「畫匠」，[illegible]他們不是仿摹，他們是在創作。有時候，線條顯得幼稚些，然而都是那末虎虎有生氣。但大部分是很成熟的作品，線條有力，表現一切。在史坦因的Serindia裏，收有好幾幅的畫幅，足以見出他們的功力所在。

所引爲遺憾的是，爲了力量所限，有好幾幅應該用彩色印刷的畫幅——如果用彩色印刷，更會覺得神采奕奕的——卻仍只好用黑白版印出。將來也許可以補償這個缺憾，只要是力量足夠的話。

三十六年九月二十日於上海

稿約

（一）本刊乃純學術性刊物，園地公開，歡迎投稿，尤注重中西新書評介及國內外出版界學術界消息。

（二）本刊篇幅有限，新書評介限二三千字，出版等消息限數百字。

（三）來稿如欲退還，希附寄足郵票及書明地址之信封。

（四）來稿請寄北平國立北平圖書館轉本刊編輯部，一經登載，敬致薄酬。

書評

四四字典

姚仲拔創編並發行，頁一—五〇四，1-22，I-IV，三十六年初版，九月九日發行，基本定價一百五十元，加成發售，經售處上海廣益書局，兒童書局，科學儀器館。

嚴仁賡

習中國文字本不難，難在沒有合宜的工具適用的字典輔佐它，遂令人望而卻步。昔日通用以部首爲查類方法所編纂的字典和字彙，翻尋不易，對於識字讀書不知增加幾許障礙，令習者生畏，所以任何一項改良中國文字分類的工作，對中國文化的貢獻之大，是難以衡計的。這種認識，人們在幾十年前即已有之。這幾十年來的改進，曾朝着兩個方向走；一個方向是改以音符作爲字的分類標準，另一個方向則是改以字形作爲字的分類標準。用音符分類的，或爲國音字母，或爲羅馬字拼音，都曾爲人採用。[illegible]它有一大缺憾，就是在見其字而不知其音時，無從查尋其字。雖有「檢字」之設，大都一仍部首之舊，翻查仍然費時。依字的形態作爲分類標準的研究和設計，也曾有不少人化費多年的心力。王雲五先生發明的四角號碼檢字法是其中成功的一個。林語堂先生自稱研究漢字分類也有三十年，他過去曾經參加四角號碼的設計，不過認爲四角號碼還不夠精密，所以他多年來又曾致力於另外一種分類方法的研究。新近他發明一架漢文打字機，就是應用他多年研究所創訂的這個新的分類方法。誠如林先生所見，發明一具漢文打字機不難，最難的工作還是設計一個檢尋便易的漢字分類方法，因爲只有備具一個簡易的檢字方法，才能夠在極短時間以內找到所要打的字的位置，才能夠提高打字速率。[illegible]老式漢文打字機之所以不能推廣，就是因爲用舊的分類方法找字太慢，速率太低的緣故。打字還不如抄寫省時間。由此更可以見，文字分類的研究對於促進文化，關係是如何之切了。姚仲拔先生研究漢字分類上的時間，也曾費去十年以上。[illegible]近以這新制度編成爲一部「四四字典」，最近問世。承編者美意，賜以一冊見貽。這個工作是對於中國文字依字形分類的一項新的嘗試，值得研究文字學者們的注意。這裏我想把它簡略的加以介紹，並略述拙見於後，用以就正於編者。

姚氏檢字法，完全依字形爲分類標準，其特色則爲尚未完全拋棄部首的制度。最先，他把所有的字（在他書中共網羅九六九〇字），先按照字第一筆的形態，分作四大類。這四大類，第一類曰「點」（、），第二類曰「直」（一），第三類曰「豎」（丨），第四類曰「撇」（丿）。其他筆畫，也依其近似之程度，分別歸於四類之中。[illegible]這是第一個分類。在這四個大分類之下，編者又照部首作爲次一步的分類。部首的地位，依照字的結構之不同，可以在字之上段，可在其左段，或爲其左上角。例如屬「點」類的「宇」字，部首爲字之上段（「宀」部），屬於「撇」類的「好」字，部首爲字之左段（「女」部），屬於「豎」類的「碧」字，部首爲字之左上角（「王」部）。部首數目一共九十，十六屬「點」類，二十三屬「豎」類，二十九屬「直」類，二十二屬「撇」類。比舊日部首之多至二百餘者，減少一半以上。

[illegible]再按部首之下的頭四筆，作爲第三步的分類。例如前舉的「宇」字，部首爲「宀」，[illegible]到它；「碧」字部首是「王」，[illegible]這個四筆分類項目的排列，還是先爲點，次爲豎，再次爲直，最後爲撇。[illegible]一共有二百五十六項。[illegible]再依以上的原則來編排。這四項程序，一曰「四筆分類」，二曰「四筆分部」，三曰「四筆在字」，四曰「四筆排字」，是故書名稱爲「四四字典」。九千多字依四四制編排之後，每字之下，用反切和國音字母注音，國音字母的右上角並以符號列四聲，下附異常簡要的解釋。

以上是姚氏新檢字法的簡略說明。這個新檢字法，對於一個完全陌生於舊式部首制度的人，檢起字來，所費時間當然可以節省不少。然若拿這個制度比於流行已久的四角檢字法，其速度如何，則尚須經過多次的試驗，一時尚不易判明。不過如根據以下三點來判斷，也許可先得到一個概念。

一、用四角號碼檢字法，我們從一個字的表面便可看出四角的代表號碼，翻到號碼出處，即可在同數碼的各字中尋出所要的字。它只有兩種分類，翻尋只須兩層手續，然而四四檢字法有大小四種分類，所須四層手續，所需時間大約比兩層手續爲長。

二、四四檢字法的第一分類只有四類，還容易翻查，但是第二分類較多，分類編列之前頁又沒有列上各部的頁數，翻找不太方便；而且第三分類達二百五十六項之多，絕不似四角號碼數碼先後（一種自然的順序）之爲簡便。

三、因宋體字和正楷字有錯形兩歧之字，因同爲宋體之字而楷，都仍有兩歧之字，又因書寫習慣不同而生兩歧之字，[illegible]雖是一種無可如何的浪費，但是於檢字卻又增加一層不便。[illegible]

圖書周刊

第三十四期

書評

四角字典 （續）

（[illegible]仁）

[illegible]編，[illegible]行，頁一一五〇四，二十六年初版，九月九日發行，基本定價一百五十元，加成發售，……

[illegible]

學術界消息

[illegible]

期刊簡介

倫敦大學東方學院學報

（第十一卷第四分）

（Bulletin of the School of Oriental Studies） R. L. Turner編，一九四六年 The School of Oriental and African Studies, University of London印行，定價十五先令。

本期共載論文十六篇，書評三十一篇。一九四六年爲英國著名東方學家瓊斯氏（Sir William Jones）的二百年誕辰。瓊氏生於一七四六年，卒於一七九四年。……本期有阿白雷(A. J. Arberry)的「瓊斯爵士的新材料」（New Light on Sir William Jones），[illegible]（V. de Sola Pinto）的「瓊斯與英國文學」（Sir William Jones and English Literature），特里頓（A. S. Tritton）的「阿拉伯文的研究者」（The Student of Arabic），[illegible]（A. Master）的「瓊斯對於梵文研究的影響」（The Influence of Sir William Jones upon Sanskrit Studies），韋理（A. D. Waley）的「作爲漢學家的瓊斯」（Sir William Jones as Sinologue）等。

此外本期尚有重要論文兩篇，一，亨寧氏（W.B. Henning）的「巴黎所藏粟特文寫本殘卷」（The Sogdian Texts of Paris），二，[illegible]氏（H.W. Bailey）的「[illegible]」（Gandhari）。

[illegible]一九四〇年[illegible]（Benveniste）[illegible]（P. Geuthner[illegible]）[illegible]「Mission Pelliot en Asie Centrale, vol.3. Textes Sogdiens, edites, traduits et Commentes par Benveniste」[illegible]。（[illegible]）

海外書訊

蘇聯文藝出版界動態

[illegible]

圖書周刊

袁同禮題

第三十五期

編纂「東北經濟小叢書」緣起

龔禮逸

三十五年四月廿三日我奉政府命自哈爾濱撤回到瀋陽，爲了稍稍休息一下，閒齋無事，便常到同人進進市場，我看到不全底本用地圖，改做裝水菓和菜食品的口袋，許多科學資料，當做廢紙在街上兜賣，以一二斤重的數量，只祖偽滿鈔票五元代價便可拆來。當時我便起了重大的疑惑：日本人說，中國只能接收日本所在的物資，並不能接收日本的事業，「物資」當然不僅限於「子女玉帛」啊！我眼看這樣情況，只好深深地嘆了一口氣。

東北九省同胞，在北部的很少不會說俄語的，在南部的能說日語的更見普遍了，而能說兩國語言者也不少；但是對於日俄兩國的國情，似乎很少明白。就是以前受過日本式教育的，關於日本滿鐵各機構，五十年來日人在東北方面的業務如何經營，以及對東北一切經濟、地質、考古等工作如何進行，此類已刊未刊的調書，似乎大都沒有深刻注意到。

三十五年八月間東北行轅經濟委員會爲調節東北物資事宜，設立一個執行調節事務的委員會，主任委員由張嘉璈先生自兼，常務委員是哈爾濱市長楊綽庵先生並負實際主持，經濟委員會曾交下十數名留用日籍人員，其中有的是偽滿時候的教授和行政官吏，他們以過去經驗提供諮議事項，在物調會組織部門之內並設立一個研究組容納他們，由一位陳覺人先生主持。爲了決策需要，提出了許多參考資料，並擬訂調節各項物資的計畫和調查報告，半年之內，這類稿件，居然蔚然成帙。我是以其他機關職員（因爲性之所近服務的），因調來物資調節會，所以常和會內研究組同仁接觸，因此得向他們請益之外，還閱讀了不少他們的研究和編譯底作品。

有一天陳覺人先生非常高興地告訴我：他打算編纂一部物資調節會刊，將所研究完成的稿件和圖表，分門別類，以叢書形式陳設，彙列爲一有系統的刊物，公之於世，供作全國經濟界與學術界研究東北經濟的資料，我聽了非常感動，便鼓舞他，既有這樣志願，何妨對編纂範圍稍爲擴充，將偽滿時期全東北整個經濟資源，關於那時的計畫、拓殖、產供、銷運等情形，一起包括在內呢。彼時我有三項意見。第一、現在距東北淪陷時間尚近，搜尋此項有關參考書籍或調查資料比較容易。第二、留用日籍人員，都有其限定留用期間，在這時期，對所編譯部門，如有疑義，能比較容易向其諮詢更正，也比較容易。第三、日人專家現在各機關者，東北的中央和地方留用於東北，可用委託方式，向其徵稿。當時我與陳君共擬一個計畫，要請楊綽庵先生核定，他認爲很好，願意全力支持；而研究組同人在公餘時間，也樂於從事促成，在這樣不斷地推動，結果便收到了許多稿件。

根據過去東北公私所已辦的經濟事業，將所有稿件，排比歸納分爲二十類，擬訂總目列下：

（一）東北資源及產業（上卷農業概況，下卷工礦概況）（二）人文地理（三）農業（分生產、合作、流通、加工四篇專述）（四）林業（五）畜業（六）水產（七）礦產（八）煤（九）鐵（十）機械工業（十一）化學工業（十二）水泥工業（十三）紙及紙漿（十四）纖維工業（十五）運輸工業（十六）電信（十七）電力（十八）水利（十九）金融（二十）貿易

編纂凡例初稿，是由我手訂的。其中比較重要的原則，我有數項主張：（一）編纂資料是以偽滿時期之東北九省經濟設施爲範圍，做一個斷時代的記述；但不能採取年鑑式的紀錄，只登載已往事項，一定要針對現實而發掘未來的展望；同時還要敘述到當時經濟底目的所在，以及凡所設施的結果，才有價值可言；（二）筆錄資料注重在經濟，並關於東北所有的資源，所以有的不厭其詳，有的只宜從簡，方不致成爲教材化。例如總目中之人文地理，包羅太廣了，僅以經濟地理爲範圍，人種、語言、宗教、部落、歷史等一切可以從略。又如在東北的化學工業可舉者亦甚有限。至於著錄與選擇資料，有由專類敘述者，有可歸併概述者。（三）偽滿地域，四併熱河省份在內，在甄錄到的稿件中，所敘述的經濟事業，如有涉及熱河者，雖不在現東北省區範圍，也應同時著錄或附錄，不必刪節。（四）大連一地，以前等於日本所有，現在成爲國際港，而主權屬於我國。關於過去運輸工業以及貿易方面的資料，亦應盡量搜集。以上四項主張，大體總算都被採納了；但是

慚愧得很，我根本不懂得日本文，此次參與編纂計畫，可以說是由陳先生過於謙虛地，接受我的提議；因爲他和王餘五先生都是名實主持人，因此我還要分神到編譯和印刊兩方面的工作。找專門譯述員，而且是臨時聘用，在公務員生活非常艱窘的今日，聘請人材自然難得滿意。編譯時間一延長，印刷費和紙料等的預算，更受到重大打擊。僅僅半年，紙張和印工費已漲了若干倍，尤其紙張之極度缺乏，時時更不可預料。陳先生因此非常擔心這事業要半途而廢，同時各方還要游物資調查會，這機構大局存廢問題，於此不能不佩服陳先生辦事的毅力，他表示他的決心，無論如何，總是照原來計畫幹下去。他感慨地說：「自三十四年蘇軍到了東北，一再接收，一再撤退，轉眼便費了三年工夫，原來的一切一切，都變了，縱然歷史上陳述的記載，保留下來，也許還有一點參考的價值。誰是今日的當何呢？誰也不能說有這樣的抱負，能夠做個『守而勿失』的實參，也就可以了」！

彼此會心的笑了一下，可以歡歡地幹下去，現在總算先有一二種稿件，已經開始校印了，爲了物價飛漲，影響到印工費，只好邊編、邊譯，邊印，邊校，二十種中，任何一種編譯完畢，即可交印發行，編不受限制拘束；（原定爲非賣品，後因印紙費成本太貴，對訂購者，不得不收些印紙費用。）好在全部資料，動之成爲叢書，分之各有各的獨立性，讀取當刊體裁，對於訂購者整購或零購三四種，和日後全部再版或選刊單版，都不致有何妨害。這完全是研究組王餘五先生及鄙人的計畫。

關於參考資料底選材，是否踏實；以及編譯能否正確等問題，尚我們個人在一部分資料審查後的見解，未認爲不能隨時的修正，因此更希望得到各方的指正，以便他日參考。此後對於東北散佚工作，不能不寄望於來者，尤其是地方人士。我參觀過瀋陽文溯閣四庫全書，讀了二十年六月遼寧省教育會所立「全書運復記」碑文：中載馮民先生語，有「天下中秘物，得之非難，既得之而能善保護，其難有百倍於前者。」我很希望東北人士對於運復和鈔補文溯閣四庫全書的決心，能擴充到接收籌鐵礦在部幾千種專門報告，而利用到各種調查研究的工作上去；但此猶不是減自己的威風，而是學術研究上應有的態度，想東北有識人士定能體會到這一點。

> **稿約**
>
> （一）本刊乃純學術性刊物，園地公開，歡迎投稿，尤注重中西新書評介及國內外出版界學術界消息。
>
> （二）本刊篇幅有限，新書評介限一二千字，出版等消息限數百字。
>
> （三）來稿如欲退還，希附寄郵票及書明地址之信封。
>
> （四）來稿請寄北平國立北平圖書館轉本刊編輯部，一經登載，敬致薄酬。

學術界消息

開明新出三部用新觀點寫成的史書

半年前，上海開明書店出版過一部「中世世界史」（王易今譯）。這本書把個人的活動和歷史的發展聯系起來，取的是全新的研究態度，所以很受歷史研究者的重視。現在王易今又譯成兩部史書：「古代世界史」和「近代世界史」（仍交開明書店印行）這三部書都是蘇聯科學院歷史研究所主編的歷史教程，在內容的寫法上，史料的選擇和分析方法上，大致都是一樣的，特別在歷史研究的方法論上，是一脈相通的。

「中世世界史」側重歷史發展基礎的經濟背景的探究，常從人民生活狀況上反映歷史的趨向，進而究明當時的政治制度對人民生活的影響，以及落後的和進步的思想在中世紀社會裏面的鬥爭。

「古代社會史」對於古代民族發展的重要過程，都有簡明扼要的敘述，對一個民族與別民族的糾葛，特別歷史事件的發生和演變，都不肯輕易忽略它們的重要關鍵。此外，古代社會是建築在奴隸勞動基礎上的，奴隸勞動創造了古代的文化，這本書不僅對那些作爲奴隸主的帝王將軍們的事蹟，有重要的羅列，同時對於那些構成古代社會基礎的奴隸，他們的勞動，他們的生活狀況，他們的暴動和反抗，也有詳盡的敘述。

「近代世界史」從一七八九年敘述到一八七〇年，這九十一年的時間，正是世界資本主義勝利和確立的時期。研究世界資本主義的歷史，對於我們近代歷史痛苦過程的瞭解是很有用處的。這本書所敘述的每一歷史事件發生的背景，發展進程，其結果，其成功或失敗的原因和教訓，都有詳盡的描寫。

這三部書原是爲青年讀者編寫的，所以除開很生動的說出正確的歷史觀點之外，更極力避免呆板的平舖直敘，枯燥的人名地名堆砌，而時時採用優美的筆調，寫時生動凸出，深入而淺出。

東北經濟小叢書弁言

楊綽庵

三十五年七月，綽庵受命兼任東北物資調節委員會常務委員，主持會務，以業務有關，對於東北資源之分布及以往調節供應之方法，時加研討，而頗感興趣，今春供應事務，增劇，參考資料需要甚切，同人[illegible]經邁、陳覺人二君，建議編輯東北經濟小叢書，蓋以東北富藏，甲於全國，十五年來凡偽滿之所計畫、拓殖、產供、運銷各情況，知者固多，而述者絕少。光復以後，迭經擾掠，機構毀壞，圖籍散佚，縱有調查報告，亦非全面，對經濟既無以轉興復，對文史亦鮮可資探討，但其過往設施之成效得失，如時未遠，尚有可徵者；如將年來所完成之各種研究文件，并選譯各方留用日籍經濟專家之撰述，博采約取，編爲叢書，公之於世，不獨可供興復各經濟機構方案之參考，且亦不失爲學者研究東北以往經濟設施之資料。

綽庵又以其工作繁鉅，時使本會研究組主持其事，並考察東北公私方面所已開發之經濟事業，依農、水利、林、工、礦、交通、金融、貿易等部門，歸爲二十類，排比已採集之稿件，分類撰訂，擇要明確，或編或述，使完成一有系統之紀錄。自今年二月間開始，迄本夏七月間，計已完稿者四分之一。又以時局之動盪無定，物力人力兩受影響，紙料復感缺乏，勢不能不從迫時事；茲權宜定，除乙增減，即須先分批校印，限於環境，難以目次。至於所采擇者，是否確實；其敘述以往之設施，有無舛誤，而今後計劃之期待，則尚有望於研讀本叢書者之匡正，再謀日後之續附。總之，綜理有當，庶幾行之無弊，而知之維艱，茲編之意亦猶是耳。

參與編訂者爲陳覺人、王餘五、丁樹任倩三先生；分擔譯述者有薛鳳鳴、王保興、劉貫乘等諸先生及留用日籍人員谷川長治、磯健三郎諸氏。

海外書訊

蘇聯科學院一九四七年新書

根據蘇聯科學院「出版計畫書」（The Prospectus of Books），一九四七年將刊印新書四百十五種，其中計總類三十種，目錄學十七種，數學，天文，物理四十二種，化學三十六種，地理及地質三十八種，生物科學四十九種，工程四十八種，歷史及哲學六十一種，經濟及法律十二種，文學及語言二十二種。

「總類」新書，計有：蘇聯科學院已故院長克馬洛夫文集第二、四兩卷，奧勃魯契夫的「東蒙古的地質和山脈」，亞歷山大洛夫的「論現代資產階級的社會學」，「蘇聯建國三十週年紀念集」等。

「數理天文類」，計有中國學者華羅庚的「素數論」（數學研究所專刊第二十二冊），「軍事學上的天文學」（論文集），「一九四七年星曆」等。

「生理科學類」，計有：「蘇聯牧地上的有毒植物」，普羅高斯夫的「馬鈴薯的生物化學」，杜加林諾夫的「蘇聯的鳥類」等。

「歷史哲學類」，計有：克斯明斯基的「英國十三世紀農業史的研究」，羅曼諾夫的「日俄戰爭外交史」，德波林的「蘇德戰爭期間的國際關係及蘇聯的外交政策」，「彼得大帝書信集」第七卷，路甫楚克的「俄國哲學史略」等。

「經濟法律類」，計有：維史涅夫的「第二次世界大戰中資本主義國家的工業」，羅西里耶娃的「印度支那」，奇契里揚的「亞里斯多德的國家學說」等。

「文學語言類」，計有：「美國文學史」第一卷，阿列克謝列夫的「高爾基在中國」，拉都里——札杜洛夫斯基的「儒家及其在日本的流傳」等。

史前年代學概論

英國學者恩奈爾氏（F. E. Zeuner）對史前考古學素有研究，現任倫敦大學考古學教授。最近恩氏把他的講稿，加以整理，編爲「史前年代學概論」一書，原名 Dating the Past—An Introduction to Geochronology，本書已於一九四六年底由倫敦的米騰公司（Methuen）出版，全書四百餘頁，附圖二十四幅，售價三十一先令。

史前年代學（Geochronology）是一種新興的學問，它與地質學，古生物學以及物理學都有密切的關係。史前年代學的主要應用是在史前考古學和古人類學方面。

恩氏此書共分四大章，時代是由近而遠。第一章討論北美洲的史前史，其年代約爲紀元前一千年。第二章討論金屬時代，新石器和中石器時代，其年代約爲一萬五千年以前。本章所包括的地區，有英國，法國，德國，丹麥，瑞典，芬蘭等。

第三章討論舊石器時代，其年代約爲一百萬年以前。本章所包括的地區有：英國，法國，中歐，東歐，葡萄牙，西班牙，亞洲，非洲等地。本章最末一節論及舊石器時代的古人。第四章討論地球的歷史和人類出現以前的世界，其時代約爲十五萬萬年以前。本書末附有詳細的參考書目與索引，頗便讀者云。

英國社會史發行第三版

英國史學家特里未利安博士（Dr. G. M. Trevelyan）生於一八七六年，對於英國歷史素有研究。他的名著「英國史」（The History of England）已經有了錢端升氏的中譯本（民國二十二年商務印書館出版）。他的著作，如「十九世紀英國史」「安娜女皇時代的英國」等多半由朗曼斯・格林（Longmans Green）公司發行。

最近他的「英國社會史」（English social History）已由朗曼斯・格林公司刊行第三版，目前爲止，本書發行的冊數已近二十五萬冊，本書流行之多概可想見。

本書所包括的年代共六世紀，即自喬叟（Chaucer）起至維多利亞女王止，作者對於這六百年間的英國社會的演變，予以精闢的分析。

本書現已決定譯爲法、德、義、西班牙、瑞典、捷克、丹麥、荷蘭文字，此外芬蘭、希臘、匈牙利、希伯來四種文字的譯本，亦正在洽商中。本書英文本現售價二十一先令云。

圖書周刊

胡適題

第三十六期

維護古文物的緊急動議

學術界消息

瑞士哲學界近訊

（La Société romande de Philosophie）……（Schweizerische Philosophische Gesellschaft）……（Deutsch-Schweizerische Philosophische Vereinigung）……（Philosophische Gesellschaft Innerschweiz）……（E. Heuss）……（H. Kunz）……（M. Landmann）……（P. Kamm）……（H. Zantop）……

讀鄭鶴聲「班固年譜」

三十七年一月二十日於北京大學

海外書訊

英國史料集

英國布里斯托爾大學（University of Bristol）歷史教授道格拉斯氏（David Douglas）最近主編一套叢刊，名爲「英國史料集」（English Historical Documents）。本叢刊的編輯主旨，是要提供原始的史料，不加任何的偏見，以便對英國的歷史作一客觀的認識。本叢刊共分十二冊，每冊包括一個特定的時代，並由專家一人執筆。

第一冊包括的時代，爲紀元五〇〇年至一〇四二年，本冊由懷特羅克女士（Miss D. Whitelock）編著。第二冊的時代，爲一〇四二年至一一八九年，由道格拉斯氏執筆。本叢刊預定自本年起開始印行，兩年出齊。本叢刊將在英美兩國同時出版，英國版將由愛·斯波蒂斯烏德（Eyre & Spottiswoode）公司發行，美國版將由紐約的牛津大學出版社發行云。

× × × ×

國際圖書展覽目錄

去年七月英國的「國民圖書同盟」（National Book League）……（Walter Lewis）……「書的設計」（Book Design. A Catalogue of the Second International Exhibition Arranged by the National Book League at 7 Albemarle Street, London, 1947）。這本目錄共五十六頁，已由劍橋大學出版社……

× × × ×

讀書指導小叢書

英國的「國民圖書同盟」（National Book League）……原名 The Readers Guides Series……

這套小叢書的第一種「詩的欣賞」（Enjoying poetry），已由劍橋大學出版社出版，爲當代英國名詩人路易士氏（C. Day Lewis）所著……（Rhythm, Rhyme, Repetition）……

其他陸續出版的小冊，計有：薩德勒氏（M. Sadleir）的「圖書的收藏」（Book Collecting），福斯氏（H. Foss）的「音樂記書錄」（Books about Music），特列維林安氏（G. M. Trevelyan）的「傳記文學」（Biography），斯密司氏（S. Smith）的「小冊書目」（Pamphlet Bibliographies），斯特里特氏（A. G. Street）的「農業」（Farming），赫胥黎氏（Elspeth Huxley）的「殖民地問題」（Colonies）等。

中華民國三十七年二月十三日　大公報　（星期五）　（第四版）　天津　（第一張）

圖書周刊

袁同禮題

第三十七期

家譜中開發雲南的事例

——繆氏開發宣威記略——

萬斯年

這裏所記的，是宣威繆氏開發雲南的事例，尤其是在農業上開發的事例。所根據的是民國二十六年繆果章撰的「宣威繆氏族譜」。（註）

宣威繆氏，原來並不是宣威人，他們的始祖，正如多數的非原來土著的雲南人的說法一樣，是在明洪武間有計畫地開發滇黔的時候，遷徙過來的。據記錄：

「夢階鼻祖守成公，原籍江南松江府華亭縣二十六都人氏。明洪武閒調，以副吏事，設法充實地方，原屬黔之烏撒衛後三所，至天啓四年始撥歸於滇，遂爲雲南籍。」（康熙元年繆淑撰「閬陵繆氏系譜纂序」。）

但在繆氏族譜（後稱族譜。）年譜中守成事蹟後註有：

「烏撒衛者，今貴州威寧縣城，即其治所。其屬後三所，即今宣威縣，所城即今宣威縣地，宣威縣所管宣化里之城，舊爲所千戶所，其衛署即設於此，而滇之霑益州洗官中州與同城焉。我祖來時，適至後三所乎，抑先居衛城乃移至後三所也？以威寧城外猶有繆氏古塚，似……在第二步。」

不管他是先到衛城也好，還是遷到千戶所也好，總之他是隨着衛所制度來到雲南的。明代的衛所制度，便是寓兵於農，也便是使將士就地生產開發的偉大辦法。……

[illegible]

期刊簡介

德國真菌學雜誌

德國真菌學雜誌Annales Mycologici，創刊於一九〇三年，由真菌學家Sydow H.個人集資出版，並自任主編。該誌雖在德國出版，但所載論文，均係世界各真菌學家研究之結果，故實爲一國際性之刊物。四十餘年來，Sydow氏慘淡經營，貢獻至大。歐戰期間，該誌仍照常出版，迨至一九四五年四月，出版所被燬，次年六月，Sydow氏去世，該誌遂告夭折。最近奧國自然歷史博物館Petrak, F.博士，爲之復刊，惟易名爲Sydowia，以示紀念創辦人之意。該誌同年暫出四期，定價瑞幣四十法郎。創刊號於今夏出版，有Petrak重要論文多篇。以後各期重要論文有On Chinese Fungi, Fungi aequatorienses, Fungi dominicani III, Contributions towards the Fungal flora of Philippine Islands, the hypocreoid Dothideales等。Petrak博士之通訊處爲：Botanische Abteilung, Naturhistorische Museum, Wien, 1, Burgring 7, Austria. 出版地點爲：Ferdinand Berger, Buchdruckerei und Verlagin Horn, Nied.-Osterr.

新書評介

開明新編中等英文法

龍辰

呂叔湘著，上海開明書店印行，三十六年十月初版，每部二冊，定價四元六角，加成發售。

自從抗戰後期到現在這五六年中，英文書似乎又在出版界中走起紅運來：會話，文法，學習手冊，所出不窮。這其間有多少是不帶投機性的，很難說。這本「中等英文法」可算是少數規規矩矩寫作出來的中間的一本。作者是研究中國文法的，但似乎有過教英語的經驗，所以這本書寫的切合實際，相當的不錯。

談到中學所用的英文法教科書，可以分三個時期：清末民初是納氏文法的時代，以後漸有國人自編的教科書，民國二十年以後又以採用美國教本爲時髦，如Correct English之類。納氏文法的不適用，不必再說。國人自編的教本，大多數也還脫不了納氏的系統，惟有林語堂的「開明英文法」推陳出新，獨樹一幟。這本「表現主義派」的文法，好是很好，可是跟傳統的編制相去過遠，在不太熟練的教師手上，不是一本好教本。至於美貨，無論在美國多麼適用，到底有多少不合國情的地方，時時令人有「隔靴搔癢」和「無的放矢」之感。說實話，中學英文本來不一定要講系統的文法；如果要教，都倒真有編一本合用的教本的需要。這本書分上下兩編，分訂上下兩冊……

[illegible]

圖書周刊

裘開明題

第三十八期

讀「新美學」

馮　契

三十五年五月出版　基本定價

稿約

（一）本刊乃純學術性刊物，園地公開，歡迎投稿。尤注重中西新書評介及國內外出版界學術界消息。（二）本刊篇幅有限，新書評介限一二千字，出版等消息限數百字。（三）來稿如欲退還，希附寄足郵票及書明地址之信封。（四）來稿請寄北平國立北平圖書館轉本刊編輯部，一經登載，致敬致酬。

中俄外交史料之探原與整理

張鐵弦

International Relations of the Imperialism Period

Red Archive

N. N. Muraviev

Y. Barsukov

期刊簡介

中國作家

科學大衆

學原

主流

圖書周刊

袁同禮題

第三十九期

「中國版畫史圖錄」述評

王育伊

鄭振鐸編輯，民國二十九年起分輯出版，截至三十五年已出五輯，每輯四冊，珂羅版及木刻彩色套版精印，線裝錦函，上海良友復興圖書印刷公司總經售，售價未詳。

鄭君振鐸十數年前曾撰著「插圖本中國文學史」，其圖版大都采自刻本舊籍之插圖，一時頗受讀者歡迎。又曾與魯迅合輯「北平箋譜」，以木刻彩色套版印刷，爲藝林盛事。案吾國版畫，起源當與雕版印書同時。迄今西洋現代印刷技術輸入，書籍中之插圖，木刻者幾成絕響，而鄉間流行之灶神年畫，猶有木刻者存在。版畫之價値，不僅可藉以考見歷代藝術之消長；從一部分寫實之作品上，使可窺察當日生活狀態，風土人情，故可謂社會史之絕好資料。

鄭君此圖錄，蓄懷經營多年，分輯出版。始於二十九年，至今已出五輯，每輯四冊，已出者凡二十冊。茲略述各冊內容如次：

第一冊「唐宋元版畫集」；選印畫幅與書籍三十九種，得畫一百又二幅。早期木刻大都爲單張佛畫，刻藝已臻圓熟。宋代諸刻，多爲經籍插圖，「梅花喜神譜」則爲文人作品。宋代佛經，不及唐刻之精。元刻多爲醫藥書，圖皆粗劣，較精者當推「三國志平話」。

第二冊「明初版畫集」；選印洪武至正德一百五十餘年間所鐫之插圖書籍二十六種，得畫七十三幅。此百餘年之版畫，僅永樂間所刊佛經插圖相當工細，與正德刊本「欣賞編」兩圖爲寫實之作外，其餘大抵呆滯粗劣，無甚可觀。

第三冊「嘉隆版畫集」；選印嘉靖隆慶兩朝所刊書籍二十四種，得畫一百幅，此期版畫雖漸有生動之氣，然尚未脫宋元意味，刻工亦粗拙，「東魯王氏農書」各幅較爲可觀。

第四冊「金陵所鐫版畫集」；選印萬曆至崇禎間金陵所刊書籍二十四種，得畫九百二十八幅。此二十四種書，二十一種爲傳奇小說類。大抵萬曆初期作品，粗拙如嘉隆時物，中葉以後，漸趨精緻，人物面部表情，亦不若早刻之呆版。「琵琶記」「義烈記」諸圖，與冊中其它作品，工拙相去頗遠。「義烈記」又極繁麗矣。

第五冊、第六冊「黃氏諸家版畫集上、下」；上冊選印書籍九種，得畫六十六幅，下冊選印書籍二十種，得畫八十一幅。又三卷，皆新安虬村黃氏一家諸名手所鐫，時代亦大都爲萬曆以後，書籍爲詞曲傳奇。金陵名手有黃氏富春堂，陳氏繼志齋，其作品雖爲數不少，但其藝術似不逮新安諸黃。此兩冊中，黃一楷所鐫起鳳館本「王李合評北西廂記」及黃應組所鐫「人鏡陽秋」各幅，作風大類。第四冊之「環翠堂樂府」「義烈記」。黃應光所鐫「昆侖奴雜劇」，「校注古本西廂記」，及黃一彬所鐫「青樓韻語」各幅，作畫頗爲清新，黃應組所鐫「坐隱圖卷」，雕藝可謂已臻化境。黃一光所鐫「李卓吾評本琵琶記」、「小瀛洲圖卷」、「元曲選」，黃一彬所鐫「西廂五劇」，圖既饒文人意境，雕鐫又得心應手，不爽原稿精神，令人把玩不忍釋。

第七冊「明刊畫譜、墨譜選集」；選印書籍十七種，得畫八十七幅。諸譜早者刻於宣德，晚者爲崇禎間。「夷門廣牘」本「畫藪」諸幅所繪人物極爲幽雅。「香雪林集」做「梅花喜神譜」，而視前者爲繁複。「程氏墨苑」有西洋宗教畫及英文字，爲中西文化交流之絕妙資料。「方氏墨譜」及方瑞生「墨海」各圖繪刻皆精妙，後者有琴羅門一幀，繪西式建築，新穎可喜。

第八冊「汪劉鄭諸家所鐫版畫集」；選印萬曆中葉至崇禎末所刊書十三種，得畫九十二幅，各書亦大都爲傳奇說部之類。「水滸」「金瓶」兩書插畫，尤爲佳製，惟精美當推「吳騷」「琵琶」中各幅。

第九至第十二冊「十竹齋箋譜」四卷；此四冊竹齋箋譜，係由鄭君委託北平榮寶齋箋紙店照通縣王氏鳴晦廬藏明崇禎原刻本仿古影刻五彩套版印刷，除所據原本間有缺頁外，鄭君並未加以刪汰，悉仍原書之舊。其第一冊，鄭君在平任教燕京大學時，即已刊成；至二、三、四各冊，則由鄭君友人趙萬里君代爲督印，自民二十四年迄二十九年，歷時六載，始克成書，當時之久，際力之巨，實爲近代出版界中所僅見。十竹齋主人胡正言，字曰從，上元人，工繪事，所刊「畫譜」與此「箋譜」並有盛名於時。此譜原本成於崇禎甲申，反映明代士大夫清玩之最，就譜取彝器，花石，人物、故事等，刻爲小圖，小者方寸，大者不過三四寸許，共得三四十類，爲圖二百五十事。命曰「箋譜」，其意書供點綴書箋紙角者。雕刻既精，設色尤美，其彩色凸紋印，尤具匠心。卷二「入林」一類，卷四「香雪」、「韻叟」兩類，皆刻供遊翫。

第十三冊「陳老蓮博古葉子」、「水滸葉子」；此冊就陳氏兩種作品全部影印，未加選汰。陳氏名洪綬，字章侯，號老蓮，諸暨人。生明末，亡國後削髮爲僧。其畢生悲憤之情具見於詩文圖畫。其畫有奇氣，人物尤古樸，可塞。所作「九歌圖冊」，可見本圖錄第六冊。此兩種，張子，爲「水滸」四十幅，「博古」四十八幅。「水滸」僅畫說部中人物，每幅一人，並有贊語，刻工黃肇初姓名僅見一紙。「博古葉子」雖以古來極貧極富人物爲題，但取其人之故事爲圖，每幅中所圖大都不止一人，復有器物花木之類爲點景，其繪圖之精雅遠過「水滸」，而刻工黃子立刀筆又能纖毫不苟，不啻墨本，眞奇觀也。黃子立，新安人。黃初，殆亦新安諸黃之一。

第十四冊「明清之際版畫集(上)」；選印書籍二十二種，得畫九十一幅。「東西天目山志」各幀爲山水佳構，「農政全書」爲紀實物之作。「張深之定本西廂記」各圖爲陳老蓮手筆，人物古樸，刻工亦佳。李告辰本「西廂」及「古今奏雅」插圖作團扇式，頗爲別緻。「二刻拍案驚奇」各圖人物，栩栩欲活。蕭尺木之從所繪「離騷圖」，雖爲名作，但視老蓮則有遜色矣。此冊題「明清之際版畫集(下)」，當另有「上冊」，不知應列入本書第幾冊也。

第十五冊，尚未出版。

第十六冊「太平山水圖畫」；明代書籍之具插圖者，十之八九爲傳奇說部書，故人物故事畫最多；其次則兵書及古器物圖譜；地方志乘插圖及山水畫譜爲數較少，亦較後起。此冊原本爲清順治戊子所刊，爲圖四十三幅，繪當塗蕪湖繁昌三縣境內山水名勝，繪者明遺民蕭雲從，刻者劉榮、湯尚、湯義等。蕭雲從之繪此冊，蓄意邑等發萬壑之趣，供其爲臥遊之具，目錄題萬選編爲注。每幅實仿傚宋元明山水名家筆法，繫以唐宋名家詩，版畫造詣，至此，已臻極峯。圖錄影印全冊未加刪削，又用胡蝶裝裝訂，古色古香，洵可寶愛。

第十七冊「康乾版畫集」；選康熙至乾隆所刊書四十一種，得插圖一百十八幅。清代文物，多襲明舊。康熙雍乾物力豐盈，惟版畫藝術，則視明季頗有遜色。「萬壽盛典」各圖，其長處不在藝術而在寫實。「禮器圖式」「皇清職貢圖」則爲實用圖象，自以眞確爲主。其寫人物爲主之「百美新詠」與「紅樓夢」插圖，持較萬曆時人之「西廂」「琵琶」諸圖，不禁令人興退化之感。消長之故，耐人深思。

第十八冊「嘉道以來版畫集」；選印書籍四十二種，得畫七十三幅。「讀畫齋題畫詩」及「讀畫齋偶輯」諸幅，皆清雋之品。「二南訓女圖」寫刻俱劣，其寫事之馬，畫作偶蹄，尤不可解。「泛槎圖」用山水筆法，尚有佳致。「番漢通書」繪汽輪火車，「海家墳工圖」繪抽水機，則爲寫實致用之書。「江南鐵淚圖」刻畫雖粗，惟人物表情盡肖。「列仙酒牌」及「水滸全圖」繪刻皆佳，但不及老蓮諸作。「[illegible]軒畫傳」「[illegible]小品」套版印，任渭長爲各幅別致。「印香圖譜」爲圖案圖之作，別開生面。

第十九冊，尚未出版。

第二十冊，尚未出版。

第二十一、二十二冊「詩餘畫譜上、下」；此譜原本爲明萬曆間作品，有黃冕仲跋。編者爲宛陵汪氏，自「草堂詩餘」中選唐宋人詞一百首，倩名家繪畫書詞。雖有勉強拼湊之跡，而佳品亦不罕見。刻工不留姓名，刻藝視黃氏所鐫各種傳奇插圖爲遜。影印本原缺三幀。鄭君此書，大體以時代先後爲次，惟以下各冊爲明代作品，列在清代，未審其故。

第二十三冊「萬曆版畫集上」；選印書籍十三種，得畫六十四幅。惟「琵琶」、「丹桂」、「牡丹亭」、「南柯夢」諸幅較爲可觀，「百詠圖譜」諸幅纖細富麗，然堆砌太甚，刻藝亦拙。

第二十四冊，尚未出版。

鄭君翻印圖錄之外，又影印「顧氏歷代名公畫譜」四冊，以格於體例，故別爲單行本，爲圖錄外集之一。顧氏名炳，字黯然，號懷泉，錢塘人，善畫花鳥。選晉迄明歷代名人畫尺幅，倩人手寫，畫家小傳及評語，合而刻之。原本鐫於萬曆癸卯，傳本甚稀。鄭氏所得本尚是明時裝池，審爲初印，故可複製以廣流傳。顧氏所摹凡晉宋梁陳各一家，唐十一家，五代三家，宋三十三家，元十五家，明四十二家，每家一幀。雖鐫刻者精美，覩此足徵萬曆朝版畫藝術之盛矣。

稿約

（一）本刊乃純學術性刊物，園地公開，歡迎投稿，尤注重中西新書評介及國內外出版界學術界消息。

（二）本刊篇幅有限，新書評介限一二千字，出版界消息限數百字。

（三）來稿如欲退還，希附寄貼足郵票及書明地址之信封。

（四）來稿請寄北平國立北平圖書館轉本刊編輯部，一經登載，敬致薄酬。

學術界消息

中國合作出版事業概況

中國合作圖書出版事業，頗爲發達，全國數十萬合作界人士，受合作圖書出版事業之賜，可以想見。目前具有歷史性之合作出版事業，計有四所，茲分別介紹於下。

（一）中國合作學社，該社成立於民國十七年，合作界著名人士，均爲該社所網羅。出版合作書刊甚茂，社重要工作之一，由王世穎氏主持，自民國十七年起除發刊「合作月刊」外，計出版合作專書五十餘種，其中較重要者如左：

(一)什麼是合作，J.P.Warbasse著，溫崇信譯。
(二)丹麥合作運動，Smith Gordin著，王世穎譯。
(三)農業合作，C.Gide著，彭補拙譯。
(四)余威廉的合作思想，孫錫[illegible]著。
(五)合作與其他社會運動，王志莘譯。
(六)合作商店經營論，王世穎譯。
(七)印度農村合作運動，壽勉成譯。
(八)歐洲合作事業考察記，陳仲明著。
(九)歐洲各國農村合作制度，孫錫秋譯。
(十)合作金融，侯哲葊著。
(十一)農村運銷合作經營法，侯哲葊著。
(十二)日本之農村合作運動，孫錫秋譯。

（二）合作與農村出版社，該社成立於民國二十五年，專以出版合作書刊爲目的，抗戰八年中迄未停止活動。爲侯哲葊氏主持，除於二十五年起發行「合作與農村月刊」外，計出版合作專書約二十餘種，其中較重要者如下：

(一)運銷哲學，侯哲葊著。
(二)運銷與合作主義，侯哲葊講演集。
(三)合作理論之體系，侯哲葊著。
(四)斑色論合作主義，Dande-Bancel著，彭師勤譯。
(五)合作諸類型及其關係，Kaufmann著，彭師勤譯。
(六)勞動者與消費合作，Standinger著，馬心鑒譯。
(七)勞工問題與消費合作制度，Wilbrandt著，許滌民譯。
(八)世界合作運動百年史綱，譚天愚萬行淸著。

（三）中國合作經濟研究社，該社成立於民國三十年，以研究合作學術及刊行書報爲業務，由陳仲明氏主持，除發行「合作經濟月刊」外，並刊行專書數種，其已出版者有：

(一)合作經濟制度，彭師勤譯。
(二)合作經濟基礎教程，陳仲明羅虔英著。
(三)生產者與消費者，羅虔英著。

（四）中國合作圖書用品生產合作社，該社成立於抗戰以後，以出版書刊爲主要業務，林嵘氏主持，除發行「合作評論」外，並出有書籍多種，其中重要書籍如下：

(一)中國合作經濟政策研究，壽勉成著。
(二)農業金融論，王世穎著。
(三)墾殖貸款公平計概史，彭師勤譯。
(四)合作社法要論，林嵘著。
(五)合作金融要義，張則堯著。

除上述四項機構外，多爲各省合作主管機關之報告，間有發行書者，爲數不多，不及備舉云。

(第一號) 中華民國三十七年三月六日 大公報 (星期六) (第四版) 天津

圖書周刊

袁同禮題

第四十期

曹汗奇「新理學研談」書後

王 璧

無極與太極

從來對於無極太極的解說很多，而都有些近支離：不。我常想解說於近支是對的，因試作新解如左。

馮友蘭先生在所著「新理學」裏，對無極太極有所解說。我們研究哲學的人，應該注意。[illegible]

在馮先生的系統中無極太極是：「……太極與無極，正是兩個相對的觀念。……一個是有名，一個是無名。……由無極而太極中間之過程，即是我們的實際世界。此過程我們名之曰『無極而太極』。」（註一）

[illegible]

馮先生與曹先生的解釋不同的是：馮先生以為太極與無極正是兩個相對的觀念；曹先生則以為太極不是相反的，而且相成。[illegible]（註二）

[illegible]

正無窮　三　二　一　零　負一　負二　負三　負無窮

太極（最有理性）　無　無極（最無理性）

[illegible]

新書評介

恒星圖表

李 流

[illegible] 印書館出版，全書一〇九頁，附圖十二大幅。定價二元六角，加郵費。

本書從初版至今，已有十年時光，然因該書出版不久，即值中日戰爭，[illegible]

[illegible]

（三）用圖索引：分中西文星座索引二種。

（四）星表（Star Catalogue）：本表包括主要的恒星八一三顆，[illegible]

（五）星名對照：分中名對照和西名對照兩種 [illegible]

（六）星座簡說 [illegible]

[illegible]

紫羅蘭姑娘

李 純 勝

原著者：Christopher Isherwood

譯　者：卡之琳

出版處：文化生活出版社

「紫羅蘭姑娘」，原名 Prater Violet，[illegible] Norris Changes Trains）及「再會柏林」（Good-bye to Berlin）[illegible]

[illegible]

期刊簡介

中國物理學報

中國物理學報「Chinese Journal of Physics」，爲中國物理學會所編印之期刊，專載物理學者之創作論文。爲與國外學者交換知識起見，論文限用英德法三種文字，惟每篇皆附有中文提要，以便初學翻閱。

本刊創刊於民國二十二年。三十年至三十二年曾停刊三年之久。三十三年復刊於昆明，抗戰勝利後遷北平印行。年出兩期，六月一期，十二月一期。現已出至七卷一期，北平東皇城根四十二號北平研究院龔士功先生代售，每冊價約三萬元。重要論文計有趙廣增、李蔭遠之「二元合金的熱電效應中溫度之推算」，黃昆、葉楷之「高空電離層之因素」，余瑞璜之「衍射數據之計算方法與光強之比較」，周培源之「二不能壓縮氣體的分片合流運動」，錢偉長之「圓板在均佈重壓下所生之撓曲」等五篇。

海外書訊

英國本國史

英國生物學家霍格朋氏（Lancelot Hogben），現任伯明罕大學教授，最近霍氏主編叢書一種，名 Primers for the Age of Plenty，由倫敦愛倫公司（George Allen & Unwin）發行。

本叢書第四冊，「英國本國史」（History of the Homeland），業已出版，共六〇〇頁，售價十八先令。本書作者爲漢彌頓氏（Hamilton, Henry），書中所討論的問題，大致可分兩部分，第一部分敘述大英帝國的建立，資本主義的發展等；第二部分爲英國國民生活史，如衣，食，住，行等問題。

聯合國概觀叢刊

美國加里福尼亞大學出版社，自去年起發刊「聯合國概觀」（The United Nations Series）叢書，由凱奈爾氏（Robert J. Kerner）主編。本叢刊已出各冊，有麥克奈爾氏（Mac Nair）的「中國誌」（本刊業已介紹），高維斯氏（Govis）的「比利時」，史密特氏（Schmitt）的「捷克」，凱奈爾氏的「南斯拉夫」等。

最近本叢刊又出版三冊，計有格瑞特納氏（Gratnat）的「澳洲」，希爾氏（Lawrence F. Hill）的「巴西」，柏爾蕭氏（H. Belshaw）的「新西蘭」。本年度擬出版的，還有「美國」，「法國」，「波蘭」，「加拿大」，「印度」，「希臘」，「南斯拉夫」各冊云。

圖書周刊

袁同禮題

第四十一期

讀「東方白」

——美國派赴日本教育團報告書——

(Report of the United States Education Mission to Japan)

鄭宗海（晚滄）譯述，三十六年十一月上海商務印書館出版，每部一冊，定價二元，加成發售。

王承緒

在戰後世界的許多教育問題中，一般人的視線，都集中在如何謀國際的了解，消滅未來戰爭的禍根，這也是聯合國教育科學文化組織成立的一個主因。可是，戰敗國的再教育的問題，也正是多人所關懷的。在聯合國組織(UNO)成立以前，倫敦曾有一個國際性的集會，稱International Assembly，主持的是英國的薛西爾勳爵(Lord Cecil)，作者曾代表中國出席該會的教育委員會，當時對於敵國戰後的教育問題，頗多討論，作者曾提出一篇關於日本再教育的專文，從社會結構和歷史背景的觀點，討論戰後日本教育應有的改革。前年五月，在聯教組織籌備委員會的教育小組委員會集會英京時，巴西代表加納洛教授(Prof. Carneiro)即強調戰後德國青年教育問題的重要性。[illegible]是一個比較複雜而困難的問題，[illegible]

[illegible]

美國教育代表團[illegible](Kefauver)[illegible]

[illegible]

方面的專家，同年三月代表團抵日本。先研究日本[illegible]

[illegible]

期刊簡介

歷史語言研究所集刊

[illegible]

中國考古學報

本學報爲「國立中央研究院歷史語言研究所專刊」之第十三種，由傅斯年李濟主編。原名「田野考古報告」，此爲改名後之第一冊(The Chinese Journal of Archaeology)，仍由上海商務印書館出版，三開本一巨帙，定價十元，加成發售。本期內容論文六篇：[illegible]

時代與思想

本刊係由浙江大學文學院院長張其昀氏主編，[illegible]

稿約

[illegible]

圖書周刊

袁同禮題

第四十二期

稿約

（一）本刊乃純學術性刊物，園地公開，歡迎投稿，尤注重中西新書評介及國內外出版界學術界消息。（二）本刊篇幅有限，新書評介限一二千字，出版等消息限數百字。（三）來稿如欲退還，希附寄貼足郵票及書明地址之信封。（四）來稿請寄北平國立北平圖書館轉本刊編輯部，一經登載，敬致薄酬。

介紹幾冊與造林有關的西書

郝景盛

春風帶來了與季節完全不同的景象。我們林人工作的好地方，山野荒郊，到處燃著烽火。自然界的工作不能進行，只有回到室內，其實感此苦悶者何止學林人！現在向青年學生，介紹幾冊近年出版的英文的與造林有關的書籍，以作圖書週刊的補白。

一、實用造林學

The Practice of Silviculture by R. C. Hawley, 70 fig. 354 pp. (1947) John Wiley and Sons, 定價美金四元。

著者現任美國耶魯大學森林系造林學教授，乃美國造林學界之權威。此書是一九二一年出的第一版，一九二九年再版，一九三五年三版，一九四六年四版，一九四七年五版重印。這書雖名「實用造林學」，實是一部森林作業的專書。全書計十六章，三五四頁。每章之末皆附有參考文獻。五版的紙張不如四版好。此書性質是教科書，著者序文中說，每星期二小時，半年授完。書末有索引及林木英文名稱與學名對照表。第一二兩類爲一般的敘述，第二分章詳寫光伐作業，傘伐作業帶自然更新，擇伐作業，矮林作業，中林作業，保殘作業，間伐，受光伐，伐枝，控制間伐的方法等。如要知道這些名詞的含義，可參考拙作「造林學」（商務印書館出版，大學叢書，三一〇頁，民國三十三年重慶初版，三十五年上海初版）。

二、森林種子學

Forest Tree Seed of the North Temperate Region by H. I. Baldwin, 240 pp 23 ill. (1942) Chronica Botanica Co. 定價美金五元。

「森林種子學」在德文與日文書籍中已早有專書，但在英文書籍中，還是破題兒第一次見到。這本書是先由種子的生產寫起，次寫種子之來源的重要性，如何採集，去翅，取子，貯藏，民族，病菌的傳染，發芽，內在的與外在的影響發芽之諸種因素，各種實驗方法，純度，來源檢定，不用發芽方法對於生活力的斷定（共十章詳爲評述），種子試驗所與證書之給與，研究方向與方法，最後是字彙與索引。文獻豐富齊全，皆按字母排列於每章之後，篇數近千種，約佔本書之二十四頁。每一個學林人，每一個森林種子商，每一個森林種子試驗室，都應購置一冊，以作森林種子問題之參考。筆者個人對森林種子之研究，此書亦曾引證參考。

三、造林學

Seeding and Planting in the Practice of Forestry by Toumey-Korstian, 520 ppp. ill. (1942) John Wiley and Sons. 定價美金五元五角。

在美國林學書籍中，這是一部够上水準的名著。著者Toumey氏曾在耶魯大學任教多年，早已去世。Korstian氏現在美國都克大學森林學院當院長。此書分二部。第一部先述造林學的基礎，造林的繁殖方法，人工更新時樹種的選擇，決定株距的原理，林相控制的原則。第二部寫播種造林與植樹造林，其中又分人工更新，林木果實的採集、提取種子與貯藏、林木種子試驗、直播造林法、苗圃的創立、圃地的選擇與發展、苗圃中種植疾病、幼苗、季節、距離、植樹方法等。最後爲附錄，著者索引，內容索引。

四、森林生態學

Foundations of Silviculture upon an Ecological Basis by Toumey-Korstian, 456 pp. ill. (1944) John Wiley and Sons. 定價美金五元。

關於造林的基本原理，如why. where and how皆有詳細的綜合的敘述。此書內容共分三部。一、述森林環境，如日光，氣溫，大氣中濕度，如氣候，土壤，土壤的濕度及其對森林生長之影響，生物的因素，立地因子的互相關係等。二、述森林對於環境的影響，特別是對於生物，如動物與人類。三方面，是森林體如林木，林相的生長與發育，林木材積增長，林相的組成及其容積性，森林之關係，林木的社會形成及其分類，森林的原始與發育。最後是附錄，文獻，索引。筆者認爲這是一本完美的教科書。

五、森林土壤與林木生長

Forest Soils and Forest Growth by S. A. Wilde, 242 pp. 77 ill. (1946) Chronica Botanica Co. 定價美金五元。

土壤對於森林，一如土壤對於農作物。森林的構成，生長的快慢，木材的質之好壞，樹幹的直曲，高矮，樹形的歪正大小，偏斜，多枝與否，皆係著森林所在地的土壤。故森林之管理不僅對於林木的本身，而對於土壤的管理亦同樣重要。在英文書籍中，專寫森林與土壤之關係者，當以此書爲嚆矢。著者是林學家兼土壤學家，他涉獵的自然範圍，除美國外，還有中部歐洲北部歐洲及西伯利亞，土壤的物理化學與生物特性者，皆有之頗詳。此書乃著者在威斯康辛大學教授土壤的講義，文獻參考亦有數百種之多，排列於每章的末尾。書後還附有著者的索引。

此書的內容，先爲世界土壤的分類。次寫森林的進化，它的生物學的構造與環境的關係，森林土壤的物理性質，化學性質，微生物，森林腐殖土，由不同土壤而形成的各種林相，林土的測量，林土的改善，造林的間伐對土壤之影響，林土的生產力與管理，苗圃的創立與灌溉，商業上的肥料與綠肥，液肥的運用。書內有插圖三十八幅，表格四十八幅。書末有照像，極爲可愛。大本精裝。

民國三十七年三月二日於瀋陽東北大學農學院

期刊簡介

遠東季刊

(The Far Eastern Quarterly)

第五卷第二期，一九四六年二月美國哥倫比亞大學出版社發行，每期售價美金一元。

美國遠東協會（The Far Eastern Association），自一九四一年起創刊期刊一種，名爲「遠東季刊」，年出四期，每逢二、五、八、十一月出版。該刊爲一專門討論遠東問題的權威雜誌，內容分爲論著，書評，書目，消息等欄。

該刊五卷二期爲「荷屬東印度專號」（Special Number on the Netherlands Indies），本期係由「美國西南亞洲學會」（The Southeast Asia Institute）代爲編輯。該會成立於一九四一年，原名「美國東印度學會」（East Indies Institute of America），一九四四年改稱今名，並將研究範圍擴大，目前該學會研究對象除荷印外，兼及菲律賓，馬來，緬甸，安南等地。

本專號共載論文十篇，計有布羅克（G. O. M. Brock）的「荷印的人口與資源」（Man and Resources in the Netherlands Indies），巴諾（A. G. Barmouw）的「印度尼西亞的混合文化」（Cross, Currents of Culture in Indonesia），考特（De la Court）的「關於印度尼西亞戰後教育的幾項建議」（Some Proposols for Pastwar Education in Indonesia），西勒（A. A. Schiller）的「荷印的勞動法和立法」（Labour Law and Legislation in the Netherlands Indies）及拉斯克爾（Bruno Lasker）的「華僑在荷印所任的角色」（The Role of the Chinese in the Netherlands Indies）。

拉氏此文略謂，荷印約有華僑一百二十萬人，其中三分之二爲當地出生，三分之一爲中國出生。前者曾受荷蘭教育，多半傾向荷蘭，亦有同情荷印土著人民者。自中國移居者，多爲貧民，此輩一部分爲民族主義者，一部分則爲左傾分子云。

新書評介

漢語語法論

一萍

燕京大學教授高名凱著，上海開明書店出版，每部一冊，定價九元四角，加成三萬倍發售。

這是一部關於中國語法的理論的書。全書六百九十六頁，另有陸志韋序，自序各一篇，作者本是研究哲學的人，著有「現代哲學」等書。自序云：「思索是我的嗜好，因此，本書對於理論上的討論也比較的偏重」；據此也就可知道全書的性質了。全書分爲四部：結論，句法論，範疇論和句型論。緒論討論一般的問題，如漢語之範圍，漢語之重要性，研究漢語語法之特性等。句法論討論漢語語法的方法結構以及詞句中各詞的關係等問題。範疇論討論漢語之用何種語法形式表示漢語的語法範疇，如人稱代名詞，指示詞，數詞，量詞，名詞，動詞之體，動詞之態，詞之等等。句型論則討論漢語用何種方法表示同樣材料所構成的不同類型的語句，如否定命題，詢問命題，疑惑命題，命令命題，感歎命題等。

就語言學的原則給漢語語法整理出一個科學的系統的著作，他是所謂的一部，所以，本書實在是一部有系統的著作」。作者先在緒論裏討論了許多原則上的問題，他這個理論上的規定，再說明漢語語法的特性，解釋一般人所以誤認漢語無語法的原因，馬建忠以來語法學者所以走錯了路的理由，最後敘述他本人所認爲研究漢語語法的正當原則，再依據這些原則採取這種系統的說明。他著作上的探討，先有一個理論，再根據這些理論去建立一個系統的著作，實在是不多見的，不敢說是否如陸序之所云：「以前從沒見過」，但卻可以說是值得注意的一部書。這部書的第一個優點就是分析的精細。平常我們所覺得沒有問題的地方，經作者一解釋就成了問題，而且經他這一提，也就立刻覺得他所見到的地方實在是確乎如此。例如緒論裏對於破讀的批判，一般人，甚至於鼎鼎大名的高本漢，都認爲是一種語法的作用，不送氣和送氣的不同，吐氣和不吐氣表示語法上的逆折，但是經過作者分析之後，我們就知道這種說法實在是有問題，語義的差別只在於表示，語法的差別，不是表示用統計的變化方法。又如高本漢說古代漢語人稱代名詞有格位的不同，但是經過作者分析之後，我們就沒有法子相信高本漢的說法。諸如此類，全書可以到處見到。也許是因爲作者有哲學的訓練的緣故吧！

本書的第二個優點，就是作者能够擺脫西洋語法書的影響。自從馬建忠以來，中國人所作的語法書，大半都是翠西洋的文法書，所以全書除了列出八大詞品之外，就沒有其他可說的。這些作者卻依據西洋的語法學的原則，先說明詞品的分類，在語義方面已經做了，怎麼樣的都該拿來做上問題，更不問研究漢語語法的基礎。所以，他只在諸論裏討論一下這詞品的問題，而在本論建立他自己的系統，不以西洋語法的格局來「枷在中國語的脖子上」。所以這部書可以說是一個創造，不是一種編纂。

本書的第三個優點就是作者獨到的見解，讀了全書之後，我們覺得其中見解都是作者新穎的。例如作者說句法論裏所用以分析語句結構的方法是依據邏輯上的內在關係，而是外在關係，內在關係的理論來推行的。作者以爲語詞和語詞放在同一句子裏必得發生關係，而這關係不是外在的，就是內在的，又從這兩個觀點再加以評論。又如他對於繫詞的看法，他認爲中國語有繫詞，但是中國語的繫詞卻並不是 Verb to be。又如他認爲一般人都把「的」字的功用說錯了，以爲「的」字是代表領格，形容詞語尾，副詞語尾等等，其實「的」字只是一個「規定詞」，他的作用是在於表示兩個語詞之間的規定關係。此外，如論人稱代名詞各式的來源，論名詞的特性，動詞的各種態，未來事態的表示方法，句型論裏之討論否定命題的性質，論詢問命題的結構，感歎命題的各種意義的表示方式等等，都是一般人所沒有想到的。

以上所提三點，只要照其略而言。我們只要能小心閱讀之，就可以看得出來。總之，這部書是中國語法學史中的一部重要的著作，我們應當依照陸序之所云，不把他「等閒放過」。

當然一部完全的著作是找不到的。這部書也有可以批評的地方。例如說書中引用文言文的例子很多，文言不是不可以做爲漢語的材料，實在是個問題。又如書中所用的漢語方言的比較，比較太少。雖然作者曾經聲明「因爲材料的缺乏，未能從各系和方言的比較研究，不能畫分……料用，頗也是無可奈何的事了。」我們也不能不因此而就放過他。不過話說回來了，據自序云，這部書是在淪陷時期寫的，我們想像到那時候的環境，實在不容易要人家做方面的研究，也就只好勉強的原諒他了。

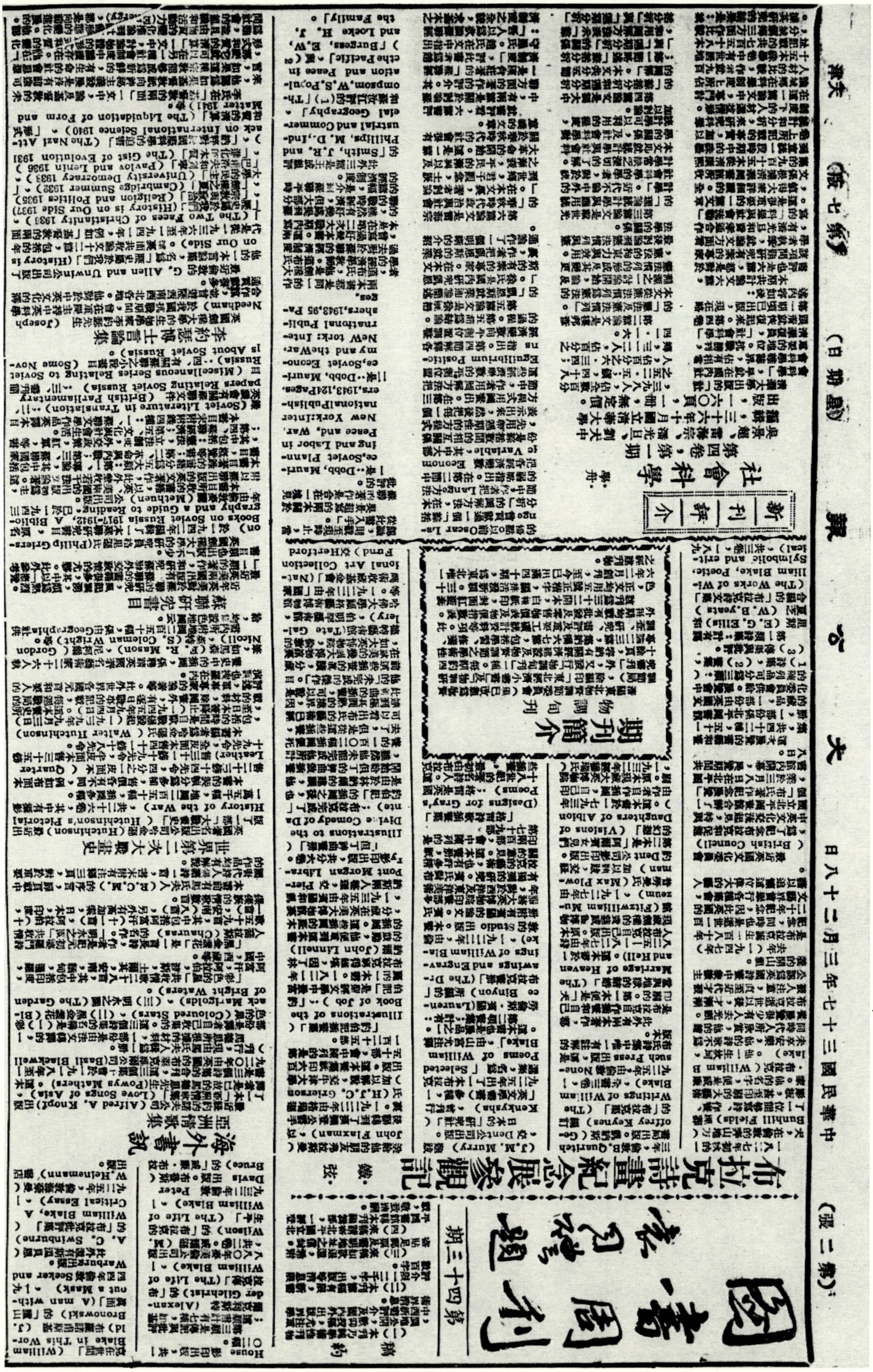

圖書周刊

袁同禮題

第四十三期

稿約

（一）本刊乃純學術性刊物，歡迎投稿，尤注重中西新書評介及國內外出版界學術界消息。（二）本刊篇幅有限，新書評介以一二千字，出版等消息以數百字爲限。（三）來稿如欲退還，請附寄貼足郵票及書明地址之信封。（四）來稿請寄北平國立北平圖書館轉本刊編輯部，一經登載，敬致薄酬。

布拉克詩畫紀念展參觀記

鐵弦

一八二七年初秋的一天，在倫敦的奔山地方（Bunhill Fields）埋葬了一位能夠寫詩、作畫、影版，甚至印刷的大藝術家。他的名字，便是威廉·布拉克（William Blake）。他一生坎坷，未享安樂，他的詩歌不爲同時代人所欣賞，他的繪畫雕版也少有人去光顧。布拉克逝世以後，才漸漸被人注意，直至近代才被公認爲英國詩壇中象徵主義的開山祖。

去年（一九四七年）是布拉克誕生一百八十年紀念，同時也是逝世一百二十年紀念，因此英國的文藝界曾舉行各種集會，藉以追懷這位偉大的藝人。

最近英國文化委員會（British Council），爲了紀念布拉克和促進中英文化交流起見，特與國立北平圖書館合辦了一個「布氏著作紀念展覽」，業於三月八日在北平圖書館內開幕，展覽期間共八日。

這次展覽的書籍和畫集，共四十二種，五十一冊，一部份係北平圖書館的藏品，一部份由英國文化委員會供給。展覽會中的陳列品可分爲三類：（1）詩集，（2）畫集，（3）傳記與批評。

第一類詩集：計有爾里斯（E.G. Ellis）和夏芝（W.B. yeats）合編的「布拉克詩文集」（The Works of William Blake, Poetic, Symbolic and critical），共三卷，一八九三年，倫敦B.Quaritch書局出版。凱納斯（Geoffrey Keynes）編訂的「布拉克集」（The Writings of William Blake），全書三卷，一九二五年，由倫敦Nonesuch Press出版，這是布氏詩集中唯一有註解的版本。

此外有兩本著作，都是布拉克自作插畫和自己印刷的。第一本便是「天堂與地獄的結婚」（The Marriage of Heaven and Hell）。這本書於一八二五—一八二七年由詩人布拉克自己出版。原本現藏劍橋的費茲威廉博物館（Fitzwilliam Museum），一九二七年由麥勞曼氏（Max Plowman）加以執跋，交倫敦Dent公司影印出版。

第二本是「阿爾賓女兒們的幻想」（Visions of Daughters of Albion）。這本書於一七九三年由作者自作插圖，自己印刷。原本現藏大英博物院，一九三二年經穆瑞氏（J.M. Murry）撰跋，交Dent公司出版。

日本的「研究社」（Kenkyusha），曾刊行「英文學叢書」多種，一九二五年出了一本布拉克選集，名爲「Selected Poems of William Blake」，由山宮允注釋。這本書也是展品之一。

第二類爲畫集：計有：勞倫斯·賓陽（Laurence Binyon）所編的「布拉克畫冊」（The Drawings and Engravings of William Blake），一九二二年，由倫敦的Studio出版。本冊附有畫圖的論文。賓氏服務大英博物院印畫部多年，對於西洋及東洋美術有獨到的研究。賓氏對布拉克的藝術，也有許多精闢的意見。這本畫冊，祇印刷百部，會中陳列的是第七十九部。

「格雷詩歌插畫集」（Designs for Gray's Poems）：格雷是英國十八世紀的著名詩人。這些插畫，最初由布拉克送給他的朋友弗拉斯曼（John Flaxman），以後輾轉到了漢密爾登公爵手裏。一九二二年由格瑞遜氏（H.J.C. Grierson）加以解說，交牛津大學出版。這本畫集祇印六百五十部，會中陳列的是第一百二十五部。

「約伯記插畫集」（Illustrations of the Book of Job）：「約伯記」是聖經文學中最富麗的一本書。一八二一年，因了林納爾（John Linnell）的鼓勵，他便畫了這本書的插圖。這些插圖的底本，分藏在英美的博物館裏，一九三五年由賓陽和凱納斯兩人整理，交Pierpont Morgan Library影印出版，共分大卷。

「但丁神曲畫冊」（Illustrations to the Divine Comedy of Dante）：布拉克完成了「約伯記」的插圖之後，也是由於林納爾的鼓勵，他開始給但丁的神曲做插畫，雖然他未能完成他所計劃的一百〇二幅插圖便死去了，但是從這些插畫，可以看出布氏的藝術已經達到極其圓熟的境界，因此神曲的插畫，可以說是他的「未完成的傑作」。目前這些插畫的真蹟，分藏在歐美的幾個大博物館裏，如大英博物院，倫敦的泰特藝術館（Tate Gallery），伯明罕藝術館，哈佛大學福格藝術博物館等。一九二二年由「國家藝術收藏基金會」（National Art Collection Fund）交Hertford House影印出版，共一〇二幅。

第三類是傳記與批評；這類書計有七種，如基爾克利斯特（Alexander Gilchrist）的「布拉克傳」（The Life of William Blake），一八八〇年麥美倫公司出版，共二卷。威爾遜（M. Wilson）的「布拉克的生平」（The Life of William Blake），一九三二年倫敦Peter Davis出版。布魯斯（Bruce）的「威廉·布拉克在世間」（William Blake in This World）。布羅諾斯基（J. Bronowski）的「假面無面」（A man without a Mask），一九四四年倫敦Seeker and Warburg出版。

此外還有斯溫貝恩（A.C. Swinburne）的「布拉克批評集」（William Blake, A Critical Essay），一九二五年，倫敦海奈曼（W. Heinemann）書店出版。

期刊簡介

物調旬刊

原隸東北物資調節委員會（現已改組爲物資調節局），除編印「東北經濟小叢書」、「物調研究叢刊」外，又發行「物調旬刊」一種。每期約四十餘頁，容納有關經濟建設及物資調節專論二三篇，集納稿六七篇，包括學術調查、研究、書評及重要工礦統計資料。此外每期均載有批發及零售物價表及物價指數表。此刊爲三十二開本，白報紙印，封面套色，正文均用五號正楷字，編排活潑。三十六年二月創刊，至今已出滿四十期，爲東北唯一之經濟刊物。

新刊評介

社會科學 第四卷，第一期

學冊

吳景超、雷海宗、潘光旦、劉大中編輯，三十六年十月國立清華大學出版，一六〇頁，一冊，無定價。

清華大學出版的「社會科學」，早就在國內社會科學雜誌界，佔有相當重要的地位。抗戰勝利，清華復員，「社會科學」跟着就恢復起來。第四卷第一期頃已出版，現在略述內容如後：

本期共計論文六篇，書評也是六篇，都是對於該項問題研究有素的專家學者執筆，就論文方面看，有潘光旦和費孝通合作寫的「科舉與社會流動」，這是很重要的一篇文章。全文係根據清華大學圖書館所收藏的九百十五本從清康熙到宣統一段時期中的硃墨卷上所記載的事實，加以統計和分析，來研究科舉制度下的人材選拔情形。

在這一篇論文中，專門討論城鄉在科舉制度上所佔人材的比較，作者就九百十五本硃墨卷中有世居地址記載的共七百五十八本，分城鄉三方面作比較，據其研究的結果是：城，三九八人，佔全數百分之五二・五；鎮，四十八人，佔百分之六・三四；鄉，三一二人，佔百分之四一・一六。

第二篇論文是樓邦彥的「憲法及憲法慣例」。本文從憲法慣例爲憲法的淵源之一討論開始，論及憲法慣例的形成及其變更，憲法的拘束力與效用。最後討論到憲法慣例與憲法學的關係。

第三篇論文是戴世光的「理論統計學與應用統計學」。近代不論中外的社會科學的學者，對於統計學常缺乏深切的了解。本文即就統計學與社會科學的關係，及社會科學對統計學可以利用的程度，加以討論。

第四篇論文是劉大中的「綜括分析和週期分析的關係」。本文共分五節：第一節略述「綜括分析」與「週期分析」的範圍，和用圖解方法表示「綜括分析」與「週期分析」的發點。以前Oscar Lange曾貢獻過一個「綜括分析」的圖解方法，在本節中，作者把Lange方法的關鍵指出。在第二節中把各經濟變數Economic Variable，其中大部份是綜括數間的相互關係，先用帶週期性的方程式表示出來，然後把每一個方程式用圖案出。在第三節中，作者用圖解方法把這些經濟變數的平衡位置Equilibrium Positions指出。第四節解釋各經濟變數向平衡位置調整的過程。第五節爲結論。

第五篇論文是徐毓枬的「凱恩斯就業通論簡述」。徐氏是國內研究凱恩斯的有素的專家。在本文裏，作者把凱恩斯的就業通論作了一個明晰的介紹。

第六篇論文是雷海宗的「春秋時代政治與社會」。在本文裏，著者討論到世族，君子觀念，士族之漸衰，平民的漸興以及大革命的開始。這是一篇關於春秋時代的社會很有價值的文章。

就書評看，六篇書評中，有兩篇是關於討論蘇聯方面的著作的評介。其一是陳負壯評的「蘇聯經濟制度」，評此書者爲趙守愚氏。趙氏在文中指出：「著人以爲欲圖蘇聯經濟實況之全貌，求著本之認識，則截至現時止，當從此書入手」。與其相類的兩本關於蘇聯的著作是合在一塊兒批評的。一是：Dobb, Maurice, Soviet Planning and Labor in Peace and War, New York: International Publishers, 1943, 124 Pages. 二是：Dobb, Maurice, Soviet Economy and the War, New York: International Publishers, 1943, 95 Pages.

兩本書都是同一的作者，道布氏，是劍橋大學的經濟學教師。過去曾寫過好幾本關於蘇聯經濟制度的書。這兩本是在第二次大戰期內寫的，雖然有好幾處提到蘇聯的戰時經濟，但大部分的篇幅，是介紹蘇聯平時的經濟制度。

此外三篇是王成組評的「Smith, J.R., and Phillips, M.D., Industrial and Commercial Geography」，和蘇汝江評的（一）「Thompson, W.S., Population and Peace in the Pacific」，與（二）「Burgess, E.W., and Locke H.J., the Family」。

海外書訊

亞洲情歌集

最近紐約的諾夫公司（Alfred A. Knopf）出版了一本「亞洲情歌集」（Love Songs of Asia），譯者是已故的馬德思先生（Powys Mathers）。這本書是三個詩集的合刊，這三個集子曾於一九一八年至一九二〇年由英國的布萊克維爾公司（Basil Blackwell）刊行，現由馬氏夫人輯爲一冊。

馬德思所根據的材料，一部份是由法文轉譯的，一部份是譯者自己收集的。這三個詩集的名稱是（一）彩色的星（Coloured Stars），（二）黑金盞花（Black Marigolds），（三）明水之園（The Garden of Bright Waters）。

「彩色的星」共收情歌二十八首，其中包括印度，阿富汗，阿拉伯，波斯，土爾其，安南，緬甸，暹羅，中國，西藏等。

「黑金盞花」是一首長詩，作者是紀元初婆羅門詩人喬拉斯（Chauras）的名作。「明水之園」共收情歌五十九首，其中包括阿富汗（十一首），阿拉伯（十一首），安南（八首），另外有高加索，日本，印度，保族的情歌數首。

本書前有馬氏夫人（R.C.M.）的序言，扉頁載中國歷代詩人繼繼詩一首，書末附有注釋三頁，對於重要的作品均有解說。

世界第二次大戰畫史

英國著名出版公司哈金遜（Hutchinson）最近出版了一部「大戰畫史」（Hutchinson's Pictorial History of the War），共二十六卷，其中有攝影一萬五千幅，地圖二百五十幅，插圖多幅。

本書的裝幀分爲多種，售價各有不同，例如布面本售二十三鎊十四先令，四分之一皮面本（Quarter Leather）售三十一鎊十九先令，半皮面本售三十五鎊十九先令，全皮面本售四十一鎊十八先令。

本書編者爲哈金遜氏（Walter Hutchinson），包括的時間是自歐戰爆發起（一九三九年九月三日），至日本簽降止（一九四五年九月四日）。這本畫史所載的材料，除圖畫外，有逐日戰爭的記載，每週戰局的評述，軍事專家的論著等。此外世界各國元首和要人的演說也搜羅在內。

畫史中的插圖，係聘請英國著名藝術家二十六人執筆，如馬森（F.R. Mason），尼柯爾（Gordon Nicoll），萊特（S. Coleman Wright）等。

書內所附地圖二百五十幅，係由Geographia社供給，均係設色地圖云。

蘇聯研究書目

近年英美對於蘇聯的研究，風起雲湧，頗爲熱烈。最近英美兩國出版有關蘇聯的書籍很多，其中以「概覽」一類的著作，和研究蘇聯外交政策的尤夥。此外參考書目類也出版了不少。

英國劍橋大學的研究員格里遜氏（Philip Grierson）於一九四三年編輯了一本蘇聯研究書目，原名Books on Soviet Russia 1917-1942, A Bibliography and a Guide to Reading，已於一九四三年由倫敦麥蘇（Methuen）公司出版。

本書目所收的書籍，以英、美兩國的出版物爲主，附以蘇聯出版的英文著作，此外並收若干法文論著。這本書目著錄的書籍分爲五大類：第一、導論，其中包括書目，概覽等書；第二、革命與內戰；第三、蘇聯國家，其中包括：憲法，立法，制度，外交政策，紅軍，等書；第四、蘇聯經濟；第五、文化與社會生活。

本書目末附錄四種：一、蘇聯文學作品英譯本目錄（Soviet Literature in Translation）；二、英國會有關蘇聯文件（British Parliamentary papers Relating Soviet Russia）；三、普刊簡目（Miscellaneous Series Relating to Soviet Russia）；四、有關蘇聯之小說書目（Some Novels About Soviet Russia）。

李約瑟博士言論集

英國劍橋大學的生物學家李約瑟先生（Joseph Needham）於我國抗戰期間，曾在重慶主持中英科學合作館，並曾遊歷西南西北各地。他對於中英文化的溝通貢獻很多。

最近倫敦的G. Allen and Unwin公司出版了他的一本言論集，名爲「歷史屬於我們」（History is on Our Side）。這裏面共收論文十二篇，包括的年代是從一九三六年至一九四一年，例如「基督教的兩面」（The Two Faces of Christianity 1933），「歷史屬於我們」（History is on Our Side 1937），「宗教與政治」（Religion and Politics 1935），「劍橋的民主之夏」（Cambridge Summer 1932），「大學民主」（University Democracy 1933），「巴甫洛夫和列寧」（Pavlov and Lenin 1936），「進化的本質」（The Gist of Evolution 1931），「納粹對於國際科學的迫害」（The Nazi Attack on International Science 1940），「形式和質的清算」（The Liquidation of Form and Matter 1941）等。

李氏在「基督教的兩面」一文中，論及基督教的未來，他認爲如果基督教祇向神秘主義發展是沒有前途可言，如果這種宗教能夠成爲新鮮的，有生命的社會思想形式，那麼它就可以在另一種社會制度中繼續存在。他在「形式和質的清算」一文中，討論物體的形式和質的變化問題，並且由物質的變化推論到社會，他認爲社會的組織和活動力（energy），都是向前進化的。

圖書周刊

袁同禮題

第四十四期

讀施格來著「世界原史」

勉公

H.C.E.Zacharias : Protohistory

B.Herder Book Co. 發行，一九四七年十二月初版，[illegible]

[illegible]

初級文化，二級文化等。原始文化又分刀片文化（Blade culture），手斧文化（Fist-pick culture），與骨器文化（Bone culture）。初級文化又分狩獵文化（Hunters' culture），農業文化（Peasants' culture），與游牧文化（Herdsmens' culture）。[illegible]本書一〇〇面，有三種文化對照表，讀者可一目了然。

[illegible]古典文明（Archaic Civilization）。施氏以O代表原始文化，以V代表狩獵文化，以A代表游牧文化，以P代表農業文化。[illegible]如OA文化的代表，是印度最古老的民族 Monkhmer 的文化。VA文化即印度古代 Dravidian 人的文化，中國，埃及，美索布達米亞的古代文明亦屬此類。VAP文化則以古代伊朗文明為代表。著者在第四章對此有詳細的敘述。

[illegible]人（Asianics）[illegible]

[illegible]（Researches into the Prehistory of the Chinese）[illegible]

三十七年三月於北平

新刊評介

輔仁學誌

[illegible]

九、[illegible]

一〇、「王西莊先生年譜」[illegible]

一一、[illegible]

海外書訊

英國土地之利用

英國地理學家斯坦普博士（Dr. L. Dudley Stamp）[illegible]（The Land of Britain and How it is Used），全書八十九頁，已由朗曼斯格林（Longmans Green）公司出版，[illegible]

[illegible]土地之自然背景（The Physical Background），現代英國土地之利用（Present Land Use in Britian），[illegible]（A Healthy and Well-Balanced Agriculture），耕作方法（Types of Farming），大戰期間之變更（Wartime Changes, 1939-45）諸問題。

[illegible]

全蘇地理學會會誌 第七十八卷第一冊

（Izvestia Vsesoiuznogo Geograficheskogo Obshestva）

一九四六年蘇聯科學院出版，[illegible]

全蘇地理學會（The All-union Geographical Society）原名「俄國地理學會」，成立於一八四五年。[illegible]（Ostensaken）[illegible]（Kalesnik）教授主編。

「全蘇地理學會會誌」第七十八卷第一冊，已於去年夏季出版。[illegible]短文（Thort Articles and Notes）[illegible]

[illegible]（Leo S. Berg）[illegible]

此外在本冊的論文中，[illegible]「吐火羅族的起源與鮭魚的分佈」（The Native Place of the Tokhars and the Distribution of the Salmon）。

白駒集

英國青年學者羅伯·佩恩（Robert Payne）[illegible]名為「白駒集」（The White Pony），[illegible]「約翰·戴伊」（John Day）[illegible]（Asia Book）之一。

[illegible]

[illegible]（James Legge）[illegible]（Arthur）[illegible]（Method of Translation）[illegible]

圖書周刊

袁同禮題

第四十五期

讀「文學枝葉」

馮契

李廣田著，一知文藝叢書之一，益智出版社刊行，三十七年一月初版，基本定價十元，全書二一七頁，加序三頁目錄二頁。

新書評介

今昔蒲劍

祇生

海外書訊

越南的經濟發展

學術界消息

兩廣地質調查所工作近況

圖書周刊

袁同禮題

第四十六期

讀「古音說略」

林　燾

陸志韋著：燕京學報專號之二十，民國三十六年十月哈佛燕京學社出版，一冊，三一七頁，定價國幣……

學術界消息

海外書訊

馬來羣島民族誌

（Dr. Fay-Cooper Cole）……（The Peoples of Malaysia）……（D. Van Nostrand）……

介紹幾種華南出版的新書

我國西南各省殺蟲植物之初步試驗

……廣州中山大學農學院印本，一冊……

香港之鳥類

（G. A. C. Herklots）……

天津 大公報 （第四版） （星期五） 中華民國三十七年四月二十三日 （第二張）

圖書周刊

第四十七期

介紹阿爾柏梯氏近著「改組中學課程」

歐陽湘

Reorganizing the High-school Curriculum by Harold Alberty, Professor of Education, the Ohio State University New york, The Macmillan Company. 1917

[illegible]

海外書訊

[illegible]

學術界消息

廣東建設研究會研究工作概況

[illegible]

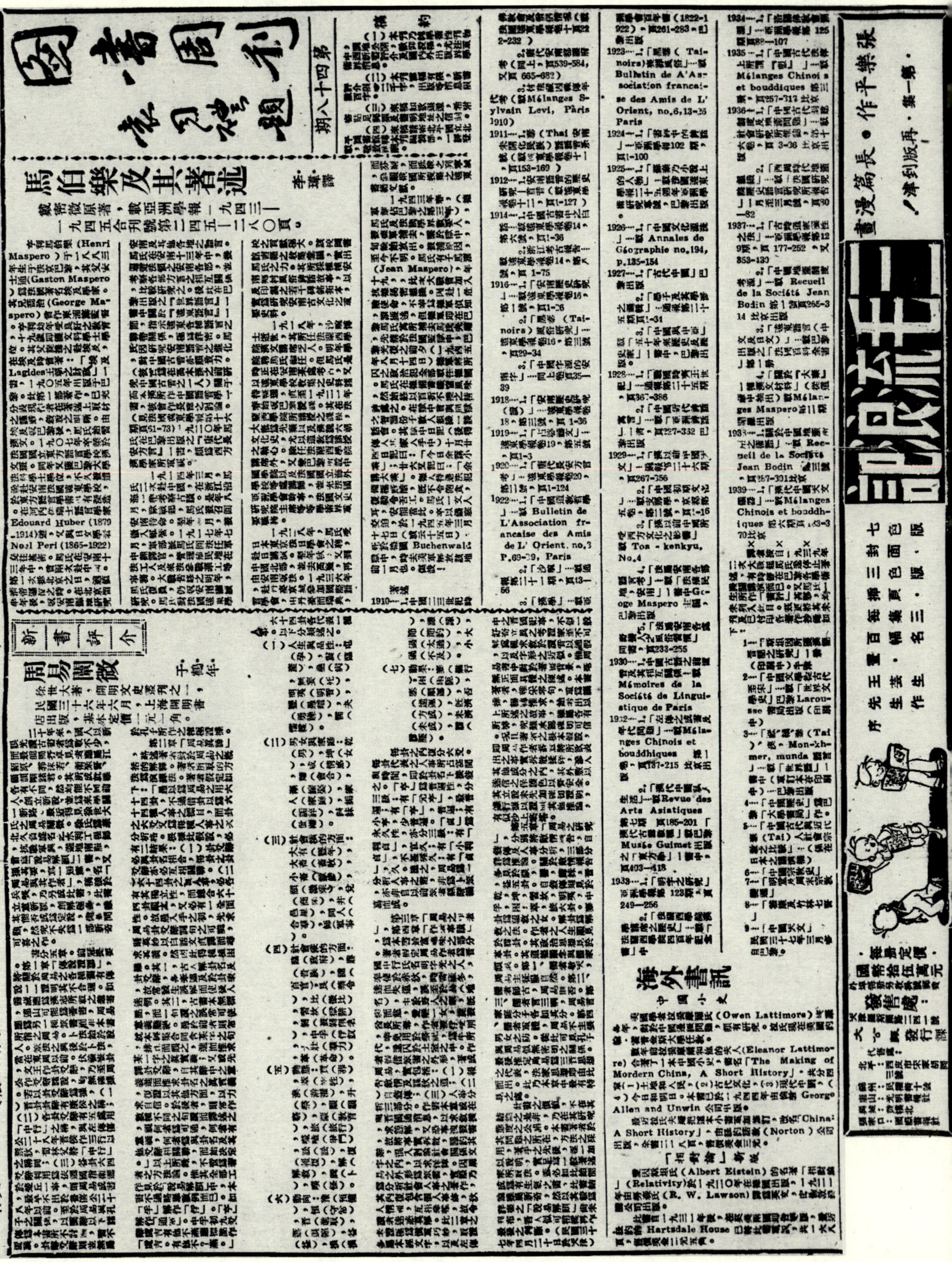

中華民國三十七年五月三日 星期一

大 公 報

(第四版)(星期一)

圖書周刊 第八十四期

馬伯樂及其著述

李璜譯

戴密微原著，載亞洲學報一九四三—一九四五合刊號第二四五—二八〇頁。

新書評介

周易闡微

徐世大著，周易研究社出版，民國三十六年八月初版，實價一元，上海開明書店代售。

海外書訊

中國小史

張樂平作・長篇漫畫

三毛流浪記

圖書週刊

表列總題

第四十九期

伯希和在遠東學術研究上之貢獻及其遺著簡目

李璜

伯希和氏（Paul Pelliot）於一九四五年十月病故於巴黎，翌年法國亞洲學會 Société asiatique出版「伯希和紀念冊」一冊，專載法國學術界對伯氏之追悼[illegible]及論文，以表彰伯氏在學術上之貢獻。茲篇係本法國西學院 Collège de France漢學教授戴密微 Paul Demiéville 先生在亞洲學會演講詞（見紀念冊29—54頁）擇譯其所舉伯氏關於遠東之著述。至於伯氏生平，[illegible]學術界大半明瞭，故不贅焉。——李璜識。

甲、關於[illegible]語著作

一、「關於[illegible]古史之[illegible]材料」…[illegible]II，p.617-671。

二、「[illegible]文[illegible]」…[illegible]II，p.123-177。

三、「[illegible]文[illegible]中之[illegible]」…

（一九二六，p.207-210。）

八、「[illegible]之研究」…通報 1936，p.230-237。

九、「中國[illegible]名之[illegible]」…通報 1912，p.427-428。

十、「[illegible]」…亞洲學報1914，I，p.493-510。

十一、「[illegible]」…通報 1915，p.690-691。

十二、「[illegible]」「[illegible]」…通報1938，p.146-152。

× × × ×

丙、伯氏對於遠東宗教問題，研究甚深，但其論著多屬於[illegible]方面之考證。

一、「化胡經」…通報III，p.318-327，又四p.375。

學術界消息

期刊簡介

中華文化學術季刊

南華季報

遠東經濟評論（Far Eastern Economic Review）

經濟評論週刊

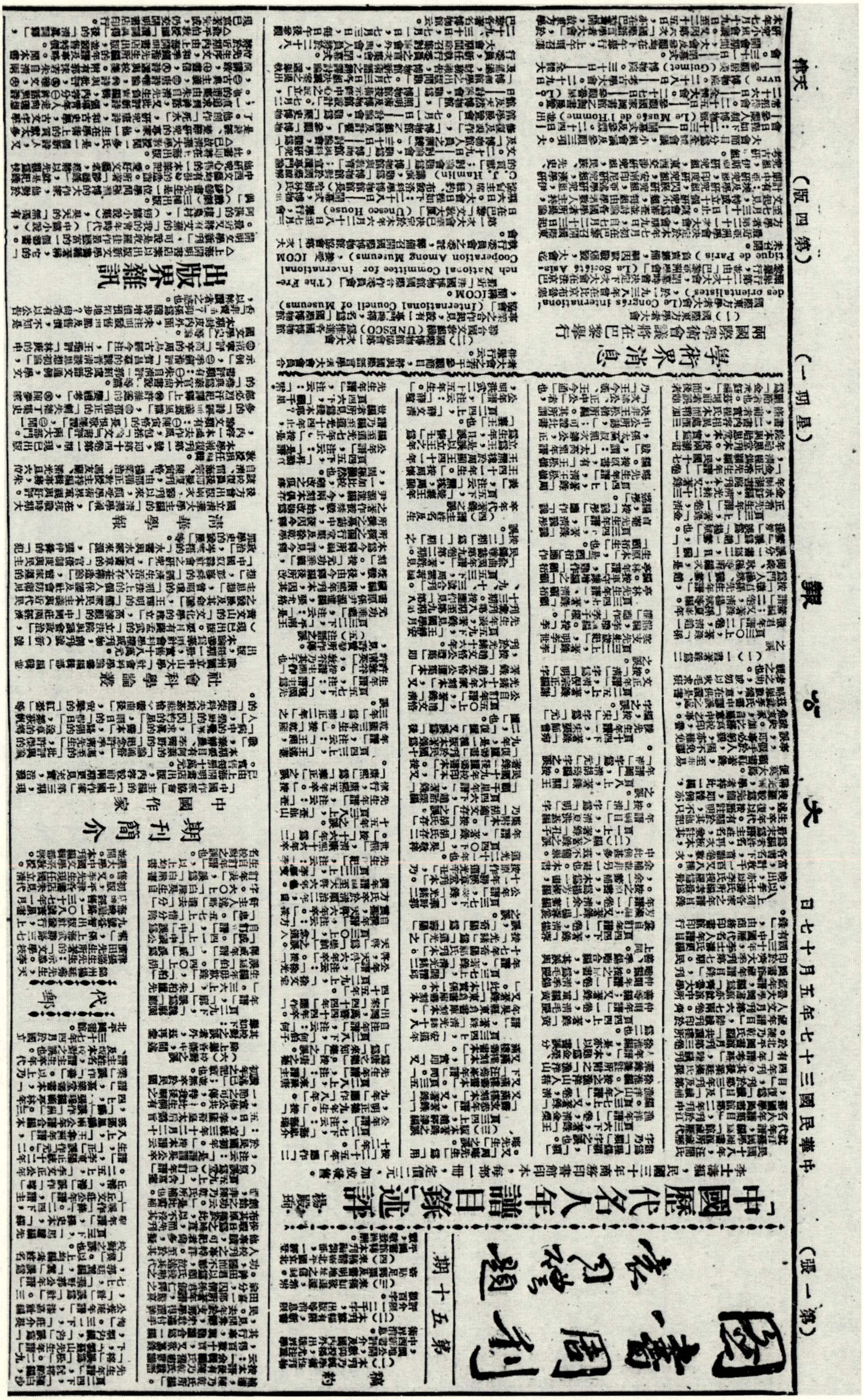

大公報　中華民國三十七年五月十七日　星期一　第四版（第一張）

圖書周刊　第十五期

「中國歷代名人年譜目錄」述評　楊殿珣

學術界消息

兩國際學術會議將在巴黎舉行

Le Congrès internationale des orientalistes

La Société Asiatique de Paris

Musée de l'Homme

Guimet

International Council of Museums

ICOM

UNESCO

The French National Committee for International Cooperation Among Museums

Unesco House

C. J. Hamlin

出版界雜訊

期刊簡介

中國作家

社會科學論叢

清華學報

代郵

圖書週刊

第五十一期

讀「基本教育」

一士

王承緒譯述，上海商務印書館出版，每部兩冊，定價八元，加成發售。

正始石經書者辨（中古文學繫年的一段）

陸侃如

出版界雜訊

海外書訊

當代中國詩選

英國學者佩恩氏（Robert Payne）現居美國，著有「中國永生」China Forever)，「中國覺醒」(China Awake) 等書。佩氏對於中國詩很有興趣，他所編的「白駒集」(The White Pony)，已由美國 John Day 書店出版，其中包括中國歷代的詩歌。

最近佩恩氏又在英國的魯特利治 (Routledge) 公司出版了一本中國當代詩選，書名 Contempory Chinese Poetry，其中共選現代詩歌九十餘首。所選作家計有：聞一多，徐志摩，馮至，卞之琳，臧克家，何其芳，田間，俞銘傳諸氏。

冰期地質學

紐約的約翰·韋來公司 (John Wiley and Sons) 最近出版了一本地質學新著，書名「冰期地質學及更新統研究」(Glacial Geology and the Pleistocene Epoch)，全書五八九頁，售價美金六元。

本書細述冰川的由來，冰川形成的經過及世界現存的冰河，地質學上冰河的現象，世界各地更新統的冰期情形。

大公報
中華民國三十七年五月三十一日 星期一
(第二張) (第四版)
圖書周刊
第五十二期
中日戰事史料會參觀記
新書評介
明清兩代嘉定的望族
海外書訊
出版界雜訊

中華民國三十七年十月十四日　星期一　大公報　（第一張）　（第四版）

圖書周刊

第三十五期

讀「來自奧林匹次仙山的美國人」

袁文

Yankee From Olympus (1943) By C.D. Bowen

新書評介

繫獄記

趙紫宸著，青年協會書局出版。

獄中記

鄭振鐸著，大中雜誌社出版。

林 㫬 作

中國法律與中國社會

瞿同祖撰，社會學叢刊甲集第五種，民國卅六年十一月上海商務印書館出版

于 鶴 年

出版界雜訊

△國際關係研究叢書……「近代國際政治史」，已由上海山東路中伐書局出版……

……國際政治的分析。這是一部研究國際政治的人們不可不看的好書。

△平心編譯狄基等的「原始社會，國家，人民」一書，已由讀書出版社，上海光夏書局公司出版，每部一冊，定價四元。這本小書，是經濟學的入門書。它首先解釋原始社會與國家的社會生活的特點，然後說明國家的組織及其行政與司法方面的情況，最後分析人民的基本權利與義務，作有系統的分析。簡明扼要，可供研究國際問題的參考。

△新光書局出版的「新語」，爲英美文學課的主要參考用書，出版後，各校英語教師，紛紛採用為英文課教本。該氏近應求書者，仍交上海開明書店重排付印。改正本約下月可出書云。

△伊林所著的科學讀物，早已膾炙人口。現在方自先生用伊林的筆調，寫了一本「人和水」，從自然界開端，直到人類社會，描述到水，也描述到人。是水的故事，也是人的故事。本書已由開明書店出版問世。

△蕭伯納林語堂的「紅毛長談」，現由上海北四川路一九七二號國際週刊社發行，每冊二十七萬元，七月中出書。蕭伯納先生兩年前曾在本報發表了許多篇「紅毛長談」，曾經引起國內外文壇很大的震動。他的筆調，下文不白；他的論見，亦莊亦諧。他提出戰爭地帶以外的政治問題，他又以諷世的筆調描繪出烏托邦的中國，他評論西洋，他評判二十年以後的世界。他總然分析新舊上海的全盤變化。其光怪陸離，不下兩漢記；其議論現實，有過鏡花緣。這是大戰以後中國最出色的諷刺文學的代表作。

△Maria Marten所著的名劇「紅色穀倉」，一名「瑪麗亞·馬丁」，現由田禽譯出，上海商務印書館出版，每部六開本一冊，售價二元。本書的劇情，敘述少女瑪麗亞遭受一個惡徒的欺騙，以至殺害，而兇徒亦終於逃不出法律的制裁。全劇分爲大幕十九場，為十九世紀英國最流行劇本之一。原著者名氏，現已無考。當時流行於民間的劇本的風格，於此可見一斑。

△埃及的大文學家Taha Hossain所著的「童年的回憶」，乃是描述作者的童年生活，却能反映出那時埃及社會生活最深刻的畫面。他大膽的呼號著要求自由的青年，對埃及的現實社會挑戰。本書現由馬俊武氏譯出，上海商務印書館出版，每部一冊，定價三元。

海外書訊

介紹幾種新出的社會學四書

一、「規矩的波斯頓人」(The Proper Bostonians)，紐約出版公司(E. P.Dutton & Co.)一九四七年版，著者克里夫蘭·阿摩雷氏(Cleveland Amory)，全書三八一面，售價美金四元五角。該書描寫波斯頓第一流家庭中成員的影響，以及其生活和人物的精神面貌。

二、「戰後的遷徙問題」(Post-war Problem of Migration)，紐約彌爾班克紀念基金會(The Milbank Memorial Fund)出版，一九四七年印行，全文有一七三面，售價美金一元。這是作者陶伯爾氏((Irene B. Taeuber)一九四六年在紀念基金會上討論人口問題時提出來的論文。這篇論文分為三部：第一部，「介紹世界人口遷徙的情形」；第二部，「東方人的人口的情形」；第三部，「美國內部人口遷徙的情形」。

三、「社會關係與社會結構」(Social Relation and Structure)—「社會學原理的研究」(A Study in Principles of Sociology)，紐約哈潑(Harper & Bros.)書局出版，一九四七年印行。全書分十三章，共有六九二頁，售價美金四元五角，著者為希勒(E. T. Hiller)氏。該書是社會學的初步教材，他有兩個特點：一是社會學與其他社會的關係；二是著者採取了綜合的觀點。

四、「機械工業中人的問題」Problemes Humanins du Machinisme Industriel)，巴黎，Gallimard書局出版，去年印行，全書共三八七面，著者為佛里德曼氏(Georges Friedmann)。本書內容為①「科學管理的自然概況」；②「論述勞工對於工作所發生的文獻的一般的總評」；③「作品的批評」；④「介紹作者自己對於工業社會心理的觀念」。

五、「犯罪學的原理」(Principles of Criminology)，費城的J. B. Lippincott Co.出版，一九四七年印行。此書現已出至第四版，著者為蘇則蘭氏(Edwin H. Sutherland)。全書六四三頁。售價美金四元五角。

六、「人口的分析」(Population Analysis)，紐約Mc Graw-Hill書局出版(New York 18 N.Y. 330 West 42 nd Street)，著者為范德畢爾大學(Vanderbilt University)的斯密司氏(T. Lynn Smith)。本書寫出的目的是：①依有系統的說明人口方面已經知道的問題；②說明人口分析所用的技術。

「魯拜集」新版

十一世紀的波斯詩人和天文學家莪默·伽亞謨(Omar Khayyam)寫了幾百首含有哲理意味的「四行詩」，波斯文名為「魯拜」(Rubai)。莪默的名字介紹到中國來，已經有二十多年了。「魯拜集」，現有郭沫若氏(泰東書局)和吳劍嵐氏(開明書局)的譯本二種。

這兩種譯本，都是根據英國詩人菲茨吉拉德(E. Fitzgerald)的英譯而轉譯的。菲氏翻譯這些短詩，曾加為其綴，並加其意譯，因此英譯本在英國詩壇中也是一部傑作。

最近英國的考林斯公司(Collins)印行了一部新版的「魯拜集」，全書三三四頁，附彩色插圖十二幅，售價十二先令六便士。本書由梅因氏(G. Maine)編輯，內附梅氏所寫的「莪默傳」一篇，霍斯曼(L. Housman)的論文一篇，以及菲茨吉拉德四次改譯的原文，以供讀者參照云。

圖書周刊

袁同禮題

第五十四期

「清華學報」新刊述要

朱西海

邵循正、朱自清、雷海宗、潘光旦等編輯，三十六年十月國立清華大學出版，全書一冊，一九六頁，北平琉璃廠來薰閣書店總經售，實售五十萬元。

本學報復員後之新刊，即第十四卷第一期，現已出版。共收論文五篇，茲分述如左：

（一）

陳寅恪：「長恨歌箋證」

此文主要貢獻在於說明陳鴻「長恨歌傳」與白居易「長恨歌」二者非如……

（二）

（三）

（四）

（五）

新書評介

中國地理圖籍叢考

韓重聞

王庸編述，國立北平圖書館刊物之一，三十六年六月……

臺灣省主要經濟統計

方

海外書訊

美國外交文件要編

巴爾札克傳

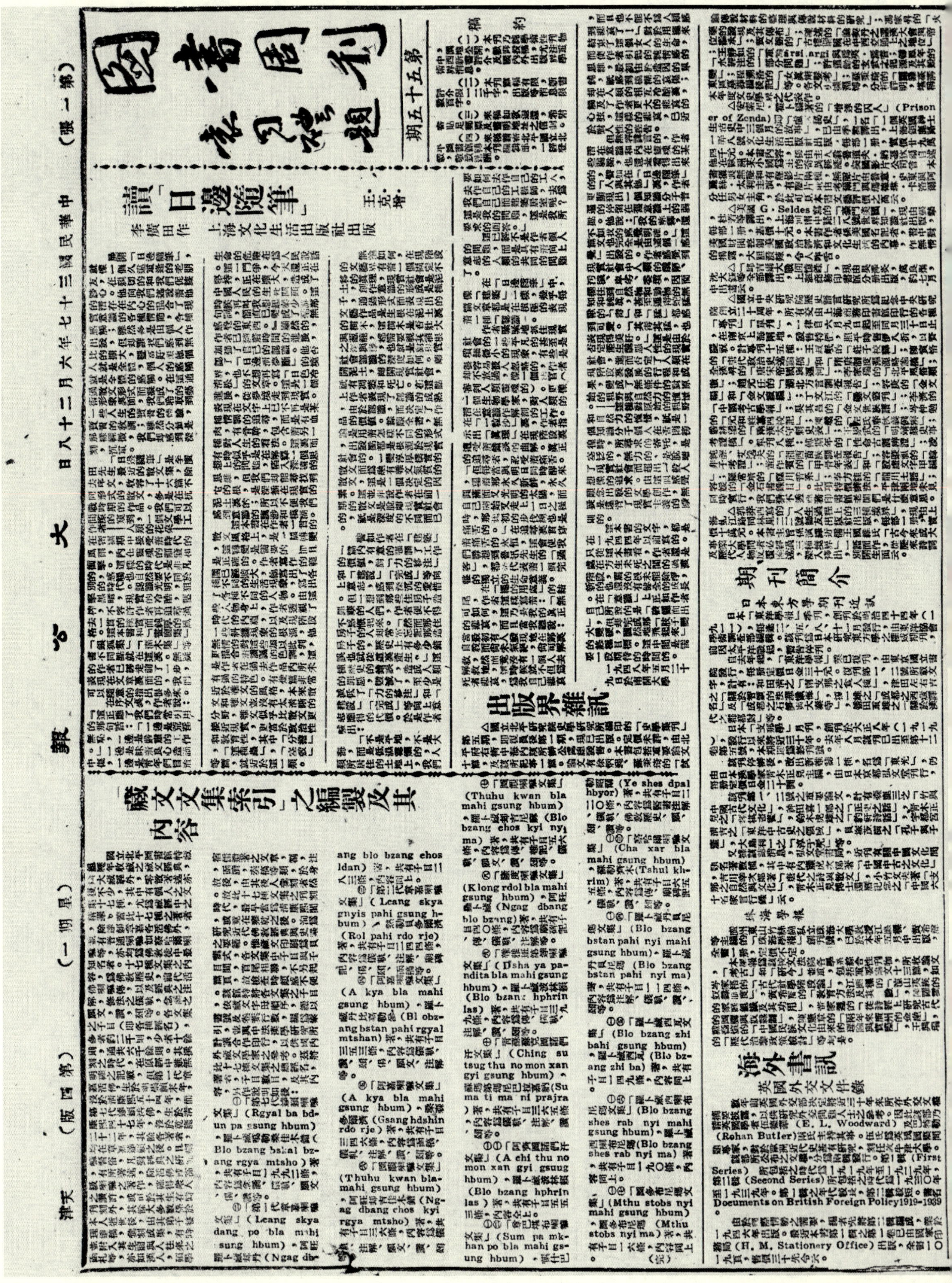
(第一張) 中華民國三十七年六月二十八日 大公報 (星期一) 天津 (第四版)

圖書周刊

第五十五期

讀「日邊隨筆」

李廣田作 上海文化生活出版社出版

王克增

「藏文文集索引」之編製及其內容

出版界雜訊

期刊簡介

海外書訊

英國外交文件錄

Documents on British Foreign Policy 1919—1939

(H. M. Stationery Office)

圖書周刊

第五十六期

稿約

「方豪文錄」後記

方豪

新書評介

蔣百里先生傳

期刊簡介

歷史語言研究所集刊

海外書訊

蘇聯書訊一束

Preface mainly about myself

圖書周刊

第五十七期

讀「中央圖書館善本書目」因略談我國的善本書

王重民

關於「聞一多全集」

海外書訊

介紹幾種一九四七年鑛冶工程新書

㈠「鋼中之非金屬含有物」(Nonmetallic Inclusions in Steel)，Baeyertz M. 作……一九四七年美國金屬學會(American Society for Metals, Cleveland)出版……

「鑄鐵之組織」(Structure of Cast Iron)，Boyles A. 作……

「戰略礦產」(Strategic Minerals) Demille, J. B 作……Mc Graw-Hill Book Co., N. Y. 出版……

「原子能之科學及工程」第一卷「Science and Engineering of Nuclear Power Vol. I」……一九四七年 Addison-Wesley Press, Inc., Combridge, Mass. 出版……

「紅外線之工業應用」(Industrial Applications of Infrared) Hall, J. D. 作……一九四七年 Mc Graw-Hill Book Co., N. Y. 出版……

「金屬檢查之電子法」(Electronic Methods of Inspection of Metals) · Hamburg H. F. 等作……Du Mont Cyclographs……

「鎂之製作」(Magnesium Fabrication) Henkins, L. B. 作……一九四七年 Pitman, N. Y. 出版……

「鐵類冶金設計」(Ferrous Metallurgical Designs) Hollomon J. H. and Jaffe, L. D. 作……一九四七年 John Wiley & Sons. N. Y. 出版……

「金屬之表面應力」(Surface Stressing of Metals) Moore H. F. 等著……

「鑛坑通風之原理與實踐」第二版(Principles and Practice of Mine Ventilation 2d. ed.) Penman, D. and Penman, J. S. 作……一九四七年 Charles Griffin & Co. London 出版……

「火成礦石及岩石」(Igneous Mineral and Rocks) Wahlstrom E. E. 作……一九四七年 John Wiley & Sons 出版……

出版界雜訊

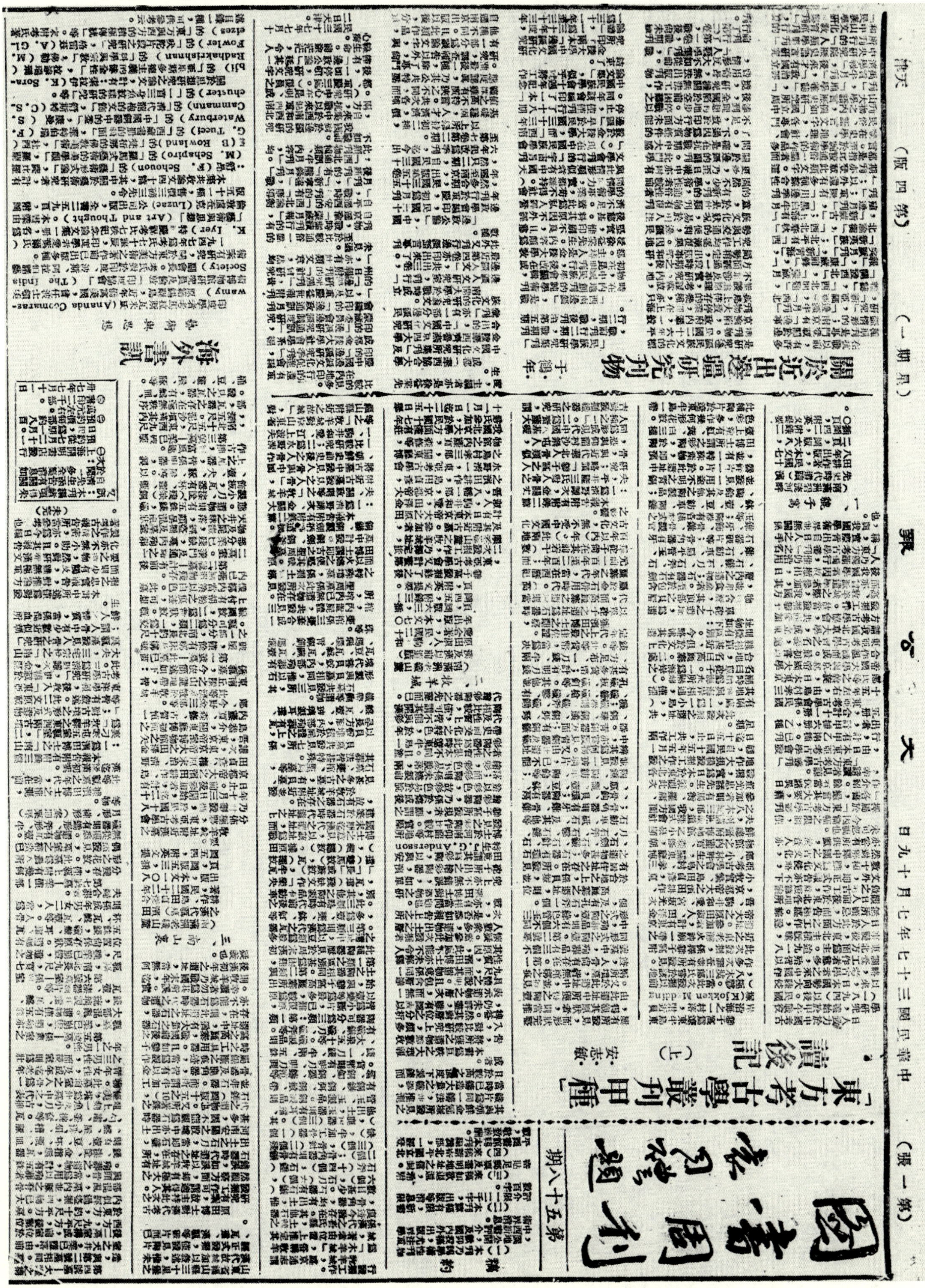

天津 大公報 （第四版） （星期一） 中華民國三十七年十月十九日 （第一張）

圖書周刊

第八十五期

「東方考古學叢刊甲種」讀後記（上）

安志敏

關於近出邊疆研究刊物

于鴻年

海外書訊

藝術與思想

印度藝術考古學家克馬拉斯瓦米氏（Ananda Coomaraswamy）既為錫蘭人，近年住居美國，曾任波士頓美術博物館研究員及倫敦「印度協會」（The India Society）副會長。考氏對於印度、波斯、阿拉伯藝術素有研究，關於東方美術之著作前已出版多種。

一九四七年為考氏七十誕辰，印度學者愛雅爾氏（K. Iyer）特編纂考氏七秩紀念論文集一冊，名為「藝術與思想」（Art and Thought）。本書業由倫敦盧查克（Luzac）公司出版，全書二五九頁，附圖版五十一幅，售價三鎊三先令。

本集共收論文四十篇，其中關於藝術研究者，計有：舒昂（F. Schouon）的「藝術形式論」，夏比羅（M. Schapiro）的「羅馬式藝術的美學觀」，羅蘭（B Rowland）的「犍陀羅的佛教造像」，杜齊（G. Tucci）的「西藏繪畫的諸面」，華特伯利（F. Waterbury）的「中國銅器中的蛇」，楚曼（S. Cammann）的「清代補服的文飾」，舒斯特（C. S. chuster）的「一個三角形紋飾的研究」等。

關於思想研究之論文，計有：索拉伊（K. Sorabji）的「耆那教多元主義的綜合性」，拉達克里希南（Radhakrishnan）的「哲學與宗教」，傅勒（M. Fowler）的「吠陀比較之研究」，格雷茲（A. Gleizes）的「東方與西方的藝術傳統」等。末附考氏著述目錄一篇，可供參考云。

圖書周刊

第五十九期

稿約

（一）本刊乃純學術性刊物，歡迎投稿，尤注重中國新書評介及國內外出版界學術消息。

（二）本刊篇幅有限，新書評介以一二千字，出版消息以數百字。

（三）來稿如欲退還，希附寄足郵票及聲明地址之信封。

（四）來稿請寄北平國立北平圖書館轉本刊編輯部，一經登載，略致薄酬。

「東方考古學叢刊甲種」讀後記（下）

安志敏

四、營城子（前牧城驛之漢代壁畫墓）內藤寬、森修合著，民國二十三年出版，本文四七頁，版四七，插圖三八，附英文提要。

民國二十年七月，日人改築大連旅順間鐵路，於前牧城驛沙岡子，因掘土偶然發見一甎墓之天井部分，當時工人乃將其拆除，於墓內發見殉葬之遺物，旋報告關東廳博物館。博物館乃派內藤寬、森修調查，此即報告中所謂之第一號墓。並於附近發掘一漢墓，發現壁畫，即報告中所謂之第二號墓。

第一號墓——墓室共有三所，即所謂之三室墓。有通路相通。天井皆穹窿形。主室南北十尺二寸，東西九尺七寸，天井爲工人拆除，已無法測知其高度。前室東西九尺二寸，南北六尺三寸，高十一尺二寸。東側室東西四尺，南北四尺九寸，高六尺。殉葬之遺物，以瓦器爲主，有鉢、犬、甕、勺、甑、杯、釜、奩、屋，及其他異形之瓦器多種。

第二號墓——雖有盜掘痕跡，而遺物保存尚稱完善。此墓由套室、主室、東北兩小側室，及前室所構成，而套室將主室完全覆蓋，而主室則係單獨建築於套室之內，此種形式之甎墓，於他地尚未有發見。主室高十尺三寸五分，東西九尺四寸，南北九尺二寸五分。東壁及南壁之外面，皆繪有壁畫，除西壁以外，其他之三面，皆繪有壁畫，以白描爲主，而配以赤黃二色，筆力雄拔，意態生動，頗具漢畫之特徵。出土之遺物，以瓦器爲主，有鉢、燈、案、瓦竈、奩、盤、壓、循、甑、勺、杯等。墓內之壁畫，不特於美術史上佔極重要之位置，即研究漢代風俗亦極重要，今擇述之如下：

墓內之壁畫，以北壁之壁畫爲最大，人物衆多，寬九尺三寸，高七尺三寸。右上角繪有一半身之翼龍，左上角爲有一有翼仙人乘於雲端，前有一鳥張翼飛翔。此二圖中間稍低之處，有一佩劍長鬚之人物，頭著三山冠，其後則隨有雙手捧物之小童，其左面則立一冠帶整齊之白髮老人。其最下部則繪有三人作伏拜、跪拜、立拜之形式，皆戴冠長襦。南壁內面，通路之上，繪有一巨面圓目之怪物，兩手顧伸，其兩側各繪一持旗之人物。東壁內面，通路之上，繪雲，其右側立一鶴，左側者業已湮滅不可復見。東壁外面，繪有斜格之幾何形花紋。南壁則爲頭著三山冠之張口露齒之神，右手持旗，左手握蛇，其左側更繪一直立持旗之虎。

本報告附有附錄二篇：一爲濱田耕作之「漢代繪畫考」，原載於國華雜誌，更轉載於此。論述有關漢代繪畫之畫像石、畫像磚、漆器、繪畫等，並及於此墓之壁畫。一爲水野清一之「營城子古墳壁畫考」，對壁畫之含義加以闡述，此爲水野之未定稿，而考訂亦未詳盡。

本報告對壁畫之研究，未能探討其背景及其流變，殊爲憾事。然寫作之忠實詳盡，今後作考古發掘者，自當取法也。

五、東京城（渤海國上京龍泉府址之發掘調查）原田淑人、駒井和愛合著，民國二十八年出版，本文九〇頁，圖版一二〇，插圖八〇，附英文提要。

東亞考古學會於民國二十二年，計劃發掘松江省寧安縣，古渤海國上京龍泉府址之東京城。共發掘兩次。第一次爲民國二十二年六月六日迄二十五日，第二次爲民國二十三年五月二十日迄六月十九日，前後參加者，計有東京帝大之原田淑人、駒井和愛、三上次男，京都帝大之村田治郎、水野清一，東亞考古學會之島村孝三郎，東方文化研究所之羽館易、外山軍治，東京帝室博物館之矢島恭介，朝鮮京城帝大之鳥山喜一等。

城址位於牡丹江附近之盆地，周圍三十五里，四面七門，內城周圍五里，東西南各一門。發掘時對內城外城予以普遍之發掘，而測其建築概況。計發見六宮殿址及禁苑址，並發見四寺廟之遺址，土壇、柱基及基石等，尚可窺見當時之建築情形。於城址之北，亦發見豎穴，寬約十尺，遺有灰層，混有木炭、紡車、陶片、骨片、貝殼等，陶片中有唐三彩陶，而紡車則係利用渤海之瓦甎破片製成者。並於三靈屯，調查丘陵中之一古墳，係以玄武岩等積成石槨，內部已毫無遺物存在，似係渤海時代之墳墓。

城址內所發見之遺物，以甎瓦爲最多，有平瓦、瓦當、鴟尾、鬼瓦等，其中有施以綠釉之琉璃瓦。而渤海瓦之特徵，係瓦之背面邊緣處，印有一字或二字之方形陽文文字。原田博士謂此當爲造瓦之署名，恐非是。案瓦上所印之文字，皆係漢文，其中有字形倒置，缺點畫者，此當爲製造工人之名字；因當時仰慕唐風，故文字皆用中國文字。且因出自工人之手，故文字錯誤亦所不免。鐵製品有建築用之環鈕、戶樞、釘，武器用之鏃、胄等。陶器頗多黃綠釉，或三彩。殘存之佛像亦多，計有塼、銅、鐵、漆、泥塑等，亦有鑲於壁上者。貨幣則僅發見日本「和同開珎」一枚。其他各種零星物件，如琥珀珠、琉璃瓶、銅製品、鐵鏃、火箸、鐵剪、鐵鈴、石鍋、石臼、石燈、瓦製紡車等，亦時有發現。

由發掘之結果，可知此遺址之古文化完全受李唐之影響，其本位文化之代表，則僅竪穴而已。

本報告最後並附有俄人A.B.Ponosoff以俄文所著之調查報告，印刷精良，然於遺址及遺物之比較研究，則嫌欠詳。又未附發掘工作時之照片，是其缺點。又此項發掘工作，若委之於治渤海史之專家，當必有更可觀之成績，惜爲少數考古學家包辦，未能更進一步有所闡發，此則吾人引爲憾事者也。

六、赤峯紅山後（熱河省赤峯紅山後先史遺蹟）濱田耕作、水野清一合著，民國二十七年出版，本文一三二頁，圖版四七，插圖六二，附英文提要。

熱河省赤峯之史前遺址，自清末以來即爲學者所注意，前後來此調查者，有鳥居龍藏、桑志華（E. Licent）、梁思永諸氏。民國二十四年，東亞考古學會計劃發掘此地，參加者計有京都帝大之濱田耕作、三宅宗悅，東方文化研究所之水野清一，東亞考古學會之島村孝三郎、赤堀英三，蒙疆文化研究所之三上次男，旅順博物館之島田貞彥，偽滿文教部之瀋口守衛等，自六月十日迄三十日，共工作二十日。

此遺址可分爲兩種，一爲墓地，一爲居住址，二者所代表之文化與年代各不相同。

墓地位於紅山之傾斜面上，分佈極密，惟大部已被盜掘。此次發掘者共達二十六所，皆係以石板構成長方形石棺，置屍體與遺物於其中，然後以石塊覆蓋之。遺物計有陶壺、陶紡車、有孔石斧、骨鏃、骨錐、青銅鏃、青銅魚、青銅飾等。

第一住地，接近墓地，爲紅陶文化之遺址，發見遺物甚多。陶器可分二類，即磨光紅陶與赤褐色粗紋陶二種，器形有豆、壺、鬲等。石器則有磨製之有孔石斧、石鑿、石刀、石鏃、石錛、石斧等形。裝飾品有玉珠、管玉、貝、貝環等。骨器則有骨鏃、骨錐等。此外歷年在附近所採集之遺物中，有……

新書評介

小山詞箋

若穎

王煥猷編著，上海商務印書館出版，每部一冊，定價三元五角，加成發售。

這是一部不太引人注目的書，但是讀過之後，總覺得如鯁在喉，非吐不快，終於寫成這篇小文。我不寫文章評人著作，已近十年。本來著書立說，原非易事，無論可學的著作，能有幾部？即使是爲了騙稿費而東抄西襲的玩藝，也是情有可原，何況多少費了些心思的著作，又何必去揭人家的面皮呢！但是「小山詞」是宋詞中我最喜歡讀的，我喜歡「小山詞」遠過於其他名家，現在有人作「小山詞箋」，而亂來一氣，這使我不得不破戒了。

這部「詞箋」有兩個大毛病。一是穿鑿附會。現在隨便舉一個例子，本書第五頁有一首鷓鴣辭，原文如下：

花信來時，恨無人似花依舊。又成春瘦，折斷門前柳。天與多情，不與長相守，分飛後，淚痕和酒，沾了雙羅袖。

這本是一首尋常傷春怨別之詞，一點也看不出有甚麼深意；但被王先生一箋，就熱鬧了。王先生說：

「按范仲淹富弼皆出晏氏之門，弼又爲晏殊婿，殊同平章事，兼樞密使，同時弼爲樞密副使。殊知應天府時，延范仲淹教授生徒。故宋史謂殊爲相，益務進賢材，所進者且多名士。及殊死而人情冷落，叔原乃有所感。故既嘆人情之不如花，又謂『折斷門前柳』，『門前柳』即門前桃李也。……感『春瘦』，叔原之意，甚可知矣。」

小山作詞的時候，絕不會想到他這一首點絳脣，還有如此一篇大道理。這篇道理全是王煥猷先生想出來的。「人在人情在，人死兩事休」，「太太死了滿街白，老爺死了沒人抬」，炎涼反覆，固然是世情之常，但絕非沒有例外。我們看過所有關於晏殊的記載，並沒有身後門庭冷落之語，不知王先生何所見而斷定其必然如此。「花信來時，恨無人似花依舊」，只是「花通光景惜朱顏」之意，也就是唐人劉希夷的名句所謂「年年歲歲花相似，歲歲年年人不同」。這與人情冷落有何關係，而如此生拉硬扯。……

……好像很多。如實夠的一部「香奩集發微」，……的解釋某某算子，……的解釋溫飛卿菩薩蠻，……都是如此。至於毛氏之解詩經，穿鑿附會，……由來久矣。

這部詞箋第二個毛病，是支離破碎。……

……而顛倒一字。這是小孩子也會背的詩，反倒引了王先生未注出。……「年年歲歲」兩句，固然未必就是小山詞所本，但用這兩句來注「花信來時，恨無人似花依舊」，總比王注所引……

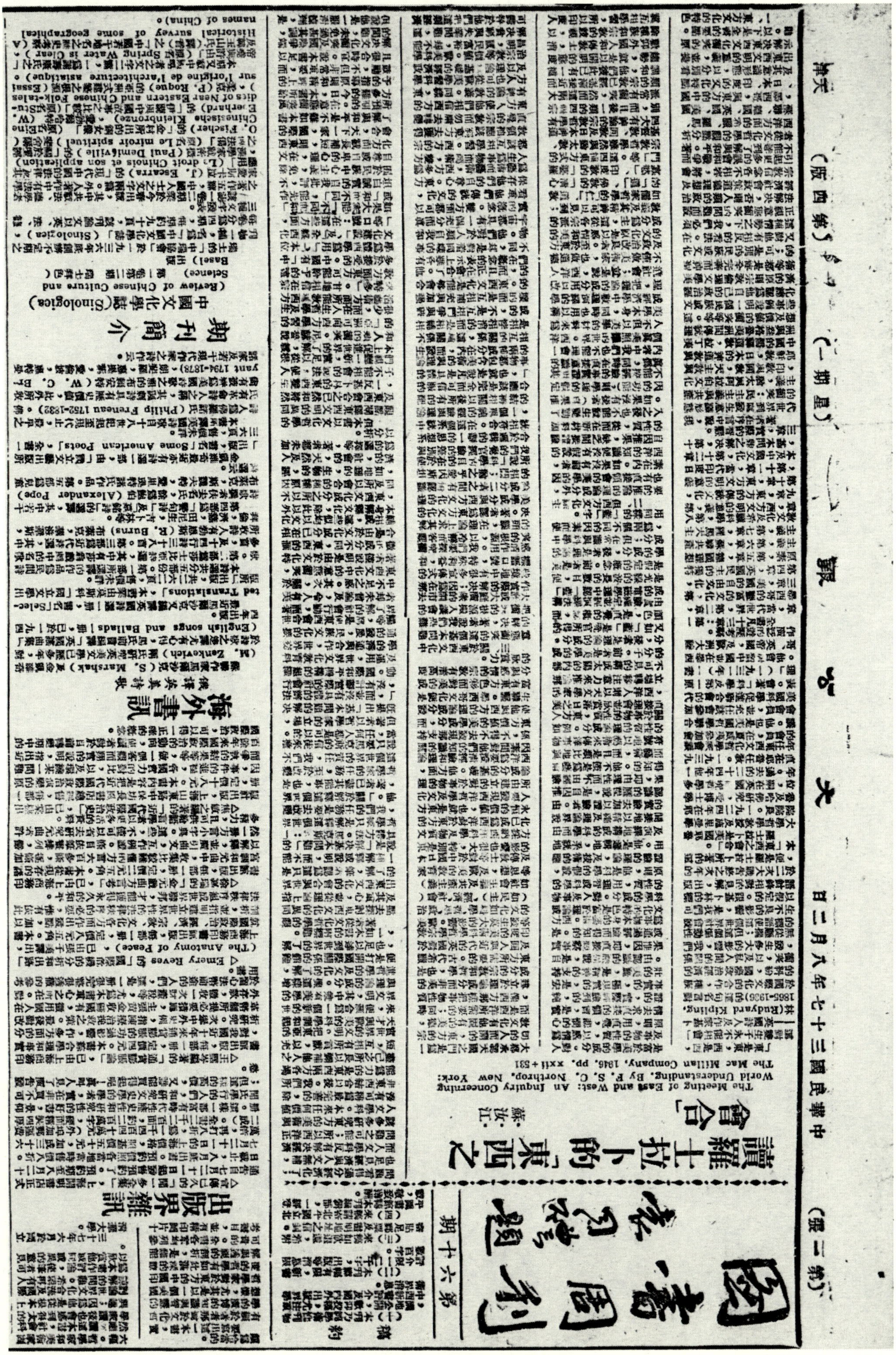

圖書周刊

第六十期

讀羅士拉卜的「東西之會合」

蘇汝江

The Meeting of East and West: An Inquiry Concerning World Understanding, By F. S. C. Northrop, New York: The Mac Millan Company, 1946, pp. xxii+531

出版界雜訊

海外書訊

期刊簡介

中國文化學誌(Sinologica)

(Review of Chinese Culture and Science)

圖書周刊

第六十一期

（一）本刊乃一種評論性的周刊……

讀「英國議會政治的全貌」

王承緒

Quintin Hogg著：The Purpose of Parliament 倫敦 Blanford Press出版，定價十先令六便士。

……（An Instrument of discussion）……

……（HIS MAJESTY'S OPPOSITION）……

新書解說

清內閣舊藏漢文黃冊聯合目錄

監文卿

民國三十六年國立北平圖書館、國立北京大學文科研究所、國立北平研究院史學研究所……

圖書周刊

第六十二期

讀「蘇聯見聞錄」

于鶴年

[illegible]

「晉潘岳生卒年考」書後

陸侃如

[illegible]

出版界雜訊

[illegible]

期刊簡介

燕京學報

本學報第三十四期，現已出版，北平西郊燕京大學哈佛燕京學社編印，定價未詳。

本期內容仍分專著及書評兩部分。[illegible]「The Gay Genius: Life and Times of Su Tungpo」等五篇。此外又有「學術消息」若干則及「本期論文英文提要」一篇云。

海外書訊

世界歷史年表

英國歷史學者斯坦朋爾格氏（S. H. Steinberg）費年餘編就歷史年表一種，名爲 Historical Tables，所記世界大事自紀元前五十年起，至第一次世界大戰爆發止（一九一四年）。本書於一九三九年出版，甚受英美讀者之歡迎。

[illegible]

中國藝術協會講演集

「美國中國藝術協會」（The Chinese Art Society of America），在美成立業已數年。[illegible]

[illegible]名爲 Archives of the Chinese Art Society of America。本小冊共九十八頁，附插圖十二幅。

[illegible]「戰爭期間之法國東方學者」（Orientalists in France during the War），[illegible]

[illegible]（A. Salmony）[illegible]

[illegible]（Helen Chapin）之「[illegible]」[illegible]

此外本集有葉理綏夫氏（S. Elisseef）之伯希和小傳一篇，附載伯氏著述之目錄云。

科學年鑑

美國科學家雷克里夫氏（J. D. Rateliff）[illegible]

一九四二年，[illegible]（Doubleday）之託，逐年編纂「科學年鑑」（Science Year Book）一冊，[illegible]

[illegible]

[illegible]（M. Clark）之「心臟病研究」（Heart Disease），李斯氏（H. Lees）之「長生問題」（Longer Life for Everyone）等。天文類有科學畫報（Science Illustrated）所載之「火星上之大照相」（Close-up of Mars），彭特萊（E. Pendray）之「人工日蝕之製造」（Man-Made Eclipses）等。[illegible]之「[illegible]」（Man-Made Lightning），[illegible]（H. Manchester）之「[illegible]」（Pictures in 60 Seconds）等篇。

（第一張）　中華民國三十七年八月二十三日　大公報　（星期一）　（第四版）　天津

圖書周刊

袁同禮題

第六十三期

「萬安北沙城」提要

東方考古學叢刊乙種第五冊

萬安北沙城——萬安縣北沙城及懷安漢墓——

水野清一、岡崎卯一等著

日本東亞考古學會昭和二十一年十二月

日本東京都座右寶刊行會出版　定價日金百八拾圓

宿白

新書解說

聞一多全集

海外書訊

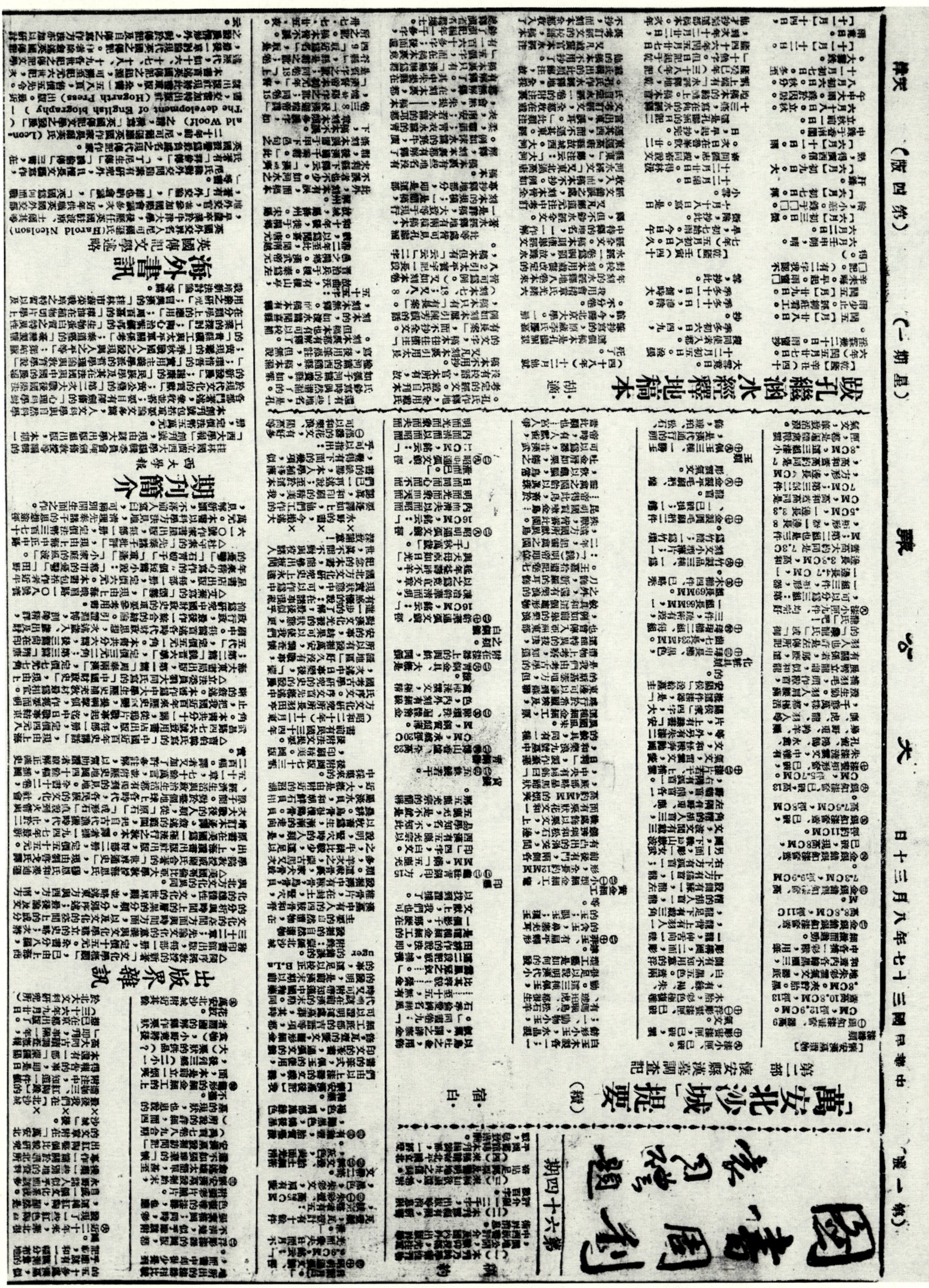
大公報 中華民國三十七年八月三十日 星期一 (第四版) 天津 (第一張)

圖書周刊 第六十四期

「萬安北沙城」提要 (續)

第二部 綏遠涼城調查記

宿白

跋孔繼涵水經釋地稿本

胡適

海外書訊

英國傳記文學述略

期刊簡介

出版界雜訊

圖書周刊

袁同禮題

第六十五期

約稿

(一)本刊乃討論圖書館學術性刊物，歡迎投稿，尤注重介紹國內外出版新書及評論，中四圖書館…

(二)本刊篇幅有限，…以一二千字為…

(三)來稿如不登，…

(四)來稿請寄北平…

美國的電影圖書館

王重民

劭西詩存

雲亦

新書評介

海外書訊

柏拉圖及其對話

美國經濟發展史

圖書週刊

第六十六期

讀「系統政治學」

袁 翰

書 名：Systematic Politics

著 者：Charles E. Merriam

出版者：University of Chicago Press (1945)

[illegible] (Political science) [illegible] (Power) [illegible] (The state) [illegible] (Community) [illegible] (State in theory) [illegible] (State in practice) [illegible] (political utopia) [illegible]

[illegible] (Plato) [illegible] (More) [illegible] (T. H. Green) [illegible] (B. Bosengnet) [illegible] (H. N. Laski) [illegible] (The State in Theory and Practice) [illegible] (A. D. Lindsay) [illegible]

[illegible] (Modern Democratic State) [illegible] (Systematic Politics) [illegible] (Government) [illegible] (Politics) [illegible] (Public government) [illegible] (Private government) [illegible]

[illegible] (Pluralism) [illegible] (Theory of Sovereignty) [illegible] (Overlap) [illegible] (Order) [illegible] (Informal government) [illegible]

[illegible] (Personal developmant) [illegible] (Sovereignty) [illegible] (Types of Rule) [illegible] (Government by one) [illegible] (Aristocracy) [illegible] (Democracy) [illegible] (Inesponsible responsibility) [illegible] (élite) [illegible] (historionic) [illegible]

[illegible] (symbolism) [illegible] (Rational consent) [illegible] (A jural order of the world) [illegible]

[illegible] (Charles E. Merriam) [illegible]

新書評介

中國外交行政

程 毅 楚

[illegible]

Sir John Tilley and S. Gaselee: The Foreign Office; G. Hunt: The Department of State of the United States [illegible]

出版界雜訊

[illegible] A. A. Macdonnell [illegible]

海外書訊

世界語言叢書

[illegible] (Faber & Faber) [illegible] The Great Languages [illegible] (W. J. Entwistle) [illegible] (B. F. Atkinson) [illegible] (A. E. Wert) [illegible] (W. E. Collinson) [illegible] (The spanish Language, together with Portuguese, Cata-lan, Basque) [illegible] (The Chinese Language) [illegible] (R. A. D. Forrest) [illegible] (Proto-Chinese) [illegible] (Archaic-Chinese) [illegible] (Ancient Chinese) [illegible] (Medieval Chinese) [illegible] (Modern Chinese) [illegible]

蘇聯書訊一束

[illegible] (N. Kholodkovsky) [illegible] (William-Wilmont) [illegible] (P. Lebedev-Polyansky) [illegible] (Y. Danilin) [illegible] (N. Kuzmin) [illegible] (A. Romm) [illegible] (N. Minsky) [illegible] (State Publishing House of Political Literature) [illegible] (M. Shaginyan) [illegible] (Roads of the Five Year Plan) [illegible]

中華民國三十七年九月二十日 （第一張） 大公報 （星期一） （第四版） 天津

圖書周刊

袁同禮題

第六十七期

[illegible]（四）來稿請寄北平國立北平圖書館轉本刊編輯部，一經登載，敬致薄酬。[illegible]

讀「文藝·批評與人生」

馮契

許傑著，戰地圖書出版社出版，民國三十四年九月初版，全書二九〇頁加序六頁，目錄二頁，定價白報紙本法幣三〇〇元，道林紙本四五〇〇元，加成發售。

全書收文章二十七篇，大半寫於抗戰期間。其中有關於文藝理論與文藝批評理論的建立者，如「文藝自由新論」、「論文藝批評的積極性與建設性」等；有關於文藝運動（特別偏於東南）的探討者，如「東南文壇與東南文藝運動」、「關於東南文藝運動的初步計劃」等；有對於當代的作家與作品作批判者，如「周作人論」、「論魯迅的歷史小說」等；又有對於語文作一般性的研究者，如「論語言[illegible]」、「中國文法革新泛論」等。

許傑先生用歷史的眼光，社會科學的觀點，處理語文與文藝諸問題。於語文，認爲它是一種社會的契約關係，是跟着社會的轉變而轉變的。於文藝，認爲它是社會現實生活的反映，同時強調其對於時代所盡的政治作用與武器作用。這樣的立場，自然是正確的，進步的。此書本身之具政治作用與武器作用，不言而喻。

書中論語文的篇幅較少。書名「文藝·批評與人生」，正可見其以文藝批評爲主。許傑先生於自序中說：「我用文學批評，用人生批評現實的人生；我也批評人生，批評當前的文學。」全集十之七八，可以此語貫串。

一方面，「要理解人生，除了人生的本身，文藝便是一種最好的方法，」因爲你能從「文藝所表現的形象中學到了人生的批評」。另一方面，要理解文藝，除了文藝本身，你也得從人生入手。「你得用對人生的理解的深度，來幫助你對於文藝的理解」。（原書五六頁至五九頁。）前一方面的例子，如我們讀了紅樓夢或阿Q正傳，從而對於中國人的現實生活，有了一種批評（或多或少是用[illegible]或魯迅的眼光來作批評）。後一方面的例子，如各個人的生活實踐不同，對於人生的看法各異，從而對於紅樓夢或阿Q正傳的估價有差別：有人以爲這些是閒書，有人以爲這些是現實；有人以爲賈寶玉可以模仿，又有人以爲阿Q雖然有趣，卻應該清算等等。

我以爲這是顛仆不破的真理，願在此稍加引伸，或能幫助讀者對於此書的了解。

一個作家從現實擷取題材，寫入作品，傳達給讀者。在此過程中，他自然有所取捨。取捨得有標準或尺度，尺度就是觀點。每一個作家從他自己的窗口眺望世界，每一個作家把他自己的觀念（或觀點）放入作品。在創作過程中，寫作者的世界觀與人生觀，有意或無意地，[illegible]從幾端說出，已經於字裏行間。上帝按照他自己的形相創造人類，作者也是按照他自己的想法處理題材的。

所以，當一個讀者閱讀作品，當作品的字句重現爲形象，讀者就是在用作者的觀點觀看世界。許傑先生所謂從文藝可以學到對於人生的批評，大概就是這意思，而我們熟讀或多讀了某個作家的作品，在思想上常常會受他的影響，也就是這樣緣故。

但讀者畢竟不是作者，他有他自己的理論，自己的實踐。所以讀作品，除了作者所給的提示之外，讀者還要從自己的窗口[illegible]

[illegible]，才會有正確的觀點或理論。）——所引見原書二六頁至二七頁。

具此三條件，讀者或批評家乃真能欣賞，理解與判斷文藝的價值。（當然，一般讀者不是或多或少地具有這樣的條件的。）

而引伸開去，也可見評判文藝（乃至一般藝術）的標準共有三個。

首先，文藝有其本身的藝術標準。必合乎此標準，才能引起欣賞者的美感，才可以說是藝術品。照我個人的說法，真正的藝術品得在描寫性情，真正的藝術在從情態（現象）的對立統一顯示本性（本質），具此內容，而又以恰如其[illegible]

[illegible]

[illegible]「夢」了。

又次，文藝有其政治與道德上的要求。即人寄於藝術的道德價值，人寄於藝術的政治作用，今二者都是社會實踐方面的要求。所謂「文以載道」，不只是說明道德而已，實在也是要替道德說教。就此意義說，文藝的確都是宣傳，有意無意地在替道德與政治服務。[illegible]，雖不能[illegible]把它一腳踢開，但這無疑是一大病。而在人民世紀的今日，[illegible]主義與自由主義的作品之所以被視爲落伍，也就是因爲在政治與道德上，它們已不合乎大多數人心目中的尺度了。

[illegible]有的讀者），具三種身分（欣賞者，理解者，批評者），執三種尺度（藝術的，理論的，實踐的），以衡量作品，看它：第一，是否描寫現實生活而恰如其分；第二，說明現實是否不悖科學而合乎歷史的發展；第三，指導現實是否向正確的方向而盡了它的宣傳作用。此即普通所謂美，真與善。一切的藝術品，皆以此三者爲鵠的，皆要求達到（雖不必完全達到）這三個標準。

這些引伸之義，不必即是許傑先生所持的主張。但在我看來，許傑先生所謂文藝的批評人生與人生批評文藝的辯證觀，往往更深遠挖掘，往更廣處推演，應該是這樣子的一套文藝理論，略如上述。

三十七年八月於上海同濟大學。

新書評介

宋詞舉

黃賢俊

陳匪石編著，大學用書之一，民國三十六年四月正中書局出版，基本定價法幣四元五角，加成發售。

「宋詞舉」，爲近年來所出詞選中，值得一讀之書。著者本其晚年教學評論之書，於民國十六年寫定此書，延至去年始行付梓。其所選十二家詞，南宋取張炎、王沂孫、吳文英、姜夔、史達祖、辛棄疾六家爲上卷；北宋取周邦[illegible]

[illegible]漸進，由博反約，沿委求源。周濟「宋四家詞選」目錄序論有云：「南宋有門徑，有門徑，故似深而轉淺；北宋無門徑，無門徑，故似易而實難。」著者欲循南宋之康莊大道，進而窺北宋之堂奧，由淨轉[illegible]，由易入難，不失爲研詞新法，[illegible]

[illegible]

出版界雜訊

[illegible]

天津 大公報 中華民國三十七年九月二十七日

（第一張）（第四版）（星期一）

圖書周刊

第六十八期

讀「數學列車」

李長之

關於「開明青年叢書」（上）

海外書訊

（The Use of History），貝恩（A. R. Burn）之「亞歷山大大帝與希臘化帝國」（Alexander the Great and the Hellenistic Empire），哈全生（F. E. Hutchinson）之「米爾頓與英國思想」（Milton and the English Mind），羅伯遜（C. G. Robertson）之「(?)」，巴肯（A. Buchan）之「(?)」（Joan of Arc and the Recovery of France），賈克遜（H. Jackson）之「克里孟梭與第三共和國」（Clemenceau and the 3d Republic），休士一瓊斯（Hugh-Jones）之「威爾遜與美國自由主義」（Wilson and American Liberarism）。

× × × ×

美國人民史

……（Vanderbilt）……（F. L. Owsley）……（Van Nostrand）……（A Short History of the American People）……

期刊簡介

地質研究所叢刊

……Bentonite……T. C. Sun 和 Y. C. Hsu 氏合著的「Joints and Incised Meanders in the Red Basin, Szechuan（With 1 Plate and 2 Textigure）」……

文章講話

夏丏尊 葉紹鈞 合著

文言虛字

呂叔湘 著

任何人之科學

克拉克 著

史畫 征途 新印

何 鍾 華 孫 克 剛 編著

新一軍戰鬥寫真！

與 緬甸 蔣寇志 為 妙林 作

印度 藍伽 圖文並茂

總經售 天津大公報館發行課

每本平裝 全：九元三角 分

郵費另加 掛號

圖書周刊

第六十九期 張季鸞題

中國史綱（上古篇）讀後感（上）

巨來

張蔭麟編著，三十七年四月，正中書局初版，定價七圓五角。

關於「開明青年叢書」（續）

期刊簡介

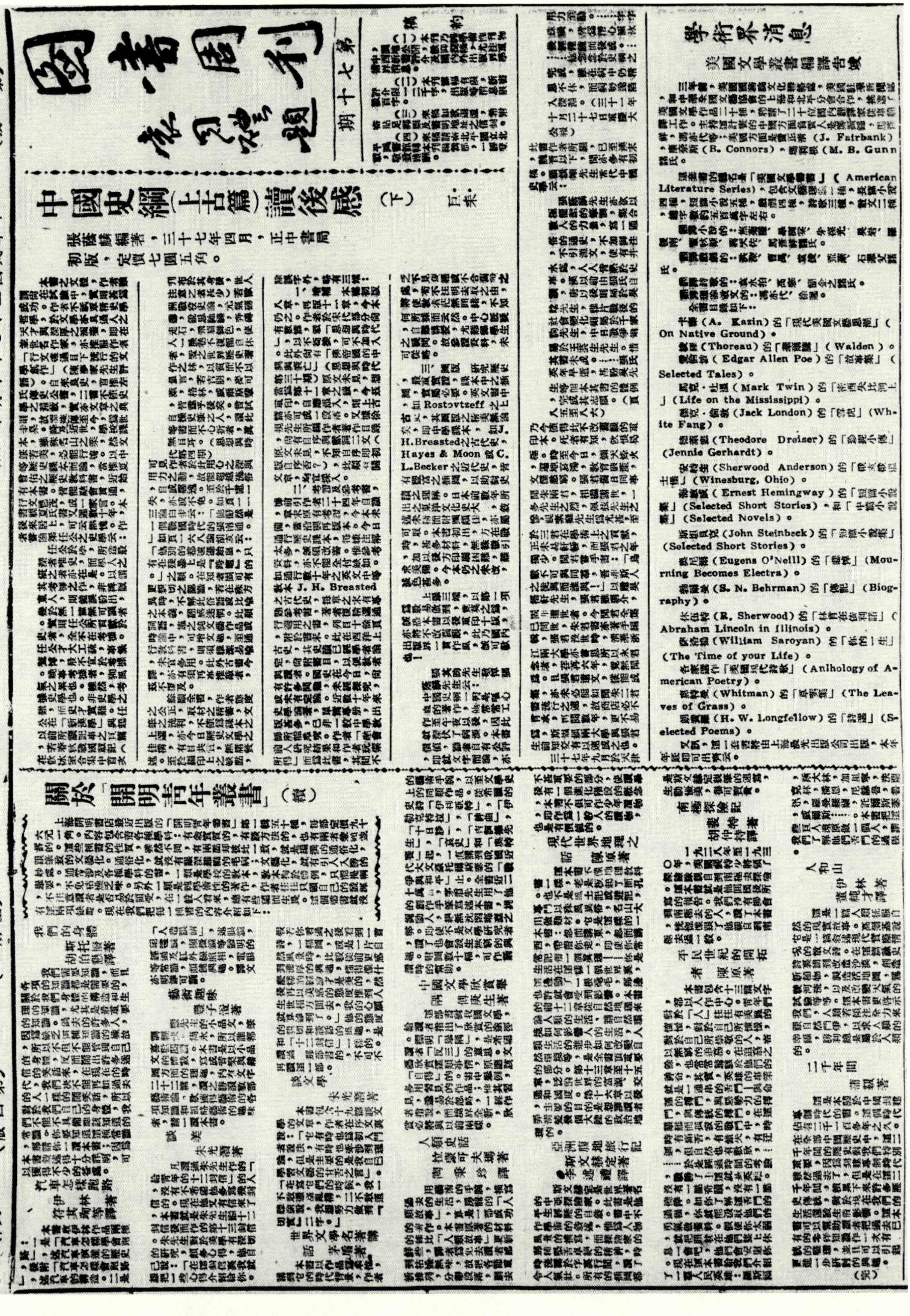

圖書周刊

第七十期

中國史綱(上古篇)讀後感(下)

丘未

張蔭麟編著，三十七年四月，正中書局初版，定價七圓五角。

學術界消息

美國文學叢書編譯告竣

[illegible]

這套書的總名是「美國文學叢書」（American Literature Series），包含文藝理論一種，長篇小說四種，短篇小說五種，戲劇四種，詩歌三種，散文二種……

……

卡靜（A. Kazin）的「現代美國文藝思潮」（On Native Ground）。

梭羅（Thoreau）的「湖濱散記」（Walden）。

愛倫坡（Edgar Allen Poe）的「[illegible]」（Selected Tales）。

馬克·吐溫（Mark Twin）的「[illegible]」（Life on the Mississippi）。

傑克·倫敦（Jack London）的「[illegible]」（White Fang）。

[illegible]（Theodore Dreiser）的「[illegible]」（Jennie Gerhardt）。

安德森（Sherwood Anderson）的「[illegible]」（Winesburg, Ohio）。

海明威（Ernest Hemingway）的「短篇小說集」（Selected Short Stories），和「中篇小說集」（Selected Novels）。

斯坦貝克（John Steinbeck）的「短篇小說集」（Selected Short Stories）。

奧尼爾（Eugens O'Neill）的「[illegible]」（Mourning Becomes Electra）。

[illegible]（S. N. Behrman）的「傳記」（Biography）。

[illegible]（R. Sherwood）的「[illegible]」（Abraham Lincoln in Illinois）。

[illegible]（William Saroyan）的「[illegible]」（The Time of your Life）。

[illegible]「美國現代詩歌」（Anlhology of American Poetry）。

惠特曼（Whitman）的「草葉集」（The Leaves of Grass）。

朗費羅（H. W. Longfellow）的「詩選」（Selected Poems）。

又訊，這一套書將由上海晨光出版公司出版，本年年底即可出齊云。

關於「開明青年叢書」(續)

[illegible]

南極探險記

裴特著 胡仲持譯

一九二八年至一九三〇年，美國裴特少將領了探險隊到南極……

平民世紀的開拓

[illegible]

山和人

伊林著 董純才譯

[illegible]

天津　大公報　中華民國三十七年十月二十五日　星期一　第一張（第四版）

圖書周刊

袁同禮題

第七十一期

蘇聯的圖書館事業

張遵儉

一、歷史的回顧

(Yaroslav the Wise)

(Tophia Cathedral)

(Pchela)

(M. Lomonosov)

(The Imperial Library)

二、圖書館事業的發達

(R. S. F. S. R.)

(The V. Lenin, order of Lenin, Library of U. S. S. R.)

(The State M. Saltykov-Shchedrin Public Library)

(The State Public Historical Library)

(The Red Professorship Institute)

三、蘇聯圖書館

(N. P. Rumyantsev Library)

(Fundamental Library of Social Sciences)

(The State Research Library)

(Kharkov)

(Tbilisi)

(The State Central Library of Foreign Literature)

四、圖書館教育一斑

關於張蔭麟「中國史綱」編著經過及其他

張仲銳

學術消息

(Biographical Dictionary of Contanporary Chiness Writers)

(Soil Mechanics)

出版界雜訊

圖書周刊

第二十七期

稿約

(一) [illegible]

(二) [illegible]

(三) [illegible]

(四) [illegible]

一千五百種當代中國小說與戲劇

吳曉鈴

原　名：1500 Modern Chinese Novels & Plays
出版者：懷仁學會(Verbist Academy)
價　目：未　詳
編　者：善秉仁(Jos.Schyns)等
出版時：民國三十七年七月

[illegible] (H. Van Boven) 的『當代中國文學史』(Histoire de la litterature Chinoise Moderne) [illegible] 民國三十五年出版 [illegible] 『一千五百種當代中國小說與戲劇』 [illegible] (500 Short Biographies of Modern Authors) [illegible]

[illegible] 善秉仁(Jos. Schyns) 的『說部甄評』(Romans à lire et romans à Proscrire)，用法文寫的，民國三十五年出版 [illegible]

[illegible]

甲　小說 (Present day fiction) [illegible]

乙　雜類 (Miscellaneous) [illegible]

丙　翻譯小說 (Fiction translated) [illegible]

丁　古代小說 (Ancient fiction) [illegible]

戊　古代戲劇 (Ancient drama) [illegible]

己　翻譯戲劇 (Drama translated) [illegible]

庚　現代戲劇 (Present day drama) [illegible]

[illegible]

新書評介

辛亥革命北方實錄

胡鄂公撰，民國三十七年上海中華書局出版，每部一冊，定價四元八角。

[illegible]

期刊簡介

中國文化研究彙刊第一卷

[illegible]

[illegible] (M. R. Norins) 之「Some Western Materials on the Panthay Rebellion of 1856-1873」 [illegible]

[illegible] 之「A Review of E. D. Edwards Chinese Prose Literature of T'ang Period」 [illegible]

[illegible]

出版界消息

H. L. Moore 的「蘇聯的遠東政策」(Soviet Far Eastern Policy, 1931—1944) [illegible]

[illegible]

天津 大公報 （第四版） （星期一） 中華民國三十七年十一月十五日 （第一張）

圖書周刊

袁同禮題

第七十三期

清人著述中有關安南史事各書解題

張秉鋒

「政治學問題研究」自序

吳恩裕

出版界雜訊

圖書周刊

袁同禮題

第七十四期

「安南志略」解題

張景輔

安南志略二十卷 元安南黎崱撰

清光緒甲申（十年）上海樂善堂鉛印本

黎崱（崱音土力切），字景高，號東山，安南清化人。東晉交州刺史阮敷後也。幼爲黎琫義子，故從其姓。九歲試童科，仕安南陳氏至侍郎，佐彰憲侯陳鍵幕。元至元乙酉（二十二年，安南陳仁宗紹寶七年）鍵自占城進兵，崱率衆數萬，拒之於清化，戰不利，遂率衆降附。其國人邀擊於途，鍵被射死。崱抱鍵屍，上馬奔還，馳數十里，至丘溫葬之，鍵吏被殺幾半。崱入朝，授勳從仕郎，遙授紙縣令尹，賜錢五百緡。後遙授同知安暹州事，加奉議大夫，僉歸化路宣撫司事。

崱入中國五十餘年，晚自號靜樂，寓居漢陽，隣太白樓，倚水植竹，吟風弄月，消遣世慮於江山之外。澹泊榮利，嗜文章，頗嗜好古，廣記博覽，杜門著書，老而不倦。嘗撰其見聞，采歷代國史、交阯圖經，作「安南志略」二十卷，行于世。崱又著「郡官潮小志」，纂定中再遊廬山，紀其所見并人物題詠爲二卷，今皆不傳。

黎崱，安南清化人，故本書每卷均題：「古愛東山黎崱撰」，清化，古愛州也。年幼弱冠，歸陳谷後降附，久居漢陽。遂爲中國人。其遠祖爲東晉交州刺史阮敷，實爲中夏遺。安南人與中國人，血統關係，密切不可分，此不過其一例耳。

書首有蔡孚、程鉅夫，元明善、趙炳、劉必大，許善勝、許有壬、龍仁夫，「高朱氏堂」？歐陽玄，及館縣人序文。序之最早者爲大德十一年（一三〇七），最晚者爲至元六年庚辰（一三四〇），自序作于元統初元（一三三三），其書蓋經三四十年而始成，用心勤苦，宜乎詳贍美備，具有條理，成一家言也。書中凡風土歷流，封爵沿變，山川風俗，人物官職，使介往來，紹表歌辭，纖細靡載，足備信史。雖有小疵，亦不足爲病。不特爲安南現存史地書中之最古者，亦爲最有價值者。

黎氏著書之動機，據蔡孚序因「無所用於世」。元明善序則因「哀彰憲之志不伸，而名亦隨滅，常懷藏闡之願」；乃撰此志，以致其意。兩說不同。黎氏閑居漢陽，食祿不艱辛，故得杜門著書，以消羇旅之愁。其立言敘事，信而有徵，博爲當時學士大夫之好評，以爲有補於邊國之遺逸，職方氏之缺典，或譽爲安南之倚相。四庫提要曰：「所記安南事實，與元史列傳詳略，互有異同，可裨史氏之闕。敘述彬彬然，具有條理，不在高麗史下云。」黎氏記錄見之事，自較傳聞者爲可信也。惟淵彭元璟稱：「於元兵傾覆國都，錢文落具絕無內詞。反不如越史略，雖野機，猶足廣異聞也。」書中對於元兵之蹂躪，一字不提，明因崱既降元，已爲元人，自不得不有所避忌也。

此書元大曆中修纂經世大典時，曾被採入，作安南錄一卷；惟經世大典，早已無存。至元五年許有壬序有「好事將板之」之語，惟六百年來從未有刻本流傳。明人藏書目著者甚少，清人所藏皆爲寫本，又多爲傳鈔四庫文瀾閣本。今日最通行者爲光緒甲申上海樂善堂鉛印本，乃日本人所印者也。其所據之底本，係岸吟香自稱係錢竹汀少詹曾手校之五硯樓舊藏鈔本。惟原本多訛脫，排印時又經擅改，故觕紙錯亂，不可卒讀，最爲劣本。昔朱竹垞從海鹽鄭氏抄是書，已惧魯字太多，豕三虎六，疑難盡釋，知清初已乏善本。

原書本二十卷，今缺卷一「地理圖」，卷十九「叙事」後半，亦有闕文，卷二十「名公題詠安南志」全闕。文淵閣四庫全書本，雖分爲二十卷，核其內容，與十九卷本全同。惟將卷十七「至元以來名賢奉使安南詩」，「玉堂諸公贈送天使詩序」，割裂爲十七、十八兩卷。以卷十八之「安南名人詩」，改爲卷十九。卷十九之「圖志歌叙事」，改題爲二十卷。又卷十四「官制」以下空白四頁。

四庫全書因均爲寫本，又所謂「校對官」，「詳校官」，「總校官」，並未認真校對，故每冊往往有誤字，然未有若此書之誤謬顛倒者。如卷八均爲六朝交州刺史與太守，文津閣本於王機傳後，即接東人娛伯義，康謙，胡衡（胡衡之誤）何履光等十三人。卷九爲唐安南都護刺史，文津本自胡衡傳後，繼接李凱、陳霸先、陶侃等六朝時數十人，又接馬總，爲餅諸人。至陳霸先傳中「陳文帝大寶初，爲交州刺史，後即帝位。」另起一行，誤以爲文帝爲交州刺史。張雖傳末，忽接唐張舟傳文半篇，張冠李戴，尤爲荒唐。然亦有可是正今通行本之誤者。聞北京大學所得李木齋藏書中有彭氏知聖道齋鈔本，數年前曾舉中亦發見鈔本，均二十卷（即十九卷）本也。又德化李氏木犀軒收藏本書目，著錄與樂善鈔三卷本一冊，並云：「此乃三卷本，非稗軼」；不知與二十卷本內容如何也。

此書有Camille Sainson之法譯本，名Ngan-nan-tche-luo, mémoires sur l'Annam光緒二十二年（一八九六）北京北堂出版云。

出版界消息

△陳文開，譚錫發合著的「聖雄甘地傳」，已由上海商務印書館出版，每部一冊，定價五角，本書作者旅印多年，且曾與甘地晤面，內容除參考自傳和諸家所作傳記外，並采及印度報章雜誌等最近材料，可稱這甘地傳記中最新穎最完備的作品。書中除記述甘地生平行事外，復將甘地個人著作，對其思想作一系統的批判。卷首和篇末附有插圖及年譜，尤便觀覽。

△「文訊」十一月「文藝專號」，月底前即可在上海出版。該期內容有李廣田、何家槐、潘蘅的論文，魏金枝、王西彥的小說，風子、田仲濟、林辰諸人研究魯迅的文章，以及劉北汜、孫用、馮至、何鐸等譯作等，共二十餘篇。

△謝國楨所著的「清初流人開發東北史」，現由上海開明書店再版出書，每部一冊，定價一元八角。清初的統治階級把懷著革命思想的漢人充軍到東北去，這些流亡的人民便成了東北的拓荒者。本書就記述他們可泣的故事。

△名作家鄭振鐸編著的「中國歷史參考圖譜」普及本，現正發售預約，甲種每部三百八十四元，乙種二百八十八元，預約處上海興明國路一四九號三樓上海出版公司。

△上海中興出版社將出版一套「散文叢書」，第一輯計有方敬、田濤、李廣田、劉北汜、畢奐午、遇力等六人的專集。

△柯克斯的「希臘神話」，現由易紹蘭譯出，上海中國服務社出版，每部一冊，定價九角五分。本書係自柯克斯原著的「神與英雄的故事」及其他專書中迻譯而來，凡三十九篇，篇篇曲折離奇，引人入勝。如與荷馬之史詩「依里亞德」及「奧德賽」參照閱讀，尤見異曲同工之妙。

△胡山源的「文藝綜論」，已由上海大東書局出版，每部一冊，定價八角四分。本書首論一般文學問題，次論文藝創作，再次論文學批評之理論與實際，末論小說、詩歌、傳文等之作品。大部均係作者評論之談。

△魯彥遺著「憤怒的鄉村」，現由上海中興出版社出版，每部一冊，定價八元。這部長篇小說，原名「野火」，曾在桂林以主編的文季月刊上與巴金的「火」；曹禺的「日出」，同時連載過。在這書裏所寫到的，有青年、土劣和鄉紳、少女與農人。由於土劣勢力蔓延在鄉間，結果引起了青年們的不滿，而展開了像「野火」一般的鬥爭。凡是關心中國農村的人，讀了這本書，沒有不為作者筆下的現實所感動的。

海外書訊

法國革命研究書目

法國學者加隆（Pierre Caron）前在法國國家檔案局任事多年，現已退休，但仍任該局名譽局長。加隆對於法國革命史料，研究有素，前曾撰著一書，名為「法國革命研究書目」（Manual Pratique pour L'etude de la Revolution Francaise）本書於一九一二年由巴黎畢加書店（Picard et Fils）出版，目前已不易獲得。

近年加氏將本書重加修訂，並增補三章，共為六章，此書新版業於去歲由畢加書店出版，定價未詳。

本書新增第四章討論研究法國革命之各種專著，第五章介紹有關各種工具書，如辭典、地圖等。作者於第六章中述論人對於法國革命史料之意見，頗值參考云。

羅斯福書簡集

美國羅斯福總統逝世後，其公子愛里奧特（Elliott）曾撰As I saw It一書，內容涉及當時人口，業已譯成各國文字。

最近愛里奧特更將羅氏私人書札，加以整理，編為羅斯福書簡集F. D. R. His Personal Letters。本書第一集為羅氏童年之信札，業於去年由紐約Duell, Floan and Pearce書店出版，全書五四三頁，書前並冠以羅斯福夫人序文，售價美金五元。

期刊簡介

新法學

上海新法學社主編的「新法學」第四期，現仍由上海中華書局總經售，本期一冊，定價未詳。

本期包括重要論文十篇：㈠龐德（Roscoe Pound）的「如何使法律現代化」；㈡郭雲觀的「中國國際私法沿革概要」；㈢楊兆龍的「大陸法與英美法的區別究竟在那裏？」；㈣丘漢平的「總統與立法院的關係」；㈤錢清廉的「聯合國安全理事會的組織與職權」；㈥羅鼎的「妻子制度及民法所定法條的商榷」；㈦吳芷芳的「總統緊急命令權的檢討」；㈧丘日慶的「國際法與國內法的關係」；㈨永畢的「關於房屋租賃解釋例的探討」；㈩陳文藻的「法律史話」。

西北實業月刊

太原西北實業建設公司編審委員會主編的「西北實業月刊」第五卷第二期，現已出版，十六開本一冊，厚四十頁，定價金圓二角。

本刊包括重要工業技術論文十二篇，計：㈠山西工業的遠景；㈡論國內之不鏽物；㈢鄭城鐵泡之研究；㈣紡織研究綱要；㈤西線皮圈式超大牽伸試驗報告等。

來稿請寄北平國立北平圖書館轉本刊編輯部

圖書周刊

袁同禮題 第七十五期

王徵「兩理略」書後

兼論黃山大獄案

范行準

去歲新秋訪書於來青閣，獲見明王徵「兩理略」一書，乃崇禎十年武昌孟道弘原刊本。首有陝西通志王徵傳，知係清初印刷者也。前有崇禎丙子張縉彥序，焦源溥「讀兩理略」，崇禎丁丑焦之雅「兩理略小引」，及崇禎丙子王徵自序。[illegible]

[illegible]

海外書訊

日美爭霸史話

美國學者克林納德氏O. J. Clinard現執教於加州大學，克氏近撰一書，名為「日美爭霸史話」，原名Japan's Influence on American Naval Power, 1897-1917。本書已於去年由加州大學出版社出版，列為該校歷史叢刊第三十六種，全書二三五頁，售價美金三元七角五分。

本書敍述現代美日兩國在遠東之角逐及矛盾，所包括之時間自中日甲午戰役起（一八九七），至美國加入第一次世界大戰（一九一七）為止，在此二十年間美日兩國之軍力均有驚大之增長也。本書對於下列遠東重大事件，均加以透徹之分析，如：列強在中國租界地之攫取，西伯利亞大鐵路之興築，日俄戰爭，英日同盟，美國所倡「門戶開放」政策等等。

伽利略在中國

伽利略氏(G. Galileo)為物理學研究之鼻祖，伽氏在物理學方面之發明，指不勝屈，而以望遠鏡之創出，貢獻最大。一九四二年為伽氏逝世三百年紀念，世界各國均曾舉行紀念。其祖邦義大利，對此紀念，尤為熱烈。羅國皇家研究院曾開會討論伽氏在科學上之種種貢獻，並將紀念論文刊載於「國家研究院」出版之叢刊Atti della Accademia dei Lincei中。其中一文為德理賢神父(M. D'elia)所撰，名為「伽利略在中國」(Galileo in China)，此篇刊於一九四六年出版。去歲德神父將此文加以增補，又交教廷大學之Analec-ta Gregoriana刊出，列為該校叢刊之一，全書一二七頁，售價未詳。德氏根據之材料，多半為耶穌會士之漢文天文著作，如利瑪竇、湯若望、鄧玉函諸氏。德氏謂伽氏望遠鏡首先見於中國記載者，為陽瑪諾氏之「天問略」，此點與吾國學者方杰人司鐸所考者相同也。

來稿請寄北平國立北平圖書館轉本刊編輯部

出版界消息

△孫公昭編寫的「今日的韓國」，已由上海科學公司出版，每部一冊，定價二元一角。本書把韓國的自然環境，歷史沿革，民族生活，政治黨派，解放運動，社會現象，文化學術，作扼要而系統的闡述。多研究戰後新興之韓國，及中韓關係者，不可不一讀此書。

△樊弘教授的「兩條路」，現由上海觀察社發行，本月底出書，每部一冊，定價未詳。樊氏年來在各地報紙雜誌上所發表的文章，在國內思想界曾掀起了很大的影響。他以那種獨有的見解，批判了中國固有的政治、經濟、社會、文化，提出了他自己的論點。這本「兩條路」也可以說是一部向人民的大膽的宣言，凡是注意中國未來發展的人，均應一讀此書。全書收錄重要論文二十餘篇，其要目有「苦悶與得救」「收益方式與行為方向」「知識、思想、行為」「再論社會科學與國家哲學」等，凡十五萬言。

△李之竑編著的「畜產品」，現由上海商務印書館出版，每部一冊，售價一元五角。畜產品中的豬鬃、腸衣、羊毛、蛋品、生皮等，均為我國主要的外銷物資，他如毛皮、羽毛、牲脂、骨、肉品等，亦為將來有外銷希望的產品，而奶品有關國民健康，更宜力謀發展。本書就上述各品，分別詳述其生產、加工、運銷，及檢驗情況；對於各主要外銷品在國際市場上的前途，均有精確的預測與切實的建議。

△吳天鋼寫的「無獨有偶」，現由上海開明書店出版，每部一冊，定價六元四角。這是一個三幕喜劇，內容係寫敵偽時期光怪陸離、奇聞百出的故事。然而現實是殘酷的，牠雖是過去的事情，但好像還在我們的眼前，一點兒沒有改變。作者用美劇的手法寫極嚴重的社會現象，冷嘲熱諷，兼而有之。

圖書周刊

第七十六期

談談蘇聯所藏的漢籍珍本

張鐵弦

中俄兩國接壤最長，而正式的外交關係發生得也最早（尼布楚條約）。在恰克圖條約簽定以後，俄國教士在「俄羅斯館」裏祈禱禮拜，和留學生的派遣得到清廷的公開的准許。雍正七年（一七二九）俄國派來了第一批留學生三人，住在北京，學習滿漢文字，這可以說是中俄文化接觸的開端，也是俄國研究漢學的開端。

俄國的教士和官生，每隔一定的時期（十年）要換班一次，在他們返國的時候，常常携回一些中國書籍，這是俄國收藏普通漢籍的起源。譬如道光元年（一八二一），俄國親王提摩珂甫斯基（E. Timkowsky）隨換班的教士來華訪問的時候，他曾經搜購大批的中文、滿、蒙、文書籍帶回俄國，關於買書的價格，在他的遊記裏，還有詳細的記載。

除普通漢籍外，蘇聯目前藏有若干漢籍珍本，這些珍本流入俄國的情形各有不同，大略可以分爲四種：甲、敦煌卷子，乙、西夏文物，丙、永樂大典和丁、清代鈔本，現在分述於後：

甲、敦煌卷子　俄國考古家奧登堡（S. Oldenburg），繼斯坦因（一九〇七）和伯希和（一九〇八）之後，於一九〇九年到敦煌千佛洞，他在那兒搜集了一些敦煌所出的寫本。這批寫本現藏蘇聯科學院東方研究所保存，其卷數不詳，也未聞編成目錄，據說其中書寫年代最早的是北魏熙平元年（西元五一六年）。

東方的學者多閱過這批寫本的，據我們所知，僅有日本的狩野直喜（大正四年）和中國的王禮錫先生（民國二十五年）。狩野氏對於該所所藏的「文選無名氏注」殘卷，曾詳加以研究。

狩野直喜云：『右無鈔本文選某氏注殘篇，存謝靈運述祖德詩，至曹子建上責躬應詔詩表臨心賦數一句，凡一百七十九行……檢書中帝諱，淵字，世民字，顯字闕筆，隆基字不闕筆，則在玄宗以前矣。……即文選一書，以予所寓目，除有數種，然皆李善五臣二注本，此書亦得於敦煌，而內容則異，可謂驚人秘笈，天壤間孤本而已。』（「唐鈔本文選殘篇跋」，支那學第五卷第一號）。

王禮錫先生過目的敦煌卷子，除佛經外，有宋姓受田券（廣順二年），六千戶報殺人狀（開元年間），賬簿，審問狀，寫經目和授戒文等。（王禮錫：「在蘇俄的中國文獻」，見東方雜誌三十三卷十三號）。

乙、西夏文物　俄國科茲洛夫大尉（P. K. Kozlov）於一九〇七—〇九年兩次探險我國甘肅西部，並在張掖（甘州）附近發現黑水故城。他在那裏獲得了大批的西夏文物，其中有文書、版畫、繪畫、紙鈔等。文書中有西夏文易經、法華經、三國志六韜等。此外，如金刻本「劉知遠諸宮調」和南宋刊本莊子也經柯氏所得，前者已收入鄭西諦先生所編「世界文庫」中，民國二十六年北平廠肆有影印本行世，這是小說俗文學方面的重要發現。這批西夏文物分藏於列寧格勒的多宮博物院和東方研究所。

丙、永樂大典　永樂大典創修於永樂元年，凡二萬二千八百餘卷，一萬一千冊。大典原有二本，嘉靖後僅餘一本，咸豐十年之難，此書開始流散外間。據統計永樂大典現存者約三百六十餘冊，不及原書百分之三，目前除國立圖書館及私家所藏外，日本、美、英、德、蘇聯均有收藏。

蘇聯藏有永樂大典十三冊，大概是咸豐十年以後，陸續流入俄國的，其中計有韻目：一東（容、頌、鬨），十三蕭（昭、卲），二紙（子、死），一送（參），十八漾（狀），四霽（祭），九真（集）等冊，分藏於列寧大學圖書館（十二冊）和科學院東方研究所圖書館（二冊）。蘇聯學者曾稱讚永樂大典是世界最大的百科全書。

丁、清代鈔本　蘇聯各國圖書館所藏的清代鈔本以聯實圖說鈔本，西洋教士的中文著述鈔本較有若干。國立列寧圖書館藏有若干大典本，如徐松門，所鈔一批永樂大典「站赤」，四庫館臣批校，金史補，白晉（J. Bouvet）撰古今敬天鑒等，也曾引起外國學者的注意。聊齋圖說三冊，原藏蒙古，現歸科學院保存，有人說是清代大內的東西。王禮錫先生說：『……據實得非常精工。我所見的僅三本，有一本上面寫的是第三十一冊。但據他們負責的人說，所藏只有三本，他們也不知道是從那里得來的。』袁守和先生（民國二十五年）和傅振倫先生（民國二十八年）訪問蘇聯的時候，都曾看過這部鈔本圖說，據袁先生的估計，大約是乾隆年間的寫本。

科學院東方研究所藏有鈔本滿漢蒙藏語和俄語對照辭書，會士漢文著作的寫本很多，據我們已知的有利瑪竇的一瑪麗諾一般的「格致正論」和艾儒略的「職方外紀」。此外，該所圖書館藏有利瑪竇、湯若望、南懷仁、羅雅谷、熊三拔、龐迪我、陽瑪諾等人的著作，其中科類思等人的著作，我們尚不得而知。

西學東漸甚大，巴黎、倫敦、羅馬所藏已由王有三（重民）先生影照鈔錄，向覺明（達）先生影照鈔錄，蘇聯所藏的這一批鈔本，也應該移錄下來，和其他刻本、寫本相互比勘，這樣一定有很多興味的問題，將要發生，這是不待贅言的了。

出版界消息

△左拉的「俗爾斯·鋼根」，現由畢修勺譯出，上海世界書局出版。本書是左拉提倡自然主義之後的第一部小說，雖有些作家說，這是他一生最美的著作之一。他在這裏初次顯露他的分析與敘述的才能。法國文學批評家勃特勃夫稱贊他在近代文學史上是劃時代的。其中描寫男女間戀，曾有一度被紳士派的英國作家認爲猥褻，不准他在國內出版。

△王琦的「法國木刻選」，現由上海開明書店出版。本書一共收輯十二位作家的作品二十二幅，這些作家和作品都是具有代表性的，而且全部作家目前尚都在法國的木刻界裏，在國內很少有人介紹，這本集子的出版，是有很大意義的。

△于術編著的「生物學發達史」，現由上海中華書局出版。本書專述生物學發達的歷史實，俾學習此科者能明瞭此學之創立與發展情形，並知各種學說成立之本末。本書內容要點，計㈠依照年代敘述生物學之進展狀況。㈡依生物學之主要分科，分別記述，俾各成系統，而使讀者易於了解。㈢重要之生物學者及其學說，均詳加論述。

△葛一虹、戈寶權合編的「高爾基畫傳」，現由上海天下圖書公司再版出書。本書係一風格獨創之傳記，集文豪高爾基生平有關各種照片、圖畫、文獻及其手跡，用金屬版精製，編年排列，附有簡略說明，文圖並茂，甚便觀覽。

來稿請寄北平國立北平圖書館轉本刊編輯部

新書評介

五四

張彤書

朱星獨幕劇百篇第二集，定價六角，民國三十七年九月上海中國文化服務社印行。

朱星先生獨幕劇百篇第二集，凡十篇，是接續第一集出版的。第一集也是十篇，所以這一集的劇目是第十一至第二十，第二十篇是五四，就用那個劇本作爲本集的總名。我把這一集的內容完全讀過，覺得除去文筆老練，結構精密之外，而取材，寓意兩方面都很好，所以想把它的內容向大家作一個簡單的介紹。

「弱者」是這個集子的第一個劇本，是寫一個曾受過中等教育的青年女子，因受環境的逼迫，被她的哥哥賣給一個六十歲的商店老闆，做第二房姨太太，每天無所事事，專作花瓶，以供那個老頭子欣賞。刻板、麻痺的生活，使她終於爲了口角而欲跳出了這個火坑。在火車站上聽了由困苦環境中掙扎出來的李菊英的話，使她更增加了無限的勇氣，立志要重新做人。但是後來聽到了自己以前的戀人已經訂了婚，遂又氣餒，將原來鼓起的勇氣，隨著火車的吐氣而洩光，弱者之爲弱者，大概就是這個地方。劇中襯出了只爲多賺幾個臭錢而甘心爲人作牛馬的張媽，尤顯得劇情的生動。弱者的[illegible]，花言巧語，終於又將意志薄弱的女子拉回了火坑。車站上李菊英的一席話，是本劇的最高潮，難能而可貴。

「當鄉長」是寫一個曾做過燒、殺、擄、掠的大盜，今因家中有些積蓄的金錢，被人認爲富有，而在敵人日本[illegible]之下作了鄉長，劇中有人將他比作曾國藩，這正如朱星先生所說的[illegible]，國人，並算不得什麼英雄偉人，不過當今之世，此種人爲數尚多。他的兒子跟鄉長父親的餘蔭，無惡不做，竟至逼死良家婦女。這正是有錢有勢人家子弟的一個寫照。後半部彰二識出了劉鄉長的底細，而劉卻不肯悔過，心存謀殺，到後來看見自己的兒子被人打死。悲慟之餘，還要假裝爲了替人除害。此乃寫這種人的陰險奸詐。後來彰二當衆將他罪狀宣佈，[illegible]劉鄉長還[illegible]，證明了劉鄉長尚有羞恥之心，而輿論及道德觀念，在那時候還有鼓勵人的效力。較之今日掩耳盜鈴，裝聾做啞，顯不知恥之徒，實不可作同日語。劇中穿插著甲、乙、丙、丁及史先生的[illegible]，也正是今日社會上一部分人士之描繪。

「選災」這是描寫各種選舉的內幕的劇，自「民主」的思潮浸入國內，人民的地位無形提高，不管其是民意也好，假借民意也好，一切事務的取決，是以民意爲號召，因之人民也就成了官者所爭取的對象。[illegible]

「四夫人」是揭發光復後接收大員們在接收時假接收之名而私的[illegible]，不但接收了敵偽的寶藏，他們並且還接收了人家的妻子。劇中更清晰的指出這種投機者抗戰的接收大員的身分，終至身敗名裂。

上面簡單介紹了四個劇本，其它像「會看風識」、「戲員」二劇，明白暴露了今日全國各機關與學校所犯的一般通病，而是我們必須改正的當前事實。又「從軍行」、「復仇」，及「五四」這三個劇本，都是正義感的，我們思想不一己利害而來國家，不斷，劇中言辭，頗多動人之處。

最後，我要談談「五四」一劇，這個劇本，不斤斤於過去的成就和風格，[illegible]將來，不只作合在一起，使他們不再只有作袖手旁觀的看法，而能大有助於勞動的發揮，可說是這朱星先生的嘗試，也是此劇集中最成功的地方。

圖書周刊

袁同禮題

第七十七期

讀「宋遼金史」

蔡美彪

第一冊，金毓黻編著，計錄二四四頁本文及附圖共一二四頁，三十五年十一月上海初版，商務印書館印行。

本書列為部定大學用書，故與一般大學教本或講義，與學術研究之專著不同。全書共分九章：第一章總論，第二章宋之立國，第三章宋前之契丹，第四章宋與遼之關係，第五章宋之變法與黨爭，第六章金人之滅遼與侵宋，第七章南宋對金之和戰，第八章西夏與宋遼金之關係，第九章金與宋之滅亡。前錄宋、遼、金、西夏、西遼世系，及遼太祖元年（九〇七）至帝昺祥興二年（一二七九）之紀年表。後附有關本期史實之地圖七幅。

宋遼金三朝，及西夏西遼三百七十餘年史事，概於此百餘頁之中，凡此期大事俱能包括，[illegible]

[illegible]

[illegible]

三十七年九月於天津

> 來稿請寄北平國立北平圖書館轉本刊編輯部

新書簡介

王金堂

金屬手冊（Metals Handbook），一九四八版，美國金屬手冊委員會（Metals Handbook Committee）Taylor Lyman主編，美國金屬學會（The American Society For Metals）出版，17×25，一四四四頁。

美國金屬學會金屬手冊編輯委員會出版的「金屬手冊」，是鋼鐵及冶金工程研究人員不可缺少的工具書。該書由各專家執筆分別敘述，不僅由金屬及合金的研究成果，並指出其進一步之研究方向。筆者最近得讀一九四八年版，該書在編輯、印刷、裝訂各方面，皆有優點，茲簡介於下：

該書為一洋裝巨冊，厚達一寸餘。編者特於卷首提示檢索的方法（Suggestions For Using The Metals Handbook）。全書主文分四編：第一編為一般敘述；第二編為鐵屬金屬（Ferrous Metals）；第三編為非鐵金屬（Non-ferrous Metals）；第四編為合金之組織。其後更附有重要的參考圖表。索引編目詳細，以便於繁忙中部分查閱。最後更附有美國政府所需要的各種標準規格數字表，及非鐵金屬之應用指針。

國際工業年鑑（International Industry Year Book, The Encyclopedia of Industrial Progress），一九四八，L.J. Hughlett主編，紐約Kriston Browne Publishing Company Inc. New York N. Y. 出版，15×23，四一四頁。

該書為戰後新出版物之由各專門家執筆，對於工業發展，均有簡明的敘述。全書分二十七章，分別闡述工業各部門的戰時及戰後之發展。讀本書者，可作一概觀。茲將其要目列下：㈠世界工業；㈡冷藏及研究；㈢空氣調節；㈣化學品；㈤建築及石蠟；㈥電氣工業；㈦電子工業；㈧食品；㈨紡織業；㈩玻璃及陶瓷工業；(十一)工業設計；(十二)照明；(十三)物理冶金；(十四)材料輸送；(十五)礦業；(十六)採礦；(十七)紙及紙漿工業；(十八)包裝；(十九)油漆工業；(二十)石油；(二十一)動力；(二十二)工業安全；(二十三)可塑體；(二十四)鐵路；(二十五)橡膠；(二十六)標準化；(二十七)機器工業。最後附有各章之參考書表。

科學傑作集（Masterworks of Science, Digests of 13 Great Classics）John Warren Knedler, Jr.編，Doubleday & Company Inc., Garden City, N. Y. 出版，一九四七。

傑作集爲哈佛大學之主編人Alvin Johnson, Robert Andrews Millikan及Alexander Maclaren Witherspoon，諸氏在學術上之成就及地位無庸贅述。該書共分五集，計自傳、經濟歷史、政府、及科學五部。科學部包括該科目具有歷史意義的傑作縮本。茲將該科學傑作集之要目，以見一斑：㈠歐幾里得：幾何原本（Euclid: The Elements）；㈡阿基米得：浮體論（Archimedes: On Floating Bodies and Other Proposition）；㈢哥白尼：天體運行論（Nikolaus Copernicus: On the Revolution of the Heavenly Spheres）；㈣伽利略：對話錄（Galileo: Dialogues Concerning Two New Sciences）；㈤牛頓：原理（Isaac Newton: Principia）；㈥道爾頓：原子說（John Dalton: The Atomic Theory）；㈦萊伊爾：地質學原理（Charles Lyell: Principles of Geology）；㈧達爾文：物種原始（Charles Darwin: The Origin of Species）；㈨法拉第：電學實驗（Michael Faraday: Experimental Researches in Electricity）；㈩孟德爾：植物混種實驗（Gregor Johann Mendel: Experiments in Plant-Hybridization）；(十一)門得雷葉夫：週期律（Dmitri Ivanovich Mendeleev: The Periodic Law）；(十二)居禮夫人：放射性（Marie Curie: Radioactivity）；(十三)愛因斯坦：相對論特殊及普通原理（Albert Einstein: Relativity: The Special and General Theory）。

社會是演進的，科學自然也是演進的。密立根教授說：「科學無革命」。吾人身處科學時代，對於科學之成就，自感驚異，然一讀諸先驅巨著，則覺學術之傳，源遠流長，其繼承之功，實歸千古，決非大才家之偶然成就。當此學風頹敗之時，密立根三教授殷然將科學各部門之巨著節譯出版，其意義之深，自不待言。其中大部已有中文譯本，吾人非敢介紹古董，然數典不忘祖，「束書不觀游談無根」之譏，共勉之乎。

三十七年十二月於礦冶研究所

圖書周刊

第八十七期

譯本「法律與社會」自序

袁文

這本「法律與社會」，原名法律社會學導論（An Introduction to the Sociology of Law），出版於一九三九年，係美國哈佛大學社會科學研究委員會社會學叢書第三種。作者狄馬雪夫氏（N. S. Timasheff）的生活與思想歷程，[illegible]

本書運用社會學的觀點，尤其着眼於社會心理，從此分析社會現象中的法律力量，是其一大特色。全書十六章，共分四卷，約二十餘萬言。[illegible]

[illegible]

出版界消息

[illegible]

海外書訊

戰後遠東各國政府

[illegible] (Journal of Politics) [illegible] (Taylor Cole) [illegible] (Post-war Goverment of the Far East) [illegible] (Kallman Company) [illegible] (P. H. Clyde) [illegible] (Lindsay) [illegible] (Linebarger) [illegible] (Vinacke) [illegible]

俄羅斯小史

[illegible] (G. Vernadsky) [illegible] (B. Pares) [illegible] (Joan Thomson) [illegible] (Russia: The Old and the New) [illegible] (John Murray) [illegible] (Earliest Inhabitans) [illegible] (Soviet Russia at War) [illegible]

新書評介

默僧自述

李良之

[illegible]

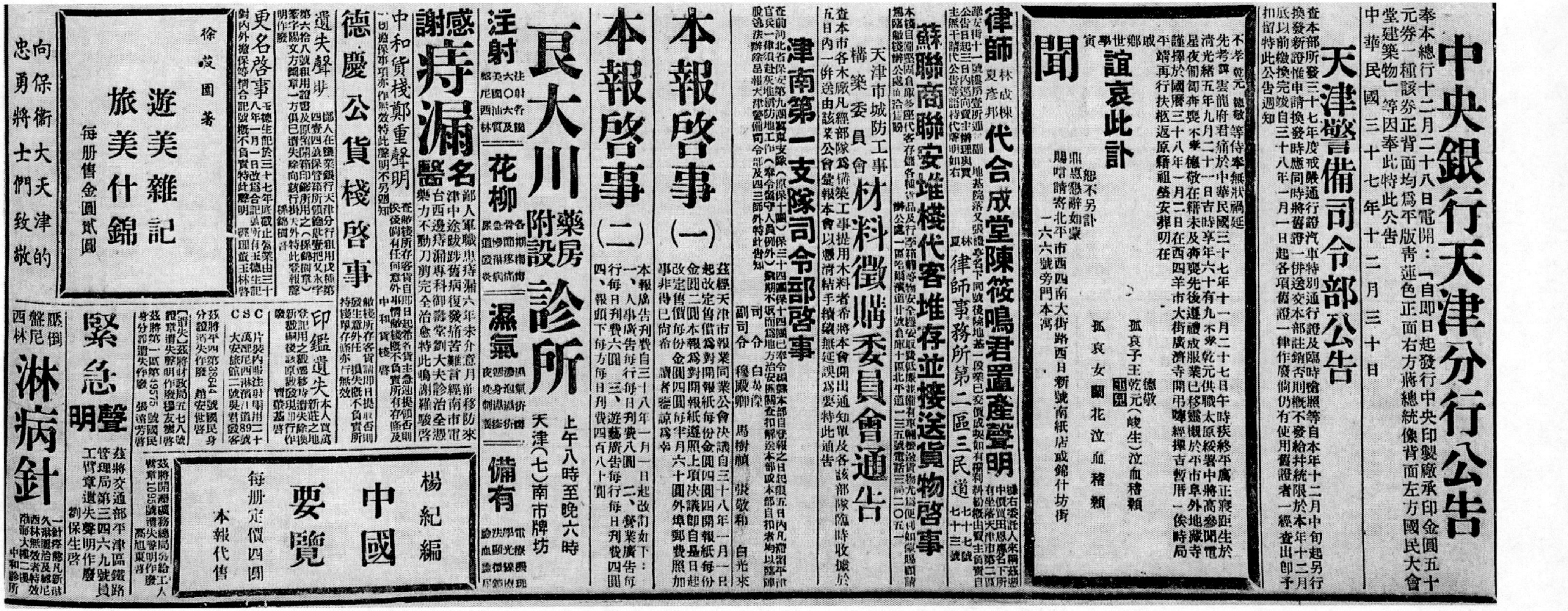

中央銀行天津分行公告
奉本總行十二月二十八日電開：「自即日起發行中央印製廠承印金圓五十元券一種，該券正背面均爲平版青蓮色，正面右方蔣總統像，背面左方國民大會堂建築物」等因，奉此，特此公告
中華民國三十七年十二月三十日
天津警備司令部公告
聞
誼哀此訃
律師林彦邦 夏成棟 代合成堂陳筱鳴君置產聲明
蘇聯商聯安堆棧代客堆存並接送貨物啓事
天津市城防工事構築委員會 材料徵購委員會通告
津南第一支隊司令部啓事
本報啓事(一)
本報啓事(二)
本報廣告刊費自三十八年一月一日起改訂如下：一、人事廣告每行每日刊費八圓 二、營業廣告每行每日刊費六圓 三、遊藝廣告每行每日刊費四圓 四、報頭下每方每日刊費四百八十圓
艮大川 附設藥房 診所
天津(七)南市牌坊
上午八時至晚六時
注射 花柳 濕氣 備有
感謝 痔漏名醫
中和貨棧鄭重聲明
德慶公貨棧啓事
印鑑遺失
CSC
遺失聲明
更名啓事
遊美雜記
旅美什錦
徐崟園著
每册售金圓貳圓
向保衛大天津的忠勇將士們致敬
緊急聲明
淋病針
楊紀編
中國要覽
每册定價四圓
本報代售

《時事新報》創刊於一九一一年五月十八日，爲日報，每份對開共四張。前身爲一九〇七年十二月五日在上海創刊的《時事報》和一九〇八年二月二十九日創刊的《輿論日報》。兩報於一九〇九年合并，定名爲《輿論時事報》。《時事新報》在期號上接續原《時事報》。辛亥革命後，共和黨接辦該報。共和黨與統一黨、民主黨合并爲進步黨之後，《時事新報》又成爲進步黨的輿論工具，與《申報》《新聞報》并列爲上海三大報紙。在楊度等人發起籌安會，袁世凱加速復辟脚步之際，不少報館迫於袁氏淫威，或三緘其口。萬馬齊喑之際，梁啓超發表了蕩氣迴腸的《异哉所謂國體問題者》一文，《時事新報》連載該文，揭露袁世凱妄爲獨夫的帝制陰謀，成爲反袁復辟的一支利箭。北京政府時期，該報大力發展新聞采編業務，在本埠設置專任記者，并派遣人員前往國外進行新聞采訪，聘請海外特約通訊員。報社主編認爲『中國既不能外於國際之林而孤立，我之報紙，將先人一着，重視國際新聞，爲特辟巨大篇幅，條分屢析以紀載』[一]，由此極大地提高了新聞采編的品質水平。南京國民政府時期，新報轉售給申報館，先後由張竹平、陳布雷、潘公弼擔任主筆。抗日戰争爆發後，新報堅持抗日救國立場，登載抗戰新聞，引導抗戰輿論，鼓舞民心士氣，并對福建事變中的國民黨反蔣左派和十九路軍給予同情。一九三五年，張竹平迫於政治壓力，將新報售與孔祥熙，該報由此成爲國民政府財政部機關報，以公告財政爲辦報主旨，内容也偏向經濟評述。上海淪陷後，新報於一九三七年十一月二十七日休刊，後報社遷往重慶，并於一九三八年四月二十七日復刊。抗戰勝利後，新報於一九四五年九月二十七日回歸上海復刊，仍爲日報，一九四七年三月一日，新報改爲《時事新報晚刊》，於上海解放後停刊。

《時事新報》的一大辦報特色就是創辦了一批具有重要社會影響力的專版副刊。如新文化運動風起雲涌之時，《時事新報》於一九一八年三月創辦的《學燈》副刊，形式上爲周刊，内容上以傳播新思想、新文化，介紹新知識以及學術内容爲主，撰稿人也多爲當時的社會名流及大學教授。該刊爲中國學術性副刊的鼻祖，在當時的報界如同一股清流，受到青年群體的廣泛歡迎，也對社會知識群體産生了極爲深遠的影響，對新文化、新思潮的傳播起到了十分重要的作用，與北京《晨報》的《晨報副鎸》、上

[一] 項遠村：《時事新報每周國際彙編（第一集）》，四社出版部一九三三年版，第一頁。

海《民國日報》的《覺悟》副刊以及北京《京報》的《京報副刊》并稱爲五四運動時期四大副刊。除《學燈》外，新報另辦有《青光》《文藝旬刊》《鑒賞周刊》《社會主義研究》《工商之友》等多種副刊。

本書所收録的《圖書與圕學專號》爲《學燈》副刊之一種，該專號創辦於一九三四年六月六日。創刊號名稱爲『圖書與圕學專號』，第二至第五期更名爲『圖書與圕學專號』。『圕』字意爲圖書館，爲後造字，是圖書館學家杜定友在一九二四年發明，『圖書與圕學專號』指的是有關圖書與圖書館領域的專刊。《圖書與圕學專號》由武昌文華圖書館學專科學校上海同學會編輯，共五期。武昌文華圖書館學專科學校爲中國第一所高等圖書館學專科學校，一九二〇年三月由美國的韋棣華女士創立，是中國現代圖書館學教育的開山鼻祖，是武漢大學圖書館系的前身。

公共圖書館自二十世紀初引入中國以來，便擔負有文化教育的重要職能，對滿足市民精神需求、提升民衆知識水平乃至啓迪民智起到了十分重要的作用。《時事新報》的創辦地上海，興建有『亞洲第一圖書館』之美譽的東方圖書館、徐家匯藏書樓、上海圖書館、聖約翰大學圖書館、上海總商會圖書館、上海通信圖書館等極具特色的公共圖書館，是外來新知識、新風潮的港灣，集新鮮風氣於一時，而《圖書與圕學專號》也正是回應了民衆對於圖書及圖書館内容的渴求。

《圖書與圕學專號》的創辦目的是『抱合作精神，期以群策群力而謀圕事業上的種種的改進』。在創刊號中，編輯部呼籲圖書館界同仁『務以各個人的心得，公告於衆，俾社會能進一步瞭解圕事業之重要，更希望熱心的諸公，時加指示，以冀此項事業，得以發展，而爲全社會謀真實的幸福』。

從版式上看，專號基本上爲半版。創刊號爲報紙的第三張第四版，上半版爲專號，下半版爲《青光》副刊，後四期則爲第三張第三版，半版爲專號，其他半版内容爲廣告。出版頻次并不固定，創刊號爲一九三四年六月六日，後四期分别爲六月二十日、七月八日、八月十二日和十月二十八日。

在欄目上，專號設有『名著提要介紹』『團體消息』『新書介紹』等内容。儘管在創刊號曾刊登啓事一則，曾籲請書局、研究會社以及相關文化團體，圖書出版時將新書書名、著譯者、出版日期、册數、叢書項、定價以及内容概要寄交編輯部，以便專號推出『十日内之新刊』欄目，將根據圖書館分類法分類給予提要介紹，但終其閉刊，有關書籍的介紹也僅有寥寥數篇，如李公僕所撰關於陳豹隱《經濟學講話》一書的提要介紹、林頌齊所撰關於洪亮《中國民俗文學史略》一書的介紹和董文淵所作的《〈千秋九分叢書〉略評》等。此外，專號還載有評論文章，這些文章更多爲介紹圖書館事業及讀書等方面的内容，是該刊與同類圖書副刊在内容類型上的一個區别。

在有關圖書館事業及業務的介紹上，多有學界名人投稿發文。圖書館學名家杜定友在創刊號發表《圕員對於社會國家之貢獻》一文，提出世界各國歷史文化的保存，尤賴於圖書。杜先生回顧了自周官外史以來，中國的藏書傳統，引用清代名儒金榜『不通藝文志者，不可以讀天下書』一言，指出圖書館員的職責并不在於抱殘守缺，而應着力於學術的闡揚，并以自己運用文獻知識幫助政府破譯外國侵華計劃的經驗爲例，闡述圖書館員對國家社會的意義和貢獻。文末，杜先生言道『故吾人爲社會服務，成功不必自我，但能間接直接，於國家社會，有所貢獻，則我職盡矣。圕事業之所以能爲吾人終身職業者，其理由亦復在此』，這對於今日圖書館員而言，仍有極大的啓迪意義。

在當時，就圖書館自身的定位問題，究竟是應偏向民衆從而致力於通俗化，還是應堅持引領民衆、啓蒙民衆存在不同的觀點，在專號中形成了討論。時任上海大夏大學圖書館館長、圖書館學家馬宗榮在第二期發表《所望於民衆圖書館者》一文，文章指出自中華民國成立以來，中國圖書館事業確有發達氣象，圖書館數量連年攀升，但從品質而言并不充實。馬宗榮援引自己在德國考察的歷程，認爲德意志民衆圖書館能够充分爲城市、農村民衆所利用，其搜集的圖書主要以通俗化内容爲主，規避一些術語内容過多的學術書籍，這雖然起到了一定的作用，但由於偏向於通俗，因而并未收穫預計的效果，此後德方以教育心理學爲基礎重新進行擘畫設計，纔使圖書館真正起到啓蒙民衆教育的作用。據此，馬宗榮提出民衆圖書館應對民衆起到教育功能，不能走通俗化的路綫，應注重民衆人格和民族精神的陶冶培養，圖書館的建設也應重質勝於重量，并結合圖書館業務，面向公衆開展社會教育活動。

翁玄修在第三期發表《民衆讀物問題》一文，與馬宗榮的觀點形成了鮮明對照。翁玄修則以自身在圖書館服務的經歷和觀察，認爲圖書館所提供的主要是艱深古奥、難以爲公衆所理解的讀物，而且内容空泛，與民衆生活并無關係，由此導致民衆對圖書館興趣鋭減，而那些希望藉助圖書館啓迪教育民衆的願望自然會落空。翁認爲，這一現象的出現并非是圖書館自身的問題，而是中國文化的話語權自古以來就爲士大夫階層所壟斷，抹煞了一般民衆對文化知識的需求，要真正實現圖書館的教育職能，應由政府組織編纂普及科學、提倡民治精神、唤起民族意識、宣傳衛生知識、灌輸工業常識等内容的書籍，以使圖書館真正能爲民衆服務。

過蘇民在第五期發表《籌設圕的原則》，更傾向於圖書館主要應爲民衆提供服務的觀點。文中指出，圖書館的社會教育作用，相比於學校更勝一籌之處在於其有教無類，還能够進一步指導讀者閱覽，提供咨詢參考，振作國民精神，發揚國民智力，提升社會道德水平。爲了實現這一目標，在建設圖書館時首先須確立其普遍性，盡力實現館内無不讀書的人，館内無不被人讀的書；再者須注重實用性，在采編書籍之前，應考慮書籍是否適應讀者的需求，是否能促進文化的進步。只有注重以上兩點原則，纔能讓圖書館真正實現服務社會的作用。

在當時，曾有一種觀點認爲，學校圖書館應對普通公衆開放，讓民衆獲得更多的知識資源。對此，淑彬在第四期發表了《圖書館在大學裏的地位》一文，指出讓民衆進入學校圖書館有其合理的一面，但在現實環境中，學校圖書館通常經費緊張，人員短缺，圖書藏量有限且管理上猶爲不足，難以對公衆開放。作者呼籲，學校應真正認識到圖書館的重要作用，在實際教學中合理運用圖書館，提高圖書館的使用效率。

刊内還登載了關於圖書館建設的外國著作譯文。在專號的第三期和第四期連載了 Frances Warner 与 Charles H・Brown 原著、吕紹虞翻譯的《建築大學圖書館的基本原則》，引入國外在大學圖書館建造方面的理念原則，包括圖書館的使命與定位、教員學生使用圖書館的方便程度、留有未來擴充的空間、座位的設計要便於使用、區域的設計要便於管理等五大原則，這些理論對於當時中國大學圖書館的建造和預備而言，都是十分先進且必要的知識補充。

另外，還有一些關於圖書館業務的學術文章，如圖書館學家舒紀維在第四期發表的《圖書登記問題的片面觀》，探討了圖書登記的方式、中西文的登記、卷册的號碼、合刻附刻的著録、單行本叢書的登記、登記與編目的關係、登記順序、新書登記的出借等業務問題。原東方圖書館副館長林斯德就編目業務，在第四期發表的論文《著者號碼雷同之决定》中進行了討論，提出了編目業務中避免號碼重號的辦法。林頌齊在第五期發表《用目録的話》，提出目録對於圖書館業務開展的重要意義，分別介紹了卡片式和書本式兩種目録形式，并以個人經驗比較二者的優劣長短，并認爲從長遠角度來看，當時并不受讀者青睞的卡片目録是對文獻最全面和科學的揭示。圖書館學家吕紹虞在第四、第五期發表《圖書之選擇與購訂》一文，認爲圖書館的采編應結合圖書館目前的經濟情况、現在及未來圖書館的前瞻需要及購書經費三個方面進行考慮，在采編時應留意圖書的廣告、書評以及出版月報，需要對圖書的著者和出版方進行調查研究，并根據圖書館自身的體量選擇適合的書目，充分考慮圖書館的實際受衆需求，纔能使采編的圖書能够物盡其用地爲讀者服務。

李太蒼在專號曾發表過三篇有關圖書文化的評論，觀點尖鋭，文辭犀利，其在第一期發表的《近代日本圖書評論》一文，認爲彼時的日本長於模仿，但無獨創能力，其文化無法跳脱中國與印度思想的範疇。西學東漸以後，日本開始引入并模仿大量西洋文化，其圖書也大多是對西方圖書的翻譯，由是西方文化與東方文化在日本得以彙集調和，但西方思想難以從根本上衝擊日本本土的皇道精神，反而激發了出版反映大河魂等民族主義内容的動力。在如今看來，此篇議論在某種程度上洞察到當時日本文化及其要害所在。在第二期發表的《圖書的語源及意義》一文中，李太蒼從《易經》《漢書》等古籍中，梳理了『圖書』『書』『籍』等字的淵源和含義，又從英國、德國、荷蘭、瑞典、法國、西班牙等國的語言追溯『圖書』『圖書館』的語源和語義，并探討了『圖書』一詞的意義和概念，全文十分詳盡地就圖書語源進行了綜述，一目而明瞭。在第五期發表的《圖書與文化》中，李太蒼認爲，圖書是文化保存與發展的基本條件，是文明社會生活中的普通必需品，并强調了圖書對於文化發展的重要意義。

此外，刊内還刊有關於一些圖書館團體的内容欄目，如《中華圖書館協會募集基金啓》，以及上海本埠的申報流通圖書館、上海市立圖書館以及武昌文華圖書館學專科學校的普及介紹，還報導了市立圖書館的活動和動態，介紹新開展的相關業務，招徠讀者前往。另外，專號還刊登有獨立評論、圖書評論以及申時電訊社十年紀念專刊等圖書期刊廣告。

綜上所述，《圖書與圖圕學專號》雖然發刊期數有限，所刊關於圖書類文章也不多，但從刊登文章的類别比重而言，不啻爲圖書館學的一份專刊，其關於圖書館的定位以及業務探討，涉及全面，指導性强，部分文章對於今日圖書館學研究、圖書館事業發展都仍具有重要的啓迪作用。該專號在圖書館類的報紙副刊中，可以作爲極具代表性意義的一件範本。

《時事新報（上海）・學燈・圖書與圖圕學專號》目録

時事新報（上海）·學燈·圖書與圖書學專號

第一期—第五期

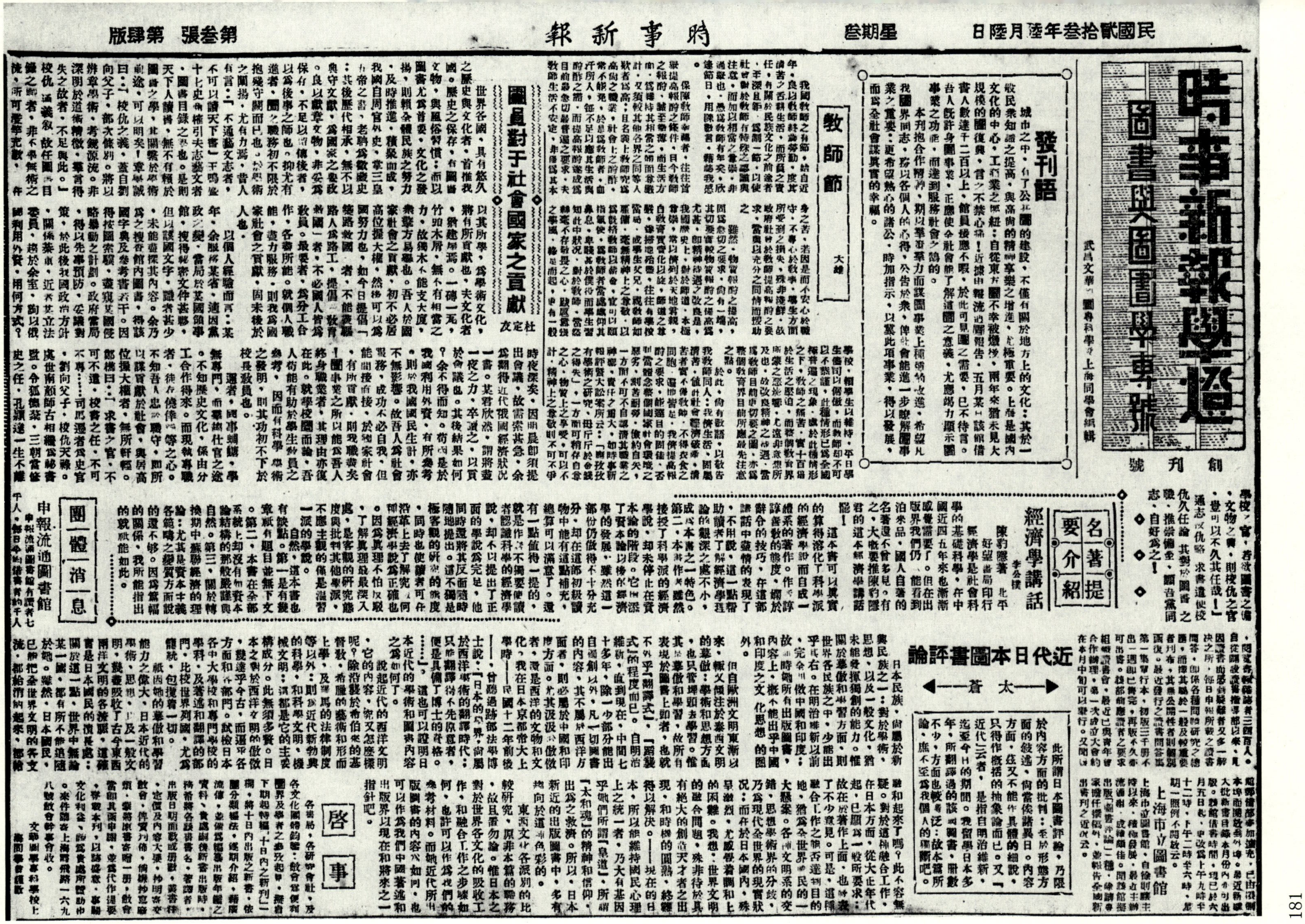

民國貳拾叁年陸月陸日　星期叁　時事新報　第叁張　第肆版

時事新報學燈　圕書與圕書學專號

武昌文華圕書科學及上海同學會編輯

創刊號

發刊語

城市之中，有了公共圕的建設，不僅有關於地方上的文化；其於一般民衆知識之提高，與高尚的精神享樂之增進，尤極重要。上海是國內文化的中心，工商業之樞紐；自從東方圕不幸被燬後，兩年來猶未見大規模的圕復興，言之不禁心痛！近據申報流通圕報告，五月某日該館借書人數達千二百以上，館員幾應接不暇，於此可見圕之需要，已不待言。吾人既許身圕事業，正應使全社會能了解這圕之意義，尤應竭力顯示圕事業之功能，而達到服務社會之鵠的。

本刊抱合作精神，期以群策群力而謀圕事業上種種的改進，希望凡我圕界同志，務以各個人的心得，公告於衆，俾社會能進一步瞭解圕事業之重要；更希望熱心的諸公，時加指示，以冀此項事業，得以發展，而為全社會謀真實的幸福。

教師節

大雄

我國教師之有節，始自近年……

圕員對于社會國家之貢獻

杜定友

世界各國，具有悠久之歷史與文化者，首推我國。歷史之保存，有圕書文物，與風俗習慣；而以圕書尤為首要。……以其所學，為學術文化將有所貢獻也，夫文化者，猶建屋焉。一磚一瓦，竹如木屑，無不有相當之力，故獨木不能支大廈，……

名著介紹

經濟學講話

陳豹隱著　北平好望書局印行

李公樸

圕聲消息

申報流通圕書館

近代日本圕書評論

太蒼

啓事

時事新報學燈

▲圖書與圖書館學專號

第二期

武昌文華圖專科學校上海同學會編輯

圖書的語源及意義

李大書

易經繫辭傳曰：「河出圖，洛出書」：「圖書」成語的緣起，蓋本於此。惟圖書二字的連用，或始於漢書蕭何傳：「收秦丞相御史律令圖書，藏之」。此所謂圖書，乃指着地圖和簿籍而言，與後代的用法不同。至晉書天文志，「東壁二星主文章，天下圖書之秘府也」：才以圖書二字，用以包括一般圖書。王維詩：「圖書共五車」：韓愈送石處士序：「坐一室，左右圖書」：均是一般書籍的意義。「書」字，本來作寫字用。例如：繫辭傳，「上古結繩而治，後世聖人易之以書契」。仝傳，「易之爲書也」：及孟子，「盡信書，不若無書」：乃爲書籍之義。尚書序疏，「諸經史因物立名，物有本形，形從事著：聖賢闡教，事顯於言，言愜於心，書而示法：既書有法，因號曰書。故百氏六經，總曰書也」：又史記禮書註，「書者，五經六籍總名也」：即「書」一字，總稱一切圖書文籍。「籍」字，也用與書字同意義。如：孔安國尚書序，「造書契以代結繩之政，由是文籍生焉」籍字之單用，則如：漢班固的答賓戲，「劉向司籍，辨章舊聞」。又有和典字併用者：「不足以守宗廟之典籍」(孟子)，「昔而高祖司晉之典籍」(左傳)。

歐洲的圖書語源，茲亦爲之約略說一說。英國，叫圖書，爲Book：德國，爲Buch：和蘭，爲Book：瑞典，爲Bok：丁抹和諸威，爲Bog：這些都是屬於條頓民族的語系，發音很是相倣。它們的語源，依於一般的見解均是歸根於女性名詞的Boks。此語，本爲書板(Writing Tablet)之義。而Boks，和古代英語Boc——即山毛櫸的樹名——具有密接的關係。又此山毛櫸的古代高原地德意志語，爲Buoha：中代，爲Buoche：現代德語，爲Buche。一方，圖書的名稱，古代高原地德意志語，爲Buoh：中代，爲Buoch：現代德語，即爲Buch。這與山毛櫸名稱，相沿而變遷，乃很值得注意的地方。所以，圖書語源的Book，似必起源於山毛櫸名的Boc(英)，或Buoha(德)。這種推論，於書語學上，尚當待考：惟迄今猶未得有別的名說，只得將此假定爲真實。蓋古代書寫的材料，多利用樹皮，或木板：英，德，及其他條頓民族的古代，也許是曾用過山毛櫸木板，來做書本：遂以樹名，爲書籍：故曰：Boks(書板)。

拉丁民族語系的Liber，原本是樹皮之義。在於古代，因曾用過樹皮，或薄木板，來做書寫材料：後來，遂轉爲書本名稱。近代意大利語，和西班牙語，都叫圖書，爲Libro：此是屬於Liber的第三格變化，語源上，算是同歸一起。羅馬時代，指寫書的人，叫Librarii：後來，叫賣複寫圖書的書肆，爲Libraria。現今法國語Libraire，意大利語Librajo，西班牙語Librero：都是從它(Libraria)脫化來的：意思，却爲圖書商人。書店，則爲：Librairie(法)，libreria(意，西)。而法語的Librairie，在於古代，不止限於書店之義，尚兼用以指示書庫或圖書館。此傳至中期英語，則訛爲Librarie：現代，更轉變爲Library：皆是圖書館之意。據上所述，對於圖書，或圖書館等的拉丁系語源，可見：也是有幾本相同的地方。

今當說明圖書的意義。圖書的語源，和語義，既如上述：惟尚不足以發明圖書的意義，故須更爲之探討。

圖書的意義，究如何？對於這個質問，一見，很像是容易回答似的：其實大有不然。茲先徵引各家的見解，作爲我們參考。英國鍾遜(Samuel Johnson)博士，在他一七五五年所著的辭書裡，對於圖書，定義着說：「凡爲我們所讀，或所寫的本子」。牛津辭書(Oxford Dictionary)，則爲：「在於幾葉以上的紙張或其他材料之上，用筆寫的或印刷的論述：且須將它們(紙張等)綴合做一塊的」：才可謂之圖書。這個定義，也有點過於簡單。據克的標準辭書(Standard Dictionary)裏說，「不拘它是空白的，筆寫的，或印刷的：只要以特定紙葉數綴合做一起者，便是圖書：又它的使用目的，也不必去給限定」：這種定義，似將包括簿記和日記帳等類，乃失於太過籠統。

要之，所謂圖書，是：「用以表示思想或一般知識上的概念：筆寫或印刷，均無不可：現時概是製成本子，然於形態上，亦無須太過限定形式：廣義的說法，就是在一幅卷紙乃至單一張紙的上面，如果包攝着相當的內容時，也無妨稱爲圖書：不過便宜上，時或除開如小冊子，只指示相當大部者」。如此定義，庶幾有當。

◇　◇　◇

提倡新生活 大贈品

六月十八日起七月八日止

五洲大藥房總支店門市部

今年是提倡新生活的年頭本藥房爲促進夏令衛生謀公衆健康起見特舉行很有價值的大贈品三星期

凡購本牌貨一元或外牌貨二元任選贈品一件如購本牌貨五元或外牌貨十元任選贈品二件限於贈品價值想不類推尚希各界士女早臨選購無任歡迎

總店：四馬路河南路口

支店：(一)天后宮橋北堍 (二)北四川路老靶子路口 (三)東門路 (四)藥市場均同時舉行(本洗衣皂例外)

贈品

精雅團扇　花露香水　固本藥皂　固本皂粉　香水精

所望於民衆圖書館者

馬宗榮

吾國的圖書館事業，近年以來，確有發達的氣象。試就統計上一考之，即可證明余言之不虛。民國成立初年，全國不過有圖書館十餘，民國五年，合巡迴文庫計之，亦不過二百九十三館，民國七年，教育部統計所載，只一百七十六館，據中華圖書館協會的調查民國十四年，共計五百零二館，民國十七年增至六百四十一館，民國十八年十二月的調查，增至一千四百二十八館，教育部同年九月的調查，達一千六百一十四館(編者按教育部十九年度全國公私立圖一覽表總計有二九三五館)由是而觀，從數上說，不可謂不多。尤以民衆圖書館的發達爲甚。

然吾人試一詳細調查其內容，充實者，則甚少。於是不得不令余回憶德意志民衆圖書館的過程。

自一八九八年德國有大學教授聯盟發生，成人教育的聲勢爲之一振以後，德國的圖書館事業亦大發達，不僅爲都市的市民所利用，更普及於農村。其目的在圖科學的民衆化，增進全民的知識。欲爲此目的計，他們曾用心於蒐集平易的讀物，而力圖避去難解及含術語極多的典籍。同時於館內實施講義式的教化，以作啓蒙民衆教育資助。這種機運既釀成，新式的民衆圖書館急增。

但後因財政的困難，又民衆圖書館的根本義及方法上亦有缺陷，故其發達上遂發生阻礙。所謂根本上的缺陷是什麼？因爲牠以簡易通俗化爲目標，以民衆化爲方針，其結果，民衆圖書館中，只集有僞劣的小說，輕薄的作品，高級的讀物，一無所有，故從閱覽人數人言，雖算成功，從教育的趣旨上說，不能不視等於失敗。

於是民衆圖書館館員及教育家起而呼籲，實行徹底的變革，改爲根據「教育的心理的」基礎而辦理，一九一〇年以後，始見改善。

漢書云：「前車覆，後車戒。」詩云：「他山之石，可以攻玉。」余回憶及此，遂不得不向吾國熱心於民衆圖書館事業者，敬陳四事：

㈠圖書館是「蒐集可爲人羣文明的傳達者，紹介者的有益圖書，并保管之，使公衆由最簡單的方法，得自由閱覽的教育機關。」我們須注意且特別注意，圖書館是一種教育機關：而教育必須使客體者的各方面，日趨於善，以至於至善。所以辦理民衆圖書館者，當蒐集有相當價值的圖書，藉以增進民知民德，健強民體，宜注意於不至蹈德國的覆轍！若不幸而蹈於德國的覆轍，館中所藏，悉爲民衆愛讀的低級讀物，則民衆的知德等既不能因以增高，社會的內容，亦難望得而改進，是民衆圖書館不但於社會國家無所裨益，反形成惡風陋俗而有害。但民衆所需求之健全性的圖書，亦當有以供應之。

㈡現今教育的目標，一方面實注意於客體者人格的陶冶，同時他方面應留意於個人生產技能之養成。從另一方面說來，一方面實注意於民族精神的發揚，他方面應留意於國家產業的振興。故民衆圖書館宜蒐集產業上必要的圖書，以資該地方民衆得以參考，而圖該地產業的發達。據德國阿斯拉不里克Osnabruck的民衆圖書館的調查，該地圖書館借出關於製造鐘錶及其他細工的技術方面的圖書較多，故是等之技術，自該地設立圖書館後，頗爲進步。這是辦理民衆圖書館者值得注意的事實。換句話說，圖書館也可實爲生計教育，職業教育，生產教育，產業教育。但有關民族精神的發揚，和民智的增進，民權的[illegible]的圖書，亦當同等的留意。

㊂俗諺巧，難爲無米之炊，德國民衆圖書館事業，在發展的中途，曾有過一次的危險者，亦係受財政困難的影響。本著前舉㈠㈡兩項的希望，能否事實化，亦視經濟是否充實而決定。故辦理民衆圖書館者，當留意於充實創立費，常年費後，然後可以開館，尤宜注意於常年經費的預算，尤是購書費的預算。常年購書費無著的圖書館，與古董鋪無異，對於教化界無多大的裨益。故維持費無絲毫把握時，毋寧緩辦或與其他圖書館合辦爲佳，一地方圖書館事業的施設，須求量質同等的并進，幸毋徒事數的擴張。

㊃民衆圖書館是一種以圖書館爲中心而實施社會教育的機關，宜致力於綜合的社教活動，以圖圖書館教育的徹底，藏書樓式的民衆圖書館，固已爲時代落伍者，即作工具觀的圖書館，亦不合於現代圖書館的精神。現代圖書館是一種獨立教育機關。日本一九三四年六月新頒佈的圖書館規程，除規定「圖書館以蒐集保存圖書記錄之類，而供公衆的閱覽，藉資民衆的教養及學術上的研究爲目的」外，且特別及「圖書館得公有關於社會教育的附帶施設」。是彼邦之圖書館已大注意社會教育一事，由其法令中所規定之條文可以看出。吾人閱此，可知民衆圖書館宜致力於綜合的社教活動一事，決非余一人主觀之論。

新書介紹

聞齊

◇◇◇

中國民俗文學史略

(洪亮著)

(上海羣衆圖書公司出版)

關於有系統的民俗文學史的書籍，委實不會現過，著者本着他的動機整理出來，在希望的需要兩方面來說，我們總是喜歡看的。

著者的動機是「把那些過去的封建的民間文學和通俗文學等，作大略一次的計算，以給研究民俗文學的專門家作小小的一個參攷，希望此後民衆能夠得到新的境地，同時把這些材料在可能的範圍不妨來作改革的張本，以吸收民衆的心情，這是社會教育家和民俗文學專家，所當留意的一件事。」

該書分十二章：㈠古代，㈡南方，㈢漢代，㈣三國，㈤南北朝，㈥唐代，㈦宋代，㈧元代，㈨明代，㈩清代，㈪民國以來的，㈫結論，末附參考書目。

淘金艇札記

林大問

魯之削

古未有筆，以書刀削字于方策，謂之削。魯爲詩書之國，故考工記以魯之削爲良（翁方綱困學紀聞卷四周禮條）。

隸古釋

孔安國尚書序，「言爲隸古定，更以竹簡寫之」。隸爲隸書，古爲科斗。蓋前一簡作科斗，後一簡作隸書，釋之以便誦讀（老學庵筆記卷三）。

金漆簡版牌子手翰

元豐中王荆公居半山好觀佛書，每以故金漆版書藏經名，人士因有用金漆版代書帖與朋儕往來者。已而苦其露泄，遂有作兩版相合，以片紙封其際者，久之其製漸精，或又以縑囊盛而封之，南人謂之簡版，北人謂之牌子，後又通謂之簡版或簡牌子，淳熙末還朝，則朝士乃以小紙高四五寸闊尺餘相往來，謂之手簡，簡版幾廢，市中遂無賣者，而紙肆作手簡，賣之甚售（老學庵筆記卷三）。

東版

元祐中余始見士大夫有用熟紙裹咫尺之木以書傳言，謂之東版，既便報答，又免謬誤，其後本欲無迹者，廢紙而用版浸爲金漆之類，其製甚朴，加以絨繩，有飾以藝者，至紫幣時，家有幾枚，自非遠書，公禮幾無用箋楮，然利害所繫，有濡紙而幕印于盡，以爲左驗者（雞肋編卷上）。

漆書

孔壁，汲乘，竹簡，科斗，皆漆書也（佩池筆記卷下）。

三字經

三字經，南海區適子正叔撰，宋人入元不仕，廣州人物傳三字經適子所撰也，文殊馴雅，黄于多歸之與周興嗣千文並行，其謂王伯厚作，不可信也（嶺南遺書蠡勺編卷二十二）。

贈書誌謝

中日著者號碼表：張英敏編，二二年杭州浙江省立圖書館版，八六面，定價五角。

中國民俗文學史略：洪亮著，二三年上海世界書局出版，一一五頁，定價五角。

時事新報 學燈
第三張 第三版
民國貳拾叁年柒月捌日 星期日

圖書與圖學專號

第三期

民眾讀物問題

翁之達

作者數年來任圖書館服務所得的經驗上，深深地感覺到目前國內缺乏良好的民眾讀物，確是民眾教育上一個極嚴重的問題。試看各大城市所有的公私圖書館，雖然都爲推行民眾教育的利器，可是實際上他們和真正民眾——尤其是一般農工和小商人階級——接觸的機會實在很少。他們所藏的書籍，不但文字方面大半是艱深古奧……

……

我們不得不希望國內教育行政當局和熱心提倡民眾教育的人來解決這個問題，……如何設立……如何……集稿費？如何延攬人材，如何著手編纂……

……的正本清源的辦法。來推行民眾教育，助成社會進化，……的工作，不知我們的教育行政當局究有這樣的意思沒有？

千秋九分書書略評

董文淵

……

建築大學圖書館的基本原則

(Frances Warner and Charles H. Brown 原著)

呂紹虞譯

……

中華圖書館協會募集基金啟

……

淘金艇札記

林夫

……

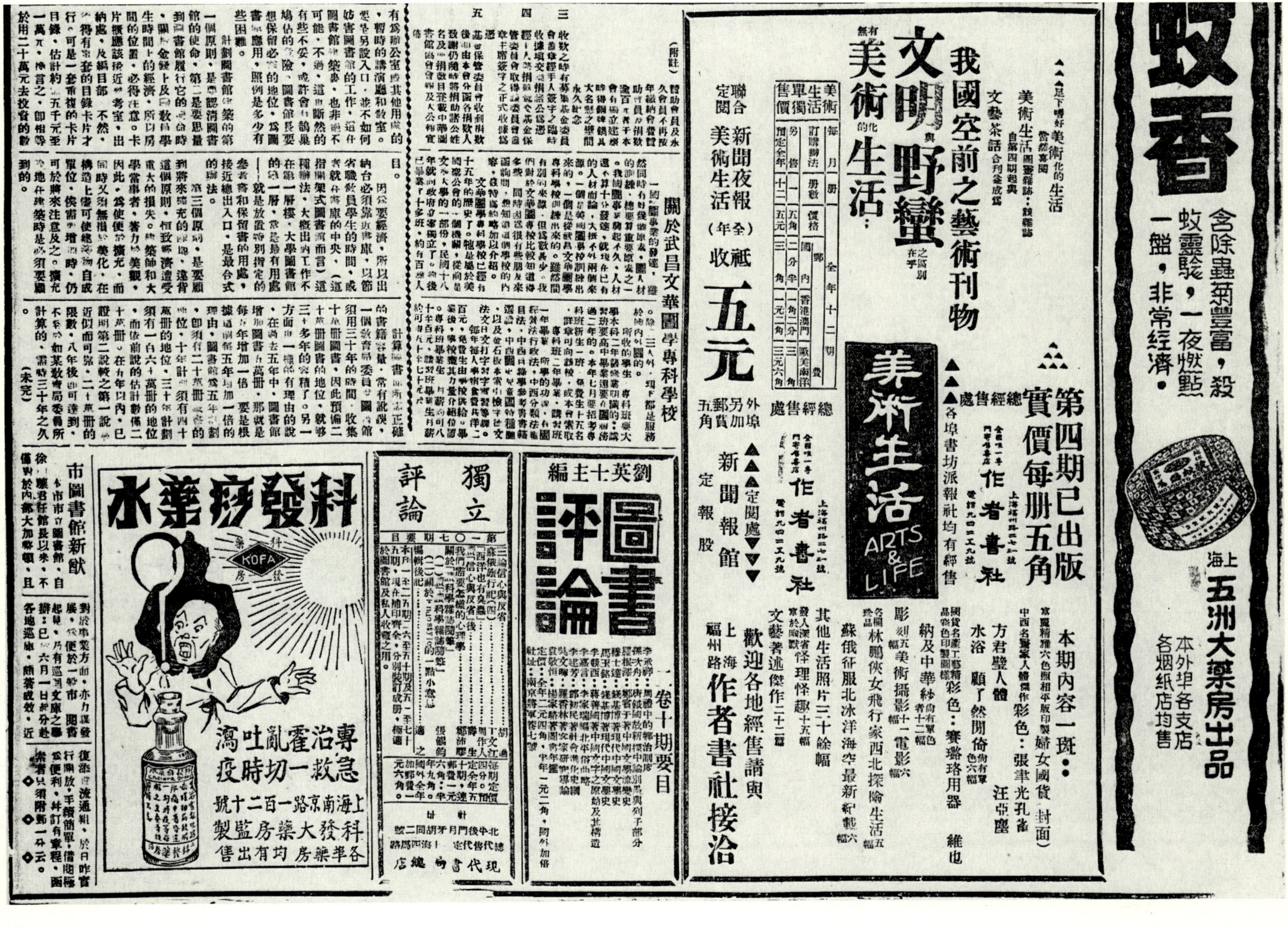
關於武昌文華圖書專科學校
（附註）
（未完）
我國空前之藝術刊物
文明與野蠻之區別在乎
有無美術化的生活：
美術生活畫報雜誌．雜誌
文藝茶話合刊全成當
美術生活單獨售價
每月一冊
全年十二期
聯合定閱
新聞夜報
美術生活
（全年）
祇收
五元
外埠另加郵費五角
總經售處
作者書社
▲▲▲定閱處▼▼▼
新聞報館
定報股
第四期已出版
實價每冊五角
總經售處
作者書社
▲各埠書坊派報社均有經售
美術生活
ARTS & LIFE
本期內容一斑：：
婦女國貨（封面）
彩色：張聿光孔雀
方君璧人體 汪亞塵
水浴 顧了然 閒倚
彩色：賽璐珞用器 維也
納及中華紗
彫刻五美術攝影十一電影六幅
林鵬俠女飛行家西北探險生活五幅
蘇俄征服北冰洋海空最新紀載六幅
其他生活照片三十餘幅
怪理怪趣十五幅
文藝著述傑作二十二篇
歡迎各地經售請與
上海福州路
作者書社接洽
劉英士主編
圖書評論
第一卷十期要目
獨立評論
第一○七號要目
現代書局總代售
科發痧藥水
專治霍亂吐瀉
急救一切時疫
上海南京路一百二十號
科發大藥房監製
各埠藥房均有出售
市圖書館新猷
蚊香
含除蟲菊豐富，殺蚊靈驗，一夜燃點一盤，非常經濟。
上海五洲大藥房出品
本外埠各支店各烟紙店均售

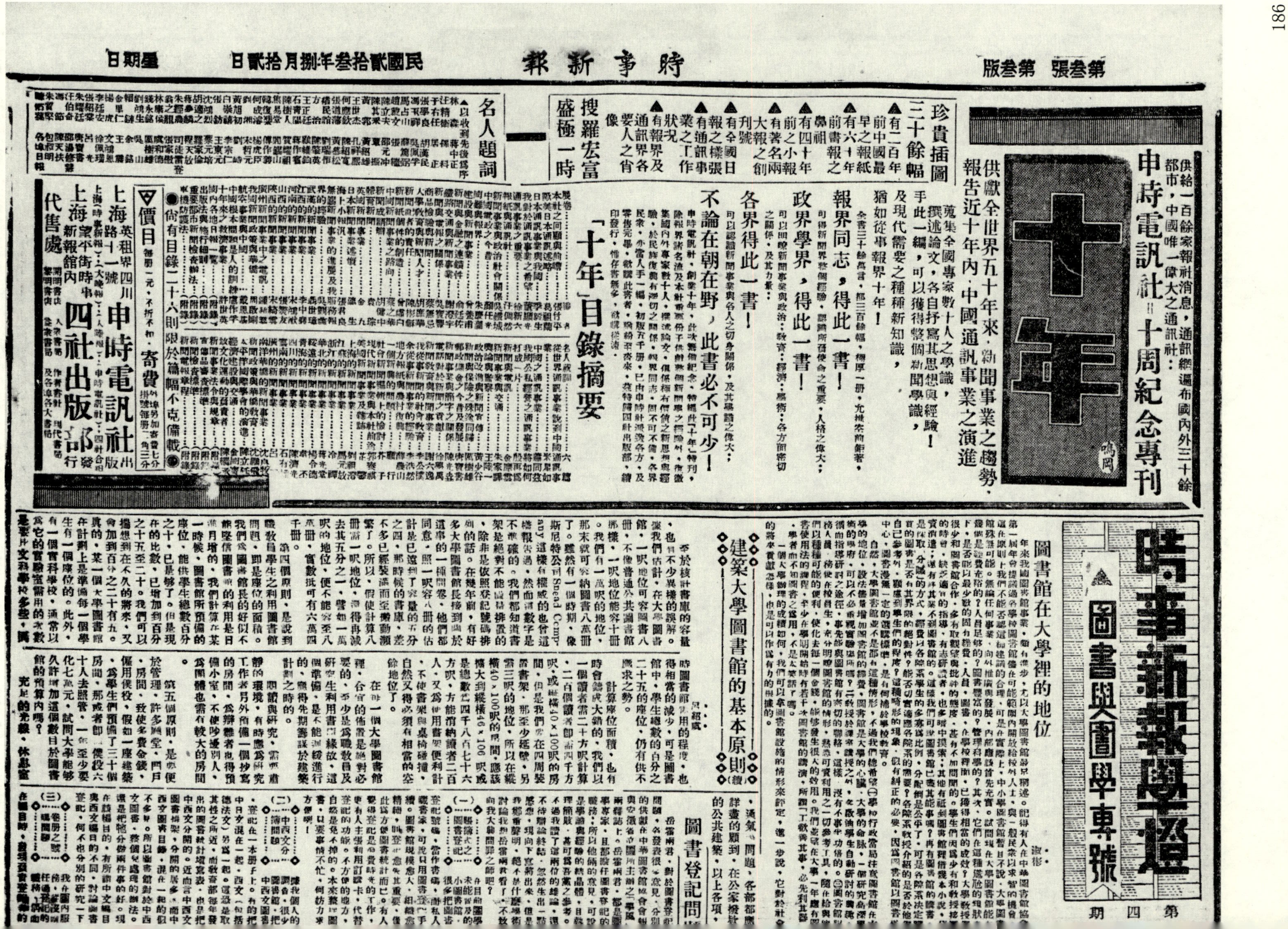

十年

中時電訊社十周紀念專刊

供給一百餘家報社消息，通訊網遍布國內外三十餘都市，中國唯一偉大之通訊社：

供獻全世界五十年來新聞事業之趨勢，報告近十年內中國通訊事業之演進。

蒐集全國專家數十人之學識，撰述論文，各自抒寫其思想與經驗！手此一編，可以獲得新聞學識，及現代需要之種種新知識，猶如從事報界十年！

報界同志，得此一書！

政界學界，得此一書！

各界得此一書！

不論在朝在野，此書必不可少！

珍貴插圖三十餘幅

▲有中國最前之報紙
▲有中國最早之報紙
▲有五十年前之四報
▲有前清之小報
▲有大報之名刊
▲有日報之兩報
▲有各國通訊社之號
▲有標準之工作
▲有業之狀況
▲有名界之報人
▲通訊各界及各業之肖像

搜羅宏富 盛極一時

名人題詞

「十年」目錄摘要

▽價目 每冊一元，不折不扣，寄費……

上海四川路一號 申時電訊社出版
上海英租界望平街…… 四社出版部發行
代售處 上海新聞報館內…… 時事新報館……

圖書館在大學裡的地位

淑彬

年來我國圖書館事業，頗有進步，尤以大學圖書館爲最顯著。記得有人在中華圖書館協會第一屆年會提議過各學校圖書館儘在可能範圍內開放給校外人士，與一般民衆以求智的機會。這在原則上我們不能否認這種建議的合理，可是在實際上，中小學圖書館暫且不說，大學圖書館殊無可能。無論任何事業，向外推廣與發展，內部應該首先充實。試問現在大學圖書館的設備是否充裕的？人員足夠的？圖書豐富的？管理科學的？其次，它們在這種窘迫的現狀下，是否能以最少數的固有經費，人員，圖書，在學校裡面，已獲得相當的成效？大學教授很少和圖書館合作，多有取觀望與批評的態度，甚有不加聞問的。學生們因爲少有和教授接近的機會，缺乏適當的指導，有志研讀者，也多暗中摸索；其他有祇到圖書館裡借幾本小說來消遣；還有以其業不到圖書館的。這樣我們可說圖書館已盡其能事嗎？再有圖書館的購書是採取分配的方式，經費以各院系學生的多寡爲比例，分配倒是公平了，可是各院系決定購買的圖書是否有其界限的絕對性？能否切實適應各院系的需要？各院系教授介紹的是否於他自己參考外，顧慮到學生們的程度？這種畸形的現象，似有糾正的必要，因爲圖書館以圖書爲中心，圖書漫無一定的選購標準，是有何補於學校教育。

自然，大學圖書館並不是都有這種情形，不過我們總希望㈠學校行政當局注意圖書館在大學的地位，設法儘量增加圖書館的經費，圖書館是大學的心臟，大學的命脈，一個研究高深學術的學府，可以不必重視實驗嗎？㈡教授於課室講授之外，多啟迪學生自動研討的興趣，而指導研討之途徑，事先能與圖書館有密切的聯絡，熟悉可利用之一切參考工具。㈢圖書館職務人員，務使在校員生，充分明瞭圖書館的情形，這樣，沒有不事半功倍的。㈣圖書館對於……們以種種可能的便利，使化去每一個金錢，能夠發生很大的效用。我們並望在大學一年級有圖書使用法的課程，至少在學期開始時有若干次圖書館的講演，所謂「工欲善其事，必先利其器」，學者而不知圖書之運用，不是太笑話了嗎。

一個大學辦理的成績如何，我們可以拿圖書館設施的情形來評定，進一步說，它對於社會的將來貢獻怎樣，也是可以作爲有力的根據的。

建築大學圖書館的基本原則（續）

呂紹虞

至於核計書庫的容量，也有不少異樣的誤解。我們估計，在大學圖書館，一呎地位可容圖書八冊，不像普通公共圖書館那樣，一呎地位能容十冊。我們有一萬呎的地位，那末就可容納圖書八萬冊了。雖然有一個時期，像斯尼特公司 Snead Company 這樣有權威的也會這樣報告過，然而這數字是不準確的。我們都知道書架是絕對不能依照登記號碼排的，除非是照幾年前排好的。在一個大學圖書館長接到有好多的話，同意這事的一種照……，他們都估計……之四，是遠到了突量的五分之……，已經裝滿而至書庫差不多了。所以那時候的……冊，假使計算動……去其五分之一，再減八……地位，便不能容一萬……冊，實數抵可有六萬四千冊。

……時圖書館應用的程度，也得相當的減少，可是圖書館中，學生總數的百分之二十五的座位，仍有供不應求之勢。

計算座位面積，我們以一時會錢成大錯的，也有一個讀者需二十方呎計算，二百個讀者即需四千方呎，或縱橫 40×100 呎的房間，但是我們在四周裝置書架，那至少延長三呎的地位，所以在縱橫 40×100 呎的房間，應該擴大到縱橫 46×106 呎，或是總數四千八百七十六方呎，方能消納讀者二百人，又爲使用書架便利計，不使書架與桌椅碰撞，自然又得必須有相當的空餘地位了。

在一個大學圖書館裡，合宜的佈置是爲職教員及必要的研究生、利用少量書籍的緣故，對這個準備是不能以……進行的計劃，應得先期籌謀於建築之時的。

需要有靜的環境，與研究、思讀的工作者，另外預備一個爲研究抄寫的房間，爲辯論者也得預備的小室，不使吵擾別人，爲團體也需有較大的房間。

第五個原則，是便於管理，許多門戶，房間，致使多費金錢，僱用僕役，假如一座建築，爲學生們預備了三十個房間，那或者即需六十人去照管，一年至少要化七萬元，試問大學能夠久許增加這個數目於圖書館的預算內嗎？

我們堅信圖書館是學生之利用，圖書館的長的好似不是……，即是說到職教員、學生……
一時候，能供學生總數百分之十、已經夠了。但是現在的比數，已增加到百分之十五至二十，我們可以想到在不久的將來，又會增加到百分之二十五。又有計劃上是準備一個大學圖書館的，每一個學生有一個座位的。此外，有一個實科學校，通常以爲它的實驗室需用的次數，是要比文科學校多些。……

充足的光線，休憩室……

圖書登記問題

……問題，各部都應詳盡的顧到，在公家機關的公共建築，以上各項……

……岳霜兩君，對於圖書登記問題，各發表很多意見，分別與安徽省立圖書館協會組織的中華圖書館協會主辦之「學風」雜誌上。岳霜兩君，都是圖書館學專家，且都擔任圖書館職務，所以他倆的意見，可說是學識與經驗的結晶，自然可以供理解，甚可爲吾黨之參考。不過我讀了這兩位的議論，還不待辯論終結，忽然生出一點感想，現在將它寫出來，但是我鄭重聲明：下絕不是什麼討論我對岳霜兩君看了，不放向我大師問罪之師吧？

（一）圖書登記之程式

……

（二）中西文分開登記問題

……

（三）卷冊之號碼問題

……

圖書之選擇與購訂
呂紹虞
著者號碼雷同之決定
林斯德
的片面觀

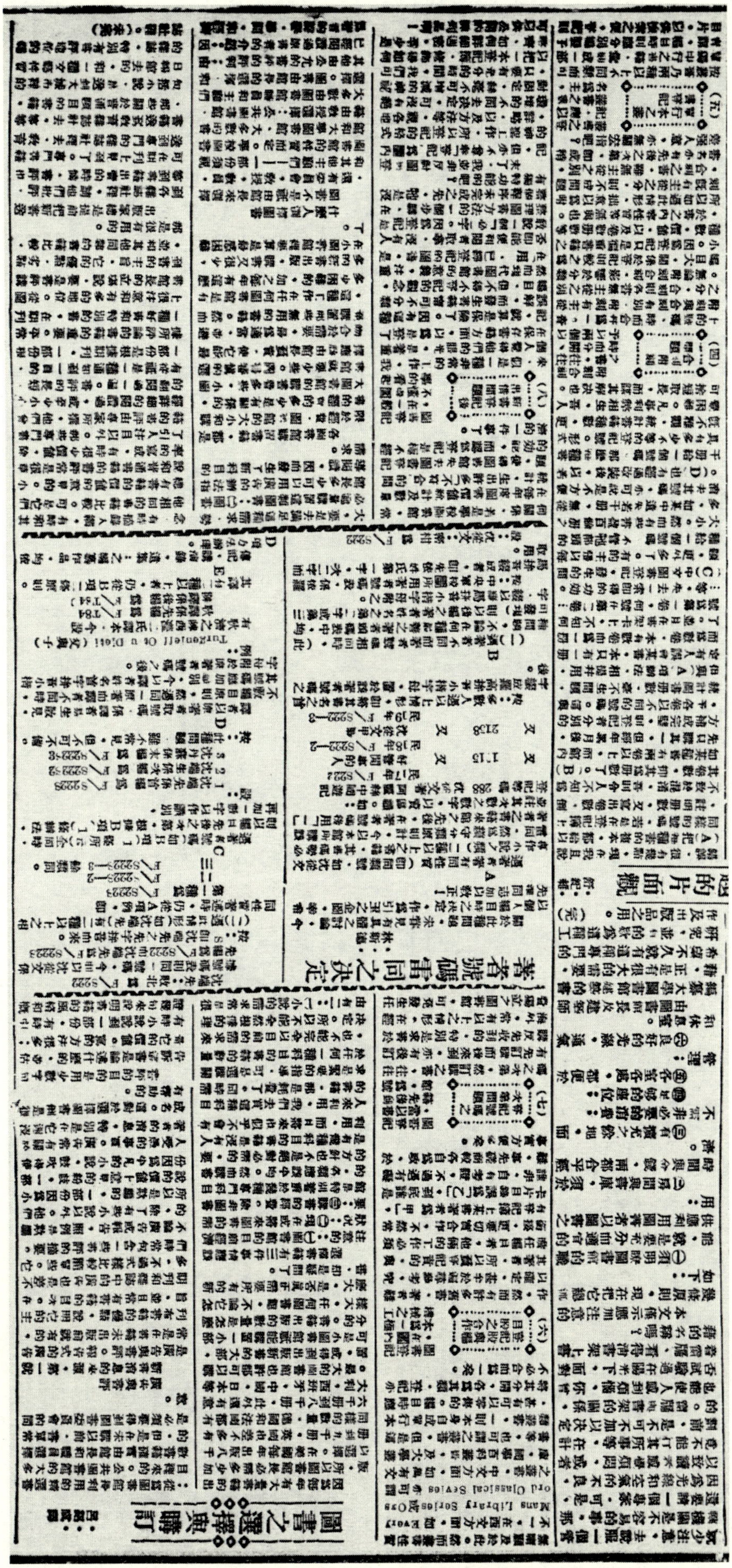

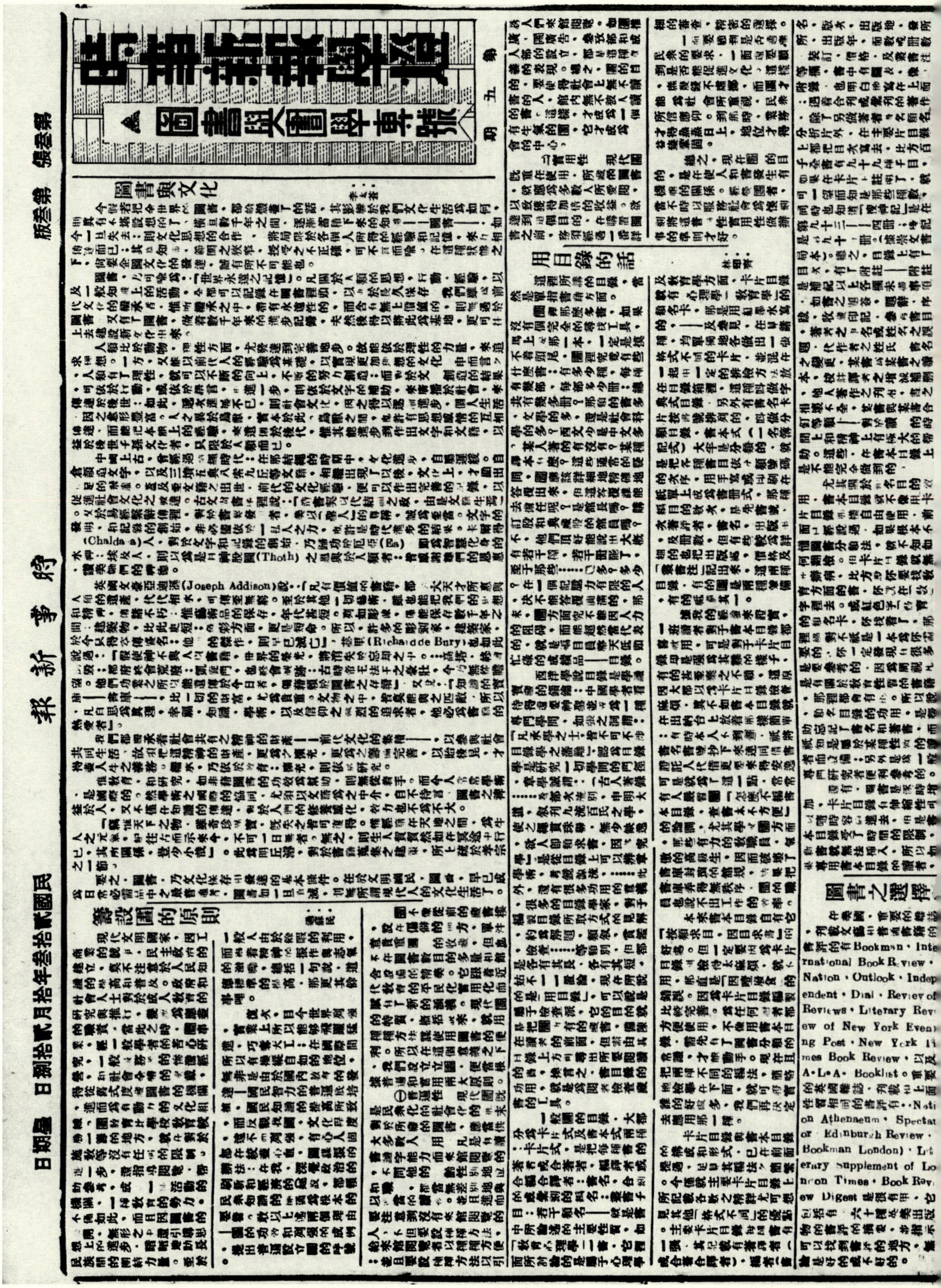

時事新報 學燈

▲圕書與圕學專號

第五期

圖書與文化

李太蒼

今假若把全世界的圖書，都給燬毀了的話，其影響於我們文化生活為如何，則真有不堪設想的了。橫亘數千年之間，逐漸蓄積下來的知識——圖書——，如今一旦失去：則文化思想的合作，將局限於各個人所得的經驗和記憶，來相傳達而已；其為知識，範圍之狹窄，授受之不正確，可不言而喻，在這種狀態之下，尚要企圖文化的發達，誠有所不可能也。

圖書，乃可喻為：「世界永遠之記憶」。凡關於人類的思想，行動，經驗，以及一般知識上的活動，今都可以記錄在圖書裏頭，以期於長久保存，我們雖為前代文化的繼承者，惟所繼承之中，都有永遠性的，而含有無上價值的，則無過於圖書。又有「圖書，做着數千年來的進步記錄，夫然後得以將此為基地，更可往上去建設新文化出來。

人類比於動物，理性方面，尤發達到完善地步。故能依於理性的力量，來追求理想。一方，又能以前代人的經驗為基礎，以實現更加理想的文化，申而言之，人類有了理性，就可以不斷的向上，不斷的努力創造；而對於文創造的結果，可依於行動，或依於語言，推進一步，則依於文字的補助，來傳播於社會，來傳達於後世：如此，遞次進展不已，則社會文化，因之得以逐漸進步，個人生活，因之愈形豐富。人之異於鳥獸，實本於此，鳥獸之間，也許有思想感情的互相傳達，而能把本身上的經驗，來遺傳於後代，惟其能進步到作出文字和文籍，以益於後世子孫文化者，只限於人類而已。

中國上古，曾經過結繩的時期中，文化進步，自屬遲緩。自倉頡造文字，以及三墳五典八索九丘等文籍，相繼出現了以後，文化上，才翻出長足的飛躍。至及文籍之出世，前代的文化經驗，便可以作出完善的記錄，以促進社會文化之演進。古文尚書序裏說：「造書契以代結繩之政，由是文籍生焉」。又於易經繫辭傳裏，對於書契的發明者，美以「聖人」的尊稱，誠為至當。文字的發明，和記錄的創始，非必僅依於一私人之力，也許是時代進步的結果。卡爾得(Chaldaea)人，對於文字和記錄的創始，乃歸功於厄亞(Ea)即為智慧化身的水神；埃及人，則以為是月神脫圖(Thoth)之恩典於人類者：皆感謝牠們的恩惠，讚美牠們的神德。

英國文豪亞迪遜(Joseph Addison)說：「凡有價值的書籍，都是大天才所惠與人類的遺產，代代相承，可傳至無窮。至於其他一切藝術，雖也能把我們的思想和精神，傳諸不朽：惟藝術品的保存，年代甚短。就如彫像，僅能保存數千年之間：建築物，比此更短：色彩方面，更是短命。所以，許多的彫刻家，建築家，於今只得保存名：他的傑作，則早已滅亡」。蒲里(Richard de Bury)也如此說過：「假使神不與人以書籍，世界的榮光，將消失於忘却之中。……高塔，終必毀：都府終會荒廢：凱旋門，也終會湮滅：古時帝王之豪壯，今乃無從瞻望。他們功業之所以能遺傳於今日者，唯藉賴於圖書之存續」。又說：「知識的寶庫——書庫——，比一切的財富，尤為貴重。文物之中，皆莫能與之匹敵，所以，凡自思為真理，幸福，知識，學術，以及信仰之熱烈的追求者，他必為書籍的熱愛者」。

我們都是繼承着社會共有之精神的財產——前代文化的集積——，以參與社會共同生活，故須把這精神的財產，更為之擴充，更為之整理完善，以貽後昆，才得盡人生之義務。繼承，乃依於教育；擴充，則依於研究。惟教育，和研究，如非藉圖書的功效為幫助，則無從着手。而今人常常學術，是國際的。然學術之國際的協同，尤須以文籍為之中介，自不待言。圖書之裨益於人，又不僅在知識的傳達，對於人們的修養感化，效力也不為不大。

「竊惟天下之物，雖奇珍異寶，既失之皆可復得。惟經籍在天地之間，為生人之元氣，紀往古而示來今，不可一日無者，無之，則生人貿貿然如在冥途中行已，其所關係，豈少小哉」。此為明丘濬，對於書籍蒐集之建議，所上疏於孝宗之一節。

要之，圖書，乃文化保存和發達的基本條件。在於文明國民，圖書，早已成為日常必需品中之最普通者，圖書如一旦消滅，則無所謂現代人的文化生活了。

籌設圕的原則

現代文明國家，因工商業的發展，民主政治的建立，莫不注意於人民知識的提高和普及。政府和社會人士對於成人教育的研究與推行，幾乎為應盡的職責，當此之時，圕事業，經一般學者的苦心研究，一般社會人士的熱誠經營，和社會全體的熱誠，得從舊式保守圖書的機關，進而為有動力的文化組織，圕教育比學校教育較為普遍的地方，就在對於施教等沒有任何的限制，進一步，還指導閱覽，幫助參考，成一種活動的機關，一種教育的勢力。不僅如此，而且因圕的開，無形之中還引導思想上的進步，暗暗地助長民族間的團結力量。至於一般人由於餘暇的利用，而帶着精神的振作與志氣的激勵，總括一句說，道德標準的提高，那更其餘事哩。

復次，目今世界列強實業上所以能夠飛躍猛進，巧奪天工；在國際間所以有操縱自如的地位，無非是由於國內教育的發達——國民智力的普遍培植，國民知識的提高所致。而反觀我國，文化程度，遠不如列強，有心人固都在絞盡心血，圖謀振的辦法；在我，深覺政治的刷新和經濟的建設，都賴民眾知識的涵育為根本的要素。敢以上述兩個理由——圕的功效和列強的成例，——提出普遍設立圕的呼號。

圕不像從前的藏書樓，設在偏僻的地方，單注意貴重圖書的收藏，但也不在圖書數目的多量和館舍設備的精美。它跟着近代教育的平民化實用化而賦有了新的涵義。現代圕的特質，概括起來，就用種種方法，設法使用圖書的便利。所以在這個意義之下，我們設立圕，便當根據普遍和實用兩大原則。

㈠普遍性　現代圕既是民眾化的社會化的機關，對於所藏的圖書，應當供大多數人用，凡是有讀書識字能力而來館閱覽的，不問他的年齡性別地位和職業，都當一無差別地與以相當的待遇。並且進而要注意到沒有來館閱覽的人，不但要設種種方法，便給來館閱覽者以種種方便：並且要設種種方法以引誘人們來館閱覽。如圕推廣，圕廣告，參致部和成人部的設立，都是這種意義的表現。總之，圕的目的，要使得社會上無不讀書的人，館內無不被人讀的書，這樣，才成為一個有生氣的圕，它才成為一個社會的中心。

㈡實用性　現代圕既重在使用，所藏的圖書，就應為多數人所愛閱，以致發揮加倍的收益。欲達到這個目的，在購置圖書之前，務須經過一番詳細的審查，精密的選擇。一面要顧到是否適應民眾的要求，一面還要顧到是否能促進文化，這樣，庶幾錢不虛擲，而圕才能為社會所重視，民眾所信仰。到那時，業務才得蒸蒸日上，地位才得益臻鞏固。總之，現在圕的目的，是在使人和書發生有機的關係。經營圕者，當不時以服務社會為懷，刻刻將這普遍性實用性做辦事的準則才好。

用目錄的話

林甲齊

這裏所講的目錄，當然是單指書籍方面。圕裏那麼多書，如果沒有個完全的尋找工具，馬上要那一本，一定是摸不着頭尾。圕裏究竟有些什麼書：有多少種，每種有幾部，每部多少冊，總共有幾多冊？那類的書多，文學的多？還是社會科學的多？西文多還是中文多，某人著的有沒有？某種譯本有麼？這些通常的疑問，圕應該詳細地精確地答覆出來，但這答覆誰能去擔任呢？是館長嗎？購訂股和典藏股的館員嗎？不，他們頂好能說出大概有若干種，若干冊罷了，至于那一類多？多少？在一個記憶力有限的人，決不能答覆圓滿的。那末，圕方面究不能因人力的阻礙，而能超然當代表的，就是編目員整天低頭忙碌的成績品——目錄。

西洋學說目錄是學識的鎖鑰：中國學者看待得還要神聖些，以為一種專門學問，如張之洞謂：「凡承學之士，皆不可不涉目錄學之藩籬」，認為目錄學是研究一切學問的門徑。章學誠謂：「古人著錄……蓋部次流別，申明大道，敍列九流百氏之學，使之綱貫珠聯，無少缺逸，欲人即類求書，因書究學」。是從目錄上可以辨章學術，考鏡源流，……此外，還有很多功用的意義，很多的目錄學家，對于編製目錄所取方式的見解，約為解題，類敍，賞鑑，檢查……等類別，但都是各有其長，各有其短，姑不一一詳論，現在所說的是「用目錄」，可以說是屬于檢查派，它的目的就是把圕內有的藏書，備陳在讀者的前面，但需由其目錄上方可尋出所要閱讀的書，換言之，書目錄的功用，就是為閱者檢查藏書的工具。

一般圕的目錄，大都分為卡片式及書本式兩種：卡片式，是把每種書的著者或合著者，編譯者或合編合譯者；書名，合刻的或彙刻的總名；叢書子目；若干類名——就是書中所論述的主要性質，如「教育心理學」一書，它裏面所討論的是屬于心理學及教育學方面，卡片目錄就有「心理學」「教育學」的類名卡，那是用紅墨水寫的，——及參見，在目錄裏稱，均單獨地各做出一張格式不同的卡片，並混在一起中一定的排檢方法放在目錄箱裏，這種叫做字典式目錄。另外有書名卡片按書號排列的，叫做分類目錄，書本式（一名簿記式）大率是分類的，就是把各種書目依了類號碼的次序，用手寫或印刷在紙單上成為書冊式，那種編目的欵次，是先書號、次著譯者，書名，出版年，及冊數，但有些較為詳細的也把出版處，價格及「叢書注」記出來，這兩種目錄，有的圕是兩種兼備，有的祇有其一。

據我的經驗來說實，一班讀者對于書本目錄都歡喜用，可是對于卡片目錄卻是強為其難的樣子，有的甚至棄之不顧，這原因大部以為卡片目錄檢查麻煩，真不如書本目錄就在出納台上放着那樣簡單：有時本人不到館，祇將書名書號抄下來連同借書證託人代借更要來得安逸。可是就為了這一點，常常有人嚴詈圕「怎麼不編書本目錄，查書太不方便」的論調，尤其學校圕方面，那些有力的教職員，氣傲的高級生，因而破壞了書庫封鎖的館規，結果把書庫弄得無秩序，圕的職員也說不出工作的效率。

本來書本目錄自有它的好處。但一定要因為卡片目錄的檢尋太麻煩，就不用，那直是「因噎廢食」的錯誤。因為卡片目錄編製比較完善，為任何讀者都方便使用，不像用書本目錄，需先有了圖書分類的常識，才能動手。現在且把兩種不同的編法，簡略地檢舉在下面，就可得實際的好處多，我們再決定去應用那一種。

卡片目錄與書本目錄的構成和形式，已在前面提過，足見其編法之簡繁。今僅就主要卡片目錄上所記載各欵之精詳尤可想見其他「格式不同」的優點。主要卡片目錄每種書有一張，其記載有著譯者（或合著合譯者），編者（書名、版次、出版地、發行所、出版年、頁數或冊數、裝訂、價格、及叢書注等欄，書中有圖表，像附錄，也明白的寫在上面：遇着合刊或彙刻的著作，除了另做著者名稱名分析片外，在主要片目錄上都把目次寫去。比方百子全書有九十九種子目，如果在卡片上註明了，就可一望而知是那些種數，同時也知道「搜神記」是在第九十三——四冊；時記是九十冊。（據崇文書局本）。總之，目錄上有了目次，有「附註」——附註是補記以上各欄未盡事項，如書之題簽，題辭，序跋，收藏印記，參考書目，著者之別名或姓名之誤題，代作者之姓氏，書名之變更，某書為某書之譯本，校註譯者之增減補刪，他人著作之刊行，書之損壞不全，某書與某書合釘等類——對於讀書的時間上和精神上有極大的幫助。這些，在書本目錄上是不能完全做到的，尤其關於類名目錄的效用，書本目錄就不像用卡片目錄那樣自由使用，前面已經說過，如果根本不懂圖書分類法，就不知如何翻檢。但卡片目錄就無此毛病，比方你要找教育方面的書，你只在「教」字裏去找紅色字「教育」的類名卡，你找着了，那裏的，絕不祇是一本為你需要的，你一定發現有很多是要參考的，因為凡是有關於教育性質的書籍，那裏都會有的。所以說，類名目錄的功用，是幫助忘記了書名和著者，而祇知是屬於某種性質的讀者而設備；另外是為一般專門研究者便利參考的。

還有，圕書是隨時增加，卡片目錄有伸縮性，可以隨時容納進去，但是書本目錄受了時間的限制，新本書就無法插入，所以如果專用書本目錄的讀者，

圖書之選擇

在美國，重要的雜誌，刊載文藝和書評書籍的書評的有Bookman．International Book Review．Nation．Outlook．Independent．Dial．Review of Reviews．Literary Review of New York Evening Post．New York Times Book Review．以及A．L．A．Booklist。重要的英國雜誌，刊載和上面性質相同的書評有：Nation．Spectator．Athenaeum．Edinburgh Review．Bookman (London)．Literary Supplement of London Times．Book Review Digest是很有用，它包括有六十種英美出版物的書評的摘要，並指示可以找到書評的地方，無論是好的或不好的。

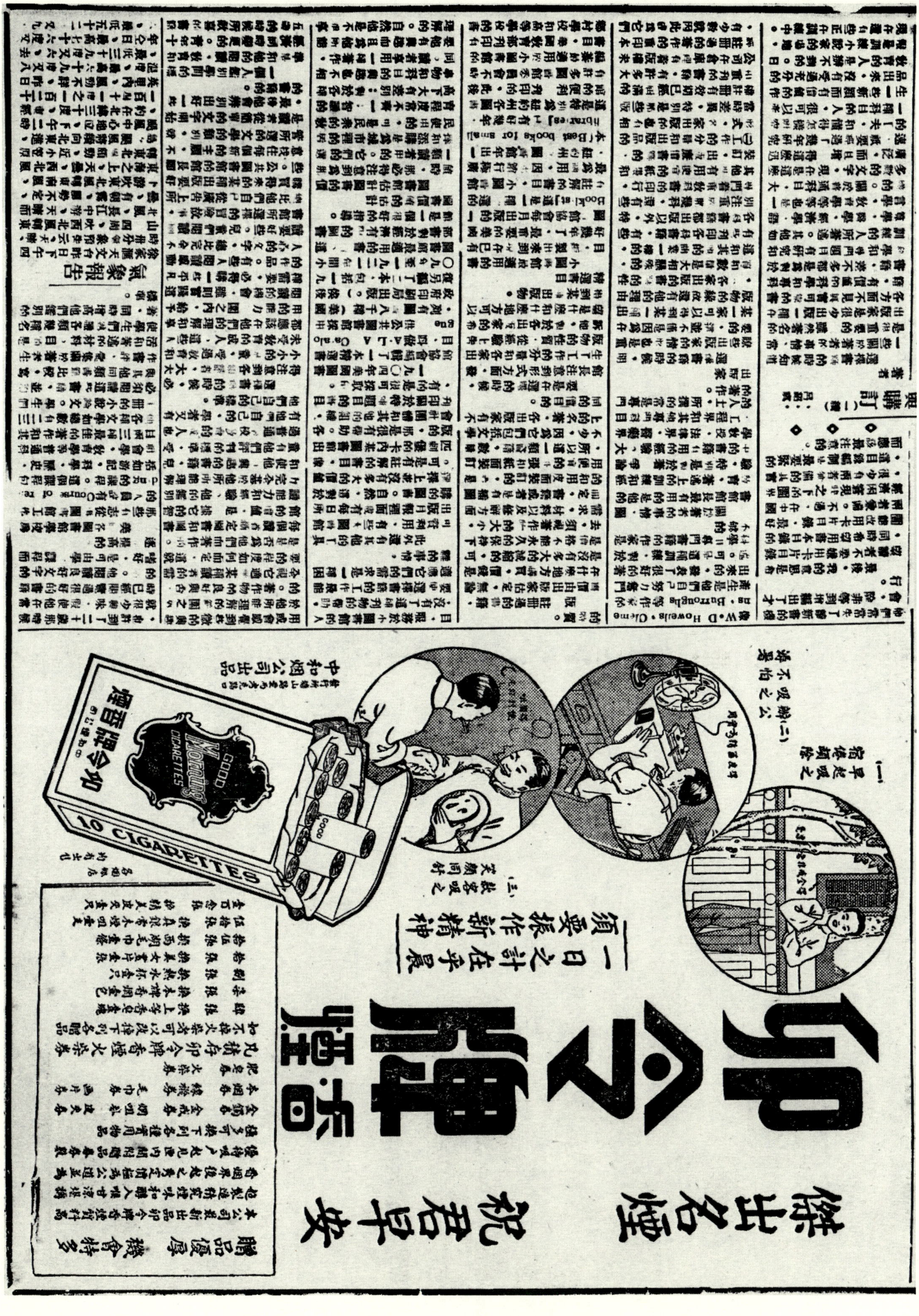

他們常常失了讀新書的機會，除非等到增編出了才行。

最後，我的意思是希望讀者不要嫌用卡片目錄，同時希望用書本目錄的圖書館改用卡片目錄，最好兩者兼備。不過，在中國經濟困窘現狀之下的圖書館，很少有兩者兼備的具實，這目錄編制是最要緊的而應該最注意的。

◇ ◇ ◇

……與購訂（二續）　呂紹虞

著者

選擇書籍的時候知道一些關於著者的事情，常是很重要的。雖然著名的出版家是很少出版一種在各方面不見其實可靠的書籍，有價值的科學和專科書籍，差不多都是為對於學和專門題目有研究和訓練的人所著述。其他如算學，醫學，經濟學，語言學，教育學等等也是一樣的。關於普通科目，大多數的文字，現在是這麼廣泛，而且增得這麼迅速，祇要經過「幾年研究的工夫」，和懂得怎樣研究一種科目的人，很可以產生一些新穎而有價值的作品出來，沒有受過充分的教育的人是辦不到的。日報是訓練小說家的場地，現在還有些正在訓練中。像W・D Howells・Clemens・Burroughs等作家的產生是他們自己努力奮鬥出來的，發表了很好的著述。可見這種訓練，對於科學和專門書籍的作家是不够的。關於著者的事情，圖書館館長最有用的是他的教育，著述上的訓練和經驗，特別是對於著和論中的書籍有用的經驗、大學教授、法律界、醫藥界・工程界和其他專門科目的人士，所撰的常是專門的著作。

出版家

選擇書籍的時候，明瞭些出版家的情形也是重要的，並不僅是因為某一家可以得到某一種出版物的緣故還有他的理由，各家出版的書的性質和數量是大相懸殊的，有些刊印各科書籍，有些各科書籍都出版以外，還有些特別注重某幾科，還有些專門著重教科書的印行，和其他有用便宜的紙張，和裝訂，出版廉價書的工作的分冊和出版品的形式，各家出版的也有相當的差異，特別是那些版權註冊有效期已經滿的出重刊的書籍，有許多大公司在倉庫裏有着版權未經註冊過的書作的着重印本，有少數就因此確為它們的特質。

版　註冊過的書籍，書價由出版家估定，無論在什麼地方購買，價錢是沒有多大的減縮的。可是價格不能永久的保持下去，須視著作的大小，需求，材料以及修辭方面而定，書籍或者是有插圖的和用皮面裝訂的，是用便宜的紙張和紙面裝訂，所以這一類書籍數量不少，因為它們包括文學上的名著，各出版家有不同的價目的。

要是在選擇的時候，館長注意到形式方面，發生了工作的分量和各家出版物的性質，從經驗上告訴他，對於各出版家的希望是什麼和什麼地方可以得到某種出版物。

精選書目

小圖書館最適用的書目，那製出來到現在已有好幾年了，最重要的美國圖書館協會每月出版的「Booklist」這是一種選的有註解的書目，小圖書館最為適用，因為發行極廣，紐約州圖書館年出一本「Best books for small libraries」有好幾年，這是特別為紐約州各圖書館的便利刊印的，此後有許多圖書館委員會不時編纂給適用於小圖書館的書目，美國教育部刊印有鄉村學校和高等學校的書目，服務於小圖書館的人，沒有了這種刊物的幫助，要使選擇書籍的工作最能適應它們的需求是一種困難的事情，

此外還有其他的工具可資利用，有些圖書館出版月報裏面載有每日所購的圖書。自然，這對於選擇上並沒有多大的價值。可是有註解的書目，像匹茲堡的卡內基圖書館出版的，那是很有幫助。各會社團體和其他的組織、刊印關於特殊題目的書目，有的是很可採取的。

一九〇四年美國圖書館協會編輯了一本精選書目，叫做A·L·A Catalogue 供公共圖書館採用，列有圖書八千種（美國政府印刷局出版。）供後復另編了二本，包括一九〇九年至一九二一年間小圖書館最適用的書，這部書對於經濟有限的圖書館是一個很好的指導。

圖書價值的估計

圖書館估計圖書的價值時，那必得注意到為那一類讀者用的。它們的選擇和添購是為城市裏的居民使用的，或是民衆的教育程度常不齊一：智識的高下大有差別；對於各種事物和科目的興趣也不相同，讀者享用一種著作，要他有興趣而且為他所能理解的。自然他是不會享用或會感覺到些微的興趣於他所能理解的範圍之外的。著作物的良好與否，全視它適於某種讀者的需要的程度如何而定，這就是是否為他們而著作的。每個讀者評定圖書和圖書館的價值，是據它的智識能力和經驗、他的鑑別力完全基於他所能理解和使他興趣的書籍、兒童有他們評判的標準，受過普通教育的人也有他們自己的，學者又有他們自己的標準。

選擇書籍的時候，必得注意到各種讀者，大大小小的兒童，受過教育和未受教育的成人，這些人都應該在他們的理解和享用的能力範圍之內，給予閱讀的機會，雖則實踐這種需要，必得購一些平凡的作品。有些人閱讀感動人心的文字，總比完全不讀要好些。兒童們閱讀圖書館所選擇的冒險故事，總比他們自己從廣告上所購買得來的某種出版要好些。公共圖書館的館長不意找往每個新的主題，不管所選的文學的類別，就是讀者從簡單的文字開始，最後他會辨別出好一些的書籍的。

一個人鑑別學問的標準是和他的閱讀，教育和經濟同時變更的。青年十五歲的時候所歡喜的書籍，也許到了二十歲那時候就很少興味，假使他們常時已經閱讀過很好的書籍的。他閱讀良好文字的嗜好，是可由學課程而逐漸提高的。

美國各圖書館學校為那些有志從事圖書館工作的人員設有Course of Reading的課程。這個課程包括如游記，科學，歷史，社會學，教育學等普通科目，兩三種最佳的著作和其他各種文學如總數有二三冊的小說論文。學生們必須閱讀這些書籍，並與其他同類書籍比較，寫作書評，蒐集關於著者生活和著述的材料，目的是使學生們認識各類幾種名著。同時增高他們鑑別的標準。

氣象報告

徐家匯天文台昨日下午四時卅分發氣象預告云、天晴、山　四周、吹西北風轉東北風、長江中游、天晴而疊、有霧、颶勢不定、下游吹東北風轉東南風、東海之上、天疊、西北風轉東北風頗勁、近小笠原為颶風將續向北東進、颶風中心地位、下午二時、約在北緯三十度、東經一百四十一度之一百二十英里內、風勁不肆、昨日溫度、最高八十九度、又八、最低三十九度、又六、去年全日、最高七十六度、又、最低五十二、又九、

《中央日報》於一九二七年三月在武漢創刊，誕生於國共合作的大環境中，由國民黨左派顧孟餘擔任社長。國共合作破裂後，寧漢合流，南京國民政府成立，武漢《中央日報》也隨勢於同年九月廢止停刊。一九二八年二月一日，國民黨中央在上海重建《中央日報》，孫科任董事長，丁惟汾任社長，《中央日報》由此成爲了國民黨的中央機關報。儘管《中央日報》是國民黨的輿論喉舌，但多次刊發如『只有民權主義去做機器，去製造民族民生主義的産物』等强調民主理念的言論，引發『中央』不滿。同年，國民黨中央陸續通過了《設置黨報條例草案》《設置黨報辦法四項》等條案，後經宣傳部長葉楚傖提議，《中央日報》由上海遷往南京出版，强化了國民黨中央對《中央日報》的直接控制。

遷寧後的《中央日報》於一九二九年二月二十一日起出版，由葉楚傖擔任社長，爲日報，每期三張十二版。該報以『發揚黨義、闡明遺教』爲己任，以『擁護中央，消除反側，鞏固黨基，維護國本』爲宗旨，鼓吹開啓民智民德，實爲國民黨的政策路綫辯護。一九三二年，原《時事新報》總編程滄波擔任社長，改報社爲社長負責制，强調報紙的黨派性和國民性，并提出『人人做外勤，個個要采訪』，重視新聞的采訪和品質，積極拓寬發行管道，確立了國民黨具有最高權威黨報的地位。

抗戰全面爆發後，報社隨中央政府西遷。一九三八年三月，報社遷至長沙出版，期號續前。一九三八年九月十五日，續遷至重慶出版，并在長沙、昆明、成都、貴陽等地建立分社，發行地方版。一九四二年六月至一九四三年三月，與《掃蕩報》合出聯合版。抗戰勝利後，《中央日報》於一九四五年九月十日在南京復刊，期號續接重慶版。國民黨敗退臺灣後，《中央日報》於一九四九年四月二十三日在大陸停刊，遷至臺北復刊，出版至二〇〇六年六月一日。《中央日報》在經歷近八十年的風雨歷程後，正式宣布停刊。

《中央日報》曾辦有一批在風格上各具特色的專版副刊。早在上海時期，就創辦有《摩登》《藝術運動》《文藝思想特刊》等多種副刊，經濟類與文藝類内容兼具。與南京時期相比，上海時期的《中央日報》受國民黨中央控制程度略弱一些，聘請了如田漢、丁玲、胡也頻等左翼文人擔任副刊主編。進入南京時期之後，副刊的數量較之前更多，但其主調即有十分鮮明的黨報風格，如《青白》《青年周刊》等，宣揚『黨治文藝』『三民主義文藝』。程滄波任社長後，對副刊進行改革，開拓了如由儲安平主編的《中央公園》《文學周刊》，徐悲鴻主編的《藝術副刊》，北京大學文史學會主編的《文史》等具有藝術性和學術性的副刊，給《中央日報》濃厚的意識形態氣氛中帶來了一絲文化開放的新鮮空氣，而《圖書評論周刊》也正是創辦於這一時期。

（一）《圖書評論周刊》研究

《圖書評論周刊》創辦於一九三七年五月二十日，總共九期。版式上爲一版，均爲第三張第一版。除第六期與第七期間隔十天之外，其他期次出版頻率爲七天一期。其中，所應爲第六期的周刊，在報頭上錯印爲第七期，故有兩期『第七期』。中央日報社專門組建《圖書評論周刊》編輯部，編輯運營該刊。

一九二七年南京國民政府成立之後，隨着政局的穩定，中國開始了『黃金十年』建設時期，在各個領域均取得了一定的發展，其中以南京、上海、廣州爲代表的城市地區尤爲明顯。伴隨着經濟的景氣，文化出版事業也隨之取得了發展，居住在大城市的市民階層也存有閱讀書籍的實際需求，於是這一時期涌現了大量的出版讀物，而其中也難免存在良莠不齊的情況，如存在不少内容上『荒誕可笑』的書籍以及粗製濫造的譯著，而《圖書評論周刊》的緣起即在於此。面對這種現狀，編輯部希望周刊能够成爲一種『良好的批評刊物』，對當時的出版界能够起到『清道夫』的作用。

在《發刊辭》中，編者認爲，《圖書評論周刊》的目的在於『求價值的真實判斷』，以英國批評家馬修·阿諾德所謂的『超然無執』爲準繩，在對圖書的評論上不能先入爲主，懷抱偏見，應追求真理，進而實現刊物的『永遠公正，永遠自由，永遠保持它的完整和純潔』。在選材範圍方面，周刊抱持着較爲開放的態度，并未將内容局限於特定的幾個學科或者方向，宣稱『本刊以嚴正的態度，評介各科新舊圖書，探討讀書門徑』，在向公衆介紹好書的同時，介紹讀書的方法以及如何判斷一本圖書的好壞，對文字風格的要求也十分寬泛，主張『文言白話不拘』，僅要求稿件文字一般不超過三千字爲限。刊内圖文并茂，不僅有書評文字，還刊載有相關人物或書籍的照片、漫畫等。

在周刊後續實際的編纂過程中，也確實如《發刊辭》中所言，做到了『内容嚴正，選材開放』。在總共九期的内容中，共刊載書評類文章十八篇[一]，介紹中外書籍二十一種，所選書籍基本爲三十年代的圖書出版物，涉獵領域十分廣泛，包括科學、文學、哲學、藝術、譯著與外文等，在此分類進行梳理介紹：

一、科學類圖書

時任國民政府行政院秘書長，曾擔任中國地理學會會長的翁文灝在一九三〇年出版有《錐指集》一書，周刊在第一期刊登了文章進行評論。書評中介紹了該書的章節分類、所收録的文章及主要内容。但值得注意的是，儘管此時翁文灝已爲政府顯赫要員，但書評却仍然以相當的篇幅指明該書所存在的校對錯誤、前後用詞不統一等問題，并指出書中所寫的部分内容存在知識上的錯誤。

李秀峰在第三期以新版《天工開物》爲題，回顧了《天工開物》成書的歷史背景、主要内容以及其科學價值，簡要地分析了該書的優劣，并最終肯定該書是『國故中最值得贊許的一部科學典籍』，指出中國近代以來在科學研究上乏善可陳，呼籲『使中國學術成爲真正的科學』。

二、文學類圖書

雜文家徐懋庸所著《怎樣從事文藝休養》一書出版後，周刊的第一期刊登了陳怡對該書的評論。陳怡指摘該書文不對題，書中『所販賣的貨色』都是編輯他人的言論，却没有作者自己的見解，并從意識形態的角度對徐的崇蘇傾向進行了攻擊。另外，陳怡還在第七期對何其芳的《畫夢録》一書有文字上的批評。

此外，還有憶堂所撰的《繼志齋刻本重校北西厢記》一文，對於今日《西厢記》的研究而言，在版本研究方面，仍然具備重要參考價值。另外，還有民間文藝學家李家瑞對於古籍曲詞的多篇考證文章，如第二期的《三笑新編彈詞考證》、第五期的《陶真選粹樂府紅珊》以及第九期的《〈芙蓉洞〉彈詞考證》等。

[一] 多期連載的同一文章，在統計時歸爲一篇。

三、哲學類圖書

民國時期教育學家賈豐臻的《中國理學史》一書，在一九三六年由商務印書館出版，同爲教育學家的潘菽在周刊第四期發表了對該書的評價。潘菽從題目入手，認爲賈以『理學』對中國哲學進行概括并不正確，且批評作者對王陽明過於推崇。衆所周知的是，蔣介石一直對『陽明理學』十分崇拜，而潘菽此文以相當的篇幅批駁了作者對王陽明的誇大，文辭頗爲犀利。

此外，另有署名爲『其實』的作者在第九期發表的《幾本所謂新哲學書》，對沈志遠所著的《近代哲學批判》《現代哲學的基本問題》以及艾思奇所著的《大衆哲學》等左派哲學進行了批評。

四、藝術類圖書

音樂理論家張沅吉在第七期發表了對賈新風主編的《音樂教育通論》一書的評論，張沅吉毫不客氣地批評了該書『内容之欠妥和錯字之多，簡直不能讓人相信』，結合書中内容，認爲編者缺乏關於近代西洋音樂的基本常識，缺少參考書的介紹以及外文水平較低，并對該書的出版者商務印書館進行了批評。

潘菽則對商務印書館出版的另一本書——俞劍華的《中國繪畫史》進行了正面評價。潘菽首先對該書的特點進行了總結，認爲該書與同類圖書相比，更符合現在普通讀者的實際需求，并對該書的資料性和體例予以充分肯定。此外，潘也對書中部分内容進行了討論商榷。

五、譯著與外文圖書

在外國譯著方面，金東雷的《英國文學史綱》一書發表後不久，時任國立編譯館編譯的周駿章，即在第一期發表文章，幽默而犀利地對該書進行批評。周正話反説，稱金爲『宰相肚裏可撑船』，却諷刺金的書中『可容納幾百條錯誤，足以裝滿一隻船』，又稱金有『大將的勇氣』，却説『怎敢公然出版』這麽一部錯誤百出的書籍。文中，周援引其書中的錯誤，給金列舉了『目不識丁、李代桃僵、同床异夢、前後顛倒、信口開河、無中生有』等十項『罪狀』，并建議作者不如『索性付之一炬』。周駿章在第七期對梁文若翻譯的《皮普士日記》[一]一書的評論則要温和得多，周首先對皮普士的個人生平進行了介紹，而後分析并肯定了該書的價值，除了該書譯本未作序言之外，認爲梁文若的翻譯是『很精美的』而且『十分之七是流暢的』。

國立編譯館編譯周其勳在第三期發表了《〈水滸〉的英譯本》一文。正文開頭，首先對當時中國經典的英譯文情況以及水滸的英譯本進行了簡述，隨後主要對賽珍珠（Pearl S. Buck）版本的水滸英譯本中存在的錯譯之處進行了列舉分析。周其勳還在第五期發表《烏爾夫夫人的年代》一文，『烏爾夫夫人』如今一般譯爲佛吉尼亞·伍爾芙（Adeline Virginia Woolf），爲英國著名作家，文中所評《年代》（*The Years*）[二]一書是她的代表作之一。二十世紀三十年代中葉，伍爾芙的作品陸續被徐志摩、葉公超等人引入中國，而該文也是中國最早介紹伍爾芙的文章之一，周對『年代』一書做了簡介，并摘選其中部分文字做了翻譯，另外，該文還附有伍爾芙的簽名照，使讀者對其人其書産生更爲直觀的印象。

H.G.Wells（Herbert George Wells，赫伯特·喬治·威爾斯），是現今聞名遐邇的文史作家，而早在二十世紀二十年代就已爲中國文化界所關注。月超在第二期對H.G.Wells[三]在一九三四年出版的*Experiment in Autobiography*（刊中翻譯爲《韋爾士自傳》）一書進行了評論。不同於針對圖書的文化批評，月超以該書反躬自省，對中國文化自身進行反思，認爲中國極少有優秀的傳記類文章，是因爲中國自古以來便有『文以載道』的觀念，只重視立言，而極少關注個體的生活，容易抹煞個性，應當借鑒西方風氣，注重對個體的記録和關懷。作者認爲，該書雖然記録的是威爾斯個人的生活經歷，但其反映出來的則是整個人在一個大時代的活動和思想，是很有價值的，這種觀點在當時的歷史背景下，是十分先進的。

周刊還登載有兩篇介紹蘇聯的文章。傅鐵獅將赫爾施（Alcan Hirsch）所著《工業化之俄國》（*Industrialized Russia*）一書序言進行了翻譯，并發表於第六期。另有介紹蘇聯對北冰洋探索的《切流斯金號北極探險記》一書的書評。

除了書評以外，還有原書内容的連載。在第四期、第五期、第六期和第八期分別連載有鹽政改革家何維凝所著的《鹽書目録》，包括序言、凡例及目録内容等，書中輯録有自漢朝以來至民國時期有關鹽務的圖書四百九十一種，具有重要的資料價值。該書也

[一] 今譯爲《佩皮斯日記》。

[二] 現通常翻譯爲『歲月』。

[三] 刊中所載爲H.G.Wels，實際應爲H.G.Wells。

成爲唯一在周刊享受『連載待遇』的圖書。

綜上所述，《圖書與評論周刊》雖然僅有九期，但所涉及學科範圍十分廣泛，其中也不乏有言辭鋒利、觀點深刻的圖書評論，可讀性很强。無論是對於所述書籍及其作者，還是對書評作者的研究而言，都具有重要的資料價值。

（二）《書林平話》研究

《書林平話》創立於一九四七年三月十二日，其辦刊宗旨是『培養大衆的讀書興趣，幫助圖書館或私人選購書籍，協助出版界的發展和改良』。該刊最初是每周的周三與周日刊行兩次，自五月五日第十三期起改爲周刊，每逢周一出版，偶有提前或推後情形。編期號碼存有多次錯誤。版式上，前兩期僅爲一欄，而後逐漸擴大至半版，版次并不固定，散見於第五、七、八、十版。所評介國内外書刊的内容涉及政治、軍事、經濟、宗教、哲學、文化、藝術、歷史、地理、文學等各個領域。

本刊主編于鏡宇，即于震寰，是我國著名的圖書館學家。一九三一年九月至一九三三年六月就讀於文華圖專圖書館學本科，曾就職於國立北京美術專門學校圖書館、國立北平圖書館、國立北京大學圖書館、國立中央圖書館、美國漢和圖書館等，在中國圖書館史和印刷史研究、目録索引編纂、圖書分編等方面頗有建樹。任職國立中央圖書館期間，于鏡宇應南京《中央日報》之請，主編《書林平話》[一]，并以本名及宇、吾愚、俞章等筆名發表了多篇文章書評。在總共出版的四十四期副刊中，于震寰共撰寫過九篇文章，除第三十九期刊登的《讀書人對於出版法草案之意見》爲其以個人名義發表的建議意見，其餘八篇皆爲書刊評介。他評介過的書刊包括王力著《中國語法理論》、方豪編《馬相伯先生文集》、張開編著《中日大戰記（第二集）》、廣州國民大學文學院編著《文風學報》、國民政府主計處統計局編印《中華民國統計提要》、施良編著《菲律賓研究》、徐浩著《廿五史論綱》、王鶴儀及王檢編譯《第二次世界大戰簡史》的兩種譯本，涉及語言學、文學、經濟學、歷史、地理等各類書刊，可見其涉獵廣泛。于鏡宇的評介并未停留於粗淺的内容提要，而是在認真研讀後指出錯誤、缺陷，比如第三十三期《中華民國統計提要》一書中，

[一] 鄭錦懷、顧燁青：《于震寰生平考略》，《國家圖書館學刊》二〇一四年第二十三卷第五期，第二—七頁。

英文的使用存在諸多錯誤，第三十五期《菲律賓研究》中關於抗戰期間華僑狀况的記載過少。對部分圖書的評論，于震寰的批評也是毫不留情，如第十二期的《文風學報》，他批評發刊詞『實不怎麼學術性，倒有點兒八股氣』，收録的文章更是『一篇科學的文字也没有』，『不知道這是游戲文章還是説正經話』。

在第三十五期（實爲第三十六期）『編者之話』中，于鏡宇提到：『去年秋天，文華圖書館學專科學校南京同學會想在首都作一些利用筆墨服務大衆的事，當時討論的結果是先在一個著名的報紙上編個小刊物看看，推定王慕尊、陳季傑、舒紀維、張正鵠和我五個人，負責使其實現。這便是書林平話的緣起。』此五人中，王慕尊曾在廣東中山大學、廣西大學、中央政治學校擔任過訓導長，抗戰勝利後，國民黨中央政治學校由重慶遷南京，王慕尊代理教育長，兼全國教授會常務理事。其餘四人皆爲文華圖書館學專科學校學子。其中，舒紀維爲文華圖專第一届圖書館學講習班學生，就讀時間爲一九三〇年九月至一九三一年六月，其後在交通大學圖書館、青島大學圖書館、復旦大學圖書館、國立中央圖書館等多家圖書館任職。在圖書編目與分類、圖書館管理、圖書館教育等方面研究頗深。此外，根據《武漢大學信息管理學院院友名録（一九二〇—二〇二〇）》記載，張正鵠爲文華圖專第十四届圖書館學本科生之一，就讀時間爲一九三六年九月至一九三八年六月。《查修與圖書館的淵源及其主要成就》一文中提到：『陳季傑文華畢業後曾任南京憲兵訓練所圖書館主任，具有一定的圖書管理工作經驗及圖書館學專業水平。』

除以上編委撰稿人外，文華圖書館學專科學校南京同學會的同仁亦積極投稿。著名圖書館學家、目録學家吕紹虞先生曾於一九三一至一九三三年在文華圖書館學專科學校深造，《書林平話》出版期間，即一九四七年，吕紹虞任南京前國立中央圖書館編纂兼編目組主任。《書林平話》中共刊登吕紹虞撰寫的四篇文章，其中包括三篇書評，分别是評論圖書館學論著《怎樣利用圖書館》、民國時期養生類著作《我怎樣恢復健康的》及李峻所編《中國礦冶資料索引》。此外，在第二十七期中發表了《略評現行圖書館法規》，就一九四七年國民政府教育部發布的系列法規提出了批評意見。

由於紙張進口困難，報紙被迫對欄目進行精簡，《書林平話》副刊遂於第四十三期（實爲第四十四期）停刊。作爲一份黨辦報紙的副刊，除了刊登帶有國民黨鼓吹自身意識形態的《國父思想研究》《國父逸語新編》《蔣主席教育言論類選》《蔣主席治兵語録》《〈中國之命運〉英譯本》《三民主義革命論》等文章外，其在中國傳統文化的弘揚、外國文學的引入以及圖書館的介紹推廣等方面起到了一定的作用，對於今人研究而言，同樣具有相應的文獻價值。

《中央日報（南京）・圖書評論周刊》目録

中央日報（南京）·圖書評論周刊

第一期—第九期

圖書評論週刊

第一期

發刊辭

……明友。這份熱忱希望能得到著作人和出版者的了解。

我們沒有什麼固定的團體，這個刊物公開給一切愛好真理的人。我們的文章是我們一向所尊重，而現在所需求的。

雜指集

筱竹

翁文灝著，十九年五月初版，二七四又十六頁，定價二元，北平兵馬司地質圖書館發行。

評金東雷著英國文學史綱

周駿章

民國二十六年商務印書館出版　定價二元五角

評徐懋庸著怎樣從事文藝修養

陳怡

上海三江書店出版　廿五年十二月初版　定價六角　正文一八六頁附錄二八頁

秋桂黃

大新華新興大世界全完絕的　新華大戲院

名伶演員化　普及票價化

隆富杜　儂鼎楊　川杜鮮

秋桂黃　月六部全　雪　寨山穆　柯

國民經濟建設之途徑

招

中央日報

民國二十五年二月十七日　星期四　第三張　第一版

圖書評論週刊　第二期

韋爾士自傳

H. G. Wels: Experiment in AutobioGraphy

Gollancz, 1934, 2 vols

月超

三笑新編彈詞考證

李家瑞

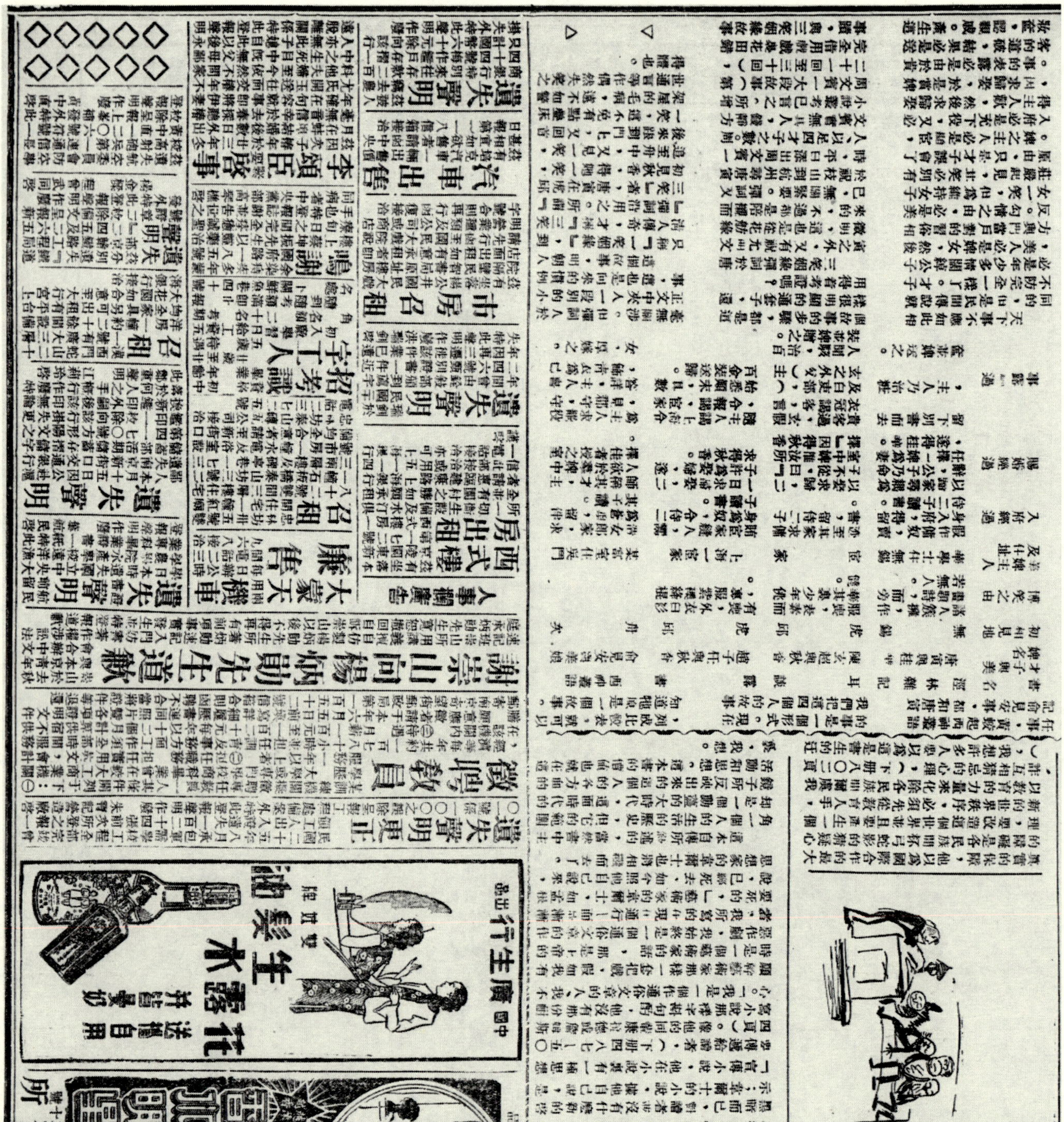

南京生活
六月一日創刊
新型的畫報週刊
歡迎投稿
明星花露水
明星花露水
翔源批發所
廣生行出品
雙妹嚜
生髮油
花露水
遺失聲明
徵聘教員
謝崇山向楊炳勛先生道歉
西式樓房出租
人事介紹廣告
大廉價
機車
召租
招考工人
遺失聲明
遺失聲明
市房召租
汽車出售
李頌臣啟事
鳴謝
遺失聲明
召租

圖書評論週刊

第三期

一、本刊以嚴正的態度，評介各科新書，開闢讀書門徑。
一、本刊歡迎三千字以內之稿件，但有特殊價值之專著不在此限，文言白話不拘，文責自負，略具薄酬。
一、來稿本刊有刪改權，其不願刪改者，務請於稿端註明。
一、本刊通訊處中央日報社轉圖書評論週刊編輯部收。

天工開物

李秀峯

原著者：明宋應星
出版處：商務印書館及世界書局等
篇幅：全書共三〇八頁內插圖佔二〇一頁

中國自來號稱古代文物最盛的國家、學術技藝都成就得甚早、而在科學上也有不少的發明、如羅盤針、造紙、火藥等等、不僅增進了中國的文化、而且影響到歐洲近代的文明。至於出版書籍之繁、在宋元以後更可謂汗牛充棟、但除近七十年間出版物外、要在我國舊有典籍中找到一本實在的科學書籍、那真如鳳毛麟角。有人以為中國古代科學書籍就是有、也不值一讀。誠然在古書中偶然講到科學的事實，常常免不了粗疏、雜亂、附會、迷信，以及觀察和推理方面的種種錯誤，但許多古書中所說的事實及多年經驗的結果是不能一概抹殺的。所以一個真正的近代科學家對於中國固有的科學，應該具有客觀的態度，拿固有典籍作為研究的材料而用科學方法加以整理、那末古書對於近代科學者不無裨益。其實像這樣繼續古代文化，使中國學術成為真正的科學，却是現代科學家不可推辭的責任。因此我覺得不妨將中國古時比較值得一讀的科學書籍，略加介紹。現在要介紹的是明末崇禎丁丑年（即一六三七年）間出版的「天工開物」一書。本書作者原為涂伯聚，不幸他中途去世，由宋應星把全書完成。出版距今剛巧三百年。原書現不易得，不過坊間翻版的種數頗多，如陶氏涉園有翻刻本、商務印書館國學基本叢書及萬有文庫都有該書的翻印本。世界書局也有出版、全書分上中下三卷，每卷又分為五六卷不等，共計十八卷。內容全屬於農工方面的材料。其中尤以關於工業方面的為最多，約佔十分之八以上。

本書出版正當明末、距利瑪竇等傳播歐洲科學種子東來的時間約只五六十年。在這個時期中，一般士大夫之流，對於西歐學術文化確極崇拜，間接的使一般人對於實用的學問亦有相當的注意，因此這一本農工科學書籍的完成也不能說是偶然的事。不過，這本書在當時多數只為功名利祿的讀書人看來，恐怕仍不能引起他們的興趣，所以著者在序文與最後曾說過「丐大業文人，棄擲案頭，此書於功名進取毫不相關也」。可見此書或許二三百年來在科舉制度未廢以前是長期的遭逢厄運的。

本書的優點如下：第一、本書對於各種工藝搜羅完備，例如其中關於染色、製鹽、製糖、磚瓦，冶鑄、舟車，錘鍛，石灰、硫礦的燒製，煤的採取、榨油，製紙、釀造、及五金、兵器（槍砲弓矢）火藥，顏料的製造，甚至珠玉的採琢等等，都各有專卷敘述。第二、插圖特別豐富，所佔的篇幅，約達全書三分之二。像這種圖文兼具的典籍，較之近代的科學書籍，並無遜色。第三文字敘述極合科學，較之多數其他典籍描寫科學與事實的粗忽零亂及附會迷信等情事，實有天壤之別。全書關於原料的識別，分量的多寡，製造時的時間，人力及其他條件等，均有詳審的規定。例如附於瓷器之燒煉謂「凡瓷器經畫過釉（卽上釉）之後裝入匣缽，缽以粗泥造，其中一泥餅托一器，底空以沙實之。大器一匣裝一個，小器十餘共一匣缽、缽佳者裝燒十餘度，劣者一二次卽壞。凡匣缽裝器入窰，然後竅火，其窰上空十二圓眼，名曰天窗，火以十二時辰為足。先發門火十個時，火力從下攻上，然後天窗擲柴燒兩時，火力從上透下，器在火中，其軟如棉絮，以鐵叉取一，以驗火候之足。辨認眞足，然後絕薪止火，共計一坯工力，過手七十二，方克成器，」第四，對各地特產情形極熟悉，所述方法與實際手續亦很符合，甚至有許多方法至今仍舊應用。例如關於四川井鹽的採製謂「：井及泉後，擇美竹長丈者，鑿盡其中節，留底不去，其喉下安消息（即活門），吸水入筒，用長繩繫竹沉下，其中水滿，井上懸桔槔、轆轤諸具，制盤駕牛，牛挽盤轉，轆轤絞繩，汲水而上，入於釜中煎煉，頃刻結鹽，色成至白。」第五、對於當時人民所能應用的機械，都介紹無遺。例如關於齒輪之應用、汲水紡織、鼓風，舟車以及農業方面的種種機械，皆作圖文中描寫得非常清楚。第六，對於外人製法頗有介紹，例如關於倭緞的製造，大半均用外人的方法。其他製造方法、提及日本的地方也不少。

本書優點雖多，但也不無缺點：第一、所述方法僅及著者個人平素見聞所及。他親自見到的事實，當然與實地情形符合，但由傳說聽到的，却未必可靠。例如著者在原序中曾謂：「年來著書一種，名曰天工開物，傷哉貧也，欲購奇考證，而乏洛下之資，欲招致同人商略贗眞，而缺陳思之館，隨孤陋見聞、藏諸方寸而寫之，豈有當哉？」第二，說理的地方，每不能徹底解釋，有好些現象，只能目為奇事。例如關於火井的敘述謂：「西川有火井，事奇甚，其井居然冷水，絕無

水滸的英譯本

周其勳

水滸現在有兩種英文譯本：一是賽珍珠Pearl S. Buck女士譯的，名曰(All Men Are Brothers(John Day,1933)，一是傑克森J.H. Jackson譯的，名曰Water Margin（商務印書館出版，一九三七）。

我國的四書五經早有James Legge偉大的翻譯，小說與詩詞，不消說，有Waley, Giles, Fletcher, Gautier等的選譯，連老子的道德經已經被Victor von Strauss, tanislsa Julien, paul Carus等人譯成英法德文。其中有幾位，如Legge, Giles，中文研究有素，譯文比較可靠，有幾位的翻譯我們不敢恭維。Gautier在她的那本Le Livre de Jade裏面譯了幾首李清照的詞，她將聲聲慢開頭最膾炙人口的十四字「尋尋覓覓冷冷清清淒淒慘慘戚戚」譯成 Appelle! appell! Implore! implore! tagne! stagn! Reve! reve! pleure! Pleure! Souffre! souffre! Toujours! Toujours! 其中有幾個字與原文相去甚遠。Paul Carus之譯道德經，不安之處更多。道德經第六章「谷神不死，是謂玄牝，玄牝之門，是謂天地根」這幾句難解而又難譯，Carus却譯為 The valley spirit not expires mysterious woman tis called by the siree. The mysterious Woman's door, to boot, is alled of heaven and earth the root(見The Canon of Reason and virtue, the Open Court publishing Co., 1927)既無註解，又無說明，這種翻譯教歐美的讀者如何去領會。照此看來，歐美學者譯的中國經書，小說，詩詞頗有討論的必要。

賽珍珠的All men are Brothers是根據坊間最通行的七十回水滸而譯的。她在中國年數很久，這部書又是在她的大地Good Earth聞名之後動筆的，她的譯文想必能為正確而可靠了。可是水滸這部小說雖用語體寫的，却也不容易翻譯。賽珍珠有些處譯錯了；有些處太過於直譯，文筆非常生硬。前者在再版時很容易校正而不去校正，還是很可惜的；後者因為通篇譯筆的關係是無從改正的。現在分別略舉數條如下：

譯錯者

原文「押司是個風流人物」她譯為Sir scribe is one who has a great spirit.(P.344) great spirit與「風流」相去太遠了。

原文「他有些不如你處，也不該一刀的罪犯。」她譯為 But even if he had faults that did not please you yet at least he had not killed a m

繼志齋刻本重校北西廂記

憶 堂

an'.353)

……也不該「一刀的罪犯」」一句意譯錯了。

原文「閻婆道：他正是兇首，與我捉住」譯文爲The old woman said,'He has the cruellest kind of a hand-seize him for me!(P.357) 不知何以竟這樣譯法。

原文「……冤魂纏定」譯爲Now Hsi Men Ch'ing felt Wu Sungs spirit hot after him(p.464) 原文「冤魂」當指武大的冤魂而言。不能譯爲Wu Sung's spirit

原文「提起……拳頭去那人背脊上擂鼓也似打」譯爲He lifted up his fist…and he beat it down with a sound of thunder and drums upon the man's shoulders.(p 664) 「擂」字賽珍珠當作是「雷」字，所以有這個錯誤。

原文「今日這裡無人，你兩個……明白」譯爲Today here in this spot where no man is you two shall come to understand each other(p.825)這裡「明白」二字不作Understand解。

……常用直接從中文翻譯出來的句法，她的目的當然在……很好，但是常常弄巧成拙，以詞害意。我認大……很要不得。例如Now I will fetch my wife and my s[on] … three of us mouths.(P.179)中文「人口」或「我們三口」……是「人」的意思，所以譯文上「mouths」字根本不需要。……k voice rumbled on.Pouring like oil from her fat th[roat] ……是指「油腔滑調」而言，但是用英文寫出來就不甚妥。

……直譯法來譯水滸，結果是，非但不能傳神，反而使……，讀起來會使人生厭。原文「打得鮮血迸流，……卻似開了個油醬鋪：鹹的、酸的、辣的，一發都滾出來」……and the fresh blood flowed out.Cheng's nose was b[roken] … to the side and of a sudden he smelled as many sme[lls] … opened a ondiment shop—soy bean sauce,salt,sour,sw[eet] … [se]cond he smelled them all.

……你害了我一家兒了」……譯爲Priest,you have brought bitterness to this old man's whole family to eat! 這不是意譯……

原文「留提轄在此，誠恐有些山高水低」譯爲If I let the captain stay here it will be as dangerous as mountains too high and waters too deep.

原文「天色熱」她逐字譯爲The hue of the sky is hot,「林冲逐日悶悶不已」她譯爲Ling Chung for day linked to day was gloomy.這種譯法很像英文不甚高明的人譯英文小說一樣。所以原文「虧殺了他，就與老漢女兒做媒，結交此間一個大財主趙員外」她就譯爲Luckily he helped us and was go-between for me,an old man and for my daughter,with a great rich man of this place who is surnamed Chao.「…老漢女兒」應譯爲for my daughter不能譯爲「for me and old man,and for my daughter

我不知道歐美的讀者作何感想。我想賽珍珠這種譯法是不足取的。傑克森的譯本也是根據七十回的水滸。大概譯者深於直譯的流弊，所以較為正確而……讀起來卻順口得多了。地方沒有賽氏那麼逐字逐句的翻譯，卻……現在選錄二段，以資比較。

原文「閒常也只嗔老娘和張三有事，他有些不如你處，也不該一刀的罪犯，不強似你和打劫賊通同」

Po Hsi said,"Before you always blamed me because there was something between me and Chang The Third. But even if he had faults that did not please you at least he had not killed a man,and he is not like you who are joined with robbers!"—Pearl Buck

"You previously did not like me to have anything to do with Chang San said,Yen po.hsi."He may be disagreeable with you but he is not deserving of death.He is anyhow better than you as he has no transactions with bandits,"—Jackson

原文「……，宋江心裏氣悶，如何睡得著。自古道：「歡娛嫌夜短，寂寞恨更長」。

After half a watch he heard Po Hsi laughing slightly behind his feet,Sung chiang felt dumb anger rise in his heart and how could he sleep?He could only say,"In happiness the night is all too short;where there is no happiness every watch drags and three watches seem four,"—Buck

After a little time he heard the girl laughing in a sneering manner,He felt quite melancholy and could not sleep any way. There is an ancient saying,"when the pleasure is great the night seems short;when one feels lonely the time seems unending,"—Jackson

圖書評論週刊

第四期

本刊通訊由中央日報社轉圖書評論週刊編輯部收·

賈豐臻　中國理學史

潘菽

商務印書館出版。廿五年十二月初版，定價一元五角

從標題上看起來，我們一定以爲這本書是講宋元明清的理學的發展經過的。但它的內容卻等於一本中國哲學史。它從伏羲神農講起，中間講到周秦諸子的思想以及由漢到唐的學術經過情形，最後才講到宋元以後的理學。在內容和組織上，它和一般所講的中國哲學史是一樣的，所以實在是一本中國哲學史。

但著者賈豐臻先生爲什麼不用「哲學史」的名稱而一定要用「理學史」的名稱呢？他在序言裏說：『中國以前只有理學，沒有甚麼叫做哲學』。這句話，我們覺得頗成問題。第一，理學原來也是一個後起的名稱，並不是一向所有的。並且它的意義是特指周敦頤，張載，二程，朱熹，陸九淵，王守仁這一派人的思想而言的。所以中國在宋以前並沒有什麼叫做「理學」；在宋以後，我們也不能說中國只有「理學」。第二，賈先生所用「理學」二字的意義是推廣的意義，而不是它本來的意義。不過這種推廣，我們認爲不大妥當。我們且看他自己對於理學的定義。他說理學『就是從古至今一般人說的性理之學。』這個定義勉強可以講得過去。但『從古至今的性理之學』是否可以包括全部的中國思想史呢？恐怕沒有人能作肯定的回答。賈先生自己所說明的理由也是不充分的。他說「周易」和「中庸」「論語」所講的都偏重在理學方面。我們就假定承認這句話是對的，但賈先生似乎忘記了他的書中還講到老莊，墨，韓，和惠施，公孫龍諸家的思想。難道他們講的都是「性理之學」嗎？可見把「理學」去包括中國的全部思想史是辦不到的，因此說中國以前只有理學這句話也是不正確的。

假如把「理學」兩個字的意義再推廣一步，使它不僅包括「從古到今的性理之學」，並且包括整個的中國思想史，像賈先生寫這書時實際所採取的，那末理學和哲學就僅有字面的區別，而沒有實質上的區別了；因此，說「中國以前只有理學而沒有哲學」，是不合邏輯的。固然，中國以前的哲學有它的特點，和西洋的哲學節不相同。例如注重倫理和實踐問題就是其中之一。大概賈先生要我們注意的也就在這一點。但這只能證明中國以前的哲學有怎麼一個特點，並不足以證明中國沒有哲學。我們知道注重倫理問題和實踐問題是儒家的特色，這種特色後來便發展而成爲「性理之學」。又因爲歷代帝王都尊重儒家，所以「性理之學」到後來（例如宋以後）幾乎獨佔了中國的思想界。這原是不錯的。但儒家以外還有別派的思想同時存在：尤其在戰國的時候，儒家不過是諸家之一。況且儒家並不是僅僅講性理之學的。例如孔子自己就不是這樣一個人。子思，孟子，荀子諸人雖然對於人性的問題討論得詳細一點，但也沒有講到理的問題，其實，所謂「性理之學」只能指宋元以後的儒家思想而言。再，中國儒家以外的思想也大都是注重實踐問題的，例如墨家和法家。但墨家和法家的思想都沒有發展爲性理之學，注重倫理問題與實踐問題雖然是中國思想史上的一個特點，性理之學卻不能算是中國思想的特點。用「理學」兩個字代替哲學，以之代表中國過去思想的特點，那也是一方面誇張了事實而一方面掩蔽了事實的。「哲學」兩個字現在已成爲很普通的名詞，並非專指西洋思想而言。一個人對於人生和世界有一種見解，就有一種哲學。中國過去的哲人對於人生和世界有種種的見解；中國以前有哲學，這是不成問題的。但一個人對於人生和世界所發生的見解並不一定就是「理性之學」。要說中國以前只有「理性之學」，這在理論上是不可能的，而在事實上也是絕不符合的。

在我們看來，中國理學史是急切需要的，因爲關於宋以後的理學的歷史敍述到現在還只有史料式的「宋元學案」，「明儒學案」和「清儒學案」。不過我們所需要的中國理學史應該專門敍述宋以後的理學怎樣產生，怎樣變遷，以及對於社會曾有怎樣的影響。換句話說，我們應該認定中國理學史是中國哲學史的一部分。自然，我們要講中國理學史，必須追溯它的來源。我們必須講到上古的儒家和漢代的董仲舒，揚雄以及唐代的韓愈，李翺諸人。賈先生自己說：『漢人治經，專講訓詁，無所謂理學；到了兩宋時代，方才疏明其道理，然後有理學的名稱；但以歷史眼光觀察，應當從上古時代說起。』這原是對的。但我們也無須把它推得太遠；並且道，墨，名，法，諸家和它的關係很少，無須敍述。在另一方面，我們卻須詳細的敍述南北朝和隋唐的佛學的發達和變遷，因爲宋朝的理學是儒家思想和佛教思想的混合兒，這是現在一般人所公認的。

關於這本書的根本觀點，還有一個可商榷之處，就是對於王陽明的過分推崇。賈先生在二二九頁上說：『陽明學說，甚爲豐富。……確是有明一大理學家。可惜吾國學者從來未能切實奉行，反被日本利用王學致明治維新，大功告成；豈與「遷地爲良，借才異地」嗎』？賈先生在二四五頁上又說：『近百年來，朱學派和王學派的瞬潮亦逐漸消滅，就是證明研究二人學問的減少之故。審觀日本國至今兩派對峙，而國勢的蒸蒸日上，咸歸功於王學，這是無可諱言的。』這種話在平常談話時隨便談談還可以，放在一本嚴肅的歷史著作中則未免失之輕率。假如政治上的大事是這樣簡單，那倒太容易了。又，賈先生似乎忘記王學曾經在明末盛行一時。關於這一個問題，我覺得孫中山先生的估量較爲正確。他在心理建設中說：『陽明知行合一之說，不過不能阻朝氣方新之日本耳，未嘗有以助之也，而施之暮氣既深之中國則適足以害之矣』。又說：『日本之維新皆成於行之而不知其道者，與陽明知行合一之說實風馬牛之不相及也。倘知行合一之說果有功於日本之維新，則亦必能救中國之積弱，何以中國學者同是尊重陽明而效果異趣也？』這足以掃除一切浮表之談。

賈先生在本書的序言中也附帶提出「中國以前只有理學，沒有甚麼叫做科學」的意見。他的證據是，「大學」上所習的格物致知是和誠意正心修身聯貫在一起的。這話也許是對的，但他忘記儒家以外的其他諸家了。賈先生又說：『中國人和西洋各國人不同，中國人看見鳥反哺，羊跪乳，而想到怎樣事親，看見鴻雁行列而想到怎樣敬兄，看見鸞鳳交頸，而想到夫婦愛情怎樣，……他的「格物致知」是關於理學的。西洋各國人不是這樣的；他們看見蘋子在樹上落地，就發明地心引力；看見熱水壺蒸蒸而掀動，就發明蒸器機關，看見摩擦生電，就發明電器機關；……他的「格物致知」是關於科學的。』雙方又怎能相提並論呢？這樣把中國人和西方人的思想完全對立起來，我們不能不說它是一種大大的歪曲。它的根本謬誤就在於把片面當做全部。假如中國人真的只能由看見鳥反哺而想到怎樣事親，試問歷史上許多重要的科學知識是怎樣來的？又假如西方人看見蘋子落地而只能「發明地心吸力」，試問伊索寓言一類的書是怎樣來的？賈先生未免太抹殺中國歷史上（尤其是古代的）許多科學思想家了。

就全體而論，此書並不能算是一本十分成功之作。

鹽書目錄序

何維凝

中國鹽源流甚古。相傳黃帝時宿沙氏煮海爲鹽，爲海鹽開發之證；虞舜時有南風阜財之歌，爲池鹽開發之證；秦孝文王時蜀守李冰穿廣都鹽井，爲鹽井開發之證；其時鹽政單簡，專書之記載尚無必要。漢武帝元狩中國用不足，紬商賈，抑豪強，壟斷天下之鹽利，生產運銷皆統於國，制度漸備；爰以昭帝時舉士大夫之論辯，鹽政問題始見重於世，此桓寬鹽鐵論之所由作也。唐夏侯陽輯之，復有鹽鐵轉運圖。宋元以後，鹽法爲國用之常經，論駁既繁，撰述乃富。論其編製：或爲論議之體，漢桓寬之鹽鐵論，宋沈立之鹽策，清孫玉庭之鹽法隅說及近人張謇之改革中國鹽政計劃書，皆其類也。或爲圖說之體，唐夏侯陽之鹽鐵轉運圖，宋周舜元之解鹽圖，元陳椿之熬波圖，明彭韶之兩浙鹽場圖詠，清鐵昌之淮北三場池圩圖及前北京鹽務署之全國行鹽區域圖說，皆其類也。或爲規章之制，宋蹇周輔之江南廣東鹽法總目，明胡鑑之兩浙鹺規，清無名氏之整理淮南北通泰三十場鹽務章程及前北京鹽務署之鹽務法規，皆其類也。或爲記錄之體，宋高律之河東鹽池錄，明葉永盛之浙鹺紀事，清范紹淦之印度調查鹽法記及近人曾仰豐之權鹽回顧錄，皆其類也。或爲志乘之體，明史載德之兩淮運司志，清謝開寵之兩淮鹽法志及近人王樹玥之東三省鹽法新志，皆其類也。或爲考略之體，明邱濬之鹽法考略，汪砢玉之古今鹺略，清胡文學之鹽政通考及近人許克和之各國鹽務考，皆其類也。或爲案牘之體，清陳方坦之淮鹺駁案類編，無名氏之兩淮案牘抄存及近人劉純仁之鹽牘偶存，皆其類也。或爲紀要之體，清陳慶年之兩淮鹽法撰要，杜文瀾之淮鹺紀要及近人林振翰之中國鹽政紀要，皆其類也。或爲統計之體，清鐵昌之淮北三場各垣產數表，近人徐錫麟之兩浙鹽務調查錄及前鹽務稽核所之年報彙編，皆其類也。或爲專史之體，近人左樹珍之中國鹽政沿革史，景學鈐之中國鹽政革命史，吳煒之四川鹽政史及曾仰豐之中國鹽政史，皆其類也。或爲期刊之體，民國以來之鹽政雜誌，鹽務叢報，鹽政彙覽及鹽務公報等，皆其類也。或爲集刊之體，民國以來之鹽政叢刊，鹽務彙刊及鹽迷專刊等皆其類也。論其範圍，或重在一地，宋聿之鹽池錄，元陳曄之通州鬻海錄，明史載德之兩淮運司志，李遂之台州鹺政錄，清趙舒翹之溫處鹽務紀要，及近人徐鼐之晉北鹺錄，皆其類也。或通論全國，明朱廷立之鹽政志，清王守基之鹽法議略及近人周慶雲之鹽法通志，皆其類也。或推及海外，清范紹森之印度鹽務調查記及近人許克和之各國鹽務考，皆其類也。或以重在一時，宋李承之煮唐臣之江淮荊湖路鹽令勅賞格，明韓浚之西戍沿革鹺略及前鹽務署之清鹽法志鹽務年鑑皆其類也。或揭櫫古今，明汪砢玉之古今鹺略及近人左樹珍之中國鹽政沿革史，皆其類也。或重在一事，明袁世振之兩淮鹽引綱冊，清童濂之淮北票鹽志略及眾議院之關於鹽引問題各文件，皆其類也。或兼論各事，如鹽務署之鹽政討論會會議彙編及近人蔣靜一之中國鹽政問題，皆其類也。論其性質，或爲官刻之書，明謝肇淛之福建運司志，清魯之裕長蘆鹽法志及前鹽務署之中國鹽政實錄，皆其類也。或爲私人著作，清孫玉庭之鹽法隅說，沐壺外史之兩鹺志要及近人陳滄來之中國鹽業，皆其類也，或載一家之言，清胡文學之淮鹺本論及近人張謇之張季子說鹽，皆其類也。或聚衆家之議，近人景學鈐之鹽政叢刊及談鹽叢刊社之談鹽叢報論說彙編，皆其類也，或爲編著，近人林振翰之精鹽調查錄及殷汝驪之閩海治鹺錄，皆其類也。或爲譯述，清名嘉舉之日本鹽專賣法典是也。論其版本：或爲木刻本，宋李承之臺唐臣之江淮荊湖路鹽令勅賞格，明謝開寵之兩淮鹽法志及清蔣兆奎之河東鹽法備覽，皆其類也。或爲木活字本，清陳方海之兩淮鹺言及劉鉞之淮北票鹽續略志餘，皆其類也。或爲鉛印本，清范紹森之印度鹽法調查記及近人鄒琳之粵鹺紀實皆其類也。或爲石印本，清蕭文昭之治鳧善後芻議及近人張謇之改革中國鹽政計劃書，皆其類也。或爲油印本，清督辦鹽政處之奏案，近人高書襄之淮北鹽務一覽及福建運署之改革福建鹽務紀實，皆其類也。或爲抄本，清無名氏

之宜行，運鹽務考略及金世澤之鹽縣鹽場報告，皆其類也。

綜觀古今鹽書之流變，大抵漢唐遺其端，宋元承其緒，明清稱富，然以官書爲多，至私人著作之盛，不過民國以來之事耳！明清之際以科舉取士，重帖括之學，崇儒家之言。士君子以論言利之書爲恥，職掌其事者案牘勞形，即欲潛心研究，又非數年不能通其竅要。明袁世振寄李湘州座師書：

「門生在計曹五年，日夕講究其事，初與官同門共論半年，頗有頭緒，而官遂以考出。門生獨自料理又復三年，而後鹽九邊各省甫鹽法，如觀掌果，然而捏沙成聚，心血亦大嘔盡矣！」——疏理成編卷十頁一至二

以世振之賢能，兼得官署檔案之使，猶困難如此。其下駟之才，更無論矣！研究既難，撰述更難。此明清私人著作不發達之原因一也。清時鹽法志書爲經世大典，藏之官府，纂修閱覽，限制綦嚴。未修之前，應由主其事者，先行奏報中央；或逕由中央通令地方纂修。既成，又須繕呈御覽，奏請審定，並照式繕寫副本送呈戶部查考。不在其位者，不能私擅閱看，否則司典守之職者，不得辭其咎。嘉慶間戶部部員劉承澍以鹽法志示人，至受革職之譴，可見其禁之嚴。清實錄嘉慶十四年七月壬申條：

「劉承澍身爲部員，先以鹽法志及衙門檔案交與花杰（時爲御史——作者）閱看；又將部中底稿故爲洩漏。……劉承澍著照議（指由部議——作者）革職。」

官書之外，私人著作極少。讀官書之難如此，則承學之士欲考鹽政之得失，以成一家之言者，自非更易事矣！此明清私人著作不發達之原因二也。且即有一二學者，藉職守之使，精研其事，撰述成書，又不能輕易發表。清道光中兩江總督陶澍兼理兩淮鹽政，改票成功以後，欲刊刻奏疏，表章其事，至受降四級留任之譴。咸豐中武昌府同知勞光泰作移岸三論，非議當時之鹽法，且受革職嚴辦之處分。清實錄咸豐六年四月丁巳條：

「論內閣：陸建瀛奏委員議論鹽務阻撓抉制審明定擬一摺。此案降調湖北武昌府同知勞光泰奉委催鹽，輒以船戶市肆無據之言，作爲移岸三論，刊板傳播，並投稟要挾阻撓。勞光泰着即革職永不敍用，仍着該督遵照前旨派員解回湖北交該省督撫歸案訊辦。」

當時刊行之難一至於此，無怪撰述者之裹足不前矣！此明清私人著作不發達之原因三也。有此三因，故明清之際私人著作爲數極少，所藉以考證當時鹽政之興廢利病者，唯官書而已！然即此官書，其流傳又復不易。季振宜淮鹺本論序：

「夫淮鹺之行已久，而自古無成書，非無書也。大抵有其書，而奸吏惡其法之有可循，奸商患其法之有可稽，遂馴至湮沒。而惡者又患其利孳之既已分，苞苴之章可入，亦聽其湮滅，不爲之表章焉！所謂惡其害而皆去其籍也。」

誠可謂慨乎言之也。兩淮如此，他區可知，此又當時鹽書流傳之不易也。

鼎革以還，政體變更，言論解放，留心鹽政之士，爭以興利除害爲言。或創立學會；或潛心著述，私人著作之風自是遂盛。然以公立圖書館之稀少，私人藏書家之衰落，舊籍散佚已久，固自搜羅難周之感；新刊保存不力，亦有旋得旋失之虞。有志研究者欲探究古今鹺政盛衰得失之跡，仍不免望洋而興歎焉！維凝留心中國鹽政垂十年，以搜羅鹽書爲入學門徑之一。嘗遊學南北，就讀於公私藏書之家，偶有所見，或爲原書；或爲存目，皆泚筆記之。薪水所入，亦復略有置備。數年以來尚覺可觀。爰草此目，以覘其概，切磋琢磨容有助乎？訪求散佚，俟諸異日。是爲序。

鹽書目錄凡例

一、本目錄僅記書名、卷數、作者姓氏、版本、刊印年月及地方，以便省覽，其內容提要，擬別爲鹽務史料考，此處從略。

二、本目錄採分區編年辦法，其通論各區或兼及海外者，別爲總類，列之卷首。其兼述數區者，例得互見。

三、本目錄限於彙訂成冊之書，叢書本抽印本亦得附見。明邱濬之鹽法考略，四庫全書總目提要以爲僞作，本目錄以叢書本視之，未敢苟同。

四、本目錄以一書爲一張，朱森尊兩淮鹽筴志引證書目以淮南中十場志一書，分爲十目，意存割裂，不合通例。其一書數名者，僅舉其一，餘附注於下，以便參考。

五、本目錄所採之書，以確實可信者爲主。管子一書雖後世談鹽者多宗其說，然或爲漢人僞記，不作於一時，不出於一手，不限於一事，未便欄入。

六、郭璞鹽池賦及柳宗元晉問鹽篇，古今傳誦；晚近雜誌發興，短篇佳作，往往影響政府之措施，尤足稱道，但皆不能以書視之。容於鹽務史料考中再爲介紹。明朱廷立鹽政志以郭璞鹽池賦入古今圖書之林，於體未當，未可規隨。

七、原書未見或罕見者，一一注明來源，以爲考訂訪求之便。

八、作者見聞有限，挂一漏萬，在所不免，惟此目之作，意在拋磚引玉，尚希博雅君子詳加指正。

圖書評論週刊

第五期

一、本刊以嚴正的態度，評介各科新舊圖書，探討讀書門徑。
二、本刊歡迎三千字以內之稿件，但有特殊價值之專著不在此限，文言白話不拘，文責自負，略具薄酬。
三、來稿本刊有刪改權，其不願刪改者，務請於稿端註明。
四、本刊通訊處中央日報社轉圖書評論週刊編輯部收。

烏爾夫夫人的年代

Jae yearsby Virginia Woo'f,1937, PP,435 Harcourt,Brace And company (New York)

周其勳

克萊甫伯爾Clire Bell（烏爾夫的姊夫）曾經將烏爾夫與杜思退益夫斯基，康拉德相提並論，而且他說文藝素養不深的人不能欣賞烏氏的作品。斯文納登Swinnerton一面服膺烏爾夫的生花之筆，一面他說烏爾夫小說中每個人物的兔起鶻落的思想好像病人受人麻醉所說的囈語。烏爾夫想在思潮的起伏中抓住人生的真實，共錯誤不下於寫實派想在鉅細靡遺的白描中抓住人生。照斯文納登之意，這種方法不能產生偉大的作品。奧斯登就較爲聰明，而且她的想像力更加豐富。烏爾夫是印象主義派的作家，她能追溯游絲般的回憶，但她不是一個創造者。

目前英國文壇對於烏爾夫雖有這兩方面的批評，我想烏爾夫的成功是一個不能否認的事實。英國小說界自從Dorothy Richardson於一九一五年以Pointed

Roofs」一書問世以來，用「意識之流」的方法stream-of-consciousness method來寫小說的一派作者樹立了基礎，在這一派作家之中，烏爾夫的地位很高，她的作品，我想，值得介紹。雖則烏爾夫不是個生疏的名字，我們除開薄薄一本拂拉西Flush之外，沒有其他的翻譯。況且烏爾夫的代表作品是Mrs.Dolloway(1925)To the lighthouse(1927). The Waves(1931)等而不是Flush這些還等待高明的譯手。

讀過烏爾夫的小說的人想必有一種感想：她的文筆是那麼清新而有詩意，但是人物的幻想那麼惝恍迷離，難以捉摸。有這種感想的人現在來讀年代必覺得有駕輕就熟的愉快。烏爾夫在年代裏稍稍改變了作風。年代不但比較烏爾夫別的小說容易讀，而且人物的個性寫得更加顯明。書中所述的那些人物逃不出作者所接觸的那個智識階級，所包括的時代是從一八八〇年直到一九三七這個半世紀，這種擴大的描寫會使讀者想起老婆子的故事或福賽家傳。

一八八〇年某一春日Abercorn Terrace的主人Partiger上校從他的情婦那面回到家裏其時他的太太正害着重病，他有四女三男Eleanor,milly,Delia,Rose Martyn,Edward,長女Eleanor已二十二歲，次子Edward已在牛津大學讀書。這個家庭裏的子女和他們親戚中的同輩，在一八八〇年還都在青年時期，到了今日有的死亡，有的衰老，左右是一些子姪。在一八八〇年的某日partiger的太太就一病身亡，Delia,Rose,martin那時很小，不了解「死」是怎麼一回事。喜歡活動愛管閒事的Eleons自從喪母以後，就管理家務，已不啻當了主婦，光陰似白駒過隙，轉瞬已是一八九一年，milly,Delia都嫁了人，老Partiger也去世了，Abercorn Feuaee也賣給別人。Tearror和相隨四十年的老僕Brosby只得出外租屋爲棲身之所。搬家的那一天Brosby還帶了一隻不久快要死的老狗同行，這隻狗頗使我想起老婆子的故事裏那隻可憐的Fossetle。這段寫得很好。下面這幾行是何等的悲哀而動人

"It was my home for forty years,Miss" said Crosby. The Tears were running.For Forty years! Eleanor thought with a start. She had been a little girl of thirteen or fourteen when Crosby came to them, looking so stiff and smart Now her blue goat's eyes Protruded and her cheeks were sunk.

時間的摧殘誰能抵抗。到了一九一八年Elearor已是六十左右的老處女，Eduard還是個研究希臘文學的老學者同他的從南非洲回來的姪兒談論Sophocles

可是這些外表的變化不是作者描寫的對象，她要寫的是這些人物在五十年來日新月異的社會中所表示的那種始終如一的個性。Elearor到了六十多歲依舊喜歡活動，愛管閒事，Edword依舊深思好學，Rose一向有點激烈，此時已成爲婦女運動的中堅份子。但是這些人物自幼到老，除掉宴會，茶話，結婚，旅行，到交易所去之外，似乎沒有一定的工作。他們的生活，書中一個人物說得好，像一隻貓咬自己的尾巴，兜着圈子(It's like a kitten catching its tail Peggy thought,round and round they go in a circe.) 多麼沉悶，多麼單調。讀到這裏，我想我們也正在兜圈子，不過大小不同而已。

鹽書目錄（上）

何維凝

（一）總類

鹽鐵論十二卷　漢桓寬撰　明嘉靖木刻本　江蘇省立國學圖書館藏　六冊
又一部十二卷　同上　明張之象註　嘉靖木刻本　國學圖書館藏　四冊
又一部十卷　同上　四部叢刊影印弘治涂氏本　商務印書館
又一部二卷　同上　光緒崇文書局子書百家本　二冊
鹽鐵轉運圖　唐夏侯勛撰　見元和郡縣志及通志藝文略
鹽鐵論丙丁　宋吳仁傑撰　見宋史藝文志
諸路鹽運使編勅三十卷　宋陳彭年編　見通志藝文略
至和鹽運利知　不著撰人名氏　見遂初堂書目
十七路轉運使圖一卷　朱丁謂撰　見遂初堂書目
熙寧鹽運司事目　不著撰人名氏　見遂初堂書目
鹽策二十卷　宋沈立撰　見玉海食貨門
鹽筴總類二十卷　同上　見通志藝文略
紹興鹽法類編一百五十五卷　宋陳康伯編　玉海未著錄卷數　見玉海
淳熙當平茶鹽勅令　不著撰人名氏　見遂初堂書目
類編諸路茶鹽勅令格式目錄一卷　不著撰人名氏　見宋史藝文志
鹽法考略一卷　明邱濬撰　道光六安晁氏學海類編活字本
鹽政志十卷　明朱廷立撰　嘉靖八年唐龍序　木刻本　浙江省立圖書館　河北省立圖書館藏　四冊
鹽鐵論粹言　明陳繼儒輯　明刊古今粹言本　國學圖書館藏
古今鹺略九卷　明汪砢玉撰　四庫存目亦見曹楝亭書目
古今鹺略補九卷　同上
鹽法略集　明唐順之撰　見絳雲樓書目
鹽法條例二十二卷　明許三省撰　見述古堂書目　三省於萬曆中巡鹽兩淮
鹽法略節　不著撰人名氏　見絳雲樓書目
鹽法節略　不著撰人名氏　見傳是樓書目
鹽法考十卷　疑與前書爲一書　不著撰人名氏　所載事跡至崇禎初年止　四庫存目
鹽法考殘存八卷　不著撰人名氏　所載事跡至順治十七年止　景學鈐先生云清華大學圖書藏　抄本　八冊
鹽政通考四卷，清胡文學撰　見曹楝亭書目。康熙元年文學巡鹽兩淮　適可軒文集有序
鹽法考　不著撰人名氏　所載事跡至康熙十一年止　見雍正長蘆鹽法志例言
鹽法條例二十卷　不著撰人名氏　見傳是樓書目
鹽司增餉事宜一卷　不著撰人名氏　見述古堂書目
鹽法疏議一卷　不著撰人名氏
鹽鐵論拾補　清盧文弨撰　乾隆抱經堂叢書本
鹽法議略　清王守基撰　同治十二年潘祖蔭序　木刻本一冊　潘氏收入滂喜齋叢書
鹽鐵論考證一卷　清張敦仁撰　光緒刊漢魏叢書巾箱本

〃學說論一卷　清俞樾撰　光緒刊曲園叢書本
印度課查鹽法記　清范紹森撰　光緒三十四年鉛印本一冊
日本鹽專賣法規　清呂嘉榮譯　宣統三年東三省鹽務局鉛印本一冊
督辦鹽政處奏案八卷　不著撰人名氏　鉛印本八冊
張季子說鹽　近人張謇撰　鉛印本二冊
改革全國鹽政計劃書　同上　石印本一冊）
駁張謇君改革全國鹽政計劃書條議　通國鹽業聯合會撰鉛印本一冊
財政部改革鹽政計劃書　財政部撰　鉛印本一冊
各國鹽務考　近人許克述撰　鉛印本　張謇跋　一冊
鹽法論　近人周樹人撰　盧殿虎跋　鉛印本一冊
中國鹽業最近概況　近人凌文淵撰　民國二年鉛印本一冊
鹽法綱要　近人左樹珍撰　民國二年鉛印本一冊
鹽務法規　鹽務署編　民國三年鉛印一冊　見過之翰民國十五年鹽務法規序
鹽法通志一百卷　近人周慶雲纂　民國三年自序　民國十七年鴻寶齋聚珍第三版　三十二冊　別有木刻本
中國鹽政沿革史　不著撰人名氏　已刊奉天長蘆山東河東等區　民國三年至四年鉛印本
全國鹽場調查報告書　鹽務署撰　已刊淮北兩浙福建等區鉛印本一本
全國最近鹽場錄　近人胡翔冬撰　民國四年鉛印本　一冊
中國鹽務最近狀況　同上　鉛印本一冊
改良鹽政意見書　近人孫榮撰　鉛印本　一冊
關於鹽引問題各文件　衆議院編　鉛印本一冊
全國行鹽圖說　鹽務署撰　民國六年鉛印本　一冊
久大精鹽公司文牘　民國八年鉛印本　三編三冊
清鹽法志三百卷　近人張茂炯等撰　民國九年鹽務署鉛印本　六十四冊
鹽政叢刊　近人景學鈐編　民國十年鉛印本　二冊
改革中國鹽務報告書　英人丁恩　民國十一年鹽務署漢譯鉛印本　四冊
談鹽叢報論叢彙編四卷　談鹽叢報社編　西神山人序　鉛印本　二冊
談鹽彙刊　同上　一冊
鹽務法規　鹽務署編　民國十五年鉛印本一冊
鹽務法規　鹽務署編　民國十五年鉛印本一冊
鹽　近人鄒[illegible]法撰　民國十五年商務百科小叢書鉛印本後收入萬有文庫一集　一冊
中國鹽政小史　近人歐宗祐撰　民國十六年商務百科小叢書鉛印本後收入萬有文庫一集　一冊
鹽務革命史　近人景學鈐撰　民國十八年鉛印本　一冊
中國鹽業　近人陳滄來撰　民國十八年商務萬有文庫鉛印本　一冊
中國鹽務與鹽政　近人田斌撰　民國十八年鉛印本　一冊
鹽務學校校刊　鹽務學校編　民十八年鉛印本一冊
中國鹽政記要　近人林振翰撰　民國十九年鉛印本　二冊
鹽政辭典　同上
鹽務年鑑　鹽務署編　民國十九年鉛印本一冊
鹽務討論會會議彙編　同上　一冊
鹽務法令彙編　同上　一冊
鹽政改革問題　近人龔徵柏撰　鉛印本一冊
中國鹽政史　近人左樹珍撰　鹽務學校講義　鉛印本
中國現今鹽務紀要　同上　一冊
鹽務地理　同上　三冊
鹺務雜要　近人饒文選撰　一冊　見鳥山圖書館書目
積鹽調查錄　近人林振翰撰　民國二十年鉛印本　一冊
引票問題之研究　鹽政討論會編　民國二十年鉛印本　一冊
新鹽法草案經過及其內容說明　近人陳長蘅撰　鉛印本　一冊
鹽質分析大意　近人景學鑄等編　民國二十年鉛印本　一冊
鹽政叢刊二集　近人景學鈐編　民國二十一年鉛印本　二冊
新鹽法與論之一般　鹽政討論會編　一冊
[illegible]德林蔚文先生哀挽錄　近人林振玉等序　鉛印本　一冊
鹽務稽核所問題　近人卞去非撰　鉛印本一冊
中國鹽政實錄　鹽務署及鹽務稽核總所編　民國二十二年鉛印本　四冊
清代雲南的鹽務　近人劉雋撰　民國二十二年中國近代經濟史研究集刊抽印本　一冊
太平天國時代中國鹽政概觀　近人何維凝撰　民國二十二年中央大學社會科學叢刊抽印本　一冊
榷鹽回顧錄　近人曾仰豐撰．鉛印本　一冊
鹽務稽核所統計報告書撮要　近人左樹珍編　民國二十三年鉛印本　一冊
鹽務稽核總所業務科之狀況　該所編　民國二十三年朱廷祺序　鉛印本　一冊
鹽務稽核所之職掌與整理鹽務之關係　同上　一冊
論鹽務稽核所原有之政策與今後應有之努力　近人林振翰撰　民國二十三年鹽務稽核總所鉛印本　一冊
鹽務稅警慘案援民之事實及各報評論　鹽務討論會編　民國二十三年鉛印本　一冊
〃各報對於最近鹽政之評論　同上　一冊
監察院質問食鹽改秤加稅　同上　一冊
中國人民鹽稅之負担　近人劉存良撰　民國二十三年中國經濟月刊抽印本　一冊
鹽務問題　近人景學鑄編　中央政治學校講義　鉛印本　一冊
蛻化期中之新鹽法　鹽政討論會編　民國二十四年鉛印本　一冊
又續集　同上　民國二十五年鉛印本　一冊
中國鹽政問題　近人蔣靜一編　民國二十五年正中書局時代叢書鉛印本　一冊．
中國鹽政史　近人曾仰豐左智勤等編　民國二十五年商務中國文化史叢書鉛印本　一冊
鹽法釋義　近人吳孝侯撰　民國二十六年鉛印本　一冊
鹽務稽核所年報彙編　鹽務稽核總所編　每年一冊
鹽政彙覽　鹽務署編　民國六年迄十六年鉛印本　每月一期　共出版一百二十三期
鹽務月刊　鹽務總處編　民國十五年創刊　鉛印本　僅見第一期，時國民政府在廣州併兩廣鹽務機關爲鹽務總處．
鹽務公報　鹽務署編　起民國十八年迄二十年　鉛印本　每月一期　共出版三十三期
鹽務彙刊　同上，民國二十一年創刊，撰印本　每半月一期　已出版一百〇一期
鹽政雜誌　鹽政討論會編　民國元年創刊　已出版六十五期
鹽迷專刊　同上，民國二十四年創刊，已出版一卷
談鹽叢報　談鹽叢報社編　民國二年創刊　已停
鹽梅月刊　鹽務學校調梅月刊社編　民國二十三年創刊已停
右總類一百一十三種　經眼者八十七種　待訪者二十六種

陶眞選粹樂府紅珊

李家瑞

二十三年十月，我到杭州去買彈詞，起初住在花市，每天都要到杭州賣書的中心城站一兩次，每次都要經過吳山路，看見路旁有一家書店，因爲他們常是關着，也就沒有注意他。不想有一次見他舖子開了，往裏一望，見滿屋子都是破爛的書，我就把門敲開，問他有沒有彈詞。他很快的回答「沒有。」但是我看他書裏有許多小本頭的丟在地上，我就問他「你這些我可以看一看嗎？」他答應我「可以看的」。我就進去專檢小本頭的看，因爲我知道彈詞是小本頭的多。說也奇怪，我隨手檢了些部，差不多都是彈詞，因此我指示他「這種書就是彈詞」。他說「既是這種書，那還多着呢」，從此他也幫我在舊書堆裏亂找，結果在這鋪子裏買了不少的彈詞。我又在他書裏找出最小的唱本五本，書名叫「陶眞選粹樂府紅珊」，書前標着「秦淮墨客選」，「唐氏振吾刊」。我還記着堯山堂外紀，七修類稿，西湖志餘、杭俗遺風，書舫餘譚，通俗編等書，都記着這種陶眞東西，近來大家都承認現在已經沒有這種東西了，但是我遇到這一部書，自然是喜出望外，但是我細心一看，這書照書目應有十六卷、現在還缺一本。書鋪老板答應我再找：叫明天再去拿。此時我應該把這五本先買回去。一時大意、儘想明天來拿全書呢，不想明天來也主人出去了，後天來也主人沒有回來，我又忙於要回南京，只得託他家裏的人告訴他，叫他找着書後給我信，告訴我書多少錢，我由郵局匯來，請他把書寄給我，過了很久，我從南京寄信問他，都沒有下文。有朋友到杭州我專託他他們去問這部書，據他說連那五本都不見了，使我聽了很是失望。我還記得這書的體裁，是選的陶眞一段一段的，上頭有個曲牌名，下頭有個原來的書名，照這書選的陶眞書名看來，也不止幾十種，可見陶眞的書，在以前是很多的，何以現在一部也沒有存下來呢？書的字句有些像傳奇，不像七修類稿說的，起處都是「太祖太宗眞宗帝，四祖仁宗有道君」。可是這書是選本，也還不能斷定。何日再可以得到這書，細細的一讀，使這種「唱古今小說評話」的彈唱，再現於世人之前？

味辛按：秦淮墨客著有七紅寶劍記、八黑劍丹記及葵花記等傳奇，傳本極稀。寶劍記未見。吳耀安先生藏有明廣慶堂刊葵花記、劍丹記，寄存上海涵芬樓，一二八之役，爲日機所毀。劍丹記現僅吾友趙先生處尙存一部，殊可寶貴。據此書知唐振吾即明末金陵書肆廣慶堂的主人。又明萬曆三十四年刊楊家府世代忠勇通俗演義，題秦淮墨客校閱，前有秦淮墨客序，據序尾墨章，知秦淮墨客即紀振倫，字春華。李家瑞先生所見陶眞選粹樂府紅珊，當亦爲明末刊本。何謂「陶眞」，我們除着明郎瑛七修類稿，田汝成西湖游覽志餘等書的簡略記載外，陶眞實作品，到現在還沒有發現過。李先生已經見了此書，仍然失之交臂，甚可惜。我想這部書當不至於就此淹沒，大概是被人購去了，很希望有人告訴我們這個消息。不過無論如何，編我國小說史，彈詞史或俗文學史的人，對於李先生這篇記載，還是不應忽視呢。

圖書評論週刊　第七期

一、本刊以嚴正的態度，評介各科新舊圖書，指示讀書門徑。
一、本刊歡迎三千字以內之稿件，但有特殊價值之作，不在此限。文言白話不拘，文責自負，請具真名。
一、來稿本刊有刪改權，其不願刪改者，請於稿端註明。
一、本刊稿件請寄南京中央日報社轉圖書評論週刊編輯部。

鹽書目錄（中）

何維凝

二　東三省

吉林官運局戊申報告書　近人徐怡山輯　清光緒三十四年刊本　二冊　見閱叢鹽法通志卷九十一頁四十二

吉林官運總局釐定鹽斤鹽務章程　清吉林官運局輯刊本一冊　見同上

東三省鹽法志十四卷　清載澤等督修　陳熊纂　宣統三年刊本　民國三年重排鉛印本　六冊

錦縣鹽場紀略　近人金世澤撰　民國七年序　抄本　中央研究院社會科學研究所藏

東三省鹽法新志四十卷　近人王樹枬主纂　民國十七年鉛印本

右東三省鹽書五種　已見者三種　待訪者二種

三　長蘆附河南

長蘆鹽志七卷　明冷宗元撰　明史藝文志著錄亦見千頃堂書目　宗元於嘉靖十一年官青州運同

長蘆運司志七卷　明林挺揚撰　見天一閣書目　閱叢鹽法通志通志考據　書目斷爲長蘆鹽志之別名　待考

隆慶長蘆鹽法志七卷　明方啓參撰　木刻本　吳興許先生云天一閣藏　殘存前三卷　啓參於隆慶二年任長蘆運使兩浙長蘆鹽法事宜　明許子翺撰　見千頃堂書目　天閣於萬曆十二年任山東左參政

萬曆長蘆鹽法志十三卷　明何繼高等撰　四庫存目　繼高於萬曆二十一年官長蘆運使

鹽政明編　明吳達可輯　序見雍正長蘆鹽法志　達可於萬曆二十七年任長蘆巡鹽御史

雍正長蘆鹽法志十六卷　清莽鵠立監定　李俊有等修　段如蕙纂　雍正四年御製序　木刻本　八冊

嘉慶長蘆鹽法志二十卷援證十卷　清黃掌綸等纂修　嘉慶十年進呈御覽　木刻本　二十四冊

長蘆鹽法輯要　不著撰人名氏　所載事跡至嘉慶初年止　清抄本　淮安何斯美堂藏　六冊

長蘆鹽法紀要　清邱雲鋒撰　見山東通志藝文志

都守謂浙南引改辦官捆案　清鄭增撰　記同治十三年事抄本　中央研究院社會科學研究所藏　一冊

長蘆鹽案　不著撰人名氏　清抄本　見同上

長蘆鹽運局辦事章程　民國元年鉛印本　一冊

新修長蘆鹽法志　清末修　未刻　吳興許先生云長蘆運署藏有底稿本

長蘆改訂鹽法要覽　近人周學熙等撰　民國九年鉛印本　一冊

河南大宿土鹽之調查　近人張子豐張延亦撰　民國二十一年鉛印本　一冊

長蘆鹽務公報　民國三年創刊　已停　殘存數冊

右長蘆約十七種　經眼者八種　待訪者九種

四　山東鄉

嘉靖山東鹽法志四卷　明王貴撰　見千頃堂書目　貴於嘉靖三十三年任山東運同　雍正志云鹽法編纂志乘自貴創之

又一部四卷　明李開先撰　明史藝文志著錄　開先嘉靖進士官至太常少卿　見明史　千頃堂書目云六卷

萬曆山東鹽法志四卷　明查志隆撰　畢懋康參修　四庫存目　亦見千頃堂書目　懋康於萬曆十三年任山東巡鹽御史

山東鹺政　明甘一驥撰　李維楨序　見雍正志

鹺法同異錄　同上　李維楨序　見雍正志

鹺議　同上　趙世卿序　見雍正志

雍正山東鹽法志十四卷　清莽鵠立鑑裁　孫紹文等監修　常廣立等分修　雍正四年御製序　木刻本　八冊　官統山東通志云鹺象宜撰

又一部十四卷　清雍正十二年補葺　木刻本　十冊

嘉慶山東鹽法志二十二卷附援證十卷　清吉楊等監修　宋湘等纂修　嘉慶十三年木刻本　二十四冊

山東鹽法續增備考　不著撰人名氏　清道光時輯　同治二年坿錄重刊本　十冊

日照鹽法考　清丁惟忭撰　宣統山東通志藝文志著錄一冊

官台南運鹽運事略　不著撰人名氏　清光緒八年彙錄　蔡林格抄本　一冊　淮安何斯美堂藏

查辦山東鹽務案稿　清陳兆雯撰　蔡林格抄本　一冊　淮安何斯美堂藏

山東鹽官商承銷引目冊　清戶部度支科鈔本　一冊　淮安何斯美堂藏

北運局辦鹽務章程　同上

膠州灣鹽業調查錄　近人吳學鈞撰　民國十一年鉛印本　一冊

魯案善後委員會鹽政部刊　報告鉛印本　一冊

山東鹽務視學紀私一瞥　近人吳著客等撰　二十二年鉛印本　一冊

右山東約十八種　經眼者十一種　待訪者七種

五　兩淮附湖鄂二岸附

元豐江湖鹽令敕六卷　見通志藝文略　按元豐爲宋神宗年號　其時淮南鹽給本路及江南東西荊湖南北等路

江淮湖浙路鹽勅令賞格四卷　宋李承之等修　所載事跡至元豐二年八月終　見玉海藝文門　按宋志藝文略著錄爲六卷　疑即前書

通州鹽法錄一卷　宋陳暐撰　見宋史藝文略　陳梓盤波圖序謂是書載丙寅年利金沙餘慶石港西亭五場安置竈所相去與置官派諸吏道廢置鹽新之大略

兩淮運司志　明史載德撰　弘治初運判徐鵬舉刻於弘治十二年　載德嘗鹽兩淮因其舊稿而修成之　見史起蟄兩淮鹽法志官師志

嘉靖兩淮鹽法志十二卷　明史起蟄撰　作於嘉靖二十九年成於三十年　有許穀楊選等序　木刻本　北平國書館藏　缺七八九三卷　殘存五冊　千頃堂書目載陳暘撰　暘爲嘉時運使所撰即此書也

兩淮鹽政疏理成編十五卷　明袁世振撰　萬曆四十七年李勝芳序　木刻本　清華大學圖書館藏　一名鹽法綱冊

淮南改票始末記　清居此道人撰　抄本　黃奧吳學鈞先生討論鹽務謂沅淮撰　清華大學圖書館藏

兩淮鹽法志北票紀要二卷　不著撰人名氏　抄本　內容係紀抄淮北票鹽法志　見北平某書店書目　聞已歸清華大學圖書館

淮鹺紀略一卷　清杜文瀾撰　清州初刊本　見周慶雲鹽法通志藝文門　光緒二十九年通州翰墨林鉛印重刊本　題童叔一名淮鹺備要　淮安何斯美堂藏　光緒十二年戴文瀋手抄本　分上下二卷　一冊

淮鹺六帙一卷　同上　通州刊本　見周慶雲鹽法通志

淮鹺駁案　不著撰人名氏　見戴文瀋手抄淮鹺備要

泰鹺行鹽章程　見同上

東河二場鹽垣公收章程　光緒十四年木刻本　一冊

淮鹺駁案類編八卷　清陳方坦撰　光緒十八年木刻本　四冊

兩淮鹽法撰要二卷　清陳慶年撰　光緒十八年揚州刊本　一冊

淮北票鹽續略二編十卷　清程晉芳撰　光緒刊本　八冊

淮北票鹽則略志餘　清劉毓撰　光緒二十八年活字本　一冊

北鹺訓言　清劉毓撰　光緒二十九年活字本一一冊

虎鹺鹽斤加價章程　木刻本　記光緒二十八年籌備賠款辦法

淮北鹽斤加價條議　抄本　同上

淮北票鹽志略續編　清劉毓撰　光緒三十年活字本　一冊

兩鹽志要　清冰壺外史撰　一冊

整理淮南通泰二十場鹽務章程　清光緒三十年木刻本　一冊

光緒兩淮鹽法志一百六十卷　清曾國荃等修　王定安纂　光緒三十一年木刻本　六十四冊

兩淮鹽務清單　清饒良輯　光緒三十一年刊本二冊　見周慶雲鹽法通志藝文門

鄂岸淮鹺鑑　清光緒三十三年刊本　一冊　見同上

淮北三場池圩圖　清饒昌撰　光緒石印本

淮北三場利弊說略　同上

淮北三場各垣產數表　同上

淮北三場新灘垣商請願書　同上

淮南總私章程　清光緒刊本

鹽厘清單　不著撰人名氏　中央研究院社會科學研究所藏　一冊

兩淮鹽運抄存三卷　不著撰人名氏　清官統鉛印本　三冊

許守查復場產灘旺情形及鹽政端方奏刑岸價帖價全案　民初抄本　淮安何斯美堂藏　一冊

淮鹽紀要　近人林振翰撰　民國十八年鉛印本　一冊

淮北鹽務要覽　近人高君藩撰　民國二十年油印本　一冊

淮北鹽務稽核分所近三年來之改革撮要　該所編　民國二十三年油印本　一冊

新浦調查錄　近人許濤卿撰　民國二十三年油印本　一冊

儀徵食鹽紀要　近人姚錫璋撰　民國五年鉛印本　一冊

鹽之呼聲　近人李六生撰　民國十八年鉛印本　一冊

淮鹺月報　見王宗涵兩淮鹽務彙刊序

兩淮鹽務日報　見同上

兩淮鹽務彙刊　民國二十年十月創刊　僅見第一期

右兩淮鹽書七十種　經眼者四十五種　待訪二十五種

湖北運志藝文志著錄十六卷　達古堂書目著錄十四卷

兩淮鹽明鹽法二卷　不著撰人名氏　見千頃堂書目

兩淮鹽引票法一卷　同上

兩淮鹽法事宜一卷　同上

兩淮鹽法揭帖一卷　同上

兩淮鹽法條約一卷　同上

兩淮鹽制　不著人名氏　見傳是樓書目

淮南中十場志四卷　明徐光國公鼐撰　天啓四年木刻本　見千頃堂書目

兩淮鹽法始末　明康丕承撰　朱彝尊兩淮鹽筴志引諸書目著錄　見潛采堂書目四種之三

淮鹺本論二卷　清胡文學撰　康熙元年汪琬等序　卷首載許廷詮趙淮鹺本論有述一文　劉氏嘉業藏書樓藏二冊　亦見胡道南先生全集

淮政集　十二卷清謝開寵撰　內容包括鹽政疏五卷鹽政文移八卷　見北平文芸閣書目第一期　國立編譯館藏

鹽政疏五卷　木刻本

重修淮南中十場志十卷　清林大爲撰　康熙十二年汪兆璋序　木刻本　北平圖書館藏　四冊

康熙兩淮鹽法志二十八卷　清謝開寵撰　康熙三十二年崔華序　木刻本十二冊

兩淮鹽筴志二十卷　清朱彝尊撰　作於康熙四十四年成於四十七年　見潛采堂書目兩淮鹽筴志引諸書目錄

雍正兩淮鹽法志十六卷　清噶爾泰監修　程夢星纂　雍正六年陳時夏序　木刻本　十二冊

乾隆兩淮鹽法志四十卷　清吉慶監修　王世球纂修　乾隆十三年序　木刻本二十冊

淮南鹽例志略四卷　不著撰人名氏　所紀事跡起乾隆五十三年迄五十六年　木刻本　六冊

兩淮鹺鹽總編四卷　不著撰人名氏　亦無書名可考　四冊　所載事跡起乾隆二十三年迄三十年　於就北內容題名如此　淮安何斯美堂藏

嘉慶兩淮鹽法志五十六卷　清鐵保監修　單渠總纂　嘉慶十一年序　同治九年重刊本　二十二冊

淮鹺備要十卷　清李澄撰　道光三年木刻本　四冊

新鹺備要　不著撰人名氏　抄本　吳興許先生藏　八冊

鹺言　清許元淮撰　光緒兩淮鹽法志名宦傳載元淮拾兩北改票之役著鹺言四十四首　後刪鹺言爲淮北票鹽前略　作於道光十七年　後續鹺言爲淮北票鹽後略　作於道光二十三年　四十四首者刪後略分四十段也　此書收入秦鹽山房雜著　又名淮鹽改票本末　湖北通志藝文志著錄

淮北鹽法本末私議一卷　清魏源撰　見周慶雲鹽法通志藝文門

淮北票鹽志略十四卷　清童濂撰　道光十八年自序　見本書又一部十五卷　同上　道光二十五年重訂　道光初刊本　四冊　同治七年重刊本　六冊

移岸三論　清孫光奎撰　木刻本　見清管錄咸豐六年四月丁巳條

淮北票鹽續略十二卷　清許寶書撰　同治九年刊本　四冊

淮南鹽法紀略十卷　清方濬頤撰　同治十二年刊本　六冊

兩淮鹺言　清陳方瀛撰　咸豐活字本　見杭州抱經堂書目第二冊

工業化之俄國

倚虹譯

『Industrialized Russia』1934, by Alcan Hirsch

最近七年間，蘇維埃政府聘請了無數美國籍之工程師。彼等歸國後，復以各種方式，或述蘇聯之事情，演說也，寫作也，發表談話也，甚至使若干出版家終日追求，要求彼等對蘇聯之觀感刊諸書報。

然而此輩工程師，除庫柏爾大佐（Colonel Hugh L.Cooper）與司徒阿(Games Stuart) 等少數人外，就其公開發表者而言，均未嘗了解俄國大革命在歷史上之重要性，及其最終極之目標。此輩之評論，僅涉及一般俄國人民日常生活狀况之變遷，此輩工程師本身之迫切的不安，及其與俄國官僚制度之不幸的衝突，而以先入為主之信念及偏見為立論者，則尤佔不在少數。余雖謂美國工程師於蘇維埃八年中之作為，詳細及西伯利亞建築鋼鐵廠為一絕大失策，以為其地煤與鐵相距殊遠，而其時國中之肥料，手帕，動物油脂等等必需品又均奇缺，皆待自造。此等人完全不知俄國工業化一事，從政治方面之意義，彼等未嘗思及德國有一希特勒及一納粹黨，方誇言行將攫占烏克蘭以擴充德國之東境，而又有一日本，撕毀九國公約，凱洛格公約，以及其他國際協定，而侵進東三省北部，吮掠蘇維埃之東海濱諸省也。俄國之前沙皇，以一封建心理之君主也，嘗大言曰：俄國之陸軍以其軍帽即可擲擊中外寇。蘇維埃之諸領袖人物則不欲以感情之語言自相欺罔，而深知蘇聯如無自衛之坦克車，飛行機，機關槍，刺刀，匕首以及各種化學品等等，則絕非德軍或日軍之敵手，彼時蘇聯且恐將不可能，遑論共化(?)計劃！

赫爾施博士(Dr. Alcan Hirsch)為美國工程師中少數洞悉大革命之歷史的及社會的意義者之一人。博士嘗任蘇維埃化學工業總顧問工程師，故於中央辦公室及化學工業範圍內外之生活與政策，饒有觀察之機會。以一退讓之科學家，兼多方面之企業家，而又博學深思，襟懷謙遜，彼因此深知希望與失敗之諸種事情，但彼絕不忽略最終極之目的，長期下之勝利，與永向一新目標之不息的前進。博士所述俄國工業之發展情況，足以為一般企業家之啓示，著為余所見此文著作中對此論題最完全與最權威之記述也。對於俄國工業之成就所付出之代價，彼固甚為重視，一如其他一忠實之俄事觀察人所為，而又獨能深知此種成就之重要與偉大。今日之俄國，已自有其合成橡膠，機器工廠，化學工場，自動車製造廠，牽引機製造工業，航空工業，並均向所未有，而為平時改良人民生活，戰時抵禦侵略敵人所必需者也。

博士此作，不務炫飾，文筆淺明，甚且討論化學等等極精深之問題，亦均以常人可解之語句出之。吾知欲研究俄國者，以及企業家等，將以是書為一富有趣味與富有價值之良作云。

（按原書為美國工程師赫爾施A. Hirsch所著，此篇係著名記者興杜斯Maurice Hindus為該書所作之序言。）

切流斯金號北極探險記

徐卅璦

逸夫郭和合譯
天馬書店出版
定價七角

如果我們肯注意於時事的，總該知道蘇聯第二次北冰洋航路的開發又快成功了，但是慚愧的是我們連一冊關於第一次開發北冰洋航路的記錄都沒有。最近才出了本『切流斯金號北極探險記』。這本譯本根據日人平岡雅英譯的俄文的『北國如何救援了切流斯金隊員』和『切流斯金號記』中摘要剪繁編譯而成的『切流斯金號的最後』的。切流斯金號是蘇聯開發北冰洋航路的探險船，在第一次（一九三三）的探險中，沉沒在丘科式海上，北緯六十八度十六分，西經一百七十二度五十一分的地方，全船隊員賴全蘇聯的合力，多得了生還。這『切流斯金號北極探險記』，是他們筆錄的事實。

這冊探險記，與其說牠是遊記或探險記錄，莫若說牠是首偉大的史詩，那是篇一百零四人在北極的流冰上，以自己赤血淋漓的事實，寫成的一首偉大的史詩。牠的大部份是用日記的體裁寫成，由六十四位切流斯金隊員執筆，記錄切流斯金號自一九三三年七月從列寧格勒出發以後的航程，及九月間到達丘科式海為流冰所包圍，隨冰塊漂流，以至一九三四年二月十三日受擠沉沒，一百零四人在冰上營幕中的生活與以後得救的經過。後半部是記載着救援飛行士的自傳，和全部救援工作。

我國現在正當外侮日亟的時候，牠會在是非與紛亂，使我們清醒地看到：要救自己，先得能犧牲自己。切流斯金隊員相互間守全信任着他們的信條：『要幫助自己，必須幫助集團，只有幫助集團，才是幫助自己』（見一百三十六頁）在第二章『切流斯金號的沉沒』裏，隊長施密式在他的日記裏這樣寫着：『當艱運東西的時候，每個人給了五分鐘的私用時間，但沒有一個人顧慮到自己的東西』（見五十六頁）終於由各人所生的集團的力量，在這流動的浮冰上建立了施密式營，『他們對施密式營全體的努力，也很好的關聯了各人個人的命運。』（見譯者序言）

事實上，一百零四人由于蘇聯政府和全民衆的力量，七位航空戰士不折不撓的精神，使施密式營全體隊員，多安全地踏上了陸地，創造了這篇因強固的組織而奏出的稀有的動人的史詩。

假如你看過很多的探險記，那你一定會覺得切流斯金號北極探險記，有着更偉大的意義。在這裏牠使我們知道人與人的新關係，個人對團體的責任感。[illegible]是國家的柱石，更應當明白：有集體的力量，才能抵抗外來的壓力。譯者在序言裏所說的，希望我們看這本書，是要懂得『切流斯金號事件的意義，並不僅在於[illegible]牠特殊的命運，曾引動了全世界好奇的矚目，也不僅是雖遭破碎而依然完成了科學研究上及北冰洋航路開拓上不朽的功業，而尤其是因在這事件中，可以使我們最明白的認識一個人類的新感情和新道德的發現。』

圖書評論週刊

第七期

一、本刊以嚴正的態度，評介各科新舊圖書門徑。
一、本刊歡迎三千字以內之稿件，文言白話不拘。但有特殊價值之專著不在此限。
一、來稿本刊有删改權，其不願删改者，務請於稿端註明。
一、來稿揭載，略具薄酬。
一、本刊通訊處中央日報社轉圖書評論週刊編輯部收。

畫夢錄

陳怡

大公報文藝獎金得獎散文　何其芳作　文化生活出版社　二十六年五月三版　實價二角　八八頁

這個集子裏所包含的，名爲散文，但嚴格的說，除少數例外，只能算是小詩的資料；一個熱於編詩的人，可以從這裏面挑出幾首華麗的小詩來。

「美麗！」這個集子裏所用的字眼，的確都很華麗，五光十色，不管花團錦簇。但是花呀錦呀，只宜放在美人身上，若是放在泥人身上，便覺有點可笑。實在呢，真正的美人就無需花呀錦呀來點綴；換句話說，真正的好文章，也無需應用華麗的詞藻。

近來國內文壇上流行着一種奇異的風氣，便是詩的散文化和散文的詩化。所謂詩呢，看起來很不順口，而且索然無味，像是拙劣的散文；所謂散文，倒反裝作詩勢，一唱三嘆，近乎淺薄的詩。結果，詩與散文有時變成了一個東西，散文分開來便成了詩，詩連起來便是散文。但是將來詩與散文總會分家的吧，因爲詩到底是詩，散文到底是散文，所謂散文詩與詩散文之類，只是不會寫詩與不會寫散文的人所巧立的名目而已。

詩與散文混爲一談的惡影響之一，就是各種Poeticlicence都侵入到散文的領域裏來。因此，有些字眼，有些句子，放在詩裏也許很自然，但在散文，便不免有些扭捏作態，一股小家子氣，不很大方。這個集子裏，便到處有這種例子：

曲曲的清溪流瀉着幽冷（第一頁）

一點雨聲的幽涼滴到我憔悴的夢（第七頁）

若是第一顆亮在純潔的愛情朝露無聲的墜地（第一九頁）

人站在生長起來的菱下是柔恥（第三五頁）

這裏睡着的是一個農家的女孩，和她十六歲靜靜的光陰，從那茅檐下過逝的，從那有泥蜂做窩的木窗前過逝的，從那照過她的影子，回應過她寂寞的搗衣聲的池塘邊過逝的。（一一二頁）

我聽見了最白色的花一樣的嘆息。

散文中並不是不能用藻飾，比喻等，但總得有個限度，不宜太多太濫而太晦澀。有些人愛用這類東西，故意向牛角尖裏鑽，想入非非，轉上十七八個彎，轉得自己也昏頭昏腦，連自己也不知所云，當然令人讀了也是莫名其妙。（然而天下事也難說，偏有人在公開的助長這類惡劣的勢力，例如第十九期圖書評論上有人因爲蕭乾文中有了這一句：「青春原是一枚酸杏，一陣擾疾，一匹來自天上的潔布。」便說「作者委實是一個意像的創造者。」）

這個集子的內容，有幾篇童話，幾個夢，幾段寫景，幾句格言，文章的情調有時模倣歐洲中世紀的羅曼斯，但因作者到底是中國人，便免不了又沙及美人悲秋。奇怪的是，除少數例外，毫無人間味，非但人物沒有一個是活的，故事也不像是人的故事。天才的作家，能把鬼神的世界寫成人的世界；但在這個集子裏，人都變成了鬼神。例如「墓」這篇，作者明明在寫一個十六歲的農家女孩的戀愛故事，我們隨便揀出一段來看作者筆下的女孩到底是個什麼東西：

她對一朵剛開的花說，「給我講一個故事，一個快樂的」。對照進她的小窗的星星說，「給我講一個故事，一個悲哀的。」

當她清早起來——去提水，她的女伴都向她說，「晨安」。她也說「晨安」。「告訴我們你昨夜做的夢」。她却笑着說，「不告訴你。」（一一三頁）

作者的故事都是沒有講完的，叫人猜了摸不着頭腦。那末作者爲什麼不講完呢，他說，他本想講完，「也插有一點穿插。」「但是，」作者接着又說：

我的筆啊，你若在我手中變成樂器，那倒會有一番嘈嘈切切的雜錯彈能，不過那時你們必又說道，你的樂器是龍門之桐且燒焦了尾的，是以有北鄙之音淒且厲，其能久乎，不是嗎，你聽你聽，我的絃斷了。（三四頁）

但是作者亦有他的長處，只要他沒有擠入牛角尖時，感覺很敏銳，想像很微妙，文筆亦很細膩。大概作者因爲年紀很輕，對於人世的觀察比較的淺，只憑一絲青煙的幻想，便用五顏六色的畫了出來，美則美矣，但太嫌不調和與俗氣奈何。

上文說「除少數例外」，書裏我想交代一下，便是這個集子裏祇有「伐木」，「貨郎」，「靜靜的日午」這少數幾篇是比較完美的散文。年來這個集子得到過分的讚美，

音樂教育通訊

賈新風編　商務印書館出版

在一本初版新書裏要找尋些錯處，不論內容的，詞句的，連錯字筆誤等，本來是很容易的。那末我們對於這本初版新書——音樂教育通論，也不必有所苛求，祇要客觀地公正地指出錯誤之所在，待再版時的糾正便了。但是在校閱一遍後，發現內容之欠妥和錯字之多，簡直不能使人相信。我們爲節省閱者寶貴的時間，腦力，和經濟計，很有必要的去指明內容稱得上『荒謬』的要點，雖說在寫這篇書評時還時時刻刻的惦記着要平心靜氣的來加以客觀的批判。我們可以先籠統地指出本書編者的三點致命傷：

一，音樂——特別是繁複的近代西洋音樂——常識的缺乏。

二，參考書的缺乏。

三，外國文字的素養的不足。

因爲第一點缺乏音樂的基本常識，于是犯了一二百處以上的常識錯誤，成了一本非專家的外行人著述。因爲第二點參考書的貧乏，所以有了列在書末的一些國內三五年以前的音樂常識方面的國人譯著，和本書東抄西襲的內容，而使人覺得淒慘可憐了。因爲第三點外國文字的素養之不足，格外笑話連篇，牛頭不對馬嘴。音樂上現在有頂重大的傾向是需要在英德法義四國文字裏才可獲得。但是本

皮普士日記

周駿章

Samuel Pepys: "Diary"　文若女士節譯　廿六年二月天馬書店出版　實價五角

在十七世紀的英國文學中，以「日記」馳名的皮普士有兩重人格：他生時是一個奉公守法的公務員；死了一百餘年以後，世人才知道他是一個最坦白的日記家。

一，皮普士的生平

皮普士（一六三三——一七〇三）生於一六三三年二月廿三日，他的父親約翰皮普士是倫敦的一個裁縫，他的母親瑪格麗特（Margaret Knight）是一位貴婦的洗衣女僕。裁縫和女僕結婚，似乎門當戶對；但是這位裁縫的祖先沾着幾分貴族的氣息，而女僕的哥哥是卑賤的屠夫，所以皮普士每次說到他的母親，總含有輕蔑的語氣。

皮普士在倫敦受過普通的教育以後，就在一六五〇年六月廿一日，起始入劍橋大學的三一學院（Trinity Hall）讀書，同年十月一日，他轉入馬格達林學院（Magdaline College）。他在大學時代是免費生，只要待候同學們進餐就可以不繳學費。他寫過一篇故事『戀愛是一場欺騙』（Love is a Cheat）可是他後來把這篇處女作毀掉了。

一六五五年十二月一日，皮普士和依利薩伯（Elizabeth St Michael）結婚，當時這位小姐不過十五歲，婚後的生活困難，幸而他的親戚孟德鳩（Edward Montagu）知道他的處境，便給他職務。皮普士常在他那裏幫忙，混入海軍部任科員，另外有一位巴洛（Barlow）先生，也正在那裏出力，皮普士每年必須拿出一百磅酬款，送給巴洛，他相安無事。皮普士從此一帆風順，步步高陞。

一六六〇年，英國的海軍和荷蘭作戰，皮普士晝夜辛勞，深得部長約克公爵（Duke of York 即查理二世之弟之James II）的嘉賞。一六六五年倫敦發生大瘟疫，同事們紛紛逃避，只有皮普士死守職守，獨留疫區，更博得約克公爵的賞識。於是一六七三年他被擢任爲海軍部秘書（相當於今天的次長或司長）。

一六七九年，倫敦謠傳天主教徒謀害國王，約克公爵被人控告，皮普士也受了連累。他在一六七九年五月廿二日辭職，次日就被押到倫敦塔去坐牢。他既未犯罪，到了七月九日，即由親友保釋出獄。一六八四年，他重任海軍部秘書，並被選爲皇家學會會長。一六八八年光榮革命以後，他被革職，從此脫離官海，在家休養。除了兩次短期的獄中生活以外，他在暮年所享受的是富裕和恬靜的歲月。他死於一七〇三年五月廿六日，享年七十有一。

二，皮普士的日記

皮普士生時，只在一六九〇年發表一本「英國海軍雜記」（Memoires of the Royal navy）；沒有人知道他曾經寫過九年的日記。他的日記從一六六〇年一月一日開始，直寫到一六六九年五月卅一日，他因爲雙目幾乎失明，不能再寫。他時常在夜裏用速記法寫日記，使之更加秘密。他的速記法是用謝爾頓（Shelton）的速記法。他有時在一句之內，使用拉丁文法文西班牙文和意大利文。他以前一位朋友文勞勃爵士（Sir W. Coventry）說過他的日記。他的妻子和僕人都不曉得他有這樣一件秘密，在他臨終時，遺囑將他的書籍贈與劍橋大學的馬格達林學院去了。

一八一八年，艾夫林（John Evelyn）的日記出版。馬格達林學院的院長聶微爾（George Nevile）決定將皮普士的日記整理付印。有一位斯密司（John Smith）先生，於一八一九年至一八二二年之間，研究他的速記字跡，開始翻譯。勃萊布洛克公爵（Lord Braybrooke）布賴特（Mynors Bright）和惠特利（H. B. Wheatley）陸續編輯，出書，惠特利所編的最完備，全書分爲十卷；第九卷爲索引，第十卷爲皮普士研究。

皮普士的日記有公私兩方面的價值。他最初寫日記時，克倫威爾的共和政府已至末路；六個月以後，查理二世登極，是爲王室復辟。一六六五年倫敦大疫，死了一萬餘人，皮普士日記慘狀，描寫得很切實，例如下列數行就如一幅慘淡的圖畫：

『一六六五年九月十九日：這是怎樣的一個淒慘的時期啊，看不見行人在街上，也沒有人在河上；而草都長滿了「白廳」的宮庭，除了可憐的人之外。』（文若女士譯本，一一二頁）

一六六六年倫敦大火，燒了一萬三千所房屋和九十座教堂。關於這些國家的大事，政治上的變動，英國和荷蘭的戰爭，以及社會上的形形色色，皮普士都有詳細的記述。此外，他對於十七世紀科學的幼稚，批評他看到莎士比亞的戲劇而大呼上當，他敘述十七世紀的思想情形，都賦有濃厚的興趣。

然而皮普士日記的精彩是他的私生活。他和艾委林的態度完全不同：艾委林的日記在他在生那一年（一六四一）起始，一直寫到他死的那一年（一七〇六），其中雖然有一部分是追記或假造的。艾委林是一位十足的紳士，他的日記處處爲後人示範，一言一語都有所顧忌。皮普士的日記，就和他的作風恰好相反。皮普士不是一個偉大的

對於這個將來的〔未〕定型而且前途無量的年青作者，我想並不是一個頂好的鼓勵辦法。我們也應該像朱光潛先生對於無名先生的詩的態度一樣，除讚美之外，還得批評作者一下，說他走的是一條窄路。這一條窄路，我們非但不希望別人跟上去走，并要勸告作者自己若是希望將來有偉大的成就的話，趕快走回頭，另外選一條較大較寬的路。

論

張沅吉

廿六年三月初版 三角五分

[illegible]……因，便是他根本不知分別和聲名的合義，再加上文字語氣的不統一，[illegible]……結果更不能了。

「音樂教育通論」，從這個的書名上看來，應當有在音樂教育原理之探討，此外可再略述世界各國音樂教育實施情況，再回過頭來述說一下我國現有的和未來的音樂教育，便可成一本道地的通論了。但是實際的音樂教育通論，開首有十分之一的[illegible]定義外，十分之八是西洋現代音樂的[illegible]史，作結尾的十分之一又是小部份[illegible]……

而且，如[illegible]……

校舉，別能唱歌，翻開第一頁將Bach的[illegible]……「熊氣」，Beethoven註[illegible]「貝爾紋」，已經很夠幽默了。

[illegible]……

啓事

關於書目錄（下）[illegible]

更正

（一）前期所刊關書目錄中第四排五行以下應移二排末三行前

（二）前期係爲第六期

華於名利，只想升官發財。他的日記是實情實景的紀錄。他懷疑他的夫人和跳舞師有染，他和她吵嘴打架，他調戲婢女，他和友人的太太通姦！——這些醜事都是日記的材料。例如他以爲沒有子女，在一六六四年七月廿六日，向許多女朋友請教生子的秘訣：

『……我開始談論我沒有得着孩子，並求她們將她們底意見和忠告給我。她們不拘而愉快地給我這十條：（一）勿緊抱我的妻太早或太多；（二）勿吃遲的晚飯；（三）飲鼠香底果汁；（四）濃葡萄酒和烘麵包；（五）穿涼的麻布襯褲；（六）使腹部暖而背部涼；（七）問她們「那事」最好是在晚上或早上，她們回答我兩者都不是，只是在我們都想「它」的時候；……（文若女士譯本，九〇頁）

三、文若女士的譯本

這樣一本有趣的書，由文若女士譯爲中文，尚未引人注意，也許是因爲皮普士無人介紹吧！

文若女士的節譯本沒有序言，是一個缺陷。她沒有說明她所根據的是那一個節本。此書節本甚多，以「萬人叢書」的二卷本爲最妥善。刪節者的手法各有巧妙不同，而且節本往往有顧此失彼的毛病。譬如我的手邊有一部巴克爾(Willis L. Park r)的節本（紐約 Three Sirens Press 出版），只揀選滑稽的斷片，未免失於輕佻。巴克爾在序言中說：皮普士的日記是一桌豐盛的筵席，許多節本只是其中的一飲一啄而已。文若女士的原本雖有少數註解，使前後互相聯貫，但忽略之處也在所不免；例如它摘錄一六六〇年三月二日和五日的日記，中間省去三日，而五日的日記開頭就說：『我們一直飲到阿丹姆先生開始醉，……』，請問「我們」指誰？

文若女士的譯文大體是很精美的。我在上文所引的兩段，譯文都清新可喜。假若譯文都像這樣漂亮，自然是十全其美了。可惜有幾段過於直譯，以致意義晦澀，或失去原意。例如一六六五年十月十六日的日記，敘述瘟疫的災害，有這樣一句：『他們告訴我，在維特尼斯特徐沒有一個醫生，只有一個藥劑師走了，大家都要死了；但是本星期有了很大減低的希望；上帝差遣的！』（一二六頁）我想依述其意，此句可譯爲：

「他們告訴我，在威士特敏士忒，所有的醫生都死了，只剩下一位藥劑師沒有死；但是本星期內，瘟疫有減低的希望，這樣的減低是上帝所賜的。」

好在文女士的譯文，有十分之七是流暢的，并不從之總的不致影響全篇，[illegible]，這「一飲一啄」似的日記佳作，值得我們推薦爲消遣妙品。

中央日報

中華民國二十六年七月十一日

星期日 第三張 第三版

圖書評論週刊

第八期

鹽書目錄（下）

何維凝

錢等總裁　張元鼎纂修　光緒八年木
刻本　十冊
續增河東鹽法備覽三卷　清寶芬
丁寶銓總裁　陳際唐　張汝熾督修　姚
楷總纂　宣統元年丁寶銓等序　木刻
本　三冊
河東鹽政紀要　不著撰人名氏
宣統三年編輯　民國四年石印本　一內
容分職官場灶引地徵權運銷五門
冊
河東臨時鹽政處文牘彙存　近人
許鑑觀孟起鳳撰　民國三年石印本
載各料文牘一百五十餘件　一冊
晉北沽鹽錄　近人徐韻撰　鉛印
所載事跡起民國六年九月迄九年
本　一名晉冊鹽官一冊
八月
調查河東鹽產及天然芒硝報告
近人張子豐李燭塵撰　民國二十二年
鉛印本　一冊
潞鹺紀要　近人蔡國器撰　民國
二十四年一月初版　漢文正楷鉛印本
一冊
右河東鹽書二十三種　經眼者九
種，待訪者十四種

十　四川類

鹽井圖說　明岳諭方撰　節為圖
後記其事　序存四川射洪縣志　見周
慶雲鹽法通志
四川鹽井圖　明馬驤撰　見蜀中
廣記及天下郡國利害書
甘肅四川鹽法志　清孔毓珣奉勅
撰序　雍正初修成　見雍正五年石麟
河東鹽法志序　惟迄光緒初已無存書
矣
四川鹽法志四十卷　清丁寶楨總
纂　崧蕃唐烱夏旹提調　羅文彬編輯
光緒七年十二月奏請纂修　八年五
月進呈御覽　木刻本　二十冊
四川官運鹽案類編二十八卷　清
唐烱輯　光緒七年成都總局木刻本
所載事跡起光緒三年十一月迄六年五
月　十冊
又續編四十七卷　所載事跡
起光緒五年迄十七年　十冊
又續編十六卷　清王季寅撰
光緒二十二年自序　木刻本
所載事跡起光緒二十年迄二十
二年　六冊
四川新設變巫鹽關章程　四川鹽
茶道編
四川計岸官運鹽案彙輯十五卷
清周𧶏輯　光緒二十九年黃承暄序
同年成都總局木刻本　八冊
四川鹽務局第一次報告書　近人
張習撰　民元刊　見四川鹽務報告書
例
四川鹽務局第二次報告書　同上
未刊
四川鹽務報告書　近人張習撰
民國元年十一月自序　鉛印本　一冊
川鹽紀要　近人林振翰撰　民國
四年自序　鉛印本　一冊
又一部　同上　民國八年增
訂出版　鉛印本　一冊
四川鹽政輯要　近人徐樹昀撰

歷代鹽書種數統計表

區域 \ 時代 \ 種數	漢	唐	宋	元	明	清	民國	總數
總類	1	1	10		11	13	67	111
東三省						3	2	5
長蘆					6	6	5	17
山東					6	9	3	18
兩淮			3		11	47	9	70
兩浙			3	1	19	11	9	34
福建					6	8	4	18
廣東			2		3	21	4	30
河東			4	1	4	10	4	23
四川					2	7	7	16
雲南					2	11	1	14
甘蒙					1	1	3	5
合計	1	1	22	2	71	147	127	370
互見			2		1	1		4
淨計	1	1	20	2	70	146	127	366

民國九年刊印本
四川鹽政史　圖目四卷　史目十二卷
近人吳煒編輯　民國二十一年四
川運使署鉛印本　十二冊
右四川鹽書十六種　經眼者
十種　待訪者六種

十一　雲南類

黑白鹽井事宜二卷　明陳善撰
明史藝文志及千頃堂書目並著錄
滇士嘉靖間任雲南左右布政使
全滇鹽政考　明潘濬撰　見雲南
通志
康熙琅鹽井志六卷　清來度修
康熙五年成書　見周慶雲鹽法通志
康熙黑鹽井志八卷　清沈懋价修
楊濬纂　康熙四十九年成書　國學
圖書館藏
康熙增輯琅鹽井志四卷　清沈鼒
撰　康熙五十一年成書　見周慶雲鹽
法通志
雲南貴州鹽法志　清鄂爾泰奉敕
撰序　雍正初成書　見雍正五年石麟
河東鹽法志序　按清實錄乾隆四年十
二月辛卯條引用貴州鹽法誌　當爲此
書
白鹽井志稿八卷　清陳廷佐撰
稿本
雍正白鹽井志四卷　清劉邦瑞撰
見光緒白鹽井志
雍正六年成書　見同上
乾隆琅鹽井志四卷　清沈元相修
趙淳纂　乾隆二十一年成書　北平
圖書館及故宮博物院藏
乾隆白鹽井志四卷　清郭存莊修
趙淳纂　乾隆二十三年成書　同上
乾隆黑鹽井志八卷　乾隆五十二
年成書　未刻　見周慶雲鹽法通志
嘉慶黑鹽井志二十七卷　清王定
柱撰　嘉慶十四年成書
光緒白鹽井志四卷　清李訓鋐等
纂修　丁振鐸等序　光緒三十四年成
書　金陵大學圖書館藏
雲南鹽政紀要五卷　近人潘定祥
著　鉛印本　五冊
右雲南鹽書十四種　經眼者三種
待訪者十一種

十二　甘肅蒙古類

花馬池考　明楊守謙撰　見千頃
堂書目
甘肅四川鹽法志　互見四川類
甘肅鹽法志略十卷　近人劉郁芬
等督修　沈敬銘等纂修　民國十九年
鉛印本　六冊
甘肅鹽政近狀　近人張九如纂
民國二十二年自序　鉛印本　一冊
蒙鹽紀要　近人劉朝銘撰　民國
六年自序　同年鉛印本　一冊
右陝甘蒙古類五種　經眼者三種
待訪者二種
右鹽書合計三七〇種　互見者四
種　淨計三六六種　經眼者二三六種
待訪者一三〇種
註：按總類尚計一一一種　實爲
一一一種　第三第四兩種縣與版本不
同，仍應作爲一種

中央日報
中華民國二十六年七月十八日 星期日
第三張 第三版

圖書評論週刊

第九期

俞劍華：中國繪畫史

潘菽

民國廿六年初版 定價二元六角

[illegible]

幾本所謂新……

「近代哲學批判」——
「現代哲學之基本問題」
「大眾哲學」——艾思……
以上三書均……

近年來出了不少新唯物論的書，以上三冊不過是作者最近所看到的。三書內容，均為一般讀者而寫。雖然「近代哲學批判」在題目上看來似乎專門一點，但是專門二字後面不過是包含着「生硬」之意。

[illegible]

……是的，他們也許時時提到唯心唯物，以為哲學也作政治，是兩個武器在鬥爭。但我自己不敢非薄自己，我讀了很多年的哲學書，的確從未見過哲學上的派別有這樣的特殊情形。哲學上幾乎人各一意見，誰說某人是某一派已難不管，若更說他們有用心地在作什麼政治鬥爭，這恐怕天地間惟有自以為前進的武士們才有如此敏感了。

我們且看他們的話：「第二種人因以「人心」「道德」為社會與文化的根本，在哲學上就是唯心論，所以他們的結論是「正心修身為治國平天下之本」。第三種人認為社會制度的結構（制度）本身，這顯然是唯物論底觀點了，因之，他們的結論是徹底改革現社會制度」。（沈志遠著：現代哲學之基本問題，第五頁）

這是什麼話？哲學上的唯心論，是什麼人在什麼時候曾主張過以「人心」「道德」為社會與文化底基因？為什麼認為社會制度的結構（制度）本身便就是「唯物底觀點」？我請問一個對社會的主張為什麼定要和哲學發生關係？哲學為什麼定有一種社會改造論？

我們都知哲學是一種思考過程，比如數學上之定理，他可以借符號自成一系統，至於以後在社會上應用……

芙蓉洞彈詞考證

李家瑞

芙蓉洞一名錯姻緣，為平湖彈詞之一種，道光丙申刊本，光……

[illegible]

得新人會走過什麼許多路，所以無法「站在前人的肩上」而更高出一等，如上面所說，一本好好的純粹史的寫成又以一個好好的古董博物館的成立為其先決條件。現在我們只能讀了命創辦先生的書而感到滿足了。

以上是一個非內行的普通讀者的讀後感，並不能算是批評。

哲學書

其實

沈志遠著

「奇著」——沈志遠著

讀書生活社」出版

果，則可不管；商人利用去算利是也可 [illegible] 這個道理很顯然，我不相信有人會不懂。

數學如此，哲學亦然。哲學派別甚多，[illegible]

[illegible] 下手。我可以隨便舉個例，像德國有位Wundt，他著了三大卷倫理學等作 [illegible] Mudt代表德國大部份哲學者的社會改革意見，而德國則是唯心論的大本營。如果Wundt的話沒有錯，則是唯心論者何嘗不主張社會制度改革？既然如此，那唯心論為空想之靈，這豈不只是暴露作者對於哲學之無知麼？

[illegible]

義帶危機時代」——極為流行影響頗大而且具有政治的實際意義的哲學思潮。換句話說，這四種思潮都是帝國主義時代統治社會階層及其代理人所御用來進行思想戰鬥的武器。」沈志遠：近代哲學批判，二五七頁。

奇怪極了，唯心論竟是帝國主義統治的御用品了。如果作者的話沒有錯亂，我敢請作者到一個中學校去聽聽西洋史，看看唯心論是發生於何時！帝國主義又發生於何時？要知道列為唯心論之祖的柏拉圖是生於紀元前 [illegible]

[illegible]

《中央日報（南京）・書林平話》目録

中央日報（南京）·書林平話

第一期——第四十四期

書林平話

于鏡宇編
（一）
每逢星期三、日出刊
通訊處：南京郵政信箱五九二號

中國語法理論

王力著
二冊
民國三十四年三十五年上海商務印書館

從國際的文法學界來看，現在正有一種新的覺醒，新的轉變。在我國文法學界王力先生不失爲一位嚮導。同時的還有趙元任、陸志韋、呂叔湘、高名凱、楊聯陞諸位。黎錦熙先生的大著國語文法作了多少年的權威，現在看起來已經是舊派了。王先生這書曾提出許多問題，對於中國語法有興趣的人，萬不可不讀。尤其是王先生通好些外國語和好些中國方言，讀了好些國外新派文法大家的著作，間接的我們也就得了不少語言學上的新知識。

可是要想對於中國語法有更深的了解，還得更有興味一點，我願意建議一種校讎式的讀法，那就是不但要瞭解著者的創見，還得認清書中錯誤不穩之處；不但接受著者的妙論，還得想想對於那一二不妙之處自己有沒有較勝之義。這樣讀書，既可增加理解，也是一種消遣的方法。今略舉我校讀該書導言之例如左，請與原書作一比較。

一、詞彙不是語法　王云「有些詞卻非必須入句纔有存在的意義的，這就是所謂虛詞。」我想不入句而有意義存在的也是虛詞，例如了、完成也，所、處所也，以、因也。與其這樣推論虛詞本身就是一種語法成分，不如說有些詞是句子裏的骨骼，學語法的必須特別弄清楚，通常語法書裏多一半是講這些詞的，所以這些詞可以叫作語法成分，簡稱語詞或虛詞。從虛詞入手研究語句，也是學習語法的一個法門，所以王亦自云「例如英語的Than，儘管咱們認爲連詞或介詞，或依照Jespersen的理論認爲虛詞，都是不關重要的問題。主要的還在告訴人家，在什麼情形下，Than的後面須跟着主格，在什麼情形之下須跟着目的格，或兩格均可。當咱們能使別國人運用Than字沒有錯誤的時候，咱們的責任已完。」（見頁四）

二、翻譯不是語法　翻譯是研究語法體系和比較文法，或學習第二種語言的重要法門。例如：

A「騎」字可及物可不及物，例如將軍善騎The General Rides Well是不及物；蒙古人騎駱駝The Mongo bkr-ide Came's是及物；但必須說我騎馬I ride，除答句之外卻不能說「我騎」。爲甚麼？別忘了中英語說「就一匹馬，誰騎？誰走？」卻無不同之處。

B. Widen可譯爲放寬，但按語法嚴格翻譯應該是寬了，例如「您寬了這一點兒那一點兒就緊啦」。又孟子宿於晝，彭譯作孟子住在（或作得）晝，嚼該譯作剛，都爲甚麼？

C有人說I am hungry，J'ai faim我餓了，每句都是三個詞，必是他以爲「am ai」跟「了」在此種句中的意思相同。沒得過去嗎？我却以爲如此。「我肚子餓了」要逐字譯成英語或法語，應該怎麼說纔合文法？

D在北平話裏常跟嚼跟是兩種東西，在英語裏Postpone跟Put off意義不同。從語法構造上講得出來呢？

三、分類不是語法，王云「這三三十年來，中國語法家所爭論的全是詞的分類問題。例如中國的詞該分爲幾類，「所」字該不該歸入代詞，「出」「入」「居」「住」等字該不該歸爲「關係內動詞」，「有」「在」等字該不該認爲「同動詞」等等。這樣，所爭論的只是語法的皮毛，不是語法的主要部份。」鄙見以爲分類和術語是語法的基本問題，此關不過，語法就無從講起。王君雖然說分類不是語法，此書仍然不得不由字和詞及詞類講起，就是明證。正如講建築，如果不先弄清楚甚麼是磚，甚麼是木，甚麼是硼，甚麼是對，那麼就難討論了。

四、可爭論者不是語法　王云「研究某一族語的語法，如果把最大的努力用於可爭論的地方，實在可惜。」無論研究甚麼學問，那有不把最大的努力用于可爭論的地方的道理呢？想來王先生的意思是說：譬如「葉子是綠的」不能說「葉子綠也是」，這是沒有爭論的餘地的，是語法的本身；至于「是」字是繫詞是動詞，「的」字是詞的詞還是一種所謂語尾，卻並非語法的本身。那麼不是語法的本身可是甚麼呢？我們總不能說可以引起辯論的就不是文法呀。如果大家都沒有爭論，那就無須乎有所研討了。

五、難懂的地方不一定是文法　這是一句模稜兩可的話。所謂難懂是文法上不容易懂呢，還是語意上不容易懂呢？如果是文法上的問題當然不能說不是文法了，要是語意上的問題那就與文法無關了。王先生的意思大概是一句很簡單的話：「我們日常說的話，雖然覺得平淡無奇，卻處處都有文法在裏面。」

六、中國語法學　論理　王先生根據馬伯樂的說法，認爲中國語法只有一條道兒，就是造句法。其實中國語法裏又何嘗沒有音韻問題，又何嘗沒有形態學的問題。例如口語裏的「一個」，倆，……十個」，例如疊詞副詞的「好好，快快」等，例如動詞形式「吃的，吃過，吃了」等等，都是屬於音韻或形態學的問題。當然這也許引起了王先生的爭論，也許王先生以爲可爭論的不是語法本身而不計較。

本書上冊三章，講造句法及語法成分；下冊也三章，講替代法和語法的特殊形式，歐化的語法；附錄三篇，講語言，文字，標點和格式。內容豐富，處處有好處，讀者一看便知，這裏一時說不盡也。（晉思）

書林平話

于鏡宇編（一一）

每逢星期三、日出刊

通訊處：南京郵政信箱五二九號

新疆史地及社會

陳希豪著　三十六年二月上海正中書局出版

據說新疆是「東扦長城，南通西藏，北接蒙古，西倚葱嶺，當中國之前門，居亞大陸之中心。得之足以維護中國本部，失之則甘陝蒙古均喪其險。」而「歷代各朝不惜血戰天山，鏖兵瀚海，孜孜以爭西域者，都是因爲那地位重要，倘失關乎整個的國運。」像這樣一個重要的地方，我們豈能漠然無所知？因此研究新疆問題的專書，在目前實在是迫切需要。此書雖然篇幅無多，可是面面俱到，很可以作爲研究新疆問題的入門書。

本書共分十三題：一、中國之前門，引用美國副總統華萊士之言，以陳述寫作此書的動機；二、漢唐以來之經過，自歷史上說明我國統有新疆之經過；三、在本國所佔之地位，從地理、歷史、國防、資源、農業和交通各方面，說明新疆在本國所佔地位的重要；四、歷代經略西域之概況，敍述漢、唐、元、淸四代經略西域的經過，尤其注重該地各時代政治組織的變遷；五、新疆建省之經過，敍述新疆建省的原委，而於左宗棠、劉錦棠辦理建省問題的苦心，尤力加描寫；六、現有之邊境，敍述新疆西界的三次變動和西南邊界有交涉經過，而於淸末外交人員的無知，倍加指責；七、宗族之分佈，敍述今日新疆十四宗族的由來，及其分佈的情形；八、宗教之信仰，敍述回敎、祆敎、佛敎、摩尼敎、景敎、珊蠻敎（當即薩滿敎）等宗敎傳入新疆的經過；九、風尙之因襲，十、民情之分析，陳述新疆各宗族的風尙和民情；十一、文化之概況，敍述自淸末以來新疆文化進展的概況；十二、潛在之力量，謂新疆各民族間雖互有殊異，倘若敎之有道，導之有方，則必發生很大的作用，實爲新疆社會極大的潛在力量；十三、檢討之意見，檢討歷代治理新疆的失策，而提出新的治疆辦法。

本書著者最近生活在新疆，此書亦完成於新疆，因此分量雖然不多，可是讀來却倍有親切之感。其中有許多地方，雖然寫得嫌簡略一點，却還中肯。而且著者寫作的態度也沒有十分偏頗的地方。例如新疆的民族問題，可以說是今日新疆各種問題中最難解決的一個問題，一般討論這個問題的人，不是失之感情用事，便是失之曲解附會，本書著者承認新疆各宗族有其以往的獨特的歷史，可是出於兩千年來的混合融化的結果，這許多小民族都已成爲中華民族的成員，同爲中華民族的一份子，我們可以尊重他們以往的傳統，可是却不能拿他們以往的傳統來作爲挑撥民族情感的工具，這種兩面俱可顧到的看法，是頗爲正確而又得體的。

而今日新疆問題所以弄得如此之糟者，自也有其歷史的原因。著者對於這個問題有極沉痛而又極詳盡的敍述，是本書最精彩的一段。他認爲：「縱觀二千餘年之歷史教訓，橫覽一百六十萬方公里之地理環境，中察十四種宗族之社會情形，新疆之所以變亂無常者，豈非由於漢、唐、元、淸四朝之計劃，未能達到完善之境地，使兩千年來吾人之精耕農業生活，未能改正草原民族之遊牧方式，與夫綠洲居民之半農業方式，使二千年後今日之新疆仍處於迷信神權之黑暗狀態嗎？改省以來，亦有六十餘年之歷史，對於新疆之計劃仍未能有顯著之改善，其尤可令人痛心者，厥爲邊疆之吏治。淸代以前，歷朝君主將相，認爲荒漠徼外不毛之地，鮮能加以重視，迨至淸季改省以後，亦恆以爲軍徙謫從之所，不與內地相提並重。民國革新，中土多故，新疆關係幾乎脫節，常議之於鞭長莫及，採取放任主義，由是一般軍閥遺孽，投機政客，以及標奇好異之士，紛來茲土，挾策求售，此輩素乏黨義薰陶，又無事業決心，對於治理邊疆計劃，更屬茫無頭緒，求其安心守職，實事求是，已屬難能可貴。在新疆建省六十餘年以來，絕無進步之可言。抑或變本加厲，肆其侵虐，希圖就地搜括，遂其私慾，對外以封鎖爲政策，對內以壓迫爲能事。計自楊、金以至盛氏，可謂政出同門，致邊疆社會，長期停滯於落後黑暗狀況中，使六十餘年來之光陰，等於虛擲，陷新疆同胞於水深火熱之環境中，一方忍受神權之玩弄，一方忍受頭目會長之役使，更需忍受貪官污吏之壓榨。因之，新疆民衆除少數地主頭目而外，無不度其貧困之生活。由此觀之，吾人實有負於新疆，長此不改，誠恐各宗族必起更大之反感，叛亂暴變，隨時隨地可以發現。」（頁五〇—五一）讀之令人扼腕！著者在這裏大胆而又深刻的指出了六十年來治理新疆的人士所犯的毛病，是值得我們深深的反省，更值得今日主持新疆省政人員參考的。著者最後提出了一個主張，認爲重建新疆，首先應糾正傳統之觀念，成立科學之管理。原則是對的，可是他的具體辦法却嫌浮泛了一點。（少奇）

思想與時代

月刊　杭州國立浙江大學思想與時代社出版

在我國八年對日抗戰中間，因爲戰事的推移，敵機的轟炸，文化學術者的生活不能安定，因此大部份的著作和比較深刻一點的學術雜誌，便很難出版。可是在抗戰中期以後，戰局漸趨穩定，流亡者的生活也較平靜，從事文化學術工作的可能性也比較大，出版界的情形又好轉起來，在這時期除掉國內幾個有名的大學出有學報以外，水準以上的學術刊物就要首推三十年八月創刊的「思想與時代」了。該刊原是由幾位大學教授聯合主辦，那時，他們散居於昆明、成都、樂山、遵義等地，而以浙大的張其昀先生爲中堅。出至四十期，抗戰卽告勝利，因復員之故，暫停出版。本年一月復刊，現已出至第四十三期。

該刊內容包括哲學、科學、政治、文學、敎育、史地等項，而特重時代思潮與民族復興之關係，大致分爲下列六類：一、建國時期主義與國策之理論研究；二、我國固有文化與民族理想根本精神之探討；三、西洋學術思想源流變遷之探討；四、與青年修養有關各種問題之討論；五、歷史上偉大人物傳記之新撰述；六、我國與歐美最近重要著作之介紹與批評。而其總目標則爲「科學時代的人文主義」。就其已出若各期看來，該刊確能向着他們的目標做去。每一期的內容均甚充實，且執筆者大都是我國海內外忠實的學者。第四十一期卷末附有前四十期的總目錄，欲知其過去的成績，覆按卽得。（少奇）

書評 平話

英國的教育

姚柏春譯

三十六年上海正中書局印行

「英國的教育」一書是J.E.Hales所著。全書僅有五十七頁，在這樣薄的頁數中，要來討論關于英國的教育的情況，這顯然是不容易的。然而，作者却出人意料之外的完成了，這是很可貴的，雖然我們還覺得有些地方不滿足。

羅斯福的生平

鄒小川編著

三十六年上海正中書局印行

書林平話

于鶴年編

（四）

每逢星期三、六日刊出

中國對日戰事損失之估計

中央研究院社會科學研究所叢刊第二十四種

韓啓桐編著　上海中華書局

中國隱士的鏡子

——中國隱士與中國文化

蔣星煜著　中華書局印行

中南半島華僑史綱要

姚枬著　上海商務印書館

書林平話

于鏡宇編（五）

每週刊出兩次
通訊處：南京郵政信箱五二九號

家庭不能離社會而存在
——讀家事學概論 章繩以著
·上海中國文化服務社出版·

從歷史上來看，家庭制度的發展，可以分爲四個階段，而這四階段又各有其不同的歷史階段作背景。各歷史階段的經濟基礎不同，才有了相應的不同的家庭制度。家庭制度是澈根於下層經濟基礎的上層建築之一。在母系中心的社會，有母系家庭制；在氏族社會，有其特有的彭那魯亞家族制；在莊園經濟的封建社會，有大家庭制；而現代的資本主義社會裏，却又盛行小家庭制。

但，看看目前的中國社會裏的家庭，却是傾家蕩產，流離失所。除了那少數的貴族家庭外，即使還能奄奄一息的存在下去，可是其破產沒落的命運却是注定了的。這是客觀的事實，不可因被人忽視而抹殺。

自然，這裏就有一個家庭與社會相互影響的問題。這個問題本書著者章先生並沒有明確的提出。不過我們從該書第七頁的後段，固可以了解著者對這個問題的看法。他說：「家庭是社會國家組織之單位，」孫中山先生說：「國是集合幾千萬的家庭而成，就是大家的一個大家庭」。傳曰：『國之本在家』。古語云：『一室不治，何以治天下』？因此我國政治哲學所主張『修身』『齊家』『治國』『平天下』的一貫理論，以『齊家』爲『治國』的前提。」

「國是集合幾千萬的家庭而成」，我們不難得中山先生這個「集合」裏面包含那些相互關係，但「集合」的意義絕對不是簡單的、機械的堆積，猶如許多各不相連的土塊，堆積成一個土堆一般。但是，一般人容易這樣誤解。而這個誤解所造成的嚴重的錯誤，是無限制的誇大了家庭對社會的反動力。於是著者也說：「有健全的家庭，纔能產生健全的國家」。看來，好像是說在一個社會裏，如果能把每個家庭健全起來，那麼那個社會也就可以健全了似的！這樣說，邏輯上也許是通的，可是著者却忘記了，家庭是社會裏的家庭，家庭敗壞的原因，並不全在家庭本身。即使你要去健全你的家庭，你也得站在和你那敗壞的家庭所處的同一社會裏，而你的社會也就限制了你的力量，你將眼看着你的家庭更慘的敗壞下去。

如果，我們弄清了這一點，那麼，就很容易覺到章先生過份的提高了家庭在社會所佔的地位，以至於竟有先改造家庭然後社會纔能健全的主張。這種倒果爲因的看法，必然會產生另外一種錯誤的見解，那就是「婦女回到家庭」。爲了這個問題，社會上不知已經費過多少爭論，我不想多談，只希望著者再多多參考反對方面的意見。

從本書的整個內容來看，尤其是第二編，其對象不是中國社會裏的農民的家庭，而是上層社會的達官貴人的家庭。但全書精彩的地方，也在這裏。如第二編第九章以後的諸章，著者以科學的態度、細密的手腕，處理生活里的起居飲食，對個人、對家庭、對民族都有很大的益處。第十七章專談家庭副業問題，若眞能按步實行，對目前中國社會裏敗壞了的家庭，可謂不無小補。（林栗）

教育學概論
石聯星著
·中國文化服務社出版·

中國的教育，這幾十年來，一直到現在，還脫不了模仿和抄襲，這很危險。一個國家的能否走上富強而民主，教育的正確而有宗旨，是要決定大部份的。因此，「教育第一」的呼聲在我們這古老的國家裏特別強調起來。

教育的能否健全，對於國家是這麼重要，教育的形式、方法和步伐就非有自己獨立的一套理論不可。中國教育理論一直很貧乏，這當然不能怪教育家的無能，而是整個社會的必然產物。

本書共有一四八頁，內容共分爲六章。第一章爲緒論外，餘述及教育各有關的部門。全書中心見解，以爲教育的對象是人——具體的全體的人，而非個人；注重精神而兼顧物質，全書到處是強調精神。

在緒論中，作者說這本書不過是以教育中較爲重要的作一概括的敍述，而不是將所有教育各方面問題完全提出來討論。因此，本書自然有所偏愛。

「一切精神科學，無不以價值爲對象，故理解價值，爲精神科學的目標」。這是「教育活動的獨特性」一節中所說的話。作者主張這種理解的價值，是要以客觀的形態出現，而不能只憑主觀，見解頗對。

作者說及教育對象是具體的全體的人，爲了不使這觀念趨向抽象，他進一步地說：「把人解做自然種族的代表或政治的動物，或歷史的本質等的人類學，均未能把握着具體的全體的人；因爲人雖生存於自然領域，而又能與自然對立，雖是社會的份子，而又能與社會對立，雖是歷史的存在，而又能超越歷史，創造歷史。是故自然或歷史，均不成人類唯一的要素，除自然和歷史而外，尚有一種超越的第三者，通常叫做神。所以人生全體的姿態，常常發現於人、宇宙和神三者不斷的交錯中。」一健全的教育，必須建立在一定的社會組織和客觀內容之上」。這是一針見血的話，因爲如果不是在一定的社會組織和客觀內容之上，教育必然沒落。在解說教育，作者說：「教育是由教師促使兒童修得社會的秩序和內容，故教師非給他們與自家共通之生活規律不可，或者也可以這樣說，移植社會類型於生長不已的個人，並使他成爲社會的有機份子，固係教育」。這種解說的見地，倒很妥當。

對於如何使教育有所成就時，作者說：「只有聰明而有良心的政治家與教育家的合作，始能處理完善」。這是說政治對於教育的影響。沒有良好的政治，就沒有健全的教育。教育不但受政治影響，同時也受當時代標識的影響，新的教育需要「脫離個人的、主觀的、形式的、抽象的及普遍的立場，而傾向於社會的、客觀的、具體的、內容的及全體的立場的象徵」。但是不能將「教育上民族的特殊化推之過念，不然將陷入『法西斯化』的危機」。作者以德國教育家克里克的「國民的政治的教育」爲例。這點最該注意，因爲這是德國稱霸而至滅亡的原因，對於教育者這是很好的教訓。

作者特別強調精神，這是不能完全使人同意的，他說：「教育者的成功，不在物質，而在本身所含有的從事教育的精神。教育者從事教育的精神，如果熱熾，即使環境不良，設備不全，亦能固守崗位，努力不懈。否則，意志不堅，心理動搖，沒有不被環境克服的。」我們不否認精神的重要，但如果過份強調它，這顯然是誇大的，而且頗有危險。

總括全書內容，我們感到作者獨見之處甚多。不過，這書第三章比較零亂而不夠貫通，且亦較爲學究氣，不容易閱讀；後三章比較通俗容易閱讀。因爲作者的企圖，不過把教育各方面比較重要的給予概括的敍述，所以理論多而事實例舉較少。但在這艱難的教育界，這本書的出現，也就不容易了。（克子）

時代之波
林同濟編
上海大東書局在創叢書

本書共集文二十三篇。這些文章都在數年前昆明的戰國策及大公報的戰國上登過。作者除編者自己之外，有陳銓、沈從文、賀麟等。在本書第一頁「在創叢書緣起」中說：「第二次世界大戰，引起人類文化歷史上一個空前的大變動。全世界的思想家，都要——引了尼采的一句話——「重新估定一切的價值」」。本書中有些地方誠的學着尼采的氣味，將某一兩樣東西的「價值」「重新估定」了的。

如七篇鼓吹一種像西洋人那樣，像浮士德那樣潛力奮進的人生。第八篇至第十一篇是說要摒除舊的倫理觀和迷信的宗教，而提倡一種恢恩如仇的敢作敢爲的道德觀，並要創立一至大的「祭天」的宗教。第十二篇至十五篇談英雄崇拜。十六篇至廿一篇是有關文學的幾篇文章。二十二篇與廿三篇算是收尾。

讀完這些文章之後，不免覺得其中少了些甚麽，像讀一句如「我打」「我愛」之類未完成的句子似的。實則那看似未說出的東西，還是說出來了，祗不過說得含糊點罷了。但雖然說得含糊，却像好萊塢影片的出浴鏡頭一般，仍不難看清。

如陳銓所說，英雄崇拜在常今之世是需要的。他頗爲今日士大夫之缺少英雄崇拜情操而感覺失望與悲哀，但他又承認英雄崇拜是與民治主義相反的。在這種地方他便不得不含糊其詞了。又如林同濟在這書裏鼓吹其所謂力、感我、意志等，說這些動向在世界各處已經不斷的表現出來。表面上各國雖有所發展基礎之不同，與夫民主獨裁的區別，然而其骨子都是走上「新超我」的形成。既如此，這本書也就避而不談其「表面」了。這不過是一兩個例子。其所以出現這種例子，實由於他們那一套較此不約而同的哲學；當然其中也有例外。（晉芙）

新書簡報

▲政治

民主初階 中華出版社編 三六年 福州中華出版社

中國政治撮要 許崇灝著 三六年 上海商務

近代歐洲之政治與外交 翟楚著 三六年 上海商務

世界政治參考地圖 金仲華、朱育英編繪 三六年 上海世界知識社

法國革命史 楊人楩譯註 三六年 上海商務

自治示範縣計劃 廖先亭著 三六年 福州立達書店

兵役獎懲概論 汪叔棣著 三六年 南京大衆時代出版社

中國共產黨青年運動史的批判 包遵彭著 三六年 天津民國日報社

▲經濟

經濟建設論 朱伯康著 三六年 上海中國文化服務社

劫後災黎 吳景超著 三六年 上海商務

財政法規選輯 程展知編 三六年 上海編者

會計簡說 程公達著 三六年 上海聯華圖書出版公司

▲交通

航空站設計 吳靖宇編 三六年 上海正中書局（大學用書）

▲教育

教育學概論 石聯星著 三六年 上海中國文化服務社

▲科學

幾何學講話 金品著 三六年 上海求益書社

太陽系 李鋭夫編 三六年 上海正中

化學精要 張齊賢、陳水賢合編 三六年 上海開明

化學藥品辭典 高銛編譯 三六年 上海新亞

生物學簡編 賈祖璋編 三六年 上海開明

植物學通論 陶步珍編 三六年 上海正中

▲林學

森林萬有論 彭景盛編 三六年 上海正中

樹木學撮要 李寅恭編 三六年 上海正中

造林實施法 黃紹緒譯 三六年 上海商務

▲醫藥衛生

人體解剖學名詞 國立編譯館編訂 三六年 上海正中

藥業指南 周復生編 三六年 上海濟生堂國藥房

榮養淺說 孫錫洪譯 三六年 上海開明

營養新論 沈同著 三六年 上海中國文化服務社

狂犬病 侯寶璋著 三六年 上海商務

飲水衛生及其他 陳果夫編 三六年 上海正中（教育電影劇本故事集）

書林平話

于鏡宇編

（六）

每週刊出兩次

通訊處：南京郵政信箱五二九號

評楊家駱編四庫全書學典

華庵

四庫全書學典（西文名 Encyclopaedia Quatuor Bibliothcearum）

楊家駱（Yang Chia-Lo）著

民國三十五年九月初版（裹封面作一九四六年六月）

世界學典（李煜瀛創體並主編，世界學院中國學典館編輯）中文版

上海世界書局發行

楊家駱先生在民國二十一年出版過一本「四庫大辭典」，從那本書末尾的版權頁所載，知道是他所編著的中國圖書大辭典（明清書目）（但再版合訂本的書脊上又略去這四個字）三十六種的第一種，那本書是楊先生用中國圖書大辭典編輯館的名義自己發行的。共一千六百八十二頁（見楊先生「民國名人圖鑑」的附錄辭典館概況），分三大部：一辭典部，由書名一萬餘條人名七千餘條用辭典式混合排列；二概述部，由所著「圖書徵獻類考」稿本中摘出，內容有文獻、表計、類述、書目四部分；三助檢部，由十五種條目匯集引式混合排列。（見「四庫全書學典」轄四庫全書通論）其中第二部又於二十五年七月抽印單行，名「四庫全書概述」。（參看上引二書）

這本「四庫全書學典」（以下簡稱「學典」），就是「四庫大辭典」（以下簡稱「大辭典」）的改編本。

「學典」共一千零八十六頁，分三大部：一通論部，佔一百五十八頁，從「大辭典」概述部中文獻、表計、類述、書目四部分重經增訂而成；二辭典部，佔七百九十一頁，從「大辭典」辭典部及助檢部（包括書名的與名簡名及人民的筆名別號等）合併改編而成；三綜覽部，佔一百三十七頁，從「大辭典」概述部中文獻、表計、書目三部分重加整理而成。

「學典」通論部又分為九章五十四節，中插「世界學典」一章，時以「四庫全書」與法國狄德羅D.Diderot「百科全書」並談，發書與類書界限分別不清。按中國類書，以唐之「北堂書鈔」及「初學記」為最簡古，以之明「永樂大典」及清之「古今圖書集成」為最博大，其時代均在狄德羅書之前。又審論宇宙萬象，離題太遠，反覺枝蔓。書前既有李煜瀛氏「世界學典書例答問」，書後又有李氏「世界學典引言」，此章大可略去。然通論中頗此很複拉雜之處甚多，寫之者不覺其繁，而讀之者亦不得其要。即如此書前身之「四庫大辭典」，既已失去時間價值，不妨約略提過，編者不但不掩其短，反自誇其長。在第五章「關於四庫全書的百種學書」的一百三十九種書目中，曾重複的列舉了七次（2.54 84 90 110 127.13 1.），且又自引「大辭典」序例六篇附於第三部綜覽中。而在這最當的通論中，只平板的堆砌了一些史料，很少看到關於「四庫全書」的重新評價。此外因編「四庫全書」而產生的禁毀書問題，楊先生雖準備將來另出「禁書考」（見一百三十九種書目中之七十），但在這裏也必須要有較詳切的敘述。

第二部辭典，為這本書的主要部分。「大辭典」是依據王雲五氏「四角號碼編次的，「學典」裏的辭典則改為先劃數後部首的排檢法。四角號碼會風行一時，但其最大缺點是離開號碼就不能存在。想楊先生也和一般人一樣的不願再加利用，而對之冷淡了。部首數畫法子，為中國日的檢字老法子，雖比較繁瑣，然試想那種手畫覓聯引人發笑的怪狀，排畫有背自然，所以研求便捷合理的檢字法是急切需要的。這部辭典是根據「四庫全書總目提要」及「四庫簡明目錄」中所有的書名人名分析編成的。書名下略附提要及板本，人名下略附小傳，共為四庫所收著者，只是全部不加選擇的鈔自楊立誠氏「四庫目略」一書，而楊氏又從邵氏「四庫簡明目標注」莫氏「郘亭知見傳本書目」及「書目答問」而成的。其見於「四庫存目」之書名人名，則為楊先生自行鈔取，其板本部分則不知著錄，其實存目之書，在邵莫二家書目中間或選收並列其板本，而楊先生竟不肯忠實的探求其組本而為之補入。又邵莫二家書目問世較早，板本失收有多，書其近書，如清世祖御撰「人臣儆心錄」及「資政要覽」二書，筆者各藏有順治原刊本及光緒重刊本兩種板本，邵莫書目不載，楊先生亦未補入。亦有邵莫書目不誤，而楊先生沿「四庫目略」之誤而未改者，如「詞林典故」一書，莫目不載，邵目云「乾隆九年翰林院掌院學士鄂爾泰纂」，楊氏「四庫目略」云「清乾隆氏撰」，楊先生沿誤不改。在鄂爾泰本名條下，亦不云曾撰「詞林典故」一書。又「雲煙過眼錄」為宋周密撰，「續錄」實為元湯允謨撰，邵目不誤，楊氏但據莫目而讀為楊允之名，又列先生亦沿誤不改。如李賀詩板本不著清斷，三種，為谷集及宋吳正子箋註劉辰翁評點入正錄，清王琦彙解入存目，楊先生沿楊氏之誤，以汲古閣本及黃陶庵評本兩後見於本集後箋註評點之本，註評點後既錄汲古閣本，見於又錄唐四名家本，兩本實一本也。王琦彙解有乾隆二十五年原刊本（按又有光緒間四川刻本），又都同但以附見於評註「評點」書之下，楊目增註「入存目」三字，更加詳明。楊先生既通錄存目各書，則彙解之板本必須列於彙解書名一條之下，不應依邵目體例，列於箋註評點書目錄下也，而邵莫二目所錄諸刊本，「本辭典」亦依標明識的不加修改，尤為笑話。又考據資料亦欠廣博，如余嘉錫氏「四庫提要辨證」一書，為近出名作，排楊先生竟未寓目，「四庫專書」中亦未列入。如「書撰人之「晴嵐」錄」余氏考定為宋汪孫撰，「奧地紀略」考定為清栗份撰，舊題漢焦延壽「易林」「考定為漢崔篆撰，「宋玉楚撰，明古圖」考定為宋王考定為明呂懸「明宮史」考定為明劉若愚撰，楊先生均仍舊誤不改。又此此部既名為辭典，則「四庫全書」中之分部分類圖之名稱，亦宜列入，可與古今公私書目中之分類名稱作比較的解釋。

第三部綜覽，李氏在「世界學典書例答問」中稱之為「通覽」，僅僅收了一些概況表和目表、凡例、類纂、書目、書表先生自己著作的解釋，而已。我以為這種表解，楊先生多費了些時間和精力，有花費時間去做那些無益的女佛道徒，及不著撰人之著作表，還不如將民國以來各家著作詳細比較表書目作一詳細比較表，似乎更有意義些。附錄本編有照片插圖多，照片只選紀昀、周永年、朱筠、馬日陸錫熊、諸人，戴震、邵晉涵、的翁方綱、姚鼐、王際華、金簡、錢、于敏中、和珅、阮元瑤、天祿琳琅、四庫未收書目提要的，彙而成「四庫未收書目提要」一種「事典」續編，照片可說是之力「編寫而成，不像集合多人辭典」是出於楊先生一人之手，依然有這樣多的疏失。可知著述事業，並不是很容易的。楊先生著述之勤，為。由中國大辭典編纂館，一變為中國辭典館，再變為世界學院中國學典館。他的計劃有編輯三十六種大辭典的計劃，想現在已不止此數。辭典及索引一類的工具書，對於讀者人自有很大的助益，編之者有易有難，易在材料現成，不必杜撰，難在詳細正確而有條理。我敬一切高明的著作家，我尤愛好一般求知的讀者；我愛好各種精深的作品，我愛好所有博雅的讀物。我只重個人的名利而不顧讀者金錢和時間的著述家，我反對粗製濫造的博而寡要，無當的書刊。

書評

于鏡宇編（八）

每週刊出兩次

「怎樣利用圖書館」

（開明青年叢書）

民國三十五年三月開明書店出版

[illegible]

"Reader's Guide to Periodical Literature" [illegible]

[illegible] Dedication [illegible]

[illegible] Federation and Word order by Duncan & Elizabeth Wilson London. Nelson 1939. [illegible]

[illegible]

To
CHARLES & KATHERINE FLEMING
Parentibus amicis

Wahn'est du etwa,
Ich Sollte das Leben hassen,
In Wusten fliehen
Weil nicht alle Blütenträume reiften?
Goethe Prometheus.

[illegible]

第二次世界大戰總結

——戰爭與和平

中華生活雜誌社編　上海開明書店

[illegible]

書評

于鏡宇編

（九）

每週刊出兩次

中國疆域沿革略

童書業著　開明書局印行

俄羅斯漫遊散記

高爾基著　上海開明書店發行

杜威教育哲學與活教育

——推薦活教育月刊第四卷第三四期合刊——

青年學生課外讀物——「讀書通訊」半月刊推薦

中國文化服務社出版

書林平話（十）

于鏡宇編

通訊處：南京郵政信箱五二九號

百歲老人遺澤 馬相伯先生文集

方豪編

民國三十六年北平西安門上智編譯館　二〇又四四八頁　冠像一葉　價二萬元

丹徒馬相伯先生，生於鴉片戰爭之年（一八四〇）四月七日，卒於抗戰後二年（一九三九）十一月四日，壽逾期頤。先生畢生精研中西學術，興辦高等教育，手創震旦、復旦兩大學，發起輔仁大學，並曾任北京大學代理校長，梁啓超、蔡元培、于右任、邵力子諸公，皆曾隸先生門下。故此集中不少關於文教理想及計畫之文字。自民初之「上教宗求爲中國興學書」，及函夏考文苑文件等，即見其端，而書牘序跋尤多，實可作叢書提要觀也。余對此最有興趣，特爲摘錄於左：

拉丁文通敍言　光二
九　也是集序　光三
英華撰　墨井集序　光三
四　吳漁山撰李問漁輯古
文拾級序　宣元　李問漁
編　求新廠出品彙錄　宣
三　乘志彙編　新史合編
直錄　晉譯名辭合璧引言
民二　重刊辯學遺牘跋
民四　（利瑪竇撰）　重
刊主制羣徵序　民四（
湯若望撰）　萬松野人言
善錄序　民五　言善錄再版
序　民七　元代也里可溫
考序　民六（陳垣撰）
重刊眞主靈性理證序
民七　重刊靈魂道體說序
民七　明李之藻傳序
民八（陳垣撰）　重刊
靈言蠡勺序　民八（陳
垣校刊）　重刻忍字錄略
序　民十（立父編）
致知淺說總序　民十二
致知淺說付刊序　民十二
原言自序　民十二　天
民報發刊辭　民十五　朔
明復先生識稿序　民十七
靈心小史導言　民十七
納氏文法講義敍　民十
八（趙均譯）　孝經之
研究序　民十九（徐景
賢著）　歷代軍事分類詩
選錄　民二十（蔣俊編）
勸善夫人日記與日思錄
）序　民二一（沐季亞譯
國難言論集序　民二
二　宗座代表駐華十週年
大戰特刊發刊詞　民二一
十論序論　民二二　章
鮑斯高聖傳序　民二四
救世福音對譯序　民二五
日沙羅司牧馬師大禮族
蒙來帝氏安德勒自序　民
二五　題馬懋忠畫蘇行三
錄　民二五　題天主教傳
行中國考（蕭若瑟著）

先生善拉丁文、希臘文及法文，與弟建忠共著馬氏文通，以新文法研究中國文言之禮與，更主張以拉丁字母寫中文，其要多可於文中見之。先生虔信天主，而絕對主張信仰自由，政治民主，倡導人民團結自救，實施憲政。讀者當留意以下諸篇：憲法草案大二毛子問答錄，保持約法上人民自由權，憲法向界，約法上信教自由解，國民大會議，民國民照心鏡，國難芻議，國難人民自救建議，中國民治促成會發起宣言，民治私議。

是集凡收論文尺牘序跋等二百零六篇，按年排列，附家書節錄六十六通。已刊諸稿，必擇其曾經先生手校者收之；未刊稿，必擇其親筆者錄之；其爲先生口述他人筆錄者，必註明之。編者之審愼，有足欽者。此外楹聯詩詞等，將另裁續集，而長篇著作不便集入者，則具載其名於凡例中。

書前敍事略一篇，百年行蹟，瞭然在目。因思西洋著作中傳記爲一大宗，文人匯集於巨帙，讀者亦渴望其書。我國則文集之書爲多。如相伯先生者，躬與遜清及民國兩代大政，一身繫中國近百年文教者至鉅，其傳記大有助於中國近世學術史、政治史、宗教史、外交史。然傳記者，解說一人之思想與事止，究不免因著者之主觀而或有失眞之譏；文集則將與一人之自白，爲最可靠之信史，誰人未有對已不忠者也。此點容當詳論之。（吾愚）

訓導實施

伍瑞鍇編著

三十六年廣州廣東文化事業公司發行

教育在中國的失敗，首先該說到的，該是學校裏的訓導工作了。訓導這工作是相當困難的，搞得不安當是會得到惡果的。執行訓導的人員，說得不客氣些，眞難找得有多少人能眞正做得合理想的。本來訓導的人是應該與學生生活在一起的，然後才能發展訓導的效力的，可是，事實上，因執行訓導的人的不安當的行爲，往往使學生不敢與其接近，甚且一看見訓導的人就感到憎惡。這談起來，眞是痛心的事。

伍瑞鍇氏這本「訓導實施」是根據其多年辦學的經驗寫出來的，資料得自經驗，實是不可多得的。內容及搜集的資料相當豐富，並列有教部教育綱領、南開學校訓導綱要等圖表甚多。全書幾乎大部篇幅插附這些法令及圖表。全書分爲八章：第一章訓導的意義：第一節訓導包含管理訓練和指導，第二節訓導就是訓育，第三節訓導是與教學合一的；第二章訓導的制度：第一節合監督制，第二節級任制，第三節導師制，第四節委員制；第三章訓導的標準：第一節中華民國教育宗旨，第二節三民主義教育實施原則，第三節訓育綱要，第四節小學訓育標準，第五節中等學校訓育要目，第六節青年訓練大綱，第七節新生活標準；第四章訓導的原則：第一節十大基本原則，第二節其他原則；第五章訓導的方法：第一節中心訓練，第二節團體訓練，第三節個別訓練，第四節課外活動指導，第五節衛生指導；第六章懲獎問題：第一節懲獎的心理根據，第二節懲獎的原則，第三節中小學生所犯過失，第四節懲獎辦法及其效果；第七章學潮問題：第一節學潮的成因，第二節學潮的處理，第三節學潮的預防；第八章訓導成績的考查：第一節由教師考查，第二節由學生自己反省。此外，還有作者的「我的教師生活」一文。

在「訓導的原則」一章中，對訓導上的一般弊病，給予糾正，言之甚爲恰當，因訓導的施不能以壓制或命令，而應因勢利導，尊重感情的訓練。作者在第十原則中說：「養成學生運用自由及行使自由的習慣和能力」，這點是相當重要的；自然「自由的行使」也得有步驟不可，不然就會趨於散漫了。但在「訓導的方法」一章中第四節「課外活動指導」中，卻有一條限制學生活動者，實有前後矛盾之處。作者把這限制的條列分爲六類：（一）以學業成績高下爲依據，（二）以年齡大小爲依據，（三）以健康證明爲依據，（四）以年級高低爲依據，（五）以性別爲依據，（六）以性質爲依據。這六條中，以（一）及（五）最有問題，這種決定方法實不合理之至，這是無疑取消學生活動的權利，當然談不上自由了。以成績的高下來決定許可學生參加會社，這點，我實在不敢同意。因學生對某種會社有興趣，而優學業成績不高，就剝奪其參加的權利，這是違背學生生理心理的發展。以年級高低爲依據，這也是可笑的方法。低年級生也有活動的能力，只要對功課沒有妨礙或諉生不會的幹事呢？而作者最不合理的決定的是以性別爲依據的一條，禁止男女合演話劇，不知作者何以如此決定？是否因男女合演話劇而會發生曖昧的關係嗎？如果根據心理學的話，那已證明是不可靠的，那麼，是根據甚麼而定的呢？

在「處理學潮」的一節中，「開除鬧事學生」一條上說：「……對於失了理性或別有作用的學生不能不採取這一步驟，以免貽害大衆」。如何算是「失了理性」？什麼是「別有作用」呢？一個學校當局因學潮開除學生，稱爲失了理性，甚麼因子促成的呢？如果一間學校辦好，學潮又何由產生？我覺得這本身還是學校當局的責任多，而學生是不能負責的。

綜合全書所述，作者對資料搜集可以說是相當的盡力了，不過內中矛盾過多，不能自圓其說。此書作爲訓導上的參考則可，如果想從這本書中找求訓導方法的全部接收，實在會失望的。作者概念式的敍述多，而經驗是否眞能照其所定去做而不致出亂子，這就頗有問題了。這本書中，對教部的法令章則插入過多有，可以說是這本書的特點了。（乃求）

抗戰小說 中日大戰記 第二集

張恨水編著　二冊　價？許　民三六　重慶南岸大佛段重慶出版社發行

這是一部三國志演義體的抗戰小說。第二集從「第四十一回　南嶽會議戰略定新猷，長沙大火有司責首事」起，至「第八十四回　陪都定重慶勝利關鍵，與國爭中華復興氣象」止，對軍事、政治、外交、諜情、漢奸等等均有敍述，並且包括一些抗戰期的文獻。文筆略嫌平淡一點兒，然而組織成這個樣子已經算不錯了。回目用字的平仄不大安，也是小毛病。印刷仍用四川土紙，使人對當時的艱苦事實仍有餘痛。

第一集四十四回，原名中日大戰史，沒看見過。已經託人去買，「還」得到，當再報告。（宇）

國聞評證 第一冊

陸翔譯

上海開明書店出版　一又二三一頁　定價三十四元

是書爲齊魯大學國學研究所叢刊之二，最先由開明書店出版。共收史學論文七篇，皆關係於中國南部諸民族——邏羅、扶南、泰族者。

（一）邏羅安氏紀功碑探訪記。法國亞陸納爾氏著。邏羅，並非如今人所說，是原始野蠻民族；乃是有其很好的文化；顯著於經史上，但缺資料記載而已。而這些民族，時爲大族（滿族）侵迫，乃藏身於山林，渡其野蠻人之生活，如今澳洲之大山中，於土司野人之間，尚可學取不少資料。

（二）永部罷那國或八百媳婦國史蹟考。法國陳爾編伯德里著。考證永部八百媳婦國之史蹟。中有一段最重要者，即考訂孫拉倫王之年代，相傳神話紛紜，有將此王上溯至佛曆紀元一五〇一年（公元九五七年）者，且有更古者，因無讀懂年紀之證明其爲十三世紀時人，且尚不如相傳之將盛其詞，把這位開國之王傳爲神話一樣。

（三）扶南考。法國艾莫涅著。屬清以前矛盾的觀念，而把以前對於扶南泰族等史料之糾合不辨者，加以糾正。並確定歷史上之扶南國範圍地點，及中世紀之扶南史蹟，條陳說明，詳盡之至。

（四）泰族侵入印度支那考。法國闊番傳巴德里著。分上下二篇，敍述泰族本在中國之南部，其後因種種環境之更動，而入印度支那半島。並詳加分析中國南方諸民族——尤其諸泰族——的史實及發展的經過和因素。

（五）古代邏羅考。法國艾莫涅著。古代之邏羅諸古國，大致在五世紀時爲干陀利，是殆從隆盛於三世紀之扶南所分出者，在七世紀時，則確然無疑爲赤土國。邏羅不僅近代，即在古時，受中國文化之影響極深，試舉一端：「在輸入馬來文化之後，當公元三世紀時，中國文化施於邏羅亞之影響至爲偉大，其中三份占一之字，可決定其爲中國字。中國人以五聲輸入邏羅，所製影響之強盛，使其所操之語與其本土語絕異，並使其後輸入之梵文及他種印度文皆讀近單音字，每一拚音，皆被以五聲之一。……爲中國人不特以大量之中國字輸入邏羅，並數以本國發音之方法。……」

（六）邏羅諸古聲明王許發源考。法國戈岱司著。譯者之注，可舉此篇：「余前譯艾莫涅著古代邏羅考於逮古邏羅一代君主淵利印達提俗牙之開基創業語焉不詳，今得此篇，足相羽翼，故復譯之，以補艾莫涅氏論文之漏。」

（七）緬甸蒲甘剛末葉史。法國羽培蕃著。此篇由（甲）緬文史料及（乙）漢文史料撰集整理而成。

法國人常言：「東方之學在巴黎」。這一句又是驕傲又是諷刺的話，在我們中國人聽起來，尤其覺得不入耳，但是我們如若以學者態度，來研究這句話的意義和其驕傲的，就可知道法國人是的確可以這麼驕傲的。不論工具材料與研究方法，都在在可以引起我們的學習與興羨。他們有東方語言學科學校，把每一個地方的語言文字弄精通之後，再把一個一個地方的資料史實羅列起來，從事研究。並且還要個個探測隊到處考查研究，發現資料……。就拿這些工具和資料，在中國實在找不出來如人家那麼好又那麼多的。何況他們把研究所得，發表在專門研究東方學術的「亞洲學報」（此刊已有很悠久之歷史）上，以供學者研究討論呢？

此書多譯自亞洲學報。法人治學，鈎稽深邃，考證精微，工具完備，是以一有新資料，許久以來之不決之問題，即可迎刃而解。再加以每篇之後，譯者附有極詳細之註釋，可以使人一目了然。對於南方諸民族，可以知其梗概及[illegible]。（伯勤）

于鏡宇編

（十一）

每週刊出兩次

美國人評：「中國之命運」英譯本

霍光華（Charles J. McCarthy）評　熙春譯

正式譯本：紐約麥克米倫公司印行　二六〇頁　價美金二元七角五

左派譯本：賈飛（Peter Jaffe）編註　羅依出版公司（Roy Publishers）印行　三四七頁　價美金三元五角

[illegible]

THUNDER OUT OF CHINA

[illegible]

編者按：此篇譯自三月出版之America週報第七十六卷第二十二號。譯者爲原作者之知友。

新刊全相平話 武王伐紂書 三卷

[illegible]　四又一二二頁

三十六年三月[illegible]出版

[illegible]

中國新文學教程

胡紹軒著　四又二五七頁

三十六年貴陽文通書局印行

[illegible]

平衡 書評

（十二） 于鶴年編

許傑短篇小說 別扭集

·京·

開明書店印行

三十六年二月初版 八又一六三頁

別扭集為許傑於抗戰中所寫的最近短篇小說集。這個集子裏，一共收集了五個短篇：的離愁、拉繩者、喜筵、勝利、一個小小的開扭等篇。

[illegible]

省組織法論

胡次威著 正中書局印行

三十六年二月初版 六又八六頁

「省組織法論」，是作者繼「縣自治法論」後又一著述。在動將實行憲政的今天，我人對於省組織法實應有深刻的了解。

[illegible]

苞桑集

[illegible]

二七又一六六又四頁

[illegible]

安定國際金融計劃

財政部財政研究委員會叢刊之三

三十六年三月 非賣品

[illegible]

書林評話

于鳥中編

（十二）

每週刊出版一次

通訊處：南京郵政信箱二九號

圖書編目學

金敏甫編著　卅五年十二月上海正中書局出版　二七六頁　定價五元五角

在我國關於圖書編目的書，這是最完備的一部了。金君根據[illegible]圖書館十餘年的經驗，把歐西圖書編目的原理和方法，配合了我國固有的目錄學，著成了這一部巨著，對於中國圖書館界和學術界，應有相當的貢獻。

全書分上下兩篇，上篇為理論與沿革，下篇為編目條例。

[illegible]

英文困學記　上卷

方進文著　三十六年上海名山書局　六又二一七頁　價不詳

[illegible]

三百六十五日怎樣過

——新中華國民生活曆——

陳果夫邱培豪著　民國三十六年正中書局出版　四四又三二九頁　定價二十元

[illegible]

文風學報

三十六年三月創刊號　廣州國民大學文學院出版　約一五〇頁價四千元

[illegible]

「I've got uneven teeth」[illegible]

「[illegible] have got 呢？got 不是得到的意思嗎？」[illegible]

[illegible]

書林平話

于非 主編（十三）

每週刊出兩次

孫子新研究

李浴日 編著

民國三十六年南京世界兵學社增訂再版（卅五年八月初版）二二又三〇六頁 定價八千元

孫子十三篇是中國現存最早的一部兵書，中國的軍事哲學，也是由這部書所建立起來的。自來研究中國軍事理論的，不論中外，都奉孫子為圭臬。歷代注者輩出，共有百餘種，而以曹操之注為最古。宋人吉天保集曹操及梁孟氏、李筌、杜牧、陳皞、賈林、宋梅堯臣、王皙、何延錫、張預九家之注，編成十家孫子會注十五卷，以爲前人讀是書所校訂的最佳本，流行甚廣。日本人注孫子的亦甚多。英文譯本則有Lionel Giles, Catpca throp兩氏及我國鄭麟氏（Cheng Lin）三種譯本，孫子已成爲世界性的了。但就中國本身說，「降及現代，雖有人作新的注解，但爲數亦不多，佳者尤少，於此不能不令人感到中國近代兵學的衰敗。」「本來戰爭是不祥之物，是大流血、大浪費、大破壞的潮流，自第二次世界大戰結束之後，我們不願再來談戰爭，講兵法了，但以新的世界尚未產生，舊的世界依然存在，列強間矛盾的衝突日益尖銳化，而世界各弱小民族仍未得到解放，所以在這個時候，乃想『消滅戰爭』、『廢除兵法』，此心雖善良，其事則近於作夢。」站在戰爭不可避免的立場上，本書著者，乃出版了他的這本「孫子新研究」。

……

最重要的還是著者補充或是修正孫子的意見的地方。因為孫子是兩千多年以前的人，由於現代軍事知識的進步，有許多事情非他所能預見的，因而適當的補充和修正就成為必要的工作。如始計篇七計節（即「主孰有道？將孰有能？天地孰得？法令孰行？兵眾孰強？士卒孰練？賞罰孰明？吾以此知勝負矣。」）編者以為應補充三項：「（一）財政孰足？（二）生產（農工業）孰富？（三）外交孰利？」又如作戰篇論兵器時，著者「認為古代的武器和近代的不同，近代的武器以重工業為基礎，……所以假使孫子生在近代，他在這裏必力說重工業的重要性了。」而最重要的如：「用兵之法，高陵勿向，背丘勿逆，……

關於孫子文章的考證，著者也多次的提出。但這是附帶的敘述，本書主要目的是在軍事學上的討論，這裏也就從略了。

本書可以批評的地方也有。就全體說，組織的條理仍欠嚴密，段落也不十分清楚；有時為解釋所引用的話，與作者的話，混淆不清，希望能夠改正。……二、軍形篇「善守者，藏於九地之下；善攻者，動於九天之上，故能自保而全勝也。」……三、在九地篇，著者解釋「兵地」兩字時，引用一大段Lionel Giles氏的英文評注，這是大可不必的，因為本書是給中國人看的，關於兵地的歷史，中文材料中多得很，何必定要借材異域？這些都是小問題，是在著者的能力範圍，是不難修正的。

孫子是中國古往今來的一部兵書，是值得研究的。本書著者對此書確曾下過一番研究的功夫，與泛泛之作不同。在全書末尾，著者對孫子有一段很好的話，我們引作本文的結束：……」（續完）

三十六，四，二十二於南京。

研讀古書的工具

——介紹「中法漢學研究所通檢叢刊」

……（續）

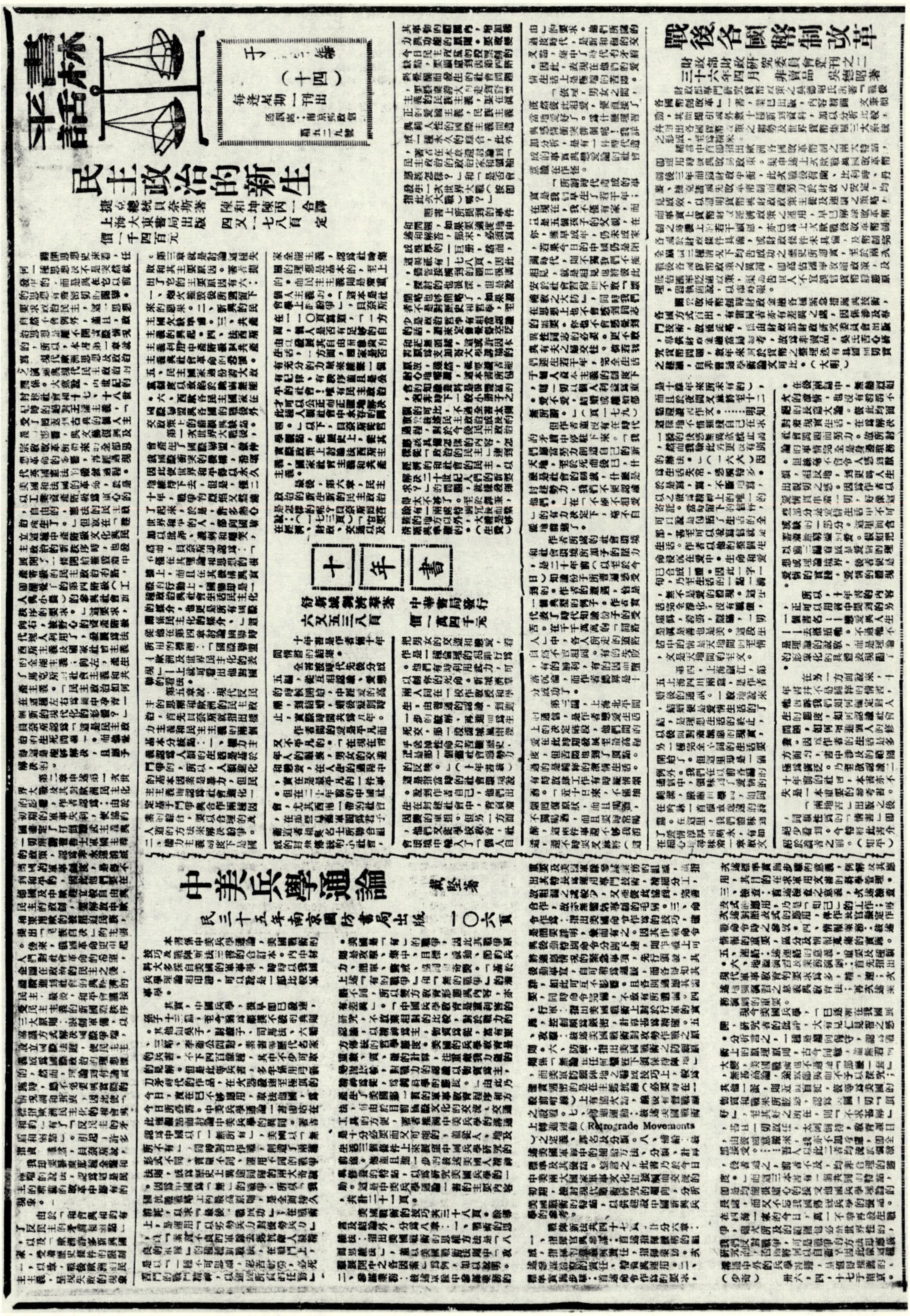

書林平話

每逢星期一刊出（十四）

民主政治的新生

捷克總統貝奈斯著　陳和坤陳丙一合譯　上海大東書局出版　四又一七八頁　定價一千四百元

綜觀思想史來看，任何一種思想決不是突然就發生的，而是與在它以前的思想有着密切的關聯。要求政治民主，這一思想自然不會例外，並且，政治思想是離不開實際情况的，所以，本書第一章就寫現代歐洲思想及政治之演進與現代民主政治的關係。大意說，中世紀的封建社會和十七、十八世紀時的絕對王權主義，「受了他返於古典的個人主義」影響，與文藝復興及宗教改革所帶來的全部思想革命的影響，再經過現代英國憲法的發展過程。美國和法國的革命，於是「以工業資產階級爲重心的，自由的，憲法的民主政治產生了。」但就在「建立這種中產階級文化與民主政治的新秩序時，也展開了一條開始摧毀這中產階級的民主政治的路，因爲從了的第四階級（工人與小農）的參與社會新秩序的要求。」這要求，向右，被野心的資產階級代理人利用了，發展爲法西斯主義及國家社會主義的全能主義；向左，產生了馬克斯的社會主義和共產主義。「民主政治如何在這種左右兩面中孕育一個新的現代化的形體？」貝奈斯所認爲「這是民主政治的生死問題」。而他覺得這是能够解決，且應予解決的。

第二章申述第一次世界大戰及其對歐洲民主化的影響，作者認爲：由於初期的軍事失利，使協約國遵定了打倒黷武主義與一切所謂霍亨索倫主義的政策，認爲非永遠消滅德國的軍事制度，是得不到和平的，因此他們要在德國及中歐建立較自由與民主的政制，要解放中歐和東南歐的被壓迫民族，提出「民族自決」的主張。後來，俄國革命更引起人們對社會革命的希望，企圖在政治的民主之後，繼續進到社會的與經濟的民主。最後，和平會議接受民主主義的新國際秩序三大原則：裁減軍備，以協議方式解決國際爭端，設立國際法庭，使民主主義成爲國際政治的理想標的，然而，理論到付諸實施時，總不免要與實際的情况調和折衷，因此使「際擬歐洲民主化的和會與和約」有了「反民主的矛盾和弱點」，引起了許多指責。誠然，貝奈斯說，「我卻要舉出那種全盤和極端的說法，認爲這是民主的精神的改革中都有的現象。」

由於「和會與和約有了反民主的矛盾和弱點」，以及一般歐洲許多新興國家，受着歷史條件的限制，以致，戰後歐洲的民主主義，呈現失敗的現象。第三章就是討論這種失敗和其主要原因。著者提出了它的主要原因有六：一、炮火摧毀後所遺留下來的惡果。二、新興的民主國欠缺準備。三、共產主義的興起。四、法西斯主義利用中產階級與共產主義與社會革命的恐懼。五、民主國家過份誇大政黨制度以致陷於脆弱無能。六、西歐各民主國家在國際聯盟與各國的戰後外交政策上的錯誤與缺點。

第一次世界大戰後，產生了國際聯盟，做仲裁國際衝突的機構，希望因此使世界和平得以永久地維持下去，但是，僅二十年，戰爭的烈焰又燃燒了起來，於是，許多熱心世界和平的人，都向國聯加以批評、譏刺和嘲笑，然而，貝奈斯卻認爲：「不僅在其理論和思想的根據上，而且在其機構與實際的行動上，國聯卻是一種政治與社會生活民主化的媒介，也更是所有國際關係民主化的媒介。」這從他在第四章討論國聯時所用的標題：「國際聯盟——歐洲及世界民主化的表現」——上就可看出他對國聯的看法。

第五章說：現代反民主的思潮和歐洲的民主政治，首先貝奈斯就指出權力主義和民主主義的兩個基本分歧點：一、權力主義認爲人類的生活是基於鬥爭的，所以，人類進化的基本因素是暴力，但民主主義則認爲社會進化一定基于鬥爭與合作兩種因素的綜合，要以合理的及人道的方法來解決紛爭。二、權力主義制度下是國家全能主義，認爲社會集團的理想是基本的，至上的。而民主主義則是着重個人主義的。「這本是社會學上的紛爭」，貝奈斯在一一〇頁寫道，「一方面，個人是否有足够的自由以發展其自由和個人的生活，一方面，國家是否有充分的力量來維繫一個有紀律、有秩序並且是公平的社會！唯有民主政治才可以公正而正確地解決此種人類社會中永存的問題。」以下，貝奈斯從哲學觀點，從歷史上，從其實際政策上討論法西斯主義，國家社會主義和共產主義。

最後，第六章，民主政治的新生新的民主政治是怎樣的呢？貝奈斯回答說：（一七三頁）「它要在經濟、財政、交通以及其事物的範圍內，要增加力與功能的[illegible]……成一種永久的綜合」，此外，著者在本章討論到「民主政治的政治家和領袖應該怎樣？」和「是否會發生一次世界大戰（按即指此次大戰）嗎？」

照書上所提到的事件和問題，如果要適度地申述和解答，那末必須寫成很厚的一巨冊，然而此書祇有一七八頁，因此，儘管接觸到的問題很多，探討的也很深，但是[illegible]……

十年書

舒新城劉濟群著　中華書局發行　六又五三八頁　價一萬四千元

十年書是作者們十年間情書的結集。

全書按時代先後分成五編，從互相認識、愛戀的時候開始，中經愛的高潮，到結婚，婚後別離時止，實際時間共爲九年。

作者們的愛是平凡而又不平凡的。「在現在青年人的眼裏，男女的交遊和戀愛，在人生的過程中，實在是最平凡的一件事。但在二十年前的中國社會，尤其西南一帶的社會，在那些以舊禮教爲君子衛道者相與名士所聯合組成的封建傳統的小社會，把男女的交遊和戀愛，看作是一種倫理的犯罪行爲。他們有時利用武力，可以制你的死命。新城濟羣兩人同在一校作教授和學生，由普通的認識，到進一步的瞭解，再進而爲生死交，那一段滿城風雨般幾乎送掉一性命的苦難歷史，正是那一個舊社會惡勢力的反映。」（十年書敍）這是指當時的社會環境說。說到作者自己，他們出生在封建社會中，背負着因襲的重担。但另一方面，他們又從學校教育，社會環境中輸入了「個人自由」的要求。他們所謂的過渡時代，是新和舊的交叉點，集中了時代的矛盾。因此，表現在他們的愛情生活上是極端的苦悶。「依理，男女之間，既然彼此相愛，便直接了當地愛好了。爲什麼理智與感情衝突呢！我評加分析，是有一個時代遺成的事實與戀愛論的社會意識在作怪。

「所謂時代造成的事實是，我們早生了若干年；在現在，我不僅有了家而且，是五個孩子的父親，在你，雖早成年，仍未成家，若果今日的中國仍是閉關時代，則不獨我們不能相見，就是相見也將彼此安於社會習俗而不敢「擴越禮法之大防」，同時我們在思想上也不會感到同志的需要。你也不會感到異性同志的必要。更不敢與有夫之婦交往。倘若我們遲生若干年，完全生活于個人本主義的制度下，那一切以個人利益爲重，愛不愛，結婚或離婚都無所謂。」（頁一七九）

但作者並沒有在時代的矛盾中停駐下來。「我們總當努力創造自己的新天地，至於死而後已，什麼是社會的制裁，什麼是封建勢力，我們不願認識他們。」在「不能不相愛」的有力決定下，毫不自餒地前進了。

作者所處的社會環境和社會環境所加予的壓力，是二十年前（以至於今日）知識份子所普遍感受到的。作者的遭遇，恰是一個典型的例子。作者實代表了時代知識份子的受苦。在千千萬萬的「同路人」中，各人所走的道路自然不會相同。有的失敗，有的勝利，有的因而墮落沉淪，而作者總算是十分成功了。

第三編，上海北平間的通信，是作者戀愛生活上的決定階段，他們間的愛，在此時期發展至最高度，但苦悶也到了頂點。過的是純粹的激情生活。有時放肆工作有時縱情煙酒。「近十日來，不僅抽烟回復原狀，而且喝酒，不獨喝酒，而且要時常喝醉，這兩件事還不够我消遣，還不時要叉麻將（這是十餘年來所未有的），而且於夜間又麻將至十二點後還讀書作文。……明知這樣地不惜糟蹋自己，在求一瞬的快感無異飲鴆止渴，然而我除此以外更沒有別的辦法。」（一六六）因爲生活失常，感觸特多，於是寫，寫，不斷地寫，以之做爲精神上的唯一的寄託。當時留下的信件，可以說是包括了生活的全部，甚至可以說寫信就是生活。作者以他的整個生命浸沉在愛中。生命和愛已合成一體。因此一字一句，乃至生活的一點一滴，無不是愛的體現。這些話完全淨化，沒有虛僞，誇張，隱瞞，一切都是眞是善也是美。這段話中的情是天地間的至情，文是天地間的至文。

第四，上海鎮江，第五上海四川兩編，是作者婚後的通訊。一般地說來，結婚便是愛情生活的了結，是理想生活的終止，以後面對着赤裸裸的現實，另一種完全不同的生活要開始了。但這里却是一個例外。我們在以前各編的通信中，領略到了愛情的純潔，嚴肅和偉大；如同在吟詠一首優美悠遠的詩篇。在這里，我們體味到了愛情的深厚，有如在細心地尋味着一章散文。在後兩編中，無論如烈如火的熱情，也沒有若狂不絕的長篇大論。彼此均面對着現實生活，在爲解決社會問題而努力。故所討論的事情完全是身邊瑣務。但絲毫不會令人感到厭煩，相反地，更叫人生出親切之感。因爲作者以愛情貫串着一切，好像這些部分是愛情生活中不可或缺的一部分。這里面含蓄着無窮的愛。假如把以前三編看成是愛情的理想或理論境界，後者便是愛情的實踐，愛情的體現。

所以，十年書的內容，正可以用書中提到的另一個書名——戀愛與人生——去概括牠。不過牠不是理論的敍述，而是理論的形象化的具體表現罷了。

在另一方面說來，十年書并不是純粹的情書，牠告訴我們如何確定對人生的態度，如何認識社會問題，如何增進個人的修養。因爲作者的生活是多方面的，書中涉及的範圍極爲廣泛。乃至欲認識二十年前的社會，本書亦不失是一本重要的參考書。

「兩地書」出版之後，同類性質的「情書」即絕少看到。今特將此書介紹於讀者之前。（知平）

中美兵學通論

戴堅著　民三十五年南京國防書局出版　一〇六頁

本書係中美兵學通論，美國戰術的技巧及戰陣新法三書的合訂本。內中材料大多採自美國的軍事學，時時以我國兵學理論相印證，可以說是一部比較軍事學。

其實，中國兵學，很早即已發達，孫子十三篇，至今猶爲顛撲不破的典籍。其他如吳子、尉繚子、司馬法、六韜、三略、李衛公問對，素書等歷代名家的兵書，不下四百餘種，其中不少可取的見解。但是此等兵書，多半係用弓箭刀矛時代的作品，在火器發達至極頂的今日，實在已不够應用，取法他國，爲今日所必需。中美兵學通論一書卽站在此種觀點而討論中美兵學的異同。著者認爲中國以「一無所有」，美國以「無所不有」，同時對日作戰，創造了兩種形式不同、質量不同、運用不同的戰爭法則，成爲歷史上異途同歸的兩大奇蹟。因爲中國爲「無」的戰爭，所以「我國抗戰戰略上的最高原則，是全面持久消耗，以求『最後勝利』」；在戰術上，是運用『以劣勢兵力對優勢兵力』，以「素質不良的軍隊去抵抗敵人最精良的軍隊」的種種新戰法，在戰鬥上，是以「一種不可思議，忍苦耐勞，必死奮鬥的戰鬥精神，以達成所負的任務」。美國是「有」的戰爭，因此其戰爭原則是攻擊、集中、目標、機動、節約兵力、簡單、警戒、協同和奇襲。「基於上述「有的戰爭」和「無的戰爭」的顯殊不同，所以雙方教育形態與內容，亦有差異」。「中國兵學教育是實利害的研究，不故索相對的比較，對於戰力的認識，以精神爲主，物質爲從，富有東方傳統的哲學態度。美國的兵學教育是重數、質、量的計算，注重敵我力量的想像比較，對戰力的認識以物質爲主，精神爲從，爲純科學的態度。」由此乃產生了美國那一貫的軍事教育程序和方法，又由於目前協助文化的交流、交通工具的方便，著者推測中美兵學的溝通是十分必要而又可能的，並從人、地及生活三個條件上來展望中國兵學研究的前途。他並且進一步的敍述美國人精神與修養的特點，以爲研究美國兵學的一助。這是中美兵學通論一書的主要內容，共計二十一頁。

美國戰術的技巧共三十八頁。除導言及結論外，分爲八章：一、戰術的思維法：指出美國戰術的思維方法是「八面思維法」，並以美國戰術法則中「攻擊展開中之各因素」爲例，加以說明。二、參謀業務：敍述軍隊中參謀業務的重要及美國軍隊參謀業務的組織，並指出其特長爲運用專門技術，精細分工，故組織之誠較少，又能彼此協商，完善合作，故亦無繁殖專權的毛病。三、命令作爲：指出美國命令作爲的技巧，確是簡要詳明，兼而有之。因其作戰命令與後勤命令分別下達，即作戰上可時適應情况的緊急事項，先行頒發，其後勤事宜，自可稍爲遲緩，而各得知其需詳，如此可互不影響。且各用適應其需要，同時命令完備，不致有所遺漏。四、行軍：指出美國戰術上對於行軍的實施，頗爲嚴密，計算甚爲精確。五、攻擊：敍述美國戰術對攻勢作戰之原則。六、防禦：指出美國戰術之防禦原則係「無論在任何情况下須保持陣地」，而美軍防禦陣地之編成技巧上，較爲注重的是在主抵抗線（必要時設前哨線）上有協火點，縱深有警戒組之設置。七、轉進運動：敍述美國戰術上轉進運動（Retrograde Movements）之定義、譯名及分類。八、補給：敍述美國軍隊中的補給方法、分類、計算標準及其優點。綜言之，此書乃於今日中美兩大國家軍事文化初接觸而交流的初期，檢討現代戰術研究的趨向，分析美國戰術的特點，以供建設中國新興兵學的參考。

戰陣新法共四十七頁，計分六章：一、指揮官與參謀：首述指揮藝術的組成，指揮的要素與責任，指揮案例。次述參謀的責任、特質與運用。二、標準實施步驟：首述命令作爲的要求，次述標準實施步驟的意義，例解及其應用，其目的在求軍用文書的科學管理。三、檢查：首述檢查之意義，次述檢查表式的應用，乃是「知己」的工作；再次述對照表式的應用，俾作其官擬定作戰命令時之參攷。四、情報業務：敍述情報的重要，區分及情報蒐集的實施。五、連絡：述連絡的意義，重要及種類。六、地圖演習及業務演習：首先指出現代軍事教育的要求爲多，精，速；次述地圖演習之意義與敎育法；再次述業務演習的重要。

現今美國兵學，「已逐漸在我國兵界，研究者的批評，大有見仁見智之感。分析言之，一種是絕對保守，認爲戰術上的原理原則，古今同轍，並無若何大變，美國戰術也不過是「那麼一套」，無甚高論，遂致鄙夷而不予以探究；其他一派，則近以盲從，彼等爲美國的物質和戰果所眩惑，認爲美國一切「頂好」，至其好之所在，則「不求甚解」，甚且一切放任，[illegible]，由彼國意識所來，我亦不加考量，囫圇全部接受。……吾人以此二者均流於偏激，後者過之，前者不及，均非合理的態度。」而這三本書有一個共同的特點，即是均能很虛心的接受他國兵學理論的長處，而又不忘我國傳統兵學的優點。在四海一家的今日，爲了不幸再發生戰爭，戰火所及的範圍也必然世界性的，我們反對戰爭，可是戰爭的方法卻應該研究的，否則將何以自衛？因此像這種溝通中外的兵學書籍，是值得推薦的。（少奇）

卅六，四，十七于南京。

戰後各國幣制改革

財政部財政研究委員會叢刊之二　三十六年四月　非賣品　吳德昭著

財政部專門研究貨幣政策之吳德昭氏所著「戰後各國幣制改革」一書，業已出版，內容精闢，文筆細膩，其間援引國外數十種新到資料，加以分析比較，并指出各國貨幣政策之趨勢及世界貨幣集團三大系統之形成，至爲精采。

緒言中首即指出歐洲各國改革幣制之兩大特點，即運用時機與改易政策。其中述上次歐戰與國改革幣制後三年而獲財政平衡，此次戰後荷蘭、比利時、丹麥、捷克諸國先改革幣制而後努力於財政之安定，均見成效，以證明貨幣與財政政策主從及連環之策略，而事實上貨幣財政經濟政策之運用，早已解除改革幣制之尊嚴上至若干國家，亦已爲上次歐戰後改革幣制各國於財政條件具備，或財政條件未具備，及幣制完全崩潰三種情况下均告成功之歷史所證實，至於兩次戰後各國貨幣政策之異同，如高估匯率收縮政策，及低估匯率貶値政策，吳氏告世人不宜誤信貨幣靜態原理，固執陳說，以遂時艱。

關於改革幣制時財政金融各種緊急措施與技術，各國方式百出，有雷同者亦有差異之處，因係涉及專門技術，故僅從略，係由財政部財政研究委員會出版，專供財政金融當局參考，故爲非賣品，吳氏苦心研究貨幣問題，數年來對於貨幣之整理迭有具體而切實之建議，自非普通學術論文可比。（大明）

平書評林

手［？］号 編（十五）

每逢星期一刊出

通訊處：南京郵政信箱五三九號

國父思想研究

意迪人著

民國三十六年四月南京再版（三月初版） 二又一七四頁 石鼓路巷三十號之四出售 價五千元

南洋與東南洋羣島誌略

陳壽彭編著

卅五年上海正中書局初版 二又一七四頁 三元六角

心理衛生之道

介紹「怎樣保持精神健康」

張國華著 民卅五上海獨立書店

五又一〇九頁 價二千五百元

三民主義革命論

劉修如編著 三十五年上海正中書局印行

一〇又二三九頁 四元六角

書林平話

論機關團體的組織與管理

于[illegible]編

（十六）

每逢星期一刊出

通訊處：南京郵政信箱五二九號

團體學： 汪綸著。民國三十六年南京大衆時代出版社。四又六五頁。定價三千元

機關組織論： 陳果夫編著。民國三十五年上海正中書局。九又三七頁。定價九角。

機關管理一得： 黃炎培著。民國三十五年上海商務印書館。一一又八六頁。定價一元。

自從西洋的科學管理方法傳入中國以來，無論是政府機關也好，或是民間團體也好，其組織與管理，多少都有一點改進的地方。但是散漫混亂、浪費人力物力的機關團體在今日也還觸目皆是，科學管理的擴展，在目前仍然是一件重要的事。尤其是經過八年抗戰以後，一般國民在體力和精神兩方面都有了重大的損耗，加以物價的驚人，使得每個人都感到生活的艱難，人事的糾紛便日見加多。因而機關團體內的人事問題便反成了主要問題，這是當前最可慮的一個問題，是應該及時予以糾正的。

談到一個機關或團體的發生人事問題，以及散漫凌亂的原因，工作者的本身不能自檢點固然是一個因素，而機關團體的組織與管理的不得法，尤其是很重要的原因。也就因爲這個原故，現在討論這一類問題的書籍便出版得很多。在這兒，我們特別選擇汪綸氏的「團體學」，陳果夫氏的「機關組織論」，以及黃炎培氏的「機關管理一得」三書來作一個綜合的介紹與評述。

「團體學」一書共分十一章。一、團體生活的必要：謂人是生來就過團體生活的，團體生活才是最美滿的生活；二、團體的意義：著者認爲團體是指「有目的、有規律、有組織、及有某種共同情緒的一羣人的集團」。三、團體的發生：著者認爲團體的發生，從心理學的觀點來說，是鬥爭性、支配慾和同情心的表現；從社會的觀點來說，是立憲政治、社會階級和宗教的產物；四、團體的組成及其解體：團體的組成要經過接近、適應和同化三階段；其解體則經過競爭、反對和鬥爭三階段；五、團體的要素：著者認爲主張、綱領、組織、紀律、領袖與幹部六者是團體的要素；六、怎樣適應團體生活：陳述對於團體應有的態度，並指陳怎樣在團體中做事和識人；七、參加或組織團體時應有的考慮：指出參加或組織團體時應有的四點考慮；八、團體與領袖：敍述領袖的重要、意義、典型、條件、以及領袖的權利和義務，並指出一個團體對待其領袖所應有的態度；九、團體與幹部：敍述幹部的重要、條件及培養的方法；十、怎樣養成團體生活的習慣：著者認爲要養成團體生活的習慣必須打破不平凡的心理，養成團體興趣和接受集體訓練；十一、團體活動應該注意的幾個原則：指出目標爲公、爭取時間、注重秘密精神、講究鬥爭技術、嚴守紀律和習俗道德幾個原則爲團體活動所應該注意的。

「機關組織論」一書共分七章。一、機關組織之意義。二、機關組織之原理：著者認爲機關組織應該指揮統一，如軍隊，分工配合如機器，合作協調如生理；三、機關組織之要素：指出機關組織之無形素質爲目的與功能，職掌與權限，制度與觀念，永久性和適應性；有形素質則爲人員與工作，經費與設備，機關組織；四、機關組織之機體構造：分述繁要與組織，整個與個體，組織中心，最大運用，傳力關係，參謀機能諸問題；五、機關組織之功能發揮：討論下列各問題：平衡與權能，常務與事務，指導與執行，聯絡作用，滲透作用，適當與應變，彈性限度，自動精神！新陳代謝，活力之延續，傳遞與交代；六、機關組織之實體：分析獨任制與委員制，政權機關與治權機關，政務機關與事務機關及業務機關，外署機關，諮詢或協議機關；七、結論：認爲機關組織之原理可相通於軍隊、生理及機器之組織原理，並應以軍隊、生理、機器之組織原理，爲組織機關之準繩，方合科學化合理化之要求」。

「機關管理一得」共分十八章。一、引言：敍述寫作這本書的經過及希望；二至四章係「關於事」，分別討論事的目的，範圍，事項，次序，效能標準，精神控制諸問題；五至十章是「關於人」，討論人的來歷、使用、待遇、考核和升降等問題；十一、關於地：主張選環境、定中樞、重席次、加密聯繫和時空配合；十二、關於物：認爲應該置備必要用具、安設定位、標志分明、移傳登記、收拾整潔和愛惜使用；十三、四兩章係「關於時」，認爲應該有機關史、工作日記，並要實行週會制、値日制和日清制，而於勞逸配當、工時配當、事前與事後、時機與時間諸問題亦有討論，且介紹選時約會法和文件記時法；十五、關於經費：討論預決算、公開會計、金櫃分掌及公私界劃等問題；十六、關於修養：討論公共的修養和個人的修養；十七、餘義；十八、綜解和總論：乃是全書的總結。又附錄一「我之人生觀」、附錄二、「對公開的個」介紹「我之人生觀」一文。綜觀黃著，著者認爲機關管理，必要做到下列各步：一、有定職、有定位、有定時、有定職、有定式、有定程；二、沒有一事、一物、一人、一地、沒人管理；三、人也不許有閒事、閒物、閒人、閒地、由同地位二人以上管理；四、同一二人以上對同一事、同一物、同一人、同一地、惟有就時間來劃分管理；五、若同一時間，惟有就空間來劃分管理；六、對人重於對事，精神控制重於時間、空間一切控制；七、看大環境重於小環境，特別注重於一般的生活，共同的義務；八、修己重於治人，本身作則，由己爲本。（見黃書卷頭語）

通觀三書，汪書材料得自書本，多前人之論；陳書敍自新制，多高超之見；黃書來自經驗，多甘苦之談。而以汪書最爲駁雜，亦最有可議之處。

如汪書謂：「寄語組織團體者，希望大家竭忠盡智，公忠體國，切勿鼠目寸光，斤斤自私，應該爲着國家的前途，而信仰一種學說，切不可爲了便利自己，而故立異端，藉利於公，[illegible]學說，[illegible]切不可[illegible]學說，[illegible]了國家。」這種說法，可說是「鼠目寸光」，一個國家的文化發達，人民康樂，決不是故步自封，墨守成規所能辦到的，而是由於全國人民有着很高的理想，又能努力奔赴的緣故。而高的理想，必須於繁的學說，要想學術發達深度化，則在學術園地裏必須同時陳列着各種花卉才行，不然的話，一律同風的結果，必是學術低落，國步的艱危，[illegible]眞學致滅了國家！因此，學術應該與政治，而不

水滸傳與中國社會

羅孟武著　卅五年上海正中書局

羅孟武先生為有名的政治學教授，關於政治學和社會學方面的著作很多。

[illegible]

這本書裏面一共包括了十七篇文章，[illegible]故事作例。[illegible]

[illegible]社會問題的人，是一本值得一讀的好書。（田風）

性心理學

人人可讀的性學書

靄理士著　潘光旦譯註　民三五
上海商務印書館　一三又四〇六
頁　定價八元

[illegible]

由戰時經濟到平時經濟

三十五年上海大東書局

伍啓元著

七又四三三頁　定價三千六百五十元

[illegible]

聯合國

史國綱著·民國三十五年上海商務印書館初版·三又一〇二頁·定價二元五角·

國際組織的理論與史實，產生很早，而眞正大規模的國際組織，仍當推第一次大戰後的國際聯盟，惜以無力制止強權的侵略行爲而威信掃地。此次大戰後，乃有聯合國的產生，以代替前者。但是，「世界各國，於聯合國組織，率有專書，而吾國猶付闕如，致不通西文而欲了解此偉大組織者，直有無從問津之憾。史國綱先生有鑒於斯，特著聯合國一書，以闡明其原理與組織之大要，……提綱挈要，簡而不漏，誠爲聯合國之指南，世有欲明聯合國之大要者，當必取徑於是書。」（齊序）此書正文共計四章，書末附錄「聯合國憲章」及「國際法院規約」之全文，俾作讀者參攷之用。

第一章係評述國際「組織發展之理論與史實」。著者認爲在我國方面，國際主義的思想，產生得很早，在禮運篇中，已有世界大同的觀念。其後由於地理上的關係，未再發展。至 國父中山先生才又復提倡大同主義。至於西洋方面，國際組織發展的理論與史實，則最爲複雜。從希臘的城市國的聯盟起，依次敍述羅馬帝國實徵時代基督教維持和平的功效；十四世紀 Pierre Dubois，十五世紀 George Podebrad, King of Bohemia，十七世紀 Huyo Grotius, Emeric Cruce 諸人國際組織的理論，而號稱法王亨利四世所作的「大計劃」（The Great Design）也提出來加以討論。文藝復興以後的 Abbe de Saintpierre 和十八世紀的 Rousseau, Immanuel Kant 以及十九世紀的 William Ladd 的主張亦都一一評述。而於一八九九和一九〇七兩次的海牙和平會議，更認爲是創立現代國際組織史中的重要一頁，給予了很高的評價。但是眞正的國際組織的始祖卻仍推國聯。關於第二次大戰期中的和平準備工作，本章也加以描述。

第二章「聯合國的宗旨及組織」，係根據「聯合國憲章」及「國際法院規約」而將聯合國的三項宗旨及原則、會員、機關作一綜合的陳述。而機關一項又分大會（The General Assembly），安全理事會（The Security Council），經濟暨社會理事會（The Economic and Social Council），託管理事會（The Trusteeship Council），國際法院（The International Cofurt of Justice）及秘書處（The Secretariat）等來加以鋪述，甚爲詳明清晰。讀完此章，可獲睹聯合國的全貌。

進一步，著者乃探討「聯合國如何保障及創立世界和平」的方法。史氏認爲「聯合國對於保障及創立和平，可說是兼籌並顧。前者的責任，主要的在安全理事會；後者在大會及其權力下的經濟暨社會理事會和託管理事會。這樣可見在聯合國之中，和平決不是大國所專有的職務，而所有會員國對它都可能有很重要的貢獻。大國和小國的任務或許不同，然而各個對於和平的努力，實際上的價值卻是一樣，並且是缺一不可的。這不但消滅聯合國中大國和小國可能對特的險惡形勢，並且也開闢了美滿團結的情形之下分工合作的途徑。」這是第三章的主要內容。

第四章係批評「聯合國憲章」。著者指出國聯失敗的原因有四：一、先天不足；二、不幸成爲孤兒；三、全體同意表決和沒有制裁的力量，使其運用不能靈敏；四、在重要關頭主持不得其人。而聯合國在這幾方面都較國聯爲進步。但是聯合國也不是盡善盡美的，比如：一、否決權的問題；二、決之定義的問題；三、警衛力量的效能問題；四、區域制度問題，著者特別提醒我們，這都是值得加以仔細研究和改進的問題的。

「我們知道這次聯合國的成立乃係所有愛好和平的人們殷切的期望；所以戰爭還沒有結束，建立這個新國際組織的工作便開始了。再從聯合國憲章批准的速度上看來，更可見它的成立，很少勉強的成份。現在世界上所有的重要國家，都是它的會員國；而其他幾個無關重要的，以及被管制的戰敗國，只要聯合國對於它的職務，力能勝任，遲早總會要求參加的。它無疑地能成爲一個眞正普遍的國際機構；和國際聯盟產生的情形及處境絕然不同。」但是，「聯合國憲章，自身根本脈是白紙黑字。如若各會員國沒有履行及遵守它的規定的決心，它就不會產生任何效力。……它在本身並沒有什麼力量，它的力量是各會員國所願意供給的總合。因此它的成敗，要看各會員國維護它的程度。」而「目前人們顯然還在十字路口，不過全力支持聯合國，以爭取和平的勝利，無疑是該走的大道。」著者在書中充滿着這種肯定和樂觀的態度，給予讀者以世界必須走向大同的信心。（唐超）卅六、五、廿三于南京。

國父逸語新編

陸達節編。民國三十六年，廣州市文化運動委員會出版。一又四六頁，定價一千元。

國父孫中山先生畢生獻身革命，推翻專制，創造共和，豐功偉烈，史無倫比。其一生言行，足以傳之不朽。然 國父早年流亡，晚年綜理萬機，其言論文字廣泛流傳者固多，而散佚者亦復不少，雖有全集刊行問世，而蒐輯之功仍不可無，「國父逸語新編」一書即爲此而與讀者相見也。

此書係陸君達節所編，其所取材，均爲坊間各種國父全集、叢書以及外集、外編等書中所無者。凡關國父言論，苟係有價值有關係之言論，雖寥寥數語，亦加收取。而是編所採錄者，多係平日追隨國父之革命巨子，或曾親聆謦欬之黨國先進轉述之言論，其價值甚高。全書分爲主義、革命、黨務、國家、學術、德行、雜事七類。每類中又分若干條，各條次第，均以國父發言年月之先後爲序。其有年月未詳，或係國父所常說之語，更無年月可言者，則彙錄於一類之末。每條之前，均另製標題，極便簡覽。每條之後，皆注明出處，讀者隨時可以覆按原書。又有編者按語，說明國父發言原委。此乃本書編輯大要也。

此書所載多係零碎言論，然 國父之偉大固可由此見出。如「在鄉村中鼓吹革命」一條記載 國父對翠亨村人說：「你們的縣衙門，是在香山縣裏。你們的衙門替你們幹甚麼事呢？每年衙役到翠亨村來一次，向你們收取衙門所規定的錢。他們收了你們的錢就去了，你們不向他索甚麼，他亦不再向你們索甚麼。還衙役對於一年中村間所遭的事情，無論怎樣的重要，他總不告訴你們。你們的縣衙門與衙役，和鄉村來的人，對於你們村裏的事，一點都不知道，亦不詢問你們，爲甚麼呢？因爲你們未必比縣衙門高明些。你們不要縣衙門干涉你們的事，縣衙門亦不要你們干涉他們的事，所以中間就有了隔閡。他們拿了你們的錢，你們沒有受着出錢的益處。一個政府應該替人民管理種種事情，正像家長應該注意到家人各人一樣。現在你們若是要一條路，你們要自己造的，或者要你們自己捐錢的；甚至清兵所用的橋也要你們出錢造。這裏因爲車子少，我們無須大路，這是確的。但是因爲小路是通大路的，我們也應該鼓勵建造大路。你們既然出了稅，他們應該每年做些事情給你們看的，無論是建造學校橋樑馬路。你們所出的錢那裏去了？到天子那裏去了。天子替你們在這翠亨村裏幹了什麼事呢？沒有，還天子的朝廷這樣的腐敗！你們不要和他的官員有所交涉。你們因爲要他們不加交涉，你們所以付這些稅項。你們知道道路橋樑由你們自己建造；學校由你們自己維持，比滿清人來替你們建造，替你們維持，豈要省得多哩！——你們每村應該利用這些市場、鄉廟，每個村莊與別個村莊的交接可以得到益處。你們都是一樣的迷信，一樣的愚昧，所以這些村子中沒有一個足以爲模範。你們爲甚麼不覺醒起來？記憶着，人們只有齊齊結合的力量，才能夠改善他們的地位呢。」這是 國父十餘歲時鼓吹革命的言論，可知 國父立志革命之早，實爲一先知先覺者。

而且 國父的革命是見於行動，並非僅止於言論而已，所以 國父對嚴復說：「俟河之清，人壽幾何？君思想家，我乃實行家也。」

國父當年革命時，常人詆爲江洋大盜，說「孫文是土匪」，畏如蛇蠍，而 國父從不因此而氣餒，反愈加激烈，他說：「常人毀譽，無足重輕者。昔拿破崙戰勝歐洲時遽法稱帝，法人不特無異之，且[illegible]。後爲列強所敗，放逐海外，法人皆鄙薄之，[illegible]，拿氏突由放所回法，其國又轉而歡迎，[illegible]。終爲敵人所執，放之荒島，法人又恨之，至拿破崙死，靈柩運至巴黎，人民觀者，喜謂若狂，同是一人，後先毀譽若此，則常人評論，寧足輕重？吾黨行事，一本義理，義理所在，雖毀何傷？雖死何懼？倘使達到而後已，天下後世，自有定評。」又說：「耶西耶穌，革命之傳也，亦即當時所認爲謀反大逆者。」這是何等胸襟？何等抱負？又是何等果毅，堅決？

而 國父革命之目的，非爲求一己之升官發財，更非欲帝制自爲，因此 國父說：「我們不要忘記大眾的苦難。不要忘記革命目的，是在達成民有民治民享的自治幸福的新中國。」他是爲解救人民之苦難而革命，爲剷除人間罪惡而革命！因此，他又說：「我是一個耶穌教徒，受上帝命，來與人間罪惡之魔宣戰！」

而 國父尤其偉大之處，即在時時能配合新潮流而前進，其所以能夠如此，即由於好讀書之故。國父說：「我一生無論是怎樣艱難困苦，沒有錢過日常的生活，沒有大宗款項革命，但是總要花錢買書。就是在亡命的時候，至少也要讀三四千塊錢（諸位：那時的三四千塊錢是何等大的一個數目！）的書。」國父認爲「一般人要讀書，做革命的人更要讀書。一般人不讀書，吃虧的只有他自己一個人；做革命的人不讀書，便要貽誤社會國家了。」國父之能創這千秋盛業，成爲不世出的偉人，就是由於這種好讀書的習慣所使，然足爲當今只談政治不喜讀書者之針砭。

國父之偉大難以描述，宏文讜論，固足實成百世；即片光吉羽，亦可見由不可及處。凡讀是書者，定可有同感也。（若審）卅六、九、廿一於南京。

印藏佛教史

劉立千編。民國三十五年（序）。成都華西大學華西邊疆研究所出版。二又一〇二頁。價不詳。

近年來川康人士研究印度西藏之文物宗教之風甚盛，而以研究宗教之成績較有可觀，西藏是一個佛教區，其歷史與宗教不能分，也只有從宗教史上洞探其整個歷史，這與印度極相似，以西藏爲中心之佛教，瀰漫于西南邊疆各省以至蒙古，我們要開發邊疆須要了解邊疆，而了解其宗教心理，亦甚重要。川康密邇西藏，接觸機會多，又因在西藏佛教之氣味薰陶下，故川康人士對西藏之認識，不似內地人之隔膜，研究上自有許多方便。在過去，中國之營業文化始終沒有進入西南，現在我們又瞧見許多和尚在西藏承受了密宗法印在內地弘揚，但是從藏傳有將內地的法寶攜入西藏的，結果只能有單方面的了解，中國人有一種修養是厚德載物，儒家文化是富於吸收性的，純正宏深，堪爲載重之器，此種精神固然好，但只是吸收又似乎不够，應該能吸入，又能送出，不能老等人家來三顧茅廬，這不是文化傳播的辦法，印度和尚，西洋教士，遷徙宗教熱情找上門來傳教，跟着文化都傳進來，中國文化卻從未出國門一步，連邊疆都不能傳播到，這眞是天大的憾事。

中國人對佛教，發生一種莫明其妙之信仰，因士和尚，讀其書者，學得其眞，僅俯額頂，惑無實解，翻弄名詞，玄之又玄者，文人有小慧而不肯務實際，尤好談禪佛理，文其鄙陋，最可厭惡，魏晉之際，處長期騷亂中，中國思想界亦不能無一種驅動，佛教即於此時乘虛而入，其影響甚壞，當時印度來華傳教者，都看中國是未開化人，與現在西洋人態度差不多，故佛教傳入之始，中國就沒有接收好，一直到唐代，學佛的人都自大其佛法無邊，韓愈雖起而闢之，而不中肯要，宋儒又深拒固閉，不能予以明白之批判故中國人對佛教態度一是盲目崇拜，一是憎惡之恐懼，我們現在需要一種批判之研究。

中國人喜說佛教全在中國，此蓋浮誇之談，思想學說之演變，即在同一民族，後學亦不能無改於前哲，況乎移植于異域異族，佛教初起五百年小乘極盛，繼則大乘代興及密宗極盛而衰，佛教遂絕于印度，今小乘盛于錫蘭，密宗行于印度，大乘顯教獨存于中國，今日佛學之研究，其可參酌切磋于國外者至易，可拓關之方面甚廣，欲窺佛學演進之全貌，不能不有取于比較之研究。

佛學之研究，不外歷史的與理論的，理論方面今不具論，歷史之敍述，要將佛教之傳播史與佛學之發展史分開，交互以求如是使佛學之發展，尤須注意其理論演變之轉關與因素，非集合一點一滴，專述而爲一脈絡分明之有機體，佛學之研究至此，眞相力可大白，進一步即可予以批判，使佛學得其本位，而無出位取鬧之弊，則其在人類文化上應得之地位可得而論。

我們欲以此尺度，看近代中國佛教之研究，實覺相距遙甚，但學術之研究，絕無自致之事，涓滴之成就，都有其地位，華西大學邊疆研究所最近出版一部印藏佛教史劉立千編，我們現在手此書以概述與評論。

此書分前後兩編，前編述印度佛教，後編述西藏佛教，印度佛教歷史自釋迦牟尼始，（西元前五世紀半）至所那王朝止（西元十三世紀）共間約一千五六百年，）此中小乘盛傳約五百年，大乘顯宗的五百年，密宗之興適當顯敎之衰，藝羅王朝時西藏佛教適於此時傳入，故西藏整個佛教之建立，即承接婆羅王朝時，密宗之餘緒，前編共份六章。一、爲佛陀時與佛後之敎法。二、小乘分派及其發展。三、大乘之建立。四、大乘之發展。五、密乘之弘揚。六、大小乘之敎義略述。一章至五章編史之敍述。六章爲學理之概論。

後編共五章。首章佛教如何傳入。二、譯師及論師。三、佛教之分派。四、顯密教法之宏布。此四章爲佛教傳入與教理之分化。五章爲顯密教法之理趣爲西藏佛學之檢討。末附印藏佛教大事年表。

結論以印度佛教之由小而大，由顯而密以教理行果四綱比附之，非眞能見印度佛教演變之機，又謂西藏佛教特色顯密並重興以節敎爲修行指南，此說固是，蓋密宗非師弟不受授，外人不得而聞，其弊甚大，又不能不提倡顯敎以輔助之，密宗實害多而利少，結論又謂「密雖匪實踐實修，固不斥斥乎言論，延要藉的端正，凡趨向此構者，皆可取爲手段，于是所取方便，因之擴大（此句意義含混）象以當時，外魔之談證，佛教譏于不能自存，故不能不羣凡小而一併收容以圖共同化作用」又「乃至大乘之建立，顯宗之諍論，密宗之發展，均是應乎時代的要求，本諸進化原則演而成也」此說亦未允，萬變不能離宗，佛教有自，至密宗而淺失其宗，外論紛出，又不能辭而闢之，佛教亦有其自亡之道，不能盡委之外緣也。

此書之史的部分，如佛後之結集，部派之紛爭，與神話之傳說，亦未能予以合理之解釋其所依據，錄取之多羅那他之印度佛教史與文殊妙雲著之木與[illegible]，史雖目錄兩書，其理論部分又徒事排比佛家名相，丁無新義，其好在敍述簡明不失爲一部，印藏佛教之要刪，然非吾人所要求之佛教研究之作也。（柏康）

期刊介紹

人文

人文月刊以現代史料爲中心，每期登載有系統之著作外，並有最近雜誌日報要目索引。自民國十九年二月由人文社創刊於上海。至二十六年底停刊，共出八卷。現復刊第一卷第一期已於本月出版。論著部份有復刊詞（黃炎培）、民元前後見聞錄（蔣維喬）、民國以來大事類表（辛亥革命之際月表序言係張一麐遺著，一甲起及續一甲起諸篇。最近雜誌日報要目索引約計三千目，選自本年一月起出版之各種期刊，日報則選取上海大公報一種，包括各種副刊。編製體例，大致仍舊。排印方面，似較比以前稍見改良，已無過去之呆板，該刊在國內有其悠久之歷史，繼續不斷之索引工作，爲國內外學術文化界所重視。此次復刊，吾人深望其內容方面，逐漸求其充實，更盼每半年或每年彙印累積本，有如美國之讀者指導，此與學人參考上之便利爲何如者。不過，值茲物價狂漲，出版困難之下，以一私人組織而負此文化上之重大任務，實屬難能。出版者上海林森中路一四〇五號人文社，[illegible]幣五千元，全年二萬元。（[illegible]）

書林平話

于鏡宇編

（十八）

集選刻木年八戰抗

中華全國木刻協會選編。民國卅五年上海開明書店發行。圖一〇〇葉。序文及附錄六七頁。

……木刻在中國已存在有二千多年了。……

我擇取自由

維克多克拉夫成科著　綠雲譯

卅六年五月南京獨立出版社

二又二五零頁　定價五元五角

我擇取自由（I Choose Freedom by V. K rachenco）……

歷代名媛文苑簡編

王秀琴編集。胡文楷選訂。民國三十六年二月上海商務印書館初版。五四又二四五頁。定價五元五角。

期刊介紹

中國文化研究彙刊

新婦女

赴美留學指導

劉志宏編著

民國三十五年。上海商務印書館。二又一五四頁。定價八元。

（注）Good, C. V. A Guide to colleges, universities and professional schools in the United States. American Council on Education. 1945. $5.00

書林平話

于鏡宇編（十九）

每逢星期一刊出

經濟新聞讀法

楊培新著　民三六上海致用書店

四又二三八頁　價基七元五角

日出兩張以上的大報，幾乎都有極可觀的篇幅登載有關經濟的新聞，這裏面，有長長的評論，有短短的消息，有滿紙盡是數目字的商情或是行市表。當黃金潮襲來的時候，我們每天看到大字的標題「金價今戳×、×大關！」；當萬元大票決定發行以後，我們看到觸目的經濟新聞的標題是：「五洋檢價歡迎！」「萬元大鈔鼓動漲風」；糧食問題偏透「小市民的幽防，白色恐怖展開在大衆的眼前，這時，我們看到的是：「白糠緊挺」，「食米到貨稀少，市盤喊價混亂」：至於說像「雜股猛跌猛漲」，「金鈔平」，「銀根緊」……則更是習見的小標題。——我相信，所有的讀者一定都關心這些消息的，容或有人是只匆匆的把這一類新聞一瞥，但，這只是因為他沒有弄清楚「雜股」「外匯」「銀根」「棉紗」「焓赤」……這些東西的底細的緣故。

這裏，我打算把「經濟新聞讀法」推荐給讀者，對於一個缺少普通經濟學常識的讀者，讀過這本書以後，我相信，他應該可以很順利的讀報上的經濟新聞了。

你或許有機會去查一查某日的行市表的，但我怕你還沒有知道這個[illegible]數字和名稱結成的行市表又是如何看法，你懂得棉紗一項下面「42支雙藍鳳」這幾個字的全部意義嗎？——我勸你讀讀這本書，這二百三十八頁中，替你解釋許多你想要知道，應該知道，而你還不曾知道的物事。

時勢所趨，「經濟問題」成了整個世界的中心問題，目前，全世界都正在向「爭取經濟民主」的路上前進。每一個國家的國民，都受着他所生活着的一國的經濟政策所影響，所支配，政府在工業上財政金融上即使是一個極小的措施，也都多少的影響到她人民的生活，像我們這個國家，則反應尤其快，風吹草動，立刻就會引起物價上昇，廣大的威脅到全國各階層的人民。生活在這樣的情形之下，我們能不關心一切有關經濟的消息嗎？

「經濟新聞讀法」的作者楊培新先生，以「為什麼要讀經濟新聞？」這樣的一個小題目開頭，寫下了這本實用的書。他從最根本的觀點出發先解釋了這個社會的自封建社會進入資本主義社會，再就資本主義社會的特質說明了有錢人，中間階層，窮光蛋都必需讀經濟新聞的理由，接着是行情表和經濟新聞的分析，以後再就金融市場，證券市場，金銀市場，外匯市場，商品市場等五章，作了詳細的解釋，並且舉出許多實際的例子，幫助讀者的瞭解。

在金融市場的一章中，作者以三十頁的篇幅，從最原始的金融市場說起，慢慢的說到銀行對顧客的交易——存放款，解釋了當舖，地下錢莊，說明了中央銀行怎樣掌握市場，討論了工農貸款和中小工商業貸款，列舉了利息的計算方法……等。讀過這一章，對於銀行的作用，銀行間的拆借，票據交換的結算，常用的計算利息的方法等都可以有一個大體的認識。在本章的結尾，作者還檢討了中央銀行的信用緊縮政策和目前的高利貸問題，而加以有力的抨擊，認為今天的高利率「是全盤經濟崩潰的一個標誌」，而中央銀行的信用緊縮政策，則是「挑起民間企業的一把利刃！」

證券市場的一章，作者借茅盾的「子夜」描寫證券投機開始，解釋多期定期，繼說明了證券的種類——有價證券包括公債、股票、公司債、股票中就分華股和外股。關於證券這一部門，作者對上海的證券交易所在這裏有一個極生動的介紹。交易所的營業，證券買賣的手續，市場的漲跌率，目前上市股票的種類都分別的作了說明。關於公債方面，則寫下了公債市場，公債上市前途展望，中國公債概計等概況。證券交易和證券交易所以十年來的演化，是值得我們加以研討與了解的，作者花了五六頁的篇幅來做這一個工作，我們可以在這裏看到現任交易所董事長杜月笙和總經理王志莘的名字。這一章之末，作者還附帶的提到了海外證券市場，分述了倫敦的中國外債，和倫敦紐約的股票行市。

金銀市場這一章是相當精彩的。因為從這裏面我們可以得到不少我們應須知道的東西，在黃金的漲落足以影響到全國人民的生活的今天，一般讀報的人是不能不知道這組織經濟新聞的極重要的一環——金銀市場的。作者在這一章中很簡明扼要的檢討了一下我們的黃金政策，解釋了許多金銀市場上的術語，敍述了金業交易所在戰前，淪陷時，勝利前，及勝利以後四個階段的演變，並列舉了抗戰以來歷年的黃金價格及目前的國際金價。作者分析檢討黃金政策的文字很實際簡潔，可以給人一個極明白的印像，瞭解黃金政策曾起過些什麼作用，其史過又是如何。至於在本章卷首的對於黃金市場的素描，則尤為一段出色動人的文字。

在外匯市場這一章中，我們又可以得到不少基本的常識，作者在這裏簡單明白的解釋了「外匯」、「一般貸」、「金平價」、「三大貨幣集團」……等這些名詞，列舉了各國幣制概況，目前各國匯價和極有用的中國對外匯率算式。你知道中國外匯的辛酸的歷史嗎？你知道所謂法幣政策的眞正意義嗎？你知道蘇聯又為什麼不肯加入國際貨幣基金會議嗎？你知道這一向來的外匯管理是為了什麼嗎？……這些問題，這一章裏都有極詳盡的敍述和分析。作者還檢討了二〇二〇的匯價和三三九〇的匯價所引起的得失。對於新外匯政策作了這樣的評語：「……不過是中國的買辦與美國資本家貢獻」二萬萬元

[illegible]

……等一部份商品為代表，分三節來舉例說明。每一節每一段都是非常有用的知識，像在紗花布這一節中吧，作者不但說明了中國紡織工業的概況，然後很詳細的解釋了「紗」。我們價有多少認識，一定不明白什麼是「一支」的意義和，作者皆給你這方面充分知的常識。美國棉花為什麼比中國棉花好，國產棉花那些種，棉布的一疋究竟有長多少，紗和粗一是怎樣分，在的好壞又是怎樣定……讀過這一節，你大概就都可以知道了。在米糧與糧這一節中，我們都到了這幾個月來常在報上看到的「[illegible]」字樣。觀覽的讀者，你應明白的分別白粳、白元、薄稻、通變、洋秈、埠秈、羅粳……嗎？卯光米、漲稻米、西貢米它們之間又有什麼不同呢？生活在江南以米為主要食糧的區域，這些該是最普通的知識吧！親愛的讀者，你知道中國麵粉業的興衰嗎？你還不知道麵粉好壞的等級？什麼是計算麵粉的單位？每一袋的麵粉又是幾斤？米貴糧荒，大家再吃不起大米和白麵了。那末親愛的讀者，你又可曾注意過黃豆花生……？讀這本書吧！它能使你在這方面得到充實。絲茶桐油都是我國的大宗出口品，是用來

[illegible]

……書的內容介紹給大家了，讓我在這裏再寫下一點讀過本書的感想。一本實用知識的書，最好自然是跟着眼前的事實跑，在這一點上，本書於此書解釋二〇二〇到三三五〇外匯價格的改變，解釋黃金買賣的情形等都是。但，終於因為本書的寫成是三十五年的事，所以像黃金潮後的黃金停止買賣，以及匯價又自三三五〇改為一二〇〇〇等都無法論及。但，對於一個耐心的讀者我想這決不能說是本書的缺點，因為作者已為大家指出了一條瞭解中國目前經濟社會的線索，對於這些變動，都是可以按照已經過來的情形去求取合適的解答的。

經濟新聞中常多枯燥無味的數字以及許多難懂的名詞的堆積，作者能用極聰明的辦法引用許多非常實際有用的事例，用簡潔動人的筆調把這些困難擊破，使毫無經濟學常識的人也能不費力氣的看完這本書，這，可以說是本書的一大成功處。至於說到對於經濟學稍有興趣的讀者，作者還用了相當的篇幅介紹了目前出版界所能見到的幾種經濟雜誌和幾個當代經濟學者的論文，以及幾種經濟學的入門書籍，對於讀者，可說是面面俱到了。（舒鍋）

邏輯典範

牟宗三著。民國三十六年上海商務印書館出版。二〇又六一四頁。基價二十五元。

書分四卷：一、邏輯哲學：乃對於邏輯所加的一種說明；二、眞妄值系統：著者指出此為現代邏輯之眞精神，即現代邏輯世界所貢獻的，而有進一步是新的。本卷又分兩部分：一為橫的系統，講眞妄值之間的關係；一為縱的系統，講眞妄值之推演。三、質量系統：此為傳統邏輯之新解析。但是所謂新，只是解析的新，而非本質的新。著者認為「現代邏輯中有一種「命題函值」的花樣，傳統邏輯的命題式，可利用之而作解。這種「命題函值」的發見，雖是新的，卻是支節，故不能說這是現代邏輯的眞精神。」本卷又析為三部分：一為推概命題之組織與推演，二為推概命題之主謂式系統Ⅰ，此即傳統邏輯之直接推理；三為推概命題之主謂式系統Ⅱ，此即傳統邏輯之間接推理。第二，三兩卷是邏輯正文。質量系統乃從命題之質（肯定或否定）與量（全稱或偏稱）看命題之間的關係；眞妄值系統則從命題的眞假值看命題之間的關係。前者是從外範說，後者乃從內容說。兩者實是同一關係的兩面觀。這可從AEIO的對待關係中看出。這樣的看來，則古今邏輯，表面上不同，也可以恰合無間了。四、邏輯數學之純理：此為純理，批導或知識論的解引。本卷又分三部分：一為無窮公理與相乘公理：項數與關係，乃數學基礎之批評，其所批評者為羅素與懷悌海二氏所表現於「算理」中的數學思想；二為數學之純理學的基礎，此乃數學基礎之確立，即本書所主張的數學之純理學的基礎；三為超越的辯證與內在的矛盾，著者在此評判出一個哲學的路數。本卷所論雖非邏輯，然直接間接均與邏輯有密切之關係。

本書的中心思想是想表現出一個普遍而公共的邏輯之理。而此理只能是一，不能是多。此是一切思維之唯一的座標，不可避免的座標。但邏輯之理是一空名。當吾人要鋪陳其內容，因所用的工具之不同，乃有不同的表述系統。至其所表示的對象，則名之為邏輯自己，即邏輯之理，或理性自己。前者可以是多的（但不必是多的），而後者只能是一（必是一）。著者在此乃指出關於邏輯的系統實不是邏輯，而只是句法之達詮。若只以表面的句法為邏輯，則邏輯的絕對性，必被削滅。因此邏輯之理必須認識。而邏輯之理是肯定否定遞演所顯之理則非個別系統之法則。換句話說，「肯定否定遞演所驗之理即是邏輯之理

楚辭地理考

饒宗頤著。民國三十五年十二月上海商務印書館初版。八又一二三一頁。定價四元。

楚辭地名，以年湮代遠，多有未詳。後之釋者，各執一辭，衆說紛紜，莫衷一是。如錢穆氏謂：「屈原放逐，地在漢北。楚辭所歌，湘、沅、澧諸水，本在江北。」此說原係倡自船山，後人信者甚多，饒君又從而和之。實則其言未可盡信，本書著者饒宗頤君認為「考其說所資為證明者有四事：其一，以抽思篇言「有鳥自南，來集漢北。」即指屈原居漢北。不知「鳥集漢北」，乃託懷王留秦武關，渡漢而北，非屈原自謂也。其二，以漁父辭言「滄浪之水」，滄浪為漢水別名。案滄浪之句，蓋出孺子之歌，孟子已載之，為漢、沔流行歌謠，屈原采之入漁父辭。故辭中所言滄浪，非屈原親到之地，乃孺子歌所產之域，無關於屈原遷放之地也。其三，以湘君言「涔陽極浦」涔陽即漢水之陽。實則涔陽乃澧之浦，非花涔之涔；涔陽浦即澧浦也。其四，以屈原嘗官三閭大夫，遂謂三閭即丹水之三戶。考三閭乃公族名，即指楚三大宗之昭、屈、據，三戶之名，見於哀四年左傳，哀四年即楚昭王二十五年，時昭王已[illegible]「三戶」之地名，而三閭三姓之昭，蓋以昭王之號，得名當在昭王後，知三戶名稱，生由三族，則三閭亦三戶，恐非，且本文漁父云：「子非三閭大夫與？何故至於斯？」「斯」字殆指屈原被放所在，共計文中所言之江潭及湘流，均甚為明，而三閭者，指其故職；是在文意上也。由此知彼之屈原放逐漢北，本無其事，說者誤解文義，遂滋生枝節，不得不為辨正者也。」此實為楚辭地理考釋上之一大重要貢獻。

饒氏又謂離騷「朝搴阰之木蘭」，句中之「阰」即漢志廬江郡沘水所出之沘山。抽思「宿北姑」之「北姑」即齊邵之北姑。而王逸注於二者僅言其為山名、地名，而不言其所在，饒氏為其考出之。由此乃進而斷定離騷當作於頃襄貶原於江南之時，抽思則作於懷王入秦之後。又謂高唐為「觀」名，古音「唐」「陽」相通，知高唐即高陽，高陽氏為楚先，故楚人神之，高唐觀即祀高陽氏之處。凡此皆屬新見，頗多可取之說。

全書凡三卷，上卷載高唐考（附伯庸考）、釋阰、說滄浪之水、涔陽考、北姑考（附抽思解）、三閭辨、蒼梧考與方林考諸文；中卷係洞庭辨上中下、說五渚、江南辨、灃水巫山辨（附方淮考）諸文；下卷則為釋郢郢、釋鄀（附楚昭王墓辨）、宸鄒辨惑及楚黔中考諸文。書末附錄「楚辭地名彙引」及「楚辭地名討論集」，前者將楚辭中地名依筆劃多少為序，以次排列，而在其所在篇名於下。後者係轉錄時賢討論楚辭地理問題之文章四篇，計：一、錢穆：楚辭地名考；二、方授楚：洞庭仍在江南屈原非死江北辨；三、錢穆：再論楚辭地名答方君；四、陳夢家：論長沙古墓年代。皆與本書所討論之問題有關，可資參考。

饒君謂：「考古代地理，其方法有二：一曰辨地名，二曰審地望。前者為考原之事，所以窮其名稱之由來，與所指之範圍也；後者為究實之事，即求其地之所在與遷徙沿革也。……古代地名，多同

期刊介紹

現代（月刊）

創刊號　三十六年六月

南京　大丁家巷十四號現代社出版　價二千元

「現代」是一個綜合性的新刊。發刊期在于「戡亂時期」，而來却不成話，政治的紛爭、攘奪、貪污，經濟的萎縮、畸形、通貨膨脹的泛濫，以及可怕的內戰之展開。」面對「就人心和社會風氣方面，整一些個[illegible]勢的嬗變。」古人說過，天下有道，則庶人不議。目前各種新刊如雨後春筍般出現，姑不論其價值，共同傾向，則以抒論國事為目的。有人以為現在的局面，人民評言，未必有裨實效。不過從各種新刊能突破經濟和其他條件的約制上看，至少表示一般人民——特別是知識青年，感到言論的重要，輿論的力量在徐徐的增高。

本刊分專論、文史、通訊、譯述、科學、文藝，表現了綜合的多樣性。首期約四萬字左右，重要論文，有黃維道的「現代政治思潮三階段」。張東蓀的「論重開和談」。[illegible]的心理分析」。陳力[illegible]「中國智識份子的傳統精神」，都皆切中時弊。該理澤的「蒙古初期軍隊之組織」，徵引亦富。本刊在今日出版物中，尚不失為一般青年業餘或課外的閱讀良伴。（良榮）

鞍鋼

資源委員會鞍山鋼鐵有限公司編行

三十六年一月創刊

東北鞍鋼收回了，可是因為時局關係，交通還是不十分方便，這是鞍鋼這小刊物也值得我們珍貴了。該刊原為公司職工討論工作，聯絡情感的園地，却也歡迎外界的讀者。首期記載公司沿革及復工實況外，有論著譯述及文藝各數篇。（白玉）

平心書話

于鏡宇編

（二十）

每逢星期一刊出

通訊處：南京郵政信箱五二九號

近代歐洲之政治與外交

羅楚著　民國二十六年上海商務印書館出版　一又一七八頁　基價四元

一八一五年維也納會議爲歐洲近代史的開始時期，羅教授謂：「因爲歐洲各國近代發展的條件，實於此時開始的，並具有歷史上的重要性。所以我們所謂『近代歐洲政治外交史』，應指近百餘年的史事而言，亦就是說明自紀元後十九世紀以來，歐洲的政治和外交，和中古不同，而和現在相異。」（頁一）照這話說，本書主要目的，在指出最近百餘年以來歐洲的政治與外交是如何的與中古有異，又如何的與目前的趨勢差異，其中主因何在，今後趨勢又將如何，分三章論述。

本書內容概略

本書討論之中心問題

從實例看歐洲戰爭的真正原因

本書全體組織之特色

對流行見解的獨特看法

宋詞舉

陳匪石編著　民國二十六年上海正中書局初版　五又一一二頁　基價四元五角（大學用書）

書林平話

于鏡宇編

（二十一）

每逢星期一刊出

艾帥軍中紀聞

My Three Years With Eisenhower。

Henry C. Butcher著。

一九四六年紐約 Simon and Schuster書館出版。

一七九一頁，插圖及地圖。定價五元。

[illegible]

介紹首都的一個學術刊物

「東方與西方月刊」

[illegible]

三本研究越南的近著

[illegible]

一、郡縣時代之安南　黎正甫著

民國卅四年商務印書館渝初版

[illegible]

二、越南新誌　梅公毅著

民國卅四年中華書局渝初版

[illegible]

三、倭寇侵略中之南洋（上）　張禮千著

民國卅二年商務印書館渝初版

[illegible]

書林平話

于鏡宇編（二十二）

每逢星期一刊出

西南采風錄

劉兆吉編。民卅五上海商務印書館初版。一四又一九四頁。基價三元五角。

這一本西南民歌的結集，共收民間歌謠七百七十一首，其中包括：情歌六百四十首；童謠三十五首；抗戰歌謠二十首；民怨十三首；採茶歌四首；雜類五十九首。情歌約佔全書的百分之九十。附錄苗歌兩首。

作爲一個中國人，如果有什麼可以驕傲的話，那該是蘊藏在民間的許多開發不盡的寶藏了，而民歌，可以說只是蘊藏在民間的文學寶藏的一部分。如果能有傳神的字眼用各地的方言把全國民歌都毫不走樣地搜錄下來，我相信，多少詩人的詩篇都將在這個集子前黯然失色。看那在中國的文學遺產中有極高的評價的一部詩經，不就是兩三千年前中國古代民歌的結集嗎？

搜集千百首歌謠，結集成這一本「西南采風錄」，究竟有什麼意義？這，我想用不着我在這裏多加解釋，本書正文前朱自清，黃子堅，聞一多三位先生的序文和作者的弁言已有了充足的說明。讓我引幾句黃子堅先生在他的序文中的話吧：「……語言學者，可以研究方音；社會學者，可以研究文化；文學家可以研究民衆的格調和情調。……政府若根據事實，運用工具，追求理想。由這些民歌，陳現了事實，貢獻了工具，也未嘗不能暗示理想。……」——其實，這些話也僅僅只是說明了本書的幾方面的價值而已。會讀這些歌的人，還可以在歌謠中字行間讀出各方面的意義來。

全書所收的民歌，大率都是限於湘，黔，滇三省的。即使是這三省，也並不完全，而且據編者自己說，因爲他是一個過路的外鄉人，語言不同，服飾不同，在採集工作上有許多不便的地方，所以也許有更多的更寶貴的可論的歌曲卻沒搜集到。

書中「歌謠區域的方音與國音之比較」一節，是編者化了相當工夫的，這，頗能幫助讀者替各地的歌謠保留一些原來的風格和音韻。

自然，「情歌」是極該注意的一部門。放在「民怨」這一部門上，雖然本書所收關於這方面的歌只有十三首，卻已很夠說明廣大人民對於眼前社會政治的不平和控訴了。這裏我可以錄幾節雲南曲靖的民怨歌在下面：

三月裏來是清明，洋路修通曲靖城；只見百姓來修路，坐車還是有錢人。

六月裏來六月六，派些百姓修車路；修路出工又出錢，官家又來收稅穀。

七月裏來七月半，百姓稅穀要百担；有担稅穀還不算，官家又來把烟斷。

八月裏來是中秋，穀子捕在田壩頭；有錢人家出幾百，穀子捕在別一坵。

百姓們唱這些民怨歌，一方面是舒他們的積憤，一方面是向社會呼喊。當政者聽這樣的歌聲，應該有所警惕，有所改進。這些歌，可以說是極富於政治色彩了。

情歌中可論的自然更多，黃子堅先生在本書的序文中亦爲我們提出了對情歌的一個新看法：「有一次，我和幾個挑棉紗的人同行，他們的担子，都在百斤以上，我跟他們走了一天，他們整整叫了一天——從鎮遠一直到施秉。他們所唱的，是「郎」呀「妹」呀一類的情歌。又記得在將近盤江的荒山中，遇到一羣從平彝馱鹽到[illegible]的人。山路難行，一步一嘶，但在嘶號之中，還斷斷續續地唱些「妹」呀「郎」呀一類的情歌。這些人是在調情嗎？是在謳歌戀愛嗎？是在宣洩男女之情嗎？肩上的担子太重了，唱一唱，似乎可以減輕筋骨的痛苦。再聽人唱一唱，也覺得細細長途上，還有同伴，還有一樣辛苦的人。他們所唱的歌，與其說是情歌，毋寧說是勞苦的呼聲。」——這個看法，確是高明的很。

至少，我們可以絕無保留的說：民歌中所表現所含蘊的感情，都是極純真的，決沒有絲毫矯揉造作的成分在內。在目前，我們這個社會都失去了「真」的世界，能讀到這些歌謠，即使說我們不打算在這些歌謠中發掘更深一層的意義，也已經夠令人愉快了。

最後，讓我推薦幾首意味深長的雲貴情歌，作爲本文的結尾。

好坵大田不栽秧，高高山上出楔王；大瓦房中無好女，茅草房中桂花香。（白水渝）

情妹挑水扭鉤長，雙手握住扭鉤梁；房頭還有半缸水，不𠀾挑水來望郎。（安寧）

隔河望見花一苗，有心採花又無橋；屯幾石頭妹連上，二人搭下採花橋。（霑益）

好男好女好風光，好女今晚配好郎；好日好時生貴子，好心好意好鴛鴦。（曲靖）

·舒鍊·

文藝月旦 甲集

善秉仁原著景明譯

民國三十六年六月北平普愛堂發行一又二一二又七又九頁

本書原名說部甄評，是法文本（Jos. Schyns: Romans a lire et Romans a Proscrire）的中譯，曾經重新校訂增補，增補部份就是蘇雪林先生的作家小傳。

本書甲集包括小說（內有劇本圖集）六百種的批評，（乙集包括一千種小說批評）每書著錄其書名冊數頁數著者出版年出版者外，在書名之後，分別註明「衆」—「限」—「特殊」—「禁」等字樣加一括弧。「衆」字指任何讀者可讀，大衆都不妨看，大衆可看的意思，「限」者等級有定力的人可看，可以給成熟的人看，不可給青年人看，不好給青年學生看，讀於有見識的人才應看，「特殊」者任何人不宜看，任何人不必看它，青年人不宜讀它，一般人讀是不讓它爲妙，「禁」是嚴禁，一般人應禁讀。作者以公教司鐸的資格，很希望可許多非公教的教育家取得聯絡，共同樹立一種維護青年德性的事業。

究竟小說是怎麼一種東西呢？我們不妨借用梁任公先生的話來加以詮釋。他說：「小說者常導人遊於他境界，而變換其常觸常受之空氣者也，此其一。人之情，於其所懷抱之想像，所經閱之境界，往往有行之不知，習之不察者，無論爲哀、爲樂、爲怨、爲怒、爲戀、爲駭、爲憂、爲慚，常若知其然，而不知其所以然……感人之深莫此爲甚。能極其妙而神其技者，莫小說若。故曰，小說爲文學之最上乘也。」

至如小說對於社會的關係，從其壞的一方面講，他很感慨的說到下面的話：「小說之在一羣也，如空氣如菽粟，欲避不得避，欲屏不得屏，而日日相與呼吸之，餐嚼之矣。於此其空氣而苟含有穢質也，其菽粟而苟含有毒性也，則其人之食息於此間者，必憔悴、必萎病、必慘死、必墮落……知此義則吾中國羣治腐敗之總根原，可以識矣。吾中國人狀元宰相之思想，何自來乎？小說也。吾中國人佳人才子之思想，何自來乎？小說也。吾中國人江湖盜賊之思想，何自來乎？小說也。吾中國人妖巫狐鬼之思想，何自來乎？小說也。……今我國民惑堪輿、惑相命、惑卜筮、惑祈禳……消耗國力者，曰：惟小說之故也。今我國民綠林豪傑，遍地皆是，日日有桃園之拜，處處爲梁山之盟……曰：惟小說之故也！嗚呼！小說之陷溺人羣，乃至如是！」（飲冰室文集：論小說與羣治之關係）。

從上面這一段話，假使我們不完全表示同意，但至少可以相信不良小說對於社會，確有極不利的影響。特別是對於一般讀力不定的（意志薄弱）的青年。我們撇開宗教的立場，也不問本書所下的批評是否恰如其分，這種揀選鑑別的工作，是應該值得讚揚的。這一片廣大而荒蕪的園地，由一位外籍的公教司鐸下手開拓，這一種富有教育意義的責任，落在一位外籍的公教司鐸的肩上，國人於此得無愧色嗎？譯者景明先生說得好，「異邦人士的工作是一塊吃力不討好」，可是有誰來做這種不一定賣力而一定討好的工作呢！

筆者說本書對於圖書館來說，第一可供採訪編目上的參考，第二也可爲指導閱覽之幫助。因爲有多少圖書館主持流通工作的，以爲除了出納圖書之外，能把圖書死板的看住，似乎已盡了它的責任，怎樣指導讀者利用有益的圖書，是全然不懂的。（思石）

又生畫集

豐子愷作。三十六年四月開明書店發行。圖六十頁序二頁。基價七角。

子愷先生的漫畫，由於它的平易，十多年來一直受人很愛。最初，或者說抗戰前，他的讀者是中學生，畫的內容大半是描寫孩子們和中學生的無邪的生活，以及偶有的牢騷的和善的諷刺。抗戰時，子愷先生曾發表了不少漫畫。用異於其他悲憤激昂的吶喊的漫畫家和木刻家的心情和觀點的方法，淡淡的著筆於悠閑的描寫，我們全民族所遭遇到的苦難和仇恨，這本畫集依然保持了他十多年來平易以及更多的冲淡，不曾變過的風格。冲淡和諧謔並不是不當的。因爲子愷先生在這本畫集中曾描寫着溝壑的斷腿的榮譽軍人（第二十二圖），描寫着路旁倒下被炸斷了腿的小主人（第二十三圖），描寫着「市虎」下無辜的行人（第二十九圖），描寫着擺地攤的教授（第十二圖）。子愷先生在選擇題材上是對的，這些都是現實的血的題材。然而，我們不曾從畫上看到憤怒，甚至同情也不曾聽到，而祇感到冲淡。榮譽軍人像無事逛公園的閑人，擺地攤的教授像個知命的再平易不過的測字先生，將要被市虎轢斃的行人不過像被石頭絆倒了罷了，炸彈斷腿鮮血完全是在漠不關心中畫出來的，像閑來無事便畫畫兩隻燕子和兩塊石頭。似這等情感的畫很難使讀者感到憤怒。或者有人要將這歸罪於子愷先生表現的手法，但我們知道表現的手法是被決定於作者的人生觀的。真的愛和恨會在任何手法下被表現在畫面上，虛偽的結果必顯得虛偽，倘全無，畫面是白紙。子愷先生信佛，心地寧靜淡漠，如一泓泉水，那苦難的或罪惡的事實，雖被他看到畫出來，但已很難引起他的恨惡了。這於他的最初的讀者，中學生，是有害的，并且是爲懂得愛更懂得恨的人所不能忍受的。但子愷先生所引爲驕傲的或正在此點。

子愷先生的超脫的感情的人生觀決定了他的表現的方法。這方法祇能表現適合於他那種人生觀的題材。從三十五圖慈父送兒……作者描寫着生活中平凡的小事情，人們都是從這些平凡的事情中感得了淳厚的人情味。……在，豐先生的內容與作者的平易手法融合了。我們從他，看到和諧和生氣，這就是子愷先生今日仍擁有大量的讀者。

每個藝術家都被他自己的性格和觀念局限了，他所能發現、表現的題材有其特定的圍子。子愷先生所能傳給讀者的是一杯清茶，一杯淡酒，但當血被注入子愷先生的畫筆時也就變成淡紅的清澈的像是甘冽的泉水了。（韋其）

近代外禍史

阿英編。民卅六上海潮鋒出版社初版。一五又九三二頁。定價四萬九千五百元。

中國之有外禍不始於近代，而以近代爲最烈。蓋古之外禍，若亂華之五胡，入主中原之蒙人，滿人，其文化皆低於漢族，其所以能迫漢人者，亦爲其堅強之武力。然其武力一旦衰微之時，即其全族同化於漢族之潮。近代之外禍則不同，自鴉片戰爭以來，外人之謀我者，不獨恃其堅船利砲，尤挾其雄厚之經濟力，殊異而嶄新之文化力以俱來；既欲征服我之軀體，尤欲消滅我固有之文化。換言之，近代之外禍，苟一任其發展，不僅可以亡國，且竟可以滅種。其爲禍之深巨，遠非古昔所能想像。是以古之外禍雖多，然未有如今日之烈者也。

我國近代慘烈之外禍，啓端於鴉片之役！自此以後，一發而不可收拾，逐漸淪於次殖民地之地位矣。窮其源委，不過百年，而爲害之烈，千載難去。我全民族不思有爲則已，苟欲有所奮發，則此百年之外禍史實，時刻不應無忘。阿英先生就所藏百年史籍之中，選其十種，付諸排印。計自鴉片戰役，以至五九國恥，諸凡重大國難，各得一二種，而以中日關係作爲重心。一、無名氏著，中秘日錄；二、劉名譽著，越事備考零略；三、無名氏輯，諫止中東和議奏疏；四、無名氏撰，冤海述聞；五、王炳耀輯，甲午中日戰輯；六、王鍾麒編，庚辛之際月表；七、李秉佩撰，庚子傳信錄；八、鄒謂三撰，檢閱紀事，附陳守謙述燕晉拜兵記；九、[illegible]天著，曝國春秋；十、徐珂輯編，晚清禍亂稗史。皆世間罕見之書，至足珍貴。其各篇內容，或出諸當時親身經歷，或以傳聞得之，論述有失精當；或以所關涉及外禍之外，與本書主旨不符，編者均予以刪去，求其名實相符也。卷前冠有編者序文一篇，中有句云：「循讀諸編，憤焰三嘆。嗟夫！思謀誤社，小朝廷但圖苟安；血洒樂車，大布衣獨言遠慮。」一讀可感而爲此言也。再證以時書，但可見外人之跋扈，復可睹清廷之無能。昔人有言：「人必自侮，而後人侮之。」證之斯編，的非虛語。今者抗戰勝利，帆役悉除，河山重整，海宇騰歡，惟外禍之未全消，……仍謀捲土重來。……吾人須有東溫昔日外禍歷史之必要矣。（唐超）

中國人地關係概論

張其昀著。民國三十六年上海大東書局。一又六六頁。定價一千六百元。

本書以自然因子解釋人文因子，縱貫人地關係，綜合作有系統之說明。取材新奇雋永，內容活潑生動，文詞美麗，筆調輕鬆，可謂通俗之科學文字。

中國文化之特色，可以平原文化爲代表。其重要之點有三：（一）東北平原地曠人稀，沃野千里，爲國內重要移民地帶，實有得之則生弗得則死之感。故東北原爲中國之生命線，蓋東北與關內各省在地理上原不能分離之故。（二）平原地帶爲全國地域之精華，皆賴其水利之修明與否而定，平原上若災害頻見，仍非樂土。故如何普遍發展全國水利，實爲當前急不容緩之舉，美國TVA計劃實有足爲借鏡之必要。（三）平原經濟作物以絲棉爲主，故紡織業中心多集中平原地帶；平原既以農產爲特色，故平原工業以輕工業爲主，如華北平原之麵粉業，東北平原榨油業，南方平原之棉絲業等。

丘陵地區爲全國主要礦工業中心地域所在，蓋此區煤鐵蘊藏最富，而水力發電亦爲全國之冠。故今後中國之現代化實有賴丘陵地區之開發，其主要之點如下：（一）丘陵帶農產以雜糧爲主，盛產經濟作物，如茶葉桐油等。（二）林木極盛，且交通方便，易於輸出，平原帶之建築材料多取給於此。（三）丘陵區以山林文化爲其特色，該區景象起伏，氣象雄偉，誠所謂「千岩競秀，萬壑爭流」，故多學者名流，隱於其間，授徒講學，有助於文化發展不少。自來所謂山水派文學家，多栽出於此。（四）丘陵地區有助於移民事業之發展，閩粵丘陵爲南洋移民出發地，山東丘陵爲東北移民出發地，其在我國經濟上佔有極重要地位。（五）丘陵地區具有軍略價值，形勢天成，且富源富饒，向爲野心家所覬覦，又因交通便利，因地制宜，攻守極宜。

高原爲各民族雜居地域，各有其信仰堅强之宗教，或以神權政治統治其區域，或以盟旗制度維繫其轄屬，特游牧以爲生，至農業則極貧乏，物產難饒，惜交通不便，難以發展。河谷地域爲本區精華所萃，人口密集，然人口十萬以上之都市，寥寥可數。景觀單調，寂寞荒涼，此則受物產與交通之限制故耳。

至於高山地帶，崇山峻嶺，綿亘不斷，以產奇勝。高山自然環境複雜，自下而上，氣候迥異，風景變殊，有各種不同作物代表各不同氣候型，山地不宜農業，僅坡地種植雜糧，人口稀疏，惟高山山足地區受熱帶之惠，雖終年不雨，五穀豐登，故其處人口密集，風景不亞江南。高山雖交通不便，然山口自古以來即爲東西交通孔道，爲溝通中西文化橋樑，在歷史上有不可磨滅之功績也。（瀾）

社會心理學

孫本文著。民卅五上海商務印書館初版。二冊（六〇又五五二頁）。基價十四元。

社會心理學在目前說來，還算是一門新興的學問，其成為專科研究，到現在也不過三十年。其範圍大致說起來可分為系統社會心理學與實驗社會心理學兩大部，但事實上，此刻已不能嚴格的劃分。其發展前途則有待社會學家與心理學家的分工合作。就大機構內言，「現代社會心理學在內容方面，注重個人在社會中的種種行為，並重視整個社會情境的背景；在方法方面，注重實驗觀察與實驗的研究；在應用方面，注重社會各部門實際問題的探討。」（頁五六）

這 部大書是孫先生自民國十五年以來，在各大學中的講稿，根據能把握住社會心理學的趨向，最近始整理成六編三十章，為「大學叢書之一」。第一編緒論，探討社會心理學的目的、對象、範圍、問題，以及源流與派別；第二編行為的基礎與方式，敘述行為之生理的基礎與環境的影響，並討論行為的基本型式，行為約制——意識、行為的一般特質——人性；第三編及第四編社會對於個人行為的影響，討論心理的社會環境與個人的心理、意見、成見、輿論、謠言、羣眾行為，文化的社會環境如風俗、時尚、法律、宗教等對個人行為，可有如何的影響，並論及這種種的心理的與文化的社會環境，經過何種過程，給予個人發生何種影響；第五編個人行為對於社會的影響，探討一般領袖人物及偉大人物如何產生，如何影響於社會，並分析普通人如何對社會發生影響，又發生何種影響；第六編社會心理學的應用，探討社會心理學應用的目標與標準，以及其在社會各方面的實際應用。書與理論與實用並重，企其應用的原理，則以不背於國固有優良思想與現代世界潮流為主。在著者的眼光中，認為我國固有優良思想是：倫理性、主中庸、重自治、樂德化，而現代世界潮流則為科學、民主、法治、主義化。孫先生稱前者為國族化，後者為現代化，貫通不衝的即是這國族化與現代化的精神，無論是在理論研討上，或是例證選擇上，我們都可以看到這種精神的表現。

書末有附錄五種：甲、社會心理學重要文獻年表，計自一七三八年休謨（David Hume）的「人性論」（A Treatise of Human Nature）出版以後至一九四五年為止，凡英美所發表有關社會心理學的重要文獻，包括書籍與論文在內，共計二百四十三種，按年代次序，列成系統；乙、社會心理學著作家小傳，舉出歐美學者對社會心理學有貢獻者五十八人，記其出身、經歷、著述與重要貢獻；丙、本書引用中文書籍目，使讀者於上述兩種參考之外，得知本書所引本國文獻的範圍，藉明材料的來源；末二種為學名索引與西文人名索引。

本 書取材料時，多數大多採自西籍，重要者有 K Young、F. H. Allport、L. L. Bernard、C. H. Cooley、C. A. Ellwood、H. Gurnee、J. K. Folsom、G. M. Murphy and L. B. Murphy、E. A. Ross 諸氏著作，而孫先生又加以綜合或批評的意見。至於引證資料，則以取材本國歷史故事為主，兼及西史與新聞時事。

因為「本書編者體例以適合大學教科全年六學分之用，兼供社會人士有志研究社會心理與羣眾行為者的參考」，所以一般教科書的長處，如條理清楚、註釋詳明、誘導讀者向上等事，都具備了。就條理來說，可說不僅有條有理，分明，而且節段也異常清楚；就註釋來說，每引他人一言，必注其原來之著者、書名、出版年代、頁數以及[illegible]，並列舉所有相與的說法，對學問可稱得上忠厚篤實，對讀者更有莫大的方便和啓示；就誘導讀者向上來說，書中處處暗示讀者美的善的事物，而排斥醜的惡的思想，計可予讀者以生活上、思想上正確的道路。本來社會心理學這一門學科，談的不外是社會如何影響個人以及個人又如何影響社會這一套法則，而這一套法則常常易為下流政客、無恥官僚以及目的不正的煽動家所歪曲利用，極易走到權謀術數一條路上去，孫先生深知這種曲解對於青年的危害之大，故處處暗示以光明正大的方向，可說是仁者之心[illegible]。這是筆者對本書價值的看法。

著 者最能取中國古書中的材料為例，而以近代社會心理學來解釋，這樣一來，死材料乃有了活用場。讓我們揀幾個例子來看看：比如說，孫先生認為輿論是應該尊重的，「至於在團體之內，事理的[illegible]，眾人之事為眾人謀之，利害者尤賴輿論的表示而知行為的方向」，因而便舉論語上所「眾惡之必察焉，眾好之必察焉」兩句話，來證明輿論的重要，這是何等的善於利用固有的材料，絕不像那些[illegible]取外國材料而忘記了本國固有的土產的人[illegible]。又如著者在分析謠言的原因時[illegible]：「『漢書』昭帝時[illegible]上林苑中大柳樹斷仆地，一朝起立生枝葉，有蟲食其葉成文字曰：『公孫病已立』。及昌邑王賀廢，更立昭帝兄衛太子之孫，是為宣帝，帝本名病已。」這顯然因昌邑王廢立後，另立衛太子之孫，與傳統的制度不合，乃造作此謠，以明係出於天意。」（頁二六九）這可揭穿[illegible]的內幕，古今中外[illegible]。再如羣眾行為的特徵之一是「易於情緒衝動」，孫先生告訴我們：「凡羣眾集合之際，只須有人[illegible]的共同情緒的激動，可以引起羣眾憤怒或發生恐怖。[illegible]宋史李邦彥列傳，欽宗靖康元年，[illegible]太學生陳東及[illegible]伏宣德門上書[illegible]，眾指而大詬，且欲毆之，邦彥疾馳得免。」此段敍述陳東等數百人激於愛國心正[illegible]伏闕上書請罷斥李邦彥，而邦彥適退朝經過，眾集之前，於是眾情憤激，眾從而大罵，且欲毆之。可見當時眾人因遇共同刺激——李邦彥，不覺勃然大怒，乃對他面加詬罵，幸邦彥疾馳而過，否則必遭毆辱無疑。」（頁二八六——二八七）這種材料，經孫先生予以科學的解釋，在今日，又可提供我們一種新鮮的看法。所以活用中國固有的材料，可說是本書特點之一。

在 本國材料不足時，孫先生也引用外國材料例證，中西材料揉成一片，可使讀者眼光放大，胸襟擴展。我們也揀兩個例子：第一，輿論轉變原因之一是「重大政治作用」，孫先生說：「茲舉十九世紀末葉美國禁止華工入境時全國輿論的轉變為例。在一八八〇年以前，尚無禁止華工入境的法律，其全國輿論均表示華工與其他各國工人應享同樣自由在美工作的權利。及一八八〇年以後，直至一八九二年的「基理法」（The Geary Act）完全禁止華工入境為止，其間歷次法律[illegible]，全國輿論均[illegible]。[illegible]（頁二三六）[illegible]。第二，什麼叫做「暴動」？[illegible]孫先生在暴動的定義之後，更舉出法國大革命時的九月屠殺為例，他說：「當一七九二年九月間，[illegible]時監獄中有人向羣眾提議[illegible]，當即受羣眾接受，這羣人包括商店夥友、瓦匠、匠人[illegible]等數千人。[illegible]彼等接受建議之後，隨即成立一個審判機關，[illegible]凡被告[illegible]，一律宣告屠殺。[illegible]當屠殺時[illegible]，被殺者達二千人以上。」（頁二九二）這樣一[illegible]更加具體而深刻了。像這種借用外國材料，可以補本國材料之不足，可說是本書特點之二。

著者告訴我們克制人情緒的方法是要能忍、善審、會避，處今之世，這是極好的修養方法。又[illegible]

對 於應付謠言，著者告訴我們：「對於他人謠言，[illegible]不予傳播，代為解說；須知，[illegible]」（頁二七三）

對 於報紙，孫先生提醒我們，報紙[illegible]

[illegible]比前進步。於是再用此法介紹內容更優的小說。兩年後，果然讀者對於小說的嗜好，較前提高，進步甚速。」（頁三八九）助人解決日常生活的實際問題，這可說是本書特點之三。

當 然的，本書也還有值得商榷的小地方，[illegible]

[illegible]道了孫先生寫作本書的苦心。在本文前面介紹本書內容時，我們便預先提到了這一點，好使讀者先有一個心理上的準備，也就是為了體諒著者苦心的緣故。

魏晉清談思想初論

賀昌羣著。民國三十六年四月上海商務印書館出版。二又一〇四頁。基價二元。

一代學術風氣之轉移，與政治法術之變遷，互相影響，密切關分。明乎此，始可與論古今事。本書之分上、中、下三篇，意即寓有此意。上篇討論兩漢間學術思想之流變，謂兩漢學術思想之變遷，可分三期，第一期武帝以前，猶存戰國之餘風。第二期自董仲舒議定儒者為一尊，何公羊春秋，推陰陽，言災異，劉向父子治穀梁之學，更陳五行陰陽休咎之說，自是儒家經典，遂與陰陽五行災異之說相結合，又政治上發生極大之影響，終於五德之符命之說，開中世禪代之風。第三期自東漢中葉以後，治第二期之流波，加以外來方術之興起，諸子學之復興，及佛教經典之迻譯，直至魏正始之際，乃又歸之一變。而其間為之連鎖者，則易老莊三者也。

魏晉而後，三玄（易老莊）更與佛理相盪，遂成六朝學術思想之主流。中篇論魏晉之政與清談之起，謂清談之起，其遠因固出於漢季以來學術思想之轉變與解放及佛教東來教理之習迴，而其近因，實由曹操以後專擅權術政治有以養成之。而孟德術採用之道法政治，乃漢末一種風氣所造成。換言之，漢末之學術風氣，乃影響曹操之政治措施。當其時也，才智之士遂名逃死之所，咸歸於道家之避靜玄默。至司馬氏執政之初，偽一反曹氏刻薄寡恩之政，而實[illegible]民，務從寬大，以結天下之心，而士大夫乃稍知有生人之樂，其謀險而小惠，蓋已周矣。而曹之得國，實以正始為中[illegible]之際，司馬懿殺曹爽、何晏，始移魏權。其後景元元年司馬昭之弒高貴鄉公，三年之殺嵇康，以至司馬炎之稱帝，改元泰始，皆水到渠成之事耳。此二十年間政治與思想相激相盪，終演成清談之蔚起，迫使士大夫遁落世事，遁為自足。下篇討論清談思想之內涵，指出清談家所討論之題目，不外下列四者：一、關於三玄之注解與闡發；二、儒道之學的內聖外王或王道霸術之義；三、新舊經說之異同；四、名理之辨析。著者以悲世之懷，抒治中之術。哀往哲之已違，弔斯世之日非。一言一淚，為眾生說法，誠若不可觀也。

魏晉之際，清談名士亦未嘗無風雲之志，欲立功名以自建白。然於時執政者臨刻猜忌，士人少有生全，乃紛紛以柔術自保，蓋政治上法之壓力愈大，而士大夫思想上遁之意味愈深。此乃以矛刺盾之法，亦即今世所謂消極不合作是也。而酣飲酒脫之餘，發為清言以諷世，傲當代王侯，成一己苟安，其心良苦，而其志亦大可悲也。後之論者，每謂魏晉間人以清談而誤國，寧不知國誤而後始有清談。據情之論，豈足令古人心服？平反既正，實在今茲，而是書足以當之矣。抑尤有進者，書中言王霸雜用之術，儒道兼綜之方，雖僅泛論古昔，實乃適於今世。蓋徒仁不足以安反側，徒術不足以懷遠人，撥亂之士，當以仁者之心，用霸者之術，行王者之道，而濟以堅忍之志，切實之行，始足戡天下於永安，福生民於萬世。清談名士，亦未嘗不深會乎此旨。惜身處疑忌之秋，乃與時舒卷；自保不暇，遑言安天下哉？致使清言終日，適道適於世法；片語流傳，益美談於後代。不良可哀也。然則所謂「一承百代之流，而會乎當今之變」者，其著者微旨所在乎？讀是書者當知有所興起也。（揚）

刃鋒木刻集

（祁必仁）

刃鋒作　卅六年四月開明書店發行　圖三十頁附錄四頁。基價一元。

有人將現時中國木刻的風格分成北方的與南方的兩型。北方的木刻是從農民的藝術中蛻變出來的，南方的木刻是從外國影響的中國初期木刻發展而成的。現時的北方的木刻帶有寫實的風格，南方的木刻帶有熱情性，帶有浪漫性，有力沉重，北方的木刻家歌頌著人民的新的生活，南方的木刻家控訴著人民的苦難，倘不於細處苛求，這分法是允當的。本書的作者刃鋒便是南方木刻傑出作家之一。

用作者自己的話來說：「我熱愛善良的中國農民。……受難的靈魂常縈繞著我，他們的影子常常在我面前掠過。」從本書所載的三十幅木刻中，我們感到作者自道的真實，作者絲毫不會隱藏他的情感。他描寫著人民生活的灰暗與單調，刻劃出受難的人民，他們在災害和饑餓下倒斃，他們在無數中掙扎。他問道：「這是命運嗎？」

「人民的受難」包括十三幅作品，因為有著相似的題材所以被稱作一套。作者在後記中說：「某一天我在汎濫著黃水的河岸上，一個像是瘋了的農人兩手拖著死孩子，打我面前走過。」由於這真實景像的激動，乃使作者刻出「他絕望了」（第二十一圖）這樣堅實而動人的作品。這實是本書中最好的一幅。農人木然的動作及在畫面上所佔的位置的表現和處理都算成功。用來表現農人的金石味的線條增加了畫面的圖案性，[illegible]的人和瘦弱的狗強調了災難。畫面的黑白配置亦甚好，右上角的黑加重了絕望的效果。「狗與死」（第二十四圖）亦是較好的一幅。「誰能夠救救他們？」（第二十圖）因為我們個人臉的[illegible]減低了力量，否則也是很成功的作品。

「游擊隊的收穫」（第四圖）「對話」（第八圖）都是叫人愛讀的作品。肖像部的幾幅較柔弱。

作者喜歡用金石味的線條，但在「畫翻內」（第五圖）換水（第七圖）內那線條便破壞了畫面的統一，[illegible]。[illegible]三十幅作品中，顯示出全書特的風格是樸實、正確而堅實的。[illegible]（章共）

社會教育行政

鍾靈秀編著。民國卅六年正中書局初版。三五八頁。基價十一元。

抗戰以來，社會教育行政這一類的書籍出版甚少，社會教育[illegible]屬毛麟角。這部書是部定大學用書，由國立編譯館出版。

著者是甚麼人呢？據陳劍脩先生介紹，是「研究這類教行政問題最精透的人，並且擔任教育部社教的工作十餘年，其中有一大部分的法令、計劃、章程，都經過他的手擬訂、整理，並曾對國立社會教育學院社會教育行政學系、中央政治學校邊疆教育行政人員訓練班，和教育部各省民眾教育館長訓練班，講授討論至好幾次的。他編著這部書，實是最適當的人選。」

至於這書的內容呢，「取材精備，見解透闢，編裁適當，舉凡社會教育之目標與制度，社會教育行政之沿革與現制，人員之訓練與任用，經費之籌措與支核，視導之原則與要項，以及重要法令等等，莫不詳明論列，包羅無遺，於博大中見精微，於複雜中有條理，允為關於社會教育著述之佳構。本書出版，必能予我社教同人以實際之助益，對社會教育學術之蒐集整理，亦有相當之貢獻，其史料尤有價值。」本人得先讀一過，至引為快。」

最足以看出著者的意見的是第九章，「社會教育行政今後應注意的幾個實際問題」，他主張：（一）確定社會教育制度，（二）健全社會教育行政機構，（三）培養社會教育專門人材，（四）增籌社會教育經費，（五）編審社會教育教材，（六）創制社會教育各項教育工具，（七）研究推行有效的各項教學方法，（八）學校兼辦社會教育應切實推進，（九）辦理國民教育應注意成人班婦女班之設置，（十）社會教育之心理建設等等，都是改善今後社會行政最切實有效的建議。希望各級教育行政當局能夠採擇施行。（俊）

書林平話

于鏡宇主編（二十四）

每逢星期一刊出

講臺灣的二本書

臺灣通史

連雅堂著。民國三十六年上海商務印書館出版。二冊（一四又七〇〇頁）。

台灣省五十一年來統計提要

前台灣省行政長官公署統計室編印。民國三十五年出版。一八又一三八四頁。價台幣三千元。

臺灣新誌

鄭伯彬編著。民國三十六年上海中華書局出版。一六又一一〇頁。基價一元六角。

介紹期刊三種

中國評論（月刊）

民三六，七創刊 南京上海路四〇號社

研究彙報（年刊）

福建省研究院社會科學研究所 民三四創刊 出版地福州

學原

羅曼羅蘭傳

The Pre-war Biographies of Romain Rolland and their Place in His Work and the Period

中國財政與立法問題

曾資生編著。民三六上海正中書局。六又二三〇頁。基價六元四角。

蔣主席教育言論類選

王穎編。民三六上海正中書局。一二又三四一頁。基價九元五角

閻伯川先生與山西政治的客觀記述

方聞編。民三五南京現代化編譯社。一又二二六頁。現代叢書。定價二千元。

花窗
雜誌論評
一、新中華 復刊第五卷第九期
二、文藝先鋒 五月號
沃土

平話書林

于毓字編（二十五）

每逢星期一刊出

大軍指揮

美國馬歇爾元帥著。謝士炎陳維生合譯。民三六南京軍用圖書社初版。七又一〇七頁。定價六千元。

全書共分九章：一、統帥指揮部；二、如何計劃作戰；三、戰略集中；四、戰略推進；五、戰略運用；六、大兵團之運用；七、空軍；八、空軍基地之防衛；九、大規模化部隊之作戰。茲分述之要點如下。

（修相方）

人生基礎哲學

柳璋著。民三六上海商務印書館增訂第一版。一二又一八五頁。基價三元五角。

集成 創刊號

傅抱石主編。三十六年七月鎮江集成編譯社出版。每期定價二千五百元。

中華民國民主憲法十講

張君勱著。民國三十六年上海商務印書館初版。四又一三二頁。基價五元。

（修相方）

書林平話

于鏡宇編（二十六）

每逢星期一刊出

洪門志

朱琳編。民三六上海中華書局。六又二三四頁。基價四元。

關於幫會的書，尤其是所謂「海底」一類的書，自民國二十五年以來印本多得很，能夠悉心考究，精選詮擇，去蕪存精，系統分明的，要算這本書了。

這書由幫會概論說起，詳歷史，考宗系及歷代山堂會社，說組織綱要，規律，述衙文字，文詩，詩檢閱僞木斗歌句，隱語，暗號，應用俗語，入會手續及各項規則，各種致據，開山儀式，香堂秩序，以後便是香堂令訣和分類的隱語，最末有各種考證。都凡三十一章，有圖有表，翻檢起來非常清晰。

所可惜者，此書成稿在二十九年，到三十六年七月纔出版，竟沒有增訂的地方，不然的話，這八年抗戰中間，洪門幫會前後有何活動，如何在政治和軍事方面費力氣，如何在海外成立致公黨，寫入歷史，不但是洪門的光榮，也是史家不可缺的材料。

略評現行圖書館法規

呂紹虞

本文批評的是三十六年四月一日教育部第一七七五二號部令公佈的圖書館規程三十四條，三十三年三月十日第一二三一六號部令公佈的圖書館工作實施辦法十一條，三十三年十一月二十二日第五六六一八號部令公佈的省及全國圖書教育辦法十五條及三十年六月三日第二一四一二號部令公佈的各級學校及各機關團體設置圖書館室供應民眾閱覽辦法，九條等四種。這四種法規裏面，我們可以指出一些關雜亂以及不切實的地方。特別是第一種圖書館規程。

一、圖書館規程三十四條專為省市縣及私立圖書館訂立，不包括國立圖書館在內，這是一個大漏洞。圖書館法規沒有像大學或中學一樣各有一種組織法和規程，圖書館組織辦法當然包括在圖書館規程裏面，這樣，就沒有理由讓開國立圖書館不談，難道它們可以另有組織的條例。大學組織法上有「國立大學由教育部審察全國各地情形設立之」這一條，那末，圖書館規程就不應該有「國立圖書館由教育部審察全國各地情形設立之」這一條嗎？或者再加「其組織條例另由部令公布之。」

二、圖書館規程三十四條沒有隻字提到各級學校及各機關團體的圖書館室的設置辦法，這是可以說第二個漏洞。各級學校及各機關團體設立圖書館，也是圖書館，主管教育行政機關自然也應該加以監督。也許有人會解說各級學校圖書館在各級學校組織法已有規定，各團體設立的圖書館是私立性質，可是各機關設立的，圖書館那一類呢？我們奇怪教育部何以不給它們訂立一種「供應民眾閱覽辦法」，多少這一點圖書館恐怕沒有向主管教育行政機關呈報備過案吧！

三、論列了圖書館的設備。大學規程上明列了學院須「相當校地，校舍，運動場、圖書館、實驗室、實習室及其圖書，儀器、標本，模型等設備」（大學規程第三章第十一條），中學和師範學校在中學規程和師範學校規程上，也有類似的規定，但在圖書館規程上找不到這種條文，有之是第二十八條圖書館設備標準另定之，這顯明是指的圖書館應供用品的標準而不是上面所說的設備。

四、關於經費，我們可以找到兩條條文：（一）圖書館規程第二十七條「圖書館經常費分配之標準，薪工不得高於百分之五十，事業費及圖書館購置費不得低於百分之四十，辦公費佔百分之十。（二）省及全國圖書教育辦法第十條圖書館經常費省市立者每年不得少於五萬元，縣市立者每年不得少於一萬五千元，鄉鎮書報閱覽室每年不得少於二千元，其分配標準應依照圖書館規程第二十六（應該二十七）條辦理，假如把後一條條文放在前一種規程裏不是比較妥當嗎？這條省市縣政府及私法人或私人設立圖書館得呈請主管教育行政機關核准備案，對於經費一項，雙方都有所根據了。

除了經常費以外，圖書館的開辦費也應該有所規定，圖書館規程裏也沒有提到，應該補上去。

五、現代圖書館的特徵是參考業務的發展，圖書館規程第一條將集各種圖書及地方文獻，供眾閱覽，並得舉辦各種社會教育事業，以提高文化水準，國立各圖書館組織條例第一條也與此相仿。我們覺得這一條規定得太平淡了，閱覽固然包含參考工作，然研不是一回事，應該予以擴大，特別規定，至少國立圖書館應該沿革參考工作。

六、圖書館規程第一條裏面有「並得舉辦各種社會教育事業」，這一點，至少在現狀之下，不敢表示贊同。圖書館是以圖書為工具的一種社教事業，在事業本身尚未十分健全相當發達的時候，還想舉辦其他社會教育事業，是不可能也是不智的。雖然沒有硬性規定必須舉辦，但又何必多此一句呢？況且圖書館即使有了多餘的人力和財力，儘可求其本身的改進和發展。同時我們也極不贊成其他社教機關也來兼辦圖書教育事宜，如民眾教育館之類，兩個機關辦理同樣的事情，總不如合兩機關的人力財力由一個機關獨辦來得合理而有效吧！

七、圖書館工作實施辦法差不多是館內各部的辦事細則，可由各館自行釐訂，圖書館規程第二十九條「圖書館之辦事細則[illegible]備案，同時第八條也具體的規定了各部工作的範圍，無需乎畫蛇添足。

八、現在各級學校及各機關團體圖書館本身，[illegible]

九、最後我們要為圖書館工作人員，抱極大的不平。地位遇待均不如學校教職員，國立專科以上學校教授有休假進修辦法[illegible]正和補充，使成為完善的圖書館規程，也許本文所提出的意見，不無可以參考或採取的地方。

八月二日於南京國立中央圖書館。

寧夏紀要

葉祖灝編著，民國卅六年六月南京正論出版社初版。九又一四六頁。實價八千元

[illegible]

（艾明）

中國倫理政治大綱

方樂天著　民三六上海商務印書館

一六又二八〇頁　基價六元

此書共上下兩篇。上篇言倫理，下篇言政治。上篇共十章。首章言性、二章言父子、三章言兄弟、四章言夫婦、五章言君臣、六章言朋友、七章言師學、八章教稱、九章待人、十章出處。下篇首章政治與人民，二章養民、三章敎民、四章衛民、五章政令、六章典職、末結論，論無爲主義、兼愛主義、法治主義、禮敎主義。作者以仁義之性，爲人類一切活動之樞機，爲中國倫理政治學說之主幹，故以孟子性善之說築其端，以六經與老莊荀諸中歸六說殺其編，而以仁義爲政始敎終之動脈，故先言人性，次倫理以及政治。

作者自言其著書之動機云：「家必自毁，然後人毁之；國必自伐，然後人伐之。今日我國瀕危至斯者，非果業之惡果耶？余以是憂之，爰奉先君子之遺訓，博探古聖先哲思想之遺迹，一準之於民族之生存禍福，，薄者取之，不薄者去之。至于門戶派別之見，時代先後之分，概不計及。故不取名曰中國倫理政治思想史，而曰中國倫理政治大綱」。此作者之用心也。

此書宗旨蓋本於孔孟之禮敎主義，作者略舉先秦學術之大者爲四派：一爲老莊之無爲主義，倡無爲，非仁義，薄孝慈，故無政治，無倫理。其所謂政治，無爲而已。一爲墨子之兼愛主義，重法儀，尚賢能，愛人而無別，故有政治而無倫理。一爲商韓之法治主義，非仁義，去禮樂，以嚴刑峻法爲御駁臣下，整齊百姓之具，故非政治非倫理。一爲孔孟之禮敎主義，尚道德，重仁義，務實施，主以禮化民，故有政治有倫理。作者目的不外發明禮敎主義之思想而已。

全書組織，先由宏綱要目，爰引古書以貫之，間爲略加案語，驟視之如類書。然其取材，自有標準，其次，自成條貫，有剪，就有組織。其根本宗旨既以仁義之性貫徹全書，今國取其書首章論性述之，以見全書要旨。

方氏首論性之意義，以堯舜禹湯之所謂性，是中也，道心也；伊尹周公時代之謂性，是德也，則也，秉彝也；以至到孔子，子思等，孟子論仁義禮智之性，荀孟靈魂。言性不是文字訓詁處單[illegible]不如荀子言性，推自然之本能，正孟子之所謂小體之欲，即承傳統之「生之謂性」來，爲指人與動物相通之性；孟子則言人之特性。此孟荀論性之不同，不能混爲一談也。孟子言盡心知性，心性不分，荀子即心性相分。心有思慮之能力，故可知道，擇善而固執之，爲一面靜爲心之德，以化性起僞，全在心之知。故在荀子爲心性二分，在孟子則盡心知性知天，心性統於天，知天事天與天合一。二家徒言異路，荀子非眞供性惡論者，此正荀子之所欲對治者。二家之學不能俱詳。惟方氏謂荀子於本源處未透自不誤也。方氏由德性推思以立人道，立天下之大本，遂能經綸天下之大經，由是而言倫理、言政治，皆一貫之仁義之性所不容已者；至其章節細目，可不俱論。

結論深讚禮敎主義之精神，而於楊子、老、莊、韓非諸家之說，持論稍有偏頗，大體甚是也。方氏稍族國之衰微，歷史文化之湮沒不彰，發奮爲之，其用意深遠矣。

（太始）

明清兩代宮苑建置沿革圖考

朱偰著。民國卅六年上海商務印書館初版。四又九〇頁。圖二頁。基價三元。

今日北平遺留之宮苑，創建於明，增修於清，迄猶輝映，為世界巨觀。自明代以來，言其制度與沿革之書籍數，如明劉若愚之酌中志，呂毖之明宮史及清朱彝尊之日下舊聞，皆其著者也。然其間遺障，爲以大觀，共見聞，或僅抒一得，未全，曲而難周，或成系統者則又若此僭埵，有待今人，此，乃撰成此書，以爲前人有關此類著作之總結，而爲研考明清兩代宮苑沿革者之先導也。

全書首爲緒論，述其爲作此書之動機有二：甲、不識前人之著作也；乙、冀以激發國人民族之思想也。而其目的，則在明示北京宮闕城池沿革之迹，兼以清晰之系統，精審之圖稱，錄述故宮之沿革。次爲正文，共分四章：一、明代之建置：本章陳述有明一代宮苑營建變遷之階段，凡分四期：甲、營造時期：自永樂以迄景泰；乙、擴充時期：自天順以至嘉靖；丙、守成時期：隆慶萬曆以後；丁、毀壞時期：指李自成焚大內時也。二、明代崇禎之皇城及宮闕制度：據酌中志，再參以他書，以分述明代皇城、紫禁城及其東西之全般情形，並論及明代宮殿規模之宏大，與宮廷生活之奢侈。至爲詳盡。章末附「明內府衙門職掌表」，記其名稱，職掌及地點，有助於瞭解明代宮闕制度之全豹。三、清代之建置：述清一代宮苑建置，屬於守成者多，屬於創造者少。本章以清初至康熙二十五年爲修復時期，康熙二十五年至乾隆六十年爲增建時期，嘉慶元年至清末爲守成時期，以縷述有清一代宮苑之建置。四、民國以來之興廢：民國以還，宮闕苑囿，若皇城、千步廊、紫禁城外東西北三面守衛值房及北上東門、北上西門之拆除，北上門之改制，中正殿、西花園、北府大圓鏡智寶殿及闡福寺之被毀，皆爲毀壞之大者；然共和肇建，以北京爲首都，總統府、國務院皆假宮苑之舊而改建之，故宮開闢，亦日漸開放，昔之禁地，今成萬衆遊憩之所，此則改制與建之著者。本章即述民國以來宮苑之興廢大略也。書末附有明、清兩代宮殿圖各一幅，朱墨套印，至爲明晰。

本書爲「故都紀念集」第二種，另有一、三兩種名「元大都宮殿圖考」及「北京宮闕圖說」，可資參照。

統全書而觀之，其敍明清兩代宮苑建置沿革，詳於明而略於清。良以明代多創造，清代多保守，明代變遷紛繁，而清代則守成少改制，理應有所詳略也。（三六、八、三、共）

書評
正氣歌本事
歐洲與太平洋戰爭之勝利
三國新志
梵蒂岡一瞥
泡影
煩惱的年代

書林評話

于鏡宇編（二十八）

每逢星期一刊出

M·蕭洛霍夫的 靜靜的頓河

金人譯 光明書局出版 四冊 二十萬元

讀過一本描寫蘇聯頓河哥薩克人的生活習慣，風俗，頓河岸的大村落，原野，以及等等的風物，而以一九一四年第一次世界大戰及十月的大革命爲背景的史詩型的小說。它代表作者明快潑辣的風格；文字犀利樸實，描寫生動而深入。內中充滿了濃厚的鄉土色彩，卽使外國人也會覺得親切，這就是這篇作品寫作的成功的地方。

全部共分四冊，第一冊是寫居住在頓河沿岸月中斯克耶韃村的麥列霍夫一家生活的情形，這些全部地反映出蘇聯在革命前集體農場的情形，使我們很清楚地知道在革命前蘇聯的農民是怎樣的生活着。第二部是在寫俄國興起在第一次世界大戰的戰門的情形，故事重心由頓河移到前線。第二冊是寫十月俄國革命及協約國以協約等援助白軍使武器較差的紅軍節節敗退。第三冊是寫紅軍以士氣壓迫着白軍，而白軍却正在受敗着，而終於白軍全部瓦解退到土耳其去了。第四冊是寫麥列霍夫一家漸地衰落，人口因戰爭的死亡而減少，最後，只留下葛利高里，和他的妹妹杜妮亞石陶，還有他的兒子。每冊以卷數把時期的段落劃分開來，第一冊第二冊分兩卷，第三冊分一卷，雖是卷數超過，但份量還是相同，每冊約三十五萬字，合計是一百五十萬字左右，實可稱爲巨著了。

故事中的主角——作者理想多麥列霍夫型的英雄——葛利高里，麥列霍夫，在這篇作品中是被描寫成一個具有豪俠而仁慈的胸襟，和憐恤思想的情格，與大而心細的人物。在全篇故事中，他是處在領導人的優越的地位，他勇敢無畏，一切在戰場上以一個聯隊長的資格領自個騎兵衝鋒；他的仁慈使他與兵士間建立了偉大的友情，受着兵士們的愛戴，因爲他沒有白俄軍官的官僚作風，他沒有紅軍的殘忍嗜殺的惡習，這些都是他屢立戰功的要素。故事中也告訴我們哥薩克是保守，如葛利高里自始至終都站在白軍的一邊，他們只知道守護自己的田莊。所以每次的戰爭都不出他們的世界。作者把頓河一哥薩克所有的特有的性格塑成了一個葛利高里，而在作者靈活的文筆下刻繪出一個活生生的人物來。同時，告訴我們什麼是英雄，英雄是什麼。

在故事中還可以使我們知道戰爭的殘酷，人民所遭受的痛苦，使個個人是怎樣焦灼地等待出征人的信息，整天在不安中渡着日子，心中胡亂地猜測着。在作者的文筆下，可以想像到戰爭所過之處由繁榮變爲荒蕪的情形，也可以看出各種人物對戰爭有互異的觀點的不同的典型性。總之，這書的描寫夠偉大，它把哥薩克的生活，真實地擺在我們的眼前了，郭戈里在塔拉斯、布爾巴中也曾反映給我們哥薩克的生活，但那還是眼給的哥薩克生活，但這書所給我們的卻是在革命過程中的哥薩克生活了。

然而文藝不是沒有缺陷的：第一，本書的作者是蘇聯人，如蕭洛夫在批評尼古拉·奧戈廷的「特槍的人」的文章中，曾說：「譯文是不能完全傳達那有特殊性格的對話的全部風味，正像不能翻譯一個外國讀者完全欣賞富於濃厚鄉土色彩的對話一樣。」這書雖不是劇本，但對話也相當多，而這些對話則完全是寫於「濃厚的鄉土色彩的」，並且有些——對話很令人難懂，故譯者將文意去了，這在譯者序言中曾說明過，這是未免美中不足的，但這也是無法補過的。第二，因本書可以稱爲明朗但却不能評爲簡潔；一些繁瑣的描寫，冗長的敍事，有些地方是寫了親和情緒或引起興趣的，但也有些不必要的地方而加以贅述，令人厭煩之處，這在一般蘇聯作家似乎是通病，即是高爾基的作品有時也是如此，蕭洛霍夫這個毛病也很當厲害，但在「被開墾的處女地」裏比較好得多了，這或是年齡與寫作的進步吧！因爲作者在寫本書時才二十三歲，到現在也只有四十二歲呢！第三，書中主角葛利高里與他的妹夫米士噶原因病仰而互不相容。但在最後葛利高里回到家裏，紅軍方面沒有什麼舉動，而米士噶也沒有以叛亂的罪名監禁他，這樣故事就完了。這恐怕作者想很快地結束這本書，而忽略了這一點。雖是這樣，當我讀過之後，誠使我驚異它的偉大，而感到作者的魄力。雖想譯部曾被譽爲「新戰爭與和平」的敍事詩，是很可以爲我們大時代中作家們的重要參考的。（王審要）

現代哲學名著述評

謝幼偉著 中國哲學會西洋哲學名著編譯委員會主編 三十六年四月正中書局初版 四頁加二五八頁 基價十元六角

此書共十八篇，其中頭三篇，論中國傳統哲學之特徵，與現代西洋哲學之背景，現代西洋哲學之特徵，此爲著者對中西哲學之總持看法，或全體之觀察，作爲全書之前引，書評十一篇，內中國方面三篇爲熊十力之新唯識論，賀麟近代唯心論簡釋，章士釗邏輯指要，印度方面一篇泰戈爾「人的宗教」。西洋哲學方面八篇其題目爲：杜威邏輯探究的理論，布爾斯休謨之外界學說，愛耶爾經驗知識之基礎，懷黑德思想之方式，懷黑德教育之目的論文集，克羅齊美學之哲學，亞歷山大哲學與文學論文集，附錄四篇，均與書評有關，爲熊十力論玄學方法，賀麟答謝幼偉兄批評三點，章士釗答謝幼偉先生，與張東蓀先生，凡諸此文曾刊佈于思想與時代半月刊，謝氏彙集而成此書。

書評文字，本不易作，謝氏此書既爲哲學名著之述評，欲更爲述評之述評，尤不易爲，因書評文字，各篇獨立，義不連貫，無法撮要示人也，今爲此文，取徑有二：一以擇取作者個人之說，即謂以爲之述評，惟作者個人又自謂此書以介紹批評爲主，個人意見皆極力減少至最低限度，此書自不足以代表作者個人之哲學，然亦不能由此書而稍窺見作者之哲學主張，此是一方面。一爲據作者所評各書之義理與作者相商兌，此爲一方面，由此兩方面或可略窺此書之大要。恐辭太繁，今提要而書：

一、頭論三篇，論中國傳統哲學之特徵有四，其主要爲唯心的，其精神爲實踐的，其態度爲直覺的，其方法爲宗教的，此作者對中國傳統哲學之一種概觀，而近代中國哲學之特徵其主張爲唯心的，其精神則理論與實踐並重，其方法則直覺與理智相輔，其態度爲哲學的，持此與傳統哲學相較，一方面保存傳統哲學之長，一方面又改正其短，故不能謂現代哲學無進步，其所以進步，又與西洋哲學之輸入有關係也。

二、作者陳述西洋現代哲學之背景爲科學，宗教，政治，經濟，一一指出其對哲學之影響，繼進而謂此種背景所促成之哲學其特徵有六：一、天人合一或心物同源；二、物質觀念之散變；三、傾向心靈；四、價值中心；五、注重歷史或時間；六、分析精細。此六種特徵爲現代哲學之特殊表現。

三、現代中國哲學與西方相較，其相類似者，傾向唯心一也，價值中心二也，分析精細三也。

上述三點爲作者對中西哲學之看法，較論哲學大方向之異同，如觀人之氣象與態度，不可以耳目口鼻論，蓋有關於冥會與洞識，貴得其眾心與大全，謝氏之所論列，若摘取特殊之事例以駁其說，則不支其例，此自不足以難謝氏，蓋觀全與辨分不同也，然吾覺謝氏論中國傳統哲學之特徵，有可商的者。（一）如謂「其精神是實踐的」「其態度是宗教的」，中國哲學以實踐理性爲最後的，西洋則以純粹理性爲最後的，（康德爲例外）此義很實，謝氏所謂實踐的，不過是實用或力行之精神，西人豈不重實用與力行，蘇以中國哲學之根本精神爲不體分於全，自認識上言，卽不自全體中劃出部分之精神，自意志上言，卽努力以部分實現全體之精神，故可曰「其精神是天人不二的。」（二）重知重行實爲中西哲學家根本態度之不同，中國哲學家從無爲知識求知識之思想，孔子有句話，「知及之，仁不能守之，雖得之必失之」此頗足說明純粹求知之不可能，宋明人還分德性之知與聞見之知，貴由躬行實踐證悟德性之知，均可見中國哲人之遵行不貴知，西哲之重知可無論矣。故可曰「其態度是實行的。」

謝氏謂中國傳統哲學其態度是宗教的，舉孔孟老莊爲例，以孔墨爲其心目中之教主，宋明諸子之崇道態度亦宗教態度，是以傾倒中國哲學思想之進步，此說亦未妥善。中國人自有其歷史文化上之背景，孔孟嚮慕堯舜周公，在重建歷史與文化，不能如西方人純以求知爲事也，唯孔子稱天是否有宗教意味，孔子無明白態度，孟子則化爲倫理之天，道家之天，先天而天弗違，後天而奉天時，性即天道，亦非宗教家崇拜天神之義，擇善固執，忠於眞理，此學人應有之態度，亦非宗教態度，唯中國哲人之重行，不重講習與辯論，與以直覺爲哲學之方法，致使哲學無明顯之問題，有礙於哲學思想之進步，非以宗教態度始阻哲學之進也。（三）西洋現代哲學以說價值，可更進一步利出客觀主義之價值論爲以代替主觀之特質，懷梅海之歷程與實在一書即在闡明步步創，即步步價值之實現，肯定價值在客觀世界中之地位，是他雅那特價值經驗於其精蘊一域中，主觀價值論偏客觀性，哈特曼倫理學亦客觀主義之價值論，實用主義價值論，也努力使價值成爲客觀的，惟所謂客觀，只是社會的客觀而已。主觀主義價值論者有如克羅采培黎等，然就整個趨勢言實趨於客觀主義者也。

四、作者於各書之述評，極爲認眞不苟，可作諸家之提要讀，如新唯識論，近代唯心論簡釋，與克羅齊之實踐哲學，亞歷山大哲學與文學論文集諸篇，於此不能一一敍述。（太始）

我怎樣恢復健康的

舒新城著 民三六 七 上海中華書局 八又一九七又三三頁 基價四元（健康生活叢書）

我國有句成語說：「無病是神仙」，沒有病痛的人，個個都該算是神仙了，但沒有人會承認當沒有病痛的時候，他和神仙一樣。神仙的滋味如何，凡人不得而知，推想起來，不外乎快樂逍遙，可是無病的人很少覺得是在過的快樂逍遙的生活，除非一直要到身上有了病，與無病的時候生活上對比起來，或者遠遠比起來，那時候，才能體味出健康的可愛，健康[illegible]易消失，和病中痛苦一樣消失的快。因此有許多[illegible]的病，即使已經知道了患病的原因。

[illegible]「百病叢生」之身，如何從營養方面恢復了他的健康，以資我們的借鏡，可是全書十二章，大半[illegible]的是普通生理衛生的常識，換句話說，是著者三年來每日下午專心研讀關於健康，醫藥，衛生種種[illegible]的筆記，當然這種常[illegible]，對於讀者並非無益，[illegible]不免病榻喃喃，乎鋪直[illegible]第一、二章日記體例相[illegible]生動的文字之後，即使[illegible]，著讀無味，尤其是習[illegible]是「急性的讀者」，也[illegible]就「厭煩」了。嚴格的[illegible]，著者敘述過去既求康[illegible]的經過，也似乎有點多[illegible]。

關於衛生常識，有兩點是值得注意的，因爲容易爲一般人所誤解。

第一 醫師分兩類：一是保健（公共衛生）醫師，其全責在防病和使人無病；二是治療醫師，其責任在給人治病，而上海的醫師除了衛生行政機關的少數人外，都是治療醫師。（三九頁）

第二 食補與藥補，所謂食補的食品，最大多數爲脂肪蛋白之類的食物，這在以素食爲主的中國社會，自不能說如何錯誤，但眞正補的功效，都絕不能如所預期，甚且還有相反的結果——我（著者自己）就是一個證明。所謂藥也不過是食物的「抽精」，倘若在日常生活能充分攝取身體上必需的元素，則除去適當人類機體所不易抵抗的病菌外，根本不必吃藥。（五九頁）中式的丸劑或膏滋，西式的維生素丸或針，不一定都是萬靈藥。

著者健康的恢復，由絕地而回歸生路，全恃他個人的毅力與決心，三年如一日，這精神是太可欽佩了。筆者於閱完本書之後，雖則覺得內容方面，並不如所預期，但深感本書對於讀者爲事實人的鼓勵一定不小，有值得成功之冊，這是筆者所願附帶提及的。

本書第一章至第十章曾在上海大公報副刊「現代人生」及「大公園」上發表，第十章運動和休息的一半第十一章精神健康與第十二章把握健康的方法共兩章半則曾在京滬週刊及新中華雜誌上發表過。附錄有食物成分表。（呂紹察）

介紹印度期刊三種

新印度季刊

印度臨時政府於去年九月成立後，對華文化宣傳，頗致力，除於宣傳部內，設立中國科，聘西雷坡學院教授周祥光主其事，編印新印度季刊，世界月刊兩種，均中英文對照，另有印度文史叢刊一種，則全係中文。新印度季刊創刊於一九四六年十月一日，業已出至第四期，專載藝哲宗教及現代社會動態爲主，每期五十頁，用上等銅版紙精印，附有銅圖一百多幀，尤饒名貴。茲將第四期要目錄下：（一）中國駐印度大使羅家倫博士致印度民衆書。（二）亞洲會議中國代表團與本刊編者答問。（三）供奉之野豬。（四）印度圖畫串舉。（五）印度現代繪畫論。（六）少年印度。（七）邊世界中之印度。（八）德甘地。每冊定價國幣一千五百元，印度駐華大使館經售。

世界月刊

該刊與新印度季刊同時創刊，專載世界各國日[illegible]，供東西洋人士閱讀之需。書長一尺二寸，橫一尺，每期二十四頁，附有銅圖百件幀，用藝術紙精印，佈極美觀，行銷各國、馬來亞、暹羅及緬甸各地。定價國幣五百元，駐華大使館經售。茲將八月號要目列下：（一）印度文官訓練。（二）印度現代城鎮。（三）穩食糧。（四）雪下部長柏魯沙。（五）當代印度尼西亞之畫家。（六）拉迦雷之壁畫。（七）南極探險。（八）側聽金礦。

印度文史叢刊

此叢刊擬每三月出一次，每編一百頁，約三萬字，專門討論印度文史方面之特殊題目，目前已經決定者有釋迦製所作之「印度社會生活」。說明印度人民社會生活之變遷，自古到今，頭頭有道，爲印度民俗學中之一本好書。此外則爲周祥光氏所著之「印度古代政治史」闡明古代印度政治鬥爭史，諸邦外交史，以及社會形態，政治體系皆屬之，爲研究印度政治印度之書本，凡研究歷史者，均宜人手一編，不日出版，周譚二人同爲主編，由印度宣傳部中國科印行。

書林平話

于鏡宇編
每星期一刊出（二十九）

愛情之福音

（Killosky）著
唐君毅譯 民三六上海
正中書局
一二又八四頁 基價一元四角

科學哲學與人生

方東美著
上海商務印書館本

社會工作導論

蔣旨昂著 民三五 上海商務印書館
一二又八二頁 基價一元六角

檔案管理之理論與實際

南京正風圖書館 ……初版 ……六又七〇頁 ……總經售 ……價

介紹行政院新聞局出版的小冊

書林平話

于鏡宇編（三十）

每逢星期一刊出

國立中央圖書館 歷代圖書版刻展覽解說

昔人謂吾國圖書之有刻本，當在北齊以前。蓋誤以「本」字爲「刻本」；又誤讀明陸深河汾燕閒錄引隋費長房三寶記之語，以雕像爲雕板。葉德輝書林清話（卷一）已辨其非，此不具論。今可確知者，則自晚唐以來，雕板之術，已漸盛行。故籍所載，有如下之史實：

一、唐元稹作白居易長慶集序，有：「繕寫模勒，衒賣於市井」之語。

二、全唐文（卷六二四）有馮宿禁版印時憲奏。（馮宿爲貞元時進士，卒於開成元年。）

三、全唐文（卷八〇八）有司空圖，爲東都敬愛寺講律僧惠確化募雕律疏（原文亦見司空表聖集）

四、柳玼家訓序（據武英殿本舊五代史唐明宗紀注引）云：「中和三年癸卯夏，鑾輿在蜀之三年也。余爲中書舍人。旬休，閱書於重城之東南。其書多陰陽、雜記、占夢、相宅、九宮五緯之流，又有字書小學，率雕板印紙，浸染不可曉」。

有此諸證，是書籍雕板，已盛行於唐代晚年，斷無疑義。近年燉煌所出經卷，有唐懿宗咸通九年（868）所刻之金剛般若波羅蜜經，及其他唐刻，爲今日所見吾國圖書最早之刻本。惜皆入西歐，本國反無存者。五代刻本，傳世亦罕。陳鱣跋直齋書錄解題云：「九經字樣一卷。往宰南城，出謁，有持故紙鬻於道者，得此書。乃古京本，五代開運丙午所刻也。遂爲家藏書籍之最古者」。是在南宋時已甚珍秘。清光緒間，燉煌曾出唐韻切韻兩種，爲五代時所刻。今藏巴黎圖書館。故國內流傳之刻本，以北宋本爲最早。然亦已如鳳毛麟角，不數數見矣。

此次陳列之書，上起北宋，下迄南明，旨在使讀者對吾國圖書板刻流變，得一系統之概念。唐五代刻本，既不易得，故付闕如；清以來刻本，爲世人所習見，亦不羅入。朝鮮、安南、及日本刻本，直接受吾國影響，本擬各選陳若干種，列爲附錄，以說明吾國印刷術傳播之情況，乃爲場址所限，故復作罷。中央圖書館所藏明本逾五千種，茲僅能取其書之罕見者，或板刻之精者；宋元舊刻，約逾四百種之多，此亦祇能擇其大要，不能具陳。他日擬舉行一規模較大之展覽，包括（一）吾國圖書形制之演變，（二）歷代圖書板刻之演變，（三）由批校本以證舊本書之可貴。此所陳列，僅第二項之一部分耳。

甲　宋刻本

一　後漢書　劉宋范曄撰，唐李賢注。北宋刊配補元大德九年及元統二年修補南宋刊本。清錢大昕手跋。

二　維摩詰經　劉宋求那跋陀羅譯。北宋紹聖三年（一〇九六）蘇州禪寂寺刊本。

三　李賀歌詩編　唐李賀撰。北宋仁宗時（一〇二三—一〇六三）刊本。南宋初年修補公牘紙印本。明文嘉，及近人袁克文各手書題記。【以上北宋刻本】

四　史記　漢司馬遷撰，宋裴駰集解。宋紹興間（一一三一—一一六二）覆刊北宋監本。

五　漢書　漢班固撰，班昭補，唐顏師古注。宋紹興間（一一三一—一一六二）國子監刊本。

六　魏書　北齊魏收撰。宋紹興間（一一三一—一一六二）國子監刊元明修補本。【以上南宋監本】

右列三種，雖曾各路分刻，實由國子監主之，故定爲監本。又魏書，向來所謂蜀刻九行本者。然由字體，及刻工姓名等證之，實非蜀本。趙萬里先生曾辨之（見所著兩宋諸史監本存佚考，原文載於蔡元培先生六十五歲論文集上冊），其說甚允。

七　禮記　漢鄭玄注。宋淳熙間（一一七四—一一八九）撫州公使庫刊紹熙至嘉定間（一一九〇—一二二四）遞次修補本。

八　吳郡圖經續記　宋朱長文撰。宋紹興四年（一一三四）蘇州官刊本。清乾隆間黃丕烈手跋。

九　心經　宋眞德秀撰。宋端平元年（一二三四）泉州府學刊本。

一〇　范文正公集　宋范仲淹撰。宋乾道三年（一一六七）鄱陽郡齋刊嘉定五年（一二一二）修補本。【以上南宋官刻本】

一一　雪巖吟草甲卷忘機集　宋宋伯仁撰。宋嘉熙間（一二三七—一二四〇）嘉川宋氏自刊本。

一二　唐僧弘秀集　宋李龔編。宋寶祐六年（一二五八）臨安陳解元書籍鋪刊本。

一三　南宋群賢小集　宋陳起編。宋嘉定至景定間（一二〇八—一二六四）臨安府陳解元書籍鋪刊本。【以上南宋浙刻本】

一四　資治通鑑　宋司馬光撰。南宋初年蜀廣都費氏進修堂刊本。

一五　東都事略　宋王偁撰。宋紹熙間（一一九〇—一一九三）眉山程舍人宅刊本。

一六　歐陽行周文集　唐歐陽詹撰。南宋初年蜀刊本。

一七　蘇文忠公文集　宋蘇軾撰。宋孝宗時（一一六三—一一八九）眉州刊大字本。【以上南宋蜀刻本】

一八　大易粹言　宋曾穜撰。南宋建安劉叔剛刊本。

一九　唐書　宋歐陽修，宋祁撰。南宋建安魏仲立宅刊本。

二〇　文場資用分門近思錄　宋朱熹，呂祖謙撰。南宋末年建安曾氏刊本。清張裕釗手書題記。

二一　文選　梁蕭統編，唐呂延濟等五臣注。宋紹興三十一年（一一六一）建陽陳八郎崇化書坊刊本。【以上南宋閩刻本】

宋時刻書，最著名之處凡三：曰浙、曰蜀、曰閩。故分別陳列，以觀其刊刻情狀。宋人嘗謂：浙刻最佳，蜀刻次之。閩刻最下。此本就其校勘之優劣言之。然就其刻工之精麤論之，亦正復相同也。

二二　重校添注音辯唐柳先生文集　唐柳宗元撰。宋嘉定間（一二〇八—一二二四）姑蘇鄭定刊本。

二三　歐陽文忠公居士集　宋歐陽修撰。宋周必大吉州刊本。

二四　重廣眉山三蘇先生文集　宋不著編者。宋紹興間（一一三一—一一六二）饒州董氏集古堂刊本。

二五　坡門酬唱　宋邵浩編。宋紹熙元年（一一九〇）豫章刊本。

二六　文選　梁蕭統編，唐李善注。宋淳熙八年（一一八一）尤延之貴池刊本。【以上南宋餘、撫、吉、饒……等處刊本】

乙　金刻本

一　泰和五音新改併類聚四聲篇　金韓道昭撰。金崇慶間（一二一二—一二一三）刊元代修補本。

二　重校正地理新書　宋王洙等撰。金明昌三年（一一九二）刊本。

三　集沙門不應拜俗等事　唐釋彥悰編。金平水刊卷子本。【以上金刻本】

金代刻本，流傳頗少，茲舉三種，聊以見例。吾國歷代書刻，盛於南方。即北宋監本，猶多就杭州雕板，蓋北方以刻書爲業者少也。惟傳世金本，則多刻於平陽。此乃時勢使然。宋元間北方刻書之盛，僅此一地著稱耳。然就雕板之技術觀之，則不遠遜浙蜀諸刻遠甚。試與甲乙諸刻比觀，可備見矣。

丙　元刻本

一　中興成鑑　宋朱黼撰。元至元間（一二六四—一二九四）詠澤書院覆宋刊公牘紙印本。

二　詩學正論　元楊桓撰。元至大間（一三〇八—一三一一）浙江行省刊元統間（一三三三—一三三四）余謙修補本。

三　三國志　晉陳壽撰，劉宋裴松之注。元大德十年（一三〇六）池州路儒學刊本。

四　隋書　唐魏徵等撰。元大德間（一二九七—一三〇七）瑞州路儒學刊本。

五　通志　宋鄭樵撰。元至治二年（一三二二）福州路三山郡庠刊本。【以上官刻本】

六　周易程朱先生傳義附錄　宋董楷撰。元至正二年（一三四二）桃溪居敬書堂刊本。

七　書蔡氏傳旁通　元陳師凱撰。元至正五年（一三四五）建安余氏勤有堂刊本。

八　文場備用排字禮部韻略　元一山堂重編。元至正十二年（一三五二）徐氏一山書堂刊本。清黃丕烈過錄錢大昕跋。

九　史記　漢司馬遷撰，宋裴駰集解，唐司馬貞索隱，張守節正義。元至元二十五年（一二八八）吉州安福彭寅翁刊本。

一〇　續宋中興編年資治通鑑　宋劉時舉撰。元陳氏餘慶堂刊本。

一一　新編音點性理羣書句解　宋熊節編。元建刊小字本。

一二　新編年月集要　元釋善壽撰。元隱溪書堂刊本。

一三　山居四要　元汪汝懋撰。元至正二十年（一三六〇）徐仁文寫刊本。

一四　景德傳燈錄　宋釋道原撰。元延祐三年（一三一六）湖州[illegible]刊本。

一五　金剛般若波羅蜜經　姚秦鳩摩羅什譯，元釋思聰注。元至正間（一三四一—一三六七）資福寺刊朱墨套印本。

一六　楚辭集注　宋朱熹撰。元天曆三年（一三三〇）陳忠甫宅刊本。

一七　集千家注分類杜工部詩　唐杜甫撰，宋黃鶴補注。元皇慶元年（一三一二）建安余氏勤有堂刊至正十二年（一三五二）葉氏廣勤堂印本。

一八　分類補注李太白詩　唐李白撰，宋楊齊賢注。元蕭士贇補注。元至大四年（一三一一）建安余氏勤有堂刊本。【以上私家、書坊、寺等刊本】

元代九十年間，刻書之風亦甚盛。惟傳世之本，浙蜀諸刻殊少，而閩刻特多。是可證昔日刻書極盛之浙蜀二地，迨元時已漸就衰微矣。又世咸謂諸色套板，始於明代晚年；而此次陳列之金剛般若波羅蜜經一種，乃至正間所刻，朱墨套印，燦然悅目。殆爲今日傳世最古之套本也。

丁　明刻本

一　元史節要　明張美和撰。明洪武三十年（一三九七）建安書堂刊本。

二　宋學士文粹　明宋濂撰。明洪武十年（一三七七）刊本。

三　皇明詩選　明沈巽編，劉崧選。明洪武間（一三六八—一三九八）刊本。

四　五倫詩集　明沈易編。明洪武十二年（一三七九）刊公牘紙印本。【以上洪武本】

五　元音　明孫原理編。明洪武十七年（一三八四）刊建文三年（一四〇一）增刊跋語本。

六　宋學士文粹續集　明宋濂撰。明建文三年（一四〇一）刊本。清林佶，及近人葉德輝，莫棠各手跋。【以上建文本】

七　周易傳義大全　明胡廣等撰。明永樂十三年（一四一五）內府刊本。

八　大明仁孝皇后勸善書　明仁孝皇后撰。明永樂五年（一四〇七）內府刊本。

九　守默齋遺稿　明夏時撰。明永樂十五年（一四一七）上虞葉氏刊正統五年（一四四〇）補刊序跋本。清黃丕烈手書題記。【以上永樂本】

一〇　羅鄂州小集　宋羅願撰。明洪熙元年（一四二五）羅傳道刊本。【以上洪熙本】

一一　姓源珠璣　明楊信民撰。明宣德七年（一四三二）刊本。

一二　誠齋牡丹百詠、梅花百詠、玉堂春百詠　明朱有燉撰。明宣德五年至六年（一四三〇—一四三一）周藩刊本。清陳鱣、黃丕烈各手跋。

一三　省愆集　明黃淮撰。明宣德八年（一四三三）刊本。【以上宣德本】

一四　春秋繁露　漢董仲舒撰。明正統間（一四三六—一四四九）刻本。

一五　忠義錄　明袁忠徹編。明正統五年（一四四〇）四明袁氏刊本。

一六　[illegible]集錄　明孫繼宗等編。明正統九年（一四四四）刊本。

一七　玉機微義　元徐彥純撰，明劉純增補。明正統四年（一四三九）陳有戒刊本。【以上正統本】

西洋印刷術，發明於一四四五年，當正統十年。吾國圖書，自刻本以來，迨乎此時，至少已有六百年之歷史矣。

一八　爾雅　晉郭璞注。明景泰七年（一四五六）刊本。

一九　道園學古錄　元虞集撰。明景泰七年（一四五六）崑山令鄭達刊本。

二〇　新編頤光先生集　明陸顒撰。明景泰元年（一四五〇）大冶縣刊本。

二一　大明一統志　明李賢等修。明天順五年（一四六一）內府刊本。

二二　唐陸宣公集　唐陸贄撰。明天順元年（一四五七）吳郡刊本。

二三　丹崖集　明唐肅撰。明天順八年（一四六四）平湖沈琮刊本。【以上景泰、天順本】

二四　草莽集錄　金天爵編，無名氏續編。明成化十年（一四七四）蜀藩刊本。明天啓元年呂元肇手書題記。又近人袁克文手書題記。

二五　新刊補注釋文黃帝內經素問　唐王冰注。明成化十年（一四七四）熊氏種德堂刊本。

二六　翠屏集　明張以寧撰。明成化十六年（一四八〇）張氏刊本。

二七　歸田詩話　明瞿佑撰。明成化三年（一四六七）刊本。清黃丕烈手書題記。（以上成化本）

二八　歷代世譜　明弘治十六年（一五〇三）巡按山東監察御史陳璚刊本。

二九　晞髮集　宋謝翱撰。明弘治十四年（一五〇一）刊本。近人胡嗣瑗手跋。

三〇　思玄集　明桑悅撰。明弘治十八年（一五〇五）原刊本。（以上弘治本）

三一　洪範圖解　明韓邦奇撰。明正德十六年（一五二一）朝邑知縣王道刊本。

三二　少微通鑑節要　宋江贄撰。明正德九年（一五一四年）經廠刊本。

三三　說苑　漢劉向撰。明正德五年（一五一〇）楚藩刊本。

三四　和陶詩集　明周坦等撰。明正德八年（一五一三）周璧刊本。（以上正德本）

三五　篆孝經　明朱厚煐撰。明嘉靖三十四年（一五五五）益府刊本。

三六　遼東志　明王璽等修，任洛等重修。明嘉靖十六年（一五三七）遼東都司刊本。

三七　雞鳴集　明金憲撰。明嘉靖廿七年（一五四八）寧陵縣官署刊本。

三八　新編南九宮詞　明蔣孝編。明嘉靖三十八年（一五五九）昆陵蔣氏三徑草堂刊本。（以上嘉靖本）

三九　論學指南　明郝禹野選。明隆慶四年（一五七〇）金陵徐廷器刊本。

四〇　楚騷協韻　明屠本畯撰。明隆慶間（一五六七—一五七二）甬東屠氏刊本。

四一　滄溟集　明李攀龍撰。明隆慶六年（一五七二）刊本。（以上隆慶本）

四二　石室秘傳　明王文祿撰。明萬曆四年（一五七六）王氏修竹館刊本。

四三　墨苑　明程大約撰。明萬曆三十三年（一六〇五）滋蘭堂刊本。內刊利瑪竇西文序。歐西文字，刊入中國書，殆以此本爲最早。

四四　三寶太監西洋記通俗演義　明羅懋登撰。明萬曆二十五年（一五九七）三山道人刊本。

四五　牡丹亭還魂記　明湯顯祖撰。明萬曆四十五年（一六一七）刊本。（以上萬曆本）

四六　方氏墨譜　明方于魯撰。明泰昌元年（一六二〇）刊本。

四七　茅鹿門文集　明茅坤撰，潘拱宸選。明泰昌元年（一六二〇）刊朱墨套印本。（以上泰昌本）

四八　春秋公羊傳　明閔齊伋注。明天啓元年（一六二一）烏程閔氏刊三色套印本。

四九　拼餘剩技　明[illegible]撰。明天啓元年（一六二一）刊本。

五〇　東坡禪喜集　宋蘇軾撰，明凌濛初編。明天啓元年（一六二一）吳興凌氏刊朱墨套印本。（以上天啓本）

五一　皇明法傳錄　明高汝栻撰。明崇禎九年（一六三六）刊本。清代禁書。

五二　十竹齋畫譜　明胡正言撰。明崇禎四年（一六三一）刊彩色印本。

五三　[illegible]集　明方[illegible]編，張[illegible]選。明崇禎四年（一六三一）刊本。【以上崇禎本】

五四　甲申紀事　明馮夢龍撰。明弘光間（一六四四—一六四五）刊本。

五五　剿闖小說　明西吳懶道人口授，無競氏筆錄。明弘光元年（一六四四）刊本。【以上弘光本】

明代刻書，自弘治以前，板式字體，尚沿元代風尚。正德晚年以後，橫輕豎重之匠體字漸興，即後世所謂宋體字也。此類字體之興，蓋由覆刻宋板書之故。正嘉以來，覆刻宋本之風甚盛；而明人最尚詩文，宋刊詩集，以書棚本爲最多，其字體率仿歐陽。至明而變本加厲，遂有此板滯不靈之匠體。此在書刻史上，亦一劇變也。宋元時印書最盛之麻沙書坊，燬於元季；明時僅存崇化書坊，故明初閩本流傳，反較昔日爲少。晚明以來，刻書以蘇州及南京爲最盛，蓋奪八閩之席，而躍居首位矣。又明人刻書，以詩文集及類書爲特多，此但就圖書板刻之情狀觀之，亦可以覘當日之學風矣。

戊　活字本

一　白氏文集　唐白居易撰。明弘治正德間（一四八八—一五二一）錫山華氏蘭雪堂活字本。

二　欒城集　宋蘇轍撰。明嘉靖二十年（一五四一）蜀藩活字本。

三　太平御覽　宋李昉等撰。明隆慶間（一五六七—一五七二）閩人饒氏等銅活字本。

四　辨惑編　元謝應芳撰。明萬曆二年（一五七四）益藩木活字本。

五　新刻史綱歷代君斷　明李備撰。明萬曆四年（一五七六）福建李仁儆活字本。

宋慶曆間（一〇四一—一〇四八）畢昇造膠泥活字，是爲吾國以活字印書之始，時當西洋印刷術發明前四百年也。畢氏活字本，今無存者。天祿琳瑯書目後編，著有宋活字本毛詩一種，惟該目所著錄之書，贋品居多，恐此亦未必天水故物。繆藝風有宋嘉定間活字本曾學一書，是否宋時排印，以未見原書，亦難遽斷，今傳世者蓋以錫山華氏所印諸書，爲較早之本也。茲陳列弘止以來活字本五種，毛舉萬一，聊見一斑之窺，亦可以見明代活字本之梗概。（展覽室在成賢街四十八號，九月八日起九月十三日止。）

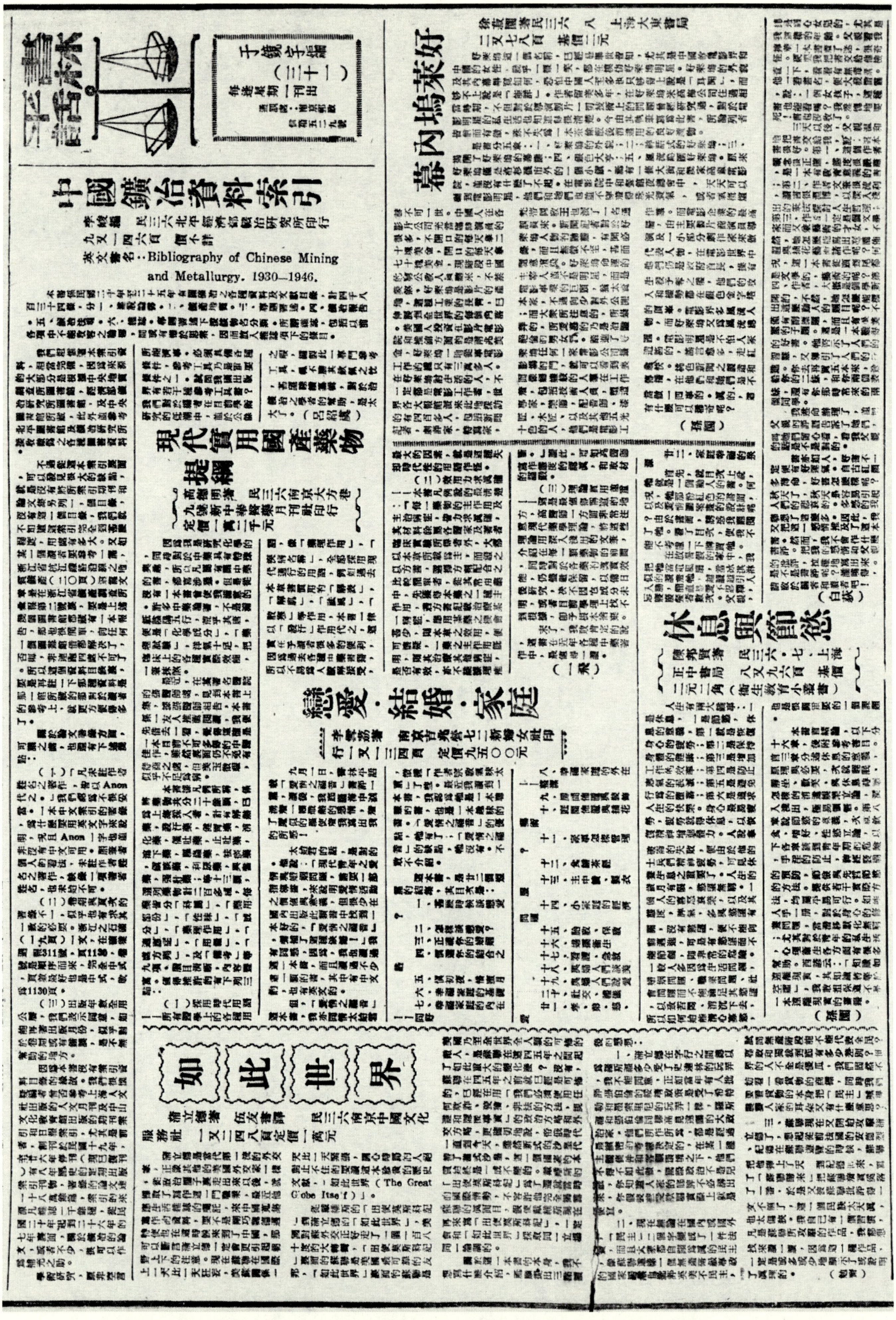

書評 半月刊

于鏡宇編

（二十一）

每逢星期一刊出

中國鑛冶資料索引

李崍編 民三六北平經濟部鑛冶研究所印行

九又一四六頁 價不詳

英文書名：Bibliography of Chinese Mining and Metallurgy. 1930—1946.

現代實用國產藥物提綱

高德明著 民三六南京大方巷九號新中華醫藥月刊社印行

定價一萬二千元

（呂紹曦）

戀愛·結婚·家庭

李寶菘著 南京晉泰街七二新婦女社印行 一又一三四頁 定價九五〇〇元

休息與節慾

陳邦賢著 民三六·七、上海正中書局 八又九六頁 基價二元二角（衞生教育小叢書）

（自狄）

慕內塢萊好

徐蘇靈著民三六 八 上海大東書局 二又七八頁 基價二元

如此世界

蒲立德著 伍友普譯 民三六南京中國文化服務社 一又二四八頁定價一萬元

如此世界（The Great Globe Itself）

書林平話

千鏡宇編（三十二）

每逢星期一刊出

中華民國統計提要

國民政府主計處統計局編印　民三六、七　六又一四〇又六頁　無定價

當本國民三六的統計提要，可比二十四年統計的那本充實多了。那本是有一千四百頁，這本只有十分之一。[illegible]這本書[illegible]現在許多研究與實施上不可缺的參考資料。簡單翻一遍，略有所見，在下面寫出一二。

據全國戶口表，我們知道了中國打了幾年仗還是男多於女，多十分之一。只有西康和貴州男比女少[illegible]。全國總人口數比之戰前[illegible]年估計之四億[illegible]，增加到四億[illegible]，也很可觀。

[illegible]

圖書館在民國二十[illegible]年全國有[illegible]所，（據廿四年統計提要）這本新統計提要裏所載如左：

[illegible]

學識（半月刊）第一卷第十期

吳麥丹主編　民三六・九・一六　南京珠江路四三〇學術出版社發行　每冊五千元

（震寰）

[illegible]

讀老舍的「惶惑」

四世同堂：第一部惶惑，第二部偷生。老舍著。民三五上海良友出版公司。四冊。基價：六〇元（晨光文學叢書）

[illegible]

……人人喜悅，因為，好奇心人人有的，當然是好新奇的事物。但是人心在回復到穩定的眞理上面時，那種新奇與一切快感不久就會消失了。一

老舍的「惶惑」一書，是合於何瑞思和約翰孫二人的說法的。書中故事是眞實的，生動的，沿着眞理的軌跡而運轉的，充滿著普遍自然之公正的描寫。作者沒有歪曲眞實的必要，來誇張地走向虛偽，迎合低級趣味和聳聽。所以在這部書裏，整個的故事和人物，是特別的典型和凸出。故事描繪忠實，人物典型真在，加上早經成熟的表現技巧，所以這部作品無疑被譽為上乘。

故事

的展開，是在一井坐落在北平西護國寺附近的「小羊圈」裏。北方原野是沃腴的，人多誠樸，在那井「小羊圈」裏有着這樣一戶「四世同堂」的祁家及一些當地的人們。他們呼吸不到自由的空氣，遂出了許多可歌可泣壯烈而悲慘的事蹟，在危困[illegible]

[illegible]，一剎那間，「小羊圈」凸出了嶄新的人物頑抗到底。

最重

義氣的錢二少爺錢仲石，[illegible]奔赴國難參加抗戰的祁瑞全，到死不屈忠貞不二的錢老先生，為了家庭被封建束縛得離不開而[illegible]的祁瑞宣，還有只知道[illegible]的李四夫婦，小崔，[illegible]的第二部……這些可歌可泣的人物，閃光發亮的，在民族的史詩上是永遠不會磨滅的。[illegible]

祁家

[illegible]每一個人物的[illegible]，有的沈默，也有[illegible]，憤怒……，欺詐，纏綿……，就這樣使整個的故事從「小羊圈」擴散到整個北平城，從祁家的縮影，顯出更大的災難的寫照，充滿了血與淚，光與暗的交織。

祁家的人物控制了整個故事的發展，[illegible]在角逐，使根本不健全的祁家瓦解分散。

祁長孫——祁瑞宣——一個受過新教育的新人物，一個受過[illegible]的青年……但他的志氣、學問、理想，都被他的家庭[illegible]地藏在大家庭的烏煙瘴氣的氣氛中，他在求生不得求死不能中掙扎，生活，結果犧牲了，背負了不「孝」的罪名，他有的是憤怒，但不敢發洩，他沒有[illegible]，[illegible]使他變得沉默，老練，能幹，好容易他的三弟逃出北平，奔向自由，逃出淪陷區去，奔赴[illegible]工作，當大哥的[illegible]

[illegible]

以上是「惶惑」中最凸出的人物。你看，冠曉荷，[illegible]

作者

使「惶惑」的人物在動亂中平均的發展，每一[illegible]

……的時代，好人與壞人，罪惡與良善，[illegible]

老舍

說瑞宣是一個「精神分析的[illegible]

[illegible]

……出「惶惑」的苦」。這可說……間有這樣的「惶惑」中各色人物的存在。

但是，作者畢竟從容不迫地用錢老先生的[illegible]，寫出了[illegible]一個的[illegible]

……我再用約翰孫的一句話吧：「……只有描寫普遍的自然之公正的描寫，才可以使多數的人愉快，長久的愉快。」

[illegible]解出一「惶惑」是眞實的史詩，[illegible]

（霍放）

佛學入門書三種

佛法省要　王季同著

中國佛教史略　印順妙欽合編

太虛大師紀念集　第一輯

均民三六上海茂名北路百十一弄大法輪書局印行

六〇頁　六又八四頁　七又一七〇頁

[illegible]

（仁）

行政院新聞局新出小冊續誌

關於政治的有：人民與憲法，國民參政會，監獄改良。

關於教育的有：學校復員，國民教育。

關於衛生的有：中國紅十字會，中央醫院[illegible]。

關於經濟的有：經濟改革方案，改定外匯管理及進出口貿易辦法。

關於土地的有：鄉村工業示範，全國糧食概況，[illegible]。

關於交通的有：[illegible]，國道網，我國[illegible]。

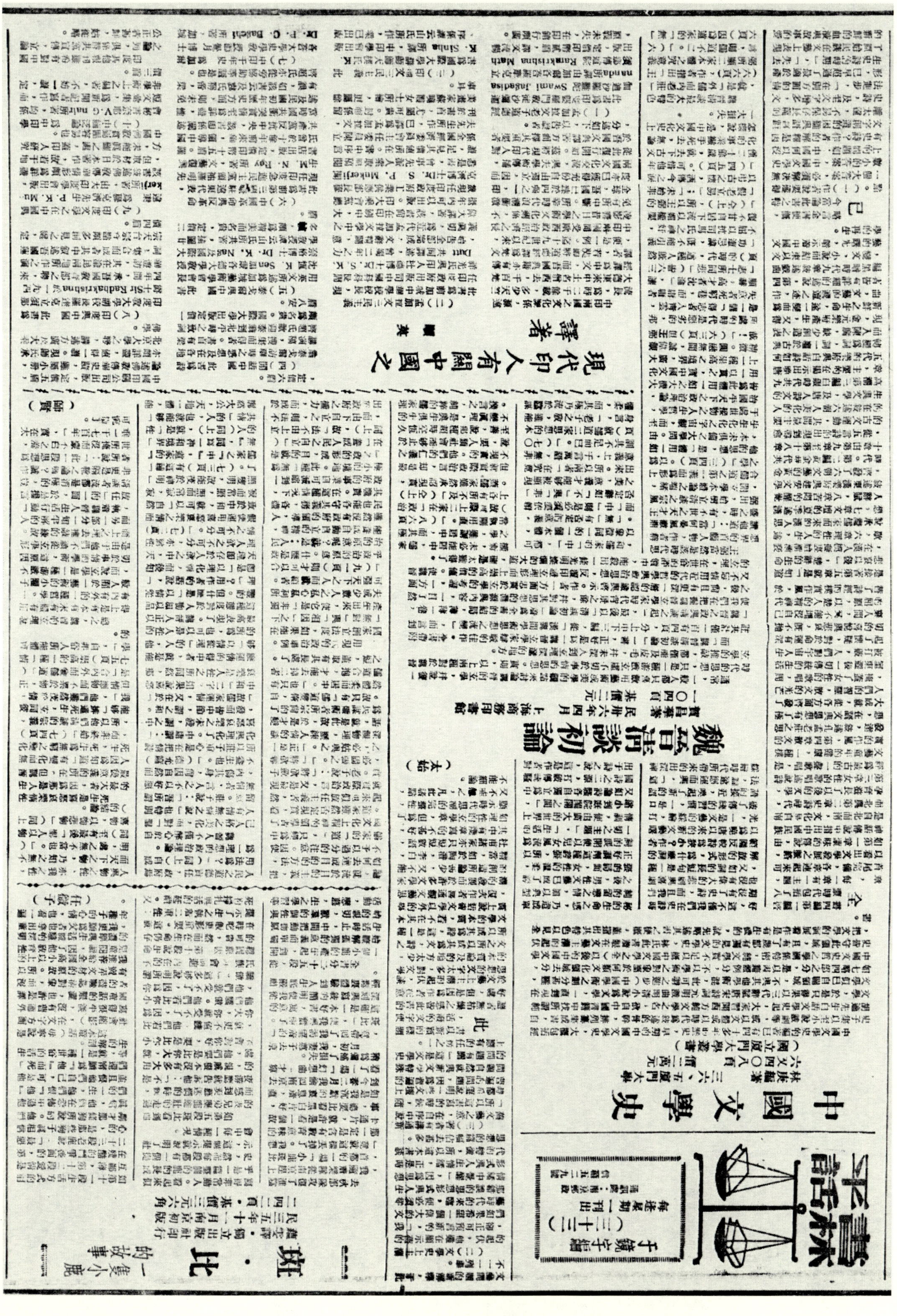
平話書林

王鍾字編

（二十三）

中國文學史

林庚編著　三六、五廈門大學

六又四〇八頁　價二萬元

（國立廈門大學叢書）

斑·比

——一隻小鹿的故事

賈立言譯·獨立出版社印行

民三五年十一月南京初版

二四二頁·基價三元六角

魏晉清談初論

賀昌羣著　民卅六年四月　上海商務印書館

一〇四頁　基價二元

（太始）

現代印人有關中國之譯著

（任欽子）

書林平話

千鏡宇編

（三十四）

每逢星期一刊出

通訊處：南京郵政信箱五二九號

政略學之研究

趙家焯著　民三六國防部

（國防軍事叢書）

[illegible]

大凡一個政治課題，往往想不出妥善解決的辦法。究其最大原因，即是思想無中心，所以見解不定，決心動搖，他們決策，既沒有價值；有時連自己也會懷疑的。中心思想的構成，不能離開：一、歷史的[illegible]，二、環境的現象，三、理論體系的統一化，然後才能談到解決問題。那末政略家他精於以政略為出發點，對於國家的各種問題，能以歷史的演進，地理的環境，人類生活的變遷，社會道德的發展，戰爭的因果關係，而求得一種適當解決的辦法，不像在其理論不切實際的一種吹大氣的作風。[illegible]

吾人最感遺憾的，就是總理孫先生對全部遺教中，國防計劃，只有綱目，而無正文。政略學之研究這本書，也許就是秉承總理遺教而作的。他對於平戰兩時，對內對外，關於政治、經濟、軍事、文化、各種策略，都有所決定，國防建設，都包括無遺；尤其把中國數千[illegible]

[illegible]就要先將作戰神的模係，穿着戰神的衣帽，侍齊戰神的武器，充當戰神一切的內容，必如此才可以自衛自立[illegible]也是政略學上所主張的。

這本書是一種偉大的著作，全用文言引述，長達十六七萬言，蒐集了著者不少的心得，發人之所未發，言人之所未言，軍事家政治家都是要研究的。越是多看越能了解他的議論所在，切不可與普通的書籍存一樣的心理去看待他！

（佛原）

英文困學記

中卷

方達文著　上海名山書局版

英文困學記的上卷，在本年四月廿九日第十二回平話中已經有人介紹過了，現在我讀到了最近出版的中卷。

中卷前面又有一篇序言，是指導中國學生學習英文的一篇很好的論文，所說的各點，都講得針對現實，切中時弊。這對於中國學習英語的學生說，是極寶貴的。第四章和第五章非常精彩，所有的故事都[illegible]

在後面的幾章裏，作者都隨時注意將中文譯為英文。作者的本意，是想藉此使讀者同時能學習英文。作者所想出的這種辦法，的確是很獨到的。[illegible]在文藝上[illegible]

[illegible]

詔譯這是很可惜的。第三，本書為了能夠供英文程度高的人看，同時也應當顧慮到英文程度較低的人。本書裏的文法例句多半沒有中文譯註，英文程度較差的人一定看不懂，這也是一個遺憾。第四，這兩本書內所講的各部份文法很有些詳略不一致的地方，而先後的次序亦欠整齊。上卷裏對於文選的譯註不大詳細，中卷裏翻譯和改錯兩項的分量有點過少。

本書的下卷還沒出版，以目前的上中兩卷而言，上面所述的四個缺點是很明顯的。本書目前的銷路雖然好，讀者愛讀的雖然多，但假如將來作者不將其內容大加增訂和修改的話，是很難稱得上為十分成功的作品的。（念祖）

生活歌曲　二十闋

國立禮樂館編印　卅六年六月至九月

四〇頁　定價五千元

[illegible]

文藝街頭

薛汕著　卅六年八月上海春艸社

五又二二六頁　定價不詳（春艸論叢）

不論那一類的文字表現形式，是報告文學，是學術論文，是演講詞，或甚至於是自然科學的著述……看起來好像絕然與文藝的表現手法沒有關係，因為在一切文字的表現中，除文藝外，是不需要什麼形象化，描寫呵，和什麼主觀感情與客觀觀察的統一的。可為如有人寫「我們美麗的櫻桃園，不讓敵人的猪蹄伸進來！」（大意），總要比什麼「我們要保持國土的完整，不讓敵人打進來。」話得生動而深刻得多吧？再如內容豪壯的句子：「力拔山兮氣蓋世，時不利兮騅不逝，騅不逝兮可奈何，虞兮虞兮奈若何！」與實點的「採菊東籬下，悠然見南山」，「落霞與孤鶩齊飛，秋水共長天一色」；描繪塞外風物的：「天[illegible]花，風吹草低見牛羊。」句法多麼豪壯，[illegible]

[illegible]

[illegible]「論文藝構造」，「再論文藝構造」，[illegible]「文與國文」三節，除「文章與國文」，我保留意見外，其餘二文可以推薦。第三組為「民間詩歌的發掘表現形式」，「詩與寫詩的人」，「不必有形式」，「士兵的」「詩歌的方向」，一共五篇，對於詩的形式和其應採的方向，作者意見不無可供參考之處。第四組為「三個不同的方向」及「激烈文藝活動五說」二文，純為文壇近訊和報導文字。第五組為「主意」，「知道的」，「剪取」，「適當的」，「心理」，「照讀」六文。最後殿以「後記」。本書計收文十七篇。歸作者[illegible]

[illegible]他們無他利，他們無他求，他們發着金色的是光，在這如黑夜的黑字裏，作者果正在處誠的等候着，善意的指正啊。沒有嚴正的文學批評，是不能使作者進步的，但是在時代不斷的變革中，如果沒有理論的建設，會失去了南針的。當我們長篇作品在產生了，如果只有些斷捧亂打，中間或許還挾了一些人情，無法於批評與理論的部份建立起來，這實在是極其缺陷的一件事。作者盼望文藝工作者所努力的道路不是猶豫若仙子，而是軍路勝繼，打硬仗過來，他不只是希望有心胸的人，[illegible]紅死十字架的[illegible]已。他認為文藝是不絕的，在人民大衆的心底，[illegible]語作歌，我們現代人，說現代話，也要唱現代的歌。[illegible]

[illegible]

就有齊也的根苗，即使是被壓制的人民大衆，它內根田卻更茁壯，這是無論也怎樣撼不掉的。作者的結論是：文藝經了風、雨、太陽以後，必然會顯露森林。

（俞章）

美國內幕

約翰根室原著　小魚　王章麟　潘鼎揚合譯　民三六、八。上海生活書店　四又二五二頁　價不詳

美國之所以能成其偉大主要因為它奠基於一個經濟過份的理想！——複雜而在發展中的理想，其中包括人人機會平等，政府需得人民同意及人權法解。美國社會的形式精神與組織是基於個人主義，人民自由和民主方式，一個矛盾的問題久已存在於美國最早的歷史，怎樣使經濟上的自由主義和政治上的民主互相協調並不是一個新的問題，更前一步的進步與改革是不可避免的，美國科學家在不斷地向未知的境界攻擊前進，美國經濟學家和社會工程師已經擁有足以防止不景氣的技術，我們沒有理由認為美國人民不能完成一種使自由與安全俱能保存的改革。

（孫園）

這本書是「歐洲內幕」，「亞洲內幕」和「拉丁美洲內幕」的姊妹篇，一個新聞記者描述今天著名的政治界，另一大陸部分的嘗試。「歐洲內幕」一部分是國家主義的研究，「亞洲內幕」是帝國主義的研究，「拉丁美洲內幕」是殖民地政治和經濟的研究；這本書是實行中民主的研究。讀了它，將告訴你：[illegible]街有些大老闆，一九四八年選一總統將選些什麼人，虎大亨如何操縱選舉，黑人受到些什麼樣苦，好人有些什麼政治鬥爭……作者John Gunther是當代美國最負盛譽的記者之一，每能以獨到的新聞材料寫成通訊，博得讀者好評。本書是他的十年研究之功的結晶，於一九四六年初夏出版，銷售之佳，殆已達到最高峯。也許是由於根室寫祖國的關係，寫得特別仔細，包含着許多地方性的內幕。在美國讀者們讀來，這種具體仔細的描寫，恰到好處，可是對於中國讀者無妨節譯。其精華，因此全文可譯中文七十萬字，今乃譯成十八萬字，長短亦不均勻，譯本有幾章已設法刪併，只剩三十四章了。根室原書五十二章，聽說國立中央圖書館藏有英文原書，想再看一看原文的可以參考。（孫園）

菲律賓研究

施良編著　民三六、九、正中書局　四又二四九頁　基價六元九角

抗戰勝利了，在南洋的華僑似乎該比以前困苦通窮了，然而實現到甚麼程度，就看我們怎樣努力了。于是南洋研究需提出作為大衆的課題。作者就很有志于此，先寫成了「菲律賓研究」。」

內容分地理、歷史、政治、經濟、社會、文化、華僑、七章，都是很好的概覽性的文字。記事方面都儘可能的推展到現在，這一層是最值得稱許的，雖然我們體會最近資料，不易搜集而跟蹤，許多地方不免語焉不詳。有好些新書都是敍馬尼拉什辦，馬虎懸市，最可惜可恨。

在最後講華僑的一章中，最不能滿足讀者的恐怕就是對於抗戰期中華僑所受苦難，所犧牲的血淚與汗，紀錄得太少了。例如馬尼拉華僑的奮鬥，外交人員的殉難，反攻日軍的菲人義勇隊，政府協助華僑復員的種種，都是大事，卻都略掉了，真太可惜。

再就是這一類書裏，插圖佔重要地位，第一個理由就是圖畫能幫助記憶。讀此書的人多半不是親臨菲境的人，所以如何容易記憶，編書人要替讀者想一想。自然這裏面也有成本問題，可是永遠因陋就簡是不成的，現在已經不是「小方塊的時代」了！封面上倒是有一幅圖，與菲律賓有無關係，是否馬尼拉港，恕我不敢大膽介紹了。

（俞章）

書林平話

千鏡宇編 （三十五）

每逢星期一刊出 通訊處：南京郵政信箱五二九號

今日的外蒙（蒙古人民共和國）

潘公昭著 卅六年八月上海中國科學圖書儀器公司 二二又二七二又一二頁，冠圖四葉 基價三・〇

我國不但有得找不出關於蒙古的書，然而一般的說，對於蒙古的知識太可憐了，[illegible]本書著者說：「日本對蒙古有野心，曾經公開和祕密出版過多量的關於蒙古的書，並且曾經直接參加蒙古的政治運動，[illegible]」

本書內容，包括史地概況（地理形勢，民族概況，居民概況），國民經濟（經濟結構，財政金融，交通，運輸，郵電），產業（畜牧，農業，礦業，森林，狩獵，水產，工業），商業與貿易，[illegible]

所取材料以蘇聯和日本的圖書雜誌爲主，[illegible]

滿宮殘照記

秦翰才著 卅六年五月上海中國科學圖書儀器公司 四又一四四頁，冠圖七葉 價一萬二千元

[illegible]

（宏義）

合唱指揮法

趙梅伯著 民三五上海商務印書館 二〇三頁 基價八元

[illegible]

史托考斯基的高誇姿勢及托斯科尼尼的謙讓等，都是一個研究指揮所不能不知道的材料。而後面（最末篇）「彌賽亞」的簡單分析篇，對韓德爾的彌賽亞全曲分析頗爲詳盡，也是中國自有指揮書籍出版以來的一種新穎的嘗試，是這種嘗試是成功的。

附錄有三種：一是圖拍圖形，二是總譜形式，三是參考書目，只不過爲給讀者一種常識的註明而已；另附照片兩種：一是指揮分解示範，頗有價值，二是演唱紀念照片，都是給唱音樂工作的人一種好的見本。我感：這些沒有圖明附錄的附錄，較參考書目之類的東西還比較對讀者任選書。

（任徵子）

蔣主席治兵語錄

鄧文儀編 三十六年七月新中國出版社 一九八頁（精裝） 價三萬五千元

[illegible]當時倒兇，因了中國政治（軍事當亦包括在內）的進步，所以每個領袖都適足發人反省。

譬如第三篇將材第十二節大將的風度中說：「大將應有大將的風度和修養，要能忍耐，要以顧大局爲主，以協助友軍勝利成功爲榮。」是，又如同篇第七節不可多見之將中說：「甚矣！氣度寬宏，肝膽忠義之將，實不多見，但有志節而矣。」是，都說明了中國軍人的精神要戰戰兢兢過來，而前車之鑑，像[illegible]車之鑑，在今日剿匪戡亂局勢之中，有幾個將領能比得上曾胡帶兵將軍？這正是書中第四篇武德第七節所說的：「軍人的基本精神就是智仁勇的『仁』字。我們是行仁的，行仁一定可以成功！」能如此實行的固然偉大，而能如此指示的，猶可從字裏行間窺出偉大來。

所謂語錄，就是語中的精華，實無需我輩多所談敍，僅此，僅再就編輯部份加以申訴。

第一，編者對綜合工夫只做了一半。除了在語錄內容分編排外，若再能總註（傳統附註取消），除時間題名外另加編架成份等則更易使閱者瞭解，也可省卻軍註的說發。

第二，在爲了使精裝的裝璜像樣（也就是說使它像一本大書），而把印刷字體加大（如目錄就有二十五頁）實在是不智之舉。

第三，像第十篇帶兵第十二節提高士兵的生活中「士兵是家中子弟，士兵外出不整齊，儀容全失，軍紀風紀之敗壞，未有如稍油部隊之甚者……」這段似可省略。語錄可說是予人以原則上之根據或準繩，不必指出人或事，因爲明眼人一看就會知道那是主席在北伐時檢討革命軍而有所告誡。軍人是直覺的，像這種片段的摘取，就不是編者有心的錯誤，亦是無心的過失。

總說上說，以出版社名義在市面鋪售，倒不如由新聞局扣價配發各部隊有效，試想想，非軍人買了回去，除了裝璜書架略示時髦，或表示「我的思想純正」以外，還有什麼？

（任徵子）

編者之話

去年秋天，文華圖書館學專科學校留京同學會想在首都作一些利用業餘服務大眾的事，當時討論的結果是先在一個著名的報紙上編個小刊物發端，推定王重民、陳季傑、舒紀維、鄧正鵠、和我五個人，負責使其實現。這便是書林平話的緣起。

因爲是爲大眾服務，當然也歡迎大眾參加，凡有外來的稿件，我們都儘先採用。諸君子惠賜大作，希望對於一年以內出版的書籍多作評介。書林平話的篇幅並不太大，好在我國的出版事業比較其他強國落後，好書的生產不多，能把所有新出的佳作介紹給廣大的群眾，那就是我們的願望了。

一本書，有時得着好批評，有時不太好，可是無論批評的好壞，凡是載入書林平話的書，最低都是值得一讀的，或是參考上不可或缺的書。培養大眾的讀書興趣，幫助圖書館或私人選購書籍，協助出版界的發展和改良，這是我們最後目的。

鏡宇

中國財務行政論

馬大英編著 民三六上海正中書局 二一又七七八頁 基價二十七元 （國立編譯館出版部定大學用書）

行政事宜之實施，共步驟凡三：計畫，執行與考核是也。財務行政亦然，始於預算之確立，繼以預算之執行，而終於審計與決算，將各機關負責者執行財務責任判明而後已。若進而分析之，可將財務行政事宜分爲十項。一，統計，爲一切庶事施政結果之表現，擬具施政計畫之依據，亦卽財政計畫之依據也；二、預算，爲財政計劃之準擬及核定；三，收入，指金錢與財物之徵入；四，支出，指金錢財物之支付；五、調劑，爲金錢財物之盈絀的調劑；六、經理，爲金錢財物之出納，保管或管理及移轉；七、會計，爲財政實施結果之紀錄，並製爲報表報知主管當局及審計機關；八、審計，爲對於帳簿，憑證，報告及其他書面證，作事前事後之檢查；九、稽察，爲對人對物對事之實地檢查；十、決算，爲財務總結束之最終審查。此諸端卽構成本書之主要部分。至於人事制度之如何樹立，與財務行政效率，關係密切，亦併論及。

[illegible]序，於我國財務行政組織頗有評語，其言如次：「我國財務行政，近十年來，多所改進，至可欣幸。惟其中心思想未樹立，機構之配合[illegible]說明，以財政部爲經理財政之實，設計會計預算之職，則由主計處主管，經理財政者，無管理清理之權，欲財政之能治理，豈不乎其難矣。辦理會計決算者，無經理財政之實際經驗，只負其責，則其所努力者，亦紙面文章而已。將謂財政部負治理全國財政之實耶？則財政部無此權。將謂主計處管理財政耶？則主計處無此權。說者曰：此之謂超然主計，此之謂聯綜組織。嗚呼！行政貴在負責任，今則謂超然不負責，可乎？行政貴在專責，今則謂爲聯綜組織，可乎？理之難明，政之難行，財政之難理，有由來矣！」

（撫礙）

人生十論

顧震白著 民三六上海正中書局初版 三又六九頁 基價一元二角

著者好研哲理之學，常常留意到人生問題，先後集有「革心論集」，「新人生論」與本書，計共三種。茲暫就本書內容略一評介：

首章論智愚。論語說：「智者樂水」。人之有「智」，諒可比諸地之有「水」，水有「功德水」與「禍水」之別，人智也是一樣，可以造功德，也可以遺禍害。如自恃聰明，「予智自雄」，有識之士卻要認爲「其愚不可及也」。智字從知，先須了解外物，進而了解自己。論語說：「學而不思則罔；思而不學則殆。」要了解外物，其功夫在於「學」，要了解自己，其功夫則在於「思」。讀古今典籍，和人家談論，乃至觀察周遭的事物都是「學」，學的愈多，所得外物的知識也愈廣；但，學而不思，則仍外物自外物，自己自自己，不發生聯繫作用。「思」的功夫用於了解外物，因而造成的智，實還是智的初步。如沒有一個主宰統馭而善導之，正如濟世之水，不免泛濫橫決，害人而又害己。所以「思」的功夫，不但須用之於了解外物，還須進一步用之於了解自己的心性。中庸說：「能盡人之性，則能盡物之性。」人實是並具「人性」與「物性」者。人在「物性」的支配之下，他所有的知識，竟可全被誤用，作大惡，成大害，就是所謂「利令智昏」。佛家對於一個「智」字，特說「圓融」。這圓融的境界，因是了解「人性」光明洞徹的表徵。人如能用「思」的功夫，時時省察自己的「人性」，把良知的本體剖出靈光，保養得如明鏡一般，森羅萬象映在這面鏡中，纖屑畢現，我能照他，他卻不能蔽我。到了這個地步，適是「智周萬物」，纔眞達於「圓融」的境界，人在這樣的「人性」主宰之下，對於外界的事物，自己的本能，自爾了解洞徹，一言一動，不受外物的搖惑與本能的支配，自合於天理人情。孔子說：「從心所欲，不踰矩」，當是如此。孔子說：「不義而富且貴，於我如浮雲」。孟子說：「我四十不動心。」一智一愚之所以相去天淵者，卽在一則對自己有完全了解，一則對自己沒有完全了解，遇事往往不能「安貧」，不能「不動心」。

二論勤惰，三論貧富，四論勇怯，五論公私，六論貴賤，七論成敗，八論共榮，九論樂天，十論生死。每章撰述四五千言，旁徵博引，啟迪人之所未發，筆又曲而能達，不同尋常說道文章。篇幅不大，每章自爲起訖，費半日便可通讀一過，看後並可轉贈親友。卷端自序以「無論何人，苟其稍具靈識，稍有思想，則於飲食坐臥動靜語默之間，未有不觸及此問題而求解答此問題者。余亦猶人，寧能外是，涉獵探討之餘，乃不禁形諸筆墨，剌剌不休，其足爲照眼之靈火乎？抑僅爲聒耳之蛙鼓乎？不暇計矣。」筆者對此不想再多說話，讓讀者自行解答吧！

（孫園）

廿五史論綱

徐浩著 卅六年九月 上海世界書局出版 一三三又三六八頁 基價八元

廿五史卷帙浩繁，本書之作，務在提綱挈領，俾有志讀正史者，得一門徑，由之登堂入室。其無力或無暇研讀者讀之，亦可于此書論之紀載得一明晰之概念。歷代史書，紀表志傳，雖有定式，然因事因時而異，不爲定格所囿，著者乃各分析其內容，依其體例，排比整理，參較異同，本其書法，論其得失。凡屬私撰，更詳作者之生平及編纂情形；如屬官修，更考其纂修之經過。專門研究各史之書，及各史之補正，亦臚宜舉示，至便參考。

前有緒論，首說明中國史籍之地位，分類及其術語，次論史體及史家三體之得失，終則論紀傳體之遞增，通古斷代之異，私撰官修之分，尚對各史作簡明概括之敘述。末爲結論，集諸家評論舊史之得失及改造見解，並附著者之意見。

附表七：歷代統系與史書之關係；廿五史修撰表，例目表，帝紀表，史中各表表，各志表，類傳表。

附錄李評之「正史源流急就篇」，陸紹明之「史家宗旨不同論」及「論史學分廿家爲諸子之流派」。

廿五史者自史記漢書至明史，共間唐，五代，元，各有新舊二史。淸史稿遂爲禁書，北平本外原有關外本另行，抗戰期更有關印本，治淸史者，取資頗歡，茲附于明史後論之。

（震寰）

書林平話

于鏡宇編
（三十六）
每逢星期一刊出
通訊處：南京郵政信箱五二九號

中國禮俗學綱要

鄧子琴著。三十六年七月中國文化社初版。二又一〇六頁。價一萬元。（中國文化叢書之一）

中國之所以爲中國，我們可以姑從兩方面了解之，一是形而上的思想傳統，一是形而下的文化背景。中國之傳統思想，大家都可很快的指出是儒家思想，實際上中國歷史上各時代的思潮，並不都歸宗于儒家。聯緜的秦代迭有法，六朝是老莊釋氏之學，眞正儒家思想所支配的時代，只有漢宋。儒家思想由晚周至秦漢一統，遂發爲學術文化力量而漸成漢代之政治社會。中古千餘年儒家思想最無光彩，唐人於文物制度有所建樹，立國規模有可觀，思想上無可取也，宋初諸儒，納自覺的爲儒家思想之更生，此儒學繼漢人之後開一極精微之詣，清人入關，民族生命大受曲折，學人潛於考據之業，學術精神失其健康之本相，外來學術乘清末淵幾之時，猛衝急撼，撒殘一切，時至今日，中國文化上爲之播地亦立，吾人今日於年哲之餘緒，當鑑別引申，發其發揚光大之實者也，由文化上認識中國，則今日中國文化尚未能更生，由文化背景看中國，復覺背景之不實，文化背景爲文化之播育滋長之客觀環境，否則形而上之思想文化，不能植根於大地也。

中國社會，自周公制禮後，便已成型，此固禮俗之傳統是也，禮俗傳統與思想傳統相應和，而禮合爲中國之社會，今日中國傳統思想已極微弱，禮俗之傳統又漸泯滅此以往歷史之所無也，中國文化須有新的發揚，實際生活又由農業社會進至工商社會，則與之相應之禮俗，自不能不變，民國以來，禮俗未能成型，此中國文化所以無誠實之背景也（如提倡科學，無適度科學之社會背景）然吾人欲了解中國之文化與社會，實不能不知中國之禮俗，了解中國之禮俗，又不能不於今日中國之數大名都與廣大農村，發爲不同時代不同區域之社會類。亦不能徒於文獻中備述中國之禮跡，以其非活的禮俗也，余讀鄧氏禮俗學綱要之作，因思及此。其書之精審，大有助於禮俗之研究也。

鄧氏全書共兩篇，第一編緒論，言學理，第二編基本六禮大要言事例，共十五章，第一章釋名，解釋禮與俗之義因爲禮俗學之定義云：「禮俗學者，即討究禮俗一切內容，因以指導吾人生活之學，蓋學而兼術，知識的而又規範的者也。」論之論風俗、民俗、與禮俗之異，禮俗、禮儀、禮法之關係，論禮俗與倫理學尤精，如言禮俗爲藝術之倫理，蓋由兼德以美觀之判斷而通純粹理性與實踐理性而爲一，獨言禮宗之義甚美，第七章論中西禮俗之不同，由農商社會之差異，與西人重愛，國人重敬兩觀點出發以論其異。八章說明禮俗變遷之原因與結果。九章言研究禮俗之方法，析爲兩種，一爲比較的研究法，「就一事象彙集各地域各民族之情況，而比較其異同，由諸多異同中，論其會同，推爲公例，以涵蓋一切事象，此一比較研究法之使職也。」一爲歷史研究法，「凡爲一事象，必有起因，亦必有演變，斷無孤零特出而不變之事像，即其所以緣起與變化中，若干眞理，可以發現，即此眞理不必成原則，然可爲解釋事像之舉例，此歷史研究法之意義與價值也。」其他思想或文化，生活之環境，亦研究禮俗所不可不知也。

鄧氏言禮分三部：一俗禮，可謂社會的禮，即王制所謂冠、婚、喪、祭、鄉飲酒、相見，等六禮。二幼禮，可謂教育的禮，即禮記曲禮，內則，少儀，管子弟子職，實爲容止諸篇所述幼年應注意之禮節。三政禮，可謂政治的禮，古代聘、覲、燕、饗等禮屬之，即今日集會，公會，與國際上外交禮節等，此書下篇所言儀俗禮，此不具詳。

此書之發凡起例，固極可取。而其立說之深義，尤甚三復，自序云：「生人之初，貪飲食，甘妃匹，冒貨賄，追奔其嗜欲，而不惜鬥爭相殺其道敝突，迨人類稍有智力以革之，而後果屬之和睿之制度始出，制度之最早者爲神道，繼起者爲法權，人之相與各有封畛，國之於民，無殊契約，爲衆利，則導者爲犧牲，遂民意，則衆可起而糾彈，今西方諸國所發展之民主制度共選也，獨人類依理性自身而發出之禮義，以之自制自正，而構成之社會制度則，應爲人類導之最高原承人生之利益，以人已兼利爲極則，惟其出發點爲利益，不無爲自身計，使人我利益衝突則必出于爭鬥，此事之無可奈何者也，至若一理平論稱性各足，天典明晰，人倫攸叙，是既復我以玄聞，復如文以明著，慘然于人生之靈纖性之需往，故知本反始，此乃數千年立國之道也。是即所謂禮也。」

（大復）

增訂中國憲法史

陳茹玄著 卅六年七月上海世界書局出版 一二又三〇一又一五六頁 基價十四元

現時關於中國政治及憲法的著述，眞正有研究和有創作性的實在太少。陳茹玄先生所著的「增訂中國憲法史」，可算是鳳毛麟角，絕無僅有的了。陳先生這部書上半册，大約是寫在二十年前，當他在國立東南大學任教授時所講授。本人適曾在他「中國憲法問題」班上聽講。他將中國憲法運動之如何開始，如何發展，及其歷次失敗之原因，隨不提綱挈領，爲簡明之敍述，使讀者能在他忠實的敍述當中，對於得失是非之眞相，一目瞭然。

但是本書最精彩的地方，還不在於它的敍述得體，而實在於它的論斷正確。陳先生在這本書中，對於我國五十年來的根本大法，於評述其變遷經過之際，一一加以衡鑒。博引名家學說，及各國現行憲法之實例，爲持平公正之批評，使讀者得憲法學的知識不少。看這一部著，等於讀過幾十部的名家著作了。同時我們也可以看出陳先生個人的思想和主張，是始終一貫，[illegible]矛盾之處的。[illegible]美政黨政治之得失。吾國將來政黨之地位，與憲政之前途。尤爲精闢透徹的。如匹馬單槍，舊者風靡。讀之令人痛快淋漓，神清氣爽。又和君勱先生辯論內閣制，及總統制之利弊一段，（見原著「政治協商會議之主張」及「內閣制抑總統制」兩節）亦多精思獨到，不同凡響[illegible]出的。陳先生反覆說明照憲法所規定，將來立法院權力之大必成爲世界無匹的。在今日高唱民主的時代，是否應該如此，其利弊得失，也是我們所深切關懷，應該加以研究的。

陳先生對於國家主權，是推崇一元論的，對於政府組織，是主張五權鼎立的。對於民權，在地[illegible]極盼陳先生日後能加以補充。

末了著者於結論中說：「徒法不能自行……有朝野領袖躬行之毅力，俱必使憲法之尊嚴得以維持，然後憲法之效用乃能彰著。」我國過去的大法，制成之後，等閒廢置者，比比皆是。大家和著者都有同樣的感慨了。（勉之）

中國人與中國文

羅常培著 三十六年三月上海開明書店出版

本書的作者是一位飽學且富於教授經驗的文學家，在本書中，他提到了關於中國文學習的若干方面，這是專寫給中國人，尤其是一般老百姓看的。作者所講的國文，似乎專指要活生動而與語言相配合的國文，這樣，我們讀了此書，可以增廣一些對於新文學的基礎認識，以及傳遞得一些工具性的語文方法。寫得無甚系統，那是爲了本書是一本論文集子的緣故。計包括九篇文字，三個附錄。自序說：「從第一篇到第五篇是爲教國文和學國文的人說的；第六、七、八三篇是關於語言文字的常識和我對於國語運動的新看法；第九篇是關於近代戲劇史的通俗演講。」表面上似乎雜亂一點，但有其一貫的性質在，是關於中國人與中國文間的聯繫和中國人對中國文的態度的通盤論究。

在第一篇「中國人與中國文」中，作者指出一個中國人對中國文應該具有的最低程度。他說：「對於中國文的修養，第一步先得識字。」於是講到爲什麼要識字和如何識字以及識些什麼字等，第二步是識了字後的運用，因爲文字的功能不應是接受別人的意思，也要將自己的意思表示給別人。他說：先能了解別人寫出來的東西而不能把自己心裏蘊藏着的情感……清晰明白地用文字發表出來，那還沒有具備現代國民的資格。」這一篇是本書的骨幹，其餘的幾篇便是較詳地敍述怎樣識了字和繞字怎樣表示的文字。

好在「中國文學的新陳代謝」和「國語運動的新方向」二文裏，作者便從歷史的見解來講到國文跟一般人民所發生關係的經過，而得出現代人應如何去看待國文的理論；「師範學院國文系所應注意的九件事」和「我的中學國文教學經驗」二文裏，作者將做一個國文教育者該所具有的條件舉出，因而也涉及怎樣去接受國文教學的方法問題；「漫談字的分析」和「中國語文」二文是一些具體的文學解釋，指出一般學習國文者常犯的過失，再給他們以一些幫助解決的綱領。此外，「從昆曲到皮黃」是以民間文學（或藝術）的發展爲題，同時論出了文藝與時代的相互關係。

在作者的運用文字固可以適合他的一些對論文的意見，大率是並不固執也並不激進的語文改革者。他主張保留中國文，還確文字是文言，也是白話，根據於應用的便利，而不是[illegible]情緒傳統，這種態度是正確的，因爲他只有基于過一本質的瞭解，文字才是工具，不是魔術或幌子。作者並不贊同專上改造通盤的文字，那也是自當現實的看法，代表了中國一般中年以上學者的意見，即不是短視，因爲他也承認文字的形式是適應時代的需要而被改良了的。

可以推荐的是作者運用文字的靈巧，通俗易解，平坦而深入，絲毫沒有阻塞的場所。於是本書也夠精彩了，且能給一般人看看。附錄三則，二則講到老舍，一則「桑花生現」，都是很新鮮的小品文，値得一讀。

（孟琨）

台灣見聞錄

周文德著 民國三十年九月 上海中國科學圖書儀器公司初版 六又二四八頁 基價三〇〇元

從飛機上透明的窗櫥窗口裏向街向街向對邊瞧，隱隱約約的看見了高山的影子，好像一座翡翠的屏風，漂浮在雲霧裏一般的懸空，飄飄蕩蕩了一幅美麗的圖畫，搖曳山是濃翠色而帶着灰黃色的條恨，山頂上纏着如絮的嫩雲，山麓的坡上鋪着土黃色狀的梯田，梯田外圍繞着一片平原，平原上有蜿蜒如帶的河流，有櫛比鱗次的房屋，有逶迤縈迴的鐵道，有坦蕩蕩的公路，一切的一切，如臨仙境，眞是美麗得無法描摹。十六世紀葡萄牙人初到此地，無怪要發出「Ilha Formosa!」的讚歎。

從地形上看來，台灣好像是一條沒有尾巴的大鯉魚。這條鯉魚，東瀕太平洋，遙視大海，西隔一衣帶水的台灣海峽。在國防上說，可說是國工業的源藪，再從對於我國各方面的重要性，可[illegible]

[illegible]全島獨立[illegible]世界大[illegible]械設備的千零工廠計有三十衡，各工廠之輕壓大都採用科學管理法。台灣已[illegible]

[illegible]十色的番品。[illegible]

[illegible]去的人日多，對於該地的歷史、地理、風土、人情，每多苦於隔閡，手此一篇，無異導人導遊哩！

（孫園）

二次世界大戰後的各國情勢

新中華雜誌社編。民三六上海中華書局。一又一七〇頁。基價二元五角。（新中華叢書）

國際問題叢刊之一，都是最近新中華雜誌發表的論說。一、英國（宦鄉）；二、美國（戴文迴）；三、蘇聯（吳清友）；四、法蘭西（張明養）；五、德國（宦鄉）；六、義大利（邵今）；七、東歐諸國（邵冲）；八、日本（金學成）；九、殖民地解放運動（石嘯冲）

（宏義）

回顧錄

鄒魯著 卅六年七月 二册（傳記叢書） 南京獨立出版社

書凡四卷，專紀敍本人直接有關之事，而尚濱先生自十九歲起以四元開辦[illegible]立學校，廿一歲參加南洋中和黨組織革命，對於我國政治與教育關係深厚，故實足資治民國史之參考，記周遊世界兩章，更可作採風錄讀。

卷一記家世與幼年，私塾教育，辦學與入黨，廣州[illegible]與初次革命失敗，民意機關服務，廣州三二九之役，光復廣東與北伐，內閣總辭，興北上，國會內部鬥爭，討袁失敗，出亡日本。卷二記[illegible]，國會開，自護法自國會制憲，在國會爭法統與討陳，創辦廣東大學，讀校三民主義，與共產黨奮鬥，北上侍疾，西山會議，中央特別委員會，環遊世界，編纂黨史。卷三記內憂外患，辦理中山大學，教育改革計劃，國難抗日，出席世界大學會議及德國大學五[illegible]

（宏義）

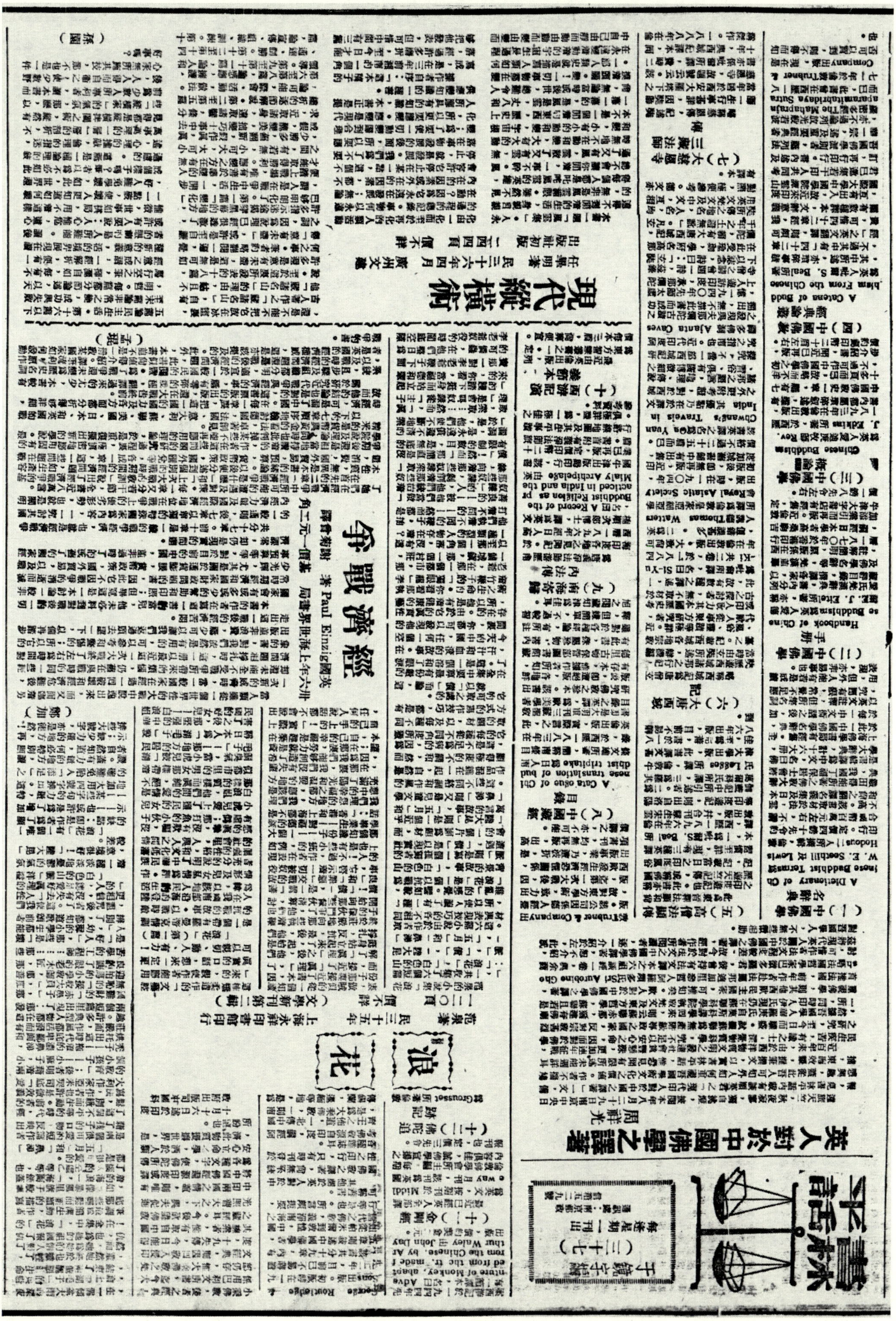

書林平話

手鏡字編

（二十七）

每逢星期一刊出

英人對於中國佛學之譯著

周祥光

（一）中國佛學名辭典 A Dictionary of Chinese Buddhist Terms W. E. Soothill 及 Lewis Hodous

（二）中國佛學手册 Handbook of Chinese Buddhism E. J. Eitel

（三）中國佛教 Chinese Buddhism J. Edkins

（四）中國佛教經典 A Catena of Buddhism From the Chinese S. Beal

（五）高僧法顯傳

（六）大唐西域記

（七）大慈恩寺三藏法師傳

（八）中國佛藏目錄 A Catalogue of Chinese translation of buddhist tripitaka

（九）南海寄歸內法傳

（十）西遊記節本

Adventure of Monkey, adapted from the tr. made from the Chinese, by Arthur Waley 由 John Day 出版

（十一）金剛經

Middle way 月刊

（十二）佛陀追跡記

Grousset

George Routledge & Sons 出版

Thomas Watters

Royal Asiatic Society

A Record of the Buddhist Religion as practiced in India and the Malay Archipelago

Yuan Chwang's Travels in India

Ajanta Caves

Sri Aurobino Gho

Trubner & Company

Mahaprajna paramitahridaya Sutra

浪花

范泉著　民三十五年　上海永祥印書館印行

一二〇頁　價不詳　（文學新刊第二輯）

現代縱橫術

任畢明著　民三十六年四月　廣州文化出版社初版　一四四頁　價不詳

經濟戰爭

英國 Paul Einzig 著　謝菊曾譯　上海世界書局出版　六年上 價一元二角

書林平話

于鏡宇編（三十八）
每逢星期一刊出
通訊處：南京郵政信箱五二九號

讀書人對於出版法草案之意見

于震寰

一、出版品的範圍

現行出版法正在修訂，其草案業經揭諸報章。第一條第二項「發音片視爲出版品」，加了這個規定，自屬進步。惟不知所謂「發音片」究應如何解釋，若專指留聲機片而言，範圍未免太狹了。有聲電影片，無聲電影片及幻燈片也應算做出版品的一種，根據明的道些都是用「化學之方法所印製而供出售或散佈之文書圖畫」」世界各國通例，多已將影片幻燈片視同出版品了。在新聞界注意的多半是言論自由問題，讀書人所注意的毋寧還是出版品應寄送於國立圖書館以供衆覽的這件事。

二、寄送出版品之意義

第十六條及第十九條規定新聞紙、雜誌、書籍或其他出版品於發行時應由發行人分別寄送若干份於有關政府機構及國立圖書館。這樣的規定起於如何的動機，能有甚麼好處呢？據我看，不外以下四項。

（一）政察——無疑的，最初行政機關要徵取出版品的時候，其立意不在學術文化上，而是要監……

三、寄送份數和分配問題

各國的出版品寄送給圖書館的數目，不大一樣。美國無所謂出版法，國會圖書館根據著作權法得政部）徵收兩份，完全是警察的立場，法國國立圖書館得兩份，一份發行人一份。日本內務省（即內直接寄送該館，一份由印刷人送內政部，再轉到該館。這兩份一份自存一份按性質分存在巴黎，以外的幾個指定的圖書館，於中……

的美名，「取之於民而用之於民」的纔是民主，不取於民不想爲民服務的並非民主哩！現行出版法有禁政機關出版品也應依法寄送的規定，法良意美，新出版法中似乎也不可不有相類的規定。

四、寄送時間問題

第三十七條「發行人違反第十六條或第十九條之規定，不寄送出版品，經催告不理者，……

印，有的仍其舊。其收益較之初版的新書特爲豐厚，所以亦應適發行人圖時寄送。以第十九條「改訂增刪」四字，易啓爭執，不如逕稱「再版重印」，爲直捷了當。而書用頻繁的書，學術性的價值必益可觀，看的人多，壞的就快，圖書館裏，也有補換的必要。

六、發音片及影片照片亦應寄送到圖書館來

談到發音片電影片的保存和應用，在國外各大圖書館裏，與書同樣重視。出版法既認發音片爲出版品，那麼也就應寄送到國立各圖書館，怎能在第十九條但書裏把他看做例外呢？國外有若干進步的圖書館，常播演留聲機片或放映電影，作爲社會教育之一端；實際上在學術性的參考，圖書館裏錄，由發音片和影片，也是記錄傳達知識的利器。又第二十條中之「照片」二……

七、期望於接受寄送出版品各機關者

……

新聞評論學

程仲文著　民三十六年九月　上海力生文化出版公司初版　五又四又二〇三頁　基價八元　（中國新聞專科學校叢書之一）

本書分五章，首以緒論，下分「爲民喉舌」的新聞紙與「輿論權威」的新聞評論……

國際組織概要及其技術問題

陳澤溎著　卅六年上海商務印書館　五又二〇八頁　基價五元

……

是徒託空言，並不假……組織的人，對於這一點不能不感到是美中不足，但是我們並不能由此而歸咎於作者，因爲作者既將此書名爲「國際組織概要及其技術問題」，顧名思義，它的內容應偏重於實際方面，事實上，在這一點，本書很能給我們以一些啓示，如關於維也納會議以後，英法俄普奧支配國際形勢的事實，作者分爲國際意志、和平制度及均勢原則三點來作些史的探討（頁十四至二十七）；又如關於國聯維持和平的程序和技術問題，作者也能本於盟約的規定，輔以事實而加以說明；凡此都可……

識力，使能對各種制度，養成一種批評的能力。此外，本書對於聯合國的淵源，有比較完全的介紹，對於我國在舊金山會議中的態度和貢獻，也有所論述，是很令人滿意的。

本書除正文之外，還有一部分很重要的附錄，計有國際聯合會會章（即國聯盟約），常設國際法庭規約，大西洋憲章，聯合國宣言，四國莫斯科宣言，里米亞聯合聲明，波茨坦宣言，中美英三國領袖公告促日本立即投降文告，雅爾達會議後的以及國際組織法院規約等，……

平民世紀的開拓者

陳原著　民三十六年上海開明書店　四又一三六頁　基價一元四角

「這書是一冊傳記的小冊子。收羅在這小冊子裏的有政治家、科學家、藝術家等，都是現代有關人類的文化命運的某些巨匠。」

在題頁裏，作者摘錄下一段羅曼羅蘭的話，這些話說出了傳記的本意和價值，同時也暴露出一個偉大典型人物于其他人們的影響。這些話，當然亦可以認爲是本書的確切評語，它教人如何讀傳記，從傳記學到些什麼，以及向偉人們學習，其他。

第一部分傳記是關於羅斯福的。一共有三則，一則是「羅斯福的青年時代」，一則是「羅斯福的政治生活場景」，另一則是「悼念『F.D.羅斯福』」。這樣，這一位近代最偉大的世界公民的種切，都被描畫了。末一則的題目是就用本書的書名，是作者很深沉的心緒寫出的。

第二部分講到蘇聯的領袖，從另一不同的社會崛起的「偉人」，「林肯」，太陽一樣的偉人，「列寧」，年時代，「創造歷史者」，……「斯大林的故事」……第三部分，講法國……

玫瑰城

孫午南著　卅六年南京新中國出版社　四又一七二頁　價一萬八千元

……

出版界联合广告

精神食粮　　优良读物

（第一期）

兵学书店

南京太平路四二二号

役政人员必备

国民必读

- 本店经国防部立案
- 兵役必携
- 兵役法释义
- 兵役法施行法
- 兵役法图表解
- 兵役法
- 缓征申请办法

发行各兵科典范令

新近出版

各级干部教官参考书

- 步兵教育计划
- 最新典范令问答
- 步典第一部讲授录
- 美国战术纲要
- 美国步兵操典
- 美国军队教育技术
- 军队管教手册
- 陆大出版步校现代军事步兵杂志

·各分店地址·

徐州中正路　重庆民生路　西安东大街

独立出版社

- 国父遗教三民主义　×定价二十五元
- 国父思想体系述要　×定价五元八角
- 三民主义概要
- 三民主义教育哲学概论
- 财政学
- 刑法学
- 印度哲学史略
- 汉魏六朝专家文研究
- 回顾录
- 法勒第传
- 小学教育的基本原理

请注意本社星期广告定期廉价书目期期不同

本社鉴于日来物价飞涨以至本社书籍为减轻读者负担及在学及从业读者购买便利起见，不惜任何牺牲……

专诚服务在学从业读者不惜任何牺牲八五折扣

- 我择取自由
- 俄女哀史
- 新疆之恋
- 苍洱之间
- 斑比
- 大理访古记
- 红军生活目击记
- 潜伏在美国的赤色细菌　×定价五角
- 中共统治区写真　×定价二元七角
- 消灭它！或者被它消灭
- 美国的赤色恐怖　×定价八角
- 国父遗教纲要　黄昌谷著　·本社经售·　实售五万元

以上各书有×者按定价加四千五百倍发售其余加六千倍

总管理处　南京府东街中家巷二十一号

南京门市部　中山东路三百十二号之一

各地分社　上海　北平　天津　青岛　广州　重庆　台湾　杭州

中国文化服务社

·南京分社·

中山东路一七〇号　电话二二一八八一　二二三二一九　电报挂号一二二三

大学用书

书名	著者	定价
散字方程式解法	沈璿著	七·〇〇元
生物学纲要	黄庆祥译述	九·八七元
中国亲属法原理	吴岐著	八·三〇元
现代银行原理	王传曾著	七·八〇元
修辞学发凡	陈望道著	七·一四元
行政学论纲	刘百闵著	四·四〇元
实用理则学八讲	陈大齐著	一·六八元
中国计划行政论	孙澄方著	三·八〇元
比较伦理学	黄建中著	八·四〇元
行政管理概论	张金鉴著	三·六四元
英文报纸读法	李慕白编	六·七〇元
商业英语会话	施端履编著	三·六〇元

照定价五千倍发售

英汉对照·当代文献

内容：凡国际间重要文告，条约，宣言，名人演词，时事评论之富有价值者，无不搜罗殆尽。

- 第一卷　合订本　五万五千元
- 第二卷　合订本　六万二千元
- 第三卷　合订本　七万元
- 第四卷　合订本　五万五千元
- 第五卷　合订本　五万
- 第六卷　一至六分册
- 第七卷　一至二分册

读书通讯

·内容一斑·

学术论著　读书指导　学校通讯　名著解题　艺文丛谈　读书笔记

如此世界

蒲立德著·伍友书译

·再版书出·

每册定价二万元

正风出版社无限公司

经济部执照　设字三八〇号

发行世界名著　●　刊印国内名作

●世界文学丛书

- 黛丝姑娘
- 归来
- 蝴蝶梦
- 曼侬
- 秦绮思
- 菊子夫人
- 鹤鸽姑娘
- 情之所钟
- 河上磨坊
- 不朽的人民
- 诱
- 海狼
- 格列佛游记
- 贼史
- 爱底寻求
- 碎瓶记
- 爱玛
- 浮华世界
- 新哀绿绮思
- 茶花女
- 情灭
- 爱的毁灭
- 世界短篇小说精华
- ●创作文艺丛书
- 彼美人兮
- 残了的蔷薇
- 黎明将诞歌长夜

总公司　上海河南路三八二号

分公司　南京湖南路十号·重庆沙坪坝六八号

立信会计图书用品社

·南京发行所·

大量供应

帐簿表单

政府机关用·工商行号用

格式完备●价廉精美

股份有限公司会计

最近新书　三次修订·潘序伦著

统计学新论

初版新书·王思立著

地址　中山路二一三号广州路口

电话　九〇〇七三（公用）

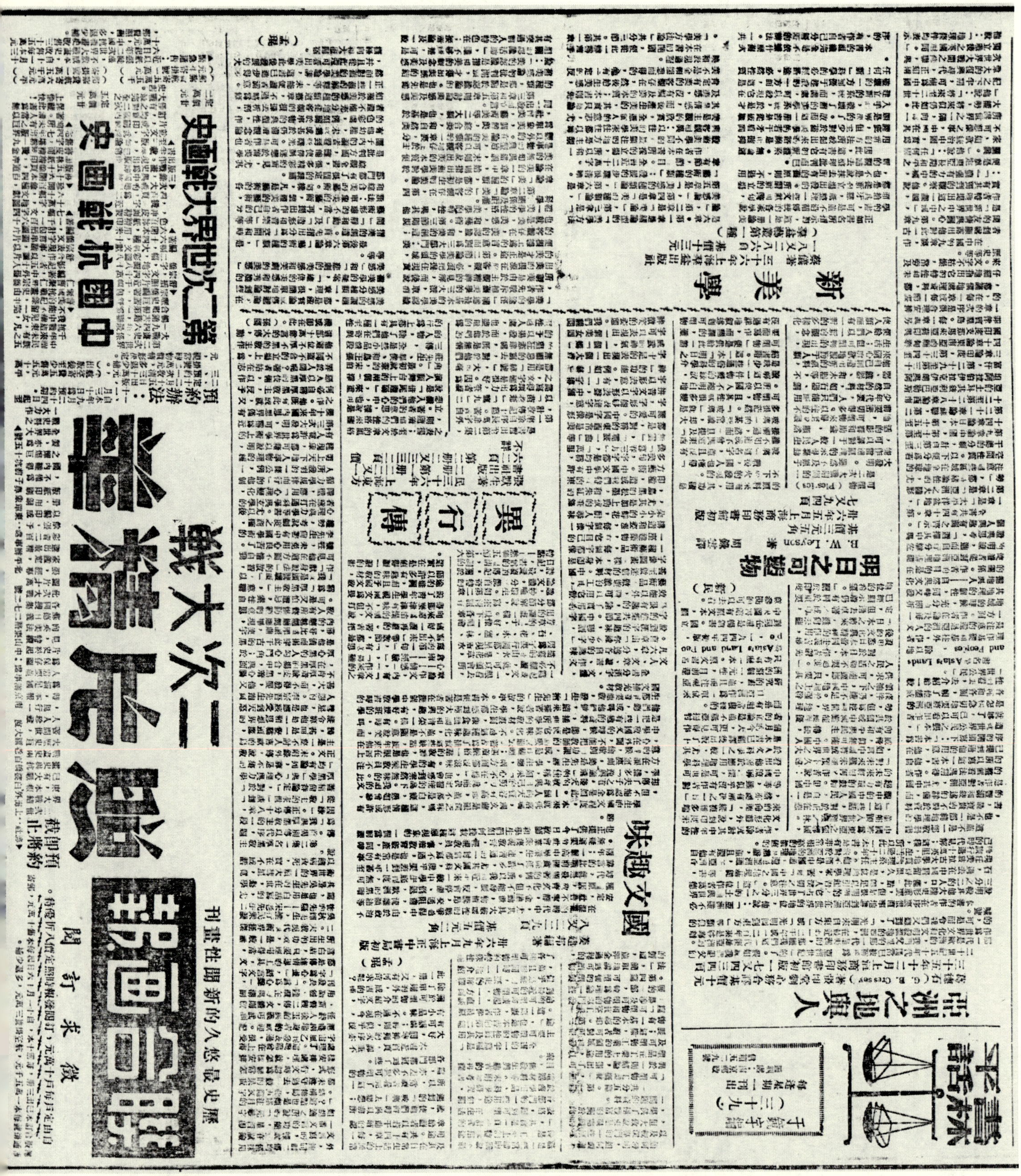

書林平話

于鏡宇輯
（三十九）
每逢星期一刊出

亞洲之地與人

明日之可塑物

B. W. Leyson 著

新美學

蔡儀著 三十六年上海群益出版社
一八又二八六頁 基價十三元
（群益論叢第一種）

國文趣味

異行傳

張默生著 民三十六年上海東方書社出版 第一冊二二又一六二頁 第二冊二又三三三頁 價不詳

（孟琨）

書林平話

手鐸主編 （四十）

每逢星期一刊出

通訊處：南京郵政信箱五二九號

聖詠譯義初稿

蔣主席手訂 吳經熊譯 民三五上海商務印書館 二六又一二一頁 基價三元五角

「聖詠」就是舊約裏的「詩篇」，都是古代聖賢祈禱禮讚所用的，情文並茂，聖詠格天，可稱得是千古絕唱，到現在天主教裏還是時常歌詠。可是以往中國文的譯本，大半是佶屈聱牙，令人生厭，這個譯稿是吳德生先生奉蔣主席之命用文言文作的，一共五卷一百五十二首，似神助，過文才，清新俊逸，妙句天成，不見斧鑿之痕，凡是能領略文學之美的，都一定會熱心詠讀的。在抗戰時期，蔣主席勞心軍事政治，國家安危繫於一身，還能和人推敲切磋，製成這樣的佳章，真是猶偉若定。主席與欽實及吳譯的詩句，在于總主教的序裏曾約略攝出。

主席除了這聖詠之外，還託吳德生先生再譯新約全書，不知何時可以出版，是用文言文還是白話文。本來聖經傳到中國來曾經經過用文言譯本的時期，現在看起來好像是老古董了。新的譯本無論是文言是白話，我們總希望與清新俊逸，像這書一樣。所謂不見斧鑿之痕，主要的就是「百分之百的中國話」，不是未經咀嚼消化，生翻硬譯的文字。（無礙）

古樹的花朵

臧克家著 民三十六年三月 上海東方書社再版 六又一三四頁 價不詳

本書是一首五千行長的史詩。誠如作者在自序裏所云：「寫長詩特別需要氣魄和組織力」。作者無疑的是一位新詩家，這個詩篇無疑的是他近幾年來的一篇力作，所以儘管是一本再版書，筆者仍願意介紹一下：

死有重於泰山，有輕於鴻毛，人誰不死，像本書主角——范築先老將軍以垂暮之年，向敵人索得足夠的代價，然後在大時代的氣流裏開出了鮮艷的花朵；他這一棵古樹，他這一家子，把戰鬥的精神與碧血留給了人間，像一道不散的長虹，燦眼放亮的掛在歷史的天空，在八年抗戰當中，誠然尋不出來幾人！「黑暗裡裏的光明誌」，魯北抗日的根據——聊城，是昔日東昌府，也就是從古出英雄的燕趙之地。抗戰前，作者在聊城的臨縣，張自忠將軍的故鄉——臨清，教過三年書，「七七」事變三個月後，敵人要到來的消息，把臨清的官府學校都嚇散了，那狼狽，那慌張，那零亂的情形，作者都身經目睹了。當時，他們十幾位同事，集體流亡到聊城，就風傳着「范老頭子」要留下來打游擊，這消息，定心丸一樣的給人們精神以鎮定，被棄的人民眼前有了一個希望。先是，「韓主席」就幾次嚴令范築先率領部下，帶着壯丁和槍支，速渡黃河；但，終於被他拒絕了，他在黃河岸上，向天下的耳目發出了「誓死不渡黃河」的通電，最後，他以死踐了他的諾言。

范將軍是一個新的英雄。他死如黑茫茫的夜裏，聳立起來的一座燈塔，向人眼放射出光亮。他的業績的光輝照耀着人的眼，人的心。魯北二十餘縣的民衆紀念着他的名字，中國人甚至外國人，也都以崇敬的眼光仰望他，像仰望着一個巨人。他以六十歲的高齡，他以一鋒給內戰瘥乎瘫痪了的身子和心，他以一個專員的資格，被良心，責任，理想，推到大衆的臉前來了。他一出場，就提出了「良心抗戰」「責任抗戰」「守土抗戰」的三個口號，不，不是口號，是一支號筒，是一塊磁鐵。他抓緊了時代，抓住了人心，開始一年以後呢，他建立了十幾萬軍隊，把政治工作打進士兵的腦子裏去作他們的靈魂；他建立了農會，工會，婦女會，一切抗日方面的組織。他是人民的慈母，也是他們的嚴父，他用嚴的紀律去約束維繫他的部下，但，有時代替它的往往是骨肉的真情和他那一把斑白的鬍鬚。這樣，即使像樣了人組的「架樑子」，也蛻面洗心的另變了一個新人，作爲「老頭子」手下的部了。他的兒女，抗戰前的少爺小姐，他把他們投到一個「熔爐」裏鍛鍊過，鍛造過，成了一個新的型。兒子范樹民帶着「挺進隊」挺向濟南，犧牲了，同時一起倒下去的還有他的女婿，范樹飛的未婚夫，「挺進隊」的宣傳隊長——何芳，他們都是二十幾歲的青年戰士。接着，范小姐以一個女兒身，接替了他哥哥的職位，用槍去討血債。

敵人剛說過「不論什麼地方，只要我要，你就得給」的體話，接着又在這廣播：「皇軍佔領平津以後，南讚一役，是中國老百姓參加作戰的第一次！」這是如何鮮明的對比。勝利不斷的在望邑在瀕臨在巢闕開着火也似的鮮花，范司令就這樣子完整起魯西北的二十幾個縣，那兒有新的生機，新的英雄，新的民衆。當他老人家聽到心愛的兒和婿成仁的消息的時候，口裏念着一句話：「犧牲，不要緊；只是這一次太不夠本！」大家想想，這是如何悲壯的一幕。新的英雄，新的革命是一個典型的人，把人的水準提高，使大家去向它看齊，范司令就是這樣一個高度水準的人。

范司令，是敵人眼裏的一顆鐵釘子，聊城，是他咽喉裏的一根毒刺。敵人要除去這塊心病，他把分散的力量集中起來，八面攻擊的箭頭向着聊城。范司令把十萬兵分佈到各縣去作抗日堡壘的屏風，留在身邊的只有一營人，他相信，敵人決不能踏進聊城。可是，這回敵人可真急了，可真來了，從范司令意想以外來了，從一年來的例子以外來了，大批隊伍帶着飛機來了，帶着大砲來了，帶着惡潮和決心來，等到身前身後，身左身右，敵人已經包圍了跟前，范老將軍從衛兵手裏奪過來一支手槍，反過身又轉回去，向敵人射出了子彈、仇恨、生命、和一顆不屈的心！最後他仰天大叫了一聲，用僅有的一粒子彈把自己放倒在地下，用死，結束了他的大業，用血，實證了他的「諾言」。

作者用自己的心血把范將軍塑成一個藝術上人的人型，爲了緊張的場面叫起來的不斷的情感，爲了使氣勢不受窒息，字句就不能太偏從於謹嚴的韻律和韻腳了。因此，在格調上，這個詩篇也就有些不同。不過如果你讀了，保你陪着圈中人一起歡喜，一起掉眼淚，平空使你有了某種說不出來的決心，同時也有矛盾，范將軍雖是一個和羣衆連結着的有血有肉的人，這個詩篇雖是一首和民族大衆連結着的有淚有光的史詩。作者從搜集材料到完成，據云差不多費了一年的功夫。他從前日跟范將軍一起戰鬥過的支隊司令某，從范將軍的老友，前任臨清專員韓多峯先生，從做過「挺進隊」的隊員，「臨清中學」的某同學，……無饜足的搜括着材料，心，日夜在魯北。回憶着，描寫着，悲壯的鏡子適用在事實上，悲劇寫得很，日夜心跡，昔日的女戰士范樹瓊小姐，今天變成農林學院的學生了，因爲他們的事，也使缺陷發給他一個警啊。最後，筆者想僅僅的說一句話，戰爭解決不了問題，希特拉也用加重問題的嚴重性，如果人類再不心勞心的撲滅相與，大禍只有一日勝一日，不過范將軍所主持的戰爭又當別論。（孫曦）

馬先爾之經濟學說

褚葆一編 民三六上海商務印書館 四又一一九頁 基價四元

近來，在大學裏研習經濟學的人，每有這種既怨習慣：總是找點經濟學入門或大綱之類的書籍讀讀就算了事。這樣，對於經濟學理論方面，常是一知半解，名著的選讀固談不到，而經濟學上過去的承受更不知從何說起。這原因，一方面固是學者的主觀努力不夠，另一方面則是客觀上的困難；如指引乏人，書籍難得，學術的艱繁又使初學的人有莫所適從之感，洋洋巨著稍加選讀便中途縮手。本書編著者褚葆一先生在大學裏執教有年，有見及此，特撰是書，俾供有志研讀馬先爾經濟學說的人，能得到適當的指引，從而加深其研究興趣，有志於此者，當引爲快慰的。

書分五章，第一第二兩章綜述馬先爾氏之生平及治學態度，堪稱簡明扼要；第三第四兩章爲本書之正文，即關於原著者價值論與分配論之闡明與分析；第五章附以評論，備陳原著者理論上之貢獻及缺點，敘敘分明，條分縷析，雖已達到深入淺出的地步。

在價值論一章中，編者首先指出馬先爾「剪刀式價值論」的特點，詳加說明。所謂「剪刀式價值論」，是馬先爾融匯正統派「生產費用說」與心理學派「邊際效用說」而成，以此立論來闡述供求之平衡，貨幣之成本，及各相互關係等問題，頗能自圓其說，成立「中間」派的價值論。

馬先爾這種解說有一明顯缺點，即價值與價格之混淆不清。在價值論中，可見原著者對價值方面的見解不過是價格之如何決定與形成的問題，根本未有正面解答，編者在檢討中原樣的表達出來，惜未加以批評之糾正，使初學的人難加分辨。

馬先爾氏的分配論，是建築在價值論的基礎上的，因此，他的價值論上「中間性」，也充分表現在分配論的內容中；如工資，利息，與利潤等莫不加以「改飾」，至於地租之形成，「無法用李加圖理論之原來面目，無法用以說明之……如能加以改革，以「地力」或「單位肥沃程度」等爲土地之計算單位，用供需律以解析地租之決定，則不但其理論體系中各部份可保持一致之風格，且有兩個優點：第一，決定地租之重要因素，如人口，富力，交通……均可在理論中占一合理之位置……第二，其局部平衡之分析，亦易於與全般平衡之分析相配合。」（一〇六頁）編者在分析之餘，並依馬先爾氏的立場加以適當訂正，發前人所未見，這點是值得讚揚的。

在方法論方面，馬先爾氏雖將生物學上之「進化觀念」，帶入經濟學研究之範圍中，從認爲經濟學研究之對象，爲「不斷變動者」（一〇八頁），但「並未充分發揮……又引用定型觀念，作爲研究時間因素之第一階段工具……仍慣守靜態方法之範圍，不敢向動態之研究邁進，使其理論獲得進一步之成功，誠深可惋惜之事。」（一一二頁）馬先爾氏這方法論的缺陷，恐怕自己並不是不知道，這點矛盾，根本是從他的折衷的「中庸」學說的本體中，必然發生出來的，因此，他懼於靜態方法的缺陷，而又不能擺脫靜態方法的約束，既鑒於時間方面連續性的重要，但又不敢廣泛地採用，既羨慕生物學上的進化學說，但仍不可無象及「突變」論的主張，以其如編者所說是「不敢」，而覺得「可惜」，不如說是馬先爾的「剪刀式價值論」的弱子不夠堅實，恐怕再紙做衣，不可能用來剪開鐵皮鐵片的罷。

然後，在第五章中，編者採取綜合方面理解，並就同情者的立場來衡論馬先爾氏經濟學說之得失，雖是批評，但說是對原著者理論之增補，亦未嘗不可的。

編者的解說綜合了多方資料，明確而扼要；批評中肯而精闢入裏；不過忽略了一點，就是馬先爾學說爲什麼在經濟學說史上占有那般崇高的地位？爲什麼與他同時而起的數理大師羅遜斯（Jevons）的經濟學說，在英國得不到同樣的適當發展，反而傳播到大陸那一方面去纔能發芽滋長？爲什麼馬先爾的折衷的「中庸」派學說，在當三十年代的英國，却能不脛自走？這些問題，不從馬先爾時代大英帝國的經濟演變情況來分析，而過高地去論其原理本身之如何精密深奧，就離了時空關係的範疇，「崇高的位置」可能是落空的，得不到適當的解答的。

如果編者不專從馬先爾的小冊子歸衆，進而由當時經濟背景與經濟學說史的演進配合來分析，那麼這部闡明馬先爾氏經濟學說的傑作，便可以多給我們研求經濟學理論的人，對馬先爾學說的認識，有更多的增益的。（樂錦）

知行新論

林問樵著 三六南京著者自印本 南京兵學書店代售 八又九〇頁 現價一萬二千元

知行問題，在我國學術上佔着重要的地位，古來學者對此問題有研究他們有主張的代不乏人，他們對知行的難易，主張儘管不同，而離題問題的重要，則意見一致。「知之匪艱，行之維艱」見於尚書，傳說對武丁所說的話，但子講求帝王行仁政，不得不如此提醒，仁政應是「知之易行之難」的。「知行合一」，王陽明先生主張最力，或許是宋明儒者的一般見解。這是老師教訓學生時的說話，如說知即是學，學即是行，不離於行，與現代教育家的做學教一類，思想相合。孫中山先生爲當時人畏難苟安，沒有力行的勇氣，因之創立「知難行易」學說，提倡黨人敢作敢爲的革命精神，這是革命領袖對未得政權的革命黨員說的。如說「知易行難」爲仁政哲學，「知行合一」爲教育哲學，則此「知難行易」爲革命哲學，近人還有「知有難易，行亦有難易」，「知難行亦不易」，「道德是知易行難，科學技術是知難行易」各種說法，要之皆係針對中山先生之說而發，所以實際上仍以前三說是獨立的主張，也只有三說對社會的影響最大。

本書以闡述下面三點意思爲主：第一，認爲「知」是知覺知識經驗技術之總稱，乃是一種抽象的名詞，不是動作，無難易可有。這種「知」有起源有「生知」，「學知」與「困知」，「記憶的知」三方面。其次，認爲「知之匪艱，行之維艱」的「知之」，與「知行合一」及「知難行易」的「知」，都是說的求知的工作，不是說的「知」的本身。這種求知的工作，原顯有學而知之與困而知之兩種，學知普通都比行易，困知則比行難。第二，以實用主義的立場來說，「知易行難」的事情，可以少用精力於致知，而必須實行；反之，「知難行易」的事情，必須重知，而行可以少用精力，換句話說，要求其難者而輕其易者。全書計分八章，首先說明知行問題[illegible]……需再解釋訂正，行文簡單明晰，立論[illegible]具條理，可供關心知行論者的入門參考之用。（孫圓）

維生素新論

盧伯游容編著 民三六上海正中書局 九又七二頁 基價一元九角

這一類的小冊子在我國是很需要的，雖似乎沒有學術上的價值，所以爲一般學者們所不用爲；然而對於一般社會人士，那末這種與生活有關的指導書和參考書却是很需要的。不過幾十年來的出版界，仍缺少此類通俗的科學小品和常識性的科普書，如關於維生素（維他命）的一些，在別國都早為國民們所熟悉了的，但對於我國的市民層便還有些陌生。

維生素的常識，在國民生活裏，一方面是食物和營養的關係，另一方面是健康和衛生的問題。無論着重於那一點，都是可以注意且值得推廣的。可是我們的大學裏沒有營養學系，我們的一些公共衛生機關又很少經常的做衛生與教育，以致於我們的百姓們雖不無有聽到過維生素名字的，往往一點兒真實的內容也毫知。

這樣，有這麼一本書的存在便值得介紹，尤其值得與其他新研究過公共衛生與營養學的諸先生們鼓勵了。本書大都根據英國 Leslie J. Harris 所著 Vitamins in theory and practice 一書和其他，刪去了些不合國情的，文字極通俗，無聊譯的艱澀，因此可以推荐給大多數人。

次序和編排沒有什麼可說。第一是引言，有一首序詩，略云維生素是人類不可缺之營養料，以及此外關於維生素的通解；接着自第二至第六，分講到最重要的維生素A B C D E及其他；第七是營養食單，也就是「我們應常吃什麼」。在每說維生素裏，先說及這種維生素的特效，缺少了將生何病或現何種不良，共存在，共治療法，和好多好多的日常例，都很適應，既不空泛，又不難通。最後是營養食單，尤便于入們作爲飲食的參考。附有嬰兒的食單，最後還一「各種維生素闡明表」，無結論或後記。

各名詞都譯得不錯，可惜的是圖像太少。關於同一個題材的，專論和專書的文字常可看到，不過要詳細的不予，像是這一本書，可以算是一人人須備的手冊。（孟璣）

書林平話

(四十一)

第二次世界大戰簡史

（一）王國儀編譯　卅六年五月上海商務印書館　二冊（二又一八二又二一四頁）　基價六元

（二）王檢譯　卅六年十月上海東華里教育書店　一五又四〇三頁　基價十元

[illegible]於去年美國步兵雜誌社的一本書，原名是 World [illegible] 由 R. W. Shugg 和 H. A. De Weerd 二人合撰的 [illegible] 第一譯本說是「編譯」，寫了二十六萬字的樣子 [illegible] 只一冊，字小行密，標點又在行外，却多出有十二萬 [illegible] 全譯本」三字，我疑惑還是不免刪略之處。

[illegible] 的材料多，而且對於原本也比較更忠實，不過第一譯本 [illegible] 得體的地方。目錄也是第二譯本寫得詳細。

[illegible] 詞的翻譯上不大講究，例如「愛迷和」譯作「依 [illegible] 是把「琉璜島」寫作「伊和·傑馬」，把「琉球」[illegible] 怪譯者的日文顧問盧濬生先生，也怪譯者本人 [illegible] 的恐怕還是中國地名，如第三九七頁三九八頁上的 [illegible] 就不大清楚，我手邊又無英文原本可以對照，只 [illegible]」，「李城」似乎是「琿春」而已。第一譯本 [illegible]，只說「蘇軍因此得大勝長驅，深入滿洲內地」而 [illegible] 始於珍珠港事變，然後補說日本在亞洲的侵略 [illegible] 國在歐洲的侵略；後半纔接說聯合國的守勢，轉取 [illegible]，立論還算公道，只是敘述中國抗戰的部分 [illegible] 史家應該有一本中國人觀點的第二次世界大戰史 [illegible]，兩個譯本都不曾翻印，減色不少。「中國人」[illegible] 根本就沒止「編」字上用工夫，真可惜。

[illegible] 書，又不得已而不能好好的譯印一下，哎呀！中國 [illegible]

（震寰）

中國語法綱要

王了一著　卅六年上海開明書店再版　二又一二八頁基價二元三角（開明青年叢書）

[illegible]

中國外交史

錢亦石著　卅六年上海生活書店　基價七元五角。

[illegible]

（孟琨）

敦煌祕籍留真新編

神田喜一郎編　民三六台北國立台灣大學　二冊　十九公分廣廿六公分　價不詳

[illegible]

（孟琨）

中國禮俗學綱要

鄧子琴著　民三六南京中國文化社　四又一〇六頁　定價一萬元（中國文化叢書之一）

[illegible]

（仰毓）

中國繪畫書籍的整理

景明

[illegible]

書林平話

于鐘宇編
（四十二）
每逢星期日刊出．
通訊處：南京郵政信箱五二九號

邏輯學講話

殷福生著 民三六年六月 上海中國文化服務社出版
三又一七七頁 基價二元四角（青年文庫）

邏輯學被介紹到中國來，和其他社會科學一樣的有了它的基礎。今日所稱的論理學，就是由歐文（Logic）譯來的。本書在許多邏輯學書中有一特色，它是以談話方式來討論思想的程序，明示思想的歷程，使吾人思想都循生眞。這在講邏輯學的書籍中可說是一種進步的寫法，他敘述入淺出之效，確是初學者入門的書。

全書十四章：（一）爲什麼要究習邏輯學，（二）類族，（三）關係，（四）命辭，（五）換位變質對當，（六）三段式及其推理，（七）設言命辭底推理，（八）選言命辭底推理，（九）歸納底性質，（十）假設和證實，（十一）因果聯繫底探究，（十二）界說分類歸類，（十三）種種謬誤，（十四）邏輯學底性質。作者有趣的論述了邏輯上基本的事實，並不因爲是些原理原則使人讀來乏味，所討論到的命題，在日常生活中多是吾人所常犯的謬誤，殷氏自己說：「這本書是爲一般人而寫的，我希望它能使讀者多少得到與實例「邏輯之感」，以及邏輯學在生活中的引用之確切的體會。」人類之所以異於其他動物的，只因爲有其豐富的知識，而知識是思想的產物，二者是相互推進的。如要有精滿的思維，其思想內容必須準確，必需要懂得邏輯；但是，當我們思想的時候不免會受到種種心理與環境上述影響，如成見，情緒，風尚，以及習慣等。著者在「爲什麼要究習邏輯學」章裏指出：「人類是一種能夠運用思想來指導行爲的動物。」如果一個人底思想愈精細正確，他底行爲也少可以減去許多錯誤，或者可以獲得成效。你看，一個高遠大廈在未建築以前，建築師運用思想，精密的設計繪出圖案，然後才可以按照計劃來建築。」很清楚地指出了邏輯與思想的關係。在末來講「邏輯學底性質」裏，扼要地分述了「最流行的幾種邏輯論調批評」，「邏輯學底種種基本性質」，以及「邏輯學的中心」等，更是邏輯學上的重要常識。總之，凡初學者所應當知道而最有用處的部分，本書都討論到了。一方面固然地幫助我們免除思想歷程中種種妨害正確思維的心理情形，另一方面啓示我們思維時必須遵循的或至少不可違背的種種推論式或方則。這樣一來，便可能把我們人類的知識處理得清清楚楚，有條不紊了。（勁秋）

中華少年新樂府

楊克敬詞楊明良譜 民三六年十一月 南京珠江路二二五童軍書報社代售 一又三二頁
現價八千元

在取締黃色音樂，以正社會風氣的今天，本書是值得介紹的一本歌集；雖是薄薄一本，內容却很適於兒童的歌唱，且有很多應用的，活動的場面，每一支歌，都含有陶冶性情，指導正業的教育意義。我對於音樂是個外行，但是却愛欣賞它，當楊先生贈給我這本大作時，[illegible]哼起來，覺得輕鬆上口，每字每句，都有力雄。楊先生是位詩人，句將英美的原文詩歌，譯成中國五七言的詩絕，音達而雅。所以歌詞中的陰陽平仄，都很講究；然而却不是古典式的，「雅俗共賞」是他的一貫作風。

本書內容，可分七類：計劃頌，修身，典禮，活動，遊戲，詠物，抒情，以日常生活爲題材，適合於中小學校歌課，及平時各種活動時歌唱。如童子軍規律歌，早操歌，營火歌，露營歌，放紙鳶，……當兒童們邊跳邊唱時，情境相生，物與心化，[illegible]其中「美哉中華」一格的，[illegible]華民族和其偉大，[illegible]衷心的[illegible]你的祖國。「可愛的邊疆」，和羅家倫先生的「玉門出塞」異曲同工，「中國歷史朝代歌」，適使你記牢我國歷史的沿革。此外抒情方面，有吞花，紅藥二曲，雖然短短的旋句，而寄情深遠，「吹來陣陣荷花香」，一句一個鏡頭，和一般的「採蓮曲」，大不相同，確是寫景好歌。「家庭樂」是譯詩，可與原文媲美。

作曲的楊明良先生，是個青年作曲家，此地有着很好的創作，但是有些小毛病。如旋律興作超漫的轉變，祇適宜於一般成熟的歌詠家唱，要是用作兒童歌曲，則不太合式。

我很希望歌詞作者能多找些作曲家合作，多多的領略音樂家們不同的情調，則更能美化歌詞。比如童軍歌，是羅文灝先生的遺作，它在這本集裏，確是有着和其他歌曲不同的風味。

最後得強調的，我國音樂的素質，和西洋音樂不同，一支名曲的成就，不是偶然的。最近音壇上的沉寂，[illegible]任何音樂會上所演奏的，[illegible]部全是戰時，其內容是戰前的歌曲；要不然者是那些聯體之書，街頭巷尾，你只要站上幾分鐘的話，就可以聽到。這本歌曲雖然趕不上正式音樂大會裏去演奏，但是拿來「消閑」是可以的。[illegible]和文學上的素養，他一定會創作出更美妙的名歌。據說，他現在正草擬「五湖泛舟」，借與趙故事寫出目前政治上的一面，渴望海國內名作曲家的合作哩！（黃孝南）

民衆教育

俞慶棠著 民三五年三月 上海正中書局初版
七又一九二頁 基價一元七角三分

民十七倡導民衆教育以來，迄今二十年這段時期，對於民教的推行，頗…可是還不夠，好像大海中被風…掀小小的浪花吧了。這只因爲沒…貫的主張和目標，偶而非過去…教育者的不力。他們看到農村…到讀，也到那村裏去設立民衆學…到勞動者的無知無識，就想到訓…民衆教育的論著有不少，可是很…一部比較完善的著作，這可說是…得推行緩慢的主因。想每個從事…教育者，都從各自的工作經驗中細…繹出方法來，摸索復摸索，嘗試…，這樣的教育的導演，如用之於…個的計劃，不就事半功倍了嗎？…民衆教育界的先進，籌劃去的經…民書，當任輔導和學校作敎本，…究或從事社會教育的，也該讀一讀。有了它，可以使我們整理舊經驗，而產生出一個中心思想來。

全書十章，首章緒論外，共分四個單元。「民衆教育之心理與敎育的根據」一這個單元裏有兩章：第二章「民衆敎育與成人學習」，作者說，「敎育是社會對於個人行爲變化所施行的有意的指導」。成人當然亦有接受這種「有意的指導」的權利和義務。俞先生對於成人學習不低於兒童學習的見地，舉出了許多的科學根據，斷定成人學習能力，易於減退而已。其原因是由於（一）體魄的衰減，（二）學習興趣的淡薄，（三）學習機會的稀少，（四）怕人嘲笑。這些不幸的因子是可以設法冲淡或消除的。第三章「民衆教育與社會經濟」，作者說：「民衆教育之重心在民生」，要我們認清經濟問題的重要，先使人民生活無問題，然後才能接受我們所施的教育以改善民生活程度。其後說明中國經濟背景，中國經濟何以爲破產，且根據過去的調查報告說明其原因和挽救之方法。作者在戰前任江蘇省立教育學院研究實驗部主任多年，在實際工作中探求出許多寶貴的經驗和方法，是值得推薦的。

「民衆教育發展的重要事實」這個單元裏分四五兩章：在「中國民衆教育的演進」一章裏，作者把我國民衆教育分爲（一）簡單識字學校時期，（二）通俗教育時期，（三）平民教育時期，（四）民衆教育時期。第五章「外國成人教育概要」，最早推行成人教育的是英國，其次有丹麥，德法諸國。在這裏可以看出外國成人教育推行的迅速。如蘇聯一九一七大革命時，文盲估全人口百分之六十四，至一九三三年統計，都市中一歲至四十歲的文盲，僅佔百分之三，鄉村中也已減至百分之十二了。第三個單元是「民衆教育的機關和設施」，中分三章：第六章「民衆敎育與教育制度」，作者指出了中國現行學制的不合理，只顧及兒童和靑年的教育而忽略了廣大的失學民衆。第七章「民衆學校」及第八章「民衆敎育館」是推行民衆敎育的基本組織。作者詳細說明兩者的組織及職責的實施和推行的事業。末一單元是「民衆教育的目的與方法」，分兩章：第九章「民衆教育的實驗事業」，這是過去實驗事業的一篇總報告。分別介紹了國內定縣，鄒平，無錫三大民衆教育發祥地及其創辦的經過。第十章「民衆教育之目的與方法」，爲本書之結論。除分別闡明初步計劃之目標及其最終目的外，認敎學方法，必須從社會環境裏找敎材敎法，從民衆實際生活出發，而且要注意民衆自覺自動和團體組織；再充分利用當地原有力量合作進行，……遂漸步上現代化的民主大道。

總觀全書，作者很扼要的把過去民衆教育作一檢討，替將來致力社會事業者找出路子，這確是本行不可多得的參考資料。唯本書的缺陷也在所不免：（一）取材問題，大部份資料係採自戰前各家著述，戰時的社教實施及戰後的社教事業消復員，亟待補入。其次是統計資料的陳舊，差不多都是民二十二以前的統計數字。（二）主題問題，立論大體正確詳盡，令人欽佩，唯[illegible]民教事業方面，論列嫌太少了一點。這些都是筆者讀後感，希望再版時能將這作爲一點愚見。（作義）

新世界的哲學

章新一著 民三六年六月
上海開明書店初版
一六又二一〇頁 基價二元三角

這是一本哲學書，通俗而廣泛，差不多每一個人放過城的獨角都涉在內，作者似乎很有野心，這雖仍舊是些舊有的哲學課題，而是却有他自己的哲學系統。自序說：「這本書是一個完整的思想系統。我希望，讀者看了這本書之後，他會了解人生的意義，認清時代的動向；而且他會知道，他的行動應該遵守什麼準則，應該走朝什麼方向。此外。作者：……要使這個思想系統，成爲世界性的新文化的胚胎。」若是真的讀者懷有此一期待，他必然會失望。

從作者所排列的程序看去，有不少的地方是和以往一些哲學家所擬訂的程序不同的，當然也未見得有突過前人之處。本書分二編，先是「倫理系統」，在後是「演繹及問題」。在第一編裏，作者企圖從人和人的關係之探討，導引讀者去向哲學殿堂，並沒有基本地從認識論，本體論，或宇宙論開始，這無論如何站在哲學的立場上講是講不通的；而且作者所注意的都是人性觀，偶然地提到客觀的存在，也只述及「宇宙事件」此一空洞的概念。第一編的背景「基本觀念」是學」，只能說是一些哲學問題的研究，不能算是哲學的本質。再則，作者既如此，接着的幾章「個人的好壞」，「公衆的好壞」和「對與錯」，「善與惡」兩章，從這些問題中去找出一定的哲學規律，可是如「對」以倫理的討論作爲哲學的背幅，那麼也該較抽象地的行爲論，却又已直入到哲學的本體論了。第二編是作者的思想是根據第一編的理論而射出的實際問題之研究，一共提出「國家觀」「經濟觀」「論民主」「道德問題」「宗教問題」「哲學問題」和「科學問題」。有些創見，然而又多逸出了哲學尤其是人生哲學的範圍，有好多地方，簡直是從社會學觀點去研究，不是從哲學觀點去研究。

本書給中學生們讀之，他很通俗。一方面作者並不異質於政論和太空玄的論據，一方面又時時講到實踐，深入淺出可以使讀者得到一點關於「哲學」的概念。關於本書的評述，出版以來的短短半年中已看到好多篇，那不單只爲系統特殊，總有它值得推荐的地方在；只是在一般出書淡淡裏，不是顯到太多「蒙」序，便是一大堆恭維。過獎和齊實對於一位走新路綫的作家和整個的出版界都是不利的。這是附帶想起的一些意見。（新民）

自由之路

潘光旦著 民三五年九月 上海商務印書館初版 六又四〇〇頁 基價六元五角

作者對自由的看法，最好聽他本人的論列：「消極方面，我認爲我們決不能把自由與散漫混爲一談，因爲散漫的人不自由，他不能隨時集結；也不能與放縱混爲一談，因爲放縱的人也不自由，他不能隨時收斂。只會打游擊戰的人，只會打陣地戰的人，是同樣的不自由。一個拘泥的道學家，一個沈湎於聲色，貨利，權位的人，是同樣的不自由。積極方面，我又提出自由就是中庸，就是通達，如果我們把不偏不易的舊解釋擱開，而把中庸的概念和經權的概念聯繫了看，當做一回事看，我們就很容易得到這樣一個結論。我提出這一點來，目的端在指出自由一詞所代表的看法，並不是一個標新立異的看法，更不是相當於洪水猛獸的看法，我們大可不必因談虎而色變。」我們了解了這一點以後，再略看本書的內容。這是作者抗戰八年中所寫零星文字的一部分，書中涉及思想，文化，青年、教育、政治各個題目的，凡四十三篇，就其性質部署爲五篇：一、自由導論，二、思想各論，三、告語青年，四、教育與訓練，五、民主理論與導演；又比較次要的四篇，列作附錄。

這四十幾篇文稿，都曾一度在刊物上發表過。作者的文章，往往以生物學的社會學爲其立論根據，又因他中西文史都甚擅長，所以說話句句有來歷，而且句句微妙生動，給智識程度較高之人士所愛讀。作者之所論列，雖不敢說完全中正無偏，却是很可啓發我們的思路的。（孫鼎）

國學導讀

邵祖平著 民三六年八月
上海商務印書館初版
二又一八九頁 基價五元

西學隨海通以東來之後，本國文字所紀述的學科，總名之曰國學。「國學」這個大共名既經成立，於是該項學科的表裏精粗與其津梁關奧，無一不爲人所注視。作者默念「中學生悅學之會無階梯，大學生雜學之苦無門徑」，乃草成本書，作爲大學表「讀書指導」一課之講義。目次：（一）說讀書——認識鈔書背書，關切實有益。（二）文字學概說——略示小學門徑，附有說文通借識俗字表與古音直音表，對於應試大學國文科的人們不無幫助。（三）目錄學概要——對於七略，七錄，隋志，四庫書目略有論列。（四）校勘版本刊刻略述——書本字誰注文音釋句讀設閣考異，皆通列條目詳密精詳，即校勘學、版本學、刊刻學三事並述；由北宋、南宋、清學、代有述。（五）治學綜言——說爲「道、宇宙間，皆一理也」，分事理、意理、天理、法理、論理、物理、生理、情理、數理九者，性悟今古一切學問。（六）純文學發凡——上自國風，下至詞曲，因而推論到「純文學之方式，不取議論，不押強韻，惟當興到陳情，與興物人越而已」。（七）國學與讀各書要目——分經（附小學類）、史、子、集四部，總列各種要籍，頗有參考價值。

本書徵引廣博，論述不實，而有獨抒已見的地方。近年來研究國學的人亦漸漸少了，偶而有之，亦多淺嘗輒止，像這本初學入門的書，出版界倒不多見哩！（孫鼎）

南京金融業概覽

南京聯合徵信所（楊公井十七號）編印 卅六年十月版 七又三五七頁 價不詳

聯合徵信所者，中中交農四行及中信郵匯兩局所共同組織，而京滬銀錢業中各地銀行錢莊爲其會員所。總所在上海中國銀行大廈。其主要業務爲工商信用調查及出版兩種。調查資料已逾二萬單位，每月受託調查案件以千計。出版物則有合帶之中英文徵信日刊，各地金融業概覽，上海市股票商概覽，錢莊業概覽，金融法規彙編等書。

此書記錄南京之國家銀行等九家，省市及官商合營銀行三十三家，商業銀行二十三家，外商銀行一家，錢莊二十一家，保險公司三十二家，各舉其簡史，地址，資本，負責人，員生總數，存款總額及歷年盈餘。惟保險業不盡詳。附錄金融機構組織章則及有關金融法令二十八種。（仰姚）

書林平話

于鏡宇編

（四十三）

通訊處：南京郵政信箱五二九號

生育制度

費孝通

費孝通著 民卅六年九月 上海商務印書館初版 四三又二〇〇頁 基價七元（社會學叢刊）

人生之體驗

唐君毅著 民三五年六月 上海中華書局出版 六又一八二頁 基價四元八角

中國文化探源

宇寶衛著 民三六年六月 陝西安康恒濟石印局代印 一六又二二二頁 價不詳

本書又名大學原旨，計分八章。首緒論，以「孔子人生道理盡自形而上學」一句，爲全書綱領；大學「在止於至善」一句，爲修己治人之下手功夫。其說出自劉止唐氏之大學古本質言。次，大學首章要旨，首列朱王二子之說，雖朗根據劉說及其門人張驥氏之說，再參以他書，對朱注加以駁正。天人相與一貫原理章，以「修身爲本，知天爲要」二句爲提綱，綜合儒佛老及西洋天文家言，證明中西學說之符合。倫常與人生章，中言三綱五常精義，謂倫理學Ethics涵義爲廣。第五章知止，與上二章知本分別說明，謂止至善爲人生修養下手功夫，聖學心傳在此。明明德章，直解誠意正心，以格、致、誠、正、修五者統屬明明德事，特詳誠正二者。親民章，包括齊治平三項，即治事之學也。修己治人本一貫之道，徵引斯賓塞、黑智爾諸西哲學說，闡明何謂中道。卒章結論，指出吾國文化中心敎育精神所在之處，大別古今敎育，以資取法。末附大學古本原文並劉氏質言自序。

作者來書，以著述動機在溝通中西學說，發揚固有文化，喚起形而上學之復活，決定人生道理，先石印數十册，分贈親友，刻正接洽出版云云。筆者披讀既竟，以作者之用意甚善，紬繹羣經要義，紀以釋道西說，成此一編，煞費經營；用淺近文言疏寫，閱讀亦無不便，如獲梓行，敢以推薦。方今全盤西化與中國本位之爭，各執一端，生斯長斯，似不應[illegible]物，自應家珍；然時勢演變，典章文物亦不能不現代化，與世界各國共趨大同，此則鄙人之意也。

（孫闓）

重訪英倫

費孝通著 民三六年十一月上海大公報社出版 九二頁 現價一萬元

拉薩見聞記

朱少逸著 民三六年五月上海商務印書館出版 一〇又一二七頁 價不詳

一九一五年十月十日，比利時傳教士雷鳴遠在天津創辦《益世報》，該報是一份具有宗教性質的報紙讀物。抗戰爆發後，報社被迫休刊。一九三八年十二月八日，報社西遷至雲南昆明復刊，羅隆基擔任報紙主筆。一九四〇年，報社續遷至重慶出版。該報標榜『無黨無派，超黨超派』的辦報原則，并始終堅持對日抗戰到底的理念主張。抗戰勝利後，《益世報》於一九四五年十二月一日在天津復刊，至一九四九年一月終刊時，總共發行八千七百五十九號，與《申報》《大公報》《民國日報》一道并稱爲民國四大報。昆明時期的《益世報》，依托當時雲集西南的大學教授和學術社團，開闢有《史學》《文學》《醫學》《教育》《邊疆》《烽火圈中》《新工業》《青年園地》《國際政治》《宗教與文化》等副刊多種。

《圖書》副刊創辦於一九三八年十二月二十三日，總共十四期。版式上爲半版，爲《益世報》的第四版，與『本市消息』（省市消息）合爲一版。出版頻率爲雙周一刊，編者爲曾創辦《大公報（天津）·圖書》副刊的國立北平圖書館，通訊處設立於昆明市柿花巷二十二號。《圖書》副刊的創立本身，不僅僅是向民衆介紹圖書，更是出於救亡圖存的熱誠情懷，是要『對於异民族的侵略，作精神上的對抗』。

『欲知大道，必先爲史。滅人之國，必先去其史。』抗戰爆發以後，日本對華不僅在軍事上侵略、政治上壓迫、經濟上掠奪，而且推行文化侵略政策，實施所謂『皇民化教育』，對淪陷區的民衆進行奴化教育，意圖從根本上實現對中國的殖民化統治。在這樣的環境下，編者認爲，圖書對國家具有重要的戰略意義，尤其是對古代圖書文獻的整理，類似於胡適所主張的『整理國故』，這對於弘揚民族精神，振奮民心士氣，推動抗戰建國工作有其特殊的價值，恰如在第一期《發刊小言》中所説：『我們不僅抗戰，還要於抗戰之中建國。圖書出版品，是不僅要擔任幫助抗戰的任務，而且要擔任建國的任務的。』

《圖書》副刊共刊載文章四十九篇，所刊内容主要包括書籍文獻檢討批評的論文、新出版圖書雜志的評介及報告、國外圖書論文的介紹與批評、國内外學術界重要消息的報告四種類型，副刊的撰稿人包括王重民、黎錦熙、萬斯年、劉修業、王庸等知名學者。欄目主要有『新書評介』『學術消息』『出版消息』等，涉及文化界新聞、學術研究、國内外書刊評介等方面。結合内容而論，《圖書》副刊主要有以下兩個方面的特點：

首先是對古代圖書文獻給予了充分的關注。與一般圖書類副刊不同的是，該刊對於圖書的介紹述評不止是當時出版的書籍，還包括對古代典籍的追溯回顧。副刊中刊登了多篇對於古代圖書的評介文章，例如第二期、第三期、第四期連載的《滇賢傳記三種》一文，對《滇賢生卒考》《滇賢象傳初集》和《明季滇南遺民録》三部書的内容進行了梳理，并根據各書的記載，對滇賢的名録進行了整理，又如第四期、第六期的《海外所藏中國小説戲曲閲後記》，作者劉修業對《醒世恒言》《今古奇觀》《覺世雅言》《百煉真海烈婦傳》以及《覺世名言》五部流落海外的古籍的内容、書籍保藏及完整情况進行了介紹。除此以外，類似的文章還有在第三期、第五期、第十二期、第十三期等多期刊登的《明季遺民滇賢著述舉述》，第七期的《讀〈春秋公矢魚於棠説〉——略論治古史及民族學方法》，第十一期的《孔子與劉歆對於傳布書籍的貢獻》等。再者是刊登了多篇圖書序跋類文章。序跋一般是指對書籍著述中内容要旨、體例信息等内容的闡發，此類文體在副刊中也多有體現，且多自名家手筆，如文獻學家王重民在第一期、第七期發表的《〈論語義疏〉跋》《巴黎倫敦所藏敦煌殘卷叙録》，西南聯大教授、語言學家羅常培在第二期發表的《〈八思巴文和元代官話〉自序》等。

再者是突出了對抗戰主題的宣揚。正如發刊詞中所言，《圖書》副刊的一大目標便是對『抗戰建國工作的推進』，因此除了發揚國故以外，還刊登有大量與抗日主題相關的文章。例如第二期的《暴日侵華與國際輿論序》一文揭露了日本帝國主義侵華的背景、日軍殘暴的事迹，宣傳了中國抗戰的决心和戰事情况。第十一期的《國際文化界對我抗戰的同情》一文介紹了英國牛津大學對中國抗戰的捐助聲援情况，并刊登了牛津大學教授石博鼎的原函譯文。同期還刊登了對《日本南進與太平洋形勢》一書的評介，文中除了對圖書的介紹和摘録之外，還特别指出『凡以武力侵略人國者，必引起大家的公憤，協力而謀之，使其侵略的兇焰，變而爲自焚之烈火。這是一般侵略者必然的結果。』此外還有《張鼓峰事件鳥瞰》《日本人——一個外國人的研究》《中日關係及其現狀》等與時代主題相關的書評文章。

受到戰時環境的影響，出版時間僅半年，《圖書》副刊便於一九三九年六月二十三日在第十四期出版後，宣告停刊。《圖書》副刊總體上秉持了『古代圖書文獻的檢討』與『現在圖書文獻的介紹』并重的原則。除了圖書評論與介紹之外，還刊登有國立中央研究院、北京大學、國立北平圖書館、國立西北聯合大學等機構的學術消息，内容涉獵廣泛。儘管在停刊期中，昆明版稱『自愧在此一年中對國家、對地方一無貢獻』，但其對於戰時大後方的文化建設實則具有深刻的推動作用，也爲今人對於這一特定時期與特定群體的認識與研究提供了重要的歷史綫索。

《益世報（昆明）・圖書》目録

益世報（昆明）·圖書

第一期—第十四期

圖書

半月刊　第一期

通訊處　昆明柿花巷二十二號轉圖書半月刊編輯部

發刊小言

一個民族的存在，不僅繫於物質，且繫於精神。一國之文化，即民族精神之表現。文化包括方面很多，而出版品，却是文化中的一方面。一個國家文化的盛衰，可以由其出版品的性質和數量上來觀察。出版品無異於民族文化動向的指針。

出版品，是民族文化的結晶。它能指示民族歷史的存在，使一民族不忘其本身的傳統，構成民族意識，對於異民族的侵略，作精神上的對抗。

日本對於中國，不僅發動軍事經濟政治的侵略，且發動文化的侵略。它不僅要消滅我們軍事、政治、經濟方面之國力，且企圖消滅我們文化方面的潛力。淪陷各地，始則開始檢查我們固有的典籍，繼則開始其奴化教育，連我們的歷史地理課本，它都加以删改，舊有的，已被消毀，視爲禁書。於此，足見其欲亡我文化的一般。

現在，抗戰開始，一年數月，在此偉大的歷史過程中，我們不僅抗戰，還要於抗戰之中建國。圖書出版品，是不僅要担任幫助抗戰的任務，而且要担任建國的任務的，譬如，我們要在某地作軍事佈置，非有詳細地圖不可，我們要開發後方某地資源，非有經濟調查研究的書誌作根據不可。漢蕭何入關，先收丞相御史律令圖書，沛公所以具知天下阨塞，戶口多少强弱，民所疾苦者，便是由於蕭何收秦代的律令圖書的結果。而漢高祖的約法三章，也未始不是因秦代圖書收藏爲根據，定其國策的。這，可以作圖書對國家之重要的說明。

古代圖書文獻的檢討，可以發揚光大我們民族以往的歷史，並作現在發展上的參考，現在圖書文獻的介紹，可以幫助抗戰建國工作的推進，及一般文化的普及。所以，本刊，是雙方並重的。

至於本刊所分各欄，亦願於此報告讀者：

一、書籍文獻檢討批評的論文
二、新出版圖書雜誌的評介及報告
三、國外圖書論文的介紹與批評
四、國內外學術界重要消息的報告

希望大家加以指正並共同推進這種工作。這個刊物，是完全公開的。同人等曾編「圖書副刊」，在天津大公報按期發表，撫今追昔，不禁慨然。但是這種感慨祇有增加我們的努力。

圖書介紹

（一）安南文獻書目兩種

安南爲上古百粵之地，自秦漢至唐入屬中國版圖，漢隋並置交趾郡，唐置安南都護府，故治均在今之東京州河內城，宋以後爲藩國，明時嘗改爲行省，後廢行省，仍爲藩屬，至清光緖十二年（一八八六）爲法國所併。

余避地南服，途經越境，便道往觀河內遠東博學院圖書館之藏書，並注意其研究工作之梗概。遠東學院爲法國研究安南及吾國西南文化之中心機關，其所出版之「學報」久爲研究東方學者所重視。余素注意西南文獻，見其所刊有「西文安南書誌」五冊及所藏「安南漢籍書目」抄本三冊，搜羅頗富，實爲研究安南文獻者所必資，近由國立北平圖書館館長袁守和氏徵得副本，其便於吾國者多矣。爰將該項書目兩種分別略爲介紹如次：

（一）Bibliotheca Indosinica

安南書誌五冊，一九一二至一九三二年，安南河內遠東考古學院出版。其第五冊爲索引，法國著名東方學者Henri Cordier編輯。該氏并曾編印「中國書誌」四冊，見稱於世。此編所錄西文專書及論文，凡關於安南，暹邏以及南洋羣島諸地之文獻著述均廣爲搜集，每書詳載其書名著者及出版年出版處等，論文則詳記其雜誌名稱及刊載卷期年月，以便參考。所錄凡六千餘種，以每地爲一類，每類再依通論，地理，人類及考古學，天文氣象學，歷史，語言，文學，宗教，科學與藝術（包括社會經濟）民俗，商業，及國際關係等子目爲序，編製極爲精審。

（二）安南書籍目錄

此爲河內遠東考古學院圖書館所藏有關安南文獻之漢文書目，原爲抄本，今國立北平圖書館錄有副本。目凡三冊，惜僅錄書名冊數，而不詳其著者及版刻爲憾，蓋爲典藏檢查之用，非爲研究而備也。其第一冊以A爲記號爲安南人歷代所著之漢文書類，都三千零七十種，內多關於安南史地及文集之作；第二冊以AB爲記號，所錄爲越文類書籍，內多關於宗教小說傳說之書，凡六百二十八種；第三冊以AC爲記號爲南印版漢書類，爲中國典籍之在安南印刻者，約六百九十種。由此目錄可考見者約有三事：（一）即漢文書籍遭明清兩代禁燬者多保存於安南，如洪武禁書等；（二）安南人民之思想，受中國道教及佛教之影響甚大，其所流傳之小說及劇本亦多傳自中國，如「好逑傳」「二度梅」等。觀其越文類所錄之書幾全爲佛道及小說之書，而儒家之經典，百無一焉；（三）國內之研究目錄版本者對於域外版本之學，多注意於日本版及高麗版，而對於安南版尚少有注意及之者，玆就安南版重印之漢文書觀察，顯與安南人民自著越文書籍，成同一之發展狀態，即佛道醫卜小說之著述多，而儒家之經典過少也。安南文化所受中國之影響，於此見之。（竹筠）

（二）中國藝術論叢

滕固編　民國二十七年七月初版　商務印書館發行　一冊　定價一元

教育部第二次全國美術展覽會開會的時候，爲宣揚本國藝術的特徵和價値，傳布與展覽品有關係的知識，提高社會一般的欣賞能力起見，曾舉行講演會，並發行專刊。這本書，就是該會發行的專刊，由商務印書館重印出版的。

收文凡二十篇，論述範圍，包括書，畫，器物，典籍各方面，計有鄧以蟄書法之欣賞，宗白華中西畫法所表現之空間意識，秦宣夫我們需要西洋畫嗎，馬衡故宮博物院參加美展會之畫，蔣吟秋書畫與裝潢，董作賓殷人之書與契，滕固詩書畫三種藝術的聯帶關係，袁同禮全國美術展覽會陳列之版畫書籍，蔣復璁教育部第二次全國美術展覽會的圖書，唐蘭中國古代美術與銅器，黃文弼羅布淖爾發現漢漆杯考略，徐中舒關於銅器之藝術，王越玉在中國文化上之價値諸篇。（蔚）

論語義疏跋

王重民

敦煌本論語疏，存卷一卷二兩卷。學而篇卷端破損，，里仁篇則僅抄三兩段。卷二之首題：「論語疏第二，」而不著撰人姓氏，以知不足齋本論語義疏校之，知爲梁皇侃論語單疏也。宋咸平中，邢昺奉詔依皇本作新疏，頒列學官，皇疏遂微，至南宋而竟失傳。余蕭客輯古經解鈎沈，據邢疏及邱光庭兼明書，輯錄成卷；於時得傳本於海舶，四庫收之，鮑氏刻之，故東原譏余書有鈎沈未沈者，蓋指此也。孰意皇疏原帙，尚有李唐舊抄，不僅於天祿琳琅，乃藏於鳴沙石室，有清季年，又隨海舶以西渡耶？持與知不足齋刻本相校，約有三事，可略言之。

一曰，南宋以前所傳皇疏，並是單本，合疏於注，蓋日本人所爲也。梁書侃本傳，稱有論語義十卷，玉海引中興書目，隋志作義疏十卷，唐志作疏十卷，晁氏郡齋讀書志，尤氏遂初堂書目並著錄作疏十卷。證以敦煌經單疏著錄之例，並是如此，且此與殘卷書題相合，則諸家著錄之本，必爲皇氏單疏可知。今觀是卷經文之下僅錄注文首句，而以云云二字概之，然後以「此明」二字總釋全章大義，次疏經文，或解注語；疏經文者，則錄所疏之句而以者字終之，如九經正義例，解注語者，或冠注字或否，然每一事均隔一字寫，以明斷限，皇氏原書，當如是也。日本所傳義疏，先出何晏集解，次割裂皇疏，散於各條之下，或增或減，殊失本來面目矣。

二曰，日本所傳皇氏義疏，每攙入邢昺正義及他說也。義疏之例，不破注以說經，均依文繹義，或以事喻，或以理喻，故多引舊言，鮮詁字義。學而篇：「有子曰，信近於義，言可復也；恭近於禮，遠恥辱也；因不失其親，亦可宗也。」日本皇疏有「信不欺也，義合宜也，復猶驗也，因猶親也，」諸詁，然並不見於敦煌本皇疏，而邢疏乃有「復猶覆也，因者親也」二詁。若此之類，觸目皆是。猶憶學海堂集有某君論語義疏跋，歷引朱熹集註與皇疏合者若干事，冀以明朱子尚及見皇疏；以今觀之，某氏所舉皇疏之與朱註合者，則未始非日人所攙入之朱註也。島田翰古文舊書考卷一：「歷應抄本論語義疏，裝爲卷子改摺本，而通行舊抄本所引邢疏，則盡爲是書之背記，於是余始知通行本所載邢疏，乃爲卷子本之背記也。意者卷子本之變爲綫裝也，不忍棄去之，乃姑錄入於皇疏之末，以存舊容耳。然則凡知不足齋本較敦煌本溢出疏語，姑視爲日人竄入舊說，蓋無不可也。

三曰，日本所傳合疏於注之本，於皇疏未盡採入，而刪棄者尚多也。敦煌本每章總釋，（用「此明」二字引起）。日本本刪棄者十七。蓋集解本與皇疏本，插注不同，分章各異，總釋每不易位置，遂多刪除。又皇氏於魏晉經師，採輯極富，微言佚語，亦唯此卷子本保存爲最多。

原卷卷首殘缺處，用舊公文紙裝裱，有墨筆一行云：「貞明九年癸未閏四月十；」又朱筆一行云：「龍德二年。」均與此書無關。又卷上有「宜論使圖書記」數朱印，背後亦有此朱印一，中有墨筆一行云「判官氾彥塘帑覽；」宜論使不詳何時所置，考四六四○號卷子，爲歸義軍賜簿，布賜項下，有「支與常樂縣令氾彥塘祖布一疋。」又考賜簿上有庚申辛酉年月，時在光化天復間。而彥塘之爲判官，必在爲常樂縣令以前，則其帑覽是書，爲在光化以前矣。

（三）中國地理學史

王庸著　民國二十七年四月初版　商務印書館發行　一冊　定價一元

吾國關係地理知識，發達頗早，山海經禹貢兩書，雖其時代未能確定，當爲吾國最早地誌之作，惜國人未能於原理及方法上繼續有所進步，以成地理之學。西人希勒格以山海經爲「世界中最古之旅行指南」，其觀察雖有未妥，不失爲最古關於地理知識之著述。本書第一章，述原始地理圖志及其流變，即自山海經禹貢始。

地圖方面，吾國先秦之世，已有著述，語焉不詳，其後，代有製作，且設有常管。晉裴秀作禹貢地域圖十八篇，定製圖之體凡六，曰分率，準望，道里，高下，方邪，迂直，計里畫方，辨方正位，誌其里數，記其高下險夷，已示今日製圖之原則，惟地球經緯度，尚非所知，於地圖製作上，劃一新階段，迨唐賈耽，作隴右山南圖及海內華夷圖，並撰古今郡國道驛四夷述，既注意於外域，復爲古地理沿革之闡述，實開中外地理之例及沿革地理之端。此後，雖有述作，而皆沿先進成法，無可稱述。元代朱思本，以其漫遊各地之經驗，博考典籍，著「輿地圖」二卷，雖今世失傳，尚不雜於明洪先之「廣輿圖考」見其本來面目之一般。但中國之知地爲球形，與經緯線之世界地圖，則自元初阿拉伯天文地理輸入始。萬歷間，利瑪竇來華宣傳天主教，攜其豐富地理知識以俱至，在華先後製作山海輿地圖等十圖，予中國以新地理知識之供獻。迨及清初天主教士之測量。

方志之稱，始見於周禮地官。漢隋之間，傳風俗，志異物，述山川，設外域之書，頗有所作，而州郡地誌，魏晉而後，尤爲發達。圖經、圖志、地理總圖志等，漢隋之間，著述亦多。隋代以後，地志述作漸少，至宋復興。開寶以還，地方志尤爲發達。元明以降，方志之多，更不待言。

綜之，嚴格觀察中國古來地理著作，並無精密之科學方法及原理存於其間。近二三十年來，因西方科學之輸入，國人始於地圖測量、地球物理學、地文學、氣候學、經濟地理學、人文地理學等方面，開始爲奠基之工作，然其發展，亦相當可觀。

王氏之書，於上列諸端，分章述敍，綱舉目張，雖如著者序言，因時間、篇幅及參考資料之限制，其種事蹟，未能一一詳述，但此書至少已盡中國地理學史之大綱，其「篳路藍縷」之功，有足稱焉。

近五六年來，王氏對於地圖地誌目錄及史料方面，研究整理，用力頗勤，此書於近人研究結果，雖有所徵引，而大部分仍表現著者研究之所得，依著者意，甯願刪去末章，擴充其他三章以成「中國地理圖籍史」，筆者則更願王氏，將前三章擴而充之，獨立各成專書，以成研究中國地理學發展之巨製，蓋中國前代之地理學史，殊無異於中國地圖地誌史也。（棄疾）

（四）張鼓峯事件鳥瞰

王中樞編　民國二十七年七月　商務印書館出版　現代史料叢刊本　一冊　定價五角

張鼓峯日蘇衝突的結果，證實日軍實力不足以敵蘇聯，另一方面證明日本軍力亦不夠征服中國。由這一次事件不僅日本暴露了他侵華的弱點，同時也被世界各國所鄙視。最有價値的是指示吾人兩點：（一）武力的侵略只有用武力去抵抗。（二）武力的抵抗必須要能持久；我們能持久即能勝利。這本小冊子是搜集各日報刊之資料，分類臚列，予讀者以系統的概念。（棄懷）

學術消息

（一）國立北京大學四十週年紀念品之出版

戊戌政變，廢科舉，國子監、書院，而代之以學校，詔立京師大學堂，是爲國立北京大學創立之始。雖其創立僅四十年，然倘上遡吾國太學之歷史，則北大之歷史，安止四十年。此四十年之紀念，不過僅指其變爲學校以來之經過而已。

北大在吾國文化上之重要，自不待言。玆值四十年紀念之期，該校特刊紀念刊於昆明，除刊佈「國立北京大學建校四十週年大事年表」外，並由蔡元培、蔣夢麟、馮友蘭、楊振聲、羅庸諸氏爲文以紀念。

此外該校且將出版紀念論文集，在準備付印中，其已收到之論文及預示論題如次：丁聲樹詩卷耳芣苢「采采」說，王崇武清初民族運動史料彙考，朱物華頻帶濾波器之瞬流，朱自清文選序「事出於沈思義歸於翰藻」說，全漢昇宋代寺院所經營之工商業，邱椿學記中的教學法，周祖謨原本宋韻的反切研究，胡適論所謂「古文」，胡厚宣卜辭中所見之殷代農業，姚從吾金上京考，殷宏章生長素對招原球藻生長之關係，生長素對於原球藻色素含量呼吸及光合作用之關係，容肇祖王守仁的門人黃綰，高去尋李峪出土銅器及其相關之問題，陳雪屏全習法與部習法之比較研究，張之蘭黑斑蛙鼻腔發達之研究，張[illegible]銀智君子鑑考證，湯用彤魏晉玄學流別略論，向郭義之莊周與孔子，賀昌羣烽燧考，賀麟知行合一新論，勞榦禮經制度與漢代宮室，傅樂煥記宋遼的國書，董作賓研究殷代年歷的基本問題，聞宥理番光語初論，趙迺摶近四十年來經濟科學之新發展，鄭天挺隋書西域傳附國考，錢穆自由講學之再興起，盧逮曾五代十國對遼的外交，魏建功廿韻比，羅庸九歌新考，羅庸葉玉華唐代打令考，羅常培經典釋文陸氏反切的音系，嚴學宭記江西分宜方音等論文，且傅斯年、顧頡剛、陶希聖、葉公超、錢端升、潘家洵、陶元珍等氏，亦將撰稿。

至於羅常培、唐蘭、馮友蘭、毛準等諸氏，且將以「帕克斯巴文與元代官話」，「新理學」等專著以爲紀念。

（二）國立北平圖書館最近之考訂工作

敦煌石室之發現，足補現存歷史文獻之不足並歟加以考訂，是以先後經王靜安氏諸耆宿之整理影印，多於古籍之考訂及流傳貢獻頗大。惟石室所藏卷子，多爲伯希和、斯坦因諸氏，攜至歐洲，國人不易獲讀。國立北平圖書館有鑒於此，近年曾派王重民向達二氏先後至英法借閱考訂，其影印工作，亦次第進行。玆述其概況如左：

巴黎方面已照得三千餘片，經部有古文尚書，徐邈毛詩音，杜預左氏傳集解，范甯穀梁傳集解，鄭玄禮記注，皇侃論語義疏，鄭玄孝經注，郭璞爾雅注，陸法言切韻等若干卷，其中如徐氏毛詩音，久佚傳本，皇疏雖有傳本，已亂於倭，鄭注孝經，倭國傳自羣書治要，節略殊多，此則唐代原本。史部所獲，別史雜史佚本，如孔衍春秋後語，得秦語趙語各二三卷，虞世南帝王略論殘卷等，尤爲重要，而故唐律一卷，尤足供唐代研究之參考。子部以老子爲最多，白文擇最善者攝影五卷，並攝何上公，明皇御注等本，各若干卷。且攝有原本六韜一卷，因其自宋以後無完本也。集部，攝有釋道騫楚辭音，唐人文選音，白居易樂府等各若干卷。佛藏方面，梁武帝東都發願文，獨孤沛南宗定是非論，均爲完書，失傳蓋已千年，俗文小品，攝有維摩詰唱經文，降魔變文等，他如唐拓石刻三種，唐宋元代人刻本書七種，尤爲別開生面之寶卷。至於伯希和氏所藏，選用攝影者有元行沖御注孝經疏，大唐西域記，故唐律，高適詩集等。

倫敦所藏敦煌卷子，多集中於大英博物院。此中漢文寫本約七千卷，印本二十餘卷，非漢文如回鶻文古突厥文等卷子約二百卷。西藏文卷子則藏於India Office之圖書館。回鶻文等及印本諸卷，已略檢閱，漢文則僅閱五百餘卷。其中經部如毛詩鄭箋，春秋左傳杜注，毛詩鄭風故訓傳，禮記鄭注，論語何晏集解，隸古定尚書等若干卷，史部如晉書列傳，漢書蕭望之傳等若干卷，子部如老子道德經河上公章句，老子變化經等若干卷，集部如唐人選唐詩，王梵志詩集等若干卷，均已攝影。而所攝敦煌著錄之稱食雜物賬，廣順三年龍章祐及弟祐定典地契，失名類書，太平興國七年壬午歲具注曆日等，亦爲考訂古史之重要文獻。向君本年返國，由該館派王重民君繼續其事。

此外該館所藏永樂大典明抄原本及自國內外影抄之本，總數已達五百三十二卷，現正編製書目通檢，而舊藏內閣大庫書殘葉亦已從事審定書名釐訂卷數，其已整理完竣者有宋刻纂圖互注南華眞經元刻禮部韻略、聖濟總錄等書。金石方面，該館搜集之唐墓誌並爲大觀，其兼目已付印。又該館所編之石刻題跋索引，正在印刷中，約明春出版。

圖書

半月刊 第二期

目次

暴日侵華與國際輿論序

徐譔

此書非中國宣傳品，亦非對於尚有疑問之爭點而發之意見或辯論，乃一述及現在中日戰爭之論文集也。所收論文，悉爲公正人士所著，彼等之忠誠與評判—堅定不移。彼等考慮之意見恆爲討論該項問題之重要權威。此等論文述及一種情勢，對於整個文明世界，僅有下列可能之唯一解釋：即純爲國際團體中一會員對於另一會之侵略；並爲强權與公理，强暴與殘弱相對持。自日本軍閥開始侵華以來，每一國家莫不有論文刊佈，卷帙浩繁；此集所收者，俱依原文重印，雖僅爲其中之一小部份，已足證明何者爲是何者爲非之共同信仰。尤爲世界無數男女現代思想趨勢之反映，亦爲對於中國同情自然流露之呼聲，故此書不啻公共輿論之法庭對於東亞現在施行狂烈之血戰宣佈之判決書也。

此書所載記錄及資料，其望將來歷史家能利用之。下列諸篇，說明戰爭如何發生，中國對於侵略者如何慷慨抵抗堅持到底，何種保證爲日本所破壞，何種條約爲日本所蹂躪，何種暴行在人類文化史上遺留不可磨滅之汚點，何以中國注定必得勝利，何以日本定然最後崩潰，讀此書自知其正確。深感今日啓發民衆之讀物，爲一重要泉源，由此泉源，湧現今後教育之眞實知識也。

譯者按本書係國立西南聯合大學圖書館所編，凡英美各國期刊發表關於吾國抗戰之論著，擇其最重要者，選出五十七篇，依類排列，共分九節，內容注重三點：一，日本帝國主義與侵華之背景，日軍殘暴事蹟及日本之危機；二，吾國抗戰之決心及屢挫與戰事實錄；三，暴日侵華與國際制裁。各篇執筆者，皆現代遠東問題之權威，一字一句，均足以代表各國人士對於吾人抗戰所懷之觀感，而作同情之呼籲。此項專著可以使國人明瞭抗戰期中國際間之輿論，可以增强吾人堅持持久抗戰之信心，以爭取最後之勝利。本書行將問世，爰將徐氏英文原序，譯述發表，以饗國人，譯文有誤，當在譯者。

徐軒識

滇賢傳記三種

萬斯年

一、滇賢生卒考 方樹梅撰 民國丙子（二十五年）晉甯方氏南潞草堂刊本 一冊 盤龍山人叢書之一

二、滇賢象傳初集 方樹梅撰 民國丙子（二十五年）南潞草堂刊本 一冊 盤龍山人叢書之一

三、明季滇南遺民錄 秦光玉撰 民國二十二年（？）呈貢秦氏羅山樓刊本 一冊

我們所以表揚先賢，是因爲他們的事業文章，值得記錄，一方面表示不能埋沒了這個人，另一方面使他作後人的師表。一個先賢對於他所生存的當時的社會，和後來的社會，是都要遺留下很大的或相當的影響的。秦，方兩先生，都是滇人，究心滇中文獻，於滇賢的表揚上，用力很勤，其用心，當然不外乎此。以滇人治滇賢事蹟，自然更加親切。

關於滇賢的著述，方先生寫過「張滇洲先生祠祀錄」，「錢南園先生年譜」，和「滇南碑傳」等書。「滇賢生卒考」（後略稱生卒考），就是根據滇南碑傳摘先賢生卒年月日彙集而成的。這書，首冠民國二十五年撰者弁言和趙式銘氏題詞。著錄明清兩代滇賢一百二十一人。以朝代劃分，計明代二十九人，是：蘭茂，張西銘，楊一清，劉洙，楊士雲，趙德容，雷應龍，黃敏才，王廷表，木公，董難，趙汝濂，楊廷相，唐堯官，嚴清，許滋，李元陽，王元翰，朱家民，讀徹，文祖堯，晉荷，大錯，王宏祚，文俊德，趙炳龍，何蔚文，文化遠，趙士麟。清代九十三人，是：許賓來，倪蛻，楊永斌，謝履忠，萬兆，趙河，張漢，趙琥，謝履厚，龔渤，羅鳳彩，傅爲詝，陳世烈，王琦，周於智，周於禮，張中選，龔渤，李發甲，師問忠，李因培，唐文灼，竇及，袁文典，施培應，楊遂，龔錫瑞，尹壯圖，余萃文，萬鍾傑，錢灃，陳萬里，谷際岐，劉大紳，袁文揆，師範，錢允濟，王崧，方學周，沙琛，李翊，張鵬昇，董灼文，李文耕，程含章，嚴烺，竇欲峻，萬本齡，段時恆，楊名颺，尹尚廉，王毓麟，李於陽，李廷杰，劉大容，戴淳，李煥，朱履，嚴廷中，戴絅孫，趙光，黃琮，池生春，王汝舟，竇垿，劉崐，方玉潤，劉家迪，蕭培元，何桂珍，馬恩溥，李澍，吳樹聲，孫清元，甘雨，朱在勤，楊高德，趙聯元，許印芳，曾彬，李承祜，朱庭珍，李熙文，張舜琴，楊瓊，趙藩，宋廷樑，甘孟賢，甘仲賢，陳榮昌，楊增新，李坤。

這書的體例，是以人爲綱的，先寫明滇賢的籍貫，字，年歲然後略述其事迹和生卒年月日，每人大抵著爲六十字左右，是很能提綱挈要的。

滇賢象傳初集，（後簡稱象傳），一如其名，是與生卒考不同的。這書也有趙式銘的題詞。牠的體例，是先繪刻了先賢遺像，次著錄其傳略。所著每人遺傳，大抵在二百字左右。也分爲明清兩代。用象傳與生卒考比較，明代增唐時，唐金，禹南金，塗時相，趙謙，楊以成，段高選，蒲大觀，朱昂，高裔映等十人，除了楊一清，木公，唐堯官，讀徹（釋），文祖堯，晉荷（釋）爲兩書所共同著錄的以外，未收的有蘭茂，張西銘等十三人。清代較生卒考增趙士麟，馬汝爲，孫鵬，徐體蘭，李翊，李浩，朱嶧，嚴廷中，周文龍，謝崇基，續亮等十二人，除倪蛻，張漢，傅爲詝，李因培，竇及，萬鍾傑、錢灃，劉大紳，方學周，李翊，張鵬昇，李文耕，程含章，竇欲峻，戴淳，朱履，嚴廷中，戴絅孫，趙光，黃琮，劉崐，方玉潤，許印芳，張舜琴，趙藩，陳榮昌，李坤等二十七人，是兩書共同著錄外，未收的，有許賓來，楊永斌，謝履忠等六十四人。這兩種書所以出入如此之多，我想是一，由於象傳是初集，有些人要在二集裏收錄，同時也因爲受了現在有無遺象存於人間的限制；二，生卒考是有着體例的約束，所錄先賢都要有生卒年月日，或生的年月日，或卒的年月日的。

明季滇南遺民錄，（後簡稱遺民錄），則又與前兩書不同，牠所著錄的僅限於晚明時人，經過朝代的變遷，入清不仕的滇南遺民。其用心，固在「景仰先賢，表章隱佚」，且有傳播民族思想的意義，存於其間。在這日寇侵略日亟的時候，民族思想的傳播，其意義更爲重要。前二書，雖然也著錄有明季遺賢，但是爲數很少。

這書分爲上下二卷，上卷著錄屬於滇賢的遺民，下券是屬於寓賢的遺民，共著錄一百五十二人。首冠袁嘉穀，張華瀾二氏及撰者序。撰者序中，依這些前賢所以成爲遺民的原因，分爲六派，這種分析，對涉諭者的，啓示是很需要。其所收滇賢遺民，是：文祖堯，文俊德，艾廷獻，楊開泰，楊先聲，楊定國，鄒良彥，楊爾，張相度，鄧太極，段匯，溫如孔，楊斌，陳豐，施德裕，胡璇，宣廷試，宣廷賓，向于霽，熊之龍，辛和國，熊化，陸興進，尹天任，趙炳龍，趙廷璋，張如鳳，楊永言，張應星，杜化灝，鄭重，高明，楊正芳，孫光像，王伯昇，陳甲才，陳佐才，解蘊，李正雄，胡宗元，胡一淸，高蹈，陸天麟，俞觀，李任明，鄭應揚，何星文，何蔚文，何素珩，劉聯聲，高應雷，陳王廷，馬明陽，李思揆，朱昂，孫桐，王琦，高桂枝，熊才，唐華，於江，郭之建，趙必登，張琮，袁潤，（僕哈二，哈明），方世瑜，吳鼎占，段儆政，楊惟峻，張國正，楊遷升，張撰，李亨，施必聲，劉道芳，孔之奇，楊愉，李悟，包璐，段鳳，李元捷，讀徹，晉荷，洪如，行腳，恩明，奄和尚，水月和尚，鐵道士，施神仙，武風子，趙之炎，曾高捷。

至於所收寓賢五十餘人，是錢邦芑，何閎中，徐宏泰等。茲存不錄。從前，卓子任輯「明末遺民詩」得四百餘家，屬於滇籍的只有朱昂，讀徹二人；孫靜菴纂「明遺民錄」，得八百餘人，錄滇籍的只有担當，蒼雪，楊永言，張應星，鐵道士五人，與比書相比，何啻十一。

滇人入清史的，凡五十人，生卒考著錄的有王宏祚，尹壯圖，何桂珍，王崧，等四人；象傳有趙士麟，朱嶧二人；錢灃，李因培，黃琮，程含章，趙光，劉大紳，李文耕等七人，爲生卒考和象傳所共錄，此外三十餘人，是二書所無的。而於遺民錄所錄滇賢，完全未錄，其疏略可知。李根源先生讀清史滇人傳，撰爲題跋，謂清代滇人「赦之史冊，質諸百世無愧者」尚有傅爲詝，池生春，楊名颺，楮克昌四人，應當列傳。而以周於禮，梁四美，馬忠，徐聯魁，劉光煥，（楊永言，董家蘭附傳。）且應增遺逸傳二：一個是文祖堯，（楊永言，鄧太極，陳佐才附傳），另一個是趙炳龍，（胡璇，宣廷試，劉聯聲，何蔚文，高應雷，陸天麟，熊才附傳）。更應增儒林傳一，師範，（檀萃，吳樹聲，方玉潤，許印芳，黃爾晉附傳）；文苑傳二：王思訓（高天明映，徐崇岱，李崇階，張端亮，許賀來，段昕，倪蛻，胡蔚附），張漢（楊履寬，嚴錫瑞，袁文揆，朱履，何彤雲，戴淳，戴絅孫，喻懷信，李坤附）。並謂「王崧，一方魁儒，應專傳即使附傳，應附師範，不應附鄭珍」，竇垿應入儒林，附唐鑑傳，「又通祚永，呂作璽，各有專著，躬行實踐，亦應附傳之一」，師担當應入藝術，（附石濤傳）。李氏所擬入清史立傳的滇賢，除了遺逸傳所舉諸人遺民錄都已著錄了以外，和生卒考，象傳比較，有所出入。我想這種差異的原因，一，是由於著錄者對先賢觀察上主觀的不同，二，由於對先賢事蹟學問知悉程度的不同，三，由於著述體例的限制而發生的。至於這些先賢，既入著錄，必有其不可磨滅的地方，則是共同的。這些著錄所收的不被共同著錄的前賢，正可相爲印證，作爲參考。

方，秦兩先生，博稽羣書，考訂頗詳，（如遺民錄陳佐方傳，即參考雲南通志，滇繫，蒙化府志縣志，袁文典滇南詩略，陳翼叔詩集等六種），寫成這三種書，有的地方或著較雲南通志爲詳細（如生卒考著錄羅平竇及字號即較通志稿爲詳，遺民錄鄭顒揚張如鳳，即詳於岑志），或者是通志所未錄「（如遺民錄的張應星，胡一淸，胡宗元等；如生卒考的李承祜，朱庭珍，趙藩等），對於通志，很可以補訂。現在續修雲南通志在積極纂修中，方先生且入館編纂，將來通志脫稿，人物志想是會包括無遺的。

（未完）

八思巴文和元代官話自序

羅莘田

我近七八年來所從事的工作，雖然偶有旁騖，大體總離不開漢語音韻演變史的範圍。例如已經完成的有「唐五代西北方音」，「中原音韻聲類考」，「耶穌會士在中國音韻學上的貢獻」和「國音字母演進史」等，正在着手整理尚未結束的有「漢魏晉南北朝韻譜，」「經典釋文音彙」和「唐五代宋金元詞韻譜」等，看起來好像不大銜接，其實都是整個文作的一片段。這一小本書也是爲給漢語音的演變史上塡空當兒的。

要想研究一個時代的實際語音，用外國字母對譯漢字音的材料是頗可珍貴的。我們固然知道對音有些不大貼切的毛病，可是，在明瞭當時音韻的大系以後，拿他作擬讀音的啓示，總比直音和反切强得多。卓古諾夫（D.Dragunov）這篇：“The hphags-pascript andA ncient Mandarin” 和我以前所作的「唐五代西北方音，」是採取同樣方法的。

兩年以前我曾經委託唐虞先生把這篇文章翻譯出來，譯稿完成後，擱在我的書架上將近一年，到二十六年十一月，我離開北平的時候，幸而還把他帶了出來。今年五月到七月間在蒙自住了三個月，清幽的環境，恬靜的生活，使得你除去讀書之外，有工夫就想整理一點舊稿。於是費了一個月的工夫把唐君的譯文從頭到尾的修訂了一過；又恐怕這個不大通俗的題目沒有幾個人看的懂，因而作了一篇相當長的敍論，把八思巴文的來歷和卓氏所構擬的元代官話音系，詳細的介紹一番。我對於卓氏的結論雖不見得完全同意，可是拿他和「中原音韻」以及波斯對音所作表的音系來比勘，在漢語音韻演變史上，是很有趣味的問題，值得研究中國音韻學的人們縝密的考慮一下。

我在券首應該謝謝姚從吾邵循正鄭毅生三位先生，承他們詳細審閱我的原稿，並予以好些有價值的指正！還有陳寅恪先生把他新近得到的八思巴文對音本「蒙古字韻」慨然惠貽，魏建功先生把他複印的「蒙古篆字百家姓」送我一份作參考，同時他們兩位先生在看過原稿之後又都給我不少內行的教益，這尤其讓我懇摯的感謝！

二十七年八月九日四十初度北平羅常培序於昆明

新刊介紹

一 新經濟半月刊

重慶新經濟半月刊社編 民國二十七年十一月十六日創刊 正中書局發行 每期一角

拿破崙說：「戰爭第一要錢，第二要錢，第三還是要錢」，這話說明了經濟在戰爭上的重要，何況我們不僅要抗戰，還要建國。於此，我們便有討論經濟問題的必要。而對於其他一切建國方案的研討，也有必要了。

這個半月刊，雖名爲「新經濟」，但牠所謂經濟是廣義的，不但實業，交通，金融都包括在內，而且其他許多與建國有關的原則與方法，也都在這刊物上商討。

這第一期裏，刊有論文六篇，除「新經濟的使命」一文說明該刊對於中國經濟的態度，和該刊的使命外，有一，蔣廷黻論國力的原素。二，陳岱孫計劃後方經濟建設方針擬議。三，錢端升建設期內的行政[illegible]戰時統制物價問題。五，丁結滇越鐵路的故事諸篇。

第一篇論文指出國力的物質原素和精神原素，後者且重於前者。精神元素不外文化程度和民族團結兩種，文化方面蔣氏主張全盤現代化，降低文字知識的標準，成立以弱爲恥的心理建設；民族團結方面，他主張政治，經濟的統一，及民族，精誠團結。他的大前題，是現有一切問題的解決，都應該以國力爲最高標準。這種以弱爲恥的意見，是可以與羅家倫氏的「弱是罪惡，强而不暴是美」（新民族一卷十七期）參看的。第二篇論文認爲後防經濟建設的主要任務，不外維持後方人民的經濟生活與供給前方軍用及其他物質的需要二者，這二項任務，恐怕也只能簡陋作到，一，計劃如以能在最近數年內足食足衣，二，開發國內有國外銷路之物產，以換取軍用品及其他必需品。三，發展與軍用有直接關係之富源三項原則。這一最低限度後防經濟建設方針的提出，很值得國人的注意。

第三篇討論戰後的行政設施，第四篇討論戰時物價統制（本期未刊完），第五篇檢討滇越鐵路的歷史，都是實際問題的研究。此外該刊尚有書評和「現代經濟檔」兩欄，可爲讀者參考上不少幫助。倘能對於每半月的經濟資料，加以整理，每期刊登，我想也是很需要的。（紘）

二 西北史地季刊

陝西西安西北史地學會編 民國二十七年二月十五日創刊 第一卷第一期 每期五角

西北史地學會的組織，發動在七七事變之前，因爲種種關係，這個季刊今年二月才創刊。該會於負担研究西北史地的責任之外，還想聯合各地同志，以廉恥風節相砥礪，組成一個很大的講學團體。當此寇已深入的時候，是很需要的。

本期除汪青及徐炳昶氏卷頭語和導言外，收論文凡十三篇，其作者如張鵬一，吳廷錫，劉愼諤，黃文弼，李儼，王金紱，何士驥諸君，大抵爲知名之士。計讀史記周秦本紀秦誠西戎爲中國開拓西北邊疆之先，禹貢雍州範圍之擴大，秦代得陳寶之推測，兩漢通西域路線之變遷，唐代算學史，長安魚化寨新石器時代的遺址等文，都是關於古代史地的考證研究的。其關於現代地理研究的，僅兩篇，即中國西北之植物地理及外蒙達爾哈特區域之現狀及其民族之由來，似乎失之過少。諸篇文字，都是值得一讀的。

學術消息

國內

（一）國立西北聯合大學纂集抗戰史料

國立西北聯合大學，鑒於編輯抗戰史料之重要，該校歷史學系同人及全體學生擬即分組搜集，加以整理，一方是爲民族復興之助，一方使珍貴之史料得有系統之保存。已組織抗戰史料纂集指導委員會，推定李季谷，許壽裳，陸懋德，許重遠，謝兆熊，胡鳴盛，何大驥，吳世昌，唐祖培，周國亭，何竹淇諸氏爲委員，開始工作。

（二）國立北平圖書館徵集抗戰史料

此次吾民族對日抗戰，規模之大，時間之長，犧牲之鉅，是從來所未有的。於此抗戰期中，吾人應注意到史料搜集，以備將來纂成專書，紀[illegible]族這次偉大的歷史[illegible]而告於後人。國立北平圖書館爲國立主要之[illegible]之一，近一年除搜集[illegible]方面之報告或紀[illegible]頗多，現正着手[illegible]史蹟，以供纂修[illegible]考。該館現已擬定[illegible]戰史料的範圍與[illegible]望社會人士與以[illegible]

（三）胡愈之等氏成立抗戰史料編輯社

抗戰史料編輯社，鄒[illegible]之、杜重遠，鄒[illegible]前函雲南省府，以[illegible]動已逾週年，我[illegible]事跡實爲極可寶貴[illegible]，有善爲保存之必[illegible]領取過去之教訓，[illegible]革新之助，亦有從[illegible]之搜羅。該社有見[illegible]爰有抗戰史料之編[illegible]凡抗戰發動之緣起[illegible]以來敵我關係之轉[illegible]軍戰鬥之實績，國[illegible]財政經濟各方面之[illegible]外交與國際宣傳之[illegible]民衆運動之發展，[illegible]化之形相，傷兵難[illegible]救濟之經過，淪陷[illegible]情況，敵軍之暴行[illegible]其他有關抗戰之材[illegible]擬廣爲搜集，編纂[illegible]以供國人之參考。[illegible]工作業已開始，如[illegible]文件，統計圖表，[illegible]資料，可以公開發[illegible]請予惠寄，俾臻完[illegible]

國際

（一）諾貝爾物理獎金

本屆諾貝爾物理獎金給羅馬大學 Enrico [illegible]教授。該教授僅[illegible]歲。關於生理及醫[illegible]諸科，本屆停止發[illegible]

（二）波爾教授赴美講學

丹麥大學物理學教授 Niels Bohr 前曾獲諾貝爾獎金，上年在北大[illegible]學，本年春間將在[illegible]仁斯敦研究院講學[illegible]是「分子論之原理」[illegible]

（三）一九三八年美國政府之科學研究費

上年度美國政府各省研究費之預算，共[illegible]五千七百七十萬元[illegible]究性質分析，計[illegible]工程研究（大部分[illegible]防方面者）二千一[illegible]（占百分之三六）[illegible]測量九百四十萬元（占百分之一六），自然科學二百二十[illegible]分之四），農業研究其他二千[illegible]十萬元（占百分之[illegible]），公共衛生二百七十萬元（占百分之五）。

圖書

半月刊 第三期

通訊處：昆明柿花巷二十二號

目次

明季遺民滇賢著述舉述

◇棄疾◇

明季遺民，滇賢頗多，雖其行事，已足光耀千古，然能著述文章者，亦不缺人。爰尋羣書，撰爲述略。撖園老人，序高濟生詩文，嘗謂「余與濟生，平昔相期，雖不欲以詩求知於人，亦不欲人之僅知以詩。」蓋凡此先賢，均不欲寄以著述文章名於世也。夫著述文章，爲不朽之盛事，要不失爲表揚先賢之一端焉。今玆所述，初以次第，編訂爲集，俟諸異日。倘蒙海內大雅，正其誤，補其遺，則幸甚！

蒙化陳佐才

佐才字翼叔，陳甲才弟，以才技隸黔國公沐天波標下，受弁職。孫可望據滇，遂隱居不仕，發憤向學。喜吟詠，與徐宏泰，張以佐，担當和尚相倡和。著有甯瘦居，天叫集，是何庵集，石棺集諸稿。

李根源先生清光緒三十四年戊申在日本輯刊天叫集，寗瘦集於國粹學報，且另本單行。有己酉（清宣統元年）太和張檀曾序，謂「天叫集不事彫琢，寗瘦集則詩律頗細，然並皆質情勃鬱，語語自性靈流出，無一毫虛飾。余嘗讀之，慷慨之懷，凄楚之音，恍然若有兩先生接，不禁其爲詩也。繼則覺一種孤峻正直誠篤之氣，凜然塞乎天地之間，且不禁其爲人。……吾乃不得不嘉印泉之功也。兩先生著作頗富，迭遭秦火，殘毀殆盡。……」

又己酉二月江右湯增璧序：「翼叔本武士，詩則清瘦，亦涉綺詞，然關心民瘼之作，居其大半。不事詩書，而如許風雅，奇偃極矣！」

又宣統己酉夏五月鄧川楊瓊序：「兩先生之事蹟同，抱負亦同，皆以其忠憤不能自已之情，發爲詠歌，吁可悲已！……瓊讀二先生之詩，覺翼叔則類清綺絕，有似輞川；毅菴則沈鬱頓挫，有似工部，味其詩，如見其人，如得其心。」

李輯天叫集殘稿，共五十八首，戊申小序云：「接滇志，佐才幼讀書，僅至論語，而天才敏捷，又得担公、何蘇元相討論，其著作竟卓然成家。……其全集已散失不可得。……是何庵稿，又燬滅於乾隆四十七八年曲之一炬，（見蒙閑徐鍊）其僅存而得見者，殆舍是莫由矣！」

昆華圖書館藏翼叔詩集五卷，雲南叢書刊印時所據之刊本也。甯瘦居集正續集，爲卷一卷二；是何庵集，卷三；天叫集卷上下，卷四卷五。

有吳門許又溟敍，謂「適取翼叔甯瘦居草，並是何庵集讀之，聲調最遠，品格最高，遺意幽深，出常情之外，其詩有與盛唐相類者，亦有與晚唐相類者。」

又天叫集，殘序自謂，「予行年五十，鬱夢混沌，始讀書。……而敢於學詩不二三年間，著有甯瘦居集二卷，甯瘦居續集二卷，是何庵集二卷，僭不自揣，遂災木求政於詩壇中之聖者。即有大來唐先生云：此詩非人所能爲，必由天授者也。逮行年六十，復著詩若干卷。曉潮孫先生云：此創言也，能闢人世所獨無，能開人世所未曠。予乃何人，而敢當此哉；客有曰：若是乎，此集應命名天授。予曰：若名天授，未免落言詮，涉理路。客又曰：何以使之不落言詮，不涉理路？爲予曰：如棄人間漢人語，漢人聞棄人語之類也。故命名天叫集。」

於此可知翼叔作詩之年歲，詩集原訂之卷數，各集作出之先後，天叫集命名之由來。且據「孫行集年六十」一語，似翼叔晚年署名且有「孫」字也。當李氏輯天叫集時，未見此本。該集且刊有担當，王秉仁，危煥如，張允懷，陸玉書，張子正，彭心符，李從喬，李白白，知空諸人評語。危謂「翼叔詩有不從文字中得來，極淺近，是極深遠，極粗俗，是極風雅，得古樂府之髓。」陸玉書謂：「其詩奇處似杜少陵，怪處似李長吉。君之詩，吾滇不能有兩。」張允懷謂：「翼叔詩，矯健遒勁，猶不滅英雄本色。」

集中如弔黔國公，聞緬錄哭沐黔國，弔費將軍，名望王將軍殉死戰，弔沅江世守那公嵩諸作，多爲史詩，玆錄前二者：

弔黔國公（爲緬酋殺）

殺馬嘶歸還漢地，將軍枯骨在蠻城，招魂惟有沙溝水，日夜嗚嗚作怨聲。

聞緬錄哭沐黔國

風吹阿瓦黑雲屯，一將橫戈獨擁門，戰敗會兵力未竭身遭亂矢氣猶存。淋淋滴血完臣節，片片分屍報主恩，廢草黃沙迷漢路，幾翏何處弔忠魂！

又有「閨思」及「紀所見」二詩，一並錄之，以見其志：

閨思

邊城風景異，況是秋深時，不寄寒衣去，回來未可知？

紀所見

村南塞北戰場多，順將降兵鐵縊坡，憶昔如何不肯死，而今死去又如何。

滇南詩略收其詩五十八首，謂「語多血性，不事推敲，而自有遺韻深情也。」

晉甯方世瑜

世瑜，字攝之，晚號牧翁。明季諸生。明亡，隱於州東清涼山，時袖書樹林中讀之。歇哭興亡，一寄之於詩。「方氏族譜」中存「夕望有感」一首：

一片殘陽下大堤，那堪回首問征西！杜鵑愛管興亡事，直過黃昏不住啼。

惜所著散佚。（秦光玉氏遺民錄據方氏族譜。）

甯州陸天麟

天麟，字玉書，號烟坪，甯州昌富鄉人（李坤序如此，林槐跋作易富鄉人）。明歲貢生，躬際鼎革，復值沙（定洲）孫（可望）之亂，流離轉徙[illegible]江，臨安，雲南諸縣。晚始定居江村，與其故友之易僧服者，徜徉山水。州志久燬，省志失載，其他行事無可考。今雲南叢書刊有「烟坪詩鈔」，即天麟所著，首冠李坤序，其事略，乃自李序中得之。

烟坪詩鈔，凡二卷。上卷爲樵隱集，下卷爲百噫草。卷中紀年，自明永曆四年庚寅（一六五〇年）始，至清康熙九年庚戌（一六七〇年）止，都百九十餘首，邑人林槐所錄也。

民國二年林槐「重錄烟坪詩鈔後敍」，謂：「余聞烟坪先生性耽苦吟，初集有賓雲詩一卷，已刊板行世，既因迭遭兵燹，煨燼無存。今所存詩鈔二卷，余於光緒丁亥歲（按爲清光緒十三年，西曆一八八七年）始獲見之。」據此，可知陸稿晚出，且有賓雲詩一卷，不知尚存天壤間否？

集中有題贈或關於許海澗，方泰來，吳石峯，汪扶倩，朱方谷，嚴萃溪，臞不器，王撫仙，王忠闇等人諸詩，可知其當日之交遊。

其滇城感事三首，倍爲哀惋，錄其二：

海氣吹人鐵笛寒，樓船分散大車殘，塞南弄服充仙杖，天外蠻山響玉鑾。無奈劍頭炊最苦，可知耕上臥猶難，幾番覆轍車猶度，誰把遺弓隕淚看。

漫說偏安苦肝宵，詔無哀痛下前朝，一時行殿金輿集，共說遐荒鐵馬驕。歷歷山來專擾攘，滿人猶自狃逍遙，中興歲月無消息，秋水昆明怨寂寥；

百噫草卷末詩六首中，有二詩，一題「余年四十，髮白有感」當爲清康熙年間所作，雖未書明何年，當去康熙九年不遠。一「臥病」詩中有「百年到我才三十，疾病平分十五年」，天麟身體之弱可知，且此詩當作於三十歲時，以此年擬詩，似應在髮白有感一詩之前也。婁縣志以天麟爲清康熙時歲貢，秦光玉先生疑誤，余讀其臥病一詩，益信婁志之妄。

蒙化彭印古

印古，字心符，號樓霞。明諸生。吳三桂叛，脅以官，不受，隱遯西山。年三十二，遽卒。著有松溪詩集。袁文揆國朝滇南詩略謂：「山人詩，意興必臻新，語皆脫俗，而幾王孟之自然，而絕不襲其貌，斯詩之最高者。」收其詩二十三首，有莫相疑行，寫意，遊寄羣荷，夜泊，題王中孚諸詩。秋興一首，按曰：「設山人，遭明季之變，入不朝，又遇吳逆之亂，與劉然乙，徐石公，朱子眉諸公，甘心肥遯，舍是未有不降志辱身者已！」讀此語，印古爲明遺民，無疑。續通志稿藝文志著錄其書，亦僅詩略也。

徐交伯云：「心符詩文，捐思遠而研理微，一如扶蘇在山，荷花被津。一種清新俊逸之致，減巧燕穿簾，嬌鶯織柳。讀之身如飲仙露，醒關亦何而且奇若是與！蓋心符英秀年僅抱，豪俠風流，飛談捲霧，瀟灑凌雲，實得力於性情者深也。」

張退菴序云：「心符平和，松溪名篇，其攄遊邀揚之慈，若松之震；暢適，若幽懷悲歌，其靈動雄渾，落落焉；若溪之汪洋活潑，傾瀉淋漓焉。詩之紆徐盡致，節舒而奏天然，唱和無心，卷舒自得，亦有若松之韵清而溪之致活焉。余無以名心符之詩也，仍即以松溪名之。」又曰：「使天假之以年，其著作應入古人之室，而無所於難。」詩略輯者，當見其集。今存否，不可知。茲錄「莫相疑行」「夜泊」以見其志：

莫相疑行

莫相疑，君自知，姿心亦一，姿情獨撰，愛姿姸；姿姸婞不在姿，只在君轉移，君自知，莫相疑！

夜泊

夜泊雲散雨初晴，旅燈數點明，遠鐘敲殘夢，落葉帶秋聲，波搭月不驚，慢卷星楷，感慨壯心生！

鶴慶孫桐

桐，字我儀，自號碧磊山人，明季諸生。明亡，結茅雞足山，歸葉說石山書，後以母老，講學授徒，勗於朝夕，篤性命之旨，著有說石山房集，碧磊集，雞骨集，[illegible]

滇賢傳記三種（續）

萬斯年

略是很難免。但是，著述頗雜，忽就生卒考說，十三頁著「甯州大紳八十六」，按通志稿人物志鄉賢據案冊，謂大紳卒年八十有二，而姜亮夫君「歷代名人年里碑傳總表」依「寄庵詩文鈔」和生卒考著錄，則作卒年八四，碑傳總表和生卒考都作生於清[illegible]

近出期刊

一 文獻（月刊）

文獻叢刊社編輯　民國廿七年十月十日創刊　上海中華大學圖書有限公司發行　每月一卷實價三角

我們有兩種雜誌：一種討論戰時文化問題，報告讀者各地文化動態，批評，介紹新書，發表刊物上的論題索引，（間附解題），這是「戰時文化」。它雖介紹抗戰文獻，但只刊佈其篇目而已，讀者是需要去按圖索驥，由原刊上去檢查的；它雖報告文化動態，但於其他方面的動態，是不報告的。因爲這刊物專限於文化。另一種雜誌雖收刊抗戰的重要論著，但無報告。這便是「文摘」。這兩個刊物，是各有其特點的。「文獻」則介乎二者之間，以蒐集當前重要的抗戰文獻爲其着重點。在這抗戰年餘，大家已經注意到抗戰史料的蒐集的時候，出版這一專載當前抗戰文獻，且刊有專論與特寫的綜合性的雜誌，自爲社會所需要。就目前情勢觀察，這種性質的雜誌，且有失之出版過晚之感。

文獻已經出了三卷，各卷大體分爲畫報，卷頭語，特載，專論，戰況和淪陷區域情況的報告，譯文，世界動態，國內經濟動態，抗戰的文化動態和文藝等欄。

「卷頭語」，是該刊關於國內國際時事問題的討論，這一欄，正像東方雜誌的「東方論壇」欄。由這些短論裏，可以看出這個刊物所持的態度。

就這三期看來，這個刊物確是盡了蒐輯抗戰文獻的力量：如特載中所收蔣委員長抗戰特輯及告全國國民書，朱德總指揮論第三期抗戰與華北，各抗戰將領（包括蔣委員長，李宗仁，周恩來，陳誠，林彪，賀鍾麟等各將軍）言論特輯，都是非常重要的代表言論。

特輯方面，如關於國民參政會第二次大會，中共的六中全會，孫中山先生誕辰紀念等特輯，可以把國內的重要時事，作一有始有終的報告或輯其論文。其餘世界動態，戰況，論陷區域的情況，世界動態，國內文化動態，大事記各欄報告，也有報告的重要性。

我們固然關心國內，但也關心國際；我們固然關心前線的戰況，但也關心論陷區域的情形。尤其這三卷中所載的九，十，十一諸月論陷區域中各地的游擊戰況，全國游擊戰調查，民族損害調查，僞軍反正消息各報告，有許多是我們在別的出版物上不易見到的。

譯文方面，卷二有「日本與列強在華經濟利益的衝突」一篇，卷三有譯文四篇，表現日德意三國的陰暗面。專論，自卷一始，刊載同一作者的「甲午之戰與中國文學」和「從百年來的對外戰爭論證中國抗戰的必然勝利」二篇論文，是由近代文獻中，作爲新的觀察和論究的。

總之，這種月刊，不論以當前的文獻看待，或以抗戰史料看待，都可要一讀。（粘）

二 今日評論第三期

昆明今日評論社編輯發行　民國二十八年一月十五日出版　零售五分　訂閱全年二元

今日評論週刊，係今年元旦發刊。每期大抵分時評，論文及隨筆。本期載時評三篇：敵閣的更動，美國對日態度的硬化，國際經濟制日的端倪。論文方面，有錢端升對於六中全會的企望，傅孟眞英美對日採取經濟報復之希望，王迅中日本外交政策的檢討，朱炳南論我國戰時及戰後的稅制諸篇。散文有錢穆病與艾，錢鍾書冷屋隨筆之一，希聖拜訪，均值閱讀。該刊因係週刊性質，自較半月刊討論當前問題爲迅速也。（碧）

三 戰時知識第十二期

昆明戰時知識社編輯發行　民國二十七年十二月二十五日出版　零售五分　訂閱全年一元

戰時知識，半月刊，出版已經半年。本期所刊論文有漢平目前的兵役問題，關山爭取第二期抗戰勝利，方剛太平洋門爭的新情勢等篇。譯文有日本國內危機，美國人眼中的張伯倫，世界將回到野蠻狀態嗎等篇。此外兩篇，對於集體自學和農村婦女工作，有所指述，頗可一讀。

該刊二卷一期將出特大號，內容有馮素陶文化人的自我批判，茅盾文化的分作與合作，甘汝棠今後雲南文化界之任務，張重華論希望等篇，並對一年來的國際大勢，中國政治，經濟，抗戰軍事，雲南情況，加以分析或記述，日內即可出版。（念）

四 西南邊疆第二期

昆明西南邊疆月刊社編輯發行　民國二十七年十一月出版　每期二角

西南邊疆月刊的發刊，主要趣旨在以學術研究的立場，把西南邊疆的一切介紹於國人，期於抗戰建國政策的推行上有所貢獻。現出二期，所載論文，以關於雲南的爲多。

第二期刊有凌民復建設西南邊疆的重要，何聘儒，滄孟瑄公雞廠鉛銀礦床，張鳳岐一個原始農業生產的邊區—車里，及江應樑，芮逸夫，吳宗濟，楚圖南諸君關於西南民族宗族組織，婚姻制度，語言文字，神話的研究。方國瑜的班洪風土記，是續一期的。所刊諸文，多數由實際調查得來。（呼）

五 青年公論創刊號

昆明青年公論社編　民國二十八年一月十五日出版　每期五分

青年爲民族骨幹，國家干城，精神食糧，尤宜充分供給，俾資營養；同時青年本身蘊蓄之精神與志氣，亦宜予以發抒之機會，青年公論社有鑒於此，爰出青年公論半月刊。本期除發刊詞，週間，及時評外，有論著八篇：陳立夫教育與建國之要道，蔣百里與亨斯少校研究新式游擊戰，（按係蔣氏遺著），羅廷光我所見之德國青年勞動服務，裴存藩當前的青年運動，劉志覽青年訓練之理論與實施，何適黃爭取抗戰勝利的決定因素，盧石孫從敵我戰略戰術上論斷抗戰前途，劉毓琳科學與戰爭上之價值。此外並有青年作品，如李舜英中條山下，陳健心離京後的中央政校等。

學術消息

雲南民族學研究會即將成立

在滇學人，鑒於雲南民族研究之重要，擬發起民族學研究會，以便集聚力量，加以研究。二十七年十一月間曾舉行第一次籌備會於國立雲南大學，由熊慶來氏臨時主席，代表雲大致歡迎詞，並宣言雲大擬設社會人類學系之意，決由吳文藻氏報告籌備經過，對研究會章程草案，有所討論，並[illegible]

[illegible]

圖書

半月刊　第四期

通訊處：昆明柿花巷二十二號

目次

告全國出版界及著作家

稼軒

因爲抗戰以來出版中心上海的淪陷，以及繼之而起的出版中心—武漢的淪陷，使本來在質上量上就很貧弱的中國出版界，益加貧乏。也許是因爲以重慶爲出版中心的建設，正進行中，我們近些時來出版的讀物，除了雜誌以外，實在太少了。並且，就連雜誌也不够多的。

戰時讀物的出版，是眾國民衆的需要。一般讀物，雖不失爲民衆的文化食糧，但民衆却不能獲得這種讀物就完全滿足。民衆還是更進而需要與當前的現實有關的讀物的。

同時，爲了把握或適應現實，無論政府機關，出版家或文化人，便把他們的力量的一部份或全部份用在抗戰讀物的寫作，編輯或出版上。這自是十分可喜的。但對於通常時期的讀物，也應注意。

就民衆方面說，戰時讀物是適應民衆的需要，但在讀物本身看，它又能提高民衆對於抗戰的認識及情緒。戰時讀物的出版，在抗戰的任務上，這樣便更重要起來。說出版物可以代表抗戰文化的一面，並不過分。

然而，戰時讀物却不能自動地由出版家或文化人的手上走到讀者或者說是民衆的手裏，所以需要設法流通。流通的重要性，并不亞於出版！

我們出版的戰時讀物，自抗戰以來，似乎不少；但如果分門別類來看，却並不多。何況我們繼續努力出版的力量，還沒有養成。這是說在出版的量與質上我們是應當加以推進的，這問題自然希望出版家和著作家共同注意。

至於流通方面：

一、淪陷區域和偏僻地方需要讀物的要求在報紙刊物上已成爲一致的表現，這是一般周知的，我們不應當只把文化的享受集中在幾個都會。

二、前方將士和後方傷兵醫院，對於文化食糧的需要，也是一致的呼聲，我們更應當厚待我們的戰士。

以上兩方面的切迫需要，雖然要國家在文化運動工作上對於書物的流通有所推動，視爲國家文化工作的一環，加以處理，才能圓滿解決，但是出版家和著作家的盡力，不會是沒有補益的。

三、抗戰史的編纂，有些機關，學校或文化團體已在進行。中央黨部也曾有令徵集，其重要可知。這種工作的進行，不僅需要書籍，小冊子，刊物等文獻，且需要文化人的傳單，宣言等。這是希望政府出版機關，出版家和著作家，對於編纂史料的各方面，自動贈送或寄贈的。

四、游擊區也有出版物的發刊，（如魯西北抗日根據地所發行的「抗戰日報」，「先鋒」半月刊，「抗日小學讀本」等書誌。）這些出版物，雖爲游擊區的文化運動或工作而發刊，但後方對於這些刊物，則比後方所出版的更爲需要。流通問題，急需解決。是希望主持游擊區的政府和出版機關，加以注意的。

至於五，關於出版物的呈繳問題，深望出版家和著作家，依據法令切實履行，并自由向各機關贈送。

最後六，本刊在於討論，介紹文獻及新出版物，希望各方，常以新出版物賜贈，本刊當盡可能地介紹於讀者。

海外所藏中國小說戲曲閱後記

劉修業

小引

自新文學運動以後，小說戲曲，始漸爲國人所注意，專家多用全力研究，而公私收藏家亦稍留意收買。但古本殘叢，在昔流傳國外，保存於各圖書館者，已許爲大觀。實因其注意收集早我國一二百年也。

我國學者觀書海外，著有專文報告國內者，有鄭西諦（振鐸）先生「巴黎國家圖書館之中國小說與戲曲」一文（中國文學論集四〇九—四六二）。孫子書（楷第）先生亦將其博訪旁搜結果撰成「中國通俗小說書目」十卷，爲研究此道者有用之書。我來歐二年，每於課餘之暇，至各圖書館閱讀。法之巴黎國立圖書館，英之大不列顛博物圖書館，所藏中國書籍頗夥，而戲曲小說兩類，尤投宿好，間得讀珍本殘編，如獲珠璣，輙試爲考證，隨移晷刻。寄居異域之中，獨得廖婆故國文學小品，亦至樂事！因不自棄，裒成篇，非敢云補孫鄭二先生所未及，聊以誌海外生活之片段云爾。

醒世恒言四十卷四十篇

巴黎藏本，圖及書衣已佚，卷端有天啓丁卯隴西可一居士序。目次下題「可一居士評」，「墨浪主人較」。正文半頁十行，行二十字，行間介以線欄。眉有短評。每卷開端無書題，僅標卷數。但有兩三篇有書題，刻篇末，與明葉敬池或葉敬溪刻本相同。

考醒世恆言，二葉刻本外，有衍慶堂刊本二種：一爲四十篇足本，即二十三卷爲「金海陵縱慾亡身」者；又一本則删去此篇，分「張廷秀逃生救父」爲上下兩卷。是書金海陵一篇，雖被人扯去，而「張廷秀逃生救父，」仍爲整篇，自成一卷。且此書二十三卷雖缺，而卷端仍存其目，雖與衍慶堂所刻足本相近，而行款則不相同，（衍慶堂本正文，係半葉十二行，行二十二字，）故決非衍慶堂刊本。

再就全書刀跡及紙色觀之，確爲明刻明印。且「較」不作「校」，證明代帝王處均抬頭，則又可證知確爲崇禎時刻本。惟惜書衣及插圖均已無存，未能斷定其爲葉敬池抑爲葉敬溪所刻耳！且不僅二十三卷金海陵一篇被扯去，如卷第三卷第十二至第十六及卷第三十六等，中間字句多被推殘割裂，實爲可惜！

英倫大不列顛博物院藏本與巴黎本正相同，但殘缺較少，只卷一上半缺，卷二三全缺，而金海陵一篇則完好，惜封面，序文，目錄均佚，同一遺憾！

二葉刻本，國內尚未有藏者，此兩帙雖有殘缺，展卷之下，彌嘆小說之㷔，無分國內外。特以外人對之，較我國士大夫蔑視之心理爲輕，故流傳雖少，而保存反多也。

原本今古奇觀

封面題「今古奇觀」，右上角題「墨憨齋手定」，左下角題「吳郡寶翰樓」，頂上橫題「喻世名言二刻」。又有「不學不知其善」一朱色長方印，頗還雅，不知爲誰氏所鈐。前有笑花主人序，七葉，寫刻，爲顏字體，工楷。目錄下署「抱甕老人訂定」。全書四十卷，每卷爲回二，故共有圖八十，頗纖緻，爲蘇刻中之上乘者。圖之標題，即係每卷回目，刻於前半葉之版心下方。

征卷卷端不刻書題，第一行只刻第幾卷，體例一如三言。正文半葉十行，行二十字，則行款亦與明刻三言同。同取巴黎所藏葉刻恆言相對。字體如出一手，惟稍清瘦。據此種種，則此書當是明刻明印無疑，依敝意，此本當爲今日所見唯一之原本今古奇觀。

最先注意此書者，爲伯希和教授，一九二五年彼曾爲文一篇刊於「通報」第二十四卷。據伯氏所考，此書應刻於一六三二年至一六四四年間，（即崇禎五年至十七年）。同時，伯氏且曾注意於封面上「喻世名言二刻」之標識，謂「名言」，當即「明言」，則今古奇觀爲繼續喻世明言者可知。但原本明言，至今還未被人發見。就現在通行本觀察，可知有幾篇已爲今古奇觀所選取，則似已不能謂爲繼續明言之作。據散見，自短篇話本盛行之後，墨憨齋和即空觀主人齊名，三言和二拍並傳，選刻者「不入於楊，即入於墨」，所以「幻影」又稱「拍案驚奇三刻」，「十二樓」亦名「覺世雅言」；抱甕老人將其所列之今古奇觀附加「喻世名言二刻」，以爲招牌，何足爲奇？

至於所謂「墨憨齋手定」者，伯氏疑爲另一墨憨齋，或爲翻刻者托名，亦未可知。因爲直到康熙以後，蘇州人撰小說，仍托稱墨憨齋也。且今古奇觀大部分來自墨憨齋手定之「三言」，則翼刻人謂爲係彼手定，亦名正言順。

清初翻刻今古奇觀之序言，有作「古今奇觀」者。今人因謂是書原名「古今奇觀」，證以此原刻本，則知應爲翻刻本之誤。是書不僅在序文中作今古奇觀，即每葉書口上，亦均刻「今古奇觀」，則其原名今古奇觀，可以斷定。此書刻者爲吳郡寶翰樓，似與刻三言之天許齋，衍慶堂及二葉家之書舖，很有關係，因刻風實相同也。

抱甕老人之眞姓名，現仍未考訂出，此書既爲彼所「訂定」，書眉上批語，當必出於其手。話裏行間，可推知彼係是吳人，即不然，亦必寄居蘇州頗久，故書中提及蘇州風景或人物時，必特爲揄揚。例如：卷八「灌園叟晚逢仙女」，述遊人泛舟太湖賞蓮一段，上有評云：「此蘇人六月二十四遊荷花蕩圖也」，其他如云：「蘇人伎倆」或「蘇人乖覺」等語，亦屢見不鮮。

便中取與此間所藏恆言批語相較，有同者，有不同者。如：「三孝廉讓產立高名」，「兩縣令競婚孤女，」恆言批語較多；而卷八之「灌園叟晚逢仙女」，卷十七之「蘇小妹三難新郎」，則今古奇觀批語爲多。足見付梓以前，抱甕老人確曾有一翻並定。今所傳今古奇觀，已删去眉批，僅現存原本僅此一部，眉批亦僅賴此以傳矣。

覺世雅言八卷八篇

此書似當巴黎圖書館改裝爲兩冊時，誤置於兩書架上，編目者遂分別著錄。前五卷著錄在Fonds Courant 4251，後三卷著錄在Nouveau Fonds 33，兩本相合，適爲完書。卷端有綠天主人序。正文半葉十行，行二十字，在未發見別本以前，似可稱爲世間孤本。鄭西諦先生在「明清二代的平話集」（中國文學論集頁六二一—六二二）略有論列，但可惜彼未見後半部。

此書共有平話八篇，其來源，鄭先生均已指出。惟第三卷「誇妙術丹客提金」一篇，鄭先生定爲來自驚奇初刻之第十八回，我則未敢苟同。按驚奇每回子目均爲兩句相對，而此則僅作一句，體例不同。反與三言及今古奇觀相同。幸巴黎藏有一部明刻「今古奇觀」，加以較閱，不但行款相同，書眉上評語，亦均相同，則源出今古奇觀，無疑。

此書既出及今古奇觀，則其列行年代或竟在清初。但其版刻之淵源，似與三言不無關係？我們知道，三言原刻本，正文俱爲半葉十行，行二十字，正與此書行款相同。似此書即係編纂人任意折出幾篇，用原書上版者。僅將卷數剷改而已。我們知道，三言之刊刻，亦係隨手湊成，故每卷無書題，僅在書題地位刻卷數。此書第一篇，則將原來卷數剷去，易以「覺世雅言卷一」一行，書法刀迹，顯然不高。其餘七篇，凡卷端卷尾，以及書口所標卷數，均不甚齊整，蓋因原書有用兩個數目字者，有用三個數目字者，移置於此書中，排爲卷數時，則僅需要一個數字，仍不捨將所有原字悉數剷去，故剷去三個目字，而補其一，實極不美觀！惟此部書既延「三言」之脈，在小說史上，倘講到「三言，」亦有述及之必要。故尚值我們之注意也。

序文第一二葉已佚，驗其字句，全襲自「通言」，而通言原署「天啓甲子豫章無礙居士」，此則削去，易以「古今小說」序之作者綠天館主人。事跡無俚，亦可借以窺知彼書賈東西挪刻之技倆，爲後之考證與辨僞者一好例證。

滇賢傳記三種（二續）

萬斯年

就遺民錄說：一、文祖堯，根據象傳所說「順治辛丑（該書誤刻爲西）乃行，士大夫多爲詩歌送之，八月至湖南桃源，縣，且聞永曆帝被執於緬，悲痛不食而卒，」按順治辛丑是順治十八年，同時即是永曆帝十五年，這年十二月清兵方到緬甸，帝被獻於清，明始亡。祖堯八月就已經死了，可以不算作遺民，而爲忠烈，遺民錄，似乎不必收。如果說要著錄文祖堯，那麼永曆十三年先他而殉國的都爾壁，似乎也該著錄才對。二，明雷躍龍尙書從永曆帝獵西行，中途兵亂散失，有死事的說法，有薙髮爲僧隱於雞足山的說法，只好疑以傳疑，不能收入遺民錄了。但是當時隱於雞山中的，還有宦遊三人，隱士三人。前者即是周東寧，徐宏泰，龔道明，後者是葉奕，段眞，與茂桂。葉奕字靜候，生，性純篤，言行不苟，潛心理學，國變後絕意仕進，隱居雞山，著有孝經演義八卷，騰越風俗致一卷，（據李根源先生景遂堂題跋），他的行事和著述，通志都有著錄，模通志以他入耆舊，寫作「明」葉奕，是很對的。這六個人，僅周，徐二氏，入了遺民錄卷下，在寓賢方面，遺落了龔道明，滇賢方面，忘了葉奕，段眞，與茂桂。而且滇南詩略及續通志裏著錄有蒙化彭印古這個人，也是遺民之一，三、遺民錄卷上依通志和安甯州志，著錄有李恪，包瑞，段珮三人，這三個人在岑志依安甯州志著述的時候，是不詳時代的，因爲他們列於朱衛之後，且以李恪妻楊氏事跡考訂，斷爲「皆當生於明季，後入本朝，而未仕者。」（見岑志人物志六文學。）但是我以爲段珮則不一定是因明亡而隱，永傳說「屢困秋闈，絕意仕進，」還正同唐堯官「屢上春官不第，遂絕意仕進，杜門著書，」是一樣的。不過，他既入清未仕，也只有收入遺民錄了。

此外，遺民錄有二人都著錄卒年月日和卒時年歲。一、蒼潤，石屏人，清康熙十四年（乙卯，西紀一六七五年）十一月二十二日卒，年六十；二、段瓶，劍川人，康熙丙辰（十五年，西紀一六七六年）二月二十七日卒，春秋六十有九。如果沒有其他文獻指出他們卒時或所享年壽的錯誤，即可盡此推算他們的生年。這兩個人，生卒考都沒有著錄，似可作爲補遺。

就遺民錄籍觀察，代明滇賢遺民，籍歷昆明，呈貢，太和，鄧川，晉甯，趙州，楚雄，定遠，鶴慶，廣西，南甯，建水，通海，馬龍，宜良，大姚，嵩明，新興，羅次等各地，可以指出明末滇人氣節之盛。這些人有的或是父子，或者是兄弟，或者是甥舅，或者是友人，眞是「斯人雖已逝，千古有餘情」的。

書籍之呈繳

葉懷

依法律之規定，將書籍呈繳於中央陳列館之舉，係法國所首倡。一五三七年十二月曼皮列法令頒佈以後，指定布鼎城之皇家圖書館（現在巴黎）庋藏呈繳書籍。出版家如違抗法令，必查抄其版本或罰以重金。一六六二年，此種立法始傳至英國，當時只用於出版法而未見認眞實行。僅有牛津大學，劍橋大學及文具公司三家，互相交換新版書籍而已。及一七零九年，呈繳書籍法與版權法同時確立，英國（Shoreditch）圖書館副館長帕特果克氏，曾爲文論述英國呈繳書籍法之史實，至爲詳盡。肯央爵士謂帕氏之文，不僅關係史實，且係立法問題之比較研究。該文詳論書籍應予呈繳之事，收效至爲偉大。

美國指定國會圖書館庋藏呈繳書籍，其編選之事，至爲謹慎。該館第一冊目錄，現仍在英國中央圖書館中供學者之檢閱。歐洲各國：法國國立圖書館庋藏全國出版書籍；意大利則將全國書籍分藏於國立羅馬圖書館及佛羅稜薩圖書館；德國呈繳書籍法，由各省制定；他如丹

學術界消息

國內

浙江省擬組織文獻徵集會

浙江省抗戰時教育文化事業委員會，於二十七

[illegible]

國際

[illegible]

圖書

半月刊
第五期
通訊處：昆明柿花巷二十二號

出版界與社會

牛若望

要想知道一個國家，民族的盛衰強弱，絕不能只看他的武力如何以爲斷。即使一個國家，民族，只因他的武力充實，而盛強一時，但決不能久長，如過去的蒙元帝國，斯巴達，馬其頓，巴比倫等，武力曾盛極一時，當其兵力所指，所向無敵之時，誰曾想到他們後來的覆亡？然而曾幾何時，就陷於分崩離析的狀態。如果究其原因，總不外因爲他們只恃武力而不注重文教之所致。從來只以武力培植起來的勢力，如缺乏文教的扶持，必不能維持久遠。所以有「馬上得天下，不能以馬上治天下」的古語。因爲由武力爭取的勢力，團結是出於勉強而不自然的，如此必不能維持久遠，就必不能使一個國家，民族獲得永久性。能支持一個國家，民族至於永久的，只他的文化。雖然一個有高度文化的國家，民族，有時也不免於衰弱的慘痛，但他絕不致於那麼容易完全覆滅，以致一蹶而永遠不能復振。只要他的文化在，那個民族就有復興的希望。所以要說一個國家，民族的盛衰強弱，不得只看他表面的力量如何，又須看他的文化如何。

文化的表現，固然包括着人生的各方面，但傳播文化，提高文化的，卻惟出版物是賴。在現代雖然發明了傳佈思想的工具，如播音，留聲等機，對於文化的推動，發展，有了很大的貢獻，但那些工具卻不能代替出版物的職務。

一個現代的強國，對於出版物必是兢兢業業，想盡方法去推廣。又一個現代的國家，他的國民必都是受過相當教育的，既受過教育，自然需要出版物供給他們的精神食糧，那麼，出版物的多少好壞，便可以作衡量一個國家，民族的標準。

但是只注意出版物的量而不問其質，如此而欲斷定一個國家，民族文化的高低，仍有未當。如出版物，不能稱其量，「雖多亦奚以爲？」（此地所說的出版物，是指各式各型，定期與不定期，報章，雜誌，書籍而言。）

從以上所說的話看起來，出版物對於國家，民族的盛衰消長，既具有如此的關係，那麼，負有發行出版物的出版界，其責任的重大，便可想而知了。那麼，我們出版界之有今日的種種的形態，色相，是非好壞，我們卻將功罪完全推到出版界的身上，但出版界應負一大部份責任，確實是無可諱言的。

有人講，言論是自由的，出版界可以任意刊行任何刊物，可以不問道德的責任。無疑的如此解釋言論自由權，是大錯而特錯。人類固有天賦的自由權，而此自由權是人生的至寶，所以「不自由，毋寧死」，但所謂自由，決不是放任，決不是沒有限制，換句話說，沒有絕對的自由，而自由都是相對的。我個人決不能只顧我個人的自由，而不問我與其他個人，社會的關係如何。因爲我個人既屬社會的一份子，一舉一動，無論好壞，在在都與社會有關，在在都對於社會發生影響，所以我就不能不只顧個人的樂利，而不問社會的幸福。

古人講『一言興邦，一言喪邦，』流動而不居的語言，對於社會國家能有如此的關係，何況常住而不動的語言——出版物，其關係更爲重大。流動的語言，論時來說，都比常住的語言爲短小，所以對於人世的影響，也比較少，出版物與國家，民族，既有如上的關係，則出版界應如何慎重將事，務期一字一言，有助於社會，必對社會人心有好的影響，使社會人心向上，而阻止社會一切向下的罪惡，最低限度不推波揚湯，助長社會罪惡的行爲。

我國的出版物，大有風起雲湧，雨後春筍之勢，這是好的現象；雖說到現在不能與歐美先進的國家齊驅，但總比已往有了很顯然的進步。可是那些出版物，是否對社會都有好的影響，都能對社會福利有所推動？關於這一點，凡稍微留心研究這個問題的人，大概都可以知道，我此地不必再說。但現在又值抗戰緊要關頭，宣傳戰是不可少的，而宣傳戰又需要借重刊物，那麼現在的出版界所負任務之重大，較平時爲尤甚。所有出版物必須與軍事，政治配合起來，才能發生偉大的作用。出版物的內容，不惟要活潑有力，使人讀了興奮，增長人的向上心理，同時還要能夠堅強讀者的意志，在抗戰建國的事業上，能努力邁進，不屈不撓。至於那些讀了使人志氣消沉，或且導人入於錯誤的觀念與行動的東西，在平時就該禁絕，在非常時期，更不應讓牠流行。總之，出版界對於世道人心，俱有至爲嚴密的關係；所以他，務須慎之又慎，凡有害於社會的東西，不得只圖個人的利益，而忘掉整個社會的福利。希望出版界自知慎重，而政府方面也應加一積極的指導與消極的防範，必如是，才不致使有用的利器，反而爲自戕的工具。

二八，二，一四，昆明

書誌介紹

（一）中國近代史

蔣廷黻著　民二十七年七月商務印書館發行（藝文叢書之七）一冊　一二八面　定價五角

本書著者以百餘面的篇幅，寫近百年中國史，當然不能把瑣碎的史實，盡量鋪敍出來。可是著者並未忽略了重要的史實。本書的長處，不在重要的敍述，而在指出百年史事演變的因果。例如指出近代中國的弱點是科學不如人，機[illegible]軍不如人，缺乏民族觀念（面二二），指出鴉片戰爭中國失敗的原因不僅止軍事的因素，及戰後不能即行維新的原因在士大夫階級的作梗（面二〇—二一）。指出同光領袖失敗的主要原因在當時政治制度不良及科學知識的幼稚——兩者都不夠新（面六三）。

著者論近代人物，也有獨到之見。例如論林則徐有兩個：當時人心目中的林氏及真實的林氏（面二二）論洪秀全與社會革命思想及其失敗的原因（面四二—四三，四九—五〇）。論曾國藩的中心思想及其要救滿清的苦衷。論曾氏的大貢獻不在救滿清而在一面守舊一面革新。論曾氏守舊的流弊造成軍隊私有的局面（面五二）。論李鴻章的偉大在認得清楚他的時代（面五九）。論中山先生思想的特點在認識近代文化及具有科學精神（面一一〇）。對袁世凱被載灃革退的見解（面一一六），也和一般人看法不同。

著者看近百年中外條約也有獨到的眼光。例如論中英南京條約最不平等之點在協定關稅（面二五）。論光緒二十二年李鴻章所訂中俄密約引出兆年以後瓜分之禍，日俄戰爭，二十一條，以至九一八事變（面九六）。

此外著者指出湘軍淮軍的特點（面四七—四八，五二，一二〇—一二一），推論太平天國假使成功，亦不能爲民族造幸福（面五一），解釋資本主義與帝國主義不能混爲一談，及兩者的關係（面七〇—七三）指出西后政治的改革及其不澈底（面一一四—一一五）都值得讀者注意。

我以爲本書最重要之點是著者對近代化的再三致意。著者對鴉片戰爭至英法聯軍中間廿年光陰被戀舊者虛過，異常痛心（面三六）。論中國早就應該接受近代西洋文化（面三七）要圖生存須接受近代文化（面一〇八—一一〇）至非全盤接受不可（面六二）！著者從近百年史上得到教訓如此，我認爲這點讀者應加深思。著者自己說，研究近代史要注意每時期抵抗帝國主義的方案，分析其成敗的程度和原因，（面五）本書的長處就是著者能做到上述的功夫。

本書敍述民國一段，似嫌簡略。在重要歷史人物還生存時，敍述最近史實，本是難事。我們可以原諒著者的苦衷。康有爲生在咸豐八年，本書作五年，（面九八）誤。希望能在再版更正。（澹）

（二）統計演講集

中央統計聯合會編　民國二十六年十月出版　中華書局發行　一冊　定價二元

統計學是實際應用的學問。無論在平時在戰時都很需要，這是不用說的。中央統計聯合會，爲了推廣統計學識，前曾借中央大學和計政學院，舉行統計學術講演，講題分爲原理和實驗兩部份，會開了十二次。這本書就是由原來講師，增訂過的講演原稿，彙集而成的。

原理部份，講的有平均數，相差度，常態曲線和機誤，相關，時間數列，表列和圖示法等專題，講的人有朱君毅，褚一飛，鄭堯拌，王書村等氏；實驗部份的講題，有戶口普查，農業清查，工業清察，生命統計，物價指數，測驗等八篇。講的人是吳大鈞，唐啓宇，蔡正雅，陳辰焱等氏。可以說包括了統計學的各方面。

這本書，所舉統計資料的實例，多用中國所有的東西。例如朱君毅講平均數時，舉中國歷代帝王的平均年壽來作例子，李成謨氏講時間數列時，採用江蘇省的各種統計[illegible]，雖然在統計學裏用外國統計資料不是不可以，總不如這樣盡可能地用中國資料來的親切。

並且，原理部份各講，有的附有參考書目；實驗部份，有的附有調查表格，如農場清查所附的美國和江蘇句容縣農場清查表，第十五屆普通農場清查表；物價指數所附的我國的物價指數表（詳列指數的名稱，所採的物品項目，編製的基期，公式，起編年月和編製機關。但惜講時較早，有的指數沒有列入。）和各國物價指數所採用的公式，很可以給讀者研究或實用上參考的便利。此書雖然有的地方，因演講時間所限，失之簡略，但仍然是可以參考的。（年）

（三）雲南外交問題

張鳳岐著　民國二十六年四月出版　商務印書館發行　一冊　定價二元

雲南立於我國西南邊疆，地接緬甸安南，故時有外交問題發生。其外交問題，歸納言之，不外兩端：一曰界務，片馬，江心坡，班洪等問題屬焉；二曰交通，通商，過境，僑寓，築路等問題屬焉。而此種外交之對手，不外英法。今茲抗戰以來，良港多陷敵手，國際路綫，除新闢之交通外，則爲雲南。雲南在國際關係上既已重要，外交問題更應爲國人研究。

本書凡分三編，其敍述自中越，中緬關係之沿革及其喪失之經過情形始。第二編述滇緬外交問題，多關於界務方面；第三編述滇越外交問題，包括界務商務。著者致力雲南外交問題，研究甚勤，此編內容，頗爲充實。末附參考書目，清末及民國外交約章表，條約照會全文，滇緬界圖及西南邊地異名對正表等，尤便讀者。（時）

（四）財政月刊創刊號

香港財政評論社編輯發行　民國二十八年一月一日出版　每冊二角五分　半年一元三角

財政爲總制一國公私經濟行爲之樞紐，國家承平之日，阜物濟用，食足貨通，固利賴之。倘遇戰爭，則瞻軍實，濟國用，尤賴以完成。是則財政在抗戰建國中地位之重要可知。此誌之發行，「以學術爲鵠的，作綜合之研究」，凡財政原理，制度，設施，書報之探討，法令，史料，彙集，自爲其內容，而於一般有關經濟建設與金融動態之撰著，且亦兼收。其所立門類，暫分八編，[illegible]

明季遺民滇賢著述舉述

欒疾

楚雄劉聊聲

聊聲，（按王修通志，及續通志稿作聊聲），字毅菴，明永曆十一年丁酉舉人，（李根源氏天叫，脈望集幾詩合刻，作明末丁酉解元，存疑。）潛心陸王之學。明亡，逃隱琅井深山中。巡撫朱國治聘之，亦不就，以布衣老，屢威脅之，不投；復禮終其身。據縣志，其墓在北鄉板橋。

楚雄縣志，　舊附府志，清嘉慶二十三年戊寅（西紀一八一八年）知縣蘇鳴鶴，始依府志纂修，似爲刊本。後經兵燹，蕩然無存。宣統間，續修縣志，卓行，有毅菴傳：「性潔好學，文辭敏贍，嘗以淡泊明志，自律不染勢利，明亡，隱處山谷，地方官紳，屢薦不起，所著文集亂略，歿後俱毀，僅貽脈望齋詩草。」王修通志亦僅著錄脈望齋詩草，無卷數。明滇南詩略亦然。李根源先生輯脈望齋殘稿，跋云：「毅菴著有脈望齋詩草三卷，滇都紀事四卷，滇都紀事於乾隆年間，經雲南督撫，以其語涉悖謬，奏繳焚燬，脈望齋詩草，亦被列入違礙書籍之類，抽銷數次」。縣志所謂亂略，或即李跋之滇都紀事？所著文集，內容如何，銷燬與否，李跋未提及也。

明滇南詩略（卷十）收其詩三十二首，曰避暑，哭山越公先生，陳同甫，阮籍，讚騎，落花風，汪立信，驚擊，阿禮妃，哭劉景亮先生，陸象山，王陽明，夢遊五嶽，初春，弔陳翼叔石棺，書中牡丹，趙忠獻，李東陽，弔楊忠烈公，石丈人，均爲李輯所收。曰楊修，弔李邑侯，寄徐給諫，琅井古梅，贈吳參軍赴南昌任，李輯無。滇詩拾遺補，收其詩五，除琅井古梅，爲詩略選輯外，弔杜端先孝廉天正城樓死節，登峨峯有感，贈俞嶧峯孝廉，南安神石，遊西山看石頭寺行人，縣川道中，俱爲詩略及李輯殘稿所未輯，餘同。

其王陽明

東魯楷模百代遙，陽明復出指迷津，撥開雲漢雲千丈，透出清溪月一輪，直向根源參化育，不從章句覓經綸，闡揚洙泗傳心訣，江漢秋陽萬古新。

夢遊五嶽之一

常山迢遞繞邊城，風捲塞沙度雪聲，地散黃雲通絕域，塞迴紫塞拱神京，寶符竊去多還滅，珠璧傳來幾變更，遙憶昭君墳上草，青青長向漢家營。

李輯天叫，脈望集殘合刻，張嶧曾序，有「脈望集則詩律頗細」之語，湯序謂「毅菴則純肖工部，哀豔欲絕，一字一血：」楊序而謂其詩沈鬱頓挫，　有似工部。惜其集無存。

縣志藝文志著錄，脈望齋草，亡。傳錄寺碑記，各種題詠，弔杜參政過塔，載府志。府志，據國立北平圖書館方志目，爲書十一卷，康熙五十四年刻本，清張嘉穎修，邑劉聊聲纂，其書是否康熙間修，是否確爲劉氏撰，有無謂於劉氏之事跡？因滇中無藏書，不得查，深以爲憾，考訂補遺，容俟異日。縣志著錄諸作，均備目錄。弔杜孝廉死節一詩，謂載府志，滇詩拾遺補已錄入。又著錄紗帽石一絕，見通志，滬查范，阮，王所修諸志，俱無。惟阮志及王文韶所修通志光緒二十年本俱輯錄「阿禮妃」一首而已。

南甯李思揆

思揆，字鶴昭，（滇繫人物志作號鶴昭）。明布衣。明吏部郎希揆弟。工文詞，善草書，流賊陷曲靖，不屈，斷左右手。絕食遊、以筆繫肘，抄書六十餘萬言。人呼爲斷臂翁，著有閒雲軒詩文集。（依續通志稿藝文志，滇繫書錄作閒雲軒集，明詩略作閒雲軒詩文，無大出入，但均無[illegible]滇繫藝文志（卷八之[illegible]十一），滇[illegible]十六），均[illegible]藝文志，亦[illegible]永曆丁亥（[illegible]，李定國，[illegible]奇等寇滇，[illegible]者也。

明滇南[illegible]著錄其詩鳥[illegible]弔升菴先生[illegible]「詩非所常[illegible]其奇節殆不[illegible]

其鳥夜啼詩

有鳥有鳥[illegible]吾君不遑[illegible]有鳥有鳥[illegible]吾母不遑[illegible]有鳥有鳥[illegible]有夫婦[illegible]鳴呼鳥何[illegible]悲。人皆[illegible]何爲！鳥亦有知，人胡不從？

▲編者按，本文續本刊第三期，應連續爲一文，但亦可獨立成篇，故未按期連續發表。

圖書

半月刊　第六期

通訊處：昆明：柿花巷二十二號

海外所藏中國小說戲曲閱後記　劉修業

百煉眞海烈婦傳（二）

封面正中題書名作「百煉眞，」右行小字題：「卷三吳浪墨仙主人編輯」，右行下題「本衙藏版。」卷內書題又作「新鐫繡像百煉眞海烈婦傳，」似原有插圖，而此本無之，亦未可知。有赤臥廬主人序，不署年月。序引屠赤水句「愛此身如明珠片玉，不受瑕疵侵；捋此身如古木喬松，任他風霜百煉」，此書命名，當即取此？

每半葉十行，行二十二字。旁有圈點及評語，據凡例，知出於著者之手。全書共十二回，後附「海烈婦百韻詩律」及「錢塘村陳烈婦紀事詩文傳誌」等。

海烈婦事最爲世人所稱道。其見於傳記者，有陸次雲海烈婦傳（鄭澍若虞初續志卷五引），方苞[illegible]（碑傳集卷一百五三烈義上），[illegible]（國朝賢媛類徵初編卷八）[illegible]

[illegible]就余所得材料觀之，已紛歧多端。[illegible]

[illegible]五百比較，爲本書作一考證。[illegible]

[illegible]韓，再轉徙常州，而寄居焉矣。」

百煉眞於第一至第四回，演此段故事，其目有：

第一回　陳有量倩命訪親　海無瑕引天矢志
第二回　下徐州夫婦同舟　抵松江姪兒分鎮
第三回　鬧窮途驛亭遇舊　覓旅寓酒館逢奸
第四回　排成妙計巧成拙　捏就奇盟神斷靈

中間情節，陪襯較多。開端以有量窮困無聊，乃聽算命之言，思離鄉避難。海氏勸之，不聽，必定同往松江投親，以致惹出大禍。

其餘情節，與傳記所述，尚無大異。惟海永潮在小說中作海秀甫，且謂係在松江提督衙門爲把總，後又分鎮海寗，致海氏夫婦往投不遇，折回常州，却邂逅遇之。但不幸遇奸徒楊二結爲兄弟，陰謀海氏，遂生以後種種慘劇。

方孝標所撰傳中，有云：

「：：：使有量市貨京口，又使所私某氏者懷金餂婦。婦問故，某氏笑曰：受之敢言。婦止色曰：言之敢受。某氏下氣笑而前曰林君羨汝，使某達之。婦怒曰：是何言！詢之某氏。又笑曰：汝言是，但奈何？汝欲守身，則不當入其舟。入矣，安之。我昔亦貞婦，不得已乃從。從之，而林君閒可見。婦益怒，擲其金，叱某氏出。有量歸，告之，憤憤。亡何，林二又以四十金囑市貨於姑蘇，婦止之，不可，汝而治其行。」

[illegible]中以此某氏爲杞公之妻王氏，並謂海氏在曾代楊作媒合無功；此次海氏夫婦受騙歸徐州時，彼又作說客。後海氏寃情大白，陰謀而死。此一段事，小說第五至第七回爲：

第五回　林伍長淫謀賭錢　楊二郎貪情索債
第六回　附歸舟一時受賺　逼上路兩口沉寃
第七回　王婆送意怒拋銀　金龍施威驚折舵

烈婦死後，林二謀殺有量以滅口，有舟子鳴寃一節，任源祥傳記紀之獨詳，謂：

「：：：顧瑞（按即林二名）中夜破門而入[illegible]

[illegible]任源祥稱舟子爲藍廷九，李桓國朝耆獻類徵初稿卓行八（卷四百五十）載有馮景撰義士藍九廷序，附註中註云明藍廷九應作藍九廷，則與此小說同。又陸次雲記藍九廷代烈婦鳴寃，謂因似激於公義，實亦懷有私忿。據陸傳：

「：：：是日命舟師藍九，持牲醴祀河神。藍至神廟，牲血忽自濺躍盂外。藍神怒林行勿享也。林以爲勿祓，甚怒詈，藍恨之」。

此說爲諸家傳記所不及，似有欲美藍九廷者，遂抹殺此事；有以爲近鬼神無稽之談，故不入正傳也。而此百煉眞則採及之，足見其搜羅之廣。此種事蹟，小說第八第九回演之：

第八回　逞窮兇遺夫歸穴　即遭淫烈婦全身
第九回　林四哥將謀刺途　藍九廷仗義鳴官
第十回　毗陵郡驗屍拒賄　弋橋店鬼替報冤

第十回，於述朱四府繆經綸代婦伸冤外，並附增土地公代將其死訊報知其姪海秀甫，令趕來收屍，以表褒海氏之烈，人神均受感動。

最末一段（第十二回）敍鄉紳趙璽鼎及文墨之士多人至烈婦祠廟，拜謁題詞。其夫有量亦感慨之餘，亦削髮在廟中爲道者。此回演義，其目標爲：

紳衿纂烈投新詠　難夫遯俗哭孤墳

方孝標烈婦傳云：

「：：：毗陵人嘉婦之節烈，謀葬之南郊。葬之日，會而弔者以千計。能言者至播之聲詩傳記，而婦不朽矣。」

任源祥海氏傳末段亦云

「海氏小殮於娘娘廟側，弔者如市，其屍經月不腐，皆焚香締禮以爲異。今立廟與隆興對，香火頗盛。」

則立廟表貞，確有其事。關於楊二、各傳記均謂係假象聯姓，而百煉眞謂與王婆同受陰譴，當爲小說家警世之言。至謂有量棄俗爲道，恐更爲作演義者結束全書，故作此說。

海烈婦之夫，多數傳記中均稱爲陳有量。清史稿爲海氏立傳，亦稱「陳有量妻。」所據必係當時實冊。惟陸次雲海烈婦傳作陳再益，間異諸說。其他人物，如林顯瑞亦稱林二，藍九廷亦稱藍九，或按排行，或稱綽號，無大關係。余意再益或爲有量之號，亦未可知。惜諸書均未及此，無從確知也。又馮景撰義士藍九廷序，記彼康熙六年冬日與九廷相過，九廷自述曾不受族官林九功之賂，爲海氏伸寃，則此序又以林顯瑞爲林九功矣。大抵或名或號，非有他誤。

撰署名，此書編者爲浪墨仙主人，序則署赤臥樓主人。其後有「墨憨」之印，驟觀之，或疑爲馮猶龍撰。但此故事乃述康熙年間事，與馮猶龍時代不符，推測，似是僞托以自名高者。案三言多題爲編石點頭之天然癡叟亦一名浪仙；編者，則名浪墨子。總之自明末以至清初，有襲於馮猶龍之盛名，仿擬其號，所在多有，此書當爲其一。

有云「本文與三義傳大異，其中工拙。」三義傳，今未見，疑當亦涉及海烈婦事，稱「義」或演此小說者以藍九廷爲三義之一耶？

覺世名言殘本

此殘本每卷題作「覺世名言」，並注云：「一名十二樓。」存自第九種至第十二種。正文半葉九行，行十九字，有眉批。版心無魚格，却密加圈點，一如老生批八股文者。書封面已佚，不知爲何時刻本；然刀跡紙色頗似巴黎所藏覺世雅言，當是清初刻本。以行款言，與消閑居精刊之十二樓同，而此本主題不作十二樓，則非消閑居本，疑消閑居本或即由此產生者。

巴黎且另藏一坊刊本，卷內書題與此本同。封面則題作「醒世恆言十二樓。」大英博物院亦藏一部，則又題作「今古奇觀續編十二樓」（Douglas no. 15331. d. 2.）因此益可見清初輯刻小說，均囿於三言二拍之圈套，凡輯刻話本者，均喜用此類名稱。

書誌介紹

（一）四川地理

胡煥庸著　民國二十七年十二月初版　正中書局發行　一冊　一三六頁　定價國幣一元

四川位於長江上游，東連湘鄂，南接滇黔，北界陝甘，西北角且與青海接壤。面積四十三萬一千二百零六方公里，居全國之第五位。四周多山，中部河川交錯，形成肥沃盆地，古所謂天府，西南之要區也。九一八以還，東北四省，淪入敵手，盧溝橋事變之後，抗戰軍興，北部及東南諸省，相繼淪陷，依今日形勢言，四川以地位之適中，既足爲西南西北之聯絡，且足爲支持東南方之抗戰。吾國中央政府現駐其地。吾人試一展觀地圖，自知四川今日之更形重要。關於四川之知識，自應爲吾人所需知而亟觀者。

本書爲四川地理之概述。凡三十二章。首述地形地質，次氣候。自三章始，曰穀物與農作，曰柑橘，曰糖，曰茶，曰蔗，曰棉業，曰桐油，以及蠶絲，麻與夏布，牛羊畜產，白蠟與黃蠟，藥材，木耳，紙，火柴，煤，鐵，以至鹽產，悉爲物產之概觀。所述各種物產，於其產物之種類，產地，數量，經營之情況等端，悉舉靡遺。二十三章爲鹽之運銷，以次各章分述成都平原之水利，人口與密度，河流與船運，公路，貿易之情況。第一二兩章，亦均屬於經濟部門，涉與經濟有關。至二九章及三十章述西南西北邊區之概況，最後附章述四川成都，重慶，萬縣，瀘縣，宜賓，合川，南充縣，廣元，館陽，灌縣，松潘，樂山，雅安，自流井等都邑之概況，亦以生產交通爲主。綜觀全書，慧爲四川經濟地理之概述，倘名爲「四川經濟地理」（或稱爲地誌），則較之稱之「四川地理」，似更確當，質之胡氏，以爲如何？

全書各章，多附統計表格或統計地圖，於四川之經濟情況，一覽而知，尤便讀者。惟四川青衣江流域，渠河上游及大渡河上游各地多產森林，亦爲川省之重要物產，未於物產中列未專章，似乎不妥。且以人口與密度一章列於供述水利交通之二四二五兩章間，對於全書次第先後，未能注意。再版時，似可加以斟酌。（滌軒）

（二）抗戰建國論

侯外廬著　民國二十七年九月出版　生活書店發行　一冊　定價二角五分

爲了抗戰建國這一偉大艱苦工作的進行，我們有抗戰建國綱領的製定。本書就在於把這一綱領中的主要問題，從理論方面給以原則上的研究和探討，以便使這些問題的認識更加深入。

書分六篇，前三篇是關於民主政治的探討，第四篇關於經濟建國，第五篇目前國際形勢和外交政策，第六篇青年運動，這些問題，都是我們目前需要了解的。

著者在研討經濟建設問題時，對於我們的經濟條件，經濟建設綱要的革命價值，以及技術革命的可能性等，而都討論到；研討青年問題時，對於青年目前的主要任務和文化工作等都有所討論。雖然抗戰建國，經緯萬端，即就經濟建設來說，農工業的生產，交通的建設，財政金融的鞏固改進等等，都是專門問題，研究討論，都能成爲專書或小冊子。但是，這小冊子，對抗戰建國各方面的討論，卻能綱舉目張，面面俱到。（溥）

（三）中國字之結構及其形母創說

蔣一前著　識字教育社出版發行　民國二十八年一月初版　明各書局代售　一冊　定價國幣九角

因爲漢字的複雜，雜識，雜檢，雜寫，所以掃除文盲的工作，不易進行。注音字母，國語羅馬字，新文字等運動的興起，即是來解決這種困難的。至於檢字方法，除了部首或筆畫的檢字法之外，四角號碼法，起筆檢字法等，是專爲了檢字的便利而製定的。這本書是由中國字的構造上加以形體的分析，創爲形母之說的。著者先就構成中國字的基本原素的簡單筆畫形式加以分析，分爲點，橫，直，撇與剔，捺與鉤，左㇇，右㇇，上㇇，下㇇九種；次就結合起來的筆畫，分爲離，吸，幹枝，門角，交，接，折五種結合。由此，進而分析單體字及未成字的單體，又分爲在右平列，上下堆疊，斜稱，內外包圍，中旁挾帶式的配合等八種配合，說明合體字的結構。依據這種分析，便把中國字的基本結構，按照形體，分爲點，橫，直，撇，捺，㇇，角，方，等十二種形母，叉，框，這就是著者的創說。而所謂形母，就是「漢字形體上一個單位的意味，含有四萬多個漢字所由配合而生的意思。」書凡十五章，除了上述的說明之外，並舉示形母的控制應用，形母在簡易識字教學上，習字法上，和檢字法上的關係及便利。惜川形母折排的字表，因爲印費過多，沒有附入本書，作爲實際應用的舉示，不能睹其全豹。這種關於中國字結構的研究，值得我們的注意。（貽）

外交研究創刊號

張道行　黃正銘編　外交問題研究會出版　創刊號　民國二十八年一月一日發行　每二月出刊一次　全年二元二角　零售每冊四角

美國獨立運動的成功，與佛蘭克林的對法外交有着重要的關係。一八一五年維也納會議時，法國塔列蘭的外交活動，保全領土。就這兩個歷史的往例，已經得以說明外交運用在國際關係上的重要性。弱國不是沒有外交的，但外交應以國際關係的研究爲基礎。因爲有了研究，才能認識清楚，在外交的運用上，方能有正確的把握。國際問題的研究，在抗戰建國工作上，是有裨益的。

外交問題研究會，係在去年九月間成立。這個[illegible]的日本政治革新與外交革新，湯吉禾的非列濱國遠東外交等文。而杰的目前的兩個重要問題（係討論國聯與美國中立問題），張忠紱的最近歐洲局勢之政治，李迪俊的國聯盟約與對[illegible]

出版消息

（一）文匯年刊

上海英商所辦主持正義之報紙。此書爲文匯報週年紀念之貢獻。全書分論文之部，並附文獻及參考資料之部，並附以抗戰以來中外大事記。執筆者凡數十人。論文之部，又分爲中國全面抗戰之展開，中國抗戰後之政治演進，戰時中國之經濟動態，戰時中國之文化動態，國聯會議及九國公約會議之經過，中國抗戰與國際關係，中日問題之處理，國際間之援華運動，一年來歐洲局勢之演進，世界經濟概觀，日本戰時經濟的透視，日本政治之軍事法西化等十一部。文獻及參考資料之部，收有中國國民黨之議決案，及宣言，國民政府宣言，國民參政會之議決案及宣言，關於各黨派合作抗戰之文件，中國政治領袖及外交代表之言論選輯，關於戰略及戰術之言論，重要法令，及規程等，凡十二輯。書約百餘萬言，包括抗戰以來之各方面。在風行預約，本月可出書。定價每部國幣五元。該館地址係上海福州路四三六號。

（二）經濟學辭典

此書係中華書局發行，周憲文主編。全書千五百餘頁，收集詞目六千餘條。我國固有關於經濟學之名詞，約佔十分之一。範圍包括經濟科學所涉及之領域，略分經濟，財政，貨幣，金融，交通，工業，農業，商業，社會政策等部門。至於與經濟有密切關係之政治學，法律學，社會學，哲學等名詞，亦多收入。[illegible]以對於解釋，知名學者之名，已出書。定價四元。

（三）利瑪竇地圖在羅馬影印出版

明末耶穌會士利瑪竇之地圖，爲十七世紀初年世界輿地學上之大貢獻，不但打破中國數千年來不可破之傳統地理觀念，且即灌輸歐西世界地理學知識，於亞洲開一新地理之域。認識現在世界，亦因之。各國圖書館所藏之利瑪竇地圖，當時五幅，皆係翻印一六〇二年版本，計凡四：京都帝國大學一幅，倫敦一幅，日本圖書館所藏二幅，北平一幅，但凡帝國圖書館所藏二幅。但係後印者。凡帝國所藏地圖分爲六版，每版面積係一公尺七十九分乘六十九公分。六版連合成一寬四十米尺[illegible]

（四）北平天主教北堂圖書館編製目錄

北平天主教北堂，係利瑪竇一六〇一年立於北京，當時在學術上佔有地位。該堂圖書館所藏書籍多係十七十八世紀耶穌會士及羅馬各國帶來之西文書，爲研究東西文化交通必需，且多爲唯一之本。計共藏西文書一萬冊，最早之書，係一四年出版，其他大部亦皆十六十七世紀出版。至於明末清初耶穌會名學者，所譯科學或名著之原文本，若利瑪竇之幾何原本，及湯若望南懷仁等所譯天文，皆儲藏其間。且抄本若干種，皆係在中。中文書共八萬冊。西宋版書及抄本亦復不少，當時出版之神學，哲學書籍，所藏亦多。約第五有羅馬教宗比約，有法金尼各之書籍，有王所贈各科名著，科學、藝術、醫學，文學，史學，[illegible]書籍，莫不應有盡有。該堂藏書，近世以來遭變故。不然，更足現北平天主教[illegible]決定自一月八日起編部書目，以便學者。爲輔仁大學廣司鐸主持，書館主任惠司鐸主[illegible]此次編製書目費用，洛氏基金委員會津貼[illegible]

圖書

半月刊 第六期

通訊處：昆明靛花巷三號

目次

讀「春秋公矢魚於棠說」

——略論治古史及民族學方法——

王庸

「春秋公矢魚於棠說」，陳槃庵氏著，見中央研究院歷史語言研究所集刊第七本第二分。[illegible]

[illegible]業，而不足以解周之仍重狩獵。傅氏則爲之進一解，謂「商起東北，奄有海，鉅野孟諸，在邦畿之內，此跟近於漁鄉，其民習於漁業」，與「周起西土」之不尚漁者，異其「執」「物」。「魯爲周宗之邦，隱公爲西方王族之後，竟於田獵之外又欲矢魚於棠，豈非失邦君之體，從亡國之俗乎，誠無怪乎臧僖伯之大憤也」。傅氏又引遼代諸汗常巡行土河，混同江等處釣魚捕魚爲旁證；而元清之世，蒙古滿洲守舊人士，以國主之漢化爲憂，其詞氣與臧僖伯頗相類。此論明達貫通，對於臧僖伯諫觀魚之眞意義，可謂洞見底蘊矣。傅氏又以「不軌不物」之「物」爲圖騰，說亦新穎可喜，惟私意以爲尚宜另覓更多之實證。

關於射魚在民族學上之證據，陳氏僅引淩純聲氏所述「松花江下游之赫哲族」叉魚之業，而謂「射魚[illegible]

[illegible]射魚之法之不利，又[illegible]東部，亞洲東北部之[illegible]國人類學家羅維氏嘗[illegible]，安達曼島民亦然。[illegible]用以射近水面之魚。[illegible]Cultural Anthrop[illegible]現代民族中並不少見[illegible]但羅維氏爲美國批評[illegible]愼可貴。惜目前無其[illegible]之例證耳。但弓矢射[illegible]則可爲不成問題也。[illegible]明者更多，殊不僅亞[illegible]，亦已發現魚叉矣。[illegible]亦然）猶弓矢之未必[illegible]「此王張繁弱之弓，[illegible]圖」，陳氏引之，謂[illegible]較爲水族、兕則獸類[illegible]不能以水陸截分界限[illegible]事實可能，固未必如[illegible]。陳氏又謂叉魚之法[illegible]已不常見（？）」。[illegible]見之。二三十年來，[illegible]；並可推測其留存是[illegible]得詳確之記載與調查[illegible]民族調查工作者，當[illegible]，更應注意一般普通[illegible]用習慣，每爲後一世[illegible]上所應用者歸焉。後王[illegible]明器亦皆日常之用具也[illegible]上之習，演而爲普遍[illegible]說實可爲禮俗史上之[illegible]以及古籍所記漁獵之[illegible]

[illegible]事，多爲祭祀之典禮。殷商已知農耕，而典禮上猶存漁獵之舊跡；惟殷代兼重漁獵之禮，周則重獵輕漁而已。陳氏又博引親耕，親蠶，齋酒，獻繭諸禮，蓋亦不外乎此原則。但其中更有一問題可注意焉。卽行漁獵之禮者，無論爲天子、爲諸侯、爲官吏，皆屬男子之事；而親蠶，親春，獻繭，齋酒，齋盛，以及采蘩，采蘋諸禮，其與蔬果穀物及農產製造有關者，大抵由女子行之。是則男漁獵而女農桑，其在禮數上之分工，殆卽暗示原始生業之分工歟？近今民族學者，多認農耕爲由採集（Gathering）事業演變而來；且採集工作之在狩獵社會，多由女子任之。以是女子對於植物之智識較富，而種植之發明，或卽爲女子之功。惟農業比較發達之後，伐木耕田等艱巨之工作，乃由男子任之耳。此說若確，則中國古代獻繭，親蠶諸典禮之由女子行之者正可暗示此種事業爲女子所發明；因而采蘩，采蘋之禮，尤足爲原始女子從事采集諸與之遺留也。至於親耕之禮，所以仍由天子諸侯行之而不歸女子者，殆因耒耜以「力田」，其工作較爲艱巨，故由男子任之；是乃農事較盛之後之事實。及其變實用生業而爲典禮，當亦較採集漁獵之禮爲晚起也。是以親耕之禮，止於「乘耒」「耕田」（禮記：月令及祭義）而采桑盛與獻繭之禮，則仍由后妃行之矣。陳氏熟考古籍，能得其他例證，可以補充此說，抑有反證以非難之歟？

竊謂國人之研究中國古史者，苟能善用現代民族學上之發明與材料，當有不少明通之創獲可得。是不僅研究國史者之一新路，亦研究中國民族學者所當注意也。蓋學術分科，本非天然。以專家自鳴而不知博涉，行見其所專者亦閉塞而不通耳。近今研究國史者，其所以能發前人之未發，一面固因新材料之發現，一面亦多得諸西方學術之啓示；而古代史之有賴於民族學的解釋者尤夥。陳氏此文，其一例也。至於專研民族學者，亦不能以介紹西人成說與考查國內民族自限，更當着眼於歷史之淵源，庶可以通古今而明條貫；否則詳流而略源，知今而昧古，卽使鑽研有得，恐尚不至殘缺不全，或且窒礙難通，事倍而功半耳。用特不揣謭陋，介紹陳氏之作，並略表鄙見如此，以就正於當世之研究古史禮俗之學者。

巴黎倫敦所藏敦煌殘卷敘錄

王重民

珠英學士集殘卷

Pelliot 3771 與 Stien 2717 兩殘卷，筆跡相同，斯氏卷馬吉甫詩前，有「珠英集第五」一行，故知同爲珠英學士集殘卷。考新書藝文志總集類：「珠英學士集五卷，崔融集武后時修三教珠英學士李嶠張說等詩」。（玉海卷五十四引，尚有：「詩總二百七十六首」一句。）又唐會要卷三十六云：「大足元年十一月十二日，麟臺監張昌宗撰三教珠英一千三百卷成，上之。初聖曆中，上以御覽及文思博要等書，聚事多未周備，遂令張昌宗召李嶠、閻朝隱、徐彥伯、薛曜、員半千、魏知古、于季子、王無競、沈佺期、王適、徐堅、尹元凱、張說、馬吉甫、元希聲、李處正、高備（玉海卷五十四引作喬備不誤）、劉知幾、房元陽、宋之問、崔湜、常元旦、楊齊哲、富嘉謨、蔣鳳等二十六人同撰」。所謂撰人，概在此兩殘卷中。是集崇文總目郡齋讀書志直齋書錄，則宋時猶存。讀書志云：「前修書者凡四十七人，崔融編集其所賦詩，各題爵里，以官班爲次」，所述尤與殘卷相合，則此兩卷爲珠英學士集無疑，自是集散佚，諸家詩或不盡傳。茲與全唐詩相較閱，伯氏本，載元希聲詩二首，贈皇甫侍御赴都第二律與第一首並不見全唐詩。房元陽二首，楊齊哲二首，房楊詩全唐詩不載。胡皓七首，喬備四首，胡四詩，喬二詩，全詩失載。斯氏本，沈佺期十首，李適三首，崔湜九首，劉知幾三首，王無競八首，（實僅七首。）馬吉甫三首。沈詩今存，劉馬二家全佚，李詩佚一首，崔王二家各佚四首，合得佚詩二十七首，並輯入敦煌詩錄中。

新修本草

P.3714

本草殘卷，自甘遂至白歛，凡得藥名三十。以余考之，蓋唐李勣蘇敬等新修本草也。新修本草僅國尙存殘卷十，合有纂喜廬叢書刻本。持以互校，體例相同，其證一也。證類本草於新修本所增注語均冠以「唐本草」，而存其原文於夾注中，持以對讀，文字莫不相同，其證二也。證類本草序例上引孔志約序云：「梁陶景拘於獨學，異蘩蔞於鷄腸，合由跋於鳶尾，防葵狼毒，妄曰同根；鉤吻黃精，引爲連類」。檢此卷子本由跋根條云：「謹案由跋根，陶所注，乃是鳶尾根，卽鳶頭也」。又半夏條云：「陶注虎掌似半夏，注由跋乃說鳶尾，於此注似說由跋，三事混淆，陶竟不識」。又鉤吻條云：「黃精直生，如龍膽澤漆，兩葉或四五葉相對。鉤吻蔓生，葉如柳葉。博物志云：鉤吻葉似鳧葵，並非黃精之類，陶乃文外浪說耳」。所駁並與序合，其證三也。有此三證，不待別求，定此卷爲新修本草，亦可無疑矣。

是書兩唐志著錄並作二十一卷，證類本草序例記卷數甚詳，實僅二十卷，李勣進書表亦明言爲二十卷，則兩唐志誤也。纂喜廬所刻者，爲玉石等部上中下三品（卷三至卷五）木部上中下三品（卷十二至十四）獸禽部卷第十五，菓部卷第十七，菜部卷第十八，米部卷第十九，有名無用卷第二十。與證類本草目次無異，其卷六至十一，當爲草部上中下三品，品蓋爲上下卷。此三十種藥名，考以證類本草，概在草部下品之上，新修本亦當如是，然則此殘卷當爲新修本草卷第十，適可補纂喜廬本所缺。

卷中文字，朱墨間作，原本蓋當如是。證類本草序例上云：「本草例：神農本經以朱書，名醫別錄以墨書」。又云：「名醫因神農舊條而有增補者，以墨字間於朱字」，然則此卷朱書字句爲本經，墨書爲別錄，墨間於朱爲陶氏據神農舊條所增補。證類刻以陽墨文，卽其義也。

此卷卷背雜書乾封二年至總章二年伊西等州縣牒，則其書寫年代，必尚在乾封以前，距成書纔十數年。較天下寫本，又爲近古矣。

新修本草

敦煌本新修本草，余在巴黎既獲卷第十，以補纂喜廬之闕；茲在斯坦因氏將來殘卷中，又獲見兩殘段。甲段僅九行，且多斷裂，在原書爲卷第十七，菓部，存栗，櫻桃，梅實三品。乙段二十八行，始菜部蕪菁，訖米部胡麻，共六品。菜米兩部之間，有書題：「新修本草米部卷第十九」。持校纂喜廬刻本，頗多同異，茲舉其要者。菓部栗：「其皮多狀」，刻本多誤爲名。櫻桃：「又胡頹子，陵冬不凋」，刻本胡作故。梅實：「偏枯不仁死肌」，刻本肌誤爲肥。菜部蕪：「今小兒食之」，刻本食作含。「多生濕地」，刻本生誤作土。菥：「除風耶」，刻本脫耶字；「辛歸五藏」，刻本脫辛字；「取其條上子」，刻本取字破裂，僅存左旁耳；「此物實爲爽贍，極優美」，刻本空爲至美六字。蒜：「山溪中沙弧」，刻本脫山字。米部胡麻：「大吐後虛」，刻本後誤爲緩。

又卷第十九目次，麻賁下脫麻子一目，則與都數二十八種不符。又「二十二種名醫別錄」，刻本脫二十字，尤關重要；蓋六種神農本經，二十二種名醫別錄，方洽爲都數二十八種。

故陳子昂遺集

S.5971 殘文四碎片，S.6987 殘文一碎片，並與巴黎所藏故陳子昂遺集爲同書。以楊澄重編本校之、並在卷八中。且 S 5967 一片，適與巴黎卷相銜接。余曾考知陳集以全唐文本爲最善，惜不在手頭，謹依楊本校其異文如下。

陸上又寬刑漏網　楊本「網」作「罌」，注云：「一作網」。

不循名責實　楊本脫「責」字。

其山南淮南　卷子本「共」原作「期」，改爲「共」，楊本作「期」。

當日辦發　楊本「辦」作「便」。

刻必不及期　楊本衍「必」字。

答制問事八條

此皆事業不同　楊本衍「此」字。

如裴炎劉褘之蘇味道　楊本蘇作褒，注云：「本傳作褒」。

兵之可裝必有所資　楊本「可」作「所」。

某等干紀亂常　楊本「某等」作「懋貞等」。

上益國事

臣忝塵一命　楊本「忝」作「參」。

惶惶悚悚　楊本並不疊。

上軍機要切事狀　楊本題作上軍國機要事

誤陷城府此固天恩已應　楊本「誤」作「凌」，「城府」作「府城」，固下有「宜」字。

早爲之圖　楊本之圖二字互倒。

則全家皆死　楊本「死」作「怨」。

上西涼州安危事

此則內無國家觀信之恩　楊「觀」作「親」。

今者姿破迴紇　楊本「者」作「若」。

此虜不安　楊本作「虜不自安」。

遐官戎狄　楊本「遐」作「選」。

將以國家綏懷　楊本將上有「實」字。

未足威懷　楊本「足」作「定」。

夫心情莫不以求生爲念　楊本「心」作「人」。

兄夷狄豪傑代有其雄　楊本衍「豪傑」二字。

甘棠集

唐劉鄴撰

敦煌本甘棠集，冊葉裝，高 2923c.m.，寬 11c.m.，共三十葉。卷一無前題，卷四後半已闕，不著撰人姓氏。以余考之，殆唐劉鄴所作也。新書藝文志別集類，著錄劉鄴甘棠集三卷。其證一也。集卷三有上高尚書啓云：「伏奉△月日牒，猥攝陝州參軍充觀察巡官者」。又啓云：「伏蒙慈造，奏授太子正字充防禦巡官者」。考舊書鄴本傳：「高元裕廉察陝虢，署爲團練推官，得祕書省校書郎」，（卷一七七）然則高尚書卽元裕。其證二也。又集卷一有賀襲王充成德軍節度使表及奉慰西華公主薨表，證以舊唐書宣宗十一子傳（卷一七五）及新書諸公主列傳，（卷八三）再照以鄴所歷官，莫不時當事對。其證三也。鄴集宋人已不著錄，亡佚已久，其文之存於今者，僅乞贈李德裕疏殘篇，賴舊書本傳以傳。今獲原集，所得爲已多矣。

是集殘存四卷，而新志著錄作三卷，疑三乃當爲五之誤。

新刊介紹

讀書月刊創刊號

艾寒松史枚編輯　民國二十八年二月一日出版　生活書店發行　每冊二角二分　全年二元角二

這種月刊發刊的目的，是爲的「幫助青年的自動學習，推進戰時的學術」。具體地說，該刊是在於介紹學人的心得，介紹讀書學習的方法和經驗，介紹批評書報，提供研究提綱或討論大綱，並發表讀者的討論或學習生活中的各種疑問的。

創刊號本來預備一月出版，所以出版的消息是一些讀者早知道的。本期的專論，是三篇譯文，其論題是「論個人在歷史中的作用」，「論國家之加強」，「論通訊員的寫作和修養」。關於抗戰中文化動態的探討和報告的，有潘梓年的今後文化界的任務，向林冰的抗戰以來通俗文化運動的發展與缺陷，余爽仁的最近的文壇等五文。關於讀書方法與經驗的，有杜若君怎樣研究國際問題，錢俊瑞的略談讀書的方法，寒松的關於讀書經驗等六文。本期批評介紹的讀物，是「國際聯盟」，「中國外交史」，「國防物理學講話」。「閱讀與寫作」等書，此外有讀書問答，全國新書月報和全國報紙雜誌一覽諸欄，頗便讀者。而「時事月論」一欄，把二十七年十二月份的抗戰形勢，國際動態和經濟方面的重要設施作一提示，是很值得重視的。（思）

學術消息

國內

國立中央研究院社會科學研究所近兩年來的工作

該所創設於民國十六年，成立已十一載。原設南京，事變發生後，奉令遷湘，繼又由湘遷桂。現以華南戰局展開，敵有犯桂企圖，近已遷滇。茲將該所二十六、七年度研究工作之概況，記述如左：

（一）社會經濟史研究方面，集中於明代一條鞭及湘軍制度之研究。前者在撰述中，後者近已付印。（二）工業經濟研究方面，集中於中國之棉紡織工業，抗戰以來之棉紡織工業，國內資本之形成，國營事業之檢討，江西鎢業之成本會計，電器製造成本會計之設計等課題，大抵在編述研究中。（三）農業經濟研究[illegible]爲關於浙江之食糧[illegible]。（四）國際貿易研究[illegible]面，爲我國關稅自主以[illegible]口稅率水準之變遷[illegible]省對外貿易調查[illegible]年來外省對外貿易[illegible]物量物價指數之[illegible]學省對外貿易入超[illegible]易之新變之關係[illegible]國際貿易之關係，瀛緬路[illegible]戰時航業之損失及[illegible]等課題，大抵均已[illegible]印中。（五）金融研究[illegible]面，爲浙江省之農[illegible]及合作事業，廣東[illegible]匯款調查，戰時金[illegible]，中國存銀之估計[illegible]工作，備關於戰時金[illegible]已脫稿。在搜集資料[illegible]方面，有廣西財政[illegible]廣西縣地方財政概[illegible]題，前者已撰述[illegible]者在整理中。（七[illegible]研究方面，爲廣西[illegible]政關係，亦已搜集[illegible]竣，現正從事整理[illegible]）統計研究方面[illegible]作品質管理之研究[illegible]一段落；另一方面[illegible]理論與工、農業關[illegible]討，將編爲專書發[illegible]外且有戰後經濟研[illegible]本兵力估計等工作[illegible]。

國外

（一）德與西國民軍簽定文化協定

德國與西國民[illegible]之文化協定，已有[illegible]六日簽字。簽該文[illegible]與去年十一月德簽[illegible]所締結者大同小異[illegible]實稱：「茲希特勒[illegible]爲增進德國與西[illegible]國間之友誼起見，[illegible]展彼此間之文化關[illegible]該協定共二十二項[illegible]戲院音樂，電影[illegible]項目無不包括在內[illegible]于大學教授及學者[illegible]辦法，該協定亦詳[illegible]，該協定同時指定[illegible]民軍區按照德國教[illegible]增設德國學校。據[illegible]爲恐因金融之故[illegible]實施該協定，特另[illegible]，以資解決云。（[illegible]

（二）美國圖書館協會本年年會

美國圖書館協[illegible]三九年年會，定於[illegible]月十八日至二十四[illegible]國博覽會在舊金山[illegible]中假該地舉行。因[illegible]會開會關係，參觀[illegible]者，必將更見踴躍[illegible]）

（三）國際教育聯合會年會

國際教育聯[illegible]屆年會，定於本年[illegible]巴西京城舉行。（[illegible]

圖書

半月刊　第八期

通訊處：昆明柿花巷二十二號

「圖書」第八期目次

太平天國革命戰史概論

陳安仁著　商務印書館發行　二十七年七月初版　一冊　六三面　價二角五分

本書除緒論結論外，共分八章。緒論闡發太平天國爲革命的而非暴亂的，並指出太平天國爲辛亥革命作一伏流，此歷史價值，不容抹殺。第一章推溯太平天國革命思想之淵源，上至明季。明季士大夫之結社，入清以後，由於政治上之高壓及科舉利祿之引誘，次第消滅。下層社會之祕密結社，其勢反不可侮。由茲揭旗僞錢、多出貧賤。太平天國雖終於傾覆，而民族意識所寄託，於以可睹。第二章分析太平天國革命之政治上原因，爲滿清內亂之發生，軍備之廢弛，及政治之腐敗。第三章分析社會上及經濟上之原因，稍嫌簡略，大意以耕地之集中及失業農民之增加爲革命爆發之由。第四章太平天國之革命主張，抄引太平詔檄四則，以作例證，歸納所引文字，大致以種族觀念爲號召，如斥滿族爲妖胡，一則中國斥歐人爲夷爲鬼。其所以斥滿族爲妖胡者，則不外彼我來源尊卑之不同，冠服之不同，信仰倫常，制度條律，以至嘗新之不同，滿人有意消滅漢族手段之毒，及壓制漢族政治之暗。他著者於本章未加分析。又直引成文，稍少自出，遂令讀者如閱史料選錄。第五章以十面之精編，寫太平天國之興亡，扼要切實。對於革命不起於廣東而起於廣西之故，亦有說明。第六章分析革命崩潰之原因爲內訌之迭起、政治之腐敗及陋習之傳染，帝國主義者之壓迫，上海財富區之助清，士大夫之效忠清室及維護傳統習慣，下層社會對太平軍改革舊信仰之怨懟，太平軍缺乏堅固革命意識，以及北伐之停頓。第七章太平天國之政治思想與制度，指出其思想源於周官，新舊約，及秘密社會信條。又略述其官制，軍制、田制，宗教，社會法制，選舉，曆法，稅制，幣制之梗概。特異之點，則其田制之倣古井田，宗教之竊取基督教而表異乎歐美之舊，法制之偏重軍律，社會制度及選舉制度上之男女平等，及曆法之非陰非陽。章末附述太平天國之對歐美外交，委曲求全。第八章太平天國革命後對於新興革命勢力的影響，列舉八端，不外予漢族以自覺自信，樹民族革命先聲，遺新興革命以潛勢力。由於太平天國之失敗，吾人所得教訓，即亦太平天國失敗之原因，爲民族主義目的之不貫徹，民主思想之缺乏，革命力量之不集中，與偷安，腐敗，及有破壞而無建設。結論了了數語，過於簡略，似應改寫。全書資料尚屬豐富，敘述亦流暢可喜，能予初涉太平天國史實者一明晰概念。本書題名太平天國革命戰史概論，實不止概論戰事，名之爲太平天國史略，亦無不可。（賈）

衡哲散文

陳衡哲著　民國二十七年十二月上海開明書店出版發行　二冊　定價一元四角

近年來常有熟與不識的青年，向著者徵詢一些關於當前各種問題，如青年問題，婦女問題，教育問題等方面的意見。著者因回答他們，曾經發表過許多文章。這本書，收有五十二篇短文，一部份是對各種問題的回答。而其他的文章，是對一般問題的討論，或國外著名婦女工作者和文藝家的評傳及作者自傳。最後一部份文章，則是著者在國內外遊記了。本書分五編，收的文章，是由著者近十餘年來所寫的一百數十篇文章裏選出的。共收十二篇。這些文章，討論到國家民族的大問題，也討論到個人環境的小問題。其次，關於婦女問題的文章十二篇，包容了婦女參政，婦女職業，女子教育，和兩性等各方面的問題。對於婦女與國難的關係和婦女在戰時的責任，都討論到。其次教育與青年問題十二篇文章，是對於兒童，中等，大學教育等問題的討論。對於兒童青年的健康問題，著者是特別注意的。第四編是關於居里夫人，亞丹女士，亞波拉，愛洛綺絲，格普生，但丁，彼脫拉克等人的評傳，和作者的自傳。第五編，收遊記六篇。

著者在「國難所奠定的復興基石」一文（八七至九五頁）中，指出全國抗戰應有的收穫，「共二：一是軍事上的勝利，一是爲民族復興奠定穩固的基石。」而所謂基石有四：第一是中華民族統一的大成功，第二是民族[illegible]的機會，[illegible]民族返老還童的機會，[illegible]民族人格的洗禮。[illegible]固然要努力現代的生產方式以抵制外貨，一方面卻眞的能減少一些在物質上的需要，以休養民間的富力。這不是抗戰建國的基本原則麼？而著者此文，係作於二十六年十二月，那時全面抗戰剛開始不久，爲文能這樣深刻，我們不能不佩服著者的遠見了。至於對於其他問題，著者觀察周密的很不少，不復一一細述了。

著者的行文，是流暢[illegible]城」，太原的[illegible]方的，所謂「城」，也是四丈高，厚牆圍繞，[illegible]內的富戶，也都有三[illegible]紐家儼然自成一個小城。只可惜街道太污了。在一二百年前，太谷便是山西的銀窩，山西是北中國的銀窩。據說有好幾個村子，每村都有幾個百萬家財以上的富戶。」這寥寥幾句話，把一個封建時代的經濟傀儡，一點一點描出來。

「早五時一刻，醒來立，忽見紅日，因窗眺望，見紅日如丸，自海上浮出；而紅光四射，水面全成金黃色，光芒萬丈的向天空升去。」這是著者在遊北戴河的日記裏看日出的一段寫景。（結）

今日的新西南

白水編　言行出版社出版　民國二十八年二月初版　上海神州國光社經售　一冊　價三角

川滇黔桂康五省，地居西南，以地形複雜，交通不便，開發較緩。抗戰以來，此五省已成西南後方，至今復興中國，據此五省爲猛進之根據，其現狀如何，年來俱爲國人所願知。此書首述五省之概況，次分述各省：曰四川，曰雲南，曰貴州，曰廣西，曰西康。述各省之地形，富源，交通，及其政治上之設施，民族概況，於梧州，桂林，南寧，柳州，桂平方地現狀，依次說明，爲全書各省中述之較詳者。曰西康，述其形勢，歷史，物產，人民生活，城市，交通，並述省府成立經過，西康省府爲今歲元旦成立者。此外著者並對苗族問題加以探討，說明苗族在西南之重要，論苗族問題以外之影響，及對苗族之方法。並說明開發西南苗族工作之任務及其[illegible]。此書述五省概況，尚稱中肯，可供瀏覽。

史學年報第十週年紀念特刊

北平燕京大學歷史學會編輯發行　民國二十七年十二月出版　每冊一元四角

燕大歷史學會，創始於民國十六年，十七年創刊年報，所刊諸文，多精審之作，頗便史學研究之參考。北平淪陷，以環境特殊，該學會亦繼續工作。去歲十週紀念，特發專刊。收論著題記之屬二十一篇，計有洪業「閻貞憲先生遺稿五種」，聶崇岐「宋代制舉考略」，齊思和「毛詩[illegible]考釋」，葛啓揚「卜辭所見之殷代家族制度」，劉選民「清代東三省移民與開墾」，熊德元「顧亭林之經濟思想」，齊思和「戰國宰相表」，陸欽墀「英法聯軍佔據廣州始末」，翁獨健「西力東漸與日本」，朱士嘉「中國地方志綜錄補編」，顧廷龍「讀漢金文小記」，容媛「金石書錄目答問」，王伊同「[illegible]氏前漢書釋注訂正」等。至於書評，則爲[illegible]（思明）著古代[illegible]制度，Charles S.Gardner 著中國舊史學及 H.W. BoldWin 著歐洲最近軍事問題等文四篇。（蒔）

日本人——一個外國人的研究

蔣方震著　民國二十七年九月初版　一冊　四十五頁　定價國幣三角　香港重慶大公報社代售

這本小冊子，除了緒言和遺木書的故事之外，分十二章。著者是以觀看悲劇的同情心理來觀察日本的。因爲「這個想像力很大的日本民族，悲劇性的自造了一個國難，以爲悲壯的享樂」。日本的愛國志士，正在造成日本的悲運，這不是比「漢穆雷特」更悲的悲劇麼？

日本民族是由南方移去的，日本人不能接受北方的苦寒的生活。這種情熱的人種，受到地理上的影響，雖時時向外界注意，但「缺少冷省的能力」，同時在「複雜的環境中找不到一個中心點」。在日本習俗中的重要事物上，如魚，酒，音樂和花等，表現着日本民族的悲劇性格。

二章。專述日本遠古的歷史。主要地是指出日本文化上的兩點：一文字的創造，二武士道與大和魂。「一個造日本文字的，是一個有名的和尚，在中國受了精深的佛典教育」。武士道也淵源於佛教思想的輸入，它的美德是忠實，勇敢，簡樸，儉樸，守禮節；但對女性，則不是尊重，而是蹂躪，喜川幕府，養成間諜的天才，即由武士道的背影而來。大和魂，是從佛教禪宗而蛻變的。

明治大帝，是奠定日本成爲強國的基礎的巨人。用了獨立的一章，舉示他在日本當時整理內政和對外發展上的重要成就。日本當時正遇着西洋文化的進攻，路線紛歧，思想各異，內政整理與對外發展，民權與王權，南進與北進，文治與武力，國粹與洋化，凡此種種，都可以使日本這支航行海上動蕩不定的船，走着不同的方向。明治大帝，卻用堅定的意志，聰明的先見作了船的舵。

繼續使日本在經濟上得到飛猛進的，是歐戰。但作者卻在反的方面，深刻地觀察到日本由歐戰得到的是煩悶，誘惑。在煩悶，誘惑中，日本整個的民族動搖起來了。征服亞洲，征服世界是日本動盪不安的表現的一面；貧富不均，生活困難，革命共產，虛無主義，暗殺手段，是日本動盪不安的表現的另一面。這種複雜交錯的情形，使日本入於瘋狂狀態的現階段。

在日本的政治組織上說，有兩種對立，一、政治家與軍人的對立是因爲日本「內閣組織法制定的時候，確定了陸海軍大臣必須從現役將官中任命的原則」，軍人得以操縱內閣而發生的。二、海軍與陸軍在財政上的對立，是由於爭取預算。六章日本少壯軍人的動向，及思想來源，在日本的了解上，是必需知道的。「軍人思想之變遷」，主要在說明日本軍人的幹部由於生活經驗和出身農民，他們的思想，已不是日俄戰爭時代那樣單純了。「他們對於社會財富的不平，已起一種激烈的反抗」。他們煩悶着，但幾度解決煩悶的方法，都失敗了。

「陰謀」「煽動」「賄賂」「威脅」，是日本政治運動上的惡性內幕，但著者不斷把他揭露出來。「日本的政治家天天在火山上跳舞，朝不保夕；歷內閣背後總有人操縱」。這是書裏指出的兩點。

起初，日本武士，輕視商人，後來財閥抬頭，大正時代，居然對軍人取得對立地位。財政經濟一章，是說明了財閥與軍人政黨關係之外，並且說明日本的財政基礎是建築在農民身上的。財閥既爲政黨後台，且內製造武器，不能不發展重工業的關係，「使青年軍人所提倡的皇家社會主義」也得暫時停頓，這是日本資本主義漸漸抬頭的紀錄。

就外交說，日本是二重的。參謀本部的情報網雖然細密，日本軍人卻不懂外交。日本外交家川的心力雖大，但結果總是失敗，爲非國人所不滿。且在外交上，分英美與親俄兩派，是不能合作的。日本雖善宣傳，但有對外失信任，對內失調節，兩種流弊。

日本文明，是用歐美輸入的科學文明與中國印度輸入的精神文明所構成。原來是很空虛的。雖然他以東方文化自豪，實則無一不是做西方。精神上非常矛盾。他努力擴張領土，能力卻有限，日本人研究外國，卻忽略了大處。

明治末年是日本內政上的黃金時代，畢竟順應潮流，是日本獨步東亞的時代。現在日本軍人常常自由行動破壞紀律，濫用武力，不相一致，而國際關係上，又引動了世界的疑懼。他的黃金時代是過去了。

日人雖自覺不可一世，壯丁兵役不及格的百分數，卻在激增。學生體格不良，隨教育程度而遞增。向外發展，已超越了自然限度了。

以上是全書十二章的主要內容。

綜觀全書，周詳正確，爲了國人對於日本的認識，可以說是一種基本的讀物。他的研究，所以能達到這樣成功的緣故，是由於方法應用的良好。如：

一、從矛盾上觀察：著者是由日本內在的對立矛盾來分析日本的。如：固有的裂痕一章裏，指出政治家與軍事家在政治上的對立，海軍與陸軍在預算上的對立。財政經濟一章裏指出農民與資本家的對立。「精神上的矛盾」，指出日本在精神上的矛盾。

二、不忽略社會的經濟背景：如說日本少壯軍人，多自出農民，「而近代日本農民的困苦，不是一讀資本論者所能想像」的。加以一般中下級軍人的俸給之低，所以日本軍人起了思想上的變化。（第六章）

三、不忽略歷史的來源：著者在全書的各方面的觀察裏，差不多都說明了它歷史的過程，例證太多，不加舉述。至於有些地方，由歷史過程中，找出現在日本現狀的來源。如說日本在內閣組織法制定的時候，已伏有軍人得以操縱內閣的來源。（十八頁）如說日本二重外交的由來，是因爲明治年間，參謀本部的地圖情報，比外交部常來得早。「經過中日日俄之役，軍人對外交有容喙之權」。（三十一頁）

四、不忽略自然條件：一個民族的性格，係由其人種上和地理上的自然條件所形成，在習俗上，能看出一個民族性格的反映。所以著者一開始就能由自然條件得到日本民族的悲劇性格的確確概念。

是的，這是一本小書，但在小書中，確有大的研究所得在表現着。據蔣氏自己說，他在柏林的時候，迷了路，偶然遇見一位研究東方知識的老者。這本書是從老者的筆記中摘錄出來的。假非蔣氏所作。但不問其是蔣是老，都是國人應讀的一本重要的書。現在浙江省黨部已經把它另排出來，爲了更普及的小冊子，使一般民衆都有一讀的機會。（稼軒）

近出期刊介紹

心聲週刊

該刊每星期六出版，標榜關於國際動態，社會經濟，教育，青年諸問題，均有批判紀載，兼及文藝小品。一月二十五日創刊。上海各書店經售。每期五分。

科學園地

月刊。學社編輯，已於二月出版。係純科學性質，以喚起大衆科學興趣，及灌輸常識爲宗旨，內容分科學談話，科學廣播台，家庭小工場，及科學服務台等。每冊一角。上海五洲書報社經售。

統計月刊

該刊係四川政府統計室編印，發表各種統計行政，集中四川省政府爲統一統計行政，以備社會人士之參考。創刊號內容，計分司法，公務，土地，戶口，金融，行政，教育，公路，保安，水利，財政，糧食，農業，其他等十數項，各項統計數字，物價，均精確，足供研究西南經濟問題者之助。

浙江戰時教育文化月刊

該刊旨在輔導各縣戰時教育文化事業，並提供各縣教育文化工作者之參考。故內容側重實際工作之檢討報告，計分短評，論著，本省各縣及國內外教育文化動態，工作研討，調查統計，法令章則，工作計劃，工作報告，工作座談，戲劇介紹，漫畫，歌詠，資料，圖書評介，文化資料等。浙江金華浙江省抗日自衛委員會暨浙江省教育經售，每期一角，全年一元。

說文月刊

該刊係文字語言歷史考古之專門刊物，第一期已於二月出版。有衛聚賢「古今器物的編纂計劃」；張世祿譯高本漢「老子韻考」；胡樸安「論簡易字之形成」；陳志良「評十體彙編」；金祖同「甲骨文」等十餘篇。上海西摩路秀州書社總售。每冊一角。（壯儀）

歐亞文化月刊

陳鏈福主編，重慶中法比瑞文化學會出版，本刊以研究學術，討論國際問題爲宗旨。創刊號已於三月初出版，內容豐富，並有法蘇關係特輯，執筆者有羅桐孫，毛以亭，[illegible]等。重慶中國文化服務社總經售。全年二元八角。

學術界消息

國內

蔣百里抗戰論集發售預約

海甯蔣百里先生方震，文章學術，久爲世重，抗戰軍興，寫作尤勤；所論軍事，外交，政治諸端，精湛宏博，多中肯綮，發表後，讀者稱快，惜無遺著，散失無比，學者惜之。現由蔣氏記室張禾草，黃萍蓀，廣爲搜集，編爲一書，曰「蔣百里抗戰論集」。凡蔣氏遺著，並載蔣氏自傳，概爲羅列，如隨筆日記，並附各方友好，如馮玉祥，張一麐，姜紹謨，郭沫若，甘乃光，等所爲悼文數十篇，全書二十萬言，定價每冊一元五角，四月二十日出書。以前預約，每冊一元。出版處浙江金華杏波門四號新陣地圖書社。

國際

（一）國際人類學考古學及史前學會將開會

第十八次國際人類學及史前考古學會議定於今年九月二十五日在土京舉行。該會會議共事項，除考古學上之新發見外，對於一、古生物之人種形態，二、各人種之分布，三、精神社會學，四、[illegible]學及風俗，人類學，語言學，宗教史。世界各國之人類學家及考古學家均將出席參加云。

（二）國際各學術會議之開會時期

一、第八屆國際教育會議，定於本年八月在巴西京城舉行。二、國際數學會議，定一九四〇年九月四日至十二日在美國哈佛大學舉行。三、國際地質學會議，受英國倫敦地質學會之邀請，定於一九四〇年在倫敦舉行。

（三）義波將成立文化協定

義波兩國爲發展相互間之文化關係，曾討論如何合作，已擬就文化藝術及科學方面之協定草案，將在[illegible]大學講座，利文化研究所則將大事擴充云。

圖書

半月刊

第九期

通訊處：昆明，棉花巷十二號

目次

方志今議

黎錦熙

——城固縣志續修工作方案——

一

城固舊志，成於康熙五十七年（公曆一七一八），距今已二百二十年，觀其體例內容，皆欠精備，（前乎此者，尚有明嘉靖四十五年所修，而康熙修志者僅見其殘本），故今續修，其任務非能如民國二十四年宋氏（聯奎）咸甯長安兩縣續志之所爲，一續而了。蓋咸甯前志，成於嘉慶末年樸學大師董氏（祐誠）之手，又適當曠代史才章氏（學誠）發凡起例之後，遞緒相承，易爲功也。今則「續」之外宜有所「補」，「補」之外更宜有所「創」。所謂「創」者，謂居今日而修方志，決非舊志之旨趣與部門所能範圍，即章氏特創之義例，橫拓之領域，由時代之進展，亦頗感其未盡適宜而殊嫌不足也。

二

今修方志，先明「三術」，即「續」「補」「創」是也，茲分釋之：

（一）續　如職官、貢舉（即選舉）、封爵、祀典等門，或其制迄清末而革除，但存掌故；或其事入民國雖廢續，只須列表者是。城固原有志局，採訪尚豐，整理排比，是之謂「續」。

（二）補　如人物、藝文、金石、古蹟等門，新獲者固當「續」入；舊有者頗多闕遺，須爲拾補，或涉舛誤，應與糾繩。例如城固舊志，張騫一傳，僅其敘述，傳訛無改；亟宜根據正史，參採舊注，博稽往籍，旁羅新著，現徵後裔，實考墓碑，勒成詳傳，並附圖表，以彰前烈，而迪嗣猷。凡茲訂改補充，統謂之「補」。

（三）創　事項新增者，例如地質、氣候、公路、黨務等，固可云創；即舊志曾有者，如關於自然之山水，物產等，關於經濟之食貨，倉廩等，關於政治文化之學校，風俗，以及方言等，或宜更易故稱，用符實際，或則悉換新質，仍循舊名：皆屬之「創」。雖然，創之爲術，尚不止此。

三

「三術」之「創」，首創定義：今修方志，目標安在？所謂方志，果爲何物？章氏特見，謂爲國史之基，時賢闡明，定作「地方之史」（如梁氏啓超，黎游縣志序及雅氏宜類志例叢話「通論」所習；皆含精理）：是則今修城固縣志，乃爲城固地方創修一部歷史也。如此高標，何從舉筆？尤其甚，亦不過蒐集文獻，備作史料而已。（章氏方志立三書議，除「志」之外，其「掌故」「文徵」二書，即爲保存地方史料之用；又其州縣請立志科議，主張於州縣衙門內設立「志科」，即爲徵集地方文獻之常設機關也）。然而變時著流，重視現狀，主張立志，仍返「圖經」，自然人文，略依地理之類目；調查，統計，悉遵科學之準繩。（如民國十八年壽氏鵬飛在浙江省政府提議，方志新體例及進行辦法案，主張解散舊體，分爲三書，其三書除「省史」外，「年鑑」及「專門調查」二書，實與章氏三書於「志」外分辨「掌故」「文徵」二書，用意相仿，特其目標一重在存史，一重在致用耳。近數年出版之研究方志學者，如李氏泰棻之方志學，傅氏振倫之中國方志學通論等，其理論俱多祖述章氏，然所擬志目及取材設計，亦皆偏重此點矣）。是則今修城固縣志，乃爲城固地方創編一部最新地理志耳。雖非降格，究失本源，折衷之論，則謂方志爲物，史地兩性，兼而有之；惟是並而未合，混而未融，今立兩標，實明一義，即方志者：

（一）地志之歷史化　方志因爲「方域之地志」，然須將境內事事物物，窮原竟委，非但考其跡象之沿革而已。必使讀者能就其變之實況，推知所以之緣因。如讀城固縣志，漢江南北百里，土沃產豐，何以人民，轉多菜色？唐宋迄今千年，人文不競，何以漢代，盛極一時？桑麻蕃汙，所關實繫全史；施政設教，鑒此可定方針：是爲「地志之歷史化」。

（二）歷史之地志化　方志固爲「地方之歷史」，然全國民族之榮辱隆汙，史家範繞抽象之論，須待此而徵實，而約知；本乎史而定施政設教之方針，亦待此而後能備繼悉周到之方案，而後能謀部分具體之實踐。而讀城固縣志，全國抗戰徵兵，組訓民衆，此間民智如何？生活如何？思想有無？感緒安在？須論逐類而稽，瞭如指掌，於是立施治之方，下對症之藥，然後政令執行，事半功倍。蓋英雄上刀闊斧，方志乃爲之具細讓密針；史家活剝生吞，方志乃引之使還期細嚼：是爲「歷史之地志化」。

四

「三術」之「創」，既創「兩標」，以明方志之定義；次創「四用」，以廣方志之功能。前節所陳，謂方志是「地方之歷史」與「方域之地志」融化而成，語其功用，可著於學術政教，此係概說，尚待析言。今修方志，不分史地，勿泥體裁，時代所需，須呈「四用」。四用者：

（一）科學資源　例如漢江盆地，城固據其上游，疆域狹長，計三百里，南枕巴山之麓地，北負秦嶺之坡區。誠能將此段之地質，土壤，山勢，水文，氣候，生物，作一番精密之調查，詳確之記載，則對於陝南之盆地全區，可謂「具體而微」者矣。自然方面如此，人文社會皆然；城固如此，他縣皆然。我國科學不發達，工業不振興，而提倡科學與職業教育，又僅稗販而不切合本國環境者，其原因雖多端，而國中抑無此種方志爲之資源，亦其一也，今之方志，此爲首務，若僅視爲文獻之寄，則何怪人之貶爲不急之物乎？

（二）地方年鑑　年鑑之體製頗卑，直昔日之類書耳；然其功用絕大，今之一切學術研究與施政設教，乃至工商企業皆資之。年鑑必發軔於地方，而後綜合於全國，參加於世界，則繁簡詳略，皆能不失其正確性。例如城固現在之物質狀況，經濟情形，人事習俗，社會組織，政治進展，人物分佈，皆能有精密之調查，詳確之記載，再加以整理與統計，即成一部城固年鑑，而漢中區，陝西省，全中國，以及全世界之年鑑，固將遞爲憑藉。即準照所謂「創」之目標以修城固縣志，其「長編」亦即此物矣。有此「長編」，即縣志之基已奠，只須鈎稽以沿革考證，而損其繁蕪而已。年鑑之用，仍須存於方志之中，規制既陳，纂修亦易，且可逐年添附，無煩重來也。

（三）教學材料　學校文理各科，教材皆重鄉土，例如城固前有張騫，民族英雄，豈但本邦之矜式？縣志傳述，宜供全區以資稽。又如方言一門，舊志多附庸於風俗，或僅據舊籍，或只考訂訓詁，（如清同光間所修之縣志），或視爲專門調查，（如近修之鍾祥縣志，趙氏元任主編方言一門，用注音符號及國際音標，精闢之至），要其最大用處，實在本邑之小學國語一科，字讀國音，詞有標準，教學之際，須舉土俗，比較異同，縣志此門，兼供斯用。舉茲兩例，可概其餘。

（四）旅行指導　在昔韓愈過嶺，先借韶州圖經；朱熹下車，便問南康軍志。近世秉筆者，多鄙夷方志爲史之說，過重文獻，而忽視現情。迄於今日，交通頻繁，客居欲悉其風土，方志竟毫無用處。或曰方志而備斯用，下等於坊肆之旅行指南乎？曰：坊肆導遊之書，品格誠卑，爲其有營業氣；且資料雜據，爲其是急就章耳。方志而兼導遊，則水經酈注，東京夢華之流也。又何害爲！爲此言者，拙於方志爲書乃一邑之高文典冊，其實何至如此隆重？蓄爲體裁所拘，遂致功用不廣矣。此當體，用所宜兼顧。

五

「三術」之「創」，「兩標」「四用」，既具於前；謹按先「立」後「破」之義，繼破四障：

（一）類不關文　類者，方志之事類；文者，文章之體裁。兩不相干，方爲正辦。查章氏方志立三書，以第一書之「志」爲其骨幹；「志」分四目，一曰「紀」，二曰「譜」（「圖」「表」屬之），三曰「考」，四曰「傳」，（尚有「政略」一目，其實介乎考與傳之間）。意在去冗以革舊習，顯史漢而立新裁。凡能承其緒者，彙稿合作，（如嘉慶安康縣志）一遵其法，成長及近今續志，尚稍有變通也）。其實如此區分，頗纏不便，今當首破此障，文以傷質。以後方志，決不當再以文章體裁分類；類書事類，類用何文體，一隨其事之宜，類可但標名目，（如清乾隆官作府志及民國嘉縣志之例，但標「山川志」「人物」等），或仍題一「志」字，（如光緒順天府志及最近黃氏炎培川沙縣志之例，惟其類全係圖或表者，及職官「大事記」，自當不贅此字。李氏泰棻，謂「全書既已名志，分目不應再用斯名」，似無充足之理由。且篇目綴此「志」字，亦便於鈔謄別出，先印單行本也。）今定類名一志，志爲一編，類相近者，聚爲部門，不以標題，但揭綱領。

（二）文不拘體　某類中之文體，既一隨其事之宜，[illegible]

[illegible]

六

[illegible]

七

[illegible]

八

[illegible]

九

[illegible]

附言

[illegible]

圖書

半月刊

第十期

通訊處：昆明：靛花巷十二號

目次

最近國內出版的經濟學書

稼軒

一 中國金融年鑑

沈雷春主編 顧高揚 馮式雅 曹鵬 吳東田 紀英 沈謙六編輯 上海中國金融年鑑社發行 民國二十八年一月二十二日初版 一冊 定價四元

這本年鑑編輯發行的動機，一方面是鑒於金融對抗戰建國前途的重要，一他方面是秉承本位救國的意義，竭盡對此大時代所可能貢獻的力量，貢獻國家」（見沈氏代序）另一方面據編者的代序說，是因爲中國銀行經濟研究室所編的全國銀行年鑑和實業部編的中國經濟年鑑，中經社編的中經年鑑，或將中止編行，或已中斷，無以應國人之需要而編印的。（但據筆者所知，全國銀行年鑑，已繼續編輯出版至二十六年者。）

它所採取的金融定義，是廣義的。且包括有「決定貨幣存在與幣值之國家財政，以及附麗於財政而足以直接影響貨幣價值之國際貿易，並直接受貨幣價值影響之物價在內」。內容「除對於金融各科目之關係與其沿革，作簡略的說明外，大都以統計數字爲主要材料。」「惜因環境惡劣，致戰後各種金融動態，未能完全用真確數字，顯示其趨勢。」其中材料，多搜至二十七年六月止。

書凡六章。一章現階段的我國金融，佔一五四面。分總論和分論二節。總論又分前言、財政、貨幣、金銀、匯兌、公債、國際貿易、生活指數八目。分論分銀行業、信託業、保險業、錢業、其他、五目。「前言」，首「金融各科目之發展及互相關係」，對於財政，貨幣，公債、匯兌、國際貿易、生活指數等科目，作一番通的汎論，指出其經濟學上的一般概念；次「我國金融機構之特質」，指出我國金融機構上特質之大者，如半殖民地色彩，資力薄弱，國家債務負擔比例的龐大，資金及金融機關的偏在，各地物價的差異，高利貸的橫行等。對於讀者提供一個基本的概念。次「財政」，概述中央及地方財政概況，中央歲出歲入狀況，並列近年數字簡表；復略舉一年來，即抗戰後之財政設施，如安定金融、發行公債、獎勵輸出、改良稅制等。第三目「貨幣」，述貨幣本位討論之沿革，廢兩改元的實現，新貨幣政策的施行經過和低幣發行的近況。所列中中交農四行最近年發行額，僅至二十七年六月止，這是因爲四行檢查報告沒有發表的原故吧。四目「金銀」，主要在說明金銀進出口的動態。列有民元開始至二十七年六月的金銀進出口表，和二十四年以後的金銀進出國別表。五目「匯兌」，首述內外匯兌及匯兌機關，次外匯，次內國匯兌。六目「公債」，首述中央政府國幣公債發行之回顧，次財部整理內債的情形，次中央之外幣公債及其整理經過，次中國公債一覽表。此外並分列中央地方國幣及外幣公債。七目「國際貿易」，述我國對外貿易的沿革，民國以來國際貿易的動態，貿易內容的分析，所收數字爲二十四年至二十六年者。八目「生活指數」，首述各國編製生活指數的概況。次列各重要城市躉售物價指數（收上海、華北、廣州、南京、漢口、青島、長沙各地）表，各重要城市生活費指數表，（一、生活費上海、北平；二、工人生活費，上海、天津、南京、廣州）並只將上海躉售物價指數及生活費指數，自十五年以來的分類羅列。

分論中，分業敘述。凡五目。一、「銀行業」，是先說明了銀行的性質，業務，我國過去的金融組織，和清末對於銀行的需要。次述我國銀行業的小史，次我國銀行業的現勢，列有全國銀行一覽表，分列政府經營及官商合辦的銀行四十五家，民營銀行一〇二家。前者列舉他們的名稱，特性，總行所在地，創立年度，實收資本；後者列其名稱，營業種類，總行所在地，創立年度，實收資本和儲蓄信託兩部的撥充基金。次分析近五年銀行業營業的動態，只「就各銀行放款用途言之，則以放於政府各機關者爲最多，佔百分之四十以上，放於商業百分之二十以上」，次工業百分之十二左右，而農業僅佔百分之五，這種情況，是資金與生產界關係的說明，是應當改進的。最以結論，指出目前銀行業的病結和它的改善方法。至於信託，保險，錢業各業其敘述次第，與銀行業節目同，不復詳述。五目「其他金融業」，包括儲蓄會，郵政儲金匯業局，銀公司，官錢局，合作金庫，交易所等。

第二章「全國金融機關調查」，共五十六面，分六表。一、政府經營及官商合辦銀行，二、民營銀行，三、信託公司，四、保險公司，五、上海錢莊，六、其他。其間除上海錢莊係列舉其名稱，組織，資本，股東，經理外，都是表列其名稱，簡史，組織，資本，負責人。第三章「金融統計」，首一般金融統計，列法幣發行數額表，中央銀行發行額及其準備金數目表，重要各埠低幣流通額表，最近百年金銀比價表等表二十三。次金融機關業務綜合統計，表列政府及民營銀行商業部營業總額表，資本金表，各項存款表等共八十三表。三節金融機關業務個別統計，表列各銀行，各信託公司，保險公司資產負債表凡七十一表。本章共一五八面。四章「列強金融業在中國」，是說明列強對我侵略的金融機構的，首對列強在華投資作一簡略分析，並對其陣容加以敘述。次外商金融機關調查，就大英，有利，沙遜，麥加利，匯豐，花旗，三菱，三井等銀行及各保險公司等表列其名稱，簡史，資本，所在地等。次爲外商金融統計，列表三，即：外商銀行負債統計表，外商保險公司資本總計表。本章佔三十六面。五章「金融日誌」，以月爲綱，臚民國二十七年中關於我國財政金融的大事。六章金融法規，分五節輯錄管理通貨的政令，戰時安定金融的辦法，統制外匯的規定，改善金融的辦法，非常時期印花稅暫行辦法，省幣制改革的新法，戰時民營銀行辦法。

民國二十三年中國銀行所編的「全國銀行年鑑」，是中國專門關於金融的年鑑的嚆矢。正編章目凡八，是：銀行大事述略，全國銀行總覽，各地銀行調查，銀行公會，銀行法規，銀行統計，銀行人名錄，銀行日誌。附編七章，是外國銀行，典當，銀號，信託公司，銀公司，儲蓄會，保險，及其他金融機關的。這是因爲它以銀行爲主，旁及其他金融機關的。現在這本年鑑，它既名爲金融年鑑，採取了廣義的金融定義，自與銀行年鑑不同。何況它還錄載全書，尚稱充實。

年鑑編制的用意，是在於把過去發展情況，或是現在的一般情形，以作有系統的觀察，使讀者可以易於了解，且便檢查。本書既在第一章總論中將我國金融狀態作一概觀，又於各章目多述其略史和概況，爲引端，很得年鑑的體要，是其優點之一。而且在代序（名爲「中國金融年鑑之意義及其內容」）裏，除了把廣義金融的定義和金融年鑑編製的重要性說明之外，即分法幣，公債，國際貿易，外匯匯兌，金銀移動，金融機關六項用簡單數字，或且將戰前戰後作一比較，以表明其趨勢；又將抗戰中中日兩方面的幣制，公債，外匯，對外貿易，物價等情況作一尖銳的對照，讀者可以一目瞭然。是其優點之二。至其所訂次第，綱目張，非徒雜紀述，鋪陳數字而已。是其優點之三。

至於所謂年鑑，本應於其年度內的動態作詳盡的描述，而此書未能完全作到，或者是因爲資料不易蒐輯一致的統計資料，下次能夠增補。年鑑的編輯，必有根據。其根據，最好一一注明。如此，既可使讀者知其正確性質的如何，且可按圖索驥，以查原書。最低限度，也應該列舉其所根據的書目。此書除少數幾處外，（如五五六頁中國公債表，注明係根據浙江興業銀行所編。）幾全不注明根據，這缺點不能算小。二、以年鑑的體製論，是應當敘述和事實並重的。此書，有的地方，沒有舉出具體的事實來。如A五五頁，在述內國匯兌上說：「時至抗戰一年後之民國二十七年，我國政府爲維持抗戰之經濟力，故對於人民之由被線後方，向淪陷區域匯款者，特分別予以限制，或限制其數目，或提高匯費。至於由淪陷區域匯回，則受優待之條件。」就不過敘述而已。三、節目的釐定，以頭緒楚爲重要。如A六〇頁的節目（三）已經是「中央之外幣公債及整理經過」，而（四）又說：「近年中央政府整理外幣債之辦法亦可分財政交通經營者述之如次」，這兩節似乎可以合併。四、二章全國金融機關調查，所列的銀行，在三章金融機關業務個別統計表不盡有資產負債表。如二章一表有廣西農民銀行，而三章三節就沒有該行的資產負債表。僅有概況調查是不能表明它的動態的。五、本書既爲金融年鑑，應當對於關於金融的機構和它的動態，列舉無遺。經濟部農本局，既在戰前半年內，獨立舉行有關於蠶繭，烟葉，水利等巨額貸款，且與其他銀行合作舉行其他生產用的貸款。並設至二十七年底止，在內地各省創設的合作金庫，已達七十餘處。投入股本七百餘萬元。這樣一個大的金融機構，是爲年鑑所忽略了。六、物價的漲落，不必盡受國家財政政策，貨幣價值、國際需要。金融機關利率及資金運用狀態，的影響，但既與金融有關，不妨累述。我國物價指數，既因編製方法的不同，基年的不同，物品種類多寡的不同等，自不易比較。本書所收指數，如各重要城市躉售物價指數，一如前述，是僅收上海，華北，廣州，南京，漢口，青島，長沙等地的。且多至二十六年五月即止，而不知國民經濟研究所，總輯各方調查，對於重慶，萬縣，漢口，長沙，昆明，上海，南鄭，閩侯，廈門，廣州，蘭州，各地的主要商品躉售物價和生活需要品零售物價的指數，自二十七年五月（何時開始，不得而知 但據經濟動員前刊號所載，爲自五月始）起，就有所編製，雖然數字不全，也可以聊作參考的，這種雜誌，發行較晚，所以著者沒有看到？

二 中國戰時經濟特輯

葉笑山 董文中編輯 中外出版社出版 民國二十八年一月初版 各書局經售 一冊 三二九頁 定價一元

現在戰爭，不是完全靠武力來決定勝負的。同時且必然要看人力物力強弱的如何，我們對日的抗戰已經成了持久戰，經濟資源的如何？經費籌措的如何？戰時經濟比戰前經濟情況進展的如何？這些問題，對於我國經濟的能否支持持久的抗戰這一問題上，是很重要的。「中外出版社」，所以印行這本書，「將我國戰時經濟統制之方策，抗戰前後全國經濟之狀況」（見該書序），公告國人，其用意，想來是爲適應當前戰時的需要的。是以「刊佈戰時各種經濟狀況，[illegible]及各項重要設施爲主要資料，內容注重統計數字及事實之叙述，理論文字，採用極少。」「但爲探本窮源，俾使讀者易於明瞭起見，故對戰前之重要材料，間亦予以追溯」，當不失爲重要經濟資料參考用書之一。

書凡十章。除了一般經濟之外，包括了農業、礦業、工業、商業、金融、財政、對外貿易、交通各經濟部門。資源問題，獨立一章。書第一章，開始即論此種問題，以次討論動員問題和統制問題。「戰時經濟之建設」這第四節，與述過去復述戰時發展西南經濟建設、實施農礦工商管理，和建立抗戰時經濟防線等重要設施；且於後方各省如四川、陝西、江西、雲南的建設計劃作簡單的描述。五節，綜述川、湘、滇、黔、粵、桂西南六省的經濟概況。六節，分述武漢、重慶、長沙、梧州、昆明各重鎮的經濟概況。二章以後爲分論部份。二章農業，節目是概說、土地、重要農產物、大宗出口之農產物、各項重要設施、戰時糧食之調節、戰時糧食之統制和農村經濟之開發。三章礦業，在概說之後，述重要礦產物和各項重要設施。四章工業，在概說之後，分述戰後工業重心的內移和戰前後上海工業的概況，以及各項重要設施。至於上海工業敘述較詳，且戰前詳於戰後。五章商業，除了開始就描述戰前後各地的商業概況外，敘述次第，和三章一樣。六章金融，首分述銀行、錢莊，次戰前的金融建設，次各項重要設施。七章財政，冠以概說，次戰前的財政設施，次戰時稅收的改善，債券的發行，金銀的收集。八章對外貿易，既分述二十六年，二十七年一至九月全國上海天津對外貿易的概況（但天津是二十七年一月至八月），復述戰前後對外貿易的鳥瞰，和各項重要設施。九章交通，首概說，次戰時運輸的鳥瞰，次分西南西北交通鳥瞰，次分述鐵路、公路、水道、航空、郵政、電信各方面的重要設施。最後「戰時之資源問題」，首概說，次全國資源，並分述東北、西北、西南、邊疆的資源，次淪陷區域的資源運用，以及戰時資源的開發。

就這本書編製用意和方法看來，自然是當前所需要的。所收材料，相當充實，足供參考。縱然各章所述，多有他書可以根據，但整理剪裁，非不用力。茲就淺見所及，似有下列幾點，不妨提供編者：

一，抗戰以還，我國經濟各部門自然都受了很大的打擊，但伴着打擊而來的，是都發生了變化，這種變化、使我國經濟，有着新的進展。如像農業方面，由對外依存到對內自給，工業方面由帝國主義的包辦走向民族工業的建立等，本書沒有指出，觀察不算深刻。是其一。

二，本書雖名稱是中國戰時經濟特輯，但開始也應該對全國的經濟（不論戰時平時）作一總的概察，給出一個全般的概念。然後再側重戰時，加以探討，現在第一章既僅述戰時經濟，且不及於淪陷區，又僅述西南而不及於西北。第十章雖在探討戰時資源問題的時候，對邊疆和淪陷區帶的資源有所敘論，但也過簡。在戰時，我們對於淪陷區域的經濟情況，問題，和敵人所施的經濟政策，是不應忽略的。此外

三，物價問題，關係重大，對軍需安定和民眾生活，很有關係，戰時物價變動既大，對抗戰前途，所關更巨，似應立爲一章，特加敘述，以指出戰前戰後各地物價的比較，戰後的趨勢，並紀述當局對於物價的設施。最少也應該在商業的一章裏，成爲一節，根據物價指數，和實際物價，以爲舉示。本書僅在商業一章的開始，敘述杭州，蕪湖，漢口，長沙，重慶，濟南，汕頭，鄭州，廣州各地市況。（按這些地方，也並不能代表戰時全國的市況）的時候，略舉物價而已，而且，並非根據物價指數。

四，有的地方，徵引資料，失之較早，如敘述近年來銀行的時候，根據的是二十三年銀行年鑑的數字（頁六）。有的地方，敘述欠周詳，如敘述雲南五年建設計劃時，就是如此。

至於，本書對於戰時的經濟設施，和經濟情況的綜料成書，則是它的特點。不過所引資料統計，多沒有註明根據所在，是「和中國金融年鑑」犯了同樣的毛病。本書對於對外貿易，分析比較周詳，且所據數字，至二十七年九月，比年鑑是爲時較近了。

新書介紹

吳大澂尺牘

清吳大澂撰 商務印書館發行 二十七年十一月出版 景印本。線裝。七冊 價九元 國立北平圖書館金石叢編之一

金石之學，至清季而造極。吳縣吳大澂（大澂）邃於小學，通籍以後，歷官秦豫吉林，所至窮搜博訪，賞奇析疑，傳拓刊梓，用力至勤。所著「說文古籀補」等書，並爲不朽之作。徒以甲午中日事起，請纓殺敵，不幸敗績，久爲世詬。近人吳縣顧廷龍撰「吳大澂先生年譜」，吳氏國爾忘家之血誠，乃蒙大白。（顧譜燕京大學哈佛燕京學社出版）邇年國立北平圖書館購得吳氏尺牘墨跡五六十通，自同治十二年十二月迄光緒九年十二月，皆吳氏致濰縣陳簠齋（介祺）者。續得吳氏所撰「金文考」「讀古陶文記」等文，均由尺牘中別出，遂由該館金石部彙比次序，彙爲是編，而附「金文考」「讀古陶文記」二篇於全牘之後。此牘十九商討金石文字。間有論振濟災黎、辦理邊防，以至論戰陣器械者，亦可窺見吳氏經濟之一斑矣。若其篆籀行楷，書法之樸茂，凌駕當時，追逼上古，猶餘事也。編末有謝國楨跋，敷述陳吳二氏行誼；及「吳陳兩家尺牘編年表」。取本編及石印本陳簠齋尺牘，鉤稽兩家往來各書年月事實，甚便循覽。

吳氏之號大澂，由於所獲周大澂。得鼎之事，見本書第二冊清光緒二年四月四日書。吳氏生平事迹，爲金石學者所共知，又備詳顧譜，茲不發加介紹。（依）

黃河水患之控制

張含英著 民國二十七年七月 上海商務印書館出版 九十頁，附圖表 定價五角

黃河爲吾國第二大河，上源阿勒坦河，藏人稱爲瑪楚河，出青海入甯夏，至甘肅中衛縣，流經綏遠冲積平原至托克托而南，復入谷中；下流則自陝西潼關，折而東流，經孟津而至山東濟南濼口，則爲魯冀沖積平原，由大清河入渤海，長八千八百餘里。

黃河挾沙重濁，此淤彼決，下游屢有變遷。數十年一決堤防，數百年一改河道。自禹導河迄今，河之決口改流者，大小凡一千五百六十次，大徙者六次。益以去秋中日戰役蘭封決徙凡七處。每次之災害，雖不可詳考，然以民國二十二年決口計之，其直接之損失已逾三萬萬元之巨，此即世人所謂「中國之大患」也。

黃河改徙之蹟，依清胡渭禹貢錐指研究所得凡六，茲列其每徙之時期，藉明黃河治道之因革：

初徙：自帝堯八十載癸亥下逮周定王五年己未（西元前二二七九—六〇二），凡一千六百七十七年。

二徙：自周定王五年己未迄王莽始建國三年辛未（西元前六〇二—紀元十一年），凡六百十二年。

三徙：自王莽始建國三年辛未迄宋仁宗慶歷八年戊子（一一—一〇四八），凡一千〇三十七年。

四徙：自宋仁宗慶歷八年戊子迄金章宗明昌五年甲寅（一〇四八—一一九四），凡一百四十六年。

五徙：自金章宗明昌五年甲寅迄明孝宗宏治七年甲寅（一一九四—一四九四），凡三百年。

六徙：至明孝宗宏治七年甲寅迄清文宗咸豐五年乙卯（一四九四—一八五五），凡三百六十一年。

黃河流域乃華族發端繁衍之區，中原文化發軔之所，實爲吾國經濟文化之所繫。而歷次泛濫成災，又爲我國之大患，雖歷代設專官撥重帑以治之，而河患終莫能靖，豈河之果不可治歟！抑人力之有所未盡耶？此治河之道亟宜研究者也。

治河之書，代有專籍，非失之空洞，即詞旨晦澀，兼以卷帙浩繁，未足爲初學之津梁；而新出之編著，又多側重於局部專門之探討，如李儀祉之西北水利問題，侯德封之黃河志地質概述，胡煥庸之黃河志氣象篇等是。此篇將治河之道作系統簡賅之敘述，實便於初學之用，書凡十四節：首述「黃河流域之今昔」，蓋明治導之重要；次論「溯源概述」，總敍爲患之因；次論「河道」「地形與黃土」「氣候」，所以明自然之環境，亦即影響水患之間接因素；次論「水流」與「泥沙」，所以明水患之直接原因，而思所以控制之道；次論「河槽之變動」，所以明河道之特性與爲患之實況；次論「過去治導之理論及方法」與「防洪設施之現況」，所以述往昔河方案之演變與其背景，兼及現在之設施；更論「今後治河之途徑」，論過去治河之得失，與今後應有之改進；復論「下游之治理」與「上游之治理」，所以明治河之方法；卒述「治河之準備」，所以明治理之步驟。（竹）

▲ ▲ ▲

圖書

半月刊 第十一期

目次

國際文化界對我抗戰的同情

英國牛津大學石博鼎(E.N.Spalding)教授，前在該校發起援助我國各大學參考之圖書儀器運動，石氏夫婦並願先捐二千英鎊，以爲之倡，此種國際同情，殊值吾人感佩，中華圖書館協會理事長袁同禮氏特於二月二日代表該會致函申謝。頃接教授已函復袁氏，讀之，悉英國文化界對我英勇抗戰熱烈同情之一斑，及中英文化合作之密切關係。茲得原函譯文，刊佈如左，以告讀者。

二月二十日惠函拜悉，敝人非常感動！貴國文化機關，能在異常困難環境之中努力前進，繼續工作，欽佩莫名！此次敝夫婦得稍盡綿薄，深爲榮幸！

牛津大學捐贈貴國書籍事，已由評議會正式通過，正在積極辦理中，本大學出版部已製一書簽，除包括牛津之古塔及校徽外，並有下列文字「一九三八年牛津大學以學術友誼贈與中國各大學」，想貴國教育界同人必能予以贊同也。

貴國對抗侵略之犧牲，莫不予以極大深切之同情，蓋吾人咸覺貴國不僅爲自由而戰，實爲擁護全世界人類自由與人道而戰也。倘吾人未能以實力表現吾人之同情，實因今日歐洲局面之緊張，阻礙吾人之進行故也。

因此之故，吾人今日對於文化方面實際援助貴國，實以表示吾人深切之同情，實深引爲欣慰。牛津大學及各學術機關必將追隨其後，並相信英國其他大學及學術機關亦將繼續援助，目下已有數處在進行中。

有友誼之同情，貴國人士向有同感，牛津中國學生莫不爲同人所愛戴，並聞一般知名之士，俱深切感覺吾人對於了解中國固有文化，實有迫切之需求，而貴國今日在抗戰中之文化進步，尤爲欽佩！又世人對於中國大哲學致崇仰，深信東方哲學，對今日世界政治種種問題，均有無限貢獻，舍弟在Brasenose擔任哲學教席，近著有孟子墨子莊子評論一書，本年出版後，當舉以奉贈。

貴國教育當局，對於本科學及其研究方法，正加以新考慮，尤使吾人深感興趣，如吾人經驗能供參考時，則尤爲榮幸。吾人對於先生對於學者工作之成績，對於讀書人，對於書籍之貢獻，並盼不久可以晤面也。

石博鼎謹啓　三月十八日

「日本南進與太平洋形勢」

黃德祿著　實價陸分　抗戰叢刊第三十八種　編行者：中山文化教育館

這個小冊子分三段把日寇南進政策及被威脅各國的對策，簡略說明：（一）日本侵略利刃的兩邊——南進與北進；（二）日本南進與太平洋霸權之爭奪；（三）日本威脅下之太平洋形勢，此篇下分四個子題：甲、被威脅的英帝國；乙、被威脅的太平洋美領地；丙、被威脅的法屬越南；丁、被威脅的荷屬東印度。最後第四是結論。

倭寇力才脫離了被侵略國的地位，躋強列爲世界強國之林的時候，便變成了侵略國。他侵略的路線是分南進與北進的。所謂南進與北進，不是說他侵略於南，即不侵略北，或者侵略於北，即不再侵略南。南進北進的區別，只是時間上的和進行程序上的不同。在倭寇主張北進的是陸軍，主張南進的是海軍。這是自然的趨勢，因爲北進是要在大陸上發展他的侵略，自然是陸軍用武之地；南進是要在海洋上活動他的侵略戰，自然是海軍揚威之所。「故無論南進或北進之不同，乃步驟與時期問題，在侵略的本質上，固無以異。」

倭寇南進或北進的侵略政策，其目的是在獨霸亞洲，橫行太平洋，進而威脅世界各國。北進政策首當其衝者，自爲我國與蘇俄；南進政策，首當其衝者，則爲英法美荷各國屬地。這次日寇在大陸上發動了侵略戰，是他施行北進政策的結果，但他爲什麼不先侵略蘇俄而侵略我國？這是他避實就虛的辦法。可是我國英勇的抗戰，把他欲遂行大陸政策的迷夢，已經粉碎；又我國的抗戰，不僅是爲了我國土地政權的完整，而且是替太平洋沿岸各國土地政權的保衛。因爲我與日寇作戰一天，便消耗他一分力量，二十二個月的抗戰，已經把他的力量消耗了大部份。那麼太平洋沿岸各國的勢力，無形中就增強了不少。這是很容易明白的理論。這在本書的第一篇，說得甚爲清晰。

日寇既取避實就虛的策略，所以躁急標出南進的政策，而至今未敢實行者，怵於英美法聯合以制他的死命故也。但是勿謂日寇因此就會放棄南進政策，他不顧國際信義，在太平洋委任管理地帶設防，最近佔據我海南島，斯巴特萊島等，又不顧倫敦海軍協定，大事建造軍艦，這些都是說明他對於南進政策，未嘗忘懷，他和英美等國的衝突，必不能免，所以佩奕說：「事實上美國必需先矢志其前途於遠東或征服日本。美國必需退讓，否則日本必需退讓。日本決不肯退讓，而美國亦表示決不退讓，在此種場合，日美之必需衝突，殆與物理學法則同眞。」不但美日爲了太平洋上的利益要衝突，就是英國也必爲了太平洋上的霸權而衝突，至於法荷，雖然沒有甚麼力量單獨與日寇爭短長，但爲了本身利益，必然要與英美聯合以與日寇相周旋。所以將來太平洋上的大戰，不是日寇對某一國單獨的爭奪，而將是英美等國聯合以制暴的戰爭。這個推測，不是憑空而來的，而是基於事實的。因爲暴日在太平洋上的發展是與英美法荷蘇俄等國利益相衝突的。這在第三個題目中，可以看得到的。那些國家既然在利益上有如此的衝突，自不能免，所以將來的戰爭，英美法荷蘇俄等爲保衛自己的利益，在各自的屬地中都擴充武備，準備予以打擊。在結論裏，著者把以上各國相互聯絡的事實舉出，以以倭寇「使中國屈膝」並獨霸之夢幻不得圓，即欲實行其南進技倆亦無法售，而法西斯軍國主義者之凶燄亦可殺，世界和平之奠定亦可望矣。」

總之，這本小冊子，雖然不足七十頁，然而把日寇南進的政策及結果，源源本本，完全述出來，使讀者讀後可以得到一個清楚的認識，並可以知凡以武力侵略人國者，必引起大家的公憤，協力而謀之，使其侵略的凶燄，變而爲自焚之烈火。這是一般侵略者必然的結果。

若望、二八、五、十一、昆明。

最近國內出版經濟學書（二）

稼軒

三　四川經濟參考資料

張肖梅編著　中國國民經濟研究所發行　民國二十八年一月出版　一冊　定價六元

近數年來國人對於四川經濟的情況非常注意，統計調查，發表不少。如中國銀行對於重慶經濟概況，重慶的棉紡織業，四川省的金融，公債，糖，山貨，藥材，夏布等的調查研究，已成專書，而國民經濟研究所，也有關於四川桐油的專書發表，是其最顯著的。而見於雜誌報章上的論著記載，不計其數。「本書係纂各項有關川省經濟之文獻，擷其精要，分門別類，以便利從事於川省經濟開發者，或關心川省經濟演進者之參考」的。其資料來源。除了由各項刊物和雜誌報章摘錄之外，其餘資料多得自建財兩廳。（見二十七年七月編著者序。）

全書凡二十五章，約三百七十餘萬言。附圖五十八幅。就內容來說，以「經濟法規」所佔頁數爲最多，（佔二三七頁）「財政」次之，「出口業」「工業」又次之，最少的是「貨幣」「水利」「貿易統計」等章，僅九頁或七頁。

一章「土地」，述四川的土地面積，土地類別，耕地調查，荒地調查，土地用途及其生產力調查，土地分配。二章「人口」，首列四川建設民政兩廳調查川省各縣戶口數目統計表。次分述農民人口和民族人口。三章「財政」，其中財務行政，分民初，防區制時代，省政府成立後三個時期，述四川財務行政的沿革，財務收支，分列預算和實際收支。稅捐，分述中央稅，省稅，縣附加稅。公債，則分述川省公債的沿革，二十一軍發行各項公債庫券的情形及其整理等。四章「銀錢業」，分別列舉銀行業，錢莊業的概況，分布情形，業務，同業組織和它們在各地的沿革概況。末述其他金融組織如銀公司，信託公司，儲蓄會，典當業，保險業，交易所，倉庫業等。

「銀錢業」是僅就關我川省金融機構的資料組織而成，五章「金融市場」，則是舉示川省金融的動態的。這一章裏，首說明重慶爲川省金融市場中心，次述重慶金融市場的演變，列舉金銀移動，利率，申匯，渝水，津水，關?，銅幣，票據，匯換，公債，中國?等概況的動態。六章「貨幣」，述川省的貨幣制度，以及民元以至二十四年間的川省幣制。末述川省新貨幣政策的推行等。如法幣的兌換，各?的領鈔，新輔幣的推行等。

第七章以後的五章，都是關於交通方面的。七章「鐵道，公路」。前者述成渝鐵道及川??的計劃，後者述川省公路概況及其建築，建設的簡史，各幹支線的分佈及建築營業與管理等。八章航業，述四川內河航線的河道，川江的險灘和川輪的失危，川江船運的現狀及其展望。九章「航空」，分述航行四川的飛機，渝昆，渝蓉等五航空路線，航行時刻及價目表。十章「電信」，列舉電收郵政，前者復分述電報電話，後者分述郵區郵務及其收支。十一章「電力」，述成都啓明電力公司，重慶電力公司，遂縣水力發電廠及其他電廠的概況。十二章「水利」，分述四川的地形，水流，農田水利和都江堰的灌溉工程。十三章「農業金融」，分述四川的農業金融，農業合作，農產倉儲制度，農民階層，農村狀態。十四章「特產」，概述藥材，甘蔗，麻，菸葉，漆，茶片，桐，花椒，柑橘，梨，豬鬃，五倍子，木耳，竹參，生絲，棕，蠟，牛產品，羊產品，兕皮，鴨毛，其他家畜，鹿類產品，虎骨豹骨及其他野獸產品等的概況，用途，製法，銷路等。十五章「農產」，分述四川的普通農作物和特種農作物。十六章「森林」，分述森林區域及其開發情形。和四川對於林業的行政設施。十七章「礦產」，首述川省礦產概要礦區，礦權；次分金屬與非金屬礦，述川省的鐵，銅，金，水銀，鋅，鉛，錫，煤，石油，鹽，石棉等礦產的概況，礦區調查，冶鍊方法等。十八章「工業」，包括紡織工業，冶鍊工業，油類工業，飲食品業，基本化學工業，造紙印刷製版工業，水泥業，製革業，日用品工業等。自十九章以後的三章，是關於商業和貿易的。如十九章「出口業」……[illegible]

孔子與劉歆——對於傳布書籍的貢獻

葉鏡耕

蘇軾李氏山房藏書記裏說：自孔子聖人，其學必始於觀書。當時惟周之柱下史聃爲多書。並且又引證左傳裏的韓宣子適魯然後得見易象與魯春秋；和季札聘於上國，然後得聞詩之風雅頌，以爲士之生於是時得見六經者蓋無幾。於是欲使來者知昔之君子見書之難，而今之學者有書不讀爲可惜也。凡是讀過這一篇文章的，請試一想那開始傳布書籍的人，他的功績是多麼偉大。

書籍遂得廣傳天下，功實不細，此爲盡人所知。但在遍道以前書籍是怎樣傳開來的呢？近日偶然翻閱章氏叢書的檢論，讀到其中的訂孔一篇，又使我知道對於書籍流布的二個功臣；那就是孔子與劉歆了。今試看章氏的話：章炳麟曰：仲尼良史也，輔以丘明而次春秋，料明百家，若旋機玉斗矣。談遷嗣之，後有七略。孔子殁，名實足以抗者漢之劉歆。（訂孔篇）

章氏以爲劉歆之名足與孔子抗者究在那裏呢？他在篇末小註裏說：書布天下，功由仲尼，其後獨有劉歆而已。那末兩人之名足抗者是在書布天下的一事了。現在約略把二人對於書籍的布傳談一談。

在孔子之前，學皆在官，政教不分，仕與學同。（說文仕學也）爲官的即爲人師，所以士人欲學，亦不得不事於官。（曲禮：宦學事師）不仕也就無所學了。除此官守之學外，民間是絕無所謂學術的。但是到孔子的時候，他刪定六籍，然後竹帛下庶人，民間講學之風漸漸興起，所生出後來的先秦諸子的爭鳴。

講到六籍，章氏以爲道墨所周聞。但是墨翟諱博聞，務求神道，珍器儒弗肯宣；而老聃爲守藏史，既得其本株了。然倚相猶之渙叔諸公又不降志於刪定六藝。獨有孔子翩志述亦撮老之續，布彰六籍令人人知前世廢興，中夏所以稱業乘統，孔子的道術與中夏共存亡。（詳見章氏訂孔篇）照這樣看來，孔子的聞望，以六籍彰明於後世。而六籍實在開民間學術的先河。孔子也就是布傳書籍的第一人了。

秦始皇一天下，學術隨政治而轉移。焚書坑儒，學術定於一尊。書籍也獨藏博士，民間流傳又幾至絕迹了。及漢興之初，雖然除去挾書之禁，但武帝立五經博士，百家罷黜，民間流傳的亦僅有五經。當時得書也不甚容易，如東平王的求史記於漢廷；桓譚假莊子於班閥。我們還可以知道當時得書途徑因猶非師授，也不能論絕。其他書是沒有流傳的了。直到漢成帝時求遺書於天下，詔劉向等校書，書籍的傳布至此又起變化。

關於向歆父子的校書，和輯錄成七略，在漢書藝文志中有明文記載：成帝時，求遺書於天下。詔劉向校經傳諸子詩賦；任宏校兵書；尹咸校數術；李柱國校方技。每一書已，向輒條其篇目，撮其指意。錄而奏之。向卒，哀帝復使歆卒父業，歆於是總羣書而奏其七略。

劉向所錄而奏之的就是隋志所說的七略別錄，後來劉歆的總羣書而奏其七略，完全依據他父親的別錄。所以劉向任宏尹咸李柱國分職校書，已爲劉歆立下基礎，劉歆不過集大成而已。漢書藝文志是完全根據七略而成的。

向歆所校錄的書，既布行於世。又因緣傳寫，書籍的傳布，亦得貫亟，於是書籍的傳布亦愈更廣遠。如王充游雒陽書肆，已見有賣書者：

後漢書王充傳：後到京師，受業太學，師事扶風班彪，好博覽而不守章句。家貧無書，常游洛陽市肆，閱所賣書，一見輒能誦憶，遂博通衆流百家之言。

鄭康成以草萊之氓，而窺史記經籍：

鄭康成戒子書：吾家舊貧不爲父母昆弟所容，去廝役之吏，游周秦之都，往來幽并兗豫之域……遂博稽六藝，粗覽傳記，時睹祕書緯術之奧。

其他又如趙岐以章句之學而得見周官。我們看漢書列傳所記載的文人學士，大都是明經和博覽羣書了。

一到梁朝，阮孝緒以處士的地位，撰成七錄。那末以前天祿石渠所守的書，至此已完全於逐民間。但是書籍因爲鈔撮煩難，流傳還覺有些滯。如司馬遷著作史記則謂藏之名山，鄭康成也說：所好羣書，率皆腐敝，不得於禮堂寫定，傳與其人。後漢書注：謂其人，好學者也。前書司馬遷曰：僕誠已著此書，傳之其人也。可見當時學術傳授是很狹隘的。及印刷術的發明，書籍的數量遂多，而傳布也因此暢達了。

宋史邢昺傳：景德二年，上問昺經板幾何，昺曰：國初不及四千，今十餘萬。經傳正義，均已具備。照宋史所記載看來，其他的書可以類推。如宋史毋守素傳：毋昭裔在成都令門人勾中正孫逢吉書文選初學記白氏六帖鏤板。守素齎至中朝，行於世。這是私家的刻書。所以印書道在這方面的貢獻實在算得重要了。

簡單的說：孔子與劉歆在吾國書籍的傳布上居着重要的地位，其一，孔子的刪定六籍，王官之學因此衰敗，而民間學術代之而起。其二，漢世承接贏秦焚書之後，書的傳布甚微，及向歆父子理校書籍而輯成七略，書籍由得流布民間。這是他們對於文化上的功績，永久不能泯滅的。筆者所要說明的重要的意義也就在此。

圖書

半月刊

第十二期

通訊處：昆明柿花巷二十二號

目次

最近國內出版的經濟學書

稼軒

四　中外經濟年報

張肖梅主編　民國二十八（一九三九年）版　中國國民經濟研究所發行　國外之部隨中外經濟拔萃三卷一、二期附送　國內之部購該合刊者收洋一元

中國國民經濟研究所，鑑於經濟研究的重要，發行有「中外經濟拔萃」一種專門經濟性質月報，以搜集討論國內外的重要經濟問題，和報告國內外經濟情況的資料。其來源，則幾乎完全是翻譯自中外報紙雜誌的。該刊本來打算在今年的一號裏出一特輯，而以過去一年的中外經濟動態為其中心，摘譯編輯，所得頗多，乃成專冊，單獨發行，便有這一「年報」的產生。在中國，以一雜誌而附有年報的刊行的，這還是第一次。

年報分「國外之部」和「國內之部」，各一冊。國外之部凡七章，附錄二。把世界上重要國家如英，美，蘇，法，德，俄，日的經濟情況各為一章，加以舉述。各章多數是根據日本「國際經濟週報」編譯成功的。

一九三八年，資本主義各國，在經濟上，仍陷於恐慌之中。加以各國的備戰，尤其德意和已發動了戰爭的日本，更使其經濟方面矛盾加深。本書所輯各文，是把它們在過去一年中經濟怎樣衰落，財政怎樣膨脹的情形報告了讀者。同時，有的且分析其衰落的原因，敘述它們的經濟政策的如何，或觀察其未來的趨勢。這樣，佔去了本書的六章。至於第三章是專門敘述蘇聯經濟的，先說明了它的經濟政策之轉換是：由量的擴張為質的向上，勞動生產性的提高，生產的綜合化。次分析其新預算並舉一九三八年度的生產實績。而附錄的「新恐慌時代之英國經濟」和「蘇聯第三次五年計劃綱要」，更可以補充所述的不足。

雖在抗戰之中，我國的經濟建設是仍在「抗戰建國」的口號與努力下，積極進行的。因此，自抗戰以來，國內的經濟情形已有其新的內容。年報的「國內之部」，共十章，是記述事變以還國內的經濟[illegible]的。首作概觀，分農業，工礦業，商業，水道工程四項，敘述去年度的經濟建設。這是根據翁文灝氏在中央週刊上的文章印出的。次述戰時經濟政策，分述關於財政，金融，農業，工業，礦業，商業，墾殖的戰時立法。原文為余國燿氏所作。

現代經濟外交的重要，自不待言。國際間去年所展開的抵制日本對華侵略工作，和我國與美，英，法[illegible]情形，都敘述在第三章裏。

四章以後，是分論部份。四章，「國地財政之戰時設施」，是專門關於財政的，述戰前財政機構的改進，戰時稅源的損失與挽救方略，新稅的舉辦，戰時公債的發行和債市的變遷，關稅的被劫和公債的償還，抗戰後地方公債的發行，戰時地方稅源的開拓與利用。五章「戰時金融政策及其措置」，述戰時金融的安定和資金逃避的防止，以及戰事發生以來，關於資金散播，通貨收縮，外匯統制，黃金政策，戰時公債等的重要金融措施和其動態。記述翔實，資料豐富，是這國內部份裏最重要的一章。

六章是關於農業經濟的，所述有戰時農產的增加，失地增加與農業上所受的影響，中央振興內地農業的設施，內地各省的農業建設，茶葉，桐油，糧食，棉產的生產，日方控制淪陷區內農產的計劃，兵禍水災和日本的華人難民，和國府今後的計劃。

自戰事發生，國府戰時工業的設施，可分二方面，即：一為維持原有工業的現狀，一為實施戰時的工業管理。本書第七章，開始就記述著這兩方面的工業設施。次工業重心的內移情況，次論淪陷區內的日方工業計劃；次戰區民族工業的損失，及其掙扎的概況。最後，並及於外商在華權益的被害及其反響的敘述。而所附的方顯廷氏「抗戰與工業」一文，頗足參考。

張嘉璈氏，本年元旦發表報告，舉述戰時鐵路公路的建設管理，航政，電政，郵政的建設情況，載中央週刊（一卷二一，二二期）。本書八章，即是採用張氏報告，並附以不典氏「戰時之上海郵政」的。

九章，關於戰時貿易，開始記述戰時統制貿易政策的實施，並分述進口，出口，轉口貿易統制和扶植生產促進出口的現況；次述戰時我國對外貿易的概況，並加以貿易品別，國別，國別的分析。至於最後一章，是關於難民救濟與其參加生產情況的記述。

總覽全書，國外之部，雖然是根據國外雜誌論文編譯而成，但所選各篇，都是以文字，事實，指出其實際情況，而觀察正確，不可多得的。選譯之際，當亦頗費苦心！國內之部，多為該所特輯，雖名為二十八年的「年報」，但均自抗戰始起，資料充實，綱舉目張，用來和「中國戰時經濟特輯」相較，就大體言，有過之無不及。至於在農業經濟和工業經濟方面，且對日方控制淪陷區域的計劃，在金融方面，且對日方破壞情形，相提並論，是它的特點之一。根據事實，列舉數字，以記述抗戰後的實際概況，而毫無泛泛空洞之感，（所舉數字，以抗戰後者為詳，間以戰前數字加以比較，亦頗適當）。是它的特點之二。我們讀了這樣一本記述頗為詳盡而觀察正確的書，是會對於國內外最近的經濟現勢有所認識的。

此外，就「國內之部」來說，有的地方，年報且可補「中國金融年鑑」的不足。如頁五五的上海外匯行市指數表，為年鑑所無。又如二五至二六的上海內國公債時市市價表，所列數字，為二十六，二十七年兩年的，（二十七年且按月）而年鑑所列，僅至二十六年底止。而且有的數字，不完全一致，也可以互相參考。年鑑可以補充年報的地方頗多，自不待言。但年報既包括了整個經濟範圍，是不能與一專門性質的年鑑相比的。

然，此書亦非無懈可擊。一，四三頁所述各地物價的消長，過略；二，僅述戰區一般民族工業的損失，而不及於礦業。凡此，都希望有所補充。

明季遺民滇賢著述舉述

棄疾

劍川趙炳龍

炳龍，字[illegible]成，一字雲升，（依通志據劍川州志著錄。明季滇賢遺民錄作號雲升，滇詞叢錄作亦字雲升，滇小記亦作字雲升，似以字雲升為是）。明崇禎壬午（十五年，西曆一六四二年）舉人。幼有異稟，謙藹雅幹。研求經世之學，工詩古文辭。金滄道楊畏知聘司記室。沙定洲寇楚雄，畏知舉卻之，用炳龍策為多。後至肇慶，桂王以畏知薦，授炳龍吏部文選司主事，遷戶部員外郎，隨蹕至貴州安隆所。孫可望既殺畏知，又殺大學士吳貞毓等十八人，遂慨然投劾歸隱於湖村之椒園，顏其廬曰居易，彈琴賦詩以自娛。詩多寓君國身世之感，哀怨悱惻，讀者淒楚。鼎革後，足跡不履城市。吳三桂叛，脅之，避石寶山中，不出。生明萬曆四十五年丁巳（西曆一六一七年）三月初十日，卒清康熙三十六年丁丑（西曆一六九七年）十一月初六日。門人私諡文節。著有「居易軒集」八卷。（此據趙藩編[illegible]州志及滇南詩略著錄作居易軒詩文鈔八卷；王崧通志及續雲南通志藝文志，均著錄作居易軒詩文集；滇詞叢錄亦作居易軒集，俱無卷數。）「椒園雜感」，見滇[illegible]（[illegible]著錄），及「[illegible]」。（見滇詞叢錄）。

居易軒集本今無存，存者為居易軒遺稿。稿分詩遺鈔及文遺鈔各一卷。刻本有二：一清光緒戊子（十四年）長沙刻本；一雲南叢書初刻本。以湘本與滇本校，滇本增高淤生詩鈔序及蔡元燮跋。遺稿為其裔孫聯元編輯而成。依滇本言，首冠劍川州志人物列趙傳，附光緒十一年乙酉蔡元燮跋，仝年李玉堂後序，及光[illegible]

首，文四卷，論，說，記，敘，傳，誌，贊，銘，奏議，書牘之屬，都百餘篇。藏南向湖村故宅。咸豐壬子（按為咸豐二年）聯元復鈔副本藏城中新居。丙辰（按當為咸豐六年），賊入境，原本燬於火。同治戊辰（按為同治七年），邑城陷，副本亦失去。己巳（按為同治八年），復得返家遍覓未獲。所記憶者，僅詩廿餘首，文二篇。課徒之暇，疾為追錄，逐歲續得滇詩略邑志所登，及戚友傳鈔零星詩二十餘首文四篇，深懼並此失之，無以對先人於地下，爰衷為一卷，命次兒荃，從子萱，各抄一冊。……」

於此，略知詩集原本之面目，且知原本遺佚之經過，及此遺稿來源之不易也。

詩遺鈔，分四言，騷，樂府，五言古，七言古，五言律，七言律，五言絕句，七言絕句等編。

其一，去故都三章：

去故都兮，山水其長，人之方亡，湯湯其涕。典型之猶在兮，罪高仰而景行。

去故都兮，雨雪其霏，人之云亡，鱗鳳其悲。明王之可宗兮，敦操蘭而茹徽。

去故都兮，歲月其沈，人之云亡，禾黍行吟。我心之永貞兮，慨[illegible]而黍[illegible]。

其「得伴失伴篇」（追悼故大學士寶雞楊忠烈公畏知提學黃岡何閎中）：

得作何承喜？喜彼志衛和。如天有明月，星辰各森羅；如水有神龍，凡鱗隨其波；觀上帝視下，氣從而類多。嗚陰鶴有子，伐木登泰歌。生平感知心，實劍勸淬磨。獨立丈夫志，失伴柔所悲？悲彼道術敝，莖口如簧吹。百川一人障，末流誰濟之？大廈隻木傾，椅棟多奚為？南路出曉日，北山絕人時，行藏會誰喻，懷哉千古姿！

文遺鈔，收「喻馬」，「喻遊」，「觀棋記」，「[illegible]太常寺卿雲南提學何蕃先生傳」，「寄周徵山服方樂書」，「與及門殷夢孟書」，「高淤生詩鈔序」等七文。何傳，關係明史頗，可與高應雷所為「何邈蕃先生行紀」對讀。且於此傳中，亦可窺炳龍之為人及其行事。傳謂炳龍受知最先，其人楊介夫幕，即何宏中所謂沙定洲寇楚雄，何楊二公嬰城固守，議機要，炳龍皆與聞獻策，日何公會以匡復重任，託為[illegible]，宜乎，及楊公被殺，何公謝世，而炳龍有得伴失伴之作也。

蔡跋謂：「其託於詩，變雅離騷之流；而其文所引喻，又實有裨後進，植綱常之盛意，獨惜乎其深塞也！」又謂「亦中古近體詩鈔各數章，骨氣俱勝，亦軼山谷逼杜陵矣。夫嘗模擬皮陸者可同日語哉！」而李跋亦有先生之詩文「淵源忠孝，取法詩騷，欲言難言之隱，以可解不可解之辭出之，黍離麥秀之悲，香草美人之旨，曉代以來，當與杜子美元裕相視而笑」之語。

滇詞叢錄輯炳龍詞內中秋雨夜懷舊，（調寄虞美人，）戊戌雪夜次韻（調寄玉連環）等詞十三。為丙申戊戌，庚子，辛丑，壬寅諸年之作。其秋閨（調寄思帝鄉）亦頗綺麗：

秋日晴，纖雨怯輕，滿覺曉莊樓外早寒生。樹下玉驄初放，謀春清，折取幽香鬢，獨含情。

新書評介

藏暉室劄記十七卷

胡適著　上海亞東圖書發行　二十八年四月出版　平裝四冊共一一六九面　價三元五角

本書係胡氏留學美國時代之日記與劄記。胡氏留美凡七年，此記首尾合計共五年；一九一〇年八，至年底，一九一一年十一月至一九一二年八月原有日記，今均遺失。今書十五卷，首兩卷用日記體裁；卷三首葉有自記云「有時則記，有所感則記，有所著述亦記之，有所遊觀亦略述之，故從此卷起改用劄記體裁。」各卷書題之後，注明本卷記事起迄之年月日，間亦注明當時所居地方。

各卷較重要之文則卷一記自願為耶穌信徒、卷二論梁任公之功，記清室遜位及民國肇造，論留學生，論孔教，論宋教仁刺案，卷三論樂觀主義，卷六論中西家庭倫理，論後嗣與遺產，卷七論傳記文學，論容忍遷就與各行其是，卷八論大同主義與不爭主義，卷九至十一論詩，論詞，卷十一至十四論白話，文言，與文學革命，卷十五論訓話與校勘之學，卷十六論周秦諸子學術及荀卿年代。

胡氏此書特長凡四：（一）表現著者之政治主張，文學主張。惟本書所記之政治主張，雖著者自序中明，現已拋棄。其文學主張，本書所記甚詳。著者在康南耳大學習農科時，即已留意文學哲學，於本書卷一可見一斑。其在美之後幾年，漸漸決定用白話作文作詩，提倡活文學。今書卷十一至十四，大部分討論此問題；參加討論者有梅光迪楊銓任鴻雋朱經農諸氏。吾人由此可知二十年前國內之新文學運動非驟然產生者，（著者聲明，哲學主張另有專文，不記入劄記。）（二）表現著者對國事之關心，如一九一一年三月二十三日，十四兩則，民元十一月發起研究會研習世界政治，記歐戰各則，論袁氏稱帝各則，皆可見著者思想。著者雖僑居異國，而頗熱心與其地之政治家及新聞界往還，與聞其地之政治，書中有記美國之總統選舉多則，及英文之時事論評及演說稿不少。（三）表現著者對外國風俗習慣之留心，如記美國大學女生要求拒絕有色女子住校及論婚姻自由，論中國女子地位與西方婚姻自由，論中西家庭倫理，往往取中西習慣相比較，批評其長短。著者與外國友人交遊時，處處留意其環境，其家庭，故所見不僅其表面也。（四）記與本國及外國友人之交遊，情誼真摯，溢於楮墨，對於工作自給之苦學者尤表敬佩。其例甚多，今不備舉。

著者自稱：「我開寫劄記的時候，曾說，『自傳則吾豈敢』。但我現在回看這些劄記，才明白這幾十萬字是絕好的自傳」。非虛語也。（思）

歷代社會風俗事物考

尚秉和著　商務印書館發行　二十七年四月初版　平裝，一冊，五二七面　價一元二角

是書著者撮錄經史以至雜書說部中有關歷代社會風俗事物之材料，附以著者按語，纂輯成書。體例大致以瞿宣穎「中國社會史料叢鈔」相同，為卷四十四，首三卷述三代以前社會狀況，卷四以下為類約有：服飾，飲食，車馬，居處，祠祭，學校，嫁娶，喪葬，儀節，訟獄，文字，禁忌，物價，稱謂，醫藥，賦役，行旅，兵事，及雜物，漢唐以前較詳，以後較略。

是書之失，約有七端：（一）分類過雜，如「[illegible]」原可附「居室」中，今乃立為一類；「[illegible]」「墳墓」可併為一類，今乃立為二類。（二）次序太亂，如「古書賤之觀念」一類列入「平民仕進」一類之後，今前者在卷三一，後者在卷四三。（三）類名含混，如「古家庭狀況」，乃其類目則關於飲食盥洗，遊戲，以及取燈等事，何不分入飲食居處雜事務諸類？若謂此係「家庭狀況」，則其他許多類目，非「家庭狀況」乎？（四）類目之附會，如卷二八「古廁與茅廁同一」，二語述近滑稽可笑。（五）推論武斷，如卷三十一「古官吏多盜」，僅據數事則，謂古官吏之垢穢如此，未免魯莽。又如卷三五「古以口吮疽」，僅據吳起一事，謂「是可證古社會皆以口吮疽」，豈其然乎？不悟此一事，或非例外乎？本書此種推論，俯拾皆是，難一一舉。（六）引據之濫，一律異記「物怪錄」等說部之書，不知選擇，殊屬不疑，不待智者，即知其不可。予書如非列，必謂古國有是，為前人未能發問，其最大之病，為（七）「信古不疑」。晚近古史學者與社會史學者深致疑於傳統之三代，以顯著成績。本書著者若略古而不實，如瞿氏史料叢鈔之超於漢代，亦無不可；乃上溯至古，深信為真，竊未見其是。又卷二中之冠語，如「始制嫁娶有夫婦」條，「更創八卦以代結繩」條，「始創為音樂」條，卷三「堯時以磚表標識邦城道路」之類，著者不知何所據而云。他卷復有類此者，今以篇幅之故，不能一一指摘也。（衡）

定庵題跋

由雲龍著　民國二十八年出版　鉛印本一冊

我國金石之學，石刻碑誌，晚近已成專門研究，以碑版之屬，非徒供人鑑賞，以為耳目之玩，足補史傳之缺譌也。

姚安由雲龍氏敏雅好古，收藏頗富，嘗就所藏及所見石刻，書畫，典籍，古器，古印之屬，撰為題跋，以為改訂研究。本書所收，則僅石刻碑誌之題識。計為文百五十篇。「立石鐫[illegible]，昉於兩漢，盛於代魏，而極於李唐，茲編題識，以此數世為多」。先後次第，大抵依時代先後排列。其於兩漢碑版，廣為搜引，訂正文字；魏晉以後，則多略其文義，側重書法。引據贍博，評論多所精當，足供學人之覽讀。

以滇碑論所錄有關於孟孝琚碑，王仁求碑，豆沙關袁滋題名摩崖，南詔德化碑，段氏會盟碑，高量成德運碑，元世祖平雲南碑，太華山佛嚴寺無照玄鑑禪師行業記，大觀堂修造記，雲南[illegible]察司題名記等之題識。滇碑之重要部，大抵存焉。

孟孝琚碑，出土頗晚，然為滇碑之最古者。碑首缺佚七字，僅自丙申月建卯起。先後有謝崇基，趙藩，胡國禎，黃嶸，王仁俊，楊守敬，袁嘉穀，吳士鑑，李根源，陳伯陶，梁啟超，羅振玉，方樹梅，袁丕鈞，袁丕佑，楊寶鏞，劉顯，吳世昌等諸家題跋，加以考證。總括以言，要不外漢成帝河平四年，光武帝建武十二年，桓帝永壽二年，獻帝建安二十一年諸說。論證紛紛，莫衷一是。由氏於此書中，關於孝琚碑者，為文有二，先主河平之說，後主永壽之論。後者既商正諸說，復博稽諸書，以為佐證，為主永壽說者重要論證之一，可為參考。

前讀景邃堂題跋，記孟碑發見時情況，謂同時出得無字大石及方碑若干塊，惜碎石未嘗檢視其有無文字，或於不知不覺間，遺其確證，未可知也。惜哉！（思）

學術消息

公教百科全書開始編纂

公教百科全書之編纂，其動議業經多年。三年前北平輔仁大學教授顧司鐸曾開始搜集材料，惟不久顧司鐸以事離校，工作暫行停頓。茲據「輔仁雜誌」（Fu Jen Magazine）所載，輔仁大學史學系教授[illegible]會胡司鐸（Rev. Fr. H. Kroes S.V.D.）受命編纂公教百科全書，負責進行，預定二年內出版，三卷成四卷，合計當有一千五百餘頁。其編纂，聘有在華各雜誌撰文之專家，及國內宗教知名之士，從旁贊助云。

圖書

半月刊

第十三期

通訊處：昆明拂花巷二十二號

目次

國內最近出版的經濟學書

稼軒

（五）民國二十七年海關中外貿易統計年刊

總稅務司署統計科編印　民國二十八年出版

此書計分四卷，卷首爲二十七年貿易概論，（定價二元），卷一分上下二冊，上冊貿易報告，下冊進出口貨物類編國別表。上冊貿易報告，下冊進出口貨物類編國別表。卷二進口貨物類編，（定價八元）卷三出口貨物類編（定價六元）。除卷一上冊外，現均已出版。

卷首概論部份，首冠「導言」，分爲「國際政治及經濟概況」，「中日戰事」，「國內政治及經濟概況」，「白銀問題及金融情形」，「走私情形及緝私概況」等節目。次述「稅課」。次分貿易貨値和貿易趨向以述「中國對外貿易情形」。以次述及「淨貨進口情形」，「土貨出口情形」，及「金融移動與外匯狀況」。

此卷中英文部份相同，敍述雖簡，但尚能指出要領。

二十七年中，國際局面，頗爲緊張，世界二次大戰有一觸卽發的形勢，其緊張情況，幾爲歐戰後所未有。加以各國在經濟恐慌之中，備戰益烈，更使其經濟益形受到政治的影響。本書卷首述國際政治及經濟情況之時，萘以根據統計數字，尤其指數，分析英、美、法、德、意、日各國經濟及世界貿易情形爲其特點。而所述日本對外貿易的情況，物價的激增，公債的增加，準備金的消耗殆盡，以及其國內經濟動員情況等等，列舉事實，尤其可以供國人「知己知彼」上的參考。此其一。

「華北臨時政府」和「維新政府」兩僞組織於去年一月六月相繼擅改進出口稅率，於敵軍佔領區域，強迫施行。其所改稅則，足助日寇的經濟掠奪，自不待言。本書以原有稅率與改訂稅率列表比較，尤易明瞭。且關於日軍佔領區內各海關稅收存問題，及以關稅爲担保之外債問題，日本與英國兩方面（未得我國政府同意，協訂戰時暫行辦法，在倫敦東京於五月三日同時發表，其協定內容之重要者，爲「凡在日軍佔領區域內各口岸海關所收入之稅項，概存於橫濱正金銀行，由此項存款內，將應償外債之類撥交總稅務司，用以完全償付關稅担保之外債與賠款」，「匯豐銀行上年九月起，所存積欠之庚子賠款日本政府應得部份，應卽設法付給日本政府」，「此外並應設法（一）償付關後庚子賠款與一九一三年善後借款中日本應得部份，（二）付還本年一月起上海匯豐銀行積存之江海關應攤外債項下總稅務司透支之數，（三）將日軍佔領各口岸存放匯豐銀行關稅帳內餘款，移交橫濱正金銀行，以備將來抵補之用」。五月五日國民政府發表聲明，表示遺憾，但戰區各關所徵稅課，已移存敵人之手。這是去年關於關稅問題的一件重大事件，其重要性正不亞於美國因日本侵害第三國在華權利提出抗議的事件，是值得大書特書的。這兩件事，本書均有記述。此其二。

其他各節多爲現況的，及政府對於經濟設施的概述，不復一一列舉。惟於中國對外貿易情形的敍述中，根據最近三年來各關區進出口貨値總數及各關所佔百分比數表，可由各關區對於各國的貿易數字上略知其於各國的經濟關係，尤其對於敵人的經濟關係。如以輸入論，二十五年以來日本在天津及華北各埠均居首位，且其近二年來發展情形頗速，（如天津關區，二六年僅爲百分之三六、二七年一躍而爲幾近六〇，華北各埠二六年爲四八，二七年則爲七六。）以輸出論，天津關區，二十五六兩年僅居次位，二十七年已居首位，至於華北各埠，則三年均居首位，但二十七年已由二十六年之三七，進爲六〇。至於其他，以篇幅關係，不再申述。本書，僅以統計數字爲其內容，而概論中的數字，則列舉過當，取以觀察，也可以知其梗概。此其三。

至於其他三卷，如進出口貨物類編，進出口貨物類編國別表，表列統計，細密周詳，當然是研究吾國國際貿易的唯一重要資料。

惟，本書概論中（一）敘述國際政治及經濟概況，而不及於蘇聯，（二）所謂「國內政治及經濟概況」，主要在於敍述去年關於中國國際貿易的重要事件，此，並略及於中國因戰事所受財政上及工業上的損失而已。照原有標題以論，所述相差太遠；就敍述內容來說，則有文不對題之感。這，似乎是應該注意改進的。

此外，我有一個重要的意見，提起總稅務司的注意。卽是在編製貿易統計年刊，或其他關於中外貿易報告的時候，我們不應當把關於東北的對外貿易事項有所忽略，雖然關於東北的數字，已與成爲問題，但在關於全國的統計中或敍述上，我們依然應當留備一格，一方面表示不忘東北，促進他日的收復失地；另一方面可以顯示我們並不承認東北有一僞組織的存在，並不把東北認之「化外」。如本年刊卷首附表中第四表「民國二十二年至二十七年每年海關稅課總數關別表」，關於這一 Column 卽列有愛琿、哈爾濱、琿春、龍井村、安東、大連、牛莊等東北各關，但係統計數字，還是空的。但第三表，「民國二十七年各關各項稅課關別表」卻就忽略了這點！

（六）粵省對外貿易調查報告

蔡謙著　國立中央研究院社會科學研究所廣東銀行經濟研究室叢刊　民國二十八年一月初版　商務印書館發行　一冊　定價六角

在我國沿海各省中，粵省對外通商獨早，鴉片戰爭以前，已爲對外貿易的總匯。自上海，漢口，天津，大連，青島等埠次第增闢之後，其地位雖不如前，然尙不失爲我國對外貿易中心之一。其地位之重要，近六十年來，是有顯著的增加的。

抗戰以還，津，滬，漢等埠，相繼淪陷或被封鎖，於是粵省在對外貿易上，重要性更突形增加。中央研究院社會科學研究所鑒於研究廣東對外貿易的需要，去年二月與廣東省銀行合作，研究「粵省對外貿易」，「粵省僑匯款」和「廣東對外貿易進出口物量物價指數」，本書是其研究第一項的報告。

全書，分五章，一，粵省對外貿易之趨勢與性質，首述六十年來的一般趨勢，次依關別，加以分析，次分輸出入商品的性質，和它的主要商品，並研究貿易入超和它的抵補方式。

二章論粵省對外貿易的機構，所謂貿易機構，是指輸出入貨由賣方轉至買方中間所經之種種過程，方式與手續而言的。此章分述廣州進出口貨的買賣手續，結匯方式和結價貨幣單位。

關於對外貿易運輸問題，在三章中討論：首述鐵道，輪船，民船運的比較，次廣九路輸出入貨運不發達的原因，久粵漢全綫通車後對於粵省貿易的影響。

粵省海岸既長，港灣頗多。走私頗便，故走私問題，在廣東對外貿易中，尤應注意。本書第四章，估計粵省走私貨値，對於私貨集販運進口貨物之重要者如糖，煤油，毛織品，參茸，人造絲，玉石首飾及人造染料等八項，分別估計，並且論到旅客，輪船買辦，水手等之運進口貨，以及走私貿易的綜計與關稅及省內稅收的損失。

最後一章是對今後粵省對外貿易政策的意見。首論粵省施行貿易統制的必要。次論進口貿易統制政策，宜采取漸進辦法，劃分二個時期，次第推行：第一時期先推行進口許可證制，試行數月，然後實行嚴格辦法，依國民需要程度，將輸入貨品分爲完全禁止進口貨品，自由進口貨品，限制進口貨品，加以統制，至於施行限制方式，依作者主張，最好是許可證制，對內比額分配制，同時並用的。至於輸出貿易統制及策，作者的意見，是政府宜更進一步，參加國內外市場之買賣，並集中組織，直接經營主要貨對外輸出。末並論及省府與海關之緝私組織，宜合而爲一；而運輸方面，亦宜加以調整。最後所附，廣東省對外貿易進出口總值，各關進口，出口總值，一九三五年廣東各關對各國進口值等九表，雖年份不相一致，如進出口總值表爲一九一二至一九三七年的，各關進口總值和出口總值二表，是一九二八至一九三七年的數字，（按大概是因爲資料不够的關係。）也還便於參考。

社會科學的研究，重要作用，在於認識現實和有補於現實。研究的人，更應當把握住本國問題的一部，以期能够幫助現實問題的解決。本書既對粵省對外貿易趨勢和性質僅在首章略加敍述，而於粵省貿易的機構，輸出入貨物的運輸以及走私情況等事，以次詳加分析，頗得其體。而末章所提統制等辦法亦頗近於事實，非專門高調之比。所惜本書出版之日，廣州已淪敵手，極堪痛心！

中國對外貿易入超數字，自二十年來，逐年遞減，如據海關報告，將東北各省貿易除外，則其入超數字，以國幣百萬元爲單位計，二十年爲一〇八九，二十一年九五五，廿二年七三三，二十三年四九五，二十四年三四三，二十五年二三五，二十六年一一五。二十七年雖一二三，但以時局關係，當作別論，然本書三十八頁有「現我國貿易入超日漸增加」的說法，想係一時疏忽所致。又講到對外貿易的研究，對於各關輸出的土貨的來源，似亦不妨加以調查，藉可用事實說明某關在對外輸出上的性質或作用，卽其對於國內生產方面的關係。本書僅說明出口貨品種類，而未及其來源地，雖有「在腹地之長江上游各關（如漢口，重慶，宜昌，萬縣等）之貨物，現均以粵省爲輸出入之總匯」之語，似嫌空洞。當著者等進行調查的時候，係以廣州爲代表，出口方面，所調查者計有爆竹，蔬菜，生絲，桐油，藥材，牛皮，乾鮮果，紗綢，錫砂，餅，草蓆，鷄鴨毛，錫，土紙，木材等業，倘能注意到各業貨物的來源地，我想，是會有所獲的。

本書係經多人努力，多人校閱而成，報告內容自當精確。

明季遺民滇賢著述舉述

棄疾

霑益孔之裔

之裔，字泗英。郡廩生。性純孝。幼孤苦，刻意讀書，手不釋卷，博通經術。遭流寇之亂，則其右手，以左手把筆。生平恥實廣利，居家敎授，士多出其門，以孝友廉恥躬行實踐，爲鄉人法。四壁蕭然，宴如也。年八十二，著「州志略」。年八十四，無病而卒。（據州志人物傳。）

霑益州，現爲霑益縣。志之存者，據朱士嘉中國地方志綜錄，僅有：一，王秉韜修纂乾隆二十五年（庚午）本，一陳燕修李景賢纂清光緒十一年本。前者綜錄謂爲王秉韜纂修，實唐時勳所纂，特朱君未察耳。此外，雖道光十六年李杰有修纂之舉，但以變亂繁冗，未嘗刊行。

乾隆州志，首冠長白明德序，有「韜因州人之請，卽前州牧杜思賢所抄而增刪釐訂，幸獲成書」之語。又王秉韜序，有「韜已承乏霑邑，紳士以修志請，並出前杜牧所抄訂孔生之裔志略一冊，雖推輪積水，差備權輿，惜乎記載疏略，銓次亦舛，欲成全書，難矣！」又曹溶世，亦有王撰杜志，「參謀諮諏，以補其未逮」之語，則王志係據杜志纂修而成，杜志係據孔志撰述，可知也。且據王序，杜抄孔志，內容如何，亦可知也。

阮修通志藝文志，著錄唐時勳撰霑益州志，謂「郡志創始於明郡諸生孔之裔，雍正十一年知州杜思賢得於之裔子貢生孔某字泗英，訂爲志草六卷，未刻。乾隆三十四年署知州王秉韜屬時勳修爲四卷，付梓。」此後通志悉據之。惟「杜思賢得於之裔子貢生孔某字泗英」一語，語意不明。恐係據州志，而有脫誤。

王修州志，且刊錄杜志原序，該序作於雍正十一年，謂欲創修州志，而往蒐英撫，「適明經孔君衍祺出其父廩生諱之裔所著志略一冊，思賢欣獲藍本，從斯增益焉，潤色焉，悉心考核，分別去取，寧詳勿略，寧實勿虛，寧嚴勿濫，凡霑之有關於國計民生者，酌古準今，加意矜慎，自圖繪以至藝文，凡爲六卷。」杜志未刊，今無存。據序孔志，似有山川，疆域，城池，星野，祥異，祀典，田賦，戶口，驛支，課程，官師，學校，市肆，民風，名宦，鄉賢，孝義，隱逸，橋梁，古蹟，紀餘，土司，里甲，物產，仙釋，藝文等節目，惟不知其如何分卷耳。而秉韜凡例則謂「杜牧原錄，共分八則」，亦不知其詳。州志孔傳有「之裔志略其子衍祺續之」之語，今觀杜序，似屬不確。杜志孔志，既均蕩然無存，其所損益，未可知也。

杜志既據孔志抄訂，存孔志之原來面目而近似者，必杜志也。今存州志，幸存之裔「志略原序」。其中有云：

「吾霑隸曲郡，爲滇門戶，嚴疆要衝，士淳民樸，而夙求備志，邈不可得。大抵兵燹見，滄桑遞更，典故湮沒，碑銘剝蝕，以致文獻無徵，稽覈莫據耳。茍不爲之旁搜博採，存其什一，後有作者，何以備膚寸之合也。」

其作志苦心，於此可見。又謂：

「余生也晚，側名膠庠者，六十餘年，足未涉蠶叢翻閱之奇，目未見天地奇字之大，孜老而邇矣，不揣譾劣，掇拾舊典，商確今冊，由圖繪以迄藝文，字彙而句斟之。列其條目，綜其大綱，或因一代之風尙殊宜，或緣一時之土俗各異，或古無而今有，或始略而終詳。山川不必其高嶽大瀆也。人文不必其名公巨卿也，物產不必其示異矜奇也，風俗不必其飾辭誇美也。不過，氣候系其統同，邊塞著其夷險，土地辨其肥瘠，民物標其善良，役賦詳其重輕，祠祀紀其繁簡，災祥示其修省，藝文昭其風化，政云稠疊濫觴，徵信一方之文藝也耶？」

其修志原則，略以概見。觀其古無今有，始略終詳之語，則其志之非因襲成規，必有創例，非專門稽古，徑重現實，似可信也。

今存王志，文藝卷內，著錄之裔「武廟碑記」，及「東山寺」詩文各一。之裔之作，於文爲勝。

高應雷

應雷，字濟生，昆明人。明諸生。流寇孫可望入滇，滅沙定洲，附末帝而實持兩端。召應雷，不就，裹糧遊三迤，窮山川隈塞，思得一當以報國。會李定國奉帝入滇，遂舉永曆丁酉（十一年）鄉貢，授中書舍人，從軍黔楚。十三年己亥，師潰於展州，獨身跳免，遁隱於滇浦，授徒大潭及潭頭坡兩鄉以自給。常寓大潭舒氏。凡二十餘年，後不知所終，或傳卒於滇浦。（據舒跋，引舒賁元語，謂竟終老客中，每求其墓，而不可得。）

舍人少穎異，敏而強記，家僻於貧，以讀書結客自署，文章驚捷，有聲庠序。嘗從何閔中，趙炳龍遊，學大進。國變後，身世之感，並寓於文字。有詩四卷，趙炳龍爲之序。後散佚。

雲南叢書本高濟生詩文鈔，凡三卷。蓋得之祿沖舒立祿者。此本除冠壬子秋日樹園老人序，並有李坤序，舒雲楞題詞，趙藩高舍人傳，及舒立祿書趙雲升、高濟生兩先生遺集合鈔後。

舒立祿叙濟生詩文集獲得經過頗詳。其集原稿係舒賁元得於其家篋雲樓者。後立祿來滇，識趙藩，得趙炳龍所爲序，以稿付之，刻爲此本。藩，蓋炳戶部之裔也。上述傳略，卽撮自李序，趙傳及舒書後者。

集分詩鈔文鈔二卷。上卷詩鈔，收古今體詩百餘首，分四言、樂府、五言古、七言古、五言排律等編。其臨高遙寄楸園先生：

平陵一帶傷心碧，高臺望斷吳江隔。回首白雲天渺茫，不知身是南洲客。懷葉王翦涕淚多，柏梁銅雀空嵯峨！何如歸釣江頭蓮石？秋雨濃衣綠蓑。君不見秦之陵，趙之邱，芳草萋阡青復黃？又不見范大夫嚴先生，一帆一竿留其名？

又彈鋏歌

君不見重瞳夜宴憐烏騅，旁有美人珠淚垂？雄圖霸業終塵土，至今惟見烏江之水作嗚咽？又不見荊軻易水別漸離，酒酣歌發秋風悲？孤臣欲彈燕陵慣，浪入秦廷痛哭聲。明知一曲霓裳歌，鐵騎紛紛出南城，何事輕遺傾國姿，頻年反束中原路。浪雪濤花捲漸臺，香魂頓殉江頭右。持節歸來賦大招，蒼茫不見盟心路。成敗悲歌事不齊，夕陽流水自東西。春鎖蠶叢鵑啼花亂，月暗蒼嶺壁草萋。諸戶香銷蝴蝶夢，石牀凄表鳩鴉啼。壕邊掛劍聽遠王，桑下投金自殺妻。此日風光更堪憐，玉關鐵鎖金門閉。霜刀披竹下三秦，血詔移鑾終二帝。直指朝衫已磨襤，東山黃髮皆乘鸞。幾泳武魚適大軍，幾人欲蹴秋山際！獨我頹連登水濱，烟波泛泛一漁身。育錢敢做黃金吏，綵服終遊白首親。千里昆霜閑筆硯，數年愁病逐鴻鱗。看殘碑史鐙花淚，避盡鳩媒柞粒簪。屈平幽憤湘江步，君山標皺雲飛斷。似有湘靈石上啼，山鬼乘雖夜招喚。歸旅之愁天不聞，名師之場我何憚？長嘯還登拳遠樓，烟起蘆灘月將旦。

炳龍序其詩，謂「如擊燕市之筑，如鼓雍門之琴，又如湘纍澤畔之行吟，梟羽西臺之痛哭」，「有濟生之人，固宜有濟生之詩」，信也。

據趙序，「昆明高子一生，以其兄濟生詩鈔四卷，鄙致楸園，復述濟生之意，必得一言於簡首。余病目收視，令兩兒遞誦於側，几坐聽之，閱八日始畢，則原本詩鈔，當爲四卷。

文鈔，集文二十六篇。行紀一：何蠹庵先生行紀。遊記五：再遊楸園記，遊碧潭記，岩湍潭記，觀止亭記，同醉記。書一：與張子任同年書。傳一：醫師傳。引一：鶯鐘引，銘一：自慧大師塔銘。餘爲雲遊小啓。其間何紀關係晚明史蹟，蓋不涉獨。而哀義陵一篇，尤可想見當日撥浦情事。

詩鈔中，自壽有序，謂「蒲月念九，先父母劬勞日也。」舍人壽日，當爲五月念五無疑，惜所耕詩文，略無次第，不足以考證其人行事耳。

圖書

半月刊

第十四期

通訊處：昆明：柿花巷二十二號

目次

新書評介

一　中日關係及其現狀

許德衍著　中山文化教育館編行　民國二十八年出版　上海雜誌公司總經售　抗戰特刊第一種　實價四角

中日關係的發生，雖可推到先秦，但以現代關係論，即明治維新以後日本走上資本主義路線開始向外謀求發展的中日關係論，要以一八七一年伊達宗城與李鴻章代表兩國締結的中日通商條約始。本書所指的中日關係也就是由這時候開始敍述的。

自此次通商以後，日本即相繼侵略琉球，台灣，並以政治，軍事陰謀攻略朝鮮，以至甲午戰爭，成爲日本對華侵略的奠基時期。

日本甲午戰勝，使東北與帝俄的勢力相遇，而起日俄戰爭，其結果在東北建立了侵略的中心據點。繼復利用歐戰，使中國出兵山東，提出二十一條，操縱中國內亂，並成立大借款，激起「五四」的反日運動。中年以後至巴黎和會這一期間，本書劃爲第二期，其特徵是日本帝國主義侵略手，由中國的藩屬使入了領土，滿清的以夾制決變爲北洋軍閥的投入日本懷抱。日本府會議以後的十年間，日本既爲五卅慘案的重要引導，以打擊中國的勞工運動；且公然出兵山東干涉革命軍的北伐；並出兵東北，干涉易幟，實行幣原外交。本書把這一階段劃爲第三時期，指出了中華民族解放的最大障礙是日本帝國主義。

「九一八」的事變，展開起來，震動了世界，雖有淞滬之戰，稍是代表民族的反抗力量，但其時，統一戰線，尚未成功，終使日寇造成僞「滿」，進攻熱察，並在三原則之下形成華北的特殊情形。寇既日深，中國內部團結統一，乃使日本不得不挺製「蘆溝橋事變」。這一日寇的瘋狂時期，本書是劃爲第四期的。

一九三七的，溝橋事變既起，八一三展開了全面抗戰，直至武漢退師二期抗戰開始，這便是本書所謂的「中日戰爭現狀」了。

綜觀以上關於近代中日關係的階段的劃分，可以說是井然不亂，而其重要的觀察，是每一期間，都存在着一個要點。

自抗戰以來，中日關係的了解，已成爲大衆的需要，但把近代中日關係，有條不紊地直敍述到目前爲止的，這本書，却還是第一本書。本書非但記述事實經過，且指出其事態的影響，和各期的特徵，自然給讀者一個清晰的概念。同時，著者在卷端，除說明了本書的意義，範圍之外，並把「構成近代中日關係的主要因素，」和敵人「作爲侵略基礎的大陸政策」提示讀者，在卷末又把敵我情勢作一比較，以爲抗戰前途的展望，是史足爲認識中日關係的幫助指導的。

總之，這是一本正確地，精密地研究中日近代關係的書。其目的，在把近代中日關係提綱挈領，以示讀者，雖然有小的地方，如一九二三的長沙「六一慘案，」和一九二四年的出兵廈門事件，未被述及，但是爲了「瞭解日本侵略中國的史實及其現在的企圖，和我們此次抗戰的必要」，這要算目前唯一的一本書了。（德）

二　永樂大典考

郭伯恭著　初版　平裝一冊，二三四面　國學小叢書本　二十七年七月　商務印書館　價八角

永樂大典，明成祖永樂元年敕修，六年全部告蕆。書凡二萬二千八百七十七卷，凡例並目錄六十卷，共一萬一千九十五冊，實一空前之大類書也。其書歷明清兩代，累遭刼佚，今日尚存天壤間者，不及原書百之三。一朝鉅作盛業之歷史，學者亦罕能道其詳，本書之作，未可少也。

本書分章凡十，附錄一。首章「導言」，概述歷代公家藏書。次章「大典之纂定」，述明太祖修書之議，「文獻大成」之纂修，成祖之獎拔儒士，及大典纂修之經過。本章小註，據大典成祖序，姚廣孝表以正實錄所載大典卷冊數之訛。三章「纂修人考略，」述大典館之組織法，又在「實錄」所載修書人員之外，據明史列傳及文集等所見，考得監修四人，正副各二；總裁，正九人，副二十五人。實錄於編纂諸人，無一字之記載，今據諸家文集及各省縣志考得一百三十五人。又考得謄錄生廿人，圈點生一人。雖所得不及原與斯役人數之十一，搜輯之功，要亦勤矣。四章「大典之體制」述書之形式，凡例，探討其得失，又爲表列出其目錄卷第，糾正明清諸家對大典卷數之誤記。五章「大典之錄副」，述大典之隨國都北遷於燕，世宗嘉靖四十一年至穆宗隆慶元年之錄副經過，副本部數之疑案，駁正四庫總目「重錄正副二本」說之誤。六章「大典之厄運，」述明代大典之沈晦：在孝宗弘治時，係命錄醫方賜太醫院；世宗萬曆時，南京祭酒陸可教上疏請刻，議允未行；思宗崇禎二年，以侍郎徐光啓奏，劉日蝕一類，而流布亦不廣。辨證正本被毀及諸家記載，考舉紹書，法式善，全祖望，張廷玉，昭槤諸說，俱出傳聞未可全信；考定清代正本存一部，即由皇史宬移貯翰林院之副本。七章「清乾隆間之大典，」述四庫開館時之檢查大典存佚數目（附表），及查訪私家之結果。八章「大典之輯佚」，述四庫開館以前全祖望，法式善，杭世駿，錢大昕，諸家，四庫開館時館臣及周永年，邵晉涵，戴震諸家，嘉慶以後徐松，法式善，辛啓泰，胡敬，孫爾準諸家，以及同光時文廷式，繆荃孫諸人之輯佚成就及輯佚工作之遺憾。九章「大典之散亡，」述大典之遺翰苑之盜竊，及咸豐庚申英法聯軍與光緒庚子八國聯軍之刼奪。據袁同禮氏所調查，表列大典殘本今存國內公私家者，共一百九十五冊，存國外者一百四十四冊。並論錄副及景印工作之宜亟。末章「餘論」，綜述歷代藏書之厄，並合牛弘所說五厄，胡應麟所說續五厄，及南宋兵火，唐初砥柱覆舟，北宋靖康，崇文院之災，明末李闖之亂，及清光緒庚子之虜，爲十五厄。附錄一「大典內輯出佚書目一覽表」，補正趙萬里氏目，共得書五百四十二種，表出其書名，輯者，版刻，雜記諸事，於諸家校補之書，別爲表，得三十種。

本書引百餘種，並詳注出處，共善。

書，有清高宗之敕修四庫全書，有抑制思想之著意，論學者夙已知之。不圖三百餘年以前，明成祖之敕修永樂大典用意亦在借稽古右文之舉，以消草野私議。帝王之狡黠者，其任術先後幾出一轍，使天下英雄入其彀中而不悟也。清代事事欲超軼前明，設於官修書籍可知也。永樂大典在明代，見者甚希，著述之家幾無引用之者。何如四庫全書，多至七部，江南三閣，並聽士子入讀耶？大典今不存其百之三，四庫尚存三全部，此則有幸有不幸矣。

本書餘論歷舉典籍十五大厄，其言殊痛。民二十番[illegible]變，文瀾四庫全書隨船東去。淞滬戰起，涵芬樓所藏珍籍，悉付一炬。前歲中日戰事發生，沿海各省淪陷，文獻典籍，或罹刼火，或被搜括，江南故家，當積蕩然。斯亦一大厄，爲本書著者所未及也。

×　×　×（德）

三　湘軍新志

羅爾綱著　國立中央研究院社會科學研究所叢刊　民國二十八年五月初版　商務印書館發行　一冊　定價一元八角

從清代的兵制看來，當初入關的時候，是用八旗爲武力控制漢族的。其後天下既定，八旗將士養尊處優，銳氣漸失的結果，康熙朝和康熙以後，平準部，定回疆，收金川，這幾次的征戰，都是以綠營爲主力的。乾隆以降，綠營又漸爲暮氣所使，嘉慶初白蓮教之亂和道光間的鴉片戰爭，雖綠營將士仍勉強支持，但是這種制度，由其發生，成長到了這個時候，已到衰落時期，其內含的矛盾，的弊病，已在這一制度的成長中漸次展開。所以，太平天國軍興，綠營便已到處崩潰，不可收拾，繼之而起的，是「湘軍」這一制度。

在清一代兵制，既以「八旗」「綠營」「湘軍」三種制度而成，我們自應對湘軍這一軍制的發生、發展及其衰落，加以研究。何況湘軍還一制度所給民國的影響極大！我們要研究歷史，而尤其要研究近代史的，就更是因爲近代史實，對於現實更爲密切的原故。

太平天國既起義於金田，道光三十年，清廷一面徵調綠營，與之拒戰，一面倡辦團練，以補不足。太平軍既下武昌，據金陵，於是清廷震動，加緊推行「團練」政策。曾國藩時守制在籍，命他幫辦湘省團練，但[illegible]因爲看到當時民窮財盡，農村破產，不是民力所能負擔，所以提出了免除紳[illegible]內鄉民，以之實行編練新的[illegible]。所以，這一新生的湘軍[illegible]清廷便[illegible]太平軍[illegible]組織，[illegible]崩潰原因，[illegible]演成了「中興」的局面。本書凡十三章，[illegible]始先敍述綠營的積習，[illegible]

[illegible]

四　日本現代人物傳

孔志澄　葉祝編　商務印書館發行　民國二十八年三月初版　日本知識叢刊　一冊　二九一頁　實價一元二角

[illegible]

[illegible]（成）

最近國內出版的經濟學書

稼軒

（七）經濟動員與統制經濟

劉大鈞著　國民經濟研究所叢書之三　民國二十八年一月初版　商務印書館發行　實價八角

戰爭的結果，是經濟資源或力量的消耗或破壞，而其勝負的可能，則決定於經濟的支持力。所以，動員經濟，以赴戰爭，已經是軍需方面所需要。至於動員經濟，以安民生，更是國民經濟上的重要設施。

然而，統制經濟是經濟動員的手段，統制經濟可以建立戰時的經濟組織，適應戰時的經濟情況，二者是不能分離的。

本書凡十章，係由著者在二十七年中所寫的關於統制經濟和經濟動員的論文，集合而成。除了概論的兩章外，計關於金融的，三章；關於物資的，一章；關於物價的，二章；關於貿易的，二章；並附錄「中國今後應採之經濟統制政策」一文，是著者二十四年所撰的論文。

屬於概論性質的，是一二兩章。一章「經濟動員」，一、論經濟動員的需要，是因爲戰時一般物品需要的數量大爲增加，各種物品需要的緩急殊不一致，戰時一般物品的供給大抵減少。二、論戰時產業的特殊狀況，如產業需視與戰爭的關係而定其盛衰等，例舉九端，是經濟動員時應當補救的。三、論動員原則，指出了七個原則，如（甲）戰爭開始時須能立刻動員，故事先須有周詳的計劃，充分的準備，（乙）工業動員計劃應爲兩事無限制延長的準備，而不能以短時期爲限度等。四、論動員步驟，爲動員準備，動員計劃的編製，動員法令的制定及動員的實行。二章「戰時經濟統制」，分二部，首論統制手段，次論統制機構。前者分論優先統制，（Priority control），徵用物品或產業，營業統制，物價統制等方法；後者分國論述美、德、英、法各國在歐戰時及其以後的統制機構。如美國最初統制工業，不過在國防委員會之顧問委員會內設立小組委員會，處理關於軍械及一般工業，軍隊供給，原料，工程及教育，勞動等事項而已，其後設一一般軍械委員會，並加以擴充，至一九三三年且有戰時實習署之組織。

八一一虹橋發生事變，上海金融界已感到應付戰時變態的需要，八一五財部以部令公佈安定金融辦法七條，其中最重要的是關於存款提現的限制，其後因爲實行頗感困難，又以部令修正，本書第三章，即是關於這些統制金融的辦法的檢討。著者是把（一）在戰事期中，我國貨幣是否必須膨脹？如果緊縮，其害怎樣？和（二）爲長期抗戰起見，貨幣及金融的安定是否需要維持？這兩個先決問題，先給出了肯定的答案，然後討論到提現的限制，匯劃的應用以及國內匯兌的限制等實施問題。著者並不主張膨脹通貨，但對於提現，匯劃及貼放的限制辦法，主張應當從寬。四章論抗戰期中的法幣與外匯統制，首論法幣安定的原因，列舉，信用久著，外匯頗稱充足，中美白銀協定展期白銀的收買，國際收支的改善，外商在華銀行的合作等；次述敵人在金融上進攻的路線，是推行日鈔，壓低法幣價值，吸收法幣換取外匯，設立僞組織銀行發行僞鈔。進而論述我國統制外匯的經過及其影響。最後討論法幣的前途，對整個幣制問題，認爲香港上海雖有外匯暗盤，但政府如能進一步統制貿易，使國際收支好轉，暗盤可以消滅。同時就歐戰時德俄兩國的貨幣情況作一比較，並就國內情況觀察，以爲即使增發，亦無膨脹影響。其後使論到增發一元法幣和輔幣的問題。

二十七年三月施行外匯統制以後，外匯暗盤跌落很大，物價因之繼續增高，五章「再論外匯統制」，主要在於討論匯價動搖之害和物價動搖之害，認爲應在可能範圍內，維持幣值的安定。

六章討論統制消費問題，指出了統制的四個目的，並因爲統制消費的方式和限度不能一致，按照各種物品的用途，分爲軍用物料，食糧，國內缺乏的重要物料，國外輸入的一般物料，軍用民生重要物料的副產品，金銀，一般消費物品等部類，略論其應採的統制方式和限度。

歐戰時各國實行統制物價，論者多指出各種流弊，以爲指摘，如「統制物價妨礙生產的增加而獎勵不必需的消費」等，著者在第七章論戰時物價統制時，首先對此等理論加以檢討，樹立戰時統制物價的目標。其次，分時間、地域、物品，物價的種類及評定的性質以論統制的範圍。其後，依次論及評定的標準，統制的方法和統制的機構。最末，提出我國施行物價統制的意見。第八章，是對戰時物價作理論上的檢討的。

九章論述「歐美各國的統制貿易」，十章論述「我國現行的貿易統制」。前者，首述各國戰時的貿易統制，統制方法，次分述蘇俄、美、英、三國統制貿易的機構。後者，對於我國施行的貿易統制作一檢討。

此書所討論的都是當前，以及著者爲文的時候的統制經濟的重要問題。著者，或舉述歐美先例以相比較，而爲借鏡；或對各經濟部門的統制問題，參照國情，提出具體方案，或作理論上的檢討，是很可以作爲統制經濟問題研究上的參考的。

現在，國內物價，日見高昂，已經被經濟學者視爲一個嚴重的問題，本書著者對於我國施行物價統制的範圍，定價的標準，統制的方法及其機構，都有着具體的建議，而尤側重於農產品，更值得大家的注意。

一九三八年一月二十五日，《文匯報》在上海創刊，名義上作爲英商報紙出版。《文匯報》創刊的時點和地點都具有非常鮮明的時代特點。其時，抗日戰争已經全面爆發，日軍正在大舉向中國腹地進攻，戰局瞬息萬變，國人對中日之戰的走向莫衷一是。此時的上海已經淪陷，但是由於歷史的原因，上海的租界區仍然存在，日軍的統治力在這個區域相對較弱。上海原本是中國的出版和傳媒中心，抗日戰争爆發前，國内絶大部分的出版機構雲集於此，具有全國影響力的大報也基本以上海爲總部。抗戰爆發後，出版社倉促西遷，《申報》《大公報》《時事新報》《民報》《救亡日報》等具有影響力的報紙紛紛宣布停刊，或遷移外地。正是有鑒於『孤島』文化産品和各方面信息的匱乏，以及諸家大報離去後所遺留的市場空間，《文匯報》在『孤島』中創刊。

《文匯報》的發展十分迅猛。根據有關資料記載，『一九三八年剛創刊時日出對開四版一大張，售價二分五厘。很快，三月五日起增加版面，擴爲日出兩大張，售價三分二厘。到七月一日就發展爲對開三張半或四張。由於報紙旗幟鮮明的抗日立場，深受讀者歡迎，發行量激增，到五月份已逾五萬份，超過當時號稱發行量最大的《新聞報》』[一]。

《文匯報》歷來重視專刊副刊，致力於在不同的歷史時期通過專刊副刊傳播進步思想、注重深度報導、繁榮學術文化、提供精神食糧，專刊副刊有《文匯報》『半壁江山』之譽。前期《文匯報》副刊主要是文藝性的，以《世紀風》《筆會》等幾乎天天刊出的大型副刊爲典型；也有些副刊内容面廣，時事性强，且緊密聯繫實際，以影響最大的《讀者的話》爲代表。副刊大多每周刊出一期。

一九四六年五月二日，《文匯報》創立《圖書》副刊。這個時點也同樣具有其特殊的意義。日據時期，上海出版業始終處於『瀕死』狀態。一九四五年抗戰勝利後，大後方出版業即謀復員返滬。一九四六年的上半年正是大後方出版業重新回到上海的集中期，隨着出版機構的回歸，一批在大後方出版的圖書也現身於坊間，滬上出版業確實呈現出了一種『新氣象』。但是同時，由於當時的經濟已經陷入惡性通貨膨脹，加之日益險惡的政治環境，很多人期盼的出版業三十年代的『黄金期』不但不可能重現，嚴重的

[一] 吴躍龍：《〈文匯報〉報名的由來與前〈文匯報〉》，《新聞記者》二〇〇七年第十一期，第一〇七—一〇九頁。

困局已經令出版界、文化界深感不安了。

《圖書》副刊的《發刊詞》所體現的情緒正是這一局面的體現。編者指出當時出版界存在『一種可怕的現象』，那就是出版的圖書既無量也無質，不但出版量與銷量不佳，哲學教育、文學藝術、自然科學與社會科學的書籍更是寥寥無幾。『街頭上和書店裏所見到的大多是色情的黄色刊物。』編者質問道：『大後方的許多書店紛紛的集中到上海來，但除了搶門面，翻印這幾年大後方已印行的圖書之外，他們到底出版了多少新書呢？』面對這樣的困境，編者表示『并不悲觀』，認爲『我們的出版界今後很可能的會發生空前的蓬勃的氣象』，期望『每一周能够見到更多的新書，能够讀到更好的新書』。

《圖書》副刊爲周刊，每周四出版，一九四六年十一月八日第二十七期改爲周五出版，十五日第二十八期出版後停刊。初期爲半版，與《世紀風》《新生代》等其他副刊共用一個版面，一九四六年七月四日第十期後，除廣告外，獨立占據一版。在民國時期，不少報紙都會開闢類似『圖書副刊』『出版副刊』等有關於圖書推介和出版信息發布性質的副刊。僅從《申報》及前文論及的《大公報》《時事新報》《中央日報》等大報、名報均闢有類似副刊的情況看，即可知這種現象是較爲普遍的。其之所以普遍存在，是有着一定原因的，主要有三個方面：

首先是出版業的需求。民國時期信息傳遞相對落後，報紙是最主要、覆蓋面最廣的信息傳播媒介。出版機構所出書籍自然希望通過報紙廣以宣傳促進銷售，大小報紙均能經常見到書籍廣告便是明證。不過，圖書不同於其他商品，首要的是以内容取勝。因此，簡單的廣告不足以深度揭示書籍的内容。通過專刊的形式，聘請專業人士甚至是文化名人來評介某種書籍自然更有利於推廣銷售和出版機構的品牌建設。

其次是讀者的需求。民國時期的讀者主要集中於中學生、大學生和城市『中産階級』，他們具有一定的文化水平，有一定的閲讀需求。但是，當時的出版中心集中在上海，其他地區的讀者，包括一些書賈對於出版書籍的情況很難及時瞭解，迫切希望能够在具有一定權威性的平臺上經常性地看到有關信息。無疑，報紙就是很好的平臺。

再者是新聞媒體的需要。對於報紙而言，一個具有影響力的圖書副刊所帶來的好處也是十分明顯的，比如能够帶動廣告收入，能够進一步招攬讀者，而且還能藉此擴展與文化界的交往，增進與文化名人的交流，又能進一步擴展稿源，提升文化影響力，真可謂一舉多得。有此幾端，圖書副刊的普遍也就不足爲奇了。

各家在編輯圖書副刊的思路上也有差异。有的側重在對出版界和文化界動嚮、形勢的分析判斷和評價上；有的側重在出版物的推介和評價上；有的還會組織延伸性的文章，進行文史知識的普及。從内容構成上看，《文匯報》的《圖書》副刊更多側重在書刊的推介評價上，二十八期共登載文章一百〇七篇，書刊推介性文章占了多數。在書刊推介上，各家也有差异。有的側重於政治社會類圖書，有的側重於文藝類圖書，有的則不拘一格、兼顧并舉。《圖書》副刊所評介的圖書主要集中在文史、地理兩個領域，所評論的圖書主要包括《隋唐制度淵源略論稿》《張居正大傳》《三國人物新論》《唐代文化史研究》《西漢經學與政治》《中國近代外交史》《歷史哲學教程》《魏晋清談思想初論》《社會科學論綱》《各國革命史講話》《蘇聯經濟地理》《西南經濟地理》等。其他類别的書籍評介不多，但也有值得一提之處，如登載了茅盾的《蕭紅的小説——〈呼蘭河傳〉》一文，對《呼蘭河傳》進行全面的介紹。

注重學術性也是《文匯報·圖書》副刊的一大特點。除了評介的圖書主要集中在學術性著作之外，其他内容也基本和學術研究，特别是文史研究有直接關係。副刊中登載鄭振鐸、向達、顧廷龍等古文獻專家的多篇文獻整理類的文章，主要包括《集曲偶識》（鄭振鐸）、《宋詩紀事拾遺叙》（顧廷龍）、《寶迂閣日記跋》（顧廷龍）、《姚吴孫王張五家尺牘跋》（顧廷龍）、《讀樊綽〈蠻書〉雜記》（向達）、《〈映雪樓藏書目録〉跋》（顧廷龍）、《顧樓讀書記》（徐益藩）、《書林偶録》（洪焕椿）等。此外，還登載了《讀王國維觀堂丙午以前詩》（槐聚）、《略論〈禮儀單疏〉》（沈文倬）、《『明太祖』和『從僧鉢到皇權』》（吴晗）、《馮承鈞先生的譯著》（向達）、《中國畫論體系及其批評》（沈立人）等學術論文，均具有很高的學術價值。

《圖書》副刊收録的文章中還有一部分帶有文化隨筆性質，雖然大多爲短文，但是同樣具有一定的學術和史料價值。這些文章主要包括《圖與書》（王庸）、《學術的著作和普通的著作》（王庸）、《著述的僞造和盗襲》（王庸）、《圖書館的學術功能》（王庸）、《漫談圖書批評》（王庸）、《論國際圖書交换事業》（鄭振鐸）、《談目録版本之學》（王庸）、《圕學與圕工作》（王庸）、《談教科書》（王庸）、《通俗讀物之編印與搜集》（沈立人）、《編輯抗戰史芻議》（沈立人）、《讀書閑談》（王庸）、《上海應該有一個國立圖書館》（鄭振鐸）、《對於重印〈魯迅全集〉的期望》（求索）、《中庸出書的年代》（莊禹梅）等。這些文章在形式上是隨筆性質的，但是談論的問題則集中在了圖書館事業發展方面，内容中也兼及當時的出版業，可以説對研究民國時期，特别是中後期圖書館事業建設和圖書館思想具有較高價值。

從上面的羅列還可以發現一點，即副刊作者群體多是當時已經成名的學問家，包括茅盾、鄭振鐸、顧廷龍、向達、陳守實、吴晗、王庸、孫玄常、沈文倬等學者和文化名人。這也可知，副刊在文化界和學術界是具有一定影響力的，而這些作者的文章又保證了副刊的文化品味和學術品質。

《文匯報・圖書》目録

文匯報·圖書

第一期—第二十八期

第一期

發刊詞

編者

我們的出版界從來就沒有見到過發揚蓬勃的氣象。圖書出版的數字實在微小得可憐，連家大書店也不曾打破過每年出版三百六十五種圖書以上的紀錄，每部書，除了日報，一部分雜誌，和中小學用的教科書以外，能夠銷行到五千冊到一萬冊，幾乎是絕無僅有之事，這是單就「量」的一方面而言，要論到「質」呢，恐怕任怎樣也比不上人家，哲學教育的名著，曾經出版過幾部？文學藝術的書到底出版過多少？自然科學和社會科學的書又曾出版過多少？就已經出版過的而論，曾經有過幾部是「顛撲不破」的著作？

街頭上和書店裏所見到的鋪多是色情的黃色的刊物。這是什麼一種可怕的現象呢？

我們知道，在抗戰八年中，因為種種物質條件的限制，大後方的出版界是在萬分艱苦的狀態之下掙扎着的，我們同情於他們環境的惡劣，我們不能責備他們半句話。

但到了勝利以後，情勢還沒有好轉，大後方的許多書店紛紛的集中到上海來，但除了搶「門面，」翻印這幾年大後方已印行的圖書之外，他們到底出版了多少新書呢？這便有些不能原諒了！

出版的圖書既然不多；可讀可評的圖書自然是更少了。我們害怕本刊將會有無書可評，無書可介紹的一天。到了那一天，我們也只好「關門大吉」。

然而，我們卻並不悲觀，雖然在今日種種的困難之下，例如，紙張貴，排工高，讀者的購買力薄弱，而且，肯讀書的人似乎更少之類，而有傷氣餒出版事業的人卻依然不少；肯寫書，肯專心著作的文人學者們，也依然不少，而且還會更多起來，只要政治的局面平定了下來，使他們能夠安心著作。

我們的出版界今後很可能的將發生空前的蓬勃的氣象。

我們但願每一週能夠見到更多的好書，能夠讀到更好的新書。那末，本刊的日益精進，也便足表徵着中國的學術界的日益進步了。

本刊篇幅雖不多，但願意竭心的評介一切新出版的圖書。凡值得介紹的書，我們無不樂於擔介紹之責。很希望出版界和作家們能夠和我們合作，有什麼新的著作出版，便送一部來，以便我們能夠立即找到專家們來介紹和批評。

說到「批評」，也許會引起少數人的誤會，彷彿「批評」這一個名辭，便等於惡意的挑剔似的。但我們說「批評」，卻全無此意。我們願意竭心竭力的以絕對好意的態度來讀，來和作家們討論着。假如我們有什麼不同的意見，那也是很懇摯的主張，決不是什麼有心的找錯處。

不過，對於惡劣的，色情的，有毒的東西，我們卻要不容情的加以指摘。

本刊歡迎一切來稿。凡不合用的來稿，均當立即退還，但如果遲誤若干時日的話，那便是本刊想刊出而一時未得篇幅之故。

所有贈書和來稿，均請由文匯報轉交。

圖與書

王庸

圖與書常常都連在一起，實際上出版界除掉有附圖的書以外，總是圖少而書多；所謂圖書館，亦都是以藏書為主，藏圖極少，不過在名目上這二者往往連繫着罷而已。可是，我們如果追溯歷史的淵源，那麼圖倒是「前輩」而書卻是「後來」。這理由是很明白的！我們大家知道文字是由圖畫演變而來，那麼以文字為主的書籍，當然是在圖畫以後了！而且，古代有一部分的書，正是以圖為主體而文字為附出。後來因為文字容易保存，而圖畫卻不容易遺傳下來；因此年代較久的圖書，往往變成有文無圖，或是圖少字多的書籍。例如山海經這部書，原來是以圖為主體，而附注文字的說明。後來圖早已散失，而至今還保留着的文字說明，便由附出而蔚為大國了！至於後來山海經上所刊印的圖，全是原圖散失以後有人根據遺存的文字說明「以意為之」地補畫的，這和原本的山海經圖，恰恰是因果倒置，先後相反。

圖畫的應用，實際上最重要而現在實際亦占圖籍上主要地位的，自以地圖為首輔一指。是可以，我們如果考究他的淵源，亦是比別的書籍來得早。據民族學家的考查，北美伊斯基摩人（[illegible]imos）和澳大利亞土人等，都有地圖之作，而他們有文字的書籍是沒有。可見地圖之發明，尚在文字發明以前。因此，我推想到中國古代所謂「河圖」「洛書」，如果真有此東西，或許就是河洛的地圖之類，而且這東西的製作，在現代的目光看來，自然幼稚得可笑，但在原始人的生活中，那是他們行旅和日常生活上必需的東西，功用非常之大。因此，在中國古史傳說上彷彿認那些東西是非常神秘而貴重的「國寶」，這觀念亦不是偶然的！至於山海經中原本的圖，我亦認為是中國原始的地圖，而山海經便是圖上的說明，或者亦可說是中國原始的地志。這中國的論證，在拙著「中國地理學史」和別的文字上已經講過，這裏姑不多贅！

總之，在古代或現代的原始社會中圖畫的功用並不比有文字的書冊來得小。因為文字的說明與圖畫對照，多少是間接的，總不如圖畫的表現來的具體而明顯。初民的圖畫簡單些，可以用圖畫表現的，總是用圖畫，除非有圖畫所不能表達的意義，才用文字來解釋。現在小孩們都喜歡看連環圖畫的小說，亦是一樣的道理。

現在科學發達了，有比圖畫更精密的照相幻燈電影之類，而且科學和藝術上深奧的論證和學說，文字所不容易說明的，亦有更適當的各種圖解方法，使得它深入顯出，一目瞭然。就擊地理來講，一切地形，氣候，產業，人口，以至於文化風俗，都可以用各種地圖來表現各種分佈的狀態；有時用幾千幾百字說不大明白的，只要看一幅簡明的地圖或統計圖解，就可以不用說話，「瞭如指掌」。所以圖的功用，在現代文化與學術上的重要，不亞於一般有文無圖的書籍。有些書籍竟可以從插圖的多少衡量它的高下美惡。譬如編一本普通地志而沒一幅簡單的地圖和表解，無論文字的內容怎樣好，這書的價值，仍舊是要大打折扣的！

中國近代外交史

【蘇乾英著　民國三十三年五月福建南平國民出版社出版】

中國近百年來受帝國主義的壓迫與剝削的慘苦，實在非筆墨所能描述。經過了不斷的奮鬥犧牲，無數的艱危困苦，終究用自己的力量，在艱苦中解救出來。不平等條約的撤廢，平等互惠的新約的訂立，以及八年抗戰的勝利，都表現出中國可以走上獨立自主的路。如果，中國能把握這否極泰來的契機，可能與各盟邦並駕齊驅，來分擔改造世界，保障和平與解放苦難人們的責任。可是，勝利來到已經好久了，如果我們還沒有喪滅自己良心的話，那一個人能否認現在中國政治的黑暗與腐化。政治上經濟上不能改革，外交因此就不能不依賴別人，中國在世界政治地位那裏會提高起來呢？四強之一也不過是空喊而已。過去的歷史是將來的南針，在這大禍亂的局勢下，筆者將蘇乾英先生的中國近代外交史介紹給諸位之前，並不是一件沒有意義的事。

中國近代外交史在戰前雖然出版過幾部，但在方法論，史料與觀點及系統方面都不能令人滿意，甚至將外交史認為外交官那種縱橫捭闔的活動史。在戰後，因人力與物力的關係，這類書籍就沒有看見出版。蘇氏中國近代外交史的出版，的確是值得介紹的。

外交史是記述國際間力門爭的一種複雜政治史，這種歷史的發展，每隨着各國經濟的情形與社會政治文化的差別而不同。西歐各國，自工業革命以來，因生產力的增加，經濟利益的衝突，國際權力的鬥爭已是相當的劇烈。可是，中國卻在鴉片戰爭以後才彷彿，這本中國近代外交史就是從這方法與這時代開始來寫的。

蘇氏將中國近代外交分為三個時期：第一階段——自鴉片戰爭至辛亥革命，是滿清封建官僚對帝國主義的抗爭（可稱為官僚時代的外交）；第二階段——自辛亥革命至國民革命軍北伐，是北方軍閥對帝國主義的抗爭（可稱為軍閥時代的外交），第三階段——自國民革命軍北伐以至於最近英美的廢除不平等條約，是國民政府對帝國主義的抗爭（可稱為革命時代的外交）。將中國近代外交史分為如此三個時期，筆者認為有商榷的地方，此將另文述之。蘇氏根據這三個時期的外交發展，將本書編成三篇：第一篇是清末的外交，其討論的主題是西洋資本主義勢力的侵入與不平等條約的訂立，邊疆的喪失與均勢的造成，以及均勢下的中國。第二篇是北京政府的外交，其討論的主題是均勢局面的動搖，日本破壞均勢的陰謀，以及均勢的重建。第三篇是國民政府的外交，其討論的主題是國民革命軍的北伐與外交政策，國民革命外交的限界，革命外交的發展（如收回租界，關稅自主，撤消領事裁判權），日本的侵略東北與製造各地事變，盧溝橋事變與中國的全面抗戰，以及舊約的撤廢與新約的訂立。

我們從他的編製方面可以看出其敍述的範圍是相當廣長的，從一八四一年的鴉片戰爭起，一直到一九四四年舊約撤廢為止。（即開羅會議前夕）近代史敍述得如此廣長的，在目前書坊所出版中是很少能找到的。李鼎聲的中國近代史及錢亦石的中國近百年史教程也祇敍述到抗戰發生為止，就是最近出版的華崗的中國民族解放運動史也僅寫到一九二五至二七年中國大革命為止。所以，在目前看來，這本書唯一可取的地方是在新的材料，在開羅會議以前的抗戰時間的外交動態與國際形勢，在這書中已經有個大概了。同時，本書對每一時期，每一事件的重心都能把握，而且每章每節之間都有連繫，不像陳恭祿的中國近代史那樣雜亂煩碎，使人看了以後摸不着頭腦。不過在史觀方面不能使人傾首心服，重要的史料還不能有一個適當的剪裁。這希望蘇氏在再版時能修正之。（周光啟）

「文化與出版」

同雲

曹未風發願譯莎士比亞全集：這是很重要的一個消息。六月一日可以出版莎劇劇本十種，過幾時，還可以再出版十種。他計劃着把三十七種劇本，還有兩冊詩，和他自己寫的莎翁傳在最近幾年內全部出版。如果出齊了，共有四十冊。我們盼望這扛鼎之作，能夠早日完成。

五月將是一個很熱鬧的出版月。日報要出版的，有新民晚報和中華新報。還有新華日報，商報等，也有在五月內出版的可能。定期刊物要出版的有馬叙倫主編的「昌言」，沈志遠主編的「理論與現實」，都是月刊，也將在五月內出版創刊號。此外，要在這一月內出版的新刊，還有不少。

國立中央圖書館的善本書，在太平洋戰事發生之前，曾運到了香港。香港淪陷後，即無下落。聞最近已在日本發現。不久即可運回。全數共有一百十一箱，凡三千餘種，中多明代史料及文集，實為國之珍寶。

陳逆羣的藏書，已由教育部接收者為上海，南京二處。南京一處，已撥交中央圖書館，上海一處正由上海區清點接收文物委員會清點中。聞約有宋本七種，元本十四種，明本七百餘種，清稿本亦不少。普通書及日文書，佳者亦多。宋本，像大易粹言，尚書（纂本）三國志，新五代史，續錄，百家姓纂東坡集，蘇書，北史等，明本像徐渭之晉安風雅，雙黑口本錫坡叢誌等，稿本像湛文日記，法眼門，張謝所輯所著之書等，均極可驗視。

蘇聯經濟地理

胡煥庸　編著　重慶青年書店出版

世界各國的經濟基礎，變化最劇烈的，莫過於蘇聯。蘇聯自一九二二年採用所謂新經濟政策，自一九二八年以後，連續施行了三次五年計劃，一方採用資本主義的生產方式，一方採用社會主義的分配方式，使蘇聯經濟制度改觀，而所謂統制經濟和計劃經濟，原不過蘇聯所用的口號，今則普遍通行於世界，最近美國的經濟復興，多少也已採用蘇聯的方法，歷史的演變，是值得我們深切的注意。

經濟事業之發展和演變，尤須注意到地理上的條件，例如地形，氣候，水系，人口的分佈，土地的利用，資源的蘊藏和開發等等方面很多，最為密切，實在經濟和地理的關係，過去國人對於蘇聯經濟地理的研究，都是一鱗半爪，缺乏有系統的敍述，本書純以地理的眼光，研究蘇聯的經濟，作概括扼要的介紹。全書三五〇頁，附圖表甚多。這不僅是近幾年來地理出版界的希有的著作，也可說是對研究蘇聯經濟的一本重要參考書。

全書共廿六章，自第一章至十五章可謂蘇聯經濟地理總論，由自然環境說到土地利用的方式，和各項資源的開發，而尤其注意到新資源的發現和新墾區的建立，自第十六章至廿六章，對於蘇聯各經濟區域作個別的研究，各區域均以地理區域為單位，表現出各單位在經濟上的特徵個性，而特別注重到經濟的重心，由蘇聯歐洲之部，而轉向於蘇聯亞洲之部，各章均附以統計材料，敍述其前因後果，以明其盛衰消長之理，使讀者得一明瞭而清晰的觀念，尤可為本書的特色。

蘇聯民族，異常複雜，據其政府發表計有一六八種之多，為世界任何國家所不及，宛如一大規模的民族博覽會，所以行政區域，也異常複雜，大致多遵就民族分佈的界線，計由蘇維埃共和國十一個合組而成聯邦，各蘇維埃共和國內，又因民族的關係，又各包有附庸的自治共和國，如大俄羅斯中，包括自治共和國凡十七，規模最大，其他如烏克蘭有一，塔吉克有一，喬治亞有二，亞才倍疆有一，以如此龐大而複雜的民族組織，而在政治上特別在經濟上，竟建立了強有力的基礎，地盡其利，物盡其用，可說是世界上的奇蹟。

我國和蘇聯，壤土相接，關係至深，勝利以後，亟圖建設，在地理環境上，我國實遠較蘇聯為優越，而在民族上，可說是一道同風，更遠較蘇聯為單純，如果努力經營，增強建設，一定可以在最短期間，奠定了經濟基礎。他山之石，可以攻錯，我們看了蘇聯經濟地理以後，可以格外增強對經濟建設的自信力。（同）

集曲偶識

西諦

一，脈望館鈔元劇二種

余於十餘年前，得涵芬樓所藏鈔曲數種，元人雜劇十許種，詫爲奇遇。而尤爲得意者，爲關漢卿緋衣夢，羅貫中龍虎風雲會二劇。蓋明時所見者，於元曲選外之元劇，得之倍感珍寶也。後知日本鹽谷溫氏亦藏有脈望館曲，爲馬致遠漢宮秋以下十餘種，無緣得見，但讓其目耳。合之，尚不及二十種。今秋，得新古佚徐寶紹標，爲子孫十竹齋等譜於詳據，同時並得脈望館曲數種李雲英風送梧桐葉，賈仲名鐵拐李度金童玉女記二劇。予甚愛之。涵芬樓所藏，燬於兵燹。迄得劇插圖，俱不存去。今此二劇，附圖箋全，惟麗典雅，卷前之首，尤自喜也。明人所謂元明雜劇，於息機子雜劇選，徐氏古今雜劇選，臧氏元曲選，孟子塞柳枝集酹江集外，惟樂曲尚一選耳。雙雲麼孤金陵陳氏繼志齋叢編馬致遠劇一種，未知尚存有他劇否？要當以樂曲齋所編為最精絕也。江南藏家，殆唯予曲庫中有此耳。幾不珍惜之歟？

二，古本校注西廂記六卷

此本是王驥德伯良所校定。伯良爲曲學大家，深得沈詞隱，又及見徐文長。嘗著曲律一書。沛選多有行家語。遺於劇曲實三折臨著。惟校注西廂，多深文周納語，有治絲益棼之感，與凌初成之西廂五劇，同為文人好奇之過。惟附圖出新安黃應光手，尤精麗可喜。伯良復有校注琵琶記一書，二十年來，訪求未得。殆已失傳歟？

三，明山陰延閣訂北西廂記五卷

關大都王實甫編，關漢卿續，山陰延閣主人訂正。延閣主人即李告辰，書無四序跋者。徐渭玉先生從日本購得北西廂圖，得其從柏林寄贈北西廂圖二十幅，予嘗見之。衣冠殊古樸，惜尺幅較小，而氣象雄偉，有尺幅千丈之觀。每圖背幅為一圖，均仿古人畫意，大有可寄。友人傳觀，兩讀說歌以為得未曾有。惟不知其究出何本。數年前，乃從以延閣本北西廂一種，是書為書衛廣附圖十許幅，皆精雅異常，發其大半。然一見，即知其爲柏林本也，古宮蘇殿，畫見古色古香，一磚一瓦，何莫非虛明之物，殆殘，非亦驗視之。然每一披覽，便覺不足，中間斷續，殊可寶貴。不意於冬日偶過蘇州燉齋文齋，乃竟得此本全帙一部。物常聚於所好，此言良不虛也，時流每而得之者，頗有人在。肆主以是書寄，欲予必欲得之。乃終歸予有，喜有學像一讀，蘇州半世，爛然欲流，似爲柏林本所無，誠無上精品也。圖背署陳洪綬名，乃知非老蓮不能爲此也。喻估以予出值昂，閱鳳南堂五種曲，復獲世德堂刻拜月亭記，惜未久便絮然南下，不能更記。有所得矣。明本四聲猿不分卷。明山陰延閣鐫，以牡丹亭及四聲猿爲明人劇曲，傳刻最多。此四聲猿圖，延閣主人名李告辰，字告辰，山陰人。刻徐文長評本北西廂記，陳老蓮爲之作圖，精雅絕倫。予有其書。蓋亦明季好事者流。

學術的著作和普通的著作

王庸

古今的書籍，可以大別爲學術的著作和普通的著作兩類。學術的著作，是對於某一種學科，有空前的發明，或特殊的創見的；這種著述，不論是一篇短文，或是一部巨著，都是那一門學問上的經典，可以「藏諸名山」永垂不朽，而這一位著作家，亦便是那一種學術上有地位的專家。例如「老子五千言」，以及馬克斯的資本論就是這一類著作。至於普通的著述，自小學教科書以至大學課本，自日用便覽以至於百科全書，都不過根據現成的智識材料編輯一下，對於各種學術並沒有特殊發明的。

自然，這二者之間的界限，並不能「判若鴻溝」各不相謀。大學課本中亦常有專家獨造的新說，而專家的傑作，亦常常引證許多陳舊的學說。不過我們爲了解書籍的價值及其在學術上的地位起見，這裏面的區別是不能不明白的。這原則，或許是稍爲懂得些學術門徑的人都知道，不用我在這裏嘵舌；可是，事實上確有許多學者，往往和「外行」人一般見識；只要聽到某人著過什麼書，不管那書的內容怎樣，便可以認他是什麼專家；如果他寫的文章特別多，或是著的書特別巨大，那不僅是專家，簡直就公認爲博通古今中外的「大學問家」了！所謂「著作等身」，是通常「恭維」學者的頌辭，可見著作的多少，是一般批判學者的標準；那麼著作的有無，自然是決定某人是否學者的標準了，至於著述的內容如何，倒彷彿是不關緊要的！

其實，有許多書籍，往往分量愈大鈔襲愈多。倒有些短小零星的文字，卻常是精闢高妙的專著。即以顧亭林的天下郡國利病書和日知錄爲例，便是一個很明顯的對比。郡國利病書的分量雖很多，內容都是從各種書上鈔輯的材料。日知錄雖是一條一條簡短的箚記，內容卻多是「道前人所未道」的創見。據他自已說，在日知錄中寫定一條是並非輕易的事，都經過長久的考查和研究才寫下來的。所以這種看似零星的箚記，正是亭林學問的精華。他如果存心貪多務大，那就可以東拉西扯，高談闊論，不難使每一條都化成洋洋灑灑的大文。至於郡國利病書，是根據他廣搜的計畫鈔輯排比而成，而且是一個未完成的稿子。即使成功了，亦只是編輯的著作，並非在學術上有特殊發明的專著；不過他的編輯計畫，頗有點像近代學者研究中國人文地理的模樣，這倒是當時學術上的創見。假如他的計畫完成了，這一部大著，至少和顧祖禹的讀史方輿紀要有同等的價值，而且說不定有許多新的見解，可以發生；而這些見解，亦可以一條一條的抽出來，寫成日知錄似的箚記的。

再以近代的學者爲例，我們可以舉出梁任公先生和王靜菴先生的著述作對比。他們的著述，關於所謂「國學」的都不少。梁先生的論著，多半是導言或概論性質，而且文筆淺利動人，很適宜於給初學的人讀。可是我們如果細案內容，對於學術上的新貢獻卻並不多。所以他的文章，多半是普通的著作，學術的成分比較少。至於王靜菴先生的著作就不同了！他在「國學」上的創獲極多！蔣汝藻的觀堂集林序文中所謂：「近世諸家中」，「新得之多未有如君者」，並不是過分恭維的話說。不過，他的精要之作，亦大半在他的觀堂集林中，其他分量較多的著作，即和顧亭林天下郡國利病書及音樂五書相類，多是材料的搜輯和考訂，但對於學術研究上的便利，亦有相當貢獻的，而且有許多零星的發明，亦散記在各書裏面。

因此我們可以把學術的著作再分爲「編」的和「著」的兩種。「著」的書是偏正在學術上有發明，有創見的書，如日知錄和觀堂集林之類；這類書文字大概不長，分量亦不多。「編」的書往往分量相當多，如顧亭林的天下郡國利病書和靜菴先生的[illegible]字譜，竹書紀年輯校之類，那是根據一種有系統的計劃，在材料上加以精密的纂輯和考訂；其結果不僅與其他學者以研究之便利，而且有許多新的事理就可能從裏面發現出來的。所以，「編」書常常是「著」書的初步工作，而「著」書便是「編」書的結晶。（據此界說，所謂「著作」，是狹義的，和一般所稱廣義的著作大有出入）

「編」的書要力求詳備周密，不能疏漏；而「著」的書卻應當簡要不繁，只須把自己研究的心得和新創的論說說明白，就算完事！所以，著書在乎精而不在乎多，「寧缺毋濫」；而編書卻以詳備爲原則，「寫盡毋缺」，但當在擬定的系統下不佚出範圍，不「自亂其例」罷了！

記得以前王靜菴先生談到柯紹忞的新元史。他說：「這書不必編得那麼大，只消編一部元史考異之類就行了！」這話雖甚簡單，卻可以給一班從事學術著作的人作提醒。因爲新元史之作，無非是爲了有許多新史料，而元史未曾採納，還有不少差錯謬誤的地方，必需重新補正。至於舊元史上沒有問題，而新史料中沒有提及的材料，那麼舊元史俱在，何必多「災及梨棗」，重述一遍呢。所以，眞正學術的著作，凡是前人已經發揮過的學說，已經編訂過的材料，就可以無需重述重編，除非另有評正補訂的所在。否則「朝四暮三」，換湯不換藥」的硬要「著書立說」，不僅是無裨於學術，亦且浪費紙張，「徒亂人意」。

這是從學術的立場上說，如果講普通的書籍，原不是那麼嚴正。同一科目的教科書，內容儘管大致相同，而編輯的方法，文字的體裁，各有新舊優劣之差異；同類的字典或類書，內容上亦大有精粗詳略之不同。這些普通的書籍，本不在學術本身上用功，卻全在乎編製，體裁和內容的精粗上爭勝的。不過普通的著作仍需以學術的著作爲基礎；學術的基礎不好，無論你的編輯才能怎樣高明，總是事倍功半，不容易編得好。例如現在我們編一本中國史或是中國地理教本，總不能編得相當完善，這裏的基本原因，無非是因爲中國史地的學術基礎，還沒有打得相當穩固的緣故。

專門的學者，自然不一定專寫學術的著作。有許多課本參考書，以及普通讀物，正需要專家來編輯，才能夠編得相當好。而且有許多普通的書籍，在學術上並無關緊要，卻因爲著者的學術地位而亦能夠傳之不朽的。不過專家編的普通書，往往編成專家化的學術著作，甚至於有不能編普通讀物的，亦有不少編普通書籍的人，不能從事學術的研究。這裏相互的缺陷，固然是各人才性之不同，但亦未嘗不可以努力克服的。

八一三以前中央研究院，北平研究院，以及各大學，各學術團體，已經有國際學術性的書籍雜誌出版，漸漸走上學術的正軌。後來經過這八年的抗戰，幾乎把學術工作停頓了！從今以後，我們一面希望普通書報雜誌的出版風起雲湧地發達，一面還希望學術性的出版品與日俱增以求在世界學術之林，佔有相當的地位。可是，這不能全靠「秀才」們的「十年窗下」「埋頭苦幹」；在目前兵慌馬亂，民不聊生的時候，我們作這種高遠的希望，彷彿在地獄裏夢想天堂的樣子！不過，內戰是大可不必打的，若能避免，少打一場，就可以多做不少學術研究的工作，多出不少學術的著作。「放下屠刀，立地成佛」，這中間只是一念之差而已！

集曲偶識

西諦

五、鍥承訂出像注釋拜月亭題評二卷

拜月傳刻，不及西廂記諸刻之多。此本題星源游氏興賢堂重訂，歸谷唐氏世德堂校梓，海陽程氏敦倫堂彙錄，蓋於萬曆已丑十七年爲今知明刊本拜月亭之最古者。附圖亦雅整，不若富春堂圖版之粗率。較之所謂李卓吾陳眉公二評本，及六十種本，當更近於原來面目也。予於離平南下前一月，與鄭孝記同時收得。

六、明武林容與堂鐫李卓吾批評琵琶記二卷

李卓吾評本傳奇眞本，予未有一種。傳世僅如拱璧矣。此係予以大明律一部，向某君易得者。同時并獲白雪遺書一種。此二種某君皆僅有複本，故肯以相易。明季流行之卓吾評本傳奇，共十餘種。然李氏焚書僅收琵琶拜月及玉合序，餘殆皆吳人葉晝之僞本也。容與堂本，附圖絕精。琵琶圖爲新安黃應光所鐫，尤瀟洒有致。至葉氏僞本之圖，則精彩較遜矣。

七、明金陵富春堂鐫五種曲十二卷

相傳金陵富春堂唐氏，鐫有傳奇百種。予所見所知，僅及其半。北平圖書館曾以廉值自文友堂獲富春堂文林閣世德堂諸唐氏書肆所刊傳奇四十餘種，爲最多。此外，孝慈約有十種，江南圖書館約有數種，張蔥有數種，某君有白兎十義等四種，係由王孝慈書中購傳書者。傳某亦有一二種。予則於變亂中都紫薇外，一本都無，深以爲憾。每向南北各肆詢訪，均無所傳。二十一年冬，乃引延閣本西廂記，文古書店劉某聞之，一同文堂店影，得富春堂鐫曲五種求售。一爲何文秀玉釵記四卷，題心一山人編；一爲齊世子灌園記二卷，題張鳳翼著；一爲韓朋十義記，二卷，題豫章羅懋登音註；一爲商輅三元記二卷，題無名氏著；一爲蘇英皇后鸚鵡記二卷，題無名氏著。予獲之，若窮兒暴富。復不與論值，即欣然收之。劉某素不誠實，喜多索值。予不甚與之交易。乃有此功。曾頗自詡。予亦勞之。後復一明刊本隋史遺文來，議成交，乃爲某氏中途奪去，自此圖不復見之矣。收書，雅事也，竟亦有鉤心鬥角，翻雲覆雨之事乎？可歎也已！富春堂傳奇都附圖甚富，古朴可喜，有民間通俗畫意，殆以其本爲伶工腳本以依式裝扮故歟？

八、明朱墨鐫本琵琶記四卷

朱墨本琵琶記，爲夫子間即空觀主人凌初成所鐫。首附圖二十幅，出吳人王文衡手。人物衣冠，古雅有法，頗唐宋人筆意。刻工爲鄭聖卿，亦新安一名手也。二十年前予所見求廣，武進董氏，嘗以此本補圖，附印影元本琵琶記卷首。予得之，乃謂以爲是元本原圖，後乃自笑，然亦可見斯圖之精絕也。十八年秋，予初自倫敦歸國，嘗於來青閣見此本一部，渴欲得之，乃爲某君所先獲，爲之不懌者累月。事變前數日，翰文堂送來此本，潔白如玉，尤勝來青閣所見之本，遂亟收得之。事變時，隨身攜出，幸免罹劫。

九、李卓吾先生批評浣紗記二卷

首有宋懋澄評三則，附圖十四幅，生動有致。予得明刊傳奇，以此爲嚆矢。同時收得者，尚有玉茗堂評本紅梅記，焚香記等。時在民國十二年秋。予於夕陽將下，偶過受古書店，店主翁某以此數劇示予，并附以箏霸十種曲及抄本藏帕記。予欲除去霸曲及藏帕不取。翁某執不可。曰，否則，不欲出讓也。予不得不曲從之。自此不復過其肆。然受古自此亦不復有明本曲子出現。予轉輾從來青閣及中國書店得容與堂本數種。此李卓吾評本，實是吳人葉晝所僞爲。武林容與堂所刊卓吾評曲，僅有琵琶拜月及玉合數本耳。

十、鼎鐫陳眉公先生批評繡襦記二卷

題溫陵敬草齋鶴鳴校，一齋敬止。余文熙閱，書林蕭騰鴻梓。中有師儉堂板四字。予所見陳眉公評本曲子，大部是後印濫劣者。所謂六合同春之西廂，幽閨，繡襦等六種合印本，尤爲最下。此是單印本，故尚甚清明。插圖凡十一幅，蔡汝佐寫，劉素明次泉及陳聘洲鐫。每幅刻工，皆自署名。第四幅有次泉刻像一章，尤爲罕見之例。明季鐫畫之工，實已進於藝人之列，而不甘以匠氏自固矣。眉公名震一代，凡坊肆刻書，每喜假其名。所謂陳眉公批評諸傳奇，殆皆僞托也。

讀張居正大傳

王伯祥

我困在淪陷區八九年，受到外來種種的鈐束和封鎖，不但自由區著作的消息難得聽到，連親友的通信也幾乎斷絕了三足年，簡直悶得要窒息了。這回聖陶一行人從重慶乘木船回到上海，帶來了不少後方的書冊刊物和紙型清樣等件，頓使我們的心胸爲之一暢。首先引動我注意的，便是朱東潤先生所著張居正大傳的校定清樣兩厚冊。於是這書的優先閱讀權便被我佔住；不久，開明的出版部也就把它印行出來，作爲復員後的第一部巨著。——這書凡分十四章，除序文和附表不計外，正文共三百九十四面。

我讀完這部巨著後，開明叫我作一點報告，我便把見到或感到的一點點，率意把它寫在下面：

先就體裁說，它融合了編年式的年譜，組織成新式的章節；於事實發展的順序既沒有擾亂的感覺，而於每一事件的關鍵起迄期間，又穿插綜錯，相間成文。換句話說，它旣有紀史編年，紀事本末二體之長，絕沒有呆板或牽強之弊，而靈闡利用對話使敍述到的人物格外生動，尤令人感到畫龍點睛之妙。這眞是前無成例的作法。著者自序說，「這是一個嘗試」，然而這嘗試算成功了。

次就取材說，他所以要決定寫張居正是有他的理由。他在自序裏說，「中國歷史上的偉大人物雖多，但是像張居正那樣劃時代的人物實在數不上幾個。從隆慶六年到萬曆十年之中，這整整的十年，張居正佔有政局底全面，再沒有第二個和他比擬的人物。這個時期以前數十年，整個的政局是混亂，以後數十年，還是混亂，祇有在這十年之中，看到清明的時代，敵人由分化走到崩潰，中國由安定走向進展，一切都是居正底大功。他所以成爲劃時代的人物者，其故在此」。的確，中國廣大民衆的偉大的力量，在以往的歷史裏是常被埋藏在政治家的鐵輪下面的。這一般力量的蘊蓄或慣序，不但在官修的所謂「正史」裏很不容易找到零片斷段的記錄，即在私人的筆記野乘也往往受到歪曲冠傳的待遇，並不能夠發掘事實的眞相。我們要知道這些事實的眞相，反而不能不向那批評作後遺的政治獨裁者——不論予智自雄的專君，假借「得君行道」的政權把持者，或是眞有良心的「致君澤民」的政治家——的生平行事上面探討一點正面的或反面的印象。這是歷來治史者的苦悶。記得我十八九歲大家還行體讀的中國六大政治家——六厚本的書。每本一人，兩本是先秦時代的管仲和商鞅，一本是蜀漢的諸葛亮，一本是唐朝的李德裕，一本是宋朝的王安石，又一本便是明朝的張居正。後來編纂欲決定本集或合集等，不知怎麼竟沒有收進去。在我當時的想頭，以爲梁啓超正在鼓吹變法，所以搬出這些人物來助他張目。現在看來，這眞是反映時代的好鏡頭。著者寫張居正，恰恰把握住那時代的政治社會的全貌，一切興革，治河，清丈，考成等等的設施，都反映着當時廣大民衆的需要與呼聲。

至於依據的史料，主要的便是張居正自己遺留下來的集子——張太岳全集四十六卷。在全集外，著者自謂只看到明史，明史紀事本末，明紀，明史稿，明會典等常見的書籍，竟無從利用到重要的材料明實錄，認爲是一件遺憾的事。其實以本人自己的著作爲本人自己的史料，正是譯生們以經譯經的謹嚴態度。實際的內容固然豐富也只多了幾道豪奮和奏疏的批答，且經實修，對於前後施令的矛盾衝突之處往往加以修潤或改竄，反倒不如常見書籍業已經過時代淘汰的比較可靠。所以我認爲著者的遺憾是自謙。末了，我有一點額外的意見。凡是一種專制的建立，或者制有所承，加以強化與推動，或者因時制宜，特爲制訂與實施；都需要有長時間的經過才會演變。「人亡政息」固然是中國往史的通例，但爲意氣或名義的關係，一定把已行的條制根本推翻的，也頗有因噎廢食的偷懶辦法。不如考成法爲當時蠹官吏所不喜，居正死後自然漸成具文，但直到清季改訂新官制以前在內閣裏還保存着稽查政事上論事件處的組織。又如潘季馴的治河方法，直到清朝咸豐五年河決銅瓦廂之前，黃河歷任治河大員一貫採取的成憲。著者限於傳主的生平事業當然不能枝生節外，而讀者們看到本書第十四章尾聲之後，或者不免躭會到張居正死後抄家，一切手創的規模都被打破，則不無遺憾耳。

三國人物新論

祝秀俠著 民國三十四年十一月國際文化服務社出版

由於三國演義之影響，三國時代的人物和故事，在中國人中間可稱是婦孺皆知。因此，三國裏的人物竟成爲一般民衆衡量人格的標準，曹操是奸臣，劉備關羽是忠臣義士，而諸葛亮又是神機妙算，聰明絕頂的標準人物。凡此種種，在研究歷史的人自然很明白，多出於演義小說烘染，並不是眞確的史實。可是這小說太普遍了，深入民間的通俗思想竟「積非成是」，反可以影響到一般不研究歷史的文人學士，他們有時還把演義小說上的故事當作歷史來講的。這本三國人物新論，正可以糾正三國演義中與三國史中許多歪曲，虛構，和烘染失實之謂，而對於三國時一部分重要人物，都根據比較可靠的史料，給他們以簡要的論述。全書共十五篇，目錄如下：

（一）諸葛孔明新論（二）論劉備與曹操（三）論孫吳（四）論魯肅（五）論司馬懿（六）論關羽（七）論名士孔融（八）論龐統（九）論曹丕與曹植（十）論魏延（十一）論姜維（十二）論三國中兩個女性（十三）論諸葛亮的外交與軍事（十四）論諸葛的政治措施（十五）論「論諸葛亮」

這裏所論到的人物，自然不限於題目上所見的。例如，在論劉備篇，兼論楊儀，論關羽兼及呂蒙，論司馬懿篇中兼及曹爽之類。但這書還不過是一個論文集，對於三國中主要人物，總沒有論述得相當完備。可是，看過三國演義而沒有讀正史的人，看了這本書以後，對於三國中的人物和史事，亦可以得到一個比較明確的概念了。其中糾正演義中錯誤觀念的，如論劉備與曹操的人格，才具，及其德行，各有優劣；而且從才具上講，劉備實不如曹操，所謂忠奸之分，高下之別，都不過是膚淺的通俗觀念；又如「論劉備」篇[illegible]劉備的思，勇，智，仁，和演義中所描寫那種出場無能的「老好人」模子，完全不同；又論魏延之造反，亦不眞確，而楊儀卻正是叛逆。至於關羽之崇非三國時了不得的人物，他的受一般人民之崇拜，全是三國演義的影響和清人之故意推崇，這是稍讀史書的人多知道的，這一點，本書在論關羽篇中亦講到，不過「關公」這人物，怎樣從明清以後逐漸普及而成爲民間所崇拜的「偶像」，倒還可以仔細考究一下。自然，這種研究，和三國史無甚關緊要，卻是中國民俗史上的一個重要問題。

全書用夾敍夾議的體裁，文字流動清暢，雖不能算中國史學上有特殊發明的專著，卻是一種比較良好的歷史讀物。著者的論證和見解，大體上多著重於個人史觀，對於人物之產生和社會的背景，並沒有加以詳密的分析；間有論到的，亦以個人的成敗得失爲中心，和中國古來的史論差不多；有時還引用着王船山史論的見解。末一篇批評王芸生氏的「諸葛亮論」，著者在篇首也主張論衡古人，應注意當時的環境和客觀背景；可是，所批駁的是王氏所謂諸葛亮「法道合揉」和「用人猜忌而不寬容」之說，他應這問題還是從個人的而不是社會的，其目的仍在乎「知人」而不在乎「論世」。（中）

氣象學

朱炳海著 國立編譯館出版 民國三十五年一月 商務印書館發行

現代氣象學發展成爲一個獨立的科學，這不過是近幾十年來的事，至於氣象學的應用，卻與多方面發生密切的關係，例如航海，農業，水利，軍事無不需要氣象情報的指示。最近航空事業發達以後，世界各國對於氣象測站的設立，天氣預告的研究，更是全力以赴。我國近年來對於氣象的研究，政府也在竭力提倡，一般人對於天氣預告的消息也發生很大的興趣，但是要在國內找一本內容完備的普通氣象學，卻無處尋覓。這使許多不能閱讀英文或德文書籍而有志研究氣象的人士，感到莫大的不便。

最近國立編譯館出版了一冊氣象學，是中央大學教授朱炳海所著，由商務印書館發行。內容極爲豐富，全書共五百四十二頁，附圖表三百二十一種。凡近代氣象學中之重要理論，如德國學派，挪威學派以及英美諸家的進步發明，均曾收羅，詳爲闡解，使吾人對於大氣界的各種變化，可獲得一明晰正確的觀念。在應用方面，著者特別將各種氣象儀器，詳爲介紹，或附照片，或以圖解，使讀者一目了然，知其作用。關於測驗方法與氣象紀錄的整理，也分別有詳細的說明，這使從事實際工作的人，讀本書以後，再加短期的實習，即可主持簡單的氣象測候工作。所以本書優點，可說是理論與實際並重。以過去中文的氣象書籍來作比較，說得上是一本空前巨著。

全書除緒論而外，共分七篇：第一篇講大氣及其活動的能力，對於大氣的物理性狀及輻射理論，有詳細的說明。第二三四三篇，講溫度，氣壓和風，對這三項氣象要素的觀測方法，變化情形以及分佈狀況亦介紹頗多。第五篇講自由大氣，解釋高空溫度壓力和氣流學要素的變化。因爲根據近代氣象學的研究，下層有若干氣象現象，係導源或先見於數千公尺的高空，故欲求確認識天氣演變的究竟，氣象研究的範圍，勢必由低層擴展至高空。著者對於這一方面的理論，敍述甚詳。第六篇講空中水分，舉凡水汽，雲霧，雨露，霜雪各種現象皆包括在內。最後一篇講天氣，對於天氣圖的繪法，天氣的三度論和氣團分析的各種重要理論和事實，闡述詳盡，這是研究天氣預告學的初步門徑。故舉凡氣象學中的主要部門，本書均已包羅殆盡，書中所引的例證，多半以國內的氣象資料爲對象，尤爲難能可貴。各篇末尾，附有參考文獻，這對於有志作進一步研究的讀者，更爲得益。在目前我國極感貧乏的出版界中，這是一本值得向大家推薦的科學書籍。

（陳爾壽）

美國經濟地理

胡煥庸著 正中書局出版

本書一二四頁，而與上文介紹之蘇聯經濟地理爲姊妹篇，雖所占篇幅不多，然而提要鉤玄，得其要領，對於美國經濟發展的地理根據，闡述詳盡，可謂「短小精悍」之作。

全書分二十八章，首述美國的自然環境，尤注意於地形氣候兩項，次將各項重要資源，分門別類，作一有系統之研究，末爲經濟區域的敍述，而經濟區域的劃分，是根據地理區域作單位的。最後復殿以美國與中國日本之經濟關係一章，作爲全書總結。各章插附圖表甚多，統計新穎，不僅使讀者可以得一深刻的印象，還可以對讀者引起研究上的興趣。

美國就經濟立場言，無論農產品，礦產品，工業品，以及貿易，運輸等，無不出類拔萃，處於世界領導的地位，蘇聯自三次五年計劃完成以來，其經濟情形，仍難與美國比擬，尤其在此次大戰以後，各國俱創痛深，而美國經濟力尙甚雄厚，尤足爲舉足輕重的國家。這雖由於他得天獨厚，然而政治上軌道，社會秩序的安定，文化水準的高都足以促成經濟建設的發皇。所以自一七八三年正式建國，至今僅一百六十餘年，以如此簡短的歷史，竟躍然突起，成爲世界上最富强的國家，其人事的努力，均足爲吾人取法效法，研究美國經濟地理，亦當以此爲着眼之點。

中國和美國，頗多相似之處，兩者均爲溫帶大國，隔太平洋東西相望，太平洋上的和平與秩序，惟有中美兩國的合作，始得維持而確立，中國當大戰之後，瘡痍滿目，諸需待舉，經濟建設，尤屬刻不容緩，那末我們研究美國經濟地理，看到美國經濟建設的始末，更足以[illegible]，發人深省。（庸）

中華民國最新分省地圖

楊景雄 李慶成編製　寰澄出版社印行　三十五年二月初版

地圖是把地理上各種自然的和人文的現象，具體的表現出來，使讀者得以最經濟的辦法，了解每一地區極繁複的地理環境。近二十年，各國地圖的進步，日新月異，自芬蘭地圖集，法國地圖集出版後，使地圖出版界增色不少，甚至如蘇克斯拉夫小國亦有精美完備之圖集問世，最近蘇聯編製的大地圖集更在地圖方面放一異彩。中國地理界本擬仿照他們先行完成分省圖集，作全國圖集張本，惜以抗戰爆起，事途中止，僅完成江蘇圖誌一本（中央大學地理系出版），這是非常可惜！但是全國圖集的完成，仍有盼于最短期間，從其實現，因爲按圖索驥，不僅對于一國的地理景色，瞭如指掌，即對於一國的貧富強弱，亦灼然可見。由地圖上，可以得一指標去判斷國家的經營途徑。

過去，中國出版的許多地圖，可以稱爲地名圖，而絕不能稱爲地理圖，因爲祇見到地名的記載，而並不顧到地理上的現象，作爲客觀的參攷圖可，作爲研究學術的工具那就非常困難。自丁氏會合編的申報館地圖出版後，用等高線分層設色法表示其地形，搜集各項統計材料，各項致察報告，分別取捨，綜合彙集，繪製成圖，這可說是中國地圖界劃時代的科學性鉅著，也成爲各學校重要的參考圖籍。可惜第四版以後未見再版，頗使人渴望不已。

自勝利以後，上海地圖出版界因事實的需要，頗爲活躍，最近寰澄出版社印行中華民國最新分省地圖，也仿效申報館地圖的編製，採用等高線分層設色法，以表示出地形的大概，大體說來，尚適合於中學地理科教學的需要，這是一件可以欣喜的事。

該圖計包括總圖十五幅，各省區分圖廿八幅，東九省的劃分，台灣的光復，蒙古的獨立，以及行政區域的改革，圖中已有訂正。末附地名索引四十五頁，以便讀者查考，故在內容上的確是勝利後一本較新的中國地圖，但詳加察閱，其中值得商榷討論的地方甚多，兼其大者而言，總圖中如重要城市分佈，中國土壤，中國礦產，中國農產，中國氣候各圖，均未將資料來源註明。惟與申報館地圖相校對，如土壤和礦產圖的相當相同。但是近幾年地質調查所和各學術機關的考察報告，各地頗多新的發現和新的修正，如貴州的鋁礦，新疆的礦產等，均未見列入。重要城市圖係以人口多少，分爲等級，方法甚佳，但資料殊舊，在東北方面，去事實太遠。如圖上表記，瀋陽，大連，長春三城人口各僅十萬人以上，或係民國二十年以前之統計。實際上，現在瀋陽人口在二百萬以上，大連超過百萬，長春爲八十萬，在圖上都應改爲第一級第二級的大都市纔對。

中國農產一圖，表示方法不甚明瞭，圖例上將漁業地，荒地，農牧混雜地的顏色偏印，更使人模糊不清，倘若採用胡煥庸氏或卜凱（J. L. Buck）的中國農業區域圖，就易使讀者得一具體的印象。尤其是中學生用的地圖，不求其內容繁複，而希望圖面明潔，能一目瞭然。

在氣候圖方面，雨量除全年各地的分佈圖而外，尚應增加一月等雨線圖及七月等雨線圖兩幅，因中國爲季風區域，雨量集中夏季，冬夏的雨量分佈，大相懸殊，僅有全年等雨量線一圖，不足以表示中國雨量的特色。中國氣候區域圖，因中國氣候資料缺乏，所以分區很難。該圖所載，大體是根據民國十八年竺可楨氏在太平洋學術會議上所提出的論文而作。但近年來國內氣象事業突飛猛進，資料增加，涂長望氏曾將竺氏分區，加以修正，並增劃新區，國內外學術界多已採用，而該圖未能列入，頗爲可惜。

各省區分圖的比例尺，在原則上應該完全一致，如此不僅便利讀者比較各省區面積的大小，並可使各頁分圖合併之後成一整圖。申報館地圖各省分圖除蒙藏新疆等少數邊區，採用較小縮尺外，餘均爲三百萬分之一，頗爲整齊。而本圖廿八幅各省區分圖中，竟用廿四種不同之比例尺，實參差過甚。如江蘇省用三十四萬五千分之一，浙江省却用三十三萬分之一，兩者縮尺相差有限，但不作同樣比例，不知何故？

各省縣名，本圖未能照內政部地圖審查委員會會刊第四期公佈之名稱修正，致不合時宜者甚多，茲分別列舉如下：

湖南省懷化鎮已改設懷化縣。

湖北省宜城縣改名自忠縣以紀念張自忠將軍。

四川省汶川及青川兩設治局改縣，另增設武勝，旺蒼，興中，奎縣四設治局。

雲南昆明縣改名穀昌縣，另增設耿馬設治局。

貴州都江，三合兩縣併爲三都縣；永從，下江兩縣併爲從江縣；長寨，廣順兩縣併爲長順縣；平舟，大塘兩縣併爲平塘縣；定番縣更名惠水縣；安南縣更名晴隆縣；台拱縣更名台江縣；八寨縣更名丹寨縣；王母汛鎮改設望謨縣；集章鎮改設冊亨縣。

福建除閩侯縣更名林森縣外，又將水吉鎮改設水吉縣，三元鎮改設三元縣。

廣東在連縣以南新增一連南縣，廣州灣易名爲湛江市。

廣西將桂林縣更名臨桂縣以與市名相區別。

陝西中部縣更名黃陵縣；寧羌縣更名寧強縣。

綏遠安北設治局改設縣；綏西又新增一米倉縣，另增狼山及晏江兩設治局。

甯夏省增設惠農縣，現改名賀蘭；陶樂設治局改設水寶縣。

甘肅積石設治局改設縣；

新疆縣名近年變更甚多，據所知者新設之縣份，有察哈，溫泉，河南，昭蘇，特克斯，福海，精河，和碩等縣；由設治局改縣者有福海（布倫托海），伊吾及烏恰（烏魯克恰提）設縣。設治局之改名或新增者有和豐（和什托洛蓋），民豐（尼雅），阿圖什，新和，新源，裕民，布爾根，阿合奇等。最近新疆政局尚未安定，以後政區及地名或仍有變動，須隨時注意方可。

本圖如專供中等學校教學之用，地名似嫌太多，字體太小。如浙江廣東兩省分圖，因地形繁碎，等高線零亂，加以地名繁密，着色不佳，致圖面模糊，極不醒目。如各省分圖均能如台灣分圖之清晰，則甚可喜。

河南省圖中，對於民國二十七年黃河在中牟決口，改道入賈魯河的事實，未曾指出。雖然今後黃河仍將使之重回故道，但是這八年來改道氾濫的變化，在地理上乃是一件重要的現象，似乎地圖上不應沒有一點痕跡。

圖上的交通路線，遺漏或錯誤的地方也很不少。鐵路方面如平漢路由新鄉經封邱而達開封的新支線，隴海路上同官到咸陽的運煤線，同蒲路上東觀鎮到長治的鐵路，都未畫上。公路方面，川滇西路的路線走錯，圖上由昆明經西昌到康定。事實上，是由祥雲經大姚，西昌，樂山而達內江。並不能由西昌直通康定。其他需要修改的地方也還有，需要用交通部出版的全國最新公路圖加以訂正。

在目前印刷困難，國內統計資料殘缺不齊的時候，能夠出版這樣的地圖已經不很容易，但是我們爲了希望學術界進步起見所以提出以上的幾點意見，盼望這本地圖將來再版的時候，能夠多花點時間訂正一下。

（正）

第三期

著述的偽造和盜襲

王庸

古來有許多書籍，表面著作人和實際著作人不一致。有的隱去實際著作人而另署其他有名的人物，有的鈔襲別人的著作，冒上自己的名字。前一種著述是偽造，而後一種是盜襲。當他們偽造或盜襲的時候，盡補作偽的痕跡，消滅偷竊的證據，多自以爲做得「天衣無縫」，可以掩蓋天下後世人的耳目；只可惜考據家的法術，有時比法官還利害，往往隔了幾百年，甚至一二千年，能把他們偽造和盜襲的證據找出來，無法辯護。現在不是有好許多偽書，和偷鈔別人的著作，都考明白了嗎？可見在學術上用矇混欺騙的手段，到底是不行的。所謂「誠實是最好的政策」，這格言至少對學者們是一個頂眞切的教訓。

「三代以下惟恐不好名」。盜襲的原因無非是爲了自己學力不夠，用偷竊別人學術成績的手段，去造成自己的聲譽。偽書的製造，目的却並不在此，大體是爲了政治，思想，或其他的作用，原著者的聲名不夠叫人信仰，非得把古代或近代的名人抬出來，才能使讀者信服，於是乎選上一位適當的名人作爲那書的作者。即如今文派的經學家，認古文經是因爲劉歆的「託古改制」而偽造的。這疑案現在雖還不能夠十分確定，可是，古代有些偽書和偽古史多是在這「託古改制」的原則之下產生的。孔孟之所謂堯，舜，禹，湯，文，武，墨子之所謂夏禹，以及道家之所謂黃帝，有多少是眞確的呢？至多是半眞半假，「託古改制」的說法而已。況且「託古改制」，不限於政治上的理想，其他學術思想，多因爲託古之一念而變成偽的。像神農本草，黃帝內經之類，現在的學者固然不會有人認以是神農黃帝著作，無非是「託古」以自重的偽書。即如堯典禹貢等文字，目前恐亦沒有多少學者相信是堯，舜，夏禹時候的作品吧？亦沒有人相信那裏所記的典章地理之類，全是虞夏時代的事實吧？不過寫那些書文的人，却不一定有意作偽。他們也許是由於個人的偏見，或是受着傳統思想的影響，認爲所述的智識和事實，的的確確出諸那時代的人，彷彿毫無疑問的。「神農嘗百草」，「黃帝製醫藥」，這些大約傳說，如果公認無訛，那麼後來醫藥的智識即使不是神農黃帝的功蹟，但一般歸功於他們，亦是一種自然的心理。近來學者所謂幽默文字的雜誌，可以稱之曰「論語」，講沿革地理的刊物可以名之爲「禹貢」，那麼在本草，內經上題以神農黃帝的名字，亦不見得比「論語」「禹貢」的名實更不相符啊！

有些偽造的書文是另有作用的。如老子化胡經是宗教鬥爭中的一種宣傳品。近來更有人說蘇洵辨姦論是偽造，如此說不錯，那明明是和王安石派別不同的人借蘇洵之名去毀謗他的！古今來有關政治的史傳論文，其中造謠誣衊的話不知有多少。像現代政治上的宣傳文字，簡直是公開的秘密，明知大家不相信，却依然照例地造謠。但到後來分辨稍多，時間稍長，常常可以「積非成是」，以偽亂眞，因此把愈近的事情弄得愈糊塗，倒是古一點的歷史反而清楚些。近來史學家標倡「疑古」，目的無非是求眞，那麼我們如果憑這個目的去研究歷史，「疑今」似乎還比「疑古」更爲重要。

至於小說故事中演變出來的偽歷史，倒不一定另有作用並意作偽，常是在不知不覺中慢慢地造成的。亦有文人學士，寫着假想的文字，如李陵答蘇武書之類。此外有一部分偽書，大概是出諸書估之手，把已經散佚的古書，從類書等採引原書的「一鱗半爪」，搜輯附湊而成。如今本竹書紀年，子夏易傳，古三墳之類，都是原書早失而後人偽造的書籍。這些書明瞭人造得很多。

製造偽書的原因很複雜，而盜襲的動機比較簡單，無非是攘奪著者在學術上的聲名欺世而已。戴東原（震）校注的水經注，竊取全謝山趙一清諸家的成績，是清代學術上的一件大竊案。戴氏在當時的聲名很大，彷彿學術界唯一的權威，但是好大喜功，矜才使氣，不肯說出自己學問的根源，都自以爲是獨得之見。所以他的校水經注，一面盜襲別人的成績爲己有，一面利用永樂大典本水經注作「保護色」，說是根據大典本校勘出來的，但自己又貪懶取巧，不肯取大典本眞切地校勘一番，及至發現大典本與私說不合時，竟「削足適履」，偷改大典以遷合私說，那簡直是兼「偷竊」和「偽造」兩種罪名，眞是學術上可恥的事件！王靜庵先說他是由於「氣矜之一念誤之」，倒是「誅心」之論。戴氏此種手段，雖則看似巧妙，其實是「名令智昏」，很愚蠢的辦法。永樂大典本和全趙二家的著述，當時雖沒有刊行，以後總有人見到，總有人刊印出來。除非他能「斬草除根」，毀滅那些書徹底消滅，否則他的欺騙手段，日後總有人發現的。可是這竊案當時竟沒有人留意，直到道光中張石舟（穆）看見全氏校本後才把他揭發出來，再後經王靜庵先生用過一翻細工夫，把各家本子詳廣校勘之後，這竊案方成爲定讞。（參觀觀堂集林卷十二聚珍本戴校水經注跋）從前的書籍出版困難，不易流通，讀書人亦比較少，所以盜襲者亦比較容易蒙蔽人，難得被發覺。假使那時候全校諸家的水經注已經刊印流通，學者多已見到，那麼戴東原倒不至於起偷竊的念頭了！

學問之道，本來是由許多學者的努力而逐漸進步的，決不是第一兩位「天才」可以使學術飛躍前進。後來的學者，承襲前人的成績，作更進一步的貢獻；而前人的成績，使學者在必要時，不妨隨時引證，只要申明來歷，不但不足爲盜襲，却使是著作者正當的態度。近來西方學者著書，不僅引證別人學說的都詳細註明，甚至於幫同考校，鈔錄或探集一點點材料的人，都不惜煩瑣地一一申明，沒有遺漏。中國有些學者太「聰明」了，往往「貪人之功以爲己有」，稍爲辭一點的現成智識，都不說明來歷，彷彿都是自己的「心得」。其實這只能欺騙一部分「外行」的人，眞正熟悉內情的人是一目瞭然，蒙蔽不過的。像戴東原這樣巧妙地盜襲，結果還被揭穿，其他「小偷」那裏逃得了呢？如果戴氏能够老實一點，只消把承襲全趙諸家的申明一句，那麼他不僅不失爲忠實的學者，而且對於他的學術地位和聲名，不見得就此降低了。

還有些著作並不是竊論而是明讓。我以前曾經考出明初桂萼的輿地指掌，就是李默的天下輿地圖。（見禹貢半月刊拙著）桂萼當時是宰相，李默和他同時。大概李默給桂氏看見，便竊爲「過戶」，收爲己有。這裏面有沒有條件，或是無條件出讓，我們現在不得而知。不過桂萼並沒有確論是事實。

古來亦有不少達官貴人們的著作，並不是他們親自「動手」，事實上是招致一班無名學者代編的。像清代畢沅，阮元等編著的書，大概多有人幫忙，不過發凡起例，和一部分校閱工作，大概是他們自己主持，代編人或許只做些下層工作。這種書自然與非盜襲，亦非出讓；主編人獨據其名，亦不能算不合理，只要主編人還當把幫忙的人在序例中提到一筆而已。

從前人著述，大概是爲名，現在的著作可以兼爲利，抽版稅，可稱是名利雙收。爲名而盜襲，學術的水準比較高些，爲利的可不管內容之好歹，只要出得便，騙得到錢，水準來得低不要緊！而且，現在盜襲的機會亦比從前多。無論外國書亦有不知多少書可以明鈔暗偷，而且不申明來歷，亦不大會有人來拆穿。還有順便的辦法，把原書是文言的譯成白話，原來白話的譯成文言，亦可使讀者不容易發覺。

可是，做賊的方法儘管巧，「門道」儘管多，最後總有敗露的一天！十年前有一位朋友，發現陳彬龢編中國書史（商務出版）的秘密。那書是鈔襲葉德輝的書林清話和江標的宋元本行格表而成，但他把次序改編一下，又將文言譯成白話，這樣盜竊成書，可稱是極巧便利之能事，但是，那竊案到底有人發覺了！

有些書的內容，多直引材料，而著者自己的文字不多的最容易給人家竊襲，以柳翼謀先生編的中國文化史講義，就是這樣。所以這講義沒有正式出版時，就有人鈔襲其中一部分材料，改編爲高中歷史課本。課本內篇目和講義完全兩樣，而且是白話。在法律上或許找不出可以成爲竊案的證據。但在稍知史學的人對鈔襲的痕跡可以看得很明白，沒有疑問的。

總而言之：「誠實爲是最好的政策」。在學術上尤其需要誠實！

集曲偶識（三）

西諦

十一　繼志齋重校錦箋記二卷

首有萬曆戊申三十六年白門陳大來引。大來即繼志齋之主者。金陵諸唐，自富春堂以次，諸曲最富。陳氏崛起，所刻亦不少。富春堂曲，似供伶工作腳本用，故刻多舛錯。繼志齋所刊，則已是文士案頭之物矣。通體以軟體字寫刻，插圖亦精工，似已深受新安刻手之影響。予嘗得繼志齋初印曲本，選紙刷印，無不精妙。此錦箋記，寫印亦工。予得之來青閣。亦曲庫中一上品也。別有季卓吾評本錦箋記，則滿目吳門，作風自異矣。

十二　金陵唐氏刻全像杜麗娘牡丹亭還魂記四卷

湯若士牡丹亭記，爲明人傳奇中傳刻最繁者。予所得已不下五六種。今得此唐氏刻本，曲庫中又多一佳本矣。初爲朱遏先先生所藏。後歸北平圖書館。予復從北平圖書館轉得之。今人目光如豆，見一冰絲館本，已自矜貴。予則每見異本必收。爲冰絲館祖本之萬曆丁巳刊本，及清暉閣刊本，予皆有之。所未見者，惟沈寓庵串本牡丹亭，即同夢記及陳眉公丹青記耳。丹青記某君有之。同夢記則各家目皆無其書。殆已失傳歟？此唐氏本，亦殊罕見。附書幀。每半葉十一行，行二十字，小字雙行，字數同。分四卷，亦與諸本之分上下二本者有異。卷一起標目迄道遇，卷二起診祟，迄誘備，卷三起冥誓迄冠闈，卷四起折冠花園驚。坊估之好爲翻舊本以矜新異，此亦一例也。

十三　柳浪館批評玉茗堂還魂記二卷

柳浪館諸四夢，最爲罕見。予有此本及南柯記。李詠有紫釵邯鄲二記。南內未聞第三人有之也。此本惜印本在後，圖版有併合模糊處。至南柯，則爲初印本，插圖至精也。每半葉十行，行二十一字。傳劇後有總評。初未知柳浪館主爲誰人。袁中郎集中，時有詠柳浪館詩。意即中郎所評歟？然未聞中郎嘗評四夢也。疑莫能決。後再讀上卷附圖，於「雨過春人耕綠野，牛背斜陽閃暮鴉」一幅，有勾吳袁鳧公題數字。乃恍然，知柳浪館是劍嘯閣主人之托名也。鳧公於明季評曲不少；有所謂玉茗堂評紅梅諸記者，亦出其手。傳奇開，吳郡剞劂之風至盛，殆可奪建安金陵之席矣。鳧公與馮猶龍倡導誘掖之功不鮮也。

十四　玉夏齋傳奇十種十八卷

內一種不分卷

喜逢春二卷	金陵清嘯生著
十錯認春燈謎二卷	阮大鋮著
鴛鴦棒二卷	范文若著
望湖亭二卷	沈自晉著
荷花蕩二卷	馬佶人著
花筵賺二卷	范文若著
長命縷二卷	梅鼎祚著
金印合縱記二卷	無名氏著
評點還求鳳二卷	蕭騷居士編
四大癡傳奇不分卷	李逢時等著

存傳奇十種，封頁題李笠翁先生閱十種傳奇。北平圖書館藏本及孔德學校所藏殘本，均有玉夏齋傳奇十種一封頁。實則，此十種謂非一時，亦非一地。所謂玉夏齋，所謂李笠翁先生閱云云，均是後來坊賈彙合印時所加者。花筵賺與四大癡，俱有山水齋新鐫字樣，又花筵賺與金印合縱記，俱有西湖一蘭及蘭一齋訂證字樣。則此三種，自是爲一齋所鐫者。還求鳳一種，版式插圖與他劇迥殊，則顯非同時同地之物。今所見此書數部，均是後印模糊者。若嫌製初印本，當絕非合此十種爲一書，且亦決無十種傳奇之名目也。意是明清之際，有坊賈偶獲此十種傳奇版，遂合印之歟？此十種均附插圖，每種自三幅至七幅不等，當亦均非全貌也，然此十種流傳均罕。十種傳奇，皆入乾隆禁書目中。喜逢春亦是禁書，十種傳奇之入禁書目，當是因喜逢春之故。蓋喜逢春寫魏忠賢事，中有涉及遼東和議處。劉氏所刻荷花蕩及金印合縱記二種，曾收入暖紅室彙刻傳奇中。此二種底本，曾由乃乾借給予，印本實至劣也。羅子經得四大癡一種，亦嘗抄出傳世，予嘗得此抄本，可見全書之不易得，今於來燕閣收此全帙，殊自欣幸。

十五　懷遠堂批點燕子箋二卷

阮鬍四曲，惟燕子春燈流傳最盛。燕子箋尤不止一刻而已，此本密行小字，寫刻甚精，附圖十八幅，出武林項南洲鐫手，饒雅工緻，最爲可喜。而首葉鄭飛雲與華行雲二像，尤傳觀生動，惜印本在後，且佚去圖二幅，爲可惜耳。

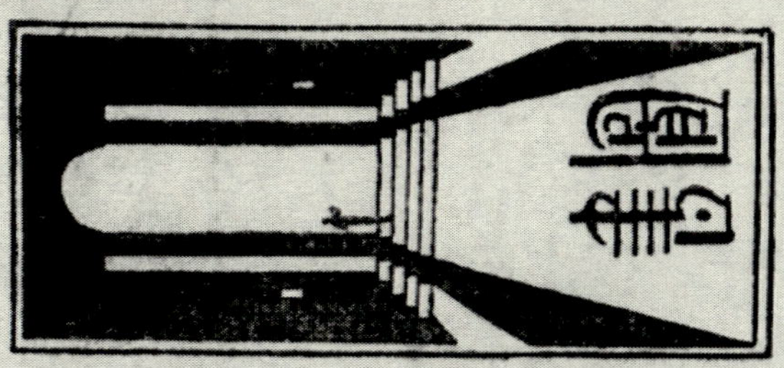

圖書

評「二次大戰教程」

周光岐

（著者時光源。一九四六年一月初版。開封青年日報社印行）由文聯報「圖書」副刊編輯室轉來時君所贈與的「二次大戰教程」校正本一册及信一封，我閱讀後，感到有介紹的必要；同時為了本書在再版時能更充實起見，提出我私人的意見供時君作為參考。

作者寫這本書的目的，誠如他在「後序」所說：「……把與二次大戰有關的政治，經濟，軍事等因素，以個人見學所及，擇要分析記述，儘可能的給二次大戰留下一付『真像』。」這副二次大戰的『真像』，不管描述得如何，但本書的作者的確化了相當的心血的。誠如作者信中所云：「書的價值，當然有讀者『核定』，不過，作者確實耗了不少的血汗在這上面，這一點只有我自己知道的。」因為這本書是在「顛沛流離中，費了四年的光陰寫成的」。書成後，並經嵇文甫，張邃青，關夢覺諸教授「斧正」過的。

本書共分十二章，附三章緒述二次大戰的原因與背景，即：「一九一八年後的國際局勢」，在這裏說明了蘇聯社會主義革命成功後對於弱小民族解放運動的關係，帝國主義國家英法等為了懼怕『白熊』而豢養成虎的德國。德國利用其中的矛盾，以反蘇，為討歡英法，以左傾來威脅英法，由是德國被豢養肥壯了。法國勢力在歐陸的膨脹，使英感到苦懼憎恨，更培養德國來牽制法國，結果英國為了殖民地問題反而被饑虎所噬。在政治上如此，在思想上又有侵略思想與民主思想的矛盾。在「二次大戰的爆發」一章，敍述希特勒登台後的德國，及殖民地問題日耳曼少數民族問題，奧地利問題，蘇台德問題，與慕尼黑協定。在「二次大戰的前夜」一章，敍述作為二次大戰導火線的但澤問題與非鄰，英法蘇談判的決裂，蘇德互不侵犯協定及希特勒侵略主義的學術根據。第四章至十二章是敍述二次大戰的經過，即：關於瓜分波蘭問題——蘇聯為什麼參加解決……我讀過這書以後，覺得有幾點意見應該提出供作者在再修正時的參考。

一，本書書名似乎不大妥當，「教程」二字源於日本，是「教科書」的意思，近來用「教程」二字頗為風行，但用時須視書的性質而定，並不是任何書上皆可刊以「教程」的。本書不是教科書，而是「給二次大戰留下一付真像」，將與大戰有關的政治，經濟，軍事等，擇要分析記述，稱用「教程」二字，在我看來，似嫌不當。如改為「二次大戰史」，「二次大戰史略」，「二次大戰始末」或「二次大戰真像」等，不知較妥否。

二，本書最大的缺點是把遠東戰場（包括中國戰區，太平洋戰區等）撇開不談。遠東戰場是二次大戰中最重要的一環，這是盡人皆知的事實。作者雖然在「後序」中曾經談過：「關於遠東戰場，必要另為專書，非數語可述，故於此特為割略，讀者幸勿苛責」，但是竟連「數語」都不述，這很會引起一種誤會，中國，南洋羣島及太平洋等地的反侵略戰爭在二次大戰中佔不到一絲一毫的地位和作用？中國的八年苦戰在世界史上沒有一點光彩？遠東戰場是相當重要的，「必要另為專書」，但在「專書」沒有出版以前，本書應該把它補[illegible]究外國的戰時動態，比較研究中國的戰時動態要容易些。[illegible]中國的新聞封鎖實在太緊了，[illegible]國人民正確地了解一個戰場上的演變」是不容易的，[illegible]修的發和天才」的作者，[illegible]的科學觀點來分析與說明。就這一點上說來，希望本書在再版時能加以適當的補充。不過，遠東也有作者的苦衷，如果述及遠東戰場上的演變一定會遇到很大的困難：一是取材問題，一是同時會得罪一些在上的「大人」們。萬一有一言不慎，可能有意想不到的危險。政治不能民主，學術研究也着實困難不淺！

三，本書對於社會經濟沒有給正確的分析與說明，僅是把現象約略說明而已。如果以現象來說明現象，時常會被現象所遮蔽的。我們應該從現象中把握它的本質，才能得到正確的結論。依「我的私見」，在本書中應加一篇「緒論」，把帝國主義的本質加以正確的說明，並說明帝國主義自身的矛盾性，帝國主義國家與帝國主義國家的矛盾，帝國主義國家與殖民地間的矛盾，才能說明二次世界大戰。惟有這樣，才能糾正一切錯誤的理論。本書對於這一方[illegible]

[illegible]「從大西洋憲章到金山會議」一章中，[illegible]第一次華府會議，[illegible]第三次華府會議，[illegible]英美蘇三國[illegible]魁北克會議[illegible]尤其是波茨坦會議被遺漏，這希望在再版時能補充進去。此外，關於取材方面也相當完備，對於材料的真偽[illegible]

以上所述，都是我讀「二次大戰教程」一書後的一點感想，以供作者在再版時修正的參考。凡是一部有價值的書，都是經過作者數年甚至數十年的千錘百鍊，凡是一部有價值的書都能在歷史前面經得起考驗的，對於二次世界大戰作有系統的全面分析和說明的書籍，我第一次看到的就是這本書。古語說：「物始形醜」，希望作者在再版以後能成為一部具有材料豐富體系完備，觀點正確的「二次大戰史」。

圖書館的學術功能

王庸

圖書館是社會教育上的重要事業，還是大家都明白的，不用細說。可是，就因為大家多注意到圖書館在教育上的功能，卻把另一種學術功能忽略了。──這功能至少是和教育同樣重要的。研究學術，除掉試驗室和實地考查之外，更需要藏書宏富的圖書館，這亦是大家都知道的。可是，國內除掉國立圖書館和研究院大學中附設的圖書館外，有多少是可以供專門學者研究之用的呢？就是大學中附設的圖書館，亦多不太充實；如果有某校對於某一二門科目的書籍相當完備，夠研究那些門類的學者作參考之資，已經是難得。在這種環境之下，想求中國學術進步，躋上世界學術之林，真所謂「緣木而求魚」了。

現在的國立北平圖書館中央圖書館，和少數省立圖書館，藏書相當豐富，尚可供專門學者的研究和參考。但所藏的書籍，大概偏於中國舊籍，只合研究中國文史語言學之用，關於自然科學社會科學以及外國的典籍還是缺之，不免有「東鱗西爪」，顧此失彼之嫌。而其他大部份的圖書館，往往注意通俗書報雜誌多不全，不能有補於學術，連社會教育的功能都表現不出來。倒有些私人辦的圖書館和藏書家，往往對於古籍和特種圖書，搜羅得相當完備。如葉揆初先生辦的合衆圖書館之類，頗可供研究「國學」者參考，但因為經濟上的限制，不便公開閱覽，尚未能充分給學者利用。本來，圖書館是以公立為原則，現在有人能以私人的力量來創辦這種支出多而常無收入的事業，已經是難能可貴了！

國立的圖書館以專供學者研究參考為原則，普通書報雜誌，不一定公開閱覽。甚至於最新出的書報雜誌，當時並不供衆閱覽，倒是過時的舊報和舊雜誌，不妨隨時去查看。因為看新的報雜誌，可以到縣市立圖書館或通俗教育館去看，國立圖書館者重在學術，不必負這種社會教育的責任。至於省立圖書館，理論亦可以同國立的一樣，注重學術而不管一般智識之流通。但因中國圖書館甚為稀少簡陋，省立圖書館也只能雙方兼顧著了。不過無論那一方面，對於本省文獻和地方性的書册，都應當儘量搜集，這正可以表現各省的特色，亦就是省立圖書館的本分所在，責無旁貸。再進一步講，各縣各市的圖書館，同樣有搜集本縣市文獻之資，這無論在學術教育以及政治上都有用的。八一三前後，日本人對於中國地方志，不論新舊，都極力搜羅，這當然和搜集宋元版本之類不一樣，是別有作用的。可是，我們的新「政治家」和「新軍事家」卻不大注意。大概是認為那些東西太陳舊古老，不合「現代」精神了吧？

以上海這樣繁榮富裕的大都市，竟沒有一個規模宏大，內容充實的公立圖書館，這實在是一大缺憾。商務的東方圖書館毀了。現在只有徐家匯天主教會圖書館，中西文藏書都比較豐富，可以夠得上學術性質的圖書館，此外則亞洲文會中關於東方學的西文書很完備。海關圖書館中，關於國際貿易材料和商業統計一類的書，大概不少，還有上面提到的合衆圖書館以及英國圖書館，中文書籍相當豐富，而科學社圖書館中，科學書較多。可是那些圖書館多是半公開性質，或是因為經費的關係，人手不多，有許多書不曾整理好，學者們要想靠此作專門的研究，實在不大方便。有時要寫一篇比較堅實些的文章，往往找不到一點齊備新鮮的材料。大學校裏學生們多只靠講本教科書在那裏反覆授受，圖書館裏的書「審著儘量」，而且多是課本式的書籍，難得看到幾本專門的著作。以上海這樣便利的環境，而對於學術方面的設備卻這樣不周全，未免辜負了這個環境了！

自然，上海是商業的都會，不是文化的都會，在商場中提倡學術，彷彿不太合式。可是在商業都會中研究有關經濟商業的學問，總是最便利不過的了！還有工廠醫院之類，亦是上海多。那麼在上海研究工程醫學之學，自亦以上海為較便。所以在上海辦圖書館，除照例搜集關於上海地方性的書本材料外，至少關於工商醫學方面的書籍，應當採集得相當完備，以便這些方面的學者研究。而且只要經費有著落，一切書籍設備，在上海添購，總比別處容易。以前報上有在跑馬廳設立圖書館的消息，這消息，我們很希望能夠實現！更希望辦成一個學術性質的圖書館！如果經費不多，當可把範圍縮小，注重在商，工，或醫藥一二方面。至於普通的圖書館，在新書報比較容易看到的上海，倒不像內地一樣急需。而且早已有市立圖書館在，只要把它略為擴充，或是多設幾所流通的分館就成了！

我們中國人太重視實利，除掉教授，研究員等，以學術為職業和事業者外，很少有人對於學術感覺興趣而自動去研究的。現在生活艱難，甚至於連職業的學者亦多有無心向學的趨勢！如此下去，中國學術前途，真是不堪設想！當局者如果誠心提倡學術，第一要使學者的生活安定，其次，就應該充實圖書館等學術設備。這樣，不但使職業的學者便於研究，還可以吸引從事其他職業的人，把學問當作業餘工作，或者竟把學術當作娛樂。而且事實上世界學術之進步，並不全靠職業的學者，行外人亦有貢獻的。法國人種學者鄧尼開著的「人類種族」一書為人種學上經典之一。他原來可並不是研究人種學的專家，只是一位圖書館的職員而已。

現在國內的學者既為生活所苦，不能專心為學，而生活較為優裕的，不是「飽食終日無所用心」便是吃喝嫖賭，縱情恣欲，有些人能在業餘之下打球，運動，或是以搜集郵票和古董書畫作消遣，已經算高尚之至，卻絕少有人以讀書治學作他們的嗜好。這固然由於一般人的智識程度不夠，學問風氣未開，一方面亦是中國圖書館等學術的設備太差。我們希望將來有一天各處圖書館有賭場舞場或球場等百分之一的熱鬧，中國學術文化的進步便有希望了！

漫談圖書批評

王庸

通常所謂「吹毛求疵」是指批評家的一種缺點，其實，只要所「求」者是真「疵」，雖「吹毛」亦復何妨。况且有許多經籍的紕謬，正需要吹毛而後求得的。這個要看著作圖書的人是否「諱疾忌醫」，是否誠心希望人家批評。如果著作者誠心希望人家指出紕病，那麼即使區區「鮮折」之疵，亦樂於給人家吹毛求出的。所以學術界批評風氣之開通，固然要批評家態度之嚴正，那更需要被批評者的態度之寬宏，心境之淡泊。

一班器量窄狹的學者，認爲他自己的著作彷彿是天經地義，毫無錯失的，只要聽見人家稍爲指出一點之錯誤，或是略舉一些兒異議，便認爲批評者是存心吹毛求疵，故意爲難。結果往往纏曲爭辯，強詞奪理，引出許多無聊的辯論文字；甚至寫的人彷彿義正辭嚴，要爭真理，却叫讀的人昏昏欲睡，徒傷腦筋！這樣只作公開的辯論，還算是好的！更可惜的是因爲這種意氣之爭，往往引起學術上的政治派別，牢不可破。有時候還利用經濟政治勢力來從事學術上的爭鬥，那眞是等而下之了！

其實，古往今來的名著傑作，那一本書沒有可以批評修正之點。以孔子那樣支配中國學術思想二千年之久，而現在竟有人喊起「打倒孔家店」的「狹隘」；以奈端那樣眞確的物理原理，現在還有相對論出來修正，其他的著作更不必說。現在我們隨便寫一本書而自以爲字字金科玉律，「無懈可擊」，那不僅自視太高，簡直是狂妄之至了！

關心書評的人，亦頗有感係以前常聽見人說，某書不好，某書要不得，理由是只因爲曾經某報或某雜誌批評過的。許多人頗以爲說是簡單之至。其實，那倒得給人批評的，或許正是好書，倒有不少從沒有人批評過的却是要不得的劣學圖書。又常看到書店裏廣告性質的書報介紹，間或採錄報紙書評中「恭維」的話，以資號召，但斷時的把指摘評正的說話刪掉了！這原是廣告性質，迎合一般人的簡單心理的，不足爲怪。可是，程度較高的學者們，總不應該那麼簡單吧？

有許多關於哲學，文藝，和理論科學的著作，不免有獨特的意見和派別，正需要觀點不同或異派的學者來批評辨正，才可以得到比較正確的見解。如果著者的學說是千眞萬確，無懈可擊的，那麼「眞金不怕火」，批評者之有意爲難，反可以顯得他的學說是「顛撲不破」，立場穩定。反過來說，假使著作家怕人家批評，怕人家指摘，已經是表示他的學說不大站得穩了！以前錢賓四（穆）先生發現閻若璩的古文尚書疏證中，有些文字是自動刪掉的，原因是爲了看到毛奇齡攻擊他的話，的確是攻到自己的弱點之故。（見所著中國近三百年學術史）這固然是閻氏的意氣用事，態度不夠光明，但他還能夠暗自認錯，不作僞強辯，尚不失學者的態度。

有些批評，往往指摘人物，地位和名詞等一字一句的錯誤，這種則是無法辯護的小疵，在全書大體上看是不足爲病；但在著作者方面，亦正應該虛心接受，感激不盡，更不宜以「吹毛求疵」故意鬧氣爭辯設來反唇相譏。至於批評者方面，自然亦應當平心靜氣，和作者商量，不當誇張譏彈，一筆抹煞。除非是那些不成體統自誤誤人的下劣作品才可以義正辭嚴地加以駁斥。

總之，無論在著作者方面和批評者方面，都應當保持一種互相討論，互相勉力的態度才可以促進學術的進步。如果著作者們不肯接受善意的批評，而批評家亦專作那些惡意的攻訐，那正是表現學者的落伍，還沒有走上學術的正路。

『石榴樹』

麥達

美・柴洛延作 呂叔湘譯 開明書店版

上海開明書店曾於最近期間，默默地出過一本小書，即是「石榴樹」。書的封面印得很簡單，連鋅版大概也不會換一塊，十多個方圓字，標出了書名和作者譯者便算了；又是譯本，又是一本美國小說，中譯者又似乎不爲人知，原作者的名字也令人覺得不很熟悉，所以這本書也就好像不大令人注意，甚至在一般規模較大的書店中都很難見到它。其實說穿了也很可笑，原來柴洛延即薩洛揚，薩洛揚在中國大概是不見得怎樣陌生的，但變成柴洛延卻變成一個不見經傳的人物了。這是譯名無所謂，惜的是若因此讓一本頗值一讀的書，交臂而失，倒是一件憾事。

說起短篇小說的翻譯，以往的習慣，大都是擇尤而譯，要整本地看一個外國作家的集子的機會，是很難少的。就個人所見，除去一些存心譯全集，像李青崖的譯莫泊桑，趙景深的譯契訶夫而外，翻譯一個外國作家的集子，而使之成冊出版的，「石榴樹」還好像是第一個嘗試。

據譯者在書後附記中說：『此書所譯是他（柴洛延）最近的短篇集，原名『My Name is Aram』，是含有頗多的自敍成分的一些作品，當然這裏面有「說」也有「詩」。原書當選爲每月新書會的一九四〇年四月份推薦書……』事實上我覺得這本書也值得推薦給中國的讀者。

不過中國的讀書界一向對美國的小說很冷漠，最重要的自然還是原因於兩個民族間的氣質不同，一般人總覺得美國的小說，大都是很輕浮，「滑稽，幽默，人性」云云（譯序語，見[illegible]），對我們這個苦難的民族都似不相宜，這都是一些莫可奈何的事實；而另外一個原因便是基於對一個原因的莫名的輕視，這我以爲是錯了的。

以「石榴樹」而言，若單就這第一個理由來衡量，也許未能逃出這個「輕浮」，只是它也有相當深度，並不可一概而論，「輕浮」，（比之發珍珠，有絕大的分別）比如集中的『琴韻之行』，『石榴樹』，『未來詩人』，『情詩』，『演說家』等篇，都有一種樸實而又健康之感，尤其是一些新的技巧的運用，更爲可寫，倒不是可以輕輕一句『美國噱頭』推翻得掉的。至於譯文，也相當流暢老練，頗能傳出原作的風味，譯者原是老手，只是因爲他以前所譯的「文明與野蠻」（生活版）人類學，原始社會（商務版）各書均非文學的作品，對年青書文學作品的讀者，更似乎有點陌生了。

臺灣

李絜非著

商務印書館印行民國三十四年二月初版

當一九四三年十一月下旬，具有歷史性的中英美三大領袖之開羅會議，確定台灣澎湖，歸還中國。去歲日本降服，台灣接收，從此中國東南海防之鎖鑰（「台灣及澎湖島」）得以完整無缺，重見光明。一向被稱爲中國之亞洛問題，（亞爾薩斯洛林）告一合理的解決，爲是勝利後的大收穫，也是最值得慶慰的一件事。然而國人對此暌隔五十一載的台灣島，似乎漸漸淡然遺忘，迄未見有完備的專著問世，這對於今後台灣革新的大計，與建設的實施，很受影響。李絜非著台灣一書，出版於勝利前夕，可謂應時之作，所述雖似乎過簡，然誠如作者所謂：「拋磚引玉之圖，而引起台灣研究的風氣與專著的發行。」可說是苦心孤詣，意義深長。

全書共分八章，首述台灣的地理基礎，以地形氣候二項爲骨幹，敍述其地形區域及氣候特色，惟其中多敍材料，來源不同，所以單位互異，如同一頁上，有公里，英里，日里各單位，使讀者無從比較，數字觀念，無法印入。日前均已採用公里爲單位，似應統一，較爲明瞭，雨量統計，應將各月分佈情形，全部採用，如七八兩月之颱風，影響於台灣之雨量甚大，因颱風成拋物線行，至北回歸線附近，恆轉變方向，而台灣爲必經之地，所以各月雨量之多寡，顯然大有參差，如缺乏全部記載，不足以表示颱風之特性。次述台灣的民族和人口，對於人地關係，闡述甚詳，良以人類活動對於自然環境，恆發生極密切的關係，所以人口分佈，絕不平均，漢人的經略台灣極早，人數最多，惟書內廿二頁「台人占百分之九十以上」，一三五頁「台人占百分之九十四」，在一四六頁「台灣民衆中百分之九十三以上爲中國人」，雖亦無多大出入，但是最好將統計來源及參考材料，詳爲附入，俾便讀者得以進一步的研究，同時也保持統計的眞實性。對於當地土著，歷述各族的分佈，生活方式和風俗習慣，旁採博引，頗饒興味，惟土著淵源，各異其說，日人每喜牽強附會，歪曲事實，如謬稱高砂族與其大和民族，依其血緣研究，有其系屬上的關係，過去常標榜其日台一體的宣傳，這方面多搜集些材料，俾可以啟人深思。復次爲台灣風物誌記，台人原爲閩廣人後裔，故其風俗習尚，和泉漳潮惠一帶相彷彿，作者引用歐滿竹枝詞很多，頗覺親切有味。

該書第四章述台灣經濟概況，舉凡農林礦漁各業分門別類，論述詳盡，過去在日本統治時期，不僅成爲日本經濟最主要的外府，也成爲日本對外貿易的直接根據地，所以在日本對外貿易報告冊上，將日本台灣，合成一單位，以顯示其經濟上的密切聯繫，所以台灣經濟上的開發，近五十年來，着實有飛躍的進展，土地利用，已發揮盡致，實爲中國其他各省區所不及，雖由於台灣之得天獨厚，然而人力之慘澹經營，亦殊足爲今後吾人建設上的借鑑，惟台灣開發之初，實有賴於交通網之樹立，總理曾謂「交通乃開發實業之母，鐵道乃交通之母。」書內僅未將交通一章列入，對於鐵道公路，水路，未見提及，實爲美中不足之點，如以鐵道一項爲例，台灣國有鐵路一千另四十一公里，私有鐵路二千四百四十一公里，總計三千四百八十一公里，台灣與日本比較，每一百平方公里內，台灣有九公里半的鐵路，日本是六公里四，其發達程度，日本遠不如台灣，至於中國其他各省區之鐵道與面積的比較，更不如台灣遠甚，所以台灣經濟之迅速發展，交通建設，實爲其主要推動力，這一點應提出，說明其因果之理。至於台灣之對外貿易，附在第四章敍述，作者在第七章中提及，使讀者對於台灣全部經濟，不易得一概念。

第五章中爲早期經營台灣史略，第六章台灣的民族精神，兩章所占篇幅，約占全書三分之一，作者引用史料極多，條分縷析，以簡馭繁，取精用閎，而於中國及其他各國在台灣勢力之此消彼長，與夫自鄭成功驅荷後奉明正朔，以至清廷棄台後台民組織民主共和國等等，民族精神之發揚，所謂天地正氣，沛乎塞蒼冥之間，即在日本統治期間，台民志士之奮鬥革命，直至勝利前夕，始終不懈，作者以生動之筆，刻劃描摹，結構緊湊，實爲全書最緊張而最精彩的一部份。

最後二章殿以「日帝國主義者統治下之台灣」和「收復台灣對於中國的重要性」，其重心偏重在經濟方面，尤其在貿易方面，可看出台灣對日本和中國的利害得失，在軍事方面、日本視台灣爲「圖南的飛石」，今後失其依據，中國東南海防，固然完整，南洋羣島，也得備保安全，作者提綱挈領，頗具卓見。

綜觀全書，台灣輪廓，得其梗概，惟各章自成一系統，故所搜材料，間有重複互見之處，而在排列方面，如台灣風物雜記較輕鬆，似乎可列在附錄，而將台灣民族精神列在第三章，再將四五兩章對調次序，在閱讀方面，似乎前後呼應，一氣可成，可以增加閱讀上的效率。現在台灣建設伊始，需才孔亟，各方赴台人士漸多，而國人研究台灣之風氣，亦日漸濃厚，該書尤推爲重要參考書之一。據聞台北大學，藏書極富，有關台灣之材料極多，甚盼能予以充分利用，有更完備的「台灣」書問世。（明）

宋詩紀事拾遺敍

顧廷龍

紀事詩之編集，昉於孟初中本事詩，所錄篇章，咸有故實，其後計敏夫始創斷代之編，紀爲唐詩紀事，或附錄佚詩而不必盡事，迨厲樊榭所爲宋詩紀事，其例益廣，與網求富，風氣所樹，於斯爲盛，踵而起者，雖存齋有宋詩紀事補遺，陳石遺有遼金元詩紀事，陳松山有明詩紀事，皆綜博采萃，靡綜條理，歷代紀事之詩，於焉大備，惟四庫提要則譏樊榭多收無事之詩，全如總集，旁涉無詩之事，幾類說家，不知樊榭之旨，要搜前賢精神，竭力搜集之，嘗欲宋人別集，名公鉅手亦多散逸無存，江湖林藪之士，誰復發其幽光者，盖欲以詩存人，以人存詩，爲知人論世之助，故網羅要編有徵辭，而卓謝考，有宋一代之詩者，終以是爲淵海，徇匪論也，夫文人學士往往藉文字以寄其懷抱，雖所採質擇有所成就，垂諸久遠，然翻那擘定，歷數百年而妙字騷如，著作僅見於選乘圖篆之中，而其文字工拙，無由表見，殘蓍闇幽非復此其論贊，今有人焉，敬仰前修，竭年學力，求其遺著，偶拾一鱗一爪，何忍遐棄，偷稍變其例，實從寬格，以廣其求，此人情之常也，搜輯之業，非博覽之士，無能爲役，又豈不懷尋失之志，蹈乎幾拾，寢饋悠久，體察尤切，歲月既積，乃自成編，當友古人，若揖讓於斗室之內，吾族叔芳野公選元詩，尋，嘗夢古衣冠羅拜牀前，蓋與古人默契既深，氣相感召，非識寂寞之來謁，實精神所往，故夢諸夢寐耳，吾很丈圃爛先生，博稽羣書，於訓詁詞章之外，究心史事，熟悉掌故，近廿年來曾就記爲南島，既而業教上庠，譴遊物我之外，修然自得，以其餘暇，繼爲宋詩紀事拾遺，私卷，再補存齋之遺佚，存齋當年舉知名之十有五人，時值海宇晏安，從容文翰，各觀所藏，寶羅之富，可將限編，探訪之[illegible]，實無所當，今丈以一人之力，拾遺補闕於[illegible]，不更難哉，昔[illegible]非巷，時承教益，[illegible]會同補碗，及尋[illegible]避兵海上，得重[illegible]嘗見示，以龍從[illegible]較便，命爲後補[illegible]無所獲，因以纖[illegible]用力之勤，而拾遺[illegible]畢之日，神融往古[illegible]之所遇，是緣斷不[illegible]要之窮搜篤好，實不[illegible]子也，謹書其端，[illegible]

× × ×

（第六期） 每逢星期四出版

論國際圖書交換事業

——「論國際文化合作事業」之一——

鄭振鐸

國際文化的合作事業，是人類互相了解，互相合作並互相團結的第一步。今日我們打倒了反動的納粹活動之後，前途仍甚茫茫。人類合作的陰影和障礙，仍有不少存在着。德，日，意的納粹的軍事力量和政治力量雖然已被摧毀，但納粹的文化與精神並沒有完全被毀掉。納粹的精靈仍不息的在活動，在破壞世界的和平和合作。我們爲了打擊並防止納粹的精靈的復活與繼續生長下去，我們愛好和平自由和民主的人們必須加緊的合作着，團結着，不爲反動者所離間。

文化的交流，是達到國際間的了解的最好橋樑。十九世紀的時候，歐洲人還以懷疑視俄羅斯人。但自從屠格涅夫，託爾斯泰諸大作家的作品譯成了英，法，德各國文字之後，他們對於俄國人便有了深切的了解。中國人向來對於歐美諸國也是漠然無知的。但自從十九世紀末葉介紹了西洋的科學，文藝的著作進來以後，已逐漸的明白西方人了。這可見文化的交流對於促進國際間的互相了解是具有多末大的作用。有了了解，然後才會眞誠的合作與團結。

在今日，世界已顯得很狹小了，從電力時代進入了原子時代，人類如果不能互相了解，並互相團結，便只有走向自殺和毀滅的一途。

人類是非合作團結不可的！爲了達到這個偉大的目的，首先，我們必須互相了解，而互相了解，便需要國際間的文化大量的互相交流與合作。

關於國際間文化的交流與合作，應做的事業極多。圖書的交換是其一端，且是比較的易於着手的一端。

圖書交換事業，包括新出版品的交換與贈予，古書及已絕版的圖書的影片的交換與贈予，以及在世界各大城市設立大規模的國際圖書館。

就中國而論，至少要在上海，漢口，北平，廣州（或香港）各設立一大規模之國際圖書館，以便利中國及世界各國人士的閱覽。這圖書館裏，應該包括中文，英文，俄文，法文，西班牙文等等的重要圖書及期刊，報紙等等。各國的新出版物，至少須各備一份。至古書及已絕版的圖書及重要日報，期刊亦須儘可能的設法入藏。這個圖書館以藏書爲主；並準備可能利用所有的房屋，無須富麗堂皇的什麼宮殿式的建築，以經費百分之七八十用在購置書上爲第一要義。其經費來源，可由各國愛好和平的人士們及政府捐贈，並組織一永久性之委員會以管理之。

至於各國新出版品的交換與贈予，亦應各設置一獨立之機構，專辦此事。現在，俄國有VOKS，美國有國際文化事業的組織，英國似亦有之，中國則有國際出版品交換所。至少，這幾個國家應該立即先行交換自第二次世界大戰以來所有的新刊物。在中國方面，我們很願意先行搜集這一類著作及期刊，日報，與各國作初步的贈予及交換。如果政府方面遲遲不做，我們可以自己起來做，起來搜集這些刊物，立即着手交換及贈予。

說到古書及已絕版之圖書，刊物的交換及贈予，比較的有困難，古書往往只有一部或數部流傳於世，絕版書搜羅亦不易。這些書的出國，往往有關禁例。（我國規定出版物在五十年以上者不得出口）且爲數量所限，勢亦不能普遍的贈予各國。但我們可用「顯微影片」（Micro—film）或「顯微書」（Micro—Printing）將古書及已絕版之種種，日報，大量的加以攝影，印刷；一方面數量上大爲減少，運輸及度藏均大爲便利，一方面也不至有「國寶」及珍本出國的危險。這一類的顯微書或顯微影片，我們可以大量的分贈各國。輕而易舉，爲效極大。同時，希望各國也都能各以他們各重要圖書館的古書及絕版書，以同樣的方法，大量的贈予我國。將來整個「不列顛博物院」及「國會圖書館」的藏書，我們都可以有不必出國而便能讀到的版籍。這計劃可以分開幾年，分開幾個步驟來進行。先影印有用的重要的書籍及刊物，然後及於次要者。總之，以「多」，以「備」爲目標。如此，一個圖書館，只要有幾個「暗室」的設備，我們便可以讀盡天下書了。何快如之！

現在，我們希望，在上海，先有這樣一個國際圖書館的成立，以爲各地的楷模。世界上愛好和平，自由和民主的人士們一定都會贊同我們的這個計劃的罷。

三五・六・四寫。

談目錄板本之學

王庸

平常講究書籍板本往往當作目錄學，其實二者未嘗不可分開。板本之學，注意於鑑別刻本，鈔本的時間，地方，和鈔寫收藏的人，以及圖章序跋之類，和鑑別古物書畫等差不多，本身自成一種學問並可算作考古學的一部分，又因爲書籍刊行之美惡，多寡，是文化上的一種成績，亦可以屬諸文化史上的一小部門。至於目錄之學，注意於古今各種書籍之名稱類別，作者，以及內容之眞僞刻本之優劣等等，範圍比較大些。不過，要考明白這許多事實，有時必需先把書的板本考較明白；最好是每一種書的各種板本，都能夠直接看到，單單靠書目和提要上的記述，卻不甚可靠。那麼板本之學，又是目錄學中間的一門了！

講目錄之學，最好是直接看到原書，而講板本的尤其需要目驗。但在事實上，要無論講什麼書都直接查看到，常常是不可能的。孤本珍籍，固然難得一見，就是比較普通的書籍，亦不容易在同時同地得到各種不同的本子，作比較研究之資。像葉德輝的書林淸話，不能不算是講板本學上較爲切實而有系統的書。可是，他所根據的材料，仍多採自史傳筆記，和藏書家的題跋，眞正由他目驗的材料怕並不多。至於莫友芝的郘亭知見傳本書目中所著錄的亦未必都是他眞「知」實「見」的書本，不可全信。有許多隨便登記的書目，或非出學者之手，或係草率從事，更不可盡爲典要，必需重新考定的。像淸代四庫館中，會集了那許多學者，搜羅了那許多「天下遺書」，而四庫提要中所講的，還有許多缺失錯誤之處；如余季豫（嘉錫）先生所著「四庫提要辨證」（北平圖書館印行）所舉，就有不少錯失，其他目錄書志之類，更是可想而知了！

這倒並不全是學力的問題，卻是圖書設備是否充足而便利的問題。將來圖書館的藏書日趨豐富，書籍流通日益便利，還有關於目錄版本的工具書，亦逐漸完備，那麼這種學問的進步，是不成問題的。自然，細心，而周密，是從事這種學術工作的必要條件。

有些學者，對於目錄板本之學，存着一種輕視的態度，因爲目錄學者——尤其是板本學者——專注意於書名，著者，序跋，目錄，刻板，圖畫，字體，圖章，以至於紙張和裝訂式樣之類，可說是「書皮」之學，對於書的內容如何，往往「不見不問」的。其實，這並不是目錄學家的專病，是一般專家們常有的通病。研究理論化學的人往往不注意化學工程，而研究工商管理的人亦常有不注意經濟學原理的。古往今來的學術是那麼繁複，我們要把一個小門類中主要書籍的「書皮」之學，明其概略，已經頗不容易，那麼我們要求目錄學者把各種學術的目錄和內容都弄淸楚，簡直是絕對不可能的事。所以目錄學者之只知「書皮」而不知內容，不僅是可以原諒的，竟可說是應該的！

話得說回來，講目錄學，並不是不該講內容的，最好是內容和「書皮」一齊講。不過，這樣講目錄學，並不是「總理」一切的目錄學，只能作各科專門的目錄學者，而擔任這種目錄工作的，亦就是那一科的專家，并且範圍是相當窄狹的。例如法國革命史的專家，可以作法國革命史的目錄學者，而俄國史的專家，也可以作俄國史的目錄學者。今後學術愈繁，分工愈細，要作表裏貫澈，博通各種學術的目錄學家，事實上已不可能至多只能備舉各科專家的目錄知識，集其「大成」而已。

本來，目錄之學是研究某一科目，或是某一問題的初步工作，亦是那一科或那一問題的歸結工作。此話怎講呢？我們要研究某一個問題，必須把關於那個問題的資料儘量搜集，然後可作澈底的研究。這樣搜集資料的時候，就可以開出一張目錄，以便比較研究，那豈不是研究的初步工作麼？但是，這目錄在沒有仔細研究之前，不免有遺漏錯誤之處，而且不知道那一種資料是眞確，精要，那一種是謬僞，無用；必需經詳密的考查，然後可以明瞭各種資料的源頭，性質，和價值。等到這些事情弄淸楚之後，這問題的研究工作已經可以大致楚楚，而這個目錄的說明，亦是比較完備而眞確的。

大凡一位學者，能夠對於研究某一問題的資料開出一張扼要而詳密的目錄，他對於這個問題的研究至少已經用過相當功夫了！

至於板本之學，除掉從「書皮」上研究之外，我們如果進一步講究板本的內容，那麼必需經過一翻校勘工作，然後可以決定各種板本的價值，而引用這書作例證的時候，亦可以知所別擇，不致因書本上一字一句之誤而得到錯誤的結論。所以講板本而兼重校勘之學，對於學術上亦是頗有幫助的！

以前有一位人種學者，因爲三國時有大秦賈人秦論入貢，孫權以諸葛恪討丹陽所獲的「黝歙」小人送給秦論的故事，推想到三國時的皖南地方，或許有黑人的「黝歙」。後來有一位史學家指出「黝歙」的「黝」字是「黟」字之誤，是地名而非「黑」的意思。於是那個黑人的假設便不成立了！這雖是一件小事，但是校勘在學術上的重要，由此可見一斑了！

至於一班輕視校勘的學者，有以「爲宋本作丐」的無聊工作來作譏刺的。這是校勘學的末流之弊，我們不能「因噎廢食」。而且學識能力較差的人能作這種呆板的爲人之學，在學術分工合作的原則之下，並不是沒有用處的。

校勘學的地位，固然是板本的一種基本工作，亦是目錄學之一部門，講目錄學亦是以校勘爲基礎的。至於章實齋的校讐通義所講的，卻不是校勘學，多是講分別部居之類，倒可以稱之謂目錄學，和現在圖書館裏講究分類編目法相近。

講到分類編目，是圖書館裏的基本工作。現在新興的學術繁多，中國舊式的四部分類法已不適用，所以各家所擬的新分類法已發表過幾種。這種目錄學的應用，和研究一般的目錄之學一樣，決不是目錄學家所能弄得好的，必得請教各種學術的專家才可以求得比較合理的分類法。可是，全靠各專家的意見亦不行。因爲專門學者的分類法全在學術本身上着想，而顧不到實際上書籍中種種的問題。著書作文的人，絕會不想到圖書分類上的便利，而把他的內容範圍有意伸縮；而且圖書館裏的書，不分優劣美惡，自名著傑作以至通俗小說，無所不有；專門學者的分類法對於一部門中正經的好書，亦許沒有問題，但對於其他蕪雜無章的圖書，也許「無所適從」，沒有辦法了。所以圖書館的分類編目法，必得由各科的專門學者和在圖書館中經驗豐富的編目員共同研究，才可以得到比較合理而有合用的標準。

介紹「新生篇」

叔羊

現實文藝發刊第一輯「新生篇」，是三十六開本一百三四十頁的一個結集，內收連續性雜文十多節，和短篇小說六篇。

它給我的第一個印象是素雅大方，規矩認眞。每篇篇首連一個報花都不用，開門見山就是文章本身，足見現實文藝叢刊的同人是想造成一種風氣，打破時下卯力鑽尙花巧的陋習。看慣了市面上流行書報花花綠綠的裝幀，字體顚顚倒倒大大小小的排列，初看這本書的老實作風，或許會覺得不順眼，甚乎嫌它太土氣也說不定。

我常常追懷魯迅先生在沙漠一樣的北京孤軍苦鬥的精神，那時出的叢書，定名爲「烏合」，「未名」，未始不就是含有「不尙時髦，不炫能，不炫名，寂寞地苦鬥」的意思。在目前上海五光十色的文藝園地裏，很可能會被視爲灰色。但這所謂灰色，或許便是它存在的原因罷。

零亂的「恐懼及其他」包括小感集十多篇，雜文則闢一格，對中國社會痛下針砭，頗多精當獨到之處。魯迅死後，連平時的敵[illegible]，[illegible]荷荷之聲，都呼起魯迅風的雜文來了。上海者的確也有深疾於魯迅雜文的，一旦揣起筆桿來，總[illegible]悅耳，幾能亂眞，但通讀全篇，除了引用幾個陌生的典故，四平八穩的做着魯迅雜文的「壞詞」之外，往往就一無所有。這樣的狂捧魯迅，我想還不如痛痛快快把魯迅痛罵一頓好些。向魯迅學習，主要的應該是學習他待人接物的態度，處世的精神，和看人論事的深刻的看法等等。試讀零亂的小感集，就可以看出他寫作時有一股激越的眞情，對人類的愛心，在背後推動他；同時又不僅停留在表面，而是許多年來吃了許多苦，探求了生活的結果。樸實而眞誠的生活本色，是一切文藝作品的力的所在。雜文自然也不能例外。此外，小說六篇，每篇都有每篇的特色。沙汀的浩劫寫老師，寫一個反對打內仗的老先生，在結構方面，夠熱老到，無懈可擊。但似乎太把反內戰的一點強調了，人物顯得架空而不眞實，一切好像都是爲了要證明一點：內戰打不得，全國有這樣多眞誠的老百姓反對它，如果要講時髦的「主題」，這不能不說是非常「正確」的。

魏金枝的「磨明」和蕭岱的「殘零」，代表二種不同的寫法，前者以細膩熨貼見長，後者則如標目所顯示的一樣，全篇貫澈着憂鬱的詩意的情調，使我們對[illegible]演中的農村，那樣一個可愛的少女的沒落命運發出了無限的悲惋。

[illegible]雨的「淺藍人手記」是篇幅較長的一篇，無論就人物刻劃和深度上講，都是非常成功的。篇中的第一人稱，母親，大妹，二妹，和反面人物的么嫂等幾個人物，都生動活潑的光景，掩卷之餘覺還一直深深地刻印住我們心中。尤其是母親這個人物，賺哭一鬧，你就會想到她，忍不住要同情她。

作爲這一輯顯名的「新生篇」是林淡秋所作，寫一對夫婦從敵人的「淸鄉圈」逃出來，埋伏在一個小島似的村子上，女的快近生產，百忙中遇見許多災難。這是一個很好的題材，寫得也很逼眞生動。晦白的一篇，也寫一對夫婦，卻是屬於舊社會的否定型的人物。這樣的人物當然也不妨寫，可是作者還沒有充分把握住他筆下的人物，因此，顯得在作品和作者感情之間，有一種隔膜存在，作者不能把愛憎的感情就人物身上充分地宣洩出來，結果作品就顯得蒼白，無力，缺乏情感。作品和作者之間達到充分的融洽點，這才是作品最高的成就罷？

圖書

（第七期） 每逢星期四出版

國學與圖書工作

王庸

中國的圖書館事業，以前是學校教育和社會教育的附庸，一般人士多不大注意，近來文化事業日趨繁複，圖書設備的需要日切，大家都覺得圖書館是一般文化事業和學術研究的基礎，因此圖書館事業亦逐漸爲社會所注目，甚至於有少數「富而好禮」者當作慈善事業來辦，這不能不說是中國文化上的一種進步！

最近教育部招致公費留學生中，有圖書館生的學額，這亦可以說是圖書館事業日趨興盛的表現。以前在國內講圖書館學的專門學校，只有武昌文華圖書館專校，和金陵大學裏附設的圖書館學科。其他如北平師範大學等，只不過開個圖書館學的學程而已。因此國內圖書館中的職員，除掉不學圖書館學的人以外，多是文華和金陵兩校出身。如果說圖書館裏的工作，必需本行的人來辦，那麼單就國內現有的圖書館講，已有事浮於人的現象了！好在有許多館內的事務，不僅庶務會計之類，不一定懂得圖書館學，就是編目，採訪，閱覽等工作，只得經過短期的練習，外行人都可以做得。而且有些較爲專門的工作，如大圖書館裏中西文書籍的編目，採訪，事務，非得對於中西學術和目錄學知識有相當的根柢是辦不了的，有沒有學過圖書館學，倒還在其次。

以前常常聽到圖書館的編目工作，鬧過不少笑話。如因書中著者，記着「吳縣潘祖蔭」，即認著者爲「吳」名「縣潘」；世說新語的著者，因原書記着「臨川王義慶」，即以「王義慶」著者。還有把唐三藏取經詩話歸入詩話類，把洛弗（Laufer）講取金剛石神話的書列入礦物學書中。這許多笑話雖不一定是講圖書館學的人鬧的，不過我們的確見到一位圖書館專家著的書上把唐以前的劉宋當作唐以後的趙宋。可見學圖書館學與否，至少對於編目工作的好壞是沒有多大關係的。而事實上有許多不學圖書館學而在圖書館裏工作的人卻做得並不壞。

因此之故，便有許多學者對圖書館學表示非薄的態度，甚至於認爲不成一種學問，不值得鄭而重之去講究！那見解未免過分了！圖書館學之與圖書目錄之學，彷彿工廠管理之與工程學，醫學行政之與醫學。講工廠管理與醫學行政的人對於工程和醫學不免有淺薄疏忽之弊，可是我們不能因此便認爲工程管理和醫學行政根本要不得，根本不用講！

圖書館中最緊要的工作是編目，最繁雜的工作亦是編目。因爲所編的圖書可以無所不有，編目者對於各種學術最好是無所不知，不過，這和講究目錄的人一樣，事實上是不可能的。所以在大規模的圖書館要編專科書目時不能不請專家來幫忙，如果編目人要自作聰明，恥於上問，那就不免鬧笑話了！歐美大圖書館裏管理某一部分專門圖書的人往往就是那一門的專家，而且有人往要研究那一門裏的問題時，可以請他指導，請他開一個比較完備的參考書目。這工作是國立圖書館和學術性的專門圖書館所應該辦的。但因爲人才和設備的限制，事實上還不能真正做到指導參考的工作；而這種工作，又同編目工作互相聯繫，都需要相當學術基礎的人才，不僅是講究普通圖書館學而已。

至於一般圖書館學之講究管理，設備，和編目手續，卡片形式，修整書籍以及推廣，宣傳等等，自然不需要其他的專門學者，是圖書館學者的本分。不過，這些事情，講方術的成分多，講學理的成分少，有許多地方，全講經驗和技巧。因此，我以爲中國派留學生出去學圖書館學的，除掉若干基本學科，必需有相當程度外，最好在國內從事圖書館工作已有較長的時間，較多的經驗。出國以後，亦得在國外圖書館中有相當時間的參觀和實習，像學工程的人必需在工場實習一樣。如果有人有志於出去研究外國的目錄版本之學，自然是難能可貴！因爲據個人耳目所及，國內對於外國版本目錄之學有研究的極少。將來圖書館事業日益發達，收藏西文書籍日多，這種人才亦是需要的。雖則在實利主義者看來，不免認這種學者是怪僻。但是現在既有成千成萬的青年學者，在經濟學和工程學的「隊伍」裏，另外有一二個人在那些「隊伍」以外研究着外國的古籍，該能不算怎樣古怪的浪費吧？在國內培植圖書館的人才，可以不必多設圖書館專門學校，或圖書館學專科，只要在文法學院或師範學院裏開設目錄學及圖書館學課程就行。至於已有的圖書館專校和圖書館專科，學生們除掉必修圖書館本身的課程以外，對於中西文史和目錄版本之學以及教育社會科學，都要有相當基礎的。不過這是爲造就大圖書館裏的高級人才設法，如果要訓練一班大圖書館裏的低級職員和小圖書館的職員，那麼只消在師範學校或職業學校中附設着圖書館科就行了！其實最好的辦法是在大圖書館裏附設館員訓練班，這樣，不但教的人和學的人都便於實際授受，而且像工廠中的職工訓練班一樣，人才的需要和供給方面，可以自由調整，不致於有學非所用，用非所學的弊病。

× × ×

評「西南經濟地理」（上）

周光岐

蔣君章著，民國三十五年五月商務印書館上海初版。

「西南」爲民族復興的根據地，抗戰八年來，雖然在經濟資源的開發及物質的建設上已有顯著的進步，但一般人對於西南的實際情況及其眞正價值仍茫然無知。蔣君的西南經濟地理的出版可供一般人的參考，誠如胡煥庸先生在本書首頁所寫的序文中說：「吾人如欲對於西南地理得一全貌，則此編實爲唯一可讀之書……關心西南建設者，不可不人手一編也。」

此書敍述的「要旨即在介紹西南各省的豐富資源，惟現代經濟地理以研究地表經濟現象之分布及其相互關係爲主旨，人類如何利用經濟資源以成種種經濟現象，亦當加以注意。」（頁七）

於是根據要旨將全書分爲四十章，第一章爲導言，其中說明西南的意義，西南在我國的地位，開發西南之必要，開發西南的途徑，及本書敍述的範圍。第二至四章述敍西南之地形，水系水利及氣候。第四至十四章述敍西南之農作物，如食糧，棉，絲，麻，糖，藥材與雜用農作物等，以及森林，畜牧。第十五章至二十六章述敍西南之鹽，鐵，銅，煤，錫，鎢等礦產。第二十七章述敍西南之工業，第二十八至二十九章述敍西南之人口與密度，第三十章敍述西南之宗族。第三十一章至三十七章敍述西南之交通，貿易與都市，第三十八至三十九章敍述西南農業及工業建設問題，第四十章總論。其參考之淵博，取材之豐富，在學術界極度貧乏及時局極度不安之時，有如此詳盡之闡述，實在是難能可貴的。書中插入之統計表達八十二幅之多，在書後並附「參考文獻要」，舉凡有關西南各方面的書目九十三種，此可供學者對西南經濟地理更進一步之研究，在一般的說來，這書實爲不可多得之作。

不過，這書並不是十全十美的，其中還有些地方尚待討論與修正。現在，我誠懇的指出幾點，以供讀者及本書再版修訂時參考。

一，我始終覺得，要研究西南經濟地理，應該把它擺放在中國經濟地理，甚至擺放在世界經濟地理中來觀察，不能把它孤立起來。所以，單單把西南經濟地理諸現象孤立的加以闡述，這是不夠的。西南是中國的一環，是世界的一環，中國與世界的一舉一動足以影響西南，西南的一舉一動也足以牽動中國，甚至世界。我們應該把西南經濟地理諸現象與中國的，與世界的經濟地理諸現象加以比較，分析與檢討。更要緊的，應把時代的潮流及中國社會的本質弄清楚，這樣才能說明西南經濟地理諸現象產生的根本原因（因爲，我們知道：自然諸因素一定要通過人類的勞動過程，然後才能作用於人類的社會。）如果以現象來說明現象，時常會被現象所蒙蔽。我們應從現象中發掘本質，再以本質，這樣才能得出正確的結論；才能鍛出建設西南的指導原則。研究西南經濟地理，應先得從經濟地理學的觀點，來觀察中國半封建半殖民地的經濟特徵，然後才能解釋西南的物產，工業及貿易等諸現象。

× × ×

（未完）

寶迂閣日記跋

顧廷龍

[illegible]

可見孝欽后之非常優容矣。檢閱當年破案日記，閱寥數語，始末未詳，殆因慎密。廿六年七月廿七日條載：「晚堂研訊會匪，向連生，鄂永才等。於丑初正法街市，旋會同陳[illegible]

談教科書

（第八期）每逢星期四出版

王庸

教科書的好壞同教授法往往一致。教師的教授法好，就是用壞些的教科書亦能教得好；教授法差的即使用很好的教科書亦教不好。不過優良的教科書給教授法不佳的教師去應用多少可以改良些，給好教師用自然更妙了！因此教科書的優劣，實在是學校教育的重要問題，教育界不可不特為注意！

編小學教科書需要教學經驗和教育智識，關於各科的學術程度還在其次。因為小學程度的學問智識，總是比較淺易，不需要怎樣高深的學術基礎。可是，編中學教科書便有問題了。算學程度較差的人，編中學算學教本總不會太好；無論他的教學經驗和教育知識怎樣豐富。而近來中國的中學教科書，往往由大學畢業不久的青年學者來編，有些那門學者和名教授，只「掛」上一個編校者的名，彷彿這種編撰工作，是專家所不屑為的。其實編一部良好的中學教本，比寫一部學術研究的著作困難。因為從事專門研究範圍相當窄狹，只要對於那一類學問有門徑的人，下一點死工夫就可以有成績，而編教本的人，不但對於本分的學問必需有深切的瞭解，廣博的知識，對於有關各科的常識以及教學經驗，亦得有相當的基礎，然後編寫教本的時候才可以「得心應手」「深入淺出」否則那門發揮個人的專長，忽略了本科中一般的知識，這只能作為一種專著，不適宜於教科書之用的！歐美的中學教科書，多出諸專家與教授之手！而我們中國的專家，卻很少肯「屈尊」，這未始不是中學教科書難得完善的一個原因。

自然，專家和教授，並不是都能夠編中學教本的，專家們對於本科學術雖淵博，但若缺乏中學教育知識或是文字的寫作不夠清淺顯達，亦就不宜乎編教科書。我們本不是說任何那門學者，都有編撰中學教科書的責任。

專家編教本一種弊病，是不免把個人的獨得之見，儘量編入，因此對於材料的詳略和異說的學說，亦不免有輕重失當的弊病。如近來商務書館作為大學叢書之一的夏曾佑中國古代史，原來是作為中學歷史教科書。夏氏此書對於中國古代的宗教神話學頗有特殊的見解，現在頗可作為大學的參考書。但若當作教科書用，（無論中學或大學）就在夏氏當時，亦並不合適，現在更不必說了！

教科書雖不宜陳腐，應該隨時適應新潮流。不過有許多未成定案的新學說和新事實，卻不能隨便採納。例如二三十年前中華書局出版的中外地理大全，引日本年鑑說，世界第一高峯已不是額菲爾士峯（Mt. Everest）而在巴布亞島（即新幾內亞島）發現一個比額菲爾士峯更高的山峯。這一條記載，居然影響了中國的地理教科書二十年，我們在現在不難看到十多年前的地理教科書，還提到這件事。這在起初採用的教科書，可算是疏漏；在後來照引者的未免陳腐了！又如近來在江浙一帶發現的新石器時代遺跡，和古代吳越文化的關係，因為材料的欠缺，還多是推測和假說，不能作為定論而採入歷史教科書中間。至於以前章太炎有中國人在中古時巳首先發現新大陸之說，就在當時，至多不過是一種假說，現在此說之不可靠，更是不成問題了！

最近偶然翻到一本國定的高小歷史教科書，說及堯舜時有筆。這話不知道什麼根據。研究甲骨商史的人說，大概到甲骨文時，同時用筆寫。至於根據古書上的傳說，那麼伏羲畫卦，黃帝時造字，亦有用筆的可能，比虞舜時還早。那教科書裏又講到指南針的發明，提到黃帝時的指南車的事。這則說話並不肯定，但這一類未標明白考定的史蹟，在小學教科書裏，儘可不提，就是講了，亦應表明傳說和眞史事的不同。因為小學生的腦筋是比較簡單，在這上告訴他們什麼東西是某人發明的，觀念便「先入為主」事不可破了！

有些教科書，內容儘不差，但和一般的程度不合，亦有過於高深的弊病。像以前省立蘇州中學英文教員編的（中華書局出版）高中英文選，材料是的確豐富，可惜給高中學生讀未免艱深些。程度不夠而強讀艱深的文字，實在不如讀淺些的文章較易得益。又如現在大學初年級的普通國文課，多有選讀經，詩，文選等書中艱深的古文，而實際上學生的文章，還有連語體文都寫不通順的。如此好高騖遠，豈不是講究實際教育的好辦法吧！

二十年前的中華書局出版初中本國史教本，單從書的內容上講，在當時是一部比較完善的本國史學書。但所述事蹟和文字，未免太抽象些，不合於中學生的程度，至少要高中的學生才可以正確瞭解。給初中學生講歷史，似乎要多講些具體的事實，而少講抽象的概說。關於這問題，倒不在乎學問本身的問題，是關於教學經驗和教育學識的問題。所以編教科書應該是各科專家和教育家合作的產品。

近來教育當局，頗有把中小學教科書都變成國定的趨勢，這是政治的問題。如果我們撇開政治不講而專求教科書本身的進步，那麼國定教本，未必是最完善的教本，倒不如讓書局或私人去自由競爭，使壞的教本自然淘汰，好的教科書便可以與日俱進了！

評「西南經濟地理」〔下〕

周光岐

中國的生產事業（當然包括了西南）不是為謀自己的國計民生而生產，不是為自己經濟文化的發展而生產，而是為資本主義國家以獲取利潤為目的而生產，所以他的生產是被動的，附屬的。西南的錫，桐油，錦，鎢，銻，錳等生產最為明顯，資本主義國家需要這些資源，於是中國就大量生產，如果資本主義國家不需要了，這些資源就會因此跌落，甚至絕產。在工業上，礦業上，農業上如此，在貿易上也是如此。如果不能把握這一特徵，就無法闡明西南經濟地理諸現象的發展與變動。次之，如生產事業的專門化，在貿易上集中到幾種特定的農產的食料，原料及粗製品而呈現偏畸的狀態。再者，地方經濟文化因國際資本主義勢力的侵入，而引起局部地方的偏畸的繁榮的都市，並不是中國的都市，而是國際的商市；不是中國的政治經濟文化中心，而是國際資本主義者侵略中國的根據地。這樣，把西南的都市在近百年來的興衰也有了說明。西南經濟地理，一方面要記述西南經濟地理諸現象，另方面要解釋諸現象。蔣君僅注意前者，而忽視了後者；換句話說：作者應着重「知其然」，而忽視「知其所以然」。我的意思：在導言中應補充以經濟地理學為觀點來分析中國甚至世界的經濟特徵，然後在分章中再進一步說明西南生產事業，貿易，都市及交通等諸現象。

二，宗族一章中對於特殊宗族治理問題，提出了五種「有效」方法：一懷柔政策，二推廣貿易政策，三強制移民政策，四武力政策，五文化政策。這完全是站在大漢族主義為中心之狹義的種族主義的立場上來說話。這五種「有效」方法是欲藉着特殊民族漢化。我們知道：民族是歷史上有共同的語言，經濟聯繫，以及表現在共同文化基礎上而具有同一心理的人們所形成的固定性的集團。所以要解決中國西南特殊民族問題，不可抹殺其共同領土，語言，經濟生活的重要性，同時應取消任何民族所享受的特權。更要緊的，給予落後民族以政治的，經濟的，及文化的一種實際的幫助，使他們的落後的經濟文化能提高到相當的水準。絕對不可用強制移民，甚至用武力政策來實行狹義的種族主義的漢化。再說明白些：落後的民族應該加緊開化，但開化不就是漢化。我們既有根據平等的相互的原則，方能解決西南民族間的糾結。換句話說；我們應該贊同「社會的內容，民族的形式」的文化。

三，其餘較為細小的，如各統計表沒有註明材料的來源，同時也沒有說明這些數字是用何種方法調查得來，尤其在人口與密度等一中的諸表，其數字之細小，如四川人口有四八，○三二，六○七，在一個落後的混亂的國家裏，能得出如是的詳細數字，實在使人難以置信的。同時西南各省的特殊民族之人數也未齊進，而且在抗戰期中人口的增減變遷甚大，中央又沒有統計這些現象的機構。所以本書中所列諸表，實在是很有疑問的。就是本書中的數字亦有前後不合的，如四川人口總數前說四八，○三三，六○七，後說四六，四三八，四九○。如西康人口總數說一，七五五，五四二，後說一，七六三，七二，在備註中卻是一，四六二，八六四。數字如此之不一，可見材料來源的駁雜。再如，「本有地圖五十餘幅」因「印刷困難」，而「從略」了，希望再版時當能補入。又如，「手民誤植」者很多處，希望在再版時能校正，即頁二八四至二八五中竟有一段重複印出。

以上均為我詳讀本書後的一點意見與感想，或許在有人看來是「吹毛求疵」，但我以為概要是立在嚴正的客觀的立場上寫過來，這對作者，對讀者都有好處的。我認為一本有價值的書，非經著者千錘百鍊不能完成，同樣，一本有價值的書，非經劇烈的討論與批評不能顯出其價值。

亞洲之土地與人民

著者　George B. Cressey

出版處　Mc Graw Hill Book Co. New York. 1944

本書著者葛德石教授，曾在滬江大學任教，返國後著有「中國之地理基礎」（China S. Geographic Foundations）一書，風行歐美。去年重慶開明書店且有薛貽源氏翻譯之中文本印行。「亞洲之土地與人民」乃葛氏新著，中文譯本即巳特約西南聯大地學系張印堂教授執筆，將來有交商務出版之說。筆者前歲在滄，適逢葛氏要華講學，得其機會問其樣稿，去年復在中央大學見此新書，深覺其內容豐富，文字明潔，為目前亞洲地理著作中之佳構，茲特該書內容特色摘要介紹如下：

本書書名全文應為「亞洲之土地與人民——佔亞洲地理，及全球陸地三分之一，人民三分之二之研究（Asia S. Lands and Peoples a geography of one third the earth and two third its People）。標題以數字表示，殊為新頴，易使讀者得一深刻印象，書中類此之說甚多。

全書共五百四十八頁，附插圖照片三百餘幅，其餘圖文並茂。書末附有參考文獻，分區排列，極便查考研究。

葛氏書中之亞洲範圍，特破除烏拉山與烏拉河之歐洲亞洲界限，而將整個蘇聯置於亞洲之部。氏謂烏拉山附近之歐亞界線，在地形，氣候，土壤，水系，土地利用，文化，歷史各方面均無共通要性。其界線既不與地形相符，亦不與政區吻合，分劃標準固無地理上之根據，且研究蘇聯國情，絕不能將其劃為兩部，而後分別討論也。

近二十年來，地理學界受德國思潮之影響，對於地緣政治（Geopolitic）之研究，頗為熱心。葛氏更引伸其義，新創「地緣戰略」（Geostrategy）一詞，在書中屢泛應用。其云：「地緣戰略之作用，在求了解一國之關係及其潛力之所在，俾進而提供其內部發展之方案，以及相互有利之國際合作計劃。設若不幸而再有戰爭發生，則地緣戰略亦能於危急之秋，亦以最有效之行動，此即所謂應用地理是也」。至於與戰略地位有關之地理要素，葛氏認為至少包含下列九項：（一）空間，（二）形狀，（三）交通，（四）位置，（五）疆界，（六）海洋關係，（七）地形，（八）資源，（九）氣候。

葛氏對於亞洲區域之劃分，以政治集團為經，地理區域為緯，計分為（甲）六要部（Major Realm）一，蘇聯。二，中國與日本。三，東南亞洲。四，印度。五，西南亞洲。（乙）再將六要部分為二十二省區（Province）丙，復細析之，共得九十四個地理區域（Geographic regions）。

著者對於中國友情甚深，希望亦殷，本書分區敍述之時，即以中國居於首篇，所佔篇幅亦最多，氏謂中國歷史悠久，中國人為最富友誼與最民主之人民。東亞之永久和平，必預中國強大。就地緣戰略觀之，中國似不致於未來威脅世界，若中國人皆好和平與民主，而中國無統制世界之地理因素。從之斷言為中國對戰爭無準備，對和平之要求亦無準備，觀乎勝利後國內紊亂之情形，葛氏確有先見之明。

關於中國之區劃，葛氏意見劃為三者區，為華北，華南，與外中國（Outer China）。關於華北之地理區域有七：一，黃色平原。二，山東半島。三，黃土地域。四，滿洲平原。五，滿洲東部高地。六，興安山地。七，熱河山地。華南之地理區域亦為七區：一，揚子平原。二，四川盆地。三，中央山嶽地帶。四，揚子江以南丘陵。五，東南海洋。六，廣州腹地，七，西南高地。外中國即中國之邊疆是也，蒙古，新疆，西藏屬之，各為一地理區域。

書中蘇聯部份，甚為完備，附有自然及經濟方面之插圖七大幅，多半係取材於蘇聯大地圖集，故極精美。他如日本，印度各章中亦均有獨特之見。

葛氏全書佈局，係以美國青年讀者為對象，故對於美國與太平洋，美國與亞洲各邦之關係特別注意。吾人讀之，對於若干美國觀點，勢力範圍等意見，自不能一律欣賞也（譯）

1946 edition
The RADIO AMATEURS HANDBOOK

一九四六年版：（今日）影印出版

業餘無綫電手冊

新穎材料，蔚爲大觀，洵爲研究無線電者必備之工具。預定諸君，陸續送上。（英文本）

實價 $5000 外埠郵費一成

龍門聯合書局

上海河南路210號 電話17674
支店：愚園路231號 電話32686
聯號中正中路649號 電話74487

電話購書·簡便迅速

分局：南京·漢口·北平·廣州·重慶

世界書局

最近重版書

英漢四用辭典（詹文滸主編）一五六〇〇

應付人的技術（卡耐基著 王維義譯）二四〇〇

莎士比亞評傳（斯米尔诺夫著 盛澄譯）三〇〇〇

醫學七七法（朋友梅編）三〇〇〇

作文七作指導（李向文著）九六〇〇

青年寫作指導（李偉文著）八四〇〇

上海各中學教師 王善彰朱殿沐等

初中各科升學指導

合編 勝利後增訂版

本書專供初三學生複習及投考高中兩編全部科目十六種凡六百餘面帶印一鉅冊。抗戰期中風行大後方，勝利後重加編訂，更臻完美。特價每部三千五百元

初中複習叢書

中外歷史（顧序東編）七〇〇元
中外地理（顧序東編）六〇〇元
國文（譚正璧編）五〇〇元
算學（王德勳編）一〇〇〇元

特點：編制完備 解說詳明 取材新穎

上海福州路中二九六號 光明書局發行 學校同業購買特別優待

全國大學入學試題精解
全國高中入學試題精解
全國初中入學試題精解
全國高中會考試題總覽
全國初中會考試題總覽

首先創編，定價最廉，銷行最廣，解答最確。

上海福州路二五四號 北新書局發行

高爾基逝世十週年紀念

·高爾基作品五種·自六月十八日起·

★特價八折一星期★

意大利故事　適夷譯　八百五十元
包含二十七個獨立的短篇，全是生活所創造的燦爛的故事。

俄羅斯浪游散記　耿濟之譯　二千九百元
包含二十三個短篇和兩首詩，促憶都是一幅大自然的圖畫。

母　孫光瑞譯　二千三百五十元
這是作者在一九〇七年問世的名作，極受各國讀者的歡迎。

人間　適夷譯　二千一百五十元
高爾基一生充滿了波瀾，這本書是他八歲到十五歲的自傳。

高爾基文藝書簡集　樓適夷譯　三百五十元
這集子幫我們了解高爾基，也幫我們獲得文藝工作的教訓。

開明書店印行

生活書店

紀念高爾基逝世十週年

八折特價·最後一天

高爾基作品·傳記

蘇聯的文學　曹葆華譯　定價一千元
和列寧相處的日子　孫擴南譯　八百五十元
革命文豪高爾基　韜奮編譯　二千九百元

地址：上海呂班路六號

商務印書館

每週初版新書

★六月份第三週新書六種★

文化論（社會學叢刊甲集第一種）……費孝通譯 一〇八〇元
現代會計學……楊汝梅著 一二〇〇元
樹幹解析法……鄧叔羣著 一〇〇〇元
中國美術發達史……劉思訓著 八〇〇元
馬可尼……曹仲淵著 三六〇〇元
地下巴黎……楊一雲譯 二三一〇元

★上週新書六種★

二十世紀的問題……朱翊新著 一八〇〇元
中國戰時物價與生產……方顯廷編 一六〇〇元
繼承法（司法院法官訓練所主編）……劉含章著 一四八〇元
工程地質學……孫鼎著 二六〇〇元
異國情調……李金髮著 八〇〇元
澳洲建國史……楊介子著 一五〇〇元

上海發行所舉行

實用圖書大特價

有意想不到之便宜

天天補充新書★人人購得好書

欲免擁擠 務請早臨

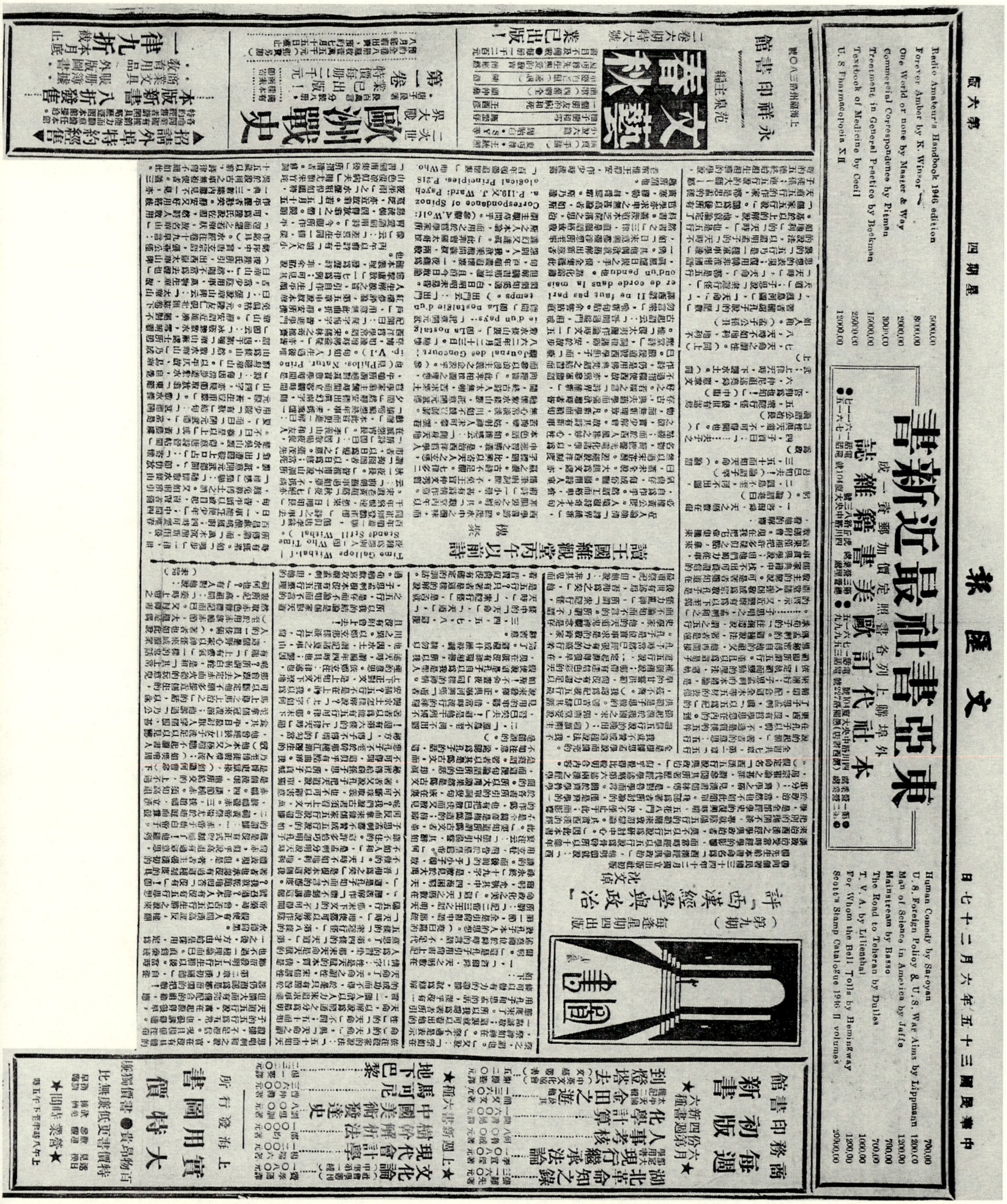

中華民國三十五年六月二十七日
文匯報
星期四
第六版
東亞書社最近書訊
本社代訂歐美書籍雜誌
Radio Amateur's Handbook 1946 edition 5000.00
Forever Amber by K. Winsor 8000.00
One World or none by Master & Way 2000.00
Commercial Correspondence by Pitman 3000.00
Treatment in General Practice by Beckman 15000.00
Textbook of Medicine by Cecil 25000.00
U. S Pharmacopoeia X II 12000.00
Human Comedy by Saroyan 700.00
U. S. Foreign Policy & U. S. War Aims by Lippmann 1200.00
Man of Science in America by Jaffe 1200.00
Mainstream by Basso 700.00
The Road to Teheran by Dulles 700.00
T. V. A. by Lilienthal 1000.00
For Whom the Bell Tolls by Hemingway 1200.00
Scott's Stamp Catalogue 1946 II volumes 20000.00
讀王國維觀堂丙午以前詩
商務印書館 每週新書初版
大特價 實用圖書
永祥印書館
文藝春秋
歐洲戰史

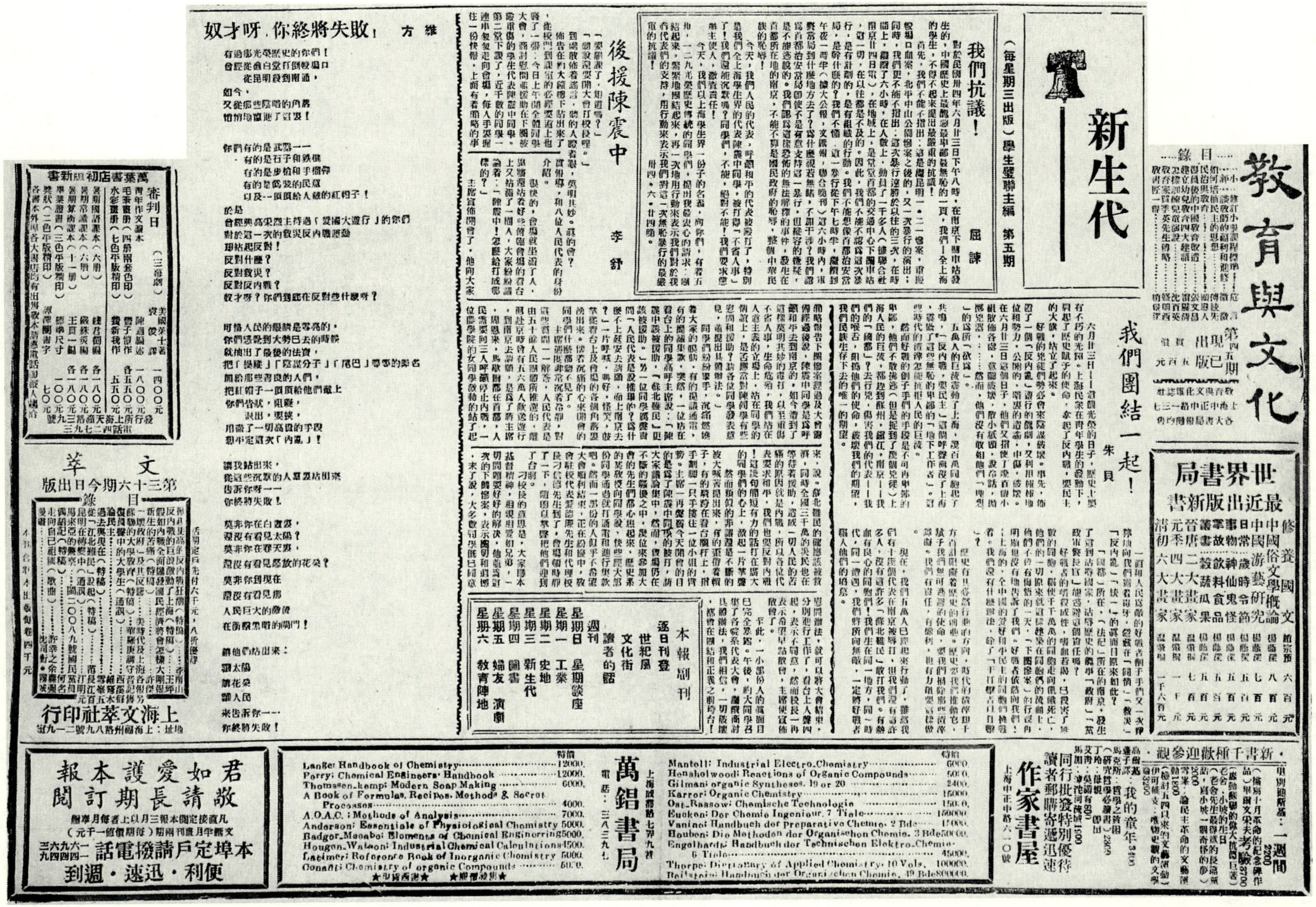

新生代

（每星期三出版）學生聯主編　第五期

我們抗議！

屈諫

後援陳震中

李舒

我們團結一起！

朱貝

奴才呀，你終將失敗！

方維

有過那光榮歷史的你們！
曾經從禽白堂打倒校場口
　　從昆明殺到南通，
如今，
又從那些陰暗的角落
悄悄地鑽進了這裏！

你們有的是武器——
　　有的是石子和鐵棍
　　有的是步槍和手榴彈
　　有的是偽裝的民意
　　以及一頂頂給人戴的紅帽子！

於是
曾經與高采烈主持過「雙十大遊行」的你們
對於這一次的救災反內戰運動
卻站起反對！
反對什麼？
反對救災？
反對反內戰？
奴才呀？你們到底在反對些什麼呀？

可惜人民的眼睛是雪亮的，
你們感覺到大勢已去的時候
就抽出了最後的法寶，
把「操縱」「陰謀分子」「尾巴」等等的罪名
加給那些善良的人們，
把紅帽子一頂頂給他們戴上
你們告狀，阻礙，
　　退出，要挾，
用盡了一切高貴的手段
想平定這次「內亂」！

讓我站出來，
從這些沉默的人羣裏站出來
告訴你呀——
你終將失敗！

莫非你在白晝裏，
還沒有看見太陽？
莫非你在春天裏，
還沒有看見怒放的花朵？
莫非你到現在
還沒有看見那
人民巨大的潮流
在衝擊黑暗的閘門！

讓他們站出來：
讓太陽
讓花朵
讓人民
來告訴你——
你終將失敗！

教育與文化

世界書局　最近出版新書

文萃　第三十六期今日出版

上海文萃社印行

萬錩書局

	特價
Lange: Handbook of Chemistry	12000.
Perry: Chemical Engineers' Handbook	12000.
Thomssen-kemp: Modern Soap Making	6000.
A Book of Formulas, Recipes, Methods & Secret Processes	4000.
A.O.A.C.: Methods of Analysis	7000.
Anderson: Essentials of Physiological Chemistry	5000.
Badger-Maccabe: Elements of Chemical Enginerring	5000.
Hougen-Watson: Industrial Chemical Calculations	4500.
Latimer: Reference Book of Inorganic Chemistry	5000.
Conant: Chemistry of organic Compounds	5000.
Mantell: Industrial Electro-Chemistry	6000.
Henshelwood: Reactions of Organic Compounds	5000.
Gilman: organic Syntheses. 19 or 20	2400.
Karrer: Organic Chemistry	15000.
Ost-Rassow: Chemische Technologie	15000.
Eucken: Der Chemie Ingenieur, 7 Tiele	150000.
Vanino: Handbuch der Preparative Chemie, 2 Bde	17000.
Houben: Die Methoden der Organischen Chemie, 3 Bde	50000.
Engelhardt: Handbuch der Technischen Elektro-Chemie, 6 Tiele	45000.
Thorpe: Dictionary of Applied Chemistry, 10 Vols.	100000.
Beilstein: Handbuch der Organischen Chemie, 49 Bde	800000.

上海福州路七九九號　電話：三八三九七

作家書屋

上海中正中路六一〇號

君如愛護本報　敬請長期訂閱

本埠定戶請撥電話

到遞・迅速・利便

評「西漢經學與政治」

沈文倬

[illegible]

姚吳孫王張五家尺牘跋

顧廷龍

[illegible]

（第十期）

每逢星期四出版

圖書

通俗讀物之編印與搜集

王庸

[illegible]

這辦法是很好的！教育家爲什麼不照辦一下呢？何況推廣教育，改正風俗，正是教育家的職責所在！

關於民間傳說和故事，不僅是編輯通俗讀物的重要材料，亦是研究民間文藝和民俗學的主要對象。所以民間傳說和故事的搜集，不僅在教育上有用，還有學術研究的功能，而且雙方可以互相爲用的。這件事，我想最好由各省，縣和市立圖書館，以及通俗教育館分頭去辦。一面各把本地已印行的唱本小說之類，儘量收購，一面還得往民間去探訪紀錄，因爲有許多故事傳說，並不見之於文字，只憑口耳相傳。至於探訪的人，却不能全憑教育家的眼光，總要有相當的民俗學知識，和民俗調查的經驗，否則不免有粗疏忽略不足供學術研究的弊病；至於編輯通俗讀物的時候，自然可以只據教育的立場，對於既得的材料不妨以意爲之，自由去取。

中國工人 周刊

後方唯一工人刊物，七月七日遷滬出版

發行人 朱學範

★ 替工人說話 為工人服務 ★

報導職工生活
反映職工要求
評論勞工問題
介紹現代知識

徵求基本訂戶五萬份

啟事：（一）本報原定七月一日出版，因籌備不及，未能如期與讀者會面，敬向讀者深致歉意。（二）「中國工人」是職工自己的園地，歡迎大家投稿，稿費從優。

定價每期二百元
直接訂閱：三個月一千五百元
半年三千元，全年六千元

[illegible]

中國抗戰史演義

杜惜冰著

全書共計六集 洋洋一百大回 第一二集出書 其餘不日出版 每集售一千五百元

東方書店出版 廣益書局發行

[illegible]

南冠草　郭沫若著
屈原
天國春秋
水鄉吟
歲寒圖
烟草路
獸道
人性的恢復
大渡河
新歐陸

[illegible]

群益出版社

[illegible]

文萃

第卅七期今日出版

·目錄·

時局展望……楊過之
原子彈·金圓·武力……李南山
世界與中國……楊杰
主權三論……錢鍾之
美國對華政策之史的檢討……馮綸
·中外文萃九篇·
怎樣消滅這個戰鬥的夏？……田濟
過去與現在（二）……雪峯
第×回……費尊
老伯性圖案……虫豸
湖南省參議會內幕……高莊
成都的報紙……梵平
黃魚滿天飛（歌曲）……蜀木·蔡良詞·舒模曲
漫畫三幅……沈同衡·公準·霧城作

▲歡迎直接訂閱·八折優待▼
▲合訂本已出版·每本四千元▼

文萃社印行
地址：上海福州路89號219室
電話：一〇九〇九號

最近新書 建國書店

上海四馬路西首中山里第四號

長篇小說 沒有花的春天　碧野著　二六〇〇元
長篇小說 金黃色的小米　田濤著　二七〇〇元

這兩本書是名作家碧野田濤兩先生最近的力作。寫中國人民在艱苦的戰爭中，怎樣生活，怎樣戀愛，怎樣反抗，怎樣受傷，受損害。主題是積極健康的，它寫出痛苦的眼淚，也指出希望的方向。

感情的野馬【愛情長詩】　克家著　一三〇〇元
從古時候一直到我的時代，光陰的時裏，我曾被情感結伴，換了一個人，放出了時間的野馬，去追你的心，你的感情的天真。（序詩）

【長篇小說】
委屈（小說）　茅盾著　再版八百元
復戀的花果　李輝英　一四〇〇元
萊茵河的夫婦　巴金等譯　一一〇〇元
加爾曼　馬耳譯　一五〇〇元
怎樣自學音樂　李凌著　一四〇〇元
在花陰花邊　鶴影著　一二〇〇元
松花江上　李輝英　二〇〇〇元

蘇聯歷史學界諸論爭解答

侯外廬著　一六〇〇元

本書包括蘇聯歷史學界所久爭未決的諸問題，如社會經濟形態問題，古代社會法則，中國社會的發展，以及新社會的種種法則，作者以豐富的學力，對於各問題都有細密的分析與解答。與蘇聯學者已在翻譯能為之傳，其價值可以想見。

高中本國史

徐東董著 最新版本

上冊二千五百元 中冊二千七百元 下冊二千四百元 即出

歡迎學校蓋章試閱 祇照七折收款

楊先生是有名的史學家，觀點正確，本書取材最新，下冊一直編到最近為止。關於抗戰期間的政治經濟外交文化社會各方面都有詳細的敘述。每冊約四百面，定價特別低廉。

北新書局刊行　上海福州路二五四號

龍門聯合書局

◀新　　書▶

Oberg & Jones: Machinery's Handbook
11th ed. 1945　$13000.
Poorman: Applied Mechanics　$ 3375.
U. S. P. XII. Pharmacopoeia of The
U. S. of America, 12th rev.　$12000.

◀特　價　書▶

Dorland: American Illustrated
Medical Dictionary　$12000.
Perry: Chemical Engineers Handbook
$12000.

◀外埠函購·另加郵費一成·多退少補▶

上海河南路210號　電話17674 ● 愚園路231號　電話32686

圖書

（第十一期）　每逢星期四出版

馮承鈞先生的譯著

向達

馮子衡（承鈞）先生，譯著等身，尤以法人研究漢學與中外交通之專著爲夥，對於中國學術上之貢獻至大。今年二月九日馮先生不幸逝世於北平。本刊開始之際，本擬對於馮先生譯著，作概括之介紹，以誌悼惜。繼悉向覺明（達）先生，撰有「悼馮承鈞先生」一文，對於馮先生之譯著工作，及其對於學術上之關係，論述至爲精要。蓋馮向二先生，倘相知有素，且其學術途徑，亦有相同之點，故能深知馮先生之學問者，宜莫向先生若也。原文曾載於西南某刊物，以交通阻隔，此間學人，鮮能寓目。用特徵得向先生同意，節登於此，以公同好。其中關於人事方面之文字，擬行刪去。故標題亦改易如此。（編者）

法國的漢學研究，淵遠流長：在十七十八世紀，正當中國的康雍乾三代，那時在中國傳教以及爲宮廷供奉的天主教士，幾多爲法國人。如測繪皇輿全覽圖的杜德美，雷孝思，殷鐸，中俄締結尼布楚條約在其間奔走通譯的張誠，爲清高宗刪修長春園西洋樓的蔣友仁，王致誠諸人，都是籍隸法國，名傳後世。至今翻譯十八世紀法國出版的耶穌會士書札以及中國論叢，其中文章大部都閎博，觀察和議論精覈銳敏，而又清晰明快，充分表現了法國的學風，奠定了十九世紀以後法國漢學研究的基礎。至今法國學者在西洋的漢學研究上居於領袖羣倫的地位，眞不是偶然的。

十九世紀的法國學者如日玉強，如儒蓮，對於漢學的研究俱有開創之功，至沙畹出，遂爲法國的漢學研究，闢一新時代。到了伯希和，不僅表現了法國學者研究漢學的最高成就，並且也是西洋漢學家中最大的大師。陳垣先生曾說伯希和所用的方法，就是清代乾嘉諸老治樸學的方法。我以爲還不止此。法國的漢學家因能運用比較語言學的工具，加上對於中亞印度波斯阿拉伯以及中國的歷史地理知識，所以在漢學研究上能有光輝燦爛的成就。他們所用的比較研究的方法，以及對於一個問題的新的看法，新的解釋，這都不是我們的乾嘉學者所能辦得到的。

法國近代有名的漢學家的著作，除去專書而外，其餘重要的論文，大都散見於巴黎亞洲學會出版的亞洲報，荷蘭萊登出版的通報，以及安南河內法國遠東學院院刊三種刊物上，因爲中國習法文的不甚多，所以上述三種刊物和其他專著如沙畹的西突厥史料多桑的蒙古史等，我們學術界能夠利用參考的便寥寥可數。近二三十年來，孜孜不倦，以個人的力量，將法國近代漢學大家精深的研究，有系統地轉法爲漢，介紹給我們的學術界，使我們對於中國歷史的研究，特別是陳寅恪先生所謂西域南海諸國古代的歷史和地理，能有一種新的認識，新的啓發者，這只有馮承鈞先生！

馮承鈞先生號子衡，湖北漢口人，清末赴歐洲留學，初在比國上中學，後入巴黎大學，專攻法律。民國初年返國，曾任職教育部，又曾一度在北京大學教書。馮先生雖然專攻法律，但是他所譯的書中只有黎明著的羣衆心理和世界的紛亂兩種，還多少與他所學的相近，其餘則都是與西域南海有關的論文以及專著。他在法國學問興趣旁及於語言文字，以及西域南海古代的歷史和地理，因此搜羅的各種語言的字典文法之類的書籍甚多。又以安南自淪爲法國殖民地以後，廢棄漢字及字喃，改用羅馬字注音，於是研究安南史地的人，雖閱法人所著關於安南史地的文章以及近代出版的地圖，於地名往往茫然，不知應與漢籍何名相合。他在巴黎時，曾想將安南古今地名，依照漢字和近代羅馬字對音，作一對照表，以便研究安南史地者的檢查。以此請教於留法的安南學生，竟不得要領，後來先生歸國，以生活困迫，不得已將所搜羅的各種語言的字典文法書籍，賣給北平圖書館，而安南古今地名對照表也因材料不湊手，始終沒有寫成。他每一說到這兩件事，便不勝感嘆。

先生翻譯以及自著的專書和論文甚多，昆明方面能夠看得到的不過一二十種，所以不能從著作發表的先後開列一個詳細的目錄。現在只可就個人所知道的，按照性質，約略介紹一下。（關於社會科學所譯黎明的兩種已見上述，茲不贅）。屬於一般性質者，有沙畹的中國之旅行家，內述自張騫以降中國歷史上遠適異國的旅行家二十八人事蹟及其經歷。有荷蘭史勒格爾的中國史乘中未詳諸國考證，考證所及凡有扶桑，文身，女國，小人，大漢，大人，君子，白民，青丘，黑齒，玄股，勞民，泥離，背明，鬱夷，含明，吳明，三神山，古琉求，女人等，凡二十國。據他所譯[illegible]西域探考記自序，以上二書之譯成，大概在民國十六年以前。他所翻譯的成單本印行者，以關於南洋古代史地考證之作爲多：如費瑯的崑崙及南海古代航行考，（民十六），馬司帛洛的占婆史，費瑯的蘇門答剌古國考，都是南海古代史地研究中的名著。鄂盧梭著的秦代初平南越考，是研究安南古代地理和歷史的重要文章。伯希和的交廣印度兩道考，於考證新唐書地志所紀賈耽邊州入四夷路程中之安南通天竺道和廣州通海夷道兩道而外，對於唐宋時代雲南以及[illegible]的古史，都有所闡發。其通博與精確，遠非吳承仕所能企及。伯希和的鄭和下西洋考則是集近代學者研究鄭和下西洋的大成。先生譯伯氏此文，於自序中又舉出自己和朋友對於這一問題的一些新發見，以補充伯氏之不足。所以譯本鄭和下西洋考遂成爲東西學者研究此一問題必不可少之書。他對於南洋古代的史地，不僅翻譯了許多法國漢學家的名作，並且自己也寫了一部中國南洋交通史，除採用前人的考證之外，也加入了不少個人的心得。趙汝适的諸蕃志，馬歡的瀛涯勝覽，費信的星槎勝覽，黃省曾的西洋朝貢典錄，楊炳南的海錄，爲研究十三世紀以後南海古代史地的重要資料，除諸蕃志有夏德柔克義的譯注本，瀛涯勝覽有戴聞達的重再考訂的爲數書專文討論外，其餘各種，西洋學者不過作了一些零星的考據。先生綜合各家的考證，予以抉擇，比根據所能看到的各種本子，比較校勘，於上舉諸蕃志以降五種各成校注，爲治南海古代史地者供給不少的方便。

先生自謙以爲於佛學及印度學爲門外漢，所以其譯著關於印度者不多。但是他所作的王玄策事輯，遠比法國烈維的王玄策使印度紀爲細密詳確。所譯的佛學研究，大孔雀經藥叉名錄輿地考，正法念處經閻浮提州地誌勘校錄，法住記及所記阿羅漢考，雖是印度學專家譯此，亦未能過。其餘關於西域南海地名家著作，先生所譯分別收入史地叢考凡三編，西域南海史地考證譯叢凡四編，諸金片玉，俱是研究西域南海古代史地的珍貴資料。又有西域地名一冊，則是先生應中瑞合組西北科學考察團之請而作。於西域古地之同名異譯以及古今沿革，一一爲之著明；其實就是一部簡略的西域古地名辭典。此書因爲考察團催促甚急，匆匆草成，未能十分詳盡，他每一提到，便有遺憾，希望將來能有機會以此爲根據，另作一部更詳盡的辭典。但就此區區小冊，一般治西域史的人便已受賜不淺了。在近代西域史的研究上，沙畹的西突厥史料是一部不朽之作。沙畹此書不僅在西域史的研究上，有很大的貢獻，對於世界史也增加了不少的資料。但是原書寫成歷時日，隨時採取新的考證，遂致前後往往失去聯絡，所採中國史文，亦多併訛，以後雖有補編之作，仍然有不少的錯誤和遺漏。先生移譯沙畹此書，便儘可能將原作的錯誤和遺漏予以補正，攷訂紛歧之處，則根據後來的攷訂爲之整理劃一。這不是一件容易的事。

在中國的正史中，元史以成書太快，久爲人所詬病。清代的學者如錢大昕，魏源，對於元史都曾下過整理和重編的工夫。到了洪鈞，因爲看到了一些西方的材料，於是成元史譯文證補一書，爲清代元史學展開了一個新的面目。其後曾廉的元書，柯劭忞的新元史，屠寄的蒙兀兒史記，雖各有短長，然大都是綜合之功多於創發。元史的問題，一在於語言，二在於西域方面的史料，我們無法見到。洪鈞證補引用西域書目，所舉多人著作，如拉施特[illegible]諸人所著，雖號稱研究元史特別是西域諸汗國的重要史料。細攷洪氏證補，其所依據似乎還是多桑的蒙古史，甚而至於霍渥兒特爲多。此中多桑書又比霍渥兒特爲好。西域史家的著作多用波斯阿拉伯文，史家能夠閱讀者不多，一般都利用多桑書。日本田中萃一郎曾譯多桑書前三卷，未能全譯，柯劭忞屠敬山的著書，除根據證補外，有時也移譯一些霍渥兒特書，至於多桑的著作，則不過是轉引，用中的譯本而已。今日研究元史，在未能翻譯或直接利用拉施特諸人的著作之先，我們不能不借重多桑的蒙古史。但是自證補刊行至今歷時五十年的固然不少，惟波斯阿拉伯文的也比以前加多，然而多桑書的轉法爲漢，却出自於一位留法專攻法律的學生之手，爲先生之譯多桑書，我一方面感到慚愧，一方面又感到慶幸。有學數學的章[illegible]去校勘名理探，又有學法律的馮子衡[illegible]然不顧地去譯多桑書；天下事眞是無獨有偶！至於他翻譯多桑書之審愼以及用力之勤，具見譯本的兩篇自序，茲可不贅。多桑蒙古史漢譯成於民國二十二年至二十三年，在此之前他還自己作了一本元代白話碑，從金石書以及方志內裏集了元代所有的白話聖旨碑，成爲一書，而且對於元代白話語法並有所討論。二十二年三月又將法國格魯賽著極東史中的蒙古一部譯出，名爲蒙古史略，以備通俗閱讀之用。多桑書譯畢，又譯布哇的帖木兒帝國，以爲多桑書的續編。元代到過中國的西洋人如柏郎嘉賓，[illegible]，馬可波羅，和德理諸人，歸國後留有行記，都是研究元代歷史的重要資料。其中馬可波羅行記最爲膾炙人口，中國知道得也最早，同治時刊行的中西聞見錄中就曾提到馬可波羅，並有人要訪求馬可在華的事蹟和遺物，洪鈞元史譯文證補中也引用了馬可的行記。民國初年張亮塵先生始專攻此書，根據玉爾和科狄的譯註本轉爲漢文，印出導言以及第一卷，一共三冊。清宣統年間林紓魏易曾合譯了一部，[illegible]，所據本子不好，因而不爲治史的人注意。張譯本出，[illegible]，而卷三以下遲遲不刊，[illegible]未付印，先生因取法國沙海昂的譯註本轉爲漢文，沙氏譯註有誤之處，則據伯希和的批評以及他自己的研究，在附註中予以改正。其後張亮塵先生又將拜內戴拖的馬哥孛羅遊記轉爲漢文，李季也譯有科曼洛夫的馬哥孛羅遊記本。於是馬可的書一共有五種譯本，中國仍然推先生所譯沙海昂本爲最完備。元朝與教廷的關係，伯希和曾有一篇長文考證。中古時代遊歷東方的阿拉伯人如蘇萊曼伊本拔都他諸人都有記行之作，法國費瑯曾譯成爲一書。這兩種先生都曾有意轉爲漢文，而當時北平竟找不到。後來我在倫敦買到了這兩部書，將費瑯所譯先爲寄去，先生寫中國南洋交通史，其中地名考證，即多據費瑯之說。伯希和書則因寄到稍遲，抗戰軍興，始終留置行篋；如今每一翻檢，不勝人琴之感！

十九世紀中葉以後，西洋考古學大盛，考古學家探險所及，遍於中亞以及中國諸地。其中如瑞典的斯文海定，英國的斯坦因，法國的伯希和，德國的勒柯克，俄國的科斯洛夫諸人，發掘探檢所得，爲中亞和中國的歷史研究增加了不少的資料，並且影響了中國近代學者研究古代歷史的態度。這些考古學家探檢發掘的報告都是煌煌巨冊。先生對於這一方面的工作，只翻譯了法國色伽閣著的中國西部考古記和[illegible]神甫的東蒙古遼代舊城探考記兩種。因爲中亞考古學上的發見，於是古代流布中國的宗教如景教火祆教摩尼教的研究，呈現了新的光明。先生著有景教碑考，[illegible]集近代歐洲漢學家的攷證爲一書，其檢攷的價值不下於夏鳴雷伯甫和日本佐伯好郎教授的著作。又譯有沙畹伯希和二人合著的摩尼教流行中國考，與陳援庵先生的摩尼教入中國考可謂異曲同[illegible]

編輯抗戰史芻議

沈立人

歷史是人類的教科書，民族的努力成績亦全賴歷史得以保存。博古而後可通今，鑑古而後可知今，在一時代的人，將這時代的事蹟記錄下來，留給後來者去作參考，也可算是一種義不容辭的責任！

無可疑慮，這八年的抗戰及勝利是國史上的一重要據點，整個中華民族的所以不隨步印度埃及巴比倫而能重生於世界，佔一重要地位，叨陪列強之末者，當然是這八年辛勤的所得。雖然以後的建國復興等究竟能否完滿尚屬疑問，但三五百年來的危機，使中國從次殖民地的地位得有一翻身之可能的，總是這次全民族抗戰的所獲。故而在後世的歷史家，或將以這時代作爲中國史的某種劃分階段亦未可知，不過在今日之下，編纂一部完備的抗戰史已是迫不容待之事。好多的史學工作者早有了這種偉大的計劃，有成品公之於世的亦已不在少數，惟有須考慮者，則現時出版的一些抗戰史內大都是雜史的體裁，或是筆記式，或是演義體，或是朝報體，都只可當作一種整理過的原始材料或教科書，而不能擠上正史之林去。實在呢？抗戰史的寫作，的確是一件極困難而有鄭重研究必要之事，筆者不敏，用敢略抒陋見，以就正於先進之士。

抗戰史的基本困難有二點，第一因爲是近代史，第二因爲是一種「特史」。普通在歷史家看來，以中古近古諸史之研究最爲方便，史料不多不少，大都經過考擇，而只須排列整理；上古史的困難是在史料太少，搜羅察訪，每引爲苦事。至於近代史呢，其困難尤多，一方面是史料太雜，使得無從着手，有矛盾的，也有相似而實非的，差不多每一單位材料都有其獨特的來源，背景，和作用，選取之術，不能不格外謹嚴審愼；二方面忌諱太多，史事史人大都尚存在或繼續着，配合了執筆的立場，便每不易得一公平之論斷，並且抗戰史是一種「特史」，與正史既不相同，與其他的史書又有兩樣，他只爲記述一短期間的某種特殊事體，跟什麼「產業革命史」「法國革命史」「太平天國史」等相類似，所以不能用通常的史學方法來處理。因此在著述者所首先注意的，就是既要將其當作一種近代史看待而免去各類手術上的困難，同時亦要把握其史的特性而不與其他的普通史書相一般。

另外應特別着重的是：第一，抗戰史不是單獨孤立的，他是第二次世界大戰中的一主流，他與發生在歐非各地的事件都有影響的關係，決不能將他抽擇出來；第二，抗戰史與古來的一般歷史有異

略論儀禮單

舊唐書經籍志，新唐書藝文志，均著錄儀禮十七卷，鄭玄注；儀禮疏五十卷，賈公彥撰。賈氏書出，因自單行，不附於經注。鄭注十七卷，篇自爲卷，疏五十卷者，冠四卷，昏三卷，相見一卷，鄉飲酒三卷，鄉射三卷，燕二卷，大射三卷，聘六卷，公食一卷半，覲一卷半，（第廿六卷分上下）喪服七卷，士喪三卷，既夕四卷，士虞二卷，特牲三卷，少牢二卷，有司二卷，合五十卷也。[illegible]

沈文偉　琥

[illegible]

預告

兒童知識

月刊・五彩精印（創刊號本月十五日出版）

售價五百元

預定：全年十二册六千元（寄費在內　航寄及國外另加）

發行所：兒童書局

龍門聯合書局

上海河南路210號 電話17674
上海福州路231號 電話32686

・醫學新書・

Allen: Aids to the Diagnosis & Treatment of Diseases of Children $3000.
Brooke: Aids to Tropical Medicine 2400.
Campbell: Aids to Pathology 3000.
Livingstone: Aids to Medicine 3720.
Nowns: Aids to Materia Medica 1500.
Stibbe: Aids to Anatomy 3300.
White & Hanna: Aids to Sanitary Science & Law 3600.
Whiting & Sutton: Aids to Medical Diagnosis 3000.
Wintenton: Aids to Gynaecology 1020.

龍門聯合書局函購課

上海江西北路300弄3號

工商通訊

創刊號今日出版！

十日刊

永祥印書館

第一卷特價已出版

第二次世界大戰

歐洲戰史

上海福州路三八〇號

世界書局最近重版書

英漢四用辭典
莎士比亞的人物
醫藥技術
作文七步
寫作七講
法學導論

代定英美雜誌畫報

Look U.S. $4.00
Life 10.00
Esquire 3.25
Coronet 7.60
Readers' Digest 3.00
Current History 3.00
New Masses 4.00
Nation 6.00
New Republic 6.00
Asia 4.00
National Geographic 5.00
Scientific American 5.00
Popular Mechanics 3.50
Popular Science 3.60
Radio News 6.00
Aero Digest 4.50
Popular Photography 6.00

西書社

世界名著

通俗經濟學
為了人類
人的新世界與新世界的人
鋼鐵是怎樣鍊成的？

海燕出版社

學校劇叢刊

女性解放　1000元
易卜生的花源　700元
桃花源　800元
雨夜　500元
五奎橋　900元

章氏：化學大字典四厚冊
Watt's: Dictionary of Chemistry 4 vols
定價 $60,000　開幕紀念 半價發售三萬元
五十部爲限：額滿截止（外埠郵寄加一）

Practitioner and Interns Handbook
1945 3rd Ed
特價 $5,000

斷臨手床冊診

特價新書

Perry: Chem. Eng. Handbook 1945	$18000.
Tones: Machinery's Handbook 1943	13000.
Sollman: Manual of Pharm. 1946	15000.
Cecil: Textbook of Medicine 1946	25000.
Radio Amateurs Handbook 1946	5000.
Kidder-Parker: Architects & Builders Handbook	15000.
Beckman: Treatment in Gen. Practice, 46	15000.
Dorland: Am. Illust. Dictionary	12000.
Knowlton: Standard Handbook Elec. Engineers 1945 2 vols.	24000.
Fowle: Standard Handbook for Elec. Engineers 6th ed.	15000.

歡迎新舊、學、工程、機械、電訊、航空、化學、雜誌、大批收購。

大同書社

（第十二期）　每逢星期四出版

讀樊綽蠻書雜記

向達

（一）

歷史哲學教程

翦伯贊著　新知書店總售

商務印書館 新書初版 每週
★六月份七月份新書週刊★

中國戲劇運動
警察法總論
現代社會事業
人事工程學
暴雨到明霞

張文襄公年譜
太平天國史事日誌
唐代文化史研究
英國高級文官
中國農村社會經濟學
倫理學體系

★羅大書新週上★

春常在（五幕劇）

最佳讀書 消夏生活
時期內購書・易擇選
廉價書

上海福州路三八〇號 永祥印書館

文藝春秋

第三卷第一期最新出版

文藝春秋 第三卷第一期要目預告

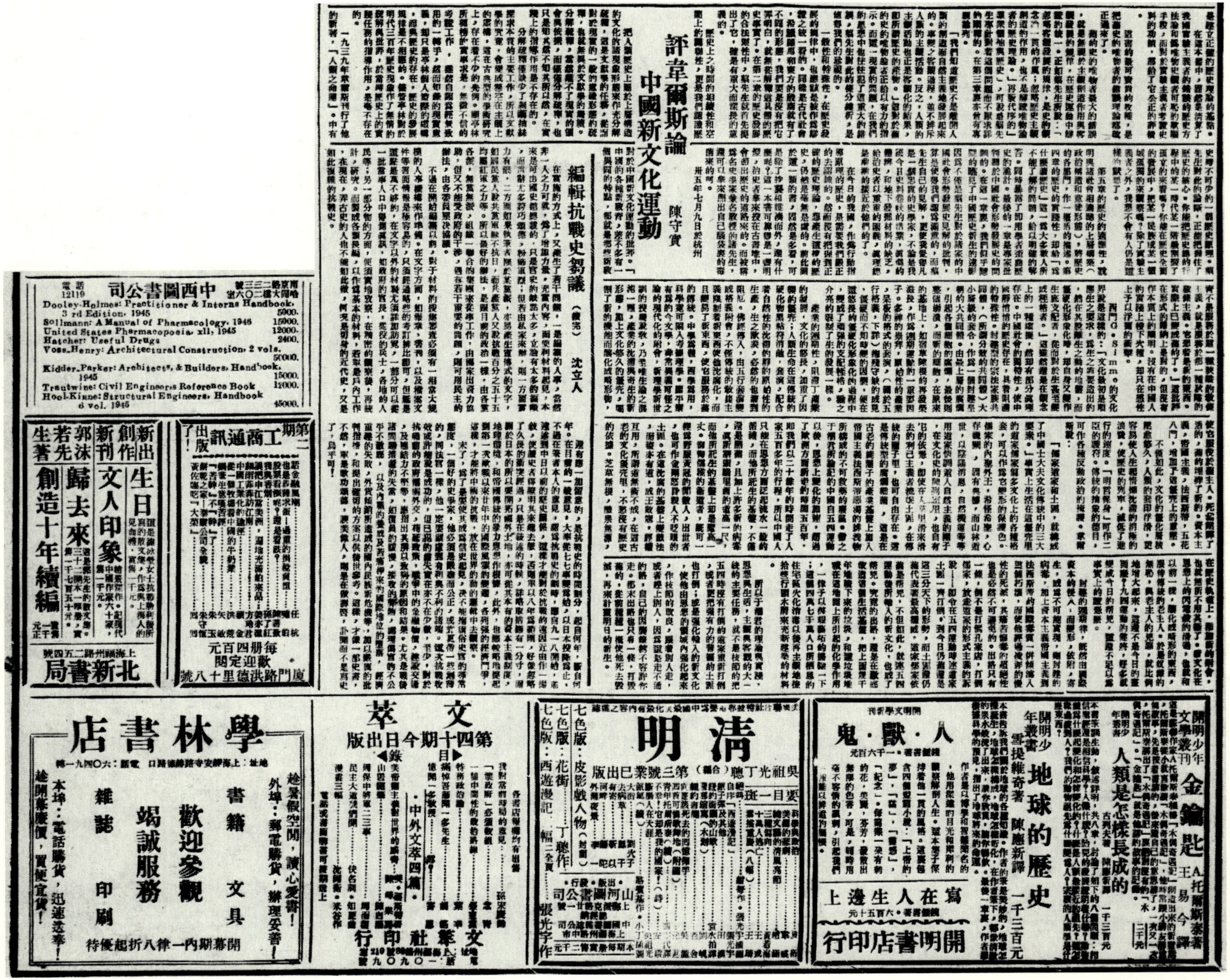

評韋爾斯論中國新文化運動

陳守實

卅五年七月九日於杭州

編輯抗戰史芻議

（續完） 沈立人

中西圖書公司

南京路二二三號 哈同大樓二〇六室 電話 12119

Dooley-Holmes: Practitioner & Interns Handbook, 3 rd Edition, 1945 5000.

Sollmann: A Manual of Pharmacology, 1946 15000.

United States Pharmacopoeia, xii, 1945 12000.

Hatcher: Useful Drugs 2400.

Voss-Henry: Architectural Construction, 2 vols. 50000.

Kidder-Parker: Architects, & Builders, Handbook, 1945 15000.

Trautwine: Civil Engineers Reference Book 12000.

Hool-Kinne: Structural Engineers, Handbook 6 vol. 1945 45000.

新出 創作 新刊

郭沫若先生著

生日

文人印象

歸去來

創造十年續編

北新書局 上海福州路二五四號

工商通訊 第二期出版了！

每冊四百元 歡迎定閱

廣門路洪德里十八號

學林書店

地址：上海靜安寺路德路口 電話：六〇四一九一轉

書籍 文具 雜誌 印刷

歡迎參觀 竭誠服務

趁暑假空閒，讀心愛書！

外埠：郵電購貨，辦理妥善！

本埠：電話購貨，迅速送奉！

趁開幕廉價，買便宜貨！

開幕期內一律八折起優待

文萃 第四十期今日出版

◀目錄▶

·中外文萃四篇·

文萃社印行

清明

吳祖光 丁聰（合編） 第三號業已出版

要目一斑

七色版：皮影戲人物（封面）

七色版：花街……丁聰作

七色版：西遊漫記二幅 全頁……張光宇作

出版·發行 山河圖書公司 上海靜安寺路

本期每冊實售二千元

開明文學新刊

人·獸·鬼

錢鍾書著·一千六百元

寫在人生邊上

錢鍾書著·六百五十元

開明少年叢書

地球的歷史

雪提維奇著 陳應新譯 一千三百元

開明少年叢書

人類是怎樣長成的

古列夫著 陳應新譯 一千三百元

開明少年文學叢刊

金鑰匙

A. 托爾斯泰著 王易今譯 二千元

開明書店印行

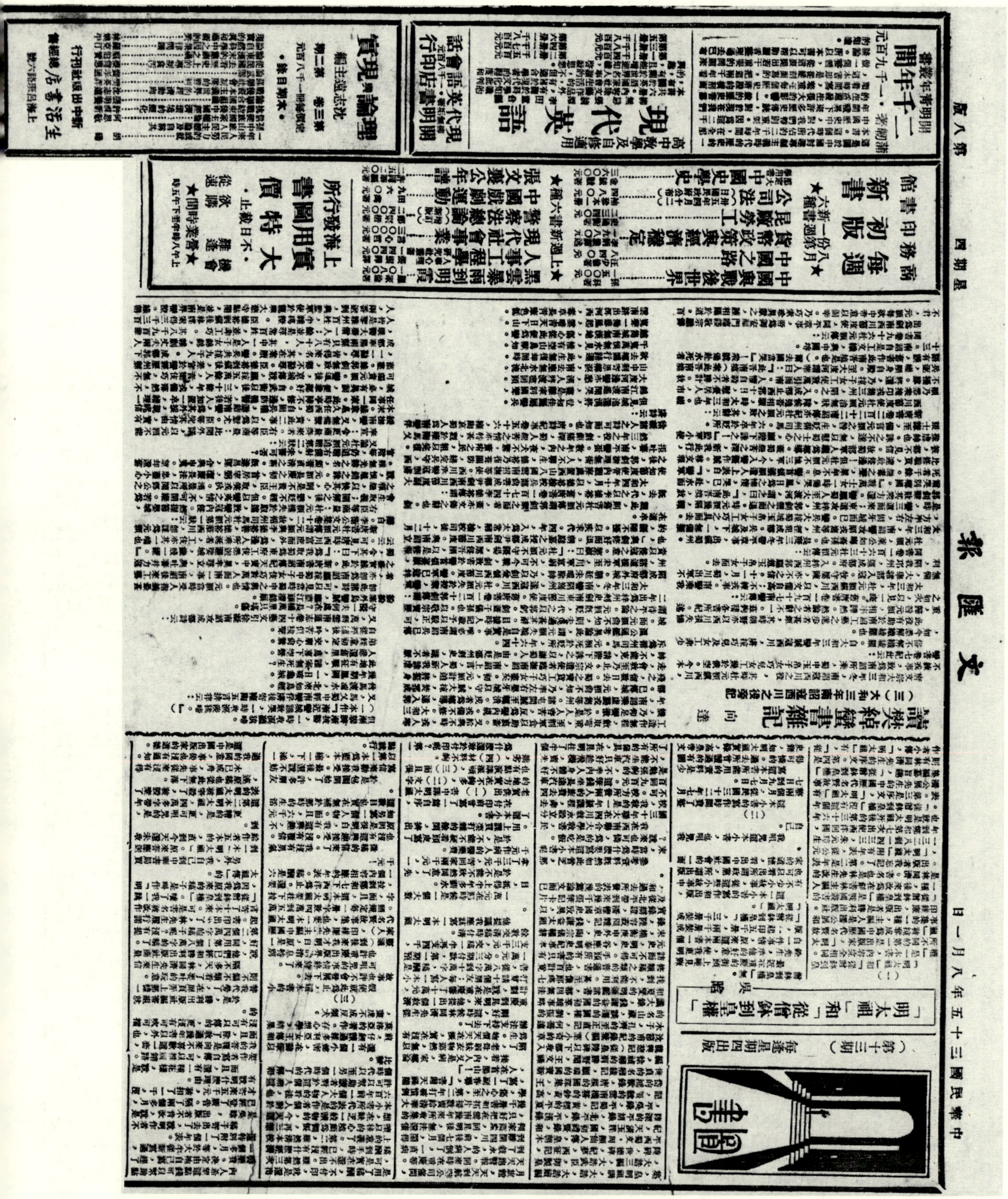
中華民國三十五年八月一日　星期四　第八版

文匯報

圖書（第十三期）每逢星期四出版

「明太祖」和「從僧鉢到皇權」　吳晗

讀樊綽蠻書雜記　向達
（三）大和三年南詔寇西川之役

商務印書館　新書初版每週

開明書店　二千年間

現代英語

理論與現實　第三卷第二期

生活書店

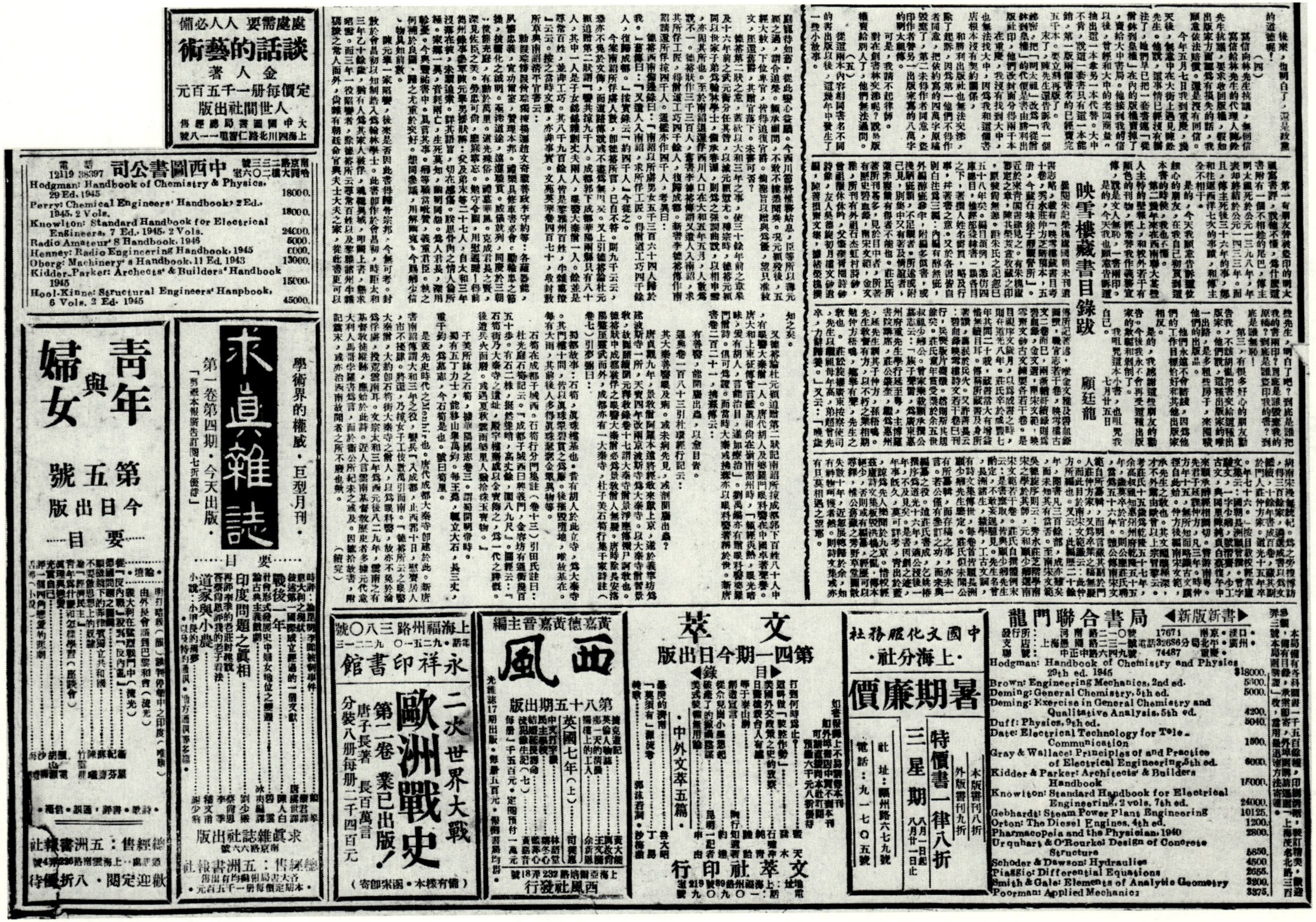

映雪樓藏書目錄跋

顧廷龍

龍門聯合書局

發行所 上海河南路二一〇號 電話 17671

支店 北京 南京 漢口 廣州

Hodgman: Handbook of Chemistry and Physics 29th ed. 1945 — $18000.

Brown: Engineering Mechanics, 2nd ed. — 5500.

Deming: General Chemistry, 5th ed. — 5000.

Deming: Exercise in General Chemistry and Qualitative Analysis, 5th ed. — 4200. / 5040.

Duff: Physics, 9th ed. — 1800.

Date: Electrical Technology for Tele-Communication

Gray & Wallace: Principles of and Practice of Electrical Engineering, 5th ed. — 6000.

Kidder & Parker: Architects' & Builders Handbook — 17000.

Knowlton: Standard Handbook for Electrical Engineering, 2 vols, 7th ed. — 24000.

Gebhardt: Steam Power Plant Engineering — 10125.

Orton: The Diesel Engines, 4th ed. — 1200.

Pharmacopeia and the Physician, 1940 — 2800.

Urquhart & O'Rourke: Design of Concrete Structure — 4680.

Schoder & Dawson: Hydraulics — 4500.

Piaggio: Differential Equations — 2665.

Smith & Gale: Elements of Analytic Geometry — 3900.

Poorman: Applied Mechanics — 3375.

中國文化服務社上海分社・

暑期廉價

特價書一律八折 本版書刊八折 外版書刊九折

三星期 八月廿一日起

社址：福州路六七九號 電話：九一七〇五號

文萃 第一四期今日出版

◀目錄▶

・中外文萃五篇・

文萃社 印行

西風 第八十五期出版

編主 黃嘉音 黃嘉德

英國七年（上）

西風社發行

二次世界大戰 歐洲戰史

第一卷 業已出版！

永祥印書館

（寄郵代辦・本埠有售）

術藝的話談

人人必備 處處需要

金人 著

每冊一千五百元 定價

世間出版社

中西圖書公司

Hodgman: Handbook of Chemistry & Physics, 29 Ed. 1945 — 18000.

Perry: Chemical Engineers' Handbook, 2 Ed. 1945, 2 Vols. — 18000.

Knowlton: Standard Handbook for Electrical Engineers, 7 Ed. 1945, 2 Vols. — 24000.

Radio Amateur's Handbook, 1946 — 6000.

Henney: Radio Engineering Handbook, 1945 — 7000.

Oberg: Machinery's Handbook, 11 Ed. 1943 — 13000.

Kidder-Parker: Architects' & Builders' Handbook 1945 — 15000.

Hool-Kinne: Structural Engineers' Handbook, 6 Vols. 2 Ed. 1945 — 45000.

求真雜誌

學術界的權威・巨型月刊・

第一卷第四期・今天出版・

……目　要……

戰後一年

印度問題之真相

道家與小說

求真雜誌社出版

青年與婦女

第五號今日出版

……目　要……

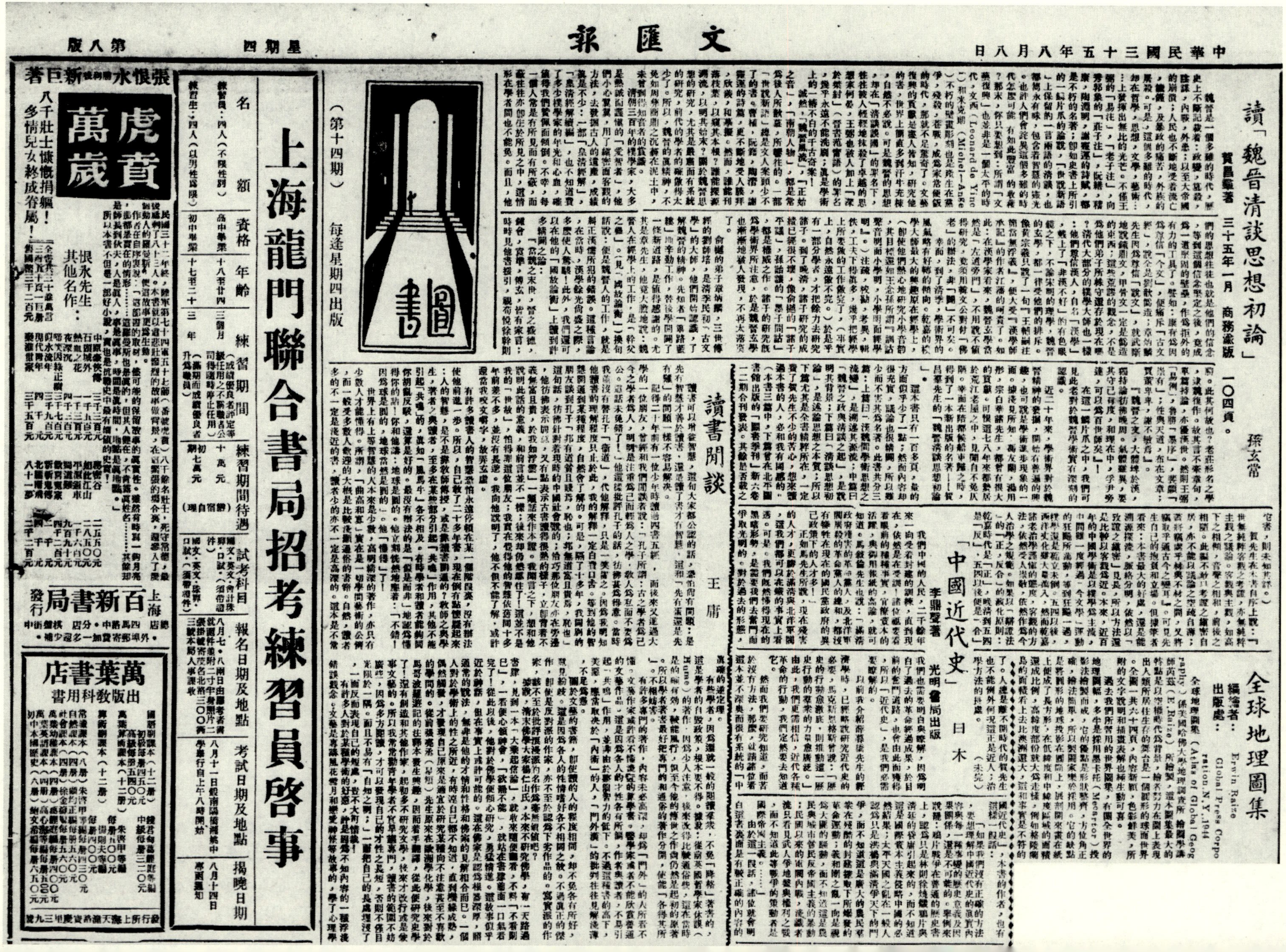

中華民國三十五年八月八日 文匯報 星期四 第八版

讀「魏晉清談思想初論」

賀昌羣著 三十五年一月 商務出版 一〇四頁。

孫玄常

圖書（第十四期） 每逢星期四出版

讀書閒談

王庸

「中國近代史」

李鼎聲著 光明書局出版

曰木

（未完）

全球地理圖集

編譯者：Erwin Raize

出版處：Global Press Corporation, N.Y., 1944

上海龍門聯合書局招考練習員啓事

名額	資格	年齡	練習期間	練習期間待遇	試考科目	報名日期及地點	考試日期及地點	揭曉日期
練習生：四人（不限性別）	高中畢業	十八至二十四	三個月	初期七萬元 十萬元（膳宿自理）	國文・英文・會計珠算・口試・（須帶證件）	八月七・八兩日由應考者親至本局領取報名單 繳附二寸半身照片二張 掛號寄交北京路三〇〇號本局人事課收	八月十一日假南陽橋湘姚中學舉行自上午八時開始	八月十四日專函通知
練習員：四人（以男性爲限）	初中畢業	十七至二十	三個月		國文・英文・珠算・口試・（須帶證件）			

張恨水最新傑作 新巨著

虎賁萬歲

八千壯士慷慨捐軀！多情兒女終成眷屬！

其他名作：

上海百新書局發行

總店：四馬路中・分店：棋盤街中

・外埠郵寄費加一多退少補・

萬葉書店

出版教科用書

發行所上海天潼路寶慶里三九號

春秋文藝

三卷二期

五月十日出版

話

第三期

中學生

最新實用三角學

趣味的物理學

開明書店印行

讀書通訊

第一一四期目錄

中國文化服務社出版

宏文書局

北京西路六一四號

大同書社

葛氏：應用物理大字典

Glazebrook: Applied Physics 5 Vols. 特價 $6,0000

海氏：有機化合物大字典

Heilbron: Organic Compds. 3 Vols. 特價 $3,0000

華氏：化學大字典

Watts: Dictionary of Chem. 4 Vols. 特價 $8,0000

Fowle: Standard Handbook for Elec. Eng. $10000.

Patton: Accountants' Handbook 10000.

中西圖書公司

Brash-Jamieson: Cunningham's Manual of Practical Anatomy. 3 Vols. 10 Ed. 1940

Sieglbauer: Lehrbuch der Normalen Anatomie des Menschen

Gierke: Taschenbuch der Pathologischen Anatomie

Compendium Nominum Anatomicorum

Sollmann: A Manual of Pharmacology. 6 Ed. 1946

Pharmacopoeia of the United States. XII. 1945

Woolley-Forrester: Pharmaceutical Formulas. 2 Vols.

Hatcher: Useful Drugs

Dieterich: Neues Pharmazeutisches Manual

Meyer: Die Experimentelle Pharmakologie

Hagers: Handbuch der Pharmazeutischen Praxis. 2 Bde

Heilmeyer: Rezepttaschenbuch

Froehlich-Wasicky: Taschenbuch der Oekonomischen u. Rationellen Rezeptur

Marle: Taschenwörterbuch d. Mediz. Fachausdrucke f. Nichtärzte

Guttmanns: Medizinische Terminologie

Medizinisches Lexikon. 150,000 Woerter

Kleines Medizinisches Woerterbuch

Dorland: American Illustrated Medical Dictionary

各大學注意！

(1) Haney: Business Organization And Combination $6003.

(2) Powelson: Auditing $5760.

(3) White & Hayward: Marketing Practice $8000.

(4) Finney: Introduction to Principles of Accounting $8000.

(5) Barrows: Water Power Engineering $7650.

(6) Parcel & Maney: Statically Indeterminate Stresses $4770.

(7) French: Engineering Drawing $6390.

介紹「國文月刊」

開明書店發行

幼學

近年來經人家批評到大中學生的國文程度，一致的感覺低落了，這是無可諱言的事實。低落的原因不一：（一）須向各學科平均發展不克專心致之。（二）讀書不求甚解，以意爲之。所謂國文程度，包括着閱讀和寫作，不論文言白話，必要相當修養的，二者關係密切，不能顧一不顧二。至於寫作，這是個人發表意見和心得的工具，也不論文言白話，要緊的條理分明，文字通達；否則一肚子的本領，只有自己知道了。

有些人做學生的時候，不注意於國文，有的是忙於其他學科，有的是竟以爲不屑研究。到了社會上做事的時候；懷着滿腹經綸，苦得筆下不行，寫不成篇。雖則長於外國文字，但在國內，還須要國文來發表他的議論。怎樣辦呢？只有聘請秘書來彌補這個缺憾。可是秘書總了本人的提示做出來的文章，多少有些隔膜，那能稱心如意，結果埋冤秘書不能盡職。做秘書的人，牢騷很多，一編節發，請看汪容甫的話，就可明白，他說「俯仰異趣，哀樂由人；如黃祖之腹中，在本初之弦上」。還可以代表一般秘書的不平。

寫東西還可請教秘書，至多不能稱自己的意，還不致鬧笑話。假使應人家之請，去向大衆講話，那就不能請人代了，國文沒有修養的人，雖有擅於辭令的，但亦不過少數，有的要說得精采，愛引用成語，那就有鬧笑話的可能了。

在這次本市選舉參議員的當兒有一件趣事，一位區民代表，他是大學畢業，某天，替他老師鼓吹競選，先說老師怎樣怎樣的好，末了說，「這次選舉是勝利後第一件大事，也是上海第一件大事，所以近來宣傳得很熱鬧，演得「雞犬不甯」了。」他不曉得宣傳選舉是件正當的事情，「雞犬不甯」是形容騷擾的成語，怎麼能把這成語來形容那個競選舉的宣傳。又有人誤解「諱莫如深」的成語以爲他的意義是「說不出這事的底細」。還有人形容許多人集會，談談笑笑，非常快樂的情景，竟寫作「群情譁然」。這種笑話都是出於讀書不求甚解，以意爲之的毛病；也就是國文程度低落的明證。

成語及形容詞是國文的要素，還會不能明白，文章便寫不好，儘使含糊的一知半解，就有鬧笑話的可能。學校裏國文功課的時間太有限，老師講不多，學生又未必全瞭解，所以必須有補充讀物，使他們課餘可以閱覽，在無形之中潛滋暗長。

關於這類的補充讀物，現在惟一的雜誌，就是國文月刊。他是專爲人家解決國文上的各種問題的，應該鄭重介紹於讀者之前。

這一個刊物本來是由西南聯合大學師範學院國文系中國人所主編，同時西南聯合大學文學院國文系中國人及校外熱心於國文教學的同志合力舉辦的。當時是由開明書店擔任印刷發行的任務。因爲復員，西南聯合大學本身的組織不復存在，所以改由開明書店繼續接辦。特請郭紹虞朱自清葉聖陶周予同四位先生擔任編輯，撰稿的都是各大學各中學富有教學經驗的教師，一本過去原有的精神，一致抱着不薄今人愛古人的態度。他們的宗旨在創刊號的發刊辭中說得很透澈，復刊號中仍用斯語。他說：

「本刊的宗旨是促進國文教學以及補充青年學子自修國文的材料。根據這一個宗旨，我們的刊物，完全在語文教育的立場上，性質與專門的國學雜誌及普通的文藝刊物有別。所以本刊不想登載高深的學術研究論文，卻歡迎國學專家爲本刊寫些深入淺出的文章，介紹中國語言文字及文學上的基本知識給青年讀者。本刊雖然不能登載文藝創作，卻可選登學生的作文成績及教師的範作，同時也歡迎作家爲本刊寫些指示寫作各體文學的方法的文章。關於我們現在擬定的計畫，本刊要登載的文章可分數類。一是通論，凡討論國文教學的各種問題的文章以及根據教學經驗發表改進中學國文及大學基本國文的方案的文字皆可入此欄，作爲教學同人交換意見的園地，同時可備辦教育者的參考。二是專著，凡關於文學史，文學批評，語言學，文字學，音韻學，修辭學，文法學等等的不太專門的單篇論文或札記，本刊想多多登載。三是詩文選讀，包括古文學作品及現代文學作品兩項，均附以詳細的註釋或解說，備學子自修研究。四是寫作課範示例，專指導學生作文內的謬字譌句，略加以辨別的雜誌上有過的『文章病院』一欄。以上四類定爲本刊主要的文字，此外還可以加上學生習作選錄，書報評介，答問，通訊等等。但爲篇幅的關係，每期不一定能具備各欄的文字。

『一般社會上一般人的意見，認爲現在青年學子國文程度的低落實爲國家隱憂。我們辦這刊物，抱有提高青年學子的國文程度的志願，至於能收多大的實效是不可知的』。

看了這段發刊辭，可以知道他們的目的和方法了。本年三月復刊，繼續發刊所以自第四十一期起的，最近已出到四十五期了。這幾期的內容很充實，很精采，略舉一二如下：

關於教學改進的討論，有丁易的論大學一年級的國文，朱文叔的讀修正師範學校國文課程標準，

李廣田的文學與文化，

王了一的大學中文系和新文藝的創造；

關於教學方法的體驗；

魏金枝的所謂中心思想，

于在春的集體習作實踐再記；

關於音韻文法和修辭的研究；

高名凱的中國語的特性，如何研究漢語語法，從句型研究中國的語法，中國語法結構之內在的關係，

王了一的中國文字及其音讀的類化法，

又可學的雙字詞的構成方式，

郭紹虞的中國文字可能構成音節的因素，肌理說；

關於讀書和讀摘所有的心得；

于在春的東解偶記

呂叔湘的語文雜記

程會昌的陶詩少無適俗韻；字說，書吳梅村圓圓曲後。

其他如紀念抗戰期間逝世的國文教授一類，（都有錢玄同吳梅粲任仕及吳其昌諸先生的傳記）和當代文選評一類，可以當文章讀，可以當史料看。

凡是中等學校的國文教師大學和師範學院的國文系國學，應該一讀這個雜誌，來參加討論。又自己修習國文的人，讀了這個雜誌，必有很多幫助。

讀書

第十五期　每逢星期四出版

讀「魏晉清談思想初論」（續）

孫玄常

賀昌羣著　三十五年一月　商務出版　一〇四頁。

魏晉學術思想，其稱心時人名之爲「玄」。他們研究討論的對象，大致是集中於「易」，老，莊——三書，有「三玄」之稱，因此當時人就有「玄學」之名。宋書雷次宗傳云：「元嘉十五年，徵次宗至京師，開館於雞籠山，聚徒教授，置生百餘人；會稽朱膺之，潁川庾蔚之並以儒學監總諸生。時國子學未立，上留心藝術，使丹陽尹何尚之立玄學，太子率更令何承天立史學，司徒參軍謝元立文學，凡四學並建」。「玄學」竟正式成爲「欽定」的名詞，與經學史學對立，還是後人之所不能夢想到的。所以後人論到魏晉思想，也常襲用「玄學」之名。賀先生卻不名之爲「玄學」，而名之爲「清談」，自然有其根據。（見本書上篇注一。）然鄙意總不如用「玄學」之爲佳，蓋「玄學」之名，似更可見魏晉精神的特色。站在「正名」的立場，似乎不得不應加以商榷的。

我們往往愛拿東方的歷史或學術文化來比附西方，這是最危險的！因爲東西的歷史或學術文化固然有相同，而其前後因果往往完全不同，所以會照入「比擬不倫」的惡果。我不知道魏晉時代在學術思想上的貢獻，是否能比得上「文藝復興」？但在廓清舊說，建立新學，並啓迪後人等各方面觀之，魏晉人確有極大的成就和建樹。我們或可以嘗試，把他們的成績歸納起來：

一，本體論　魏晉的玄學在中國哲學史上之所以有無比的光芒，因爲他曾起了空前的革命，掃蕩了「漢學」的烏煙瘴氣。原來漢人的哲學不管在表面上是迷信，神祕，古怪，其實實上卻是幼稚的「客觀的唯物論」，（自然是幼稚的）是一部以「宇宙論」或「宇宙構成論」（Cosmology or Cosmogony 見湯用彤先生的「王弼大衍義略釋」。）爲中心的哲學體系。秦漢大一統帝國的出現，可說是歷史上的奇蹟；尤其在當時人的看法，無異於統一了「天下」。現實推動人的意志，更須漢人以幻想。因此兩漢的學智之士，企求明白宇宙本質的奧祕，知道宇宙構成的原理，和規律；並欲由此發探人生和宇宙的關係。他們把陰陽五行，和日月，星辰，四時，方位，音律和萬物，配成了一套宇宙活動的「圖架」；再將人事的變化和宇宙的變化配合，成立了所謂「天人之學」，並施諸於實用。他們不僅要統治「天下」，簡直想控制自然，用種種想入非非的方法，使帝國和人民免於水旱，得福而免禍。實然，他們有無限的熱誠，有科學的精神，一片最好的動機：不幸他們自然科學的智識太少，太幼稚（除了天文之外，他們簡直毫無科學智識。）因之反而可憐地陷入迷信和神祕之中了。近來有許多人愛說漢儒這一套「天人之學」，完全是「愚民政策」，倒是活冤枉了好人！他們何嘗想「愚民」？不過只因智識不夠，才會「自愚」而「愚人」！幸而從東漢的王充開始，新哲學方漸萌芽，至魏代的少年天才王弼出來，不僅廓清了舊學，還建立了新的哲學體系。這新的哲學體系，是「理」的哲學，用近代哲學名詞釋之，可名之爲「形上學」的「本體論」（Ontology，仍借用湯用彤先生語。）宇宙的究竟，宇宙的構成，這一切本來難知，也許可說是不可知。所以王弼和他以後的玄學家乾脆不加討論；他們思想的道路，是從感覺和經驗的世界，體會到，找尋到「理性世界」的秩序，還理性世界，是我們精神和宇宙內在和外在的統一，這就是超經驗的，超感覺的「本體」，也可名之爲「道」，魏晉人又名之爲「宗極」。這才是哲學的哲學，相比之漢人幼稚而荒謬的思想，相去真不可以道里計！所謂「明性道本體之學，以見天地自然之與驗，極虛消息之至理」，（賀先生語）正是玄學家最大的貢獻。上古的希臘，初期的哲學家如泰理士（Thales），赫拉頡利圖斯（Heraclitus），也注重宇宙構成的原理，也是「唯物論」，直到柏拉圖才建立其「形上學」，這其間的演化，恰如中國兩漢到魏晉間的過程，讓是一個有趣的對照！

二，政治哲學　自從先秦直到現在，中國的哲學家幾乎沒有一個不對於政治哲學有興趣，可說是中國哲學的特色。不僅兩漢經學家和宋明理學家的目標是「治國平天下」，就是一般虛構曠（莊子郭象注序語）的魏晉玄學家也莫不如此。清談名士何晏是實際的政治家，自然是一個實際的政治家，佯狂的阮籍，也是「本有濟世志」，（晉書本傳語）連「事功亦雅非所長」（三國志注）的王弼，和「外物不足惕其心」（世說新語注）的向秀，「慕道好學」（世說注）的郭象，也都對於政治哲學甚有興趣。干寶的「晉紀總論」痛斥玄學家是「以老莊爲宗而黜六經」，其實全只是皮相的看法，他們何嘗如此？王弼，向秀，郭象，實在能洞悉魏晉政治的流弊而欲矯正之，其目的何嘗不是「經世濟民」？他們最大的努力，是修正儒家和道家的經典，求儒道之「對立的統一」，正如馮友蘭先生所說的：謀「極高明」與「道中庸」的對立的統一。（見「新原道」。）他們不僅以老莊釋儒家的經典，而凡要將玄虛的老莊之言，成爲「濟俗遊世之談」（莊子郭注）。換言之：即是把他們「形上學」的「本體論」，推之於實際，由「體」推之於「用」；由其「道」的宇宙觀推之於人生哲學，推之於「治國平天下」的政治理論；構成一部偉大的哲學體系，這便是所謂「內聖外王」之學，與宋明理學家的方法目標，簡直毫無二致。這一套「傳統思想」，乃是中國哲學的主流，永久潛在。誠然，玄學家的心比較冷靜，態度比較超脫；他們雖不曾如熱情的張橫渠一樣，呼喊「爲天地立心，爲生民立命，爲往聖繼絕學，爲萬世開太平」的口號；可是，冷靜超脫的人，難道就不許可有愛人淑世的熱誠麼？關於這方面，後人對於玄學家誤解最深，攻擊亦最甚。幸而賀先生有最好的敍述和批評，使人得認識玄學家的本旨。在本書的最後，賀先生用如此的話來結束：「魏晉清談之本旨，曾徒遊戲玄虛，脫人生之實際而不切於事情哉？乃此一段思想爲世所擯棄而蒙不白之惡名，垂一千七百年，悲夫！」豈不明白告訴我們他著書的目標麼？

三，新道家　對於老莊之學，魏晉的玄學家也並非無條件地贊同或崇信，像一個好的基督教徒對於「聖經」一樣。反之，他們對於老莊卻常作深切的批評。王弼說：「聖人體無，無又不可以訓，故言必及有。老莊未免於有，故恆訓其所不足」（世說新語）。郭象說：「夫莊子者，可謂知本矣。故未始藏其狂言。言雖無會，而獨應者也。夫應而非會，則雖當無用。言非物事，則雖高不行。與夫寂然不動，不得已而後起者，固有間矣」。（莊子注序）可見他們對於老莊的意見。所以他們的注老莊，並非「述而不作」，卻是「以述爲作」，自成爲一家之言。像莊子這一部書，常人往往看作高人隱士的經典。其實，莊子也並非完全主張離世而隱遁，遊戲人間，（莊子刻意篇云：「刻意尚行，離世異俗，高論怨誹，爲亢而已矣。此山谷之士，非世之人，枯槁赴淵者之所好也」。下文又云：「若夫不刻意而高，無仁義而修，無功名而治，無江海而閒，不導引而壽；無不忘也，無不有也，澹然無極，而衆美從之；此天地之道，聖人之德也」。可見莊子對於刻意尚行的「山谷之士」是不贊成的。）不過因爲他常常爲隱士張目，不免使人有如此誤會。向郭的「莊子注」發揮這一點，就有很好的解釋和辨正。不僅如此，向郭在「莊子注」裏還建立了自己的哲學系統。依賀先生的說法：他們的目標是「儒道會歸」；依馮友蘭先生的說法：則是取消「有」與「無」，「天」與「人」，「方內」和「方外」，種種的對立。（見「新原道」）他們的批評都是對的。所以從先秦的道家到魏晉的玄學家，正可表示中國哲學史上一驚人的飛躍！近來的學者愛用「新儒家」這名詞以稱宋明理學，那末，我們不妨「東施效顰」，可稱魏晉玄學爲「新道家」，想來定非不妥。自然，用自己主觀的意見來解釋

吸收科學知識好機會

電世界 中國電機工程師學會主編 第一卷第三期出版 每冊六百元

歡迎批發 報攤均售

科學畫報 中國科學社主編 第十二卷第九期出版 每冊九百元

徵求基本定戶二千戶

中國科學圖書儀器公司發行

龍門聯合書局

機械·電機工程書 特價發售

自八月十二日起至八月二十二日止

	實價	特價
A.S.M.E.: Power Boiler Code. with Supplements	$5400.	$3200.
Black. Civil Airports & Airways	2250.	1500.
Bradford: Machine Design	3960.	2500.
Chatfield, Taylor & Ober: The Airplane and its Engines	5100.	3000.
Croft: Steam Engines, Prin. & Practice	5490.	3500.
Diederichs & Andrae: Experimental Mechanical Engineering, Vol. I W.	13800.	9000.
Dyke: Carburetors, Supplement to Dyke's Automobile and Gasoline Engine Encyclopaedia W.	4800.	3000.
Elliott & Consoliver: The Gasoline Automobile	7500.	5000.
Fuller & Johnson: Applied Mechanics, 2 vols.	9675.	6500.
Hodgson & Williams: Locomotive Management W.	7080.	4300.
Keerton: Steam Turbine, Theory & Practice	4320.	3000.
Kent. Mechanical Engineers' Handbook. "POWER" W.	14400.	10000.
Kuns: Automobile Engineering, 7 Vols.	39000.	20000.
Kuns: Automotive Service, 2 vols.	19200.	10000.
Oberg & Jones: Machinery's Handbook, 11th ed.	13000.	9000.
Smith: S. A. E. Handbook, 1940 W.	8700.	5000.
Warner: Aerostatics	2700.	1900.
Warner: Airplane Design, Performance	6750.	4000.
Weick: Aircraft Propeller Design	3600.	2500.
Younger: Structural Design of Metal Airplane	4140.	2500.
Barrow: Light, Photometry & Illuminating Engineering	6600.	4500.
Bush: Operational Circuits	4680.	4000.
Consoliver & Burling: Automotive Electricity	10200.	7000.
Crocker, Arendt & Kuns: Storage Batteries	2400.	1700.
Croft: Central Station	4500.	3000.
Henney: Principles of Radio	5520.	2800.
Hund: High Frequency Measurement	7200.	5000.
Karapetoff: Experimental Electrical Engineering, 2 vols	17145.	11000.
	4800.	3000.
Kloeffler: Telephone Communication System	6900.	2500.
Landner & Stoner: Short Wave Wireless Communication, 3rd ed. W.		
McElwain: High Frequency Alternating Current	7560.	4600.
Nilson & Horning: Practical Radio Communication	7680.	5000.
Nilson & Horning: Practical Radio Telegraphy	4680.	3000.
Sterling: The Radio Manual	11160.	6700.

民主與統一

目錄

C.PAPINI

本期定價三百元，預定先惠三千元，八折扣算。

・鄒學稼 主編・

中國文化服務社總經售

10

● **最新紡織西書歡迎選購** ●

1. Yarn, Cloth, and Draft Calculations	25,000
2. Cotton Opening, Cleaning and Picking	25,000
3. Cotton Carding	25,000
4. Cotton Drawing, Combing, and Fly Frame Processes	
5. Cotton Spinning	25,000
6. Cotton Warp Preparation	30,000
7. Fancy Weaving and Cloth Rooms	30,000
8. Wool Preparation	25,000
9. Woolen Carding and Spinning	25,000
10. Woolen and Worsted Warp Preparation and Weaving	30,000
11. Weave Construction and Cloth Analysis	30,000
12. Weave Construction and Color Effects	25,000
	30,000

東新洽記書局

開始預定

中小學國定教科書

生活書店發行

地址：上海市

新知識 初步叢刊

八〇〇元	七五〇元	六〇〇元	五五〇元	六五〇元	即出	即出	即出

「評中國地理教科圖」 盧村禾

全一冊 中國地學會編 卅五年七月亞光輿地學社出版

法國地理學權威馬東氏 Emmanuel de Martonne 曾說

「書林季刊」 Philobiblon（英文本） 錢鍾書編輯

第一期一九四六年六月國立中央圖書館出版

P. Henri Bernard: Le Père Matthieu Ricci et la Société Chinoise de Son temps

書簡

第十六期

讀「魏晉清談思想初論」

孫玄常

（賀昌羣著　三十五年一月　商務發行　一〇四頁。）

[illegible]

西北區域地理

陳正祥著　民國三十四年出版　商務印書館印行

[illegible]

「中國畫論體系及其批評」

李長之著　獨立出版社印行

沈立人

[illegible]

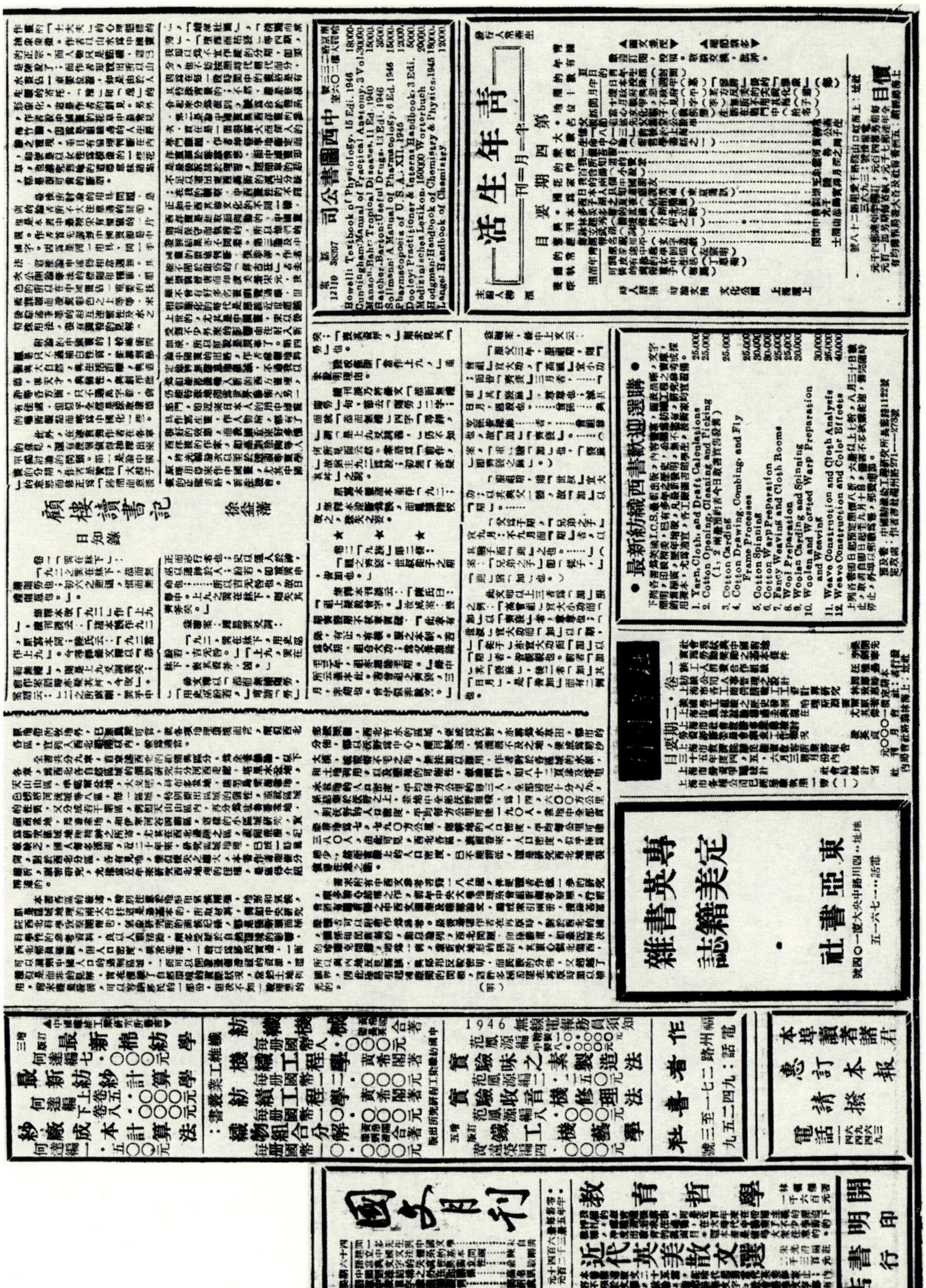

中西圖書公司

Howell: Textbook of Physiology, 15 Edi. 1946 18000.
Cunningham: Manual of Practical Anatomy, 3 Vol. 30000.
Manson-Bahr: Tropical Diseases, 11 Ed. 1940 15000.
Batcher-Barton: Useful Drugs, 13 Edi. 1946 3500.
Sollmann: A Manual of Pharmacology, 6 Ed. 1946 15000.
Pharmacopoeia of U.S.A., XII, 1946 12000.
Dooley: Practitioner & Interns Handbook, 3 Edi. 5000.
Medizinisches Lexikon, 160000 Worterbuch 20000.
Hodgman: Handbook of Chemistry & Physics, 1945 18000.
Lange: Handbook of Chemistry 12000.

青年生活 半月刊

顧樓讀書記

最新紡織西書歡迎選購

1. Yarn, Cloth, and Draft Calculations 25,000
2. Cotton Opening, Cleaning and Picking 25,000
(1, 2 兩書預約本今日截止)
3. Cotton Carding 25,000
4. Cotton Drawing, Combing, and Fly Frame Processes 25,000
5. Cotton Spinning 30,000
6. Cotton Warp Preparation 30,000
7. Fancy Weaving and Cloth Rooms 25,000
8. Wool Preparation 25,000
9. Woolen Carding and Spinning 30,000
10. Woolen and Worsted Warp Preparation and Weaving 30,000
11. Weave Construction and Cloth Analysis 25,000
12. Weave Construction and Color Effects 40,000

東亞書社 專售英美書籍雜誌

紡織染工程叢書

最新棉紡學

1946

作者書社

本報讀者 請訂本報

國文月刊

教育 哲學 近代英美散文選

開明書店印行

上海應該有一個國立圖書館

鄭振鐸

上海是文化出版教育界的中心。在教育上，就有三個國立的大學，七八個私立大學，還有不少的獨立學院比任何一地都要集中些。數十多個大學的教授們有七八百人。恐非他們不讀書，不研究什麼，只以教書為職業，否則，這些專家們在上海將不知怎麼辦，且將時時刻刻的感到有無書可讀之苦。此外還有，四百多萬市民，其中有多數的專門學者們，工程師們，都不時的需要有許多的參考的機會。然而他們在此刻此地卻要很感到無書可讀之苦了。

記得有一次遇到馬寅初先生，他很感慨的說道：『只有吐出來的，沒有吃進去的，無論如何是不行的』。假如有人肯定於此時此地的現狀，那末，他一定是一個不知『學術』或『學問』為何物的人物了。

在過去帝國主義的租界的時代，主持的人物們當然只知道剝削，只知道顧全他們自己的利益，從來不曾為中國的人民們的文化，教育作過任何的打算。試觀上海，只有一個可憐的工部局圖書館，那裏面有些什麼書呢？中國書彷彿是沒有的。比較專門的學術書籍也是沒有的。有的只是些風行於歐美的小說，時髦書等等而已。卻是給英美僑民們預備的一個圖書館，並不是為中國人民而設立的。雖然後來也有不少的中國人去借書看。最後，彷彿費了大氣力，才購置了一部萬有文庫或叢書集成什麼的。

勝利以來，這唯一的圖書館的名稱改成了市立圖書館，也許曾經加些中國書，然而館址卻仍在四馬路西頭的小菜場上面。這個圖書館稱為『市立』，實在是够不像的！我們很願意中的一個市立圖書館應該比這個館規模宏大得多，內容充實得多。

但市是一個市立圖書館還是不足以應付七八百教授和許多專家們的需要的。市立圖書館只是一個普通的為一般市民們的閱讀之所；他不妨有十個二十個分館，分佈各區，總藏量不妨有三五十萬冊乃至一百萬冊書籍，但絕對的不足以供應專家們的需求。

比較專門的一個國立圖書館，在上海是需要極切的。他可以不按級行甚麼的小說之類的書，但對於各部門的學術名著及專門的期刊等，必須搜羅略備。現代的學術著作，絕非教授和專家們所能自備齊完全的，而且，恐怕也不會有力量來自備；學校圖書館也顯然於經費，不會有大規模的藏書籍的計劃的。所以，這個國立圖書館的設立，實有必要。對於教授和專家們的供獻，對於中國文化的發展的供獻是極大的。

北平有一個規模相當大的北平圖書館，南京也有一個規模相當大的中央圖書館，都是國立的。為什麼上海單單一個全國最大的，最重要的都市，而且是各部門專家們所集中的地方，便不該設有一個國立的大規模的圖書館呢？

除非不要文化，否則，這個大圖書館的設立是絕對不容緩的事。

一個大學的經費，恐需十萬乃百萬；假如設法籌一百萬美金辦這個圖書館，那樣一定不會很小的。

現在，有了『顯微書』（Micro Printing）的發明，無須用多大的地位，便可以把世界各大圖書館的珍籍都集中在一處。許多絕版難求的全份，絕對在書市上購買不到的，也可以很容易的得到了。

只要有心去辦，我敢說，在二三年之內，便可以有一個極大的圖書館在滬成立的。這不是一個奇蹟。這圖書館可以網羅了世界各大圖書館的精華，我們要有什麼專門的參考書，只要世界上還存在著的，我們必會有，不必當了過期而出國訪求，也不必到北平，南京各地去找。

我們立刻需有一百萬冊以上的圖書涉獵起來；我們還會有無數的『顯微書』保存在那裏，隨時供給專家們的參考。

此刻是太可憐了。一位朋友要借書一部『江寧府志』，竟不知到那裏去借呢？徐家匯圖書館裏是有的，可不准借出。又有人要參考些清末的史料，這恐怕踏遍了上海也是不會找得到的。

如果有了這個國立圖書館便一切都可以解決了。規模要大，範圍要廣，內容要充實。這是我們所要求的，不能有偏見，不能有所排斥。凡人類文化發展過程所寫出來，印出來的東西，都應該有。

這不是不可能的；這是絕對的可能的；只要肯用心用力去辦。

上海不單是一個經濟的中心，也是一個極重要的文化的中心。如果要擔負所謂『智識文化』的地位，便非首先把這樣一個圖書館辦好不可。

專家們需要不斷的供給以精神的食糧的；否則，過了幾年之後，一定會因文化飢餓而要縮下去的。

已不是閉關自守的時代了；人類的文化已是『天下一家』。怎能不打開窗戶迎接新生的文化呢？

——三五，八，二十七寫

第十七期　每逢星期四出版

評檳榔嶼志略

蘇乾英

姚楠張禮千著　商務印書館出版

晚近國人對於南洋之研究，日見注意；其間佳篇傑構之問世者亦屬不少，惟此類出版物大抵多偏於一般之記載，其專述某一地方或某一小島者，猶不多見。此因國人對於南洋之知識，亦多祇具一般之概念，而少有確詳認某一地方，或某一小島之情形者也。姚楠先生所合著之檳榔嶼志略一書正足以彌補此種缺憾。

[illegible]

書

中國藏書　紅蘭漢留

以中

衛大法師著　衛聚賢發行　民國三十五年五月初版　重慶中山一路九十六號說文社門市部總經售

[illegible]

顧樓讀書記（續）

日知錄　徐益藩

[illegible]

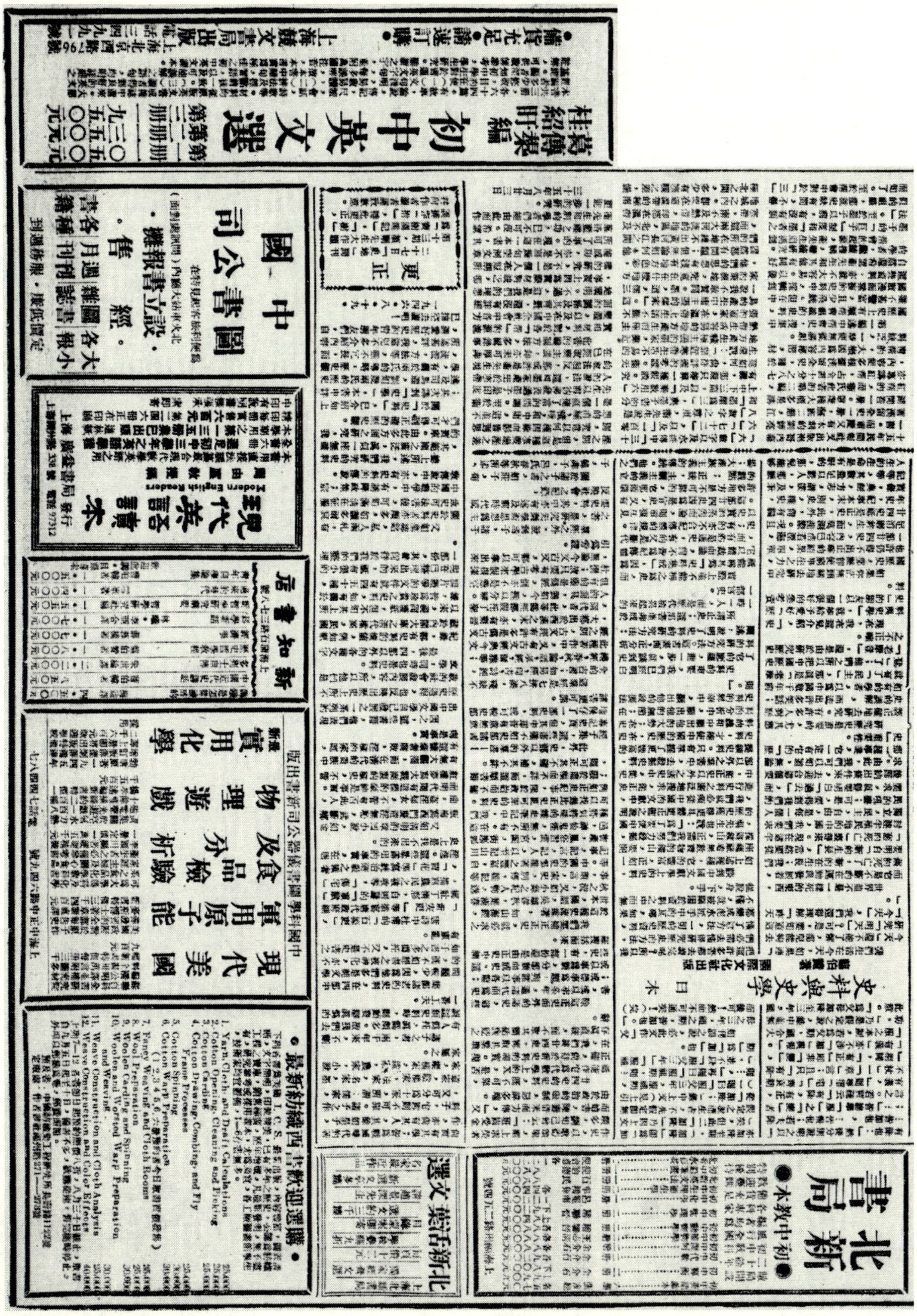

北新書局

●初中教本●

史料與史學

日本 ……著 國際文化社出版

更正

北新活葉文選

最新紡織西書歡迎選購

1. Yarn, Cloth and Draft Calculations
2. Cotton Opening, Cleaning and Picking
3. Cotton Carding
4. Cotton Drawing, Combing, and Fly Frame Processes
5. Cotton Spinning
6. Cotton Warp Preparation
7. Fancy Weaving and Cloth Rooms
8. Wool Preparation
9. Woolen Carding and Spinning
10. Woolen and Worsted Warp Preparation and Weaving
11. Weave Construction and Cloth Analysis
12. Weave Construction and Color Effects

中國科學圖書儀器公司新書出版

現代美國軍用原子能

食品檢驗及分析

物理遊戲

實用化學

新知書店

上海福州路三七八號

現代英語讀本

Modern English Readers

周由廑教授編

上海廣益書局發行

中國圖書公司

設立書報攤·經售·各大小報·圖書雜誌·週刊月刊·各種書籍

定價低廉·服務週到

葛傳槼 桂紹盱 編

初中英文選

第一冊 第二冊 第三冊

●備貨充足●請速訂購●

上海競文書局出版

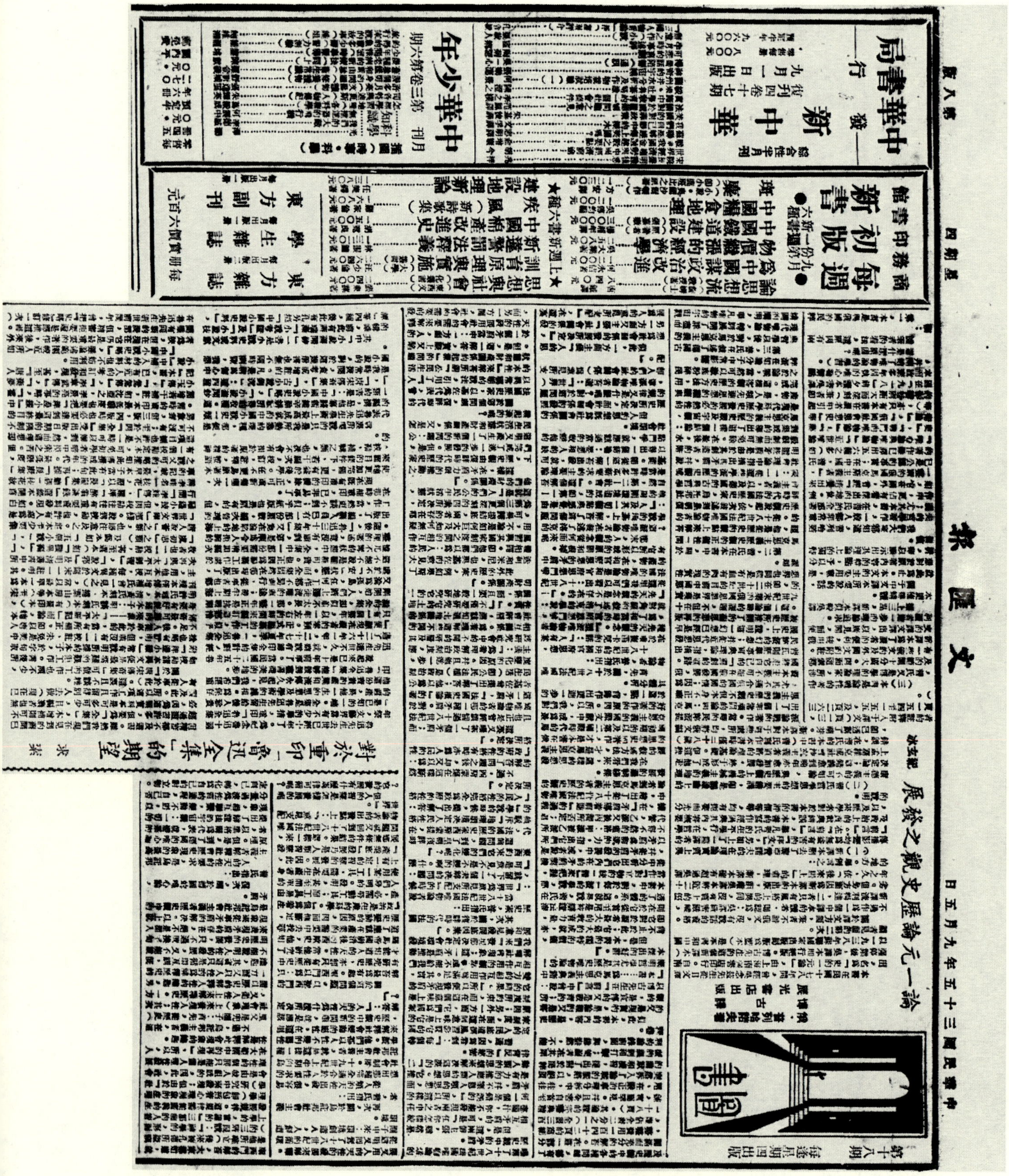

第十八期　每逢星期四出版

論一元論歷史觀之發展

紀玄冰

蒲列哈諾夫著　博古譯　光華書店出版

[illegible]

（二）曾氏哲學思想的主要錯誤，是認識論上的康德主義的不可知論，與歷史觀上的機械主義的地理決定論；這錯誤愈到晚年亦愈加發展，終于形成了他走上孟塞維克或社會沙文主義者道路的理論基礎。但這些錯誤，在曾氏的本書中（曾氏寫作本書時僅三十八歲），也已透露了萌芽。新譯本對于這些錯誤，均將俄文編者的註釋附入于譯文（頁一三，頁一五四至一五五，及頁二六三）。

（三）本書是論戰性的著作，曾氏又是博學的理論家，所涉及的範圍十分廣大，因而書中有一些俄文的及外國文的附註。新譯本為了讀者的便利，統用俄文的譯文譯出，以擴見聞，而便利讀者進一步的理論追求。

綜上三點，新譯本似較吳譯本更值得精讀。

關于中文譯本所要說的話，就此為止。本文的主要用意，是想對於原著內容的特點，予以分析，并且顯示出其理論上的獨特價值。

我們大家都知道，普列哈諾夫的哲學著作，一般人都常常讀讀；尤其本書，在曾氏的全部著作中，更佔有特出的地位。例如，它在國外，曾經「培養出來一整輩的俄國馬克斯主義者」，已是公認的事實；在中國，曾氏的著作雖已譯出五六種之多（如「唯心論與唯物論」、「近世唯物論史」、「戰鬥的唯物論」、「藝術論」、「俄國社會思想史」等等），亦只有本書在讀者中引起的影響特別大而深刻（筆者記得在「九一八」前夕讀本書吳譯本而放棄多年固執的唯心論觀點，并開始了唯物論的學習）。

這是什麼原因呢？

依筆者的看法，這原因有兩點：

第一，本書是與俄國的民粹派論戰的著作。當時的民粹派提出了一個非常糊塗的論調：馬克思主義的歷史觀不但本身不正確，尤其不適合俄國的國情；因為俄國將走它自己的「獨創的道路」。曾氏剛駁事實與理論，揭發出民粹派的幻想；并從近代思想發展史上，證明這一幻想已經是早被歷史所推翻了的舊思想的再版。這一個論戰的課題，不但在十九世紀末葉的俄國思想界是現實的，即在二十世紀的目前中國思想界也同樣是有血有肉的現實性課題。

第二，曾氏在本書中，關於馬克思主義歷史觀的正確性一問題，他是從歷史的觀點上來解答的。從十八世紀法國唯物論者的歷史觀說起，依次敘述到復辟時代的法國歷史家，烏托邦社會主義者，以及德國的古典哲學家：一一從這些學派的歷史觀點，社會理論中揭發出其矛盾，并說明這些矛盾是由於其創造者的階級限制而無可免除。在最後，水到渠成的導出了這樣一個結論：馬克思主義的歷史觀及宇宙觀，是近代科學歷史發展的必然性的產物，是人類先進思想的繼續與完成。這種客觀的歷史方法，用之於論戰，當然可以徹底粉碎民粹派在知識分子中的影響。

第三，曾氏在敘述了德國古典哲學以後，對於馬克思主義的現代唯物論，特別展開了詳盡而精湛的闡明，舉凡唯物的宇宙觀及唯史觀中的各種問題，都有了闡揚而充分的解答。在這一部分，曾氏費用一百四十二頁的篇幅，幾佔全書三分之一（全書三百一十八頁）。其論戰的宗旨與精神，亦鑿鑿可見。并且全書自首至尾，在嚴正的事理分析中，往往突然插入了論戰的鋒芒，以銳利的諷刺和機智，使出了對於敵論者們的猛烈打擊；使論敵在其銳利的論鋒前，無餘發落，不能掩卷。

以此，本書的內容，是歷史的又是現實的，是論戰的又是啓蒙的，是實際的又是教育的；所以博古先生在「前言」中曾說：「本書……爲馬克思主義典籍中說明哲學尤其是歷史唯物論的一本傑出的好書。」

但是，本書的獨特的價值，尚不止於此；它最大的成就，亦即它對於讀者最大的教育力量，則在於它從實踐上完整地傳透了的體系。這就是說，曾氏在本書中，對於每一派的學說，都將作「對立物的統一」觀點來把握，從中分析出它們內在的矛盾，并從矛盾的發展中，或者就是以矛盾與衝突的力，指出它們所不得不然的道路：甲派被乙派所代替，乙派又被丙派所否定；於是，在「矛盾導著前進」的過程中，繪出了從十八世紀法國唯物論者到馬克思主義者的歷史觀的發展的邏輯線條。

在我們看來，這樣的思想發展的敘述方法，才是馬克思主義的思想史的著作，才是本書在同時期的以及第二國際時代的馬克思主義的國際文獻中，成爲最好的著作的原因。所以，我們對於這一點，有需作出更進一步的具體分析。

首先，關於十八世紀法國唯物論者，曾氏指出：

十八世紀的法國官府思想，在於專制君主究的路：「人依靠先天的觀念。」這派唯物論者，為了和官府的官府思想鬥爭，就對角線的敘述了他們的學說：從這裏我們可以看出：十八世紀法國的唯物論是和官府思想鬥爭的產物，在和官府思想的矛盾中有它所以形成的原因和根據。

那末，人的觀念從何而來呢？這派唯物論者在敘述了洛克的學說的根基上，解答了這個問題：「人及其一切觀點與感覺是由他的周圍環境造成的，即第一——自然，第二——社會。」這個解答是當時許多革新要求的主要理論基礎。他們從這一解答出發，就可以得出一個結論：要想和人的缺點鬥爭，就應該適當的改變他的社會環境。

但人的思想既爲社會關係所決定，而社會關係的發展的規律又是什麼呢？對於這問題，這派唯物論者答道：「世界（即人們的社會關係）爲意見所支配。」

似此，一方面主張「人的思想爲社會關係的發展所決定」，另一方面又主張「社會關係的發展爲人的意見所支配」，在這裏揭露了十八世紀法國唯物論者的歷史觀中的矛盾。

但是，這兩個主張，雖然是相互矛盾的，可是「任你怎樣綜合融汁，你不能發現兩者之中任何一個是錯誤的」，所以這樣的矛盾，并不墊使人類的思想，而是有力的推進人類的思想。它推動人類的思想來解決這樣的「二律背反」的秘密。

普通，因爲看到：「每個特定的人民底道德風習決定它的國家制度，而在這個意味上是它的原因；另外一方面，它們爲國家制度所約束，而在這個意味上是它的結果。」所以便發現矛盾的雙方的相互作用與滿足。其實，相互作用的觀點，還不能給我們解釋社會現象；這一矛盾是推動我們來「發現那決定社會環境發展和意見發展底因素。」

其次，關於復辟時代的法國歷史家，曾氏指出：

當十八世紀法國唯物論者說：「世界爲意見所支配」的時候，就留下了一個未解決的問題：「可是意見不是不變的啊。什麼東西約束它們的變化呢？」

這個問題，到了法國復辟時代，法國的歷史家西斯蒙提，在他敘述「地理環境決定人民性格」的學說的時候，給出了解答：「人民的性格完全爲政府的性格所決定。」

不過，西斯蒙提在這樣斷然的解答了問題之後，却又以爲：「政府的性格有時亦爲人民的性格所決定。」[illegible]

[illegible]遂利和米尼，也與基佐的意見大體相同。即他們都以爲：人民的風習與其國家制度之間的相互作用，不論是如何巨大及如何無疑，可是歸根結底，兩者的存在都爲第三個更深刻的因素所決定，這就是「人們的公民生活狀態，他們的財產關係。」

這樣，在矛盾力量的推動之下，歷史觀由復辟時代的歷史家們完成了進一步的發展。但是，這裏又產生了一個新的問題：公民生活狀態和財產關係，又是怎樣起源的呢？

關於這個問題，復辟時代的法國歷史家，以基佐爲代表，曾以異常幼稚的說法，引用了「人的本性」來解答所謂「公民生活狀態和財產關係的起源」的問題。但是，這一解答，實際上又陷於一個矛盾之中：一方面，人的天性的發展用社會的需要來解釋，而另一方面，社會的需要的發展又用人的天性的發展來解釋。從這個圈子中又回到了十八世紀的循環圈子中來：環境創造人，人創造環境。

再次，關於烏托邦社會主義者，曾氏指出：

從人類的天性出發，很容易想出那種完全適合於人性要求的社會制度。十九世紀上半期的烏托邦社會主義者，就是這樣一種學派。他們都以人性不變的屬性來解釋社會變動的屬性。在這裏，歷史觀中的新問題，就是應該解答：「人的天性爲什麼所決定？」

關於這個問題，以聖西門的解答最爲有趣。聖西門以爲：只有研究歷史，亦即只有從歷史中才能知道人的天性。當他研究了羅馬帝國衰潰後的西歐史，他知道了在產業的需要中去找尋歷史變動的原因，因而他斷定，「政治是生產的科學。」但爲着生產，必需勞動工具；而工具是由人們發明的。發明，甚至而說的使用某一工具，需要在生產者身上有一定的智慧的發展。因此，「產業底」發展乃是人類智慧發展無條件的結果。這樣一來，問題就又回到了十八世紀法國唯物論者的出發點上：「意見支配世界」。

但人的智慧是怎樣發展的呢？它的發展有什麼規律可循呢？

聖西門的解答，大家都知道，是他所確立（後來爲孔德所盜竊）的三階段說：「神學的，形而上學的，實證的」三時期的人類發展規律。這規律雖然是[illegible]的生理學（即包括著心理學）研究中來發現；但由於「社會是由個人組成的」，因此，社會理性的發展只能是個人理性發展在大範圍中的再現」。所以，人性是解釋社會現象的鑰匙。

不過，烏托邦主義者，在這裏又是兜圈子：首先，從歷史（社會現象）上來發現人性；其次，又從人性上來解釋歷史。一方面以歷史作解釋人性的鑰匙，另一方面又以人性的發展作解釋歷史的鑰匙，其實這只是循環論調，既不能說明人性的發展，又不能說明歷史的發展，只不過換個方式來表現矛盾的存在，絕不是矛盾的解決。以上就是烏托邦社會主義者歷史觀中的矛盾。

復次，關於德國的唯心論，曾氏指出：

人的天性的要求，是烏托邦主義者解釋社會歷史現象的基本原理。但是，到了德國的唯心論者，以黑格爾爲代表，就提出了辯證法的宇宙觀：一切的現象，相互聯繫，變動不斷，以分量過渡爲性質的過程，自己否定自己，轉化爲自己的對立物。

對於重印「魯迅全集」的期望

求案

魯迅先生去世已經十年了。爲紀念魯迅十週年祭，文藝界有不少的事情，重印「魯迅全集」是已知的一端。全集是魯迅先生留給後人珍貴的遺產，與他一生的思想及學術的精粹。爲保存他這份寶貴的遺產和流傳永久起見，我們希望重印「魯迅全集」能夠做到盡善盡美的地步。

說起來已是十年前事了。當民國二十五年魯迅先生逝世不久，就曾說有編印全集的計劃，經過了二十六年一年，二十七年夏季，「魯迅全集」便顯現在讀者的案頭。正式編纂的工作，除了只有一個整年，以一年左右的時間來編訂這部偉大的全集，卻似並不太長。那一整年正是抗戰期剛開始，人們將上海淒涼流離的前途；後半期上海又淪爲孤島，任何工作都不易進行，從事者也都處於不「安」狀態。而全集固然在那時出版了，總不能不說是難能可貴。也正因爲編纂工作是於惶乃不寧的狀態中，全集中一部份需要稍加編次整理的著述，竟沒有留到，這是很爲令人惋惜的。隨後，「魯迅三十年集」又竟在淪陷地的上海出版了，編纂人員已有一部份星散，編次管理的工作，當然更談不到；似乎紙版也是原有的，但在那時能重印，已非易事了。

現在既有重印的機緣，正可重新彙編一次，使牠更加完備，更有益於後學。在不更易原著本來面目的條件下，若干編次，校訂，註釋，校語，校勘，補輯之類，也決不會有損於原著的精神的。

這裏所要說的只是我所熟悉的一類，那便是代表魯迅先生學術上最高成就的中國小說史一類的編撰，是他纂輯舊籍辛勤耕耘所得的收穫。這一類的書是：「中國小說史略」，「小說舊聞鈔」，「唐宋傳奇集」，「古小說鉤沉」；這四種是我時常披閱，參考或增註的。凡是研究中國小說的，對於這幾冊書也無不隨時翻閱，我想[illegible]。

其中「小說舊聞鈔」一書是小說史料或文獻的錄集，因此有蔣瑞藻「小說考證」及「小說枝談」等四編，後此有孔另境「中國小說史料」，但因都不及選錄。雖然我們現在見到的書刊已超過這書許多，但要爲「全集」，本增補與可不必，因爲這類資料本是可多可少，且編選者也無暇及此。所以這項工作且留待別人去做（現在已有人從事於此）。這裏且不談牠。

關於「唐宋傳奇集」可做的工作也頗不少，如校勘許本與文使居最繁雜的顯集工作。書後所附「稗邊小綴」常有說明所據的本子，於字句取捨也略有說明，但並沒有一一校註，未免是美中不足。後人從事於此的，當有所補正。如以唐人傳奇最附錄的來說——「太平廣記」而論，他本身便有好幾種本子：明談氏刻本、明許氏刻本，清黃氏刻本，掃葉山房本等（[illegible]宋本係傅增湘氏曾一見之），應以最早一本爲主，用他本互校，每種異文於[illegible]中一一註明。其次再與「太平御覽」，「說郛」及明清選書中所收者也一一校勘，甚至選本（如「豔異編」，「虞初志」之類）及節本如「五朝小說」，「唐人說薈」之類，也應注意及之。定本至少要像「世界文庫」那樣。說到校勘，也許有人認爲是瑣碎小技，但因校勘往往有重要資料發現。如白行簡「李娃傳」，羅燁「醉翁談錄」還錄本開首兩字李娃名一枝花，所以「長恨歌」說李一枝花故事的記載，最早本子當有此句；再據「長恨歌」之說又可約略推知此傳撰成的年代。爲做樣版，有一個校勘定本，可免初學者暗中摸索之苦。但這項目標也許不是一時可以辦到，然而這種想到不可沒有；至於因「全集」受出版日期的限制不易兼顧，但三版，四版時也必要達到這最終目的。暫時的重印本最低限度也要把「稗邊小綴」中所增若干補註，如沈亞之，李景亮的事略，「霍小玉傳」，「鶯鶯傳」，「李章武傳」，「南柯[illegible]記」本篇，已有近人的考訂和發現，甚至「唐人小說」中補入的材料也不妨利用。

「中國小說史略」，雖論證範圍較近人所知者爲狹，但在現在它仍是最重要的著作，後來外國學者有關類的撰述，但精審極要還推這書。在魯迅先生逝世前幾年，曾把「史略」修訂一次（

彼此，轉不但一切的社會制度要從有益的變成有害的，「人的天性」也不能不是變動的，也不能不自己否定自己；因而，烏託邦主義者根據「人性的要求」來設計「完全合乎理想的社會制度」，也就成了「一件蠢事」。

黑格爾在否定了烏託邦主義者的歷史觀（其實也同時否定了十八世紀法國唯物論者，意見支配世界的歷史觀）以後，他認為：應該從人的天性或習慣的研究，轉到社會關係的本性的研究上來。因為社會關係的發展及規律性的必然的過程，而這過程就是人的天性或習慣變易的原因。

那末，社會關係的本性又是由什麼決定它的發展呢？黑格爾的解答是：概念或理念。某一民族的全部歷史，乃是概念或理念的實現；每個民族實現自己的特殊的概念或理念，而每個個別民族的概念或理念，乃是絕對概念或絕對理念發展中的一個階梯。

這樣，對於客觀唯心論者黑格爾的歷史觀，應該說些什麼呢？這就是：拋棄了人的天性的觀點，並因此而脫離了烏託邦主義的歷史觀，將社會關係看成了有自己本身規律的必然過程；這是它進步的一方面。然而，它又通過了人類思維過程（實即人的天性的一個側面）的人格化的迂迴道路，在神秘的形態（絕對理念）上復回於「意見支配世界」的陳腐議論，這一不能令人滿意的歷史觀，仍然不能真實的解釋社會關係發展的本性。

最後關於現代唯物論者的歷史觀，普氏指出：

由於唯心論觀點之不能解釋歷史的發展，推動了有思想的人們又回轉了唯物論方面來。但是，這一新的現代的唯物論，既不是十八世紀法國唯物論的復活，而是其發展。在這裡已經有了辯證法的方法。這個新的方向的天才的代表者，就是卡爾馬克思。

在說明每一時代的法律歷史家，已經相信「民公生活狀態」與「財產關係」是整個社會組織的根底。到了馬克思，則明白宣佈：「法律關係或國家形式既不能以其本身的天性來解釋亦不能以所謂人類精神的一般發展來解釋，它根源於物質生活的關係中，這些關係的總和，黑格爾與十八世紀的法國人及英國人稱之為「公民社會」，而公民社會的解剖學應求之於它的經濟學。」

可是，特定的社會的經濟，是由什麼來決定的呢？馬克思的解答，不像以前的思想家那樣乞援於人的天性，他是完全相反的將人的天性看成了歷史發展的結果，而以為人類為了生存，即為從自己周圍的外界自然獲取必需的物品，這攝取本身固是人類對外界自然的一定的作用，「在作用於外界自然時，人類改變了自己的天性。」

總括上述，是本書立論的全部。就它的起點說，是始於唯物論而終於唯心論，中間以唯心論為媒介，而完成了「正反合」的辯證法運動的全部過程。就它的發展說，每一學說的內部不諧是令將的大動因，是歷史觀之從唯物論的變成唯心論的，從唯心論的又在較高形態上回歸於唯物論的發展過程的內部聯繫。我們前面所說「本書是被辯證法滲露了的體系」，即指此而言。

在本文結尾，筆者要特別指出：如普列哈諾夫的整部著作一樣，本書也有它的錯誤或缺點。不過，關於這些，如前所述，俄文編者的註解，已在大體上分別指明；至於更詳盡的批判和分析，筆者擬另作「論普列哈諾夫主義」一文以為補充，於此只好從略。（完）一九四六，孔子誕辰於國知書舍。

讀「銀字集」後記

臧敦易

趙景深著 承餘印書館出版

一，喻世明言的來源和影響辨

第二十一卷「臨安里錢婆留發跡」，作者趙景深先生云待考。按本卷所敍，當爲錢鏐事，婆留，鏐之小字也。後來西湖二集第一回「吳越王再世索江山」，亦敍鏐事，中有云：「錢吳越王發跡（同類）的事蹟，前人已都說過，在下為何又說？但前人只說得他出身封王的事，在下還回小說又與他不同」，所云前人說過，或即係指此「臨安里錢婆留發跡」，亦未可知。其內容可以西湖二集所述之一部份，作爲參考。

第三十四卷「李公子救蛇獲稱心」，即欹枕集之「李元吳江救朱蛇」，李元奇遇龍神，只求稱心，不期龍女名字，恰是「稱心」，便成就了姻事，這與搜神記載明見齊洪君求如願的故事，同一機杼。「稱心」與「如願」，意義相同，雖然兩者的情節各異，但乎這一點話本多少受了搜神記的影響。後來傳奇更有求如願，見寶輯曲海總目提要卷四十一。

（未完）

『[illegible]』也增加一些資料），『全集』和『三十年集』所收就是這修訂本。拿這本和改訂以前的對照，你會發覺其中有若干修訂，如「水滸」，「三國」，「三言」都有新添入的材料。將來重印也當以修訂本爲主，但原本所有也不妨列入注釋中，以示兩本的差異。然而最主要的工作還是據近二十年來的新發現，新考證來修訂這書，凡足以補備『史略』之任何資料，都應摘要列入。這樣，可使『史略』成爲永垂不朽的歸根著述，但這『中國小說史略新注釋』並非一人一時可以完成。初步的工作是：把應予改訂的地方於每章或每段末加以注釋。如[illegible]，馮夢龍，凌濛初，丁耀亢，李漁，夏敬渠，曾樸諸人的事跡，已較往日所知者爲多；『西遊記』繁簡兩本的先後，明才子佳人小說實全部爲兩人之作，以[illegible]數問題，『今古奇觀』及『今古奇聞』的來源，現在都有可靠的結論，應該逐一加以補訂。至於其他若干小修正，也應隨時加以注明。要在這篇短文中把應予修訂之處一一臚列，事實上當不可能，有機緣當作專文敍之。日人增附涉的改訂譯本（收岩波文庫中）已有簡略的注釋，於晚近所見的新資料也擁括在內。我們什麼時候纔有『中國小說史略新校注』的本子呢？

『古小說鉤沉』一書，出世最晚，但纂成時則遠在魯迅先生南來之前，從現在形式推測起來，似乎纂成以後並未訂正，編爲『全集』時似也未遑注意。這書出世後，也曾有他人一再訂正的文章，所論各點，大體上我們都有同感。關於這書我的看法是：最主要的應「重校」和「增補」，但對於這書不感興味的人或以爲近於煩瑣，也未可知；且也非一朝一夕所能完成，那麼，不妨姑存此議爲留待將來再說。這裡補校訂的工作，已有人致力於此，據我所知有周雲存，錢南揚，趙景深諸人。消極的辦法，至少應做到下列各點：（一）近人所指諸點應據其意列入附註中，以供研究者的參考。（二）叢殘輯錄者，可據撰人時代先後，重新編次。（三）凡有前人輯本者，也應一一校其所收多寡及文字異同，但這類書不多，花費時間也很有限，現將前人輯本列后：

（一）青史子：青史子，有玉函山房輯佚書本。

（二）邯鄲淳：笑林，有玉函山房輯佚書本。

（三）郭澄之：郭子，有玉函山房輯佚書，無一是齋叢鈔兩本。

（四）郭氏：玄中記，有觀古堂叢書（一集）本。

（五）祖台之：志怪，有古今說部叢書本。

（六）戴祚：甄異傳，有龍威秘書本。

（七）劉義慶：幽明錄，有琳琅秘室叢書本。

（八）侯白：旌異記，有說郛本，龍威秘書本。

其中龍威秘書，古今說部叢書二種爲坊賈所輯，價值較低，其他都是實比勘之作。（四）撰人歷史及他書所載有關作品的文獻，也應附錄，如「唐宋傳奇集」所附「稗邊小綴」那樣，可供讀者研討之用。至少也應將輯錄撰人史料，據我所查出的有：

（一）笑林作者邯鄲淳，見後漢書一一四卷。

（二）志怪作者曹毗，見晉書九二卷。

（三）郭子作者郭澄之，見同書同卷。

（四）志怪作者祖台之，見晉書七五卷。

（五）幽明錄及宣驗記作者劉義慶，見宋書宗室傳。

（六）述異記作者祖沖之，見南齊書五二卷。

（七）俗說作者沈約，見宋書一〇〇卷，梁書一三卷，南史五七卷。

（八）小說作者殷芸，見梁書四一卷，南史六〇卷。

（九）神錄作者劉之遴，見梁書四〇卷，南史五〇卷。

（十）妬記作者虞通之，見南史七二卷。

（十一）集靈記作者顏之推，見北齊書四五卷，北史八三卷。

（十二）旌異記作者侯白，見隋書五八卷陸爽傳，其中除劉義慶，沈約，顏之推三人外，他們的事跡多爲一般讀者所不知。

上列應項最低限度的明證，盼畫一一做到。

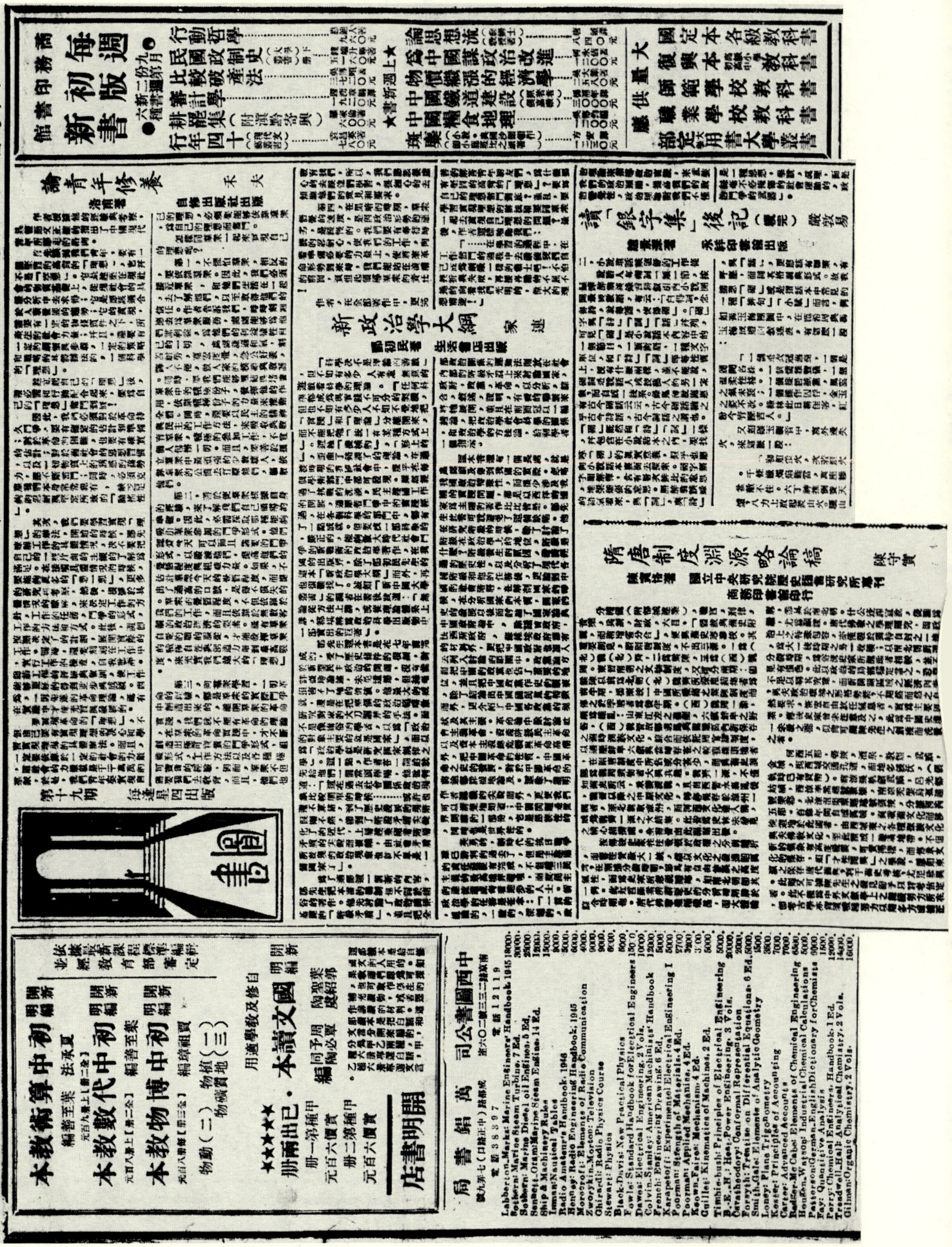

第十九期　每逢星期四出版

論青年修養

洛甫著　自修出版社出版

禾夫

作者根據他的經驗與考察，具體而又正確的指出了中國現代青年所應走的道路。

新政治學大綱

鄧初民著　生活書店出版

家進

讀「銀字集」後記（續完）

諸葛瀛著　永祥印書館出版

嚴敦易

隋唐制度淵源略論稿

陳寅恪著　國立中央研究院歷史語言研究所專刊　商務印書館印行

陳守實

陸丹林著革命史譚序

葉恭綽

民國成立卅有五年，溯革命之醞釀，則五十年矣。歷過之事實，不知凡幾，然國史僅未纂定，私家紀錄，亦僅寥寥。蓋吾國史學，本未發達，益以清代文字獄之餘威，深入膏肓，又因隱諱多端，史才消乏，餘成此果。然往者不述，來者無聞，無以資彰癉之資，且數[illegible]之途，斯實民國一大缺失也。丹林陸子，究心史學，以餘暇爲革命史譚一冊，雖體非正史，斷所紀頗多與聞實錄，誠史家所必錄，而學者之所應有事也。余維吾國古以直筆爲良史，蓋在專制淫威之下，時有伉狀之士，別是非，明功罪，以與之抗。[illegible]野皆至董狐之例，其紀載應有眞蹟。[illegible]此審，紀述詳慎，又宗旨無所偏倚，儼可爲斯類佳著，國寶公之於世。且願丹林續此篇有所作，爲國史之前車，顯革命眞相，曉然於民衆心目，其有助於建國大業，寧弗淺鮮。丹林其有意乎？

第二十期　每逢星期四出版

讀「中國史綱」

第一卷：史前史　殷周史

蘇[illegible]

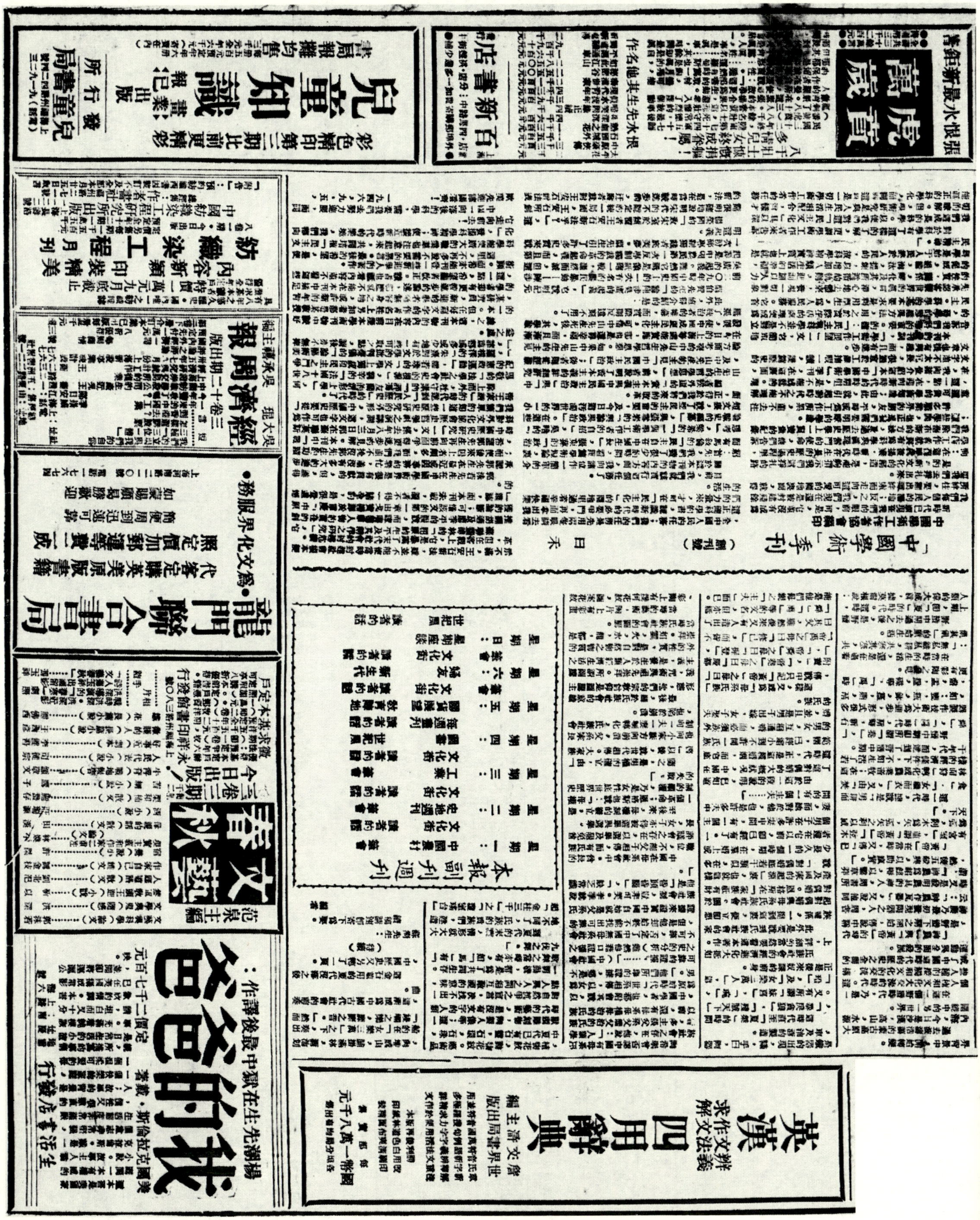

「中國學術」季刊

（創刊號）

日禾

中國學術工作者協會編印

新時代已顯現在我們的眼前，可是，它並沒有成爲我們每個人民的陣地；反之，我們現在還是被封建殘餘所綑住，要衝出這綑綁而走向這可愛的陣地去，就得要我們去掙扎出來。

是的，新文化的萌造，是能夠指示我們這掙扎的路徑：在這個長久被損壞，新時代在生長的歷史過程中，學術工作者就負有將科學與眞理奮鬥的使命，他們告訴我們除舊布新的方法，要通過歷史舉上一頁寶貴的紀錄；這些學與，也正是我們需要明瞭的學識。

許多學術界的朋友，平時或爲工作所累，而不去注重這可貴的學術知識；由此，就引起對時代之不能理解，這一點，在這新時代的時期裡，是不能諱飾的。現在，我們當像介紹這本「中國學術」季刊，在這裡面，文字並不太冗長，很適宜於工作抽暇一讀，還有歷史的文章也很有興趣，而且有進步。

本刊的發刊詞，「學術工作與時代」一文，它簡要地告訴我們科學的重要。的確：「民主與科學並不是對立的，科學的精神與方法，用之於實際學術的處理使成爲民主。科學的基本要求是利用學生，爲人民服務。它首先承認客觀世界的眞實，潛心地去觀察，發現一切對象的性質，關係，變化及其所遵循的軌則，並由而以人力的促成，組織，辦法，提倡，以增加人類生活的幸福，科學是始于人民終於人民的，故科學精神實質上也就是民主精神。」

對於科學有了這樣的了解，更顯學術工作者來告訴我們這成長的科學。以使我們對這「民主文化」具以深切的瞭解。但，學術研究是與人民生活相配合，因樣才能眞正的科學化，而同時還是一切學術工作者的任務，全中國人民的任務；我們的任務是先用眼睛去看這正確科學的書，認識新時代的必要與門，再而拿出我們的力量來，才可在「民主化」的陣地裡過着幸福快樂的生活。

目前，我們就該實行這個任務了。

關於這本刊物的內容方面，我向讀者作一簡單的介紹：首先，我們費了很少的時間，看見篇學術短論，裏面有馬敘倫的「民主自存中國生長」，張東蓀的「政治思考」，繆希的「一個學術工作者的自招」，吳晗的「論歷史的編纂」，與張常弟的「輿論與政治」。在這些短文裏，說了些民主的重要，及今日對待世界的一小面，正符於我們將來的改革。

編者侯外廬的「資本主義與中國民主政治」與「中山先生的哲學思想」，作者說明了資本主義的詳細研究，及中山先生的主見「中國民主政治」；後者陳述其[illegible]論方面考察的中山先生哲學思想。如果中山先生的主見在今日的上海等處能實施，那也是這科學精神，而且漸漸發展，使中國成爲民主化，可惜中山先生死後，其學說眠弄了統治者的兩翼，而實際則反這與不用了。

此外，値得介紹的是：

翦伯贊先生的「論陳涉吳廣的起義」，也說明紀元前二〇九年時中國史上的一次有名的農民暴動——陳涉吳廣的起義。雖然它祇是像紙賬一般，還然而滅，但還把秦是中國農民第一次反專制獨裁的革命起義，而且第一次對於專制獨裁者底美夢。翦先生引了許多史實來說明這起義。

楊榮國的「致宋家於鎖習者王安石新法乎？」，這篇很明確地說明宋代的不確定的統一局面，王安石所創的新法，是在當時較進步的，迂腐者就對王安石新法表示不滿，王安石新法，雖並不能使當時封建社會根本變革，但在客觀上，它是暴露了宋代社會的封建危機。

羅學新的「[illegible]的生平及其創作之研究」，它推翻胡適及[illegible]的假說，而證明[illegible]人物的實在的創發的論斷；可惜該文的第一章由戈寶權譯於重慶「中原」雜誌，而本刊未載，讀者不得一睹全豹，殊很覺遺憾的。

郭沫若先生在中國學術界是很有貢獻的，但，猶得承認郭先生在最近處因事務的繁忙，而沒有多大的進步；而使後來的後學者頗多，而我們並不抹殺郭先生的功蹟，希望郭先生再向前而爭得更進步的見解。本刊中「戰時中國歷史研究」一文，係去年八月三日郭在蘇聯莫斯科對外文化協會歷史哲學組之演講詞，這文字也可作爲我們簡單的知道一些歷史研究的外形，中國歷史要從「帝王家譜」的時代進到「人民歷史」的時代了。

除上而外，杜守素的「孔子友的的政治上學」，何思敬的「法學之社會史的根源」，鄧辛的「法國十八世紀的憲政運動」，[illegible]的「文學上階級與民主之鬥爭」，[illegible]的「朱熹對於文學的批判」，[illegible]的「論藝術美」，諸篇都或多或少地有一些可取之點，讀後亦不無裨益之處。

總之，這本刊物的內容在目前尚是本學術刊物中較好的一本。但在學術文字的作者名姓上另加著[illegible]，某研究員，新進的學者尚無容身之地，或許新的年青的學者卻有更相進步的論述，也應寫不能在本刊中插足，這一點，希望編者改正。讀者也應看內容而不應看這些銜頭。而希求能刊登一些新進學人的著作。

最後，不再多說不需要的累言。最後的希望，是使科學能使廣大的人群也注意起來，共同培植「民主文化」，發揚科學精神；使接近新時代的樂地，我們都向它走向前去！

中國一向落後的科學，需要我們去努力追趕，而向歐美先進諸國看齊！

一九四六，九，五，

界背景中，開始轉變。

過去被稱爲浩瀚的蒙古高原大內海，今日是沙漠，高山，水源閉絕中的另一世界。

在這一個野蠻時代，乃是一個人種和文化大交流的時代。這些人種的移動和文化的交流，構成了中國這時代的歷史之全面的運動與全面的發展。

「神農」與「黃帝」的時代，是野蠻下期之開始，傳說中稱神農乃最初發現陶器之人，周書云：「神農作瓦器」，又說他同時又是發明農具的神人，周書所謂：「神農爲耜鉏耨，以墾草莽，然後五穀興，以助蓏實。」

「黃帝」在當時，又傳「已有宮室」，並謂「黃帝」「弦木爲弧，剡木爲矢，弧矢之利以威天下。」

這一時代，據說是「男耕而食」，「女織而衣」，又由「焚林而狩」轉化成農業畜牧；在這樣的經濟條件下，不知生活了若干年代，而進到了野蠻中期。

野蠻中期即所謂「堯」，「舜」，「禹」時代，所謂，新石器製作技術大爲進步，形式很多，如：甕，瓶，鉢，盂，鼎，鬲，甑，盃，盤，碟等，「禹」時更有彩陶之發見。

在當時的生活，還是在過着「無私耕私耕，共與共享，共飢其飢」的原始生活。

野蠻中期過去之後，是野蠻上期，即「夏」的時代。這時，人類的偉大成就，據莫爾根說：是鐵器的出現，鍬，手臼，陶器，車及油酒的製造。

這時代直至「夏桀」的時間，「暴戾貪狼」，「殘賊天下」。又有所謂「妹喜」，「琬」，「琰」，及「女樂三萬人」，這正是後來奴隸的前身。

氏族社會的經濟進化大抵如上，詳細的當然要看這本著作。

此外是要說到氏族社會的家族關係，一提到這裏，便立即想起對偶婚與母系氏族社會。關於對偶婚，恩格斯在「家族私有財產及國家的起源」裏，也就這樣說：「對偶婚既若干類似，在多少長久的一個時期，在羣婚上或者遲在它以前，即已經有了。一個男子在許多妻中間，有一個主妻，而她對於他，也是許多夫中間的有一個主夫……」

由於這一段的說明，已知道了這對偶婚的大概狀況，中國在這時代，正是這種婚姻，而它底範圍，已經縮小到不許同一氏族的男女，互相通婚，而必須族外婚，並且是男子出嫁，女子娶夫的氏族。

這樣，又成爲「母系氏族」，傳說中只記「黃帝」之母曰「附寶」，「帝堯」之母曰「慶都」，「帝舜」之母曰「握登」，「帝禹」之母曰「修己」，而皆不曰其父，雖然後來又有人造出了「舜」「禹」等的父名，但亦祇能是他們母親之「主夫」而已。

郭沫若曾否認中國有母系氏族社會之存在，他說：「人類學者，多主張父系父權的氏族以前，還有母系母權的氏族，中國學者，也都附會其說，以爲原始時代「世系相傳，以女爲男。」他們所舉的證據，都是不可靠的證據……」（中國社會之史的分析）雖然他藉口證據之不可靠，否定了中國有母系社會，但是他卻始終不能找出可靠的證據來證實中國自始就是父系氏族社會制，這未免可笑。李季就說他是「昏頭昏腦」，「缺乏常識」。

中國在母系社會中，酋長的職位，不能父子相傳，而有氏族評議會之存在，以選舉及罷免酋長，女子亦得被選舉與選舉。

至後來，母權制的廢立，是一個革命；恩格斯也說：「母權制的顚覆，乃是女性底世界歷史的失敗。」

總之，是男權的確立，由「禪」以後，就世代相傳。大家族也向小家族方向前進，父系家長制向一夫一妻制轉化，氏族社會，也陷於崩潰。

最後，關於氏族社會的意識形態，他們的宗教信仰是圖騰主義，咒術與祖先崇拜。所謂圖騰主義，是發生於人類經濟生活之外的性質，是對自然物之物質的崇拜。如雲，火，水，龍，都是當時氏族社會的圖騰。

當時的藝術，陶片上有彩畫，彩陶上有幾何花紋，螺旋花紋，植物花紋，動物花紋。藝術品中夏代已有石磬，石環，石珠，獸頭雕刻物，陶製人像等；這一時代的藝術，是沒有文字的人類對自然抗爭之宣言，決找不出一點人與人之間相互敵視的意味，一切動機，都是爲了共同生存。歌舞之當時亦有，如「禹」有「九伐之舞。」

到夏代的末葉，情形就大大地不同了，氏族的貴族們，建造起「金柱三千」之「瓊室瑤台」，向華威山，歸於[illegible]林，[illegible]划船的在「女樂三萬」之下，奏出「綠嬌之樂，靡靡之音。」然而，這漸成爲中國古代社會的前奏曲。

至金石並用的夏代沒落之後，中國歷史又另轉了一頁。

（待續）

蘇渤先生：

續稿請逕卽寄下爲要。

編者

本報副刊週刊

星期一：	中國農村	讀會	讀者的話
星期二：	文化街	史地週刊	讀者的話
星期三：	工業	文化街	讀者的話
星期四：	圖書	每週書刊	世紀風　讀者的話
星期五：	圖貨展望	教育陣地	讀者的話
星期六：	婦友	文化街	新生代　讀者的話
星期日：	世紀風	星期座談	讀者的話

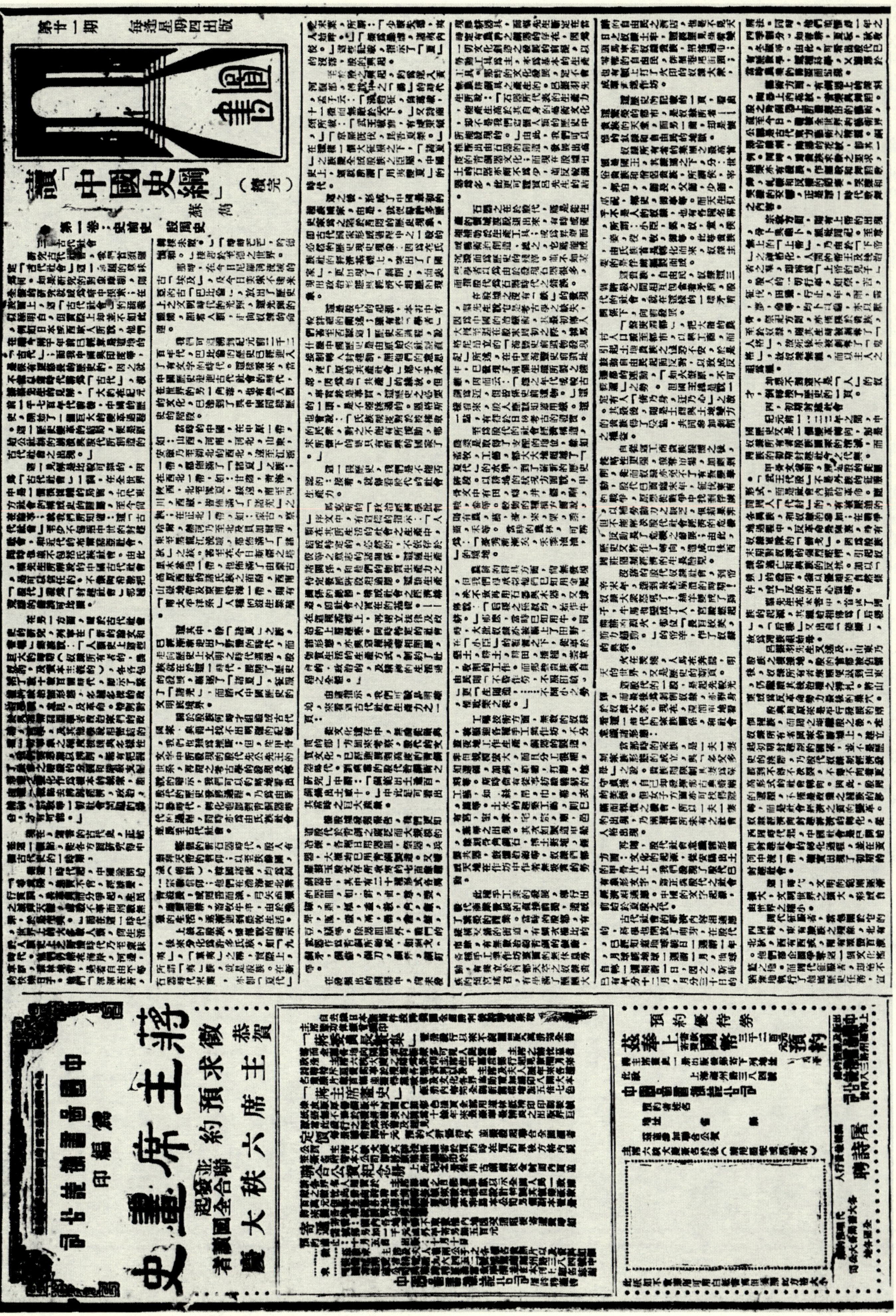

中央日報 三十五年九月十六日 星期四 第八版

文史

第廿一期 每逢星期四出版

讀「中國史綱」（續完）

蔣 雋

第一卷：史前史 殷周史

……

蔣主席六秩大慶 恭賀

蔣主席六秩大慶 徵求預約

中國圖書雜誌公司印編

蔣主席畫史

預約優待券

中國工人周刊

唯一工人刊物，第十一期已出版。

發行人朱學範

為工人說話　替工人服務

報導職工生活　反映職工要求　評論勞工問題　介紹現代智識

定價：每期二百元

平寄郵費免收，航空郵費另加

發行所：中國工人周刊社　上海寧海路四五六號

文藝復興

鄭振鐸・李健吾主編

第一卷第一期今日出版

仍售二千五百元

上海出版公司

新文化

二卷六期出版了！

言論公正不偏：上海唯一刊物

小上海人

半月刊　創刊號出版

各報攤均售

現代世界地理之話

新俊

陳原著　開明書店出版

本書的大部內容，是採自英國作家W.C. Moore的「現代……」（The Complete Self Educator倫敦Odhams書店出版）…… [illegible]

在前記中，作者說明：「它不是一本旅行記，也不是異土……」 [illegible]

[illegible]

商務印書館　每週新書初版

★上海新書★

參議員選舉實務

參議會組織實務

國際貿易論

教育思想

論情緒

青年訓練之理論

美國之重工業

歷代治河方略述要

蜉蝣集

東方雜誌　每月出版二冊

學生雜誌　每月出版一冊

東方副刊　每月出版一冊

每冊實價六百元

四庫全書學典

楊家駱主編

二百二十萬字　一千二百餘面　精圖五十餘幅　十六開巨型本　布面金字精裝

提前出書

現售特價　白報紙本四萬元　道林紙本四萬八千元

世界書局發行

高中本國史

最新版本

北新書局刊行

文國來
讀「社會科學論綱」 沈立人
王亞南著 東南出版社印行
哥薩克譯序
每週新書 商務印書館
新書初版 ●六月第一份十種新書週第月●
中國通史要略 副林專利制度概論 美國資本主義之勝利 建國
張澤年譜 鳩那羅的眼睛 植物繁殖法 合作主義國際貿易論 參議會組織實務 參議員選舉實務
★書新週上☆
東方副刊 學生雜誌 東方雜誌
元百六價實冊每
大學教本
中國哲學史通論
文學示例
近代英美散文選
文藝心理學
中國文學批評史大綱
中國通史
中國通史
中國的地理基礎
抗戰八年木刻選集
是抗戰中藝苑的奇花，是八年來木刻的精華。
每冊實價七千元
十月底以前特價六千元
開明書店

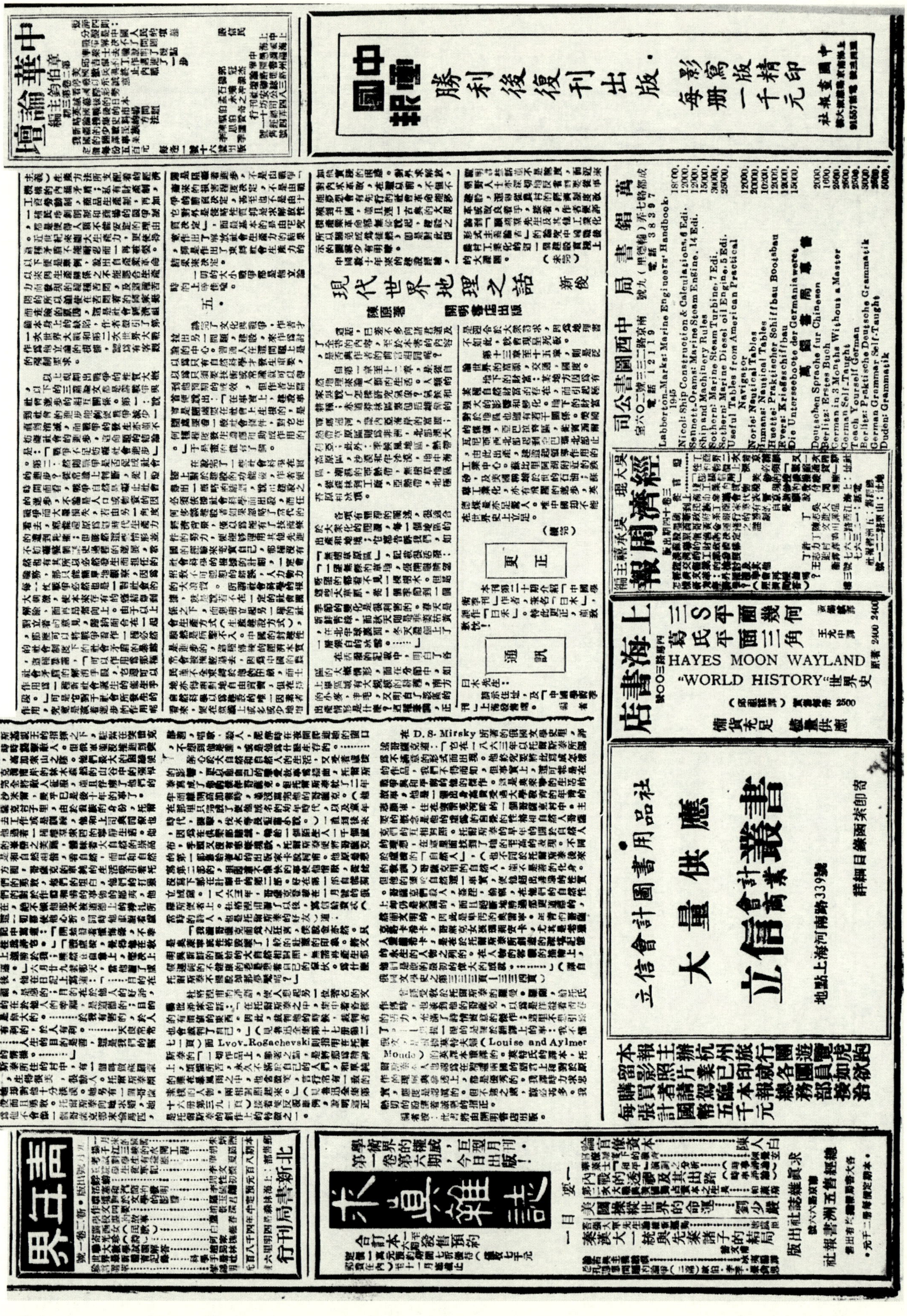

中華論壇 編主 約伯章

國中報 勝利後復刊出版 影寫每冊一版一千精元印

現代世界地理之話 新俊 陳原著 開明書店出版

中國數十年來的經濟建設，

(未完)

司公書圖西中 萬 鉛 書 局

Labberton: Marks' Marine Engineers' Handbook. 1945

Nicol: Ship Construction & Calculations, 6 Edi.

Sennett-Oram: Marine Steam Engine, 14 Edi.

Ship and Machinery Rules

Sothern: Marine Steam Turbine, 7 Edi.

Sothern: Marine Diesel oil Engine, 5 Edi.

Useful Tables from American Practical Navigator

Norie: Nautical Tables

Inmans: Nautical Tables

Huette: Praktischer Schiffbau Boosbau

Evers: Kriegsschiffbau

Die Untersschiede der Germaniawerts

Deutschen Sprache fur Chinesen

Berlitz: Erstes Buch

German in 3 Months Without a Master

German Self-Taught

Teach Yourself German

Berlitz: Praktische Deutsche Grammatik

German Grammar Self-Taught

Duden: Grammatik

經濟周報 吳大琨 主編 吳承禧

上海書店 三S平面幾何 葛氏平面三角 HAYES MOON WAYLAND "WORLD HISTORY" 世界史 備貨充足 儘量供應

立信會計圖書用品社 大量供應 立信會計叢書 商業 地點上海河南路339號 詳細目錄函索即寄

本報留影 主辦照片 杭州 旅行 各團體 遊覽 如欲

青年界 北新書局刊行

求真雜誌 學術界的權威，巨型月刊，第一卷第六期，今日出版！

第廿三期　每逢星期四出版

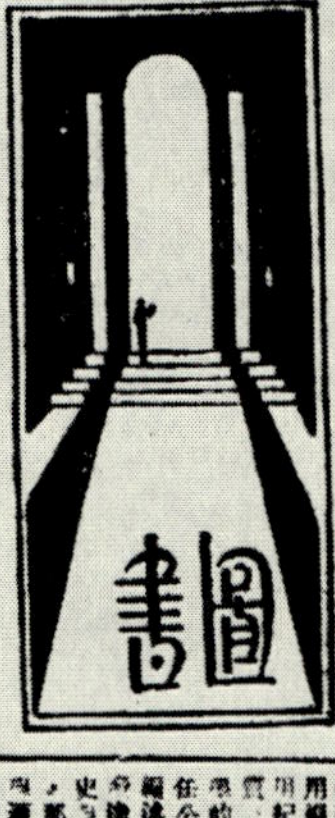

中國史學史

金毓黻著　民國卅五年五月上海商務印書館出版　定價六元。

剛主

現代世界地理之話

讀書　開明書店出版

新俊

介紹一部講易經的奇書

亮夫

讀「社會科學論綱」

王亞南著　東南出版社印行

沈立人

★大眾的科學月刊★

科學大眾

創刊號

雙十節出版

每冊特價 五百元

—要目—

出版者：中國大眾出版公司
上海博物院路二三一號中國科學公司

經售者：中國科學公司

附送全國中等以上學校

速算

褚鳳儀編著

大學中學商科可採作商業數學補助教本，銀行界商界實業界職員可以無師自通，幫助節省計算之時間，各宜人手一冊。

上冊國幣三千六百元正

下冊國幣二千元正

中學音樂標準教本

樂理

楊世海 徐仁美 合編

每冊國幣八百元正

總發行所 大明圖書公司
上海河南北路興里二十六號

總經售處 黎明書局
上海福州路二五四號

蔣主席畫史

為增加篇幅延期出版 謹告預約讀者

中國[illegible] 謹啓

本報讀者注意

南京

萬錩書局

成都（中正路口）七弄九號
電話38397

中西圖書公司

南京路三三號二〇六室
電話12119

Karrer: Organic Chemistry. 1945	2000.
Kauffmann: Physikalische Chemie	2000.
Badger-Mecabe: Elements of Chemical Engineering	6500.
Hougen-Watson: Industrial Chemical Calculations	5000.
Anderson: Essentials of Physiological Chemistry	5000.
Mantell: Industrial Electrochemistry	7000.
A Book of Formulas	3500.
Thomssen-Kemp: Modern Soap Making	6000.
Perry: Chemical Engineers' Handbook. 2 Vols. 2 Edi.	18000.
Hodgman: Handbook of Chemistry & Physics. 1945	18000.
Gilman: Organic Syntheses. I-Ix	7500.
Dooley: Practitioner & Interns Handbook. 1945	5000.
Sollmann: Manual of Pharmacology. 6 Edi. 1946	15000.
Howell: Textbook of Physiology. 15 Edi. 1946	18000.
Musser: Internal Medicine. 4 Edi. 1946	23000.
Osler: Principles & Practice of Medicine. 1944	21000.
Boyd: Textbook of Pathology. 1946	20000.
Scoville: Art of Compounding. 7 Edi. 1944	6500.
Hatcher-Barton: Useful Drugs. 13 Edi. 1946	3500.
Cunningham: Manual of Practical Anatomy. 3 Vols.	20000.
Manson-Bahr: Tropical Diseases. 7 Edi. 1940	15000.
Cecil: Textbook of Medicine. 1946 （裝訂中）	25000.
Nicol: Ship Construction & Calculations. 6 Edi.	12000.
Labberton-Marks: Marine Engineers' Handbook. 1945	18000.

上海雜誌公司 刊行

上海中正東路二九號A8室
漢口分店：交通路三八號

應用圖案講話　鄭川谷著作　實價一千四百元

高爾基選集

我的童年 三〇〇〇元
英雄的故事 一五〇〇元
愛的奴隸 一四〇〇元
奧羅夫夫婦 一〇〇〇元
天藍的生活 一〇〇〇元

學習與戰鬥　王任叔著 二五〇〇元

曠野的呼喊（小說）　蕭紅著 一六〇〇元

他死在第二次（詩集）　艾青著 一〇〇〇元

讀書隨筆　林默涵著 一三〇〇元

祖國的兒女們　巴甫連科著　[illegible]譯 一〇〇〇元

在中國上空　美空軍上校[illegible]著　唐[illegible]譯 九〇〇元

張恨水著 小品

凱歌 二〇〇〇元

大地黃金 一三〇〇元

大明英烈傳 九〇〇〇元

戰鬥的女性 一五〇〇元

蕭紅的小說——呼蘭河傳

茅盾

（一）

今年四月，第三次到香港，我是帶着寂寞而感傷的心情的。從我在重慶決定了要繞這麼一個圈子回上海的時候起，我的心情總有點兒矛盾和抑悒，——我決定了這麼走，可又怕這麼走，我怕香港會引起我的一些回憶，而這些回憶我是願意忘卻的，不過，在忘卻之前，我又極願意再溫習一遍。

在廣州先住了一個月，生活相當忙亂，在香港一住又是個把月，生活也相當忙亂；因爲忙亂，倒也壓住了懷舊之感，然而，想要溫習一遍然後忘卻的意念卻也始終不曾拋開。我打算到九龍太子道看一看我第一次寓居香港時的房子，看一看我的女孩子那時喜歡約了女伴們去遊玩的蝴蝶谷，找一找我的男孩子那時專心致意收集來的一些美國出版的連環圖畫，也想看一看香港堅尼地道我第二次寓居香港時的房子，「一二·八」香港戰爭爆發後我們「避難」的那家「跳舞學校」（在詩道），而特別想看一看的，是蕭紅的墳墓——在淺水灣。

我把這些願望放在心裏，略有空閒，這些心願就來困擾我了，然而我始終提不起那份勇氣，還這些未了的心願。直到離開香港，九龍是沒有去，淺水灣也沒有去；我實在是常常違反本心似的規避着，常常自己找些藉口來拖延，雖然我沒有說過我有怎樣的打算，也沒有人催促我快還這些心願。

二十多年來，我也頗經歷了一些人生的甜酸苦辣，如果有使我憤怒也不是，悲痛也不是，沉甸甸地老壓在心上，因而願意忘卻，但又不忍輕易忘卻的，莫過於太早的死和寂寞的死。爲了追求真理而犧牲了壯年的歡樂，爲了要把自己造成一個對民族對社會有用的人而甘願苦苦地學習，可是正當學習完成的時候卻忽然死了，像一顆未出膛的子彈，這比在戰鬥中倒下，給人以不知如何的感慨，似乎不是單純的悲哀或惋惜所可形容的。

這樣的太早的死，曾經，爲我的感情上的一種沉重的負担，我願意忘卻，但又不能且不忍輕易忘卻，因此我這次第三回到了香港想去再看一看蝴蝶谷，而又始終不敢去。有時且又自慰，想再去看一看蝴蝶谷這意念，也是無聊的；可資憑弔的地方，豈止這一處，即使去了，未必就能在那邊埋葬了寂寞。

對於生活曾經寄以美麗的希望但又屢次「幻滅」了的人，是寂寞的；對於自己的能力有自信，對於自己的工作也有遠大的計劃，但是生活的苦酒卻又使他頗爲傷感不能振作，而又因此感到苦悶焦燥的人，當然會加倍的寂寞，這樣精神上寂寞的人一旦發覺了自己的生命之燈快將熄滅，因而一切都無從「補救」的時候，那他的寂寞的悲哀恐怕不是語言可以形容的。而這樣的寂寞的死，也曾經成爲我的感情上的一種沉重的負担，我願意忘卻，但又不能且不忍輕易忘卻，因此我想去淺水灣看看而終於違反本心地屢次規避掉了。

（二）

蕭紅的墳墓寂寞地孤立在香港的淺水灣上。

在遊泳的季節，年年的淺水灣該不少紅男綠女罷，然而躺在那裏的蕭紅是寂寞的。

在一九四〇年十二月，——那是她的健康還不這樣成問題的時候，她寫成了她最後的著作——小說呼蘭河傳，然而即使在那時，蕭紅的心境已經是寂寞的了。

而且從呼蘭河傳，我們就看到了蕭紅的幼年也是何等的寂寞！讀一下這部書的寥寥數語的「尾聲」，就想得見蕭紅在回憶她那寂寞的幼年時，他的心境是怎樣寂寞的！

「呼蘭河這小城裏邊，以前住着我祖父，現在埋着我祖父。

「我生的時候，祖父已經六十多歲了，我長到四五歲，祖父就快七十了，我還沒有長到二十歲，祖父就七八十歲了，祖父一過了八十，祖父就死了。

「從前那後花園的主人，而今不見了，老主人死了，小主人逃荒去了。

「那園裏的蝴蝶，螞蚱，蜻蜓，也許還是年年仍舊，也許現在完全荒涼了。

「小黃瓜，大倭瓜，也許還是年年的種着，也許現在根本沒有了。

「那早晨的露珠是不是還落在花盆架上，那午間的太陽是不是還照着那大向日葵，那黃昏時候的紅霞是不是還會一會兒工夫變出一匹馬來，一會兒工夫變出一匹狗來，那麼變着，

「這一些不能想像了。

「聽說有二伯死了。

「老廚子就是活着年紀也不小了。

「至於那磨房裏的磨官，至今究竟如何，則完全不曉得。

「以上我所寫的並沒有什麼幽美的故事，只因他們充滿了我幼年的記憶，忘卻不了，難以忘卻，就記在這裏了。」

呼蘭河傳脫稿以後，翌年之四月，因爲史沫特萊女士之勸，蕭紅想到新加坡去，那時候，史沫特萊來自己正要回美國，路過香港，小住一月，蕭紅以太平洋局勢問她，她說日本人必然要攻香港及南洋，香港至多能守一月，而星加坡則堅不可破，即使破了，在星加坡也比在香港辦法多些。蕭紅又鼓動我們夫婦倆也去。那時我不能也不想離開香港，我以爲蕭紅怕的是落在香港（萬一發生戰爭的話），我還多方爲之解釋，可是我不知道她之所以離開香港，因爲她在香港生活是寂寞的，心境是寂寞的，她是希望由於離開香港而擺脫那可怕的寂寞，並且我也想不到她那時的心境會這樣寂寞。那時正在皖南事變以後，國內文化人大批跑到香港，造成了香港文化界空前的活躍，在這樣環境中，而蕭紅會感到寂寞是難以索解的。等到我知道了而且也理解了這一切的時候，蕭紅埋在淺水灣已經快滿一年了。

星加坡終於沒有去成，蕭紅不久就病了，她進了瑪麗醫院。在醫院裏她自然更其寂寞了。然而她求生的意志非常強烈，她希望病好，她忍耐着寂寞住在醫院。她的病相當複雜，而大夫也荒唐透頂，等到診斷明白是肺病的時候就宣告已經無可救藥，可是蕭紅自信能活，甚至在香港戰事爆發以後，夾在死於炮火和死於病二者之間的她，還是更怕前者，不過心境的寂寞，仍然是對於她的最大威脅。

經過了最後一次手術，她終於不治，這時香港已經淪陷，她嚥最後一口氣時，許多朋友都不在她面前，她就這樣帶着寂寞離開了這人間。

（三）

呼蘭河傳給我們看蕭紅的童年是寂寞的。

一位解事頗早的小女孩子每天的生活多麼單調呵！年年種着小黃瓜，大倭瓜，年年春秋佳節有些蝴蝶，螞蚱，蜻蜓的後花園，堆滿了破舊東西黑暗而塵封的後房，是她消遣的地方；慈祥而溫有慈心的老祖父是她唯一的伴侶；清早在床上學舌似的唸老祖父口傳的唐詩，白天纏着老祖父講那些實在已經聽厭了的故事，或者看看那左鄰右舍的千年如一日的刻板生活，——如果這樣死水似的生活中有什麼突然冒起來的浪花，那也無非是老胡家的小團圓媳婦病了，老胡家又請神了，小團圓媳婦終於死了，那也無非是磨倌馮歪嘴忽然有了老婆，有了孩子，而後來，老婆又忽然死了，剩下剛出世的第二個孩子。

呼蘭河這小城的生活也是刻板單調的。

一年之中，他們很有規律地過着活；一年之中，必定有跳大神，唱秧歌，放河燈，野台子戲，四月十八娘娘廟大會……這些熱鬧隆重的節日，而節日也和他們的日常生活一樣多麼有規律。

呼蘭河這小城的生活可又不是沒有音響和色彩的。

大街小巷，每一茅舍內，每一籬笆後邊，充滿了嘮叨，爭吵，哭，笑，乃至夢囈，一年四季，依着那些走馬燈似的挨次到來的季節而生活，熱鬧的節日，在灰暗的日常生活的背景前，呈顯了粗線條的大紅大綠的帶有原始性的色彩。

呼蘭河的人民當然都是善良的。

他們照着幾千年傳下來的習慣而思索，而生活，他們有時也許顯得麻木，但實在他們也頗敏感而瑣細，芝麻大的事情他們會議論或者爭吵三天三夜而不休。他們有時也許顯得愚昧而蠻橫，但實在他們並沒有害人或自害的意思，他們只是按照他們認爲最合理的方法，「該怎麼辦就怎麼辦。」

我們對於老胡家的小團圓媳婦的不幸的遭遇，當然很同情，我們憐惜她，我們爲她叫屈，同時我們也憎恨——但憎恨的對象不是小團圓媳婦的婆婆，我們只覺得這婆婆也可憐，她同樣是「照着幾千年傳下來的習慣而思索而生活」的一個犧牲者，她的「立場」，她的叫人憎恨可恨卻又是更可憐的地方，在她「心安理得地化了五十吊」請那騙子——雲遊道人給小團圓媳婦治病的時候，就由她自己申說得明明白白：

「她來到我家，我沒給她氣受，哪家的團圓媳婦不受氣，一天打八頓，罵三場，可是我也打過她，那是我給她一下馬威，我只打了她一個多月，雖然說我打得狠了一點，可是不狠那能夠規矩出一個好人來。我也是不願意狠打她的，打得連喊帶叫的，我是爲她着想，不打得狠一點，她是不能夠中用的。……」

這老胡家的婆婆爲什麼堅信她的小團圓媳婦得狠狠地「管教」呢？小團圓媳婦有些什麼地方叫她老人家看着不順眼呢？因爲那小團圓媳婦第一天來到老胡家就由街坊公論判定她是「太大方了」，「一點也不知道羞，頭一天來到婆家，吃飯就吃三碗」，而且「十四歲就長得那麼高」，也是不合規律，——因爲街坊公論說小團圓媳婦不像個團圓媳婦，所以更使她的婆婆相信非加管教不可，而且更因爲「只想給她一個下馬威」的時候，她「太大方」的小團圓媳婦居然不服管教——帶哭連喊，說要回「家」去——所以不得不狠狠地打了她一個月。

街坊們當然也都是和那小團圓媳婦無怨無仇，都是爲了要她好，——像一個團圓媳婦。所以，當那小團圓媳婦被「管教」成病的時候，不但她的婆婆肯捨大把的錢爲她治病（跳神，各種偏方），而衆街坊也熱心地給她出主意。

而結果呢？結果是把一個「黑忽忽的，笑呵呵的」（名爲十四歲其實不過十二歲），可實在長得比普通十四歲的女孩又高又大又結實的小團圓媳婦活生生「送回老家去」！

呼蘭河這小城的生活是充滿了各種各樣的聲響和色彩的，可又是刻板單調的。

呼蘭河這小城是寂寞的。

蕭紅的童年生活就是在這樣的寂寞的環境中過去的。這在她心靈上留的烙印有多麼深，自然不言而喻。

無意識地違背了「幾千年傳下來的習慣而思索而生活」的老胡家的小團圓媳婦終於死了，有意識地反抗着幾千年傳下來的習慣而思索而生活的蕭紅則以含淚的微笑回憶這寂寞的小城，懷着寂寞的心情，在悲壯的鬥爭的大時代。

（四）

也許有人會覺得呼蘭河傳不是一部小說。

他們也許會這樣說：沒有貫串全書的線索，故事和人物都是零零碎碎，都是片段的，不是整個的有機體。

也許又有人覺得呼蘭河傳好像是自傳，卻又不完全像自傳。

但是我卻覺得正因其不完全像自傳，所以更好，更有意義。

而且我們不也可以說：要點不在呼蘭河傳不像是一部嚴格意義的小說，而在它於這「不像」之外，還有些別的東西——一些比「像」一部小說更爲「誘人」些的東西：它是一篇敘事詩，一幅多彩的風土畫，一串淒婉的歌謠。

有諷刺，也有幽默，開始讀時有輕鬆之感，然而愈讀下去心頭就會一點一點沉重起來，可是，仍然有美，即使這美有點病態，也仍然不能不使你炫惑。

也許你要說呼蘭河傳沒有一個人物是積極性的，都是些甘願做傳統思想的奴隸而又自怨自艾的可憐蟲，而作者對於他們的態度也不是單純的，她不留情地鞭

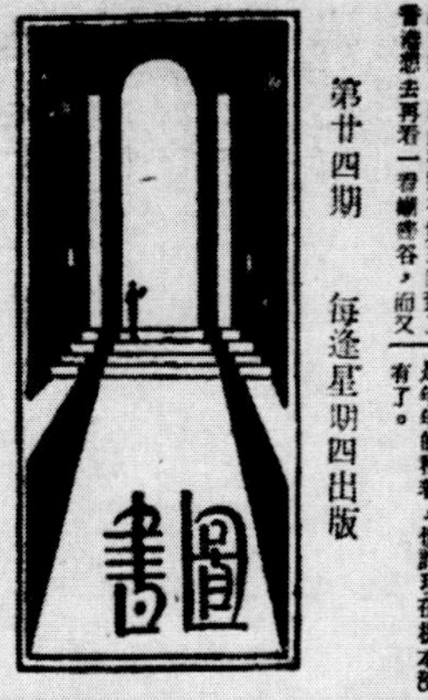

第廿四期　每逢星期四出版

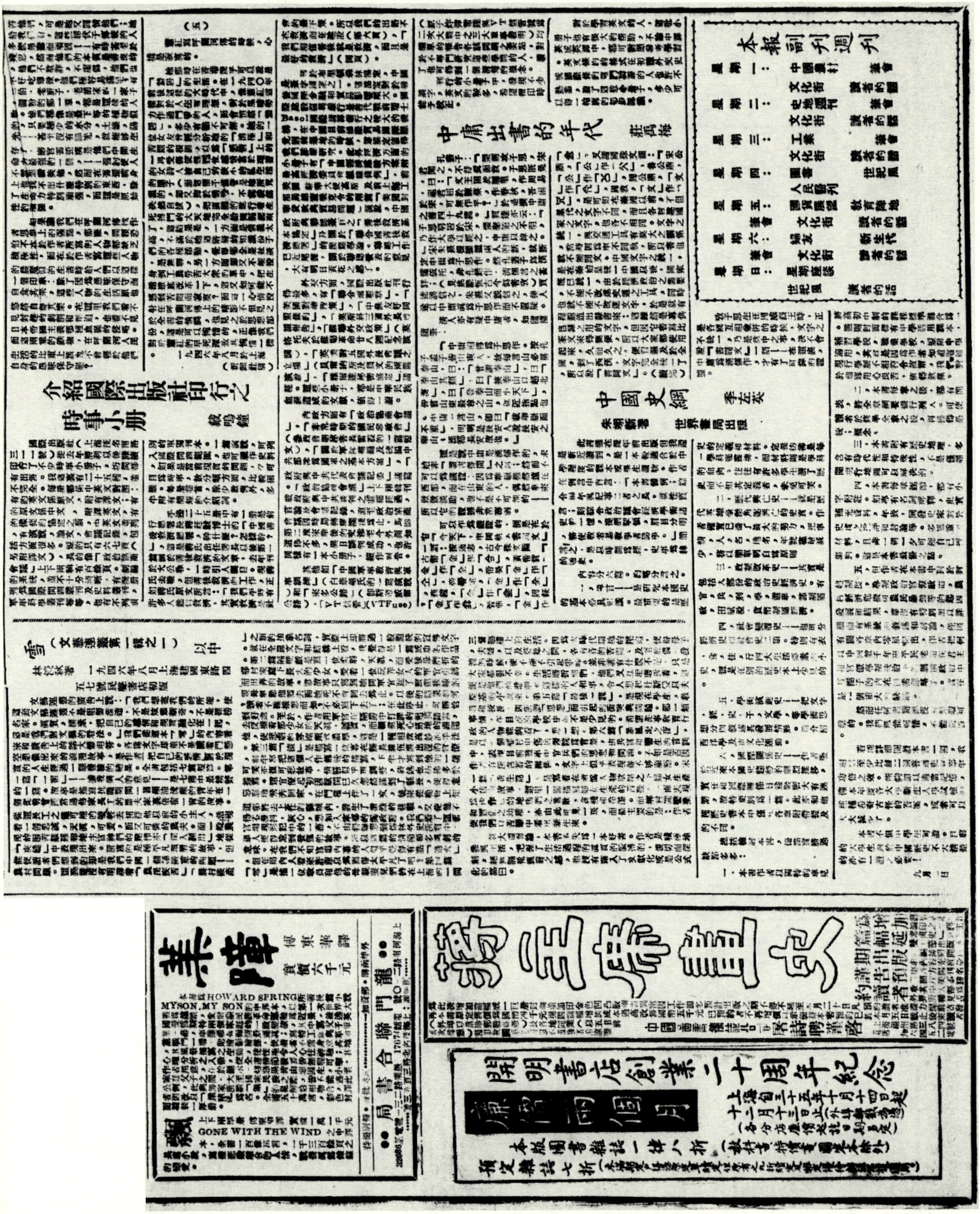

本報副刊週刊

星期一：中國農村　讀書會
　　　　文化街　讀者的話
星期二：史地週刊　讀書會
　　　　文化街　讀者的話
星期三：工業　讀書會
　　　　文化街　讀者的話
星期四：圖書　世紀風
　　　　人民園刊
星期五：國貨展望　教育陣地
　　　　讀書會　文化街　讀者的話
星期六：婦友　新生代
　　　　讀書會　文化街　讀者的話
星期日：星期座談
　　　　世紀風　讀者的話

中庸出書的年代　莊禹梅

中國史綱　李石岑
朱翊新著　世界書局出版

介紹國際出版社印行之時事小冊　錢鳴鐘

雪（文藝連叢第一種之一）以中

蔣王唐薑史

開明書店創業二十周年紀念
廉價兩個月
上海自三十五年十月十四日起
十二月十三日止（外埠郵購照此）
（各分店展期及截止日期另定）
本版圖書雜誌一律八折（教科書、特價書、圖書券除外）
預定雜誌七折

華陵　實價六千元
MYSON, MY SON　HOWARD SPRING
飄　GONE WITH THE WIND
合聯書局

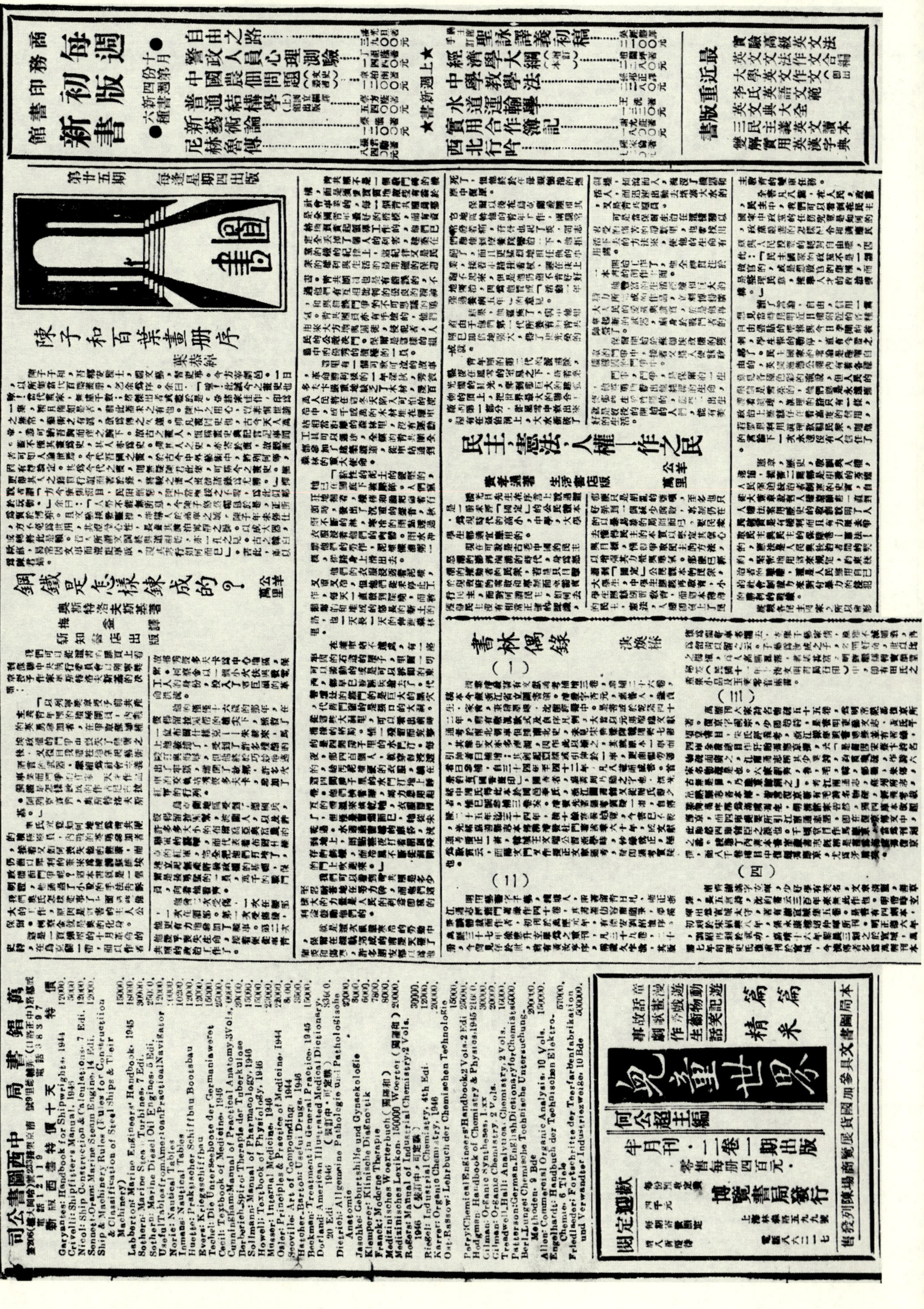

文匯報

中華民國三十五年十月十二日 星期四 第八版

書林偶錄（一）

洪煥椿

鋼鐵是怎樣煉成的？

萬公羊

陳子和《百葉畫冊》序

民主、憲法、人權——作之民

圖書（第廿五期 每逢星期四出版）

商務印書館 新書初版每週

六新書四份十月第四週

新藝術論

普通結構學（上）

中國農村問題

警政人員心理測驗

自由之路

花柳病常識

★新書上週★

實用合作簿記

水道運輸學

中學教學法

經濟學大綱

聖詠譯義初稿

西北行吟

最近重版書

實驗高級英文法

英文文法作文合編

大學英文作文

李氏英語文範

英文典大全

三民主義英文讀本

雙解實用英漢字典

中西圖書公司 特價十天 外文書籍

Garyantes: Handbook for Shipwrights. 1944 12000.

Crivelli: Shipfitter's Manual. 1945 5000.

Nicol: Ship Construction & Calculations. 7 Edi. 15000.

Sonnett-Orsam: Marine Steam Engine. 14 Edi. 12000.

Ship & Machinery Rules (Rules for Construction & Classification of Steel Ships & Their Machinery) 15000.

Labberton: Marine Engineers' Handbook. 1945 18000.

Sothern: Marine Steam Turbines. 7 Edi. 30000.

Sothern: Marine Diesel Oil Engines. 5 Edi. 25000.

Useful Tables from American Practical Navigator 12000.

Norie: Nautical Tables 10000.

Inmans: Nautical Tables 10200.

Huette: Praktischer Schiffbau Bootsbau 12000.

Evers: Kriegsschiffbau 12000.

Techel: Die Unterseeboote der Germaniawerft 16000.

Cecil: Textbook of Medicine. 1946 25000.

Cunningham: Manual of Practical Anatomy. 3 Vols. 30000.

Berberich-Spiro: Therapie der Tuberkulose 30000.

Sollmann: Manual of Pharmacology. 1946 15000.

Howell: Textbook of Physiology. 1946 15000.

Musser: Internal Medicine. 1946 23000.

Osler: Principles & Practice of Medicine. 1944 22000.

Scoville: Art of Compounding. 1944 8000.

Hatcher-Barton: Useful Drugs. 1946 3500.

Beckman: Treatment in General Practice. 1945 15000.

Dorland: American Illustrated Medical Dictionary. 20 Edi. 1946（裝訂中，可定購） 33600.

Dietrich: Allgemeine Pathologie und Pathologische Anatomie 20000.

Jaschke: Geburtshilfe und Gynaekologie 8000.

Klemperer: Klinische Diagnostik 6000.

Franck: Moderne Therapie 7800.

Medizinisches Woerterbuch（英譯和） 8000.

Medizinisches Lexikon. 150000 Woerter（英譯和） 20000.

Rogers: Manual of Industrial Chemistry. 2 Vols. 1946（裝訂中，可定購） 30000.

Riegel: Industrial Chemistry. 4th Edi. 12000.

Karrer: Organic Chemistry. 1946 20000.

Ost-Rassow: Lehrbuch der Chemischen Technologie 15000.

Perry: Chemical Engineers' Handbook. 2 Vols. 2 Edi 25000.

Hodgman: Handbook of Chemistry & Physics. 1945 21600.

Gilman: Organic Syntheses. I-xx 30000.

Gilman: Organic Chemistry. 2 Vols. 20000.

Treadwell-Hall: Analytical Chemistry. 2 Vols. 10000.

Patterson: German-English Dictionary for Chemists 6000.

Berl-Lunge: Chemische Technische Untersuchungs-Methoden. 9 Bde 20000.

Allen: Commercial Organic Analysis. 10 Vols. 15000.

Engelhardt: Handbuch der Technischen Elektro-Chemie. 6 Teile 57000.

Friedlaender: Fortschritte der Teerfarbenfabrikation und Verwandter Industriezweige. 10 Bde 50000.

何公超主編 半月刊 兒童世界

精編 篇篇

博覽書局發行

歡迎定閱

恭祝
主席六旬華誕

蔣主席畫史

發行

籌備壹足年
編排兩閱月

中國畫書雜誌公司彙集出版

屠詩聘謹編

蔣主席畫史 主席六秩大慶特斥巨資，從事「蔣主席畫史」之編輯工作，籌備經年，並獲得黨政軍及文化界贊助，今已完成，搜集之圖照，均為創見發表者，珍貴異常，內容計分：童年回憶，光芒初露，黃埔練軍，伉儷生活，北伐時代，勵精圖治，十年之前，抗戰過程，凱旋還都，訓詞言論等十大門類，舉凡主席生平事蹟，均羅列無遺。編文並重，八開大本，封面為七色照相版並加印金色凹凸版，尤稱出版界近十年來豪華創舉，千呼萬喚，業於今日起發行，景仰主席思想人格暨慶賀主席壽誕，允宜人手一冊。

本畫史原定雙十節出版為求內容充實增加篇幅致延期謹不得不延期出版尚希鑒諒

定價國幣五千元 為普及全國一致特廉售 仰懇見一層本社發售

總發行
中國畫書雜誌公司
上海福州路三八四號電話九六四五二
全國各大書局報攤均售

聖詠譯義初稿序

吳經熊譯 商務出版

于斌

（五）

（六）

偃飲錄

陶鑄

以俟齋日記不分卷止足齋日記不分卷附止足齋奏疏檢存不分卷

清滿洲銘安撰 稿本 四十四冊

綆古廬行篋書目不分卷

長沙郭宗熙撰 稿本 三冊

講筵日記一卷講筵後紀一卷

清嘉定錢大昕撰 手稿本 一冊

離騷經講錄不分卷

清大興劉獻廷講 新安黃日瑚錄 長洲汪士鋐手寫本 存五十九葉 一冊

恭祝 蔣主席六秩華誕

商務印書館　正中書局　中華書局　開明書店　世界書局　大東書局　文通書局　獨立出版社　中國文化服務社　兒童書局　利華出版社

敬賀

介紹「文藝·戲劇·生活」

伯韓

丹欽柯著　焦菊隱譯　文化生活社出版

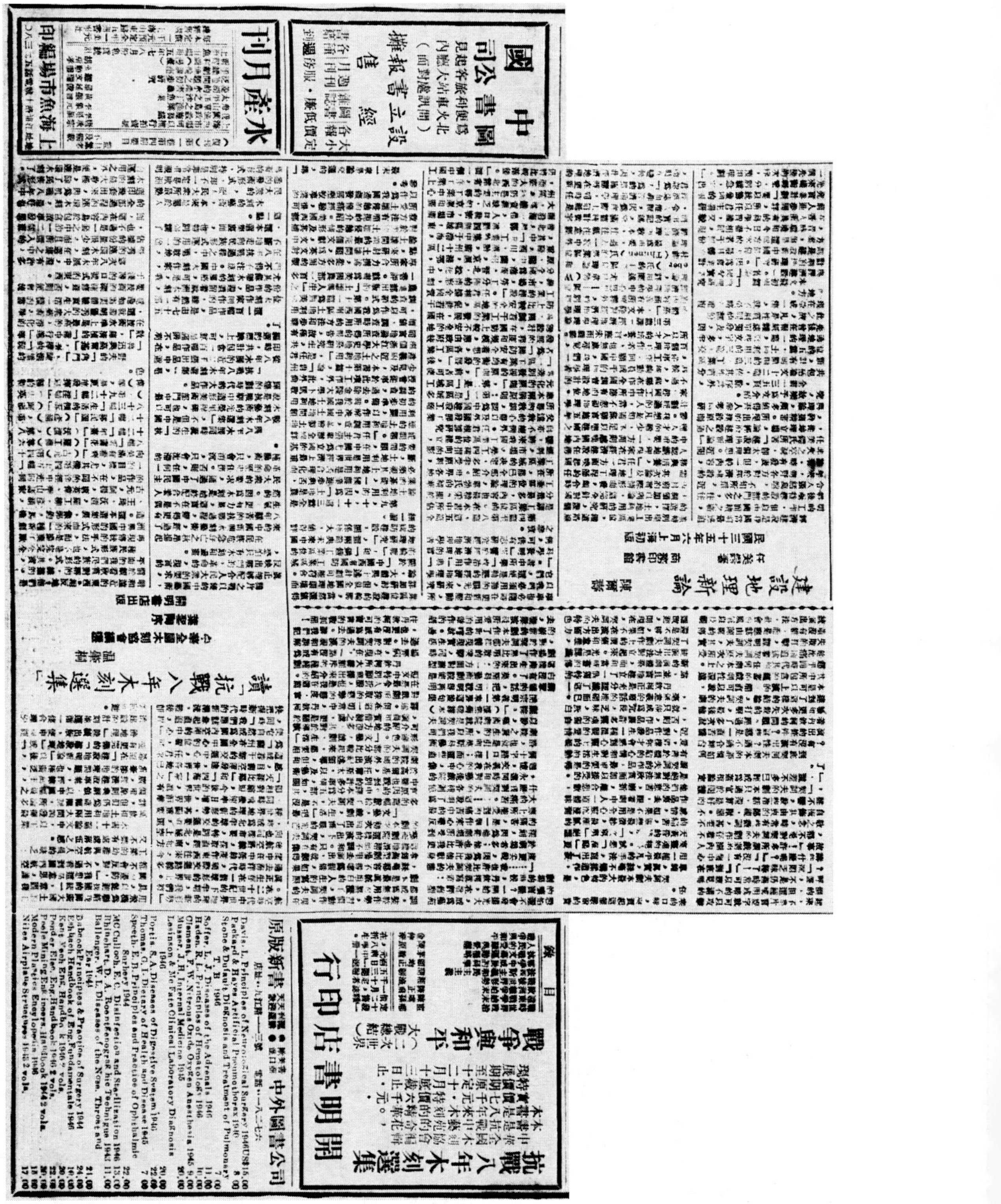

建設地理新論

陳爾壽

任美鍔著 商務印書館 民國三十五年六月上海初版

讀「抗戰八年木刻選集」

溫肇桐

中華全國木刻協會編選 葉聖陶序 開明書店出版

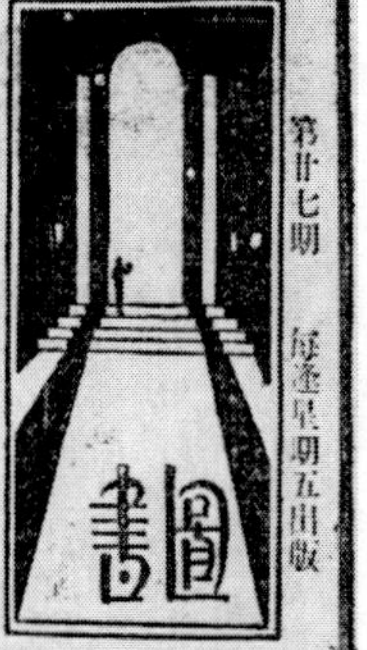

第廿七期　每逢星期五出版

文學論初步

以　持

著者：蔡儀
出版者：生活書店

書林偶錄

洪煥椿

（七）

（八）

（九）

（十）

（十一）

各國革命史講話

平　心著
光明書局印行

蘇　鳴

·一·

·二·

青年界
十月號出版・新二卷二號
北新書局刊行
一九四六年偉大巨著
世界名人傳記
The new 1946 Biographical Encyclopedia of the world（原版）
★歡迎各界預定★每册國幣十四萬九千元★
中外圖書公司
上海九江路一一三號
電話一八二七六
科學畫報
茂・並・文・圖 專家執筆
出版十四年風行遍全國
第十二卷第十二期起擴充篇幅
每册一千元 到處有售
創刊十四週年徵求紀念定戶
全年十二期祇收一萬元定閱
贈送秉志博士新著
科學呼聲一册
總發行所：中國科學圖書儀器公司
上海中正中路六四九號 電話74487
龍門聯合書局
初版大學用書
新教育學
現代英文選
國學概要
理論力學
英文選集
新編汽車駕駛術
歐洲與太平洋戰爭之勝利
抗戰以來
韜奮著 定價三千六百元
韜奮先生之其他著譯
對反民主的抗爭
萍蹤寄語選集
事業管理與職業修養
蘇聯的民主
經歷
患難餘生記
革命文豪高爾基
讀書偶譯
萍蹤憶語
怎樣向韜奮學習
韜奮先生的流亡生活
生活書店總經售

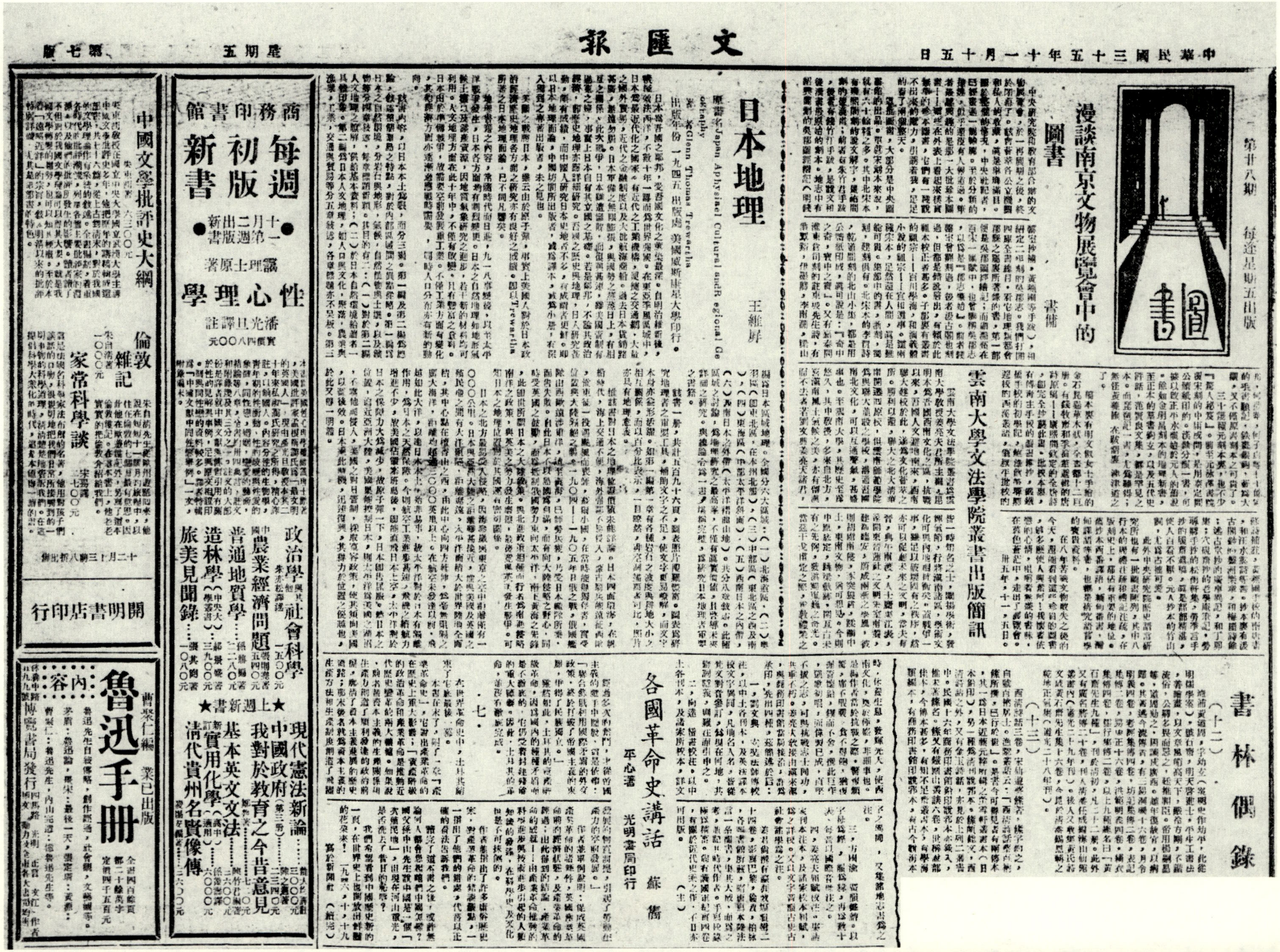

中華民國三十五年十一月十五日 星期五 文匯報 第七版

第廿八期 每逢星期五出版

漫談南京文物展覽會中的圖書

常樵

[illegible]

雲南大學文法學院叢書出版簡訊

[illegible]

日本地理

王維屏

原著名Japan Aphysinel Cultural andR egional Geography

著者Glenn Thomas Trewartha

出版年份一九四五 出版處 威斯康辛大學印行。

[illegible]

各國革命史講話

蘇 儒

光明書局印行 平心著

[illegible]

書林偶錄

（十二）

[illegible]

（十三）

[illegible]

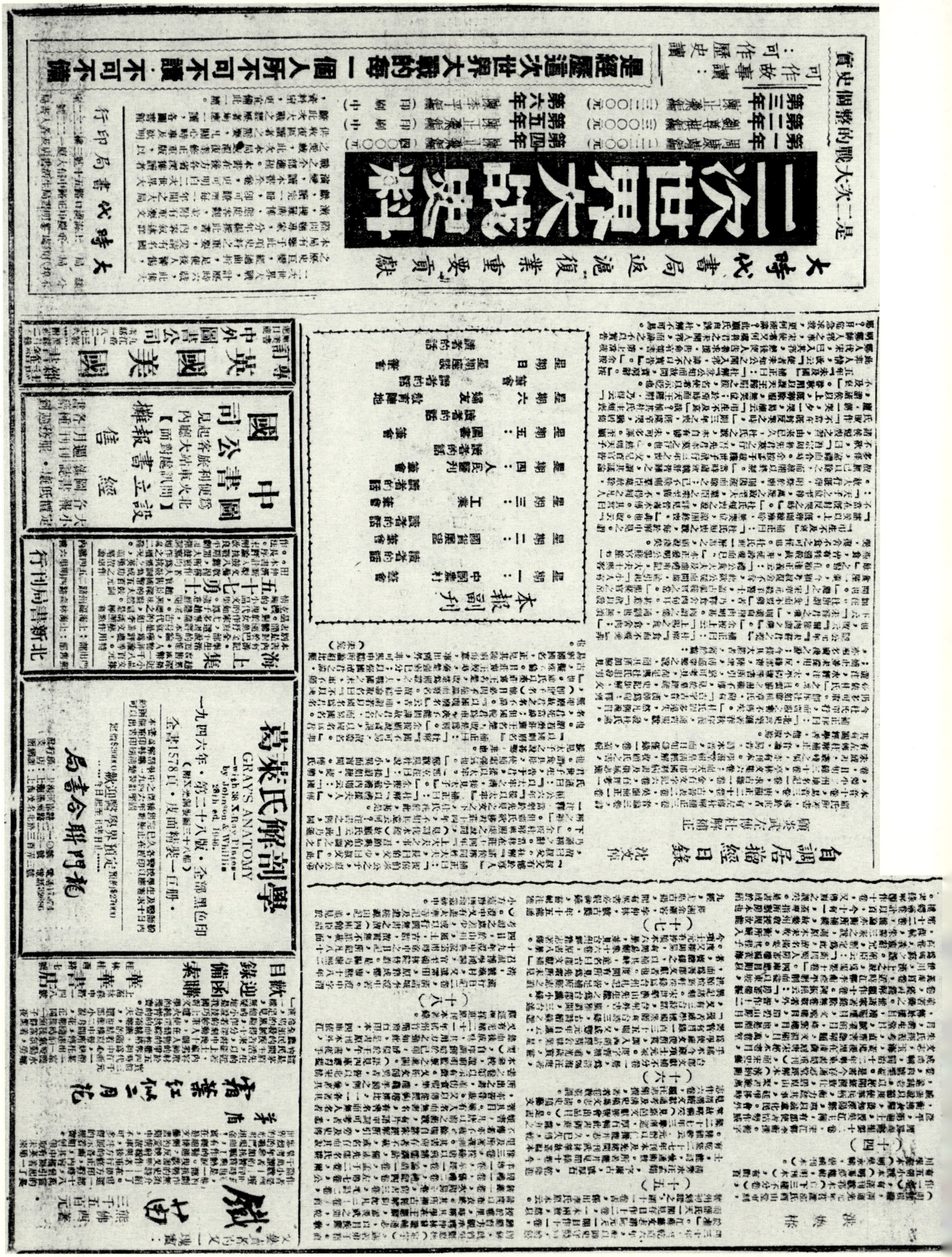

實史個整的戰大次二是

二次世界大戰史料

大時代書局返滬復業重要貢獻

第一年 周康燮編（三〇〇〇元）
第二年 劉善祥編（三〇〇〇元）
第三年 陳正求編（三〇〇〇元）
第四年 陳正求編（四〇〇〇元）
第五年 陳正求編（印刷中）
第六年 陳孝平編（印刷中）

可作故事讀，可作歷史讀

是經歷這次世界大戰的每一個人所不可不讀·不可不備

行印局書代時大

本報副刊

星期一：	中國農村	讀者的話
星期二：	國貨展望	讀者的話
星期三：	工業	讀者的話
星期四：	人民醫刊	讀者的話
星期五：	圖書	讀者的話
星期六：	婦友	教育陣地
星期日：	星期座談	讀者的話

自調居摘經日錄

顧炎武在杜解補正

沈炎梓

（十四）

（十五）

（十六）

（十七）

霜葉紅似二月花

茅盾

《甘肅民國日報》爲國民黨甘肅省黨部的機關報。該報創刊於一九二八年七月九日，是民國時期甘肅地區出版時間最長、影響最大的地方報紙，是甘肅一帶地區的輿論中心。該報曾在一九三〇年十二月至一九三一年三月、一九三六年十二月至一九三七年七月期間受中原大戰、西安事變的影響兩度停刊，一九四九年六月，在蘭州解放前夕宣告停刊。《甘肅民國日報》在出版期間，先後創辦副刊達幾十種之多，但大多數壽命很短，出刊一年以上者，寥寥無幾。在這其中，延續時間長、影響比較大的有《文摘》《生路》《通俗科學》等副刊讀物。

《圖書》副刊總共出版七期，版式爲一整版，編排在《甘肅民國日報》的第三版。從出版頻率上看，《圖書》副刊出刊時間不定，但總體上是每月一期。一九四七年五月二十五日，時任國立西北圖書館（今甘肅圖書館前身）館長的劉國鈞，在《甘肅民國日報》上開闢《圖書》半月刊專欄。通過報紙媒體向社會大衆宣傳圖書館，介紹圖書館館藏，希冀以此來吸引讀者走進圖書館[一]。

《甘肅民國日報·圖書》副刊在第一期發布稿約，并對該刊的定位進行闡述：『本刊爲純學術性刊物，詞嚴義正，園地公開，希專家學者惠賜佳作，此外中西新售書評介，及國内外出版界學術界消息尤所殷望；新售書評介，限二三千字，出版界、學術界消息，限數百字』。憑着『純學術性刊物』的辦刊定位，本刊的學術性體現在欄目設置和專欄作者等方面。欄目方面，設立有『新書介紹』『書評』『學術論文』等專欄，撰稿人包括黎錦熙、張舜徽、章荑蓀、馮國瑞、慕少堂、朱允明等知名學者，集西北文化菁英於一刊，刊登内容涉及序跋選登、作品著述、文史考據、國外圖書譯介等方面。

劉國鈞作爲本刊的主編，將其著述《目録學大綱》在第三、四、六、七期分四次進行連載，詳細介紹了目録學之意義與範圍、目録學之目的與功用、圖書何以需要目録、目録學訓練之重要、編目法及條例之需要以及目録之單位——款目，目録之組織、組織之種類、組織方式，介紹了主題目録、分類目録與字典式目録的功用與缺點以及編製目録步驟，并結合圖書館實際工作情況説明。『以上所述係爲編製參考目録而言，若編製藏書目録，則第一第二兩步驟可以省去，而在實際工作之時，其二、三兩步，四、五

[一] 董雋：《劉國鈞任職國立西北圖書館時的業績》，《圖書館理論與實踐》二〇〇八年第四期，第三頁。

兩步又均可同時并作，故此種區分，只爲解説便利計，在實際工作者，固不必拘泥，但對於第一步，則不可不先有審慎之考慮耳』。這些論述極大地增添了《圖書》副刊的學術分量。

國立西北圖書館在復館時因無館舍，故而暫借省立蘭州圖書館，聯合辦公。時任國立蘭州大學教授、中文系主任，國立西北圖書館籌備委員會委員的馮國瑞，在《圖書》副刊發表了《元至正玄玄記經及勘訣合刻本校勘記》《秦安高漁山先生墓志銘》《〈南洋漢畫新集〉引言》《天水著述考》等六篇學術論文。著名歷史學家、文獻學家張舜徽當時亦在蘭州大學任教，常去蘭州圖書館看書或借書，在《圖書》副刊發表了《〈群經餘論〉序》《〈論語疏證〉序》《〈灕雲詩存〉序》三篇文章。

近代以來，甘肅地方的歷史發展特點既有隨着國家整體邁向現代化路途的普遍性特徵，也有着自身獨特的一面。作爲多民族多宗教地區，戰略地位重要，具備特殊的地理、經濟等地方特色[一]。《甘肅民國日報》作爲國民黨甘肅省黨部的機關報，在《圖書》副刊發表的《甘肅北部漢代國境防綫考》《〈靖遠氣候志簡編〉序》《天水著述考》等文章中，體現了獨具地方特色的一面。值得一提的是，作爲有『甘肅國民黨領袖』之稱的慕壽祺（字子介，號少堂），除擔任甘肅省臨時議會議長、參政院參政等公職外，還學研文史哲三科，修學淵博，治學謹嚴，博古通今，其在《圖書》副刊中亦有所出，發表有《詩學源流薈蕞録》《〈求是齋詩話〉卷之二詩學源流》等多篇文章。

除刊登文獻考證之類的學術文章外，副刊對通俗教育也給予了一定關注。第一期刊登有金枝的《你會查字典嗎？》一文，介紹了如何運用部首查閲文字，并通過字典如何瞭解文字的讀音和解釋。

綜上所述，《圖書》副刊作爲一份學術性較强的圖書類專刊，雖然其辦刊時間較爲短暫，但在風格上却獨具特色，可以爲相關的學術史、文獻學的研究提供資料支持，也可以爲民國時期甘肅地區的文化研究提供方嚮思路。

[一] 汪洋：《失序與重組——民國時期甘肅地方政治與民族關係（一九二九—一九三七年）》，中南民族大學二〇一三年碩士論文。

《甘肅民國日報·圖書》目録

甘肅民國日報·圖書

第一期—第七期

圖書

第一期

劉國鈞主編

稿約

一、本刊爲純學術性刊物，詞嚴義正，園地公開，希專家學者惠賜佳作，此外中西新舊書評介，及國內外出版界學術界消息尤所歡迎。

二、新舊書評介，限二三千字，出版界，學術界消息，限數百字。

三、來稿如欲退還，請付郵資並書名詳細地址。

四、來稿請寄蘭州民國路國立蘭州圖書館轉本刊編輯部，一經登載，敬致薄酬。

權少文箸說文古韻二十八部聲系序

黎錦熙

本書著者權君少文，籍武威，承張李之後，文質彬彬，及學上京，從新齋黃季剛氏問說文義，多有所得；復師畏沙楊遇夫先生，益其所學，終成此帙，可謂發黃氏之幽微，與承學以便利，劭西先生此文稱其書曰「實一鉅製」稱其事曰「無媿於子蘭」勉其來曰「光大隴右學術」，蓋有足珍者焉，惟書闕未設，知者冥鮮，謹識事也；二十八部者：曰歌，曷，寒，灰，沒，痕，支，錫，齊，模，鐸，唐，侯，屋，鍾，齣，覺，冬，蕭，咍，德，登，合，覃，帖，添，凡二十八卷。

編者附識

武威權少文君，一日來訪，以其所撰「說文古均二十八部聲系」相示。瞥然有見錢玄同先生「古韻二十八部音讀之假定」二十六年一月之改訂本，當時玄同曾爲余言之，余南行，返平不久而盧變起，終未及細繹於其工作所在之中途𣩠圓也。今聞所改訂者，雖但就權君精鈔之本，細審注音符號及國際音標，偶定字句，不曾於關韻之分合及音讀之部位，如與余所假擬之上古不無貧缺，言前上升之音諸問題（詳見二十八年擬撰之錢玄同先生傳）有所解決，然亦頗有更張：魚部及鐸陽兩部之元音，舊本假定爲舌後半降而圓唇之【ɔ】，改訂本則爲更降之【B】，其等級與歌佳（支）兩部相當，是也；宵部之元音，舊本假定爲唯一的舌後低元音【A】，改訂本則爲舌後半降而圓唇之單元音【 】，其地位恰居幽魚兩部之間，亦是也。舊本成於二十三年十二月，（曾發表於師大月刊）此則其最後手定本，遺蹟宛然，彌足珍矣！權君云，復因約爲序言，卒未就，惜哉！錢君每爲人作序，必繫其所見，倘成，則平書與余所擬諸問題，當擬解決之道，今不可得已！抑權君弁此於書論文之首，實極爲有識。（余曾序廣韻反切上下字圖音案引，其中道及北音，云，「究竟這些時候在齊書是怎樣分別的？這是『個大問題』。要解決這個問題，在現代語言學音韻學上，叫做古代『音值』的擬議（亦稱假定），這種工作，中國過去的學者並不注重，他們只注重『音類』的研究，音值的擬議，當然也要靠音類研究的成績做個基礎，不過，若果淨究音類，只是紙上談兵，必須逾擬音值，方能靜之據的，支脂何別？試文不殊，紙面上雖然種析條分，口頭上仍將是大渾沌，是發『千七百年之秘』，終含『死不瞑目』之悲（皆段懋堂故事）」，錢君此篇所以爲創作也，其在能利用統一的音標工具審察系統的音理，故得有此成就。）

權君論文名「說文古均二十八部聲系」，實一鉅製。通去學說文聲母（今多稱諧聲符），後凋音類，但前同注符，余擬定名爲「諧音」，聲繫相從諸字以分統於韻部者，爲江子蘭之說文音均表，朱豐芑之說文通訓定聲，皆不附注唐韻反切；錢較古今，古錄當參，今讀由不知唐韻反切，無以校古；此，茲觀權君所撰，字下皆照注大徐所增反切，即此一端，知其工作繁重，迥非因仍江朱兩家成書而鈔排者可比。自序備本書之成，以師楊遇夫先生（樹達）督課之力甚大，楊君撰學，四十餘年如一日，治學嚴謹，勤許書。方諸懋堂，權君誠無愧於子蘭矣。

治中國古聲韻之資源，約之有六：曰古韻文，曰古字聲系，曰中古反切及韻書，曰舊籍中之譯音及外來語，曰現代方音，曰華藏音系「親族語」。前三者均已審，但待音值擬定；後三者尚多未闢之寶藏，權君勉乎哉！權君近年從事黨政工作，自謂此道久疏，然方音邊語，大西北能證古者，繽紛皆是，只須操工具，嫺技術，治事之暇，即可獲治學之資，兩無所礙，且相成也。權君籍武威，出張（澍）李（銘漢于鎬父子）兩家門下，隴右學術，武威有聲，權君其光大之！

民國三十五年，勝利後第九月，黎錦熙記於蘭州十里店之與稷堂。

甘肅北部漢代國境防綫考

張建侯

向讀斯坦因西域考古記，見其篤歎中國古代經營西北魄力偉大，因詫外蠻謂子孫不肖，是否能保此片土地尚不可知；外人譏刺，心爲不平，及來蘭州，西遊甘涼，目睹其自然環境，以印證史籍，追想二千年前開拓此土之精神，方知斯氏所篤歎者尚未盡其實際。年來藉資參觀，與朋友散步共語，時時網羅，所知較多，用起畏念；爰取材氏遺，細味其實，皆歷古之偶見。吾儕村學，偶過古蹟，每談述所聞，覺不驗得；對先人遺物多澤，可珍視寶貴之宗器；而對此偉業蔑以廣庭我後人者，又錯疏略，以沒其事跡，國人漠視，一任其荒廢淹落，則又安能不來外人之譏訕！北方國土之如何保發保全，有政府在，非如容喙計劃，戳文：「國家事不用你幫心」。年行老大，無可效力，用出其淺陋之學，對壞沒之史跡，加之考證，以寄我憂思，作甘肅北部漢代國境防綫考。

漢北方國防綫，隴中以東，自武帝恢復秦楚之際所失秦地後，今張家口北旅粟達遠，出地帶外，大體略同秦代，隴中以西，則其所自開。茲就其開拓年代與方略，分五段言之。

一、塞垣修築之分段與其年代——㊀朔方至令居段——經過地帶與築年代，史無明文，修以實地辨，殆究同近代長城，以地形限之也，北不過楊山北麓，西不踰烏鞘嶺，略同明邊牆，其所築長城，故班志謂「詐設河漢名補」，亦出令居西北塞外；其東段則在賀蘭山東，或用秦城，以實年代，當在元狩二年得昆邪休屠二王地之後，而漢度河自朔方以西至令居，往往通渠中田，則爲元狩四年衛，霍大舉北伐之後，時塞垣或已築成，秦境不出河西，昆邪之降，大行李息將城河上而得其間便，時漢亦未得河西地也。昆邪之降，在二年秋，則築塞當在三四兩年中。㊁令居至酒泉段——其經過地帶大體沿祁連山修築，東段稍突出而至今白亭海之西南，以包括民勤，民勤漢之武威，白亭則漢之休屠澤；其西端下平地同北大河以至酒泉。其時則元鼎六年，與張掖，敦煌同設郡同時，蓋西事日多，宜備遣事，烏孫獻馬請尚主之後，而漢始築令居以西，烏孫獻馬凡三次，第一次在元鼎二年與張騫同來。騫歸拜大行，次年卽死，其後一二年，烏孫遂再獻馬而請尚主，二郡之置，武帝紀明記在元鼎六年，則塞垣之築不出此元六兩年中。㊂酒泉至玉門關段——大宛傳記趙破奴，王恢破樓蘭姑師之後，繼之曰：「于是酒泉列亭障至玉門矣」。據兩功臣表兩人以功封侯，在元封三年四年之交，則此段修築，當在四年或五年，樓蘭路通，和親，細君遂遠嫁；烏孫卒制匈奴之政策漸有成功之際，宜河西之一切部署漸周，皆先後略同時，其障塞亦由此延長。㊃玉門關西移——漢志玉門關，酒泉郡有玉門縣；西域傳敘玉門陽關皆在敦煌龍勒縣，西域傳敘西域兩關，是敦煌在西，關又西，玉門尚在中也，向李廣利太初元年伐大宛，二年還軍，敦煌，武帝使遮玉門關不令入，軍第二次西伐，是玉門關在敦煌東，或關有移徙也。顧頡剛古史注引闞駰十三州志謂：「漢罷玉門屯兵，徙其人于此，故曰玉門縣」，是謂關先在縣後徙，括地志謂關在壽昌縣西北百一十八里，元和志亦從其說，讀元和志以爲地說也。玉門縣距玉門關凡七百八十三里，漢自武帝通西域，至平帝元始初，始終西向，何以退七百餘里，謂說不可通。

後，路博德築居延以東，在令居天山，李陵戰沒之地也，因其持節，烏孫下山，不再有所著，在太初四年，大宛平，西域亦從定，任文屯玉門關之西，迤居延於酒泉郡界內，當係障，敦煌以西之亭燧列，關在西，延和三年間使築玉門關，發卒負食至玉門，迎軍師，故曰玉門關，其遺址可疑。爲祭祀祠，以與天門以西河南岸之塞垣之，沿海勘祀，皆在太初二年築之間，昭帝使卒孝，輪台，渠犂，往往已大得成功，在天山南路往往從矣。斯坦因所考得玉門久，塞垣未端，實至疏勒河口，復沿譽澤東岸，南轉至相當距離，而僅以西往往有廢堡遺址，雖不能斷爲何時所建，而由於玉門之西進，則可知也。

㊄居延塞——居延城居延澤與居延縣爲一爲二，久爲

居延澤則居延海；二水以地名，亦北合水入澤，酒泉郡二縣，下「一百里」，酒泉，北達羌谷水出南羌中，東北至居延入海，今甘州河與北大河，水合流逕額濟納河，以泉北分入今索果諾爾，嘎順二湖；居延一澤而成二湖者，沙流游蕩，分之，合二湖觀其大形，仍與書長「形如月生五日」彼似也；二十一百里」，較今河爲近，似過多者，漢里小也；又曰「羌谷水在東北」居延入澤」，則縣在居延海口三角洲上，至此而臨大澤以爲固也。若爲二縣之所在地望定，與城本一地而分之，實始自顧祖禹之誤，班氏之後，祭昭闕說出，劉昭和志遂謂居延海在張掖縣東北一百六十里，兩披

寄之也，其地本匈奴右賢王屯駐之地，漢自衛霍出擊，匈奴亦漸引而西北，左方當中，則單于庭當直內降，今外蒙三音諾顏部內，武威，敦煌，當漢北亦漸內，並以爲障，南憑山，杭愛山南麓，北據積山，所在地，故說在武威北，居延乃南向以攻渡大漠，則漢人憑此地帶進據西，其地則漢人據此地帶，築城設防，以北臨大磧，而下，地稍突出，然沿河而下，於流南作嶺亦可攻可守，爲計最得，後漢獻帝不得不然也。

其地尚盛農牧，則千年前，當水草豐茂，溝渠縱橫，當農事與盛，而漢之必與匈奴爭其地，非無因也。唯今則額濟納河水源日減，且感水量不足，斷河灌溉，其上流之額濟納運山農田，僅其下游之以北，親古長城及調沿左岸遺迹，漢之居延塞，足徵。而居延漢簡，經由斯坦因發現其地，經由斯坦因所謂額濟納河畔，額濟納東邊沙漠。然伸入額濟納東邊沙漠，站不問此古長城之沿否漢代所築，而漢之沿河，則保衛河流與其直庭澤上以保衛河流與居延澤則極有理據，可想見也。至遮虜障與居延塞之別，前者卽所謂「築令居以西」，完成於元封之末，後者則築於其後，武紀及匈奴傳，但云路博德築居延，或云築遮虜障耳。漢人乃云築居延澤上，後人云塞爲名，實則余疑之某因一段；令以西，以分實之則路博德所築障向北突出部分，爲居延塞。

統上所述，漢西部塞垣已盡，塞外則分有受降城，亦爭要據點也，故匈奴屢攻之。

▲待續▼

你會查字典嗎？

金枝

我國文字的數目，大抵在一萬左右，不爲不多，但我們通常應用的，實在不過兩千字。倘能辨解五六千字，在已算是通儒大師了，所以倘能在三四年書，天天不斷的記上兩個字，那參日常應用，便已綽有餘。爲此，倘只是想認姓名，登賬目，關字實在並非難事。進一步講，雖然關字一事，在古代確是非常困難，因爲那時識字的人既少，字典又不完備，談得起字典更少，但現代，只要自己虛心努力，也並不困難，卽使在朋友同事之中，可沒有以請教的人，倘使已經讀過兩三年書的人，便可靠一本字典，作爲參考：細心查閱；也就可以當爲一個良師益友。

先要認得部首

查閱字典，最好是先認得部首，就是每部的第一個字，總計不過二百五十個，搞熟這幾個字以後，遇到生字，大抵便可辨別這個字的所屬，然後將這字的偏旁（卽部首）除開，數清其餘的筆劃，順次去尋，一般的說，總是可以尋着的多，尋不着的，無非認錯了部首：因爲有許多字，常由許多個部首湊合而成，不能斷定他到底屬於那一個部首，因此容易查錯，要免除此等錯誤，第一要認清這字的屬性，譬如金屬類總在金部，土屬物總在土部，……認清這字的屬性去查，一定可以省去許多麻煩，第二是明白部首的地位，部首最顯著的地位，一般的說來，不外六處，就是：在左，如金木水火土等，在右，如阜文欠彡等，在上，如宀一艸竹等，在下，如土石皿心等，在邊沿，如匚勹囗等，在中的不多，但如愛贏等，卻是他的部首爲心，爲貝，才算是最隱藏而不顯，所以要查這類難認清的字，必須先明白這類字的屬性，倘只依偏旁去找，卻是很難找着的，不過除此以外，照常識上說，最顯著的偏旁字上去查，總是找得到的，還是找不到，一定是數錯了筆劃，或者是找錯了部首。再進一步，就是找偏旁的多，有時也有些困難，古人造字，取義的在上，如宀在上，如儿在下，如心在中，如囗在邊，因爲位置安排的不盡一律，因此便常常發生錯誤。爲補救這種缺點起見，最好是把所有的部首，加以歸類，使得他在上下左右，各有一定的位份，這樣一改，一定可便利而省事得多，只是爲時有點不易安排就是了。

還有兩點困難

既然查着了，還有兩點困難：第一是字的讀音，第二是字的解釋。解釋方面，倘是能力太差的人，用不出來的，好在現在有許多解釋淺近的小字典，大都用白話解釋，可以看得懂的。再以後還不能懂，那就只好去請教別人了。

至於讀音，有的注切，有的只注直音，倘是不認得的字，讀音只好照反切去讀，倘不認得注的字，再查那字的讀音，仍不識，只好照反切的讀法，去拼，正如英文的讀法一樣，人說稍有困難，便不用再讀，注音字母注音的，再用注音符號查字典，有大抵因爲學注音符號，也就可以勉強應用一月工夫，中國字是形半聲的字，應用半邊來讀，十之七八是不會錯的，而還類字裏，那半邊來讀，是不會錯的，把說，何況實在也不能分別的，原只爲了表示有的則爲了省事的原故，省作爲從某字節省了而來的，把它簡化起來的，也像是沒有理由可說的，日本人的讀法，只爲了翻譯英文，不分長短，使不去讀，以外，結果，除了外別的方法，就是收到效果的。

新書介紹

積石叢稿 國立蘭州大學教授張鴻汀先生著，本年四月於蘭州開元印書館出版，其內容爲漢書藝文志釋例，杭州阮氏學記，毛詩故訓傳釋例補正，焯本說苑校勘記五種，乾嘉三通儒傳，例補正，文字簡練，選紹旁采，爲較近不可多得之作。

皋蘭明儒遺文集 遜清進士，皋蘭宿儒王著明先生輯。皋蘭豐黎養會承印，即將問世，其中輯有段堅，彭澤，鄒應龍等諸家之文，共約數十篇，先生于鄉賢軼文軼事，尤多所蒐輯，近成此編，與關懷西北文化，研究西北文物者便利匪淺矣。

新書介紹

中國詩與中國畫 錢鍾書作

本文闡明中國詩畫品評似同而實相反，詩畫兩藝術各作越俎代謀之勤，並引西方美學及文學評論家之說，以資借鏡。

慕少堂藏鄯善出土之大般若經

盛成

> 編者按：慕少堂先生藏書既富，而其銘刻之珍奇者亦復不少，其寶字遜清宣統元年，出土鄯善縣，自有所據，六如品第十[illegible]，敬檢品第十四，凡八十行，千三百餘字，前後經斯坡玉樹[illegible]，濱島北陳詩人盛師，盛先生此文，博采旁稽，小大有信，特爲[illegible]。

篆括諸家，蔡倫造紙，漢末出松烟墨，書人用四心研，而書法居自李斯作小篆，程邈作隸，孔壁古文易爲繁飾，伏生作隸，古始以篆入隸，方者使圓，圓者使方，繼則取篆八分，取隸二分，終以篆筆作漢隸，王次仲始創挑法，方圓作波勢，然伯喈左右分布相背，飾字方八分入楷書之世，鍾元常習篆隸書，文仲與史游又以隸作藁隸，世稱章草、王以隸入草，不分波撆，[illegible]，是曰正書，鍾元常實始傳，王逸少，樂毅黃庭，皆爲世軌，正小楷曰行，元常稱行狎書，劉德昇始創之以隸入行曰隸行，王洽父子擅勝，乘真爲真行，帶草爲草行，文王之兄弟爭妙，今考此經書法，在漢曰章草，在晉稱草隸，淡篆分明，一筆不斷[illegible]，方廣作波勢，而變見[illegible]，去尤內出骨，左右相背，步履汎實，行氣章法甚[illegible]，具幾白神髓，[illegible]，近世出土古倉頡篇及[illegible]，一見漢書早傳西域，永和二年[illegible]碑，五年沙[illegible]石。永壽四年[illegible]，各自永和四年，安帝詔以涼州牧守子弟爲郎，書中[illegible]上文化深入西州，敦煌淵泉[illegible]，昌作筆心[illegible]，[illegible]

甘肅北部漢代國境防綫考（續前）

張維

四，西部受降城——近以，公孫敖既築此城，受降城而冠以「西部」，左大都尉「欲以爲適」，以別于光祿塞內之受降城也，太初二年，趙破奴出朔方西北二千里，迎之，會事降泄，呼韓邪單于請覺，單于覲攻破奴，還至受降城四百里，爲居光祿塞下，「至則保受降城」，其城近在浚稽山南還，會事部，實在今河套外東端，未至受降城，[illegible]

[illegible]

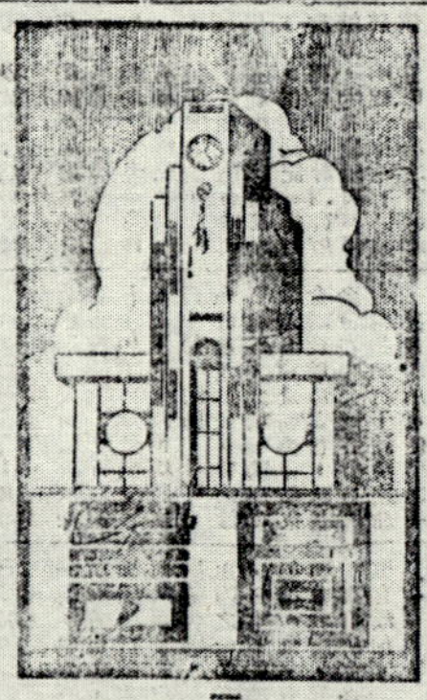

第二期

劉國鈞主編

羣經餘論序

張舜徽

> 慕少堂先生邃於經史，詩文擅名，自甘肅青史略問世，人但以史家目之，不知其於經學獨有深詣也，此帙分甲乙丙丁四部成四卷，數沒廿餘時，曾以爲講稿，名曰讀經隨筆記，蓋自謙之也，近擬付印，湘潭張舜徽先生爲之序，既其體，則爲論說，審其用，則兼漢宋之長，[illegible]私，[illegible]者流，且詮少堂先生之所以然，爰易名曰羣經餘論，蓋可與龔化皮錫瑞氏之經學通論等量而并觀也。
>
> 編者附識

鎮原慕少堂先生，博學高論，以經術爲人師，年七十四，猶朝夕不輟卷，日有課，月有記，著書滿家，都二十餘種，吁，可謂盛矣，四方士大夫之來游隴右者，[illegible]

[illegible]

戲與曲之理解

——在國立女子師範學院講——

章斐蓀

戲者示人以形，曲者娛人以聲：戲爲綜合的藝術！結體多元，曲供合樂上歌唱！本質單純，二者可以配合：戲固需要歌唱，曲可以詠事，二者未必定要配合：戲中有曲，始得稱戲，并不須有曲始得稱戲，曲可演戲，乃得稱曲，并不爲演戲，二者本來配合：戲由曲的演進——體製健全，曲促戲的長成——效用廣大，二者本來不配合：戲，弄也（左傳注）：謔之謂（爾雅）：曲，折也（廣雅）：直之反（尙書）——二者發生關係原因：戲由戲弄，進爲戲劇，曲由曲折，進爲歌曲，二者綜合後之變化：

A 曲入戲[illegible]

[illegible]

長安三花記（書評）

威斯特著　紐約藝米蘭公司一九四六年出版，全書二六八頁

巴尼評　端硯譯

這部作品，在體裁方面，頗有點像紅樓夢，通過以寫實幻夢的筆調，描寫[illegible]

[illegible]

三十六年六月六日於蘭州

第三期 劉國鈞主編

詩學源流薈叢錄自序

暴少堂

目錄學大綱

劉國鈞

長沙楊樹達著 論語疏證序

張舜徽

元至正玄玄記經及勘訣合刻本校勘記

馮國瑞

石榴記下

（書評） 巴尼爾硯 譯評

第四期

劉國鈞 主編

稿約

一，本刊爲純學術性刊物，詞嚴義正，園地公開，希專家學者惠賜佳作，此外中西新舊書評介，及國內外出版界學術界消息尤所歡迎。

二，新舊書評介，限二三千字，出版界，學術界消息，限數百字。

三，來稿如欲退還，請付郵資並書名詳細地址。

四，賜稿請寄蘭州民國路國立蘭州圖書館轉本刊編輯部，一經登載，敬致薄酬。

灘雲詩存序

張舜徽

天水趙郡，哲多慷慨壯烈之士，非特良將異材，威震戎狄，不絕於書已也，其以文學起家者，亦皆韶樹蔚然，邁期潤化鄉里，載於史冊者，至爲繁夥，豈第資性不同，抑地氣有助焉，挽近世俗日漓，人心日漓，獨此邦猶敦樸淳厚，穆然有太古之風，雖其鄉先輩餘韻遺規，沾溉至廣，濡染浸漬之既深且久，乃歷變亂，有不得驟易者矣，余以丙戌之秋，來游隴右，得交其賢士大夫，樂與往還，洮沙張香冰先生，又人倫之領袖也，爲人亢爽純和，敦崇古處，余敬愛其人，諮稟請益日夕不倦，一日，出其外舅䢜步瀛先生遺稿曰灘雲詩存者，屬爲序其端，余受而讀之，忠義之氣，溢乎沛然，誦其詩者，可想見其人而自得之，益知其生平行事，又嘗見於慕少堂先生序文中，知人論世，無復疑義矣，舜徽謬於香冰先生搜輯遺稿於殘篇散佚之中，裒爲斯冊，而更有感也，古今畸奇磊落之士，可託詩文以傳者多矣，或自傷不遇，不欲藉以自見，晚而自焚其稿，或其書傳之不廣，而致湮沒無聞，或身後蕭條，無人收拾遺書，遂使卷帙與糞土同捐，千載之中，懷道而不彰於世者，何可勝數，此有識之士，所爲同致慨惜者也，近數十年來，風氣縣變，後進小生，謂昔之人無聊知，更不論詩文爲何物，其父溺成一編，其子夕且以之覆瓿，更何論於朝章所述遺，而能抱持勿失，汲汲以付布浅已任者乎，香冰先生篤於月助之館，獨以此爲兢兢，惟誨是率，但當於古人中求之，此舜徽所以把斯卷而浩然興感者也，因其書之，非特以志景慕之私，且以風觀末俗云。

目錄學大綱

（前續）

劉國鈞

第二章 目錄學之目的與功用

一，圖書何以需要目錄 圖書太多，無記錄則不便檢查，且古今書籍流傳經過，無紀錄則不便稽考，各科著作汗牛充棟，無目錄不便選擇，故圖書之需要目錄，勢使然也。

二，目錄學之目的 吾人研究目錄學之目的，既非爲圖書賞鑒之本，亦非爲多識圖書名目，如宋與元鈔者之便利，修然自炫，而於圖書之內容，反無所知，吾人之目的，實在予以目錄爲讀書的指導也，故吾人視圖書目錄，爲一種有益之工具，而目錄學爲治學之門徑。

三，目錄學功用

（甲）對於學術方面——結前人總帳，供後人備診。㈠指示研究資料之來源，㈡指示研究資料之性質，㈢表明研究資料之程度，㈣表明研究資料之價值，㈤指示讀書之程序，

（乙）對於處理實際問題——供給相當材料作解決問題之參考 ㈠如政治方面，有立法參考圖書館，市政參考圖書館，㈡如經濟或工商業，則有大公司之參考資料室，或工廠之研究室，㈢如教育機關之參考圖書館等，

（丙）對於圖書館工作之利益——指導選書，並供給分類者之參考，㈡供給編目者之參考，㈢作圖書選購之標準，㈣作參考工作之工具，㈤作裝訂工作之標準，

（丁）可以知學術興衰大概——學術之門徑，㈠考證書籍之存亡，㈡稽核私家藏書聚散，㈢辨別著作真偽，㈣檢書名異同，㈤明學術源流變化。

四，目錄學訓練，重要——以最短時間得所需之最好的資料。（一）圖書使用法之訓練。（二）圖書館利用法之訓練。（三）目錄學乃專門的技能非訓練則不能成功。

由上所述可以知現代大學中所以有目錄學課程之設矣，總之，現代之目錄，學其性質固非僅以窮學術甲乙之令史，亦實兼而有之了。

第三章 目錄概說

一，目錄目的 目錄之目的，在便於檢尋，實爲一實用的工具，而或者有人以爲目錄之目的，應在條別學術源流，蓋誤認目錄爲學術史也。

二，目錄宜簡及之問題 或人又以爲如此，目錄之內容當甚簡單，工作亦必容易，實則不然，夫目錄雖留意圖書之名方面已言及，即單就稽檢而言，亦有下列十事宜加注意

㈠備知書名，而欲檢其書者。㈡不知其備之書名而知著者姓名者。㈢欲蒐羅某一人之作品者。㈣欲蒐羅某一類學科者。㈤有因研究某項問題，而思求得關於此題有關之一切資料者。㈥已知書名著者，而特別求某種版本者。㈦欲知一書之注釋或節本譯本者或僅知其注釋人或譯人姓名而欲求原書者。㈧欲知書中有無圖表統計或參考書目等足資參考之資料者。㈨已知書名而欲知其書內容大概者。㈩欲知其書之所在地以便索取者。

以上不過舉其常發生之問題而已，苟目錄於此種問題不能協助吾人加以解決則何貴於有此錄哉。

三，編目法及條例之需要 然上述各點均須有詳密之規定，則必致前後參差，或掛一漏萬，談何容易，不僅必定之編纂方法，爲進行標準，不備，不便應用，此一目錄之編纂方法，即所謂編目法也，編目之時，如書名，則書中之題名，封面之題名，如卷首，如書名頁，往往互異，宜何所適從，又如著者或署眞名，或署別號，宜用何者，以資一致，皆非嚴定規條，不易前後一貫，此用以決定紀錄事項之新齊劃一者，即謂編目條例，編目法是指方法言，其實編目法即編目條例之應用耳，不用條例不能成有系統之目錄，故目錄之價值，往往與其條例有關，所以編目條例尤當重要。

四，目錄之單位——款目 組成目錄之紀錄，由上所述，可見必有種種不同，此每種之紀載，謂之爲款目，款目猶個別組成目錄，故款目爲目錄之單位也，即一種書因須應付種種不同之問題，故可以有數個款目，而至少具有一條款目也。

A，款目應載之事項有九：㈠書名，㈡著者，㈢版本（又分，（甲）出版年，（乙）出版地，（丙）出版人，（丁）版刻），㈣版次，㈤稽核事項，㈥附註，㈦目次或提要，㈧排書號碼，㈨主題。

B，款目之種類 款目因其標目不同，可分爲著者款目，書名款目，主題款目等，此三種最常見，爲目錄中之主要款目，其餘又有注譯人，譯人，譯者，繪圖人，書名簡稱別稱等款目，又出版人或出版時等著目，有時亦不可或缺，諸款目中必有一款，記載最完備爲主款目，其餘記載稍略是爲副款目，通常西文目錄均以著者款目爲正款目，而中文目錄則習慣上假以書名款目爲正也。

C，別出及參照 別出款目爲書中一部分材料特別設立之款目，其作用在表明此特殊部份之價值，引起閱覽人注意者也，參照款目表明兩款目間關係之款目，在使閱覽人由此兼顧彼者也，參照有單純參照及相互參照兩種。

D，款目之形式 款目或用卡片書寫或用書本書寫，前者謂之卡片式，每卡一款，後者謂之書本式，大約每行或每數行一款也。

第四章 目錄之組織

一，目錄之組織 若干款目依一定之方式排列而成一，有系統有秩序之全體，是爲目錄之組織。

二，組織之種類 目錄組織依款目之種類，而不同其，完全由著者款目或其變形組成者，曰著者目錄，完全由書名款目，或其變形組成者，曰書名目錄，其完全由主題款目組成者，曰主題目錄，以上二種款目混合排列，不分性質，但以文字爲序次者，曰字典式目錄，或辭典式目錄、此純文字排列法，依所用之文字排列法，而不同，在中文中，此純文字排列法，現今有八十餘種不同之排列方法，故字典式目錄，亦可以有八十餘種，其前者謂之分類目錄，以上五種，依圖書分類法之順序，排成一整個目錄者，謂之分類目錄，此外尚有依時代之順序，將某種款目排列之者，是爲歷史的目錄，志在表示圖書之時代性者也，又有將某種款目，依地理的順序排列之者，是爲地理的書目，志在表示某地理書之多寡者也，又有將款目依出版地點，或出版家之順序而排列之者，是爲出版的目錄，志在表示某地方或某出版家所出版之圖書者也，又有將上列各種目錄組織法參合併用之者，如分類之中又寓以歷史的，或地理的順序者，或於分類或出版家區別者皆是也，凡此數者皆依編目之目的不同，而異其方法，是爲特種編製之目錄。

三，組織之連繫 若干款目組成目錄，其間固有某種順序，但款與款目之間，亦有一種連繫，是即參照款目也，有參照款目而後散漫之款目，得以聯成一氣，各主題或其他事項間之關係，乃得辨明，此外有別出款目，以表示某材料，款目中所包孕之一部分，以表示某款目所記之圖書，能適用於二個以上之項目，故有數項款目前後各款目各主題之相互的關係，或合部類之相互的關係，方得顯明此實目錄中之連鎖也。

四，目錄之部份 目錄自以款目爲其中心，目錄無款目即非目錄，但除款目外一部完全目錄，必尚須有其他部分方稱全備，此種必要之部份即總序分序與結論是也，總序者總揭一部目錄之大意，表明其目的範圍搜羅及用途者也，凡編輯之例，使用之方法，選材之標準，皆可於此表明之，分序者，每類每門之序，或撮一類之綱要，是爲一類之綱要，或敘學術之源流，乃爲諸書籍之綱領，在以學術條流，如目錄之主旨者，對於此類小序，尤爲重視，書人實目錄爲結書門經者，亦多由此類之序之故也，結論乃總結一期，或全書之意，或概論全書，或更介紹一步研究之材料，或指將一期書作一數目的總結是也，有此三者，乃具此外因正文之款目，僅有一種不教檢查之用，因而增加索引以爲之助者，故全部之目錄，必具有總序分序款目結論與索引是也。

五，組織之式體，大別有三種：

A，列舉 即每一款目自爲單位各獨立者，是爲目錄之最通常方式。

B，敘述 即將各款目串成爲一整個的文字，各款目之事項，不分別獨自舉出是也。

C，表格 即將各款目之事項，依某種格式爲一表是也，此式與敘述式，在目錄爲少見。

六，目錄之形式

A，卡片式。

B，書本式。

兩者各有優劣，簡言之，卡片式易於伸縮，便于隨時增加，故宜於館內之應用，書本式體積珍瑞，便於攜取，故宜於行遠，然不便增加，故不便於在館內使用也。

目錄形式者，指其外表的形式而言，可分爲兩大類。

求是齋詩話卷之三

詩學源流

慕少堂

黃帝時歌謠，斷竹，續竹，飛土，逐肉，二言之始也。詩頌，振振公子，三言之始也。詩雅，我不敢效我友自逸，四言之始也。杜詩明兒卜來，到劉伶墳上土，八言之始也。李長吉酒不到劉伶墳上土，九言也，李太白黃帝鑄鼎於荊山鍊丹砂，丹砂成黃金騎龍飛上太清家，十言也，東坡詩山中故人應有招我歸來篇。十一言也。（升菴外集）

章句始於詩，對偶亦始於詩，如覯閔既多，受侮不少，謗爾諄諄，聽我藐藐，發彼小豝，殪此大兕之句，無一字非的對，則世之駢四儷六，抽黃對白者，得非又發端於是賦（詩齊示兒編）

詩之源流，三言起於晉夏侯湛，四言起於漢韋孟諫楚夷王戊，五言起於漢李陵與蘇武詩，六言起於漢司農谷永七言起於漢武柏梁聯句：八言起於晉傅咸，九言起於魏高貴鄉公。

五言絕句起於漢魏，樂府古詞白頭，吟出塞曲桃葉歌等篇。

七言四句起於古樂府挾瑟歌，梁元帝烏棲曲江總怨歌行等作（上三則典籍便覽）

五律之祖又推沈約八詠詩登臺望秋月，會圃臨春風，秋至愍衰草，寒來悲落桐，夕行聞夜鶴，晨征聽曉鴻，解佩去朝市，被褐守山東（詩談）漢陰鏗謝排偶之始上變漢魏，下啟唐宋，貞觀開元之際，英傑輩出，陸離鏗鏘，而號爲律，千百年來，遂爲矩矱，然六朝名手，已見斑，若陰鏗安樂宮一首，則又排律之嚆矢矣。詩云新宮實壯哉，雲裏望樓臺，迢遞翔鵾仰，連翩賀燕來，重簷寒霧宿，丹井夏蓮開，砌石披新梁花遠早梅，欲知安樂盛，歌管雜塵埃，詩爲百代近體之祖。洵爲至論（柳亭詩話）

六朝沈君攸有桂楫汎中流詩，雖渾工穩，七言排律仍先於七言律也，若初唐則有蔡孚打毬篇云，德陽宮北苑東頭，雲作高臺月作樓，金鎚玉鑿千金地，寶杖雕紋七寶毬，窋窡一家三帝子，雕成戶侯容色宛來荷，恩顧意氣平生事俠遊，共道用兵如斷蹴，俱能走馬入長楸，紅鬣錦鬃風颯颯，黃絡青絲電紛紛，盤馳奔逐亂下花場，初月飛來畫杖頭，自言長鳴須決勝，能馳迅足是驌驦，先譜曹玉漫說彈，棋妙翻古休誇六博技，謾嘆官倫樂，還歸落蹇望諸集（升菴外集）

絕句者一句一絕，起於樂府，春水滿四澤，夏雲多奇峯，秋月揚明輝，冬嶺秀孤松也，或以謂淵明詩，非也，杜詩兩箇黃鸝鳴翠柳，實祖之王維詩，御溝柳色不花，兩箇黃鸝鳴翠柳，實祖之王維詩，御溝柳色不花，柏份雲從史長，夜亦有一首云夜涼吹笛千山月路暗迷人百種花，棋散不知人換世酒闌無奈客思家皆此體也，樂府有打起黃鶯兒一首意句則未嘗間斷，當參此意，便有神聖工巧，任昉云六言詩始於谷永，然文選注引董仲舒琴歌二句亦六言不始於谷永明矣，樂府蕭歌行尾一聯命如鑿石見火居世竟能幾時亦六言也（上二則並升菴外集）

麥積唱酬錄（一）

何逵

水調歌頭

偕仲翔蘭州井東新令胡洛三十六年七月八日何逵聯後作於清涼山護道閣

寸楮殷君憶，來月到秦州。麥積山頭古佛。招我與勾留。順循時題句。右室高懸峭壁。會與榮梯不。會將神桔合。崴崴共優遊。談往迹。秦宿約。式疇俟。昔日希山幾出。遺談老成說。世事白駒過隙。且靜鳳韶佳頌。共論古蹟處。登臨發長嘯。天地兩悠悠。

前調

令南京

馮國瑞

戴市將遊麥積次韵促之並寄胡洛新

瘦西湖上醉。溫夢在揚州。江南幾許佳麗。多爲宋詩。留能發北征豪舉。更喜同盟鴻鷺。二客花行不。久爲超出館。俛仰是清遊。現危樓。通絕麗。待啟俟。咫尺甘泉酒肆。可與老僧謀。靈運未遂成佛。開府無妨流寓。一塌古今愁。書稿觴泉石。松勁白雲悠。

秦安高漁山先生墓誌銘

馮國瑞

清同光間，鄉先輩任士言先生，主講隴南書院，州縣傑異之士，出其門，以學術事功風節顯者，後先相望，士氣汲溫，流風未墜，晚近碩儒高漁山先生，皆若秦安先生，寓光陳作，行者僅存，量壇，遠近咸悼，乃大不鹽之鐘文，士論以文講學，已先生於來鷄亭，往余走百里，講論所謂以兩首二十年，比歲又嘗微商文獻，不惜之教，如花日，惜獨過傳泉，一颯率匆匆，大故，未遑謁墳，余稀遭，興先君同日下安之耗，窀穸，先君誌墓之文，當平張扶義先生，已寄賜哭，悼倦僞娟生，先生諱以恒，字楨，初名楨……

[illegible]

是令威德，民國成立，蕭然起敬也，民元成立，創立民黨，秦安支部，爲縣後之學，努力革命大業，卒之局於邊，蹤跡不見其爲人，偉與事，壯志，有自信見一集，推爲導師，辭而已，躬自以一世用，增耗奇書，而已，先生，孝友著稱，侍親疾，幷蘗器禮，心色孩，秦弟乘墓字墨，甲寅白，節戒，指嚼，文先，力精大府，黃散家，公子天，共鼎入記，忠義嗣，有佑天性，原，紀，過人者，其施，中年以後，恬退寓聲，渭川通尹曉南許承堯王，家佐，皆名士，延以賓先，生，令，重有加，諮詢以宁，志也，均辭不赴，蓋非其約，早歲治學，從小學，波瀾壯闊，工詩古文辭，

宋，閱志，翻觀之，無雜，自詩，家人以孝，明二曲，年，萬物一體，傳，昌，多古，樂有，出元，爲性，命之，曾不變，身，以，高堂，頃，教，頤……

以上所載，即其平生大端，而爲之銘，銘曰：

一樓哭突，當代奇傑，先生不遇，滔德芳潔，先復隴右，事去折節，言念生平，杏蘭先烈，倘其遇也，開闢頑劣，抱鄰長吟，氣世不滅，清湘霧瀨，令聞高潔，亙古蕭森，永安窀穴。

國立蘭州圖書館珍本圖書展覽會專輯

第五期

劉國鈞主編

稿約

一，本刊爲純學術性刊物，詞意義正，園地公開，希專家學者惠賜佳作，此外中西新舊書評介，及國內外出版界學術界消息尤所歡迎。

二，新舊書評介，限二三千字，出版界、學術界消息，限數百字。

三，來稿如欲退還，請付郵資並書名詳細地址。

四，來稿請寄蘭州民國路國立蘭州圖書館轉本刊編輯部，一經登載，敬致薄酬。

日本朝鮮印刷發達史略

·劉國鈞·

國立蘭州圖書館最近接收教育部發還圖書中，有日本及朝鮮所刻書籍百數十種。見者詫之，以爲海東亦有此藝乎。因略考其刻板源流，以見我國文化之沾溉東者，固非淺鮮也。

一

印刷術之發明，全世界以我國爲最早，約當李唐之中葉。其存於世間最古之本，咸推敦煌發現而爲斯坦因取去，今存英倫博物院之金剛經，爲唐懿宗咸通九年（公元八六八）之刊物。圖繪精美，字體渾勁，在彫刻技術上已臻純熟之境，則斯術發明之遠在其先，可以斷言。由是而西踰蔥嶺，東渡扶桑，印刷術靡不隨而遍於大地，爲文化傳播之唯一利器，固我國人之可以自豪者也。

日本之有印刷，當始於其歷史上奈良時代之後期，約當我有唐末造。自是迄幕末，西洋印刷術之輸入，其承襲我印刷方法者，千有餘年。約可分爲三期。自奈良朝後半，至平安朝之末，爲第一期，（約當唐懿宗至宋孝宗時；）自平安朝之末至室町末期爲第二期，（約自宋孝宗至明世宗嘉靖時；）自室町期之末至江戶末期爲第三期，（約自明世宗嘉靖年至清穆宗同治年）。自是以後明治維新，西洋印刷術大行，可列爲第四期焉。

第一二兩期約互九百年之久，其時日本之印刷術以受自中國者爲主流，而略受朝鮮之影響。至第三期則受朝鮮之影響較深，而西洋方法亦有途入者焉。

佛教與印刷術之發達有深切關係，在中國如此，在日本亦然。第一期內之印刷，以佛家經典爲多。相傳孝謙天皇（唐肅代時）曾以銅版印陀羅尼經百萬卷，分藏小塔，散置寺內，世所稱爲百萬塔陀羅尼者是也。其後印刷久絕。迨平安朝（北宋時），供養僧侶居士發願，率多彫印佛經，以期新福。佛書印版者遂寡。此時所用者皆彫版之整版，形式多爲卷子或折疊之旋風裝，而行款多仿寫本。前有繪圖，後爲本文。圖精學麗，而墨色淡雅，是爲本期之特色。

平安之末迄於鎌倉（元明間）承襲遺風，佛典之開彫益繁。字體沿寫經之舊，裝訂則有卷子，折疊，旋風葉，粘葉等，而墨色黝黑有光澤，是其不同於前期者也。鎌倉時代學府之[illegible]多據典籍以行。宋刊書本流行於東瀛，影板術遂多效華風。所謂五山版者，多屬此類。而是時僧侶熱心志學，因有漢籍之開版。近世吾國學者所豔稱之正平本論語集解，（當我顯常時）即是期之產物也。

至於和文書籍之開版則甚遲。鎌倉末造，以假名曆書爲最先。室町時代始稍發達。故鎌倉時代爲日本印刷術之轉換時期。在其後不僅有和文之開彫，且各地方版亦繼起響應，遍佈國內，而是日本之印刷文化始得開展，日本印刷之風格亦於焉創立。

會豐臣秀吉有朝鮮之役，遂傳入朝鮮之活字印刷術。一時斯術大盛。印書蠭起。印刷乃所能完全脫離佛教之羈保，而與日常生活發生密切之關係。森立之經籍訪古志載文祿五年（明萬曆二十四年）甫庵道喜印蒙求補注之卷，慶長四年（萬曆二十七年）勅印論語孟子大學中庸單經本。蓋爲東瀛活字印書之始。自是印刷書籍之範圍日增，應用日廣，技術亦日臻圓熟，所謂嵯峨本一者尤爲此時期完美之作品，而圖繪本著色本等，亦相繼出現，和文書之印行者，尤務。文祿慶長之間，日本文化彬彬，盛有賴於活字印刷術者甚大。元和以後，彫版復振，蘇事尤精。套板套色，麗絕一時。自正保以迄元祿，率皆如此。而版畫之發達，尤爲特色。幕府之官版書亦流行甚廣。今蘭州圖書館收得寬永、慶安、寬文、延寶各時代所刊書，亦此期之物。當我明清之際也。奄於幕末，西洋人移入，羅馬字圖書遂運而起。九洲北部之基督教徒，遂仿西洋印刷術印和文，活字。自是以後，現代印刷術繼行東土，日爲榮盛，而彫版印刷遂微。

二，

朝鮮之有刻書可遠溯至十世紀之中葉，距中國印刷術之發明不過數十年。佛經刻板最早之高麗藏即在此際。其後佛典陸續付刊至十二三世紀，當宋元之際乃大興盛。迨明初李朝興起，崇儒黜佛，而後外書之刊版始衆。騰名印刷史上之活字版乃於一時，流風且被於東瀛焉。

朝鮮之刻書史大約可分爲五時期，自唐末迄於明初凡三四百年爲第一期。皆寺版開彫，內容幾全爲佛典經論，字大墨濃，圖像精美，其形式沿襲寫本，而受中國刻書影響者亦不少，尤以南宋及元之黑口本爲甚。

但當十三世紀之中葉高麗已經實驗始使用活字印書，雖在中國畢昇之膠泥活字之後而早於歐洲古登堡氏之活字印刷術且二百年，此時所印，大抵佛書爲多，至十五世紀而極盛。

自十五世紀起十六世紀之末，約當李朝明永樂至萬曆之二百年間，爲第二期，活字印刷有長足之進展。先是李朝太宗於癸未年（西一四〇三）命以銅鑄活字，是爲癸未字。其後遞有興鑄，皆範銅爲字，綿亙二百餘年，至李朝宋季不衰，而以太宗世宗時所印者爲精美。

自萬曆中葉迄清代康熙之中葉約有百年，當西紀第十七世紀之間，是爲朝鮮刻書史之第三期。受明代印刷術之影響極深，技術精密，版式頗大，裝訂印刷，並稱優美。斯時所刊以儒書爲多，而李滉尊重朱子，故於其著作印行尤衆。現國立蘭州圖書館所得之朱註楚辭及李太白集分類杜詩虞註杜律等，此時期之代表作也。

其後一百年間爲第四期，當清代雍乾之際也，朝鮮印刷術復受影響，正宗大王且於壬子年命仿中國四庫全書聚珍版式，取字典字爲本，鑄大小活字三十二萬字，名曰生生字，以之印書，後復以生生字爲本，再鑄銅字名曰整理字，較明初所鑄者，字體精小而整齊，朝鮮官版之書以此時爲最盛，而裝式縮小，頗有纖巧之意云。

自清道光之初迄於現在，是爲第五期，朝鮮國運日趨衰退，文化亦隨之淪落。印刷事業殊無足觀，遂合併於日本，一切皆受日人控制，遂無獨立之印刷事業可言。

由前所述可知自我國印刷術發明後即以佛教之力東傳至高麗與日本。一千年來兩國之文化事業咸受其賜，亦息息與我國之印刷事業相通，而其發展之跡，與我國文化之沾溉滋東者其深且厚，即此一端亦可知矣。

開卷有益　張維

書林瓌寶，文范奇華；
鄉嬛不遠，何必天涯。　辛樹幟

寶書祕籍，文物精華；
廣徵博覽，知識無涯。　宋恪

肇發西北，邁啓文明；
傑觀新闢，允號書城；
曹倉之富，杜庫之精；
牙籤玉軸，羅自寰瀛；
通今稽古，餉我羣英；
發揚國粹，大用益閎。

郭寄嶠

金石三例

清乾隆乙亥刻，王芑孫批校三色本——國立蘭州圖書館新到圖書批校本述略之二——

王重錫

金石三例者，德州盧見曾，合元潘蒼崖金石例，明王止仲墓銘舉例，清黃梨洲金石要例，刻之之謂也。盧氏自序云：

『碑碣興于漢魏，迄唐宋以下，而例則衡自歸于，元潘蒼崖創爲金石例，十卷，類器之體式，爲文之法式，靡不畢具，明初王止仲又撰墓銘舉例四卷，錄昌黎子以下十五家，條分縷晰，例之正變，推而愈廣，本朝黃梨洲，以潘蒼崖未著爲例之義，與壞例之始，作金石要例一卷，用補蒼崖之闕，合三書而金石之例始賅，藝林時資辨碼，顧久失宜，頗稱難當，蒼未嘗于前人論說一篇錄焉，茲彙刻以行世，俾後之學子發篋於金石之文，不異史家，發凡言例，亦春秋之支與流裔，屬辭比事之方，庶乎知所資幸矣。』

觀乎此，盧氏之所以爲據本行世者，要以常爲發凡起例之學，蓋謂金石例撰誌碑則之體，惜其過寬，梨洲金石要例，考據精當，又惜過略也。

潘蒼崖，元濟南人，名昂霄，字景梁，蒼崖其號也。論文博學，爲時推重，官至翰林侍讀學士，有蒼崖類稿，河汾紀事書，金石例凡十卷，一卷至五卷，述銘誌之始，於品級塋墓羊虎德政，神道家廟賜碑之制度，一一詳考，六卷至八卷，述韓文括例，而於家世宗族，職，名，妻，子，死，葬，日月之類，咸備例其文，標爲程式，九卷則論文體，十卷則史院凡例，其有小識者，則名曰金石例，而不止於碑誌，泛及雜文之體，與紀屬注之式耳，然四庫提要，謂其「錄古例，頗爲典錄，歸所載括例，但舉韓愈之文，未免舉一而廢百，然明以來，金石之文，往往不考古法，漫無矩度，得是書以爲依據，亦可謂尚有典型，蓋於率爾妄撰者多矣，」誠有遺也。

王行，字止仲，明長洲人，自稱淡如居士，又號半軒，亦號樗稙，淹貫經史百家言，洪武初延爲學校師，已謝去，歸於石湖，以二子役於京，往視之，藍國公藍玉館於家，後玉被誅，坐死，著述甚富，有二王法書辨，半軒集等，墓銘舉例凡四卷，止仲以墓誌銘書法皆有例，其大要十有三事，曰諱，曰字，曰姓氏，曰鄉邑，曰族出，曰行治，曰履歷，曰卒日，曰壽年，曰妻，曰子，曰葬日，曰葬地，其序次或有先後，要不越此十餘事耳，取唐韓愈，柳宗元，宋歐陽修，曾鞏，王安石，蘇軾等，十有五家碑誌之文，錄其目而舉其例，足補蒼崖之遺，而補起例也。然墓誌之興，揭在秦漢，而獨取自韓愈者，得非逕唐提要之所謂已，其言曰：

「墓誌之興，或云宋趙之，或云晉王戎，或云魏晉，或云漢杜子夏，其源不可詳考，由齊梁以至隋唐，諸家文集傳者頗多，然詞皆駢偶，不爲典要，惟韓愈始以史法作之，後之文士率祖其體，故是編所述，以愈爲始焉。」

黃宗羲，餘姚人，字太沖，號梨洲，其學主先窮經，而求證事於史，以濂洛之統，綜會諸家，少時師事劉宗周，講學家難，不足，復借鈔之，纖讀鈔錄於南雷，故學者稱南雷先生，著有南雷文定，宋元明儒學案等書數十種，其金石要例一卷，凡爲例三十六則，後附論文管見若干則，梨洲之言曰：

「碑碣之體，昔宋元初而壞，至今日作者既張王李趙之流，子孫得之，以爲賜鏡，與紙錢寓馬相爲出入，使人知其子姓婚姻而已，其壞又甚于元時，似世系者非世系，似履歷而非履歷，市聲俗軌，相沿不覺，其未，元潘蒼崖有金石例，大段以昌黎爲例，顧未嘗著爲例之義，與壞例之始，亦有不必例而例之者，如上代兄弟宗族姻黨，有書有不書，不過以著名不著名，初無定例，乃一一以例言之，余故摘其要領，稍爲辯正，所以補蒼崖之缺也。」

實則是編，蓋轉補蒼崖金石例之缺，而其考訂，較王止仲之墓銘舉例尤爲精審矣。

此金石三例之大較也，王芑孫用朱墨藍三色手其批校，其字體娟秀，姑弗論已，其評語精確，評論尤當，洵是珍焉。

芑孫，清長洲人，字念豐，號惕甫，一號鐵夫，又號楞伽山人，乾隆舉人，官華亭教諭，性簡傲，客遊公卿間，不肯降詞，人以爲狂，詩遒勁以肆，遠欲以清，與張問陶[illegible]相唱和，書[illegible]也。

其卷終云：

「余獲閱是書，二十餘年，讀手點識，不揣丹墨，門下士有欲借讀其批點者，余靳弗與，非靳之也，因前此遞識信筆，當有潤略，既所弗免，且有自相矛盾處，未可爲學子津梁故也，比吾友江鐵君，試白門歸，覓此本謂余，觀合前後所閱，手自重校一過，會予病落呻吟之餘，精神未復，或尚有釐正未可知，異日門人中有爲予稍加損益，併予今所作碑版廣例，合刊行之，可也，嘉慶十三年，歲在戊辰重九後三日，楞伽山人自識於淵波舫。」

「此書置案頭，二十餘年，繙閱百遍，偶有會心，隨手點注，丹墨與籀，淋日洸滑，秋來困於勞力疾，再度一本，近齋爲文，多喜稱述，或鑒高隸，其不樂閱是說也久矣，當私識之，以示門下諸生云爾。嘉慶戊辰八月惕甫自識於淵波舫」

觀此二端，語當相書，且出同年，惟卷首題八月所書，卷首題在九月，可識其[illegible]。

南陽漢畫新集引言

馮國瑞

南陽漢代石刻畫象之存於墓冢殿基間者，與武梁石室漢畫相伯仲，始見著錄於晚清，迄民國十八年，南陽關百益氏，搜集所得四十一通，爲南陽漢畫集，中華書局印行，始爲世人所重視，南陽學人，踵相搜集，所獲日富，於二十四年，金陵大學印行之南陽漢畫象彙編，經南陽孫永先生搜錄，共一百四十五通，其於原石出土地之考證甚詳，並有董作賓氏[illegible]，漢畫象彙編，更可瞭然於時代情狀，極爲所錄，見於其書叢集者凡五通，頗製詳洋，後來居上矣。

今年春，國立蘭州圖書館劉館長衡如先生，在京購得南陽漢畫象拓本一百八十餘紙，皆係舊估積年所蒐聚者，還蘭整理，根據京估原錄，其出土地（一）新野縣十一種（二）南陽草店第四區十種（三）[illegible]二十種（四）魏公橋五種石存（五）南河店八種（六）鄂城寺二種（七）縣府門外一種，餘則未詳出土地。此全部拓本，亦有較前編二種爲佳者，如盤存刻虎圖（一二五）右方殘缺，此本完整。一二存獨角獸紙隙圖（一二〇）獸之項間殘缺，此本亦完整，當爲拓在前矣。

館藏拓本，與前編二種相校，除相同者外，未經著錄者，有百十九種之多。擬編南陽漢畫象新集，分類董理，並圖詳加說明，不僅爲館藏之珍，亦藝林之一新發現也。

近世治史學之考證，以地下之新材料與典籍中之舊記載相參證，溝通節符，南陽白水，龍興之地，世胄所官，代不乏人，故冢墓殿基輔外，以至橋闕門闕，藝術多有，惜漢代以後，習鏡之物，亦散佚其中，未必有無[illegible]，至今尚有存者[illegible]，年月[illegible]。

南陽識之漢清二水記載，有漢晉魏石刻，縣畫記載凡五處，並前編二種均未著及，信爲爲著在南陽之一重要史料。（一）[illegible]漢[illegible]有彭山碑[illegible]，有漢平[illegible]中平四年立。（二）[illegible]水南，有[illegible]。

漢中常侍長樂太僕吉成侯州苞冢，冢前有碑，基西枕岡城，開四門，門有兩石獸，墳傾墓毀，碑獸淪移，人有掘出一獸，猶全不破，甚高壯，頭去地減一丈許，作制甚工，左膊上刻作辟邪字，門表上起石欄，石榴，隧時不毁，其碑云，六帝四后，是諮是諏。

（三）淯水又逕西鄂縣南，水北有張平子墓，墓之東側墳有平子碑，文字悉是古文篆額，是崔瑗之辭，盛弘之、郭仲產並云，夏侯孝若爲郡薦，其文復刊碑陰，二銘乃是崔子玉及陳翕耳，而非孝若，悉是隸字，二首並存，尚無毀壞。又有一碑，或是余夏侯孝若[illegible]，而莫究矣。水南道側有二石樓，相去六七丈，高可丈七八，石有餘二丈，雕飾[illegible]，扶光可以[illegible]，[illegible]上[illegible]巧[illegible]。（四）淯水又南逕[illegible]山，山東有[illegible]山，山上有神廟[illegible]，前有二碑[illegible]，有[illegible]二碑[illegible]立。（五）淯水又西南[illegible]

[illegible]周八十步，[illegible]以齊陛，尺[illegible]，西北隅有[illegible]，有[illegible]三，所[illegible]南[illegible]，黃[illegible]，[illegible]，此五十[illegible]九[illegible]，[illegible]此其[illegible]矣乎。

漢[illegible]郡太守[illegible]山墓。又云，今南陽郡治大城，其東城內有殿基[illegible]

河書洛圖，文化源泉；
經史子集，撮要鉤玄；
世罕祕笈，古本不傳；
溝通中西，搜輯珍編；
集思廣益，浩如雲烟；
琳瑯滿目，快覩爭先。

水梓

圖書
第六期
劉國鈞主編

國立蘭州圖書館珍本展覽會序

慕壽祺

隋開皇三年，吾甘靈臺牛弘上表曰，典籍屢經喪亂，率多散逸，周氏聚書，僅盈萬卷，平齊所得，裁益五千，興集之期，屬膺運代，爲國之本，莫此爲先，文帝從之，詔求遺書。自抗戰軍興，緣海緣江諸省，相繼淪陷，毛詩孤燈，爭論代興，鄴架書倉，幾乎焉燼，非厄於火，即灑作泥，文物典章，摧殘殆盡，有心人盱衡世局，視西北為戰時區域內之破壞最輕者矣，而教育部近設國立蘭州圖書館之舉，多至六萬餘冊，該館劉館長以館址勘工，借省立圖書館，於本月十三日至十七日開珍本展覽會，先一日預展，余先覩爲快，閉會前一日，余又參觀一次，浩瀚之餘，增我眼福。[illegible]

天水著述考

馮國瑞

[illegible]

詩學源流會最錄（續前）

慕壽祺

[illegible]

目錄學大綱（續前）

劉國鈞

[illegible]

第七期

劉國鈞主編

稿約

一，本刊爲純學術性刊物，詞嚴義正，園地公開，希專家學者惠賜佳作，此外中西新舊書評介，及國內外出版界學術界消息尤所歡迎。

二，新舊書評介，限二三千字，出版界、學術界消息，限數百字。

三，來稿如欲退還，請付郵資並書名詳細地址。

四，來稿請寄蘭州民國路國立蘭州圖書館轉本刊編輯部，一經登載，敬致薄酬。

目錄學大綱（續前）

劉國鈞

第六章　編製目錄步驟

詩學源流薈叢錄（續前）

慕壽祺

天水著述考（續前）

馮國瑞

靖遠氣候誌簡編序

朱允明

不同於前文所述的南京《中央日報》，此上海《中央日報》的前身是一九四二年七月十八日在安徽屯溪創辦的安徽《中央日報》。抗戰勝利之後，報社以復員遷滬的名義改爲上海《中央日報》，并於一九四五年八月三十日開始出版發行。上海《中央日報》另有無錫《江蘇民報》與蕪湖《安徽增刊》附屬報刊兩種。該報創辦有綜合性文藝副刊《青鋒》，以及《經濟》《教育》《文綜（綜合性）》《文學》《兒童》《醫藥》《圖畫》等副刊多種。

《圖書評論》創辦於一九四七年七月十一日，總共二十八期。版式上爲半版，均爲報紙的第七版，通常與『司法消息』和『廣告』并爲一版。出版頻率爲不定期，前七期爲雙周一刊，之後最長的爲一月一刊，最短的不到兩周一刊，大多數仍爲半月一刊。

《圖書評論》一刊的内容如其題名所言，即以『書評』爲主。中國自古以來雖然有不少經典書籍傳世，但并無書評的傳統。其原因一是并無針對某一書籍進行評論的文體與形式，二是缺少刊載『書評』這種文體的媒介。從世界範圍來看，『書評』這種文體出現於十七世紀六十年代，是伴隨期刊雜志的出現而誕生的，十八世紀之後，『書評』纔在報紙中呈現。在中國，書評最早見諸於十九世紀五十年代末的《六合叢談》一刊，爲外國在華傳教士所辦雜志，書評文章名曰《約書説略》，爲傳教士介紹教會讀物的評論文章。中國本土報刊發表『書評』文章出現於維新變法前後，梁啓超等人通過『書評』的方式，批駁守舊勢力，宣傳變法主張。

近代以來，隨着來自西方的新思潮在華落地生根，報刊與出版業迅速崛起，但未形成與其發展規模相匹配的『書評事業』，一方面書評及書評人數相較於同時期的出版書籍而言，數量較少；另一方面，書評品質參差不齊，很多書評的内容含有十分强烈的價值傾向，將個人情感訴諸於文字，難以滿足讀者對『書評』的真正需求。有鑒於此，方葆真策動了《圖書評論》一刊，對『書評』訂設了三個標準：其一，書評是讀者認識書籍的工具，讀者既要瞭解書評，同時又不能盡信於書評；其二，寫書評本身就是讀書的一種辦法，能够更好地領悟書中的智慧；其三，讀書是一種修養，從書評中也可見得書評人的修養。在創刊語中，方認爲，『「書評」是一種營養，從事學術工作的人應獲取的營養』，希望能與出版界和讀者合作，『互相策勵，進而組織一個「書會」』。

在總共二十八期中，共刊載書評類文章一百二十七篇，文章作者多用筆名，書評對象涉及人物傳記、文學譯著、學術論著、政論書籍、生活圖書等方方面面。在刊物發行早期，所刊發書評除對圖書的介紹和評論之外，還以特定格式在文章前注明圖書的責任者、原書名、出版者、地址、定價等書目信息，使讀者在閲覽時一目瞭然，到了後期，信息逐漸簡化，内容上也偏向於文藝、文學類書籍。

從内容上看，《圖書評論》的早中期所刊載書評文章中有一定比例是對國際政治問題的關注，涉及美國、蘇聯、日本、印度、韓國、德國、英國、緬甸、意大利等國家，與時事連接緊密，這也是該刊書評的一個重要特色。

《圖書評論》刊載有不少對外國政治人物的評述，例如第一期發表的對羅斯福之子伊利奥特·羅斯福所撰寫《羅斯福見聞秘録》一書的評論。該書爲小羅斯福自二戰爆發後直至雅爾塔會議期間，跟隨其父羅斯福總統參加重要國際會議所作的長篇通訊報導，書評梳理了書中羅斯福對丘吉爾、史達林（斯大林）、戴高樂、宋美齡等當代人物的交往與印象，并結合書中内容評析羅斯福的偉大之處，但作者認爲，儘管該書可讀性較强，但不能作爲歷史書籍來閲讀，認爲其僅僅不過是『花邊性的著作』。又如方葆真在『聖雄』甘地遇刺之際，在十五期發表了《甘地先生的傳記》一文，回顧了國内外出版的甘地人物傳記以及國内學者對甘地的研究著作，并指出尼赫魯與甘地的异同。此外，類似的還有第三期的《讀〈尼赫魯氏的家庭〉》、第二十期的《齊亞諾日記》等。

另外，還有多篇關於外交類圖書的評述。例如林炎在第十期發表的《介紹〈對日和約問題〉》一文中，在簡述圖書基本内容之餘，指出該書所述不全面的地方，認爲應重點關注對日合約簽訂後的對日管制以及戰犯審判等問題，并强調了對日和會的重要意義。又如進文在第十三期發表《研究中緬關係的兩本書》一文，分别介紹了《中緬關係史綱要》與《中緬界務問題》兩部圖書，作者首先是梳理回顧了以往所出版的關於中緬關係的著作，認爲這兩部書籍考證詳細、記述完全，對於當時中緬關係的重建和滇緬界務勘定問題具有重要的參考價值。與外交領域相關的圖書評介還有第八期、第十期的 *The Control of Germany and Japan* 及第十期的《讀〈四强外交秘密〉》等。

二十一期之後，《圖書評論》所刊載的内容逐漸偏向於文藝類書籍，雖然也偶有如第二十四期《讀〈國民大會制度論〉》等少數對政治領域圖書的探討，但與政治領域相關的篇幅急劇縮小，取而代之的是對托爾斯泰、高爾基、羅曼羅蘭、朱自清的探討。

與南京《中央日報》的《圖書評論周刊》相比，上海《中央日報》所發表的書評，文字風格上更爲平實温和，書評内容也主要是對圖書的相關背景介紹、圖書内容的簡述，且多爲正面意義上的評述。對於相關圖書的批評，也是就『書』不就『人』，且言簡意賅。刊中所登載的政治類、外交類、人物類等圖書評論，表面爲對某一種圖書或某一類書籍的評論，實則是上海《中央日報》及其背後的政治力量對時局的看法意見，這對於特定時期及群體的歷史研究而言，如一面棱鏡，具有多種面嚮的價值和意義。

《中央日報（上海）・圖書評論》目録

中央日報（上海）·圖書評論

第一期—第二十八期

圖書評論

第一期

創刊的話

·方豪·

在一切的寫作中，唯有書報的評論，是吃力不討好的。中國沒有「書評家」，自然也沒有專「書評」吃飯的人。可是，「書評」是一種藝術，從事學術工作的人應該取的態度。近來中國出版界，逐漸注意「書評」了，可是寫作「書評」的人，實在很貧乏：有的「書評」，往往因自己觀念支配，難於做到不偏不倚，所以「書評」有時也令讀者失望。我們以為：「書評家」應是一位公正人士，如果有了偏倚，或是濫施捧場，即等於「Prostituting The Profesion」失掉了讀書的意義。

我們在某些報紙所見到的「書評」，很能維持公正的讀者的，並且許多好的書報，始終得不到書評家的注意；這是書報的不幸。雖然是一篇壞的批評，比沒有批評要幸運，也很十分難得。總之，「書評」在沉寂的出版界，是十分的需要。

本刊的同人，平素有一種「書評癖」，愛好閱讀各報紙的「書評」，也愛好把讀過的書作一評價，所以我們作一試驗。我們要告訴讀者的：

一，讀「書評」可以幫助你認識一些書籍。「書評」把受評價的書籍介紹給你。至於你是否贊同「書評」所講，接受這本可讀的書，或不可讀的書，都還待你明亮的眼。不過本刊所評價的書報，總要力求忠實的自我的態度。

二，你要立志寫作「書評」，將使你深入研讀一切的書，至少你要從頭至尾讀完一本書一遍乃至兩三遍，你將體察到這本書的深奧處，一種不可思議的藝術，你便取得了。曾國藩是讀書努力透探的。他曾說：「無論何書，總須從頭至尾，讀着一遍。不然，囫圇吞棗，摘抄撮讀，而此書之精到處，茫然不知。」這種讀書法，是很結實的。你假如立志寫作「書評」，你自然用這種讀書法，你必能取得更多更高的智識。

三，讀書是一種修養，讀書的方法尤其是一種修養。你如果動心忍性，讀完一冊書，你必是一位平實任事的人，還不屑要取巧者所可比擬。一氣讀完一本書，也是很習慣的而且需要的事。諺有云：「易簡功夫終久大，支離事業竟浮沉。」我們願望一切的讀者，都能從讀書中陶冶自己，做一個平實的人，不要浮沉于支離的事業上。

我們以此三點告讀者，并以此作為我們出來發行的指標。我們讀書，我們寫作「書評」，我們創刊「書報評論」，都是基于這個態度。我們更願望出版界和廣大的讀者群，同我們合作，互相策勵，進而組織一個「書會」，也是必要的。

最後我們要請求一般寫作家和廣大的讀者，這個小小園地是公開的，歡迎你們投稿，并歡迎你們把可讀的書報介紹我們，我們永遠地，是生生不息底渴求着營養！

讀「羅斯福見聞秘錄」所見

進文

著者：伊利奧特（Elliott）
譯者：李嘉
出版者：新華出版社

小引

到今年四月，羅斯福總統逝世已兩年了，美國還沒有出版關於這位巨人的正式傳記。在美國出版界，有十位作者從不同的角度來描寫這一代巨人的，卻有十種著作，這其中還不算邱吉爾，赫爾，史汀生，羅根等的印象記述。羅斯福愛子伊利奧特（Elliott）的「羅斯福見聞秘錄」（As He Saw It），爲上述十種著作中之一。中國已有李嘉先生的譯本，正風行於出版界，有廣大讀者接受這本書。

伊利奧特上校，人稱小羅斯福，特別在蘇聯，都呼「小羅斯福」的名字很響亮，他曾於戰後訪問蘇聯，與史達林暢談過一小時。他在美國政界，算是親近蘇聯的人，因而「羅斯福見聞秘錄」，對蘇聯是十分有利的。

中國的新聞紙雜誌，對於這本書已有多篇的批評，大多從小羅斯福的記載中，分析那位故羅斯福總統，是如何偉大的人物。其實，故羅斯福的偉大，在他總統任內十二年，和參加二次世界大戰的許多成就中，已表現得清楚。這本書並不足說明故羅斯福在政治上的偉大成就。小羅斯福「秘錄」的特點，是公開描述他父親是一個愛說話的人，愛家庭愛兒子的人，並且赤裸裸地描寫他父親和他自己，對於當代政治人物的印象，觀感，如此而已。

對當代人物的印象

小羅斯福很接近他父親，他隨時進入白宮談話，他有機會參加羅邱會晤，卡薩布蘭加，開羅，德黑蘭，雅爾塔諸次會議，作他父親的「侍從」。因爲他是貴公子，多次會議的秘密，和政治偉人多次的晤談，沒有迴避他，所以他了解世界政治的內幕。這本「秘錄」，或多或少洩露了世界政治的秘密，當你細讀這本書的精采處時，你會探索出來的。不過，當國際要人們的環境機密，是迴避了他的。那時，小羅斯福在軍界的地位，也不能參與，或在他大元帥的父親面前插嘴。

現在，先說他對邱吉爾，史太林，戴高樂，蔣夫人幾位政治人物的印象。

小羅斯福對邱吉爾的印象最壞。參加羅邱談話，邱吉爾多帶了偏見，他肯定邱是一個實實在在的人。他指出邱對蘇聯的不信賴，指出邱對他父親談話的私心自用。他斷言邱是一個殘暴粗野的人，個性頑堅強的人，他並且大膽地公開他父親對邱的批評：

「一個重地的老式保王黨，是不是？一個十足的保守的保王黨。」

「我有辦法跟他在一起幹的。……我們會在一起很有名的幹下去。」

「他是一個十全十美的戰時內閣總理。他的最大的任務是使英國安全地渡過這次戰爭。」

「因爲他絕有一種做戰爭領導者的十足的智識，可是要邱吉爾來在戰後領導英國？那是完全沒有用的。」（李譯本卅五，六頁）

這些批評，是羅斯福對邱吉爾最恰當的批評。在德黑蘭會談的一次宴會中，小羅斯福在不斷談說話的場合，稍嫌說了些話，老邱非常的不滿，那有史達林報以愉快的笑聲，就走來拖住他的肩膀。（一七八頁）所以小羅斯福這本書，對老邱的批評很殘酷，對「史老伯伯」是無限的留戀。

他對史的批評很少，在德黑蘭對雅爾達會議內，也指點出史的固執，他父親對史的不懷疑，以及羅邱之間的可能合作，邱史之間不可能合作的道理。羅斯福對他說：

「我相信我們可以合作下去，史達林和我」。「在今後的幾天中，以往的許多誤解與相互間的懷疑，可以一掃而光——我希望因此可以一勞永逸。至於史達林和邱吉爾兩個人之間，嗯……」

「我必須把我的工作分開，分頭來應付這兩個人。他們太不相同了。猶太，肆意……」（一六六頁）

小羅斯福對史老伯伯的發現是：「他的聲音安靜，深沉而有度數，他的身材也然細小，可是他好像有一種偉大無比的勁力；在他的內心中似乎貯藏着廣大的忍耐力與剛毅的自信心。……他快的一下子他的微笑，我驚覺史達林的安靜的語句，看他的很到他的名字的意義中所包含的鄉確定性，剛毅。」（一六八頁）他對莫洛托夫的印象并不算好，他批評莫洛托夫是「灰色而沒有色彩」的人，他似乎像徵莫洛托夫是位陰沉而可怕的人。

對戴高樂，吉羅德，也缺乏良好的評價。他大膽指出戴高樂是邱吉爾一手培植起來的「問題的孩子」，無禮貌，粗野，并缺少禮貌；吉羅德是一個平淡的軍人，吉對羅斯福談話，除了要求「給予更多的軍火以外」，什麼政治問題都不理解。可惜他沒有說明，吉羅德是由美國一手培植起來的，他那公開了他父親對吉羅德，與對戴高樂同樣失望。

對於中國政治人物的批評，小羅斯福也是冷酷的，他大膽批評蔣夫人同他的交涉談話，是獨裁主義的表現，這個見在許多篇幅裏表現出來。總之，他除了表現他父親[illegible]的寬厚大公，史達林像個聖人以外，對任何一國人物的批評，都是憑直覺的無情的苛酷，尤其對於邱吉爾更苛。此外，他對美國軍人，馬歇爾，艾森豪威爾，巴頓等印象的批評，或多或少也近乎神話。

羅斯福的偉大在那裏？

故羅斯福是一位偉大的巨人，這是值得小羅斯福的闡揚，世界人們自知的。這方面，小羅斯福也有新的發現：

一，故羅斯福是位理想主義者，從他倡導大西洋憲章起，到開羅，雅爾達會議止，他始終追求着人類和平幸福的崇高理想。他不但能理想，並且他能把各種權益不同的國家，和觀念脾氣不同的人物，融合在一起，對侵略者作戰。

二，故羅斯福有寬宏的雅量，的確具有偉大政治家的民主風度。邱吉爾對他說話，總毫不客氣，他總容忍，並且始終信服老邱的能力。史太林事事表現強性的崛起，他能委曲，他能移樽就教，并且格外小心愼重地應付。

三，羅斯福對弱小國家的生存很關切，可是美國應當獲取的利益，他毫不放鬆，如像和蘇丹國王的談話（一〇三頁），如像有一次小羅斯福閒談，他[illegible]在紙上劃寫着一個「干」字，卻曾說：「美國將必須領導」（一二二頁）說明了他依然是傾向於強力政治的。

四，故羅斯福對於英國，傳統的維持崇高的友愛的關係。他說英美是個「大家庭」，他對英國任何一位外交家或軍人，都抱着欽敬。尤其他作爲英蘇間的橋樑。史邱間的糾紛，在前次世界中的貢獻是很大的。故羅斯福對英國的態度是這樣，對任何一國也沒有絕對的惡感，不像史太林，對英國有深的成見，對邱吉爾和英國軍部都厭惡。

五，故羅斯福對於中蘇關係和中國內部問題很能了解，他認爲現在中國，唯有蔣委員長纔是偉大的人。他更了解蘇聯在中國內部問題所佔的因素，所以他對小羅斯福說：「假如說有一個人能夠調和中國國內政治的糾紛，那就是他。」（一九二頁）這便是指史達林了。因爲這個緣故，故羅斯福在雅爾達會議時，不惜犧牲中國很大的權益，甚且以日本的侵略作犧牲，以換取蘇聯對中國的友誼。以減少「將很擔心蘇聯將來在滿洲的行動」的危懼，故羅斯福的遠大認識是可佩的，可是羅斯福逝世才兩年，看現在的中蘇關係和東北的情形，寧不令人發生疑問之感！

最後，小羅斯福指出：他父親是位和平基石的工匠，可惜「這塊石頭剛好了，剛好了，許多人一直在敲他，弄壞他又掉下來了。」（二三二頁）但是，世界和平應該怎樣維持？羅斯福的偉大精神應該怎樣發展？小羅斯福沒有指出，這也是小羅斯福不能繼承父志，作爲一個政治家的因素吧！

這本書是可以讀的，但不能當作歷史讀，尤不能在這裏而提高政治文獻，它不過是一種花邊性的著作罷了。

評『今日之蘇聯』

楓林

吳清友編著
讀書出版社發行

在戰後世界裏，美國與蘇聯是兩個最強大的國家，尤其是蘇聯的文化，充滿着鄙棄豐富的生命力，對於整個世界的前途是具有最大影響的。蘇聯或許可以無視我們，我們卻不能不隨時注視着蘇聯的動向。蘇聯怎樣走出了這次戰爭，它將往何處去；整個蘇維埃的政治，經濟，文化的發展是怎樣？戰後蘇聯的國際環境和外交政策的動向又是怎樣？所有這些重要的問題，與我們的建國事業都是息息相關的。

當然，蘇聯這個國家是不容易理解的，想預見蘇聯將來的行動，更是一件難事。不過，話又說回來，我們中國正在迅速的走入一個世界新時代，在這個時代中，蘇聯將爲主角之一。我們有七千五百公里的國界與蘇聯犬牙交錯，而且在戰後世界的若干組織裏，將要經常遇着蘇聯；這就是說，我們的地位使我們不能不認識蘇聯。無論你將蘇聯當作一個朋友也好，把它作爲一個假想的敵國也好，我們總得要對蘇聯有一個正確的認識。但是，在目前貧乏的中國出版界，還不能找到一本完美而有系統的介紹蘇聯全貌的書，這實在是一件憾事。或許有人會向讀者推薦吳清友氏編著的這本『今日之蘇聯』，然而，這會使人失望的。

『今日之蘇聯』一書，約有五十萬言，於一九四五年十一月出版於蘇聯，列爲中蘇文化協會研究叢書之一。在這個巨大篇幅中，著者向我們廣泛的介紹了蘇聯的各方面，其中包括蘇聯的歷史發展，地理形勢，經濟生活，政治機構，軍備與外交，教育與文化，以及它的內部與[illegible]。讀者[illegible]的說，這是一本蘇聯年鑑。著者化了很長的時間去搜集材料，但是，當他處理這些材料的時候，顯然是非常草率的。著者自己也不能否認，這本書的主要部份，是將塔斯社的若干特稿拚湊起來的，而且辨論得並不高明。有許多地方是重複的。翻來覆去的說着，『俄國各族人民享有自由自決之權』，『經濟與文化的發展』，『蘇維埃民主』，以及『蘇聯婦女的平等權利』等等。因此也可以說這本書是塔斯社通俗的彙編。

正視蘇聯，需要客觀的材料，吳清友先生的「蘇聯」，是從蘇聯材料看「蘇聯」，內容的價值是可想而知的。此外，我們還要提出這本書，表現在多方面的錯誤。

首先要說重複。重複是編著雜亂的表現，「蘇聯」的重複材料的運用是很多的。以婦女問題來說，在第二章『領土與人民』中談到這個問題（七五—七七頁），第五章『政治制度』中又涉及了它（四九一—四九三頁），最後，在第七章『教育文化』中也談到了婦女（六四一—六四五頁）。在這些不同的地方，著者所敍的一些東西，在內容上可說是完全相似的，只有體裁之調和若干詞句的不同。

其次，在全書的份量上，著者用了二分之一篇幅來說明蘇聯的經濟，這份量似乎太重了。對於這一部份，本書所搜集的材料，相當充實，除了敍述蘇聯國民經濟的發展狀況之外，並分別將蘇聯的天然富源，重工業，輕工業，農業，運輸業和對外貿易，加以詳盡的說明。固然，近二十年來蘇聯經濟的發展，曾引起了許多人的注意，但編著者[illegible]到另一個頗爲引人注意的蘇聯外交問題的時候，却簡化了五十分之一的篇幅，這又似乎忽略了它。在這方面，除了說明蘇聯『和平外交』這個主要原則之外，就一無所有了。其實，蘇聯的外交政策是多方面的，『和平』縱是蘇聯政策的主要一面。如果我們要想正確認識蘇聯，那末，對於不斷變化的蘇聯外交政策，不能不加以深刻的研究。吳先生爲什麼不客觀地處理它？我想他一定爲蘇聯材料所困，未能解脫思想上的羈絆。

最後，我們要鄭重指出的是，以一個中國人來研究蘇聯問題，無論如何要把中蘇關係的發展當做中心問題來看。『今日之蘇聯』的著者，似乎也看到這一點，所以列有『中國與蘇聯』一章。但是，著者在這裏並沒有說明近代中蘇兩國關係發展的過程，更沒有顯示正視現實，著一番橫直在中蘇兩國之間，始終潛伏我們邦交的癥結是甚麼？相反地，著者在這一章中，拚命地談論着中蘇友好條約。毫無疑問，中蘇友好條約的簽訂，只能表示我們有與蘇聯和平相處的願望。試問，兩個國家的和平相處，豈能保約是不够的，我們必須正視現實，以實際政治家的態度來了解問題與解決問題。在這一點上說，凡是研究蘇聯問題的人，至少要負起一個責任，要使每個中國人都懂得怎樣站在自己國的立場上來看蘇聯。

當然，我們並不是對著者有所苛求，像這樣巨大規模的工作，並不是一個人或少數人所能完成的。在讀完這本書，失望之餘，由衷的感覺我們實在需要對蘇聯作客觀的研究，把各國的資料集中起來，作一番有系統有組織的切實研究。這樣地，纔能正確認識蘇聯，認識世界！這種形式的教條主義，必然要受時代的淘汰。我們需要研究蘇聯，認識蘇聯，並不爲要在宣傳鼓吹，而是要能够知己知彼！

我們廣大的讀者羣，誠懇地要求出版界著作家，完成一本中國的自由的研究『蘇聯』的巨著。

「張上將自忠畫傳」

出版者：張上將自忠傳記編纂委員會
地址：上海善鐘路善鐘里羅威八五號

張上將諱自忠，字藎忱，是我國抗戰中偉大民族英雄。張上將是民國二十九年五月十六日，在宜昌南瓜店十里長山殉國的，其死事之可歌可泣，驚天地動鬼神。以他一生事蹟和忠貞看，那種歷萬古而常新，經百世而留馨的。假如沒有先知先覺的著作來表彰他，紀念他，他的忠貞，他的偉大，縱能還讓在後世歷史的記憶中，不能夠永遠深入于民間，都是何等可惜的事。

現在，張上將已殉國七年，出版界很少關於他的著作，在抗戰時代，曾有老舍的「張自忠」劇本，風行一時；近年張上將的弟張自明先生，和北方的舊友，有張自忠傳記編纂的準備。在傳記未出版前，有「張上將自忠畫傳」的編纂，現已出版，是非常必要的。惟各書坊代售不多，未收普及效果，不無憾事。

這本「畫傳」共八十頁，是道林印的，印刷和製版的藝術都很差，錯字也多。可是內容的精彩，搜集的豐富，實在非常珍貴。在文獻方面，有國史館「張自忠傳」稿，張夫人「張季敏懿傳」稿，李石曾親書的「張藎忱通電」，及「國民政府褒揚令」，另有張將軍的遺墨十二件。國史館的傳，我們嫌太簡略，材料搜集又欠豐富，毫無遺因的風格，實在有畫傳的必要。張將軍的遺墨，透顯出他的抱負，他的忠貞，雖是一鱗半爪，的確是很珍貴。在照片方面，從他的家庭，故鄉，從軍，從政，抗戰，死難，追悼等等，可以看出他生命歷程的五十年，活躍在紙上，活躍在人間，而且編纂分類劃期也很正確，可當一部傳記讀。尤其十里長山殉難時，兩塊血石的照片，留有張將軍斑斑的血跡，看了不禁淚淌淚下，對這位偉大的民族英雄，抱有無限哀悼之意。

總之，這册畫傳，是有歷史價值，富有教育意義的，它充滿了血和淚，也表徵了愛和花，值得我們的讀者推薦一讀的。

現在抗戰勝利將兩年，民族英雄的影子，逐漸在一般人腦際中消逝，可見正義真理，在一般趨利忘義的人們中，是何等淡薄的啊。我們願望這册畫傳的發行，使之普遍，有志的讀者均應購讀一遍，學校和圖書館更應珍藏。尤其盼望史學家，能够寫出一册很好的「張自忠傳」；小說家寫出他血淋淋的故事，詩人寫出「十里長山」的詩篇，歌人們歌唱，永遠永遠地歌唱。這樣，張自忠將軍纔算不死，民族正氣纔能永存！

圖書評論

第二期

讀「我抉擇了自由」後

孫亞夫

著者：Victor Kravchenko

原書名：I Chose Freedom

出版：紐約花園城出版公司

「新見聞」

退之

讀「亞洲之地與文」

葆眞

著者：葛勒石

譯者：張印堂　劉心務

出版者：商務印書館

今天的世界，亞洲人已喊出「亞洲世紀」來了。但亞洲是怎樣構成的？人與地是怎樣構成的？誰要歷史的，地理的，人文的，科學的研究。一九四四年美國出版了一冊巨著Asias lands and Peoples，是研究亞洲地文人文最好的大學用書。著者葛勒石（George B.Cressey）是當代地理學家，對亞洲地理認識甚爲熟稔，見解亦頗正確，關于中國在亞洲及西太平洋上未來之地理，特別同情注視。戰前曾來中國，任滬江大學地理教授多年，搜集豐富的材料，寫成「中國之地理基礎」，歸國後任紐約敍古大學地理系主任。第二次大戰後，葛勒石教授緊隨亞洲的需要，著成此書，西南聯合大學敎授張印堂，費一年時間，將本書譯出，由商務出版。

本書原文共六〇八頁，計四十章，除首兩章專論太平洋盆地與亞洲之大體概況外，全分中，日，蘇，西南亞，印度與東南亞六大區。內插有圖表照片多幀，書後并附有關各章的參考書，中譯本因印刷製版困難，未能將書表照片列入，誠爲憾事。本書在美國，初版已銷十萬冊，再版亦銷四萬餘冊。中譯本今年出版，希望研究亞洲問題的人，細一讀此基本著作。

據著者說：「此書乃論世界三分之一大地，與世界三分之二人口的地理書籍」。全書內容要點如下：第一章論太平洋盆地，第二章論亞洲之大體形勢，係總……

……第二章論亞洲人口，地理，指出亞洲的價值，「亞洲占地球陸地三分之一，擁有世界人口的三分之二，面積共一千八百萬方哩，人口千兆三億。」這一章總論，內容精粹，統計正確，尤其亞洲軍略價值的分析，極爲正確。分論中國，日本，蘇聯，印度，材料翔實，以一個美國人觀點研究亞洲人與地，能有這樣客觀的立場，豐富的材料，實在難得。不過，著者對於近東材料（敍利亞，土耳其，阿富汗，伊拉克，伊朗，亞拉伯）的處理，比較平淡……

……日本國主觀資料。戰後，特別在和約簽訂後，日本領土和人文，必將有變動，均爲作必要的修正。此外，民口性和民族構成，在人文科學上，本應佔重要地位，本書相當忽略這課題。總之，本書的價值，地文仍高於人文。

中文本共四三三頁，譯者張印堂爲地理學家，對於本書採用直譯法，以求原書的精確性，是必要的。無論如何，本書是研究亞洲地文人文極有學術價值的巨著，凡地理學者，研究亞洲問題的人士，及大學生中大學教員，均應作爲參考讀書。

「日本的軍閥」評介

進文

著者：田中隆吉

出版者：啟蒙出版社（上海哈爾濱路一號）

定價：國幣七千元

日本軍閥是失敗了，但日本軍閥禍害世界，禍害日本國民的著作，今天並不多見，雖然日本投降轉瞬四個年……

讀「廣島被炸」記　看原子彈的威力

方葆眞

著者：約翰·海爾賽

譯者：黃嘉音

出版者：光出版社（上海陝西南路三三三弄十八號）

本書著者的介紹

「廣島被炸記」是美國名記者約翰·海爾賽（John Hersey）新作，發表於一九三五年八月卅一日「紐約客」雜誌，全文三萬字，我國光出版社於去年翻譯出版。這篇文章發表後，轟動了全美，無線電台，曾有三家報紙爭着連載，影片公司和劇院，紛紛要求攝製和上演權，盛況可謂空前。

著者以第二次大戰爲背景，曾有「深入河谷」，「巴丹鏡見」，「阿丹諾之鐘」等書出版，尤其「阿丹諾之鐘」，曾被推爲大戰後第一本好小說，獲得了普利哲小說獎金的榮譽。

著者於一九一四年生於中國，是美國傳教士的兒子。他在耶魯和劍橋讀書，一九三七年任時代週刊編輯，珍珠港事變後任戰地記者，足跡遍北非，歐洲和南太平洋。一九三五年到中國和日本，本書是他到廣島所蒐集的材料，不僅是一部小說，報告文學，並且是一冊心理學的實證報告，富有科學意味。

故事的開始

日本廣島的被炸，促成了日本的投降；也可說是原子世紀第一頁開始，它震驚了全世界的人們。所以原子炸彈的威力，原子輻射的反應，是世界應該知道。現在距離八月六日——原子彈投下廣島——轉瞬兩年，我們重讀這冊書，自有其新鮮的意味。

這篇文字描寫一九四五年八月六日，美國超空堡壘飛到廣島上去投第一顆原子彈的故事。這個驚心動魄的故事，告訴我們它是怎樣毀滅了一個廿四萬五千居民的現代都市。這故事並不是這樣的，而是由第一顆原子彈下的六個倖生者，口述當時情形和可怖的經歷及慘狀，由海爾賽的妙筆速寫而成的。

六個倖生者

原子彈的威力

圖書評論

第三期

讀「尼赫魯氏的家庭」

湯昧辛

著者：胡其信夫人
譯者：沈鑄
出版者：上海大東書局

革命自由之家

尼赫魯是當代印度的偉人，為世界最注目的人物。尼赫魯的家，是貴族之家，從他父親母親到他兩個妹妹（一位是班迪特夫人，一位是本書作者胡其信夫人），以及他自己，都是甘地的崇拜者，國大會黨的領導人物，全家獻身於印度革命運動，為印度人爭獨立自由而奮鬥，並且連他妹婿也獻身於革命自由運動，尼赫魯之家，可謂為「革命自由之家」。

這本書是克利薩娜．胡其信所著，寫於二次世界大戰期內，所以尼赫魯正在四年監獄期間，所以書的內容，充滿了悲愁，傷感，離了以後，令人心頭很重，眼淚為匠，它的體充滿了血和淚，也表現了愛和花。克利薩娜．胡其信，是尼赫魯的次妹，一位美麗而聰秀的女郎，丈夫胡其信，一位典型忠實誠懇的印度人。本書分上下兩卷，上卷係克利薩娜著「決不後悔」，下卷係伊娜斯迪特夫人（現任印度政府駐蘇大使）的「獄中日記」。上卷共十五章，每章以家庭人物為主題，有如自傳體例，讀之輕快，使人認識了「革命自由之家」，是怎樣形成的，無論人物性格，生活，精神，革命意識，人生觀念，莫不表現親切。這種自然的寫實的「尼赫魯氏的家庭」的傳記，惟有克利薩娜．胡其信，才能勝任。

「決不後悔」的評述

上卷除尼赫魯．奈杜夫人導序言，及克利薩娜的開場白外，第一章寫著者的誕生，童年時代生活，她大哥尼赫魯的結婚，這一章表露了一個少女天真底心，和對大家庭的愛；第二章寫全家對甘地先生的信徒，渾竟年的她也敬愛甘地，但決不像別人那樣尊他為聖人或超人，且看她對甘地的印象：

「我會見他的次數愈多，我就愈佩服他了。有時候，我覺得他屬於另外一個世界，可是他在很多方面而又是這個世界的人，竟能欣賞很世俗的東西。終於他以溫柔的眼光和引人的微笑，把我克服了，和他克服千萬別的人一樣，這克服不是暫時的，而是終身的。因為一旦作了爸布（按「爸父」原意「父親」，國大黨徒甘地為聖父，故均稱「爸父」）的信徒，五體投地的信仰以後，便決不會動搖。」（引十三頁）

尼赫魯一家對甘地的印象，永遠沒有動搖過。本章寫他父親──莫迪拉．尼赫魯放棄律師業務，改變了貴族式的豪華生活，同他兒子投入政治波瀾的經過，并開始被捕入獄，而這時的家庭，也開始被毁了，全家獻身為印度的獨立自由而奮鬥。描寫悲壯而動人。

第三章寫他父親組起組織獨立黨，而任黨的主席。著者赴歐洲遊歷的觀感；第四章寫尼赫魯父子對獨立自由主張意見的分歧，父親在國民大會中，主張印度爭取實際自治領地位，贊同對英妥協，兒子則主張完全獨立，因而青年尼赫魯，便號召青年男女成立青年同盟，宣誓要為印度的獨立而工作，他兩個妹妹，也跟隨大哥走。

但老尼赫魯很偉大，他把國民大會主席地位，讓給兒子，自己放棄了原有政見，跟着青年人的意志走。且看克利薩娜怎樣描述這件事：

「那一年，國民大會在拉雷爾集會，甲瓦哈（尼赫魯名）當選為主席，在國民大會的歷史上，從來沒有兒子繼承父親為主席的。這在世界各國類似組織的歷史上，都是很少見的。在父親看來，這是一個很偉大的場合，因為愉快而驕傲地把責任移交給甲瓦哈，甲瓦哈現在不但是他有形財產的繼承人，而且亦是政治上主席家職的繼承人，這實是我們國家所能賜予那兒女的最高榮譽。」（引四四頁）

這是多麼動人的場面啊！接着英帝國主義的暴力壓迫來了，開始了屠殺恐怖，青年尼赫魯又入獄了。

第五章寫老尼赫魯的病逝，他在印度的地位僅次於甘地。本章描述老尼赫魯──莫底拉兒先生的病逝經過，非常傷感，而表現堅毅。第六章寫尼赫魯負荷起家庭的重責任，他們的母親繼承了老尼赫魯之志，和兒女一起工作，「她的身體雖然孱弱，她的心卻與一隻女獅子一樣地勇敢倔強，長期地帶以監獄為第二家庭的人」（引六四頁）因此她家的人入獄了。本章描述克利薩娜也被捕入獄了。本章描述監獄生活，及一個模實寫照女人巴秋獄的遭遇，細膩動人，尤其著者看監獄的黑暗，她說：「在獄中所學得的眾誠，卻是一個人在外面過十二年都學不到的」（引七五頁），又深入又有見地。

第七章寫她戀愛生活，赤裸裸暴露她對胡其信的愛，非常美麗；胡其信求婚方式的別出心裁，及寄「我的離歌」的求婚故事，非常有趣。她以妻子地位看丈夫，把心靈深深鏤在紙上，美麗極了。第八章寫婚後生活，和她丈夫的轉變，對革命運動的參加。第九章寫她嫂嫂淑瑪娜（尼赫魯夫人）的一生，不幸於婚後的多病，終於瑞士而逝。本章描寫痛苦纏綿細巧，和她肯定的人生觀；表露了印度女人的美，不僅是皮相的，而且是內心的。印度女人的樸實，細緻，決不像中國女人的粗枝大葉。第十章寫家庭人物生活的變遷，充滿了陰影，本章為斷斷章的綜合，實無多贅必要。第十一章寫她母親的死去，第十二章寫她伊母（她母親生活上不可須臾可離的伴侶），在[illegible]

偉大，甲瓦哈從未懷疑，而獻了他的前途，甲瓦哈是樂於貢獻他的生命的。」（見一二九頁）

尼赫魯有鋼鐵的意志，他對印度並沒有幻夢，也並未希望別人來實現他的夢，印度斯坦在今天的世界，已經站立起來了。克利薩娜寫本書時，值第二次世界大戰正激烈，英國正在不顧印度人民意見而驅印度人於戰場，適尼赫魯被判四年徒刑之際，所以著者表現了悲觀。但她對印度獨立前途，是具有信心的，她在第十五章的結語，她指出了：「不管一切過去的苦難和未來的艱辛，不管經了我一生的紛亂，我依舊能在回顧這過去一切的時候，決不後悔」。（見一三七頁）

總之，本書是尼赫魯全家親切的寫照，充滿了詩意的作風，尤其每章引名詩一首作開場，是很富有文藝性的一部傳記。

向讀者推薦

下卷是班迪特夫人的「獄中日記」，因為很少涉到她家庭的故事，不必作評價，雖可當作文藝作品讀。班迪特夫人暴露監獄的黑暗，非人的生活，其價值[illegible]和她妹妹一致的。本書譯者沈鑄先生，是翻譯方面的老手，譯筆流暢而動人，實為本書增色不少。特向讀者推薦一讀。

本書是各國最能暢銷的一本書，美國報紙的書評很多，且一致推愛。惟我國譯本，印刷之拙劣，錯字之頻繁，幾乎每二頁有一錯字，實令人對大東書局營業前途，抱無限的悲觀。

「國際公法」

著者：張道行
出版者：正中書局

逸文

在國內研究國際公法的學者，可供大學用書或自修研讀的，有周鯁生氏著「國際公法大綱」（民廿一年商務出版），汪馥炎氏著「國際公法論」（民廿年會文堂出版），及最近正中出版張道行氏編著的「國際公法」。這是一本鄭定大學用書，適合參考索引附錄等，共三三九頁，內容深入淺出，條引翔實，值得一讀；章次羅列，綱舉目張，參考便利。

張氏為國內治國際公法的學者，曾執教中央政治學校，現供職外交部。著者編著此書，費時四年，始完成七篇，分卅四章，每章又分若干節，約二十萬字。

第一編緒論，論國際公法之性質與範圍，國際公法發達史，及公法學之演進；內容多根據西方學者學說，予以有系統的分析說明；第二編論國際公法的主體，分析國際公法及國家觀念，內容多偏於政治學的說明；第三編國際公法的客體，分論國家對人，對船舶，對領土，對領空等的法權，多採西方學者的學說；第四編外交機關，領事制度，內容偏重於國際交涉及其機關，分論條約，表徵中國學者對國際交涉及對外交機關的認識，讀之頗有無拘礙入之感；第五篇國際爭議及其解決方法，著者以學說和事例，分論國際爭議為和平的，強迫的，戰爭的，國際法庭與司法解決諸方法，最後並論及國際和平的組織問題。本編各章所引國際現行條約，作實際之說明，態度很審慎；第六編戰爭法，分論戰爭法的存廢，戰爭概說，戰爭開始及其影響，陸海空戰法，及戰爭的中止，內容與同著「國際公法大綱」觀點相近，但無很多新；第七篇中立法，分論中立一般意義，交戰國與中立國之權利義務，及商務限制，中立的始終及將來，本章內容最簡要，不係材料蒐集，事例引用，較國內一般國際法學者論中立法，有顯著的進步，且其論點，是有不少獨特的見解。

總之，本書是初學國際公法者的一本好書，文字深入淺出，初學者對於許多學理觀念，概能瞭解；並且條理井然，參考便利，編書的技巧是聰慧的，並不像許多國際公法專著，讀之令人有抽象之感，莫測高深之感。著者在這本書序言中，也說明是為初學學者而作，所以本書可評之曰：「國際公法入門」。至於國際公法學理上許多爭論，及著者提出的許多意見，究應作何批判，且讓國際公法學者去評價吧！

「日本半月」

著者：王芸生
出版者：上海大公報

盧愛文

本年二月間我國駐日記者團，有十家報紙的代表，赴日本參觀，為時半月，歸來各寫其觀感，刊載於報紙。各記者因學養的不同，對日本認識的分歧，所以各人表現的手法也不同。以寫實主義為主的，當推東南日報宋越倫的「日韓行腳」，以觀察為主的，當推大公報王芸生的「日本半月」；既不寫實又不觀察，只以材料作敍述的，當推南京中央日報陸鏗的「日韓行紀」；此三篇報道均各印成小冊，各有風行的銷路。本文則先評述王芸生氏的「日本半月」。

王先生為當代政論家，日本問題權威，他的「日本半月」，無論就其材料，或觀察方面，自然較他人深入，尤其他的大名，在日本的響亮，使他獲得許多機緣同日本要人會談，取得不少材料，都是他的優越。「日本半月」共十二篇報告，先刊各地大公報，近集印成冊。

第一篇「暗淡險惡的前路」，好像全書的緒論，第十二篇「一串感想」，好像一篇輕快的結論。其他各篇，均各有主體，如遠東旅程，如訪議會，遊東國際法庭，如論日本文化經濟，賠償問題，貿易問題等。他對每一主體，均以材料為經，以自己的觀察分析為緯，有値得參考。而表現他對日本的「再認識」，當以第一篇和第十二篇為主要。

王先生以嚴格的態度，告訴讀者，以驚奇的眼光，來看日本，他很悲觀歷史會重演，日本正行逆一條冒險的侵略的道路，因此他在許多篇內，證明日本必將翻身，必將招來一個更大的悲劇。「一串感想」，同樣指出：「日本人幾乎是全國一致的在走常一條路。這條路，是說使美國，甘做反蘇的一隻棋子。他們這樣做，可以討得強大美國的歡心，可以在盟軍管制下受到寬待，討些便宜，以便將來復興。這投機，是很冒險的，可能走向另一悲劇。」但另一悲劇是什麼？王先生沒有指出，大約是指戰爭亡國的悲劇。我以為王先生的話，以之警惕中國讀者則可，如以之觀察日本必將再演悲劇，但為過早之論。

王先生指出「中國記者團這番到日本，在歷史的意義上是空前的。」我們認為是誇大的看法。

除以上所評二點外，我們認為王先生對於日本問題其他各面的觀察，都是很透徹的，並且內容的充實，筆法的細膩，記述的輕快，實高其他記者報道一籌。惟「日本半月」小冊，僅卅二開薄薄的八十四頁，大公報售價八千元，未免「高抬市價」了，一個貧窮的讀者，必然要讓而却步的。這一點不如大公報以為如何？

凱恩斯充分就業經濟學

The Economics of Full Employment, F.A. Burchadt, The Oxford University Institute of Statistics, 1944, ppvt 213

雪崖

凱恩斯的經濟學說，是十年來世界經濟學新的學派，在英美出版界，關於凱氏充分就業理論的書，充滿了坊間，佔有了論壇；可是將凱恩斯的理論，運用於實際政策上的，據我所知，當首推本書。

本書係F.A. Burchadt主編，分約幾位經濟學者寫成六篇論文，編列而成論叢，為凱恩斯充分就業經濟學之理論與實際的闡揚。

一，首篇論「失業原因」，係Burchadt執筆，以批判古典派失業理論為主旨，指出唯有凱氏「需求不足的理論」，才可以解決失業問題。

二，M. Kalecki的「充分就業三種途徑」，認為在閉關的經濟社會，為達到充分就業祇有三途：㊀學校醫院等公共事業擴及公營的修築，由政府投資，其次為城市人民所需日用消費品，由政府貼補；即使政府借債與辦此等事業，也是必要的支出；㊁政府降低利率及所得稅，刺激私人的事業投資，向繁榮安定邁進；㊂租稅政策着重在直接稅，一方面引起所得重分配，一方面又可達到充分就業的目的。著者認第一途徑應該循行，第三途徑以租稅方法達到充分就業，所遭反對必大，所以主張租稅以不妨礙私人投資為限。

三，G.D.N. Warswick的「充分就業的穩定性及伸縮性」，認為工資問題，在充分就業狀態下，唯有採用貼補方法來抵消工資上漲的壓迫。

四，E.F. Schmacher的「財政與充分就業的關係」，認為古典學派平衡預算理論的錯誤，著者主張政府於財政不敷時，應發行長期公債，以財政手段達到充分就業之目的。

五，T. Balogh的「充分就業的國際性」，著者就世界經濟觀點，討論充分就業應於各國實現；如果國際的充分就業不能達成，應該用什麼方法使之實現。著者的理論路線是正確的，惟缺少實際辦法。

六，K. Mandelbaum的「一德國實施充分就業經驗」，著者用很多材料，論證戰前德國政府以強力政治，推行充分就業的成功。本篇頗多實例，且統計詳確，堪供實施充分就業之參考運用。

本書序言及附錄，均佔重要篇幅，值得一讀。中國出版界和經濟學論壇，凱恩斯經濟學尚未佔重要地位，希望學術工作者能作充分的介紹。

評介「亞洲世紀」

秀石

主編：方秋葦　發行：徐逸樵
出版者：亞洲世紀月刊社（上海哈爾濱路一號）
定價：每期五千元

在今年出版界，學術與時事研究的出版物，其最富權威性的期刊，當推「亞洲世紀月刊」，現已出版第四期。本文評介則以一二三期為限。

先說內容。「亞洲世紀」的性質，以研究戰後亞洲問題，透視日本與實情形為標榜，在內容表現方面，儘爭向着這方面走。內容分專論，研究調查，地誌，人物，通信，資料，文摘，亞洲畫報，亞洲時事日誌及文藝等。每期約六十頁以上的篇幅，並有照片及插圖多幅，誠圖文並茂，尤其是印刷精美，封面設計的別緻，也是值得一提的。

次述批判意見。該刊創刊號專論，汪論亞洲問題，美蘇問題，及對亞洲資源之評價，由集秋葦，愈滇華，毛以亨，周子亞，李秋生，李立中諸名家執筆。研究論文四篇，僅孟絪「現階段的印回之爭與英印關係」，值得細讀。資料及文摘，搜集豐富，頗有參考保存的價值。第二期係以日韓問題為中心，由歌洪如，俞誠和，孟憲章，時迦明，張玉坤，諸南柔諸名家執筆，內容精彩，研究淵深，值得向讀者推薦。尤其是韓人金成和的「韓國南北朝及其統一問題」，與時迦明的「日本往何處去」兩篇，實為有價值之作。人物介紹相當生動，資料文摘材料也充實，研究調查則平平。第三期以琉球問題為中心，李秋生的「國際琉球的命運」，為當代論壇論琉球問題之佳著，頗為各方重視；唯佇事家姚揚的「中國與琉球的關係」，狄兌之的「琉球羣島地理」，材料[illegible]信，富有研究價值。此外，方秋葦的「論北塔山事件及其對策」，態度客觀，讀之發人猛省；周子亞的「印度分治問題」，宋越倫的「從日本投降內容看日本復興前途」，均有獨特的見地。本期人物介紹為胡志明，及台灣通信一篇，均為不可多得之作。

文藝方面，由文藝家陳鎔，曾清開，張契渠分別執筆，在該刊篇幅上並不佔主要地位，茲不多贅。

再說時代的需要。今天的時代，已進入「亞洲世紀時代」了，而新的亞洲的認識，日本的再認識，是每一亞洲人士最重要的課題。美國出版的「美亞雜誌」（Amerasia），並不比我國對亞洲，表現遠不透徹。中國應該為亞洲的主導，中國學術界對亞洲各國的研究，幫助廣大讀者對亞洲各國的認識，在目前是迫急需要的。八年抗戰，血和淚的教訓，我們不能再落後再延誤了。因此，「亞洲世紀」的出版，在今天論壇上，及廣大讀者羣中是很需要的一種期刊。

綜觀該刊內容，不僅編輯和內容嚴整，而且態度客觀，毫無地域的偏狹意思，或人氣上的偏見，是比較偏重於理性的。該刊撰述人，大多為研究日本問題，或研究亞洲問題之權威學者，不拘黨派性，不傾向政治，其態度之民主，編輯手法之高明，也是值得一述的。且看該刊的人物介紹對越南左派領袖胡志明，也同樣作詳細介紹，因為文字鋒利，態度客觀，每篇人物介紹，均能表彰亞洲政治人物的個性，生活歷程，而活現的登場於紙上。

該刊的缺點，是研究考據論文，各國通信報導的貧乏，妙為橫生的風土介紹太少，實屬遺憾，希望「亞洲世紀」編者，注視到這方面，同該刊的比重始可平衡。

總之，該刊是研究亞洲問題，認識日本印度各國情形，目前唯一的權威刊物，充分富有國際性的學術期刊，我們誠懇地向中國讀者介紹，並希冀藉此喚起亞洲各國的注意。

圖書評論

第四期

評「殖民地・附屬國——新歷史」

羅鴻

著者 A・A・古柏爾等

譯者 吳清友

出版者 上海讀書出版社

我是研究歷史學的人，我對任何的歷史著作，從而持一種接受和批判的態度。我最厭惡以馬克斯，恩格斯的學理和方法論，所寫作的任何歷史著作。因爲拘泥馬恩思想範疇，寫不出眞實的歷史，而且發生階級鬥爭的偏頗。歷史觀來是一面鏡子，它必須紀載眞實，讓後世的人去批評。馬恩思想的「歷史學者」，他們毫無歷史的正確性，所以我厭惡。

最近我讀到上海讀書出版社出版的一部巨著——「殖民地，附屬國——新歷史」，係一九四〇年蘇聯科學院歷史研究院出版，A．A．古柏爾教授，G．S，卡拉，嘉爾查教授等十餘人集體創作，由我國吳清友氏翻譯。這巨著的中文譯本，上卷共四冊，七十餘萬字，我在坊間購得的，係上卷第一二三冊，大約第四冊倘未出版。我知道這是一部以馬恩思想爲中心的歷史著作，更知道蘇聯歷史研究院爲蘇聯歷史學的「權威」，我很想從本書中發現蘇聯歷史學的奇蹟，來消滅來打擊我對馬恩思想的「歷史學者」的厭惡，自然我也像許多「進步」的人一樣，願意接受馬恩列的思想。結果，我讀了本書後，絲毫沒有動搖我厭惡的心理，且愈增加了的輕視態度。我現在要向學術界和讀者，提示這部「權威的空前的歷史巨著」(吳清友語)。

一，本書上卷第一冊講法國資產階級革命前夜，歐洲殖民地和東方的附屬國，分章論印度，因多尼西亞(舊作印度尼西亞——註)，拉丁美洲與西印度，赤道非洲及南非洲，埃斯曼帝國，伊朗，中國。本冊大約爲緒論，從經濟關係土地關係分析上述地方的殖民地化，及國家民族的構成，確定它的命運爲被侵略被剝削的命運。第二冊講資本主義在先進國家勝利和鞏固時期的殖民地及附屬國(一八八九——一八七〇年)，分析中東和遠東各國的大地掠奪，及階級對立，民族戰爭農民暴動等，並引證許多史事，說明殖民地反掠奪反資產階級的鬥爭。第三冊講帝國主義時期的殖民地及附屬國，其理論路線與第二冊一貫，惟分析多側重中東方面，及與俄國的諸關係。看此三冊內容，本書完全偏重中東和遠東的歷史，可說是一部蘇聯人的東方史的論著，而非世界史的論著。

二，本書理論，完全以馬恩思想，列甯主義爲理論基礎，它武斷中東和遠東的一國一地爲殖民地型，與資本主義爲附屬地的關係，中國自然也不例外。著者A．A．古柏爾等對於這些歷史的處理，以馬恩列甯學說爲綱，以各國各地部份歷史現象爲緯，說明某個中東遠東史，爲一部馬恩列歷史學史。因此，在本書中看不出眞實的歷史，看不出歷史的斷代，看不出人們所要知道的一切。這不是一部歷史，乃是一部馬恩列主義的教條，乃是唯物史觀的再版，對於各個國家地方史實的敍述，充滿了歪曲與欺騙，充滿了幻想與謊言，充滿了曲解與偏頗。十幾位著者，一致地向蘇聯人民灌輸，不幸我國吳清友先生，把它翻譯過來，又來向中國人民進行欺騙，除非你不懂歷史，或有意歪曲歷史的話，聰明的讀者讀了本書，必將是會失望的。如果以本書來教育人民和學生，簡直是要叫人作歷史的叛徒，找不出忠實的史學來，怎叫我不厭惡呢？

三，歷史本來是要求眞實，本書不給你眞實。以言中國近代史，著者G．S．卡拉，嘉爾查教授，他有意曲解中國的國際地位，把中國列爲殖民地，他認識不清中國的文化民族性，以致把中國文化指爲一種宗敎。他强調太平天國革命運動，同時也認不清滿清專制王朝崩潰的原因，他低調中國的民族獨立運動，因此對孫中山先生領導的革命運動加以抹殺，連吳清友的譯序也說：「關於中國部份的材料，也分配得不大平均。例如第一篇第八章中國的爭戰及國家制度敍述得比較詳細，而第三篇第二十七章中關於孫中山先生的學說分析，則稍嫌簡略」，「這些缺點」「都不能不說是美中不足」(吳譯)。事實上，又豈「美中不足」？它沒有眞實，它失去美善，他很膽陋地處理中國的歷史，且不談思想的觀點，至於述中國歷史的ABC都不懂得，簡直不夠「歷史學者」的水準。

不僅對中國的敍述是如此，對於任何一國一地歷史的認識都是如此，不過吳清友先生，不大懂得其他的歷史吧了。所以他祇對中國部份表示遺憾。其實，遺憾在滿紙滿篇。

蘇聯的御用學者，沒有思想上的自由，他們可以僞造「聯共布黨史」，僞製「蘇聯革命史」，可是他們以同樣方法來研究著作東方史世界史，欺騙不自由的蘇聯人民則可，欺騙世界的人則不可！我基於這個正義的觀點，我更基於學術學術的觀點，我向學術界和中國讀者控訴，你們切不可自陷錯誤的泥沼，你們不要走錯了路！

蘇聯無學術，我敢斷言。我勸告國內懂得俄文的學者和研究俄國的著作家，請慎重介紹蘇聯的「學術」著作。我們的學術思想，要自由的高度的飛揚，我們不能向蘇聯學術界看齊！請吳清友先生們，停住你們的步伐罷。

蘇聯無學術，至少我們不能接受蘇聯出版的歷史著作，尤其是一部「權威的空前的歷史鉅著」，可笑之至。本文略評如上，權衡態度是眞實的，恕不按章逐節一一加以駁斥。

讀「當代中國政治學」

方葆眞

著者 楊幼炯

出版者 勝利出版公司（上海廣東路一七〇號）

勝利出版公司最近編印一套「當代中國學術叢書」，我讀到楊幼炯氏著「當代中國政治學」，賀麟氏著「當代中國哲學」，顧頡剛氏著「當代中國史學」。本文先評楊著政治學。

楊幼炯氏寫當代中國政治學者，與對三民主義理論及政治學的研究，約二十年之久，本書理論基礎，爲三民主義政治學。全文共分八章，每章分三至四節，全書約五萬字。第一章政治學之基本認識，根據「政治哲學的基本假定是政治科學的基礎」，指出當代政治學的研究，是從政治組織形式的研究，到實用政治方面。本章根據學理與事實，徵引完美，理論正確。

第二章中國政治哲學之傳統與發展，一貫闡揚中國政治哲學的學說是民本主義，惟對中國政治哲學各宗派思想，缺少引證說明，僅述學術史大勢較詳。第三章現代中國政治思想之演進，敍述三民主義的淵源及前驅，新興之維新思想，及社會主義政治思想之分野，與第二章同樣偏於學術史的敍述，惟內容簡潔。

第四章我國政治科學之發端與發展，述西洋社會科學之輸入，我國政治學思想之趨勢，及三民主義政治學著述之開展，共分四節。其二三兩節寫作概略多，應併一節寫作，三節論我國政治學思想之趨勢，一面敍述一面評斷，値得一讀。四節敍述三民主義政治學著作之開展，重在個人著述之介紹，雖於其他學者之論著，尤其抗戰八年以來，許多學者對三民主義政治學的研究，祇多專著出版，楊氏態明不讀，就治學術史言，或就治三民主義政治學之開展言，均屬不當。

第五章我國憲政理論之演進，敍述憲政理論甚詳實，對五五憲章宣傳品十年來的論爭，分析闡詳。楊氏的憲政理論，是五五憲章的支持者，所以本章鮮少批判五五憲章。大約因爲脫稿時間關係，本章內容尚未論及新憲法，且對政治協商會議憲法草案及其流變，亦略而不談，殊覺遺憾。本章個人意見頗多，可謂爲著者的憲政理論觀。

第六章我國政治制度之理論的檢討，內容翔實，論斷正確，第四節闡述了「民治均權」地方制度理論，是楊氏研究三民主義政治學的重大發現，特爲指出。

第七章論近民權學說與革命民權論，從近代民權思想的脈絡，批判「自由」「平等」的學說，最後闡述孫中山的民權思想爲革命民權，並條理出革命民權理論基礎何在。楊氏的方法，以近代民權學說，與孫中山先生學說作比較研究，闡揚了三民主義的民權學說，不是盧梭的「天賦人權」，乃是新的「革命民權」，這也是著者研究三民主義政治學的重要發現。

第八章當代中國新政治學之體系，以哲學觀點，人性善論的依據，說明孫中山先生的政治哲學的基礎。根據楊氏的研究，三民主義的政治哲學是性善的，利他的，演變的，這是人性論；三民主義政治學的國家觀，反對用霸道，主張順乎民族自然，而共利他倫理思想，第一在以政治經濟的改造爲起點，第二以服務律代競爭律，第三國家論。最後並指出：三民主義的國家觀，最終的思想是大同之治。這也是著者研究三民主義政治學的重要發現。

平心而論，這本政治學不失爲當代有價値之作，它在學理上所應得的地位有兩點：

其一，楊氏的政治哲學淵源於儒學大師孟子，而以孫中山先生爲依歸，建立三民主義政治學的理論基礎，是他的成就；

其二，本書爲第一册供評論的三民主義政治學，且第二至第五各章，完全爲一册政治哲學學術史，到第六章至第八章，著者始有創獲。

總之，在中國政治學著作非常貧困的今天，本書是値得一讀的，並可用作大學補充讀物。但本書在編著上的缺點及偏頗之處頗多，希望楊氏有所修正，放寬政治學的領域，特別是第五章應完全重寫。在楊氏看，第五章是他研究的精神，但在我們批評的人看來，第五章的問題特多。這是忠實而客觀的一點意見，因限於篇幅，未作學理的商討，所評當否？希望海內政治學者和楊氏的指正！

「我選擇了自由」

晉

著者 克拉夫青科

譯者 勸宣

出版者 民治出版社

第二次世界大戰以後，世人對於蘇聯的認識，愈感興趣。但關於蘇聯的著作很少；其足稱道的蘇俄的外國作者，也往往一鱗半爪，僅窺皮毛，見仁見智，未能確定當信史。那末要知道蘇聯自革命以至今日的情形，民間的疾苦，政治的動向，祕密警察制度的嚴厲，以及克裏姆林宮的內幕，其道何由？曰就閱克拉夫青科所著的「我選擇了自由」。

此書之所以認爲翔實可靠的原因，就是因爲克氏本人是個共產黨員。他這本自傳，是用自己的歷史爲經，而以當時蘇聯的環境爲緯。固然，別的作家也許因主觀的不同，對於蘇聯政治，有所曲解；但這樣一位生長於革命怒潮之中，完全受蘇維埃教育和共產思想薰陶的，蘇俄工人的兒子的供狀；假使說是不真確，而再要找更忠實的文獻，那簡直是不可能了。

書中說：克拉夫青科是個狂熱的青年黨員，標準的工人，所以終於被選爲優秀份子，保送至[illegible]學院，專攻冶金，畢業後，歷任各大冶金工廠的工程師，並且擔任過俄羅斯共和國聯盟的人民委員會中的要職。在一個偶然的巧遇中，他居然得到了他所日夜心嚮往之的出國機會，那就是他被委派到駐美購料委員會中去辦事，而由於親眼看破了蘇聯爲節約的殘民政策，祕密警察的專制手腕，一向鬱積在胸中對蘇政府思想，一發而不可收復，加以初受到民主和自由的陽光的撫摸，他毅然決然，拋棄了過去的一切「選擇了自由」，脫離祖國。同時在國內，揭穿蘇聯，批評政府的思想，是無從發表的。外間人士，對於這鐵幕的內部，時常憧憬着一種美夢，他早想以身受者的資格，大聲疾呼地把它揭開。這部書的完成，也可以說償了他的夙願。

此書係用俄文寫成，英譯本曾由作者親自校閱，認爲精確，文字流利，列爲美國一九四六年的暢銷書之一。全書共分二十八章，第一章至第六章，係作者少年時代的生活，第七章起，所述爲工廠的腐敗，集體化農場中人民的痛苦，革命後的大飢饉，一再的清黨，作者本人在此時期內所受的困厄；旁及祕密警察的殘虐和兇暴，奴役制度的建立，蘇史的杜撰，對德戰爭時的概況，執政者的個性和假面具。其中以「伊鳳格的祕密」和「兩種眞理」兩章，寫得最爲淋漓盡致。

此書由勸宣君迻譯爲中文，上海民治出版社發行。全書計五十萬言，全部訂成一大册，無刪改刪節之弊。譯筆忠實，語氣字眼，都據作者原意，絲毫不苟。此書可作爲自傳讀，也可作爲一九〇五年來蘇聯現代史讀，留心時事者尤宜人手一編。

「英文新字辭典」

李秋生

編輯者：葛傳槼 桂紹盱 吳鐵聲 吳導熊

出版者：競文書局

現售價：七萬五千元

英文新字辭典出版了，這也是讀書界的一個喜訊！

記得在三十四年勝利後返滬不久，有一次遇到吳鐵聲先生，談起他正在從事本字典的編輯，所搜集到的新辭新字已達三萬餘條，這消息使筆者感到無上快慰，因而又勾起自己已往一段慘苦的經歷。

大概是三十二年秋天吧，筆者正在屯溪辦報，曾從一個偶然的機會不斷得到一些美國雜誌，其實不過只是極平常的「時代」「新聞週刊」「讀者文摘」「禮拜六晚報」之類，但在那文化閉塞的山城，遠大後方的新書雜誌都極難看到，更不要講歐美了一兩年的英文書報，因此當地一些懂英文的朋友都欣喜逾恆，爭相傳閱，我們所辦的安徽中央日報也頗覺機會增加了許多的譯文資料。但在閱讀這些西書時候，大家都共同感到一個困難，就是戰事術語與新辭新字隨處都可碰到，有些字自然可以意會，有些字就根本無從索解，在這譯時當然很難想出適當的譯名(例如PTBoat task force)又有些字，意義雖然能約略猜出，卻無從理解其究竟(例如Walkie talkie D-day, H-hour)當時就曾想到：如果能有一部字典專門解釋新字新辭，關於閱讀西文書報的人真是如意無窮，復員返滬後，美國書報如潮湧而來，久與此等刊物隔絕的人們，乍一閱讀時也曾都和筆者遇到同樣的痛苦，甚至直到現在，我們讀英文書報時也難免碰到一兩個在普通字典中查不到的生字難字。現在，這部英文新字辭典的出版，這種困難已可解除了。

本書編訂，具見苦心，綜其特點，厥有四端：

第一，網羅豐富。因爲避免篇幅過多，一共只收了差不多一萬條的新字新辭，多從各種書報雜誌中網羅而來，比較戰後任何著名英文字典的新字補編都超出許多。凡是日常在西文書報所容易碰到，而在舊有各種字典所找不到的新字新辭，在這裏都可以找到，例如關於原子彈問題，舉凡「原子彈」，「原子時代」，「原子炸彈研究」，「原子能管制」，「海王素」，「冥王素」，「十字衛護宮司令」，「正子」，「中子」等字都一一可以在這裏找到適當的解釋。(爲避免排字困難起見，上述各名詞均以其譯字譯出代替英文原字，下同。)又如戰時所出現的新武器如「巴祖卡」，新工具如「雷達」，新化學品如D．D．T．新名詞如「孤洲」(本字典譯爲「容納一個人的監獄」)，新機器如「噴射推進器」，新機構如「UNESCO」，新的俚語如「G．I．」，也無不能從本字典中找到。

第二，註解詳明。一般英文字典的缺點就是往往只註上一個譯名，而無所解釋；以致如果閱英漢字典還不能理解，就只有再去查中文字典或原文字典，但在一些新字，卻另外無處可查。是以本字典對於許多辭字，都不只註明譯義，還進一步加以解釋，或說明其由來。比如像「君子協定」，除卻註明譯義以外，更進一步說明其意義；像「萬客格大鞭包藏」，就另外解釋其構成與由來。此外如有難字，必註有例句；一個字如有其他同義字，也必予註明。是以當學者查到一個新字的時候，往往可以獲得一些有關的新知識，也往往可以聯帶記識許多的同義新字。

第三，體例妥善。本書名爲新字辭典，所收並不只限於新字新辭，據著者在凡例中所說明，另外還有舊字新義，舊辭新義，舊字新用法，和新縮寫等等，但在這裏有一個嚴格的標準，就是非「新」不錄。換言之，也就是只限於在一般通行英漢字典中所查不到的。爲了達成這一標準，編者曾以本字典中的每一條，拿來和幾種通行英漢字典一一核對，必須要是其他字典所無的新字新辭或新用法，纔予以收入。這是一項極繁瑣的工作，結果卒使本字典確實做到了名副其實，絕不與一般字典重複。又如辭類的註明，小寫大寫的分別，都表現着本字典體例的精審。

第四，儲留有關中國的材料。一些外國的新字新辭，在外國新出版的字典中還容易查到，而若干中國名詞的適用譯名，一般初學者卻最感困難，在本書中，如「孤軍」，「民盟」，「民社黨」，「外事局」，「中美合作社」等，差不多都能有。

此外如排印，校對都很精審，本書出版後，編者曾囑我如發現錯字即予通知，但我直到現在尚一無所獲，雖然我並不曾仔細校讀過。據編者說來曾校對過四次，足見其鄭重不苟。

但是，如果求全責備的話，則我首先要對分成正續編的辦法感到不滿，查起字來有時要多費周折。在編者方面，是因爲直到付梓之後，還不斷有新辭新字增入，因而另行成立續編，這正足以證明編者的鄭重和負責，但另一方面卻無形中增加了用者的不便。其次，有些頁墨色稍淡，間或有的字體不十分清爽。至於新字新辭之有無遺漏，則人類文化本來是日新月異，隨著文化的進化，新字新辭自然會隨時孳乳不窮，而且今日之所謂新者，也許不久就變成陳舊。不過若以目前的需用而言，這字典大體足可以滿足讀書界的需要，在編者諸君也算盡到最大的努力，在這人慾橫流，文化貧乏的今日，葛吳諸君以數載不斷的辛勤努力，爲讀者學者提供一本切合需求的良好工具書，這種精神和工作都値得稱讚！

本書最初由兩位吳君搜集材料，後來得到桂先生參加，最後又有葛先生合作。葛先生曾在大公報出版界中著文評述編輯的經過與所歷的艱辛，其間曾談到許多名辭的譯名問題，葛先生所說的「解釋不嫌嚕囌，也不便定譯辭」的原則是對的，但在上文所說「我們的目的是在於使讀者們了解英文，不在於討論譯字眼的翻譯」，則筆者頗不能苟同。一般讀者所需要於一本英漢字典者固然是要了解一個辭或字，但同時也切需要得一個適切的譯名，例如一個Radar讀者固然需要知道這是一具「用特高頻率電波測定遠處物件的距離……」的東西，但卻也更需要知道這就是報紙雜誌中所常常遇到的雷達。又如Robotbomb，如果能在「無人轟炸機」的譯義以外再註上當時報章通用的名稱「飛彈」，對于讀者自然也更有益些。質之葛君以爲何如？

讀「倭變事略」

王宜山

著者 明朱九德等
輯錄者 王直淮
出版者 神州國光社

倭變不但爲中國歷史上最大外患內憂事件，且爲中國對外關係上，或對日關係史上的一件重要事實。但研究倭變史實的著述，散見四庫及私家著作，不易有系統的收集。神州國光社出版「中國內亂外禍歷史叢書」，其中有一冊名「倭變事略」，係中國歷史研究社編，共包含下列九篇獨立內容的論著，多明清志士所作，富有歷史及學術價值，茲先介紹九篇獨立篇名及著者如下：

⊖嘉靖東南平倭通錄 明、佚名
⊜倭變事略 明、朱九德
⊝靖海紀略 明、鄭茂
㊃金山倭變小誌 清、王彝山人(?)
㊄紀剿除徐海本末 明、茅坤
㊅倭情屯田議 明、趙士楨
㊆日本犯華考 明、殷都
㊇中東古今和戰端委考 清、蔡爾康(?)
㊈東倭考 清、金安清

這九個獨立篇，是相互關聯的史料，王直淮氏在本書序言中分九篇性質爲兩類：一至六是由正面敍述倭寇擾亂情形，七至九則是敍述有關倭變的中日歷史關係。據我看，各篇均有特殊內容，尤其七至九三篇，富有考據價值，頗得治史者的重視。所最感遺憾的，是王直淮氏編錄各篇時，未錄出原書出自何典何據，何者根據四庫全書，何者根據私家祕藏，此爲治史者徵引之不便處。

本書，我曾詳讀多次，茲將讀後劄記，抄略如下，以喚起一般讀者對倭變研究之重視。

嘉靖東南平倭通錄

本篇紀明代嘉靖朝中，東南半壁倭寇爲禍之烈，及皇朝平倭經過，字字行行，系統井然，且繫以年月，便於查考。讀此篇，可以瞭然明代倭變之梗概，可以瞭然古人平倭之道的各種方策。附錄兩篇，其一爲「睦堅平倭」(?)，其二爲「國朝典彙」，更將明初以降的倭寇侵擾事實，擇要追述，使與通錄配合，爲一原原本本的倭變史實。

國朝典彙係明徐學聚所輯，疑抄自四庫。其內容材料極珍貴，多爲其他著述所無，可謂爲研究中日歷史關係之重要文獻，茲述要如次：

關於倭之朝貢起源，及倭之更名日本，典彙曰：「日本古倭奴國……歷漢魏晉宋隋皆朝貢，稍習華言。唐咸亨初，惡倭名，更號日本。」

倭在明代，不僅犯東南半壁，且曾進窺遼東，典彙曰：「十七年（永樂）倭船入王家山島。總兵官都督劉江率精兵疾馳入望海堝。賊數千人，分乘二十舟直抵馬雄島。……江設伏出戰……斷其歸路，賊奔入櫻桃園，江合兵圍而攻之……倭自是不敢窺遼東。」

倭之刁滑惡狠，典彙紀定海衛千戶王鐵言：「倭夷姦譎，時掠海邊，見官軍追捕，乃爲入貢；倘遇則擄掠邊境，往者大嵩嘗被其害。」是朝廷於倭之刁滑，對其入貢，嚴密加以防範，倭花樣翻新，並要求年紀孔子，不准，以後便規定倭十年一貢，非一年一貢，這都說明明代惡倭心理。

倭利用漢奸，爲中國內亂外患之奸細，亦起自明代，典彙敍述倭利用奸民王五峯徐必溪導之事實，爲之嚮導。（見六四頁）當時巡撫朱紈有幾句名言，據典彙所載：「去外夷之盜易，去中國之盜難；去中國之盜易，去中國衣冠之盜難。」

近人鄭始徵(?)氏有跋文一篇附後，論明代倭變原因，爲「朝政不綱，奸民嗜利」，頗有見地。

倭情屯田議

本篇爲明臣趙士楨奏摺，以豐臣秀吉「征韓論」發表後，朝鮮局勢岌岌可危，力主屯田防倭，預期防倭，發人所未發，言人所未言，趙士楨可謂爲晚明研究倭情的權威。他說倭人侵華的可能性：「倭奴火食屋居，耐勞而性安饒(?)，中國水土，頗與相宜。……既素持久輕身，步行又便深入；倭奴既涉滔天洪濤，尋併朝鮮，又何憚而不敢跨鴨綠衣帶之水，窺兵內地道左？山東，僅有金城湯池稱亘海上邪？……沿數年之間，我當備，則彼講款；我弛備，則貪約狂逞。」並力言「朝鮮不可輕棄如棄倭」。

趙士楨防倭之法，主張兵農合一，屯田禦倭防患。他說：「國家宇內，自東征西討搜括師餉之後，百物凋耗，國圖匱乏，然財非天降，地非自湧，更有何術可以致之？惟當力於農，上焉不斷官帑，下焉不困民生。」至於屯田之術，士楨奏曰：「必得倣兩浙故事，設立專官謝余，實心任事，視國如家。大臣一員，提綱挈領於上，文武將吏，分猷於下。文官給事，則區畫疆界，理辦民耕，清查錢糧，收徵子粒；武官則部署兵農，督率力作，農隙則鼓舞訓練，此古人寓兵於農遺意，實今日濟變防患之上策也。」

本篇附「中國朝鮮日本形勢圖略」，並有說明，足徵士楨熟知朝鮮，精研地理，可惜晚明未納其說，此所以明亡也，此所以倭患日急也。

日本犯華考

本篇內容極短，然對日本歷代犯華，特別在明代犯華之敍述，可給我們以綜括的概念。論倭民族性有云：「其人凶狡無信」。其論倭人入寇之季節有云：「大抵倭船之來，恆在清明之後」。

中東古今和戰端委考

本篇要旨，在概述明萬曆年間的朝鮮之役，尤其關於清光緒時中日戰爭前之中日雙方備戰情形，亦略有說明。

本篇作者爲清人蔡爾康(?)，全文分八章，其第七第八兩章，論琉球問題甚詳。他首引李鴻章奏疏，中述確保琉球之道，並力主練兵製艦，規復琉球。

本篇內容不在探究東倭的來源，因其內容與標題，大有出入，而在錄述日本歷代對中國的關係。據著者金安清的敍證：「中東之通，唐宋兩朝皆以禮接，無上犯之事。元世祖始則誘其入貢，繼則以十萬大兵脅之。一經覆沒，而中國俊備，遂以爲不足畏；內地奸民，又從而導之。有明三百年中，入貢而無事者，僅數十寒暑耳。其寇禍之深，且與淺與國相終始矣。惟我朝（清室）率祖遺宏容，不招其人，閉關絕市……自康熙至咸豐，六朝之久，江浙沿海晏如也。……倭奴之與中華通，自隋開皇迄今一千三百五十七年矣。自唐宋朝貢不絕，而不禁華人之往。有元一代，使化最久，明則或貢或敘，而自洪武至啓禎，屢次入犯之禍，蹂躪東南，深受其毒。……至今有吳越之人，猶能言之。……國朝康熙廿二年，施琅克臺灣，自此中國遂與日本絕。宗朝有鑒於元明，知其貢不足貴也，其人不可近也，乃峻拒而嚴防之，前後二百年，倭人無一至內地者，貽謀可謂深且遠矣。」但是閉關鎖國，是不能維持永恆，晚清仍招來嚴重之倭患，可謂爲清室之殷鑒。

其他

此外多篇，其內容大抵敍述明初以降倭寇侵擾的事實，茲略記其要略。

「嘉靖東南平倭通錄」，內容與「倭變事略」大體類似，「事略」重在敍述全般的寇禍，「通錄」重在敍述以受害劇烈的海鹽地方爲中心的寇禍，故其詳略互異，而可互爲補充。

「靖海紀略」及「金山倭變小誌」，通係就兩地的患倭防倭平倭的各情，分別作詳細的敍述，讀之觸目驚心。

「紀剿除徐海本末」，則係以倭寇首領徐海爲主體，而詳述其倡亂以至伏誅的經過，歷歷在目。

綜述以上各文，其中多述嘉靖朝中倭寇之侵擾動向，實爲研究倭寇侵擾明代之重要史料。這全部九篇的史料，可以使我們瞭解倭變的性質，及倭變所由發生發展的根本原因，並可以幫助我們認識倭變的禍本，以作今世研究中日關係重要的參附和論證。

「天文臺」月刊

秋公

主編 陳孝威
發行者 天文臺出版社（上海海甯路二〇六號）
定價 每冊五千元

據我的記憶，「天文臺」是抗戰時期，香港創刊的一個週刊，四開張，形式爲小小型大報，內容側重時論，內幕新聞，戰局分析，及論文。在香港發行期間，發行遍南洋，我在重慶偶亦購到。香港陷敵，該刊遷桂林，後又移重慶出版，內容風格，與港版同型，發行遍內地。這是一張獨特可讀的期刊。

復員後，久未聞「天文台」消息，我以爲太平洋的颶風卷了。近日於坊間獲讀新出版的「天文台月刊」，仍爲陳孝威氏主編，惟與昔日天文台有不同處：（一）昔爲四開張的週刊，今爲廿五開的月刊；（二）昔日內容側重戰局分析內幕新聞，今則縱論時事研討學術。這是「天文台」的形式和作風的轉變，這個轉變卻有相當價值，內容可也值得一讀，特撰本文爲之評介。

這冊「天文台」月刊（滬版第一期，九月出版），內容共七十三頁，包含綜合性論文十二篇，藝文十一篇，自有其嚴整性。封面係徐悲鴻氏設計，大雅不凡。論文執筆作家，皆國內政壇知名之士，陣容也很整齊，祇是微嫌欠計劃，所以涉獵的部門廣泛而無邊際。藝文十一篇，多屬文小品，執筆者有老向，周今覺，楊綠廠(?)，吳偶寰(?)，丹林，丁伯騮，蔣星煜，韋曉萍諸人，皆現實生活，人生哲理的反映，堪稱上乘之選，並非低流之品。

論文方面，值得一讀的：編者陳孝威「口頭總動員時事轉(?)」及「就中國歷史觀想第三次世界大戰」，爲時論之作。陳氏認剿平共黨，不能完全側重軍事戰，必須主義戰心理戰精神戰等，實須併進，他說得好：「歷代勦匪不能致人轉寫人所致者何也？用事非聖實也」，陳氏通兵略，熟歷史，政論頗有見地。「就中國歷史觀想第三次世界大戰」，以秦楚齊晉戰國時代今之四大強國，喻蘇美英中四國，假與「戰國派」林同濟教授有相同傾向，我不完全贊同這種比喻。陳氏認未來大戰的最後勝利屬於真民主，是正確的見解。吳其玉氏「新疆問題的分析及其解決途徑」，材料豐富，觀察深入，惟內容欠健壯，研讀吃力。章士釗氏「安定天下議」，大約是一篇上兩主席書，文章風格卓然一家，而其見解却平平。鄧之誠氏「國病」，劉季伯氏「如何整飭政風」，二文可併讀，痛論時弊，頗有見地。徐崇壽氏「二十年的主義戰」，指出三民主義的戰鬥性，與共產主義不可妥協性，該文發揮「民生主義就是共產主義」一節，頗有獨到處，值得細讀。樓邦彥氏「憲典，憲法，憲政」，吳石氏「現代國防之最高原則是文武合一」，錢遜揚(?)氏「戰時經濟與動態經濟」，高名凱氏「中國現代語言變化的研究」諸篇，皆學家之作，具有學術價值，值得推薦。「讀新疆」一文係新疆日報總編輯陳?氏所作的通信，他忠實報道新疆政局內幕，新疆政治上的着閻(?)，以及「伊犁」受某方支持的情形，不偏不倚，讀之使人驚省。

以上所述，係「天文台」月刊內容的大概，這是一冊綜合性學術性時事性的期刊，其價值自應安排在港桂渝週刊之上，實爲當前出版界所必要的刊物。惟內容欠計劃，欠健理，還成編輯技術上的缺點，如能注意調整其技巧，「天文台」自會有很大的成功，有希望的成功。

太平洋的颶風又颳來了，大有席捲中國之勢，希望「天文台」負起它應負的責任，出現今天的出版界和政壇上。這是我讀完該刊愛護該刊，所掏的衷望。

根室的「美國內幕」

顧子欣

譯者：小魚 王章麟 潘際坰
出版：三人出版社

以寫各國政治內幕著名的美國名作家約翰．根室（John Gunther），爲當代美國最負盛名的記者。他早年服務芝加哥日報，任歐洲特派員，他曾根據多年搜集的材料和他親歷的觀察，寫成「歐洲內幕」一書，於一九三六年出版，該書暢銷全球，歷數年不衰，我國將學楷(?)氏曾有譯本在商務出版。一九三八年根室遊東方，又寫成「亞洲內幕」，出版後依然風行全球，我國時與潮社曾有譯本出版，暢銷全國，爲當時大後方發行最多之譯本。一九四一年，根室又寫成「拉丁美洲內幕」，該書在美國與中南美頗有銷路，惟中譯本尚不及。一九四四年，根室準備寫作本書——「美國內幕」，他首先佈置一次有系統的旅行，共費時十三個月，於一九四六年一月始動筆，今年五月才脫稿出版。這是根室第四部「內幕」著作的完成。他可能還有第五部「蘇聯內幕」，在不久之後出版。

美國是世界的新興國家，牠在兩次世界大戰中，握住勝利之柄，今天更站在原子時代的尖端。但是，美國的本來面孔怎樣？牠的祕密是什麼？世界人士正追求著瞭解牠。根室爲了解答這個「祕」，他開始寫作「美國內幕」，據他自己說，這書是「對實行中的民主的研究」，「首在努力表現這個常常被不爲人瞭解的國家——美國的本來面目。」大約他的動機，是想把美國描寫成一個平凡的國度，沒有奇特，沒有綺麗，沒有神祕，使人瞭解美國是平凡的人民所集成的國家。

美國作家寫美國，與蘇聯作家寫蘇聯不同，前者不重宣傳，且有意無意地揭露美國真的面目，紀述牠是平凡的，不能引人注意的；後者專重宣傳，寫蘇聯像人間的天堂，人類最高理想的搖籃，其實彼此距離的事實都很遙遠。蘇聯並無「神祕」，蘇聯作家描寫牠很神祕；美國卻真正有其神祕，但美國作家卻不寫出牠的「神祕」。因此，非美國人要從美國人的著述中，去認識美國的「內幕」，那便錯了。所以我認爲根室這本「美國內幕」，值不得怎樣去重視的。

我以爲，這本書可當作美國四十八洲的訪問記看。美國出版商出版牠，各國出版商翻譯牠，都不過是從「生意經」上盤算，其他毫無意義可言。有人說：「一個美國自由主義而進步的作家，描寫自己的祖國，自然特別詳細，特別生動，而對於外國讀者，則無異舉凡遊台(?)合衆國歸後奇遊，軍就趣味一點，決不該於閉門謝禁書了。」這是誇大，這是廣告，這是無視本書的體裁，我很不同意這種「生意經」的評介，有歌頌性的評介。

本書原版共九百七十九頁，約八十萬字，中文本近由小魚，王章麟，潘際坰三君，以飛快速度完成了翻譯，並於九月初出版，售價二萬八千元，據說初版三千本不到十日銷完，現在再版中。這當然是中國讀者好奇的心理，崇拜根室文名的心理。我曾花費二萬八千元購此一冊，讀完後除了發生上述觀感外，並且對中譯本感到許多的不滿，茲先言其要者：

一，原書八十萬字，現在中譯本僅譯約十二萬字，全書精華在那裏？譯後自己莫明其妙。

二，據譯本譯筆拙劣，翻譯界很少見的現象。並且若干章節的譯神，前後不貫注，使讀此經的淡漠，在若干方面充分表現。

三，印刷欠佳，錯字也很多，封面設計黯淡無光，均爲中譯文摘本的缺點。

總之，根室「美國內幕」的中文摘譯本，相當令人失望。我以爲，本書需要有完全的忠實譯本，文摘本似無必要。如果有人能完成一部理想的完全譯本，以應不能直讀原文讀者之需，依然是有銷路的。我向出版界和翻譯家，作此請求。

評「中國經濟的道路」

許滌新著
生活書店發行

楓風

在目前社會經濟蕭條的情況之下，我們特別關切中國經濟的前途。許滌新所著的「中國經濟的道路」，就是抓住這個社會心理的弱點，而寫成的一本很「投機」的書。全篇除前言與結論之外，共分四章：

第一章講近百年來的中國經濟的變化。在這一章中，許氏特別強調戰時後方經濟的「半封建性與半殖民地性」。這一點我們是不能同意的。如果說：從二十六年八月至三十一年一月，因爲中英之間有過十二次的財政借款，中美之間有過八次財政借款，就認爲戰時大後方的經濟依靠是從屬於英美帝國主義的半殖民地經濟，那顯然是非常糊塗的觀念。因爲這種論調和當時敵僞報紙上一般論調，並沒有什麼分別。我們實在不能了解，何以許先生不肯去細心的研究這些政治借款的性質？要知道這些借款根本不能與過去軍閥時代的政治借款混爲一談，而是在友誼的基礎上進行的。許先生也不否認「我們爲了打敗日本強盜，接受盟國的援助是無可非議的」。但是，接着又說：「不但軍火要依靠盟友，甚至連布匹亦要依賴盟友，則那種半殖民地經濟的依賴性，不是明明白白地以另一種形式呈現出來嗎」？像這些論點，不僅是前後矛盾，無法自圓其說，簡直是存心汚衊政府的戰時經濟措施，難道在戰時接受了同盟國的軍火與物資援助，就可以證明國家經濟的半殖民地性嗎？我們知道，在這次全球戰爭中，一等強國如英蘇兩國，也曾接受過美國的物資援助，而且其種類與數量，更百倍於我國，那末，英蘇兩國的經濟也可以稱爲半殖民地性的經濟呢？

第二章講中國經濟結構。許氏將中國經濟分爲六種經濟關係：即列強在華的勢力，封建的生產關係，小有產者的經濟，各種私人資本，合作經濟，公營經濟。這樣來分割中國的經濟結構，顯然是極混亂的，沒有看到中國戰後經濟的新情勢。我們應當指出戰後中國經濟是閃爍着光明的。我們決不能將戰前的一般觀點，引用到目前的新情勢中來。其實，戰後中國的經濟結構已極單純而明顯，而今在我們的經濟領域中，基本上祇存在着兩種勢力：一方面是新興的三民主義的經濟，另一方面就是反動的封建殘餘。

第三章講中國經濟的道路，這是全書中最重要的一章，也是一切荒謬觀念集中表現的一章。當然，中國不能再回頭走封建老路，也不應該走上歐美資本主義的沒落道路。毫無疑義，我們要在八年抗戰的勝利基礎上，來建設三民主義的經濟結構。然而許氏無視此事實，而提出共黨的主張，就是要我們走上什麼「新民主主義」的道路。「新民主主義」是毛澤東主義的另一個代名詞。在過去，也許有一些人對於所謂新民主主義還認識不清，但是經過兩年來國內情勢的變化，我們對於毛澤東主義的印象，可以說實在太深刻了。如果我們來說明什麼是「新民主主義的經濟」？那決不是這樣美麗的言詞，乃是眼前不可否認的事實。我們只要看看共黨統轄區的那一套施設，同時再看看所謂東歐「新民主國家」在蘇聯統治下的那種殖民地經濟性格，就不難了解所謂新民主主義經濟，實際就是一方面要摧毀我們新生的民族資本幼苗，並在農村中進行清算鬥爭，使農村經濟退化爲小農經濟。另一方面就是要我們的國家經濟完全淪爲蘇聯經濟集團的附庸。難道這就是「中國經濟的道路」嗎？

第四章講「財政經濟政策」。許氏在這個標題之下，就介紹了一大堆共黨擬訂的「解放區」的「經濟措施」。其中包括土地政策，公營與農業政策，工業政策與勞動政策，貿易運輸政策，金融政策，財政政策等。其實，共黨果能在它們的所謂「解放區」內實施他們所揭櫫的標榜做去，他們的政策，也絕不至被全國人民，尤其是解放區人民所深惡痛絕了。可惜許氏在這裏所說的純係騙人之詞，與共黨所在地區以逆的實際行爲是完全相反。我們很不同意這種虛構的宣傳。

此外，許氏爲了要替共黨掩飾，並不惜曲解三民主義的經濟政論，來裝璜毛記「新民主主義」的門面，說：「新民主主義是主張學術自由和言論自由的」，不過像許氏這樣曲解三民主義的政論，裝在毛記「新民主主義」的門面上，實在有背一個「學者」的風度。許先生爲什麼要這樣做，明眼人自會懂得的。但我們由此可知：三民主義的經濟政論，在全國人民中間的擁護有極崇高的威信，即使是它的反對者，也不能不借此爲標榜，以亂視聽。

當我們讀完這本書以後，除對著者的爲共黨投機行爲表示遺憾外，更增強了我們固有的信念：我們愈益相信中國只有走向三民主義才有前途，而要建設三民主義的經濟結構，許多地方尚待我們去努力。

圖書評論

第六期

評「縣太爺」

方葆眞

大公報副刊大公園今年刊載一篇小說，名「縣太爺」，作者爲老太婆。老太婆大約是許興凱教授的別名。這篇小說，於八月十五日刊完，恰以「三十一回」來作結束，乃中國章回小說未有的「奇數」。

「縣太爺」的主人翁是老廉登，一個北方大學的教授，有學識，有熱情，很想爲國家爲人民服務，所以他拋棄教書生涯，作了河南鄢塲縣縣長。「縣太爺」這名詞，本會給人們惡劣的印象，但老廉登這位縣太爺是例外，他給人們良好的印象，無論他待人接物，治世聽訟，在在證明老廉登是一位好縣長，淡泊寡慾，廉潔勇敢；鄢民倔縣的好縣長。總是老廉登的半生，渡過太壞了，他在戀愛生活上，首先遭受不幸，被許多女人玩弄，結果沒有同一個女人正式結過婚。可是老廉登究是富有生命活力的人，他把精神和毅力，寄託於縣政設施上，他在縣長任內，接受地方眞實的民意，剷除縣衙內的貪污，摒除地方政治的惡習，他很厭惡境劇滅患，以德服人，不因個[illegible]，不苟且。地方惡勢力（豪紳土劣）無端陷害他，他不屈服，省政府同僚對他不認識，並且妒忌他，以致他的功勳勞績，化爲烏有，他感到行政上缺乏嚴明的賞罰，政治上缺乏公道與是非，[illegible]有鄢塲縣可憐的老百姓同情他，但這有什麼用呢？一個善良的官吏，有理想有抱負，不舞弊不循私，對？但個結局有什麼用呢？

如果老廉登不隨波逐流，像現實的一般縣太爺樣，那他應有毅然引退，謝絕官途。可惜作者在這方面表現得不夠，他把一個有魄力有理想的人，寫得非常懦弱——在百端挫折與刺激之下，投黃河自殺了！好不幸的結局呀！好悲傷的命運呀！

作者把光明中的好縣長，喪身在魚腹，這大約象徵與說好縣長的，是黑暗的現實，腐敗的人類。可是，這結局終不是理想的，好縣長怎能有他的路走！我們深痛惜惜。

總之，「縣太爺」是一部有價值，深成功的章回小說。作者的文字美，妙大衆化，並且運用北方土語和風俗很成功，並且在三十回以前，寄幽默于幽默，寄沉痛於苦笑，寄冷酷於瀟灑，來節節反映人世間的一切，近代官場現狀的一切，可惜三十一回的結局太悲慘，一個好人好官的人生眼是低沉底命運。

這是一部好小說，我們希望出版單行本發行，論理自應有廣大讀者擁受它，老廉登是個好人好官，値得人們學習，我們願意當代的從政者，地方政治官吏，向老廉登的學問，才幹，精神學習！

評日韓行脚

著者：宋越倫

出版者：讀者文摘社（上海福州路六五零號）

定價：八千元

林炎

主義，曾經是我們仇敵的日本帝國，在投降以後是不是正在向民主之途邁化中，這是飽受荼毒的每個中國人所寄與渝大關心的事。但是不幸諱言，中國人對於二年來日本的一切，由於宣傳報道的略而不詳，總覺得有點迷糊糊。上次以中國新聞界十個代表組成的赴日記者團，却帶回了很多寶貴的材料，加深了我們對戰後日本的認識。特別是本書和王芸生先生的日本半月，被一般認爲最可貴的收獲。關於後者，好像在本刊已有人評過，但就筆者個人的觀感，前者似乎更値得評介。我的理由是，本書作者始終站着冷靜觀察的熱情與保持客觀的態度，[illegible]

[illegible]是作者記下的對勝果的同情，如「將一點帶來的食物和餅乾送了他們，默默地走了出來。」（六頁），我相信這樣的行動，完全出於作者的超越國界及對我的人類愛的情操，然而我以爲也許在這樣的小事上，反而意外地達成了那次記者團的使命之一，即將向日人表示「不念舊惡」的中國的根本方針。

作者在「麥帥印象」（一七頁）一節中，雖然記述的是一些近於「瑣碎」的事情，但在讀者看來，恐怕一點也不覺得繁瑣，反而叫人想像作者的作爲新聞記者的觀察的週到。例如「麥帥麥帥除王少將外，絕不與人交談，餐後稍坐即行起立，與記者等再度握手，乃這樣道別。」之類，雖然只寥寥數語的記述，但我以爲比了洋洋灑灑的批評麥帥的是否爲有民主作風乃至其對華態度的論文，更能使人有所體悟。又如在「吉田之宴」（一二三頁）一節中，說吉田「與記者對談之際，就將中國爲「支那」，此點係習慣使然，唯在外交宴會中，聞之總覺不快」。這一方面表示著作者作爲中國新聞記者的正義感，同時也充分暗示著日本的統治階層的不可寄與期待。

在本書中到處可發見作者的觀察的細到，特別是記述帝國大學附屬醫院會客室中所掛「色彩畫淡的日本圖全圖」，在那上面[illegible]「固然尙有偽備的存在！」（五七頁）那一段，一方面是充分表示着作者的細密的觀察，另方面却也很容易叫人覺出作者特別描述這些「瑣事」的動機。由於對這種類似的描述的緣故，讀者遂可以看到戰後日本一切的一切，有如那幅色彩暗淡的舊時的全日本地圖一樣，「色彩」儘管「黯淡」了點，可是那裏面所有的一切，都和戰前一樣，正如作者所慨嘆的那樣，「淪陷猶存在！」日本寫個體制也正如是。同時，作者在本書中到處流露的新聞記者的情熱，其可貴也決不在他的細密的觀察之下。其對於無數的日本人的同情的描[illegible]

[illegible]夫，還是從有時用文言，有時用白話的文體中的一個事實上可以得到的證明。但是，能不因爲這種細節無修飾的文字，而掩蔽了作者文學的素養，其最明顯的例子，我們可以從「林檎之歌」（四二頁）的一節中看到。這一節簡直是一篇優美而雋永的散文詩。可是其意味的深長，却遠在普通的文藝之上。本書値得讚美的地方還多，不過限於篇幅，總不外乎二點，即作者始終精密的觀察，和他那有蘊含的態度，二者透過作者的質樸而又流暢的筆調，遂造成了緊緊扣着讀者心弦的效果。

當然本書也不是沒有缺陷[illegible]

[illegible]多，但也不是完全沒有。不過總全般說來，本書究竟不失爲赴日記者團的最佳的收穫之一；特別是在此日本問題日益嚴重之際，爲了了解戰後日本，本書是絕値得推薦的著作。

讀「戰爭與和平」

著者：托爾斯泰

出版者：駱駝書店

少尹

托爾斯泰的作品大致可以分爲前後二期，前期的作品尙不脫離小說體例的束縛，可以說是嘗試練習和摸索的階段，雖然在我們一般看來，也已經算得上傑出了，但是以托氏自己一生的寫作來說，那時卻尙未達至善的境界，只算是修養時期；直到後期作品中，他才充分地發揮了他的才智，用深厚淳樸的筆調寫了純然完美的作品，尤其對於性格的刻畫和分析，表現得那麼細膩，確切而生動，不由得不叫人嘆爲觀止。戰爭與和平是托氏後期的作品，當他寫這本書時，正是壯年初期的時分，精神上也比較的更偏於樂觀，對人生的態度也更能豁容和寬恕。

「戰爭與和平」是以歷史作爲背景的。它以縱橫捭闔，睥睨一世的拿破崙的時期的事蹟作爲素材，主要的描寫拿破崙東進俄國時的情狀和俄國國內的廣散紊亂的狀態。戰爭是殘酷的，它犧牲了多少英才，毀滅了多少基業。要知道千萬家敗人亡，骨肉離散，我們沒有身歷其境過的人是無法體味的。托爾斯泰在這方面的才能實是驚人，他雖曾服過征衣上過戰場，但是若沒有經過深切的觀察和分析，實不能寫得如此自然和真切。

他對軍事的熱愛使人懷疑他是否當過軍，他對軍事生活描寫的詳細和親切又使人以爲他一定是那時的隨軍記者或大兵。他更批評歷史家的態度，以爲有些史家過份注意於形式，以後世的眼光來看當時的情形，遂減低了事情的真實性，反而抹殺了歷史的真實性，造成一種過度崇拜天才的習氣。他否認天才——至少是減低他們的神秘性。那爲天才的名詞只是後世給他們戴上的，最顯著的如一八一二——一八一三年的戰爭，拿破崙簇擁著他遠征俄國步步後退，有些史家以爲在俄國是司令安排的陷阱而拿破崙也早預知他的危險，對於這點托氏大肆攻訐，認爲它完全是不確實的，俄國當時並未想退，尤其是亞歷山大皇帝，對於庫圖索夫的後退大爲斥訓和不以爲然，而拿破崙也未曾預知他的危機，否則他決不會放棄在莫斯科收集軍糧的機會的。

史家往往把勝利歸功於指揮者的才能，用之時他們過份的誇大和崇拜，托氏也不贊同這點，他以爲戰爭是無所謂領袖天才的，總司令的地位跟兵士的地位在戰爭中是完全一樣的，戰爭憑藉的只是士氣，不是總司令的命令，因爲總司令的命令有的不能執行，有的在命令到達前已經執行，有的已經失去時效不必執行——這點有在軍事界很學人讚的準拉維也夫加以承認。

托氏的寫作態度是很審慎而忠懇的，凡是他不能加以確定的都不輕加採用，普通史家總多少有些對自己認爲揚善對敵人難譽揚惡的主觀意味參雜其中。但托氏在這本歷史性的巨著中卻毫無掩飾和誇張，只是忠實地描寫。他指出了法國軍隊嚴明強壯後面所隱藏著的軟弱和動亂；但他也坦率地說出了俄國的恐慌動搖和內部的不安，正似他敘說激昂的民族意識所引起起來的怒潮一樣正直。

戰爭與和平共百餘萬言，所包括的人物約有四百多，人物中有貴族，農民，有指揮官，將軍，官佐，兵士；人物性格有豪爽的，浪漫的，拘泥的，熱誠的；有慈善的，粗暴的，僞善的，誠摯的，描寫的事實有貴族私生活中的浪漫，放肆，邪步，愛情，舞會，宴節；有軍隊中的苦痛，殘忍，凶暴，深鬱……共範圍的廣度和刻劃的深度實在是至大且重的。

在這本洋洋大觀的巨著中所出現的人物，無一不是活生生地跳躍紙上，跟我們日常所接觸的人物一樣親切。托氏不過份誇大或染人格的極善極惡，他以爲真正的人性是很少至善，也很少絕惡的，這就是他性格刻畫和分析的成就。

協塔莎有屬曼蒂克的情緒，內在的[illegible]優美，叛徒般的型性和幼稚的衝動；彼埃爾是富於理想情感的，是謙虛而善良的，但他不是從現實中磨練出來的，他的理想往往不能兌現；瑪麗亞的性格中有許多弱點，但她是非常善良和溫順的；尼古拉的平庸，單純並沒有使他的生活空虛，因爲他有理想，有毅力去實踐他無理想；此外如保爾康斯基那王無苗壯頑強；發利西那王無國浩卑劣；樂尼亞的溫馴和軟；上層階級人物的閒散浪漫，浪漫阿諛與荒唐頹喪……無一不逼眞，不幸報得維妙維肖。

看了這本書，不由得會使我們想起了另一部類似的巨著，即羅曼羅蘭的約翰克利斯朵夫來，約翰克利斯朵夫是以暴露法國的腐朽作爲襯托的，正似戰爭與和平是暴露俄國的翻廓一樣。前者用如椽的筆調以大刀闊斧的作風攻訐諷嘲，而後者卻用細膩滑稽的筆法加以深刻的寫照。

托爾斯泰的文筆是客觀的，他不參雜個人的意見，也不任意對他所周遭的人物妄加評語，他總是小心翼翼地把人物放在讀者面前，讓讀者自己去評論，這種純客觀的筆調也是寫作所應有的可貴態度。

這本書的偉大爲世界各國的讀者所承認，假如我們要追問它的價值何在？那麼不如引用托氏自己的斷語最爲確當。他說：「沒有簡單，愛與真實，就沒有偉大。」這本書所具有的正是簡單，愛與眞實而已。它的特點是乾淨利落，毫無拖泥帶水生澀遲滯的氣息。[illegible]

聯合國

著者：史國綱

出版者：商務印書館

欽生

「聯合國」是二次大戰後的國際組織，在形式上「聯合國」代替了國際聯盟；在精神上，聯合國與國際聯盟組織，顯然有着不同。但是，聯合國的組織及其性質是什麼呢？現各國學者都有專書出版，獨我國猶付闕如。中央大學教授前東方雜誌主編史國綱先生，有鑒於斯，特著「聯合國」一書，以闡揚其組織原理與組織之要，提綱挈領，而不漏，誠爲認識聯合國之指南。現在此書已在商務印書館出版，正値聯合國開會，積極活動之際，特向讀者推薦。

此書係一小冊，計一〇二頁，共分四章，書末附錄「聯合國憲章」及「國際法院規約」全文，以供讀者參考。茲略介紹其內容如次：

第一章係評述「國際組織之理論與史實」。著者認爲在我國方面，國際主義的思想發生很早，在禮運篇中，已有世界大同的觀念。其後由於地理上的關係，未再發展。至國父中山先生才又復提倡大同主義。至於西洋方面，國際組織發展的理論與史實，則最爲豐富。從希臘的城市國家的聯盟起，經過羅馬帝國衰微時代基督教維持和平的功效；十四世紀Fierre Dubois，十五世紀George Fodebrad, King of Bohemia，十七世紀Huyo Grotius, Emeric Cruce諸人國際組織的理論，而號稱法王亨利四世所著的「大計劃」（The Great Design）也提出來加以討論。文藝復興以後的Abbe de Saintpierre和十八世紀的Rousseau, Immanuel Kant以及十九世紀的William Ladd的主張亦都一一述。而於一八九九和一九〇七兩次的海牙和平會議，更認爲是創立現代國際組織史中的重要一頁，給予了最高的評價。但是眞正的國際組織的始祖卻仍推國聯。關於第二次大戰期中的和平準備工作，本章也加以描述。

第二章「聯合國的宗旨及組織」，係根據「聯合國憲章」及「國際法院規約」，而將聯合國的三項宗旨及原則，會員，機關作一綜合的[illegible]大會（The General Assembly），安全理事會（The Security Council），經濟及社會理事會（The Economic and Social Council），託管理事會（The Trusteeship Council），國際法院（The International Court of Justice），秘書處（The Secretariat）[illegible]

[illegible]評明確。讀完此章，[illegible]聯合國的全貌。

[illegible]進一步，著者乃探討「聯合國」的保障及創立世界和平」的[illegible]史氏認爲「聯合國對於保持立和平，可說是象徵進顧[illegible]的責任，主要的安全理事[illegible]後者在大會及其權力下的經[illegible]社會理事會和託管理事會。[illegible]可見在聯合國之中，和平決[illegible]大國所有的義務，而所有[illegible]

[illegible]有制裁的力量，使其運用不能達致；四，在重要關頭主持不得其入。而聯合國在這幾方面都較國聯爲進步。但是聯合國也不是備善盡美的，比如：一，否決權的問題；二，缺乏定義的問題；三，警察力量的效能問題；四，區域制度問題，著者特別提醒我們，這都是値得加以仔細研究和改進的問題的。

[illegible]

評介「教育與社會」

編輯者：國立社會教育學院研究部

出版者：國立社會教育學院出版（蘇州東北街）

遠柔

「教育與社會」是國立社會教育學院出版的社教學刊，因爲[illegible]教育與社會[illegible]密切的關係，除了專事研究社會教育的同志，比較的能知道它清楚外，一般教育工作者，對它也許還很陌生吧！

教育與社會，顧名思義，很清楚地指出「教育」與「社會」的關係的密切了。是的，教育的活動，只能存在於人類社會生活之中，因此教育必須對「社會」要[illegible]實是不可分離的。我們社會教育工作者，固然必須對「教育」與「社會」的關係弄清楚的認識，就是一般教育工作者，也得對這種不可分離的關係，有深切的了解。

這雜誌是國立社會教育學院的附立而產生的。該院是民國三十年八月間辦的，所以這雜誌，也只有五六年的歷史。不過，歷史雖短，在社會教育圈內，可已發生了漣花，起了很大的作用了。如果說，在中國還有研究社會教育的專門雜誌，那末這本教育與社會，就是唯一的權威了。執筆者有陳禮江，古楳，熊孝川，甘導伯，許公鑑，顧嶽剛，陳友端，非爾宜等社會教育專家，[illegible]

[illegible]

圖書評論

第七期

讀「工業一年」

著者：J.E.D.HALL
出版：上海生活書店
譯者：費孝通 史靖

張 寅

「新聞評論學」之評價

著　者　程仲文
出版者　力生文化出版公司
總經售　中國科學公司（上海中正中路五三七號）
定　價　基價八元（照三千倍發售）

方蔭寰

四 新聞評論寫作入手

五 新聞評論革新之路

「卅年來之中國工程」

進文

出版：中國工程師學會

評介「民主論壇」

狄公

主編：民主論壇社
發行：民主論壇社（上海四川北路事業里卅一號）
定價：每期三千元

論蒲立德的著作

·紀棠·

[illegible] (William C. Bullitt) [illegible]

[illegible] The Great Globe Itself [illegible]

[illegible]

[illegible] The American Mercury [illegible] The Strength of Our New Foreighrolicy [illegible] Readers Digest [illegible]

[illegible]

The Control of Germany and Japan (上)

著者：Harold G. Moulton
Louis Marlio

·湯·味·辛·

[illegible]

本書共分兩部：第一部研究「對德之經濟方案」，第二部研究「對日之經濟方案」。[illegible]

對德之經濟方案

[illegible]

一　減低德國工業能力問題

[illegible]

（A）[illegible]

（B）[illegible]

（C）[illegible]

（D）[illegible]

[illegible] (Dr. A Loudon) [illegible] (Remote Control) [illegible]

二　[illegible]

[illegible]

三　控制重要工業問題

[illegible]

讀「中國作家」

葆眞

主編：中華文藝協會中國作家編委會
發行：開明書店

[illegible]

讀「經濟評論」

孟　瑕

主編　方顯廷
出版　經濟評論社（上海北京路二三五號七樓）

[illegible]

研究臺灣的書刊

方葆貞

無疑的，臺灣的歷史地理，尤其是台灣的過去和現在，是必須認識的。關於研究台灣史地的書，在開羅會議宣言發表前後，陪都曾出版多種，一時有台灣研究狂熱，勝利後台灣光復，研究台灣史地的書刊，上海雖續有出版，我大多勝讀。茲值台灣光復兩年，舉世注意台灣問題之際，略將個人所讀有關台灣各書（以私家著作為限）的觀感寫出，介紹讀者。

關於綜合研究台灣史地人文，介紹台灣現狀較詳的，有潘公昭氏編著的「今日之台灣」，科學書報公司出版。本書材料豐富，編輯分類也清楚，可惜所引材料，缺乏數據；理論上更缺少發揮，自無學術價值可言。

專門研究台灣歷史和人文的，有李聚非氏著的「台灣」，商務印書館出版。本書著者為一歷史學家，對台灣地理基礎，民族人口，中國早期經營台灣史略，及日帝國主義之侵略，均作深入的研究，徵引翔實，分析正確，富有學術價值。尤其是著者放眼看收復台灣對中國之重要性，具有歷史眼光，今天觀摩玩味，實發人深省，值得推薦。

專門研究台灣地理的，有[illegible]氏編著的「台灣鄉土地理概要」，和宋家泰編著的「台灣地理概要」，均係正中書局版本。前者以細細厲治方輿的方法，考據台灣地志，清代台灣政制，並羅列台灣方志一覽，為正確認識台灣方輿不可不讀之書。本書以考據方法，從歷史材料中檢視地志，有源流，有本末，實為難得之學術佳作。後者以圖傳材料為其特色，惟徵引見確實，只可作認識台灣地理之入門讀，內容平平缺乏特殊可資評述。

研究光復前之台灣，另有一入門書為胡台山編著的「台灣概覽」，正中書局出版。著者係台人，戰時曾在重慶，將其故鄉材料著成本書，內容分台灣歷史，地理，經濟，政治四部，分類纖機械欠靈活，然其對台灣史地分析之翔實，尤其對日本統治台灣之政治經濟狀況的分析，材料豐富，徵引確實，實在難得。在各種研究台灣書籍中，台灣學者之作，恐以本書為第一種。

日人研究台灣的書籍，諸歷史則偏重，談政治則宣傳，言經濟則造作，無一書本可言。年來坊間流行「台灣經濟地理」，係A．J．格來韋齊夫所作，聯合銀行經研室出版，材料雖豐富，其內容則欠正確，且乏學術價值。

光復後的台灣，地方政府出版的「台灣月刊」，為政府的一種宣傳刊物。該刊特色為統計材料豐富，可供研究台灣現況之參考，其他則平平。

總之，台灣是應得重視的，要重視台灣必須研究台灣，從歷史和現實中認識台灣。目前研究台灣的專著不多，希望學術界努力開拓！

「如此世界」的評述

·紀棠·

著者　蒲立德　譯者　伍友書
出版者　中國文化服務社
定價　二萬元

我在本刊第八期寫了一篇「論蒲立德的著作」，提到了蒲著 The Great Globe Itself 一書（中國文化服務社現有伍友書譯本，名「如此世界」，已再版發行）。從學術立場看，「如此世界」的確是研究蘇聯外交內幕的好書。許多讀者要我評述本書內容，我願意把蒲著內容大要及其精義所在，略予評述。

本書共分五章，附錄三件。蒲立德曾任美國駐蘇大使，他是今天美國政論界活躍的人物，其評論態度，并為中國所重視。

本書前言以一九四四年八月美軍在歐洲第二戰場一段談話作開場，論及第三次世界大戰的必然性，故事很動人。

人類毀滅的故事

故事是這樣的：

一九四四年八月美軍和法軍進攻法南的前夕，軍官們在貝索阿特將軍營讌，不是談論他們現在所從事的世界大戰，而是下次世界大戰，特別是利用原子能殺人的問題。貝索阿特將軍却以一個寓言來結束這段談話，他說：

「下一次世界大戰的結果麼？人類將被原子戰毀滅。有兩個活潑的航空員駕噴氣推進式飛機環繞地球互相追逐。在非洲某森林的上空，飛機的推動機已經耗盡了，兩架飛機相繼撞毀在一顆大樹的樹上，在樹枝上兀坐着一個年老的猴子和它的妻子。這位老猴冥着兩眼帶上疑惑的神情對妻子說：『已經到了這個田地，媽呵，如今我們又得重新來過。』」

這個寓言很有意味，它含着一個很深的真理：「如果我們不能消滅戰爭，我們將會消滅人類。」（蒲立德語）

美國對蘇的姑息

本書第一章批評美國對蘇外交的失敗，姑息蘇聯的錯誤。蒲氏指出人類刑論，必受原子彈支配，美國面對這個問題，不怕英國，因為美國「和不列顛帝國的密切關係將逐年更趨密切」；不怕法國，因為法美是老朋友，「只要法蘭西人民的利益歷制着法國的政策，法國將永為我們的朋友」；不怕德日義，更不怕中國，因為中國「指望着我們的援助和友誼」；美國也不怕拉丁美洲任何一國，或非洲和近東的任何民族。那麼，美國怕什麼？蒲氏說：「只有一國是我們所真正怕的，它有一天可能會對我們用原子彈。我們怕蘇聯。」（三頁）

蒲氏根據列寧，史達林的教條，說明蘇聯與他國的衝突不可避免，他不相信蘇聯與資本主義國家會長此而和相處。他指出大戰時羅斯福總統派霍浦金斯到蘇聯，與史達林會商戰後問題，並未要求任何與相互諾言，結果了蘇聯；哈里曼與史達林會談，亦未提及對歐的約束，同樣確認。羅斯福出使蘇聯，雖規諫之力，太相信了史達林，羅斯福是受欺了。同時，他指出在大戰期間，蘇聯對美宣傳，「欺騙美國人民的有系統的運動中為成功」（一四頁）

雅爾達會議的秘幕

關於雅爾達會議美國的錯誤，蒲氏指出是羅斯福健康不健全所造成的失敗。這段史實很有價值，他敘述如下：

「一九四五年二月四日羅斯福總統與史達林再會於克里米亞半島的雅爾達。表儒的總統已瀕於油盡燈枯，但他仍不得不往蘇聯以便有再與蘇維埃獨裁者會談的機會。他當時精神不好，在他出席的當兒，竟將千島群島以及中國的旅順與大連兩港口的管理權拱手送給蘇聯，並同意蘇聯將蘇維埃烏克蘭和白俄羅斯作為「獨立國家」悄悄地放進了聯合國中的組織，其實這兩國得不及加利福尼亞州與馬薩諸塞州那樣獨立。他又同意將來承認蘇聯政府所謂意的波蘭政府，杜魯門總統後來實行了這一點。」（一五頁）

他說明這是羅斯福姑息的錯誤，他蹈了一次「除已經任何政治家所曾犯過的大賭注」，事情證明了：「大西洋憲章和雅爾達宣言對於史達林不過是廢紙所寫的現成的羊衣，等到他不需要掩飾的一天便不穿了。」（一六頁）

羅斯福的「大計劃」是失敗了，他竭盡天才也沒法姑息那不受姑息的人。蒲氏這樣說，全書的精義也在這裏。

俄國人的民族性

史達林為什麼不受美國的姑息呢？蒲氏認為是俄國歷史和共產主義發展的使然。本書第二章，蒲氏追溯帝俄的長成，繼而檢討俄國革命和現在的蘇聯，並從共產主義信條中，說明蘇聯外交政策。蒲氏從歷史學政治學立論，徵引材料豐富，分析也具有力量。

蒲氏首述俄國的歷史是一部戰爭史，國內充滿亂鬧，森殺，奴役，而從不知道鄰邦和平相處，或接受既定疆界的情形。因此他分析俄國的民族性，從來不但信外國人。他說：

「俄國人被他們歷史上的恐怖迫得變成了最令人懷疑的。對外國人外表上顯得友好而骨子裏却保持一種習慣的神秘性，變成了他們的第二天性。為了生存，他們必須實行欺詐和從事戰爭。……他們認為所有的外國都是可能的敵人。」（二一頁）

為什麼俄國人會成這樣堅剛的天性，蒲氏引照史家維爾納茨基（Vernadsky）的話，認為蒙古人統治俄國二百年，政治思想影響了俄國。「蒙古國是建築在個人無條件地服從國家的原則上，首先服從部落，於是由部落而服從整個的國家。」（維爾納茨基語）於是在蒙古人統治俄國二百年以後，發生了兩樣，俄國的思想習慣，直到如今仍然是蘇聯的重要力量。㊀生活在一個神權國家的獨裁制度之下是天然的觀念；㊁莫斯科注定要統治和拯救這世界的觀念。（二四頁）

彼得和史達林

俄國歷史，一向是被獨裁者統治着。人民無自由，只聽獨裁者殘忍的暴政。從伊凡四世起到最後一位沙皇，尼古拉二世止，俄國都是這樣。俄國革命後，成功了新的獨裁者——共產主義的獨裁專政。

獨裁統治產生「恐怖者」（The Terrible），從一五四四到一五八四年的伊凡四世到現在的史達林，從與布里奇納到今天的秘密政治機關，表現了他們的統治者，都是能力和精力極強的殘酷恐怖者。蒲氏更在本章，用歷史比較眼光，評斷彼得大帝與史達林的性格相同，彼得計劃是史達林五年計劃的先驅。他說：

「彼得是一個能力智慧與殘忍性很高的人——他把自己的兒子拷問致死——他決心不惜以任何代價歐化俄國的經濟生活，藉此增加他國家的作戰能力。……他希望藉他的權力的威脅喚起一個被奴役的社會的進取精神，藉一個擁有奴隸的貴族階級將歐洲的科學和平民教育輸入俄國，作為社會進取精神的必備條件。他希望一個奴隸在仍為奴隸時應該有自覺和自由的行為。專制與自由以及教育奴隸的交互作用——這是在政治上的一椿不可能的事。

「史達林打算解決它。彼得的計劃是史達林五年計劃的先驅。彼得像史達林一樣精於武力和謀死來將這些計劃強加於一些勉強的人民。他介紹了若干工業，現代化了他的陸軍，並已經立蘇聯的第一支海軍。史達林介紹了許多工業，現代化了他的陸軍，並且建立一支新海軍。使彼得一樣，史達林是『手拿皮鞭一根皮鞭的文明使徒』。

「彼得在尋找『一個對歐洲的窗子』，作為向西方的第一步。他將他的首都從莫斯科遷到靠尼瓦河的卑濕地方，他就在木樁上建立聖彼得堡——現在是列寧格勒。為保持和擴大『對歐洲的窗子』，他必須擊敗瑞典人。他做到了，在一七二一年他併吞了殷日耳曼蘭，愛沙尼亞，拉脫維亞，里窩尼亞以及卡累利阿和芬蘭地方。

「彼得使教會受他的控制，正如史達林現在使教會受他的控制一樣，他設立了一個希臘教會務委員會，類於聯邦人民委員會，其主席是一個宗教人民委員長。」（二七——八頁）

照蒲氏的論斷，彼得和史達林是一個人。喀薩琳女皇繼承彼得，他使用大眼的侵略計劃，史達林都做法了。

否決權的源流

一五〇五年波蘭被迫接受俄國經制時，俄國人在波蘭憲法中加入了一條奇特的規定，叫做自由否認權（Liberum Veto），規定任何議案非經國會議員一致投票贊成不能通過，每一議員只要宣佈「我不贊成」，就有否決國會所提議的任何議案的無限權力。蒲氏說：「自由否認權使喀薩琳的爪牙與軍隊易於進入波蘭」（二九頁），所以現在史達林主張一種的「否決權」，破壞聯合國體制，是有源流的。

蘇聯征服世界的野心

蒲氏敘述俄國革命，俄國一切民主主義者，都認有機會選舉制憲會議，草擬一部民主憲法，克倫斯基領導下的臨時政府是比較民主的，可是列寧破壞他，便走向無產階級的獨裁。

國俄國共產革命的成功，列寧計劃了第三國際的組織，指導世界革命，一九四三年五月廿二日，共產國際宣告取銷一事，蒲氏認為是假偽的。他說：「莫斯科方面用以指揮各國共產黨的Profintern及其他諸組織，早已經立起來，史達林雖取消形式，但在實上仍保持其對於世界共產主義的控制。」（四五頁）

共產政權在俄國建立後，美國一直否認着蘇聯，致久未予以承認。蒲氏說：「美國政府拒絕承認蘇聯政府凡十六年之久。但是一九三三年九月，羅斯福總統決定，如果蘇聯政府先行保證停止指導美國的共產黨，而且允許蘇境的美僑宗教自由，則他準備承認蘇聯政府。」（四三頁）當然，蘇聯允諾了，可是一九三五年共產國際第七次大會時，美國共產黨仍出席被指導「應如何使用第五縱隊戰術，擾亂美國政權。」（四四頁）

蒲氏列舉許多事例，說明了蘇聯的虛偽，他使用第五縱隊偽裝的政黨——共產黨，擾亂着世界，企圖以共產主義征服世界，他肯定地說：

「一九一七年十一月七日共黨奪得俄國政權之前，他們想爭取世界，而且只有階級鬥爭一項武器。一九一七年十一月七日之後，他們便獲得一個廣土眾民的國家做後盾了。他們除階級鬥爭之外，還可以利用國際戰爭。他們對於這些武器的使用完全取決於其對於世界形勢的軍事估計，有一點是他們可以斷定的：便是他們將不斷設法以共產主義征服世界。因此，他們在能將共產主義加諸全世界之前，不能結束對「資產階級國家」的戰爭。他們所以簽訂私約，互不侵犯協定，完全因為他們認為有些時候，簽訂這些文件於他們有利，而且他們在簽字時，便已想到有一天他們可以沒有任何損害時加以毀棄」。（六五頁）

蒲氏曾任外交官多年，並出使蘇聯。他的論斷，是值得重視，所以本書對蘇聯外交的敘斥，蘇聯是無辭可辯的。

今天的蘇聯

今天的蘇聯怎樣？據蒲氏說，今天的蘇聯，一方面努力研究原子彈，一方面使用第五縱隊，在各國實施階級戰爭。他說：

「目前所有國家的政府，除了蘇聯政府及其傀儡附庸國的政府之外，都在致力於和平。蘇聯政府則在致力於征服。它自然希望不藉戰爭而完成征服工作，不過須作戰而將共產獨裁加諸全世界。」（七〇頁）

蒲氏在本章中，論斷俄國歷史，分析現在蘇聯政情與外交政策，根據史實都很中肯，憧憬蘇心理過過激，兼乘句句都無共產主義洪水橫決的可怕，就沖淡了本書的學術價值了。

反對英國的姑息

第三章以討論英國為中心，最後指出蘇聯對英的威脅，必然訴諸戰爭。蒲氏首述蘇聯勢力深入歐洲，「英國對於蘇聯帝國主義的西進，採取類如希特勒進攻波蘭前對德國侵略所採的姑息政策。對史達林的姑息，並不比對希特勒的姑息更為成功。」（八〇頁）這顯然是批評英國工黨的外交政策。在這方面，蒲氏有些偏頗，不了解工黨外交政策的本質。

依蒲氏的主張，美國應該反對蘇聯向西歐近東發展，否則伊朗，伊拉克和沙特阿剌伯的油石，很有被蘇聯侵奪的可能，美國對於這事不能容忍的。他確切指出：第三次世界大戰危機在近東，無論土耳其或伊朗問題，都可能引起戰爭。他說：

「蘇聯在伊朗西北部樹立傀儡政府不僅威脅伊朗，而且威脅伊拉克和土耳其。蘇聯政府職着這一傀儡政府，目前亦控制着適與伊拉克豐富油石接壤的伊朗部份。這些油田含油約佔目前近東油產九分之一，由伊拉克石油公司控制，英法美都有資本參加。美國可得油產百分之二十三．七五。因此伊朗西部和伊拉克，伊朗兩國之產油田都很接近。目前，這一地域的英軍和蘇軍比較起來，實力可說萬萬，因此蘇軍實能迅速地攫伊拉克和伊朗的油田，開始征服阿剌伯各國。蘇軍如採取這種侵略行為，必遭當地小隊英軍的抵抗，第三次世界大戰於焉開始。」（八五頁）

土耳其呢，據他說：「蘇聯對土耳其的威脅是在蘇聯在伊朗採取行動的次刻，但蘇聯帝國主義對土耳其危險不亞於其對伊朗」。（同上引）但蒲氏對英土同盟條約的力量很懷疑，但土耳其抵抗蘇軍的侵略，他確信是必然的。他說：「依照條約的規定如果土耳其遭受歐洲任何國家的攻擊，英國須站在土耳其一方參加作戰。假如有一個時候蘇聯攻擊土耳其時，英國將不遵守它的簽字，並不獨將犧牲土耳其而且犧牲它自己在地中海通往印度的路線上的利益。土耳其人是最勇敢而體面的民族之一，自將以他們所有的武器抵抗蘇聯的侵略，蘇聯之進攻土耳其幾乎將會產生第三次世界大戰。」（八七頁）

關於中國問題

蘇聯對於中國，蒲氏指出蘇聯是具有統治慾的，如對歐洲一樣。他首先批評雅爾達會議羅斯福的受欺騙，他說：

「當羅斯福總統於雅爾達會議，以千島群島以及控制中國的大連與旅順兩港口權給史達林並允諾將委員長接受這種犧牲時，美國政府對中國政府的聯解是蘇聯關於將外蒙劃東北的要求將予取銷。事實證明這種天性其他許多次一樣，羅斯福被史達林騙了。蘇聯政府是竭力確保其對東北的永久控制權，遠東方面已不復有日蘇兩國的均勢情形。除非美國以實力支持蔣主席所領導的政府，否則蘇聯利用中共作爪牙以分割及統治中國的情形必將發生。」（九七頁）

蒲氏根據美國的門戶開放主義與大西洋主義所表現的重要性，說明防止日本統治中國之後，必須防止蘇聯統治中國，往昔的勝利成果，都被「那班以姑息史達林為美國外交政策基礎的人們」——他似乎譏責羅斯福和國務部——遠東政策的不當。

美國的政治哲學

第四章從歷史和政治哲學，說明美國立國力量之宏大，「單制止史達林的擴展是不够的，要想謀求世界和平的人，必須堅謀取一種最低限度的必需國際道義力量。」（一一一頁）據蒲氏敘揮美國的政治哲學，他說：

「戰爭是人類道德疾病的徵候，而不是原因。原因是人們還沒有繼續把他們的關係建築在下述的真理上，每一個人都有一種無限的責任給他一切同類，國家和信仰的同類服務，正如他對他們所團體的一樣。」服務表徵于責任感，增強服務責任的制度是民主制度。

照蒲氏的論斷，民主制度的國際生活，是「擴充分的團結，意志和力量一同行動」，追求着國際的幸福。意味反對共產主義的世界。

蒲立德的呼聲

第五章是蒲氏對現世界發出的呼聲，內容引證史實，多與前幾章相同，但他的中心思想，中心主張，則完全表現本章。他首先指出：「美國努力建立天下一家的世界，蘇聯則以共產主義征服世界。他呼喚世界，以原子彈和空軍，阻止史達林的侵略。」（一一七頁）他警美各國的社會黨和民主政黨，他主張取銷否決權，不信任聯合國，主張同盟國家結成聯盟，如汎美聯盟的精神一樣以世界聯邦政府代替聯合國。他。不過蒲氏觀點，表現了美國支配世界的慾望，我以為這些主張，並非真正走向人類自由和平的「天下一家」的主張，尤其主張以原子彈阻止史達林的擴張，而不以國際道德力量阻止史達林的擴張，是難於取得人類真正需求的和平與自由。

結論

總之，今天的世界政治，是權力政治。史達林和蒙古可汗，彼得一樣，實際成功，道德退化。民主制度下的人們，反對史達林的獨裁專政，目的要消滅權力政治。蒲立德的思想，以世界力量對抗權力政治，依然是權力政治的蛻變，是缺乏崇高的道德力量。我們讀完了「如此世界」深感到世界前途的不安，人類浩劫命運之不可避免，我們中國將往那裏去呢？盼望着大政治家思想家的解答。

讀「主流」

秋公

主編人　羅夢册
出版者　主流社（南京傅厚崗六十號）

「主流」是南京出版的月刊，篇幅不多，發行不斷，我僅讀到九十兩期。讀後不忍釋手，深來「主流」是思想界崛起的一股新的思潮，和我的思想不謀而合，特略書其讀書感。

「主流」是提倡英國式費邊主義的刊物，主張中國走向第三世界（美蘇各代表一個世界），實行民主主義的政治與社會主義的經濟。一句話說完，「主流」是提倡社會主義，一種漸進的社會主義。

「主流」提倡的社會主義，主張中國走向民主自由的社會，如何走？「主流」反對用暴力，這自然是排斥共產主義和權力政治。「主流」對現社會所要求的革命手段，是不流血革命，所以特對印度埃及不流血革命獲得獨立，特加讚揚，高聲歌唱，充滿了熱情，句句有據，字字有力。

不過「主流」提倡的社會主義，對現社會應如何改良，現政治應如何革新？他缺乏有建設性的方策，也許我尚未讀到。但無論如何，「主流」是一個思想進步的刊物，在今天非常困惑的出版界，「主流」無疑是一支異軍，值得一讀。

「主流」主編人為羅夢册氏，一位自由主義的學者，曾在大學執教多年，他的文章美麗，熱情奔放，尤其他的政論，充滿了活力，這是我多次讀羅氏文章的綜合觀感。

今天的時代，是思想自由的時代，紙上談革命原為紳士們的象徵，像「主流」這樣和平溫柔而富有理性的期刊，值得讀書界的人們，花費一些時間來閱讀，對於個人思想解脫，學術研究，或多或少是有貢獻的吧！

圖書評論

第一〇一期

關於說老實話的譯本

史大稜

The Control of Germany and Japan（下）

著者：Harold G. Moulton
Louis Marlio

湯 咏 華

一 日本不需要殖民地

二 一八九五年前的日本

三 如何完成經濟控制

讀「四强外交秘密」

進 文

著者：貝爾納斯　譯者：歐陽君翔
出版：新聞天地社

評介「劉海粟叢刊圖畫苑」

碧 時

介紹「對日和約問題」

亞洲世紀社編輯　亞東協會出版

林 炎

評「民國政制史」

著者：錢端升　薩師炯

出版：商務印書館

進文

在大學政治系，「中國政府」是一門重要的科學，一般教授對本科學的講授方法：一是以現行中國政府組織和學理，來分析中國政府（中央地方）的組織及精神；一是以[illegible]析中國政府的構成。對於兩種教學法，⊖都是不正確的教學法。關于「中國政府」[illegible]三種：一是[illegible]編著的「中國政府綱要」，法學書局（？）出版，我已散失[illegible]織法分析政府的構成，且多偏重中央，尚可供作初學者的參考。一是陳之邁氏著的[illegible]三冊，商務大學叢書。陳著的特點是，一方面以西洋學理為經，以中國法規為緯，分析中央和[illegible]精義，作比較的研究；另方面以他戰時充任行政院參事的豐富經驗，分析中央[illegible]方面比較不够。惟本書學理深入淺出，文字表現暢達，值得一讀。另一種是錢端升[illegible]等合著的「民國政制史」，共分兩大厚冊，商務列為大學叢書。即本文作評述者。

「民國政制史」上冊出版於民國廿八年，下冊出版於卅五年之重慶；上冊[illegible]已二次再版；下冊未增訂，上海復員又初版。現在各大學講授「中國政府」，多[illegible]為參考本。本書上冊為第一篇中央政府，從辛亥革命臨時政府起，直至民國[illegible]戰時之國民政府。下冊為第二篇省制，講民國省行政組織的演變；第三篇縣制[illegible]市行政組織的流變，及現行組織概況。從表現上看，本書內容是充實的，搜羅[illegible]學者錢端升教授領導，富有號召，所以本書被各大學選為標準的參考。

其實，本書在材料徵引上的錯誤很多，在方法論上應待商榷之處，亦復不少[illegible]我不將八一二頁兩厚冊的全部錯誤指出，茲僅略述要點如下，與錢教授和他的門[illegible]了」商榷：

⊖本書各篇各章，述各時期政府組織之流變，及組織政府概況，完全是條[illegible]法規，脫離不了法規和檔案的，但法規的精義何在？它代表的制度是什[illegible]研究政治制度，且多欠學理依據。

⊜本書述民十七年前各時期中央政府組織，多以民十七年前各時期頒行或未[illegible]這是方法論的錯誤。姑不論民十七年前的憲法約法的合法性如何，我覺如不能[illegible]部組織法及辦事細則，和各時期的行政命令未作依據，又怎能正確的解釋政府[illegible]七年後的國民政府組織，在研究上是少不了國民政府組織法的，組織法每次的[illegible]

[illegible]

評貝爾納斯新著的兩譯本

張德昌譯：「當代美蘇外交紀實」（獨立出版社印行）

歐陽君珊譯：「四強外交秘密」（新聞天地社印行）

盧名

十月下旬某友人從美國[illegible]到美國國務卿Gaines F Byweo的新著Speahuig Dranlky「老實話」，這本書也可說是貝爾納斯的回憶錄，追述他出任國務卿期間參加雅爾達會議以後八次重要國際會議的經過，給留心當代外交的人提供了寶貴的資料，在這裏我們所以認識美國在這[illegible]的努力中經歷到怎樣的困難。我當時想譯這本書，不過又嫌這麼多的篇幅和自己有限的物力而作罷。正在躊躇，有人告訴我中央通訊社已經發出翻譯這本書的預告，接着又在京滬報紙看到獨立出版社和新聞天地社發行本書譯本的廣告，這樣一來反而讓我鬆了一口氣，我可以不必忙着譯了，讓旁的人也好。

先後我看到有獨立出版社發行張德昌教授譯的「當代美蘇外交紀實」和上海新聞天地出版社印行歐陽君珊譯的「四強外交秘密」[illegible]

[illegible]

漫談「世界解」

編輯發行人：北平　續可　廣化寺

林野

[illegible]

重訪英倫

著者：黃孝通

出版者：上海大公報

定價：一萬元

紀棠

[illegible]

圖書評論

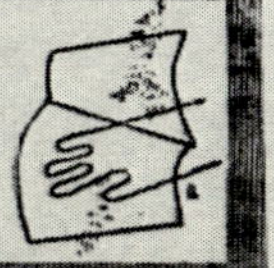

第十二期

關懷三毛

方葆貫

大公報「三毛流浪記」，最近因張樂平喀血，暫停刊載了。許多讀者關心着三毛，懷念着三毛，這樣冰凍刺骨的冬天，不知三毛在印刷店的勞役，受了些什麼意想不到的磨折？他加上寒衣否？他應該設法要地渡過冬季啊！

「三毛流浪記」无疑是成功的，反映的社會現象也很深入。不但大公報的小讀者愛讀它，連我們我的孩子們每天也爭先閱讀。我同情三毛的遭遇，佩服張家立意的深入，可是我有若干的不同意，張家筆底下的三毛，完全是一個黑暗冷酷社會中的孤兒，他得不了溫暖，他換不來衣食，他獲不到知識，僅有孩子們是他的朋友，孩子們給他友愛。這表現太殘酷了，冷酷了。

社會的一面是無情，另一面也有良知。雖不一定像王陽明所說，人人有一個良知，然大多數人對於孩子，是有良知的，尤其像三毛那樣孤苦伶仃的孩子，社會是同情的。君不見上海勸募寒衣的運動，不是救了多數的孩子嗎？社會教育的宣傳提倡不是救了多數的孩子嗎？

三毛是有智慧的，我希望張家的筆鋒把他引到光明的道路上去——三毛到學校去，到社會人羣中站立起來，獲取他應得的智慧和教育上的溫暖，三毛纔有光明的前途，而不被讓他在勞役生活中。未知張樂平先生和小讀者以爲如何？

評「飄」

少尹

原著者　密西爾　譯者　傅東華

出版者　上海龍門書局

「飄」是二十世紀最暢銷書的一本，在它出版的第一天就賣出一萬五千本，六個月內銷了一百萬部，世界各國多有譯本。以前在日本，最近在德國，都是風靡一時膾炙人口極爲流行傳誦的。好萊塢製片家將它攝成電影，曾轟動第個影壇，拷貝到中國，譯名「亂世佳人」，以前曾在上海連映四十餘日，轟極一時，最近又在三大戲院複映，盛況如故。

密西爾的名字在一般讀者的記憶中是很生疏的，因爲「飄」是她的處女作，到現在爲止，也是她僅有的作品，以後，聽她樣子，也不會再寫了。

密西爾的亂先都住長在鐵頓把（Atlanta）附近地方，她自己的一生也都消磨在那兒。她的上代家人都喜歡傳説故事，而且記憶力多很強健，所以給她增添了不少美國初期歷史的知識。而且密西爾的周圍有許多老年人，都是身經內戰以及戰後建設時期的，每當夏日傍晚，孩子們玩倦了的時候，他們便坐在門階上，冬天則圍在火爐旁，聽老年人講故事，密西爾便懂得了無數關於內戰的遺傳軼聞，而且她家裏的書架上也放着許多內戰時期的書籍，她七歲即開始閱讀它們了。因此，她對南北戰爭時期的史實知道的非常廣泛深切。「飄」即是取材於南北戰爭的史實，再摘擇濟一些愛的故事而成。

本書洋洋百萬言，但是描寫的範圍簡單狹窄。地點及作者家鄉的附近，人物更是稀少，主要的只是描寫郝思嘉，白瑞德，衛希禮和媚蘭四個人而已。不過它的主要成就也就在於人物個性的刻劃的深邃和細緻。

主人公郝思嘉是一個受過良好教養的高尚女子，她承受着父親的遺傳和利的風格比母親的優閒與嫻靜爲多，內戰的烽火和騷亂的遭遇更把她磨練得倔強專橫起來。她是個自私自利爲而需求，具有強悍殺伐性的實利主義者，她反抗舊社會的禮教，鄙視封建制度的權威。因此她對於使用欺詐手段把妹妹的未婚夫搶過來作丈夫的事，絲毫不感到羞恥和悔愧。正如白瑞德所説：「所謂良心，你簡直的實利主義者是不該有良心的」，可是她也不是沒有強烈的愛與憎的，她愛希禮始終不渝，[illegible]當她換了三個丈夫作爲三個孩子的母親，[illegible]卻說明了思嘉性格的一面。[illegible]

是一個個性極強，愛情熱烈的女子，但她終於捨棄了孝順。[illegible]中間的美則就在於思嘉多衝動，不能充分的了解人生和自我，而[illegible]卻是位深沈理智女性，能夠揮灑自如。

白瑞德是一個玩世主義者，道德人可說是社會的叛徒，他們住在世界上，只是爲了享受，他們所做的一切，不是爲了自己的利益，便是爲了一時的高興。他對人生取諷嘲旁觀的態度，什麼事都不肯犧牲，只有一個例外，那就是當愛的傳統在擾攘和作樂時。他對思嘉的愛是纖細深永而巨大的，由這愛所驅使出來的力量使他做一切冒他素行的事，如在護送思嘉和媚蘭逃回陶樂，如在極危險的情形中救出希禮等一夥人等；其次表現在對美藍的愛中，他也充份流露出人倫。爲了孩子的將來，他儘願犧牲較大量的金錢，努力接近那些他所鄙視痛恨的人們，限制了對世界的態度，這些都是愛的力量，愛的驅策使然。不過因爲他那樣希望熱誠的愛，還沒有去除，卻使誠摯的愛也被淺薄的外形所掩蔽，所以他終於沒有獲得他應得的思嘉的愛，這是玩世主義者的自作自受。

「他本來是個上等人，不幸落入一個昭往的世界裏了，可是他還用着舊世界的規則，在新世界裏拚命掙扎」。這幾句話把希禮解剖得最確切不過了。希禮是一個承受舊傳統教養的有理想的人，但是他太脆弱了，不能直視他的理想，他不願現實，但是又離不開現實的桎梏，他深知戰爭是無益的，可是卻很忠順地投效從軍，他是一個生活在自己的思想裏面，不是生活在現實境界中的人。

媚蘭是一個溫柔的模樣，她的腦海中沒有思想的概念存在。誠如白瑞德對他所說：「你的心腸太好了，所以你不懂得醜惡。」她是一個眞正的「由她自己看到別人的理想」的人，但是她太脆弱了，她出眾力，於是她便深深地敬仰這提上思嘉了，這就是爲什麼[illegible]一死。他有堅強的意志，[illegible]

本書全用平談的筆法寫出，故事平坦，沒有生趣驚動的哲學思想，也沒有長篇累牘的說教。但是全文份量適多，除有閒階級而外，普通讀者都不耐而且沒有時間欣賞。本書的成就只是在於南北戰爭的史實和當時混亂騷亂的情景的寫照以及人物性格的刻畫分析而已。除此而外，若要想在眾多的階級和人生的淵源上得些裨益，那準會使你大失所望的。因爲欣賞藝術的主觀標準不盡相同，在有閒階級玄序的美國暢銷的書，並不一定能給中國讀者多少益處。

值得一提的是傅東華先生譯筆的通俗和新穎。他將許多專門名詞——如人名和地名——中國化，使讀者讀來，毫無陌生的感覺。譬如有些讀者讀洋文小說，總怕的是記名字，往往看完一本書以後，連主人公的名字也叫不出。這種西名中國化的方法說可補足此種缺陷，對是翻譯小說時頗大可仿效的。

評介研究學術教育的兩期刊

「教育與社會」——語文教育特輯

趙遠柔

蘇州東北街國立社會教育學院出版

在動盪動亂，文化事業備受打擊的今日，出版界與學術界都日趨蕭條，特別是在教育的領域內，更難尋它的蹤影。但是幸虧還有「教育與社會」，知識界因出版的困難而夭折，停頓，相反的，它更能出社的，充實的繼續。這種就是國立社會教育學院研究部出版的定期刊物，研究社教高深理論的使命。在大家都願爲社教的需要性而艱苦周到活動的今日，這使命又是何等的重大！

「教育與社會」第六卷第四期，是語文教育特輯，已於十二月出版。這特輯很適時，在這里面國基本教育會議時，會特別倡議語文教育的重要性。所以這時候的出世，至少可以解決語文教育上的若干困難問題。現就本期內容，略加評介於後：

卷首是趙先生要介紹的，是古楳的「從語法中的字彙看識字」。這是一篇很費力的研究性的文章，從作者的附註中知道，這文章中關於字彙的統計工作，[illegible]但是據古氏的意見，認爲識字的字彙（共有六八二個字），雖不多，不過因文字生疏而字彙所包括的生活經驗又太廣泛，很不易爲人民了解，因此古氏強調最要的字彙應儘量的採用民眾詞彙，不用再在文字的排列或是鋪上用功夫，像後古氏引證了許多事實，說明行識過程需要識字，但識了字，也不一定能夠實際應用，[illegible]

許公鑑的「改進鄉鎮圖書館的意見」從鄉村鎮圖書館的內容，而就目標的確定，文字的編寫，圖畫的繪製，發行的方法等，提出了許多改良的意見。這些圖畫，繪有大眾的讀者，這社會上被視而棄的民衆讀物，爲能加以改良，使它富有教育意味而成爲喜聞及民教的通俗讀物，確是國教工作者應加研究的。

錢損資的「民眾教育中的注音符號教學問題」，討及注音識字教育，具有獨特的見解，作者主張注音識字，應以方音教學爲原則，並列舉理由；而對於僑置注音符號的環境，尤認爲是促成注音識字教育成功的必要方法。

歐陽鐸的「鄉村圖書教育實驗的發動」，是該院社教實驗區的實驗報告。這報告說，（當然是實驗的結果）㊀注音符號是掃除文盲書及基教的利器；㊁注音符號是改進鄉村建設中國的助力；㊂國語教育易教易學是社教的一環，應擴充之。

徐朗秋的「介紹一位掃除文盲的少將——晏陽初」，以流利的筆調描寫這位少將掃盲的經過，文末並提示掃盲的意見，認爲掃除文盲，非配合政治，全體動員不可。

「現代知識」——學術獨立專刊

焦夫

北平東四十條士胡同七二號現代知識社出版

在北平出版界，「現代知識」是一本綜合性的半月刊，現出版至第二卷第四期。該刊刊師人爲趙正論氏，以該刊內容表現的態度看，該刊似爲獨立自主面無政黨背景的。

自北大校長胡適提出學術獨立十年計劃後，各方的反響很大，但北方學術的反響如何，無疑是值得注意的。「現代知識」爲了此許胡適氏的十年計劃，特於二卷三期合刊「學術獨立專刊」廣徵博取北方學人意見，計論文廿五篇。執筆者徐旭生，徐炳昶，[illegible]，邱椿，丁洪範，丁作韶，陳定民，鄧之誠，陸志韋，唐正論諸氏。徐旭生的「從治學精神方面論我們的學術獨立自主問題」，強調自然科學研究獨立的重要，邱椿的「學術獨立的先決辦法」，並不贊成胡適的辦法，他主張將行政已增加的高等教育經費分爲兩部分：以其中的四分之三爲大學校和獨立學院的經常各費，分配於各高等教育機關，以其中的四分之一爲科學研究補助獎學金，俾各大學的機會均等之效。邱先生主張動員全國科學家在研究上作公平競賽，並不完全同意胡氏所求選擇五大學。他如陸志韋，丁作韶，陳定民諸氏論文，則以反對胡氏主張立論，各有見地。陸氏現任燕京大學校長，他的反對論自然最有力量。

在「學術獨立專刊」中，最值得一讀而必須的讀者推薦的，是下列幾篇論著，可爲今天談學術獨立的人士的參照。「我們看看別人，再想想自己，而我們學術獨立，能不慚愧？」一爲燕大教授鳥居龍藏的「對東京帝國大學之研究實況」；一爲燕大教授齊思和的「介紹法國西研究院」；一爲吳雅瑜的「印度的漢學研究」；一爲中法大學教授沈寶基的「巴黎大學與法蘭西學院」；一爲南開教授劉覺民的「記倫敦政治經濟學院」諸文，材料珍貴，分析各國學院爭取學術獨立之過程所表現的成功，是實錄而非縹緲。

在各篇論文中，曾表現有兩種趨向，一是反對當局政策，一是主張教育行政不應受任何勢力的支配，說它獨立，似尚合宜。魏後主編人唐正論對胡適提出的學術獨立運動，判斷不會有結果，在目前國事紛亂事，必然曾落空，他更稍快地說：「光寶五個或十個大學的計劃的論爭，將如漁家公鷺爭分魚蝦一樣，魚蝦未曾打得而自家先打得頭破血流！」是很透徹的看法。

在沉寂亂做的北方，「現代知識」綜合性的半月刊，內容平實，陣容嚴整，值得南方讀者一讀，特推薦如上。

「中國抗戰大畫史」的編印

主編：梁中銘　梁又銘　褚柏思　來鴻賓

不久以前，坊間出版了一本「抗戰畫史」，係舒中銘曾運仁主編，銷路風行一時。雖各報刊書評家的批評，「抗戰畫史」的錯誤很多，遺漏很多，不能算作可靠價值的畫史。

爲了適應海內外人士，諷讀總結我抗戰期間實史實的需要，軍事畫家梁又銘中銘氏昆仲，最近同褚柏思來鴻賓氏合作，正從事「中國抗戰大畫史」的編纂，計劃宏大，他聘陳隄雲，周至柔，方秋葦，簡又西，殷作楨諸氏爲資顧與諸氏作顧問，聘羅學濂爲編纂委員，分別供給材料。最後由國防部新聞局鄒文儀氏校訂，正氣出版社印行。這可說海內外人士預告的一本佳作，有歷史文獻價值的巨著，茲特其例言及「綱要」介紹於後：

例言：㊀本書圖文並載，全書分訂三冊，第一二冊爲正編，內容包括全部戰史圖片文字，第三冊爲附錄，內容包括統計圖表，重要文獻，抗戰回憶錄及抗戰日誌等。㊁本書內容係從九一八事變起，至抗戰勝利之復員還都止，爲一完全之真正抗戰大畫史。㊂本書史料係參照抗戰軍事中樞之報告及當戰時個人之紀錄；及戰時報導紙錄之記載，與夫各方之文獻，戰時新聞報導等。㊃本書編者站在純粹之民族立場從事編排，力求公正，求實，毫無偏見。㊄本書爲保存抗戰於史料，以供後人參考，及激勵忠貞，提高民族正氣，故對於有功將士，及殉難烈士之有關圖片文字，亦不厭其詳，儘量刊載。㊅本書所載圖片，均係戰時攝影，且經本社史料室審查組，嚴格甄選，無論一時一地，一人一物，均極力避免錯誤之誤。㊆本書內容共有圖片萬餘張，地圖數百幅，文字百餘萬言。

綱要：第一章緒論——十五年來的遠東風雨，敍六十年來之中日關係及遠東國際形勢；第二章國難之悲憤，分述東北之淪陷，一二八之役，熱河長城諸役，及中國復興與日本備戰；第三章國力之初拼，分述日本大陸侵吞之開始，華北之淪陷，上海之血內長城，徐州會戰，保衛大武漢；第四章持久戰之基，分述第二期抗戰，開始時之新形勢，「以空補陸」「以戰養戰」；第五章泣鬼神者之三年，分述歐洲戰爭爆發後之遠東軍事類勢，國民政府之艱苦奮鬥，和一連串光輝的戰績。第六章中國戰區之新形勢，分述太平洋戰爭爆發，東條傾力南進，開羅會議爲大反攻前夕之鎖鑰，及長沙緬甸之保衛戰，日軍最後攻勢，光輝的滇緬反攻，與中國大陸總攻之準備。第七章最後勝利，分述世界反侵略怒潮推向遠東，百萬冠軍齊解甲，收復失地凱旋返都。第八章錄各軍事將領之抗戰回憶錄，[illegible]

基度山恩仇記

大仲馬著　文摘出版社印行

蔣學楷譯

儒子

法國大仲馬的名著「基度山恩仇記」，是一部偉大動人的傳記小說。現在文摘出版社蔣學楷君，根據一九三四年出版 Every many Library 的英譯本，轉譯出版了。愛好大仲馬文藝作品的讀者，是必須一讀的。

本書共分一百十七章，一百四十萬言，堪稱傳奇巨著。故事是敍述一個水手遇害，入獄，獲寶，復仇的經過，其情節幻變，好像一部電影，據文摘出版社的廣告宣傳，說本書比「俠隱記」寫更動人心魄。

故事主人翁是鄧蒂斯，「埃及王號」船上的船副，在船長突然患病逝世的時候，他有繼任船長的希望，同時他正準備與美麗的美茜蒂絲的結婚，鄧蒂斯在幸福歡愉心情中，玄想着美麗的未來。

然而幸福是很容易遭遇打擊的，他受了船長競爭者鄧格拉斯和情敵弗南特的嫉害，以莫須有的罪名而下獄，被判無期徒刑，備嘗一死。他有堅強的意志，被後他逃出了四年，走向自由的世界，要與很加害他的復仇，他不惜偉大的犧牲，同時也在摩萊爾斯公司老主人的兒子羸倒之下，他買出了一切罪惡的報應，使惡人受到懲罰，使善人走上好運。

他的激恨而報復了，當他逃出了四年的時候，他的父親已經飢餓而死，愛美茜蒂絲已被弗南特娶去，而嫉害他們的鄧格拉司更得了高官厚祿。然而他在命運掙扎等待，終於實現，這是「基度山恩仇記」全本的中心，和它的意義所在。

本書譯者蔣學楷，譯筆流暢，緊張處，令人驚心動魄，溫柔處，令人銷情弄魂。有好書必配合好的譯筆，實在萬分必既。可惜本書定價太昂，一千七百頁實到卅四萬元，文摘出版社的市儈投機使倆，讓我們想反對的，又顯有產有閑有錢的人們，去鑒賞這高貴的藝術吧！

南鉛

圖書消息

文

△英國藝術文學家貝特蘭（James Bertram）新著「戰爭之陰影」（The Shadow of War），乃有關中國之最新書籍，所述係作者在中國抗戰中的見聞，行將在英倫出版。

△美國國務部的遠東問題專家，近出版新書一種，名「近百年中俄國向外擴張紀實」（The Extent of RussianExpansion Less Than 100 Years），內容豐富。

△老太婆第一部長篇社會政治小說「駱太郎」，現出版東行本，由廿世紀文化出版公司發行，全本計三百六十一面，售價七萬元，讀者有佳審俱及之感，銷路不惡。

△新生書局與觀文書局之「英文新字辭典」（葛傳槼林紹許合編）紛紛出版，並且彼此漲價，觀文的版本以抄襲嫌疑改了。觀文的「英漢新字四用辭典」紙製遠同存本一拼銷數，新生以辦料者的姿態，大登廣告宣傳，「英文新字辭典」銷路倍增。

△利華書報社發行之「偉人傳記·泰戈爾」，係美記者金教作，魏國小魚譯，銷路甚暢旺。

△國立政治大學出版之「新聞學季刊」三卷二期業經出版，內容有成舍我周晨等陳作生等著「新聞事業的幾個實際問題」，和「報紙發行技術漫談」，「社論之作法及其趨勢」諸文，並有各地報業概況及編輯採訪等材料，售價二萬元。

△「觀察」股東會議後，決定擴充資本，擴大出版機構，出版「觀察叢書」，準備與「生活」競爭。

圖書評論

第十三期

評介臺省四種統計書刊

方葆貞

一、台灣省五十一年來統計提要
二、台灣居民生命表
三、台灣統計地圖
四、台灣統計通訊（以上均由台省府統計處編印）

統計是一種科學，一種實用的科學。統計數字是行政的一面鏡子，統計學雖有……地位。雖然我國行政學，尚在萌芽階段，沒有將統計學的重要性歸納到行政學範疇……爲行政一面鏡子，則是無可否認的事。

在我國各級行政組織中，均有統計行政部門，而統計工作表現成績卓絕的，首……省了。這是陳儀治台期內，對台灣省的貢獻，批評陳儀政策的人，也無可否認。台……了國內最好的統計人才，最近幾種統計書刊的出版，富有學術上行政上的價值，……讀者推薦。

一「台灣省五十一年來統計提要」

本書爲紀念台灣光復的巨著，並且爲國內統計著作統計報告中的唯一巨著。據本書編者說：「本書是台灣五十一年來統計數字的總彙收，原有各種統計資料的總清算」。內容計分圖象，土地，人口，行政組織，司法，農業，林業，水產，畜牧，礦業，工業，勞工，商業，財政，專賣，金融，郵電，鐵路，公路，航務，教育，衛生，救濟及宗教，警衛等二十四大類，計五百四十表，一千四百餘頁。版本係十六開精裝，道林紙本每台幣五千元，新聞紙本每台幣三千。本書有幾項特點：㈠搜集五十一年來之台灣數字，完整無缺，統計人的勞心，貢獻的偉大，是不平凡的；㈡各項統計數字，都經過精密計算，毫無支離的推敲，其所採用的統計方法，是符合科學原理的；㈢印刷精美，校對精良，全書無一錯字，不但做到統計正確的眞實，而且做到編印技術的眞實。可供研究台省狀況及行政問題之參考。

二「臺灣居民生命表」

生命表爲生命統計，屬人口調查，戶籍調查的重要科學部門。台灣在日本統治下，戶籍辦理有基礎，現在台省戶籍之辦理，仍較國內各省進步。本書爲研究生命統計的巨著，係根據宋殺表之人口統計編製，並將十六年前日人所用公式予以修正，這是中國統計學對日本統計學的攻擊。本書內容包括生存率，死亡率，生存數，死亡數，死力，平均餘命，並將譯險年金現價，輕付或零付保險費及各種基數，按不同利率自零歲至一〇四歲詳密分別算出，代替保險精算。根據的學理是進步的，方法是精密的，實爲國內人口學戶籍學研究民族生命唯一的專著。全書計一八六頁，十六開版本精印，無一錯字。全書各表用中英文對照，便利外國學者的研究。本書定價台幣五千元，値得學術界和行政人員的參考研究。

三「台灣統計地圖」

這是便利觀光台灣的一本活頁地圖，用簡明統計表現。本統計地圖中，以台灣地理交通以及各種產業情形爲背景，用像形式條文圖式，簡明表現於圖中。全書用十六開本，活葉美裝，圖表對照，圖文並茂。凡對台灣地理或統計無深切認識的人，一經瀏覽是圖，即入堂奧，這便是該書的特點。每冊售台幣一千元，實爲觀光台省或認識台省簡明地圖者，必需之書。

四「台灣統計通訊」

本刊爲台省府統計處出版的期刊之一，現已出版八期。內容分專載，專論，工作計劃，消息彙報，人事動態，統計法令，參考資料等。專論與專著多係統計論文，近期注意美國管理統計和行政管理之介紹，値得一讀。前……中，搜集資料消息，興趣豐富，値得一般行政人員之參致。尤其値得一提的，本刊編輯方法嚴整，爲若干雜誌刊物編輯技術所不及。這說明了：有統計頭腦，有統計經驗的人，必能治事精密，編纂進步的人。

……的評介，毫無任何感情的因素。今天中國的行政人員，任事直實，講求效率的，畢竟不多，我們應該獎掖有成績的人，所以我願爲台灣統計界的「無名英雄」作義務宣傳如上。

紀德的「地糧」

盛澄華譯　文化生活出版社版

石碚

法國名作家紀德，去年獲得諾貝爾文學獎金，這是近十年來諾貝爾……優秀的作家。

紀德今年已經是七十九歲的老人了，但他仍很健好，還有……與爲藝術的態度。他是法國南方人，他的父親具有南方人豁達樂觀的性……母親的新教家庭裏，北方人深沉持重的性格表現在他……格，同時具有南北兩地的生活習性的人；他傾向內心的體念，愛好沉默……愛過着旅行的生活。

Maurice Sach在所著「紀德評傳」中，是這樣描寫着紀德：「高身體材，男胸胯，修長的身軀，其上是一個許久以來已早光頂的圓顱，有着鄉下人似的皮膚。他像是從一棵粗糙的大樹上所取來的堅靠的木材所雕成，他的眼睛，有時是青色，像有些青石片，也像有時晴天下白楊樹的葉子，顯示出一種明淨，坦朗，溫慰的目光。」在「紀德先生」一文裏說：「他是一個虔誠的基督新教徒。作爲文藝復興精神的產物，這位宗教革命的信奉人，是一個誠懇、相信理性和進步的人；作爲一個拉丁系的法國人，他是一個非常熱情的人。這幾個特點，使他成爲一個道地的，代表西歐精神文明的人物。」我們讀了這些記述，或者可以想像到紀德是怎樣的人了。

「地糧」一書，是紀德自我的刻劃。好些人都感覺「地糧」是一本難讀的書，這話是有道理的。因爲如果說「地糧」是一本小說，毋寧說它是一種哲學思想的語錄。是從作者深心中所發出的沉毅曠達的一首抒情詩。譯者盛澄華在譯序上說：「這是一本熱意地強烈的書，若把這書當作……

……典主義，個人主義……人性的美與善。他……「獨立」和「反……便是發揮並解釋……像他在書中所……我自己的，我每……；而當我獨樂的……一個人，男人或……情。當我把愛交給……也是遊牧者，不……一人。」全書都……他教我們從煩悶的情緒中求取勸誡：「我們的動作依附着我們正像依附着磷。它們耗費我們，那是真的，但它們形成我們的光輝。如果我們的靈魂値得上什麼的話，那是因它比別一些人的靈魂燃燒得更熱烈。」

「地糧」是給青年們奏着一首美麗的明朗的生命之歌，無限的希望鼓舞着我們向前邁進。我們生活在這艱苦的歲月中，然而時代已走向新的道路，現在正需要我們背負起殉道者的十字架，要鍛鍊一個堅貞的靈魂，紀德的「地糧」就是給我們培育靈魂的資料。

讀「安娜・卡列尼娜」

少尹

托爾斯泰著　周覓譯
生活書店出版

十九世紀俄國的文壇上有三顆巨大光輝的明星，他們所發出的光輝不但照映着整個俄國，而且深刻廣泛的影響了全球。這三位巨人即屠格涅夫，杜斯安也夫斯基及本書作者托爾斯泰。他們三人雖同樣在文壇上起過重大作用，但是他們的作風卻是截然迥異的。屠格涅夫的文章很婉妙細膩，使人讀了有如醉飲靜謐，不忍釋手；杜斯安也夫斯基的文章深入社會基層的困疾，一字一淚，淒愴填膺，讀罷激昂的憤氣溢於言表；托爾斯泰的文章既不如屠格涅夫的纖柔動人，也不若杜斯安也夫斯基的激烈憤慨，它只是充份的流露着人性。「安娜・卡列尼娜」是托氏後期更成熟的作品，是他擺脫舊式的戲劇方法而使用新的觀點方法期間的名著。

托爾斯泰的作品中，什九都是描寫他所熟識的貴族地主階層的，關於商人和下層階級總是略而不寫，在這兒，亦復如此。他在本書中所描摹的人物繁多，有正直而不學的官吏亞歷克賽．亞歷山特洛維奇；有專知享樂的司蒂潘．阿卡諦耶維奇；有單純而幸福的列文和吉提一對理想配偶；有博學多才的凜爾吉．伊凡諾維奇；有熱衷耶論文；有懶惰平庸而淺浪的杜麗以及外表上風流瀟灑而實質上空虛浮泛的渥倫斯奇和本書主角安娜．卡列尼娜等。

這些達官貴人，命婦閨秀無不是托爾斯泰的一切偉大著作中——如像「戰爭與和平」等——經常出現的，但是每次都帶着不同的嘴臉和內心，使讀者不致覺得它重複繁瑣而有索然生厭的感覺。

托氏在本書中借列文說明了他自己思想的轉變。列文本是個不信上帝的人物，但是後來卻變成極虔誠的基督教徒了，這個轉變的主要原因是由於他見到他哥哥尼古拉．列文的死而聯想到人生的降臨，最後終不免一死。人既不能享於一死，而死後又不能再享受一切生前的所有，都變爲……

……前一樣地責罵車夫伊凡，從事於無益的爭論，輕率地發表意見；我的靈魂和別人的靈魂之間，甚至和我的妻子之間，或許還是常有一道障壁；我或許還要在急躁的時候責罵她而在事後懊悔。我將要仍然莫名其妙地祈禱，但是我的生活，我的全部生活，超然于我所遭遇的偶然事故，每時每刻將要不再像從前那樣無意義了吧，每個行爲將要是積極爲善的了吧。」

這最後一段的列文私自忖思正好說明了這種轉變的趨向。因爲托氏的思想是傾向基督……

……奇也是預知的），爲什麼又不准她們自由地抉擇而和前夫離異呢？假設安娜，卡列尼娜能夠遲生一百年，她決不會遭遇到這樣淒慘的。

其他一切人物的描寫，除了這裡的刻劃出各人的形相而外，實沒有什麼値得特別宣揚的。正如托氏生前摯友毛德氏所說：「托氏的書的成功不在它的目的，而是托氏在這個目的下所做的事，這就是說，高度藝術的成就。」讀托氏的「安娜．卡列尼娜」，我們得到好像欣賞一件精緻的藝術作品時所有的那股喜悅。

研究中緬關係的兩本書

王婆楞著：中緬關係史綱（正中書局版）
劉伯奎編：中緬界務問題（正中書局版）

進文

我們老隣居緬甸，同我國有兩千年來的歷史關係，今年一月四日，緬甸脫離英國羈絆而獨立，全國輿論一致讚歎中緬關係之重建。關於中緬關係的著作，昔有「緬甸論」，「使緬甸錄」，「緬述」，「緬甸考略」諸書，及近人張鳳岐著「雲南外交問題」，均有詳確的紀述。惟對二千年來中緬關係之考證，和滇緬邊界糾紛紀述較完全的，則以本文評介的兩書値得一讀：

「中緬關係史綱要」

作者王婆楞氏，是一位歷史考據家，曾著「歷代征倭文獻考」一書，頗爲學術界重視。本書僅一六二頁，依歷代書史，於中緬兩國關係之大端，作一有系統之紀述。依著者考證，中緬關係，斷始於後漢永元九年（西曆九七年）斷終於清光緒十二年（西曆一八八六年），凡一千七百八十九年；前乎此者無可考，後乎此者則屬於中英間之關係。本書對中英滇緬界務糾紛，則未予詳列。

本書共分七十六節，每節紀述中緬關係，均根據歷代書史，提要鉤元，文筆生動，徵引翔實，實爲探求中緬史要之助。末附「述史摘遺」及「中緬大事年表」，備爲參考。本書出版於民國三十三年重慶，正中現是否有再版本，尚不知悉。當此中緬關係重建之會，本書値得研究緬甸人士的參考。

「中緬界務問題」

所謂中緬界務，應稱滇緬界務。關於光緒十二年，二十年，廿三年迭次交涉，薛福成日記等作，曾有詳細記載。爾後，童企雲氏之「中國邊疆問題」，亦有簡略紀述。雲大教授張鳳岐氏「雲南外交問題」，專研滇緬，滇越外交問題，堪稱權威之作。惟張著出版于戰前，對民國卅年之交涉經過，及其後北段未定界交涉之顛末，當以本書紀載爲詳要。

本書著者劉伯奎氏，研究中國邊防外交，曾有「新疆伊犂外交問題研究」一書，本書出版於民國三十五年，爲國內研究滇緬界務較新之作。本書關分五章，分述中緬界務交涉經過，中緬南段新定國界勘定始末，片馬與江心坡問題，中緬北段未定界的劃界問題，並附錄條約文獻六件。本書分析五十餘年中英滇緬界務交涉，比較簡單，徵引欠豐，而對滇緬地理詳有述及，但偏於外交方面。研究滇緬界務，地理上的探討，是極重要的，未可忽視。

現在國人正注意於中緬關係之重建，及滇緬界務勘定問題，茲特推薦上述兩書，可供合讀。至少可對二千年來中緬關係，得到一個輪廓的瞭解。

胡適之的新著

紀棠

胡適之先生，自長北京大學以來，心情豪放，治學拓勤，一年以來，商務印書館出版了兩本新著，一爲「胡適論學近著」，一爲「胡適留學日記」。

「論學近著」多係已發表的短篇論文，不單是論學，而且也論政。該書不以「胡適政論集」命名，而曰「胡適論學近著」，自然有「胡學」的道理。近著「胡適留學日記」，於民國二十八年在滬曾以「藏暉室劄記」作題出版，因當時抗戰發生，交通斷絕，該書難於流通，現因「胡適論學近著」銷路頗佳，不久即將再版，商務同胡適之先生，是講實用主義的，乃決定將「藏暉室劄記」改爲「胡適留學日記」重印，定價二十二萬五千元一部，是多麼灸手可熱啊！

據商務的廣告說：「這十七卷劄記是胡適之先生在美留學時期（一九一〇——一九一七）日記和雜記的彙刻，也可視作胡先生的自傳的一部份。其中所寫的是他的私人生活，內心生活，和思想演變的赤裸裸的歷史；他主張文學革命的經過，以及他的信仰思想的途徑和演變的痕跡，亦均詳記於此。胡先生相信劄記對於求知和思想都有很大的幫助，他常用劄記做他自己思想的草稿，所以本書還可指示讀者以求知和思想的一種方法，並提供思想草稿的實例。」介紹詞，生動活潑，當出版界自傳狂熱的今天，無疑這又是一部銷路暢旺的「新書」。我們怎不佩服商務的生意眼，和欽慕適之先生的版稅收入？

一九〇一——一九一七年的美國學術，是世界學術的低潮，適之先生的讀書劄記，是否値得一讀，不無疑問。如果是一本自傳的話，相信有廣大讀者正竚候拜讀「胡適自傳」。可惜這本留學日記，又不是一本自傳，至少不是一本完全的自傳。

胡適之先生的治學，從而是走半截路程就停頓下來了的。曾評歡譽的「中國哲學史大綱」，他祇寫了上卷，二十年來從無「下卷」；著「白話文學史」上卷，他偏不寫「下卷」，作日記亦然。治學與治事有同樣的道理，必須有始終，求本末，探源流。有始無終，求本去末，探源舍流，走半截路畢竟是支離，而非易簡；成就是浮沉，而非久長。我們當讀胡著，尤期待胡著的下卷。

現在，胡著「留學日記」出版了，希望胡先生在心情豪放中，寫出他自傳的二卷三卷，同時盼繼將「中國哲學史大綱」上卷，在方法上予以修正，完成中國哲學史的全貌，並續成「白話文學史」的下卷。文學家可以走半截路，史學家哲學家是不可輕易小覷的，未知胡適之先生以爲然否？

人生雜誌

人生雜誌社出版　摩西主編

在印刷紙張萬分艱困的今天，上海出版界新出現了幾種刊物。以不談政治，不分析時事而不談風月的，有摩西氏主編的「人生雜誌」。該刊專以談哲學的人生，科學的人生，宗教的人生，生活與生命的依歸，秩序與興趣爲目的。

在美國，談人生興味的期刊，近來風行海內外，而我國專以談人生問題的，則首推最近出版的「人生雜誌」。現第一期已出版，據創刊宣言說：「我們不批評國家大事，只研討人生問題；衣食住行等應該怎樣適宜！言語，思想，行爲等應該怎樣合理？讀書，從業，持家，涉世等等應該怎樣得法！貧窮，罪惡，疾病，傷殘等等應該怎樣研究？貧苦，煩惱，憂傷，憤激等等應該怎樣解除？這都是我們（人生雜誌）需要研討的問題。」無疑的，這是今天人生中必需致知的。

創刊號包括十八篇短文，可惜沒有完全做到上述的鵠的，有的太偏重於科學了，如時下一般科學知識介紹的期刊；有的綢向於生活（如衣食住行）的興趣了，如時下有閒階級享樂的西風類型；有的論文雖談論社會生活，哲學人生諸問題，但又偏向基督教義的宣傳，神學的闡揚。

這個趨向並不完全正確，不能夠爲讀者樹立一個正確的人生觀和宇宙觀。但無論如何，這冊「人生雜誌」是値得一讀的，因爲它或多或少，可能給予寂寞人生的慰安。該刊每期定價一萬五千元，上海長甯路五九三號人生雜誌社發行。

圖書評論

介紹「赫爾回憶錄」

葆真

本月廿六日，南京中央日報和上海申報，同時譯載美國前國務卿赫爾的回憶錄。這本書，在美國尚未出版，也還沒有發表過，要從本月廿六日起，才由「紐約時報」開始刊登，分四十二天登完。全文在四十二天之前，不致有原書出版。負責辦理「赫爾回憶錄」發行事宜的紐約編輯人新聞社（Elliots Press Service）把本書在中國的發表權，賣給南京中央日報和上海申報兩家。中央日報所費的代價是六百美元，申報則以三百五十美元，便取得在上海的發表權。據說「紐約時報」付了一筆很高的代價，究竟多少，到現在還沒有宣佈。

赫爾，為當代大政治家赫爾，在他的美國國務卿任內，正是軸心國準備及實行侵略的時候，由於他的遠見，智慧及正義感，幫助了羅斯福總統，完成了為民主世界奮鬥的偉業，消滅了侵略國的狂焰。最近，從西半球傳來的消息，這位七十七高齡的白髮老人，已於病中完成了偉大的回憶錄。全世界人士，正渴望知道他的內容。

關於本書內容大要，廿五日中報略有介紹，可作為本書的摘要讀。詳細的內容，勢非一篇短文介紹所能說盡，因此我們推荐讀者逐日耐性地閱讀南京中央日報和上海申報的譯文。我們參觀本書之主要性，一方面希望兩報在翻譯上要做到真美善，不要像譯貝爾納斯「說老實話」那樣草率，另一方面希望翻譯譯文字的學者，把批評的意見，寫給本刊，我們準備彙集發表。

評翦伯贊著「中國史綱」第二冊

著者：翦伯贊

出版：上海大孚出版公司

[illegible]

美英新近創刊的文學雜誌

[illegible]

評介「今日的韓國」

著者：潘公昭

出版：中國科學圖書儀器公司

逸文

今日之朝鮮，已為舉世注目的問題。朝鮮又名韓國，位於中蘇日之間，現在韓國問題，為中蘇和美國之間，最重要的問題，一方面他和中國保持歷史上地理上政治和經濟文化上各方面的切關係，這種關係是超過韓國和其他各國的國際關係，而另一方面，在解放初期，韓國境上以北緯三十八度為界，很不合理地為美蘇分別佔領，形成到韓國內部的分割和內部的不安。今天，韓國已快繪著和希望的後果。

研究韓國史地，分析韓國問題的著作，在戰前出版者甚多，戰後的情勢變遷，認識韓國問題，要內容新而確實，比較可讀者，我們願推荐潘公昭著「今日的韓國」。本書係上海科學圖書儀器公司出版，計三一頁，內容計分十三章，約三十萬言。並附參致材料，地圖，及攝影等，供讀者之參證。

本書內容，第一章為韓國的地理，分別敍述韓國位置面積，地形，氣候氣象，人口，及世界韓僑的分析。惟太偏重自然地理，僅對朝鮮軍事地理，較少提及。第二章南部韓國地誌，第三章北部韓國地誌，係從地理和行政區劃，說明各道山川形勢，風

[illegible]

十年來之中國經濟

出版：中華書局

主編：譚熙鴻

[illegible]

圖書評論

第十五期

甘地先生的傳記

方葆真

Romain Rollдnd）……（Mahatma Ganbhi）……（C,F,Andrews）……（Mahatma Gandhi:His Own Stoy）……（Mathatma Gandhi at Work-His Own Story Contined）……（J·J·Doke）……「……」（An Lndian Patriot in South Africa）……（Millie Graham Polak）……「甘地先生其人」（Mr· Gandhi: The Man）……

……（Fischer）……「甘地與斯大林」（Gandniand Stalin）……

[illegible]

評介「中國金融年鑑」

聞翁

沈雷春主編

中國金融年鑑社出版（上海黎明書店總代售）

定價國幣三十六萬元

[illegible]

類別	總行數	分支機構	資本總數（單位千元）
總計	一，六一三	三，四一六	六五八，六三一，三三九
國家金融業	七	九〇六	三八〇，〇〇〇
省銀行	二五	一，〇四九	四，五二七，〇六六
市銀行	一六	一三	一，二五〇，〇七〇
縣銀行	四八八	一八七	六，一四五，一二一
商業銀行	一九〇	九六六	四八三，三六五，〇〇〇
[illegible]	七四一	六八	三二，九一〇，三六五
信託公司	一五	一〇	九一五，〇〇〇
保險公司	一一八	二一一	一二八，五七二，五〇〇
其他金融業	一三	六	五八八，二一七

[illegible]

讀「愛情的火焰」

石礎

莫泊桑著　柴夫譯

國際文化服務社版

[illegible]

「羅亭」讀後

少尹

[illegible]

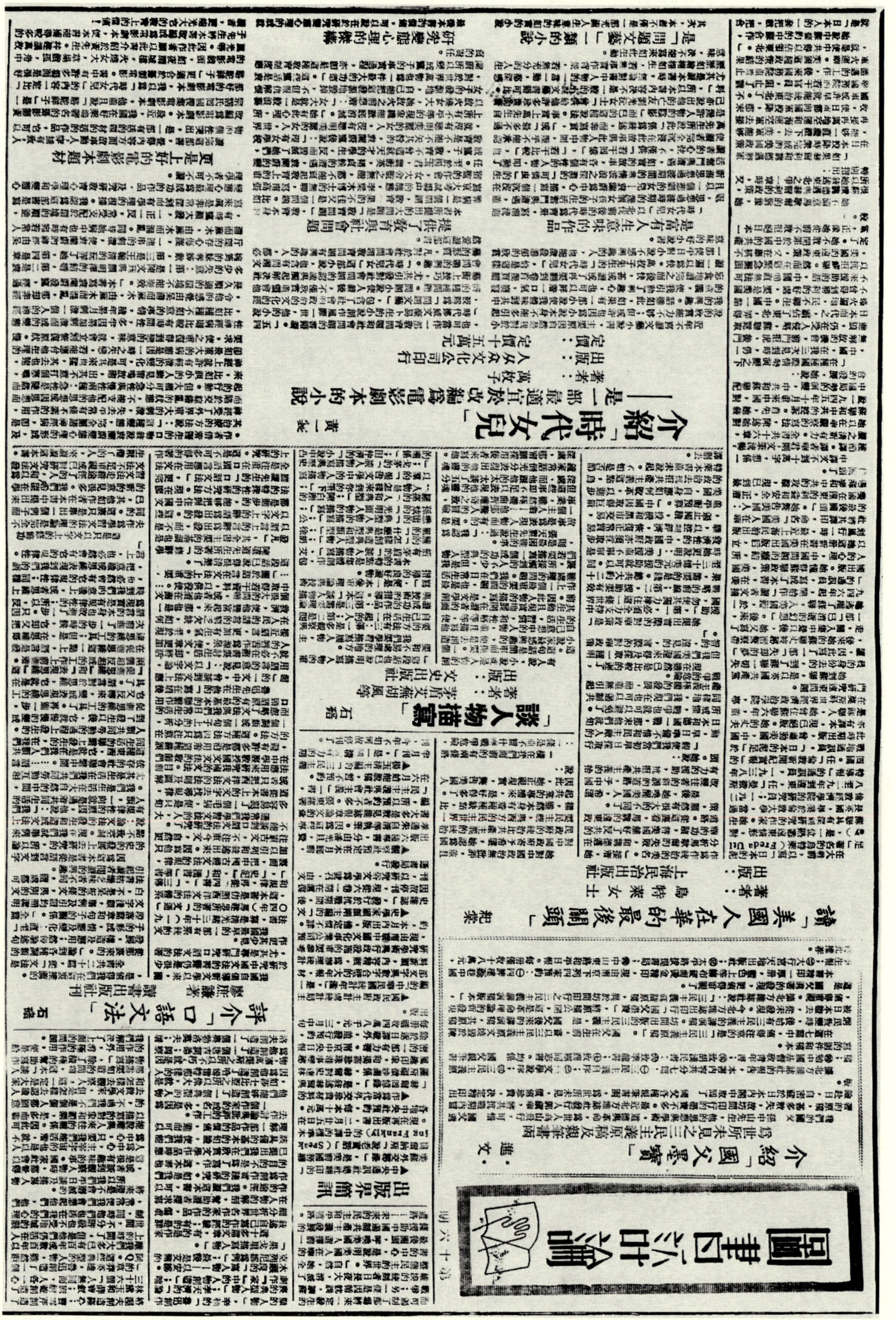

圖書評論
介紹「國父墨寶」
總理世所未見之三民主義原稿及親筆書函
進文
讀「美國人在華的最後關頭」
紀棠
著者：烏特萊女士
出版：上海民治出版社
出版界簡訊
評介「口語文法」
黎錦熙著
讀書出版社刊
石稻
「談人物描寫」
著者：茅盾艾蕪胡風等
出版：文史出版社
石稻
介紹「時代女兒」
——是一部最適宜於改編為電影劇本的小說
黃一鈸
著者：萬枚子
出版：人人文化公司印行
定價：定價十五萬元
是富有人生意味的作品
提供了教育與社會問題
夏是上好的電影劇本題材
是「問題文藝」一類的小說
研究變態心理的傑構

圖書評論

第十七期

讀「赫爾回憶錄」

秋公

盧騷的「懺悔錄」

石稼

法·盧騷著　沈起予譯　上海作家書屋刊行

評介「中國憲法大綱」

進文

編著者：薛玉坤　出版者：中華書局

讀「Here Is Your War」

小予

Ernie Pyle著

圖書評論 第十八期

日本學者關於中國國語辭典的座談
——本刊大阪通信

出席者：

國語辭典成立的沿革

國語辭典有何用處

中國的辭典應該如何編纂

「中國文學欣賞舉隅」 石語

書名 傅庚生著
出版：開明書店

讀「貴族之家」 少尹

屠格涅夫原著 麗尼譯 文化生活出版社印

圖書評論

第十九期

如何選擇讀物

Thomas Carlyle

再談「中國佛教史略」

林野

正聞學社出版

「聽衆心理學」

石莊

美・何林華著　阮希芳譯

中國文化服務社版

·L·Hollingworth）

從「三毛流浪記」說起

少尹

梁中銘編著的兩本畫傳

正氣出版社發行　梁中銘編繪

「蔣主席畫傳」

圖書評論

第二十四期

讀「美蘇關係史話」　克謀

美・達爾朗（Foster Rhea Dulles）著

賈午譯　大東出版

序李成蹊著「人類綜合史觀」　周太玄

「幽谷百合」及其作者　石磊

巴爾扎克著　商名璵譯　滬燕書店出版

齊亞諾日記　曾

讀「與父親生活」　少尹

原作者：Clarence Day. Jr.

出版者：Modern Library

圖書評論

第十二期

向出版界的建議

少尹

[illegible]

創造的雛型

——介紹「新明小叢刊係論」

張鏡虎

[illegible]

蕭蘭回憶錄

超凡

[illegible]

憂鬱的「春潮」

——屠格涅夫著·馬宗融譯·文化生活出版社發行——

盧卉

[illegible]

托爾斯泰的悲劇

——「結婚生活之告白」讀後——

[illegible]

圖書評論

第二十二期

現代新聞學概論

鐘中

儲玉坤著　世界書局版

[illegible]

推薦「政學罪言」

遂生

潘光旦著　觀察社版

[illegible]

評艾著「性心理」

冰茵

[illegible]

編者寄語

[illegible]

高爾基的「人間」

石蘅

適夷譯　開明書店印行

[illegible]

思想界的新意識

其在歐美大陸思想界所引起的影響，不下於原子彈在科學界引起的騷動。

——讀「The Managerial Revolution」 James Burnham著

少尹

[illegible]

英人·法人·中國人

蕭乾著　觀察社發行

「美國人的性格」讀後　少尹

費孝通著　生活書店印

「擠在生活邊緣上的人」

季小鴻著　復旦書店出版

王善本

教育感情

福樓拜著　李健吾譯　文化生活出版社出版

石

溫莎公爵自傳

任必勝譯　上海中央日報出版

逸民

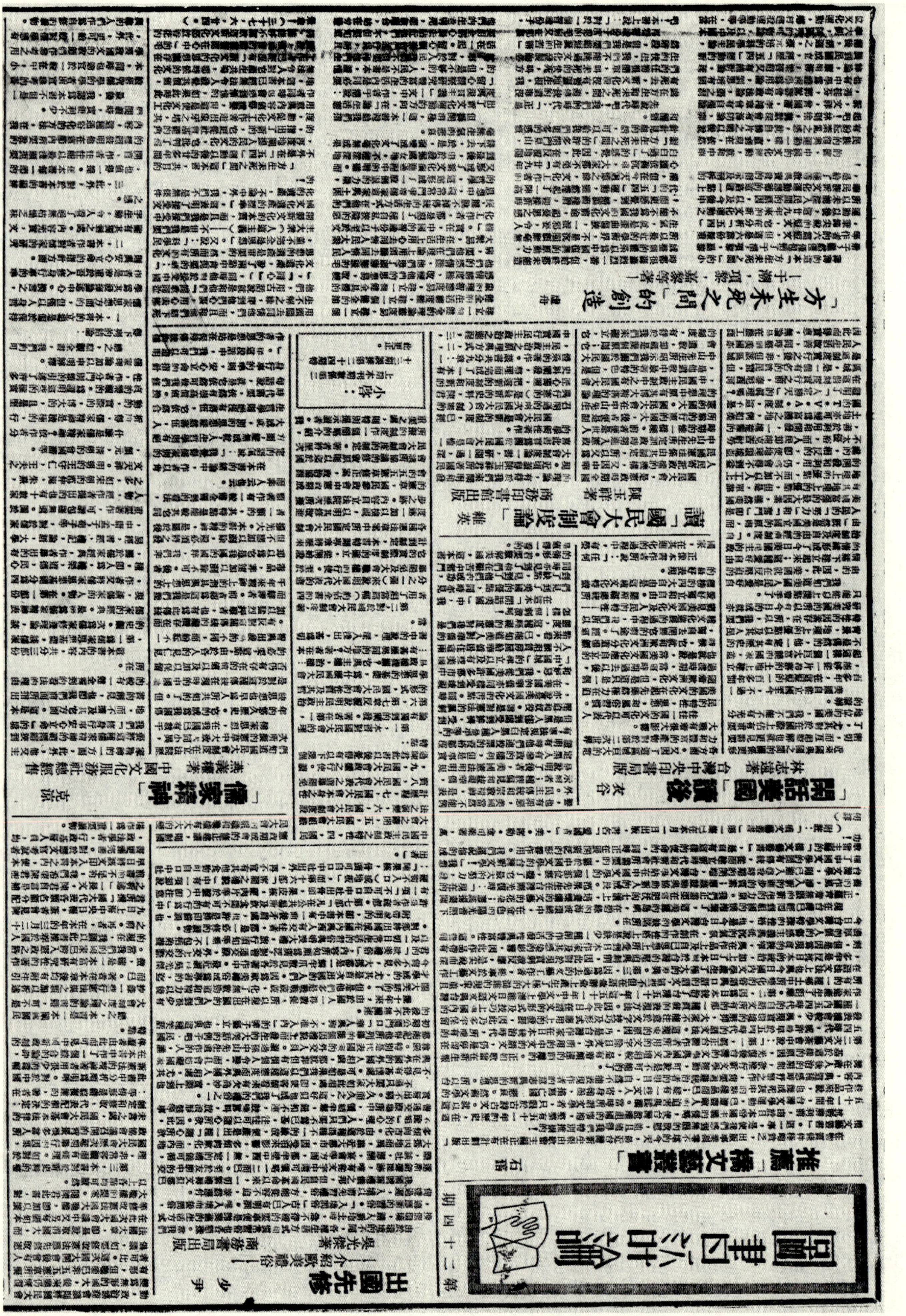

圖書評論

第二十四期

推薦「精文藝叢書」

石舊

出國先修——介紹歐美禮俗——

少尹

吳光傑著　商務書局出版

「閒話美國」讀後

衣谷

林志遠著　台灣中央印書局版

讀「國民大會制度論」

維英

陳玉祥著　商務印書館出版

「儒家精神」

克琮

燕義權著　中國文化服務社總經售

「方生未死之間」的創造

小啓

圖書評論

第十二期

窮途末路的出版事業

[illegible]

讀「新自由主義論」

克琮

胡秋原著　民主政治社出版

[illegible]

愛與和平之光

石：碧：

讀「甘地自敍傳」

吳天保譯　世界書局印行

[illegible]

夫妻生活寶鑑

吟：龍：

——介紹「健康的性生活」——

美國明夫人著　YD譯　北新書局出版

[illegible]

讀「For Whom The Bell Talls」

少尹

Ernest Hemingway 著

[illegible]

圖書評論

第二十六期

讀朱自清先生遺著

莫 非

「雅俗共賞」 觀察社版

一本完整的上海傳記

漢

陳詩聘主編 中國圖書編譯館版

「清真詞釋」

·朱雯·

俞平伯著 開明書店版 三十七年七月初版

夏夜納涼話「星象」

米 嵐

錫金著 永祥印書館刊

談資料索引

弓 貝

史谷脫傑作本事

王 爺 林

少尹·石稿合譯 大東書局印行

「閒話幕內」

·達·

周日評論

第二十七期

自强不息才是立國之本
——「英倫歸來」讀後——

少尹

上海雜誌圈巡禮

朱蒸

讀「文化形態史觀」

林同濟著 大東出版

蓑源

「聖詩史話」

麥建邦編譯 中華浸會書局版

·述·

「亞瑪」

庫普林著 汝龍譯

文化生活出版社發行

稻

圖書評論

第二十八期

展開讀書運動

漢

羅曼羅蘭怎樣處理他傳記的人物

少尹

托爾斯泰的思想與性格

讀「托爾斯泰傳」 阿爾麥·莫德著 徐遲譯 國訊書店版

石·碚

基督教與文學

朱維之著 青年協會書局版

傑人

參考文獻

一　時事新報館編：《時事新報小説合編》，上海：時事新報館，一九一二年。
二　時事新報館編：《時事新報選粹：甲編》，上海：時事新報館，一九一二年。
三　時事新報館編：《時事新報國慶紀念册》，上海：時事新報館，一九一二年。
四　上海民國日報社編：《上海民國日報副刊》，上海：上海民國日報社，一九二〇年至一九二四年。
五　南大附中學生自治會編：《南中副刊》，廣州：南大附中學生自治會，一九三三年。
六　潘公弼著：《時事新報評論集：一九三〇》，上海：四社出版部，一九三三年。
七　項遠村編：《時事新報每周國際彙編：第一集》，上海：四社出版部，一九三三年。
八　潘公弼著：《時事新報社評集：一九三四年一月至三月》，上海：四社出版部，一九三四年。
九　上海新興廣告社編：《新興粤曲集》，上海：上海新興廣告社，一九四〇年。
一〇　王婆楞著：《中緬關係史綱要》，重慶：正中書局，一九四四年。
一一　陳封雄譯：《齊亞諾日記》，重慶：國民公報社，一九四五年。
一二　劉伯奎著：《中緬界務問題》，上海：正中書局，一九四六年。
一三　陝甘寧邊區群衆報社編輯：《邊區群衆報副刊》，陝甘寧邊區新華書店，一九四七年。
一四　（美）伊利奥·羅斯福著，李嘉譯：《羅斯福見聞秘録》，上海：新群出版社，一九四七年。
一五　群衆日報社編：《群衆日報副刊》，延安：陝甘寧邊區新華書店，一九四八年。
一六　余光編：《中央日報近三十年文史哲論文索引：一九三六—一九七一》，臺北：文史哲出版社，一九七一年。

一七　中央日報社編：《中央日報五十年來社論選集》，臺北：中央日報社，一九七八年。
一八　晨報社編：《晨報副刊》，北京：人民出版社，一九八一年。
一九　中國社會科學院新聞研究所《新聞研究資料》編輯部編輯：《新聞研究資料：叢刊（一九八一年第三輯）》，北京：新華出版社，一九八一年。
二〇　人民出版社編：《大公報（天津版）》，北京：人民出版社，一九八二年。
二一　上海圖書館編：《上海圖書館館藏中文報紙副刊目録：一八九八—一九四九》，上海：上海圖書館，一九八五年。
二二　孫伏園主編：《中央副刊》，北京：人民出版社，一九八五年。
二三　河南省地方史志編纂委員會編：《天津大公報索引（河南部分）》，鄭州：河南省地方史志編纂委員會，一九八五年。
二四　中國人民政治協商會議甘肅省委員會文史資料研究委員會編：《甘肅文史資料選輯：第二十三輯》，兰州：甘肅人民出版社，一九八五年。
二五　中央日報社編：《中央日報》，臺北：中央日報出版部，一九四九年至一九八五年。
二六　文匯報報史研究室編：《文匯報大事記：一九三八年一月—一九三九年五月，一九四五年八月—一九四七年五月》，上海：文匯出版社，一九八六年。
二七　王文彬編：《中國報紙的副刊》，北京：中國文史出版社，一九八八年。
二八　中國人民政治協商會議蘭州市委員會文史資料委員會編：《蘭州文史資料選輯：第八輯（抗日戰爭專輯）》，蘭州：中國人民政治協商會議蘭州市委員會文史資料委員會，一九八八年。
二九　文匯報報史研究室編：《文匯報史略：一九三八年一月—一九三九年五月，一九四五年八月—一九四七年五月，上海：文匯出版社，一九八八年。
三〇　文匯報報史研究室編：《從風雨中走來：文匯報回憶録（一）》，上海：文匯出版社，一九九三年。
三一　王進珊編著：《申報文藝副刊編校叢録》，徐州：徐州師範學院，一九九四年。
三二　中國第二歷史檔案館編：《中央日報》，上海：上海書店出版社；南京：江蘇古籍出版社，一九九四年。
三三　孟昭晋編著：《書評概論》，南京：南京大學出版社，一九九四年。

三四　王文彬編著：《中國現代報史資料彙輯》，重慶：重慶出版社，一九九六年。
三五　蔡銘澤著：《中國國民黨黨報歷史研究：一九二七—一九四九》，北京：團結出版社，一九九八年。
三六　胡太春著：《中國報業經營管理史》，太原：山西教育出版社，一九九八年。
三七　邱沛篁、吳信訓、向純武等主編：《新聞傳播百科全書》，成都：四川人民出版社，一九九八年。
三八　賈樹枚主編，《上海新聞志》編纂委員會編：《上海新聞志》，上海：上海社會科學院出版社，二〇〇〇年。
三九　大公報一百周年報慶叢書編輯小組編：《大公報一百年副刊文粹》，香港：大公報出版有限公司，二〇〇二年。
四〇　王芝琛、劉自立編：《一九四九年以前的大公報》，濟南：山東畫報出版社，二〇〇二年。
四一　葉再生著：《中國近代現代出版通史》，北京：華文出版社，二〇〇二年。
四二　《上海百年文化史》編纂委員會編：《上海百年文化史：第四卷》，上海：上海科學技術文獻出版社，二〇〇二年。
四三　田建平主編：《當代報紙副刊研究》，保定：河北大學出版社，二〇〇六年。
四四　郭武群著：《打開歷史的塵封：民國報紙文藝副刊研究》，天津：百花文藝出版社，二〇〇七年。
四五　李秀雲著：《〈大公報〉專刊研究：一九二七—一九三七》，北京：新華出版社，二〇〇七年。
四六　曾憲明著：《中國近現代報人與報業》，武漢：武漢出版社，二〇〇八年。
四七　胡春生、施菲菲編：《温州老副刊：上册》，合肥：黃山書社，二〇一二年。
四八　池子華等主編：《〈大公報〉上的紅十字》，合肥：合肥工業大學出版社，二〇一二年。
四九　趙麗華著：《民國官營體制與話語空間：〈中央日報〉副刊研究（一九二八—一九四九）》，北京：中國傳媒大學出版社，二〇一二年。
五〇　傅謹編：《京劇歷史文獻彙編：清代卷續編（肆）　報紙及其他》，南京：鳳凰出版社，二〇一三年。
五一　楊秀玲主編：《〈大公報〉戲劇資料選集：一九〇二—一九四九》，天津：天津社會科學院出版社，二〇一三年。
五二　馬光仁主編：《上海新聞史：一八五〇—一九四九》，上海：復旦大學出版社，二〇一四年。
五三　馬藝等著：《天津新聞史：源自一八八六年的天下公器》，天津：天津人民出版社，二〇一五年。
五四　魏劍美、駱一歌著，《中國報紙副刊史》，北京：新華出版社，二〇一五年。

五五　林徽因選輯：《大公報文藝叢刊小説選》，上海：上海書店出版社，二〇一五年。
五六　劉泱育著：《中國新聞事業史綱》，南京：南京師範大學出版社，二〇一五年。
五七　孫伏園主編：《京報副刊》，北京：國家圖書館出版社，二〇一六年。
五八　鄧咏秋、李强編：《京報副刊：總目、索引》，北京：國家圖書館出版社，二〇一六年。
五九　（日）大久保明男編著：《僞滿洲國主要漢語報紙文藝副刊目録》，哈爾濱：北方文藝出版社，二〇一七年。
六〇　鮑志芳編：《〈大公報·經濟周刊〉南開學者經濟學文選》，天津：南開大學出版社，二〇一七年。
六一　蔡斐著：《重慶近代新聞傳播史稿：一八九七—一九四九》，重慶：重慶出版社，二〇一七年。
六二　徐雁、錢軍、李海燕主編：《圖書評論與閲讀推廣》，北京：朝華出版社，二〇一七年。
六三　林徽因主編：《小鈎沉系列：聽來的故事》，成都：天地出版社，二〇一八年。
六四　《中國索引》編輯部編：《中國索引：第四輯》，上海：復旦大學出版社，二〇一八年。
六五　寧樹藩主編：《中國地區比較新聞史》，上海：復旦大學出版社，二〇一八年。
六六　陳德明編著：《遠去的輝煌：〈申報〉（一九二九—一九四九）海派廣告美術字圖集》，上海：上海大學出版社，二〇一九年。
六七　彭積冬主編：《〈晨報副鎸〉選輯》，北京：北京日報出版社，二〇一九年。
六八　宋書强、郭欣、徐一鳴編：《〈大公報〉報道與評論》，南京：南京大學出版社，二〇一九年。
六九　劉繼忠著：《國民黨新聞事業研究：一九二七—一九三七》，北京：光明日報出版社，二〇一九年。
七〇　屈勝飛等編：《〈中央日報〉報道與評論》，南京：南京大學出版社，二〇一九年。
七一　張武軍著：《〈中央日報〉副刊與民國文學的歷史進程》，廣州：花城出版社，二〇一九年。
七二　李揚主編：《民國時期報紙文藝副刊彙編：第一編》，揚州：廣陵書社，二〇二〇年。
七三　彭積冬主編：《〈覺悟〉選輯》，北京：北京日報出版社，二〇二〇年。

近代報紙圖書副刊選編 上

王青雲　主編

國家圖書館出版社

圖書在版編目(CIP)數據

近代報紙圖書副刊選編:全二册/王青雲主編. —北京:國家圖書館出版社,2022.7
ISBN 978 -7 -5013 -7295 -9

Ⅰ. ①近… Ⅱ. ①王… Ⅲ. ①報紙 - 副刊 - 彙編 - 中國 - 近代 Ⅳ. ①G219.2

中國版本圖書館 CIP 數據核字(2021)第 148018 號

書　　名　近代報紙圖書副刊選編(全二册)
著　　者　王青雲　主編
責任編輯　梁　盼
封面設計　翁　湧

出版發行　國家圖書館出版社(北京市西城區文津街 7 號　100034)
(原書目文獻出版社　北京圖書館出版社)
010 - 66114536　63802249　nlcpress@ nlc. cn(郵購)
網　　址　http://www. nlcpress. com
印　　裝　河北三河弘翰印務有限公司
版次印次　2022 年 7 月第 1 版　2022 年 7 月第 1 次印刷

開　　本　889 × 1194　1/16
印　　張　50
書　　號　ISBN 978 -7 -5013 -7295 -9
定　　價　1800.00 圓

《近代報紙圖書副刊選編》編委會

主　編　王青雲

副主編　劉博涵　謝　歡　何　雋

編　委（按姓氏筆畫排列）：

王　雅　王青雲　吴文文　何　雋　周川富

宣藝瑶　馬　杰　張　陽　張　蕊　桀　杰

劉博涵　謝　歡

目録

上册目録

近代報紙圖書副刊總論

一、引言

所謂副刊，一般指報紙上刊登文藝作品或學術文章的固定版面，每天或定期出版，多數有專名，類型上分爲綜合性和專門性兩種，爲相對於正刊等新聞内容而言的報刊版面。正刊以刊載時事新聞爲主，而副刊通常是對新聞本身進行延伸并開展的評論專欄，一般具有濃厚的文化和文藝色彩，是一種重要的新聞體裁。從概念的角度看，廣義來説，副刊包括綜合性副刊（甲種副刊）和專門性副刊（乙種副刊）。綜合性副刊以文學評論等形式揭示和反映社會生活的各個領域，而專門性副刊則是就某一新聞熱點深入闡發評論見解。狹義來説，副刊即是綜合性副刊，而近代報紙副刊的主要形式也大多是綜合性副刊。

中國近代報紙副刊出現於十九世紀末期，發展於新文化運動時期。一八九七年十一月，英國人在華所辦報紙《字林滬報》爲了與《申報》争奪讀者，擴大銷路，在發行時單獨附送《消閑報》一份，此即中國報紙副刊的開端。一九〇〇年，《字林滬報》被出售給東亞同文會，更名爲《同文滬報》，《消閑報》也隨之更名爲《同文消閑報》，次年又改回《消閑報》。一九〇三年十一月，《消閑報》更名爲《消閑録》，號數另起。《消閑報》以『遣愁、排悶、醒睡、除煩』爲要旨，登載内容『上自國政，下及民情，以至白社清談，青樓麗迹』，無一不備，其『消閑』的主旨也恰成爲日後在中國出現的副刊類報紙的一項重要功能。

自《消閑報》以後，相繼有報社開始效仿，出現了一批報紙副刊，包括上海《蘇報》之《豆棚談助》、香港《中國日報》之《鼓吹録》、北京《順天時報》之附張、廣州《安雅報》之《茗談録》、香港《國民日報》之《黑暗世界》、廣州《南越報》之附張、香港《商報》之《清閑録》、上海《輿論時事報》之《雜俎》、福建莆田《奮興報》之附張、江蘇青浦（今上海市青浦區）《珠報》之《報餘清閑録》、江蘇如皋《如皋縣通俗報》之《雜俎》、天津《益世報》之《益智粽》、山西太原《并州新報》之《文藝俱樂部》等，這些副刊或載於正刊，或附於報外，得到了讀者的熱烈歡迎。

在相當長的一段時間内，這一形式通常被稱之爲『副刊』。一九二一年十月，在新文化運動風潮的引領下，北京《晨報》開闢了新專欄，將第七版開闢爲藝文專頁，獨立爲四開單張。主編孫伏園邀請魯迅爲附刊起名爲『晨報附鎸』，并邀請《晨報》社長、書法家蒲伯英爲刊物題寫報名。蒲伯英長於隸書，但隸書中并無『附』字，以『副』字代之，遂成《晨報副鎸》。次年，報社嫌『副鎸』過於文雅，更名爲『副刊』。從此，『副刊』就成了這一報刊類别的標準名稱，一直沿用至今。

受近代出版業蓬勃發展以及新文化運動興起的影響，副刊這種報刊形式得到了報業以及公衆的普遍認可，在五四時期産生了上海《時事新報》的《學燈》副刊、北京《晨報》的《晨報副鎸》、上海《民國日報》的《覺悟》副刊和北京《京報》的《京報副刊》等四大副刊。它們的創立和發展，對中國文化啓蒙産生了重要的影響。近代報紙副刊在數量上取得了很大的發展，并形成了獨具特色的形式與風格，與廣告、評論、新聞成爲并駕齊驅的報紙四大要素，具有舉足輕重的地位。副刊自誕生之始，就具備先天而來的文藝屬性，近代出版史中的大量文史哲作品通常會争相登載在副刊上，以作先聲，一些報紙也爲此專門開闢了圖書類專欄，譬如本書所收録的《大公報（天津）·圖書副刊》《大公報（天津）·圖書周刊》《中央日報（南京）·圖書評論周刊》《時事新報（上海）·學燈·圖書與圖畫學專號》等，都是這一領域中的代表範例。這些副刊專欄，有的以整理和研究古典文獻爲主旨，有的則專注於新書的介紹，還有的專門約請名家聞人討論讀書方法、講論圖書事業，可謂内容宏富，形式多樣，兼具文學性和藝術性，具有重要的史料價值。

二、近代報紙副刊類文獻整理出版情況概要

早在民國時期，就有對副刊内容進行整理出版的成果，但基本爲某一種副刊的簡單集合。近年來，陸續出現了不少針對近代報紙副刊相關專題資料的整理和出版成果，包括文獻影印、目録索引等多種形式。

（一）《晨報副鎸》（北京：人民出版社，一九八一年）

晨報副刊創刊於一九二一年十月，四開四版，爲單張發行，主要刊載小説、詩歌、學術演講等内容，其前身爲《晨報》第七版。新文化運動時期，該刊發表了大量關於馬克思列寧主義思想、介紹俄國十月革命、提倡新文學的文章，曾刊載魯迅的《阿Q正傳》、

冰心的《繁星》等，并積極引入高爾基、托爾斯泰、契訶夫等外國作家的文學作品，對當時中國思想界産生了重要的動員作用，該刊後期成爲新月派文學的重要陣地。該書爲該報合訂本的影印本，原報爲四開，影印本爲縮小後的十六開，共十五册。

（二）《上海圖書館館藏中文報紙副刊目録：一八九八—一九四九》（上海，一九八五年，内部發行）

該書收録了上海圖書館所藏七千餘種報紙副刊，基本上覆蓋了中國近代報紙副刊的相關内容。該書并未收録少數帶有『反動黄色下流而又毫無歷史參考價值』的副刊，因此在記録的完整性層面略有不足，但其至今仍是最權威的一本目録。

（三）《中央副刊》（北京：人民出版社，一九八五年）

《中央副刊》爲武漢《中央日報》的副刊，創刊於一九二七年三月二十二日，并於同年九月一日停刊，總計發行一百五十九號，主編爲創辦《晨報副鐫》《京報副刊》的孫伏園。該書以孫伏園後人存藏的《中央副刊》爲底本進行影印，内容完整，共兩册，并附有篇目目録，爲内部發行。該刊發行時間正處於國共關係由合作轉向分裂的特殊時期，作爲國共合作的重要見證者，具有特殊的史料價值。

（四）《申報文藝副刊編校叢録》（徐州，一九九四年）

該書爲原《申報》副刊最後一任主編王進珊在晚年整理編輯的一份内部讀物。書中收集整理了《申報》副刊《春秋》（一九四六年九月二日—一九四七年十一月三十日）和《文學》周刊（一九四七年十二月三日—一九四八年六月三十日）的所有文章篇目，輯選摘引《春秋》文章九十二篇，《文學》周刊文章十二篇。此外，書中還有相當篇幅爲著者對上海報業及《春秋》副刊創辦的回憶和介紹。

（五）《温州老副刊》（合肥：黄山書社，二〇二一年）

該書對温州市檔案館所藏《浙甌日報》《温州日報》《地方新聞》《陣中日報》《平報》《樂清新報》《中國民報》《大風報》《新聞報》《温州民國日報》《温州新報》《甌海民報》《今報》《東甌日報》《進步報》等十餘種民國時期在温州出版的報紙副刊進行了整理，摘選其中四百七十四篇具有積極意義和檔案價值的副刊文章，并將其歸類爲散文、小説和詩詞三部分，以文章發表時間先後順序進行排序。書中所選文章以排印呈現爲主，僅少量文章附有原件的影印插圖。該書在揭示民國時期温州本土文化方面具有一定的價值，但由於其爲摘選和排印，因此在史料價值的全面性上略顯不足。儘管如此，該書仍不失爲副刊類文獻專題整理的一項重要成果。

（六）《京報副刊》（北京：國家圖書館出版社，二〇一六年）

《京報副刊》創刊於一九二四年十二月五日，由著名報人、原《晨報副鐫》編輯孫伏園創立。自創刊之始，每日一號，直至一九二六年四月二十四日《京報》被張作霖封停爲止，共計四百七十七期。該刊是綜合類刊物，雖然在社會科學、自然科學、文學藝術等領域均有涉獵，但更偏向於文學，文學内容所占比例在一半以上。該刊撰稿人包括魯迅、周作人、林語堂、馬寅初、丁文江、吴稚暉等名流聞人，刊登有不少介紹外國思潮的文章，具有明顯的革命傾向，是民國時期具有廣泛社會影響力的副刊之一。該書對《京報副刊》四百七十七期内容進行了影印，總共六册，另編製有『總目、索引』一册，對副刊中的篇目和作者進行系統整理，形成總目，并附有篇名和作者索引。該書基本上完整地還原了副刊全貌，具有重要的史料價值。

（七）《僞滿洲國主要漢語報紙文藝副刊目録》（哈爾濱：北方文藝出版社，二〇一七年）

該書爲國家出版基金項目『僞滿時期文學資料整理與研究』中『史料卷』的一項成果，對僞滿洲國時期大連的《滿洲報》、奉天（瀋陽）的《盛京時報》、新京（長春）的《大同報》和哈爾濱的《濱江時報》《濱江日報》共五種報紙的三十八種文藝副刊進行整理，按照發刊的先後順序，以表格的形式，詳細列出副刊文章的標題、著者、所在報紙期號和日期，并對相關報紙和副刊進行了解説，是研究僞滿洲國時期文學的重要工具。在以往的相關研究中，學界主要聚焦於當時出版的雜志與書籍文獻，因爲它們信息集中且容易獲取。副刊的整理收集難度較大，所以容易被忽視。文藝副刊是呈現特定地區文化變遷的一類重要載體，對其目録進行系統整理具有填補相關領域空白的價值，對研究僞滿洲國時期的文學及社會情況具有十分重要的意義。

（八）《小鈎沉系列：聽來的故事》（成都：天地出版社，二〇一八年）

該書所收録文章爲林徽因自《大公報·文藝副刊》擷選而來，共包括蕭乾、沈從文、老舍等作家的短篇小説作品三十篇。在排印時對部分内容按照現代漢語規範進行了調整，便於讀者閲讀。總體而言，該書的文學價值要遠超其史料價值。

（九）《遠去的輝煌——〈申報〉（一九二九—一九四九）海派廣告美術字圖集》（上海：上海大學出版社，二〇一九年）

在近代報紙副刊類文獻的整理出版方面，該書獨闢蹊徑，對《申報》的《春秋》《電信特刊》《電影專刊》等十九種副刊刊頭板塊的美術字及圖案進行了專題整理，附注有題名、日期、設計者等内容，集中呈現了民國時期海派美術風格，爲美術史及藝術設計提供了較爲直觀的素材參照。

（十）《晨報副鎸選輯》（北京：北京日報出版社，二〇一九年）

該書節選了新文化運動時期《晨報副鎸》刊登的關於宣傳馬克思主義及俄國革命的文章，如李大釗的《由平民政治到工人政治》《李卜克内西傳》、瞿秋白的《赤俄之歸途》等文章，便於讀者做專題閱讀，但其史料價值則不如一九八一年人民出版社影印本。

（十一）《民國時期報紙文藝副刊彙編（第一編）》（揚州：廣陵書社，二〇二〇年）

該書爲近年來在副刊類專題文獻整理方面規模較爲龐大、内容較爲系統的一套資料集。該書根據副刊文獻的重要性、稀缺性以及系統性，以地域劃分，第一編以北京、南京、重慶等三個地區爲限，收羅了十五種報紙二百一十九種副刊，具體包括《世界日報》（北京）的《明珠》《文藝周刊》《國學周刊》等三十六種，《世界晚報》的《夜光》一種，《新晨報》的《新北平》《新晨報副刊》《晨光》三種，《中央日報》（上海）的《摩登》《藝術運動》《文藝思想特刊》等七種，《中央日報》（南京）的《青白》《南國特刊》《兒童周刊》等四十種，《中央日報》（重慶）的《平明》《中央副刊》《學海》等六種，《京報》的《莫愁》《飲虹周刊》《文藝思潮》等四種，《中國日報》的《文藝周刊》《電影與戲劇》《大觀園》等十六種，《和平日報》的《寧語》《戲劇與電影》《女青年》等十四種，《新蜀報》的《新蜀錦》《新新花園》《勁風》等二十八種，《新民報》的《血潮》《最後關頭》《大時代》等十五種，《西南日報》的《文史地周刊》《榴火》《高原》等十二種，《掃蕩報》的《瞭望哨》《電影戰綫》《戰時文學》等十八種，《中央日報掃蕩報聯合版》的《藝林》《婦女新運》《學海》等五種，《新民報晚刊》的《西方夜談》《戲劇與電影》《休息日》等六種，《世界日報》（重慶）的《明珠》《飲河》兩種，《和平日報》（重慶）的《和平副刊》《新文藝》《青年文藝》等六種。該書收集了不少名家的文章遺珠，校正了部分作家的全集，具有重要的史料價值。

（十二）《〈覺悟〉選輯》（北京：北京日報出版社，二〇二〇年）

《覺悟》爲上海《民國日報》副刊，創刊於一九一九年六月十六日，是五四運動時期風靡全國的四大副刊之一，也是上海共産主義小組宣傳新文化和馬克思主義的重要陣地，主編爲邵力子，陳望道爲其助手。《覺悟》自創刊之初，即關注社會問題，閃耀着不同思潮相互碰撞的思想火花，受到社會大衆的歡迎，爲馬克思主義在中國的傳播發揮了至關重要的作用。該書選取了《覺悟》副刊上登載的《社會主義的勞工問題觀》《俄羅斯社會主義聯邦蘇維埃共和國勞動法》等八十四篇介紹馬克思主義、俄國十月革命等共産主義運動思潮的文章，具有一定的史料價值。

除此之外，還有若干早在民國時期就對某一類副刊進行彙集出版的情形，如《上海民國日報副刊》（上海民國日報社，一九二〇年—一九二四年）、《南中副刊》（嶺南大學附中學生自治會，一九三三年）、《雷驚：玉林民國日報社副刊》（玉林民國日報社，一九三四年）、《新興粵曲集副刊》（上海新興廣告社，一九四〇年）、《邊區群衆報副刊》（陝甘寧邊區新華書店，一九四七年）、《群衆日報副刊》（陝甘寧邊區新華書店，一九四八年）、《民立報副刊》（民立報社，出版時間不詳）等。此外，另有《大公報一百年副刊文粹》（香港：大公報出版有限公司，二〇〇二年）等出版物。總體而論，對於副刊類專題的整理和利用，目前已有不少成果，但在整體上，影印出版的數量較少，仍有挖掘的空間，在題材上也多爲偏向於某一種報紙的編選、整理或影印，在跨區域、多文獻、分類别的整理開發方面仍有較大潛力。

三、圖書類副刊及其史料價值分析

圖書類副刊指的是在報紙上刊登以介紹圖書、圖書書評、圖書連載、談論讀書方法等爲主題的一類副刊。根據筆者所調研的情況，目前對於圖書副刊這一類型暫無專門整理，因此，從文獻整理和利用角度而言，對中國近代報紙圖書類副刊進行整理，探究民國時期輿論界的『讀書』生態，對相關領域的歷史研究以及新聞學研究具有重要的資料價值。本書在對近代報紙圖書副刊進行充分整理的基礎上，收録其中九種具有一定代表性的，并在當時具有一定影響力的圖書副刊。從文獻資料的角度來看，對圖書副刊進行整理影印，主要有以下兩個方面的資料價值：

一是爲特定歷史時期的研究提供重要的史料支撑。没有可靠的史料依托，就很難取得可信的歷史研究成果。影印本最大程度地還原了原始文獻的基本内容，減少了在人工編排過程中造成的史料遺漏或内容錯誤，保證了史料本身的原始性。對於歷史研究本身，尤其是近現代史領域的研究而言，所援引史料的原始性程度是評價其研究結論可信度和權威性的重要標準。近代報紙圖書副刊一方面反映了民國時期文化界、思想界的發展變遷以及各類思潮的交相輝映和融合碰撞，另一方面也從特定的角度展現了中國近代社會發展的新陳代謝，對於中國近現代思想史、文化史、社會史等領域的研究具有重要的史料參考價值。

二是爲文化傳播研究提供的歷史參照。五四運動爆發後，報紙副刊成爲新文化運動傳播發展的一個重要媒介。圖書是思想與知識的主要載體，而圖書副刊則成爲這一時期社會思想聚彙的重要窗口。通過對近代報紙圖書副刊的梳理我們發現，相關副刊自身都具有極其鮮明的辦刊風格和形制，生動鮮活地展現了當時文化傳播的方式方法。我们通過對相關文獻的整理發掘，一方面爲圖書副刊的沿革提供一份樣本綫索，另一方面希冀能對當今的新聞傳播業的發展起到一定的啓迪作用。

本次影印九種報紙副刊，逐期析出篇名及作者信息。在本書的整理與寫作過程中，諸位同仁提供了寶貴的意見和建議。在即將出版之際，特別向所有爲本書付出辛勞的單位和個人表示誠摯的感謝！由於編者水平有限，書中難免存有不盡完善之處，懇請各位讀者批評指正。

編者

二〇二一年七月

近代報紙圖書副刊研究

《大公報（天津）·圖書副刊》《大公報（天津）·圖書周刊》研究

《大公報》創刊於清光緒二十八年（一九〇二）六月，爲英斂之在天津創辦。該報創建之初，即領風氣之先，主張『開風氣，牖民智，挹彼歐西學術，啓我同胞聰明』，政治上鼓吹變法，贊同君主立憲，并以『反袁』著稱。民國初年，該報被有安福系背景的王郅隆接管，爲段祺瑞政府張目造勢。直皖戰争後，段祺瑞下野，安福系解散，《大公報》也隨之停刊。一九二六年，吴鼎昌、張季鸞等人以新記公司的名義接辦《大公報》，故而這一時期的報紙又被稱作是『新記《大公報》』。新記《大公報》延續前報期號，以爲傳承。在復刊號上，張季鸞發表《本社同人之志趣》一文，提出了著名的『不黨、不賣、不私、不盲』之主張，堅持文人論政的方針，該報也由此進入了輝煌時期，成爲當時中國報業的楷模。

除天津版外，新記《大公報》還在全國開拓經營範圍。一九三六年四月，《大公報》開闢上海版。盧溝橋事變爆發後，天津版於八月五日停刊，同年九月十八日遷往湖北漢口復刊。一年後，又遷往重慶出版，期號續前，後又經歷休刊復刊之反復。抗戰勝利後，《大公報》遷回天津復刊。期間，上海版也陸續遷往香港、桂林等地，實爲當時具有全國影響力的重要報刊。

新記接手《大公報》後，在報刊副刊建設方面不斷進行探索。一九二六年九月，創立《藝林》副刊，刊載長篇小説、詩詞、戲劇等文藝作品，後又陸續創辦《銅鑼》《小公園》等綜合性副刊。此外，還創辦了《白雪》《戲劇》《統計周報》《文藝副刊》等一大批專門性副刊，本書所收録的《圖書副刊》便名列其中。《圖書副刊》無論是在規模、發行時長以及内容水準等方面，均超越同一時期的其他圖書類副刊。《大公報》的副刊不僅有消閑趣味類的内容，也包含有大量學術内容，大衆性與知識性兼具。

隨着民族危機的不斷加深，《大公報》副刊也增加了時政内容，爲抗戰時期大後方民衆提供了强大的思想武器。

《圖書副刊》創辦於一九三三年九月二十八日。盧溝橋事變爆發後，因編輯部撤離北平而停刊。該刊共發行一百九十一期，主編爲圖書館學家袁同禮。版式上爲一整版，大多爲報紙的第三張第十一版，偶有第三張第八、九、十二、十三版和第四張第十三、十五版。在出版頻次上，第一期至第八期爲雙周刊，自第九期始，爲一周一刊。編輯部設在北平文津街的國立北平圖書館（今國家圖書館）。《圖書副刊》另有英文名曰 *Book Man*，與一八九一年在英國倫敦創刊的、同樣以介紹上市新書爲主的雜志同名。

作爲世界上最早發明紙張和印刷術的國度，中國擁有著璀璨的出版文化。然而，中國在晚清時期却遭遇數千年未有之變局，受到歐風美雨的猛烈衝擊，由自以爲是的『天朝上國』淪爲落後的半殖民地半封建國家，政治、經濟、文化都處於弱勢地位。袁同禮認爲，『一國圖書出版的盛衰，也就是一個民族生活力强弱的表現』，希望對中外新舊書籍進行介紹和批評，向公衆普及書籍選擇的標準和常識，『找出我們這一個民族再生的源泉，優良的種子，把他們培植起來』。除了介紹圖書以外，副刊還致力於傳遞學術信息，向平民公衆傳播學術消息。

《圖書副刊》内容豐富，開闢有多個專欄，筆者在對所刊文章通盤進行梳理的基礎上，將其按内容分類擇要介紹如下：

在圖書出版信息方面，《圖書副刊》開闢有『出版消息』『出版界消息』『出版界雜訊』『出版消息』以及『國外出版消息』等多個專欄，旨在向公衆介紹某種書籍、某類叢書的出版信息，如第二十四期《〈處州叢書〉籌備刊印》、第三十三期《影印〈東山談苑〉》、第一百八十期《〈鄞縣通志〉出版》等；抑或是介紹某一書局或單位的出版情況，如第三十三期《仿古印書局已刊及待刊書籍》、第三十九期《河南省立博物館出版消息》等。在出版信息的介紹上，以古籍類圖書爲主，但也有專門介紹國外出版信息的綜述性内容，如第二十六期《一九三三年度之美國出版界》、第一百一十七期《一九三五年英國出版統計》等。

在新書介紹方面，副刊開闢有『新書介紹』『新刊介紹』『新書簡訊』『新刊簡訊』等專欄，介紹當時新近出版的圖書，供讀者參考之用。所介紹新書範圍極廣，涉及歷史學、法學、民族學、政治學等各學科，且既介紹中國出版社所出的新書新刊，也對當時出版的外文新書信息進行搜集。所涉及的外國出版機構如英國的美第奇學會（The Medici Society）、牛津大學出版社（The Clarendon Press）、麥克米倫出版公司（Macmillan Co.）、格拉夫頓出版公司（Grafton Co.）、斯托頓出版社（The Stourton

Press）、企鵝出版集團（G.P.Putnam's Sons）、梅休因出版社（Methuen Co.），法國的法語出版社（Langue Francaise），美國麥格勞·希爾公司（McGraw–Hill Book Co.）、哥倫比亞大學出版社（Columbia University Press）、化學目録公司（The Chemical Catalog Co.）、芝加哥大學出版社（The University of Chicago Press）、美國學術團體協會（American Council of Learned Societies）、哈佛大學出版社（Harvard University Press），日本的文求堂、東方文化學院東京研究所、帝國大學文學部、水産會等，越南的河内法蘭西東方學院，朝鮮的京城本町大阪屋號書店等。

除了圖書介紹之外，開展圖書評論也是《圖書副刊》的重要内容。副刊開闢有『書評』『書林清話』『説林』『介紹與批評』等多個圖書評論專欄，其中『書評』專欄在當時的學術界和出版界具有十分重要的影響力，不少學界名流投書其上，内容題材十分廣泛，既有爲新書所作的序言，如胡適在第四十九期、第五十期發表的爲陳垣《元典章校補釋》一書所作的例序，在第一百四十期發表的《〈敦煌石室寫經題記與敦煌雜録〉序》，趙萬里爲《孫子算經》《數術記遺》《頤庵居士集》等發表的多篇《芸盦群書題記》等。也有對新書的評論，甚至是批評，如史學家羅爾綱在第五十九期、第一百一十二期分别發表了對《太平天國詩文鈔》《太平天國詔諭》兩本歷史著作的評論，又如經濟學家千家駒發表的《年來國内出版之經濟學重要書籍述評》等。

另外，《圖書副刊》尤爲注重學術信息的傳播。與一般文藝副刊不同的是，《圖書副刊》在對圖書題材的揀選上，更偏向學術層面。在學術信息的介紹上，不止於對學術出版物的評析，也有對於與學術相關活動内容的介紹，如第四期『北平圖書館近購德格版藏文大藏經』、第十四期『北平圖書館舉行戲曲音樂展覽會』『萬國地理學聯合會大會特於今年開會於波蘭』、第八十六期『中國科學社等六學術團體將在廣西開年會』等。

（二）《圖書周刊》研究

《圖書周刊》創辦於一九四七年一月四日，共發行七十八期，前身即爲《圖書副刊》，但期號另起。從版式上看，整版、半版不一，主要爲報紙的第一張第四版或第二張第六版，偶有第一張第二版或第二張第七版，較《圖書副刊》而言，版面有所減少。在出版頻次上，延續了《圖書副刊》每周一刊的出版頻次。編輯部仍舊設於國立北平圖書館，題名由袁同禮題寫。

抗戰時期，淪陷區圖書事業遭遇毀滅性打擊，各地圖書館遭到了不同程度地毀壞。盧溝橋事變爆發後，日軍轟炸南開大學，炸毀了南開大學圖書館，并派軍人對圖書館中所剩的書籍進行劫掠，對圖書館進行縱火焚燒。北平地區的清華大學、北平師範大學、故宫博物院太廟圖書館等機構損失圖書達十五萬餘册之多。僅一九三八年一年，華北地區至少有一千一百五十二座圖書館被焚毀，華東、華南地區的圖書館如江蘇省立國學圖書館、浙江省立圖書館、廣州市立圖書館也難逃劫難，珍貴圖書典籍被焚毀者不計其數。出版業規模也因爲原料缺乏、運輸困難等因素而大幅萎縮。因此在復刊辭中，袁同禮復述了《圖書副刊》的創刊詞，并認爲此時所面臨的圖書事業處境和辦刊之時的境遇亦是相符。袁同禮認爲，《圖書周刊》有三個方面的使命：其一，評論介紹抗戰全面爆發以來的中外新版圖書，這也是《周刊》的首要使命；第二，報導學術界和出版界的消息；第三，刊載目録學、版本學、校勘學及其歷史研究方法。

在内容及欄目的設置上，首先是基本承續了《圖書副刊》的已有設計，保留了如『出版社消息』『出版社雜訊』『學術界消息』『新書評介』『新刊評介』『書評』等傳統欄目，刊登了胡適、吴晗、沈從文、季羡林、胡秋原、趙元任、鄭振鐸、潘光旦等文化名流和知名學者所作的書評和論文，向社會大衆推薦了郭沫若的《十批判書》、加繆的《外人》[一]、馮友蘭的《新知言》、張蔭麟的《中國史綱》等論著、小説圖書，爲民衆提供了寶貴的精神食糧。

其次是繼續保持了對圖書館事業的關注。《圖書副刊》就累計登載有三十餘篇對圖書館事業及相關内容的介紹，如第七十二期的《清代圖書館發展史》、第一百一十一期的《〈國立北平圖書館卡片目録〉零售辦法》、第一百六十期的《圖書館圖書購求法》等。到了《圖書周刊》時期，袁同禮强調『以「精神食糧倉庫」自命的公私立圖書館，尤應早日得到政府和社會的協力，設法充實起來，健全起來，而善盡其職責』。因此《圖書周刊》不遺餘力地向公衆普及圖書館知識，例如第十三期的《國立北平圖書館特藏組概況》、第二十六期的《南非圖書館近訊》、第二十七期的《德國圖書館損失之實況及其現狀》、第六十五期的《美國的電影圖書館》、第七十一期的《蘇聯的圖書館事業》等。

最後是進一步擴大了對海外圖書信息的介紹，新辟了『海外書訊』欄目，介紹了來自英國、蘇聯、美國、法國等地的新書，

[一] 現通常譯爲《局外人》。

并對其做了簡要介紹，内容篇幅進一步擴大。其中，對蘇聯及其出版圖書的介紹，占了相當的比重，如刊登於第四期及第三十四期的《蘇聯文藝出版界新動態》、第五期的《蘇聯東方學者的新著》、第二十九期的《蘇聯學者評傳彙刊》、第四十三期的《蘇聯研究書目》、第四十七期的《蘇聯文藝選集》、第五十二期的《蘇聯要覽》、第五十六期及第六十六期的《蘇聯書訊一束》等等，這與《圖書副刊》中僅有兩則與蘇聯相關的報導相比形成了鮮明參照。

綜上所述，《圖書副刊》與《圖書周刊》依托於天津《大公報》這一輿論平臺，向公衆宣傳圖書知識，傳播學術信息，并秉持著開放包容的心態，積極引入當時國外的相關出版與學術動態，這一點殊爲難得。此二者無論是在出版時間的維度、内容信息的體量還是其文化影響力上，都是同一時期圖書副刊類中首屈一指的存在。對於今天相關領域的學術史研究以及人物研究而言，《圖書副刊》與《圖書周刊》實屬有待進一步開發的資料富礦，對於新聞出版從業者、圖書館從業者而言，同樣具有非常切實的參考與啓迪功用。

《大公報（天津）·圖書副刊》目録

上册

第一〇三期（1935.10.31）……二五四

論《近代秘密社會史料》的本子（羅爾綱）

遼東志九卷附圖一卷（主）

全遼志六卷（主）

國立北平研究院青島市政府合組膠州灣海產動物采集團第一期采集報告（理初）

再續補彙刻書目十六卷　三續補彙刻書目十五卷（主）

玉雅（雁）

第一〇四期（1935.11.07）……二五六

評伍譯《上古世界史》（敬言）

文獻特刊（甦）

中國植物學文獻評論（凡）

萊辛（G. E. Lessing）名劇《聖人納丹》（*Nathan der Weise*）中譯本題記（張露薇）

國立北平圖書館發行卡片目録

第一〇五期（1935.11.14）……二五八

墨經易解（武漢大學叢書）（與忘）

《續殷文存》序（孫海波）

春秋總論初稿（夏樸山）

四川省雷馬峨屏調查記（《中國西部科學院特刊》第一號）（亦文）

第一〇六期（1935.11.21）……二六〇

化石人類學（祜）

民族學研究（宥）

新疆紀游附蘇聯游記（仲）

《東洋》雜志臺灣特輯號（辛）

地圖閑話（以中）

太平天國起義記小考（羅爾綱）

巴黎敦煌殘卷叙録（十四）（王重民）

《太平天國雜記》第一輯（于）

第一〇七期（1935.11.27）……二六二

記劉繼莊——介紹王勤堉纂《劉繼莊先生年譜》初稿（覺明）

胡哲敷《史學概論》（齊思和）

巴黎敦煌殘卷叙録（十五）（王重民）

柯鳳蓀先生遺著三種（牟潤孫）

來函照登（趙錫麟）

第一〇八期（1935.12.5）……二六四

瀛涯瑣志——介紹新加坡的賴佛爾博物館及圖書館（*Raffles Museum & Library*）（蠏蝓生）

中國歷代社會研究（祜）

宋之外交（仲）

子弟書鴛鴦扣唱本（李家瑞）
最近日人研究中國學術之一斑（未）
《暨南學報》創刊（齡）
科崙比亞百科全書（*The Columbia Encyclopedia*）
（本）

第一三三期（1936.6.4）……三一四
五代的刻書與藏書（戴振輝）
巴黎敦煌殘卷叙録（二十一）（王重民）
四庫全書提要叙（蒹葭）
爨文叢刻甲編（中央研究院歷史語言研究所專刊之十一）（向仲）
中國郵政上卷（錢德昇）

第一三四期（1936.6.11）……三一六
中國古代旅行之研究（以中）
中國回教史研究（白壽彝）
巴黎敦煌殘卷叙録（二十二）（王重民）
中德文學研究（清源）
叢書子目書名索引
現代中國作家筆名録（竹筠）
西北攬勝（仲）

第一三五期（1936.6.18）……三一八
三皇考（孫子高）
中國及中國人（萬昇）
元和姓纂十卷（牟潤孫）
脊椎動物發生學（理初）
張介侯先生年譜（芬）
中國歷史上之主要經濟區域（風）

第一三六期（1936.6.25）……三二〇
《中國近代史》商榷（張延舉）
校讎新義之命名（武）
巴黎敦煌殘卷叙録（二十三）（王重民）
察哈爾省通志（于）
朝鮮金石考（藤田亮策著，祜譯）
《文季月刊》創刊（未）
唐代社會概略（于鶴年）

第一三七期（1936.7.2）……三二二
宋刊《大唐六典》及《通典》（上）（玉井是博）
段王學五種（齡）
《太平天國叢書》第一集（向仲）
顧鼎梅　金石叢書（吴兆璜）
開明書店刊印《清名家詞》

陶齋古玉圖（齡）

北平各圖書館所藏中國算學書聯合目録（川）

南雷學案（山）

福建建設報告述概（薩士武）

顧柔謙山居賛論拾零（夏定域）

第一五〇期（1936.10.1）……………………三四八

讀《爨文叢刻》——兼論玀文之起源（聞宥）

泉州之雙塔（*The Twin Pagodas of Zayton*）（芬）

苗族調查報告（山）

中華民族之改造（李絜非）

《文化論衡》創刊（蔚）

古詩十九首集釋（芬）

金石書録目（齡）

第一五一期（1936.10.8）……………………三五〇

讀《爨文叢刻》（續）——兼論玀文之起源（聞宥）

爲《瀛涯勝覽校注》答伯希和教授（馮承鈞）

後山詩注補箋（齡）

老子説（齡）

中國參考書目解題（元）

第一五二期（1936.10.15）……………………三五二

空想的水利學——讀董毓琦《治河管見》（以中）

《彙纂元譜南曲九宫正始》跋（陸衎廬）

四庫提要辨證（余嘉錫）

醫籍考（齡）

英國産業革命史論（和德）

内閣大庫書目舊檔　内閣大庫書目舊檔補（仲）

第一五三期（1936.10.22）……………………三五四

記許纘曾輯刻《太上感應篇圖説》（陳垣）

評《墨辯新注》（楊寬）

唐寫文選集注殘本（張秀民）

丁氏韵學六種（落）

王光祈旅德存稿（齡）

文心雕龍注（齡）

第一五四期（1936.10.29）……………………三五六

《大唐西域記》之譯與撰（賀昌群）

《西厢記》的英譯（*The Western Chamber*）（藏雲）

戰國式銅器之研究（藏雲）

近三十年中國思想史（仲）

故宫博物院年刊（仲）

Journal of the West China Border Research Society（華西邊疆研究學會雜志）（川）

下册

大公報（天津）·圖書副刊

第一期—第一九一期

圖書副刊

BOOK MAN

創刊號

一　本刊登載關於中外圖書之介紹批評以及學術界消息
二　爲公開性質歡迎投稿
三　刊登本刊之文略致薄酬
投稿通訊可寄「北平文津街國立北平圖書館內圖書副刊編輯收」

卷頭語

我們願意在本刊的開始，把渺小的懷抱，表白一下：

中國是印刷術最先發明的一個國家：西元後第二世紀初，便已知道用樹膚麻頭敝布魚網造紙。第八世紀左右便已知道雕版印書。第十一世紀左右，便已知道利用活字。到了十七世紀初年，又已有了世界上最古而又最精美的五彩套印版書。然而近二十幾年來書籍出版的情形是怎麼樣呢？據楊家駱氏近出圖書年鑑上的一個簡略統計：

總類	[illegible]種	[illegible]冊	哲學	[illegible]種	[illegible]冊
宗教	[illegible]種	[illegible]冊	社會科學	[illegible]種	[illegible]冊
語文學	[illegible]種	[illegible]冊	自然科學	[illegible]種	[illegible]冊
應用技術	[illegible]種	[illegible]冊	藝術	[illegible]種	[illegible]冊
文學	[illegible]種	[illegible]冊	史地	[illegible]種	[illegible]冊

總計二四八〇〇種　五[illegible]〇〇〇冊

這眞是一個可憐的數目！到今日印刷術最先發明的祖國，反成了出版業最落伍的國家了。這也是農業國家敵不住近代式工業文明的一個例證。然而一個國家的命運和一個古老民族的再生，絕對不是任其灰心失望，聽天安命，而可以苟延殘喘的；民族和國家的再生，是要從灰心與失望中找出希望，是要把聽天命換成爲盡人事。一國圖書出版的盛衰，也就是一個民族生活力強弱的表現。我們打算從這一方面去找出我們這一個民族再生的源泉，優良的種子，把牠們培植起來。

所以我們想用一大部分的力量來作中外新舊書籍的介紹與批評，給予一般人以一種書籍選擇的標準和常識。並注意於有系統的介紹與批評，以使讀者能觸類旁通。

此外便盡力來傳達學術界的消息，使社會上一般人士也能知道中國和他國學術界的輪廓，以及大概進步到甚麼程度。爲實現此種理想起見，除每期刊登學術消息以外，並擬仿照外國的學術年報辦法，每年結一次大概的總賬，提要鈎玄，綜合報告這一年國內學術界進步的梗概。

還有，近年來社會人士對於圖書本身的學問，即所謂版本目錄以及校讐的學問，似乎太隔膜了。即如最近關於四庫影印的一場公案，各方的議論自然各有千秋，但是其中也有非常可怪之論。其實爲那些非常可怪之論的「多士」，無非是對於圖書本身的學問，少欠素養，如其具備些許常識，便可不至如此。至於版本目錄校讐之學，無非是歷史方法的一部分，也就是科學方法中的一小支，只以求眞爲目的，並無眩奇立異之心！

這眞是渺小的懷抱！但是就這一點點的懷抱，我們也還不敢自信能夠做到，所希望的是能得着讀者的同情和幫助，以激起我們的奮勉與努力！

新書介紹

●渤海國志長編　金毓黻著　民國二十二年七月

渤海大氏建國在初唐之世，版圖及於今吉林一帶，歷世凡二百餘年，與中國高麗日本皆通往來。其一代之事可以上考漢魏，下接金源滿洲。近三十年來，遼金以及滿初史事之研究，日有長足之進步，於是渤海國之研究亦漸引起學者之注意。我國李眞唐晏之渤海國志四卷，可謂開創之作，惟於高麗日本方面之史料闕漏甚多。最近遼陽金毓黻亦留意於此，網羅文獻，實地考察，積五六年始成渤海國志長編二十卷，以視唐氏書約增十倍；因判印數種，先就架翻一部，略述本書體例內容。其材料之增益，以前各學者對於渤海史事之紕繆俱一一爲之揭正，此外並訂正向來渤海國世次十四之說，而依據唐會要於十三代玄錫末代諲譔之間另增入大瑋瑎一代，於是玄錫諲譔間皆疑其相距過遠者至是俱得其當。此書誠爲近代渤海國史研究上之偉業，留心此學者不能不盼其早日殺青焉。

×　×　×　×

●翁覃溪手札　日本藤塚鄰教授影印本　民國二十二年出版（昭和八年）非賣品

覃溪手札一卷，日本藤塚鄰教授所藏。教授專治朝鮮人之華化有年，所藏朝鮮歷代典籍數萬卷，且熟于東國歷朝掌故，實吾人之良友也。是冊即教授所印行，乃覃溪致海東名士金秋史氏之書，洋洋數千言，於漢宋兩派之學頗多批判，深中兩派末流之弊。清學之遠播東國，覃溪秋史二公與有力焉。覃溪曰：「惟義理之事，不可空作議論。然今日經學大備，六經如日中天之際，斷不可只管綿性理講學之虛辭，況此皆前人所已講明者，不須今再講也。惟經傳中有一說二說相歧出者，必當判析之，所以學問之事，惟有時刻敬恭考訂，曰多聞，曰闕疑，曰慎言，三者盡之矣。」此論頗能表見當時漢學家之特色。時秋史方成進士，覃溪作是書時，已八十四矣。秋史名正喜，朝鮮慶州人，正祖丙午年生，（清高宗乾隆五十一年，西一七八六）已卯（一八一九）文科，登奎章閣待教，歷官參判，卒于哲宗丁巳，（清文宗咸豐七年，西一八五七）。學問淵博，工書畫，尤精金石之學。所著金石過眼錄最有名，又有阮堂集，覃齋詩稿及阮堂尺牘行世。所輯東古文存，會刻入天壤閣叢書。其與吾國學人來往最密者爲劉燕庭氏，藤塚教授且藏有劉氏遺墨十數通。朝鮮學人賡宋以後輩出，其瞭心吾族文化者，在唐有崔致遠氏，所著桂苑筆耕集，見稱士林。其後若金富軾之三國史記，鄭麟趾之高麗史，最爲鉅觀。他如李仁老之破閑集，李齊賢之益齋亂稿，櫟翁稗說，皆爲治高麗史者所必讀之書。李氏朝以後，習于華化者若柳成龍之懲毖錄，四佳集，皆有韓史事，更後有李肯翊之燃藜室記述，最爲有名，肯翊字長卿，稍前于金正喜，而朝鮮漢學之盛亦以是時爲最。長輯秋史之外，尚有洪良浩李希齡丁若鏞諸人。良浩字漢師，所著與王集乘，海東名將傳，耳溪集，於朝鮮開國史蹟最詳悉。李希齡字錫而，所纂藥坡漫錄九十四卷，於東國野史，採擇最傳，治朝鮮史者所不可缺之書也。丁若鏞字美庸，在東國學人中著述最富，所著有與猶堂集，凡十餘種，其人於經傳訓詁及宋明理學，皆能究心。所著大韓疆域考及朝鮮水經注，爲治東國史地者之要典。以上諸家著述，藤塚教授皆有鈔本或刻本收藏。因讀覃溪手札，兩附及之，以告我邦之治朝鮮史者，備採擇焉。（會松）

×　×　×　×

●中國分省新圖　丁文江　翁文灝　曾世英編纂　民國二十二年八月十六日上海申報館出版　全一冊　二元五角

近來國內坊間流行之地圖，雖層見疊出，而按之實際，大抵陳陳相因，絕少改進。其有能改正少數地位上之錯誤，及略增新地名者，即自詡爲精確無比，而向讀者誇耀，鮮能百出者，亦未可以一二數。甚至此等「五十步」與「百步」之製作，猶引起雙取與否之爭端。吾國人不知向上努力，「自求多福」，而只知因陋就簡，爭相淺近之利，即此亦其一例矣。

今者申報館於六十週年紀念之際，有此中國分省新圖之印行，是不僅爲國內普通地圖中空前之創著。且自此圖一出，而一般通俗便巧之地圖，殆如螢火之於日月矣。茲將此圖所以特別優良之要點，略述於下，俾參考地圖者知所留意焉。

（一）此圖最重要之優點，厥惟以色彩表明地形之高低。是在消極方面可以打破中國傳統之山脈觀念（此圖中「山脈」二字不輕易濫用。欲知此事之詳可參看翁文灝著中國山脈考見科學雜誌第九卷第十期及翁著錐指集）在積極方面，可以喚起研究自然區域及人地關係者作基本之參證。誠如翁氏自序所謂「手此一編，則知四川之盆地，蒙古之高原，冀豫之平野，齊魯之邱陵，固莫不瞭然紙上，不解自明。而何地人口之所以滋生，何區開發之所以不易，亦皆人人可喻，初無待於煩言與說而後明也」。

（二）坊間流行之地圖，雖皆有經緯線，而實際上皆錯誤不甚可靠；其所依據均多由清初耶穌會之地圖，及胡林翼一統輿圖因襲而來。今此圖由申報館另印較詳之中國新地圖（尚未出版）縮製而成，而該圖則「搜集全國已測定之經緯度，兼集中外往轉，旅行探險家，測定之點多至一千餘處」。（據中國新地圖出版預告）。是則此圖之佳，實必可靠也。

（三）坊今坊間流行之地圖雖間有比例尺，但實際上常有數入耳目等於虛設者。此圖則實事求是，精密測定比例製繪。且各省區及城市圖，均依同一比例尺度，（省區圖多係三百萬分之一，城市圖多用十萬分之一），俾讀者由以可以比較面積之大小，而圖角所繪比例尺，公里數等皆甚準確，尤便讀者。

（四）申報館新地圖之作，係參考中國各省測量局，陸地測量局，水利局與鐵路局等實測地形圖七八千幅，以及外人實地測製之地圖一千五百餘幅，又加以慎重考定而製成者」，對於地形地位及距離等項雖尚未可謂完全正確，惟無錯誤，但其總勝前人之作所可比擬。由是以推此縮本之分省新圖，則其價值亦可不待言而明矣。

（五）此圖所列交通網，氣候等分類圖爲地理上必需之參考品，而一般中國地圖，多付闕如。以前[illegible]

芸盦群書題記

趙萬里

海寧趙萬里先生，熟精簿錄校讐之學。年來歷游南北，遍覽公私藏家藏書，所發見古佚書古版刻不知凡幾，所艸經眼書錄，總數當在一萬則以上。茲應本刊編者之請，出其緒餘，撰爲題記，按期分登，以貽同好。世之君子，幸觀覽焉。　編者識

蔡中郎文集十卷外傳一卷　明萬曆刻本

漢左中郎將蔡邕伯喈傳

黃丕烈手跋

余所藏蔡中郎集六卷本，係述古藏書者，既而余友顧千里集盧抱經所言蔡集，以天聖年間歐靜所輯本爲最古，第一卷首標是備太尉碑，今本移易其篇什，又抹銷中郎國夫序，大失其意云：謂六卷本實誤本之祖，又本自在天聖間，何不留心搜訪之？今乙丑正月十有九日，晨興遺，道經胥門，寄書金閶書坊，坊中小主人胡立臺頗習目錄之學，持明刻蔡中郎集求余，余始詢以爲六卷本，無足重，立臺云，此十卷本也，既陳兩家皆以十卷爲善，見行本皆六卷矣，余閱卷見有故太尉喬公廟碑，知與盧說合，且有楊學靜來宦堂圖記，知爲葉石君舊藏，何幸而得此，以酬千里留心搜訪之盛耶，覆檢鍾山札記，果與之悉合，益歎蒐羅，以證此本之善。至是則爲明神廟時徐子器刻，特未知抱經所見又何本耳，嘉慶乙丑春二十日是爲雨水節，黃蕘翁識。

余初得此刻，即借香嚴書屋所藏舊抄本校勘，鈔本亦出獨學簡與此刻同，是葉石君所藏，然鈔刻分卷同而文理殊不同，取校此刻，大有增損，即有鈔本似誤者，今悉仍之，蓋信珠舉是也，　蕘翁，借鈔本校未畢，適錢唐何夢華行篋中，攜得華氏活字本，余校知鈔本爲最佳，活字本近之，且鈔本皆行草，專體有未甚明皙者，可以活字本參之，實之不可不參本相勘，如是如是，蕘翁又識，七月二十有九日覆校，同日覆校，七月二十有九日秋分前二日蕘翁覆勘畢。　校蔡集訖，共中鈔本活字本之異同，可謂無遺憾矣，然宋刻終不敢定其是非，即以文理論之，此刻亦可通，而鈔與活本皆不如是，是又未敢定此爲是也，卷中殊墨筆之圖抹，皆就兩本校之，非圖書必是抹者必非也，讀者辨之。

顧廣圻手跋

蔡中郎集予向未究心，蕘翁得述古堂所藏六卷本見示，一望決其不佳，後遂別得此本，又再三覆勘，予亦影鈔蘭雪堂本一部，相從借閱，偶有所見記之於上方，指疵然審並不誤，而徐子器刻時妄改者也，夫六卷本無足論，即十卷本其佳惡不同，如此書以獨古爲備善，可不待智者而後知矣，乃世間有一等人必謂書無所謂本子，噫，將自欺耶，將欺人耶，致書此以貽蕘翁，丙寅十二月澗蘋居士。　抱經自言其所見爲天聖宋刻，在鍾山札記別鳳淮雨一條中，今此本妄改雙二字，鈔本活字本皆誤作鶴淮二字，皆非其所見決然矣，但未審果宋刻否耳，黃君前因予曾訪得十卷各本，安知不更以予曾訪得宋刻耶，遂更書此以貽之，嘉慶丁卯正月七日燈下，時惟蕘翁更字復翁之明年也，澗蘋。　按當以鈔本爲最佳，活字板次之，此徐子器本所改其淺近者或有是處，精細則每不知而作矣，不致彌補略加評論，雖未得詳備，然準例求之，無幾也，宋槧若出，必是爲我實之非謬，丁卯正月九日燈下澗蘋又書。

天啟紀號龍集癸亥余月既生明後八日海陵丙寅平陽郡獨翰之序

萬曆元年仲春望日明朝列大夫金鑑江南廣州府王乾章序

萬曆二年三月既望賜進士第知陳留縣事東陽成都徐子器跋

半葉九行，行二十一字，白口，四周雙邊。此本黃蕘翁藏書，今徐子器從王乾章得本重刊，與錫山活字印本幅次相同，惟其他六卷本二卷本爲近古矣。葉石君藏書，後歸士禮居。蕘翁假同邑周香嚴藏楪學齋舊抄十行行二十字本以朱筆手勘，復假錢塘何夢華藏明錫山活字印七行行十三字本以墨筆重校，其後顧澗蘋假讀，又多舉正，益足爲此書重矣。開卷陳序前有朱筆丙寅十二月顧千里借校一行，是月澗蘋又爲復翁跋新收[illegible]先校本文選，蓋其時俱在吳下也。士禮居書散，流歸楊氏海源閣。閣主人楊益之跡嗜斯集，苦傳世無善本，因據此本仿宋槧韓文致異例，凡二家所校勝不顯錄。刊版印行，時在咸豐二年，上距顧黃校書時，已四十八年矣。今以此本與刊本校讀之，知刊本所錄校語，略於活字本，而詳於抄本。蓋復翁之校此書也，凡活字與抄本同者，於抄本字旁加圈以別於徐刻，反之凡與徐刻同者則加圈於徐刻以別於抄本，此例絲毫不自亂。惜楊氏不明復翁校書之旨，有此大誤，亦可謂千慮之一失矣。有棣學齋　歸來艸堂　百宋一廛　蕘翁　蕘圃手校　丕烈　以增之印　益之手校　楊印紹和　東郡楊紹和印　彥合讀書　協卿讀過　秘閣校理　宋存書室　東郡宋存書室珍藏　聊攝楊氏宋存書室珍藏　世德雀環子孫潔白　保彝私印諸印。

[illegible]

中國田制史 ×

[illegible]

西文東方學報論文舉要

(An Introduction to Oriental Journals in Western Languages, compiled by M. s. Bates)貝德士編 民國二十二年金陵大學中國文化研究所印行 定價八角

[illegible]（一）Acta Orientalia，（二）Artibus Asiae，（三）Asia Major，（四）BEFEO，（五）BSOS，（六）China Journal（七）China Review，（八）Chinese Recorder，（九）EasternArt（十）J. A.（十一）JNCBRAS，（十二）JRAS，（十三）[illegible]（十四）MSOS [illegible]

[illegible] Chinese Repository及Mns. For East. Ant B[illegible] [illegible]

[illegible] Arlington之[illegible] W. M. Porterfield之「中國之[illegible]」[illegible]

[illegible] (Orkhon) [illegible] kara-Balgassoun [illegible] article [illegible] Havret [illegible] Pali [illegible] Turfan [illegible] (Tibet) [illegible] Ughuz-khan [illegible]

圖書副刊

BOOKMAN
第二期 一二三
本刊專載關於中外圖書之介紹批評以及學術界消息，爲公開性質歡迎投稿，刊登本刊之文略致薄酬，投稿請寄「北平文津街國立北平圖書館內圖書副刊編輯收」

新書介紹

西倫氏中國古代繪畫史(Osvald sirén: History of the Ancient chinese Paintings, The medici Society, London, 1933.)

我常奇怪，古來論畫之書，歷宋元明清代有名著，假如我們一檢津逮秘書或王氏畫苑所收，以與現在坊間出版的二三種抄襲日本人的中國繪畫史之類的書相較，不禁使我愈感到我們完全把前人的業蹟出賣與外國人包辦了！而此事不過其一端耳。

據我所知，外國人研究中國畫史的，如英之 L. Binyon, H. A. Giles, A. Waley, 德之 O. Fischer, O. Kummel，美之B. Laufer, J. C. Ferguson，法之沙畹伯希和等，其不成有專著，共所表現之成績，吾人一方佩其財力之雄厚，一方則尤佩其用力之勤。

本書著者西倫，瑞典人，前後來我國及日本凡三次，另有中國古代藝術史 (A. History of Early Chinese Arts, 1929, 4 vols.)，皆專鉅製，傳播甚廣。

是書本文印於英國，圖版印於瑞典，共二冊。第一冊自漢至五代末，第二冊自北宋至元。全書於每個時代的起伏都作一敍論。但著作之意，似乎側重於作品的鑑別和時代次序的排比，換言之，即以各時代作品本身當語言，以補充本文所不足的地方，迥非通常畫史之徒托空言可比。其所集作品自漢而迄元，皆爲東西各國大圖書館，博物館以及私家珍藏爲世間所罕見者。第一冊圖版一百幀，第二冊圖版百二十五幀，合其本文略抒愚見。

中國畫之入於純藝術的階段，歷來論畫名著，如張彥遠歷代名畫記張丑清河書畫舫等，皆斷自魏，晉，六朝，以有文獻可徵，遺物可鑑，溯此而上，便茫渺難稽了。西氏此書則探源於漢，似嫌太早，但較之通常論中國畫史者動以伏羲畫卦爲繪畫史之第一頁，則只嫌太遲耳。其實嚴格能以眞憑實據相昭示，早遲皆可不成問題。西氏此書便是能以眞憑實據相昭示者。

漢代的畫，今存者僅武梁祠及孝堂山等處之石刻，但無論在畫稿或古物的發現上，全尋不到帝軸畫的遺跡。故西氏以爲在漢明帝 (A. D. 59-73) 以前無絹畫，在漢和帝 (A. D. 89-106) 以前無紙畫 (I, P. 5)。前者頗有商榷餘地，按漢書霍光傳：「上(武帝)乃使黃門畫周公負成王朝諸侯以賜光」，又趙充國傳：「上(成帝)思將帥之臣，追美充國，乃召黃門郎楊雄即充國圖畫而頌之」。即此一例，知其必爲絹畫而非壁畫，(漢書中言壁畫者甚多)。此類關於記載之史料，西氏殊未深考。

漢代繪畫今日發現者有三處：其一爲波士頓博物館所藏洛陽出土之漢代墓磚五件。磚上皆繪畫所繪男女人物，附施彩色，即本書所收，見第一冊圖版四，五，六，七。(按本書圖版，並無彩色，茲據 Atto Fischer 所著「中國漢代之繪畫」(Die Chinesische Malerei der Han-Dynastie, 1913, Berlin，緒圖一言之)。其二爲一九二五年東京帝大文學部發掘朝鮮平壤附近漢樂浪郡之五官掾王旰墓，墓中發現一漆盒，繪人物甚多，見原田淑人編「樂浪」1930，東京刀江書院，圖版一〇五。其三爲一九三一年濱田耕作在大連至旅順間地名營城子東之牧城驛發現之漢代古墓壁畫，其上畫人物，姿態，筆致與洛陽墓磚所繪殆全同，見去年東洋美術十四號(東京飛鳥社出版)，爲今日僅有之漢代繪畫史料，惜西氏均未收入本書，未免遺憾。

我們對於著者用力之勤，取擇作品之精，極致欽佩之意，惜著者似尚有文字之隔閡，(見本書自序)，故遺品之收集與史料之運用，稍嫌偏頗。著作之未能充分運用史料，可舉一例，如導言 (P. 3) 中引歷代名畫記卷二「論顧陸張吳用筆」條，誤以王子敬爲王羲之，不知子敬爲獻之字，而羲之則字逸少，亦見於歷代名畫記卷五，此事似非筆誤，因著者於下文屢提及之，且亦常稱引獻之。實爲讀者無法原諒之事。此外書中引譯史料之處，亦間有誤會，如譯清河書畫舫(萬字號)引袁昂書評(按西氏未標明出處，當即據此)，王羲之書「走邊還錦……」爲 "light as floating Clouds……" 其實連錦爲不斷之貌，正以形容王氏之「一筆書」，譯文之意，則爲「輕如行雲」，殊失原意。但此近於吹毛求疵，固不必厚責著者。

至於西氏以書畫合爲一談，雖謂中國書畫同爲筆的藝術，自來即相提並論，但嚴格言之，本書既以畫史題名，便不宜自亂體例，我以爲第一冊圖版一的王獻之法書及第二冊圖版七，八的黃庭堅書與蔡襄書，都可以刪去，然著者數遠涉重洋，不辭勞瘁，其對於學術之熱忱，直可以掩蓋本書中所有之瑕疵。(賀)

× × ×

最近世界各國形勢第一冊 (The New World, Problems in Political Geography, by Csaloh, Bowman, the edition, 1931 World Book Company, New York) 向達譯 民國二十二年八月南京鐘山書局出版 定價六角

最近世界各國形勢美國地學會(American Geographical Society)總幹事鮑曼博士著。一九一八年巴黎和會，博士隨威爾遜總統赴歐，任和會鑑定疆界委員會委員長，於歐戰後各國版圖分合增減，政治形勢之紛糾分岐，最爲了然。一九二一年書出，書以論述大戰後世界之地位，與各種條約之因果關係，以地理學之眼光爲中心，以自然地理學之形勢爲背景，又以經濟地理，語言地理，人種地理宗教地理之新事實爲佐證，今日世界據之爲政，實此書可以悅然。法國地理名宿白呂納 (Jean Brunhes) 對於此書亦極傾伏。民國十六年，會由張其昀胡煥庸諸君以前鄭陸鴻圖王學素黃靜淵吳文照劉建八君據一九二一年第一版合譯成漢名爲戰後新世界，由上海商務印書館出版。數年以來，世界形勢大變，原書自初版至三版，略有增益，至一九三一年，鮑曼博士因按照最近形勢，將全書重爲寫定，是爲本書之第四版。南京鐘山書局倩向達君就第四版用語體文重譯一過，改名爲最近各國形勢，現已出第一冊，內涵第一章戰後世界重大問題，第二章不列顛帝國諸問題二編，以下諸章俱將分冊刊行。新譯本尚流通可誦，欲明最近世界政治問題之梗概及其演變，此書要一極爲翔實可資之讀物也。(方)

× × ×

遼居雜著乙稿 羅振玉著 民國二十二年五月

遼居雜著乙稿，羅振玉著，內收：漢熹平石經集錄續補一卷，增訂高昌麴氏年表一卷，高昌專錄一卷，附錄一卷，唐折衝府補一卷，遼帝后哀冊文錄一卷，附錄一卷，雪堂所藏古器物圖說一卷，上虞羅氏枝分譜一卷，本國學術源流概略一卷，松翁未焚稿一卷，金州講習會論語講義，凡十種。其增訂高昌麴氏年表高昌專錄，乃據最近西北科學考查團黃文弼所得諸高昌墓磚，重爲增補，年表增入章和永平和平義和重光年號，及冊府元龜諸書紀及高昌之文，以視舊作及黃文弼氏所作高昌麴氏紀年較爲加密。唯以重光號之麴文泰，爲其始即位之年號，因於高昌麴氏有國仍主通鑑一百四十四年之說，此與黃君主張不同。又高昌麴氏九代：據今所知者嘉，光，堅，玄，寶，寶茂，伯雅，文雅，智盛而言，亦只八代，其中延昌一號不知何王，而依麴斌造寺碑，自嘉至寶茂凡有六代，尚缺其一，凡此二者羅氏補表未能決，俱尚有待於新材料之發見，以及好學者之努力焉。遼帝后哀冊文集收聖宗皇帝哀冊，仁德皇后哀冊，興宗仁懿皇后哀冊，欽愛皇后哀冊，聖宗仁德皇后哀冊，道宗宣懿皇后哀冊(存叢)，道宗仁聖大孝文皇帝哀冊，道宗宣懿皇后哀冊，冊二通，文宗並附考訂，視近出孟心史先生作加詳，遼國書誌本有四張，羅氏只收兩種，另有兩種可補其闕也。至於學術源流概略，以經史子集分部，各舉有清一代之重要著述，以明其概。羅氏此書言詩不及姚鼐恆方玉潤，言三禮不及劉逢祿左氏春秋考證及魏自珍魏源，言史不及崔述，章學誠，其正統派之思想，於此充分表露，遂自成其一家之言也。

× × ×

清初史料四種 謝國楨輯 民國二十二年七月 北平圖書館刊印

清初史料四種謝國楨輯。計收記錄瀋陽本馬文升著撫安東夷記一卷，上虞羅氏傳抄本吉上縣公(李瑞復)著東夷考略，寶日堂刊本張鼐著遼夷略一卷，銅仙逸史本海濱野史撰建州私志三卷。謝君專攻明清史，以前出有清開國史料考及晚明史籍考，茲又輯此四種，皆研究成化以至萬曆間遼東史事之要籍也。

按近年來對於四裔史之研究，似乎成爲學術界之風氣，如上舉羅氏之高昌麴氏年表高昌專錄，遼哀冊文，金氏之渤海國志長編，謝氏之清初補輯，皆足以表現此種風氣之一斑也。此外如北平圖書館出版之西夏文專號，中央研究院歷史語言研究所王靜如之西夏研究，對於西夏一代俱有甚大之貢獻。又近日北平坊間有一種圖書文庫，第一種爲鄭曉皇明四夷考(吾學編本)，第二種爲王宗載東行錄志(雜著拾本)，第三種爲顏歷時契丹國志(掃葉山房本)，亦爲研究四裔史之要籍，以知者尚少，因並爲錄於篇末。(明)

蕘圃羣書題記

趙萬里

中吳紀聞六卷　汲古閣刻本
宋　崑山龔明之希仲　紀
明　虞山毛　晉子九　訂

黃丕烈手跋

去冬有嘉禾友人於余同好，來訪余，即住齋中，齋友聞之，雖昏而至，適有人持明刻中吳紀聞校過者，云是陳白陽□人手校，友人遂買之。余向藏是書有二刻，一明刻，一毛刻，而何校者，陳留臨校，參其異同，友人尤略，留將半年，今始臨校，爲家藏多保巳校者，恐亂校本面目，必再得一本，方可下筆，是書頃向胥臺舊得來，爲西沚家散出之書，人去而物亦去，可傷也夫，辛未四月二十有四日，復翁　西沚即西莊，王鳴盛之號也，嘉定人，僑居閶門外聯家衖，乙亥記　明刻與陳校，茲校恐亂其眞，明刻與此異者，僅以朱筆校之，其陳校別以朱筆識之，惜陳校未知所本，復翁記　乙亥花朝，收得李明古宗謨舊，中有抄本中吳紀聞，亦有黃復翁跋語，不知與前所見陳校本，誰假誰眞，後抄本歸張訒庵，侯假勘之，四月十八紀　五月十有九日，借張本勘一過，與前所見陳校本不盡合，中有一二佳字用朱字記出，惟前本脫一葉，此本字跡補脫與原抄字跡異，疑前爲陳校原本，而此臨之也，復翁

半葉九行，行十八字，汲古閣刻本。黃復翁據陳白陽(道)校明刻本以墨筆校過，補正譌奪數百事，後復以張訒庵藏抄本再勘。二本同出一源，故文字大體相似。其毛本顯然譌誤者，如：卷一許洞章，「山神鎮長在，依前趕出遣老怪」，毛本神上奪山字。趕上奪依前二字。陳君子章，「煙籠共徜羊」，毛本共譌倘。六經閣記章，「其政不煩而成」，毛本政譌敷。唐郎官題名章，「未嘗作楷字」，毛本字譌書，丁晉公章，「公嘗贊文求見」，毛本贊譌贊。陸宣公章，「後改爲由拳」，毛本奪後字。蘇子美章，「授爲大理評事」，毛本奪爲字。「臺閣自生光」，毛本臺譌高，自譌目。「南遷浮夜航」，毛本浮譌得。「海酒病郎郎」，毛本病作圖。紅梅閣章，「春日郡宴」，毛本郡譌群，「與殿丞作此詞贈之」，毛本與譌其。謝賓客章，「至今仁義挾生民」，毛本挾譌洽。王贄運使減租章，「均兩浙羅稅」，毛本兩譌西。卷二丁氏賓惠錄章，「甚宜其家」，毛本其家誤倒。會大夫章，「主杭州仁和縣簿時」，毛本奪縣字。「養浩時清嘯」，毛本嘯譌肅。「星河耿耿寒烟浮」，毛本河譌游。「何處離情先喚起」，毛本先譌充。葉少卿章，「葉悉字少卿」，毛本卿譌列，下同。安定先生章，「授秘書省校書郎」，毛本授譌贈。蘇子美食酒章，「始臣起下邳」，毛本臣譌自；「有如此下酒物」，毛本奪物字。張伯玉郎中章，「素蘊甚充」，毛本甚充譌自沖。陳龍圖使高麗章，「且令服所賜黃金帶」，毛本奪黃字。酒湧山章，「虎字避唐諱」，毛本字譌丘。章守子用皂莢章，「元豐中韋站賬之弟」，毛本奪站字。卷三葉道卿章，「議論之敏者」，毛本奪者字；「皆其良選也」，毛本奪良字。范貫之章，「有經綸天下之志」，毛本奪綸字；「大臣居機密者」，毛本密譌宥；「直龍圖閣知明州」，毛本奪知明州三字。卷四雙蓮堂章，「詞云木蘭堂」，毛本木譌美。仲殊章，「自經於枇杷樹下」，毛本奪樹字。廣發運章，「特賜手詔」，毛本特譌爲。中吳章，「又復謂之蘇州」，毛本謂譌爲。祖姑秋子登科章，「焚灰丸之」，毛本譌作焚之灰爲丸。范秘丞章，「歷陽令」，毛本陽譌縣。「至京師論事不合」，毛本奪事字。徐朝議章，「蘇溫與爲公賦詩爲倡」，毛本爲譌馬，公譌上，倡譌倡；「名花美酒」，毛本名譌昌。李無悔章，「嘗以詩贈之」，毛本嘗譌夜。大本鐵王彼身章，「徑造其室」，毛本徑作往；「有竊聽之者」，毛本奪有字；「道人拂袖而去」，毛本奪人字。黃姑織女章，「河水淵浴」，毛本奪河字；「祠中舊列二像」，毛本奪舊字。孫積中章，「公幼岐嶷如成人」，毛本幼譌初；「其徒歲以黍麥博易爲生」，毛本奪歲字；「公明賞格」，毛本賞譌常；「於是公去嶺南五年矣」，毛本奪南字。卷五張子韶與周燒卿簡章，「皆同此一念也」，毛本奪皆字。陳了翁醜鄉亭詩章，「初主吳江簿」，毛本主作至。起隱子章，「此公剛腸無情煞」，毛本煞字空缺。洞庭山章，「笠澤鱸肥人膾玉」，毛本鱸譌魚；「而地脈未嘗斷也」，毛本奪地脈二字。緯堆章，「崐山縣西數里」，毛本數譌樓。卷六吳江詞章，「淨洗胡塵千里」，毛本奪胡字。下結帶巾章胡服之胡毛本亦剜去。此皆陳本張本勝於毛本處，其他異文尚多不備舉。按此書傳世有元刊十一行行二十一字本，武進董氏誦芬室嘗據以影雕印行，亦大抵與毛本同；毛本與元本異者，又大抵出於毛子九竄改，毛本與元本，並一家眷屬，故又與陳張二本相懸殊也。黃所據明刻，疑即弘治七年慈谿楊子器刊本，刊工園厚蒼勁。余嘗於舊里顯氏見之；不知與黃校本異同何若，安得持此本並几勘之一決此疑！元本既不足恃，弘治本又世不多觀，則此本終當推甲選矣。有王鳴盛印，西莊居士，楊紹和，東郡楊二，紹和筠岩，臣紹和印，彥合珍玩，東郡楊紹和彥合珍藏，海原閣，宋存書室諸印。

學術界消息

山西趙城廣勝寺金刻藏經影印誌聞

廣勝寺藏金刻藏經，中有金天會年號，經上海影印宋板藏經會理事範成法師發見一事，已誌各報。茲按中國佛經開板，唐已有之，今在倫敦不列顛博物院之敦煌遺書中有唐咸通九年（西八六八）王玠刊之金剛經，即爲中國境內發見現存最古之佛經。至於大藏開版，則實始於宋太祖開寶四年（西九七一）之蜀版藏經，全書依開元錄，用千字文編號，定版式爲梵筴形，每頁五行十五字。此後中國雕板之藏經如宋東禪寺版開元寺版思溪版磧砂版，元杭州版，明南北藏本，莫不循開寶之舊，用梵筴式。卷子式佛經除敦煌寫本諸經外，殆久已不爲人所知矣。廣勝寺藏全部爲刋本，而純用卷子式，木軸朱漆兩端，與傳世唐人經卷相同，此爲以前言藏經版本者所絕未及知者也。至於全書內容，以無總目，與傳世各藏有何異同，尚難詳知，唯就此次徐森玉先生借來北平影印諸卷觀之，便有今日大藏失收之佚籍不少，如玄逸撰大唐開元釋教廣品歷章三十卷，楊億等編大中祥符法寶二十二卷，呂夷簡等編景祐法寶錄二十一卷，只見至元勘同法寶錄卷十，亦只有目無書，而廣勝寺藏赫然俱在。最重要者爲法相宗之各種著述，如瑜伽師地論遁倫記等，我國久已失傳，僅從東瀛得睹一二，不謂廣勝寺藏俱有其書，誠足快心。不僅此也，如清素之瑜伽師地論義演四十一卷，窺基之因明正理論述疏一卷，只至元錄著錄，爲久佚之籍，今從廣勝藏中復得睹此二書。又成唯識論掌中樞要傳世俱作四卷，而至元錄著錄三卷本，今廣勝寺本上中下三卷具全猶是元代著錄之舊，以此對勘今本，可知其分合乖訛之處，至於可以校正今本之訛文脫句，勝義重重，更無論矣。借來者約三百卷，現聞擬分三處影印：關於經錄部分者如大唐開元釋教廣品歷章，天聖釋教總錄（不見各家經錄），大中祥符法寶錄，景祐法寶錄，四種共存四十六卷，由北平國立北平圖書館爲之影印。關於法相宗著述如唯識述記唯識述記科文（窺基撰大藏失收），唯識論疏，因明入正理論述類疏，觀彌勒菩薩上生兜率天經疏，成唯識論掌中樞要（上中下三卷本），大乘法苑義林章，般若波羅蜜多心經幽贊，阿彌陀經通贊疏，因明入正理論疏，妙法蓮華經玄贊，瑜伽師地論略纂疏，瑜伽師地論義演，瑜伽師地論記，瑜伽師地論，共十五種約七十三卷，則歸北平三時學會影印。其餘諸種，大半爲磧砂藏所缺者；故攜至上海，由影印宋板藏經會影印。

× × ×

李越縵手稿之發見與日記餘冊之印行

李慈銘遺書自歸北平圖書館後，整理遂錄，成越縵史札記三十卷，讀書記四卷，文集十二卷，俱已印行；其他札記若干卷待刋。案越縵著述生前刊行者不多，今歲北平圖書館復以顧頡剛先生之介，購入越縵手稿計：郡服條經節要一冊，越縵經說上一冊，復莊紹興姓氏錄一冊，蘿庵游賞小志一冊，柯山漫錄一冊，困學樓叢抄一冊，越縵山房叢稿一冊，知服堂讀書學略二冊，越縵筆記一冊，蘿庵日抄一冊，越縵堂日記一冊，越縵堂集二冊，（即白華絳跗閣詩甲集至戊集初定本），湖塘林館駢體文鈔初集一冊，越縵堂外集一冊，庚寅納楊小草一冊，越縵叢稿一冊，共十六種十八冊，其已有刊本者只三種。又越縵堂日記共七十三冊，民九印行者只孟學齋至荀學齋五十一冊，孟學齋以後八冊歸樊樊山，樊山歸道山，書亦不可究詰。孟學齋以前手稿實存十三冊半又傳錄半冊，欲印而未果。今歲由蔡孑民先生將此十四冊送北平圖書館收藏。北平圖書館遂與商務印書館商定將手稿十三冊半影印行世，傳錄者則用活字排印，以竟前功，已於九月初訂定合同。按此十四冊半起咸豐四年三月十四日，訖同治二年三月三十日，正與孟學齋日記銜接。按咸豐四年，先生年二十六，九年二月二十七日始挈家入都。首六冊半爲在家日記，後七冊半爲居京師時日記；入都以後操錄邸抄較詳。先生幼年情況，咸同兩代朝章國故，洪楊捻匪之消滅，英法聯軍入京，後當時坊巷之聯衛，商人爲買而請和，正史所不紀野史所未聞，均可於此書一一徵之，其關係非淺鮮也。

× × ×

中國陶磁圖錄 (A Catalogue of Chinese Pottery and Porcelain in the David Collection, by R. L. Hobson, C. B. the Stourton Press. London)

英國大衛爵士(Sir Percival David)爲世界上一有名之中國磁器收藏家。茲由不列顛博物院 (British Museum)東方陶磁專家R. L. Hobson 選擇所藏宋明清三朝精品約二百五十件，撰爲是錄。其中有柴窯汝窯官窯哥窯定窯精品約六十餘件，俱爲乾隆御鑒庭加題賞，其餘由某王府散出，數年前爲大衛爵士所有；舉此一端，其內容可想而知也。Hobson氏以前所著關於中國陶磁之書甚多，茲編由彼爲文一一說明，必能爲斯學更增一線光明。據預告此書於一九三四年春可以出版，全書圖共一百八十頁，內中原色彩圖約佔一百二十幅左右，形色逼真原器。並用特種紙張及特備字模印刷，大小爲40cm.×30cm.。限定版七百二十五部，普通本定價十二磅，十二先令，著者簽名本定價三十一磅十先令云。（明）

× × ×

哈佛燕京社將出版之新書

哈佛燕京社近擬出專號多種，其第一種爲鄭德坤沈維鈞之中國明器，已出版。第二種爲向達之唐代長安與西域文明，已排竣，即可出版。第三種爲馮家昇之遼史源流附遼史校勘記，第四種爲李晉華之明史纂修考，二書排版將近竣事，出版期當在年內。此外尚有容庚之殷周禮樂器考，顧頡剛等之正定隆興寺，鄭德坤之水經注引書考，據聞三書撰次俱已蕆事，出版之期或在明歲云。（中）

× × ×

中央研究院歷史語言研究所最近將出版趙萬里編著之漢魏六朝冢墓遺文圖錄

趙萬里先生五六年來蒐集漢魏六朝墓志甚多，近綜爲漢魏六朝冢墓遺文圖錄一書，所收約六百種，專據墓石墨本，碑誌悉擯不錄。內中元魏一代約居十之七八，多有外間罕見之本，或則原石久佚，或則選擇舊拓，只取原拓，不收剪本。其中可以補正史傳者極多，先生並略予考證，明其得失，此誠近年來史學上之一傑著也。據聞書由中央研究院歷史語言研究所出版，付印已歷數年，現已將近蕆事，不久即可出版。遙想出書以後，對於漢魏六朝一時期之歷史必有不少之新貢獻云。

× × ×

郝蘭皋著述之發現

近棲霞郝氏有持其先祖郝懿行著稿來平求售者，記者曾見之。舉凡郝氏手自批校之書，及已刋未刋各書原稿，共有五十餘種二百餘冊之多，誠爲研究郝氏治學方法及其著述者最完備之材料矣。按郝懿行字蘭皐，生清乾嘉間，著述極多。爾雅義疏一書取材宏富，闡發字借變轉之義，最爲世所推重。燕子春秋蜂衙小記海錯證俗文諸書，尤能爲人所不爲，成一家之言。揚州阮元淮陽趙然等曾刋其所著山海經箋疏春秋說略等數種。爾雅義疏一書，阮氏收入學海堂經解，中多所刪節，聊城楊氏曾刊其全書，而世不多見。郝氏歿後五十餘年，其孫聯薇始爲之次第刊布。初僅十三種，復陸續增刻至卅餘種，即今傳世之郝氏遺書也，其未刊各種，皆列於遺書目錄後者有十餘種之多。此次求售書稿內，凡遺書目皆列之未刊各種皆在其中，計有：說文廣詁六冊，小爾雅補注，穆天子傳補注共一冊，[illegible]補注四十八冊，漢紀摘考一冊，古文奇字讀書記共四冊，文心雕龍補注二冊，論閒集二冊，晉文抄十五冊，鑑略十七冊。即已刻各種原稿，亦大半皆存，且多爲郝氏手自批注之本。此外更有手批手校之書，說文韻譜，大戴禮，廣韻，鹽鐵論，玉篇，世說新語，昭明文選，說苑，淮南子，韓詩外傳，急就篇等十餘種，丹黃殆滿。郝氏收藏書稿歷百餘年而無遺佚，其保存先人手澤之毅力，實堪欽佩。吾人深望其不自珍祕，讓歸學術機關，俾爲之整理刋刻，使其先人遺澤不致散佚，且得以大顯於世。則其保持先人之業，較之僅僅閉諸篋中者，其功不更鉅乎！（孝孟）

× × ×

徐光啓逝世三百年紀念逸聞

徐光啓與利瑪竇在明天啓萬曆之際，譯幾何原本諸書，力倡西學，遂開有清一代之風氣，爲三百年後之新學闢其先路，實爲中國近代史上一至可紀念之人物，論其地位，以視顧亭林姜不多讓焉。先生生於嘉靖四十一年（西一五六二），卒於崇禎六年，十月七日（西一六三三年）至今年陽曆十一月二十四日，恰爲其逝世三百年紀念。上海徐家匯聖教雜誌擬於是日爲出專號，分門撰述，以資表章。除徐氏佚書，已由巴黎抄回另行刊印。聞以先生年譜，南沙李杕嘗作徐文定公集首刊有一篇，限於材料，頗多未備。陳援庵先生有意如此，而因事冗未果。今歲春間因托李渭孫先生爲此，孜孜從事，已歷半歲。此次關於先生之新材料相率發見，遂輯既厚，年譜成書自大有可觀。按徐先生李之藻二先生不僅對於明清之際西學有闡發之功，即有清三百年學風，受其影響，亦更不少。民國十九年爲李氏逝世三百年紀念，今年爲徐氏逝世三百年紀念，而國內學術界對此乃視若無睹，滋可慨也。又按李之藻與傅汎際譯名理探，其所用Coimbre 大學拉丁文原本，今尚存北平北堂，邊緣題識分卷，猶是三百餘年前譯者手蹟，洵足與人思慕也云。（明）

圖書副刊

BOOKMAN　第三期

一 本刊登載關於中外圖書之介紹批評以及學術界消息爲公開性質歡迎投稿
二 刊登本刊之文略致薄酬
三 投稿通訊可寄「北平文津街國立北平圖書館內圖書副刊編輯收」

日本學術界之「支那學」研究

賀昌羣

日本所謂「支那學」，實沿襲西洋之 Sinology 或 Sinologie 一詞而來。按 Sin 本案義，原出托勒米（Ptolemy）之地理志（Geographia）中，字式作 Sin, Thin, Sinae, Thinai 皆一聲之轉，蓋秦漢間因商業關係阿拉伯人希臘人所指謂之東方人（Oriental people），其意尚不僅指中國。西人所謂 Sinologie 發於十七世紀，耶穌會士來中土宣教，因而連帶研究中國學問，歐洲本地學者多響應之，遂蔚然成「學」，其實涵義空洞。我國有指國學或國故學或漢學（非訓詁考據之漢學）者。數年前，頗多非難之論，但此名詞在使用上似不無方便耳。韋柏氏辭典下此詞之界說曰：「一種系統化的研究中國人及其語言文獻等之學問」，所謂「系統化的」，亦可謂爲「科學方法的」。

日本爲中國文化之殖民地，夫人而知之。自公元二八五年（晉武帝太康六年），當日本應神之朝，據其最古之典籍古事紀與日本書紀所載，百濟（今朝鮮）人王仁始介紹中國文字入扶桑。日本之承受中國文明當始於此。自是乃有所謂「漢學」（指漢民族而言）。其時日本人學習漢文猶僅有「音讀」「譯」「解釋」之三段法，而無所謂「訓讀」。訓讀之起，今日本學者迄難論定，大抵始於應神以後平安朝（桓武天皇奠都京都後四百年間之時代，約當公元七八七——一一八七）之初期，與唐代交通最頻繁之時。唐代佛法興隆，文物昌盛，日人留學長安者相望於道，其彷彿髣髴今日我國留學生之往東京者然。而唐代長安佛經譯場，竟有唯一之日本僧靈仙參與譯事，至今日本學者猶引爲盛事。

總括日本所受中國文化之影響，可分爲三大因素：一、儒家的正統思想，從出於四書五經；二、佛教思想；三、宋學——程朱陸王之學。而文物風尚，則無個爲唐代文明之產物。此三種因素在日本文化上爲下最底層之基礎。

唐以後，中日交通中斷。至日本北朝足利時代，當我國明初之際，始復信使往來。更至德川時，唐以後發生之宋學及清代之考據學，皆流入日本。而德川幕府之獎勵朱子之學，故明末朱舜水避居長崎時，備受朝野之優遇。至一六四〇年（崇禎十三年，當日本明正寬永之末）葡萄牙人西班牙人——即所謂「南蠻」者，挾其工藝醫學等知識，由中國而入日本，然其時舉國反對，鎖國自守不遺餘力，於是葡人西班牙人盡被殺戮。至明治初期僅許和蘭人入國，然絕對禁止耶穌教之宣傳，且禁其國人與之交往，頗似清雍正乾隆之禁止耶穌會。但西洋天文，地理，數學，醫學，器械，法律等學——當時稱爲「蘭學」之輸入，則與時俱進，風會所趨，朝野間信奉耶教者頗不乏人。是時英俄間風雲甚緊，日本朝野明達之士，知鎖國之不可能，於是「尊王倒幕」之論，遂成事實。明治以英斷之君，努力統一國內，修文治武，駸駸欲追蹤西洋諸國。彼時日人多不能通西洋原書，求新知識者，多翻刻漢籍，或譯爲日文。當鴉片戰爭（公元一八四二）之後，因清廷之敗，日人有引以爲警惕，或感奮者，每以中國近事爲前車覆轍之鑑。如當末之有志者刊行魏源聖武記，海國圖志，汪文泰之嘆吉利考略數種，題名「他山之石」（木刻本，五冊，不著編者及刊行年月），此外如賀長齡經世文編，陸賓禹貢滙錄，及美國丁韙良（W.A.P. Mastin）漢譯萬國公法諸書，不下數十種。人皆知我國清末維新，西學知識多稗販日本，而不知日本明治維新，其西學知識且先稗販我國也。

當此之時，日本尙完全爲中國文化之殖民地，即所謂「支那學」之研究，尙遠。

自明治初年至於今日，日本學者對於中國學術之研究，大體可分四期。第一期自明治初年至二十二三年（一八六八——一八九〇年）；第二期自明治二十二三年至三十年（一八九一——一八九七年）；第三期自明治三十年至大正三四年（一八九八——一九一五年）；第四期自大正三四年至現在。此四期中，日本對於中國情事之研究，隨遠東局勢之激變而突飛進展。所謂「支那學」研究，亦在第四期中竟能與歐人分庭抗禮，睥睨中國學術界。

其所研究之對象，大抵可分爲上古史（先秦時代），中古史（漢魏至唐宋），元史，明清史，西域史，南海史，考古學，宗教美術等，而文哲之學，可併入各時代中。以上八項皆統括於「支那學」中，日人近亦稱「東洋史」。此中消息，可深長思，容當別論之。

自明治初至二十二三年間，即吾人所謂第一期，德川以來之學者猶保持其傳統的「漢學」學風，一方則新進子弟爭趨於西歐之新學，至「私塾之館，門可羅雀」（斯文六十年史序言）。西學蔚興之結果，乃有明治十年文部省（教育部）及東京大學（明治十九年始改名東京帝大）之創設，其反動則以漢學派之斯文學會之成立。此時漸有數種雜誌出現，如東洋學藝雜誌（明治十四年創刊）哲學雜誌（明治二〇年創刊）國家學會雜誌（明治二一年創刊），皆起於此時，間有關於中國學術之文字，然研究態度則不出舊來範疇。迨東京大學第一二屆畢業生如市村瓚次郎，林泰輔，白鳥庫吉及慶應大學之那珂通世等出，始開「支那學」研究之先河，稍採西洋之治學方法矣。（據那珂通世遺書，白鳥還曆紀念東洋史論叢，市村古稀紀念東洋史論叢及林氏遺著支那上代之研究各本傳）。

明治二十七年以前，日本一般學校尚無「東洋史」之科目，初習支那史者，讀十八史略通鑑輯覽，初習日本史者，讀國史略，皇朝史略諸書而已，其他皆列於「萬國史」中，是年那珂通世始建議設「東洋史」一科，由文部省令遵改萬國史爲西洋史，併支那史入東洋史。（參那珂通世遺書三宅米吉作那珂氏傳第三章）。於是日本史在昔爲支那史之附庸者，今則蔚然獨立，而最近之歷史論者，直認日本史如日中天，支那史則降爲附庸，與朝鮮，蒙古，西域等等觀矣。

那珂氏爲「東洋史之創始者」，日本學人至今稱其功續不絕。明治二十一年其名著支那通史（六卷）出版，採西洋體例，斬然一改支那史之面目，學世驚佩，「此書事實而及制度，略古代而詳近代，不獨採支那史，而兼採洋人所錄，簡易明白，一覽了然」（引中村直正序言），光緒十三年羅振玉曾翻印於上海，備極推崇。按此書止於宋代，以下皆延未完成，蓋元史號稱難治也。且當時日本覬覦朝鮮之野心正熾，學者如白鳥庫吉，坪井九馬三，林泰輔，吉田東伍等，多轉移其注意於朝鮮史之研究，那珂氏亦如之。明治二十二年今日東京帝大史學會編之史學雜誌與該會之成立同時刊行，發起者爲當時該大學教授重野安繹（已故），慫恿之者係該大學教師德人李時，李氏對於明治初期歷史課程之進展，頗負規劃指導之功，言此學往事者，屢稱道之。（僅知其譯名爲ルートヰッヒリース，其原名今不可考。）此後數年間日本學者對於中國學術之研究，已踏入第二期中，漸露端緒，尤以對於中國上古史之研究，似最感興趣，史學雜誌中發載此項論文較多，大抵受西洋學者如 J. de Lacouperie 之影響也。

綜睹此時期之論文，開發以下之作殆絕無僅有。可知今日東瀛「支那學」界之權威耆宿，此時尚在孕育期中，即以東洋史名家之白鳥庫吉氏此時猶徬徨無定，時而教西洋史，時而教日本史，（參白鳥還曆紀念論叢市村氏序）。他如東洋史編纂者小川琢治氏，考古學者三宅米吉氏（已故）諸人，雖間有論文，亦未涉及中國學術。而以東西交通史名家之藤田豐八氏（即王靜安先生在上海時之日文教師，已故），此時期前後，尚陸續發表其史學文學論者。茲數人者雖存亡有先後，而年歲皆逾古稀，其他後進更無論矣。

明治三十年以後，「支那學」之研究，始轉入第三期，如明花怒發，此時狩野直喜，桑原騭藏（已故）諸氏，皆先後卒業於東京帝大，出於坪井九馬三氏及那珂氏之門，桑原氏以後受白鳥氏之影響最深。時當中日戰爭，日人欲做亞細亞民族主人翁之高潮，逐漸勃發，於是兒島獻吉之東洋史綱，桑原之中等東洋史等相繼出版。桑原之書，初於西域之興亡及東西交通之史事有所論述，那珂氏盛稱之（見那珂序文），那珂氏亦著東洋小史，東洋史略等。但事實上東洋史即爲後來的名詞「支那學」，二者之內容，有時互相包涵，有時互相擯斥，此中矛盾，最可表露其狂妄之野心與事實之相違，所謂名不正則言不順也。

明治三十七八年左右，內藤虎次郎氏，狩野直喜氏以及後進之濱田耕作氏，羽田亨氏皆先後執教於京都帝大，於是漸形成東西兩大相對之學風。東京派以市村瓚次郎氏，林泰輔氏爲中心，以白鳥庫吉氏爲後殿，所謂東洋史學派；京都以狩野直喜氏，高瀨武次郎氏爲中心，以內藤虎次郎氏爲後殿，所謂支那史學派。二者旗鼓相當，開後來學術上幾重有價值之爭辯，而學風遞派之別，所關尤鉅，下文當再論之。

自明治三十一年以來，即吾人所謂第三期中，日本「支那學」界對於各方面之研究，突飛猛進，不遑稗學，今茲篇幅所限，不得已悉從省略。惟有三事，在中國上古史研究上不可不特書者，其一爲崔東壁遺書之印行；其二爲白鳥庫吉氏之「堯舜禹抹殺論」；其三爲新城新藏氏與飯島忠夫氏等之先秦天文曆法之論戰。今略述於下，再及其他。

明治三十二年當光緒二十六年拳匪之亂，狩野直喜氏由北京幸於亂中搶取陳氏遺經樓刊崔東壁遺書考信錄二十九卷還歸日本，持贈那珂氏，那珂氏讀之極佩其議論考證之卓越，擬爲翻印，其消息譯佈於史學雜誌（第一一編十二號），當時內藤虎次郎氏尙爲大阪朝日新聞之記者，見該誌所載崔氏遺書目錄與其所藏頗有異同，知狩野氏所得之書必有殘缺，於是乃就內藤所藏，改考信錄爲三十六卷，合考信翼錄十卷其他九卷爲五十五卷，歸史學會印行。至明治三十七年崔東壁遺書全部共四冊出版。因而那珂氏乃集中全力於中國上古史之研究。學風爲之丕變，以後白鳥氏之「堯舜禹抹殺論」未始不胚胎於此，其時期尙先於吾國胡適，顧頡剛諸氏之重視崔氏遺書也。（參那珂遺書第五章）

但此時「支那學」之研究，猶在未來新時代之蛻變中，那珂氏尤爲此期一代宗師，然方面雖多而欠新裁，其於蒙古史，西域史之造詣與成就，遠不及後進諸內藤，白鳥二氏，經史之學，又不如內藤，狩野二氏，此固時代使然，非其功力之不足，實那珂氏實爲得風氣之先者。

至第三期末之數年間，白鳥氏以研究朝鮮，日本古代史轉而傾其全力於西域史之研究，此時復以其餘力爲中國上古史上之新主張，在日本漢學界中興起軒然大波，即所謂「堯舜禹抹殺論」。其說初以「講演」形式，發表於東洋協會評議委員會席上，繼登載於東洋時報（第一三一號，明治四十二年八月），題爲「支那古傳說之研究」，遂引起文字學考據學者林泰輔，哲學者井上哲次郎及漢學者後藤朝太郎諸氏之反駁，諸氏論文，可參閱東洋時報一二九號，一三一號，漢學一卷四，五，六號，二卷七號，東洋哲學十七卷一號，東亞研究一卷一號二卷一號，九號。尤以林氏辯之最力，根據尚書中堯典四中星之記事反復論辯。而爲白鳥氏之學援者，有橋本增吉氏（白鳥之門下），飯島忠夫氏等。白鳥氏亦屢爲文以自堅其說，所作「尚書高等批評」（同上二卷四號），皆針對林氏之非難而發。飯島氏初沉潛於中國文字之研究，且具充分天文曆算之知識，所作「從漢代之曆法見左傳之僞作」（東洋學報二卷一，二號），主張該書爲新學派經考之說。於是復引起古代天文學者新城新藏氏之反響。以後二氏對於中國古代天文曆法之論戰，即自此始。當時日本之漢學者如服部宇之吉，宇野哲人，遠藤隆吉諸氏，皆極力爲孔子之書擁護，其論文今不備舉。

白鳥氏所倡之「堯舜禹抹殺論」，與我國顧頡剛氏諸人所討論之古史辨，雖時序有先後，而目的則同，方法各異。白鳥氏運用其豐富之東西歷史語言之知識，縱橫馳論；顧氏諸人則專精於先秦典籍之解剖。此則時代思潮與治學方法之進步，傳統之學者，雖欲維護陳說，亦無可如何者也。

上述新城新藏氏與飯島忠夫氏關於中國古代天文曆法之討論，至大正七年（一九一八）復重振旗鼓，新城之文，大多發表於史林，藝文，支那學，東洋學藝雜誌等，飯島之文，大多發表於東洋學報，此亦可見二氏學風不同之一斑。二氏之文，今各已聚成專集，飯島之文，見於「支那古代史論」（東洋文庫論叢第五，大正十四年），及「支那曆法起源考」（東京岡書院，昭和五年）。新城之文今收入其「東洋天文學史研究」中。（京都弘文堂，昭和六年）。

大抵二氏所討論者，一爲儒家經典之製作年代以左傳爲中心，飯島氏以左傳爲劉歆僞作，新城氏則反之。二爲新城氏以中國天文曆法爲中國人所自創，又以二十八宿之定先於印度天方，以細奏西古曆東漸之說。飯島氏則以此學傳自西方。二氏之學風儼然代表日本東西兩帝大對於「支那學」研究之態度，即前所謂東洋史學派與支那史學派之對峙也。

以上所述爲「支那學」研究中上古代研究之犖犖大者。他如服部宇之吉氏與加藤繁氏等關於井田制之討論，亦術可觀。服部之文載漢學二卷一，二，三號，加藤之文見史學雜誌，今收入其「支那古田制之研究」中。（京都法學會叢書第十七冊，大正五年）。而林泰輔之周公與其時代（大正四年大倉書店，有錢稻孫節譯本商務出版）論語年譜（大正五年龍門社）二書，體大思精，尤稱傑作。

（未完）

芸盦群書題記

趙萬里

禮記二十卷　宋劉宋印本

鄭氏注

顧廣圻手跋

此撫州公使庫刻本禮記，是南宋淳熙四年官書，於今日爲最古矣，宋有名衢一紙，裝匠誤分入釋文曾，不知者輒以爲蜀監本，非也，嘉慶丙寅顧廣圻題，近張古餘太守開丁東雕行世，嘉惠學子，余成先從兄收藏此書之志，良可感也，若古香鍍澤，原本獨絕，我小讀書堆中，其永永寶之哉，澗蘋并記。

葉十行，行大十六字，小二十四字。白口，四周雙闌。中縫上記字數，下記刊工姓名。闌端有明人題語。此爲務本堂四經四史之一，淳熙四年撫州公使庫刻本，岳倦翁九經三傳沿革例所謂撫州舊本者是也。紙如玉版，墨如點漆。後歸初印，世間無兩。明嘉靖中爲長洲顧從德所藏。清初流歸崑山徐氏傳是樓，後轉入顧抱沖（之逵）小讀書堆。嘉慶初歸陽城張古餘（敦仁）太守，從抱沖從弟澗蘋（廣圻）處，假歸影抄。時抱沖已歿，澗蘋發亂，釋文四卷，未易檢尋。因別錄通志堂本釋文，照撫本行款摹錄，合經注二十卷，重雕印行。古餘並錄札記二卷附於書後，澗蘋又爲文跋之，是爲撫本禮記重見於世之始。後澗蘋檢抱沖遺書，知釋文全書俱在，復爲文跋之，（文亦載思適齋集卷十四）時古餘移官江右，澗蘋留居鄉里，故不及追改。小讀書堆藏書散，此書自汪氏藝芸精舍轉入聊城楊氏四經四史之齋。而釋文四卷，未與偕行，獨歸常熟瞿氏，爲恬裕齋甲部之冠。蓋此書自明季迄於嘉道之際，二百年間，蹤跡不離吳下，至是遂如參商之隔，不復相見矣。前歲盛夏，得觀釋文於瞿氏，深上厲齋，今歲楊氏書散，復於天津見之。自謂古緣不淺。因略述此書流傳之端緒，以示藏此書者，俾永矢勿失焉。有觀印汝修，宜子孫印，乾學，徐健庵，顧印廣圻，思適齋，汪士鐘曾讀，楊印以增，至堂，楊東樵讀過，臣紹和印，楊紹和鑒定，楊紹和讀書，楊氏彥合，彥合讀書，彥合珍玩，楊印保彝，聊攝楊氏宋存書室珍藏，四經四史之齋，宋本諸印。

余昔細繹此書，知有不可不辨者，凡四事焉。撫本禮記傳世者，此本外曾於南中友人處見有內閣大庫流出殘帙。存卷三之卷五，卷十六之卷二十，共八卷，不及全書之半。然亦僅八葉，爲淳熙原刊。其餘各版，有署壬戌刊者，嘉泰二年也。或署開禧乙丑換者，開禧元年也。署壬申重刊者，嘉定五年；癸酉者，六年；甲申者，十七年也。又署辛卯刊者，紹定四年；壬寅刊戊申刊者，淳祐二年及八年；癸丑刊丁丑刊者，寶祐元年及五年也。淳熙原版，所存無多。以視此本悉爲淳熙初印者，判若天壤，試以此本校之，其間頗有異文。如卷三「使子貢問之」，殘本「子貢」改「子路」，與岳倦翁沿革例中所舉興國本及建本同。卷五「犧牲毋牝」，殘本牝上有用字，與毛居正六經正誤所舉建本同。卷十九「慎靜而寬」，殘本寬上衍尚字，與岳氏所舉興國本建大字本余仁仲本並同，其他異文，亦多與嘉靖徐氏本相合，徐本從建大字本出，知此書淳熙後實經修補版時，又據晚出諸公私刊本校過，否則無若是之懸殊，張古餘重刊時得據此本，不及見殘帙，是此書之幸也。撫州公使庫所刊諸經，余所目見者，除禮記外，周易注十卷，藏上海涵芬樓，已印入四部叢刊。春秋左氏傳集解，存卷三之卷十六，卷十八，卷二十之卷二十四，共二十卷。乃清內府昭仁殿遺物，今存故宮博物院。公羊解詁十二卷，有陳明卿毛子晉曹倦亭藏印者，光宣之際，爲吾鄉孫銓伯（鳳鈞）司馬購得，寶。近孫氏書散，亦歸涵芬樓。此四經者，傳世之罕，有如星鳳。行款口闌同爲同時同地所雕，固不待言。中惟公羊釋文殘全，餘均闕如。左氏傳版心只有壬戌年刊字樣，與內閣所出禮記殘帙同在淳熙之後印本，至卷末銜名，則各書並闕。此本銜名七行俱在，可與嘉靖撫州府志相互證，在撫本諸經中，最爲完善，此本之可寶者在此，黃東發日抄卷九十一跋淳九年修，撫州六經跋云：「撫州舊版，惟六經三傳，今用監本，添刊論語孟子孝經，以足九經之數」。知當時所刊，實兼及九經。此宋世刊印群經通例，故禮記外，有周易，有春秋左傳，又有公羊解詁。嘗見德化李氏藏宋刊十行本尚書孔氏傳，以刊工體勢察之，絕似兩浙後江右風氣。然以刊工姓名與撫本諸經比勘之，無一合者。乃知傳世撫本此四經外，他經人間殆久已絕迹，此宜寶者二也。撫本行款，例爲十行，行十六七字，與五代兩北監經注本每行字數，大致相合，而每半葉行數則大相逕庭。監本例爲八行，無作十行者。所貴以此爲殊。後見故宮博物院藏江陰繆氏本左氏傳集解，日本覆明州本爾雅注，晉單書八行小字本禮記注，皆不附釋文，雖行字互有參差，然每葉行數無不與撫本合，然後知宋時經注本，除監中八行本外，別有一十行本通行，亦猶當時諸史監本九行大字本外，又有一十行本本相類似。至十行經注本是否仍用北宋監本面目，則殆待他日論定。此宜寶者三也。孫蹤以前群經經注本，與陸德明釋文，各自爲書，無相附麗者。有之則自撫州本始，實則撫本附刊釋文，例在經後，不與書注相亂，與自來監中經注本體例固無二致。至釋文與經注或正經，並鐫於行間，則肇於建本，當在淳熙或淳熙以後矣，自是以迄於元明，南宋監中十行本釋文亦附焉，遂不爲世俗所重，時至今日，宋監本釋文，除清內府藏有明文淵閣印者，孤本抗行，若存若亡外，只罟里瞿氏藏毛氏舊藏殘卷而已。明崇禎時所傳葉林宗影宋本，爲通志堂本所自出者，亦邈不可得。於是宋世釋文面目，不得不於撫本群經中求之，較得其真，而張古餘所覆禮記釋文，仍出通志堂本，安得好事者假瞿本重雕，以彌此憾。此當寶者四也。上舉四事，乃讀書賞者應具之識論，故聊申其概於此。

新書介紹

日知錄校記 國立中央大學文學院中國文學系專輯 國立中央大學出版組印行

黃侃君以淮縣張氏所藏日知錄鈔本校黃汝成日知錄集釋及刊誤，寫成校記一冊。黃氏序云：「刊誤所云原寫本作某者，鈔本類與之同，（如卷一既雨既處條唐高宗之康字，游魂爲變條味於散者之昧字，兌爲口舌條故舜之御臣也之御字。）集釋中據原本及引沈彤校本補潘未刪本者，鈔本亦多完具，（如卷十黃金條江左至十三換下「汝成案元本有以後賤至六換而今文十三換十二字，」鈔本正同，惟江左作南渡則汝成所不言。）知鈔本實自原本移寫，良可寶也。考今本所刊落有全章，（卷二十八胡服條下左衽條上有胡服一條，鈔本自夾中列之，存文及小注千餘字，潘本自作方空，黃本係刪之。卷六素夷狄行乎夷狄條，今本存其目刪其文，鈔本存文及小注數百字。）有全節，（卷四納公孫寧儀行父于陳條，卷七考次經文條，卷十二助餉條，卷十八朱子晚年定論條，鈔本各多一節。）有數行，（卷十八李贄條，黃本所補，鈔本多百餘字，心喪條鈔本多五十餘字。）自餘刪句換字，不可遽數，凡皆關于精義所存。今本既失其真，而汝成雖見原本，亦未敢言。」世人咸知亭林先生心懷故國，而今本日知錄決不見其痕跡，竊嘗怪之，今讀黃君校記，蓄疑始渙然冰釋。今本凡言，一明朝『近代』，鈔本實作『國朝』『本朝』。今本凡謂涉金元及明代邊防者，其『邊』『敵』『寇』等字，鈔本實作「胡」「虜」「蕃」。其言之涉及兩明者，更刪易[illegible]矣。日知錄爲亭林先生一生精力所萃，二百年來學者所必讀之書，而本來面目不可多睹，「今校記既出，人人可紬讀以窺其真，顧君千秋之志得以無憾」矣。（潤孫）

× × × ×

小檀欒室鏡影 六冊 南陵徐乃昌影印 定價貳拾伍圓

南陵徐氏宿以收藏唐古鏡著名。其影印小檀欒室鏡影之議，亦在數年以前。吾人今日始得觀厥成，實慰渴望。書共六卷，分類編集，其中有鏡三百八十三面。不列同范。其中有年號者，自漢建安以迄吳三桂昭武，凡三十六面。此外有主名者，若劉蒙忠孝庭門等，皆可藉知。即如湖州石家，石十三郎諸題字，亦傳巧工者所取資也。所錄漢鏡中有刻有揚州，臨洮，任城，汝陽，高平，魚臺，兗州，鎮北州，陝西東路等官鑒之類，亦可考見金源一代銅禁之制。其搜集之富，尤有裨於史學。又古鏡有花紋文字皆古，而雕鏤不精者，類皆後世以古鏡爲范翻沙。若本書黃氏鏡上鑄呂遷二字，許鏡第五面上鑄柏壓成中四字，新王氏鏡上鑄曹錦二字，佳竟鏡第四面上鑄曹銅五錢四字，凡此皆金源以後人所翻制；亦治古器物學者所當留意焉。鏡雖小品，然文字體製，雕鏤技術，鑄造法式等，皆可考見歷代風俗時尚，文物制度，其間變遷之跡，燦然具陳。本書卷一第六頁簪錄之元寶鏡，所刻類唐代樂器十餘種。若笙，若簫，若琵琶，若鐃，若琴，若懷板，皆與今時之制大同小異。而其中尚有數種不能確定爲何名，亦足以供治文化史者一要討也。清人專以鏡錄簠鏡者，自錢氏浣花拜石軒始，所錄不過二十有五面。此外若瞿氏百鏡軒，梁氏藤花亭，所錄亦不過百四十餘面。陳氏簠齋藏鏡錄百零四面，羅氏古鏡圖錄凡百五十八面。在外國者，若泉屋清賞，所錄亦僅百四十面。他如清儀閣古器物文，嚴秋館吉金圖錄，皆附錄數十面以至十數面而已。惟是書所錄，三百八十有三，於徐氏家藏尙不及三之一，而已超出西清四書所著錄以上，亦足稱鉅觀矣。（曹松）

學術界消息

中央博物院籌備處 購得大批古物

前三十五軍軍長何遂氏，近將家藏古物，並歷年在西北所得明器造像等，運滬求售。先陳列於愛多亞路大紅樓內。上下四層，幾無隙地。時引古董商及外人參觀。事爲中央博物院籌備委員會知悉，深慮此批古物，落於外人之手，即託該會委員李濟之氏，出面與何遂氏接洽，幸得何氏慨允，以最低價三萬餘元讓與中央博物院。由李氏同中央研究院歷史語言研究所同人，前去點收裝箱。經一星期之工作，始將該批古物，運至研究院，暫爲儲藏。計有：磁器五百九十三件（以唐白宋磁器爲最多），銅器五百四十四件（以帶鉤銅鏡爲最多），瓦器四百六十件（以漢魏陶器爲最多），玉器一百八十九件（以獸形玉器爲最多），石器一百八十件（以人頭及造像爲最多），琉璃器七十三件（以黃綠釉站人爲最多），木器五十三件（以木人爲最多），泥器四十二件，骨器二十六件，鐵器十七件，托沙器十三件，漆器九件，牙器八件，鉛器五件，竹器二件，皮器一件，紙器一件（趙孟頫寫董靈漢手捲），共計二千餘件。其中造像一部分，不少精品，運滬亦甚費難，重要者有：宋托沙坐獸人（安府出土）高四尺長三尺八寸五寬一尺四寸八，齊沙石造像（晉城縣出土）高三尺一寸一厚一尺二寸八寬一尺七寸八，魏沙石造像（安府出土）高八尺五寸厚四寸五寬四尺一寸八，魏青石造像（新鄉縣出土）高七尺七寸八厚九寸八寬三尺五寸五，魏青石連三造像（新鄉縣出土）高尺七寸八厚九寸八寬三尺五寸五，齊沙石清河造像碑（安府出土）高五尺二寸八厚六寸寬二尺四寸，魏沙石武定造像（安府出土）高三尺四寸厚九寸寬一尺三寸八，魏沙石武定四面造像三尾（安府出土）皆高三尺四寸厚九寸寬一尺三寸八，魏沙石正光造像碑二件（平遙縣出土）皆高六尺二寸八厚六寸寬二尺。除前列三件無字外，其他皆有刻字，多者六百餘字，少者亦三四百字，皆係罕見之品。此外貴重古物，有山西出土之樂破銅鼎及蟠花鼎，洛陽出土之漢變龍玉片，漢漆盒子。按漢代漆盒在國內出土者：若實雞，若新鄭，皆有所聞，大概爲外人所得，未見其器。若樂浪所出者，朵輪，至係華製。此盒亦有花紋，但已變色。又有漢鉛小牛，汲縣出土之康流命帶字鈸，皆可寶貴。所望中央博物院早日成立，俾能供人參觀研究也。（璘）

(第三張)　中華民國二十二年十一月九日　大　公　報　(星期四)　(第十一版)

圖書副刊

BOOKMAN
第四期

日本學術界之「支那學」研究（續）

賀昌羣

然，其是非得失，即日本學者間亦未嘗認爲定論。氏之論文，引證繁博，條錯綜複雜，每有不易關解之感，蓋其最利之工具爲語言，以其廣博之語言知識以考證史事，故能頭頭是道，未具備如彼之語言知識，雖欲於其說有所批評，亦苦於是非之難定。此或白鳥氏在遠東研究西域史之學者中所以爲權威之故也。

繼白鳥氏之後，於西域史研究上別樹新幟者，爲羽田亨，桑原隲藏，藤田豐八三氏。羽田氏出於白鳥之門，亦通阿爾泰（Altai）系語，及蒙古，突厥，回紇之古文，且精內典，故能於「敦煌學」多所發揮，所作大抵關於晚近西北考古發現之新資料，可參閱燕京學報第十三期「西北考古的成績」，茲不贅。藤田氏自明治三十年後留居中國最久，與羅振玉，王國維先生交最厚，其於西域史事之造詣，即因羅氏之藏，浸染於彼時。所作敦煌本慧超往五天竺傳箋釋，（有錢稻孫氏重刊本，大正新修大藏經本）最爲卓絕。又關於西域史之論文十三篇，卒後，由池內宏氏集其遺稿爲東西交涉史研究西域篇（東京岡書院，昭和八年）。桑原氏有張騫之遠征及與白鳥氏頌保大宛貴山城之討論諸作，今皆收入其東西交通史論叢。（弘文堂，昭和八年）。然二氏之成就，以南海史爲多。二氏對於中國典籍之素養，皆甚深厚。桑原氏之學風，沉毅堅實，苟非確證，不妄下斷語，其章節之分配，段落之安排，井然有條，即初學之士亦能了解其所據之事實與論旨，所作唐宋時代往來支那之西域人考（內藤還曆紀念論叢），最可見之。藤田氏之學風，則乘遇中有乾嘉諸老之綿密。二氏皆代表所謂支那史學派者也。稍遲之士如太谷勝眞，松田壽男，石田幹之助，原松俊章諸氏，亦多所論作。而石濱純太郎氏之於西夏文，於後邦則堪稱獨步。他如松本文三郎，羽諦德（已故），矢吹慶輝，羽溪了諦，小玄玄妙，瀧精一，本田義英等之於西域佛教史或佛教美術史，均多貢獻，可參閱卜學「近年西北考古的成績」一文。

南海史之研究，前謂以藤田桑原二氏成最大，亦最精博。藤田氏之東西交涉史研究南海篇（岡書院，昭和七年），所收論文有二十三篇之多。桑原氏之宋末提舉市舶西域人蒲壽庚之事蹟（東亞攻究會，大正十二年）與W. W. Rockhill之諸蕃志考釋(Chau Ju-kua, 1911)，可稱東西雙璧。（是書有陳裕菁譯本，中華出版；有馮攸譯本，更名唐宋元時代中西通商史，商務出版），所考爲南宋理宗時泉州提舉市舶（當時對外國貿易之官）阿拉伯人蒲壽庚之事蹟，其主題雖小，而涉論極廣。他如市村瓚次郎，高桑駒吉，桑田六郎，中山久四郎，有高巖，稻葉岩吉，松井等諸氏，論著亦多。其所研究之範圍，大抵可分：一，南海諸國之歷史地理的研究，如爪哇，蘇門答刺，馬來，暹羅，錫蘭，阿拉伯等之地名或航路；二，中國沿海之通商港，如廣州，揚州，泉州，溫州，杭州，明州（寧波）等之沿革與古代對外貿易之情形及制度等；三，居留中國各商港之外國人——所謂「蕃客」，以及當時西人所記中國港市名稱之考釋；四，南海諸國產物輸入中國之考證，如木綿，香料等。

至於「支那學」或「東洋史」中，考古，宗教，美術研究之發達，尤一日千里，其從事者人才之盛，出版品之精粹繁多，在在令吾人徒呼負負，惟此層則又關於財力之厚薄耳。近年佛典之印行與研究，則吾人尤有「禮失而求諸野」之感，亦日人所引以自豪者也。美術遺物如周漢名器，唐宋元明清法書名畫，善本秘籍，亦多網羅東去。此數者吾於此不忍多述，且爲限於本刊篇幅，姑止於此，他日倘有機緣，再不惜辭費。

此外如經學文哲之學，所作雖多，似無甚特色，吾以爲非「支那學」中之主要潮流，故未提及。篇中較詳較略之處，多爲個人注意之偏好，或因吾國學術界所未詳，但亦不免掛一漏萬之譏，希方聞博雅之垂教焉。

上期所刊東京帝大教師德人李時，未得考其原名，茲承錢稻孫先生來函，知其爲 Ludwig Reise。敬此誌謝。又前期刊誤，第一欄第三行「字或作 Sin」或誤式。第四欄第七行「然其時學衛反對」，然字多植。「論叢」衰皆誤從。

新書介紹

頌齋吉金圖錄 容庚著 實價拾圓

北平 哈佛燕京學社 文奎堂 富晉書社 代售

東莞容希白先生以其家藏殷周以來銅器三十九件，集爲頌齋吉金圖錄一卷，其間大都未經前人著錄之器，實治古器物學者之新材料也。最近十年以來，殷周古器出土者不下數千，而大部皆流之異域。好古敏求之士，既困於財力之不足；而力足以致之者，又皆非斯學有心得之人。而海內藏家之稱巨者：若北之大興馮氏，南之廬江劉氏，又寥寥可數。容氏於金文甲骨之學已有聲於時，何待吾人之介紹？惟容氏家非素豐，而此三四十餘器者，皆出於節衣縮食之所養，亦足見其好之者篤矣。容氏所輯彝器圖錄：若寶蘊樓，若武英殿，皆自出心裁，與前人之彝器圖錄，而新輯之重要，尤在每器先錄全形照片，而後附以文字拓片，及花紋拓片，頗便研究。最新式之彝器圖錄，當以此爲嚆矢矣。誠書所錄之器不見金文著錄者者：若錫貝殷蓋，作寶簋，銅料盃蓋，漢銀錯車馬紋鐓（形制別緻），實稀見之品，其中文字最多者：若鼎，已歸北平圖書館。他如伯陝鼎，王蒙鼎，鄭父簋，中饑父盉，皆爲治金文學者必讀之品。漢銀錯車馬飾之劉禪之細，前所未見。凡治漢畫象者，不可不一讀是書也。卷首有唐蘭先生長序一篇，所論與今世考古學者之說迥殊，亦頗可一讀。（青松）

× × × × ×

歷代兵書目錄 陸達節編 民國二十二年五月出版 南京國府路軍用圖書社發行 定價一元

歷代兵書目錄六卷一冊，訓練總監部軍學編譯處編輯陸達節編。卷一自上古至漢，卷二自後漢至隋，卷三唐，卷四五代至宋，卷五遼至明，卷六清。共收一千三百四部，六千八百三十一卷，存二百八十八冊，二千一百六卷；每種標注出處，作則注其版本。大率根據諸史經籍志及各家書目，間以目錄觀覽。案蒐錄歷代兵書當以陸氏此書爲最先而最備，以此爲門徑，對於歷代兵學之研究，當不致茫無頭緒矣。陸氏編錄宗旨，詳見凡例，頗有可以商榷者：是書採集概依「歷代史志以及各家書目中凡屬兵書兵家等類之書，莫不寬採。」然如原書卷五第八葉上收許論九邊圖一卷，然而明代論九邊者論著外無慮二十家（詳見王庸君明代北方邊防圖籍錄，載最近一期地學雜誌）如以論書附於兵垣四輔邊列於兵家，則其他諸書豈非論九邊者乎？又同卷八葉下九葉上下收鄭若曾江南經略海防圖論，卜大同備倭記鄭光復倭情考略，胡宗憲籌海圖編等海防諸書。北虜與倭患幾與有明一代相始終，記北邊記海防者豈止百餘家，存者亦不止數十家。去取之間純以書目爲斷，而不以書之本質爲據，此所未喻。（王庸君又有明代海防圖籍錄，見清華週刊第三十七卷第九第十期，所收近百餘家，可以參看。）實則此類書俱應歸入史部，收歸兵書，而又有所取捨，徒令人增其迷惑而已。原書又依附志收焦弱諸書於兵家，宋人此類書以宋志別爲部居，遂致見擯；其失殆與收明代邊防海防書同，今不具論。又焦循削後，西洋火器傳入中國，於是中國戰備上起一大變革，此爲晉中國兵學及中國文化史者一至可紀念之事，陸氏目錄於此似不甚措意，故多所遺漏。如趙士禎神器譜只從千頃堂書目存其嘉靖器譜之目，今按此書日本內閣文庫及成簣堂俱藏有萬曆刊本，又有日本翻刻本，陸目俱失收。何汝賓兵錄之西洋火攻神器說有日本享和間刻本，陸目失收。崇禎時焦勗據湯若望口說成火攻挈要（又名則克錄），清代流傳殷廣，有道光時刊本及海山仙館叢書本。又撰挈要焦勗序，知明代習火器者尚有神威秘旨，大德新書，安攘秘籍，制勝錄，無敵真詮；趙士禎並有銃融佐理一種西洋正傳，尤爲焦氏稱實；陸氏書於此悉未著錄。各家書目紀此者當尚不鮮，拾遺補闕，是在來者。至於標注版本，往往疏漏，是所難免，讀者如能取王庸君之二錄（見前）及劉國鑒君之古兵書敘目（見二十二年七月份北平圖書館讀書月刊）比而觀之，當可補其闕失，茲不備舉也。（明）

學術界消息

現代德國印刷展覽

北平圖書館近與中德文化協會，定於本月二十日舉行現代德國印刷展覽。陳列術籍，皆由德國萊比錫書業協會所徵集，共中種類，可分爲六大類。（甲類）印刷術：（一）關於印刷術及字體學刊物樣本之一部分，（二）百科字典及目錄學，（三）文學，（四）科學藝術與工程學。（乙類）插圖書：（一）一般的插圖，自然科學書籍插圖，醫學書插圖，（二）藝術插圖（包括建築學和照像），（三）工程學插圖，（四）兒童讀物插圖。（丙類）珍貴版與私家刻版：（一）日曆紀念刊等項，（二）文藝書。（丁類）影印本。（戊類）宗教書籍：（一）聖經的原本與譯本，（二）祈禱書，讚美歌本，宗譯本，彌撒書，（三）家庭及典禮用書籍。（己類）德人關於中國的著述。大都足以代表近年來德國印刷術進步之一斑，而歐洲諸國在印刷術上之造詣，於茲亦可窺其大概。聞該館並印有展覽目錄，定價壹角云。

× × × × ×

任啓運遺著之新刊

任啓運，清雍正時人，世號鈞臺先生，於禮經之學卓然名家。生平著述甚多。今共後裔宜興任際岱（振采）氏彙印其所有著述而加校勘爲之重刊，計已成者有尚書內外篇章句，尚書約註，四書約旨十九卷，禮記章句十卷，肆獻祼饋食禮三卷，宮室考十三卷，田賦考，清芬樓遺稿，凡八種云。（方）

× × × × ×

李文田著作誌聞

李文田（若農）廣東人，爲清同光時治西北史地之一大名家，共元秘史注，至今治元史者無不知之。今歲葉恭綽氏曾從李氏家中，得其著作目錄，計：有槧龍經注，穆龍經注（俱有江西書局光文刊本），四朝今書識議表注十卷（未刊），南北朝排錄錦三卷（未刊），唐晉瑣綴錄一卷，元秘史注十五卷（實碩秋刊），元聖武親征錄校注一卷，元史地名考和林金石錄一卷，雙溪醉隱集箋注，（俱刊知服齋叢書中），西遊錄注一卷（鄭盦叢刊），及紙版考各種，此外零星不成片斷之篇章尚多。誠能有付梨棗，亦爲學術界之一好音也。（方）

圖書副刊

BOOKMAN

第五期

一　本刊登載關於中外圖書之介紹批評以及學術界消息，歡迎投稿。
二　刊登之稿酌致薄酬。
三　投稿請寄北平文津街國立北平圖書館內圖書副刊編輯收。

徐光啓逝世三百年紀念

佛陀耶舍

徐光啓字子先，一字玄扈，入天主教受洗後教名保祿，江蘇上海人，生於明世宗嘉靖四十一年三月二十一日。卒於明思宗崇禎六年十月初七日，謚文定。今年陽曆十一月二十四日適爲其逝世之三百周年（1633–1933）。上海徐家匯聖教雜誌社既爲出徐上海特刊，天主堂藏書樓亦增訂徐文定公集，並從法國抄回徐氏庖言，重刊行世。彼教中人且欲爲之行列品之請，以爲此三百年前撐持危局篤信天主之大賢紀念。

明自萬曆以後，東事日亟，外無專征之將，內有清談之臣。重以國庫空虛，民生凋敝，而權臣中人復用事於其間。士大夫上焉者習於朋黨，放言高論，互相攻訐；下焉者則寄情聲色犬馬之好，耗精神於柔靡無用之地。其時擔柱國運之儒學，幾不復足以綱維世教，振作人心。明季之士夫以視江左之清談玄虛，貽誤國家，蓋尤有甚焉。泰西之教適於其時因海通而入中國。利瑪竇之流藉以天主教人，而言行初不悖於儒者，悔罪歸誠，精勤克己，尤足以鍼砭末世靡潰之人心，救儒學之廢墮。而此輩遠人，於傳教化人而外，亦復盡其心智以圖挽此古國，殉身致命有所不惜。明儕有識之士，感其誠摯，起而靡然從風，亦固其所也。

文定首信西教，致力西學。不僅譯書立言，並亦躬行實踐。有清三百年學術之篤實光輝，尤其於形數之學，闢以前未有之新運，推原功臣，文定固應與亭林分庭抗禮，併有千秋。文定在西學方面之貢獻及其行事，時賢論述已多，不煩辭費。茲唯就其精神可風末世者略舉三事，以誌吾輩後學對於此三百年前冥心孤往之大賢所有之感慨。

一曰不輕信也。文定之與西士接，當始於萬曆戊子以後。庚子於南都遇利子瑪竇，相與討論。癸卯秋後至南都晤羅如望，始行受洗。距其初聞西士之學蓋已十餘年於茲矣。當其未明決然不信，逮其既悟，齊袂以從。自斯以後以至於歿，數十年間，因其歸心西教，幾成衆矢之的。沈漼之流迭相攻擊，其不顛躓也幾希。而辨學一疏侃侃不屈，至不惜以身家性命爭西學之是非。是非於西學有真知灼見者烏能於舉世不爲之日，以生命爲孤注，以爭區區之是非乎？其爲學亦「不敢輕信所疑，妄書一字。」不知不信，既知即信，信而不疑，文定有焉！

二曰精勤廉節以從公也。張溥題農政全書有云。

聞公方究泰西曆學，予邀同年徐退往問所疑。見公播室端坐，下筆不休。室廣僅丈，一榻無帷，則公臥起處也。文孫糜之旋之。昔言公精默好學，冬不爐夏不扇。予在長安，親見公推算緯度，昧爽細書，迄夜半乃罷。登政府日，惟一老班役，衣短後衣，應門出入傳語。古來執政大臣，廉仁博雅，鮮公之比；趙孟公孫事足道哉！

當時東來諸西士如利瑪竇輩，大率潔修自好，以克己復禮爲教，杜物欲而滌名譽，澹世味而勤德業。史稱文定「蓋棺之日，囊無餘資，御史請優卹以愧貪墨者，」蓋其所漸漬者深矣！

三曰重實踐而薄空言也。儒家之學本重實踐，至明季而士大夫高談性天，徒託空言：不惟形下之學鄙不屑道，即所謂天人性命，亦付諸口耳之間。文定「居恆屢蔬食，以崇爲轅，自縛其體，雖流血亦不自顧。」其信天之篤，律己之嚴，有如是者。而其於西士之學如曆數火器水利，莫不躬行實驗：布算推曆，逐譯疇人家言，固無論矣。津門屯田，即實行熊三拔之法。是以集中言兵事屯田諸疏莫不言之有物，切實可行。至於談空說玄，絕不之見；即知即行，此文定之所以迥異時流也。

夫不知不信，既知即信，信而不疑，杜物欲而薄名譽，澹世味而勤德業，重實踐而薄空言，此老生之常談耳。然而即此區區數者，求之并世士大夫乘國鈞之流而無愧者，能有幾人！今之人莫不曰我爲某某爲某某之信徒矣。其眞爲信徒乎？是不能無疑也。威武朝來，利祿暮至，妖姬夕降，則今日爲信徒者明日可爲叛徒，今日爲良友者明日可爲仇讎。至於居必華屋，食必重筵，衣必錦繡，行必飆輪；視爲當然。負國家安危之實者不沈溺酗毅以傾心於致國家於富強挽民族於危亡之大道，而惟竊竊禱奧，南無膜拜，求獲福祜於法會，圖强體魄於太極，更自鄶以下，無足論矣。

三年前李之藻逝世三百年紀念，爲之唏噓徘徊者只一二篤信天學之士。今年又逢徐光啓逝世三百年紀念，而唏噓徘徊者仍只前此之一二人。豈世運遂窮，非宗教不足以振作人心歟？抑尚有他途，而吾輩號稱爲士大夫者應投袂奮起，以儆肩負其責也！因爲數言，以誌感懷，以勵將來！

徐光啓像

徐文定公與樸學

牟潤孫

徐文定公於明季士風頹弊，學術疏陋之際，獨能卓然與一二明哲之士汲引西說，孜孜講求天算水利農政火器諸致用實學，爲我國學術別闢新途；其學皆當時士大夫所不爲抑且不能爲者。公之特識。過人遠矣！

公與顧亭林先生同爲宋明理學之反動者，而取材不侔。公重自然科學，其學以格物窮理（注一）爲主；亭林重典章制度，其學以考據復古爲主。公之學應以崇禎曆書農政全書（注二）及所譯幾何原本其代表也。亭林之學，日知錄，音學五書，郡國利病書其代表也。對象既異，結果自判；其術固皆科學的，其旨固皆致用也。三百年來亭林之學獨盛於天下，人傳樸學，公學之傳者僅數學一事。學人智力萃於考古一途，繼亭林而起之樸學大師所貢獻者亦惟有考訂古籍而已。既異於文定，且去亭林原旨遠甚。（注三）二公學派之所以盛衰，固別有故，非茲所可詳。而近代中西學術之異途，與夫自然科學之振不，實早依乾嘉樸學大師努力之方向而定之矣。（注四）偏頗之弊豈亭林先生逆料所及者哉！

或以樸學家治學之術，近於西學，遂謂公與耶穌會諸教士爲開樸學之風者。（注五）吾人固不能謂公與利西泰等之學說絕無影響於清之樸學，而由今觀之，公之學實不得其傳也。利西泰言，「幾何原本既問世，承之者多，而能解者少。」數學爲我國學人素推之科學，猶且如此，他可知矣。愚故曰：樸學者流縱有取於公所輸入之西學，亦遺神取貌耳！

樸學固可貴，文定之學亦自有千秋，學問之道多端，正不必混而一之也。

（注一）徐文定公幾何原本序，「顧惟先生之學略有三種：大者修身事天，小者格物窮理……余乃亟傳其小者」。又泰西水法序，「余嘗謂其教必可補儒易佛，而其緒餘更有一種格物窮理之學。凡世間萬事萬物之理，叩之無不河懸響答，絲絲理解。退而思之，窮年累月，愈見其說之必然不可易也。」

（注二）農政全書雖非公定稿，而所收救荒本草，多注公實驗，精神可於此覘之。

（注三）亭林先生與人書二五，「別著日知錄。……有王者起，將以見諸行事，以躋斯世於治古之隆。而未敢爲今人道也。」又與友人論門人書，「所著日知錄三十餘卷，平生之志與業皆在其中。……有王者起，得以酌取焉，其亦可以畢區區之願矣。」亭林先生爲學原旨，固不在考訂也。

（注四）胡適之先生治學方法與材料亦持此義。

（注五）裴化行司鐸（R. Henri Bernardi）向持此說。近於徐上海特刊中撰「現代中國文化之前驅徐光啓」一文，更闡此意。云，「今人知國濟諸文學家(?)皆嘗研究西洋算術，對於徐公之學術及其研究學術之方法極表同情。於是遂想清代漢學家在復古途徑，不得不認徐公爲開路先鋒之一者。」

芸盦群書題記

趙萬里

程幼博墨苑十二卷附錄人文爵里九卷　明萬曆刻本

此書爲類六，曰玄工，曰輿地，曰人官，曰物華，曰儒藏，曰緇黃。各爲上下卷。天祿琳琅書目作十五卷，則從原書總目，更益以人文爵里九卷，故與四庫存目十二卷之數不合。存目所據本，不附人文爵里。千頃堂書目明史藝文志亦如之，然並作十卷，蓋誤挽一二字，非別有他本也。此書刊行於萬曆甲辰乙巳之間。圖皆陰陽鐫刻，故口邊所題卷數多參差不一，且時有增修之迹。繪圖大半出丁南羽手筆，一種蕭勁清明之氣，躍人眉宇。題詞及卷首所附人文爵里，網羅當代朝野名流詩人墨客，略如汪廷訥環翠堂集卷前所附題序。汪與程皆新安世家，且席豐厚，故世人多邸之標榜，而君房此書爲尤甚。君房墨法，當時推爲獨步。同邑方于魯傳其法，刊方氏墨譜六卷，羅列墨之形制得三百八十五式。二人以名相軋，遂爲深讐。後程坐殺人繫獄，疑方陰嗾。故墨苑內繪中山狼以詆方。說見姜紹書韻石齋筆談，四庫存目提要備引其說。以余考之，此說不爲無因。觀於卷[illegible]

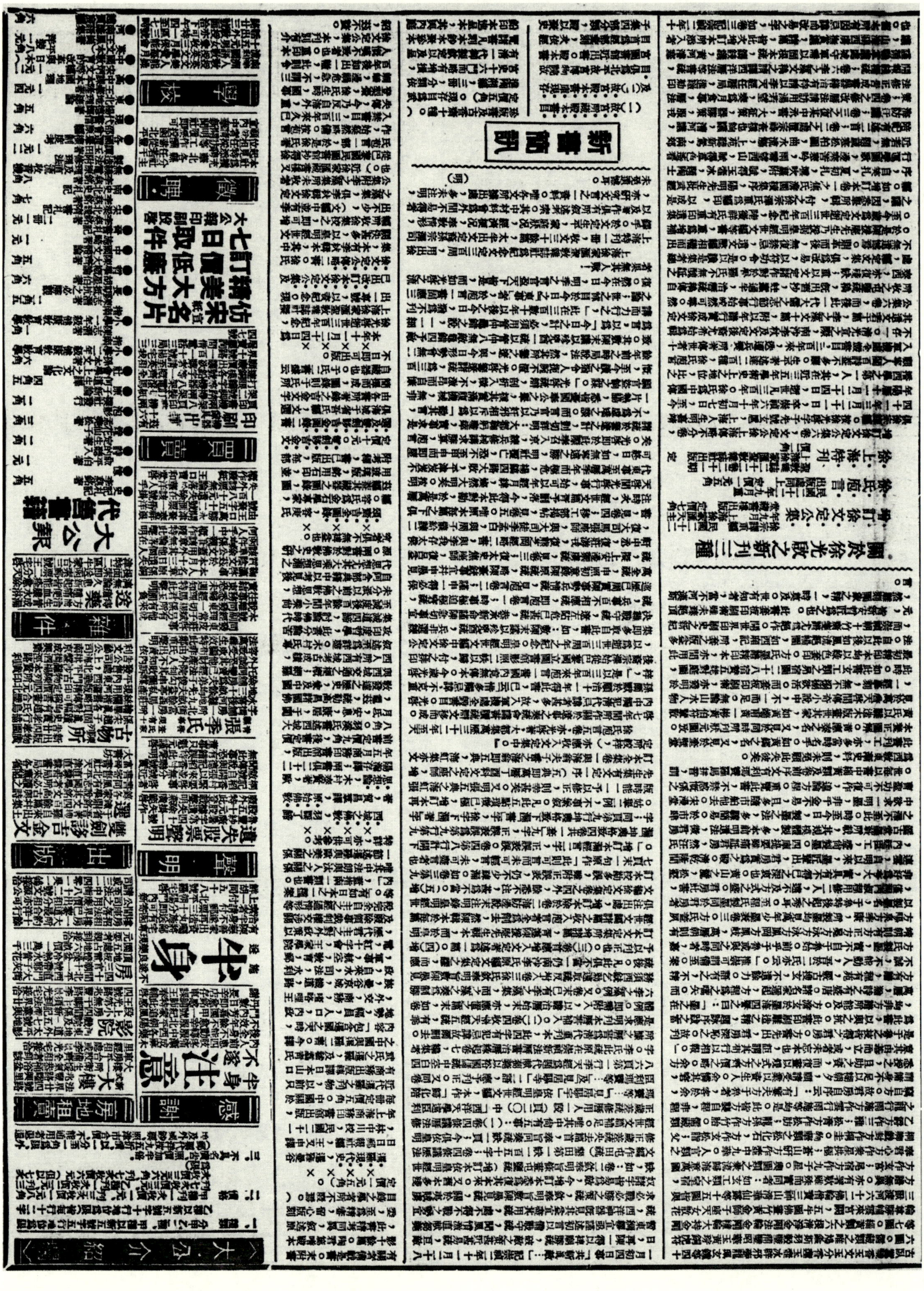

關於徐光啟之新刊三種

增訂徐文定公集

徐氏庖言

徐上海特刊

……

者豈無其人耶！

上海徐家匯聖教雜誌社爲紀念文定三百周年，用出徐上海特刊一冊，收文三十餘篇，大半出文定裔孫宗澤司鐸手。敘文定生平，家族狀況，經濟概況，奉教實形，以及著作保存所收藏之處。其中材料，多會外間不易得者，亦研究文定者之一資料。惟各文所據出處，多未注明，未免減色耳。

（明）

新書簡訊

（一）故宮所藏殿本書目　（二）故宮殿本書庫現存目

……

圖書副刊

BOOKMAN 第六期

一 本刊專載關於中外圖書之介紹批評以及學術界消息爲公開性質歡迎投稿
二 刊登本刊之文稿酌致薄酬
三 投稿函訊可寄「北平文津街國立北平圖書館內圖書副刊編輯收」

蠹魚之話（二）

我們的一位朋友開了一家代辦書籍的鋪子，於是自出一兩書訊，向國外報告中國新出的書籍。最近書訊打算停刊，因此寫了一篇告別辭，同他的朋友告別，其中有這樣的幾句話：

中國的出版界是這樣的混亂，書訊一類的刊物當然是最需要的。但是中國的出版家似乎是不願意別人替他的書籍宣傳。試看：我們有沒有得到過一部樣本（an advance copy）？我們有沒有看到寫好了的一篇新書內容提要？我們有沒有收到新書出版的預告？以及其他的一切一切？沒有，並且可以斷然說是沒有！即以今年（一九三三）的上半年而論，我們曾向國內第一家同第二家大書店要求過，請他們將每月出版的新書目錄寄給我們，前後一共去了八次信，方纔第一家寄了一次；我們只好從報紙同雜誌上去發現那些新書的廣告。甚至連我們不到十分鐘路，他們的出版物要我們到國外去宣傳的地方也是如此！我們只有無書朋友！我們在國內的是如此，國外的更可想而知了。

這是我們那位朋友的話，一字不易的照錄於此。中國出版家這一種「不求聞達」的精神，在我們這些編輯雜誌，尤其是以批評介紹爲中心的刊物的人，更其是常可以體驗得到的。外國的出版家同著作人於一部新書出版，常有一兩批評本（Review Copy）送給專門家同雜誌，請求批評；專家同雜誌若是公平地表示他們對於這一部[illegible]

[illegible]

讀書雜識

蘧廬雜錄

永報堂集

永報堂詩集八卷

艾塘樂府一卷

揚州畫舫錄十八卷

傳奇二種

奇觀記四卷

遊仙記上下卷

[illegible]

集，坊間久無流傳，惟詩早經散佚不存矣。今夏北平圖書館購得其遺書全帙，總名永報堂集。[illegible]奇談記一種，而所相國防風館詩序，即載於永報堂詩集卷首。序末有云「總內史文康以所作防風館詩上下二卷索敘」等語，是[illegible]所謂防風館詩爲先生未定稿者，[illegible]不能見矣。

先生所爲詩，閎約而旨深遠，運事古雅而博異，其記所遊歷山川及述時行異人無不事傳其實，有傳奇意。如卷三第十九葉有[illegible]詩。自來記[illegible]者甚少，其姓名多不傳於世，[illegible]爲其時[illegible]名手。讀此詩不特知其姓名，更可推知其梗概矣。又如卷六第五葉有[illegible]一首詩。[illegible]之事，素不注重，歷代往籍，所存甚少。先生爲此，自是絕妙，故在彼時即已視爲奇書矣。而先生譔是篇之所本，亦可由詩中推知之。誠研究[illegible]者一新材料也。

先生所撰傳奇，世不經見，總未見於著錄。先生東園觀劇詩序云，「自著傳奇，吳人市之，[illegible]年矣。[illegible]所習用是也。」云云，是先生所撰戲曲，當甚多，集中所收僅奇觀記[illegible]一種，想散佚者多矣。

奇觀記完全取材於金瓶梅，以王世貞報父仇爲綱領，[illegible]因名奇觀記。全書分四折，每折六齣，合爲一折。

第一折[illegible]　第二折[illegible]

第三折[illegible]　第四折[illegible]

[illegible]

×　×　×　×

讀「洋事記冊」偶記 吳光乙

北平圖書館藏洋事記冊抄本一部，計八冊。封面[illegible]布製成，外標題洋事記冊紅紙書簽，中有[illegible]年月之紅紙黑條。始光緒二十六年五月，迄光緒二十七年五月。所抄錄之稿，爲庚子年議和期間事後，東三省官吏往來之函電，公文，咨覆，告示，以及條陳之上論，議論等件。關於東三省議和事之經過，各國要求之態度，中俄之交涉，均有可參考之材料。函電之主要作者，在吉林方面，有吉林將軍長順（鶴汀），副都統成勳，伯都訥副都統[illegible]（[illegible]）；奉天方面，有奉天將軍增祺，副都統[illegible]；黑龍江方面，有黑龍江將軍壽山（眉峰）諸人。抄寫本爲紅格線之毛邊紙本，形似賬簿。從筆跡觀之，非一人所手錄。而長順致[illegible]之函電，有一部分係原件抄錄，貼於冊內。長順之函，皆紅色八行，[illegible]所錄各件，有一部分並無題目，故何人所發，與發至何處，均無從[illegible]，必推測而後可。第二三兩冊，間有眉批，對所錄文件，作[illegible]。

[illegible]然觀此冊之形式與材料內容，似爲吉林伯都訥副都統[illegible]所錄。[illegible]如左：

（一）每件文稿之前，素乎皆無題目。惟第一冊前部，有時在標件前，冠以說明語句。如錄冊第一頁（原稿未記頁次）第一件，題爲「奉天[illegible]來電」；一頁三件，題「奉天[illegible]來電」。而此等文稿，皆奉天致伯都訥[illegible]之電訊。又第二三冊，間有眉批，或爲[illegible]，或爲針對此項函牘之[illegible]。所[illegible]之兩件中，凡伯都訥副都統[illegible]出者，皆日給某某電；他處來件，則僅批日某某電。如第二冊後部，[illegible]，眉批題「給[illegible]」。據此，可知[illegible]者，必爲[illegible]。

（二）所收稿件，以[illegible]所發出者爲最多。且其標出之件，類皆[illegible]與其他官吏往來之函件。故其內容，以[illegible]爲主，可知與此冊[illegible]方面所錄，其可能性實多。

（三）所收各件，本係抄錄稿。惟長順致[illegible]之書信及電報，有時則存留原跡。按件有原稿，固不能謂其即爲[illegible]所錄；然其原件之原稿，皆係[illegible]所收到之件，又足爲[illegible]所錄之另一佐證。

綜上所述，此稿大約係[illegible]命人編錄，其中眉批，或出自[illegible]手筆，亦未可知。關於庚子年東三省議和，茲編若能加一番整理工夫，或可產生新史料，[illegible]也。

新書介紹

蘇聯大觀 [illegible]編譯 一九三三年 上海良友圖書公司出版 插圖本 三五一頁 定價大洋[illegible]

蘇聯大觀，[illegible]編譯，搜羅材料，頗爲豐富。內取材於辜利普米勒(Fullop Miller)的蘇聯文化生活 (An Examination of cultural life in Soviet Rus[illegible] 1927.)，並參以新近的材料和事實，如胡愈之林[illegible]谷水以及[illegible]的記錄和議論。綜合[illegible]，採取客觀底描寫，附着豐富的插圖，成爲蘇聯生[illegible]縮影，這實是本書的特色。

客觀底描寫，是足以表現事實的忠實性。關於蘇[illegible]，對於今日蘇聯所遭遇的一切，這偉大的現代[illegible]歷史事實，是不應該主觀地有意的中傷或誣蔑，或[illegible]一時的高興來一味的讚揚，所以必需用很客觀的[illegible]

芸盦群書題記

孫子算經三卷

張邱建算經三卷

殘本九章算術五卷

五曹算經五卷

數術記遺一卷 以上宋刻宋印本

此嘉定六年汀州守鮑澣之重刊元豐監本。非從[illegible]本重雕。鮑文[illegible]。其書目：唐以明算取士。其立於學官者，曰九章，夏侯陽，周髀，五經算術，綴術，緝古凡[illegible]，若儒學六經之於論孟也。自五季紛亂之[illegible]，綴術三等書已亡失而不傳。國家文治[illegible]，留[illegible]及天中興館閣[illegible]之家，亦無其本。即元豐所刊者三[illegible]，因至七寶山三茅寧壽觀，閱道藏中書目[illegible]，皆其中所缺者之。其書[illegible]余以天門令[illegible]，盍以見[illegible]。不然，則亦無傳矣。[illegible]餘姚吳章人，生於道末，受[illegible]，而王文忠公敘錄[illegible]之，乃云不詳何[illegible]所注。[illegible]守鮑司業，時代[illegible]，皆未詳也。今不[illegible]壬申七月一日乙巳立秋，[illegible]。

考弘治汀州府誌職官門，知鮑之於嘉定六年以官離任。算經之刊，當在其始事時。清內府天[illegible]算經後，亦有嘉定六年十一月鮑澣之[illegible]。[illegible]官，故列條之以顯其[illegible]，[illegible]。除周髀算經外，[illegible]。明末虞山毛氏[illegible]張邱建夏侯陽四種，從章丘李氏得周髀緝古[illegible]。[illegible]本後入清內府昭仁殿。乾[illegible]亦據大典遺錄，惟張邱建算經緝古算經，云[illegible]之篇。[illegible]及毛氏[illegible]，[illegible]得見[illegible]，[illegible]本入木，然亦不無臆改之弊。此本[illegible]印毛晉私印[illegible]毛子晉圖書記諸印，[illegible]。由[illegible]氏入[illegible]徐氏，故又有李滄葦[illegible]亦有[illegible]黃金滿籯不如一經[illegible]相國[illegible]物，惟無毛氏印記[illegible]。自[illegible]守。觀乎是[illegible]：

右影宋殿本算經。[illegible]書目云算經四[illegible]第一本爲張邱建，第二本爲孫子，第三本[illegible]四五。於是知九章不全，當日已如此矣。[illegible]乙丑[illegible]，因記之，[illegible]同光之季，[illegible]藏所有，[illegible]中見之。至五曹數術記遺二[illegible]，則[illegible]經宋本，亦嘗錄於[illegible]，並此所[illegible]之，[illegible]。數術記遺後，附刊算學源流，及[illegible]子監算學對中書省狀，[illegible]史所失記，可補[illegible]時。四庫本及明以來[illegible]本俱無，當以宋本[illegible]

[illegible]

作詳密的考察。結果此作完全是客觀的描寫，[illegible]度是對的。

但是僅不能用個人的理論，一堆乾燥的事實，和一[illegible]批判的意見和反對意見之表示，來深[illegible]。要[illegible]目的，乃以生動的真實的面影，必須從[illegible]——數字和圖畫——俾才能得着一般人們和他們的[illegible]文字和思想，之忠實寫真。而本書編著恰能利用[illegible]重要的同盟者——照片的幫助。我們只要把本書[illegible]看，這些都是表現着重要歷史性的插圖。照片之[illegible]真實性，可說爲文字帶來的幫助，他們了解蘇聯[illegible]生活的面影：社會主義的建設，日常生活的表樣，[illegible]教育各方面的成果，婦女兒童的幸福……等等。[illegible]實貴而不容易搜集的插圖，可說爲無限的歷史，[illegible]

本書結構，分爲總論，建設，宗教，哲學，[illegible]學，教育，藝術，婦女，生活，十章，末附參考[illegible]錄。

…人讀者了這本書以…得可以保證吾人深…的是當什麼「蘇聯…計劃四年完成」？這…於是他們頂相和人民…習者，犧牲，堅忍，…的偉績的果實。但是…什麼能有這種偉大…？他們唯一的主張…組什「社會主義的集…組」，而消滅「計劃…資本主義的私有意識…蘇聯的青年經過代表…九歲參與共產青年團…組織強的訓練，使國…到蘇聯所需要，成爲…

真且，

…益壯識何之，…

態，所有種種個人主義的舊思想。這種方法，果將來發達圖上所計劃的「社會主義的都市」，就是人民的住宅，都由政府供給，於是舊一家族所住的住宅式的房屋已被剷除。另一方面，乘團而經濟的設備，則完全設於公共場所，公衆食堂，俱樂部，圖書館，托兒所，幼稚園等，所謂生活大衆化。

所以蘇俄的各方面都是由政府統籌一個偉大的計劃工作，藉以把傳統的個人主義改造爲一個集體人。更由此可以看見世界各資本主義國家裏的各國其性之各種力量，是消極，繼續與矛盾的，而蘇俄的力量是積極集中的，熱狂的，可以產生典型的人民，兩相比較，就不可同日語了。倍脫說「不干你事」這種思想，在蘇俄是不容易有的。

這種集體主義的組織，在蘇俄總隨處只看見集體的人的活動，在街頭舉行示威運動，慶祝節日的狂歡，以及在工廠，集體農場中之活躍的勞動，凡這些無往而不表示五年計劃建設的集體的英雄。這種雄偉的，熱狂的精神，是資本主義社會的發展所不能達到的階段，蘇俄五年計劃所以四年完成，實在有賴於偉大的一種力——社會主義的集體主義！（琦）

× × × ×

中國聲韻學 姜亮夫著 世界書局出版 定價 精裝二元 平裝一元五角

吾國聲韻之學，昔爲治經學者專門之業，凡所著述，大都精深不便初學。故錢玄同氏論聲韻曰：『碩言音理，海內無將音之人』。足見其自視之高。然而聲音之事，人人所習而不知者，亦以前人之學，未能捷之條理以爲斯學之啟也。自清代顧炎武氏起，以萬國音標示韻部，以近世新音學明音理，親切有味，不覺其難。雖初學小生，稍明英文字母者，一經指點，無不渙然冰釋。是以前人視爲不傳之秘者，若以新法教授，亦未見其可驚之處。姜氏所著中國聲韻學，即以新法教授之一業。因成書較晚，故教授之法益趨精進，條理詳明，說解透闢，此誠古今聲韻學家前所未備。作爲初學入門之書，則同時諸家所作，共爲可取者也。（青松）

× × × ×

雙劍誃吉金文選 海城于省吾撰 北平琉璃廠來薰閣書店 直隸書局 代售

定價六元

海城于思泊氏篤治釋讀古文有年，於文字鑒法素有研究。最近數年來，網羅彝器金文字，於殷周彝器之銘文中選其確鑿可信者凡一百三十一首，同銘器者都三百三十八首，依類釋文，不蹈陳說，集成雙劍誃吉金文選凡二卷。評論精詳，一掃前人古文釋讀之積弊，亦不失爲現今出版界中一嶄新之作。既其選錄吉金古文之篇，起於明清以來諸家，共所錄金石古文一册，遵循兩周彝器凡七篇。若節其綴篇，皆考斯，皆能確鑿。至於清代，能可地銘錄金上古三代彝器、兩周六朝文，凡所古器以前所著錄之金文，均詳審精入於各篇，考釋詳博，皆能應有得道者。道光以降，繼且於亦好治金文，所成殷周彝器文錄，僅見叙言，惜未成書。其他不以釋義爲主者，若陽湖孫氏積古齋金文之選百字者十九種，然其成書一卷，以爲前輩之餘。最近四川郭沫若氏，亦嘗纂兩周金文辭大系一書，共意與書論相仿。大抵上述諸家之書，皆以今字釋讀原文，與于氏之作大旨相同，而其篇幅之數，則前人所不及也。自晚清來以迄今茲，治金文

學術界消息

朝鮮所藏的明實錄

我們知道日本藏着幾部明實錄，而朝鮮也藏有一部。最近見青丘學叢第十三號昭和八年八月刊有小田省吾氏一文，敍說朝鮮藏本的始末及其卷數。現在即本小田氏之文，摘要介紹，並爲研究界所樂聞也。

實錄是清宮舊藏，歸李王職收藏。每格十行明鈔本。是全書總冊數，共四百六十四冊。

此據本書卷數 冊數多少 總冊數		
太祖實錄	[illegible]	[illegible]
成祖實錄	[illegible]	[illegible]
仁宗實錄	[illegible]	[illegible]
宣宗實錄	[illegible]	[illegible]
英宗實錄	[illegible]	[illegible]
憲宗實錄	[illegible]	[illegible]
孝宗實錄	[illegible]	[illegible]
武宗實錄	[illegible]	[illegible]
世宗實錄	[illegible]	[illegible]
穆宗實錄	[illegible]	[illegible]
神宗實錄	[illegible]	[illegible]
光宗實錄	[illegible]	[illegible]
共計	[illegible]	[illegible]

原書序前有四印：一朱文「德壽宮藏書印」，二白文「孫蕃之印」，三白文「貫錦之印」，四朱白文「既能」；第一卷首亦有「孫蕃之印」一方。這枚鈐印記，惜未傳考。

據稻葉岩吉氏論著中的皇明實錄跋，朝鮮所藏明實錄原是編明史紀事本末的谷應泰所所藏，後來谷氏子孫式微了，賣出來，流落在燕京市，已丑冬，使行中有李鎭九者，遂收集私藏，以千金購去，歸而藏之於朝鮮。果然是谷氏舊藏與否？並無確鑿憑據，恐怕就說錯了。李鎭九買去，是有名有姓的，應該可以考察。可是這人並不很知名，在八道韓使只能查出他是全州人，韓科出身，官至知中樞府事而止。然則何以知此傳說？想必還有據故。

考他們所藏書之後，共同考的故事，猶而筆之於錄事歸：據稻葉說是肅宗時候（康熙年間）在燕京中大觀堂前，藏起來專爲祭祀明朝歷代皇帝的地方。大報壇是祭祀大明神宗皇帝的專壇，凡關大報壇的文書，俱不用清朝年號；守衛此壇的人，必用明人後裔。原來朝鮮感謝明朝援救；自豐臣秀吉一役，即所謂王辰之役以還，尤爲感恩深結。清興以後，雖然服屬，而眷戀之思繼永，祀明帝彌誠。但恐觸清帝之忌，故祭祀但設紙位，其事亦不敢於朝廷。據此實錄的時候，是李明世子（後追尊爲翼宗）代政第四年（世子是年薨）其實是翼宗的意思。能使李鎭九明陳購求之名者，亦無非負擔維清帝耳目而已。

李太王十二年（光緒元年）承政院日記十一月初五日有弘文館奏李裕元以活字印明實錄的記載。可惜因爲日本雲揚號江華島的事件，又值大凶之年，未即實行；而後此亦終無其機會了。到了甲午時候，大報壇撤祀，這實錄便藏於奎章閣保存着。（桑詩）

× × × ×

此中有總目錄三冊，是光宗一年光緒二十四年重修時所增；故實際四百六十一冊。當初原裝未匣，匣面別有金陵舊題錄。現在木匣無存，題錄移在總目之前。有云「崇禎紀元後四戊寅春，使行入燕回，購皇明實錄二千八百二十五卷，共四百六十一冊，藏奉以進」。

題錄所云卷數，與實不符，蓋將細目合於全錄之後，除有一段題辭，以爲「燕京所見此列朝實錄，則實爲三千一百卷，而不止於二千八百二十五卷而已」。這卷數所以不同於文志者，大概還是未經修改之本。觀其所異，有如左表：

之高者若吳大澂，孫詒讓，王國維，諸家於前通文字，精審明確，頗爲學界所推重。然孫吳諸氏之集文於義，尚未能十解八九。至於羅振玉氏，雖集其大成，頗得本文之旨，然僅取其拓本，而未論其字形之異文。今于氏之書則選錄之，此前人所不能及也。且其書不僅以釋論文字爲事，所釋銘文，每條考證，参以成說，間附新義。「南仲」，譬如說明「號」字即說文之「號」字同義。讀毛公鼎「雩王位」即雩王位，「雩」即說文之粤，古亦訓之義。鬲從齊之「鄂侯」即鄂侯。皆發前人所未發。其中釋文，尚多有之。又譯中所選金文未經著錄者：若史頌鼎，盂鼎，師旅鼎，小臣彝，季娟鼎，蔡大師鼎，守宮尊，周臣敦，散氏盤，伯簋，召伯簋，兩卣，鼎卣，及王孫鐘，凡十七器，治金文者當先睹爲快。又此書既以辨釋爲主，雖不治金文者，亦宜備覽也。（滋園）

× × × ×

不列顛史書誌——都鐸爾朝

C. Read, Bibliography of British History, Tudor Period, 1485—1603, The Clarendon Press, London, 1933.

「不列顛史書誌」係美國歷史學會 (The American Historical Association) 與英國皇家史學會 (The Royal Historical Society of great Britain) 共同編纂者，始於一九○三年。此書乃繼格羅斯氏英國史料誌 (C. Gross, Sources and Literature of English History…to 1485) 之後，而與大衛「不列顛書誌——斯圖亞特朝」(G. Davies, Bibliography of British History, Stuart Period, 1603—1714.) 之前。凡一九三一年以前有關此期之史料與論文，均經採錄，惟官書如 Public Record Office 所藏者，則未盡錄，蓋著者之意在以其有書目可查也。按「不列顛史書誌」實爲有計劃有系統的英國史料目錄，各門分類極爲詳細，一經閱覽，爲治英國都鐸爾朝史者必備之目錄書。吾國近年如北平圖書館之晚明史籍考及叢刊論文索引，與此相類，惟此書係從一定之時代，不以存目，而分類又甚精密，使讀者有「按圖索驥」之快也。

× × × ×

都鐸爾朝之地理學

E. G. R. Taylor, Tudor Geography, 1485—1583., Methuen Co. London. 1930.

此書爲倫敦大學教授泰勒氏所著，專論英國都鐸爾朝之地理學發展史者，可與前舉 Read 之書，參互爲用。全書共八章，第一二章，述此期英國地理學之文獻及學者對於地理學之方法及貢獻。第三章係論於倫敦博物館所藏 Geographia Barlow 稿本之考證。第四章述法國地理學之影響於當時英國者。第五六七章述當時各史地學者 John Dee, Frobisher, Drake 等對於東方路圖之推擬，及遠洋航行之記述。第八章述十六世紀之實地測量與航海之關係。其附錄三種：一爲英國地理學書誌（止於一五八三年）；一爲關於 John Dee 之地理著作表；一爲現今各圖書館所藏此期之地理學書誌；三爲當時各家地理學上之文件與史料。全書共二百三十八頁。（豐）

圖書副刊

BOOKMAN
第七期

一　本刊登載關於中外圖書之介紹批評以及學術界消息
二　[illegible]
三　投稿通訊可寄「北平文津街國立北平圖書館內圖書副刊編輯收」

繆藝風先生著述目

繆文遠

先生諱荃孫，字炎之，一字筱珊，晚號藝風，世居江陰城西二十里申港之申浦鎮，生於清道光二十四年（一八四四），咸豐庚申，粵寇陷江陰，先生避亂渡江居淮安，肄業麗正書院，從院長丁儉卿（晏）受經學小學。[illegible]游宦入蜀，偏歷川東北諸郡，搜撏石刻，並從湯秋史學究文史，始爲金石考訂之學。時張文襄公之洞視蜀學，執贄門下，爲撰書目答問以教士，乃復涉於板本目錄之學。蓋先生未通籍之先，所從游者，咸當世碩儒，一生之撰述造作，固已淵源於此。光緒丙子，成進士，授職編修，先後[illegible]湖北通志，清史稿儒林文苑孝友循吏隱逸五傳；歷任南菁書院鍾山書院山長，山東濼源湖北經心書院講席，江南圖書館總辦，京師圖書館監督。

先生論學沿乾嘉諸老學風，治經以漢學爲歸，早年身膺史職，於乙部致力尤深，拾遺訂誤，悉本錢氏竹汀王氏西莊之法。生平喜藏善本，又酷嗜金石，丹黃點校垂老未倦。所校刻各書尤多秘籍孤稿，[illegible]於序跋題記中，論者謂與[illegible]黃顧輩相上下，名才碩德，負海內之望者四十年。乃迨世未久，藝風堂藏書已爲書賈捆載以去，撫今思昔，是足慨耳。故將先生生平撰述略爲序列，俾後之傳先生之學者有所取資焉。

紅雨樓題跋二卷
　明徐𤊹撰　荃孫輯校
蕘圃藏書題識十卷附刻書題識一卷
　清黃丕烈撰　繆荃孫章鈺吳昌綬同校輯
士禮居藏書題跋記續
　清黃丕烈撰　繆荃孫校輯
士禮居藏書題跋再續記二卷
　清黃丕烈撰　繆荃孫校輯
續碑傳集八十六卷卷首二卷
李忠毅公年譜一卷
魏文靖公自訂年譜一卷
孔北海年譜一卷
韓翰林詩譜略一卷
清學部圖書館方志目
清學部圖書館善本書目
金石目十八卷
　按先生所藏金石藏目，計得一萬有八百餘種，蓋先後得劉燕庭，韓小亭，馬硯孫，瑛蘭坡，崇雨舲，樊文卿，沈韻初諸家搨本，繼之任官所至，又得打碑人李雲從，聶明光等搜訪於畿輔山右山左，大江南北，藏本之富，爲前此金石家所未曾有。又補正孫趙兩家訪碑錄爲金石分地錄。初撰補續金石萃編，先既遼金元輯錄，以非獨力能成，輟而未作。於金石考證未有專書，散見文集雜記及順天湖北江蘇諸金石記中。另有金石文字目五卷，則出於先生子祿保之手。藏本今悉入北京大學國學研究所。
江西金石目一卷
　顧燮光跋：江西金石目向無專書，繆藝風年丈輯金石分地編目，共二十一卷則爲江西金石編目。是江西金石目爲金石分地編目之一篇，惟原稿未見刊本，此篇今入金石輿地叢書。
遼文存六卷附遼藝文志遼金石目各一卷
　繆荃孫輯
國朝常州詞錄
名家詞二十六卷閨秀三卷方外一卷先覺論詞一卷
　繆荃孫編
後三唐人集
　歐陽行周集　孫可之集　皇甫持正集　繆荃孫編
常淮廣記十二卷
藝風讀書記四卷
蜀石經校記一卷
藝風藏書記八卷
又續記八卷
再續記若干卷
藝風堂文集七卷外篇一卷
續集八卷外集一卷漫存一卷
乙丁稿五卷
辛壬癸甲稿七卷
雲自在龕筆記六卷
又三卷
琉璃廠書肆後記一卷
　按此書係先生未刊手稿，海甯陳乃乾取與李南澗先生前記合印。
東都事略校勘記一卷
日遊彙編四卷
蘭陵繆氏世譜不分卷
國史儒林傳敘錄二卷
清史儒林文苑孝友隱逸傳
　按先生初爲清史館總纂，曾任儒林，文苑，循吏，孝友，隱逸五傳。稿與總纂徐蔭軒竹篔謝歸，五傳稿經人增損；迨甲寅清史館開，先生復被聘爲總纂，五傳除循吏一傳讓歸他手外，餘四傳皆脫稿，并成土司傳明遺臣傳，爲國史所未具而創辟者。又撰全書凡例一卷，力主先撰定傳目，以時代爲段落，擇人分撰，而自任康熙一朝，但以時局日紛，世變多故，所任史稿亦僅脫稿十之六七，遂致中輟。年譜云：「叔裕外簡，荃孫獨任其事，成儒林傳上二十二篇下四十九篇，文苑七十四篇，循良四十三篇，孝友二十九篇，隱逸十五篇」，則是循良傳初亦出諸先生者矣。

編刊書目

對雨樓叢書四種二十四卷
　景宋硯齋鈔本郭亭客話十卷
　景宋錢佃本荀子考異一卷
　景明正德元年退翁書院鈔本詩品三卷
　景蘇齋專藏南朝史精語十卷
雲自在龕叢書五集十九種
　第一集尚書記七卷續千文一卷吳興山墟名一卷吳興記一卷（繆荃孫輯校）元和郡縣志闕卷逸文三卷（繆荃孫輯）集古錄目十卷（繆荃孫輯）唐天錄四卷
　第二集三水小牘二卷逸文一卷（繆荃孫校補）北夢瑣言二十卷逸文四卷（繆荃孫校補）牡丹譜一卷牡丹記一卷牧豎子法一卷
　第三集東湖叢記六卷吉石效顰集一卷萬壽花宴文集六卷續集一卷齊雲山人文集一卷
　第四集名家詞不分卷（計自立山詞以下共十六種）
　第五集定海遺愛錄一卷（繆荃孫編）舊德集十四卷（繆荃孫輯）
雲自在龕叢書校補五種
　宋校勘五經正義請雕板表　華陽國志巴郡士女逸文　韓文以來朝野雜記遺文　九國志校記　又逸文　劉源集校記　又逸文
煙畫東堂小品二十六種
　植莊隨筆　續金石萃編條記　攝山記遊集　公車徵士小錄　東林同難錄　國史貳臣傳表　保舉經學名單　南宋江陰軍乾明縣羅漢尊勝碑　王貽上與林倩人手札　王貽上與汪栗亭手札　趙嵩洛訪碑圖　復初齋王漁洋詩評　張伯先生小集　瞿木夫文集　西遊錄註　和林金石攷　朔方備乘札記　韜瑞樓文萃　吳山子遺文　學宛堂詩稿　思庵隨筆　京本通俗小說第十卷至第十六卷
藕香零拾三十八種
　滄生堂藏書約　兩書紀要　流通古書約　古歡社約　唐開成九經碑圖　安祿山事蹟　牛羊日曆　東觀奏記　廣陵妖亂志　十三處戰功錄　玉牒初草　宋中興百官題名　河南志　栖霞小志　兩京城坊考補　游城南記　隸蒔錄　遼東行部志　僞齊錄　寓菴集　靜軒集　清河文集　菊潭集　[illegible]年譜　孫淵如年譜　曾公遺錄　山房隨筆　[illegible]櫂記　刑統賦　羣寶齋賦　河賦註　舊聞證誤　錢竹汀日記鈔丹　疆恕堂三種　木居士書跋　敬鐵網　李治今齋古今黈

未刊書目

詩存四卷
　按先生早年詩有評心集，巴獻集，北雅南船集，鷄島集，通籍以後詩有秋衡集。
詞一卷
尺牘二卷
自編年譜若干卷（原稿現存故宮博物院圖書館）
土司傳
明遺臣傳

金石分地錄二十四卷
五代史記補考十卷（見年譜）
再續藏書記不分卷
碑傳集補遺十四卷
　按年譜：「撰碑傳集本百卷，因舊局裁撤，遺十四卷。」
代端陶齋撰壬寅消夏錄若干卷

由上所錄，先生撰述之富，可見大略。至若[illegible]書，雖非出先生一人之手，而先生實共事者，如[illegible]文獻同纂昭天府志，湖北通志等。他人著書，而[illegible]輯南菁書院叢書，又爲[illegible]先哲遺書[illegible]編，（年譜[illegible]）採搜輯錄，官保出貲而已[illegible]世文編八十卷交盛杏孫[illegible]，先生與有力焉。他如[illegible]洪亮吉毛詩天文考等[illegible]詁稿等，皆由先生親自[illegible]州文錄例言謂：先生[illegible]遺知，特記於此，以備[illegible]

重修范氏天一閣[illegible]

[illegible]

大江以南，爲歷代藏書[illegible]風流，照曜三[illegible]修實版劉者宗[illegible]司馬（欽）以[illegible]環海內異本。[illegible]洲王氏相友善[illegible]齋沈辨之，茶[illegible]並著。不數十[illegible]，與不推天一[illegible]梨洲且爲稱[illegible]。共推挹如此[illegible]。故於司馬之[illegible]綴帥之冠。乾[illegible]意，出閣書以[illegible]書集成之時[illegible]閣目行世之始[illegible]讎，爲羣見存[illegible]有目無書。然[illegible]共數益千。此[illegible]雯先生遺出[illegible]過。綜計現存[illegible]。自是世人始[illegible]行，無一非先[illegible]微司馬之澤不[illegible]所舉，卒皆散[illegible]氏滄生堂，鄭[illegible]有如斯閣，歷[illegible]邑之光，即邦[illegible]集於庭。會曰[illegible]凉，非重建[illegible]鈔在副冊，以[illegible]員會。公推[illegible]進行。凡我邦[illegible]今日。宛委之[illegible]十二年十二月[illegible]

新書介紹

商業地理　武堉幹編　商務印書館出版　民國二十二年四月　定價一元七角

在中國近出的少[illegible]的。全書共分三[illegible]況，第一編分[illegible]分述世界主要商[illegible]不外原理的，物品[illegible]是同時應用了那三[illegible]，但較之單用一[illegible]之處。

著者是專究國際[illegible]，自然是比較合式[illegible]中國在世界商業上[illegible]較商業地理，有如[illegible]偏重在商品的產銷[illegible]理環境的相互影響[illegible]間的偏向所致。[illegible]

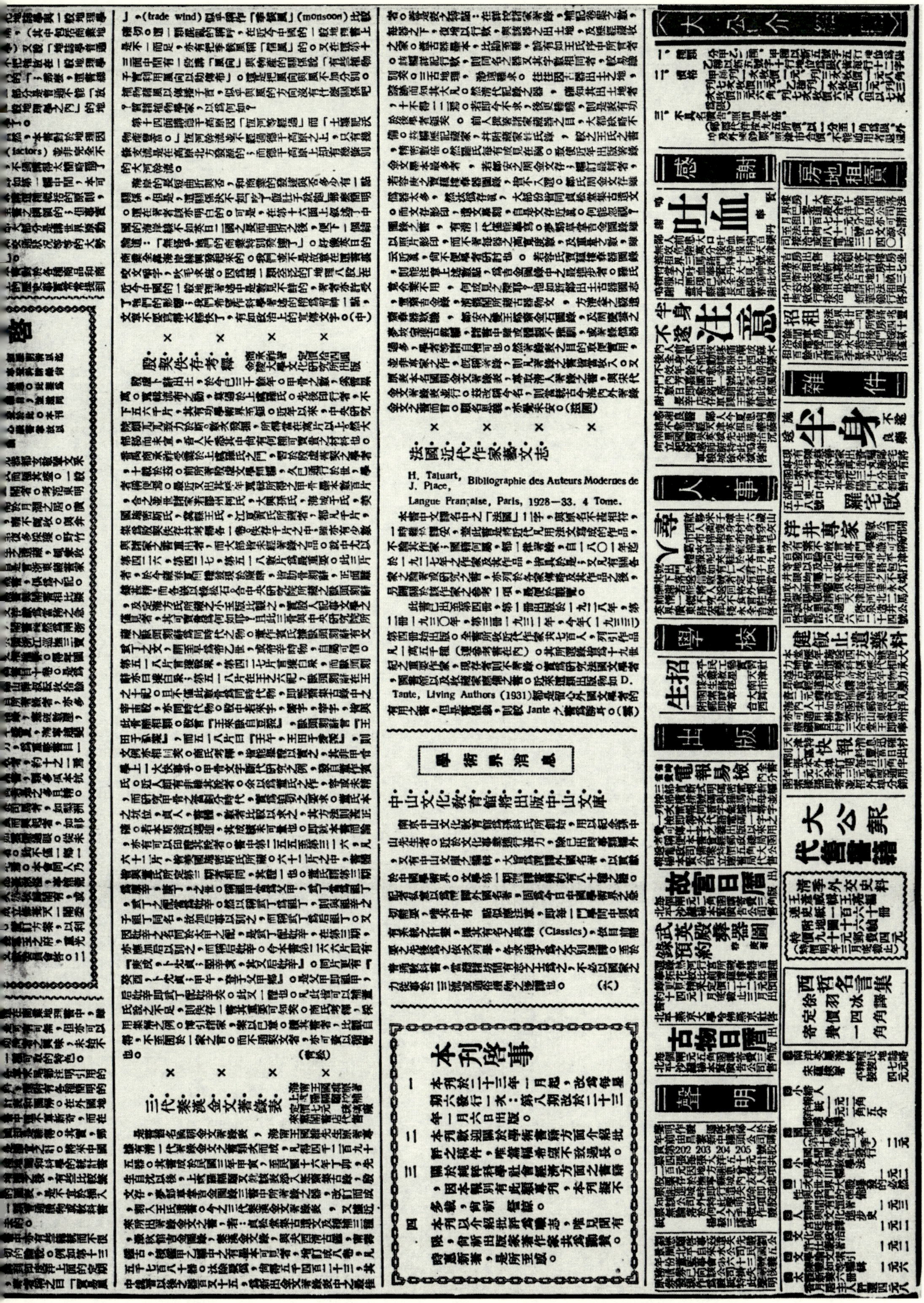

……地誌學與一般地理學……，（其中包括商業地理）……又設「地誌學普通……不把地放在一般地理學……的「；那麼，這書總……一部分是普通不能「放……一般地理學之內」的地……了。

……然，本書對於地理因……（factors）並非完全不……，不過講得太簡略罷了……如第一編中間，本可……這種概括的原則，……之綱領的；但是實……大部分是講世界貿動……交通狀況等等的大勢……實對於各種商品和商……的歷史事實常常提到……

[illegible]……在商業地理書中，雖然可有可無，但亦可以增加讀者之興味，未始不是一種可取的特色。

全書末尾都注明引用的書目，又附有各種闡明的統計表和圖解。在外國地理書中這不算新奇，而在本國却是難得。其實，那些圖表是權宜之計。將來中國地理學和科學的統計書出版之後，有些比較繁雜的圖表，是不宜於插入一般普通讀物或教科書裏的。

書中亦有些錯誤而不很切的敘說。例如第十三面提到印度洋上面的定期風，書中稱之曰「貿易風」（trade wind）似乎稱作「季候風」（monsoon）比較確切。這一類混亂的稱呼，在近今中國的一般地理書上是不一而足，亦有把季候風稱「信風」的。又在該第十三面中間有一段講「風向」與物產的關係說「有些植物子實利用風向以助傳布」。這是把風向與風不加分別。植物藉風以傳播子實，似乎與風的方向沒有什麼關係吧？實諸植物學家，以為何如？

第十四面講德干高原因「恆河等經過」而「土壤肥沃物產豐富。」恆河幹流並不經過德干高原之上，只有幾條支流是在高原北方發源的；而德干高原上卻有幾條別的大河幹流。

海岸的長短曲折與否，和商業的發達與否多少有一點關係，但是，這關係決不如「吃了飯肚子就飽」那麼簡明。這在著者該亦明白的。可是，在第十六面上敘述了中國的海岸線不如英日二國之長而曲折之後，便下一個結論道：「無怪乎他們的商業特別發達了」。好像英日的商業全靠海岸線興發起來的。我們並不是故意在這書裏咬文嚼字，吹毛求疵。因為這一類空泛的「地理八股」在近今中國的一般地理著述中是數見不鮮的，著者亦許受了牠們的影響；我們希望作科學著述的稍為留神一點，文章不要寫得太輕快了，有如政治上的宣傳文字。（中）

× × × ×

殷契佚存考釋

商承祚著　金陵大學文化研究所出版　定價拾四圓

殷虛卜辭出土，於今已三十餘年。甲骨之數，奚啻鉅萬。蒐輯流布之勤，莫過於上虞羅氏。先後印行者，不下五六千片，其有功學術界至鉅。近年以來，中央研究院頗亦致力於斯。數次發掘，所得當在萬片以上。然大都秘而未宣，吾人不悉其中尚有何種可寶貴之材料也。番禺商承祚受業於上虞羅氏之門，習於殷虛書契之學者，十載於茲。前所著殷虛文字類編，久已通行於世，學者稱便焉。最近又出其歷年蒐輯所得之甲骨墨本數百片，合之並世諸家若膠州柯氏，大興孫氏，海城于氏，美國施密斯氏，[illegible]縣王氏，江夏黃氏所藏者，都凡千片，集為殷契佚存并考釋各一卷。佚存千片之中，雖亦有少數與諸家之書重出者，而大部皆未經著錄之品。就中尤以第四二六，第四二七，第五一八數片為最重要。此三片者，於今歲春夏間始發現於廠肆，皆肋骨刻辭，正面雕鏤甚精，而各嵌以綠松石。合中央研究院所藏之獸頭刻辭，及定海方氏所藏之小玉版比觀之，實殷人記事文學之僅見者，其可寶貴為何如耶？且此三骨與中央研究院所藏之獸頭刻辭為同時代之物。董作賓氏據獸頭刻辭有文武丁之文，斷至早為帝乙世，或帝辛時物，自屬可信。第五一八片言獲白兕，第四二七片言獲白兕，而獸頭刻辭亦曰獲白兕；第五一八片在王之六祀，獸頭刻辭在王之十祀。且不僅此數骨為同時代物，即簠齋集古錄中之宰甫毁，亦同時代物。毁中若來字，㝬字，宰字，皆與此骨辭相類。毁言「王來獸自豆彔」，獸頭刻辭言「王田于麥彔」，而五一八片曰「壬午，王田于麥彔」，則文例亦相同矣。商氏考釋，皆能鑒發以實之，其非甲骨學上一大快事乎。甲骨文字斷代研究之例，發自董作賓氏。近人頗有非難其說者。余以為董氏之作，容或未精，而研究甲骨之當劃分時代，實為迫切之要求。董氏本之坑位，貞人，書體，數者比較以求之，其方法則甚正確。若本斯途以邁進，其成績未可量也。即就本書而論，亦有可以印證其說者。書中第二五五至第三一六，凡六十二片，皆美國施密斯氏所藏。六十二片之中，書體皆與董氏所定第三期者相同，其證一也。董氏謂第三期為康丁之世。稱祖甲為父甲，武丁當稱祖丁，武丁之配當為妣辛。然以稱武丁為祖丁，則與妣辛之子祖丁同名，故加后專以別之，而稱武丁為后祖丁。又因妣辛之名同於太甲之配，是武丁配妣辛，在第三期亦應加后以別之，而稱后妣辛。今本書第二六六片即有『庚戌，卜先貞：翌辛亥，其又后妣辛』。同片更有『癸酉，卜先貞：甲午，登于父甲鄉』。是父甲即祖甲，后妣辛即武丁配妣辛矣。此又一證也。凡此皆可以補董氏說之不足，則佚存一書其重要可知矣。商氏考釋，採用集解之例。博引諸家，參以己意。讀其書者，比觀自得，不至囿於一家之書。而不通契文者，亦可賴以循覽也。（青松）

× × × ×

三代秦漢金文著錄表

海甯王國維原著　上虞羅福頤校補　定價七元　琉璃廠來薰閣書店代售

是書舊名國朝金文著錄表，海甯王國維先生原著，專錄有清一代著錄金文之書類次而成，凡得四千二百九十五器。其書成於民國三年甲寅，至民國十六年丁卯，先生自沈以後，上虞羅福頤又就該表添入[illegible]集古錄，殷文存，夢郼草堂吉金圖錄三書中所著錄之器，改訂而成，剩入王氏遺書。今之三代秦漢金文著錄表，又據近來所出著錄金文之書，若：貞松堂集古遺文及續補三種，澂秋館吉金圖錄，秦漢金文錄，與夫西清古鑑，寧壽鑑古，續鑑甲乙編中之有墨本可見者，增訂成八卷。凡五千七百八十器。汰除偽器，尚得五千四百二十三，其中錄晉以後之器百又十五，為新出金文著錄表中之最佳者。蓋是表之特點：在詳校諸家著錄，補記器異之數，每器之下，復增以行數，與該器之出土地，及歷經藏收之家。蓋古器墨本，比勘至難，設有如王氏序中所言者。該編詳記行數，則同名之器又其字數相同者，較易識別矣。三古地理，渺遠難求。往往因古器出土之地，蹤跡而知其大凡。然清代記錄之器，確知其出土地者，十不得一二焉。若即今不求，後更難曉，則是表有功於後學者鉅矣。前人撰著諸家藏器之目，大都缺略不備。茲編歷記藏家，并附藏家姓氏錄，較之王氏之書，精密數倍。然羅氏每有成見在胸，致使近年出版著錄金文墨本最多者，若鄒安之周金文存，編訂最精者，若容庚之寶蘊樓彝器圖錄，皆不入選。鄒氏周金文存雖偽器太多，然汰偽存真，大部份皆同貞松堂集古遺文。而文存影印，遺文摹刻，自是文存近真。何能忽視？容氏寶蘊樓彝器圖錄以照片影印，而不著每器之高寬度數，及重量之數，雖圖錄之書，有清一代僅能摹寫。夢郼草堂吉金圖錄雖云近真，尚不便學者研討也。若容氏寶蘊樓彝器圖錄，則能注意上述數點，為吉金圖錄中之最進步者。羅氏竟舍棄不用，何成見之深耶？他如新鄭出土古器圖志，陶齋吉金錄，清儀閣所藏古器物文，方濬益之綴遺齋彝器款識，鄒安之雙王鉨齋金石圖錄，及周慶雲之夢坡室獲古叢編，諸書中雖或體例不甚雅馴，或著錄偽器過多，學者苟能自擇可也。然著錄表之目的在取便實用，並非專家之作，既稱著錄，則凡著錄之書皆當收入。又原表本名國朝金文著錄表，專取清人著錄之書，與宋代金文著錄表並行。茲改稱今名，則當統古今海內外著錄金文之書而言。顧名思義，亦覺未安。（滋圖）

× × × ×

法國近代作家藝文志

H. Taluart, Bibliographie des Auteurs Modernes de J. Place, Langue Française, Paris, 1928—33. 4 Tome.

本書中文譯名中之「法國」二字，與原名不甚相符，一時難於譯安，蓋此書是將近代凡用法文寫成的作品，不論其作家；國籍何屬，都一律著錄，自一八〇一年迄於一九二七年之作家及其作品，皆具於是；又凡有關各家之論著或研究之書，亦列於各家傳略及其作品之後，另闢關於該作家之參考一項，最便於觀覽。

此書已出至第四冊，第一冊出版於一九二八年，第二冊一九三〇年，第三冊一九三一年，今年（一九三三）第四冊始出版。全書所收近代作家共七百人，列引作品凡一萬五千種（連參考書在內）。其所選錄皆為十九世紀之重要作家，現存者則不著錄。實為研究法國文學者，圖書館以及收藏家應備之書。近來還類出版物如D. Tante, Living Authors (1931)都是留心外國文學者的有用之書，但是體裁，則較 Jante 之書為勝耳。（翼）

學術界消息

中山文化教育館將出版中山文庫

南京中山文化教育館為孫科氏所創始，用以紀念孫中山先生者。近於文化事業進行甚力，除已出時事類編外，又有中山文庫之編輯，大旨為選譯外國名著，以貢獻於中國學術界。文學第一期選譯書籍約有八十種之譜。記者私意以為選譯外國名著，固為今日中國學術界之急切需要，唯其中有一點似應注意，即每一門學問中須為有系統之計畫，擇其有名之典籍（Classics），依目前需要之先後為之依次列舉，各求通才為之分別迻譯。至於普通教科書，當聽諸坊間有志之士為之，不必以國家之力從事於二三流或通俗讀物之迻譯也。（六）

本刊啓事

一　本刊於二十三年一月起，改為每星期六發行一次；第八期改於二十三年一月六日出版。

二　本刊歡迎關於學術書籍方面介紹批評之稿件，唯篇幅希望不致過長。

三　關於純粹科學社會經濟方面之書籍，因本報別有此類專刊，本刊擬不多載，尚祈鑒諒。

四　本刊以介紹批評為職志，唯見聞有限，倘希海內外學者作家共為贊助，時惠新著，是所至感。

圖書副刊

BOOKMAN
第八期

一 本刊登載關於中外圖書之介紹批評以及學術界消息爲公開性質歡迎投稿
二 刊登本刊之文略致薄酬
三 投稿通訊可寄「北平文津街國立北平圖書館內圖書副刊編輯收」

中國金石學緒言

劉節

一 宋代金石學及明人石刻研究

吾國金石學權輿於宋代，至有清中葉，作者日衆，駸駸乎爲史學之中堅。迨最近數十年，考古之業益精，而金石學之名亦不足以範圍之矣。宋人之治斯學也，其始亦非以賞鑑爲事。歐陽公爲集古錄千卷，既成之八年，詔其子棐曰，「吾集錄前世埋沒缺落之文，獨取世人無用之物而藏之者，豈徒出于嗜好之僻，而以爲耳目之玩哉！其爲所得，亦已多矣。故嘗序其說而刻之，可與史傳正其闕謬者已粗備矣。」歐陽公生當北宋初年，其學開有宋一代之先河。後此考訂圖鑑之書日益增多，朝野上下爭集彝器石刻不遺餘力，其風亦自私家始開之。劉敞知永興軍時，得先秦古器十有一。李公麟博物精鑑，得一器捐千金不少靳。而呂大臨考古圖無名氏續考古圖王厚之鐘鼎款識以及集古金石、錄跋尾，往往於各器之下，注明藏器之家，其人不下數十。翟耆年籀史著錄宋代藏家專書凡二十四，而今日所存者不及三之一。復觀于周密雲烟過眼錄所記南方諸家藏器，知此風至宋末猶存也。徽宗之大聚古器，其受私家藏器之影響實不少。蔡絛鐵圍山叢談曰，「太上皇帝即位，憲章古始。及大觀初，乃效李公麟之考古圖作宣和殿博古圖。凡所藏者爲大小禮器則已五百有幾。獨政和間爲最盛，尙方所貯至六千數百餘器。時所重者三代之器而已。若秦漢間非殊特，蓋所不收。及宣和後則咸蒙貯錄，且累數至萬餘。若歧陽宣王之石鼓，而蜀文翁禮殿之繪象，凡所知名，內閣鉅細遠近，悉索入九禁。而宣和殿後又創立保和殿者，左右有稽古博古尙古等閣，咸以貯古玉璽印，諸鼎彝法書圖畫咸在。」蔡氏此說，雖極詳盡，然亦有夸誕失實處。惟徽宗勅撰宣和博古圖，實仿劉敞先秦古器圖及李公麟考古圖體例，則可信也。石刻之著錄自酈道元水經注始，凡漢碑之並川者始見其書，蓋數十百餘。陵谷遷變，水風剝蝕，至宣和政和間已亡其十八矣。集古所錄千卷，以石刻爲多，趙氏所錄又相倍徙；王象之輿地碑記，陳思寶刻叢編所錄石刻，遍及寰宇；加之無名氏天下碑錄寶刻類編諸書，爲數累千：可稱鉅觀矣。法帖起於隋唐之間，至於宋代尤盛。淳化閣創始而未及大觀之精美。綜計宋人所刻法帖，見於曾宏父石刻鋪敘及孫承澤閒者軒帖考者凡三十餘種，足爲宋元以來字體變遷之證，法帖與有力焉。鄱陽洪遵集古今泉法正品僞品以及夷貊靈瑞之所負販而入者凡十五卷，號泉志，爲後世泉幣學不祧之宗。龍大淵於宣和中奉敕爲古玉圖譜，亦爲開創之作。惜其書久佚，今所傳者，非原本也。其專在考訂者：若黃伯思之東觀餘論，董逌之廣川書跋，彝器石刻木簡法帖書畫之類皆所究心。初劉敞序其所撰先秦古器圖，言攷究古器之法曰，「禮家明其制度，小學正其文字，譜牒次其世謚，乃爲能盡之」。故宋人考訂古器物之法，可分爲文字，事實，形製三項論之。至宋人考釋古器銘中所見姓名事實，頗多附會穿鑿之論。宋時首釋古器文字者爲楊南仲。既釋皋語三所古器，又遺釋劉敞所藏器，其說散見於歐陽氏集古錄及呂氏考古圖者頗爲精審。其後呂大臨黃伯思王俅薛尙功諸家繼之，雖亦差誤間出，然篳路藍縷之功不可沒也。至形製之學實爲宋人所擅場，凡傳世古器之名，皆宋人所定。如今估人所謂虎頭彝者，古今著錄家並謂之匜，而宋無名氏續考古圖則謂之兕觥，其說最是。又古戈戟之援皆欄刃非直刃，近世程瑤田氏始於通藝錄中論之。然黃伯思作銅戈辨，已爲此說。漢晉木簡之考訂，至於近年始盛，而黃伯思之漢簡辨已發其端。至於考訂石刻，歐陽修集古錄之外，當推趙明誠金石錄。趙氏之書雖分古器物銘及碑爲二，而以石刻爲多。諸家考訂，多翔實審愼，既據史傳以攷遺刻，復以遺刻還證史傳，其成績實不容蔑視。鄱陽洪适考辨漢碑文字爲隸釋二十七卷隸續二十一卷，治碑版之學者當以此爲圭臬。他如劉球隸韻，婁機漢隸字源，亦有功文字之學。吳郡朱長文墨池編十二卷，通論碑版法帖，爲臨池者所必需之書。宋人於金石學上之重要貢獻大略如是。元明兩代，作者蓋鮮，於彝器之著錄，尤寂然無聞。明成都楊愼最稱博洽，所爲金石古文十四卷稍及彝器款識。至如陶宗儀之古刻叢鈔，都穆之金薤琳瑯，趙崡之石墨鐫華，郭宗昌之金石史，皆僅及碑版墨刻，而所錄去宋人遠甚。迄於明清之交，崑山顧炎武爲金石文字記六卷，求古錄一卷，黃宗羲爲金石要例一卷，開有清一代研究金石之風。其間作者疊出，簿述如林，今總其大較言之如次。

二 清初考訂金石之風及乾嘉以後之彝器款識學

顧氏爲金石文字記，上繼歐趙二家之錄，而志在考史。故曰「余自少時即好訪求古人金石之文，而猶不甚解。及讀歐陽公集古錄，乃知其事多與史書相證明，可以闡幽表微，補闕正誤，不但詞翰之工而已。」亭林嘗昌言經學即理學，開有清一代考證之風，故治學態度，於考史以外，又在證經。其所爲石經考，記述歷代石經存毀之迹，燦然具備。朱彝尊潘耒萬斯同諸人於金石文字亦有所述作。然清初治金石之風尙未盛，乾嘉以後，其流始廣。高宗即位之十四年，命尙書梁詩正等率翰林院編修按內府所藏古器，仿博古圖遺式，精繪形模，備摹欵識，爲西清古鑑一編；其後又續成寧壽鑑古一編；再以內府續得諸器及熱河行宮所藏者集爲續鑑甲乙編。自是吉金文字之學因而大啓。當時學人承其風者以程瑤田錢坫二家爲首。程氏之爲考工創物小記，往往以殷周器物爲證。偏洋縣沅陽府西秦時得大晉鼎，銘長四百餘字，錢氏爲考釋一篇，因以入之詩詠。淸人之考釋金文當自此始。錢氏自乾隆癸卯以後，宦游秦甸至十餘載，間得商周秦漢器物，必緝其形象彝銘，有足證文字之原足辨經史之譌舛者，皆圖之於錄，成十六長樂堂古器欵識考四卷，時嘉慶元年也。方是時朝野上下醉心於古彝器之學者，若江德量，朱爲弼，孫星衍，趙秉沖，翁樹培，秦恩復，宋葆醇，趙魏，何元錫，江藩，張廷濟，葉志詵諸人，大都收藏彝器，廣儲墨本，而以江都阮元爲最。時朱爲弼方居阮氏幕中，又酷嗜金石文字，且能辨識疑文，精考古籀，國邑大夫之名有可補經傳所未備者，編纂古籀之字有可補說文所未備者。乃集阮氏所藏彝器墨本五百六十種，仿薛尙功書之體例，編爲積古齋鐘鼎彝器欵識凡十卷，時嘉慶九年也。至十八年烏程陳經刻求古精舍金石圖，所收銅器凡二十六種。自阮書出後，淸人之治吉金文字者始有所憑依。道光已亥，吳縣曹奎以其家藏商周秦漢之器六十事刻之於石，名曰懷米山房吉金圖，摹繪形象，摹欵識，注明尺寸；鉤勒之精，爲古鑑所不及。同年東武劉喜海亦以其家藏彝器墨本壽之于石，曰清愛堂彝器欵識法帖凡一卷；又選集所見彝器之精者圖刻長安獲古編二卷。後三年庚寅，南海吳榮光仿積古齋之例，以其所得金石拓本付之棗梨，檢校考定，成筠淸館金石錄若干卷。金文悉依原拓影鈔，石文則不分篆隸，悉用楷書付梓；今所傳者筠淸館金文五卷而已。道光以後，收羅古器物最多者，當推維縣陳介祺。其所藏殷周彝器不下四百種，最有名之毛公鼎，初亦爲簠齋所有。陳氏鑑別彝器之精，在有淸一代最專門，摹拓之法尤所擅場。今所傳簠齋金石文考釋，傳古別錄，簠齋尺牘三書，陳氏之學大體在焉。同時海豐吳式芬亦好收藏古器及金石墨本，所撰攈古錄金文，較之積古齋筠清館二書尤爲賅備。咸豐六年歸安吳雲集其家藏石刻彝器之屬四十四種爲二百蘭亭齋金石記四卷，倂儀徵吳熙載爲刻成書，至同治十一年刪去石刻五種，添入新得銅器，合成兩罍軒彝器圖釋，凡十二卷。咸同以後，海內藏器最豐者當推吳縣潘祖蔭，若大克鼎，盂鼎，皆藏於攀古樓。同治中潘氏服官京朝，每得一古器相與商榷考定者，福山王懿榮，南皮張之洞，吳縣吳大澂諸人，各就其所藏數十器之圖狀考釋成攀古樓彝器欵識凡二卷；潘氏藏器，十取一二而已。吳大澂出潘氏門下，同治壬申癸酉間仿長安獲古編例，類集當時藏家之物及吳氏所自藏者，手自摹錄文字，且圖其形象，爲恆軒所見吉金錄四卷，至光緒十一年始付之剞劂，以貽同好。嘉道之間考訂金文有心得者，學者皆推徐同柏。其所爲從古堂欵識學，全書雖刊行甚晚，而其說先已爲吳氏攈古錄金文所採擇。他如莊述祖，陳慶鏞，龔自珍之流，率皆支離滅裂，於斯學無所建設。同光之際，治金文者首推吳大澂字說一書，啓迪後學甚深。又爲說文古籀補，訂正許書遺失舛誤之處，實有功文字之學。晚年集其所藏金文墨本爲窸齋集古錄二十六卷，皆親自爲定，考據精確，爲阮徐兩書所不及。嘉魚劉心源爲古文審，往往駁難吳氏之說，而當意者甚鮮。又集奇觚室吉金文述二十卷，收羅古器墨本甚多，太半皆屬翻刻。劉氏於金文學雖少所貢獻，然較之莊龔輩已不可同日語矣。有淸末造實吉金欵識之學者，吳大澂之外，當推瑞安孫詒讓爲最。孫氏湛深經術，沈潛倉雅，故所論尤爲篤實，不作穿鑿之說。名原一書，創通字例，漢人六書之說，不足以範之矣。孫氏考釋金文，最爲矜愼，初撰古籀拾遺，補正薛阮諸者數十條。光緒二十一年吳氏攈古錄金文行世，孫氏讀之，又有所是正，集爲古籀餘論二卷，及其他題跋考釋之文見於籀膏述林者，後學皆當奉爲圭臬也。

同光以後國人好收藏金石者若王懿榮，江標
慈，盛昱，端方，諸家。費江兩氏收藏不多，後
；鼎革以後，盛王兩氏之物亦陸續散出，其一部
北平圖書館。盛氏所集畫藉閣金文，亦歸燕京大
共書編次淩亂，實非定稿。端氏所藏金石器之屬
縣陳氏也美。陶齋古金錄印於光緒戊申，圖繪之
府諸書所不及也。鼎革之際，故家遺物，往往散
：張廷濟之清儀閣所藏古器物文，吳大澂之窸齋
，皆得影印行世。須德鄧實亦得簠齋藏器墨本，
齋吉金錄，共三百八十九器，宗之陳氏所藏，不
也。然較之鹽齋閣叢書之簠齋藏器目增多百二十
。光宣以後，治斯學最勤者，當推上虞羅振玉先
王國維先生雖氏撰擧之勛，古今無比，所見彝器
本至多，二百年來惟翁方綱差足望其肩背。宋藏
數雖不多，而博物精鑑，每得珍品。參鄭草堂吉
，其盛時之作也。羅氏曾發願以時代爲準，廣羅
本，爲集古遺文一書；其屬之商代者爲殷文存三卷
。其後杭縣鄒安仿之，作周金文存，所收墨本不
餘種，汰僞存眞，大都皆同眞松堂集古遺文。
於三年前才摹印行世。羅氏之功不僅在傳布材料
考訂訓釋亦不後人。其所發明先後見於陳庵四種
鄉人藁，松翁近稿，丙寅稿，遼居雜著甲乙編，
篇者，凡百數十條，皆治金文學者必讀之書。海
生壯年習西洋哲學名家之書，若康德叔本華尼采
，皆潛研不倦，旋成條理縝密之頭腦。故其治考
精深博大，遠在羅氏之上。其治金文先從收集材
風僞入手。癸丑甲寅間即從事於宋代金文著錄表
金文著錄表之編輯。其鑑定器物辨僞及墨本之
者，不爽毫髮。又草古禮器說略，刊定彝器名稱
等篇收入觀堂集林中。王先生於金文亘著者毛公

芸盦群書題記

劉向新序十卷 明刻本

黃丕烈手跋

乙卯閏月借顧澗薲傳錄何校
抱冲處，俠臨畢當借顧參校
勘抱冲，茱蘐何校本，知顧本藏於抱
漫而出之，辨闕 （卷首副葉） 此二卷
壓壓校二卷，出不便覽閱，故以最
也，庚午 （卷二後） 乙卯四月十四日
閏，借宿校此三卷，與何校本似有微異處，
第二行有曾鞏地異姓名一行，何校未及增
者，悉照宋本改定，惜其需直太昂，難以
一卷宋有東澗跋四行，與有學集所載合，
篇圖方印錢印謙益方印，藍墨古雅，
惜書之癖，妄襲於中而不能決，奈何奈何
）此本間有與宋本字合者，以雙圈識之
央，卷首序目錄審本無之，此本居然完整
嘉慶庚午冬，金書鄰路收得蔣本，所
者，復取讐一過，復翁， 校書之難如掃
家藏宋刻，即東澗跋本，後歸以賜山顧氏
因假歸借校，略識其異，咸是本已爲嘉興
本者是也，蔣氏即顧蔣藏而何所據校者，
四白埒子悲者，氷不甚賞，却變財不變書，
估直十二金，欲并售未能購得，後果至十
何幸而遇此，江浙分儲，非復吾鄉中物矣
昭，復翁 （卷末）

孫星衍手跋

嘉慶四年六月十三日孫星衍
校 （卷五後） 嘉慶四年
校于五松書屋 （卷末）

此正嘉間覈本，半葉十一行，行十八字，黑口
後無序跋，不知何人何地所雕也。初黃復翁得
墨筆臨校於此本行間，並顧跋亦臨於卷首。
本遠甚。此本有與何校宋本合者，黃以雙圈
四月，書友鄭輔義攜宋本至。卷一後有錢東澗
此本上。後以墨筆終之，並兼校第三卷。宋本
卷第二行有南豐曾鞏四字，何校未及，知二十
八十金購之。復以墨筆校上冊四五二卷，朱筆
。朱校不盡出復翁手，似復翁西賓陳拙生筆
何據校之宋本於東城蔣氏許。篇中宋諱不甚
校錢本，頗有讐異。因記其崖略於白藏錢本
年）蔣本爲嘉興金檜庭所得，以示復翁，翁以
之缺。卷端云蔣本來，旁署庚午二字者，是
優。然亦有此本與蔣本合，而文義勝於錢本
本「賂遺」「賂」。卷五「流矢如雨」，錢本「
氏」，「山戎」錢本誤作「戎」字。卷九「流亡
「者」。凡此皆蔣本優於錢本處。黃跋自藏錢本
之不服矣。（金跋在錢本後）今錢本猶存，而
本以傳，是亦不可不寶也。卷三眉端有孫星衍
嘉興李聘，黃印錫蕃，孫氏伯淵，楊印紹和
藏，東郡楊氏鑑藏金石書畫印諸印。余別有

……盂鼎克鼎各有五種，殷集爲觀堂古金文……。先生在金文學上……功者不僅在文學訓詁……之實及制度方面，尤……精確。如遍殷跋考定……不起於周初。又如周……鼎，毛伯鼎跋，散氏……跋，克鐘克鼎跋，鑄公……，於周代諸都及殷周……國疆域多所考定。又……錄中初吉既望生霸死……說，訂定周人曆算一……分之法，以正劉歆之……

……萬里

……何校原本在伊兄……閏月望日往……之誤流也，受復……所改定，又跪，……，乃向日之讀校……本新序首都來留……本云何也，閱卷……何校所缺及兩珠……約爲慎之耳，第……之誤，故後有收……錄，情錢之群與……下跋（卷三後……跋錢書本滕之識……也，繆圖氏識……本勞山顧氏書藏……雖末實有異同，……此書於向年校過……讀校，卷中臆將……蔣氏，今分支居……，余初見時其家……二枚易之，繆題……冬十二月十一日……讀已未孫星衍借……星衍曾爲金陵，……與說苑同刊。前……義門校宋本，以……以校何本，還此……（乾隆六十年）……宋本相若。然開……館嚴校首二卷於……小字本列子爲價……格宋五卷於眉端……嘉慶六年）得見……與錢本不合。以……跋，（嘉慶十五……，以補義門初校……校，實以錢本爲……諸侯之母」，錢……「孔子北之山戎……」，錢本「內」誤……，無怪金輔庭爲……將本面目，賴此……消夢堂，公佐，……東郡宋存書室珍……字，茲從略。

……。又從金文中所見鬼方之名，以考定周代民族之名稱與其興革。皆爲前人未及見者……在文字方面，即發明……戰國用古文說……記漢書說文所稱古文……與以正確之解析。其……明見於觀堂集林者，……備述。總之，清代彝器之學，至於末葉，共……大。前此諸人雖偶有……趣皆末節，鮮有可……事。惟吳大澂孫詒……三君爲斯學正宗……者，當以此爲歸……之。（未完）

書評

評中國分省新圖中之語言區域圖

因第一期圖書副刊中，君之介紹，使作者得知中國分省新圖之完善，遂求之於市肆。作者於輿圖素不講習，本無評論此書之資格，惟於其第十二頁語言區域圖，則竊以爲尚有可商者數事：

（1）圖中分印支語族（圖稱漢藏語族）爲中國語藏緬語漢台語苗猺語四系，似未甚妥。苗猺語之性質，今雖尚未大明。（字典已出者，除一九一六年之P. Savina, Dictionnaire Miao-Tseu-Français 而外，近更有 Esquirol之Dictionnaire Kango-Français。其他語彙之零星紀錄者更多。）第就所知者言之，當亦不出漢台藏緬兩大系之外。（大部份與台族尤近，Savina, Histoire des Miao中Tableau Synoptique即可知。）今別立一系，似有易起誤會之嫌。中國語既別立一系，則漢台系一名，似亦以單稱台語爲便。

（2）猓玀語之性質，以有Vial, Liétard 諸人之紀錄，及Laufer 等之考索，其屬於藏緬一系，已無可疑。圖中不標淡黃色，似亦未合。

（3）安南語之性質，學者異義特多。依Przyluski之說，則當入 Langues Austroasiatiques（即圖中所謂南亞語族）。此爲西方學者較新之說，似可採取。

輿圖之區析此類語言者，作者族識所有，僅Dugo-n神父之Atlas philologique，及Les langues du monde所附Przyluski之十，十一兩圖。愧未能取以廣專比較。第就此兩者言，則前者之纂譯，似未足以語專門，爲時亦已較久，自不必論，而後者則殊簡要，再加斟酌，以入輔圖，或尚適合。要之國內輿圖之涉及言語者，此尚首創，此因我儕治斯學者所極引爲欣快者。而本圖編者之一丁在君先生，于西南語尤有深邃之研究，故謹貢所疑，以求正於丁先生。（宥）

× × × ×

圓明園歐式宮殿殘蹟

滕固編輯 民國二十二年十月
上海商務印書館出版 定價二元

圓明園歐式宮殿殘蹟，滕固編輯，上海美術專門學校叢書第三種。其所指歐式宮殿，蓋圓明園東部長春園中俗稱爲西洋樓之一部分建築也。卷首冠以滕氏導言一篇，以下收照相十五幀，蓋滕氏留德時，從柏林工科大學教授布爾希曼（Ernst Boerschmann）得同治六年至八年（一八六七—一八六九）左右天津稅務司（滕氏誤爲海關監督）奧爾末（Ernst Ohlmer）攝西洋樓照片十二幀，以所製平面圖一幅，並益以其友人周樹武氏所攝一圖，及法人法維宜主教（A. Favier）著北京志（Pékin）中插圖一幀，共十五幅，因複製成爲是書。導言略述其照片之來源及西洋建築之略史，以爲長春園之西洋建築屬於「法國，意大利的 Barock 風格」；於各圖一一予以簡單之說明。按長春園西洋樓被燬後之殘蹟，O. Siren在其所著 The Imperial Palaces of Peking 一書中亦曾刊有照片，與奧爾末者大致不殊。此書卷首亦有導言一篇，述及西洋樓之始末。此外如 Grosier，如伯希和（P. Pelliot）俱曾論列及此，伯氏文尤詳。滕氏於此等書殆俱未之見也。關於此種考證，以限於篇幅，不能具論，茲姑舉滕氏此書導言等處之誤，略爲正之：（一）M. Benoist漢名爲蔣友仁，余前爲圓明園罹劫七十年紀念述聞（見本報文學副刊一五一至一五二期），誤作何國宗，滕氏亦沿余誤，深爲慚愧，茲謹校正，以謝歉忱。（二）滕氏書導言第三面說明所舉之方向大都錯誤，正得其反；奧氏平面圖本不誤，滕氏大約未去其地，故至淆亂。大水法在觀水法正面之南，以海晏堂爲中部之中首而言，在中部之東，其北爲觀水法正面，又北爲遠瀛觀；方外觀則在海晏堂之西也。觀水法正面及遠瀛觀在海晏堂之東，導言誤作中部西首。線法山東門及湖東線法畫俱在遠瀛觀之東，近長春園東面之園牆，導言誤作西部。第五面謂「海晏堂前面有十二時辰所屬獸類之雕刻，照片中已失其所在矣。」按此係銅鑄之十二生肖，並非雕刻，以前按時從所屬生肖口中噴水，長春園被燬，此十二生肖尚存，據云今南海居仁堂前之十二生肖即從此移去者也。（三）第一圖爲奧爾末所測繪之平面圖，以之與殘蹟及北平圖書館藏長春園圖相較，不無可以商榷之處。長春園西洋樓約可分爲六區，以長春園圖及銅版圖按之可知。最西部南面之諧奇趣及諧奇趣北面之蓄水樓爲一區。由蓄水樓往北海花園門爲黃花陣（長春園圖作黃花燈，即銅版圖第五圖之花園正面），爲一區。黃花陣自北而南，略呈長方形，奧氏平面圖誤爲東西狹長。由蓄水樓向東，在奧氏平面圖中有門形處大約即銅版圖中第六第七兩圖之養雀籠。由養雀籠向東是爲方外觀。方外觀更東爲竹亭，爲海晏堂，是爲一區。海晏堂東西狹長，奧氏平面圖略呈方形，非是。由此向東，自北而南爲遠瀛觀爲觀水法正面爲大水法，又爲一區。更東進線法山門，爲線法山，此即俗稱之轉馬臺也。此又爲一區。出線法山東門，一東西狹長之湖展於眼底，湖之東面即銅版圖第二十圖之湖東線法畫，是爲長春園西洋樓之最後一區。每區之間，大約俱以園牆，今雖不可蹤跡，按之長春園圖，猶有可見者。則余之區分或不甚誤也。因讀圓明園歐式宮殿殘蹟，附錄所見於此，以求滕君及讀者教正。今西洋樓破毀已甚，彌望只餘瓦石殘礫，而保存之說，亦騰起於此時，言之能毋慨嘆！然現有之土地人民宮室尚不之惜，又安有乎一二百年前之殘蹟乎？滕君知之，當亦爲之黯然也！（覺明）

新書介紹

重整內閣大庫殘本書影

二十二年十月故宮博物院文獻館印行
定價二元五角

文華殿之兩，廣厦三楹，舊爲內閣大掌，其東爲紅本庫，又東爲實錄庫，統名曰內閣大庫。庫中舊藏明清檔案書籍及有清一代實錄起居注之屬。宣統二年出所藏書籍試卷及檔冊之一部，移交學部，並以其書籍，設學部圖書館。惟庫中未經移出之檔案，爲數尚夥，均爲極重要之史料，現歸故宮博物院保管。至所藏書籍，則僅存一百零三種，內中僅七種完整，餘均殘缺，且多通行之本。近故宮文獻館將此項殘本，擇其重要者，印爲書影，每種一葉至三葉。計宋刊本七種，金刊本一種，元刊本四種，明刊本十四種，清刊本二種，明內府寫本九種，清寫本一種，都三十八種，五十七葉。內中如金刊本雲笈七籤，元刊本汲冢周書，洪武平陽志，嘉靖廣平府志，明內府寫本成祖文集等，均海內孤本也。

× × × ×

史記會注考證

日本瀧川龜太郎撰東方文化學院東京研究所發行昭和七年共十冊定價三十八圓

瀧川龜太郎氏爲日本學術界之耆宿，現任東北帝大教授。此書蓋積二十年之精力而成，彙集日本所存古鈔本，古板本，詳爲校勘史記本文及古註，就中以史記正義誤脫最多，據謂補遺不下一千數百條，而每條有多至數百字者。於我國古今考史之書，亦網羅殆盡，可謂集「史記學」之大成。與長沙王氏之漢書補註，堪稱雙璧。是書印刷亦頗清朗。聞紙印五百部，全書共十冊（洋裝），現已出版者爲第一冊，第二冊（本紀）第五冊，第六冊（世家）第七冊（列傳），其餘各冊本年可次第出版。第一冊目錄後，附瀧川氏史記總論一篇，吾人甚願早日觀其成。（家）

學術界消息

北平圖書館近購德格版藏文大藏經

藏文大藏經共分兩部：一曰甘珠（bkah hgyur），一曰丹珠（bstan hgyur）。「甘」者佛語之謂，「珠」者翻譯之謂。甘珠意即佛語之譯文。與漢文大藏經之經藏相當。「丹」乃「丹鑄」（bstan bcos）之略，有論疏之意，丹珠意即論疏之譯文。蓋西藏經典多半譯自印度之梵文，故有此稱。

藏文大藏經共有六種不同之版本：（1）明永樂間刻本一種。（2）清代康乾間有殿板刻本兩種。（3）青海卓尼刻本一種。（4）西藏那爾塘刻本一種。（5）川邊德格刻本一種。

此六種刻本中，明永樂本以年代湮遠，印本流傳於世者尚未發現，故不知究保存何似。其餘之五種刻本，均保存於各地。惟實之卓尼板及清代殿板字跡清晰而錯誤頗多。那爾塘板錯誤較少而字跡模糊，唯德格刻本錯字極少，而字跡又極清晰，故研究西藏佛經者，極爲珍視，爭相購求。只以遠在川邊，交通不便，據云即在西藏內地藏有此種印本之寺院，亦不甚多。各國圖書館中藏有此者，更屈指可數。今就所知，約略述之：

瑞典傳教士 Sörensen 君，在打箭爐內地會傳教二十餘年，曾自當地土司購得一部，送往瑞典國家圖書館。日本本願寺僧人多田等觀君，曾在西藏拉薩色拉寺留學十年，購得兩部，運回日本，以一部贈與日本東北帝國大學，一部爲多田君個人所有。多田君現任東北帝大藏文教授。於上月曾來北平，彼已將此書之詳細目錄，編輯完成，由日本東北帝大印行。今已出版，此外日本僧人河口慧海君曾在西藏留學八年，亦曾購得德格甘珠經一部，近七八年來即多方託人購求丹珠經，迄未購得。此購求此書之困難，可見一斑也。

北平圖書館曾於民國十六年購入那爾塘版之丹珠經，民國十八年商務印書館當局又以甘珠經寄存於該館，但亦係那爾塘本，近北平圖書館以德格版藏文校勘，至關重要，特輾轉購到德格版甘珠經丹珠經各一部，業已公開閱覽，亦學術界之好消息也。

167

圖書副刊

BOOKMAN

第九期

一 本刊專載關於中外圖書之介紹批評以及學術界消息
二 爲公開性質歡迎投稿刊登本刊之文酌致薄酬
三 投稿通訊可寄「北平文津街國立北平圖書館內圖書副刊編輯收」

書評

蒙古語大辭典——蒙和之部上卷中卷

蒙古語大辭典，日本故陸軍步兵少佐鈴江萬太郎陸軍步兵少佐下永憲次輯，陸軍省編纂。一九三三年（昭和八年）九月東京偕行社出版，定價不明。全書三卷，今只出一蒙和之部上中兩卷。鈴江下永二氏曾以陸軍中人於明治大正昭和間先後駐屯東三省及北京，往來蒙疆，又嘗畢業於其東京外國語學校之蒙古印度語科。其著爲是書而由陸軍省出版，蓋非泛泛之作可比。茲特請賓不達君由學術之立場評之如次，覽者幸垂察焉。——編者識

蒙古文化自元代崇信佛教之後，受西藏影響，至深且鉅。至於近代蒙古文人多爲出家之喇嘛其朝夕誦習者殆全爲番字經籍，其著述亦多半採用藏文。而流傳甚外之蒙文典籍，除極少數爲蒙人著述及譯自漢文者外，亦十九譯自藏籍。此等譯籍，無不與佛經有關。故完善之蒙文字典，佛教術語應佔最重要之部分。中國之蒙文字書，始自賽尚阿之蒙文彙書。此書乃取三合便覽改依蒙文字母之次序重爲排編者，而三合便覽乃係依據清文鑑一書所作。此書於日常應用之語，即感不足，於佛教術語，更一無所有，此後北京正蒙書局所印之蒙漢滿文三合，蒙藏學社所編之蒙古大辭典及蒙文書社所印行之蒙漢字典，都係輾轉鈔襲蒙文彙書一書，雖間亦略有增益，而其不收佛教術語則一也。故讀蒙文書而用國內印行蒙文字典，所能檢出之字，最多不過十之五六。實爲國人習蒙文者一大痛苦。

俄人考發來夫斯基(Kowalewsky)氏所作之蒙俄法字典(Dictionaire-Mongol-Russe-Français)其最大優點即收入之佛教術語極爲豐富。故數十年來爲治蒙文者所不可或缺之書。唯考氏之書於普通名辭間有附註漢語者，於佛教術語則多註以梵藏文字。習蒙文者未必盡通梵藏文字，即能識此等文字者，亦須輾轉檢查，始能覓得與漢文相當之字，故費時失事，極感不便。四五月前，聞東鄰三島已有人編成一蒙文大辭典，在印刷中。余聞知之後喜不自勝。因依余所知，東鄰知藏文者頗不乏人，如河口慧海多田等觀諸先生於藏文都造詣頗深，而寺本婉雅及石濱純太郎兩君更兼通蒙藏文字。如只將考氏字典中之佛教術語，依其中所註之藏文譯爲漢語，吾人即可感無上便利。故無日不盼其早出。今此書已出，略事翻檢，頗爲失望。因此書大率即襲取考氏書，其中之普通字，雖較考氏之書略增一二，而考氏書中之佛教術語，則照原書仍將梵藏文字照抄於後，而以日文直譯原著之梵漢文註解。間有譯爲漢文者，則多以意爲之，故錯誤百出。余略爲翻閱上卷可隨手指出者已有數十條之多，今爲表列如次：

頁數 行數	蒙文	漢譯應作	此書漢譯
四上六	irdin γ ugei aljatok γ i	世間解	知世界者
七上八	gorban aimak saba	三藏	經典三大系
九中十二	idegel ugei idegen ukilgetö	給孤獨長者	無
一〇中十五	harin ülü irek γ i	不還	無
一七下十八	anggida tonilgak γ i	波羅提木叉	無
二四下八	nom un agar	法界	無
二五下十二	agou to oron	吠舍離	無
三八上十三	abiyas	薰習	嗜好；傾向；習慣
五六上十	adisditiuho	加持	無
七九上七	ülü aljiyaho yirdincu	堪忍世界	世界；物質界
九五中四	amrita	甘露	無爲；不滅；不枯；不朽；
一〇八上十四	agenista	色究竟天	無
一一九上十三	ariya balo	觀世自在	無
一二〇下五	arohan	羅漢	無
一二七下十	arsar	仙人	尋常；平常!!
一二八上十	maha arsi	大仙	大賢者
一二八中四	arsiyan	甘露	鑛泉；溫泉!!
一五五下十五	esr e	梵天	無
一五六下一	wiwanghirit ükho	授記	無
二一三下八	bosot un hobilgan i erheber ulietek γ i	他化自在天	無
二三一中十一	idam	本尊	精神；保護者……
二三七中十七	ilaguksan no γ imek	幢	旗
二四二下十六	ilgaburilaya ujel	分別說部	無
二五二上十三	noyalik ijagor	吠舍	士族階級
二五二上十七	har γ u ijagor	首陀	商業階級
二六六上十二	torathoi oira agolhoi	金剛	要素；原因!
二七四上二二	ija onol	現觀	無
二八三下七	o γ ir siltagan uhagan	因明	辯證學；論理學；哲學
二八三下二〇	dotogato uhagan	內明	佛教學!
二九一下二二	ubasige	優婆夷	男信!
三四〇中十一	oktargoi i jirogen	虛空藏	無
三九三中十	ubrcilen ugei	無自性	無
四二四下八	sethil un daroldan no ijel	唯識宗	無
五〇一下二	niswanis	染；煩惱	俗事；不安
五二四中十三	nom un agar	法界	精神!
五二四下六	nom un ükilge	法施	布施!
五二四下二十	nom un beye	法身	佛陀!
五二五中八	nom un γ ok γ a	法蘊	無
六九七上十一	arban naiman ese hoilralt aksan nom	十八不共法	無
七二八下十九	hormosta	帝釋天	上帝

以上各條中尚有一最不可思議者，即第五十一頁第一行 adisditiuho 一字，於日文中乃譯作「畫十字」！蓋考氏原書俄文作 Благословить 法文作 donner la bénédiction，直譯俱不應作畫十字解。唯譯者大概深知希臘教徒之習慣，以畫十字爲祝福，故如此譯。但於蒙古人思想中之 adisditiuho 與此毫不相干，譯者因未加思索也。

且考氏書中藏文之錯誤，此書亦大半依樣葫蘆，未加是正，今略舉數條，示例如次：

頁行	應作	考氏書誤作	此書誤作
八下十二	mthu stobs	mthu sdobs	mthu sdobs
一〇下七	hdsum pa	hamdsu pa	hamdsu pa
三六上三	hod gsal	hod gsab	hod gsab
八四下四	hdod pahi khams	hdod pi khams	hdod pi khams

依上所述，有考氏原書者，此書實無甚用處。唯考氏書絕版已久，購置不易。今此書將考氏書譯出重印，且於佛教術語而外，此書所收之字亦較中國舊有之字典爲多，亦未始非東方人士治蒙文者之一助也。（賓不達）

中國金石學緒言（二） 劉節

三 古器物學

自來言彝器圖錄款識之著者，其器不限於吉金，其學不惟於古文，實可名之曰古器物學。其名亦始於宋人，趙氏金石錄分古器物銘及碑爲二，金錄珠古器物錄尚沿此稱。有清嘉道以來，始于彝器外兼收他古物。至劉喜海，張廷濟諸家，收羅益廣。然爲斯學者，率皆附庸金石，辛未嘗有人正定其名。今就其範圍所及，分爲五項言之。一曰樂器：若鐘鎛，若石磬，若鐸子，若律琯。其物視彝器流傳爲少。前人以鐘鎛屬之禮器，余以禮器之名既失於廣泛，而禮器之中大部份爲殷周彝器，鐘鎛之屬既非彝器，自當別爲一類。古代樂器，今日所見廣於前人。如旋蟲之制，前人不及見，程瑤田氏以意爲圖，今有其物，其見於古錄者，具有文字。殷虛石磬，與考工所記適殊，而博古圖所載正合。漢四時嘉至磬，則與程氏通藝錄所考略同，並存其影於金泥石屑，及雪堂所藏古器物圖錄中。他如陶齋吉金錄，亦存古樂器數事。鐃鐸之屬見於各家圖錄者尚多。又若樂俑，鐸鼓，畫像，及樂舞之面具，並當存錄，以考古制。二曰兵器之屬：其類實繁，若勾兵，刺兵，矢鏃，種類尤夥，明難強定異制。其最易辨識者，劍與匕首二種。戈戟之異，始自黃伯思論定，程氏瑤田之說，乃與冥合。然秦之漢寶，已異古制，足見程氏之卓識矣。矢鏃之屬，爲數更多。前人著錄者以貞松堂集古遺文，周金文存二書爲最多。他如奇觚室吉金文述，陶齋吉金錄，亦稍稍見之。羅氏古器物圖說，於兵器制度，考定最多。三曰權度量衡諸器：古之權石，前人著錄者始於先秦，迄乎元明。若清儀閣古器物文，于元明銅權，著錄尤夥。度量之著錄，則起自秦漢，至新莽，以迄趙宋，爲數不多。尤當考辨。此類器，上虞羅氏集金石刻辭，及陶齋吉金錄皆有收集。上虞羅氏藏漢尺二，無文字，據其實與建初尺長短正同。清代著錄古尺，始於阮氏積古齋，曰虎鐘尺，作於漢建初六年，器舊藏曲阜孔氏。其次即蕭縣陳氏所藏王莽銅尺，作於始建國元年。其次吳雲所藏之建安弩機，亦附刻尺度，較建初尺甚短。其次吳大澂得蜀漢弩機，作於建興八年，刻有尺度，亦較建初尺爲短。惟上虞羅氏得蜀章武弩機，其所刻尺度象之建初，則相符合。據羅氏之言，其所藏二漢尺，亦與建初相合，可見漢尺亦不甚一致。唐尺中土不傳，日本正倉院尚有之。海甯王先生即據之作現存歷代尺度考，甚精審。清人之治此學者，當推吳大澂爲大家。清權度量衡實驗考，及古玉圖考二書，依據古玉鎮律琯，轉圭，及各種古幣，歸納而得；其精博，後人未能幾及也。四曰符牌：前人著錄符契，但及秦漢，迄於隋唐。最先者，爲錢考古圖之漢齊陽虎符，唐蘇州魚符。明瞿從德集古印譜，羅王常印統，亦著錄一二符。清代則散見於錢氏十六長樂堂款識，翁方綱兩漢金石記。爲專書者，則始於瞿中溶集古虎符魚符考。其次則翁大年之古兵符考略。率皆頗專雜陳，考校疏失，未能當意。符契之作，其尤先者，或爲虎或爲馬，不皆虎也。至於戰國陽陵新郪諸符，始爲虎形。漢魏承之。迄乎隋唐，則變爲符牌。亦考古之士所不可忽者也。其搜集最多者，推上虞羅氏所著增訂歷代符牌圖錄正續二編。五曰服御諸器：其類更繁。若車器，馬飾，行鐙，門鋪，燭盤，銅洗，繫鈕，鐵錢等，未遑數數。即如帶鉤一門，近世出土者，種類尤多。而鏡鑑一門，且自成一專科學。官書著錄最先，西清古鑑，甯壽鑑古，及續鑑甲乙編所錄者，約三百餘面。清人專以鏡錄著錄者，自錢坫浣花拜石軒始，所錄不過二十五面。此外若馮中濬百鏡軒，梁廷柟藤花亭，所錄亦不過百四十餘面。陳氏寶齋鏡錄，百零四面。上虞羅氏古鏡圖錄，百五十八面。他如清儀閣所藏古器物文，吳隱遯鑑古鏡存，皆僅十數面乃至數十面而已。於此道有心得者，亦惟上虞羅氏有所述作。濂南京以來錢銘

錢錄一書，為錢話數十則，然治斯學入門之書。綜上所述五項，前人研究泉幣學之附屬者，今始蔚為大觀矣。

四　泉幣學發達概況

泉譜始見於隋書經籍志。顧烜有錢譜錢圖各一卷。唐書藝文志封演有錢譜六卷，宋史藝文志有張台錢錄一卷，陶岳貨泉錄一卷。他如錢元彥錢譜，金光襲錢寶錄，李孝美歷代泉譜，杜鎬銅錢故事，董逌錢譜考，今皆不傳。傳者唯宋洪遵泉志為斯學之大宗。明則有胡我琨錢通，邱濬錢法纂要，為四庫著錄。胡氏之書，於明代金融狀況尤所留意。清代金石之學遠邁歐趙，即古泉一物，著錄者不下數十家。若朱多爐，謝黎之書，不足齒數。即如馬昂之貨布文字考，陳萊孝之歷代鐘官圖經，朱楓之吉金待問錄，亦附會路史，多作穿鑿無稽之說。其稍有別擇者，戴詩正錢錄，黎大士泉史，張崇懿錢志新編，倪模古今錢略，尚能勞精纂考，收羅較博。劉師陸虞夏贖金釋文，初尚齡吉金所見錄，孟麟泉布統志，為人所共推許者，以今觀之，皆卑之無甚高論。他如金錫鬯古泉述記，瞿中溶泉志補正，劉喜海古泉苑，李佐賢續泉匯二家，盛稱之，必有可觀者，惜其書皆不傳。其他泉譜尚有十數種。就其論述較精者言之，首推大興翁樹培古泉彙考。翁樹培，翁方綱之子，篤嗜古泉，積數十年不懈。所著彙考雖不傳，今李佐賢古泉匯采錄其說凡三十三條，類皆精要之論。其後鮑康觀古閣叢稿，古泉叢話，共書前三卷自周迄明，後及外國；後一卷補論刀布，專較正品話，實一詳錄之體。今通行吳大澂手寫本僅三卷；又一本，末附藏泉記一卷。咸同之間，治泉幣學者，殿推李佐賢，鮑康二家。

古泉匯正續二編，凡八十卷，集古今錢錄之巨觀，其實實李鮑二氏合力而成。鮑氏序其書曰：「夫泉譜不備，不足傳；不精，不可傳；備且精，而無新奇可喜之品，為諸譜所未及載者，亦不得以傳。」今吾人讀其書，可稱備矣！新奇可喜之品，亦頗存之。若云精審，則推王錫棨泉貨彙考。王氏之書凡十二卷。古幣，古刀，圜法正品，偽品，外國品，厭勝，吉語，詩牌，馬錢，各項略備。其特色，尤在考證之精。凡古地理，古文字之解析，由引據經傳，不作模糊影響之談。清代泉幣之精而傳世者，當以翁李王三家為最。馬國翰亦治斯學，所收集古泉幣，今皆歸濟南山東省立圖書館。其關於通論泉幣之著者，以蔡雲癖談為上。其論刀幣，圜法，往往獨抒己見，發前人所未發。其後劉喜海作嘉蔭簃泉說，又仿論詩絕句之例，摭集古泉典故，辨訂前人譌誤，兼引後輩新說，為嘉蔭簃論泉絕句一百七十六首。後此長沙葉德輝，定海方若，皆仿而為之。鮑康之泉幣學，聲名在李佐賢之上。所為古泉叢攷，古泉攷略二書，今皆不傳。傳者，有觀古閣泉說一卷，通論泉貨之制度沿革。又集其所為序跋之有關泉貨及吉金者，為觀古閣叢稿三編，古今泉幣學之變遷大勢，具見於是。稍後，李佐賢又為續泉說，附刻鮑氏書之後。又為古泉隨說數十則，刊于古泉匯之首，皆為治泉幣之學者必讀之書。他若高煥文癖泉臆說，張可中清嘗館古泉叢話，徐士鑾古泉叢攷，亦通論泉貨之書。徐氏之作，多錄宋以來論泉雜說百餘條，與鮑氏之書，名稱內容如出一轍，惜不能得鮑氏書一訂正之也。綜觀有清一代泉貨之學，以歙縣鮑氏為大宗：觀古閣叢刊，學者當聚觀於斯也。夫泉幣之為用，不僅在考證歷代經濟制度變遷之跡，其見於古幣之文字，往往可與彝器款識文字相印證；所見地名，亦可考見三古地理之沿革。吳縣吳大澂又取蟻鼻錢，秦半兩，四銖錢，莽泉，莽刀，唐開元通寶諸貨，以較先秦以來之權衡制度，其有功古史者至鉅。金錫鬯又按泉貨之年號，作歷代錢法年號通考；始自尚陽金，迄於明末張獻忠攖戴錢之文。皆治古史者所不可忽也。其有論近代圜法及幣鈔者，則有鮑康之大錢圖錄，羅振玉之四朝幣鈔圖錄二書。論外國圜法者，則有陳其保所譯之錄古西域諸國錢譜。而諸家泉譜中亦多有論及四裔幣制者。

五　璽印及封泥

璽印之集錄，亦始自宋代。徽宗作宣和印史，其書不傳。私家著錄者，以黃伯思為最早。收藏有數百枚，今見於王俅嘯堂集古錄者，十餘枚耳。其他如王厚之漢晉印章圖譜，見於說郛，實不足觀。至明郎瑛作七修類稿，所錄更少於王氏。且形製失真，亦非同譜錄之書。元楊遵集古印譜，瞿中溶作集古官印考證時尚得見其書，今亦罕觀。明人印譜者，以顧從德集古印譜為上。不僅蒐羅材料，且從事考證。他如郭宗昌松談閣印史，羅王常集古印譜，甘暘印正，潘雲杰印範，徐彥印藪，皆著名。羅振玉為璽印姓氏徵，引用其書。此外宋元以來印譜，無慮數十家，傳者蓋寡。有清一代，璽印出土者日衆，其數與古泉幣競美；譜錄之書，則倍之。然諸家之作，大抵官私並收，有印無說，僅供賞鑑之用，無關於學問之大。博物嗜古如吳大澂，其所集十六金符齋古印存，卷端僅綴古詩一首。其他諸家之書，甚且以數十頁之印譜，無一序跋焉。可見璽印之學淵源雖遠，鮮有人能識其中蘊藏之厚也。前人偶亦有論印之作。若徐元懋古今印史，鞠履厚印文考略，朱象賢印典，大都留心篆刻，無補史事。若就清代印譜之較精博者言之，則清內府所編之金薤留珍，汪啓淑集古印存，何昆玉吉金齋古銅印譜，張廷濟清儀閣古印偶存，吳式芬雙虞壺齋印存，吳雲二百蘭亭齋古印存，高慶齡齊魯古印攟，郭申堂續齊魯古印攟，吳大澂十六金符齋印存，劉鶚鐵雲藏印，端方匋齋藏印，陳寶琛澂秋館藏印。上虞羅氏收藏雖多，而旋入旋出。若黟□宗所藏鉨印，赫連泉古印存，凝清室所藏周秦鉨印，陸庵古錄，後四源堂古印零拾，待時軒印存，皆以其所經藏之印入錄。咸同以來，所共稱為海內藏印大家者，當推濰縣陳氏萬印樓。其所輯十鐘山房印舉，通行石印本僅十二冊，北平圖書館所藏鈐印本，一百九十四冊，為最完備。近今海內以藏印著者，錢塘陳漢第有伏廬藏印正續集，合肥龔心釗有瞻麓齋古印徵。陳氏所藏，類皆精品。今舉十六家之書，言其大者而已。治此學者，以多得不經見之品為上。凡得一私印，可補姓氏之缺；得一官印，可正古史官制地名之誤者，當奉為至寶也。蒐古璽印之學，於古文字，地理，官氏，職官皆有所補益。今日吾人研究六國文字，

其唯一材料，即當於兵器，陶器，貨幣，璽印四者以求之。而璽印數量既多，方面又廣，故清人之從事於斯學者類皆分四部焉。其關於古代官制者：如瞿中溶集古官印考證，秦汝承宣園古今官印句二書最著。上虞羅氏於隋唐以後官印收集甚勤，成隋唐以來官印集存，及唐宋以來官印集存，西夏官印集存三書。論古今官印者，當以上述五書為宗也。其關於姓氏者：吳大澂既集續百家姓印譜，又為周秦兩漢名人印考。其後上虞羅氏輯之作璽印姓氏徵二卷，以補古今姓氏書之不足。惜其書徵引諸家印譜者皆不注書名，學者引為憾事也。其關於文字者：桂馥作繆篆分韻，袁日省作漢印分韻，上虞羅福頤之作璽印文字徵，足補桂袁二家之失。而海甯王先生為桐鄉徐氏印譜序，又備述璽印文字為六國古文之特徵。其關於地理者：吳式芬陳介祺合輯之封泥考略頗有所考定，王先生齊魯封泥集存二序，亦備論之矣。封泥與璽印有同等之價值。其名始見續漢百官志。而其用海甯王先生簡牘署檢考已言之。古人璽印皆施於泥，未有施於布帛者。故封禪玉檢，則用水銀和金為泥；天子詔書，則用紫泥；常人或用青泥，其實一切粘土皆可用。道光初葉，古封泥始出於巴蜀。劉燕庭海得之。已而，山東臨淄稍稍有出土者，亦歸於嘉蔭簃。顧當時所出僅盈數百，而每多重複，故長安獲古編所著錄者僅三十種。其中出於巴蜀者，乃十之一。同光間，山左出土者至多。殆十倍於蜀中，皆歸之吳式芬陳介祺二家。即以成封泥考略。前人不識，有以為印範者，至是始定封泥之名。其後丹徒劉鶚亦得百餘事，附印於鐵雲藏陶後。光緒乙巳，上虞羅氏於吳中書肆得封泥三百種，皆潘氏滂喜齋古物。宣統初年，滕縣紀王城又出封泥三百餘，羅氏得之。合前所得者，汰其重複，成齊魯封泥集存。海甯王先生為之編校考定，自是以後，與璽印之學相得益彰矣。（未完）

芸盦群書題記　趙萬里

高常侍詩　唐寫本

唐寫本高常侍詩四十九首，出敦煌石室，現歸巴黎國民圖書館。上虞羅氏輯印鳴沙石室古佚書時，以原卷首尾俱缺，未錄其主名，因以唐人選唐詩名署之。自李昂詩起，迄高常侍上陳左相詩前二行止。今以此本勘之，上陳左相詩後共脫四十七首。

上李右相　奉酬李太守丈夏日平陰亭見贈　宋中郎事贈李太守　東平嘗奉贈郡太守　自武威赴臨洮謁大夫不及因書即事寄河西隴右幕下諸公　同呂員外范司直賀大夫再破黃河九曲之作　饒宋判官之揚外　除陳留郡判官　東平留贈狄司戶　同朱五題盧太守義井　塞上聽吹笛　行路難　送兵還作　送韋參軍赴蜀　贈別晉三季九侍御赴洛下諸公　送蔡山人　宋中遇劉書記有別　東平留贈狄司馬　酬沖和先生　贈李別駕　別李四少府　別崔少府　邯鄲少年行　三君詠並序三首　送渾判官　塞上　北庭　古大梁行　同陳留崔司戶早春宴蓬池　送郭處士往萊燕寄荀山人　使清夷軍三首　自薊北歸　寄校書郡之有別　別韋兵曹　同李司倉早春宴睢陽東亭　贈別鄭處士　別董令家　薊門五首　贈別晉處士　送劉評事充朔方判官

知羅氏所見者，實非全本。此四十七首中，不見於明銅活字本高常侍詩集，得二首。

自武威赴臨洮謁大夫不及因書即事寄河西隴右幕下諸公

浩蕩去鄉縣，飄颻瞻節旄。揚鞭發武威，落日至臨洮。主人未相識，客子心切切。顧見征戰歸，始知士馬豪。戈鋋耀崖谷，聲氣如風濤。隱軫戎旅間，功業競相褒。獻狀陳首級，饗軍烹太牢。俘囚驅面縛，長幼隨巔毛。氈裘何蒙茸，血食本羶臊。漢將乃兒戲，秦人空自勞。立馬眺洮河，寒風吹白蒿。屯營寒色苦，雲合群山高。遠戍際天末，邊烽連賊壕。我本江海游，逝將心利逃。一朝感推薦，萬里從英髦。飛鳴蓋殊倫，俯仰忝諸曹。燕頷知有待，龍泉惟所操。相士慚入幕，懷賢願同袍。清論揮麈尾，乘酣持蟹螯。此行豈易酬，深意方鬱陶。微效儻不遂，終然辭佩刀。

同李司倉早春宴睢陽東亭

春亭宜晚景，芳樹雜流霞。愁蒸知二月，淮漢稱百花。竹徑和春日，柳色正開芽。且莫催行騎，歸時有月華。

此二詩各臻清婷，的是集中佳作。明獨全唐詩本脫去，即四庫著錄本從汲古閣影宋本出者，亦未之及。蓋自唐以來絕跡於天壤間者，久矣。其他諸詩，雖見於通行集本，然勝處多溢出今本上，如上陳左相詩，「聊才傳世業，相府繼勳謀；」今本作「相門連戶牖，卿族嗣弓裘。」賦李太守詩，今本「衣胸黑貂裘」下，奪「應接來何幸，栖遲獨未……」二十字。此外異文尚多不備舉。唐寫唐人詩，存於歐西者，尚有珠英集。中有劉知幾詩，余嘗得見傳錄本，可補日人上毛河世寧全唐詩逸之遺。此集篇幅之鉅，在珠英集上，不知究為何書，俟異時再考之。

圖書副刊

BOOKMAN
第十期
一 本刊登載關於中外圖書之介紹批評以及學術界消息爲公開性質歡迎投稿
二 刊登本刊之文略致薄酬
三 投稿通訊可寄「北平文津街國立北平圖書館內圖書副刊編輯收」

中國金石學緒言（三）

劉節

六 陶器之研究

近世考古之士旁搜遠紹，羅致甚勤，於金石之外，又得陶器文字以補史缺，亦盛事也。宋人雖曾注意及之，而爲量極少。高似孫剡錄間及於塼，王國之瀧水燕談錄載元祐中寶雞縣民掘地得羽陽千歲瓦；爲瓦當文字見於著錄之始。黃伯思東觀餘論則引益延壽瓦以證漢書顏注之誤；元李好文長安圖志著錄長生無極及樂衞諸瓦；明王辟作漢瓦記得長樂未央等六瓦；曹昭格古要論載太極未央一瓦。自是以後迄於清康熙間，林佶始於長安得甘泉宮瓦，當時題詠甚多。乾隆初浙人朱楓因其子官遊關中，搜瓦當三十，與文者多至十六七，因作秦漢瓦當圖記。其後仁和趙魏，嘉定錢坫，全椒吳鼒修各有所得，而申兆定收獲最多，著秦漢瓦圖說。瓦當者所以施之簷際，其文字或記宮觀殿閣之名，或著吉語，或圖寫物象，官私上下，得通用之；其時代始周秦而迄於六代，近數年且得唐代之瓦當。大抵以篆紋圖案爲多。其始見之地爲關中。咸同間山東琅琊秦漢黑沙之瓦多出土者。光宣以後則眞定易州中州各有所得，且遠及歸化城。前人著錄金石之書若翁氏兩漢金石記，畢氏關中金石記，王氏金石萃編，皆兼收瓦當。乾嘉以前專著之書集大成者則程敦之秦漢瓦當文字，嘉道以後收藏最多者若張廷濟，王福田，吳式芬，陳介祺，潘祖蔭，吳大澂王懿榮，端方，劉鶚，高鴻裁諸家爲著。王福田且繪竹里秦漢瓦當文存行世，其餘諸家亦有拓本流傳。上虞羅氏亦集諸家墨本，多至三千餘，選其十一成唐風樓秦漢瓦當文字，其價可與程氏之作相伯仲。又其所爲俑廬日札有論及漢瓦當之文。近今收藏瓦當推關縣何遂爲最富，爲數當在兩千；大部寄存北平圖書館以供學者之研究。陶類器物，瓦當以外尚有塼類諸品及器皿明器二項。塼類之中以城塼及壙塼爲最著，其他用之築造者稱是，見於著錄亦自宋人始。洪氏隸續始以永平永初汝伯寧買叔文諸塼五塼入錄。嗣後金石之書，亦兼錄之。清嘉道以後如嚴可均，陳經，馮登府，呂佺孫，宋經畬，陸心源，孫詒讓諸氏，始爲專書以相著錄。上虞羅氏作恆農冢墓遺文，恆農塼錄，楚州城塼錄三書，皆就一地所出者以考史事，與孫詒讓氏溫州古甓記後先媲美。此皆就有文字者言，其無紀年紀地之畫塼，河洛之間多有之，今不備論。古器物范種類至夥，傳世者以泉范爲多。自秀水朱氏始得漢泉范，爲之跋尾，嘉定錢氏，海鹽張氏，又傳其墨本於十六長樂堂古器款識及金石契中。嘉道以後，張廷濟始見衞字瓦范於趙魏王處，見衞方鐵范於宋芝山家，見鏤范於蔣生沐家，自是傳世器物之范又得三品。其後王懿榮於齊魯間得矢鏃沙范歸氏（帶鉤）沙范，雪泉所藏有元代銅鏡范，上虞羅氏又得銅斧范，乃集其所有成古器物范圖錄，凡得八類，約數十事。古陶冶之制器，必先陳土爲金以爲范，器成，范毁，得傳於世者如是數類而已。明器之作緣起於上古，明器之名始見於儀禮。象車芻靈，自古有之，明器之遺也。安特生博士考古河南，於澠池仰韶村得殉葬器甚多，則明器之制，史前已有之。宋人之紀古明器者，岳珂桯史有古冢盤盂記，博古圖載一陶鼎而已。清代考古家以明器著於錄者亦始自上虞羅氏。光緒丁未冬，羅氏居北京，於廠肆得古俑二。時估知可以資利，乃大索之芒洛間，於是邱墓物始充斥都市。其後關中及直隸磁州各地，皆有出土。羅氏所得則俑以外，伎樂，田宅，車馬，井灶，杵臼，牲畜諸物略備。古代風俗於此可以窺見梗概，足與文字紀載互爲發明。其物以唐代爲多，先秦兩漢六朝之物咸有，乃集爲古明器圖錄，較於藝術叢編中。又欲爲歷代明器制度考釋未成，於俑廬日札著其略焉。近年出土更多，亦有精品，河南博物館所藏山積，大都可信，亦有宋代者。治明器之學者，當於該館中求其標本也。

七 近世考古學上兩大發現

三十年來，吾國考古學界有兩大發現：即殷虛書契及流沙墜簡是也。前者爲吾國人所發現。後者則匈牙利人斯坦因博士所得，而考校釋之功，法人沙畹博士闢其端，吾國人總其成。與於斯二役者上虞羅振玉先生海甯王國維先生其著者也。殷虛書契出於河南安陽縣西北五里之小屯，其地在洹水之南。史記項羽本紀所謂洹水南殷虛者是也。光緒戊戌己亥間洹曲爲水所齧，土人得龜甲獸骨，上有古文字。估客攜至京師，爲福山王懿榮所得。庚子秋王氏殉國難，所藏悉歸丹徒劉鶚。而洹水之虛土人每歲發掘所得者亦多歸劉氏。劉氏曾拓千餘片，影印鐵雲藏龜行世，時光緒癸卯甲辰之間也。瑞安孫詒讓即據之作契文舉例；自是始有殷契之名。其後丹徒劉氏流死西陲，所藏甲骨後歸哈同氏。光宣之間，上虞羅氏因廠肆估人購之於安陽，所獲逾萬片，又復遣人至其地探掘之，所得又再倍焉。辛亥以後，羅氏卜居日本。癸丑手拓其所藏甲骨墨本之精者編爲殷虛書契前編八卷，後二年又編印其尤精者爲殷虛書契菁華一卷。乃始作殷虛書契考釋。商略其事者海甯王國維先生也。其書於殷代制度及文字多所發明，爲治殷虛書契之學者入門之書。歲乙卯羅氏返國，北遊河洛之間，又於洹上得殷虛器物甚多，作五十日夢痕錄記其經過；即於次歲彙印爲殷虛器物圖錄一卷。是歲又成殷虛書契後編二卷。由是治殷虛文字者材料日益增多。哈同得劉氏所有甲骨，後亦印行戩壽堂所藏殷虛文字一卷，海甯王先生即據之爲考釋，刊于藝術叢編第三集。在此數年中王先生致力於殷虛書契最勤，先後成殷卜辭中所見先公先王考及續考各一卷，又據其研究所得成殷周制度論一卷，殷禮徵文一卷。計其所得皆貫串經傳，發前人所未發；吾國上古史得王氏之說而改觀矣。總之殷虛契書之學，收集材料，功在羅氏，至於考訂古史，王氏之力爲多，後之作者莫不宗之也。流沙墜簡之發現在光緒戊申。時斯坦因博士訪古於我新疆甘肅，得漢晉木簡千餘以歸，法國沙畹博士爲之考釋。越五年癸丑歲暮，乃印行於倫敦。上虞羅氏得沙畹博士所著稿本，因與海甯王先生重行考訂，成流沙墜簡考釋三卷，又補釋一卷：分爲小學術數方技，及屯戍叢殘，簡牘遺文三部。其第一部關于小學方技術數者羅氏所考，屯戍叢殘以下皆王先生之作。案此次古簡所出之地有三：一爲敦煌迤北之長城，二爲羅布淖爾北之古城，其三則和闐東北之尼雅城及馬咱托拉拔拉滑史德也。敦煌所出皆兩漢之物，出羅布淖爾北者其物大抵上自魏末迄於前涼，其出和闐旁三地者都不過二十餘簡，又皆無年代可考，其中最古者獨當爲後漢遺物，其近者亦當在隋唐之際。古簡冊出世，較在前輯者凡三事：一爲晉之汲郡，二爲齊之襄陽，三爲宋之陝右，及此而四矣。其補正史缺之處，具詳羅王二氏之書，與殷虛書契之發現後先媲美，洵吾國考古學界之盛事也。至於近年中央研究院之發掘殷虛及西北科學考查團之得漢晉木簡，安特生博士之發現中國新石器時代，又當別爲專篇論之，茲不能盡也。

八 石刻及碑誌

乾嘉以後，吾國金石學界方面之廣已如上述。其專以研究歷代石刻及碑誌者尤不可勝計。當時第一流學者如錢大昕作潛研堂金石文跋尾，武億作授堂金石跋，其書皆以論石刻之類爲多。其後仿而爲之者何焯，翁方綱，嚴可均，馮登府，張廷濟，梁章鉅，何紹基，翁大年，宋世犖，方朔，朱士端，楊守敬，羅振玉諸家，各有金石跋尾。此外尚有數十家，見於各家文集者不計焉。石刻碑誌偏及寰宇，爲數頗多，治之者大都分地以求。陽湖孫星衍作寰宇訪碑錄十二卷，其續者仿王象之輿地碑記而作。其後續補者有趙之謙羅振玉兩家。其專記一地者若畢沅之關中金石記，阮元之兩浙金石志之類，各省皆有，或僅記其目，或撰錄文字，大抵百數十家。晚近四裔碑版往往間出，若吐蕃會盟，若闕特勤，若苾伽可汗九姓回鶻可汗及高勾麗好大王碑，皆以一石爲一種族興替唯一之史料，故四裔石刻目錄作者亦有數家。若劉喜海之海東金石苑，劉承幹爲作續補，李文田作和林金石錄，王國維先生爲之補正。此外尚有羅振玉之西陲石刻錄，王樹枏之新疆訪古錄，皆見稱於金石學界。石刻種類既衆，數量尤夥，於是又有以年代爲綱目求之者。青浦王昶之金石萃編集其大成，其書上起三代下迄遼金，凡一百六十卷，迻錄原文，附以跋尾。其後南海吳氏筠清館，安陸氏偶鄂堂皆沿王氏體例爲之，惜其書無傳本。王氏之書成於嘉慶十年，至於晚近，石刻發見者更多，故續補其書者若武進陸耀遹，仁和王言谷，大興方履籛各有成書。而大倉陸增祥作八瓊室金石補正一百三十卷，所錄尤多。其他錄一家所藏之目者若吳式芬攈古錄二十卷，繆荃孫藝風堂金石文字目十八卷爲最；所錄石刻往往可補王陸兩家書所未備。他如端方陶齋藏石記，羅振玉墓誌遺文目錄，唐風樓碑錄，則又可補吳繆兩家之未及。分代以求者，則有翁方綱兩漢金石記，吳騫修兩漢金石志等。石刻種類甚多，大別之曰碑刻，曰墓誌，曰造像，曰題名，曰畫像，此五類者其名最著，爲數亦最多。錢師於石刻之部，碑之名始見於禮經。後人之碑樹於廟或樹於墓，而墓墓之碑自後漢始。碑名與墓會銘記碑之起源。自是以後歷代皆有之。清代金石家專究碑刻者若葉邦玉漢石碑錄文。朱百度漢碑徵經，皮錫瑞漢碑引經考及漢碑引緯考，皆撣之與經傳相推證。山陰何澂又輯勒漢碑篆額，臨池者皆以之爲借漢家。金匱錢泳又專錄漢唐碑刻爲縮本一百數十種，亦便學者。墓誌之制大抵起於魏晉之間，前人所得者隋得王伐墓誌，近世有劉韜房宣兩誌，前數年得左棻墓誌，最近北平圖書館又得賈充妻郭槐墓誌，則晉人之有墓誌，已得實物爲證。西京雜記稱前漢杜子春臨終作文刻石，埋於墓前，博物志載西京時南宮寢殿有醇儒王史威長葬銘。然二書所載甚難徵信，不足據也。東漢題岐刻石，僅識時代姓名之類，其他碑類，皆著某君之碑，惟曲阜孔君碑出於墓中，額曰孔君之墓四字，近出袁敞袁安二碑，亦僅記姓名年月爵里，與晉代初年諸墓誌略同。則墓誌之制，起於魏晉之間，亦可論定矣。清代金石家論墓銘體例者如梁玉繩誌銘廣例，李富孫漢魏六朝墓銘纂例，吳鎬漢魏六朝墓誌例，及唐人墓誌例，各有心得；其他金石例尚有十餘種。至專錄墓誌之書如黃本驥古誌石華，吳疊六朝誌銘叢錄，羅振玉六朝墓誌菁英，皆名作也。近年以來魏齊隋唐之墓誌出土者尤夥，顧燮光因之作古誌彙目二卷，古誌新目一卷。其未入錄者尚不知凡幾也。造像始於北魏，迄隋唐，以至於五代兩宋元明尚有之。所造者以釋迦彌陀彌勒及觀音勢至爲多，以大同雲岡洛陽龍門及鞏縣石窟寺數處爲多而且著。其初不過刻石，其後或施以金彩珠綃，其形制大小廣狹精粗不等；亦有以銅造者，精絕遠在石刻以上。至清人專錄造像之書若陸耀遹龍門山造像釋文，王昶昌平縣造像錄，羅振玉石屋洞造像題名，龍泓洞造像題名，皆名作也。題名大都在名山石壁間游踪所至，留題以紀鴻爪。其人出自雅流，此唐以後石刻惟題名爲可貴也。前人論述關於題名者以劉喜海嘯玉洞宋人題名記，錢保塘滄州石魚題名記，顧燮光宣州石刻記爲著。而題名之最多者莫過於麗嶠鳥石山鼓山于山諸處，陳棨仁閩中金石略備記之。石刻畫像傳世者以漢代爲最古，以孝堂山武梁祠爲最著。近年南陽草店及滕縣亦有所出。可以考見東京以前之衣冠文物宮室制度，惟漢畫像爲最可信耳。吾國人於此有述作者惟瞿中溶漢武梁祠石刻畫像考，及張寶德漢射陽石門畫像彙考，陸增祥漢武梁祠石室畫像題字補考三書。近年來漢魏石經出土者日多，研究此問題者亦日衆，創通條例，予後人以研治之法者惟王國維先生魏石經考一書。後來則張國淦氏之歷代石經考及漢石經碑圖二書集其成。石刻傳世日久著歷代拓本字數自有多寡不同，遂有校碑之學。王念孫有漢碑拾遺，洪頤煊有平津館讀碑記，近年有方若校碑隨筆。而通論石刻爲初學入門之書者，則有葉昌熾語石及顧燮光之夢碧簃石言。治石刻之學與治文字學相通，於是有據金石之別體字以成書者，則有邢澍之金石文字辨異，楊紹廉爲作補編，而趙之謙六朝別字記及羅振玉碑別字正補二編，又加密焉。清代石刻之學其流別約如上述。而今後之治斯學者，則當隨近世考古學之新趨勢以求其方法之進步焉。（完）

書評

近代中國之民族主義與教育

Nationalism and Modern education in China 著者畢格(C. H. Peake)美國Columbia Univ. Press 第一版一九三二；頁數一二三五頁。價洋美金三元。

這幾年來美國出版界刊行了不少關於中國民族主義問題的書，畢格的這一本近代中國之民族主義與教育算是其中比較費過一番氣力寫成的書。民族主義和中國近代教育的沿變，是很大的一個題目，本書通共只有二百餘頁，實際上除了書目和名辭對照表只有一九三頁；以這樣簡短的篇幅，要將問題的各方面向讀者交代清白，鄙意對於作者似乎是奢望。本書的材料大半取自教育公報，文牘，近若干年來的報章雜誌，清末一部人的奏章，以及商務，中華兩家出版的若干種教科書等。關於後者，作者曾確實花了一番功夫，一套一套的加以分析，做成了很長的一篇摘要。（附錄一，共三四頁）作者本以上的資料（倘有引用西人著述的地方，不過不多），研究的結果，得到下面的幾個要點：第一，在教育制度上，中國政府始終認定教育是國家特有的一種工具，這種特權的行使，除政府外不容第二者代庖。第二，中國新式教育，其設施及目的，雖迭有變遷，但骨子裏仍是一貫的未有變動。——那就是把教育看做強國強種的一種方法。換言之，國族主義的成分十分濃厚。第三，新式教育採用以後，舊有的孔教經典等等都遭淘汰，民族主義的思想在主持教育者的有意的灌輸政策之下，學生的腦子吸收了不能超脫國界的思想。簡言之，作者在本書裏對於中國民族思想的抬頭，深含斥責之意。如果我們忽略本書裏引論末段的幾句話，那末他這種非中國民族主義的立場，是要深爲讀者誤會的。引論的第三頁作者有一段自白：『於未入本題之前，讓作者先把態度表明。作者不是站在一個美國民族主義的立場來批評中國民族主義的。我只說他是一個研究國際間民族問題的人。』

全書既大體說，都很過得去，不過有幾點還應當更充實些，另外有小錯誤的地方，應予更正，茲分別提出向作者請正。

第一，本書頭三章是一種縱的敍述——時期由一八六〇（咸豐十年）到最近共五十餘年的事，作者以爲這時期的洋式教育的提倡，是幾次打敗仗的結果，目的是在學得西洋之戰爭技巧。作者認定這是當時唯一的興學動機，所以總把教育和軍事混爲一談，僅有的例外就是天津電報學堂和武漢的鐵路學堂。這種觀察有點過偏，於此我只將作者曾經提及的同文館作例：同文館之設是當時自强運動的一種步驟，意思是不止要學會利用洋人的槍砲戰艦，而且要懂得夷情，明瞭彼方狀況，可以在外交上不受欺騙。有兩個奏摺很重要，很可惋惜的是作者未曾注意到。其一是同治元年七月丙午總理各國事務衙門恭親王的奏章，其二爲同治二年正月李鴻章請設外國語言文字學館的摺子。恭親王的奏章裏說明同文館設立之重要：「伏思欲悉各國情形，必先諳其言語文字，方不受人欺矇；各國均以重金聘請中國人講解文義，而中國迄無熟習外國語言文字之人，恐無以悉其底蘊。」李鴻章奏摺亦云：「互市二十年來，彼酋之習我語言文字者不少，其尤者能讀我經史，於朝章憲典，吏治民情言之歷歷，而我國官員紳士絕少通習外國語言文字之人，遂至彼己之不知，情僞之莫辨，操縱進退，迄不得其要領。此非細故也。京師同文館之設，實爲良法，行之既久，……然後能得西人之要領，而思所以駕馭之。」（李文忠公奏稿卷三）。

第二點，本書的主題雖是中國近代教育，但京師大學堂之沿革，作者反未予以相當的篇幅。中國興學運動中，由同文館而京師大學堂是進一步的發展。以前者都求速成，而後者之目的則在根本的學，另外尚有兩個特點：（甲）清季言新學，必有教士或其他洋人主持，（李提摩太，林樂知，丁韙良等都以辦學務知名），而京師大學堂之設立，首先去洋人，自己主辦。（乙）仿取日本學制。這與中國後來教育制度很有關係，但作者未曾看到。

第三點，關於民國成立以後的教育狀況，作者把教育公報，教育會議的議決案等做爲唯一的資料，不曉得中國的事情，議決案只是紙上的紀錄，實際上的効力是另外問題。舉一個例子來說，比如一九二八年（民國十七年）蔡元培主持大學院時期召開的全國教育會議，當時通過議決案中有一件是發展華僑教育事業。作者把這個議決案記下來並且批評道：「這種教育海外僑民的運動是具有帝國主義色彩的；因其含意在將海外各地——尤其是南洋——之久居僑民已入他國籍者，重使之華化。（頁九五—六）。有幾處類此的例子不必再舉。誤解教科書因爲將紙上的東西認爲事實。

第四點，作者在民族主義與教科書一章裏，以中國通行的小學教科書（爲什麼中等教科書不列入？），加以分析，指出其含有民族思想的成分。這一章作者用力最多，可是也可以說最失敗。這種課本只能做爲研究中國教育情形的一種參考，而不能以之爲唯一的資料。在本章裏作者有時態度稍失之武斷而欠公平。比如一百零二頁有這麼一段批評：「此種學程大綱實行後的顯著結果：第一受了這種教育的中國學生，其百分之九十五完全不曉得中國以外的事。其餘百分之二，中學生，受到的知識是這種民族色彩渲染的。事實上使學生們不能養成世界團體的觀念」。我們要知道的是：這種百分數根據何在？第二我們深願知道美國小學生知道歐美以外的事有若干？第三作者只看到中國教科書中有中國民族英雄故事，而同時卻忽略了華盛頓，富蘭克林，林肯等人物同樣成了崇拜的偶像。

此外有幾處小錯誤，如三十三頁至四頁中云：『一八九七年，武漢成立新學堂，以梁啓超爲校長，發行湘學日報提倡新政』云云，這所說的當是光緒二十三年梁啓超等在湖南創立之時務學堂而言。校長並非梁氏。一九七頁名辭表下清史館書局印一項，顯係錯誤。（張德昌）

新書介紹

因明論理門十四過類疏

一卷 吳興徐氏影印本 非賣品

山西趙城廣勝寺，藏金刻藏經五千卷，爲元代弘法藏之祖本，故至元錄載弘法入藏諸籍，趙城本幾無一不具，此因明論過類疏即其一也。影印本依原式製版，仍作卷子形，全卷二十紙；雖微有殘缺，而首尾完好。秘藏千年，睹之一旦，誠快事已。

疏本首題因明論理門十四過類疏，大慈恩寺沙門窺基撰，然窺基又作因明正理門論十四過類疏。今按疏所辨者，乃因明入正理論文末明於闕濁能立以下數行。有似能破之釋文，而缺其總標，章句割裂，不似單行撰述，此殆原爲入正理論全疏之殘本，傳寫者不審所出，乃別加題號，且臆斷爲基師手筆云耳。基師於理門無注釋，入論大疏亦未終篇，由慧沼續成之。故理門之過類及入論之似破，基師均無評說，豈沼智周諸師亦不及此。當時作家注解入論而博涉通類者，惟文軌一人耳。軌說流傳日域，取以與通類疏相校，乃見其爲同本。如通類疏所釋四種相似過類及最後過類（影印本第一紙至第六紙），又解論文且止斯事一句（影印本第二十又第十九紙），皆與日人善珠藏俊書中所引軌疏之文相符（見大正大藏本藏俊因明大疏抄卷四十一及善珠明燈抄卷六末）。又通類疏解末段論文曰，此第三結略彰廣分（影印本第二十紙），亦與軌疏大科段落全同（見增國科藏本文軌因明入正理疏卷一）。至通類疏解其餘過類處，今雖無軌疏勘對，然與抄集軌說之因明入論略纂仍一一密合（見因明大疏抄卷四十一）。其解猶豫相似過類，引梵本理門論釋以通外難（影印本第十二紙），明燈抄固確認爲軌師之言（見抄卷二末）。善珠藏俊皆親見軌疏全本者，所引諸文當可徵信，是則因明論理門十四過類疏云者實即文軌入正理論疏之殘本，應無疑也。

唐賢因明之學，惟基師獨步，故其疏一出，而衢文幾於全廢，軌疏幸有殘本流傳，見者即誤爲基作，此論抄集軌說之略纂誤歸於慧沼，無足異也。今考日人入唐求法諸家目錄，惟唐大中中圓仁新求聖教目錄始見十四過類記名目（大正藏本五十五卷），然猶不知作者誰氏（後來日人亦誤爲護命所作且誤入於藏俊法相宗章疏錄內），至宋元祐中義天海東錄卷三，乃出窺基述正理門論過類疏一卷（見大正藏本五十五卷）。是誤軌疏爲基著，又別關爲理門過類疏，其始當在唐末宋初也。自元劉弘法藏被燬，至元錄僅存基師此著之名，使學者渴想臆測而不能已者，既七百年。今得趙城本之印行，乃證明基師撰述過類疏云云全出誤傳，而軌師佚疏反藉以補缺，其有益此學者誠非淺鮮矣。（澂）

× × ×

灤縣文獻叢刊第二輯

丁錫田編 一冊 二十二年八月灤縣和記印刷局鉛印

丁錫田氏爲灤邑右族，嗜學耽書，收藏極富，尤留意鄉邦文獻，搜輯鄉先哲著述，孤本二十餘種，編爲灤縣叢刊，第一輯業於去年五月間出版，收書四種，皆有關灤邑之故實，此輯收宋齊升旭齋文抄，陳介祺訪碑拓碑筆札兩種。宋字晉之，於經史曆算金石，無不淹通，著述多未刊布，所注周易夏小正等，尤精博，柯鳳蓀先生極推崇之。此冊所收，皆丁氏搜羅得者，有金石考釋，書籍跋尾，及鄉人傳記多篇，均詳核，宋氏學術，可於此窺其大凡也。

陳簠齋氏爲清代金石名家，通籍後絕意仕進，里居三十餘年，一意搜羅古鼎彝磚瓦，天壤瑰寶，率多歸之，收藏富甲海內，十鐘萬印毛公層鼎諸物，至今尤爲人所樂道，惟一生矜慎，不輕著述，每於朋友函札間，論金石之考釋鑒別椎拓收藏諸大端，又無不精研入微，此冊所收，即其拓碑訪碑筆札，如訪碑注意於扶植階石碑趺米白等物，拓碑則詳記碑之大小所在及距離其處之道里方向等，皆昔人所不屑言，至拓碑時用紙用墨之法，敍述更極精微，實爲金石學中稀有之記載。陳氏曾著傳古別錄，詳述銅器拓字剔字之法，已早刊布，若與此合刊，可稱最完備之金石椎拓法矣。（孝孟）

學術界消息

全宋詞與詞話叢刻

金陵唐圭璋氏於宋元人詞之搜輯用力至勤，最近有全宋詞之輯，所得無慮千餘家，可謂詞海。有請教育部出資爲之刊印之意，據聞尚未確定。唐氏又搜輯歷代詞話一類書籍，爲詞話叢刊。記者曾見其目，所收近四五百種。（方）

× × ×

人文社圖書館成立

民國十三年，黃炎培史量才馬士杰等創立甲子社，共一部分工作專事選輯史料，名曰人文類料，此外更專編製雜誌索引，輯行日刊叢書，並籌辦人文圖書館。其人文月刊久已蜚聲內外，二十年甲子社改名人文社。其後得葉鴻英氏之助，捐助館金，圖書館遂改名鴻英圖書館，籌備進行不遺餘力，沈[illegible]觀瀾諸氏並以其藏書寄存。現計已有圖書雜誌三萬五千餘冊，圖表一百五十餘幅，報紙四十餘種，裝訂之史料八十五萬四千餘件，史料目錄二十六冊，圖書雜誌報紙索引片九萬五千餘片。此館藏書雖少，然其工作專重注於近代史料之收輯與整理，此在吾國尚屬創見也。（明）

× × ×

北平箋譜發刊

吾國木刻版畫大盛於明之季葉，五色套印亦起於斯時。天啓崇禎間金陵胡日從所刊十竹齋畫譜十竹齋箋譜，套印至十餘次，深淺濃淡，儼然畫成，其精妙尤爲世所稱。後來如殷氏箋譜，蘿軒變古箋譜，以及芥子園畫譜，各種畫譜，大都自十竹齋譜脫胎而來也。乾嘉以後，版畫之風漸替，如任阜長諸刻，以視十竹齋其精粗又殊絕，至近年而益爲不振，唯近三十年來詩箋興盛，繪畫類出名手，刻印亦復精妙；北平所出尤多商品。魯迅及西諦二氏於中國版畫爲好探嗜，因就採訪所得北平詩箋，選其尤佳者三百數十幀，（大都彩色套印），由各原店用原刻版片以宣紙刷印，輯成是譜，凡六巨冊，預約十二元。十竹齋之流風餘韻復得見於今日，未始非愛中國木刻藝者之佳音也。（明）

× × ×

渤海國都城遺址之發掘

渤海大氏立國中唐世祚綿歷數百年，介於中國與朝鮮之間，與日本亦有使節往來。渤海五京，其上京龍泉府在今吉林寧安縣東京城，尚有遺址可見。民國二十二年六月，日本東亞考古學會受其外務省東方文化事業部之命，由原田淑人池內宏諸氏率考古隊赴東京城作調查發掘之舉，歷時三週，滿載而歸。所得遺物皆藏東京帝室博物館，於十月十六日至十一月五日由博物館舉行渤海國首都出土遺品展覽會；展覽發掘所得諸宮殿寺宇之磚，瓦，諸建築裝飾陶片，石獅頭，壁畫殘片，塑磚金銅等佛像，銅製馬具，玻璃器，陶器土器等遺物。此外有城郭宮殿寺院遺址東南大廟石燈籠等照片，並附陳中國朝鮮日本與渤海國有關係之資料，以作參考。據原田氏於九月卅日在東京帝大史學會之講演，從渤海國都遺址所得之瓦當可以窺見高句麗文化之影響，而都城之形狀，建築之遺構以及瓦上之花紋則又充分受唐文化之浸潤；其國並曾崇信佛教。又今東京城周圍墾田中有無數之豎穴，間出靺鞨唐代三彩之土器斷片，足見靺鞨本來穴居生活之習俗。凡此皆爲史文所未詳，由考古發掘而得推知者。原田氏謂人此次之調查，尚未見有系統之報告發刊，據聞尚有第二次考查之舉。將來考查終了，報告發佈，對於渤海一代之史事，必有甚大之貢獻也。（明）

× × ×

利瑪竇遺牘與傳教錄之再版

利瑪竇卒後三百年（一九一〇年）意人爲紀念其傳教功績，乃搜集其書札及所著傳教錄而刊之。任纂輯者爲Tacchi Venturi神父，於一九一一至一三年印行，今已絕版。聞羅馬方面欲再版，增加考證，西文仍由Tacchi Venturi神父任之，其涉及中文者，則由徐家匯德禮賢（D'elia）神父任之。德禮賢神父曾於我國譯三民主義爲法文，上月來平，一度參觀北平公私藏書，將來返滬後，當與徐家匯中外學人合力工作，成書，當較前版更爲完善可觀。（潮球）

圖書副刊

BOOKMAN

第十一期

一　本刊專載關於中外圖書之介紹批評以及學術界消息
二　本刊登本刊之文略致薄酬爲公開性質歡迎投稿
三　投稿通訊可寄「北平文津街國立北平圖書館內圖書副刊編輯收」

書評

中國歷代地名辭典四種　季予

歷代地理志韻編今釋　清李兆洛等編輯　道光十七年刻本同治十年刻本掃葉山房李氏五種合刻本

中國地名大辭典　劉鈞仁編輯　民國十九年八月北平研究院出版　定價十五元

中國古今地名大辭典　臧勵龢等編輯　民國二十年五月上海商務印書館出版　定價八元

讀史方輿紀要索引支那歷代地名要覽　青山定男編　昭和八年日本東方文化學院東京研究所出版　定價七圓五拾錢

吾國幅員遼闊，歷史悠久，二千餘年來地名之見於著錄者，不知以若干萬數計。且州域郡縣代有因革，山……

人，故其成就實遜在研究院本（研究院出版與商務館出……

……

辭通序　章炳麟

……

二年十……

……

……非完備無缺，然則此書宜必爲無用之物矣。此大不然，研究院商務館二大辭典皆未嘗能名副其實，方輿紀要所載地名，未嘗纖悉所搜錄，故此書雖不完備，仍不失爲有用之書；非特不失爲有用，其有用亦且不下於該二大辭典也。研究院辭典較商務辭典爲簡略，可置勿論，今試任舉二三地名，以商務辭典與此書比較，如：白雲山見於商務辭典者凡六，見於紀要索引者凡八，中惟一處相同。龍山見於商務辭典者凡十六，見於紀要索引者凡二十一（原誤作二十二），中惟十處相同。分水嶺見於商務辭典凡二，見於紀要索引者凡二（原誤作四），中有一處相同；紀要索引另有分水嶺二處，皆不見於商務辭典。是此二書地名或此有彼缺，或彼缺此有。然則在理想的完備地名大辭典未出現之前，此二書俱可並存不廢也。

模範最新世界年表

日本三省堂編輯所編纂　昭和七年十一月新訂改版五十五版　定價金一圓五十錢

工具對於一個專門治學者之需要，正如金工木工對於他們所用的必需工具一樣。近年來似乎我們的學術界也深切地感覺到缺乏工具的痛苦，有若干學者和文化機關在積極地做這方面的工作，尤其是在年表一方面，如陳垣先生的二十史朔閏表，中西回史日曆，劉大白先……

……

國及朝鮮歷代帝王略系，西洋諸國帝王系圖，波斯及蒙兀兒帝國帝王系圖，西洋諸王家之關係系圖，西洋諸國及中國統治者歷代表，（附英領印度長官歷代表）歐洲列國同時代之統治者一覽表，（附美國總統）日本年號索引，中國及朝鮮年號索引等。

這一小冊子的好處除掉內容豐富，包羅萬象以外，體裁小巧，携帶便利，不像陳氏日曆朔閏表或燕京讀史年表那樣龐重可怕，每頁並行用黑字標明日曆西曆，極便檢閱，雖然不是我們所理想的工具書，爲方便起見，也是值得稱許的。

這書的缺陷可分開幾點來說：

第一是錯字太多，隨便舉幾個例，如頁二三九英宗七年十一月「袁彬下獄尋釋之。」袁彬爲袁彬之誤，彬明史卷一百六十七有傳。八年「七人薛瑄卒。」七人爲七月之誤。頁二四〇成化三年「二月毛里綴三上書請入貢」毛里綴爲毛里孩之譌。頁二四一成化七年「十一月立祐極爲太子」祐極爲祐樘之誤。頁二四二成化十五年「五月馬升下獄。」馬升爲馬文升之誤。頁二四四弘治元年「二月封哈密都督哈商爲忠順王。」哈商明史孝宗本紀作罕愼。頁二五一嘉靖三年「六月張總桂萼爲侍講學士。」張總即張璁。頁二五四嘉靖十五年「閏十二月夏吉預機務。」夏吉即夏言。差不多沒有一頁沒有錯字。

第二是紀元的錯誤。例如朝鮮紀元中以明景泰七年（西元一四五六年）爲李朝世祖元年，成化四年（西元一四六八年）爲世祖十三年，成化五年（西元一四六九）爲睿宗元年。據朝鮮世祖惠莊大王實錄，世祖以景泰六年（西元一四五五年）閏六月乙卯受魯山君（端宗）禪即位，（卷一）以成化四年（西元一四六八）九月甲子薨。在位共十四年。今據實錄及年表並列其紀元如下：

	世祖惠莊大王實錄	模範世界大事年表
景泰六年乙亥（1456）	世祖元年	
七年丙子	二年	世祖元年
八年丁丑	三年	二年
天順二年戊寅	四年	三年
三年己卯	五年	四年
四年庚辰	六年	五年
五年辛巳	七年	六年
六年壬午	八年	七年
七年癸未	九年	八年
八年甲申	十年	九年
成化元年乙酉	十一年	十年
二年丙戌	十二年	十一年
三年丁亥	十三年	十二年
四年戊子	十四年	十三年
五年己丑	睿宗元年	睿宗元年

由此可知年表紀元之誤：世祖在位實十四年，年表以爲十三年。世祖以景泰六年爲元年，年表列元年於景泰七年，成化四年即世祖之十四年，年表以爲十三年，考朝鮮李朝睿宗襄悼大王實錄卷一：

成化三年丁亥睿世祖不豫，命睿決庶務，翼年秋九月世祖病大漸，命嗣位。甲子世祖薨。

卷一三：

己丑元年（大明成化五年）春正月丙辰朔上詣永昌宮行朔祭。

由是知睿宗嗣位，仍以其年爲世祖十四年，到第二年始改爲元年。年表的錯，錯得毫無道理。細加推求，原來世祖受禪，得國不正，前王魯山君爲世祖兄文宗嫡子，文宗因病早歿，魯山君嗣位，主少國危，世祖以宗室之長，竄除異己，逼孺子禪位，大事殺戮，未幾即殺魯山君。在端宗實錄中并削其紀元，僅稱魯山君日記。以明景泰紀元系事，即以其三年爲元年。（景泰六年）魯山君之位號到肅宗二十四年（1698）始被追復。魯山君日記到肅宗三十年（1704）方才改題爲端宗大王實錄。（見魯山君日記附錄）這裏面包含着一段悲慘的政治故事，正和當時中國景泰帝兄弟的故事一樣。年表的編者不明此中曲折，拘於通例，以受禪的第二年爲元年，又苦於第十四年之無法安插，只好昧着良心硬生生地把牠除去。這不能不說是一個大嚴重的錯誤！

我們需要一個精密詳確的世界年表，一個以中國紀元爲主體附以一切會和中國歷史有關係的國家或部族紀元的世界年表。現在已不復是閉關自守的時代，過去的歷史有待於外國文獻的增補訂正者極多。我們希望在最近能有合乎我們理想的世界年表出現，不妨即以上文所批評的最新世界年表爲藍本，删去那不必要的大事記，僅須添入新的鄰國紀元。版型最好小巧一點，取便携帶，定價須廉，以求普及。我們看着人家的定價和銷行的版數，應當明白一個文化機關所出的書反比書肆的定價高幾倍，這不但是無恥，並且也是笨拙的策略！（寄晗）

語言學論叢

林語堂著　二十二年五月出版　定價一元八角

此爲林君關於語言學論文之結集，全書共三十二篇，三百七十六面。

此三十二篇之排列，幷言中韓宋明書，然大概以性質爲區分。共屬於古漢語之研究者爲前，介紹及論現代方言者次之，雜文居末。讀研究文中，以古有複輔音說居首，此當是林君得意之筆，故取以壓卷。作者亦久知有此文，徒以晨報紀念增刊絕版已久，購求多時，迄未入手。今一旦以不費功夫得之，欣快可想。此文論旨雖不差，而證證似太貧弱，且亦有牽扯太遠者。如第六頁以雞林類事鶯曰屈林證Kr-，此以高本漢所構擬上古有[illegible]并相比擬，雖亦或有幾分近似，然畢竟不足爲證。其下更言「按雞林類事說，以爲即新羅，依孫穆所錄的話都的確與中國語有相關連。」則直是常識問題，聰洽如林君，不圖亦有此淺得之語。後文更以風曰孛纜證pl-，此雖不誤。然在印支語族中，風之讀ㄏ者，爲例奇富，幾於俯拾皆是，而林君必欲僅舉此孤證以爲說，亦不可解。要之高麗語與漢語之間，在vocabulary方面，雖或有多少相涉，而爲數究不多，且亦萬不適於比較論證之用。試一檢前間恭作所爲疏攷，便可恍然大白也。以上云云，與林君本文主旨，絕無影響，故希望于再版時能加以刪削。

以下自「前漢方言區域攷」迄「再論歌戈魚虞模古讀」凡九篇。每篇皆有獨到處，同時亦皆有可商處，自大體言之，則「左傳眞僞與上古方音」一篇最堅實，而「漢字中之拼音字」爲最劣。林君於文字方面，其致力或不如語言方面之深，故其論斷自已極可商。此非篇端短文所許，姑置不論。第就其例證言，亦有顯然誤者。如駱字在廣韻屬部，本收-t尾，故高氏所擬中古音爲 lâiet，而林君乃謂「駱字收P」，（見一四〇頁）此則由于共自身方言之讀駱爲 chhiap 而誤。（爲排印之便，此即依 Douglas, Amoy Dictionary 寫。與廈門語同系者，如汕頭語亦收P-）Hoklo 語中入聲韻尾之與廣韻不合者，依 Karlgren, Dictionary of Chinese Dialects 所載，頗尙有之。其果爲中古以後之訛變，抑另有其不同之起源，雖尙有待於更詳之考定。而要之不足以證上古駱之收P，則甚明白。至謂「故加收P之廿」，則爲誤「卄」甚。廿古文疾，廈門方言疾亦讀Chit，其P尾更不知何自來矣。

自「珍馬斯貝爾論切韻之音」起至「印度支那語言書目」五篇，大抵皆介紹他人及述西南語者。「關於中國方言的洋文論著目錄」一文，所錄過少，且太陳舊，不足以爲學者稽攷之需，似不必存。譯述諸微一文，條理明晰，所述亦能扼要，較林君上文爲遠勝。然其間亦有小小訛誤，應由譯者加以改正者。如第四頁條下所列Cuaz 二書，其書名皆小有錯誤是也。

以下爲雜文，其間自亦多可論者，以爲篇幅所限，姑亦從略。又據書首弁言，校對當出於林君自身，然誤字仍頗不免。如一九〇頁江晉三之作江晋之，此在北大國學季刊中已若此，今仍未改。書末勘誤表中，亦未列入。可知林君於發稿校勘及列勘誤表時，皆相當的粗心。

要之林君此書，一方面固表示其已往之努力，一方面亦證明其進步之濡滯。以書中論古漢語論西南語諸文，與近時李方桂王靜如諸君所作相比較，則在方法上在材料上，皆顯然表示其落後。林君年來，以與書舖販賣商合作之故，頗得更多讀者之歡迎。然通俗讀者之同情，同時即爲專門學術之訃告。此則吾人于讀此論叢之餘，不能不爲林君致其更厚之期待者也。（畝）

新書簡訊

咸同貴州軍事史，淩惕安著，民國二十二年八月以後出版，代售處爲貴陽兩華路口隆昌厚。全書共分總論，漢族之運動，苗族之運動，回教民族之運動，都六十萬言。淩氏就舊有之平黔紀略「綱領，仿紀事本末之體，企以現代體例之長，斟酌今昔，較量得失，而成是書。」咸同間貴州一隅擾攘之概，關此書可以羅縷清晰，如指諸掌。唯淩氏此書總論雖「總述當時之背影環境前因後果是非得失縱論來源收支大概以及政治經濟社會」之種概，然於當時貴州之政治經濟情況似仍未能敍述明白，於是各次事變興滅之仍是不脫之徒揭竿作亂，而不能由於政治不良經濟逼迫。此外於所謂種花教紅號白號等號以及漢夾之實數及其解釋，亦多省略，以致讀者有茫然之感。此不免爲千慮之失也。（明）

× × ×

嘉靖兩宮縣志，兩宮邢氏求已齋依北平圖書館藏明刊本景印。嘉靖兩宮志傳世甚鮮，此本爲汲古閣舊藏尤爲可貴。惜景本前無序，後無跋，對於此書之重要不著一字。近來景書多有此弊。斯誠莫如之何者耳。（明）

× × ×

博史附樂書戲譜，杜亞泉著，民國二十二年四月上海開明書店出版，實價三角。案杜亞泉氏筆名傖父，以前東方雜誌上常有其著作，文筆清快，能見其大，近聞已於去歲逝世，享年六十，可惜也。此書專考吾國博具之歷史，如古代之摴蒲雙陸骰子牌六，各爲著其大略，此外於象棋之演進，紙牌之形成，無不細確搜剔，展卷而知其梗概。宋州樂書戲譜，即西洋之 Rook 牌。按游戲雖屬小道，小之可以窺中外文化之交流，大之可以見民族之盛衰，如唐代盛行之波羅毬戲，即其著例。唯自來士大夫多鄙不屑道，杜氏此作，可謂空谷足音！杜氏書用力尙勤，顧其中亦不無小誤，如三十二面論西洋紙牌，謂西洋紙牌之自亞洲輸入，在十三世紀，以爲「此種輸入之紙牌現尙有保存於德國博物院者（圖十一），係從吐魯番傳入」。按圖十一係圖十二之誤，十二圖之牌，係三十年前普魯士吐魯番考古隊在吐魯番所得，後存於柏林民俗博物館，T. P. Carter: The Invention of Printing in China and Its Spread Westward 一書專有一章論中國紙牌西漸之歷史曾紀此事，杜氏蓋偶爾誤會也。（明）

× × ×

多爾袞攝政日記，司道職名冊共一冊，民國二十二年十二月北平故宮博物院出版。兩書原係內閣大庫舊物，宣統間清理庫檔，爲人所竊，流落於外，後歸寶應劉氏食舊德齋。今由劉氏讓故宮博物院付之排印，始得復由世人相見。日記原冊起順治二年五月二十九日迄七月初九日；每日記事後均書記者銜名。職名冊亦大庫物之歸劉氏者，計分北直山東河南山西陝西浙江江西江南湖廣四川廣東廣西各地方。每司道銜名下皆注某年某月陞授或改授字樣，早者爲順治五年，晚者爲九年。兩書皆有裨於清初史之研究者也。

× × ×

西儒耳目資三冊，明天啓間比利時人耶穌會士金尼閣（Nicolas Trigault 1577—1628）所撰，國立北京大學及北平圖書館據天啓刻本彙付影印，民國二十二年十二月出版。訂三厚冊，實價夾連紙本四元六角，毛邊紙本三元二角。影印本末附劉復氏跋。按此書分譯引首譜，列音韻譜，邊正譜三譜；譯引首譜講述音理，音韻譜按音求字，邊正譜即字求音，爲歐洲音韻學傳入中土最早之一書；後來清代如楊選杞劉獻廷諸氏言音韻，多受其影響。羅常培氏曾於中央研究院歷史語言研究所集刊爲文，討論金氏書及楊劉二家之言，備爲詳細，茲可不贅。劉氏跋有云，「就金氏書求明季音讀之正，較之求諸反切，明捷倍之，又編制精審，綿內容而言方術，亦尙足資楷模。是其書固未可即廢也。」西儒耳目資傳世甚稀，東西所藏不過十部，今番影印凡五百部，留心耶穌會士及音韻之學者當視爲空谷之足音也。（明）

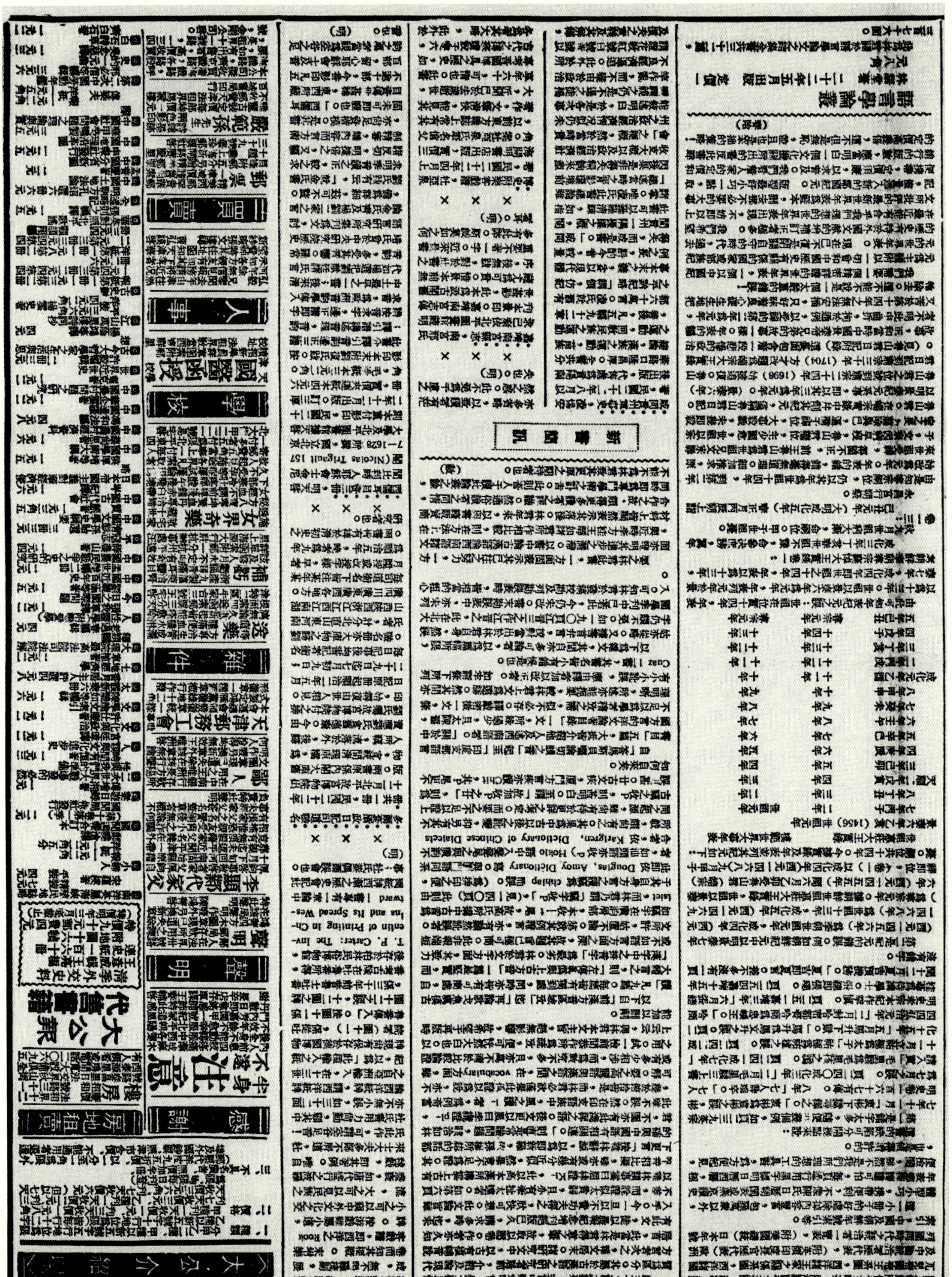

圖書副刊

BOOKMAN

第二十期

重整范氏天一閣藏書記略

趙萬里

天一閣主人范東明司馬遺像

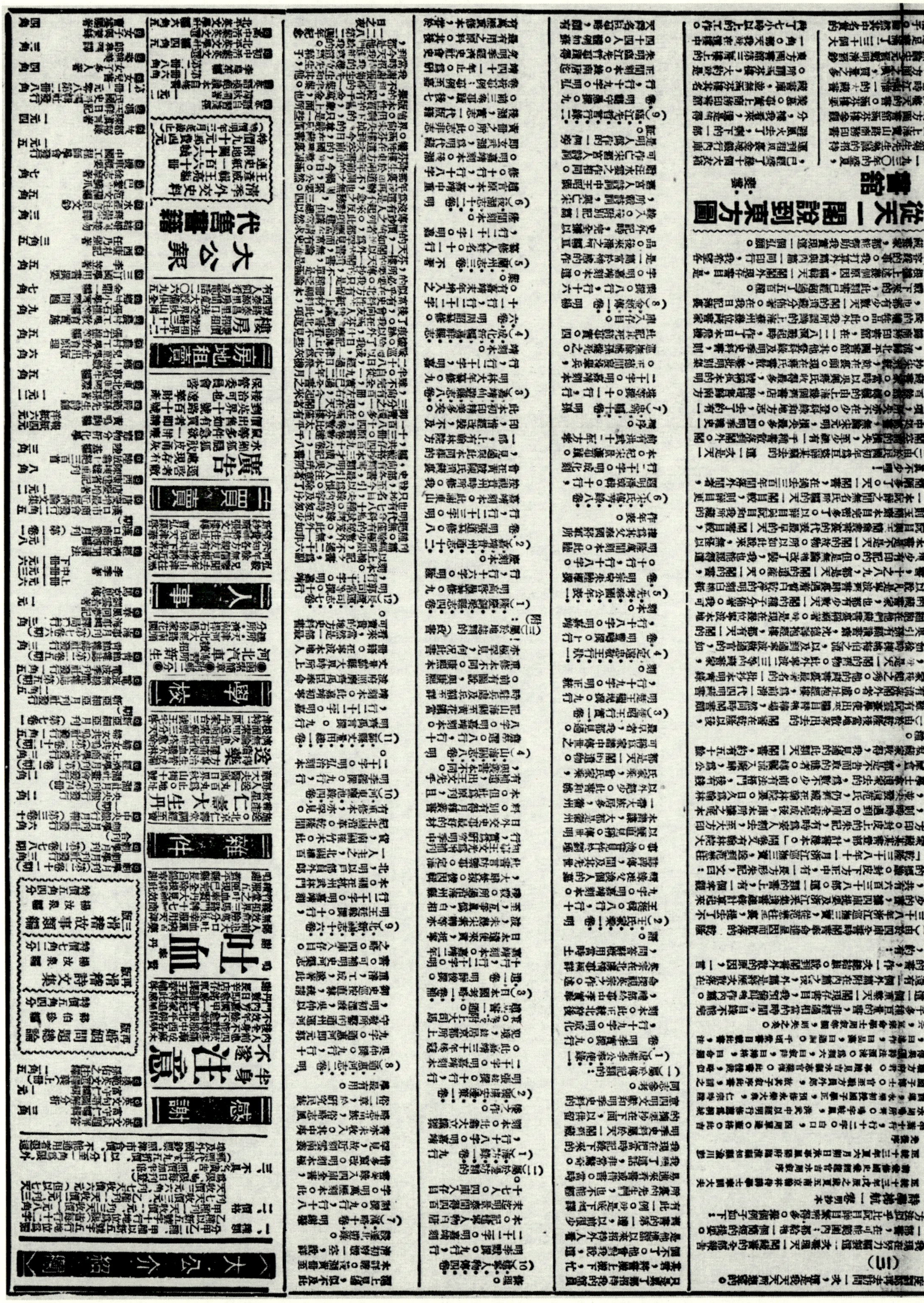

作前度到那裏去訪問一次，還是我天天所想望的。

（三）

我現在努力編製這一次參觀天一閣藏書的全部報告。每一部書，在可能範圍內，都給牠一個簡短的提要。所用方法似乎比阮目薛目繁密得多。舉個例子如下：

詩學梯航一卷　明抄本

正統十三年戊辰之歲夏五南京翰林侍講學士奉訓大夫兼修國史兼經筵官吉水周叙序

正統十三年夏六月朔日承事郎府臨淮縣知縣瀘川彭先後序

半葉十行，行十二字。白口，四周單邊。藍格。此書永樂間所著(?)。嗚字岐鳳，洪武中以經明行修薦爲桐城訓導，永樂初授國子學正，預修永樂大典，仁宗時陞國子博士。官至職方員外郎。故其子叙序此書，謂之職方府君。事蹟見吉水縣志官蹟傳。此書僅存，略似傳吳儀(?)詩法源流。爲類六，曰叙詩，曰歸格，曰命題，曰遣作，曰品藻，曰通洞(?)。千頃堂書目載此書，注云，冥樂命學士周叙等編，則失之矣。

這二千多種巨量的書，非經過相當的時間，目錄不能完成。這一個東壁天一閣現存書目，我預備叫牠作內編。此外還有一個外篇附在內篇之後，外篇是將歷次散落在閣外的書，作一次總結賬。說到閣書外散的原因，一言難盡，約有：

（一）由於四庫全書時閣書奉命進呈因而散落的　乾隆三十八年浙江巡撫三寶，從范懋柱家，提去了不少的書，據四庫提要及浙江采集遺書總錄計算起來，共有六百三十八部。這一類的書上，有一個客觀的標誌。封皮下方正中，有一長方形朱記，文曰：「乾隆三十八年十一月浙江巡撫三寶，送到范懋柱家藏某某書壹部，計書幾本。」開卷又有翰林院大方印。封皮上的朱記，有時爲妄人剜去，至大方印，則時時遇到。四庫全書完成後，底本所據之底本，並未發還范氏，仍舊藏在翰林院裏。日久爲翰林學士拿還家去的，爲數不少。前有法梧門，後有錢犀盦，都是不告而取的健者。轉輾流入廠肆，爲公私藏家收得，我見過的此類天一閣書，約有五十餘種。

（二）由於乾隆後陸續散落出去的　閣書在乾隆以後，雖有阮芸臺學使出來，編目時牠標揚(?)，然同時閣書頗有流落閣外者。盧址抱經樓，爲前淸一代四明藏書家後起之秀。他的藏書處最著名的一批抄本明實錄，就是天一閣的舊物。此外寧波二三等的藏書家，如徐時棟煙嶼樓之流，以及到過寧波做過官的，如吳引孫有福讀書齋，沈德壽抱經樓，都有天一閣的細胞在他們藏書處稱綱著(?)。另外是現在幾位寧波本地的藏書家，也都有少數天一閣的種子分佈着。我可以說凡是寧波的藏書人，略畧看見乾淨的明刻白棉紙書，十之八九，都是天一閣的遺產。天一閣的書，很少有印記的。但是無論牠改了裝，我也能認得這本書是不是天一閣的故物。所以如此說來，無怪以阮目與王(?)目代表最早的天一閣書目較，則玉簡齋本自完密多了。以薛目與阮目和我所藏的一本阮薛之間無名氏所編的天一閣目較，則薛目更簡陋多了。天一閣書，在過去三百年間落外間者，眞不少哩！

（三）由於民國初年爲巨盜薛某竊去的　這一次是天一閣空前的損失，至少總有一千種書散落到閣外。閣中宋元明，損失最多。四明季雜史一百餘部。竊賊的由上海幾個舊書店，陸續售歸兩方藏書家。當時以吳興蔣氏收得最多，號稱樸本的明抄本明統(?)，就在裏頭。現在蔣氏書散，整批明別集，流歸北平圖書館。共他登科錄及明季史料書，則歸商務印書館，在一二八滬戰起時，作了日本飛機的犧牲品。此外我所認識的上海蘇州幾位藏書家，也都有少數天一閣的遺藏分佈着。在我日記簿裏錄下來的，此類書已經超過了五百種。

根據上述幾個原因，編輯天一閣閣外現存書目，是刻不容緩的事。我打算外篇與內篇一同印行，我希望各處的藏書家，都能夠助我實現這一個弘願。

從天一閣說到東方圖書館

斐雲

一九三〇年的盛夏，蒙張菊生先生熱誠的招待，在上海寶山路商務印書館樓東方圖書館涵芬樓參觀兩個整天的書。涵芬樓要算當時江南惟一的大藏書庫，方面之廣(?)，質量之多；無論宋元舊槧明淸精鈔，足足裝滿了二三十個大木櫃子。雖然其中名貴的，已經築了幾十個大衣箱運到租界裏金城銀行內庫避風火去了，剩下的一部分，據我看來，還是佔得殊亟(?)。尋常上商務印書館藏書庫，並無涵芬樓其名。所謂涵芬樓，大約就是東方圖書館第三層樓上的一角。那天我就在這樓中耗了七小時以上的工作。

只是累了那招待我的館員，將書搬上搬下，忙個不了。他曾對我說，這是他進館以來招待外人看書的第一遭，以前很少有此一例。這是底下要譯(?)所專的先生們，也不能輕易進來看書或借書。當時我聽了這話，非常驚奇。我現在把當時記錄下來的明季史料屬於天一閣所藏的摘要抄在下面，以供留意四明文獻和明季史料的同志參考。

（一）屬於傳記類的：

（1）虜庭(?)李公奉使錄一卷　明李實撰。九行，行十九字。明成化刻本。此正統北狩後，禮部給事中李實奉命探視英宗之作。述英宗在北虜情事頗詳，問答辭概用當時土語。

（2）王氏家乘一卷　明王挺輯。八行，行十九字。明嘉靖刻本。輯錄從父渙個人的墓誌碑傳，間及其先世事。渙曾見忤於劉瑾，以鯁直見稱。傳世明本譜諜，大都是徽州一帶大族居多，徽州以外絕少。此書和姚氏家乘，曾氏家乘，都是天一閣的遺物。可稱爲家譜中傳世之最早者，我都見過。

（3）楚昭王行實一卷　明楚王楨(?)撰。九行，行十九字。明正統刻。

（4）定遠忠敬王行狀一卷　明豐嗚(?)撰。十(?)行，行十八字。明嘉靖刻本。

（5）先考泰國公年表一卷　明宗室朱睦㮮撰。十行，行十八字。明隆慶間刻本。此睦㮮爲其父泰國將軍所作年表。

（6）宋氏傳芳錄八卷　明潘璋輯。十行，行二十字。明成化刻本。紀宋景濂事蹟。前有洪武十二年方孝孺序。

（7）忠烈編十卷　明孫堪等撰。十一行，行二十字。明嘉靖刻本。正德間寧濠舉兵，巡撫餘姚孫燧死之。此記其死節事實。四庫入存目。

（8）金姬傳一卷　明楊儀撰。八行，行十六字。明嘉靖刻本。這是一篇富於情感的作品。後來潘之恆輯亘史外記時，完全據以錄入。後附別記一篇，所載詩詞，與亡宋舊宮人詩詞中王昭儀贈汪水雲之作相同。可作亡宋舊宮人詩詞是明人僞作的一個旁證。

（9）臨江先哲言行錄二卷　明顧守愚撰。九行，行十九字。明弘正間刻本。錄南唐迄朱明臨江先哲事蹟得四十四人。體例如蘇天爵名臣事略，頗有條理。

（10）續鄞人物傳四卷　明李默撰。九行，行二十二字。明嘉靖刻本。記鄞縣人物自唐末迄明景泰間得四百十七人。四庫入存目。

（二）屬於邊防類的：

（1）海防錄一卷　九行，行十八字。明嘉靖刻本。北籌(?)大立纂輯。

（2）撫安邊策一卷　明張鉉撰。十行，行二十字。明嘉靖刻本。此嘉靖三十年俺寇犯境，鉉居京都所上策。冬復附上大司馬楊書一通。

（3）日本國考略一卷補遺一卷　明薛俊撰。十行，行二十字。明嘉靖刻本。嘉靖二年日本遣使來貢，抵寧波，未幾宋素卿等亦至，互爭眞僞，自相殘殺。所過沿海州縣大肆焚掠。俊因輯此書言防禦事。定海知縣王文光爲付梓刊行，實爲研究明季中日外交史事最好的材料。別有得月簃叢書本。但此爲原刊，有補遺，出王文光手，與叢書本不同。

（4）山海關志八卷　明詹榮撰。八行，行十八字。明嘉靖刻本。記山海關至黃花鎮當時駐兵處及兵額至詳。前有圖說，與康熙重修本不同。康熙本亦極罕見，何況此書！

（三）屬於地誌類的（政書附）：

（1）隆慶銅梁縣志四卷　明高啓愚纂修。九行，行十六字。明隆慶刻本。

（2）嘉靖貴州通志十二卷　明張道纂修。八行，行二十三字。明嘉靖刻本。此謝東山按視貴州時所修。我曾在黃陂陳氏澹(?)藏裏，見過與此本同樣的一部，上有翰林院方印，惜經改裝，不及此本初印精美多矣。

（3）嘉靖仙遊縣志八卷　明林大年纂修。九行，行二十字。明嘉靖刻本。

（4）成化新編嘉祥縣志六卷　明周昭纂修。十一行，行二十二字。有嘉靖末年增入之處。

（5）蘭州志三卷　不著纂修人姓名。十一行，行二十一字。明嘉靖間刻本。

（6）後湖志十二卷　明趙官原本，嘉靖中重修。十行，行十八字。明嘉靖刻本。後湖即玄武湖，爲明代藏黃冊之所。此志非志後湖，實志一代版籍。前三卷事蹟，後七卷皆事例。事例至嘉靖四十一年止。爲研究明季經濟史社會史最有用之原料。其後有萬歷重修本，皆於

禍上見過，似不及此本詳贍。波湖實宙至淸初燬燬一空，說詳設遠北遊錄(?)。

（7）滇略十卷　明謝肇淛撰。九行，行十八字。明萬曆刻本。此書著錄入四庫全書，惟多竄改。明刻本極罕見，故近刻雲南叢書亦未收入。其中夷略志苗族，俗略志風俗二章，於研究民族學最有用。

（8）通惠河志二卷　明吳仲撰。九行，行十九字。通惠河即元郭守敬所鑿的通州運河，明初湮廢，吳仲以御史巡按直隸，疏請重濬，工成，遂著此書。可補明史河渠志之略。四庫入存目。

（9）北新關志十六卷　明王廷幹撰。十行，行二十字。明嘉靖刻本。關在杭州武林門，明以戶部員外郎一人主之，北關權百貨，南關權竹木。此紀北關沿革。乾隆間有重修本，亦罕見。

（10）河東鹽池錄四卷　明李鑑(?)撰。九行，行二十字。明弘治刻本。

（11）鄞縣丈量田總一卷　明齊爲實(?)撰。九行，行二十二字。明嘉靖刻本。此嘉靖初寧波府照磨齊爲臣奉命丈量鄞縣大界時所上冊籍。在寧波本地人看來，當然是一部最可寶貴的地方史料書。

（12）長蘆運司志七卷　明郭司(?)常等撰。十行，行二十字。明嘉靖刻本。

以上隨記之書，爲副刊篇幅所限，不過二十六種。除極少數外，無一非絕無僅有的秘笈。此外如明代鄉科會試錄(?)，至少也有七八十種。[illegible]，至今引以爲憾。除了史部各書，最引人注意者，[illegible]抄本三才廣記一書[illegible]

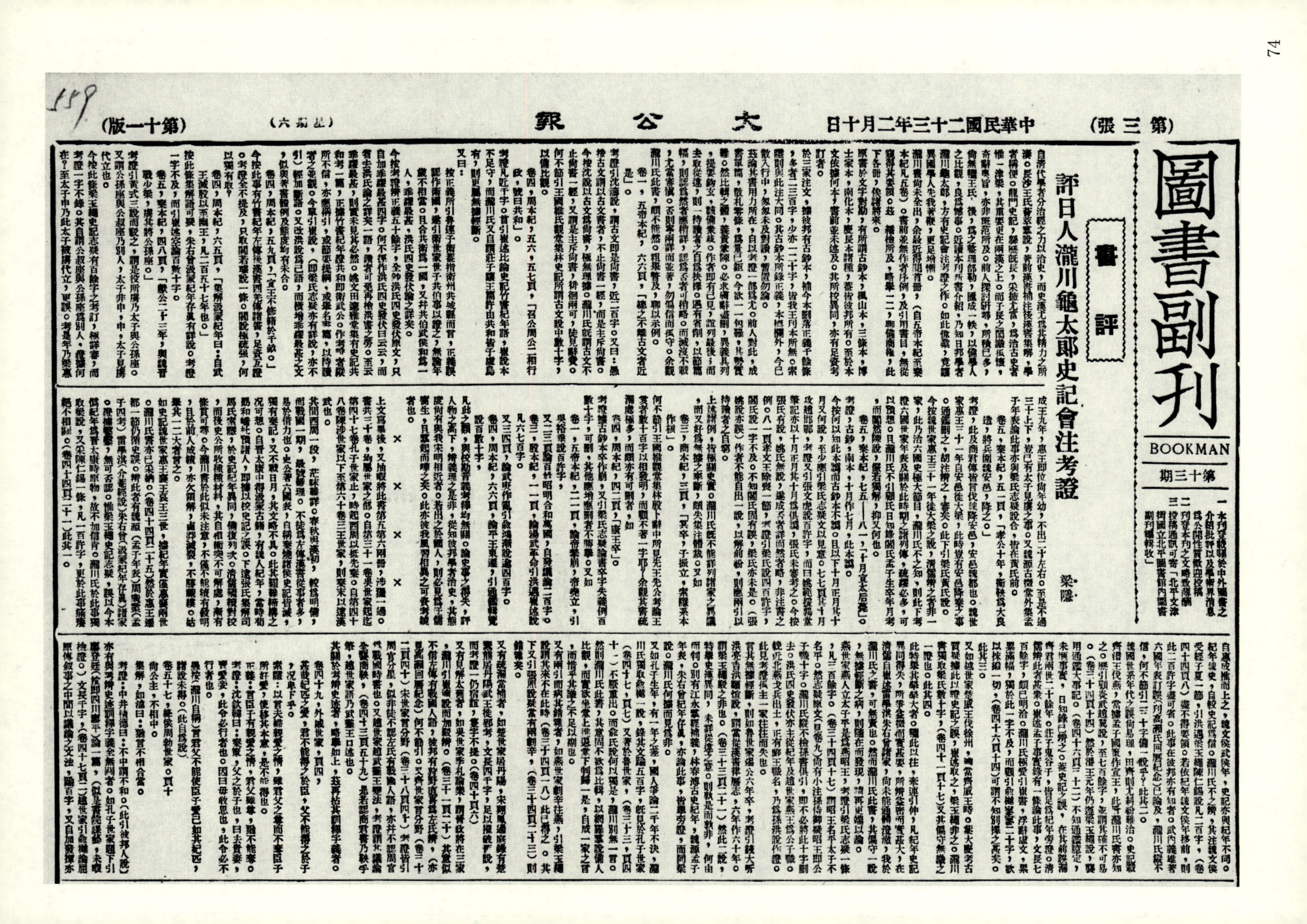

(張三第) 中華民國二十三年二月十日 大 公 報 (六五五) (版一十第)

159

圖書副刊

BOOKMAN
期三十第

書評

許日人瀧川龜太郎史記會注考證

梁隆

三百字，此類殊不勝舉。然瀧川氏實非無可取，即其用力之勤，已足使吾人慚汗無地。又如其孔子世家（卷四十七）題前長文凡千三百字（頁二頁三，）論孔子序書二百餘字，（頁六十八）辨孔子刪詩辨引諸家千五百字，（頁六九七十七一七二）辨易傳後起之說八百字，（頁七十四）論據魯親周故宋之義辨引諸家殆以已見長四百字，（頁八十三）論孔子作春秋亦四百字，（頁八十五）記孔子泗上墓引孫嘉淦南遊記三百字，（頁八十八）又記曲阜孔廟引孫氏文又二百餘字，（頁八十九）又記歷代祀典引陳宏謀說又五百許字，（頁八九九〇）總孔子世家一篇考證之詳，估篇幅之多與實遺世家等。其考論內容暫勿問，其殷殷崇仰之意，溢於辭外。異國學者對我先哲，如此嚮往，其情可感。較之國內學人，因鄙薄孔子之故，遂斥其書不讀，屏其事不問，拒其思想言論不屑一究，寧相去爲何如。又其書於春秋一段，逐事逐節注其出處。何者本左傳，何者本國語，何者本國語與左傳異，何者本左傳與國語異，何者兼採左傳國語而發自相違異。此固比觀三書即得。然國內學人，方好揚南海康氏之餘波，以左氏爲劉歆由國語中析出，在太史公時尚無左氏。則瀧川氏此書，已足爲之箴膏肓而起廢疾矣。又其書頗注意古今地望，每一地名必注其今稱，絕無一漏。又好引顧棟高書，發明其疆理形勢之大要。異國人治吾古籍，用心在此，亦足促吾人之深長思也。

古代銘刻彙考

戴家祥

郭沫若著　日本東京文求堂出版　定價日金六元

西川郭沫若氏，年來放棄文學生涯，從事卜辭金文之學。其著述七種，學者多已見之。去歲十二月，又將最近心得，刊行古代銘刻彙攷。計殷契餘論一卷，金文續考一卷，石鼓文研究一卷，漢代石刻二種研究一卷，共三冊。大抵皆其新得材料，加以考訂。金文續考與漢代石刻研究，將前人論述，增拓補苴，誠足以備一說也。

郭氏受文學薰陶甚深，想像力之强，自出晚近考古學者之右，故多新奇可喜之論。然以好奇太甚，有意立異，此固白圭之玷，不能無損本質者矣。如殷契餘論中論[illegible]甲，及釋無爲豪，是一例也。又不肯守多聞闕疑之旨，欲以兩目之力，遍識三代遺文。終至穿鑿形聲，濫事假借。如以[illegible]爲不[illegible]，以義爲飲，是又一例也。須知三代遺文，年代懸遠，考釋家最感棘手者，厥在象形假借。象形隨時詰詘，不能以晚近人事律之，此象形之難以爲說者勢也。假借同音通用，漫無涯涘。當今古學古韵，學者尚在努力中，此通假轉以盡明者亦勢也。二者形格勢禁，其難如此，苟非持之有故，取舍有法，實質然以形象聲音，擬不論之字，此乃最危險之推乩，吾人不敢苟同。

漢龜茲刻石研究，郭氏謂第三行作字爲化字。叢言其來化□□作□谷關，或其來化□，作□□谷關。化□或化□□，即關所在之地名。石之所在地爲白山，隋西域圖云白山一名阿羯山，阿化音相近，則此化□□蓋即阿羯山耶。按唐書龜茲傳，阿羯田山，亦曰白山，後漢書秋采傳出白山擊車師，即其地也，可知白山之名漢時有之，阿羯山之名始於唐，不能以後起之名證前代假字。近馮承鈞氏以阿羯當突厥語之AK（此言白）其見甚卓。以此言之言足以証郭氏之蔽也。

石鼓文研究，郭氏用力最多，去春先成秦雅刻石研究。嗣以材料不敷，改爲此稿。觀其主要論述，以石鼓爲秦襄公八年，始受命爲諸侯作西畤時紀功刻石，略謂元和郡縣志，石鼓文在天興縣南二十里許，其地當岐州雍縣之三時原。又據史記十二諸侯年表，西畤作于襄公八年，謂石鼓必爲此時紀功之石刻。似此殊役反而證據，姑不問西畤是否即在其地，其說已多可議。三時之作故書本多異說。史記十二諸侯年表，未必爲堅確不易之論。考史記秦襄公八年，是時周室播遷，戎狄潰卒，尚未剛清，襄公未必刻石紀勳。[illegible]若是。況其十二年尚有伐戎之師，身卒岐地，是亦郭說之一反證。大抵四鼓之詩，岐州之鼓，雖然同爲紀念勳勞之詞，但不能斷爲同時。蓋嗣君美盛德之形容，往往紀其子錫命之寵，以鑄諸器也。杭縣馬叙倫氏，謂繆公之世，未有岐西之地。（石鼓文爲秦文公時物考）郭氏對此未有解答，殆未見其書歟。且郭氏所以斷斷爲此說者，謂丁戊兩鼓鄜字，新得舊拓本作鄜，從康得聲。斷定海寧王先生釋雍爲非。而以鄜當辨谷鄉之辨，證其地望。似亦嫌事假借，臆無實證。其最轉令人心折者，竟以作原一鼓作遘作口，吾水一鼓遘□既止，兩處缺文，肌定爲時，以爲襄公作三時，并刻石鼓紀功之證。倘使考古若是，則古器缺文，盡可作史事之佐證矣。

依上所述，郭氏箸述，祇可作一種推想與假設而已。唯其治學精神卽佳，前者箸述，吾人認爲不當者，此書已多改正。則他日所獲，當有進於此者，吾人本不應有所指實也。

新書介紹

遼文存六卷坿藝文志一卷金石目一卷　繆荃孫輯　上海來青閣景印　民國二十二年

遼文萃七卷藝文志補證一卷坿西夏文綴二卷藝文志一卷　王仁俊輯　繩求閣重印　民國二十二年

遼痕五種九卷　黃任恆輯　黃氏印本　民國十四年

契丹名號攷釋　馮家昇著　燕京學報第十三期　民國二十二年六月

遼文存六卷，坿錄二卷，繆荃孫輯。此書繆氏舊有刊本，近年來流傳較少，上海來青閣書賈因以原刊付之景印。蓋集遼文，當以繆氏此書爲權輿之作也。

遼文萃七卷，坿錄一卷，西夏文綴二卷藝文志一卷，吳縣王仁俊輯。王氏著述滿家，關於四裔之作，此外尚有西遼書，屬草已定，尚待理董。文萃文綴大約俱刊於光緒甲辰（一九〇四），鄙未之見，此則民國二十二年無冰閣刷氏重付排印者也。文萃所收佚出繆輯者尚百餘篇，繆輯所有供屏不錄；末坿作者致逸目考。遼藝文志補證，略依四庫分類，於倪燦補遼金元藝文志，厲鶚補經籍志錢大昕元藝文志坿見遼金，金門詔三史藝文志，以及繆氏文存所坿外，尚補三十八種，各家所已著錄者並予標注，黃便檢查。西夏文綴及西夏藝文志則經始之作，功不可誣。若能取近日俄國所藏黑城出土諸書以及我國北平圖書館夏文諸經悉爲補入，當更有可觀矣。（此書近又有國學文庫本）。

遼痕五種，民國南海黃任恆輯訂收：遼代年表一卷，補遼史藝文志一卷，遼代文學考二卷，遼代金石錄四卷，遼文補錄一卷。遼痕成書視繆王諸家爲後，約在民國十四年左右，故所收略多，間有足補兩家之闕者。唯其書於高麗西夏俱歸之遼代，而其所收文未能盡，未免有貪多務得濟緊不濟之嫌耳。又繆王黃三家於高麗人著述所見不多，誠能於高麗舊籍中求之，或尚有不少，足以增益三家所未備也。

契丹名號考釋，馮家昇著，見燕京學報第十三期。全文共分緒言，契丹名號之起源，契丹以遼爲國號之解釋，契丹字義之解釋，凡四章。馮氏此文所用方法清白細密，大有陳援庵氏之風。唯行文間嫌爲不達耳。其中如考元魏以前之契丹，以悉獨官乞得龜侯豆歸逸豆歸乞特歸皆綴合字，悉獨乞得侯豆逸豆乞特皆契丹一聲之異譯，因謂契丹之見史冊，不早亦當西晉之末；聞爲顛撲不破之論。其論遼義非鑌鐵，所謂鑌鐵指契丹而言，亦證據確鑿。馮氏此作，要可稱爲民國二十二年中國史學界中一可稱道之秋穫也。（明）

× × × ×

攀古小廬文　清許瀚撰　一冊　六角　文奎堂代售　二十二年九月日本文求堂影印咸豐刊本

許瀚字印林，清嘉咸間人，爲王引之之弟子，博綜金石文字，尤深通訓詁之學，曾以數年之力，爲靈石楊氏連筠簃校刊桂馥所著說文義證，最爲世重，他若校刊吳式芬攈古錄，馬邦玉漢碑錄文等，亦無不見稱於學人，即章學誠之史籍考，道光初元，潘錫恩亦曾延之襄助修校焉，箸述之刊傳者，僅涉喜齋等所刊三數種而已。攀古小廬文，爲秀水高均儒所刊，僅二十餘葉，字體極精，原版刊成不一歲，適捻匪之亂燬于火，故極罕見，此次日本文求堂所影印者，約較原書小二之一，原本聞藏長澤規矩也君處。光緒元年，商城楊鐸曾爲重刊于江南，並輯其零星之作，編爲補遺，坿刊書後，世亦不多見。此冊悉爲討論文字音韻之作，共八篇，曰說文答問，與王菉友論說文或體俗體，與菉友論異部重文，轉注舉例，汨泊泉辨，說文矜讀若虔文選通案論鈕樹玉矜注張晏曰矜巨巾切漢碑矜字不從今而從令其悉辨之，求古韻八例，讀書坿識。其論說文或體重文，深明段長亦書之旨，融會貫通，不爲臆比之說，論小徐繫傳通釋，謂自宋尤袤等所見，已無完本，其二十五卷全闕，今本乃一一完具，證以大徐本及韻會，當出後人補綴，實爲不刊之論，王筠所著說文釋例，中多許氏所發明，亦可於此冊中略見一斑。末坿讀書坿識一篇，乃辨證四庫提要者，約有十七八條，皆極精確，而唐子西集中强行父序，提要以年月不符，疑爲依托，許氏論强序子西卒於宣和庚子，實非依托，當據以證宋史之誤，其說不移。又論鐵鶴銘辨，提要引顧起元爲顧元慶之誤，亦確不可易。其他考異訂譌，於古金貞石之文，鈎稽均極精審。山東圖書館館長王獻唐君，藏有攀古小廬雜箸四巨冊，爲海豐吳重熹所編刊者，凡討論經傳小學之文，以及金石考釋，書籍題跋等均在其中，較稱完備，倘能彙而印之，亦藝事也。（孝孟）

學術界消息

宋元兩代古版藏經之新發見

去歲山西趙城發見卷子式金刻藏經，爲元安法藏藍本，其消息已見本刊第二期（十月十二日）。據聞去歲十月間山西某縣又發見古版藏經多種，其中有隋唐以來古德寫經三十餘卷；宋開寶間官刊藏經三十餘卷，俱是宋版宋印，經尾題跋，歷歷可考，作卷子式；又有元刻普寧藏三千四百餘卷。按自來只知敦煌石室中有六朝隋唐以來寫經，至於中原從未之聞。又聞寶本藏經僅日本存遺數卷，彼邦學者矜爲秘笈。普寧藏傳世亦復稀若星鳳，若此之三千餘卷，未之前聞。凡此皆去歲對於中國佛教史上之重要發見也。

× × ×

劉師培遺著之發刊

劉師培字申叔，一名光漢子，江蘇儀徵人，學問博通，爲近代冠，逝世時年才三十六。身後著作稿本，散佚各處。往歲趙萬里氏曾潛心訪輯，親自抄撮所發不少。最近聞南佩蘭氏桂馨擬刊劉氏遺書，即以趙君所錄爲據，計畫已就，即可發刊，誠盛事也。按劉氏學問末年專心三禮，禮經舊說考略周禮古注集疏二書尤爲精粹。又入蜀講學爲劉氏學問轉[illegible]

× × ×

萬國人類學人種學大會預誌

去歲（一九三三）四月，英國皇家人類學研究所(Royal Anthropological Institute)於倫敦召開國際先史學及原史學大會(International Conoress of Prehistoric and Protohistoric Sciences)，決議人類學大會與先史學大會每兩年舉行一次，與人類學大會交互舉行。（即史前學大會每兩年一次大會之明年）萬國人類學家亦同時舉行萬國人類學人種學大會(International Congress of Anthropological and Ethnological sciences)於今年（一九三四）七月三十日起至八月四日止，在倫敦大學(University College, London)舉行。據聞大會分八組，自七月三十日開幕，每日分組討論，會畢並參觀牛津劍橋大學，利物浦曼徹斯特等地。關於大會之通信及問訊事宜可函：Congress-Secretaries, c/o Royal Anthropological Institute, 52, Upper Bedford Place, London, W. C. 1.

圖書副刊

BOOKMAN
第十四期

一　本刊登載關於中外圖書之介紹批評以及學術界消息為公開性質歡迎投稿
二　刊登本刊之文略致薄酬
三　投稿通訊可寄「北平文津街國立北平圖書館內圖書副刊編輯收」

書評

蒙古史

馮承鈞

多桑(C. D. Ohsson)撰　田中萃一郎譯
昭和八年(民國二十二年)十月　三田史學會出版　丸善株式會社發行
定價六元

多桑書自從洪鈞的元史譯文證補刊行以後，治蒙古史的人莫不知之。原書初在一八二四年出版，後在一八三四年一八五二年重刊，迄今一百多年，尚未見有一部漢譯本。從前改修元史諸人，好像僅有洪鈞屠寄二人引用過。可是根據譯人的片段譯文，未能通檢全書，本人既不能直接利用原書，而譯人又非專門學者，可以說多桑書同中國學者實在沒有發生關係。至若其他改修元史諸人，所本的多是Howorth 同以後轉販至再至三的撰述，並不是多桑原書。

多桑書共七編，前三編始成吉思汗先世，迄元之亡，後四編述波斯汗國史事，附帶言及察合台欽察兩汗國之沿革。田中所譯者，僅多桑書之前三編。多桑（實應譯作朵松）好像是瑞典人，通突厥，波斯，阿剌壁，及歐洲諸國語言，其書所採材料，要可別為三大部份：一部份是回教史家的撰述，其中以採錄剌失德丁（Rasid-ad-Din），朮外尼（Juwaini），瓦撒夫（Wassaf）等書為最多；一部份是中國載籍，可是僅限於宋君榮（Gaubil）馮秉正（Mailla）夏真特（Hyacinthe）諸人所譯續通鑑綱目，元史類編，元史，（僅前四本紀同幾編列傳）等書之文；一部份是當時歐洲人的行記同撰述。此三部份以第一部份為最有價值，因為回教史家的撰述，迄今尚無全部譯文，除通曉波斯語，阿剌壁語之東方語言學者外，不能直接參考。多桑書出版百餘年，尚不廢者，其故在此。其最薄弱的一部份，就是中國載籍的譯文，所譯的多是副料。當時還不知有元朝秘史，聖武親征錄，黑韃事略，蒙韃備錄，大金國志，同元人文集中的許多碑誌行狀家傳。尤可惜的，宋君榮等諸神甫所根據翻譯的本子，皆是根據元史語解，妄改的本子，這種譯文，不但使多桑迷離不明，而且使間接參考多桑書的人發生許多誤會。（尤以蒙兀兒史記為最多），不幸田中所參考的漢籍，也多是乾隆時妄改的本子，未曾將他改正。

多桑書的優點，固在採錄回教史家之文最富，可是其中亦有弱點。多桑在本書第一編第二章第二段附註中，（原書第一冊二十五頁）曾說過，所本的回教撰述，文字不著韻母，而聲母音點有時脫落，常易相混，這條附註很有關係。不幸田中譯文將他刪了，（譯文十五頁）譬韻既不明確，所以有時誤用。比方滿列堅一名，至少有三種寫法，斡赤斤一名，至少有五種寫法，主兒勤誤作 Bourkine，鄰牙勤誤作Boucakines，如斯等類的錯誤，不計其數。此外根據御批續通鑑綱目，殿本元史，用羅馬字寫出的人名地名部族名，竟弄得一蹋糊塗。如此看來，讀多桑書，譯多桑書，皆要審慎。

世人常恪元史譯名不一貫。元史倉卒成書，固未暇畫一，可是不無譯例可尋。因為古人的譯法很謹嚴，不似今人隨便以本鄉方言譯寫外國語言的聲韻。要是了解元代譯例的人，對於元史不一貫的譯名，我覺得沒有多大的困難。現在姑舉幾個例子來說。

元史完澤傳的土別燕，應是元秘史卷七的禿別延；可是元秘史卷五又作禿別干，這是甚麼緣故呢？我們要知道，元代的蒙古人，除在最短期間用過八思巴字母外，始終用的是畏吾兒字母。畏吾兒字母無g 聲母，譯寫既然脫落，讀法自未免兩歧，執此例以推之，所以 Bulgar 元史寫作不里阿耳，元秘史寫作孛剌兒，而唐古（Tangut）變作唐兀矣。

蒙古語同西域語常將 b 變作 m，所以乞卜察黑（Qibčaq）變作欽察(Qimčaq)，又若Tabgač 變作 Tamgač。（就是西遊記中的桃花石）。

蒙古語中採用的突厥語，常將 y 變作 j；突厥語驛站曰 Yam，蒙古語變作 Jam。自元迄今，驛站同車站中的站字，實在可以說原是譯音。札剌亦兒在元史本紀中一作押剌伊而者，應亦屬此例。

漢語古譯，常將 l 讀作 n，在元代幾成通例，若Altan 之作按攤，Sultan 之作算端 Jalal ad-Din 之作札闌丁，其例舉不勝舉。

蒙古語中之 n，可以隨意增刪，若 Alči 亦作按陳（Alčin），河西亦作合申（Qasin），月合乃之對稱是 Yuhanan，（此人在譯本元史中皆誤作月乃合，新元史亦未根據神道碑改正。）兀速(usu)有時亦作烏孫（usun）。

蒙古語對於開始發音之 R-，常舉用其後接之韻母，如 Ros 之作斡羅思（Oros），又如 Rinčinpal 之作懿璘質班，皆其例也。元史中之也烈贊之對Riazan，也是同樣譯法。所以有一部剌失德丁書鈔本，寫此名作 Ärazan，蒙兀兒史記不知此例，妄改為烈也贊，誤也。

蒙古語對於開始發音之 A-，有時省略，若 Abu Said 之作不賽因，Abu Bakr 之作不別，此類省稱，不僅見之於史錄，並見之於波斯蒙古汗致密昔兒（Misr）算端之國書。

如此看來，元人譯名雖似歧互，皆有譯例可尋。翻譯多桑書，自宜首先採用元秘史，親征錄，元史三書之舊有譯名，而為之畫一可也。乃邇來翻譯西書的人，皆喜自作聰明，妄加竄改，尤以元史譯文證補的譯名，在今日學界流毒為最深。譬如 Nogai，不知道是元人常譯作的那海而作諾垓，還有可說，Cadjioun 或 Catcioun，明明知道是元代載籍中的合赤溫或哈赤溫，竟妄改作哈準，這同元史語解妄改名稱的先例，有甚麼分別。多桑書首先著錄王罕子之名稱作 Ilco Singoun，（見田中譯文三三頁），核以剌失德丁原書及元秘史，應作 Ilqa Sängum，則多桑寫法已誤，乃在後面根據殿本元史的譯文，又作 Schilgak-san-hona，（見田中譯文二三五頁），大約是元史所根據的原名，是亦臘喝翔昆，誤刊作赤臘喝翔昆，（這類誤刊雖洪武本元史亦不免），又經殿本改作實勒噶克勒昆，竟使多桑不識其為何人，妄改名稱之弊如此。

田中譯名，尤其複雜，或還用「假名」譯寫，或直錄原名，不附漢譯，或用漢譯名，而其漢譯名來源很雜，有取諸元代史錄者，有本於殿本元史改訂名稱者，有本於元史譯文證補者，有別譯新名者。其中有些名稱，似不難在元代載籍中求其對稱，如譯文二六七頁五行之 Carlouks，可作哈剌魯，二七一頁十二行之Bayaoutes，可作伯岳吾，二七三頁三行之 Baudans，可作不答安，五行之 Kingcoutes，可作晃豁壇。其別譯新名亦多虛構，若二七七頁十二行之 Djadjirates，應是札只剌，乃作朱里耶特，二七二頁五行之 Sidjoutes，應是失主兀惕，乃誤作卿竹特，則與同頁二行之 Saldjoutes，（撒勒只兀惕）不分矣。四六六頁二行之 Hadjib，核以元人譯例可作哈只卜，乃譯作哈求魄。此類錯誤譯本中甚多，此不過隨手拈出數條而已。

我以為翻譯多桑書最重要的是譯名。譯名不正，不如仍錄原名之為得。姑舉一例以明之：蒙古人傳說其祖先避難之地，名稱 Ergu'nä-Coun，用新式譯寫方法，可作 Ärgänä-qun，元史譯文證補譯作阿兒格乃袞，田中譯文（十四頁）亦採用之，其實應譯作額兒格訥昆，案西域書中阿剌壁字不著韻母，此譯寫容或有誤，似可改作 Ärgun'-qun或額兒古涅昆，由是可於蒙古代傳說中獲見一點眞相，可以推想蒙古人原來居地似在黑龍江上流之支流額兒古納(Arguna)河畔，所以世同其地之弘吉剌，亦乞剌思等部通婚姻，此額兒古納即是元秘史中之額洏古涅河，元史特薛禪傳之也兒古納河，「昆」猶言崖，則古代蒙古人之策源地，在今額兒古納河畔之一山嶺中矣，由此一點考證，可見譯名之重要，切不可自作聰明，亦不可過信多桑的寫法。

譯名之亂，使人不能同中國載籍的舊譯名共比附，這是田中譯文的一個大缺點。此外尚有若干可議的地方：多桑所採中國載籍之文，原書具在，似應就其所採部份，直接根據漢籍翻譯，不宜從法文轉譯。蓋書經三寫，烏焉成馬，譯文何獨不然。況宋君榮等之譯文，不少錯誤：如指也可那顏。耶律朱哥為二人，田中譯文四一七頁十行亦仍其誤，且從御批續通鑑綱目作也可諾延耶律珠格爾，是並元史耶律禿花傳亦未一檢矣。此外還有誤解法文之處：花剌子模算端摩訶末出奔可疾云時，召雞耳王問計，多桑原文說雞耳王入覲時，對算端幔幕七拜，法文pavillon 一字訓作帳幕，亦可訓作旗幟，乃田中譯文（一五四頁）則作「近大纛七度虛脫仆地」。這段誤譯，並且經屠寄錄入蒙兀兒史記，（第七冊二十頁）並且加了一點臆斷的解釋。其文曰：「將近大纛，七度顚仆，蓋時人惡之，甚其詞也。」屠寄為田中所誤的地方，不祇此一點。可見譯文不忠實，可以發生一種意外的影響。

田中譯文第一編刊行已有二十餘年，此次新版乃由三田史學會在其遺稿中，得其所譯多桑書第二第三兩編，合併刊行，並經吉田小五郎作一索引附刊於後，多桑書誠有作一索引之必要。惜吉田索引僅限於人名，而於重要不弱於人名之地名部族名，皆屏棄不錄。姑就人名言，亦多疏誤。原譯文之誤刊概未改正，如愛牙赤仍誤作 Abadji，Schiré 仍誤作 Sehiré 之類，為數甚多。其原譯文不誤而索引誤者，為數更多。漢字之誤，無甚緊之。凡羅馬字幾無誤譯，他可類推。多桑書一名而譯寫歧互之處，多不比附，尚須詳加校勘，否則無大功用。

我的批評，並不是指摘前賢而見己能，因為評書同作行狀是完全相反的，要在指摘其誤，讀者切勿因此誤會田中譯文不好。除去上述的幾種缺點以外，大致尚佳，並有許多地方具有卓識。譬如譯 Bout-Tangri 作帖卜騰格理，（譯文五九頁），改多桑虛構的 On-Oussoun 地名作捏坤烏孫（四八頁）等例，非尋常翻譯匠之所能。比較田中所譯的多桑書，同那珂通世所譯的元朝秘史，好像田中的成績，不及那珂遠甚。其實不然。那珂的成吉思汗實錄，僅以元秘史為藍本。元秘史除有小小差異外，譯字皆是有標準的。那珂不過編輯中國載籍，同幾部西書之文，以供比附而已。至若多桑書譯寫之名稱糅雜，鮮有標準譯字，亦無所用之，而其取材之多，尤使譯人目迷五色。則田中譯業之難，何啻倍蓰。加以多桑書中錯誤散見，欲改之則與原文異，不改則與事實違，無論何人譯是書，終不免吃力不討好，則吾人雖指摘田中譯文之失，終不能沒其用力之勤云。

二十三年二月五日。

關於姚莘農譯的近代世界史

伯明

Carlton J. H. Hayes 和 Parker Thomas Moon 兩人合著的『近代世界史』(Modern History) 是一部精審的著述，各大學採為課本的很多。是書已有幾種中文譯本，眞是可以欣慰的事情。我現在見到的只是世界書局出版姚莘農氏的譯本，而且祇看了前面十餘頁，以後略略翻閱了一下。但也得了幾點可以提出報告或商榷的地方。今略述如下：

（一）是書譯文大致明白通暢，不難誦讀；且句和辭都能保持「白話」的標準，不像有一部人以白話文譯外國書，却時於句中夾雜些文言句法和陳舊而不適切的譯名，以表示譯者對於古詞古調雜割雜揉的戀意。但所用的標點方法可以說是「一頓一逗點」的方法，這不是以文字結構為依據的『科學的』標點法，有時易使讀者誤會文意。但這本是中國文字標點法上的一個問題，當待另行討論。在未讀慣現代長句白話文的人，倒反以此種「一頓一逗點」法為便。

（二）書中有不少誤譯或欠妥的譯辭，例如：（1）七五頁之Persecution and penal laws），譯為『罰律』，，似乎不如譯為『迫害和刑律，』因為『迫害』是當時重要的現象，不宜省略。（2）七三頁之 Peasant's insurrection，不如譯為『農民叛亂』，因為『叛逆』普通多作具體名詞解。（3）六三頁之『On the Revolution of the Heavenly Bodies』，譯為『天體的革命』（哥白尼之著作），應改譯為『天體運行論』為妥；一個名人的名著，不可以這樣隨便亂譯的。（4）五六頁之 The father of Medicine，譯為『藥父』，不如譯為『醫藥鼻祖』為易於了解，此處似不宜模仿『國父』二字。（5）五二頁之 the pratestant revolution，譯為『清教徒的革命，』應改為『新教革命』。（6）二九頁之the custom of illustratingbooks，譯為『書籍的註疏，』似乎應改譯為『書籍中插圖之風尚，』才合於事實。（7）二二頁之 Poles，譯為『波爾斯人』，下註『即波蘭人，捷克斯拉夫人，以及南斯拉夫人，』恐怕不大對吧？（8）七六頁將喀爾文的著作『The Institutes of Christian Religion』譯為『基督教的制度，』應改譯為『基督教的律令』，因為 Institutes 並不作『制度』解。（9）八三頁於『反對「小兒受洗」』之下附註Anabaptists，似屬不安；應將此字直接譯出。（10）一一七頁將Norsemen譯為『諾爾曼人』，不安，不如依普通譯法，將此字譯為『北人』，以與 Noremans 分別。（11）二二六頁之 Rather let the innocent suffer than the guilty escape，譯為『與其讓漏網者倖免，毋寧使無罪者犧牲，』『漏網者』三字不安，因為既和原文不符，且以『漏網』和『倖免』差不多是同義，在修辭法上亦殊不合。（12）一四一頁以後將Enlightened despot譯為『啓明專制家』，『啓明』二字似乎不如『開明』二字，意義較為切合而通行（13）一五一頁以後將 limited monarchy譯為『限制的君權國』或『限止的君權國』，似乎不如照普通譯為『君主立憲國』為安。（14）一六八頁將秦塞留之銜號 Cardinal，譯為『大頭袖』以致稱他為『秦塞留大頭袖，』實屬不安，應根據事實，予以適當稱呼。（15）一七五頁之Toleration act of 1701，譯為『解放條例』，實則此處 Toleration 應譯為『寬容』才對。（16）一九二頁之 Separation of powers，譯為『分權制』，不如照舊譯為『三權分立』，以免和孫中山先生所說的『分權』二字相混。（17）二○九頁將 Suspensive Veto 譯為『否決權』，意義不合。（18）二二一頁將柏克的著作 Reflection on the Revolution in France 譯為『法國革命的反映』，『反映』二字不安。（19）二三九頁將拿破崙的 Continental system譯為『大陸制度』，亦屬欠安。（20）二六七頁之 system of open fields，譯為『公田制度』，未免[illegible]曖昧

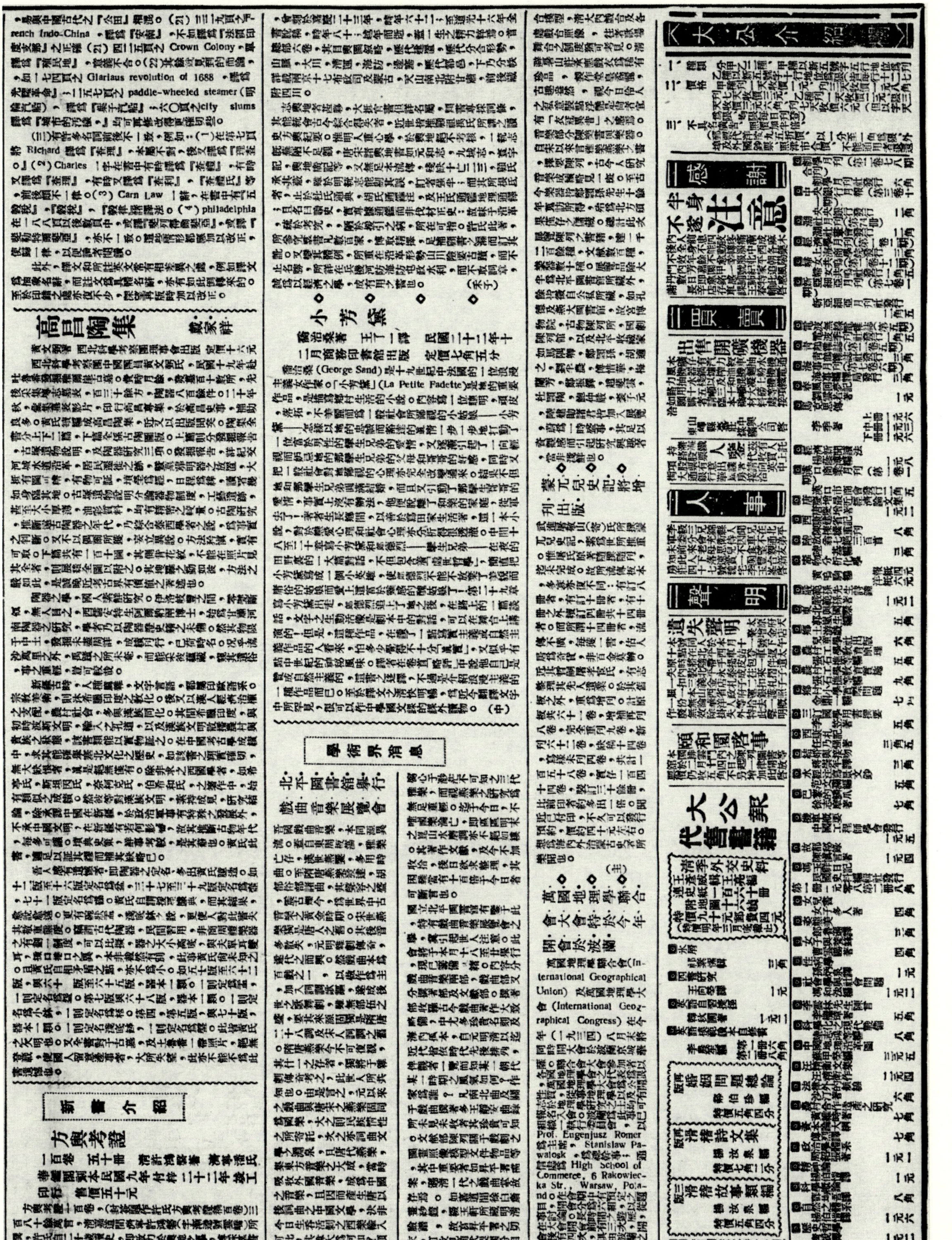

，易與中國古代之『公田』相混。（21）三一九頁之 French Indo-China，譯爲『安南』，不如譯爲『法領印度支那』之正確。（21）四二五頁之 Crown Colony，單譯爲『殖民地』，意義不合。（22）其餘就見到的而論，如一七四頁之 Glarious revolution of 1688，譯爲『光榮革命』；二五七頁之 paddle-wheeled steamer（明輪汽船），譯爲『槳子汽船』；六〇頁之 city slums 譯爲『城市的污穢，』均可再修改得更確切些。

（三）有許多名詞前後不一致，例如：（1）在第七頁將 Richard 譯爲『查理』，本屬不對，後又譯爲『理查』。（2）Charles 一字在書中有時譯爲『查禮』，有時又譯爲『查理』，有時又譯爲『查利』，『查禮氏』等，前後頗不一律。（3）Carn Law 一辭，在書中有『五穀稅』，『穀稅』，『穀律』諸譯法。（4）philadelphia 在一八八頁以後數頁中，或譯『斐列得爾斐亞』，或譯『斐勒特爾斐亞』，亦不一致。這些情形都應加以改正，使歸一律，以便讀者閱讀。

此外，譯文和所註英文常有相差異之處，例如譯文爲抽象名辭，而註文爲具體名辭，亦有如此倒轉來的。至於印錯之處亦復不少，深望再版時加以改正。

高昌陶集

戴家祥

黃文弼著 西北科學考察團理事會出版 定價十六元

西北科學考察團中國團員黃文弼氏，民國十九年赴吐魯番發掘雅爾崖古墓。費時月餘，發墓百十數所，先後采集墓志甎表，百三十餘方，陶器八百餘件。二十年秋，彙集甎表影片，印行高昌專集，於高昌史事，補助良多。黃氏續編成高昌陶集，近又以出版聞矣。陶集全書分上下二篇，下篇全係古陶圖版。上篇則分發掘報告，古塚遺物說明，及陶器研究三項。發掘報告，詳紀交河城水道沿革，居民遷徙之跡，暨塚羣明器之放置，大抵有圖可稽，有物可証，墳塋爲經，日程爲緯，讀者幾如身臨其地。古塚遺物說明分論器物制度，工藝遺跡，甚至大小厚薄，油彩質料，均有精密之較量。古陶研究，推斷遙古陶器之年代，乃綜合泰西學者之說，爲事實之判斷。又不以偶爾所獲，妄立異說。方法矜愼，實有可取。下篇共有一百十圖，其側背花紋，不能在照片見其全者，則展轉全圖以附之。其搜羅之勤如彼，方法之嚴如此，是誠晚近考古界有價值之著述也。

陶器之學，國人素鮮研究。伊洛岐豐之間，零殘斷毀，無人目之。西儒安特生阿爾納爾博士，始爲甘肅河南陶器之研究，學者乃以陶器證史籍之未備。然其物限于中土，發掘未盡周詳，成績刊行，已荷時名。况乎流沙萬里之外，禹跡之所未奄，而能采彼蘊藏，窺其遺俗，事之重輕，豈可較哉。

新疆古時，人種龐雜，文字言語，都屬印歐語系。宗教美術，則沐希臘印度之教化。後又以漢人經營治權之支配，農村社會，多與漢族同化。其間希臘印度，與初時波斯文明，輸入之孔道，以及漢族文明散播農村與貴族之狀態，該書頗能以實物證之。在中國考古學成績中，求其能確舉塞北文化之歷史，如該書之翔實確切，無大缺憾者，眞是絕無僅有。除非求之西國學者，如希亭氏，斯坦因氏，奈柯克氏，伯希和氏，之著作中，始有類似之成績。然彼等對漢族文明，素持成見，研究結論，除承認中國在新疆，於政治軍事有特殊之發展外，不承中國文明，在新疆有若何影響，故其推斷古物年代，每多可議。墳典史冊，辭事考較，是其蔽也。黃氏此書，適足以証其謬而補其缺略已。

吾人感有遺憾者，即陶器之定名，多出黃氏臆造。如十二版至十六版定名爲罐，三十七至三十九版定名爲盆，七十一版定名爲罐。黃氏自謂援平據典，而其結果，衆說紛遝。更有碗狀盂，淺底鉢之說，更使人對此實失其敬重態度。竊謂古代陶器，民間習用，非商周禮樂器之有劃一制度，可以比擬，器之大小高底，與夫單耳雙耳，擴口捲口之類，本非截然有別，此事黃氏尙未知之。且黃氏自相矛盾之點，亦不爲小。如五十七版至六十二版，與六十版至六十五版，器本一類，一則定爲盂，一則定名爲盌。第七版與六十八版，器本一類。一則定名爲小鉢，一則定名爲杯。第四，第五版，與七十版，器本一類。一則定名淺底鉢，一則定名爲盤。此皆黃氏之失明也。又全書對于古蹟，及土魯番一帶照片，絕無登載，使國人留意邊事者，大所失望，此亦不能不爲此書遺憾也。

新書介紹

方輿考證

一百卷 五十冊 清許鴻磐著 濟寧潘氏華鑑閣刻本民國九年付梓二十二年竣工印行 售價五十元

方輿考證一百卷，（封簽題作許氏方輿考證稿百卷）三百八十餘萬言，清嘉道間濟寧許鴻磐（字漸逵號雲嶠）所撰，許氏自二十歲讀史，即致力於輿地之學，博採羣書，纂爲是編；四十歲始定體例，分部署；先作總部六卷，曾刻於嘉慶二十三年，時年六十二；至道光十六年全書脫稿，時年八十；越年而逝，蓋一生之精力萃焉。首總部六卷，其目爲輿圖叙略，歷代建置，歷代分合形勢，山脈，大川，漕運，海防，邊塞，歷代都邑，下乃分帙詳載兩京十七布政司及蒙古，天山南北附甘肅，前後藏附四川。

志輿地者甚夥，大抵官書但詳名勝，類書專採詞條，其能統會古今綜合得失者，近世皆推顧祖禹氏所謂之讀史方輿紀要。推明人重心學，於輿地絕不考核，一統志既無陋不足觀，唐宋諸輿地書如元和志，九域志，寰宇記，輿地廣記等，又無足本流傳，殘缺十七二三，顧氏承其敝，雖於明統志能刻其誤，訂者强半；而其所根氏者，止於杜氏通典，胡氏通鑑注，及王氏通鑑地理通釋；且名曰讀史，實專據通鑑而非伐材正史；故昧于沿革，疏於考究，頗於援引之病，所在可指。許氏此著，所參究羣書凡數百家，博取精擇，足補顧書之漏而訂其訛。又變其體例，所重在沿革形勢山川險要古蹟，而不止名勝，所詳在兵機河防海防屯政水利，而不取詞章，誠爲以經濟之學，成有用之書也。（禾子）

◇小芳黛◇

喬治桑著 王了一譯 民國二十二年十二月商務印書館出版 定價七角五分

喬治桑（George Sand）是十九世紀中法國的一位浪漫主義女作家。「小芳黛」（La Petite Fadette）是她的重要作品，是描寫鄉村生活的小說。內容寫一位聰明，頑皮，落拓，不美麗而爲一般社會所鄙視的小姑娘——小芳黛——怎樣以她的忠誠而豁達的眞情一步一步地打動了一位富於男性的孿生兄弟的愛情，又逐漸引起了一向輕視而妒忌她的那孿生兄弟的父母和哥哥的好感，同時又把一般社會對她鄙視的心理亦完全改變過來。結果不但她和那孿生兄弟圓滿結婚，而且又引動了那孿生哥哥的愛情，事實上沒有辦法，他便脫離了和樂的家庭，從軍去了！著者生長鄉間，以善於寫田家生活著，這一本小說，對於戀愛心理和社會心理亦分析得很透澈。中間十八至二十章寫小芳黛和郎德烈——孿生兄弟——在夜的田野裏的一大篇對話，不但包含着「處世哲學」，簡直把小芳黛寫成一個小英雄，使郎德烈不能不放棄了美貌而鄙俗的姑娘而愛上這富於靈感的醜姑娘了！第二十九章寫小芳黛出走，郎德烈追上了她之後，在路上的一篇談話，文字之生動活像是劇本中的對話，可以在舞台上講演的！但是，這種作品，在讀了一點寫實主義或自然主義作品的人看來，怕多少覺得不十分「眞實」，又似乎有點中世紀的神秘風味。譯者在卷首「略評」中說他自己是贊成自然主義的，這書之迻譯，不過是介紹浪漫主義的一種作品而已。至於譯文之清快明暢，爲近今翻譯文字中所罕見，很可以作中學國文課的課外讀物。（中）

學術界消息

北平圖書館舉行戲曲音樂展覽會

吾國戲曲音樂，本同源異流。蓋自東周以降，雅樂亡存，漢世燕樂，多用時曲。至隋唐燕樂發達，胡部俗部諸曲，其聲容之盛，震古爍今，爲世界中古音樂之黃金時期。宋世燕樂，獨是唐人之舊。其後音多散失，元明雜劇傳奇，遞代之而興。然戲曲本爲百戲之一，以做作爲主，加入詞調歌舞，遂成後世之歌舞劇，雖無部伍之盛，要其來源固獨是隋唐二十八調及宋人詞調之舊。隋唐燕樂今不可復覩，其什一之存者，獨將于雜劇傳奇考之，此世人所共知也。由是言之，元以來之戲曲與唐宋之燕樂固同爲國樂，大之則民族性情之所寄託，次之亦詞曲文學之淵泉，且唐代燕樂，集東方音樂之大成，當時吸收外國音樂，成爲中國之音樂，且因而產生唐以後詞曲之中國文學，決非今日生吞活剝之西樂輸入可比，其偉大爲何如？顧世儒于此，不加注意，徒鶩心于渺茫不可知之三代雅樂，而視燕樂之研究爲無足重輕。迄于今日，不唯國樂淪亡，即區區明末之崑山水磨調亦不絕如縷。其著作文獻，及今不加收拾，後日欲求整理，其困難當有十百倍于今日者可斷言也。

國立北平圖書館有鑒于此，特有戲曲音樂展覽會之舉，冀引起世人注意。此會將于本月十八至廿日舉行，現已籌備就緒。內容分戲曲音樂兩部，戲曲部又分撰著部及文獻部。撰著部收羅古今戲曲著作大致略備，中尤多珍貴名刻及海內孤本，自元明清以迄近代皆依時代先後排列，俾觀者一覽而知某一朝代某一時期之風氣如何？作家爲誰？凡南北曲及關于戲曲撰著多王靜安曲錄所未見未收者其珍貴可知。文獻部陳列關于戲劇之圖畫照像模型文件物品等，其中重要者如昇平署檔案，嘉道清一代之戲曲掌故存焉。如嘉道間徐白舫畫紗燈，懷玉軒所藏明清臉譜，故宮昇平署之切末，可攷見前代梨園扮相之一斑。又如圖明圖戲合模型，清大內戲台及各處戲台照像，往者歌場舞台之制度獨可考見。清避暑山莊承應戲衣爲稀有珍品，製作堂皇富麗，古趣盎然，視今日伶人之私意裝點浮艷，足尙者宜有「衣冠異昔」之感焉。音樂部分陳樂書與樂器。自宋以來言雅樂燕樂之書，擇要陳列，古今人研究音樂成績略見一斑。至古今樂器皆鄭頴孫先生十餘年蒐訪所得，殆爲北方碩果僅存之儲藏。總計此次展覽陳列之書籍，達一千二百餘種，文獻數百種，樂器數十種。展覽品除大半爲北平圖書館所藏外，餘皆徵自公私所藏，如孔德及燕大圖書館，故宮博物院，古物陳列所，國劇陳列館，以及北平收藏家如馬隅卿，鄭頴孫，胡適之，劉半農，傅惜華，梅蘭芳，鄭振鐸，趙斐雲，杜頴陶，鮑仲嚴，袁子元，陳建勛諸君皆加入展覽，蔚爲一時盛事，其足以資觀感而引起研究興趣者，當非淺鮮也。（主）

◇蒙兀兒史記將增刊出版◇

武進屠敬山(寄)氏所撰蒙兀兒史記，素爲世所推重。惟屠氏原著隨撰隨刊，迄未完成。故所流傳板本，多寡亦復不同：有訂八冊者，有訂十冊者，有訂十冊之外續訂四冊共十四冊者。而所謂十四冊者，流傳不廣，每獲一書，估人居爲奇貨，非百金莫辦。近其哲嗣屠孝宦氏，有志整理其先人遺業。於其舊板之外，重爲增刊。計原板共六十一卷，增補再刊八卷，完全重刊九卷，新刊六十二卷，缺稿十四卷，寫樣未刊四卷，共計一百五十八卷，實存一百四十四卷，裝訂三十餘冊，比前印者約多出一倍。聞近已付印，不久可以發行預約，價約四十元左右。想爲海內外治蒙古史者所樂聞也。

◇萬國地理學聯合會大會特於今年開會於波蘭◇

萬國地理學聯合會(International Geographical Union)及萬國地理學大會(International Geographical Congress)在今年（一九三四）八月末將同時開大會於波蘭京城華薩。聯合會大會參加者以各國地理學會之代表爲限，地理學大會則凡從事地理學研究者及有志於地理學之士，均可報名加入。波蘭已組織一執行委員會，以 Prof. Eugenjusz Romer 爲主席，Stanislaw Pawalosk 爲總幹事；通信處爲 High School of Commerce, 6 Rakowiecka Str., Warsaw, Poland。會期預定六日，會期中有開會，討論，展覽，分組開會之節目，在大會時有三次遊覽，會後有四次旅行，俱由波蘭地理學會司指導之責云。（明）

圖書副刊

BOOKMAN
第十五期

一　本刊登載關於中外圖書之介紹批評以及學術界消息，爲公開性質歡迎投稿
二　刊登本刊之文略致薄酬
三　投稿通訊可寄「北平文津街國立北平圖書館內圖書副刊編輯收」

書評

東洋讀史地圖

禾子

日本箭內亙編　大正十四年訂正增補版
東京富山房發行　定價金七圓

自清季以來，中國與日本兩方所出版之東洋或中國輿地沿革圖，不下二十餘種。其中考證詳博推楊守敬氏之歷代輿地圖，而失之於繪法陳舊，卷帙沉繁，檢閱不易。其繪法新穎，印刷精良，簡要明晰者當推箭內亙氏之東洋讀史地圖，而失之於疏繆脫漏太甚。箭內氏圖以合於普通讀史者之需求，故銷行頗廣，以大正元年初版發行，至十四年已爲第四次訂正增補後之第三版矣。雖迭經訂補，然疏漏處猶指不勝屈。茲就瀏覽所及，依圖之次，略舉數則如左，用備讀此圖者之參閱焉。

第一圖，禹貢九州圖。彭蠡揚州之澤也，誤入荊州。

第二圖，春秋時代要地圖，息國在淮水之南，誤在淮北。邗溝誤作刊溝。

第三圖，戰國時代亞細亞形勢圖。樓煩在河套之東，誤在套內。又圖之上端既標明以周顯王三十六年（西歷紀元前三三三年）爲準，則此時亞歷山大方破波斯王大流士三世之兵於 Issus，其東抵印度斯河北抵藥殺水之大帝國猶未告成，不應以之入圖也。

第五圖，上半頁秦一統圖，一仍晉書地理志以來四十郡之謬說。按關於秦郡之考證，近世以來甚盛，雖多未定之說，然如鄣之非秦郡，秦郡之當有南陽東海等，早已成爲不移之論，編者似不應並此而不採也。又圖中以臨洮爲郡，當係印刷之誤。下半頁漢初封建圖。既曰漢初封建圖，則櫟陽係西楚所封之塞王都，不應入圖。圖中所示諸國係高祖末年之同姓九國，然同時異姓之長沙國實猶存在，亦不應不以繪入也。圖中附載文帝時所封膠東膠西菑川濟北濟南五國；考同時齊地又建有城陽一國，不知何以獨遺棄之。又淮南分國之廬江衡山，趙分國之河間，皆文帝時置也，亦不知何以不與載入。

第六圖。前漢十三部一百七郡國圖。按西漢郡國見於漢書地理志者凡一百三，蓋以平帝時之疆理爲準也；此圖以武帝時代爲準，故與漢志異。圖末所附之解說云，武帝時滅朝鮮，於樂浪玄菟之外設有臨屯眞番二郡；滅南越，於南海等七郡外置有珠崖儋耳二郡；合之漢志所載百三，凡一百七。今考武帝時所置郡而爲後世所曉者，又有滅西南夷後所置之沈黎文山二郡，解說漏，然檢圖中實不漏。（此圖目錄標一百五郡國，一書之中，三異其說，亦可謂滑稽也已。）金城郡昭帝時始置，既以武帝爲準，則此郡不應入圖。武帝時郡國實爲一百八，非一百七，亦非一百九也。十三部列入司隸而無朔方，係仍從來之誤解，此圖亦未能與以更正。

第七圖。前漢武帝時代亞細亞形勢圖。大夏都城之藍氏，後漢書作藍氏，魏書作鹽監氏，北史作賸監氏，按即 Serekhs 也，圖作 Bactra，誤。

第八圖。後漢時代亞細亞形勢圖。後漢以屬國比郡，時在安帝世，此圖既以和帝永元中爲準，則不應繪入屬國也。司隸校尉治洛陽城中，圖作治長安，誤。

第九圖。三國時代亞細亞形勢圖。宋書州郡志晉書武帝紀皆言秦州晉武所置，是三國時魏無秦州也；此圖有之，係因晉書地理志之誤而誤。烏桓自魏武時已破滅，其餘種入居中國，號三郡烏丸；此圖以文帝黃初中爲準，是塞外不應仍有烏桓也。

第十圖，晉初亞細亞形勢圖，所標時代爲紀元後三百年頃，當晉惠帝之永康年；按其前元康中已置江州，此圖缺。

第十二圖，南北朝時代亞細亞形勢圖。所標時代爲宋文帝元嘉十六年，即北魏太武帝太延五年。今按此時宋有冀州，治歷城，圖以冀州一號印入魏境中，誤。郢州孝武孝建元年始立，則此圖不應載有。雍州至元嘉二十六年始割荊州之襄陽等郡爲轄境，十六年時猶爲僑州也。梁秦並治漢中南鄭，圖中於南鄭外復有南鄭以爲梁州治，荒謬可怪。南豫州永初治歷陽，元嘉徙治姑孰，泰始中還治歷陽，則此圖應作治於姑孰，不應治於歷陽也。南徐州治京口，在江南今鎭江縣境；圖中南徐京口二符號並誤在江北。北魏封城中以洛陽爲郡，是誤以東魏孝靜世所置爲太武帝時之制也。金墉，城名，圖亦誤以爲郡。而隴東安定固郡名也，又誤以爲邑。

第十三圖，隋代亞細亞形勢圖。南詔本爲六詔之一，唐開元中始并五詔，徙都太和城；則此隋代圖中應標曰六詔，未可以但稱南詔也。唐代圖以高宗時代爲準，亦不應稱南詔，亦不應以太和城爲都。

第十四圖，唐代亞細亞形勢圖。圖例以六都護府爲太宗時之制；今按安南都護府安東都護府高宗時始置，北庭都護府武后時始置，太宗時不得有六都護也。高昌之故地在西州，至北庭都護所治之庭州則爲西突厥之故地；此圖誤以高昌一符號標在北庭之上。

第十五圖，唐代之滿洲及朝鮮。圖於平壤，遼東城，並標曰安東都護府，下註治於該城之年代，考新城亦曾爲安東都護府治，時在六七七年至七一四年，不知何以獨遺棄之。

第十六圖，五代時代亞細亞形勢圖。圖以周世宗時代爲準。今按繼郗連昭等廣右十三州自漢以後屬南漢，圖以屬楚境，誤也。賜州自晉以後屬吳越，圖又誤以屬南唐。南平國土祇荊峽歸三州，據今湖北省江陵上游；此圖誤以漢水下流入江處畫入，其地值安郡復三州，自梁以來皆中朝所有。遼之中京大定府聖宗統和二十五年所建，於中國爲宋眞宗景德四年，則周世宗時不能有。甘涼瓜沙非中國職方所掌，甘州乃回鶻牙所在，涼瓜沙乃唐戍人後裔所居，雖常自通於中國，然政由己出，究不應逕與中國繪成一色也。

第十七圖，宋金對立時代亞細亞形勢圖。南宋共有路十六，圖中漏一江西。衡永皆州也，圖誤以爲邑。所標年代爲宋高宗紹興十一年，即金熙宗皇統元年。按是時析津府大定府猶因遼之舊稱曰燕京中京，至貞元元年（紹興二十三年）始更曰中都北京，則圖中已有中都北京者誤也。

第十八圖，元初亞細亞形勢圖。圖於元之版圖上黃色，則高麗爲征東行省，係十一行中書省之一，不應另上綠色。舊吐蕃地元設有吐蕃，脫思麻路，烏斯藏三宣慰司，松潘，碉門魚通二宣撫司，直隸宣政院，不應另上茶色。◎號圖例爲首都，則上都開平府祇爲陵寢所在，不應用此號。拔都之西征也，頓河 R. Don 下流爲其主要屯駐地，一二三七年之遠伐北俄，一二三九年之遠伐南俄，皆由此出發；圖中所繪拔都西征行軍路逕自亞洲一直線至莫斯科，又自莫斯科一直線至基輔 Kiet，竟與頓河全域無涉，最爲疏誤。

第二十圖，明初亞細亞形勢圖。圖以成祖永樂十三年爲準。今按永樂元年建北京於順天府稱行在，十九年始改北京爲京師，則此圖以順天爲京師者誤也。大寧都司永樂元年即僑治於保定府，故地遂虛，則此圖亦不應仍以大寧都司繪在塞外。考明代無開原衛，治於今開原地者曰三萬衛；而此圖作開原衛，誤以今地名爲歷史地名也。奴兒干都司及遼東建州哈密等衛係羈縻衛所，不應與遼東陝西等衛所用同樣符號；而烏斯藏朵甘衛指揮使司，亦不應另上紅色與韃靼瓦剌相比擬也。

第二十四圖，清初亞細亞形勢圖，朝鮮係藩屬國，與安南緬甸同，不應與中國土地之滿洲不分國界，亦用黃色。

第三十圖，清末支那全圖，齊齊哈爾曰龍江，圖誤作嫩江。寧古塔與綏芬無涉，圖誤以爲一地。東昌府在黃河之北，圖誤在河之南。定海在杭州灣口外，圖誤在長江口外。沂州誤作忻州。吉安誤作吉州。桂林誤作桂州。

全書凡三十圖，亦嫌過於簡略。如東晉南北朝二百七十年間，地理變革至繁，今但有宋魏對立時代一圖，上不能接漢晉，下不能連隋唐。有宋一代北宋與南宋形勢絕然不同，今但有南宋一圖，而北宋全盛時代與遼夏相鼎立之圖，反付缺如。又圖中祇有歷史地名疆界，而無現今地名疆界，亦不若楊守敬氏圖及歐陽氏歷代疆域戰爭合圖等用古今對照法之爲清楚明顯，便於讀者也。

中國近百年史資料續編

左舜生選輯　民國二十二年九月
上海中華書局出版　定價一元八角

中國近百年史資料續編上下二冊，左舜生選輯，共收文二十八篇，計：李秀成太平天國始末，陳徽言太平軍初破武昌紀事，張汝南太平軍入金陵前後見聞記，杜文瀾江南北大營紀事本末，吳可讀英法聯軍時代之北京發象，姚錫光東方兵事紀略，闕名馬關議和中之伊李問答，[illegible]八日記，池仲祐海軍大事記，蔡爾康等李傅相游歷各國日記，康有爲戊戌保國會章程，梁啓超戊戌德宗之密詔，梁啓超戊戌維新殉難者之略傳，勞乃宣義和拳教門源流考，陸樹藩庚子京津間之慘狀，闕名庚子拳變日記，闕名庚子教士受難記，王文韶庚子兩宮蒙塵紀實，羅惇曧張文襄之自述，林長民參議院一年史，蔡元培王子迎賓始末，程德全等宋案眞相，梁啓超護國戰爭躬歷談，從軍日記，護國之役回顧談，孫毓筠復辟陰謀紀實；其編制一循前編之舊。按選輯史料之標準第一須注明出處，第二須不失原形，第三須眞實可靠，第四須有系統。今即以此衡量左氏之書。續編選錄二十八種，除第一篇李秀成太平天國始末注明有近世（原本作代）中國秘史及滿清野史兩種本子，第三篇張汝南太平軍入金陵前後見聞記注明根據在杭州所獲小冊子，第五篇吳可讀一文注明罔極編，第十四篇勞乃宣義和拳教門源流考注明有三種印本，第二十八篇孫毓筠復辟陰謀紀實注明曾載於上海中華新報外，其餘大都未注出處，注明出處者亦未嘗其所根據者爲何種刊本，抑係鈔本，係何時所刊所抄。讀者欲從此以知原書形狀，將不知如何始可！此一事也。續編所收二十八篇，其內容是否不失原形，姑不具論，各篇標題除杜文瀾姚錫光蔡[illegible]明震池仲祐梁濟康有爲勞乃宣林長民蔡元培梁啓超（廿六廿七兩篇）諸人文外，大概俱予以改動。其中如孫毓筠自爲籌安會人，爲文何能自稱復辟陰謀紀實？文原文標題雖關於編者篇首按語或標題下注明，而亦有誤者，如李秀成供狀誤爲供辭，即其一例。此二事也。作史貴眞實是以最重第一等史料（first hand source material），第二等史料（second hand source material）非不得已以少用爲妙；史料選集尤應注意此點。左氏中國近百年史資料正續編所收大都爲第二等以至於第三等史料，第一等史料甚少引用。續編所收僅李秀成供狀差強人意，此外如近出稅演生所編太平天國史料，張德堅賊情彙纂故宮博物院印之太平天國史料，俱不著錄之；續編下冊所收池仲祐甲申中法戰事記記中法之役馬江戰事，於法將孤拔之存亡，迷離惝恍，莫知究竟，編者亦默不一言。實則馬江之役在一八八四年八月二十三至二十四日，其後至十月，孤拔尚在今澎湖指揮艦隊，至一八八五年六月始於歸航之時，死於海上，法人初未自秘；不謂至民國二十二年，孤拔之死在中國猶是疑案！至於景善日記，荷蘭 J. J. L. Duyvendak 所譯已附原本，續編採用譯文，上海亞洲文會圖書館亦有其書，左氏近在咫尺，不知利用，是可怪也。近數年來，國內關於近代史之史料刊行甚多，如夷務始末，如清代外交史料，如北平故宮博物院近日所刊中法中日交涉諸史料，皆是第一等資料，左氏書全不知取材唯向口耳傳聞中討生活，其隔閡不可諱也。此三事也。史料選集，非僅抄錄若干篇成爲一書即可，須有斷制，有剪裁，換言之即須有系統，使讀者讀此書後，於一問題即能原始要終，審其眞像。此之所言，約當於西方史學中之 readings 一類書籍，求之吾國，美國人麥亨利 (H. MacNair) 之近代中國歷史文選，蔣廷黻氏之近代外交史資料輯要差其選矣。左氏書不過抄錄若干種眼前易得之筆記以及時流篤說之書籍以爲史料而已。故私意以爲選集史料，至少必須遵守上述四原則，即不能效日本史料編纂掛之工作，亦當就有限之若干種一等史料，予以整理剪裁，以示人史事之眞面目，斷非雜抄舊聞，即可矜爲史料也！（方）

讀書雜識

清季史料偶記

吳先乙

（一）時事誌略

清洪壽山撰　原稿本　北平圖書館藏

是書紀載庚子年北京城內義和團運動的情形，從樂匪發難時起，至八國聯軍入京時止。作者洪壽山，當時正住在京城，故所記的狀況，都是耳聞目見的事實。關於京師義和團起事時的態度，排外的精神，攻擊教會教徒和西洋人的狀況，以及聯軍進京後的情景，都有很實在的描寫。其記敘的體裁，是分段敘述，每段符以通俗的歌詞爲題，詞的後面，才是記事，全書共三十八段。作者在自序裏說：『……摘其要者，編成西江月之歌詞，以便易記也。亦恐後人聞之不明，而復註之，以發明歌中之意也。』這些歌詞，實在就是記事的綱目，很有點紀事詩的意味，只是詞句通俗鄙俚，不能成誦罷了。

作者洪壽山是回教徒：『吾乃清眞教之回民也。』（見原稿第二十四頁）他在當時，『已六旬矣』（見原稿第十四頁）他的知識，似乎不很高明。例如書中稱洪秀全爲洪秀權，文字方面，也只勉強把意思說清，別字也不少。原稿第二十三頁的上端，有『編此段時，半分錢糧尚未關也。』兩句朱筆的眉批，據此，他大約是個數小差事的人。

原書係毛邊紙本，共三十六頁，訂成一冊。卷首有光緒辛丑年（二十七年）自序一篇。從紙色上和墨跡上看，確是當年的原稿本。卷首和卷末幾頁的紙色，比較的陳舊，而中間的則較爲新鮮，實在像三十餘年前的東西。

這本書雖非出自學者之手，然而他所講的，大都是直接的史料，在史料的價值上說，其可靠性實大。史家所要的是眞確的記載，而不是富麗堂皇的大文章。作如是

錄，才能估計此書的價值。
本書除首，有目錄兩頁，茲抄錄如后：

第一段　洋人始入都城　第二段　火焚洋樓
第三段　拳教遇讎　第四段　義和團作亂
第五段　義和團入會　第六段　義和團掛號
第七段　砲打西什庫　第八段　改換洋字匾額
第九段　紳士設壇　第十段　保駕西逃生
第十一段　忠奸自辨　第十二段　閉塞賢路
第十三段　兵勇如狼　第十四段　忘負國恩
第十五段　洋人破都城　第十六段　大臣喪身
第十七段　兵將逃散　第十八段　惜命逃生
第十九段　國無法改　第二十段　日本出告示
第二十一段　七國分都城　第二十二段　聖駕出宮
第二十三段　官兵經營　第二十四段　改旗充民
第二十五段　門紳升天　第二十六段　職官棄民
第二十七段　匪徒縱橫　第二十八段　內城遭難
第二十九段　弘仁寺　第三十段　運貨通行
第三十一段　清淨街道　第三十二段　各國旗號
第三十三段　感德報恩　第三十四段　專報滿意
第三十五段　小團會　第三十六段　日本賀年
第三十七段　東南義會　第三十八段　有嘆無悔

（十二）夷船入寇記

佚撰者名　北平圖書館鈔本

夷船入寇記是北平圖書館所藏的鈔本，共包括：（一）夷船入寇記，（二）庚申北略，（三）清末的時論十六篇，現在就前兩種來檢閱一下。——

夷船入寇記是一篇鴉片戰爭的本末紀，自清廷禁烟至南京締約，都有很詳細的記述。我曾翻閱一過，當時就覺得好像什麼書有些相同似地，後來把魏源聖武記（申報館本）裏面的道光洋艘征撫記拿來對照，則兩者完全是一個東西，只不過字句上偶有出入的地方。據我的揣測，魏源的洋艘征撫記，成書甚早，似乎是原本。夷船入寇記，大約是後人鈔錄的本子，把作者的姓氏取消，而改易書名。

庚申北略是咸豐十年英法聯軍進攻北京的史料，鈔本未題撰者姓氏。新近我在咸初續新志（清朱永軾輯，江安傅氏藏舊鈔本，北平圖書館藏鈔本）裏面，也看見這篇東西，註明是清代秦庚彤的作品。

× × ×

百本張曲本與車王府曲本

李家瑞

百本張是張姓百本堂的俗稱，因爲以前北平鈔賣曲本的舖子都叫百本堂（如同賣剪子的都叫王麻子），所以要把他的姓暨上去，以示分別。他是鈔賣曲本的舖子中之最早而又最興盛的一家，據他曲本上的圖記，和鈔曲者的記錄，知道這舖子自乾隆年間開張，直至宣統三年纔關。他鈔賣曲本的目錄之前，有一段廣告說：

本堂專抄名班崑弋，二簧，梆子，西皮，子弟岔曲，赶板，單岔，代（帶）牌子，琴腔，小曲，馬頭調，大鼓書詞，蓮花落，工尺字，東西兩韻子弟書，石派大本書詞，眞不二價，不悞主顧。逢七逢八，在護國寺東碑亭，逢九逢十，在隆福寺西角門祖師殿。本堂寓北京西直門內大街，高井兒胡同東小胡同路北門，世傳四代，起首第一，四遠馳名。

這舖子歇了以後，他所有的曲本，一概賣與琉璃廠的一家書舖。民國十八年，爲劉半農師訪着，就替中央研究院歷史語言研究所買回來。計共八十餘包，交我整理。其先研究所計劃欲轉鈔孔德學校所藏的蒙古車王府曲本，因爲買到百本張的這批曲本，就不再鈔了。只由我把兩批曲本，對校一過，補鈔其中爲百本張所無的本子。現在把這兩批曲本的種類與數目，對列如下。

	百本張曲本	車王府曲本
二簧	五七〇	二七九
崑曲	四六〇	四七二
子弟書	三一四	二七七
馬頭調	二五〇	一四七
赶板	一二五	七〇
小岔	一二二	三七
大鼓書	九六	三
牌子曲	八五	四一
蓮花落	三一	一
快書	二八	三
湖廣調	一二	八
琴腔	八	八
西江月	三	無
邊關調	二	二
蝦蟆調	二	二
濟南調	二	一
十朵花	二	無
太平年	二	無
盪湖船	二	無
大四景	二	無
樂亭調	一	一
鮮花調	一	一
十杯酒	一	無
紗窗外	一	無
楊九州	一	無
雜曲	一	無
燈影戲	無	一八
說唱鼓詞	無	一〇
南園調	無	一
天津調	無	一
嘆十聲	無	三
鐵口	無	一
總數	二二二四	一四二七

這裏的數量，以百本張曲本爲多，但是兩批書中都有互相可以補充的。我們編中國俗曲總目時，是以百本張爲主，再補入車王府本所獨有者，所以這兩批書的目錄，都全在俗曲總目裏了。

百本張的曲本，是商家雇人照底本影鈔的，所以字句間錯誤很少，字體也端正清楚。車王府曲本却是府中人據口傳寫下來的，所以有很多音是字不是的地方，錯誤最多，寫的也很潦草，甚至有看不懂的。如念曲裏有『八花八典』一種，是用八種花八樣典故組織成詞，車王府本誤標題爲『八點花』，不知道是甚麼意思了。

百本張曲本的時代，以咸豐以前鈔本爲最多，但是殘缺的幾乎沒有。車王府曲本則紙色較新，鈔寫也較近，然而殘缺的倒很多。有鈔了幾行就不鈔的，有起首鈔得很好，後來就亂畫的。我們用着車王府本時，往往感覺很困難。可是俗曲從來就不登大雅之堂，爲士大夫所輕視的，現在還遺留下這兩大批，都是很可寶貴的。

新書簡訊

遼東前線（Far Eastern front, by Edgar Snow. N.Y. Smith, H. 1933.）一書主要部分，敘述日本兩年來對於中國不宣而戰的經過。從一九三一年九一八瀋陽事變起，至一九三三年五月三十一日塘沽協定爲止，包括滿洲上海熱河與長城南部所有的戰事，並涉及中日與滿洲已往的簡略歷史，以及事變前引起糾紛的幾種原因。最後一章，著者在『亞洲之命運』中，發表他個人的意見。兩年來，英文書中論遠東問題的，約出版了十五種以上，但可讀者，首推此書。Snow君是一位戰事通信記者，並且也是一位優越的作家。他對於事實的敘述，非常謹嚴。他的著作，顯示一種公平正直。同時他具有戲劇的意識。Snow君對於中國問題，素有根基，自日本在滿洲實驗以來，尤注其全力以研究之。他作此書時，是持的客觀態度。他責判日本軍國主義的罪惡，毫不猶豫的譴讓美國應該武力干涉。此書包藏大量的遠東問題的事實，爲近年著作界所罕觀。著者以敏銳的觀察，用清醒的文字寫成。全書共三百五十一面，附插畫地圖，價美金三元七角五分。（鴻志）

× × ×

梁賈人年譜，湯中著，民國二十二年六月上海商務印書館出版，定價六角。梁賈人名份，江西南豐人，以精西北地理之學，著聞清初。所著有懷葛堂文集，十三陵圖說，西陲今略諸書，而今略一書尤爲著稱，後世之秦邊紀略，即今略之別本也。劉繼莊於今略極致傾倒之意，見其所著廣陽雜記中。日本內藤虎次郎博士曾爲賈人撰年譜，而所考多誤，湯氏因據原本懷葛堂文集諸書東爲考定：據魏季子先叔兄紀略文定賈人生於明思宗崇禎四年，據無錫縣志賈人卒年六十二，定其卒於清聖祖康熙三十一年；皆信而有徵，可作定論。年譜於賈人朋好以及同時聞人生卒亦爲考明，足見譜主平生之概。唯西陲今略後歸顧德鄰氏，國粹學報曾記其概，湯氏書卻未之及，不知何故。又賈人卒於康熙三十一年，年六十二，湯氏自序第五面作年六十三；又康熙二十年，賈人年四十一，年譜二十五面作四十二，當俱屬校勘偶疏也。（明）

× × ×

車里，李拂一著，民國二十二年六月上海商務印書館出版，定價六角。車里，英人譯爲江洪，即雲南極南之普思沿邊，東南西三面與法屬越南英屬緬甸毗連，雲南一重要門戶，而號稱秘密，尚爲國人所不甚知之一區也。民初以其地分置十一行政區，旋併爲八區，設普思沿邊行政總局，民十四改爲普思殖邊總局，民十七始改爲七縣治一行政區。民初柯樹勳規劃普思沿邊，李氏曾預其役，週遊八區，故其書不同耳食之談，於地理，戶口，物產，交通，民族，語言，文字，宗教，民俗，政治諸端各自爲章，述其梗概，治邊疆地理者應不廢此書。唯全書插銅版照片二十五幅，而不附一地圖，是不免爲最大之缺憾耳。（明）

× × ×

墨子大義述，伍非百著，民國二十二年十二月出版，經售處南京亞細亞學會等處，定價一元。伍氏治墨學有年，此就墨子所標兼愛，非攻，尚同，尚賢，天志，明鬼，節用，節葬，非樂，非命十義，各取墨子原書關繫節要，彰其大義，並時取後來批評，以相發明；首篇以墨子姓氏生地及時代考略，墨家學術淵源二篇，以爲墨學源於儒家云云。墨學之大端，展此篇可以瞭然，至於近來各家所競尚之墨辯，本書屏而不論；此可以見伍氏抱負之所在矣！（明）

× × ×

東方學報東京第四冊，一九三三年十一月日本東方文化學院東京研究所出版，定價日金四圓，本冊計收：道野鶴松從化學上所見古代中國之金屬與金屬文化；結城令聞唯識學二諦義；仁井田陞清明集戶婚門之研究；松本榮一未生怨因緣圖相與觀經變；常盤大定賣林傳之研究；佐伯好郎北京宮城午門樓上發見之敘利亞文古鈔本考；飯田須賀斯中國建築中之文字紋圖案；共凡七篇。其中不無可喜之作。名公書判清明集爲研究宋代經濟史之一重要材料，仁井田陞文根據靜嘉堂藏宋刻殘本，僅止戶婚一門（案清明集有明刻本，即從永樂大典輯出者，吾國至今尚有傳本，如取而討究，其中當有足補仁井田氏之說者，吾國學人應當仁不讓也。）佐伯氏所據之敘利亞文古鈔本，爲一景教祈禱文，原本今藏北京大學國學研究所，吾國學人幾不知有此物，不謂今從鄰邦博士文中得窺梗概，驚喜之餘，繼以感嘆！吾儕讀畢此冊，於彼邦人士用力之勤，大致敬佩無已。唯如道野鶴松文於吾國學者分析古代銅器之結果，不置一辭。飯田須賀斯文於吾國建築各方面充分利用文字紋圖案，認爲獨拓乾坤，活動飛躍，爲藝術界之一偉大貢獻，觀及文字紋圖案所表見之國民性，推論原因，十足暴露其偏狹之心理，與似是而非之推測。凡此不能不爲彼邦學術界惋嘆不置也。（明）

× × ×

骨董瑣記八卷，江寧鄧之誠氏著，定價三元六角，北平直隸書局發行。鄧氏嘗以讀書之暇，掇錄雜史，編爲此書，繼以骨董爲名，考證古器物書畫；而於近代掌故軼聞，搜羅亦多。而普通書籍一般不甚注意之處多能摘其精要；亦有引證他書，加以按語補前人所未及者。○此書於民國十五年初版，已經售罄，近因求者日衆，乃校訂初版，重付剞劂，並附續記四卷。其中新著錄者，有庚辛都城戒嚴紀事，庚子傳聞大臣家雜諸冊，皆爲一般所不易見之材料。其他各條，亦皆有關考證。

圖書副刊

BOOKMAN

第十六期

一　本刊登載關於中外圖書之介紹批評以及學術界消息爲公開性質歡迎投稿

二　刊登本刊之文略致薄酬

三　投稿通訊可寄「北平文津街國立北平圖書館內圖書副刊編輯收」

書評

李晉華明史纂修考　海遺

燕京學報專號之三　民國二十二年十二月　哈佛燕京社出版　定價二元

近人言明史源流者甚衆，劉承幹明史例案，陳守實明史稿考證，（國學論叢一卷一期），明史抉微，（國學論叢一卷四期），黃雲眉明史編纂考略，（金陵學報一卷二期）皆是也。明史例案最先出，（刊於民四乙卯）陳作後劉書十餘年，（十六年，十七年）黃更後陳四年，（二十一年），李氏是文最後，（去年十二月）首尾相去二十年矣。

李氏是文分九編，通篇爲論述編，獨首一編爲鈔集之材料。首編「四朝詔諭」依年代鈔錄順康雍乾四朝修明史詔諭；除篇首引言外，其餘作者之言悉附詔文之後，其體與明史例案同。二編「朝野學者之建議」，體例與首編同，惟其將文改編年爲分類。此二編在全文中爲特殊者，與以後諸編迥然有別。史齋所集材料，則皆三編「纂修之三時期」中所當論述者，乃預鈔之於前，以其餘材料別成三編。其體之可商，謝君國楨於書末跋中已詳言之矣。

是文附錄甚多，頗多可議，如：四編附錄萬季野傳，季野爲修明史之主要人物，固不待言；如作者欲更詳言萬氏之修史，於文中另立專篇可也；如以爲萬氏事蹟隱而不彰，另爲之傳，別行可也。乃必附錄其傳，更附黃黎洲送萬季野北上詩四首，推此例廣之，則可附錄者寧止此哉！作者以不及入施閏章修史議於「朝野學者之建議」編中，而附之於「明史稿與明史通評」編尾，（頁六四），猶有可原也。若吳晗明史小評獨入附錄（頁五八）與引他人之評明史者異例，此又何耶？

凡此皆體例可商之大者，至引書檢原料而取次料，按語之泛用，未可一一枚舉，讀者自能察之，茲不贅述。

萬季野羣書疑辨卷十二有書張居正傳後一文，書居正有二十四大罪，李氏謂羣書疑辨有與江陵十二大罪之文，（頁五三），遍檢不得。明史例案卷六錄汪由敦答明史館某論史事書，附劉承幹按語云：

此稿論橫雲史稿極平允，至江陵爲神宗朝第一大傳，王稿依據史料删節而成，實爲未諦，當然當時均持江陵功不掩罪之議。橫雲史稿多出萬季野之手，季野謂江陵十二大罪見所著羣書疑辨中，則其功自不應錄矣。

黃雲眉氏亦云：

斯同謂江陵十二大罪，見所著羣書疑辨中，則張居正傳之以罪掩功，亦非全由鴻緒矣。（金陵學報一卷三四八頁）

黃氏固未嘗言及明史例案，李氏亦不云採自明史例案或明史編纂考略，而其誤則與二君同。

崇禎長編由六人分撰，見朱彝尊上總裁第七書，萬言而外，常萊倪燦皆與其事。黃雲眉氏云：

崇禎朝無實錄，編纂尤難措手，總裁徐汪楫議，選館臣六人先纂長編，倪燦常萊俱參斯事。而萬言又以獨力別成崇禎長編一書，由是崇禎一朝史料差備。（金陵學報一卷三四二頁）。

以爲六人合撰之崇禎長編外別有萬言獨撰之崇禎長編，其說不知何據。循懷朱希祖氏，跋崇禎長編亦云萬言獨成崇禎長編（燕京學報三期五一三頁），則緣於輕信清國史萬斯同附傳，未及詳考。黃氏既見曝書亭集諸書，知由六人分撰，復云萬氏別成一書，其誤明甚。李氏沿襲其語，不易一字（頁二六），殆亦移人之誤於已歟！

王源字崑繩，宛平人，曾修明史兵志，有居業堂集。王原字令詒，清浦人，入史館否未可知也。所撰學庵類稿之擬明史食貨志，雖有同於明史，而是否爲明史館分撰稿，亦不可知也。李氏雖云：

按原嘗擬明史食貨志，而朱氏序文謂不得賡追擬明史，不知此志曾入明史否？現北平圖書館所藏原書在學庵類稿中，殘缺太多，無從詳考。（頁八二）。

而初則云王原分撰食貨志（頁二三），再則云

王源撰食貨志，金德嘉撰文苑傳，均非能勝任者。

終則著之於「纂修各官所撰史稿考略」編云，

王源明史擬稿（見學庵類稿），清浦王令詒撰。

既以王原爲王源，更以食貨志稿屬於王源，李氏蓋以王崑繩王令詒爲一人。王源既撰兵志，又撰食貨志矣！是不特擬斷王原撰明史食貨志，與按語（八二頁）之懷疑態度相矛盾，合二人爲一人，其誤尤爲顯然。

修史之五十史臣所授職銜，康熙十八年三月有明旨，已未詞科錄備載而錄均載全文於卷首。授侍讀者爲邵吳遠一人，授侍講者爲湯斌等四人，授編修者爲彭孫遹等十八人，授檢討者爲倪燦等二十七人。李氏殆未見此旨，乃「依清史列傳及各狀傳碑志附入所授職銜」，（頁三八），得侍講三人，漏吳元龍，編修十五人，漏周慶曾，錢金甫，曹禾，檢討二十三人，漏周清原，曹宜溥，黎騫，龍燮；列曹禾於祭酒，周清原於侍郎，皆非入史館時之官；其餘周慶曾等六人則不能詳其何官。已未詞科錄李氏或未之見，若鶴徵錄則李氏曾引之矣（頁三二）。何不見此詔？

是文待考殊多，如：汪由敦謂王稿張居正傳據弇州史料，其說信否，兩書俱在，可以覆按，史料中有無張居正傳亦可一檢，乃須待考，（頁五二）。兩說相歧則待考，如萬季野之卒年，（頁四五）。孤說則待考，如李因篤改削明史稿之說（頁一二二）。其考而不得者如黃雲眉氏明史纂修考略引黃黎洲送萬季野北上詩四首，李氏只覓得其三首（頁四七）於南雷詩歷中，覓後一首不得，前三首載南雷詩歷卷二，後一首載南雷詩歷卷四，雖未同卷，實在一書。易考如此，而李氏竟未檢得之！

統觀全書似倉卒成書。而作者之所以勝前人者惟七編，餘則不特不足勝前人，即除黃雨氏已言者此亦多未備。如布衣參史局者，尚有劉獻廷，梅文鼎；任纂修者，五十人外，猶有右庶子盧琦等十六人；分撰史稿可考見其目者尚多；讀者苟取前人之作比勘，即可知之，更無論諸家所未及知，所未及備者矣。

再評模範最新世界年表　禾子

日本三省堂所編纂之模範最新世界年表，本副刊第十一期已載有春晗君評論一文。所舉紀元之錯誤凡一則，即朝鮮李朝世祖以明景泰六年即位，年表誤作七年。唯此外關於國史方面脫誤尚多，且其「嚴重」，皆有過於春晗君所舉者。竊怪此書以大正十年發行，十一年間，增訂改版至五十五次，何以迄未一顧及此，不辭重複，更錄數言；共望此書五十六版能予以更正焉。

一、漢靈帝中平六年四月少帝改元光熹，八月改元昭寧，九月獻帝改元永漢，三年號並脫。

二、獻帝建安二十五年三月改元延康，十月禪位，魏改元黃初，此表脫延康。

三、西曆二五二年，魏嘉平四年，二月，吳改元神鳳，此表脫。

四、五胡諸國年號，此表缺者逾半，如前趙祇著鱗嘉一號，脫元熙永鳳河瑞光興嘉平建元漢昌光初八號，其他國不遑備舉。又西曆三九六年後燕永康元，北魏皇始元，表誤作永康皇初。

五、唐自弘道至開元，中間共有二十六年號，表缺共七。西曆六九〇年缺載初，六九二年缺如意，六九五年缺證聖，六九六年缺萬歲登封，七〇一年缺大足，（以上武后）七一〇年缺唐隆，（溫王重茂時韋后稱制）七一二年缺延和。（睿宗）

六、西曆九二六年，契丹太祖天贊五年，二月，改元天顯，七月，太祖殂，皇后稱制權決軍國事，明年十一月，太宗即位不改元。表誤以天顯爲太宗所建年號，誤以天顯二年爲天顯元年。又九三八年冬改元會同，表誤列在九三七年。天顯共十二年，誤作十年。會同共九年，誤作十年。九四七年春改元大同，共年四月，太宗殂，世宗即位，九月，改元天祿，表脫大同。

七、遼重熙元年在一〇三二年，表誤作一〇三三年，重熙凡二十三年，（共二十四年即清寧元年）表誤作二十二年。

八、一〇七四年爲咸雍十年，表誤作太寧元年。

九、西遼年號及其滅亡之年，錢大昕已有考證，詳見諸史拾遺卷五。此表一仍續通鑑之誤，未能更正。自大石至直魯古，祖孫三代凡五主八十八年，表誤作七十七年。

十、西夏李乾順年號，天儀治平表誤以帝名攙入年號，作乾順天儀治平，一一一五年雍寧，表誤作確寧。人慶元年在一一四四年，表誤作一一四六年。大慶本四年，人慶本五年，誤作大慶六年，人慶三年。

十一、一二一三年，金衛紹王崇慶二年，三月，改元至寧，表脫。其年八月，宣宗即位，九月，改元貞祐，表誤以一二一四年爲貞祐元年，貞祐共四年，誤作三年。

上述皆係紀元之脫漏錯誤，此外所標列帝王之諡號，亦多乖謬不合之處。如西夏末主晛爲兩平王，誤作德王，金主珣有諡法曰宣宗，不應採用未即位前之封號昇王，金主永濟諡曰衛紹王，不應直稱其名。元泰定皇帝無諡法，未即位前封晉王，表誤作晉宗。元末帝號曰順帝，諡曰惠宗，表誤作順宗，一三二八年，泰定帝泰定五年，二月，改元致和，九月，太子阿速吉八改元天順，壬申，文宗改元天曆，表於是年帝號標天順帝，年號標致和天曆，一若天順帝有此二號，亦不合。

又此表多採汪紱之正統論，故於漢不列呂后紀元，於唐不列武后紀元，於三國列蜀年而以魏年入註，於五代抑後梁而逕以天祐接同光，皆屬有乖史實，年表供人檢索，非所以論史事，更不應如是也。

新書介紹

唐五代西北方音

羅常培著　中央研究院歷史語言研究所單刊甲種之十二　民國二十二年出版　定價二元六角

羅常培氏集敦煌所出漢藏對音千字文殘卷，大乘中宗見解殘卷，藏文譯音金剛經殘卷，阿彌陀經殘卷，注音本開蒙要訓及唐蕃會盟碑中漢藏對音六事，參伍考辨，成爲此書。此六種材料，時代有早晚，寫法有異同，拓印迻錄，亦或有模糊疑似，羅君先加以極縝密之辨認，然後排比成一統系；取高本漢所擬切韻音值，加以商兌；最後更錄高氏方音字典所紀現代西北方音六事，以爲印證之資。此在方法上可謂絲毫無遺憾。至其所得結論，如定全濁聲母之送氣，足以解馬高兩氏之糾紛；定入聲韻尾之遞衍，足以通方音分歧之疑滯。其他所下諸義，皆極精諦，無可獻疑。

羅君自序實，此六種材料中，有四種已曾爲東西學者所利用。作者見聞褊狹，僅見勞佛一九一四伯希利一九一五在通報之兩文，及羽田亨一九二三在東洋學報之一文。通報以非自有，已多遺忘；惟羽田之文，則固滅諸付篋，引以爲參考之良資者。自羅君之書出，而羽田之書，乃成廢紙。此正猶前年顧頡剛君關於五德終始之論文，其精博遠勝於狩野直喜之演稿。此國際學術競爭之勝利，亦九一八以後差強人意之事歟。（才）

◇　◇　◇　◇

江蘇藝文志

國學圖書館第六年刊　民國二十二年十二月　南京龍蟠里國學館出版

近年江蘇省纂修通志，全書雖未殺青，而志稿已刊出者，有丹徒柳先生所撰之江蘇社會志，江蘇實院志等。頃又有泰興金鉽（甸丞）先生編定江蘇藝文志，亦刊布于國學圖書館第六年刊中。所載僅至經部詩類止，已佔四百三十餘頁之多，其全稿之繁富可知。通常所見郡縣藝文志，率不詳書之版本，是志則列舉之，並及於各家藏目，頗便檢考，在方志目中又開一例矣。文中做朱氏經義考例，于未見者注曰未詳，審慎自有足多。惟就已刊各目中未詳各書，海內士人仍有收藏者，茲就見聞所及，爲舉數則於下，稍資補苴：

（一）管志道六龍解一卷（見一六〇頁）按是書杭州之江大學鍾鍾山先生藏有抄本，係自盛宣懷家藏本，傳抄者。聞盛家書藏管氏著作十餘種，今未知仍在否。

（二）鄒期楨尚書換一六卷（見三一八頁）是書杭州王季歡先生（名修）藏有萬歷丙辰刊本，係郁泰峰舊物。王先生別有貽莊樓藏本書目八卷，其書現均寄藏於浙江省立圖書館中。

（三）顧起元爾雅堂詩說四卷（見三八八頁）是書王季歡先生藏有舊鈔本，共四冊。

此外，文中尚有可以補正，商榷者：如顧亭林音學五書，山陽張弨所刻爲符山堂本，崑山徐乾學所刻爲冠山堂本。原文謂「冠山堂與符山堂，疑一者或有一誤」，實未然。又志中列顧應祥於蘇省長洲（見一四三頁）按顧氏其父已徙居長興，生平事蹟載于長興縣志，黃梨洲明儒學案亦謂爲長興人。蘇州府志人物藝文，既皆無應祥，則亦毋庸牽合。（夏定棫）

◇　◇　◇　◇

中國哲學小史　馮友蘭著
讀莊子天下篇疏記　錢基博著
宋學　賈豐臻著
王守仁　錢穆著

匯四種書是一年以來商務印書館所印行的關於中國哲學的小冊子。頁數都不甚多，著者都是知名之士。而且又都不甚有時下流行的考證癖。文字流暢乃是公共的優點。其中最顯於初學的爲馮友蘭氏的中國哲學小史。

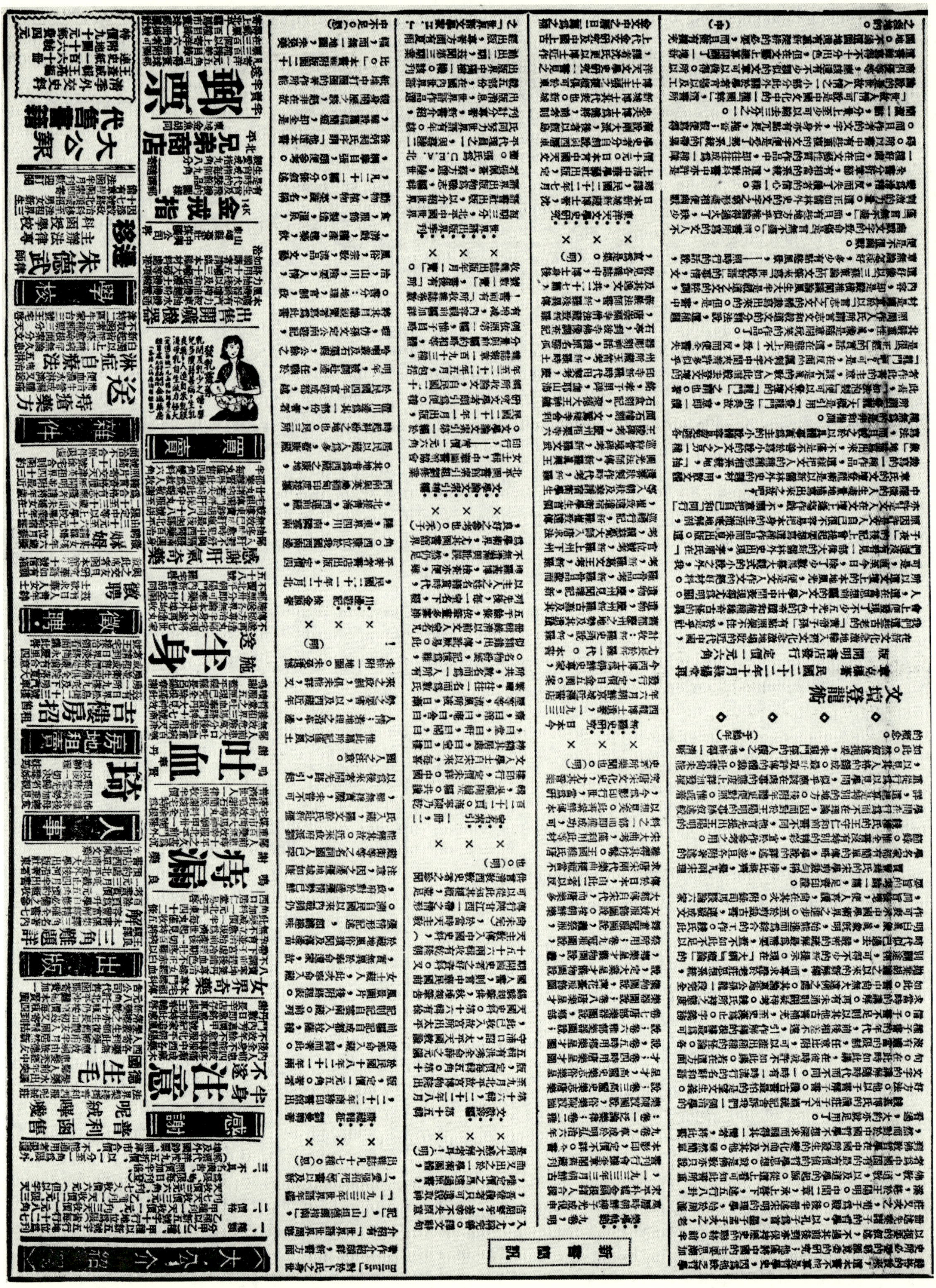

約略的說來，這本書不能算是哲學史，因爲他缺乏哲學史所必要的絲縷委曲的研究；他僅將中國的主要思潮加以提要的敍述，不過其前後到亦保持歷史的聯絡。前半冊述先秦諸子的哲學，以孔子爲首，墨子孟子次之，老莊又次之，荀子爲殿。後半冊述宋明的理學，始於周濂溪，終於王陽明。中間二章，承上啓下，述五行八卦，佛教，道教，以及道學的起源。從這上看可知此書所重者爲中國固有的最有價值的哲學思想。就是佛教亦只說到佛教哲學在中國所發生的變化而不及其他。雖然簡單，然而對於中國哲學不想深求而願得其一體者，將此書看過，大約亦就足用了。

錢賓四氏的讀莊子天下篇疏記告訴我們一個治學的好方法。他以子書解子書。讀古書最怕的是望文生義。文字的講解隨時代而不同。一時有一時流行的名辭和語句。在此時如此講，在彼時就許不如此講。若在這方面沒有適當的限制，任意比附，可以產出種種的怪論。各種子書的年代，前後相差不遠，引作解釋的根據最爲可信。子書不足則以其他古書佛先，至史漢爲止。字義務求當時的講解。再有未通則闕疑待考。錢氏所持之態度如此。書中尚無大違例之處。其論惠施公孫龍一段完全拋棄胡適之以來的新解釋，而專求證於老莊思想系統，別關途徑，可得不少的新提示。現在「大綱」「概論」的時代似已過去，嚴密的疏解最爲需要，並不如此不足以明白眞像，眞象既明，始能進而爲綜合的工作。錢氏此作可表示中國學術界之進步。至於剪裁古書，連綴成文，簡旨條暢，使人喜讀，尙在其次。附錄司馬談論六家要旨的考論一篇，足資印證。

賈豐臻氏的宋學剪裁勻稱，排比整齊，舉凡兩宋理學名家都有簡單的傳略，學說的詳述，並且各附著述的節錄。惟全書沒有特別的精彩，宜於作參考之用。

錢穆氏的王守仁和前書不同，他首先提出王陽明的學問在行爲而不在理論，因而對於王陽明的事跡敍述較詳，這種算是特別的地方。後附年譜更便對照。惟此書重從行爲以見學問，似乎應該在處事的態度上詳細發揮，以見其人格的鑄成。最好取許傳的體裁。此書尙未能如此。然敍述提要，未窺門徑的人讀之，準能得一清晰的概念。（于鶴年）

◇　◇　◇　◇

文壇登龍術

章克標著　民國二十二年十月綠楊堂再版　開明書店發行　定價一元六角

在新文化急激地輸入舊文化急激地崩敗的近代中國，我們這些古老的「黃帝子孫」有點照架不住，於是乎社會上便發現了不少五光十色的奇蹟和種種稀奇古怪的異人，這在舊思想新思想的文人學士中間表現得尤爲明顯。所以這文壇上的本地風光，便是文人作文的絕好材料。可是，直至今日，除了少數黑幕大觀式的小說之外，我們還沒有看見一部偉大的新儒林外史出現，茅盾氏在「子夜」的後記上曾提起要想寫這種作品而未見出版。這原因許是文人自己很不容易把本身的生活澈底地解剖，亦許是文人在文壇上逢場作戲，不願意把自己和「同行」中隱微的人生赤裸地描寫出來之故吧？

章氏的文壇登龍術是以新儒林外史的題材，用散文體裁寫的一種作品，這樣把文人的種種形相系統地，「抽象」地描寫出來，不僅是不曾於寫小說的文人之另一種寫法，而且較之於以具體事實爲主的小說體容易免避各種無謂的是非和糾潤。

所謂「登龍」大概是引用「登龍門」的典故，意即一讀此書，「如法泡製」便可以登文壇的「龍門」之謂也。著者作此書的主意，該不是眞的教人如此這般去登文壇的「龍門」吧？可是，在反面的諷刺文字中間夾着許多似乎是很「正經」的實話，這在態度上不一致，反而使全書失其嚴重性，眞像是隨意開玩笑的作品了。

照周作人氏所謂言志文和載道文的分類法說，這種題材是適宜於以「言志」之文的體裁寫出來的。但是，書中內容，卻是縱橫推闡議論風生大半是載道之文的腔調，這好像以「三綠堂論」的文筆來寫「世說新語」的事情，文章無論怎樣好，多少有點煞風景，——照時行的話說，便是不很幽默。

幽默文字的致命傷是「言無不盡」。這書所寫的文人不僅「言無不盡」，而且有些地方似乎推論得過火了，缺少刺激的力量。這正如儒林外史的文字之窮形盡相使幽默變爲滑稽，反而失了讀者的信心一樣。

全書分析章節，有相當的系統，這在教科書中亦許是一種好處，但在文藝性質的作品中，卻往往成爲一種障碍。所以書中有些重複的文字便是受了那「系統」的帶累。而且作者的文字，本身亦有點冗長，拖沓；假使寫得簡潔一點，分量上至少可以輸去三分之一。

「世故人情」可說是中國文化中的一顆「國粹」，這書所論說的是世故人情之一小部分此外關於學者官場以及工商僧侶等等，應該還有不少類似的文章可以做得。所以這書雖寫得不十分出色，但在文藝上總算開闢了一塊新園地。不過這園地還有重新深耕的必要，而且儘有擴充之餘地的。（中）

新書簡訊

樂學軌範　九卷，明萬曆時朝鮮柳子光成俔申宋平朴權金福根諸人合撰，一九三三年三月朝鮮古書刊行會據奎章閣舊藏刊本影印，定價不詳。今書九卷，草成於明弘治六年：卷一泛論樂律；卷二雅樂陳設圖說，俗樂陳設圖說；卷三高麗史樂志唐樂呈才，高麗史樂志俗樂呈才；卷四時用唐樂呈才圖說，卷五時用鄉樂呈才圖說；卷六雅部樂器圖說；卷七唐部樂器圖說，鄉部樂器圖說；卷八唐樂呈才儀物圖說，齊花臺服飾圖說，定大樂呈才儀物圖說，鄉樂呈才儀物圖說，雅祭所用；卷九冠服圖說，舞童冠服圖說，雅祭服，女妓服飾圖說。按朝鮮樂大都傳自宋代，而唐樂多傳於日本，由此二者以反求唐宋兩代樂曲梗概當不難得其彷彿。王國維氏唐宋大曲考，僅利用此等材料之一部而即獲成功，可以想見矣。此書業經傳本，今爲影印行世，當爲研究唐宋文化史，尤其音樂史者所樂聞也。（明）

× × ×

新羅史研究　日本今西龍博士遺著，一九三三年六月朝鮮京城近澤書店發行，定價日金五圓。案今西博士爲朝鮮史專家，尤長於新羅一代。本書計收：新羅史通說，新羅舊都慶州之地勢及其遺蹟遺物，慶州新羅古墓及其遺物，慶州見聞雜記，新羅骨品考，新羅骨品聖而考，新羅葛文王考，新羅官位號考，新羅上州下州考，慈覺大師入唐求法巡禮行記，新羅崔致遠傳，崔致遠遣宿衛學生首領等入朝狀及奏請宿衛學生還蕃狀製作時代考，新羅圓光法師傳，新羅眞興王巡狩管境碑考，新羅文武王陵碑考，慶州栢栗寺六面石幢刻，文殊梭寺舍利石盒刻記，聖德大王神鐘銘，孝子里碑，伽耶山海印寺新羅時代田契考，慶州所藏玉笛考，新羅時土器彫刻神話，鐵原名勝孤石亭，到彼寺佛像調查記，唐崇福寺僧法藏致新羅義湘法師書，新羅殊異傳及其逸文，共二十七篇，散見各雜誌中，博士身後，哀爲是集。（明）

× × ×

東洋天文學史研究　日本新城新藏博士著，沈璿譯，民國二十二年七月上海中華學藝社出版，定價十元。日本實中國天文學史者分自創說與西曆東漸說兩大派，後者以飯島忠夫博士爲健將，前者則新城博士其代表也。新城博士主張之梗概俱可於東洋天文學史研究一書見之，譯者沈氏更以博士近作上代金文研究及中國上古金文中之曆日二篇爲之補入，尤稱完善。譯文雖句信屈聱牙，差幸不失原意，吾儕讀者只可遺貌取神，唯定價之昂遠過原書，而又出之於一學術團體，是所大惑不解者耳！（明）

× × ×

文獻叢編　第十五輯第十六輯，二十二年八月至九月北平故宮博物院出版，定價每輯五角。第十五輯有洪秀全命辭之元綸守浦口詔，太平天國教論，此已收入故宮所出太平天國史料。第十六輯有徐錫麟親筆供，秋瑾親筆告國人書，則爲中華民國前期開國史者之好資料。又十五十六兩輯收有乾隆朝天主教傳入中國史料，（尚未完），於當時天主教傳行陝甘江西一帶之情形可以從此知其梗概，並足供實清教西教史者之珍聞也。（明）

× × ×

室名索引　一冊，二百二十二頁。海寧陳乃乾輯，吳縣陶[illegible]編。共讀樓印行，定價未詳。中國文人學士自宋以來，每喜榜稱其居處，曰堂，曰樓，曰室，曰軒，曰閣，曰齋，曰館，曰庵，曰舍，曰屋等等，流風所被，日漸繁衍，往往一名而爲數氏所共，數名而爲一人所有。名物紛繁，記憶爲難，似類錯出，傳訛數易。此冊網羅清以前文人室名凡五千餘條，依筆畫多寡排列先後，每一室名下，綴以主人之姓名籍貫時代，俾羅甚博，檢查亦便，雖不無遺漏與訛誤，然仍足爲學術界，尤其圖書館界，良好之參考也。（禾子）

× × ×

文學論文索引續編　北平圖書館索引組劉修業女士輯，中華圖書館協會印行，——實價一元六角。文學論文索引第一編於民國二十一年一月出版，研究文學者頗引爲便。續編所收論文，自民國二十年至二十二年五月，包括雜誌報章一百九十三種，分量與前編約略相等，體例依照第一編，惟子目略有增減，內容視前編加詳，書前有「所收雜誌卷數號數一覽」，書後有「所收雜誌出版年月一覽」。

× × ×

世界語出版界季刊　每期三分，北平中國世界語書社出版，以介紹世界語界出版物爲職志，編輯者張佩蒼，蔡方選，陸世寄。張氏爲 U.E.A. 北平代理員之一，與蔡陸二氏同努力世界語有年。該刊計分專著，新書介紹，出版消息，世界語作品選載五部份，在國內世界語出版界中獨樹一幟。該刊前出二期，茲聞第三期業經出版，專著方面有夏雨之「世界語文學家H. J. Bultuls」對於卜氏之身世著作介紹頗詳，新書方面介紹有「世界語世界周遊記」，「山垣蓬爾指南」，「一九三三年世界語年鑑」，「愛强招死」等書以及新出雜誌凡十七種。（思）

× × ×

康藏軺征　劉曼卿著，二十二年商務印書館出版，定價一元五角。著者於民國十八年二十一年兩度奉命入藏，歸而著此。前編記自成都入拉薩，續記則記自雲南入藏。前列風景圖片，後附路程表。女士藏人，此次奉命入藏，實無異於奉命還家，故於藏地風俗瑣聞及漢邊苗疆情形記述，頗饒趣味。溯自民國以來內戰頻仍，政府對於邊疆情勢已鮮注意，因之邊疆地域如康藏衛等等之名詞國人已罕能解其故。近來政府派劉氏入藏，羅文幹氏赴新疆，雖無裨實際，未嘗不可以爲後來者開先路，引起國人之注意。惟此篇所記僅及風土人情；若地理之沿革，邊勢之要害，以及西藏近年來之政制，俱未能詳，又未能附一地圖。未免遺憾！（明）

× × ×

川邊遊記　徐金源著，民國二十一年十二月北平著者書店出版，定價四角。西康位於我國西南邊陲，東界四川，南鄰雲南，北接青海，西連前藏，西南與英屬緬甸印度接壤。其地昔爲西藏之康地，居民以藏人爲多，番康藏時起糾紛之地也。民三所置川邊爲其一部份，著者於民國四年宦遊成都，越明年，被調赴邊，任職於哈喇叢及石渠縣，公餘之暇，仿孫文定公南遊記，將其目擊親歷者爲此書。書分：地理，官制，政治，山川，險要，人情，風俗，宗教，流品，文藝，游戲，礦產，鹽藥，飲食，服飾，製造，溫泉，動物，植物，菜蔬，名稱，凡二十一類。分條敍述，綱舉目張，頗便參考。徐炳昶氏序謂「他這本書雖說篇幅簡短，卻全是親身閱歷之談，絕非在故紙堆中打圈圈的著作所能比。」本書雖附版圖二十幅，而無一地圖，未免美中不足。（思）

圖書副刊

BOOKMAN

第十七期

一　本刊登載關於中外圖書之介紹批評以及學術界消息爲公開性質歡迎投稿
二　刊登本刊之文略致薄酬
三　投稿通訊可寄「北平文津街國立北平圖書館內圖書副刊編輯收」

一個對比

藏雲

我嘗說，譯書勝於著書，著書又不如作一篇短小精悍的論文。十九世紀以來，由「札記」一類的文字而變爲「論文」，到現在那體裁愈演進，組織愈謹嚴，愈深刻。著書難免雜湊，論文便不必雜湊，不當雜湊了。一個求知慾極熾而又極沉潛的人，無論學自然科學或文化學科，我想大概不願耗費他的時間去寫一部至少一二十萬字的著作（把他一點一滴得來的結果整理而成一部著作的，當然例外）。他的意志也許像動植物學者只想到崇山峻嶺中去採求稀罕的標本，或像探險者只想到渺無人跡的處所去發現新地。他僅須較短的時間隨時將他研究的結果點點滴滴的報告出來。學術的新領地的開拓，是要有這些前驅者才能擴大的。總之，在學術的陣地上論文是最前鋒的，一種或一國的學術的進步，單看那論文的內容所達到的深淺，便可知道。

我國學術文字最初具有論文形式的，似以光緒三十一年（一九〇五）創刊的國粹學報中所載爲最早，如今二十九年了。據北平圖書館編「國學論文索引」（十八年初版）及「續編」（二十年初版）所收雜誌共二百三十六種，其中雖有出了幾期便停刊的，也有非全屬國學的，但「索引」所收已成厚厚的兩冊，爲數也就不少了。

近來我們又得東京大塚史學會編的「東洋史論文要目」（一九三二年）一冊，這書所收雜誌共八十種，其中也有非純屬「支那學」研究的，而刊物的壽命卻多很長，不很我們的這麼容易夭折。

最近燕大引得編纂處亦出有「東方學論文篇目」（二十二年），所收日本期刊共三十八種，篇目的總量較「東洋史論文要目」爲少。

西文方面除去年金陵大學中國文化研究所出貝德士的「西文東方學報論文舉要」外，我們還不曾見到國外出版的。貝氏之書極不完備，這裏只得暫置不談。

從以上三種中日文論文索引的書中，我們仔細檢閱兩國學術界對於中國學術研究的成績，不禁使我們發生一個嚴重的感想。

我們檢閱「東洋史論文要目」時，祇覺得各種分類篇目的標題所顯示的內容，似乎蘊藏着一種蓬勃的生氣，這生氣如大批墾拓者在荒山曠野中各人持着工具埋頭向四面拓殖，終於在那個廣大的區域中無處不有他們經營的痕跡，從縱的時間說，由遠古而至清末，從橫的空間說，由都市而及於四裔，徹頭徹尾地表現着整個中國文化演變的史迹。讀者原恕我的狂妄，我不能不說中國的文化好像竟給他們發揚光大了。

我們回頭再檢閱「國學論文索引」中各類篇目的標題所給與我們的暗示，不免深切地感到一種沉悶的氛圍。我不知這與現實的政治經濟社會是否有密切的關聯，但我確知這些著者中有不少盡力擺脫現實的種種困難而個人沉潛着努力的。他們個人的努力我相信並不下於日本人或西洋人，然而我們整個學術界努力的總和，與他人比較，便差遠了。

關於中西交通史的部分，因爲語言工具不足，我們自知不如他人之精細，猶可推諉；然而，何以在自己能力所應及的範圍中，我們亦自甘落後呢？姑舉一二爲例，中古史與近古史上唐宋兩代當占中心的位置，而我們想要參考一些關於這兩代的社會經濟的論文，在「國學論文索引」中遍查經濟學社會學二項，竟尋不到一篇這樣的題目，而在「東洋史論文要目」中的「經濟」「社會」二項，竟可得三十餘篇之多。這樣兩個重要的時期，這麼大好的園地，我們都沒有人在那裏面耕種，還得依靠外人。又如在「論文索引」的考古學一項中，我們想要知道一些近年考古學上的新發見，或考古學與歷史互相提携印證的趨向，然而，我們所見到的單就金石文字說，不是「跋」，便是什麼「釋」，還都在清代學者的方法中徘徊，閉着眼在書齋裏咬文嚼字，似乎考古學與文字學才有關係，而與歷史是沒有關係的。其他如陶器，紋樣等的比較考古學的論文更絕無僅有。總之，在「國學論文索引」中的每種科目之下，不能顯示一個系統的知識和進向，統合每種曾經努力的科目以觀中國文化史，看不出全部文化的連續性。二三十年來在高唱「整理國故」「復興中國文化」的聲浪中，我們的成績如此！無怪乎到現在還找不到一部可用的中國通史，無怪乎夏曾佑先生的中國歷史教科書變成了「大學叢書」啊。一部通史的寫作是要望整個學術界的進步才會成功的，我們不能責望一個通史學者對於上下古今的問題都能一樁樁求得正確的結論，他應該是集各種專門研究的結論而總其成。一部通史假使專以排比史料爲盡其能事，充其量祇可叫做「史料輯覽」罷了。

最奇怪的是國粹學報中國學報幾種雜誌的文章，如今大多仍能巍然保持着它的價值。這話並不是說那些文章的本身無足取，也不是說我國學術界幾十年來全無一種比較進步的學問；我們總覺得整個學術的內容，步調太不整齊，缺少連鎖性，很難尋出一貫的文化線索來。試看，各種論文中新舊方法與觀點的不同，顯出絕大的矛盾。矛盾固然是不可免的，但我們總想求得一個矛盾的統一。在一門學問或一個問題中祇見零篇斷目如三五小星在夜天閃爍而已。我們學術界人才的分配太畸形了。

這種情形，原因自然很複雜，也許有人說這不過是時間問題，但我以爲這中間有些顯而易見的爲阻滯中國學術進步的最大障礙在那裏作祟，我願趁此機會在這兒略略爲之表白一番。

我國人向來有多言好辯的根性，這流毒學術界也難免，明明有許多當做的事，自己不肯做，別人做了，不管如何便輕易給他一個是非。我們細看，在字裏行間除了顯己之能，絕不願揚人之善，只一種枯冷的感情彌漫紙上，這是學問上客觀的感情麼，斷然不是的。反過來說，有人開始做了一件事，大家也就跟着做，到最後都成了北平的「樂家老舖」「王麻子」，我的才對，你的不對，似乎天下之大，只此才是一條求生的去路。近人考證先秦諸子尤其是墨子，在「論文索引」中占最多的題目，可以爲例。而十年來戲曲小說的研究所表現的縱橫捭闔的氣象，尤令人有觀止之嘆。他如新發見的材料，有些人儘可包而不辦，甚至寧願獻給外國人研究，本國人連看看也不能。這些事情，裏面自然藏着許多「世故」，我們那能測其高深，然而，在中國却非如此不足以成其「權威」。中國的到底是中國的，中國的學術界和中國的政治社會不會是兩樣的。在這個社會中絕尋不到甚麼熱情，甚麼友愛，甚麼互助，這個社會中祗有自私，自利，陰謀，嫉妬，仇視，人與人間一切好好惡惡，恩怨分明，都是以個人的利害爲依歸。

他國學術界的實際情形，未必就怎樣合於我們的理想，然而，我們試留心看他們所表現於文字間的那種和愛，虛心與互助的精神，亦是以知人家何以能那樣生氣勃勃之故了。後學對於前輩之敬重知恩，與前輩對於後學之提携接引，在私的感情中有着公的意義。珍貴材料的收集，便是個人辛勤從他國得來的，如果自己忙不了，便早讓與相當的人才研究發表。私家的收藏，或公開展覽或

跋今本紅樓夢第一回

素癡

紅樓夢的考據雖然還沒有做到像沙士比亞的考據一樣透澈，但對於這部書的板本和作者已幾乎沒有我們說新鮮話的餘地，除了發現埋藏的文籍之意外的發現。但我覺得很奇怪的，這部書的今本開卷就有一個並不尋常的疑難，却始終沒有人指出，並且尋求滿意的解答。我相信這個疑難，任何細心的讀者都會在隱約中感覺到，不過沒有很問下去罷了。

今本紅樓夢以「此開卷第一回也」起，很佳的一段說明這書是一部化裝的自敘傳，並爲這書作一些道德的辯辯。第二段卻突兀地問：「看官，你道此書從何而來？」以下便引入女媧補天的故事。假如今本的第一段是原書的正文，則這裏從文章技術上看來，實有兩等的大缺憾。就文意論，這裏明白地自相矛盾；而且將下文所講的幻象，爲全書骨幹的，首先一拳打碎。小說固然是扯謊，但也要扯得像樣，使讀者忘其爲謊。如今在扯謊之前[illegible]

自然，我們若認定這裏表現作者技術的劣拙，便什麼問題都沒有了。但這種劣拙和全書實不相稱。曹雪芹決不是會錯誤了作文的初步技術的人。而且我們若將這一段刪去，全書不獨金甌無缺，而且適成其天衣無縫。

那麼，我們索性假設這一段是後人增添的吧？但是，第一，這假設沒有本子的證據，現存最古的本子是有這一段的，非有更強的理由不宜輕改之。第二，這一段不獨文體上和原書不差，而且意旨也和我們從別方面可以考見的本書的性質相適合；很不像是後人假作的。

於是我們感覺左右爲難。我對這難題的解答如下：曹雪芹的原本是帶着評語的，這些評語也許就出作者手筆而託於他人；也許一部分是作者所爲，一部分是其相知友朋所爲；也許完全是其相知的友朋所爲。上說的一段就是這些評語的總序或首節，原與正文分開，或用小字，或低一格，或以空白與正文相隔別，（因爲這一段太長，不能寫在書眉），而傳鈔者誤以與正文相混，相沿至今。

我之作上面的假設，有三層根據。第一，在作品上添上自訂的評語，原是中國舊日稗傳家的慣例，其前如[illegible]

和今本紅樓夢的開端

作者自云，經過一番幻夢之後，故將真事隱去而借通靈說此石頭記一書也。

比較，竟酷相肖似。如書中所表現，曹雪芹雅愛曲文，桃花扇宜所熟習；而做效之，亦是可能的事。第二，本段中「通靈」二字，讀者若未閱下文，直無從索解；如本段爲原書正文，此二字在這裏出現，殊嫌唐突。文章固有時宜預佈疑陣而此處非其倫也。如本段爲批註則讀者閱正文後方閱之。其中通靈二字自不嫌唐突矣。第三，照中國舊日的文例，非當借他人口吻來敘述自己時，或先標本人名號作正式的，側重的肯定時，或敘他人事後綴上評語時，（如「君子曰」，「太史公曰」）似乎沒有用客觀的地位來稱說自己的。於一文或一書的開始，稱及自身時，通用「作者」來替代「予」「愚」「蒙」「我」等，這原是現今歐化的文例，舊日所無的。我們習見了這種文例，故此看今本紅夢樓的第一段不覺得奇怪。實則這一段若是正文，則作者在這裏並非從他人口中稱說自己，照例應說「此開卷第一回也。予（或其他相類之第一人稱）曾歷一番幻夢之後……」而不應如今[illegible]

影印行世，或借與研究，無不互相通融方便，不勝例舉。朋友間死後生前，往往有延陵季子之風，有時真令人撫卷悠然遐思！學術的權威，在於個人精深的修養與勤苦的操勞，不是一己把持包辦，便可強人公認的；能在習見的材料中見仁見智，才覺更爲難能可貴。

因讀中日兩種論文索引，不覺聯想到我國學術界的情形，因果之間似有其必然性在，一個文化的崩潰是整個的，不能希望那一部分有例外，然而，我們如果對於這個總崩潰有當擔其責任的話，應該如何勉勵，首先矯正這種虛僞的風氣呢？

芸盦群書題記　趙萬里

孟東野詩集十卷　抄本

黃丕烈手跋

余藏孟東野集二部，其一小板，係全部而有修板，其一大板，係半部而字體殊古拙，相傳爲蜀本，唐人集曾藏二劉殘帙，板刻適同，取校劉集他刻，多有誤字，孟集余未之校。茲見香嚴周丈手校蜀本，注明元藏本者是也。此本止有五卷，所校纔此，其中誤字，亦多校出，是古人死校之法，妄人見之，詭爲異事，徒者宜留而誤者宜去，何若纖悉若此。殊不知日思誤書，正是一適，而誤之所由來，或字形相近，或字義兩通，幾有一作某云云，不則古人撰述斷無有依違兩可者。自有兩本出而始有一作某云云矣。因校此復姑記其校書大段如此，癸未仲冬，蕘夫，周校標明元藏本及有圖記出者，確可信爲蜀本矣。有墨筆校于旁行者，却無標明。茲余臨校，題曰元藏本，恐當日不如是，故加校于別之，此書予於香嚴後人借歸，命三孫美鏐傳錄。香嚴手校本宋本有二刻，香嚴已詳言之，今宋刻盡去，惟舊鈔存，故復借校宋本傳錄，閱一寒暑而竣事。予復勘亦復兩珠，上下冊未必一轍也。道光四年甲申五月十有九日燒燭跋，老蕘。

此黃復翁三孫美鏐手寫本，半葉十一行，行十六字。從周香嚴藏本出。復翁復迻錄香嚴校語於其上，並香嚴跋語亦臨焉。

黃復翁於乾隆五十九年甲寅秋，得小字宋刊孟東野集十卷於蔣賓嵎處，謂宋時已經修版，然在諸刻中爲最善，細校一過，又有舊鈔黑格棉紙首題孟東野詩集，結銜題山南西道節度參謀試大理評事平昌孟郊，亦十卷無總目，末題臨安府棚北睦親坊南陳宅經籍鋪印，又復翁於嘉慶庚午購得殘宋蜀孟東野文集十卷本，目錄尚全，後五卷缺，出梁溪故家，卷中有翰林國史院官書朱記，亦俱參校，終不如小字本之最精暢也，嘉慶壬申三月三日香嚴居士周錫瓚記，

香嚴之校此書也，所據本凡三，一北宋季年江右刻本，每葉二十二行，行十六字；二舊抄本，從陳解元書棚本出，每葉二十行，行十九字；三北宋蜀山刻本，僅存前五卷，每葉二十四行，行二十一字，有元翰林國史院印記，復翁所謂元藏本是也。此三本者，皆復翁藏書。香嚴皆假歸校於白綿紙本上，時嘉慶壬申，復翁年正五十也。不數載，香嚴化去。（香嚴卒於嘉慶庚辰）而復翁所藏孟集二宋本，亦俱歸他姓；（疑入藝芸精舍）所存者，僅一舊抄陳解元書棚本，殊有人琴俱亡之痛。因轉從香嚴後人許，假來當時校本手臨一過，聊自慰藉，不愧自號書魔矣。今宋刻二十二行本，自海源閣流歸德化李氏，尚完好如新。蜀本亡失太半，僅存一二兩卷於江安傅氏許。其他舊抄十行本及香嚴校本均佚，僅有此本聊存蜀杭二本異字於一線，不可謂非厚幸矣。有以增之印，紹和筠岩，楊紹和讀過，瀛海僊班，嘉田內舍炳燭讀書，東郡楊紹和彥和珍藏，宋存書室，東郡楊氏鑑藏金石書畫印，楊氏伯子，保彝私印，諸印。

新書介紹

長安史蹟之研究

足立喜六撰　東洋文庫論叢第二十
一九三三年（昭和八年）十二月出版
本文圖版各一冊定價日金十二圓

撰者足立喜六氏嘗任陝西高等學堂，講授餘暇，憑弔周秦漢唐遺蹟。以其在職三年中歷遊所得，歸國後加以考証，復經故博士桑原隲藏氏及其高足那波利貞氏商榷參訂，今始刊行。本書行文雅潔：無煩瑣藻飾之弊，而不失於枯燥。首篇序說其入函谷以達古都之程，情景並極親切。時則隴海輪軌未通，行人遇不似今日之行急促倏忽；華陰渭南一路豐沃，歸馬放牛，景象熙熙，以視近歲災餘現狀，展讀能無感慨！第一章言關中形勢，並敍述帝都長安之沿革，語簡而條理秩如，不必旁行斜上，便可瞭然心目。第二章詳考漢唐尺度與里程，最是全書精華。夫考古尺，或由傳存舊度，而以比算，或由器物衣服之制之傳於典籍者從而推量，而以精測泉幣爲最饒興趣。大抵周秦漢莽，無甚大差，短於唐者三之一。唐有大尺小尺，大尺與日本所謂曲尺等，唐之遺制；小尺六以比五。里程亦有大小：大程三百六十步，小程三百步。徵諸記載，大尺小程爲多。更就距離之記錄以較量於近時所實測，則清尺又微長於唐而猶近。末取漢唐清三代尺度與日本曲尺及米達公尺爲精審之比較，足資參考。第三章記先秦遺蹟，旁及石鼓。第四章考漢都城制，加以實測，爲遺趾圖。第五章記漢代陵墓，審形制於實地。謂去病墓前石人馬，意唐宋乃盛行之習，西漢所不見也。第六章弔逍遙園，則據書宗密碑推斷於草堂寺後，羅什舍利塔已空。第七章附唐之長安城，尤詳於宮殿坊巷兩市。宮殿坊市之歷史，以宋敏求李好文徐松諸人書爲準，而以嘉慶咸寧縣志長安縣志及光緒十九年陝西輿圖館實測圖作參證，益以實測遺跡，參伍比較，而成是章，殺多可據。唯中及巡警之制跡，跡近贅瘤，述之又太簡陋，是爲憾耳。第八章記唐代名蹟，第九章記著名道觀，第十章記唐代佛寺之存於今者，第十一章記佛家以外諸教寺院。於景教流行中國碑之出土，採取崇聖寺說。按今崇聖寺出西關可五六里，以當唐代之大秦寺，是否太遠，尚待重考。又近佐伯好郎氏俱爲出於樓觀左近大秦寺之說，亦有人躬往樓觀而得聞大秦寺之傳稱，則撰人所未加討論也。第十二章記唐代陵墓，第十三章記長安古碑。書中唯古碑一章最簡略，遠不如關野貞氏所記。綜其所論範圍甚廣，不限於長安一隅，幾於唐代關中道之重要史蹟，本書胥爲收入。本文隨處插圖，多由撰人手測；別附地圖二紙：一附近古蹟，二近郊地形。圖版一帙，凡一百七十幅，皆出撰人手撮，中有今日不可復見者。如驪山華清池，今日俗化殆盡，昭陵六駿，今餘其四，此書俱存，是其一例。攝影，皆甚精美，益之以大塚巧藝社之精版精印，尤與本文相稱。又附目錄解說一冊，析開亦不失爲一獨立之帙。唯本篇所重在於史蹟 (historical monuments)，於唐代長安之生活，文化方面之面影，以及文獻上之考證，多存而不論。倘其各方面之長安考，尚有待於吾人之努力！願自所謂開發西北之聲高唱入雲，未聞國人有潛心爲此類撰述者；而各校修學旅行之往西安者，亦苦無簡明周詳，有學術價值之嚮導書，則此書固不失爲一良好可靠之參考資料也。（泉）

× × × ×

新專制政治

The New Despotism

by Lord Hewart of Bury

（一九二九年倫敦 Earnest Benn Limited 印行，三〇五頁。）

近數十年來，世界各國的政治制度，大都有專權獨裁的傾向。俄之共產黨獨裁，意之法西斯蒂專政，莫不把民主制度棄若敝屣，視爲不適於二十世紀之潮流。其他國家，如西班牙，希臘，保加利亞，波蘭，立陶宛，或則永遠取消議會，或則暫時採取獨裁，眞使民主政治有日暮途窮之嘆。最近德國國社黨復呼而起，獨裁之氣焰更張，而以民治均權制著稱之美國，也不免有工業復興案之通過，予總統在該方面單獨處置之權。於是民主制度之崩潰問題，遂成爲時人討論政治之興味中心矣。

即以代議政治發源地之英國而論，民主政治亦有動搖之勢。議會權威之淪落，選民對於政治之淡視，遂使內閣政權日益擴充，「官僚」(bureaucracy)之活動日益獨立，二不相乘，乃形成二十世紀之新專制趨勢。尤以行政官僚化爲最危險，因普通人士往往只能注意及於議會及內閣之地位，對於各行政機關之工作，每以例行公事視之，自爲不足輕重，而不知專制之種子即萌芽於此。新專制政治 (The New Despotism) 一書，就是研究英國官僚專制化的一部佳作。

著者惠活爵士 (Lord Hewart) 是英國高級審判庭庭長，此書之作，純以法律家之眼光，解剖行政機關專權之意義。著者首先指出問題之嚴重，使吾人認識：英國民治制度，表面上，國會爲一切法律之源，官民均受裁於習慣法，法庭享有獨立之地位，實際上，法律每每授權各行政部長，使其不獨有頒發法令及條例之權，以執行條文空泛之法案，且往往規定遇有爭執糾紛之件，行政部長得按情判處，而其判決案可不再受法庭之審議。甚或規定行政部長得按情形之變動修改法案之條文，其修改案不必經議會之認可，與原法案發生同等效力。從此看來，行政機關之權力，除其所應有之執行權外，更得頒佈法令，修改法案，判決糾紛，科罰定罰，實統有行政，立法，司法三權于一手，較之斯圖亞特朝代之君主，其專制之程度，實不稍弱焉。論者每以歐洲大陸派之行政制度爲辯護，以爲法國等之行政制度，其行政官吏率不受普通法庭之審判，並引大陸國家之「行政法院」爲例，表示行政官吏之特殊位置，以爲行政機關必有相當之獨立與自由決斷之權，始能辦事敏捷，隨機應變，而行政效率始克提高。惠氏在本書第三第二章中，力駁此說，詳述大陸各國之行政法制，有公佈之法律原則，一定之訴訟程序，與英國行政機關之判決，任由行政官吏之片面獨斷，審訊既不公開，程序又無一定，即判決之理由，亦無公佈者，迥不相同。故惠氏目英國行政制度，爲無法無紀，實不太過。最後，著者更提出改革方案，以爲目前最大之危機——即議會每受行政機關之影響而率爾通過法案濫授權限於行政部長者——實由於一般人民之漫不經意，及輿論之緘默所致。故治本之法，首在喚起人民之重視及輿論界有力之批評，務使立法者明瞭事情之嚴重，結果之危險，於通過法案時，知所戒備。更主張上下院各設一特別委員會，專考核法案授權行政部長之性質，稍有超越常情，即予糾正。

統觀全書，著者對於行政權力擴充在法律上之效果，實有警闢精到之見解，且行文精練，引用法律判詞亦甚得體。惟對於行政上之實際運行，在效率及經濟方面之關係，似欠詳細論列，未免憾事。例如行政機關事事須得議會之法律規定而始行，種種計劃須顧慮到法庭之制裁與撤消而始定，其對行政效率上將發生何種影響？此又讀者所不可忽略者也。

全書共分十章，前八章所論大抵如上述，第九章選載法庭判詞原文，第十章選載法案濫授權柄之例，取材均甚精審，堪作研究英國行政學之原料。（譚春霖二十三年二月十八日。）

新書簡訊

唐代的科舉制度　方倫著　民國二十三年六月南京國立中央大學出版組出版，定價大洋六角。全書共分（一）考試的種類科目和方法，（二）任用問題，（三）考績，（四）唐代掌理考試的機關，及（五）批評等五章。其中考試的種類科目和方法一章，又分（甲）考試的種類，（乙）考試的科目，（丙）及第人員，（丁）進士等四節。本書任用問題與考績制度兩章所採之方法，完全爲西洋近代吏治學 (Personnel Administration) 所通行之 Promotion 與 Merito 按方氏計劃甚大，全書完成，約有二百萬餘言，現所完成者，乃大綱之大綱云耳。（本）

圖書副刊

BOOKMAN

第十八期

一　本刊登載關於中外圖書之介紹批評以及學術界消息，為公開性質，歡迎投稿。
二　刊登本刊之文，略致薄酬。
三　投稿通訊可寄「北平文津街國立北平圖書館內圖書副刊編輯收」

書評

唐中期淨土教

塚本善隆著　昭和八年十二月東方文化學院京都研究所報告第四冊

[illegible]蓀

本書乃著者在日本東方文化學院京都研究所研究兩唐淨土教所得結果之一部分，係以法照為中心，叙述唐中期之淨土信仰。全書分為十二章：首章論中國佛教之性質與淨土教，次三章略述代德二宗時佛教之情形及淨土教之發達，次二章法照傳之研究，次為第七章叙法照之著述，第八章關於五會念佛，第九章關於五會法事讚廣略二本所載之讚，第十章述飛錫與少康之念佛教，第十一章批判法照之淨土教，第十二章論其與日本淨土教之關係。書中並有圖版及插圖多幅，都一百三十餘紙。

本書取材甚為豐富，最堪注意者除金石文字外，為敦煌石室遺文，主要材料為法照所撰淨土五會念佛誦經觀行儀中下二卷（缺上卷）。蓋法照著作，向止謂其僅存淨土五會念佛略法事儀讚一卷，至若三卷本之「五會法事儀」在一卷中雖曾提及，但久已亡失。日人矢吹慶輝氏前在倫敦巴黎，廣閱敦煌殘本，發見此書之中下二卷，乃知即係舊所謂之「法事儀」本書。七八九三章多用此等新得之材料。夫敦煌殘卷固取自我國，而日人之東方文化學院，亦曾傾庚款。吾人今讀此書，於中國佛教史黑暗中得光明（本書松本文三郎序中語），雖亦遙致欽佩，但回望神州，當不禁感慨繫之焉。

本書印刷頗精，但亦有誤字。有數處當係手民誤排，但在一五一及一五五，二面引淨土五會念佛誦經觀行儀原文一段，排印句讀錯誤則顯出於著者之誤會，因其稍有關係，故照原書抄列於下：

法照……白佛言……若依行之（指五會念佛）以後。未審，一切衆生，見聞之者。發菩提心。念佛名號。不入深禪定。不疾證菩提，不有大利益不。

著者據此文推論（見一六五面）稱當世禪定流行，世人曾以「念佛名號」與「入深禪定」對立，遂指念誦名號（及論經佛經）為無益之事，法照因之而發「念佛名號」而「不入深禪定」之無有利益。實則法照原文係疑衆生見聞五會念佛法後，能發菩提心念佛名號否，入深禪定否，疾證菩提否，有大利益否，並無唱號不入定則無益之意。且口宣佛號與坐禪之分離對立，起於法照禪師之後。在中唐之世，尚無嘗徒唱彌陀而求往生西方者，如後代俗僧之所信也。

舊稱法照為梁漢沙門，又曰南梁人，著者論之頗詳，而決定其為今四川北方人；但於梁漢一名，則不甚了解，此名蓋首見於[illegible]，指梁州與漢中。據此則法照確為劍北地方齊梁所置之南梁州人也。按法照與其師承遠俱生於蜀，遊於南方，遂在南嶽。而照則謂曾自東吳至廬山，後乃至衡峯師事承遠。此事亦頗有關係。蓋法照之後，廬山蓮社故事乃大傳於世，（與法照同時之飛錫著念佛三昧寶王論始曾及遠公在山立誓事，然所記不涉及蓮社高賢故事。）相傳法照慕遠公遺蹤，乃至匡山。則此故事之流行，即不起於法照，然要必與彼之巡禮有關。又唐代關於遠公神話甚多，但可分二類：一為遠公上生兜率（見禪月大師詩），一為立社期生淨土。中唐以前，彌勒似猶見奉行，故彌陀派著論常闢之。但法照之後兜率往生之思想已漸斷滅，故匡山結社共生西方各種傳說，乃獨見知於後世。著者似猶信白蓮社之神話，故余推論及之。

著者於敘述法照時代背景，詳陳當世帝王士大夫奉佛之奢侈，然忽略上流階級與淨土教發達之關係。溯自兩晉佛教隆盛以後，士大夫與佛法之關係，約有三事：一為玄理之契合，一為文字因緣，一為死生之恐懼。即如慧遠與劉遺民等書，一則曰「沈冥之趣以佛理為先」，此指道俗同賞之玄致也。再則稱「悕津寄之情，作來生之計」，此遠公與劉等之所以共立誓期生淨土也。末則曰「染翰綴文可以託興」，此亦許文字上之唱酬也。及至唐時帝王公卿以及士人，雖與釋子文字之因緣猶盛，（如韓文公亦作送浮屠序），而玄之風尚早已衰滅，（唐朝上流奉佛者自唐臨至白香山，幾專實為報淨土，求其如姚興蕭衍謝靈運沈約等之能談玄理，已不可見）。士大夫根本之所以信佛，即在作來生之計；淨土之發達以至於獨佔中華之釋氏信仰者，蓋在於此。不然者，姚興叔姪蕭衍父子奉佛之奢侈，恐不下於唐之代德二宗，而淨土信仰之發達不在南北朝而在唐代，此其中必有甚微妙之關係也。塚本君之著叙述詳瞻而少能在大處綜論，後之學者如能補塚本君之疏略，而特察世運推移之因果，則幸甚矣。

唐代長安與西域文明

賀昌羣

向達著　燕京學報專號之二　民國二十二年十月出版　定價二元

往歲在平，與覺明君卜居於檜林槐蔭之境，而業則行役津門，風塵馳逐，術學商量，新知邃密，多未遑也。是編初稿方成，僅拜讀其半，而覺明適有長安之行，爾後幾遭亡國破家之痛，流亡相續，此書亦輾轉經年，始獲出版，近乃得展誦全篇之快。

東西文化交通之研究，為十九世紀以來新興之學問，使博識時之士，咸知所以致力；而其所以致力之途，則又可分南海與西域。南海者大抵屬於近古之事，而西域之交通則屬上古與中古。上古自新石器時代迄於先秦，中古則漢唐之屬也。上古之研究啓端最早，其初為種族及文化起源之問題，自 de Guigne, Lacouperie 以至 H. Maspero，皆曾致力於此，然而，至今無一定說。最近十年間，學者已多棄置懸測揣摩如 Lacouperie 一流之說，而注重於考古學之發現矣。考古學之發現，一為遼寧，河南，甘肅一帶出土之陶器，一為西伯利亞，內蒙古，綏遠，甘肅一帶出土之銅器。論者以為陶器可以溝通史前與半史時代東西文化之交通，而銅器則可溝通春秋與戰國之時代。然二者年代之估定，則仍為絕大之問題，至今無法解決。觀其論證，與 Lacouperie 之流相較，直不過五十步百步間耳。竊思上古東西文化交通之說，由今觀之，殆為問題而不能解決之問題，若必強加論說，其不近於扣盤捫燭者幾希。

實中古東西文化之交通則不然，有官書史籍可以覆按，有考古學上之真確實據可以印證。自夏德 (Hirth) 著 China and Roma Orient (1885) 沙畹釋史記 (1895) 以來，上自西漢時匈奴大月氏媒介之西方器物，下迄清康乾間耶穌會士挾來之所謂「教士文化」，東西交通之研究，如江中後浪催前浪，愈益精密決定，要無惝恍迷離若先秦之全盤不可捉摸者也。

近三十年來，各國探險隊在新疆蒙古各地之考古發掘，與敦煌石室之發現，於是中古東西文化交流之迹，由漢而至宋，益呈偉觀。就中尤以唐代為最複雜而最有趣，蓋漢魏六朝與西北各民族之間，多為武力之接觸，而李唐一代，聲教昌明，故西域文化之流入中土，亦漸由器物用具而及於精神思想矣。

對於此項研究，西方學者固已先我著鞭，而東瀛最能效法西洋者，今且並駕齊驅已。吾國如陳寅恪先生者與有幾？

[illegible]明若此篇，個人多其鉤撥疏通之勤，而惜其少獨發之功，雖然，此豈易言哉！處此慣於批折人才之社會，此豈易言哉！

何以言搜摭疏通之勤？就是篇本論第二至第八以觀，除第六打毬小考外，餘皆他人先我而道之，惟著者更刺取羣文，為之加詳其說。雖所論為長安一隅，其實包括兩京之地。唐代與伊蘭文化之交通，讀者可以窺其概矣。

篇中所增益前人之處頗多，舉其要者，為「流寓長安之西域人」及「西域人華化」二節中，所舉長安洛陽出土之康安米諸姓之墓誌，皆為以前考昭武九姓者所未及知。他如關於長安西市之數條，亦石田幹之助氏所未道也。

篇中「長安打毬小考」一節，搜羅宏富，考證最精，加以著者清新流暢之筆，尤覺生色照人，讀之宛然白頭宮女為吾人談開元天寶遺事，忽忽忘倦。波羅毬之來自土耳其斯坦，洛拿 (Laufer) 在其 Chinese Pottery of Han Dynasty (P. 231) 嘗言之，至今未見其專著發表。翟理斯 (H. Giles) 之 Adversaria Sinica (P. 87—98) 中，亦有一文論此，著者初未之見，然翟氏之作，殊為簡陋，僅能利用圖書集成而已，以較此篇遜色遠矣。

個人譾學寡聞，於唐代史事無所探考，愧未能拾遺補闕。聞著者云尚有數事須加補正，以嚮著者為學之精勤，但願他日更有以示吾人也。

茲就[illegible]見所及，略有數端，敢獻其疑。

篇中「開元前後長安之胡化」論胡帽一節謂：「胡帽，在初唐時長安即有戴之者」（頁四二），並引近來出土唐代陶俑為證。吾人以為唐代兩京之胡風胡化，有多非一朝一夕之故，不過貞觀開元天寶間，天下昇平，朝野好尚，為特盛耳。此所謂胡帽，按本文之意，當指帷帽即胡帽。帷（一作幃）帽之興，有謂創於隋者，如本篇所引事物原始，此外王初桐奩史（卷六十五）引劉子元太子仕議，均作此說；有謂其始於唐者，見張彥遠歷代名畫記（卷二）。據今所知，帷帽原為胡帽之一種，亦不始於初唐，六朝時已見之。

胡帽之先後流行於中國，大抵有二種式樣，其一為斯西亞 (Scythian) 式，其一為波斯或吐火羅式。斯西亞式頂高尖而盧直略如圓錐。（參閱 Herodotus，卷七第六四節）。此種胡帽，漢代陶器及漆畫中多有之，疑即當時之「仄注冠」。漢書五行志（中之下）記，「昭帝時，昌邑王賀遣中大夫之長安，多治仄注冠」。師古云：「仄，古側字也，謂之側注者，言形側立而下注也」。蔡邕云：「高九寸，鐵為卷」。晚近如斯坦因在樓蘭發現之絹幡，其上一騎士所戴之帽即屬此，（見 F. H. Andrews, Ancient Chinese Figured Silks. The Burlington Magazine, July-Sept. 1920.）武梁祠石刻畫像亦有，見 Chavannes, Mission Archéologique, 圖版一六○第四七圖之狩獵騎射者。而朝鮮樂浪發掘之漢王盱墓中一漆盒上繪着尖帽窄衣胡人四，皆作[illegible]騎之狀（原田淑人樂浪圖版三七）。上舉之例，正可與劉言史詩所謂「織成蕃帽虛頂尖，細氈胡衫雙袖小」相印證。唐代之斯西亞式帽，除本篇所附第二圖之外，尚有 Sir'n, Early Chinese Art, Vol. 3, Pl. 100 之騎馬胡人所著，為最佳之例。

至於帷帽，與斯西亞式帽則有異。蓋為短長裙帽之一部分，如今時北方之「風帽」。此為波斯風，見北史西域傳波斯條，本篇頁四四注十所引冊府元龜之文，當出於此。此種胡帽，見於六朝陶俑者，如濱田耕作編考古圖錄圖版六八之騎馬俑，圖版六九之奏樂女俑。是六朝男女已有著帷帽者矣。

上舉樓蘭之絹，上有漢字繡紋，樂浪之漆盒為蜀郡名產，雖不出於長安，但邊徼之地既流行，京畿未有不然者。而六朝陶俑，則皆長安洛陽出土，非可例外也。

此外，本篇頁四五既提及時粧，備引白居易時世粧詩與唐書五行志之文，似嫌簡略。當時長安流行之所謂血暈粧，淚粧，「百不知」，及花鈿，瓔珞，珥璫等，論者謂為皆受西域之影響，倘加詳考，將當年紅蕖窄袖，收拾於片紙之間，寧非快事耶。

又，唐玄宗之千秋節——唐人亦謂之天長節——每年恆例於勤政樓前廣場演各種雜樂雜戲，如山車，旱船，尋橦，走索，弄丸弄劍，角牴，馬舞，象舞，鬭雞，蹴毬之伎，縱士庶觀看，至數萬人，荒樂無度，已兆唐代衰亡之象，而其中不少「胡夷雜伎」，本篇未見論及，亦為遺憾。

「打毬小考」中言北宋時每逢三月三日，寶津樓宴殿諸軍呈百戲中亦有打[illegible]鞠毬者（頁七九），此事南宋時猶流行於杭城湖光山色間。吳自牧夢粱錄（卷十九）社會條云：「文士有西湖詩社。……更有蹴踘，打毬，射水弩社，則非仕宦者為之，蓋一等富室郎君，風流子弟與閑人所習也」。附錄於此，以獻著者。

又，濱田耕作編考古圖錄圖版八一，有唐代女子騎馬打毬俑，馬首作反側御旋俯瞰毬狀，女子腰肢下彎，左手貼腰際，右手微舉作擊狀，姿態極柔婉。Sir'n, Early Chinese Art, Vol. 3, Pl. 99A. 亦有一唐女子騎馬打毬俑，馬作飛躍之勢，女子姿態大略如前。讀本篇所舉花蕊夫人宮詞：「自教宮娥學打毬，玉鞍初跨柳腰柔」之句，光景猶現眼前也。

封氏聞見記校證附引得

趙貞信編　燕京大學引得編纂處出版　民國二十二年

校勘之學盛於清代，顧所校之籍，多屬先秦典籍，初或以為可以羽翼經解，後遂遍及於先秦諸子。其所校者或選善本，或據他書所徵引，或以本文上下互證，或正是其文字，或釐訂其句讀，或疏證其義訓，如汪中畢沅孫詒讓之校墨子，顧廣圻之校國語國策，戴震全祖望王先謙之校水經注等，皆有殊功，後之學者為之稱便焉。

唐封演封氏聞見記，明以前流傳甚少，且多闕佚，清代考據學興，始見重於時，與顏師古匡謬正俗李匡乂資暇集李涪刊誤諸書等量齊觀。但其間抄本與刊本不下十種，諸本互相譌誤之處甚多，因而各家題跋頻繁，竟有一字之失，謬隔千里。

本書編者從事於此有年，搜集諸抄本刊本及各家校本與題記，為之爬梳抉剔，校勘標點，其所以嘉惠于讀此書者，豈可與近時坊間濫出牟利之新式標點古書同日而語哉。

雖然，吾人略有感焉。封氏聞見記一書，所記一百一條，都不過四萬言，編者「用了獅子搏兔的全力去搏兔」，孜孜爲之三四年，其用力之勤，固有足多者，竊以爲未免稍嫌精神之浪費耳。清人校勘先秦之書，所以有疏證之例者，或因其書篇幅繁重，或因義蘊奧衍，蓋去古已遠，有非僅校勘學訓片字所能卒讀，乃不得已而爲之疏證，原非校勘學者必盡之責也。聞見記一書爲中唐之作（四庫全書列於子部雜家，無寧歸入史部雜家），義訓非深，編者倘謹守校勘，不事旁涉考證，自必用少而收效速，再以其餘力校勘他書，不作冗長無益之自傳序，以此書出版處之財力，爲有計劃有系統之印行，再削減其定價：是則吾人尤所馨香禱者也。

蓋校而兼證，自必用力多而成功不易，非於其書所包涵之學問有相當素養，或有志爲專門之研究者不辦。此種工作國內尚不多觀，外人如賴謙德之於大唐西域記，Rockhill等之於趙汝适諸蕃志，其顯著之例也。

故此書之稱「校證」，名實頗不相副。其所謂「證」，蓋據摘古書或近人之書，既嫌掛漏，而編者又無所補證，似不必多此一舉，不如讓與治史者自由資取爲愈。且本書引錄他書之言，每條中多不過二三處，既不足以爲證，徒復引起糾紛，不如嚴守校勘之例爲尚。

又，關於校勘者，本書卷六打毬條云：「太宗常御安福門……」，各本皆僅校及「御」字之有無，近讀向達先生唐代長安與西域文明頁八一注八云：「通鑑卷一百九十九系此於高宗永徽三年，其異亦未討論及此。豈宋本封氏聞見記太宗原作高宗耶？抑溫公別有所據耶？」並錄於此，以詒編者。（藏雲）

新書介紹

漢代婚喪禮俗攷

楊樹達著 商務印書館出版 定價七角五分

漢代婚喪禮俗考一冊，「婚姻」「喪葬」各爲一章。婚之目七：曰議婚，曰婚儀，曰婚年，曰重親，曰絕婚，曰改嫁改娶，曰妾媵。喪之目十有七：曰沐浴飯含，曰衣衾，曰棺槨，曰發喪受弔，曰送葬，曰葬期，曰墳墓，曰歸葬，曰合葬，曰[illegible]葬，曰改葬，曰贈賻，曰護喪，曰喪期，曰居喪之禮，曰上冢。凡兩漢史料，取精用宏，網羅自張，有條不紊。著者本以兩漢書名家，然兩漢以外，經說諸子，金石圖像，[illegible]書所徵引，後儒所傳疏，凡在有徵，必皆援用。樂浪古墓之遺文，越南長陽之拓本，以實物證古說，則尤可謂取精用宏。余閱著者自序，於史料之辨別抉擇問題，持論頗爲中肯，蓋有得之言也。至全書內容大半稱引史料，著者個人之論說甚簡，不作浮辭，吾國全部文化史風俗史之作，均尚有待，在未成之前，此種局部的翔實的作品，最爲需要。國人治史學者，苟立定題目，用此法從事，實研究國史最穩健之途術也。至書內考據之精審，閱者自能知之，可不待繁贅矣。（冷）

目錄學

國學小叢書 姚名達著 一冊 定價五角五分 二十三年一月商務印書館出版

全書二百三十餘葉，分三篇：首原理篇，述目錄學之定義，目的，功用，種類，及其與各種科學之關係等，次歷史篇，述目錄之起源，七略四部之源變，佛道目錄之特色，著名目錄學家之貢獻與影響，西學輸入後目錄學之趨勢，以及目錄學年表等，又次爲方法篇，述分類編目之規則及方法，卡片之編製排列，檢字法之進步等，末附治目錄學應備之參考書。按吾國關于目錄學有系統之著作尚少，近年所出，如劉紀澤之目錄學概論等，均嫌簡略，姚氏此書，較諸時流，稍勝一籌，惟其體例，似仍不無可議，自來言目錄學者，所論及之基本問題，如書籍之版刻裝潢收藏校勘等，姚氏皆擯而未及，而備言卡片之寫法，號碼之使用，以及四角號碼之編製，各種檢字法之優劣等，不免有輕主重賓之感。且古籍之眞僞，性質，存佚等，無不賴目錄學爲之考定，目錄學之功用，似不僅姚氏所云「採買時可備檢查，閱覽時可備稽尋，插架時可備依循」而已也。（孝孟）

國際問題參考書目

Foreign affairs bibliography; a selected and annotated list of books on international relations, 1919-1932. By Langer, William Leonard, and Armstrong, Hamilton Fish (Council on foreign relations. Publications.) 551p. $5 Harper

歐戰以還，從事研究國際問題者，日漸增多，而關於是項問題之出版物品，更是層出無窮，不知凡幾，學者每苦無一適當之參考書目，以資參考，美國外交會議會 Council of Foreign Relations 有鑒於此，乃集合歷期附該會外交季報 Foreign Affairs 出版之國際問題書目，從新整理增删，按門分類，總計七千餘種，每種後加以註評，俾讀者一目了然著者之旨趣及書本之大略情形，書中內容包括歷史，政治，經濟，財政，國際公法，外交術，以及同類之各種問題，如族類戰爭，人口與移民問題，殖民問題，宣傳，近代戰爭裁減軍備等，書末附有著者索引，爲研究國際問題者不可不備之書。（實）

戲劇參考書籍目錄

Dramatic bibliography: an annotated list of books on the history and criticism of the drama and stage and on the allied arts of the theatre. Compiled by Blanch M. Baker. New york, H. W. Wilson Co., 1933. 320p. Price on application.

此書以極有條序的方式，分門別類的將所有關於戲劇的材料，蒐集起來，並於每類條目之後，加以註評，俾讀者易於了解。此種材料爲數極多，編輯者乃愼加選擇。選擇的範圍，以近五十年來出版之英文書籍爲主，選擇的標準，以凡在戲劇上具有相當的貢獻而獲得戲劇專家或在戲劇界中有聲望者的贊許者爲限。選擇的結果約得四千餘種，書之內容可分四大類：（一）戲劇及劇場（二）演出及舞台技術（三）賽會，宗教劇及各種遊藝，（四）戲劇集，書目及出版者一覽。每類條目係按書名以英文字母順序排列，書尾附有著者索引與分析標題索引，誠爲研究戲劇者一不可多得之參考工具也。（實）

新聞學分類書目

Internationale bibliographie des zeitungswesens. By Karl Bömer. Leipzig Otto Harrassowitz. 1932. 373p. RM42

這一本德國出版的新聞學分類書目，在新聞中學，當推首創，書之內容，分爲二部，第一部乃關於德國，第二部乃關於其他各國，關於中國之新聞學材料，不過四十餘種，希望此書於再版時，能邀請中國專家幫忙去擴增關於中國新聞學的材料，這樣合作的辦法，彼此都有利益，每部之下，又分成小類，如：出版，校對，製造，言論自由，新聞紙之心理與輿論之力量，新聞紙在社會上所佔之地位，在經濟工業生活上所發生之影響，爲廣告之媒介等，凡列入此書目者，皆係經過審慎的選擇，因其範圍之廣，遺漏之處，在所不免，然其價值不能因此而減，實一極有用而希望最大之刊物，爲研究新聞學者一最好之參考工具也。（食）

新書簡訊

人文地理學 法國布留諾（Jean Bruhnes）著，諶亞達譯，民國二十二年十月世界書局出版，定價二元一角五分。人文地理學(Human Geography)又成稱「人生地理學」「人地學」，爲專究人地關係之一種科學，與一般記述各地人文狀況之人文誌不同。此學創始于德國之李鐵爾（Karl Ritter）與拉次爾(Friedrich Ratzel)但至法國地理學者白蘭士（P. Vidal de la Blache）與布留諾二氏之研究而人文地理學始成一系統之科學。白氏所計畫之著作，未成而卒，今其人文地理學要義（Principes de Geographie Humaine）一書，係馬東男（Martonne）氏蒐集其生前未完之稿而成者，今布氏之人文地理學（La Geographie Humaine）乃爲此學空前之系統著述，可稱爲地理學上之一種經典。今諶氏將布氏之作據英日兩譯本轉譯，以介紹于國人，俾國內學人，可以瞭然于此學之眞面目，而有志研究中國之人文地理者，亦有軌範可據，不致誤入歧途，實中國地理學界一種重要之貢獻。至亨丁教氏之人生地理學原理（Huntington: Principles of Human Geography）雖前此已有逸譯（商務印書館萬有文庫本），但此書不過教科書性質之書，非若布氏之作，足爲學術上之專著也。（中）

× × ×

西洋史表解 田農編，民國二十二年十月初版，北平神州國光社總經售，定價一元八角。此書係根據陳衡哲氏所編高中西洋史之分段法，並參考中外書籍而編成之西洋史大綱，更以表格之方式表明之，俾初讀西洋史者，不致茫無頭緒，而有脈絡系統可尋。至內容所列，亦不如舊式史書之注重政治事實，凡各種社會，經濟，科學，文化等大事，均同時蒐輯，頗可作爲中學校西洋史課之參考用書。（中）

× × ×

英文中國經濟地理（The Economic Development and Prospects of Inner Mongolia）張印堂著，民國二十二年九月商務印書館初版，定價二元五角。——此書尤分利用工商，助間局及地質調查所出版各刊物中之調查材料，以及官署報告並參考各種中西史地圖籍編著而成。所述範圍，以綏遠，察哈爾，寧夏三省之內蒙地方爲主，而注意於該地經濟開發及殖民之實際可能性，非近今一般政論者侈談開發與建設者可比。惟中文「西北」二字，通常可包括新疆，青海，陝，甘諸省，雖察綏寧夏亦可爲「西北」之一部分，而不足以爲「西北」之全部，故此書中文名稱爲「西北經濟地理」似不甚妥，不如徑譯英文原名，稱爲「內蒙經濟地理」，較爲切近。（中）

× × ×

海東諸國紀 明成化時朝鮮申叔舟撰，朝鮮史編修會依舊活字本景印，爲朝鮮史料叢刊第二種，一九三三年（昭和八年）十一月出版。書紀日本本國九州一歧對馬以及琉球諸國之地勢國情交聘往來沿革使臣館待禮接節目。研究朝鮮時代初期朝鮮與日本之關係，此爲重要史料。叔舟此書我國向來只有寫本，又不多見，今有此景本，當爲研究朝鮮史者之一好書也。（明）

× × ×

軍門謄錄 明萬曆時朝鮮柳成龍撰，朝鮮史編修會據豐山柳氏宗藏原本景印，爲朝鮮史料叢刊第三種，一九三三年（昭和八年）十一月出版。明萬曆時日本關白豐臣秀吉發大軍入寇朝鮮，成龍身當其事，其所著懲毖錄亂後雜錄諸書，爲研究此一時期我國與日本關係之要籍。軍門謄錄乃成龍於朝鮮宣祖二十八年及三十一年以領議政兼京畿黃海平安咸鏡四道都體察使任時所有呈草文移，觀此可見其當時拮据支持之苦。此書舊有刊本，乃取懲毖錄之一部分加以增修改編而成，原本與之頗異也。（明）

× × ×

東方學報 京都第四冊，日本東方文化學院京都研究所出版。東方文化學院東京京都兩研究所各於研究報告之專書以外，年出「東方學報」。東京第四冊目，已見本刊第十五期。京都第四冊，亦於去歲底出版，茲記其篇目如次：

重澤俊郎左傳鄭服異義說，伊勢專一郎文人畫之發生，常盤井賢十關於宋紹熙板禮記正義，長廣敏雄關於漢代爲中心之動物表現，能田忠亮漢代論天攷，小川茂樹李悝法經考，水野清一支那古銅容器之一考察，森鹿三關於十道志所引用水經，塚本善隆唐中期以來長安之功德使，高畑彥次郎從高本漢所謂官話中不規則的有氣音觀察土耳其語之轉寫音，三國谷宏論近刊關於清季東亞外交史之漢文史料，水野清一南滿洲遼陽出土之漢代璵玉。（桑）

圖書副刊

BOOKMAN

第十九期

一　本刊登載關於中外圖書之介紹批評以及學術界消息　爲公開性質歡迎投稿
二　刊登本刊之文略致薄酬
三　投稿通訊可寄「北平文津街國立北平圖書館內圖書副刊編輯收」

書評

評張星烺氏著歐化東漸史

方子銘

新時代史地叢書之一　上海商務印書館出版　民國二十三年一月　定價五角

本書共分三章：第一章歐化東傳之媒介，復分歐化介紹，歐洲商賈遊客及軍政界人之東來，基督教傳道師之東來，中國人留學及遊歷外國，四節。第二章有形歐化即歐洲物質文明之輸入，復分軍器事業，學術事業，財政事業，交通事業，教育事業，五節。第三章無形歐化即歐洲思想文明之輸入，復分宗教思想，倫理思想，政治思想，學術上各種思想，藝術思想，五節。

張先生是中國研究中西交通史的前輩，其所編中西交通史料滙編，洋洋六巨冊，數百萬言；內中雖不盡洽人之意，卻替讀書者開了不少方便法門，總是值得稱揚的一部書。如今來寫這部歐化東漸史，可算是牛刀小試。本篇不敢說是批評，只好算是讀了此書以後，在那裏感覺着美中不足，「挑眼兒」罷了！

◇　◇　◇　◇

本書第一章歐化東傳之媒介，幾佔全書的一半。這一章所討論的大部分是中西的交通，張先生說來出色當行。不過在第二節中，說到葡萄牙同明朝初期交通的歷史，對於明史佛郎機傳的火者亞三的一段故事，竟未提及，（頁五至頁六）皮來資與火者亞三究竟是一是二，本書也不予一個交代。

同節第七頁第三行的「細蘭的亞礮查」，中籍稱爲赤嵌城，本書未及。二四頁第四行「在雞籠被逐」一句上疑脫「利瑪竇」三字。

第三節第四四頁說到歐洲在中國的教士，以爲「輸出中國文化於歐洲，著書立說，使歐美人了解中國事情，仍常佔第一位也。」但是在歐美黑着良心極意醜詆中國的，也當以這些「上帝的兒女們」佔第一位，張先生卻不說了。

第四節，第四五頁第二行的馬公瑪竇，是否即Father Ripa？如其不錯，他的漢名應是馬國賢。同節於中國最早往歐洲留學者，只及鄭瑪諾，按乾隆時尚有楊德望高類思二人，曾留學法國，對於歐洲重農學派的思想，頗有若干影響，卻不見於本書。

第五十頁第十至十一行的稀庚是否爲裕庚之誤？自五十頁起至五四頁止，張先生把日本留學生同歐美留學生大大的褒貶一翻，到現在這些話似乎都可以不必提了。近三十年來的動亂，誰也不能諉過於誰！

第二章講有形歐化即歐洲的物質文明輸入中國的情形，分門別類，予以標舉。第一節軍器事業專門說的西洋火器，但是統觀全文，講到明朝對於萬曆以後阿拉伯火器即所謂噴筒銃的傳入，全未道及。明朝一代傳入的西洋火器只說扛礮，何以不及西洋鉄？像明代的西洋火攻神器圖所半西洋礮同礮臺圖，究竟是傳自西洋何時何地，本書也放過不提。

本節第五九頁第九行，張先生大發感慨地說「歐美最近之軍器，幾於無人過問」。這真是冤枉！！新式的軍器如飛機，如坦克車，如白砲，我國何嘗沒有，只不過不用來打外國人罷了。

第二節學術事業又分曆法改良，本國地圖之測繪同西國醫學之傳入三項。按西洋十五世紀到十六世紀之間，歌白尼 (Copernicus) 第谷 (Tycho Brahe) 以及刻伯勒 (Kepler) 諸人所有關於地球運動的學說，都在明清之際先後傳入中國，利瑪竇的萬國輿圖艾儒略的職方外紀南懷仁的坤輿圖說瑪吉士的西洋地理備考等書對於那時西洋的地理知識，都曾說到。本書全未提及，不知何故？

第六八頁第四行至第五行說「今代所留最古之圖有僞齊阜昌時所刻禹跡圖在濟南。」按這一句話完全錯誤。禹跡圖刻於阜昌七年四月，同賈耽沒有關係。華夷圖刻於阜昌七年十月，只外圍一部分取材於賈耽而加以增益，不能便說是賈耽作。兩圖末俱作岐學上石，今在陝西西安碑林中，不在濟南也。

第七一頁第一行：「明末清初天主教耶穌會士曾否努力輸入西洋醫學，無記載可考。」這話也不盡然。耶穌會士曾否「努力」輸入西洋醫學，固尚待考，但如鄧玉函所著人身說概，就是一部醫學上講人體解剖的。康熙時白晉 (P. Joach. Bouvet) 同巴多明 (P. Domin. Parrenin) 也曾用滿文譯過 Dienis 的人體解剖學。這都是點滴地傳入中國的西洋醫學，載籍彰彰可考。至於合信氏的全體新論，那又是道光以後的書了。本書於西洋種痘法的傳入和各地教會的醫院敘述得甚多，而把西洋醫學初期傳入中國的事實卻忽略過去，甚爲可惜。

第三節財政事業，又分海關之設立，銀行和幣制三項。在海關之設立一項裏，有一個很大的錯誤，張先生說：「然設關收稅，則唐代始有。天下郡國利病書卷百三十云：唐始置市舶使，以嶺南帥臣監領之。設市區，令蠻夷來貢者爲市。稍收利入官。……貞觀十七年（西六四三年）詔三路市舶司，番商販到龍腦，沈香，丁香，白荳蔻四色，並抽解一分。」（七四頁）這裏所引的利病書應是卷百二十，不是卷百三十。唐代於嶺南置市舶使官，起於何時，今不可考，最早的文獻只能追溯到開元年間。貞觀時嶺南即有市舶司，在唐代文獻中絕無根據；三路云云，明是宋代建置。顧亭林的貞觀十七年一段文字，實出於宋會要，貞觀十七年乃紹興十七年之誤。此段全文見宋會要職官市舶司一門內，梁廷枏粵海關志卷二前代事實曾將宋會要講市舶的一部分全抄進去。十餘年前日本桑原隲藏博士在其所著蒲壽庚事蹟書中對於此事已有詳細考證，張先生於日本學者的成績絕不留心，致於民國二十二年，還爲顧亭林所欺！

道咸之際，臺灣上海一帶官府和商人曾用過一種圓形銀餅，這是西洋銀元傳入中國以後，中國自己尚未鑄造銀元以前模仿西洋的一種過渡時代的產物，本節論幣制一項未及此事。

第四節交通事業又分鐵路火車，輪船，電報，郵政四項。本書把汽車，飛機，電話全踢開了。電燈也不知道在那裏去找容身之地？明嘉靖時還曾仿照西洋舢板船形式造了一種蜈蚣船。這也是本書所不曾提到的。

第五節教育事業又分報館學校兩項。報館一項關於科學性質的定期刊物不及格致彙編；普通定期刊物不及中西聞見錄。說到此事，僅僅參考 S. Couling 的 Encyclopaedia Sinica 是不够的，至少還得參看戈公振的中國報學史同一九三三年出版白瑞華 (Roswell S. Britton) 著的中國報紙 (The Chinese Periodical Press 1800—1912) 兩部書。

艾儒略曾著西學凡，敘述中古時代西洋興學育才之制；西洋學制之傳入中國，當以此爲第一部書。本節學校一項斷限於同文館。元代孟高未諾之設教授徒，固然荒遠難稽，爲本書所不取，明清之際耶穌會士之傳入西洋教育制度，何以也不過問？

第三章無形之歐化即歐洲思想文明之輸入，這要算全書中最爲空疏的一章了！第一節宗教思想列舉中國書裏的「天」與「上帝」和今代基督教所言上帝意義能力相同之處凡三點，不同之處兩點（？），以及基督教失敗之理由六點。說中國書裏的天與上帝和基督教的上帝相同，這還是利瑪竇諸人的老話，我們現在所要知道的是明清之際介紹到中國的基督教哲學是那幾點？這種傳來的宗教思想對於中國當時思想界起了甚麼反響？中國思想界接受這種外來的思想又到了一種甚麼程度？這一切本書都不曾給我們一個答覆同啓示。基督教傳入中國以後，明清之際那些篤信「天學」的人士對於舊有的迷信，曾下一番工夫去摧陷廓清，如徐光啓的闢妄就是其中的一個代表；對於佛教也曾大起一番爭辯，留傳至今的辨學遺牘，就是這一次的遺存。本書講宗教思想，而把這些大事卻遺漏了。

第二節倫理思想，只把中國的綱常之說，大大的攀揚一番，從西洋輸入的倫理思想究竟怎樣，看了此節以後，依然摸不着頭腦！

第三節政治思想，張先生在此處把自己的政治信仰坦白地表曝出來：他咀咒民治主義，咀咒共產主義，他相信「與中國國情稍近者，其爲意大利之法西斯主義下之狄克推多制乎？」（一二〇頁）據張先生的意思，馬克思的共產主義「主張各種工商業，房屋，土地，礦山，鐵路，六畜等皆歸國有，由政府經營。人民作工爲一種義務。人人必須作工，無工資。人民飲食衣住所資，皆由政府發給，不許人民有私產。」（一一五頁）這一段話只有請對於馬克思主義有研究的專家去批判了！

第四節學術上各種思想，又分進化論和西洋哲學兩項。在進化論一項中還承認「人類亦爲生物之一種，不能逃此公例。最初亦從下等動物漸次進化而來。」（一二二頁）這總算是公道的了。西洋哲學一項中說，「最先輸入西洋哲學於中國者爲明末天主教教士傅汎濟(P. Furtado)，傅氏與李之藻共譯希臘哲學家亞利斯多特勒之寰有詮六卷，名理探十卷。二書雖久譯出而迄未刊印。名理探至民國十五年北京輔仁大學始爲出版。寰有詮則尚未見世。」（一二三頁）按寰有詮譯自亞利斯多特勒的De caelo et mundo，名理探則係Universitè Coimbre的Logic同Physics的課本，不加分別，幾令人以爲都是亞利斯多特勒的著作。又寰有詮於「天啓五年立夏譯竣，崇禎元年秋分刻完」，名理探亦有刻本，馬相伯氏所作輔仁重印本名理探的序上就說到他所見的刻本。此處「二書迄未刊印」的話是錯了。

張先生自己是科學家，因此對於哲學不免有微辭，他以爲西洋哲學「於社會影響甚大，但無切實用途，近於清談，即在歐美哲學家亦漸少，而群趨於科學。古代希臘人所稱哲學範圍，多被科學侵奪。古代哲學範圍內之科學，在近百年內前後脫離哲學而獨立矣。」於是推論中國留學界的情形，說是「中國人學哲學者甚少，與哲學書籍之甚少譯成漢文，由是故也。」（一二三頁至一二四頁）張先生大約是上了西洋十九世紀那班科學家的當了。不過這一段話的是非，自有學哲學的人找他去算賬，用不着我來饒舌。

第五節藝術思想又分文學改革和西洋美術兩項。在文學改革一項中講到梁啓超同胡適，講到白話文，張先生的主張是「學生在中學時用於文言時間，宜多於白話文也。」（一二六頁）在西洋美術一項中說西洋的「美術則(衍文？)輸入則極緩而最後。」隨着把蔡元培提倡西洋美術表彰了一番；最末以「劉海粟及汪亞塵二人」（一二七頁）結全書之局。

×　×　×　×

以上算是把一部歐化東漸史三章十四節都草草地作了一個鳥瞰。但是本書的錯誤——不，也許是遺忘——還不止此。明清之際西學傳入中國，在形下一方面的成績比較可以稱道。說到這一點，誰也得承認在過去中國歷史上數學之發達要以清代爲最，而清代的數學就是全然受的西洋影響。試在一部疇人傳，所有清代的數學家有幾人是能不假西法，不懂西算的？本書對於這一點，絕口不提，把歐化東漸史上有聲有色的一段史實，輕輕撇開不談。明清之際，西洋的物理科學傳入中國，也頗有可觀。本書概予抹殺，眞令人大惑不解！

其次關於西洋美術之傳入中國，雖然不能說是極快而最先，卻也絕對不是「極緩而最後。」明清之際所有受西洋影響的中國畫家如焦秉貞，冷枚，唐岱，陳枚，羅福旼，崔鏏，張恕，以及在中國畫壇上另開新派的西洋畫家如郎世寧賀清泰諸人，姑且存而不論。長春園中的西洋樓，全是白石琱琢帶有法國意大利 Barock 風格的建築，就在今日歐化盛行之際，中國境內還能找得幾處像這樣的工程？這種大事在本書中既然不道，乾隆時桃花塢所刻西洋風年畫，影響到民間的趣味 (Taste) 上去，自然是不着一字了！

本書還有一點不算很小的遺漏：耶穌會士東來，爲着學習漢文的方便，曾利用羅馬字對漢字音；程君房墨苑中西洋宗教畫所帶羅馬字同金尼閣的西儒耳目資都是爲這種方便而產生出來的。以後如方以智，如楊選杞，如劉獻廷，都曾利用西洋語學來研究中國音韻。而羅馬字使用影響最着的要算臺灣。臺灣自爲荷蘭佔領之後，荷蘭人曾在新港社施行西洋式教育，教土人用羅馬字拼當地方言，自雍正以迄嘉慶，歷百餘年，新港地方都通行這種羅馬字的拼音。流傳至今的新港文書，有羅馬字拼方言同漢文對照的契約之類不下二三十通，開今日國語羅馬字的先河。這似乎也是談歐化東漸史者所應當知道的一件事。

綜觀全書，批評勝於事實，尤其是談到西洋思想的一部分：

張先生對於東西文化的意見，在本書第一頁有這樣的幾句：「有形之物質文明，中國與歐洲相去何啻千里。不效法他人，必致亡國滅種。至若無形之思想文明，則以東西民族性不同，各國歷史互異之故，行之西洋則有效，而行之中國則大亂。……依此種情形觀之，歐洲之無形文明，各種思想各種主義，持之有故，言之成理者，是否便於中國固有，與夫是否有效法之必要，不能不使人懷疑矣。」因此說到淵源於孔子的我國古代倫理道德觀念，說到三綱五常，以爲「綱常之無足病也。」（一〇八頁）說到政治思想，張先生似乎神往於相傳的家天下之局，稱賞君君臣臣父父子子之義（一一〇頁。）所以詛咒共產主義，詛咒民主政治，以爲「民主政治（德模克拉西）誠爲理想之良好政治。但中國人天生爲中國人，非可一朝一夕化爲美國人也。（！）自美國或英國輸入民主政治於中國，完全不適中國民情，釀成今日之大亂，是則其弊也。」（五四頁）

張先生在哲學方面的思想，大約仍是主張心物平行論，所以物質文明自物質文明，精神文明——本書稱爲思想文明——自精神文明，二者各自獨立，不相爲謀。因此主張採用西洋的物質文明，而屏除西洋的思想；因此對於近數十年來的動亂，只歸罪於西洋思想的傳入，而置因西洋物質文明傳入以後所起的變革於不問；因此雖然說到西洋的物質文明，而於新生產方式——近代式的工業同農業——之傳入，以及因新生產方式的傳入，固有的社會制度同經濟組織全起動搖，因而影響到中國文化的崩潰諸點，全都置諸不問。由此推想，張先生在思想方面仍似不能跳出清末維新運動以來正統派的思想——「中學爲體西學爲用」的思想——以外，所不同者張先生

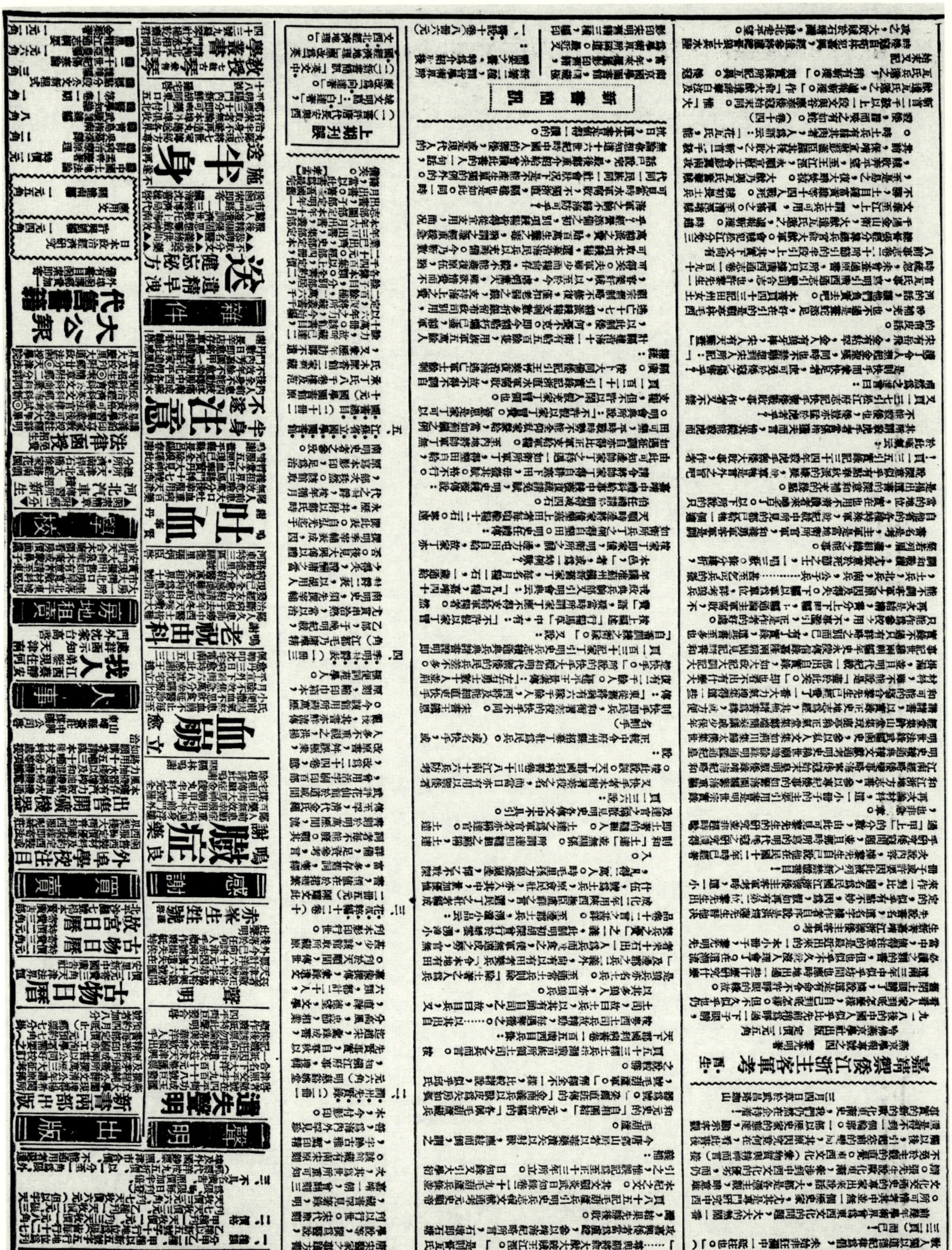

在政治思想方面還說爲只有法西斯主義與中國國情相近，在宗教思想方面對於耶督教無貶辭，並且以爲「天主教入獨以道德紀律爲倡，未始非狂瀾中一砥柱也。」（三二頁）而已！

前幾年學術界曾爲東西文化的問題，大大的熱鬧一番。所可惜者其中並無一個歷史家，尤其是專門研究中西文化交通史的專家出來說話，大都是各憑主觀，肆意雄辯。張先生說歐化東漸，牽涉到中西文化的優劣，而仍不免於主觀的直覺。東西文化（兼物質與精神而言）接觸以後，引起空前的變局，其原因究竟何在，看此書後還是得不到一個輪廓。一部以歷史家的態度，顯示客觀事實的新的歐化東漸史，我們仍然在企待着！

三月四日草於武昌珞珈山

嘉靖禦倭江浙主客軍考　西生

燕京學報專號之四　黎光明著
哈佛燕京學社出版　定價二元五角

九一八後的中國人似乎比先前稍爲睜過一下子眼睛，看看人家到底怎麼樣，自己到底怎樣。但不久似乎也仍舊閉上眼睛了，據說還是有命令不許睜眼的緣故。

這兩三年中似乎坊間也應時地出過一些什麼研究什麼必讀之類的書，但也似乎不久就沒人理會了。在這潮流當中，值得注意的是最近出來的一本小冊子，黎光明先生新著嘉靖江浙禦倭主客軍考。

先說書名，這名字據作者自序說是洪煨蓮先生替他決定的，似乎有點不妙，因爲，假如再有第二位黎先生出來作一對比，題名爲民國江浙禦倭主客軍考時，這一小冊子或許要因此被列入新禁燬書目！

次說內容，據黎先生自己說他在民國十二年時已經著手研究倭寇問題，並且那時所寫的明代倭寇之研究還得過「甲上」的分數，由此可見黎先生的研究並非趕時髦，也非急就章。

再次論材料，這一小冊子的主要引用書是明世宗實錄和江浙地方志書，參以專紀倭事的如籌海圖編籌海重編江南經略倭變事略海寇倭寇始末皇明馭倭錄靖海紀略和明史續通典續文獻通考明史稿世廟識餘錄明通鑑通紀皇明世法錄武編國史，參以私人文集如荊川集歸太僕集世經堂集鈐山堂集玩鹿亭稿正氣堂集鄭端簡奏議戚少保年譜諸書，以實錄正史地志爲經，其他諸書爲緯，就方便和可能的場合黎先生已經費了一番大力氣搜集得這一些材料，雖不能說是「盡於此矣。」卻也看不出有什麼大掛漏，並且明代紀載一部出自實錄，如大政記大訓記大事記世穆兩朝編年史永陵傳信錄嘉隆兩朝聞見記時賓和實錄不過只有詳略之別而已，有了實錄，這些書至多也只能作爲參校之用，不事濫引，正是作者的好處。

再次談結構，實分上下兩編，上編通論主軍腐敗，不能不調客軍之原因及得失。下編以軍爲單位，詳考狼兵，土兵，北兵，兩兵，公子兵……甚至乞丐兵的徵調和戰績，尤致意於死節之士，一唱三歎。條分縷析，纍若列眉，盡組織之能事。

書名是考，主軍是當地衛所官軍，和義勇軍客軍是調自他省的各種特殊軍，就紀載中所見的都已給他一個適當的地位，實在也用不着讀者來饒舌了。以下所說的只是揭出這書的深意和補充的幾點。

說深意似乎有點春秋派的嫌疑，就算牠是言外之旨吧！頁一三五引實錄記三十四年殺虎手與倭大敗事，作者於此嘅氣云：

> 共所調殺虎手者當係指獵夫而言，惜其僅能殺虎而不能殺倭也，倭豈亦猛於虎者乎？

又頁一三七引松江府志記快手與倭戰敗事，作者又不禁啁然爲之建言曰：

> 是則快手而兼快足者，庶可免於倭寇之傷害乎？

讀了令人想起金聖嘆，同時也不禁聯想到宋人所記：「宋有岳飛，金有粘罕，金人有狼牙棒，宋人有天靈蓋」的俏皮話。

說補充，也不過是畫蛇添足，好在引的是顧亭林毛西河的話，讓他們負責去吧。本書頁四十三記田州女土官瓦氏事，寫明引廣西通志引蠻司合志，也許黎先生一時疏忽，未曾查過原書，所以只據廣西通志卷一百九十八前事志卷二十所節引的半段引上，其實下文尚有

> 總督張經分隸總兵官俞大猷軍。會賊犯松江分兌三千溝金山衛，大猷遣瓦氏邀之，譌報斬獲。時趙文華至江上，調土兵可用，厚犒之。至漕涇塘賊不勝，土目鍾富黃維等十四人戰死。賊初畏土兵，至是易之，復大肆焚掠。大猷乃與瓦氏奮擊賊，賊敗奔平望，至王江涇，永順宣慰土舍彭翼南攻其前，保靖宣慰彭藎臣擊其後大敗之，斬首二千級。時土兵有啖其肉者，人爲語云：「花瓦氏，能殺倭，腊而啖之有如蛇。」（卷十四）

斬首二千級以上一段文與谷應泰倭寇始末同。惟「大猷遣瓦氏邀之，譌報斬獲。」作「俞大猷遣游擊白泫及瓦氏兵邀之，稍有斬獲。」與實錄所記互異。倭寇始末又記

> 時倭寇自柘林犯嘉興，總遣參將盧鏜督狼土兵水陸攻之，大敗賊於石塘灣，賊北走平望。

盧鏜雙司合志作敘大猷。按明史敘大猷傳記敗嘉興倭在王江涇役後。盧鏜傳說：「擊賊嘉興，敗，實敗。」」……尋與副將俞大猷大破賊王江涇。」是則督瓦氏攻嘉興倭者當爲盧鏜，參以靖海紀略所言，石塘即石塘灣，結果先勝後敗。

頁八十五記毛葫蘆兵引明史兵志續文獻通考元史順帝本紀之文。其文顧炎武日知錄卷二十九毛葫蘆兵條並引之，惟誤記爲至正十三年所立。日知錄又引大學衍義補：

> 今唐鄧山居者以毒藥漬矢以射獸，應絃而倒，謂之毛葫蘆。

和元史的「自相團結」，元史新編的「各佩毛葫蘆藏兵器爲號。」柔爾直班傳的「金商義兵以獸皮爲矢房如瓠，號毛葫蘆軍。」解釋全不一樣，比較諸說，似乎邱氏之說較勝。

頁五十三釋土兵指湖廣苗族所領土司之兵而言。按天下郡國利病書卷一百五廣西目兵條：

> 惟粵西土司兵故精勁，每遇警徵之。……以其出自土司，故曰土兵，以其有頭目司之，故曰目兵，又以其多狼人，亦曰狼兵。

是狼兵亦名土兵。至通常土兵則除「除土著之人爲兵」及邊郡之兵二義外，尚有以有田者養兵「令本地有田者米十石出一人爲兵而允食之，使軍無遠戍之勞，官無養兵之費」之一義，此制明初胡深實行於縉雲，湯滄小品卷十二言之甚詳。至邊郡土兵，湯滄小品云：

> 成化二年用陝西撫臣盧祥之言，選民丁之壯者編成什伍，號爲土兵，原僉民壯，亦入其中，量加優恤，凡得一萬人。時毛里孩方强盛窺邊，俾之不敢深入。

則和「土達」並無關係。所謂達即韃靼之簡稱，土達即土著的韃靼人。土達之爲軍官者亦稱達官。土達及達官之稱散見明史各傳文中不具引。

頁一三六說：

> 又快手者本衙署差役之名，而當日亦有用以禦倭者。

按此說誤。天下郡國利病書卷三十八江南十六兵防考說：

> 正統中令府州縣招募丁壯爲民兵。（或名快手，或名餇手）

則快手即民兵，和衙署差役的快手不同。宋書王鎭惡傳：「東從舊將猶有六隊千餘人，西將及能細直吏快手復有二千餘人。」[illegible]：「左右勇士數十人並荊楚快手。」所說的快手大概和明代禦倭的民兵差不多。

頁一百三十記家丁引明史兵志續通典兵典諸書證明即「自畜訓練之衛隊。」又說：

> 按上編述「行糧馬草」中，有：「不許假以家丁冒費」語，疑當時所謂家丁概不得支給軍糧者。然我政典兵餉部又引明會典云：「凡月糧，嘉靖四十年議准薊州鎭新募家丁，每名月糧一石，一歲通給本色，」一者，或爲一特例歟？

按家丁即家僮，明衛所之制，邊方屯田自給，故家丁亦如衛所兵丁之例得自墾田。明史任轄傳：

> 天順時邊將家僮墾塞上田者每頃輸糧十二石。轄遠伯任禮請於朝得減四石。

嘉靖中轄科給事中錢薇復疏請免賦，明史錢薇傳說：

> 請令將帥家丁得自耕塞下田，毋徵其賦。格不行。

由此可知邊帥家丁之待遇一如衛所軍丁，得墾田自給，如遇征調自亦得比正軍支給軍糧。至內地將帥軍丁無田可墾，平時戰時勢不能全仰私家祿給，當如薊鎭之例。明會典所說：「不許假以家丁冒費。」意思是家丁可以支糧，但不許以閑人假充家丁冒領也。

頁一百二十一引實錄記浙直水軍腐敗，故不得不調自福廣。按下大同備倭記引王忬奏復沿海逃亡軍士餘剩糧疏：

> 計福建沿海十一衛有船五百餘隻，用旗軍五萬餘人，以此制倭，何憂不克。即今額船朽爛已盡，額軍逃亡十七，額派錢糧支剩數多折銀留布政司別用，祖宗舊制略不修復，僅扣老弱之銀，支持海上之費，客養奸賊，以至於今，虜焰熾大，雖欲惜費而不可得矣。夫軍雖少而糧尚存，縱不能盡復原伍，猶可取本項錢糧，選募沿海民兵以充戰備。今乃斷數萬額派之費，貽百萬生靈之毒，猶謂之識輕重緩急乎？經營添備之初，別項錢糧皆得從宜支用，而況海軍之餉不歸海防可乎？

可見當時水軍腐敗，不獨浙直，福建也是如此。同一時代同一民族同一社會狀況下是不能產生單獨的例外的。

話已說完，最後鄭重介紹給未曾讀此書的人一句話，無論你想知道十六世紀時中國人的禦倭，或是現代人的抗日，這本書是值得一讀的。

新書簡訊

南京國學圖書館，儲藏極富，年來屢屢影印秘籍，爲學術界所稱道。最近又影印宋明舊籍三種，編印新著二種，類皆學術界所需要之書，特爲介紹於後：

一、醫說十卷（八冊六元）宋世新安張杲，家世業醫，乃集太古以迄唐宋醫家之事蹟方書學說等，撰爲醫說，刊以行世。宋代原刻，藏書家罕見著錄，明嘉靖一朝，曾翻刻三次，其爲世所重可知。該館藏有南宋原刻，字跡古雅，雕印精善，爲海內外罕見珍本，今付影印。

二、潤州先賢錄（二冊一元六角）明慈谿姚堂，知鎭江府事，搜輯先賢事實，自春秋以迄趙宋，彙錄成書，分高風，忠節，相業，直諫，德望，文學六類，都計二十人，彙像撰傳，彙錄遺文。刊於天順間，傳世甚少，該館取所藏原刊本影印行世。

三、花草粹編十二卷（十二冊五元）陳耀文此書，價值在於搜摭繁富，多存舊詞，蒐釋詳備，足資參考，言詞者每不能廢。顧其書刻於明萬曆間，流傳至罕，清代金氏繩武評花仙館於道咸間，曾用活字排印百部，改爲二十四卷，臆改原書，外訛極衆，人多不重視之，洪楊亂後，其書亦鮮流傳。今該館用所藏萬歷原刻，縮印巾箱本，極便詞苑學人。

四、季明封爵表（一冊三角）江都毛乃庸精乙部，于晚明紀載，尤貫串治熟，常以治南明史，須先撰宰輔封爵二表，以覘用人之得失，證[illegible]廟之當否。後見大興傅以禮撰明季宰輔表成，因撰此表。自弘光迄于永歷，并附以鄭氏時代之封爵，按年循月，部次秩然。該館取原寫本影印，足爲治南明史者之參攷。

五、江蘇省立國學圖書館圖書總目（二十冊二十元）國學圖書館原承丁氏八千卷樓及范氏木犀香館二家舊藏，又彙歷年訪購不遺餘力，故所藏已達二十萬冊。該館書目，以六年之力，今始編定，復將所藏叢書千二百餘種，二萬六千餘子目，分別部居，各錄本類。全書約二千四百葉以上，定價二十元。經部四冊，業已出齊，史部定本年三月出書，集部定本年六月出書，叢部志部圖部定本年十月出書，子部定明年一月出書。研究國故舊籍，當以此書爲最完備矣。【孝孟】

上期刊誤

（一）書評唐代長安與西域文明篇：「白建著」，應改爲「向達著」。

（二）新書簡訊「英文中國經濟地理」應改爲「英文西北經濟地理」。

圖書副刊
BOOKMAN
第二十期

一　本刊登載關於中外圖書之介紹批評以及學術界消息
二　刊登本刊之文略致薄酬爲公開性質歡迎投稿
三　投稿通訊可寄「北平文津街國立北平圖書館內圖書副刊編輯收」

書評

評夏曾佑中國古代史

公沙

上海　商務印書館出版大學叢書之一
定價四元

此書分兩篇，第一篇上古史。第一章傳疑時代，太古三代。第二章化成時代，春秋戰國。第二篇中古史。第一章極盛時代，秦漢。第二章中衰時代魏晉南北朝。本稱中學中國歷史教科書，第一冊上古之部於前清光緒三十年六月初版，第二冊秦漢，光緒三十一年八月初版。第三冊魏晉南北朝光緒三十二年四月初版。此下未續出，本非完書。初刊頗極風行，自革命後漸少流傳。今距其書初刊已及三十年，商務仍將此未完之稿重新排印，列爲該館所編大學叢書之一，而易以今名。

以中國疆域之廣大，種姓之複雜，年代之悠遠，而史乘完備，舉世無匹。一部二十四史從何說起，宜乎令人有望洋向若之嘆。今又值曠古未有之新局，民族存亡絕續之交，新舊之□過，方不知蛻變之所屆。鑒古知今，端賴歷史。今日所缺，固並非以往積存歷史之材料，而爲今日所需歷史之知識。良以時代變則吾人所需歷史之知識亦變。古來歷史亦時時在變動改寫之中。今日所急需者，厥爲一種簡要而有系統之通史，與國人以一種對於已往大體明晰之認識，爲進而治本國政治社會文化學術種種問題之基礎。尤當爲解決當前種種問題提供以活潑新鮮之刺激。然茲事體大，勝任愉快，難其選。又兼年來社會不寧，學人不努力，全以草率苟且從事，何從成此艱鉅之業。故社會雖有此需要，而出版界則無此作品。則商務之重印此三十年前一部未完之中學教科書，列爲今日嶄新之大學叢書者，正是此三十年內中國政治社會學術種種方面一極好之寫照也。

然夏書實自有其存在之價值，可以不隨三十年之潮流而俱去。其書之價值，亦並不以其非完書而有所貶損。價值何在，一則在其編寫此書之意義，二則在其編寫此書之方法。

何言乎夏氏此書之意義？夏氏自敍有云：智莫大於知來，來何以能知，據往事以爲推而已。故史學爲人所不可無之學。泊乎今日，既無目力以讀全史，而運會所遭，人事將變。目前所食之果，非一一於古人證其因，即無以知前途之夷險。又不能不略讀史。是必有一書，文簡於古人而理富於往籍，其足以供社會之需乎。此雖寥寥百字，而於通史之意義及任務，已宣發無遺。近人治史，能具此目光者轉少。竊願國內學人全以夏氏之言爲史，以夏氏之言讀史，於史學界風氣必將丕變。

何言乎夏氏此書之方法。夏書第一編序例有云：是編每時代中，於其特別之事加詳，而於普通之事從略。如言古代則詳於神話，周則詳於學派，秦則詳於政術是也。又其書第二篇凡例有云：本篇用意與第一篇相同，總以發明今日社會之原爲主。文字雖繁，其綱只三端。一關乎皇室，凡爲一代興亡所繫者無不詳，一人一家之事無不略。一關乎外國者，事無大小，凡有交涉，皆舉其略。一關乎社會者，如宗教風俗之類，每有大變化時詳述之，不隨朝而繼。此等處非極有識力極有眼光者不能道。即將來繼夏氏而起者，欲寫一扼要動人之通史，恐仍不能出此範圍也。

今進而論夏書之內容，則瑕瑜互見，尚多不足以自赴其敍例之所欲到者。姑略論一二，以備讀此書者之參攷。

第一篇第一章太古三代。關於此方面之見解，自革命以來，經過極劇烈之變化，而夏書寫此一段以神話爲主，故使三十年後讀者，乃不覺其陳腐，若尚有一讀之價值。亦緣近人疑古，本從清代今文經學之流派，而夏氏亦信今文經說故也，然上古神話爲一事，歷史眞相又爲一事。決不能以上古傳說多神話，遂并其眞相不問。若上古史之眞相不顯白，則以下必有無從說起之苦。觀於夏書第十四節黃帝之政教，詳述今日中國所有文化，尚皆黃帝所發明，則夏氏除認上古傳說多神話以外，於上古史眞相實並無所知，（第二十五節自上古至秦中國種族之大略，同樣謬誤。）本此下敍述堯舜夏商周皆極簡略，故其病痛尚不十分發露。然此下第二冊春秋戰國，夏書即有無從說起之苦。因其於上源發脈處不甚清楚，故遇下梢重要處，亦把捉不住也。

第二章春秋戰國，夏氏謂其時中國尚爲無數小國，其事並無統紀，不能不以表明之，（詳見第二篇凡例。）夏氏又謂列史年表與古人譜諜有與史事關係極切，而其物又無可刪節者，皆全篇附入以供博考。（詳見第一篇凡例。）故書中全部錄入史記十二諸侯年表，六國表，又顧棟高春秋大事表五列國爵姓及存滅凡三表，竟佔全書篇幅五分之一，其實三表均多疑處，苟於當時史事眞知灼見，亦未嘗不可提要鉤玄，加以改爲。今夏氏既不能有所訂正，又不能將其所謂與史事關係極切處加以說明，僅爲此爲空之大冒，直鈔三表，聊充篇幅，最爲無味。因此於本期封建制度之演變，夷夏之交爭，齊晉霸業之意義，及六國時代種種政治社會學術方面急劇之變動以爲中國上古史之結束者，全不能有所指陳。第二十三節春秋制度之大概第二十四節戰國之變古，全屬影響模糊，（毫不着痛癢處。）只說井田數語有見解。將使讀此書者徒見其勞行斜上，爲一種古董之把玩而已。其述七國史，因七國併於秦，遂特設秦之自出（第十七節）秦之列王（第十八節第十九節）六國對秦之政策（第二十節）諸節，不知戰國形勢，全不是如此一會事。（秦在戰國初期，遠不如齊楚魏之重要。又夏氏謂「戰國爲當時列强外交之三衞」亦大誤。）又第二節諸侯之大概，敍春秋二百四十年事，並不能指出當時狄戎形勢，而於二十一節記戎狄之滅亡，不知戎狄之重要時期在春秋不在戰國也。要之夏氏書於春秋戰國時局之推遷，實是並未有識。讀此書者，亦必將皆無所得。其病源則由對上流已認不清，故下段更無辦法也。

夏氏內謂於周代群其學派，然夏氏處處不脫當時今文經學家之習氣，必認孔子爲教主，故於其前特設孔子以前之宗教兩節。（第三第四多鈔汪中氏述學。）而於第七節述孔子世系特及其形貌。並特設孔子之異聞一節。（迷信推說，而謂古義實如此，改之則六經之說不可通。）又謂凡解經者必兼緯，非緯則無以明經，此漢學所以勝於宋學。不知今文經學之盛行，特讖緯之下經學之末途。乾嘉以前所謂漢學何嘗如此？治史者對於孔子之認識，是否須從緯書推說入門？論語爲孔門實訓所寄，明白劉切，何以轉不稱引發揮？第十節孔子之六經，附錄唐陸德明經典釋文敍錄一篇，占篇幅十二頁之多，至多是經學傳統上一重公案，於孔子學說在當時及歷史上之地位並無干涉。夏氏又謂此篇皆唐人之學，至宋學興而其說一變。至近日今文學興而其說再變。年代久遠，書缺簡脫，不可詳矣，然以今文學爲是。既以今文學爲是，又何必多錄此一文？夏氏並不能從當時史實上看孔子，自更不能從將來影響上看孔子，而只以宗教之教主與西漢緯書之怪說，及清末今文經學之偏見相擬議，又何從見得孔子之眞相？夏書最欲竭力推尊孔子，而所得影響適得其反，其故亦在此。

第二篇夏氏似欲竭力說明秦皇漢武之政術及於此後中國史之影響。（如第一節讀本期歷史之要旨，第二第三節秦始皇帝，第五第六節秦於中國之關係，第十四節武帝儒術之治皆是。）而並無精切透宗語。其述漢史以外戚爲主，西漢外戚之禍凡六節，東漢宦官外戚衝突亦六節。凡佔本期史六分之一以上，然並不能指出外戚擅權之背景。只是據述其事態，而不能揭穿事態之外幕以明其底裏。至王莽變法，以歷史意義言之，至少有兩大節目應爲說明。一是戰國末年以迄西漢之學術思想，不認有萬世一姓之帝王，而主張五德終始三統循環之歷史辯證法。謂四時之運，功成者退。王者亦當擇賢讓國。其說源通於易經老子之陰陽，而歸本於孔孟儒家之仁義。源於鄒衍，衍於董仲舒，激於眭孟蓋寬饒，暢於劉向谷永，而朝宗於劉歆王莽。爲新室之受禪。又其一則爲聊之學，傳之春中公，及於王吉貢禹，旁通於賈誼晁錯，主張以禮爲社會經濟人民生活作節度，驅爲帝王施政最高之理想。其說亦匯於王莽，而爲新室之變法。自王莽之敗，而此等理論驟歸消歇。此實西漢史上一至大之波瀾，豈得一概以外戚之禍一題爲包括。又自秦人以至西漢，繼續遷移東方之民力財力於關中，使中國東西經濟文化得其調節。又以長安爲中心，而伸展其對西北外族之捍禦與侵略。及王莽之敗，長安殘破，光武東都洛陽，從此中國經濟文化向西發展之努力的傾向，遂以中斷。迄成東漢幽并涼三州之荒殘，以致羌禍迭發。而東方則人口特密，一遇饑荒，遂有黃巾之亂。循此遂走入中衰之運。夏書述光武中興凡三節，僅注目於光武之所以興，而兩漢形勢之轉換，則並未顧及。（上篇秦漢之際凡六節，亦僅注目於漢高之所以得天下，於當時貴族失敗平民成事一重要關鍵，亦少闡述。）此實爲夏書一絕大缺憾。當知政治事迹非所不當詳，然當詳於整個時代民族之盛衰起落，不得以一朝一姓之興廢興亡爲觀點也。

兩漢以建都之不同，而對外形勢亦截然不同。夏書自第三十六節起至五十九節止，凡二十四節，將兩漢之對外，牽連說下，又無提挈比較，說是神非，極無精采。

儒稱術士，術士即方士也。方士之起本與祭祀禮樂有關。（此看史記封禪書即明。）鄒衍之學原本儒家，其立說中心不出二端。大抵政府施政應上天應時。此說詳見於呂覽十二紀，淮南時則訓，戴記月令，實即孟子勿奪農時之主張。（故荀卿譏孟子與鄒衍五行。）在上無不變之天象，在下即不應有不變之政令。（此種理論與孟子易經相通。）且上天既五帝迭主，人世亦當五德轉移。於是而天人相應。先有符瑞，徵新聖之受命。乃次以推德應瑞變法改制，興太平，封禪而告成功。是爲此等理論之前半段。秦皇漢武之施政，皆多少受其影響，而漢武爲尤甚。及德運既衰，上帝乃降災異，於是推賢讓國，退自降爲二王之後，而別有一番之受命。是爲此等理論之後半段，漢自昭宣以下其說逐步盛張而有王莽。至於封禪而得不死，乃題外旁枝，非題中正文。（以聖人應天而降，故既封禪告成功，理得登天。）方五之說仍從五德轉移大題目來。清代今文經學，極於康有爲，既不能發明孔子春秋明夷夏之防而主排滿，又不能推說漢儒通三統之義勸清廷爲讓國。乃以保皇言變法。目王莽爲僞篡，謂劉歆以作僞。全是鄉曲一派强爲經學今古分家之意見，並不能上窺西漢經儒之精義。夏書亦不免尋聲逐影。第六十節論儒家與方士糅合，捉不到眞際，六十一節黃老疑義，六十二節道教原始更爲模糊。

六十四節佛以前印度之宗教，與通史無關，不應闌入。

六十六節兩漢官制，摘鈔舊文，全無發明。兩漢九卿，論其性質，猶近帝皇私屬，與隋後尚書六部大異。其時內廷侍中尚書之屬尚多士人，（秦漢時少府屬官，亦非宦官者。夏說誤。）而御史大夫爲丞相副，有中丞在內廷，故丞相權得治宮廷之內，此如周官太宰，其管屬亦及內廷。（周官雖非周代實有之制度，而亦可考見戰國時之情況。）蓋由宰相亦自帝皇私臣演變而來也。自武帝始奪宰相權，內廷尚書分曹受事，遂有內朝外朝之別。武帝晚年遺命，以霍光，爲大司馬大將軍輔政，領尚書事，而宰相御史大夫不得預聞機要。宣帝欲奪霍氏權，遂以御史大夫魏相給事中，而霍山尚領尚書，故宣帝令吏民得奏封事不關尚書。然其後霍氏雖亡，而內廷之權終在外朝之上。王莽亦以大司馬大將軍受禪。東漢三公已無實權而權在尚書。此皆由歷史演變而來，猶未脫戰國以來封建制度之遺意。故武帝以前丞相操大權，而爲相者限於以軍功封侯之武人階級。（其實亦即帝皇之私人。）宣帝後丞相始由儒生經學家爲之，而大權則在內廷，不在外朝。而內廷操權者前漢爲外戚而後漢自外戚漸移而至於宦官之手。夏書不能於兩漢朝廷體制加以說明，故雖知外戚爲兩漢一特殊要點，而終不能說明外戚之背景與其來歷。（於武帝變制，及兩漢不同處均未達。）又第二章第三十七節晉南北朝隋之行政機關，以中國行政機關組織之變換，全歸罪於曹魏。並非精密之論。又謂魏後宰相不過爲皇帝之私人，與國家無涉，實即漢宦者之易名，非古之大臣也，此論似辨而亦誤。漢之九卿，首奉常，爲帝皇之廟祝，次光祿勳爲宮廷之門侍，次衞尉爲武裝之衞隊，依次而下，何一非帝皇之私臣。其時丞相御史大夫權得統領九卿，則以丞相御史大夫即爲帝皇私臣之首領故也。安所來古之大臣哉。至隋代尚書，分吏戶禮兵刑工六部，此與漢九卿太常光祿勳性質迥別。然則隋唐之尚書僕射，雖若帝皇私人，（其實相御皆私人之名，與尚書僕射亦無分別。）而其職權已漸涉國家之公務。漢之丞相御史大夫，雖若外朝大僚，其事務尚多屬帝皇之私事。良由漢去封建未久，隋唐已開近世一統國家之規模也。夏氏此書於漢隋政府規模，認識不清，遂有古人之治不可復矣之嘆。古今政治得失優雜一言而判，而夏氏之誤則可知也。

漢代政治規模，其中央猶如古代一大貴族，而郡太守得自治其郡，亦如古代一小諸侯。惟不世襲耳。及後中央政權日擴，地方政權日削，故有吏戶禮兵刑工之分部，夏氏乃以漢時爲中央集權，魏後宰相位卑，方鎭皆大將，位與相埒，無所謂統一之治，（幾可謂皮相之見矣。）當知隋唐節使由漢之州刺史變來，而漢之州刺史則自秦之監御史來，乃內官，非外官。外官之地方行政者，漢之郡太守縣令長，較之隋唐州郡官權重不啻十倍。夏氏乃倒言之，其失甚誤也。

漢代入仕，最先僅爲軍功封侯及蔭任兩途，其次乃爲納貲。尚不脫古代封建之遺影。夏書第二章第三十八節晉南北朝之風俗，謂漢興用徵辟之法，其士大夫率先受業於國學之博士，卒業後就公卿方岳之聘，試爲其掾屬。久之，累官而上。其制獨與今歐美諸國相近。漢行之四百年，人材最盛，流弊亦極少。其說亦疏誤。漢行博士弟子法已在武帝世。且漢官多出郎吏，郎選與徵辟不同。漢自武帝後時徵賢良，而東漢極盛孝廉。此皆郡國學從所畢大學曾經史，先入郎署，爲漢代入仕大道，尤在徵辟上。（不得以徵辟孫豪舉。又郎署屬光祿勳，此乃天子所樂門客，明是古代貴族封建之變相。九品中正始爲門閥操縱。及隋唐科舉，始有公開考試。此乃中國史逐漸脫離封建社會之一徵。大中正乃中央專官，夏書謂於州郡設大小中正官亦誤。）自漢武設博士弟子，而昭宣以下諸公卿，始多文學士。（蓋由博士弟子得補郎史故也。）自東漢察孝廉，而太守私門之權日重。（因舉送之權全在太守也。）遂形成東漢末年地方離心之勢力，以及魏晉以下之門第，與東漢士大夫之尚氣節，重報恩，形成新封建思想之復活。（此條與爲三家之國家觀念乃封建道德之孵相，不足推。）亦中國史走上中衰一大事。夏著第二篇第一章第七十三七十四節三國末社會之變遷，盛稱東漢氣節，實則東漢士大夫絕無一人敢明目張膽勸其君傳國讓賢者。即此一點，已證乃光武之成功，非全民族歷史文化之向上。歷來論東西漢士風皆不得其眞相，夏氏仍不免俗見也。（夏氏論西漢游俠，不能著眼當時社會經濟組織，而顧以宗教說之，更無是處。）

夏著第二篇第二章魏晉南北朝，大率政治述之敍述爲多，其目光仍不免稍偏於帝王一姓氏之起落，茲不詳論。其論行政機關之組織，已詳如前。又謂宗教必衆唐而言，故書中未及。（實則魏晉清談玄談並非宗教，夏書以孔老釋爲三教，故觸處皆非。）又云食貨兵刑等事，在今日皆成專科，在當時率由一二人私臆行之，殆無機關之可言。然西晉之戶調，北魏之均田，北周之府兵，皆歷史上極大事端，不應略去。又記魏拓跋氏衰亂而不詳魏孝文變法，亦詳略失當。

夏書疏略處，略許如前，然並不損夏書之價值。其敍述之扼要，文字之生動，一開卷即使人有心開目朗之感。其氣魄之闊大，譬如登泰山而眺衆峯，上下千古，豁然在目。豈與夫捃拾二十四史凡通校讎拼湊，非之無可非，刺之無可刺，無所略亦無所詳，無所失亦無所得，披卷使人睡，然讀使人愚，稱摭歷之故智，徒以陳紙相鈔，不以心胸相示。而夏書則不失爲豪傑之面目矣。學者論此，要自有益，其書在此時，尚不可廢也。

歐美蒐儲 支那古銅精華

青松

七冊　梅原末治編著　日本山中商會出版　定價日金一百五十圓

近年以來日本考古學界鈕子若濱田耕作，梅原末治諸君，於吾國古代彝器之學皆有特殊之貢獻。濱田氏前所編之泉屋清賞，久已膾炙人口。今日吾人又得讀梅原氏所編之支那古銅精華，尤所欣幸。梅原氏於吾國古代彝器之紋錄，究討甚深。前所爲殷墟出土白土器之研究，吾人捧讀而心折者久矣。今茲所出支那古銅精華，乃其年來遊歷歐美各國之創獲。書中所有銅器，皆歐美公私諸藏庫所儲之物。梅原氏蒐集其所得照片暴本之屬，精印爲七巨冊。吾人於最近數日內始得讀前五冊。其書繁皐典麗，琳瑯滿目，蓋是中新出古銅形制殊特者不可累計也。書之前三冊爲商周彝器，及秦漢古銅，凡二百五十事。後二冊秦漢以迄隋唐之鏡鑑，凡一百六十事。其中大都年來秦，晉，河，洛，間椎埋所出之物，而流落歐美諸邦者。國家擾攘，綱紀陵夷，坐使吾遠祖所遺留之寶器淪於異域；撫覽斯編，曷勝憤慨。梅原氏竟以數載之功，獨力蒐輯，吾人坐觀厥成，無能爲役，掩卷沈思，徒增慚感。今於其書彝器數四，略舉其精要處以告今之治考古學者。偶有商榷之意，亦綴篇末，並以就正於梅原氏。

本書所著錄之器大都無文字，而形制殊特者爲上。他如矢彝，矢毀，周公彝，諸器雖有文字，已成習見之品。此外一一七命毀，二一三陳侯伐匿簋，實可寶之品。習見引於郭沫若氏之古代銘刻彙考。陳侯帝陳匿爲毀石變樣獸紋鈁，尤奇特。鈁實漆制。郭氏名爲方壺，則至確。該器銘文契刻而成，與壽州新出楚器字體相同。而與驫羌鐘則大相逕庭。益可反證鐘不作於戰國之時，亦可證王靜安先生秦用籀文，六國用古文說不可磨滅矣。三二羌作父已尊，羌作觚，與甲骨文字相合。金文中所未嘗見者也。亦可證𢦚即羌字，足見郭沫若氏『𢦚甲』，『𢦚丁』，說之不可信矣。近年來臣辰所作之器累出不窮，文末皆附以亥字。今本書八四有父乙臣辰卣，一〇九有臣辰毀，此人之史料又增二器矣。四六饕餮虺龍文方彝，據云有銘，而未載入本書；一四八兕觥據云有銘，亦未載入。彝藏巴黎盧氏 C. F. Loo，兕觥藏柏林 Edgar Worch 氏。吾人甚盼能早讀二器之銘文也。本書有銘之器倘有十餘事，其文字僞刻及經見者不與焉。

近年所出古銅，與形奇狀，層出不窮。即就本書而論：三八雙羊尊，已見於英人所編獻氏集古錄。他如三十，雷文尊；三二，三三，兩六稜尊；三四，至三六，兩象尊；六十五，雙柱有立鳥彝；七十雙首饕鳳紋卣；七六，匽紋卣；提梁兩端有二羊頭。七九，饕鳳紋橢圓形卣；一〇〇，長方形觚；上下二部可分開，共有四耳。一一三，饕餮紋彝；實四耳之毀。一二一，實一正方形之毀，亦有耳。一二〇，饕餮蟠龍紋毀，雕鏤甚精，兩耳特大，如魚鼎。一三六，虺龍紋甗，甄有兩耳。一四二，梅原氏未定器名，實一盉。足似鬲，注口在蓋，器蓋相連，最爲別緻。一六五，水禽飾蟠螭紋彝；一六六，四脚長方形鼎，滿身變形雷紋。一六八，嵌珠象嵌文鼎，蓋有獸頭形。一七〇，異形盒樣銅器，實一敦。一七一，附脚有蓋盉；一九五，獸形容器，實從來未見之物，亦無從明定其名。二〇九，沈刻鳥獸紋敦，二一〇，沈刻禽獸文盂，兩耳有二蝘蜓作蹋入勢；下有四足，皆刻獸頭。二一一，沈刻禽獸紋卵形敦；二一五，嵌石變樣獸紋敦。此在先秦銅器中皆爲希見者也。

鏡鑑之部自一至四一凡五十一事，梅原氏據秦西諸學者之說，謂爲秦鏡。其紋鏤之形式，確與常見之漢鏡迥殊。今梅原氏所定名稱：若羽狀變形獸紋，丁字形飾羽狀獸紋，格子自花飾羽狀變形獸紋，七弧渦紋，透形蟠虺紋，四葉形飾羽狀變形獸紋透彫四菱紋，透彫變龍紋，細紋地散葉紋，凡此皆其新創之名。今按此項鏡鑑與山西李峪村所出之銅器，及前十年新鄭所出之銅鼎，前數年洛陽所出之驫羌鐘，近今安徽壽州所出之大鼎，皆作變形蟠紋者，似有一致之作風。其中關鍵，是否確受斯克坦文化之影響，吾人雖不敢決定，而晚周製作之器，上證東周，下較西漢，皆迥乎不同，則爲事實。山西李峪村，洛陽，新鄭，及壽州各處，皆南北晚隔。在春秋戰國之間，亦非秦地。凡此類鏡鑑出土之處，亦未確知。則所謂『秦鏡』者，亦莫須有之談也。自八三至九四，凡十三事。梅原氏皆名爲神人畫象鏡。其中畫象，作車馬遊獵狀，髓類武梁祠畫象，亦漢鏡中希見之品也。有年號者唯第二〇五片一鏡。銘曰：東晉太和□年。唐鏡之中亦有希見者。若一三六，嵌螺鈿鏡；一三七，嵌玉鏡；一四〇，飛天十二支鏡，皆奇特，而無文字。一四一至一四三狩獵紋鏡三面，形似胡服，作騎馬射獵逐鹿之狀。鏡類之中，得如許奇物，史界生色不少矣。

梅原氏此書以研究彝器鏡鑑之紋鏤爲中心，故其所定花紋名稱，類皆獨抒己見。雖最後論定，尚待學者精密之考察，其開創之功，殊不可沒也。其間所附器形簡測之圖，皆梅原氏精心結撰，得意之作也。惟梅原氏此書所定古器名稱，殊不一致。其可商榷者頗多。例如：一二一，善夫克盨，誤作善夫克簋。盨即盨，與簋大異也。教與毀，近年來學者已公認爲二物。而本書尚不能分辨。教者，即古人所謂西瓜鼎，其本名應作鑑，或從金作鑑。其初制無足有蓋，大蓋如漢代之洗；本書二〇三所謂齊侯盒是也。是器即齊侯四器之膳盂，銘文已著共名，不必更名爲盒；且盒在彝器中亦不顯。所謂教者，如陳侯午敦，陳侯因資教是也。推此例以求之。則本書二〇九，二一一，二一五，二一七，諸器皆是也。而梅原氏既稱鼎，又稱敦，更名之曰豐。其自相牴牾有如此者。一六六，實一長方形角四足鼎。梅原氏名之曰容器，亦未善。又本書定名，皆以花紋之式樣爲主。故善夫克盨，名之曰虺龍紋盨；九六，仲姞鬲，謂之雷文鬲；二四，羌作父已尊，即之饕餮文尊。然則所謂齊侯盒者，亦未始不可稱核紋盒矣。鏡鑑中有字者皆附有釋文。一一八之銘曰：『霧山孕寶，桒使觀爐；形圓曉月，光清夜珠；玉臺希世，紅任應圖；千嬌集影，百福來扶』。此銘皆叶韻字。而本書釋『來扶』爲『來快』，疑是手民之誤。又本書所有『壺』字，大部誤爲『壺』字。以若是精美之書，而校勘疏忽，不無餘憾。總之梅原氏是書其功績至大，區區數小事，雖未能當意，亦春秋責備賢者之義云耳。

評殷契通釋

戴家祥

徐協貞著　文楷齋刻書處發行　定價十二元

卜辭出土，于今已三十年矣。編訂考釋，無慮十數家。而其成績，不能超越羅王之圍。材智之士，每欲研精覃思，發前人所未發。若葉玉森殷契鉤沈，提倡之商民族的社會，郭沫若古代社會研究，其著焉者。最近有徐協貞氏，聞葉氏之風而悅之。作殷契通釋六卷，（一）殷代社會。（二）兩姓文源。（三）王朝政績。（四）卜貞原理。（五）各種祭法。（六）王公考証。全書六冊，共計三百三十四頁，是誠晚近卜辭學之煌煌巨著也。

徐氏自負之言，有曰「余近因時輪金剛法會，探得德金剛佛，所說四大六成譯法。與殷代史乘，適相符合。」（卷六四四頁）「有友人研究佛學，深通顯教，自信已入三昧。後學秘宗，聽講年餘，絕不相應。余書脫稿，案閱一通，頓然大悟。余追詢之，伊云，不能說，說犯戒。惟可告者，欲知秘宗奧諦，非讀君書不可也。」（卷六七五頁）「心靈未死，神志尚清。竟于卜辭有新發現，側前釋之岐路，恐後學之迷津。」（後序一）書後且引馬克斯作資本論，以相比況。其荒繆絕倫，殊非初意所及。

該書主要論點，以殷代爲部落社會。部落之名，郡稱爲方，鬼方人方是也。卜辭所有文字，多爲殷人爲方名創造之一種標識，故多不可識之音。然殷人文化程度低淺，在當代部落，雖多冗雜，不得不急于造字，爲氏族之標識，以備王朝之記錄，因需要而爲之也。徐氏既以此爲出發點，遂盡納卜辭之字，于方名之中，反覆論述，喋喋不休。甚至人名祭名前人已有確釋者，亦一舉而推翻之矣。二卷論兩姓文源，則舉卜辭中同形之字，偏旁從人從女，可以互易者，誤爲同方之標識。從女者，乃其女權之伸張也。五卷論祭儀，則謂殷人祭祀，以各部落人爲牲爲祭。此說葉玉森郭沫若曾主之，然不得學者首肯。徐氏更申其說曰，「卜辭中所謂牛羊犬豕，十居八九爲方名，而眞牛羊犬豕，在殷人用牲之內，不及萬之一。」例如釋卜辭米爲燔字古文，凡有米字爲文者，乃殷人以各方人爲牲而燔之也。于是釋『㸚爲羊方人被燔燎之形，凶爲午方人被燔燎之形』矣。又以卜辭乂爲茅字古文，引湯槃白茅以身爲牲作証，于是說卜辭有乂爲文者，爲殷人以各方人爲茅祭之事也。他如卜辭不可識之字，如『㗊釋爲埋西方人，㲋釋爲沈中方人，』亦爲祭名之一種。六卷王公考証，强牢以他人成說，致其懷疑之詞，而謂「殷代雖組織王朝，猶未脫亞血族聚婚之風習，」爲其全書得意之筆。

前人爲卜辭學者，以周秦後之文物制度，解釋卜辭，徐氏懷乎言之，以爲未有不誤。而其自己所持材料，則以漢書地理志元和郡縣志輿地理，姓史苑姓觿辨証氏族，偶有一字足以爲地名之佐證者，則辭源與民國地理，亦不辭羅覼采用也。善哉，張伯烈先生之言也。「自此書出後，卜辭有不論之音，無不解之義。」（見張序）吾人深恐世人受惑，卜辭之學，因此而晦，故不憚煩，而舉其前人治卜辭之法……

（一）[illegible]

（二）[illegible]

（三）[illegible]

（四）[illegible]

（五）[illegible]

（六）[illegible]

圖書副刊

BOOKMAN

第二十一期

一　本刊登載關於中外圖書之介紹批評以及學術界消息爲公開性質歡迎投稿
二　刊登本刊之文略致薄酬
三　投稿通訊可寄「北平文津街國立北平圖書館內圖書副刊編輯收」

書評

高本漢中國語言學研究　聞在宥

B. Karlgren, Philology and Ancient China (1926)

——賀昌羣氏漢譯本代序——

此高本漢君在挪威人類文化比較研究學會之講稿，以一九二六年印於 Oslo，自流入中土後，以余所知，以之迻譯爲國語者，蓋有二本。一爲潘尊行先生所譯，用文語；一爲賀昌羣先生所譯，用口語，即此本也。兩先生皆余摯友，譯事未竟之前，余又皆曾先得而快讀之。識前者時方寓廣州，余與尊行先生共事某校，校有文史學研究所，余爲執編纂之役。時方印期報，乃請于尊行先生，先以第一篇刊入，未幾而所中又擬出東方言語學叢書，乃中止續刊，留爲單行之用。顧爲議甫定，而人事倥偬，二人者皆離廣州，事遂中輟。讀此譯時方寓津門，余與昌羣先生亦適共事，其本則第一次未茯以前之本也。蓋此二譯，其明晰條暢，足以傳世間，而其紆迴甜阻，不能即與世人相見亦同。今此譯于灰燼之餘，幸能補綴，更歷三載，卒底于成，而余復以昌羣先生厚意，得綴一言於簡末，亦不可謂非厚幸矣。

高君此稿，雖爲比較通俗之作，然一切皆本于其自身多年精邃之研究，故言之自親切而扼要，此固爲吾人所深佩者。然其中亦不能謂全無可商之點。其最共者，莫如對於文字方面之意見。高君對於我族文字之認識，固已勝于往日 J. Edkins, L. Weiger 諸人，然終不如其對於語言之發揮。如第五稿中，高君對于語言之比較，深致其懷疑與鄙薄，而以爲幸有非標音之古文，使吾人得以窺見其含義之推衍；層次既明，然後得施之于比較，同時更示吾人以希字之一例。此說驟視之若無可難，更深求之，則知高君固猶未達一間也。語言比較之當鄙薄，高君除本書而外，Tibetan and Chinese 之發端，又嘗言之，吾人于此本無異議，可以勿論。至於漢籍文字，推求語原，在原則上自亦可以接受。然高君須知漢字之眞相，並不如其想像中之簡單而明顯，自甲骨刻辭以至說文所錄，皆高君所寶之古文也，而其性質即至繁複，有最古之Pictogram 有較晚之 Ideogram，更有二者與 Phonogram 之合體，其遞禮遷衍之跡，已有先雖爲實者。如甲文𡨄多𡿨，非聲符也，其後乃譌變而爲手聲；行必作𠦶，非合體也，其後乃譌變而爲彳亍。此其所以致變之由來既未明，則語義之層序即難案。而甲骨刻辭之在今日，其明白可徵者又極有限。彼沾沾自矜爲論定者，固皆去事實于萬里也。說文雖爲漢人所習，而二徐傳本，既有異同，各家增損，尤極錯雜，往往一單位之出入，所關於語源之解釋者至鉅，而言之多未爲定論。高君往識爲 Snalytic Dictionary，于聲意兩者之間，亦往往以己意勘定，此其糾紛未決之象，當能憶之。至如贖之重文有觸，自之學文爲鼻，若斯之類，往昔學人所白首窮研而不得其解者，亦豈能更以陳法求之。故知語源之探明，雖在乎文字；而文字之探明，先待乎他術。其術爲何，曰，即在於以同族語言相比勘是也。

試即以上述二文爲例：贖觸二字在中古音爲 Liwo, Piu，此以舊日音韻訓詁學之眼光施之，固無術得以通解。然若一檢藏語 Skln 之讀 Plags，則此兩單位之成立，正爲兩紐離散後之現象，可以立白。自鼻二字在中古音爲 dz'i, b'ji，固亦適於奇觚，然若知苗語鼻之讀 pi-，（依鳥居所紀）而从自得聲者尚有詛𠱥，則 dz'- 爲後來之訛變，而鼻之所以別加畀聲，亦復可以立白。（余嘗作者字晞之組織與漢字之關係一文）凡斯之類，正以見說文確爲瑰寶，決非今之徂知輪廓者所可任意貶易。且說文果有疑似，亦必以比較方法，始得正之。如雷，从雨，畾象回轉形。雖可均從韻會所引小徐，以爲當作畾聲。王筠因之，謂靁从畾聲，亦猶裘从求聲之比，說最明通。靐本象形，已具雷音。其後變易，則增雨之意符。此以 gui Lalo 所用音字⊗值爲 Leu 證之，可以知其不悞。（gui Lalo 所用音字，確爲古漢文之借。如 𠀀 gui 之爲女，㐅 la 之爲旅等等，皆絕無可疑，余別有文言之。）更以他語證之，則藏語讀雷爲 hbrag，暹語爲 la Lǎn' Shan 語爲 pha l̃ng，納家子爲 P-al ral，（此依 D'allone 所紀，我國舊紀錄所謂「巴來」，正與相合。）雖語妥各有小殊，而其有 p-, l- 兩紐則一。最初⊗之一符，亦必代表 *pl- 之複値，殆無可疑。此證既成，則果之構成，亦得而說。說文言从木，象果形在木之上，此不與刻辭相合，世多疑之。今證之藏語，則 fruit 爲 hbras，是知其上之㊉，亦正 *bl- 之聲符。其後乃爲 bl>k' 之衍。（此在安南語中有同例，如 plau>kǎn，參馬伯樂 E'tude sur la phonétique historique de la langue annamite。）故从果者尚有裸 luo，雖訛異已甚，而痕跡未甚泯也。

準上所述，可知語源之研討，固賴于文字之傳存；而文字之推求，亦賴于語言之互證。此兩者往往爲一事之兩面，而非後先之兩事。高君雖精通漢籍，而遠居西土，其於史料之取資，本不如我人之便，稍有隔膜，亦無足怪。又其第一稿中，稱漢語之音韻與形式，在文字未具以前，實已極簡，故漢字亦不能不有一種特性以應之。此亦未必盡然。甲金文中，往往有若干加綴之符號。甲文爲☐有☐有☐，金文如☐有☐，☐有☐，皆甚似 Prefix p 或 m 之痕跡。（甲文之八，余向疑爲𠁁飾，實悞。附正于此。）其他可舉者尚夥。疏通證明，雖俟異日，必斷言其絕無變化，則似亦失之過早也。

上面所陳，以爲篇幅所限，皆僅及其舉較。惟區區之愚，竊以爲關於古文字語言研討之徑路者甚鉅，故先表而出之。以乞高君及昌羣先生之敎。其他方面，尚有足以商討者，亦不復出也。

龜甲文字概論　戴家祥

陳晉著　二十二年十一月中華書局出版
定價銀一元

泰興陳夕康氏，在太原各學院教授爾雅說文之學有年。最近聚其平昔所著之龜甲文字概論問世，內容共分十章：一，契學定義。二，甲骨出土之時代地域。三，龜骨種類。四，卜法。五，契學中之文字。六，契學中之典禮制度風俗。七，契學中之帝王世系及人名。八，契學中之地理。九，諸家著述。十，契學之將來。大概就前人著述，刪節詮次，略下己意。既無獨見之論，又乏闡述之方，不過眉目清晰，有似學校講義之類而已。

作者僻居太原，而晚近學者甲骨文字之論述，除程憬殷氏族的社會，郭沫若中國古代社會研究，甲骨文字研究，卜辭通纂，劉盼遂甲骨中殷商廟制徵數書外，（皆二十二年以前出版）能引證三十餘種，倘非好古敏求之士，不能至此。所惜陳氏窮年兀兀於龜契稚故之中，依然所得甚微。觀此書第五章第二項，論契文與金文之關係，以及指事，形聲，會意，假借之說，膚淺疏陋，不免謬誤。如丁字，小字，午字，（午象杵形故舂字从之）卜辭無一不是象形。天字，（卜辭作𠀘象人顚頂形，或作𠀘則以一指顚頂之所在。）災字，（卜辭作巛从巛省才聲，或作𡿧則以一指災之所在）卜辭每有指事形聲象形，雜然並用者。至於旁字古文从凡从方，上下俱聲，按諸六書，惟形聲差近。陳氏不察，均質然舉之，以例指事，足見敝塞之甚。又如行字卜辭象通衢形，（盤字古文从此）陳氏舉之以例形。畢字卜辭象田網形，陳氏舉之以例假借。諸如此類，不一而足。非但於商周文字通例不甚了了，且漢儒六書例類，尚有所蔽。此外采摭他人述作，失於考較，（如不知郭之說承孫詒讓之誤，無尤之說承丁山之誤。）疑闇於環境匪可盡責以人事也。

惟第六章論巡狩而卜習，入學而觀樂習舞，蒸至而請子之俗諸條，爲前人所未發。然其濫用假借（如第四節以隹88爲觀樂之省文，以入爻爲入學之省文，以𢆶爲習之省文，九節以令彼爲館彼之省文等是）穿鑿附會，爲可惜耳。

文化人類學　葉．爲耽．

林惠祥著　商務印書館出版
四六二二頁　定價三元二角

人類學書籍，在吾國不多見。陳映璜氏前有人類學之作，歸「北大叢書」，由商務印書館印行；其所敘述，有不甚合於現時之情形者。嗣而張栗原氏又有人類學一書，由神州國光社刊行，則又以學術爲某一主義宣傳之工具；雖自謂立論新穎，而在治人類學者視之，直有如先進類文的生物學，未足以爲範也。吾人方期在貧乏之中國出版界能有比較可以入選之人類學書籍，以饗國人之需。今商務印書館刊行「大學叢書」，得文化人類學一冊，不禁欣喜；以爲必能力矯前非，足爲吾國學術進展之水準。書爲洋裝一厚冊，都四百六十二頁，售價三元二角　其頁數之多，售價之昂，均足以突破以前人類學書籍之紀錄。書名「文化人類學」，似與一般人類學較爲專門。隨此量的增加，以爲必有相等的質的改善；乃開卷之餘，不能無感，而有令人不能已於言者。

首言書名。人類學以研究人類爲對象；著者亦言：『人類學是用歷史的眼光研究人類及其文化之科學』。則人類學的研究者不僅爲文化，尚有人體。人類有文化而此採文化之創用，尤須藉人類有機的天賦。故人類之研究，以有機的爲基本；蓋此有機的賦予而後有超有機的文化。人類學既研究人類及其文化，則自不能獨重於文化；且更須注重有機的現象，以成人類學整個的體系。近世之治人類學者，力矯以前將人類學分爲體質與文化兩部之非。克魯伯之作人類學也，亦已言之。日本西村眞次氏既著體質人類學及文化人類學以後，亦自覺其錯誤，復成人類學汎論一書，以示體質與文化之不可或分。今吾國最近之書，尚標文化其上，以示其專門；實有背於晚近人類學界之潮流。

茲姑不論其將人類學拆散爲文化人類學及體質人類學之是否得當，即就其原書而論，其有待于商榷者亦極多，爰爲標晰陳之。

原書共分七篇，曰人類學總論，曰文化人類學略史，曰原始物質文化，曰原始社會組織，曰原始宗教，曰原始藝術，曰原始語言文字。更就各篇分若干章。綜觀全書，既以「文化」冠其名，而於文化發育之因素，未嘗一提；實有未足。文化何以生發，其間之地理的，生物的以及歷史的因素，實爲所謂文化人類學重要之主題。著者雖於其文化人類學略史一篇中，提及所謂「文化定命論」，聊聊數字，既使讀者無從得知所謂 Cultural determinism 之眞義何在，復不加以闡明文化與文化發育之關係，而於地理環境與有機的賦予對文化發育之關係更一字不提，竟以冠其書爲文化人類學；在著者既屬大膽，在讀者實遺憾。

芸盦群書題跋　趙萬里

頤菴居士集二卷　宋劉應時撰　明嘉靖刻本

此書首有慶元六年陸游序，嘉泰元紀楊萬里序，又有嘉靖乙酉郁穆後序。半葉九行，行十五字。詩以古今體類次。卷上古詩十六首五言律詩十五首，卷下七言律詩十九首七言絕句五十首。應時名不顯，嘗與范至能陸務觀相倡酬，務觀序中盛稱其詩爲范至能所賞，蓋其清俊處，略近至能，宜其聲氣相通也。然集中粗礦叫囂之作，亦時有之。楊廷秀擬之王半山，未免阿其所好矣。此嘉靖初良佐十七世孫允卿知太倉州時所刊。先是弘治間，允卿之兄世臣嘗刻之新安，未見行世，允卿再刻之，遂有傳本。此天一閣藏書，前年觀書於兩林某氏，始獲假讀。以校長塘鮑氏藏舊本，勝處尚多。如陸序云，而詩其尤也，鮑本尤下衍者字。舍此一法，鮑本脫舍字。直可欺不知者耳，鮑本耳譌有。平生盡力於詩，鮑本平譌先。數家臨水村，鮑本臨譌鄰。古詩辛亥季冬雪中作云，剪水俄傾六出花，鮑本傾譌飛。須與勢欲包天地，鮑本包譌傾。不能夜半轉元漉，鮑本夜半譌半夜。讀放翁劍南集云，射虎削鯨時一吐，鮑本削作蹹。次韻李仲南木犀云，景物獨翩勝，鮑本獨譌翩獨。和史魏公酬北山禱老云，來爲蒸蒸黎公，鮑本來譌未。尋春云，爛飯傾衰牙，鮑本爛譌歡。別李簿云，空勝黃金淚，誰知白石音，鮑本勝譌錫，石譌雪。耳聾云，今日耳猶聾，鮑本猶譌尤。登樓云，更欲騎黃鶴，鮑本騎譌鶴。山居云，風靜收雲脚，山高露月痕，鮑本收雲譌雲收，露月譌月露。喜會故人云，朝廷已誦相如賦，鮑本誦譌重。次韻范至能尋梅云，孤吟不忍空歸去，鮑本忍譌冐。春晴云，閉閣時焚一炷香，鮑本閣譌閑。聞范至能丐祠云，誰許探懷寂寞濱，鮑本懷譌藏。既紆北闕思歸矣，鮑本紆譌紆。推篷邀月話江湖，鮑本話譌夢。贈上人裁紙帳作詩謝之云，道人法施復何如，鮑本法施譌施法。懷怡雲平老云，同首扶春堂下路，鮑本堂譌亭。謝香山禪師惠水巖新茗云，睡魔正厭眉愣重，鮑本愣譌稜。觀外亭云，渺然天際識歸舟，鮑本歸譌見。聞張逸人訃云，野塘高下水交流，鮑本交譌爭。皆其例也。蓋鮑本付刊時，未見此本，僅據四庫本，故異於此本者，十九皆與庫本合。又如卷下西郊詩三首，此本俱全，庫本僅錄其二。其第三首，誰人躍馬出西郊，野水瀰瀰漲路均，好似吟哦方得句，時時指點縣鞭梢云云；庫本全脫，鮑本亦如之，則此本之可貴不待言矣。舊本宋別集傳世日稀，此書尤爲罕見，邵位西某部亭諸家簿錄俱失載。近四明張君詠霓，方銳意校刻四明文獻，他日當貽書告之，俾重刊以彌鮑本之憾，要亦爲張君所樂聞乎。

復次，關于文化之內容與外形一題，亦應爲文化人類學之主題。美國人類學家韋斯樂 C. Wissler 在其所著「人與文化」一書內，以大部分篇幅論及此題；而著者除於其第二篇論述批評派或歷史派一章內，簡單提及以外，未有專文。雖見地各有不同，未能强一；然文化之內容與外形一題，要亦不應忽視如此。

抑更有進者，原始社會之親屬關係，實爲原始社會組織之基礎。昔摩根 L. H. Morgan 之作「古代社會」，其所論列，悉本于其對于原氏親屬制度之研究。殆後，英國人類學家列浮士 W. H. R. Rivers，亦以其大部分之研究置於親屬一題。今本書冠名爲文化人類學，既無專篇專章以論列此重要之親屬制度一題，已嫌失當。再氏族爲原始社會組織之基本的現象，而著者僅以一頁有餘之篇幅論及此題，極不易使讀者得一明確之氏族觀念，亦系不足滿讀者也。

此外，人類學之研究文化也，以史學爲基礎。故所謂文化人類學應爲歷史的；此著者亦曾言之，觀其爲人類學所下之定義，即『人類學是用歷史的眼光研究人類及其文化之科學』，可以知矣。然著者所用之「歷史的眼光」，使讀者殊不易見。關于文化的發育一題，既不論及，其所用之「歷史的眼光」已不可見。更不引採歷史的文化的推移傳佈，或獨自發展之先例，如字母以及曆期制度之傳播情形，以明示文化發展之過程。凡此皆足以示文化人類學之以史學爲基礎；雖著者申言「用歷史的眼光」，而其所用之「歷史的眼光」卻未曾見。抑人類學中之用歷史，與普通的歷史觀念不同；所謂「先史」，在人類學者亦視同「歷史」。關于「先史」之研究，爲人類學（尤其是所謂文化人類學）之重要主題；今著者著「文化人類學」，而未有關于先史文化之專章，亦不勝遺憾者也。

上之所言，就其編制而論。至其文字上之足以商榷者，今更爲陳之。

原書第十一章爲「石器」僅敘述關于石器之製作，而于石器工業之演進不提，僅言：『舊石器時代 (Palaeolithic Age) 或粗製石器時代 (Rough Stone Age) 祇有錘製而成的粗製石器不需待再加磨琢。…新石器時代 (Neolithic Age) 或琢磨石器時代 (Polished Stone Age) 此時代方有美麗精緻的石器……』。即此二言，已足供商榷之資。晚近先史學之將石器時代分爲新舊，已不再以石器之粗細或磨琢代斷；而以其他之文化現象，如陶器，農業等代劃分之標準。新石器時代已不再爲純粹之磨琢石器時代；此磨琢石器時代僅占新石器時代之一部。即欲以磨琢石器爲新石器時代，則新石器與舊石器間之悠長時間，必有一過渡期，如所謂「中石器」Mesolithic 者。著者既不爲石器演進之敘述，復不曾以簡單切要之詞區別此新舊石器時代之劃分；致使讀者對於石器時代不能有確切之認識。

著者在第四篇第二章論及亂婚之際，提及 levirate 及 Sororate 將其譯爲「兄弟嫁婚」及「妻姊妹婚」亦有未妥。levirate 與 Sororate 之形態不一，著者並未述及。又「兄弟共妻」西文輒作爲 Fraternal Polyandry，而著者作爲 adelpogamy，不知果有所依據否。至一夫多妻制，在西文另有專名曰 polygyny，而著者則用 polygamy，殊不知一夫多妻固爲 polygamy 即一妻多夫亦是 polygamy。

西伯利亞土人有新舊之別。所謂古西伯利亞人 palaeosiberians 才是西伯利亞眞正之土人；現今居於西伯利亞者，除俄國及歐羅巴以外，固爲土人，然以人種學觀之，實爲新西伯利亞人——即通古斯人，蒙古人，及突厥人。新古之分，在人類學上大有區別；而著者在論及服務婚姻之時，僅言「西伯利亞土人」，殊有不似人類學者之口吻。以專門之書，而用非專門之名詞，似屬滑稽。（原書一九七頁）

Matronymy 及 Patronymy 並非完全是「母系制」，及「父系制」；其含義實爲於「母姓」與「父姓」。若一部落其繼承 (descent) 爲「母系的」Matrilineal，則姓母方之姓，換言之即取得母方之名氏；反之若爲「父系的」Patrilineal 則取得父方之姓或名氏；其重心在名氏，與「父系」或「母系」意義有不同者。

綜觀全書，帕殺龐雜，殊不類有系統的著述。若以此而視爲人類學或文化人類學之正規，則誠如販賣古董之人，皆可作爲考古學家矣。然著者能一心一慧成此數十萬言之巨著，其精神亦至可佩也。

新書簡訊

禹貢半月刊

北平成府蔣家胡同三號禹貢學會出版，顧頡剛譚其驤二氏編輯，本年三月一日發刊，現已出至三期，每期一角。按吾國歷史及地理兩科之定期刊物，在出版界中最爲相形見拙，大多半途而夭，不知其故何在。顧頡剛氏致力古史，發憤刊此，以究心中國之歷史地理自任，允可稱爲任重道遠。就已出三期以觀，大率後出轉勝；所冀其繼續此種精神，爲我國史地學界一挽頹風也。

× × × × ×

浙江省立圖書館漢譯西文書目索引

金天游薛家鎔楊倬先輯，二十三年出版，定價四角。

本書內分漢譯西文書目索引，分類索引，著者譯名索引，書名索引四大部分。本文排列依據原著者姓名字母次序，分爲著者原名，著者譯名，書碼書名譯者及出版者，附註四欄；分類索引以王雲五氏中外圖書統一分類法爲依據；著者譯名索引以王雲五氏四角號碼法爲排列之次序。全書所收譯本約七百種左右。其中失收不備，固不待言，唯限於該館所藏（截止於二十二年四月），固無可非也。然索引不注明原書名，又於譯本出版年月亦多失載，甚爲遺憾。前者之失姑置不論，譯本出版年月，分類比觀，每可以見出一時期思想界之趨向，不可以瑣微而忽之也。

× × × × ×

女眞譯語二編

羅福成類次，民國二十二年出版，上海蟫隱廬北平來薰閣書店諸書肆代售，定價一元。按金源國書傳世甚希，所知石刻不過宴臺國書碑得勝陀頌碑等三數種而已。明四夷館華夷譯語中收入若干，而流傳甚少，且多遺漏異邦，國人多不之知焉。羅福成氏究心西夏語有年，頗多發明，與乃弟福萇可稱二難，於其他絕域方言亦復留心。近蒐集東西諸邦所存女眞譯語凡七十九通彙爲此書，計：一至十通據錄內藤湖南氏秘笈本及伯林克脅伯氏對譯本；十一至二十通據錄東洋文庫本及伯林克脅伯氏對譯本；二十一至六十通據錄內藤湖南氏秘笈本（原爲休寧汪季青所藏）六十一至七十九通據錄東洋文庫對譯本。首標類頒來文，內中所收大都永樂以降至於嘉靖海西諸衛請頒印軼以及貢獻方物一類文字。全部由羅氏手錄景印，每通之前爲譯語，後爲女眞原文，兩者參伍羼較，女眞字不難逐漸辨論。其於絕域方言以及明代遼東史事研究之功俱有貢獻；雖抄錄之間不無訛誤，究無傷其大體也。

× × × × ×

中國報紙

(The Chinese Periodical Press, 1800-1912. Rell & Walsh, Shanghai, 1933)，美國白瑞華 (Roswell S. Britton) 著。計分舊有之報紙，西洋新聞學之傳入，對於外國新聞紙之反應，王韜與香港報紙，通商各埠之外國報紙，申報與上海其他報紙，新聞紙發達梗概，梁啓超與維新派報紙當局與新式報紙，革命黨人之報紙，新與舊，共十一章；後附參考書目，報紙名稱索引，人名索引及附圖。此書重在綜合敘述，條理秩如，簡而得要，不如戈公振氏中國報學史之繁重，而其取材則得力於戈氏不少焉。

學術界消息

江蘇省通志續修消息

江蘇省通志，自亡清宣統元年張人駿總制兩江開館于南京，聘繆荃孫爲總纂，張子虞爲總辦，其後林炳章繼之，而總纂未改。民國四年，馮蒿庵接辦，合總纂總辦爲一延聘，宗子岱李審言孫益庵趙君閎朱慰予張德隅諸氏爲協纂。至十四年書成，約三百餘卷，精寫清本數十冊。未幾馮氏下世，省府以馮書斷至清亡，未爲完備，復聘武進莊思緘擔任增輯。思緘網羅東南名宿，設通志編纂委員會於焦山，規模閎大。莊氏旋卒，一二八之役起，省府令行結束，將所有材料檔案及府廳州縣志分貯于南京國學圖書館及鎮江省立圖書館。而馮莊兩任所撰稿本，則封存于省府秘書室。去年陳果夫主省政，特延鎮江尹石公同省主持，設辦公處于鎮江巳卜巷五號，開始工作。仍請前編纂泰興金葆意主纂藝文志，並擬馮志重訂體例。至莊志新稿成篇者，如柳翼謀武進陳子蘩陶懋立朱寰三單束生諸氏所作，則略繫於卷外，別曰續稿。刊行時，擬用王鑾石唐鄂生修雲南通志例，統名曰江蘇通志稿云。

× × ×

續記山西發見唐宋寫刊藏經

去歲山西發見隋唐以來寫經及宋開寶時所刊藏經，已誌本刊。最近記者獲閱此批寫刊諸經簡目，得悉刊本諸經，如：大乘莊嚴經論卷十五，尾署開寶七年，佛說明度經卷六尾有開寶六年及熙寧辛亥印賜顯聖寺聖壽禪院牌子，奉敕雕；十門辯惑論卷上尾署太平興國元年雕；大般若經卷一百十五及卷一百二十九尾署開寶五年奉勅雕又卷二百八刊於開寶五年，印於元符三年，又卷五百六十四卷尾署開寶六年奉勅雕；大寶積經卷九十四尾署開寶六年奉勅雕；辯正論卷三尾署太平興國三年奉勅雕；此外刊本而不明何時者尚有數十卷。寫本有永徽元年杜才寫之灌頂經，大興國寺僧道寶供奉之大般若經卷一百十一，至和二年懷証寫本之雜阿毗曇心論卷十二，皆其較爲顯著者也。按開寶開版藏經，傳世只有蜀本，此次發見雕本，據云俱爲晉地所刻；又可爲佛經版本學中添一新資料矣。（明）

× × ×

叢書發刊消息一束

遼陽金毓黻氏近輯遼海叢書，分三集刊行，第一集十四種十六冊，目爲：楊循吉遼小史一卷金小史八卷，（據上虞羅氏本），吳廷燮遼方鎮年表一卷金方鎮年表一卷永樂別錄二卷宣德別錄二卷（稿本），黃維翰渤海國記三卷（稿本），洪皓松漠記聞二卷（顧氏文房小說本），高士奇扈從東巡日錄二卷（原刊本），楊賓柳邊紀略五卷（趙撝叔刊本），傅明鳳城瑣錄一卷（三種本及傳鈔本），楊同桂瀋故四卷（原刊本），朝鮮柳得恭灤陽錄二卷燕臺再游錄一卷（傳鈔本）。第二集十一種亦十六冊，目爲：嘉靖重修遼東志九卷（鈔校本）嘉靖全遼志六卷（傳鈔本），康熙遼陽州志二十八卷（傳寫北平圖書館藏本），康熙錦州府志十卷（傳寫北平圖書館藏本），塔子溝紀略十二卷（原刊本），岫巖志略十卷（傳鈔本），何汝霖瀋陽紀程一卷（原刊本），景方昶東北輿地釋略四卷（稿本），屠寄黑龍江輿圖及圖說一卷（原刊本），吳廷燮奉天郡邑志一卷（稿本政略本）。第三集九種十六冊，目爲：賀欽醫閭集九卷（明刊本），戴亨慶芝堂集十九卷（原刊本），曹寅楝亭書目四卷（傳鈔上虞羅氏本），劉廷璣在園雜志四卷（原刊本），常紀愛吟草一卷（原刊本），金科豫解脫紀行錄一卷（家藏鈔本），金朝覲三槐書屋詩鈔四卷（稿本），李放皇淸書史十卷，寶家知希錄三卷（稿本）。舉凡三十四種，多爲外間希見之本，聞已發刊，成書可待。唯是三年以來，白山黑水沈淪鬼域，豈止遼海人士有化鶴歸來之痛而已。循覽此目，且沸淚沾襟！又北平書肆邃雅齋主人亦有刊印邃雅齋叢書之舉，共第一集計收：焦廷琥三傳辨異四卷，洪頤煊孔子三朝記七卷筠軒文鈔八卷，臧鏞通俗文一卷，錢唐史記釋義三卷，陳奐師友淵源記一卷，汪喜孫尚友記及文稿，共凡八種。洪氏二種自爲書單行，汪喜孫諸作依據稿本，既付影印行世云。

章太炎氏叢書刊印行世已十餘年，近其門弟子又輯叢書刊成以後章氏之作爲章氏叢書續編。所收計有廣論語駢枝，體撰錄（以佛經釋易頗多新奇可喜之論），太史公古文尚書說，古文尚書述異，春秋左氏疑義答問，新出三體石經考，菿漢昌言，凡七種。據聞業已刊竣，不日可以出版云。

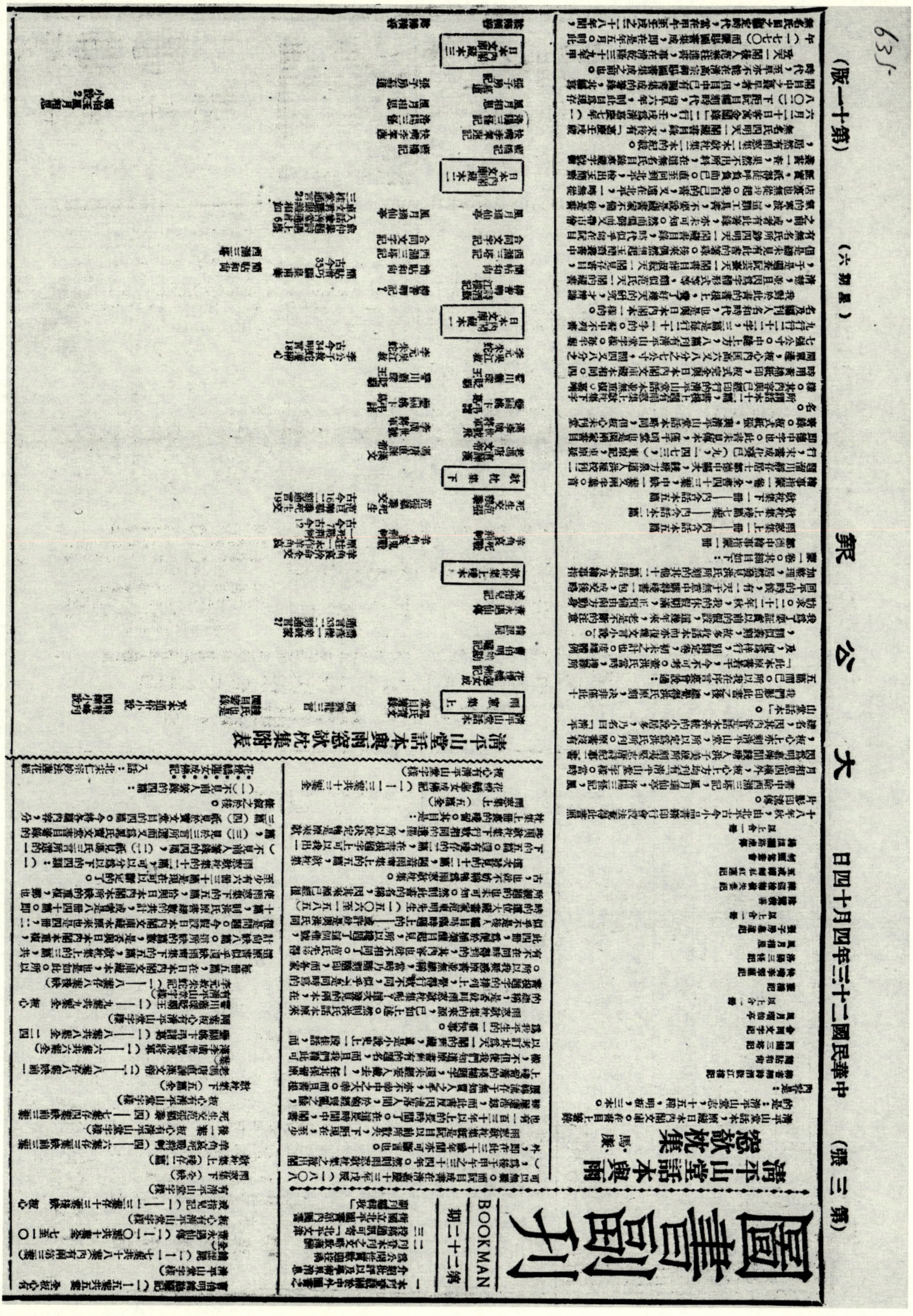

圖書副刊
BOOKMAN
第二十二期

一　本刊登載關於中外圖書之介紹批評以及學術界消息
二　本刊登載文章略致薄酬
三　投稿通訊可寄「北平文津街國立北平圖書館內圖書副刊編輯收」

清平山堂話本與雨窗欹枕集

馬廉

清平山堂話本，原藏日本內閣文庫。在書目上著錄的是：清平山堂志，十五種，明板，三本。

內容是：

柳耆卿詩酒翫江樓記
簡貼和尚
西湖三塔記
合同文字記
風月瑞仙亭
以上合一冊

藍橋記
快嘴李翠蓮記
洛陽三怪記
風月相思
張子房慕道記
以上合一冊

陰騭積善
陳巡檢梅嶺失妻記
五戒禪師私紅蓮記
刎頸鴛鴦會
楊溫攔路虎傳
以上合一冊

十八年秋，由北平古今小品書籍印行會設法覓得此書照片影印流傳。

書中除西湖三塔記，洛陽三怪記，風月瑞仙亭，風月相思四種外，板心上方均刊有「清平山堂」字樣。當時因爲明嘉靖間錢塘人洪子美楩所刻夷堅志唐詩紀事二書，板心上亦刻清平山堂，所以定爲洪氏所刊。原書沒有總名，因其內容是話本系統的小說居多，乃名曰「清平山堂話本」。

我們影印此書之後，總覺得洪氏原刻，決非僅此十五篇而已。所以我在序言裏曾說過：

「此本原書若干，今不可考。蓋洪氏當時，搜羅所及，便爲梓行，別類定卷，初未之計也。度其體例，頗似叢刻，故多收話本而亦復雜文言小說」。

我爲了要証實以前的假設，這幾年來，老是不斷的注意訪求。二十二年秋，我的休假期滿，正預備由南方動身回平的時候，有一天于無意中購得殘書一包，成交後略加整理，居然發見洪氏所刻的其他十二篇話本及韓事指蒙一卷。共細目如下：

雨窗集上一冊——內含話本五篇
欹枕集上殘篇七葉——內含話本二篇
欹枕集下一冊——內含話本五篇
鄒德中韓事指蒙一冊

韓事指蒙一卷，全書四十三葉，中缺一葉又兩半葉。首題湖川靜存居士鄒德中編次，錢塘方泉道人洪楩校刊二行，末書成化癸巳（九，一四七三，）東原記，東原疑即德中字也。此書未見傳本，僅千頃堂也是園兩家書目著錄。板式紙張，與清平山堂話本略同，但板心未刊堂名。

所謂話本十二篇，書根上題有雨窗集上欹枕集下字樣。其內容與已經印行的清平山堂話本並無重複。嘉靖時用黃棉紙印，板式完全與日本內閣文庫藏本相同。四周單邊，板心內匡高六又八分之七公寸，闊四又八分之七強公寸。中縫上方，八篇刊有清平山堂字樣。每半葉九行行二十二字，三篇是每行二十一字的。書中不列書名及編刊人名和時代，也是與日本內閣本一樣的。

我對於此書的書根上，費了好幾天的研究，才辨識清楚，並且因爲字體形式等等，頗似范氏天一閣的藏書，于是遍查阮芸臺天一閣書目薛叔耘天一閣見存書目，但是總未見有此書的著錄。後來偶然想起玉簡齋叢書中有無名氏所鈔四明天一閣藏書目錄，時代似乎尙在阮目之前，或者有此著錄，亦未可知。然而偏僻而又帶市儈氣的寧波，這類工具書，不要說是藏書家不備，就是書店裏也無從找起。我自己的書，又還在北平，一時無從証實，祇得徒呼負負而已。直至回到北平，檢出玉簡齋叢書一看，果然不出所料，在這無名氏目錄裏藏字號橱，居然有雨窗集二本欹枕集二本的紀載。

無名氏四明天一閣藏書目錄，末後有「嘉慶壬戌歲六月二十日寄寓金閶錄」二行，壬戌爲清嘉慶七年（一八〇二）下距阮目編刻時代，尙早六年，則此目爲現存閣目中之最早者，但目中已有圖書集成的著錄，其編寫時代，至早亦不能在清高宗御賜圖書集成之前也。

致天一閣後人范懋柱進書，事在清乾隆三十九年甲午（一七七〇）而御賜圖書集成，即在是年五月。則此無名氏目之編定時代，當在甲午至壬戌之二十八年間，可以無疑。而阮目成書在清嘉慶十三年戊辰（一八〇八），爲後于甲午之三十四年。然則雨窗欹枕集之散出閣外，即在此三十餘年間亦可斷言也。

雨窗欹枕集既是阮目以前所散失，下距現在，至少也有一百三十年以上的長時間了。在這長時間中，閣書雖屢遭浩劫，而此書反因流落人間，於飽經喪亂之餘，展轉流存于無知賈人之手，亦不幸中之大幸。而且書根上殘留着的模糊題字，還未經妄人截去，一任其保留原樣，不但使我們知道原書所有的題名，而且我們藉此可以考訂其爲天一閣的舊藏，眞是小說史上一段佳話，而爲我平生的一椿快事。

雨窗欹枕集的來源，已如上述。然則洪氏話本原來的總稱，是否就叫雨窗欹枕集呢？這次發見的兩本，在書根題字的排列上，[illegible]所以我疑心[illegible]有不在同時[illegible]此四冊，[illegible]似乎不是[illegible]時的運位大概[illegible]范東明先生（一五〇六——一五八五）所親題的也未可知。然則此書的名稱，因其來源已經不古，也就不妨稱爲雨窗欹枕集。

這次發見的十二篇，屬雨窗集上的五篇，欹枕集下的五篇。還有殘存的二篇，在書根題字上可以找出一些與欹枕集下行款相同的遺痕，所以就決定牠是原來欹枕集上冊裏的殘留。其目是：

雨窗集上（五篇全）

花燈轎蓮女成佛記（一——一三葉共十三葉全　板心有清平山堂字樣）
曹伯明錯勘贓記（一——五葉共五葉　全板心有清平山堂字樣）
錯認屍（一——一七葉共十八葉（內有兩第三葉）全）
董永遇仙傳（一——一〇葉共十葉全　七至一〇板心有清平山堂字樣）
戒指兒記（一——一三葉存十三葉後缺　板心有清平山堂字樣）

雨窗集下（全缺）

欹枕集上（殘存二篇）

羊角哀死戰荊軻（四——六葉存三葉缺前三葉　板心有清平山堂字樣）
死生交范張雞黍（四——七葉存四葉缺前三葉　板心有清平山堂字樣）

欹枕集下（五篇全）

老馮唐直諫漢文帝（一——八葉存八葉缺前一葉）
漢李廣世號飛將軍（一——六葉共六葉全）
夔關姚卞弔諸葛（一——八葉共八葉全　二四兩葉板心有清平山堂字樣）
霅川蕭琛貶霸王（一——九葉共九葉全　板心有清平山堂字樣）
李元救朱蛇記[illegible]

[illegible]五篇，在日本內閣文庫藏本，也是如此。所以[illegible]雨窗集下的五篇，欹枕集上的三篇，共計尙缺八篇。[illegible]十篇，則洪氏原書總數的估計，或者是八冊四十篇。即使雨窗集下的五篇，恰與日本內閣本所缺的重複，那也至少有六冊三十篇是現在可以斷定的了。

雨窗欹枕集的十二篇，可以分爲以下的四類：（一）不見前人著錄的四篇，（二）祇見於三言所選的一篇，（三）見於三言而又見於寶文堂書目著錄的三篇，（四）祇見於寶文堂書目的四篇。今將各篇內容，分條敍之於後。

（一）不見前人著錄的四篇：

花燈轎蓮女成佛記　入話：北宋仁宗鈔法蓮花經

清平山堂話本與雨窗欹枕集附表

清平山堂話本	晁氏寶文堂目著錄	馮夢龍三言	錢曾也是園目著錄	京本通俗小說	熊龍峰刊四種小說
雨窗集上					
花燈轎蓮女成佛記					
曹伯明錯勘贓記	曹伯明錯勘贓				
錯認屍	錯認屍	喬彥傑一妾破家 通言33			
董永遇仙傳	董永遇仙記				
戒指兒記	[illegible]	[illegible]			
欹枕集上（殘本）					
羊角哀死戰荊軻	羊角哀鬼戰荊軻	羊角哀捨命全交 古今7			
死生交范張雞黍	范張雞黍死生交	范巨卿雞黍死生交 古今16			
欹枕集下					
老馮唐直諫漢文帝	馮唐直諫漢文帝				
漢李廣世號飛將軍	李廣世號將軍				
夔關姚卞弔諸葛	夔關姚卞弔諸葛				
霅川蕭琛貶霸王	霅川蕭琛貶霸王				
李元吳江救朱蛇	李元吳江救朱蛇	李公子救蛇獲稱心 古今34			
日本內閣文庫藏本一					
柳耆卿詩酒翫江樓記	柳耆卿翫江樓記	[illegible]			
簡貼和尚	簡貼和尚	簡帖僧巧騙皇甫妻 古今35	簡帖和尚		
西湖三塔記	西湖三塔記		西湖三塔		
合同文字記	合同文字記				
風月瑞仙亭	風月瑞仙亭				
日本內閣文庫藏本二					
藍橋記	藍橋記				
快嘴李翠蓮記	快嘴李翠蓮記				
洛陽三怪記	洛陽三怪記				
風月相思	風月相思				馮伯玉風月相思 小說2
張子房慕道記	張子房慕道記				
日本內閣文庫藏本三					
陰騭積善	陰騭積善				
[illegible]	[illegible]	[illegible]	[illegible]	[illegible]	[illegible]

讀詩八句。本文：敘述湖南潭州地方，有個花[illegible]元善者，同妻王氏二人信佛，得無眼婆婆口授蓮花經。無眼婆婆轉世作了元善們的女兒，取名蓮女，後經能仁寺惠光長老指示，一門均成正果。因爲蓮女是坐化在新人花轎裏，故又名花燈轎兒。

••••••曹伯明錯勘贓記　敘述元順帝至正年間，曹州東關有客店主曹伯明，娶一上廳行首謝小桃，而小桃原有個老叫倘都軍，至是二人設計栽贓陷害伯明，伯明下獄。後來經蒲左丞勘斷明白，判倘了倘都軍，而倒換小桃入官爲奴。按此篇雖未見錄人著錄，但是元人雜劇中多有演此者。錄鬼簿有鄭廷玉撰蒲丞相大斷案曹伯明錯勘贓雜劇，同時武漢臣紀君祥也有此目。今鄭武等所作久已佚失，而故事尚賴此小說以傳，亦幸事也。

••••••董永遇仙傳　敘漢孝子董永，典身葬父，孝感動天，上帝差織女星下嫁，助其織錦償債，留下一子名仲舒。仲舒經嚴君平的指點，展轉與生母一面。母給鎮瓶二，分贈仲舒君平，君平開瓶出火，焚去「上元覺子升知過去未來之書」，而且沖瞎了雙目。仲舒後成仙爲鶴神。按董永事，最早見於孝子傳（太平御覽引）搜神記，紀載均甚簡略。演爲俗文而情節也比較詳細的，要稱敦煌卷子本董永行孝一篇爲最古。卷子是七言有韻的長篇詩，與小說的組織大略相同，不過人名等在小說裏稍有更易。卷子永子名仲是對的，而小說改爲仲舒；孫賓也改作嚴君平，未免太滑稽了。仙女三人，改作七人；紫衣女子，改作黃衣；其餘敘事結構，却多吻合。蓋小說的作者，多半已受有唐五代時一般傳說的影響，似乎不是元明人的擬作。與小說情節相同的，明人顧覺宇曾演作織錦記傳奇，又名天仙記，詳見曲海總目提要卷二十五。明胡應麟莊岳委談中亦引董永傳奇。但是這二書，現在均無傳本。

•••戒指兒記　敘北宋徽宗政和間，丞相陳太常女玉蘭，慕才子阮三郎華，私以戒指屬梅香寄贈。華因思成病，一息懨懨，却仍是不敢告訴父母。友人張[illegible]得其計，於是賄託尼姑王守常，設計使二人在小庵中幽會。不幸阮華久病貪歡，猝然暴卒。原書後缺。按此篇雖不見著錄，但情史卷三情私類阮華一條即記此事。末後敘阮華死後，玉蘭有娠，不得已訴于父母，求爲阮氏未亡婦，阮氏允之，迎歸後數月，生一子，取名宗龍。玉蘭遂[illegible]終身云云。惟情史作宋淳熙間事，陳太常不作丞相，廉名作避廉，玉蘭前後有詩八絕，略與小說不同。

（二一）紙馮氏三言所選的一篇

•••錯認屍　敘述北宋仁宗明道年間，浙江路寧海軍，（即今杭州）有商人喬俊字彥傑，娶妾春香，因以破家。中間有皮匠陳文一妻程氏五娘，錯斬三屍，一段，名錯認屍。[illegible]

（三）以上見於三言選而又爲馮氏寶文堂書目著錄的三篇

•••••••羊角哀死戰荊軻　[illegible]

•••••••死生交范張雞黍　敘漢明帝時汝州人張劭，赴東都[illegible]

陳巡檢梅嶺失妻記	陳巡檢梅嶺失妻	陳從善梅嶺失渾家 古今20 明言22		
五戒禪師私紅蓮記	五戒禪師私紅蓮	明悟禪師趕五戒 古今30		
刎頸鴛鴦會	刎頸鴛鴦會	蔣淑真刎頸鴛鴦會 通言38		
楊溫攔路虎傳	楊溫攔路虎傳			
	山亭兒	萬秀娘仇報山亭兒 通言37	山亭兒	
	種瓜張老	張古老種瓜娶文女 古今33	種瓜張老	
	風吹轎兒		風吹轎兒	
	錯斬崔寧	十五貫戲言成巧禍 恆言33	錯斬崔寧	錯斬崔寧 15
	女報冤		女報冤	
	紫羅蓋頭		紫羅蓋頭	
	燈花婆婆		燈花婆婆	
	馮玉梅記	范鰍兒雙鏡重圓 通言12	馮玉梅團圓	馮玉梅團圓 16
	李煥生五陣雨記		李煥生五陣雨	
	小金錢記		小金錢	
	孔淑芳記			孔淑芳雙魚扇墜傳 1
	失記章臺柳			蘇長公章臺柳傳 3
	綵鸞燈記	張舜美元宵得麗女 古今23		張生彩鸞燈傳 4
	玉觀音	崔待詔生死冤家 通言8		碾玉觀音 10
	勘靴兒	勘皮靴單證二郎神 恆言12		
	金鰻記	計押番金鰻產禍 通言20		
	合色鞋兒	陸五漢硬留合色鞋 恆言16		
	齊晏子二桃殺三學士	晏平仲二桃殺三士 古今25		
	沈鳥兒畫眉記	沈小官一鳥害七命 古今26 明言8		
	燕山逢故人	楊思溫燕山逢故人 古今24		
	宿香亭記	宿香亭張浩遇鶯鶯 通言29		
	趙旭遇仁宗傳	趙伯昇茶肆遇仁宗 古今11 明言10		
		陳可常端陽坐化 通言7		菩薩蠻 11
		一窟鬼癩道人除怪 通言14		西山一窟鬼 12
		張主管志誠脫奇禍 通言16		志誠張主管 13
		拗相公飲恨半山堂 通言4		拗相公 14
		崔衙內白鷂招妖 通言19		定山三怪 宋刊
		金海陵縱慾亡身 恆言23		金主亮荒淫 未刊[illegible]

•••李元吳江救朱蛇　話本文：李元[illegible]

（四）[illegible]

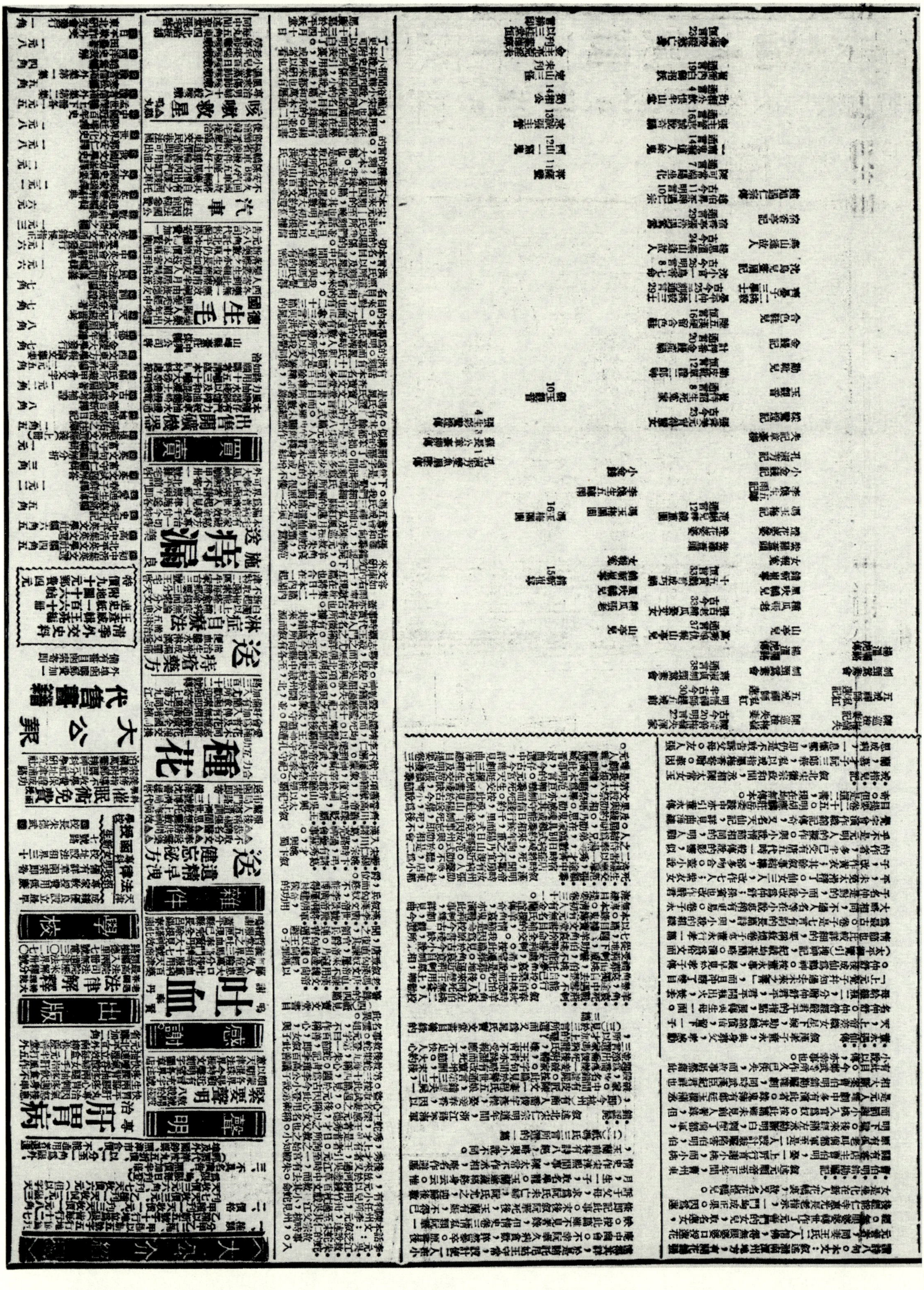

圖書副刊

BOOKMAN
第二十三期

一　本刊登載關於中外圖書之介紹批評以及學術界消息爲公開性質歡迎投稿
二　刊登本刊之文略致薄酬
三　投稿通訊可寄「北平文津街國立北平圖書館內圖書副刊編輯收」

四部叢刊續編的評價（上）

斐雲

（一）引子

商務印書館在去年冬天，同時發行了兩部國學大叢書，——四庫全書珍本初集和四部叢刊續編。南北報紙廣告版上紛紛登載，充滿了古色古香的意味。最引起我們注意的，還算四部叢刊續編了，這是與十幾年前發行的四部叢刊相輔而行的。四部叢刊在過去圖書界裏都有名，牠的使命，是替研究國故的學者，把一部分基本材料書或參考書的標準或準標準本子集中起來作一大總計算。結果總算履行了這個使命，雖然缺點尚多，但是我們都能諒解牠，要盡滿人意，是不可能的。自第一集出版後，即準備續出第二集，中經一二八之變，事業停頓了許久，直至去年纔把續編發行預約，這在寂寞的出版界裏，不能不算是驚人的盛舉。這部大叢書的成功，完全是張菊生先生一人努力的總和。張先生的學問和辦事精神，向來是無人不欽服的。尤其是百衲本二十四史，張先生用力最勤，對於史學界的貢獻，是無可比喻的。此次續編發行，也是他一人主持，經過無數的困難，幸底於成，這是讀者們應當首先向他感謝的。至於本書定價之低廉，尚在其次。一部嘉靖本雍熙樂府，前年某大學化了五百元購買到一部，現在影印本只消化十元零幾毛，便可人手一編。如能全部預約，平均不過三毛錢一冊，比洋裝書固然便宜，和國內學術機關出版品價格相比，也無遜色。不過在農村破產經濟衰落的今日，無論書價如何低廉，窮學生還是望洋興歎。就是粉筆生涯的教師，也是淸苦的多，春天剛去，[illegible]季節又來到了，有閒錢閒情買書的，究屬少數。于是這一類書的出路，不能不乞靈於官紳富和銀行界老闆們，說起來眞是可憐。倘使這有單行本可以換換空氣，另乘批發，在所不拘。像四庫珍本非整部出售不可，那只好門可羅雀（？）了。閒話且住，現在且把我個人對於續編的意見，整理出來，以就正於張先生和本刊讀者們。

（二）本書的優點

全書種數，計第一期經部二十三種，史部二十四種，子部三十一種，集部三十四種，共一百十二種。第二期經部十八種，史部二十四種，子部二十二種，集部三十七種，共一百一種。就書的方面說，似屬乎正編以上；就質的方面說，也勝過正編不少。正編中廣收清人著作，我們固然不必絕對反對，但這一類的書，都是市上容易得到的，和宋元古本放在一起，未免不倫，不如代以富於材料性的宋元舊籍較爲妥善。現在續編，關於此點，確已相當改進。但也有使人不能無疑的，如史部無端收了柯紹忞新元史，新元史是近人的著述，天津徐氏的木刻本，極容易得到，何必在續編裏占據了許多重要的篇幅，甚或出版以後引起版權之類的糾紛問題，我以爲將牠割愛另易較古的書爲是。（聽說孟森先生也是如此主張）又如經部收了吳廷華的三禮疑義，一共有一百多卷，吳廷華在清代經學史裏，是沒有地位的，他的禮學非漢非宋無甚可取。只因當年張金吾收牠在詒經堂經解裏，詒經堂經解從未刻過，原稿本存在東方圖書館的大樓上，不幸燬於一二八之役，只有三禮疑義因爲[illegible]我代幾位朋友借到北方來，得免於難，所以痛定思痛，非將他表揚一下不可，實則殊可不必的。總之清人著述有價值而又罕見的，無論在那一方面，數不在少，四部叢刊有限的園地裏，是收不勝收的。單收這幾種，一定有許多名落孫山的優秀分子，在曉地底叫冤。所以四部叢刊合理的立場，應儘量多收宋元以前人的著述，行有餘力，再及明清。這個基本原則，無論影印四庫全書珍本或四部叢編，似乎多應當考慮到的。好在目錄裏像吳廷華一類清人著述，究屬少數，問題並不嚴重，與全書價值亦不抵觸。茲先將目中各書優點，揀要向大家報告一下：

1. 宋太宗實錄殘本十二卷（宋錢若水楊億等撰　宋館閣抄本錢大昕吳大澂跋）

案此書原有八十卷。張菊生先生自藏的南宋館閣抄本，棉紙黑格，每卷後都有寫校官吏的題名，大概是宋理宗時候殿的遺物，爲元兵所掠，轉入元明內府，當然可以當得起海內孤本的尊號了。這是北宋初期最直接可靠的史料，李燾資治通鑑長編太宗一部分，大抵取材於是。不過除了張先生的十二卷外，尚有卷二十六至三十卷七十六卷七十九至八十共八卷，今係鐵琴銅劍樓瞿氏藏，行款式並卷後題名和張先生藏本正同，且恰恰衡接補。如向常熟瞿氏借影，定可珠聯璧合。至於鄧秋枚古學叢刊所刊的本子，改易行款，絕不可取。

2. 元朝秘史十五卷（不著撰人　影元鈔本　顧千里跋）

案元秘史自從嘉道以來，蒙古史學者表揚過後，誰都知道牠在蒙古史原料裏的地位，是屬於第一等的。但是世所謂元刊本，誰都沒有見過。顧刊本比較近真的，要算葉德輝刊本。但以此本勘點，葉本沿誤，亦數不在少。此本雖說從元本錄出，元本二字，實是欺人之談。書名既叫元朝秘史，是不會有元刻本的。我無意中從內閣大庫殘葉裏發見了幾十葉洪武年間刊本，證明了顧跋本即轉從洪武本錄出。二本款式悶合，即文字亦大氐雷同。眞正洪武本既不可全見，則此本可謂下洪武本一等了。

3. 三朝北盟會編二百五十卷（宋徐夢莘編　鈔明抄本）

案此書編者根據宋和野史來編排徽欽高三朝對地事國的事變經過，年經月緯，眞是最詳盡無遺了。近代有川中許氏木刻本，從彭文勤抄本出，校以四庫本，連金虜二字在校勘記裏還大說一本作金人，豈不可笑。雖然比許本以前的活字本勝過一籌，但總對不能算爲標準本子。此本大概是根據汲古閣藏黑格大字明抄本付印，原本平闊之式極古，自係出於宋本。我曾在江安傅沅叔先生案頭見過，傅先生曾假來撫校許刻，後正誤字無數。我願此書出版後，有一位有血性的青年，將他標點句讀一遍，印成洋裝小本，以便目下當局諸公愛國志士人手一編。看看十二三世紀中華民族遭逢國難時的光景，和現在有什麼不同。徐夢莘可算得一個瞎子，在那時代能從容大雅撰寫這書，如不幸生在現代，我眞替他擔心呢！

4. 嘉慶重修一統志五百六十卷（清仁宗敕撰　鈔本）

案清代一統志凡三修，只有最後一次嘉慶修本，未經刊行。寫本向存清史館，現歸故宮博物院圖書館。這五百多卷不傳的秘本，印成二百餘冊，給中國人瞻仰瞻仰也好。說那時節中國眞了不得，不僅東三省如金甌無缺，絲毫不成有問題，即臺灣也是一行省，此外朝鮮安南緬甸，都能在一統志裏占着數十頁以上的篇幅。和現在地理教本校勘校來，大不相同。這無怪張先生在本書跋語裏要感慨係之了。

5. 大唐六典三十卷（唐玄宗撰　宋刻本配明刻本）

案此書通行有正德刊本，至紹興四年溫州州學刊本，則內閣大庫舊有之。現散入江安傅氏德化李氏及歷史博物館者，數僅及半。以較明刻，不唯文字遠勝，且知明本卷三第十八葉中脫去數百字，正當宋本一葉，亦至可寶。雍正初日本有家熙者，嘗以全力勘校此書，所補材料，無非正史通典而已。此本出則家熙本無顏色矣。

6. 太平御覽一千卷（宋李昉等撰　宋刊本）

案御覽一書，包羅萬象，可以補充宋以前紙上材料之窮，不僅爲高郵學派的校勘家持爲工具而已。顧自明以來無論刊本活字本，除嘉慶間張海鵬刻本稍覺眞正宋本三百六十六卷，因此較爲可靠外；如明隆慶銅活字本，自稱從宋本出，實則誤字滿紙，去宋遠甚。至於鮑崇城本，則目部以下，更不足數矣。張氏所據之殘宋本，以刊工姓名考之，乃南渡後浙刻風氣。晉爲士禮居黃氏故物，現歸日本靜嘉堂文庫。[illegible]千數，絕無化鄭歸宋之[illegible]，張先生前年東渡，也應傳之，南湖文庫主人，始獲借影之請。而西京東福寺所藏靈元蜀本，亦同時發現，遂二並倚照，經營成功。嗚呼，此乾嘉以下諸老後世所不及見者，乃竟賴神物護持，如延津之劍合，豈不奇哉！以校張本，知張本前後章次固所遺不少，甚張氏所據不盡出宋本故也。從此爲國餘黃與汪文素諸新加以審查，不能信任矣。吾願世人有藏此書張本家樸樸大著，和向以御覽爲著書工具者，其書非重鮑本者，謹快將牠樂價出讓，以圖另購此本，或猶不失爲經濟之一道也。

7. 冊府元龜一千卷（宋王欽若撰　宋刻本配鈔本）

案此書之富於材料性，雖亞於御覽，然對於史學影響極大。觀邵晉涵輯舊五代史劉文淇校舊唐書，幾全憑此書爲材料，從可知矣。顧自元迄於近代，僅賴崇禎間黃文琦刊本以傳，黃本脫落譌誤，幾如亂麻亂絮，不可勝數。世人能見明鈔本，卷首標題冠以新刊監本字樣者，已將萬幸，何況汴宋舊槧。此本係驗北平圖書館常熟瞿氏及日本靜嘉堂文庫所藏之北宋季年眉山小字十四行本影印，尚缺約三之一，只得藉明鈔本補之。眉山本雖非眞宗朝初刊監本，然勝於黃本萬萬，以較新刊監本，（實乃南宋建本）亦不可同日語。讀者如謂不信，請閱陸心源儀顧堂題跋和傅沅叔先生藏書經眼記，便知此言絕非誇大。惟印行此書時應注意兩點：一，眉山本從內閣大庫散出，斷簡零葉，散入公私藏家，往往而有，應儘量收羅，以光篇幅。二，此書在明代幾全恃鈔本流傳，故當時書賈曾雇了大批抄手，以求大量生產，實在是要不得的。故以抄本配宋本時，應覓一時代早而誤字較少之本爲妥，未知張先生以爲何如。

除上列所舉，此外優點尚多。如朱子詩集傳用宋刊本，（想是宋刊七行大字本，）即陳仲魚經籍跋文所表揚的一本，如用麻沙本，則令人氣短矣。則明經廠本以下諸本可廢。朱震漢上易傳用影宋鈔本，則通志堂經解本可廢。羣經音辨用汲古閣（？）影宋抄本，則澤存堂刻本可廢。酉臺故事用明影宋抄本，則聚珍版本可廢。法書考用舊抄本，則楝亭十二種本可廢。容齋隨筆用宋刻配明活字本，則馬調元刻本可廢。愧郯錄用宋刻本，則知不足齋叢書本可廢。揮麈錄用汲古閣影宋抄本，則津逮秘書本可廢。契丹國志用元刻本，則掃葉山房本可廢。國朝名臣事略用元刻本，則武英殿聚珍版本可廢，而陸心源羣書拾補中的校記，從此可無人過問。西漢會要東漢會要用宋刻配抄本，則聚珍版本可廢。唐律疏議用宋刻本，（此處除目疑有手民之誤，說詳下。）則岱南閣刻本可廢。賓退錄用宋刻本，則臨嘯閣影宋刻本可廢。冷齋夜話用元刻本，與日本五山本內容悉同，則津逮秘書本可廢。不僅如此，目中諸書尚有明清以來從未付刻而爲一般學生所渴望者，如孫奭之律文，戴笠之流寇長編，（此記明末清初流寇始末，可抵半部綏寇紀略。）無名氏之宋大詔令，祝穆之方輿勝覽，皆極有裨史地之學。一旦出版從此萬本流傳，舊書店無居奇之口實矣。

續編尚有一奇蹟，少數人以爲詬病，而我以爲正是可取者，即多收殘本書是也。如魏了翁經記要義三十三卷，目中收宋刻本僅得三十一卷；宋太宗實錄八十卷，目中收宋抄本僅得十二卷；唐仲友帝王經世圖譜十卷，目中收宋刻本僅得八卷；皆是編者獨到處。正如安陽出土之龜版，敦煌發見之卷子，完本不多；古今一例，則於此目又何怪焉。讀者又稱目中各書，多與該館出版續古逸叢書相重複，如漢爲張子語錄龜山語錄公是先生七經小傳郡齋讀書志嘯堂集古錄鄭守愚文集皆曾收入續古逸叢書者。此外如國學紀聞影元本，該館亦早已出版單行，何必採入續編以代篇幅。我以爲關於此點在商務方面，或另有隱衷，我們可以不問，而在顧主方面，大可不必反對。因爲續古逸叢書，版心寬大，定價高貴，非窮酸可力致，不如縮小印在續編裏，讓我們也來領略一點「古逸」的風味。不過像漢高一類無聊的書，似可不必枉費紙墨，嘯堂郡齋是有用的書，當然不能一槪而論了。

關於夏曾佑中國古代史的討論

三月三十一日本刊第二十期發表了公沙先生評夏曾佑中國古代史的一篇文章之後，海雲先生因作「讀『評夏曾佑中國古代史』」一文以質疑，公沙先生於是有「敬答海雲先生」以爲答復。今將此兩篇一併發表，讀者可取本刊第二十期比較觀之也。　編者。

讀『評夏曾佑中國古代史』

海雲

圖書副刊第二十期公沙先生所評夏曾佑中國古代史一文，筆力見解，俱超卓過人，持論侃侃，言人所不能言，譏之實歎無已。唯中有數端，愚惑實所不解，敢質所疑，非敢肆意批評，或學問商榷，不嫌鑿質而已。

一、原文：「又謂『魏後宰相，不過爲皇帝之私人，與國家無涉，實即漢宦者之易名，非古之大臣也。』此論似辯而亦誤。漢之九卿，首奉常，爲帝皇之廟祀；次光祿勳，爲宮廷之門侍；次衛尉，爲武裝之衛隊。依次而下，何一非帝皇之私臣。其時丞相御史大夫，得統領九卿，則以丞相御史大夫即爲帝皇私臣之首領故也。安所求古之大臣哉？」

謹按：夏氏原意，蓋謂魏以後中書監令侍中尚書令僕射，皆無宰相之名，而有宰相之權；並系中書通事舍人，亦執朝權。故曰：「即漢宦者之易名。」此論前人早已發之。公沙先生之意，則謂漢時公卿，亦不過皇帝私臣。然竊有疑者，漢書石慶傳：石慶爲丞相，「九卿更進用事，事不關決於慶，慶醇謹而已。」所謂「丞相御史大夫，總得統領九卿」之說，未知何解？據漢書百官公卿表，及後漢書補志：漢九卿如太常，掌選試博士，總舉孝廉，郡國舉賢良文學之士；至京師則諸太常對策，太史令及博士，俱爲太常屬官，不得云只爲皇帝之廟祀也。光祿勳郊祀之事，掌三獻，其屬官：大夫，中大夫，太中大夫，諫大夫，議郎；皆掌議論諫諍，備顧問，使絕域，行風俗；不得云只爲宮廷之門侍也。衛尉屬官：有公車司馬令，凡上書者，詣闕於公車；不得云只爲武裝之衛隊也。依次而下，太僕有牧師諸苑三十六所，分布西邊北邊，廷尉掌邦國之刑辟，大鴻臚掌邦國之轉徙，列侯亦略之，郡國上計亦略之，四方歸義蠻夷及戎狄之貢者皆主之。宗正掌親屬，大農主百穀，掌歲計；少府掌山海池澤之稅，以給共養，獨少府爲天子私財，餘所掌皆國事也。不得盡謂之私臣。且既爲臣矣，安有公臣私臣之別哉？

二、原文：「光武東都洛陽，從此中國經濟文化，向西發展之努力的傾向，遂以中斷，造成東漢幽幷涼三州之荒殘，以致羌禍迭發。」

譯按：後漢書西羌傳：「自零昌狼莫死後，諸羌瓦解，三輔益州，無復寇儆。自羌叛十餘年間，兵連師老，不暫寧息，軍旅之費，轉運委輸，用二百四十餘億，府帑空竭，延及內郡，邊民死者不可勝數。幷涼二州，遂致虛耗。」據此：則因羌亂而後幷涼二州虛耗，非如公沙先生所云「造成幽幷涼三州之荒殘，以致羌禍迭發」也。如言三州當數雍州，不當數幽州，以幽州包有塞外及遼東地，在北及東北，不在西也。且羌禍延及內郡中山常山，爲冀州區域，亦非幽州；所云幽幷涼三州，未知「幽」字是否偶然筆誤，抑手民之誤也？

三、原文：「當知隋唐節使，由漢之州刺史變來。」

譯按：「節使」之稱，未知何指？指節度使耶？則節度使之設，實起於唐睿宗時。隋代似無節度使。且節度使所莅，爲藩鎭爲軍，與唐開元以後採訪使，或觀察使，莅道專管民事者，迥然有別。漢之刺史，亦有區別。若爲武帝時之州部，則無治所；若爲成帝後之州牧及東漢之刺史，則有治所。不知公沙先生所謂州刺史者，爲武帝州部刺史耶？抑東漢州刺史耶？如爲州部則非莅民之官，不可與後來監司相擬。如爲東漢末年之制，而又謂之爲「內官」何也？今姑以唐之採訪使觀察使擬東漢州刺史，然皆未擁節，不得云節使，且隋唐之隋究何所指哉？

四、原文「大中正乃中央官，夏書謂於州郡設大小中正官，亦誤。」

譯按：通典選舉注言：「魏氏革命，州郡縣俱置大小中正，各以本處人任諸府公卿，及臺省郎吏有德充才盛者爲之。」又云：「晉依魏氏九品之制，內官吏部尚書司徒左長史；外官州有大中正，郡國有小中正。」據此則夏氏所言有本，似不得爲誤。特未知公沙先生所稱「大中正乃中央官」爲何所本耳？

以上舉學大者四端，公沙先生當不致有誤。唯末學小生，誠所未喻，非由學昧讀書過少，即由所見之書，必有版本之異。作者諸人，幸望公沙先生有以開示之，使有心問目朗之感，固亦學術界之幸事也。

敬答海雲先生

公沙

蒙副刊編者見示海雲先生對拙作評夏氏中國古代史垂詢各節，謹當答復，藉以請教。

一、謹案漢書百官公卿表，相國丞相掌丞天子助理萬機，此即漢相權得統領九卿之證，又御史大夫掌副丞相。此即御史大夫權亦得統及九卿之證。（漢丞相御史大夫權得總領九卿，稍治漢史即知之，例證不煩多舉。）至石慶爲丞相，九卿更進用事，事不關決於慶，此乃慶之無能，不任職，以不得據此謂漢相權本不及九卿，九卿事本不待關決於相也。

二、博士爲太常屬官，此即古者學術起於廟祝，原於宗教之證。（太史令屬太常，則司馬遷固言文史星曆，近乎卜祝之間，固主上所戲弄，倡優所畜矣。）光祿勳屬官有諫大夫議郎備顧問，使絕域，行風俗，此即戰國以來貴族有食客門人之變相。（以下恕不備說）拙作謂兩漢九卿，論其性質，猶近帝皇私屬。」又謂雖若外朝大僚，其事務猶多屬帝皇之私事，並非未著百官公卿表，忘卻九卿所管，並不專屬宮廷也。（海雲先生謂九卿獨少府爲天子私財，然其所掌乃山海池澤之稅，亦涉及全國矣。）

三、奉常疑即奉嘗之借字，（此條采章太炎說。）光祿勳乃大閽之借字，衛尉顯屬武裝衛隊之義。拙稿推論漢九卿來源，謂其性質猶近帝皇私屬，即以官名涵義論之，亦至顯白。

四、漢九卿首奉常，掌宗廟禮儀，次光祿勳，掌宮殿掖門戶。（此均漢書百官公卿表原文。）至隋後尚書六部，首吏，次戶，次禮，次兵，次刑，次工。其先後輕重之間，似不得謂全無公私之別。（即以光祿勳與吏部，衛尉與兵部言之，其間性質一偏重宮廷，一偏重政府，至易判辨。此乃秦漢下迄隋唐中國政制上一絕大演變。若如海雲先生意，似不認有此區分，何也。）

以上敬答海雲先生第一問。

五、陳寨後漢西羌傳，羌叛十餘年，幷涼二州遂致虛耗云云，乃指自安帝永初元年至元初五年而言，（此據通鑑胡注）然考和帝紀永元十三年冬十一月丙辰詔曰：幽幷涼州戶口率少云云，下距永初元年尚六年。通鑑胡注幽州大郡戶猶十萬餘，唯玄菟戶一千五百二十四，（據漢志乃九十四）幷州大郡三萬餘，小郡不滿二千。涼州大郡不滿三萬，燉煌七百四十八而已。今按胡注乃據劉昭郡國志，而劉志則依和帝永元五年爲說，尚在永初元年前十四年。海雲先生據西羌傳文，故謂因羌亂而後幷涼二州虛耗。拙稿則據和帝紀劉志及司馬氏通鑑及胡注謂羌禍前幷涼諸州本已衰殘，故致羌禍迭發也。

六、拙稿謂王莽之敗，長安殘破，光武東都洛陽，從此中國經濟文化向西發展之努力的傾向遂以中斷，造成東漢幽幷涼三州之荒殘，以致羌禍迭發。並非謂羌禍在幽幷涼三州。所以舉幷涼而兼及幽州者，正以根據和紀永元十三年詔書之故。所以兼舉幽幷涼三州而只云向西發展之努力的傾向者，因西漢徙民殖邊，固西重於北也。

七、若謂東漢自永元五年前已有羌禍，則當知羌禍自西漢已有，且西漢匈奴侵邊，其禍尚較羌爲烈。然自晁錯在文帝時已倡募民實邊之議。武帝偏朔方，置河西四郡，皆募民實之。（至西漢之陵寢徙民尤實長安之計劃，尤爲人知之。）故雖有邊禍，而邊郡戶口轉殖，（以前漢地理志所載與劉志相較即知。）實爲西漢對外勝利之一因。至東漢則羌禍小發，而二千石令長多內郡人，並無戰守意，皆爭上徙郡縣以避寇難，朝廷從之。（此俱後漢書西羌傳文。）故使羌禍至於燎原。拙稿論兩漢立國對外之形勢，乃通觀兩漢史迹而得。海雲先生徒據范蔚宗一語，謂因羌亂而後幷涼二州虛耗，似未遽爲賅洽之見也。

八、且此等議論，東漢人早自言之。西羌傳載虞詡上疏，言之即甚明白。（其他言者尚衆。）又如崔寔政論謂今青徐兗冀，人稠土狹，不足相供，而三輔左右及涼幽州，內附近郡，皆土曠人稀。宜復遵前朝景武故事，徙貧人於寬地。（語見通典所引。）又如蔡邕上疏（見後書邕傳）謂幽冀二州，百姓虛耗，萬里蕭條。拙稿指陳東漢邊郡荒殘，數及幽州，上據和帝詔書，中及崔寔政論，下逮蔡邕疏語，並非無根之談。海雲先生數其不當數幽州，何也。

九、且東漢人言邊事，自涼州而東則云三輔，（此讀西羌傳即見，恕不舉例。）若言政制則三輔屬司隸，在東漢並無雍州。即上推西漢，班志明謂改雍曰涼，改梁曰益，亦無雍州。海雲先生欲以如言三州，當數雍州，（則應爲幷涼雍）又何也。（獻帝興平元年分涼州置雍州爲十四州，時漢已遷長安，董卓已死。建安十八年幷十四州爲九州，則有雍無涼。光武都洛陽，關中當屬雍州，尊稱，亦不得爲典據。）

以上敬答海雲先生第二問

一〇、謹案漢書百官公卿表，武帝開置交阯北置朔方之州，兼徐梁幽幷夏周之制，改雍曰涼，改梁曰益。凡十三部，置刺史，是刺史而稱部刺史，猶其稱州刺史，並無分也。通典謂漢刺史無適所治，（此屬後之論史者尚無定見。海雲先生謂武帝時州部無治所，成帝後州牧有治所，宜先詳其論證。）中興所治有定處。初歲盡詣京都奏事，中興但因計吏，不復自詣京師。其實下一點分別（即指不復自詣京師言）尚較上一點（指出所有定處言）重要。然要之刺史爲地方行政之監察官，非地方行政官。拙稿所謂州刺史，無論指武帝時成帝後及東漢語皆無誤。

一一、謝海雲先生 [illegible]

一二、通 [illegible]

一三、據 [illegible]

一四、隋 [illegible]

之刺史。明白言之，則此等官仍皆爲方行政之監察官，而非地方行政官也。（故拙稿謂之內官，以政制言，不以所屬地言。）

一五、通考，唐因隋制，諸州總管加號使，持節。後改大總管爲大都督。永徽以後除都督，帶使持節即是節度使。唐代節度使論其淵源，亦自隋制而來。又通考以節度使觀察使，與刺史同序。通典亦序都督節度使於州牧刺史之後。拙稿隋唐節使由漢之州刺史變來一語，雖措辭渾括，實亦脈絡分明也。

以上敬答海雲先生第三問

一六、拙稿謂大中正乃中央官，此層確似未經有人明白道出者。無怪海雲先生質以何本矣。然請即據海雲先生所稱引者說之可乎？海雲先生據通典，謂「魏氏革命，州郡縣俱置大小中正，各以本處人任諸府公卿及臺省郎吏有德充才盛者爲之。」不悟此即已是中正由中央官兼任之明證也。謂任諸府公卿及臺省郎吏者此即指中央官言耳。

一七、請再舉一例言之。北齊書許惇傳，齊朝體式，本州大中正，以京官爲之。同郡邢邵爲中書監，德望甚高。惇與邵競中正，遂馮附宋欽道，出邵爲刺史。此處謂齊朝體式，語有未的 [illegible]

圖書副刊

BOOKMAN

第二十四期

一　本刊登載關於中外圖書之介紹批評以及學術界消息，爲公開性質歡迎投稿
二　刊登本刊之文略致薄酬
三　投稿通訊可寄「北平文津街國立北平圖書館內圖書副刊編輯收」

四部叢刊續編的評價（下）

斐雲

（三）修正意見的商榷

以上將本書優點表過，乃是不盡萬一，遺漏孔多。至於消極方面的糾正和質疑，也有二點，略論如次。

從今年正月到四月一共出版了二十多種，所據的底本，大抵尚稱滿意。然細閱擬目，令人疑信參半之點，亦數不在少。例如蔡邕獨斷一卷，下注明弘治刻本，弘治本獨斷，究竟是單行本或叢書本呢？單刻本則淺學如我，從未見過。我懷疑這就是百川學海本。如果用百川學海本，爲什麼不用影宋本或眞宋本而用弘治翻本呢？這都是要請編者指教的。獨斷本子的問題，本來無關痛癢，最使我難以索解的，是目中關於唐律疏義採用宋本和與續補採用元本的二個問題。唐律疏義傳世僅有元本二種。其一半葉十二行行二十字，雖有泰定四年秋七月江西等處儒學提舉柳贊序文，實係建安余氏刻本，孫星衍岱南閣叢書裏的本子，即從余本影出。國內國外的藏書家，所藏不止一本，並不希罕。其二，半葉九行，行十八字，字大行疎，宋諱不避，客觀鑒定的結果，認爲是元至江西刻本。無疑的就是江西等處儒學提舉柳贊刻的一本，實即余本的底本，要算本書時代最早的刻本。然從內閣大庫流落到公私藏家不過上卷，恰當全書三之一，此外別無第二帙。我想續編所收之本，必非此本，十二行的建本可能居多。至於宋刻本呢，我不敢說一準沒有，惟些疑謎，只好讓下回分解罷。最近日人仁井田陞做了一部唐令拾遺，將唐律疏議兩種碩果僅存的元本書影，鄭重地精印在前面，假如確有宋本的話，那眞要嚇壞鄭司文同種的仁井氏呢。至於宋本續補的宋字，無疑的是手民之誤。（？）當年常熟瞿氏編書目時，收了宋刻本續補五卷，注云：「續補始刻於嘉禾，明人已云罕見，此本譌說雖甚，觀其行款字畫，尚是宋槧也。」這段話妙不可當，中間兩個宋字，也是手民之誤。其實這半葉十行行二十九字的古本續補，是元刻而非宋槧，在比較版本學裏，早已論定的了。所以我說這是手民之本，而非編者之過。這部元本續補內容，並不見佳，元人刻的任何續書，總是亂七八糟，續補自非例外。眞正嘉禾郡類本的續補雖佚，但影抄本世尚有存者，何必一定要影印這一部掛羊頭賣狗肉的假宋本呢？讀者們不要見怪，這一類例子，正多着呢。例如四部叢刊正編裏收了一部元本（實亦建本）史炤資治通鑑釋文，硬說牠是宋本。這也不是編者之過，鼎鼎大名的陸心源，已經如此說了。本來審定版本的方法，到近幾年纔慢慢的利用比較版本學，確定了幾條客觀的原則。目的不僅要解決時間問題，連空間部分也有長足的進步。這和研究靑銅器時代的方法差不多，以前以爲是漢器的，現在說不定把牠提升代戰國時六國的器。以前以爲是商器的，現在會把牠降到宗周後期或初期。材料越出越多，方法越來越新，前人不合科學的結論，終會有動搖的一日。研究書本時代，不過其中一端罷了。這一類的錯誤，本書編者是不能負責的，是無損於編者絲毫提倡的熱誠的。

本書正編裏，收了不少古本羣經舊注，大都是阮芸台老夫子看不見的。雖然收的建本居多，但也難能可貴了。現在續編裏收了好些宋元人經說，無論如何，總敵不過納蘭容若一部通志堂經解。在今古文學派殺得兩敗俱傷的今日，宋元人經說，除了少數例外，似可不必再提倡影印了。只有唐宋二代諸經正義，應當找個標準本子，替牠出版一次。這是一般學者所企求的，其意義與影印百衲本廿四史一樣重大。講到諸經正義最古的面目，無疑的是單疏。但傳世諸經單疏，周易在若存若亡之間。公羊僅得七卷，現歸南海潘氏。儀禮自嘉慶間汪閬源影刻後，原本早化異物。毛詩存在日本西京內藤湖南家者，僅得三十三卷，此外穀梁僅有抄本流傳，生平但見拜經樓吳氏抄本，且亦不全。春秋左氏傳宋本早佚，日本宗正寺古鈔三十六卷俱全，乃彼邦宋元間寫本，近已影印行世。禮記僅得八卷，日本在不久以前，也有影印本。最無問題，要算尚書與爾雅。尚書日本已出版，爾雅在中國有好幾部，陸心源的一部牠自己在世時已影刻了，泰興劉氏的一部，商務書館借印在續古逸叢書裏。此外如周禮論語孝經的單疏，海內海外，從未聞有傳本，自明以來，早已失傳。這一類一律十五行的單疏，和十四行本的紀傳體史書，同是北宋監裏的產物。但除了日本所存八卷殘本禮記，或者是北宋本在將信將疑之間外，其餘如尚書如爾雅如周易如公羊，敢確定都是南渡後紹興監本。至詩經則有紹興府雕造一行，那更無問題了。所以如此說來，除孟子外，要將十二經單疏一律找到付印，是絕對不可能的。老實說我是反對先印或只印單疏的。理由可分二點說。其一：關於單疏宋刻本或古鈔本，日本近幾年都已先後印出來，得風氣之先的，要算西京大學文學部影印毛詩秦風古鈔卷子。就是國內吳興劉承幹氏，也努力將楊守敬，從日本將來的古抄單疏，或國人自藏的如公羊單疏殘本之類，次第付刻。雖然改易行款失去本來面目，然在劉先生所校刊各書中，要算最矜愼的了。因爲當時有繆荃孫一輩典型的校勘學者，幫忙作校勘記，爲之生色不少。經過國內國外學者一番提倡以後，早已盡了最大的努力。四部叢刊可做之事正多，何必在此趕熱鬧呢。此其一。其二：所謂單疏，根本就不切實用。只摘錄經注一二三字以示起訖，和陸元朗經典釋文司馬貞史記索隱體例相似。六朝人做諸經義疏，也是如此。這是傳流下來牢不可破的方式。換言之單疏裏，經的全文和注的全文，是不全收的。無論孔穎達的一百五十卷五經正義，是如此，賈公彥的周禮儀禮正義，楊士勛的穀梁疏，徐彥的公羊疏，他們都是唐代的產物，當然無疏不單。就是大宋咸平間刑昺主持之下所纂的孝經論語爾雅三經正義，亦不錄經注全文。眞教人氣悶。那時單疏統制下的學者，一面讀單疏，一面又要翻出經注本來對照着看，其疲于奔命可知。換句話說，北宋監裏八行系統的經注本，和密行細字六朝以來義疏面目的單經本，一齊傾銷，生意一定很好，印到後來，無法再印，所以南渡以後，非重刻不可。可是南宋監本出世以後，遇見了一位大敵，就是合疏於經注的越州本，從此單經本一落千丈，無人過問。等到建陽一帶書店老板發明了更深一層的附刊釋文的附釋音本，那單疏巨量的書板，存在元朝西湖書院裏，飽封魚蝕，眞不勝今昔之感。幾塊頑然的書版，也會時代落伍，眞教人有桓大司馬之歎了。只有爾雅因爲在元明之際，附釋音本十三經注疏裏忽然短了，于是單疏本會小小出過一點風頭，這就是爾雅單疏傳世最多的惟一原因。四部叢刊是給一般學者用的，先印單疏，未免太不切實用，這是我不贊成先印單疏的最大的理由。然則不先印單疏，要先印什麼呢？最明顯的答案，是要印越州本。如無越州本，只好印附釋音本。何謂越州本，就是岳珂九經三傳沿革例裏所謂越州舊本注疏。提倡雕造的是孝宗紹熙，間兩浙東茶鹽司黃唐。黃唐在所刊禮記正義裏，有一篇自白，可以窺見他合疏於經注的宗旨。

六經疏義，自京監蜀本，皆省正文及注，又篇章散亂，覽者病焉。本司舊刊易書周禮正經注疏，萃見一書，便於披繹。他經獨闕，紹熙辛亥仲冬唐備員司庾，遂取毛詩禮記疏義，如前三經編彙，精加讎正，用鋟諸木，庶廣前人所未備。若春秋一經，顧力未暇，姑以貽同志云。

據此知黃唐備官茶鹽司之前，已有人將易書周禮刻過，黃唐繼任，只刻了毛詩禮記二經。至春秋左氏傳，以卷帙太多，故延至慶元間沈作賓帥越時，始行雕版。然行款版式，一如紹熙所刻。半葉八行，用北宋監裏經注本的舊式，故俗稱八行本。自越州本行世，單疏本遂微。我將越州本存佚列表如左：

周易注疏十三卷　存。常熟瞿氏藏。陳鱣經籍跋文中曾稱此本之佳。日本足利文庫亦藏一帙，有陸放翁第六子遹題記。

尚書正義二十卷　存。日本足利文庫藏。日本有覆刻本，字體逼真，與原本無異。此外楊守敬從日本携回一殘宋本，用覆刻本補配，鉤乙滿紙，現在天津李氏。

毛詩正義　佚。

周禮疏五十卷　存。故宮博物院藏。總算故宮藏書之冠，聽說天祿琳琅叢書第二集裏，要將牠影印。此外德化李氏也有一帙，約缺三之一。

禮記正義七十卷　存。南海潘氏藏。此書世間無第二帙。自惠定宇以來捧牠的人不少，所以名望最大。前數年[illegible]先生設計影刻，終告成功。但定價太貴，不能普及爲憾。

春秋左氏傳正義三十六卷　存。上海涵芬樓藏。這部書是以睥睨一世，令人饞羨不止。何義門弟子們也許見過，所以阮芸台校勘記裏借過光，然原書誰都沒有正式見過。

論語注疏解經十卷　殘。歷史博物館南海潘氏德化李氏藏。合之約可得十卷，故不如改用眉山本，商務書館曾出版過，而以此本作校記觀瞻，還是上上策。

孟子注疏解經十四卷　存。故宮博物院藏。雖然說是邵武士人僞作，然向來放在注疏堆裏，不妨同樣待遇，將牠出版。

越州本可考者，不過上列八種。除毛詩有問題外，餘可迎刃而解。至於越州所未刻如儀禮如穀梁如公羊如孝經如爾雅，或雖刊而失傳者如詩經，除爾雅外，不妨採用附釋音本，事實上除了採用附釋音本，也無其他出路可尋。至於爾雅如不用採用明初配本，或李元陽九行本則只有乞靈於單疏本了。現在續編擬目裏，最令人驚異的，不借印越州本禮記正義而用日本新出版的禮記單疏殘卷八卷本。現在日金落價，化幾元錢就可買到一部玻璃版精印本來讀，買到了也並無用處，又不能當課本讀，不過校出幾個無關大要的異文罷了。如果眞非印禮記的單疏不可，那附印在越州本後，占去一冊的地位，不失爲兩全其美之道。爲什麼不直接了當改印越州本呢？又如春秋正義三十六卷，不印商務自藏的八行孤本，而用日本最新出版的宗古寺古鈔單疏來替代。這也是爲遷就單疏一念所誤，我以爲也應當改良的。菊生先生早想印一部古本十三經注疏，所以從儘同猶宋版孫宋豪將越州本春秋左傳買來。此類越州本注疏，要將來單獨出版，和百衲本二十四史一樣，不放在四部叢刊裏。所以在續編裏，只能收單疏。不過爲一般讀者計，最好將越州本提早出版。時不再來，此後是否再能讓我們再度過「稽古右文」巧妙的生活，是不可預知的。所以我不揣愚昧，提出這一個最低限度的請求。

此外關於擬目，消極的修正意見，還有一點。就是所用底本，應在可能範圍內設法改善。如漢上易傳，應改用宋刻本配汲古閣抄本。切韻指掌圖，應該影宋抄本而用眞宋本。劉子新論應該明翻宋本用黃丕烈校宋本。北山小集宋本尚存一卷，可與影宋抄本合印。寶刻叢編應改用宋抄本配明抄本。東觀餘論應改用宋刻本配明刻本。夢溪筆談應改用元大德刻本。寇忠愍公詩集明嘉靖本不足，應改用明謝在杭小草齋抄本。周益公文集應改用宋刻本配抄本。蠙衛詩選明隆慶時與詞選四卷合刻，不應僅刊詩。南唐二主詞用抄本，想是常熟瞿氏藏本，內容並不甚佳，不如改用萬曆單刻本。以上隨手所舉，都要達到目的，是不可能的。藏書家大多（也許是少數）不願將所藏珍本公開出來給大家。就是公家所藏，商務書館去商借時，也未必都能如願以償。我在此地說某書應換某本時，所謂某本，究竟是何人何地所藏，我也未便在日報上明說，其他可知了。編者明知有最善的本子，而在擬目裏，只能注上永普的徐圖改良，這是編者所感到最痛苦的一點。我們讀者，不應吹毛求疵，應當予以同情的。

擬目裏有幾種書，似乎可以刪去不印。如明天啓刻金尼閣西儒耳目資，北京大學已經影印了，定價甚廉，續編裏何必再收。又如正德本汪藻浮溪文粹，康熙間有覆刻本，和正德本一字不差。況且正編裏早已印過聚珍版浮溪集，浮溪文粹有少數異同，然亦無關弘旨。又如謝翺晞髮集，淸陸大業刊本，並不難得，亦可不印。此外如明本文始眞經關尹子，所謂明本，不知何本。關尹子是僞書，處今之世，不必再替牠宣傳了。

（四）關於選書的意見

一般人對於四部叢刊續編的批評，總以爲材料性的名著太少，這部書未必能適當一般學者的需求，也許是專爲刻了幾個黑底藏地大字，安置在大廳上裝場面用的。我以爲這話也未必盡然，卻也未可厚非。例如梅亭四六，底本雖好，但是有何用處。梅亭先生的四六，在宋四六裏，是沒有地位的。他沒有當過外交官，或中央政務官，所以披沙揀金，決無什麼史料可尋。徐天麟的東西漢會要，所用材料，無非班范兩書，比不得王溥的唐會要五代會要，我們當牠直接材料看待，駕正史而上之。雖然用的底本甚佳，可以打倒聚珍版本而有餘。但是這一類阿斗式古董的書，有何用處呢。卑之無甚高論，我在此提出幾部最普通極有用的書名，而正編續編裏都不收的，和大家商榷，且看大家意見如何。

（一）太平廣記五百卷　這部書的價値，與太平御覽不相上下，用不着我來贅話。通行的巾箱小本，不堪入目，盡人知之。宋本不可得見，最早的版本，要算嘉靖中談愷刻本。其後活字本許自昌本都自談本出，而略加修正。所以最影印這部書起見，非用談本不可。我不解何以續編裏，竟會失收了這樣一部好書。

（二）文苑英華一千卷　這部書的重要，和許敬宗文館詞林差不多。文館詞林早已零落殆盡，而此書因爲經南渡後周必大重新校定，到現在完全無恙。自宋迄於現代，只有明隆慶間刻過一次。隆慶本脫文有至千數字者，其荒唐可知。宇內所存宋刻，共有一百四十卷，皆內閣大庫遺物，還是當年周必大的進呈本。其餘所缺，不妨採用明抄本。明抄本曾見一部，與宋本內容無異，可以配補宋本之缺。宋本的大部分，商務方面曾借來照過，底本放在北平京華印書局的四層樓上，不知道爲何不想出版。

（三）通典二百卷　此書所有明刻，如李元陽，如方獻夫，只見元本，未見北宋原本。現在海外所存北宋本有二，如可借到，與延祐本文獻通考大德本通志合印一部古本三通，在一般學者，人人可得一部本，在商務必不至於賠本。從此武英殿本浙江書局本的三通，無人過問，豈不甚好。

（四）寰宇通志一百十九卷　這部書是景泰七年文淵閣大

新書匯訊

出版界雜訊

徵友

姚存中 宜曆 啓事 遺失

聲明

吐血

感謝

漢代樂府箋注

中央刻經院

眞正星月書提

出版

買賣

種花

大公報 代售書籍

施痔漏

送遺精 健忘 早洩 方

雜件

學校

圖書副刊

BOOKMAN
第二十五期

一 本刊登載關於中外圖書之介紹批評以及學術界消息爲公開性質歡迎投稿
二 刊登本刊之文略致薄酬
三 投稿通訊可寄「北平文津街國立北平圖書館內圖書副刊編輯收」

繆藝風先生著述目補

王紹曾

去年十二月二十一日，本刊載繆君文達『繆藝風先生著述目』一文，適紹曾亦有『繆藝風先生著述考』之作，入事倥偬，未暇完篇，而繆君已先我而成。近更披讀一過，知繆君闡揚先哲，臚列至詳，感愴之情，溢於言表。然竊病以爲不足者，繆君所舉，但限於夏桐採所撰繆藝風先生行狀，（見碑傳集補卷九）此外無所發見，謂藝風著述之大略則可，謂藝風之著述已盡於此則不可。目錄之學，原貴拾遺，敢以所知，條補七事：

一爲寰宇訪碑補錄殘稿——藝風於金石目錄之學，最爲專門，生平足跡半天下，凡古刻所在，窮巖荒刹，無不命工訪拓；計先後搜藏所得，達一萬有八百餘種，自編藝風堂金石文字目十八卷，以歷代墓志，彙列卷末，而甎瓦尚不與焉。藝風於金石考證，雖未有專書，而『網羅宏富，冠絕古今』，洵非鄭氏語石虛譽。後藝風藏書出賣，一部分入東方圖書館，而金石之書，悉爲閩侯林石廬（亞傑）所得，藏於三萬金石文字室，其友周雨漁爲作風雨載書圖。據石廬金石書志目序：『其中稿鈔之本，十有五六，朱黃散駁，多經校勘』，寰宇訪碑錄殘稿二冊，亦即參雜其間。考此書確係藝風所輯原稿，『其中補正，悉出繆公手蹟，惜非完帙，亦不知全書計缺幾卷，殊爲悵憾也』。

二爲雲自在龕金石分地編目殘稿——此書殘稿，僅存一冊，據石廬金石書志：『係藝風先生未完殘稿，原擬分地按代列目，詳年月書體所在，惜非完帙，悵憾無窮，姑錄入編，以待劍合』。案藝風有金石分地錄二十四卷，乃補正孫趙兩家訪碑錄者，石廬金石書志，未見著錄，此或分地錄之總稿歟？

三爲趙氏金石錄今存碑目——此書一卷，有結一廬精刊本，係附重刻趙氏金石錄之後，亦藝風所輯，計今存碑目二百八十有二種，較之趙氏所見，僅餘十一，末有藝風題詩二絕。

四爲金石錄札記——此書一卷，有結一廬精刊本，末復有藝風自跋。案趙氏金石錄宋本止存十卷，清初爲嘉興馮文昌所得，後流傳于杭州江玉屛，旋歸趙晉齋，轉爲阮文達韓小亭，最後歸潘文勤鄭盦，海內推爲天壤秘笈。藝風跋中云：『此書今尙在仲午比部所，而衡抄則不乏流傳之本，大半出于明葉文莊所錄。至刻本向推雅雨堂盧校爲最精，三長物齋等刻，均不足道』。藝風據三傷先生所得舊鈔本，首有劉跋序，明謝自序，後有李易安後序，開禧趙不譾跋，明葉仲繇跋，歸有光跋，跳行空格，均據宋本，並依盧本重勘者。藝風特借章碩卿藏校宋十卷本，及自藏明抄校本，詳加互證，成此札記一卷，附于朱氏重刊金石錄之後。

五爲藝風堂題跋——此書一卷，載羅振玉編國學叢刊，（宣統三年石印本）各舊書店內，尙有出售，紹曾未能目覩，不知是否別出於藏書記或續書記之外者。

六爲藝風堂詞話——藝風於詩古文駢文，致力甚深，亦喜塡詞，晚好輯詞而不多作，故詞僅一卷，而詞話則尤爲人所不知。此書並不分卷，亦無刻本，無錫縣圖書館有抄本一冊，題『江陰繆荃孫輯』，約一萬五六千言。大抵節取各家論詞之文，如鄒程村遠志詞衷，萬紅友詞律凡例，蔣京少瑤華集附錄，顧梁汾與陳栩園書，周止菴詞辨序，論詞雜著，及宋四家詞序論，陸祁生合肥學舍札記，丁杏舲聽秋聲館詞話其最著者。又附紀事二十三則，節引詞苑，西河詞話，聽秋聲館詞話，賭棋山莊詞話，孫子香詞話，及自撰雲自在龕筆記。於每節之下，均註原書出處，以明其所自來，體例大抵如此。或係藝風晚年輯詞時隨手札錄，積久而成，故世無有知其書者。余別撰藝風堂詞話題記，載江陰俱報。

七爲書目答問——此書乃藝風爲張文襄代撰，所以告語生童，雖自謙不敢入著作之林，而早年精神，固悉寓於此。繆君亦曾提及，但未序入目中，竊謂爲人代撰，不可當藝風著作耶？則代端陶齋所撰之壬寅消夏錄，何得列入？稽意書目答問，實成一家之言，『分別條流，慎擇約舉』，精綫念，明眞僞，孰爲精校？孰爲精注？孰爲空疏而無用？孰爲偏僻數雜而不錄？經學之家法，史學之義例，決非文襄所及知，徒掛虛名，已屬不稱。嘗見坊本書目答問，尙有著者藝風老人字樣，以張之洞爲鑒定，而商務印書館萬有文庫本，則直署『張之洞著』，余每爲藝風不平，去歲閱江陰陶社刻江陰先哲遺書，即謂書

友人方君碩齡，（載江陰大聲報）謂欲以此書刻入遺書之中，易之洞爲藝風。即不然，亦應如壬寅消夏錄例，改題『繆荃孫代張之洞撰』，方於名義爲合。是固不能不列入藝風之著述中也。（非出藝風一手者，不在此例）。

藝風生平爲人編撰之書甚衆，率署他人姓氏，亦猶義爾題跋，多出乎手，而義爾獨尸其名。甚矣，財勢之困人也！紹曾於藝風之學，宿所私淑，但恨已不能復見其人，而繆君固爲舊時同學，又係同鄉，以同鄉同學而同究藝風，儻亦志同而道合者歟？故補此以告繆君。

書評

最近各國的歷史教學

姚德潤許紹桂譯

國立中山大學教育學研究所叢書之二十四
二十三年三月上海民智書局出版 定價九角

覺明

一九二七年萬國歷史學會（International Committee of Historical Sciences）開會，因感覺到歷史教學問題的重要，遂決定於一九二八年成立了一個歷史教學委員會（Commission on History Teaching）。一九二九年委員會開會於威尼斯，一九三〇年開會於英國劍橋。議決首先從事調查各國初級中等各學校歷史教育的情形，然後及於高等教育。所調查的於法規課程之外，並注意到歷史教育的實施，方法以及教學的精神。委員會所收到的各國報告，據一九三一年至一九三三年萬國歷史學會會刊（Bulletin of the International Committee of Historical Sciences）所載，凡得四十五國，總名爲 L'enseignement de l'histoire dans les écoles primaires。美國 The Historical Outlook 雜誌自一九三〇年十一月起，曾將委員會所收到的報告選譯若干篇，陸續發表。廣州中山大學姚德潤許德桂兩氏所譯最近各國的歷史教學一書，即從 The Historical Outlook 雜誌上所發表的重譯而來。

德國教育哲學家赫爾巴特（Herbart）說，「歷史應該是人類的教師」（History Should be the teacher of mankind）這句話如其有幾分眞理，歐洲大戰以後，歐美各國中小學歷史教育所採取的態度同精神，就是最足以證明的了。歐洲的大戰，並不足以清算以往的一筆糊塗賬，凡爾賽的和約反而更佈下第二次大戰的種子。戰後新興的國家固然感覺到自己的不安，在那裏喚醒下一代的民族意識，訓練中小學的學生預備作將來國家的干城。戰敗的國家也在那裏極力鼓吹自己民族的尊嚴，和獨立自由的要求。戰勝國呢，在這種無結果的勝利之後，依然感到四周的威脅，不能不以英雄主義的光榮灌輸到下一代去。拿爾斯所錄爲民族標識的部落之神，還是盤據在戰後各國人的心目之中！這種情形，在本書裏最爲顯著。

在本書第六篇匈牙利小學的歷史教學裏，匈牙利小學歷史教學的目的是：「一方面把匈牙利的民族史教給兒童，凡世界史和它有關係的事實亦爲述及；……教他們尊崇往古和往古的教訓；養成他們的愛國心和民族自尊心；增加他們對於將來的自信和對於上帝的忠誠。……」（頁一三九）在第七篇羅馬尼亞的歷史教學裏，羅馬尼亞政府所規定的小學歷史課程綱要，以爲「凡能增長兒童愛國心，知道他們的祖先怎樣捍衛祖國，爲祖國的發展而努力這一類史料，適合兒童的，應該採用。」（頁一五三）第八篇波蘭的歷史教學也提到一九二〇年至一九二八年政府所定小學史課程綱要中關於歷史教育的目的，其中第二項：是「喚醒兒童關心國事，關心國家的過去現在與未來。」（頁一六九）第六項是：「喚醒兒童對於祖國與同胞之愛護心。」（頁一七〇）小學歷史教育在訓育方面的目的第二項也是：「培養愛護祖國和人類底情緒。」（頁一七一）

以上可說是一個類型。

第三篇德國的歷史教學裏，曾提到德國小學歷史教學的最高目的是：「我們應該相信歷史上有永久的和超人類的價值。我們應該相信歷史會給一切工作以意義，並且歷史會教我們不忘自由爲人類最高的權力」。（頁六二—六三）又關於國際聯盟的教學應以「民族尊嚴的自覺和民族發展須由國際間互助的認識爲基礎」。（頁六四）

這又是一個類型。

至於法國同英國呢？在第二篇法國的歷史教學裏說到小學的歷史教學，以爲「法令規定，在小學的歷史教學裏，法國史佔首要的地位。研究法國史，對於愛國精神的發展和擴大是很有裨益的。……法蘭西的愛國精神，對於眞理無所畏懼」！（頁三九）第五篇英國小學的歷史教學，的末了，作者H. Tempeley教授結語說，「假如教師們的會使歷史活現於兒童之前的話，那末兒童自然會習知志士如何救國和民族與偉人由何種行徑而造福於後世了。用不着任何苦口的訓話，他們會感覺到英雄主義之光榮，大公忠實之可嘉，和殘忍怯懦之可鄙。……」（頁一二九）

在蘇俄，小學的歷史教育，更其是當作一種訓練將來戰士的工具。所以在第一篇蘇俄的歷史教學裏，Pottrovsky博士最後說道，「我們的歷史課程是以過去幾世紀的階級鬬爭和社會發展的近代歷史爲中心，這一個課程只能算是普通社會科學課程中間的一部分。一般深於傳統程序的人看了我們歷史課程之省略了古代同中古，或許要大爲詫異；但是要知道我們的目標乃是在養成一羣青年，使其能創造社會主義者的社會而勝任愉快。從這一個觀點看來，兒童對於直接引導今日社會大鬬爭的事蹟，能以理會清楚，在我們便算是很够很够的了。」（參看中華教育界十九卷八期七〇頁拙譯，又本書頁一三〇）

由以上所述，可見大戰以後，各國中小學的歷史教育都以實用主義爲依歸，希望藉着歷史的教育，養成下一代爲祖國而奮鬬的戰士。即如C. Calise教授在第十一篇意大利的歷史教學一文裏雖然對於戰後將國際主義和民族主義放進中小學的歷史教育中的兩派都有所不滿，然而說到意大利中小學的歷史教育仍然承認本國史是教育的中心，民族底意識是我們的理想，「意大利小學歷史教學並不是備着做僞的途徑，却是走向合理的，正如上面所說建設民族意識底道路。」（頁二八五）因爲如此，所以法國中小學的歷史教育極力擴充和發展愛國的情感，而自以爲「法國的愛國主義對於眞理無所畏懼」（頁三九）了。

如其法國的愛國主義並不違背眞理，我們中國中小學歷史教育之應擴充和發展愛國的情感，啓發學生民族底意識，或竟以某種主義爲理想，養成一般青年的戰士，使其將來能够參加某種主義的國家或社會創造的奮鬬而勝任愉快，更其是眞理中之眞理了！

中國自近代維新以來的幾十年間，思想上失去了重心，這種情形表見得最明白的便是教育；幾十年來只是彷徨歧路，無所適從，在這種思想混亂的潮流之中歷史教育尤其如此；每一次中小學歷史課程標準的改定，便是思想界一次轉變的反映。歐戰以後，特別顯着。混合歷史的提倡，國際和平主義的鼓吹，都是這一時期所布的種子，而連片馬不知在何處的學生，也就是這一期思想所收的果實。忘去了祖國的人，如何可以希望他們爲祖國的自由平等而奮鬬！

我以十二分的誠懇介紹這本最近各國的歷史教學給談教育，尤其是關心於歷史教育的人。自然這本書裏面各國的主張不同，我不是以爲這些方案便可醫治今日國家的癈疾，只希望我們的教育學者明白別人的實用的態度，反省到自己國家的立場，因而動魄驚心，有所覺悟。也希望一般的歷史學者試讀此書以後，感悟到於翻陳死人的骸骨以外，自己對於民族前途以及下一代青年訓練還負有偉大的使命！

最後我要說到這部最近各國歷史教學一書的譯文。

在一九三二年的春天，我也從事此書的翻譯，最初四篇先後在中華教育界第十九卷上發表。方欲賡續迻譯，忽接到朋友轉來莊澤宣博士的通知，說他們正在翻譯，命我不必再譯。當時心中不無微憾，以爲這書是從那裏說起！隨後一想，這本不是甚麼經典，何必要有兩種譯本，於是也就釋然，停止了自己的工作。然而因爲對於此書的興味，三年來總是企盼漢譯本之可以早日出現。現在總算是如願以償了。這在我個人是很高興的一件事，尤其是看了譯本之後，覺得自己拙劣的譯文還不至於[illegible]！這本不是一部經典或文學作品，用不着拿信達雅的尺度去度量，姚許二氏的譯本大致不失原意，以下所指摘的不過是可以補正或較顯着的錯誤，並非有意吹毛也。

按歷史教學委員會所收到的報告一共四十五國，連總論後論等總數約有四十八篇，發表於一九三二年至一九三三年的萬國歷史學會會刊上。美國哥倫比亞大學師範院教授 Ruth McMurry 博士和普林士頓大學的 Joseph Strayer 博士選了蘇俄，法，德，奧，英，匈牙利，羅馬尼亞，波蘭，瑞典，挪威，意大利凡十一國的報告，連同法國 M. P. Cupra 所作的報告總要譯成英文，自一九三〇年十一月起陸續在美國 The Historical Outlook 雜誌上發表。姚許二氏所譯即此，而莊博士序中未加說明，幾令人疑爲原來報告即用英文，而以 The Historical Outlook 爲發表場合也。原來報告包含四十五國，而漢譯只十一國，未譯者尚有阿爾巴尼亞，比利時，巴西，加拿大，智利，科倫比亞，丹麥，但澤，西班牙，愛沙尼亞，美國，芬蘭，希臘，阿根廷，埃及，海地，印度，安南，勒多尼亞，Liechtenstein，立陶宛，盧森堡，馬達加斯加，墨西哥，巴勒斯丁，Pays-Bas 小蘇可瓦多，瑞士，捷克斯拉夫，土耳其，烏拉圭，委內瑞辣，南斯拉夫，凡三十四國，甚是憾事。至於莊博士序中說我譯了法國一篇，不免誤會，我所譯的法國中等學

校的歷史教育（見中華教育界十九卷第九期），乃O. W. Mosher 同 M. Georges Quesnel 二人所作見 The Historical Outlook 一九三〇年十月號，不屬於歷史教學委員會所收到的報告。茲隨更正於此。

以下略言漢譯本內顯著的錯誤。

譯本一二頁（以下只言頁數）「一八七一年的集團經濟……」原文爲 The Commane of 1871，應譯作「一八七一年的巴黎公社。」

一九頁，「把時間像地球由內而外地倒轉這是不可能的事……」

這裏譯文中的「地球」，原文作 Glove 應譯「手套」，地球無論如何，是翻不轉來的！這大約是把 Glove 錯看成 Globe 了。

二〇頁，「然而它竟敢冒險把歷史當作一幕啞劇，（此大抵就無聲影戲說——譯者）」

此處英譯原文爲 run the risk of making history into a Dumas novel，應譯作「有把歷史作成仲馬式小說的危險。」譯錯了，譯者更註錯了！

二八頁，「除了一九一四年至一九一八年間的歐洲列強史和世界大戰史之外……。」

按原文的意思，實是「除了歐洲列強史和一九一四年至一九一八年的世界大戰史之外……。」

三九頁，「法蘭西的愛國精神絕不怕與事實相違。」

此處原文爲French patriotism has nothing to fear from the truth，應譯作「法蘭西的愛國精神對於眞理無所畏懼，」如依原譯，眞與「事實相違」了！

一〇六頁，「古希臘和現瑞士如何給羣山分谷，決定其發展等。」

原文爲 how the mountions dividing valley from valley were a determining factor in the development both of ancient greece and of modern switzerland，似乎應該譯作「如何重山複嶺，爲決定古代希臘同現代瑞士發展的一個因素。」

同頁，「這樣是以提示着何以低下的國家常成爲戰爭之場……。」

這裏的低下的國家原文爲 Low Countries，指的是以前的 Netherlands，或者可以譯作「萊因河下流諸國。」低下的國家，並不一定便爲戰爭之場！

一一〇頁「他們應該由地方名稱上認識羅馬道路的線索如何給拉丁文 Strata 一字演成，例如 Stralford, Streetly 之類。」

譯文不清，按原文，此語應譯作「他們應該從由拉丁文 Strata 一字引伸而出的地名，如 Stralford, Streetly 之類，認識羅馬道路的路線。」

一一四頁，「再或可以知道達拉京（Drake）的厚毛外衣和現代的厚毛外衣之差別。」

這裏的厚毛外衣，原文是用斜體首字大寫的Dreadnought，乃是達拉克乘以航海的一隻艦名，如要翻譯，應譯作「無畏艦」。譯作「厚毛外衣，」眞太滑稽了！

一五六頁，「保護文化運動的王國底發見。」

按原文應作「保護文化運動的國王底出現。」

一六九頁，「世界史上重大的發見。」

按原文應作「世界史上的大事，」principal happenings 不能譯作重大的發見也。

一七〇頁，「在一九二九年春，劃分科目組織。教部……。」

此處原文爲 In the Spring of 1929, the Division on courses of Stndy and Organization in the Ministry……，應譯作「在一九二九年春，教部課程學制組……。」

一七五頁，此處譯文的第五年應是第六年，漏譯第五年。

一九〇頁，「十八世紀發表許多新方法與新原則。」

按原文，此句應譯作「在十八世紀，刊布了許多按照新方法與新原則編成的歷史教本。」

一九二頁，「更秘密地加授四小時波蘭史以及波蘭語教授的世界史。」

按原文應譯作「更秘密加授四小時的波蘭史以及世界史，都用波蘭語教授」。

一九四頁，「前三年級各有各的系統」。

原文的意思實是「前三年級另成一個單位」。

一九七頁，「古代西方文明的來源」。

原文實是說的「古代東方文明的特徵」。

一九八頁，教王耶冕下波蘭國之復興一句下漏譯一句。全頁，「文藝復興，歐洲與波蘭之改革」。

原文的意思實是「歐洲與波蘭的文藝復興同宗教改革」。

全頁，「基于絕對王權制的武力主義。歐洲的均勢。波蘭封建制度的混亂」。

這三句原文的眞意是「歐洲各專制國家的武力均勢和波蘭封建諸侯的混亂」。

二〇〇頁，「特別注重分析研究法英德美意俄日等國的組織」。

按原文應譯作「特別注重分析研究法英德美的憲法和意俄……」。

二八七頁，「羅馬史綱要」。

原文的意思實是「羅馬史上的重要人物」，important-figures不能譯作綱要，二八八頁第三，「意大利統一運動重要的史事與形勢」，形勢亦是figures 一字的誤譯。

二九一頁，「查理曼與教皇加冕的帝國」。此處的教皇加冕的帝國，原文實作 Carolingion Empire，譯文誤。

二九五頁，「成功的戰爭……。」

原文爲The Wars of Succession，指的西班牙王位繼承戰爭而言，譯爲「成功的戰爭……，」似乎荒唐！

以上所舉，都是比較顯著，一望而知其錯誤的。此外如譯名前後的不統一，小小的脫漏以及其他錯誤等等，爲數不少，茲不備陳。本來連上面所說的錯誤，也可以不談，我們讀此書原來就是遺貌取神；不過有感於這是一個研究機關的出品，便不能不有更進於善的希求了！

清季史料偶記

吳先乙

（三）蠻氛匯編

原題清節西蟄叟手訂　清石倉主人編次

蠻氛匯編一書，是集合太平天國史料十二種而成，原輯人的眞姓名，已不可考。卷端的署名頁上，寫明「同治丁卯冬季錄於界城旅寓」，刻本尚未見過，北平圖書館所藏的是毛邊紙舊鈔本，計一冊。茲先將目錄照錄如后：

一、粵匪紀略　清姚憲之撰　四十四頁

二、長毛八王記　九頁

三、長毛九侯記　四頁

四、長毛國宗記　三頁

五、長毛丞相記　十一頁

六、長毛羣犢記　四頁

七、金陵癸甲摭談　十三頁

八、蠻氛雜記　八頁

九、盾鼻隨聞　六頁

十、金陵被難記　四頁

十一、寇汀紀略　清曾大觀撰

十二、夷氛私歎　三頁

長毛八王記以下等五種（第二至第六種）的內容，和賊情彙纂（清張德堅總纂南京國學圖書館影印舊鈔本）的劇賊姓名一欄，大致相同，只是敘事繁簡微有不同，字句間稍有出入而已。這幾種東西，恐怕是從賊情彙纂裏抄出。因爲賊情彙纂成書的時期較早，該書有張德堅自序，作於咸豐五年，故脫稿期必在咸豐五年或稍後一二年。蠻氛匯編是同治丁卯年（六年）的輯錄本，自然在賊情彙纂之後，說牠是抄襲的本子，似乎有幾分的可能。金陵癸甲摭談，盾鼻隨聞，金陵被難記三種，均有刊本；但鈔本的內容，都較刊本爲簡略。

粵匪紀略（清姚憲之撰），寇汀紀略（清曾大觀撰），夷氛私歎三種，還沒有見過刻本。粵匪紀略敘述咸豐五年以前太平天國軍事的經過，作者在卷末曾註有：『咸豐五年乙卯冬悉照邸報參以見聞編次於紫陽邑署之知是官齋。』據此，他大約是當地的長官。寇汀紀略是關於太平天國各種的見聞雜錄，片斷的寫成。夷氛私歎則爲通俗的歌詞，對當時的變革，表示歎息感慨的情調。

治太平天國史的人，每感材料缺乏，不能將洪楊運動的眞相，和盤托出，所存的官家記載，固然是歌頌滿清政府的戰功；即私人撰述，也都不過是些讚揚名臣大將或英雄豪傑之作，對於太平天國，運動本身的過程，皆闕焉不詳。近來雖有些較直接的，名貴的資料出現，然而事實上依舊是鳳毛麟角，寥寥無幾。這裏面未刊的幾種，新鮮的資料固不多，但在這原料恐慌的情境中，也值得注意一下的。

（四）讀雪齋詩集十卷

清孫文川撰　稿本

所作詩大都是詠洪楊時候的事，始咸豐三年，終同治二年。當太平天國的隊伍初陷金陵時，孫氏適被困城內，後來乘間逸出，並設法將眷屬接至城外，乃投奔江南大營向榮幕下，相與計劃恢復金陵的策略。詩的內容，以共個人的經歷爲主，兼及當時戰將的事蹟，和時局飄搖的情況，讀之可以窺見當時士人對于太平天國變亂的心理。

（五）江南鐵淚圖

原題寄雲山人編　同治十一年木刻本

這又是一部太平天國的史料。共敘述的方法，是于每一段紀事之後，伴以寫實圖一幅。敘事之前，各冠以標題兩句，再加上六個字一句的歌詞，每段例皆八句，算是記事的提綱。圖是木刻的，完全爲針對着各段記事的繪畫，共四十二張，頗有金粟梅園繪的風趣。編製本書的動機，說是爲勸濟江南難民作（原書卷末），所以書中的內容，大都描寫變亂中洪楊軍隊的屠殺與焚掠；對舊社會制度的攻擊和摧毀；以及一般人民遇難的種種苦楚。篇末尚有江北勸捐啓，以冀引起人們對於江南難民的同情心而解囊相助。

作者對於太平天國，雖然是抱着呪罵的態度，把他們寫成殘酷兇狠的樣子；但是我們如果從反面來看，這些描寫，反可以使得我們更親切的認識洪楊諸戰士的面目。誰要研究太平天國之作戰精神和策略，這就是一部必讀的史料。

新書介紹

綠督廬日記鈔　長洲葉昌熾著　出版明民國二十二年　出版處上海蟫隱廬　定價十二元

此書爲長洲葉昌熾著。昌熾長於錄及碑板之學，所著藏書紀事詩，及語石，邠州金石錄，奇觚廎詩集，久已膾炙人口，而此書乃其平生所聞所見之事，逐日記之，成此鉅著。自清同治庚午（九年）……

圖書副刊

BOOKMAN

第二十六期

經濟思想史

陳銘明

新生命書局發行　民國二十年十月出版　定價二元

中國之地理底基礎

(China's Geographic Foundations)

著者 George Babcock Cressey

出版 McGraw-Hill Book Co.

XVii + 436 頁　民國二十三年 1834 年第一版

新書介紹

新出雲南邊務書三種

雲南邊地問題研究　民眾教育館編　二十二年五月出版　上冊定價一元

滇緬　二十二年十月出版

滇西兵要界務圖注

西突厥史料　禾子

沙畹著　馮承鈞譯　商務印書館出版　一冊　定價一元五角

法人沙畹氏爲近代歐洲漢學之開創大師，西突厥史料乃其重要撰述之一種。書脫原稿於一九〇三年，越三十年始由馮君承鈞轉譯爲漢文。全書共正補二編，正編分四篇，第一篇緒說，說明西突厥諸可汗之世次及年代，與自中國至西突厥之兩大通道，第二篇列傳，轉錄隋唐諸書中之西突厥列傳並附注釋，第三篇專輯並分析諸正史及玄奘記傳中關係西突厥之其他史料，第四篇西突厥史略，記東西突厥之分立，迄於突騎施之滅亡；補編則係輯錄冊府元龜中之史料而爲正編所缺漏者，末後並附正補二編之通合索引。

按西突厥史蹟之見於著錄者，約有三處，一爲東羅馬史家之紀事，二爲大食人與亞美尼人在波斯薩三王朝末年及回教初興時之紀事，其三則爲中國載籍，而其中要以中國載籍所載最爲詳贍。本書之最大目的蓋即在輯錄迻譯此種中國史料，以與西方學者相見，故正編之第二第三篇及補編全係直錄中國載籍，而正編之第一篇所述其所根據亦皆在此，惟第四篇史略一篇，頗採用若干東羅馬史料耳。然此書之漢譯本初不因是而失其價值，則以除介紹東羅馬史料外，即於中國史料，其整理注釋之功，亦匪淺鮮也。而史略一篇，以三四萬言述西突厥之興衰離合，頗能挈要，中國羅馬波斯印度四大文明由西突厥之興起，而賴以溝通之跡，亦爲闡述無遺，其價值尤居全書各篇之冠。

然此書缺失之處亦殊不尠，茲略舉數則如左。

一、所採中國史文以新舊唐書冊府元龜三書爲主，冊府元龜中之表冊文錄於正編，其他零星紀載則著於補編，而所輯實尚欠完備，馮氏序中已語及之。且茲所輯者僅限於卷九六四至卷九九九之外臣部，（馮氏所謂尚欠完備者，蓋亦指在此範圍內），殊不知其他各部亦有關係西突厥之史料也。尤以將帥部立功一類，涉及此事者至爲繁夥。

二、正編第三篇關於西突厥之其他史料，北方民族之迴紇薛延陀沙陀，西域諸國自高昌焉耆以下至於波斯凡三十五國，或全文或節段，皆被蒐輯，獨不錄北突厥傳及吐蕃傳，甚不可解，按此二民族與西突厥之關係之深切，實遠在迴紇薛延陀等之上也。

三、本書雖兼採東西雙方史料，然往往未能會通引用，例如Tourxanthos爲西突厥之一可汗，見M nandre希臘史殘卷，其人爲室點密之子，達頭之弟，且其地位必至爲重要，故由伊援見羅馬使臣，並主喪其父之葬禮，而此書卷首世系一節中所列僅限於中國載籍所著錄者，竟不及此人。（大食與亞美尼之紀載，以文字關係，完全未能採入，最爲缺憾，此沙氏於史略篇緒說中已自言之。）

四、史傳所載時有歧異處，此書亦未能擇善而從，例如隋書謂泥利可汗卒，處羅可汗立後，其母向氏以開皇末（六〇〇）入朝，旋遇達頭之亂（六〇三），是泥利之卒在六〇〇前也；新唐書謂達頭之奔，泥利亦敗，及死，子處羅可汗立，沙畹氏據此因考定泥利死於六〇三年，竟不一顧隋書之異文。按向氏入朝當係史實，則二者之間，實以隋書爲合於事理爲可從也。

五、書中地理考訂多據西域圖志西域水道記西域同文志等之說，其間取去雖不無抉擇，然以誤傳誤者亦往往而有。例如西域水道記以唐後庭縣爲金滿縣之改名，水道記誤，而此書第一篇路程章中因仍之。今按唐書地理志北庭都護府治金滿縣，北屬縣有後庭縣，則係二縣，非一縣之更名也，（又書中地理考訂及譯寫方法前後不一致，此點馮氏序中亦已語及之。）

新書簡訊

•白石道人詞箋平•，陳柱編，商務印書館鉛印本，二十二年出版，定價八角。此書乃近人北流陳柱氏所著。卷之一版本考，於姜詞版刻源流，略能剖別。且得見沈曾植鈔刻本，沈本從稗本出，與時刻略異。傳世不多，（沈氏生前所刻書，如至正嘉禾志，雖是光宣間所刻，去今可三十年，然傳本亦罕，有如星鳳，是可異也。）賴陳氏此書得知其詳。然陳氏於汲古閣六十名家詞三十四本，未能詳其本末。據吾人所知，亦出宋末廬陵陳元龍手，陳實校注清眞詞，且爲姜詞略出本，此點可補陳氏所考之缺。卷之二，白石道人事略，從各書抄撮，無甚足重。卷末附錄乾隆寫本九眞姜氏世系表，爲仙處未見，是其長處。卷三，白石道人文藝批評，據前人詞話排比成卷，在南宋曲子詞沒落的階段裏，姜詞的時代背景，未能加以剖說，陳氏隨聲附和，人云亦云，實爲遺憾。卷四至卷八，銓釋姜詞，將舊本白石道人歌曲之稱，改爲白石道人詞，實屬不倫。姜氏所作鐃歌辭琴曲等未列入，鐃歌辭等亦是姜氏歌曲之一，與令慢體系的曲子，分而爲二，實未得宋時編者之用心。然羅述衆說間亦折衷己意，於初學不無裨益云。（宜）

×　×　×　×

•中國現代教育史•，周予同著，民國二十三年一月上海良友圖書公司出版，定價二元五角。本書分正輔兩篇，正篇分導論，教育宗旨，教育行政，學校系統，初等教育，中等教育，高等教育，師範教育，實業教育，凡九章；輔篇爲中國現代教育史年表。此書所包時期起清同治元年同文館之設立，以至於最近，對於西洋教育制度輸入中國以後之史蹟，作一綜括的叙述。中國現代教育史年表凡一百八十餘面，幾得全書五分之二。表分史實備記兩欄，史實專志教育史上之建置，備記則旁及於政治經濟與夫思想上之大事。本書特重教育制度之叙述，於留學教育教育思潮以及教育與其他方面之關係率略而不論。著者於此自有苦衷，序記中已自言之，讀者取年表與正篇參伍比讀，近六十年來中國教育史之眞象，仍不難得一輪廓。全書叙述簡明，年表詳備尤爲其他教育史所未有；不失爲一參考良籍也。

×　×　×　×

•白雲觀志•，附東嶽廟志，日本小柳司氣太編，一九三四年三月（昭和九年）東京東方文化學院東京研究所出版，定價日金五圓。案北平白雲觀創始元代長春眞人邱處機，爲全眞派開宗之聖地。北方道教之重鎭，與南方之龍虎山可以抗衡。東嶽廟則在北平朝陽門外，爲張天師一派，屬於南宗。兩者對於北方民間，俱有深厚之勢力。本書編者以研究道教著聲彼邦，一九三一年八月至北平，調査白雲觀及東嶽廟，逗遛五十餘日，歸國後，始著此書，計分七卷，並附照片。卷一白雲觀小志，（自唐至清）。卷二白雲觀記事，中復分歷代方丈，道士小傳，齋日，道觀之區別，戒，道士之生活及宗規，方丈資格，經濟的狀態，道教分派凡九節。卷三諸眞宗派總錄，原本存白雲觀，此從而影印。卷四白雲觀碑誌，計收碑誌三十八通，自正統以至於今，約略俱盡。卷五東嶽廟志。卷六東嶽廟七十六司考證，即以劉澄圃氏所撰書于各司木牌上者爲據。卷七補漢天師世家，民七天師六十二代孫元旭所輯，自五十代至六十一代止。以上俱用漢文寫成。附錄白雲觀調査報告一篇，曾登東方學報第三號，今重印於此。此外並有白雲觀東嶽廟實測平面圖二幅。按此書於道教之史的方面大都參考道藏，而實全眞教未能參考陝西祖庵重陽宮諸碑，未免遺憾，然大致略具矣。唯以吾人所知，北平研究院久有北平史蹟調査之舉，顧迄今未聞有所著作，以致白雲觀志亦復由彼邦人士借箸代籌，殊可慨也！

×　×　×　×

•學文•月刊第一卷第一期，葉公超編輯，二十三年五月北平學文月刊社發行，每期定價三角，全年三元，爲一純文學刊物。第一期計收饒孟侃諸人詩五篇，小說有林徽音之九十九度中，楊振聲之一封信，散文有季羨林之年，論文有李健吾之福耶寶與福樓，卞之琳譯之傳統與個人的才能，及聞一多之匡齋尺牘。案北平之文學刊物自文學季刊以後，相繼而起者頗多，學文其一也。學文月刊即上海新月之後身，唯讀第一期如：「九十九度中」「一封信」等結構散漫，意識形態有欠清晰；「一封信」猶是寫玉君時之舊風格。「匡齋尺牘」爲論詩經之作，然其所論，仍未跳出方玉潤之窠臼，是爲餘憾耳。又平中原有一種學文雜誌，執筆者爲劉盼遂王重民諸氏，曾出六期，因故停刊，現聞又有復活之訊云。

出版界雜訊

景印趙城藏經近息

去歲發見趙城古本藏經，曾借來三百餘卷，擬付景印事，已誌本刊。北平三時學會所印者爲窺基妙法蓮華經玄贊（存一，三，四共三卷），阿彌陀經通贊疏（存下卷），瑜伽師地論略纂（存一，三，五至六，八至十三，十五，共十一卷），成唯識論述記（存一至二，四，七至十，共十卷），成唯識論掌中樞要（存上中下三卷），大乘法苑義林章（存三，五，共二卷）因明入正理論疏（存中下共二卷），題窺基撰之因明論理門十四過類疏（一卷），成唯識論述記科文（存一至二共二卷），清素瑜伽師地論義演（存一，四，六至八，十一至十二，十五，十七，十九至二十，二十六，二十八至三十五，三十八，四十，共二十二卷）瑜伽師地論記（存一至二，五至七，九至十二，十六至十七，十九至二十，共十三卷）共十二種凡六十八卷，擬云刊印過半，殺青可待。匯上海之百餘卷及存北平圖書館之數十卷印事亦將開始。按趙城藏與今本異同殊多，又其版刻淵源，亦爲宋元之間一大關鍵。今茲重印，對於佛教史之研究，實爲一有意義之舉也。至關於趙城藏在佛教版本目錄學上之眞實地位，南中某君正在詳細研究之中，其法果不久當可以公諸世人也。（方）

×　×　×

漢譯本多桑著蒙古史即將付印

多桑著蒙古史，自洪鈞氏以來，我國學者研究元史者多資爲寶庫；其內容大概略見本刊第十四期（二月十七日）馮承鈞氏評日本田中萃一郎譯本一文中。兩年前馮承鈞氏即着手轉法爲漢，近已卒業，稿聞已由上海商務印書館承印，漢譯本不久當可與世人相見矣。按此書除田中氏之不全譯本外，東方別無他本，漢譯之出，當不僅我國學人稱幸而已也。（明）

×　×　×

馬隅卿氏藏清平山堂話本景印消息

馬隅卿氏新獲清平山堂話本若干種，已誌本刊第二十二期，馬氏所著清平山堂話本與雨窗歌枕集一文述之綦詳。茲聞馬氏此書已付北平大業印書局景印，不日即可出版，定價約爲二元五角，由北平琉璃廠來薰閣發售。（日本亦由來薰閣發售）。此亦研究小說史者之佳音也。（明）

×　×　×

葉紹鈞編十三經索引行將出版

葉紹鈞氏以十年之力編成•十三經索引•，將十三經全文逐語分開，按每一語首一字筆畫之多寡予以排比，下注該語出自何經何篇何章。有一語不識出處，翻此書可以決疑於頃刻，可謂有功學術界之作。據聞已由上海開明書店付印，殺青可待也。

×　×　×

一九三三年度之美國出版界

今年一月份之美國出版家週刊（The Publisher's Weekly Vol. CXXV, No.3）載有去年度美國出版界統計表一篇，以一九三三年與一九三二年之出版數目彼此對照。據表，一九三二年美國出版之新書及新版凡九〇三五種，一九三三年只得八〇九二種。此中除語言學（增十七種）美術音樂（各增七種）三者一九三三年較一九三二年略有增加外，其餘如哲學，宗教，社會學，經濟學，法律，教育，科學，工程，醫學衛生，農業園藝，家政，商業，遊戲運動，文學通論，詩及戲劇，小說，少年讀物，歷史，地理，遊記，傳記，雜項等類，一九三三年俱呈衰落之勢，亦足見出美國出版界不景氣之一斑云。

273

圖書副刊

BOOKMAN　第二十七期

一　本刊登載關於中外圖書之介紹批評以及學術界消息爲公開性質歡迎投稿
二　凡登本刊之文略致薄酬
三　投稿通訊可寄「北平文津街國立北平圖書館內圖書副刊編輯收」

答葉爲耽先生評「文化人類學」

林惠祥

（原評見大公報四月七日圖書副刊）

文化人類學出版不久即蒙葉先生惠予評論足見愛護之殷厚望之切甚感且慚。唯是葉先生之評論中有正中肯綮之處，但亦有出於誤會之點，茲敬爲一一解釋於下：

（一）關於書名　葉先生以爲不應將人類學分爲文化人類學與體質人類學。此點係出於誤會，蓋葉先生似未曾閱及書中第一篇論人類學之定義及其對象之一章。葉先生之言謂「人類學既研究人類及其文化，則自不能獨重於文化，且更須注重有機的現象，以成人類學整個的體系」。然在本書中亦曾言「但一面雖是注重文化，而對於體質的方面也不放棄，如韋士勒所謂「動物」「自然史」「人類的起源」，馬列所謂「肉體」，馬林瑙斯奇所謂「人類的軀體」「種族的差異」，都是指體質方面的研究」（頁五）「由於上述的這些定義看來，文化便是人類行爲的總結，是動的即用的方面，而人類的軀體乃是靜的即體的方面，文化與軀體有極密切的關係，合之乃成爲動靜俱全，即體用兼備的全個人類」（頁六）又書中所下人類學之定義爲「用歷史的眼光研究人類及其文化之科學」（頁七）所謂人類即指其體質方面。此種意見是否有「獨重文化」之嫌，而有異於葉先生之言。作者之意既與葉先生同以爲人類學應兼重體質與文化，何以本書專論文化一方面，而標名爲文化人類學，此點最引起葉先生之誤會。其實此係另一事，蓋以上所述乃爲人類學之定義及對象，至於本書之專論文化則由於人類學之分科。定義係從理論上立言，不能不求完備，至於分科則由於實際上研究之便利不能不分門從事。此在各種學問皆然，又何獨怪夫人類學。與人類學相近者例如動物學植物學，其所研究者既爲動物或植物何以不籠統研究，而反「分析」爲形態學解剖學生理學等分科。且人類學之分爲體質與文化二科，原爲牛津大學與倫敦大學所規定，因其不甚便利，故本書亦非即按照此種二分法而作。爲着研究的便利起見，歸意乃實同四分法。本書內曾言：「但爲研究的便利並顧及從來的習慣起見，人類學的分科不妨擴爲四種，這便是將史前考古學及民族誌仍舊提出來給他獨立做二分科。因爲若把史前考古學中關於人類遺骸及其遺器的研究硬分二橛，剩給體質人類學及文化人類學，恐怕對於原始人類不能通盤觀察而得完全的了解。如把他合在一起研究，便無此弊。至於民族誌原是要記載一民族的全相的，更不可把體質與文化分開。在研究的便利上固應如此，在習慣上也是很少分開的。因此這二科也應當獨立起來與上二者合而爲四科」。（頁一四）人類學之四分似乎較之二分更爲有系統，其實不然，本書又云：「現在我們把文化人類學與體質人類學當做綜括的，理論的，重在原理的研究，而史前學與民族誌則爲具體的敘述的，重在事實的敘述。史前學與民族誌貢獻具體的材料於文化人類學與體質人類學，而文化人類學與體質人類學也貢獻說明的原理於史前學與民族誌；所以他們的關係是如下圖：

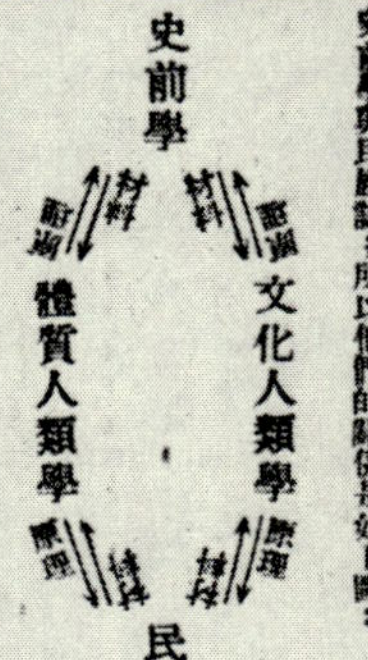

本書之作即據此四分法而專述文化人類學一分科，至其性質便是「人類社會生活的自然史」「詳言之，便是探討人類的生活狀況，社會組織，倫理觀念宗教魔術語言藝術等制度的起源演進及傳播。這種研究始自一個原始民族的探討，終則合衆民族的狀況而歸納出些通則或原理來使我們得藉以推測文化的起源並解釋歷史上的事實及現代社會狀況，然後利用這種智識以促進現代文化並開導現存的蠻族。」（頁一六）　本書之標名及編制即由於上述之理由。此與葉先生之批評對象實不相同，蓋葉先生心目中之文化人類學爲二分之一的人類學，而本書則實爲四分之一的人類學也。二分的人類學敘述史前人類及其文化時須割分於二科，不能合併討論，對於歷代種族亦然，此實爲最大不便之處。按照二分法而著成文化人類學與體質人類學二書之西村眞次氏所以稱著人類學汎論一書實即爲補救此弊。葉先生之意亦即根於西村氏之言。其實西村氏係針對二分法之弊而言，此弊可以「人類學汎論」解除，亦可以四分法解除。蓋汎論或總論最大優點在於合併史前人類及其文化以及合併現代種族及其文化，此點在四分法中則以史前學及民族誌分負其責。「總論」之書雖尚有錯綜討論人類及其文化之理論非分科所能負擔，然亦不過如動物學植物學之外再加以生物學，並不能即廢動物學與植物學也。由此可見總論與四分科不但不相衝突，且能相得益彰。故若謂凡人類學書均只應爲一本總論，不應再有分論，此在學問之研究上實爲不便；且如大學中人類學系諸學科若皆取銷而只餘總論一科，豈不更爲「滑稽」。葉先生謂：「近世之治人類學者力感以前將人類學分爲體質與文化兩部之非。克魯伯之作人類學也亦已言之」。然而克魯伯書中固猶明言人類學分爲文化人類學與體質人類學考古學民族學或民族誌，不曾言及文化人類學之應取銷也。克魯伯之人類學在一九二三年出版，若克魯伯氏確有此言或此意，或彼時以後確有取銷文化人類學之潮流，不應於更近之一九二九年其同國同派之人類學家 Wissler 氏尚出版其新著「社會人類學」而此社會人類學一名在克魯伯之人類學中即明言其等於文化人類學也。總括以上理由可知葉先生之評語實由於誤會本書原按二分法之文化人類學，不知其爲按四分法之文化人類學；故此「最近之書，尚標文化其上，以示其專門」，實非「有悖於晚近人類學界之潮流」也。要之人類學發展至今學理與事實皆潮繁夥，無論人類學性質上之理論如何，實際研究上確乎不能不從分工之公例。將來之趨勢或且愈分愈專，人類學一名詞之上或且順以較「文化」爲狹之形容詞亦未可知也。

（二）關於「文化發育之因素」　葉先生以爲「未嘗一提實有未足」。此語頗爲中肯，然而亦有說焉。此書未完稿時曾擬加入「類此之略論」一篇，然此題範圍過大材料太多，遠出有人類學領域之外。例如文化發育之因素，如葉先生所舉有「地理的，生物的，及歷史的因素」，此外尚有心理的因素，最少應舉此四類學說，每類之中又各有分歧之學派。第一種地理的因素即論地理環境與文化之關係，此種理論已獨立成爲一種科學，即人生地理學或人地學。次之生物的因素則有生物有機的派，人類種族學者派，遺傳學者派等之理論，研究此說之專科更多。心理的因素則又爲心理學家，社會心理學家之拿手好戲。以上三種因素之理論皆由別種學科所提出。上有歷史的因素即文化的因素爲文化派社會學家及批評派人類學家所主張，然而尚有專以文化的一部分爲文化發育的因素者，則又出於人類學之外，例如經濟狀況且爲唯物史觀派學者所特別發揮。關於以上各種因素之理論不但專科著作即如綜括各派之概論，在我國出版物中均已不少。即舉第二類者而論則如孫本文主編之社會學大綱中之社會四種基礎，每冊即專論一種因素，其執筆者皆爲較精於該題之人。又如黃凌霜譯當代社會學學說，錢兆麟譯社會思想史以及其他社會學史社會思想史等幾於全書皆敘述此種學說。叫略者其實更多，例如錢譯文化進化史黃著社會進化論譯社會心理學等書中均有一章述此。本書後出殊無重複敘述之必要，且如加入此種材料，詳則爲篇幅所限，且亦不及專門著作，簡略則反類於他書，不如勿作。此非由作者大膽，實由於小心及取材之不苟，讀者或能諒之也。至關於文化的因素一項之理論，因係批評派人類學家所倡，故即在文化人類學略史內述之。

（三）關於文化之內容外形發展及傳播等　所以不詳述理由同上，即因此種材料甚多足可自成一冊，而我國學界亦已有此種書籍，例如孫本文之社會的文化基礎，社會學上之文化論，社會變遷，王璧如譯現代文化概論，張揚合譯文化社會學，葉法無著文化與文明等。本書內即有專篇亦不及此等專書之詳故不另立一篇，然其要點在第一二篇中亦皆已敘及矣。

（四）關於「歷史的眼光」　葉先生以爲本書曾言用歷史的眼光，而葉先生「卻未嘗見」。關於此點可參看第一條之解釋便明。蓋本書曾言人類學爲人類史之性質，而人類學之分科爲四分，合四分科而觀之其爲史的性質甚明，其史的眼光甚顯；若單就一分科觀之，容或有不易明瞭之處。且文化人類學及體質人類學較之史前學及民族誌，其史的性質又較不明顯。蓋後二者之功用爲記述的，前二者則爲說理的。後二者備一定之時間及地域而記述其事實，其體裁有類乎編年史或國別史。前二者不拘於時間與地域，而專就一類事實討論其性質起源與變遷，其體裁有似乎紀事本末或九通之類。編年史固爲史，紀事本末九通之類何獨非史，未聞史學家有斥紀事本末及九通之類無史的眼光也。文化人類學之史的眼光亦猶紀事本末或九通之類耳。且葉先生所言之文化的發育或文化的推移傳播或獨自發生等事，在本書中討論各種事實時固常注意之，故書中討論一種文化時常推究其起源原因及傳播變遷等。至於「先史文化未有專章」，則上文已言的，本書不實同二分法將先史文化歸文化人類學，先史人類歸體質人類學；而採用四分法，將二者之編年史式的記述合併歸於史前學，在本書實無「遺憾」也。

（五）關於「親屬關係不列一章」　親屬關係之敘述已散見於結婚的範圍，母系父系，家族氏族等章內，不另列一章而重述之，亦未甚「失當」。至於敘述氏族之文字非「一頁有餘」，而係二頁有餘，所有要點均已言及。莫爾根書言此最詳，然已有譯本，何必贅述。

（六）關於「文字之足以商榷者」　舊石器時代之或稱粗製石器時代，新石器時代之或稱琢磨石器時代，確非晚近考古學所實同，所評甚是。然本書並非採用此舊說，不過敘述以前考古學者之意見而已。原文爲：「而其後丹麥的瓦爾塞(J. J. Worsaae)與英國的拉卜克(J. Lubbock) 再分爲四個時代即：(1)舊石器時代或粗製石器時代，(2)新石器時代或琢磨石器時代」云云。葉先生不曾察其上文故致誤會。

Levirate之譯爲「兄弟婦婚」，Sororate 之譯爲「妻姊妹婚」，意義不能十分明顯，然都能包括無遺。書內兄弟婦婚字下又加註「或譯轉房」一名。此兩種風俗之形態不一，本書內亦略有述及。兄弟共妻本書註英文爲 Adelphogamy，手民誤排 h 爲 p，此字在字典中即有之，非無所依據。一夫多妻制註英文應爲Polygyny當時用Polygamy實誤，此二字在 Giddings 之歸納社會學中曾詳言之。本書內不愼誤註，雖註字非本文，無甚重要，然亦作者之過也。

西伯利亞土人自然即指西伯利亞之原住民族而非指其後移居之通古斯人蒙古人等，此猶如云美洲土人即指美洲之原住民族而非指其後移入之白種人也。書中下文又云「例如西伯利亞的科利押人(Koryak)中便顯有這種意義的服務婚」。更可參證。此點無甚「滑稽」之處。

Matronymy原義爲母姓Patronymy 原義爲父姓，所評甚確，但此不過文字上之差異，在實際上即等於母系與父系也。

（七）全書體裁　葉先生於此段又大有誤會，此即由於第一條而來，觀上文之解釋便知。至於內容之組織亦即根於上述之意而爲有系統的配列，在本書序文內曾言及之，葉先生想未閱及或未注意，茲復抄述於此：「編者茲以已意分爲五部(1)物質文化，在原始生活中最爲重要，故立爲一篇，一一討論各種古代的發明及其對於人類生活的影響。(2)人對物既發生物質文化，人對人也發生了社會組織；人與人的組織使人類更能對付物質環境，故社會組織也宜成爲一篇。(3)由原始人觀之，物與人都是有形的，此外還有一種無形的超自然超人類的勢力，爲他們所不得不對付，由此便發生宗教，故宗教也爲一重要部門。(4)生活餘暇，原始人也發揮其審美性而生出藝術來，故藝術也宜成爲一篇。(5)人類的社會生活不能無傳達意見的方法，於此便有了語言，保留語言的方法便成爲文字，故語言與文字也應有一個地位。以上五個部門似乎適可以包容文化人類學的各種材料。此外再加以人類學緒論一篇以當導言；文化人類學略史一篇以說明各種重要原則及學派。」不但各篇之設立有系統，即在各篇內之各章亦皆有其系統，試將各篇之目錄細觀之便可明瞭，而在四、五、六、七各篇之首章且皆明言各該篇之內容及系統。由此觀之本書體裁實力戒「凌雜」，而求其「有系統」。葉先生之評語殊欠斟酌。

至於此書之作原不過個人涉獵之結果，安敢望爲「人類學或文化人類學之正規」，本書內是否有此語故發招葉先生之反對。當今學術正在發展之程途，多種學科尚未有一定之標準，此尤以社會科學爲然，誰敢以自己之著作自擬爲該種學問之「正規」，而詔人之必我從。且出版物雖不佳亦不致妨礙優良出版物之發生，或且反能引起後者之出現。拙著之出版意亦如是，若能盡此拋磚引玉之功則作者之勞力爲不虛矣。評末承葉先生惠予獎借，甚感，且葉先生之批評雖有誤會之處，然亦頗有糾正之點，此尤作者所欽佩也。

（此書尚有勘誤表，葉先生想未見）

書評

現代外國人名辭典

綠佳

唐敬杲主編　民國二十二年上海商務印書館出版

一一五〇面　定價四元

在這書的編纂旨趣裏說：「無論在任何事業上，任何學術上，現前世界一切人物底業績，無一而非自己活動底資糧。生在現在的時代，而不明瞭現代的人物，以之處世，實等於盲人瞎馬；以之言治學，又無異乎閉門造車。」所以本書的目的是要想借他人之長，補己之短，採錄的範圍則以著錄現代人物爲原則。體裁不以履歷式的堆砌爲滿足，而「要在簡短的篇幅之中，應用史的規律，把各人的行事，學術，製作，表達出一個眞實的骨子來。」排列用人名底羅馬字母爲次序。本書附錄有分類索引，漢字四角號碼索引及六十年來外國大事表。編輯者爲唐敬杲等九人，校訂者爲王雲五等十三人。以上是本書編制的大概，以下是我對於本書的一些意見。

一、範圍須擴充　我可以使你相信，這書的範圍，至少要有百分之五十，是圖書館來光顧的，然而這裏圖譜收了一百三十餘類的名家五千餘人，但關於圖書館的人物是一個也沒有的，近代圖書館事業的發達，對于世界文化發展史上，佔着重要的位置，是無可諱言的，而圖書館家在這裏，竟無立錐之地。豈非美中不足！

二、紀載須限齊　這書是民國二十二年九月初版的，紀載的截止，以二十一年十二月爲最後的標準，並不算苛求吧！但許多，尤其是文學家，少有紀載他們最近三四年來的作品。例如美國的阿普登辛克雷(Upton B. Sinclair)條下，所引的著作，僅至一九二八年爲止。一九二八年後的出版品何至二十餘種，難道其中一本也不重要嗎？又如留伊斯(Sinclair Lewis) 條下，所引的著作，僅止於一九二八年，其後的著作，也被棄而不錄了，本來現代二字是難規定其時間性的，但在敘例之中，不妨申明一下，所有的取材，以那年截止。這樣，應用這書的人，不是可經濟些時間免去檢查未曾錄入年限內的事蹟嗎？

三、來源當說明　編輯這種書，自然不是編輯者所能應付，必須借助旁的參考書的，所採參考書的優劣，也就是這書本身優劣的標尺，但是這裏，並未說明所引用的參考書。這也許是引用的太多，編者嫌麻煩而省掉的吧？然而要取信於人，不掠人之美，這種手續，實在是必要。例如英人羅素的 The practice and theory of Bolshevism在大英百科全書羅素條下，英倫Whitker公司一九二四年出版的參考目錄(Reference catalogue)中，均以此爲書名的，在一九二一年出版的 Book review digest上，著錄爲Bolshevism: Practice and theory，但這裏不知根據何方，改稱Thoughts and practice of Bolshevism了。要是把來源說明，使用的人，豈非更可放心嗎？

四、校對欠謹嚴　這是一本參考書。參考書上的材料，因爲常被人引用，絕對不允許有錯誤的，但請看七五八面羅素著的 An Intoduction to mathematical philosophy 的出版年1919之誤爲1819，Marriage and Morals 的出版年1929之誤爲1829，這不僅將各書之出版年提前一百年，而且一錯再錯的錯着，實在說不過去，我不知十三位校訂者，有否花費些時間在校訂上？更不知這書經手民排後，有否校對？

五、譯名要求一致　把外國人名譯成漢文，實在是件吃力不討好的事。例如Stanislavskii譯成「斯坦尼斯拉夫斯基」，多末累贅？不過既譯了，那末譯名著錄的方法，也當一致才好。然而這裏齊錄的形式，有：

Feyder, Jacque 【費爾】
Scholz, Heinrich 【蕭爾茲，漢因立克】
Spears, Edward Louis 【史丕爾斯】
Lucas, Edward Verrall 【盧卡斯，愛德華】
Ramsay, Sir William Mitchell 【拉姆舍，威廉，孝奇爾】

以上前二個，同爲一姓一名，但一個僅譯姓，一個姓名全譯。後三個，同爲一姓二名。但一個僅譯姓，一個譯姓與一個名，一個卻全譯。這些是姓名全譯與否的不一致，又如：

Scholz, Heinrich 【蕭爾茲，漢因立克】
Pommer, Erich 【鄂立克•彭麥】
Ramsay, William 【拉姆舍•威廉】
Quiller-Couch, Sir Arther Thomas 【歧拉•庫琪】

以上四個姓名，譯出漢文，有時姓在前面，有時姓在後面，姓與名中間，有時用「，」來隔離，有時用「•」來分開。但是將原姓名拿掉，只留漢譯時，你能判別他們的姓名嗎？又能判別原姓與複姓嗎？這些是分別姓名形式的不一致。以上兩點似乎沒有大關係，在本文中，的確無甚輕重，可是將譯的姓名應用於索引上，或稿寫時，却發生極大的毛病。

六、索引著錄之錯誤　第一，請看分類表的五五面第二行，不是有這樣一條著錄嗎？

Parten 【亨利】693

這是什麼意思呢？誰也知道 Parten 不會譯成「亨利」，翻到六九三面，本文著錄原來是：

Parten, Henry 【亨利•巴丁】

這不是因分別漢譯姓名形式不一致而使名變爲姓嗎？第二，再請查【亨利，巴丁】在四角號碼索引中的著錄是如何？自然你先該查【巴丁】但在 77717 四角號碼的「巴」字下，什麼都有，例如「巴丁」啊，「巴晉」啊，「巴普」啊，「巴吞」，就沒有「巴丁」。那末我查「亨利」看吧？哈哈！居然在「亨」字內查得這樣一條，

亨利，巴丁 693

這不是兩個姓名的把戲嗎？不僅一個「亨利，巴丁」而已，凡本文中漢譯姓名寫成類似這種形式的，在索引中均以名爲姓，而以姓爲名。茲再舉下列各人爲例：

吉許，麗蓮【Gish, Liliam】
嘉寶，葛蕾泰【Garbo, Greta】
克勞斯，偉爾訥【Krauss, Werner】

像這樣的錯誤，在電影明星類的一百三十餘人中，竟達一百二十人以上，眞是大觀！

七、分類索引不完全　後面的分類索引，幫助我們由類來檢查人名上，的確有多大的用處，例如你是小說家嗎？翻文學門的小說，就可以找到現代有多少同志，但是你不要以爲這分類索引是絕對靠得住的，例如在教育家裏，能找到曾來華講演的美國杜威嗎？然而杜威是十足的教育家，誰也不反對吧！就是這本書在二○八面杜威條下，也承認他爲「美國教育家，哲學家」呢。

總之，我們是需要這種參考書的，但我們不願有這樣一本由九個人編纂，十三個人校對而結果這樣壞的刊物，所以我希望這書的編纂者和出版者，不要等到再版時，再來糾正其中文字上索引上校對上的錯誤，應即日設法彌補它的缺點。至少，也該做個詳詳細細的刊誤表！

新書介紹

東洋歷史參考圖譜

共十五輯　石田幹之助編

東洋歷史參考圖譜刊行會發行定價日金五十元

近代史家之作通史，大都書中間以圖譜。蓋通史之目的在要删歷代史籍，提綱挈領，與一般曾受普通教育者以國史之常識。使能體認其先民生活之實況，與夫其民族之特殊精神，因而憫懷國家社會與個人之深切關係，而鼓動其繼往開來之志趣。是故通史之爲作，當以蒐輯最翔實之史蹟，而出之以最生動之文筆，然後能收事半功倍之效。若夫網恩之世界史綱及房龍之人類的故事其著者也。日本之歷史科學，近年來長足進步，若往日那珂通世之支那通史，桑原騭藏之東洋歷史教科書，久保天隨之東洋通史，已不足以爲當代之表率。繼最新之東洋通史尚未有聞，而石田氏此書名曰東洋歷史參考圖譜，彙集十五巨輯，共資助于東洋歷史教學者甚大，實最新東洋通史之雛形也。石田氏此書既以東洋史爲範圍，故凡遠東諸國若印度，朝鮮，暹羅之古代史，皆包羅其中，不僅限於中國而已也。範圍既廣，材料尤豐，椙非淺通東西洋史學者決不敢率爾爲之。且通史之作，共借助於古史考證及古物發掘之果不多。最近五十年來東西洋考古學者於遠東古史肆意探討，若斯坦因斯文海定諸氏之考古西域，鳥居龍藏濱田耕作二氏之考古遼東朝鮮，他如伯希和氏諸人之於敦煌石室，羅振玉氏發現洹水殷虛，安特生氏發現中國新石器時代，其餘閩博各有專篆，於當地風景及所得古物，或存墨本，或留照片，以爲汲古存真之資；若此之類東西洋學者之著作不下數百種。石田氏熟於西人治東洋史者之掌故，又生當日本東洋史學正發達之際，故其所採輯資料，大都最新而最有價值之作。是以十五輯中琳瑯滿目，巨細靡遺，非偶然也。本書中第一二兩輯自太古至秦；第三四兩輯前後漢及古代朝鮮古代印度；第五輯三國兩晉六朝；第六七八九共四輯隋唐五代，而唐代占四分之三；第十輯宋遼金西夏；第十一輯元代；第十二十三兩輯明代及清初；第十四十五兩輯專收清代。是十五輯中時代皆以中國爲主，而旁及東洋諸國。所輯之圖上起甲骨銅器石刻碑版，乃至法書繪畫雕刻陶磁，以及古蹟勝境名人畫象歷史圖繪，皆入於冊。收羅雖多因草創之難，亦不能無疏忽之處。例如：第一輯採用孟鼎及毛公鼎二器，而錄取劉心源奇觚室吉金文述之本。劉書每採翻刻拓本，即就二器而論，亦割裂片段，不存原器形製，自當採用原拓本或用愙齋集古錄本爲佳。又我國近年考古學亦日漸發達，河北易州前歲發現燕都之墟，所有瓦當皆作饕餮紋，與秦隴所出者迥殊，而本書亦未採用。周代樂器及古鉢印實重要文物，亦應補入。本書於周秦以來錢幣皆示例以明，獨缺六朝，亦屬不合。洛陽白馬寺爲佛教傳入中國之最初寺宇，本書亦未留圖譜，使言中國佛教史者難於說明。朝鮮古刻若毋丘儉丸都山紀功碑在三國末年，高句麗好大王碑在晉義熙十年，眞興王巡狩碑在陳光大二年，以本書之年代分配，三刻皆應在第五輯，而本書列入隋唐時代，亦屬不合。本書第七輯於景教及摩尼教之史料示例甚多，獨於猶太教未舉一例以明。現存開封之一賜樂業教碑雖明代物，實猶太教之最好物證也。本書亦未採用。元代文物戲曲實稱重要，且現存元刻本戲曲尚可得，當略舉一二以明之。陽明之學在明代學術史上甚占重要，本書舉其畫像及傳習錄刻本爲例，甚爲得體。而朱晦庵在中國學術史上之地位，較之陽明既大且久，自應特別留意，而本書忽不之及，亦一大缺點也。總之本書之特長在收錄唐代文物及明清之際西學東漸之史料爲最多。蓋因唐代文物有敦煌石室之密寶，而明清之際，西學東漸之史，西洋學者治之者較多，故易爲其功也。（滋圃）

出版界雜訊

中國文學研究專號即將出版

—目錄的介紹—

上海生活書店出版文學月刊，已歷二年。風靡全國，名重一時，無待贅述。自改歸傅東華鄭振鐸二氏合編以後，內容益加刷新，並陸續刊行專號以壯聲勢。如翻譯專號，弱小民族文學專號，均已次第出版。其預定本月底出版之中國文學研究專號，無論質的或量的方面，直開出版界未有之紀錄。執筆者，均係南北當代作家。茲探得全目於下，計文學論壇有中國文學研究者向那裏去，中國文學的遺產問題，論文學的繁簡，對于翻印古書之一個提議，共四篇。文學論著，有鄭振鐸之三十年來中國文學新資料的發現史略，魏建功之中國文學套語與中國語言文字，劉半農之呂氏春秋古樂篇昔黃節解，郭紹虞之中國詩歌中之雙聲叠韻，吳文祺之論文字的繁簡，朱自清之論逼真與如畫，俞平伯之左傳遇，霍世休之唐代傳奇文與印度故事，賀昌羣之論唐代的邊塞詩，李嘉言之韓愈復古運動的新探討，張全恭之唐文人沈亞之生卒，李家英之唐宋大曲考拾遺，龍榆生之蘇門四學士詞，夏瞿禪之姜白石議大樂辨，郭源新之元明之際的文壇的概況，趙萬里之散曲的歷史觀，林培志之拉馬耶那與陳巡檢梅嶺失妻記，李滿桂之沙賈特拉和趙貞女型的戲劇，趙景深之宋元戲文與賈錄鑑，何謙之元代公案劇發生的原因及其特質，馬玉銘之西廂記第五本關續說辨妄，谷遠之淨與丑，吳晗之歷史中的小說，向覺明之明清之際之寶卷文學與白蓮教，顧頡剛之鄭州影戲考，高滔之五四運動與中國文學，西諦之讀曲雜錄，共二十七篇。書評則有聞淵評王易詞曲史，翟僕評青木正兒支那近世戲曲史，顧文評敖士英中國文學年表。共三篇。其中各篇作家，爲前此所未見。此書出版後，本刊當再爲文廣爲評介云。

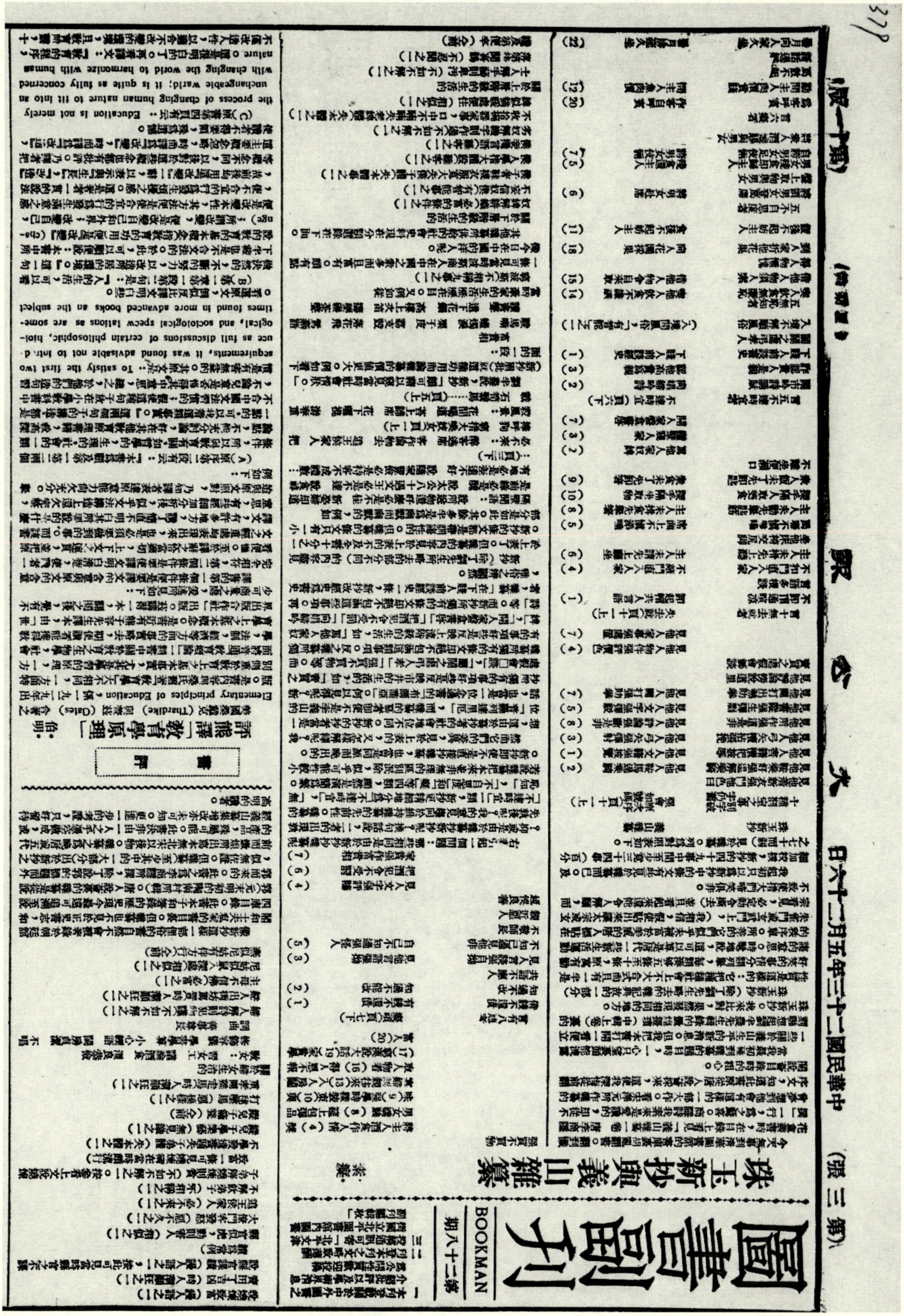

圖書副刊

BOOKMAN
第二十八期

一 本刊登載關於中外圖書之介紹批評以及學術界消息，爲公開性質，歡迎投稿。
二 刊登本刊之文略致薄酬。
三 投稿通訊可寄「北平文津街國立北平圖書館內圖書副刊編輯收」。

珠玉新抄與義山雜纂

素癡

今天無事到清華圖書館的書庫裏胡亂翻書。翻到懺花盦叢書時，在目錄上看見「義山雜纂一卷 唐李商隱撰」一行，爲之驚喜。商隱詩我素來是愛讀的，卻從不會夢想到他會有這樣的一部大作。看宋淳元所作雜纂的序文，知道此書原從唐人說薈採來，這使我深悔從前翻閱說薈目錄時的粗心。

當我最初碰到雜纂的題目時，一心只望裏頭能洩露一些關於義山生平的新消息。但我把本書打開一看便立刻聯想起劉半農先生輯錄的敦煌掇瑣（中輯上卷）裏的珠玉新抄。我來比對，果然發現相同的地方。

珠玉新抄（除了劉先生略去的雜記與故的一部分）性質是這樣的：它把種種社會上不大合式而且有一半是好笑的事情分類列舉，每類湊够五條至十條，頗寓有勸諷的意思。時髦地說，這可以算是唐代一些新生活運動的秩序單。所差的它們似乎未被當於美感的唐人標貼在朱雀門或玄武門上，（我相信，假使貼出來讓太宗或玄宗看見，必定勅令撕去）並且看起來還能令人解頤，而不致使措大們啼笑俱非。

我起初只以爲新抄中的條文有些見於雜纂而已。及細加校核，新抄的四十九事中間至少竟三十四事（百分之七十而弱）見於雜纂。列爲對照表如下。

珠玉新抄	義山雜纂	
十種[illegible]之事（別字破字仍舊）	強會（原次序如號碼）（頁十一上）	
見他着新衣强鬥他色目		
見他鞍乘好强還解乘騎	見他人鞍馬强乘騎	（2）
見他人書籍懷把披辱	見他人文籍强披覽	（1）
見他人弓矢懷拈張挽	見他人弓矢强彈射	（3）
見他所作强道是非	見他人評論强斷是非	（8）
見他書障强生彈剝	見他人文字强彈駁	（5）
見他鬭打出熱助拳	見他人鬭打强助拳	（7）
見他評論傍說道里		
實買之處假會鄉談		
	見他人物件强評價色	（4）
	見他人家事强處置	（7）
言十無去就者	失去就（頁十一上）	
不卸帽通喧涼	卸起帽共人言語	（1）
言語多模談		
不知門道入人家	不識門道入人家	（4）
主人未揖先上廳	主人未請先上廳坐	（6）
坐他床椅交尻腳		
[illegible]不愼[illegible]	席面上不愼涕唾	（5）
主人未勸先舉匙筯	主人未揖食先舉箸	（8）
探手隔人取菜食	探手隔坐取物	（10）
衆人飯未了先卸匙	衆食未了先卸箸	（9）
不離坐便漱口		
	罵他人家奴婢	（2）
	[illegible]觀人家	（3）
	開人家盤盒書啓	（7）
言五不達時宜者	不達時宜（頁六下）	
鬧市吟詩調賦	向娼婦吟詩	（2）
詐認貴人是親	認他高貴爲親	（3）
下賤人前談書史	下賤人前說經史	（1）
鬧閙之處弔孝人		
入境不解問風俗	（入境問風俗，「有智能」之一）	
五無恥知者		
喫人飲食無厭恥	喫他人飲食不謙讓	（14）
借他人物須人索	借他人物令自來取	（15）
待人物慚愧		
到人家折他花果	向人花園採果	（18）
飯後不起妨主人	食後不起妨主人	（11）
五不自思度者		
將領男女登高席	將男女赴席	（6）
盤上取物與男女		
男女殘食卸歸主人	殘食還主人	（5）
自將男女足伎倆	將男女伎倆	（7）
將衆人酒器歸與男女		
言六癡者		
爲客呼賓	作客自呼賓	（20）
勸問主人肉價貴賤	問主人魚肉價	（12）
罵飲不起		
語話遲鈍		
暑月向人家久坐	暑月[illegible]久坐	（22）
强買不買物		
	將主人酒食作人情（4）獎男女醜陋（8）誕上包彈品味（9）强學時樣裝束（10）爽實歸訟親往來（13）入人房闥取人物看（16）得人恩不報（17）窮漢說大話（19）宗貧學富人（20）	
言有八道害	癡頑（頁七下）	
借錢不還債	有錢不還債	（1）
知過不改	知過不能改	（2）
共語不應人		
見人言談强自拗	見他言語强拗	（3）
不知己過見他非	自己不知過强怪人	（5）
不敬師長		
親近惡人		
疏慢良善		
	見人文字强評論	（4）
	把酒犯令不受罰	（6）
	家貧强作富貴相	（7）

右表引起一個問題：那些相同是由於新抄抄雜纂呢？抑或是由於雜纂抄新抄呢？換句話說，二者的出現孰先孰後呢？我的意見傾向於維持雜纂的先前性。雜纂的「不達時宜」一類，新抄更精細地分爲「不達時宜」，「無恥知」，「不自思度」和「癡」等四類，顯然是演簡爲繁。若說雜纂把本來並非無理的區別泯除，似乎可能性較小。新抄即使不是直接抄雜纂，也當是同源而晚出的。

然而它們的差異，見於上表的，又怎樣解釋呢？我想，這由於纂抄者的社會地位不同。新抄的抄者當是一位「普羅列達里厄」，而雜纂的纂者即使不是李義山的話，也當是一位念過書的「布爾喬亞」。何以見得呢？新抄所獨有的事項好些是反映市井的生活的，如「實買之處假會□談」，「鬧閙之處弔人孝」，「强買不買物」等。而雜纂所獨有的條文卻絕不包涵這類事項。反之雜纂所獨有的事項好些是反映上流階級的生活，如「罵他人家奴婢」，「開人家盤盒書啓」，「把酒犯令不受罰」，「向娼婦吟詩」等。而新抄所獨有的條文卻絕不包涵這些事項。再者，雜纂「在下賤人前談經史」一條，新抄改經史爲書史，雅俗之辨顯然。

新抄（除了劉先生所略去的部分不同）的內容幾見於上表了。但雜纂的內容見於上表的不及全書十分之一。新抄的條文都是帶訓誨性的。但雜纂的條文只有一小部分是如此。其餘多半是爲幽默而幽默的，例如

隔壁聞語：說所送物道好麼必是不佳 新娶婦卻道是前緣必是醜 說太公八十遇文王必是不達 說食蘚有也必是送遠不好 說臨宰覓錢必是待客不成體數……（頁三下）

必不來：醉客逃席 客作偷物去 追王侯家人 把棒呼狗 窮措大喚妓女（頁一上）

殺風景：花間喝道 著上歸席 花下曬褌 游春重載 石筍繫馬……（頁五上）

劉半農說，新抄「頗可藉以窺見當時社會情狀。」（新抄眉批）就這種功用而論雜纂的價值更大。例如看下面的一段：

富貴相

騎馬嘶 蠟燭淚 栗子皮 荔支殼 落花飛 鸎燕語 讀書聲 遺下花鈿 高樓上衣笛 踢樂除茶聲

當時豪家的生活歷歷在目。又例如從窮波斯（不相稱九事之一）一條可見當時波斯商人在中國之衆多而且富有。頗有點像今日在中國的洋人呢。

其他雜纂所供給的社會史料現在分類選錄在下面。

關於下層階級的生活的

奴婢伴醉（必當的條件之一）
不妥信奴婢（不能事之一）
奴子著新衣服大失腿子耍（失本體事之一）
僕人學作大體段（羞耻之一）
僕姿扮假語（羞耻之一）
劣奴解事則作過（不如不解之一）
不收拾揀醫家事，口中不喃喃失本體賓（失本體之一）
說似猢猻破鬧使性（相似之一）

關於上層階級的生活的

士人學不顯得卑污（不如不解之一）
落泊措大開聲調（不忍聞之一）
措大及第便李（全前）
說燒煉致富（譏人語之一）
賣田了吉凶（時人漸顯狂之一）
說縣官課績（譏人語之一，按此可見當時縣官之示課績爲常例）
縣官似虎，動則害人（相似之一）
大僚門客發怒（惡不久之一）
追王侯家人（必不來之一）
不解飲弟子（不相稱之一）
子弟解燒煉則貧（不如不解之一。按參看上文說燒煉致富一條可見燒煉術在當時頗流行）
不學藝遠遊踰失子弟體（失本體之一）
縱兒子學樂藝（無見識之一）
縱兒子倫竄（全前）
打毬墜馬（惡模樣之一）
重孝騎雜走馬（時人漸顯狂之一）

關於婦女生活的

教女：習女工 議論酒食 溫良恭儉 修飾容儀 學書學算 小心軟語 閨房貞潔 不唱詞曲 莫事尊長

婦人解詩則犯物議（不如不解之一）
婦人出街坊買賣（時人漸顯狂之一）
主母不信佛（必富之一）
尼姑似鼠入深處（相似之一）
燕似尼姑有仲方行（全前）

像新抄這樣一部俚俗的書自然不會被著錄於朝廷館閣和士夫私家的書目裏。但雜纂也不見於正史書志，和四庫目錄。此書本子和著錄的歷史現今最遠可追溯至說郛（元末明初的陶南村所輯）。唐人說薈裏的雜纂是從說郛而來的。此書之爲李商隱所撰，除了說郛的標題而外，似無佐證。但雜纂（至少其中的一大部分）出於新抄之前，而敦煌所出寫本無北宋以後物。雜纂之爲晚唐或五代的產品，殊屬可能。此書決非由一人之手憑空做成，或經義山纂集增改亦未可知。更進一步的考證，只好留待高明的讀者。

書評

評熊譯「教育學原理」

伯明

美國桑戴克（Thardike）與蓋茲（Gates）合著之Elementary principles of Education，係一九二九年出版。是書內容與桑氏舊著「教育學」大不相同，一方面特別側重於教育上之基本事實，尤其是學物的原理，一方面將普通「教育概論」一類書中關於教育之生物學，社會學，法制，經濟等方面的事實略去，期使讀者能獲得教育學上之基本概念。是書近有熊子容先生譯本，由「世界出版合作社」出版。茲購得一本，翻閱之後，覺有不少可商量之處，爰述所見如下：

譯書的第一個條件便是要譯文的含意與原文的含意完全相符，第二個條件是要使譯文明白清楚，使讀者一看便懂。至於譯辭之恰當適切，上下文之連貫，並把原文之輕重處均表現出來，也是必須要做到的事。而該書譯文，有許多地方，讀了簡直不明白其所要說的是什麼意思，有些經細加分析後，似乎文法構造上還欠完妥，追與原文照對，乃知譯者表達原意能力尙欠充分。舉例如下：

（A）原序第二段有云：『本書爲顧及第一第二兩個條件，所以與教育有關，如哲學的，生理的，社會的一類論點，不能充分討論，好在其他教育原理書籍，較高深一點的，可以找着這類事實。』這兩個句子的構造，都是不合中國文法習慣的；假使這種句子放在小學教科書中，不論兒童是否懂得其中意思，總之，於他們的造句習慣是有害無益的。其原文是：To satisfy the first two sequirements, it was found advisable not to intr.duce as full discussions of certain philosophic, biological, and sociological specw lations as are sometimes found in more advanced books on the subject。看這原文，倒似反比譯文明白些。

（B）第一章第一段第二句是：『人的生活，可以看做決然的，不斷的努力，以改造所居的環境。』這一句下半截也是不合文法的。於此，可以順便說：本書中所說的教育的基本概念（指教育的功用）便是『改變』（change）；所謂改變，便是改變自己和外界：改變自己，便是改變本性，其方法便是使合宜的行爲發生滿意之感，使不合宜的行爲發生煩擾之感。這是著者一貫的說法，故前後均用這『改變』一辭，以表示與『生長』，『改造』等概念不同，以後對於這些概念也都有批評。乃譯者把這主要概念忽略，時而譯爲『改變』，時而譯爲『改造』，使讀者不得要領，殊爲遺憾。

（C）原書第四頁有云：Education is not merely the process of changing human nature to fit into an unchangeable warld; it is quite as fully concerned with changing the world to harmonize with human nature。這是很明白的了。再看譯文：『教育的程序，不僅改造人性，以適合不改變的環境，且教育所需，十

分深切的要改造環境，以與人性順和。』由前所述，已知『改造』爲不對，此姑不論；但『教育所繫，十分深切的要改造環境』一語，實亦不合文法，且Concerned with譯爲『所繫』，亦甚欠的對(他處亦多如此譯法)。

(D)譯本第七頁第二行至第六行，譯得很爲不安，茲爲節省篇幅起見，僅引其中間一句。其原文是：As an art, education is concerned with bringing about these changes in human nature, as distinguished from changes in the outside world, which result in the desired adjustment。譯文是：『當其爲藝術時，教育所涉及的，在把人的本質，有所改造，成爲一類品格，以便洽合情況，應付環境，這種改造，與外界種種改變的事項，有所區別。』第一，as an art 譯爲『當其爲藝術時』，不合，且『其』既代表『教育』，卻放在『教育』之前，亦不合中國語法；其次，『本質』，『改造』等辭不對；又，『成爲人類品格，以便恰合情況，應付環境』，很可說爲原文所無。本段下文中將『the art of education』譯爲『藝術的教育』，當然很爲疏忽。

(E)譯本第五十七頁第二行至第十行一段中，其末句譯得『難之倒之』，因較長，姑不引，茲僅看這一句以上的一句：『然則吾們所受一切教育，首在打通吾們神經系統的通路，防範神經通路的阻滯』。(原爲繼姆士語)讀起直像一個行爲派的話調。(姑不論其『然則』二字之誤用)其原文不過是：The great thing, then, in all education, is to make our nervous systems our ally instead of our enemy。這裏是原文所無，譯文卻有；原文所有，譯文卻無。

關於這些情形，上面既是舉例，以下便不再多述了。

此外，這譯本上有一重要之點，即譯者附加了不少註脚。爲着種種的原因，我想這種辦法是很對的。不過熊先生的這些註脚，大都很有可議之處，茲述其最顯著者如下：

(A)原書第十八頁之 eat all the herries in the path，本來是『吃盡路內的漿果』之意，乃該譯本譯爲『食盡一地稻漿。』果然是什麼『稻漿』，便不能就地上吃，這與『潑水難收』之理正同。譯者卻還於『稻漿』二字之下註道：『原文爲果漿之意，此係西洋社會，以水果爲必需品之故，今譯爲稻漿，雖與原意有出入，然可承接上文救飢之意。食稻漿者，俗名食禾線，南方有此習俗，爲農家所禁止，以其損害收穫。』berries 果爲一顆穀，便是一個物質名辭，在此即不應爲複數。其實『漿果』爲與『硬果』相對待之物，讀過自然課程的小學生，也會知道。儘不必譯者扯出這許多考証來。

(B)原書第六十三頁：第十九行之inner physiological changes of some sort 譯者加一註脚道：『指腺的分泌。』這裏明明是說『某種體內的生理變化』，不知譯者何由知其係單指腺的分泌？在上下文中，屢次提起『體內變化』這個名辭，意義很廣汎；從緊接此處的下文中所舉的例子看，亦很易明白。

(C)第一三四頁有一註云：『英文文法在 ie 前之字音爲L，在 ei 前之字音爲C。』本文中本是說及如何使兒童能熟悉 ie 和 ei 在字中的變化，即因這種變化甚難牢記，故舉以爲例。譯者於此所註這規則，不知係作何解釋？即將這註中之『字音』二字改爲『字母』，亦不對；本文中所舉，已不止此二例。

此外，有許多名辭，譯得不確切，也是一個缺點。如將表示著者一主要觀念之『改變』(Change)譯爲『改造』，又常將 function 譯爲『機能』，便是例證。譯書者如因某種需要，於文中插進中國材料，固屬不妨。但插進材料之多寡，須視需要之不同，於全書中前後有一定之標準，且須於書前有所說明，而於中國專名，總以少用爲宜。此書本係依照原本逐段直譯，乃於第一八四頁突然現出了『韓康』和『韓文公』，於第一九三頁突然現出了『徐子爽』，於書首卻未有一言提及。此種情形，似亦欠注意。

總之，我想這本書很可以譯得更加準確，明白清順，和整齊些。

新書介紹

哲克生之摩尼教研究

A. V. W. Jackson, Researches in Manichaism. Columbia University Press. 1932.

摩尼教爲中古時一大宗教，其流布之廣，東及於貝加爾湖，西至歐洲及非洲北部。其入我國，在隋唐之間，至明時始衰歇。然史傳所記，闕焉不詳。晚近發見許多新資料，其教義和教史，乃得大明。但究其根本，目下西洋宗教學者及伊蘭學者，猶各持異說；不過大體上都認此教從出於祆教 (Zoroastrianism)，而所爭者，則是否爲巴比倫之固有宗教，或爲景教與佛教混合而成。亦有謂非伊蘭系之宗教者，迄無定論。

我國學人最初研究摩尼教傳入中國者有王國維先生之摩尼教流行中國考（載亞洲學術雜誌第二號，今收入觀堂集林別集），其次爲陳垣先生之摩尼教入中國考（北大國學季刊一卷二號），陳氏之文，博考中國史籍，最爲精審，馮承鈞先生亦曾譯沙畹摩尼教流行中國考（商務出版）。而研究其教義者，則爲許地山先生摩尼教之二宗三際論（燕京學報第三期）。所謂二宗即光明與黑暗，三際即初際中際後際，意即過去，現在，未來。許氏所論雖爲摩尼教教義中之主要部分，而猶非其整個體系也。

本書著者吉克生氏爲科倫比亞大學印度伊蘭語（Indo-Iranian）教授，許地山君即出於吉氏之門。吉氏治摩尼教辛勤十餘年，所著甚多，此書蓋其最有系統之作。尤重要者爲晚近在吐魯番所發見之中古波斯文（Pahlavi）古突厥文及粟特文之摩尼教殘經，今皆迻譯本書中，並折衷或修正各家之說。摩尼教之教理，得此而重光，吾人所當慶幸者也。

全書分五篇，共十三章，前附晚近關於摩尼教研究參考文獻，及中古波斯語之譯文與發音說明，最有裨於學者。今略爲之介紹，聊補時賢論著所未備云。

公元第三世紀，摩尼教起於波斯國，爲當時祆教中兩大教派之最有勢力者（其一爲馬茲達教Mazdakism）其初在東方既不容於虔正之祆教徒，西入羅馬，復見斥於虔正之基督教徒。然卒因教主摩尼堅篤之信念，與人格之感化力，從之者衆，其教遂流行日廣。

摩尼(Mini)之血系爲波斯人，其母則爲安息之貴族，以公元二一六年（漢獻帝建安二十一年），生於今巴格達附近之一村中。二十六歲開始宗教生活。其教初曾一度流行於波斯，旋摩尼爲波斯王開巴第一(Shahphur)放逐國外。此後二十餘年，摩尼浪跡於北印度，西藏及今新疆諸地實傳其教，復返波斯，遂陷於宗教之陰謀，爲其王法拉乃第一(Bahrām)所殺，時在公元二七四年（晉武帝泰始十年）也。摩尼之死極其慘酷，初則活剝其皮，而後弃刳其屍，復以草塞其皮囊，懸於國都之門，以爲異端之誡。然摩尼教之傳播，初不因摩尼之死而受阻礙，且因此得急遽之發展。

摩尼之教爲一綜合的組織，蓋採取各教之義理而成，更特別承襲瑣羅阿斯得（Zoroaster祆教教主）佛陀，耶穌爲其前驅的顯的眞理之啓示者，已則入世實踐之耳。其光明與黑暗，精神與物質之二元說的鬥爭，基於善與惡的問題之解決，此義從出於祆教者也。其教義則取於佛陀之以慈悲爲心，而以某種佛經之說法爲晉天同守之行爲。以耶穌爲一證驗的靈（a verified ideal），已則爲耶穌所遣之實樹師，世人之禮拜實樹師即所以崇拜基督。諸如此類之信念，皆爲摩尼攝取印度尤以佛教之思想爲多，從而補充圓滿之，並攙合提格里斯河幼發拉的河下流一帶所信奉之曼德教教理，（曼德教源出於巴比倫）更與希臘唯知派的思想，熔冶於一爐，此皆當時最流行之宗教思想。摩尼教之宣傳，則因地制宜，視其地方信仰之色彩而布教，以便其新信條易爲人接受也。必要時，或竟投身於他種教派中而宣傳自己之教。例如在西方耶穌教流行則摩尼教之宣傳即以耶穌教之因素爲主，東方佛教流行，則宣傳時以佛教之成分爲最多。但摩尼對於宇宙之基本信念則仍持昔時波斯瑣羅阿斯得所倡之二元教理，而摩尼補充之修改之，更使之靈化而已。（續完）

新書簡訊

朝鮮國王來書，民國二十二年二月北平故宮博物院文獻館校印，定價五角。此冊收崇德七八兩年朝鮮國王致清國咨，文表箋三十餘通。如崇德七年三月初二日與兵部咨文，崇德八年三月初一日與兵部咨文，俱論議倭情；八年六月份朝鮮國王李倧及皇太子因通明被敵不問所上表，又查覆朝鮮國不捉明船事由；十二月份賀西征克捷表；皆足供研究清未入關以前明清朝鮮以及日本四國間關係之助也。此冊所及各事，俱見實錄，唯實錄於表箋之屬未能備載，此冊具存，可資校補。

×　×　×

外族音樂流傳中國史，孔德著，民國二十三年四月上海商務印書館出版史地小叢書之一，定價二角五分。此書共分古代之燕樂，北方諸國之樂，西域諸國音樂，西南諸國音樂，東方諸國音樂，結論，共六章，卷首冠以序論凡例。孔氏此書大都抄撮正史通考樂志之文而成，不知此者讀之，未嘗不可以得一梗概。唯作者對於音樂本非專家，又於他國學者討論及此之作毫不致意，是以全書於抄撮排比之外，竟未能爲進一步之解釋。如第三章西域之音樂討論龜茲樂，中於蘇祇婆琵琶七調，雖引王光祈氏東西樂制之比較，舉印度音樂之 Sa Ri Ga Ma Pa Dha Ni 七音階之名，而於蘇祇婆七調與印度樂關係不能措一辭，僅以「其中當有相關也」一語含胡了之。實則法國印度學家S. Lévi 於此早有已所考證，說見亞洲學報，吾國學人亦曾予以說明，說見學術」，大概論燕樂出於Hindustanic School 而僅有所變更。作者全然不知，只以抄撮爲足。殊不知習古代音樂，如不能用近代科學說明，直同癡人說夢而已。又唐代舞樂特盛，後來大曲中曲小曲即出於是，而爲南北曲開其先路。唐樂，久已不傳，唯舞樂一端，日本至今猶有存者。作者在凡例八中雖云擬別爲外族曲調考，然與唐宋大曲無關，書中於此草草放過。傳於日本之舞樂亦只能依據三四十年前黃公度氏之日本國志聊舉其名，大日本史且未之讀，至於舞容音節之研闡，更無論矣。又序論中外族音樂與華樂關係表，於中國古樂以外，別立北狄系西域系二系，此種畫分是否別有根據，不得而知，不過西域系中將印度系與伊蘭系混而爲一，則所不敢苟同耳。

×　×　×

成吉思汗傳，馮承鈞著，民國二十三年四月商務印書館出版史地小叢書之一，定價三角。全書共分當時之諸部族，成吉思汗先世之傳說，依附王罕時代之帖木眞，平克烈乃蠻諸部，降西北諸部及取西夏，侵略全國，西征前之花剌子模，西征之役上，中，下，西夏之亡及成吉思汗之死，凡十一章。自來言元史者於成吉思汗早年事蹟以及蒙古部族，每感晦昧不明。馮氏此書根據元秘史親征錄以及西域拉施得丁多桑諸氏之著，於是蒙古初期史事，燦然可讀。地名人名，亦爲研究元史者之難關，本書依據語言學上之規則，予以合理的劃一，學習元史者得此，當能豁然貫通矣。唯西夏之亡及成吉思汗之死一章，似嫌過簡。

出版界雜訊

圖書季刊第一卷第一期

國立北平圖書館編印，上海世界文化合作中國協會出版，二十三年三月出版。北平圖書館與世界文化合作中國協會有感於中外知識界之每多隔閡，用創辦此刊，以爲傳達消息，闡譯知識上之瞭解之用。分中英文兩種出版，內容互異。中文本第一期之書評與新書介紹，即以本刊爲依據，選其精警之作，而加以增刪。專著方面有美國哲學生教授之基本英語之基礎一文，對於基本英語之原理加以介紹，此外有向仲論民國二十二年國內學術團體集會所，及二十二年之西書華譯目錄。英文本第一期有會覺之之中國新文學運動（法文，）編閱森之菲珍珠夫人英譯水滸傳批評，學術界雜訊，二十二年度出版新書選錄（分中文西文及政府出版品三項，）二十二年西書華譯目錄（與中文本同。）

477

圖書副刊
BOOKMAN
第二十九期

一 本刊登載關於中外圖書之介紹批評以及學術界消息，為公開性質歡迎投稿
二 刊登本刊之文略致薄酬
三 投稿通訊可寄「北平文津街國立北平圖書館內圖書副刊編輯收」

西北文物展覽會瞥記

向達・劉節

最近北平各學術團體為贊助燕京大學百萬基金運動，特於五月廿五日至廿七日假團城開西北文物展覽會三日，其中經過已見各報，茲不復贅。我們匆匆一覽之餘，感到陳列品的重要，知道這些古物所表現的意義的重大，聊記所見，以誌不忘。至於陳列的物品，不過是各處所藏一部分中的一部分，我們走馬看花，也是管窺中之管窺，這是要請讀者原諒的。

（一）紀西北科學考查團的古物

這次西北文物展覽會大約以西北科學考查團所發見的物品為主體，其餘如北平圖書館，北京大學研究所國學門文史部，歷史博物館等處都有出品，今不備述。民十六中國學術團體與瑞典斯文赫定博士(Dr. Sven Hedin)合作，組織西北科學考查團，至新疆一帶，作大規模的考古地質氣象測量等方面的工作；中國學術團體之正式參加科學的探險隊，當以此為第一次。考查團所發見的物品，曾先後公開展覽過兩次，連此次算是第三次了。

西北科學考查團此次所陳列者計有高昌磚誌，高昌陶器，西北風俗採集，吐魯番壁畫，漢簡諸項。高昌磚誌係黃文弼君在今吐魯番稍西雅兒崖所得，凡一百十二方，全文及影片見黃君所著高昌專集，此次陳列者只康波蜜提，康富多夫人，田元初，唐同明，氾緒，任相住六志。按康居人長於[illegible]往來，隋唐之際，蒲昌海畔（即今羅布泊）有康居聚落，斯坦因在敦煌長城廢塞中也曾發見康居文簡牘。有黃君這一次的發見，高昌史上年代的問題得以填滿了不少的空隙；像康波蜜提康富多顯然是康居人漢化以後的姓名，從此康居部族東徙的路線，又可以加密；這是一般研究西域史地的人所引為欣幸的一件事。關於高昌陶器，黃君另著有高昌陶集一書，論述甚詳，可以不論。

新疆壁畫陳列者共十二方。記者初見之時破碎不堪，今已修飾完好，可為稱賀。此等壁畫，亦是黃君所得，大都出於吐魯番。按德國民族博物館於一九〇二年至一九一四年曾四次派探險隊至吐魯番考古，攫去不少的壁畫，至今保存於柏林民族博物館中。這都是些犍陀羅派佛教美術品，唐宋以後中國的畫派，應當從這些作品中來找消息，——如畫法之分明暗等等。這次陳列的十二方，其中九二，九四，九六，九七號諸方，俱記明出自吐魯番的 Bazaklik，這是馮勒柯克教授（Prof von Le Coq）所遺下的殘餘，然而猶可以看出利用光線和陰影，以顯明暗的畫風，這是七世紀以前中國所不知道的。而新疆則如吐魯番如彌蘭（Miran 即古扜泥）所發見的塑像壁畫之類，無不如此，其中並帶有不少的波斯風味。漢唐兩代之吸收西域文明，其總樞紐即是今日稱為新疆的地方，而此次陳列的壁畫殘片，即是當日總批發處殘餘的一點樣本！

西北科學考查團的出品之中要算柏格曼(Mr. Bergman) 在額濟納河河畔 Vajin torei 和 Boro tsonch 諸地所發見的萬餘片漢代簡牘為最富於歷史的意味。一九〇七年斯坦因第二次新疆考古，曾在敦煌附近發見漢晉長城廢塞，於其中得了不少的簡牘。斯坦因所發見的長城廢塞起東經九十四度訖東經一百度左右，至額濟納河上流毛目稍北而止。因為這些廢塞和簡牘的發見，漢晉以來玉門陽關以及長城的遺跡與夫當時烽燧所[illegible]探得，大約注重額濟納河流域，以至於黑城，這正是斯坦因所未留意的地方，（斯坦因到過黑城，而額濟納河流域似未仔細調查過。）從這次簡牘的新發見，玉門陽關一帶的漢代長城遺址大約可以沿額濟納河展至黑城附近，正同斯坦因所發見的古長城相連接，烽燧所繼的名稱，也可從發見的簡牘上一一推知。合之王靜安先生所考，這一帶邊防的佈置，大概可以瞭然。至於此等烽燧建築之[illegible]，形勢之扼要，以及足以反映當時國家精神之偉大，工程技術之高明，斯坦因在 Serindia 第二冊中敘述很詳，如今只取赫定紀述樓蘭的一段話來作代表。赫定在他的 My Life as an Explorer 書中說到當時樓蘭邊塞的情形，以為：

> 雖然是戰雲滿佈，而守邊諸人在他們對於國家的責任方面從未有所畏縮。各人都盡了他的本分。城外響起了戰爭的鼓聲，烽燧上燃起了烽火，而這些官員仍然鎮定地坐在他們的原處，完畢他們的報告，似乎沒有甚麼非常的事故發生一般。他們整頓年曆，給朋友們寫私信書，並不因目前的危險而驚慌忙亂。想到這些中國人用這樣大的毅力和勇氣來盡他們的責任時，只使我們感嘆不置，我們從這裏可以明白這個奇異的民族是怎樣地統治了亞洲！（原書二八八——二八九面，此依李達譯文略加改削。）

至今讀班范書班超傳介子鄭吉段會宗諸人傳，再從發見的漢代簡牘推想當時戍邊將卒之沈毅而又鎮靜，回頭來看看我們自己是如何的頹唐不振，真要心血為沸，豈止感慨係之而已。我們希望看過西北文物展覽會的人，不要忘記前人的偉大，不要自己甘心作破落戶，把前人艱難締造光榮燦爛的遺產，輕輕地付諸一擲！

陳列諸簡中有曆譜一片，存四月二十九日至五月三十日，五月二日作五月二日壬子夏至，據又一簡簡辭：御史大夫吉昧死言丞相相上大常昌書言大史丞定言元康五年五月二日壬子日夏至云云，與曆譜簡正合。元康五年三月改元神爵，遼遠不知，猶署五年，則此二簡當俱神爵元年（西元前六一年）物。丞相相當是魏相，所謂御史大夫吉不知是否邴吉；如其果是邴吉，真是令人神往！簡牘中最好的要算七十六片的兵物簿，最重要的為新發見的永元五年（西元後九四年）六月至七年七月，廣地南部官兵釜磑月言簿；又七年正月至三月四月至六月廣地南部官兵釜磑四時簿。原題作廣地南部言永元五年六月官兵釜磑月言簿，（七月同），廣地南部言永元七年正月盡三月見官兵釜磑四時簿（四月至六月同）。記破胡燧同[illegible]上燧的兵物，一共七十六片，用麻繩上下兩道連接，完全無缺。外有入南書二封一簡，另附於兵物簿內，不相連屬，大約有如今日的收發簿。這是發見漢晉簡牘以來，最完整的一部，不僅可以考見漢代的書契形式，並足以見出當時邊防的情形，漢代制度的一斑。合之此次所有新發見的簡牘，好好加以考證，其成績一定可以超過王靜安和法國的沙畹二人而上之。如今世變方亟，我們極誠懇的希望西北科學考查團諸公效法斯文赫定他們苦幹的精神，去趕緊整理考釋，公諸世人，不要蹈湯玉麟所得遼碑的覆轍！

壽縣所出楚器之一部分

（二）壽州出土楚銅器及甘肅出土莽衡

二十二年夏，安徽壽縣東鄉朱家集李三孤堆地方，發現古物甚多，據當時報載，有銅器及石器計八百餘件。事後為省政府偵獲，其中約二百餘件歸安徽省立圖書館，其大部則流落平津京滬各地，不知其數。流落平津者即此次陳列之物，可分為三部言之：第一部皆在平器物，計盤一、鼎三、鼎一、豆二、勺二，歐野林古齋黃百川氏所藏，不久亦將散歸他家。第二部照片一張，中計鼎一、鼎二、鼎二、豆二，外附文字拓片四張，花紋拓片四張，聞銅器皆在天津，不久亦歸古物保管會。第三部鼎之照片二，拓片一，此鼎前在北平，近亦携回安徽圖書館。此三部皆去年壽縣所出之器，皆古齋所藏諸器中盤之銘曰：「楚王酓忎戰獲兵銅正月吉日鑄盤以共歲常。」[illegible]之銘曰：「楚王酓忎作鑄[illegible]以共歲常。」[illegible]勺亦各有文字。在津諸器中惟鼎有銘文，其他諸器則未見拓片。鼎之銘曰：「楚王酓忎戰獲兵銅正月吉日鑄喬鼎之盍以共歲常。」現歸安徽圖書館之鼎亦有銘曰：「楚王酓肯作鑄鐈鼎以共歲常。」此三部雖皆為楚器，但作器者二人也。酓忎即楚幽王熊悍，諸家之說一致承認；酓忎與熊悍聲韻相同，自是可信。酓肯胡光煒氏釋為酓前，以為即楚王負芻，郭沫若氏以為肯字即悍之同聲字，悍肯實一人，皆牽強難通。金文有肯字皆作[illegible]，即小篆亦作[illegible]，未有作[illegible]者。[illegible]決非出，夕更非月，則胡氏之說不可通也。肯之古文作肎，從止作者隸變以後字，則郭說亦不通。今以銘文之作[illegible]觀之，乃還以釋此為是。則[illegible]實肯字，即芻之同聲字，酓肯者楚王負芻也。[illegible]字從[illegible]從戈，即戕字，從戈從犬無別，戕即狩之本字。郭釋為戰不確，戰從單聲，此實從萬。戕銅，即兵銅，郭氏之說可信。正月胡光煒氏釋為五月誤。喬即鐈之緐文，[illegible]即鑄字，鑄鼎者即現在所謂翻沙之法。然諸器銘文則出於契刻。介盤即大盤，鐈鼎以為鼎諸家之說同。此鼎即有流之鼎，其形略似匜，故以為名。歲常即歲嘗，郭氏以為從示作禜，未是。據諸器定名觀之，字實從巾，蓋為衣裳之常，此借為嘗。據是以論，諸器皆作於楚幽王王負芻之間，距楚之絕祀僅十餘年耳。其字體皆古文，蓋當時最通行之文字也。

莽衡出土處在甘肅[illegible]縣[illegible]邑，藏該省民眾教育館。後被盜流落平津者數年，去歲秋間始弋獲，存團城古物保管會。計衡柱一，權四，鈎一，又有一天平，當非同器，文體亦不類，疑非原物。字體與莽量相同，銘文如一，惟自永遵以下殘缺。衡之制度因得器不完整，亦無從確知，惟吾人於漢畫磚中得見一衡略類後世之稱，則漢代衡制除天秤外尚有稱之一種。此衡有鈎，疑非天平，且待事實之證明。

關於殷契通釋之討論

徐協貞氏殷契通釋出版後，本刊於三月三十一日曾登有戴家祥君一評。茲得徐君來書，對於戴評，有所辯釋，謹依來文，照刊如次，戴君覆語，亦附於後。編者私意以為今日思想界之病在於缺乏近代常識，是以不能為清明澄澈之思。一方面提倡近代科學，大言其辯證法馬克思，一方面又欲皈依三寶，頂禮彌陀。禁城之金剛法會方了，長城之天險隨之以去，然而世之信奉，曾未有異。此十足表現社會之偏頗，思想之停滯。子不語怪力亂神，吾輩之所服膺者在於科學，不合科學者皆置不論。至於無名函徐君，縱出戴君手，絕無此理，戴君與編者亦為素識，即至無賴，亦不至此，此則可以告慰徐君者也。編者。

答戴君家祥評殷契通釋

徐協貞

拙著殷契通釋，未能精密審核，至有百孔千瘡，誠如戴君所言。不過戴君是否研究卜辭，余不得而知，惟就其評語觀之，對於全書，似覺倫類甚雜；而荒謬絕倫，膽大妄為各語，又等於王褒罵僮，殊失學者態度。原擬置之不理。現接無名函數件，儼具連答，如緘默不答，則有無聊恐嚇語。其函與評，是否出於一人，不得而知，余飽經世變非有所畏，為說明拙著計，姑為數語以復之。

殷契通釋，原為二篇，一為多方，一為儀祭，為此書原則。其餘內容，雖不敢云絕對不錯，然就原則言之，是將所有卜辭彙錄，按例排列，互相參校，以卜辭證釋卜辭，自信絕對不錯。原則既定，則卜辭強半為方名平列；方名，即殷代氏族標識。周後部落，承商所散其氏族即以標識為姓。有見前代史冊者，當然引前代之，人如歸仇[illegible]三姓，前代未有聞，人不得不引其在後者。吾國與[illegible]何姓，其為殷代氏族標識，可以斷言。（歸化冠姓當然例外）要餘全錯，非止此三姓也。吾國古代地名或邊地，因標識而存其名者。就卜辭連辭，較諸稽古地圖，無不符合。[illegible]，和，就各連辭考之，其地在北及西北，故有此標識，[illegible]國亦然。羅王森釋[illegible]為諸是錯，釋[illegible]為諸不錯，余已有申明，戴君或未就二字參閱，故有此說。殷與東貊常連辭，故知是貊國，非羅王所釋言之。[illegible]其國文，與逞對審之，故有長殷國，殷舌國，深目國之標識。山海經國名地名，證諸卜辭連辭，相合者十居八九，此書所引甚多，亦非止此三國也。吾國氏族志，自世本以下，證之卜辭，純屬虛構，此書辨論甚多，亦非鄙與大史而已。王靜安先生為吾國學者泰斗，生前亦面承訓示，不過所著殷先王先公考錯誤叢生，而后祖乙武祖乙武祖丁康祖丁為尤甚。余據卜辭，證明其非，原文具在。上甲一條，引卜辭有五十片，非誤為結傳。亦就卜辭殷論，並非斥其人，純學論學，於人無關。西儀門徒殷師說，所見不鮮，戴君猜辭，亦似未當。且

對前釋有未安處，均係援辭比較，牛羊犬豕，引辭有七十餘片，燎褒沈埋，共有一百餘辭，其他有數辭數十辭，列辭均有程序，一望而知。如欲駁此書不是，亦須就所列各辭而糾正之，不得信口雌黃，某不是某不是也。至謂毫無文字學常識，妄釋不識之字云云。[illegible]據金文[illegible]等而釋；余據說文汗簡，趙據詩經毛傳；爲掃卜辭圖文，及許家說解，悉與後相同；非等虛構。魏君既謂余無文字學常識，當然是有文字學常識者，理宜據證以釋其字，原形以指其謬，何徒爲捕風捉影，突兮傳音耶！至云二卷，是從人從女，偶涉五易爲之，五卷用人爲牲，集郭二氏曾主其說，未得學者首肯。但著者自抒所釋，惟問與辭合否，他人首肯不首肯，何暇計及也。密宗者何，余未曾入門，不過就學密宗友人所述引而證之，究竟是非得失，既屬密乘，個中人自能了解，非空言所能爭辨也。茅宗既非，魏君既論已見及，請舉字證實，余願聆教。又云引馬克斯作資本論，以相比況，此文主旨，稍習國文者應知之矣。魏君斷章取義，未免信口開合。學界有此現象令人可驚可笑。拙著乃爲研究卜辭而作，始發現卜辭，爲方名平列，故作前三卷；後發現祭辭，是用人爲牲，故作後三卷。卜辭是否爲方名與用人爲牲，爲此書根本問題。若前不是方名，後不是用人爲牲，此書已無存在可能。徒云百孔千瘡，不實爲此書作反宣傳。未審魏君以爲何如？總之此書，其關鍵在乎卜辭，欲論得失是非，必須要以卜辭解卜辭，以卜辭證卜辭，更必須要證解一卜辭，而其他卜辭，皆可以通，否則非辨證法之所許也。

此書出現日淺，將來自有定評。前上海申報，與近上海晚報，評此書均有過譽之辭，在余觀之，與魏君所詆毀者，同一過當，均不能增減此書價值毫末。惟所自信者，不爲羅王所囿而已。以後無論何人，或卜辭全部或一部，有所討論，極願隨時答復，若任意毀譽，恕置不理，勿謂言之不預也。

答徐協貞君

昨承本報圖書副刊主筆，見示徐協貞君來稿，對拙評殷契通釋，（見三月三十一日本刊）頗致不滿。斯或敝帚千金之意歟。

竊謂研究經史小學之條件，須以客觀爲衡，常識爲斷。而後方能取信於人。若捨此不顧，徒恃一口空言，吾人必不能以著述視之矣。今徐君答辨之詞曰，「吾國無論何姓，其爲殷代氏族標識，可以斷言」。又曰「但著者自抒所釋，惟問與辭合否，他人首肯不首肯，何暇計及」。是皆超乎研究經史小學常例之外，他如自謂研究殷代史乘，與時輪金剛法會得德金剛佛，所說四大六成歸法，初無二致等語，斥之荒謬絕倫，吾人尚覺多之。今若再爲嘵嘵[illegible]辨，不啻爲該書作義務宣傳，且非吾人樂思彰善之旨。

至徐君所云，現接無名函數件，有無聊恐嚇語，而疑其函出鄙人之手，揆之情理，決無此舉。如疑以小人之心，度君子之腹，我亦莫如之何也已矣。

新書介紹

再版中國分省新圖

丁文江　翁文灝　曾世英編纂　二十三年二月上海申報館發行　定價三圓

中國分省新圖初版發行後，頗引起社會一般人士之注意，批評介紹之文字，時見披露於各種報章雜誌。諸家所指出原圖各方面之缺點甚多，皆希望編者能於再版時與以補正。今再版已問世矣，固能[illegible]前此批評諸君之厚望乎，較之初版能否有長足之進步乎，實爲關心此學者所樂聞也。因就校閱所及，分述如次。

（一）更正改良諸端　初版之語言區域圖，經鄙[illegible]議之處甚多，【宥】君曾著一短評，載本刊第七期，再版中之此圖，已完全改作，明確詳備，勝初版十倍矣。初版較汽車道多遺漏，再版增補不少。初版重要地名多失之[illegible]。初版圖例符號往往不甚明顯，再版有與以改良者，如租借界地與以虛線劃分疆界，與表示地形高低之虛線無別，今改用紅色粗線。初版記註地名頗多錯誤，凡經批評者指出者，再版已一一改正。有不及改正者，列入勘誤表。

（二）已爲批評者所指出而並未更改諸端　圖書評論第二卷第四期黃國璋評，根據應增人口分布圖一，夏季及冬季雨量分佈圖二，七月份及一月份等氣溫區域圖二，又圖例應重加整理，比例尺應歸統一；鄭勵儉評指出我國現行政治區域，省與地方而外，又有直轄市（兩京上海北平青島）行政區（威海衛東省）二者，應與表出等等，再版皆一仍初版之舊，未加改善。二十二年十二月二十五日大公報文學副刊某君評，指出以細黑線表示汽車道，易與水道相混，應改用他種符號，又圖中記注書名太略，應與增補等項，再版亦未能採用。再考汽車道雖有增補，然脫漏仍多，如安徽自正陽關至六安，至德至江西浮梁等是也。

（三）前此批評者所並未指出之脫誤。（一）廣東省源雲浮山南流入海之水曰漠陽江，此圖誤作漢陽江（2）發源貴州，東北流入湖南境，至黔陽縣西注入沅水之水曰無水，一曰巫水；發源城步縣之巫山，北流至洪江鎮東注入沅水之水曰巫水，一曰洪江，巫水之名雖可通用，然無水與洪江則判然有別，此圖於無水下游注曰洪江誤。（3）洪澤湖之水自三河分爲兩枝，一枝東流入寶應湖，歷氾光湖界首湖匯入高郵湖，一枝東南經國家橋西注入高郵湖，此圖脫東南流一枝。又高郵湖南與邵伯湖接，此兩湖間隔有陸地誤。（4）安徽石埭縣南之水曰舒溪，一曰舒姑溪，此圖誤作施溪。（5）潛山縣西北潛皖二水所出之山曰皖山，一曰潛山，至霍山則在其北百餘里之霍山縣境，此圖誤以皖山爲霍山，而潛山則位在合肥舒城六安之間，尤爲怪異。（6）湖南麻陽縣在錦水北岸，此誤作南岸；廣西興安縣在灕水之南岸，此誤作北岸。（7）丹陽鎮隸安徽當塗縣，此誤在江蘇境內。其西赤金山爲採銅名區，此圖脫（8）紅水河柳江會合後東流曰黔江，此並以黔江爲柳江誤。（9）據地志，廣西句滿山在北流縣東北十五里，湖南九疑山在寧遠縣西南，此圖所繪方位異於是，不知何據。（10）江西安遠縣南流之水曰安遠水，一名三百坑水，以圖作鎮水，不知何據。（11）安徽水陽江此注曰青山河，不知何據。

總之，此圖繪法新穎印刷精美，固勝於他圖，然其記注脫誤，實較他圖爲甚。初版草創刊始，猶有可原，至再版時，仍不免於草率，如初版誤瓜「洲」爲瓜「州」，大公報文學副刊某君之批評指出之；此再版因據以列入勘誤表，乃竟以正爲誤，以誤爲正，是則未免遺憾耳。

批評諸家所指出此圖之錯誤大半皆係於地理記載，編者丁文江先生在再版序中於此有辨解曰：「我們三個人都不是地理專家，都不是中學教員，我們不過是畫得地圖，測過繪過讀過地圖的人」；「我們的供獻在地形與基點的比較可信，此外都是餘事」；似有不屑於仔細考求此地理記注之意。按科學以求真爲歸，果爲事實，中學教員應知之，同行之大學教授以及大學者何嘗不應知之，如丁先生序中所言，難免有引起誤會之處，因於篇末，更贅數言，以相質正。（禾子）

申報年鑑（民國二十三年）

申報年鑑社編　民國二十三年四月出版　定價三元二角

年鑑(英文云 Year Book，法文云 Annuarle，德文云 Jahrbuch)之作，創自歐西；所以紀載一年間大事，彙錄一年間統計者。英國之 Annual Regester 創刊於一七五八年，法國之 Annuarle Historique Universel 創刊於一八一八年，德國之 Europaischer Geschechtkalender 創刊於一八六一年，迄今百數十載，無稍間斷。(國立北平圖書館藏有英之 Annual Regester 自第一年起至最近期全份) 凡國政之大端以至社會之現象，公私統計，分門別類，皆舉而納諸一冊，隨時展覽，條理井井，若示諸掌。所謂執簡御繁者也。近今學術事業，分析日精，因此專門年鑑，日多一日，不可勝舉。

我國系統著述，不甚講求，國家大政，人民生計，缺少真實之記載，與精審之統計。宋史藝文志雖載有年鑑一卷，其書不傳，內容莫知。要之亦絕非今人之所謂年鑑。方志，一統志之類，略有今日年鑑之意味，然範圍性質，又不相同。且其書往往累數十年百餘年始行纂修，與年鑑之精神相去甚遠。迨民國十三年上海商務印書館始有中國年鑑之創刊，民國二十年上海大東書局亦有世界年鑑之編行，惜均未見續刊。其他如東北年鑑，無錫年鑑，紀載僅限於一隅。又如中央統計處之業務年鑑，政績年鑑，財政部稅務署之稅務年鑑，北平社會調查所之中國勞動年鑑，楊家駱氏之圖書年鑑，最近教育部編印之教育年鑑，實業部編印之中國經濟年鑑，皆係專門年鑑之性質。中國普通年鑑之編行，反出諸在華從事新聞事業之英人(H.C.W. Woodhead)之手。其書名中華年鑑 (The China Year Book) 用英文編著；自一九一三年起迄今已逾十年，未嘗間斷。固不論其內容若何，要非國人所能讀，亦非國人所期望之作也。

第二次申報年鑑係就去年四月出版之申報年鑑改編而成，爲吾國唯一最新之年鑑。申報乃國內日報中具最悠久之歷史者，近年益加改進，規模甚大，除發行日報外，並編印申報月刊，申報叢書。今更進而編輯年鑑，自易收駕輕就熟之功也。今略述其內容，以介紹於讀者：同時間抒所見，供編者之參考焉。

第一次申報年鑑，於去年四月出版。今編從去年四月起，適值日軍侵犯熱察三省及長城血戰之時，故編首國內大事概述，自熱河失陷以至[illegible]戰協定，戰區接收，均有翔實之記載。棉麥借款，技術合作及統制經濟之進行，爲年內國家要政，亦有詳細記述。黨務項內，述黨與政府之關係一節，語不多而賅，與政治項內政府組[illegible]之調[illegible]參觀，更爲明瞭。縣爲自治單位，故縣政實爲內政之基礎。政治項內縣政建設實驗區及各省建設實驗區之設立兩節，要爲留心內政者所注意，惜今後對於各實驗縣之計畫及治績，宜詳細調查加以記載。建設項內，全國經濟委員會建設事業一節，述兩年以來，我國借重各國專門人才，辦理經濟建設事宜之成績，值得國人注意。監察項內，最近兩年監察院提請懲戒案一覽表，根據國民政府公報及司法院公報羅列貪官污吏三百餘人之名銜，并其案由，以廣流傳，可謂史筆如椽。外國貿易項內二十二年份入超額，據各種統計材料，預測將超過二十一年份八萬六千萬之數，實足驚人。學術項內全國各學術團體一覽表，根據二十二年十月教育部調查，列有九十餘個學術團體，其成立及備案年月及負責人姓名均詳載靡遺，惟二十二年各學術團體之會議及會議地點議決事項，尙付缺如。衛生狀況項內有各市人口死亡原因分類統計表，據此表所載，肺癆病之死亡率甚大。肺癆病患者及死亡者大都爲青年及中年人，其爲國家社會損失之重大可知。似應對肺癆病特立一目，詳載各地著名肺癆療養院之設備，住院價目及負責醫生姓名，或不無有助於讀者也。又學術及出版項內應對國內研究機關及各大學科學上研究場所之種類設備及研究之努力成績以及專門著述亦應作一詳細調查。又故宮博物院成立數年，直隸於國民政府，其事業如出版及印刷多有可述者，該年鑑無相當之紀載，僅於國內大事概述項內，故宮珍物南遷目下，述及一二，未免忽略。至於各項統計表，其數字之精審與否，過於專門，茲不具述。

一國之內，必多數國民能留心國事，能知悉國事，方能實行民治，而政治方能日進於清明。獨惜國人每深追懷古昔之幽情，對於當前事實，反多視若無覩，不甚措意。平時既昧於國內外情勢，一旦患亂相尋，舉國紛擾，莫知所措，僅論百出，貽笑他邦。年鑑之作，其即對此方面努力之一端歟。（[illegible]）

新書簡訊

廣西沿邊各營駐防中越交界對汎法屯距界遠近圖，民國二十三年三月北平故宮博物院出版，一軸定價二元。據圖首說明，又名廣西邊防與越南交界沿邊要隘駐軍築壘形勢圖，原存軍機處檔案中，當中法戰爭以前備以進呈當局備考者也。此圖東起廣東省防城縣，迤邐西北行，至雲南省廣南府土富州各交界止，共長一千七百餘里，沿邊所立大小炮臺汛卡，以及越南法方對汛無不一一繪入，以校光緒十九年蘇希郊之廣西中越全界圖，大都相合。唯新印本另上石，不無訛誤，如：圖首說明中之天蒼山應作吞蒼山，圖尾說明中之廣雲府應作廣南府，此顯然可知者也。又圖中關帳，移圖作（以下云作即指移圖）鎮綏，石碑作石神，板雷作板宙，柳綠作柳綠，三邑作三色，板深作板深，那禁隘作那禁隘，陶那作陶滿，邪隆作都勤，那鄂卡作吞明卡，坤寧村作坤王村，坡郎村作坡利村，鴨卸村作鴨腳村，殊係寫官之誤也。

圖書副刊
BOOKMAN
第三十期

一 本刊登載關於中外圖書之介紹批評以及學術界消息為公開性質歡迎投稿
二 刊登本刊之文略致薄酬
三 投稿通訊可寄「北平文津街國立北平圖書館內圖書副刊編輯收」

瀛書脞語（一）

—歐洲人對於中國上古史的研究—

賀昌羣

一二三百年來介紹中國學問到西方的，祇有兩種人負荷了這種事業，一是西洋教士，一是西洋駐華的官吏。這兩種人至今仍是負荷這事業的最大部分。他們在職務之餘，從事翻譯或研究。近幾十年間，大多在中國學會了語言文字，便回國去另起爐灶，組織學術機關，有的竟終身講學，蔚然成家。

他們對於中國上古史的研究，在整個中國學問的體系中，發端最早，而成績卻尚難定論。此所謂上古史，我的意思也包括最近地質調查所安特生(J. G. Andersson)阿爾納 (T. J. Arne) 諸人史前時代的工作，這是現在歐洲人所藉以研究中國上古史的一條比較有希望的去路，祇有他們的工作和結果才是比較有力的證據，但此路到底能不能走得通，或其結論能不能應用於有史以後，似乎還是絕大的問題。

在一七八五年(乾隆二十三年)法人德古納未發表其奇論以前(詳下)，我們不曾見到歐洲人專論中國上古史的文字，有之，亦不過少數的翻譯和傳奇似的介紹而已。下舉幾種是他們關於中國情事的最初的專著，在歐洲人研究中國學術的歷史上，占很重要的地位，趁便著錄於此：一是西班牙宣教師門多薩(Jean Gonzales d's mendoza)的「中華大帝國史」(L'Historia del gran Regno della china[略稱])按北平圖書館藏本，題名Dell [illegible]

[illegible]

馮氏為法國教士，生於一六六九年，一七〇三年來華，一七四八年歿於北京。其譯此書蓋依據滿文譯本與原本對照，本文之外，復加譯明商輅等續通鑑綱目及宋末元明之史料，並補以明末清初東西文記載及自己的見聞。一七三七年稿成，帶往法國，不幸多故，此稿經十年仍未出版，旋馮氏卒於北京，其稿亦為世所忘。一七七三年偶然在里昂大學院(Grand Collége de Lyon)圖書館發見其原稿(今存巴黎國家圖書館抄本部(Fonds Fran¸ais Nos. 12210—12214)，復經許多波折，始於一七七七年至一七八三年在巴黎出版，距譯成之時已四十餘年。歐洲漢籍的譯本中，此書出版命運，恐怕是最困厄的了。

在歐洲人士多不解漢文而欲治中國史的時代，此書裨益實多，今日雖已不如當年之行世，然為哥底業的「中國通史」(Histoire Générale de la Chine. Paris,1920, 4 Vols)，清以前的史料，殆全根據此書。如今各國東方學的機關漸多，語言工具的修養遠較昔時為易，對於此書似乎得魚忘筌了。

那時他們多用拉丁文譯先秦典籍，如一六六三年(康熙元年)殷鐸澤(P. Prospero Intorcetta)與郭納爵(P. Ignocio da Costa)譯的大學及論語前五章，題名「中華箴言」(Sapientia Sinica)，此書係木刻本，紙張版式皆中國風，惟頁數則附阿拉伯字，為今存耶穌會刊本中最罕見者，中國經部之西譯，當以此為嚆矢。一六六七年殷鐸澤又譯中庸未完，題名「中華政治道德學」(Sinarvm Scientia Politico-Moralis) 以上三書一六八九年柏應理(Philippe Couplet)始全譯之。此外如馬若瑟 (Joseph Henri de Prémare) 與傅聖澤(Jean Fran¸ais Fouquet)皆據易，春秋，老子，淮南子諸書論儒老之說與耶穌教義之異同，別著「書經中所見之上古代與中國神話之研究」(Recherches sur les temps antérieurs à ceux dont parle le Chou-King et sur la mythologie chinoise)，此書當時未出版，一七七〇年德古納 (de Guigne) 編宋君榮(Antoni: Gaubil) 所譯書經，始刊附於卷首。關於經部的翻譯，前後譯者很多，容他日再說。現在且論他們研究中國上古史的結論和異同。

上溯我以一七五八年為斷，是因這個年次以前，他們對於中國歷史，沒有什麼主張，也沒有特別見解，祇是翻譯和介紹，此後便陡起了漫天波浪，至今猶不知其所止。

這波浪的鼓動人是德古納(Joseph de Guigne)。此人的是法國前期「漢學」研究史上的一代奇才，他生於一七二一年，卒於一八〇〇年。十五歲學於當時東方語言學大師佛爾蒙 (E. Fourmont) 習東方諸國語，尤以華語見長。一七四八年發表其「匈奴突厥源流論」(Mémoire historique sur l'origine des Huns et des Turcs)，在歐洲學術界嶄然露其頭角。翌年被選為法國金石文藝院 (Académie Royale des Inscriptions & Belles-Lettres) 會員，參預當時最有權威的學海雜誌 (Journal des Savants) 的編輯。一七五六年其名著「北狄通史」(Histoire Générale des Huns, des Turcs, des Mongols et des autres Tartares occidentaux et depuis J.-C. Jusqu, à present)前三冊出版，後十二年續出二冊。此書根據中西史料參伍比較而究其異同，與十九世紀沙畹之「西突厥史料」並為研究西北塞外民族史的兩大名著，現在仍保持着他的權威。此外他關於中國與羅馬的交通，及佛教傳入中國及西藏等地的年代亦多所論列，這且按下不表，單說他那中國人為埃及殖民的奇特的主張。

一七五八年四月十二日有一位修道士巴爾特里米(Abbé Barthelémy) 曾在金石文藝院發表一篇關於腓尼基文字的講演，德古納讀之以為頗似中國古代的科斗文，是年十一月十四日遂亦在該院發表其「中國人為埃及的殖民說」(Mémoire dans lequel on prouve, que les Chinois sont une Colonie égyptienne)，此說一出，舉相驚異，巴氏力贊其說，同時反對者亦不乏人，如該院會員德沙泰爾 (M. L. Deshautesrayes) 駁之最烈，德氏亦反復答辯，其文載學海雜誌一七六〇年二月號。當時歐洲學術界對於這個問題，形成了正反兩種意見，相持不決。他們的論證，是以埃及與中國文字之形體相比較，於是倫敦皇家學會(Société Royale des Science)便去函質之在華耶穌會士，請求他們批評，起草作答的是當時受清高宗之殊遇而以編纂「中華雜纂」(Mémpires Concernant L'Histoire, Les Sciences Les Arts, des Chinoi's, 1776) 著名的耶穌會士法人錢德明(Jean Joseph Amiot)，錢氏的回信時在一七六四

[illegible]

中國人種和文明的起源問題，從現在看來，恐怕是無法探究的事。無論北爲西來或固土之主張，各人的說法似乎都有理由，然而，大多是三分論據七分幻想所構成，同時都有着不可掩飾的破綻。大概上古史專太缺根據，也太容易根據錯。即如關於「支那」(China)名號之起源，既有西方古籍可參證說，宜乎較人種與文明的起源問題爲可「根據」，但自玉爾以至伯希和，此名稱在西方古籍中究竟何指，亦莫衷一是。所以上古中西文化交通的問題，似乎談不到了，可是，他們仍不忘情於此，最近十年間，又來了一套新的花樣，便是所謂「秦銅器」，所謂斯西亞(Scythian)文化了。這話很長，待有機會再說。

總之，歐洲人關於中國上古史的著作，我以爲如佛克 (A. Forke) 的「中國人的世界觀」(World-Conception of the Chinese, London, 1925.) 德格魯 (J. J. M. de Groot) 的「中國宗教制度」(Religious System of China, 189—1897.) 等書，也都團體不甚觸及上古史，因此很有實地的工作。如果大家都想在古史上尋求什麼「新發見」，終天推論，中國古史將永遠是一團謎，永遠是個人觀念中的幻想世界。

新書介紹

白鶴帖 共五集　白鶴山莊出版

日本嘉納治兵衛編　日金貳百伍拾圓

日本攝州嘉納氏，首以釀酒起家，芳醇著於天下，名曰白鶴，故人亦以白鶴嘉納名之。家本多資，又購好金石書畫之屬，以是家藏精品甚多。攝州又名攝津，神戶其首，日本古都也。攝津池宮寺久爲勝蹟，而三倉七寺，遺構尚存，以是其家收藏多名貴之物。是書名白鶴帖，即嘉納治兵衛氏以其家藏珍品影印成編。爲書凡五集。其第一集著錄周以迄兩唐之銅器凡七十五件。書中所載諸鏡譜錄，其製與奈良所見者均大殊。日本東大寺獻物帳：「赤銅鏡背貼，背金銀平脫鏡，正倉院有其物」。又太平御覽七百十七引雜武上雜物疏云：「御物有尺二寸金銀鏡一枚，皇太子雜用物純銀鏡七寸銀鏡四枚。」又引東宮舊事云：「皇太子納妃，有銀花小鏡二寸，…銀帶…金銀鏡二枚。所言與本書所載第一一相合。又西京雜記言：「宣帝…上猶帶史良娣合采婉轉絲繩，繫身毒國寶鏡一枚，大如八銖錢」。八銖者，蓋呂后所鑄八銖半兩也。今本書所載徑至二寸小鏡，亦可見其淵源矣。總論此錄銅及金銀鏡之製，至於唐代至精美。如本書第二十一銀錯花八稜鏡，第二十四金銀平脫花烏交八花鏡，第三十金銀平脫蓮花文鏡，第三十一螺鈿寶相花八稜鏡，第三十七螺鈿寶禽紋六花小鏡，皆唐代物也。太平御覽八百三十引雜武上雜物疏云：「宮中用物象牙尺一枚，貴人公主有象牙尺三十枚，宮人有象牙尺百五十枚，貴人五十枚」。本書所載第三十九錯銀牙尺二，漆鋼尺一。牙尺罕見著錄。第四十品六朝鎏金鑲嵌文鋼尺，第四十一天平牙撥鏤尺，其撥鏤花紋亦與正倉院所藏紅牙撥鏤尺相同其製。考之新唐書及唐六典，知唐開元大寶以後諸臣工，往往賜以銀盤，銀鍍，銀杯，銀瓶等器。而北齋藏外國君長，及貢使，審於元和長慶以後。今本書所載諸銀器不下數十件，實唐代文化史者所當取資也。他如貴金銀，鏨金花形銀等，尤爲難得之品。第二集凡書蹟寫經四十四種。內分寫文，文書，講經，繪集四類。寫文者，日本歷代名詩調手翰等屬。中有萬葉集，萬葉集，古今和歌集，拾遺和歌集。文書之中有聖武後成親手書公帖斷簡。講經之中皆唐人手寫經卷，如文選西都賦，及白氏長慶集。繪卷類書畫斷簡，兩字跡勝秀美。繪卷之中有九種，皆唐代寫本出日本者，非輕提之物。第三集凡九十一種，皆中日名人手跡名畫。上起隋代，下迄元明。其中最著者爲趙孟頫所書千手佛像畫本，作於隋大中五年。其二爲吳道子畫三尊佛像，雖晚品，亦必出宋人之手。又如第十四宋宗嗣雲氏古法帖種，第十五福禪師畫，第十六西湖子畫，第十七蘭亭和尚…，第十八一休禪師墨蹟。又有日本古名畫家雪舟氏作品十幅，雪舟氏二幅，寬齋氏六幅，梅逸氏三幅，春華氏二幅。皆中日畫史著不可不一覽所擇也。第四集凡書畫六十一種。銅器，陶器，漆器，石器，皆有之。其中最名貴者如第六天平時代金銀平脫紋漆皮文箱，第十藤原時代螺鈿寶花唐草文蒔繪與脫衣箱，第十三法隆寺及正倉院藏古裂紡織錦，第二十九唐招提寺藏宋古鏡蓮花生一件，第五十二宋文官所用古鏡一方，皆稀得之物。第五集大半爲唐宋以來中日瓷器。如第五十六長沙…，第五十七長沙…，第六十七唐…，第七十吳州…，第一〇一隋代…金銀平脫…，凡此皆中土罕見之品，爲在此書中見其大略也。（超羣）

× × × ×

音註韓文公文集五十二卷

宋祝充撰　北平儷古齋文禄堂影印本　每部定價二十五元

韓昌黎在唐代努力鼓吹古運動，爲宋以下開啟文起八代之衰。事實上他所習的際遇隆於韓文，古典則有之，究其內容，則了無可取，所謂有字而無內容也。北宋以文章鳴世者，如歐陽，如三蘇，大都宗韓，韓遂成風，於注釋之學，亦大行於世。魏仲舉五百家註本所引，留存之宋，只有祝注可以和他比肩，其價值亦絕可知。此宋世江山祝充音注本，於本數字減等，而原字不避，當是南宋光宗朝刊本。據易家致訂，知祝所據之底本，係從蜀本出。通行韓集外集十卷，遺文集註各一卷，此則通爲十二卷。在韓集古注中，不失爲珍貴之作。得再聞並音註文議齋爲之影印，不可謂非盛事。聞韓集尚有宋南熊注蜀入文議注本，現雖未必其流行，惟此書可稱雙璧。特乎限於篇幅，一般具學者，亦類其卷帙浩繁。深願有力者爲之提倡，亦如式影印，以供參士選。

新書簡訊

大金得勝陀頌碑考，日本園田一龜著，奉天圖書館叢刊第十二冊，一九三三年十二月，滿鐵奉天圖書館出版，非賣品。按得勝陀頌碑在今吉林省扶餘縣之石碑崴子。金太祖阿骨打於宋徽宗政和四年（西一一一四年）誓師淶流水（今拉林河）與遼人大戰勝之，遂立碑其地以誌之，金之發祥於是焉，故是碑在金史上甚一重要之文獻也。碑始著錄於道光初之吉林外記，其後曹廷杰東三省輿地圖說，光緒間之吉林通志，民國初之扶餘縣志俱及是碑。碑陰爲漢文，碑陰女真字，蓋亦爲研究女真字之一新資料也。園田氏此文備記得碑之由來，碑石與文獻，日本學界對於此碑之注意，此碑所在地及其現況，諸項。並全錄得勝陀頌碑文，足補諸家著錄之闕漏所不及。惟碑陰女真字雖有一模拓圖，惜釋讀不清，此則不免遺憾耳。卷末於女真字石刻有所論述，可供參考。（明）

× × ×

西域南海史地考證譯叢，續一冊，又續編一冊，馮承鈞譯，民國二十三年三月上海商務印書館出版，定價每冊七角五分。馮氏所譯法國漢學家著中國史乘之書籍既十餘種，此其最新出版之史地叢書中。此二冊俱屬西域南海史地考證之論文，譯者一篇，細審原刊。譯者計收十二篇：（一）伯希和撰漢譯阿拉伯什之若名，以爲中國史學上之絕說斥茲氏所用蒙文中之Kuä，亦即元代之苦叉苦先帖木，始築耕田苦峪，即今之阿克蘇，後赤斤蒙古兩衛即遷徙之其譯。(二)伯氏中國載籍中之梵衍那，以爲梵衍那 (Bamiyān) 出於中波斯語之Bāmik n 及 Bamikan 二字，所謂范陽國，帆延失范延失羅延…帆延係爲一字之異譯。(三)伯氏釋唐西域傳中之賓考同泥波，謂伯氏考證，賓考以及泥婆乃 Antioche及Bambykē二字之音譯，與夏德之說不同。(四)伯氏蘇毗，蘇毗即西藏文中之Sumpa。(五)斯坦因蒐文獻沙州伊吾間之行程。(六)伯氏吾蘇中敍利亞文之長安諸譯，言敍利中敍利亞文之 Khumdan 即爲長安，而 Sarag 一字，伯氏據梵漢…字支以爲即梵語中之娑羅說 (Saraga)。(七)伯氏支那名稱之起源，伯氏據梵文，乃主China爲秦字之對音。(八)伯氏唐元時代中亞及東亞之基督教徒。(九)伯氏馬可波羅行紀沙州諸族注譯，於譯基督氏之考釋故其詳。(十)伯氏論蒙古譯註所譯，對於夏德以及W. W. Rockhill二氏所譯之諸蕃志多所是正。(十一)馬司平撰宋初越南半島諸國考。(十二)伯氏關於越南半島的幾條中國史文。續編計十三篇。(一)伯氏序集。(二)伯氏蒙語中之若干西域地名。(三)伯氏突厥名稱之起源，以爲突厥名稱作Türküt，後加之t字或係出於蒙古語之複數云。(四)伯氏應譯吐蕃名稱，據云吐蕃乃是西藏碑文中Tüpüt 一字之對音。(五)伯氏高麗史中之蒙古語，介紹日本白鳥庫吉氏之說，並有所是正。(六)伯氏南家，南家即Nanklas之對音。(七)伯氏中國載籍中之賓童龍，以爲中國史書上之奔陀浪，賓陀羅，賓頭狼，賓同隴，賓瞳朧，賓陀陵，賓達儂，賓童龍，均係梵語自 Panduranga 一字。(八)伯希和洞庭湖中之滇斯，以爲元明時中之婆羅門族斯羅謂中之滇斯，南詔野史中之滇斯，其中婆羅門指緬甸人自稱之Mran-ma，滇斯乃緬語或稱的中 Bassein 一字之譯音。(九)伯氏…，主張…即古爪哇語之Yawa dwipa，古梵文之 Yavadvipa，又以爲闍婆即爪哇所稱之 Majā，因主張闍婆謂，亦即爪哇，此與日本藤田豐八氏之說大異。(十)伯氏蘇門答剌島名最古之記錄，以爲宋史之…Haji Sumutabhumi 或 Haji Sumntrabhumi，蘇勿吒即蘇門答剌之古譯。(十一)伯氏論…中之…，以爲…方言中Geri或 Ggiri 一字之對音。(十二)伯希和撰真臘風土記箋注，對於Aymonier Finat以及伯希和氏之舊說糾正不少。(十三)馬伯樂撰占城史料補遺。兩書譯文簡潔，惟續編一〇五面及一〇七面之…以…非九爲三之誤。

來函照登

編輯先生：拙撰西北文物展覽會筆記中第二項，碑著錄「漢…」…兵弩」。今按碑字仍以釋…爲是。…古文作…，古文…作…，三體石經…作…。則古文字中…字常相淆，將未可知。…可信。特此更正，請登來書。六月五日，…啓。

× × ×

圖書副刊

BOOKMAN 第三十一期
本刊歡迎投稿　登本刊之文略致薄酬　投稿通訊可寄「北平文津街國立北平圖書館內圖書副刊編輯收」

大英博物館所藏太平天國史料考

謝興堯

日本史林雜誌第十卷，（大正十四年出版）載有內藤虎次郎撰「大英博物館所藏太平天國史料」一文，詳述太平天國史料遺流於海外者之目錄及其價值，足爲吾人研究近代史之重要參考資料。其文發表距今已數年，然吾國留學於歐西者，雖陸續抄回若干篇，而大部分則仍爲國人所未見，且即此寶貴史料之目錄，亦無從知，斯誠吾國史學界之恥辱，茲特譯之，並詳爲考訂於后：

一、內藤虎次郎原文

大正十三年十二月，余在巴黎時，法人波爾內黎氏問於余曰：「前遊倫敦，除敦煌石室古籍外，更觀何書」？余答以太平天國史料，及戈登將軍文書，曾過閱一過，並已節錄其十之七八，是所極感興趣之事。波爾云：「此誠盛事。現歐洲所保存之支那史料，在支那亦未經發見者有二：一爲巴黎傑斯伊多會教師之報告文件；一即大英博物館所藏之太平天國史料及戈登文書。君既抄得其一種，則至足欣幸。」余亦以爲大英博物館之太平天國史料，彼國亦重視珍藏。在余日本最初着手抄錄此史料者，當首推故法學博士田中萃一郎君，其所抄目錄，承現在留學巴黎博士門人松本信廣君之賜予。又煩幸田成友及宮島貞亮兩君抄錄之勞，乃得知其史料之概略。又有久保田織君先任南滿鐵道要職，駐於倫敦，臨行時，朝鮮總督修史官稻葉岩吉君，亦囑託其就便於大英博物館抄錄此種史料。其所錄之部，曾一度借閱，惜未覩全豹，現在與彼接洽借閱。蓋欲將此三種抄本，加以校勘檢察，而製成一完全底本，公諸學界。茲將余所錄之大要，先發表之。

前所舉太平天國史料，及戈登文書，按其史料之性質，及其流入大英博物館之原委，分爲兩部，以便研究。夫蒐集太平天國史料者，雖不能詳知其姓氏，然大概將太平天國當時所頒詔敕，及制度之印刷物或傳抄文件，及太平天國滅亡後，由兩江總督曾國藩陳奏清廷之太平天國印刷文書，與忠王李秀成口供，而陸續納入於大英博物館者，實大有人在。至戈登文書之來源，乃因戈登將軍，當其統率常勝軍討伐太平天國時，李鴻章，程學啓以下各將帥，及蘇州等處之守將，對於彼之行文件，加以保存，迨戈登歸國後，將其全部，寄贈於大英博物館者也。

太平天國之印刷詔書，往往於其冊首，標題有「旨准頒行詔書總目」等字。惟「總目」中所列書目之多寡，亦有不同。今依其時間之先後，有標題於太平天國壬子二年之「奉天誅妖救世安民」冊首者十四部；標題於癸好（即癸丑）三年之「建天京於金陵論」冊首者二十八部；標題於同年之「貶妖穴爲罪隸論」冊首者二十九部；標題於乙榮（即乙卯）五年之「行軍總目」冊首者二十四部。茲將最多者二十九部之目錄，錄之於次：

旨准頒行詔書總目。

天父上帝言題皇詔　天父下凡詔書二部　天命詔旨書　舊遺詔聖書　新遺詔聖書　天條書　太平詔書　太平禮制　太平軍目　太平條規　頒行詔書　頒行曆書　三字經　幼學詩　太平救世詔　建天京於金陵論　貶妖穴爲罪隸論　詔書蓋璽頒行論　天朝田畝制度　天理要論　天情道理書　御製千字詔　行軍總要　天父詩　欽定制度則例集論　武略書　醒世文　王長次兄親目親耳共證福音書

旨准頒行，共有二十九部。

以上所舉，內如：天命詔旨書，太平詔書，太平禮制，太平條規，頒行詔書，三字經，天朝田畝制度七種，已全部錄出。如舊遺詔聖書，新遺詔聖書，建天京於金陵論，貶妖穴爲罪隸論，詔書蓋璽頒行論，天情道理書，御製千字詔，行軍總要，天父詩，武略書，王長次兄親目親耳共證福音書，及頒行曆書各種，則僅錄其一部分，至足窺其內容之大概。而其中舊遺詔聖書，即舊約全書創世紀之譯本；新遺詔聖書，即新約全書馬太福音書之譯本。又武略書一種，即彙輯孫吳二子與司馬法等古兵書，刻印頒行者也。

太平天國忠王李秀成親筆口供之印本一冊，大概爲曾國藩附於平定粵逆奏疏，繳諸清廷之物，以視近年中國近世秘史所載，較爲詳盡。其爲轉錄於該檔案之底本，不問可知。又欽定士階條例，爲太平天國十一年辛酉所頒行，乃關於科舉制度之新規定，此篇只錄出足明其內容大意之序文一則，其餘條例二十四條則略之。又有標題爲幼主詔書一冊，詳考之後，仍似天王詔書，如：「朕命幼主寫詔書，須將萬姓脫迷途，遵此十救詔督錄，上帝常生福長悠。欽哉」云云，並於板心題「十救詩」三字，此詩似用廣西土語聯綴成文，頗不易解。又有輯錄之天王詔旨幼主詔旨一冊，及當時鈐印頒布之天王詔旨五通，救世眞聖幼主詔旨一通，干王寶王貳天將誼論一通，幹天朝主圖一通等實物，均已全部錄出。

余所以僅錄出一部分者，蓋因有田中博士全錄之本可考，即余絲毫未曾抄錄者，如天父上帝言題皇詔，天父下凡詔書，太平軍目等，亦可依據田中博士所錄本，以補抄之。此外可依據稻葉氏寫本補錄者，亦復不少。

至於戈登將軍往來文書，其內容爲：

張遇春一通，程學啓二十四通，黎殿四通，周興隆一通，黃芳一通，郭松林四通，李恒嵩六通，李鶴章十一通，買益謙一通，李鴻章四通，又批五，札一，告示一。雞發光一通，又移一，慕王譚詔洸一通，丁日昌二通，錢德承一通，禹鼎勳一通，崇厚三通，章服單一通，抄錄偽忠王書二件，恭親王劄復一，附給英國照會一。

上列各種，如程學啓文牘，恐係由其幕僚代擬，其他則大抵出於本人之手。祇關於李鴻章之文書，有「自撰」與「代撰」兩種，如自撰者，只將其批一則拍照。此處所藏李鴻章之函牘批札，概爲李文忠公全集所無，而程學啓及其他諸將之函件，亦均爲世人所罕見，其在史料上價值之鉅，不問可知。試舉一例：如李鴻章之告示一件，當其招降蘇州太平天國降王時，戈登以不誅殺爲條件而擔保，乃李氏忽從程學啓之謀，盡將降王等誘殺。戈登於是大憤，辭去清廷賞金一萬兩，聲言將討殺李氏。該告示即足爲李氏對於戈登謝罪之憑證，今其實物幸尚保存，實爲有意味之事也。

以上即太平天國史料之概要，詳細發表，須俟諸異日。關於抄錄一事，尚須感謝文學博士今西龍，文學士石濱純太郎，及鴛淵一諸君之協助。

茲尚有附帶記述者，余自歐洲東歸後，前年見有上海文明書局出版凌善清所編之太平天國野史。其書內容，亦多依據太平天國之內部材料。從來支那本國內，未聞有此種材料之遺存，書中如某某史料，間亦與大英博物館所藏者相同，其他各種，大概亦可信。但其卷首，印有忠王李秀成發給英人哈喇之憑照一件，乃採自哈喇自撰之英文「太平天國」一書之原本，由此推測，則太平天國野史之來源，究係出於太平天國當時之直接材料與否？不無懷疑；然而以如斯遜於眞實之史料，於當今出現，要爲慶幸之事，較之滿清末年，革命黨人，全憑臆想所編成之太平天國史，則識正確多多矣。特於此一併介紹於世，以便研究清史者之參考焉。

二、書後

太平天國爲吾國近百年史中之重要部分，其革命精神，又爲古今建國者所未有，惟因其反抗清廷，被清視爲叛逆，及滅亡後，其事蹟悉爲清廷銷毀，故距今未及百年，而經過歷史，幾至渺不可稽。所幸其本身所遺之史料，尚有保留於海外者，不可謂非不幸中之幸事。民國以來，掃除忌諱，漸爲人所注意，然此僅存海外之史料，至今尚未完全抄回，甚至以本國歷史，而須外國學者之提倡研究，吾國學術不振，於此可見。考太平天國史料流存於海外者，以倫敦，巴黎兩處所藏爲最多，巴黎存於「國立東方語言學校圖書館」，倫敦則藏於「大英博物館」，即內藤君上文所述者也。蓋太平天國之政制，宗教，社會等之改建，其條文或政策，在當時皆曾刊印成冊，頒發境內，往來循環，皆此數十種，而每單行冊之前頁，均有「旨准頒行詔書總目」等字，而書目之多寡，則彼此互異，如少者七部，九部，多者至二十九部，顧此首頁書目所列之多寡，與其本書之內容，毫無關係。大英博物館所藏，有二十九部之多，誠爲太平天國詔書中最完備者。故今日只將此部數最多者，按其總目，求其專冊，則太平朝舉凡一切政制，禮制，宗教，社會等設施，即可得其大概，上文內藤君注重此問題，吾人研究太平天國歷史，固亦注重此問題也。

吾國舊日所存太平天國本身史料，有「賊情彙纂」一書，乃咸豐初年曾國藩屬吏張集，因刺探太平天國軍情所輯，故名爲「賊情彙纂」，國藩頒發各軍，以爲參考。惟止於咸豐四年，（即太平天國甲寅四年）後無名氏即本此書，編爲「洪楊類纂史略」十二卷，於是太平朝國制度，粲然略備。中有偽書名目十九種，蓋即太平天國文書中之「旨准頒行詔書總目」是也。惟洪楊史略雖載有詔書十九種，僅多摘錄大略，其錄全文者惟五種：曰天父上帝言題皇詔，曰太平禮制，曰太平軍目，曰太平條規，曰頒行詔書。至民國十二年，吳興凌善清君輯太平天國野史二十卷，凌君於書后自跋云：乃據姚氏所藏洪楊紀事抄本，增輯而成，而姚氏抄本，亦止於太平天國四年，蓋與「史略」實爲一書，故凌氏所輯太平野

壽州出土楚銅器補述

徐中舒

頃西北文物展覽會陳列壽州出土楚銅器之流落北平者九器，吾友劉子植(節)先生，參觀所得，著爲壽州出土楚銅器一文，（本刊第二十九期）關於近頃壽州出土遺物，始爲系統的記載。其年代文字之考訂，大都可信。惟余對於壽州遺物，所聞較詳，間有可補子植之所不及者，爰爲述之如次。

壽州遺物今存於安徽圖書館者，大小共約七百餘件，其因盜竊而流落於外者，似不如傳聞之甚。據安徽圖書館館長陳東原先生言，當銅器出土之初，散佚一部分，其數已不詳，後經當地人士封存於縣教育會；當時曾略加點查一次，雖記載不詳，但所存遺物，尚有數字可稽。及安徽圖書館接收時，按當時點查數字，又短少五十餘器。以意度之，善齋吉金錄著錄之兩壺兩勺，及楚王酓肯鼎，毀，豆，盤，七器，皆第一次盜出之物，此次西北文物展覽會陳列九器，及前次安徽圖書館在平携回之楚王酓肯鑊鼎，皆第二次盜出之物。此兩次被盜之器，以文字言，皆出土諸器中最佳之品，安徽圖書館所存七百餘器中，有字者僅十餘件；而盜出之物，則每件皆有字。安徽圖書館所存有字之器，無一有楚王字樣者；而盜出之物，著楚王名號者，據今所知，已有五六器之多。蓋壽州銅器消息傳出以後，古董商聞風麕集，選取其精者，次第攜載而去。今安徽省政府事後補苴，即欲將此兩次散佚之器，次第收歸公藏，據聞此次陳列之物，安徽省政府皆擬以原價購回，子植所云，不久將散歸他家者，當非事實，至安徽圖書館所存壽州銅器，近來均已分類陳列，其破碎之器，亦由山東圖書館介紹一滕縣工人前往修理，在最近期內，並擬就現存器物，編爲壽州古器圖錄一書。前此散佚諸器，如能爲此次陳列諸件次第收回，俾與原存各器共同陳列，而圖錄一書，亦得將所有諸器，盡行輯入，勒成完帙，是亦安徽文獻上一盛事也。

關於壽州遺物之年代，可分兩方面考察之：（一）由遺物出土之地言之，壽春（壽縣古名）之爲楚都，自考烈王二十二年起，前後僅及十九年：考烈王二十五年卒，子幽王悍立，幽王十年卒，弟哀王猶立，哀王立一月餘，庶兄負芻之徒，襲殺哀王，負芻立五年，爲秦所虜，據此，知楚王都於壽春者，僅四王，其卒葬於壽春者，僅三王，（負芻被虜，必不葬此，）壽州遺物，如爲墓葬，必爲此三王之物。（二）由現存遺物之銘文言之，遺物有楚王名及有年號者，有楚王酓悍楚王酓肯之鼎，盤，及簠，楚王酓章劍，曾姬無卹壺，敦器，茲將酓悍酓肯數器釋文錄之如次：

楚王酓悍，戰獲（獲）兵銅，正月吉日，鑄（鑄）喬（鐈）鼎，以共歲常。（此鼎器文，蓋於鼎字下多「之盍」二字，盍即蓋字，鑄文「喬鼎」二字作「介鼎」。）

楚王酓肯史（使）鑄喬鼎，以共歲常。（鑄鼎「喬」字作「鐈」，器文「喬鼎」字作「金匜」。）

以上所釋，戰字與三字石經春秋古文戰字同，兵從斤從廾，郭氏所釋均不誤。（余前所釋與郭同，見安徽圖書館學風雜誌四卷二期，安徽文化消息中徵引。）鑄與鑄同，古字鑄同在蕭部，入聲，透定母字，故得相通。肯疑爲楚哀王名。史記楚世家哀王名猶，六國年表作郝，郝，猶，均誤字，史記楚王名多誤字，如：楚懷王名相見詛楚文，史記作槐；幽王名悍，年表亦誤作悼，哀王肯，史記誤作猶者，猶之偏旁酉，古文當作酋，與肯字形近，據此，壽縣出土遺物，當出自幽王哀王之墓。此據遺物出土之地，與銘文言之，可徵者如此，至楚王酓章劍，爲楚惠王物，前於幽哀約二百餘年，曾姬無卹壺，有隹廿又六年語，楚王在位二十六年以上者，當爲考烈王以前之物。楚自頃襄王後，由郢徙陳，徙鉅陽，徙壽春，流離播遷之餘，前代重器猶有存者，故幽哀墓中，間亦有前代遺物。至或者釋酓肯爲酓肯，以爲即楚文王，其年代不免過於懸遠。酓悍酓肯諸器，其文字體勢皆具戰國晚年型范，而遺器又若出於一口，其年代之相接近如幽王哀王者，亦較爲可信。關於楚器之年代，此不過一簡略之意見。其詳撰就安徽圖書館所編壽縣古器圖錄中論之，茲不復贅。

史，十之七八，全與「史略」相同，如彼氏野史之宗教編，所錄詔書，多本「史略」，惟補錄一二種而已。他如史略中之「太平軍制」，頒行曆書，則入野史之「禮制門」；太平軍目，太平條規，則入野史之「軍制門」。故賊情彙纂，乃洪楊類纂史略之前身，而洪楊類纂史略，（或凌氏稱爲洪楊紀事）又爲太平天國野史之前身，此三書遞衍遞增潤而成，其所取材與內容則一也。

至由海外抄回之太平天國史料，巴黎方面；民國十四年，程演生君由彼處抄回太平天國史料十種，名爲太平天國第一集，（北京大學出版）十種爲：天父下凡詔書一，天父下凡詔書二，天父詔旨書，頒行詔書，天朝田畝制度，建天京於金陵論，貶妖穴爲罪隸論，原道救世歌，（即太平救世歌）原道醒世訓，原道覺世訓。倫敦方面；十餘年前，劉復君由大英博物館抄回太平天國史料若干，名爲太平天國有趣文件十六種，（北新書局印行）中十四種，錄自大英博物館，爲：太平條規，行營規矩，皆准頒行詔書總目，太平天國辛酉十一年新曆封面式樣並造曆人銜名，請頒新曆奏，天王詔旨一，天王詔旨二，辛酉十年正月分曆書，庚申十年正月萌芽月令，忠王致護王書，忠王致潮王書，但歌一首，（原注：從天情道理書中錄出。）和碩親王致戈登劄，張遇春致戈登書，其餘二種：干王碑字碑拓本，及干王印，乃採自英人Thomas Jenner所著The Nanking Monument of the Beatitudes，一書，故錄自英博物館者，僅十四種，惟劉君所錄，多瑣碎小品，無一種爲詔書總目中之重要文件者。綜合今日吾國之「旨准頒行詔書總目」內之太平天國各種史料，或由海外新自抄歸，或由城內舊日保存，以與內藤所見大英博物館所藏者相較，其大部分國內雖有，而其他未抄部分，則尚待吾人之努力也。

上文已述大英博物館所藏詔書總目，最多者爲二十九種，或者太平天國當時所刻一切詔書，實僅此數。此二十九部目錄，已見於上，由「總目」中之各種，以檢察今日吾人之所有，其中見於洪楊類纂史略者，有：天父上帝言題皇詔，太平禮制，太平軍目，太平條規，頒行曆書五種。見於太平天國野史者，有：天父下凡詔書二部，天命詔旨書，舊遺詔聖書，新遺詔聖書，三字經，幼學詩，太平救世歌，天條書，武略書，行軍總要十種。見於程君由巴黎抄回者，有：天朝田畝制度，建天京於金陵論，貶妖穴爲罪隸論，原道醒世訓，頒行詔書五種。又劉君所抄十六種中，有佃歌一首，謂從天情道理書中錄出。惟劉君未將全文抄出，是二十九部中，今日吾國得見者，已二十一部有餘，其餘僅有：太平詔書，詔書蓋璽頒行論，天理要論，天情道理書，御製千字詔，天父詩，欽定制度則例集論，王長次兄親目親耳共證福音書八種，尙未抄回。至大英博物館所藏戈登將軍往來文書，共計七十七件，抄回者；僅忠王致護王書，忠王致潮王書二件，（原文內爲抄錄忠王書二件）恭親王致戈登劄一件，張遇春致戈登書一件，共抄回四件。惟此等史料，內藤輯標名爲「戈登往來文書」，實則戈登，名之爲戈登往來文書，似有未當。又內藤輯英倫館中所藏，尙有忠王李秀成口供印本一冊，及欽定士階條例三十四條，又天王詔旨五通，救世眞聖幼主詔旨一通，干王贊王貳天將頒諭一通，朝天朝主圖一通。此數文中，除李秀成供詞外，國內餘皆無有。

由內藤文中，即可知倫敦博物館所藏太平天國史料之大概，惟其價値如何，殊値吾人之批評。內藤於上文中，曾極力稱贊此史料，擬以爲敦煌石室所發見之經典；然反觀吾國，太平改革，既若斯之重要，而其史料，又如此之缺乏，則內藤之言，誠非虛譽，然英倫之太平天國史料，雖中國亦無有，則孤本存留，彌足珍貴。不過其中亦有輕重之分，如二十九部中，最要者，爲天朝田畝制度，乃太平天國史料精華之所聚，亦即太平天國立國精神之所奉，爲共產制度之先驅，爲社會革命之首倡。其次則爲欽定制度則例集論，乃太平朝制度之總集。其次則如太平軍制，太平軍目，太平曆書，皆爲重要之資料。其他多屬於宗教，終不出耶敎之範圍。所幸重要諸冊之中，僅欽定制度則例集論一文，尙未抄回；所謂戈登往來文牘，大多關於軍事，如張遇春書及恭王劄，直與太平天國毫無關係。內藤謂中有李鴻章告示一件，因爲殺降，乃對於戈登謝罪之憑據，實爲有意味之事。此文件確亦重要，蓋當時戈登所領「常勝軍」，名義雖隸屬鴻章，實則聽命於英國公使，鴻章對之，一面利用其器械以制敵，一面則羈縻備至，鴻章致曾國荃書（同治二年十一月十五日）有云：「常勝軍終無結局，外國不知者，以爲好幫手，其知者，以爲贅瘤星也。」當蘇州太平軍八王之降，乃淸關將鄭國材爲介，戈登作保，故李殺降後，戈登憤極，欲殺李而後快，然後來戈登仍與李部，而此事之如何解決，中國書籍，未有記載，只言鴻章避之而已。若博物館所藏此文告，與鴻章謝罪之書，則實解決此問題之唯一資料。關於此事，鴻章與曾國藩書（同治二年十一月十四日）有云：「伯郎（英公使）初二日來蘇，懇不可懷，謂其代英國君主與官商衆人，與我說理，要鴻章備文認錯，方有辦法，鴻章笑對云：此中國軍政，與外國無干，不能爲汝認錯，一怒而去。總理衙門無力了此公案，故願受朝廷之罰，不欲開島人之釁。」因此時適當英法聯軍之役之後，（英法聯軍之役，乃一八六〇，咸豐十年，同治二年爲一八六四年。）朝野上下，無論對於任何外交，皆極畏恐。故觀鴻章上函文意，或者如伯郎之要求，結果備文認錯，亦未可知。

又內藤謂李秀成口供印本一冊，乃曾國藩於平定髮逆後，附隨奏疏納之淸廷者，較近世中國稗史所載略爲詳盡，此供吾國坊間，亦多刻本，惟國藩所奏秀成口供，確亦刻本，世人以爲今日故宮檔案內，即不能發見秀成之親筆供，亦必發見當時之抄錄，決無以囚犯口供，而用刻本者。不知當時曾國藩因種種苦衷，故先將原文删去五分之二，及已奏報，又將口供追回，再加删改，最後用刻本，以敷衍故事，報奏淸廷，此皆證據昭然，不能諱飾。（見拙著「李秀成被殺情形與其口供關係考」一文）又太平天國之文章，皆鄙俚不文，其詔書總目二十九部中，有建天京於金陵論，貶妖穴爲罪隸論，此二文皆當時科舉試士之題目，其實書謂因南京爲天國京城，故改金陵爲天京，因北京爲滿淸都會，故貶直隸爲罪隸，當時改直隸省名爲罪隸省時，尙有詔旨頒布，詔曰：「有功當封，有罪當貶，今朕既貶北燕地爲妖穴，是因妖現穢其地，妖有罪，地亦因之有罪，故貶直隸省爲罪隸省。天下萬國，朕無二，京亦無二，天京而外，皆不得僭稱京，故特詔淸胞，（東王楊秀淸）速行告諭守城出京所有兵將，共知朕現貶北燕爲妖穴，俟滅妖後，方復其名爲北燕。並知朕現貶直隸省爲罪隸省，俟此省知悔罪，敬拜上帝，然後更罪隸省之名爲遷善省。庶俾天下萬國，同知妖胡爲天父上帝所深譴，所必誅之罪人。欽此。」此詔亦爲太平天國重要史料，因不習見，故附注於此。至總目中其他若干篇，則均普通之文。前數日閱教育界有人提議，由各文化機關合資影印英倫所藏中國書籍，並已得英政府之允許，徵聞注意目標，在印回敦煌古典，此事若果舉行，甚望執其事者，將此大批珍貴史料——太平天國史料——全部印回，無令鄰邦學者，笑我無識也。

新書介紹

支那工藝圖鑑 共五輯

日本帝國工藝會出版

定價日金一百八十元

支那工藝圖鑑，共五輯。其第一輯金工藝，香取秀眞氏所編；第二輯陶磁工藝，奧田誠一氏所編；第三輯漆工藝，六角紫水氏所編；染織工藝，鹿島英二氏所編；第四輯玉石工藝及磚瓦工藝，關野貞氏所編；第五輯建築工藝，伊東忠太郎所編；文様編，安田祿造氏所編。五輯之中，於吾國歷代工藝品之最精緻者皆網羅於其間。今略舉其書中之最名貴者以告世之治中國藝術史者。第一輯金工藝中所收殷周彝器，漢唐鏡鑑，及唐宋兩代銀器俱備。第十四金銀象嵌神獸壺，繪裸身神人，類武梁祠石刻畫像中人物，當係漢代之器。出自咸陽，今藏日本伊藤臣兵衛氏家。第五十九祥符元年銀舍利塔，形似吳越王錢弘俶塔。據編者言，出四川龍安府江由縣勝寺。文曰：「祥符元年五月朔日，大比丘智因敬造舍利塔一口，爲父母一切衆生同時成佛，所願如是」。此塔今藏伊藤臣兵衛家。第七十一古鏡背繪騎馬屠龍之舞，此鏡至早不出漢代。懷履光主教謂與驫羌鐘同時出土。此物今藏細川護立侯爵家。第九十六龍鳳花紋金冠，皆以銀薄鍍金製成，而嵌以寶石，河南偃師縣出土，當係唐代工織之物。山本悌二郎氏所藏。是編中重要之品略如是。末附香取秀眞氏支那之金工概論一篇。其中論明之傳色，及金之六齊，亦頗有新解。第二輯陶磁工藝，自新石器時代陶器以至淸代名磁，皆列舉代表作品。第以漢瓦胎方壺，色如古銅，類漢代之鈁，花紋則如樂浪所出漆器，亦一稀見之品。器藏反町茂作氏家。第五唐三彩壺，白地黃綠色彩釉，盤中作寶相花朵，似唐代鏡鑑，旁綴九朵飛雲紋。奧田誠一氏謂係唐代流傳西域之物，或可信。器藏細川護立氏家。第十三宋刻花梅瓶，直隸鉅鹿縣出土，胴帶牡丹唐草，中帶波狀線唐草，下帶花瓣紋。亦細川護立氏所藏。第三十宋定窯繡花牡丹唐草紋盤，第三十一宋定窯刻花蟠龍紋盤，皆反町茂作氏所藏。此外尙有明淸以來名磁數十件。末附奧田誠一氏論文一篇，於吾國磁器之種類及製作方法言之極詳。第三輯漆工藝，收入之器，以漢代爲最早。第二漆槃，乃樂浪出土物。文曰：「常樂大官」。又曰：「始建國元年正月，受千四百五十四至三千」。此槃現藏益田孝男爵。此外尙有漢代飯槃，及樂浪所出漆器六件，皆藏朝鮮總督府博物館。唐代漆器見於是編者，大都正倉院御物。第十六金銀平脫文琴，第二十漆背金銀平脫文鏡，皆精緻絕倫。第二十三沈金經箱，木質漆地，全身鑲嵌金線花紋。其上部有大藏經之番號。曰：「貞周伍貳」。器雖宋代物，而花紋取法於唐。是器今藏青澤三郎氏家。第三十一牡丹孔雀圖堆朱盒，乃元末明初之物。刻有張成造三字。現藏京都大仙院。第三十六樓閣人物堆朱彫料紙硯箱。正面刻庭園樓閣，及遊戲人物數十許。側面全部波紋，附以梅花。亦明代物。現藏小倉常吉氏家。第四十三嵌螺鈿大机，木質黑漆，面嵌靑貝及夜光貝，成牡丹菊竹三種花紋，亦明代物。舊藏山中商會。染織之品，傳世不能經久。是編之中所採者，自唐宋以迄明淸。舉凡緞錦，閒道錦。刺繡之屬，俱備。第十二唐代刺繡斷片四種，得於新疆庫車附近。第十三明花鳥刺繡大卓被，藏山中松次郎家。皆極名貴。其他精品尙多，不能備述。六角紫水氏於吾國漆器頗有心得，所附概說一篇，實治漆器之學者入門之書。惟鹿島英二氏於中國染織工藝之說明太涉空泛，未能滿意，誠爲憾事。第四輯瓦塼工藝及玉石竹木工藝，皆關野貞氏所編。瓦當之部上起六國，下迄明淸。舉凡易水所出饕餮文半瓦，以至淸代琉璃瓦，靡不俱備。第五月象文瓦，中繪白兔蟾蜍，稀見之品，恐非漢代物。現藏東京帝國大學工學部。第七蓮花紋瓦，得於大同北魏故城；其中有數片原田淑人氏得之於南京者，有南朝梁代物。諸瓦今藏東京帝大文學部。塼類之中第二十八漢代虎豹塼，第三十七東魏興和四年，北齊天保八年兩塼，亦頗別緻。關野貞氏特爲此輯作詳細說明一篇，頗有精要語。玉石類之中第五十二龍鈕硯，舊藏大倉集古館。大正十二年東京地震，爲火燒燬。又有獅子鈕硯一，藏德川賴一氏家。關野貞氏皆定爲漢代物。第五十五至五十九，唐刻十二支石版六方，四神石版兩方，技巧極拔。足與昭陵六駿媲美。第六十唐雕石櫃箱，第八十五唐紫檀木畫琵琶，第八十六唐沈香木畫箱，第八十七唐式雕刻梧桐金銀泥繪花形盒，優雅溫麗，唐人風度溢於紙卷，皆正倉院御物。其他尙有宋洮河綠石蘭亭硯，白玉雕石嵌裝硯屏，山水彫飾犀角杯，螺貝雜飾寶物，燕山賓氏器，皆精貴之品。關野貞氏於此類工藝亦爲文詳細介紹，附於卷末。第五集爲建築裝飾編，所收皆淸代之物。其中惟漢代明器三層樓閣一座，及江蘇江甯梁南康簡王蕭石柱照片一張，爲古代建築之模型。文様編取材甚廣，凡甲骨，彝器，鏡鑑，石刻，塼瓦，陶磁，織染，各類皆有之。其中惟第十五唐木畫紫檀棊局紋様，及第十七唐螺鈿紫檀五絃琵琶文様，最爲特出。琵琶中繪人物騎駱駝背上彈琵琶，頗有唐人詩意，亦一可記載之事也。（洛聞）

圖書副刊

BOOKMAN
第三十二期

一　本刊登載關於中外圖書之介紹批評以及學術界消息爲公開性質歡迎投稿
二　刊登本刊之文略致薄酬
三　投稿通訊可寄「北平文津街國立北平圖書館內圖書副刊編輯收」

書評

評朱起鳳辭通上冊

杜明甫

書爲海寧朱起鳳所纂，開明書店印行。全書約三千餘頁，分上下兩冊，定價九元。上冊本年四月一日出版，下冊定於八月一日出版。

本年二三月間，各報多有開明書店印行此書之廣告，余因欲先悉書中大略，曾函索樣本一份，見有章太炎，劉大白，林語堂……諸先生序文，及宋雲彬先生跋語，均深致推崇。厥後上冊出書，因得詳觀其內容。書前除章，劉諸先生序文外，尚有胡適之，錢玄同兩先生序，亦皆洋洋鉅製，足爲此書生色。余自一月以還，每當工作餘暇，輒展卷瀏覽，以資研究，審其內容，則繁徵博引，曲證旁通，堪稱鉅著。顧朱先生以一人之精力，耗卅載之光陰，成此大作，其時間非爲不久，而精力究屬有限；是以書中斷制徵引，誠有如胡先生所謂：「……不無細微可議之處……」者（胡序，頁八）。茲即流覽所得，與夫不佞對於先生纂著此書之意見，略一陳之：

一，近代我國出版辭書，無慮數十種，其排比之法，多齊各詞之首一字，學者參稽繙檢，頗稱便利。先生此書，則齊下一字，而又以韻爲居，斯眞所謂：「分類隸部，悉遵韻府。」（程宗伊序）者矣。惟是分韻隸字，其體材仍出於經籍纂詁，佩文韻府……等書，頗不合近代辭書之通例。且按韻檢查，似亦不若舊式字典部首及新法四角號碼檢字法檢查之便，縱書末附有索引，而前後繙檢，終需時刻，是不能不使一般人認爲憾事也。

二，編纂體例，猶其小焉者，而其稱引有誤，使讀者不知所從，則害之大者也。原書有云：

不登（穀梁傳。襄公二十四年）四穀〇〇謂之饑康，五穀〇〇謂之大侵。　不升（韓詩外傳。〇一）四穀〇〇曰飢荒。五穀〇〇曰大侵。㒸年穀順成謂之登，不登謂凶荒也。登升古通。互詳「昭升」「升聞」各條。左襄二十四年。五穀不升爲大饑。穀梁作侵。兩書互異。（卷十，頁一〇二〇）

今按穀梁傳襄公二十四年：「大饑，五穀不升爲大饑。……二穀不升謂之饑，……四穀不升謂之康，五穀不升謂之大侵。」各本俱作不升，無作不登者。四穀不升句，係作「謂之康」，亦無「饑」字。初意先生或別有所據，及細檢卷九，頁五六「饑康」下所引穀梁襄二十四年傳，則云：「二穀不升謂之饑，四穀不升謂之康」，與傳文正合；然則先生所謂「不登」與「饑康」者，其誤自明。先生引韓詩外傳見該書卷八，四部叢刊本及古經解彙函本詩外傳，皆作「二穀不升謂之飢，四穀不升謂之荒，五穀不升謂之大侵。」先生稱引，誤作卷一，非特於荒字誤增飢字，且將兩謂字均改作曰，不知果又何據？然若詳檢卷九，頁五六，凶荒一條按語，「穀梁襄公二十四年傳云：『四穀不升謂之康，』韓詩外傳康作荒」，斯先生所見刊本，自屬不誤，特前後稱引未能一致耳！先生末附按語云云，今按左氏襄二十四年經「大饑」杜注云：「無傳」，而先生則謂有「五穀不升爲大饑」一文，並謂「兩家互異」，詎非笑柄？原書又云：

桐棺……曰棺……桐宮（呂覽，高義）荊將軍子囊遂伏劍而死。王曰。請成將軍之義。乃爲之〇〇三寸。加斧鑕其上。〇桐……棺省作官。因又假作宮字。（卷六，頁七七〇）

今按坊刻本。四部叢刊本及畢氏校刻本呂氏春秋，皆作「……乃爲之桐棺三寸……」，無作宮字者，是先生又誤矣。原書又云：

玄駒……玄駒（大戴禮。夏小正）十二月。〇〇走。（卷四，頁八二〇）

今按盧校本及四部叢刊本戴記，均作「玄駒賁。」是走爲誤稱又明矣。原書又云：

彌甥……離甥（爾雅。釋親）男子謂姊妹之子爲出。謂出之子爲〇〇。（卷十，頁一三三〇）

今按各家註本俱作「離孫」，無作「離甥」者，殆涉上文「彌甥」而誤歟？原書又云：

蟲豸……蟲虫（說文。蟲部）有足謂之〇。無足謂之〇。（卷十二，頁一二八〇）

今按各家說文，皆祇作豸，而無蟲字。惟康熙字典虫部七畫有蟲字，釋云：「集韻，丈爾切，有足謂之蟲，無足謂之豸。」是先生直以康熙字典或集韻爲說文矣。且原書豸字類新列，決非手民誤植，尤足證明爲誤引。原書按語云：左傳宣公十六年，庶有豸乎？豸者，止也」，今按原文在左宣十七年傳，杜預豸爲解，並無「止也」之訓，不知何據？原書又云：

游娛……（文選。張衡東京賦）雖〇〇以偸樂兮。豈愁慕之可懷。（卷四，頁三〇。）

今按此文出衡之思玄賦，先生引作東京，或係偶涉誤記，而原書又云：

鴈門……雁門……（文選。班固西都賦）南翔衡陽。北棲雁門。（卷六，頁三九——四〇〇。）

今按此乃張衡西京賦語，而先生非特誤西京爲西都，且以班固作張衡矣。原書又云：

征和……延和（漢書。武帝功臣表）亞谷侯盧賀。〇〇二年。坐受衛太子節。掠死。（卷八，頁三九）

今按盧賀雖爲武帝功臣，而附見孝景功臣年表亞谷侯盧它之下，應稱孝景功臣表，否則應稱景武昭宣元成功臣表，以利讀者繙檢。若僅以武帝功臣表譏之，則難於案檢矣。原書又云：

雷同……（文選。宋玉九辯）世〇〇而炫曜兮。（文選。陶淵明飲酒詩）〇〇共譽毀。（卷一，頁二一〇。）

今按宋玉九辯普通分爲九節，文選僅錄其前五節，而先生所引者在第八節，即不在選列五節之內。淵明飲酒詩計二十首，載於集中，而文選僅錄其二首，此句並未錄及，不悉先生又何所據而云然？原書又云：

呢喃　鳥語聲。（唐人詩）〇〇燕子語梁間。（卷十一，頁一〇一〇。）

今按此詩爲宋劉季孫題饒州酒務廳屏詩，先生非特不名其人，且誤以爲唐人所作。

以上或引文訛誤，或篇目不合，類於是者，恐尚不靡於斯。他如卷十五，頁三「稿火」下韓詩外傳七，祇作六；卷三，頁八五「扶輿」下引韓詩外傳十，訛作九；卷十一，頁九八「口讖」下引韓詩外傳四，訛作三：凡此之屬，又不一而足，若按原書所示以繙檢，將無從檢出矣。

原書稱引錯誤，既如上述，而其論斷謬誤者，亦復不少，茲再就不佞所見及者，筆之於後。原書有云：

弘演……弘演（呂氏春秋。忠廉）翟人至。及懿公於榮澤。殺之。盡食其肉。獨舍其肝。〇〇至。報使於肝。畢。呼天而啼。盡哀而止。……宏演……因弘弘宏三字。音義並同。（卷十四，頁九〇〇。）

今按各家刻本呂覽，多作弘演，獨畢氏校刻本作弘演。蓋弘字一字，原爲字書所無，因畢氏校刻呂覽，在乾隆戊申，己酉間，爲避御名弘曆，故改厶從口，而先生略不一道，且謂三字並通，詎非臆說？原書又云：

黃鍾　地名。（後漢書。岑彭傳）南擊秦豐。拔〇〇。（注）〇〇。聚名也。在南陽新野縣。黃郵……黃鍾……（後漢書。吳漢傳）引兵南。與秦豐戰〇〇水上。破之。……黃鍾（漢書郊祀志）使〇〇史寬舒受其方。（注）孟康曰。二人皆方士。黃腄（漢書。主父偃傳）使天下飛芻輓粟。起於〇〇。（注）〇〇二縣名。並在東萊。腄。音直瑞反。又音誰。東腄……黃腄僅一聚。音必水陲要道。爲兵家所必爭。腄字作鍾。或作郵。並形相近。漢書主父偃傳注。以黃腄爲二縣名。果爾。則地理志何不載之。若郊祀志註。孟康又誤認黃鍾爲人名。此尤武斷之甚者也。史記作東腄。東乃黃字訛缺。（卷二，頁七三〇。）

今按郊祀志黃鍾是否人名，無從考辨，姑置毋論。若謂黃腄即黃郵，則不佞所必不敢信者也！考漢書地理志上，（卷二十八，上）東萊郡領縣十七，腄居二，而黃居四。腄下注云：「有之罘山，祠居上山，聲洋丹水所出，東北入海。」黃下注云：「有萊山松林，萊君祠。」郊祀志下有云：「祠之罘山於腄，……萊山於黃……」注晉灼曰：「腄，黃縣，皆屬東萊。」周壽昌漢書注校補：「壽昌按：居上山，錢氏坫校本，正作居山上，太平御覽，州郡類，登州，引漢書曰，『腄有之罘山，丹水所出，』殆節去聲洋兩字也。」斯黃腄爲東萊二縣，非特漢地志載之甚明，而郊祀志注亦足資左證。先生竟謂爲地理志所不載，豈地理志未嘗寓目耶？抑過目輒忘耶？（二語乃先生貴顧寧語，見本書卷三，頁四一，傳車下按語）且黃腄乃黃郵之誤，汲古閣本後漢書岑彭傳正作「拔黃郵。」注，「在南陽新野縣。」黃郵乃新野縣一聚，若作新鄭縣，則當屬司隸河南尹，不屬南陽。況岑彭傳：「豐與其將蔡宏拒彭於鄧。」鄧縣在新野之南，當今湖北襄陽縣北，則黃郵在新野也益明！乃先生於此不加辨正，强謂三者乃一地名，此尤武斷之甚者也。原書又云：

揖中　揖同挹。音云。（後漢書。班超傳）康居王借兵還據〇〇。　損中　東觀漢紀章和紀作〇〇。𨛜鄖即左傳鄖人之鄖。地屬江夏。字亦省作邔。范史誤作損。荀紀又訛作頓。愈變而愈失其眞矣。（卷一，頁六〇。）

今按後漢書班超傳云：「……後三年，忠說康居王，借兵還據損中……」，是據損中者乃疏勒王忠，非康居王，先生特忠說二字斷去，其誤一。先生謂損中即江夏之鄖，考地理志江夏郡領縣十四，是江夏在前漢已入中國版圖，與西域諸國何關？以今地理證之，漢之疏勒，在新疆境內，而江夏則在今湖北，兩地既距遠而無關，疏勒王何得遠入中原，還據鄖中？其誤二。按錢大昭後漢書辨疑卷八，謂：「損字疑誤，西域傳，『章帝建初三年，涼州刺史孟雲，遣兵討疏勒，攻楨中城』即此。」李慈銘後漢書評議同，以此證之，其誤益明。觀者先生僅稱詞之通假，稱引論斷，雖與史實不合，亦無傷乎？原書又云：

東萊（漢書。地理志）〇〇郡。臨朐。　東海（漢書。諸侯王表）臨朐侯奴。〇〇。圜地理志東海無臨朐縣。此蓋涉下條東海而誤也。海當爲萊。水經巨洋水注。水逕臨朐縣故城東。漢武帝元朔二年。封菑川懿王子劉奴爲侯國。是其證也。（卷五，頁二〇。）

今按漢縣臨朐有二，一在東萊，一在齊郡。水經巨洋水注之臨朐，即齊之臨朐，與東萊者無涉，今欲尋其究竟，應詳釋水經注稱引是否有誤，或王子侯表（原誤諸侯王表）東海二字，究爲何字之訛？若遽改東海爲東萊，適足見其爲武斷矣。

他如卷三，頁六，「江妃，江婁，江䊁」一條按語謂「婁䊁並古文妃字」；卷十三，頁六一，參戶與三合並列；卷三，頁二三，「鱷魚，鰐魚」條按語謂：「鱷鰐同聲古通用」；卷一，頁二〇，光風與明庶風同；卷六，頁四〇，岸門即雁門；皆不無可議之處。其尤謬者，原書云：

射工……社公　方言十一節注。見上「囚工」條。蜮蟲能射影。故即以射工名。郭氏注作社公。蓋音近通段。（卷一，頁三三〇。）

今按方言十一郭注之社公，乃蜘蛛之別名，各書詮釋射工，多謂爲蟲之善射人者，其物今尚有否，固爲不佞所未知，而其非今之蜘蛛，則殆乎無疑。試再檢原書卷四，頁一五，蜘蛛一條與同卷頁三八短狐一條所引各書五證，則射工，社公，固判然二物也。意者先生手纂此書，先後亘三十年，前後稱引所及，未能盡記，以致偶斷社公爲射工之通段與？原書又云：

術者（呂覽。博志）孔墨甯越。皆布衣之士也。慮於天下。以爲無若先王之〇〇。故日夜學之……（宋歐陽修瀧岡阡表）回顧乳者。抱汝而立於旁。因指而歎曰。〇〇謂我歲行在戌。將死。使其言然。吾不及見兒之立也。　日者……圈術字作日。同音通用也。（卷十五，頁二八〇。）

今按呂覽博志之術字，應訓作「道」，方合孔，墨，甯越「日夜學之」之誼。若與瀧岡阡表之「術者」同訓，則所謂「先王之術者」，果爲何人？孔，墨，甯越日夜所學者爲占候卜筮之術，果又見於何書？皆所不解！

統觀全書，先生考訂校勘之功，固有獨到之處；然其雜亂之處，亦有足爲全書之病者：如卷三，頁三一，琴書條下，別出琹書兩詞，是不過碑志別體，見者自識其通，何煩詮釋？且郙閣碑琴本承小篆作琹，先生謂爲哭字，與碑亦不合。卷六，頁一一，策勳條下，別出冊熏一詞，夏承碑原作冊，與策字形頗近，若如先生所作，則不成文矣。卷十一，頁六五，鄧林條下之鄧林；卷十五，頁三二，鰥寡條下之鰥寡，鰥寀等：要皆碑志別體，並非通段互用。設將三代，秦，漢，六朝金石文中之別體字，一一錄之，恐先生之書，將非此三百萬言所得畢述。書中於古文尚書及穆天子傳中之古文，採擷尤多，固也。其中有須詮釋者，而其字形近似，文義可知者，實居多數。先生一一採入，寧非雜亂？惟吾人推原其情，或可謂爲以廣異聞而備多識！然原書亦頗有稱引不明，適足以有害於多識者。原書有云：

卑梁……卑梁（呂覽。察微）楚之邊邑曰〇〇。其處女與吳之邊邑處女桑於境上。戲而傷〇〇之處女……（注）梁伯子云。〇〇。是吳邊邑。史記十二諸侯年表。及楚世家。伍子胥傳。皆同。楚邊邑乃鍾離也。此與吳世家所載皆誤。（卷九，頁三七〇。）

今按所引注文，係畢本校語，在別本之無注者，固無此文；即有注者，苟非出於畢本，則此注恐難檢得。先生於注字上雖未加高字，然如此稱引，不將使讀者生疑乎？原書又云：

懈怠……解怠……解殆……解泰……寶酋（爾雅。釋言）懈。怠也。今登萊人謂懈惰爲〇〇。㬋……寶與懈聲相近。酋乃怠字之訛。山東登萊人呼寶酋……（卷十四，頁二一〇。）

今按先生所引，乃郝氏義疏之文。茲僅以一注字明之，恐讀者將不知其爲何家矣。原書又云：

距虛……距虛……岠虛（爾雅。釋五方）西北有比肩獸焉。與邛邛○○比……（郭注）呂氏春秋曰：北方有獸，其名爲蹶，鼠前而兎後，趨則頓，走則顚。然則邛邛○○，亦宜鼠後而兎前，前高不得取甘草，故須蹶食之。今鴈門廣武縣夏屋山中有獸，形如兎而大，相負共行，土俗名之爲蹶鼠。音厥。孫炎曰：邛邛○○，狀如馬……（卷三，頁八二○）

今按孫炎曰以下云云，並非郭注原文，先生列入郭注之下，殊失精細。

以上種種，雖出於朱先生一人之誤，而夏序：「……自是厥後，昕夕點勘，無間寒暑，越三年，始潰於成……」與樣本中宋跋：「開明既購得新讀書通版權，遂商諸先生，改名斠通，而倩余當校讐之任……每遇疑難，輒商之先生，三四年來，往返函牘，亦既盈尺……」是則所謂校勘之人，亦負其責。乃以三年點勘之功，與盈尺之函牘，結果仍不免此等錯誤此尤不佞所不解者也！

此書既爲工具書，自應爲一般人所取而引用。今其內容既有如許可議之處，似應及早勘正，俾成善本。若任其以訛傳訛，非特讀者將徬入歧途，即朱先生三十載纂述之功與宋先生數年校讐之力，亦恐爲德不卒！不佞僻處海隅，藏書無多，並且記誦荒疏，凡所評論，或有紕繆之處，倘求大雅救正是幸！

二三，五，三一，黃縣。

新書介紹

善齋吉金圖錄

廬江劉體智編　定價陸拾圓

琉璃廠來薰閣書店代售

善齋吉金圖錄凡十三卷，廬江劉惠之先生所編，書中各器，皆劉氏一家所藏之品。其書倣陶齋吉金錄體例，器形以圖繪，而拓墨皆用石印，文字尚能存眞，而紋飾不可憑依，實非良法也。十三卷之中：樂器一卷，凡四十一器，禮器八卷，計鼎八十二，鬲十一，甗十五，敦十二，簠二，卣三十五，罍三，觶十五，尊三十五，象尊一，犧尊一，鴞尊一，瓶四十五，觚四十六，觶一，爵百二十五，角七，斝六，彝五十，敦四十一，盉十，壺五，豆三，鋪一，盉十五，匜九，盤十四，盦一，盆一；兵器二卷，計戈三十一，戟二，勾兵三，矛十，刀十七，劍二，劍五，匕首一，斧五，戉四，鑿六，削二，矢族七，鐓一，弩機十三，椎一；權度量衡一卷，計左關鈉一，勺二，秦權八，詔量六，詒勺一，詔版二，漢尺一，官量一，量三，莽尺一，莽量一，光和斛一，斗檢封一，光和匜一，唐宋元明銅權二十四；歷代符牌一卷，凡六十四；總計八百六十四器，皆劉氏善齋所曾收藏。其間名稱分類，頗有可商榷之處。惟書中諸器大都年來秦隴楚豫所出之品，就其價值與數量言，實繼吳縣潘氏，浭陽端氏，上虞羅氏而起之大收藏家也。書中著錄各器若驫羌鐘，大鼎，師旅鼎，史獸鼎，鄭中鳥彝鼎，戒鬲，鄭鬲，榆狐鬲，我觚，叔尊，穌士卿尊，能匋尊，衆尊，矢尊，卣，嘼卣，臣辰卣，沈子它設，鄭中子鉀設，臣辰盉，戈彝設匜，陽君大任子爵，齊史疑觶，莽量，莽尺，皆有關殷周以來史事，其文辭亦偶見於近人著作中，而以拓本影印，篤集成編者，則自是書始。金文之學，盛於乾嘉以後，吳氏攗古錄，阮氏積古齋鐘鼎款識而集其大成，繼攈古錄又續攈古錄而作。近者上虞羅氏貞松堂集古遺文又續兩吳之書而集其大成。今劉氏善齋吉金圖錄，論其收羅之富，實足與阮吳羅四家之書媲美。書中若曾姬無卹壺及楚勺，皆去歲壽州所出之物，尤爲難得之品。惟是書編製方法及所附釋文，每有不愜人意之處，例如：禮器第一卷第八頁分鼎與齍爲二，以方形者爲齍，圓形者爲鼎。又云圜鼎以盛牲肉，方齍以盛黍稷，其說亦至不通。按說文皿部齍曰黍稷在器以祀者，段氏據許會改爲粢稷器所以祀者，此亦未定之說。皿部若盎若盧若盥若盄皆非器名，何以知皿部字必皆爲器，更無圓器盛牲肉方器盛黍稷之說。則鼎之所盛不必以方圓別牲肉與黍稷之異。近人所得之鼎如容庚氏所藏之史寏鼎實圓形，而鼎內銅銹且現飯粒之紋，其爲盛黍稷無疑。則所謂圓鼎以盛牲肉方齍以盛黍稷之說可立破矣。傳世方鼎雖多名齍或曰鼎，然而名鼎者亦有之。瑞安孫氏所藏麥鼎，長方形，而其銘曰「鍚赤金用作鼎。」麥氏器，皆作于周初，其字體與盂鼎極相近，此足證周初並未以方鼎爲齍也。再考之六國之器，若西清續鑑乙編所箸錄之弦紋鼎五，圓形。據貞松堂集古遺文卷二所載摹本觀之，此器實六國時物，而銘曰「作齍鼎」，然則晚周時且有以圓鼎爲齍者矣。可見名齍之器，決非以方圓爲別。鬲亦有名齍者，如永宮鬲銘曰「作齍鬲」，叔伯鬲曰「作齍鬲」，又如伯試父鬲仲稱父鬲皆曰「作齍鬲」，而皆爲圓形。則齍之名，豈僅不限于方形，且不限於鼎矣。余以爲齍即說文從皿之盛，假爲盛之[illegible]。毛詩甫田章曰齍盛曰齍，在器曰盛，故許氏齍盛比次，皆云黍稷在器以祀者。且周禮甸師職曰：「帥其屬而耕耨王藉，以時入之，以共齍盛」，注云「齍盛祭祀所用穀也」。又小宗伯職曰，「辨六齍之名物」，注云「齍讀爲粢，六粢謂六穀，黍稷稻粱麥苽。」又舂人職曰，「祭祀共其齍盛之米」，注云「齍盛謂黍稷稻粱之屬可盛以爲簠簋實。」舉此以論，齍之爲器實，更無疑義矣。又如禮器第一卷頁五十七，[illegible]鼎，[illegible]字諸家皆無說，本書編者以爲即[illegible]字，從吳大澂說釋爲裳。古文裳皆作常，故說文入巾部曰：「常，或從衣作裳」。金文有常字，楚王鼎銘曰，「以共歲常」，其字蓋借爲嘗。常之本義，說文曰：「下裳也」，其字古實從市省，故在巾部。金文中皆朱市心黃者頗多，然亦有異文，休盤曰玄衣黹屯，赤市朱黃，何設則作朱亢，伊設作幽黃，毛公鼎番生設皆作悤黃，㝬鼎作幽亢，禮記玉藻曰一命縕韍幽衡，二命赤韍幽衡，三命赤韍蔥衡。市即韍，本無疑義，說者以衡即黃爲佩玉，則大不然。何設作朱亢，亢乃本字，黃衡皆借字。市即下裳，亢所以蔽膝，繫屬於市，故玄衣黹屯與赤市朱黃相對。屯，決非爲裳，而爲綠於衣之屯矣。屯即純之本字。純緣也，黹純即黹緣。屯之爲屯，尙有其他證據，其字在金文中又有作純嘏解者。詩卷阿「純嘏爾常」，寶之初誼「錫爾純嘏」，金文中皆作屯段。克鐘曰「用匄屯段永命」，屯字正作屯，他如羌伯設「用祈屯祿」，小克鼎「用匄康勵屯右眉壽永命」，秦公設「以受屯魯」。兩處對比，屯之爲屯無復疑慮矣。本書中設與敦尙不知識別，而以陳侯因資敦爲鼎。以敦爲西瓜鼎，乃廠肆估人之說，蜀足以入之高文典冊耶？近年來臣辰所作之品若臣辰卣，臣辰盉之屬，文末皆附以[illegible]，或作[illegible]。字當爲古代冊簽。亦不能遽釋爲光字。矢尊矢彝皆有「用光父丁之語」，光字作[illegible]，與此迥殊。本書卷七頁十八釋[illegible]爲光，自是不合。又如本書卷八頁十九叔賓父盨，形製似豆，而銘文曰盨。編者名之曰鋪。八卷五十八頁中段父貪，銘文曰盦，是即盆之別體。同卷五十九頁，曾太保盆即作盆，形製與前器相同，唯缺一蓋。編者以其形製同晉邦盦，第一器名之曰盦，第二器又名之曰盆。凡此皆自相牴牾，無以自解。又如書中卷六頁三十八父丁爵，有圖形如[illegible]，前人無說。編者以爲弘亭之合文。[illegible]既非弘，[illegible]更不能合讀爲亭。其準易類如此。其他不煩縷舉矣。

（溢圃）

× × × × × ×

六十年來中國與日本　第七卷

王芸生輯　民國二十三年五月　天津大公報社出版

一元

在敘述中日外交關係的書籍中，這部六十年來中國與日本，總算是較有系統的作品了。現在第七卷已經出版，自袁世凱稱帝時起，至巴黎和會止，共十章：（一）帝制之干涉（二）日俄協定及第四次密約（三）鄭家屯事件（四）授勳之波折（五）五國諒解（六）參加歐戰（七）藍辛石井協定（八）西原借款（九）中日軍事協定（十）巴黎和會。

中日外交，自二十一條交涉以後，本已走入惡劣的境地；旋以袁世凱殂謝，日本大隈內閣倒台，兩國的關係，在表面上忽又轉好，形成虛僞的親善局面；巴黎和會開幕，山東問題的論爭一起，中日的外交，才轉入對壘的形式。所以本卷所包括的四五年內（民四至民八），中日的外交舞台上，可以說是唱着文明大戲，怪好聽的而且怪夠味的。因爲在歐戰期間，列強無暇東顧，日本遂得在東亞單獨的發展，這實在是日本走運的時代。她除向中國提出苛刻的條件以外，在商業上又大發其財。當時日本國內的資本，已經過剩，亟欲向海外謀生路。於是繼大隈而起組閣的寺內正毅和大藏大臣勝田主計二人，遂決定對華作大量的投資，既可以獲得經濟利權，又可以轉移中國對日人的惡感，所以大批的日債，便在中日親善口號下流進中國了。日本這種政策的轉變，正是二十一條壓迫後之逆取順守的辦法呢。

袁世凱稱帝一事，普通的許多記載上，都說是日本引誘所致，王氏則不以爲然。他認爲日本對於袁氏的改制，最初並不表贊成；袁氏則錯解了日本的眞意，以爲日本既訂了民四條約，當不致再有問題發生，所以積極的籌備起來；後來日本的態度逐漸顯明，袁氏依舊不能覺悟，以致弄出不可收拾，身敗名裂的結果。這種論調，並沒有說錯。因爲袁世凱是一個野心極大的狂妄軍閥，他進行帝制運動，不過是滿足他個人的政治慾望，和適應他幕下政客們的慫恿。我們從編者所蒐集的駐日使館檔案中，可以看出日本對於帝制運動，自始至終，都是表示着反對的態度。如果日本引誘袁氏稱帝，當然不會出來反對的了。說者謂日使日置益在面遞二十一條的時候，曾有「希望貴總統高陞」之語；但此說只是傳聞之詞，毫無文獻上的根據，自然不能置信。

在授勳之波折，參加歐戰，西原借款各章中，編者多採用章宗祥所著東京之三年裏面的材料。東京之三年是章氏使日時的筆記，頗多新鮮的資料，照現在還沒有出版，而王君已能引用，爲本卷生色不少。巴黎和會一章，寫的雖不詳盡，但王君曾搜得陸徵祥代表的密電，及當時與會者的私人記錄，都是沒有發表過的東西，也可以算是有價值的貢獻了。

（陽）

新書簡訊

萬曆三大征考　明茅瑞徵著　二十三年四月燕京大學圖書館出版　一冊　定價一元

此書爲明茅瑞徵著於天啓初元，附有東夷考略三卷。東夷考略，以有所諱，不著於明史藝文志。萬曆三大征考，雖經著錄，而少刊行。燕京大學鄧之誠教授，藏有鈔本，燕京大學圖書館借以代印，幷影印寧夏日本播州三圖附後，合爲一冊，編入該館叢書之一。鄧教授序其首，備述此書本末，及著者之用意，稱其紀事翔實，不務虛誕。該館原藏有東夷考略舊鈔本。已經北平圖書館借印流布，茲復印三大征攷，俾茅氏原書之舊，得以共傳於世，讀者可並觀焉。

× × ×

宋程純公明薛文淸公年譜　楊希閔編　二十三年四月　燕京大學圖書館出版　一冊　定價壹圓

此書爲前淸年譜專家楊希閔所編。程公譜，以伊川所作行狀爲綱，緯以宋史學案諸書，而節附語錄之粹者於後；薛公譜，以讀書錄爲據，緯以明史學案諸書，而節附讀書錄之粹者於後，各爲一卷。考證搜討，較所編先賢十五家年譜爲精密，當時未及刊行，殊爲憾事。茲經燕京大學圖書館，訪得其手稿，印爲一冊，編入該館叢書之一。卷末附一跋，備述此書原委。得此一書，則對於程薛二公學術事業之大概可以瞭然矣。

‖代　郵‖

蘇縣火神廟街孔雪嶼先生示悉。本報廣告欄中所登之嘉靖本太平廣記，即本刊四部叢刊續編的評價文中提及之嘉靖間談愷刻本。爲傳世廣記刻本之最早者。記得上海南洋中學圖書館有嘉慶中吳騫校宋本太平廣記，其所據校之宋本，實係一舊鈔本。至眞正宋廣記宋刻本，自明以來，殆已絕跡矣。敬覆。

圖書副刊
BOOKMAN
第三十三期

一　本刊登載關於中外圖書之介紹批評以及學術界消息，爲公開性質歡迎投稿
二　刊登本刊之文略致薄酬
三　投稿通訊可寄「北平文津街國立北平圖書館內圖書副刊編輯收」

書評

我的探險生涯

斯文赫定著　孫仲寬譯　丁道衡校　西北科學考查團叢刊之一　民國二十二年十月出版　上下二冊定價四元

探險生涯　亞洲腹地旅行記

斯文赫定著　李述禮譯　民國二十三年四月上海開明書店出版　定價一元五角

這兩部譯本都譯自 Dr. Sven Heden 所著 My Life as an Explorer 一書；孫譯所據大約是英文本，李譯所據大約是德文本。孫譯校者爲丁道衡，前面並附一九三三年斯文赫定爲中譯本所特寫的英文長序一篇；原序影印增入，並附中譯。李譯有徐炳昶氏的一篇序，說李氏此譯已比以前所譯的長征記進步，「已經達到明白如話的程度。」李氏譯後記也說譯此書時以「信」「達」爲目標，而於「雅」則自謙未逮。

赫定此書一共分六十五章，自一至六十四，從一八八五年春天他到波斯巴庫(Baku)當家庭教師敍起，至一九〇八年秋他從南西藏探險歸國爲止；第六十五章則敍述一九〇九年以後以至於一九二三年爲止的一些瑣屑經過。所有這一位征服未知地帶的大探險家在新疆一帶考古探險的經過大概，都被他自己用簡潔流暢而又富於詩情畫意的筆墨敍入這一冊形同自傳的書中了。

有人討論東西文化的區別，以爲是有靜與動的不同。這種區別之當否姑且不談，但是東方人與西方人因爲他們文化的背景——農業文明與工商業文明——各異，所表現的精神確實有靜與動的不同。陳誠使西域的日記不到一萬字，鄭和七下西洋，而馬歡費信所記的每一部書都不過一萬餘字。中國歷史上像徐霞客遊記一類的書，眞是難以找出第二部。這僅是就量而言，精神方面之被動與自動更不可同日而語。

文化是經濟制度同社會組織的一個反映。我們國家的文化似乎在轉變期中了，轉變到如何地步，固然不得而知，然而需要動的精神以起沉痾，以蘇廢疾，那是無疑的。近年開發西北，甚囂塵上，此中意義不必深究，不過像新疆一帶在二千年前爲我先民活躍之場，單就文化史而言，已不能不使我們後人去下一番探索的工夫，何況這一帶地方在國防上還自有其重要！所以西北的探險，是我們下一代青年義不容辭的一種責任，也是我們養成應付未來變局的精神的一個最理想的訓練場所。徐炳昶氏在李譯本的序上說，「我希望這個譯本不久能成了全國青年學生最愛好的讀物，那對於國民精神將有不可限量的良好的影響了。」我敢補充一句：讀此一書，勝讀十百部公民訓練，以及生吞活剝的舊式修身教科書一類的書籍！

我現在願意把赫定的精神介紹給我們的青年：

本書十八至二十二共五章，都是紀敍的一八九五年四月至五月間赫定第一次從巴楚(Marai-bashi)地方想橫渡塔克拉瑪干(Taklamakan)大沙漠，中途絕水遇險的經過。自四月三十日起絕水，至五月五日夜始得到一個水潭；全個旅行隊幾乎全歸毀滅，剩下的只有赫定和旅行隊中其他兩個隊員。赫定自記此次爲最危險的一次。但是我們讀完這幾節，只看見赫定在那裏掙扎奮鬥，和死神爭最後的勝利，無絲毫的失望和頹廢。這種堅毅的精神，眞不能不令人感動，興奮。南西藏的探險，這種精神有加無已。

赫定不僅有一副堅毅的精神，對於歷史，也有極豐富的同情。讀着他於一九〇一年春間發現樓蘭古址的紀述，可以相信我所說的不是過譽之辭。在本書第四十一章，對於千五百年前的樓蘭有很生動的描述，同情的讚嘆，讀赫定書中紀述到考古的部分，便可以看出這位大探險家到處「發思古之幽情，撫懷舊之蓄念」，對於前人的精神同成就，無不徘徊讚嘆，不能自已。這種充滿了人文主義修養的風度，在斯坦因一輩那些冷冰冰的紀述裏是找不出來的！斯坦因的通俗著作如一九三三年出版的 On Ancient Central Asian Tracks，純然是一些事實的紀載，文字笨重而無風趣；赫定此書直是一部美麗的紀敍文，佳處正不下於徐霞客的遊記。赫定不僅文學上的修養甚佳，藝術的趣味也不差，本書所增的一些漫畫，雖只寥寥數筆，卻已姿態極妍；所可惜者譯本重複製版，不免遜色耳。

赫定還有一種精神，是我們青年所應師法的。赫定自亞洲考古歸來，俄英兩國的皇家地理學會都稱他爲名譽會員。一九一二年至一九一四年間歐戰開始醞釀，赫定從着祖國自由獨立的立場上，發表反對俄國侵略的宣傳冊子，此外，又同情於德國的態度；結果是先後爲俄英兩國的皇家地理學會所除名了。在這人欲橫流，忘棄宗邦的我們的國度裏，這種重視獨立自由不爲富貴虛名所淫的精神，正是我們青年所亟應汲取的一份營養！

× × × ×

最後我要說到孫李二氏的譯文。

赫定此書的文筆甚佳，兩種譯本雖都不免有若干的錯誤，還能傳出原著大部分的風韻。然而要譯此書，對於歷史地理以及佛教史方面，得具有普通的常識，方不致於下筆茫然。孫氏譯本雖經丁道衡氏看過，作爲西北科學考查團的叢刊之一，李氏譯本，似乎徐炳昶氏也曾稍稍加以校閱，而仍不免於錯誤，可謂千慮一失。今略舉幾點如次：

孫李二氏對於史地的知識，不無欠缺之處如：元代的旭烈兀(Hulagu)拖雷(Tulai)同察合臺(Jagatai)孫譯作「赫雷嘎」(二七)都雷(七三)若加塔(七九)李譯作胡拉古(三二)，吐賴(八四)。同札加台(九二)。波斯薩珊王朝末主 Yesdegerd III 即是唐書上的伊嗣俟，而孫譯作葉茲狄澤德第三，(七二)，李譯作約斯得吉爾第三(八四)。至於元史上的月即別人(Uzbegs)而譯作阿茲柏格人(孫七四)烏斯彼貴人(李八六)，同是一樣的錯誤。尤其粗心的是李譯本，同是月即別人，形容詞的 Usbekisch 譯作烏斯彼吉斯，(八〇)，名詞的 Usbeken 譯作烏斯彼貴人(八六)；回教中的十葉派，Schiiten 一字在德文中是名詞，Shiitisch 是形容詞，而一譯西體派，(七九)，一譯西梯斯派的(五三)。這些已是夠滑稽的了，然而還不止此：李譯本二〇〇頁將 indohellenisch 譯爲印度希臘的，Gräkobuddhistisch 卻譯作格勒柯佛教的，那未免有點說不過去了。知 Hellenisch 之爲希臘的，而不知 Gräko 之亦爲希臘的，眞所謂知二五而不知一十。

至於新疆地名之譯漢，孫譯比較錯誤得少，李譯幾於全部譯音，不查原來漢名，未免偷懶一點！此處限於篇幅，不能一一指出，我只有奉勸李氏查閱孫譯一遍，以備再版時的改正，馮承鈞氏的西域地名也可備參考。西藏地名的漢譯，孫李二氏譯本同有錯誤，如日喀則孫譯作「施噶賚」；哲孟雄，孫譯作西金，李譯作錫謙；亞東，孫譯作耶同，江孜作格揚子。又赫定一九〇七年入藏，此時的駐藏大臣爲聯豫，赫定此書中稱之爲 Lien Darin，意即聯大人，孫譯作呂統領，固絕無理由，李譯作林大人也是不對。

佛教史一方面的知識，孫李二氏似俱不甚充足，以致譯名都不免錯誤，如：阿彌陀佛，孫譯作阿迷塔巴，李譯作亞米達巴，慈氏菩薩(Bodhisattva Avoloktesvara)，孫譯作菩薩托機阿發羅嗒德士發拉，李譯布地沙特發亞發羅吉特什發拉；釋迦牟尼，李譯作沙繼模尼佛；甘珠爾丹珠爾，李譯作康珠爾唐珠爾；法輪，李譯作祈禱之輪；俱似無稽。

赫定此書，曾提到幾個日本人，孫李二氏都有誤譯處。如朝鮮總督伊藤，孫氏誤作依多，德川誤作德芳，天洋丸誤作大羽丸，大谷(光瑞)誤作小谷；橘瑞超(Tachibana)孫譯誤作大吉本內(三〇五)，李譯音作鐵而巴那(三七四)。這是二書再版時所應改正的。

此外如稽粑，孫譯之誤作雜拌，令人誤會爲北京之雜拌兒，李譯誤作參巴；哈達，李譯誤作哈地克；阿富汗李譯之作阿夫哈尼一呎二呎深李譯之作一腳深二腳深；以及李譯之校勘粗疏等等，不能一一枚舉，只有存而不論。

最後我還要指出孫李二譯中兩個比較不可恕的錯誤。赫定此書第四十一章紀古樓蘭城，譯者譯此章時，似乎都不曾查閱孔好古氏(A. Conrady)的 Die Chinesischen Handschriften und Sonstigen Kleinfunde Sven Hedins in Lou-Lan 一書中所紀漢文，所以除去超濟白諸國外，其餘的屯戍官名，都是信筆直譯，以致有所謂文官法官等等的名稱。又赫定此書第二十四章紀一八九六年在和闐沙漠中所發見的古城，內中曾引了兩段大唐西域記的文字，俱見西域記卷十二；一節紀的是鶴勞落迦城雕檀立佛像移至媲摩城故事，一節紀的是從沙漠入覩貨邏故國。孫李二氏譯赫定書，似乎未查西域記，只是從西文直譯回來，於是媲摩變成皮馬，「鶴勞落迦」變成「和老賢恰」(孫譯一六八)和「賀來羅光」(李譯一九九)，「覩貨邏」變成了「都和魯」(孫譯一六八)和「圖賀樓」(李譯二〇〇)。古人說「書經三寫，烏焉成虎」，如今是書經三譯不知所云了！

× × × ×

孫李二氏的譯本雖有以上的錯誤，不足以當理想的標準，然而我並不因此就抹殺了兩種譯本的價值。原書的美麗和作者的精神，在兩種譯本都還可以看出一個大概，仍不失其爲青年人的一種好讀物，一種可以箴膏肓起廢疾的良藥。(覺明)

評孫詒讓年譜

戴家祥

朱芳圃編　民國二十三年五月商務印書館發行　定價四角

太僕丈孫籀廎先生，深究周官倉雅之學，生平著述，不下十餘種。先生歸道山後，餘杭章炳麟，海寧章梫，桐城馬其昶，均爲先生家傳。南通張謇爲先生墓表，推論學術，克稱詳盡。惜不能究其家世淵源，承學之士，弗心慊也。民國九十年之交，亡友瑞安薛儲石君(鍾斗)，次第其言行著述，爲孫徵君作年譜，屬稿甫竣，不幸辭世。其後五年，同里宋墨庵君，(慈抱)續成其業。(刊於東方雜誌第二十三卷十二號)先生進德修業之階梯，始爲學界所深悉。惜其材料限於籀廎詩文集，及籀廎述林等書，於晚清大儒述作，未加詳討，故其遺漏實多。未幾，先生次子孟晉君，(延釗)解綬歸田，盡發先人遺作，逐事排比，撰爲年表一卷。以過庭之聞見，論先德之緒言，宜乎簡要詳核，益可貴矣。惜乎，至今未刊行也。醴陵朱芳圃氏，深究聲音訓詁之學，於勝朝三百年學術遞變之跡，悉心研究，尤誠服先生。民國十八年至二十年，執敎溫州中學，爲孟晉道義摯交，數至玉海樓觀書。兩載之功，撰成年譜一卷。非但先生遺書，網羅已備，即淸季學者，若俞樾，戴子高，劉叔俛，章太炎，梁啓超等家之述作，及淸室衰敗之現象，與夫安陽甲骨之出土，凡與先生思想言行有相互關係者，朱氏均按次而類舉之。篇幅增多宋氏兩倍以上，其功可謂偉矣。今舉其要者言之，若同治五年，曾國藩開府金陵，方聞之士，相挈持而至。寶應劉叔俛治論語，甘泉梅延祖治穀梁，儀徵劉恭甫治左氏，德淸戴子高治金文，獨山莫友芝又以金石版本之學著稱，先生得習與之揚搉討論。其後重疏周官，精研古籀，卓然成一家言者，其動機皆啓於此也。又如光緖八年，瑞安重修縣志，先生爲撰瑞安縣志總例六條，斷限義例類精謹，爲史才史識所寄，而朱氏之所詳。若乃籀述序例，揭載旨要，皆先生治學精神所寄。倘使先生復起，必解頤笑曰，是吾之心也。

雖然朱氏掇摭之勤如此，仍不能使人無憾者，時與地限之也。良以朱氏生長醴陵，去溫州不啻千里之遙，處今日而言數十年前之舊事，又不若故老耳聞目見之爲翔實，故雖窮搜博討，依然不無瑕疵可指。姑論其一二，以備讀此書者之參考。

(一)材料不無疏漏。　邵懿辰四庫全書簡明目錄標注，先生參校百餘條，朱氏未爲提及。玉海樓藏書，傳錄諸大儒校本，卷尾皆有年月可稽。若文心雕龍借錄譚仲修家藏顧廣圻黃丕烈校本，春秋繁露，賈誼新書，借錄戴子高校本，淮南子，借校黃紹箕家藏北宋本。是皆後來札述所要刪，進德之階，可見於此。晚年爲籀海黃以周禮書通故，校正百餘條，研覈臧否，具有卓見，惜朱氏多未見及也。

(二)考證似有未允。　南通張季直撰先生墓表，敍其遺書有百晉精碑錄一卷。碑錄乃專錄之誤也。先生於光緖庚辰之歲，(年三十三)得晉泰和塼於燕竹村。後又倩人[illegible]

(三)論斷未免過當。　[illegible]

[illegible]用四字。[illegible]以推行周禮[illegible]西政，誠不免[illegible]，實則守舊[illegible]

餘如著錄[illegible]本書七十頁[illegible]氏漫云『多未梓行』。(見本書八十頁)附錄孫氏著述目錄表，云：『大戴禮記校補，爲先生手定付刊』。(此[illegible]

書民國四年廣明石印局印書中錯誤三處)。古籍餘論不載燕京刊本。名原不詳刊行年代。(此書民國五年刻成)不免失於較校。

要之朱氏此書，大體甚佳，小節不免與歸意出入。抑吾更有進者，不佞與先生有四年之親，先生曾手授先君子於水火之中，護惡過行，老佞多能道者。不佞弱冠之歲，復得借居其家，徘徊庭精，不意蹉跎十載，未能顯其微言往行。今觀朱氏此書「不禁掩卷三嘆。故顧就管見所及，驅附不賢識小之列，凡所聞見，寔補不備已耳，非敢於朱書價值，有所貶抑也。

新書介紹

甘地自傳

明耀五譯 民國二十一年五月大東書局出版 定價一元二角

向達譯 民國二十三年三月中華書局出版 定價一元二角

查利安德魯斯 (Charles F. Andrews) 編輯。係取一九二二至一九二四年甘地在其長期監禁中所述的「我的真理實驗的故事」(The Story of My Experiments with Truth) 一書，及甘地述說他在南非洲運動經過的叫做「南非洲消極抵抗運動紀」(Satyagraha (Soul-Force) in South Africa) 的另一部書的材料，編纂刪節而成的。查氏為在美國熱心介紹甘地之一人，除這本書外，還著有「甘地的理想」(Gandhi's Idea) 及「續甘地自傳」。

這書用了甘地自己的話來描畫他自己，自然使讀者對於甘地可以確切的了解，同時在了解甘地的目的以外，讀者則可以當做傳記文學而加以欣賞。的確，傳記這種東西，最好還是自己所寫的。書凡二十四章，是用了誕生與故鄉，學校時期，幼年，倫敦生活，回到印度，到納塔耳，在普勒托利亞，拓爾般的事業發動，波耳戰爭，黑死疫，等到這最後，蘇魯人的叛變，精神訓練，納塔耳的消極抵抗運動，消極抵抗者，下獄與勝利，回到故鄉，在古巴朗，在凱拉，歐戰會議，羅拉特法令，阿木里柴大會，土布運動各章。自把一九二一年以前甘地的經驗無微不至的描繪出來了。而綜觀安得魯斯所介紹的兩段甘地自己所寫的文字，則對於認識甘地更加重要。

這本書，在中國有這兩種譯本。兩本的出版日期雖然不同，但依序文看來，大概都是九一八東三省淪陷以後開始動筆的。為什麼在那時候明向二氏要動筆譯這部甘地自傳呢？這，在向氏自序中及孟壽椿氏為明書所寫的序中已經說出，尤其，在向氏自序中把他為什麼介紹甘地的原因說明的更加明確。兩本除了明氏未譯末章安得魯斯所作的綜論，和原序刪去後兩節，與向譯不同外，至於信達，則二氏是都作到了的。

是的，明向二氏在九一八之後向我們介紹了這樣的一部書。現在呢？現在在這華北將次淪亡日本在極力厲迫蠶通郵的期間，我們讀了這部甘地自傳作何感想呢？(思)

× × × × × ×

金澤博士還曆紀念東洋語學之研究

金澤博士還曆紀念會編 東洋語學之研究

昭和七年十二月出版 定價四圓

近年以來，頌壽論文集之風尚，在日本至為發達。除國人所熟知之內藤狩野三宅桑原諸集，皆以支那學史學為中心而外，其他哲學美學法學方面，亦皆有結集，而前年我抄所出之金澤紀念東洋語學之研究，專以語言學為中心，則在彼邦尚為第一次也。

金澤之名，以其為廣辭林編者之故，為一般人士所熟知，而在學術界反少講述。以作者所知，金澤之學，決不能以廣辭林為代表，其人實為一比較語言學者。其重要之貢獻，在于朝鮮語與日語之比較。日韓兩國語同系論為其博士論文，今雖內容已多成過去，而以其有英文本之故，至今尚間為歐人所稱引。(英名為 The Common Origin of the Japanese and Korean Lanzuazes. S. Elisséev 在 Les langues du monde 中即引及之。)外此更有「日鮮古代地名之研究」「言語之研究與古代文化」兩種，亦皆有德文本。而在三者之前者，更有 Über den Einfluss des Sanskrits auf das Japanische und Koreanische Schriftsystem 一種，則刊於明治四十年。此三者亦頗為西方學者所知。惟其在國外之聲望，實不亞於其國內也。

此集所收，凡文二十四篇，共分六組。第一組自吉澤義則起至岩橋小彌太止凡五篇，(編名從略，下同)皆討論日本語法者。第二組自豐田八千代起至高橋龍止凡六篇，皆討論日本古語上之問題者。第三組自東條操起至宮良當壯止凡四篇，皆討論方言問題者。第四組自金田一京助起至小川尚義止凡三篇，皆討論朝鮮臺灣等他族語者。第五組自小野司氣太郎起至竹田鐵仙止凡五篇，皆討論我國語文及其相涉之問題。最後第六組僅加藤玄智一篇，則討論所謂「言靈」問題者也。全書之內容，大抵若此。

今若對於各組一為簡略之批判，則關於第一組者，我人所知過少，不願妄論。第二組中諸問題，亦頗有同樣之感覺。然如生田耕一「安寧天皇御陵名義私考」之究雜，則一望而知其為尚未成熟之作。高橋龍雄在明治末年，頗為幾種廣源之概論書。今之所作，殆仍如故。此二十年來，殆並無何進步也。第三組中諸作較可觀。尤以伊波普猷之語言翻譯釋義，為值得稱道之力作。第四組亦不弱。金田一京助之北奧地名考，可與伊波之文抗行，或更勝之。第五組最劣。小柳關於我國思想之研究其膚淺，早已為國人所領教。今說小學，彌覺無聊。後藤朝太郎之由文字所見之支那古代文化，更一味胡鬧。此君往年所作，散見於史學雜誌及東洋學報者，似尚有一種朝氣，且每作亦必相當盡其搜弋之力。近年以來，文品日惡。即偶為文字語言上之文章，亦不過將其舊意，為甘蔗渣之一嚼，而淺薄則益甚，如此文所推冒之古形，則更鄰於荒謬矣。其他尾川敬二竹田鐵仙兩文，亦無足觀。

要之此集中諸作者，其人實不盡為言語之專攻者。尚有數人，則方在開始攻究之中，去成熟期尚遠。其論文之未能盡饜人望，亦固宜然。至若小倉進平之於朝鮮語，小川尚義之於臺灣語，金田一京助之於愛儂語，伊波普猷之於琉球語，固皆專門從事，且有相當成就者，小倉之成績，更在諸人之上。除此數人而外，求其專攻語學，能為正式的專門論文者，亦已無多，則彼邦言語學之寥落，可以想見也。

與此集同時出版者，尚有「新羅之片假字」一薄冊，乃金澤所自撰，而由祝賀會中印以謝贊助人者。文旨在推證日本片假字之源於朝鮮，為說頗細而精湛，頗足以代表金澤之學風。蓋日本治言語最博者，莫過於白鳥庫吉。金澤之博，雖或稍遜於白鳥，而精鍊則過之。又白鳥本為史地學者，其言語之研究，不過用以為手段，而金澤則為純粹之言語學者。故論語學上創見之多，金澤實過於白鳥。徒以白鳥久主東大講席，近年知名之士，多出其門下，故聲施爛然，而金澤之名，遂為所掩。此則學術命運之有幸與否，而非其本身之有高下也。

抑吾人于此，更有不能已於言者。金澤之為人若何，作者雖不與相識，莫知其詳。然就其文事觀之，其人在學術上殆有相當節操之人也。在其「言語中映見之原人思想」之末章，既深慨學界之競尚浮華，而於未開語之研究，幾乎無人過問。又在「日鮮同祖論」之引言中，以粗製濫造為懼，而不願草率成書。(原書不在手頭，僅憶其大意若此。)此以上述彼邦語學界人才之不多證之，宜其不能無慨。然返觀吾國則何如。不特西南未開語之研究，幾全為法人所包辦。即以最淺近之印歐語學常識言，亦迄未有正當之輸入。并金澤在明治末年博文館帝國百科全書中所介紹拉之通俗書，亦尚無人知之。而 Schleicher 等形態上最陳腐之舊說，在歐洲早已為人所忘卻者，乃沾沾稱引，(且亦決非自原書稱引而來。)自命為新，即以 Meillet, Jerpersen 之書，則瞠目結舌，并其名而亦未之知焉。使金澤見之，不知其慨歎又將奚若也。(敍)

出版界消息

仿古印書局已刊及待刊書籍 瑞安陳準(字氏)，雅好流傳載籍，曾於上海瑞安二地創設中國仿古印書局，翻刻海內名著。特為介紹如下：

(甲)已刊書目

(一)上善堂書目一卷，常熟孫從添編。卷首題上善堂宋元版精鈔舊書目。分宋版(附宋鈔本)，元版(附元鈔本)，名人鈔本，影宋鈔本，舊鈔本，校本等六類。內多未見著錄之書。

(二)鐵華館集部善本書目一卷，趙學南編。鐵華館主人長沙蔣鳳藻藏書甚富，其經史子三部多殘缺不全，惟集部最稱完善。

(三)奕載堂古玉圖錄一卷，嘉定瞿中溶編。原書存南京國學圖書館，世罕流傳。著錄古器三百六十五件。

(四)醉好堂金石目一卷，歸安凌霞子與編。凌氏家藏金石甚富，此係其自撰目錄，間加考釋。

(五)舊館壇碑考一卷，吳江翁大年撰。原稿藏蘇城義莊圖書館，初無刊本。

(六)長安獲古編一卷附巳刻目，武東劉燕庭藏器，仁和胡琨編。著錄三代以還鐘鼎古竟兜符等二百二十餘件。

(七)泥封印古錄一卷，武東劉燕庭藏器，仁和胡琨編。

(八)函青閣金石記四卷，商城楊鐸編。鐸字石卿，為金石守藏家，此其所藏商周秦漢鐘鼎石刻之部。

(九)韓氏讀有用書齋書目一卷，韓應陛藏書，封文權編。

韓氏為松江一大藏書家，所收以士禮居藝芸書舍精本為多。

(十)丁氏藏器目一卷，丁麟年編。

(十一)石鼓文攷證一卷，涇縣吳廣霈編。

(十二)選錢齋錢譜十五卷，華亭吳均編。

(乙)待刊書目

(一)題名集古錄一卷，胡琨編。

(二)貞珉閣古錄一卷，胡琨編。

(三)求實齋方志論文集，張樹棻編，朱士嘉校訂。

(四)佛幢證古錄，胡琨編。

(五)平津館金石萃編二十四卷，嚴可均編。

(六)說文解字韻隸，丁才五編。

(七)燕南書庫目錄初編，王緝編。(江)

× × ×

影印東山談苑 明遺民余懷澹心所著玉琴齋詞，板橋雜記，皆有印本流布於世，久為士林所膾炙。其東山談苑一種，乃亂離之後，遇古人嘉言懿行，隨筆記錄之書。余氏自謂暇豫展觀，固勝於吹竹彈絲，博奕飲酒者，其趣可知。其中所載明代之事，有不見他書而僅見於此者，尤可寶貴。惟自清初至今，尚無刻本，學者憾之。茲聞南京蘇社，借得稿本，付諸影印矣。(親)

圖書副刊
BOOKMAN
第三十四期
一、本刊登載關於中外圖書之介紹批評以及學術界消息，爲公開性質，歡迎投稿。
二、刊登本刊之文略致薄酬。
三、投稿通訊可寄「北平文津街國立北平圖書館內圖書副刊編輯收」

悼內藤虎次郎氏

非云

六月二十六日，日本京都大學教授文學博士內藤虎次郎氏，病卒於京都寓邸，享年六十八歲。吾人得知此噩耗於日報電訊中，至今尚未有較詳盡之報告，故于內藤氏之行事，不能作有系統之敍述，僅就所知者著於篇。內藤氏於國際學術界，素著盛名，在彼邦有「四庫全書之化身」之目，斯不煩吾人贅言以紹介也。

（一）

內藤氏爲近代日本漢學家之耆宿，執教於京都大學者垂二十年。所著書有單行本行世者，凡十二種。

近世文學史論（明治三十年一月出版）
諸葛武侯（明治三十年六月出版）
涙珠唾珠（同上）
燕山楚水（明治三十三年六月出版）
滿洲寫眞帖（明治四十一年六月出版）
清朝衰亡論（明治四十五年三月出版）
弘法大師之文藝（大正元年十二月出版）
支那論（大正三年三月出版）
清朝書畫譜（大正五年七月出版）
寶左盦文（大正十二年十二月出版）
日本文化史研究（大正十三年九月出版）
新支那論（大正十三年九月出版）

至短篇論文散見於藝文史林歷史與地理支那學民族與歷史東亞經濟研究龍谷大學論叢古代織物佛教美術諸雜志者，據大正十五年內藤氏還曆紀念時所統計，約得八十篇，而日報之撰著尚不與焉。昭和三年，氏又取其平生論著十三篇，輯爲研幾小錄一書，大抵爲新出中土古籍之題記與通經之作。越歲又摭輯藝文史林兩雜志所載舊文二十五篇，爲讀史叢錄一書，次第由京都弘文堂出版。讀史叢錄皆精到不刊之作，較研幾小錄有過之無不及，以視支那論新支那論，抹搨客觀事實，自不可同日語矣。

（二）

內藤氏漢學研究的特色，可以一語蔽之，即以新材料引證舊材料，更以舊材料溶解新材料是也。渠於近世新發現之資料，無論屬於紙上的或地下的，無論屬於彼邦或屬於中土，見聞所及，無不發爲啓人以雋永蘊蓄之學術情感。如

（a）屬於地下材料方面　據殷墟卜辭「王亥」之記載，與山海經楚辭天問等舊材料互相發明，此說雖爲氏之契友海寧王君所獨創，然王君卜辭中殷先公先公考一文，其時尚未著筆，換言之王君所作，與氏固有連鎖的作用在也。樂浪之漢代漆器，於前歲有大批出土，燦爛之兩京文化，得再度羅列於吾人之眼前。氏雖未參預於實際發掘工作，然於漆器銘文之考釋，有緊密之功。距樂浪數千里外之漢代惟一國營手工藝集團區域之廣漢郡，銅器與漆器之製作，均運銷於全國各處，即遠處國境東綫之樂浪郡，亦得受廣漢文化之巨量流派。氏著此文時，僅就漆器銘文加以說明，未能與廣漢郡其他工藝出品如銅器之類，作比較研究，實爲遺憾。然已足啓迪後人以一種新知識矣。高麗史事之李唐部分，向惟持三國通鑑等書，以觀其會通。讀史叢錄中氏有近獲之三遼事東國通鑑或中土舊籍如通典新舊唐書冊府元龜三史料一文，述及近世洛陽北邙出土之扶餘隆墓志，及煬帝一時歐陽通所書之泉男生墓志。此外武后朝之泉男產及高慈墓誌，亦同時迻錄其全文，並鉤稽諸誌所載之官職名，以與舊史相印證。實則泉氏一族，尚有泉獻誠墓志，爲氏所未見，然此點絕不足爲此文詬病。氏於考證高麗官制時，曾引及中土久佚之張楚金翰苑，殘卷，及唐高宗麟德三年太史藤守[?]所啓修之天地瑞祥志。翰苑經氏爲之表揚，列入京都大學出刊之唐寫本古籍第一集中。至天地瑞祥志，則吾人前此所未知也。此外高昌吐蕃史事之新資料，氏亦有所論列，如吐蕃會盟碑之類，尚是習見之物，故茲不再贅。

（b）屬於紙上材料方面　氏於此數十年來刊傳中土古刊書事業，有莫大之熱誠。蓋彼邦所存中土舊籍，自經黎庶昌楊守敬羅振玉諸氏拔其尤者刊行後，頗爲彼邦學人所注目。加以近二十年間，彼邦藤谷山林之所出，故家藏室之所儲，亦漸爲世人所重。當羅氏於民國初年旅居彼邦時，與氏過從甚密，羅氏刊傳彼邦古籍凡數十種，得氏之協助者居多。舉其著者，如舊抄本大唐三藏玄奘法師表啓，唐抄本王子安集殘卷，張楚金翰苑殘卷，及古鈔本隸古定尚書，氏俱有精確之跋尾。此皆與羅氏印書事有關者也。此外如敦煌古佚書存於歐西者，屬於詩歌小說部分，氏俱有所校錄。元代古佚書存於永樂大典迄未輯出者，如憲台通記，氏亦有詳審之解題。近三四年間，彼邦私人學術機關，甚至新聞社，亦頗從事於古佚書之刊傳事業。如影印原本玉篇五行大義及各種舊抄舊槧羣經單疏，似亦受氏之精神的暗示不少。獨惜竹添氏舊藏毛詩單疏之南宋監本，歸於氏者經年，至今尚未影印行世，是所望於彼邦後之紹述者矣。

除以上所記外，尚有一事不可不明告世人者，即氏於清代開國史事，有獨到之供獻。彼邦夙以研究清史著名於史學界者，有氏之弟子稻葉君山氏，然稻葉氏殊名不副實，不若氏之從事於搜求直接史料，有特殊之發也。讀史叢錄中最精采之篇幅，即爲此項研究。如明東北疆域辨誤附奴兒干永寧寺碑記，清朝姓氏考，清朝開國期之史料，都爾鼻攷，清朝初期之繼嗣問題，奴兒干永寧寺補考諸文皆是。永寧寺碑立於永樂中，爲研究明代滿洲史事最可寶之石刻遺文。遼寧崇謨閣中所存之滿洲老檔，明治三十六年東京市村教授與氏共同全部寫影，並爲文以記之，載於大正元年十一月之藝文雜誌，距今已十餘年，時國人尚未知有此項史料也。至清實錄之見重於世，在我國亦自近數年故宮文獻館成立後始。然太祖太宗世祖三朝實錄，遼寧及彼邦他處，尚有傳本。利用此項實錄以作專門研究，則氏於十年前已首創之。此外氏嘗輯有滿蒙叢書，雖未竟業，然所收滿遼碩書及從征日記，亦頗引起專門學者之注意。在吾人今日，可儘量利用明實錄朝鮮李朝實錄或其他新發現明清間史籍，以搜求滿洲開國史跡。於氏所創作之明代東北疆域辨證清朝姓氏攷諸文，有時覺其立論，頗有動搖之點。然此項研究之塗徑，則自氏發之，固不容吾人否認者也。

（三）

此半世紀來，彼邦以京都東京爲中心，研究漢學空氣之濃厚，特呈空前之現象。內藤氏與同時諸博士如桑原隲藏，如白鳥庫吉，如藤田豐八，所創之學術塗徑或異，內藤氏學博而守約，接受中土多方面之文化，而各有其獨到之認識與修養。其所取之態度，一面欣賞的，一面研究的也。客有造其廬者，悅其收藏之富，歎賞之精，無不有詞山學海之歎，其精神殆與古賢哲相默契。歎其於書藝，則推崇晉唐，於畫工則薄宋世粗礪無含蓄之作。於古今體詩亦鏗鏘獨造，有唐人神味。至治學方法，則服膺於有清一代史學宗師錢宮詹大昕。蓋爲一純正之人文主義之信徒，求之並世中外，殆罕其匹。自茲而降，狹義的考據學，加速度導演於東西洋學術舞臺，而中土亦承其弊。研究所與學會，層出不已，家懷鉛槧而人務識小，研究若有餘，而欣賞則不足。吾人今日悼念此鄰邦之通儒，蓋在此而不在彼，世有達者，當不河漢斯言。

為清代通史卷下講稿第一冊第二冊批評事再致大公報文副編者吳宓君書

—並答陳恭祿君—

蕭一山

蕭一山先生清代通史上中兩卷，在商務書館出版後，續印者有第三卷講稿一、二兩冊。（係北平印[?]義之印刷所加印流布，非正式出版，）當識夏，陳恭祿君撰「評蕭一山清代通史下卷」，登大公報文副二四八期，蕭君當有答文辯正，登文副二五二期。陳君復有答文登本年二月二十七日文副二六九期，蕭君時在英倫考察，復致函文副編者，辯駁細密，而至而文副已停刊，未及傳布。現爲本社特得原稿。茲特隔一歲，然函中所陳，多關史學根本問題，似爲刊布。治史者想以先睹爲快也。——編者識

雨僧吾兄先生：弟前爲陳恭祿君評拙著清代通史卷下一文，謬誤百出，曾上蕪函，蒙貴刊第二百五十二期，謝謝。先生所附引言，以通觀卓識論通史應貴於專史，自是不易之論。而以綜括一代・材料富瞻・國學具有根底，文字流利暢達，實拙作爲有價值之書，自愧不才，何克當此。惟論缺點似在革命之意味過重，此事弟另有解說，將詳下卷。蓋洪楊不許以革命，則不惟無以知中山主義之來源，更不能彰清初遺民所藏之深痛。弟今在倫敦博物院中，見有天地會（龍頭旁）之規章紀事甚多，一線相承，蹤跡顯然，從前所論，似不爲過。至改朝號爲直書，今西龍序中曾言之，弟以爲稱諡稱名，並無輕侮之念，若爲便利計，則紛更不如仍舊，故前之欲改中國歷代帝號爲名者，今則將仍其諡矣。弟研究清史，對於諸帝，察其行性，備致推美，凡曾聽過講演者，類能言之，書中亦可時釋，初不以其異族而歧視之也。太后下嫁一事，因無確証，業已刪去，恐先生仍據初版爲言，弟於商務改版時修正頗多，不僅此一端也。順治出家一事，弟因其遺詔不類遺囑口吻，故將傳說採入，標題既曰傳說，則性質業已明矣，而本文曰「或謂」，曰「其說雖無確據，至今猶盛傳之」，一曰「其實不足盡信也」，此不過附舉異說之一史例耳，而首段固明據實錄，實崩於養心殿，且錄其遺詔矣。先生稱支離矛盾之精神，概統貫精一之雄觀，引英之史家柯克登爲言，謂其具有通觀卓識，獨惜其著作甚少，緣於負荷過重，推牯崇高，厭抑屑背，使其人呻吟國難而不能跬步前行，實爲今世名言！弟之史義正復相同，當在青年，即以通史爲職志，卒以清史試筆，即此三百年之大勢，草創未成，已壓肩背，雖無卓識，實具通觀，豈將有呻吟國難之憂乎？然吾國學術不振如此，弟固以破支離分裂之考徵，關餖飣補苴之功力爲事者也。焦里堂曰：「証之以實而運之於虛，庶幾學經之道也。」此實弟奉爲圭臬。章實齋所謂學問與功力之辨，弟所謂考據與史學之分，誠以博約專精，各有其範，今之人受所謂整理國故者之影響，以考訂破碎爲學，而識博約者爲粗疏，此梁任公先生之所以見輕於人，而弟之所爲深痛者也。十年教學，堅信此義，編於講集，騰之口說，無不以亭林通儒爲依歸。而於清代通史中卷論實齋之學，則大聲疾呼曰：「漢學足以亡清，國故亦足以亡中國。」誰風之隔至今爲梗？先生同情洞察，以精心融會爲棘，必不以弟言爲過激也。茲承惠教，並附貴刊及陳君覆文之載於二六九期者，且以答辨相屬。弟往復三讀，未見其有新義，惟託詞倚說，顛倒黑白，全晉見其妄。使取弟講稿及前文比而讀之，即可以豁然矣。因省告陷，歎平文失，故邪堪匿，我心東悲，抑有何暇，作此嘵嘵無益辨論之文哉？特陳君視文既列之報端，而勞費讀者千萬人寶貴之時間矣，弟不爲一言，則有負于讀者，而陳君或反自鳴得意。然其文絕無駁覆之價值，壓暇，無已，故不得不象，弟費此數日之力，執筆及其他與此問題有關係之事，如前所論者。俾吾心安於寫有價值之文，先生其許我乎？

弟前次所答陳君之書，爲旨甚辨，而辭亦卑。一則曰「不顧卸責」；再則曰「可無大過」；三則曰「余所知而於義未安者，蓋蓋闕矣」；四則曰「不敢以通史自圓」；五則曰「一字之錫，愚亦師之」；即愚已發現，而功亦歸之」；可謂謙虛備至矣。而陳君謂愚爲傲慢，弟之性格，傲則傲矣，而慢則未也。然所傲者，非達官即迎夷，非趨閥即文氓，非吃洋教之徒，即一味崇拜外人抱無洋不好之態度而數典忘祖者，陳君究自居於何等乎？以慢而論，弟讀陳君文凡三復，惟恐其有餘義。陳君評弟書，讀弟書乎？答弟文，讀弟文乎？如其讀之，何不憚耶？弟不空言，請先以三事爲証。

（1）陳君答文謂「關于史表，蕭君斥余未見清史稿樞垣紀略等書，清代通史並無樞垣紀略，作者蓋未看過耳，南京尚有此類書籍，何武斷至此」。

弟所著清代通史，於卷下之講稿中，附有軍機大臣表，其例言第二條有云：

「軍機大臣除按年題名外，復記其籍貫出身……此參清史稿及樞垣紀略之例，惟輕重繁簡之間，微有不同」。

軍機大臣表係參清史稿之軍機大臣年表及樞垣紀略之軍機大臣籍貫出身而成，乃陳君謂「樞垣紀略作者蓋未看過」，耶耶！是何說耶！然此事本由於陳君之原評而來，弟前文曰：

「至謂。愚攘竊熙朝宰輔錄樞垣紀略清史稿而爲樞臣疆吏表，不知陳君曾看過熙朝宰輔錄樞垣紀略清史稿否？愚敢必其絕未看過，不過據愚書各表前之例言而知其書名而已。天下批評之易，真無過於此矣」。

陳君原評謂弟攘竊熙朝宰輔錄樞垣紀略清史稿而爲樞臣疆吏表。夫既謂攘竊矣，焉有未看過之理乎？是陳君既謂我看過樞

壇紀略於原評矣，何以又謂未看過於答文乎？其自相矛盾如此，即弟前文所問於陳君者，陳君何以不顧及共會看過此三書耶？是弟之推論，固未可易。而陳君則於熙朝宰輔錄與清史稿，竭言樞垣紀略，謂「南京尚有此類書籍。」夫南京尚有此類書籍，與陳君之讀否何干？必謂陳君居南京，而南京所有之書籍，陳君當然讀過，此是何種「邏輯」，不「武斷」乎？若如此例，則南京「引車賣漿」之流，秦淮歌舞之伎，皆可以稱博覽而列舉矣。弟今敢下一百分之斷言曰：陳君決未看過樞垣紀略，熙朝宰輔錄清史稿，固無論矣，[illegible]

[illegible]

二十一年十一月三日大公報文學副刊第二五二期

天幸此一「賴」字，未被手民揉脫，不然，先生即能以弟之無知能之證明，而陳君又可據以評吾辱通作弊矣。弟之冤不將沈海底乎？陳君自謂曾看過續皇朝文獻通考，弟敢下一百廿分之斷語曰：彼未曾看過。何故知之？以其所謂皇朝文獻通考為嘉慶以前之史料故知之。蓋皇朝文獻通考勒撰於乾隆十二年，而成書殺後，凡所紀述，訖乾隆五十年而止。續皇朝文獻通考，編者為烏程劉錦藻，其書從乾隆五十一年起，訖光緒三十年止。而陳君謂皇朝通考為關于嘉慶以前之史料，弟故敢必其用書名未讀過，不過僅知書名而已。其大言如此。且弟前文所答述者，絕未出陳君原評之範圍，何至忽以乾隆以前不相干之書插入。即不幸手民脫一續字，苟有常識者，亦當能推知。陳君既高譚鑑別，何以粗心如此？此為陳君未讀弟文之例証二。

（3）陳君答文謂「書君根據中文史料，全為傳說之辭，雖有錯誤之處。如謂巴夏禮之釋放，由于奕訢，實則全與史蹟不符。咸豐朝籌辦夷務始末所錄奕訢之奏疏奕訢始終主張因留巴夏禮，咸豐諭使釋放，仍言不可。圓明園陷時，且稱不可再實無議。巴夏禮等之放歸，係聯軍之要求，而守城王公大臣懼而應命者也。」

弟讀先生梅著講稿第二八五頁至二八六頁之文

及將原稿第二部分之軍機處檔案，[illegible]無所得也。陳君知此事乎？此為陳君未讀弟書之例證一。

（2）陳君答文謂「皇朝文獻通考等書，則為關于嘉慶前之史料，未有嘉[illegible]少。」

陳君謂弟兼讀皇朝文獻通考而彼曾讀過皇朝續文獻通考，[illegible]影印之以為證。

以對付之：

……時奕訢桂良皆在城外，城中無主，英人壘言攻城，且索巴夏禮甚急。恒祺請釋之，勝保不可，黃宗漢請殺之，諸王大臣皆不敢決…奕訢既奉全權之命，英人即照會限三日內交還巴夏禮，否則以十五日攻城。奕訢初次照復，令其退至天津，再行議和，不許。又令退至通州，俟換約後，即將巴夏禮送還。又不答。然英人終以巴夏禮之故，攻城稍緩。二十日英法聯軍進攻，…于是恒祺再請釋巴夏禮，奕訢不決，越二日，英法軍攻海淀，禁兵不戰而潰，奕訢退居廣寧門外之長新店，瑞麟及步軍統領文祥從奕釋巴夏禮，命恒祺送歸，約以次日議和。巴既出，英人益無顧忌，遂縱火焚圓明園以洩忿。

此段所敘巴夏禮釋放之事實，至為明瞭。主釋者為恒祺，主留者為勝保，主殺者為黃宗漢，英人要求交還，諸王大臣皆不敢決。及奕訢奉全權之命，主持和議，恒祺再請，仍不能決。至英人攻海淀，禁兵不戰而潰，奕訢由圓明園退居長新店于斯時也，遂不得不釋巴夏禮以約和。蓋和議早有成說，惟英人以先交還巴夏禮為條件，而奕訢則以聯軍退至通州為條件。及海淀失守，禁兵自潰，清廷無恃，忍辱議和，而恒祺始得

[illegible]例証三。

凡此之例，[illegible]

關于史料，認弟含看之書太少，謂弟臚列所用之書以自炫。弟前文係反答陳君，謂應就「普通書籍」之次料（如某書等）先閱讀，再進求原料，即不能，亦倘有再次之史料，（如某書等）至少亦應取閱而後著筆。蓋因陳君曾提及原料與次料，而彼並不知原料與次料之為何，故以教之，乃勸其先應具有常識之意也。豈弟列書自炫乎？用書豈僅此耶？陳國朝柔遠記等書皆不過時君又謂中西紀事防海紀略其中所敘史蹟，多不足信人之觀察，當時之傳說，，而最可憑信者，為三朝籌辦夷務始末，是陳君重官牘而輕私家之言矣。豈亦知史學發展之通例乎？蓋官牘最重於古代，而口碑瀕興於近日。弟書導言有云：「夫史實既準乎現象，而歷史復肪於紀述，則天地之變遷，事物之源委，政教大綱，里巷瑣談，無論鉅細，有紀述而昭示者，皆可為史，故官書傳記碑史口碑皆史也。至其虛飾增華，妄意揑造，託辭諷喻，或不足傳信來葉者，辨而正之，亦史家之職志耳」。此義弟於十二年八月學衡史學之研究一文中，曾詳言之，並為圖表一幅，以明史學發展之例。今不累贅。不知陳君曾讀弟書否？但既陳君之見而論，以夷務始末為惟一可據之書，而私家之紀載，毫不足憑。則野史寧之意安在？何為歷來史家多反對官修諸史耶？試問著史者僅據一官牘而可成書否？陳君如云僅言多不足信，然則少足信者，弟豈不可以取材乎？即退一步言，官牘可信以據矣，則似夷務始末考，若平定羅刹方略，平定粵匪方略等等，清代所修者至多，而東華錄亦此類，陳君何不主張並取為唯一之原料，而獨厚于始末一書？即再退一步言，始末多奏疏及往來公文，然仍係編纂之書，非原料可比，若原料者，軍機處檔案之價值，遠過于始末百倍，陳君何不知之乎？即再退一百步言，始末為最可憑信之上等史料，然其所舉之事實，有以異與弟之稗史否？此可于弟三段證之，今守遂句駁覆之義，免陳君謂我有遺珠也。若中西紀事等書。為中國外交史之推輪，皆自有其價值，非陳君可任意上下者。陳君因有憾于清代通史，而將清代通史所引據之書，一筆「抹殺」。寧不「武斷」？

陳君謂「清鑑易知錄，清史綱要，清史講義等書淺陋不值吾人一讀」，又云「其他斷片敘述如中西紀事等書，普通書如清史講義等書，雖須一讀，要皆無足輕重」。牟幅之內，遽相抵牾，有如此者。既曰「多不足信」與「不值一讀」矣。何以又說「雖須一讀」乎？寧不「離奇」？若謂「無足輕重」，是似可讀可不讀者，天下寧有此種講史料者乎？此為陳君無史料常識，而又「離奇武斷」之確證一。

名人全集，必須參看，即弟之所謂傳記也。何止全集？尚有日記。然觀筆所記北個人之事，亦有未足憑信者，如翁文恭公日記所記詆毀康有為事。陳君能知此意否？遠古人之事而常為古人所欺，不但陳君不悟考據，未能言此，即所謂考據大家，亦往往入其穀中而不覺，故歷史只能近真，不能全真，勢使然也。陳君知此義乎？此歷史之所以重才識，而三要列其二，不知陳君曾讀過史通文史通義否？史學方法為能外此，弟早年即讀過美人之新史學，近又與英之史家，討論史學方法，其意完全相同，不知陳君所謂二十世紀之歷史方法者，何法耶？

（未完）

來函照登

（一）

編輯先生 承轉來陳君顯君函，指出義山雜纂著錄於宋史藝文志卷二百六子部小說類，及直齋書錄解題卷十一小說家類，均為鄙人在「陳玉新抄及義山雜纂」（本刊第二十八期）文中所忽略。合當敬謝陳君並向貴刊及讀者致歉。

素癡

（二）

啟者：讀貴刊三十三號關於影印東山談苑記事，中云，「唯自清初至今尚無刻本，學者憾之，」此似與事實稍不符。玉琴齋詞末有戊辰（民國十七年）陳散原先生跋云：「東山談苑者為余家舊藏抄本，筆致娟雅，疑亦澹心所手錄，早歲侍先公居長沙，曾用坊肆鉛製字印行，今垂五十年矣，印稿既散盡，原抄本亦失。」此種印本鄙人曾於戊戌前後購得一冊，題頁背面云，「光緒丁丑西陝仙館仿聚珍板，」即一八七七年，距戊辰（一九二八）蓋五十一年矣，然在三十五六年前則書通書坊中固常能見到也。此上

圖書副刊編輯部台鑒

六月三十日 周作人啓

201

圖書副刊

BOOKMAN 第三十五期

一 本刊登載關於中外圖書之介紹批評以及學術界消息，歡迎投稿。
二 投稿請逕寄「北平文津街國立北平圖書館內圖書副刊編輯收」。
三 投稿酬金另議。

書評

陳譯「教育心理學」的檢閱

伯明

美國 A. I. Gates 所著的 Psychology for Students of Education 一書，國內各大學採爲教育心理學課本者甚多。著者爲桑戴克 (Thorndike) 的傑出弟子，書中學理均以桑氏爲師承，故以言論一貫，條理分明，不如一般教育心理學書之駁雜，此爲其特點。惟書中對於本能問題，排徊於新舊學說之間，不無模稜兩可之嫌，對於完形派與心理分析學派，亦未予深切之討論。是書初版於一九二二年出版，於一九三〇年大加改編。此改訂本，現有陳德榮先生譯本，世界書局出版，譯名爲「教育心理學」。

在談及譯本的譯文之前，請於此順便略述關於譯述的一點個人意見。直譯意譯本是相對而言；我以爲直譯意譯有程度上的差別：一方面有極端的直譯，一方面有極端的意譯，而在這兩極端之間，可有種種的程度。即因爲直譯意譯有程度的差別，所以直譯意譯亦各有其界限：即直譯以不致「不通」——換言之，不致令讀者看不懂或不合文法——爲限，而意譯以不違背或忽略原意爲限。出了這兩個界限之外，當然都不成其爲翻譯。而普通討論翻譯的文字中對於直譯或意譯的詬病，大都指出乎上述的界限而言，所舉例証，尤其如此。但在這界限之內，應採取怎樣的程度（即直譯意譯的程度；或說譯文與原文相應合的程度）呢？我以爲這儘管由譯者自由主張。不過我以爲：（一）須視原書性質而有異，（二）趨於兩極端者均不妥，（三）寧「近於」直譯之一極端而不宜因求「近於」意譯之一極端而致逾越意譯之界限。嚴又陵先生所說翻譯之信，達，雅三個條件，固爲不易之論，但近來已有多人認爲這三個條件有交叠的情形，而達與雅尤有互相含混之處。不過嚴先生原以信爲第一義（他自己過於側重於雅，而忽略了第一義，當時已自己承認），而雅之標準本不必求之於某種性質的著作，而望於尋常的翻譯者。上述的個人意見，似乎很與嚴氏的意見相暗合。

陳先生譯這本「教育心理學」的態度，似乎是非常忠實的，不但逐句直譯，抑且時常將原文引申，所以譯文中的一句的斷語往往多於原文。依上段中所述的意見說來，這譯本的譯文至少也算得是極端的直譯。這大概都是求讀者更能明瞭書中內容的緣故吧？但譯文因爲「拖拉」得太甚之故，所以犯着過於「冗漫」的毛病。例如：

（一）序文第一段末句，原文是：In this revision much new material is therefore included and many familiar theories have been discarded or revised。譯文是：『所以在這修正本之中，有許多新的材料要參加進來，而又有許多種爲我們所熟知的學說，則要被廢棄了去或被修正起來。』這裏『爲我們所熟知的，』『要參加進來，』『要被廢棄了去或被修正起來，』都太累拙了，不如分別譯爲『習見的，』『業經採入，』『業經刪訂。』

（二）序文第五段第一句，原文是：The most significant change of all appeares as the result of a three-fold purpose which the author has endeavored to keep foremost in mind in rewriting each section。譯文是：『著者在重新寫本書中之每一節時，都努力去把三種目的放在心中而去行文；那麼本修正本中所有一切更動中之最重要的更動，可以說就是把這三種目的放在心中而行文所生的結果。』這一句誠然很忠實，但如下面所擬譯法，亦能表達原意，而字數可以省去不少：『著者重寫每節時最注意於三種目標，而本書中最重要的更變，即因這三種目標而生。』

（三）序文中第五段第二句中有文字如下：…and third, to show the student the applications and values of the principles by offering concrete illustrations and detailed applications to the problems of the school instead of mearly stating the principles and leaving application to the reader。茲先擬譯文如下：『第三，藉着舉示原理的具體例證及其對於學校中的問題的詳細應用，藉使學生明悉原理的應用與價值，不徒空談原理而使讀者自己去推論應用。』陳先生的譯文如下：『第三，示學生以各種原理所能有之『各種應用』與『各種價值』，而不只是單純地把各種原理敘述出來，而留應用原理之事給讀者自己去做；至於示學生以各種原理所能有之各種應用與各種價值之方法，是舉出一些具體說明的例子來，並將各種原理實地應用於學校中的各種問題之上。』

觀於上舉的例子，可知這譯本的譯文不但冗漫鬆散，抑且過於注重往往拖拉得很長，這種文字結構的缺點，不但使讀者難於了解，而且不易說明來。譯者不但常把書中的專門名詞譯得很冗長，例如：將 standandized condition 譯成「標準化了的狀況」（見譯本第七頁）；將 mental arithmetic 譯成「心囊算術」（見譯本第一八頁）；將 Elimination 譯爲「取消了去」（見譯本第三四四頁）；將 addition 譯成「參加進來」（見譯本第三四四頁）；將 recombination 譯成「重新結合起來」（見譯本第三四四頁）。前三者都是固定的名辭，後三者在本書中也是固定的名辭，屢次提及；照上述的譯法，或則累贅，或則不倫，似不像一個固定的名辭。於此，我並不是故意吹毛求疵，祇因像這個的名辭在各門科學書上皆甚多，若都這樣譯，不但有許多要讀者費許多氣力去推解，——而直要引起以外國文譯成中文是否可能的問題。此外，書中有不少的普通或專門名辭譯錯了，或譯得很不妥當，茲就在譯本中註有英文者之中，舉出最重要者如下：

（一）law of parsimony（可譯爲「節約律」），譯爲「吝嗇律」。（二）correlation（相關度），譯爲（相關性）。（三）dominant trait（顯性），譯爲「優越的特點」。（四）reproduction（繁殖），譯爲「再生產」。（五）thymus gland（胸腺），譯爲「頸腺」。（六）permanent teeth（恆齒），譯爲「固定牙齒」。（七）alimentary canal（營養管），譯爲「食管」。（八）Blind-pig（下等酒店），譯爲「盲豬」。（九）將 constituent 及 component 均譯爲「部分的」。（一〇）四五六頁之 crutches，譯爲「拐杖」（在此係比喻，可譯爲借依方法或假借物）。（一一）Stanford Revision and Extension of the Binet-Simon Scale（斯坦福增訂賓納西門量表），譯爲「賓納西門量表之斯坦福大學的修正與擴充」。（一二）army alpha（美國陸軍測驗甲種），譯爲「軍隊的甲種」。（一三）mental age（智力年齡），譯爲「心靈的年齡」。（一四）grade（年級），均譯爲「班級」。（一五）variability scale（變異量表），譯爲「著異量表」。（一六）compass Diagnostic Tests in Arithmetic（算術診斷測驗），譯爲「羅盤上之算術診斷測驗」。（一七）association tests（聯想測驗），譯爲「聯合測驗」。（一八）chronological age（實足年齡），譯爲「年代學上的年齡」。（一九）raw score（實得分數），譯爲「初步點數」。（二〇）project method（設計法），譯爲「投射法」。

爲清代通史卷下講稿第一冊批評事再致大公報文副編者吳宓君書（二）

蕭一山

——並答陳恭祿君——

若露別有據，定其取舍，即弟書所云：「不足僅信者，辨而正之」之意也。陳君必云：弟能關口說而不能見于事實。請試問之：弟以此說著清代通史已成上中兩卷，約一百三十萬言，陳君謂鑑別，主政證，何以一文反不能也，而且相予盾乎耶？今陳君故近代方法，鑑別史料之要皇名辭以相毆，弟或將于他人，而不能服于陳君，以陳君假借一堂皇名辭，而此名辭固與陳君著述不相干也。若是濫取一名辭，即可以批評一部著作，天下批評之易，孰甚于此矣。此爲陳君無史學常識而又「大言不慚」之確証二。

陳君又謂：「所評……作者所根據者，多爲普通書籍，如清朝全史近百年史庸盦筆記及稗史等」而蕭君斥余舉三書爲例，而于「多」及稗史等字，全行抹殺。指明三書，不過以作者抄用之較多耳。乃謂未與清代通史相比，亦未全讀，即斷不合邏輯之武斷？不足一辨。

「陳君謂其所根據者爲清朝全史近百年史庸盦筆記等書籍，未知陳君不但未取全書與其所根據者對照，即愚者亦未能盡讀。其他文義不懂，妄加指摘，其淺薄可笑，直有出人意料之外者。至于愚者取材何處，更不知悉，而惟以稗史嗤之，天下批評之易，無過于此！」

「陳君若果就外交史一部分而言，則應就「普通書籍」之外交史料如中西紀事……「續」見辦文獻通考……等，加以閱讀，再進求原料，即不能，亦當有再次之史料，如中國近代外交史……等，至少亦應取閱而後著筆。陳君謂愚取材于「普通書籍」，但如所述普通書籍，（按即以上所舉之書籍二十三種，可參看前節例証二所附之原文照片）恐陳君亦未能寓目。而其引清朝全史近百年史庸盦筆記以爲例，何其淺薄之甚耶。此三書恐陳君亦未必全讀，不然，何以不知與愚著勘比耶？」

就兩文比觀，陳君謂弟于其「多」及「稗史」等字，全行抹殺。而弟上段所謂「惟以稗史嗤之」者何謂耶？下段曰「引三書以爲例」者又何謂耶？既引爲例，寧非取材較多乎？弟謂陳君未讀過「普通書籍」，因如其讀過，決不至引此三書以爲例。拙稿引用此三書最少，偶有小注或附註皆屬比証之辭，而本文固別有其出處。或者此三書之出處，偶有一二與拙稿相同，（庸盦筆記稍異于是）陳君未能比勘。且此三書之論及同一事實者，而其材料之總和，似尚不及拙稿十分之一二，其餘來自何處，陳君亦未能估計，即妄爲稱斷。是其所謂「普通書籍」及「清朝全史」等，尚不能全讀，謂非淺薄而何？此段未乖于論理，何謂「離奇？」何謂「武斷？」是陳君所謂「不合邏輯」者，乃時人慣用之口頭禪耳，其實彼不懂邏輯也。如其懂之，何至以一二事而包括外交史，以外交史之一章而包括全書，對稱即爲肯定，尚不能包括全稱，況又陷于實際之錯誤乎？若陳君之不周衍的理論，不知在邏輯上爲何法？弟幼年所習，自因明小取以及亞里士多德培根穆勒以來，古今中外未嘗有也。此爲陳君無論理常識而又「聽言相加」之確証三。

陳君又謂「舍原料而用近於傳說之次料，多無印行一讀之價值」，是明指弟書而言也。然弟記其原評中曾有是語曰「此書不可一讀乎？是又不然。」（原文不復能記憶，大意當如此）其矛盾如此。弟書是否舍原料而純用近於傳說之次料，陳君唯恐言以欺人，弟用檔案，非原料乎？若以始末官書始爲原料，弟用官書亦夥矣，陳君知之乎！至若私家之記載，陳君謂皆傳說之次料，指小說也，然則吾人何必著書：何必編史？欲讀史者不可以看原料看官書乎？是陳君因未懂何謂官書與何謂稗史已。弟敢告陳君：原料次料乃相對的而非絕對的，非以官書稗史而分，實以事實之來源而分，故官書有時亦可爲次料，而稗史有時亦可作原料，若以始末一書而論，總署文件有檔案爲其原料，大臣奏疏有專集爲其原料，外國照會有西文公牘爲其原料，此書選編，便觀覽耳。陳君既言始末爲惟一可憑之上等原料，是信本國官書之紀載矣，何爲又迷信西人之說，謂弟於西人著述，取材較少乎？此能自圓其說者耶：（陳君勿誤會我不主中西兼容，惟君所說者，乃兩個絕對的，而非相對的耳。可當編述時參考之用，而必須先爲系統之研究，不能據其一鱗半爪以爲斷，如前文所論，固未可謂某書爲絕對的可信而他書則否。蓋一書有一書之用處，非比而觀之不能定其取捨，此最淺近之史學常識，恐陳君亦未之能懂也。又如近人之盲目的迷信外人，稍取浮毛，吐棄故籍，不知外人著述，殊爲淺易，其事亦多得自傳聞，而又雜以成見，最著者則傳教之士，與遠征之夫，英之漢學家翟理斯 giles 年八十七矣，屢與弟言，其一生深恨外國教士著書言中國事，英人且如此，中國人不可以憬然乎？弟謂陳君主西人之說，似曾受淺閱浮誇者之影響，主始末之說，似曾受整理官檔者之影響，推其史既落無根底，而學文無常識，以致謬誤百出，終未能得一當也。弟卷下會爲講義初稿，而仍不願卸責，有能匡我者，弟師事之，即弟已知者，功亦歸之，既明言矣，何得謂「誤稱卸責」？而書局加訂乃係事實，故無發行，無定價，何得謂「欺人妄言」？至若未讀始末，弟前文僅言作英法之役一章時，始末尚未出世，而講稿第十章用始末者頗多，陳君知之否？弟因陳君原評偏言英法之役一章事，故不涉及他章，眞誠如此。陳君乃以「未出世」作「未一讀」解，而強謂十五年未見始末即爲十八年以後未讀始末之証，有是理乎：弟敢斷言陳君以始末一書爲批評弟稿之法寶，然其所讀，僅一二片段，而尚不能懂，弟自信所看比陳君爲多，且能善用之。故前言「不值

新書介紹

蘇打製造 Manufacture of Soda

美國化學會專刊第六十五種 (American Chemicol Society Monograph No. 65)。侯德榜博士著民國二十二年 The Chemical Catalog Co., Inc., New York City. 出版　定價美金八元

這是一則令人欣動的，緊要的消息，塘沽永利製鹼公司總工程師侯德榜博士底「蘇打製造」已經在美國出版了。尤其是這書能列入美國化學會專刊內，更是中國人少有底榮譽。

原來1919年在倫敦和布魯塞爾（比京）開會的協約國底理論和應用化學會，會議決議由美國化學會負責出版科學的和技術的化學專刊。後來美國化學會就推某工業部，組織董事會，來決定專刊底編輯和出版。

美國國家研究院（National Research Council）協同美國化學會底國家政策委員會（Committee on National Policy of the American Chemical Society）指定了編輯者負責，作物色著作人並評閱底稿。此外還要尋求有能代替讀底課題和業有聲望底權威作家。現在負責科學專刊的是W. A. Noyes，（中國底大學一二年化學學生大概都會讀他，所作的定性分析）負責技術專刊的是 H. E. Howe.，美國工業及工程化學學報底編者。

據著者底意見這本書底目的在發表直到現在還保守秘密的關於阿摩尼亞法鹼工業底知識。素來深知在現代文獻中不能得到詳盡的技術的材料，所以在寫這書時極意地利用他自己底經驗和研究。這個課題無論在實用方面，可是理論方面也有最完的檢討。這工業底各部門（除了一切關於工廠實際的構造和設計外）都有極詳盡的考察。在這專刊書裏比的地方就是表示理論的討論和或要當的數字的計算和基本工程（Unit Process）底注重。第二十四章討論到鹼工業中所用底檢定法和分析法，是非常的詳細完備。

這書把蘇爾維鹼工業底歷史和天然鹼底生產狀況然後討論鹽滷底製備，石灰石底燃燒，鹼和鹽滷底鈣化作用，鈣化鹽滷底炭化作用，炭化塔底工作程序，和碳酸鹽底過濾作用，炭化塔底母液成分，炭化塔作用底相律理論，碳酸鈉底煅燒底分解作用，鹼底回收，副產品，精製碳酸鈉底製造，燒鹼底製造，電解製鹼，氯氣，及氯化物之製造，鹼化蘇打底機械和動力底設計，最後是鹼化蘇打工業底管理，燃料底損失，廠址底選擇，鹼底作散等。

這書出版後美國有人把德國龍氏Lunge底不朽巨作「硫酸及鹼」(Sulfuric Acid and Alkali)並列。因為裏面記錄了許多具體的數字和實際的情況，這些都不是輕易得到的。在好幾天前的大公報社評中，有一篇論到日人底反對國際技術合作時，曾說中國人現在並不很需要國際底合作，中國人自己有優秀的專家。是的，中國人有自己底優秀的專家，侯德榜博士底成就不就是一個很好的例子嗎？（朱譜）

× × ×

謎語之研究

楊汝泉編　定價每冊四角五分

本報代辦部經售

(第十一版)　(星期六)　大公報　中華民國二十三年七月二十一日　(第三張)

圖書副刊

BOOKMAN 第三十六期

書評

元秘史譯音用字攷

陳垣撰　二十三年二月國立中央研究院歷史語言研究所出版

馮承鈞

為清代通史卷下講稿批評事再致大公報文(第二冊)

蕭一山

(Supplementary Catalogue of Chinese Books and Manuscripts in the British Museum By Robert Kennaway Douglas 1903.)

303

新書介紹

遼金時代之建築與其佛像 上冊

關野貞等編 東方文化學院東京研究所 昭和九年出版 定價十八圓

此書爲日本外務省用我國庚子賠款經營之東方文化學院東京研究所關野貞氏與其助手竹島卓一共編。分上下二冊，此爲上冊，專收遼金時代之木造建築，附圖版影印者，共八十幀，下冊爲磚造建築，另附說明一冊，納未出版。本書所錄，前半爲河北省薊縣獨樂寺觀音閣及山門，此爲現在所知我國最古之木造建築，前年中國營造學社梁思成先生曾經調查，已見於該社彙刊。其次爲遼寧省義縣奉國寺大雄殿及山西大同縣之下華嚴寺薄伽教藏，所附共十幀，今舉其建造年代如左：

一、獨樂寺觀音閣　遼聖宗統和二年（公元九八四）
二、同上山門　遼聖宗統和二年（公元九八四）
三、奉國寺大雄殿　遼聖宗開泰九年（公元一〇二〇）
四、下華嚴寺薄伽教藏　遼興宗重熙七年（公元一〇三八）
五、同上海會殿　遼代
六、上華嚴寺大雄殿　遼代
七、普恩寺（善化寺）大雄殿　遼代

娜娜

左拉(Emile Zola)著　王了一譯

民國二十三年三月商務印書館初版

BRASSO

Zeiss Ikon Cameras

圖書副刊

BOOKMAN
第三十七期

一、本刊登載關於中外圖書之介紹批評以及學術界消息，爲公開性質歡迎投稿
二、刊登本刊之文略致薄酬
三、投稿通訊可寄「北平文津街國立北平圖書館內圖書副刊編輯收」

書評

楊雙山與其所著知本提綱

覺明

楊雙山名屾，陝西興平縣人。據光緒續修興平縣志說先生卒於乾隆五十年，年九十八，（一六八七——一七八五），張元際所作先生事略說卒於乾隆五十九年，年九十六，（一六九九——一七九四）。按先生少出盩厔李二曲之門，二曲卒於康熙四十四年，依事略是二曲之卒先生才七歲，何能問業？大約以縣志所紀爲近眞：二曲卒年，先生已十八九，質疑送難，爲可能也。

縣志說二曲許先生「爲命世才，先生遂潛心聖學，不應科舉。自性命之原以逮農桑禮樂，靡不洞究」。其間曾一度爲陝撫陳宏謀所禮聘，而所謂禮聘者亦不過「代爲納粟入太學，手題堂額標聯，以旌其居」而已。先生所著書有「豳風廣義四卷，論蠶桑要法；知本提綱十卷，明五本三序，爲政教倫業之統宗；經國五政綱目八卷，論治法而本之帝命，五政者農工禮樂與學爲五也；醫和直指若干卷，論醫術」（據縣志）。此外尚有修齊直指一卷，門人齊倬爲之注，即就知本提綱，「絜其綱要，括爲短帙」。（修齊直指齊序）。據知本提綱卷五卷六修業章，似乎提綱以後，還有一部書於農工兩方面皆繪圖說明；是否原來提綱十卷之後，另附有幾卷帶圖的說明，抑爲別書，今無可考。

先生的書在有清一代，大約就是豳風廣義知者最多，流傳最廣；道光中之入祀鄉賢，即由於此書。修齊直指，光緒中劉古愚曾爲之評，推許甚至，今刻入煙霞草堂遺書續刻中，謂「二曲之學，雙山爲得其精」。又謂「此書多言上帝，且謂上帝是的的確確，實有之名，不是空談，直類近日西人之說。」於先生之是否爲基督教徒，致其疑似之辭，又於直指所本之知本提綱也不着一語，可見提綱一書知者之少了。

先生之是否爲基督教徒，今尚未得積極的證據，不敢遽斷，不過他的思想之受明末清初西洋教士所傳來的西學的影響，單就修齊直指和知本提綱兩書看來，是毫無可疑的。

先生不僅是一位思想家，並還是一位社會改革家。他在兩百多年前便「嫉女子纏足爲敝俗，欲上書請禁，未果，亦自行於家。」（縣志）。有清一代，能見到這一點的儒者，我很淺陋，不知道除了先生以外，是否還有別人？他又「約先儒禮論，酌立喪葬儀式，行之其家。」（縣志）。他所定的喪葬儀式是否有與傳統的方式有異？是否採有基督教的儀規？今俱不可知。

先生卒於乾隆五十年，至今年適爲其一百五十年忌。本篇不敢說是知道先生的思想，只可說是對於沉埋將近二百年的一部書——知本提綱（成於乾隆十二年）——作一個簡單的介紹，略爲表彰。至於最後論定，自當另待通人。

知本提綱，成於乾隆十二年，今有乾隆原刊本，光緒三十年張元際補印本，民國十二年李居義重刻本。李氏重刻本，只加上了他自己的一篇序，此外大約都循張氏重印本之舊。全書共分十卷：卷一弁言，源流，凡例，目錄，一本帥元章，（帝道統御，著立五行，造物備用，降衷生人，飲食培續，衣服章身，調攝燮理，學習明道，盡倫修業，全仁復命，道析五本，通章總結）；卷二上事帝章，（推明帝性，詳分理氣，性形兩體，帝君分統，兩閒徵驗，事祝四本），卷二下順命章（四命大綱，大本之命，助修之命，啓權之命，時數之命）；卷三上帥形章（統御大綱，性主本權，四功要領，正念之功，力學之功，蠲偏之功，糾過之功，通章總結），卷三下調攝章（推原調攝，明性統帥，謹節飲食，時避七氣，正御七情，戢戒四域，逸勞得中，老幼適宜，備防外患，詳辨邪術）；卷四分統帥著章（統御大綱，君道主宰，臣民分職，上下互濟，四政要領，教政大略，養政大略，兵政大略，刑政大略，通章總結）；卷五修業章（四業總論，農業綱領，耕稼要法，園圃助養，桑蠶要法，樹藝要法，畜牲要法，農業總結）；卷六上修業章（工業一則），卷六下修業章（禮樂總論，禮業一則，樂業一則，通章總結）；卷七帥家章（統御大綱，家長身範，內外分職，同室互濟，四典要領，教典大略，家祠講教，宗法佐治，養典大略，戒典大略，襟典大略，通章總結）；卷八明倫章（倫常大本，君臣一則，師友一則，兄弟一則，夫婦一則，通章總結）；卷九一帥學章（統帥定序，師職至道，生徒學術，師生互濟，四規要領，範形之規，導神之規，訓約之規，課督之規，通章總結），卷九二（全仁章），卷九三復命章，卷九四欲閑章；卷十感應章（理氣變化，分權帥氣，一念邏轉，吉凶反掌，賞罰有主，氣機明驗，天人符應，總結通部；此外還有先生門人鄭世鐸作的論學後跋。

先生之是否爲基督教徒，今無明證，不過却有幾個旁証，可以証明其應當爲基督教徒。先生如本提綱由門人鄭世鐸爲之註解，世鐸字覺一。所覺何「一」？非王徵「了一道人」，「崇一堂」之「一」而何！先生亦有齋名崇本齋，此所証「本」，應即崇一了一之「一」也。此其一。中國六經亦言上帝，不過中國載籍中之上帝只是一種柏拉圖式的理想，而基督教之上帝則是造物生人之原，實有不空。明季教士如利瑪竇等，即謂「吾天主乃古經書所謂之上帝也。（天主實義上卷第二篇）。知本提綱凡例中說「上帝爲神世大君生人共父。靈魂二元，鑿者二儀，分立五行，命成萬有，造物生人：實爲統帥元體，主宰造化之天本」。提綱的一本帥元章論帝諸章所說，同利子的天主實義，沙守信的眞道自證，處處吻合。這乃是一種基督教的形而上學，不是中國傳統的學說。此其二。在提綱卷九帥學章中有「立教範形，先設祝庭以正向」的一句話，鄭註說「祝庭即下事祝帝君先聖之庭也」。祝庭的規矩是一月朔望兩祝；並令各罷工作，聽講終日。這所謂祝庭不是教堂是甚麼？朔望兩祝，不是禮拜是甚麼？不過易以中國的名稱，改每週禮拜爲朔望，罷了。此其三。這是最顯明的三點，此外書中包涵基督教的倫理思想甚多，茲不備舉。

提綱中的所採取的西洋思想，幾於逐卷皆是，如卷一帥元章中所言關於天地的學說，「天以九重圓凝於外」，鄭註「九重謂月輪，辰星，太白，日輪，熒惑，歲星，填星，列宿，宗動各天共有九重也」。「地以圓球，奠定於中」，鄭註「周圍盡皆生齒」。這全是利瑪竇乾坤體義中的說法！

中國自來有五行之說，不過中國哲學中的五行，只是一種需用，一種能力(energy)；西洋思想中的五行却是一種神體，或者可以說是一種實質（Substance）。提綱卷一帥元章說到五行，以五行爲「天地水火氣，爲生人造物之材」。亞理士多德倡天火氣水土五行之說，提綱中的五行，用意與亞氏同，不過名稱次序與亞氏互易而已。「鯀陻洪水，汨陳其五行。帝乃震怒，不畀洪範

爲清代通史卷下講稿（第二）副編者吳宓君書（四）

——並答陳恭祿

以上講稿所叙事實，層次顯然，至爲明晰。首段自巴旣出至英人無以消此憤恨也，凡十六句，一百三十六字，實英人縱火焚園之原因，係由於巴夏禮等被禁受虐，英人借以示威報復者。又引額爾金語及其致英政府之函以爲証。額爾金曰：「圓明園爲清帝愛玩之所，余焚之所以示薄懲，亦即所以抑其傲慢心也。」其致英政府之函曰：「……焚掠是園，正所報復滿政府，……一因是園爲被擄者……受困之所，二因此園若不焚燬，則不留較永久之跟跡，而英人無以消此憤恨也」。夫額爾金之自稱曰：「余焚之」，非額爾金之主張而何？示威報復洩憤，文中皆有明言，何以陳君反謂「蓋君忽如余（陳君也）言謂係額爾金主張報復，借以示威洩憤者」，豈非怪事！夫昔之擄掠者，尚爲劉竊之謀，今之掠美者，直欲白晝行劫，盜亦無道，尚何言哉？此爲陳君無[illegible]常識，而又「自欺欺人」之確証十七。

次段自「至當時焚掠之情形，則亦有足紀者」以下至「英法人殘暴之舉，不難想見矣」，共若干句，係寫當時焚掠之情形。蓋原因與事實旣明，不能不進一步寫被燬之情狀，故首用一個「至」字，又用「亦有」兩字，文法文義，顯然可尋。蓋當時之情形，不能確知，故引附原文而注明其出處，此是確實必然之筆。凡通史寫法，不注明出處者，皆作者融會貫通之言，反之，則凡注明出

書林閒話

蠨蛸生

近十年來南北流徙，寧與書親，私心所好，輒爲條記。茲擇其較有興味者稍加整齊，名爲閒話；雖不足以當大雅之目，要亦不賢識小之意云爾。蠨蛸生識。

同治以前之西洋語學書

明萬曆後西洋教士東來開教，言語隔閡，莫由通意。於是最初乃有用羅馬字以拼漢文之舉，如程君房墨苑所收以羅馬字拼對漢文諸篇，及金尼閣之西儒耳目資，即其一例；皆所以便西士之初習漢文者也。清初荷蘭人入據臺灣，亦曾教土人習紅毛字。新港社番遂能以羅馬字拼其本地方言，此輩中稱之爲教冊仔；自雍正以至嘉慶，歷百餘年，傳世之新港文書不下百餘通，用羅馬字拼土語與漢文駢列者亦近二十通。清初中國內地是否亦有此種以羅馬字拼方言之文書，今無可考。唯在當時學人中似亦有傳習臘頂話者，如劉獻廷，清聖祖，其著例也。至於專供中土習學之西洋語學書，據目前所知，當以北平故宮博物院所藏寫本華夷譯語中之西洋館譯語爲最早。故宮本華夷譯語凡二十八種，四千五百餘葉，編制與傳世諸譯語大致相同。二十八種中如暹羅，緬甸，蘇祿，琉球，西天，西番，廣西太平慶遠鎮安三土司，川番，猓玀，猛緬，干崖，孟連，猛麻，芒市，瀾甸，車里，要夷，南甸，潞江，猛卯，鎮康，耿馬，凡二十二種，大率西南民族之方言，所謂羈縻語系者是也。西洋館譯語有：拉氏諾（臘頂），播都噶禮雅（葡萄牙），伊達禮雅（意大利），額哷馬尼亞（日耳曼），弗喇安西雅（法蘭西），及暎咭唎，凡六種。西洋館六種譯語，前五種西字大都爲手筆所書，似即出西士之手。暎咭唎譯語西字出於摹寫，故多訛誤，唯其中如 tiger 作 tygre，lion 作 lyon，又從臘頂話借用之字甚多，猶是英國十五十六兩世紀時之情形。德人 Fuchs 據大清會典，謂西洋館設於乾隆中葉以後，今以譯語考之，可證其說。疑即乾隆時由西洋教士所授，以供四譯館生之用者耳。嘉慶一代之此類書籍，今未之見。道光時之英語學書，余只見兩種，一爲英國人羅伯聃（Robert Thom）所著之英華通用雜話，一爲無名氏著之紅毛西洋番話。羅伯聃氏於雅片戰後，爲寧波領事，所著書有意拾喻言，即伊索寓言（Aesop's Fables），爲金尼閣況義後之第二譯；氏又以閩廣方言演喻言爲一別書。又著有華英說部撮要。英華通用雜話，有道光二十三年（一八四三）廣東刊本，Henri Cordier: Bibliotheca Sinica 亦未著錄，日本明治維新之初，福澤諭吉氏曾爲翻印。余所見爲原刊本，首著華言，下附英語，而以漢字註英語之音於其間；單字外並錄普通用語，計分生意數目門，日常口頭語兩類。前有羅氏自序，次爲英文字頭分別總目，次爲凡例，末有啓事一則漢英並列。羅氏此書最別致處在其於總目及凡例中說明英文字母發音，常借用滿洲字音以爲解釋，後來各書所未有也。紅毛西洋番話，原目凡分紅毛字式，數目，件數分別，時歲數目，天文地理國份地方，身體，衣服，人品職份，人品稱呼，飛禽，走獸，魚蝦，果木，瓜菜，酒名，茶名，食物日用物件雜貨，疾病，顏色，紬緞絲棨布疋，入口洋貨藥材，金銀銅鉛錫鐵器皿，竹器草器，木器，船用物件，磁器，玻璃器，花木，皮草（疑應作革），一字言語，二字言語，三字言語，四字言語，五字言語，六字言語，七字言語，八字言語，九字言語，十字言語，長句言語，入口各貨餉例，出口餉例，下澳餉例，各國夷人磅數，白頭話，紅毛一二字全音別，凡四十六門。余所見爲一殘抄本，至食物日用物件雜貨爲止，首有道光二十四年序，佚作者名。此書以紅毛話與西洋話上下對列，紅毛話欄上著漢字，下註紅毛話漢字對音，西洋話亦只註漢字對音；俱不書原文。其所謂紅毛話，即英吉利語，西洋話即葡萄牙語。此書所錄入口各貨餉例出口餉例下澳餉例諸則，爲研究道咸間中外通商史之好資料，余所見者已奪闕有間，誠爲可惜。咸豐一代之英語書余僅見咸豐庚申（十年）重訂拙山人序子芳氏作華英通語一種，西營盤恒茂藏板。據拙山人序，此書大概即依據羅伯聃氏之英華通用雜話，而加以增補；羅氏書所註英語發音，皆依官話，此書作者爲廣東人，故謂其「唐音不正」，皆易以廣東音，是以 four 一字，羅氏書作哮兒二合音，此書易爲「科」，可見一斑也。全書計分數目，時節，天文，地理，房屋，器用，首飾，房物，寫字房什物，工器，職份，人倫，百工，國寶，五金，玉石，茶葉，紬緞布疋，藥材，通商，疾病，身體，刑法，顏色，瓜菜，菓子，草木，食物，炮製，飛禽，走獸，魚蝦，酒名，各埠，船隻，單字，二字，三字，四字，長句單式，凡四十一類；所收大率 business English 用語也。同治以後，同文館廣方言館先後設立，西洋語言，公開傳習，偶有所作亦視前爲完善，如同治元年（一八六二年）鍾經堂刊羊城廣廷楓嶽崖氏所著英語集全，爲書六卷，即其一例。此書傳流較多，今不備述。按同治以前之西洋語學書，爲數當不止此，又余所知者亦以英語爲多，所未見及者當不知若干。有好事者潛心搜集，亦言中西文化交通者所不廢也。

批評事再致大公報文

蕭一山

[illegible]

……(Jean Rodriguez, 1559—1633)……

……Lock……Narrative of Events in China……Personal……Arrow War With China……Anuow……

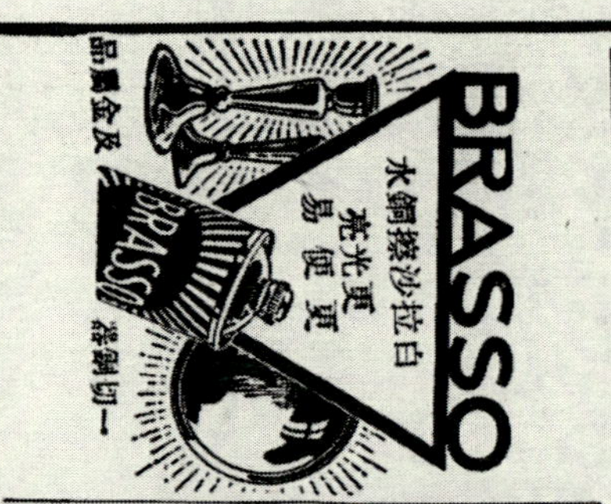

……(By L. Oliphant)……(By G. J. wokeley)……(By H. Knollys)……(By G. W. Cooke)……Hayes……

[illegible]

（第三張） 中華民國二十三年八月四日 大公報

圖書副刊

BOOKMAN 第八十三期

[illegible]
三 投稿通訊可寄「北平文津街國立北平圖書館內圖書副刊編輯收」

讀書脞語（二）

賀昌羣

——中國經典的翻譯（上）

代表中國文化的，是中國文字與古典中所表現着的中國的精神。四書五經是支配這精神的原動力，雖然，現代的中國人也許另有看法。四書五經的翻譯是歐洲人想探尋中國文化根源的動機。這動機約有兩種，且先舉理雅各（J. Legge）的話，他說：

誠然，中國文明大有異於西方，但他們很早就脫離野蠻時代了。我們想到這個民族四千餘年來，生於斯，處於斯，繁殖於斯，和着其他別的民族如亞述，波斯希臘羅馬以及更爲晚後的國度——他們的貢獻也許更高一等——然而，他們都始而興，繼而盛，終而衰，一個一個的過去了，而中國卻至今仍擁着四萬萬的人民。這是何故，很明白的，在這個民族中，必有絕大能力的道德標準和社會信條的存在。（H. E. Legge, James Legge, P. 28. 1905）。

這是一八五八年理氏在廣州貢院的講演，距今已七十多年了，現在西洋「漢學」者的心目中，未必仍作如是想，而接之眼前中國的實際情形，他所說的道德標準和社會信條，已漸漸崩潰到最後的階段了。

另一種我們可用米勒（M. Müller）的話做代表：

如果「漢學」者欲將中國的古籍介紹給我們，如果這古籍中有些東西與我們有些關係，那末，那些東西必不是古舊的，而是永遠常新的。然則，中國學問的研究，便應爲一般所重視，如印度歐羅巴，巴比倫，埃及諸學的研究一樣。（據C. F. R. Allen, Book of Chinese Poetry引）

這兩種意見，可說是他們研究中國學問的動機，翻譯不過是研究的開始而已。

四書五經的翻譯，起於清康熙乾隆間直至光緒朝，譯者多是耶穌會士，康乾間的譯本多用拉丁文。當時從歐洲來華的教士，如奧人衛匡國（Martin Martini）比利時人南懷仁（Ferdinand Verbiest）柏應理（Philippe Couplet）魯日滿（François de Rougemont）西西利人殷鐸澤（本篇人名書名凡未註原文者，皆已見上篇，載本刊第三十期）等，都是清初西學東漸史上著名的人物，他們亦嘗以漢文寫作關於泰西學藝宗教的書述介紹於中國，又譯中國經籍介紹於西洋。上文曾舉殷鐸澤郭納爵所譯論語前五章，此爲中國經典西譯之始，一六六二年柏應理在江西南昌傳教時，刊行於世。自此以後，四書五經的翻譯，相繼有多種譯本。今從漢儒所定易，詩，書，禮，春秋之經數依次論列，間採各家批評的意見。至如理雅各譯的「中國經典」，爲今世西洋公認的「標準譯本」，故所論特詳。

在諸經譯中易經的翻譯爲最難，這似乎是易經的譯者所同感的。因爲「易經的文字所代表的不是文字的本義，而是觀念的象徵，不是作者所說，而是作者所思」（理雅各語），所以單依字面翻譯，必難了解，反之，專重意譯，便可以變易原文，亦非忠實的翻譯。所以易經的譯文，較之他經或四書的譯文，可說沒有一種是成功的翻譯。

易經最早的譯者是法教士雷孝思（Jean Baptiste Régis）的拉丁文譯本。雷氏生於一六六四年，以一七三八年歿於北京，康熙朝與巴明多（D. Parrenin）馬若瑟（J. H. de Prémare）等來中土，其後與法人杜德美（Pierre Jartoux）湯尚賢（Vincent de Tartre）等十餘人奉勅命測繪中國地圖，前張誠白晉所纂的「中華帝國全誌」之插圖，即據此，其底本已由金梁氏石印行世。孝思所譯易經名 Y-King, Antiquissimus Sinarum liber. 共二冊，摩爾（J. Mohl）所編，後附腳氏導言，第一冊出版於一八三四年，第二冊一八三九年。譯稿今尚藏巴黎國家圖書館鈔本部一七二四〇號。此書初譯時，馮秉正湯尚賢亦曾參預其事，馮氏逐字直譯漢字爲拉丁文，湯氏則從事史論之探討，雷氏從而集其成爲之校勘增益，並附以己說。後來理雅各對於這個譯本多所批評，他說：雷氏與馮湯二氏都是對於中國學問很有造詣的。他們以爲此書是兩周之間的產物，其所引論雖亦有歷史的根據，但太淺薄了，未免似是而非。湯氏對於經文與十翼之分，亦未嘗其究竟（Legge, The Yi king, Preface, P. XVI.）。這話是說雷氏等對於易經的觀點，下文論諸譯者的意見時再說。至於雷本的譯文，理雅各說：「這譯本什麼都好，只是讀起來怪不得」（同上，P. XV）。怪不得的原因，理氏之意大概因爲是直譯吧。

雷氏之後，有名的譯者，當推馬克拉提（Rev. Thomas McClatchie），馬氏亦爲耶穌教士，一八四五年來上海，曾在香港上海做牧師，著有「中國人的開闢論」（Chinese Cosmogony, 1874.）及「易經的卦爻」（Symbols of Yih-king, China Review, I, pp. 151—163.）又譯禮記未成。一八八五年卒於上海。

馬氏所譯易經名 A Translation of the Confucian Yi King, or of the "Classic of Change" with Notes and appendix. (American Presbyterian Mission Press, Shanghai, 1876) 馬氏所譯合卦辭爻辭與十翼中之彖辭象辭，而繫辭說卦序卦雜卦都未譯，蓋從今本易經之卷帙。這個譯者對於易經的研究，從他的導言看來，許多地方可以見其武斷之處，或未嘗深考。例如他還譯「彖曰」爲「文王曰」，譯「象曰」爲「周公曰」，何等武斷。十翼的作者古今來聚訟紛紜，譯者即不深考，則亦當從周易正義序之說，正義謂鄭玄等以卦爻爲文王所作，而馬融之徒則以卦辭爲文王所作，爻辭爲周公所作（譯者當更不知今文家以卦爻都是孔子所作了），彖象等十翼之辭，正義並無文王周公所作之說。無論如何不能以彖曰象曰而改譯文王曰周公曰。原來馬氏之譯易經，不求以學術的立場介紹中國經典於西方，而在「以比較神學的鎖鑰來打開易經的秘密」，他反對耶穌會士的譯者譯異教經典而基督教化（參閱 Classic of Change, Preface, p. IV, V.），故他之譯易經是帶有濃厚的宗教色彩的。

一八八〇年陸德理（Angelo Zottoli）又以拉丁文譯易經未完。陸氏爲天主教士，一八四八年來華，終身在上海徐家匯服務，貢獻甚多。他的著作以 Cursus litteraturae Sinicae (1879—83) 爲最知名，此書共五冊，通論中國經典並及中國語文之組織，此易經譯文載該書第三冊，占篇幅約百頁，法國金石文藝院會嘉獎之，其譯文據云遠較雷孝思譯本爲便（參閱 H. Cordier, Toung Pao, Vol. XIII.），但其譯文僅及乾坤等卦爻及其彖象文言，其餘五十六卦爻，則與以極簡單的概說而已。

此後理雅各，菲納斯特（P. L. E. Philastre）哈萊（M. C. de Harlez）都有譯本，理譯詳下文。菲譯分兩編，刊載東洋博物館年報（Annales du Musée Guimet, VIII, 1885, XXIII, 1893.）哈萊與艾約瑟（J. Edkins）拉克伯利等對於易經都有論述。哈氏有「易經之本質及其解釋」（The True Nature and Interpretation of the Yi King. Asiat Quart. Review, 2d. Ser., VII, pp. 386—395）及「易之卦爻」（Les Figures symboliques du Yi-king. Jour. Asiat., I, pp 238—287.）等。艾氏以研究中國語文知名，他關於易經的論著有三種，一（載英國皇家亞細亞學報（J.R.A.S., Vol. XVI, July 1884, pp. 360—380），其餘二篇，載中國評論（China Review, VII, pp. 77—88, 412—432; Ibid; XIV, pp. 303—322.）。大抵艾氏以爲易原是占卜之書，卦辭的象徵意義與卦文是隨意聯結而成的，聯結的人是文王與周公。惟拉克伯利氏畢竟是個「天才」，他在教與終身與貧窮交戰，然而消磨不了他那強大的幻想力，他以爲易經是一部巴比倫的書，卦辭爻辭原是一些表意字（卦爻）的註解，所以位於每個章節的起首，這些註解是上古中國哲人相傳下來的，蓋摹倣古代亞細亞一帶的用法（T. de Lacouperie, The Yh-king and Its Authors, Introduction, P. V, VI. London, 1892.）。拉氏關於易經的譯著還有三四種，可參閱通報第五卷頁四八以下拉氏著作目錄。總之，他的論旨，萬變不離其宗，一則在論定中國文明必發源於黃海之南，一則在把「易經的本文與十翼分開」，以明易經之出於巴比倫。他在英國皇家亞洲學報一八八二年十月及一八八三年四月發表的「中國最古之書（易經）與其著者」（The Oldest Book of the Chinese (the Yh-king) and its authors），譯文錯誤很多，伯驥氏（E. H. Parker）曾爲文駁之，載「中國評論」第十三卷五號頁三〇五以下。

這幾種譯本中，惟理雅各氏的工作最可稱實，許多西洋譯者都多少帶着非純正的動機，或爲宗教目的（如馬克拉提），或爲牽附個人之學說（如拉克伯利），惟理氏則爲欲瞭解中國文化的本源而譯經，他的態度是很鄭重的，他在翻譯一種經書之前，必先對於所譯之書作充分的準備，務求以原書的思想意義還於原書，不管他的能力所達到的深淺，他總是盡其能力。我們對於這位辛勤的譯者，宜乎在這裡簡略地介紹一下。

理雅各（James Legge 此其華名，上海書局石印華英四書光緒三十年金約瑟序譯作雷祈師），英人，生於一八一五年，卒業於阿伯敦大學（Aberdeen U.），以拉[illegible]

第五本上冊：春秋附左傳（The Spring and Autumn, with the Tso Chuen）：隱桓莊閔僖文宣成。香港，一八七二年。

第五本下冊：春秋附左傳：襄昭定哀。附錄及索引。香港，一八七二年。

這部「中國經典」譯完的時候，他尋不到出版費，後來有一位香港的英國商人賈定（J. Jardine）和他的兄弟才允擔任了。

「中國經典」中，惟易經周禮不在，因爲這兩部書是理氏返國後在倫敦譯成的，今收入理氏好友繆勒（Max Müller）編的東方聖典（Sacred Books of the East）第十六本及第二十七八兩本中。

理雅各

理雅各的譯經工作在咸豐同治間，正當太平天國之亂，那時（同治元年）有一位江南名士王韜，因避禍匿居香港，效館於理雅各處，對於譯事頗多助力。王氏曾輯毛詩集釋供他參考，此事最近洪煨蓮先生引王氏蘅華尺牘有所考證（見文學年報第二卷六號中國文學研究專號），惟王韜之名，理氏在「中國經典」中未嘗稱道，但在他的信札中卻曾提及見「理雅各傳」頁四三，信中稱王氏爲 Dr. Wong，係廣州音，所謂「打狗頭」者，或即「長毛狀元」之意。據理氏書札說，他每月給王氏二十元的津貼，還表示不願意，他說「有時我很不情願留他了，間或整整一禮拜我都可不問他，可是，偶爾遇着一個疑難時，他卻大有助於我，尤以起草「導言」時，他於我更有大用」。理氏的信中未指明王氏之名，但拉克伯利在其「易經與其作者」（The Yh-king and its Authors）引言第九頁中，卻明言王韜曾爲理氏譯經的助手，曾主編上海滬報（？）兩夜報。洪煨蓮先生據弢園尺牘卷七謂同治六年丁卯冬間王氏應理雅各之聘，赴歐洲譯訂「中國經典」（頁一〇四〇），此事頗有疑義，蓋同治六年當公元一八六七年，此時理雅各仍在香港譯詩經下卷（參看理氏本傳頁一七三），何得招致王氏赴歐洲？二者年次必有一誤，但吾人寧信理雅各傳之說。

理氏返國後，始出版易經（一八八二），與禮記（一八八五），他對於易詩書諸經的翻譯，態度似乎很嚴重，用力也很大，然而，終不及他譯四書的比較省力而成功亦較大，這是經書本身所具文字的與思想的二重困難，難以苛求譯者。

理氏在「導言」中往往守注疏家的陳說，最爲拉克伯利與金斯彌勒（T.W. Kingsmill）所反對，拉氏之論見上舉之書，金氏之文見中國評論第九卷二號頁八七—八九。這兩位都是主張中國文明西來說的著名人物，那末，他們責備理氏信易經是一部純粹的中國古書，自無足怪。倘若中國的學人看來，恐怕又將說理氏太不明「家法」了。例如，他在無可奈何時，要拂去注疏家的繁襲之說，往往便說這些解釋「全是任意爲繫的」(entirely arbitrary) 或「妄說而已」(merely a jargon)，簡直以不了了之。

理氏對於易經的譯例，與他所譯諸經卻有不同，他常在易經的譯文中以括符添字來補充正文的意思，這種辦法在普通譯例中是有的，如果原文的表現，無論在文法上或意義上有不足的地方，不得已而爲之，未嘗不可以幫助讀者，例如理氏譯象辭（他認象辭爲周公所作！）「天行健，君子以自強不息」爲：

Heaven, in its motion, (gives the idea of) strength. The superior man, in accordance with this, nerves himself the ceaseless activity(Appendix II, p. 267.)

括符內的字是理氏加的，依正義說，「天行健者，謂天體之行，晝夜不息，周而復始，無時虧退，此謂天之自依之象。」理氏括符內加的 idea 一字，當是正義的「天之自依之象」的象字，這是原文有其義而未表現於文字的，譯者在這裏補充幾個字，卻可以代替注疏家的千多個字。我們再引馬克拉提的這句譯文來比較，便可知理氏譯文確高人一等：

Heaven revolves without cessation, and the Model Man in imitation of him is indefatigable without cessation. (Mcclathie, The Yih king, p.6.)

相形之下，馬氏的譯文便顯得平板而無力了。從這個例句說，括符的使用，在不得已時是有用的，可是，濫用括符爲原文以外的附加意義，則於原文爲不忠實，於讀者便易引起誤會，到底不可以爲訓。這個例證，可舉理氏譯繫辭「天尊地卑，乾坤定矣；卑高以陳，貴賤位矣」至「在天成象，在地成形，變化見矣」。這幾句分明是兩個簡單的觀念的推演，並不難譯，也並不難懂，而他的譯文每句都加上二三個括符，反將原文的意思翻成晦澀了。試舉其譯文頭二句：

Heaven is lofty and honourable; earth is low. (Their symbols), khien and Khwăn (with their respective meanings), were determined (in accordance with this). Things high and low appear displayed in a similar relation. The (upper and lower trigrams and the relative position of individual lines, as) noble and mean, had their places assigned accordingly. (The Yi King, Appendix III, p. 348.)

原文的意思那樣簡潔分明，譯文卻這麼含糊冗雜，括符內的字幾乎多於正文，可謂「弄巧反拙」。假如我們試將這兩句改爲直譯，與理氏譯文比較，雖不敢說便勝於原譯，但亦可見濫用括符之蔽：

Heaven is honourable, earth is lowly. The Khien and the Khwăn being settled, the lofty and lowly. are arranged in order, the noole and mean assume their proper places.

因爲這段原文簡潔分明，所以直譯也容易做得，正不必過重意譯，濫用括符，理氏易經的譯文，這點似乎是可以商榷的。

新書介紹

甲骨學文字編

醴陵朱芳圃著 商務印書館出版 民國二十三年三月 定價大洋二元五角

二十年之秋，醴陵朱芳圃氏，執教河南大學。因其教習之便撰爲甲骨學四編。一曰文字，二曰例類，三曰商史，四曰器物。其文字編定稿，去秋寄上海妻兄夫處，余獨有北平之行，未暇細讀。邇後江山遙隔消息杳然，綿延至今，而此參稽繫余之書，始得盡讀之矣。

殷虛甲骨之學，今日時尙所趨，老師宿學，弱冠童年相與傳鈔摸拓，爲探頤索隱之業者，無慮數十家。而考文說字，有系統之作，自商承祚氏殷虛文字類編外。（王襄簠室類纂，不若商書）十年於茲，未聞有述焉。豈非考古者之遺憾乎。

蓋說字考文，爲通訓詁之首事。乾嘉諸老窮其經學奧衍者，以此也。

卜辭出土，爲年三十，字之不可通者，在三四千名以上。即以可通者五六百字言之，尙有依違兩可不成義之說。學者推闡社會之起源，探求史事之異同，豐猶戶牖窺人，雖以見其全矣。

商氏類編，訂於民國十二年以前，此得羅王二家之助。而此十年之間，卜辭研究，有一日千里之概。若葉玉森氏，郭沫若氏，頗多新奇可喜之說。若丁山氏，吳其昌氏，董作賓氏，均有獨得之見。若徐中舒氏，余永梁氏，唐蘭氏，容庚氏，素以多聞缺疑，爲諸大師所推重。之數子者，才大心細，足以類造作之精，然不免矜才立異之蔽。今朱氏頓八紘以掩之，則凡片言隻字之譽，靡羣無遺。其於商氏類編，不曾說文之有段注。然則朱氏此書，譬之爲初學津梁可也，譬之爲斯道大成，亦未始不可也。

今進而論朱書之取材，共得二十家，五十七篇。（專書三十二單篇二十五）可識之字，達八百三十四，（據補遺刪訂）比羅氏（增訂殷虛書契考釋）多二百七十四，比商氏多四十三。重文三千四百六十九，比羅氏多二千一百五十七，比商氏多一百廿九，正後來居上之證也。加以摹寫古篆，皆精校原文。（凡例自云）余嘗取四十餘字，以證羅氏影印殷虛書契前後編，未見歧異之迹。新增之字，不僅取諸新印材料而已。即羅氏商氏所嘗窮搜極討者，朱氏亦嘗苦索一翻，故爲補漏不少，（書契後編下十四葉有龤字書契精華有龤字後編下三十九葉有嬰字前編卷六五十六葉有嬰字均羅商二書所漏列）然則凡例所云，『本書皆精校原文，一一更正，』決非自誇過甚之詞也。所惜朱氏成書太驟，譌誤顯然，無待辯証者，未能嚴赴凡例之所顯。例如胡光烽，丁山，釋亡夫爲無尤。（余別有說）郭沫若，[illegible]

新疆之文化寶庫

勒庫克著 鄭寶善譯 蒙藏委員會出版 定價一元五角

此爲德國考古學者勒庫克（A. Von Le Coq）領導第二次德國中亞探檢隊在天山北路發掘的報告，英人巴維爾（A. Barwell）譯爲英文，鄭寶善君復從英文譯爲漢文。圖版甚多，共有五十二頁。譯者以晉中有「十五世紀以前，新疆殆無中國文化之痕跡」之語，乃摘譯日本羽田亨氏西域文明史概論第七，八兩章，附織書後以明其誤，於讀者甚有裨益。此種學術刊物流通不能太廣，蒙藏委員會能注意及此，自爲學者之幸；然而纰繆太多，易滋誤會，不可不於再版時詳加校正。茲就鄙見所及略舉如下：

一、錯字譌句太多，[illegible]

二、既是譯作，應於書名，著者名，人名，地名，以及其他專名，著其西文原名以備徵考。本書不特無一西文，譯名又不統一，令人迷惑。如同一斯文赫定(Suan Hedin)，第九頁譯爲溫斯海汀，第二十七頁譯爲施維海丁，不著原名，豈不成爲二人。

三、譯者對於中亞考古學上的常識似不充足，以致極尋常的譯名不能讓普採用。如窣堵波（Stupa）譯作斯徒巴（第十一圖），摩尼教譯作曼尼教，粟特（Sogd）譯作蘇丹，景教（Nestorian）譯作叙利亞教，而註其納同（應作司）特倫之名於下（第二十九頁）。最可笑者爲第九頁之按語，茲錄於下：

『譯者按英人斯坦因，凡三次來華，卒將敦煌石室所藏之佛經盜去。此經即唐僧玄奘，不知經過若干險懸高山及不毛大陸，由印度而取來，今竟爲斯坦因盜去！吁！可惜矣！』

斯坦因本匈牙利人，曾服務於印度政府，乃誤爲英人。斯氏從敦煌盜去者乃爲玄奘從印度取來之佛經，眞不知何所據而云然？（于鶴年）

遼雅齋叢書 八種二十六卷

北平琉璃廠遼雅齋書肆影印本 每部十冊 定價七元

是書爲遼雅齋書肆主人董金榜所輯，計爲清焦廷琥三傳辨疑四卷，洪頤煊孔子三朝記七卷，臧鏞通俗文一卷，錢唐史記釋疑三卷，汪孟慈尚友記不分卷，陳奐師友淵源記一卷，汪喜孫汪孟慈文集不分卷，洪頤煊筠軒文鈔八卷。

是書雖題董氏，然所觀各書，均借諸東莞倫哲如氏，（明）即書前敘目，亦爲倫氏所撰，故所論叢書義例，均極中肯，文筆亦極爛雅也。叢書之稱，始於兪氏儲學警悟，左氏百川學海，其後踵事增纂，迄至清末，纂輯尤廣：[illegible]所以叢輯叢[illegible]其大部巨[illegible]者；顧不登[illegible]雖免重複也[illegible]若適園叢[illegible]十百卷者，[illegible]錢唐史記釋[illegible]竹汀氏廿二[illegible]友淵源記，[illegible]人遺事，均[illegible]都汪氏遺書[illegible]濟之方法而[illegible]書既可流傳[illegible]於消售，在[illegible]得計也。[illegible]此書體例雖[illegible]有不易經見之[illegible]以共知見之[illegible]倣之一助，[illegible]於此。（閑）

霜厓曲錄

吳梅著 商務印書館排印本 定價大洋八角

[illegible]紙上。然所作實清新華贍，非嘉隆後人所能望其項背。如北雙調折桂令過秦淮云：「弔長橋忘不了新亭烽火，渡清溪壞不平故國風波」。商調金絡索贈鄭娘云：「重來北里遊，親把銅鐶叩，人立妝樓，比初見臨兒瘦，看梳頭，你也凝定了秋波凍不流」。仙呂步步嬌題金鼓綠慈烏村圖云：「這是尋常百姓家，掩上蓬門，不求聞達，一帶竹籬笆，淡疏疏好個村莊也」。雙調玉嬌娘題傳屯艮紅薔綠舊圖云：「而今追省，指銀河樓

寄能老吳蔡之無敢地寄悲淚紅了涼
自不矣氏極能不也紅麈哽寄情良四
禮爲，者一事出俠心西「一，，家星
上斯而，時。色氣孳冷。也雖聘，
）學耦並，遡富英，悲越省則，則
惜武世然年行風雜秋訊得是他道
也無無眞劇，在花圖下名綠傲照
。人二知曲極還亂云山花葉吳春
（，。灼之倚遺製：虎落成娘閨
徐斯吳見學聲「一，一顧澗陰不接
鐵不氏如，家。你滿徐添黃唱受

圖書副刊
BOOKMAN
第三十九期

一　本刊登載關於中外圖書之介紹批評以及學術界消息，爲公開性質，歡迎投稿。
二　刊登本刊之文，略致薄酬。
三　投稿請逕寄「北平文津街國立北平圖書館內圖書副刊編輯收」。

書評

萬曆三大征考　新・

明茅瑞徵著　民國二十三年四月燕京大學圖書館印行　定價一元

明代記載朝政之作，汗牛充棟。其中不無可傳之作，而未免有疵類之處。四庫提要論弇山堂別集，嘗及明代野史有云：

「蓋明自永樂間，改修太祖實錄，誣妄尤甚，其後累朝所修實錄類，皆闕漏蕪無。而民間野史競出，又多憑私心好惡，誣妄失倫。史愈繁而是非同異之蹟，愈顚倒而失實。……」

是以錢謙益有明太祖實錄辨證五卷。（見牧齋全集）甚矣，讀書之不可不愼擇也。即如明茅瑞徵萬曆三大征考一書，近時頗爲珍貴。而詳細抽繹，大半採自傳聞，事多簡略，前後不詳。而自序反譏兩朝平壤彔武功錄兩書，牾陋失當，乃爲參訂刪輯。其序有云：

「神宗皇帝在位四十有八載，武功維競，而哱播朝鮮三大役特著，露濺電爍，于今爲烈矣。余嘗閱兩朝平壤彔，頗類稗乘小說，掇拾多不雅馴。已得瞿待詔武功錄續之，所述哱播情事，似屬詳盡。而歸張間涉厖蔓，不無迂合。朝鮮一案，直稱手祖龍，濃焰，缺爲不備。往歲歸舟，偶寄本兵稿略。因出次參訂，僭爲刪輯。……」

觀其序文，則此書之成，應較以上兩書爲佳，而其實乃大不然者。考哱氏之亂，爲萬曆二十年，寧夏致仕副總兵哱拜，殺巡撫都御史党馨，副使石繼芳，據城反。後以重兵討之，歷九月始平。其事有北樓日記二卷，（見四庫全書史類存目三）宋劾清西師紀略（皇明經世文編）詳紀其始末。倭寇之禍，爲萬曆二十年，日本入寇朝鮮，明廷出援，先戰而議和，和敗而復戰。相持八載，始克收兵。故專書論載此事者甚夥，如經略情形，則有宋應昌朝鮮復國經略要編十四卷。（南京國學圖書館有影印明刊本）事蹟則有蕭應宮朝鮮征倭紀略一卷，（見明史藝文志）沈思賢經略復國情節二卷，楊伯珂東征客問，熊尙文倭功始末。（見千頃堂書目）播州之亂，爲萬曆二十五年，播州宣慰使楊應龍叛，歷三年而誅平。其事則有李化龍平播全書十五卷，（北京大學圖書館藏有明刊本），及郭子章平播始末二卷，（見四庫全書雜史類存目三）諸葛元聲兩朝平壤彔，則三事俱載，頗爲翔實，茅氏既從事於編纂工作，當博採羣書，而於北樓日記等書，俱未提及，僅取才於平壤彔武功彔等書而簡約之。如平壤彔記哱氏事約一萬四千餘字，播州事約三萬六千餘字，而此書尙不及其三分之一。其文字亦並未檃括，則其遺漏，蓋不鮮矣。萬曆朝三次戰爭，哱僅九月，播爲三年，惟援朝鮮一役，曆年最久。亡兵糜餉，天下騷動。東境之失防，滿洲乘機而擴大，民窮而財盡，流寇因之以蜂起。明社之不永，未始非此一役之故。此一役之重要，非哱播之事可比，而此書於哱播二役，既略載不詳，於朝鮮之事爲更甚，茲略取數則以論之。考此事之起源，乃日人平秀吉起人奴而致位關白，平服國內，謀寇中原，誘朝鮮爲嚮導，朝鮮不從，故出師伐之，今此書僅云：

「萬曆壬辰，西夏方用兵，而倭大入朝鮮，數告急，朝鮮即古高麗，與遼接壤，修貢謹，輿地延袤六千里，三都八道饒富有華風，然承平久，備不習鬥，其王李昖湎于酒，而倭酋關白平秀吉，起人奴篡立，以梟傑雄六十六州，善用兵，朝鮮釜山去日本對馬島不遠，向有倭戶流寓往來互市，通婚姻，因開朝鮮弛備，壬辰四月分遣酋行長清正義智妖僧玄蘇宗逸等，擁舟數百艘，捽路慶尙道，遇釜山鎭，五月渡臨津，掠開城，分陷豐德諸郡，朝鮮望風奔潰，……」

對於日誘朝鮮一事，隻字未提。殊不知明廷之所以出重兵救屬國者，因朝鮮義不導日入寇故也。朝鮮之所以求援求內屬者，亦自恃有此義也。然則日誘朝鮮嚮導入寇，爲八載血戰之大關鍵。豈可忽諸，而此書竟略而未記，可謂昧於原委矣。

其末論倭事有云：

「或謂關白忌清正世臣，借兵事出之全慶間，始製以弄臣行長，坐是頻戰互異，不其然歟」。

然余考日人賴襄之日本外史，川口長孺之征韓偉略，及朝鮮人柳成龍之懲毖錄，俱無此說，其定非事實也無疑。而茅氏信此齊東之言以爲然，不其陋歟。

此書附圖五，爲寧夏總圖，日本總圖，島夷入寇之圖，遼東連朝鮮圖，播州總圖，其中日本總圖，及島夷入寇之圖，俱採自籌海圖編而未書出處。

考瑞徵爲鹿門之從孫，以進士知泗水縣，調黃岡，擢兵部職方主事，仕至南京光祿寺卿，歷官有廉吏之目。壯年即解職歸田，自號苕上愚公。著作甚多，有東夷考略一卷，皇明象胥錄八卷，秘閣秘錄初刊十四卷，武書彙二卷，（北平圖書館俱有藏本），華夷譯語十三卷，（見楊守敬日本訪書志）以上諸書，尙多可取，豈此書爲少作，草率從事，未暇修訂者乎。但明人著述，似此蕪雜之書，固亦數見不鮮也。

此書近由燕京大學圖書館，編入叢書之中，印行於世。冠以該校史學系教授鄧之誠序。而序中所云亦不無可以商榷之處，茲爲述之如下。

鄧序云：

「往者予得茅瑞徵三大征考，燕京大學圖書館傳鈔一本，予亦借抄所藏東夷考略，然二書實一書也。…」

考東夷考略，爲女眞通考，海西女眞考，建州女眞考，附圖八，末有東事問答，苕上愚公傳等編，與此書絕不相同；北平圖書館所印之明季史料四種，即附載此書。鄧君自云已抄得副本，竟謂二書實爲一書，殆因其並列爲一書之故。但語意頗易引起誤會，不知者觀此序文，將以此書爲東夷考略矣。序文又云：

「……倭人窺釁，先併琉球，遂蹂躪三韓。……」

考明史卷三百二十三琉球傳有云

「萬曆四十年，日本以勁兵三千人入其國，擄其王，遷其宗器，大掠而去，」

朝鮮被寇於萬曆二十年，較日本併琉球，早二十年。豈鄧君以滿季日本先取琉球而後併朝鮮，誤以爲明事歟。

序又云：

「源家康領東北三十三州，不預兵事，關東卒無一渡海，此最爲關鍵。知明廷是時倘能用間，然則推此事

爲清代通史下卷再答蕭一山君　陳恭祿

「辯論之文，易如陳君所謂流於「爭勝」，「爲讀者所厭」。此後蕭君及陳君，如更有所商榷，務請逕函討論。（或由本刊轉寄）本刊恕不登載。　編者識。」

評清代通史一文，前於大公報文學副刊發表，原就書中之重要錯誤及編者未參看之原料而言，目的則指示一般作家將來努力之途徑。原文列舉之例繁夥，蕭君答辨，就太平天國之天曆及圓明園被焚之責任而言。余讀其文，認爲顚倒是非，即草一文答復。去年五六月間，文學副刊編者聲稱收得蕭君答辨，余見報後，立時去函，商於編者可否將辨文寄交評者，由其作一簡單答覆，庶可結束爭論。編者未有覆書，蕭君辨文歷七八月之久，亦未刊出。本年副刊結束，六月間友人某君寄來蕭君抄印之答辨一份，內有編者附識，亦蕭君草成，托爲編者之言。余讀文後，以爲蕭君意氣用事，不於爭論之史蹟立言，置之不理。會文見於國風，又見於中國日報及大公報圖書副刊，蕭君於附識自言文之重要，又以蕭君之力，迭載於報章雜誌。識者苟讀雙方文字，當能辨別是非，而一般讀者或未明悉原委，故乃改變原意，作一簡略答辨，幸讀者察焉。

蕭君此次辨文甚長，內容卻拋去史蹟眞僞之爭論，而文支離瑣屑，不可究詰，其咬文嚼字之甚，直類走江湖之拆字，聊舉三例證明。一爲朝續文獻通考，——蕭君第一次辨文，未有續字，今謂手民脫去，辨已結束，乃質問何地，實係何人所作，長近千字。皇朝續文獻通考爲吾人常見之書，且非爭論之點，評文答辨均無詳論之必要；余評清代通史下卷，而蕭君答辨祇有皇朝文獻通考。該書紀載乾隆中葉以前之政治制度，與所評之書無關，故以簡略之辭，稱皇朝續文獻通考，成於嘉慶以後，爲蕭君所未參看。蕭君今作長文論之，並謂余未之見，何武斷支離至此！二關於賊情彙編一書，蕭君謂余未曾一讀，余於南京久已讀之，故有『未見其書』，決不妄言欺人之語。一則表示平日讀書之態度，一則諷勸蕭君於未讀之書，不可妄言欺人，如列籌辦夷務始末之名，而所敍之情節，與之迥異也。不幸大公報排印，將『書』字誤作『人』字；手民之誤，識者當能知之，蕭君竟於此點大發議論，殊不值得。三關於圓明園被焚之責任，余謂有三國可信之史料爲憑。所謂三國者，指中英法而言，乃蕭君將中國除外，謂無三國，可謂奇矣。咬文嚼字之技，可謂神矣。

諸凡此例，不勝枚舉，果如此支節辨論，則問題益多，時間愈長，既爲讀者所厭，余亦無此時間也。蕭君上次答辨，單說二事，一天曆，二圓明園之被焚，余之答覆亦說明二事之眞僞。今蕭君另行提出徐廣縉與英人訂約之案，謂英人不入廣州。天曆眞僞及圓明園被焚之責任，前已考證明白，茲再就蕭君辨文論之，作一結束。徐廣縉與英人訂約不入廣州之眞僞，則於後節說明。

天曆每四年一加之說，係據翻復之太平天國有趣文件十六種，蕭君現稱未見此書，退一步而論，有趣文件果有錯誤，亦未解決雙方之爭論，今之問題則爲天曆是否合於科學也。天曆每年共三百六十六日，共四十年一加，每月三十一日，取其福有加無已之意，是否有科學之根據？太平軍領袖後知其不適於用，改爲每四十年爲一斡旋，斡旋之年，每月二十八日。其詔書稱係天父作主所定，此豈科學研究之結果乎？依據三百六十六日爲一年計算，氣候節令，將年不同，四年將差三日，二十年則有十五日之差，此豈合於科學乎？其無朔望，不便於江南農民車水栽秧，不適於用，蕭君則稱非其南人，不能知之，要未推翻其錯誤。舊曆計算月日，係據月球繞地球一週而言，推算氣候節令則用陽曆，常人目爲陰曆，實非科學之言。蕭君仍望字生義，護短徒見其愚陋固執耳。現時之結論如下：

（一）天曆無科學之根據。

（二）天曆不適於用，推算氣候節令不如舊曆。

（三）中國非全用陰曆，稱爲陰曆，乃常人說法，非科學之言。

關於圓明園被焚之責任，蕭君於此謂抄有圖書目錄，抄寫目錄，實非難事，吾人所注意者，惟其是否有新知識貢獻而已。蕭君答辨，拋去辨論史蹟之眞僞，一則眩其抄有目錄，二則錯解三國文字可憑之語。（說已見上）三則武斷 Macnair 所編之近代中國史文選爲中學生所讀之書。四則護短，謂余考證清代通史關於圓明園被焚月日之錯誤，無書可供檢查。第一二項無庸詳論。至稱 Macnair 所選之書爲中學之用，殊與事實不符，余不欲節外生枝，爲其辨護。顧書爲選輯之史料，無論若何，終須一讀，蕭君認爲中學生所讀，以護未讀之短。苟用蕭君辨論之文例，蕭君尙不足爲中學生矣，一笑！行文至是，惟望蕭君不必咬文嚼字，武斷一切也。第四項謂稱月日無可檢查，亦不足信。近時發表之文，保儀回君國後修正之稿，明證有二。（一）編者附識係蕭君草成。（二）蕭君於答辨文中，稱余因評一文，竟能他就，去年七八月間，余尙未能決定去事，蕭君於五月即能知之，可謂神奇！余佩蕭君不惟善於拆字，且能預言。凡此種種，均與辨論之史蹟無關，不過證明蕭君之牽強附會，一段長文，唯有一點關於本題，蕭君據法文一字稱英法聯軍實有統帥，然未說明何人。英法軍隊直歸君主管轄，決不能交他國大將指揮，其時二國以歐洲問題，將士暗鬥甚烈，摩爾士 Morse 大清帝國國際關係史 The International Relations of the Chinese Empire 詳紀事之始末，倘望蕭君一讀，再發議論。綜合先後討論各點，關於圓明園被焚之責任，余之立論，毫無改變，其主意如下。

一、圓明園係英代額爾金決定焚毀，英軍奉命執行，他說毫不足信。

二、英法軍隊各歸本國大將指揮。

蕭君在英留學，搜得報紙記載，認爲可信之史料，據而斷爲徐廣縉與英人訂約，英人不得進入廣州城中。報紙雜有附會之傳說謠言，不足爲歷史之主要材料，稍有史學常識者，莫不知之。蕭君引用之文，究非全文，編者此文，曾據中國當時之傳說，抑或諷華人未有眞實之報告耶？此類記載見於中國史料書籍者不知凡幾，書與中英二國公文檔案相反。一八六〇年前英國藍皮書久已公開，蕭君不於公文搜集新知識，可謂奇矣。即未讀公文，重要史料如大清帝國國際關係史，亦未參看耶？該書敍述多據英國可信之史料，其所敍關於徐廣縉之交涉始末，亦迥異於蕭君所言。至於中國公文，蕭君可得諉稱遠在倫敦，無書可查。余不欲再責蕭君，惟說明徐廣縉交涉之眞像而已。

南京條約開放五口，上海寧波均許外人進城，福州廈門會有爭執，閩官後亦讓步解決，獨廣州人民力欲維持舊例，不許外人入城。就條約而言，稱商埠爲港口，開放港口，固無准許入城之根據。顧英人謂他口准許入城，粵人獨持異議，含有輕視之意，要求不已。欽差大臣兼兩廣總督耆英會佈告開放廣州，幾致大變，乃將其取消。英國人士亦謂堅持入城之議，終不能進城居住，無補於商業，一八四六年（道光二十六），與耆英議訂條約，緩期入城。條約未會載入時期，蓋無期延擱也。粵人之態度蠻橫，英國內閣改易，採取積極之政策，香港總督翰端遂率艦駛入省河，將用兵力解決，耆英屈

新書介紹

徐文定公逝世三百年紀念文彙編

上海徐家匯聖教雜誌社出版

出版界雜訊

家庭 週刊

新稅則

感謝

吐血

服病

聲明

大公報代售書籍

BRASSO

凡銅錫各種及金

用品黑光 白拉沙擦銅水

久耐彩光

圖書副刊

BOOKMAN
第四十期

一　本刊專載關於中外圖書之介紹批評以及學術界消息之稿件，[illegible]
二　[illegible]
三　投稿請寄「北平文津街國立北平圖書館內圖書副刊編輯收」

賊情彙纂訂誤

羅爾綱

賊情彙纂一書，爲咸豐初張德堅奉曾國藩命編纂的。這部書史料的來源有三：一爲軍中所獲文件，一爲采訪。這部書的內容共分劇賊姓名，僞官制，僞軍制，僞禮制，僞文告，賊教，賊數，雜載九門，實爲研究太平天國全史的一部重要記載。在圖書評論第二卷第四期我有評影印張德堅賊情彙纂的一文，已經詳細說明此書的內容並許論其價值，我在這裏，不用再說。但這部書也有錯誤的地方，尤其是作者的觀點，往往有編者主觀的解釋，[illegible]也還少，而據自來訪得來，錯誤很多，尤其是卷一劇賊姓名上記太平軍領袖的籍貫出身更有不少的錯誤。今天這篇短文便是就[illegible]訂正，自不免掛一漏萬，但或許還可以供採用此書的學者做一種參考的吧。

一　籍貫的錯誤

甲　洪秀全馮雲山不是廣西桂平縣大黃江思旺墟人

賊情彙纂卷一劇賊姓名上首逆事實首逆僞天王洪秀全條記洪秀全的籍貫道：

秀全廣西潯州府桂平縣大黃江之思旺墟人。廣西潯梧一帶，土著者少，墾山貿易多廣東人，秀全實廣東花縣籍。

同卷僞副軍師南王馮雲山條記馮雲山的籍貫道：

雲山廣西潯州府桂平縣大黃江思旺墟人。

綱案洪秀全馮雲山都是廣東花縣人，此說爲桂平縣大黃江思旺墟人誤。思旺墟與大黃江交界，屬平南縣所轄，此說桂平縣思旺墟亦誤。考洪馮兩人爲廣東花縣人有三證：第一，光緒潯州府志記洪馮的籍貫及入廣西的經過道：

秀全花縣人，與同邑馮雲山先至博白，繼至貴縣龍山，復往來平南鵬化山，最後寬匿紫荆之鵬隘山，（綱按，紫荆屬桂平）主曾玉珩家。（卷五十六頁十）

這是證一。第二，光緒潯州府志記有桂平縣稱放馮雲山後有遠遣回花縣原籍的事。（見同卷）這是證二。第三，咸豐帝上諭記有廣西巡撫勞崇光覆奏查明洪秀全馮雲山韋正祖墳經廣東花縣廣西桂平縣發掘的事。（咸豐朝東華續錄卷十九頁十五）這是證三。

乙　石達開不是桂平縣大梭村人

賊情彙纂卷一劇賊姓名上首逆事實僞左軍主將翼王石達開條記石達開的籍貫道：

達開廣西潯州府桂平縣大梭村人。

綱案石達開廣西貴縣北山里奇石墟那幫村人，此說爲桂平縣大梭村人誤。（李秀成供狀說石達開秦日昌爲桂平縣白沙人，綱案秦日昌實貴縣人，賊情彙纂已從其家冊中考出，至說石達開爲桂平縣白沙人亦誤）。考光緒貴縣志記石達開道：

石達開邑之北山里來人。（綱按，即客家人）其家世業農。道光間，會匪馮雲山誘其入夥，秉家從賊，歸洪逆於金陵。咸豐元年，縣令張汝瀛令龍山武舉覃安邦發其祖墓，碎骨揚灰。（卷六，頁二十）

去年秋，廣西貴縣修志局局長龔雨塵先生親到石達開故居去寬訪石氏的遺跡，在村前鋪地的亂石中，忽然發現出一塊當年不會給清吏粉碎到的達開曾祖母的墓碑。其墓文如左：

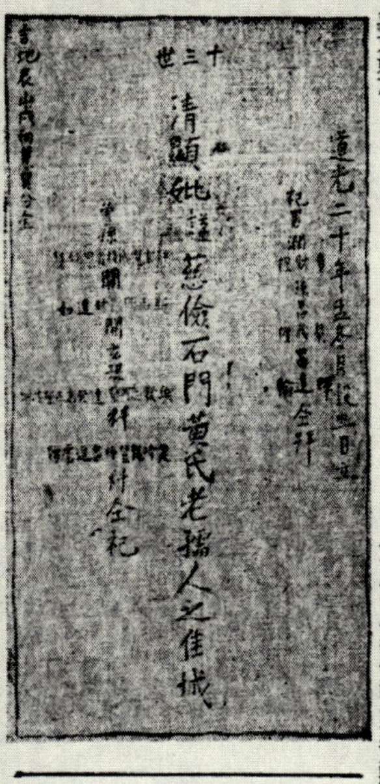

此碑中的昌榮是達開的父親，達開兄弟行十六人，達開是排在第十五的小弟弟。此碑中的達開曾祖母據碑文來貴縣已經十三世，到達開便是十六世了。據此，達開爲貴縣人，我們不但有方志作證，而且有石碑作證了。

丙　其他

賊情彙纂卷一劇賊姓名上首逆事實僞又副軍師北王韋昌輝條記韋昌輝的籍貫道：

昌輝即韋正，改今名。……廣西鬱林州博白縣人。

綱案韋昌輝桂平縣紫荆山下金田村人，太平天國金田起事就是在昌輝的家，此說爲博白縣人誤。光緒潯州府志民國桂平縣志都可考。又同卷僞豫王胡以晄條記胡以晄的籍貫道：

以晄廣西潯州府桂平縣亞柳村人。

綱按胡以晄平南縣八峒人，（據光緒潯州府志。李秀成供狀作平南縣花洲山人村，按潯州府志說胡以晄最得「山民」信服，山民都住在山峒裏，此說山人村，當即潯州府志所說的八峒。）此說爲桂平縣亞柳村人誤。又同卷首逆僞正軍師東王楊秀清記秀清的里居道：

秀清廣西潯州府桂平縣人，住大黃江金田村之花洲。

僞又正軍師西王蕭朝貴條記朝貴里居道：

朝貴廣西潯州府桂平縣大黃江新墟人。

綱案楊秀清蕭朝貴都是桂平縣鵬隘山下燒炭工人（據光緒潯州府志民國桂平縣志）此處所記里居亦誤。

二　事實的錯誤

甲　太平天國無天德王洪大全其人

賊情彙纂卷一劇賊姓名上首逆事實有僞天德王洪大全傳一篇，極力寫洪大全的才識，其記洪大全與太平軍的關係道：

大全湖南衡州府清泉縣人。……亡命江湖，至粵西大黃江晤楊秀清，傾談甚歡，入夥誘逆，初封天德淩師，旋封爲天德王，自金田至永安皆與洪逆俱。

綱按洪大全有沒有這個人，我們不敢說，有沒有天德王洪大全這個人，我們也不敢說。（咸豐初元，粵桂湘天地會蠭起，紛紛稱王，各有名號。北平圖書館鈔本粵匪雜錄有一篇天地會檄文，自稱「奉天承運太平國總理軍機大元帥萬大洪」，其年號便是「天德」。）但太平天國卻沒有所謂天德王洪大全這個人，歷史的證據，最是明顯。我們可以列舉七條有力的證據出來：

㈠太平天國永安封王詔無天德王洪大全。
㈡「天德王」名號與太平天國宗教信條違背。
㈢李秀成供狀無天德王洪大全事。
㈣當日軍前士大夫不承認洪大全爲太平軍要領。
㈤當日廷臣有彈劾鋪張獻俘的奏章。
㈥咸豐帝有承認洪大全「係從賊夥黨，原非首要之匪」的上諭。
㈦軍機大臣刑部會奏洪大全供狀與太平天國事實不合。

考太平天國封王於咸豐元年秋佔領永安州後。當日得封王者祇有東王楊秀清西王蕭朝貴南王馮雲山北王韋昌輝以及羽翼天朝的翼王石達開五人。（見程演生太平天國史料第一集上天命詔旨書頁十一—十二）按軍機大臣刑部會奏洪大全供狀說洪大全在咸豐元年二月間入太平軍，爲洪秀全謀主，當洪秀全稱王時，洪大全與馮雲山等同時被封王。假使太平天國果真有天德王洪大全這個人，而又是與馮雲山等同時受封，則當時封王詔中不應沒有他的名字，這是一條最有力的證明太平天國無天德王洪大全這個人的證據，這是證一。又「天德王」名號與太平天國宗教信條最是違背。太平天國文獻中除天父天兄天王天國天朝天王天將等名數外，個人封號從來沒有「天德」的名號。封出詔中詳論除上帝而外都不得稱上稱帝稱聖，故洪秀全自己祇稱王而不敢稱帝，祇稱主而不稱上稱聖。又說命稱東西南北翼五王爲王爺，乃是「姑從凡間歪例，據真道論，有些冒犯天父」。據此來論，太平天國實不應有「天德王」的封號。這是證二。第三，李秀成供狀無天德王洪大全事。按李秀成在咸豐元年秋攻永安州時以走卒從軍，其供狀對於太平軍初起的事蹟雖然記的簡略，甚至還有小誤，但是其供狀記太平軍初起的領袖都無遺漏，並記有南王馮雲山的戰死。（綱案洪大全的被擒前於馮雲山的陣亡不過兩月）假使太平天國果真有天德王洪大全，李秀成供狀中不應遺漏這個重要人物的記載。這是證三。第四當日有個[illegible]守桂林的臨桂舉人龍啓瑞，他有一首長篇洪楊紀事詩，他自註「謂賞當大捷，獻俘難鋪張」的詩句道：

擒洪大全解赴京師，實非賊中要領。

[illegible]

今閱洪大全不過愚賊，並非首要姓名。以前奏遵首姓名，亦無此人。賊因亟不敢出永安，於無可如何之際，不得不張大其詞，以自解也。[illegible]掩己過失，……臣恐以首逆之首自搪塞，而天下之耳目難欺。……

這封奏疏，最應注意的是「從前奏遵首姓名，亦無此人」一語，[illegible]相參證，更可見得沒有天德王洪大全這個人。這是證五。第六咸豐帝[illegible]的上諭也說：

該給事中另片奏賊僞軍師洪大泉擬請毋庸解京等語。洪大泉籍隸衡州，係從賊夥黨，原非首要之匪，現既擒獲，遠在永安，仍著解京師以憑訊究。（咸豐朝東華續錄卷十四頁十一）

據此，即清帝也承認洪大全不過「從賊夥黨，原非首要之匪」，這是證六。第七咸豐二年四月二十六日軍機大臣刑部會奏[illegible]道：

逆犯洪大泉供稱，[illegible]

[illegible]

綱案太平天國[illegible]

[illegible]

關於萬歷三大征考

[illegible]

新書介紹

百科小叢書中國天主教傳教史

德禮賢 Paschal M. D Elia 著　商務印書館出版　定價壹角

……Louis Pfister: Notices Biographiques et Bibliographiques sur les jesuites de l'ancienne Mission de Chine……

十三經索引

葉紹鈞編　開明書店印行　二十三年八月　實價五元五角　上海

……E. D. H. Fraser 與 J. H. S. Pockhart 合編之左傳索引（Index to The Tso Chuan, Oxford University Press, 1930.）……

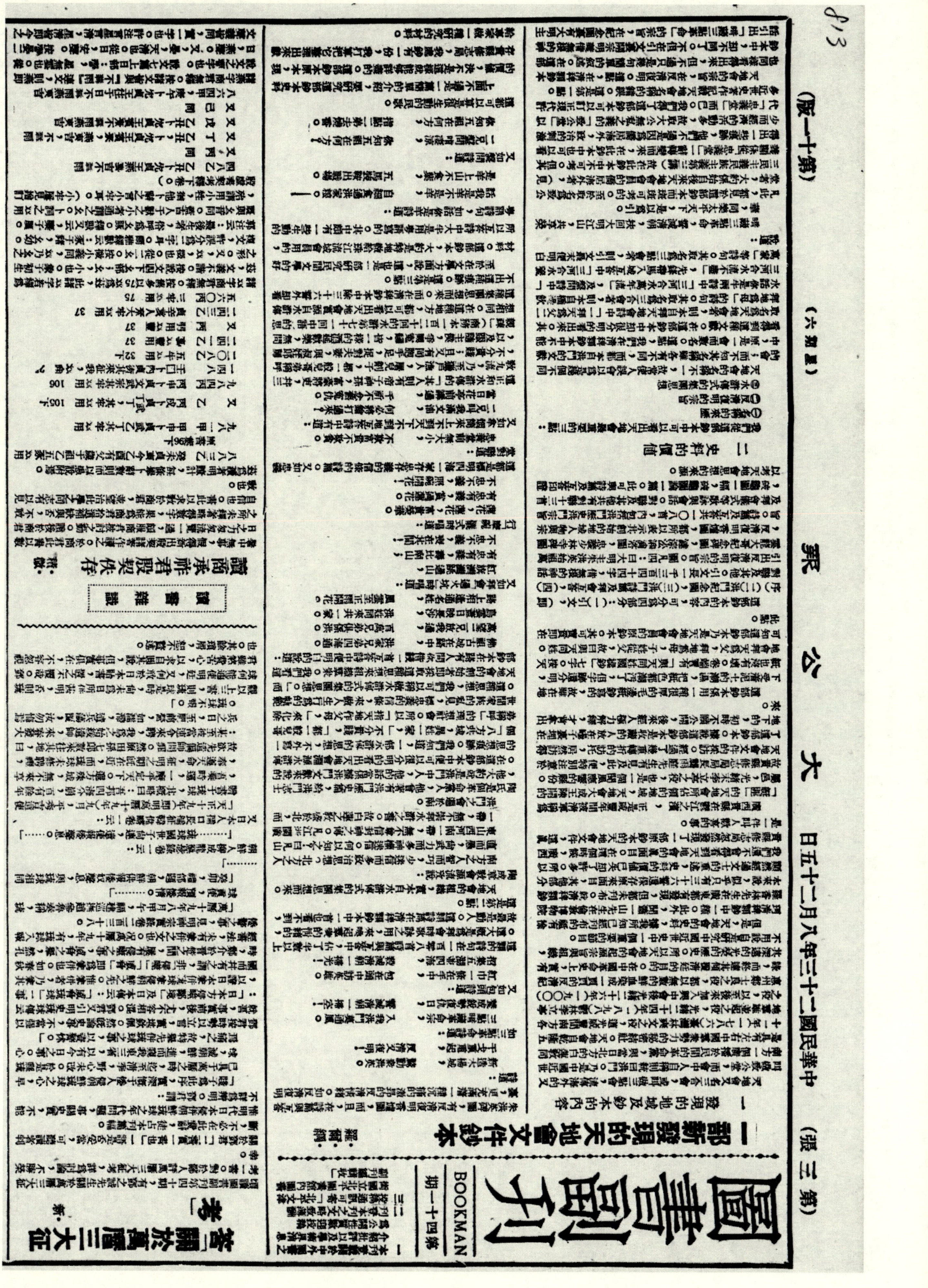

圖書副刊

BOOKMAN

第四十一期

一　本刊專載關於中外圖書之介紹批評以及學術界消息
二　歡迎投稿　略致薄酬
三　投稿通訊可寄「北平文津街國立北平圖書館內圖書副刊編輯收」

一部新發現的天地會文件鈔本

羅爾綱

一　發現的地域及鈔本的內容

天地會又名三合會，或叫做三點會，流傳海外的又叫做致公堂，而會中人自稱則統曰洪門。乃是中國近世南方一個廣播於民間的革命黨，與當日北方的白蓮教同是具有左右中國羣衆勢力的秘密結社。天地會自乾隆五十一年（一七八六）臺灣林爽文之役，道光咸豐間南方各地羣雄並起之役，光緒二十四年（一八九八）鬱林李立亭之役，以至後來加入興中會後光緒二十六年（一九〇〇）惠州鄭士良之役，都以無數的鮮血染成一頁頁的反清紀錄，而終達其傾覆清廷的目的。在中國革命史上，實有其深遠的光榮的歷史。所以天地會的起源宗旨與組織，不用說自是研究中國近世史中一個重要的節目。

但是，天地會的史料，據我所知已經刊布的祗有倫珂清稗類鈔中一種。此外，開嶠一山先生在倫敦博物院羅香林先生在廣東都有發現，但都未刊布。就清稗類鈔本來說，似乎只有三十六誓還保存原來面目，其他部分顯然經過文士的重述，史料的價值已失卻了許多。所以我們還不會得看到天地會的眞面目。在這個時候，廣西貴縣修志局忽然發現了一部原鈔本的天地會文件，這眞是一件叫人歡喜的事。

廣西貴縣在鬱江之濱，正是咸豐年間被清軍稱爲「艇匪」的天地會所佔領的地域，天地會大成王陳開的屬邑，光緒末李立亭之役，也是一個聞風應響的縣份。故貴縣修志局局長龔雨庭先生有見及此，便特別注意於天地會文件的採訪。經過了幾重轉折的訪托，居然訪得了這部鈔本。據說這部鈔本是收藏的人放在牆子裏埋在地下的，初時不願公開，後來經人極力解釋，才肯拿出來。

這部鈔本係用一種很厚的毛邊紙鈔寫的，故雖在地下受着泥土的潮濕，把紙色都潮汚了，但字跡還分明，紙也沒有壞。卷端寫有「與天同姓國棵鈔」七字。按天地會拜天爲父，拜地爲母，子姓從父，故曰與天同姓。可知這部鈔本乃是天地會會員的原鈔本。其可寶貴即在此點。

這部鈔本的內容，可分爲四部分：(一)引文，(即序)(二)洪門紀念圖，(三)洪門詩篇及拜會互答，(四)對聯及其他。引文長一千三百四十四字，借無稽的神話引出反清復明的宗旨。圖凡四：曰大明主朱洪英始祖萬雲龍大哥紀念碑圖，達宗公洞滄洛圖，忠義少林寺碑圖，反清復明香爐圖，都所以表示其創始的地域人物與宗旨。詩篇及互答共一〇八首，內包括洪門歷史洪門宗旨及拜會儀式等歌詠與會話。對聯及其他共有對聯十三首，破題圖一幅，破題圖論一篇。此可與詩篇及互答印證，以考天地會思想的來源。

二　史料的價值

我們從這部鈔本中可以看出天地會最重要的三點：

㈠名稱的來歷
㈡反清復明的宗旨
㈢水滸傳式的集團思想

天地會的名稱不一，故常使人誤會以爲是幾個不同的會；而不知其名稱雖各有不同，而都本自洪門的文獻中，原是一會而數名。這點，我們在清稗類鈔本中不能看得到這種文獻。在這部鈔本中却很分明的看出來。其取名爲天地會者，則本自拜天地會詩中「一拜天爲父二拜地爲母」的詩句。其取名爲三合會者，則本自橋邊飲水話你是牛兩詩中「三河合水萬年流」，及盤問詩中「三河合水流不盡」，先鋒帶馬入城互答中「三河合水萬萬家」等詩句。其取名爲三點會者，則引文最末便明白說道：

> 暗藏三點革命，誓滅清朝，扶回大明江山，共享榮華，同樂太平天下，是以爲引。

凡此，都見於這部鈔本而斑斑可考的。至於取名爲致公堂者，大約係始自後來天地會會員的僑居海外者，（見三民主義民族主義第三講）故在此鈔本中不可考。但其義顯係從「忠義堂」一辭轉變而來，在此鈔本中也可以看得出一些痕跡，他們不過是因爲僑居海外，政治的刺激少而經濟的活動多，故取大公無私之義的「致公堂」以代「忠義堂」而已。我們得了這部鈔本可以訂正現代許多近世史著作記載天地會名稱的錯誤。這是第一點。

天地會的宗旨，在反清復明。這點，在清稗類鈔本也同樣看得出來，但不過只是幾句簡單的叙述。在這部鈔本中，却不同了。不但在引文裏開宗明義借無稽的神話引出「暗藏三點革命」的宗旨，在紀念圖裏有大明主朱洪英碑圖，有反清復明香爐圖，而且，在詩篇與互答裏，更充滿着一種沉痛的激昂的反清情緒。如反清復明詩道：

> 新造大場城，　驚動衆洪英。
> 干戈重重起，　反清又復明！

如三點革命詩道：

> 三點暗藏革命宗，　入我洪門莫通風。
> 養成銳勢復仇日，　誓滅清朝一掃空！

又如包頭詩道：

> 紅巾一條在手中，　包在頭中訪英雄。
> 招集五湖並四海，　殺滅清朝一掃光！

這類的詩句在一百零八首詩篇與互答中，佔了半數以上。這大概是爲拜會時歌詠之用，來喚起羣衆的情緒的，故最是動人。這類詩篇在清稗類鈔本中一首也看不到，這是第二點。

天地會的組織，實本自水滸傳式的集團思想而來。陶成章教會源流攷說：

> 南方之人智而巧，少迷信而多政治思想；北方之人直而愚，尙武力而多神權迷信。何以知之？曰凡山東山西河南一帶，無不尊信封神之傳。凡江浙閩廣一帶，無不崇拜水滸之書。故白蓮之教盛於北，而洪門之會遍於南。

陶氏是個革命黨人，他會著有洪門歷史篇，給洪門志士，他大約就是洪門中人，他的話當根據洪門文獻來說的。在這部鈔本中便可以很分明的看出天地會淵源水滸傳的思想痕跡。我們知道，一部水滸傳的思想，不外爲一個「八方共域，異姓一家，」「不分貴賤，」「都一般兒哥弟稱呼」的理想社會。所以「指天地作父母，」來化除世間家族的私見，標忠義的信條，來做人生行爲的軌範。這種思想，我們可以稱做水滸傳式的集團思想。」而天地會的制始者即採取這種思想來組織天地會。我們看這部鈔本在路有人問你借錢一首互答詩中便明白的說道：

> 佛祖古城在路中，　洪家兄弟四海通。
> 萬望二兄放我過，　百萬兄弟俱係洪。
> 烏雲蓋日映長沙，　洪姓同來共一家。
> 路上相逢通名姓，　風雲至正雨開花。

又如拜會「過火坑」時唱道：

> 紅旗濶濶跳過山，
> 有忠有義，壽比南山；
> 不忠不義，喪在其間！

行「摩碗」儀式時唱道：

> 蓮花，蓮花，富貴榮華。
> 有忠有義，賞過蓮花。
> 不忠不義，照碗開花！

這都是標明四海一家存忠存義的信條的詩篇。又如忠義堂對聯道：

> 忠義堂前無大小，　不欺富貴不欺貧。

又如傘個倘來上不到天下不到地互答詩中有道：

> 二兄叫我滿文油，　何必將鎗打過來？
> 當日花亭前講過，　千斷不念舊寃仇。

這正和水滸傳的「其人則有帝子神孫，富豪將吏，幷三敎九流，乃至獵戶漁人，屠兒劊子，都一般兒哥弟稱呼，不分貴賤；且又有同胞手足，捉對夫妻，與叔姪郎舅，以及跟隨主僕，爭鬬冤讎，皆一樣的酒筵歡樂，無問親疎」（商務本一百二十回的水滸第七十一回中語）的思想相同。在這種地方，都可以看出天地會實源自水滸傳這種集團思想而來。而在清稗類鈔本中除三十六誓外却看不出這種痕跡。這是第三點。

至於在文學方面說，這也是一部研究民間文學的好材料。這部鈔本，大約是特地做給珠江流域會員用的，所以互答詩中大半是用粵語寫的。其中頗有一些生動的粵語詩句，如話你是羊詩道：

> 話我是羊不是羊，　自細食過洪家糧。——
> 是羊上山不食草，　五馬裝鞍出戰場。

又如盤問詩道：

> 二兄盤問唯淒涼，　你知五祖在何方？
> 你知五祖在何方，　指點二弟去燒香。

這都可以算是很生動的民歌。

上面不過是一篇簡單的介紹，要研究這部鈔本史料的價值，決不是這樣就能夠詳盡的。這部鈔本原本，現存貴縣修志局，我處鈔有一份，我打算把它整理出來獻給專家做一種研究的材料。

答「關於萬曆三大征考」

新

頃讀圖書副刊第四十期，有鄧之誠先生關於萬曆三大征考一書，對於鄙人許萬曆三大征考，詳爲討論，不勝榮幸。

關於鄧君「二書實一書也」一語是否妥當，可聽讀者判斷，不必在此費辭，徒占本刊篇幅。

惟明代日本侵併朝鮮琉球之年代問題，事關史實，不能不詳爲辨明。鄧君謂：

「賤子爲此序，實深慨于倭人侵朝鮮琉球之心，早已具于萬曆之時，迄至清季，野心未改。於是縣琉球，滅朝鮮，進而窺我東三省，以有今日之事。心竊痛之，故特舉先併琉球之事，以資警惕。」

鄧君按時勢以立言，實堪欽佩。然既論史事，不當强以就書，事實前後，尤不容相混。鄧君又引明史琉球傳云：「日本方侵噬鄰境」及日本傳云：「威脅琉球」二事，以證日本兼併琉球兼侵朝鮮之先。惟兼併者，乃兼其國而幷有之謂，非「侵噬」「威脅」即爲兼併也。如春秋時，鄭介於晉楚之間，屢有侵噬之事，威脅之舉，然孔經書法，未有兼併之文也。況萬曆十九年，有琉球入報倭警之事，見明神宗實錄卷二百三十八。

「萬曆十九年八月甲午，福建巡撫趙參魯奏稱，琉球貢使，預報倭情。……」

「癸卯，禮部題，朝鮮供報倭奴聲息，與琉球相同……」

朝鮮人柳成龍懲毖錄卷一云：

「……琉球國世子尚寧，遣使報倭聲息。……」

又日本人擂口長儒征韓偉略卷一云：

「天正十九年（即明萬曆十九年）九月，平秀吉遣使聘書于琉球，其概略曰：吾邦四海分崩，百有餘年，吾乘時運，一應平定天下。遐方殊域，無不來享，奉遵天命，征明之期既在近，而琉球未能聘禮，故欲先遣偏師問罪。然原田孫七郎數來往其地，曰：某至彼當速令來聘，我爲之姑緩遣師，來春發大兵之日，至肥前營，如濡滯，遣兵蕩覆，汝勿悔焉。琉球不報。」

觀以上三書，則琉球是時，尙未爲日所併甚明，否則琉球何能通使明廷，又何敢於日本貽書，置之不覆哉。鄧君雖然費苦心，以求自圓其說，但事實俱在，不容忽視也。其餘瑣屑，恕不贅述。

讀書雜識

讀商承祚君殷契佚存

稚微

暑中無事，假得新出殷契諸著作讀之。於商君此書以數日之力匆匆流覽一過，頗服商君披討之勤。顧後於商君之所未釋者略得數字，果能爲商君拾遺補缺與否，不敢自信也。書此以求教於商君，並望治此學之同志有以見教也。

茲爲讀者明瞭計，每條舉卜辭數則而以愚說附焉。

八八三乙　癸未貞貢今乙酉有父歲于祖乙五豕𢆶用
殷書契96下
九八一甲　甲申卜貞武乙丁其牢𢆶用
又　乙　丙戌卜貞武丁，其牢𢆶用　105下
九八四丙　丙申卜貞文武宗其牢𢆶用　106
一四八　壬口卜內貞衛其來征我，𢆶御
二〇八乙　五牛𢆶用　32下
二四一乙　事𢆶豐用　37
又　丙　明用𢆶豐　37
二四三乙　貞辛亥入來大牢𢆶用　37
五六〇丙　三牢𢆶用　75

諸𢆶字商君無釋。按舊多以75𢆶爲兹，此諸𢆶字若釋爲兹，文義不諧。按說文四下幺部：幺，小也。象子初生之形。又，𢆶，微也。從二幺。按微小義同，𢆶乃幺之複文，許誤分爲二字耳。爾雅釋獸云：豕子豬，幺幼。郭注云：最後生者，俗呼爲幺豚。釋獸又云，豕子豶。豶與幺音同。蓋古人于獸之小者通謂之幺。卜詞之𢆶用，殆謂用小牲，猶他卜辭之言小牢耳。（小牢屢見殷虛書契考釋下卷。）

四八乙　乙丑卜先貞王燕𢆶吉不冓雨
又　丙　同
又　丁　乙丑，卜先貞王賓衆，燕吉，不冓雨
又　戊　乙丑卜先貞王賓衆不冓雨燕吉
又　己　同
八六四甲，庚午卜先貞王往于日不冓雨燕吉

諸燕字商君無釋。按諸文皆與「不冓雨」連文，則燕即說文之䜩字也。說文七篇上日部：䜩，星無雲也。從日，燕聲。又，晏，天清也。從日，安聲。按䜩晏二文聲義皆同，實一字也。許注言星無雲，言天清，皆即今之

晹字。揚雄羽獵賦云：『天淸日晏』，漢書天文志云：『日晡時，天星晏』，皆其證也。卜辭常用攺字，亦同晹，與燕不同者，攺說文作[illegible]，雨而晝姓也。蓋攺實雨而旋晹，燕則泛謂晹，非指雨後。觀此，殷人用字之嚴，亦可窺見一斑矣。

一一四甲　乙丑卜其于祖丁其口　葉21

乙　有歲　用

丙　甲戌卜其執伊有歲

按卜其與『有歲』連文，則『其』非常用代字之其也。說文七篇上禾部云：稘，復其時也。從禾，其聲。引虞書曰：稘三百有六旬。按稘即今通用爲『期年』義之期字，古人紀年歲皆以禾爲徵，故稘字年字皆從禾。此云卜其，即卜稘，即卜年也。

攷釋五十三葉上，又三七九曰云：『戊寅，歸汝示二[illegible]？』商君云：『〈當爲爪之省，董氏謂爲人名或國族名。』又六十六葉上四五七曰云『〈即爪之省。』商君云『利示三矛出〈賓。』愚按同書六十一葉下四一八曰云：『歸杞示七矛又一〈賓。』以一〈與七矛爲對文，由此知又三七九曰之二[illegible]，乃謂二矛二〈，四五七曰之三矛出〈，亦謂三矛與三〈，然則〈疑是兵器之名，恐不如董說爲人名國名也。惟〈究爲何字，不可確知，或者〈肖月形，月戉古音相近，假月爲戉乎！（戉別有字）又有一事不關商君，而於卜辭之句讀極有關係，欲於此[illegible]

[illegible]

二十三年七月二十九日

新書介紹

中國地學論文索引

王庸　茅乃文　同編　國立北平師範大學　國立北平圖書館出版　上下兩冊　報紙本定價一元洋宣紙本定價一元六角

是書收輯國內各種雜誌，自淸光緒二十八年起，至民國二十二年六月止，約三百二十種，[illegible]內容約分爲八類：（一）地理學及游記，（二）地文地理，（三）民族，（四）政治，（五）交通，（六）經濟，（七）歷史，（八）地理圖書，[illegible]卷末並附地名索引，及著者索引，尤便檢討。

編者王氏自序云：『吾人欲從事於中國地理之研究，[illegible]』由此可見編者雖從事爲人之學，與人方便，而於學術之利弊，所見較深，[illegible]

[illegible]其思會，雖有小失，無損至理，今人先立一題再求索引，手不停披，[illegible]王氏自序又云：[illegible]不致徒勞而無功乎！』皆[illegible]（剛）

× × ×

雙劍誃吉金圖錄

海城于省吾編　定價國幣貳拾元

北平琉璃廠來薰閣　上海中國書店

天津直隸書局　南京保文堂代售

[illegible]

× × ×

西遼史

E. Bretschneider著　梁園東譯註　民國二十三年八月商務印書館出版　定價二角

創建西遼始祖，爲耶律大石林牙，大石保契丹太祖阿保機八世孫，字重德，通遼漢文，善騎射。遼天祚帝天慶五年，擢翰林應奉，尋陞承旨。林牙即契丹語翰林之意。當遼天祚帝時，遼爲金人所迫，時局大亂，天祚帝走入夾山，大石和李處溫，留守燕京，共立秦晉國王淳爲帝，號天錫皇帝，改元建福，降天祚爲湘陰王。天錫立數月即薨。大石乃議立其妻蕭德妃爲皇太后稱制。然不久被金兵所敗，大石被俘。後大石用計逃亡。於西歷一一二四年即金保大三年，大石領兵西行，殺北府宰相蕭乙薛坡里括自立爲王，西至可敦城，駐北庭都護府，大會七州十八部王衆，征服東部和西部土耳其斯坦，即花剌子模(Khovarezm)亦爲所屬。於一一三二年即金太宗天會十年大石即皇帝位於起兒漫，號葛兒罕，復上中國稱號曰天祐皇帝，改元延慶，成吟喇契丹國，於亞州之西部亦曰黑契丹國。黑字之意，雖不易明瞭，然自大石即位，以迄其孫直古魯爲乃蠻部屈出律所擒，後屈出律爲元成吉思汗所收，其國始滅。歷時約八九十年，此在各國西北殖民史上，最可注意之事也。惟西遼史蹟，散見於遼史金史契丹國志大金國志等書，爲有系統之整理者甚尠。晚近始有人稍注意其事，如淸末丁謙撰西遼立國始末（刻於文學叢刊中）屠寄蒙兀兒史記亦記其事。日人羽田亨氏撰西遼建國始末及其年紀箭內亙氏可敦城考等論文，其最著者也。此書俄人 Bretschneider 所撰 Mediaeval Researches from Eastern Asiatic Sources 書中之一部分，[illegible]之便然也。（剛）

出版界雜訊

韋伯斯特大字典(Webster's New International Dictionary)新版發刊

韋伯斯特大字典爲研習英語者所熟知之書。一百零六年 Noah Webster 所著 American Dictionary of the English Language，出版，所收達七萬字。一八四七，一八五九，一八六四，迭有改訂；一八六四年一版所收字數已達十一萬四千條。一八七九年復出一補編。其後復大爲修訂一過，易名爲 Webster's International Dictionary；補編出版於一九〇〇年。一九〇九年復予以根本修訂，易書名爲 Webster's New International Dictionary，是即今日所通行之本也。所收字數達四十萬。新版於一九三四年六月二十五日由美國G. & C. Merriam Company 出版，將舊版完全修訂，另排一過，字彙達五十五萬條，地名有三萬六千條，參考項一萬三千條，省寫達五千條；較一九〇九年本，增加甚多。新版書名Webster's New International Dictionary, Second Edition。

圖書副刊
BOOKMAN
第四十二期

一 本刊登載關於中外圖書之介紹批評以及學術界消息爲公開性質歡迎投稿
二 刊登本刊之文略致薄酬
三 投稿通訊可寄「北平文津街國立北平圖書館內圖書副刊編輯收」

讀羅爾綱「賊情彙纂訂謬」後論洪大全事蹟

俞大綱

八月十八日副刊揭羅爾綱君賊情訂謬一文，謂二段舉張書「事實的錯誤」，謂「太平天國無天德王洪大全其人」，羅君似未及見重要情籍，所舉反證七端，殊未能決大全有無其人之疑實也。按洪大全被擒後，曾有口供一紙，由賽尚阿遞呈，此最爲有關係之史料，方略還而不載，惟西人紀載中譯載之。其最早見者，厥爲法人 Callery and Ivan 兩氏合著 L'Insurrection en Chine depuis son origine jusqu'a la prise de Nankin，其書一八五三年出版，實爲紀述太平天國史籍之嚆矢，其述大全口供來源，則謂譯自邸鈔 Official Gazzette。又英人 Brine 著 The Taeping Rebellion 一書，亦載口供全文，自註云，錄自一八五二八月 Orerland China mail，亦自邸鈔轉譯者也。清人記述大全事蹟者，初不及之。張書僞天德王洪大全傳註云：『狂悖諸言，略永忠說，當時供詞即如此。』則又似曾見大全供詞，然今案其敘述，舛誤實多，當是秉筆之時，並未參看供狀。羅君因而歟疑，良非無因。大綱年前承故宮文獻館之特允，入館假觀舊檔。大全供狀，幸而尚存，西書紀載，既足資印證，大全事實，亦可藉此而大明。茲謹先錄原供全文，以供治洪楊史者之探討。再蒐旁證，以明供詞之非僞作，而大全其人其事，確與洪楊史蹟息息相關者也。

洪大泉口供　（咸豐二年賽尚阿奏摺附單三月十七奉硃批即有旨欽此）（原件現存故宮文獻館）據洪大泉供：我是湖南衡州府衡山縣人，年三十歲。父母俱故，並無弟兄妻子。自幼讀書作文，屢次應試，考官不識我文字，屈我的才，就當和尚，還俗後，又考一次，仍未取進。我心中忿恨，遂論看兵書，欲圖大事。天下地圖，都在我掌中。當和尚時，在原籍隱居，看兵書不少。古來戰陣兵法，也都留心。三代以下，惟佩服諸葛孔明用兵之法。就想一朝得志，要步孔明用兵，自謂得天下如反掌。數年前游方到廣東，遂與花縣人洪秀全馮雲山認識。洪秀泉與我不是同宗，他與馮雲山皆知文墨，屢試不售，也有大志。先曾來往廣東廣西，結拜無賴等，設立天地會名目。馮雲山在廣西拜會，也有好幾年。凡拜會的人，總誘他同心合力，誓共生死。後來愈聚愈多，恐怕人心不固。洪秀泉學有妖術，能與鬼說話。遂同馮雲山編出天父天兄及耶穌等項名目，稱爲天兄降凡事，問天父就知趨向，生時就爲坐小天堂，就是被人殺死，也是坐大天堂。藉此煽惑會內之人，故此入會者，固結不解，這是數年前的作用，我盡知的。我是道光三十年十二月間，等他們的勢子已大，我纔來廣西會洪秀泉的。那時他們又勾了平南縣監生韋正即韋昌輝，廣東人蕭潮潰，楊秀清等。到處造反，擄掠財物，抗官打仗。拜會的人，有身家田產，妻室兒女，都許多從他。擄得錢財用度，招兵買馬，膽智越大。又將會改爲上帝會。我來到廣西，洪秀全就叫爲賢弟，尊我爲天德王，一切用兵之法，請教於我。他自稱爲太平王，楊秀清爲左輔正軍師東王，蕭潮潰爲右弼又正軍師西王，馮雲山爲前導副軍師南王，韋正即韋昌輝爲後護又軍師北王。又設立丞相名目，如石達開稱爲天官丞相右翼王，秦日昌稱爲地官丞相左翼公，又封胡以洸賴漢英曾四爲侍衛將軍，朱錫琨爲監軍。又有曾玉秀爲前部正先鋒，羅大剛即羅亞旺爲前部副先鋒，此外又有旅帥卒長等名目，姓名記憶不清。旅帥每人管五百人，卒長每人管百人或數十人不等。打仗退後即斬，旅長卒長都要頁打，打勝的升賞。歷次被官兵打死者亦不少。我叫洪秀泉爲大哥，其餘所有手下的人，皆稱我同洪秀泉爲萬歲。我叫馮雲山等皆呼名字。去年閏八月初一日攻破永安州城，先是韋正同各將軍先鋒旅帥帶人去打仗，殺死官兵。我同洪秀泉於初七日坐轎進城的。止有我兩人，住在衙門正屋，稱爲朝門。其餘的人皆不得在裏頭住的。歷次打仗，有時洪秀泉出主意，多有請教我的。我心內不以洪秀泉爲是，常說區區一點地方，不算什麼，那有許多稱王的，且他仗妖術蠱人，那能成爲大事。我暗地存心藉他猖獗勢子，將來地方多了，我就成我大事。他眼前不疑心我，因我不以王位自居，那叫人不必稱我萬歲，我自居先生之位。其實我的志願，安邦定土，比他高多了。他的妖術行爲，古來從無成事的。且洪秀全耽於女色，有三十六個女人，我要藉其自敗，那時就是我的天下了。那東王楊秀清統率兵權，一切調遣，是交給他管。那韋正會軍打仗，善能奇戰，是他最勇。常說他帶一千人就有一萬官兵也不怕。在永安州還幾個月，城內就稱爲天朝，諸臣隨時奏事。編有歷書，是楊秀清造的，不用閏法，我甚不以爲然。近因四路接濟不通，米糧火藥也不足用。官兵圍攻，天天大礮打進城內。衙門房屋及外間各處都被礮子打爛，不能安居。因想起從前廣東會內的人不少，梧州會內的人也不少，就起心竄逃。二月十六日，是我們的歷書三月初一的日子，發令逃走。是三起走的，頭起於二更時韋正帶二千多人先行。二起是三更時候，楊秀清馮雲山等共約五六千人擁護洪秀泉共他的婦女三十多人，轎馬都有。第三起是我同蕭潮潰帶有一千多人，五更時走的。我囑洪秀泉相去十里路遠，就被官兵追上。蕭潮潰不聽我令，被打敗殺死千餘人，將我擎住了。我們原想由古東去昭平梧州，逃上廣東的。出城時各人帶有幾天乾糧，如今想是各處搶掠，纔有用的吃的了。那晚走的時候，東礮台火起，是燒的住房，都是衆兄弟主意，在城外着火，城內便好衝出。至我的本姓，實不是姓洪，因與洪秀泉認爲兄弟，就改爲洪大泉的。洪秀泉穿的是黃綢衣黃風帽，那東西南北王戴的是黃鑲邊紅風帽，其餘丞相將軍軍帥軍長等，每逢打仗，都穿黃戰裙，執的是黃旗。我在州衙門，也有黃袍黃風帽，因我不自居王位，又不坐朝，故不穿戴。所供是實。

細案供詞所述，與洪楊早年事蹟，實相脗合。略舉四例以明之，述馮雲山之歷史，又稱其爲拜上帝會之先進，與洪仁玕供 Hamberg 所述者同，而爲當時人所不知者，一也。（漢柏氏著 The Vizions of Hung-Siu-Tschuen and Origin of the Kwang-Si insunection 一書，述洪秀全早年事蹟甚悉，蓋洪仁玕避難香港時向其口述，漢柏氏因而筆錄之者，此書實爲研究洪楊史者最關重要之著錄）述秀全能與鬼說說，與馮雲山編出天父天兄及耶穌等名目，稱爲天父下凡事，與今所見太平天國天父下凡詔書相合，而又當時人所不知者，二也。述楊秀清造歷，不用閏法，可與今所傳洪楊歷書相印證，三也。述楊秀清等官職，及軍師等制，皆與事實相符，四也。凡此四事，斷非不與其事者，所可擬說。且其時剿捕大吏，於洪楊建置，懵然不悉，附會之談，雖見章奏，今試翻閱舊檔及方略所載諸摺，具所考見。則大全口供，自非彊吏邀功，所能僞撰者也。

茲請引證數端，以明其事之決非彊吏邀功冒賞：

咸豐二年三月十一日賽尚阿奏摺（原摺現藏故宮文獻館，方略未載）

奴才賽尚阿跪奏，爲逆匪被攻，緊急竄逃，我軍恢復州城（永安），追擊大加殲戮，並生擒要逆，因大捆致捷。現我軍分途堵擊，恭摺奏祈聖鑒事。竊奴才前將連日進攻並造攻具，專候晴乾，合力大舉等情馳奏後。（略）仍連日出隊，並用大砲轟擊，匪賊及燬賊巢房屋甚多。（略）十六日晚間，（略）探報賊由東路竄走。（略）烏蘭泰於五更時聞賊竄，親自帶兵至水竇賊營，見賊方竄，即帶兵趕古東山口。（略）知賊大夥過龍寮，帶兵冒雨入山。賊拒山口險要死拒，烏蘭泰令張勇兵扒山越澗，由其兩山頂下擊，逆賊猝然驚竄。又追殺賊兵數千。（略）賊始猶分拒，後不能支。（略）旋復追殺至黃毛地方。（略）總計兩日，殺賊不止一二千名。（略）守備全玉貴向前，將賊目擒獲，審係賊中大頭目，自稱天德王洪大泉。與洪秀泉爲兄弟，賊中呼爲萬歲。（略）又遠總兵董光甲等戰死，洪楊軍轉敗爲勝情形。）此次不意功敗垂成，奴才當此，幾於力竭心摧，仰天叫苦，撫膺頓足，慚愧難名。惟有督率鼎誠，與將士重加整頓。（下略）

此摺所述破永安，及古東之役，雖手跌落之功，或有矜誇之處。然其時洪楊軍之狼狽，則係實情。李秀成口供：『打破永安（此指洪楊軍），即在河池屯紮數月。後清中堂及烏向大軍，四方圍困，內外不通。後由姑蘇冲（案摺之古東冲）一條小路而過招（昭）平。姑蘇冲是清朝壽春在此把守，經羅大綱帶領人馬前去打破，方得小路出關。得火藥十餘担，方有軍資。不然尚不能出此關也。（永安水斗軍是天官丞相秦日昌把守，清朝之軍是張敬修爲將困打，後移過仙回，被烏師大軍追赶殺死天朝官兵男女三千餘人。衆見勢逼，次日齊心與烏軍死戰，致死烏軍四五千。烏師被傷，在六塘身亡。）』據此則洪楊在永安之困窮，突圍後之屢經敗挫，官兵死戰，始克轉勝消軍，與賽摺所述，實相脗合，更證以咸豐二年四月初六烏蘭泰遺摺。（現存文獻館，文長不錄）亦皆相符。則其時賽向諸人，並無冒功貪賞之嫌。並豈烏兩摺，亦不諱實敗狀，並有「功敗垂成」之辭。烏蘭泰遺摺，並有「先摘去頂帶，聽候皇上從重治罪」。然其時指爲「張皇戰績，鋪狀國威」者，（羅君引陳壇語）不過以永安雖已克復，賊黨未曾殲盡，且於匝旬之內，又陷桂林矣。賊中大首領雖已就逮，仍有發號施令之天王，轉戰無前東西南北冀王耳。殊不知剿捕流寇，勝敗靡常。下永安，攻古東，官方確具戰績。不可以其就於防堵，致陷桂林之圍，掩其前功，謂爲貪冒。而洪大全者，本非洪楊黨，號稱王位，實等虛設。其身遭逮捕，於太平天國軍政組織，固無甚關係。此當時所以指『大全非賊中要領』。（羅君引龍啓瑞詩註），而後世因而致疑其人之有無也。

然則羅君所舉反證七端，將何以辨釋之耶。請按其第四反證：「當日軍前士大夫不承認洪大全爲太平軍要領」。第五：「當日廷臣有彈劾鋪張獻俘的奏章」。第六「咸豐帝有承認洪大全，係從賊夥黨，原非首要」之上諭。此三證者，本不能證「太平天國無天德王洪大全其人」。至謂「鋪張獻俘」，則大綱前節所論，可以釋疑，茲不再述。其第一反證：「太平天國永安封王詔書無天德王洪大泉」。第七反證：「軍機大臣刑部會奏洪大全供狀與太平天國事實不符」。按大全口供，稱「洪秀全叫我爲賢弟，尊我爲天德王」。又之「我叫洪秀泉爲大哥。其餘手下的人，皆稱我同洪秀泉爲萬歲。我叫馮雲山等皆呼名字」。則其時大全實與洪秀全並比爲王，位在五王之上，封王詔書，自當無大全名。至所引軍機大臣刑部會奏提訊情形，謂大全于咸豐元年二月間，因胡以晄以見秀全。與馮雲山等同時被封云云。此摺雖載在方略，然大綱在文獻館遍檢未得。且其紀述，與前所錄大全口供不符。今群考口供所述，大全以道光三十年十二月間，再游廣西，始入秀全夥黨。既與史實相合，亦無咸豐二年因胡以晄以見秀全之說。此則據刻下所得史料評制之，則方略所載節頭削足之刑部會奏疏，似不足據也。

羅君第二反證：「天德王名號與太平天國宗教信條違背」。第三反證：「李秀成口供無天德王洪大泉」。兩說頗有力，然皆似是而實非也。請蒐集史料以辨惑。大全口供，稱「洪秀泉尊我爲天德王」。所謂「尊」，明非被封，而天德兩字，不必出之秀泉之制作也。按今所傳洪楊詔諭，多有以天德爲年號者，然細察詔諭內容，皆爲三合會「復明滅清」之論調，絕不類洪楊黨人口氣。昧于史實者，或以太平天國曾有天德年號矣。其實非也。天德年號，當屬之洪大全。按大全口供，明言其非拜上帝會中人，於秀全之稱天父天兄，則謂爲「學有妖術」。又言要藉其自敗，有取而相代之意。秀全何必寵之以王位，尊之爲「賢弟」。想大全亦有實力之憑藉耳。今者以史料之集證，依常識之判斷，則大全之所憑藉者，當爲三合會之徒黨，與署天德年號之會匪，實二而一者也，何以言之。署天德爲年號之詔諭，僅一見於最短時間。太平軍興起後，絕不再見，此所以使人誤認天德年號爲太平天國之前身，然其實則兩者並而爲一耳。不然則天德王之封號，何以能巧合如是。斯必秀全就其舊稱以尊之也。（按太平軍入永安以前，三合會中人相投合者甚多，羅大綱亦爲三合會中人（據洪仁玕所述），李秀成口供述羅大綱等事，雖未言其爲三合會黨，但明言其「見拜上帝會之人，不甚講是非」，則大綱非拜上帝會人也。洪楊是時，諸事草創，黨派之見，必不甚嚴，其於異黨，象收並納，意中事耳。永安竄逃以後，黨格始嚴。大全之被擒，謂蕭潮潰不聽令，當是洪楊有意爲之。此實爲兩派勢力（復明之民族思想，與宗教改革觀念）消長之必然趨勢，亦猶今日之有清黨運動。故洪楊中人之所以迄不提有大全其人，（見 Meadow 所著：The Chinese and Thin Rebillion 親訪天京筆錄），蓋即諱其與三合會有一度之携手，以自玕其教義。此天德王封號自有其淵源，與太平天國信條無關，而秀成口供之所不及大全事也。

今請更舉一證以明大全即爲署天德年號之會匪首領。Callery and Ivan 所著洪楊史蹟書。（書名見前）首揭天德畫象一幅，上繪服明衣冠者一人。下署天德二字。錄云，此書得自廣西，當時賊匪，偏印此畫以吩佳民。（按此爲大全未與拜上帝會合作時事也）日人稻葉君山清朝全史（中華書局譯本），掌印此象，去天德二字，指爲洪秀全造象。按秀全及諸王服飾，不襲明制。其最爲特異者，厥爲風帽。大全口供既已言之，賊情彙纂服飾篇所載亦同。林利氏所著太平天國外記，（Lin Li "Teping Tien Kwoh"）繪有太平天國首領會議圖，亦皆戴風帽，殊非明代衣冠之制。則天德造象，自當爲大全。而大全與三合會之關係，不問自明也。

刪削論列，自知謭陋，亦聊已備論史知人之一說耳。籍敢就羅君與世之治洪楊史者。

× × × ×

書評

「稚瑩」 王柏君

潘鳧公撰 二十三年六月一日初版
天津書局印行 實價一元

「稚瑩」是潘鳧公的第四個長篇小說。當我對潘君的作品發生特殊的愛好的開始，還遠在六七年前。那時第一個長篇，是「人海微瀾」；第二個，是去歲曾被明星公司改編攝成「春水情波」影片的「隱刑」。第三，是「強魂」。第四，便是「稚瑩」了。前三個都逐日在本報小公園上登載過，並且「人海微瀾」和「隱刑」，都已出有單行本；而「稚瑩」列爲「鳧公小說集之三」，自然是因爲「強魂」尙未出版單行本的緣故了。

「稚瑩」是寫的一個小資產階級的女學生，在慈父（母親已經不在了）的撫愛下，在表兄的追求中，憧憬着將來的綠色生活。伊有的是明瞬的風姿，健美的體格，清快的談鋒，藝術的愛好，還有堅强的意識，純厚的天性，同時也有一點闊小姐所必有的嬌浮和虛榮。這一些，便構成了一個二十世紀的東方新女性的典型。作者是寫情的聖手，尤其擅長內心描寫的；在這裏又有了相當的成功。像稚瑩兩次被動的和表兄「來一個」和「照例」，以及主動的給予病中的李敏士的一吻，這兩種不同的描寫，都有深蘊的熱愛的活躍，和眞情的自然的流露。寫稚瑩把兩性的情愛，和一般的泛愛，要極力的分做兩種毫無關係的東西，但結果還仍是暗中互相消長，混而爲一。理智的衝突，心靈的交戰，在這裏是都給了我們一個明確的解答。章朗，（稚瑩的表兄）在起始除了公子哥兒應有的一點驕縱之外，還不失爲一個幹練有爲的青年；但以後卻狐狸般的拖出紳士們的狡猾和毒辣的尾巴來了。李敏士是我們理想中的一個年青的，熱血的戰士，或者可說是英雄；他的狷介，他的忠懇，表現了他的態度的光明；他的沉着，他的勇敢，畫出了他的個性的堅强；繪畫是他的藝術的天才，同時也祇好拿牠做生活的趨向。這兩位次主人翁——章朗，和李敏士的描寫，無疑地是和稚瑩同樣的得到成功了。

可是，在這本書裏除了三個首次主人翁，祇有一個韓蘊玉還比較得着筆稍多之外，其餘的人物，差不多都祇畫了一個輪廓；像孫佛菴，貝緻雲，吳良，中保國，韋太太等等，似乎都還有加描的餘地，而使他們活躍一點。尤其是一個足然能移轉章朗的眼光而終獲得他最後情愛的許小姐，更不能不有一點細緻的描畫。

故事的結構，雖覺得不免有些平直而簡單，但一氣呵成，總還沒有甚麼支離和冷寂的地方。當稚瑩與章朗決裂的當兒，李敏士突如其來，大有飛將軍從天而降之概，雖是使得故事的情節，更因之而緊張一點，但終覺得有些太神妙了。最後的收場，雖沒有怎樣肯定的說明，可是，顯然地又是有情人都成眷屬了。

最後，在技巧上，我認爲「稚瑩」不及「强魂」來得宏偉與嚴肅。

二三，八，九，於濟南。

來函照登

—蕭一山先生來函—

編輯先生：按貴刊聲明，此函本不應再奉瀆，但陳恭祿君答愚之文，全係捏造事實。又以題外「支節」，冒充正文。謹依報館更正之例，即請將辨白數條，刊入「來函照登」欄內，此非「商榷」「討論」，務請原諒爲幸。

一、爲清代通史下卷講稿發與宓君書，初交國風登載，編者附識，即係該雜誌編者繆鳳林先生所撰，陳君强謂爲一山草成。

二、兩函二三萬言，均係就史實及陳文逐句駁覆，陳君不辨事實，强謂爲咬文嚼字。愚原舉「檢」皇朝文獻通考，陳君强謂爲皇朝文獻通考。答函取文副所登原文，製版影印，並謂「天幸」此二「檢」字，「宋」被大公報手民排脫。今陳君熟視無睹，猶稱「第一次辨文未有檢字」，又謂愚謂手民脫去。天乎天乎，尙何言哉！

三、未見其人保其書之誤，前函曾有明言，並聲述不得不答之苦衷，今陳君全未問及，反謂愚大發議論，全不値得。

四、圓明園被焚之責任，陳君謂有三國文字之證明，愚謂「若其（陳君也）解始末（即籌辦夷務始末）之引文，（陳君曾引兩條）及英書之關目，（陳君曾問書目四種）爲二國，（中英也）則先生（指吳宓君）前所舉考狄氏之中法。外交秘史，（係吳君附論所述）恐亦無形中被算及矣。此事始置不論。」業已明白說出陳君係指中英法三國而言。然以陳君並未看過英法文，故謂其將某君書章入而「大言三國文字以欺人」。今陳君謂愚將中國除外，謂無三國，貳「神」「奇」矣！

五、劉復太平天國有趣文件，前函曾明舉其內容，並證其全與拙稿相同。今陳君强謂余稱未見此書。劉書並未脫字，陳君强謂「錯誤」，實欺劉君。

六、天曆餘族，陳君原評，謂愚矛盾作僞，今陳君既知錯誤，猶强謂「問題爲天曆是否合於科學」。試旋爲洪仁玕所奏定，明見原書，陳君强謂爲「天父作主所定」，厚誣古人。

七、圓明園被焚之責任，愚謂「講稿業已辨別明，請其不必遠求可也」。並附原文照片三葉，今陳君「拋去辨論史識之眞象」，强以愚答其所開書目事爲說。麥氏近代史文選，愚前謂爲中學生（最高大學生）習英文而作，乃商務印書館之廣告所云，不然何以名爲文選？陳君强謂愚武斷！作史者不取原料，而取文選，猶謂「終須一讀」，此非武斷？日月係陳君自造，拙著講稿，毫無錯誤，當時因在宛無日曆故可杳，故暫作懸案。現已於「補答陳君論錯誤十例」一文中述之。陳君不知自愧，反以愚之粗誤態度爲護短。

八、地位影響一層，注明係二十三年六月附記，陳君强謂爲去年五月，並謂愚能預言。陳君高就，南京多有能道之者，請其捫心自問可也。陳君「空言詆毀」，實已觸犯刑章。

九、徐廣縉與文翰禁英人入城之約，愚舉英人雜誌，陳君謂爲傳說，陳引夷務始末，愚「補答陳君論錯誤十例」，即就始末証之。此文因恐報紙麻煩，故未投登，稿尙在平。俟回平，即交書局附單行本印行。愚明知陳君之技已窮，但不料其指鹿爲馬，將無作有，（引他人之書亦如此）又全篇均係「支節」冒充正題，故不得不辨，萬望讀者能取愚文及陳文比觀之，不勝馨香祝禱之至！再陳君文中所謂愚言，全係捏造，特此聲明。即頌撰安！

蕭一山敬白
八月十五日

119

圖書副刊

BOOKMAN
第四十三期

一 本刊登載關於中外圖書之介紹批評以及學術界消息，為公開性質歡迎投稿
二 刊登本刊之文略致薄酬
三 投稿通訊可寄「北平文津街國立北平圖書館內圖書副刊編輯收」

圖書的批評

藏雲

圖書的批評或圖書評論，以西語當之，即 Book review 或 Bulletin critique，西洋有名的雜誌中大概都設有這一欄，內容間或也多少帶有介紹性質。他如所謂 Textual criticism 或 Higher criticism，那是屬於校勘學和考據學的範圍了。

圖書的批評，當然不是指批評學的理論，而是以圖書或著述內涵的實質為對象，著述的類別，有屬於自然科學的，有屬於文化學科的，而文化學科大抵以文學哲學史學（廣義的）等為中心科目，史學的輔助科目有考古學語言學等，這個粗略的分類，已足以囊括萬有，似乎「圖書評論」這個詞兒根本無從說起了，這話自然有些理由，比如西洋重要的雜誌中 Book review 一欄所批評或介紹的書籍，大抵必屬於那個雜誌對於某種學問的研究範圍內的著述，我國的雜誌，誠所謂「雜誌」，時下有些號稱為純正的雜誌或學報中，便常常載著些自然科學的論文，同時也有歷史考證的論文，真令人有「目迷五色」之概。這種現象，仔細想來，影響於各種專門學術的進步卻不算小，至少在近代科學的研究上是一種幼稚病。

那末，所謂圖書的批評，假如並不附屬於一種專門雜誌中而自行獨立，它自身也應當保持一個相當的範圍。比如它的性質是屬於文化史的，那它的批評自然應側重於史事的研究。史事的闡發與聯接，可以見文化線索的演變。史事的本身是具有客觀性的，但不幸因空間時間的障礙，往往掩蔽其客觀性，而研究者的主觀因此便容易發生誤會，於是同一史事卻有不同的意見，是非得失，由此而起，章氏文史通義史德有段話說：

夫史所載者事，事必藉文而傳，故良史莫不工文，而不知文患於為事役也。蓋事不能無得失是非，一有得失是非，則出入予奪相奮摩矣。

文化學科之不能如自然科學之決定，以此。「出入予奪相奮摩」，便易陷於爭辯，但爭辯與批評，中間大有區別在。荀子說：「辯生於末學」，辯必有所蔽，我想忠於所學的人，意前進意不欲多言。然而，批評則不然。辯爭的鋒鋩是針鋒相對，彼此是站在相反的方面的，批評是在同一的方向而在後邊督促的，好像政治上監察者之於行政者，監察可以使行政發生更大的效力，批評可以策勵那門學術的進步。

在文藝批評裏，常有人稱引 Benjamin Disraeli 的名句「批評的勾當是在文藝中失敗了的人幹的」，這話已成千古是非，大約是指眼高手低而言吧。但對於純粹學術的批評，我卻否認這話。批評一部學術的著作，批評者當有離開那部著作而可獨自寫一部的能力，至少在某幾點上當確有勝於原著的地方，使著者可以採納而補充原書的缺陷，更增加原書的價值，所以批評可以促進學術的進步。

以公允的眼光觀察一部無懈可擊的著作，而能從大處看出其最大的缺陷，這是批評的正軌，是上乘的批評；撿摭片言隻字，近於吹毛求疵，自是批評之下乘了。

反之，一部書的「好」，決不是一篇頌辭的堆砌，一部書的「壞」，也不是一言可以詆毀的，褒貶之間，應當公平的詳細指出其「為什麼」的原因。稱賞當具不偏不倚的精神，指摘宜出以謹嚴審慎的態度，則所謂圖書評論之義，可以思過半矣。

我們覺得一般的心理以為批評就是「罵人」，批評者自己也當是罵人，殊不知無論什麼著述，豈是幾句話便可罵倒的？由此種錯誤的心理出發，於是常演為相互的辯爭，結局是一場謾罵，謾罵之不足，繼之以流言蜚語，以至彼此真欲得之而甘心，這豈止是「文人相輕」而已！至於假批評之美名而洩私怨，則又其小焉者也。顏氏家訓文章篇說：

江南文制，欲人彈射，知有累病，隨即改之，陳王得之於丁廙也。山東風俗，不通擊難，吾初入鄴，遂嘗以此忤人，至今為悔。

不知如今「山東」的風俗仍依然如故呢，還是「江南山北一般同」呢？

附註：本文是我個人的意見，不得代表任何方面，也不存着指摘任何方面的野心，謹此聲明。

書評

經學史論 一之

原著者　本田成之　譯述者　江俠菴

二十三年五月商務印書館出版

[illegible]

僞的風氣，與宋儒的疑古是有相當的關係的。佛教固然有影響于由六朝至宋明的經學，而書籍的商品化，印刷術之進步，也要發生相當的影響的。清代末年的學者之努力于新疏，也是勢所必至的。同時如馬瑞辰毛詩傳箋通釋之不墨守毛鄭，孫詒讓周禮正義之不曲徇鄭注，張憲和讀公羊注記疑之攻訐何休，這一方面固是受王氏父子的影響，一方面將家法的信條解放，這當然也是清代經學的一個潮流。這些地方著者在本書都沒有談到。第七章于康有爲的新學僞經考春秋董氏學都沒有什麼介紹。關于康氏也只說到一兩句。但是康氏之說無論其爲是爲非，在經學史上是要佔很重要的位置的，做經學史的人是不應當撇去不談。這幾章中只有認定范甯對于漢儒，是全國經學上一大革命的人。這是皮錫瑞經學歷史所絕對見不到的。

在這一部書中，因爲著者的觀點和立場不甚正確，還有許多自相矛盾的地方。現在也不必一一細說。的確，誠如著者所說：「經學這東西，若不通中國的天文曆數歷史地理官制度音律聲音藝術，實不易明白」。「在日本學界有言，若未涉獵過正續皇清經解全書者，不足以語漢學」。著者且謂：「因此我嘗披覽該書，真覺浩如烟海，……漸覺饒有味」。以異邦的學者，對于這樣繁難的經學如斯之努力，而結果撰成這一部比較材料豐富的經學史論，眞是難能可貴了。著者最後更謂：「埃及和巴比倫的學問，在其本國已忘掉了。希臘的學問，在他的本國已亡，而在他國卻完全保存着呢。佛教也是這樣。像經學這一學科，將來或失于中國，而被存于日本，也未可知」。我讀到這裏，眞有無限的感慨，無限的惶恐。我希望我們有志于研究經學的人們，一方面趕快作部分的攷究，一方面更趕快地作系統的整理，而最好在短期間能有較正確的作品出來。否則像這樣繁難的經學這一學科，在中國固然不敢担保其必能保存，而在日本恐怕也難担保其必能保存罷！

嶺表紀蠻

劉錫蕃著　二十三年四月商務印書館出版

宥·

本書作者劉君，爲廣西賓人。據其緒言所述，「服公于政學兩界凡二十年，遊跡所及，殆遍全桂所至窮求縣志博採民風，對于四縣以下之蠻族尤爲注意」。(頁一五)則此書固其長時期經營之結果。吾人有志于西南諸民族之研討，而並無機會爲實地之探究者，對此自不能不深引爲快事。又向來紀載西南蠻族之書，類皆以較多于兩粵，粵東又似較多于粵西，此書雖沿襲物錄異之例，以嶺表兩字爲名，而所紀實以桂爲主，則尤足以彌已往之缺憾也。

雖然，作者此書其所予吾人啓發之多，殊不及閱卷時初料之甚。以材料言，其中固亦有不少翔實之紀錄，而不足憑信者尚多：以論斷言，固亦有二三警切之批判，而牽涉附會者更多。其故在作者全無近代人類學之知識，故雖身處蠻鄉之中，而觀察不能細緻，紀錄不能精詳。又於西人所著論述西南諸族之書，全未寓目，故往往有在他人早已論定者，而作者尚致其疑滯之辭，示其反對之意，所據又極陳舊膚淺，絕不足以自成一說。凡此皆作者知識能力所限，而吾人所深引爲惋惜者也。

以下請對于全書略擇一二端，加以最簡約之商榷：

一、作者第一大病即在於不顧當時之材料紀錄，而多引陳書，以爲批判。又第一章第二節述猺人時，對於盤瓠問題，頗致研討，而所引不過我後漢書搜神記等如干種。以理論言盤瓠問題未始不可以提及。以 Dog-Ancestor 之故事，在各原始民族中傳佈極廣，(友人劉重熙先生曾有一文述此，見 Journal of the Royal Anthropalogical Institute. Vol. LXII July-December. 1932.)。作者果能以狗猺中狗王傳說(如第八章中所述)與他族爲類型上之比較，自亦題中應有之義。今據拾陳言，斥斥爲常識以下之爭辯，則無謂極矣。以下文論及盤古問題，至謂「盤古既非漢人，而猺則以盤古爲始祖，除猺而外，鮮有祀盤古者，則盤古之爲猺人可想而知」。此竟全不知盤古云云爲受漢族紀載之影響，(盤古之所以非漢人共論雖尤可笑此不論)。且即以盤古傳說不源于漢人言之，今日桂境僮人中亦復有此傳說，(見 Savina 神父 Dictionnaire étymologique Française-Nlunz-Chimois. P. 489)。僮屬Thai種，與猺不同，亦並無謂除猺而外，鮮祀盤古乎？依 Savina 所錄僮人盤古傳中象及盤舜更及觀音，以作者邏輯推之，是盤舜觀音將亦必爲僮人矣。

第十七章諸蠻言語之比較其所病亦正相似。依作者所述觀之，似并注音符號亦未諳習，欲其以現代語音學的知識爲較細密之紀錄，自是必不可能之事。然果能多事採擷，勤加詮釋，即以極粗疏之漢字注之，亦尚不失爲二等以下之參攷資料，而作者於此，似亦未能其能事。如猺猶所舉，有數詞及家族稱謂，而無身體方位諸詞，較之舊式譯語，尚有不逮。此其紀錄之太疏略也。又例中所舉有僮語，此本爲 Thai 語之一支，而漢化特甚，詞彙大半爲漢語之借。如第三例中兄曰ㄍ尤ㄛ，則爲哥字之借，而作者以鍋字注之；第八例中講曰ㄍ尤，則爲講字之借，而作者以港字注之！似皆反足以使人迷惑。至其每例下之攷論，則更極幼稚。作者于本語借語之別，全未諳曉，稍涉近似，即加比附。甚至謂「筆之音不特漢蠻相同，即與英文之Pen 亦類。」汎濫若此，他可無論矣。第十一節中又取雲南通志稱中所紀擺夷等語以爲旁證，而實之亦未有條貫。大抵粵西諸族，除猺語而外，大部皆屬 Thai 語，取以與滇中諸 Thai 族語相較，本可得大部分之一致。而作者於蛀蠻以內既未知猺語與僮語之不同，滇蠻之中亦未知苗語與夷語之有別。不分遠近早晚，強欲定爲最簡單之一源，求其說之能立，豈可得乎！

第十八章爲象議，此較上章爲有用。然所紀亦太少，且紀錄方法亦仍無以過於三百年前之吳淇。其他迷信諸章所紀有較詳者，皆比較的有用，不復具論。

覽全書畢，其首使吾人憶及者，厥爲日人鳥居龍藏一九〇七年之苗族調查報告與 Savina 神父一九二四年之 Histoire des Miao Savina 之書。其間所引文獻亦頗疏略，且有謬誤。然其中有若干部分，爲作者所不能及，則以其學問上之素養遠於作者也。鳥居之書誠已稍舊，且其間亦有適常外人所不能免之疏誤，然其精密且過於 Savina，不但爲此書所不及而已。今以此書第十九章蠻至銅鼓兩節與鳥居書中第八章苗堡第九章銅鼓比合觀之，則知此書雖後于鳥居二十餘年，而知識之相距，反在二十餘年以上。故作者二十年實求博採之結果，其緊實反不如鳥居匆匆九閱月之探究，兩相衡較，吾人之慨惡何如也。

要之吾人之所希望于作者，乃在晉用其環境，多於可能範圍之內以正確之方法爲系統的採錄，而不必爲夸論臆斷，以自蕪穢。如第二十一章所錄苗人之木刻，雖其實義尚難通曉，而不失爲一種可貴之材料。往日 J. Calder 作 Notes on Hainan and its Aborigines，收 Yu-lin Kan 附近黎中之符錄，(見China Review Vol. XI 1882)。T. de Lacouperie作其名著 The Language of China before the Chinese 中即爲之鄭重提及。使其見此，不知又當若何珍視。作者果能多多留意于此類材料，而不使之淺淺，則其所以貢獻于嶺界者必將遠較此書爲多矣！

第三張　中華民國二十三年九月十五日　大公報　（星期六）　第十一版

圖書副刊

BOOKMAN
第四十四期

[illegible]

讀「南腔北調集」

素　痴

慣於長夜過春時，挈婦將雛鬢有絲。
夢裏依稀慈母淚，城頭變幻大王旗。
忍看朋輩成新鬼，怒向刀叢覓小詩。
吟罷低眉無寫處，月光如水照緇衣。

——本書頁八三——

提起筆來想介紹周豫才先生一部使我感動的近作，不禁勃然湧出一大堆恭維的話。爲求名副其實，此文應當題爲「南腔北調集頌」。

先頌周先生。他可以算得當今國內最富於人性的文人了。自然人有許多種。周先生不就鑄造過「第三種人」的名詞麼？但我所指的是那種見着光明燦爛敢於讚歎，見着醜惡黑暗敢於憤怒詛咒的人；是那種[illegible]，貧賤不能轉移，威武不能屈服的人。像這樣的人也許不少，但缺乏的是周先生筆下的技巧和力量。

我想，周先生本來可作「吾道中人」。古董他是好玩的，他的「中國小說史略」已成了一部標準的著作。只要他肯略爲守雌守默，他儘可以加入那些乜包車，食大菜，每星期幾次喚喚講義，閒閒玩笑便拿幾百塊錢一個月的羣隊中，而成爲其中的鳳毛麟角。然而他現今却是紳士們戟指而詈的匪徒，海上顛沛流離的文丐；他投稿要隱姓換名，他的書沒有體面的書店肯替出版。人性的確是足以累人，大丈夫的確是不容易做的。「傷屯悼屈只此身，嗟時之人我所羞！」讀周先生的書每使我不寐。

然而周先生可以自慰的，他已爲一切感覺敏銳而未爲[illegible]所糟蹋的青年們所嚮往。這種青年的向背也許不足以卜一個文人的前途，却斷然足以卜一個文人所依附的正義的命運。自人類有主義以來，這條公律未曾碰過例外。當周先生的雜感被紳士們鄙棄的時候，頗有人譽他爲先驅者，我還有點懷疑，但自從他公開地轉向以來，這種稱譽他確足以當之無愧。最難得的是當許多比他更先的先驅者早已被動地緘口無聲，或自動地改變了口號的時候，他仍舊守着「南腔北調」，[illegible]，作秋後的鳴蟬。但夏天遲早會再出現的。而一個光明的「壯士」當也否晦塞的時候正需一個「斷輪老手」來撐持。假如拑制和老年不足以銷毒他創造的生機，那麼，我敢預言，在未來十年的中國文壇上，他要佔最重要的地位的。

次頌周先生的書。我是有歷史癖的，特別注意它的史料價值。但這個史可不是上古，中古，或近古的史，而是我們當前的時代的史。一個時代的性質可用其中感覺敏銳的青年的遭遇來兼度。這話若確，那麼，我們在這小集子裏可以發現極重要的史料，而後世的史家必將感謝我們的提醒的。舉例如下：（頁七四至八三）

我和柔石最初相見，不知道在何時，在那裏。他彷彿說過，曾在北京聽過我的講義，那麼，當在八九年之前了。我也忘記了在上海怎來往起，總之，他那時住在景雲里，離我的寓所不過四五家門面，不知怎麼一來，就來往起來了。……他的家鄉是台州的寧海，這只要一看他那台州式的硬氣就知道，而且頗有點迂，有時會令我忽而想到方孝孺，覺得好像也有些這模樣的。

他躲在寓裏弄文學，也創作，也翻譯，我們往來了許多日，說得投合起來了，於是另外約定了幾個同意的青年設立「朝華社」。目的是在紹介東歐和北歐的文學，輸入外國的版畫，因爲我們都以爲應該來扶植一點剛健質樸的文藝。……

不過「朝花社」不久就倒閉了，我也不想說清其中的原因，總之是柔石的理想的頭先碰了一個大釘子，力氣固然白化，此外還得去借一百塊錢來付紙賬。後來他對於我那「人心惟危」說的懷疑減少了，有時也歎息道，「眞會這樣的麼？……」但是，他仍然相信人們是好的。

他於是一面將自己所應得的朝花社殘書送到明日書店和光華書局去，希望還能夠收回幾文錢，一面就拚命譯書，準備還借款，這就是賣給商務印書館的「丹麥短篇小說集」和戈理基的長篇小說「阿爾泰莫諾夫之事業」。……

他的迂漸漸的改變起來，終於也敢和女性的同鄉或朋友一同去走路了，但那距離，却至少總有三四尺的。這方法很不好，有時我在路上遇見他，只要相距三四尺前後或左右有一個年青漂亮的女人，我便會疑心就是他的朋友。但他和我一同走路的時候，可就走得近了，簡直扶住我，因爲怕我被汽車或電車撞死。……

無論從舊道德，從新道德，只要是損己利人的，他就挑選上，自己背起來。

他終於決定改變了，有一回，曾經明白的告訴我，此後應該轉換作品的內容和形式。我說：這怕難罷，譬如使慣了刀的，這回要他耍棍，怎麼能行呢？他簡潔的答道：只要學起來！

他說的並不是空話，真也在從新學起來，其時他曾經帶了一個朋友來訪我，那就是馮鏗女士。談了一些天，我對她終於很隔膜，我疑心她有點羅曼諦克，急於事功；我又疑心柔石的近來要做大部的小說，是發源於她的主張的。……

（一九三一年一月十七日柔石在一個會場上被捕了。）他在囚繫中，我見過兩次他寫給同鄉的信，第一回是這樣的——「我與三十五位同犯（七個女的）於昨日到龍華。並於昨夜上了鐐。此案累及太大，我一時恐難出獄，書店事望兄爲我代辦之。現亦好，且跟殷夫兄學德文，此事可告周先生；望周先生勿念，我等未受刑。捕房和公安局幾次問周先生的地址，但我那裏知道。諸兄勿念。祝好！ 趙少雄 一月二十四日」

（上略）第二封信就很不同，措詞非常悽苦，且說馮女士的面目都浮腫了，可惜我沒有抄下這封信。其時傳說更加紛繁，說他可以贖出的也有，說他已經解往南京的也有。……

（上略）但（後來）忽然得到可靠的消息，說柔石和其他二十三人，已於二月七日夜或八日晨，在龍華警備司令部被鎗斃了，他身上中了十彈。

我很抱歉，把周先生的大好文章割得體無完膚。但因爲我怕「釋文公」的頭銜，不得不如此。周先生所描寫自投羅網的青年倘不止一柔石，因爲同樣的理由，也只好割愛了。好在，以我所知，周先生的著作未被列入新「Index」裏。

依文氣看來，這篇題實似乎還得續寫。可惜我還沒有到「四十不動心」的時期，寫到這裏，連想起一些與柔石遭遇相似的同學少年，禁不得在「人間何世」的疑問下擱筆了。

新書介紹

東山談苑八卷

明末下邳徐懷編纂　民國二十三年　襄社影印原稿本　二冊定價二元

余懷，字澹心，莆田人，爲明季遺民，著有板橋雜記，記白門遺事，早已膾炙人口，澹心並撰有玉琴齋詞，江蘇省立國學圖書館已爲影印行世。是書仿世說新語體，雜採宋元以前，以迄明季遺事，惟其纂輯之例，既不以時代爲次，又非以類相從，信手抄來，恐係未定稿也。所記諸事率多習見，無他異聞，但卷一稱字條，足知古今稱謂輕重之不同，卷四留都人士條云：

當嘉靖戊午己未間，朱子价在南主客，何元朗在翰林，金在衡陳九皋黃孫甫張弦子皆僑寓金陵，留都人士，金子坤烙仲文之徒，相與眾勝微歌，命觴染翰，嗣嘉流傳，蔚然盛事，六朝佳麗，江左風流，山川文彩，互相映發，亦一時之勝也。

是則澹心是作，雖取資舊聞，文章一歸於平澹，但當日著板橋雜記時之流風餘韻，精悍之色猶躍躍於字裏行間也。其他記明代遺聞，可資掌故者尚夥。至葉女封娶條下註云：先子有封娶記傳奇，且間有校改釈字之處，當是澹心哲嗣所注。是書原稿合藏胡小石君光煒所，由南

關於陳譯教育心理學的檢閱

——答伯明先生——

陳德榮

前幾天有位朋友向我說，天津大公報有一篇批評我譯的教育心理學的文章。後來我找來一看，很感謝伯明先生的意見。向來批評別人譯文的人，我覺得都有一種輕蔑的態度，伯明先生還大的態度，却很忠厚，這是很值得欽佩的。伯明先生的意見，在大體上我是承認的。不過我也有點消極的意見，不能不提出來說一說。

我對於我的譯稿，也並不滿意，所以不能做到使自己滿意，是因爲時間太匆促了。世界書局當初和我定約譯這本書的時候，我本要求一年的時間，但他因爲想早點出書的原故，他所予我翻譯這書的時間，只有三月餘不到四個月。我本來沒有研究過作文法或修辭學，就是予我以一個很長的時間去翻譯這書，我也不敢說能把文章做得如伯明先生的意。而現在不但時間不長，反而短得可以，我就是欲於修辭上用點心，也是來不及的，況翻譯文之修辭，較諸自作文之修辭，又大不相同呢。

伯明先生說我的譯文不好，我是十分承認的。但他說我的譯文「冗漫」，我因爲沒有學過修辭學，不懂得譯「冗漫」是怎麼講的，所以我現在還不敢承認。我覺得譯書的大目的（我說譯書非說作文，像林琴南那樣的譯書而作文又當別論。），是要使人看得懂，修辭不修辭，那是第二層的問題。如果能使人看得懂，而文章又優美，那當然是頂好了。如要爲使文章優美而至於使人看不懂，那又何必翻譯呢。我在拙譯中有許多句子都用字較多，其目的就是爲使讀者較易懂得。我這點意思，伯明先生是看到的，不過他不承認而已。他以爲他自己所譯的許之後，會將他的譯句和我的譯句交給幾位朋友看，他們却說是我的譯句較爲好懂的。果如此，則伯明先生之以爲他的譯句易懂，其爲主觀的，也猶我所以爲的一樣了。不過我所問的是我自己的朋友，也許是他們對我阿諛的罷。

伯明先生好像以爲行爲最忌冗長，而以簡約爲修辭學最大的目的。所以他改我的句子，都極力求其短。我以爲冗長而至於晦澀固然不好，簡約而至於不能達意，又有何可取之處呢？他改我的第一句是：『著者直爲每節時，最注意於三種目標，而本書中最重要之變更，即因此三種目標而生』。這，字數確是比我的少了，看來也是很醒亮了。但是「目標」一辭，其意義是什麼呢？因牠是能生出那樣的結果來的嗎？（我並不是故意要在伯明的譯句中吹毛求疵，不過因爲他口口聲聲是講修辭學的，我不能不提此以爲一例）。與其如此不能達意，何如多加幾個字以將意思表達出來呢？

伯明先生說 isolation，elimination……等字，不應該譯爲「隔離起來」，「取消了去」……等等。他的理由，是如此譯法，太累贅，不像一個固有的名詞。我沒有研究修辭學，不懂得何以如此便不像一個固有的名詞。但我要聲明的，是我如此譯的時候，我並不是把牠當作一個固有名詞。這樣譯法，伯明先生是不贊成的，他的理由是：『若都這樣翻譯，不但有時要使讀者用許多氣去索解，並要使著書者及譯書者於造句時很不易將牠們安排——簡直要引起以外國文譯成中文是否可能的問題』。但我不懂得如此譯法，何以要使讀者用許多氣力去索解？何以要使著書者及譯書者於造句時很不易將牠們安排？何以便要引起以外國文譯成中文是否可能的問題？我愚昧，真不懂得這中的關係。

關於書中不少名詞，不但伯明先生覺得我譯得不好，我自己也覺得不好。我之所以把原名括弧於其下，就是表明我自己譯得不滿意之意。如譯得滿意，就無需附以括弧原名了。但我覺得這類名詞，只有譯得好不好的問題，沒有妥不妥或錯不錯的問題。因爲一個名詞，無論譯者如何譯，只要用得普遍之後，便是對的了。但在牠沒有被普遍應用以前，我們也不能說牠是錯的或不妥的。現在有很多西文名詞，都是有好幾個中文譯名的，但無論那一種中文譯名，我覺都不能說牠是錯的或不妥的。我們曉得，『evolution』這詞，有人譯爲『進化』，也有人譯爲『天演』；『revolution』有人譯爲『革命』，也有人譯爲『政治輪迴』；『cement』有人譯爲『水泥』，也有人譯爲『洋灰』，有人譯爲『水門汀』，也有人譯爲『士敏土』；『proletariat』有人譯爲『無產階級』，也有人譯爲『勞動社會』，也有人譯爲『普羅』；『municipal council』有人譯爲『市政府』，也有人譯爲『工部局』……如此之類，也難枚舉。伯明先生能說那一種譯法是對的，而又那一種是錯的嗎？就是伯明先生所舉我所譯的那些名詞之中，也有一些不只我一個人那樣譯，而還有別人是那樣譯的。如『thymus』之譯爲『頸腺』（實在這個腺是在於胸頸部分，如要譯得切，胸頸兩字都該用及，只用頸或用胸，都不過是爲便利而已）。『alimentary canal』之譯爲『食管』等，就是的。不過伯明先生所改我的名詞之中，在我看來（在客觀上是不是好，我不敢說，不過在我看來是好的，所以我說『在我看來』）。確有一些比我所擬的好的。如『實足年齡』，『實得分數』等就是的。我的書將來如果有再版之機會，我一定照他的改正之。

最後，伯明先生說過，嚴復先生對於譯書，曾以『信』爲第一義，但在事實上，他究竟過於側重於『雅』，而忽略了第一義；足見實際從事於翻譯，似乎不是一件容易之事。我這幾年來譯過幾本書，也經驗到如此。不過從伯明先生批評我的話看來，他實在是一位很詳慎的人，我很欽佩他。他如果有譯本的書，我很願意他介紹給我拜讀，藉開我的愚昧。

附伯明先生復書

編輯先生大鑒：昨承寄示陳德榮先生一文，敬悉陳先生對於我的「陳譯教育心理學的檢閱」一文有所答辯。我此文原無故意指摘之意，徒以此書各大學多採爲課本，流行甚廣，故閱讀時特略抒己見，以供讀者參考而已。茲承陳先生對於該文，有所表示，正合「各抒己見」的原則，使我何勝榮幸。陳先生既未誤會我作此文原意，

京國學圖書館諸君所主辦之雜誌，僅付影印。是書舊有歲事陳氏鉛印本，近已絕版，不易訪求，今有此原稿，影印本更可識山眞面目矣。(剛)

新書簡訊

馬哥孛羅，張星烺著，民國二十三年五月上海商務印書館出版百科小叢書本，定價二角。張氏爲中國研究中西交通之先驅，於馬哥孛羅遊記(Marco polo's Travels)用力尤勤，從事逐譯歷十餘年，已刊印者有導言及卷一，其中發明甚多。此小冊子則爲介紹本書內容大概之通俗作品也。全書分：馬哥孛羅傳，馬哥孛羅遊記本書，遊記之內容，書中關於中國之記載，共四章。覽此一篇於馬哥生平及遊記內容當可得一梗概，唯書末不附一參考書目，於通行之遊記版本亦不開示一二種，致使讀畢此書而有志於進一步爲較深之研究者覺茫然無從着手，未免爲千慮之失耳。(方)

× × × × × ×

讀詩札記，俞平伯作，民國二十三年八月北平人文書店出版文藝小叢書之一種，定價六角。全書計收周南卷耳，卷耳故訓淺釋，召南行露，召南行露故訓淺釋，召南小星，小星故訓淺釋，召南野有死麕，邶柏舟，柏舟故訓淺釋，谷風，谷風故訓淺釋，北門故訓淺釋，靜女上，靜女下，靜女故訓淺釋，鄘載馳，載馳故訓淺釋，共十七篇。俞氏云，「治詩經者應當考辨與批評並用，方可言整理，方可言欣賞陶寫，否則便是自欺欺人」。(本書頁八九)。俞氏此書即考辨與批評並用，而又不失之太穿太鑿，治詩經學者所不當廢者也。(方)

出版界雜訊

開明書店將刊行二十五史 上海開明書店近將發售二十五史預約，聞係以殿版二十四史作底本，仿新唐書與唐書，新五代史與五代史之例，另加柯劭忞新元史(退耕堂本)，合爲二十五史，爲我國正史之最新的結集。更將王頌蔚明史考證攟逸分列排印於明史各卷之後，除新元史外，諸史皆有考證矣。又在各史之後，附加「參考書目」，全書之後，附加「人名索引」，此二事皆大有便於學者。唯人名索引如能加增卷數，則本單行，共有益於讀史者將更大也。全書係布面洋裝，九本，字體雖略小，非常清晰。預約日期將在本年九月一日開始云。(藏)

× × ×

四庫全書索引 九月初，中外各報新聞欄載有美人編印四庫全書索引新聞一則，莫不推爲驚人巨著。杳該書實係六月間出版，筆者曾匆匆看過一次，見解略有不同，敢記數點於後：

(一)該書實係廣東板總目之書名索引，並非四庫全書本書索引，(四庫只貳部可公開閱覽本無出版索引之需要）。聞顧之索引已有哈佛燕京引得編纂處之四庫全書總目……引得，與商務本總目之四角號碼索引。此外尚有楊家駱之四庫大辭典，則融索引與總目爲一矣。新聞所載胡適之先生說：中國前亦有從事該項工作，惜尚未竟全功云云，當另有所指。

(二)該書之部首次序與筆劃混合索引法，恐非國人所能用。能記憶某一部首爲第幾者，國內恐無多人，A.B.C.D.更無論矣。義君於序內大意稱部首檢字法，已有千數百年積用之長久歷史，當然有之價值云云。其實根據此種理論，義君當用韻而不用部首，因以前韻比部首之用廣得多多。

(三)該書爲于炳耀君在義君指導下編成，共印一百五十部，硬面中式精裝，定價十八元。

總之：義氏之四庫全書（總目）索引，原備西人所用，本可不論。但在如此年月，出鉅資精印一百五十部，共熱心中國文化固可欽佩，空前巨著則未必也。(銳)

則陳先生文中雖有若干枝節問題，我亦不欲詳細答辨，希望由讀原書及陳先生譯本或對於翻譯問題特別有興趣的人，對這關于譯作的問題，詳加研討。

就我看來，陳先生之文有兩方面：一是一般翻譯的原則問題，一是原譯本中譯文的討論。關於譯書原則問題，可說我的意見與陳先生大致相同，且我對陳先生譯文的態度，並無不贊成之意。所惜陳先生仍有誤會我的原意之處，應略略說明：譯文須求易懂，我自然贊成，但我原文中並未談及「修辭」二字，更未「口口聲聲」「講修辭學」，並亦未說欲「文章優美」，更未敢說自己的譯文修辭怎樣「好」，又「以簡約爲修辭學之最大目的」亦不是我的意見。陳先生這一段議論，若作爲憑空汎論，我完全贊成。

關於譯名問題，陳先生以爲只有好不好的問題，而無妥不妥或錯不錯的問題。於此當聲明者，我所謂「妥不妥」與陳先生所說之「好不好」約略相當。果承認一好不好」與「妥不妥」意義相仿，則我以爲譯名既有「妥不妥」或「好不好」的問題，亦有「錯不錯」的問題。我也深望中國譯述界今後沒有「錯不錯」的問題，而只有「好不好」的問題。我的原文末段係兩方面兼舉（不過不一定指摘得不錯）。但如譯 grade 爲「班級」，譯 Blind-pig 爲「盲豬」，能說不是「錯不錯」的問題嗎？

總之，我對於陳先生的答辨文及其中瑣細之點，深願留待對於這問題有興趣的人考慮。誠如陳先生所說，翻譯不是一件容易之事。陳先生所譯的書不止這一本，其中如「心理學史」，我曾披閱若干頁，其譯文使我很爲欽佩。我深望譯述界同志多實際去從事譯書，像陳先生一般。有一班人，專事做文章推敲翻譯問題，或對人家譯品吹毛求疵，或拾譯一二篇數百字的精短文字，以爲居奇之用，我想都是不對的。

我對於陳先生的文章，因不欲引起意氣之爭，故僅略陳意見如上，望即披露於陳先生文章之後，藉求讀者指教，毋任感荷。專此，即頌

撰安

伯明敬啓八月二十二日

本刊四十二期刊誤

編輯先生。拙作讀羅爾綱「賊情彙纂訂誤」後論洪大全事蹟一文，匆匆草，致令手民誤排數字，至爲歉歉。事關考證，文字出入，頗有關係。伏祈代與訂正，是所盼禱。此頌

撰安

俞大綱拜啓九月二日

第一欄第一行「賊情」下脫「彙纂」二字。
同上十一行 Brrne 係 Brine 之誤。
同上五十一行「古」爾係「右」爾之誤。
第二欄廿三行實職「稱」係實職「稱」之誤。
同上廿九行 Visions. "Z" 係 "S" 之誤。
同上三十行 insenection 應作 Insurrection
同上四十行具「所」考見，「所」應作「可」。
同上六十行永遠兩字上應加括號一。
同上六十二行攜「臂」係攜「臂」之誤。
同上六十九行永安兩字上括號係衍文。
第三欄第四行第二「而」字係「且」字之誤。
同上廿五行又「之」係又「云」之誤。
同上五十四行按字上括號係衍文。
同上六十五行 Thir 當作 Their 又 Rebillion 當作 Rebellion
同上六十七行所字下脫一「以」字。
同上七十一行「繩」字係「還」字之誤。
同上七十三行稻素「居」山居應作「書」。
同上七十七行 Teping 應作 Tiping。
同上八十行「巳」字係「已」(以)字之誤。

圖書副刊

BOOKMAN
第四十五期

一　本刊登載關於中外圖書之介紹批評以及學術界消息爲公開性質歡迎投稿
二　刊登本刊之文略致薄酬
三　投稿通訊可寄「北平文津街國立北平圖書館內圖書副刊編輯收」

「人命商人」
—一個新刊的介紹—　義

H.C. Engelbrecht & F. C. Hanighem: Merchants of Death, A Storp of the International Armament Industry, New York, 1934.

這部書裏，記着種種新奇，有意思的故事；現在摘譯幾條出來，當個介紹。書裏的話，靠得住，靠不住，不在擔保之列，不過原書標出有幾百種的典據，言之鑿鑿；並且還列舉了英，德，法，各國文獻，一直舉到一九三三年的最新出版。似乎調查得極其周到，且編有索引。

書名只好翻做「人命商人」吧。世界上原有賣肉的人，也有賣靈魂的人，也有賣血的人，也有賣手腕的人，也有賣頭顱的人，還有出賣精神一輩子的人。

第一，這書皮上畫着的，是這班人命商人們宴會的景況。上面印有個祭壇，壇上供着一幅 altar-piece，寫着「一切都爲祖國」云云的話。一班人命商人們都向這祭壇高舉着香檳酒杯。這都是些誰呢？有德國的克魯伯(Krupp)，有奧國的斯柯達(Skoda)，有英國的維喀斯(Vickers)，有普魯士的斯班道(Spandeau)，有法國的克魯索(Cruesot)，有日本的三井(Mitsui)，還有推銷武器的魔王查哈洛夫(Sakharof)。按說還應該有美國的狄本(Dupont)，却沒有在座。

人命商人，一名「血淋淋的國際人」(Bloody Internationals)。蕭伯納在他的戲詞裏，下過這樣的定義：

「只要是付了公道價錢的，不論是誰，都賣武器給他，也不拘是何等人物，也不拘是什麼主義的人。不論是貴族，是平民，是 Tzar，是虛無黨，是資本家，或是過激派。不問是新教徒，或是舊教徒，強盜也罷，警察也罷。不管是黑人，是白人，或是黃色人。不管是什麼身分，是什麼階級。不問國籍，不問信仰，不問罪狀，不問正當不正當」。

這班人命商人也這樣說：

「我們只是按照普通買賣規矩。出賣商品而已。買的人拿去做什麼用，我們管不着。我們和賣汽車的沒有兩樣。又和那些木器製造公司設法請青年男女講戀愛，結婚成家，以便買家俱，毫無不同。」

先舉幾件製造公司的功績來看：大戰中英軍擄獲了德軍的大砲，現在陳列在倫敦的 Bedford 公園裏；那上面印有英國製造的商標。英軍被土耳其的大砲打敗了，那砲是英國賣給土耳其的。英國軍艦在 Dardanelles 海峽被人用水雷炸沉了，那水雷是大戰中自家賣出去的。德軍得了英國維喀斯製造的手榴彈，大受損害；那手榴彈是德國克魯伯的發明。大戰之後，英國的維喀斯還讓德國的克魯伯告了一狀，告他偷了克魯伯的專賣權；結果維喀斯賠了一萬二千三百萬先令。你說這些話從那裏說起。還有法軍被布爾加利的五十七生的大砲，打得落花流水；這大砲原是法國賣給布爾加利的。奧軍讓俄國大砲轟退了，那大砲也是奧國自家賣給俄國的。這樣的實例，還不知有凡幾呢。血淋淋的國際人幹的事兒原特別，可是我們從旁看來，簡直是一場糊塗。

德國的希特勒，拿法國當做不共戴天之仇；他的軍備，有兩位大資本家做着背景。這兩位大資本家都是捷克的斯柯達軍械公司的經理，公司的股票都在法國克魯索(Schneider=Cruesot)的總經理許奈特(Schneider)手裏。這位許奈特又左右着巴黎的時報(Le Temps)和戰報(Journal des Debats)二大新聞。所以他老先生的兩條膀子，一條挽住了德國和希特勒，一條又拉住法國的新聞和軍閥。這也是一筆糊塗賬。

這法國許奈特做了四百架最新改良的戰車給希特勒的德國，爲遮掩耳目起見，特地由荷蘭轉運。每年從法國波爾多(Bordeaux)附近Duras的工廠有幾千車的Cellulose纖維素送到德國的染料工業公司(Farben Industrie)來，這公司的資本有四分之三是法國人的。這些纖維素，是製造炸藥用的。最近意大利假道奧國，送了六十架飛機和十九萬五千公斤的毒瓦斯到匈加利去；世論嘩嘩。墨索里尼爲此發表了附有詳細統計的反駁，說道：法國和捷克不都假道奧國，一樣的向大斯拉夫和羅馬尼亞輸送許多軍用品嗎！資本主義之先鋒的英國，和共產主義的俄國，是對立在不知何時便會發生衝突的情形之下的俄國。但是史丹林(Starlin)在伏爾加(Volga)河畔建設大戰車製造廠，要開始製造兵器的時候，英國的維喀斯[illegible]派了技師去，幫他們的忙；並且還賣了幾十架戰車給他們。只有[illegible]，因爲被英國政府干涉了，沒有實成。美國對於本國製造的武器，管得很嚴密；可是比利時賣給強盜黨(Gang)的機關鎗，却有沒法子管的樣子。

參加歐洲大戰的國度有二十七國，調遣的兵數有六千六百一十萬零三千一百六十四人，死傷數有三千七百四十九萬四千一百八十六人。直接的戰費二千零八十萬萬金元，間接戰費一千五百一十萬萬金元；利息，津貼，撫金，還不在其內。於是乎供給鎗砲彈藥的各公司，無不大獲其利。德國方面，自克魯伯以下，平均每年純利九千八百九十四萬三千馬克。奧國方面，斯柯達以下，平均每年純利三千六百一十七萬六千克朗。法國方面，許奈特以下，平均每年純利五千一百八十八萬二千法朗。英國方面，維喀斯以下，純利不知多少。美國方面，狄本以下，平均每年純利五萬零二百十八萬六千金元云。

大戰時候，德國受了海上封鎖，論理無從得到兵器的材料了；事實却並無所苦，銅是由美國經中立國的手供給的，鎳是敵國的法屬地方供給的，鉛也是與法國有關的西班牙鑛山供給的。介在德法兩國之間的瑞士，正做兩國的媒介，將德國所需的鉛和法國所需的鋼鐵，兩下裏替他們交換。當然它的辯解是：因爲兩方面的威嚇強逼，實出於不得已。這中立國的瑞士邊徼的實業家所樂爲的好買賣：德，法，意大利，各國當大戰時，最苦是煤的缺乏。於是乎這瑞士在邊界上大建設其發電所，將國內有富餘的水力，悉注於此，發出大量的電流來，一視同仁的向德法意三國出賣。賣給德國的是三十八萬二千馬力，法國和意大利是七萬六千五百馬力。

紐約的大寬街(Broad Way)五百零一號，有一家店鋪，叫做「法蘭西斯朋那門父子公司(Francis Bannerman & Sons)」的兵器販賣店。這家店鋪，有一所蘇格蘭古城似的一所軍器廠。若說兵器，新舊一應俱全。大砲，火機鎗，螺旋槍，馬鞍，脚鐙，馬匹，軍裝，火藥包，等等，從古代一直到最近的，皆無不備。它的商品目錄就有三百六十四頁，有五千個插圖。這美裝精印的商品目錄，每部收費三元美金，每年要銷到二萬五千部之多！它家的商品武器，也有交納到各處博物館去陳列的，也有賣給收藏家去裝飾客廳的，也有去做戲臺上用的。其實當實在武器用的，向世界上任何國都有輸出。到它軍器廠去一看，大砲，手鎗，就有一千種，從古代的鐵身木托大砲，以至現代式，半自動式，戰艦用的大砲，眞個是五花八門。只需一紙定貨單寄去，不出兩三星期，就給你送來幾百架的高速砲。特別照顧它的主顧，是中美，南美以及歐洲各國。一些貧窮的國家或是無力備辦的國家，只需用廉價買它一些舊式的三等貨來，不消一個月，也就可以打一仗了。如若打勝了之後，還可以叫原店來收了回去；這麼一來，打仗也就化不了多少錢都行了。

美國南北戰爭的時候，林肯派人到歐洲各國去收買了舊砲給義勇兵用，那時的古物，現在還在它店裏賣。古巴叛亂的時候，用的便是這一宗舊貨，外加步鎗數萬枝，火藥數十萬包。大戰當時，這店承受過某國的契約，將商船改造軍艦。據說不到一星期，一切武裝都齊備完工了。可是他們說是：「我們對於丁年以下的人們，一切軍械火藥都不賣的」。日俄戰爭的時候，在旅順死傷的日本兵非常之多。接二連三的送出[illegible]兵和新兵去，武裝的準備有些趕不上，也從這店裏買過 Maclaren 軍用鞍一萬具，步鎗十萬枝，背囊十萬個，鐵鍬十萬個，背帶十五萬條，火藥二千萬包，此外還有軍用船一隻。

朋那門店的事情很有意思，再來一點吧。原來店主父子都是很熱心的基督教徒。他們說的話：「克倫威爾是怎樣來着？中國那戈登將軍又是怎樣來着？幾多信敬神的英雄豪傑，不都是帶了刀去禮拜過上帝來」？所以他們的商品目錄上還寫着：

「一千萬年之後，刀也許變做鋤頭，鎗也許變成剪樹剪子。我們出賣砲彈，也無非是觀祝那種日子早些到臨」！

它那目錄裏還有這樣的項目：

「從軍牧士的制服，帶汗圈的黑軟帽等」；

「一天能造十萬顆步鎗子彈的機器，特別廉價品」；

「一七一八年保護新教徒所用的初期機關鎗，格林砲(gatling gun)，並帶子彈八百萬顆」；

「架在駱駝背上用的輕身砲」；

「德國軍隊的野砲，帶八斤子彈二千四百顆」；

「十二斤的哈乞開士(Hotch-kiss)山用機關槍，並帶槍架」。

還有這樣一段故事：美國和西班牙開了戰，按照國際公法，歐洲的工廠不能公然出賣軍火給美國。於是想出法子來：大船裏滿載了槍砲彈藥，箱子上面都堆滿了煤，駛到靠近美國海岸的時候，船上的水手人等一齊入水逃個精光；恰好美國兵船開過來，便擄獲了這空無一人的漂流船，拖進他們軍港去。

庇列尼山裏有個小共和國，買了一尊克魯伯大砲。試放起來，無論對那一方向轟擊，砲彈都越過國界，往鄰國裏飛。日俄之戰，俄國一敗塗地之餘，努力改造，復興其海陸軍。於是英，法，比，德，奧，美，各國兵器廠無不派代表來俄京，各有所活動。直到一九一四年大戰開始，雖已頗見成績，究竟還沒完成。於中最出力的，是德國的克魯伯：對於大砲工廠的建設，對於波羅的艦隊的復興，貢獻特多。這俄國原與德意志的敵國法蘭西是同盟國。德意志的克魯伯居然替了它的軍備，大出其力；這就在理上，大戰中很吃了俄國的虧。這克魯伯手裏拿着德國的三大新聞：一個「萊茵法里報」(Rheinische Westfälische Zeitung)，一個「每日時論」(Tägliche Rundschau)，一個「最新新報」(Neueste Nachrichten)。他利用着這種機關來煽動輿論，誇大地報道別國的軍備情形，引起國民的恐怖心。其實各國的兵工廠，差不多都用這樣的方法來做宣傳的。這克魯伯廠，不用說得，Kaiser 就是一個大股東；它在德意志帝國之中又是一帝國，政府都管不了它。可是德意志沒有了它，就什麼事都辦不成了。

日俄戰爭之前二十年時，一個美國人歸化於英國的叫馬克沁(Hiram Stevensen Maxim)的，發明了一分鐘內可以發出六百六十六彈的速射機關槍。他和維喀斯合辦了個 Vickers=Maxim 公司，製造這種槍，賣給南非洲的布亞(Boer)人。後來南非之役，英軍大吃其虧。據說四個布亞人管着一架馬克沁槍，便頃刻之間，打得英國的一個砲兵中隊沉寂無聲了。於是德國特與一新公司來專造這槍；馬克沁的發明，值了九十萬磅。招股的時候，不到幾個鐘頭，買股票的主兒已經超過了應額的好幾倍。日俄之戰的時候，日軍在旅順像刈草一般的倒下，全是這馬克沁的力量；那時日本兵的死傷，大半都拜這馬克沁槍之賜。

（未完）

書評

書辨序　　童書業

顧頡剛輯點　趙貞信序
民國二十二年十月北平樸社出版
全一冊　實價四角

是書輯錄辨僞四種而成：一，朱子語類，分總說，二典，汨作等，大禹謨等，湯誓，泰誓，洪範，康誥等，君奭，顧命等，十節；二，書蔡氏集傳，錄書序一篇，附集傳篇題五篇；（康誥，酒誥，梓材，多士，君奭。）三，康有爲新學僞經考：錄書序辨僞，書序條辨，僞書篇目與同異三篇；四，崔適史記探源：錄書序，夏，殷，周本紀，魯周公，燕召公，衛康叔，宋微子，晉世家，（皆涉及書序之文）十節；編輯之意，蓋欲示書序辨僞之歷史；因推倒孔子作書序說之發動人爲朱蔡，建立劉歆作書序說之創始者爲康崔，（採趙君說）故輯錄四家之說爲例。此書有趙貞信君序文，已將本書編輯宗旨叙明，討究極詳；關于本書，似無庸再贅複詞；惟趙君之序，字數超過本書三分之一，其實論價值，亦駕本書而上之；焉容不贊一辭！茲特將趙序撮評數語，並附已見，以資商兌。

趙君此序，可分爲六節：自一至六頁叙書序辨僞略史，自六至一二頁論因書序而發生之古史糾紛，及孔子作尚書序之說；自一三至一八頁論尚書本無百篇本，及書序非孔子作；自一八至二九頁論孔子作尚書百篇序說之來源，並辨今文亦有書序；（作者案法言問神曰：『易損其一，雖蠢知闕焉；至書之不備過半矣，而習者不知，惜乎書序之不如易也！』此亦可爲今文有書序之證，或謂書序乃指書之次序而言，其說非是。揚氏之意，蓋謂易序傳述每卦先後，備有意義，書則無之，故不能知其完缺；但其所謂書序若有存焉，則亦損其一，雖蠢知闕焉，習者何得不知？蓋揚氏所言，乃今文書序也。法言又曰：『古之說書者序以百。』此蓋指古文書序而言，故曰：『古之說書者』。）自二九至四一頁論今文書序非漢古文書序，自四一至五二頁論今本書序經作僞古文者之改造。六節中，上三節實集前人之說，而加以系統之整理，雖可謂集大成之作，尚罕創見；後三節則全屬創說，最有精彩；本人對於其所持之根本義，深表贊同；惟關于枝葉小節，則尚少有異見，附述如下：

（一）趙君云：『春秋有沒有經過孔子筆削，這是另一問題；但孔子不會直斥伯禽之名，而稱秦伯爲秦穆公，這總是可信的。』（一七頁）案此語實不足以折服持孔子作書序說者之心，伯禽，字也；（伯禽名保，保即伻字，說見郭沫若殷周青銅器銘文研究）稱伯禽，猶稱仲尼，後儒之尊孔子至矣，亦時稱仲尼，蓋古者稱字亦所以表尊尚之意。至稱秦伯爲秦穆公，亦常事耳；論語曾稱齊桓公，晉文公，何故至書序即不可稱秦穆公？（春秋是否孔子作，趙君固無肯定之詞；但即使春秋爲孔子作，春秋亦與書序體例不同，不得比擬；且春秋稱秦伯任好之文，或爲秦史所書，修春秋者仍之耳。）竊謂書序非孔子作，證據極多，何必爲此理由牽強之詞；即以或書爲實等篇出戰國以後一層勘之，（或書爲實出戰國以後之說，近已爲考古史稍有識者所公認。）則書序出孔子後，更奚足多辨邪！（趙君又謂：「君牙冏命序說：『爲周大司徒。爲周太僕正。』……以周人敍周事，也不必加周字於句內。」案此說亦未安，當時列國分立，不加周字，不甚分明。）

（二）趙君謂漢志錄今文經二十九卷，經本二十八卷，加書序爲二十九卷；二十九卷中，太誓不在內。（二四頁——二六頁）此說亦欠證據。夷漢志並未另錄太誓一篇，而劉向別錄說太誓明云：『與博士使讀說之，數月皆起傳以教人。』則太誓確已爲博士所傳，漢志不錄，何故邪？竊謂今文固有書序，（二十九目）但序當皆附經，不另爲篇；（今文書序應二十九目，或因文字太少，故不別錄爲篇）從此說，則諸困難皆解矣。又漢志歐陽經二十二卷，當是三十一卷之譌；（下歐陽章句正作三十一卷）三十一卷者，二十八篇加太誓，而盤庚篇復分爲三也。

（三）趙君謂今本舜典序爲作僞古文者所改，（四八頁）其意以爲漢逸古文舜典另有一篇，不得序言與今本舜典合。又謂『棄稷是漢僞古文十六篇中的一篇，僞晉僞古文的人強要把原來的皋陶謨分出半篇來充數，但既名棄稷，內中就應當有許多棄稷的說話，而經文裏沒有，於是不得不把棄字改成益，來附合篇中贊益稷的話。』（四三頁）案此說實不足爲今本書序晚出之證，竊謂漢逸古文十六篇中之舜典棄稷二篇，恐即爲今文堯典下半篇，（即今本舜典）及皋陶謨下半篇（即今本益稷）之重出本，至多亦不過小有增加變動而已。其說有四：（一）堯典中已具舜事，無庸另造舜典；即造舜典，亦不能遠舍堯典之材料。（二）棄稷之名不典，稷古有后稷及棄之稱，但無稱棄稷者，（稷乃官名，稱稷棄尚可，棄稷之名，成何例乎？）則棄稷當爲益稷之訛；古文中安得有二篇與今文中事重？（三）王肅（晉代古文之作者）最喜增本書篇，而堯舜事跡，尤爲後世僞史之府；若逸古文舜典棄稷二篇確與今文大不同，則王肅豈有不另造二篇以當之之理；何但分析堯典皋陶謨之文，勉強湊數，以示詭乎？（四）趙岐孟子章句萬章篇注云：『孟子諸所言舜事，皆舜典及逸書所載。』趙岐爲東漢人，時代自在僞古文尚書之前，而云『舜典及逸書，』分而二之；可見舜典與其他逸古文各篇不同；此亦可證逸古文之舜典與今文堯典下半篇相複。據上四證，則今本舜典益稷名目與經文，非僞古文者之修改，尚待討論矣。（又趙君謂『爲孔因爲要湊成尚書五十八篇，除僞造二十三篇以外，又分堯典之半作舜典，皋陶謨之半作益稷。』不識爲孔何以必要湊成尚書五十八篇之數？）

（四）趙君引焦循說，謂書僞古文序與漢古文尚書說相反，乃『惡降低曹馬，因此不得不捧出成王來厭倒周公。』（五一頁）案僞古文尚書爲王肅所作，已漸成定論，案諸內證，當屬可信；王肅爲司馬氏之外家，其所注經確皆有阿司馬氏以行；何得有『降低曹馬』之志？又何得有『明君臣上下之義，屏僭越抗害之譏』（趙君引焦循語）之意？竊謂王肅改造書序之本意，當爲欲與鄭玄立異，鄭氏所注爲漢古文尚書，其書序自當爲劉歆所僞著，王肅反之，故時見抑周公張成王之意耳。（王肅家通今文，能歐陽尚書，其所改之書序，或有取今文本之處與？）

以上略論趙序作者，總之：顧先生稱是書，固極便學者之研究；而趙君之序，則尤爲有價值之作品；讀者所宜三復者也！

（書棗）

新書介紹

史前期中國社會研究

乃鼎

（中國社會史綱第一冊）

呂振羽著 二十三年六月北平人文書店出版 定價一元三角

近年以來，從事中國社會史之研究者，頗不乏人，然或以殷代以至西周仍爲氏族制之社會，或以兩漢以至魏晉仍爲奴隸制之社會，復有主張所謂商業資本社會，亞細亞生產方法爲中國社會發展之特徵者；論戰紛紛，莫衷一是，而獲有正確之理解者，則幾罕睹。是書著者呂振羽氏對于中國社會經濟史素有甚深之研究，近復依據仰韶各期出土物，甲骨金文諸史料，以及古籍之傳說記載，寫爲是書，取材甚爲新穎可喜。以爲傳說中之堯舜禹時代爲中國女性中心之氏族社會時代，傳說中之夏時代爲由女系本位轉入男系本位時代，殷代爲奴隸制社會時代，周代爲初期封建社會時代，由秦代至鴉片戰爭時代，爲變種的封建社會時代，由鴉片戰爭至今爲半殖民地半封建社會時代。此則吾人徵之卜辭中之先王先公，大占奴，多臣；商勾刀之大祖，大父，大兄，仲父；矢彝及酒語中之侯，甸，男，衛，邦伯；足見殷代已非氏族制社會，而周初已爲封建制社會。著者此說，實極正確。

是書于材料方面，亦極盡蒐搜采，徵引諸子百家，旁及秘緯圖說，然一方面謂「鄒班作僞的諸子百家」，「專門有作僞特長的孟軻」，對于孟軻諸子並不信任，既未免失之太苛，而一方面又采用僞古文尚書各篇，今本竹書紀年，晚出之僞列子，理想國之周官，直覺雜陳，不能割愛。尋著者之意，雖一概以傳說視之，然終不如稍加別擇，使全書所采列爲比較可信之傳說，而無後人層累的造成或[illegible]虛造之說，必更便利于一般的讀者也。他如以「瘞」爲埋入地下作爲祭品，附會秋官薙氏翦氏等爲氏族之名稱，或誤從他人之說，或由于一時失檢。然以全書論，創獲甚多，此等處于全書之價值當無若何重大影響。

又，是書對于古代社會之發展的階段，仍依據莫爾甘之古代社會爲說；莫氏之書，雖比較的爲有系統之敘述，且于階段之劃分亦甚清晰，最便于說明古代社會之情形，然是書出版既久，且其中有一部分已爲近來歐美學者否認，著者如更依據較近出版關于古代社會之著述，如Lowie: Primitive Society等書，則其成績當更可觀。是則所望於著者。是書修正之再版及其行將出版之第二三四各冊也。

原始宗教中對於死者的恐懼

The Fear of Dead in Primitive Religion, by Sir Tames George Frazer. Macmillan and Co., London, 1933.

一提到Frazer這個人，我們大概多會聯想到他的大著「金枝」(Golder Bough)吧？現在介紹的這書，是他的新著，原是一九三三年在劍橋(Cambridge)三一學院(Trinity College)的講演稿。內容專講人類對於死人的靈魂觀念。這觀念不僅在進步

[illegible]

（中）

圖書副刊

BOOKMAN 第四十六期

一 本刊專載關於中外圖書之介紹批評以及學術界消息
二 刊登本刊之文稿酌致薄酬
三 投稿通訊可寄「北平文津街國立北平圖書館內圖書副刊編輯處」

悼洛佛爾氏

賀昌羣

美國自然歷史博物館人類學部主任洛佛爾氏（Dr. Berthold Laufer 1874—1934）以六十壽齡之年，竟墮樓而死（見九月十三日路透電），噩耗傳來，舉世爲之驚愕，蓋東方人類博物之學者，未有不扼腕而嘆惜失此一代宗師。記曰，「知生者弔，知死者傷」，洛氏爲北平圖書館通信員，吾人雖知死者而傷之，並以弔友邦喪哲之悲，爲學術上重大之損失焉。謹先誌其傳略，與國人所知並述其在吾國學術上之貢獻，以介紹於國人。

洛氏以一八七四年生於德國科侖，肄業於柏林大學（一八九三—一八九五），後來比錫大學得博士學位（一八九七）。一八九八年入美國，參與北太平洋探險隊（The Jesup North Pacific Expedition）赴薩哈林島（Sakhain Island）及東部西伯利亞一帶調査（一八九八—一八九九）。繼隨斯基夫探險隊（The Jacob H. Schiff Exp.）來華（一九〇一—一九〇四），旋復入步拉克司登夫人探險隊（The Mrs. T. B. Blackstone Exp.）一赴吾國西部及西藏高原（一九〇八—一九一〇）。此後即任職於芝加哥自然歷史博物館（The Field Museum of Matural History），講學於哥倫比亞大學（一九〇四—一九〇七），旋任該館亞洲部副主任，一九一一年任該館人類學部主任，以至於今，正學殖初展之年也，而不幸竟死於非命，嗚呼，「非夫人之爲慟而誰爲」！（此洛氏「中國伊蘭編」中引論語弔法國學者 R. Gauthiot 語，而不意吾人今轉以弔之也）。

洛氏爲人類學者與「東方學」者，在歐美學者中，雖以伯希和氏並稱著作之多，以精求及其淹博，所作關於考古學宗教學西藏滿洲蒙古文及人種學之論文，散見於 Burlington Magazine, Scientific American, Anthropologist, Field Museum News 等雜誌中者，一時不易統計，今僅就所及見者，列之於后，其重要著作，蓋已略備於是矣。（有*號者爲單行著作）。

1. Contributions to popular Tibet Religion. 1898.
2. Studien Zur Sprachwissenschaft der Tibeter, Tamatag. 1898.
3. *Über das va zur. ein Beitrag zur phonetik der Tibetischen Sprache. 1900. Alfred Hölder, Wien.
4. Bird Divination Among Tibetans. 1900.
5. Ein sühngedicht der Bonpo. 1900.
6. Decorative art in Amus Tribes. 1902.
7. The Bird Chariot in China and Europe. 1906.
8. Skizze der Mongolischen Literatur. 1907.
9. Skizze der Manjurischen Literatur. 1908.
10. Die bru-za sprache und die historische stellung padmasambhava. 1908.
11. *Chinese Pattery of Han Dynasty. 1909.
12. Christian Art in China. 1900.
13. *Zur Kulturhistorischen Stellung der Chinesischen Provinz Shansi. 1910.
14. *Der Roman Einer Tibetischen Königin. 1911.
15. *Jade, a study in Chinese archaeology and Religion. 1912.
16. *Notes on Turquois in the East. 1913.
17. Concering the History of Finger-prints. 1917.
18. *Descriptive Account of the Collection of Chinese, Tibetan, Mongol and Japanese books in the Newberry Library. 1913.
19. *Chinese Clay Figures. 1914.
20. *Diamond, a study in Chinese and Hellenistic folk-lore. 1915.
21. *Beginings of Parcelain in China. 1917.
22. *Reindeer and its Domestication. 1917.
23. *Malabathron. 1918.
24. *Sino-Iranica. 1919.
25. *Mijaraspa. 1922.
26. *Tobacco and its use in Asia 1924.
27. *T'ang Sung and Yuan paintings. 1921.
28. *Ivory in China. 1925.
29. Über eine gattung mongolischen Volkslieder und ihre Verwandtschaft mit türkischen liedern. 1925.
30. *Chinese Basket. 1925.
31. Roman of a Tibetan Queen.
32. *Chinese Grave-Sculpture of the Han Period. 1911.
33. *The Prehistory of Sviation. 1925.
34. *The American Plant Migration with special reference to chinese sources. 1929.
35. The Eumorfopoulos Chinese Bronzes. 1929.
36. The Early History of Felt. 1930.
37. A Chinese Hebrew Manuscript, a New Source for the history of the Chinese Jews. 1930.
38. Ceremonial Bullfights. 1930.
39. A Bit of Lunar Mythology, with reference to Chinese metal mirror. 1930.
40. Chinese Bells, Drums and mirrors. 1930.
41. Historical Jottings on Amber in Asia. 1907.

洛氏未完之作，尙有十餘種之多，見美國學術聯合會中國學術促進組第一期報告中。其精力之强，老而彌堅，生平除在哥倫比亞大學講學四年，終身治學，未嘗好爲人師。

嘗思之，美國學者之注意於中國學問，要以衞三畏（S. Wells William，所著 Middle Kingdom（第一版印於一八四八年）爲最早，此後則柔克義（W. W. Rockhill）費諾羅薩（E. F. Fenollosa）較爲其精英。至於人材之輩出，組織之進展，以視歐洲先進諸國，固不可同日而語。然其間足以爲斯學生色而放大光明者，二三十年來惟三人耳：一爲哥倫比亞教授夏德（F. Hirth），一爲加利佛尼亞教授佛爾克（A. Forke），三即洛佛爾氏也。此三人者皆係德籍，生於德國，學成於德國。夏氏名著「大秦國全錄」及「中國上古史」，至今猶爲學人所稱道。佛克氏專研究中國哲學，精闢詳備，近著「中國人之世界觀」，博通詣絕，有殊功於斯學者也。

洛氏之學最爲淹博，其所取材亦甚廣泛，所謂牛溲馬渤，敗鼓之皮，向爲人所不經意者，洛氏輒能甄別取舍，往往恰到好處。故其篇目內容多屬新題，在學術上自成蹊徑，使吾人知所謂經史子集之外，尙有廣闊一類自然歷史之學，沃野千里，爲中國學者所不常道，而洛氏開發大有功於人者也。所著關於西藏蒙古滿洲四夏語文之作，自愧無所知，不敢妄費一辭，惟私意以爲洛氏之最大貢獻，以論在其上舉著作中第十四「中國古玉考」，第十一「漢代之陶器」，第二十四「中國伊蘭編」三書。其時代則秦漢以下，而取材則融鑄於古今，蓋兼歷史與考古之學也。兹謹依次略述其大要如左。

洛氏中國古玉考一書，所據主要材料約有三種，一爲中國載籍如吳大澂古玉圖考之類，一爲美國自然歷史博物館藏中國古玉，三爲步拉克司登夫人探險隊來華所採集者。洛氏旁徵博引，實事求是，自謂「此書之主旨在於以考古學方法考釋古今玉器之演進，使此書成爲一種以玉器爲中心史料，而說明中國古代文明與宗教發展之研究工作」（本書第八頁）。然洛氏論證所及，固不僅玉器而已，且欲從玉器之製作，而窺測古代禮教所含之基本宗教觀念，闡明其對於政治社會思想之關係，爲此書最大目的，故其方法與布紹爾（S. W. Bushell）濮培森（U. Pope-Hennessy）諸人對於中國古玉之研究不同，布氏著「中國之玉」（在 H. R. Bishop Investigations and Studies in Jade 第一章 1906, New York）專論玉在古代之商業關係，濮氏「中國古玉」（Early Clinese Jade, 1923, London），則僅能解說古玉之名稱而已。

中國古玉考出版已二十餘年，由今觀之，自不免有修正之處，如本書頁五四——五五洛氏列舉五項理由，不信中國有石器時代，尤不信有中國民族之石器時代，然近來我國地質調查所之工作，已足以證明其說之非，案瑞典安特生氏之「石器」及阿爾納氏「河南石器時代之着色陶器」已辨正之。三年前聞此書已在修訂中，惟洛氏當有所改正，今竟未見出版。

其次爲洛氏「漢代之陶器」一書，陶器在我國金石學上向爲人所鄙棄，自西洋考古學方法輸入，於是史前陶器以至六朝隋唐之陶俑，雖一片一瓣之微，亦爲考古學者所珍視，然能應用此種方法於中國考古學上成就系統之著作者，不能不以洛氏此書爲嚆矢。迄今漢代畫像如山東河南之石刻畫像，四川陝西各地之陵墓碑闕及朝鮮東三省樂浪郡一帶之漢墓出土文物，爲瑞典喜龍仁（O. Sirén）及原田淑人等所採集而加以整理研究者，成績頗有可觀，但關於陶器之著作，後之來者尙未聞有能超越洛氏者焉。

此書共六章，附錄三種，所收漢陶百十一件，此外論證資料屬於先秦及宋以後者共百六十七件，而銅器之所引西淸古鑑博古圖等亦若干。漢陶之來源，大都爲洛氏一九〇三年隨斯基夫探險隊在西安所收集，其他多爲私家珍藏。此等材料之真僞及出土情形諸問題，因吾人殊少經驗，難以敘述，然陶器之斷代比較其他古物最爲困難，故考古學上陶器之研究，決不下於金石之重要。

此六章中尤以第五章論秦漢時代與西伯利亞斯基泰之影響最爲重要，其說影響於東西洛泰關係及古代藝術學者甚大，而尤爲今日治斯西亞藝術（Scythian art）者，所不可不讀也。

洛氏「中國伊蘭編」一書實爲中西文化交通史上之傑作，所論雖大體爲中國載籍中所保存伊蘭傳入金石草木之屬，然足以示吾自漢唐以來我國所受伊蘭文化之影響也。

古代亞細亞文化有四：一爲非洲北部尼羅河流域之埃及文化，一爲亞洲西部幼發拉底河與底格里斯河之美索波達米亞文化，三爲亞洲中部阿母河與錫爾河流域之伊蘭文化，四爲亞洲南部恒河與印度河流域之印度文化。而此四種文化其自身歷史均有精詳，治史者猶能詳考，然近伊蘭學者雖曾努力從古波斯文石刻，Avesta 及希臘古典中爲之鉤沉發隱，而仍苦於文獻不足徵。近年新疆甘肅考古所得，始發現伊蘭語如粟特語及所謂東伊蘭語之文獻甚多，而後始知古代伊蘭實爲東西文化交流之中介者，其活動蹤迹固有世界史之意義（World-historical significance），我國載籍中保存其史料不知凡幾，洛氏此書之貢獻即在搜羅中國方面之史料也。書中實金石之部，章鴻釗先生已爲迻譯，並有所補證，題名「洛氏中國伊蘭卷金石譯證」（地質專報乙種第三號民十四年），章氏自敘謂「其書博大淵雅，凡於中國植物金石雜譜諸篇搜討備至。其於一名一物之微，詳加疏證，皆其出處始末者，亦徵前後錯綜其間，要皆異於夫舊之考證家所尙墨守一家言與一國文字者所爲」，可謂知言。友人向覺明先生亦曾譯其書中葡萄考及苜蓿考一篇，載自然界第四卷三四兩號。

上舉三書固不能盡覩洛氏學術之全豹，僅就其犖犖大者言之耳，至於詳細篇目，有其書在，自非介紹者所能任也。草此文竟，兹略系之。波斯古詩有句云：

"These are our works, these works our souls dishlay; Behold our works when we have passed away."（斯乃吾之業績，而爲吾靈之所顯，百年歲月吾將逝，吾逝而後其共覽之。）

吾人敬此語爲洛氏之讚表哀輓焉。

新書介紹

西生

明初之滿洲經略

明初之滿洲經略，和田清著，刊載於東京帝大文學部出版之滿鮮地理歷史研究報告第十四冊。原文分上下二篇，上篇爲洪武朝之經略，下篇尙未刊行，依題意以爲永樂朝之經略。今僅就已刊者述其大要著之於篇。

上篇分七節，一元末遼東形勢，二明初遼東之攻略，三兩滿地方之經略，四高麗境上之經略，五納哈出之降服，六三萬衞遼東衞之建設，七太祖晚年之經營。

清修明史於建州經略多所諱飾，遂使其史事因以不詳。元明交替之際，兵馬倥偬，文獻殘缺，元史之修以匆促無實錄可憑，不得不遣官北上采訪，然爲時僅數月，纂修又復草率，故史事多不詳備。剳入紀錄除一二段可徵信者外，率多詭譎不可憑信。且即以明史而論，紀傳中雖稍有涉及初年遼東經略者，然片言隻字，約略言之，且以事涉隱諱，明人之言因亦未盡可信。以是遼事經五百年而終無一詳盡之紀錄足徵。

和田君此作取材於元史明史明太祖實錄遼東志，殊域周咨錄，中外史北巡私記高麗史，李朝實錄輿地勝覽諸書，參以箭內亙津田池內諸人之論證，精密實相，時有創獲。且敘述明晰，在最近出版之史學論文中，此篇最爲吾人一讀。

第一節論元末遼東形勢，托始於至正三年（1343）遼陽吾者野人之叛亂。時元綱不振，帝王修於遊觀佛事，遣使者捕海東青鶻，苛求頻煩，叛亂因起，鎮火奴兒干諸部落叛變，自時金後，能與元抗，竟未久即平，而江淮亂復起。

高麗恭愍王新即位，從元徵命出師討淮南叛徒，以元兵內訌無功還。王素對元廷之跋扈久懷怨望，乃乘元衰北遁後，決然反擊，斬奇氏元大臣奇轍等，出兵奪鴨綠江西八站及雙城總管府。停止元年號，改元官制，元除帝師八十萬進討，恭愍王大懼，幸奏陳於西北兵馬使印璫，斬之以謝，退還鴨綠江外之地，然雙城方面侵地則斷不還，元亦不與爭。

紅巾餘黨入遼東，爲元軍所追擊，一軍南下侵高麗，陷平壤，再陷開京，爲高麗軍擊敗。恭愍王十年紅軍再來，陷開城，爲名將李成桂所平。元廷之無力及不負責任，至是已彰，高麗之離貳，蓋可想見。順帝後宮奇皇后奇氏之故，謀廢恭愍王，以兵送塔思帖木兒往王，爲高麗所敗，不得入。元人擁戴德興君，守將納哈出又爲高麗所敗，三爭三介，乃折而西歸，使聞隱遁。

第二節明初遼東之經略，據遼東志所言，參證諸書，考定金山亦卽山得利贏城之今地，以中韓記錄互證，知大明實錄之劉益降明時期卽爲高麗史所記之降附同年，北巡私記之遼東參政高家奴納木兒或即爲高麗帝末記所載奇皇后族人三寶奴，納羅山城即五老山城即今桓仁地。元帝出走，其臣也速也先不花洪保保王哈剌不花劉益高家奴等仍割據一方，為元效命，其最著者為納哈出，與在上都之元帝為聲援。西方則有李思齊張思道脫列伯孔興諸將相犄角。也速脫列伯分道南侵，明帝召還西征之常遇春掃蕩薊北，入熱河擊滅也速，陷上都，元帝出走應昌，西軍脫列伯被虜，元帝自是不敢南向。洪武元年(1368)高麗見元勢去，乃奉明正朔，出兵犯遼東，遣池龍壽李成桂進克東寧府，取兀剌山城，以絕北元。尋復進軍陷遼陽，乘勢擴充國界。遼東平章劉益本為漢人，至是見蒙古勢去，且遼陽失陷，不能與納哈出等取聯絡形勢，乃率衆降明。明于是設定遼都衛，列戍置將以鎮之。取金州，克遼陽，并着進行，會高麗亦進軍復陷五老山城，元軍圖報復，屢侵高麗邊境以報之。(1372)

第三節南滿地方之經略，洪武五年三路出軍北伐，中東二路雖均失敗，然元人自是遠竄西北。明人懲前失，亦改而經營沿邊，尤注意於遼東之經略，以馬雲葉旺諸將任其事，置金蓋復三州，降高家奴，收復開原鐵嶺之地。六年六月置遼陽府縣。閏十一月置定遼右衛於遼陽城北。八年四月增設金州衛，十月改定遼都衛為遼東都司。十年廢所屬州縣，悉罷衛所，一切均以軍政行之。以後迭有增減，至永樂七年遼東凡二十五衛二州。高麗方面，親明之恭愍王以洪武七年(1374)被弒，局勢乃一變。時明使來購馬者蔡斌橫暴，歸途為護送使所殺，奉馬歸北元，明廷大怒，數拘囚高麗使節。恭愍王無嗣，權臣李仁任立其養子辛禑為王，會北元亦遣兵擁瀋王脫脫不花王來王高麗，經數次折衝，元人承認辛禑之嗣位，復尋舊好。遣翰林承旨孛剌的來賜冊寶，高麗乃廢洪武年號，奉元宣光正朔，中外決獄一遵至正條格，遣使往謝冊命。洪武十年七月元遣宣徽院使徹里帖木兒來徵兵挾攻明定遼衛，不應。元將納哈出則擁兵金山，數南下圖恢復，不得逞。明以高麗數與元通，敕邊將謹設備，仍絕其使者不令來貢。謀大舉於遼南以割斷元與高麗之聯絡。

第四節高麗北上之經略，時元名將[illegible]帖木兒與其主愛猷識里達臘相繼崩逝，明軍數出師大事全寧逐元餘軍，遼東大為震動，其將校遺民紛紛求內附，明將周鶚徐玉陳玉經營直至鴨綠江右岸以北至輝發河流域之地，高麗與元之交通路乃不得不移於鴨綠江上流。一面見元勢日非，不得不轉而仍奉明正朔。顧明軍力日強，與北元之交通遂絕。明廷長嘗遂直達日本海，南要既紓，遂轉而包圍北部之納哈出。元使仍謀通高麗，遼東都司聞之遣兵邀截，明與高麗遂發生正面衝突，高麗終於屈服，遂永絕北元。納哈出屬下海西右丞阿魯灰率衆內附，兀者野人奚關總管府均相繼降，遂置東寧瀋陽諸衛。

第五節納哈出之降服，洪武二十年春命馮勝統軍征納哈出，復遣降人往諭降，先鋒軍襲取慶州，納哈出棄金山，退營新泰州，時朝鮮蒙古均為明軍所阻不得通，左右翼被斷，遂不戰降。命所部安住原地，自山海衛至遼東置驛聯絡，置廣寧錦州諸衛。二十五年封子植為遼王，都廣寧。

熱河自納哈出平後置大寧衛，尋改為北平行都司，封寧王於此以鎮之。

第六節三萬鐵嶺兩衛之建設，元在遼東之勢力既盡顛覆，明乃於東北三姓方面置三萬衛以鎮撫北部，東南朝鮮境置鐵嶺衛以統御南部。尋以糧餉難繼，徙三萬衛於開原，又置兀者野人乞列迷軍民萬戶府於故哈兒分地，所轄區域當今黑龍江下流一帶地。自後開原遂為明代經營東北之根據地。元人以合蘭府為中心統轄女直野人，明代因之置鐵嶺衛，與朝鮮劃嶺為界。顧以頻經喪亂，遼東邊民多流徙入高麗，高麗亦乘機侵佔元之邊地，明人勃興，兩國遂相軋轢。洪武二十一年明廷諭以鐵嶺迤北元屬元朝，並令歸之遼東，高麗朝野騷然不平，大修戰備為絕明之計，又假押公喚鎮一名，指其南嶺屬高麗與明辨解。會得明設衛置站報，遂命崔瑩李成桂將兵攻遼東，通使北元求聯攜，元人不能應。大將李成桂遄師囚崔瑩廢辛禑；兵事遂已。在明廷方面亦感伸入咸鏡南道之南之困難，只能將衛所置於高麗江界對岸之黃城附近。總以其不能與後方取連絡形勢，復退置於奉集縣，數年後復移於今鐵嶺地。蓋明初之遼東經略，其目的在除去為元左翼之納哈出，極力經營遼鮮山地與伸出互掌至日本海方面均非其始望所及。故納哈出一倒，東方之威脅既除，太祖即轉而從事西方蒙古之經略，不再東顧。

第七節太祖晚年之經營，納哈出地位動搖之際，元主脫古思帖木兒東駐於呼倫貝爾以為後援，及納哈出降，元主徘徊黑山魚海間以撫戰殘衆。二十一年三月被明軍襲擊于捕魚兒海，全軍潰沒，僅以身免，尋為逆臣也速迭兒所弒，自是蒙古遂分東西二部，不復能與明抗。東蒙諸將失主相繼投明，明為置全寧衛於今巴林地，泰寧衛於今洮南附近，福餘衛於今齊齊哈爾地，朵顏衛於洮兒河上源，應昌衛於達里泊湖畔以安置之，全寧應昌二衛尋叛去。明初之外國經略方針，專事斷絕兩敵間之聯絡，其經營長白山左右時，以斷絕高麗與納哈出之聯絡為主眼，至是則又轉而注眼於蒙古與兀良哈及兀良哈與女直之關係。二十八年兵發開原大舉包圍松花江北之蒙古山寨，自西向東攻逐兀者女直大酋西陽哈，蹂躪今哈爾濱之北呼蘭地，綏化，巴彥，海倫之[illegible]

洛陽故城古墓考

茂勳

Tombs of old Lo-Yang

美國懷履光著

By Willam Charles White

定價叁拾伍元　上海別發洋行出版

[illegible]

圖書副刊

BOOKMAN

第四十七期

一 本刊登載關於中外圖書之介紹批評以及各種消息。[illegible]

書評

評王雲五大辭典

華朋

王雲五大辭典一册，民十九年七月初版，定價六元。廿一年七月又發行縮印本，定價三元。全書計辭典部一三八四頁，附錄三十種二五二頁。

王雲五先生是四角號碼的發明者。四角號碼的發明，是中國文字檢查法的一大進步，對於中國學術上有相當的貢獻，關于這點自有定評，無需我在這裏多說。但是王先生也許是過於求近功了，過於爲四角號碼宣傳了，他這本王雲五大辭典編得不無千慮一失之處。我特將辭典中不十分妥當的地方舉出幾條，就正於編者和讀者。

十七頁：【市虎】條下，解作「老虎在市場中（喻）本無其事，因說話的人多，便誤信爲眞。」我以爲在這裏應當將「三人成市虎」的典故說上，因爲不如此，則使人不明其原委，不知道「市虎」二字怎樣成了「傳訛爲眞」的一個習諺。第二，應當將「市虎」爲汽車的惡意代名詞說上，因爲我們在報紙上常看到「市虎傷人」的標題，這也是可以採用的一個習語（idiom）。

一二八〇頁：【善刀】條下，解作「（喻）懷才而不見用。」案此辭本於莊子養生主篇「善刀而藏之」一文，乃喻人宜善視其才，於不用時宜自保，並非「懷才而不見用」。

同頁：【善財】條下，解作「佛的兒子」這條的解釋，錯得有點離奇；案辭源丑八二・三善財條下云：「善財，佛弟子名」不知此處何以成爲佛的兒子！

一三〇七頁：【知音】條下，「（一）精於音律的人，（二）（喻）親密的朋友。」此處應將俞伯牙及鍾子期的典故說上，不然人不明白「知音」二字與「親密的朋友」有何關係。

又在一一〇一頁郢字下未收郢人一條，莊子中之「郢人」亦一重要典故，與「知音」相同。

五九八頁：「盜亦有道」條下云：「作大惡也須有正當方法。」案「道」祇釋爲「方法」已足，無所謂「正當」與不「正當」。若「方法正當」，則不爲「大惡」矣。

一二七三頁：「鹵簿」條下云：「天子出行時的儀仗」案「鹵簿」是一出行時的儀仗不錯，然不限於「天子」，官吏出行時的儀仗似乎也可稱爲鹵簿。

一三〇五頁：【樂府】條下云：「【文】文體之一種，就是能譜入弦管的歌曲。」案釋爲「文體之一種」已誤，因樂府爲詩非文也，且能譜入弦管的歌曲不祇「樂府」，如詞，曲等亦能譜入弦管，且亦皆爲「文體之一種」；愚意於此似應加以其他之說明，庶幾使人明瞭此三者之分別。

九〇六頁：【青宮】條下釋爲「太子」案太子所居之宮位於東方，故名爲東宮；東方依舊日五行觀念屬木，於色屬青，故亦名爲青宮；轉義始爲太子，今逕釋爲太子似太簡捷。

七九頁：【說文解字】一條下云：「書名，漢朝許愼所著，將文字分爲五百六十部，以推究字源。」案「漢朝」如改爲「東漢」似乎比較好一些，因祇說「漢朝」，年代上似乎不淸楚，與編者在編輯凡例第十四所言不合。至於說文解字一書，余祇見分五百四十部者。此處言分五百六十部，想係手民之誤，此等錯誤雖似甚小，然最足以誤人。對書之價値亦貶損不少。

二十一頁：【高明】條，解爲「（一）學術有專長的人」案「高明」一詞雖有時用爲一代名詞，但普通多用爲形容詞。如「高明之家，鬼瞰其室」之「高明」是。愚意以爲似應先釋其形容詞之涵義，然後再釋其引申之義，逕釋爲「學術有專長的人」，似不甚妥。

同頁：【高士】條釋爲「淸高的學者」似亦不甚妥，我們知道歷史上有許多「高士」，但卻不都是些學者，此處似宜改作「淸高的人」或「品行高尙的人」。

[illegible]頁：【王維】條下，註王維生於公元六九九年，歿於七五九年。余初因講授王維之文，就王雲五大辭典查其生卒年代及事蹟，但辭典中語焉不詳，查陸侃如中國文選史簡編，乃發現二者所註生卒年代不同。又按歷代名人年譜於王維生卒作生於唐中宗嗣聖十八年（公元七〇一），卒於肅宗上元二年（公元七六一），與陸書同而與辭典異。辭典所註似有錯誤。

一三二一頁：【巴比倫】條下祇云「在西亞細亞幼發拉底河畔，爲古代最大都會。」案「巴比倫」亦用作西亞古代國名，並應加註其興亡年代。

八八四頁：【梅妻鶴子】註云「（喻）隱居的狀態」案梅妻鶴子爲宋處士林逋逸事，於此似應加以註明。逕釋爲「隱居的狀態」似太簡單。本書編者於序文中言「本書對於詞語的解釋，詳略適中，以與人正確觀念爲原則……」此等處似嫌太略。

以上是就翻閱所得，隨便舉出幾條有待於討論的。本來編纂辭典類書一類工具書，最是一種費力不討好的工作，收集材料既難完備，註解辭義亦須煞費苦心，但編成之後受人指摘卻甚容易，因爲有許多人專就自己所知道的僻字冷辭去到辭書中查，結果辭書中往往沒有；他們於是便以爲這辭典不好。其實語言文字是活的，隨時在那裏創造生長，辭典無論如何決不能蒐羅完備。但是若講到可供給一般人參考沒有什麼大錯誤，則該是我們所應遵守的一條法則。認眞說起來，中國目前實在沒有字典，像中華大字典專收單字，辭源專收典故，辭通專收聯字，雖各有所長，但距我們理想中的標準還差得遠。

王先生這部大辭典，雖然在編制方法上革新了，檢查上便利了，但有地方還是不能使我們滿意；雖然他自己說是「本書最適宜於高小以上，高中以下之學生，但對於大學生亦甚有用」（凡例廿一）但是我們認爲本書解釋還是過於簡略，沒有作到「詳略適中」的地方。王先生爲文化而努力的精神是很可佩服的，但王雲五大辭典的成績卻不見佳，我們希望王先生以後能夠出一個增訂修正的王雲五大辭典，以爲國人參考。

一九三四，八，十八日晚。

「人命商人」（續四十五期）

義

——一個新刊的介紹——

H. C. Engelbrecht & F. C. Hanighem: Merchant of Death, A Story of the International Armament Industry, New York, 1934.

據說當年中國的李鴻章，聽到馬克沁槍的名氣，還特地親自到英國去看過。老先生一上岸，便直嚷那裏有馬克沁。比及看了試放，佩服之至；一問每分鐘要化多少錢，說要一百三十磅，嚇得開不出口來，只說了句在中國還得慢一些的好，逃了回來。丹麥王也去看馬克沁。說道這樣的鎗，只消兩個鐘頭，就可以使我國破產了；也逃了。波斯王也去看了。回到旅館之後，教人到英國太子宮去說，要求送一尊給波斯；英太子回答說：那不是我的東西，是公司的東西，無法遵命。土耳其王呢，特地請馬克沁帶了一架去試放，看得非常滿意，特賜勳章，並賞了後宮一絕色美人。但是馬克沁卻嚇怕了，拿了槍逃回本國去了。奧國也請他去試放，那天皇帝百官海陸軍官新聞記者都來列席。衆客之中有個 Vickers=Maxim 公司之大敵的瑞典 Nordenfelt 公司的代表在內。馬克沁樹起一個靶子，用槍打出「F．J」兩個字，這是奧帝御名的兩個字頭。大家讚嘆聲中，忽有一高身材黑臉色的紳士在新聞記者叢裏大講：「技術眞堪驚嘆佩服，了不得。再也沒有勝過這 Nordenfelt 槍的了」。「不是一個新聞記者說：「聽說發明的人叫馬克沁呢」。「不是，那叫 Nordenfelt 槍，全世界最新最好的武器」。操着英，法兩國的話，絮個不休。新聞記者只曉得有聞必錄，原沒有詳細的專門知識，竟被矇住了。接着，他又到軍官叢裏去說：「若說槍砲，誰也賽不過馬克沁君；只可惜有個非常大缺陷：就是誰也不能仿造；除了變個把戲玩意兒之外，毫無用處」。又詳細說明：「製造起來，須要非常精密的機器，只差了一釐的一百分之一，就完全不中用了」。一方面馬克沁抱着莫大希望，第二天到軍部去兜攬生意，不料甚遭冷淡；好容易攬到了一百五十架而已。馬克沁因此十分佩服那代表的機靈，那代表也深服馬克沁槍的精銳，後來這人就擔任了 Vickers=Maxim 公司的經理，在歐洲軍界裏大展其手腕。

這代表正是歐洲有名的黑幕中怪人物，推銷武器的大魔王。他便是生於希臘，長於土耳其，亡命俄國，變了俄國姓名，末了兒做了英國貴族的 Sir Bernard Sakharof。他的一生奇遇，已有不少的專傳行世。自從他當了 Vickers=Maxim 公司的經理之後，便和英，法，德，美，意，各國大兵工廠結合起來，做成了世界的一大托拉司。蕭伯訥戲劇裏那位兵工廠的先生，怕就是影射的他。他的詞兒：

「什麼？你們貴國政府？我們便是貴國政府呢！你以爲像你呀，你們一類的門外漢，齊集在像煞有介事的議會裏，就能隨便利用我們麼？你們只要看我們的意思去開戰，看我們的意思去講和好了！老實說，我們願意有事，以便維持我們紅利的時候，你就知道我們的希望，就是國民的要求！如果有人（勞動者）要設法打落我們紅利的時候，你得就召集起警察軍隊來好了。那就會得到我們報紙的贊助（投票）。並且還博得『大政治家』啦什麼的好名聲，多好呀」？

一查這 Vickers=Maxim 公司的經理多是些何等人呢？兩位公爵，兩位侯爵夫人，伯爵男爵以及他們的夫人公子小姐五十人，貴族騎士 (Knight) 二十人，議員三人，海陸軍人造船專家御用商人二十一人，財政家三人，報館關係的六人；總數八萬的股東裏面，也有閣員，也有大議員，也有大宗教，也有評論家。不知何故，這本書的作者稱這公司爲「議會的後母」。

德國的克魯伯和法國的許奈特在南美巴西國，競爭買賣；雙方都拿大砲來試放。那天早上，存放法國軍火的倉庫忽然失了火，許奈特的大砲毀了。法國方面說是德方放的火；德國方面說是法方自知不如，自家放的火。第二年從新再來試放，法國軍火到了巴西碼頭，都說火藥危險，誰也不肯給起岸。好容易纔運到了試砲場，偏又誤了鐘點。法國還願意擔任費用，再來一回第三次的試驗；德國一個砲兵大佐在報紙上大宣傳說：「秘魯爲對巴西備戰，已經用法國大砲完成了武裝；巴西亟宜設法對付！因此，克魯伯就制了勝，奪取了許奈特的買賣。

日俄戰役之中，俄國頻頻發生內部革命運動，海軍兵變等事。即居然將一些內亂，瞞過了法國人，募到了八萬萬法郎的國債。那時俄國的謀策，眞是拚命。法國要知道這種內亂，一不放心，就募不成債了；所以特派 Raphalovitch 駐在巴黎，專一收買法國報紙。他的收買，一一都稟法國大官的指點，勸告！首先從 Havre 通信社着手，每月貼它一萬法郎。其次是「時報」（Le Temps）七千，「日報」（Le Journal）八千。還種津貼，在一九〇四年，總數九十三萬法郎；一九〇五年增至二百萬。一九〇六年，一個「時報」就得了十萬；其餘還有 Le Journal des Debats, Echo de Paris, Libert'a, Petit Parisien, Journal, Figaro, Gaulois 分得五萬；La Patrie, L'eclair, L'Appel, L'Intransig'ant, La Vie Parisienne 各報的廣告費等等，一共撒了三百八十萬法郎。這樣買收了法國報紙，騙了法國人，募到的巨債，大部分當然用來買了法國軍火了。可是不數年，共產黨政府一起，這筆帳　此化爲烏有了；總算報館和軍火廠先收回過一部分罷了。套一句馬琴（日本舊小說名家）的話：眞是禍福相糾恰如繩。

大戰時美國輸出於歐洲的軍火，第一年四千萬美金，第二年三萬三千萬，第三年十二萬九千萬。此外這三年之間，同盟國來買去的軍火，也有四十萬萬。軍火之外，還有輸向戰地的鐵，鋼，炸藥，棉花，棉製品，小麥，銅，赤銅，皮革，化學用品，火具，汽車，小麥粉，工作機械，騾子，玉蜀黍，鐵絲製造機，靴鞋，火車，馬匹，大麥，羊毛製品，橡皮車輪，飛機，摩托腳踏車，等等。可是 Wall Street 裏漸漸擔憂起來：假有講和的消息傳來，股票一落千丈，每落百分之五以至十分之三四的價格。萬一德國勝了呢？不會的。然而頗占優勢呢。或者兩不相下，講和了？Wall Street 只是戰戰兢兢的。美國將全財產來買了同盟國的馬票了，這次競賽，萬一同盟國不得頭馬，不知會鬧出什麼亂子來。接着，又有一種別的擔心：同盟國怎麼還債法？欠賬差不多已經抵銷完了，餘下這麼筆巨款，是完全沒有擔保的。文書上寫得好看，不中用，也許全漂。一九一六年那商務的膨脹，叫人眼花；一九一七年竟許一跌落到深淵？到那年四月十六日，居然參戰，軍火公司以至大小商家，這纔從新鼓動起心臟來。自然美國的參戰，另有種種的原因情勢，只因其與同盟國之間，有這樣大的經濟關係，簡直可以說參戰是救其財政破產的命。所以報館，組織了一大宣傳機關鼓吹參戰，逼着政府實行。Morgan 公司統率了十二家出版公司和一百九十七家的大總統威爾遜在議會宣告參戰的時候，Wall Street 的鉅公們無不極口頌揚，說是絲毫不錯的正義之舉，完全無缺的美國主義，美國國民的眞精神。

美國自參戰之日起，到停戰之日止，所費金錢二百廿六萬二千五百萬美金；中間還另外供給過同盟國九十四萬五千五百萬。停戰成約的時候，國內大財主有二萬一千人。火藥公司狄本的股票，從二十元一躍而漲至二千元。可是如意算盤終究要落空的，連本帶利一百幾十萬的債，忽讓一溜烟給拐走了。美國國民的痛苦憤恨，怕不單是什麼條約違反而已吧。大戰當時，俄國向這狄本公司定貨的單子裏，附有一張支票，一筆頭六千萬金元。據說平生收慣巨款的經理，一看也不免喟然笑形於色了。只是如今這筆賬還算不算？赤色政府付了沒有？雖說不關我事，不免替他擔心呢。美國那時還製過毒瓦斯，凡有六十三種，每星期製造八百零一噸。其時各國製造毒瓦斯的能力：法國每星期三百八十五噸，英國四百一十噸，德國二百噸。將要停戰的時候，美國益發增加能力，到了一星期三千噸之數。美國政府爲了化學戰的戰備，支出一千萬金元，使用四萬八千的人數。正當停戰會議開會的工夫，希臘和土耳其忽然打起仗來了。希臘軍敗退下去，遺留下的大砲機關槍，全是英國維喀斯的製造；土耳其軍進攻所用的槍砲，全是法國克耆索造的。親歷其境，目睹情形的通信訪員，都說直到今天，纔明白了所謂 Entente Cordiale 的意義。及至戰後，市面蕭條，國際無事，那維喀斯便遭逢了非常的危機。債主的銀行家集議，謀其復興。結果：重行估計資產，縮小資本，減爲原來的三分之一。Armstrong 的情形更刻害，所以忍了痛，歸併給維喀斯了。克魯伯呢，在凡爾賽條約面前低了頭，將造兵工廠搬了荷蘭去，另外買了瑞典博伏倭兒公司的股子，讓它享用自家的特許權。荷蘭的伏茲卡飛機製造廠是柏林品齊的分廠，受着希特勒的補助費。

一九二七年日內瓦的海軍軍備縮小會議，英國是 Sir Robert Cecil ，美國是老練外交官 Hue Gibson 出席。此外參與列席的有英國的 Jellicoe 將軍 Field 將軍，美國海軍的一班反對減少艦數的走狗。美國卻還來了1個怪物叫 William Baldwin Sellar（?）的。一看倒是個好人，相貌堂皇，藹然可親的。他在尼可朋要算個「海軍通」，身後帶着有美國各男女愛國團體的「信任狀」。靠近聯盟的殿堂，租下寬大的住宅，大開筵席，款待美國新聞記者團，詳細說明海軍的事情給他們聽，指導他們怎樣通信報告。又和美國的外交官武官們都很熱識接近；會議時候，坐在首席委員專用的廳裏。可那裏曉得這位先生是坐過兩次監的壞蛋，由美國各造船廠造兵廠等反對縮小軍備的人們用一年二萬五千美金的原薪雇來，專事破壞會議的。他在會議裏居然大玩手段，達了目的，揚揚得意的回國去了。以後這博原雇主的信任，繼續其愛國運動（聽說外國竟有俗語，說是愛國是壞蛋的最後逋逃藪），發表反對軍縮的論文，運動議會通過添造巡洋艦五十隻的議案。又得到有名的新聞大王 Hearst 的賞識，發起了反對聯盟，反對國際審判所的運動。從此凡有暗中謀策，無不有他。二年後，竟反咬了原雇主一口：說他們派他去日內瓦，原定十年之間，每年送他薪俸二萬五千金元。他不獨在日內瓦破壞了軍縮會議，給雇主們承攬造船造兵買賣的機會，並且運動議會，通過建造巡洋艦五十隻的議案。如果不是他，十年也不成功的；憑他的力，兩年之內就成了功。所以爲時雖短，卻有領受二十五萬十年全薪的權利；雇主們不應不給。照例鬧到了國會審問，傳雇主們去問，誰都不肯供；他連傳都沒有被傳。（後來總統換了人，建造六萬萬金元的軍艦了；這問題也自然消滅，誰都滿意了吧）。

這書的第十六章，標題叫「從提摔到 Hotch-kiss」，專談日本軍備的進步。

還有英國議會裏成爲問題的一個謠言似的趣聞：有個英國造兵械的公司，一棟房子專造日本定造的兵器，只一棟房子專造中國的定貨。一天恰巧兩國代表同時來看工場，守衛沒有留人，將兩方面都引導在一處了。

近來美國的飛行家正在中國造成飛行史。中國希望快速力的戰鬥機，於是美國快飛大家 Doolittle 帶了三十六架 Curtiss Hawke 驅逐機去教練，德國的爆炸機組師也率領第一流飛行家十二人，機師四人去了。約定教練三年，用一百八十小時，每八個月，可以有五十個中國駕機人（Pilot）畢業。還有 Curtiss=Wright公司費了五百萬美金，在杭州建了個飛機製造廠，約定中國政府每年至少要買它六十架飛機。意大利也替了二十架爆炸機給中國，派了最有本領的飛行家 Bernarde 去指導。日本看得着急，也是當然的事。（天材聲明，歐美人早就料到了）。

禁用毒氣的問題，意外地非常複雜，因此世界各國沒有一國不在準備化學戰。即如綠氣是工業上一重要之品，最初的毒氣就用的是它。有名的芥子氣（Mustard gas）是三種極普通極有用的瓦斯化合起來的。凡有染料工業的地方，戰時就都是製造毒氣的地方。德國總執着化學工業的牛耳的。其 I. G. Farben Industrie 是一大托拉斯，本社在 Frankfurt=am=Main 而各地都有其工場，其中經理，那一國人都有，還都是各本國化學工業的大股東。總說資本至少有四分之三在法國人手裏，而與西班牙，意大利，法，美，英，各國的化學工業公司都有密切關係。像他在大戰時用的毒瓦斯，已經製有一千種以上云。英國的化學工業，是 I. C. I. 獨占的。Sir John Allsebrook Simon 會買過一千五百十二股，那年「東亞事件」（九一八）時，都賣掉了。Sir Joseph Austen Chamberlain 是六百六十六股的股東，Arthur Neville Chamberlain 有一萬一千七百四十七股。英國以外的國民，買的股分，不許超過百分之二十五的。

全書的結論：現在的文明是承認一切的：民族主義，經濟相尅，競爭資本主義，帝國主義，殖民主義，領土爭論，人種的排斥，人口的壓迫，無不容納；而從中求其不安定的均衡。但凡胚胎於這種文明的國際政治關係存在，軍縮會議之類是沒有成立希望的。均衡一破，立刻用老法兒的暴力——戰爭再來另求一個均衡而已。武器工業是現代文明的產物，在混亂沒統制的國際政治狀態之下，是必不可缺的要素。若要消滅武器工業，先須另造世界，須要和平手段就能鎮定一切爭議的世界。除了改造現在的文明之外，別無辦法！

（完）

新書介紹

江峰漫稿十二卷　明呂高撰　南京國學圖書館影明刻本　四冊　定價二元

呂高字山甫，丹徒人，明嘉靖己丑進士，授戶部主事，歷官至太僕少卿，以大計罷官。嘉靖初，朝士中晉江王愼中，毘陵唐順之，富順熊過，章邱李開先，平涼趙時春及呂山甫等八人稱八才子。嘉靖末王李諸人號七才子，八才子之名遂爲所掩。錢牧齋選列朝詩及朱竹垞選明詩綜尚及見江峰全稿，其詩列入詩選中，四庫失收，蓋其原書湮沒不彰久矣。丹徒柳詒徵氏在南京狀元境書肆中，無意中獲得此書，計詩文集十二卷，附湖南書院訓規一卷。詩宗燕許，而晚由杜陵大曆諸子間，訓規一主經術，徵引賅博，具見學有本源。因由國學圖書館影印行世，以存鄉邦之獻故云。（剛）

圖書副刊

BOOKMAN 第四十八期

書評

評錢端升著德國的政府

二十三年四月商務印書館出版　定價二元六角

(一)名稱和綱領上的大要

(二)不能指出德國憲法的特徵

(三)對於每一個問題，都不能提綱挈領的指示其要點

(四)說明太簡單或不明白

(五)原書的疏忽之點

(Reichsregierung) (Die Reichsregierung besteht aus dem Reichskanzler und den Reichsministern) (Gemeinschaft) (Gegensatz) (Wirtschaftsrat) (Bundesrecht bricht Gliedstaatsrecht) (Reichstag) (The Governments of Europe) (Munro) (eines menschenwürdigen Daseines) (Begutachtungsrecht) (Initiativrecht) (Vertretungsrecht)

「……jeder von ihnen muss zur cktreten, wenn ihm der Reichstag durch ausdrücklichen Beschluss sein Vertrauen entzieht」

法案不能成立，但總統若和國會抱同一的意見，希望其成立者，可交付國民表決。第二，國會若以三分二以上的多數維持原案，則在原則上，該法案可以成立，但總統若和萊希院抱同一的意見，希望其不成立者，也可以交付國民投票，由此可知縱令國會以三分二以上的多數維持原案，原案也未必就發生效力，現在錢先生說：「如不能一致，則國會須有三分二以上的多數，始能給爭論中之法案，以通常之效力。」其未曾看到總統的意見尚可左右該法案，而使其不能成立，事至明瞭。

總括說來，原書的根本毛病有二：(一)缺乏科學的整理方法，致說明不得要領，(二)偏重無必要的事實的敘述，而忘却了原理；使讀者讀了本書，無從知悉德國政制的特徵。因爲本書犯了這個毛病，所以材料雖然豐富，然而却不能如序文所說「助讀者對於德國現代的政府得一基本的認識。」所以我很希望錢先生在「貧病交襲，變故頻仍」之中(見序文)，不必再著作其他各國政治制度，還是改正這本大著，使國內大學得到一本良好的參考書，尚有功德。

九，十，一九三四，景山之旁。

新書介紹

正氣堂集

明俞大猷撰　南京國學圖書館影印本

十二冊　定價大洋拾元

明代倭寇乃日本之海盜，起源于九州及山陰山陽一帶，根據壹岐對馬二島，侵略吾國沿海東南諸省。當明之初葉，太祖定制，片板不許入海，及承平日久，奸民竊自出入，勾引倭人及佛郎機（葡萄牙人）諸國人互市。閩人李光頭，歙人許棟踞寧波之雙嶼爲之主，司其質契，當地富豪勢家，從中護持之，隨在沿海豬踞，遞載違禁物品，官吏不能詰也。洎後徐海王直陳東麻葉與平會一本，在沿海一帶勾通倭人，相繼作亂，其時海寇假倭寇之名，荼毒內地，遂成倭寇之禍，有明嘉靖一朝沿海江南福建廣東各省受禍最烈。

當倭亂初起，巡撫朱紈主嚴料內奸，肅清海禁，防禍於未然，倭寇不難於平熄，乃爲富豪勢家所忌，卒被罪落職，幽鬱而死。其後張經繼之，與副總兵俞大猷督率永順保靖諸土兵司兵，破賊於王江涇，爲倭患以來第一次大捷。乃爲胡宗憲趙文華構陷，有功不賞，反被橫戮。明代政治之黑暗，士大夫生命之無保障，如此例者不少概見。自嚴嵩當國，其黨趙文華，胡宗憲輩用事，冒功貪賞，養寇縱敵，寇勢蔓延，遂不可爲。起嘉靖三十二年訖三十九年，其間爲巡撫者十人，安顯彭黃胡方任，上虞陳蔣徐人歷大山應城周珫及曾邦輔等無一不得罪而去者。當日時事之紛擾，歷禍垂十數年，於此可知其梗概。自嚴黨勢熄，名將戚繼光俞大猷出，而倭亂始定。

大猷字志輔晉江人，少好讀書，受易於王宣林編得蔡清之傳。又聞趙本學以易，推衍兵家奇正虛實之權，又從其習兵法。嘉靖三十一年，以參將移寧台，先後斬獲倭寇甚衆。王江涇一戰，俘斬倭寇千餘。三十五年任浙江總兵，破倭舟山，擊徐海王直，先後斬倭無算。岑港之役，倭遁閩廣，胡宗憲委罪大猷，逮訊，發大同，旋討張璉平之，擢福建總兵。與戚繼光平倭，復興化。又與繼光擊吳平於福建南澳，滅曾一本於廣東雷廉，此其功業之大較也。

大猷爲將廉，馭下有恩，長於料敵，在兵間五十餘年，未嘗敗衄，數立大功，威震南北，李杜撰功行紀云：『公爲將，未事之先則必周萬全之算，既事之後，則每垂悠久之慮。其周萬全之算，以底事成績，則古之名將蓋多有之，其垂悠久之慮，以撥亂興治，則其用心非儒者不能也。』是大猷有兵家之謀，而兼儒者之行，不可概以武人論也。

大猷著有正氣堂十六卷續集五卷又第七卷，京營戰車近稿一卷餘集四卷洗海近事二卷，紀平會一本事，首附李杜撰俞公功行紀一卷，較明史本傳爲詳。洗海近事已列入四庫總目。正氣堂集，有明嘉靖乙丑潮州官署刻本，舛錯顚倒，不一而足，又有清道光辛丑龍溪孫雲鴻刻本。惟明刻既不易見，即道光本世亦不多覯；南京國學圖書館舊藏此書，並假南海霍家藏道光本相校，補其訛脫；影印行世。是書爲大猷身體行間之作，保存不少平倭史料爲研究明代倭寇之亂，最重要之典籍也。（剛）

學術界雜訊

●●●●●●●●●

新安直國書碑之發現

遼金文字流傳於世間者最少，亦最難讀，能深通其文字者尤鮮。前年熱河發現遼陵石刻哀冊，率皆契丹文字，足供研究遼史者之參攷。至女眞文字本有大字小字之稱。按金史女直酋長阿骨打自立稱帝，國號曰金，至天輔三年太祖命完顏希尹創製國書，所謂女直大字，因字畫繁雜，不易分辨，熙宗朝天眷至皇統年間，乃頒製新字名曰女直小字。惟二者字體不易區別，至今尚無人能講識者。

女直字碑已發現者，共有七種茲列述於后：

一大金得勝陀頌
　大定二十五年吉林省拉林石碑崴子
一楊樹林山女直國書碑
　遼寧省海龍縣楊樹林山
一金宴臺國書碑
　正大元年
一高麗北青城串山女直國書碑
　後至元四年朝鮮咸鏡南道青城郡俗厚面蒼城里
一高麗慶源女直國書碑
　朝鮮咸鏡北道慶源郡東原面禾洞　移置京城總督府博物館
一永寧寺碑
　明永樂年建　黑龍江口特林地方發現　藏浦鹽斯德極東大學博物館
一奧屯良弼餞飲碑
　泰和六年　羅振玉氏藏

其中以女直國書碑在吉林海龍縣楊樹林山頂，刻在摩崖之上，發見最晚。上虞羅福成氏撰有跋尾，登載北平圖書館月刊第三卷第四號，其解讀者共有收國二年五月五日八字，據金史收國元年破遼軍七十萬，是役也金軍二萬追遼主於天祚於護步岡大敗之，二年斡魯敗高永昌取遼東各州縣，金之幅員，至此益擴，此碑所在地爲海龍楊樹林山，當在其戰爭區內，所謂立碑以紀其功者也。

近來滿洲醫科大學教授日人山下泰藏氏爲治遼金史學，以金國創字始於天輔三年，羅氏釋爲收國二年，不應未有文字之前，先行造碑，似有疑問。至遼金戰區，在今輝發河松花江一帶，金世宗於大定二十五年，大破遼軍於涞流水立大金得勝陀頌，漢文與女直文並刻，以紀其功，此碑發現雖久，但地址不明，昨夏始知是碑在吉林省扶餘縣石碑崴子[illegible]（剛）

圖書副刊
BOOKMAN
第四十九期

一　本刊登載關於中外圖書之介紹批評以及學術界消息爲公開性質歡迎投稿
二　刊登本刊之文略致薄酬
三　投稿通訊可寄「北平文津街國立北平圖書館內圖書副刊編輯收」

元典章校補釋例序

（元典章校補釋例，六卷，新會陳援庵垣先生著，中央研究院歷史語言研究所專刊之一，定價二元，不日出版。）

胡適

陳援菴先生在這二十多年之中，搜集了幾種很可寶貴的元典章鈔本；民國十四年故宮發見了元刻本，他和他的門人曾在民國十九年夏天用元刻本對校沈家本刻本，後來又用諸本互校，前後費時半年多，校得沈刻本訛誤脫漏顛倒之處凡一萬二千餘條，寫成元典章校補六卷，又補闕文三卷，改訂表格一卷（民國二十年北京大學研究所國學門刊行）。校補刊成之後，援菴先生又從這一萬二千多條錯誤之中，挑出一千多條，各依其所以致誤之由，分別類例，寫成元典章校補釋例六卷。我和援菴先生做了幾年的鄰舍，得讀釋例最早，得益也最多。他知道我愛讀他的書，所以要我寫一篇釋例的序。我也因爲他這部書是中國校勘學的一部最重要的方法論，所以也不敢推辭。

× × × ×

校勘之學起於文件傳寫的不易避免錯誤。文件越古，傳寫的次數越多，錯誤的機會也越多。校勘學的任務是要改正這些傳寫的錯誤，恢復一個文件的本來面目，或使他和原本相差最微。校勘學的工作有三個主要的成分：一是發見錯誤，二是改正，三是證明所改不誤。

發見錯誤有主觀的，有客觀的。我們讀一個文件，到不可解之處，或可疑之處，因此認爲文字有錯誤：這是主觀的發見錯誤。因幾種「本子」的異同，而發見某種本子有錯誤：這是客觀的。主觀的疑難往往可以引起「本子」的搜求與比較；但讀者去作者的時代既遠，偶然的不解也許是由于後人不能理會作者的原意，而未必真由于傳本的錯誤。況且錯誤之處未必都可以引起疑難，若必待疑難而後發見錯誤，而後搜求證本，正誤的機會就太少了。況且傳寫的本子，往往經「通人」整理過；若非重要經籍，往往經人憑己意增刪改削，成爲文從字順的本子了。不學的寫手的本子的錯誤是容易發見的，「通人」整理過的傳本的錯誤是不容易發見的。試舉一個例子爲證。坊間石印聊齋文集附有張元所作「柳泉蒲先生墓表」，其中記蒲松齡「卒年八十六」。這是「卒年七十六」之誤，有國朝山左詩鈔所引墓表，及原刻碑文可證。但我們若單讀「卒年八十六」之文，而無善本可比較，決不能引起疑難，也決不能發見錯誤。又山左詩鈔引這篇墓表，字句多被刪節，如云：

【先生】少與同邑李希梅及余從父歷友結郢中詩社。

此處無可引起疑難；但清末國學扶輪社鉛印本聊齋文集載墓表全文，此句乃作：

與同邑李希梅及余從父歷視友，旋結爲郢中詩社。（甲本）

依此文，「歷視」爲從父之名，「友」爲動詞，「旋」爲「結」之副詞，文理也可通。石印本聊齋文集即從扶輪社本出來，但此本的編校者熟知聊齋志異的掌故，知道「張歷友」是當時詩人，故石印本墓表此句改成下式：

與同邑李希梅及余從伯父歷友親，旋結爲郢中詩社。（乙本）

最近我得着墓表的拓本，此句原文是：

與同邑李希梅及余從伯父歷友視旋諸先生結爲郢中詩社。（丙本）

視旋是張篤慶，爲張歷友（篤慶）之弟，其詩見山左詩鈔卷四十四。他的詩名不大，人多不知道「視旋」是他的表字；而「視旋」二字出于周易履卦「視履考祥，其旋元吉」，很少人用這樣罕見的表字。甲本校者竟連張歷友也不認得，就妄倒「友視」二字，而刪「諸先生」三字，是爲第一次的整理。乙本校者知識更高了，他認得「張歷友」，而不認得「視旋」，所以他把「視友」二字倒回來，而妄改「視」爲「親」，用作動詞，是爲第二次的整理。此兩本文理都可通，雖少有疑難，都可用主觀的論斷來解決。倘我們終不得見此碑拓本，我們終不能發見甲乙兩本的真錯誤。這個小例子可以說明校勘學的性質。校勘的需要起于發見錯誤，而錯誤的發見必須倚靠不同本子的比較。古人稱此學爲「校讐」，劉向別錄說：「一人讀書，校其上下得謬誤，爲校；一人持本，一人讀書，若怨家相對，爲讐」。其實單讀一個本子，「校其上下」，所得謬誤是很有限的；必須用不同的本子對勘，「若怨家相對」，一字不放過，然後可以「得謬誤」。

改正錯誤是最難的工作。主觀的改定，無論如何工巧，終不能完全服人之心。大學開端「在親民」，朱子「改親爲新」，七百年來，雖有政府功令的主持，終不能塞反對者之口。校勘學所許可的改正，必須是在幾個不同的本子之中，選定一個最可靠或最有理的讀法。這是審查評判的工作。我所謂「最可靠」的讀法，當然是最古底本的讀法。如上文所引張元的聊齋墓表，乙本出于甲本，而甲本又出于丙本，丙本爲原刻碑文，刻於作文之年，故最可靠。我所謂「最有理」的讀法，問題就不能這樣簡單了。原底本既不可得，或所得原底本仍有某種無心之誤（如韓非說的郢人寫書而多寫了「舉燭」二字，如今日報館編輯室每日收到的草稿），或所得本子都有傳寫之誤，或竟無別本可供校勘，——在這種情形之下，改正錯誤沒有萬全的方法。約而言之，最好的方法是排比異同各本，考定其傳寫的先後，取其最古而又最近理的讀法，標明各種異讀，並揣測其所以致誤的緣因。其次是無異本可互勘，或有別本而無法定其傳授的次第，不得已而假定一個校者認爲最近理的讀法，而標明原作某，一作某，今定作某是根據何種理由。如此校改，雖不能必定恢復原文，而保守傳本的眞相以待後人的論定，也可以無大過了。

改定一個文件的文字，無論如何有理，必須在可能的範圍之內提出證實。凡未經證實的改讀，都只是假定而已，臆測而已。證實之法，最可靠的是根據最初底本，其次是最古傳本，其次是最古引用本文的書。萬一這三項都不可得，而本書自有義例可尋，前後互證，往往也可以定其是非，這也可算是一種證實。此外，雖有巧妙可喜的改讀，只是校者某人的改讀，足備一說，而不足成爲定論。例如上文所舉張元墓表之兩處誤字的改正，有原刻碑文爲證，這是第一等的證實。又如道藏本淮南內篇原道訓：「是故鞭噬狗，策蹄馬，而欲教之，雖伊尹造父弗能化。欲寅之心亡於中，則飢虎可尾，何況狗馬之類乎？」這裏「欲寅」各本皆作「欲害」。王念孫校改爲「欲宍」。他因爲明劉績本注云「古肉字」，所以推知劉本原作「宍」字；只因草書「害」字與「宍」相似，世人多見「害」，少見「宍」，故誤寫爲「害」。這是指出所以致誤之由，還算不得證實。他又舉二證：（1）吳越春秋勾踐陰謀外傳「斷竹續竹，飛土逐宍」，今本宍作害；（2）論衡感虛篇「廚門木象生肉足」，今本風俗通義肉作害，害亦宍之誤。這都是類推的論證，因論衡與吳越春秋的「宍」誤作「害」，可以推知淮南書也可以有同類的誤寫。類推之法由彼例此，可以推知某種致誤的可能，而終不能斷定此誤必同于彼誤。直到顧廣圻始得宋本果作「欲宍」，然後王念孫得一古本作證，他的改讀就更有力了。因爲我們終不能得最初底本，又因爲在義理上「欲害」之讀並不劣於「欲肉」之讀（文子道原篇作「欲害之心忘乎中」），所以這種證實只是第二等的，不能得到十分之見。又如淮南同篇：「上游於霄窕之野，下出於無垠之門」，王念孫校，「無垠」下有「鄂」字。他舉三證：（1）文選西京賦「前後無有垠鄂」的李善注：「淮南子曰，出於無垠鄂之門。許愼曰，垠鄂，端崖也。」（2）文選七命的李善注同。（3）太平御覽地部二十：「淮南子曰，下出乎無垠鄂之門。高誘曰，無垠鄂，無形之貌也。」這種證實，雖不得西漢底本，而可以證明許愼高誘的底本如此讀，這就可算是第一等的證實了。

所以校勘之學無處不靠善本：必須有善本互校，方才可知錯誤；必須依據善本，方才可以改正錯誤；必須有古本的依據，方才可以證實所改的是非。凡沒有古本的依據，而僅僅推測某字與某字「形似而誤」，某字「涉上下文而誤」的，都是不科學的校勘。以上三步工夫，是中國與西洋校勘學者共同遵守的方法，運用有精有疏，有巧有拙，校勘學的方法終不能跳出這三步工作的範圍之外。援菴先生對我說，他這部書是用「土法」的。我對他說：在校勘學上，「土法」和海外新法並沒有多大的分別。所不同者，西洋印書術起於十五世紀，比中國晚了六七百年，所以西洋古書的古寫本保存的多，有古本可供校勘，是一長。歐洲名著往往譯成各國文字，古譯本也可供校勘，是二長。歐洲很早就有大學和圖書館，古本的保存比較容易，校讐的人借用古本也比較容易，所以校勘之學比較普及，只算是治學的人一種不可少的工具，而不成爲一二傑出的人的專門事業。這是三長。在中國則刻印書流行以後，寫本多被拋棄了；四方鄰國偶有古本的流傳，而無古書的譯本；大學與公家藏書又都不發達，私家學者收藏有限，故工具不够用，所以一千年來，够得上科學的校勘學者，不過兩三人而已。

中國校勘之學起源很早，而發達很遲。呂氏春秋所記「三豕涉河」的故事，已具有校勘學的基本成分。劉向劉歆父子校書，能用政府所藏各種本互勘，就開校讐學的風氣。漢儒訓註古書，往往注明異讀，是一大進步。經典釋文廣收異本，備舉各家異讀，可算是集古校勘學之大成。晚唐以後，刻印的書多了，古書有了定本，一般讀書人往往過信刻板書，校勘之學幾乎完全消滅了。十二世紀晚期，朱子斤斤爭論程氏遺書刻本的是非；十三世紀之初，周必大校刻文苑英華一千卷，在自序中痛論「以印本易舊書，是非相亂」之失，又略論他校讐的方法；彭叔夏作文苑英華辨證十卷，詳舉他們校讐的方法，清代校勘學者顧廣圻稱爲「校讐之楷模」。彭叔夏在自序中引周必大的話：

校書之法，實事是正，多聞闕疑。

他自己也說：

叔夏年十二三時，手鈔太祖皇帝實錄，其間云：「興衰治亂之源」，闕一字，意謂必是「治亂」。後得善本，乃作「治忽」。三折肱爲良醫，信知書不可以意輕改。

這都是最扼要的校勘方法論。所以我們可以說，十二三世紀之間是校勘學的復興時代。

但後世校讐的人，多不能有周必大那樣一個退休宰相的勢力來「遍求別本」，也沒有他那種「實事是正，多聞闕疑」的精神，所以十三世紀以後，校勘學又衰歇了。直到十七世紀方以智顧炎武諸人起來，方才有證訂古書的新風氣。三百年中，校勘之學成爲考證學的一個重要工具。然而治此學者雖多，其中眞能有自覺的方法，把這門學問建築在一個堅固的基礎之上的，也不過寥寥幾個人而已。

縱觀中國古來的校勘學所以不如西洋，甚至於不如日本，其原因我已說過，都因爲刻書太早，古寫本保存太少；又因爲藏書不公開，又多經劫火，連古刻本都不容易保存。古本太缺乏了，科學的校勘學自不易發達。王念孫段玉裁用他們過人的天才與功力，其最大成就只是一種推理的校勘學而已。推理之最精者，往往也可以補版本的不足。但校讐的本義在於用本子互勘，離開本子的搜求而費精力於推敲，終不是校勘學的正軌。我們試看日本佛教徒所印的弘教書院的大藏經及近年的大正新修大藏經的校勘工作，就可以明白推理的校勘不過是校勘學的一個支流，其用力甚勤而所得甚微細。

× × × ×

（未完）

新書介紹

地理學報　創刊號

中國地理學會編輯　民國二十三年九月出版　南京城北四牌樓鍾山書局總發行　定價每期八角　預定全年四期三元

中國地理學會，爲翁文灝，竺可楨，張其昀等地理學家所組織。本年八月下旬，與中國科學社同時在廬山開第一次大會。所編地理學報創刊號，亦即同時出版。內容多新穎翔實之作，首篇爲竺可楨氏之「東南季風與中國之雨量」，概述中國近海部分風雨之大勢，又由測候材料，以相關係數(Coefficient of Correlation)，論證華北與長江流域之交互旱潦，由於東南季風强弱之故，且與吾國古籍上所言「舶趠風」（即東南季風）主旱之說相脗合。此實中國氣候上之一種新解釋，較之涂長望君以華北與長江流域雨水來源不同之說，較爲切近。竺氏由此說以解釋民國二十年七月長江流域霪雨而華北苦旱，由於東南季風之不盛；則今年長江流域旱燥而華北多雨，殆由於東南季風過強之故，適可爲前事之對證也。張寶堃氏之「中國四季之分配」，以科學的標準與測候統計，論述中國各地四季之早晚，長短，及其分配狀態，並附有詳密之統計圖表多幅。張印堂氏之「中國人口問題之嚴重」，以中外人口及產業地理上數字互相比勘，說明中國人口問題爲吾國極重大而急待解決之問題。胡煥庸氏之「江蘇省農產區域」，根據官私統計及調查報告，分江蘇農產爲米麥，棉花，秈稻，及稻綠四區，並附圖表多種，實爲講究中國人文地理與經濟地理之基本工作。吾人甚盼胡氏能將全國各省區，均作如是研究，爲中國經濟地理學立其基礎也。張其昀氏之「浙遊紀勝」，爲張氏親自考查浙省之遊記，附有地圖及照片數幅，文字流麗而不失科學上之眞實態度，是屬難得。徐近之氏之「西寧松潘間之草地旅行」及「岷江峽谷」，二文均爲徐氏旅行青海及隴蜀西陲之一部分遊記。所經之處，爲明代及清初之邊疆重地，而後人多已忘懷，國人亦鮮遊行其地。今氏此行，對於該處人事與地文知識，均有所發現，此外並有標語數氏之理論與先生別構及該會旨趣書，簡章，及會員錄等，並未附有上述各論文之英文節略。總之，本期各文，大抵多有創獲之處，頗足打破以前地理學界陳陳相因之沉悶空氣。惟此等文字之來源，實多有專家精密調查研究而得其結果。蓋地理之學，本重實際考察，尤有賴於公家之助力，非若文史之學，可以個人於書齋中求新知也。閱該雜誌下冊，尚有左列諸文，皆甚重要：

A 朱熙祜：江西南昌附近地下水之研究

B 張其昀：浙江風景區之比較觀

C 任可澄：華北之旱年及其前因後果

D 朱炳海：霾線鋒面一例之三度觀察

E 黃廈千：南京大氣臭度觀測之報告

F 鄒子政：從樹木年輪推測北平三百年來之雨量

G 蔡源明：浙江三角洲之考察概要

H 洪紱：中國之地理區域（九）

× × ×

Savina, Dictionnaire étymologique Français-Nânz-Chinois. 1924.

聞宥

此書沙神父所著西南語辭典之第三種。其先乎此者，有一九一〇年之 Dictionnaire Tay-Annamite-Français，一九一七年之 Dictionnaire Miao-Français。後乎此者，有一九二五年之 Dictionnaire Français-Mân，一九二六年之 Dictionnaire Hoklo，一九二七年之 Dictionnaire Ong-Bê，一九二八年之 Dictionnaire Hiai-Ao. 在十八年之中，能成此大書七種，其辛勤好學之精神，真足使人敬服。

此七種中，作者所見，以前四種為限（一九二八年以後，更有新著與否，亦尚未知）。第五第六兩種之特點，即其中有一共同之體例，即其音標皆用安南國語 quốc ngữ 式，並聲調亦用其所謂銳，玄，問，跌，等是也。國語既以音素為物，有若干聲調，與漢音所用者不同，故作者譜習者觀之，或不能無扞格。丁在君先生在「爨文叢刻」之研究中，斥之尤嚴。平心論之，國語在學理上雖多缺點，而在應用上頗為方便。如沙神父之所記，亦可使外國人士，易於讀習。其他非越南人而會習國語者，當亦同之。故沙神父之外，如 Guignard 之記倮語等，亦頗用之，則其事實亦未可厚非也。且 Thai 語與越語，雖在語式及語調上，雖多不同，而其所具之音素及其配合，大致相似，故以國語記 Thai 語，在事實上亦頗有便利之處。若如 Gni Lalo 語，無量之語，而亦以此書之，則大無謂矣。

此四種中，論其本身價值，則一〇二者皆較此書為重。蓋此書論語之關係，則此書尚屬於三者之間，以一書為論據，而其書中論據亦屬有若干不信之處。然此書主要之點，如以此書名『漢語研究』，故字亦原有字之漢語上比說明，而沙神父於此亦頗費苦之努力。

若維持一種，蓋以為其中所定，亦尚有可商者。如 bois 讀 may，沙以為「木」mouk 之借。然在語言中，然倫西語文，一例讀 may，惟漢語如是之音讀，一也。其音最相距較遠，且聲大不合，二也。在漢語中其詞有 muc 之借讀，三也。故如斯之類，或是以為與前之詞源，而不足以為近之語音之借。又如 Ventre 讀 Tong，沙以為「肚」Tố 之借。然此以其只有 Môc 之本讀言之，似為近似。然何以忽用以為另讀，尚不可解。且 Lao 語中亦讀 Thong（見 Cuaz 書），則其是否為漢源，亦尚未能確定也。

如此可商之字，約占十分之一，其他則皆可作比較漢字方音之參考。沙神父於此，頗亦已用注意，故書後附以漢東語與漢字音之比較表。漢東語之記錄，乃依 Aubazac 所著，尚不足以據信，然細加研究，所得之結果，已有若干可注意之處，今以說明之：

如漢東語中 Tch- Ts- 兩組（此據 Aubazac 所編，下同）。漢字音中凡不送氣者讀 Ch-，送氣者讀 S-。Tch- 之一組，例外極多。如「職」字「祚」字，既讀為 Ch-，是送氣也。則「徵」字本讀不送氣，「床」字本讀送氣，而讀音皆變為 Xi-（Xi 之讀法，依沙神父所解釋，同於法語Slaves 之Si，其實際音值，當如 Shirokogoroff 所定，見其「記錄滿洲語音」）則其音值與此之結果。（僅論中此變之數據而言）。Ts- 之一組，較為複雜。其變為有二字，一為送氣之作，變為 Tiu，一為不送氣之字，變為 Tang。此在語上無特別理，尚待研究。其他變為送氣者較多，如像設（參讀 ts-）給（參讀 ts'）等字變而為 S-，智像諸字讀（參讀 ts）與形（參讀 ts'）等字變而為 Xi-。此以中古音系考之，除微段在系等少數例外，其他皆屬系之字，本讀齒音。故變易之後，乃返其固有之近似也。

除此而外，其他可以研究者尚多。又若與「漢西藏語記音」中之語彙字音相較，更可發見若干趣味之比照。此皆詩詞為專文論之，非此小篇所能盡矣。

學術界雜訊

靜生生物調查所消息：

北平靜生生物調查所，定於今日（二十日）下午二時至五時舉行六週紀念展覽會，已柬請平津軍政長官及各界前往參觀，該所成立於民國十七年十月一日，係尚志學會及中華教育文化基金會所合辦，藉以紀念范靜生先生者，舊所址在石駙馬大街，現改為國立博物館，新所址在西安門內文津街，二十年四月遷入，現任職員，除所長外，有專門技師六人，研究員六人，助理員繪圖員及採集員等十五人，專研究中國動植物之分類及分佈，現有動物標本十二萬餘件，植物標本六萬餘號，此次所展覽者，有各類動植物標本，圖畫，照片，及出版品，其中最引人注意者，為白熊，野牛，及九節狸，白熊產四川，西人稱為 Giant Panda 棲息於高山竹林間，極有研究價值，亦不易得，野牛產四川高山上，西人稱為Takin 性甚猛，於森林，九節狸產雲南及四川，西人稱為Small Panda 形略似貓，尾有九環，二十一日公開展覽，二十二日下午七時半舉行科學演講，并請中外名人講演，講題如下：

胡先驌　北京大學二院　四川之森林

壽振黃　北京大學二院　北平之鳥市

張春霖　師範大學　鯉科　形體與分類

李良慶　師範大學　中國淡水藻類及北平藻類

圖書副刊

BOOKMAN　第五十期

書評

評周予同著中國現代教育史

陳友松

一九三四年一月十日　良友圖書公司出版　定價二元五角

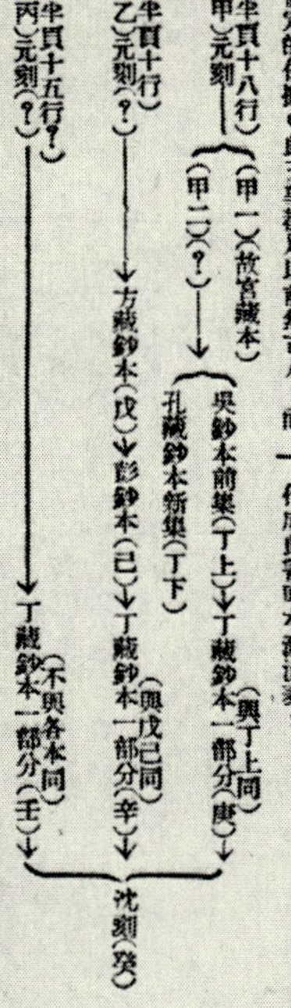

元典章校補釋例序（續）

胡適

像這些通常誤例就可證實他們的臆改似的！中國校勘學所以不上軌道，多由於校勘學者不明「例」的性質，誤認一個個的事例爲有普遍必然性的律例，所以他們不肯去搜求版本的真依據，而僅僅會濫用「誤例」的假依據。

援菴先生的釋例所以超越前人，約有四端：第一，他的校改是依據最古刻本的，誤是眞誤，故他的「誤例」是已證實了的誤例。第二，他是用最古本校書，而不是用「誤例」校書；他的「誤例」是用來「疏釋」已校改的謬誤的。第三，他明明白白的說他的校法只有四個，此外別無用何種「誤例」來校書的懶法子。第四，他明說這些「誤例」不過是用來指示「一代語言特例，並古籍竄亂通弊」。他所舉的古書竄亂通弊不過那最普通的七條（十二至十八），而全書的絕大部分，自第十九例以下，全是元代語言特例，最可以提醒我們，使我們深刻的了解一代有一代的語言習慣，不可憑藉私見淺識來妄解或妄改古書。他這部書的教訓，依我看來，只是要我們明白校勘學的最可靠的依據全在最古的底本；凡版本不能完全解決的疑難，只有最淵博的史識可以幫助解決。書中論「他校法」一條所舉「納失失」及「竹忽」兩例是最可以供我們玩味的。

我們嚴賀援菴先生校補元典章的大工作的完成，因爲我們承認他這件工作是「土法」校書的最大成功，也就是新的中國校勘學的最大成功。

胡適。二十三，十，八。

新書介紹

明孝陵志

王煥鑣著　民國二十三年六月出版　南京鍾山書局發行　定價一元八角

明孝陵是江南很偉大的古蹟名勝，由孝陵循往東去便是中山陵和譚墓，還有有名的靈谷寺。記得我到靈谷寺的時候，看見廟後正在那裏建築戰士紀念塔和烈士的公墓，把誌公的塔內偶像已經移置不知何處去了。因此我想到明孝陵的修成，誌公塔就遭了一次遷徙，現在，誌公塔又要搬家。要是搬來搬去，當時的痕跡，恐怕就要形影不存了。這明孝陵志的纂輯，實在是一件很重要的事情。

這本書共分七章：一形勢，二規制，三褒卹，四謁祭，五守衛，六災異，七藝文。搜輯材料，很爲詳細。其中褒卹一卷，述太祖的四十妃嬪名氏，可以解決明成祖生母的問題。守衛一卷，記明代陵寢的制度沿革，與現代研究古代建築營造的一個很好的參考資料。不過災異一章，尚守昔人成法，與保存史蹟，無甚關係，我不大贊同。如果書中再能夠多附表格，給我們一個事實的系統，朝代的變遷，那就更完美了。講金陵古蹟的書，實在不少，自甘熙白下瑣言以後，當推此書，在地方志中，也可以說別具一格的。（剛）

× × ×

來函照登

編者先生，幷轉『賊情彙纂訂誤』著者顧頡剛先生：

閱八月十八日第四十期「圖書副刊」，關於胡以晄籍貫問題，顧頡剛先生按：胡是平南八峒人，這是對的！然這祗是他的祖居，並非胡本人所居住者；愚按：胡本人則住北降山人村，屬大同上里，（註一）而八洞（前誤峒）（註二）則屬路三里，只同隸平南縣轄。顧頡剛先生據光緒潯州府志按：……山人村當即潯州府志所說的八峒……這是錯的！因爲山人村屬大同里，而八洞則屬路三里，地之相去，（註三）約六七十里，今顧頡剛先生按「山人村即八洞」，還是不盡然的；然較之作「桂平亞柳村人」，自然是要正確好些的。

愚生長大同里，距山人村不遠（只有十餘里差不多前十幾年每月都到那裏幾趟），對於胡的生處（山人村）及祖居（八洞）知之較詳，茲爲圖以明之：

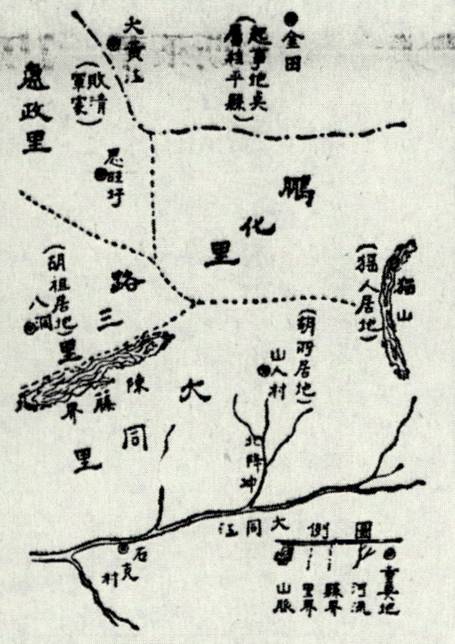

愚按：胡爲富家子，其在北降冲田產甚多；且大同上里及中里，產業亦不少，與石克村龍姓爲世好，當將起事時，曾親至龍家，以全部財產契約見贈，龍氏懼株連，笑謝之，不敢受，胡起事前，在山人村，曾設軍械「刀槍土砲」製造處多處，歷造三年，才舉事，今山人村尚可找到軍械製造處的痕跡。

胡的祖坟，在大同里北降冲的，亦有幾座，早爲清軍發掘，尤其山人村屋前的坟，據老人家談：係『生龍口？』（註四）掘出時，一股熱氣上沖，還將發掘軍士的帽子吹落不少，好些人在笑說：「落帽龍山」的滑稽話，而且「棺材裏還有不少的油」等無稽話，鄉里人還在傳說着。

以上都是愚所知及的，顧頡剛先生和編者先生，想是樂聞的，故不揣冒昧，草作兩先生的參考，幸勿笑哂！

註：

1. 「里」即區（如大同里即大同區路三里即路三區等餘類推）
2. 「洞」即峒，即廣寬的田壩，非山峒穴處者。
3. 山人村至石克村十八里，石克村至八洞約四十餘里，逮翻（即爬）馬古嶺，陳鄧界二大山共約六十餘里。
4. 「生龍口」堪輿家術語。

龍滌女二十三，八，二十四，於南昌。

圖書副刊

BOOKMAN
第五十一期

一　本刊登載關於中外圖書之介紹批評以及學術界消息爲公開性質歡迎投稿
二　刊登本刊之文略致薄酬
三　投稿通訊可寄「北平文津街國立北平圖書館內圖書副刊編輯收」

評朱起鳳辭通上冊

陳登原

一　正名

一部著作的書名，當然須求與內容一致。辭通這一名字，似受風俗通，史通，……的熏炙太深。然細查其內容，卻不全然「辭通」。

「通」是四面八方的，上下古今的。決非暫時的，偶然的，或者筆誤與印錯之故。例如「嗚呼」之與「烏乎」，「所以」之通「所目」，是不論何人，不論何地，都可證明其「通」的。

四年前，看羅大經鶴林玉露。中間有云：『宋端平間，眞西山參大政，未及有所建置而薨。後魏鶴山督師，亦未及有設施而罷。臨安優人，裝一儒生，手持一軸。別一儒生，與之解后……』（卷三）。我當時實在有些惘然。玉露常用「邂逅」（如卷四：余少年時於鍾陵邂逅日本國一僧……），而「解后」只此一見。後讀馬永卿嬾眞子錄，才知『今之士人簡尺中，以解后易邂逅字，非也』（卷四頁十二稗海本）；原來「邂逅」之通「解后」，以宋人而論，確已約定俗成。這眞是「辭通」，辭通關於如此之例，自然不少，牠也引正字通，說明邂逅可通解后了。（卷二十頁九九六）。

至於暫時的「通」，在六書即係假借，假借固有久假不歸，但也不少暫時通假。辭通中闡明假借，例頗不少。例如用南史梁書，說馬糞巷即馬蕃巷之假（卷六頁二十五）。但這不過說在南史梁書中，兩辭借用；雖道是通，雖知我們看見馬糞，就可謂古名馬蕃麼？即如蘇州護龍街；蘇州人念作撲龍街。此蓋張士誠敗後之故。孤樹裒談說明太祖平張王後，命魏觀守蘇。『魏守欲復府治，乘濬城中河。御史張度劾公，有興滅王之基，開敗國之河等語。而臥龍街西游川，即舊所謂錦帆涇也。上大怒，置公極典』（卷一頁十四）。足見愛戴張王的吳人，對臥龍尚覺須避忌諱；故用護龍爲假，撲龍音假。但不能謂臥龍可通護龍，又通撲龍；因爲，這不過蘇州一地的暫通而已（辭通卷一龍字未收）；正和「馬蕃」「馬糞」一樣？

說「馬蕃」「馬糞」並不絕對相通，但丹九先生的辭通，收了並不絕對相通的例子共多！如「五經」之於「六經」（卷十頁六六五），那裏可以通得？又如「繫紲」之與「縲誄」（卷十二頁三三），即使在史記與法言間，可以相通，然亦不過一時的偶然，並非「辭通」！把孤單的證引，從一時的偶然，定爲辭通的一部分，這令人難以滿意。

尤其令人難滿意的，丹九先生很多的地方把字寫算做辭通。胡序評「邑儈」云：『寫者誤作「儈」，這是校勘學的問題；不是古字通假的一例』（胡適序頁八）。一些不錯！

例如胡母班字季皮，見魏志袁紹傳注；文字季友，見范曄袁紹傳注（卷二頁十一）。二者必有一譌，季友季皮，豈能相通？可如呂覽悔過篇記晉人「遇師」，左傳三十三年記晉人「過師」（卷二頁三九）。「論理既當作過」，則與遇師豈能相通？都由字譌，何能包在「辭通」兩字之內？

須知古人下筆，原不能無譌。趙璘因話錄云：『下筆不知文理者，使之寫文字甚誤。若官字多作官，榮字多作榮。榮者樂陽，合著水也；樂字合著木』（因話錄卷五）。趙璘唐人，可見唐人寫本，不少以滎陽作榮陽者。但我們何必根據唐人的筆誤，說滎陽與榮陽相通？正如丹九先生引張平子東京賦：「無游娛以愉樂兮」（卷四頁三），此語實因平子思玄，我們何必據作者的筆誤，說思玄與東京相通？可知以滎陽通榮陽，實在不能算通（辭通卷九頁三滎陽條未列榮陽）！

但丹九先生不當誤會：暫時的通假，文字的譌誤，把牠們排比收入，於讀書者，並不是無益的。只可惜辭通一個名字，不能包含統攝那些。假如辭通仍用其新讀書通的原名，這些「偶通」的例，「暫假」的例，「字譌」的例，比較的可以統攝得住！因爲這三者，在「辭」的本身說來，固非如「解后」之於「邂逅」，「彷徨」之於「旁皇」，彼此無條件地相通。但羅列這三者，在「讀書」者說來，則未必非求「通」的一助！可惜，新讀書通一個名字，『衛開明書店之請』（作者自序），改了「辭通」，連累丹九先生，就有名不正而內容不能攝統於書名的弊害，但此非丹九先生之過了。『易稱辭通』的開明書店，可不要負些責任？

考宋臨川雷思齊有易通變三卷。開明如爲書名雅馴故，正不必節取「史通」「辭源」的上下兩字！假如改了「辭通變」，則「偶通」「字譌」……等例，即不能納於辭通之內，總可放在詞變之中。書雖點睛，辭通的不幸，蓋莫甚於「辭通」兩字之名！

二　論因聲求通

正名之外，要和丹九先生商榷的，是書的方法了。辭通依韻編次。『重在因聲求義，故以四聲分類。』依韻編次，在今日詩韻不甚通用時，有無未便之處？編制索引以濟其窮，是否救濟得來？從筆畫索引，去查四角號碼索引；再從四角號碼索引，去查本文，是否累贅可笑？——這都是以辭通爲工具者所當縝密考慮的。

但我所認爲最足考慮者，是因聲求通的方法。

說是因聲求通，但辭通何曾放棄了因義求通？因形求通？丹九先生用吳越春秋『鑄金象范蠡之形』，與越語『以良金寫范蠡之狀』，證明「象形」可通「寫狀」（卷十頁六六八），此非因義求通而何？又用漢儒林傳的「少孫」，與史記索隱的「先生」，證明「少孫」可通「先生」（卷六頁三四）此非因義求通而何？（案少孫是人名，先生是尊稱，實不可通。尊稱可通人名者，如夫子之通孔丘，實稀有之事）。又用周語「會同四海」與說文「四海合同」，證明「會同」即通「合同」（卷一頁二）；此非因義求通而何？……諸如此類，不勝枚舉。

且因義求通，其通可至無限；收羅亦不能完備。例如范曄作後漢書，但鶴林玉露（卷二），卻云：『范曄作東漢史』。劉昫作唐書，但王應麟困學紀聞（卷十四）記迎佛骨事，卻記作『舊（唐）史』。歐陽修作唐書，但吳曾能改齋漫錄（卷十）記武則天事，卻云：『唐史載武后……』。

只因「書」「史」義近，古人就信筆寫下了。姚寬西溪叢話云：『唐李濟翁資暇錄云：「古使字作李。春秋左氏傳言行李，乃是行使；後人誤爲李字。」僖三十年傳云：「行李之往來」，杜預曰：李，使人也。襄八年傳云：「亦不使一介行李，告於寡君」，杜預曰：行李，行人也。……皆謂行人也』（卷下頁四七）。又謂歐陽永叔將常建的「竹徑通幽處」，記作「竹徑遇幽處」（卷上頁四九）。——凡此等命意略同而用字小異者，正如「懸梁」之與「上吊」，「淺淵」之與「投河」，此豈三百萬言的辭通所能收齊呢？

所以辭通「書」字（卷六頁二七），固未收唐書與唐史；「李部」（卷十二頁九九九）也沒收「行李」與「行使」；「通幽」與「遇幽」（卷十一尤韻），更屬渺舉。然而，此非丹九先生之過，實由因義以求通，固難得到邊際！

何況「因義求通」，是以搖撼辭通的因聲求通的體例呢？

因義求通，可通至無限，已見上述；而因義求通，有時且陷於無聊。例如漢書（五十六）記董仲舒對策，「諸不在六藝之科，非孔子之術者，皆絕其道……」，漢紀（卷十）即記爲：「非孔氏之術」了。史記（一一〇）記有人相衛青當封侯，『青笑曰：人奴之，生得無笞罵足矣』。漢紀（卷十二）卻作「人婢之」了。「子」「氏」意近，「奴」「婢」義混，正如辭通的「面從」「面諛」（卷一頁六九），「內中」「室中」（卷一頁六八），此等自由混用之辭，實在太多；而實則不妨會集的。

丹九先生似已察及此點，然他不肯放棄因義求通，所以他碰到因義而通者，就往往加以傅會，硬拉它到因聲而通的途上去。有何爲證？有「柴門」「式門」爲證。

丹九先生說：『柴讀入聲，即爲式字』；並謂它們乃聲近而通。這就是主張因聲求通而又不能放棄因義求通者的大大的一個傅會了。

「式」是一塊木頭，「柴」是一蓬亂草，原已意近。「式」是一種敬意，憑式致敬，好比近人的靠着火車窗門揮帽；而柴，也是敬禮之一。關於前者，尚書武成有「式商容之閭」語，疏謂：『式，車上橫木。男子立乘，有所式敬，故名此木爲式也』。論語有孔子「式負版者」，即謂孔子對負版者致敬。

「柴」，也是敬禮之一。史記（二十八）封禪書云：『柴，望，秩於山川』。乾州廳志（卷七頁六七）云：『苗巫唱鋒誦咒，各擊鼓鳴金，吹角尊號，燒「柴」以祭』。乾州廳湖南，蓋苗人猶保存「柴」的敬禮的古風。友人徐奎樂云：「燒柴以祭」，初民往往有之。茲舉乾州苗的「柴」禮，和封禪書中的「柴」，不過一端。

綜上，可知「式」與「柴」，絕非音近而通，乃確係同爲敬禮之一，義近而借用。朱先生非不知史記封禪書者，正緣橫着一個因聲求通的成見在心頭，而又碰到以義而通的事實，遂有這種疏誤了。

因義而通，如寓公之與寄公，辭通（卷一頁二九）用管子「作內政以寄軍令」，與漢刑法志「寓軍令」爲證。這又可證明丹九先生並不放棄「因義求通」。然則依韻編次，「重在因聲求義」，此語大可不必有了。

葉昌熾語石曰：『顧亭林金石文字記云：後魏孝文帝祭比干文，字多別構。……顏氏家訓言：「晉宋以來，多能書者。楷正可觀，不無俗字，非爲大損。至梁大同之際，訛替滋生。北朝喪亂之餘，書跡鄙陋。加以專輒造字，猥拙甚於江南。至以百念爲憂，言反爲變，不用爲罷，追來爲歸，更生爲蘇，先人爲老。如此非一，遍滿經傳。（依家訓卷七雜藝篇校改），今觀此碑，則知別體之興，自是當時風氣』（語石卷八頁三十）。可知同義通假，自是文字學史中的一格，斷斷不能輕視。

案顏氏家訓又云：『漢書以貨泉爲白水，眞人新論以金昆爲銀，國志以天上有口爲吳，晉書以黃頭小人爲恭，宋書以召刀爲劭，如此之例，蓋假借依附，雜以戲笑』（卷六書證篇）。可知會意通假，其例甚雜，似乎不能收羅齊備。

然則丹九先生的「重在因聲求義」的方法，不廢因義求通的事實，倒不是很可商酌的麼？

三　論形通

說辭通重在因聲求義，而又不廢因義求通嗎，但丹九先生並不廢因形求通。所謂形通，實即字譌而已。

如「老童」之與「卷章」（卷一頁四），形固近似，何肯相通？又如孟子有「君所爲輕身以先於匹夫者」，范書馮衍傳注，則作「君何爲輕身以先於匹夫者」（卷二頁五），「何爲」「所爲」，何能相通。——此皆字譌而已。

字譌也和義通一樣，欲收則收不勝收的。但義通尙可算得辭通的一部，而字譌則決非「辭通」！

先前讀到史記（卷五）景紀：『周秦之際，罔密文峻』。但荀悅漢紀，卻作『周秦之弊』（漢紀九）。辭通（卷五頁五九）固不曾收周秦，但我們可謂周秦通周秦麼？

又津逮秘書本陳善捫蝨新話（卷十一），批評王荊公免役法，『大抵宣王之法，如封建井田……一壞之後，便不可復』。稗海本等校刻的儒學警悟（卷三十八）依嘉靖影鈔宋本的捫蝨新話（下集三頁十一），正作『大抵先王之法』。辭通（卷九頁二十二）固收「先王」「兄弟」，卻不曾收下「先王」「宣王」，但我們能謂「先王」通「宣王」麼？

又如「行李」「行使」，辭通固沒有收入，儒學警悟中又收馬永卿的懶眞子。其間說：『蓋古之行李，乃今之行使也。魯僖公之三十年，燭之武見秦伯，曰，……行李之往來……。魯襄公之八年，……亦不使一個行李，告於寡君……。注云：一個，獨使也；行李，行人也。然則古之李字，從「山下人入下子」作李，後乃轉作行李』（卷四頁八行李條）。——此文字譌而非辭通，而爲辭通所未收者。

近又讀孤樹裒談，中記洪武時鈔法初行，上命皇太子『專重』其事（卷二）。這顯然是「專董」之譌，辭通（卷十二）固沒收「專董」「專重」，但我們能謂「專重」通「專董」麼？

其實譌字，何止千萬？欲收則收不勝收，不收則自亂其例。即使完全收舉，也屬於校勘而不屬於辭通。桂馥晚學集（六）有與阮學使書云：『三十以後，與士大夫游，氣意自豪。兩書易見嘲云：「……涉獵萬卷，不如專精一藝。願君三思」！馥負氣不從也。及見戴東原，爲言江愼修不專涉治，惟熟讀經傳，故其學有根據。又見丁小疋自訟云：貪多易忘，安得無錯，馥憮然知三君之教我也』。屬於校勘學的因形求通，丹九先生何不索性刪了。

且因形求通，屬於校勘學以外，我們非鋒意地說：比望文生義，所勝幾何？例如辭通（卷十頁七〇）於史記相如傳取「中庭」，於漢書賈臣傳取「中延拜謁」，以爲字譌而形通。這很可笑。文瀾石印橫行本二十四史，漢書（六四買臣傳）作「中庭拜謁」；南監本漢書（列傳三十四上第十二頁）作「中庭拜謁」；殿新本漢書（三十四上頁十三），也作「中庭拜謁」。丹九先生的漢書，是什麼本子？即使有之，固非「辭通」！何況望文生義，以譌證眞？

兒時讀到宰予晝寢，孔子大罵的一節，很覺不解。考周密齊東野語（卷十八）云：『宰予晝寢，夫子有朽木糞土之語。嘗見侯白所注論語，謂晝字當作畫字。蓋夫子惡其畫寢之侈，故有朽木糞土之語。然侯白隋人，善滑稽，嘗著啓顏錄，意必戲語。及觀昌黎集解，亦曰：晝寢當作畫寢，字之誤也。宰予四科十哲，安得有晝寢之責，假或偃息，亦未至深誅』。四庫總目（卷三十五論語筆解提要）云：『唐李匡乂，宣宗大中時人也。所作資暇錄一條云：「論語宰予晝寢，梁武帝讀爲寢室之寢，晝作胡卦反，且云：當爲畫字，言其繪畫寢室」。今人罕知其由』。這一條實在相當重要，因爲可見孔子平日的實行與相。辭通（卷十五頁一三九）疑字會此未收，未免可譏（依辭通本身的體例而言）。但即使有之，試問「呵呵午睡」，與寢室中掛住美術照片，有什麼可通呢？

綜言之：因形求通，而以字譌爲辭通，一則形譌何會是「通」了。一則形譌何可指數？前者之理由甚明。後者，則除上面所舉的對通所漏引者外，更有可徵。人人知道唐太宗年號貞觀，但宋新仲猗覺寮雜記（卷上頁五二知不足齋本），却作「正觀」，對通（卷六寨字）就漏收了。漢書匈奴傳載東胡與匈奴爭土，漢紀（十一元光二年條）却作「東央」，對通（卷四胡字）就漏收了。人人知道魏徵是唐代名臣，但王楙野客叢書（卷十一稗海本），却作魏證。對通（卷十添韻）就漏收了。通考引荀悅的「漢氏什一而稅」，但嘉靖本漢紀（卷八），却作「漢民什一而稅」，對通（卷十二氏字）就漏收了。這種地方，我們不容單怪丹九先生的脫落，實則以字譌爲對通，一則並不能「通」，二則必有所遺。

新書介紹

農業論文索引

私立金陵大學農學院農業經濟系農業歷史組（前農業圖書研究部）編　南京金陵大學圖書館發行與國立北平圖書館合作　付印民國二十二年十二月初版　七三一頁，又西文索引一五三頁　定價十六元

學術日進，人事日繁，而精力有限，故吾人求學治學，不得不假工具以爲助，俾節省時間及精力，而增加求學及治之效率。雜誌報章中，常散見有價値之論文及調査報告等，往往爲研究特殊問題之學者所必資。惟平時既難悉加留意，且乏系統，歷時既久，更易遺忘，臨時檢閱，談何容易，故雜誌索引尙焉。若近日發行之國學論文索引，文學論文索引，地學論文索引，及教育論文索引等，其便於學人多矣。

農業論文索引，其編製最早者，當推美國中央農業試驗處月報（U.S. Office of experiment station. Experiment station record. Monthly. Sept. 1889-date.）及紐約威爾遜圖書公司發行之農業索引（Agricultural index.……1916-date. N.Y. H.W. Wilson.）月出一冊，積月成年，彙爲年刊，復合三年編爲一永久本，極爲便利。返觀我國，此類索引，尙付闕如。今南京金陵大學農學院，費時十載，將國內雜誌中有關於農業農政之論文，彙爲一編，學者稱便，誠學術界之切要工作也。

此索引分爲中西文二部：中文部包括光緒二十三年（一八九七）至民國二十年底，凡收三十四年間出版之雜誌叢刊計三百二十種，索引三萬條；西文部包括咸豐八年（一八五八）至民國二十年底，凡收七十三年間在國內出版之中西文雜誌叢刊計三十六種，都六千餘條，其所收之雜誌及叢刊名稱，另表列於卷首。其編製體例，略仿美國農業索引之編製，爲純粹之標題（Subject heading）索引，視每篇論文之性質，一一與以標題，一標題下之篇數過多時，則更細分若干小題隸於其下。如「糧食」爲主要標題，其下更分「檢驗」「法規」「統計」「價格」等若干目，并將各地糧食之產銷情形依地名次列於其後。一篇而涉數標題者則互見之。一標題而與他標題有關係，則用參見之法兼註之，俾收融會貫通之效。如「糧食政策」條下復參見「農業倉庫」及「積穀倉」等條。惟參見各條所用之字體，與索引正文字體相同，讀者如漫不經意，則易忽略，若能改用粗一號之字體，并將參見條款移置於該標題索引正文之前端，較諸綴於索引正文之後，醒目多矣。凡易使閱者多加注意也。標題索引之最困難者，爲名詞術語多不統一，取捨雜糅，遇此情形，非採用轉註之法，不爲功。此編亦從此法，凡名詞之有義同者，則擇其一，其餘則一一別出轉註之，例如「食糧見「糧食」」，「清丈見「土地整理」」等是。

標題之排列，採用萬國鼎氏之漢字母排列法，標題下篇名亦同。另有標題首字筆數索引，俾未諳該法者應用。惟用本索引者，殊少以篇名在標題下檢査者。加以所採之排字法，亦恐不易普及，不如另按性質，時間，或地方分編，較爲便利。且吾國今日排字法頗類之多，舉世無比，學不勝學；兼以新法尙在不絕產生，甚至一人之法，不惜以今日之我，與昨日之我挑戰，誠有五花八門，令人目眩之概。吾人甚盼國內專家，能共商統一之法，以免各行其是，徒苦學人；而作索引者，亦可不必於推行自我之「發明」以外，有兼作[illegible]之累也。

書名頁之排列，似不甚妥。中西論文既係分排，則書名不如分爲甲乙二編，今則未免稍嫌雜亂。西文雜誌表中「學藝」，不幸誤爲 Missen und Missenschaft 乃排在M字母下而不在W字下，容非手民之誤？

此索引既由中華教育文化基金會補助印費，定價十六元，殊覺太高；國外售價美金十六元，則更貴矣。（[illegible]）

新書簡訊

中華民族南洋拓殖史，劉繼宣束世澂合著，民國二十三年八月國立編譯館出版，上海商務印書館出版，定價一元八角。全書共分緒言，附以前南洋之歸化，唐代與南洋之關係，宋代之南洋經營，元代之南洋拓殖，明代之南洋拓殖，列強瓜分南洋事略，列強瓜分南洋中之華僑（明清），列強之南洋設施，南洋華僑現況，南洋華僑之危機，祖國與南僑之關係，南洋華僑成功之路，結論，共十四章。博采羣籍，綜合貫串，並多利用圖表，在近出實南洋殖民史書中，可稱白眉。唯如：謂「我國人因擅長航海造船之業……惜自明代，嚴禁下海，此種進步乃中止耳。」（頁二五）似不盡然，鄭和下西洋，寶船大者長達四十四丈，闊達十八丈，中者亦長三十七丈，闊十五丈。（見顧起元客座贅語卷一）而嘉靖以來，倭禍日熾，戚繼光俞大猷諸人與之相逐於海上，於造船之術，即講求不遺餘力；二公書具在，可以覆按。沈槷南船紀所紀尤詳，且有仿西洋夾板船之蜈蚣船。私意以爲即謂明代造船之術超越前代，亦未爲過；華人移殖南洋，明以後始繁極盛，未始非此有以致之也。此一事也。又如同書中之 Li-ma-hong 即林鳳，殆無可疑，作者猶循舊說，以爲即林道乾。（頁一四六），按明萬曆實錄明言林鳳逃之呂宋，（四年正月癸丑）。林道乾以大泥暹羅爲窟穴，（八年閏四月壬子）。林鳳在呂宋爲西班牙人所敗以後，王望高至呂宋，呂宋總督遣教士二人兵士三人隨望高反閩，議通商傳教事，其來涼桑大約在一五七五年至一五七六年間，與萬曆四年正月癸丑實錄巡撫都御史劉堯誨所言「至於呂宋雖非貢國，而能禽獻米王云云」正合。是 Li-ma-Hong 必爲林鳳無疑，作者蓋失於稽愼太過也。此又一事也。南洋地名，多閩廣音，西文名稱與中文名稱每易迷眩，本書後不附一南洋古今地名中西對照表，未免遺憾。又南僑多去自閩粵兩省，閩粵方志中屢屢道及如作者能加一番鉤稽，闡明其人地相關之故，則尤鞭辟矣。（明）

× × ×

祥符法寶錄略出一卷，定價二角三分；**景祐法寶錄略出**一卷，定價一角二分。兩書俱民國二十三年九十兩月南京支那內學院所刊行者也。祥符景祐二錄久佚，去歲山西趙城藏重見人間，二錄赫然俱在。雖祥符錄原缺一，二，五，九，十九，二十，凡六卷，六，十兩卷亦殘；景祐錄原缺三，五，七，十一，十五，十九，二十，凡七卷，八，十兩卷亦殘；然究不失爲人間秘笈，大有裨於藏經目錄之研究者也。二錄印行未竣，內院先刊略出所收諸經名目及譯者姓名，大致略備，留心斯學者當以先覩爲快云。（明）

圖書副刊
BOOKMAN
第五十二期

一 本刊登載關於中外圖書之介紹批評以及學術界消息
二 爲公開性質歡迎投稿
三 刊登本刊之文略致薄酬 投稿通訊可寄「北平文津街國立北平圖書館內圖書副刊編輯收」

評朱起鳳辭通上冊（續完）

陳登原

四　論徵引

辭通的更有可議者，是牠的引書。

我們以爲，引書當分先後的，引書當別性質的。關於先後的問題，如孟子去齊，三宿出晝，漢紀（卷八）則作「王宿而後出境」。此當以孟子爲準。國策記陳軫事：『楚人有兩妻者，人誂其長者，長者詈之；誂其少者，少者許之。』有兩妻者死，則誂者欲取長者。曰：『居彼人之所，則欲其許我也。今爲我妻則欲其詈人也』。後漢書（五十八馮衍傳上）則作：『人有挑其鄰人之妻者，……曰：「在人欲其報我，在我欲其罵人」』。此當以國策爲準，不能說：「楚人」可通「鄰人」；「詈人」可通「罵人」。十七史商榷（四十九）說：『陸機辨亡論，稱劉備爲劉翁，文選稱劉公』。（辭通東韻卷一未收）此當從文選，以文選比晉書早也。關於性質的問題，如吳道子本名道玄（唐畫錄），但封氏聞見記（卷九），卻作吳道元。此當從唐畫錄，因爲牠是專書。舊唐書（六十五長孫無忌傳）記太宗圖功臣於凌烟閣，封氏聞見記（卷五）卻作陵烟閣（辭通卷七先韻未收）。此當從唐書，因禁地森嚴，封氏聞之而已，未必真能見到。

我們先論書之先後。

後起之書，往往有筆誤，更有超乎筆誤之誤。筆誤者：如辭通（卷六頁七七）引呂覽高義篇的「棺宮」，但呂覽正作「椁棺」。辭通引爾雅的「郿𨙸」（卷十頁二三），但爾雅固作「郿孫」。此等處我們當然依從原本，而不從後起的辭通。又如陸機之歎逝賦，晉書只有機年二十而吳滅，閉戶學十年，與弟雲俱入洛（詳十七史商榷四十九）。而杜工部集（卷九醉歌行）却道：「陸機二十作文賦，汝更年小能綴文」了。李清照（金石錄後序）卻說：「予自少陸機作賦之二年，過蘧瑗知非之兩歲，三十四年之間，……」了。此等處當從晉書，而杜甫易安，均不足據，否則「三十」可通「二十」，豈不笑話。

但丹九先生有時不注意所徵引者之先後。「璵璠」「琉璃」，先引魏書大月氏傳，後引西京雜記。西京雜記是葛洪所僞作，可不比魏收早嗎？辭通（卷二頁九〇）於此，殊覺未當。茱蓏條（卷三頁五八）先引晉書，後引范書。攙搶條（卷十三頁六二）先引文選，後引史記。丞輔條（卷十三頁六五）先引漢書，後引史記。此都可異。雖說本書體例，以習見者居前，但上列四例，「生」「熟」程度一樣（如璵璠，玫瑰），何居乎而以後起之書居上，轉引之書居前？私見，以爲不當問習見與不習見，當以所用書之先後爲次。因後起之書，其價值自然不及原本。顧亭林雖說：「引古必用原文」，但也不反對「引書用意」（俱見日知錄二〇）。王楙野客叢書（卷十二）云：『古人引用經子語，不純用其言，往往隨意增減，間有害理處。如范曄曰：孔子稱貧而無諂，富而無驕，未若貧而樂道，富而好禮者也。范升曰：博學約之，弗畔矣夫！顏淵曰：孔子稱禮讓爲國，於從政乎何有？閔貢曰：孟子云：孤臣孽子，操心也危，慮患也深，故多善功。此等語雖不無損益，然不甚害理。如劉向曰：帝舜戒伯禹，毋若丹朱傲。按尚書此語，乃禹戒舜，非舜戒禹。或謂范曄舉孔子語，稱貧而樂道，富而好禮，恐論語中脫一道字。僕考前漢引此句，初無道字；而禮記坊記，則曰貧而好樂，富而好禮。』——此所謂害理處者，即說後起之書之所引，其價值不及原本。

丹九先生以習見之辭居前，而不以書成較早者居前；然「習見」是很難估計的。如取小學紺珠的「諸盤」，後引說文敘的「形聲」（卷十頁五四）。請問：書是那一種早？辭是那一個習見？先引列子楊朱篇的善卷，後引呂覽下賢篇的善綣，但不知列子要比呂覽遲數百年。此皆可議。正如史記（一〇七）說田蚡『以「肺腑」爲相』，漢書（五十二）卻云：『以肺附爲相』。自當先列史記的「肺腑」（辭通卷七麌韻未收），而後列漢書的肺附。

至於引書而忽略書的性質，則又是辭通可議之處了。

如明師條（卷二頁三十三）引董仲舒傳的「興太學，置明師」，王吉傳的「名師居前，勸誦在後」，莊子的「嬰兒生無名師而能言」。三種書的性質，蓋有不同，蓋非同隸一事。一是太學之師，一是交遊之師，一是泛稱之師，豈能相通？又如交通條（卷一頁三八）引史記英布傳的「與豪傑交通」，引范書光武紀的「吏人與王郎交關」。二種書的性質，蓋亦不同，亦非同隸一事。我們若把某報的「某某與某某交際」，「某國與某國交涉」，說交際交涉，可通「交通」，豈非性質不明，隨意胡拉！史記儒林傳有秦燔詩書語，而論衡（二十八正說）卻說：『或曰：秦燔詩書，燔詩經之書』。我們不注重論衡的「或曰」，能說詩書通詩經麼？抱朴子（外篇二）說『魏武亦嚴刑峻法，乃心欲用乎孔』。所謂孔明，乃指潁川胡昭（魏志管寧傳注）。但楊慎丹鉛錄（卷四十二）云：『乃欲用乎諸葛孔明』，我們若不注意楊慎的譌鈔的特長，便把諸葛亮通胡昭了。所以，引書當明其性質。

又如璵璠之通琺瑯，流梨，頗梨，丹九先生無相當案語（卷二頁九一）。初不知日知錄（二十九）已說過：『大抵外國之音，皆無正字』。例如明史（三百二十五）外國傳，既有蘇門答剌，又有須文達那，丁謙（明史外國傳考證）說：即是一地。故世人皆知高麗，但劉肅大唐新語（卷二），固有「高麗雖平」，又有李君球「高宗將伐高驪，上疏諫曰：……」。史漢外國傳，有「蒲陶」，而漢紀（卷十二）則作「蒲桃」。苜蓿或作目宿，或牧宿，或木栗，皆係譯音無定之故。丹九先生不加此項解釋，未免可惜。

丹九先生徵引古書，常常說到省筆。如說「仿偟」即「彷徨」之省（卷九頁八三）。考風雨樓叢書中有呂留良東莊詩存（頁三三），其送黃太冲東歸云：『俗字鈔書從省筆』，自注：「自素用俗字抄書，云可省工夫一半」。竊意「仰視」之於「印視」（莊子天地篇），「評論」之與「平論」（辭通卷六頁四六），當緣此故。辭通徵引古書，有時固考慮到省筆，但有時則如「評論」之於「平論」，並沒有說；「僬僥」之於「焦僥」（卷七頁一〇四），也沒有說，此又朱先生徵引古書，而不考量古書性質的一例了。

五　論謬誤

上面大半說辭通的體例，此尚可各執一詞；但辭通亦不無謬錯之處。

最有興趣的是「楊雄」與「揚雄」，辭通說：「雄姓之從木不從手，清人已有定論，茲不縷述」（卷一頁一七）。這定論，未能必其沒有，但不知何所據而云然？從校勘學上說：宋景祐本漢書固作楊雄；即依宋本開雕之知不足齋本顏氏家訓（卷四頁四），說「雕蟲小技壯夫不爲」的，也作楊雄。從清人定論說：十七史商榷（卷二十六），說「蜀無它揚」，其結論云：『吳仁傑刊誤補遺，謂楊雄，楊震，同是赤泉之楊，此說武斷之至』。丹九先生的「定論」，眞不知何自而來？辭通於馬通條下（卷一頁四〇），尚有「通敍嘉恩，漢亦負德」的六十三字馬通論，於「楊雄」「揚雄」，即有王鳴盛以外者的定論，何不略略敍述一下呢？

次外，如說「勾餘」之與「歐餘」相通（卷三頁五十二），亦附會可笑。我住在浙東，習聞勾餘二字；全祖望著有勾餘土音（蔣天樞謝山年譜頁八七），更足證明勾餘在浙東。金陵大學新收有烏程閔元衢歐餘漫錄四冊。可知勾餘在浙東，歐餘在湖州，豈能說『歐字本有勾音，歐刀亦作勾刀』？豈能說歐餘可通勾餘？正如鍾山之通景山，崑崙山豈在荊州（卷六頁八九）？

又次，如說「牙門」「衙門」相通（卷六頁十八），亦屬未安？陔餘叢考（二十二）說：『衙門本牙門之訛，周禮謂之旌門。鄭氏司常注，所謂兵車巡狩之會，皆建太常是也。其旂兩邊刻繪如牙狀，故亦曰牙旂，後世遂謂軍營聽令，必至牙門之下與府廷無異。近俗尚武，故稱公府爲公牙，府門爲牙門』。然則初第稱於軍旅，後漸移於朝署。然移於朝署，亦第作牙而無所謂衙者。及如淳（如淳係魏時人）注漢書，衙字始有牙音……』。吳仁傑兩漢刊誤補遺（卷十）云：『牙與衙混雜久矣。牙旗之牙，獨可施於軍營。而衙集之衙，上自天子，下及州縣之官，得通言之』。野客叢書云：『（吳曾能改齋）漫錄云：孔氏雜說，牙者旗也。太守出則有門旗，遺法也；後遂以牙爲衙，或以舍解爲衙。唐韻曰：衙，府也；是亦謬耳。……凡軍出立牙必令堅牢，若折，將軍不利；是以古兵法擇吉日祭牙。後漢崔駰，晉袁宏顧愷之宋王誕，皆有祭牙文，吳胡綜有大牙賦，皆爲武備之意』。（卷十五頁十）考范書（一〇四）袁紹傳，有『勒義攻公孫瓚「拔其牙門」』。東晉桓玄，亦「建牙聚衆」（通鑑百十二）。隋書（四十八）記突厥事：「故牙門建狼頭纛，示不忘本」。隋煬帝通鴈門，長孫晟『晟見牙內草穢，欲命啓民掃除』（通鑑一八〇）。『唐初四夷有勿率者，皆利兵移之，蹶其牙』（唐書二一六吐蕃傳）。通鑑載李德裕事：『自牙門至柳子列，曳地金光甲』（通鑑二四七）。李克用亦東收勇將李存孝於牙門（通鑑二五九）。——可知牙門是用武之地，衙門是政治處所，後雖混用，究屬有別，且決非以聲而通！

又次，丹九先生說「蹊田」「徑田」相通，以爲形近而通（卷七頁九）。此亦於義未安。考左傳宣十一年杜預注：「蹊，徑也」，蓋以義通。

又如說蒲稍通蒲梢（卷八頁十一），考班書（九十六下）西域傳贊，說武帝拓殖之盛，『蒲梢，龍文，魚目，汗血之馬，充於黃門』。孟康注：四駿馬名也；師古注：梢，馬脊，所交反。豈能說稍可通梢？

又如說「圈牢」與「圈守」相通（卷八頁二四），以爲「形近」之故。案晉書曹植傳云：「此徒圈牢之養物」，班書枚乘傳云：「積聚玩好，圈守禽獸」。名詞與動詞異類，魏志與班書異書，曹文與枚文異作，何嘗相通，何嘗形近而訛』？

又如說陳儀夷儀相通（卷二頁九），但一爲衛色，一爲邢地，似亦未能相通。正如勾餘歐餘，或爲兩地。

又如說「期門」「旗門」相通（卷六頁三六），但漢書百官表的「期門」，即虎賁郎，乃係官名。孫子的「期門」

對於伯希和評葡萄牙第一次來華使臣事蹟考要說的幾句話

張維華

法國東方學家伯希和（Paul Pelliot）先生，在通報的第三十一期，登載了一篇批評張天澤中葡通商研究的文章，附帶着對於我在史學年報第五期所登的那篇葡萄牙第一次來華使臣事蹟考，也說了幾句話。他的大意是這樣：

燕京大學史學年報第五期一〇三至一一二頁，有張君維華用中文所寫的一篇文章，題爲葡萄牙第一次來華使臣事蹟考，無疑的這是討論葡萄牙使臣 Thomé Pires 自一五二〇至一五二二年出使中國的一段史實。張君對於中文的材料，頗能苦心蒐集，大體上沒有甚麼遺漏，而對於西洋的材料，除了引用 E. Bretschneider 的 Mediaeval Researches 以外，其他引用的不多。不過Bretschneider是有錯誤的，譬如「加必丹末」這個名稱，原是葡萄牙文 Capitan mor 的譯音，而他則說是 Capitano 的譯音，這是不對的。張君引用他的說法，沒有加以辨正。再一點，Thomé Pires 死的年代，是在一五二四年五月，並非在一五二三年九月或十月；關於這件事，可參考 D. Ferguson 的 Letters from Portuguese Captives。葡萄牙文的 Tamao 島，張君嘗作大門，此乃翻譯的西洋字音，而不是用的中文上原有的稱呼；此或未知Tamao即爲屯門。至於火者亞三這個人，張君說他不是一個中國人，乃是外來的回回人，充作葡使通事的。這種斷論，與我的意見恰是相同。

伯希和先生對於我這幾點的批評，我是十分樂意接受的，不過還有幾句要補充的話，現在寫下來，再作一番的商榷。

第一點關於西文材料的蒐集，我自己深知道在這一方面是不夠的。不過在中國蒐集西洋的材料，是一件極困難的事，有的時候直接就是得不到。大概在西洋國家，要蒐集關於中文方面的材料，有時也感受同樣的困難吧！在我是這樣想，學問是不容易研究的，問題是不容易解答的，只要我們肯去努力，多少總有貢獻的。在我初次研究明代中歐交通時，就有朋友對我這樣說：明代東來的國家，有葡萄牙，西班牙，和蘭等國，你不懂得葡萄牙文，西班牙文，和蘭文，怎麼能會研究這樣的問題呢？我的回答是如此：我們且莫談葡文，西文，和文的史料，如何的去蒐集，試問關於這一方面的中文材料，可曾有人去嚴密的蒐集過沒有？我們生在中國，蒐集關於這一方面的中文材料，西人生於西洋，蒐集關於這一方面的西文材料，等到蒐集好了之後，兩方面一對證，不就成了很完全的工作嗎？學問是大家公有的東西，不是個人私有的財產，若本着這種目的去作，一定是收穫很大的。我近來所寫的那本明史佛郎機呂宋和蘭意大里亞四傳注釋（燕京大學哈佛燕京學社出版），正是本着這樣的目的，此爲請求讀者對於作者了解之第一點。

第二點，關於加必丹末之譯音的問題，誠然我是依據了 Bretschneider 的成說。張亮丞（星烺）中西交通史料匯編第二冊，三九七頁，註二，也以加必丹末作 Capitano。當時因爲過信前輩學者的著述，所以未曾仔細的去追求。後來張天澤之中葡通商研究出版了，他說加必丹末應爲葡文 Capitan 之譯音，才知前人之說，有些靠不住，所以在我的明史佛郎機呂宋和蘭意大里亞四傳注釋，第十頁，把牠更正過來了。伯先生又特別的這樣指出，更使我對於這個問題有深切的了解，我是很感激的。（未完）

」，則係門名。雖可照行中書省（官名）與行中書省（地名）的例推求，然後著字尚相同，而著字實不同。蓋不能援例以求！

又如說據足的歷史，引到留青日札，此本斷話（卷十二頁三〇）。但引用留青日札的「理宗朝東足，纖直，名快上馬」一件事，隸之於明，則丹九先生又誤了。留青日札確爲明人所著。「理宗朝……」云云，實見宋史五行志，諸詳俞氏癸巳類稿（卷十三）書舊唐書輿服志後。且明無理宗，丹九先生確是千慮一失。

六　歸漏

辭通除謬誤外，更有欠缺之處。辭通有不甚重要的說明，例如雞列弓足的史實，本已無聊。又如息嬀條，語涉左傳的「蔡侯繩息嬀以語楚子」却有三十二字解釋繩是什麼？可謂閒情逸趣，信手成文！但案照辭通的凡例，却有重要的遺漏，如我上文所指出：

（一）臥龍條未收

（二）李陽條未收榮陽；

（三）書韻下未收漢書漢史，唐書唐史；

（四）行李條未收行人，行使；

（五）子韻下未收孔子，孔氏；以及漢氏，漢民；

（六）奴韻下未收人奴，人彝；

（七）貨泉條未收白水；

（八）秦韻下未收周秦，周泰；

（九）凝韻下未收鸞凝，鸞疑；

（十）貞韻下未收貞觀正觀；

（十一）胡韻下未收東胡，東吳；

（十二）先韻下未收陵烟，淩烟；

（十三）廣韻下未收肺腑，肺附；

（十四）新獨條未收補挑；

此皆評文所及，偶然牽涉；非足代表其遺漏之全數；至於就我暫時所能想到，而檢之於辭通，不能尋到的，則亦有之：

一，蕃韻（卷六頁二四）下未收吐蕃與禿髮，考此實爲胥轉。舊唐（一九六）及新唐（二一六）吐蕃傳，都說吐蕃即南涼禿髮之後，似非無據！

二，丁韻下未收一丁一个（辭通卷十頁三六）。考「目不識一个字」之變爲「目不識一丁字」，確係約定俗成。通鑑（二四一）載張宏靖爲幽州節度使，數以反虜詬責士卒，謂軍士曰：「今天下太平，汝輩能挽二石弓，不如識一丁字」。吳曾能改齋漫錄云：『唐書張宏靖傳，背挽二石弓，不如識一丁字』。……竇苹唐書音訓云：丁，恐當作个字。……偶讀孔毅父續世說，引宏靖曰：汝曹能挽二石弓，不如識一個字；固知「个」誤爲「丁」，無可疑者。』（卷五）野客叢書（卷二十一）亦有此說。

三，兵韻下未收「唯兵」「佳兵」（卷十頁十四）。考老子謂佳兵不祥，盧抱經抱經堂文集（二十二佳兵不祥解），以爲「佳」乃「唯」之文訛。照辭通收譌字之例，老子中心思想之「佳兵不祥」說，似應收入。

四，女眞的侵略南北宋，在國史何等重要！辭通（卷五頁三〇）却未收女眞與女直。考林壽圖啓東錄云：『金國本名珠里眞，後訛女眞，或曰慮眞。昔避契丹主眞宗諱，更爲女直，俗訛女質，五代時始稱女眞。大金國志：唐貞觀中，靺鞨來中國，已聞女眞之名』（卷二）。案女眞與女直，炫惑治中國史者，雖始今日；丹九先生漏列此條，眞眞可惜！

五，堂堂條（卷九頁十六）未收唐唐。案孤樹裒談（卷九）云：『昔宋太祖微時，被酒入南京，香案上有竹杯筊，因取以占己之名位。自小校以上至節度使，一一擲之皆不應。忽曰：過則爲天子乎？一擲而得。宋人記之，謂天命案定如此。宋元憲爲留守，題廟中詩，有「唐唐大橫兆，磬欬如有聞」之句，蓋謂其事』。然則，堂堂亦通唐唐。

六，看韻下未收儻欸與遮莫（卷八）。案鶴林玉露云：『詩家用「遮莫」字，今俗語所謂「儻欸」者是也。故杜陵詩云：「已拚野鶴如雙鬢，遮莫鄰雞下五更」。言鬢如野鶴，已拚老矣。「儻欸鄰雞下五更」，日月逾邁，不復惜也』（玉露卷二）。辭通未收此條，亦殊可惜！

然而，話須說回來了，辭通之名字，豈是丹九先生之過！即謬誤與缺漏，正以此書既重聯通，而又不肯放棄因義求通之義通，因形求譌之形通，頭緒既繁，則照顧自然不及；疎脫自然不免了。

假使丹九先生牽定以聲求通之主張，絕不羼雜同義，字譌之例，則津涉較小，羅取也自然便利了。

況且選樣鉅帙的書，似須出自國家公修，那末，可以集眾力而聚之於一中。如果以一人的精力，努力了三十年，而得到收穫如許，雖有疵病，究屬瑜可勝瑕。我所以批評此書，正基於下列的理由：書之有序，蓋序牠以告讀者，書之有評，乃指策以勉作者。並不相悖！

至於丹九先生三十年的苦功，豈是淺嘗即止的，豈是乞醯鄰人的「也是學者」所堪夢想！孔融云：「今之少年，喜謗前輩」，辭通自有美處，我又安敢一味抹倒呢？

新書簡訊

中國營造學社彙刊第四卷第三四期合刊本，民國二十二年十二月中國營造學社出版，定價一元六角。此編記者最近始得一讀，重要論文計有：梁思成劉敦楨大同古建築調查報告，林徽音梁思成劉敦楨雲岡石窟中所表現的北魏建築，劉敦楨同治重修圓明園史料三篇。末一篇爲積完前期之作。前二篇專言大同，報告一篇專述華嚴善化二寺，於二寺建置之歷史，以及遼金諸代建築作風之遷變，俱有所闡明。其華嚴寺之創始，不始於遼清寧八年，確鑿有據，可破以前諸說。附錄於大同東南西三門城樓並有所紀述。第二篇就雲岡石窟以求北魏時代之建築，分洞名，洞的平面及其建造年代，石窟的源流問題，石窟中所表現的建築形式，石刻中所見建築部分，石刻的飛仙，雲岡石窟中裝飾花紋，窟前的附屬建築，結論，凡九節。以歷史的及科學的眼光記述中國現存之古建築及古石刻，而又出以縝密的心思。論大同之作甚夥，此冊可謂後來居上，至於圖版豐富，又其餘事矣。（方）

×　×　×

史學論叢第一冊，民國二十三年北京大學潛社編印，定價六角。此爲北京大學一部分教授與學生所合力出版之刊物。重要論文有：孟森彭家屏收藏明季野史案，唐蘭關京新考，顧頡剛五藏山經試探，胡厚宣楚民族源於東方考，高去尋殷商銅器之探討，諸篇，大致仍偏於古代史之研究者。唯書末無出版年月，出售地點，及定價，不知何故。（方）

×　×　×

明史佛郎機呂宋和蘭意大里亞四傳注釋，張維華著，燕京學報專號之七，民國二十三年六月哈佛燕京社出版，定價二元五角。此書大致取材明實錄方志各家文集以及四書，疏通證明，以釋明史四傳。讀此一篇，明代與歐洲諸國之交通，大致瞭然。唯頁七七引John Foreman書作頁五〇一五一，案實爲頁三八；又頁七六所云之日人Sioco 譯漢應是莊公。又頁八八一八九記日本寇呂宋事，作者如能一讀川島元次郎朱印船貿易史，辻善之助增訂海外交通史話諸書，對於松倉重政之遠征計畫，必能更有若干之新注也。（方）

圖書副刊

BOOKMAN 第五十三期

一 本刊登載關於中外圖書之介紹批評以及學術界消息 二 爲公開性質歡迎投稿 三 刊登本刊之文略致薄酬 投稿通訊可寄「北平文津街國立北平圖書館內圖書副刊編輯收」

評陳登元著中國土地制度

上海商務印書館印行　二十二年六月再版　四四三頁　一元六角

梁方仲

這是南京金陵大學中國文化研究所專任研究員陳登元先生「積有歲月」的著作。據說：「即如二十四史中各傳，有關於地制之史，實亦以三年之力，鈎撮一過。」（見本書自叙）。像這樣的用力之勤，取材之廣，在今日我國同類的著述當中，實是少見的。

本書自出版以後，半年之中，已經再版。可見讀者對於牠怎樣的歡迎了。但讀者的批評，至今祇見過兩起：其一爲羅玉東先生的批評，其一爲華並森先生的質疑（均載本年二月份圖書評論）。羅先生的批評，主要的是指示出這本書對於整個土地制度沒有探源和系統的解釋——這在陳先生答辯函中認爲是章節上的分配的一個問題。羅先生對於這本書的態度，是非常客氣的。說牠內容非常豐富，值得一看。華先生的質疑，祇是就陳先生「兩重地主」之說，加以詰問，並沒有其他的批評。兩個意見發表以後，陳先生在本年七月份圖書評論有答辯。對於羅先生的批評，他以爲羅先生對他大作的內容並沒有加以批評，羅先生祇是用二十世紀胡適批評的材料來證明井田的烏有，和討論章節分配的不當——那是值不得回答的。陳先生說倘若有人用甲骨文字或其他經史子集來批評他的得失，他才願意回答。對於華先生的質疑，他還是要維持原案，說他自己的解釋並沒有錯誤。本文就是用經史子集作根據去和陳先生討論他的大著的內容的得失。沒有用甲骨文字，因爲陳先生的大著并沒有用這個。

先從本書自叙說起。自叙裏說：我國古籍，類混土地制度與賦稅制度二者爲一談。自馬氏通考王氏玉海各史食貨志，以訖清代之圖書集成，均沿此例。蓋古人重在賦稅，不重田制，故後人述作，自益困難云云。說馬氏通考混土地與賦稅兩種制度爲一談，這句話或者還可以說得過去，因爲通考卷一至卷七是田賦考——其中卷一至卷五爲歷代田賦之制，確是田制與賦稅並同記述。但卷六則爲水利田，卷七則爲屯田官田與籍田，這些就都側重於土地而非賦稅的制度的叙述。而且在馬氏一書以前和以外，杜氏的通典賦稅（卷四至卷六）是和田制（卷一至二）分卷紀載，鄭氏的通志賦役和田制也是分門紀載（卷六十一食貨略內分田制，屯田賦稅各門）。王氏玉海關於田制（卷一七六）與賦稅（卷一七九貢賦）的論載亦是各分卷帙的。至若各史食貨志，如：前漢書，晉書，魏書，隋書，舊唐書，新唐書，舊五代史，遼史等，雖然是把賦稅與田制同放在食貨志內紀述，但第一，這兩種制度的紀載，容或未能完全達到有條不紊的地步，但在明眼者觀之自可一目了然，或不至如陳先生所說混爲一談之甚。第二，各書關於田制的紀載，大半都是比賦稅的紀載還要詳盡些。此外宋史以卷一七三專記錄田，卷一七四分論方田與賦稅，另有卷一七六內有屯田一項的記述。明史則卷七七志田制，卷七八志賦役；清史稿則食貨一志田制，食貨二志賦役。其不田制與賦稅分卷叙述。若金史與元史食貨志關於田土與賦役之制，亦皆分門論載。圖書集成食貨典更是明明分田制（卷四一至六三）與賦役（卷一一至一五四）爲兩部。可見賦稅與田制祇在陳先生所列舉的幾部書中，便大多數的是分別開來記載。陳先生說我國古籍類混二者爲一談，可謂獨具隻眼。

爲證明自己撰述的困難，陳先生又舉例說：

「宋高宗時，林勳獻本政書，建議限田……宋史食貨志於此反語焉不詳。幸有羅大經鶴林玉露記傳於世，否則不將寂寂無聞耶？良由古人頂賦而不重田，……其他關於地制之更張，史人率等閒視之。」

但考林勳的限田論，除宋史食貨志有了三百四十餘字的記載以外，宋史林勳傳亦有六百字的記載。若鶴林玉露本政書一條所載亦不過六百零八個字而已，比之本傳僅多不到十字。這是從量方面去比較：若從質一方面說：則兩者所載，互有詳略。但玉露內前半篇所言提封井田之法，約佔去近四百字，而其實不過是拾周禮的唾餘，演繹而成，本無若何新意，反不如宋史所錄的扼要得當。所以像陳先生所說：沒有鶴林玉露，本政書便會寂寂無聞，那就未免過於危言以聳聽了。又據我所知，本政論除見宋史及鶴林玉露以外，宋王應麟困學紀聞卷十六上及玉海卷一七六食貨田制亦均載之。而玉海內唐口分世業田條下載有林勳之言，爲宋史及玉露所未載。今書雖本政書條所輯勳之書，雖與宋史食貨志相同，然其中「勳獻本政書十三篇」句下附註「篇理至地圖今本十五篇十卷」云云，校以宋史藝文志所揭：「林勳本政書十卷，又本政書比校二卷，治地旁通一卷」一條，則知應麟所見之本爲十五篇，是與宋史十三篇之說相參證。

陳先生爲證明其大作搜集材料的不易，又舉例說道：

「例如明代佃農反攻田主之役，不見明志，而見丁瑄傳。元代役農爲奴之事，亦不見於食貨，而反見於刑法……土地制度史之難作，下走實深感及焉。」

以上列舉的兩項，大約是陳先生很得意的發現，所以除在自敍裏鄭重聲明以外，在本書元代之佃奴制度與明代農民之反抗運動兩節中對於這兩個難得的例證，各加以極詳細的闡述。不過據愚所知，丁瑄傳中所載明代佃農反攻田主的事情，似乎趙翼廿二史劄記卷三十四明鄉官虐民之害條和卷三十六明代先後流賊條都曾錄過。本不必羣正將明史列傳鈎撮一過，才會發現。又如明史卷二七八五寃正傳等關於明代佃農反攻田主的紀載也有不少絕好的資料，但可惜陳先生對此竟沒有引用，祇就丁瑄傳所載加以不厭過詳的數百餘字的發揮；而且又弄了不少錯誤。這一點羅玉東先生已在本年八月份圖書評論內予以糾正，用不着我來多說了。

關於元代役農爲奴的事，容或不見於食貨志，但這有什麼關係？如果陳先生眞已將元史的列傳鈎撮一過，他至少也可以寫一篇像日本有高嚴氏元代奴隸考那樣的文章，何至僅據刑法志內中一條單獨的法令和梁任公中國奴隸制度一文便去寫出洋洋數千言呢？

自敍論畢，請論本書各章。鄙意以爲陳先生大著的欠妥處，得分爲以下各項去說明：

（一）誤解史傳　舉幾個難以寬恕的例子來證明：

1.第二章第三節說：

若論之井田制度，則孟子明言之曰：「方里而井，井九百畝……」

案商人之制，孟子明言是「七十而助」，「方里而井，井九百畝」云云，乃指周人井田的制度而言。朱子註云：「此詳言井田形體之制，乃周之助法也」，可以爲證。

又陳先生說：周人之公田，經何休廬舍之說始合於什一。但若每夫爲田一頃十二畝半，以二畝半爲廬舍，以十畝奉公上，是亦不過十一分之一，何得說是「合於什一」？且廬舍之說，實遠源於穀梁宣十五年傳：「古者公田爲居，井竈葱韭盡取焉」之語。至韓詩外傳與班固食貨志更演述穀梁之意，創爲廬舍之說，所記尤詳備。而何休注公羊，范甯解穀梁，趙岐注孟子，宋均注樂緯皆因之。陳先生以爲廬舍之說始於何休，疑未深考。

2.第四章第四節引漢書食貨志董生所言以後，便舉加以按語云：

仲舒所言義是一輻（按應作幅）地權不能平均時，農民生活之極好寫照圖。此等慘劇，雖言盡於秦時，未嘗明指漢代。然在漢武之時，仲舒亦言：「役財驕溢，或至并兼。豪强之徒，以武斷於鄉曲。」「因其富厚，交通王侯，力過吏勢，以利相傾，千里游敖，冠蓋相望。」烏乎，試閉目思之，地主之淫威奚若，一般農民之慘象又奚若？

按上引兩段說話，共一「役財驕溢……」云云，乃班固叙述高帝以至武帝初年社會的一般經濟狀況的變遷，並沒有說是地主的淫威——或者是指商人的淫威居多。至其下「因其富厚……冠蓋相望」數語，則爲鼂錯上文帝請裁抑商人之言。亦非董仲舒所說的話。但陳先生硬派這些話都是董生說的，且用來證明武帝時地主的淫威和農民的生活狀況。這或許因爲陳先生讀食貨志時不小心，所以弄出這個錯誤，這是可以原諒的。不過我要告訴陳先生，當時的農民生活狀況，就正由董生口中說出來的狀況，在董仲舒本傳（漢書卷五十）中還有的是材料，所以無須代爲立言，或閉目思之，亦可以得到的。

3.同章第五節載：

：：胡致堂云：「董仲舒欲以限田漸復古制，其意甚美；而終不能行者，以人主爲兼併，無異於率也！」信然，吾且得有明證矣。……宣帝之立也，丙吉爲政，而蕭山以爲「今丞相用事，縣官信之，盡變易大將軍法度（按漢書法度二字原作時法），令以公田賦與貧民，而有怨讟」（按此四字不見漢書，原作「發揚大將軍過失」）。然則當時之國家，必欲兼爲大地主耶？而又何足與實錄田？

祇這一段中又有好幾個錯誤。所謂「以公田賦與貧民」者，就是賜復貧民所輸公田之賦的意思。大約霍光爲大將軍時，公田之賦，頗嚴厲執行，民不獲蠲免。及魏大夫爲丞相，故示寬大，賜復公田賦與貧民。故蕭山以爲此乃發揚霍光的過失。但陳先生引此以爲國家欲兼爲大地主之證，且又竄入「民有怨讟」顚倒經文，捏做史實，未免有點不妥。還有他以爲這是宣帝初立，丙吉當政的事情，亦未免失考。考宣帝地節二年霍光薨，魏相爲大夫（漢書卷六十八霍光傳），是爲相者乃魏相而非丙吉。吉以地節三年始遷御史大夫，到神爵三年才替代魏相爲相（漢書卷七十四魏相丙吉傳），時宣帝立已六年了。

4.第十六章第三節載：

明令典稱：「弘治二年令皇莊及皇親公侯駙馬伯等官莊田，如遇災傷，俱令照依民田災傷分數徵收。」然則弘治間如有荒歉，民田減租，而天子貴族之莊田，反照例多取也。

按照依民田災傷分數徵收，乃照依民田災傷蠲免分數而徵收的意。如民田，以十分爲率，全災者免七分，則莊田全災者亦免七分。陳先生解作遇荒歉時，莊田照例多取。未免駭人聽聞了。

（二）淆亂史實　陳先生大作所載，多與史傳不符，舉以下數例爲證：

1.第六章第二節論均田以前之北魏地制云：

在實施均田制度以前，最重要之設施，爲戶籍之編定，所謂「立三長」是也。

緊接着陳先生便詳引李冲上言立三長之法。在全章第三節的開始陳先生大書特書曰：

積此三種相逼而來之背景，又經過調査戶籍之設施，於是北魏孝文帝太和九年下詔頒給民田，而爲中國土地制度史上極可紀念之一年。

陳先生以爲李冲上言請建三長制度是在詔頒均田制度以前，但按魏書孝文帝本紀及食貨志都載太和九年詔均給天下民田，十年二月以李冲言，詔立三長（陳先生引通鑑作「甲戌初立三長」，不註年月，甚忽略不合體裁）。可見李冲所請建立的三長制度，共明詔頒行是在均田詔頒佈以後。雖李安世遷給事中時上疏所言（按安世上疏，爲均田制之所由起，是在均田制創置之前）內有：「三長旣立，始反舊墟」之語，得謂三長之立，猶在議行均田之前。但李冲上言是在太和十年，則斷斷無疑義。今陳先生年代倒置，殊令人有車前馬後之感。

2.第十三章第一節說：遼的地制有二種可分：一爲軍人屯邊之公田；二爲民種之在官閑田，及聽民自種之私田。按遼史食貨志載，除公田，在官閑田，私田三種田以外，尙有所謂頭下軍州，食貨志云：「各部大臣從上征伐，俘掠人戶，自置郛郭，爲頭下軍州，凡市井之賦，各歸頭下。……」可見此種田是以俘掠人戶耕之，其所徵之賦是歸於頭下，其性質殆即論功行賞的「賜田」。陳先生略去不提，想亦是一時遺漏？

3.第十四章第五節謂英宗至治二年拜住爲中書平章政事，勅賜平江腴田萬畝。按賜田事確在至治二年六月壬寅，但住之爲中書平章政事則早在英宗登極之時，共年夏五月實勅們約蘇穆爾妻伊埒扎巴等謀逆伏誅，住遂拜擢中書左丞相（元史卷一百三十六本傳）是住早已榮遷丞相之職，但陳先生仍屈之爲平章政事。此雖無關宏旨，但亦不應疏忽。

（未完）

對於伯希和評衛萄牙第一次來華使臣事蹟考要說的幾句話（續）

張維華

第三點關於衛使 Thome Pires 死的年代，我底確費了不少的心思去追討，可是始終沒敢下堅決的判斷。根據顧應祥的話說：「其人在廣久，好讀佛書云云」，知道衛使底確是同到廣州去了，而且留在那地方也很長久，可是究竟死了沒有，以及如何死的，始終沒有提到。Bretschneider 所引 Barros 的話，只提到他回到廣東爲止，不能藉以推測他死的年代。Pinto 說他曾被流充到中國北部去，後來曾娶過中國的女子爲妻，可是 Pinto 的話，一班人是認爲靠不住的。天下郡國利病書（卷一二〇）引林富的奏疏，說：「厥後頭致，窺閱朝廷，准御史邱道隆等奏，即行撫按，令海道官軍，驅逐出境，誅其首惡火者亞三等」，似乎是衛使死於廣州。因爲火者亞三雖然是衛使的通事，然而時人卻分辨不清，有時即以火者亞三的名字，加到衛使的身上。這樣記載，在明人的著述當中，是常見到的。林富在上奏疏時，也或者有這樣的情形，所以根據他「誅其首惡火者亞三等」一語，似乎可以斷定衛使確是死於廣州。可是年代上又發生問題了。從林富的奏疏上看，火者亞三之死及衛人之被逐於廣州，是由丘道隆何鰲的兩封奏疏。關於由丘道隆何鰲之奏疏，而致引起驅逐衛人出境的廷議的事，宋正德十五年十二月的實錄，說的很清楚，謂：「道隆先爲順德令，鰲即順德人，故備知其情，……廣東三司掌印，幷守巡巡視備倭官，不能呈詳防禦，宜行鎮巡官逮問，以後嚴加禁約。……番舶非當貢年，驅逐遠去，勿與抽盤」。可知由於丘何二人奏疏，而引起驅逐葡人出境的廷議，原是正德十五年十二月的事。可是葡人究竟是甚麼時候驅走的呢？中文記載，雖也約略提到，可是不如西人的記載那樣清楚。Bretschneider引Barros的話，說一五二一年六月（原作一五二〇年，誤）Simas d'Andrade在廣州被逐，無疑的這是指着正德十六年汪鋐驅走葡人的事說的。假使這次葡人之被驅走，乃由於正德十五年十二月的廷議所推動的這句話是不錯的時候，我們再回個頭來問一問，當葡人被逐的時候，是否葡使已覺回到廣州了，抑或還是在途間呢？葡使之離京返廣，據正德十六年三月丙寅實錄，謂：「是日……哈密及土魯番佛郎機等處進貢夷人，俱給賞令還國」，知道葡使之離去北京，是在武宗已死，世宗登位之後，推其時即在這年的三月或四月之間。中葡通商研究說他是一五二一年五月二十二日離去的北京，這與中文的記載很相合，因爲西曆的一五二一年五月，適抵中曆的正德十六年的四月。葡使既然是正德十六年四月離去的北京，我們就可以推測他到廣州的時候了，那時從廣州到北京，差不多得用三四個月的工夫，中葡通商研究說他是在一五二一年九月二十二到的廣州，從時間上去推想，這話是可信的。葡使之回到廣州，既然是在一五二一年的九月，汪鋐驅走葡人，是在這年六月前後，當汪鋐驅逐葡人時，葡人尚在途間，所以我疑惑林富的「誅其首惡火者亞三等」，或者另有所指，決不是指着 Thome Pires 說的。不但在這一點上發生衝突，就是與顧應祥的話「其人在廣久，好讀佛書云云」，也是不相合的。Williams 之 The Middle Kingdom（卷二頁四二九）說葡使於一五二三年九月與其屬從，誅於廣州，或死於獄中。因爲嘉靖二年三月實錄，記載着中人驅除葡商，並擒獲葡商別都盧疎世利等，我就疑惑葡使一定受到這次戰爭的影響，因而至於被誅的。又因爲Williams所說的年代，與實錄的年代同，更使我相信葡使之死於是年，是有可能。後來我又去翻西人的記載，知道西人多半把這件事，繫之於一五二三年，較之實錄所記的早一年，才知道實錄所記的年代，未必是這件事情發生的年代。研究到此境地，算是心餘力窮了，而真實的問題，終未解答，所以始終是放心不下的。伯先生既然說 Ferguson 的 Letters from Portuguese Captives 載明葡使是在一五二四年五月死於廣州的獄中，這話自然是很可相信；不過在一五二二年華人反對葡人正劇之時，而葡使竟未受池魚之殃，其中的原故，也很可耐人尋味呢！

第四點是關於屯門島的問題。屯門島在西文的譯名是很不一致的；不過不一致還不要緊，而最難的是對於屯門島的所在地，也有些錯誤的解釋。Ljungstedt的 The Portuguese Settlements in China這部書，是論葡人留居澳門之歷史的最精詳的一部書，可是在他論葡人初次東來的一章裏的註腳，就說屯門是上川島的一個地方。我在初次研究這個問題時，就很懷疑這種說法。依照西人的記載，都說Fernao Peres d'Andrade 初次與 Thomes Pires 到中國來的時候，是先停船於 Tunm'n 島，而後到廣州去的。Simon d'Andrade 於一五一八年東來以代其兄的時候，也是停船於 Tunm'n 島。這是西人的說法。中文方面記載，我們鄭林富的奏疏和東西洋考所引廣東通志二文，來做證明。林富說（天下郡國利病書卷一二〇引）：「至正德十二年，有佛郎機夷人，突入東莞縣界」。廣東通志（東西洋考卷五引）云：「佛郎機素不通中國，正德十二年，駕大船突至廣州澳口，銃聲如雷，以進貢爲名。撫按查無會典舊例，不行，乃退泊東莞南頭，蓋房樹柵，恃火銃自固。」根據此二文之記載，是說葡人初次到中國來的時候，是停船於東莞縣的一個地方。如果拿Tunm'n島解釋作上川的一個地方，上川島是新寧縣（今改稱台山縣）南的海島，還在廣州之西南境，和林富及廣東通志之說，甚不相符，這是不能不使我懷疑的。我雖然是十分懷疑，可是在沒有於東莞附近找到一個地方，與Tunm'n的音十分切合以前，是不得不暫從前人的說法。我又見張亮丞先生在他的中西交通史料匯篇第二冊三八六至三九〇頁，譯Barros的話，也稱作大門，所以我就用了大門二字。這是我在作葡萄牙第一次來華使臣事蹟考時的情形。可是問題是愈研究愈近於明瞭的，後來我讀史澄的廣州府志（卷三八頁一〇七），內中有這樣的一段記載：「汪鋐……正德十六年任巡道，番夷佛郎機假朝貢，占據屯門海澳，時肆剽掠，屠食嬰兒，御史邱道隆何鰲前後具奏，准行驅逐，公親冒風濤，指畫方策，號召鄉民，率以大義戰而克之。」這不是明說葡人所占據的是屯門島嗎？再是這件事情，無疑的是指着正德十六年（一五二一）汪鋐驅走葡人說的，而據西人的記載，當時葡人所盤據的地方，就是 Tunm'n 島，Tunm'n 的音不是與屯門十分切合嗎？屯門是隸屬東莞縣的一個海島，明時爲防海之一要地，胡宗憲籌海圖編論廣東中路海防的那一篇，記述的非常清楚。屯門爲東莞之一海島，且爲葡商之盤據地，又不是與林富及廣東通志所說的十分相合嗎？有的這一切的證據，知道Tunm'n 就是屯門是無疑的了。問題既然解決，就不當再容他錯誤，所以我在排印我的明史佛郎機呂宋和蘭意大里亞回傳注釋那份書的時候，凡屬記載Tunm'n 這個字的地方，都改做屯門了。這一番的經過，伯先生或者還不知道。

（未完）

圖書副刊

BOOKMAN
第五十四期

一　本刊登載關於中外圖書之介紹批評以及學術界消息
二　為公開性質歡迎投稿
三　刊登本刊之文略致薄酬
投稿通訊可寄「北平文津街國立北平圖書館內圖書副刊編輯收」

評陳登元著中國土地制度（續）

上海商務印書館印行　二十二年六月再版　四四三頁　一元六角

梁方仲

4.兩重地主之曲解　在第十六章第六節陳先生主張有所謂「兩重地主」之說。所謂兩重地主者，即：「國家已征私人之租以為糧，國家已為地主，而佃戶之上猶有地主」是也。他以為這種官田，既輸私租於私家，又納私租於公上。他提出的證據有三：其一，引顧亭林：「官田，官之田也，國家之所有，而耕者猶人家之佃戶也」一語為證。其二，引日知錄所引宣宗實錄洪熙元年：

廣西右布政使周幹自蘇常嘉湖等府巡視還，言：蘇州等處，人民多有逃亡者，詢之耆老，皆云：由官田弊政困民所致。如吳江崑山民田畝舊稅五升，小民佃種富室田畝，出私租一石，後因沒入官，依私租減二斗，是十分而取八也。撥賜公侯駙馬等項田每畝舊輸租一石，後因事故還官，又如私租例盡取之。且十分而取其八，民猶不堪（陳著脫此四字），況盡取之乎？盡取則無以給私家（陳氏原註：「意即佃民之私人地主」），而必致凍餒，欲不逃亡，不可得矣。

以上一條作證。在這條的後面陳先生又加以按語說：

佃民何以輸一石於私家而毫無怨言，輸八斗於公上而即感痛苦耶？蓋以手續上言，則輸之公家，較輸諸私家不便；在事實上言，則既輸私家之租於公上外，又須輸租於地主也。

除了以上兩個證據外，在第十七章第十一節陳先生又有以下的紀述：

明太祖下蘇興，怒其民久為張士誠守，因收籍富室租簿，沒入其田，又按租簿中之租額，以徵田稅，於是官田之賦特重。嘉靖二十六年嘉興知府趙瀛始創議官田民田之稅，一律以三斗起徵，上自官田之七斗，六斗，下至民田之五升，通為一則（原註：引邱濬大學衍義補）。可知所謂官田者，必有業主，如民田所有者，故可通為一則，以示均齊劃一也。自是以後，江南之民，既輸私租於私家，又納私租於公上，疊床架屋，其弊極矣。

以上所舉一個證據，在第一個裏陳先生誤將耕者猶人家之佃戶也的「猶」字，當作「尚且」解，而不知應作「正似」解。在第二個證據裏陳先生以盡取則無以給私家，是指佃民的第二層地主，而不知私家應是指佃戶的家室而言。關於這兩點，畢任庸先生在圖書評論第六期中已指出他的錯誤，但陳先生還不服氣，在圖書評論第十一期還要答辯，此層應留待下一段中討論。關於陳先生提出的第二個證據，我有幾句說話要補充，就是：宣宗實錄內周幹之言，乃是指蘇常等府沒官田（即小民佃種富室田畝因故沒入官者）及公侯還官田（即撥賜公侯駙馬等項田因故還官者）的稅率太高，故欲乞將上兩項田土的稅率按照彼處官田稅率起科（按明代官田名目有沒官田，還官田之分，可參看明史食貨志）。所以在：「欲不逃亡，不可得矣」的下面，還有：「乞命所司將沒官之田及公侯還官田租，俱照彼處官田起科，畝稅六斗」等語，可以為證。陳先生說：「佃民者何以輸一石於私家而毫無怨言，輸八斗於公上而即感痛苦耶」，所謂輸一石於私家而毫無怨言，不知陳先生何所見而云然？又按續通考卷六官田云：「謹按明史食貨志所……云沒官田，斷入官田者，蓋多指蘇松嘉湖言之，名為官田，實民田耳。東南財賦重地，沃壤厚斂，皆出於此，未可與皇莊牧地諸在官之田並論也」，又可知輸八斗於公上而即感痛苦者，以納賦以外（注意此非私租），尚須繳私租也。至於在第三個證據裏，陳先生以為所謂官田者，必有業主，如民田所有者，始可通為一則。不錯，官田亦必有業主，——那就是國家。但有國家作業主未即可為既輸私租於私家，又納私租於公上之證。陳先生的話，未免離索解人。而且日知錄卷十關於趙瀛創議均稅的同樣紀載之下，還有：「國家失累代之公田，而小民乃代官佃納無涯之租賦，事之不平，莫甚於此」等數按語，所謂小民代官佃納無涯之租賦，蓋因明代官田賦重於民田，今通為一則，是使小民亦肩負官田重賦的負擔，又可見官佃自官佃，民佃自民佃，何得謂為有兩重地主呢？

在圖書評論第十一期中陳先生對於畢任庸先生的質疑，有所答辯。他對於畢先生提出質疑的兩點，都沒有明白答覆，但另舉四個理由為證。這四個理由尤覺牽強附會之至。第一、他說：按天下郡國利病書載，吳縣官田多於民田，但日知錄卻說吳中之民有田者什一，為人佃作者什九；此下又說什九者吃私租之苦。因此陳先生說：吳田既官多於民，為甚麼困於私租之苦者還是多至什九呢？余按吃私租之苦的佃民多至什九，其說不見日知錄，故陳先生所舉的反證，根本不能成立。而且我要請陳先生注意：第一、要問郡國利病書所載與日知錄所載，是否指同一時期的吳縣而言？第二、須知在明代末葉官田與民田之分，祇是名稱上之分，如萬曆十三年刻本廣東順德縣志卷三云：「萬曆九年丈田有司言：田地故有官民：官者，官之所有，給民佃之；民者，民自實者也。歷朝更變，至於今，官者盡屬於民，空存故號。」這種情形在明末各地均甚為普遍，讀明末所刻方志當知之。在這種情形之下，即使全縣十九為官田，而佃民十九困於私租亦是可能的，因為所謂官田者，雖或仍納官田之賦，但實僅存故號，已歸於民所有。第三、須知蘇松嘉湖等處的官田，名為官田，實為民田（見上引續通考條），這是東南官田歷史遺傳下來的背景，日知錄卷十裏面亦說過。由此可見陳先生二重地主的反證，無論怎樣看法，仍是不能存在。

至於陳先生在以下所列舉的三個反駁理由，總起來大意不外：佃官田者除納私租以外，還要出官田之賦，除受地主一重剝削之外，更受官田賦的第二重剝削，所以亦得解為二重地主之證。鄙意未免愈說愈遠，須知所謂二重地主，是指土地所有權而言，與佃戶所出田租或田賦的輕重沒有關係。譬如佃戶除去納稱糧租以外，每年還須向介紹人（即所謂中人）饋奉若干，在這種假設之下，我們能夠說是有「三重地主」嗎？

我更有要為陳先生說的，就是請他看看正德會典卷十九頁一內載：「凡公侯祿米各有等第，皆於浙西蘇松等府官田內撥賜，其佃戶仍於有司當差」（文津閣四庫本）數語，由此可見不但官田的佃戶是領之有司，而且公侯所受賜田的佃戶亦是領之於有司。官田的地主是國家而非私人，於此可得一強有力的證據。

然所謂兩重地主，在某種變態的意義上確是存在過。如金史卷四十七云：「隨處官豪之家，多請占官地，轉與他人種佃，規取課利」。豪家請得官地以後，轉與他人種佃，這還可以說是兩重地主。此種現象，不但在金代有之，在明代亦是有的。如日知錄卷十蘇松二府田賦之重云：「今（明末官田）所存者惟衛所屯田，學田，勳戚欽賜莊田，三者猶是官田。南京各衛門所管草場田地，佃戶亦轉相典賣，不異民田。」可以為證。但地主雖有兩重，私租卻不必出至兩份。又按明代福建漳州府漳浦，平和，南靖，各縣更有所謂一田三主的名稱（郡國利病書卷九十三至九十四），但這僅是一地的特有的情形，且亦無關納兩重私租之說。所以陳先生兩重地主一說，終嫌少有是處！

（三）考證疏略　1.第六章第一節敘述均田制度的背景，說溯厥根源，約分為三，其第三個背景，則為當時北魏君臣，實較南朝諸君為更復古的，引恭宗季年朝高允諫曰：「夫天下者殿下之天下，富有四海，何求而不獲，何欲而勿從？而與販夫販婦，競此尺寸？昔虢之將亡，神乃下降，賜之土田，卒喪其國……」數語，在其下便加以按語曰：

嗚乎！此援引經義以諫家井之言，非可望於「專推究老莊以為口舌之助」之南朝也。

陳先生的喟然而歎，確是語重心長。但可惜我們讀魏書高允傳時，知道他還欠上言，「恭宗不納」！

2.第八章第五節說五代之際毫無土地制度：

……食貨志言：「後晉天福四年敕應諸道節使刺史不得擅加賦役，及諸（食貨志原文作于）縣邑」，橫征暴斂，於此可見。縱觀五代史，祇有李珙尚以百姓足君孰與不足之說說莊宗耳。

案食貨志「及于縣邑」之下，尚有：「別立監征。所納田租，委人戶自量自槩」等字。其實及於縣邑別立監征應連在一起讀，語意方完全。因原文的意義是：（一）不得擅加賦役；（二）不得於縣邑別立監征。但陳先生將其截腰分斷，遂使神龍見首不見尾，已自令人驚異。且引此禁令，便謂橫征暴斂於此可見，亦足徵論見的卓越。至謂縱觀五代史，祇有李珙尚以百姓足君孰與不足之說說莊宗云，我未曾縱觀五代史，但亦知在這時期中，時君勸農善政之可考者，實不乏其例。如：朱梁太祖，薄賦厲耕，故戰爭方殷，而流亡未甚。史稱其賦斂輕而田園可戀，可以為證。後唐莊宗初即位時，除百姓田租，放諸場務課吏欠負者。明宗亦蠲租二百萬緡。又懲農務未開而受理詞訟之繁，以提倡生產。清泰元年詔長興以前戶部及諸道逋租三百三十八萬，虛煩簿籍，咸蠲免勿征，貧民大悅。周世宗則定征科既足不得進會科斂之條。又如吳越王錢弘佐亦免境內稅三年。凡此皆不失為衰世僥得之事，以視徒以諛言進諫，其其輕與重大為何若？又如後唐明宗長興二年敕三京諸道營田祇耕佃無主荒田；廢帝應順元年禁請射籍沒田宅；後晉高祖天福二年令荒田有主者一任本主開耕，無主者一任百姓請射佃蒔，三年內並不在收稅限。下逮後周，於田土之制，所規定尤多。這些例子祇要翻翻文獻通考，亦可得其大半，用不着縱觀五代史始僅知有李珙一人了。

3.第十章第三節陳先生解釋王安石的均田法說道：

方田之制，以今日之語表之，即清丈是也。

又第十二章第三節解釋李椿年的經界法又說：

椿年所行之經界法，若以現代語表之，即清丈是。

如兩法都是清丈，則兩法的區別何在？考方田法之得名，在以東西南北各千步為一方，驗地及色以參定肥瘠，定為等第，以定稅則，係一種新政。若經界法的舉行，則因當時簿籍無源，所以要試行履畝經界，其要在謀賦稅的整頓，所以以不增加舊日的稅額為最主要的手段。可見以上兩法，無論從其發生或辦法上說，都截然不同。陳先生混兩者為一談，其觀念不準確可見一斑。又陳先生以為經界之法始創於南宋高宗紹興十二年，今據通考卷五所載：紹興二年工部侍郎李擢上言平江府圭田瘠薄，民以舊額為病，願除其不可耕之田，損其已定過多之額，後皆次第行之。原註云：此經界之張本也。又可知經界之法，實不自李椿年始了。

4.第十三章第二節陳先生又將金人通檢推排之制混為一事。按通檢推排，原為兩法，先為通檢，後為推排（金史卷四十六志第二十七食貨一通檢推排）。請陳先生注意。

5.第十四章第九節陳先生根據日知錄卷十蘇松二府田賦之重條，列舉元代輕減私租事例，計有兩次：一為至元三十一年，一為成宗大德八年。以上具載日知錄內，故陳先生亦能轉述之，但除日知錄所載以外，陳先生便無所知。所以他說：「所可憾者，即在成宗以後，無減免私租之紀錄耳。」但據吾所知，成宗以後，順帝至正十四年（一三五四）是歲詔諭民間私租太重，十分為率，普減二分，永為定例（元史四十三本紀第四十三順帝六）。何得說成宗以後沒有減免私租的紀錄？而且據元典章三聖政二減私租所載：至元二十年十月減免地主、米糧二分，至元二十三年二月詔免江南田主所取佃客租二分。又可知在至元三十一年以前亦曾減免私租兩次了。

6.第十五章第四節說明代魚鱗冊有令人不滿者三點，其三：

魚鱗冊之所登者，類多洪武時熟田，而各處屯殖之田不與，故英宗正統十一年猶令各處類造屯田文冊。……

按正統時令各處類造屯田文冊，或者是當時屯田頃畝數目已多，有專立文冊的必要；或者是舊冊已不適用，故有重新編造的必要。均不能作為不入魚鱗冊中的證據。而且據我所知，屯田確是載入魚鱗圖冊中的。郡國利病書卷八十一江西三贛州府屯田云：「明高皇帝度諸道膏腴田土，分予衛士，使各屯種，以自食其力，載之魚鱗圖冊，纖悉具備。」陳先生所云屯田一項不載入魚鱗冊，不知別有所據否？

7.第十六章第二節論明之皇莊，引明史食貨志「憲宗（成化元【一四六五】）以沒入曹吉祥地為宮中莊田，皇莊之名自此始」與朱國楨大政紀：「天順八年（一四六四）十月初立宮中莊田」兩條，因謂：

記載皇莊創立之時期，容有遲早，然吾人可以知者，即十九世紀之初，所謂皇莊，亦已風行一時。

殊不知天順八年十月時憲宗已即位，兩說本無衝突之處。在同節中陳先生又依樣的據朱國楨大政紀以改續文獻通考，謂夏言等之勘報皇莊，是在嘉靖元年，而非正德十六年。殊不知此事確是在正德十六年，而非嘉靖元年。不過是時世宗已即位罷了（以上見明實錄）。關於明代田制的敘述，陳先生舛誤脫略之處甚多，今不暇一一詳舉。

8.第十七章第四節說丁歸地糧創始於雍正四年，至乾隆三十年山西猶未遍行云云。余按康熙五十九年已准廣東所屬丁銀就各州縣地畝攤征。雍正元年直隸巡撫請丁銀從地起征，部議允之。二年定福建地賦每兩攤丁銀若干。三年定山東地賦每兩攤丁銀若干。由上各例可見所謂創始於雍正四年之說未免太遲。又考乾隆元年山西省臨汾等縣凡十六屬已經丁徭全數歸入地糧中。又鄒縣等八屬及平遙縣丁徭亦酌歸地糧，餘仍隨丁徵納。又可見「乾隆三十年山西猶未遍行」一語亦未盡然。若說是指尚未全省通行，則道光十七年間山西平魯縣丁銀始歸入地糧，豈則乾隆三十年之說又未免太早了。在同節中陳先生又引朱雲錦豫乘識小錄：「乾隆三年奉旨匠價均歸入本邑地糧之內」，按朱說實指河南各邑而言，陳先生以之作為全國普遍的說明，顯嫌未當。其實浙江以康熙三十六年已派匠丁歸入地丁，湖北於三十九年，山東於四十一年亦均照浙江例匠班歸入地丁了。又同章第五節載康熙十二年將墾荒田六年升科之舊例，改爲十年升科。在這裏我要補充幾句，就是十八年又復六年起科之例；二十三年以浙江寧台溫三府瀕沿海田地給民耕種，仍循舊例三年起科（清通考卷二）。

（四）證據薄弱　陳先生立論向來不甚有根據，有時氣盛言宜，簡直無法與之辯論是非，屬於此類者，將於以下各條論之：

1.第四章第三節豪强兼并之盛有說：「上有好者，其下更勿必論：因而有汲汲於田產之大臣」，引漢書翟方進傳以爲證：

成帝時關東數水，陂溢爲害。方進爲相，與御史大夫孔光共遣掾行視，以爲決去陂水，其地肥美，省隄防費而無水憂，遂奏罷之。及翟氏滅，鄉里歸惡，言方進請陂下良田不得（陳著脫此兩字），而奏罷陂云。

陳先生於這段之後加以按語道：

此事誠未可決定，然以之證漢大臣之佔田，則爲可能之至。

但今讀方進傳，知其爲人有「風烈」（用陳先生第一章第二節對方進所下的批語），似不像如此貪婪的人。且罷陂之策，實與孔光共之。而孔光者，又是哀帝時奏請限田的人（漢書二十四上食貨志第四上）。甚望陳先生耳朵稍爲硬點，勿輕信鄉里歸惡仇家之言；筆下忠厚一點，勿與古人爲難，實有厚望！

2.第四章第八節說：

後漢土地制度之不修，之因循，已成不可掩之史實。例如章帝之初（元和二，西元八五）尙有徙爲良田而曠廢莫修之荒地。後漢書七十四（按應爲四十四）張禹傳云：「徐縣北界有蒲陽坡，傍多良田，而曠廢莫修，禹爲開水門通行（按應作引）灌溉，遂成孰田數百頃。勸率吏民，假與種糧，親自勉勞，遂大收穀實。鄰郡貧者歸之千餘戶。……」夫鄰郡既有貧無田者，而此土遲遲未闢，此其故蓋何由耶？

我的答案是：也許此土遲遲未闢，是缺乏某種生產工具（如假與的種糧，或自鄰郡移來的貧民都是），或是時機未至。這是某一地的偶然的情形，決不能作爲後漢土地制度之不修之因循的明證。像這類的材料，用來作爲一般狀況的說明的根據，我以爲是不適宜的。又上揭事件是在章帝元和三年（西元八六）禹爲下邳相時的事，元和二年禹方爲兗州刺史，史稱其「亦有清平稱」，故謂上揭事是在二年未免略早。

3.第十三章第二節說金之土地制度，荒謬可笑：

金之土地制度之幼稚者，如：金史海陵本紀云：「貞元元年以京城地隙賜朝官及衛士」。又金史食貨志曾：「世宗大定二十四年（按應爲二十年）以行幸道隘，慮從人不便，詔戶部沿路頓撿側近官地，勿租與民耕種。」

在前舉兩例中，海陵爲一代昏淫無道之主，其所設施，未足以爲金代制度的代表，以之說明金代土地制度，已嫌不當。且君主以地賜人，何代蔑有？何得謂爲幼稚？荒謬可笑？至於以行幸道隘而詔側近官地勿租與民，在君權的時代，自亦意中事。元稹連昌宮辭云：「年年耕種宮前道，今年不遣子孫耕，老翁此意深望幸，」據陳先生的意見，以爲是往年時勝於今年嗎？

4.第十四章第二節說：

元初期之無土地制度，吾將更得一明證。例如推廣牧地，及分散牧地，且見之於詔令矣！至元元年蒙古初都燕京之年也：「御苑官南家帶請修駐蹕涼樓，並廣牧地。詔（按陳著此字連上文作一句讀誤。）涼樓候農隙，牧地分給農之無田者！」「至元二年又以河南北荒閑地，分給蒙古軍耕種」。凡此種種，均可徵元初之於土地，信手安排，初無定制。

在以上所引的兩個例證中，第一個原來的意思是：御苑官請廣牧地，而世祖則詔令分給於農民之無田者。是御苑官所請並未照准。今陳先生將原文句讀弄錯，誤引以爲推廣牧地之證，可謂粗心。且以牧地給無田的農民，及在第二個例中「以荒閑田地給軍人耕種」兩事，均不失爲善政。此在往日史官要列入聖政門紀載者，陳先生以之證明元初沒有土地制度，眞所謂「信手拈來盡可驚」了。

5.第十四章第七節說終元之世，農夫的疾苦，至矣盡矣，其原因有三：第一則爲屯田之盛行。引元史卷一百兵志三屯田文：

國初用兵征討，遇堅城大敵，則必屯田以守之。海內既一，於是外而各衛，內而行省，皆立屯田以資軍餉，……由是而天下無不可屯之兵，無不可耕之地矣。

而加以按語說：

蒙古人以馬上取天下，關膚糧儲，就兵於田，有特階級之占田，此其一也。

按從元史兵志屯田全文內尋繹，確無屯田爲農民痛苦之由這一類的紀載。而且兵志上明明是對於屯田之制，備極游揚，說是地利因以得盡，與陳先生謂爲農民禍害之由一說正相反。如果陳先生要證明有特階級之占田屯田爲農民疾苦的原因，那也非絕對不可能的事。但引用上文去證明，那就恐怕有點不大恰當罷？

關於陳先生的大著，本來我在後邊還有「理論錯誤」及「文字欠妥」兩項及其他的批評凡四千餘字，今爲篇幅所限，祇好刪去。

聽說陳先生的大著還有第三版的希望，但我希望他要大加修改後才好出書！

（完）

對于我的探險生涯及亞洲腹地旅行記譯本之一種提議

徐炳昶

我的探險生涯及亞洲腹地旅行記均係譯自瑞典斯文赫定博士之Mein Leben als Entdecker，在本刊第三十三期中已由覺明君介紹批評，勿容再述。覺明君疑後譯本曾由我校閱，實在我對于是書，僅翻閱十餘頁，餘則出版以前並無暇翻閱到，故對于關係佛教之名詞訛誤，絲毫未能改正。但此亦小節目，不必贅言。今日余所欲獻議于原譯人及出版書局者，實有一事，此書果如覺明君所言：爲中學生之讀本，而能比普通之修身倫理教科書高出若干倍者。故余實望一兩年後每一中學生均有此一本書，一讀再讀，以至于熟讀。但今日之書價太高，實屬未便。前譯本太貴，可無論。後譯本雖較廉，而一元五角，仍非今日每一中學生之所能企及。憶余戰前在法國時，曾有一種名著之版本，內係報紙印刷，字雖稍密，亦不致傷目。長短約百五六十頁。裹面插畫及封面均極精良。價值則僅十九銅子（每佛郎二十銅子）。據曾此種書每一本，書局所賺不過一二銅子，而因書爲人人所必讀，賺錢甚多。現在我希望原譯人將原書之訛誤，竭力刪除，書中有不容易明白者，可由譯人增加注解及地圖。印刷書局則勿貪近利，可出版精本及通行本兩種。第二種急須早出，至精本俟有需要再印。通行本參考法國戰前名著通行本辦法，謀利售賣，據我們計算，無論如何，在一塊錢以內，一定仍可以收回工本。如此，每本雖獲利甚微，而銷數每年可望到萬本以上，總數已很有可觀。且如此作，不啻爲本書局作一種極有力量的廣告。似此種公私交利的辦法，希望原譯人及出版書局趕緊一試也。

覺明附識：前評於兩譯本的日本人名中，曾將橘瑞超誤寫爲橋瑞超，今趁徐先生提及此評之便，附正於末。

圖書副刊
BOOKMAN
第五十五期

一 本刊專載關於中外圖書之介紹批評以及學術界消息爲公開性質歡迎投稿
二 刊登本刊之文略致薄酬
三 投稿請寄「北平文津街國立北平圖書館內圖書副刊編輯處」

太平天國叢書第一集序

蕭一山

蕭一山先生遊歐歸來，搜書甚夥。今由其所得關於太平天國一代者編爲叢書，第一集將於本月出版，以其序先刊於此，俾讀者得一窺其內容之概要云。編者識。

太平天國前天地會之餘緒，受基督教之影響。一方揭所謂革命之旗，一方則不妨倡異乎之說。謂非上帝爲中國古代獨教，而其初則崇譏孔孟之書；謂滿洲人爲胡虜妖魔異種，而其後則有天下一家之訓。矛盾支離，亦用爲政。即雖從征左，戰年不休。然開世之新，若勝於新朝；十四代明，非過於公孫。凡百典制，率多更創，洽乎之略，亦有特色。觀其用司馬之兵法，謀創新猷，中學西之一試，精神煥然。典田國有，法夏未息，大通政公，義刑事徒。影響所及，殆足以翻新史而開新運，固不僅在近百年史上爲一重要之事變已也。惜乎清室忌諱太甚，遺文多被毀滅，而今不過七十餘年，詔書諸籍，竟無存者。雖亦有一時同處異域之士，爲之掇拾零縑，保存遺帙，猶以希睹。若法之巴黎，德之柏林，荷蘭之萊頓，英國之博物院，雖多寡不等，而英倫所藏，已具大觀。又惜乎中國學術無人，斯業之闕，竟將不復西行流傳於今日也。昔張德堅奉曾文正公之命，編輯賊情彙纂一書，錄僞書名目十九種，謂皆賊中僞撰，汗牛充棟，人人習見，如欲採輯之，不難取而置一處也。不意近數十年來，所謂汗牛充棟人人習見之僞書已銷滅無餘，即此十二卷「賊情彙纂」「詳略新」之唯一史料，亦幾於湮沒不傳。此豈張君之所及料乎！士有問唯，青亦宜然。朝此不能不歸咎於滿清之禁毀也。考英國博物院所編中國圖書目錄印行於一八七七年，距今已五十七年矣。中國書籍及寫本補充目錄印行於一九〇三年，距今已三十一年矣。其中所列關於太平天國詔書及史料約三十餘冊，即法人考狄氏之中國圖書目錄亦有長篇纂輯，列外國文書籍至百餘種，其中有十餘種係譯自太平僞書。國人竟不知此種史料之全貌已久，付多爲精確影印之譯，或以二三種僞譯新譯，此豈不爲海外有識者所疑笑乎！自民國以還，稍除禁忌，教能革命，太平天國之事業亦漸爲人所注意。民國十二年，凌善清編著太平天國野史二十卷，云據凌氏所藏洪秀全妙本增訂而成，獨詳於職官兵制，爲他家紀載所未見。其論太平興亡，亦頗有卓識。惟凌氏妙本紀事與北平圖書館所藏洪楊類纂史略實同爲一書，均由賊情彙纂改頭而成者也。數年後賊情彙纂始爲世人所稱道，北京大學國學門曾據以影印行世焉。此吾國所有太平故實，始於劉成禺所撰太平天國戰史，其所徵引大抵揣摩而得存者。所敘起於甲寅四年而止，且亦非太平本身之原料也。民國十四年日本德富蘇峰宗內藤湖南君遊歐歸來，誇大英博物院所藏太平天國史料一文，刊於史林雜誌，（譯者案有謝興堯君譯文見本刊第三十一期）謂歐洲所保存之中國史料在中國亦未經發現者甚多，其一即英倫所藏太平天國史料及其文書是也。內藤君所錄僅一部分，而中內藤君日人稻葉岩吉曾於久保田某君抄得若干，故所示亦有全史中已有所徵引。稻葉君日人田中萃一郎君亦抄錄若干。內藤君亦抄錄三種，刊入集中，未成帙。今夏余曾赴英倫訪求，親中訪之，始得此書，不獨見內藤君所錄者以外。內藤君之文當時未爲吾國人所注意（今年始由謝君興堯譯登本刊第三十一期），故至今亦無人作追索論所藏之內容者。十五年劉復君印行太平天國有趣文件十六種，中有旨准頒行詔書總目二十九部。而劉君所錄前後相屬太平條規全文，已見賊情彙纂中，七種抄自太平天國辛酉十一年新曆書，曾非罕觀小品，固無當於原書也。然自此以後，國人始知太平天國頒行詔書實有二十九部，較之賊情彙纂所錄已多出十餘名目矣。同年程演生君由巴黎國立東方語言學校圖書館錄得詔書八種，（程君謂爲十種，係將太平詔書中之三種分爲三種）又並旅遊敦煌所見太平教件等，彙爲一書，翻印行世，曰太平天國史料第一集。此爲吾國學人得見太平天國原書之始。惟程君所錄僅依其所能抄者，未見其全豹，亦只能將其一二有趣者而止。兩君又均未能說明倫敦史料之目錄真相。即內藤君亦論之文，亦有與內容不相合者，如將史料上價值甚高，錄不知倫有其可貴之佐證文書及抄印諸書錄詔書總目二十九部之名稱而不言，博物院所藏天理要論天父下凡詔書二及欽定制度則例彙編三書也。二十一年余赴歐洲，居英經歲，後於七月，始至博物院東方部之館，檢閱類目，了無遺漏。乃錄得太平天國欽定頒行之書共二十三部爲太平天國叢書第一集。其中二十部均在旨准頒行詔書總目內，張氏史料可以補此者六種，（即天父下凡詔書二部，天命詔旨書頒行曆書，資政新篇欽定全，販妖六論爲罪隸論六種，並天朝田畝制度一書則據抄本，余爲影印，太平詔書兩種版本不同，故不妨並行也），合爲二十五冊（內原書附本算一種）。三字經即太平天國所定已全錄，武略即孫子吳子司馬法合刻者，均不必以鈔也。是二十九部中僅少二部（即天理要論及欽定制度則例集編），不僅爲徵僞所未見，即張德堅等諸國亦希無他本足以補此闕者。所幸此詳纂錄一書述其制度甚詳，可以比較參證，藉窺其全貌之一斑耳。其餘三種皆未見於詔書總目，而爲太平天國晚年所刊布者：曰欽定士階條例及幼主詔旨（即欽定士階條例及幼主詔書）二種（即欽定英傑歸真），爲吾國最近在揚州所發現，藏於國立中央圖書館，因南京主管擬請先生，取入新集，以見國內猶當有求偶之稱，或將爲此書刊佈之機也。太平天國所有史料雖尚未全備，然已十得其八九。目錄既明，所在亦具，有志研究太平一代史蹟者，即可就史實而致力焉。世不乏一二熟諳合材料之人所搜集，使吾國從業治學者之獲，則所集此亦欲補以往數十年學者缺憾之憾而已。余固使此學人能用史料以治史學，萬勿以史料爲即史學也。章實齋曰：「王伯厚氏搜羅摘抉，窮幽極微，其於經傳子史，實能討先儒所未備。然王氏諸書，謂之纂輯可也，謂之著述不可也。謂之學者求知之功力可也，謂之成家之學術則未可也。今之博雅君子疲精勞神於經傳子史，而終身無得於學者，正坐宗仰王氏而誤執求知之功力以爲學即在是爾。學與功力實相似而不同。學不可以驟幾，人當致攻乎功力則可耳。指功力以爲學，是猶指秫黍以爲酒也。」嗚呼！章氏之言，何深切若是，已不啻爲今日痛下針砭。惟國勢陵夷，治學道長，非設有不事模仿如章氏所謂學有所宜者，而惟以資料爲學。蕭讓可轉功匠，所採悟爲韓愈，捐濟之作，何時已乎！余深惜學術之淪其而以缺功於今爲病，欲藉章氏功力學術之辨以拯此弱氣。自忘孤陋之識，願守通儒之訓。今所貢獻係如老嫗少女之拾綿斗零，不特非編撰之良工，亦且非纂輯之功力也。至於詔旨體例以及史書兵時等，其價值尤適於既刊諸書，將俟二集續證之。

附倫敦不列顛博物院關於太平天國之書目

一、見於中國圖書目錄者

Catalogue of Chinese Books in the British Museum, Department of Oriental Printed Books and Manuscripts. London. 1877.
By Robert Kennaway Douglas.

Bible. Old Testament. (P. 2)
舊遺詔聖書 Kew e Chaow shing shoo.
Published by order of the Tae-ping Teen Wang. 2 Keuen [Nanking?] 1853. 8°
Imperfect, Containing only the Books of Genesis and Exodus. 15116 b 8 & 9.

Bible. New Testament.
新遺詔聖書 Sine e chaow shing shoo.
Published by order of the Tae-ping Teen Wang. [Nanking?] 1853 8° 15116 c 23.
Imperfect Containing only St. Mark's Gospel.

Ephemerides. (p. 60)
——太平天國癸好三年新曆 Tae ping Teen kwo kwei haou san neen sin leih. "A New Calendar for the Kwei haou, or thind year of the Tae-ping Dynasty." i.e. 1853. Nanking. 1853. 8°
Another edition Nanking. 1853. 8°

太平天國 Tae Ping Teen kwo (p. 196)
頒行詔書 Pun hing chaou shoo. "Proclamations of Yang and Seaou, the Eastern and Western King of the Tae-ping Dynasty. Nanking 1852. 8°
Another edition. Nanking 1852. 8°
——三字經 Son tsze king. "The Trimetrical Classic" of the Tae ping Dynasty. Nanking 1853 8°
Another edition Nanking 1853 8°
——太平詔書 Tae-ping chaow shoo. "Tae-ping Manifestoes" Nanking. 1852. 15298 b 21.
There are two other copies of this work.
——太平軍目 Tae ping keun mih. "An Index giving the Disposition and Grades of the Tae-ping Army." Published by the Command of the Tae-ping Teen Wang. Nanking. 1852. 8°
——太平救世歌 Tae-ping kew she ko "Hymns for Saving the World." Published by Command of the Tae-ping Teen Wang. Nanking. 1853. 8°.
Another Copy.
——太平禮制 Tae ping le che. "Tae-ping Ceremonial Regulations" With Manuscript notes. Nanking. 1852. 8°
Another edition Nanking. 1852. 8°
——太平條規 Tae-ping teaou kwei. "Tae-ping Army Regulations." Publihed by Command of the Tae-ping Teen Wang. Nanking. 1852. 8°
Another Copy.
——天父下凡詔書 Teen Foo hea fan chaou shoo "The Declarations of the Heavenly Father's Will, made on the "Occasions of his visits to Earth." Nanking. 1852. 8°
Another Copy.
——天父上帝言題皇詔 Teen Foo Shang Te yen te Hwang chaou. "The Words of the Heavenly Father." Published by the Command of the Tae-ping Teen Wang. Nanking. 1853. 8°
——天命詔旨書 Teen ming chaouche shoo. "The Book of Celestial Decrees and Declarations of the Imperial Will." Nanking. 1852. 8°
Another edition. Nanking. 1852. 8°
——天條書 Teen teaou shoo. "The Book of Heavenly Precepts." Published by order of the Tae-ping Teen Wang. Nanking. 1852. 8°
Another copy.
——幼學詩 Yew heo she. "An ode for Youth." Published by order of the Tae-ping Teen Wang. Nanking. 1852. 8°
Another edition Nanking. 1852. 8°

二、見於中國書籍及寫本補充目錄者

Supplementary Catalogue of Chinese Books and Manuscripts in the British Museum. By Robert Kennaway Douglas. London 1903.

Bible: Old Testament. 欽定舊遺詔聖書 (p. 3)
K'inting kew e chaou shing shoo. "The old Testament." Edited by the Command of the Tae-ping Teen Wang. 6 keuen [Nanking?] 1853. 8° 15117. e. 20.
This version contains only the Books of Genesis Exodus, Leviticus, Deuteronomy, and Joshua.

Bible: New Testament. 欽定前遺詔聖書
K'in ting tseen e chaou shing shoo. "The New Testament." Edited by Command of the Tae-ping Teen Wang. 8 Keuen. 1853. 8° 15117. e. 19
Wanting Keuen 3, Containing the Gospel of St. John.

太平天國 Taiping Teen kwo. (P. 125) 抄詔 Chaou kih chaou. "Copies of the Edicts of the Teen Wang and other Princes." issued during the end of 1860 and the begining of 1861. Ms. [1861?] 4° 15297. a. 21.
——詔書蓋璽頒行論 Chaou shoo kai se pan hing lun. "On affixing the Impenial Seal and disseminating Edicts." pp. iv, 30. 1853. 8° 15297. d. 26.
——行軍總要 Hsing keun tsung yaou. "The Elements of Military Tactics." pp. VIII, 52. 1855. 8° 15297.d. 26.
——建天京於金陵論 K'een t'een king yü Kin ling lun. "A discussion on establishing the 'Heavenly' Capital at Nanking." pp. IV; 58. 1853. 8° 15297: d. 31.
——救世真聖幼主詔旨 Kew she chin shing yew choo chaon shoo. "An Edict issued by the truly sacred youthful Monarch, the Saviour of the World." 1861: 15297. d. 20 (2).
——欽定士階條例 Kin ting sze keae teaou le: "Imperially ordained rules for regulating the ranks of Scholars." pp. 63. 1861. 8° 15297. d. 29.
Folios 1,(條例首頁V之誤) XVII, XVIII are wanting.
——貶妖穴爲罪隸論 Pien yaou heue wei tmy le lun. "On degrading the name of the Imp's cave (i. e. Chih le) into Tsuy le (i. e. criminal Jurisdiction.). pp. VI; 36. 1853. 8° 15297. d. 23.
——A Proclamation issued by the Heavenly King. [1861?] 15297. d. 20 (1) (天王詔旨)
——A Proclamation on theP rinciples of Taipingd-

om issued by the Princes. Mung and Hung and General Le. 1861. 15297. d. 20 (3).(按此書係正軍師頂天扶朝綱干王洪仁玕頂天扶朝綱幼贊王蒙得恩及殿前忠誠貳天將李明成頒行全文簡體一件)

——太平天國辛酉拾壹年新曆 Taiping teen kwo sin yew shih yih neen sin leth. "A new almanae for the 11th year of the Taiping Dynasty," 1861, or rather the 10th year having negand to the Contents. pp. XVIII, 50. 1861. 8°。

15267. d. 33.

——太平天國……楊秀清頒行詔書 Taiping teen kwo ……Yang tsow chun pan hing chaou shoo, "Memorials kresented by Yang for the dissemination of Edicts." pp. IV, 20·1853. 8°

15297. d. 24.

——天朝田畝制度 T'een ch'aou teen mow che too. "Regulations regarding agriculture issued by the Heavenly Dynasty." pp. IV, 15.1853. 8°

15297. d. 25.

——天父詩 T'een Fu she. "Hymns to God." Issued by the Taiping rebels. 5 Keuen. 1857.

15297. d. 34.

——天情道理書 Teen tsing taou le shoo. "The Doctrine of the Love of Heaven." Issued by the Taiping Rebels. pp. IV 102. 1854. 8°

15297. d. 32.

——天王詔旨 T'een Wang chaou chih. "Five Edicts issued by the Heavenly King." 1861.

15297. d. 20 (4).

——王長次兄親目親耳共證福音書 Wang chang ts'ze heung ts'in muh ts'in erh kung ching fuh yin shoo. "The anthoritative gospel of what the kings' brothers saw and heard with their eyes and ears. pp. IV, 18. 1860. 8°

15297. d. 28.

——武略 Woo leo. "Military Tactics." A Collection of extracts from the writings of ancient authors. 【1855?】8°

15297. d. 27.

——幼主詔書 Yew choo chaou shoo. "The Edicts of the Youthful Monarch." of the Taiping Dynasty. pp. 11, 10. 【1855?】8°

15297. d. 27.

——御製千字文 Yu che ts'een tsze wan. "An Imperially arranged Thousand Character Classic." pp.IV, 28. 1854. 8°

15297. d. 21.

三、見於千字中國書籍附加目錄者

Chinese Accessions, Title Index. by Dr. Lionel Giles.

醒世文 Hing she Wan.

15297. D. 35.

Taiping Teen Kwo.

按以上見於倫敦博物院三類書目者共三十七部除曆本一（即辛酉新曆）詔旨三（即天王詔旨五通幼主詔旨一通朝天朝主圖一通）箴言一（即干王寶箴一通）外刊刻官書共三十一部又新舊遺詔聖書頒行詔書及曆書各重一部（重本內容不盡同）計得二十八部其中見於旨准頒行詔書總目者二十六部不在詔書總目者二部至總目二十九部內所缺者僅三部而已

對於伯希和評葡萄牙第一次來華使臣事蹟考要說的幾句話（續）

張維華

第九點是火者亞三的問題。火者亞三這個人，在張星烺先生的中西交通史料匯編第一冊三九七頁註二謂即皮萊資，又作皮萊資即 Thome Pires。張先生的意思，是以為火者亞三或就是葡人之使臣吧。其實火者亞三，不是葡使，乃是葡使的通事。關於這一方面的問題，凡是研究這一時代歷史的人，差不多都同意這一點，所不同意的，就是火者亞三究竟是葡國人呢？是中國人呢？張蔭麟先生在國立中山大學文史學研究所月刊第一卷第三四期合刊發表了一篇文章，題目明史佛郎機傳考證，其中論到火者亞三的事（見頁九八），說：「火者亞三爲華人隨佛郎機，與皮萊資（即 Pires）俱來，乃爲舌人者。」這是說火者亞三是一個中國人。說亞三是中國人的，明代已有此說，除從嚴從簡殊域周咨錄佛郎機篇，謂：「有火者亞三，本華人也」外，明史佛郎機傳亦云火者亞三爲華人，實是本於殊域周咨錄之說。有個人之千以佳國使者，其人亦稱火者。不過，凡人受過此種職務者，均爲人所不齒，明史說他「因江彬得侍武宗」，既爲武宗所寵，以卑下的職務騰達而爲人所欣慕的人，不容易爲伯希和先生的常識。再進一步說，如果他是個中國人，他必有中國的姓名，爲甚麼他的中文名稱，不爲人所知，反以不倫不類的火者亞三之名，見稱於人呢？再說，一個中國人，任意用這種稱呼，爲甚麼當時人不曾說出，到嚴從簡作殊域周咨錄時，才說他是個中國人呢？所以說火者亞三是個中國人，是得不到充分的理由的。火者亞三是回回人常用的一個名稱，西文常譯作 Zwājah Asan，或作 Xōja Asan（通報三一期六四頁伯希和先生即如此說）。從譯音的相似上說，火者亞三當是回人名稱。再是元史及明史西域傳內，所有回人之名，於名上名下附有「火者」二字者，不勝其數。元史札八兒火者傳說：「火者，其官稱也」，火者既是回人官稱之稱，則能確定火者亞三是一回人的名稱。這是從名稱方面是如此的推想，現在再就歷史的事實上去說。顧應祥記佛郎機入廣州時事，說：「其人皆高鼻深目，以白布纏頭，如回回打扮」。（見籌海圖編卷一三引）既云「其人皆回回打扮」，保不定裏面沒有作通事的回回人；因爲當時的回商，往來於兩地之間，既諳佛郎機人之語，又悉華人之言，是很能當通事這件的。再一件事，是火者亞三同葛亦虎仙非常的要好，這在中文方面的史籍，記載的非常之多，不勝一一詳舉。葛亦虎仙是個回回人，火者亞三也是個回回人，他們所以要好，保不定不是因爲同一宗教的緣故。由這幾方面的推想，似乎說火者亞三是個回人，較比說他是個中國人，更有理由些。

已往的史實，因爲年代久遠，不容易勾稽出來，所以每遇到問題，總想受他人的指教和批評，因爲事理是愈經探討而愈明顯的。我對於伯先生的幾句批評，所以不憚其煩的再三申述，即是本於此旨。（完）

九月十七日寫於齊魯大學

中華民國二十三年八月二日　大公報　（星期六）　（第三張）　（第十一版）

圖書副刊

BOOKM AN　第六十五期

一 本刊登載關於中外圖書之介紹批評以及學術界消息
二 為公開性質歡迎投稿 刊登本刊之文略致薄酬
三 投稿通訊可寄「北平文津街國立北平圖書館內圖書副刊編輯收」

評形數檢字法底新「改進」

敦福堂

原文：張鳳檢字法進一步的討論（敎授與作家月刊，創刊號，二十三年七月二十日出版，上海敎授作家協會。）

俗話說：「創業難！創業難！」這是千眞萬確的，可是改革恐怕更不是一件容易事吧。創造是「新砌爐子」，創造的愛怎樣辦就怎樣辦；改革呢，原來的劣點不用說要剷除，優點還得保存呢。改革的困難是不容易做得有分寸，不是為了太着重剷除劣點而同時犧牲了優點，就是為了保存優點，來來拉拉，劣點也沒法剷除。最近張鳳先生把他自己底檢字法作了一次改革，為的是保存舊部首法原有的長處，很不幸地他這次改革竟是後者的一個好例子。

張鳳先生是這幾年來檢字革命中的一員猛將，他底口號，『吁！打倒康熙字典』，我們還記得淸淸楚楚；但是現在他底態度改變了，他說：『字而有體系相從，使水旁，火旁，木旁，金旁，土旁等列在一起，才是方法，才是科學。……現有的檢字專家……把二百十四個部首任意推翻，……只顧方法而不顧科學，這正叫做「不成體統」，……』。他現在主張類似舊部首法的樣子，利用偏旁排字，因為這樣可以得到「分別部居，以類相從，」的利益。這一點我們十分同情；在我們看來。「分別部居，以類相從」，有兩個優點：

（一）便於檢查——我們可以說，偏旁是字的一種「色調」，如果我們把偏旁相同的字排在一個地方，字數愈多的，這個「色調」便愈濃厚。在排字的時候，我們若把各種不同偏旁的字排在不同的地方，那麼每一個地方就造成一個特殊的「色區」，一本字典就好像一幅「色譜」。檢字的時候，我們看看這字的「色調」，便直接向和這「色調」相同的「色區」去找，自然是很省力的。因為他不但增加了字之所在的「易見度」（legibility），而且也縮小了檢查的範圍。

（二）幫助記憶——同偏旁的字，在意義方面都有相當的關係，比如「木」旁的字，不是樹木的名稱，如「松」「柏」，便是木製的器具，如「桿」「椅」，或者和「木」有特殊的關係，如「本」「末」「呆」「杳」之類；「水」旁的字，不是江河的名稱，如「涇」「渭」，便是水的親族，如「油」「酒」，或者是形容水底形態的，如「淸」「濁」「濃」「淡」之類。這些字排在一個地方，檢字的時候，只要稍加涉獵，就很容易收到會通的效果。不但如此，因為「物以類聚」的關係，有時我們單憑一個粗糙的概念，也可以把適當的字檢出來，這就是所謂「檢查半字」了。

「分別部居，以類相從」，既是這般重要，而舊部首法的獨到處又既是「分別部居，以類相從」，這難道七十多位檢字法專家，竟沒有一家注意到嗎？為什麼他們——張鳳先生也在其內——要硬着頭皮喊「打倒康熙字典」呢？

我底回答是：舊部首法能「分別部居，以類相從」的妙處，人人都曉得，新檢字法的缺陷，各家也都自己明白；不過因為舊部首法底困難太多，在這些困難沒有方法避免以前，寧可犧牲了這個妙處罷了。舊部首法主要的困難有下列幾點：

（一）部首太多——二百十四個部首，前後的次序太不好記。

（二）部首不易決定——漢字的部首，在字裏沒有一定的地位。有時在字的上部，如「雲」「管」「草」「笠」；有時在字的下部，如「基」「碧」「盃」「盤」；有時在字的上下兩頭，如「衷」「裹」「裏」「襄」；有時在字的左旁，如「鎌」「和」「婉」「賭」，有時在字的右旁，如「剛」「敎」「規」「斷」；也有時在字的左右兩旁，如「衡」「衛」「術」「衙」；甚至有些部首在其餘的部分的外面，如「國」「勿」「匡」「閃」；有些部首在其餘的部分的中間，如「[illegible]」（鹵部），「粥」（米部）「斑」（文部），「暴」（田部），「爾」（爻部），「[illegible]」（目部），「贏」（女部）。這還不算，就是同一「單體」（這是何公敢造的名詞，借來指字中可以做偏旁的小體。）在字中間一的地位，有時是偏旁，有時偏又不是的，例如：

「夆」从「夂」，
「冬」不从「夂」而从「夊」，
「寒」不从「⺀」而从「宀」，
「[illegible]」不从「宀」而从「虫」，
「[illegible]」不从「虫」而从「月」，
「勝」不从「月」而从「力」，
「[illegible]」不从「力」而从「亻」。

諸如此類，不可勝數。至於「丌」从「八」，而「丌」从「一」；「寅」从「八」，而「[illegible]」从「田」，那更是莫明[illegible]了。

（三）數筆畫，太費時間，而且字的筆畫有時也不一定。譬如「成」字和「臣」字都是可以算六畫，也可以算七畫的。

（四）字不能有固定的位置——在舊部首法的字典裏，同部首，同筆畫的字，往往有百八十個，據王雲五先生底統計，艸部八畫九畫的字，竟有二〇五與二〇四之多；這種粗笨的法子，不要說根本談不上適合編目編引得的應用，就是檢查字典，讓人逐字去找，也夠麻煩的。

舊部首法的長處，我們知道了，短處也知道了，我們現在所希望的是張先生這次改革能得到舊法的長處，而除去它底短處，但事實告訴我們恰巧相反！

張鳳字典的困難是：

（一）分體的困難：將來出版的張鳳字典計劃把書內的字分成「三大體系」，（一）「獨體字系」，（二）「合體字系」，（三）「雜體字系」。這種分法，本身就是一件麻煩事。

（甲）決定獨體字系的困難，什麼樣的字算是「獨體字」呢？張鳳先生告訴我們說：「即字之無偏旁可尋者」。但是「偏旁」是什麼？張鳳先生並沒有說。不錯，「松」「柏」「棣」「棠」的偏旁是「木」；「江」「河」「洋」「海」的偏旁是「水」；「鋼」「鐵」「銅」「錫」的偏旁是「金」；這些我們都曉得。但是反過來講，「冂」是否可以算「冉」的偏旁；「心」是否可以算「必」的偏旁；「一」是否可以算「丈」的偏旁；「二」是否可以算「于」的偏旁；「儿」是否可以算「先」的偏旁；「丨」是否可以算「中」的偏旁；「亅」是否可以算「事」的偏旁；「丿」是否可以算「之」的偏旁？回答這個問題就有相當困難的。若說以梅氏字彙為準，字的部首即是字的偏旁，那麼所有的字，表面上皆有部首可歸，豈不是所有的字，除了那二百十四個部首在外，全不是獨體字了麼？這是絕對不可能的。若是以「六書」為根據，定象形字為沒有偏旁的字，——即「獨體字」，而以指事，會意，形聲的字為合體字，那麼：

「萬」本獨體，象蠆之形，梅氏併入「艸」部；
「象」本獨體，象象之頭尾與脚，梅氏併入「豕」部；
「兎」本獨體，象兎之形，梅氏併入「儿」部；
「[illegible]」本獨體，象花萼形，梅氏併入「口」部；
「燕」本獨體，象燕尾翼，梅氏併入「火」部；
「[illegible]」本獨體，象猜頭騰，梅氏併入「草」部；
「它」本獨體，象蛇之形，梅氏併入「宀」部；

諸如此類，我們又將要怎麼辦呢？說他們是「獨體字」吧，我們從現代的字形上又有什麼方法斷定呢？這是決定偏旁之有無的困難。不但如此，就是說文與字彙皆認有偏旁可尋的字，說文所取的偏旁與字彙所取的偏旁也往往不一樣：如

「歲」在說文屬「步」旁，在字彙屬「止」旁；
「尙」在說文屬「八」旁，在字彙屬「小」旁；
「馗」在說文屬「九」旁，在字彙屬「首」旁；
「寧」在說文屬「丁」旁，在字彙屬「宀」旁；
「尟」在說文屬「少」旁，在字彙屬「小」旁；
「成」在說文屬「戊」旁，在字彙屬「戈」旁；
「閏」在說文屬「王」旁，在字彙屬「門」旁；
「岸」在說文屬「屵」旁，在字彙屬「山」旁；
「游」在說文屬「㫃」旁，在字彙屬「氵」旁；
「衆」在說文屬「㐺」旁，在字彙屬「四」旁；
「蔑」在說文屬「苜」旁，在字彙屬「艸」旁；
「楚」在說文屬「林」旁，在字彙屬「木」旁；
「麓」在說文屬「林」旁，在字彙屬「鹿」旁；

這樣看來，到底什麼是偏旁，什麼不是偏旁呢？而且偏旁這個東西是相對的，「少」是「尟」的偏旁，「小」是「少」的偏旁，「八」是「小」的偏旁，偏旁又有偏旁，偏旁底偏旁是否還算偏旁呢？總而言之，「偏旁」這個概念對於我們這一般非「專家」的人們是模糊不淸的，平常用來指示一個籠統的意象倒還馬馬虎虎，用來下定義就不容易明白了。

（乙）決定「雜體字系」的困難。張鳳先生既然把那屬於一百多個「習見及易記的偏旁」的字統統歸入「合體字系，」而以其餘屬於不習見及不易記的偏旁的字歸入「雜體字系，」這似乎沒有什麼困難了，其實不然。我們常常發出這樣的呼聲：『部首是不容易決定的呀！部首是不容易決定的呀！』不是粗看一個字的外表，就常常可以歸入好些部首嗎？屬於那些不常見不易記的部首的字是常常含有和「習見及易記的」部首相同的「單體」的。在此情形之下，我們又應該怎麼辦呢？我們怎樣決定這些字是屬於那不常見不易記的部首，而不是屬於這些常見及易記的部首呢？不必遠求，就從張鳳先生此次併入「雜體字系」的百十個不習見不易記的部首（張先生底原文裏，並沒有明文指出「雜體字系」裏都有那些部首。現在所說的百十個部首，都是不在張鳳先生所定的「合體字系」裏的，我想是併入「雜體字系」了。）中舉些例子吧。

「高」是否容易誤為屬「口」部？
「至」是否容易誤為屬「土」部？
「舛」是否容易誤為屬「夕」部？
「麥」是否容易誤為屬「夂」部？
「香」「黍」是否容易誤為屬「禾」部？
「古」「谷」是否容易誤為屬「口」部？
「青」是否容易誤為屬「月」部？
「黑」是否容易誤為屬「火」部？
「鼓」是否容易誤為屬「支」部？
「龠」是否容易誤為屬「人」部？
「麻」是否容易誤為屬「广」或「木」部？

若把併入「雜體字系」的字，個個來調査，這種情形不知道要有多少。這樣的錯誤，即便把所有的部首記的爛熟，有時還怕難免，何況張鳳先生把字分為「三大體系」，暗示除了那下餘個常見的部首，其餘便可不記了呢。還有哪，張鳳先生說：『雜體字系，即字之過小部分併成一部，雖有偏旁可以放棄不計，僅計其餘半字」，那麼這百十個併入「雜體字系」的偏旁，一方面既已「併成一部」，一方面又無餘部可計，所以只好堆在一處，漫無倫次了。（自然，這一點困難張鳳先生是會用歸部首入「獨體字系」的辦法來補救的，可是一用這個法子，部首和屬於這一部的字，勢必離得很遠，有些三不自然吧。）上面是關於分體的困難。

（二）分系的困難。張鳳先生在分體之後，還要分系，系是為檢查「合體字」用的，共三十四個。每系之下包括一個至九個的偏旁不等。這三十四系的次序，雖然約略分為「天地」，「人」，「物」三段，但每段內各系的次序，和每系內各偏旁的次序，都是要死記的。不但次序，就是每系內應有那些偏旁，也是非死記不行的。因為張鳳先生此次歸納偏旁為系的標準是「音」「形」「義」三元的，同一偏旁，拿「形」做標準好像應該入那一系，拿「義」做標準便又好像應該入那一系了。同一偏旁，拿「義」做標準好像應該入這一系，拿「音」做標準便又好像應該入那一系了。除非張鳳先生時時刻刻站在我們身邊，為我們決定，什麼時候應該拿「音」做標準，什麼時候應該拿「義」做標準，我們是沒法利用推理來決定那個偏旁屬於那一系，而這個偏旁屬於這一系的。比如張鳳先生拿「義」做標準，把「足」歸入「手足系」，而把「走，辵，止」歸入「力行系」；但是我們也可以拿「形」做標準，把「足」和「走，辵，止」歸為一系的。又如張鳳先生拿「音」做標準，把「立」歸入「力行系」；（這一點作者不敢十分確定，「立」也許是根據「相反的聯想」(Contradictory Association)，因為他是「行」的反面，而歸入「力行系」的。那樣，又是拿「義」做標準了。）但是拿「義」為標準，我們會把「立」歸入「大人系」，因為「立」篆作「[illegible]」，从大在一上，會意，大為人形。又如「虫」張鳳先生拿「義」做標準歸入「飛潛系」，但是我們可以拿「形」和「音」做標準把他歸入「風雨系」的。又如張鳳先生把「力」和「彳，行，廴，……」等偏旁合成「力行系」，但是我們可以拿「形」做標準，把「力」和「刀」同歸入「弓矢系」。同樣，「广」「歹系」裏的「疒」拿「形」做標準可以歸入「門戶系」，「歹」拿「形」做標準可以歸入「日月系」，——科學的分類法，每次分類應當只有一個標準——張鳳先生的分類法是不大科學的。

（三）部首還是太多。張鳳先生底三十四系之內，一共包攝了一百二十五個部首，一百二十五個部首已經不能算是少數了。何況照張鳳先生底辦法，我們不能只記一百二十五個呢。張鳳先生明明告訴我們檢查「雜體字系」的字時，「雖有偏旁，可以放棄不計，僅計其餘的半字」。若是我們記不得這些個字的偏旁，叫我們怎樣「放棄」，怎樣「不計」呢？所以張鳳先生這次「遷善改過」的工作，結果恐怕是梅氏字彙二百十四個部首裏，有一百二十五個我們不得不記，而其餘的八十九個還是非記不可。

（四）部首還是不容易定。張鳳先生這一次的改革，只在歸納偏旁為「體系」上用工夫。對於決定部首的困難，沒有想法補救。所以舊部首法一切決定部首的困難，他這裏也都有，例子不必多舉了。

這裏是改革以後的「形數檢字法」和舊部首法的一個比較表，讀者當不難看出二者的優劣長短：

康熙字典
（舊部首法）

（一）沒有分「體」的困難。
（二）部首太多。二百十四個部首全要記。
（三）部首的次序，除以筆畫分為十七組外，其前後

次序無理論的根據。
(四)部首分組的標準是筆畫，比較固定。
(五)部首不易決定。
(六)部找到了要數筆畫，只一次。
(七)筆畫的數目，一種，不固定。
(八)同部同畫的字往往有百餘個。

張氏字典
(形數檢字法)

有分「體」的困難。
部首太多。二百十四個部首恐怕還是少記不得。
「系」與「偏旁」除約分爲「天地」「人」「物」三段外，其前後次序無理論的根據。
「偏旁」分「系」的標準是「音」「形」「義」三元的，往往兩可。
部首不易決定。
部找到了要數「面」「線」「點」，共三次。
「面」「線」「點」的數目，三種，皆不固定。
字比較地有一定的位置。

一九三四，九月，一日於濟南國。

新書介紹

氣象學綱要

李良騏

楊鍾健著　民國二十三年三月上海中華書局出版　定價七角

中國近來因爲農村破產，不知道有多少青年有志上進而竟因環境惡劣，結果沒有他們求學的機會。所以初中畢業以後能升入高中的很少，能再升入大學的更少，負有教育責任或是文化使命的人和機關不僅要注意正在求學的青年，同時不要忘記還有無數失學的青年亦正在渴望着他們的指導和幫助。所以國內的教育家和出版界實際有編訂和發行許多淺易的叢書的必要。這很可以使許多不幸的失學青年，能以很少的代價和很短的時間對於現代的各科學識得到一些概念，知道一些常識。這氣是一件很重要而急待動手的事。

所幸現在國內出版界比較有威權的商務印書館和中華書局，他們都注意到了這一點，所以前者有百科小叢書的編印，後者有中華百科叢書的發行。這是值得感謝同稱揚的一件事！

這類小叢書原是青年課外學業的導師。選材正確得當，可以爲良師益友，否則謬種流傳，反而在青年的腦海裏留下錯誤的觀念，爲害實大；所以編輯的人是應該異常謹愼的。

最近得讀中華書局出版中華百科叢書中的一本，氣象學綱要。這本書是今年三月印行的，作者楊鍾健先生。在這書裏我覺得很有幾點可以値得提出討論的：

I 此書目的和取材

這本書共有一百五十頁，分爲九章。作者的目的是要「把氣象上各重要現象原理，如大氣的成分，溫度，氣壓，水分等，極簡單地叙述一番，使讀者對於氣象學的大概情形得到了解，並進一步而能有研究的興會」(自序)但是把書讀過之後，才知道三分之二的內容是在講氣候，眞正氣象上的許多重要現象，反而沒有提到。

該書的取材，大半採自費利普所著地文學原理第一本，第一，二篇中關於空氣的部分。(Philippson, A.: Grundzuge der Allgemeinen Geographie. Bd. 1. Leipzig, 1921)。至於其他研究氣象學的書籍，則概不引用。作者的理由是因爲研究氣象學的書籍在國內尚無好的專著；外國文中文多偏於局部的記述。

氣象的書籍，在國內誠然還沒有好的專著，但是外國文中不偏於局部記述的實在不少。單就德文的而言，已是很多。作者不擇較好的書而採自費氏的地文學原理，眞是失策。因爲費氏的這本書裏有許多地方，材料太舊了，譬如「颶氣帶」，「寒氣帶」(見十二頁)這些名詞是由費氏原書第九十七頁採來的。這都是威格納氏(A. Wegner)的舊說法，早已沒有人採用了！

II 錯誤的幾點

書內許多顯而易見的錯誤，後面略爲舉示一二，而有一點値得在這裏先爲提出的，是費氏書的說法本來就錯了，而作者仍照樣的譯出來，所以也就同樣的不對。例如第五十二頁有「某一地方大氣中的水汽，對於這地方的蒸發情形，並無如何影響」。這句話見費氏書第一七一頁。然而就在普通物理學書裏，也講到一處地方的空氣的溫度對於當地的蒸發情形是有關係的！

以下所舉，全是作者翻譯的錯誤：

1.「晝夜有長短的不同，就生出冬夏寒暑的差別」。(十五頁)

原書是說明日射的強弱，視乎日光放射的角度，至於晝夜之長短猶在其次。

2.「但就一月來說，冬夏各有不同。如北半球夏季在北緯三十度的熱最大，南半球因距太陽近，所以同一緯度，比北半球的大。……」(十六一十七頁)

這裏的「一月」，是指「正月」呢？還是指的「一個月」？這一段譯自費氏原書第一〇一頁。可是原書說明南半球夏季在近日點(Perihel)，而譯文略去，所以這一段因而不能解釋。

3.「使空氣的下層加熱……大氣的含熱量，在陸地上比海洋尤小。……」(十七頁)

原書第一〇五頁的說法是，「大氣的比熱較陸地爲小，較海水更小。」

4.「顏色深暗和表面粗糙的岩石，其收熱比顏色淺而表面光滑的較強，因爲後者易於放熱，而前者易於收熱。」(二十頁)

原書第一〇七頁是說「後者反射多而前者易于吸收。」作者把「反射」(Reflection)譯爲「放熱」(Radiation)，這是一個大錯誤。

5.「太陽射光的久暫和地面高低的不同，是一年中溫度差別的主要原因。」(二十三頁)

原書第一一一頁是說，「太陽離地平角度的大小和日照時間的久暫」，並不是說「地面的高低」(Elevation)。」

6.「用水氣壓表，在水銀柱中，以公厘計算。」(五十三頁)

原書一七一頁是說，「水汽張力，以水銀柱的高下計算。」若用氣壓表，怎能測出空氣的溫度來呢？

歸納起來，可以說這本書最大的錯處有二：一，根據的書不好；二，翻譯時有錯誤。至如六十六頁的「測量雨量大體用盆」，和九十二頁的「雷電分而爲雨」，及九十三頁的「所謂雷，不過是閃電的結果。」等語都很費解，此處不能詳說，當俟他日。

一九三四，十一，廿二。

出版界雜訊

·楚器圖釋將出版· 中美文化基金董事會近購壽州出土楚器九件，寄存于北平圖書館。最近影製圖版，劉節君爲作考釋一篇，約二萬餘言。討論壽州出土楚器之年代，地理，及文字，形制，紋樣諸端。并說明此次所出楚器與近二十年來數次發現之重要銅器若新鄭出土鄭器，洛陽出土韓器，歸化出土趙器，皆有連帶關係。又就曾姬無卹壺，楚曾侯鐘，及曾伯霥[illegible]等器，說明曾楚二國之關係，及江漢諸姬所以興衰之故。於戰國晚期史跡得不少有力之暗示。近年學者盛倡秦器之名。日本濱田耕作氏附和西洋學者之意見，謂秦器中之蟠形雷紋乃受斯克坦文化之影響。本書獨舉東周以來銅器紋樣衍變之跡，證明所謂蟠形雷紋者在吾國本土自有淵源可尋，秦器之名不攻自破矣。書凡一册，六開本宣紙精印，插圖四十餘面。本年十二月底出版，定價三元，預約二元，二十四年正月底截止。卷末附錄唐蘭氏考釋一篇以爲比證。

圖書副刊

BOOKMAN
第七十五期

一 本刊登載關於中外圖書之介紹批評以及學術界消息爲公開性質歡迎投稿
二 刊登本刊之文略致薄酬
三 投稿通訊可寄「北平文津街國立北平圖書館內圖書副刊編輯收」

書評

再評辭通

杜明甫

辭通一書，爲海寧朱起鳳先生所纂。本年四月，此書上冊出版，不佞嘗爲文評之，載在本刊第三十二期。迨九月下冊出書，黄縣以交通不便之關係，見書較晚，至月杪始收到。經詳細翻閱，見書末附有刊誤六頁，改正上冊錯訛者，共有四十四則。此四十四則中，有十二則與不佞前文所指者脗合；雖不能謂爲確係採納鄙說，而其顯然有誤，則毫無疑義。

前者不佞爲文批評時，對於書中錯訛，僅舉二十餘則，其後詳加研究，則其謬譯荒唐者，實難指屈。每思作爲「辭通舉正」一文，藉以訂其疑誤。今讀此書下冊，見有朱先生自作後記，亦自知其牴牾複見者多，欲更撰「辭通訂誤」以問世。竊以先生既欲自作訂誤，以蓋其愆，辨書中錯訛，未必僅如先生所謂只牴牾複見者近百餘條，而在吾人正不需急爲舉正，以褒連篇累牘之簡牘。用特再就不佞所見及初版全書之錯訛，作簡單評述，以供當世明達之研究。朱先生果能自撰訂誤，則不佞之所列舉者，當亦爲先生所能鑒原而樂予酌量採納者也！

先生稱引冊籍之誤，每有甚爲奇特者，如「霍染大筆何淋漓」，本爲李商隱讀韓愈平淮西碑詩，而謂爲「唐韓愈怕韓碑詩」，（一八五頁，淋漓乙組）；「擔酒三瓶寄夜航」本爲皮日休詩，而謂爲「唐無名氏詩」，（一五六三頁，擔酒組）；「滿架薔薇一院香」，本爲高駢詩，亦謂爲「唐無名氏詩」，（二一一二頁，薔薇組）；作者本皆有名，而先生則強謂無名矣！「自起開籠放白鷴」爲雍陶詩，而謂爲「唐詩」（五九三頁，白鷴組）；雍陶固爲唐人，然與其謂爲唐詩，何如謂爲古詩，更爲寬泛。陶潛飲酒詩「汲汲魯中叟，彌縫使其淳」，七〇頁，彌縫組），祭程氏妹文「兄弟索居」，和劉柴桑詩「未忍言索居」，（二四四頁，索居組），桃花源記「芬芳若有光」，（二三六六頁，髣髴組），均爲文選所無，而謂出於文選；均足貽誤讀者。書中此等錯誤，隨處多有，僅舉以上數端，即已足爲證明，正亦不庸一一爲之舉出，徒費筆墨也。

先生稱引說文，尤多謬誤，如謂「䏿」在肩部（五九四頁，成䏿組），「褻」在衣部（七二九頁，毷毛組），「䑙」在舟部（一〇八二頁），淩陰組按），「陘」在阜部（七三三頁，雉牢組），隨誤作鞄，云在革部（一一八〇頁，鞄矢組），「睡」在坐部（一四八〇頁，叢睡組），「嫣」在文部（一四八一頁，文馬組），「酉」在酉部（一五六三頁，昔酒組），「𥫗」在竹部（一五八七頁，篤厚組按），「窾」在穴部（一六一九頁，窾𥨍組），「臾」在臼部（一七一〇頁），荷蕢組），「屧」在尸部（二三三九頁，僕僕組），「谽」在水部（二三六六頁，山谽組），「樂」在木部（二五二九頁，樂樂組），「俎」在豆部（二七三六頁），樹立組），嫌誤作姝，云從女先聲在女部（二四九六頁），姝樂組），皆與說文不合，未悉所據何書？不知此也，先生於「宿沙」下稱「說文水部沙字注，古者宿沙初作煮海鹽。」（七七三頁，夙沙組），詎意此數語乃鹽部鹽字下之說解。「披靡」下引「說文非部，靡，披靡也，漢書項籍傳作披靡。謂其字本作靡，從木析也。」（一一三〇頁，披靡組），而漢書項籍傳以下云云，又非許氏原文！「砰石」下引「說文石部，硁，石之次玉者。讀若鮮。」（二五五六頁，砰石組），而石部則無此字，僅玉部有玤字。凡此種種，更屬令人難解！竊以文字爲有形可考者，尙致誤謬如此，然則關於聲韻之誤譯，或將倍蓰於是乎？

先生此書，徵引繁博，蔚成鉅觀，惟於論列解釋，每有奇異可笑者。茲先就關於地理者言之：曲遇乃聚名也，地在今河南；曲逆則爲漢縣，今在河北，先生爲求其通也，固謂「遇字作逆，形近而訛也。」（七八頁，曲遇組）。鵲茲，春秋吳地名也，在今安徽；鶻茲，漢上郡縣名也，在今陝西，——地理志注，「師古曰：鶻茲國人來降，處之於此，故名。」是其地當不能遠在東南——而先生則謂「鶻茲即鵲茲也。左傳杜注云。鵲茲在丹陽蕪湖縣東。今梟夷也。鵲梟聲轉。茲夷聲近。故互相通段。」（一五一一頁，鵲茲組）。徂徠，魯山也，在今山東；嶓冢，蜀山也，在今四川，東西相距數千里，先生則列爲一組，並謂，「徂嶓聲近，徠亦徠也。」（四三六頁，徂徠組按），如此傅合，則古今中外之地名，將無可不聯矣。嶓冢，本爲山名，漢屬隴西，今在陝西，與晉書劉惔之傳中皎冢成之在今湖北者明係二地，而先生不加詳思，遽謂「皎字乃嶓聲之轉」（一一一八頁，嶓冢組）。漢書武帝紀及南粤傳之湞水，（今在廣東）漢時既在南粤，而光武北征尤朿五幡等收於湞水之湞水，則在河北，南北相距奚啻數里，何能混爲一地？而先生則云「湞字作湞，則形之訛也。」（一一五〇頁，湞水組）。且光武中興，建都洛陽，領有中原之地，既云北征，自當在河北，何能竟至南粤？誠如先生所云，則光武建都，當在南洋羣島一帶矣，豈非笑話！淯水本在犍鄰之地，淯水則在隴西，引古徵今，均能知其爲二水，而先生則謂淯乃淯音之轉。（一一五三頁，淯水組）。伊闕，山名也，伊洛，二水名也，俱在河南；淮南本經，「關伊闕」高注明云，「伊闕，山名也，在雒陽西南九十里。」而先生則以之與伊洛同組，並曲爲解說，謂「闕洛聲相近」，且謂呂覽之緱陸即伊洛，（一二五一四頁，伊洛組），似此牽合，眞所謂「淵扎瞽說」矣（見文哲季刊三卷三號平君評此書一文）！他如謂甾水即汶水（三〇三頁，汶無組按說）嶄陽即濮陽（八〇〇頁，報陽組），夕陽即昔陽（八〇四頁，夕陽組），垂亭即郵亭（九六五頁，郵亭組）梔林即桑林（一〇七〇頁，梔林組），巴旦即八達（一九八〇頁，巴旦組）等，莫不支離羅解，荒謬無倫，若一一爲之辨析，誠恐連篇累牘，尙難罄述！其尤奇者，先生於「大要」「大晅」併釋作谷名，而先生則謂應作要，（六九頁，大要組），後則又謂應作晅（一五五六頁，大晅組），且兩組均引北地郡之大要縣爲證，非特模稜難解，亦且所引不侔，此尤不俟所不解也！

此書，於古文異字，搜羅頗多，舉凡碑銘彝器，靡不採及。惟所引既多，則其雜亂錯訛，自所難免，前文固已詳言之矣。茲再舉其大者數則如下：石門頌中「君其羅縱」之「縱」字，本如此作，而先生則謂爲石文之縣勅（七一頁，縱縱組）；「虔恭竭力」，出漢鄭固碑，而先生則僅作漢□□碑（七三頁，虔恭組）；「漢朝雖字原引略去）承李末陵遲之「盜」，原出魏上尊號奏，而先生謂出於張遷碑（一〇八頁下格，陵夷乙組校）；咸似孝碑「筆墨敝疾」，筆本作蚛，而先生謂作蛊（二六七九頁，筆墨組）；非說解荒唐，即引文訛誤，誠全書之玷也。

先生博極羣書，淹通今古，而於普通知識，似頗缺乏。試觀鮖鮖組云：「晉丘引，俗呼曲鱣。」（一一三五八頁），曲蟮組按語謂：「蟺蚓音義同。」（一四二〇頁），則蚯蚓，曲蟺，曲蟮，固一物也。而先生於「蚹蠖」下則又註云：「屈伸虫也。俗呼曲蟮。」（二五四三頁，蚹蠖組），是蚹蠖亦成蚯蚓矣！詎知蚯蚓棲息土中，蚹蠖則食息樹上，今之小學學生，均能辨別清楚，豈有淹通博洽如先生而此之不知者？蟊賊，據先生所釋，乃食苗虫也，螽螽則蟬屬也，先生引楚辭九思「螽螽兮號西」，竟與蟊賊並列（二六九九頁，蟊賊組），此又不佞聞所未聞者也！

先生釋辭之通段，尤善望文生訓，如張衡西京賦之安處先生，乃假設其人，以取對於憑虛公子者，選注釋之甚明，乃則取與「安居」並列（二四三一頁，安居組）；韓非子存韓之「出則爲扞蔽，入則爲席薦」，本相對爲文，扞蔽必當前，席薦則居下，而謂席薦爲前行之訛轉（八五五頁，屬行組）；然則「扞蔽」二字又將作何解釋？此外如謂「蠎毒」因「蟒蟒」而得名，（二三六六頁，蟒蟒組），「王八」「忘八」並因「罔不」而得音，「王八且即罔不慈」（二三六八頁，罔不組），均穿鑿過甚，不足爲訓。

先生此書所引呂氏春秋各篇，於其十二紀則稱呂氏春秋，其八覽六論，則稱呂覽，在不知者驟觀之似爲兩書；如此區分，已屬多事矣。惟是既欲如此區分，則二者自當劃然有別，不容互紊，乃觀一二八六頁中格屏營下所引貴直篇文，本爲六論三之第一篇，而先生則稱呂氏春秋，是已自亂其例矣！惟以此篇究爲呂氏全書之一，舉總名以稱之，固無不可也。然若再觀二〇五五頁下格据傲下所引懷寵篇文，乃孟秋紀五篇之一，則又稱爲呂覽，不稱呂氏春秋；然則何必區爲二名，徒亂讀者之觀覽乎？又如五五五頁玉冊下所引齊湣王亡居於衛云云，本出此書審已篇，而誤爲知士；二三六七頁恩恩下所引呂覽下賢高注，恩恩明貌，謂「勿勿誤爲恩恩，高訓爲明，是讀爲聰明之聰，非鴻烈本意也。」此處鴻烈二字，果何所指？則又爲不佞所不解！

其他一般之錯誤，亦復不少，用再舉其著者言之：韓詩外傳五，「夫人性善，非得明王聖主扶攜，內之以道，則不成爲君子，」先生則引作「夫人性惡……」（一四二頁上格，扶攜下引）。陸游橋南納涼詩云，「月明船笛參差起，風定池蓮自在香」，自在，參差，對文也，而先生則以之與訓爲洞簫之參差並列（二一一〇頁，參差組），似此則自在二字，又當何解？宋馬永卿字大年，作有懶眞子，引爲馬永年（五〇七頁下格，懇勤組）；劉歆與揚雄往還書，有「蜀人有楊莊者」一語，華陽國志引作楊壯，云見楊子方言，先生駁云「方言未載，華陽國志云見方言。殆記憶之訛。抑古本方言。與今本不同也。」（八三七頁，楊莊組），詎知盧校本，箋疏本方言，皆有此往還書札？小爾雅一書，古人引用，多稱小雅（見盧文弨校本方言及錢繹方言箋疏卷二），而先生則謂小雅乃爾雅之形訛（一三九三頁，愧赧組按語），詎知爾雅並無「面赤愧曰赧」一語？陸游詩「殘歲堂堂去，新春鼎鼎來」，堂堂鼎鼎，本亦相對爲文，先生竟以之與訓爲特地之得得並列，（二六九一頁，鼎鼎組），則所謂新春鼎鼎來者，果何意歟？書中之類於此者，實難枚舉！

以上所舉，僅限不佞所知者，已逾六十餘條，其爲不佞所未知者，則又不知凡幾？然則先生以三十年著述之勤，成書竟如此其草率荒謬，誠有出乎吾人意料之外者！所幸朱先生尙能引咎自責，欲創前人未有之舉，自作訂誤，以告讀者，則其勇於補過，洵有足多者矣！惟是此書刊印之初，一般人無不渴望其成，思有以利用之，藉爲研求學問之助，今乃不幸若此，斯尤不佞所深致惋惜，而切望先生之訂誤早得成書，庶可示吾輩以正軌，而不致入誤歧途者也！

二十三年十月十日作于黄縣

道家論辨牟子理惑論

王維誠

日本昭和六年　神尾弌春據朝鮮刊本影印　並附解說　非賣品

此書係據牟子理惑論刪改而成，但文字頗有出入，段落亦前後倒置。（下稱刪本）書共十六葉。每半頁七行，行十五字。（亦有十六字者）缺序文，亦無目次。第一頁首行題『道家論辨牟子理惑論』，無撰者姓名。第一葉板欄外右下方有『曹億眞兩主』五字，卷尾餘白有『弋陽主樂佈將軍田連宗』十字。據神尾君解說，此本成書最早約在高麗文宗（約宋仁宗時）以後，而此刊本則約係李氏朝鮮初期翻刻。（約明憲宗時）書冠以『道家論辨』四字，爲他處所未見。

弘明集所載牟子理惑論共三十七篇，此本但有二十一篇，少十六篇。但牟子著論自言三十七篇，刪本亦載此言，則此本作者原自認爲三十七篇之刪本也。神尾君之影印本書，特撰一篇長之解說，詳論板本之年代，及其與舊本之異點，此皆不贅。惟氏因刪本載有何（原作河）承天之語，乃於牟子書眞僞問題，稱周叔迦先生牟子叢殘之後，復頗加以討論。（孫詒讓籀膏述林之考，彼似未見。）神尾君從常盤大定之說，似仍認牟子書爲劉宋時之著作。蓋氏謂刪本載何承天語，而何承天乃劉宋時人，此可爲劉宋著作說新加一有力之証據。竊謂神尾之說非是，爰略論之。

刪本第六篇原文曰：

問曰：佛生夷狄之國，其法不可取。

答曰：子可謂見幰制之華，而闇道德之實；窺炬燭之明，而昧天庭之日也。昔大禹生西羌而聖哲，瞽叟生中國而頑嚚。傳曰，北辰之星，在天之中，在人之北。以此觀之，漢地未必爲中，而竺國未必爲城。何承天曰，五印度之境九萬餘里，三垂大海，北背雪山，區分七十餘數。成光子曰，中天竺國東至震旦五萬八千里，南至金地國五萬八千里，西至阿達國五萬八千里，北至阿與國五萬八千里。則知彼爲中國矣。梁傳云，天竺夏之日月正中時，行人無影，地色亦黃，故用屬五行之土德，色尙黃，數尙五。則知彼爲正中國矣。又況道無彼此，性無東西耶？

按上文略當舊本之第十四篇。刪本於『漢地未必爲中』句前，略抄舊本之文，自此句後則刪舊文，而別出何承天成光子及梁傳各文。查成光子之言見於唐道宣釋迦方志，梁傳即指高僧傳慧嚴傳載嚴答何承天問佛國所用何曆一段文。（按此神尾君均已言及）其何承天語，今未詳所出。然何語與成光子及梁傳之文，似應皆爲刪本刪改之時所加入。但神尾君則以梁傳文後『則知彼爲正中國矣』句，與成光子文後『則知彼爲中國矣』句，二者重複，因謂梁傳之文乃係注解成光子說。而成光子及何承天之文，則疑牟子理惑論實有一異本，此爲異本所原有。如氏所說，是弘明集本反失其眞也。但細按刪本原文，作者似前引何承天與成光子之言，以明天竺處天下之中，故曰『彼爲中國矣』。後再引梁傳之文，乃以証印度恰居天下之正中，故曰『彼爲正中國矣』。前後行文，深淺不同。神尾君謂後文乃前文之小注，似錯誤也。

又査唐釋慧琳一切經音義弘明集理惑論音義，其三十即篇次第與今本弘明集中三十七篇次第均符合，則今本七唐時之本。舊本第三十四篇言及豫且之網，慧琳音義亦釋豫且，而刪本則作網罝之網，似不知豫且爲人名。又舊本最後有『玄木』及『尉羅』二詞，音義均同，而翻本則作「棠木」與「雜網」，并失原來字義。又舊本第五篇稱「若高不絕山阜，跛羊凌其巔。深不絕涓流，孺子浴其淵。」翻本則作「山阜之高也，跛羊凌其巔。涓流之深也，孺子浴其淵。」大違原意。據此，則翻本不同之處，顯係經人妄改。而由此可以推知，翻本別出之文，亦當爲後人增入，自何承天語以下之文，應均非牟子原書所有也。

夫何承天語已非牟子原書所有，則據此以証牟子書爲劉宋時著作，亦自不能成立。竊按牟子實爲漢末交州學術環境中應有之產物，試略述之。

查牟子似久居交阯一帶，未遊他方。其書思想，頗近調和儒道佛三家。考漢季交州之地，關於儒道佛三者學術，一時似頗混雜發達。檢三國志吳志士燮傳曰：

士燮字彥威，蒼梧廣信人也……父賜，桓帝時爲日南太守。燮少游京師，事潁川劉子奇。(按即劉陶。陶字子奇，著有中文尚書及春秋條例等。見後漢書陶本傳。)治左氏春秋……舉茂材……遷交阯太守。弟壹，初爲郡督郵。刺史丁宮徵還京都，壹侍送勤恪……後宮爲司徒，辟壹，……董卓作亂，壹亡歸鄉里。交州刺史朱符爲夷賊所殺，郡擾亂。燮乃表壹領合浦太守，次弟徐聞令䵋領九眞太守，䵋弟武領南海太守。燮體氣寬厚，謙卑下士，中國人士往依避難者以百數；耽玩詩書，爲之注解。陳國袁徽與尚書令荀彧書曰，『交阯士府君既學問優博，又達於從政，處大亂之中，保全一郡二十餘年。……官事小闋，輒玩習書傳。春秋左氏傳尤簡練精微，吾數以咨問傳中諸疑，皆有師說，意思甚密。又尙書兼通古今，大義詳備。聞京師古今之學是非忿爭，今欲條左氏尙書長義上之。』其見稱如是。……

按據上引一段文字，可知漢末靈獻之際，交阯地方人士蝟集，士燮講習儒學之盛。士燮注春秋經十三卷，隋志著錄。又據吳志程秉傳載，秉事鄭玄，後避亂交州，與劉熙考論大義，遂博通五經，士燮命爲長史。秉後著有周易摘，尙書駮，論語弼，凡三萬餘言。而劉熙即著釋名之人。此可見漢末交州多儒學之士。牟子居交阯與士燮同時，與士燮或亦相知，其書自言皆修經傳，此與其時交州儒學風尙相合也。(參看北平圖書館館刊五卷四號胡適先生與周叔迦書) 檢士燮傳復曰：

燮兄弟並爲列郡，雄長一州，偏在萬里，威尊無上。出入鳴鐘磬，具威儀，笳簫鼓吹，車騎滿道，胡人夾轂焚燒香者常有數十。

按此段所載，頗爲可異。焚香乃印度禮佛之俗。查後漢竺大力共康孟詳譯修行本起經卷上敘提和衛國王迎錠光佛事有曰：

於是其王問諸羣臣，奉迎聖王，(指錠光佛)其法云何？諸臣言，迎遮迦越王法，莊嚴國土，……平治道路，……城門街巷，莊嚴校飾，彈琴鼓樂，如忉利天，散花然燈，燒衆名香，敬侍道側。……

前言士燮出入鳴鐘磬，具威儀，笳簫鼓吹，胡人夾轂焚燒香者常有數十，此與上引修行本起經所載，殊相彷彿。胡人焚香，當係佛教徒之舉動。則士燮平日或有佛教徒相過從，今按漢末靈獻之際，交州一帶，似已有佛教傳佈。後漢書西域傳天竺國傳載桓帝延熹二年及四年，(西曆一五九及一六一)天竺國頻從日南徼外來獻，其時是否有印度人傳教至日南一帶，雖無可考。但(一) 據出三藏記集卷七，道行經後記載靈帝光和二年，(西曆一七九) 天竺沙門竺朔佛於洛陽譯出道行經，時侍者中有南海子碧。則知靈帝時已有南海人信佛。(二) 據高僧傳康僧會傳載僧會其先世居天竺，父因商賈移於交阯，會幼年出家。則漢末交阯已有人出家學佛。(三) 據歷代三寶紀卷五載三國時外國沙門支疆梁接在交州譯法華三昧經一部，則漢末交州已有譯經。(四) 據出三藏記集卷五道安疑經錄中首載寶如來經二卷，經下注云南海胡作。此胡人不知何時在南海，然此經列疑經錄首，則其時當不晚，或屬靈獻之時，亦爲可能。若然，則漢末南海且已僞造佛經，更可見其地佛法之流行。夫交阯，日南，南海皆漢時交州之地也。士燮與弟分領交阯南海太守，當時交阯南海情形，既如上言，則上引士燮傳第二段所載之事，可信其必與佛教有關係。而士燮儒者，精研經傳，若其與佛教發生關係，則必非全如世俗迷信，諒亦涉獵佛經。而牟子亦自言修經傳且治佛說。儒佛混雜，似爲其時交阯一帶思想之風尙也。

漢末，神仙道術亦行於交州，牟子書中已多稱述。曹植辯道論言方士甘始與其師韓世雄於南海作金。而神仙傳亦載術士董奉嘗爲士(原作杜)燮治病。今檢吳志孫策傳裴注引江表傳載道士于吉往來吳會，立精舍燒香，讀道書，制作符水以治病，吳會人多事之。孫策請將賓客。諸將迎奉，策令收禁于吉，并曰：

昔南陽張津爲交州刺史，舍前聖典訓，廢漢家法律，嘗著絳帕頭，鼓琴燒香，讀邪俗道書，云以助化，卒爲南夷所殺。此甚無益，諸君但未悟耳。

按江表傳書向稱頗不甚精審，裴松之曾指出張津死在孫策之後，以明上文有誤。然吾依三國志士燮薛綜許靖諸傳考之，則被夷賊所殺之交州刺史，蓋非南陽張津，當爲會稽朱符，而符[illegible]之世。(此不詳述，)據策之言，朱符所行爲方術，所讀爲道書，彼當係道術之流，惟言其廢漢家法律，則又似佛徒。中國自印度佛教輸入以後，道教中人每隨在倣製，道士于吉立精舍焚香，顯爲效法佛教，朱符著絳帕頭，鼓琴，燒香，亦屬同此類。而符廢漢家法律，且似幷崇道佛。讀牟子書，知牟子與交州牧善。據孫詒讓及周叔迦兩氏考証，交州牧當爲朱符。今知朱符爲奉道，或並奉道佛之人物，則牟子自言先曾學道，後更信佛，與符所爲相合。此可知道佛混雜，似亦爲其時交州之一種風尙也。

總之，漢末天下擾亂，北方儒者(如劉熙)方士，(如甘始)因『交州差安』『咸來在焉』。(語見牟子)而交州地處邊徼，華夷雜居，中國禮教勢力微弱(參看薛綜上孫權疏)故學術思想比較自由。且漢地交通已及日南海外，交州一地，蒙受海外文教影響，(如康僧會之父來自天竺)爲中華外族文化接觸之區。儒術仙道以及天竺佛法，均於漢末並行斯土。牟子者與士燮朱符同居於此種環境中，其思想混雜，事屬當然。而理惑論融會佛老，間引經傳，正交州教化之所結晶，其爲漢末作品，蓋無疑也。

神尾君影印道家論辨牟子理惑論，認此書有關牟子著作年代，頗重視之。然此書所載何承天語文，既爲後人所加入，而牟子書又爲漢末交州應有之產物，則此書已失其重要。而察此書如改舊本『橡且』『棠木』『雜網』等文，均背失原意，則似無學之士所爲，此書印行，亦且無若何價值也。

來函更正

編輯先生：拙稿許形數檢字法底新「改進」(見上期圖書副刊)一文中，張鳳字典的困難(二)，分系的困難項下，第二十五行「傘形和音檢標準」，應改爲「傘形檢標準」。這是我當時粗心寫錯了，請代爲更正爲感。專此，敬祝

撰安

數歸堂上

十二月十一日

圖書副刊

BOOKMAN 第五十八期

書評

評鐵道年鑑第一卷 陳暉

鐵道部鐵道年鑑編纂委員會出版 定價五元 正文一二八四頁 附錄八十二頁 民國二十二年五月出版

……還是太不完備，不過這是題外，這里不想多贅了。

乙、我們知道中國的鐵路事業是在國際帝國主義者的侵略底下生長起來的，因此鐵道年鑑第一卷的出版，似有供給我們這些史料的義務。但本年鑑中的中國鐵道沿革史一節既極簡略，在以下路別的章節裏，又只述及那些計劃中的，建築中的和營業中的鐵道概況，因此對於國際帝國主義者究竟在中國獲得多少鐵道利權，我們不能得到個較明確詳細的報告。我們迫不得已只好在普通書籍及外國出版品中去搜集這種材料，但這就要發生兩種困難，第一種是我們局外人不能閱查歷年鐵路交涉上的檔案，極難得到翔實可靠的材料；第二種是外國出版品中的材料，常有因各自國家的利益而隱蔽或揑造事實的嫌疑，而這些可疑的材料又常是根據所謂『密件』而來的，我們局外人更無從鑑別其眞偽。所以我們不得不認鐵道年鑑之缺乏『外人在華獲得利權詳表』爲一大缺憾。

丙、我們知道軍閥的干涉路政和軍事的破壞路產爲中國鐵道事業特質之一，因其影響於鐵道事業的發展至鉅且深，因此鐵道年鑑的缺乏此項統計，實不能不算是極大的缺點。事實上這種材料是極易找到的，各路局的檔案中都有此項記載的，年鑑的編纂者只要根據這些檔案中的材料，用統計方法編製成各種表格，即是極好的參攷材料。事實上，我國鐵路因軍事損失的估計，已見於『平漢年鑑』和『門泰爾顧問視察全國鐵路報告書』中。我們認爲在沒有較完備的數字以前，鐵道年鑑沒有理由不轉載這些既成材料，雖然前者只限於平漢一路，後者又缺乏年代的分類。

其他較不重要的缺略尙多，如民營鐵路材料的貧乏，鐵路借款合同的殘缺不全，和若干統計表的不完全等等，這些都是只要編纂者多費點心血和時間，就可以補救的。

（二）關於中國鐵路的外債材料，在本年鑑中有不完整的『國有各鐵路借款分類總表』和『國有鐵路借債年計及債款利率年限表』及散見於路別各章節中。這些統計表和材料的不完備及錯誤的地方極多，茲分別評述如下：

甲、本年鑑中的鐵路外債材料，只限於國有鐵路，而於非國有鐵路如官商合辦鐵路和純粹民營鐵路，則付諸缺如；同時國有鐵路外債材料中，又不列入已償清……

……證。

卯、平綏路東亞興業會社第二次借款額及利率，在總表中爲三千萬日元與九厘，在平綏路章（P. 854）中則爲三百萬日元與一分，證之合同（合同續集P. 184），以後者爲正確。

辰、湖廣鐵路四國銀行團借款額在總表中爲二百萬鎊，在粵漢路章（P. 870）中則爲六百萬鎊，證之合同（合同下冊 P. 9）及『交通部負債表』P.21，以後者爲正確。

由上面這幾個實例中，我們可以知道其錯誤全在總表，因此我們不能不判斷這個總表是完全要不得的，它只有引導參攷者到錯誤的地方去。

第二、總表和路別章節中的數字都錯誤，或都遺漏去了的。茲舉實例如下：

子、津浦鐵路原借款的年代，在年鑑的總表中爲1907年，在津浦路章中只寫光緒的年代，根據合同（合同上冊P.397）該欵年代應爲1908年。年鑑之誤在於不知中曆的年底即西曆之翌年正月。

丑、隴海鐵路的外債有1912年的四百萬鎊借款，及1916年的七厘國庫券借款，債額一千萬法郎（見合同下冊 P.65; P. 101）。在年鑑總表中漏去了 1912 年四百萬鎊借款，而把 1916 年一千萬法郎借欵的年代，誤寫爲1912年，把債欵的貨幣單位，誤寫爲銀元。隴海路章中則漏去了 1916 年一千萬法郎的借欵。

寅、洮昂鐵路有借自南滿鐵道株式會社的兩筆借欵，一係借於 1924 年，債額一千二百九十二萬日元；一係借於 1928 年，債額八十二萬八千餘日元（見合同續集 P.190;P.197）；前者係由承造價欵改成，後者係由料債改成。年鑑把這兩筆債欵都漏去了。

卯、同成鐵路 1913 及 1914 年比法公司兩筆墊欵，其債額的貨幣單位爲英鎊（見合同續集 P.212；『交通部負債表』P. 34 和 J. R. Baylin: Foreign Loan Obigations of China P.69），年鑑總表却誤寫爲銀元。在正太路章中附有1913年同成鐵路墊欵合同附件，惟1914年的金鎊及法郎墊欵，則付諸缺如。

此外年鑑中鐵路外債材料的錯誤與遺漏尙多，詳細的勘正數字，勢不能在這篇短評中列出，如關心此項問題的學者，苦不能得到正確詳盡的材料，請參考評者將出版之中國鐵路外債一書。

末了，評者相信鐵道年鑑的出版，對於中國交通事……

讀梁質人年譜

……

新書介紹

中國脊椎動物之研究

Manual of the Vertebrate Animals of Northeastern and Central China, Exclusive of Birds

美國 Cora D. Reeves 女士著 民國二十三年上海中華書局印行 定價四元五角

本書著者 Reeves 女士，係美國密西根大學（University of Michigan）博士，……

。業書書中，曾任美國史丹佛大學(Stanford University)校長兼美國魚類學大師 Professor David Starr Jordan對於中國魚類，亦極感有興趣。及今數年，雖無專門論文，在中西各科學雜誌上發表，然在中國魚類上，實下過一番工夫，書中魚類材料之豐富，即其一證據！

書中所敘述之脊椎動物，女士多未目睹，或知之而不甚詳。如刺魚一科 (Family Gasterosteidae) (第二百四十四面及二百四十五面)，祇敘二種。Pungitius sinensis Guichenet 並未明言產自何處 Gasterosteus iraculeatus Linnaeus 僅注『或可存諸華北』。實則中國刺魚，僅有一種，然其體制，與歐美所產之 Pungitius pungitius (Linnaeus) 相同。讀者欲知其詳，可參考拙作『河北省之刺魚』(靜生生物調查所彙報，第三卷，第十八號，民國二十一年十一月印行)。

在理論上，現在該篇一部中國脊椎動物分類學，魚類(Pisces)應佔全書總量六分之三，兩棲類(Amphibia)及爬蟲類 (Reptilia) 佔六分之一，鳥類 (Aves) 佔六分之二，哺乳類(Mammalia)佔六分之一。此書魚類所佔篇幅太多，已如上述。而兩棲類及爬蟲類，僅佔七十六面，哺乳類僅佔七十五面。由此觀之，此書殊不足概括中國之脊椎動物也。

女士采擇，書中一部分材料，係自美國 Jordan 博士之 Manual of the Vertebrate Animals of the Northeastern United States, Inclusive of Marine Species。該書出版于一八七六年，至一九二九年，已重印至第十三版。Jordan 博士在世時，為魚類學界之權威。其書中亦有偏重魚類之弊。然對于鳥類，並不略去。

書中所用名詞，似不甚一。在專攻脊椎動物學者讀之，固無困難，然在初學者觀之，甚易淆亂。又女士此書，關係參攷某書而成，然卷末未附一參攷書目，未免使初學者有『苦無門津』之嘆矣！

書內檢索表 (Key)，亦不齊全，應用時，頗有困難。將來此書重版時，甚望女士有以補充之也。又凡種，屬，科，目，之敘述，體裁既不相同，詳略又復懸殊，想係合各書而成者，未暇顧及耳！

九節狸 (Ailurus fulgens styani Thomas) 產四川雲南等處，白熊 (Ailuropus melanol eucus A. Milne Edwards) 產四川，均不在中國東北部及中部範圍之內，可以不必列入此書之中。白熊之屬名，法國哺乳動物學者 Milne Edwards 教授，于其所著之 Recherches des Mammifères (1868—1874) 中歸入 Allropns 屬中。德國哺乳動物學者Max Weber 教授，于其所著之 Die S ugetiere (1928) 第二卷中，亦沿用之。女士改為 Ailurus，實為大謬。

際此國內科學出版界遍寂之時，此書之出，似足空谷足音。蓋中國脊椎動物分類之專門論文，均散見于中，日，英，美，德，法，及其他各國之科學刊物。非備有藏書豐富之大圖書館，即羅搜完足，亦不易讀其全份。而專門學者，又不能犧牲時間，自行編纂。故初學之士，欲研究脊椎動物者，往往興望洋之嘆。今此書采譯文于一處，使初學者省時間不少。以為自修或實驗時之參攷書，則教者，學者，均感便利。吾人對于中國脊椎動物之認識，自較中國無脊椎動物為多，然未能詳盡。欲作一比較完全，而切實合用之書，尚有待于異日。故 Reeves 女士之書，不能不介紹于國人之前；其中欠妥之處，亦不能諱而不言也。(理)

Ladies and Gentlemen亦名高貴的人們

建輯著　民國二十三年　上海千秋出版社發行　每冊三角五分

本書為三幕悲劇。曾於本年一月在上海青年會公演。劇中敘述紗廠主周振華，因為棉紗的銷路不好——長江流域既經洪水為災，氣象不佳，九一八後東三省的銷路又完全斷絕，又加之捐稅太重，和日本紗的傾銷，更根本的原因是整個的經濟恐慌，不安定，購買力大大的減低——所以周判決要緊門破產。然而周振華是不肯就此屈服的，他和他的秘書徐步雲商量著想法子來挽回；法子是：為維持工廠繼續開下去，就減低工人的工資，增加工人的工作時間；為應付債權人，就默認他的女兒，犧牲了自己好處女的十九歲的女兒去給四十多歲的銀行主作續房，以為這樣可以從銀行主那兒借到一筆現款。不料如意算盤不由人打，工人們斗不服從，居然罷工要挾；銀行主又因投機生意失敗了，破產可惜。正在這時自己的姨太太却和他的秘書徐步雲一樣作大漲失業的債權人翻臉開。於是周振華走投無路了，只好以手槍自殺。全劇大意如此，其劇的成分太少。此劇以資本家維持著民族資本主義的招牌，但因中國是半殖民地的關故，一切工業都不能不失敗為題材的作品，近年以小說戲劇等各種方式而出現的太多了；其中規模最大的，當推茅盾的子夜；這書，只好算是子夜中的一點餘光而已。——雖然作者在「寫在前的話」裏說，在寫作之前及寫完的時候都「不曾讀過子夜」。(方之)

教育之基本原理

英國桑戴克蓋茲合著　宋桂煌譯　民國二十三年六月商務印書館出版　精裝定價二元二角　平裝定價一元五角

是書原名 Elementary Principles of Education，美國教育心理學家桑戴克 (Edward L. Thorndike) 及其弟子蓋茲 (Arthur I. Gates)合著。據本書譯者在原序中自述，本書的目的在供初習教育原理者作為課本之用。又自述其所特別注意之點有三：(一)所取材料最適合於中小學教師之用；(二)文字易於理解；(三)內容力求合於科學研究。以此，書中對於有時見於尋常教育原理書中的幾種哲學的，生物學的，與社會學的理論，並未完全敘述。總之，本書的宗旨原在建立教師在最重要的日常工作上的健全的指導原則。是以書中的主要論題是：教育的主要目標，目前教育之急切的需要，學校的特殊機能，兒童自出世以至成熟的特性，及教材與活動的選擇與組織所當根據的原理。誠然，本書所述的，確都是『基本原理』，與一般所謂『教育通論』，『教育概論』均迥不相同。

書中所根據的心理學說及教育哲學，即桑氏本人的學說。例如說明教育的根本意義，應用『改變』(Change) 一辭，與杜威所提出的所謂『生長』，『經驗的改造』等概念微有不同。所謂改變，包括改變本性與改變動作兩方面；本性本來大體上是不可改變的，依桑氏學說說來，不過是根據人生的目標與社會的需要，使合宜的反應能得滿足，而成為習慣，使不合宜的反應受阻撓，因而逐漸避去。此還與桑氏所提出的練習律，——尤其是效果律與準備律——相吻合。是以書中的理論，是始終一貫的。

又桑氏年來對於成人學習及成人教育提倡甚力，曾用科學方法，証明成人的學習能力是很充分的，明以打破一向認成人不能學習的舊觀念。本書第九章中述一生中學習能力的變化，闡明著者的研究結果，以使讀者瞭解成人教育所以不可忽視的根據。(鑑)

來函照登

編輯先生：

讀貴刊所載評論及讀雜的批評氏，於以木以手，尚有所疑，案子要本植物，以木，段玉裁經的論據及王念孫讀書雜誌改少其詳，無可疑也，乞轉告之為荷。順頌

撰安！

丁驌謹上，十日。

圖書副刊

BOOK MAN
第十九五期

一　本刊登載關於中外圖書之介紹批評以及學術界消息爲公開性質歡迎投稿
二　刊登本刊之文略致薄酬
三　投稿通訊可寄「北平文津街國立北平圖書館內圖書副刊編輯收」

書評

讀太平天國詩文鈔

南天地會又乘機起事。後來太平天國定鼎金陵，天地會的支派小刀會首領劉麗川又起事於上海。這乃是南中國兩大反清集團——上帝會與天地會——並起的時代。這兩個大會黨，他們反淸的目的雖相同，但因信仰不同，所以是分道揚鑣的。（據各種記載祇有湖南天地會當太平軍北出時，與太平軍聯合，但這件事的眞相還不斷明，尙有待考證。）因此，太平天國有太平天國的文告，天地會有天地會的文告。此點最須認識清楚。

第二我們要認明太平天國的思想信仰　太平天國的思想信仰以西來的耶穌教爲最大的淵源。故排儒退佛而定一尊於上帝，故不以恢復故明爲然而以建設天國爲天職。程演生先生在法國東方圖書館所輯的太平天國史料第一集中的文件便都充滿這種宗教思想，全部文件沒有一句依戀故明的話。這正和天地會的文件剛剛成個反比。（據綱所知天地會文件保存最多的爲粵匪雜錄。去年廣西貴縣修志局也輯得天地會文告數種，與粵匪雜錄的文告，同是一般的思想。）所以凡世傳的太平天國文件中沒有上帝教的思想而充滿恢復故明的觀念者，我們便可以斷定他決不是太平天國的文件而爲無知者輾轉傳鈔之誤。

第三我們要認明太平天國的迷忌，稱謂與制度　太平天國是一個信仰上帝教的集團，他有他的特別的迷忌，稱謂與制度。我們正可以利用他這幾點來判別史料的眞僞。例如諱「上」爲「尙」，諱「魂」爲「䰟」，這是屬於迷忌方面；如文告起首不作「奉天承運」字樣而作「眞天命」，楊秀淸韋昌輝石達開與洪秀全以兄弟相稱，凡名物制度之上都加「天」或「聖」字樣，這是屬於稱謂方面；如丞相之上製以天官地官春官夏官秋官冬官，將軍總制監軍之上製以炎水木金土，官制有朝內軍中守士之別，這是屬於制度方面：這些都是我們辨別太平天國史料眞僞最好的根據。

第四史料來源我們應加以注意　太平天國的史料，如故宮博物院法國東方圖書館英國倫敦不列顛博物院等處所保存的文件，都是原來文件的眞蹟，這是上上的史料，最可以寶貴的。反過來說，如所謂「石達開詩鈔」「石達開日記」之類來源不可靠的有僞造嫌疑的文件，我們便應仔懷疑的態度來鄭重的考證他。

上面這四個觀點，我以爲是判別太平天國史料眞僞最重要的觀點。因爲這四個觀點可以給我們造成一條客觀的標準。我們拿這一條標準去判別太平天國史料，即使不能得到絕對的眞，至少不會陷到主觀而得到一個近眞的境界。

三　詩鈔不可信

這部太平天國詩文鈔中的詩鈔內錄太平朝人物的詩歌四十二首，另有雜鈔四首，共四十六首。這四首雜鈔，乃是太平天國的宗教詩篇。篇名爲幼學詩三字經醒世歌天父上帝醒世詔。其中醒世歌一首是採自太平天國有趣文件十六種的，其他三首以賊情彙纂及北平圖書館影印的太平天國史料八種來校勘也都可以相信的。這些原是太平天國的讀物，不能算是創作的「詩」，所以我所說的詩鈔是把這四首宗教詩篇除外的。而在個人創作的詩中，如所謂「天德王洪大全」太平天國實在沒有這個人。綱在賊情彙纂訂誤一文中已詳加考証（見本刊第四十期）。至稱爲石達開女兒的石鎬照，此人也不可信。考石達開結婚於永安建國時，（據賊情彙纂卷二僞衛天侯黃玉崑傳）時年二十一，死於同治二年（一八六三），時年三十三。（據薛福成庸庵文續編卷下書劇寇石達開就戮事。綱按，薛氏記叙石達開年歲一節，據新發現的石達開史料與賊情彙纂參訂，最是可信。）次年，太平天國亡。詩鈔中石鎬照小傳說鎬照「天國亡，遁至梁溪，竟餓死」，那麼，即以達開結婚次年生女計，到亡國時石女不過十二歲。一個十二歲的女孩子爲什麼吟出「不管白頭人尙在，自矜巧舌逞嬌聲」的詩句，自稱爲「白頭人」一來寫那無情的黃鸝兒呢！又如錢江與太平軍的關洪楊紀事既不著其來源，所補雜輯，亦未注出處，全書價值爲之減色。使無賊情彙纂一書爲之比勘，野史之根據，既莫由明，可信與否，亦在疑似之間矣」。（賊情彙纂跋）實爲確論。故與其採自傳鈔附會之本的太平天國野史，不如直接採自賊情彙纂。（綱按此書末附錄三引用書目表列有引用「太平天國實錄原名賊情彙纂清張德堅等輯」一條。但按詩文鈔採自太平天國實錄者祇招賢榜一條，其他爲南京國學圖書舘影印本賊情彙纂與太平天國野史所同有者，都採太平天國野史。可知編者所見的太平天國實錄與我們所見的太平天國別史一類的「賊情彙纂改削本」相同，而不是原本的賊情彙纂。）又天朝田畝制度乃是太平天國最重要的一篇文獻。文鈔祇從太平天國革命史田畝分配一節的摘述採輯出來。按天朝田畝制度全文現保存在程演生先生的太平天國史料第一集中，約二萬餘字。

五　本書的優點

綜上所述，可知歷來對於太平天國文獻所以時有魚目混珠者，實不外兩種原因：第一前人多不明太平天國與天地會並起的時代關係，故誤認天地會的文獻爲太平天國的文獻。第二近二三十年來，社會變革，造成國人傾向革命崇拜革命英雄的心理，因而有托古人以寄革命思想的僞作出來。故本書中的一些誤認天地會文獻爲太平天國文獻的幾篇文徵與一些僞作，都是前人的錯誤與前人的僞造，編者不過祇是沿前人之誤罷了。

至於此書中的優點，是值得我們提出來說的。第一是張菊生先生據德國圖書館所藏太平天國文件對此書的一些校補的地方，最可供我們來與北平圖書館的太平天國史料八種及程演生先生的太平天國史料第一集來互相比勘。第二是編者的發現，如戴王黃呈忠的致英法兩國領事照會，幼天燕楊得賜的永安砲台記，都是很有關史實的史料的。

假使此書再版的時候，編者能夠再來一次重編，索性把「太平天國詩文鈔」改爲「太平天國文鈔」，將不可信的詩都刪去，而以可信的詩與聯語附錄於後。（綱按聯語多採自太平天國野史，今以賊情彙纂比勘，中多相同者，很可置信。）至於文鈔中凡不可信的及疑似之作都刪去，而以太平天國史料第一集及賊情彙纂來比勘一過。則此書定價這樣的低廉，收羅這樣的廣博，使社會上一般人士知道太平天國的文獻究竟是怎樣的一個面目，這是值得我們贊美的。

新書介紹

英譯紅鬃烈馬

Lady Precious Stream; an old Chinese Play done into English according to its traditional style by S. I. Hsiung. Methuen & Co., Ltd. London. 1934 8/6

熊式逸君英譯的王寶川，是本年秋季英國文壇上一件盛事。該書在批評界獲得很好的榮譽，國內談戲劇的當然很高興。熊君譯王寶川與薛平貴的愛情史，從彩樓配起至大登殿止，故事一層一層的開展，讀起來極有趣味，不祇西洋人覺得如此，凡能念英文的國人亦一定覺得如此。因熊君雖未直譯，但在西洋話劇的裁制下他的譯文是信，雅而達的。但我們不要誤會熊君是在將「皮黃戲」介紹給外國，皮黃戲的「唱」同「道白」，看了這本譯文，是夢想不到的——熊君於這方似乎沒有給讀者一點暗示，原劇是近Opera而不近普通話劇 Drama，因他在短序內只提起了場面。「八月十五月光明」用倒板唱起來，與背誦雖有詩性的 On the midautumn night, under the bright moonlight 總有點不同吧？

皮黃的詞是沒人讀的。聽戲時帶戲詞去，是要被人笑爲外行；但熊君的譯文確很可供人玩味閱讀。原戲是譯文成功的一部份理由，尤其是紅鬃烈馬喜劇的成份很大，而且是中外能共賞的。但大部自然得歸功於熊君的藝術。他很切近的根據舊劇的詞，用巧妙的技術，與流俐的英文來譯，並且運用不合西洋話劇體裁的地方，來增加讀者的欣賞。結果近乎創作。Abercrombie 教授已經在他的序中說了「正像大部份讀者一樣，對我個人，王寶川只是一篇用英文寫的好文學」。但不知皮黃家以爲如何？

該書印刷精美內插有徐悲鴻先生彩圖三幅，又倫敦研究院學生蔣彝先生單墨色圖十二幅。（兌）

新書簡訊

經濟地理學原理　日本川西正鑑著　劉綱生譯　民國二十三年四月世界書局出版　定價二元

著者在序言中自述他「曾得步前文部省派遣留學英德的機會，追尋先輩之跡，涉獵最近德意志這門科學的傾向，把經濟地理學看作研究經濟空間與現經濟人交互作用的學問」。而且他是想對於囚禁在氣候，土地，以及棉花，白糖等等名稱而羅列事實的商業地理學加以解放的。所以這書注重理論的體系，和一般經濟地理學書的面目不同。就在文字上亦多表現辨證法的腔調，這在第一編中尤爲明顯，讀起來不免有舉輕若重之感。其實全書中除掉容納經濟學和社會學中與地理有些關係的學說之外，內容大部分仍和商業地理無大差別，不過多加些抽象的標題和理論而已。這又是因爲此書源來是由著者在拓殖大學的「經濟地理」課，巢鴨商校的「商業地理」課及以桐生工校的「產業地理」課的講義合編而成的，據著者序言後的附記說。（平）

× × ×

漢語世界語辭典（Ĉina. Esperanta Vortaro）傳振倫編。凡一冊。北平立達書局廿三年八月一日出版。定價一元二角。

爲編者感於近年來世運之遂物，研究之進步，就其十六年時所輯「漢語世界語辭典」重加增訂而成者。其排列之先後以字畫分，同畫之中則略依部次，每一辭類，或以類歸，或以義系，俱見略例，頗便檢查，實爲世語研究者有用之具也。

× × ×

中東鐵路問題的檢討　李榮達著　北平南新華街民友書局代售　定價一元

此書是一種討論時事外交書籍，內容共九章，第一章「緒論」，說明中東是列強角逐的園地，又是日俄——資本主義和社會主義國家的衝鋒地點。第二章「中東鐵路的起原」，說明帝俄時代建築中東的原因，訂定「加尼亞密約」，中俄合辦東省鐵路公司合同章程，前俄國財政部與道勝銀行密約，中東鐵路公司章程，條文具備。第三章「中東鐵路的經濟狀況」第一節財政概況——把中東的財政狀況分作三個時期來敘述，把中東的以前營業概況用數字表明。第二節中東路在經濟上所佔的地位對於中東路的運輸力，和中東路的經濟價值——用表列出。第四章中東鐵路和各國的關係——這章共分四節，將中東路和我國權利的損失以及中東路和俄國日本的關係分別說明。第五章將中俄的交涉，中俄會訂條約，中俄續訂東省鐵路公司合同，中日俄美的交涉，華盛頓會議和中東路，中俄衝突，用歷史的方法，敘述，並列條文密函。第六章「日俄在中東路最近的糾紛」把糾紛的起因，和經過，按步敘述，并附日俄的提案及來往文件。第七章「出售中東路會議的經過」歷敘開會時日僞俄各代表演說詞；及各方提案，開會六次，及私人會商數次，一切詳情。第八章「各國所抱態度的剖視」揭發日本蘇俄中國以及法美諸國一般的心情。第九章「結論」推測中東路問題究竟能演進到什麼程度。

總之這本書是研究中東路問題比較完備的參考資料。（明明）

圖書副刊

BOOKMAN　第六十期

三 投稿函訊可寄「北平文津街國立北平圖書館內圖書副刊編輯收」

書評

評唐書源流考上篇

葉德祿

羅香林著　國立中山大學文史學研究所月刊第二卷第五期

羅君本文，分五節：一修撰考，二史臣考，三資料考，四板本考，五唐書學考。前三節爲上篇，後二節爲下篇。作者於上篇之末，謂下篇板本考，須加插圖，印刷較難，留至下期發表云云。按新舊唐書源流，唐會要，五代會要，玉海等，紀載於前；錢大昕，王鳴盛，趙翼等，敘述於後，略無餘蘊，惟散見諸書，未爲系統的論列。羅君此篇，廣徵博引，詳加考訂，可謂集諸說之大成。然讀竟上篇，覺其中不無沿訛襲謬之處，分別錄出，以供讀者之參考，並希羅君之教正。

（一）

頁五九，引五代史補曰：『昭宗一朝，全無紀注。天祐中，張昭遠重修唐史，始有昭宗本紀。』按五代史補無此文。此文係出王禹偁五代史闕文，可覆按也。

頁七二，曰：『……新唐書一部，獨缺兩僧：一高行之玄奘，一邪佞之懷素，究屬史家缺事也！』

唐僧有兩懷素。陶宗儀書史會要，會誤爲一人。一姓范，貞觀間南陽人，京師西太原寺僧，以律法著。宋高僧傳卷十四有傳。一姓錢，大曆間長沙人，以書法著。唐陸羽有僧懷素傳。（見國立北平圖書館抄本）兩僧並不邪佞。邪佞云云，當指薛懷義，舊書卷一八三附武承嗣傳，新書刪之。懷素實懷義之誤也。

頁九七，曰：『章懷太子之死於巴邱，亦武后令邱神勣迫令自殺也，而舊書庶人賢死於巴邱。』

巴邱爲巴州之誤，涉下文邱神勣而誤也。舊書卷八六章懷太子傳謂永淳二年，遷賢於巴州。文明元年，則天臨朝，令神勣往巴州，逼令自殺。卷六則天紀謂，文明元年三月庶人賢死於巴州。又卷一八六上丘神勣傳曰：『則天使於巴州害章懷太子，既而歸罪於神勣。』新書紀傳亦作巴州，無作巴邱者。

頁九八，曰：『劉仁軌，裴行儉，婁師德，郝處俊傳論，並稱仁軌曰劉欒城，行儉曰裴聞喜，處俊曰甑山……。』

欒城爲樂城之誤。樂城仁軌封號也。舊書卷八四仁軌傳曰：『乾封元年，累前後戰功，封樂城縣男。』傳後引韋述之言謂，世稱劉樂城戴至德同爲端揆；劉則甘言接人，戴則正色拒下。故樂城之善，於今未弭；戴氏之勣，無所聞焉。卷末傳論，樂城與聞喜甑山並稱，無作欒城者。

頁六七，曰：『高力士傳，則本之巫山記。』

柳芳徙黔中，遇高力士於巫州，曾咨禁中遺事，後撰唐曆四十卷。以力士所傳，載於年曆之下。見舊書卷一四九柳登傳及新書卷一三二芳本傳，未見芳有巫山記也。

頁七一，曰『當日進呈時，（新書）宋仁宗即有旨，舊唐書不可廢，其早有所見歟？』

新唐書進呈，在嘉祐五年，並未見有此旨。況宋修唐書，即有廢舊用新之意。宋雖有旨云云，實何所據？

頁一七，論宋景文於列傳之功，曰：『實費數十年之心力』。新唐書修於慶曆四年，（西一〇四四）成於嘉祐五年。（西一〇六〇）最多可謂十七年。曰數十年，非史實。

以上數端，皆襲廿二史劄記之誤，似應改正。

（二）

頁五八，引五代會要卷十八前代史條云：『其月，（二月）起居郎賈緯，奏曰：……。』

其月，天福六年四月也。今誤作二月。

頁一〇六，文宗實錄，引唐會要卷六三修國史條云：『八年（會昌）三月，宰臣監修國史魏謨修成文宗實錄四十卷。上之。』

新唐書卷一三二蔣偕傳云：『大中八年，與盧耽，牛叢，王渢，盧告撰次文宗實錄。』

八年，大中八年也。誤注會昌。按會昌（西八四一—八四六）僅有六年耳。

又頁七一，謂新唐書增舊唐三百三十一列傳。新唐書列傳卷一百十八忠義傳下，增賈循等傳。

按賈循傳在新書列傳卷一百十七，非一百十八也。

以上誤年月，誤卷數，似非校勘之誤，亦應改正。

（三）

其他校勘之誤，特舉其較要者，如下：

（1）誤年月

一〇五頁，憲宗實錄條，引唐會要卷六三修國史條云：『長慶二十年十月……。』

二十年，應作二年。長慶爲穆宗年號，（西八二一—八二四）只有四年。

（2）誤卷數

五五頁，引舊五代史卷四二，唐明宗紀九云云。

按卷四二爲四三之誤。

六十頁，論舊唐書之疏陋紕謬，謂卷一二二既有楊朝晟傳，卷一四四復爲立傳。

按卷一三二應作一二二。

六七頁，新唐書列傳卷三十六李嗣業傳。

按卷三十六，應作六十三。

八一頁，謂呂琦傳在舊五代史卷九十三。

按卷九十三，應作九十二。

八三頁，論崔梲修唐史事，引舊五代史卷二十四，唐明宗紀。

按卷二十四，應作四十二。

九九頁，引唐會要卷十三修國史條。

按卷十三，當作卷六十三。

（3）誤人名

八二頁，引五代會要卷十八前代史條，謂李爲先爲李爲光。

按舊五代史作李爲光，會要作李爲先。

一〇二頁玉海引蔣偕傳云：『初柳芳作唐曆。大曆以後，闕而不錄，宣宗詔崔龜從……張彥述及偕等，分年撰次……。』

按張彥述，當作張彥遠。

一〇五頁，穆宗實錄條，引新唐書藝文志曰：『穆宗實錄二十卷，蘇景胤王彥盛……監修。』

按王彥盛，當作王彥威。

（4）誤官銜

五九頁，引舊五代史卷八十四晉少帝紀四，云：『開運二年，……九月，吏部郎張昭遠……。』

按吏部郎，應作吏部侍郎。

七六頁，引舊五代史卷八三晉少帝紀三，開運元年秋云：『八月，……太子太傅譙國公劉昫爲司空。』

按司空上，應有守字。

七九頁，引五代會要卷十八修國史條，清泰三年二月云：『……直館拾遺吳承範，拾遺楊昭儉等，各撰書有差。』

按吳承範爲左拾遺，楊昭儉爲右拾遺。左右二字，似不能省？

八三頁，引舊五代史卷八九劉昫傳云：『……祖乘，幽州府左司馬……。』

按幽州府，原作幽府。

一百頁，第一行史左左李仁實。

按史左應作左史，（此段出唐會要卷六三修國史，顯慶四年三月條。）

其他錯漏，恕不悉舉，右不過爲羅君校其大略，稍盡讀者之責而已。

一九三四，十二，七日，於輔仁。

西域文明史概論的二種譯本

于鶴年

日本羽田亨氏著西域文明史概論，於昭和六年（一九三一）由東京弘文堂出版。此書根據歷次東西洋人在西域探檢的結果，扼要的闡述西域文化之本質，來源，及其演變。持純客觀的態度，一切以實證爲依歸。而且遇有可討論之問題，都極虛心的探討，不肯涉於武斷。不能讀專門的探檢的報告者，最宜讀此，因爲他文字通俗，插圖完備，爲他書所不及。在出版的同一年，我國即有譯本印行。譯者爲錢稻孫氏，自印出版，列爲泉壽譯叢之一。至今年商務印書館又印行第二種譯本。此本譯者爲鄭元芳氏。鄭譯雖在後，而似未能參考錢譯，致有多少不同之處。至於二本譯文如何，則瑕瑜互見，今略述如下。

錢氏的譯本行文極其流暢，除了少數因爲排印的錯誤而致不能了解的地方外，錯誤可稱不多。鄭氏的譯本亦甚平妥，下筆極慎，惟筆調不如錢氏那樣圓熟，且有幾處字句無法卒讀，未免相形見絀。例如：

（1）鄭譯第三頁，第十行云：「……兩道自西來，合於敦煌地方，（此地近因發現多數古書而頗有名）向東則在同地而分（今共東方至西安而離合）。」凡加圈之處意義都不明瞭。再看錢譯本就豁然了。錢譯第四頁，第二行云：「兩路從西來，到近時發現許多古文書而驟然得名的敦煌地方相會；由東去時，也從那里分道（分合地點實在今敦煌之東的安西）。」

又如：

（2）鄭譯第三十三頁，第八行云：「惟可注意者，泥像雕刻材料的關係，始在此地發達，究有幾種呢？」不是有誤字，就是有落字，再不然是譯錯了。再看錢氏譯本如何：

錢譯第三十六頁，第五行云：「所不可不注意者；有人特以爲泥像一物，因雕刻材料缺乏的關係，而爲此地所特有；那可不是！」

（3）鄭譯第四十四頁，第十一行云：「惟作書籍用之木簡其邊多削入而打眼者，想即爲以線穿數片木簡聚合一處之用耳。」

錢氏譯本第四十六頁，第十一行云：「凡是書籍的木簡多在邊緣上有缺口，似乎是用線索結紮數片，做成一冊的……」

二本相校，鄭氏譯本不如錢氏譯本之明確。第四例：

（4）鄭譯第五十頁，第七行云：「記者特就此試略述高昌國之沿革。即此等漢文明遺文，決非漢人以外之其他人種所遺存，故漢代以後佔據此地之漢人種，實不外在中國內地感受漢文明之匈奴等種族。」後半句自相矛盾，既是漢人種，如何又是匈奴？看錢氏譯本就知其錯誤了。

錢譯第五十頁，第四行云：「我所以特地略講高昌國的沿革者：須知漢文明之遺文所由存，並不在漢人以外的別人種，乃是漢以後佔據其地的漢人種，或是在漢土受了漢文明之感化的匈奴種族所留存的。」

原來鄭氏至少落了一個「或」字。再舉一例：

（5）鄭譯第五十一頁，第三行云：「其後雖文字章句，受漢文明之關係。」

錢氏譯本第五十二頁，第一行云：「或者因爲文字文章都要受入漢文明，其事較難；」

鄭氏譯本除了文字上的錯誤外，還有事實上的錯誤。如第五十頁，第二行云：「六朝時代在此地漢譯之佛典，有佛經之目錄書，例如三藏記集等。」案出三藏記集並非翻譯之書，蓋書出於誤譯，觀下引錢氏譯本自明。「又佛教盛行，漢譯經典不獨從漢土將來，六朝時已有即在此地漢譯的，見於佛經目錄書的有如出三藏記集之類。」（錢氏譯本第五十頁，第十行。）又第六十二頁，第一行云：「……慧超自印度巡禮聖蹟，歸途經茲，在其旅行記中『往五天竺國傳』稱……」。案「五天竺國傳」即慧超之旅行記，並非他的旅行記中別有一部分名爲「往天竺國傳」。

然而錢氏譯本亦不是盡美盡善，全無可議之處，而鄭譯本亦非不堪一讀。錢氏譯本自有其弱點。鄭氏譯本自有其優點。第一，原書插圖多而且精，錢氏譯本完全略去，這固然有種種苦衷，（原著者羽田氏曾願以原圖底版借與錢氏，在日本印刷，因實力關係未能即時實現；不久九一八事變，此事遂成泡影。錢氏譯本中有識語記此事。）可是因爲這種缺點，致使原書的精采失去不少。譯本既無插圖，凡是原書中解說插圖的地方均改作敘述的口氣，失去原有的形式，如不看原本或鄭氏譯本，幾不知尚有插圖。第二，錢氏譯本中的地名除有通用的漢名者外，多用羅馬字母，對於通歐洲文字者雖甚便利，然而卻非譯者所當爲。至於鄭氏譯本之所長亦即錢氏譯本之所短。第一，原書插圖俱經印入，不過有一部分不甚精美，另有一部分，原係彩色，改印單色。雖不令人十分滿意，究竟比沒有強多了。第二，所有地名俱以漢字譯其對音，雖不通歐洲文字者，亦能讀出。此外鄭氏譯本還有一優點，即所根據的原本爲第三版的，較比錢氏譯本爲原本多出補正三則。

補救的方法，最好是商務印書館將原書修正重印。其次可附一勘誤表。（錢氏譯本出於自力經營，非有社會上特別幫助，恐不能重印。）爲臨時之計，讀者如能二種譯本對讀，是最妥不過的！

新書介紹

吳芳吉詩文集刊行

吳宓

亡友白屋詩人四川江津吳芳吉君（字碧柳），於民國二十一年五月九日在江津原籍逝世，享年三十六歲（1896—1932）。其時，予方充任天津大公報文學副刊（非今之文藝副刊）編輯，聞耗，即撰「吳芳吉君略傳」，連同逝世消息，揭載於文學副刊中。其後又續登載詩及評文……

歡迎。而當吳君在世之時，民國十七年秋，文學副刊第三十至四十五期，曾登陳銓君所撰「評吳芳吉詩集」一文。其時白屋詩集尚未印行，故陳君文中多錄原詩。顧自民國十七年一月二日文學副刊發刊以來，各期中屢載吳芳吉君新作之詩。故凡常讀大公報者，於吳芳吉之爲人與其詩，皆已知其大概，無煩重爲介紹。陳銓君之評文（第五節）結論曰：

中國近代詩人，無論新舊，吾未見有能比擬吳君者也。中國近代文人，吾亦未見有忠於藝術，歷萬苦千辛而不悔，如吳君者也。

予所爲略傳，乃以大公報文學副刊編輯之資格地位而撰作（未署名），非以私人知友之關係而命筆。故全文簡明渾括，力求客觀。其末句云：

君久願辭世務而隱居，以十年或二十年之力，撰作中華民族之史詩，及其歿甫草創耳，悲夫。君之一生，以詩爲事業及生命。欲知君或悼君者，讀其白屋吳生詩集可也。

今者「吳白屋先生遺書」又已刻成問世。木刻，每部六冊，售價三圓。總代售處：南京龍蟠里國學圖書館。北平代售處：北平文津街國立北平圖書館。——而吳芳吉君「日記」三十四冊，約計六十萬字，今正在鈔錄，不日即鉛印成書出售。讀者合而觀之，自可更洞見吳芳吉君其人其詩之眞象。

以上略資介紹，至關於（1）吳芳吉詩文集二種版本，其編輯刊印經過詳情，及其內容之取舍得失比較；（2）吳芳吉與吳宓爲友及以詩文道德互相切磋之往蹟述略；（3）吳芳吉家庭實況，及其精神人格之眞切表現；（4）評吳芳吉之詩之內容；（5）評吳芳吉之詩之藝術，等等，容一一寫述。

甲骨文編

孫海波撰集　哈佛燕京社出版　定價十四元

殷墟甲骨之發現，迄今已三十餘年。自孫詒讓，王國維，羅振玉三先生創通字例之後，治之者日衆，而所識之字亦日多。前十年已有商承祚氏之殷墟文字類編，仿說文次第，序爲字彙，頗便學者。最近又有朱芳圃氏之甲骨學文字編，增補十年來新釋之字，並集諸家說解以爲參證，於初學最爲利便。然二氏之作乃字典式之書。今孫氏此作，實甲骨文字之索引。凡契文已釋之字，而見於所據諸書中若干次者，皆錄其字，並注卷頁之數。故治斯學者得孫氏此書，可按注而索，以求其互相比證之誼，而免翻檢漏落之勞。其功亦勤矣。惟是書於下列諸書若羅振玉之殷墟文字續編，郭沫若氏之卜辭通纂，商承祚氏之殷契佚存，容庚氏之殷契卜辭，董作賓氏之新獲卜辭寫本，王襄氏之簠室殷契徵文，明義士氏之殷墟卜辭，商承祚氏之福氏所藏甲骨文字，皆未入錄。蓋上述諸書中大部皆出於孫氏之書已成之後，異日當可補入也。孫氏此書之編次仍按說文次第，而字數則增多於商朱之書且數倍。每字皆按原書摹錄而入，可免譌誤之病。實新出甲骨文字最完備之字彙也。（滋圃）

介紹兩部中國文學批評史　林庚

中國文學批評史上冊　郭紹虞著　商務出版

文學批評史第一冊　羅根澤著　人文書店出版

本年五月郭紹虞先生出版中國文學批評史上冊，本年八月羅根澤先生又出版中國文學批評史第一冊；這兩部書之可貴不只是首先爲中國文學批評作縝密的研究；而且其取材宏富，持論明晰，都是値得一讀的。

大約講到史的問題，總容易產生出一個史的看法來；而一種能成立的史觀其中便最少含有一部分的眞理，雖然沒有一種史觀敢說是完全絕對的；郭先生的文學批評史即在這方面與我們以特別醒目的啓示。郭先生說：「歷史上幾個重要一些的批評家，即在其零星片段的文章中間也何嘗不可找出其中心的思想，看出其一貫的主張呢？這是中國文學批評史所以値得而且需要撰述的地方。……文學觀念經過了以上兩漢與魏晉南北朝兩個時期的演進，於是漸歸於明晰。可是，不幾時復爲逆流的進行，於是又經過隋唐與北宋兩個時期，一再復古，而文學觀念又與周秦時代沒有多大的分別……。」可是郭先生又說：「實則歷史上的事實終究是進化的，作家雖受復古說的影響，無論如何終不會恢復古來的面目，維持古來的作風。非惟如此，作家因受這種影響，反足的變更當時的作風，反因復古而進化」。郭先生的文學批評史即在這方面反覆的與以最有力的申說，從繁無頭緒的材料中整理出一條一貫的法則，把許多材料又都集攏在這一貫的法則之下，於是材料得以有系統的整理起來，而法則也隨處得到它充分的證實。

羅先生的文學批評史卻是另外一種冷靜的風度，這本書是很明顯的幷沒打算把整個文學批評史歸納成一條史觀。羅先生說：「其實這種詩文分道揚鑣的情形，周秦已經如此。……其餘所謂先秦諸子及兩漢的學者，言及詩文，都有各不相同的論調。至於後世詞曲既興，在一般人的眼光中，更與文不同了。我們知道了這種分化發展史的事實，那末……便應當依據歷史上的客觀的情形而分類敘述。……」羅先生是更客觀的，是只想把每一件的事實與其前後果明白的敘述出來。故他說：「唐代古文大家韓愈的私淑老師獨孤及，在文一方面自然贊成載道的簡易的古文，反對緣情的繁縟的駢文，所以特別提倡以古文名家的蕭穎士和李華的文章……而在詩一方面，則反而提倡緣情的綺靡的律詩，反對質樸的古詩」。羅先生幷非不說明演進的程序與其間的果，但與郭先生的不同，即在郭先生是對整個文壇有一個一致的史觀；故郭先生以「隋唐五代」爲「復古時期」，即要證明其整個的都在復古運動中；特別於「詩國的復古」說中，更就陳子昂，李白，杜甫，諸人詳爲解說。而羅先生則以爲：『唐代在「文」一方面是由駢趨散，由六朝的儷偶的枷鎖鐐銬裏爬出來，而創作比較自由的古文；但在詩一方面是由散趨駢，放棄六朝的比較自由的古體，而自己戴上枷鎖鐐銬以創作極端束縛的律絕詩。有的文學史家說唐代是解放的時代，就「文」而言，我們絕無異詞；若就「詩」而言，則恰恰相反』。因爲治史的方法不同，郭羅二先生的說明上更有着顯著的異點。郭先生是一元的想把一個大的史觀來籠罩一切；而羅先生是多元的願分別敘述，以求其間的關係。羅先生在這本書中只用了很短的一個第五章（二十二頁）來概論一下「文學觀念的變遷」，郭先生則是用整部書來作一個系統的說明的；於此便很明白其著重點的不同了。然而這不同正乃是見出這兩部著作的各有其獨特的價値；而且也正因其不同，這兩本書才是我們所不能不都細讀的。

143
(第三張) 中華民國二十四年一月十日 大公報 (星期四) (第十一版)

圖書副刊

BOOKMAN 第六十一期

一 本刊登載關於中外圖書之介紹批評以及學術界消息
二 為公開性質歡迎投稿
三 刊登本刊之文略致薄酬
投稿通訊可寄「北平文津街國立北平圖書館內圖書副刊編輯收」

介紹與批評

「紫禁城之迴光返照」與「遠東前線」

顧敦吉

"Twilight in the Forbidden City", by Sir Reginald F. Johnston, London, Victor Gollancz Ltd. 1934, pp. 486, Illustrated;
"Far Eastern Front", by Edgar Snow, London, Jarrolds Publishers, 1934, (Revised Edition), pp. 318, Illustrated.

「紫禁城之迴光返照」著者莊士敦，與「遠東前線」著者施諾，非惟國籍不同，且二人所處之環境立場及所抱觀念，亦判然各別。試由此二書著者個人之身世觀察，當知其所以然之故。莊氏於一八九八年卒業牛津大學後，投身香港政府，任漢文翻譯拓務參贊等職。一九○一年醇親王由德謝罪東返過港，與莊氏相識，是為氏與清室發生關係之始。其時在港避難之康有為，亦相與往還。英人之治香港，本行殖民地政策，加以英人固有之守舊性，則莊氏對中國國家人民之誤解與偏見，固久養成於早年。迨一九一九後，入紫禁城任溥儀教師，與當時「小朝廷」日相接觸，所見所聞，又無非腐敗不堪之遜清官場惡習；而交往人物，則大多為思想落後之遺老及絕無志氣之清室王公子弟。莊氏對於「小朝廷」及遺老王公之黑幕，雖在本書中有極詳盡之記述，然十三年之教師生活，使莊氏耳染目濡，不出紫禁城範圍，對於中華民國及其人民之觀念，反失卻準確之認識。

「遠東前線」著者施諾，則為受新聞記者訓練極深之人。瀋變事起，遠東風雲緊急，施氏應美國「聯合新聞社」(Consolidated Press Association)之遣派，實地採訪新聞。嫩江之風波甫平，淞滬之血戰即起；熱河陷落，平津危殆；塘沽協定成，華北偏安。數年來東亞時局之激變，施氏無不忽南忽北，視察其境。借外報特派記者之便利，在採取中日軍政雙方之言論外，更從事探聽民衆意見：如敘述日本在東北之所謂「建設工作」時，特別着眼於「今日偽國之政治內幕，如賄賂，鴉片，幣制，腐化，文盲等罪惡，凡指摘張學良時代者，果已鏟除否？統治滿洲者為誰？如何統治？目的為何？」(頁二六二)又如敘述中國政府之猶移不決，遇事委蛇時。而於民衆熱烈的犧牲，一部分軍隊勇猛應戰之精神，並不一概抹殺。施氏以身臨目睹之經驗，折衷各種不同之情報，以造成對於遠東事情之觀察感念，其價值或較偏見之外人為高。「遠東前線」一書，即其觀察之記載，復加以歷史的背境也。

「紫禁城之迴光返照」與「遠東前線」二書，雖著者之立場及觀察各有不同，所述時期亦異，然其給予讀者——尤其是外人——對於中國政治之印象則一。莊氏著作，以康梁變法為楔子，而以辛亥革命至一九二四年溥儀離宮，為紫禁城之「迴光返照時代」。遜清末年官場之腐化，本已無以復加，抑不知革命後畸形存在之「小朝廷」，其腐敗更有甚者。莊氏此書立意，不外有二：一為今日之傀儡溥儀作辯護，一為自身作記述是也。莊氏以教師資格，諉所謂知弟莫若師，為溥儀辯護，亡祇得以當時「小朝廷」「內務府」之腐化！王公遺老之矇盱，及民國政府之不履行「優待清室條款」為口實，以襯托溥儀之人格。少數稍知中國事情之外國讀者，當能明瞭「內務府」之腐化，與王公遺老之矇盱，均為已往的陳蹟；然一般普通讀者，則甚易誤解此種腐化，矇盱為今日中國政治不安之普遍現象。在「遠東前線」書中，施氏以瀋變後中日屢次衝突時中國民衆之激昂，不滿，無組織，以反映政府之無成竹，不抵抗，與絕無準備。此雖係事實的記載，然抑不知當時政府地位，頗似蘇聯革命時與德國簽訂 Brest-Litovsk 條約時期，如托洛茲基所謂不得不留「喘氣地位」(Breathing Space)者也。施氏以共和先進國人民之目光，復加以對中國多數無可如何之民衆之同情，以觀察中國政治，失望自不能免。施氏給予讀者之中國政治印象，於是亦悲觀多於樂觀矣。

莊士敦與施諾對中國政治之見解，可以約略代表在華外人所抱之二種不同之觀念：前者持其極端守舊之思想，認中國民衆為帝制之所有品，稱民國則必加上括弧（"Republic"），既不願明瞭現代中國政治趨勢，更不由中國人民心理作分析；後者以進化過速之眼光，觀察中國情形。前者觀中國政狀為絕不長進之腐化集團，而後者則對中國政治頗感失望。

莊氏之書，在中國固不能博得同情，然在他處則以著者地位學說關係，風行一時。在平居住之 Lady Hosie 首在倫敦之 "Observer" 報作書評，力加讚揚。「評論之評論」書報欄，亦有好感的評述。於此足見此書對我國之不良影響，方興未艾。施氏著作，初版於去年在美國刊行，蔣廷黻先生曾有評述，載一九三四年一月「中國社會及政治學報」十七卷第四號，認此書為繼續 Prof Robert T. Pollard 之「中國外交關係（一九一七—一九三一）」之作。本文所論為倫敦出版之再版，較舊著增加三章，並附有瀋變以來大事表供參考。

× × × ×

莊士敦之「紫禁城之迴光返照」一書，尤其是不過一部宮闈秘史。雖處處為日暮途窮之溥儀作辯，但稍具近代政治智識者終不能因此而對溥儀發生敬仰。據莊氏所述，溥儀於一九二二年六月中（夏歷端午節後），曾密召莊氏商議出紫禁城，廢除年俸等事：

「予（莊氏）應召準時而往，……遜帝已在養心殿久候，左右無第三人侍立……遜帝立命予擊其往英使館……並謂彼抵英館後當發電文通告全國人民，表示無功受祿，於心有愧；故決放棄民國給予之年俸四百萬元，並取消尊號權利，讓出舊宮。此電發後，即擬赴歐遊學……」(頁二八六)

此種計劃，為早年溥儀的思想，自為可取，然莊氏再三諫止(頁二八六—二九六)，加以「小朝廷」惡勢力之存在，竟不果行。一九二四年馮玉祥之舉動，與二年前溥儀本身之思想適相吻合。使莊氏果能順從溥儀意見，則「逼宮」之事可免，今日溥儀之地位或不致低落如斯！愛之適以害之，然於此亦可見溥儀自三歲即位以來，蓋無日不在他人支配中也！

莊氏謂慈禧太后之臨朝聽政，與破壞變法，為清朝顛覆之最大原因，以為光緒如能在位，則「日本明治之政績，或且見於前朝。蓋明治接位，早光緒七年；明治崩於光緒後四年也」。(頁七六)夫戊戌政變之失敗；實為中國之不幸；若但視為清朝一姓之不幸，則失之遠矣！戊戌政變之動機，在強一國而不在強一姓。使康梁但以維持清室而謀政變，則縱得成功，辛亥革命仍難幸免。

莊氏蔑視民國，無以復加。書中凡述及民國則加括弧或稱「所謂民國」，前既言之。彼復故作聰明，欲引世人入於誤解，稱「清朝皇帝」按字義講本非「中國皇帝」，并引國際條約上書「大清國大皇帝」而不書「大中國皇帝」為證(頁四六三註解二)，且以 Mayers「中國政府」一書(第一四二，一四四等頁)所論作解。(Mayers: The Chinese Government, London, 1897)然按中國歷史上習慣，一朝有一朝國號，一帝有一帝年號，如夏商周秦漢唐以至明清，無非為朝代國號，其為「華夏」「中國」如故也。漢唐與藩屬往來冊封詔書，均自稱「大唐天子」，固未背稱「中國天子」；清代條約上書「大清國大皇帝」，亦猶是耳。即民國清室優待條款第一條所載「大清皇帝」，亦取朝代名稱以示區別，並無疆域之意義存在。莊氏故作此論，其目的不外在表示滿清入主關內，係以大清國名義，為今日溥儀在偽國作張本，認為回返故土。然此種斷章取義，即莊氏亦無以自圓其說，徒為識者所笑耳。

莊氏雖欲正「大清」「中國」之名，然於確屬清室宮闈之事，則冠以中國二字。例如第二六九頁述莊和皇貴妃於一九二一年四月十四日死後，太監，王公子弟，以至其他三貴妃，即在屍旁檢奪遺產，分贓不勻，事泄：

「……遜帝欲懲之，經宮中大臣苦諫，求保全已死貴妃顏面，請勿加罪。於此可見中國「面子」重要之一斑矣。……」

夫搶奪遺產者為「清室貴胄」，請求保持顏面者亦「清室大臣」，果何從而加以中國二字耶？施諾在「遠東前線」中稱偽國稱華人為「滿洲國人」，然土匪及為非作惡者，則仍稱為中國人(頁二六三)，吾人除認此為蠢意而外，別無法可作解釋也。

本書第十章為「松壽老人」張勳之自傳，譯成英文，並殿以張氏死後之哀啓一節。在莊氏之意，欲借張勳，鄭孝胥及諸遺老王公之眷懷故主，以證明中國人民始終奉「龍天子」出現。故一則曰「中國人民對清室未嘗忘懷」，再則曰「即民國官吏對遜帝或小朝廷亦表示敬意」(頁三一六)。復以「明裔延恩侯朱煜勳」窮無所歸，仍忠事清室為證(頁三五○—三五三)。對於胡適之會見溥儀，及溥儀結婚時顏惠慶送禮稱「跪呈」等瑣細小事，靡不秉筆大書(頁三一六)，認為新知識之中國人，仍不忘故主。此等事實，不能證明中國人民對清室有「忠君」思想，然適足見中國人民對退位後之溥儀或清室，絕無惡意之表示，如今日偽國溥儀之所宣傳者也。

莊氏此書，矛盾荒謬之點甚多，然亦有數章頗足資為史料者，如第十三章述迴光返照時代之「小朝廷」，第十四章述「內務府」之腐敗，第十六章述皇叢之迷夢及希望，第二十章述宮內陰謀，將遜清遺留之腐化惡習，儘量記述，使讀者有「清朝不亡，是無天理」之感。然吾人若再披閱施諾所著「遠東前線」一書，對於今日政府發生之印象，以今視昔，誠有不寒而慄之感。

× × × ×

本年出版之「遠東前線」二版，較初版增加三章——今日之「滿洲國」，亞洲前途，中國之分裂。此外如一九三一年來中日間大事表，亦為初版所無。

施氏此書，純用新聞體裁寫成，故行文暢曉，無滯板之弊。施氏以為日本之在偽國，計劃百年大計，非偶然勝利可比。世界各國雖不加以承認，然無形中逐漸趨於「認識事實」(facing reality)之一途。中國對日，既失卻抵抗之能力與機會，遂以老子「無為哲學」自解，或則信仰精神力量過深，抱同化日人之樂觀。此種不可助長之危機，亟宜撲滅，否則東亞太平洋岸，惟有待日俄二國之決勝負耳(頁三○三)。

各國最近在偽商務，據施氏記載，二年來已退縮至無可再縮之地位。例如美國於一九三○年對東北進口貨超過一百四十萬鎊，而一九三二年則落至二萬鎊；英國以前每年約及二百五十萬鎊而一九三三年則退至半數。(頁二七五)同時日本對偽出口額由總出口額百分之三十增至百分之七十。一九三三年九個月日貨去偽已達五千五百萬鎊，(頁二七五)機會均等云乎哉？門戶開放云乎哉？

偽國鴉片專賣情形，自美代表 Stuart Fuller 在國聯提出後，頓成世界問題。然偽當局對於鴉片專賣及種植面積統計，諱莫如深。常人祇知偽國煙館之多而不明確實真相。據施氏調查，偽國日人百分之二十以上直接或間接經營毒業；鴉片產量，一九三三年之半官方統計為二十八萬磅，非官方統計則達二百萬磅之多。至教育情形，迄一九三四年夏，僅有事變前百分之六十之小學校開辦，中學更佔少數，大學則絕無僅有。而一九三三至一九三四年度之偽國預算，在總數三千萬鎊中八百四十萬鎊為軍費，教育費僅二十萬鎊而已！(頁二七○—二七一)

遠東形勢，日趨尖銳。日本之侵略政策，不特置中國於不顧，且隱然有排斥白人在太平洋沿岸之勢。中國既積弱無能，而英法美俄諸國欲保在遠東利益，則非力拒日本不可，否則惟有潔身引去之一途。然環顧今日國際情形，英法既無拒日之決心，美俄亦抱旁觀態度。俄對中東路交涉問題，看視海軍會議之結果而定資否，海軍會議之最後結果，則又視英美間之關係疎密而轉移。今日情勢，誠似一無窮盡之大圓圈。然中國之將來則如何？

「使列強不助中國，則中國之命運將如何？使日本軍閥得從容一步一步進行侵略，則中國又將如何？四萬萬日趨衰頹之人民，果能重獲新力量，再建中國，恢復長城內外失地否耶」？(頁二九四)

新刊介紹

興登堡自傳

Von Hindenburg著 魏以新譯

中華教育文化基金董事會編譯委員會編輯
二十三年四月商務印書館發行 定價一元六角

去年八月二日德國大總統興登堡逝世。全球震驚，而其本國人民，尤為哀悼。及是月十日國葬斷瀹，而筵宴不舉，尚有餘痛，蓋其功德及人，淪入骨髓也。考興氏幼習軍事，長成名將，舉國欽仰，際伊朝夕。方歐戰之初起也，興氏正休養山林，德皇威廉二世，素與意見不合，知戰局擴大，非得名將不易制勝。乃命使敦請興氏出山，興氏亦以國難方殷，存亡一舉，乃奮身報國，不計成敗。初發任東線軍務，一戰而俘擄俄軍無數，東普魯士遂以鞏固，俄軍不敢越雷池一步。德皇乃授以東線總司令之職，俾竟全功。越一年，復授以東西兩線總司令之任。以一身而仔肩全國興亡之重責，支持四年長期之戰爭；雖敵國聯軍，竭力進攻，終未使敵騎侵入德土，非興氏之韜鈐超衆，禦敵有方，曷克臻此。卒因處於四面楚歌之中，經濟乾枯，加以猶太人之掣肘，未能遂威廉二世之雄心。然興氏之功烈，固與歷史同垂不朽矣。厥後歐戰告終，威廉遜位；革命已成，政變迭起。一九二五年，德人思興氏之功勳，復舉為大總統。在職數年，全國翕然。一九三二年改選，希特勒與之競爭，所差僅六百餘萬票，卒得連任。消弭內鬨，抵抗外侮。最難者，國社黨勃起，宗旨本不相合，乃默察國情，畀希特勒全權，迨至臨逝後，有遺囑以告國人，謂「

金牌」之命，氣爲另一問題；而當此危疑絕續之際，終能匕鬯不驚，給楫穩渡，未始非興氏之餘烈也。

吾甚興氏之爲人，而苦不諳德文，不能詳考其事蹟。今興登堡自傳譯成，不覺大喜，詳讀一過。觀其書，乃興氏手著一生事蹟。共分五卷：第一卷，爲「一九一四年以前之戰爭，及和平年代。」乃記其少年學軍之事實，及初次戰征之狀況。第二：爲「東方作戰」即松山，馬蘇爾湖等處之戰爭。第三卷：爲「自接收最高統帥部至俄國之崩潰。」即一九一六年，至一九一七年之戰事，外交內政之事蹟。第四卷：爲「西線的決戰」即與法國之屢戰。第五卷：爲「超過了我們的力量」，即大戰之終，以訖歸隱。附錄：詳敘其閒居生活，別饒風趣，綜其平生環境，日在槍林彈雨中，幾令讀者驚心動魄。及閒至攜其幼孫，徜徉園圃，頗具蕭然出塵之概，又令人心目一蘇。至八年總統任內政績，全未一提，則以是書爲一九一九年所脫稿，故譯者自東方雜誌轉錄此文以補不及，非自傳原文也。

考此書之內容，皆以軍事爲主要，附以政治變遷，德國歐特曼博士序有云：

「興登堡在他的自傳中……把一九一四至一九一八年全部軍事和政治事變，加以提綱挈領的說明。因此這本書在長期時間內，還是將來歷史家的一種重要的參考資料，對於德國民族，可令他們想到俾斯麥時代德國之興感，想到歐戰期間，德國民族，與世爲敵的英勇的奮鬥，……」

當我國外侮日逼，軍事旁午之時，讀此書者，固有莫大之助，軍事家可爲圭臬，政治引作攻玉，復可爲歷史家之資料，都人士之矜式，故願廣爲紹介云。（玉年）

史學創刊

民國二十四年一月　國立北京大學史學社出版

第一期定價二角五分　景山書社發行

北京大學史學社近編輯「史學」雜誌，第一期已出版，內容皆爲北大史學系師生之作，有孟森氏清太祖告天七大恨之真本研究。按告天七恨爲清太祖興師之始，爲清開國史上一大關目。孟氏以天聰間所修太祖武皇帝實錄乾隆所修太祖高皇帝實錄及東華錄與金梁所刻滿洲老檔秘錄中所記七恨之說相校，知金氏秘錄實竄取東華錄以欺人。又據北大研究所藏天聰間木刻揭榜之七大恨文，知清實錄所修已多所改易矣。次爲蒙文通氏之古刑法略說，論先秦刑法以爲李悝而上，皆刑經而法緯，故刑可考，而法不易知，李悝而下，皆法經而刑緯，故法可見，而秦漢之刑雜等，自爲確論。次爲熊十力氏清歸州學正傳雨甥先生傳。錢穆氏唐武闕讓說釋疑。向達氏譯意大利人柏朗嘉賓遊記，治元史之學者所當讀也。張公量君之讀平淮西碑質疑，以爲韓愈所作平淮西碑文之遭斷磨，乃憲宗激於黨議而爲之，非文辭之虛實問題，乃黨爭的問題也，所論亦是。王崇武君之秦漢之戶口與政治，亦多可觀。此外尚有白壽彝君歷史和其他科學的關係，李麥英君從卜辭中所見的殷民族等。

吾國學術團體所辦之史學雜誌，前後雖有數種，然不幸皆已中輟，生滅不常。近者惟燕京大學歷史學會之史學年報及此新刊而已，此刊似亦爲不定期出版，欲其能如東京帝大史學會之史學雜誌，綿綿四十餘年而不中絕，則賴該社師生之努力耳。（彌）

國立北平圖書館書目 目錄類

蕭璋編　北平圖書館出版　民國二十三年印行

定價一元四角

北平圖書館既先後出版館藏方志目錄，善本目錄，輿圖目錄，新會梁氏書目，博野蔣氏書目等，今復印行館藏目錄類書目二厚冊，以爲將來普通書籍總目之一。該館普通書籍目所以遲遲未能出版者，以度藏宏富，分類及登記諸事綦繁，故先陸續編印分類書目以應社會之急需。而目錄之學，又爲羣籍之總樞，治學之門徑，因類以求書，免承學者望洋興歎之感，無披檢繁尋之煩，至爲便利。本編鑒依各門學術之目錄而分類，極便於檢查，不特可爲閱覽者之工具。即各地圖書館亦可資爲參考也。（唐）

學術界零訊

修建天一閣初步工程完竣

鄞縣（寧波）天一閣修建工程，于二十三年六月啓工·舊閣之修理·已于十二月中旬完竣，現擇于二十四年一月十日，將封存范氏詒設堂中圖書·移歸閣藏。此閣式樣，一切仍其舊式。中間照壁門八扇圖畫式，前刻黃梨洲，天一閣藏書記，後刻全謝山天一閣藏書記。閣下藻井，特請畫師袁建人先生手繪；其彩色圖案仿宋李明仲營造法式，爲海內所僅見。前後園林假山，亦均修理完畢，恢復舊有九獅一象之形狀，並補植花木多種。前池石上，加鑿「天一池」三字，集紀泰山銘八分書，以慰司馬之夙志。閣前原有東西兩亭，其東一亭，傾圮日久，今取豐道生臨蘭亭序石刻，嵌之於壁，外覆以亭，額之闌間，署曰「蘭亭」。復以豐道生書大悲咒，大慧禮拜觀音文，古篆敍論，張燕昌摹泰山石刻二十九字等石刻，嵌於東壁。藻井新出土宋齊報忠祠記，及明林至書殘石三方，亦嵌入南壁。近更雇工打拓閣藏叢帖三種，爲明薛氏晨刻義璐堂帖，豐氏坊刻萬卷樓帖范東明司馬鐫天一閣刻石，以張燕昌摹泰山二十九字附焉，合計三十六葉。修建委員會數月來會開會多次，討論一切，並決定凡捐款二百元以上者贈此帖一種，五百元以上者則三種全贈。至舊閣修建工程全竣後，委員會仍將依照原定計劃着手還建府學尊經閣于天一閣後此事當待明春着手。整理書籍及編印書目，則以經費不足，更將從緩圖。聞委員會以募款所得僅及萬元，已將用罄，第二步計劃未能進行，要擬于明春派員赴滬積極勸募，並希望各地籌募早日結束，將捐款匯甬云。

又聞鄞縣文獻委員會近以鄞西明遺民萬公擇先生（斯選）墓道荒蕪，發起重修，亦就地募款，定明春興工。浙省各縣縣黨令多有文獻委員會之設，而切實表揚鄉賢，則以鄞縣尤爲努力云。（蘇）

×　×　×

浙省輯印仙居叢書

輯刊鄉賢遺著以成郡邑叢書，在浙江省爲特盛。而浙省各屬之中，又以台郡爲著。宋世犖之台州叢書，既開此業之先河，而後賢紹述，如楊氏（晨）之台州叢書後集，金氏（嗣獻）之赤城遺書彙刊，葉氏（伯丹）之蔭玉閣叢書，皆蔚然可觀。喻氏（長霖）亦嘗輯遺著爲續台州叢書八三三卷而未刊。仙居故爲台屬，地方人士以前刊叢書收仙人著述甚稀，爰有仙居叢書之輯集。現由仙居人李秋鍔氏（鏡渠）蒐集編校，鄉人王卓夫（華）等爲之募集印資，第一集現已付印，所收爲唐項斯項于遷詩宋吳常湖山集元柯九思丹丘生集等，並從吳興劉氏鈔得萬曆仙居志，合爲十一種七十卷，約明年二三月間可公世。第二集亦已擬目十八種待審。浙省在民國以來刊印之地方叢書甚夥，近在刊行中之張氏四明叢書，已出一集，續積寬勦，正未有艾。處州叢書亦在籌刊中。仙居以一縣而刊叢書，既足以流傳舊著，亦以見台人乃心梓桑之篤也。（蘇）

本刊啓事

一、本刊除介紹批評國內外新出圖書外，凡海內公私家珍藏善本秘籍或舊槧殘編，願借與本刊或鈔錄其副，本刊極願表彰之。至於普通舊籍，而能加以一種新認識，足以發潛德之幽光者，此種文字，本刊願酌爲登載。

一、國內外有關中國學術研究之消息，如學會之成立，著述之刊行，古器物秘籍之發現，學人之蹤蹟等，可資溝通學術界聲氣者，本刊歡迎投稿。

一、本刊篇幅有限，介紹文字以一二千字以下爲宜，批評文字以四千字以下爲宜，但必要時不在此限。至文字之內容，以不涉空疏，就事論事爲要。

一、來稿本刊有刪改之權，其不願刪改者，須預聲明。

一、本刊今與北平圖書館參考組合作，在可能範圍內，願答復讀者關於圖書之出版及參考等之詢問，但來函須附足郵票。

圖書副刊

BOOKMAN
第六十二期

一　本刊登載關於中外圖書之介紹批評以及學術界消息，爲公開性質，歡迎投稿。
二　刊登本刊之文略致薄酬。
三　投稿通訊可寄「北平文津街國立北平圖書館內圖書副刊編輯收」

年來國內出版之經濟學重要書籍述評

千家駒

本文乃特約中央研究院社會科學研究所千家駒先生爲圖書季刊而作。全文共分三段：第一段評述年來出版之重要經濟書籍，第二段列舉新出之經濟書目，第三段爲新出經濟定期刊物之介紹，全文長約萬五千言。編者以此文性質應廣爲流通，故先付本刊發表，惟因原文篇幅較長，故將第二及第三兩段删去。第一段內之經濟年鑑述評，因本刊第五十八期有陳暉先生之介紹，亦予删略。讀者欲[illegible]全文，請閱下月初將出版之圖書季刊第四期可也。　編者

近幾年來國內的社會科學界似乎已從囫圇吞棗的翻譯外人著述移轉其目光于研究中國問題上了。假如有人能將一九二八——三十年國內出版的書籍拿以調查與統計，以與一九三二——四年者相比較，他一定會驚異于前一時期翻譯書籍之汗牛充棟，正與後一時期討論中國問題著作之風起雲湧，適成一個很好的對照吧。在文化處處落人後的中國，介紹西洋名著與討論中國問題當然是同樣迫切而需要的工作。但如果我們把社會科學視爲多少帶有地方性的科學，則自單純之介紹進而爲自己下手來研究，是不能不說爲進步之象徵的。因爲中國的社會發展情形，雖然有與西洋相共通之點，但它也有它自己的特種環境與經濟背景，決不是把外國的理論整套地搬了過來就能理解一切的。西洋的理論至多不過能供作他山之石而已。至于中國特殊的經濟問題，却正有待于我們自己的調查與統計，檢討與研究。近二三年內，無論是政府機關或公私學術團體，都漸漸肯注意到調查統計上來，這當然是可喜的現象。自然，這我們所指的是忠實的研究與著述，至如有許多人視此爲獵取名利之工具，馴至翻譯而謬誤百出，著述而東西抄襲，則非但無裨于學術，抑且爲文化界之不幸，並非本題所宜論列。

本文所述，乃以一年來國內各機關各學術團體出版之最重要的經濟參攷書籍，檢出幾部，以爲代表，略加評述，兼以紹介。至如次要的私人著述，雖其學術上價值有時或駕前者而上之，但以篇幅有限，亦僅列書目，而不加以月旦。他如性質比較重要的經濟定期刊物，其出版期在二十二年以後者，亦一並列入。惟因個人見聞有限，闕誤自知不免，尚乞海內方家有以教之。

一、中國經濟年鑑

分上下二卷，實業部中國經濟年鑑編纂委員會所編纂，上海商務印書館發行，民二十三年五月初版。上卷頁二三四一，下卷頁二六二七，附錄頁六十一。計分十七章：第一章「經濟行政」，內分上下二編，上編爲「一般的」，下編爲「特殊的」。第二章「地理」，上編爲「自然環境」，下編爲「經濟地理」。第三章「人口」；第四章「財政」；第五章「金融」；第六章「農業」；第七章「租佃制度」，上編爲「全國租佃制度總綱」，下編爲「各省租佃慣例述略」；第八章「林墾」，上編爲「森林」，下編爲「墾務」；第九章「漁牧」，上編爲「畜牧」，下編爲「水產」；第十章「礦業」；第十一章「工業」；第十二章「交通」；第十三章「商業」；第十四章「國際貿易」；第十五章「勞工」；第十六章「災況」；第十七章「華僑經濟」。全書約六百餘萬言，以量言，在國內誠可稱空前的一部經濟巨著。據該書序言中稱本書「雖然名義上是年鑑，實際上簡直是一本『中國經濟全志』，直接担任編纂的雖然祇有一百餘人，可是全國各專家各文化團體各大企業組織各關係機關乃至于各省市縣的公法團體，差不多都間接爲我們努力……在另一方面，我們編纂的時間，雖然不過一年，而各專家差不多都是把歷年的收藏心得的精華，儘量地加以編纂，當然也可以說是全國各專家數十年心血的結晶。」（見羅敦偉序）由此我們可知年鑑編纂的經過和成書的不易。一般而論，本書雖未能盡滿人意，但其中實不乏精審之作，如「地理」，「人口」，「礦業」，「國際貿易」，「交通」各章，皆頗費匠心者也。即其他各部，內容亦稱充實，讀者如能自首至尾瀏覽一過，至少對於中國經濟的地位可得一明確之概念。本書之更可稱許者是雖名「年鑑」，取材規定以二十一年及二十二年上半年爲範圍，但因屬第一次刊行，故對過去之重要資料，亦予以追溯，一並列入。此後他們打算每年刊一新刊本，這項新刊本僅列新材料而不與舊者重複，過了五年，即第六年就把牠全部改印，這他們稱爲「五年分段計劃」。這樣，一方面可以使讀者每年得到新材料；另一方面又可節省讀者的購買力，可說是兩便的事情。

但年鑑也不是沒有牠的缺點；特別是因爲牠所牽涉的範圍太廣，編輯的時期過短，有的專家固然能忠實于其所編纂，有的專家則不免粗製濫造，敷衍將事。最明顯的是有些錯誤或遺漏決非由于統計材料搜集之困難，也非由于編者能力之不足，而全全由于不負責任的疏誤。舉一二例來說，在金融一章中，第二節「銀行」（上卷E頁一五），內列「我國銀行一覽表」，竟把交通銀行的總行設在北平，浙江實業銀行的總行設在杭州，中國實業銀行總行設在天津，更有甚者，作者竟至於中央銀行的開設年月，資本額也闕而不註，不知是抄漏呢？還是眞不知道。又如把關閉已多年的銀行多列入表內（如五族銀行，中華匯業銀行，農商銀行，中國勸業銀行，民二開設之山東銀行……）此種倒閉之銀行，幾占開設行數四分之一。至于民國二十一年及二十二年上半年早已成立的銀行反多漏而不書。再如財政一章，亦僅抄錄陳書（賈士毅民國續財政史），于新的資料，幾無發揮。「災荒」一章，材料則嫌過于簡略，反遠不如時人關於此項著述的完備。諸如此類的遺漏與錯誤，俯拾皆是。既以「年鑑」名書，于材料之「新」與「確」似應稍加注意，否則「年鑑」與「史料」有何區別？吾人深望該會于一九三五年刊行新資料時，能設法改正或補充也。

二、中國實業誌（江蘇省及浙江省）

實業部國際貿易局編纂。江蘇省實業誌出版于民二十二年二月；浙江省誌出版于同年十一月。每省一厚冊，江蘇省計二一四九六頁，浙江省一七七六頁。緣實業部有一個分期調查全國實業的計劃，因中國幅員太廣，故分四期進行，由行政院委國際貿易局何炳賢局長董其事。他們每調查一省，即出一省的報告，目前出版者爲江蘇浙江兩省，山東省實業誌亦已編成，即可問世。

中國實業誌與中國經濟年鑑是一個工作的兩方面，他們「一方面從事於實際調查，一方面從事於統計數字的搜集，工作的方法雖然不一致；意義却是同一的。」（見陳公博序中國經濟年鑑）由此可知年鑑一書是着重于已有統計資料之蒐集；實業誌則着重在實地調查以發現新資料。

國際貿易局進行該項工作時規定以三個月爲調查期間，三個月爲編纂期間，即每六個月完成一省。以如此短促之期間完成此種巨大之作，其努力實有足多者。現將該兩誌內容分述于後：江蘇實業誌內分十一編：第一編「總說」，第二編「經濟概況」，第三編「南京及上海」，第四編「商埠及都會」，第五編「農林牧畜」，第六編「水產及漁業」，第七編「礦產」，第八編「工業」，內又分紡織工業，飲食品工業，化學工業，機器五金業，日用品工業，教育文化用品工業，及其他工業七項，計一二一〇頁，實爲全書精華所在，第九編「特種商業」，第十編「金融機關」，第十一編「交通」。關於江蘇一誌編製之優點與劣點，吳半農君與筆者曾作文詳述（圖書評論第一卷第十一期）茲不再贅。浙江實業誌計分十編：第一編「總說」，第二編「經濟概況」，第三編「商埠及都市」，第四編「農林牧畜」，第五編「水產及漁業」，第六編「礦業」，第七編「工業」，第八編「特種商業」，第九編「金融機關」，第十編「交通」。每編內又各分爲若干章。自各編名觀之，兩誌雖大致相似；惟每編內之內容則後出之浙江一誌較江蘇省似已大爲改進，尤其于材料之蒐集上，後者較前者爲精進，浙江誌較江蘇誌最顯著的進步就是在江蘇一誌中篇幅雖多而新資料太少，雖稱實地調查而其中大部分篇幅都被那從報章雜誌或公私團體個人著作中所轉錄的間接資料所占；但浙江一誌中，則直接調查資料較多，姑無論這種直接資料的正確性如何？要之，牠不失爲我們了解浙江省經濟地位之初步的原料也。

但在浙江一誌中，仍不免由于過度疏忽而發生的小疵，舉例來說，在第二編之第七章各縣貨幣情形中，首列一表爲「各地通用貨幣」，其中「本位」一欄，或塡「銀元」，或塡「銀洋」，或塡「過賬洋」。讀者不察幾以爲浙江有三種本位幣，但究其實，則不過「銀元」一種而已。所謂「銀洋」者即「銀元」之謂（用銀洋兩字，極易誤會爲銀兩與洋元並用，而浙江各地銀兩，久已廢除，故知塡表者之「銀洋」即指「銀元」而言。至「過賬洋」，僅用于匯劃或大宗銀錢交易之上，民間普通交易仍用銀元。故塡以「過賬洋」爲「匯劃之主位」實較正確，因表中各縣以之銀元爲本位者，亦未嘗不有用過賬洋，一表之內，名辭之不統一若是，適令讀者有無所適從之感。又如第二編第二章之「農佃制度」，將浙江之租佃制度分爲(一)分租制；(二)包租制；(三)永佃制。按此三項非租佃制度中之對立名辭，因分租乃指租額與租率而言，包租乃指承租之手續而言，永佃乃指佃佃之年限而言，且分租中未嘗不可有永佃之存在。此于分類上似欠斟酌者也。此種疏誤，他處亦時有發現，以國際貿易局諸君之努力，吾人深望山東一誌出版時，能予吾人以更大之滿足也。

三、申報年鑑（民國二十三年）

上海申報年鑑社編纂，民二十三年五月初版，全書一厚冊，共一三四七頁。

上海申報館是近年來比較最進步最努力的一個報館。他們爲紀念申報的六十週年，決定自二十二年起，着手刊行申報年鑑，第一次出版于二十二年四月；但因草創伊始，不免相有錯誤，現所刊行者爲民二十三年之年鑑（每年改編一次）內容重新改編，其充實與精審，均非二十二年年鑑所可同日而語。二十三年年鑑內容略分東北在中國之地位，國內外大事概述，土地，歷象，人口，黨務，政治，外交，國防，財政，金融，商業及外國貿易，農業及農村，林畜水產業，礦業，勞工現狀，海外僑況，交通水利及災害，教育，學術宗教及出版，合作事業，衛生狀況，國內大事日誌，世界便覽等二十五項。我們如把這次年鑑與上次的相比較，第一便可以看出是編制上的改善，上次年鑑中不但把政制，行政，立法，司法，考試，監察各別列爲七綱；且將「財政經濟」合併爲一項，重要如「農業」及「農村經濟」反無獨立的地位。經此次改編後，在系統上較前次不但整嚴，且亦得要。再則本書在材料之蒐集上編者頗費苦心，有許多直接統計資料，亦由該社自行通訊調查而得，以一報社而能從事及此，尤可稱難能而可貴。第三，本年鑑爲許多專門研究者共同合作的結果，故取材遠較上次爲精審，即如筆者感覺特別興趣者爲「財政」與「金融」「農業及農村」各項，其中除了少部分似應加以補充外，大體均稱完善，數字亦翔實可據。總之，本書無論在內容方面或材料方面，較之上二巨刊，均不容多讓；但其特點則又在其體積輕巧，定價低廉，讀者易于購置，且便于携帶，此則爲上二刊所不及。

但本書在編製及內容上似亦不無可以改善之處，例如「學術宗教及出版」一目，以「學術出版」與「宗教」並列，似嫌牽強；鄙意「學術與出版」似可併合于「教育」之內，將教育改爲「教育與文化」。又如「國內大事日誌」似可與「國外大事日誌」合併，改稱「國內外大事日誌」（內再分「國內之部」與「國外之部」）其地位可列在世界之後，似此系統更可整嚴。又如「交通」一目，其地位應排列于「礦業」之後，因交通實廣義產業之一種也。在統計數字上，似倘可以做到更精審的一步，數字來源在可能範圍內，應盡量捨棄次料（Secondary Sources）而引用原料（Primary Sources）。不幸在本書中，竟多引用次料之次料者，此種缺憾尤以「工業」一目爲尤甚。他如「金融」一目中，內列「全國銀行銀號信託公司儲蓄會一覽」，銀行與銀號，一爲近代式之金融機關，一爲舊式之金融組織，似應分列；信托公司亦不可兼併在內。且按該表所根據者爲「在財政部註冊者」，但有在財部註冊而未開設，或已開設而未正式註冊更有註冊而已倒閉者，故僅根據財部，遺漏仍所不免，此種資料吾人以爲處申報館之地位，即不根據現有材料，舉行間接調查亦非難事，凡茲所述，似屬苛責，但年鑑之事，本可年求精進，吾人愛護之深，遂不惜春秋責備之意，並深望該社改編二十四年年鑑時，百尺竿頭，可以更進一步也。

四、全國銀行年鑑（一九三四年）

中國銀行總管理處經濟研究室所出版，民國二十三年六月印行。全書約一千七百頁，定價八元。

本書之編纂，據緣起中稱：「自該室之「中國重要銀行營業概況研究」一書出版後，國人允爲研究我國銀行唯一可靠之資料與統計，更紛紛進而追詢全國銀行究爲若干？全國銀行資本若干？全國銀行存款，放款，發行各若干等等問題者，本室深覺難于作復，尤不敢不以完全，無確實根據之數字塞責，因時受此等問題之催迫，益覺銀行年鑑之編製不容再緩」云云。年鑑之材料，一部份固爲「參考該室所存之書報而加以訂正，其中大部分爲本室歷年自行搜集及最近直接調查之結果，其中有平素不易求得之資料，現亦儘量採用，俾臻全豹。」（見例言）

全書編制共分正編與附編兩部分，正編計八章：第一章「銀行大事述略」，第二章「全國銀行總覽」，第三章「各地銀行調查」，第四章「銀行公會」，第五章「銀

行法規」，第六章「銀行統計」，第七章「銀行人名錄」，第八章「銀行日誌」。附編中文分七章（自第九章起，）第九章「外國銀行」，第十章「錢莊與銀號」，第十一章「信託公司」，第十二章「銀公司」，第十三章「儲蓄會」，第十四章「保險公司」，第十五章「典當」。

銀行年鑑之編纂在吾國誠屬創舉，今以規模最大分支行最多之中國銀行從事及此，可稱輕車熟路，宜其事半而功倍。況銀行一業，在目前之經濟組織上，實占一重要之地位，中國銀行業之現狀，發展，及其動向，不惟爲金融界所當知，即研究中國經濟問題者亦須有相當之認識，是以銀行年鑑之編，其有裨學術，固不僅從事銀行者受益已也。但吾人讀後所不無遺憾者，本書材料雖稱「大部分不易求得者」，但究其實際亦不過其中一百四十餘家之銀行營業報告較可稱述，全書篇幅，多半根據此種營業報告書反覆演繹而得，但因此種營業報告僅有一年，故分析縱無論如何詳盡，仍難令讀者得一全盤的概念。吾人理想中之銀行年鑑，第一應將過去的歷史概要敘述（在本書第一章中雖曾將銀行大勢，動向略有敘述，然殊嫌其太過表面，且未能深中要點，）第二再將最近一年的發展情形，詳細描寫，然後將過去與現在互相比較，而闡明銀行今後之動向。不幸，年鑑編者未能充分注意及此，尤于中國銀行發展之歷史，背景，特質等，均乏正確之說明與認識，此豈因編者站在銀行家之立場，有不得不然之苦衷歟！

此外，年鑑之編制本身亦不無可議者，如銀行法規中頗多未注明係頒布于何年何月，如頁E，四十一，四十三，四十六，六十二等頁所載之條例，是其例證。又如外商銀行與錢莊之歷史亦未提及，至她們與中國銀行之關係更被忽略。第十章「錢莊與銀號」例言中雖稱其「分載各重要地點錢莊銀號之成立年月，資本……」云云：實亦不盡然，其顯著者河北省有北平，保定之銀莊，而天津反付闕如，豈天津之重要反不若北平保定歟？

如上所述，誠未免過于吹求，蓋以銀行年鑑之編輯，在國內爲創舉，雖編爲不待言。但以中行研究室諸君子治學謹嚴，成績昭著，故吾人不惜求全之責，深望明年年鑑能力求精進，更臻完善。若夫本書內容之豐富，分析之詳明，則事實已爲最好之證明，又不待吾人之煩言矣。

（未完）

新書介紹

大同古建築調查報告

梁思成 劉敦楨編 中國營造學社印行 民國二十二年出版 乙種定價一元

大同古雁門地，北魏時號平城，自道武帝宅都於此，迄孝文帝南遷洛陽，凡九十餘載，爲南北朝佛教藝術中心之一。隋唐間中落。石晉天福初，地入契丹，遂爲遼金二代陪都，稱西京者前後二百餘年，梵刹名藍，遺留至今，有華嚴善化二寺，馳名遐邇。今大同內城，則爲明洪武五年徐達所築，景泰天順間，復增南北二城，爲明代北邊重鎮。自光緒二十八年（一九〇二）伊東忠太沙畹等相繼調查雲岡之後，其藝術價值始播揚於世，而大同亦爲中西游屐觀摩之地矣。

中國營造學社社員梁思成劉敦楨二氏於二十二年秋特至大同調查華嚴善化二寺，測繪攝影，皆極精密，爲吾國學術團體正式調查古代建築物最有系統之報告，前乎此尚未之聞也。此皇皇一厚冊，而定價如此低廉，以視國外此類出版物，動輒以十數元計者，益令人發深省焉。此種工作，他人代庖久已，今讀此編，不覺欣然有動於中！

吾國現存最古之木造建築，現在所知，莫過於遼金時代，一爲河北薊縣獨樂寺觀音閣及山門，（遼聖宗統和二年建），一爲遼寧義縣之奉國寺（遼聖宗開泰九年建），其三即大同華嚴善化二寺也。此三處之調查關野貞等雖已先我出書，然其從事之期，蓋在營造學社之後，不過用我國庚子賠款之財力與其印刷之便利，故其書得先出版耳。關野氏之書，僅係圖版，尚無說明，可知其成書之倉促。

華嚴寺在大同內城西南隅，自遼金來號爲巨刹，至明時始析爲上下二寺。上寺有大雄寶殿九間，尚存金源舊狀。上寺東南爲下寺，有薄伽教藏殿，係遼時華嚴寺藏經之所。教藏建於遼興宗重熙七年（一〇三八），則華嚴寺當在此時以前也。教藏左側爲海會殿，亦遼代建築。

善化寺古普恩寺，在大同內城南門內，俗稱南寺，其中大雄寶殿，普賢閣皆爲遼代之物，年代不明。按關野氏「遼金時代之建築與其佛像」中，認善化寺中上鼓樓亦爲遼時建築，此書未提及，未知其確否。寺中三聖殿及山門，則爲金時所建。凡此，本書皆有詳細之調查與測繪。城中東西南城樓及鐘樓，爲明代建築，此書亦並及之。吾人望此種工作更繼續有發展之機會也。（彌）

× × × ×

同治重修圓明園史料

劉敦楨著 中國營造學社印行 民國二十二年出版 定價六角

北平西北，羣山連亘，自太行迤邐東趨，若天然屏障，其下陂陀起伏，流泉環帶，泉之巨者曰玉泉，東南匯爲昆明湖，餘支衍曼，春夏之間，萍藻蒲荇，交青布綠，野禽沙鳥，出沒翔泳其間，無殊江南風景。自遼金以來，創行宮於此，遂成燕北名勝。胡元以降，舊日離宮，雖已蕩爲烟雨，而戚畹之別業，權豪之墳院，綜錯以間，十里以內，紅樓飛閣，與夫梵宮珠塔，窈窕相望。清室入關之始，軍事倥傯，初無意於土木，迨三藩平定，海內乂安，康熙南巡，樂江南湖山之美，乃於此初治園林，築暢春園（海淀西及清華園一帶），靜明園（玉泉山）香山行宮，熙春盛暑，大都駐蹕諸園。

雍正踐祚，復有營建圓明園之舉，園在暢春北里許掛甲屯，本爲康熙賜雍邸私園。自此以後，經乾隆之恢宏，諸帝亦代有增築，以國家財力經營之，遂爲國運興替所繫也。咸豐十年英法聯軍進逼北京，舉五世經營，與百餘年之積蓄，付諸可憐一炬，識近世史者，每憤英人之殘暴，引爲奇辱。同治十二年，復有重修圓明園之舉，蓋出於慈禧之旨意。然修築將及一載，復正式宣告結束。光緒中葉雖經一度小修，乃不旋踵復遭庚子之變，摧毀迨盡，遂永無復興之機。一代鉅工，化歸烏有，後之人觀摩切睽，無所憑藉，徒增西風殘照之感耳。

此書彙整理北平圖書館所藏「樣式雷」文件雜記及燙樣並參以故宮文獻館所藏清內府檔案，互相參較，以推求斯園變遷之跡，雖規經世亂，而文獻猶足徵也。（彌）

× × × ×

中國近代史

李鼎聲著 光明書局發行 二十二年九月出版 實價每冊大洋一元

最近幾年來關於中國近代史的著作，有李泰芬的中國近百年史，高博彥中國近百年史大綱，孟世傑中國近百年史，梁東元中國近代史等。李泰芬氏之作，似已成過去，而高孟二氏之作，華北各高中多採爲教本，然似猶不及梁東元之作爲進步。最近出版李鼎聲的中國近代史，在某幾點上，較前幾種更能令我們滿意。

這書的內容，從量的方面說與高，孟，梁諸人所作差不多，都是從鴉片戰爭起到熱河淪陷止。全書共四百三十二頁，除緒論外共分十八章。文筆簡明流暢，不亞於高孟，而組織結構似有過之，如於每章首端附有「提要」，爲全章之縮影，章以下依史事分節，節中各段均附有簡明清晰的眉標，在章末除附有便於記憶的「復習問題」外，並提出「研究問題」若干則，爲研究之目標，頗便於自修或教學。

其次從質的方面說，此書亦多可稱之點。他以辯證法的法則去說明近百年來中國社會受國際資本主義的商品與金元的襲擊，因而引起中國社會政治經濟所發生的劇烈變動的原因及其成果，也叫是說明中國民族殖民地化的過程，以及在這過程中所發生階級的分化與革命洪流的高潮及其泛濫，在整個的歷史線索上把握了世界史的一環。

這本書的好處很多，用不着辭費，但有幾點似乎是美中不足。

一，是忽視了文化生活的史實，現在新的史觀裏面，雖偏重於人類文化生活的記載，却是不能說明文化興衰遞嬗的全過程的歷史，這點著作在緒論裏也曾提到，但此書既名爲「中國近代史」，關於文化方面，雖不必如何精詳的說明，但亦當明其梗概，才無遺漏之嫌。偏重固可垢病，若完全略而不提，便不能了解全社會的各種形態的反映與關聯，在解釋史實上便缺少了一個有力的論證。而李氏僅在緒論裏面提到「中國文化與世界文化交流的影響，」一句，以後各章，完全沒有提及，似覺遺憾。

二，解釋事象有近於牽強附會，如關於敘述乾嘉間的「臨清事變」，「台灣事變」及海盜搶劫，李氏却小題大做，認爲農民革命鬥爭（六十九頁）還未免有些強調牽理。至於眞正的民族反帝運動的「九五」慘案，「三卅一」慘案，反而一字不提。這不但輕重倒置，而是把重的完全忽視。

三，事變的因果，說明似嫌不夠，如辛亥革命的原因（三百〇七頁）「五四」運動的歷史意義（三百三十七頁），只浮泛地膚淺地去估價，沒有具體的充分去說明。至於「一二八事變」（四百二十三頁）把一般的因果說到，關於重要的特殊原因與結果，沒有盡說明的能事，只是說了一句不負責任的話：「讀者查一查當時的報紙，就可瞭然於胸，」這是不能令我們滿意的。

四，在把近代史全部敘完之後，照例應該有個總結，這個總結的性質，一方面作爲全書總結；另一方面根據已往史實的變遷以推測將來，即對於今後中國社會的演變，革命的動向，民族的前途等作個梗概的說明或暗示，才不負研究近代史的作用。可是，李氏在末章雖標題爲「九一八事變以來的中國民族之危機，」但是並不如所企望的敘述，即是隨着時代而來的一切，李氏完全沒有提及，僅在書末作「冷嘆」似的說了一句：「我們作相當的準備」，究竟如何準備。還是個不得而知！

總起來說，此書雖然有了上述的些許缺點，但是對整個的量和質兩方面沒有多大關係；便是說全書的優劣兩相比較起來，優點多於劣點，因此仍不損全書的價值。（胡御銓）一九三四，四，一日

新書簡訊

古史研究第二集

衛聚賢編 商務書館發行 二十三年出版 定價二元

這是衛聚賢君研究中國古史的三個「方法」中的第三條「戰國時中國學術突然發達，若不知其受外來的影響是講不通的」的論文結集。我不知衛君所謂「方法」是不就是胡適之先生們所認爲科學方法的「假設」那個詞兒，如果以戰國學術受外來影響的研究爲「方法」，我們實在懂不得那是什麼話。衛君爲學好膽大而不心細，似乎只缺乏一點沉穀的功夫。

這書是學古史辨的辦法，也把許多人的文章都集了攏來成一部論文集。在這裏邊使我們知道墨子是印度的婆羅門教徒，又由婆羅門教徒一變而爲亞拉伯的回教徒。又使我們知道許多不可靠的史料都成了第一等的原史料了。可惜他們不知道中國人原來還是埃及人，他們如果讀到德古納，拉克伯利，金斯彌爾諸人的書，也許他們還更歡喜哩。（宣）

× × ×

今日之歐洲

鄭公玄編 商務書館發行 二十三年出版 定價八角

歐戰以還，全世界均重入熔爐，另成一新局面，而受歐戰影響最深，變革最劇者，則無過於首當其衝之歐洲，而予吾人之教訓，亦以歐洲爲最富。本書之目的，即在將歐洲各國過去現在未來之三方面。全書列爲三編，第一編歐洲之歷史背景，敘西羅馬覆亡以來，政治經濟之演進，政治區域之形成，帝國主義之發展，歐洲大戰之因果。第二編論歐洲各國之現狀及歐戰以來政治區域之分化，制度之興革，經濟之轉變，國際之形勢，以明歐洲三十六個政治單位之內幕。第三編概論歐洲之經濟與政治，及世界經濟衰落對於歐洲之影響，各國應付之策略；共產主義之試驗與法西斯蒂之勃興，及今後政治經濟國際關係之趨勢，俱有論列，行文亦流暢可讀。全書二百六十五頁。（虛）

圖書副刊
BOOKMAN
第六十三期

一、本刊登載關於中外圖書之介紹批評以及學術界消息
　　爲公開性質歡迎投稿
二、刊登本刊之文略致薄酬
三、投稿函訊可寄「北平文津街國立北平圖書館內圖書副刊編輯收」

書評

明代倭寇考略

庚年

陳懋恆著　哈佛燕京學社出版　二十三年六月印行　定價二元八角

近年來，研究明史者日衆，其中多以北虜南倭爲題，而南倭之研究尤多於北虜；豈以强隣逼境，將於故紙中鑑往知來乎？余所見海內近著，有李晉華氏之三百年前倭禍考，柳翼謀氏之江蘇明代倭寇事輯，及葉克明氏之嘉靖間倭江浙主客軍考。其餘短篇論著，有關倭寇史事，散見於各雜誌者，不遑枚舉（如嶺南學報，建國月刊，俱曾載此類著作）。李氏所著，爲中日通史，不專記明代之事，自不免簡略；而柳氏僅限於江蘇一省之寇禍；葉氏又專記主客軍之事蹟；體例既不同，故記載詳略去取亦各異焉。陳氏明代倭寇考略一書，體制明晰，編纂得法；其中除引言結論外，共分六章：計爲倭寇之來源，倭寇之原因，沿海各省之倭禍，倭寇之伎倆，倭禍之斷定等六項。每項之下，又分細目數則或十數則不等；分門別類，提綱挈領，條理井然。至於入寇各地及沿海衛戍，俱作圖以表之，尤清眉目。其餘如戶口損失表之分列，校諸以數目字計者，明晰實多。綜覽全書，取材豐富，編製謹嚴，實堪欽佩。然於是書愛之也深，不免責之也重；茲敢是書懸爲商榷者，分別列出，略作討論。然所見有限，是否得當，尙祈同好之士共正之。

（一）「倭寇之來源」及「倭寇之原因」兩章，叙述尙稱詳密；惟大寶時日本入貢使臣往還之事俱附入，似頗欠妥。雖貢寇往往相連，但明廷强盛之時，日貢頻來，表辭恭順；明廷亦詔使屢遣，封號屢加；似與入寇無涉。應別分爲一章，如籌海圖編，分王官使倭事略，及倭奴朝貢事略各爲一篇，最爲得體。著者於他事俱分條標列，此獨合寇貢爲一，似應爲斟酌者也。

（二）明代倭寇之禍，前後二百年，縱橫數千里，破城池以百計，傷兵民至無算，江南財富爲所蹂躪，天下精兵爲之喪亡；此論倭寇者所當詳細考訂；察其往來之跡，訪其出沒之由，詳其勝敗之事者也。今此書僅爲遼東，山東，江南北，浙江，福建，廣東等六省倭禍表以分列之，似嫌簡略。豈以記載倭寇事蹟，專書已多，固爲略人所詳乎？然江浙兩省之寇，最難劃分；蓋是時倭寇出沒無常，倏忽千里，江浙連境，往來自如；即如平望王江涇兩鎮，爲倭寇往來必由之路，屢遭劋掠；雖兩鎮相距僅十餘里，而一則隸蘇省之吳江，一則隸浙省之嘉興；其入寇之事則一，以表分之則爲二，似未妥善。

表中所載，遺漏尙夥，如谷應泰沿海倭亂始末有云：

> 永樂四年冬十月，平江伯陳瑄督海運至遼東還，値倭於沙門，追擊至朝鮮境上，焚其舟，殺溺死者甚衆。

此爲本書遼東倭禍表所缺。又明太祖實錄有云：

> 洪武二十二年十二月甲寅，山東都指揮僉事周眞奏：近者倭船十二艘，由城山洋艾子口登岸，刼掠寧海衛；指揮僉事王鐸等敗之」。

此亦山東倭禍表所缺。又萬歷崇明志云：

> 洪武三年秋，倭寇來崇明，劉掠殆盡。

又國朝典彙云：

> 洪武二十八年四月，倭寇金山。

此又爲江南北倭禍表所缺。吳江縣自嘉靖三十三年至三十五年，連歲俱有倭寇；而表中僅有三十四年鶯脰湖一捷。又錢薇處倭議云：

> 洪武十九年倭船九艘，寇水尖亭。

又浙江省志引象山志云：

> 永樂十四年倭犯象山，軍民奔散一空；舉論蔡福罪聽死……。

此爲浙江倭禍表所缺。又錢薇處倭議云：

> 洪武四年倭船二百艘寇掠樂淸縣。

又籌海圖編云：

> 洪武二十二年十二月，倭寇海寧。

此爲福建倭禍表所缺。又明太祖實錄云：

> 洪武十三年八月丙戌，倭夷寇廣東海豐縣，殺掠吏民；詔廣東都指揮使司率兵討捕之。

又籌海圖編云：

> 洪武二十二年倭犯廣東潮海。

此又爲廣東倭禍表所缺。此外遺漏尙多，不一一舉出矣。其餘年月之錯誤，如江南北倭禍表第一行，入崇明，四月而誤爲二月。浙江倭禍表，永樂十六年，內官張謙敗倭金鄉衛，明成祖實錄作十五年；俱宜更正。表中月分往往不載，而按諸原書，大都可得；此亦宜添註者也。

（三）書中「倭寇之首領」一章，所載寇名亦未全備；如洪武四年海寇鍾福全李夫人等，挾倭船二百艘，寇海晏下川等地（見籌海圖編）。同年，海上民沈保宣，用竹筏載倭登掠海鹽（見光緖平湖縣志）。洪武二十四年八月癸酉，海盜張阿馬引倭夷入寇（見明太祖實錄）。此數人之名，亦宜列入。

（四）「倭寇之戡定」一章內第三節「將帥」僅記七人，似亦未備。當時名將輩出，戰蹟甚偉；雖不能羅列，亦當分立數表。將帥如李遂，曹邦輔，周如斗等，戰將如董邦政，曹克新，鄧城等，籌畫如徐渭，茅坤，皇甫汸等，守城如鄭茂，楊芷等，遇難如王鈇，唐一岑，錢錞等；以見其指揮之有方，戰功之彪炳，計畫之周密，防禦之困苦，遇難之忠烈，庶爲完備。又「調兵」一節，尙缺嘉靖三十二年五月所調山東長槍手六千；又「民衆」一節亦缺吳江生員周大章沈詰等名，均宜修補者也。

（五）考當時朝野議論，禦倭之方法甚多，籌餉之經過，亦極爲重要；此書未見提及，似宜附諸末章，撮要記之。

（六）綜覽此書，引用各書約七十餘種，共採取不可謂不多。然有關倭寇重要書籍，尙有數種未見采用。如專論倭事者，則鄭若曾江南經略，鄭鍾籌海重編。專記一處者，則吳蘂海寧倭寇始末，張之純江陰倭事舊聞。方志有關倭寇較爲重要者，則乍浦志，平湖志。奏議，則王忬思質奏議，嚴嵩南宮疏略。文集，則趙文華家藏集，徐階世經堂集，張萲水南集。兵法則王鳴鶴登壇必究，茅元儀武備志。海防則范淶兩浙海防類考續編，方孔炤全邊略記。雜記，則何良俊四友齋叢說，李詡戒菴漫筆等書，似均宜擇要采錄。以著者爲學之勤，此書既成，已有基礎，然後作精細之探索，則他日所成將何可限量哉！此吾人所爲引領以望者也。

年來國內出版之經濟學重要書籍述評（續）

千家駒

五、廣西年鑑

廣西統計局編纂，民二十三年出版。全書八四五頁，序及目錄二十一頁，非賣品。

這是一部地方年鑑，但其內容則以經濟爲主體。在從前東北文化社曾編過一部東北年鑑，亦爲地方性質，但自九一八事變後，即未能賡續。故以一省之年鑑而論，本書可稱開風氣之先聲。

本書內容大要分：土地，氣象，人口，農業，漁牧，蠶蜂，林業，礦業，工業，勞工，商業，金融，交通，財政，教育，司法，宗教，社會問題，政務，保安，外交，共他概況等項計共二十一目。其中多以統計數字爲主，法令條文之類，摘錄甚少，是其特色。

語其內容，大體上可稱充實，尤其是關於政府機關的統計數字，較爲翔確可據，例如土地，人口，林業，礦業，交通，財政，教育，司法，政務，保安，外交各部分，均爲比較原始的材料，編者或據政府機關之統計，或據自己之間接通訊調查，編制時且曾加一番整理工夫，非若一般之僅以轉載現有資料爲滿足者之可比，讀者瀏覽該書，不惟對廣西之自然環境，經濟地位，社會背景有一明晰之概念，且對新廣西之種種建設，亦得有更深一層之認識，其意義實不僅供該省施政者之參考而已。

吾人所引爲美中不足者，本書除上述行政方面之統計數字外，關於經濟方面，似尙有更求精進之必要。例如農業一章中關於農業經濟之內容十分貧乏，工業一章中，「手工業」一節材料之可靠性如何，亦殊疑問，此外若「金融」，若「商業」等章無不因直接調查資料較少，但根據通訊調查恐仍難得其眞相，所幸現在廣西統計局工作，乃蒐集現有資料與舉行實地調查同時並進，此後如能將實地調查所得以補充或改正現有之統計數字，則廣西年鑑之必將做到「數字不造謊語」，亦可斷言。

最後吾人願重複黃旭初先生在本書序中之一語：「此後當力求按年減少其不準確之數量，而日增其較可靠之事實」以爲廣西統計局諸君子勗之。

六、中日貿易統計

中國經濟學社中日貿易研究所編纂，中華書局發行，民二十二年六月初版。全書正文二三三頁，附錄一一〇頁。內統計圖計十八，統計表三十二，附表九。

本書爲我國對外貿易統計中分國統計之一部先驅的巨著。以前國立中央研究院楊端六氏有六十五年來中國之國際貿易統計之編輯，依據關册，加以分析，學者頗以爲便，但因楊著爲對外貿易之一般統計，對於分國統計，尙付闕如，本編之作，一方面固爲補充楊著之不足，同時，當今中日關係反常之時期，亦足供我人研究該兩國經濟關係者之參考。語云：「知己知彼，百戰百勝」，茲編之作，意在斯乎。

中日貿易研究所爲中國經濟學社所設立，本書即該所工作成績之一，主其事者實爲蔡正雅先生。編制時據聞其間屢經挫折，經著干人之努力，凡十閱月而後脫稿，編排校印，歷時約一載有餘，蓋成書之不易可知云。

統計數字本甚枯燥，編制此類書籍，尤爲類苦而不易討好之工作，茲編幸以蔡君治學之嚴正，編製之審愼，初稿復得國內外專家如蔡灼三，楊端六，王仲武，Ward Taylor諸氏之參訂，不惟編製新穎可讀，且圖表詳明，數字正確，尤足爲研究統計者之式範。全書內容要分二篇，「篇一」爲文字叙述，「篇二」爲統計圖表。篇一中先之以「提要」，續述「我國對外貿易概況」及「輸出入品之分類與主要商品之實値與國別」，次述「我國對日貿易之概況」，內又分六節：一，我國對日貿易概況。二，日本輸入我國貨品分門分類之比較。三，我國輸日貨品分門分類之比較。四，日本輸入我國主要貨品之分析。五，我國輸入主要貨品之分析。六，遼案事變與中日貿易。再次述「日本對外及對華貿易概況」，內又分：一，日本對外貿易概況，二，日本輸出入品之分類與主要輸出入品之實値與國別，三，日本侵華與對外貿易，四，日本對華貿易之主要輸出入品與貿易港別地區別及季節性等項。篇二則爲統計圖表，爲本書之主要骨幹，但因有篇一之說明，讀者遂不感其枯乾之味。

本書之優點自在其內容之豐富，關於中日貿易關係有一詳盡無遺的分析，讀者手此一卷得於我國對日及日本對華兩國貿易之歷史的，商品的，地域的特色均有一明確的概念，有一數字根據的觀察。在編制上本書雖與楊著有相類似之點，但在商品之分類上則較楊著已進步甚多（楊著將生絲，生鐵，獸皮列入製造品門，以致我國製造品之輸出反過于原料及半製造品）。同時本書圖表之前，先以文字之叙述，序中所稱「論以綜其說，往以詳其證，而冠以提要，雖不暇卒讀，檢閱篇首，猶得概要」，誠爲本書之一大特色。但本書亦非無懈可擊者，其最著者莫過于計算之錯誤，如一四九頁內列我國對外貿易國別表(甲)輸入淨値實數(net import)，按此所謂各國對華「輸入淨値實數」如何求得，書中雖無說明，但據吾人所知，蓋係將「各國洋貨直接由外洋進口之貨値」(Value of the Direct Import from Each Country) 減去「洋貨輸往各國之貨値」(Value of the Re-export of Foreign Goods to Each Country) 而得。假定日本于民二十年輸入我國貨値爲三萬萬海關兩，而同年經由我國輸往日本之復出口洋貨爲五千萬關兩，自三萬萬關兩中減去五千萬關兩即得出「淨輸入數」矣。但此項計算實屬誤謬，蓋復出口往日本之洋貨五千萬兩，不必即爲日本總輸入中再行輸出。自全國輸入總値中減去全國復出口貨總値固可得全國「淨輸入總値」，但各國之總輸入中減去向該國再輸出之洋貨値則不能得該國之淨輸入値，以關册所登記之復出口貨乃爲 to Each Country 非 from Each Country，在總計上 Re-export to each Country 與 Re-export from each Country 固可相等，在國別上，某一國對華輸入貨物而後復行出口之貨値（關册無國別登記）與他國貨物經由我國而復行出口至某國之貨値，固爲截然兩事，不得並爲一談也。因此表之錯誤，遂致隨甲表而來之乙表「輸入淨値指數」，丙表之「占輸入總淨値之百分數」遂亦連帶錯誤矣。

七、江蘇省農村調查　浙江省農村調查　陝西省農村調查　河南省農村調查

共四冊，行政院農村復興委員會出版，民二十三年商務印書館發行。農村復興委員會自成立後，即擬舉行各省農村調查，最初舉行者爲浙蘇陝豫四省，（尙有桂滇二省亦已舉行調查，報告尙在整理中）用抽樣調查方法，先于一省中分區抽選若干縣份，然後于每縣作一概況調查，根據概況調查所得，選定縣各經濟區域之若干代表村而作挨戶調查。調查對象爲農村中之「土地分配」及「政治概況」，調查期間定爲二月，整理期間亦爲二月。現所發表者，爲該四省之調查報告。

報告編制方式則江蘇與河南完全相同，計分五章：第一章「緒言」；第二章「地權底分配及農田底使用」

書江安傅氏跋永樂大典後

志嘯

民國十五年，江安傅沅叔先生，以其珍藏永樂大典卷二六一〇至二六一一，共二卷一冊，委版影印，以享儒林。凡紙幅大小，書衣簽題，硃絲闌格與句讀，悉仍原式，毫不爽甲乙。原爲七皆臺字韻，存御史臺五御史臺六二卷，所錄爲南臺備要，烏臺筆補二書。南臺備要，紀元代御史臺典制沿革，治所變遷，官職除授，風憲政置，與夫臺官品秩，吏員祿米，職權行使，皆秩然臚列。烏臺筆補，記歷代御史沿革變遷，職掌品級，並瑣事遺聞，共約五十條。末附趙世延馬祖常等監院題名記序，尤足爲研究御史制度者之一助，補元史紀載之闕文。凡研究官制，監察制度及刑制與經濟史者，當可視爲寶貴資料也。

傅氏跋云：

「此二卷所錄，爲南臺備要烏臺筆補二書，皆不詳何人所撰。大典所引書目亦不載，當時館臣所遺也。考錢氏元史藝文志，載宋元代南臺備紀二十九卷，與此標題小異。其卷帙多寡懸絕，決非一書，疑此乃就宋氏書節錄而成，故開卷即錄宋序，其中行臺條畫三十，則見於元典章，然糾察鈔法條款一則，典章即漏失不錄，其餘逐年增修條例，及臺官品秩，員吏祿米，與夫省併遷移始末，多出典章之外。烏臺筆補前有序文，亦失撰人。所載例文凡十三項，而附以題名記碑文諸篇，亦他書所未見，足補元史之缺。真秘笈矣。(下略)

考南臺備要一書，大典錄宋元岱序，略謂：

至元十四年，……立行臺於維揚，……以式三省，以統諸道，即今江南行臺御史之在集慶者也。……中臺官并其官屬之名氏，除拜之歲月，……撰爲……憲臺通紀。……前公守簡，由中臺侍御史，授湖廣行省左丞。……告諸同寅曰「竊覩通紀，固爲嘉書，然在我臺，事多未悉，宜別爲紀籍，以備觀覽。」……迺命掾屬劉孟琛，李共肆采生劉敏，楊選……披閱經案，稽覈故實，裒輯成編。……

是此書乃補憲臺通紀之遺，而其撰人爲劉孟琛，至爲明晰。元志職官類與四庫職官存目，皆著錄劉孟琛南臺備要二卷，(四庫作孟保，蓋鈔印之誤)觀大典所錄之多，殆全部收入也。烏臺筆補，補遼金元志，補三史志與志元職官類，皆著錄之，作十卷，王惲撰。原序稱他人皆書官銜名姓，於王惲則僅稱左司都司惲而略其姓，或係自序。傅氏跋謂此二書不詳何人所撰，並疑南臺備要爲由南臺備紀節錄而成，[illegible]元志職官[illegible]錄在一行，[illegible]版本目錄之[illegible]千慮之失歟？

新書介紹

清代燕都梨園史料

北平琉璃廠邃雅齋印行 民國二十四年 甲種定價十一元特價七元七角 乙種十元特價七元

戲曲之學，[illegible]

[illegible]

，第三章「五年來地權分配及墾田使用的變化」，第四章「租佃制度及其近年來的變革」，第五章「鄉村政治及稅捐」。後爲附錄，附錄內列調查日記及分村表。陝[illegible]

[illegible]

八、中國鹽政實錄 財政部鹽務署鹽務稽核總所編纂，民二十二年十一月出版，全書分四百餘頁，共約三千頁。[illegible]（完）

新書簡訊

蕭伯納傳

黃嘉德譯 商務書館發行 二十三年出版 定價二元 四八八頁

最近有兩種蕭伯納的傳記出版，一是李德生(A. Henderson)所作，李德生是蕭的老友，他的書是得到蕭的許可而作的。這本黃譯蕭伯納傳是一個愛爾蘭的大作家赫理斯(F. Harris)所作。赫理斯作這傳時，蕭很不贊成的樣子，後來由完全不贊成的態度轉到有條件的合作，我們看了書中蕭寫給赫理斯的幾封信，「很像維多利亞時代的淑婦含羞拒絕的意味」，然而赫理斯的傳終於出版了。我們讀了赫氏這本書，確如林語堂說的，津津有味，有骨氣，有風格，有諧謔，有深思，有雋語，有觀感；而李德生的卻只會作發皆中節的濫調，說不偏不倚的公道話而已。這譯本也還能夠相當的表現原文的好處，我說相當的，是因原翻譯文學名著不是一樁容易的事，只能說相當的而止。(龢)

莫斯科十年記

楊懿熙譯 商務書館發行 二十三年出版 一七八頁

在這個年頭，俄聯的一切，似乎都是我們想要知道的，左也罷，右也罷，而我們總得應該知道，而且希望能夠知道的多些，正確些。我們曾經到那邊去過回來作有報告的，如胡愈之的莫斯科印象記(新生命書店)曹谷冰的蘇俄視察記(大公報社)，都銷行一時。譯外國文的有樊仲雲蘇俄訪問記(新生命書店)，邵宗漢的蘇聯印象記(S. Webb著生活書店)。不管各人的印象如何，我們總想多讀些，能夠多明白一點。這本莫斯科十年記的著者是A. Wicksteed，他在莫斯科做了十年的寓公，曾經寫過別的關於蘇聯的書。他自己說，他在那兒的生活是非常平凡的，又說，這書中關於一切的行爲和事實的記載，都力求真確，毫不臆造。不管如何，我們讀者。(龢)

國學論文索引三編

劉修業編 北平圖書館發行 二十三年出版 定價一元

此爲中華圖書館協會叢書第二種，皆由北平圖書館發行。按索引工作爲學問上一種方便之門，蓋以一二人之勞作而省多數人檢尋之時力；對於承學之士，尤有莫大裨益。該館前既發行文學論文索引及續編，又國學論文索引及續編，此爲三編，共中所收國內出版雜誌共一百九十二種，約由民國十七年至二十二年十二月止。共分十七類，其排列次序與前編略同。(志)

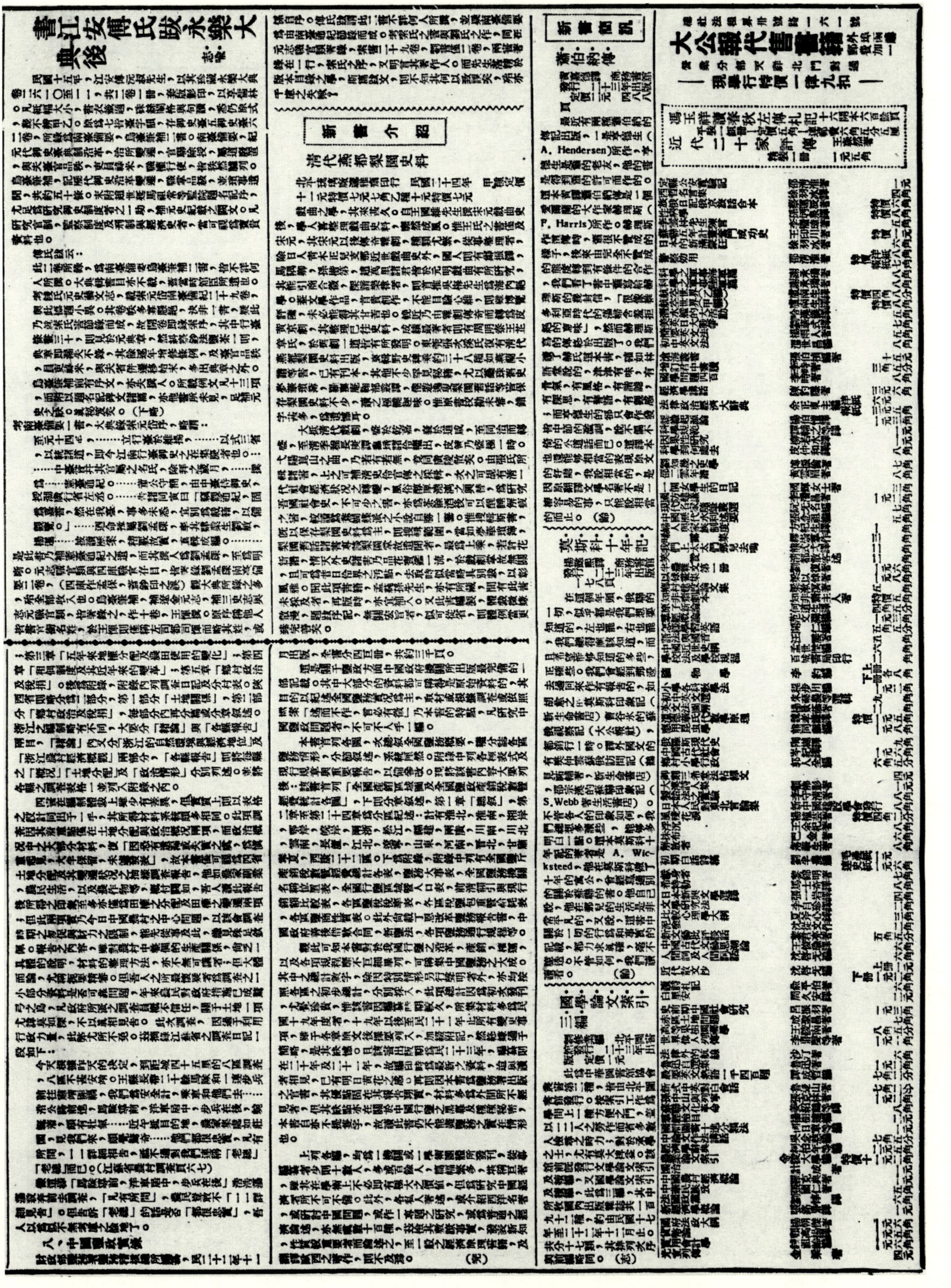

圖書副刊

BOOKMAN

第六十四期

一 本刊登載關於中外圖書之介紹批評以及學術界消息為公開性質歡迎投稿
二 刊登本刊之文略致薄酬
三 投稿通訊可寄「北平文津街國立北平圖書館內圖書副刊編輯收」

書評

張肇融著國際問題

吳辰仲

新生命書局發行　二十一年十二月初版　一元八角

本書是一部五百餘頁的巨著，其目的在把世界大戰以後的國際問題的主潮加以詳細的分析。著者解剖各種史實，歸納各種因素的結果，認爲要理解現在的國際政治經濟諸種狀況，必須把握三個主要的對立的矛盾；世界經濟日益密切反使國際政治日益疏散；帝國主義國家的向外侵略愈甚則殖民地的獨立運動愈猛進；資產階級厲行剝削方法的革新致促成無產階級的社會革命。著者企圖從這種觀點出發，檢討十餘年來國際上許多重要的問題。我們如果不考慮到世界大戰後國際史上新發生的具體變化，著者這種理論的基本認識是十分正確的，但是世界史變化的速度，已使戰前國際間的基本矛盾，不復能充分解釋戰後的一切事變了。因爲戰後的世界史上已出現了一個更基本的矛盾。這個矛盾就是兩個對立的政治經濟體系。而這個新的矛盾又可以說是戰後國際糾紛之動力的槓桿。其表現於經濟上最明顯的是：一方面世界資本主義經濟體系，自從一九二九年的大恐慌發生後，連共信爲『永恆繁榮的黃金國』的美國都不但被恐慌的狂濤所捲入而且其恐慌還表現得最最深刻和尖銳，直到今年，世界經濟恐慌還沒有恢復的健全徵候；另一方面，在世界經濟恐慌的環境底下，蘇聯的經濟不但沒有一些恐慌的影子，而且那被斥爲夢想的五年計劃更能於四年內完成。農工業生產力都已追上最前進的資本主義國家，如鐵的產量自世界第六位進至第二位，石油的產量自世界第三位進至第一位；農業用曳引機業的發達，在世界各國中竟無比倫。其表現於政治上最明顯的是：一方面資本主義國家的國際政治，隨着世界經濟恐慌的深入與擴大，全部陷於內亂與戰爭的危機中。如幾年來日，法，德等國內閣政潮的迭起與瓦解，古巴，西班牙，意大利等的內亂頻仍，以及中歐與太平洋中劍拔弩張的戰爭形勢的威脅。另一方面蘇聯的政治却隨着國內經濟建設的成功，其國際和平政策已由被冷淡地漠視而轉變成爲國際上與第二次世界大戰的危機對立的和平運動的槓桿了。所以著者忽略的這個矛盾，就無從正確理解戰後的國際問題。

如果著者能循着他的國際問題的基本理論的認識，去處理戰後的國際事變，當能得到相當的收穫。不幸，我們讀了之後，竟發見著者對於全部國際問題的分析，完全是和他在本書楔子中所發揮的理論相抵觸的，我們可舉數例如下：

第一，著者在本書第二三八頁解釋世界大戰的緣起時，竟把它看成公理對強權的戰爭；以爲德國代表強權，協商諸國則主持正義和公理，大戰的結果是『強權終爲公理所克服』了。這種分析不但是謬誤和淺薄，而且和他所說的『各國的金融資本家爲消納其過剩的資本就不能不努力掠奪市場。掠奪市場就是戰爭的導火線，這正是資本主義發展到帝國主義的階段，隱伏着戰爭的危機』（頁二）不正是尖銳矛盾着嗎？

第二，在本書第四章中，著者把國際聯盟看爲公理戰勝強權，和平壓倒戰爭的產物。這種見解不但和全書的楔子所宣示的理論自相矛盾，而且在同一章中即有『國聯在事實上即已成爲帝國主義者壓迫弱小民族的工具』的話。足證著者觀念的混亂。

第三，在本書一七六頁著者承認俄國是反帝國主義的國家。但在敘述日美的抗爭（頁一九五）時却說『俄國因黨爭關係不能向外擴充勢力』。這又明明把俄國與列強等量齊觀，都屬向外侵略的國家了。而在一六九頁分析近東問題時更說『俄國以革命後元氣未復，沒有餘力來干涉土政』。著者這種觀念的矛盾與混亂是貫通着全書的結構的。

其他的理論上與史實上的不妥的地方也屬不少。

一，本書頁七四中著者把英，美，德等國農業恐慌看爲由『……土地飢饉，致地租騰貴，使地主對佃農的階級對立尖銳化』而起的。這完全是對於資本主義式的農業恐慌的本質的無知。我們知道資本主義經濟的農業恐慌是和工業恐慌一樣的，這兒的現象是農產過剩和農產品價格與地租的慘跌，而不是什麼『土地飢饉，地租騰貴』。巴西的焚燒咖啡，美國的剷除棉，麥農田，不是最顯明的證據嗎？

二，本書是在「九一八」事變以後出版的，但著者對於九一八事變的世界意義全未提及，這不能說不是一個重大的遺憾，九一八事變並不是一個單純的中日間糾紛問題，其影響的深鉅，已破壞了漸漸成爲世界政治中心的太平洋的均勢，是值得歷史家大書特書的。

三，在第二三頁裏，著者把羅克弗勞的國家商業銀行(National Bank of Commerce)隸屬於摩爾根銀團，而把摩爾根的國立城市銀行(National City Bank)撥給羅克弗勞管理。難道他們把他們的銀行互相交換了麼？

四，著者在第四七四頁敘述凱洛非戰公約時，僅舉出幾個要點，而若干保留條款——如英國，法國等的保留條款——都沒有敘述。這是不容忽視的，因爲這些保留條款在實質上往往比原來的正款更具有鉅大的意義。遺漏了這些保留條款，就無從認識凱洛非戰公約的本質了。

五，本書的出版是在一九三二年，而著者在敘述土耳其的建設成績時，却只引用了一些一九二六年以前的陳舊的材料，所以對於土耳其在這時期以後的許多新建設都漠視了。

六，在第四四八頁中，著者把胡佛的延債宣言倒置在一九二一年發表。而實際上，胡佛在那時候尚未當選做總統呢！

總括起來說，本書在數量上誠不愧稱爲一部鉅著，然因材料的不精審與理論的矛盾混亂，至使此書大爲減色了。

雜錄

讀封泥攷略原藁記

潛

今通行之封泥攷略十卷，署吳式芬陳介祺同輯，無序跋凡例。書首題光緒甲辰影印，時距式芬之卒四十九年，介祺之卒亦二十一年矣；疑係式芬之子介祺之壻重熹所印行者。近見原稿一冊，前有同治十三年四月介祺題記云：

「道光年間，關中出方泥，上有印文，下有繩穿，及竹版文，識者攷之爲泥封，前人所未曾見也。吳子苾六兄與余先後各得三百餘爲最多。子苾視學浙中，以所藏爲攷略，而翁叔均大年校之，未刊而子苾沒，未及余之所藏也。同治壬申余編印舉，屬子苾之子吉儕仲飴以余藏攷補，合編摹刻，與印舉同行矣。甲戌三月，取子苾所著，讀而訂之，復以所藏校而識之以寄仲飴。長夏無事，乞早成之。刊時當令夬兒從事校字也，余甚企甚。四月二十八日庚子祺記。」

又有注文礙商之條數則：

「右泥封文曰某某，當一律改正。（案某某，亦當改畫一。）

致內有大年曰，則叔均當列名。

印文引表如將作少府，後改將作大匠之類，似可即以將作大匠爲目。奉常太守等同。

郡次宜依志爲先後，縣令縣長似宜分國邑，縣道同。

陳藏有私印泥封，似當附後。私印與官印者同出，自是縣官所用實事者。

泥封有以古印爲僞，須辨其泥。

文同而異式者，當兩見。

印字當如印書。

泥封同文者，殘缺每同，不可解。」

釋其語意，似爲吳氏後人所注，以商介祺者。而介祺即作題歸之。時距式芬之歿，已十有九年。

稿分四卷，其凡例云：『依表則公卿，公卿屬官爲卷一；諸侯王爲卷二；監御史，郡守，郡尉，關都尉長，縣令爲卷三；新莽爲卷四，以依表次爲是。』是皆整理舊稿之擬例也。

又讀清稿十冊即最後定稿矣，以初稿攷釋之文，重加編次。每一封泥，附一原拓，注明陳藏吳藏，今印本則當以小章爲別。稿中凡吳藏者拓全缺，校之初稿，惟次序不同；校之印本，文字略有刪節，而首葉題爲海豐吳式芬子苾譔陳介祺壽卿攷藏，吳江翁大年叔均攷編。又卷六，載水封泥攷釋中，有『大年曰，獻印文作馘』句，於『大年曰』三字以墨筆乙去。

就此不同，可以知封泥攷略實爲翁大年所撰。撰大年客吳氏幕時所編者，故有『致內有大年曰則叔均當列名』一語，似重熹以商介祺之口語。而清稿署名，當與同列，但稿中「大年曰」則已乙去，而今印本幷首葉署名而去之，不知何爲也。攷吳江縣志大年小傳箸述中，有封泥攷二卷一目，益知是書爲翁氏手稿無疑也。文人譔述，其來歟來格之所享，埋于當時，終晦今日。宋儀奇昂，不可得。爰錄爲記，以告同好。

新書介紹

諧聲譜

五十卷　武進張氏原稿　杭縣葉景葵校印

有清一代言古韵之學者咸推顧炎武，江永，戴震，王念孫，孔廣森，段玉裁，江有誥諸家爲最。武進張惠言稍後於諸家，其於古韵之學，折衷諸家之說者也。諸家之治古韵，類皆先由詩易屈賦及其他先秦有韵之文中求得古韵之分部，然後就說文中求得各部之偏旁，分類作譜，以窮造字之原。如顧氏之易本音，詩本音，唐韵正；江氏之古韵標準；王氏之韵譜；孔氏之詩聲類；段氏之詩經韵分十七部表；江氏之詩經韵讀，羣經韵讀，楚辭韵讀，先秦韵讀；姚文田之古音諧，皆其第一步工作也。又如王氏之說文諧聲譜；段氏之古十七部諧聲表；江氏之諧聲表；嚴可均之說文聲類，皆其第二步工作也。張氏之書續經解中曾以其子成孫之名刻入九卷，雖亦分韵譜，部目，聲類三項，實非全本。今茲葉氏所刊者共五十卷。蓋是書乃張氏手撰，經其子成孫改編而成。遺稿流傳者共有三本。一，張氏手寫，題說文諧聲譜者四冊，題諧聲紀韵者一冊。二，成孫所編，題諧聲譜者共十冊。三，別本八冊。別本有阮元序及阮氏與汪鼎部書孫書。則別本必爲成孫錄副求劉於阮氏者矣。此五十卷乃杭州葉氏囑戴君姜福就三本斟酌編錄而成。共書蓋合譜，表，韵，略，四部乃爲全本。卷一爲部目，卷二列張氏音論五首，成孫續論五首，爲全書之提要。張氏舉其書之綱領曰：以詩求韵，佐以易屈；以韵別部，以部類聲，以聲譜說文之字。其法蓋與段王諸人無異致也。五論之中首言韵部。於段氏十七部之外，又分有平去而無上入之冬部，乃取曲阜孔氏之說；又得去入而無平上之叕部，亦與王氏江氏之說相同；又分無平上之緝部，與戴氏王氏江氏之說相同，共得二十部。次論部目，則古詩中先出字建首。曰中部第一，僮部第二，㽞部第三，林部第四，巖部第五，筐部第六，縈部第七，蓁部第八，詵部第九，干部第十，萋部第十一，肆部第十二，揖部第十三，支部第十四，皮部第十五，絲部第十六，鳩部第十七，芼部第十八，蕫部第十九，岨部第二十，其法與戴氏以喉音字爲二十五部之目者各自成類。三論入聲配部，自唐以來，入聲皆配陽平。至崑山顧氏，始知自緝部以下九部閉口音外，皆以之配陰平。而張又分入聲不入韵之部二，即肆揖二部是也。其說亦與王氏江氏相合。而張氏入韵分配之理論，則取莊述祖正紐反紐之說，乃一特色。其實亦與江氏入聲表異途而同歸。四論古本音，張氏於此頗有非難。其言曰：今但就古文所用字求其部分出入，謂某字與某韵與不韵而已。諸家本音，轉音，反切，叶之說皆無取焉。五論合韵，共分五法：一曰通，謂本一部分爲二也；二曰韵類，凡同類者多合韵；三曰韵等，分二十部爲八等，凡比近者皆相合；四曰同入，則從正紐反紐之說而來；五曰旁合，實即次對轉之理。總此五端，皆不出旁轉對轉之條。成孫五論，僅廣其說，義亦止此。五論之外，譜主諧聲，不主詁訓，以所定二十部爲準，求之說文，得各部偏旁之字，依次譜所諧之字，該書自三卷至二十二卷皆是也。諧聲以韵爲主，韵以詩爲主，而旁及易屈，下至張衡之賦，悉取其成韵之文而列舉之，該書四十三卷至四十五卷皆是也。又於所舉之文中分爲二十部，作表而絲聯繩引之，不可聯者，譜說文之聲以聯之，該書二十三卷至四十二卷皆是也。四十六卷至四十九卷則爲諧聲譜之總略，及諧聲未得部分者附焉。第五十卷爲序例。

綜觀此書於古韵之學雖無重大發明，即正紐反紐之說，亦出于莊述祖，其他韵部分合，亦不出段孔江王之說。惟是書賅通諸家，秩然不紊，亦有清古韵學上一巨著也。張氏雖得年不永，而於學皆能深造堂奧。治易宗虞氏，箸周易虞氏義，虞氏消息，虞氏易禮諸書；治禮精名物制度，箸儀禮圖；諸子精墨經，箸墨子經說解；賦取漢魏，詞宗北宋；其高掌遠蹠之情到處流露也。諧聲譜之作，部目綱領皆張氏所自撰，成孫能繼家學，實足成之。稿本沈埋百有餘年，迄乎今日，吾人始知在當時視爲一代碩學者，武進張氏父子亦於其中占一席地也。（青松）

◇　◇　◇　◇

松花江下游的赫哲族

凌純聲著　上下二冊　中央研究院歷史語言研究所出版　定價五元

這書是民國十九年上半年作者到松花江下游調查赫哲民族的一種紀錄，經過很有系統的整理，又參以考證，而成此書。全書分三大部分：「一爲赫哲民族與東北古民族的論證；二爲赫哲民族文化的紀錄；三爲赫哲語言

的研究；每部內各有詳細的子目若干。書中照像插圖至三百三十餘頁，均提要而有條理，能令讀者對於赫哲民族得一種很清晰的認識。這書雖屬於民族學中偏於紀錄的民族誌(Ethnography)，然而對於古代記載的參證，以及歐西人對於東北民族研究的見解，都加以很公允的論斷。全書徵引中日文書至百數十種，西文書至六七十種，已兼有比較研究的長處，爲從來調查報告之所少見。按赫哲卽古之靺鞨，北平人稱魚皮韃子，就是這種民族。中國邊地上的民族的研究，往往須外國人來作，論者每引爲憾事。

本書後附錄赫哲故事十九個，以及本文中記載赫哲人的歌曲甚多，又得劉天華先生製成曲譜，研究民俗學及民間文藝的人，也都有一讀的價值。（瑞）

◇　◇　◇　◇

清初三大疑案考實

錦孫

孟森著　二十三年十二月北京大學出版　定價八角

清初三大疑案者，就是世所傳清世祖太后下嫁攝政王，清世祖出家與清世宗入承大統三件傳說。這三件傳說都是不會得到考實的疑案。孟心史先生這部書，就是專對這三件疑案的考證。

此書第一篇爲太后下嫁考實。太后下嫁這一個傳說，是一件社會上最好傳述的故事。張煌言蒼水詩集中有句道「春官昨進新儀注，大禮恭逢太后婚」，我們從這兩句幽默的文士詩中，可以看出當日漢人對於這個傳說的嬉笑怒罵的態度。清廷遜位以後，教育部首先發舊禮部所發歷科殿試策，發現在擡寫皇上處，加擡寫攝政王，而攝政王之上，或冠以「皇叔父」字，或冠以「皇父」字。後來大庫紅本皆出人間，順治四年以後，內外奏疏中亦多稱「皇父」。自「皇父」之稱發現，於是這個傳說除張煌言詩外，又一時盛傳認爲得一史實做證據。著者對於這個疑案，以爲上面兩個證據都不能成立。張煌言詩，則以爲「遠道之傳聞，鄰敵之口語，未敢據此孤證爲論定」。「皇父」之稱，則以爲「父之爲稱，古有『尚父』『仲父』，皆君之所以尊臣，仍不能指爲太后下嫁之確據」。最後著者以朝鮮李朝實錄記載清使向朝鮮說明「皇父」字義所謂「今則去叔字，朝賀之事，與皇帝一體云」的話，來證明太后並無下嫁的事。我們讀了著者這篇考證，終不免一個感想，卽是著者未能給我們完全解釋「皇父」之稱的理由。胡適之先生致著者的信中有道：「朝鮮實錄所記，但云『臣問於來使』，來使當然不能不作模稜之語，所云『今則去叔字』，似亦是所答非所問。單據此一條問答，似仍未能完全證明無下嫁之事，只能證明在詔勅官書與使節辭令中無太后下嫁之文而已。鄙意決非輕信傳說，終嫌『皇父』之稱似不能視爲與『尚父』『仲父』一例。下嫁之傳說已無證據可憑，而『皇父』之稱自是史實。後之史家於此事只能說，據殿試策與紅本及朝鮮實錄，攝政王確已稱『皇父』，而民間有太后下嫁之傳說，但無從證實了」。我們認爲這個態度，才是史家對於這個傳說應取的態度。

第二篇爲世祖出家事考實。清世祖好佛，延高僧入禁中，尊禮甚至，於是世間遂有謂其在位十八年，遯入五臺爲僧的傳說。其文字的證據，則取自吳梅村清涼山讚佛詩。其事實的證據，則以爲清聖祖奉太后屢幸五臺，必有所爲。並由梅村詩多詠帝王內寵事，而世祖升遐前數月，適爲端敬皇后董鄂氏之喪，世祖哀悼過情，爲世所矚異，因謂由悼亡而厭世，脫離塵網，遁向空門，遂成萬古鍾情天子的佳話。著者對於這個傳說，先將世祖崩於宮中的明證一一搜出，再箋釋梅村詩，來證明世祖實崩於大內，梅村清涼山讚佛詩也沒有行遯之說，以見世祖出家的傳說的不可信。著者證明世祖崩於大內的證據有三：第一爲玉林國師年譜，玉林禪師爲世祖最敬事的一個和尚。其年譜記世祖之因病而崩，崩於順治十八年正月初七，至二月初二，移殯景山的事歷歷可考。第二爲王熙王文靖集中的自撰年譜，按王熙爲親受世祖末命的漢大臣，世祖遺詔卽出其手。其年譜記世祖病證所記合，而記世祖於正月初二日倘幸憫忠寺觀內璫吳良輔祝髮，這也可知東華錄所以於是日始書不豫，其前實無劇病。第三爲張宸雜記，按張宸在世祖喪中以中書舍人執事其間，其所記世祖崩於痘與王熙年譜及晏駕的事極明。這三條證據，都是最確實可據的。至於梅村清涼山讚佛詩明詠世祖崩於大內，詩中有句道：「奇語漢皇帝，何苦留人間？煩嵐倏滅沒，流水空潺湲。回首長安城，緇素慘不歡。房星竟未動，天降白玉棺」。房星未動者，房爲天駟，言未啓蹕也。叙帝都悽慘者，是世祖未出都而崩也。詩意並沒有迷離惝怳，細心的讀者自可以尋繹本事。今經著者逐首箋釋，讀者更可知世祖行遯之說，梅村詩中實無此說。著者這篇考證把這個傳說的根據一一推翻，可稱爲定論。

第三篇爲世宗入承大統考實。聖祖諸子奪嫡，世宗殺諸弟，都是清宮廷的大事，故世宗承統的不正當，世多知道，而其實狀究竟若何，則世人又多不能明白說出來。著者認世宗的嗣位，與雍正間的殺諸弟，張熙年羹堯及隆科多獄案，都爲一事。此文先考實錄記聖祖傳位遺詔爲明日實錄隆科多與諸皇子同時受詔，而世宗聞命，據其論文自述則到戌刻聖祖崩後才知道，但是日巳刻世宗已馳回暢春園，趨進寢宮，三次進見問安，聖祖還能親告以病勢日臻之故，何以大位相授一事，反遺忘不語，爲不近情理。次據上諭八旗雍正八年五月初九日諭文考出聖祖大事後，未奉大行還內以前，在暢春園在京師所得傳位的末命，都出自隆科多之口。再考隆科多何以能獨授聖祖憑几的末命，則由於滿室尊重內親的習慣。（按隆科多爲佟國維子。世宗嫡母孝懿仁皇后卽國維女，而聖祖生母孝康章皇后又爲國維姊妹，兩朝全盛的國戚，都出於一家）。而隆科多口銜天憲，總分嗣統，既在聖祖崩逝之後，諸皇子何以一無牴牾，世宗得此一語，何以卽可擁生殺大權，則由於這時隆科多方爲步軍統領，警蹕中的武力，實在掌握。至於隆科多何以能獨在寢宮，祇候聖祖於不豫靜攝的時候，則由於聖祖親暱外戚，待外戚子弟，寬於諸皇子。且聖祖曾責佟國維不侍湯藥，此時正子代父職，爲聖祖所習見的事。故皇子的侍疾，或進見有時，隆科多的侍疾，可以獨承專責爲不足怪。如此層層考證，來證實世宗的得承大統，實靠隆科多旋乾轉坤的力量。世宗承統的大功臣，隆科多之外，則爲年羹堯。時年羹堯方爲陝西四川總督，稱世宗排制西寧允禵（允禵是世宗胞弟，爲世宗奪嫡勁敵，時赴大將軍任在西寧），與隆科多方爲步軍統領同一扼要。著者最後再從世宗的硃批與論旨以考出世宗所以經合年隆，認年隆之功爲一體的深意所在。於是讀史者有如墜五里霧中一旦撥開雲霧重見青天瞭然明白世宗所以有獻德者何在，與死狗烹所以張熙年隆罪案者何在，因其內疚而激爲殘忍者又何所變演。著者此文，可謂盡考證的能事了。

（史學研究會來稿）

國外消息

美國設有 Committees on Far Eastern Studies，其總幹事爲 Mortimer Graves。記者近得見其一九三四年度報告書，茲擇其較有關於吾國者，略述若干如次。

紀念 Berthold Laufer 博士　博士於去歲九月十二日死於非命，本刊曾爲文悼之。茲聞美國人士擬爲之設漢學講座獎學金及輯印博士著作全集，以爲此一代漢學大師之紀念。博士著作散見各處，不易窺其全豹，輯爲一集，尤爲吾輩之所企盼也。

國會圖書館爲遠東研究的訓練中心　美國國會圖書館近年來對於遠東一方面之書籍搜羅不遺餘力，遠東研究委員會遂以之爲訓練遠東研究之中心，由恆慕義博士 (Dr. Arthur W. Hummel) 主持，並另聘若干中美日青年學者爲助（中國方面爲房兆楹夫婦）從事於工具方面之工作，以爲治漢學及留心遠東事情者之參考。近方從事於清代人名辭典之編纂，據聞僅十七世紀一期所收人數已約五百，現開始起草者已逾七十云。

吾國歷代正史之翻譯　西洋人之譯吾國正史，以前只有法國沙畹博士曾一爲之，顧所譯史記只五卷而止。此外則零篇斷簡，又大都不逾諸史外國傳之遂譯，作全史之企圖者尚未之聞也。美國方面之計議翻譯吾國歷代正史，當始於數年以前，初擬以 McGill 大學之漢文研究圖書館爲翻譯地點，後以他故始終未能進行，茲決移至國會圖書館，於去歲九月一日起，由曾在吾國湖南傳教之德效騫博士 (Dr. H. H. Dubs) 主持，而以國人戴仁(?-Tai Jem)氏爲之輔，從事於前漢書開始諸卷之翻譯，參考各家註釋，斟酌去取，現第一卷已經蕆事，正文計得打字機紙六十五頁，注得八十七頁。

雜聞一束　近幾年來美國輒有遠東研究夏令講習會之設，去歲第二次講習會於七月二十五日至八月三日舉行於加利福尼亞大學，由恆慕義主持其事，輔之以 C. H. Hamilton, Benjamin March, P. S. Boodberg, 及 Florence Waine 女士，來學者達三十二人。今年（一九三五）之第三次講習會決在哥倫比亞大學。又擬從事於中日研究原料之翻譯，近方延一日本人着手編輯日本戲劇譯印本目錄。紀念 Charles James Morse 基金會有刊行中國文化關係叢書 (Studies in Chinese and Related Civilizations) 之舉，最近付印者爲哥倫比亞大學 Dr. L. C. Goodrich 所著之 Literary Inquisition of Ch'ien-Lung（乾隆禁書考）一書。尚有 Benjamin March 之 Some Technical Terms of Chinese Painting（中國畫術語）一文，或亦可以刊出。此外刊行中國問題期刊論文目錄，已出第六期，第七期在編印中。並就日本出版學術刊物如史學雜誌歷史地理考古學雜誌考古學院雜誌國家學會雜誌東方學報等所收論文爲作提要。又在日本搜集日本人所作關於中國美術及古代中日關係書目。此皆由遠東研究委員會所主持者也。（方）

新書簡訊

古書虛字集釋　裴學海著　二十三年商務書館出版　定價一元八角

訓詁文法之學，有清一代爲最盛，劉淇開之於先，俞樾繼之於後，中間以高郵王氏父子造其極，後之來者，蔑以加焉。自歐西以詞品分八大類（或作九類）之法傳入東地，於是丹徒馬氏始譬文通一書，而生澀牽强，時有未愜，學者病之，然篳路襤褸之功，固不可沒也。爾後章士釗胡以魯諸人繼有述作，益以習英文法者日衆，於是譯名始漸成熟，向之生澀牽强者，亦漸名正實顯矣。近年長沙楊樹達氏始進而據劉王俞諸家之蹤跡，循馬氏之新軌，從而折衷之，所著高等國文法最爲傑出，然後古書文法詞品，始具明晰之觀念，其他述作，益無論矣。

裴氏此書共分十卷，以章炳麟古韻二十三部爲次，蓋倣經傳釋詞之例，釋詞所收之字及所有之訓，皆完全錄入，並採助字辨略，古書疑義舉例，詞詮，高等國文法，新方言，經傳釋詞補諸書，其舉例則極多出於高等國文法，雖亦不無補充之處，然仍不能超越前修範圍，則稱此書爲「著」，似無寧謂爲「編」之爲妥也。（彌）

◇　◇　◇

庚子辛亥忠烈像贊

此書不著出版處及年月定價，但知其爲大興馮恕所編，題款有署甲戌年次者，當係民國二十三年出版。所收庚子辛亥死節滿漢諸臣自許景澄至載穆共六十九人，左圖右贊，圖像用珂羅版影印，贊詞皆歷書各人氏里官職身世及死難經過，固有資於近代史料。惟馮氏爲一「遺老」此書之編，似有感於近事而作，故其序中謂「國於天地之上，必有特立永久固有之國性，以爲之本，其國乃不至淪亡，縱或有奸儉强邪說曲術以撓亂之，而學士大夫庸愚賢老，謹守保愛，其固有之國性，終乃必底於治平」，蓋有異於彼賣身投靠之徒。然，首頁卻刊「宣統御筆」，似又不願忘其原來身分，此卽所謂「遺老」之勾當也。（顯）

圖書副刊

BOOKMAN
第六十五期
一　本刊登載關於中外圖書之介紹批評以及學術界消息等[illegible]
二　[illegible]
三　投稿通訊可寄「北平文津街國立北平圖書館內圖書副刊編輯收」

「第一次滿蒙學術調查團研究報告」

東京早稻田大學內第一次滿蒙學術調查研究團編　民國二十三年十月發行　非[illegible]品

「滿蒙」二字的合稱，是日本[illegible]犯東三省，熱河，內蒙古[illegible]特殊的名詞。[illegible]東北四省[illegible]「第一次[illegible]東，京城各[illegible]所，現在出[illegible]的報告[illegible]見最近[illegible]東北[illegible]此項報告書[illegible]的不妨裏[illegible]我們的組織[illegible]與國即使[illegible]的牽制，相[illegible]參考。

[illegible]陸軍部政[illegible]然科學之[illegible]次滿蒙[illegible]重康，德[illegible]得理學博[illegible]若干人擔任，今分列於下：

地質組，古生物學　德永重康　清水三郎（上海自然科學研究員）

地質學，岩石學　[illegible]　伊原敬之助　佐藤捨三（上海自然科學研究員）　小西不二男（早稻田）

地理學　多田文男（東京帝大）

植物學　中井猛之進（東京帝大）　本田正次（東京帝大）　北川政夫

動物學　森爲三（京城帝大）　岸田久吉（農林省）

人類學　八幡一郎

此外有助手三人，[illegible]二人，[illegible]一聯兵三十名，通譯七名（內蒙人三人），[illegible]理人一名，[illegible]二人（[illegible]等事，聯[illegible]國庚子賠[illegible]南滿鐵道[illegible]中有關東[illegible]查之用。[illegible]由陸軍部[illegible]物計有：

[illegible]沐浴具[illegible]器　攜帶[illegible]罩　防蚊[illegible]蘇打　圖[illegible]菓子類[illegible]片　風鏡[illegible]子　鋸[illegible]料　用紙[illegible]剖刀　測[illegible]折疊式）[illegible]瓶　投網[illegible]搜集刀[illegible]（Spatulas）[illegible]（Boring sticks）[illegible]各種測[illegible]採集用鑿

此外尙有[illegible]二十二年[illegible]出發，開[illegible]票，朝陽[illegible]二日始還[illegible]告。今撮要述之如下，以供國人參考。

一、地質學組

熱河主要之岩石，分水成岩與火成岩，其中最古之岩石[illegible]，以片麻[illegible]有多數之[illegible]（Gobbroic）岩中含有大塊之鍾苗(Titanium)。

與黃姑屯層羣錯綜相接者，其上有鳳凰山層羣，岩石以石灰岩及硅岩爲主。其生成時代屬於寒武紀，經過長期之後，乃錯綜連接，遂成侏羅紀之北票火山層羣。北票與熱河含煤層羣，又與北票火山岩羣相錯綜，此層羣之時代屬於侏羅白堊紀，岩石分砂岩，頁岩，礫岩等，各處皆含有炭量，熱河省中重要之煤礦，即採掘此時紀者也。植物化石各處均有發見，以 Estheria 化石居多。

以上錯綜接連而有屬於下部白堊紀之朝陽含化石層。岩石由砂岩，頁岩，礫岩凝灰岩等而成。此層中含有甚多之 Lycoptera（魚化石）， Ephemeropsis（昆蟲類幼蟲化石）及Estheria 化石甚多。

與此層羣錯綜間，又有馬圈子火山岩層羣，屬於白堊紀，造成此層羣之岩石，爲安山岩，集塊岩，粗面岩，及凝灰岩等之火成岩，其大噴出之跡，發見於熱河各處，與錯綜之承德礫岩層羣，同屬於堊紀。

在圍場附近，有玄武岩之大岩床極爲廣大，其與承德礫岩層羣之接觸部分，未能實際調查，若照從前調查者之定說，屬於第三紀中之中新世，其理由因玄武岩流與玄武岩流之間地層中，在圍場與林西間發見有顯花植物化石，但德永氏等此次未採得此種化石層，故仍依從前之定說。

熱河之大部分及華北各處分布之黃土層，據德永氏等此次調查，到處皆見其存在。中國黃土生成時期，照巴博氏(Barbour)及其他學者之說，以爲乃中部地下層(Middle Pleistocene)之堆積。德永等在赤峯之北約距六十基羅邁當之朝陽津，由黃土層中之下部採得羊象之遺骨，此遺骨中發見有被古人類傷削之痕跡，實爲可注意之事項。

以上爲該組調查所得之大要，其次彼等將所調查之地，分爲四區域。一、北票朝陽淩源一帶；二、承德爲中心之承德隆化一帶；三、隆化及圍場一帶；四、赤峯附近。彼等並觀察各區岩層發達之種類及其時代，其報告甚詳，今從略。

二、地理學組

熱河省有三大河流，一灤河，起源蒙古高原南方之多倫諸爾，入熱河，經豐寧，灤平而注於渤海。熱河西南部爲此河之流域，承德之繁榮，蓋有賴於此河之支流也。二大凌河，由淩河南方山地流出，經熱河之東北部至錦縣，北注於渤海灣。經流之地，有淩源，朝陽，北票，諸城。三老哈河及西喇木倫河，經熱河之北至東頭合流而成遼河，由營口注於渤海。因此三大河流域，熱河遂可分爲西南部東南部北部三大地理區域。此三區域，爲造成熱河若干各不相同之自然現象，可分爲地形的，氣候的，動植物的三種。其人民亦因此三大流域，而有多少差別。耕作法，聚落狀態及房屋之構造，亦各帶有不同之格調。今先述該團對於地形之調查報告，以次及其餘二種。

在大淩河流域內，一千公尺以上之山地甚少，普通多係五百公尺左右之丘陵，由東北而西南，經幾多斷層之地，故多峽峯陵谷。其次灤河流域超過一千公尺之山地，雖占面積甚廣，但與大淩河流域不同，多屬不連續的孤立山峯及山塊，由東北走，至西南斷層，又有由東南走，至西北之斷層，因此二斷層列，境內山地多被其隔離。

再次，老哈河流域，雖有上述兩系統之斷層，惟陡度甚少，皆狀如高地平原。西部爲一千公尺內外之高地，至東方漸低，約五百八尺。

老哈河流域黃土層之堆積在五十公尺以上，大淩河流域之黃土層不過十公尺，灤河流域被黃土層遮蓋之處甚少，南部興隆縣幾全不見黃土，老哈河流域北部之砂丘被黃土遮蓋，其他二大河流，不見有砂丘。

熱河之氣候南北大不相同，南部之山岳地帶超過六百公厘，氣候稍溫和；北部老哈河流域雨量三百公厘，氣候之變化頗大。

據彼等之調查，熱河住民亦應自然情形，分爲三個地帶。熱河最初爲蒙古人之遊牧地，及蒙古人勢力衰退，漢人始移住，至清時益盛。

熱河之西南部即灤河流域，爲漢族移住民之勢力範圍，其文化比其他地方稍高，東南部大淩河流域，由東三省移住者極多。上述二大河流域地方住居之蒙古人，衣食住及風俗習慣全然漢化，蒙古固有而今僅存者，惟彼等所用之蒙古語及喇嘛教耳。

其次，北方之老哈河流域，因位在北方，蒙古人向有殘存，今日仍爲蒙古人之勢力範圍。彼等生活尙半農半牧之狀態，其風俗習慣仍存蒙古固有之模樣。

耕作亦可分爲[illegible]三種。一爲熱河之西南，所謂灤河流域，[illegible]漢人移住，[illegible]他已成荒山[illegible]省河北省所用之休閑農法，[illegible]也。

大淩河區域即東南區域，[illegible]結果，已成耕作地。[illegible]隔年始行耕種[illegible]始的，[illegible]數年後其[illegible]用此草原，[illegible]，以充食料，[illegible]

熱河村莊與市鎭[illegible]有別。市鎭之周圍，皆有[illegible]

東南部[illegible]比，所謂集村[illegible]流域雖屬山地[illegible]之故，無大聚落。

房屋之構造，[illegible]，其屋根[illegible]者，屋根[illegible]者甚少。[illegible]

老哈河[illegible]疏不密，以[illegible]蒙古包，外有[illegible]

三、植物學組

熱河省之森林，[illegible]今承德北面[illegible]殘存者，[illegible]瑞山，灤平[illegible]河多童山濯濯[illegible]

熱河自生之植物，[illegible]五十種，其中[illegible]地域，一北部[illegible]流域，可[illegible]蒙古之植物分子[illegible]朝鮮植物分子[illegible]

自生之[illegible]北共通者約[illegible]，與蒙古共[illegible]六種，與朝[illegible]二十二種[illegible]北系，松柏[illegible]，南帶則有[illegible]。南帶有[illegible]種而已。其[illegible]，自生於山[illegible]

四、動物學組

熱河之[illegible]燥地帶甚多[illegible]五百餘種，[illegible]三種，鳥類[illegible]類三十二種[illegible]部分，約三[illegible]殼類七種，[illegible]

熱河因[illegible]於陸地之動[illegible]較在乾燥地[illegible]。魚類亦不[illegible]降雨，水量[illegible]棲形，普通[illegible]

該組考[illegible]大部分原爲[illegible]類或相近之[illegible]，狐狸，小[illegible]

熱河動[illegible]在建平與赤[illegible]砂漠動物[illegible]雁等，爬蟲[illegible]棲動物之[illegible]尙有東三省[illegible]有山啄鳥等[illegible]

關於此[illegible]蒙古地帶之[illegible]，寒帶棲動[illegible]物，與東三[illegible]動物亦有若[illegible]

如上所[illegible]多，因此於[illegible]

內羊及山羊有二百萬頭，馬有八十萬頭，牛有百十萬頭，驢有百萬頭。惟其地北部與南部仍有多少不同之處，北部砂漠地方，綿羊多而山羊少，馬牛多屬蒙古種，大赤峯東部之蒙古種。南部山羊多，驢馬多，牛爲山東種，大凌河北種。因人民智識缺乏，雖飼養家畜甚多，而不知改良飼養法，故其毛皮殊鮮良質。

五、人類學組

熱河在舊石器時代有人類居住之跡，因此次在赤峯之北朝陽溝方面發見獸骨，上有人爲的傷痕，極爲清晰，可爲確證。與德永等在哈爾濱發見之舊石器時代遺物相對照，又可証明赤峯有更新世時代之人類居住，此在黃土層堆積稍後之時期，自此以後，一時似不見有人類之跡，但關於此點，今後尚有待研究也。

德永調查隊頗注意新石器時代之遺跡，其遺物到處皆是。此時代之文化，可分兩系統，分佈於南北兩地域。南帶屬於華北及東三省南部系統，廣佈於熱河大凌河流域，以磨製石器爲主，素燒土器帶條紋者居多，又有鬲型土器之三脚器等。

北帶則屬於蒙古東三省北部系統，分佈於老哈河及西喇木倫河流域之間，多用磨製石器，其素燒土器，表面紋樣甚多，此爲最有興味者，所謂蒙古系統文化，散布及於北平，發現與歐洲「中石器時代」之文化有共通之點。新石器時代之末期，青銅器自然次第混入新石器中。在熱河調查青銅器系統，共分佈可分爲二，一中國系統，北至大凌河流域；一西伯利亞系統，南至灤河流域。

在青銅器出現時期，新石器時代之初，熱河之地理的文化區分，不甚明瞭。在中國所認爲青銅器時代，即指三千年前後之周漢時代，故熱河在此時代當爲青銅器時代，似無大誤。此種青銅器遺物，在熱河各處皆有發現，就中在北票附近採集者可稱秦銅器，其分佈上頗惹興趣。

與中國之青銅器相前後，在西伯利亞東部歐洲及中央亞細亞方面所稱爲斯西亞（Scythian）文化之青銅器文化，已傳播於西伯利亞，更傳至熱河，其遺物已有所採集。

青銅器之後爲鐵器時代，石器之製作，尚有殘存，據德永等在熱河踏查遺跡之結果，鐵器青銅器石器相混合雜而發見者不少。

在中國鐵器之使用，以漢代爲最廣，熱河，東三省，朝鮮及日本均大受其影響，而在熱河各地發現當時或其後之鐵器皆甚多。

書評

標點本新學僞經考

鄭德三

標點古書並不是一件容易事，但如從事標點的人對所標點的書能有相當理解，再肯仔仔細細去用一番工夫，則也並不是不可勝過的困難。

康氏新學僞經考在以攷據方法而建立一種理論，其中徵引繁博，非學有素養，將難盡知其根源所在，而出處不明，欲標點已亦無從下手，然而這些却又全不在標點者方國瑜君的顧慮中，他只是將幾種標點符號向僞經考的文字中亂來塡一番。哪些話是康氏所說，哪些話爲康氏所引用，哪些話是先由別人引用而又爲康氏轉行徵引，在方君的標點中對這些關係全都弄不淸楚，我眞不知道他標點這部書的目的，除了要暴露自己的鹵莽外更爲什麼？如以爲這些條件也還太苛，那麼，退一步說，句讀之間總該能分得淸楚一些，而不幸方君却並此而不能！

所註頁數一依方君標點本，又，所舉各例，其前一則中之標點，均我所加，後一則中之標點係照方君原標鈔下者。

1. 孔子「布衣耳，而於周本紀十二國世家，遷皆書孔子卒，因尊孔子爲世家。」（卷二，頁二）

方本作：遷皆書孔子，卒因尊孔子爲世家。

2. 河間獻王德：好儒學，被服造次必於儒者（卷二，頁七）

方本作：好儒學被服，造次必於儒者。

3. 於是下董仲舒吏，當死，詔赦之。（卷二，頁一八）

方本作：於是，下董仲舒，吏當死，詔赦之；

4. 其傳易彖象繫辭及費氏章句，並不敢著於七略，而僅以傳之其徒，心勞日拙之情亦可見矣。（卷三上，頁三九）

方本末句作：而僅以傳之，其徒心勞日拙之情，亦可見矣。

5. 孝存以爲武帝知「周官末世瀆亂不驗之書」，亦猶有誤。蓋歆爲僞經，無事不力與今學相反，總集其成則存周官。（卷三上，頁六〇）

方本作：孝存以爲武帝知周官，末世瀆亂不驗之書，亦猶有誤：蓋歆爲僞經，無事不力，與今學相反，總集其成，則存周官。

新書介紹

蒙古概況與內蒙自治運動

中國法制史

新書簡訊

大公報代售書籍

655

(第三張) 中華民國四十二年十二月四日 大公報 【星期四】 (第十一版)

圖書副刊

BOOKMAN 第六十六期

一、本刊登載關於中外圖書之介紹批評以及學術界消息爲公開性質歡迎投稿
二、刊登本刊之文略致薄酬
三、投稿通訊可寄「北平文津街國立北平圖書館內圖書副刊編輯收」

記遼陵石刻及其他關於討論遼陵之文字

謝國楨

一

遼史纂修極爲簡陋，文字刻石，流傳極少，尤以契丹文字，僅陶宗儀書史會要，所載五字，其他片紙無傳，已成絕響，爲研究遼史者，一大憾事。自發現遼陵石刻，頗引起國人治遼史之興趣，雜誌季刊，不少關於討論遼陵論文出版。惟此項石刻，在民國二十二年以前，尚無人注及，當是年春間，熱河告警，因該處爲清代歷代帝王駐蹕之所，且爲招保蒙藏，同欽教化之處，熱河行宮及大招等寺，實藏不少經卷古物。北平圖書館，即派劉子植君暨于道泉君到承德與當局商洽，將經卷等物，歸北平圖書館或其他相當地點保存，其實河山國壤，既遭强寇侵佔，如此層小經卷又安足惜！不過吾人能盡一部分責任即盡一部分責任，且存留荒山野寺，轉不如公諸社會以作學術界之探討。劉君到承德未久，熱河即行失陷，劉于二君，因居危城，館中同仁，皆以二君安全爲念。袁守和先生乃命楨及彭色丹君，由大連繞道到瀋陽，探聽劉于二君消息。以私人關係與金毓黻君，商酌進行辦法，但烽火頻驚，朝陽路阻，旅人行踪，莫可究詰，但吾人宗旨，既未達到，而是時南滿醫科大學教授日人山下泰藏君，已擬議作熱河探檢之工作矣。余旅居瀋陽，百無聊賴，金君毓黻，乃出示遼陵石刻，余驚喜過望，金君並以一份惠贈北平圖書館，未幾楨即返平，而劉于二君亦間關遄返，吾人此行，所獲者僅此而已。

但爲時不久，上虞羅振玉君即撰遼陵哀冊跋尾，刊於遼居雜著，金毓黻君復輯有遼陵石刻集錄刊行於世。至於因北平圖書館所獲石刻原本，而作專文討論者，則有孟森君遼碑九種跋尾，王靜如君遼道宗及宣懿皇后契丹國字哀冊初釋，厲鼎煃君契丹國書略說等文刊於北京大學國學季刊國立中央研究院歷史語言研究所集刊各雜誌中，而傅斯年君則於遼陵石刻，亦欲撰爲一文，惜未成稿。國人對於遼事，倘獨具熱腸，從事探討，不可不謂幸事也。

二

遼聖宗永慶陵在熱河林西縣東北，其地有高大白塔，俗呼爲白塔子，距林西縣治百八十里，東北去林東設治局約三百里，據劉振鷺遼永慶陵被掘紀略：「即遼上京之慶州也。」契丹國志「葬上京西北二百里赤山闕號聖宗。」惟自遼亡，無人知其爲陵寢者，民國二年，林西縣長某以查勘林東墾地，發見碑文，始知其爲遼聖宗遺物，至西曆一九二〇(即民國十一年)法人牟里氏(Mullie)曾許查該地，發表蒙古巴林之大遼故都一文於通報，記述其事，而國內尚未有人注及也。民國十九年，湯玉麟主持熱河省政，乃轉此物，據爲已有，復將陵石運至瀋陽私邸，其事頗傳聞於外，然其陵物被藏甚秘，人所罕覩，自九一八事變發生，湯邸被日人所查抄，乃發現陵石，移存於僞滿之圖書館，計原石爲：

聖宗文武大孝宣皇帝哀冊文並篆蓋 漢字拓本 篆蓋外飾有十二支神像四角有花紋
聖宗仁德皇后哀冊文並篆蓋 漢字拓本 篆蓋外飾有十二支神四角有龍
聖宗欽愛皇后哀冊文並篆蓋 漢字拓本
興宗神聖大孝宣皇帝哀冊 原石未見 國書
興宗仁懿皇后哀冊文 原石未見 國書
興宗仁懿皇后哀冊篆蓋 漢字拓本
同上 國書拓本
道宗仁聖大孝文皇帝哀冊篆蓋 漢字拓本
道宗仁聖大孝文皇帝哀冊文 漢字拓本
同上 國書拓本
道宗宣懿皇后哀冊文 漢字拓本
同上 國書拓本
道宗宣懿皇后哀冊篆蓋 漢字拓本
同上 國書拓本
遼相國賈師訓墓誌銘并篆蓋 漢字拓本

右原石拓本凡十七件，遼聖宗興宗道宗三朝陵墓遺物，均在於斯，且半用契丹國書所寫，發前人所未聞，保存史料，及當時已絕之語言文字，尤足珍異。考契丹文字有大小字之別，遼太祖命突呂不，耶律魯不古製成契丹文字(見遼史本傳)，陶宗儀書史會要云：「遼太祖……多用漢人教之以隸書之半增損之，製契丹字數千，以代木刻之約……」其契丹小字，實仿自回鶻，爲太祖皇子迭剌所製，詳遼史皇子表。此等國書碑文譯王靜如君所撰論，疏治最爲詳晰。當遼之初葉，顯紀草昧，本無所謂文化，自石敬瑭割燕雲十六州以予契丹，契丹實力，始延及中土，後晉叛盟，於晉出帝開運三年(西九四六)契丹入據大梁，掠汴都所藏寶器文物以去，遼人始得見中華文物，習俗風氣，頓改舊觀，降及遼穆宗時(西一〇〇四)與宋室澶淵之戰，宋室不惜歲幣數十萬賄予契丹，於是契丹始大，而遼代人士，均沾漢俗，帝室酷愛華風，后妃擅長音樂書畫，載在遼史。於是耶律儼撰遼史實錄，象定律令(見遼史本傳)；耶律儼陳大任則撰遼史傳記，遼代典章制禮，國俗漢儀，紀載詳備，使原書俱存，後人纂修契丹國史，當不如此之簡陋也。故遼聖宗興宗三朝南北議和，太平無事，實遼朝之黃金時代。其於陵寢石刻，寺宇建築，遺跡流傳皆有足述，而當契丹史闕有間之時，借此流傳遺蹟，亦有足考訂史蹟者焉。

至遼聖宗慶陵之緣起，據遼史地理志云：

慶雲山本黑嶺也，聖宗駐蹕愛之曰，我萬歲後，當葬此，興宗命建永慶陵，陵有望仙殿，御容殿置蕃漢守陵三千戶並隸大內都總管司，在州西二十里有黑山赤山太保山老翁嶺，饅頭山興國湖，轄失 黑河。

金史地理志：

北山有遼聖宗道宗慶陵，城中有遼行宮，比他州爲富庶，遼時刺此郡者，非耶律蕭氏不與，遼國寶多聚於此。

而遼代有特殊之風俗，不可不注意者：遼史營衛志一：

遼國之法，天子踐位，置宮衛分州縣，析部族，設官府，籍戶口，備兵馬，崩則扈從，后妃宮帳，以奉陵寢，有調發則丁壯從戎事老弱居守。

是遼代對於陵寢，極爲注意，建築之華麗既如上述，而復有兵馬扈從，其偉壯可知。聖宗旣愛慶州山水之優美，卜葬於此，則興宗道宗兩朝，即附葬於此，亦理所當然。惟遼代諸帝所居之宮皆有專名，如遼史營衛志所載，「聖宗曰興聖宮，曰延慶宮，道宗曰太和宮」則其陵寢亦必有專名，惟碑中所記僅有道宗哀冊所述爲永福陵，劉振鷺稱聖宗爲永慶陵，當有所據，其他因歲殿頹敗已甚，不能辨識爲可惜耳。至遼代陵寢，當天祚時曾遭金人殘毀，然所殘毀者，恐對於陵之外表而言，至其內部則恐非必盡遭毀折耳。

遼陵哀冊所記名稱事實，大致與遼史相同，撰碑之人如耶律儼張儉等，皆爲遼代文士，遼史有傳，字跡秀麗，文章優美，惟其所記者多譽頌羣之辭，然其稱引之官爵年號，文字制度，可以補遼史之缺，爲供學者之討論，舉其大者，約有數端：

(一)契丹文字久亡，所存者僅有陶宗儀所舉五字，遼史及契丹國志所譯之稱謂名物如「捺鉢」等類，僅有其音，而無其字，今有契丹國書發現，實爲研究契丹語言文字之重要史料，可與西夏國書互相並重者也。

(二)由此稱引可補遼史之缺者：

甲、遼史道宗年號壽隆乃壽昌之誤，又太康及太安乃大康及大安之誤。

乙、遼史欽哀皇后爲欽愛皇后之誤，宣懿皇后，淸寧初立爲懿德皇后，大康初宮婢單登誣后與伶官趙惟一私通，賜后自盡，此哀冊云：「觀念飄漫，失於淑匠，青蠅之詬污白璧，白璧之清難可珍。」可與遼史相參證，而王鼎所撰之焚椒錄，辭語多增修，而事則非妄也。

丙、道宗哀冊撰文耶律儼書食邑六千五百戶，用五六字，書食封則作伍陸字。聖宗撰文張儉銜亦書食邑一萬戶，實封壹阡戶，亦有一壹之別，此必當時之慣例，而所書爵邑，亦與遼史本傳所載不同，此可補正遼史之缺者也。

丁、遼相賈師訓墓誌，遼史無傳，據羅振玉氏考証賈師訓即賈士勳，遼史于遼臣多不立傳，且人名稱謂，多用譯音，致輾轉淆誤，已失原名意義，經淸代改訂遼金元三史譯名，更失其眞，有此一事，可以例証者也。

(三)關於遼代之文化，遼史所記，如東丹王將書史，懿德皇后善音樂，雖衣輕之諸葛，已可見一般。更由遼陵彫刻，遼代建築，可知遼代之文化。遼聖宗三朝實爲遼代最興盛時期，三朝陵墓所彫刻花紋均極綴麗，道宗帝后之篆蓋中央篆書國號，其周圍彫刻花紋，線上彫刻八卦及唐草花樣，其外則彫刻十二支神像，似此種彫刻及十二支神像，何時傳至遼代？均有研究之價值，其他如新羅好大王碑向陽，其陵墓石刻，均有花紀。又如近來發現之遼代建築，補助研究東北史蹟，不少資料，吾當研究邊疆歷史，當以文化爲中心，則異域民族本地之習俗，薰風之傾慕，皆可於此考見，而東胡民族之華化考可因之而考定焉。

由上三端，已可見遼陵石刻，在遼金史學上爲最重要之發現焉。

三

遼陵石刻原委，既如上述，至其考釋遼陵石刻史料之書則爲金毓黻氏之遼陵石刻集錄，是書計分六卷，卷一精首，卷二石刻正本，卷三哀冊考證，卷四國書考證，卷五國書旁證，卷六論著，附錄通報。卷二石刻正本，即哀輯遼陵石刻及大金皇弟都統經略郎君行記，共石刻十八鈔本二。卷三卷四爲羅振玉氏所撰跋尾，及其子福頤所撰釋文。卷五國書旁證，爲高麗朝鮮京城李王博物館，上海羅氏所藏錢，魚符，玉環，官印等類。卷六論著，譯自法國通報日人論著，及鄭林二刊之文是書資料豐富，自述遼陵發掘之經過，共討論遼陵文字，多宗羅振玉氏之說，主要之點，約有數項：其一：以契丹小字之製，旣在大字之後，其數少而該貫，則興宗道宗二陵，內國學哀冊必爲契丹小字。其二碑中避諱之字，據羅振玉氏所釋，其中光字避太宗諱作光，賢字避景宗諱作賢，明字避穆宗諱（穆宗本諱璟，曾改名明。）作明或明，按碑中尚有戎字作代戍字作威，此亦因避諱而改，所當考證者也。其三爲乾統四十六年，改訂之遼金元三史國語解，提要云：「以索倫語爲本。金氏則謂契丹一族，近於索倫蒙古語近於蒙古語呼同，於蒙古而音小變，或即爲契丹之遺語，若索倫語，本與滿洲語同源其族，亦必出於女眞，遼史語解所謂，未爲得實。」其說均有確見，而是書搜輯詳盡，排比得宜，爲研究遼陵遺蹟最完備之書，至卷六論著，採擇或未盡，亦有可商酌之處，此則或限於時間，或囿於見聞，要不足爲此書病也。

至討論遼陵石刻之文則有羅振玉孟森二君之跋尾。羅氏之文詳於遼史，左相證明，雖採輯未廣，而於遼史未備之處，用碑文補之，如聖宗哀冊與遼史相補證者，共有五處。仁德皇后哀冊，后初葬祖州，大康七年自祖州遷慶陵，則傳所失載，可據以補史氏之闕。道宗哀冊撰人張儉宣懿皇后冊撰人張琳，與遼史所書官爵不合，可與遼史互證。賈師訓墓誌，賈師訓即遼史列傳中之賈士勳，此爲羅氏之創見，據此遼金史譯名，互有不同，通，則其所獲，當必不至如斯。此則美中之不足耳。孟君之文，較羅君徵引爲廣，其論遼宗紀年壽隆，碑文作壽昌，引畢沅汲通鑑考異，以徵實其事，明字缺筆，以避景宗諱小字明扆。非熟於遼金掌故，不能爲此。惟賈師訓墓誌，未能舉出其人，爲遺憾耳。

關於討論遼陵契丹語言文字者，則有王靜如厲鼎煃二君，所撰之文。王氏用顧炎武音學五書推證之法，羅列已有契丹國書，與碑中文字左相比較，如壽昌二字，應譯爲大壽，契丹文則應作「又山」，以類而推，大金皇弟都統行記碑文，當金代初葉時金文與契丹文並用，此碑用契丹文所書，則「大金」二字，契丹文應作「又山」，此用推證之法，至少可十六七二三，猶不失王靜安先生治學遺意。據厲君所撰契丹國志略所引洪遵鳴夷錄云：「契丹小兒初讀書，先以俗語顛倒其文句而爲之，至有一字用兩三字者，如「鳥宿池中樹，僧敲月下門」，共讀時則曰：「月明裏和尚門子打，水底裏樹上老鴉坐。」」實字居前，動詞居後，此條可以補證王君之說。其推測契丹文字，約得結論三項：

『(1)契丹字的組成上，字體上絕不同於西夏文，契丹小字，』

(2)契丹字組成方法上與女眞字近，不同女眞小字。

(3)契丹字，字體上與女眞小字近似(非同)而實意絕不同與女眞大字異』

抑余更邊有言者，契丹女眞造字，皆有大小字別，即滿洲初造滿洲文字，亦有大小字之說。猶渤海有五京之建設，而契丹金代，亦有五京之設立，是則制造文物，因革沿襲，必有其故，如能詳審其史蹟，從而考訂之，亦治史學盛事也。厲氏所撰契丹國書略說一文，徵引較王氏爲博，而結論未能如王氏之精詳，所引狩牌等字以與契丹作參致，然遼史國語解（百衲本廿四史遼史列傳第四十六）及契丹國志所舉語言可以互證者甚繁。至契丹文與索倫語相較金毓黻氏，則以爲契丹語出於達呼爾語，非出於索倫，其證極詳審，是厲氏之文亦有可以商榷之處。惟語言之學，非專門名家，不能知其甘苦，楨不敢妄論。如以文字體裁而論，則王氏之文，較簡淨矣。

甲戌除夕前一日草成

新書介紹

Matsumoto, Le Japonaise et les langues Austroasiatique. Paris, 1928.

聞宥

此書作者爲日人松本信廣，松本氏嘗肆業於法國J. Przyluski之門，此書實即由P.氏指導而成。全書分四部分，第一爲引論，先述過去學者對於日語與南亞語言比較之研究，如Chamberlain, Aston, 白鳥庫吉，吉備惣三郎，金澤庄三郎，村岡勝二，Remstedt, Münsterberg, Palivanov, Labberton, 坪井九馬三諸人之作，均有評述，而以前數者爲最詳。次述人類學上考古學上人種學上傳說學上所見之南方影響。再次述日本語與古語研究之資料。第二爲比較語彙，計自手足頭至天一百一十三條，其所徵引，有Mon, Khmer, Bahnar, Annam, Khasi, Cam, Malais, Java, Malgache, Tareng, Stieng約三十種，且亦參及於Siam, Laotien, 漢語等。第三述音韻上之相應，根據語彙，推以歸納，得語詞首輔音如下：

南亞語		古日語
k	=	k
t	=	t
p	=	p
b	=	m
m	=	m
s	=	s
r, l	=	r

第四爲結論。

此四部份中最要者自爲第二部分之比較語彙。然松本在總書中自述，則此一百一十三語之比較，曾得師事P. W. Schmidt之批評。S.氏以南亞語之立場，謂其中有不可信者十三條，而給其未盡者以糾評（此文題爲Die Bezichungen der Austrische Sprachen Zum Japanischen，作者未嘗見之，且亦未見）。吾人于此諸語均無素養，自不能爲負責之批判。然就自身所能見之，則其中有若干組頗異之近似。如第十四條日本古語Poto (parties sexuelles) 與馬來語Patu (Parties sexuelles de la femme) 等相應，其語中的之輔音除Pi而外均有to，幾與全合。又第二十五條日本語Ko (enfant) 與Mon, Annamite之Kon, Phnong, Huei之Kuon等相應。其語亦正讀Kø，（其上記以小字）以「字」讀S，「下」讀K，「稚」讀S等例之，知其先當亦有-n尾，亦幾與全合。凡此之類，可指摘者尚有之。然以知其間淵源相近，頗涉渺茫，松本於此處處，而遂欲以推日語與南亞語間之關係，則尚未免早計也。

雖然，松本自身，固亦嘗言其比較之目的，並不在證其同源，而在證明兩者間之有接觸，則其要義自不必求之過深。松本又言，就音韻上之相應觀之，則其詞爲借用，毋寧謂爲有淵涉。然欲證此說，必須根據形態學上的研究，而不幸其通南亞語之形態，尚未大明，故欲取以與日語相較，尚不可能。斯誠不失爲通人之論。他日欲求決日語之真正的關係，究當於烏拉爾阿爾泰語族與南亞語族中，自當以此爲首要；而以吾儕外行觀之，其結論之實證，亦殊不在印支族比較之下也。

與松本此書相似，專以語彙相比勘，而取材又相近者，尚有Rivet氏之Sumérian et Océanien（一九二九，雖松本書一年，書中且曾言及松本）。異日有暇，當更爲小文述之。

× × × ×

樂浪彩篋冢（泉）

朝鮮古蹟研究會調查報告第一冊

朝鮮考古工作，向由朝鮮總督府之古蹟調查會擔任。所出圖譜及調查報告多冊，吾國學人類能知之，無待贅述。顧其整理之態度，以慶州之金冠塚與樂浪之王盱墓發掘最爲重要。自王盱墓發掘後，世界學者之視線，集注於樂浪之王盱古墓，必須迅速加以發掘研究。而官力究屬有限，於是於昭和六年，即民國二十年，另由學界組織一研究機關，由各方面輔以財力，從事補助工作。其第一次工作，即爲發掘南井里一樂浪古墳，於中得一精彩漆篋，亦名之曰彩篋冢。此其報告也。發掘於昭和六年，今昭和九年即民國二十三年十一月始刊出此報告。文爲由小泉顯夫主之，英譯摘要則爲田耕作氏自爲之也。書分二篇，主要在第一篇之彩篋冢。此冢在發掘王盱冢時已加注意，因其封墳較大，而有盜掘痕跡。雖其土人謂之，亦有盜掘者未得蓋空，而木槨出，從兩中斷。當時未遑及是，故此次特加注意。果然，槨內所得銅器之品，數逾千百，尤以漆器爲豐富，現存狀態，復稱完好。最特異可紀者：（一）彩繪漆篋：竹蓋九欄五，身高八欄，長三十九欄，廣十八欄，爲長方盛器之類，而兩圍繪以

× × × ×

華東鳥類誌

J. D. D. La Touche: A Handbook of the Birds of Eastern China. 2 Vols (1925-1934). Taylor and Francis, Fleet Street, London.

拉都希（J. D. D. La Touche）英人，服務於吾國海關，垂四十年。退休後返英，著「華東鳥類誌」一書。自民國十四年七月起，陸續刊行，至去年五月，全書始告竣。其第一卷第一冊（part）行世後，余曾爲文評之，載The Condor（美國西部鳥類學會雜誌）第二十八卷第一期（民國十五年元月）。

拉氏旅華期內，每于暇日，出外採集鳥類標本，因福州海戶胡旺及其家人之助，採得標本，異常豐富，拉氏遂成爲一傑出之鳥類學家。拉氏所作，散見福建，雲南，浙東島，及鎮江各地鳥類之論文，載The Ibis（英國鳥類學會季刊）及其他雜誌。拉氏退休以後，其標本之一部份，留存上海博物院亞洲文會博物院（Museum of the Norht China Branch of the Royal Asiatic Society），其大部分，則於民國十六年，售與美國哈佛大學之博物院（Museum of Comparative Zoology, Harvard University）。

拉氏原意，擬作「中國鳥類誌」。然中國幅員之大，鳥類之夥，自非拉氏一人之力所能及，乃縮小範圍，改作「華東鳥類誌」。其地域限于河北，山東，江蘇，安徽，江西，浙江，福建，及廣東等八省。然書中所述，常兼及其他各省。意者，拉氏尚未忘情于其「中國鳥類誌」之述作歟！

全書二卷，第一卷五冊，第二卷六冊，每冊約九十餘頁。卷首均有序言及目錄，卷末均有校誤及索引。每冊定價七先令六辨士，全書代價，以目下匯率計之，約合國幣五十元，其定價不可謂不貴！

中國鳥類，千有餘種。今日之研究中國鳥類者，類皆參考Dresser, E. Hartert，及E. C. Stuart Baker之書，諸氏之書，雖各有特長，然非研究中國鳥類之專籍。A David, M. C. et M. E. Oustalet之作，絕版已久，不易購置，且嫌陳舊。拉氏之書，雖不完全，但較爲適用，頗有助于有志研究中國鳥類之學者。

拉氏分類之法，大都以Stuart Baker爲依據，始于鳴禽類（Passeres）終于鸊鷉類（Pygopdes）。不取現行分類法之始于下等鳥類，終于高等鳥類也。拉氏未非納之動物學家，演化（Evolution）之理，恐或不甚介意耳！

全書除若干照片，可以說明鳥類之環境及營巢狀態之精形外，不佐以插圖，使閱者不易明瞭，此其缺點。

分類之書，每類之下，常附以檢索表，則閱者乃易明瞭。今拉氏雖有檢索表若干，散見於各冊，然不周備，亦其一缺點也！

每種之下，首述異名（Synonymy），次形態記載（Description），再次論分佈（Distribution）及野外記錄（Field notes）。敘述簡明，拉氏最擅。關於生活史方面，（Life history）拉氏言之不詳，國人之治鳥類學者，當有起而完成之者。

第一卷第三百九十三頁之前，附地圖一紙。謂直隸（河北），山東，江蘇及安徽之北部，劃入舊北區（Palaearctic region），以南之地，劃入東洋區（Oriental region）。雖無不當之處，然與近時動物地理學（Ecology）之說，頗不相符。

全書鳥類七百五十六種：屬於鳴禽類（Passeres）者三百八十三種，屬於非鳴禽類（Non-Passeres）者三百七十三種。實則華東鳥類，當不僅止。將來國人詳加調查，方知余言之不謬也！（壽振黃）

× × ×

古石刻零拾

容庚撰 定價四元
北平琉璃廠來薰閣
隆福寺文奎堂代售

容庚先生近所蒐集之古刻六種及晉左棻墓誌，爲古石刻零拾一冊。其中漢祖卷文則取拓帖及故帖本，泰山刻石則取拓帖本，其他新近數年所出之漢代古刻若墓字，袁敞一碑，漢熹平殘石，皆選拓之精者。縣棺冊補殘北齊造佛跡，皆以天祿神續。容氏此書，均取精拓本石印，聞選擇之精，固以爲鐵也。左棻墓誌前數年出土，今歸于右任氏。石高八寸三分，廣四寸五分，厚一寸二分，正面錄書四行，行十字，背面隸書七行，行十一字。文詞簡質，正面紀棻之卒年葬地，背記其家屬之名。棻父雍，兄思皆有名。兄子聰及聰奇，見於左思之嬌女詩。得此相印證，實文學史者添一新材料矣。以上石刻凡七種，容氏僅錄其有考釋。於考古學及中國美術史上均可資參考者也。（孝勳）

新書簡訊

中國之比較濕度圖

L'humidité Relative en Chine, par p. Ernest Gherzi, pr's Zi-Ka-Wei, Shanghai, 1934.

此書爲上海徐家匯天文台氣象系地震系主任E. Gherzi氏所著。濕度圖在氣象研究上佔極重要之地位，而中國之完全濕度圖，至今尚不可得，本書即補此一部分之缺憾也。全圖共十三幅，即十二個月比濕圖各一幅，與全年平均比濕一幅。每幅均有簡略之說明，並附中文之翻譯。觀此書可以知吾國南北各地水分在空間中相差之原因，研究地理學或人文學科者，均宜注意其結論也。（鈴）

本刊啓事

本刊去年例於每月初六出版，今年改於每月初四。上期因稿擠延誤，故臨時與本報史地副刊對換。以後，亦決不再有所更動，讀者諒之。又，上期刊誤，「第一次滿蒙學術調查研究團報告」，誤爲「……調查團研究報告」，合此更正。

大公報代售書籍

雜誌類

[illegible]

圖書副刊

BOOKMAN　第六十七期

一　本刊登載關於中外圖書之介紹批評以及學術界消息
二　本刊公開性質歡迎投稿
三　投稿通訊可寄「北平文津街國立北平圖書館內圖書副刊編輯收」

書評

余楠秋等譯歐洲近代現代史

胡　安

世界書局印行　二十二年九月出版　定價四元二角五分

余先生等感到西洋史教本的缺乏，更因不滿於時下一兩部流行的歐洲史，肯在業餘之暇，「盡半年之力，譯成此書」，想來彌補這個缺憾，對於這點，我們自應致十二分的謝意。然而讀到這譯本的內容，却不能不使我們感覺極端的失望。不僅譯文生硬及不合文法的地方，到處皆是，而錯誤脫漏之點，也多得出乎我們意料之外。現在我只將這譯本中導言的一部分，檢點一下，敬以質之諸位譯者，並希望讀這本書的人，加以注意。

(1)原本第一頁倒數第三至一行：

"No, longer did trading vessels confine themselves to inland waterways; nor did they creep timorously along the Atlantic coast;…"

譯文頁一，倒數第三行作：「商船不僅駛行於本島的水面上，懦怯地沿着大西洋岸徐行；」按，譯者大概是把"inland"看成"island"，於是"inland waterways"也就成爲「本島的水面」了；又"no longer"及"nor"也全漏而未譯，結果與原文意義頗有出入。全句今代改譯爲：「商船不再僅只航行於內地的河道上，也不再很小膽地沿着大西洋岸徐行了；」

(2)原本第十一頁正文第四至八行：

"Yet these wonderful mechanisms are but a century old, and the product of a great change in human affairs known as the Industrial Revolution."

譯本頁八第二三行作：「但是一切令人稱奇的機械，出世只不過百年，這個人事大變遷的結果，便稱之爲『產業革命』。」按，從「這個」以下誤。今代改譯爲：「然而這些奇異的機械，出世不過百年，而却在人類的事業上產生了一大變改，即所謂『產業革命』」。

(3)原本第十二頁第九至十一行：

"Until very recently the overwhelming majority of the people in every country in the world were engaged, either directly or indirectly, in tilling the soil."

譯文頁九第六行作：「近年來世界各國的最大多數人民，都是直接的或間接的致力於耕種土地。」按，譯者忽略了句首的"Until"，致譯文意義同原文恰恰相反。當譯爲：「直到最近爲止，世界各國的大部份人民，還都直接或間接的從事於耕植。」

(4)原本第十三頁倒數第十三至十行：

"Transportation was difficult, as the highways had hardly undergone repair since Roman times Often they were merely muddy paths through brush and thicket wherein lurked highwaymen."

譯文頁十，倒數第五六行作：「運輸極爲不便，因爲羅馬時代所破壞的道路，迄今沒有修理。寬大的道路潛伏於短樹叢林的泥土中。」按，兩句全誤。第一句原文並沒有「羅馬破壞道路」的意思；至於第二句，譯者大概把"highwaymen"看成"highway"，更進而把全句曲解了。今代改譯爲：「交通道路從羅馬時代以來，簡直沒有修過，運輸因而困難，常是些濘泥的小道，兩旁夾以有路劫潛伏着的叢林。」

(5)原本第十七頁倒數第十二至九行：

"The act provided for a valuation of each villager's strips and of his interest in the commons; and, in return for surrendering them, he was to receive solid fields."

譯文頁十四作：「那法律規定每個鄉下人的土地價值，及鼓勵他對於公地的興趣，他放棄所有地所得的報酬，就是他能享受完整的農場」。按，原文的"and of his interest in the commons," 同"of each villager's strips"同是跟"valuation"而來，文法構造甚明，譯者竟譯成「及鼓勵他對於公地的興趣」，粗心之至！今代改譯爲：「這種法令規定每個鄉民之條形的土地同他在公地上所有的利益，須經估價，然後鄉民可按所讓與部分，依估價換得整塊的田地。」

(6)原本第十八頁第二段第九至十行：

"a petition against enclosure, drawn up by the yeomen of a district…"

譯文頁十五第三行作：「一個反對圈圍制的請求書，由一縣的鄉民自衛軍簽字的」。按，這裏的"Yeomen"只指「鄉民」，並沒有「自衛軍」的意思；"drawn up"譯作「簽字」也不對。應當譯爲：「某區域鄉民所草成的反對圈圍制的請求書」。

(7)原本第二十頁倒數第十二至十行：

"Even more important was the rise of modern banks with their gold and silver reserves, which made possible an extensive credit system."

譯文頁十九倒數第二行作：「此後更重要的是近代銀行之興起，金銀因而可以儲蓄，信用制度可以擴大」。按，"with their gold and silver reserves"譯作「金銀因而可以儲蓄」，誤。當譯爲：「尤其重要的是現代銀行的興起，這種銀行有金銀的貯蓄，因而大規模的信用制度得以通行」。

(8)原本第二十頁倒數第四至二行：

"Such undertakings require for more capital than an individual commercial venture."

譯文頁二十第三行作：「那種事業，需要資本較個人商業冒險尤爲急切」。按，"far more"與"venture"譯爲「急切」同「冒險」，似都不妥。今代改譯爲：「這種事業所需要的資本，遠多於個人商業投機時所需要的。」

(9)原本第二十一頁第二行：

"The Mediterranean, an inland sea……"

譯文頁二十第五行作：「島海的地中海」，譯者又把"inland"看成"island"了吧？「島海」應改爲「內海」。

(10)原本第二十四頁第一段第一至四行：

"Conditions favorable to an industrial change, as has already been explained, had been created by the Commercial Revolution. Important experiments and inventions had taken place a century before its coming."

譯文頁二三第九行作：「由商業革命造成利於工業變遷的情形，已如上述。重要的試驗與發明，在商業革命以前，已經發生。」按，原文中的"its"指「工業革命」而言，譯文作「商業革命」，誤。

(11)原本第二十五頁第二段第七至十行：

"An inventor is always one who has perfected a process which others, as well as himself, have been experimenting with, studying and investigating."

譯文頁二四第五行作：「所謂發明家是集其他思想家所試驗，研究，考察的成績之大成」。按，譯者把"as well as himself"脫落未譯，而"others"譯作「思想家」似亦不妥。因爲「思想家」並不一定對發明有貢獻，反之，「非思想家」中卻一樣的有發明家。今代改譯爲：「發明家往往是一個完成了別人同他自己所試驗，研究，考察之歷程的人。」

(12)原本第二十九頁倒數第五至三行：

"The ever-increasing quantity of goods producedby the new machinery soon went far beyond the requirements of the locality and even of the nation."

譯文頁二八作：「因新機器而生產的貨物，其數量是永久增加的，所以貨物的需要，不僅供給一地，且要延及全國了。」按，從「所以」以下誤。今代改譯爲：「新機器所生產之貨物的數量，是日趨增加的，所以不久便遠超過其地甚至其國的需求。」

(13)原本第三十一頁第十二至十四行：

"However, many were averse to this new method of transportation by a 'traveling steam pot.'"

譯文頁三十作：「然而人民對於這個新的運輸法，『在一個蒸汽的鍋中旅行』，是很厭惡的。」文章此誤，可惜原文是"traveling steam pot"，而不是"traveling in a steam pot"呢。今代改譯爲：「然而好些人對於這種用『行動汽鍋』的新式運輸方法，是厭惡的。」

(14)原本第四十三頁第二段第三至五行：

"According to its advocates, intervention by the State or by any combination, whether of capital—

答吳辰仲先生 評拙著國際問題

張彝融

（原文見一月三十一日大公報圖書副刊）

拙著國際問題，承吳先生指正，感激之至！可是許多地方，未免斷章取義，以辭害意。這使我不能不趁這機會，對於編著的體系，和吳先生所評的幾點，作一答辯。

「開始收集這本書的材料，是在一九二七年；那時期受浦爾（Buell）布哈林列寧諸的著作的影響很深，便把戰後國際政治經濟的史實，歸納到四大體系之下來研究。就是（一）帝國主義國家相互間的對立；（二）帝國主義國家和殖民地間的對立；（三）資產階級和無產階級的對立；（四）帝國主義國家和蘇聯的對立。後來想把牠簡單化，認爲蘇聯代表無產階級，同時通過第三國際，結合帝國主義國內無產階級，向資產階級鬥爭；可以列入第三點內來發揮。但這三大對立的體系，仍未能顯示經濟政的關係，所以改成下列三項，作爲研究的大前提：

（一）世界經濟日益密切，反使國際政治日益疏散；

（二）帝國主義國家的向外侵略愈甚，則殖民地的民族獨立運動愈猛進。

（三）資產階級勵行剝削方法的革新，致促成無產階級的社會革命。

這本書就是以第一項爲中心而編成的。第二項另有弱小民族與國際（本月底完成，不久可以付印）來發揮。第三項擬出一本蘇聯與中國，材料正在收集。我原來不想預登廣告，大吹法螺；因爲吳先生說蘇聯這一部分沒有注意到，順便來聲明罷了！

至於已出版的國際問題這本書的結構是這樣的：第一章第一節楔子，是在前面所說三項大前提之下，來分析錯綜紛紜的國際事變。第二三四節，是說明前面所說三項大前提，都是帝國主義自身孕育出來的障礙物；以及戰後經濟的轉變，怎樣影響到國際政治的轉變。第三章在橫的方面提出若干重要問題，闡明帝國主義國家相互間的對立形勢。第三章至第八章則在縱的方面，由國際會議中，影射出各種問題的線索。第九章第十章將賠款裁軍兩大糾紛，各自成一體系。

編著的體系和拙著國際問題的結構，簡括地說明之後，就來商榷吳先生幾點指正。按吳先生的大作的要點，其中籠統的批評有三點，摘選的批評有六點，前三點，吳先生是用以己之矛攻己之盾的方式，指出拙著的『矛盾』『混亂』的所在。現在姑不問吳先生所提出的，是不是扼要的地方。就拿這三點來說吧，我是不敢領教的。如果說我站在反帝國主義的立場，却沒有瓦爾加拉狄克馬扎亞爾那樣著色地徹底地批判一切資本主義的制度，都是錯誤的；而且一字一句，缺乏推敲，倒可誠懇地接受。試看：

一、吳先生指出拙著二三八頁「大戰的結果是強權終爲公理所克服」這個矛，攻第二三頁上「各國的金融資本家爲消納其過剩的資本，就不能不努力掠奪市場。掠奪市場就是戰爭的導火線，這正是資本主義發展到帝國主義的階段，隱伏着戰爭的危機」這個盾。

如吳參看拙著第四章國際聯盟與國際協作問題二三八頁，第一節中有一段敘國際聯盟的緣起，是這樣的：「大戰爆發的時候，大家（請吳先生不要誤會是世界上每一個人）都認定德國是和平公理的大敵，……。偉大的政治家威爾遜總統，也以爲參戰的目的，在於永遠息爭。因此一切弱小民族，也都忘其祖國的舊怨，願爲祖國而效忠（請吳先生原諒，沒有提到不願爲祖國而效忠的）。以致（此處少了「當時都認定」幾個字致欠明瞭）強權終爲公理所克服，堅持鐵血政策的德國，不能不跪在和平之神面前懺悔！然而德國推倒了，究竟怎樣纔能防止第二德國出現呢？威爾遜總統說……」

這一段意在敘述一般人的態度，以及戰後威爾遜怎樣抓住那時一般人的心情，提出國際聯盟的主張。並沒有『解釋大戰的緣起』，而且不是我在這裏論斷「強權終爲公理所克服」；而是當時一般人的看法如此，所以我在敘述中，提出「然而德國推倒了，怎樣纔能防止第二德國出現呢？」一個疑問。不幸吳先生斷章取義，以辭害意，竟把我的矛，撞上我的盾（？）。這樣的『謬誤和淺薄』，罪怎敢當？

二、吳先生指出『在本書第四章中，著者把國際聯盟看爲公理戰勝強權，和平壓倒戰爭的產物（想非原文吧？）』這個矛，攻「國聯在事實上却已成爲帝國主義者壓迫弱小民族的工具」這個盾。

如果參看拙著二三七——二三八頁第四章提綱中，我所下的結語云：「所以國際聯盟在理想上原是很對的（這是相對的說法），在事實上却已成爲帝國主義者壓迫弱小民族的工具」，並不覺得矛盾。吳先生指出的矛，想係前面第一點中演繹出來的；就是大戰的結果，既是

ists or of workingmen in the relations between buyer and seller, between employer and employee, was both mischievous and futile."

譯文頁四一作：「依照這政策的鼓吹者，由國家或團體主……干涉買賣與雇傭間的關係，都是惡作劇的無用的。」按，譯者忽略了"Capitalists" 及 "Workingmen" 前之二個"of"，而直譯成「資本家與工人」，上下文義因而不明。"mis chievous" 在這裏譯作「惡作劇的」，也不妥。[illegible]

（15）原本第四十三頁倒數第十行：

"The interests of labour and capital, argued the economists, were identical, ……"

譯文頁四一作：「[illegible]」按，"identical" [illegible]"Capital" 在這裏應作「資本家」。[illegible]

[illegible]

最後，我敬請希望諸位譯者，把本書從頭至尾，仔仔細細的再同原書對照一下。像上面的錯誤，我想，是不會發現不出來的。然後刊行一本「勘誤」，以輔助本書，使牠儘能當得原書的「近似值」。那樣，諸位才算對

強權終爲公理所克服，國際當然是公理戰勝強權的產物。可是大前提已經證明是斷章取義，以辭害意，那末推論不必再來糾正了。『足證著者觀念的混亂』，不知何所指而云然。

三、吳先生指出『在本書一七六頁著者承認俄國是反帝國主義的國家』，[illegible]

[illegible]

「農業恐慌，不僅由工業的發展到了窮地所促進的，大部分還是戰後在農業內部所養成的潛在的矛盾，和生產過剩之危機的表現，這就是農產品價格低落的統計表。」[illegible]

不管農業恐慌怎樣，凡由工業因勢所引起的歸農，農業

得起我們讀者，才算對得起原著者，才算盡上了翻譯的責任！

十二月十日于沙灘。

編者按：胡先生所舉這譯本的錯誤和脫漏的地方，不下三十餘條。因爲本刊篇幅有限，不得不加以刪略，我們刪略的時候，實在對作者很抱歉。

新書介紹

楚器圖釋

劉節著　國立北平圖書館出版　定價三元

民國二十三年五月，北平文物展覽會在團城展覽北平會古齋所得楚器一計九器。當時本刊曾文記其事（見第二十九[illegible]）。此楚器安徽圖書館與省款購回，卒以議價不合，遂爲中華教育文化基金董事會所得，今寄存北平圖書館金石部。劉氏書，即據此九器而作。列影片九葉，詳載器之度重量。考釋計分五節：（1）緒言；（2）銘文考釋；（3）年代及地理；（4）形制與紋樣；（5）餘論，末附銅版插圖三葉，唐蘭壽縣所出銅器考略文（原載北京大學國學季刊四卷一期）。

考釋楚器之文，以此唐氏之作爲較詳。唐氏所得楚器銘文，詮釋其字，考訂其時代，並略錄其器之形製。此文除此器之外，尚博徵同時出土之物，以爲參考，所得資料，較唐氏爲多。

國人對於銅器，向來注意其文字史事，間亦書其形製。昔劉原父作先秦古器記，其自序中嘗及攻究古器之法曰：「禮家明其制度，小學正其文字，譜牒次其世謚，乃爲能盡之。」故世王靜安先生作隨庵吉金圖序，亦以古器之學略盡於此數語，著錄古器之法，亦應以進於此。其於過去學者致力之點，可謂包舉無遺。近頃以來，銅器出土日富；國內外公私所藏，可以公開陳列。而攝影印刷術之進步，使銅器紋飾纖悉畢見。故銅器紋樣，乃爲學人所注意。劉氏此文以近年山西李峪村，洛陽韓君墓，陝西門雞臺，河南新鄭，及前此壽州各地出土銅器之紋樣，爲比較資料，以討論法人狄樂克美人西翁及日本梅原末治等，所謂秦器之說，證明凡所謂「秦器」者，其出土之地，無一在秦境內。而所謂秦器之花紋，即吾國學者所謂蟠螭紋，蟠雲紋，蟠鳳紋，蟠虺紋，在先秦諸器中，自有淵源可尋，不必即一概指爲受斯克坦文化之影響。其說頗有見地，在國內尚屬不可多得之文字。

釋文方面，以楚王酓肯一名最爲各家聚訟之焦點。劉氏釋肯爲胄，而讀爲胄負芻，以負芻即酓胄之形訛。因此其論唐氏釋肯之說謂，肯說文篆作胄（漢石傳勢詩殘石同），古文作胄，漢碑作胄，顏氏家訓書證篇言漢書田胄，江南本作胄，胄即胄之誤，是六朝以前均不作肯。其說雖不足證實負芻之說，但其論肯之非胄，則絕無可疑。觀其引證博洽，足使唐氏俯首。其論徐中舒氏會猶之說云：『哀王立國僅二月，被殺於「會胄」之徒黨，實不容鑄兩許銅器。』此說明未免牽強。蓋此等銅器皆日常烹飪之物，一日不能短少。會猶嘗爲國王，豈二月之久，而尚不能鑄器？況此等銘文皆臨時鑄刻而成，更可就現有者爲之。觀會肯諸器，皆不勒鑄工之名，與同時出土之他器不同，似徐氏之說，尚未可厚非也。

楚都壽春，僅十九年而亡，此文備述楚立國大事，尤使讀者對當時國勢易於理解。其論姬姓之曾，自東周中葉以迄戰國晚期活動範圍北起鄭郊，南及光州，西起南陽，東抵睢州；足補史乘之闕佚。其論會侯器「戰獲兵銅」語，與楚世家幽王三年秦魏伐楚，楚相呂不韋卒，是役楚軍戰勝事，相合。作器之「正月吉日」，則幽王四年也。此說皆可信，至其說之可議者，如曾侯鐘之「乙宗彝」，宗彝原爲銅器中常語，此以乙宗連讀，謂乙宗爲小宗，則誤。又如釋湯爲古連語，此則謂釋爲地名，於文義不協。又如聖趣之夫人，僅以聲韻通用之關係，而讀以爲楚幽王夫人，肉本安字而以爲守，卣本以字，而以爲句，凡此皆甚瑣細要，就大體言之，則實近來銅器考述中，最進步之作也。（舍）

會君此文所論各點皆細節。唯篆湯在曾伯霥簠作鑿湯，其字從邑，必爲地名無疑。聖趣夫人既爲聖趣夫人，而夫人又爲國君之妻，在楚國命發王夫人無以當之。此兩點乃本文精要，在，如無極强之反證，決不取銷。節附注。

投資的增大，也足以造成了土地飢饉，致地租騰貴，使主對佃農的階級對立尖銳化，第二農業恐慌的負擔，轉嫁於小農及佃農的結果，更激成大農及佃農的沒落，[illegible]些份子，便淪於無產階級的隊伍中」。

如果參看前後文，顯然已經指出吳先生所說的『這[illegible]的現象』。斷章取義式的斷定『還完全是對於資本主[illegible]式的農業恐慌的本質的無知』，未免過當吧？

二、吳先生指出『本書在「九一八」事變以後出版的，但著者對於九一八事變的世界意義全未提及……』，這一點我很誠意的接受。不過拙著原於一九三一年秋，陶希聖先生轉給書局的，十二月間新生命書局寄回囑詳細標點，於是大略補充一點，沒有全部改編或寄回（第九第十章補充較多）。後來「一二八」滬變發生，聽說拙稿第一部分在印刷所中不見了。幸承黃源先生仲雲先生我同來。所以「九一八」沒有適當地插排在前面，誠是『一個重大的遺憾』。待編續聯和中國一書編入。

三、吳先生指出拙著二二頁國家商業銀行錯列於蘇根銀團，而將國立城市銀行錯隸於羅克弗勞。誠係不審的錯誤。再版時當更正。

四、吳先生指出拙著四七四頁『敘述凱洛非戰公約時，僅舉出幾個要點，而若干保留條款都沒有敘述』，可以接受的。至於小題大作，說什麼『因爲這些保留款在實質上往往比原來的正款更具有絕大的意義』；證明全書的不精審，未免自全其說。

五、吳先生指出『本書的出版是在一九三二年，而著者在敘述土耳其的建設成績時，卻只引用了一些一九二六年以前的陳舊的材料，……在這時期以後的許多新設都漠視了』。『漠視』倒沒有，沒有編到裏頭實在大意忽。但是拙著是經過四年一點一滴地集成，在最後整時把這點遺漏了，實不能辭了太不精審的罪過。

六、吳先生，指出拙著四四八頁中，『著者把胡佛在那接債宣言劃在一九二一年發表。而實際上胡佛在那時候尚未嘗當總統呢』！如果吳先生是諷刺家，我不妥掉了。如係誠摯地指正的話，請看那第九章的排列以及四四七——四四八頁的幾段文字，總相信還是一九三一年六月二十日的事吧！

總而言之，我希望同好者予拙著或個人研究上，以誠懇的指正，使我努力精進。吳先生的指教，在有些地方，我也是很領情的！

二月四日寄於南京

新書簡訊

古代兵略

辛鍾靈著　二十三年南京軍用圖書社發行　定價三角

近代軍事書籍，日新月異，著作繁多，惟對於兵略上之研究，除古人兵法可資探討外，尚少專書，而古人兵法，又以時代不同，兵器各異，研究者對於取舍，常感困難，著者有鑒於此，爰編撰古代兵略一書，凡古代兵家論兵精微之論，不失時代性者，均旁徵博引，盡量採入。茲值國難日亟，不僅軍事家宜注意之也。（毛）

圖書副刊

BOOKMAN
第八十六期

一、本刊登載關於中外圖書之介紹批評以及學術界消息爲公開性質歡迎投稿
二、刊登本刊之文略致薄酬
三、投稿通訊可寄「北平文津街國立北平圖書館內圖書副刊編輯收」

國學基本叢書第二集之商榷

袁大韶

商務印書館出版萬有文庫第二集內之國學基本叢書第二集，計分五十六類，收書三百種，視第一集類多廿五，書多二百種焉。內中有多數要籍，往昔或刻入叢書，例不單行，或流播不廣，欲購無從，又或價值過昂，無力備置。今得商務爲之刊布，分售合售，各從所欲，上述種種困難，均可解除矣。而其參考書十通及佩文韵府，尤有裨于治學之士，此吾人所當感謝者也。此集所收各書，雖根據各名家國學書目選取，然以昭私見，尚覺有可商榷之處，按印行萬有文庫二集緣起云：「國學書籍既多，當讀者亦不少，而本文庫在依適當進程，先其所急」，又編輯凡例云：「各叢書選定之書，如將來有較善之本，或較佳之作，得隨時更易」。今依此二義，謹爲商榷如次。

一、國學基本叢書第二集宜抽去之書

（1）陸隴其松陽講義一書，專說四書，純以理學家見解爲依歸，墮入宋明人理障甚深，且間有不脫高頭講章之處，在國學書中，爲無關緊要之著作。（2）唐鑑國朝學案小識，推宗程朱，排斥陸王，不但門戶之見太深，王學久已絕迹，射死虎以示勇，亦無謂之甚矣，而且蕪雜疏漏，毫無條理。梁任公謂「唐書以清代最不振之程朱學派爲立腳點，褊狹固陋，萬不可讀」，蓋確論也。（3）劉淇助字辨略。清代箋釋古書語詞專著，自以劉氏此書爲嚆矢，開闢蠶叢，用力良多，但以切合實用言，則遠不如後來各書之精核可據耳。抽去此書，而以楊樹達高等國文法補入，似較爲勝。（4）吳仁傑離騷草木疏，專疏釋離騷中之草木，作爲楚詞參考書差可，若用爲植物學書，則讀廣羣芳譜植物名實圖攷等書已足，無需此也。（5）劉宗周人譜，以通俗論用言，此書似不及陳宏謀之五種遺規。（6）王安石唐百家詩選，去取極不適當，如宋之問，沈佺期，陳子昂，張九齡，張說，王勃，楊炯，盧照鄰，駱賓王，王維，李白，杜甫，韋應物，劉眘虛，賈至，孫逖，祖詠，綦毋潛，劉長卿，柳宗元，韓愈，劉禹錫，孟東野，李賀，元稹，白居易，溫庭筠各大名家，均不入選，而高適，岑參，皇甫冉，王建諸人，每人錄及百篇，輕重失宜，實無足觀，宋嚴羽清王士禎均譏其疏略，吾人不得震于荊公之名，而漫爲收入。（7）梁章鉅楹聯叢話。聯語，在文學中本居不甚重要之地位，此書亦在可緩之列。（8）清代各家詞集。將各家詞集抽去，補入譚獻篋中詞似較切用。胡適之云：「爲初學人及小圖書館計，皆宜先從總集下手」，此眞甚可法也。以上諸書，非謂其著無價值可言，蓋權其輕重，則可緩耳。如此，庶第二集中得多收有用切要之書也。

二、國學基本叢書第二集似應加入之書

（1）陳澧東塾讀書記·卷十三西漢。陳氏此書，擬目二十五卷，其中卷十四東漢，卷十七晉，卷十八南北朝附，卷十九唐五代，卷二十宋，卷二十二遼金元，卷二十三明，卷二十四清，卷二十五通論，均未成書。卷十三西漢雖成書，然別刊單行，且流播不廣，今應收入東塾讀書記中，以增完備。（2）楊樹達古書疑義舉例續補，馬叙倫古書疑義舉例校錄，爲讀古書最重要之工具書，楊馬所著，足補正俞劉之所不逮，且篇幅不多，應收入以成全璧。（3）俞樾諸子評議補錄，足補原書之缺略，似亦應採入，使學者得窺其全豹。（4）王念孫廣雅疏証補正，朱駿聲說文通訓定聲補遺，此二種宜附刻各原書後，以便讀者。（5）檢字一貫三。說文部目紛繁，而字之隸部，又不可意知，學者苦之，此書將段氏說文注，朱氏說文通訓定聲，阮氏經籍纂詁三書，分別部居，次比筆畫，大書一字，小注三行，中行爲段注，左行爲纂詁，右行爲通訓定聲，說文與楷書不同之文字，則注于書眉，檢一字則三書之字同時可得，便利切用，莫過于此。（6）陳沆詩比興箋，選錄各家名作，詳引史事證明某詩是諷刺某人某事，獨闢町畦，自抒己見，誠文學書中之佳作，似宜酌採。（7）管世銘讀雪山房唐詩鈔，……此書于唐代各家網羅略備，去取亦甚得適當，所附詩人小傳，亦極精核，較之荊公唐百家詩選，切用多矣。（8）譚獻篋中詞正續編，選錄清人之詞，始于順治，迄于清季，蒐輯廣博，去取謹嚴，評論得要，于清代二百來詞壇正變，闡發無遺，後附自作，亦清麗可誦。（9）金和秋蟪吟館詩鈔。和詩以散文化見稱，又親與太平軍及官軍來往，目擊時事，所作足補史事之遺，梁任公，陳石遺，胡適之諸先生均推重之，其詩雄奇特創，開人境廬之先聲。在此詩學轉變之期，此書固不可不注意也。（10）許鴻磐方輿考證，凡百卷，計三百八十餘萬言，蓋盡一生之精力始底于成，參稽羣籍，凡數百家，博取擇精，足補顧著方輿紀要之不足而訂其訛。又變其體例，所重在沿革，山川，險要，古蹟，而不止名勝；所詳在兵機，河防，海防，屯政，水利，而不取詞章。誠爲經濟之學，有用之書也。（參閱本刊第二十四期書評）（11）蔡雲人表考校補一書，補梁書之遺，並刊于梁書之後。（12）趙翼二十二史劄記深得比事之訣，每一個題目之下，其資料皆從幾十篇傳中零零碎碎覓出，如採花成蜜，學者能用其法以讀史，便可養成著述能力。此書之重要可知矣。（13）蕭一山清代通史。國學基本叢書第一集及第二集內，于歷代史迹，均採精要之作，而于最近及最關重要之清代，反付缺如，不可謂非疏漏也。蕭氏此書取材廣博，條理分明，于清代文化，尚能綱舉目張，雖稍有舛誤之處，然無損于全書之價值，律以詳近略遠之義，蕭書似亦在可收之列。又李元度國朝先正事略，考核詳明，叙次有法，道光以前人物，略備於是，似應收入此集，以爲參考近二百來史迹之資料。

三、國學基本叢書第二集應採用之善本

（1）經籍舉要一書應用袁昶重訂本，（刻于蕪湖中江書院），因較龍氏原編推闡更爲詳備故也。（2）四書集注應用清代璜川吳氏仿宋廿六卷本，因吳刻附有考證四卷，校訂精審，極有功于朱注，如將劉寶楠論孟集注附考二卷刊于後，尤便學者。（3）賈子新書宜用王耕心賈子次詁，或將劉光漢新書校補附後，似較善。（4）春秋繁露一書，宜用蘇輿校注本，或董金鑑集注本。（5）文子纘義宜用道藏舉要本，因此係足本，且附有音釋。（6）晏子春秋宜用蘇輿集校本。（7）鶡冠子宜用王闓運注本。（8）公孫龍子宜用陳澧注，或宋從約注本，（豫章叢書本）。（9）鹽鐵論宜用王先謙校刻本，因此本附有校勘小識。（10）朱淑眞斷腸詞宜用鄭元佐箋注本。（11）陸宣公奏議宜用郎曄注本。（12）穆天子傳，……丁謙穆傳地理考證宜附刊于後，又顧實穆傳西征講疏，取材廣博，持論新穎，雖屬荒渺難稽，但既採穆傳，則顧疏自宜參考也（13）世說新語一書宜用王先謙校刻本，因此本附有考證。（14）蔡中郎集宜將勞格及孫詒讓校記刊于後。（15）鮑參軍集宜用黃節或錢振倫校注本。（16）江文通集宜用胡之驥注本。（17）王子安集宜用將翌清注釋本，如將羅振玉王子安集佚文一卷附刊于後，尤佳。（18）駱賓王集宜用陳熙晉注本。（19）昌谷集，……宜用王琦彙解本。（20）李義山集宜用馮浩詳注本。（21）徐騎省集宜用吳兆宜箋注本，或用徐乃昌影宋本，徐本附於補遺校記各一卷。（22）山谷內外集宜用任淵及史容注本。（23）石湖居士詩集宜用沈欽韓注釋本。（24）鐵崖古樂府宜用樓卜瀍注。（25）高青邱詩集宜用金檀注釋本。（26）錢牧齋詩鈔宜用錢曾注。（27）漁洋精華錄宜用金榮箋注本，又按唐宋人集，吳汝綸均有點勘，甚爲精核，可資參考，應援第一集韓昌黎集附劉陳錄黎點勘之例，刊於各書之後，以便讀者。（28）長春眞人西遊記宜用王國維校注本，或將丁謙地理考證附後。（29）歷代帝王年表，齊氏原書有舛誤疏略處，宜用唐邦治補訂本，陳慶麟中國大事年表亦可用。（30）竹書紀年，王國維今本竹書紀年疏證及古本竹書紀年輯校，均甚精核，應並行刊入。

書目答問凡例云：「知某書宜讀，而不得精校精注本，事倍功半」，今雖列諸名家校注者，亦欲使治學之士，得收事半功倍之效耳。抑韶有進者，商務近出之書，如蔣維喬之中國佛教史，馮友蘭之中國哲學史，郭紹虞之中國文學批評史，陳顧遠之中國法制史，鄭振鐸之插圖本中國文學史（此書版本現歸商務出版）等，均取材詳贍，條理明晰，雖不能純粹無疵，然用作參考書，以爲後學津逮，固其宜也。援一集收古代哲學史，清代學術概論各書舊例，皆應收入，以便學者，如以卷帙過繁，與原定冊數有不相符處，則可將原編文學類及史地類之不甚重要者，減去二三類或數種均可。以上所陳，係就「先其所急」及「酌量更改」二義而評述之，況刊書爲傳播文化最重要之一端，自應慎重將事，精益求精也。商務印書館爲我國最大出版家之一，熱心于文化，當不以韶言爲河漢而無稽也。

書評

佛遊天竺記考釋

岑仲勉著　民國二十三年一月上海商務印書館出版　定價三角五分

[illegible]

中國秘密社會史

羅爾綱

此書定名爲中國秘密社會史，但嚴格說來，只能夠當做一部史料，而不能稱做史。[illegible]

[illegible]

新書簡訊

中國大事年表

[illegible]

出版消息

[illegible]

大公報代售書籍

[illegible]

107

圖書副刊

BOOKMAN 第六十九期

一　本刊專載關於中外圖書之介紹批評以及學術界消息，為公開性質，歡迎投稿。
二　本刊登載之文略致薄酬。
三　投稿通訊可寄「北平文津街國立北平圖書館內圖書副刊編輯收」。

重刻元西域人華化考序

陳寅恪

元西域人華化考八卷　陳垣撰　勵耘書屋重刻　定價二元五角　不日出版

有清一代經學號稱極盛，而史學則遠不逮宋人，論者輒謂愛新覺羅氏以外族入主中國，屢起文字之獄，株連慘酷，學者有所畏避，因而不敢致力於史，是固然矣。然清室所最忌諱者，不過東北一隅之地，晚明初清數十年間之載記耳，其他歷代數千歲之史事，即有所忌諱，亦非甚違礙者，何以三百年間史學之不振如是？是必別有其故，未可以為悉由當世人主摧毀壓抑之所致也。夫義理詞章之學及八股之文，與史學本不同物，而治其業者又別為一類之人，可不取與共論。獨清代之經學與史學俱為考據之學，故治其學者亦並號為「朴學之徒」。所差異者，史學之材料大都完整而較有系統，其解釋亦有所限制，非可人執一說，無從判決其當否也。經學則不然，其材料往往殘闕而又寡少，其解釋尤不確定，以謹愿之人而治經學，則但能依據文句各別解釋，而不能綜合貫通，成一有系統之論述。以誇誕之人而治經學，則不甘以片段之論述為滿足，因其材料之殘闕寡少及解釋之無定，轉可利用一二細微疑似之單證，以附會其廣泛難徵之結論。其論既出之後，固不能犂然有當於人心，而人亦不易標舉反證以相詰難。譬諸圖畫鬼物，苟形態略具，則能事已畢，其真狀之果肖似與否，畫者與觀者兩皆不知也。往昔經學盛時，為其學者，可不讀唐以後書，以求速效，聲譽既易致，而利祿亦隨之。於是一世才智之士，能為考據之學者，群舍史學而趨於經學之一途。其謹愿者既止於解釋文句，而不能討論問題。其誇誕者又流於奇詭悠謬，而不可究詰。雖有研治史學之人，大抵於宦成以後休退之時，始以餘力肄及，殆視為文儒老病銷愁送日之具。當時史學地位之卑下若此，由今思之，誠可哀矣。此清代經學發展過甚，所以轉致史學之不振也。近二十年來，國人內感民族文化之衰頹，外受世界思潮之激盪，其論史之作，漸能脫除清代經師之舊染，有以合於今日史學之真諦，而新會陳援庵先生之書，尤為中外學人所推服。蓋先生之精思博識，吾國學者自錢曉徵以來未之有也。今復取前所著元西域人華化考刻木印行，命寅恪序之。寅恪不敢觀三代兩漢之書，而喜談中古以降民族文化之史，故承命不辭，欲藉是略言清代史學所以不振之由，以質正於先生及當世之學者。至於先生是書之材料豐實，條理明辨，分析與綜合二者俱極其工力，庶幾宋賢著述之規模，則讀者自能知之，更無待寅恪之贅言。[illegible]今日吾國治學之士，競言古史，察其持論，間有類乎清季誇誕經學家之所為者。先生是書之重刊流布，關係吾國學術風氣之轉移者至大，豈僅局於元代西域人華化一事而已哉。一千九百三十五年二月陳寅恪謹序。

新書介紹

劉宗周年譜

姚名達著　二十三年十月商務印書館出版　定價一元二角

明末劉宗周，紹興山陰人。[illegible]二本，詳略異同，未能畫一，歧文誤解，未能定論。姚君此書則直接取材於劉子全書及關係諸籍，旁補舊譜之所詳所略，而尤著眼於其學術思想，政治事業，並及其時勢學風，時人小傳，用力可謂勤也。(慶)

古史辨第五冊

顧頡剛編　二十四年北平樸社出版　定價二元七角

古史辨第五冊分上下二編。[illegible]

新書簡訊

國學圖書館第七年刊

國學圖書館編輯　二十三年十一月該館發行　實價一元

南京龍蟠里江蘇省立國學圖書館[illegible]

叢書子目備檢

[illegible]二十四年金陵大學圖書館出版　實價[illegible]

[illegible]各種子目，不便檢查。前浙江省立圖書館曾刊行叢書子目索引，學者便之，惟其書僅限於子目之名稱，為用猶

英國收購古本西乃寫經

嚴文郁

耶教最古的希臘文寫經，為世所知的有三個本子，即梵諦岡本 (Codex Vaticanus) 亞力山大本 (Codex Alexandrinus) 和西乃本 (Codex Sinaiticus)。第一種本子，自十五世紀後，即藏於羅馬梵諦岡教皇圖書館。第二種本子由 Cyril Lucar 於一六二七年獻給英王查理一世，至今仍保存在英京不列顛博物館。最後的一種本子，就是本文要特別提出的，發現較晚，其由來比前二者都巧，為發現史料最有趣的一段故事。

發現經過　十九世紀上半期，德國有一位研究聖經的專門學者 Constantine Tischendorf，到歐洲各圖書館去調查，想訪求希臘文的「新約聖經」，花了幾年的工夫，沒有結果。一八四四年五月，他遊到埃及西乃山 (Mount Sinai) 的 St Catherine 寺，有一天他在一個廢紙簍中發現一堆舊紙，預備拿到爐灶去焚燒的，他拾了起來一看，乃是很古的寫經。他將殘葉的價值和重要講給寺僧們聽後，他們才收拾起來，後來送給他四十三葉，作為紀念。因此我們現在所稱的西乃經 Codex Sinaiticus，被他帶到歐洲的已不少。Tischendorf 將這四十三葉經帶到德國萊城 Leipzig，贈給 Saxony 王 Fredrick Augustus，至今仍保存在萊不錫大學圖書館。

過了十年，Tischendorf 又來至西乃山，想把上次未帶到的寫經弄到手，此時寺中的人也變聰明了，絕口不言所藏那經的下落。他終於失望，空手而返，然而仍未一時忘情於這種寶物。

一八五九年一月，Tischendorf 第三次來到西乃。那時俄國是希臘教的保護者，於是 Tischendorf 從俄皇亞力山大二世得着一封介紹信，帶着俄國的勢力，得到二月四日的晚上，他和寺中執事談到聖經的版本問題，執事便拿出他寺中舊藏的 Septuagint 本「舊約」的取出給他看，執事看過或他也有一部這樣的經，很慷慨的取出給客人觀看。Tischendorf 打開布的包袱一看，發見不是執事所說的那經，而是他尋找多年的寶貝。一共有三百四十七葉，內中八十四葉是第一次見過的。這種意外的發現，叫他歡喜得幾乎要狂叫起來。

運俄的由來　Tischendorf 表示願意出錢收買寫經，可是該寺僧拒絕。後來他請求將經帶到 Cairo 去影鈔，費了九牛二虎之力，才達到目的。恰巧英國當時派 George Borrow 到東方收買古代經典，西乃殘經也在收買之列。Tischendorf 怕寶物落到英人手中，乃慫恿寺僧將寫經贈給俄皇。當下寺中的人都贊同他的建議，不幸西乃長老——總主教——Constantius 死於 Constantinople，找不着人批准這件案子。新選主教為人反對，很久未能到職，所以 Tischendorf 的計畫遲遲不能實現。經過許多波折，直到九月二十八日，寺僧才將寫經交給 Tischendorf，十一月十九日由他呈交俄皇。俄國政府有鑒於西乃寺沒有正式批准，惟恐後來發生誘竊的嫌疑，所以沒有直接交皇家圖書館，暫由外交部保管，藏在一個避火的庫房裏，表示是一件未了的懸案。

按當時近東各國的習慣，送禮都是一來一往，沒有無代價而白受人家的禮物的。西乃教會雖說是把寫經送給俄國，然而俄國不能不送些禮物回去。不久寺中起了革命，Cyril 主教被逐，繼其後者為 Tischendorf 的好友 Callistratus。到一八六九的冬天，俄國的禮物還未送來，寺中僧衆，大為不滿，幾乎要索回原經。俄國答辯因為寺中糾紛不止，找不着合法收受禮物的人，後來經 Tischendorf 從中斡旋，駐 Cairo 的俄國領館才於一八六九年十一月送西乃主教盧布九千，(據 Gregory 教授推算，那時九千盧布合英金一千三百五十磅) 勳章一面，教會方面認為滿意，從此西乃經就成為俄國的產物了。

內容及時代　全經大體有五百餘葉，存者除去萊城的四十三葉外，俄國所得計三百四十七葉。不足之數在 Tischendorf 發現以前被焚燬了。俄國所獲之中計有：「新約」全部，附 Epistle of Barnabas 和 Shepherd of Hermas 二書。「舊約」計有：Genesis (殘) Numbers (殘) Chronicles (殘) Ezra (九至末章) Tobit, Judith, 1 and 4 Maccabees, Isaiah, Jeremiah, Lamentations, the Minor Prophets (Except Hosea, Amos and Micah), Psalms, Proverbs, Ecclesiastes, Song of Songs, Wisdow, Ecclesiasticus, Job(殘)等書。

本經的葉子為極好的白色羊皮紙，厚薄不一，長十五寸，寬十三寸半，每八頁(十六面)為一組，每面四項，每項四十八行。全經為三個寫手鈔成，「新約」全部出自一人手筆。字體為大而美之古體字，工整精緻，惟用筆略嫌太重，大概埃及古代的希臘文經典，皆具此種風味。

西乃經的產生地，據多數經學家考訂，斷為埃及，並相信最早曾一度為 Caesarea 之圖書館所藏。近人 Lake 和 Streeter 等認定其中經文確屬 Caesarean 派，Caesarean 派有許多改正之處，都與 Caesarean 派有關。古字學家考訂其時代為四世紀下半期，因為葉子旁邊有章節的數目，該種號數為 Eusebius 所發明，Eusebius 死於三四〇年，再加上其他證據，可以斷定此經決不會成於三四〇年以後很遠。

西乃經除產生的年代很久遠外，內容自有其價值。古代耶教經典是否為一整部，還是疑問，所以西乃經多半是從好幾種來源集合攏來的。經文比現在通行的聖經簡單，但是有些句子是 Codex Valicanus 和 Codex Alexandrinus 所沒有的。「新約」部第一種本子缺「使徒書信」及「啓示錄」，第二種本子中「馬太福音」不全，惟西乃本，堪稱全帙。故該經除歷史上價值外，學術上價值也很大。

英國收購情形　西乃經歸俄之後，帝俄視為異寶，加意維護。俄國革命的時候，這部經典未遭損毀，真是萬幸！蘇俄政府力謀物質建設，想把它賣掉，換錢去買機械。曾與美國接洽一次，索價二十五萬磅，美人以價昂，不肯承買。後來英國 maggs 書店，代英國與蘇俄接洽，仍要價二十萬磅，經過三年的談判，於一九三三年十二月以十萬磅售與不列顛博物院，英國垂涎多年的古經，現在公然到手了。

不列顛博物院原無此財力，乃請求政府補助，政府對此舉頗表贊同，但恐人民責難在此經濟不景氣的時候，浪費國庫的錢去玩骨董，於是提出兩個條件：(一)政府不能擔負完全責任，但只要人民肯樂捐一磅，政府

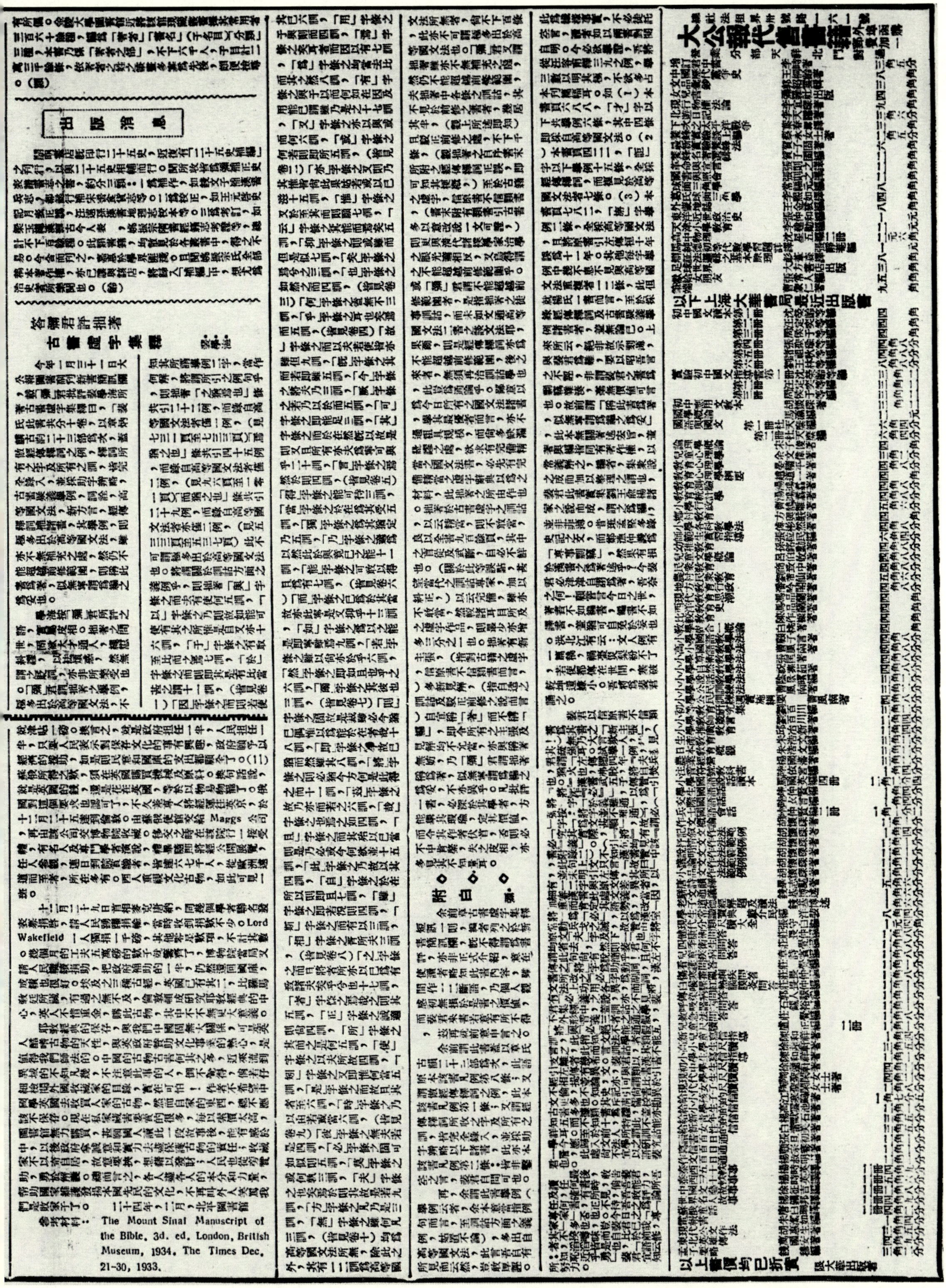

有所偏。金陵大學圖書館近將該館現藏叢書[illegible]三百六十餘種，編為「書名」「著者」（字名目）分類三種；本書乃係「著者之部」，不下六千人，于目計二萬三千餘條，依著者姓名筆劃多寡為先後，頗便檢尋。（鑑）

出版消息

開明書店既印行二十五史，近復有二十五史補編之刊行，以與二十五史相輔而行。開明所收皆為補志表譜等書之屬，[illegible]

[illegible]治史者所樂聞也。（鑑）

答彌君評拙著古書虛字集釋

裴學海

今年一月三十一日大公報圖書副刊新書介紹欄，載「彌」君評拙著古書虛字集釋[illegible]

知其所謂舉例二字，當作何解，將謂所引之例句乎，則拙著「之猶若也」條共引二十三例，而錄自高等國文法者僅一例，[illegible]

[illegible]

[illegible]「用」字條之[illegible]

附白

余前草古書虛字集釋[illegible]

[illegible]

就津貼一磅，換言之，就是政府捐任一半，人民捐任一半，只要人民表示對保存文化的事有興趣，政府願予以經濟的援助，[illegible]十二月二十五日達到倫敦，由蘇俄政府交付 Maggs 公司[illegible]

十二月二十九日首相麥克唐納，同幾個學者聯名發表募捐辭，請人民踴躍捐輸，[illegible] Lord Wakefield 一人獨捐一千磅，[illegible]

[illegible]

幫助國家維護發揚本國先民的文化，不再外人笑為我們是敗家子了。

二十四年一月，北平圖書館

參考材料：The Mount Sinai Manuscript of the Bible, 3d. ed. London, British Museum, 1934. The Times Dec. 21-30, 1933.

219

（第三張） 中華民國二十四年三月十四日 大公報 （星期四） （第十一版）

圖書副刊

BOOKMAN
第七十期

一 本刊登載關於中外圖書之介紹批評以及學術界消息爲公開性質徵迎投稿
二 刊登本刊之文略致薄酬
三 投稿通訊可寄「北平文津街國立北平圖書館內圖書副刊編輯收」

金源監本考

張秀民

小引

金源氏崛起白山黑水之間，以兵强天下，阿骨打，吳乞買，雄才大略，知人善任，惟知伐人國而繫其君。旣滅遼，夏國，高麗，奉表稱藩；而宋政不綱，泄泄沓沓，苟安自娛，其何足以當此女直鐵騎耶？故宋幾而汴京破，二帝爲俘虜矣。方金之破汴也，舉凡宗室，后妃，下至伎女，打筋斗諸藝人，子女玉帛，金銀采段，以及太醫局靈寶丹之微，（二萬八千七百貼）無不人担車載，急如星火，一一解往金營。或說粘罕（宗翰）曰「今日破國而掠取太甚，天下後世所譏」。于是又取圖籍文書，與其鏤板偕行，其所欲不在是也。靖康元年十二月十六日，（金太宗天會四年）金人入國子監取書，凡王安石說皆棄之。建炎元年，（或稱靖康二年天會五年）正月九日始取國子監書板，三館秘閣四部書。二十三日，金人來索監書藏經，如蘇黃文及資治通鑑之類，指名取索，仍移文開封府，令見錢支出收買，開封府直取書籍舖。二十六日，金人來索古器，秘閣三館書籍，監本印板，古聖賢圖像，宋人文集，陰陽醫卜之書，（內元白幷元祐諸名人文尤愛惜）國子監主簿裴將，博士熊彥詩，上官悟等，押書印板，幷館中圖籍，往營中交割。二十九日，差事通權司業監，起書籍等，差兵八千人運赴軍前。三十日金人索秘書省文籍，國子監印板。凡此皆有日月可稽，而見於大金弔伐錄，靖康紀聞，三朝北盟會編者也。蓋宋汴京百餘年官私所積之圖書，國子監板片，至是爲之一空矣。「秘閣圖書，狼籍泥土中，華人男女驅而北者，無慮十餘萬」，誠我族之奇恥大辱，撫時傷昔，可爲寒心者也。其後蒙古崛興，凡女直之所以待趙宋者，蒙古還之以待女直，出乎爾者，反乎爾者也，斯之謂矣。中都不守，貞祐都汴，圖籍重寶，委棄之餘，南遷南京者，秘書省，蓬萊院，貞文館書籍，計用三萬車，犀，玉，瑪瑙等器，計用駱駝三千頭，汴京吏民指車歎曰：「恰去九十年，誰知又歸在此耶？」明乎此文化古物之循環遷移，而後宋金圖籍，國子監書板之聚散得失可知矣。

考金自太祖太宗之世，戎馬生郊，未遑文教，迨熙宗親祭孔廟，讀尚書論語，海陵王亮，天德三年，初置國子監以養士，貞元元年遷都于燕，大定明昌之間，典章禮樂，燦然大備，而刻書事業亦勃興焉。其國子監所刻書，多爲正經正史，以授諸學校者，與五代宋監所刻，性質相似，顧人知五代監本，有九經三傳經典釋文，兩宋胄監，屢刻羣籍，不知金源國學刻書，多至三十餘種，（此就今攷得者言之）可與宋監媲美焉。南渡而後，國土日蹙，國用日蹶，其影響監中刻書當不少也。爰就金監所刻羣經子史，倣王國維五代兩宋監本考例，草爲金源監本考，其他官私鐫刻，初流梓子之梓行者，另文詳之，玆不與焉。

附廣肘後方 金楊用道撰

葛仙翁肘後備急方（道藏正乙部）前有楊氏附廣肘後方序曰：「昔伊尹著湯液之論，周公設醫師之屬，皆所以拯救民疾，俾得以全生而盡年也。然則古之賢臣，愛其君以及其民者，蓋非特生者遂之而已，人有疾病，坐視其危苦而無以救療之，亦其心有所不忍也。仰惟國家受天成命，統一四海，主上以仁覆天下，輕稅損役，約法省刑，矜恤孤貧，柔遠服，專務以德養民，故人臣奉承于下，亦莫不以體國愛民爲心，惟政府內外宗公，協同輔翼，以共固天保無疆之業，其心則又甚焉。於斯時也，蓋民罹兵火獲見太平，邊境寧而盜賊息矣，則人無死於鋒鏑之慮，刑罰淸而狴犴空矣，則人無死於桎梏之憂，年穀豐而畜積富矣，則人無死於溝壑之患，其所可慮者，獨民之有疾病夭傷而已。思有以救之，其不在於方書矣乎，然方之行於世者多矣，大編廣集，奇藥羣品，自名醫貴胄或不能以兼通而卒具，況可以施於民庶哉。於是行者乃得乾統間所刊肘後方善本，即葛洪所謂皆單行徑易，約而已驗，籬陌之間，顧眄皆藥，家有此方，可不用醫者也。其書經陶隱居增修而益完矣。既又得唐愼微證類本草，其所附方皆治見精取，切於救治，而卷帙尤爲繁重，且方隨藥著，檢用卒難，乃復摘錄其方，分以類例，而附於肘後隨證之下，目之曰附廣肘後方，下監俾更加讎次，且爲之序而刊行之。方雖簡要而該綱則衆，藥多易求，而論效則速，將使家自能醫，人無天橫，以溥濟斯民於仁壽之域，以上廣國家博施愛物之德，其爲利豈小補哉。皇統四年十月戊子儒林郎汴京國子監博士楊用道謹序」。

此熙宗皇統四年，（宋高宗紹興十四年）蓋宋汴京舊監刊本也。熙宗時，金尙未置國子監，而楊氏自稱「汴京國子監博士」，「下監讎次，序而刊行」，並用金年號，故列于本篇之首。

易經 魏王弼晉韓康伯註
書經 漢孔安國註
詩經 漢毛萇傳鄭元箋
春秋左氏傳 晉杜預註
禮記 唐孔穎達疏
周禮 漢鄭玄註唐賈公彥疏
論語 魏何晏集註宋邢昺疏
孟子 漢趙岐註宋孫奭疏
孝經 唐玄宗御註
史記 宋裴駰註
前漢書 唐顏師古註
後漢書 唐李賢註
三國志 宋裴松之註
晉書 唐太宗御撰
宋書 梁沈約撰
齊書 梁蕭子顯撰
梁書 唐姚思廉撰
陳書 唐姚思廉撰
後魏書 北齊魏收撰
北齊書 唐李百藥撰
周書 唐令狐德棻撰
隋書 唐魏徵等撰
新唐書 宋歐陽修宋祁同撰
舊唐書 晉劉昫撰
新五代史 宋歐陽修撰
舊五代史 宋薛居正等撰
老子 唐玄宗註
荀子 唐楊倞註
揚子 晉李軌唐柳宗元宋宋咸吳秘註

金史卷五十一選舉志：「凡養士之地，曰國子監。始置於天德三年。凡經易則用王弼韓康伯註，書用孔安國註，詩用毛萇註鄭玄箋，春秋左氏傳用杜預註，禮記用孔穎達疏，周禮用鄭玄註賈公彥疏，論語用何晏集註邢昺疏，孟子用趙岐註孫奭疏，孝經用唐玄宗註，史記用裴駰註，前漢書用顏師古註，後漢書用李賢註，三國志用裴松之註。及唐太宗晉書，沈約宋書，蕭子顯齊書，姚思廉梁書，陳書，魏收後魏書，李百藥北齊書，令狐德棻周書，魏徵隋書，新舊唐書，新舊五代史。老子用唐玄宗註疏，荀子楊倞註，揚子用李軌宋咸柳宗元吳祕註。皆自國子監印之授諸學校」。

金史選舉志，正隆元年，命以五經三史正文內出題。明昌元年，有司言以六經，十七史，孝經，論語，孟子，及荀，揚，老子內出題，皆命于題下，注其本傳。而共書多屬監本，右目所列是也。此當是貞元遷中都後所刊。泰和七年，詔新定學令，內削去薛居正五代史，止用歐陽修所撰。舊五代史乃隱而不顯，監本，與承安四年南京路轉運司刊本，今日均不可蹤跡矣。閑閑趙公（秉文）嘗病法言柳李二註，才釋一二，宋吳二注，頗有牴牾，乃爲揚子法言微旨一書，元光元年，古澤陳氏爲之刊行本，然無論監本與非監本，後世皆無傳焉。

東坡奏議 宋蘇軾撰

金元好問中州集第九：右相文獻公耶律履字履道，東丹王之七世孫，學通易太玄，至於陰陽曆數，無不精究，明昌元年，進右丞，薨，年六十一。興陵嘗問宋名臣孰爲優，履道以蘇端明軾對，上曰：「吾聞軾與王詵交甚歡，至作歌曲，戲及姬侍，非禮之甚，尙何足道耶？」履道進曰：「小說傳聞，未必可信，就使有之，戲笑之間，亦何得深責，世徒知軾之詩文不可及，臣觀其論天下事，實經濟之良才，求之古人，陸贄而下，未見其比。陛下無信小說傳聞，而忽賢臣之言。」明日錄軾奏議上之。詔國子監刊行。自號忘言居士，有集傳于世。子楚才中書令。

此大定間刊本也。世宗郡興陵，見金史。

地理新書 宋王洙等撰

金國解校正記地理新書序曰：「宅葬者，養生送死之大事也。自司馬史分陰陽家流，至唐迄宋，屢詔儒臣典領，司天監屬出論闡之職，訪聿論之術，胥參同異，校覈是非，取合於理，而黜鮮有精者，圖編太常，即今之頒行地理新書是也。俾世遵用，以裨政治，保生民，躋於壽域，惠亡者安于泉下，示愛民順博之道，不其盛歟，兵火之後失厥監本，於是俗所傳者，甚有謬誤。至於剛略而押乖，名存而實革，旣寢差誤，觸犯凶災，使深患斯文之弊，遂質諸師說，訪求善本，參校以正之者，僅千餘字，添補遺闕者，幾十數處，東有度刻步尺之差者，則以算法考而改之，有陰陽加臨之誤者，則以成式推而定之。至若四方正位，詳說其神龜表臬，求影晷取中之法，四折曲路，細畫其角，斜正方合，勾股入穴之圖，山水列其吉凶，祭事分於壇埠，發揮經義，注釋前文，發除方舉，藏之于家，以俟同道之能者，歸門而採擇焉，庶亦知余攻業之不忽也。時大定歲在閼逢執徐，平陽畢履道題」。

金制，凡司天臺學生，聽官民家年十五以上，三十以下試補，又三年一次，選草澤人試補。其試之制，以宣明曆試推步，及婚書地理新書，試合婚安葬，幷易筮法，六壬課，三命五星之術。地理新書因考試所需，故刊行最多，明昌間古唐夷門浦阪平陽等處，均有印賣，平陽一處，印賣者多至數家。古載師夫張謙，亦爲刊行，幷畢氏所稱「監本」計之，凡七八種矣。（北宋亦有監本。）

山林長語 金劉迎撰

中州丙集第三云：「劉記室迎，字無黨，東萊人，初以薦試部椽，大定十三年，用薦書對策，爲當時第一，明年登進士第，除豳王府記室，改太子司經，顯宗特親重之。二十年從駕凉陘，以疾卒。章宗即位，錄舊學之勞，賜其子國樞進士第。無黨自號無諍居士，有詩文樂府號山林長語，詔國學刊行。」

此蓋章宗初即位時所刊也。顯宗諱允恭，世宗第二子，立爲皇太子，孝友惇睦，性最仁厚，章宗之父也。山林長語後世未見著錄，中州集錄迎詩七十六首，樂府二首。清陶玉禾云：「金詩推劉迎李汾，而迎七古尤擅場，蒼莽樸直中，語皆有關係，不爲苟作，其氣骨固絕高也。」

金自海陵都燕，浸染華風，失其故俗。金主患之，禁女眞人不得改爲漢姓，及學南人裝束，（金以先取遼地，稱其人爲漢人，繼取宋河南山東，稱其人爲南人）衛士有不閑女直語者，並勒習學。此外更竭力提倡其國學，國字者女直字也。曰「大字」，太祖時，完顏希尹依倣漢人楷字，因契丹字制度，合其本國語所製。曰「小字」，熙宗所撰。兩種俱行用。（契丹字亦有大小字，宗雄能以兩月盡通契丹大小字）。以策論進士選女直人，兼用女直大字，詩用小字，並於京師設立女直國子學，諸路設女直府學，以敎士民子弟之願學者，學生諸路至三千人。學生旣衆，譯本經書之需求自殷，計其用女直字譯出者，較之當時夏國西夏文譯本論語貞觀政要六韜種類爲尤多。然此種譯本，果由女直國子學刊印，或弘文院（掌校譯經史）譯經所自譯自刊，抑亦由國子監刊板，史無明文，不得無知，今亦不能遽指爲監本，故附存其目于下：

女直字貞觀政要
女直字白氏策林 大定四年詔以女直字譯書籍五年翰林侍講學士徒單子溫譯進
女直字史記
女直字西漢書 大定六年徒單子溫譯進詔頒行之見金史九十九徒單鎰傳
女直字孝經 大定二十三年八月乙未觀稼于東郊以女直字孝經千部付點檢司分賜護衛親軍見世宗本紀
女直字易經
女直字尙書
女直字論語
女直字孟子
女直字老子
女直字揚子
女直字文中子
女直字劉子
女直字新唐書 以上大定二十三年九月已已譯經所進命頒行之見世宗本紀
女直字春秋 大定二十八年宰臣對曰五經中書易春秋已譯之矣俟詩禮畢試之可也見選舉志一

孫氏古文聲系序

劉盼遂

以聲均條系古文字而爲書者，始于宋無名氏之韻均。其書雖佚，而夏英公古文四聲均之作，實則做而采用之。英公書奏進於仁宗慶曆四年。嗣是繼起者，若趙善繼有廣古文四聲均字源，黃伯思有古文均，王楚有鐘鼎篆均，薛尙功有廣鐘鼎篆均，楊鈞有增廣鐘鼎篆均，吾丘衍有鐘鼎均，薛延年有鐘鼎篆均。闇闇炤映，棣贓盛矣。弟諸家所倚均部，類屬廣韻守周沈二百六部始東終乏之遺製。非能巨見遠流，樹以上籀文字與語言蟬嫣交關之大際。謂之爲「美哉猶有憾」者非歟。今春鄉孫君海波，獨能蒐綜區水甲骨，殷周彝器。時歷綿丈，文成數千。而後取高郵王氏古均二十一部，參以曲阜孔氏分冬于東之說，共得二十二類。以之符條篆文，首系聲母。其餘母系衍孳乳之字，即件列其下。間加鍇釋，要言不煩。成古文聲系一書。都二十二卷。夫於是，由均部以求聲母，由聲母以求孳乳。詢乎若網之在綱，裔之隨頭。又若雲仍之宵其高曾，臟脈之視諸心呂也

○信是以證古人之缺失，成天下之[illegible]○鼎然鴻編，當之無遺憾矣○願余於東冬之分，私以謂尚待揭橥者凡有二事○

自孔巽軒〔廣森〕東冬爲二，著其說于詩聲類○然在當時，王石臞已深非之○王氏於道光元年與江晉三書云，『孔氏分東冬爲二，念孫亦服其獨見○然考[illegible]四章，皆每章一均○而第四章之沖沖鑿鑿，既相對爲文，則亦相承爲均○孔以沖沖均漾，鑿鑿均同○似屬牽強○旄邱三章之戎東同○孔謂戎字不入均○然以戎爲每均，則戎字入均明矣○左傳作「尨茸，」亦與公從爲均也○又易象傳象傳合用者十條○而孔氏或以爲非均，或以爲隔協○皆屬武斷○又如離騷之庸降爲均○凡若此者，皆不可析爲二類○[illegible]此部至今尚未分出○』按王氏此書，糾正孔氏錯見，已十分具○迨後海寧王靜安師起，復備考[illegible]分均之書，而斷李懷祖氏說爲架瘦○嘗因講尚書金縢維予沖人之句○云，沖字爲童段借，是爲東冬不分之證○再證之以叠均連語，若蒙戎之見于鳳詩，尨降之見于左傳，隆衝之見于淮南王書，隆隆之見于說文解字○皆孔氏所析入兩部者，而古人統用爲連語○則其元出叠均無疑矣○若章太炎黃季剛兩先生，於均部仍宗孔氏○盼遂嘗據敦煌唐爲均書反切用字，著「古音二十八部商兌」之文，固已論定東冬二部之舊爲同條共貫矣○此不可不辨者一也○

近人每謂王石臞晚年亦從孔氏東冬分離之說，析古均爲二十二部○按此蓋誤讀當時丁若士與石臞書中有「章皆分二十二部」之語所致○考石臞生時，與並世學人論均，從不聞有二十二部之說○卒後，若阮伯元與王伯申書，論列石臞均譜事云，「二十一部古均，已在學中上板」○王子蘭作伯申府君行狀亦云「府君精通先大大父古均二十一部之分」○又子蘭觀其自[illegible]齋[illegible]餘稿有說均一篇○自注云，「釋先光祿公古均二十一部而作」○是石臞與其子孫初不知有所謂二十二部之說○實則丁氏二十二部云者，爲若士先自定十九部，內別冬于東○石臞復爲分出去入均三，老人隨俗雅化，未嘗強丁從己故爾○乃晚季學者，務爲新說，競撫二十二部悠謬之辭，以誣王氏○是不可不辨者二也○

以上二端，蓄積歸懷久矣○因閱此編，遂覽豪而志之如此○顧海波此作，本以整齊古文爲職志○初不因是瑣屑細故，而稍貶其平價○讀者自能亮之○

書評

穆天子傳西征講疏

張公量

顧實著 二十三年九月初版

定價壹元伍角 商務印書館出版

顧實先生穆天子傳西征講疏出版，在他自己看來，應該是我們國民或學術界最當慶幸的事○但他似乎也頗有自知之明：「或應爲大言炎炎，未免小儒咋舌」（例言）○我讀了這書，疑心顧實先生是在發揮他個人的民族復興論，決不是在疏證穆天子傳○穆天子傳的整理，固有其需要，但卻不是他這種「開拓萬古之心胸」（例言）的辦法○他化了二十多年工夫去研究，看他附錄的「知見書目提要」和「參考書目」，固然够我們嘆服他搜羅的博，用心的苦，但是那大堆纍纍地造成的史料，只是後人的一種粉飾，一種在神話傳說裏翻的筋斗○歐洲人研究周穆王西征見西王母的故事，老實說，不過是上古中西交通史上的一個「玩意兒」，算不得什麼考證○最使我們失望的，是顧實先生的這個研究方法○他說：「辨古書之眞僞，一年歷，二地理」（例言），這本是可靠的，但他又說：「古史記事之簡練精賅，直無一字虛設」（讀穆傳十論頁三二），便早已決定要做穆天子傳的辯護人了，所以年歷和地圖，都可證穆天子傳是「必眞而不僞」（例言頁二）的○殊不知他的年歷卻顛倒了事實，他把地圖放大了若干倍！這個錯誤，是怎樣來的呢？他敘他研究的經過說：「余幼蒙先宗人景范（祖禹）讀史方輿紀要，乃究心古今地理沿革，其後習東西洋史，又探究西北地理，故今地考頗多切實之發見」○「今地考」是「講疏」的前身，這一點同，不必多說○「至講疏，更是字摘句比而求之，爬梳剔刮，無微不至」（自序）○的確，僅僅六千多字的穆天子傳，著成十萬多字的「講疏」，一萬多字的「讀穆傳十論」，這功力確是很大的○但顧先生畢竟是一個圓滿大家，他全盤的接受了一切僞的，有意的採用了許多不相干的史料○這正是從究心古今地理沿革，習東西洋史，又探究西北地理而來，先做了一番「張皇幽渺，補苴罅漏」的工夫○他相信周官是眞的，就用它來證明穆天子傳裏體制的古○他相信戰國時學者對於世界的想像是眞的，就用禹貢，職方，鄒衍的大九州，以及歷代正史上的外國傳，和釋辯機大唐西域記，魏源海國圖志，蔣觀雲中國人種考，威爾斯世界史綱，蘇俄農業地圖等等一類的書，來證明昆侖之丘，是今後藏新疆間的崑崙山脈（講疏頁六三）春山是今帕米爾高原（頁八二），赤烏是在阿富汗境內（頁九〇），實奴是今疏勒（頁一〇三），黑水是今葉爾羌河（頁一〇五），西王母之邦是在波斯的第希蘭（Teheran）（頁一三〇），瑤池是波斯的王之灣（Daria-namake）（頁一五三），稠陵是在波蘭的華沙（Warsaw）（頁一七五）；黑水是俄羅斯的窩爾加(Volga)河（頁一八五）○所以周穆王就變成古代橫穿歐亞大陸的探險家了○這和把孔子畫成拉「梵啞鈴」的藝士是沒有兩樣的○跟着這個研究，他「發見上古我民族在人文上之尊嚴，與在地理上之廣遠，均極乎降古人類國家之所未有」！（自序）我們四百兆男女同胞，應該人手一編穆天子傳，用以激發他的志氣○所以顧先生「講疏」的出版，是有關於中華民族的復興的「穆天子也，西王母也，皆我民族上古男女有至偉大活動之能力者也○此能力之精神，千古萬古，不可磨滅○故穆天子傳一書，埋於汲冢而出於晉，晉後莫之識，及余而爲之疏通證明，要所謂天幸者，豈非吾民族之精神，歷劫不磨，而終將復興之明徵歟」（自序）○「能力之精神」實爲不詞，而顧先生竟是一個應運而興，替天行道，復興中華民族的「聖人」了○因此穆天子傳比先秦一切古籍還寶貴，它可以訂正六藝百家的是非，可以做中華上古史的一切原料（十論頁六）○這豈不是信口開河，喪心病狂的話！

新書介紹

篆隸萬象名義

篆隸萬象名義，日本弘法大師法號空海撰，爲日本人編纂字書之最古者。此書傳本閱僅三部，其一爲山城國高山寺所藏，明治三十八年八月已指定爲國寶，昭和三年始由崇文院印行，收入崇文叢書第一輯中。此書於我國古韻之研究，極有價值，因錄山田孝雄所撰此書卷首「解題」之言，節錄於下，以供研究中古音韻學者之參考焉。鼎•

此書凡三十卷，高山寺本編爲六帖，黃蘗本，粘葉裝，兩面書寫。每面六行四段，施以陰界，以二段爲一字之分，每面十二字。第一帖一百張，共卷首十五張爲總目錄。第二帖九十二張，第三帖八十九張，第四帖八十三張，第五帖一百五十一張，第六帖一百八十七張，總計七百零二張。

每帖卷首捺朱色長方形「高山寺」印。第一、二、三、五、六各帖尾捺有「日出先照高山之寺」八字二行長方朱印，第四帖此八字捺於卷首。第六帖卷末有「永久二年六月以敎文王之本書寫之了」一行。按永久二年當宋徽宗政和四年，敎文王事迹未詳，筆者何人亦未詳，但此書之爲八百年前鈔本則可無疑。書法遒麗。卷一之首有「東大寺沙門大僧都空海撰」一行，故關於撰者問題，可證舊史所傳之不虛。此書以隸書標寫（即今之楷書），上冠篆書，下注反切釋義等。其在學術上之價值，清末楊守敬編古逸叢書所收原本玉篇之跋文，已論及之。楊氏云：

今顧氏原文雖不得見其全，而日本釋空海所撰萬象名義，（三十卷，當唐開成會昌間）其分部隸字以此殘本校之，一一皆合，則知其全書皆據顧氏原本，絕無增損淩亂。

自經楊氏題跋之後，此書更爲世所見重。然楊氏之言是否可信，吾人試一考之。蓋原本玉篇，中國久已佚亡，日本所存一部，亦復不滿三十卷之半，然以其殘存之部次與本書比對，則完全一致。其次，觀各部文字之數及其次序，雖有多少出入及前後錯午之處，然固可見其有所本據也。復次，書中各字之反切，有二種反切者，則多取其一。又時附以注音，雖與原本不無微異，但與原本玉篇相違之處則極少。更自各字之釋義觀之，則知其詳於玉篇者，而此書則摘要記之。惟次序或間有前後顛倒之處，且往往有玉篇所無之釋義，而此書撰者亦以已意加入。因此吾人所見蓋與楊守敬不同矣。該書全爲之組織與標字之採錄，固不能不謂爲全據原本玉篇。其釋義爲撰者依私意而定者，今試舉一二例以明之：如「謍」字注：

謍 多言

此爲原本玉篇所無。蓋採說文「謍，小聲也」，及「譊」之注爲「多言也」而來。原本玉篇注「說文拾聲也」與今本說文卻不合。又「餧」字「飢」字均注

餧 飢

此亦原本玉篇所無。諸如此類，不能備舉。又反切之字母亦有與玉篇不同者，例如：

䢛 達當反

[illegible] 達奚反

[illegible] 達奚反

原本玉篇「達」作「徒」。二書「達」「徒」均作字母，當不能斷爲本書之誤寫。

以上不過舉其一斑，可知此書不僅爲原本玉篇之鈔錄，而撰者特尙雜已意加以取捨而編纂者也。故謂藉本書可以推知原本玉篇眞面目之究竟的資料，吾人原無異論，然如不認撰者之苦心孤詣，而視爲僅從玉篇鈔出者，則誤矣。

惟本書亦往往有誤解玉篇因而所鈔錄竟有不成意義者，例如「哭」字注云：

往不反齊衰，哭，

此當玉篇所謂：

禮記斬衰之哭若往而不反齊衰之哭若往而返

[illegible]「遠」爲「逮」之誤；「螒」字注「鑠鑠」爲「棠」之誤；「歎」字注「指而嘆」爲「笑」之誤等，均賴本書而後知之者也。

因此本書不獨爲研究原本玉篇，佚亡部分之重要資料，即以之作校訂現存玉篇之參考，亦極可珍貴也。

本書標出之篆書凡一千字，學者每病其書體拙劣，然書之巧拙，姑且勿論，即以手寫篆字之流傳而言，爲曠世所稀覯，若與日本古印之篆體相比較，亦可知其有相通之點存焉。

本書在學術上之價值，其可貴略如上述，但其傳寫本極少，僅有三部，故一般學者欲利用之，殊非易事。今由崇文院商得高山寺之同意，影印行世，誠學術界之幸事也。

新書簡訊

古史新證

王國維遺著 北平琉璃廠來薰閣影印 實價九角六分

海寧王國維先生學行純正，著作等身，爲一代儒宗。自沈之後，其遺著前由上虞羅氏輯印爲王忠慤公遺書，凡四集。行世已久。古史新證一種，乃王氏晚歲講學淸華研究院時據舊作殷卜辭中所見先公先王考，三代地理小記，殷鄭衛考諸文改編爲講義。原稿舊存於其弟子趙萬里氏處，時趙氏方爲院中助教。今來薰閣主人於趙氏處借得遺墨，影印行世，爲文凡五章。第一章總論，泛述研究上古史之方法及材料；第二章論禹；第三章論殷之先公先王，凡十六節；第四章論殷之諸臣，凡二節；第五章論商之都邑及諸侯，凡二節。其中所討論之問題，皆先生研究中國上古史之結論，而以極簡淺之文字作系統之敘述，頗便初學。近人疑古之風甚盛，先生此書蓋自成蹊徑，其所暗示吾人之方法實可受用無窮也。（茂）

(第三張) 中華民國二十四年三月二十一日 大 公 報 (星期四) (第十一版) 331

圖書副刊

BOOKMAN 第七十一期

書評

關於「現代本草生藥學」上

[illegible]

(一)定義 [illegible] Washburn 及 Blome 在他們合著的 Pharmacognosy and Materia Medica 中有這樣的說明：''Pharmacognosy is that branch of materia medica which treats of the structures, properties and uses of the crude animal and vegetable drugs. It includes a study of the botanical structures and classifications, and of the physical and chemical properties sufficient to enable the student to recognize drugs and to distinguish between good and spurious samples.'' [illegible]

[illegible] Gilg-Brandt-Schürhoff 氏著之 Pharmakognosie [illegible] Klein: Handbuch der Pflanzenanalyse [illegible] C. Wehmer: Die Pflanzenstoffe [illegible]

[illegible] 第169面 [illegible] (Radix Sarsaparillae) [illegible] (Saponin) [illegible]

(Grammblutwert) [illegible] 1400—2200 [illegible]

[illegible] Kraemer's Scientific and Applied Pharmacognosy 第 845—856 面 [illegible]

[illegible] Hypprocrates 之 [illegible] Aristoteles [illegible] 1533 年 Buonafede 在Padua [illegible] 1820 年 Guibourt 之 Histoire Naturelle des Drogues Simples, 1822 年 Trommsdorff 之 Handbuch der pharmazeutischen Warenkunde, Ebermeier 之 Pharmakognotische Tabellen, 1832 Martius 之 Grundriss der Pharmakognosie des Pflanzenreichs. 1847 年 Schleiden 在 Jena [illegible] Radix Sarsaparillae [illegible] Wedell [illegible] Cortex Chinae [illegible] Berg, Schleiden, Dadenmans [illegible] 1600 年 Paracelsus [illegible] 1804 年 [illegible]

Derosne 於1806 年 [illegible] Setürner [illegible] Derosne Setürner [illegible]

(2) [illegible] C 面 [illegible] CXXX [illegible] C:N.X [illegible] Iso-cyanid (C:N-X) [illegible]

(3) [illegible] CXII [illegible] Emulsin [illegible] β-Glucoside [illegible] Emulsin [illegible] β-Glucoside [illegible]

(4) [illegible] d-Galatose [illegible] Latose [illegible] Galatose 與 Latose [illegible] d-Galatose [illegible] d-Latose [illegible] 227 [illegible] Cane Sugar 或 Rohrzucker [illegible] Sugar Cane [illegible] Cane Sugar [illegible] Zucker-rohr [illegible] Rohrzucker [illegible] "Rohrzucker" [illegible] "Rohzucker" [illegible] "Rohr" [illegible] "Roh" [illegible]

(5) 原書 113 [illegible] Acorus calamus L. [illegible] (interzellularräume) [illegible] Acorus calamus L. [illegible]

(6) 原書228面 [illegible] (Glycyrrhizin) [illegible] (Acid. Glycyrrhizic) [illegible] $C_{44}H_{66}O_{18}N$ [illegible] 896.6 [illegible] $C_{44}H_{64}O_{19}N$ [illegible] 9105 [illegible] 220° C. (見Hackh 氏之 Chemical Dictionary 第 336 面)。而 Wasicky之Physiopharmakognosie 及Washburn & Blome 之Pharmacognosy and Materia Medica [illegible]

[illegible] Eugenol [illegible] Eugensäure 及 Eugenic acid [illegible] Eugensäure [illegible] Beilstein-Organische Chemie [illegible] 961 [illegible] Eugenol [illegible] A. F. Holleman—Lehrbuch der organischen Chemie, Schmidt—Lehrbuch der organischen Chemie [illegible] V. Meyer u. P. Jacobson—Lehrbuch der organischen Chemie [illegible] Eugenic acid [illegible] Thorpe—Dictionary of Applied Chemistry 及 Kingzett—Chemical Encyclopaedia 而 Hackh 之 Chemical Dictionary 第 281 面 [illegible] Eugenic acid [illegible] Eugetinic acid 或Eugetic acid ($C_6H_2.OH.OCH_3.C_3H_5·COOH$) [illegible] Eugenol ($C_6H_3.OH.OCH_3.C_3H_5$) [illegible] Eugenol 與 Eugetinic acid [illegible] Patterson之A German-English Dictionary for Chemists [illegible]

（７）原書總論LXX面第17行謂Leptandra「爲威靈仙」，各論第22面威靈仙項下列八種屬，但未見Leptandra之名稱，是與威靈仙之譯名發生矛盾，Leptandra共將謂爲美國威靈仙耶，又查重修政和證類本草列四種威靈仙，爲并州威靈仙，晉州威靈仙，石州威靈仙及甯化軍威靈仙，此四者與編著者根基日本書所列八種屬不知有何關係，現在藥舖所售之威靈仙究屬于何種均未提到。余對于威靈仙曾作小試驗，因注重其中化學成分，故生藥方面之工作較簡略，玆擇要列下：市上藥舖（青島濟南北平南京）發售之威靈仙僅兩種，價格相差約一倍以上，以甲乙區分之：甲種每斤三角左右，係植物底莖，附多數細根，其數約三四十不等，底莖之長度約 2-7cm，而細根則約10cm.左右，色褐黑或褐黃色，其細根常有失落其皮層而僅留白色之木質部者，細根之組織，最外爲表皮細胞，薄膜具褐黃色，進則爲較大之薄胞細胞，中儲多量成團之澱粉粒，篩管部位木質部兩旁，木質部之細胞小，均已木化；全植物直立草本，高約一公尺，莖綠色，著有褐黑色斑點及下陷條紋，複葉對生，每葉頭常裂成三叉或九叉，瘦果，圓聚頂端，每果均附着白色羽毛狀物，長約2cm.（經本校生物系左景烈先生鑑定爲毛茛科之Clematis augustifolia, Jacq.），含植物鹼，苦味質（？），醇基化合物之揮發油，Sitosterin, Myristinsäure, Linolensäure(少量), β-Linolsäure, β-Linolsäure, Oelsäure 及兩種固體，一種係飽類，熔點爲 74-75°C，當量259·5其比例式爲 $C_{17}H_{34}O_2$；另一種具 Phytosterin 反應，熔點不甚明，而有 $C_{11}H_{20}O_2$ 之比例式等，具麻醉能力，足使動物發生中毒現象。乙種每斤八角，形態與上述者異，無底莖，細根長，黑色極堅硬，不易打碎，組織亦與上不同，除表皮栓質細胞外，其他幾均已木化，澱粉粒少，根節處生細小之刺，小卵圓形之胞間于中柱中點處圍成圓環，近胞間之細胞較小，含植物鹼，其量較甲種爲多，惟是否同一化合物尚待繼續工作，全植物未採得，故無法鑑定，其各種溶劑之浸出量再比較如下：

	甲種	乙種
Petrol-ether Extract	0.82%	1.66%
Ether Extract	0.48%	0.55%
Chloroform Extract	0.53%	0.75%
Alcohol Extract	4.51%	9.63%
Waterextract	11.39%	12.60%
水份	10.67%	10.50%
灰份	8.19%	3.25%
粗纖維	28.89%	30.90%
水蒸氣蒸出物	0.72%	

（８）書中所列著者之一趙氏原圖，係由自顯微鏡攝影，模糊幾不能辨識，又書中各附錄中除半夏外，餘均未選列圖說，亦極大缺點，各藥物之組織構造等圖說，自有待于詳細之研究考察，但各生藥之形態圖說，似不難搜集。

統觀全書，除上述者外，其最大缺點，即在前後失其聯絡性，致粉末生藥檢索表所列者，未盡見于各論，而各論中之生藥，間亦粉末生藥檢索表中所未取；總論中所載「化學研究法」不適用于各論中生藥之檢查，而各論中生藥所需之檢查法，復不見于總論，考其原因，蓋是書之成，多爲片段之迻譯，而乏系統之整理故也。

二三年八月于國立山東大學化學系藥化學試驗室。

新書介紹

臺灣通史

三冊 臺灣通史社發行

此書爲臺灣連氏連橫雅棠氏所著。內分紀四，志二十四，傳六十；各表則入諸志之中，圖則見于各卷之首。開闢紀，自隋大業五年至明永歷十五年，凡鄭氏建國以前各史蹟，搜集大體完備。建國紀，起明永歷十五年終于其三十七年，鄭氏建國之始末盛衰，均具于此。經營紀，起清康熙二十二年終于光緒二十年，紀有清二百餘年之經營成績。獨立紀，則紀唐景崧劉永福諸人與強敵攘拒之佚事。後因在日本治下出版，名稱有所避忌，改爲過渡紀。志則分爲疆域，職官，戶役，田賦，度支，典禮，教育，刑法，軍備，外交，撫懇，城池，關征，榷賣，郵傳，糧運，鄉治，宗教，風俗，藝文，商務，工藝，農業，虞衡二十四門。傳則自顏思齊鄭芝龍至唐景崧劉永福共得六十。連氏爲一老民黨，光復後，曾入國史館，故對于清宮內有關于臺灣史蹟之檔案，亦頗搜集不少，其對于自然界之興趣亦高，虞衡志內有云：「余觀舒游，數入番界，跋涉溪谷，佳樹茂林，每爲考究，故得略知梗概，是篇所載，多屬目逢……」故其所載，雖未能全合科學之條貫，而絕不同捕風捉影，或僅在「故紙堆中打轉轉」者之所爲。其鄉治，工藝，農業各志，包含有價值之史料頗多。連氏雖處臺灣，抱種族之痛甚深，故其書雖出版于日本統治下，不得不有所避忌，而種族之感，仍至顯明。惟全書對于漢人前往墾闢之遺跡，雖已搜集頗備，而對于臺民之生活狀態，風俗，傳說等類，殊爲簡略，尚未足當臺灣通史之名。且沿舊史家慣例，對于史料來源，未能分別指明，是其所短。然要皆環境限之，殊不足以爲是書病。今日國難孔殷，而因來勢稍緩，國民大多對于被斷之股肱東四省，又已淡然若忘，尚何論于臺灣！但國人如眞欲自救則已，否則對于有三百年墾闢歷史，三百萬人民之臺灣，勢未可完全擯諸腦後，則此書實甚有一讀之價値。此書出版後，日本人士頗爲注意，而國人則留神者甚少。現聞已絕版。且聞連氏近已僑居上海，年事尚未衰老，希望其能將從前有所避忌，未能加入之史料，儘量加入，且將史料來源，循新史家之通例，儘量分別指明，于國內再爲印行，則學術界之大幸也。（盧生）

新書簡訊

星象統箋

高魯著 民國二十二年八月出版 國立中央研究院天文研究所印行 定價一元五角

這本書是近來溝通中西天文學之較成系統的著作。天文學本來並沒有地理的區別，所不同者僅有名辭的差異和方法的精粗而已。實際上中國固有的天文學方法現在已經拋棄，惟有若干應用日久的名詞尚足使有歷史興趣的人加以注意。此書以三垣二十八宿爲綱，分別彙舉經傳史志中關於各星之不同的紀載，加以中西各家的解釋。其中以取自西洋研究中國天文學者爲尤多。遇有關係重要者則詳爲推論。並且附有丹元子步天歌，各星實測用數表，中西星名對照表，星座星宿距極表，及中西星圖，以供參考。著者的目的在闡揚中國天文學的進步，而用力最多的地方乃是中西星名的比定。大體看來是沒有遺憾的，不過所採星圖，中國舊圖部位不準確，而西洋新圖不全，不能一一的新舊對照，必須另取他圖參考，纔能應用。

× × ×

星體圖說

陳遵媯著 民國二十三年十月國立編譯館出版 商務印書館印行。定價一元六角

這本書的目的在解說各種星體的形狀及其運行，並略述觀測的方法。因爲是通俗的作品，所以對於理論不甚注重。全書不分章節。先爲各種星體圖。次爲太陽系各星體的說明及觀測法。次爲各恆星的說明。次爲天文名詞解說。末爲中西文索引，其中以恆星的說明的部分所佔的篇幅爲最多，包括星座及星宿的名稱，逐月的星圖，變星，雙星，星團及星雲的說明及觀測法，一等星談及星座詞彙等。內容甚爲豐富，不過在排列上卻缺乏系統，似乎是由於若干篇獨立的短文集合而成的，前後不能照顧，有的重複，有的參差。例如一等星談中所論及的各星在星座詞彙中亦皆論及，雖然是有詳略的不同，但是何妨并入一篇，既省篇幅，又省讀者的光陰。而星體圖和行星觀測圖亦有一部分類似重複者。（見原書第三十頁，第三十一頁，第四十一頁，第四十二頁。）又如一等表列有一等星二十個，而一等星談中乃有二十一個。這雖於大體無傷，究竟不如首尾一貫的好。

× × ×

史記天官書恆星圖考

朱文鑫著 民國二十三年十月再版 商務印書館印行 定價三角五分

二十四史中有許多的天文學史的資料，不過古今文字不同，缺乏正確的解釋，幾使讀者不好入手。這本書乃是用新的天文學解說史記天官書中講恆星之部分的。書用注釋體。後附極簡要清楚的星圖。其特點有二：一爲歷史的態度。一切學術古略今詳。測候亦是如此。天官書所紀本較簡略。而注釋者反引較詳細的晉隋諸志爲證，於是治絲愈棼。此書著者專就書之本體研究，不妄加比傅，於是史記成書時代的宇宙可以略見一般。第二是對於占驗求其客觀的事實。占驗由於天象的變異。常人不是承認占驗之說爲眞實非僞，就是視爲迷信置之不顧。此書著者乃注意考察占驗所依據的天象究爲何種事實。例如賤人牢中星實則囚多，虛則開出者，因爲貫索中有一著名的變星，所謂虛實乃是變星明暗不常之故。又如天矢黃則吉，青白黑凶者，因爲天矢亦是變星，顏色常有變異。如每種史志皆能這樣攷釋一回，對於研究天文學史者是非常有益的。（平）

× × ×

吉金文錄

桐城吳闓生集釋

桐城吳闓生氏輯錄殷周彝器銘文凡四百十四編，附錄漢唐以來鐘銘四十四首，都爲考釋四卷，爲近時研究金文者一巨著。釋錄金文精便初學誦習之資，其用意至善。近人所作以郭沫若氏之兩周金文辭大系，及于省吾氏之雙劍誃吉金文選爲備。此書纂錄在于氏之前，而成書在其後。故每有補正于氏之處。書爲南宮邢氏雕板，凡兩冊，六開本宣紙精印。（滋）

× × ×

簠齋金石書畫 第一輯

琉璃廠來薰閣代售

此輯有號叔鐘拓本三種，附張叔未，吳侃叔，吳兔牀等題字；又秦石權拓本一，吳養齋題字；又張皋聞上阮文達書殘頁，附阮文達，及湯文端跋語；又法梧門藏題玉山小象，翁覃溪題字；又禹之鼎畫王麓臺小象，附查聲山，吳山尊，題字。每冊定價八角。（滋）

× × ×

邊疆問題（一）

陸費逵等著 二十三年十二月中華書局發行

二十三年來國人雖已注意到邊疆問題，但不過是紙上談兵，免不了漠然的態度，自九一八以來，這問題便感到燃眉之急。不特一般性質之期刊對此特加注意，且有專門研究邊疆問題的刊物出版。新中華雜誌以注意邊疆問題爲其特色之一，間載議論邊事的文字。這本書便是彙集那些論文而成的。現在只出上冊，下冊尚未出版。此冊所收有陸費逵東三省熱河早爲我國領土考，冷亮內蒙現狀及其自治問題，趙勳東北失陷的蒙古問題，葛佞成內蒙外患下之新疆，趙鑄元新疆事變及其善後，賀揚靈破碎的新疆及兩疆糾紛的總檢閱等七篇。此種彙刊的辦法，最便讀者，我們希望別的刊物所載關於這方面的論文，也同樣哀集成專冊，以免留心邊事的人檢查之勞，豈不更好。（貽）

× × ×

圖書副刊

BOOKMAN

第七十二期

聊齋文集的稿本及其價值

羅爾綱

四年前的夏天，胡適之師借了兩部聊齋全集的稿本，——一部是清華大學圖書館藏本，一部是淄川馬立勛先生藏本——叫我把這兩部稿本來和上海中華圖書館出版的石印本聊齋全集先編一部「三種目錄對照表」，然後單就這兩部稿本，校其異同，重新鈔寫了一部清華本與馬氏本的混合本的聊齋全集。所以我借了這個機會，得把這兩部內容不完全相同的聊齋全集稿本一字不放過的鈔讀一遍。這兩部聊齋全集稿本都包涵有文集，詩集與詞集。今天我在這裏，因爲篇幅關係，只能提出文集一部分來說。

考聊齋文集本有四百餘篇，蒲松齡五世孫蒲庭橘的聊齋文集跋道：「余讀柳泉公行略，見上載聊齋文集共計四百餘篇，諸體皆備」。（見清華本）但今日最流行的石印本聊齋文集僅五十二篇，其中四十六篇是採自上海國學扶輪社出版的鉛印本聊齋文集的，其餘六篇則爲石印本的編者新加入的，這新加入的六篇，胡適之師考定都是僞作，而這四十六篇中，有五篇是擬表，有一篇是志異自序，擬表松齡另集爲專書，志異自序則爲世所習見，故石印本內聊齋文集實只應得有四十篇。這行世的四十篇聊齋文集和原有的四百餘篇的聊齋文集相較還不够十分之一。這不消說，在要研究這個一手寫成聊齋志異與醒世姻緣傳的大作家的人看來，自是一件大損失。

大概聊齋文集的散失，在松齡死後不久的事。蒲庭橘的聊齋文集跋中在說了聊齋文集共計四百餘篇，諸體皆備的話後，就緊接着說：

及細爲查閱，而誌傳絕不多見，豈所作者不少與，抑後來之散佚乃爾也？今所存者只有賀序一册，序跋碑文一册，婚啓一册，祭文一册，皆先曾祖所手訂，其餘則散見于別卷及余所搜羅諸親友者也。

按蒲庭橘是松齡的五世孫，他所說的先曾祖，即松齡之孫。這部爲松齡之孫某所手訂的聊齋文集究有若干篇，蒲庭橘雖然不曾說出來，但看他一則因見誌傳絕不多見，而疑有散佚，再則說搜羅諸親友然後才得重行增訂，那麼，共不足四百餘篇之數可知。故聊齋文集不但世間刊行本不足原來篇數，就是蒲氏家傳珍本也有散失。

蒲松齡的四百餘篇的聊齋文集原本面目，大約我們今天已無法再得了。但我們還能看到清華本與馬氏本，却不能不說是不幸中的大幸。清華本有松齡的自序與蒲庭橘的跋。這可以證明清華本就是蒲庭橘的增訂本。至於這部清華本是蒲氏的家傳本向外流落的呢，還是蒲氏親友的傳鈔本呢？那可不能考了。馬氏本有宣統元年王敬鑄聊齋遺集序宣統二年蕭方駿聊齋文鈔序及宣統元年孫過瑤聊齋遺集後跋。王敬鑄聊齋遺集序記這部本子的來源道：

吾淄蒲柳泉先生……著作共富。即其家藏遺稿，子孫秘不示人，後藏書之屋壞於陰雨，先生手澤，什損八九，又逢遭兵燹，並所存者亦復爲安遠。自是邑中後學，於殘編斷簡中偶得片紙隻字，輒什襲珍藏以爲吉光片羽。前中丞李鑑堂先生撫東時，關心文獻，雅意蒐羅，適其西賓李君序珍爲淄諸生，即諉其多方搜葺，共得遺文若干首，釐爲十二卷，裝訂成帙，將擬付梓，適以瞻任去，未果。鑄嘗借觀一過，共中多尋常慶弔及代人酬應之作，往來書札間作詼諧謔語，而瀟灑雋永，的是作者本色。因隨手錄一副本，質諸羣賢。茲諸同人欲集貲鋟版，公諸同好，向索原稿，因不揣謭陋，刪其缺略重複及寥寥數言無甚意味者，共節去什之二三。其餘篇目卷次，悉仍李中丞定本之舊，以存本來面目云。

蕭方駿聊齋文鈔序也記：

蒙讀聊齋志異一書，每景仰蒲先生之爲人，思欲得其遺文而盡讀之。……歲庚戌，移宰淄川，覽先生釣游之所，求先生之遺文得李中丞鑑堂鈔本十二卷讀之。集中多四六文，而謝表牋啓半之，率皆晨窗燈夕之所成，或出之酬應，或出之游戲，故不無委蛇而乖文體者。說者謂先生作家，以此問世，或損盛名，不如秘之。余不謂然。……淄人士茲取李中丞鈔本付諸剞劂，余恐無以饜說者之心也，乃就王君于陶所刪定者，復加甄選，都爲八卷，以永其傳。淘汰愈嚴，光燄愈出，於以見先生之文之眞，而藉以副余囑書景行之志云。

據此，可知馬氏本乃源自李鑑堂鈔本。但經過兩次刪訂：第一次是王敬鑄「刪其缺略重複及寥寥數言無甚意味者，共節去什之二三」，第二次再經蕭方駿就王敬鑄的刪定本，「復加甄選，都爲八卷」，然後才變成今日這部馬氏本的面目。

清華本共一百三十三篇，馬氏本共一百七十六篇。我們將這兩部本子互相參校，共中相同者共九十篇，共爲清華本所獨有者共四十三篇，爲馬氏所獨有者共八十六篇。如果我們再將清華本與馬氏本這兩個本子來和石印本比較：石印本的四十篇文章中只有十五篇爲清華本所沒有的，但只有臨時明府除山舊寇書與募修郢都谷橘引兩篇爲馬氏本所無的，那麼，石印本之無價值可知。而我們把清華本與馬氏本就其相同的及獨有的合併編訂起來，便可以得到一部二百一十九篇本的聊齋文集。這部新定的二百一十九篇本的聊齋文集，便是胡適之師的藏本。這部藏本，除了蒲松齡的四百餘篇的原本和李鑑堂的鈔集本之外，據我所知，要算是今日第一部篇數最多內容最眞確的聊齋文集。

說到聊齋文集的價值，就這部新定的二百一十九篇本來看，其中只有述劉氏行實一文是一篇好文章。劉氏就是蒲松齡之妻。松齡在這篇文章中，寫大家庭的醜惡，寫劉氏的輔夫教子，克苦成家，以及寫他自己的熱中功名與劉氏的淡視富貴等方面，都有深刻的描寫，在中國傳記文學中，算是一篇上乘的作品。此外什麼都是「無端而代人歌哭」的文章，都不能算是文學的作品。所以，我們拿文學的眼光來批評聊齋文集，那是沒有什麼價值的。但是，如果我們把這部聊齋文集當作蒲松齡的傳記史料來看，那却有幾處地方是我們在別處無法尋找得來的研究蒲松齡的重要的材料。

我們知道，蒲松齡的聊齋志異是一部借狐鬼來諷世嫉俗的小說，醒世姻緣傳的作風更從諷刺的態度轉變爲冷酷的刻畫。創作與作者的個性和環境是有密切的關係的。如果我們相信張元柳泉蒲先生墓表說他「入棘闈輒見斥，慨然曰：『其命也夫』！用是決然捨去」的話，那麼，這個偉大的作家，只應產生陶潛式的隱逸詩篇，或樂天安命的文章，決不會創造出聊齋志異，更不會創造出醒世姻緣傳出來。這個一手寫成聊齋志異與醒世姻緣傳的蒲松齡，決不是張元墓表中所說的那個樂天安命的人物。我們試撇開後人撰述的墓誌來看聊齋文集中的自述。松齡在述劉氏行實中自己刻寫自己道：

先是五十餘猶不忘進取，孺人止之曰：「君勿須復爾。倘命通顯，今已台閣矣。山林自有樂地，何必以肉鼓吹爲快哉！」松齡善其言；顧兒孫入闈，輒心不能無望，往往情見乎詞。而孺人漠置之。或以先兆，亦若罔聞。松齡笑曰：「穆如者，不欲作夫人耶？」答曰：「我無他長，但知止足。今三子一孫能繼書香，衣食不至凍餒，天賜不爲不厚。自顧有何功德，而尙存觖望耶？」

松齡是個懷才被棄的人。他的個性很強，雖然屢次失敗而不甘屈服，所以到了「五十餘，猶不忘進取」，但是殘酷的命運却把他前進的路限定了！他在五十之年，看見自己的「兒孫入闈」，還「輒心不能無望，往往情見乎詞」，而況與他同輩的人，而況那些才能遠不如他的凡俗，他怎能不感憤悲慨呢！並且，松齡的家境貧寒，即使他甘心於過安貧的生活也不可得，貧寒的環境又逼迫他不得不過着那種哭笑不得的生活。他在戚懷賦文中最是寫得淋漓盡致：

甸前，或以吉昏囑余，而意惝苦於思索，援筆復閣者屢矣。亨前之五日，計黷期已迫，不得已構之，思猶不屬，嚮月已西，嚴寒侵燭，霜氣入幃，瘦肌起粟，枵腹鳴饑。週顧影在牆，髯吻張翕，聳肩縮項，如世鍾馗。因訝然而自笑，哂排大之呆痴。於是相對而言曰：苦哉，蹤蹤涼涼乎，饕乎，嗟乎，爾胡爲者乎？人生世上，具有鬚眉，無端而代人歌哭，胡然而自爲笑啼？無謂矣哉！且也人皆鼎烹，爾獨饔飧，人且重裘，爾無絮衣，傍徨永夜，亦孔之淒。……若夫幽厲熾炭，茗酒浮卮，奚童旁而制書，悞撚鬚而吟思，於斯時也，神閒意適，逸興遄飛，亦文人之雅致，當樂此而忘疲。爾乃坐枯寂，耐寒威，憑冰案，攝毛錐，口蒸雲而霧濕，燈凝寒而光微，筆欲躍而管冷，身未動而颺吹，吟似寒蟬，縮如凍鷦，典春衣而市筆札，曾不足供數日之揮，懸哉！懸哉！既非孫賑之映雪，又非羲子之下帷，前無釣餌，後無羈縻，利既不屬，名亦罔歸。連連作苦鳴於終夜，誠可笑而可噫。於是乃投筆而起，喟然歔欷，既往者之不諫，尙來者之可追，其從此而永戒，勿復蹈乎前非。越日盥已，更衣未披，忽聞剝啄，若叩柴扉。啓門而覩，乃我舊戚，攜果一枚，穀酒一瓶，予怪而問焉。客揖而言曰：「將有所事，煩了屬詞，致不腆之微物，聊以備耶喧之小費」。余聞之，沉吟而笑，未及致辭，心欲秋秋而求戒，顏神曉曉而不依。無已，且效馮婦於一次，過此再戒而弗遲！

我們從這篇嬉笑怒罵的遊戲文章中，可以分明的看出一副含淚的苦笑的臉！這樣的一個窮苦的環境，把松齡漸漸的變成一種憤世嫉俗的態度。聊齋志異的產生正是從這種態度創作出來的。但是，到了他年紀更老大，六十七十之年到來了，他把人情世故都看得透了，他澈底了悟人生了，於是這種憤世嫉俗的態度，便轉變爲一種高妙的冷雋，一種輕鬆的幽默。他不咒咀人生了，他却站在客觀的立場毫不放鬆的來刻畫人性，來暴露人類的醜惡。偉大的醒世姻緣傳的作風，正是他暮年心境的反映。

我們不但從聊齋文集能够看出蒲松齡創作心理的背景，而且，我們從聊齋文集中還可以考出蒲松齡創作的本事來。他有一封與王鹿瞻的信道：

客有傳尊大人覊留旅邸者，兄未之聞耶？其人奔走相告，則親兄愛兄之至者矣。謂兄必泫然而起。匍匐而行，信聞於帷房之中，履及於寢門之外，即屬訛傳，亦不敢必其爲妄，何漠然而置之也！兄不能禁獅吼之逐翁，又不能如孤犢之從母，以致雲水茫茫，莫可問訊，此千人之所共指。而所遭不淑，同人猶或諒之；若聞親訃，猶俟棋終，則至愛者不能爲兄諱矣。請速備材木之費，戴星而往，扶櫬來歸，雖已不可以對衾影，尙冀可以掩耳目。不然，遲之又久，則骸骨無存，肉葬虎狼，魂迷鄉井，興思及此，俯仰何以爲人，聞君諸弟將有問罪之師，故敢漏言於君，乞早自圖之。若俟公函一到，則惡名彰聞，永不齒於人世矣。弟泣相道，惟祈原有不一！

考蒲松齡郢中社序，王鹿瞻是與蒲松齡李希梅張歷友兄弟等共同發起郢中社的人物，他是蒲松齡良朋中的一個。這位怕老婆，棄父離母，甚至父死旅店不敢奔喪的王鹿瞻先生，便是聊齋志異的高蕃楊萬石和醒世姻緣傳的狄希陳的胚子，這位控制丈夫，逐翁離姑，凶悍忍毒爲千人之所共指的王鹿瞻太太便是聊齋志異的江城楊尹氏和醒世姻緣傳的素姐的影子。我們讀了這封信，才恍然明白蒲松齡創作之所以多寫悍婦故事，而那部刻畫懼夫悍婦醜態最盡致，最無忌憚的醒世姻緣傳之所以不得不署「西周生」筆名以行世，實有由來。

書評

明清之際黨社運動考

西生

謝國楨著 民國二十三年八月商務印書館出版 定價六角伍分

因爲偶然的機緣，這幾年來稍稍讀了幾本明代史事書。紀敍明末的黨爭和社事的書，也曾涉獵一遍。可是除了東林本末東林列傳復社紀略幸存錄幾本記黨社的書以外，其他散見在明清人文集野記史乘中的零星敍述，到處都是，頗想把牠綴輯起來，敎人看着方便。這一願許了好幾年，爲了別的事情的牽掣，到今還是落空。謝先生這書恰好替我還了這一夙願，他已經把他所能見到的史料都綴集在一起了，從此我們要知道明清黨社情形的人，不必再費力去自己搜檢史料，只要讀這本書就够了。

細讀了謝先生的書，覺得有幾點意見不敢和謝先生苟同。除了材料的搜集因各人所見和所注意的目標不同，我們不能向作者作「求全之責」外，關於書中所已提及的幾點，我認爲還有可以商榷的地方，按序提出，請謝先生指敎。

書中最可議的一部分是引論和清初順治康熙間之黨爭兩章。先從這兩章說起。

在引論中，作者說明明末的黨和社的區別，以爲「一般士大夫階級活躍的運動就是黨；一般讀書青年人活躍的運動就是社。黨和社名詞雖然不同，但都是人民自覺的現象。」在這裏我們應該進一步作黨社兩名詞的區別；東林同志的結合是因爲氣味相投，聚在一起講學，在初期東林同志幷未自命爲黨，而且自始至終也並未有和現在所謂「黨」的那樣組織。東林之所以被稱爲黨，和東林人物後來之所以自命爲黨人，是東林清敵派攻訐以後，敵派替他們加上黨的名詞，到了敵派也失敗以後，東林中人就以黨人的頭銜爲榮，到處自命黨人。社是一開頭便有組織的，是當時八股家相標榜的團體。東林雖然也有會約，却絕不是黨綱，即齊楚浙宣崑諸反東林的組織，惟一的同處也只是攻訐東林，絕無黨的形式和組織。「黨」和社的份子區別，大體地可以說屬於「黨」的大抵多是現任的和退休的官吏，屬於社的大抵是未得

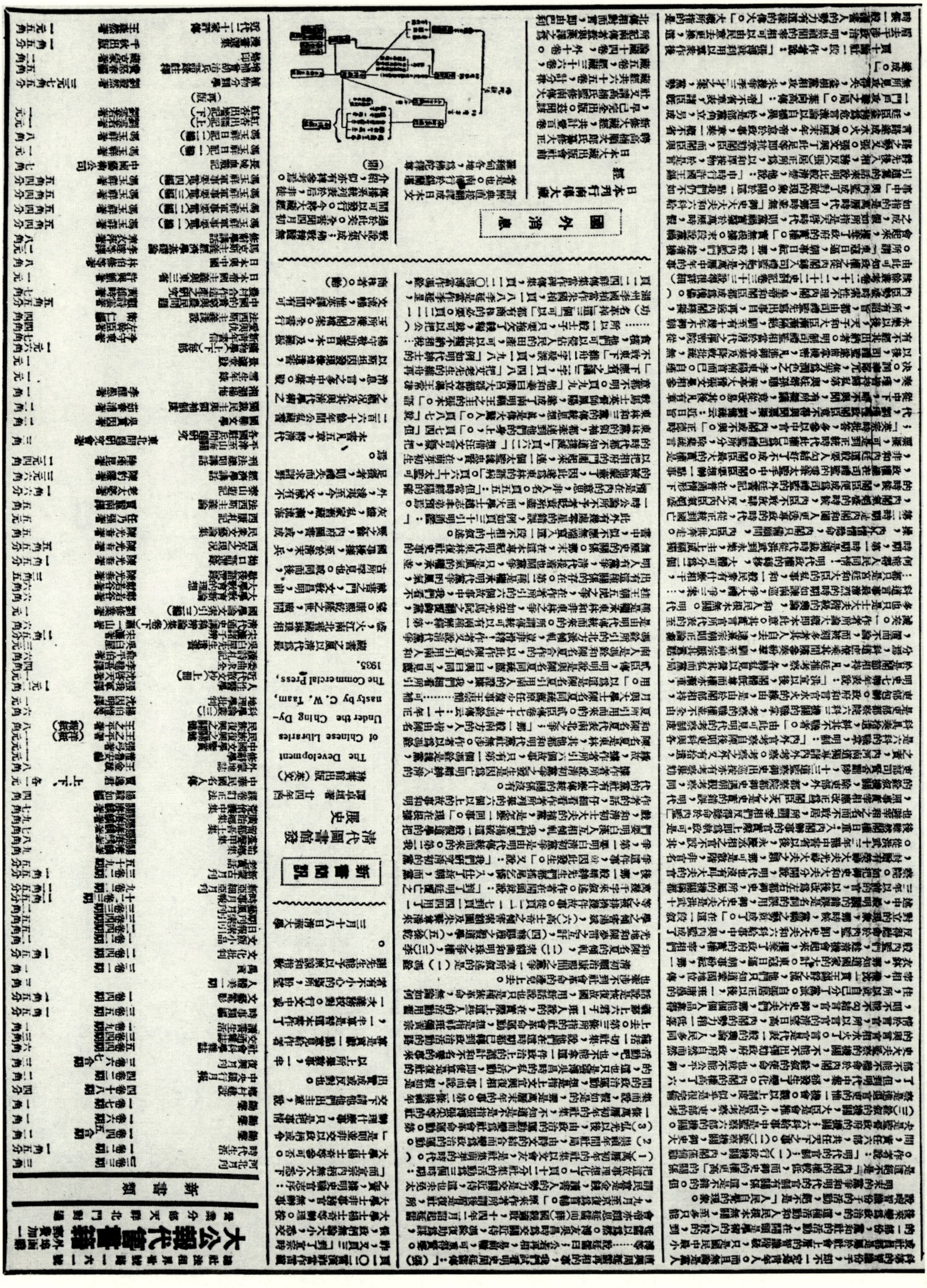

大公報代售書籍

新書類

新書消息

清代圖書館發展史

The Development of Chinese Libraries Under the Ching Dynasty by C. W. Taam, The Commercial Press, 1935.

圖外消息

日本刊行佛教大藏經

圖書副刊
BOOKMAN
第七十三期
一 本刊登載關於中外圖書之介紹批評以及學術界消息為公開性質歡迎投稿
二 刊登本刊之文略致薄酬
三 校稿通訊可寄「北平文津街國立北平圖書館內圖書副刊編輯收」

書評

再評余楠秋等譯歐洲近代現代史

李抱宏

本刊第六十七期胡安先生批評，余等譯本中的錯誤校正之處頗多，但是可惜批評的範圍僅限於該書第一篇的導言，致使本文中許多重大的錯誤，均未能一一指出，所以本人認為有再加批評的必要。本人因余楠秋先生等在該書譯者序言中說：

『我們都是業餘之暇，倉卒譯成此書；錯誤之處必定很多。』

故不揣冒昧，願助其一臂之力，略陳校勘之所得，貢獻給余先生等作再版修正時的參考。

茲將該書校勘時所發現的舛誤之點，按其性質分為下列四類，依次述之。

一、訛譯之例

（一） 原本第三三三頁第二十一至二十三行：

Many were evicted from their homes because of non-payment of rent.

余等譯：

『許多商家無法償債，被迫離國』（頁三五三）

按譯文將『許多人』誤為『許多商家』，『租金』誤為『債務』，『家』誤為『國』。譯者翻譯時假使稍為審慎，這些錯誤，都不至於發生的。

茲擬建議改譯為：

『許多人因無力付房租而被逐離家』

（二） 原本第三五〇頁第十七至十八行：

To prevent a similar occurance the Chamber passed a resolution denying the right of public employees to strike, and forbidding them to join the Confederation.

余等譯：

『因此協會議決公務員沒有罷工的權利，並有拒絕他們加入總聯盟，以免破壞總罷工的進行』）頁三七七）。

按原文 Chamber 一字，為法國下議院（Chamber of Deputies）的簡稱，而譯者疏忽不察，誤譯為『協會』，遂致將原文之意完全弄錯；至於譯文句末之『以免破壞總罷工的進行』，亦為原文所無，實係譯者『畫蛇添足』。

茲擬建議改譯為：

『下議院為防止類似事件的重行發生，遂通過一議決案，否認公務員有罷工的權利，並禁止他們加入總聯盟』

（三） 原本第三六六頁第二十一至二十三行：

The former was a body of great dignity, but of little legislative authority; its members were appointed for life, generally for distinguished services in varius fields.

余等譯：

『前者無權有榮譽，上議員多任職終身，擔任各界的榮譽職』

按譯文中有三點，完全誤解了原文的意思。第一點，原文所謂 but of little legislative authority，意思是說意大利上議院所享之立法權甚少。查意大利憲法規定，除財政案應由下議院提出外，上下兩院享有平等的立法權；雖然實際上上議院對於下議院通過的法案很少加以否決，與憲法上所規定之立法權互相平等相去甚遠。但是我們只能依照原文譯為『但所享之立法權甚少』，而決不能武斷的譯為『無權』，關於此點，譯者對於意大利的政治制度恐不很清楚，致有此誤。第二點，原文所謂 its members were appointed for life，意思是說意大利上議院的議員都是任職終身，譯文加了一個『多』字，一若謂意大利上議員多數係任職終身，此外尚有非任職終身者，實屬錯誤。第三點，原文所謂 Generally for distinguished services in avrions fields，義為意大利的上議員，普通都因為曾在各界有特殊的貢獻而被委充任斯職。按意大利上議員的出身大致可分為四類：（一）主教或教會中的高級人員；（二）曾為政府中高級官吏或海陸軍中上級軍官者；（三）在科學上或文學上享有盛名如各種學會（Academy或譯為學士院）的會員，或有特殊功勳，國家因而獲得榮譽者；（四）每年納稅總額至某種最低限度者。上述第一類主教或教會中高級人員，至一八七〇年意大利政府與教廷發生齟齬後，始被禁止充任上議員。由此可知意大利上議院多取曾有功於社會者為議員。譯文若謂充任上議院之後，始担任各界榮譽職，可謂完全錯誤。

茲擬建議改譯為：

『前者尊嚴高而立法權則寡，多取有功於社會各界的人物，使終身任上議員之職』

（四） 原本第三六七頁第二十五至二十八行：

Centuries of bad government under the Bourbons had produced contempt for the orderly administration of justice, and many became accustomed to substitute private vengeance for public justice.

余等譯：

『幾世紀窒息於波旁的苛政之下，只有怨恨與不平，人民無法伸冤，迫而自起復仇』（頁三九六——七）。

查譯文中的『窒息』，『怨恨與不平』，『無法伸冤』，及『迫而自起復仇等，均為原文所無，皆係譯者杜撰，因之與原文之意完全不符。

茲擬建議譯為：

『幾百年的波旁惡政，足使人民輕視司法程序，人民習慣自報私仇而不訴諸法律』

（五） 原本第三三四頁第十六至第十七行：

The Third Republic created a colonial empire second only to the Bri tish.

余等譯：

『第三共和國對於殖民地的擴充，正不下於英國』（頁三六五）。

查譯文中『正不下於』四字用得完全錯誤。

茲擬建議改譯為：

『第三次共和國竟成為殖民帝國，其廣袤僅次於不列顛帝國而已』

（六） 原本第三三五頁第三十五行：

……harbors were depened……

余等譯：

『港岸也擴伸了』（頁三六四）。

誤。應改譯為：

『港灣也浚深了』

（七） 原本第三五七頁第二十四至二十八行：

Apart from finance, Poincaré's interests were in the field of foreign affairs. An intense nationalist and a bitter enemy of Germaey, he did all in his power as Premier and as President, to strengthen the alliance with Russia, and entente with England.

余等譯：

『他對於外交也很注意，又是熱烈的國家主義派，深恨德國，任首相與總統時，以全力促成法俄聯盟，英法協約，以抵抗德國』（頁三八四）。

按原文 to strengthen 之義為『使鞏固』或『使堅固』，為求文字潤飾計，譯為『壹力鞏固』或『全力鞏固』皆無不可。余先生等誤譯為『全力促成』，因此就把事實完全弄錯。

查歷史記載，彭卡累氏為法國總統，乃一九一三年至一九二〇年的事情；彭氏第一次任法國總理 Premier（依通譯）為一九一一年至一九一三年；第二次任總理兼外交部長為一九二二年至一九二四年；第三次任總理為一九二六年至一九二九年。至於所謂法俄聯盟則成立於十九世紀的末年；法英協定則締結於一九零四年。其時彭卡累氏既未嘗為總理，亦未嘗為總統也。譯者謂其以任首相與總統時以『全力促成』法俄聯盟，法英協定』不知何所據而云然？

（八） 原本第三三五頁第十九至二十行：

They executed prominent persons whom they held as "hostages".

余等譯：

他們殺死了一班大人物以作質』（頁三五五）。

按原文之義為巴黎公社殺死了一班被質的重要人物』，而譯文則抑若謂『巴黎公社殺死了一班重要人物，把那些屍骸作質』，實屬錯誤之至！因訛譯之處，甚易看出，不擬代譯。

（九） 原本第三三五頁第二十一至二十三行：

and began the destrution of the city by setting fire to famous buildings such as the Hotel de Ville, Palais de Justice, and the Tuileries. The Vendome Column was pulled down.

余等譯：

『並且縱火毀滅一切偉大的建築，如巴黎飯店司法廳等，峯多謨亦傾倒了』（頁三五五）。

按原文 Hotel de Ville 之義為『市政廳』，凡曾讀法國大革命史者類皆知之，而余先生等竟獨出心裁譯為『巴黎飯店』，實屬聞所未聞！其餘如 Tuileries（法皇宮名）則既不譯，恐怕因為是找不到出典；至於 Vendome Column 應譯為『峯多謨紀念柱』，而譯為『峯多謨』，這等於把中國歷史上有名的『馬嵬坡』，叫作『馬嵬』，人家聽了不禁會要問那是一個什麼東西呢？

（十） 原本第三四五第十五行：

clergy

余等譯：

『教徒』（頁三七二）。

按原文之義實為『教士』。這真所謂失之毫釐，差之千里了。

（十一） 原本第三五一頁第十九行：

……the Channel ports were unfit for shipbuilding.

余等譯：

『運河口岸又不適於造船』（頁三七九）

按原文Channel ports，意指英法海峽各口，而余先生等誤為Canal ports（運河口岸），可謂疏忽之至。

（十二） 原本第三五六頁第七至八行：

Like all other socialists they favovered the establishment of the coöperative commonwealth……

余等譯：

『他們贊成國富的合作制度』（頁三八二）。

按句首脫漏Like all other socialists未譯，姑置不論；而Coöperative Commonwealth之義為『合作的共和國』或『合作的共和政體』，凡曾讀英國史者，類皆知英國於十七世紀曾一度發生革命，成立過所謂Commonwealth的制度，又例如英屬自治領澳大利亞今即稱為：The Commonwealth of Australia（澳大利亞聯邦共和國），乃余先生等譯為『國富的合作制度』，不知何所據而云然？

（十三） 原本第三六六頁第二十四至三十行：

Elected at first by a suffrage highly restricted by property and educational qualifications, it represented only the middle classes. In 1882, a new suffrage law gave the vote to all literate male citizens, and reduced the property qualifications.

余等譯：

最初下議院祇代表中上階級，因為選舉的資格很受財產與教育的限制。一八八二年採用新選舉法，凡識字公民皆得選舉，財產資格取消』（頁三九六）。

按原文 reduced 一字，義為『減低』，譯為『取消』，誤。

（十四） 原本第三七零頁第二十三至二十四行：

Once unity was achieved, the vibrant idealism so characteristic of the Italiam during the Risorgimento began to abate.

余等譯：

『意大利統一告成，從前飄搖不定的現象，漸漸消滅了』（頁三九九）。

按譯文與原意完全不符，復誤脫 Risorgiments（意語，義為『統一運動』）未譯。譯筆殊欠忠實。

茲擬意譯：

『在「統一運動」（Risorgimento）期間，意大利人所具之特色理想，乃從統一告成而漸弛』

（十五） 原文第三七一頁第十二至十四行：

The most famous Premier was Francesco Crispi, a fiery Sicilian, brilliant but erratic, who directed political affairs during the dacade following 1887.

余等譯：

『一八八七年操縱意大利政治的是首相比里斯比，他是西西里人，勇猛多才，放蕩不羈』（頁四〇〇）。

查與原文之意不甚相符。

茲擬建議改譯為：

最著名的首相是法蘭西斯哥．克里斯比，他是猛烈的西西里人，才具出衆但稍輕狂，一八八七年以後，他指導約十年意大利的政事』

（十六） 原本第三七二頁第十一至十三行：

Men were sentenced to long terms of inprisonment for "exaggerating the sufferings of the poor" and for "attacking the monarchy with subtle irony."

余等譯：

『每人都處以長期徒刑，因為他們誇張貧民的苦況，並用「鐵血手段向君主進攻』（頁四〇一）。

按原文subtle irony，義為『微妙的諷刺』，譯者誤以irony為iron，因此自出心裁譯為『鐵血手段』，較之有譯 miekway（天河）為『牛奶路』者殊無遜色，實屬聞未所聞。

（十七） 原本第三七二頁第四十行至第三七三頁第二行：

A nationalist revival took place during the second

edecade of the twentieth century Which had th effect of counteracting the socialist agitation.

余等譯：

『二十世紀初二十年意大利國家主義的蠻動大社，社會主義的擾亂反因之而消沈』(頁四〇一)。

按原文 during the second decade of the twentieth century 的意思是『二十世紀的第二個十年之間』，為求文字簡潔計，可譯為：『一九一〇年以後的十年之間』，余等譯文之意抑若謂：『一九〇〇年至一九二〇年之間』，譯者顯然把日期弄錯了。

茲擬建議改譯為：

『一九一〇年以後的十年之間，國家主義蠻動復甦，社會主義的擾動反因之而消沈』。

(十八) 原本第三七四頁第二至六行：

Agricultural cooperative societies, organized by socialists and Catholics, endeavored to remedy conditions by establishing rural banks which loaned money at low interest, and by introducing better methods of tilling and marketing.

余等譯：

『農民亦有合作社的組織，由社會主義與天主教徒的鼓吹，設立了農業銀行，以低利放款給農民，並介紹優良的耕植與銷售方法』(頁四〇三)。

按原文之義，顯然不符，茲擬建議改譯為：

『社會主義者與天主教徒所組織的農業合作社，企圖救濟乃設立農村銀行，以低利貸給農民，並介紹改良的耕植及銷售方法』。

(十九) 原本第三七六頁第十二至十三行：

Isabella became of age in 1843..........

余等譯：

『一八四三年伊薩伯拉歷數滿歲......』(頁四〇五)。

查原文 became of age 乃『成年』之意，譯為『歷數滿歲』，實屬大誤。

茲擬建議改譯為：

『伊薩伯拉成年於一八四三年......』

(二十) 原本第三七七頁第三十一至三十二行：

Alphonso XIII restored the popularity of the Bourbon dynasty by his genial personality and democratic manners.

余等譯：

『亞爾方索第十三的溫和性情與自由態度，深得波旁王室的歡心』(頁四〇六)。

譯文顯有錯誤。

茲擬建議改譯為：

『亞爾方索第十三以溫和的性情與平民化的態度，恢復了波旁王朝的民心』。

二、不確之例

(一) 原本第三三一頁第十一至十三行：

A savority method of upsetting a ministry in through an interpullation, by which any deputy may direct questions and demand answers of a cabinet minister on the conduct of his office.

余等譯：

『下議院有一個倒閣的不二法門，任何議員都可以隨時提出質問，要求閣員答覆』(頁三六〇)。

按原文 favority method 之義為『慣用的方法』，並無『除此以外別無他法』之意，余譯『不二法門』，顯屬不確，且後段譯句末之 on the conduct of his office 未譯。

茲擬建議改譯為：

『下議院慣用的倒閣方法，是向閣員提出質問，任何議員都可以直接提出關於閣員職責的質問，並要求答覆』。

(二) 原本第三四一頁第三十至三十二行：

The honor of the French army was vindicated by the degradation or dismissal of the officers concerned in the conspiracy against Dreyfus.

余等譯：

『一切與德雷福案件有關係的官吏，全被遣斥，法蘭軍隊的"榮譽"，從此昭然若明了』(頁三六九)。

按譯文之意若謂『不論擁護或反對德雷福之官吏，凡與該案有關係者全被遣斥』。實則原文之意僅謂『反德雷福黨的官吏全被遣斥』而已。

茲擬建議改譯為：

『反德雷福黨的官吏皆被遣斥，法國軍隊的榮譽，因而昭雪明』

(三) 原本第三五〇頁第二十九至三十五行：

Briand discovered a new way of breaking a strike. The government issued mobilization orders to the strikers, calling them "to the colors, that is, to perform military duty as reservists. When they answered the call they were ordered to operate the railway which, as soldiers, they could not refuse to do; in other words the strikers became their own strike-breakers.

余等譯：

『白里安想出一個最妙的辦法，用調兵之計來破壞罷工。動員令一下，勞工在責任上應替軍隊服務，接令不得不復工，這樣勞工自己成為破壞罷工者』(頁三七八)。

譯辭未能確符原意。

茲擬建議改譯為：

『白里安想出一個破壞罷工的新法，政府對罷工者下動員令，召之入伍充後備兵以服務軍役，應徵入伍之後，政府即令其為鐵路工作，他們不能拒絕不做，因為兵士必須服從命令；換句話說，這班罷工者就成了破壞自己罷工的人』

(四) 原本第三六九頁第二十八至三十行：

PiusIX shut himself up in the Vatican, and refused to leave it under any circumstances.

余等譯：

『庇護幽居法迪坎宮中，不出宮門一步』(頁三九八)。

譯筆未能與原意確符。

茲擬建議改譯為：

『庇護第九自幽於法迪坎宮中，在任何情形之下皆拒絕外出』

(五) 原本第三七〇頁第十八至二十行：

Giolitti favored the extension of the franchise and the enactment of social legislation as a means of quieting discontent.

余等譯：

他贊成擴充選舉權與實行社會法，以鎮定社會的不安』(頁四〇一)。

查原文 enactment 一字含有『制定』之意，譯為『實行』顯不確切；於至 social legislation 應譯為『社會立法』而譯為『社會法』亦屬不確；quieting discontent 則應譯為：『平息社會的不滿』。因不安之處均已逐一指出，故不擬代譯矣。

(六) 原本第三三一頁第二十三至二十五行：

......in practice its main function 's to act as a check on Chamber by revising, amending, and sometimes defeating bills.

余等譯：

『但實際上，上議院的唯一功用是審核，修正或駁斥下議院的議案』(頁三六〇)。

按原文 main function 之義為『主要的職務』，譯為『唯一的功用』，顯屬不確。

茲擬建議改譯為：

『但實際上，上議院的主要職務乃審核，修正或駁下議院的議案』

(未完)

新書介紹

綴遺齋彝器考釋

定遠方濬益原稿　商務印書館影印

定價三十五元特價二十四元

定遠方濬益氏生於有清咸同間，以釋治殷周彝器之學見知於士林。其所撰綴遺齋彝器攷釋，鉤摹之精，蓋欲繼阮氏積古齋鐘鼎彝器款識而作。然當時先乎方氏者，有南海吳氏之筠清館金文。至海豐吳氏之攈古錄金文，則與方氏之作同時。惟其書刊成在前，故方氏稿本中偶亦有據攈古錄摹入者。同光之後，海內以收藏殷周彝器著者，若維縣陳氏，海豐吳氏，吳縣潘氏，滙陽端氏，皆有專書行世。而吳大澂之恆軒吉金錄尤爲鉅觀。近年以來出土彝器十倍於往昔，新得材料見於周金文存，貞松堂集古遺文，善齋吉金錄者，尤多不可勝計。而滄海遺珠，間存於方氏此書者：若卷十頁十六之立刀丁入卣，卷十三頁二十二卯簋父彝，卷十四頁十之爲女甌，又頁二十二之龍蚕，卷十七頁三之元武尊，又頁二十六之父丁禹形尊，卷二十六頁二十八之陝角，皆未見著錄之品。編中考釋以今人視之，亦頗有穿鑿難通者。然在當時已爲最進步之見解。例如以釋字爲殷周禮樂器之總名；以齊侯罍之釁字爲人名，而名其器曰壺，此皆吳大澂以前諸名家所不知之事。又如以齊子仲姜鎛爲鎛鐘，以宗周中人高即尚書大誥之民獻，以肸侯盤爲肸侯盤，諸如此類，皆方氏心得，與後出之說相合者。其他如卷十七頁二十父丁尊，攈古錄誤爲鼎；卷十七頁二十五叔尊，攈古錄誤爲彝；卷二十六頁七亞形父癸彝，攈古錄誤爲卣。其足以補正他書所不及者頗如此。方氏之箕集是書，自同治已巳以迄光緒己亥，凡三十一年之久。共錄古器凡千三百八十一器，凡吉金彝器及先秦古陶器皆在焉。（滋圃）

Study of Hobson's Welfare Economics

By William T. C. Liu
Kwang Yuen Press, Peiping, 1934. Mex. $1.5

這書是劉宗忱先生用英文寫出他研究哈蒲孫(J. A. Hopson)福利經濟學(Welfare Economics)的結果。全書共十章，二二八頁。

在當代的經濟思想史上，哈氏是很有地位的一個。他對正統派的理論及方法，多有指正及批評；對經濟學的範圍與目標，亦有新的見地。在這書中我們可以找到詳明的解釋和闡述。

第一章先討論正統派的價格經濟學(Price Economics)及哈氏的福利經濟學，對於其基本思想，目的及範圍都與以簡略的敘述。哈氏的思想受John Ruskin的啟示很多，見於本書第二章。從第三章即分述哈氏思想，及哈氏對目下經濟學的批評及其自己的理論體系，理論的根據——有機體社會說。第四章是哈氏的生產及消費論。第五章哈氏的剩餘學說，和馬克斯的剩餘學說的不同點。六七兩章一般承受的分配論和哈氏的批評，他自己的分配論和其基礎——有機生產學說(Theory of Organic Productivitm)。第八章哈氏論商業循環和儲蓄化費的關係。第九章論從三方面去改革目下的社會。末一章結論。

全書，據個人的意見，對哈氏思想闡揮最清楚的一點，是哈氏的剩餘學說，及基於此而對商業循環的解釋。把哈氏的生產和消費論，並在一起看，算是一種新見解；讀來使很明白。沒有看過哈氏原著的人，想對哈氏的思想，有一概括的認識，本書是最適當的。即使看過哈氏原著的人，本書有條理的綜和的敘述，對他也不無補益。

哈氏的經濟思想，正如其他經濟學者的思想一樣，也有他的淵源和先驅，本書對哈氏受斯密斯，李加圖，彌爾，馬謝爾以及諸人的影響，亦有明白的指示。

哈氏思想缺點地方也很多，如談到福利，就不能不涉到倫理及哲學的範圍。其理論的根據有機體社會說是否沒有疑問？土地資本勞動管理對於生產的地位，是否完全一樣，剩餘是否就是Scarcy Price 商業循環是否僅能以儲蓄和化費的不協調來解釋等等，本書的每一章末也都附以簡短的批評。但個人覺得批評太少了些。

書末附有一詳盡的目錄，哈氏所著的書籍及論文，有關係的其他作者的書籍和論文，都載在裏面。

在目下一般經濟原理的著作，拉到一點皮毛，便可講演成一本書的狀態下，讀了這書，我們至少可以感覺到真的做學問是怎樣一回事。(鍾)

圖書副刊

BOOKMAN

第七十四期

一　本刊專載關於中外圖書之介紹批評以及學術界消息，為公開性質，歡迎投稿

二　刊登本刊之文略致薄酬

三　投稿通訊可寄「北平文津街國立北平圖書館內圖書副刊編輯收」

幾種鈔本的太平天國史料

吳先乙

（一）粵匪雜錄　常熟縣圖書館傳鈔本　北平圖書館藏

本書包括許多零零碎碎的材料，題曰粵匪雜錄，異是名符其實。茲分成五項，略為介紹一下：

（a）檄文。共十一件。自第一件到第七件，都有粵西偽示或偽詔的標題。頭兩篇的末尾，有『天德二年某月日示』的字樣，其餘的幾篇，則為太平天國三年癸丑（咸豐三年）所發貼的文字。第八件為金陵偽詔，是洪秀全奠定金陵時頒布的詔書。第九件無題。其起首的幾句是『稱眾諸葛義興公師為出示安民事……』而是書的公私函牘（見（b）條）中，有嘉定來信一則（咸豐三年八月初七日抄）：『初二日午時分，土匪突然進城，詢之俱東鄉人，將四城踞住，城門緊閉，編貼偽示。上稱『眾諸葛義興公司，（按師字之訛）為出示安民事……』所言與本示完全相同。因知這第九件的告示，係在嘉定所貼。第十件是上海偽告示，末載天運元年八月初五日示，發貼上海大東門。第十一件無題，也無頒示的時日。統觀各檄的內容，大都帶着極濃厚的種族色彩，口口聲聲的以推翻滿清政府為己任，把滿室腐敗腐化的狀況，盡量的暴露出來。甚至自稱為明室的後裔，以資號召：『今朕非他，乃大明太祖之後裔，弘光皇帝七世之孫也』（見粵西偽詔）。關於太平天國的檄文詔書，在各家的記載中，雖然時有發見，但總嫌稀少。這兒的幾篇，頗有注意的價值。

（b）公私函牘　這是咸豐三年七八月間，蘇州，常熟，常州，嘉定，太倉，丹陽各縣官吏互通的公私函牘，佔全書篇幅的一半。所言皆為各縣的軍事消息。如果要詳細地去研究蘇常一帶的戰史，很可以參考一番。還有兩篇聞見錄，題曰蘇州牧劉廷衛城錄，及太倉聞見錄，紀太倉州知州蔡映斗守戰的經過。

（c）紀事詩　粵氛紀事詩四十首清海鹽學釣翁撰，係七絕。每詩之後，有紀事一段，於太平天國的種種活動，頗多詠記。作者海鹽學釣翁，不知何許人，最近翻閱海鹽賊亂志（清顧汝鈺撰），發見如下的幾句話：『吳市胡甸畇，延予黃垣嘯東邊診疾。……行醫之暇，將從前三載見聞之事，紀七律三十首，大獨秀峰題壁詩，顧名海鹽武陵人紀事』。據此，我疑心粵氛紀事詩的作者，或者就是顧汝鈺。因為顧汝鈺籍貫海鹽（今常熟縣），和學釣翁的籍貫相符。顧氏謂『紀七律三十首，大獨秀峰題壁詩；』而粵氛紀事詩中，却也有『兵戈滿地路窮凶，有客登臨獨秀峯，題壁詩成三十首，淚痕應比墨痕濃』。之句，事情也很巧合。惟粵氛紀事詩係七絕四十首，與顧氏所記，又不相同，所以還不能肯定的證明顧汝鈺就是粵氛紀事詩的作者。此外又有粵西獨秀峯無名氏題壁三十首，和金陵無名詩十首，於詩句的中間，每插有註腳，解釋所指何事。獨秀峯題壁詩的作者，粵氛紀事詩的紀事中有謂：『獨秀峯題壁詩，或云東展三元，前江寧方伯陳謹史備昌所作。』

（d）寶塔歌　姑蘇寶塔歌，虞山寶塔歌等數十首。每歌由三字一句遞進至六七字一句，橫排起來，可以堆成三角形，有如寶塔，所以稱作寶塔歌。其內容大都譏罵當時官吏的懦弱無能，勸捐局董事的貪贓，以及地方紳紳的腐敗。還有廣西賊匪滋事歌一則，批評兩江總督陸建瀛不應自九江上游，逃退江寧。對於向榮，則讚許一番。蘇郡俚詞調一首，記當時人民聞洪楊軍至而慌亂的狀態。

（e）除上述的各種材料外，尚有咸豐三年的上諭數十則，亂語數則，都無關緊要。又有翰林通班合奏摺稿一篇，對於咸豐初年清軍致敗的原因和狀況，有透澈的分析。

（二）皖北洪楊戰禍記　清胡潛甫撰　北平圖書館傳鈔本

這本皖北洪楊戰禍記，據說是孫洪芬先生替北平圖書館借得原稿本，館中遂照鈔了一部。作者胡潛甫，即胡大新，桐城縣人。咸豐三年太平軍打到桐城的時候，他正和許多縣紳舉辦團練。桐城失陷後，他率同練勇與太平軍抗戰。後來復奔走於桐城舒城廬江廬州六安之間，參與戰役。全書分鳳鶴實錄，與鳳鶴小草兩篇，茲分述之。

鳳鶴實錄係咸豐年間安徽長江北岸幾縣的洪楊戰史，編年的體裁，與平定粵匪紀略相仿。作者係桐城籍，故所記獨詳於桐城。其他各縣的戰況，則至為簡略。這是本書的缺點同時也就是牠的優點。因為講桐城太平天國事蹟的記載，要推此書為較詳盡了。原來的標題之下，註明自咸豐三年至同治三年止。但茲本只敘到咸豐九年就中斷了。不知是原稿散佚，抑原書未曾完成？

鳳鶴小草，包括：（甲）秦鄭兩帥剿桐節略，紀咸豐六七年，秦定三鄭魁士在桐城作戰的經過。（乙）廬陽起義節略，紀咸豐五六年胡大新等率練勇規舒城桐城事。（丙）函牘數通及雜感詩數首。

（三）海虞賊亂志　清顧汝鈺撰　常熟縣圖書館傳鈔本　北平圖書館藏

海虞即現在的常熟縣，常熟在清代又析置昭文縣。本書所記，就是常熟昭文兩縣在太平天國時期所遭遇的事實。自咸豐十年起，至同治二年止。對于太平軍破兩城的經過，城破後的狀況，和忠王李秀成到常熟的情形，都說得很詳細。作者講著此書的根由，是奉了夫子大人王文村的命令：『肄業師亦無甚相責，但呼予至城面囑曰，粵匪竄擾家鄉，被難五載之久，始得安然……吾弟及門最早，素有心紀，且復鋼靜功深，訓蒙之暇，可將五年內所見聞者筆而存之，為日後修邑乘之備考也。……乃不揣冒昧，次為一卷。』

（四）庚申江陰東南鄉常熟西北鄉日記　清徐日襄撰　常熟縣圖書館傳鈔本　北平圖書館藏

書分兩編，首為咸豐十年太平軍破江陰常熟兩縣以及人民組隊拒戰的經過，次為獻曝愚忱，是作者對於當時大局的議論。作者的姓氏，初未註明。篇末清丁秉衡的跋文中，却為之指出：『此記序鄉勇拒覆與事甚詳，初不知作者姓氏。陶君梅士跋有子濟求同案友語，因以科名錄考之，乃知子濟為徐日襄字，道光二十八年常熟庠生，用附志於此。』

書評

再評余楠秋等譯歐洲近代現代史（續）

李抱宏

三、脫漏之例

（一）原本第三三四頁第三十三至三十四行：

The revolutionaries of '71 evidently came to the conclusion that the establishment of socialism in France as a whole was impossible.

余等譯：

『法國一八七一年的革命家已斷定法國不能實現社會主義』（頁三五四）。

按原文中之 as a whole 十分重要，決不能跳脫不譯，否則與下文語氣即顯不銜接甚至將發生衝突。觀譯下文謂：『因為暴亂一發生，農民孚相輔助中產階級，以破壞革命工作。公社黨人於是改變方針，主張法國實行分權制，每個行政單位，或公社，予以自治權，這計劃若成功，於工業中心地點可以設立社會主義的國家……』可知法國一八七一年革命黨人所得之結論，決非『已斷定法國不能實行社會主義』，乃為『不能在法國整個的實行社會主義』而主張逐漸的實行社會主義而已。余先生等將該數字跳脫不譯，致譯文與原文之意大相懸遠。

茲建議改譯為：

『一八七一年法國革命黨人顯然已得一結論：「要在法國整個的建立社會主義乃不可能」。』

（二）原本第三三五頁第三十五至三十七行：

Thousands were arrested and, after a brief trial by court-martial, were sentenced to imprisonment, exile, oa death. Thousands more fled to foreign countries to escape the fury of the Assembly.

余等譯：

『成千成萬的叛徒，略經審訊，即被處死，放逐或監禁，逃避外國者亦不下千萬人』（頁三五五）。

第一句脫漏 by court-martial 未譯；第二句亦脫漏 to escape the fury of the assembly 未譯。

（三）原本第三四一頁第十至十一行：

……he has no real veto power over laws passed by parliament.

余等譯：

『國會通過的法律，他（評者按係指法國總統）沒有否決權』（頁三五九）。

譯文脫漏 real（真正的）一字未譯，因此便將原文之意完全弄錯。按法國總統享有中止否決權（suspensory veto）。法律案經上下兩議院通過之後，須先經總統公布並聲明其生效始能付諸實行，如果總統對於上下兩院所通過的法案不予批准，則可撤消公布並退還國會要求重行討論，國會如仍堅持原議，總統即應將該法律案立予公佈。法國總統在憲法上雖享有此種否決權，但事實上自一八七五年以來，就沒有一個總統曾行使過這種權力。著者行文頗有分寸故謂法國總統對於國會所通過的法律案無真正的否決權。我們怎樣能夠隨便的說法國總統對於國會所通過的法律案沒有否決權呢？譯者對於法國政治制度恐不甚明瞭，而翻譯時又未能審慎從事，致有此誤。

（四）原本第三四五頁第七至十一行：

The now famous-Separation Law abrogated the Concordat, and declared the Republic neither recognized nor subsidized any form of religion;

再答彌君評拙著古書虛字集釋

裴學海

（予初答彌君之文及彌君附白之語，均見三月七日本刊。）

予為此書，有豫先聲明者二事。其一，前書之措詞，間涉不恭，致開罪於彌君，今謹書此以代負荊。其二，與彌君作最後之論辯，但只限於事實，毫不涉及其他。

按彌君前云，「其舉例則極多出於高等國文法」，（見一月三十一日本刊）此則云，「舉例多出自高等國文法」，（見三月七日本刊，下所引彌君之語皆同此。）刪去「極」字，是彌君已自知其前說之不盡允，余初與彌君所論辯者，其焦點亦不過否認一「極」字耳。彌君又云，「舉例云者，余本意當指例句而言，至訓詁方面之義例，姑置不論」，是彌君又無形中自明其前說之不盡允，何則，拙著於每一訓詁之下，皆引例句，其訓詁之屬於自造者，幾居全書之半，則其例句非錄自經傳釋詞助字辨略高等國文法諸書者，自亦必幾居全書之半，此不待煩言也，然則謂拙著之舉例，多出於經傳釋詞助字辨略高等國文法諸書，則可，而謂其舉例極多出於高等國文法，則不可也。拙著引例句之標準，太抵於復訓，則少，於已之創說，則多，於中證雖允當而罕徵之舊說，則亦多，彌君所舉拙著錄自高等國文法等書之例句，以昭其實之不誣者，則要皆屬於復訓及信而有徵之舊說耳，豈得謂與全書之事實盡符哉。

彌君云，「裴君以信原書不信類書為其書之新主張，無乃大言欺人」，此「大言欺人」四字，實有語病，夫拙著果有此「新主張」，何欺人之有，縱此「新主張」為不允當，亦只有謬誤之咎，而並無欺人之嫌也。拙著明有「將猶必也」一訓，（見頁六一二）且引有例句十六則，而彌君則謂「將有必義之說，亦不見於裴君集釋中」，此無乃令人莫名其妙乎。彌君斥余之「訓將為必」為不當，其果為不當與否，此則宜徵諸事實，非可徒作空談也，茲謹移錄拙著將訓必之文及其例句與說解於左。

「將」猶「必」也。

呂氏春秋重言篇，「是鳥雖無飛，飛將沖天，雖無鳴，鳴將駭人，（史記楚世家作三年不蜚，蜚將沖天，三年不鳴，鳴將驚人，）韓非子喻老篇，作「雖無飛，飛必沖天，雖無鳴，鳴必驚人。」（新序雜事篇作是鳥雖不蜚，蜚必沖天，雖不鳴，鳴必驚人。）

左傳隱四年，「夫兵，猶火也，弗戢，將自焚也。」漢書武五子傳贊，作「兵猶火也，弗戢，必自焚。」（將自焚，即必自焚，左傳襄二十四年云，「兵不戢，必取其族，」是其義也。）

呂氏春秋義賞篇，「詐偽之道，雖今偷可，後將無復，非長術也，」韓非子難一篇，「將」作「必」。管子侈靡篇，「輕君位者國必敗，疏貴戚者謀將泄。」（將與必為互文）

孟子文公篇，「夫滕，壤地褊小，將為君子焉，將為野人焉。」（趙注云，為，有也，經傳釋詞補，謂將為必然之詞，甚確。）

觀上所列，知「將」與「必」之通用者三，為互文者一，余以「必」字於文義為安，故訓「將」為「必」。孟子一例之二「將」字，余以經傳釋詞補之說為確，故亦訓為必，徵諸經傳釋詞之訓「焉」為「則」以古書之「焉」「則」通用為證，（見卷二焉字條）是余之為此詁，乃取法於高郵王氏也，王氏治學之法，未聞有非之者，豈予效之，即為不當乎。彌君謂「左傳之「將」字為助動詞，漢書所改之「必」字為副詞，文法上功用各異，」果如其說，則是「飛將沖天」與「飛必沖天」不同義，「後將無復」與「後必無復」亦不同義也，則是「夫兵猶火也，弗戢，將自焚也，」與「兵不戢，必取其族」之文例不相同，語意不相似也，其信然乎。夫謂「將」為助動詞，而不可作副詞之「必」字用者，乃今人尋行數墨之文法耳。俞樾甫云，「執今

henceforth, the Church must support herself without aid from the State and governed herself without interference by the State.

余譯為：

『從此教會須脫離國家而自立，自給自治，不受國家的干涉』(頁三七二)。

脫漏abrogated the concordat未譯。

（五）原本第三六七頁第十三至十五行：

But the new nation inherited many of the grave problems of the past, which it bravely tried to solve.

余譯為：

『但是新國家，承繼了不少前代遺下的難題』(頁三九八)。

脫漏which it bravely to tried solve未譯。

（六）原本第三六九頁第二十三至二十五行：

Pius IX, however, indignantly refused to accept the terms of the "sub-Alpine" government, as he contemptuously called House of Savoy.

余譯為：

『庇護九世拒絕意大利政府的條約』

脫漏the "sub-Alpine" government, as he contemptuously called the House of Savoy 未譯，因此未能表現原文諷刺的意味。

（七）原本第三七〇頁第十九至二十一行：

He was above all else a poet of United Italy whose aspiration he sang in enthusiastic verse and whose heroes, Garibaldi, Mazzini, he rapturously glorified.

余譯為：

『他更是統一的意大利詩人，他熱烈的詩句，感動了全國的心靈』(頁三九九)。

脫漏and whose heroes' garibaldi, Mazzini, he rapturously glorified 未譯。這些詩人崇拜的意大利英雄，何能不譯乎？

（七）原本第三七一頁第二十八至三十行：

During 1893-94 serious labor riots took place on the island, which were suppressed with a fury that recalled the days of Bourbon rule. Hundreds were arrested and given heavy prison sentences.

余譯為：

『一八九三——一八九四年西西里發生大罷工騷亂，被政府鎮壓下去，當時被處重刑的，有數百人之多』(頁四〇〇)。

脫漏with a fury that recalled the day of Bourbon rule.未譯。

茲擬改譯為：

『一八九三——一八九四年西西里發生工人暴動，被政府用激烈手段鎮壓下去，當時被處重刑者以百計，使人有彷彿波旁王朝之感』

（八）原本第三七五頁第十七至二十行：

Factory laws were passed regulating the labor of women and children in industry, but these laws were inadequate and little effort was made to enforce them.

余譯為：

『國會亦通過了工廠法，但是規定不周，並且執行不力』(頁四〇四)。

脫漏regulating the labor of women and children in industry未譯。

（九）原本第三七三頁第七至九行：

Barricades were erected in the streets, and fighting took place between the proletariat and the military as in the Paris Commune.

余譯為：

『全國佈滿了壁壘，無產階級與軍隊發生衝突』(頁四〇二)。

脫漏as in the Paris Commune未譯。

（十）原本第三七三頁第十五至十七行：

Taking advantage of the revolution in Turkey, Italy suddenly declared war against that country, giving scarcely a pretence for her action.

余譯為：

『意大利乘土耳其的革命，驟然向之宣戰』(頁四〇二)。

脫漏 giving scarcely a pretence for her action未譯。

（十一）原本第三七七頁第十三至十五行：

This system of "rotativism" produced mimic political strife, and popular government, though complete in its mechanism, became farcial.

余譯為：

『這種循環制度使民選政府的政治的紛爭十分滑稽』(頁四〇六)。

脫漏though complete in its mechanism未譯。

（十二）原本第三七七頁第二十四至二十七行：

Although almost unanimously Catholic, the Spainish people began to show signs of hostility to the Church to which they had given such unswerving devotion for so many centuries.

余譯為：

『西班牙雖全國皆奉天主教，但人民已有仇視教會之心』(頁四〇六)。

脫漏to which they had given such unswerving devotion for so many centuries未譯。

四、譯名的商榷

關於譯本中的譯名，余擬就先生所譯者作一比較：『我們以譯名的標準有三：一，信切，二，通行，三，雅馴。』僅見名詞中，意義不切的，約有十餘條，其中遺誤，頗與原文不相符合，茲略舉數例以資佐證：

（1）Hotel de Ville應譯為『市政廳』而譯為『巴黎政府』。

（二）Coöperativec ommonwealth 應譯為『合作的共和國』或『合作的共和』，而譯為『合作的合作制度』。

（三）Channel 應譯為『英吉利海峽』，而譯為『運河』。

（四）Chamber 應譯為『下議院』，而譯為『議會』。

（五）Clergy 應譯為『教士』，而譯為『教徒』。

（六）Monarchy 應譯為『君主政體』或『帝制』，而譯為『君主』。

（七）social legislation 應譯為『社會立法』，而譯為『社會法』。

（八）trade unions 應譯為『工會』，而譯為『工會組合』。

（九）Vendome columrn 應譯為『萬多姆紀念柱』，而譯為『萬多姆紀念碑』，令人不辨其為何物。

（完）

新書簡訊

世界國立圖書館

National Libraries of the World by A. Esdaile, Grafton Co., London, 1934.

圖書館為人類文化紀錄的紀念碑，吾國古時圖書金匱之藏，皆有專司，至於清末，公私藏書始未嘗公開閱覽。而西洋國立圖書館之興，則遠在百年以前，吾國歷史最久之圖書館為國立北平圖書館，亦僅二十五年耳。

自無線電機影印術發明以及進之後，圖書館對於社會之活動，乃大異於昔。然其發展之遲速，各國亦有不同。本書所記各國國立圖書館不下二十餘國，因各國政治社會之不同，而圖書館之制度與措施，亦各有差異，今彙此書合而觀之，則知其所以異同之故，而他山之石，亦可攻我錯焉。（鈞）

× × ×

芒洛冢墓遺文四編

上虞羅振玉輯

民國廿年東方學會印行本

十餘年來芒洛間冢墓出土者不下千數百種，上起晉魏，下迄隋宋，凡當時之名公巨卿緇流宮嬪之屬皆有之。上虞羅振玉氏自甲寅至今，曾選其精者爲此編，列爲芒洛冢墓遺文三編，與其所著雪堂專錄並行於世。最近羅氏遷地遼東，又選其所藏芒洛冢墓遺文列爲四編，凡六卷，計三百十一通，上自漢孟叔賓地券，下至金興定二年吳公墓誌銘。其中重要之墓志，若永建元年之侯鐘墓誌，久視元年之獨孤志，調露元年之泉男生墓志，皆隋唐代之重要史料也。（熙）

人尚行數語之文法，而以漢三代兩漢之書，實證其山野之夫，而貴其情見乎辭之否認也，」吾義勝其說，所以不敢斷也。至「終」字之所以作「必」字用，則亦有故存焉，考「畢」字解說下，「且然，必然，且已，必已，且用工而後已等，必用切而後已，」是畢字當訓「且」為「必」也，（新書貝六六八，有且訓必之文，又且與終義相同，（命賓知賓篇云，終者且也，呂氏春秋音律篇，高注云，且，終也，）實相為篇題，（且字古讀子魚切）故謂「必」曰「且」，亦曰「終」，此則古語然也。又後漢書樂篇曰「禍者近也，繼也，終然之謂也，」（見卷六第六條）嘉錫堂讀編曰，「擇方君子，亦有至者，」又曰，「擇方君子誠有至者矣，」是亦與「終」同義，呂氏春秋自知篇，「雖希惜在於門」，高注曰，「希猶必也」，（新書貝四六三，有希訓必之文，共引三例，）「希」可訓「必」，故「終」亦可訓「必」，此則古義當然也。曩者謂「訓詁之學，不外形音義三者之通假」，「不外」二字，亦有語病，不若改為「大抵為」三字，何則，「每」與「雖」，「都」與「乃」，皆於形音義三者，不能通假也，而訓雖則訓爲爲雖，訓都爲乃，必如魏君之說，則此兩種無以也，共可通乎。予信誠書不信傳說，與諸相反之主張，共是否允當，則尚有待於公論，非一二人所能斷定，總合能之，則學乎者，亦必復用以由證，非予者，亦必逐條終予說推翻，不然，則均徒見其許實耳。不獨不謂「前人所謂訓詁學今後應入文法學之研究一層，此種尚不宜以語錄說」，以可令予無可置喙，夫語錄既未如音學國文法之組織，復何能之論，然使由拳以出者國文法之組織，則妙變之條更大矣。予嘗謂非深於文法者，不能精於訓詁，消極之精於訓詁者，以論語主氏爲證，故王氏之作品，雖無文法學之形式，而實有文法學之精神，後之來者，其不能外王氏之途，則已矣，知能之，則亦然。明讀如簡說，當不以所言爲河漢也。

× × × ×

附 白 事

訓詁之事，已經辯論，今被祝同樂於此發表之讀後，余欲無言，又不得已於言，今略具答如左：

1.所謂多也，繼多也，五十步百步耳。設君書中所舉例句，除自論國文法者，數字有一二條，以余書合計，亦可觀也，謂為繼多，固可。退一步言，謂書即不「畫九」，是亦「九」也。

2.余初意即指例句而言，並未言訓詁方面舉例，何必故實詁論。設君書中條人音心想之例句甚多，而論明為互訓，未免有纖悉道耳。

3.「終」與「必」互訓之例，即照設君上文所舉，實不能互訓，互訓云者，必不外形音義三者有一相通方可，而一者之中又必有其相通方可。設君所舉互訓之例，所以似是而非者，因其會句之大前提仍已含有必然性，故「終」與「必」，以無所作而一意義，但不能謂可以互訓。

4.設君所舉俞氏之語，乃古書疑義舉例序言，俞氏之旨，始謂今非語言文字之組織與前古不同，非謂文法學也，余所指者，乃文法學上之必然現象（同類），古今中外所同，殊於此種而言訓詁，求論所以序為支離故係者也。

5.訓詁之學必不外形音義三者之通假，非然者即否認文字語言之存在。即如設君舉例新訓，乃謂為花形音義三者，皆不能通假。不知新者之假借，似與民義近，通作管，皆訓因，與乃訓義又近，似與乃共義同，故新可訓乃也。此其詳，設君不求之而能於韻錄，斷所不敢也。

餘非支義，然不屢答，總之，設君之書，自有其價值在。余雖不善百數十字以為介紹，並未詳細其探討，評家之論為渡抑妙錄，即謂實不允當，固不能抹殺其價，而設君兩次來訴，許我之語，以學術真不淡，為可鷄肋耳。

圖書副刊

BOOKMAN
第七十五期

一　本刊登載關於中外圖書之介紹批評以及學術界消息等公開性質歡迎投稿
二　凡登本刊之文略致薄酬
三　投稿函訊可寄「北平文津街國立北平圖書館內圖書副刊編輯收」

海外希見錄

王重民

廿三年十月七日，重民來巴黎恰爲周甸，吾師袁守和先生亦自倫敦來，倫敦之次，先生詔余曰：「海外保存吾國史料頗多，善本書之流出者亦不少；對於圖書館藏門徑，盍記之，可以海外希見錄命題也」。余謹諾，余拳拳於心者五閱月矣！玆者，諸冗事已將當就緒，擬先就國家圖書館東方部首學校所藏，每週爲一二篇，即呈師審閱，俟將來重爲寫定。假期內再北至柏林，南遊羅馬，藉廣眼目。荷蒙時間，恐有志未逮耳。將來稍稍讀書，願海內外師友之介紹，與收藏者之不吝惠，奇書異帙，寓吾目以入吾錄者殆可什一乎？謹誌簡端，以自策勵！三月十六日。

羅馬敎皇致大明國國主書板片

巴黎國家圖書館藏一千五百九十年羅馬敎皇哂嘛嘟第五（Sixte V）致大明國國主書木刻板片，板心高三十七生的米突，（Centimètre）寬七十三生的米突，共三十六行。此事於明末天主敎傳敎事業上甚爲重要，然我國史書似無紀載也。玆先將原文照原式鈔錄下方：

太僧天主敎門都僧皇哂嘛嘟第五頓首拜
大明國國主御座下　伏以
天主者善人之大父母也生䏻名世間紹
天主之正脉處修善念躬率禮拜敎門衆宣經戒等事惟願天
下人自知有
大父母不可不隆孝以尊奉
天主傳其聖敎闡其名號聞外邦多有味
天主事理眩于異端生居天竺惻然動念是以不憚院任之勸
跋涉之勞錯銖之費特選德賢博雅能僧偏遊四方譏揚
天主正敎授以眞經其經乃
天主親製以惠後人當佩服而恪守之也往歲之後又申飭衛
旨欽其
天主相合始爲正道間有好崇邪說即善爲勸誘以歸吾敎毋
使惑
欽奉厥職隨所經歷之地察彼之敎門果與
秩得以混玉哉生見歸他無所求竊幸推廣慈悲普
濟世人俾含生戴齒之倫無不敬恭
天主謹遵規戒則冥冥之中降以禎祥同登仙境不致悞陷迷
途死墮苦獄而生之夙願慰矣先年曾娶敎僧遊至
盛國聞君明臣良相與嘲景運文風不振者亦寧生經書家
喩戶曉猗歟稱羨降衷惟
天主上帝其事未解明否今再令上僧四人哂嗰嘻嘆囉哩囌
嘪嗗嘹德行頗優儒文宏博在
爾哳天主名字寺發爹並爾住三僧二德瑪竇安東
代生趨拜足下外具敝國土物爲贄薦將歸誠其物第一
件乃
天主眞經一卷並
足下賚曆以撫黎元必爲
天主寵佑煩望口誦心維俯垂淸照雖道隔雲坭不假若近聆
淸誨于所屬臣匹亦希爲宣諭推仁柔遠毋曰誕妄
則幸甚幸甚又望
足下不棄賤微愛賜碩才傑士泛航而來使生常瞻儀
範方顯眞誠相愛倘得憑賜四僧給有制牒沿途迎送
以獲其行則生之
荷恩寔有涯哉敬修寸盡伏祈　台照不宣
都僧皇哂嘛嘟再頓首
旹自
天主生日一千五百九十年哂嘛嘟第五年三月天竺國京師
書立

歐人曾先刊佈是書者爲高愛迪氏。（H. Cordier）一九〇一年高氏歐洲傳敎士在中國編譯書目(L'Imprimerie Sino-Européenne en Chine)出板，曾依原式大小，影印附於卷末。（北平圖書館有是書，欲視原式者，可往閱。）然未有詳細之說明；玆余更就所知，略爲疏證於後。

欲溯此書之來源，當先明一五九〇年以前天主敎士在中國之傳敎情形。傳敎士第一能在中國久居者爲范禮安，（Alessandro Valignani）因范禮安之邀請，羅明堅(Michael Ruggieri)利瑪竇(Matteo Ricci)一五八一年至中國。孟三德（Sande Eduarda）麥安東(Antoine d'Almeida)一五八五年至，均不能自由傳敎。直至一五八三年利瑪竇羅明堅始得入肇慶府，一五八五年羅明堅麥安東始得至杭州，然到處無保障，不敢公然傳敎。服僧服，而運用其天算輿地之學，以交接士大夫，冀稍稍得有地方官之保護。諸敎士觀此情形，以爲前途之困難甚多，因爲敎皇或歐洲各國君主，能派遣使節，與中國皇帝磋商，俾尤許在內地傳敎。羅明堅因於一五八八年銜此使命返歐。是書即爲羅氏當時從中國携來羅馬者。（高愛迪氏謂作於澳門。）再携來巴黎，似在拿破崙世。

敎皇書云：「先年曾娶敎僧，遊至盛國」。又云：「今再令上僧四人：哂嗰嘻，(Pierre)嘆囉，(Paul)哩囌，(Léon)嘪嗗嘹，(Mathias)並爾住三僧二德，瑪竇安東，代生趨拜足下。」按自歐亞新航路發見，傳敎士隨商人以俱來，概先至印度，然後往中國日本或安南各處，故居留恆不能確定，此所謂爾住三僧二德，即爲已確定久住中國者。瑪竇即利瑪竇，安東爲麥安東，其餘三人，自是指孟三德等，當時必均有所指名，今不必詳考矣。至後遣之上僧四人，尙無羅名故譯音從其別號。(Prénom) 然使節終未成行，故此四人者，似始終未至中國也。至其未能成行之原因，或因哂嘛嘟第五(Sixte 1585-1590)薨逝，或更有他故，不可得知矣！

又敎皇書有「生居天竺」之語，下款亦署「天竺國京師書立」。高愛迪氏譯天竺國爲 Inde 京師爲 Goa（臥亞）因而頗疑其僞。然其地實指意大利與羅馬也。蓋瑪竇等洞察中國國情，僧爲方外之人，爲政府所不注意，故其初入內地着僧服，譯敎皇爲都僧皇，皆不無遷就，但實以行其敎耳。又大西洋諸國，爲中國前所未聞，嘉靖四十四年蒲麗都家(Portugal)來貢，以其國不在王會印之列，（見明史佛郎機傳及皇明世法錄卷八十二。）即萬曆二十八年，利瑪竇之至北京朝貢，禮部亦以會典無其國，請勿令潛居京師爲奏，事幾殆。（見明史意大里亞傳。）然則是書之所以稱天竺者其用心亦苦矣！

此圖題曾請敎於德禮賢敎授，(P. Pasquale M.-D'Elia S. I.) 特此致謝。又其所撰利瑪竇傳(Oeuvres Historiques de Matteo Ricci) 再板時，關於此事，將有詳細之考證，亦附註於此。（三月十二日）

畢方濟修齊治平頌

抄本。卷首有以皇帝御製答詩並鄭之龍贈詩，（高愛迪歐洲傳敎士在中國編譯書目作皇帝御製詩，誤。）隆武元年十一月天主敎士畢方濟（字今梁，Franciscus Sambiaso）在閩進呈唐王者也。謂修身之道在齊心，齊家之道在正內，治國之道在勤仁政，平天下之道在敬上帝，均依據敎義以爲說，而其大歸又總於「四德惟一」之論，一者謂敬上帝也。頌內盛贊王之猶口長素，宮無嬖妾，似受宗敎之感化甚深者；唐王本是英主，宗敎之感化力如何，不可得知，然所贊頌，或不虛也。但後此桂王之母妃及子，皆受洗禮於司鐸瞿紗微，（Andre Xavier Koffler）溯其受感化之本源，似與畢方濟不無關係也。

是書之重要，尤在能與史事相印證，相補苴。頌文有云：「聖王無害不嗜，無嗜不讀，義心正氣，能德時中。潛於奇蒐，見於大赦。躍於號滯之調賢，飛於閩臣之敏德」。御製答詩引亦云：「丙子冬（崇禎九年。）余以罪廢降，羈禁鳳陽。今梁寬惜，力白當事撫臣，余事得明。甲申秋釋。」按黃宗羲行朝錄卷一隆武紀年云：「崇禎九年丙子八月，京師戒嚴。帝（指唐王。）率衛軍勤王，又殺其兩叔，汝南道周以典止之不聽，至裕州，巡按御史楊繩武以聞，旨下切責。會前鋒偵寇，亡其內豎二人，乃返國。十一月，下禮部議，給事中馮可賓錢玠議廢爲庶人，安置鳳陽高牆。押發官同知張有庭欲以檻車行，帝自裁，不殊。至鳳陽，守陵奄人索賄不得，墩鎖以困苦之，帝不勝其辱，病幾殆，曾妃割股以進，病始愈。有司廩祿不時，嘗用乏缺；時有望氣者以高牆中有天子氣，言於淮撫路振飛，假賑罪宗，入牆見帝，心獨異之。帝告以吏虐狀，振飛上疏，請加恩罪宗。十七年甲申五月，宏光登極，大赦，帝出高牆。宏光元年，帝勸靖王監國，三日，靖王出降」。事蹟一一符合。則知紀年所謂望氣者，殆即畢方濟耶？

桂王爲唐王之叔，則桂王之母王氏與馬氏，乃唐王之大母也。唐王答詩引稱：「畢今梁西域之逸民，中國之高士，余迴晤於奉藩，在烈廟庚午辛未間」。庚午辛未爲崇禎三四年，斯時端王猶在，祖孫共處一堂，畢方濟與唐王遊，出入藩府，則王馬二后之聞敎義，當在是時。余寫至此，不禁深爲畢公歎息也！今余僅其史蹟於是頌，然其所以不能竟其志，觀此則亦因有是頌也。余讀其所撰書，而有以知其學術與經濟之才，不在湯若望下。方隆武在位時，奉召來廷，爲帝王友，則其傳敎事業，自得縱橫一世；然閩廷不一年而滅亡，旋作亡國之臣，北不容於淸，南不諒於桂，而是時湯若望在北京，得成其不朽之業，若易地而處，其功業亦必相衡，所謂有幸不幸者，非耶？是書在當時，當在禁例，故國內久絕傳鈔；余今寄旅海外，得讀其書，能不撫卷太息乎？

頌末署「日宣諭使遠臣畢方濟」，必是當時所授官銜，亦可補史之闕。唐王答文辭，贈詩成於手製；鄭詩固平虜侯賦者，平虜侯爲芝龍封爵，賦之爲官職也。玆將二詩抄附於後。（三月十四日）

引

皇帝御製詩答故人高士畢方濟字今梁進修齊治平頌有
畢今梁西域之逸民中國之高士余迴晤於在奉藩在烈
廟庚午辛未間丙子冬余以罪廢降羈鳳陽今梁寬惜
力白當事撫臣余事得明甲申中秋釋乙酉春再晤今余
登極八閩今梁奉召來朝進頌含規文叔云狂奴故態
詩以親答案弁文首

天地年年故　繼鳥日日新　金蘭一友道　聚論五人倫
儕彼華夷苦　拯余方寸仁　借鑑安世後　太昊姿來臣

隆武元年十一月十八日【方印皇帝親賢之寶】

平虜侯賦

乾元之德在用九　天寶聰明作元后　坤承天施服黃裳
彛有七友文四友　案綠之垣下畢星　沐日浴月遍滄
溟　泰西景敎傳天語　身是飛梁接天庭　斜枕魁衡携
龍角　會友吾皇入帷幄　天寶禳除懷袖中　荒墅甘盤
稱舊學　光武昔日起南陽　帝堯封侯原爲唐　赤伏符
名綠圖字　頌來爲紀因鳳凰　布衣敎叙文華殿　金匱
玉版天時實　體勤九重知我名　璣宮三島逢君面　至
人浮實視勛庸　黃石師侯友赤松　職光共被仍垂釣
李泌曾相終明農　君伏天心來救世　晤桐訪道歸黃帝
聊成但留操奇經　金輪寶馬隨君致

畢今梁先生出其所賜御製詩見示，感而賦贈并請
郢政　　濕陵道人芝龍

書評

梁質人年譜

巨來

粉廢年餘，與圖書絕緣，蕉稿東閣篋中，無所更發。偶閱日報，見副刊文，（見本刊第五十八期）於下舉數事，尙未論及，因復取出，以投圖副。將無明日黃花之譏耶？

三十三年十二月二十三日識

湯君作此年譜，既獨對於譜主事蹟，力求翔實，即與譜主有關係之人物，非經考訂確鑿，亦不敢牽入。（自序頁四）。若據王源劉坊黃百家之文考訂萬季野之年爲六十五而非六十。據魏禮之文及無錫縣志考訂顧景范生於崇禎四年，卒於康熙三十一年。皆甚精當。（季野之年，余亦嘗爲考之，並據季埜所撰小傳，知其斷非卒於丁亥。周馬太玄君亦有一文論季野，似亦持六十五年之說？）至湯君以李二曲卒於康熙四十五年(頁七二)，則遲一年矣。

湯君於質人之生，羅列四證，定其生於崇禎十四年辛巳，正內藤譜作十三年之誤，良是。獨惜其以四證考得其生年，不進而一考質人生月。按魏昭士（世傚）梁質人四十序云：

今庚申夏，同客金陵，相契處者閱一月。……孟冬月梁子四十初度，予將自淅先嗣返山，不得執爵以觴梁子，而爲文以贈之。

則質人生於崇禎十四年十月明矣。

湯君於康熙十八年己未質人三十九歲下謂：

是年春質人至寧都易堂，又以古文辭遊四方。（頁二十）

乃據魏敬士送梁質人歸南豐序：

已未春，梁君再至翠微，宋先生相與談晝夜。遂邀訓予弟姪於山中，欲令其徙妻子而居焉。予是以得朝夕親炙之。

及質人康熙三十一年壬申所撰揭暉然文集序：

已未余以古文辭遊四方，……余十年中紓迴數萬里。

余疑質人於是年未嘗以古文辭遊四方。按魏昭士送梁質人歸南豐序云：

已未季冬，南豐梁子質人謝敎授而歸，明年將遊江南。

魏敬士送梁子遊江南序云：

已未冬日，予侍勺庭伯父側，因問梁子爲人。……予旣序梁子之歸南豐，而梁子將遊三吳。……因其子之歸(南豐)，更爲叙以道吾勤勤之意如此。

則是年質人自春至冬皆在翠微山中敎敬士之弟姪，歲暮始辭歸南豐。出遊四方，固在翌年也。揭暉然文集序中所云，出於十餘年後之追記，難免有一二年之誤，未可據以爲據也。

康熙四十六年丁亥，內編譜云：

九月王崑繩序質人文集，序中云：「余與質人俱落拓京師，窮且老，依人。」則此時質人當在京師。

惟二十四泉草堂詩序云：「丙戌之明年，余將南歸

大公報代售書籍

新書簡訊

植物地理學

Dr. Ludwig Diels

Geography of Plants

(Sammlung Göschen)

經濟地理學概論

中國新論雜誌

新兒童雜誌

本刊啓事

圖書副刊
BOOKMAN
第七十六期

一、本刊登載關於中外圖書之介紹批評以及學術界消息為公開性質歡迎投稿
二、刊登本刊之文略致薄酬
三、投稿通訊可寄「北平文津街國立北平圖書館內圖書副刊編輯收」

漢三國六朝紀年鏡集錄序記

梅原末治（鼎譯）

在中國有紀年鏡鑑之著錄，始於攈古錄，此類書籍，不在少數。其中以錢坫之鏡銘集錄，孫詒讓之籀廎述林，對於銘辭頗有精到之解釋。然集此類之大成並著錄圖樣以成一書者，當以羅振玉之古鏡圖錄為嚆矢，其印行並非甚遠，實為近時之事。在羅氏此書出版之前，日本紀伊隅田八幡宮所藏之日本鑄造紀年鏡已出現，經故高橋健自博士故大村西崖及山田孝雄等諸家之注意，加以故富岡謙藏，亦圖於其時作中國古鏡鑑之綜合的研究，介紹多數資料，對於銘辭施以新解釋，藉作後起的年代觀之基礎之一，於是學界對於研究紀年鏡之興味，遂因而鼓舞，考古學會刊行紀年鏡鑑圖譜之機運，亦因以成事焉。

考古學會之紀年鏡鑑圖譜於日本大正九年刊行，比之羅氏之古鏡圖錄，關於銘文解讀一點，於研究上有多大之便利，惟其釋讀不精，將前人到達之點佚去不少，並有錯誤之處。富岡先生既歿，余承其後，從事於鏡鑑學之研究，更廣求資料，對於既出現之遺品，加以新釋讀，擬編成可以準據之紀年鏡集錄，懷抱此念既久，此為大正九十年間之事。其後加以實驗集資料，於外遊之前，曾草文二三篇，見拙著鑑鏡之研究中，如中國年號鏡之二三新資料及有年號銘中國古鏡之新資料等篇是也。去年春間歸國後，欣悉守屋孝藏氏所蒐集之紀年鏡，其數量已大增加，此中且含有學界未知之材料，故高橋博士對於此類題目復因其平日之留意著有小篇論文發表於世。（見考古學雜誌第十八卷第六號所載六朝以前紀年鏡資料之增加文中）今年春間，余幸得矚目守屋氏藏品之機會，於是乃在內藤虎次郎先生指導之下，進行此夙抱之志願焉。余對於從來所有之資料，研究實物，作新考查，就其銘文之釋讀，試以補正，並加入在外國所紀述中，對於銘辭之解讀，特加注意，向來日本學者對於鏡鑑之考察，多重形式，并不深顧銘文，考察上殊失正鵠，余頗有是正此點之微意，同時並希望可供中國金石學者之參考。此篇所收倘多不滿意之點，有待將來補正之部分，其資料約在七十面以上，與近刊之羅氏新著遼居雜著所登載之漢兩京以來鏡銘集錄一文對照，其遺品數量之增加已可觀者，即在銘辭之釋讀上，其裨補之處，亦不下二三點，遂作為資料篇，以公刊於世，冀供博雅君子一粲。今年適故富岡先生十三週年忌辰，捧此一篇，亦所以致其追慕之誠之微意也。

書評

評宋文學史

鄭恭三

柯敦伯著商務印書館國學小叢書之一

記得傅孟眞先生曾經說過，所謂文學史者，不是僅僅將各代文苑傳中人物加以排列；不是將歷史上有關文學的各種問題或事件加以考證；也不是對於歷代文學作品的批評如詩話，文評或文心雕龍之類。以上，雖均為文學史材料之一部，但如以為就是文學史的本身則絕對錯誤。因為文學史本身的要求，並非以上諸點，而是：（一）文章體制之時代的演變。（二）文詞之演變。（三）政治社會在文學上所發生的影響。

這雖是傅先生一人的意見，我們却不能不承認它是關於文學史的最好的界說。因而文學史的內容，絕不應只是些零碎段片而又各自孤立的材料的總匯，如舊日之各種類書者然；而須是能上下貫串會通，有脈絡條貫可尋，有相生相沿或相革之跡可見乃可。通各代而為史固應如此，斷一代而為史也非如此不可。

可惜近年以來我國所出的幾種文學史都不能滿足我們的這種要求，而且還多犯了傅先生所舉出的對文學史的錯誤觀念的一部或全部。最近商務印書館所出柯敦伯所著的宋文學史，便是最明顯的一例。

柯君編著此書的用意所在，簡直使人無從捉摸，全書分八章，約計之當有十萬字左右，但其中什九均是從各種詩文評話一類的書中鈔撮而來，其中尤以鈔自四庫全書總目提要者為最多，幾乎在每一頁每一節，甚至在每一人名每一書名之下，只要在四庫全書總目提要中找到稍有關連的文字，莫不整段鈔出，且竟有極不相干者。如第一章緒論中論「道學莫盛於趙宋，文學亦大昌於趙宋，而吾人今日所藉以討論瑕瑜，別裁眞偽，博參而嚴考者，尤莫如文學批評一類諸書」，其下即繼以四庫總目提要云『文章莫盛於兩漢，渾渾灝灝，文法成立：……每足以考證舊聞，觸發新意』。所鈔共數百字。此本四庫總目提要詩文評類之小序，與宋代文學直可謂了不相涉，不知鈔來何用？若謂欲以此證明宋代詩文評類書籍之多，或藉此以證明詩文評類書籍之足以考證舊聞，觸發新意，則略加敍述或略加徵引便可，何必整段鈔出轉使人莫知其鈔錄之意？而更奇怪的是緊接在這段鈔錄的文字後面，却又無端地將宋人所著詩話文話詞話之著錄於四庫全書及附於存目中者，一一加以臚列，自歐陽修之六一詩話起，至張炎之詞源止，凡五十四種之多。若謂此五十四種書均可資談宋代文學者之取材，則其中如計有功之唐詩紀事八十一卷，尤袤之全唐詩話十卷等干卿底事？若謂以此證明宋代詩文評類著作之發達，則緒論中并非論列之地，且何以後七章中，竟再無一語及於此事？史部著作，鈔撮本不為病，但似此毫無意識的鈔撮却是不能容許的呢。

第二章亦八節，標題為晚宋之文風，而開頭的三段却又是鈔錄了與本題純屬風馬牛不相及的三段文字：首段為「今所傳呂祖謙古文關鍵二卷，取韓愈柳宗元歐陽修曾鞏蘇軾張耒之文凡六十餘篇，各標舉其命意布局之處，示學者以門徑，卷首冠以總論看文作文之法，擇古人之文章而批點之，當以此書為始，朱熹常以拘於時子議之，要之不為無益，亦治學之一端耳」。

次段為論及樓昉之崇古文訣者，三段為論及眞德秀之文章正宗者。

以上三段，共佔去一頁的篇幅，文字則全係鈔自四庫全書總目提要者，雖則首段中并未標出。按，呂氏古文關鍵所選諸家止於張耒，并無晚宋之人；呂氏本人生於南宋初年，亦不得謂為晚宋，樓昉所選亦無晚宋之文，眞氏之文章正宗所選更僅及唐末，凡此均與晚宋無關，若為表明南宋有此種評點古文的風氣，則至少還應著明各人所批點的究竟是些什麼，其所影響於當時文風的有哪幾點。否則此種批點的風氣僅限於研究古人的文章，又怎能用以代表當時的文風呢？

鈔了三段之後，其第四段為：

晚宋文體，卑靡萎苶，獨文天祥謝枋得尚有可得而稱者。天祥平生大節，照耀古今，其文章亦極雄贍，如長江大河，浩瀚無際。枋得之名，總炳於史冊，其文章亦博大昌明具有法度，不愧有本之言（按：以上亦均抄自四庫全書總目提要文山集及疊山集條下者）。枋得常編文章軌範七卷，……韓愈之文居三十一，柳宗元歐陽修之文各五……（這裏又是將四庫提要文章軌範條下之提要全文抄來）

再下一段則又是將論學繩尺之提要全文鈔出以作為論宋代制舉文的文字，且即用以總結了「晚宋之文風」一節。制義之事并非晚宋所獨有，不應附論制舉之文於「晚宋之文風」一節中，呂祖謙樓昉眞德秀非可代表晚宋文壇的人，且此節所舉也只是他們的評文之作而非他們自己的創作，更不足以講明其時之文風。既云「晚宋文體卑靡萎苶」，也當舉出些實物實事來加以証明，只舉出不卑不靡的文謝兩人來殊非所宜。然而柯君就這樣算講明了晚宋的文風。

那麼，我們眞禁不住要問：晚宋的文風究竟在向那方吹，柯君自己可曾知道否？

四庫總目提要并不是不可依據的書，但首先須要知道它的功用僅能限於作目錄書用，依據他的指引而去找參攷書則可，以之作為著書立說的重要取材書，如柯君這種辦法，則實在有些荒謬了！

其鈔錄四庫全書總目提要是鈔得如此其不得要領，而其鈔引別書如鶴林玉露，四六叢話等也莫不如此。就如清代劉熙載的藝概，中多憑空立論，在詩文評一類書中本不是最上乘者，偶一引用固屬無妨，却不可即據為典要，而柯君則又絲毫不加別擇，將其中凡關涉於宋人詩文之處，全盤移用於各章節之內，今但舉出其第二章第六節中談蘇軾文學之處以見一斑。

柯君在這本書中，對於各作家的思想，主張以及各人的文章體例或特點，略不加以扼要的敘述，對於代表作家的代表作品，也絕不舉例，開頭便突如地引用些不相干的別人的話說。在講及蘇軾的文章時，竟即引用了捫蝨新話和春渚紀聞作為開端，眞叫人有「沒頭沒腦」之感。請看其第一段引用了些什麼話：

陳善捫蝨新話云「歐陽公不得不收東坡，可謂老夫當避路放他出一頭地者。其實掩抑蓋不得也」。何薳春渚紀聞述蘇軾之言曰「某平生無快意事，惟作文章，意之所到，則筆力曲折無不盡意，自謂世間樂事無踰此者」。誠亦自知明矣。然軾於歐陽修執弟子甚恭，其上歐陽修書云……（此下是全錄了那封書。按此段文本不長，却亦莫明其立意所在，若在講蘇與歐陽的關係，則春渚紀聞所述蘇氏的話，在此實為贅物，若在講蘇氏之文，則照鈔這封五六百字的長信何用？）

下面的一段便是搜集了所有藝概中講及蘇文的字句：

劉熙載藝概之評大蘇也，嘗曰「東坡文只是拈來法……」，又曰……（接連凡有四「又曰」，共二百餘字）此皆抽象之論也，南宋羅大經鶴林玉露嘗論其淵源所自事，謂文云……（又是一整篇五六百字的文章）

而此下又是：——

劉熙載亦云「東坡讀莊子，嘆曰吾昔有見，口未能言，今見是書，得吾心矣。後人讀東坡文亦當有是語，蓋其過人處在能說得出，不但見得到已也」。是則蘇軾議論之文淵源於莊子者為多矣。

此下便是講蘇轍的文章了。於此眞不由得要問：（1）劉熙載對大蘇文章的批評果可作為定論嗎？（2）劉熙載所述大蘇的話，是劉熙載直接聽到的嗎？如還有其來源，則何以捨彼而間接取于劉氏之書？（3）即使蘇軾議論文眞正導源於莊子，他的別種文章又導源於何人呢？且淵源與本人的文章也終非一事，何以將東坡文的本身置諸不論而但著其淵源呢？（4）如上所述：首段如在表明大蘇與歐陽的關係，次段如在以劉熙載的意見代表一切人對大蘇文的評價，下段如在講明其議論文的淵源，則此等論列的次序又成何話說？鈔集舊說而竟不能理出一分明的系統，捉襟見肘之譏，對柯君說來不知是刻薄還是恕辭？

以如此無聊的鈔撮柯君竟能鈔成一本約可十萬字的小冊，且竟名之曰著，其勇氣實在大有可觀。

前面我說書中文字什九為鈔自各種詩文話，實則其餘的什一，雖似是柯君所自抒機杼者，而斧鑿之痕却又觸處皆是。除了「蘇洵……舉進士，又舉茂才，皆不中」一類的句子，我確信其為柯君自作而外，其餘大部我都疑心其各有依傍，可惜我沒有如許閒工夫，不能一一加以查考而為之疏證，今但舉其雷同於謝无量中國大文學史者，聊作例證：

1. 柯君此書第二章之子目，幾全與大文學史卷八中之章節相同，除將其中之一二節移入別章又將黃庭堅等人改稱為蘇門學士而外，其對於派別之劃分與敘述各人時之排列方法，都一般無二。如謂這是觀點的傅合，則未免令人不可思議，難道講宋代文學史者，只有這樣的分派法或敘述法才最為妥當嗎？

2. 「大文學史」敘述宋代道學派之文體有云「宋史於儒林之外，別立道學傳，錄周元公以下……自唐以來言古文者，雖漸去華就樸，為文必衷經術，然僅有時因文見道而已……及道學派出，然後極力以求道體之所在，而不屑屑於文……唯周張程朱諸人為之，其說理精粹，又有從容閑暇之象，又豈文士之所能逮哉？如太極圖說，通書，正蒙，西銘，四箴之類，二程所為墓志，頗有能美盛德之形容者，其文固自工矣」。

柯君敘述道學派之文體則有「道學派以經術道德自任，本不屑屑於詞章之末，然當時言古文者，必曰返雕為樸，折衷於經術，因文以見道。彼道學派既舉於文以載道，則亦甚有協於文體復古之趣，故周邵張程朱陸諸人之文，其說理精粹，有從容閑暇之象，以平實坦易為主，以言返樸還淳，或又非普通文士所能幾及，如邵雍之太極圖說，周敦頤之通書，張載之西銘，二程所為墓誌之文，皆不可謂非散體文之工專者也。」

兩人的文句，雖有小異，總屬大同，這可說是無意中的巧合麼？但是，柯君如能老老實實照鈔還可，稍一立異，却即添了漏洞出來。原來謝君的一段文字，其目的是在表明道學派的作者和文以載道派的古文家二者並不相同。柯君沒能看得明白，於是只稍為更易增減了幾個字，便把謝君的原意弄得來顛三倒四，反而成為代道學派的人們說項而欲其列於載道派的文人之林了。又，太極圖說是否出於周敦頤之手，雖在宋代即已有人致疑，但謂其為邵雍之書則實為柯君之創說，柯君慣用四庫總目提要，何不於其中一加查考耶？

上述諸端猶不足以盡其百一，限於篇幅只好暫止於此。總之，文學史的體例應如何，文學史的目標在哪裏，文學史作者所應有的準備工作是什麼，這些概不為柯君所及知，因而柯君雖將一切無用的材料都抄來了，却單單缺少了文學史中所最不可缺少的那些。

於北大東齋

× × × ×

歷史統計學

徐軒

衛聚賢著　民國二十三年十一月　商務印書館初版　發行　定價七角

統計學是一種科學方法的學問，雖然起源於政治上的應用，現在則應用範圍極廣。因爲它應用方面的不同，於是便有若干應用於某一方面的統計學產生，以應專門的需要：如商業統計，教育統計，戶籍統計等。所謂歷史統計學，是在史學上應用的統計方法的研究，爲衛聚賢先生所創。衛先生說：「歷史統計學是用統計學的法則，拿數目字來整理史料，推論史蹟上的。」從前丁文江先生曾用統計方法研究歷史人物與地理的關係，在科學上發表了一篇文章，後來衛先生便把它訂爲一個學名了。

本書分二編：上編是歷史統計學，下編是中國統計學史。上編分五章，爲總論，統計材料的搜集，統計體的編製，統計表的製造，統計圖的繪製。即使習了這些節目，也就知道著者並「不注重高深的方法統計，而注重一般使用的應用統計」。下編是中國統計學之史的概述，分爲原始，中國發明統計的時期，戰國時統計的圖表已發明，漢代的統計表，晉唐的統計表，宋元明清的統計表，中國的統計圖，西洋統計傳入中國情形，用西洋統計方法研究中國歷史及結尾十章。徵引甚富，作一概括的敍述，可以說已經把中國統計學史的輪廓寫了出來，作了一件中國統計學界需要作而還沒有作的事。今將個人讀後所及，提出對於本書的幾點意見來供大家參考。

一、本書既名爲歷史統計學，即應專講歷史之統計學的研究法，似乎不應把中國統計學史放在裏面。歷史統計學應是研究歷史的人看的，而中國統計學史，則凡是研究統計學的人都可以讀，性質不同，此其一。退一步說，即使著者把中國統計學史作爲附編而論，亦殊失當，蓋統計學史在全書上既佔全書之大半，（全書二三三頁而此部份佔一四〇頁），可謂輕重失宜！

二、統計方法的程序大概可分爲四步驟，即搜集資料，整理資料，發表資料，分析資料。本書上編所述，不過其三種步驟而已，著者既是給治史學的人，於如何分析歷史的統計資料以「推論史蹟」一點，以應詳加敍述。在統計材料之搜集一章，只見著者大談其調查，如親身調查，僱員調查等方法，然而普通所用直接調查歷史統注意之規則，約占十六頁之多，幾忘記其所著者爲歷史統計學。而於圖表之編製方法上，却不能詳盡，著者自己說：「統計圖的式樣很多，我這里說的太簡略了，不過引人入門用統計方法研究歷史，其詳應參考統計學各種專書。」製造圖表的方法，是研究歷史最需要的，這樣反而不詳，但對於調查方法是適於詳細了，試問治歷史的人有多少事能用這種方法去調查？

三、下編既然是中國統計學史，便應當對於中國統計學本身之概況及其發展，作全般的概述，不應輸此失彼。而本書在述及未接受西洋統計方法以前的各章中，不過泊述各代所用統計圖表，既沒有說到中國歷代政府對理統計事務的情形，又沒有提到中國學者對於統計的見解。而於西洋統計方法傳入中國以後的情形，則僅述中國政府或會社辦理統計事務的概況，對於西洋統計方法之輸傳入中國，以及中國學人研究統計的進展情況，又一字未提，尤爲失當。按西洋統計方法，最初係光緒末年由日本間接傳來的。第一本翻譯過來的統計學書，是上海時中書局所出的統計學講義，（約在光緒三十年出版）。此書爲日本橫山雅男所編，內容與統計通論是有出入的。可以說使中國人知道統計學之門的，要算這本書了。這本書，不用說了，就是光緒三十四年四月商務印書館出版孟森先生譯的橫山雅男的統計通論。民國近年出版的文件，先生的高等統計學及金國寶先生的統計學大綱等互相比較，其間相差雖無幾，而易見。統計學的傳入雖然是由日本，現在統計學，則已漸由日本之上。依作者所見，日本現在是還沒有像統計學大綱這樣一本完整的書的，進步之速，當由國人的研究努力，而這些研究的進展之跡，是可以由出版物（包括書籍論文）代表出來的。新於這些出版的各種書籍刊物，一一加以考察，這自然是有志於編著統計學史的人所應當作的事。就本書看來，著者在這方面是不會下過功夫了。後面著者爲讀者介紹統計學書目，將中國統計學社員的著作一百六十六種，及唐啓賢先生所著統計學的參考書目完全照錄，所選書目約佔十四頁之多，竟將與統計學毫無關係的書如杜佐周先生之性教育指南，及王維驥先生之近代名人言論嘉言，均行列入，未免粗心。想來著者不會把統計學的範圍展開到如此之廣吧！

總之，這雖是一種現在需要的書，而著者卻沒有把它寫到好處，上面所舉缺點，就其得失看，讀之著者，以爲何如？

（第三張）　中華民國二十四年五月二日　大公報　（星期四）　（第十一版）

圖書副刊
BOOKMAN
第七十七期

一、本刊專載國內外圖書之介紹批評以及學術界消息
二、爲公開性質歡迎投稿
三、稿件請寄國立北平圖書館內圖書副刊編輯收

書評

楚器圖釋及尚書新證評議

吳其昌

近一年來，學者新著，在古史範圍以內，雖然雜出，可以傳久而行遠者，鄙見所及，惟有二書。

一、永嘉劉節著楚器圖釋。

二、海城于省吾著尚書新證。

今分別論其得失，而以鄙見「愚者千慮」貢焉。

一、楚器圖釋

楚器，歸聞出土有八百餘件，而前此散在歐美及日本嘉納氏之藏器不與焉。而其有銘者僅三十五六件。廬江劉氏藏四件，著錄于善齋吉金圖錄。上海某氏，兩皮張氏，各藏一件。天津李氏藏十件，著錄于寶楚齋藏器圖釋。安徽圖書館藏十件，（有銘者）未成書。北平估肆存十件，一件歸海城于氏，著錄于雙劍誃吉金圖錄。九件歸北平圖書館，該館金石部主任劉節氏爲之編錄，詳考，著成專書，即此楚器圖釋也。

此楚器圖釋一書，有最大之特點三。（一）圖版雖但著九器，而其考釋，乃統集楚器之有銘者三十五器而綜考之。故能左右融會貫通而無隔閡。（二）考釋詳盡而極有次第，先詳記出土之地域及事實經過，次考辨銘文故字，次從銘文以考史實，次從史實以定年代，次採集近代出土各器，以推論楚器之「造形輪廓」及「雕鏤圖文」，詳備而有程序。（三）作者純粹站在「歷史的觀點」以立論，與近人同類之書不免染有濃厚「骨董氣味」者，絕異。此中第三點，尤爲重要。乃先師王靜安先生一生奮鬥，奠破「骨董氣圍」，建立史學基礎，可稱金文學及古史學中之革命，而兼建設者，此點方爲先師眞價值之所在，其他考釋小小未當及偶誤之處，先師亦所不免也。

今許劉氏書，亦以此爲標準。上列三點，亦爲劉氏之書，眞價值之所在，此殆天下之公書也。然劉氏之書，其考「史實」之精確而綢密，亦有甚可稱舉者，如辨書肯非考烈王云：

『考烈王在位二十五年，而國都三易，可見其流離播遷之劣。今所傳銅器作于酓忎者，有鼎一，盤一，皆曰『戰獲兵銅』，足證作器之前，楚師大捷。然按之史實，考烈王攻秦之役，無功而還；史中亦無其他戰勝之文。惟楚世家：幽王三年，秦魏伐楚，秦相呂不韋卒。是役楚軍戰勝，故有『戰獲兵銅』之語。戰國之末，秦楚爭强，戰國策與魏王曰：『夫楚亦强大矣，天下無敵』其時適當幽王之世。酓忎之器，皆云『正月吉日』，則此鼎盤諸器，皆幽王四年正月所作也。酓肯嗣立，故補鑄之，是以兩鼎之蓋，皆無『戰獲兵銅』之語，其非酓忎以前之考烈王亦甚顯著矣。』

今按，酓忎二器之銘末一云：『段鑄喬鼎，以共歲常』一云：『段鑄介盤，以共歲常』，而酓肯三鼎一則之銘末一云『段鑄金匜，以共歲常。』一云『作鑄飤鼎，以供歲常。』明係承襲之文。而一詳備，一簡省，明係酓肯在後，承襲酓忎。此殆爲不能否認之事實。故其昌所作之金文世族譜，今亦犧牲已見改採劉氏說修正矣。其他考證精密之處多類此。

惟其屬草偶誤，及爲官誤植，未及校出者亦有二處。其一，考釋以爲酓忎器作于『幽王四年』（引見上）而年表中酓忎作器，乃列于『幽王十年』，此『四』字與『十』字，必有一誤，度當以『四年』爲近，而劉氏偶未及改正。

其二：頁十五注十一云『據吳其昌氏金文疑年表，曾伯霥簠宜王九年之器，而晉姜鼎曰「勿廢文侯頻命，則在晉文公之後，相差一百九十三年』。其昌按：晉姜鼎之『文侯』，乃『晉文侯』，非『晉文公』也。『晉文侯仇』即位于周幽王二年，與曾伯霥簠相差實只三十九年耳。然此皆一時偶疏，要非大疵，再版時改正可耳。

惟有一點，則所關甚大，斷不能同意者。叔姬簠云：『叔姬霝作，黃邦曾侯作，叔姬邛嬭媵簠』，『按：『嬭』乃古姓之一，鄀，樊，黃，楚，犀，……皆嬭姓之國。經典或作『芈』，或作『曼』，皆用同聲通假字。劉氏尚未深考，乃據張揖廣雅釋之云：『廣雅，嬭，母也。楚人呼母曰嬭。是江嬭即江母矣。』其昌按：『楚』爲『嬭』姓之國，故彝器中『楚王』有『嬭邛仲嬭』之鐘，考古七，一二，『楚王之』王子申』有『作嘉嬭』簋，參鄀，積作「芈」姓，乃同聲字，非本字也。廣雅釋親，實云，「嬭，姐，母也。」故根據衛宏，古文官書之嫘大臨云「嬭姊也。」正以楚爲「嬭」姓之國，故楚國之王子呼其諸姑，姊，妹，皆爲「嬭」矣。「鄀」爲「嬭」姓之國，故彝器中「我曰姒氏」有「■■」「鑄吳姬鼎」矣。參鄀，一，一二，而經典皆作「曼」姓，亦同聲字，非本字也。「樊」爲「嬭」姓之國，故彝器中，「樊君」有「叔嬴■（■）鼎」鼎器實隔」矣。參鄀，積，九，「犀」亦爲「嬭」姓之國，故彝器中有「上鄀公」之夫人「犀仲嬭」矣，八瓊室金石補正扎記二，一三，凡此種種，皆許其昌之金文氏族疏證一書，積稿盈尺，至今未刊，故劉氏所未見。此不足爲劉氏病，但因劉氏說，略出鄙見之緒論耳。

二、尚書新證

尚書新證，海城于省吾撰。「新證」之名，亦創于先師王靜安先生。先生講學清華時，以「古史新證」教吾儕，乃以地下新出土實物上之銘文，以證古昔相傳經典上之古史。先師嘗言曰：「有新發現，然後新學問」。最近三十年來之新發現之大類有五：（甲）各地之銅器㈠新鄭㈡渾源㈢鳳翔㈣洛陽韓墓㈤壽州，以及前清發現之■分河后土祠㈦寶雞鬥雞台等大批以及㈧■■■■之陸續發現皆是也。（乙）安陽之甲骨（丙）流沙之漢簡㈠斯坦因㈡斯文■■所得皆是也。（丁）敦煌之寫經，㈠斯坦因㈡伯希和㈢橘瑞超㈣李盛鐸㈤北平圖所得皆是也，（戊）故都之檔案。此其中（甲）（丁）二項發現，皆與尚書有最密切關係。于氏蓋能不負時代，利用發現觀覽新料，以之證理眞今文尚書二十八篇，而獲得無數之新知也。

（丁）項之敦煌寫經，中有唐以前之古寫本尚書計九種。皆分存于英，法，日，三國，而皆有影印本可得。可以利用此項新料，以校定開成石經以後尚書之異文譌字。而唐以前之尚書眞相，可窺見。而殷商及兩周之彝器，則其時與尚書同時，或更在其前。故可據之以校正先秦以後尚書之異文譌字。而周以前尚書之眞相，亦可窺見。此寧非快事乎。

注經而取證于地下遺器此風宋人已開之，朱子取張仲簠以證詩六月之張仲是也。有清一代經學宗師王引之，亦取紀侯鐘以證考工記。程瑤田爲此學之大師，但所側重者，在形制而不在文字耳。孫詒讓，王國維，起，而金文，經文，互證之風遂盛。先師且有「詩書中之成語研究」題提出，欲以金文解決詩書之成語。今于氏之書，正可完成王氏遺志尚書中之一部分也。又清代訓詁，文法學之正宗高郵王氏父子，其名著讀書雜志，經義述聞，經傳釋詞之書，百世之下讀之，猶不勝其傾倒。然夷考其所操之方法，亦至平常。無他，類集，分析，比較，三言可以盡之，第實之以忍耐，忠實，之精神態度耳。今于氏之書，大率步趨王氏之書。是故于氏此書，乃承海寧王氏之遺志，而操高郵王氏之方法者，則其有成績也固宜。

于氏書中之成績，據鄙見以爲最堅確不磨者，有下列各條：

盤庚	『由乃在位』	實當作『畢在位。』
大誥	『考翼』	::::『孝晉。』
君奭	『多歷年所天』	::『多歷年，西天。』
大誥	『休畢』	::『休異』。
康誥	『今民將在』	::『今民服弋』。又八次見『裕』，皆當作『欲』，『眘』，皆當作『省』。
酒誥	『自介用逸』	:『自匄用逸。』
酒誥	『執拘』	:『執嘼。』
梓材	『厥亂』	:『人鬲。』
梓材	『啓監』	:『肇省。』
召誥	『節性』	:『人生。』
洛誥	『功宗』	:『公宗。』
洛誥	『引考』	:『弘孝。』
無逸	『文王卑服』	:『文王㞸服。』
無逸	『惠鮮鰥寡』	:『惠廣鰥寡。』
多方	『胥伯』	:『胥賦。』
立政	『準人』	:『淮夷。』
立政	『表臣』	:『封臣。』
顧命	『敷若』	:『厥若。』
呂刑	『皇帝清問』	:『皇帝辭聞。』
費誓	『祖茲淮夷』	:『叡茲淮夷。』

此皆研究金文者，所當心服首肯。與往歲郭沫若氏解大學湯盤銘『苟日新，又日新，日日新』，之實爲『兄日辛，父日辛，且日辛』者，同爲令人驚絕之發明。郭氏此稿，付刊燕京時，即爲其昌所代校，當時已歡爲氏書中見之，曾阮元序經義述聞云『使孔子見之，必莞爾笑曰：吾言固如是也。千載誤解，今得明矣』。今余亦可以移贈于氏之書也。

惟亦有不能同意者，禹貢之書，其起甚後，今人蓋訟未定，似未能遽以金文衡之。今于氏乃以禹貢『萊夷作牧』之『萊夷』，以爲即𪒠■■『佳王伐䢅魚』之『䢅魚』，恐未是。按齋伯戲段其字作■，是否『魚』字？尚是問題。即爲『魚』字，而『魚』『夷』二字，金文，甲骨文中，絕不通融，可按也。

此外于氏書中，尚有所未諦者，多士之『惟天不畀……』，蓋亦爲周初之成語。其在經典，則如多方又云：『惟天不畀純』。其在彝器，則如毛公鼎銘又云：『不畀純，陟』。可證也。然于氏未及。又費誓：『汝則有大刑』，按「大刑」者，即斷首之刑也。金文「天」字象人正立形作大，而又多有刑人爵，刑人觚等，銘作■，大形甚多見，（稍有金文常識者皆知之，）正象斧鉞斷人首之形。其無首之人作大，則爲「大」字矣。其餘不在于氏書範圍以內，故雖尚有鄙見，此從略。詳金文習語疏證。

讀「琦善與鴉片戰爭」

陶元珍

這是蔣廷黻先生在清華■■■第六卷第三期發表的大作，發表以後，■■今雖將近四年之久，而蔣先生在文中所表示的意見，則仍然支配着一部分研究近代史的人的心理，所以我們不惜舊話，重新來估量一下。

蔣先生在文中從軍事和外交兩方面闡述琦善與鴉片戰爭的關係：琦善與鴉片戰爭的軍事關係，蔣先生認爲無可稱讚亦無可責備。過去一般人罵琦善撤防，其實琦善并沒有撤防的事實，但那是出於道光帝的旨意，撤防的並不止廣東一省，而且彼時琦善還沒有到達廣東。琦善到達廣東以後，不僅沒有撤防，的確還曾增防。虎門要塞的陷落，只能怪我方的軍備太不如人，不能橫說琦善開門揖盜。至於琦善與鴉片戰爭的外交關係，蔣先生認爲極可讚揚。琦善知道以平等的態度對待外國，知道以交涉的方式解决爭端，眞可說是中國近九十年大變局中的第一任外交總長。琦善對敵我兩方强弱的認識，也眞够得上說是知彼知己，固然琦善對於敵方的情形還只能半知半解，但與琦善同時的人卻無知無解。琦善與義律所訂的穿鼻草約，遠不若以後南京條約的損失之大，，就這一點，我們便不能不佩服琦善的外交。蔣先生在文中也有責備琦善的地方，他以爲琦善在被劾免後曾做過兩任總督不應該既知中國不如英國之强卻對於國家的自强竟不提及。蔣先生在文中並附帶說到林文忠公（則徐），他認爲林文忠公之未得久於其任正是林文忠公之幸，倘若林文忠公與英人長久堅持下去，必歸戰敗其聲名難免不同後來的葉名琛一樣，林文忠公的衣鉢是一傳至於徐廣縉再傳至於葉名琛的。林文忠公在鴉片戰爭後也曾歷任疆圻，在蔣先生看來，對於國家的自强這一點林文忠公正與琦善同樣的未加努力。

我們讀了蔣先生這篇大作，除極端佩服蔣先生的引證精博以外，對於蔣先生在文中所表示的意見覺得頗有應該商榷的地方：就琦善與鴉片戰爭的軍事關係說，我們認爲誠如蔣先生所說無可稱讚，但並不全然無可責備。我們知道林文忠公曾在尖沙嘴及尖沙嘴附近的官涌各築砲臺一座，尖沙嘴的砲臺叫作懲膺砲臺，官涌的砲臺叫作臨衝砲臺，在兩臺共安設新購[illegible]的大砲五十六位，並在兩臺附近駐兵八百餘名。兩臺的修造費共約用去三萬二千兩。這兩座砲臺雖是海外孤懸，但並不完全不足禦侮，琦善到了廣東，竟令將兵砲撤到新安縣城，任英人將兩臺佔據，這不是撤防嗎？（參看道光朝籌辦夷務始末卷十頁三十一又卷十一頁十九又卷二十頁二十七）這是琦善在軍事方面應受責備的第一點。

我們知道鄧廷楨在橫檔海面曾安設排鍊二道，橫檔海面寬處不過三百數十丈，窄處僅二百數十丈，而橫檔威遠鎮遠三砲臺隔海形成品字，在彼處安設排鍊誠爲扼要。鄧廷楨爲求更加得力起見，並在威遠鎮遠兩砲臺之間添築一座靖遠砲臺，上安大砲六十門。專門管理和防護排鍊的是新添設的把總二員兵丁一百二十名。排鍊的功用是在障礙敵船予砲臺以轟擊的機會，縱令敵船堅厚能將鐵鍊衝開，而越過一層尚有一層阻擋，就令都能闖斷，亦已耗費許多時，我方的砲臺正好趁勢轟擊。但在琦善眼裏，新設的排鍊似乎全然無用。在沙角大角兩砲臺失守後三天，第一道排鍊因被敵人暗算飄流出口，琦善竟不設法修復，對守排鍊的官兵也未加處罰，僅僅奏聞了事，大概林鄧們的設施在琦善看來總是不順眼的。這樣地輕視國防是琦善在軍事方面應受責備的第二點。（參看夷務始末卷六頁三至六又同卷頁三十二至三十六又卷二十頁二十九）

琦善在半年鎮廣東的前半期雖曾增防，但他增防的用

及至形勢很緊張的時候，他派往沙角砲臺的援兵也不過四百名。可見琦善的所謂增防不過是點綴點綴。蔣先生根據一些外人的記載說沙角大角之役我方防守兩臺的兵丁約有二千之衆，這個數目恐怕不一定是可靠的。琦善的點綴式的增兵只有打草驚蛇的嫌疑，並收不到加強國防的效驗，沙角大角兩砲臺的失守，琦善不能不負重大的責任。這是琦善在軍事方面應受責備的第三點。（參看夷務始末卷二十頁七至八）

沙角大角既經失守，橫檔諸砲臺陷入危急的情勢，提督關天培寫給琦善的信已經說到請勿以他爲念，並可謂已到了窘迫萬狀的境地。琦善身膺疆寄，應該如何迅速的增援，但我們在他的奏報裏面竟看不出派遣援兵的痕跡！如此說來，當時所流傳的林文忠公的信稿所述「衆文武議欲大添兵力，靜老到此田地尙恐因增兵而阻和議，懇求再四，乃准暗添二百名乘夜偸渡」的情形，或許是可靠的。這是琦善在軍事方面應受責備的第四點。（夷務始末卷二十頁二十九中西紀事卷二十四頁九至十）

琦善在坐鎮廣東的後期似乎[illegible]能打[illegible]努力於防禦的工作，這是由於他知[illegible]，爲保全自己的身家起見不能不迎合道光帝新近主戰的意旨，並不是他本心對國防的[illegible]有何的熱誠。

我們對琦善在軍事方面應受責備的地方似乎不必多說，因爲蔣先生文中所側重的還是琦善的外交，而且琦善之負有軍事方面的任務是蔣先生所代引爲不幸的。現在讓我們來談談琦善的外交。我們以爲琦善在外交方面應受責備的地方似乎比值得稱贊的地方還要多些：第一就對政府的態度說，蔣先生謂琦善可說是中國近九十年大變局中的第一任外交總長，但這位第一任外交總長便是常常欺騙他的政府的，明明是奪香港換回定海，偏說是英人情願繳還，明明是英人恃強要求，偏說是英人懇懇天恩，卽連頂賞識琦善的蔣先生因琦善所草擬的條約底稿與英國所發表的不同也不能不說恐怕是琦善有心欺君，可見琦善還缺乏一個外交官起碼應具備的條件——對政府誠實。（蔣廷黻輯近代中國外交史資料輯要上卷頁八十三又頁一百六又頁一百十一）

第二就琦善對外人的態度說，我們覺得琦善並不能完全以平等的態度對待外人，我們知道所謂平等是要不卑不亢，但琦善對待外人有時卽不免卑屈，他在天津宴請義律的時候竟任一些英國軍官在席上飛刀舞槍，他在廣東竟任對方動輒呵斥他的委員，一些違背禮節國際間少見的無理行爲琦善竟默然忍受，這怎說得上平等？琦善對外人的態度應受責備的還不僅卑屈一點，他居然任他的差弁或委員和對方的跟丁互相戲謔或在對方的船中竊糖，這成什麼體統！他要義律的照會說如所稱沒擧抑勒各情均係欽差大臣林等所爲現在既須查明該大臣受人欺朦措置失當緣由重治其罪則前項烟價又將着落何人賠繳，他這樣的推卸大概忘記中國還是一個完整的國家！他聽憑他的委員和英軍許多將領直接交涉，於是各武員紛紛藉藉[illegible]張委員等幾有口衆我寡之勢，大概琦善的外交是無孔不入的。（中西紀事卷五頁十五蔣輯上卷頁八十九又頁九十二又頁一百二又頁一百三夷務始末卷十九頁一至二）

第三就琦善對敵方的認識說，我們覺得除了紿繳的利害而外琦善是一無所知，他也相信茶葉可以制英人的死命，他嚇猜前此粵省撫燬的烟土是英國各權臣之物，他對敵方的批評是「是固蠻夷之國，犬羊之性，初未知禮義廉恥，又安知君臣上下，且係年輕弱女，尙待擇配，（指英女王）則國非其國，意本不在保其疆土。」英軍來侵擾要求的原因他說是「其國懷奸之屬，祇知謀取私利，更不暇計其公家，縱以[illegible]之故，釀來傾國之災，亦復罔知顧恤。」他受了屬員的蒙蔽竟輕信英人之要求烟價的利息是兵丁主使的。（蔣輯上卷頁九十三又頁一百三又頁一百五）

第四就對屬員的認識說，琦善在外交方面最信任的屬員是白含章和鮑鵬。白含章原是直隸督標裏一個千總，在清代重文輕武的情形之下，一個千總雖然官居六品，地位確是很低，智識也自然是很低的，琦善竟將白含章小才大用，除命其傳遞食物和文書之外，竟又命其與對方談判，既命其與對方談判，竟又大才小用命其充任間諜，這樣的用人眞有點莫明其妙！至於鮑鵬原名鮑聰或鮑亞聰，（廣東人在姓名之間加亞字和江浙人在姓名之間加阿字一樣）廣東人，曾在專販烟土的英人顛地處充任代理買辦，鮑聰本人也就是一個烟販子，經林文忠公訪拏，乃逃往山東，化名鮑鵬，展轉得[illegible]撫的推薦，乃爲琦善所用。像鮑鵬這種漢奸式或烟棍式的人物，根本就不該用，縱或因其通曉英語不得已棄瑕錄用，也只可用作翻譯，但琦善卻命鮑鵬做祖任談判的委員，於是鮑鵬居然和義律密談，於是鮑鵬居然作爲已意私許烟價三百萬後加到四百萬，這樣用人未免比重用白含章更有玷國體了。我們在前面責備琦善對外態度之多不正大和認識敵方之多不淸楚，其實琦善乃爲白含章鮑鵬這兩個寶貝所誤，不過用人不當琦善是不能辭其責的。（蔣輯頁九十二至九十三又九十九至一百一夷務始末卷十五頁十四又卷十九頁二又卷二十九頁四又卷二十九頁十四又卷三十頁二十三又卷三十頁二十八至二十九又卷三十一頁二十三中西紀事卷六頁八）

蔣先生將穿鼻草約和南京條約比較的結果，斷定穿鼻草約是琦善外交的大勝利，這樣斷定未免稍嫌武斷。穿鼻草約是小敗後所訂的約，南京條約是大敗後所訂的約，其損害程度當然不同，單比較穿鼻草約和南京條約，並不能斷定琦善的外交是否勝利，我們應該研究的還是在訂穿鼻草約的時候是否絕無使草約內容較爲完善的可能。我們覺得琦善之未能堅持烟禁便是琦善外交的失敗，如果穿鼻草約可說是琦善外交的大勝利，那[illegible]民四中日交涉的結果有人爲袁世凱[illegible]

蔣先生責備琦善未能[illegible]。這一點反而是不足[illegible]家的自强，在我們看來，發現英人還是[illegible]的。琦善只把英人看作老虎又怎能對方的[illegible]？琦善只知道向着對方發抖又怎能仿效

[illegible]先生文中對林文忠公的批評也頗值得討論。林文忠公若長久與英人堅持下去縱或戰敗其聲名是否會和後來的葉名琛一樣，這是屬於懸揣的問題，我們不願多談，至少我們相信葉名琛的爲人與林文忠公大有區別。林文忠公對外人採取嚴正的態度，葉名琛對外人採取傲慢的態度，林文忠公對守備十分注意，葉名琛對守備則似乎漫不經心，林文忠公的行動處處表現出他的幹練，而葉名琛則不免有因循的毛病，這些姑且不說，難道葉名琛的[illegible]術也是林文忠公傳下來的？

我們以爲傳林文忠公的衣鉢的與其說是徐廣縉葉名琛倒不如說是左宗棠沈葆楨。林文忠公在廣東的時候已知道購買外國船砲，他計購有夷船一艘西洋大銅砲及他夷精製之生鐵大砲各若干尊，（夷務始末卷十一頁十八）後來在被命署理陝甘總督尙未到任的時候也曾仿洋砲之法改製大砲，（淸史本傳）眞可說是自强運動的鼻祖。林文忠公在廣東已被革職還上疏主張以粵海關每年收入的十分之一製造船砲，這樣偉大的計畫與他的同志鄧廷楨在閩浙總督任內所主張的以銀三百萬兩大造船砲的計畫是堪稱並美的。（夷務始末卷十六頁二十一又蔣輯上卷頁九十六蔣輯脫餘批一片胡曾四字又夷務始末卷十二頁十一至十四）後來左宗棠之創立福州船廠和沈葆楨之努力於船廠的發展顯然是承繼林鄧的遺志，左宗棠是極崇拜林文忠的人，沈葆楨則爲林文忠的快壻，其受林文忠公的影響是不待言的。我們眞不懂像林文忠公這樣一個自强運動的鼻祖竟被蔣先生認爲與琦善同樣有未能努力自强的毛病。

二十四年三月二十三

新書簡訊

◇陝西通志

陝西爲我國古代文化之發祥地，衣冠文物，想像當年。惟該省通志，年久失修，稽古之士，每引爲憾。近聞該省通志館已從事新修，且成書矣。全書係中國棉紙鉛印，六開本，二百二十四卷，線裝一百二十冊，十二函，定價五十元。內容分星度，建置，職官，田賦，戶口，食貨，征榷，學校，選擧，兵防，交通，水利，溝洫，名宦，人物，祠祀，荒政，古蹟，金石，紀事，藝文，物產，風俗，祥異，徵文，拾遺等項。

◇文瀾學報

浙江省立圖書館爲研討中國學術闡揚浙江文獻，年前纂編文瀾學報一種，以徵文及編印費時，第一[illegible]始于三月杪出版。該刊既以發揚浙江文獻爲揭櫫，故內容頗多有關本省掌故學術之文字，該館同人任撰之外，並向國內學者徵稿，本集所載。如柳詒徵之續杭大宗續禮記集說，陳訓正之甬諺名謂籀記，楊敏曾之黃梨洲政治學說，並有李笠余紹宋孫延釗諸人之作。該館館長陳訓慈有晚近浙江文獻述概一文，述民國以來之本省叢書與方志之編撰甚備。張崟之文瀾閣四庫全書史稿，述閣史尤詳。其他如夏定棫與越錢氏之文化，孫正容南宋臨安都市考諸作，皆有關浙江掌故與學術史者。文苑一欄，採登章炳麟黃侃余紹宋等近作十餘篇，多爲有關省獻之傳序，並附本省學者文瀾閣及館藏善本等攝影十餘幀。全書四百餘頁，售價每冊一元。此編蓄素該省學者之長篇專着，當更有導揚浙省學術風氣之效也。（模）

出版界雜訊

莊廷鑨明史鈔略影印

莊廷鑨明史鈔略，本紀存者三，計顯皇帝紀三卷，貞皇帝紀一卷，愍皇帝紀二卷。（按顯皇帝紀凡四卷，今第一卷全缺，第二卷首尾殘缺，存萬曆二十一年二月至二十二年正月，其第三四兩卷則自三十二年起至四十八年止），列傳存者二，合李成梁，戚繼光，劉綎，杜松，[illegible]，張臣，朱先，呼良朋，張應諫九人爲一卷；後一卷則爲開國以後[illegible]之將。（按所缺傳：[illegible]，[illegible]，明，笑嚴，雲谿，雪嶠，寶金，來復，永隆，[illegible]，堅茂，[illegible]等十七人）。[illegible]於李成梁戚繼光二傳之末，明著「莊廷鑨曰」三字，其爲莊史斷然無疑，惜所存僅三紀二傳。原書卷帙不可考知，度今所存，當不及十之一也。[illegible]隨筆云：「書中無志表帝紀世家，止有列傳」。今此書三紀具存，則[illegible]氏所述，未足爲據。近朱邦彥周延年二君于莊氏史案考證最備，獨于史之內容未及詳述；可知當時文網嚴密，人患牽連之禍，未敢于此史論涉長短以威不測，致數百年後毀滅殆無遺痕；而關心史事者，徒此詳附會臆測，想象於無形之中。今何幸於易代之後，得此殘編斷簡，三百年來人所想望而未見之史，一旦吾身親得寓目，雖曰殘編，亦足爲天壤瓌寶已！

是書凡二冊，爲異格舊鈔本，鈔筆非盡出一手，書中「留」字缺筆，吾友趙君斐雲審爲呂無黨家鈔本，曾借去錄副。原書句讀朱點多誤，不知何時妄人所爲。民國九年庚申歸同邑[illegible]人圭璋，又十年庚午家兄博山得諸市肆，詫爲奇書，屢謀印行以廣流傳，祇以人事雜沓，未遑如願。壬申秋曾以此書命余乞章師太炎書襞數語；爲擧其要，并諸簡首。師序有云：「余按是書李成梁傳，稱他失與其父數場爲成梁行間有功，既而殺之。與明末諸紀載悉同。至謂他失爲阿台壻，而清人自述其事，則以阿台爲數場孫壻。考其事歷行輩，當以此爲正。清人所述，使阿台與他失翁壻易位矣。數場他失本以間阿台有功，其被殺自緣他事，淸實錄必易其事，謂以助阿台見殺者，以間諜之名，醜於黨叛故也。然太宗文告，又以祖父忠順看邊爲言，其榜至今未毀，察之自得實矣。」是書雖殘缺，又胡可忽之乎哉？」蓋是書可補正史事者甚多，此其一端。余按貞皇帝紀明史記載無數語，而此書載之纂詳。末附挺擊紅丸移宮三論，痛斥當時朝臣，文辭激昂，寓春秋褒貶之意；倘與三朝典要並觀，不難得其眞是非矣。又案書中紙斥語，如成梁傳有云：「他失子即淸太祖也，以幼得不死，留幕帳下」可與榴龕隨筆所云：「王某孫婿即淸之德祖，建州都督，即淸之太祖。」互相印證。

今茲家兄以此書委商務印書館影印，公之同好；爰略述此書顚末，先告讀者。若夫搜其逸聞，搜討故實，以正史傳，以補史乘；則成書之日，四海碩學，自必能多所闡發也。

二十四年三月潘承弼

大公報代售書籍（外埠函購郵費加一）

總社法租界电報路一六一號　營業分部天津北門[illegible]

中國電影明星大觀　三元

雜體詩叢考　曲瀅生編　五角

書籍類

中國文藝年鑑	文藝年鑑社編	一元六角
文藝自由論辯集	蘇汶著	八角
文學概論	馬仲殊著	五角
文學評論集	侍桁著	八角
西洋文學概論	高沼譯	五角
新寫實主義論文集	之本譯	五角
俄國現代思潮及文學	許亦非譯	一元二角
高爾基的生活	林克多譯	八角
文學十講	楊聞渠譯	七角
英國文學研究	孫席珍譯	七角
現代世界文學	趙景深編	七角
歐洲最近文藝思潮	高明譯	七角
茅盾評傳	伏志英編	七角
郭沫若評傳	李霖編	七角
郁達夫評傳	素雅編	七角
張資平評傳	史秉志編	七角
文藝批評史	黃清嵋譯	七角
戲劇講座	馬彥祥著	七角
高爾基研究	黃秋萍譯	七角
蜜蜂	張天翼著	八角
懷鄉集	杜衡著	七角五分
戰線	[illegible]	五角五分
公墓	穆時英著	七角
貓城記	老舍著	八角
望舒草	戴望舒著	五角
聖型	靳以著	五角
失去的風情	[illegible]	五角
月下小景	沈從文著	七角五分
喜訊	彭家煌著	六角
五奎橋	洪深著	五角
屋頂下	魯彥著	六角五分
[illegible]	郁達夫著	八角五分
白金的女體塑像	穆時英著	七角
創造十年	郭沫若著	九角
最後的幸福	張資平著	六角五分
飛絮	張資平著	四角五分
脫了軌道的星球	張資平著	六角
北極圈裏的王國	張資平著	一元三角
友情	章衣萍著	七角
浪漫的戀愛故事	丁丁著	六角
紅的天使	葉靈鳳著	五角
詩人的情書	曹雪松著	六角
熱情交響曲	沙雁著	五角
黑貓	郭沫若著	三角五分
皮克的情書	彭家煌著	五角
雙影	葉鼎洛著	三角五分
少女之春	[illegible]女士著	四角
橄欖	郭沫若著	七角
達夫代表作	郁達夫著	七角五分
靈鳳小說集	葉靈鳳著	一元二角
處女的夢	葉靈鳳著	四角
南北極	穆時英著	七角五分
資平小說集	張資平著	一元二角
又	又	一元二角
又	又	一元二角
流浪少女的日記	吳似鴻著	六角五分
茶杯裏的風波	彭家煌著	五角
老實人	沈從文著	六角
詩稿	胡也頻著	三角
馬大少爺的奇蹟	黎錦明著	三角五分
奶媽	[illegible]	五角
杜鵑花	段可情著	七角
浮士德	郭沫若譯	一元二角
茶花女遺事	林琴南著	三角
文憑	茅盾譯	六角
西伯利亞的囚徒	劉穆譯	一元二角
一個虔敬的姑娘	席滌塵譯	八角五分
少女日記	章衣萍　章鐵民著	一元二角
山城	[illegible]	一元
追求者	曾仲鳴譯	一元
光明	敬隱漁譯	一元
初戀	穆木天譯	八角
偉大的戀愛	李蘭譯	七角五分
犧牲者	鍾憲民譯	一元
鐵甲車	戴望舒譯	六角
沉醉的太陽	沈端先　楊開渠譯	六角
沒有櫻花	蓬子譯	六角
佐藤春夫集	高明譯	六角五分
林房雄集	林伯修譯	六角五分
葉山嘉樹集	馮憲章譯	五角五分
中野重治集	尹庚譯	六角

圖書副刊

BOOKMAN 第七十八期

一 本刊登載關於中外圖書之介紹批評以及學術界消息
二 爲公開性質歡迎投稿 刊登本刊之文略致薄酬
三 投稿通訊可寄「北平文津街國立北平圖書館內圖書副刊編輯收」

流沙墜簡校補

賀昌羣

一 校記

新疆所出漢晉簡牘，先有沙畹氏爲之疏次，後經羅振玉王國維二氏之考釋，千秋遺跡，得還舊觀，而前後漢間，漢兵通道玉門，隔絕羌胡，使南北不得交關，當年經營，幸猶可見於今日，前賢之功，可謂偉矣。顧沙氏書與羅王二氏之考釋，流傳漸稀，得之不易，今羅氏既重條印行，內容亦多所損益，尤以屯戍叢殘更改最繁，蓋王氏生前手訂也。余嘗以此書初版與沙書相校，欲辨其得失之處，而後知沙氏開闢蠶叢之不易，王氏考釋之精審，所以藝苑爭傳，率土咸誦，名下無虛也。近復以此書再版與初版對讎，往冉經時，始將其所改易者遂錄完畢，爰作校勘記略誌其概，世之君子，以覽觀焉。

按沙氏書所收簡牘共九百九十一片，全書分三編：第一編（第一——七〇九）係在敦煌西北古長城廢墟發現，其中紀年者九十八片，自天漢三年（公元前九八），迄永興元年（公元一五三），紙片之屬於唐代者十一（第七一〇——七二〇）。第二編（第七二一——九五〇）在蒲昌海北，即所謂古樓蘭遺址發現，其中少數係斯氏第一次在尼雅所得（第九四〇——九五〇），簡牘皆有，爲魏晉間物，共有紀年者十八片，自炎興元年（公元二六三），迄咸和五年（公元三三〇），紙片四（第八九六、九一〇——九一二）。第三編（第九五一——九九一）在和闐東北瑪咱託拉（第九五一——九七四），及伯拉滑史德（第九八一——九八三）諸地發現，簡牘皆有，而無紀年可考，大抵爲隋唐間物。沙氏之書，即依據以上諸出土地點而彙集之，不分類，此其所長，亦正其所短也。

沙氏當年在歐洲漢學者中爲前輩，號稱淹博，然其從事考釋時，多得力於當時留學巴黎之二中國學生勵訓穆懷，（見沙書序言），蓋章草分隸之雜，加以年遠代遠，字跡模糊，古語難讞，雖素養深厚之外國人如沙氏者，亦未能盡辨已。沙書釋文，每多誤解，於有關史事之重要處，間未能明，則其考釋自難盡善。書中如第六〇簡之「制」「到」「發」「其假」「長」諸字，在此簡中一字之差，爲謬千里，沙氏皆無釋，僅譯其大意，則並其大意之不能明可知已。轉讀王氏考釋，（簿書類第一簡），滔滔千餘言，啓發良多。又如簡文之「從事」，沙氏常誤釋「行事」（沙書第一三八、一四二諸簡），燧字常誤爲隊（bataillon）。此例甚多，不備舉。按漢簡中，凡燧字或作隧，或作隧，草作隧，皆不當釋爲隊。沙氏既誤釋，而王氏亦每誤書作隊，（雜類第十，十一，十九，二十，二十一諸簡），原簡實作隧，因從火之四點，簡中常作一橫，最易忽視，非漢時燧與隊可通用也。又如沙書第三六七，六一四，簡，「入西蒲書二封」，沙釋西蒲爲地名，不知蒲爲簿之別作。同簡「文德大尹」「五威將軍莫府」「魚澤尉」等新莽官名，與當時遣十二將軍使匈奴西域之事，極關重要，沙書皆無釋。其他釋而未可，或無釋，或誤釋，以王書相校，其得失相去遠矣。

雖然，沙書足以啓示王氏之考釋者良多，固可得而論焉。舉其著者，如玉門一關，漢志繫於敦煌郡龍勒縣下，嗣是續漢志以下唐宋地理書，以至近代官私著述，無不以漢之玉門關在今敦煌西北，沙氏據武帝太始三年之簡（第三〇五），及史記大宛傳所記，以爲太初二年玉門關尚在敦煌之東，則太始三年，已徙於敦煌西北矣，（按沙說見序言頁六，不載考釋中）。王氏序言論玉門方位，洋洋灑灑，蓋衍沙氏之緒者也。又如沙書以敦煌一地，當新莽時曾一度改稱文德，（沙書第四四九簡），王釋簿書類第六十簡之說，亦從出於沙氏。又王釋簿書類第四十二簡（沙書第五二九），考新建國地皇上戊之年，引葉夢得避暑錄話及衆續諸書，勝義重重，蓋有自來也。

校二書既竟，略泛論其犖犖大者，以下始言再版所增訂之處。

流沙墜簡蓋就沙氏所錄九百九十一片中，取五百八十八片，計正編三：一，小學術數方技書考釋，共八十簡，未編號，爲羅振玉氏所著。二，屯戍叢殘考釋，分簿書，烽燧，戍役，廩給，器物，雜事六類，爲王國維氏所著。三，簡牘遺文考釋，羅氏所作，不分類，再版改入下冊中。此外爲流沙墜簡考釋補遺，亦王氏之作，所考乃斯氏古和闐第二冊所載尼雅木簡，（沙氏考釋載斯氏書第一冊附錄一）。餘爲附錄，係日本橘瑞超氏在蒲昌海所獲西域長史李柏書。末爲簡牘表。除考釋內容多有增删外，編製則仍其舊。今略其增删初版字句不著論，但就其改正前說，或新加之考釋而言，約舉如下：

1. 初版凡言木簡，木觚，木楬，幾爲出敦煌西北者，再版均照沙書據斯氏原簡編號，改爲敦六乙或敦六丙，凡言出敦煌北者，亦照原簡所記數改，於是疆界之次第易於明瞭矣。

2. 初版釋文有脫誤者，再版已多改正。如簿書類第五簡（沙書第一四三），大煎都下之守字，候下之丞字，第三十二簡之錢穀改糧穀，及殊字之補釋等，皆較初版爲勝，然仍有脫誤，本篇下文將記之。

3. 新加之考釋。今依類列之：

簿書類

第二十五簡（沙書第三三〇）初版無考，再版據後漢書竇融傳，知此簡爲融當時行河西五郡大將軍事，居張掖屬國都尉職，告其部從事之書。

第三十九簡（沙書第七六九）初版無考，再版引宋書禮樂志，皇太子監國儀注云，「符到奉行年月日起」，故知此簡末云「五月三日未時起」，正與宋尚書符式相同。則六朝紀文書發送之日，猶承漢之遺制也。

第四十一簡（沙書第二五五）初版釋文作平始六年，再版改平爲本，（沙書亦作本）。然漢無平始年號，而宣帝本始又無六年，因知宣帝本始之元，初亦循武昭之制，六年而改，後更用四年號改之制，遂以地節元年爲三年，而減本始爲四年，據太初術推之二者干支正合，故宣帝四年遜改之制，得此簡而明矣。

第四十九簡（沙第一五六）安定郡上之上字，初版無釋，再版釋還，即還，古通字。

烽燧類

第七至九簡（沙書第六一，二七八）關於廣漢，美稷等五燧之次第，頗有改動，較初版之說爲簡賅。

第四十九簡（沙書四六〇）簡文「令敢告卒人」，初版無考，似亦承認沙氏之釋作吉辛，再版作「告卒人」，引論衡謝短篇「兩郡移書曰敢告卒人」，知前漢時，此語不限於兩郡遣書也。

戍役類

第八簡（沙書第八八）之天田，初版無考，再版據唐嚴教續神道碑「左枝叛鞠，承攘天田」，以爲天田乃古語。案按：天田之義，或即漢書食貨志所謂名田，師古曰，名田，占田也。但此點仍有可疑，不敢必。又，初版引漢晉間算書如孫子五曹張邱建夏侯陽諸算經，謂古皆以六尺爲步，三百步爲一里，此制至唐未改。再版引舊唐書食貨志，五尺爲步，二百四十步爲畝，則唐時已改矣。

廩給類

第一簡（沙書第三一〇）「出粟一斗二升以食使莎車續相如上書良家子二人」云云，初版無考，再版據漢書功臣侯表，知續相如嘗使西域，斬扶樂王首，此簡當爲太始五年以前物也。

簡牘遺文考釋

第十三簡（沙書第一七四）初版無考，再版補稱乃史記滑稽列傳文，惟字句與今本略異。

流沙墜簡補遺考釋

第二十三簡（沙書第一八八）簡文武威西平西郡張掖酒泉敦（煌）六郡，皆涼州刺史所部，再版據晉書地理志，知尚有金城西海二郡，此簡無之者，因金城於泰始五年後改隸秦州，而西海已并於張掖或敦煌，則此簡當爲泰始五年以後之物，其所以首記武威者，涼州刺史治所故也。

總觀再版補訂前說，刪繁去蔓，不可勝記。此外流沙墜簡考釋補遺復增王氏甲寅題跋一通，爲初版所無。前賢爲學，新知舊聞，轉益深沉，非書成便可謂卒業已。（未完）

記十竹齋

蟰蛸生

——介紹新刻十竹齋箋譜初集——

明胡正言編 版畫叢刊會翻印 民國二十四年三月出版 總代售處北平開明書店 定價五元

中國雕版書籍附帶木刻插圖，來源很早：現存最古的唐咸通九年（西八六八）王玠刊本金剛經（今存不列顛博物院，斯坦因得自敦煌。）經首有一葉雕版畫，作佛在給孤獨園說法圖，線條於勁挺中具圓熟之致，已是很成熟的作品。宋代的版畫，如御製秘藏詮（只存高麗翻本）以及俄國 Kozlov 在黑城所發見的美人圖，結構之緊湊，刀法之圓熟，比之唐代，又進一步。但是這種插圖，到明代始達極盛，萬曆以後，尤其是帶圖書的黃金時代。明代的木刻版畫，不僅在技術方面超越前人，並且在印刷史上也另闢一新紀元，其所以能如此，那便是五彩套印版畫的發明，而最值得我們紀念和研究的即是十竹齋主人胡正言。歐洲雕版書籍有插圖，始於十五世紀，大都於每冊首一葉，每頁刻上許多花樣，再由人着色，只是刻好以後，另外塗上；正式知道用五彩套印，乃是十八世紀的事。中國五彩套印，始於明萬曆中葉，現存遺物年代確鑿的也已到此時，正當西曆的十七世紀初葉，比之歐洲最少要早一百年，這是我們印刷史上的一點光榮！而十竹齋主人胡正言就是對於這種光榮最有貢獻的一人。今趁介紹新刻十竹齋箋譜初集之便，附帶的把胡正言的生平，就我所知，約略敘述如次。

胡正言字曰從，原籍安徽新安，寄寓江蘇上元。家在南京雞籠山側，即今北極閣底下，齋前種竹十餘竿，故名其居爲十竹齋，自號十竹主人。他的父親，別人稱之爲仰峯公，大約也是一位讀書人。他還有兄弟，其名不可考。他曾從學於南京當時的小學名家李登，又遊於何天玉之門，從之受經，所以精研六書，貫穿五經，此外並還精於雙鉤刻印以及繪畫。金陵通傳說他，「貢除中書舍人，歸而授經」，顧夢游胡氏篆草序，說他「江左建國，奉詔入中秘，世易時移，浩然遠引」。授中書舍人大約是弘光帝時候的事，而「浩然遠引」便在弘光覆後自此遂隱居不出。據說他曾客遊六安霍山，以醫爲業；依後面所引江寧府志的話，這也許是未中舉未作官以前的事。所著有尚書孝經講義，醫書數種，九十授經圖，篆法偏旁正譌歌，等書。刻書甚夥；我見過的有李登著的千文六書統要（二卷），鍾離栖鴻子著的牌統孚玉（四卷）潘游龍選的古今詩餘醉，元周伯琦著的六書正譌（五卷），正言自著的胡氏篆草，十竹齋畫譜，十竹齋箋譜，數種。六書正譌，由他自書篆文，千文六書統要則是一部彙集古篆依千字文次序編排的書，詩餘醉只是一部詞選。他會刻印，胡氏篆草即爲他的印譜，純然徽派；此外還有一部印存玄覽（四卷），也是印譜，我沒有見過。這些都不足道，只有畫譜和箋譜在中國印刷史上是不朽之作，不惟他藉以名留後世，並且開後來無數的法門，清初一些箋譜畫譜，幾乎都是從十竹齋遞演出來的。他享年九十一歲，康熙二年李繼明所作千文六書統要序，說他「年登大耋，名宿方外已二十稔，」同治江寧府志說他「處一小樓，不出戶者三十載。」如此推測起來，他大約死於康熙十年左右，生於萬曆十年左右；以一身繫木刻版畫之盛衰，也可算是「要人」了。子其毅，字致果，一名彥，字靜夫，精研性理，以九峯白沙自期。（以上所述，參考金陵通傳，同治江寧府志，光緒安徽通志，王三德胡曰從書畫譜引，李繼明千文六書統要序，顧夢游胡氏篆草序，李克恭十竹齋箋譜序。）

明代的套印版畫，防自製箋。李克恭十竹齋箋譜序說，「明代自嘉隆以前，箋制樸拙，至萬曆中年稍尚鮮華，然未盛也。至中晚而稍盛矣。歷天崇而愈盛矣。」嘉隆以前以迄萬曆的箋，是否尚有流傳，今不可知，不過萬曆三十四年丙午（一六〇六）新安黃一明鐫的風流絕暢圖卻是五彩套印，顏色甚爲典雅，所謂稍尚鮮華云云，於此可見一斑。李克恭以唐詩之初盛晚比傳明代之製箋，而十竹齋所刻畫譜箋譜即是最盛時期的代表作品。二譜中以畫譜的刊行爲時較早。李克恭箋譜序說正言「雅好繪事，遇有佳者即鐫諸板，公諸同好；箋之流布久且多矣。然未作譜也。間作小譜數冊，花鳥竹石，各以類分，雖非佳勝。」這所謂小譜指畫譜而言。畫譜共分竹譜，梅譜，石譜，蘭譜，梅譜，果譜，翎毛譜，書畫冊凡八種；據李克恭所說，即集合箋板而成。翎毛譜有天啓七年丁卯（一六二七）楊文驄的序，書畫冊有崇禎六年癸酉（一六三三）醒天居士的序；畫譜之成，大約即在天啓末年到崇禎初年之間，現存的五彩套印畫譜，以此書爲最早。清朝以後，屢有翻印，直到今日，還有五彩石印本和五彩珂羅版本流傳行世。

十竹齋畫譜之好，就在一個雅字，不僅花果翎毛竹石梅譜每一幅畫都布局整潔沒有俗氣，便是套色方面也深淺濃淡陰陽向背恰到好處。醒天居士序書畫冊，說是「王宰之畫妙出毫鋒，胡君之畫妙出梨棗」。畫譜之妙乃在以木版印刷而能逼肖乎畫。這種套板技術，明人謂爲「餖板」，即是一幅畫頁，深淺濃淡陰陽向背各刻一板，然後以次刷印，有如釘餖之畢，故曰「餖板」。後來的芥子園畫傳即是取法於此，但是除去將範圍擴大，山水人物花卉翎毛彙收并蓄以外，要說「餖板」之妙，比之十竹齋畫譜，遠爲不如了。

十竹齋畫譜大都爲寫意之作，翻本行世固多，原本流傳亦復不少。至於箋譜所收十九幅爲工細，三百年來，不惟絕無翻刻，即是原本也甚爲罕見。版畫叢刊會鄭振鐸魯迅兩先生所刻此集，根據的原本是通縣王孝慈先生藏書，一共四冊；初集現已出版，二集以下，正在翻刻，大約不久也可與世人相見。（據說日本文求堂主人也藏有一部。）

明季套印版畫，所以超越前代，其故有二：一是「餖板」技術的進步，一是「拱花」的發明。「餖板」解略見上。「拱花」大約等於今日的凸板，將紙壓在板面，於是花紋凸顯紙上，雖未見多用此法。十竹齋畫譜可以見出當時「餖版」的技術，而「拱花」則以箋譜表現得最爲完備。這譜凡計畫譜八種，墨石八種，博古八種，畫詩八種，奇石十種，隴雲十種，龍生十種，共六十二圖（翻刻所據原本奇石隴雲龍生各缺一葉，故少六圖，只存五十六圖），其中如清供博古即多用「拱花」法托而成，尤以博古一類爲最精緻，畫詩一類的雲水亦利用「拱花」法。「拱花餖版」的技術一直到最近，北平的雕工中還有善此者，各箋紙店都還出不少雕印精美的箋品，如北平箋譜所選者即可見。但是比之十竹齋諸作之氣韻深厚高雅，便未免有遜色了。

至於十竹齋箋譜之精妙，李克恭序有一段說得最好：「畫譜花鳥拱之具，五色鮮妍，非不豔然奪目，然一味濃鮮，未免落於甲之蹊，蹊中之趣，殆不可得而出乎？無怪有三難：畫須大雅，又入時眸，爲此中第一義，其次則鐫忌剛膚，尤嫌瑣碎，必先求其之精神。又次則印拘成法，不悟心裁，恐損天然之韻。去此三疵，備乎眾巧，而後大巧出焉。然遞著勝事，鮮能任能，主人之精神識力，實超於三者之上，而誘掖其間者。是譜也始藏必遇能迹畫師良友，共竹游於墨林之交給者，而始精復印之。至於鐫手，亦必刀頭具眼，指節通靈，一絲半黍全依削鐵之妙，得手應心，由畫師之妙，乃傳至鐫之妙，至於印手，更有難言。失於杜撰，致工之所不逮，賦情彩於，巧傳之所難格。而若工出，乃能重規匠意，留生面於譜外。續化頌翻華出於笑，勿疑幻相，尤見鳳儀之……共斯三美，合成三絕。」李克恭的話，並非過譽。這箋譜確可以證實其說。畫詩八種是寫的古人詩句，作畫八幅：（一）山色四時碧，溪光一望青；（二）溪牛明岸間，鳳正一帆懸；（三）花發重重錦，雲烟處處山；（四）山水開綺畫，雲霞列九重；（五）明月松間照，清泉石上流；（六）寶樹垂珊瑚，階前漾水藻；（七）入門學竹深，留客話山泉；（八）孫能遊言樂，鬥雞和日蝕；……胡正言刻，意態蕭然，大有雲林遺意。清初的翻刻本（有影印本）及日本大阪刊印的翻本（有……）以及院氏翻……日本翻刻所藏的研究印版支那古版畫圖錄收有影本一面），都是出自十竹齋箋譜，而不如遠甚。

翻版像魯迅二先生以前所翻印的北平箋譜，不過選集北平各箋紙店的新版，選其精好者重爲翻印。至於此次翻刻十竹齋箋譜則不然，都是依照原本重摹重刻，雕刻者爲所據王榮麟，雕者爲左萬川，印者爲崔毓生岳海亭，而由榮寶齋經理其事；比之原本，幾於虎賁中郎。惟手上所云「紙墨良好，雕印精工，近時少見」的話，真不是誇語！

末了還有一點可以說的是這箋譜李于堅的序作于崇禎甲申新秋，李克恭的序作于崇禎甲申夏。而是年三月李自成入北京，崇禎殉國；四月清兵入關；五月史可法等迎福王稱帝于南京。而胡正言約以此時應詔入中秘，不久就「殉節盡引」，而箋譜之成，即在此時。正言後來隱居不出垂三十年，則其於宗國覆亡之日，而有此閑情逸致之作，正亦無可奈何也。

新書介紹

考古專報 第一卷第一號

國立北平研究院史學研究會編輯

二十四年一月出版 定價一元

此係北平研究院專題報告之一，內容爲「石刻唐太極宮暨府寺坊市殘圖大明宮殘圖興慶宮圖之研究」，著者何士驥君。緣北平研究院於民國二十三年二月與陝西省政府合組陝西考古會，以徐旭生先生主其事。先次議發掘寶雞鬥雞臺下諸石，於陝西省政府民政廳二院牆中得唐大明興慶兩宮圖合刻之殘碑一方。大明宮圖在上，僅存兩邊丹鳳、望仙、建福等門之一部份，興慶宮圖在下，尙完整無缺。碑高〇・七八公尺，寬〇・六五五公尺，厚〇・一七公尺。是年三月復於省城南門內小湘子廟街，發現石刻太極宮暨府寺坊市殘圖。此兩者即據太極、大明、興慶三宮圖石刻，與唐宋記載唐宮城制度之書籍如唐六典、程氏雍錄地紗、程氏雍錄、宋氏長安志、徐氏唐兩京城坊考等所記，加以比較研究，而定該圖刻之價值云。

太極宮本隋大興宮，爲唐高祖武德元年所改稱。大明宮在太極宮之東北，太宗貞觀九年已名大明，至高宗龍朔二年始重建此宮。興慶宮在都城之東南，唐玄宗開元二年建。玄宗于該宮西南花萼相輝樓（花萼樓）勤政務本樓（勤政樓）觀魚讀書晏，唐詩小說中多紀其事，此二樓均在興慶宮明光門之西，而沉香亭龍池諸勝亦在此宮焉。

書中推定雍錄地紗及宋志圖諸圖，以爲此圖乃呂大防爲唐宮制之精密，因考證補法，刻而爲圖，時在北宋元豐間也。至於碑之遷入土中，當在宋金用兵之際，約於宋兵據陝所致，因其出土之相近地層中，尙有宋元豐元祐金正隆等銅錢，及宋元瓷片等，始元人入主中國，嫉惡漢族文化，并毀中土外之國刊而摧毀之，故太極宮暨府寺坊市殘圖爲黃埃所掩於小湘子廟街而不與大明興慶在同一地點也。此圖以所見一殘拓本……至於石刻之價值，足以訂正前輩記載之誤謬者甚多，洵爲考究唐代宮城之重要資料也。（翔）

新書簡訊

中法越南關係始末 邵循正撰 清華大學研究院叢書論文叢刊本 二十四年三月初版 定價一元六角

全書首緒論，分三子目，述法國在越南勢力之起源，北圻問題之由來，中國與越南之宗藩關係問題。次分八章，曰法越之初堂時期，曰中法之初步交涉，曰中法之明交戰期，曰中法之平和交涉，曰海防之隱晦，曰北圻戰事之再起，曰各國之調停，曰巴黎和約。附中西文參考書目，及中西文索引。敍中法越南關係問題，中西記載甚夥，惟能見甚書，且中法記載甲申之四年和戰之事，各執一說，是書能甚綜中西記載，納衡其說，而條理之，用力可謂勤矣。其尤難能而可貴者，能將安南地名訂正不少，如設西貢爲柴提之類，皆可改正今日坊刻地圖之誤。其間間有外誤，如北宋誤爲卅甲，非底條爲支淵，或考訂之偶誤，要不足爲是書累也。（鈞）

× × ×

小田氏頌壽紀念朝鮮論集 京城大阪屋號書店發行 定價六元五十錢

本書爲祝賀前朝鮮京城帝國大學教授小田省吾氏華甲壽辰之論文集，所收論文凡二十六篇，大抵皆關於朝鮮文化之研究，今擇其略與中國有關者之篇什以爲介紹。

梅原末治「多鈕細紋鏡之再考察」，多鈕細紋鏡之鑄造年代及其鑄造之地，自來皆不能定其爲何屬。梅原氏以爲此種鏡式，大體爲受漢文化之影響而成。黑田幹一「朝鮮古代貨幣考」，所論自上古迄於三國新羅時代之貨幣，以爲朝鮮古代貨幣之用，蓋由漢土傳入，初爲貝錢鈕，後乃刀幣，繼用自鑄造。文中徵引中國古代記載貨幣之文獻，惟未能完分析以批判，未免遺憾。玉井是博「論唐代之外國奴—特新羅奴」，此文先述唐代使役外國奴隸之盛行，此所奴隸，大率可分爲三種，一爲戰爭之俘虜，一爲沿邊所掠而貢出者，三爲邊地土豪或市場所買賣者。然後乃論新羅奴隸之由來，考證尙稱允當。鳥山喜一「金初女真人生活之研究」論金之勃興至太宗後年（一一三六）前後，女真族之衣食住及精神生活之情況，更進而考究其一般經濟的社會的現象。藤田亮策「樂浪封泥考」，此文先論印綬及封泥，古代印皆押於封泥之上，此風至六朝隋唐乃改而鈐於紙上。所集樂浪出土封泥數十事，皆一一有所論列。此外如大谷勝真「敦煌五天竺國傳中之二三考察」，葛城末治「朝鮮之權度及標準考」，山口正之「近世朝鮮四學思想之東漸及北學派」，皆有可觀。（鎮）

× × ×

支那山水畫史 伊勢專一郎著 東方文化學院京都研究所報告第五冊

山水畫爲中國畫之最大特色，中國民族表現於藝術上之最高的感情，多可於山水畫中見之。但此中消息，固非易以言道。本書著者蓋以平日想從此方面着力，但還不能認爲完滿成功。全書所論爲自東晉顧愷之至五代荊浩五百年間山水畫推移之主要的趨向，第一章顧愷之，第二章開元天寶間之山水畫，第三章王維，第四章荊浩。其中所集遺物，除文史諸圖，洛神賦圖外，皆出於彼邦收藏家所有，惜未能見其原本。而其所論問題，著者卻引據原之言以自證，或意在曲其現，而不在求實於物乎？雖其意以爲不然。惟所論自有其獨到處，爲近年來中國繪畫史研究上難能之作。（敍）

× × ×

唐詩絕句精注 傅東華選註 二十四年一月上海[illegible]發行 定價四角

詩至於唐，七絕尤盛，七絕者，雖不過二十八字，而要能語近而情遙，含吐不露。故昔人謂學詩宜自唐絕句始。此書選唐絕句一百首，……而該書另得爲之註，三人皆宋時文章家名之士。此書并俾本沅氏四庫未收提要錄之，以爲此得之註，能資唐詩詞言外之旨，可爲讀唐詩者之津梁。書凡五卷，自帝王宗戚至呂洞賓共五十四人，計一百一首。李白杜甫韓愈元稹之流，皆不在選，惟劉禹錫選至十四首爲最多，其他諸家皆甚少，而後可以證周弼選詩之旨，而知宋人之詩也。今傅氏精註，或辨其本事，或校其異文，而於解說舉說相會，讀此書實具可信一助焉。（鎖）

× × ×

白詩新釋 團野道明講 東京明治書院發行 定價三元二十錢

唐賢之詩，爲什最多者，無如白居易，其詩格清淺圓轉，多有之於陶（潛）宋（謝）。中唐詩人關於盛，孟郊，元稹，並白氏而爲四家。而韓，孟之奇險如李，杜元，白之坦易和平，可謂兩賢，雖皆出盛唐風人之旨。此編選選其流暢中國其人之作，得從全唐詩文苑精華中精選若干首，詳加註解，並收附白氏年譜。所據明本爲明馬元調校正白本明曆三年刊版及其他刊本，與清汪立名白香山詩集對讀，辨其異同，加以考訂。尙不失爲讀香山詩者之一助焉。（鎖）

× × ×

中華民國省縣地名三彙 王念倫編 二十四年四月出版 北平五典書店發行

清末民國以來，吾國縣名屢有變更，且名稱相同，每多一縣之名二處，不相統屬，或新闢之地及改土歸流者，時有所聞。故不可不有專書以紀之。此書凡各省縣之沿革情形，則以清史稿爲據，民元後改設至各省市縣之沿革，即依照年月分別注明，並遵內政部全國行政區域表所列。此外又根據二十三年北平圖書館所編輯地誌目錄，旁通簡各省現在縣市名稱之沿革，爲此書重要之參考資料。末附縣名檢查表，及民國建元以來廢改縣名表。（川）

× × ×

太平御覽引得 燕京大學引得編纂處編纂 一九三五年一月哈佛燕京學社出版 定價九元（郵費在內）

太平御覽爲現存古類書之大者，書中所引古籍逸佚多，已佚之書其爲治考據目錄之學及從事輯佚工作者所重視。惟全書以類相從，門類繁多，而所引各書多散見於各類中，檢閱爲難。燕大引得編纂處有鑒於此，爲之作篇目及引書二引得，以洪氏段氏編法編次，並附筆畫檢字及拼音檢字。而引書引得則將全書所引及之書列注其所在頁數，（據鮑刻本）於是欲知所引某書有幾條在何卷，即可由此引得檢出，不必翻檢全書，尤爲便利。卷首有聶崇岐序文一篇，說明御覽之纂輯及版本源流。（敍）

241

圖書副刊

BOOKMAN

第七十九期

流沙墜簡校補（續）

賀昌羣

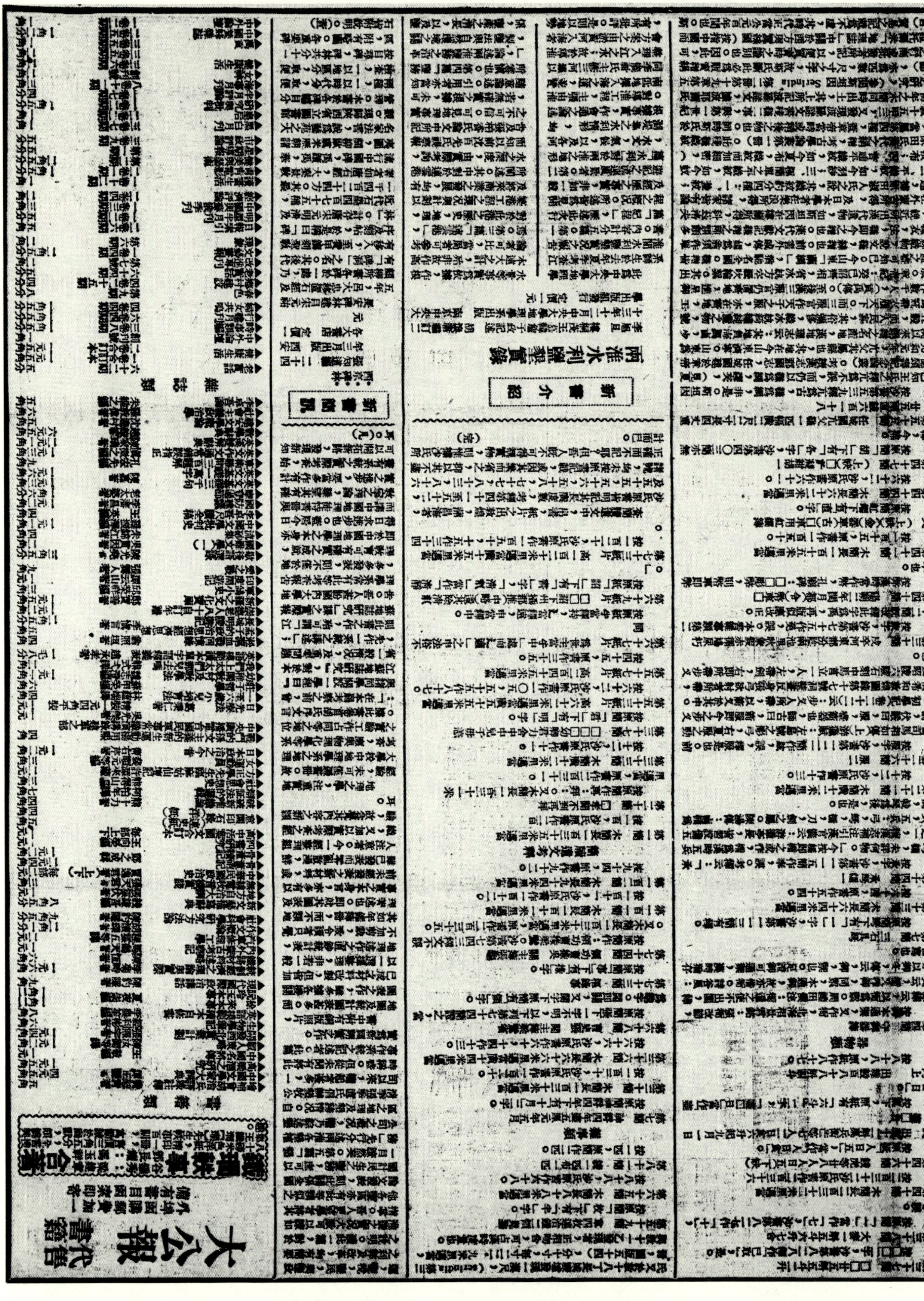

第三十七簡　□□廿五斛五斗二升
按□□字，沙書第八二八簡作「已取」，是。
第三十八簡　大麥一斛五斗六升七合
按原簡「二」當作「七」，沙書第八二七作「十」，亦誤。
第四十簡　木簡長二百三十三米里邁當
按二百三十三，沙氏原書作二百三十六
第四十六簡　錢虎等廿八人入日五(下缺)
按原紙「入日五」，當作「入日食」。
又　出糜二斛禀兵衛芒等七人□一日食六升起九月一日
盡□五
按此下，原紙有「六斗」二字，「盡四日」當作「盡晦日」。
同上
出糜穀百八十八斛稟
按八十八，原紙作八十七。

器物類

第四簡　守御器簿
按御本邊藥，又作衛，北海相景君銘：「帥衛改節，」衛云，以衛為禦。周禮田僕注：衛謂之使不出圍，釋文云，衛又作御，同禦，本邊御，故亦借衛。詩谷風：亦以御冬，傳云，御，禦也。是諸御可通禦，漢時猶存古寫也。
第七簡　三石具弩
按原簡弩下有「一」字，沙書第一一三簡有弩。
第十三簡　木簡長六十四米里邁當
按木十四，原書作五十四。
第十四簡　承弩□一
按承字，沙書第一一五簡作奉，誤。考釋云：「承弩□，未詳何物。」今按補即備之或作，備為漢時五兵之一，補漢志補注引漢官儀云：游徼亭長，皆習設備五兵，五兵：弓，弩，楯，刀，劍之屬。陳湯傳：前楯為前，戟弩為後，是也。
第二十一簡　木簡廣十二米里邁當
按十二，沙氏原書作十三。
第二十六簡　服二
按服字，沙書第一二二簡作箙，誤，釋服是也。前書司馬相如傳(上)游獵賦：左烏號之彫弓，右夏服之勁箭，伏儼曰，服，盛箭器也，師古曰，箭服即今之步叉。初學記(卷二十二)云：步叉人所帶，以箭叉於其中。伯希和敦煌圖錄第十七號洞壁畫反身張弓欲射者所帶，及昭陵六駿石刻中馬首立一人，左帶劍，右即所帶步叉也。
第三十簡　戍卒河東郡汾陰南池里耿象假赤循埽尿朽
按象字，沙書第七十五作免，誤。本書雜事類第二十二簡既釋此字為馬，再版似應改正。
第四十簡　陽朔二年閏月鄭(令)幣車□
按幣漢時常作幣，孔廟碑：□□彫幣，則幣車即弊車也。
第四十一簡　木簡長一百十五米里邁當
按一百十五，原書作一百五十。
又　(上缺)(金)器車(古)□車用紅韓
按原簡紅韓下有「直」字。
第四十四簡　木簡長六十二米里邁當
按六十二，沙氏原書作六十一。
第四十七簡　(上缺)□尹粗紺胡一
按原簡「胡」下有「各」字，沙書第四〇三簡亦無「各」字。
第五十五簡　任城國亢父縑一匹幅廣二尺二寸長四丈重廿五兩直錢六百一十八
按沙書第五三九釋亢為古，縑為綢，非是。斯坦因已知王氏之釋亢為不誤，而仍以縑為綢，誤矣，(見夏鼐頌壽紀念論叢)。考續漢志郡國志，任城國屬於章帝元和元年，亢父其屬縣也，其地在今山東濟寧。山東為漢以來絲綢之名產地，漢地理志云：其地負海潟鹵，少五穀，而人民寡，其俗彌侈，織冰紈綺繡純麗之物，號為冠帶衣履天下。而三服官作天子之服，亦在齊地，工作數千人，(貢禹傳)。至後漢三服官仍置齊地，進呈御服。章帝紀：癸巳詔齊相，省冰紈方空縠吹綸絮。其出產之盛可知已。今山東「繭綢」，猶馳名全國。縑，細密絲織物，說文縑，絲細也。前書外戚傳，縑為齊須作單襦衣，注，縑即今之絹也。漢代文獻記縑帛之稱類頗多，晚近所出漢代遺物，如斯坦因在樓蘭所得，科茲洛夫在外蒙古所得，及日本學者在樂浪所得，諸家皆有論述，據梅田淑人氏之說，其織紋約分四種：一，撚紋；二，平織紋，如今羽紗；三，極簡單之平織紋，如今蚊帳布；四，普通平織紋，如今夏布，織紋而加細密，(原田氏漢代之絹綢，考古學論叢第一冊)。此種縑織紋，當屬第四種，蓋章帝當時或稍後之物也。同時斯氏於敦煌十五甲三，又發現波羅謎文書殘縑二事，與第一世紀初年之木簡同時出土，其上所記波羅謎文，據波耶爾氏之研究，(參閱斯坦因 Serindia 第二冊第十九章第五節)，亦為西數，尺寸之字，故斯氏斷此必為販賣縑綢之行商或批發者所記，以便貿實時之識別也。因此，可推氏而來「地理誌」中關於西方與蠶絲國(按指中國而言)貿易之記載為不虛，其時代正當公元百年間也。斯氏又於第十八丁是廢墟發現一漢尺，(Serindia 第三冊，圖版五十四)，分十寸，每寸二三·九米里邁當，與第十二乙發現者，正相吻合，可占漢時度量也。
第五十九簡　章四枚達治鎧二領見靈
按原簡「枚」下有「牟」字。
第六十五簡　木簡長八十八米里邁當
按八十八，沙氏原書作六十八。
第八十一簡　韓一匹布二匹
按二匹，原簡作二四。

雜事類

第七簡　神爵四年盡五鳳元年五月
按原簡神爵四年下有「十月」二字。
第二十簡　木簡長一百三十米里邁當
按一百三十，沙氏原書作一百五十。
第三十六簡　木簡長六十六米里邁當廣十四米里邁當
按六十六，沙氏原書作六十，十四作十三。
第六十八簡　貫史張　關主簿張當
按原簡張下一字不明，以下列第七十四簡證之，當為賴字。闕即關，又關字下原簡有「領」字。
第七十三簡　稚歸事
按原簡「事」下有「推」字。
第七十四簡　領功曹張奥　關主簿張綸
按原簡作：領功曹張奭。沙書第七四三釋文不誤。又木簡長一百三十米里邁當，原書作二百三十五。
第一百一簡　木簡長一百十一米里邁當
按一百十一，沙氏原書作一百十二。
第一百二簡　木簡長九十四米里邁當
按九十四，原書作九十二。

簡牘遺文考釋

第一簡　木簡長一百三十五米里邁當
按一百，沙氏原書作二百
第二十簡　□季聞不到再拜
按原簡作再：拜：。又木簡長一百三十一米里邁當，原書作二百三十一。
第三十三簡　木簡廣十二米里邁當
按十二，沙氏原書作十一。
第三十七簡　□□□幼卿君力舍中中兒子毋恙
按原簡「君」下有「明」字。
第五十三紙片　高六十二米里邁當廣五十五米里邁當
按六十二，沙氏原書作一〇五，五十五作八十七。
第五十七紙片　高二百四十五米里邁當
按四十五，原書作三十五。
第六十七紙片　為世主當牛中」處而□讀」之中法俗不同
按原紙「牛當釋持，□當釋遠，中當釋中。
第六十九紙片　□□詔下州播郡推(中略)遷共除濟
按原紙「詔」下有「書」字，「濟」當作「濟靜」。
第七十三紙片　高一百二十米里邁當廣十五米里邁當
按一百二十，沙氏原書作一百五十，十五作三十四。
奈簡牘遺文中，吊書，紙片之出敦煌，蒲昌海者，沙氏原書皆明記其長廣度數，考釋第四十一至五十二，及五十五，五十六，五十八，七十七，八十三，八十六諸號，均未按原書記載，或因其繁而省之，抑以其不盡正確而不記耶？但吾人既不可得親實物，則惟據沙氏所計而已。(完)

新書介紹

兩淮水利鹽墾實錄

李旭旦　樓桐茂　王慕韓　龔子政記述　胡煥庸編訂　二十三年十二月中央大學地理學系出版　南京中央大學出版組發行　定價一元

此為中央大學地理學系師生於去年夏季考查江淮間水利鹽墾實況之報告書。內容計分五篇。第一篇「紀程」，歷述此次行程之概況。所述皆為見聞及經歷之事實，非如一般遊記之流連風景者。第二篇「水利」對於兩淮之地形，水文，氣候，以及各河湖堤壩之水利情形，均根據事實，作會通之論述。對導淮工程，主張由淮南低地導入海之道，並贊同李儀祉氏主修三河壩以藉導入江之水；故於導淮會方案之由舊黃河入海者，有所批評。是則以地勢水量等事實為依據，作根本遠大之計，殆非故作高論者可比，當局者可參考焉。第三篇「連雲港」，對於此港之歷史，地理，築港工程之現況與計劃以及將來商業之發展，均有所闡述。其中對於連雲港水之深度，由實際考詢，而知以前沈百先氏視察報告及張柏香氏論文中所記之不可信。可見地理事實，若無確實之根據，未可隨意論述。引用者亦當知所審慎也。第四篇「鹽務」，論述兩淮鹽務之沿革，製鹽法與自然環境之關係，鹽產之消長，以及鹽稅，鹽稅，灶民，與鹽政之利弊及改革，均有概要之說明。讀此一篇，對於淮鹽之實況大致可以瞭如指掌。吾人甚望學者將其他各鹽區亦有此等類似之論文發表，則此關係全國國計民生之鹽務，庶可以一目瞭然矣。第五篇「墾務」先行分述兩淮各墾植公司之概況，繼乃綜述墾區之地理及墾務情況。自清季張季直氏倡辦墾牧公司以來，墾起者遂多，一時稱盛。但從未聞有將此事作系統之記述者。此篇實為新闢開墾之作。

書中附有銅版照片，地圖及統計圖表甚多。而圖表之作，雖多據各機關已成之材料改製，但皆加以一選擇整理，非若一般地理述作之直鈔統計表，不加剪裁，致令讀者只覺其如年鑑簿冊，而不類地理學述也。即就其圖表及事實之本身言，亦多有以前未經發表之新材料，或雖已發表而零亂散漫，鮮人注意者。今一經整理組織，又加以實際考查之經驗，故益覺其內容之新穎耳。

地理之學，注重實地經驗，未可僅據書冊。故大學校中地理學系之地理考查，應與物理化學等系之實驗工作占同等之地位。據此書卷首胡氏序文言：「在本篇考察之前，曾與諸同學開設一學程曰『江蘇地誌研究』，對於本省一般情況，及重要問題，先作一系統之講述」；則此書之作，殆可謂「江蘇地誌研究」課之實際報告。吾人甚盼國內大學地理學系常有此等考查報告，多多發表，則不僅於地理教育可有確實之成就，即於中國地理學之本身亦得日求進步也。蓋居今日而講中國地理徒恃書冊與數字之理論，難望其有確實之進步，要當多作有計畫有系統之實際考查，始可以開拓新路，發現新知耳。(凡)

新書簡訊

西京碑林

張知道編　二十四年三月出版　西安各大書店　定價一元

長安碑林建自宋元祐五年，呂大忠移置石經及顏柳所書各碑於一處，乃有「碑洞」之名。其後代有移入，至費甲鑄刻聖教序及銅帖，於是稱曰「碑林」。計存唐宋元明清及近代石墨四百七十五種，一千四百二十四方。其最著者如唐石經，大秦景教流行中國碑，馮譜馬，秦夷圖，顏柳歐虞米蔡朝諸名家法書，誠為藝苑之大觀。現歸陝西省立圖書館管理。本書於各碑編目分兩種，一以時代分，取便檢查，一以地區分，取便按目尋碑。碑林共分十一區，附有略圖。各重要碑石皆附說明。(言)

363

圖書副刊
BOOKMAN
第八十期

一、本刊登載關於中外圖書之介紹批評以及學術界消息，爲公開性質歡迎投稿
二、刊登本刊之文略致薄酬
三、投稿通訊可寄「北平文津街國立北平圖書館內圖書副刊編輯收」

巴黎敦煌殘卷敘錄（一）

王重民

王有三先生現供職巴黎國家圖書館，該館所藏我國敦煌卷子明清之際耶穌會文獻及太平天國史料等，爲國內所不能得見者甚多，曾遊覽書於該館之士，時鈔錄寄歸國中，今王先生即居「近水樓臺」之便，當更有以饜吾人之望。茲承惠允將國人所未見者陸續寄本刊發表，此爲敦煌殘卷部之一，以下將依四部分類刊之。——編者

毛詩音殘卷　晉徐邈撰

敦煌本毛詩音殘卷，首尾殘缺，起大雅文王之什棫樸，訖蕩之什召旻，存九十八行。以余考之，蓋晉徐邈所撰也。陸德明經典釋文，自棫樸至召旻，引徐氏音三十一則，持與此卷子本相校，文字同者八條，陸氏以今音改紐韻者十三條，以直音改切語者六條，釋文誤者一條，餘三條蓋爲徐爰音也。

行葦酌以大斗，釋文云徐音主；卷子本正作音主。鳧鷖鳧鷖在㴓，釋文徐云鄭音在容反；卷子本正作鄭云在容反。桑柔瘼國不泯，釋文云名賓反，徐又音民；卷子本作民，賓，謂音民，賓反也。雲漢蘊隆蟲蟲，釋文云徐徒冬反，卷子本正作徒冬反。卷阿伴奐爾游矣，釋文云伴音判，徐音畔，奐音喚，徐音換；卷子本作伴毛音半反，鄭滿半反，奐毛呼亂，鄭胡亂。按正義云：「毛當讀爲伴奐，不得如徐音，徐音自爲鄭讀也」，今本釋文不著毛鄭主名，而孔穎達猶能知之，殆以今本釋文爲宋人所改？抑孔氏猶及見徐邈原書耶？毛鄭未嘗作音，此徐邈依傳箋之意，以定毛鄭之讀耳；故陸氏於毛鄭之音，或冠說者主名，或不冠說者主名，或小有改易，此正序錄所稱：「擬引衆訓，但取其意義，亦不全寫舊文」者也。他可例推。卷阿茀祿康矣，釋文徐云鄭音賤；卷子本作鄭妃勿反。又柔遠能邇，釋文云，徐云毛如字，鄭奴代反；卷子本作乃登，鄭能代反。桑柔并云不逮，釋文云，字又作逮，徐補耕反；卷子本經文并作迸，八耕反。以上八條全相同。

徐音近古，重脣唐時已讀輕脣，舌頭舌上之分，亦漸淆混，凡此之類陸氏均改從今音，此又釋文之例，依此卷子而可推知者也。皇矣王此大邦，釋文云徐于況反；卷子本作于誑。靈臺虡業維樅，釋文云，徐七凶反；卷子本作促雙。生民瓜瓞唪唪，釋文云，徐薄孔反；卷子本作逋孔。又維秬維秠，釋文云，徐芳鄙反；卷子本作丕美。又維糜維芑，釋文云，徐豈己反；卷子本作羌已。卷阿爾土宇昄章，釋文云，徐符版反；卷子本作彭板。又汔可小愒，釋文云，徐丘罽反；卷子本作卿列。板無然泄泄，釋文云，徐以世反；卷子本作盈世。又多將熇熇，釋文云，徐許酷反；卷子本作香約反。蕩曾是掊克，釋文云，徐甫垢反；卷子本作補侯。又天不湎爾以酒，釋文云，徐莫顯反；卷子本作民善。又無言不讎，釋文云，徐市又反；卷子本作市由，市救。韓奕炰鱉鮮魚，釋文云，徐甫九反；卷子本作彭交。以上十三條，蓋陸氏以今音改紐韻。

靈臺鼉鼓逢逢，釋文云，徐音豐；卷子本作蒲工。行葦黃耇台背，釋文云，徐音臺；卷子本湯來。文王有聲王后維翰，釋文云，徐音寒；卷子本作恆案。板大宗維翰，釋文云，徐音寒；卷子本作恆安。雲漢如惔如焚，釋文云，徐音炎；卷子本作唐甘。江漢淮夷來鋪，釋文云，徐音孚；卷子本作妃予。以上六條，並陸氏以直音改切語。

惟靈臺王在靈囿一條，釋文云，囿音又，徐于目反；卷子本作于救反。陸氏既用直音音又，又引徐氏切語者，以與直音相應也；若作于目反，似不相應矣。似當依卷子本作于救反爲是。

又抑輯柔爾顏，釋文引徐音集；桑柔茀求弗迪，釋文引徐徒歷反；雲漢序百姓見憂，釋文引徐音於救反，並不見於卷子本。按釋文序錄云：「俗間又有徐爰詩音」，此三條殆爲徐爰音耶？又邈並不爲詩序作音，而雲漢序有徐氏音，則此三條爲徐爰音審矣！

由上觀之，是書爲徐邈毛詩音，亦可無疑矣。

釋文之例，於一音外，復有又音，或音，一音，又一音者，蓋因字有數讀，故兼採各家也。然多不出主名。茲再以卷子本校釋文，而更有以知釋文採自徐書者爲多也。思齊，釋文云本亦作齋，徐音正作齋。以御于家邦，釋文云，徐魚據反；徐書鄭音據反。雝雝在宮，釋文於容反；徐書正作於容反。無射亦保，釋文云，毛音亦，鄭食夜反；徐書毛亦，鄭食夜反。烈假不遐，釋文云，烈毛如字，鄭作厲，力世反；徐書毛力哲，鄭爲厲，良滯反。又不遐毛音遐，鄭古雅反；徐書毛皆雅反，鄭爲瑕，皆牙反。古之人無斁，釋文云，毛音亦，鄭作擇；徐書毛羊石，鄭作擇，梅白反。一詩之中，陸氏據徐書者已有七條，不誠鴻寶乎？釋文序錄所舉爲詩音者九人，首鄭玄，次徐邈；鄭氏無書，則陸德明於詩音依徐書爲藍本，又從可知也。此殘卷雖僅存九十八行，而爲晉已近千年事；清馬國翰有是書輯本，僅得二百五十餘條，則其寶貴可知也。又所引書，有倉頡篇爾雅舍人孫炎等注，亦爲輯佚書者所取資也。

隋書經籍志注云：「梁有毛詩音十六卷，徐邈等撰；毛詩音二卷，徐邈撰，亡」。唐志不著目，而有鄭玄等諸家音十五卷，則邈音固猶在十五卷中矣。隋志云亡，何耶？此卷世字不缺筆，民字或缺或否，殆以爲於貞觀初元，書人猶不諱太宗嫌諱；不然，殊難解也。

羅福萇譯倫敦博物院所藏敦煌書目，有毛詩音，注云：「無題，非陸氏書」，余頗疑亦爲徐邈音也，附誌於此，俟抵倫敦，再證明之。四月九日，

× × × ×

中國地方志綜錄序

顧頡剛

今之學者莫不知史書之不足以盡史，故畢力搜求地下遺物，官署檔案，私人書牘，以資實證。然而即在史書之中，固尚有未闢之山林，未發之金錫在：家譜與方志是已。向日我國社會之單位爲家族，而家譜記之；我國行政之區域爲省府縣，而方志詳之：此二者，材料至豐富，且其翔實也。然其編纂常散漫而不可稽，其卷帙又繁重而不便讀，故關係雖鉅，學者猶憚之，用之以治史者殊寥寥。家譜印本少，秘於各家，非一時所可遍讀。而方志則以分地編輯，得按地以求之；又人事之關涉者多，流傳得以廣遠。方志學之發展視家譜學爲早，非無由也。

前此各史藝文志中亦嘗載錄方志矣，而疏漏彌甚。藏書家如天一閣，千頃堂，傳是樓，並以方志入錄，而惜其零星；夫私家之藏書本不當責之以完備也。繆荃孫先生編錄清學部圖書館所藏方志目，是爲方志有專目之始；惟所錄者限于內閣大庫移藏之本，後之人欲觀明清府縣志之全者，覽之猶未饜也。朱君士嘉學於燕京大學研究院，即以方志爲題；嗣主輔仁大學講席，又以方志設教。竭五年之力，博采旁羅，得國內外現存方志五千餘種，作此綜錄，以示大凡，蓋直接爲目錄學家創一新例，間接爲史地學者開一大道，可謂盛事矣！

予與士嘉同學燕京，相友六載，祁寒烈暑，恆見孳孳。每成一卷，必來走質，故備稔其著述之事。竊謂是編之出，利於人者有四端焉。

夫研究方志之源流者，宜作系統之搜尋；宋以前完書無幾矣，自宋而元而明而清，或順而游，或逆而溯，要當遍覽，不可割裂。其研究方志之體例者，宜洞悉材料部居之術，採訪之由，及前代學者撰述之總成績，與其輕重得失之權衡，此亦有待於博覽，非硜硜之鄙儒所能爲。學者擁此一編，智珠在握，左之右之，俱足以達津梁。其供應研究方志學者之便利，不待言也。

每地修志，主要標的在於備行政官吏之鑑覽，以定其發施政令之方針。凡編纂志書之善者，力之所及，足使在位者鑑覽得其要而發施得其宜，故修志之人不可以無學。繼自今，凡從事於斯者，手綜錄一編，自易蒐集舊志而詳辨其善否，因以舍短取長，補偏正誤，而規畫新志之方式，則所作者必可以突過前人。又有雖非本邑之志乘，而夙昔推爲名著，若錢大昕，戴震，章學誠，孫星衍，洪亮吉，俞樾，孫詒讓等主纂之書，皆有其特識殊文，足爲後人模楷。修志者循是編以求之，有餘師矣。此所供於纂修時之應用，其功亦非細也。

研究史學者，其取資也無窮，然恆苦不知材料所在。欲覓一僻邑之志，雖居五都之市，亦未能必得。今既備此一書，則何館何家所藏，一索即知，登門可讀。即非本地所有，命舟驅車而就之，亦得之矣。夫如是，則向之求材覓證，百方而不得者，今乃若取之於懷抱，治學之樂，有逾是耶！其有編輯中國地名辭書，繪製中國地圖及沿革圖者，苟將賴是書而獲得豐裕之資料，若前人然，編錄地名但限於郡縣也哉！然而是書之成，固大有造於史地之學，雖謂之奠定史學基礎可也！

十餘年來，各地圖書館皆努力採購方志。其本邑之志，或鄉里已湮滅無存而千萬里外乃獨有孑遺，或僅傳一本而欲得之者不止一人，則惟有複寫。其價值甚高而需要甚殷者，則取以翻印。然而倘無總目，將何從知此書之果孤與否？果有複寫與翻印之需要否？加以書賈揣摩風氣，時居奇貨，倘無總目，亦將何從知此書之果應有此價值否？自得此一編，而後諸種難題悉可消釋，主持圖書館與張設書肆者俱無有悖入悖出之慮，不亦普乎快事乎！而向日視爲普通書籍者，或竟藉此而識其珍貴，移置善本書廚，愼密藏之，則得其所矣。至於已絕迹於國內而猶延命於海外者，則有力者覽之，宜可慨然興起，推廣黎氏古逸叢書之意，借而刊之。嘉靖以前之志，存者已鮮，元一統志僅北平圖書館殘存數帙，此亦當有人踵繼清代校刊唐宋地志之風，逐寫而付諸剞劂者也。然則將來之出版界有待於是編者將多不可計，非吾儕今日所可豫知者矣！選爲數錄，以待識者之求焉，士嘉其有意乎？

四年前，予嘗與士嘉同議研究地方志計畫一篇，載於燕京大學社會問題雜誌。其中主張，以編輯總目與篇目爲研究之先決問題，以編輯索引爲研究之方法之一。今士嘉獨力成此總目，是向日之大願已實現其一端。其篇目表之編製，亦從事久矣，聞已錄得志目千種，皆取於北平所藏；自謂搜羅未竟，不敢公諸世也。然讀盡天下志書，談何容易；願士嘉將已錄者次第之爲初集，嗣後每讀千種，即列爲續編，不必俟齊備也。前年北平圖書館刊方志目錄，凡其具有金石藝文者，悉註於下

新書介紹

光海君時代之滿鮮關係

西生

稻葉岩吉著　昭和八年大阪屋號書店出版　定價金六圓五十錢

著者稻葉君山是日本的滿史專家，他在民國三年已經完成了他的巨著清朝全史，當時即有排斥但燾的譯本和我們相見。現在隔了二十年，又出了這本書，研究的主題雖然往上稍移了一點，仍舊不離滿史的範圍，孜孜三十年，老而不懈，鍥而不舍，這種治學的精神，實在不能不使人佩服。

光海君時代之滿鮮關係一文是作者在民國二十一年六月中京都帝國大學的學位請求論文。附錄太白山本光海君日記之由來及李民寏之柵中日錄二文，別錄一篇，滿洲開國說話之歷史的考察。

正文分七章，第一章敘說，第二章光海君以前之滿鮮關係，第三章光海君初政時與滿洲及中國之關係，第四章明清戰爭時朝鮮之態度，第五章朝鮮援軍之投降，第六章戰役後之三國關係，第七章結言。構成本文最重要的材料是新近影印行世的朝鮮李朝實錄，尤其是中華本的光海君日記，次之是明實錄，殊域周咨錄，明史，兩朝從信錄，籌遼碩畫，清太祖實錄，高麗史，承政院日記，備邊司謄錄，北關志，輿地勝覽，懲毖錄，柵中日錄，西匪年譜，牛溪集，鶴川集諸書。

光海君是朝鮮李朝第十五代王，在位十五年（1608—1622 A.D.）以失德被廢，故不稱王而稱君，紀載這一朝史事的書也不稱實錄而稱日記。光海君十一年（萬曆四十六年，西元一六一八）建州酋長努爾哈赤起兵伐明，連陷遼東名城，明廷以楊鎬爲經略，定四路出師之計，徵兵於朝鮮助征伐。朝鮮以議政府左參贊姜弘立爲都元帥，率兵萬名從征，屬劉綎軍，四十七年三月甲申明西路總兵杜松敗績於吉林崖，乙酉北路總兵馬林敗績於尚間崖，庚寅東南路總兵劉綎敗績於深河，朝鮮左營將金應河力戰死，姜弘立金景瑞以衆降。四路兵惟南路李如柏軍以楊鎬檄止獲全。這一戰朝鮮人稱爲深河之役，是建州立國後對明的第一次大戰，以後建州着着進逼，明兵步步退讓，朝鮮首先犧牲在建州的鐵騎之下，稽首降服，建州後顧無憂，得以一意西略。這本書所說的以這次戰役爲中心，并及戰役前後的三方關係。

這書的寫成，可以說是完全利用朝鮮方面的新材料的結果，這一些材料過去從未有人提及。把這些新材料和中國方面舊史參證後，除去可以互證的一部份外，發見了不少可喜的新史料。例如努爾哈赤起兵侵明誓師時的七大恨，一向都以爲是萬曆四十六年閏四月間的事。作者在二十年前也說：「天命三年（萬曆四十六年）二月告貝勒諸臣曰；予與明之釁凡七大恨，其餘小忿，不可殫述。乃頒以兵法。四月六日率步騎二萬征明，臨行書七大恨告天。」（清朝全史第九章金汗國之創業）據太白山本光海君日記戊午三月初五日條，及備邊司謄錄丁巳十二月所記，則在前一年努爾哈赤移付朝鮮之若干通文件中，已含有朝鮮人所謂「七宗惱恨」之意味，如「胡書中所言，無非怨天朝誘我國之語。」「胡書中所言，無非歸曲天朝，誘脅我國之意。至於指天朝爲南朝，奪地殺傷，種種怨忿之言，不一而足。反噬抗拒等語，尤極兇悖。又以爲天朝數害朝鮮，敢逞離間之計，至有兩家

，謂之曾爲滿洲，此書所提及的史事最後年月爲天啓六年（天命十一年，西元一六二六），在這時期以前，無論是中國的或朝鮮的記載，從未有提及「滿洲」二字者。乃強抓古人以所不知之名稱，自無所謂保，日滿洲國成立之歷史考察，此種論據在事實立場上實在不值識大之詞談，若輩閉門造謠首，即實爲屬之論計，無恥，陰謀之表現。

一九三四，五月九日

佛遊天竺記考釋討論

答向覺明先生　岑仲勉

覺明先生：（上略）足下於拙著有所評論，……

[illegible]

大公報代售書籍

總社法租界三十號　分社天津北門內……

中國藝術明器大觀　三元

雜體詩彙考　由澹生編　五角

書名	編	類
中國文學年鑑	文學年鑑社編	一元六角
文學自由論辯集	蘇汶編	五角八角
文學評論集	侍桁著	八角
新文學運動史	高滔編	五角

[illegible]

圖書副刊

BOOKMAN 第八十一期

一 本刊登載關於中外圖書之介紹批評以及學術界消息
二 爲公開性質歡迎投稿
三 刊登本刊之文略致薄酬
投稿通訊可寄「北平文津街國立北平圖書館內圖書副刊編輯收」

書評

呂思勉著白話本國史訂譌

雲孫

此書大體尚佳，不失爲初學之良好讀物，惟呂氏之撰此書，似未能充分利用劄記法以搜輯及類次史料，恐或不免專憑記憶，故書中譌誤有爲常人所不應有者。案此書刊布於民國十二年九月，迄今已逾十載，累經重版，譌誤如故，竊念此書爲學校教本，其自身之錯誤尚小，其貽害於來學實大，故略爲勘訂於次，倘因此而加以改正，是亦區區所企望也。（以下所舉頁數，皆依國難後第一版。）

1.白話本國史第二冊頁六十云：「他們又把劉縯殺掉，劉秀因出徇河北，未與其難，於是劉秀先把河北平定，取了河內以爲根據地。」案後漢書光武帝紀，光武之出徇河北在劉縯被害之後，縯被害時，光武方徇下潁陽，追更始既都洛陽，光武始北渡河。呂氏之言實誤。

2.同上頁九十九云：「董卓西遷之後，孫堅便收復洛陽。後來和袁術結連，去攻劉表，給荊州軍射殺，他的兒子孫策，收集殘部，投奔袁術。」案吳志孫堅傳及孫策傳，孫堅死時，策方居舒，並未在堅軍中，將堅餘衆就袁術者，堅兄子賁也。

3.同上頁一〇一云：「到關羽進攻北方的時候，孫權又把呂蒙調回，換了個未有重名非羽所忌的呂蒙。關羽果然看輕他，把江陵守兵盡數調赴前敵。」案吳志呂蒙傳及陸遜傳，魯肅卒，呂蒙代鎮陸口，蒙將襲關羽後方，以爲羽攻樊而多留備兵，必恐已圖之，遂託疾還建鄴，過蕪湖時，與陸遜語，以遜意思深長，才堪負重，而未有遠名，非羽所忌，乃薦遜自代。遜至陸口，書與關羽，卑詞自託，羽意大安，稍撤備兵赴樊。呂書以呂蒙爲奔喪，以陸遜爲呂蒙，斯爲大誤。

4.同上頁一三九云：「於是魏分爲東西，西魏又爲宇文氏所篡。明年，東魏也爲北齊所篡。」案東魏亡於公元五五〇年，即民國紀元前一三六二年，西魏亡於公元五五七年，即民國紀元前一三五五年。今呂書謂北齊篡東魏在北周篡西魏之後，誤也。又前一三五三年應爲前一三五五年之譌。

5.同上頁一四一云：「侯景以河南十三州降梁。梁武帝因此就起了恢復北方的雄心，叫自己的兒子貞陽侯淵明去伐魏。」案貞陽侯淵明非梁武帝子，乃武帝兄長沙宣武王懿子，呂氏蓋誤記也。

6.同上頁一四四云：「北周篡魏的，是孝閔帝。然而大權都在叔父宇文護之手。」案宇文護乃宇文泰長兄邵惠公顥子，於閔帝爲從兄，呂書謂護乃閔帝叔父，誤也。

7.同上頁一六五云：「沙鉢略死後，弟莫何可汗繼之。擒獲阿波。莫何死，子都藍可汗立。」案都藍可汗乃沙鉢略可汗之子，非莫何之子也。

8.同上頁一九〇云：「高宗的太子名忠，非武后所生，武后把他廢掉，立了自己的兒子弘。又把他廢了，立了他的兄弟賢。」案弘但見鴆於武后，未嘗見廢也。

9.第四冊頁二二云：「回國使臣仍舊聯絡北上。前五四年二月，到了天津。朝廷沒法，只得派直隸總督譚恒和他開議。」案譚恒乃乾隆時大臣，歿已數十年，此時直隸總督乃恒福，當改正。

10同上頁三七云：「前一一二七年，蒙兀兒朝亡。」案印度蒙兀兒朝亡於公元一八五八年，即民國紀元前五十四年。

11同上頁二三一敘武昌首義事有云：「工程營先發，輜重營繼之。」案第八鎮輜重營始終未附和革命，輜重營應爲輜重隊之譌，此輜重隊隸第二十一混成協，其舉義僅後於工程營也。

巴黎敦煌殘卷敘錄（二）

王重民

周易王弼注

周易王弼注殘卷，存兌卦之下半，至中孚卦之上半。持與今本相校，渙九二：「渙奔其几，悔亡。象曰：渙奔其几，得願也」，兩几字今本並作机，釋文作机，音几。節：「中志以通」，今本志作正；又注：「然後乃通也」，今本乃誤爲及，阮氏校勘記云：「岳本古本及作乃」。九五：「苦節吉，往有尚」，注云：「爲節而不苦」，今本而作之，卷子本作而，與岳本同。中孚：「乃化邦」，今本邦下有也字。「乃應于天也」，今本于作乎。羅振玉曾影印王弼注第三第四兩殘卷，均爲初唐寫本；此卷民字缺筆，甚亦寫於貞觀之世。雖存者僅五十行，亦多有資於校證。亟爲影攝，以與羅卷並觀焉。 四月二十七日

周易王弼注殘卷

周易王弼注殘卷，起需卦「象曰酒食貞吉，以中正也」句，訖履卦。書法草率，且不避隋唐諱，殆出於塾師之手。紙亦破爛，今被以薄紙一層，墨色又淡，不但不能攝影，亦多不易辨識矣。 四月九日

春秋穀梁傳殘卷 范寧集解

春秋穀梁傳范寧集解，唐龍朔三年三月亭長裴思惲寫本。起莊公六年「齊陳乞弒其君荼」，至卷末，存者九十行。經注校以今本，異同甚多。六年：「荼雖不正乎？受命矣」，今本乎作已。「入內者不受也，荼不正何用不受，以其受命，可以言不受也」，今本三不字並作弗，卷子本作不，與唐石經同。七年：「八月已酉入邾」，注：「魯非霸主」，今本主作王，誤。「其切者有外魯之辭焉」，今本切作言夾二字。八年：「夏，齊人取讙及闡」，注：「宣元年傳」云云，今本元作九，誤，何煌校宋本尚作元，不誤。九年：「宋皇瑗帥師取鄭師於雍丘」，注：「雍丘，厶地也」，今本脫厶字。其他辭句之異同，不勝枚舉。卷末總記經注字數，大字一千九百言，小字二千二百六十言，按古逸叢書翻宋紹熙間刻本，所記字數，經傳一千八百六十九字，注一千九百八十三字。兩本相較，在此一卷之內，刻本經傳少三十一字，注文少二百七十七字，可知其異同之數矣。

羅振玉曾影印穀梁傳莊公十九年至閔公二年一殘卷，（Pelliot 2536）後題「龍朔三年三月十九日書吏高義寫」，知與此卷同爲一書，蓋當時由衆人分寫者。故亟付影攝，俾與羅本並觀焉。 （四月十六日）

禮記殘卷 鄭玄注

禮記殘卷，鄭玄注。起大傳「繼別爲宗」句，訖少儀「問馬入廟門」句，存者四十二行。唐諱不避，蓋爲六朝寫本。持與注疏相校，參以阮氏校勘記，而益知爲善本也。經文之異者：大傳「有無宗亦莫之宗者，公子是也」，今本無下衍之字。少儀：「敵者曰某因願見」，今本敵作適。按注云：「敵，當也」，則鄭氏原本正作敵。鄭注之異者：大傳：「以高祖與禰皆有繼世者，則曾祖祖亦有也，有則小宗四與大宗凡五也」，今本繼下無世字，曾祖祖，祖字不叠，則小宗四句上無有字，卷子本義較明晰。少儀：「喙，遂之也」，今本喙作諱，卷子本作喙，與釋文同。「贄無目者也」，今本衍者字。「言廢衣不必以其斂也」，今本作「言廢衣不敢必用斂也」，卷子本與惠棟校宋本同。「文織良貝貨賄之物」，今本良下衍貝字，句遂有不可通。「不執將命也」，今本也作者，卷子本作也，與惠棟校宋本同。是其異文，每同於釋文與宋本，其更有爲釋文與宋本所不及者，則以此本寫於六朝，唐宋人亦罕覯也。 （四月十八日）

新書介紹

李子金類譜

郭豫才

闕德清曰，余嘗於天下都會之所，聞人間語言之音，世之泥古非今，不達時變者衆，呼吸之間，動引廣韻爲證，寧甘受鴃舌之誚而不悔。咳兆斯語，道盡漢唐以來研究韻學之習弊。闕氏著中原音韻，實天下之不韙，根據北方之通語，於切韻一系韻書外，另闢蹊徑，成中原音韻派之韻學，於音學史上，實豐功偉績者也。中原音韻之後，著作迭出，如中州韻，詞林韻釋，瓊林雅韻，曲韻驪珠，韻略易通，以至於五方元音，皆其最著。然李子金先生之類譜，海內鮮有知者。李先生河南柘城人，順康間隱居不仕，於學無所不闚，尤精推步聲韻之學，張文襄書目答問，列先生於曆算西法類，而未言及其韻書。所著隱山鄙事十二種，行世未廣，致多放逸。客歲河南圖書館館長井偉生先生，徵得先生遺著十一種，書鳳愼餘在焉，類譜者，書鳳愼餘之一種，亦先生言韻精心之作也。閱讀一過，心竊喜焉，遠在三百年前而竟有是作，雖王靜安可以低眉，然如此巨著，至今始有知者，亦可悲已。

全書類列用表格式，一字可以代音者，不雜其他列字。韻母字多以元音爲主。以他聲代音者，只一見。韻分十五，皆自撰韻目。一盈、二羊、三言、四吟、五姚、六尤、七牙、八爺、九匣、十爲、十一逸、十二峨、十三魚、十四吾、十五慈。較之中原音韻少四部，併庚青於東鍾，併桓歡先天監咸廉纖於寒山，併侵尋於眞文，分支思而爲二。較國音韻，只「儿」韻未另列韻目，其他相同。每韻之下，以平上去入，分爲四韻。以四字代之，如盈韻之下，分盈影應英四韻，四韻之下，每韻復以四字押之。如盈字韻用盈容翁娙四字，影字韻用影勇埇甖四字，應字韻用應用甕硬四字，英字韻用英雍翁娙四字。聲類共分十九。即幫滂明非端透泥來見溪曉影照穿審日精清心，較之中原音韻缺微母一類，較國音聲母缺微疑（開合）二母。每聲之下，亦皆以標準字代之。如見母爲及局姑蛤，溪母爲奇渠枯可，曉母爲畦吁胡何。每母之下，復分爲四聲。如見母平聲爲及局姑蛤，上聲然巳矩古哿，去聲爲計巨故箇，入聲爲吉居姑各。如此聲母韻母既定，聲韻相合，自成音系。全書一致，排比整齊，一目了然，實爲等韻最善之書，今舉盈韻見母溪母二組於下以爲例。

盈	○盈及	○容局	○翁姑	○娙蛤
影	景影巳	冏勇矩	拱埇古	梗甖哿
應	敬應計	纜用巨	貢甕故	更硬箇
英	京英吉	局雍居	公翁姑	庚娙各

盈	○盈奇	○容渠	○翁枯	○娙可
影	頃影豈	𥩟勇祛	孔埇苦	肯甖可
應	慶應氣	僨用去	控甕庫	○硬何
英	卿英欺	傾雍區	空翁枯	坑娙渴

有音之字，以字代之，無音之字，以圈識之，每字之下注以反切，全書分十五總韻，韻各四聲，共爲六十分韻。每一總韻爲音者二百六十有八，共計四千二十音。內除無字之音二千二百一十有六，餘有字之音，一千八百有四，內平聲之字，三百六十六音，上聲之字，四百七十四音，去聲之字，四百七十音，入聲之字，四百九十四音。統覽全書，與今國音所訂聲韻，無大差別，其最大特點有四：

一、全書注意審音，以韻爲綱，以聲爲緯，用譜類式排列，易於辨別。

二、所用聲韻例字，皆以一ㄩㄨㄛ四元音爲主，與近代之新韻學頗相接近。

三、以陰平爲入，陽平爲平，入聲附於陰平之中。

四、韻例多方音，如肉字有日欲入欲苦勿三切，杏有吸幽切，皆有可歷切，此皆今豫東方言猶有存者。

順康之間，復古之風漸盛，有才之士，趨走若騖。先生消遙林泉，獨能根據當時語言，撰之成書，以遺後學，今日讀之，雖得失互見，要亦不朽之作也。故特草撰此文，以供海內同好之探討。

× × × ×

吳愙齋先生年譜

顧廷龍著燕京學報專號之十 定價六元

吳縣吳大澂先生在有清一代中，其學風與歙縣程瑤田相近。其同時則有瑞安孫詒讓，而弘博精慤過之，然事功政績則非兩先生所可及。生平所著書不下三十餘種，而梓行者未及半。吾人細讀說文古籀補，字說，權度量衡實驗考，古玉圖考諸書，知吳氏之學實開近年來研

究[illegible]之風。上起羅振玉，海甯王國維二氏，皆求[illegible]。先生晚年曾自撰年譜，而約略不備。吳縣顧頡剛[illegible]，爲鄭州世家，與先生有姻親，又撰于金石之學，[illegible]先生爲後進，故所作年譜，爲文二十餘萬言，於先生一生行事及治學方法述之兼詳。排比事跡，有條不紊，又能提綱挈領，特留意於政績及科學事業。蓋先生雖以功業著，而翰墨之長固足以掩其大端，顧氏表而出之，尤稱親切有味。末附著齋藏器目，及著作目各一篇，凡治古器物學，古文字學，及研究近代史者，皆當人手一編也。（玉府）

× × × ×

海外吉金圖錄

容庚編　北平來薰閣文奎堂代售　定價三十元　預約二十元

有清咸同以後，吾國古銅器藏家蠭起。歸安之吳氏兩罍軒，丁氏梅花草庵；吳縣之潘氏攀古樓，吳氏愙齋；濰縣之陳氏簠齋；海豐之吳氏雙虞壺齋；閩縣之陳氏澂秋館；南海之李氏寶召齋；日照之丁氏彝林館；漢軍之[illegible]；瀋陽之端氏陶齋。凡十餘家，家皆百器以上。民國以來，故家零落殆盡，惟攀古樓澂秋館兩家獨存，已不無散失矣！軍閥構禍，國無寧歲。關洛之民困於饑饉，或掘塚墓取器物以救死，政府莫能禁。與邦之民挾其多金，來相購取，于是古器之流出海外如水之就壑。輒近年域外各地以收藏古銅器著稱者，若日本之住友氏，英國之歐氏 Eumorfopoulos，各有專書行世。住友之書曰泉屋清賞，其所收藏大半瀋陽端氏，濰縣陳氏故物。歐氏所藏合其他故物影印而成，曰集古錄。兩書精緻，十餘巨冊，取值之昂，非一般學者所能給。今春[illegible]先生商得新家同意，編印爲海外吉金圖錄。茲編爲日本之部，采錄之書七種：泉屋清賞以外，有白鶴帖，支那古銅精華，支那工藝圖鑑，周漢遺寶，帝室博物館鑑賞錄，陳氏十鐘等六種。得圖一百五十八品，其中采錄之器，若陳氏十鐘，皆精緻之器。容氏采其圖象之明晰者而錄之，其中拓墨未善者，若陳氏十鐘，張簋，宰甗，邢侯彝等銘文，此皆爲之更換精拓本補入。日人所編之書於欵識考釋概從省略，此書皆爲補作釋文。（青松）

× × × ×

燕京大學圖書館目錄初稿　類書之部

鄧嗣禹編　二十四年四月燕京大學圖書館出版　一冊定價四元

類書之興，昉自六朝，而盛於元明，歷年愈久，成書愈多，後人精力有限，誰能畢讀，有類書則檢一事而隨類相從者若干事，咸呈於前，其用良便，清康熙中亦嘗勅撰數種，其後以士子專取類書爲捷徑，不知悉心研讀，於是有以學風之日趨澆薄爲病者，嘉慶二十年三月河南學政吳元之奏請飭禁坊刻類典等書，諭曰：『士子研經稽古，於五經三傳，自應通讀全書，融會淹貫，發爲文章，乃足以昭學業，乃近多鈔錄類書，剿襲撦拾，爲圖說論，不可不嚴行飭禁，着該學政隨時查禁，責令銷燬外，並將考拔生童有仍將此等類聯鈔錄者，即嚴棠不錄，以正文風，而端士習。』從此章觀類書爲鄙陋，購求日少，著亦日少，而前人所著者使傳亦不廣矣。

際今專科業重之時，惟求工具之良備，以便于用，類書之再版翻印業至好之工具，燕京大學圖書館有鑒于此，[illegible]類書富有，爲當世學人參攷之便，遂由鄧[illegible]先生[illegible]爲專目一冊，一書之後，詳注作者及板本，又各[illegible]提要，間加考證，備記所分門類，即不翻原書，覩目亦得知其梗概，其中頗有罕見之本，若鷁仲之學海類編，[illegible]考鷁仲，或作茅鶴，茅鶴乃鷁仲之別字，致誤[illegible]，鄧君今據史志爲之改正，他若王圻稗文獻通致，[illegible]校刊海錄碎事，彭好古彭氏類編，章潢圖書編，皆不易得，末附引得，使卷帙繁重之部，一索可得，尤稱便捷。

類書性質，似於雜家總集出入甚微，尚無確切之定義，四庫總目則曰，『類事之書，兼收四部，而非經非史非子非集，四部之內，乃無類可歸』，此其擬定之範圍，凡後人所習用者，又丁氏八千卷樓書目援雜甚當，編製甚善，亦爲通行，此目乃折衷兩者，以爲去取，亦可謂審慎矣。（潤）

× × × ×

河北石徵第一集

河北月刊社編　民國二十四年五月出版　天津益明製版所印行　定價七角

此書係印現存河北省境內或在河北省境內出土的碑碣十五種，計收漢碑四種，魏碑誌四種，北齊碑誌三種，隋碑三種，唐誌三種，都是用照形補片影印的。後附詳細明確的說明，其字跡不清楚的更有釋文。所收的碣本時就沒有特出的精品，印亦不無一二足[illegible]的地方。如西周漢的三公碑及北齊[illegible]隴東王感孝頌的字跡都比較常所見的爲清晰，則所錄的原本當係佳品。又如東魏賈思伯碑等三[illegible]浮圖頌，北齊劉碑造像記，及民國二十一年出土之唐[illegible]貞約墓誌都比較罕見。其最有價值的，乃是編者的考釋。歷來著錄家多偏重字跡，而於原石的情形也少記述。此冊所附的考證則以事實爲主，對於石的形狀，立碑的沿革，出土的經過，保存的所在，以及文中的史實，均有詳細的陳述。所以此書至少有兩種用處：第一可供鑒家的賞玩，因爲尺寸較比原搨片爲小，翻閱較爲便利；第二可供讀史者的參考，因爲考釋詳明，足資引用。所可認爲遺憾者亦有二點：第一未附原石照片，第二釋文未能依照原文的格式對照排印，理大概因爲要減輕印刷費的關係罷。（于）

新書簡訊

西北之地文與人文

王金紱編　二十四年　商務印書館發行　定價四角五

此書所指西北，係包括新疆青海甘肅寧夏陝西及綏遠六省區而言，面積約一千〇八十萬餘方里，當全國總面積三分之一強，地廣人稀，經濟文化發展頗爲遲滯，尤以新疆間於英俄兩大勢力之間，自清中葉以來，變故多事，無寧歲，西陲之地，大有鞭長莫及之感。近因東北四省淪陷，國人知亡羊補牢，尚未爲晚，於是開發西北之聲，盈溢朝野，此則須起而行，非可坐而言也。是書於西北之山川氣候，農鑛牧畜，鹽產藥材，交通民族及政治區劃等，皆有所敍述，自可爲注意西北時事者普通參考，惟所採外人資料，間有食而不化者，如頁一六九蒙古包內部之『敖物』，當譯爲臥龍，否則將使讀者莫知其爲何物也。（實）

× × ×

西北古地研究

藤田豐八等著　楊鍊譯　民國二十四年三月出版　商務印書館印行　定價三角

此書是一本論文集，共收文八篇：（一）釋書國都考，大谷勝眞作，（二）碎葉與焉耆，松田壽男作，（三）上代于闐國都之位置，白井長助作，（四）月氏故地與其西移年代，（五）條支國考，（六）黎軒與大秦，均藤田豐八作。第四篇最爲重要。因爲關於月氏的紀載既稀少，而又不明晰，必須參證旁稽，纔能知其大概。又因爲四周的幾大民族都和他有關係，不容忽視，所以有詳致的必要。藤田氏此文引證豐富，解釋清晰，足供研討。以中國譯爲都貨羅之Thagura比定爲敦煌，乃一創見。惟不知我子駒支的出處（見第七十三頁）大是怪事，豈以藤田氏之博學，還左傳都未讀過？禹貢半月刊第一卷第十一期有大谷勝眞作安西四鎮之建置及其異同一文，周一良君譯，可與第二篇碎葉與焉耆參看。（于）

舊抄卷子本兩京新記

日本前田侯家育德財團景印卷子本　非賣品

日本前田侯家尊經閣藏書，有舊鈔卷子本兩京新記卷第三一卷，今景印行世，蓋七百年前日本鎌倉時代之舊物也。此卷總長三十丈二尺高八寸八分，卷首缺佚，卷中亦有脫落之處，多蟲蝕，尾行頂格有兩京新記卷第三等字，其下鈐有金澤文庫墨印。

日本寬政年間日儒林述齋編印佚存叢書，已將此卷刻入，跋云，唐韋述撰兩京新記五卷，宋史藝文志著于錄，予偶得古鈔本一冊，乃其第三卷，而首又闕數紙焉。卷尾題云寫金澤文庫本云：即鈔自現存尊經閣之卷子本，清阮元四庫未收書提要謂，此一卷在原書爲第三卷，所載坊寺宅觀園祠，於東西南北次第詳，日本人採在佚存叢書中云：亦即指此卷也。此外伍崇曜之粵雅堂叢書，傅良之南菁札記，武昌局刻之正覺樓叢刻，皆收有，蓋出於佚存叢書也。（明）

× × ×

英國侵略西藏史

孫煦初譯　二十三年十二月商務印書館發行　定價一元二

此爲內政研究會邊政叢書之三，原書名 India and tibet，著者 F. Younghusband 曾任英國駐藏官吏，所著關於我國西部紀行之作甚多，爲倡導對西藏武力征服之一人。西藏鄰近印度，清末以來已啟英人覬覦之心，然俄人之勢力，亦應越新疆而進入西藏與英人抗衡，故英人難於西藏固視俄人爲眼中釘欲拔之而甘心也。故西藏間乎二强之間，加以中政府之無能，其有不爲人掌中物乎？此書共二十五章，附錄五。所論大體爲近百年來，英人窺伺西藏之種種嘗試與企圖，對華交涉之結束，英國殖民政府各當局對藏政策之轉變之情形，中政府之顢頇與失策，及藏人之愚頑等。其中固不少偏見，然大部分皆爲可貴之史料，實爲研究者所不可不讀也。（川）

× × ×

南洋華僑史

李長傅著　民國二十三年十一月出版　商務印書館印行　定價三角五分

全書分九章：首概論，略述中國人在南洋移殖的經過；其次七章分述東印度群島，馬來半島，婆羅洲，菲律賓群島，暹羅，緬甸，越南等處地方華僑的發展情形；末爲結論，推論華僑與祖國的關係。以後爲南洋華僑大事年表。再後爲詳細的參考書目。最後爲附錄二篇：（一）菲律賓史李馬奔之真人考補遺，乃補充張星烺氏在燕京學報第八期所發表之菲律賓史李馬奔之真人考而作；（二）闍婆非爪哇考，乃駁溫雄飛氏在南洋研究第三卷第四期所發表之唐代闍婆非爪哇考之作。此書爲綜合的作品，取材甚博，組織整齊。惟所據尚少根本資料，未可認爲探源之作。（于）

× × ×

元人小令集

陳乃乾輯　廿四年四月開明書店發行　實價一元二

在韻文作品中除了賦，大體說，詩是溫柔敦厚，宜於表現涵蓄的感情，詞主婉約，宜於調態，自然有一種細膩風光，含有戲劇意味的曲辭（如元明雜劇傳奇），宜於舖陳敘事，較叙事詩自由而易於發揮，動人情感。元人的散曲小令，却是小巧玲瓏，可高可低的爲品，它好像小家碧玉，不比詩的凝重，卻又比詞含蓄一些，讀起來不吃力，卻領略得一種萬邊輕鬆的味兒，在韻文中可以不依附於戲曲而自成格調。所以我有時也很欣賞小令。

近幾年來散曲小令的收集，如吳瞿安鄭振鐸任二北盧冀野都是很努力的人。本書編者從前曾刊過一本蒲海的南北小令，是從詞林摘艷裏輯出的，現在更擴充而成這樣厚厚的一冊，喜歡讀小令的人，自然很感謝了。（藏）

× × ×

明日醫藥創刊

明日醫藥社出版　廿四年五月五日發行　全年一元五角

中西醫學之爭，積有年所，吾人以病者之立場而論，實就醫於西醫，以西醫可以剖析吾人病象之所以然，而中醫則每多牽強附會之玄言，倘翻其玄言，而取先民之說一一實驗之，則醫理固無間於中西也。明日醫藥雜誌之宗旨，蓋欲努力於此，吾人極表贊同，故樂爲介紹於此。

587

圖書副刊

BOOKMAN
第八十二期

一 本刊登載關於中外圖書之介紹批評以及學術界消息等。公開性質歡迎投稿。
二 刊登本刊之文略致薄酬。
三 投稿通訊可寄「北平文津街國立北平圖書館內圖書副刊編輯收」

書評

梁遇春譯註的英國詩歌選

毛如升

上海北新書局一九三○年出版　每冊一元三角

這是梁先生譯註的英國小品文選的姊妹篇（關於這本英國小品文選，郭人在三十二年二月一日圖書評論雜誌第二卷第六期上曾寫了一篇批評），題名英國詩歌選，全書共分（一）英國古民歌（二）伊利莎白時代的詩歌（三）十七世紀詩歌（四）十八世紀詩歌——a，古典主義b，過渡時代（五）十九世紀詩歌——a，浪漫派時代b，維多利亞時代（六）近代詩歌六大部。選詩凡一百餘首，書首冠以序言，對於初學詩者頗有裨益，但有數點可討論者。

第一，本書第一章講英國古民歌，梁先生說：「民歌的第一特色是沒有個性……第二特色是簡單……」，可是把最主要的一點——民謠是爲歌唱或跳舞而作的短篇的敘述的詩（見小泉八雲的 Interpretations of Literature 卷中「英國的民謠」一文）——完全忽略，而且小泉八雲說：「民謠……爲一種用簡單的韻文敘述的短篇故事……不得與任何的歌相混」，現在梁先生稱之爲歌，亦有未妥。（雖然，民謠最初原是一種和跳舞相伴的歌唱）

第二，伊利莎白時代，莎士比亞的十四行詩（Sonnet），比較重要，但梁先生介紹莎士比亞時，卻很簡單，反對斯賓塞而上舉的約翰鄧（John Donne），也佔了幾乎同樣的篇幅，提起十四行詩來，我們都知道牠是源自意大利詩人 Petrach，文藝復興時，這種詩體由意而英法，最後才由法而至英，最初英詩人模仿意大利的十四行詩所用的韻腳和英國的十四行詩所用的韻腳完全不同。前者是：a,b,b,a"a,b,b,a" c,d,e,c,d,e，（後六行稱爲 Sestet，韻腳可以變動，但前面的兩個四行（two Quatrains）則不能變動），後者是：a,b,a,b.,c,d,c,d.,e,f,e,f.,g,g，後面的 g,g 稱爲 Couplet，爲英國十四行詩之特色。）而且莎士比亞的十四行詩所以重要，就在他不一味學 Wyatt Daniel Lodge 等十六世紀英國詩人，盲目地模仿英法十四行詩的形式和韻腳，另外表現英國詩具的風格。這種梁先生都未曾提及。

第三，本書要未曾選司各脫的詩，我以爲欠妥。誰也知道，司各脫的 The Ministrelsy of the Scottish Border 很爲著名，浪漫主義一面更是「暴露自然」，同時還有「返乎中古」，這二者猶如鳥之兩翼，缺一不行，司各脫正是表現了「返乎中古」的一面，試舉他的 Bonny Dundee 爲例，其中的疊唱：

Come fill up my cup, Come fill up my can,
Come saddle your horses and call up your men,
……

是多麼鏗鏘，牠的味道，又何減梁山泊上的英雄好漢呢？

第四，本書近代詩選譯太少，就我個人讀過的選本中，大約的統計是 Anthology of Modern English Poetry 裏，詩家凡六十餘，詩凡一百餘首；The Golden Treasury，近代詩家凡二十餘人，詩凡三十餘首；A Book of English Literature，詩凡六十餘首，Jameson 的 Contemporary British and American Poets（蘭徵出版），亦選了很多近代的英國詩，皆比較本書豐富。

第五，本書付排在一九三○年六月，但這年英國桂冠詩人 R. Bridges 已於四月逝世，由現存詩人 J. Masefield 繼任，本書介紹 J. Masefield 時，竟未提及。

以下談他的翻譯。

大體說來，梁先生的翻譯，太偏重意義的闡明，而忽於形式的優美，可是詩，同其他的文學不同，牠得「形」「質」並重，近代意大利美學家 Croce 且更主張形式爲內容之內容，所以本書譯詩的缺點，就是太過於散文化，其他可商榷的地方，也很不少。

（一）關於雲雀歌（To skylark）的翻譯

在英國詩裏，關於歌頌雲雀的詩人，在雪萊之前最著者有華茨渥斯，[illegible]雲雀歌，[illegible]偉大。詩中有一句：「你從地上[illegible]（梁譯一六七頁）」，這種豪放不羈的精神，恐怕只有我們唱「一行白鷺上青天」的李白可以比擬，因爲雪萊天才之狂放，所以翻譯他的詩很困難。（尤其這首雲雀歌），完全是雪萊天才的表現，翻譯更非易事。

翻譯這首詩最著名的，是郭沫若先生，可是郭先生的翻譯，有幾處和梁先生的翻譯不同，有幾處則和一般的翻譯不同，譬如：

In the golden lightning
of the sunken sun,
O'er which clouds are brightening,
Thou dost float and run,
Like an unbodied joy whose race is just begun.
(3rd stanza)(梁選一六六頁)

郭沫若在創造第一卷第四期雪萊紀念號第三十五頁譯爲「旭日東昇……」並且註說：「原文Sunken sun，此字頗費解，或爲映倒「夕陽」，但牠此處是等於 Invisible Sun 的，雲雀啼於晨，不啼於夕，特此註明。」（創造三十五頁）梁先生則譯：「在落照的金黃閃光裏……」（梁譯一六六頁）這一節，我想郭先生的註很可靠，因爲第三節文，只說雲雀"float and run"（浮游飛動），並沒有說雲雀"唱"的話，而且 Sunken Sun明明不是「旭日(Sunrise)」，所謂 Invisible Sun之解釋，實毫無根據。但原詩第四節：

The pale purple even
Melts around thy flight;
Like a star of heaven,
Thou art unseen, but yet I hear thy shrill delight
(4th stanza)(梁選一六八頁)

郭譯「晨光融融樂……」（創造三五頁）並註：「Even……等於twilight是「黎明」不是「暮」，我以爲很對，梁譯：「淡紫的暮色……」（梁選一六九頁）似有未安，第一，本節末一行有「可是我聽到你那溜亮的歡唱」（I hear thy shrill delight），雲雀啼於「晨」，故不能譯爲「暮色」第二，根據金庫註釋（Notes on Palgrave's Golden Treasury-Normal Tutonal Series, edited by P. Lyddon Roberts, A. C. P. etc., and Professor E.E. Denney, Twelfth edition）第一〇一頁的註子：

Pale purple even—the night which is passing and giving place to the first glimmerings of daylight.

則「淡紫的晨光——是將要逝去並且逐漸讓日光第一次的閃耀來臨的夜色。」可見得 Even 等於 twilight 了。（普通 even 用在詩中等於 evening，但此處似不能譯爲「暮色」，且更有以 even 作副詞者（創造三五頁）；如此，則Purple應爲名詞，有「晨光裏道金紫」的意思，也講得通的。）又如：

Keen as are the arrows
of that silver sphere
Whose intense lamp narrows

In the white dawn clear,
Until we hardly see, we feel that it is there.
(5th Stanza)(梁選一六八頁)

郭譯：「皎如曉日輪……」（創造三六頁）並註「曉日輪是原文 Silver Sphere（銀球），註家以爲是「月」，我覺得是「太陽」……文中有 Keen, arrow, Intense 等字樣，我覺得用不到「月光」上去。並且解作月光，詩趣與下節犯複。」梁譯：「……像日輪的光箭那樣鋒利：……」這一節，郭譯與梁譯相同，都把 Silver Sphere 譯成「日輪」，我以爲是錯誤的。

第一，就epithet（習性形容詞）言，只有 Silver moon，沒有 Silvey Sun 的。

第二，郭註說：「文中有Keen, arrow, Intense 等字樣……」殊不知 Keen 是因 arrow 而來，不是說月光本身的形性；而 arrow 並非真的箭，不過比喻光線（beams）之強烈而已。Intense 也因 arrow 而來。再者，我們普通用 Glorious 形容太陽，但也有Glorious Moon（「皓月」商務英漢模範字典七三二頁）可見得郭先生謂 Intense 不能形容月光也不確當的。

第三，郭註：「解作月光，詩趣與下節犯複，」我先把下節引在下面：

All the earth and air
With thy voice is loud,
As, when night is bare,
From one lonely cloud
The moon rains out her beams, and heaven is overflow'd.(6th stanza)(梁選一六八頁)

我以爲絲毫沒有犯複，第五節乃敘述天明時月亮將迷的情形，第六節是敘述深夜的月亮皎潔的情形，若謂兩次都以月光爲喻，即謂犯複，則譯成「日輪」和第四節「晨光」，第三節「旭日」不同樣犯複嗎？而且詩裏只說雲雀的歌唱，像月光之尖銳，所以牠是Simile，不是真指夜間月亮的光，下面的 dawn 才是黎明——那時月光漸淡，正雲雀歡唱時矣。

第五，根據金庫註譯一〇一頁：

Arrows of that silver sphere—the rays of ligh from the star mentioned three lines above

則所謂Silver Sphere是指第四節第三行裏：

Like a Star of heaven(見前)

的「星球」，月光（衛星），太陽（恆星）皆可稱爲星，可是第四節下文有：

In broad daylight
Thou are unseen……(見前)

可見得是說「月亮在光天化日之下就看不見的」意思，絕不是「太陽。」

（二）關于 half ……的翻譯

英國人最喜用半吞半吐的言辭（understatement），不會說「He is very good」，卻說「He is not half bad.」。（反之，美國人則喜用 Overstatement。）所以遇到這類句子，最忌是死譯：「一半……」這一點，梁先生未曾注意。試舉數則如下：

原文：There is no lady in the land
is half so sweet as Sally。(P.76)

梁譯：全國沒有一位姑娘，
有 Sally 一半的可愛。　（七七頁）

巴黎敦煌殘卷敘錄（三）

王重民

論語殘卷

敦煌本論語殘卷第六，[illegible]（四月七日）

爾雅注　郭璞撰

爾雅郭璞注殘卷，存釋天第八，至釋水第十二，[illegible] Prieuré de St. Arnoult，時山雨初霽，遊興復濃，黎公對坐暢論天品。

原文：Half broken-hearted (P. 140)

誤譯：心碎半邊 (一四一頁)

原文：When You can no more hold me by tde hand，
Nor I half turn to go yet turning stay.(P.258)

誤譯：當你再不能握着我手，
我也不能一半轉身，終於留着時。(一五九頁)

原文：One shade the more, one ray the less,
Had half impaired the nameless grace(P.146)

誤譯：濃了一些，淡了一些，
就害了一半那說不出的風韻……(一四七頁)

[illegible]

(三)關于 haunt 的譯法

[illegible] W. H. Davy 先生在一九三〇年 [illegible] (De la mare 1873—) [illegible] (The Market-place) [illegible]

This one buys dust, and that a bauble Sells:
But none to any scruting hints or tells
The haunting secrets hidden in each sad face.

[illegible] haunt [illegible]

Our Song is the voice of desire, that haunts our dreams,

[illegible] (一八三頁)

Whereto her phantom beauty ever stealing
Haunts the sad spot alone

[illegible] (一八五頁)

The beauty haunts me heart and soul

[illegible] (一三三頁)

[illegible] Stephen Phillips 作的 New "De Profundis" [illegible] "The earth……haunted by a phantasmal sun" (三〇頁) [illegible]

(四)其他

(一)誤譯：The same That oft-times hath
Charm'd magic casements, opening on the foam
of perilous seas in faery lands for lorn(P.186)

[illegible] (Opening [illegible]) [illegible]

(二)誤譯：alone, alone in the raptured ear of men
We pour our dark nocturnal secret(P.284)

[illegible] (一八五頁)

[illegible] Appreciations of Poetry 三九頁 [illegible] (Praraphrase) [illegible] ……at night we sing, trying to Speak our secret of pain to men……」[illegible]

(三)誤譯：And all I ask is a merry yarn from a laughing fellow-rover,
And a quiet sleep and a sweet dream when the long trick is over.

[illegible] (一三〇頁) [illegible] trick [illegible] 「The journey of life」[illegible] (J. Masefield) [illegible]

(一) Sands of life(P.100)——[illegible] Hourglass [illegible] Disraeli Venetia V.X."The remaining Sands of my life are view.[illegible] Hourglass [illegible] 「人生如沙漏」[illegible] Plot。

(二)Ruth (P. 186)——[illegible] (Book of Ruth)[illegible] Noami [illegible] Noami [illegible] Beth-lehem-judah [illegible] Moab [illegible] Noami [illegible] Noami [illegible] judah [illegible] When, sick for home, She stood in tears amid the alien Corn, [illegible]

(三) Manna(P.196)——[illegible]

(四)Cupid(P.218)——[illegible] Venus [illegible]

(五)Jove's plannet (P.240)——[illegible] 「The moons of Jove」[illegible]

(一) lake water(P.314)[illegible] 「湖水」[illegible] 「河水」。

(二) Pestilence-Stricken multitudes(P.154)，[illegible] 「大衆」[illegible]

(三) O' Press it will break at last (P.164)。[illegible] Oh' Press it to thine own again, where it will break at last。

(四) Heedless (不注意) [illegible] Headless (無頭) [illegible]

新書簡訊

[illegible]

大公報代售書籍

[illegible]

書籍類

[illegible]

雜誌類

[illegible]

圖書副刊

BOOKMAN
第八十三期

一　本刊專載關於中外圖書之介紹批評以及學術界消息
二　爲公開性質歡迎投稿　刊登本刊之文酌致薄酬
三　投稿通訊可寄「北平文津街國立北平圖書館內圖書副刊編輯收」

記巴黎國家圖書館所藏太平天國文獻

王重民

太平天國一朝文獻，自國祚顚覆，爲滿淸所深忌，燬滅殆盡！官書而外，士大夫亦諱言之。民國以後，故書野記始稍稍出，然刪削竄改，大非本來面目矣！民國十四年，日人內藤虎次郎遊歐歸去，還大英博物院所藏太平天國史料一文，次年劉半農先生印行太平天國有趣文件十六種，於是國人之注意太平天國文獻者，始於海外求之。程演生先生摭錄法國東方語言學校圖書館所藏爲太平天國史料第一集，俞大維先生摭錄德國國圖書館所藏者張菊生先生爲之編入太平天國詩文鈔內，蕭一山先生摭錄不列顛博物院所藏爲太平天國叢書第一集。海外所藏，自是復入中土，而太平官書，亦十得八九矣！

余於民國二十三年十月來巴黎，服務國家圖書館中。公餘之暇，輒抽繹所藏漢籍，得覩太平天國所刻書十四種，（重一種，實十三種）。爲劉半農程演生二先生所未見，似國人之遊歐者亦均未見也。乘取而讀之，稽以英德及東方語言學校所藏目，則無出其外者。然版刻不同，文字互異，循其異同之點而求之，則有極大意義存焉。惟余於太平天國文獻，素未究心，諸家摭錄與纂述，亦多未寓目；行篋中僅携有太平天國詩文鈔一部，內載張菊生先生校增德國所藏太平刻書九種，比較觀之於太平軍與三合會之關係，楊秀淸逐漸專橫之陳跡，在此直接史料中，掣出蛛絲，則官書野記之是非，或可進求判斷矣！蕭一山先生曰：「余因從祝學人能用史料以治史學」（語見本刊第五十五期太平天國叢書第一集序）。方今太平官書，泉本齊出，其前後刻本所以不同之故，善治史學者自能知其史心史意之所在也。余恨未見諸家書，余尤恨最近不能赴英以觀其全，赴德以覩其眞，即巴黎語言學校所藏，既未暇前往閱覽，亦未見程先生所摭錄，然則書既曝露於世矣，而求之之難，猶有如是者，則余此記，爲不可緩也！

巴黎國家圖書館所藏此十四種，卷首均鈐有太平天國「旨准」天方印，如張菊生先生所見者。又有法國帝室圖書館 (Bibliothèque Impériale) 小圓印，則其所從來者舊矣，茲依旨准頒行詔書總目次序，條記如左：

天父上帝言題皇詔

書封面題「天父上帝言題皇詔，太平天國癸好三年新刻」。書內首行及書口並題「十全大吉詩」。按太平天國野史載是詩題「天父上帝醒世詔」，並是當時別名也。每半葉四行，行七字；每首占半葉，每句爲一行，共十首，五葉。眉端標「共一」「共二」以爲目次。與野史所載相較，共一句二：「共王作主救人善」，此本共王作「禾王」。共二末兩句「爲人不可起歪心，全敬上帝自無光，」此本作：「玉淸不好起歪心，全敬上帝不怨嗟，」餘句多小有異同。凡與野史不同處，如「不怨嗟」句，較與文件內通用術語爲相近。「禾王」二字，雖不得其解，楊秀淸官銜爲：「勸慰師聖神風禾乃師贖病主」。野史載一告示，稱：「共略爲妖者，如人之受病，又生東王勸人回頭，救人疾病，故稱東王爲勸慰師贖病主」。太平救世歌亦云：「師稱禾乃，贖病寡寥」，則「禾王作主救人善」，爲歌詠楊秀淸矣。共王之實，而獨歸之禾王矣！

天父下凡詔書

書封面題「太平天國壬子二年新刻」，半葉十行，行二十三字，遇「天父」提行抬一格，行二十四字。共十三葉又三行。按太平天國文鈔載張菊生先生，跋德國藏下凡詔書刻本，稱「原書半葉九行，行二十二字，共十五葉又半葉零一行，」則與此本非同一版刻矣！惜張先生未記付梓年月，不詳爲何時刻本？然兩相比較，字句異同之處甚多。最堪注意者，德藏本凡天王自稱均直寫作秀全，或簡署「全」字，而此本則一律改爲「朕」字，且提行空一格，以示尊貴。按天父下凡詔書作於辛開元年十月二十九日，（一八五一，）旨准頒行，當時應有刻本。此本署壬子二年，（一八五二。）雖不敢必德藏本爲刻於辛開，此本即刻於壬子，（此本明署壬子二年新刻而不敢必者，說詳下。）要之德藏本刊刻在先，此本在後，可斷言也。初刻天王尙自謙抑，不敢擬於古之帝王，後刻本一律改爲「朕」字，固可爲判斷初刻覆刻之資，而草莽英雄，漸自尊大，在此小小校勘中，頗有耐人尋味者。張菊生先生跋又稱：「提行格數，悉依原式，文字有不通處，亦不改動；惟確知其誤者，則標注於下」。如「假辨帶妖壯」（文鈔一四八頁上）張先生校云：「辨依下文作僻」，此本正作僻。又「其時小子既得贖此城易功」，（頁一五〇下）張先生校云：「功當作攻」，此本正作攻。凡此改正，亦爲後刻之明驗也。

天命詔旨書

書封面署：「太平天國壬子二年新刻」。半葉九行，行二十二字，共十四葉。按此書刻於壬子，（一八五二。）而書內所載天王詔旨至癸好三年，（一八五三。）則不應刻於壬子可知也。按書前所附「旨准頒行，詔書總目」有十五種；曾略作統計，知辛開年有十三種，壬子年有十四種，癸好年始入太平救世歌方有十五種，則又爲不列於壬子年之一證也。蓋此等小冊子，爲軍中宣傳要品，將帥隨地覆刻，主其事者非有學識與刻書經驗之人，不但書封面仍舊，而刊刻年月，亦不知改，故其所刻書，欲求其眞正年月，不能以其所自署者爲據也。此本與德國國家圖書館藏本，字句略有異同，然無大關係，惟辛開七月十九日在茶地所發詔令，（見文鈔頁四下。）此本末尾多百九十八字，實含有意義。茲先將原文補錄於下：

「今行營：共令各軍各營，除伍宜整齊堅重，同心同力，千祈恪遵天令，不得再逆。前軍主將貴妹夫，左軍主將達胞，同統戊壹監軍，前壹軍帥，前貳軍帥，左壹軍帥，左貳軍帥，開通前路。中軍主將淸胞，統土壹總制，中壹軍帥，中貳軍帥，及前選侍衛二十名。護中右軍主將正胞，後軍主將山胞，同統右壹軍帥，右貳軍帥，後壹軍帥，後貳軍帥，押後。每行營屯營，各軍各營，宜間勻連絡，首尾相應，努力護持老幼男女病傷，總要個個保齊，同見小天堂威風。衆兵將！各各遵！欽此！」

此是前時行營坐營，歸排如是。今宜聽東王將令。」

按末一行十九字非天王詔語，當是刻書時所增說明。余因推斷原稿及原刻本必無此一行說明，而有「今行營」以下至「欽此」百七十九字。余因更推斷此本所以有此一行說明者，彼時蓋因楊秀淸始專橫，兵權旣在握，他人喻楊之旨意或受楊之命令而增之也。德藏本所以無此百九十八字者，則因刊刻更在此本之後，楊秀淸益專橫，不欲留此陳迹，因並將詔語原文而刪去之也。德藏本張先生未記刊刻年月及行款。不列顛博物院東方語言學校並藏有是書，現亦不知刊於何年；俟將來獲觀後，或有能證吾說之不謬者。

出麥西國傳

黃色封面，無簽，然無書署。書內首行題「出麥西國傳第二」，驗其內容，則舊約第二章也。因知即舊遺詔聖書矣。紙墨甚佳，刻劃精雅，不知刊於何年，共六十四葉，四十章；章分若干節，用小字標於行間。不列顛博物院藏兩本，不知並相同否？按頒行詔書總目十三種者，尙無新遺詔聖書；而原道覺世詔有「又考舊遺詔書」之語，則新舊遺詔書頒行較後，而新遺詔書更後於舊遺詔聖書也。余閱頒行詔書總目有七種九種者，七種九種之目，或尙並無之也。余又檢巴黎國家圖書館藏神天聖書載舊遺詔書兼新遺詔書數部，爲 Morrison and Milne 所翻譯，一八二三年英華學院 (Anglo Chinese College) 刊版。是在洪秀全之前新舊約久有新舊遺詔書之譯名，頒行後不過循其舊稱條例加一「聖」字耳！Morrison and Milne 所譯舊約第二章作以所多書，或作出以聖比多地傳，譯語用字與此本不同。吾人若能多求新舊約譯本，勘其譯語用字之異同，或可求得在秀全初起時所接近之教會也。蓋戎馬倥傯之際，太平軍又鮮通西文之人，新舊遺詔書，必非出於當時新譯者也。

又太平天國旨准頒行詔書總目內，尙有天理要論欽定制度則例集編兩書，未發見傳本。余查國家圖書館藏有天理要論一部，分十二章，九十六葉，二號鉛字排印，題「尙德者纂」，不知出於誰氏。閱其內容，與太平天國無關，知非頒行之本，蓋書名偶同也。又是書與嘉慶間倫敦傳教會 (London Missionary Society) 所編纂刊印諸書在一目上，蓋亦刊印於嘉慶末年，在洪秀全之先。然吾人因此可推知：凡太平軍中頒行天主教義重要書籍，必均有所本也。

天條書。

書封面題「太平天國壬子二年新刻」，半葉十行，行二十三字，遇天父字提行抬一格，行二十四字，共九葉。與文鈔頁百二十五下所載德藏本相較，字句異同頗多。蓋所記「解罪規矩」與「悔罪奏章」等件，隨時有修改故也。

太平詔書

書封面題「太平天國壬子二年新刻」，半葉十行，行二十四字，共十四葉。書原道救世詔，原道醒世詔，原道覺世詔，三詔。按文鈔葉七下所載德藏本，救世詔作救世歌，醒世覺世二詔並作「訓」，且救世歌後有四百二十一字長之百正歌一首，爲此本所無。其他字句異同之處亦多，如原道救世歌首段，「道統根源惟一正」，此本「道統」作「眞道」。「歷代同揆無後先」，此本作「皇天上帝的親傳」。「試看人間子待父，賢否俱循內則篇」，此本下句作「賢否俱宜侍奉誠」。此本凡所改削者，則爲漸合於耶穌教義矣。吾人由此可知德藏本刻鐫在先，此本應較後也。蓋太平軍之初起也，雖利用天主教義，然洪秀全諸人，非深於教義者，故詔書論旨，多援用儒家思想與術語；及用耶穌以設教，漸漸深入兵士之後，乃完全定天主於一尊，遂排斥儒教，此必然之勢也。百正歌四百二十一字，幾於純爲儒家思想，則後刻本自應刪去無疑。但此本刪削之後，仍含儒家思想較多者，則因頒行較早，不勝改削也。原道覺世詔有「又考番國舊遺詔書」之語，斯時已旨准頒爲聖書，而仍冠稱「番國」者，則偶未及改也。

太平禮制

書封面題「太平天國壬子二年新刻」，半葉八行，行二十二字；館中藏兩本，並同。與文鈔頁十九上所載德國藏本，異同亦多。如王長女一條，德本「長天金」，「二天金」「三天金」，此本作天長金，天二金，天三金。東西長女條德本作「長東金」「二東金」，「長西金」「二西金」，此本作東長金東二金，西長金西二金。而南北翼世子，南北翼女六條，此本並不具文，只云：「皆與東西一式」，故減省二百餘字。

太平軍目

書封面題「太平天國壬子二年新刻」。共三十四頁。按不列顛博物院藏一本，不知與此本有無異同？

太平條規

書封面題「太平天國壬子二年新刻。」半葉六行，行十二字，共五葉。載定營規條十條，行營規矩各十條，與文鈔頁百三十一上德藏本相同；然字句亦有異，知非同一刻本。行營規矩第二條，德本：「如遇天王及各王時，各遵迴避道傍」，此本無「如遇天王及各王時」一句，當係脫落。「御輿」此本作「御與」，則疑文鈔排誤也。

頒行詔書

書封面如下：

太平天國壬子二年新刻

（四周均是龍紋）

太平天國　禾乃師贖病主左輔正軍師東王楊　右弼又正軍師西王蕭　奏
准頒行詔書

半葉十行，行二十四字，共十葉。載東王楊秀淸西王蕭朝貴聯名所發諭示三篇，奏准天王頒行者，故稱頒行詔書。按文鈔頁三十一上所載德藏本，雖未注明刊刻年月，以予考之，甚近於原本，而此本則實刻於壬子二年也。（按救一切天生天養論德本云：「戊申歲三月上帝下凡主張，九月天兄耶穌下凡拯救，今既三年矣」，此刻三年改作五年，從戊申至壬子恰爲五年，是此本刻於壬子之證。）二年之間，太平軍由湖南直下金陵，時間雖短，而變化頗巨，故兩本異同之處，實有極大意義存焉。茲摘錄奉天誅妖救世安民諭一段，以示其異同：

「況查爾們壯丁，多是三合會黨，盍思洪門歃血，實爲同心同力以滅淸，未聞結義拜盟，而反北面於仇敵者也。」（文鈔頁三十二上，即德藏本。）

「況爾四民人等，原是中國人民，須知天生眞主，亟宜同心同力以滅妖，孰料良心盡泯，而反北面於仇敵者也」。（巴黎國家圖書館藏刻本頁二下。）

按現藏太平天國文件中，言及三合會者，於今所見，似僅此一處，而後刻本又刪去之，可知其諱言之深也。上帝會與三合會，曾有一度合作，學人類能言之，然究無强有力之證據也。而東西二王諭告團勇，有「爾們壯丁，多是三合會黨，盍思洪門歃血，實爲同心同力以滅淸」等語，殆上帝會與三合會曾有洪門歃血故事，故此始能以大義相責耶？（洪門兩字，爲三合會專名詞，可參閱本刊第四十一期羅爾綱先生所提一部新發見的天地會文件鈔本。）然余於學問，頗爲虛心，因別無他證，竊作東西王以三合會滅淸宗旨，責三合會黨人不應作團勇，不應助淸軍，亦有可通。然再推想後刻本所以刪去之故，似仍以前說爲近是。蓋太平軍由廣西入湖南時，三合會勢正猖狂；而官軍與團勇聯合，則太平軍與三合會立於同一戰線，勾結團勇，共敵淸軍，自是必然手段。洪門歃血一事，雖不堅必，而是時太平軍所發檄示，則與三合會稱謂多相近，於此類宣傳書中，又有足徵者。如檄滿清布四方諭云：「照得有明失政，滿洲乘釁，混亂中國。以中國之天下，奪中國之衣食，淫虐中國之子女人民；而中國以六合之大，九州之衆，任其胡行而恬不爲怪，中國尚得爲有人乎？」（文鈔頁三十一下。）完全三合會口吻也，而此本檢討：「照得滿洲肆毒，混亂中國；而中國以六合之大，九州之衆，一任其胡行而恬不爲怪，中國尚得爲有人乎？」（頁四上）文氣已減稍差矣，而於「有明」字樣，即作歷史的敍述者，亦削而不存，則其與[illegible]日史論，有至於已見者！[illegible]，而與[illegible]言之，正一例也。

太平天國癸好三年新曆

前有東西南北翼五王頒行新曆奏，與文鈔頁三十六下所錄頒行甲寅年新曆奏，大致相同，蓋因已成官樣文章故也。次爲月序日序，月序順排，日序低一格，凡日曆日注「禮拜」二字於該日之下。按此癸好新曆，有「天曆永遠流傳，自辛開元年一直流出」之語，則其出曆，蓋在辛開稱王之日歟？故宫文獻館藏洪大全供狀，有「咸豐二年二月十六日，是我們的曆書三月初一日的日子」一語，可知太平天國自辛開至壬子年，雖已採用新曆矣！又癸好新曆頒詔：「每年十二月，照明年新曆」，則此書當刻於壬子一年，不列顛博物院亦藏有癸好三年新曆一本，其辛開及壬子二年新曆，均尚待於發見也。

[illegible]

三字經

[illegible]

幼學詩

[illegible]

又法人古恒氏一九〇二年出版的（Maurice Courant）所編中國書目（Catalogue des livres Chinois）[illegible]

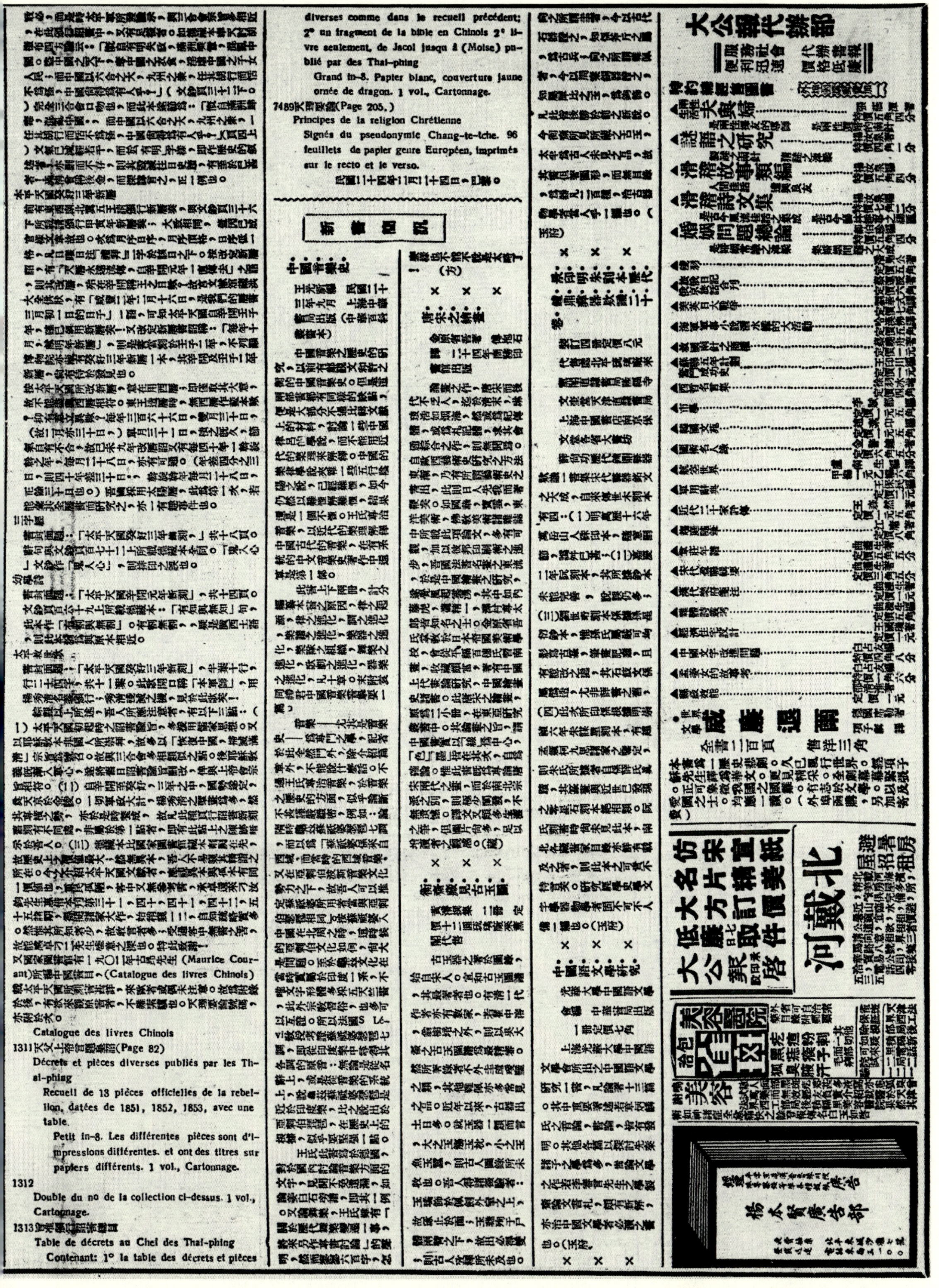

Catalogue des livres Chinois

1311[illegible](Page 82)

Décrets et pièces diverses publiés par les Thai-phing

Recueil de 13 pièces officielles de la rebellion, datées de 1851, 1852, 1853, avec une table.

Petit in-8. Les différentes pièces sont d'impressions différentes. et ont des titres sur papiers différents. 1 vol., Cartonnage.

1312

Double du no de la collection ci-dessus. 1 vol., Cartonnage.

1313[illegible]

Table de décrets au Chef des Thai-phing

Contenant: 1° la table des décrets et pièces diverses comme dans le recueil précédent; 2° un fragment de la bible en Chinois 2° livre seulement, de Jacol jusqu à (Moise) publié par des Thai-phing

Grand in-8. Papier blanc, couverture jaune ornée de dragon. 1 vol., Cartonnage.

7489[illegible](Page 205.)

Principes de la religion Chrétienne

Signés du pseudonymie Chang-te-tche. 96 feuillets de papier genre Européen, imprimés sur le recto et le verso.

民國二十四年二月二十四日，巴黎。

新書週訊

中國音樂史

王光祈著 民國二十三年九月 上海中華書局出版（中華百科叢書本）

中國音樂之歷史的研究，以前有能說文和許之輔的中國音樂史。但是這兩部書都有同樣的缺點，便是大部分不過比輯文獻上的材料，討論一些中國律呂的學說，而不能用近代的樂理來解釋。中國的樂律學說雜以一些五行陰陽之說，已經難懂，如今仍然以難懂解難懂，結果還是一個不懂。王氏專治音樂，以近代的樂理解釋中國古代的音樂，在已有的中文音樂史著作中還算是第一部。

此書上下兩冊，計分論樂律音程之原因，律之起源，律之進化，調之進化，樂譜之進化，樂器之進化，樂隊之組織，舞樂之進化，歌劇之進化，器樂之進化，凡十章。末附表「開始研究中國音樂者須要一讀」。

音樂——尤其是音樂史——殊爲專門之學，記者於此全然門外，除介紹本書外，不能批評一語。不過王氏專治音樂，於音樂之歷史的方面，似乎論斷不甚精確處，例如：論隋代龜茲樂舉蘇祗婆琵琶七調，而以爲「蘇祗婆係來自西域，而當時的西域音樂，又在西利亞波斯音樂文化勢力之下，故吾人可以推定蘇祗婆所用者當與西利亞波斯相同」。蘇祗婆入中國在北周之時，這時候的西利亞文化如何，尚大是問題。西域龜茲文化在當時實屬於印度一系，不惟文字形體多從五天竺而已，此外宗教習俗，也多可以互證。所以法國S. Lévi教授考證蘇祗婆琵琶七調，即從印度樂中尋得其各調的原音；無論是從名辭上，或是從音樂的系統上，說龜茲蘇祗婆琵琶是近於印度樂，比之說出於西利亞波斯，在歷史上的根據，似乎要強一點。

王氏此書爲初創，對於國內討論音樂方面的文字，見聞不甚週詳，如論樂律自己的錯誤，即其一例。又論雅樂，王氏雖有「[illegible]」之一語，却不於歷代雅樂沿革一事，[illegible]明，然而[illegible]六百字，[illegible]

樂譜由來，而能不於樂史本的了！（方）

× × ×

唐宋之繪畫

金原省吾著 傅抱石譯 二十四年商務印書館出版

繪畫之作，唐宋而後代不乏人，迄於清末，殊多流派，然後世學者如林，而研究者遂多出於記錄之作，則無問焉。自歐西繪畫史研究之方法東來，乃有所謂繪畫史之著作，此則日人先我而著眼矣。如關衛、黃賓虹、俞劍華輩所著書，中所述如此，論文亦多有可觀，加以彼邦印刷術之進步，吾國名畫之東流，於是中國繪畫之研究，遂爲風起雲湧，其中如內藤湖南、瀧精一、伊勢專一郎等皆知名之士。金原省吾氏於日本帝國美術學校，嘗從事於繪畫美術研究，著有中國上代畫論研究，中國繪畫史諸書。此譯唐宋之繪畫，原爲二小冊，在東亞研究講座中。其論畫之旨，謂中國繪畫以「線」爲中心，以「色」「點」均在其次，自爲特論。惟此書既爲專論唐宋兩代之畫，而於南北宗派之別，則涉少觸及，不能無憾。譯文頗多佳處，宜若字句，但嫌片面多，是以供讀者之觀覽。（凱）

× × ×

衡齋藏見古玉圖

黃濬撰集 一冊 定價十二圓 [illegible]

古玉器之著錄圖錄，始自宋人。宋初古玉圖譜，其最著者也。有清一代，作者亦有數家，若吳中大澂之古玉圖考等，則以吳大澂之古玉圖考爲最精審。然所蒐錄者不外圭璧璜璋之類，其他種種亦多未見著錄。近年以來，古器出土日多，故玉器一類亦富，大之玉璧玉琮，小之玉魚玉璽，則古人圖錄所未著錄也。吾人得而觀之，[illegible]，故深致於此，[illegible]，則古人圖籍所未及也。句之所謂玉器，今以古代石器證之，知爲斧斤之屬，我古矣！句之所謂璇璣者，今以周秦銅器證之，知爲是比之玉，爲簡牘。凡此皆後勝於前之新說。今觀其所見所錄之玉石，太半爲古人未見之器，故其價值之著，而無具論，爲者凡二百餘，皆古器物學者不可不備之一種也。（玉陵）

× × ×

宋印明本影印本歷代鐘鼎彝器款識法帖二十卷

線裝四冊定價八元 代售處北平琉璃廠來薰閣 [illegible] 文奎齋 天津直隸書局 上海中國書店 [illegible] 文奎齋各省大書坊

薛尚功歷代鐘鼎彝器款識一書，集宋代彝器款識之大成，自來流傳本別有四：（一）明萬曆十六年萬岳山人朱印本，[illegible]；（二）[illegible]一年阮刻本，其所據鈔本未能完善，脫誤仍多；（三）[illegible]刻本係據舊鈔本，[illegible]；（四）此次所印係據明崇禎六年朱謀垔刻本，有[illegible]，則朱氏所據者[illegible]。[illegible]之等是石刻本[illegible]。阮氏刻書時尚未見此本，[illegible]北各[illegible]，則此本之可貴不待言矣。研究[illegible]文字[illegible]者固不可不人備一編也。（玉陵）

× × ×

中國語文學研究

光華大學中國語文學會編 中華書局出版

一冊定價七角

上海光華大學中國語文學會所出之中國語文學研究一書，凡論著十二篇。其中重要者如若[illegible]氏之音論，聲論，皆有發明。其他各篇以探討先秦諸子之學爲多，特論文學之作，若郭紹虞先生之學術論文著作，則有新解，亦治中國文學者必讀之書也。（玉陵）

× × ×

圖書副刊

BOOKMAN

第八十四期

一　本刊專載關於中外圖書之介紹批評以及學術界消息，為公開性質，歡迎投稿。

二　刊登本刊之文略致薄酬。

三　投稿通訊可寄「北平文津街國立北平圖書館內圖書副刊編輯收」

叢書集成初編目錄商榷

蟬

商務印書館有感於「方今文化衰落，介紹新知與流傳古籍，其重要相等，」因有叢書集成之輯印，選定叢書百部，原約六千種，去其重複，可四千一百種，誠勝舉也。一月來發售預約，購者爭先恐後，知學者之需要甚殷，而於是書之希望也必厚。

披覽目錄，大體甚善，但如既采借月山房彙鈔而又列澤古齋叢鈔，名雖不同，內容無所出入，則並列為複贅矣。鐵花館叢書計六種，其五種俱見他本，今據重排者，僅字鑑一種，此一種有澤存堂五種本極易得，似亦可不必印。五雅亦僅取埤雅一種，而埤雅格致叢書有之，此叢書所收甚富，盍不取之？他如晉通類之昭代叢書玉函山房輯佚書漢學堂叢書琳琅館叢書翠學軒叢書史地類之漢唐地理書鈔小方壺齋輿地叢鈔皆未采及。或以為二編續編尚有所待，不足為病。然此類要籍，需用較多，必須待至若干時日之後，不能不令人缺望也。

尤有一事不敢不煩言者：叢書采用之本，或係摘鈔，或非定本，今既重印，似宜改取足本實之。即以紀錄彙編而言：張璁論對錄原有三十四卷，紀錄僅一卷。葉盛之水東日記，何孟春之餘冬序錄，何良俊之四友齋叢說，紀錄皆刪節甚多。此數書關於明代掌故甚鉅，而皆不易得。今有復刊之便，改用足本，以廣流傳，豈不善乎？又如靈鶼閣叢書中之藏書紀事詩，江氏所據尚非定稿，在當時固興草刊出，以慰渴望。其後有手定之七卷本出，糾正誤謬甚多，江刻自無所用之矣。今茲據之重印，不啻貽誤後學，增葉江泉下之憾耳。葉氏嘗謂：「拙稿藏書紀事詩編輯待訂，本非定稿，蒙建霞携至湘中，遽以上木。（按在光緒二十三年）其中引書踳駁，前後顛倒，不但亥豕之迷目也。自謂甫付刊，即欲改正，以次命梓人重刻；苦無暇日。前數日始力疾從事，至今日第一卷畢；如方獬為南渡前後人，郭廷澤杜鼎昇皆宋初人，而原刻次于天水之末，又誤為延輯。如此之類，未可枚舉。又刪去羅紹威一首，重改定徐楚金宋遵度王樂道三首。前後兩本，後人必致聚訟，自此本出，建霞所刊一本，可置覆瓿矣。（緣督廬日記宣統己酉四月二日）」讀此小記，江刻尚有翻印之價值乎？

此四千種中，同此情形者當尚有之，甚盼商務能細加檢校而改善之也。

薛允升服制備考稿本之發見

顧廷龍

清季以碩學治法家言者二人，曰長安薛允升，吳興沈家本。兩公皆制讞之暇，精心著述，富可等身。沈氏遺著刊行者已大半，未刊者亦什襲在家。而薛氏之著，則卷經滄桑，有久經晦藏始得刊行者，有流落他所不可蹤跡者。考薛氏所著有讀例存疑五十四卷，漢律輯存六卷，唐明律合編四十五卷，服制備考四卷，漢律決事比四卷，定例彙編若干卷，薛大司寇遺稿兩卷。庚子之亂，京師震撼，漢律輯存佚出，為某舍人所得。唐明合律諸稿為方連軫（坤吾）挾往皖江。事定以後，沈氏乘讀例存疑一種付之校梓。漢律輯存，則某舍人秘不肯出。而唐明律合編服制備考二書，當時傳有力任校刊者，沈氏則數謂又在若存若亡之間。其後沈氏復為編刊遺稿，民國十一年唐明律合編始由其門生徐世昌刊而行之。至是薛氏之著，刊傳者已及半，而餘數種不知其所在矣。

日前休沐，閒蹀小市，在某肆暫見廢封之敝架，有叢殘一束，標簽曰「漢律稿本。」取而視之，紊亂無次，無序無跋，不署作者姓氏。粗檢一過，未見題及漢律者。及重閱之，則三冊考服制，而餘為論唐明律。因思考漢唐明律與服制者，非薛允升莫能為，必為其稿本無疑。遂詰其所標之漢律何在？則伴言夥友誤題，詢之再三，未詳究竟。即就所有者，議值購之，歸而理之，在論唐明律之一冊中見有「唐明律合刻」並「長安薛」數字，是此一束叢殘，為薛氏遺稿有據證矣。唐明律係出為官所輯，又經增刪。校諸刻本，頗有異同，凡所附識律，刊本均汰去。增刪之筆，剛健樸茂，當猶薛氏手蹟，疑脫稿之後，數經修訂，據以付梓者，當為定稿。則此其初稿也。考服制者，必為服制備考，計三冊不分卷，其字跡全如唐明律稿之改筆，則全為手稿矣。得之欣然，不亦幸哉！後班李祖蔭先生樂壽，告以薛氏久失之服制備考，今歸寒齋。李先生大為稱快。且曰，『尚有漢律輯存稿本，近亦知其所在，蓋為東方文化事業委員會所得。』余始悵然當時所見之簽題漢律，固知必有是書，而不圖已為捷足者先登矣。服制備考，幸係原稿，塗改滿幅，不題書名撰者，賈者遂不辨而棄置一隅。不然，豈能為余所得邪？卷首有代敘一篇曰：

服制之有差等，與評於儀禮，亦莫著於儀禮；不特別親疏也，亦分貴賤；而君父之服，列為第一，蓋所謂尊無二上也。今律則合大夫士庶而為一，並不載為君之服，而於後來增添之服，一一列入，多於儀禮者，大半此古今之所以大不相同也。吳氏家賓喪服會通說：『周公之禮，未有行於今者也，而喪服獨存，非後之人能存之也，有由然者也。人倫具乎是，尊卑貴賤親疏長幼內外之交盡乎是；嫌疑猶與分爭辨訟之端決乎是。故其禮之行缺如而其禮存。雖然，是果存乎哉？凡喪服之大義三：一曰父，二曰君，三曰宗，禮周者，喪服三變矣。漢文帝詔吏民短喪，而服君之義微；唐以後加異姓服，有大功相免，而服宗之義微；明制加子為母婦為舅姑皆斬衰，子為庶母期父為長子期眾子皆期，而服父之義微。先王之道，莫敢公變而顯易之者。喪服先王之所尤盡心也；其書最詳，今枝條節目猶相與奉守之。而其大義先變，何哉？變之者，亦非後之人能為之也，有由然者也。古者君世其國，臣世其家，相與為一體。自戰國並起，國無定臣，及秦行客賓之術，民忘君矣。且秦人子壯則出分他貲，家之道已散，父且不知所尊，而君何為？漢因是以變之爾。古者士大夫有廟則有族，廟制不立，民無宗矣。人君疏骨肉，親外姻，下習化之以為風俗；同姓還而易親，異姓私而易合，唐因是以變之爾。古者田宅受之君，職業受之父，士子既冠，傳之鄉人，各從其父鄉學之，為子者，恩在能繼父而已。後世職業廢，而智力興，父子兄弟競為行能，不相踏襲。拙者自求不瞻，巧者以得為榮。士大夫知生我之恩，知養賢之義，則曰父母何事焉？明因是以變之爾。且夫禮之作，由人心生也。明乎先王所以興人之心，則知禮之不可以損益也矣。

孔子曰：「文武之政，布在方策，其人存，則其政舉，其人亡，則其政息」。人存者，天下之人心存也，政雖息易舉也；人亡者，天下之人心亡也，政雖舉，猶息也。論語曰：「所重民，食喪祭」。古之有天下者，使民父子昆弟夫婦生相養，死相送，而治天下無事矣。欲民知父子，自上能正其父子始，欲民知昆弟自上能正其昆弟始，欲民知夫婦，自上能正其夫婦始，三者皆在喪服矣。故喪服者，人道之權衡也。變喪服，將何以為權衡乎？道者，尊親而已。以尊易親則傷仁，以親易尊則傷義。以其不尊不親者易其至尊至親者，則等殺無辨，而喪禮，禮廢而刑益煩，民得不知其所違矣。然則喪服之失，豈細故哉？夫為君之服，律內既未載入，又何致易生他議。而王侯公卿與庶人同一服制，將禮所謂諸侯絕，大夫降者，亦俱廢而不用矣。爰就律文所載各條，詳其原委，並備錄禮論說，而參以宋議。其孰得孰失，必有能辨之者。故以吳氏之說冠於首，以當自敘云爾。

讀此文，始知所據為前清律文，乃取各條校之，尚無缺失，采擷前說，可稱極備。所抒己見，衷於一是，可謂嘗五服之集成矣。議定刑律，本於宗法，尊卑親疏，以服制為綱維。唐之改制，詳於開元禮，明之改制，詳於孝慈錄。明於唐制既皆更改，而律亦多所重定。薛氏既為唐明律合編，以闡明律之謬，服制尤為樞心，遂別著備考若干卷（或謂四卷）明其淵源之所自。方今古制垂廢之日，此書似無所用，然於研究刑法史及宗法制度者，乃一重要之本。薛氏生當國體將變之時，則此書實為喪服之一總結也。

沈氏序薛大司寇遺稿有云：『自來著述之傳，若有數存乎其間。公之書無人為之表章而刻劂之，則亦終不傳。乃有人表章之，刻劂之而公之可傳者尚不能盡傳。此固公之憾，亦講求法家者之羣以為憾』近數月中，其不能盡傳之本已出兩種，則定例彙編，漢律決事比，想亦不難旦暮得之，薛氏之殁，不過三十又五年，故舊之存者，當不乏人，倘能壽之梨棗，不獨慰薛氏於九京，即沈氏之憾可釋，而講求法家之羣憾亦盡釋，不其盛與？

廿四，六，四。

巴黎燉煌殘卷敘錄（四）

王重民

前漢書殘卷　唐顏師古注

漢書蕭望之傳，顏師古注，起「今事久遠識忘難明」句，訖望之子育附傳「官屬掾史數百人」句。存者五十七行。書法極工。細注句尾每較今刻本多也字，蓋唐人寫書通例也。（四月十日）

沙州都督府圖經

沙州都督府圖經卷第三，始祥瑞，終歌謠，存者七十九行。宣統元年羅振玉曾據二〇〇五號殘卷，印入敦煌石室遺書，嗣又付之影印。然首尾殘缺，不著書名，故羅氏排印本題為沙州志，影印本題為沙州圖經，雖為近之，未為得也。此殘卷雖不及二〇〇五號長，然卷尾尚有「沙州都督府圖經卷第三」一行，俾吾人得識原書真名，為可貴也。持與二〇〇五號羅印本相校，祥瑞廿條：「右垂拱四年甫行端園內」，羅印本右下羨一按字，端作瑞，校以連理木條，作端是也。五色鳥條：「平康鄉界武孝通園內」，羅印本衍界字。白狼條：「天告臣子，並守忠於陛也」，羅印本於陛二字作惜，校記云惜字誤。歌謠：「口敷不服」，羅印本服字漸滅。此又文字上之足資校誤者也。

羅跋云：「此書之作，殆在開天間。雖卷中多頌揚武后語，及遇大周處多跳行空格，而無僞周之新字，且有開元之紀年。又避唐諱，如虎作武，隆作陸，基作其，四民作四人之類，均為作於唐而非周之確證。紀事至開元而止，而不及天寶以後，其非作於肅代以後，又可知矣」。按羅說雖辯，余頗疑實作於武后之世也。請略言之。新井等三驛，稱：「於證聖元年正月十四日，勅為沙州遭賊少草，運轉極難，稍竿道停，改於第五道來往。又奉今年二月二十七日勅，第五道中總置十驛，擬供客使等食」云云，此稱今年，當蒙證聖而言，可知是書當作於證聖二年，不在開天之世，此一證也。據横澗驛條知證聖元年十二月三十日沙州刺史為陳玄珪，據廿辛驛條同年紀事稱前刺史李無虧，則證聖元年李無虧已去職，故稱前刺史，盖是書纂於李無虧為刺史時，而成於證聖二年陳玄珪為刺史時，此二證也。漢人稱當時皇帝為「今上」，六朝以來稱「皇帝陛下」，天授二年日揚光條，有「咸以為聖神皇帝陛下受命之符」一語，又可知是書作於武后時，不在開天之世，此三證也。張芝墨池一條，雖有開元四年紀事，然全卷紀事，無逸證聖以後者。且墨池條與全書體例不合，（按原文明云其池已磨滅，故老相傳，池在前件所去，而標題下乃稱在縣東北一里云云，此行顯係後人竄入。不然應敘入正文，方與全書體例一致）。自開元二年九月以下，當係後人增入，應據全書以疑此條，不應據此條以定作書年代。又訪查墨池為刺史杜楚臣縣令趙智本所主使，而張氏又為敦煌右族，則事舉之後，竄入圖經，至為易易。明於此，則無僞周新字且避玄宗諱者，正因寫於開天之世；卷中多頌揚武后語及遇大周處多跳行空格者，正以作於證聖故也，此四證也。羅說雖辯，然余說甚通，今日因重檢二〇〇五號卷子，偶有所感，因並及之。

四月二十七日

書評

常乃悳編德國發達簡史

程維新

二十三年三月中華書局出版　定價五角五分

本書共十三章，自日耳曼民族的起源至歐戰後的德……Peter III……(Elizabeth)……

……(Leopold)……(Ems)……"Leopold"……

……(Trentino)……

……Mowat: History of European Diplomacy 1815—1914 pp. 241—242……

……(Blucher)……(Waterloo)……

……(Bundesrat)……Mecklenburg-Schwin……Bruns-wick……

……(Bulgaria)……San Stefano……Macedonia RouMelia, Bulgaria……Roumelia……Bulgaria……

……共強國了。

註一：Cambridge Modern History Vol. VI, P. 328

註二：Hayes & Moou: Modern History P. 361

註三：Cambridge Modern History Vol. IX. Chap. XX

註四：吳頌臬譯歐洲外交史大綱七十九頁

註五：Hazen Europe Since 1815 Vol. I P. 230

註六：Gooch, History of Modern Europe P. 3

註七：影響消滅後日本的政策九十九頁

三，二十七日於北大

新書介紹

……Myers, Groeneveldt, Philipps, Schelgel, Rockhill, Duyvendak, Pelliot……

來函照登

圖書副刊

BOOKMAN
第八十五期

一 本刊登載關於中外圖書之介紹批評以及學術界消息爲公開性質歡迎投稿
二 刊登本刊之文略致薄酬
三 投稿通訊可寄「北平文津街國立北平圖書館內圖書副刊編輯收」

跋學海君道部

鄧嗣禹

學海一書，世罕傳本，近頃燕京大學圖書館，購得此編，存君道部，凡二百四十卷，外重出于名類三卷，目錄八卷，明進賢饒伸抑之撰，明刻本。嗣禹纔讀此書，苦於茫無頭緒，繼竊大幾。嗣以旬日之工，翻閱一過，仍覺體例甚奇，疑難滋多。乃復旁參史志，略加考訂，草成此篇，以就正世之賞史者。

此編千頃堂書目通史類，著錄饒伸學海君道部二百三十四卷；又類書類著錄茅學海一百六十四卷。明史藝文志因之，分著於二處，惟改通史爲正史。天祿琳琅書目後編卷十六，著錄學海二百三十卷。明饒伸撰。然則此書作者爲茅抑爲饒伸，是疑問一。史志著錄，多者二百三十四卷，少者百六十四卷，而斯本則有二百四十卷之多，究爲一書，爲二書，或爲三種不同之書，是疑問二。書之體例，分類分門分篇分章復分節，而所立篇章門目，皆甚奇特，難於瞭解，彭元瑞氏天祿琳琅提要，謂以通史，又以類書，已難於決斷，究竟體製如何，應歸何類，有何用途，是疑問三。他如卷帙之錯亂重出，或目錄與內容不協，或書中有某卷，而目錄不具者，在在皆成問題也。考明代戰籍，茅之名，不見史傳；饒伸之名，萬季野明史稿卷三二六，王鴻緒明史稿卷二三九，以及張玉書明史卷二百三十，皆有其傳。觀傳知伸字抑之，江西進賢縣也，萬歷十一年進士，授刑部主事，歷侍郎，署部事。所輯學海六百餘卷，時稱其浩博，則學海纂輯者，蓋爲饒伸也。第檢原書，並無此名。而其他編著之名，正有六人之多：如卷一至八十九，於卷首署名「茅　編」者，凡二十有六次。卷一百九至百六十四，署名「鮑弧編」者，凡十四次；卷百七十七至百九十一及二百零七署名「茶叢編」者，凡四次。而一百九十九卷，署名「游泳編」，二百零一，零五，及二百一十四卷，署名「蔑殘編」，二百二十六卷，署名「蓀花編」。夫「茅」二字可目爲人名；其他「鮑弧」，「茶叢」，「游泳」，「蔑殘」，「蓀花」五名，則祇可目爲字號或筆名，讀饒伸各傳，僅紀其字「抑之」，同治進賢縣志卷十四，紀其號「三銘」，別無他名號，康熙進賢縣志，紀其「癸未成進士，授刑部主事，……朊浮沉宦局，乞暇歸里，博綜往古，不數年，著學海數百卷，今君道二百三十四卷刻行世。已復補刑曹錄事，（據萬季野史稿，抑之家居復起用，在萬歷二十一年，則學海君道部，作於是年之前也。）極言科場事，廷杖削籍，家居五年，……調南京吏部驗封司主事，……丁外艱回籍，續成學海君道大體大紀征伐等部，三百餘卷，皆手自編摩，寒暑不輟。」今觀其中按語，自首至尾，似出一人文筆；又觀卷帙錯亂，可知其書是兩次作成，以陸續付梓。初出百六十四卷，卷首署名「茅　編」，史志未加細考，則著之於錄，其後刊成二百三十餘卷，據天祿琳琅稱有萬曆戊申四十六年自序，今本僅存殘序一頁，故考證倍加煩難。然纂輯者爲饒伸，已可無疑；百六十四卷本尚無自序，蓋亦可臆測。第不審一人著述，何以署六種不同之名，而己之真名，捨序文外不一見？朝夕思之，不得其解。後從琉璃廠書肆中，又覓得學海殘卷一部，而百八十一卷，此本未題名，殘本則題進賢饒伸撰，二本行款格式均相同，何署名一有一無？豈以明人多言明事，恐有干犯，故自諱其名歟？或先偶一隱之，後思不安，亦削去歟？此則明人好奇之習，而又形之於最奇之書，未敢臆測矣。

百六十四卷本，既推爲初刻；二百三十四卷本，殆爲續刻，第不解天祿琳琅何以著錄二百三十卷，今本何以多至二百四十卷？又何以重出于名類三卷，而內容不全同？今觀此本與殘本目錄，皆刻至二百三十卷，二者皆未竟，其後數卷，爲于名類，未列於目錄。彭元瑞氏作提要，於書中亂賊姓名門卷一頁二往，稱「以庶子孽宗篡君奪國者，則見于續統于名各類」，因未握入目錄，謂其書爲二百三十卷，分五類，而不及末一類也。黃氏千頃堂目，著錄二百三十四卷，即止於今本重出之三卷。其後饒氏稍見以前各類叢多，而此類簡略遺漏，故補充成九卷，止於二百四十卷。此類所紀，大旨相同，而一詳一略，其爲稍後補訂，甚爲顯明。前已刻至二百三十四卷，後又有從二百三十一卷起，刻其補訂本，二者既成，不忍捨棄，故並存之。此于名類之所以重出也。書賈無繪，妄加裝訂，紛擁其中，益致混亂。（案此本前有「海豐吳氏」印，即吳仲飴藏書也。察其裝跡，已非原裝）。綜觀全書，雖史志著錄，有卷數多寡之不同；然實爲一書，殆無疑也。

至其體製，就君道部觀之，凡分六類，曰世系類，一百二十四卷，曰創業類七十卷，曰中興類六卷，曰繼統類二十五卷，曰餘分類五卷，曰于名類，二百三十四卷本三卷，二百四十卷本九卷。每類之下復分門，門下分篇，篇下分章，章下分節。試舉世系類爲例，中分十門，曰帝王曆系門，曰閏位世次門，曰僞命世數門，曰列國譜系門，曰僭國氏號門，曰義師家世門，曰强藩年代門，曰四夷種族門，曰篡逆名號門，曰亂賊姓名門。帝王曆系門分五篇：曰上古篇，三皇篇，五帝篇，三代篇，大統篇。閏位世次門亦分五篇：曰三國篇，南朝篇，北朝篇，五代篇，二北朝篇。二北朝篇分二章，曰遼世章，金世章。金世章分二十五節，曰女眞，完顏氏，太宗，宣宗等。總此六類，共分三十三門，百五十八篇，八百七十六章，凡數千餘節，重出者不計。所謂世系類者，紀歷代統系也。如帝王曆系門，起洪荒氏章，終明神宗即位改元萬曆之時，每篇如商周秦漢，皆詳考其先世，後列某帝爲某后所出，在位若干年，末加總結，某代若干帝若干年。審其體例，略似歷代帝王年表之類，惟於每代之前，詳增宗族考證耳。閏位世次門，體例同前，紀魏吳南北朝五季遼金數代，名閏位者，斥之閏餘，象其偏安，非正統也。僞命世數門，紀五胡十六國及南唐十國之宗族世數，因其僭號，各建正朔，或稱王爵，並專誅賞，既非正統，復非閏餘，故稱僞命。列國世數門，紀歷代封建之國。大抵秦漢以前，據路史國名記，以後據冊府元龜及馬氏通考，皆加以補充。凡宗室，功臣，王侯，外戚，恩澤，悉詳紀焉。僭國世號門，紀乘時崛起，因亂蝟興，擁州據郡，竊名僭號之流，皆歷數載而亡，或不一年而滅者。如楚之陳勝，元之張士誠，皆屬此類。義師家世門，紀仗義興師，以順討逆，哭秦庭而復讐，恥周粟而餓死者也。此門凡十七人，曰饗義，金禕，王淩，毋丘儉，諸葛誕，毛璩，沈攸之，王琳，祖皓，尉遲迥，王謙，司馬消難，李敬業，李錡，李重進，高永洗氏，陳友諒。强藩年代門：紀歷代藩鎭，如漢晉隋梁之州郡，宋及南齊之州鎭，隋元之鎭將，唐末之方鎭，五季之藩鎭，以及宋初諸鎭。篡逆名號門，分大逆，閏位奸逆，僞命篡兇三篇。大逆紀夏之窮后羿，漢之王莽，唐之安祿山，宋之張邦昌；閏位奸逆，僞漢侯景一人，稱閏位者，承前閏位世次也。僞命篡兇，紀前涼張祚，北涼段業等人，稱僞命者，承前僞命世數之意也。亂賊姓名門，紀晉亂之朝，據土外叛，或稱兵內向，或大將擁兵，以制朝廷，或亡命聚衆，以據郡邑，要之爲背叛之流，故論次其人，爲亂賊篇，異於篡逆者，未擅號也。列之篡逆之後者，與同惡也，稱姓名而不稱名號世系者，未擅號，故無年紀也。創業類者，紀歷代創業之事，上自帝王，下至亂賊；事不論大小，衆不論久暫，其創業之規模一也。乃分爲十門，曰帝王開基門，如商湯革命，高祖興漢是也。閏位僞霸門，如曹魏僞霸是也。曰强藩專據門，如黃巢，據長安稱帝是也。曰亂賊始事門，如董卓作亂是也。中興類者，分帝王復興，繼興，閏位復興，僞命復興四門。帝王復興者，如夏少康，周宣王，漢光武是也。繼興者，漢昭烈帝，東晉元帝，南宋高宗是也。閏位繼興者，如梁元帝，北漢世祖，僞命復興者，如後燕慕容垂是也。至於繼統類，紀嗣立擁位之體，定亂奉宗之事；餘分類者，紀歷代衰亡餘緒，復欲起兵稱帝之事。于名類者，紀凡非分僭立，或支庶而擁兵僭命，或族屬而據土爭衡之事。統此三卷，遠較前略，而門目篇章之分一也。大抵饒氏爲書，好言春秋筆誅之法，寓向正統僞霸之分。故每類之下，以「帝王」，「閏位」，「僞命」，「僭國」，「强藩」等屬分門，門下分篇，均本此旨。必知此種名詞之義，方不至混亂，而知其編纂之旨焉。

考饒伸各傳，皆稱其書有六百餘卷，今存君道部二百餘卷之體製，既如上述；與他各部之體製，從本書考之，每門多用冊府元龜小序，可設想其有臣道部也。而卷八八義師家世門序，謂「不柔之臣道忠義之篇，而系之君道强藩之前者」，可知實有臣道部，臣道部中復有忠義篇也。然卷二十頁二下，引羅泌封建論注云：「羅氏封建諸論，頗爲精詳，今錄其一於此，餘詳政典部封建門」，是君道臣道二部之外，尚有政典部封建門也。卷一百十五頁十七注，「以後詳警戒類」，是前六類之外，尚有此類。就康熙進賢志本傳觀之，謂「丁外艱回籍，續成學海君道大體大紀征伐等部」，千頃堂書目注，謂「續成大體大紀征伐等部，又三百餘卷，未見」。

巴黎敦煌殘卷敘錄（五）

王重民

閫外春秋　唐李筌撰

李筌閫外春秋殘卷，存卷一及卷二之上半。羅振玉曾得筌書卷四卷五照片，影印行世，而以不獲見此卷爲憾，故余亟爲攝影，以補羅印之闕。此卷前有天寶二年筌進書表，稱：「閫外春秋者，紀將軍閫外之事也。歷觀明君良將，戰爭攻取，皆約史以成義，綜八代以爲十卷」。今存者卷一爲周秦，卷二爲楚漢，卷四卷五爲兩漢；則末五卷敘三國以後至唐武德四年事，至如何分卷，不可知矣。晁公武郡齋讀書志卷七職官類，有：「中台志十卷，亦李筌撰。起殷周，訖隋唐，輯輔相邪正之迹，分皇王霸亂亡五類，以爲鑒戒。唐相以李林甫陳希烈附臯道，筌上元中自表，天寶初追以綴名云」。則閫外春秋記將軍閫外之事，中台志輯輔相邪正之迹，兩書正互爲表裏。今一存一亡，著述之傳與不傳，固在其絕對價值，然所謂有運數存於其間者，非耶？抑筌受追綴名，俾李陳與傳說姬旦等儕，即其所以不傳之故耶？

羅振玉跋是書，於諸書所記李筌事蹟，蒐羅綦詳，謂：「集仙傳稱筌仕至荊南節度副使仙州刺史。又傳本太白陰經前有筌自序及進書表，文後並有結銜。序末河東節度使都虞侯；表末作正議大夫持節幽州諸軍事幽州刺史並本州防禦使上柱國，與集仙傳不同。序表文辭鄙拙，當是僞託。仙家紀傳，例多難信，序表所署亦復相類。此卷實題作少室山布衣，意筌或竟以布衣終耳」。然以余考之，唐同時同地蓋有兩李筌，一作荃，一作筌，羅氏蓋混而一之耳！全唐文卷三百六十一載李筌黃帝陰符經疏自序，稱「少室山達觀子李筌」。又卷三百六十四載李筌北嶽恆山封安天王銘一文，並繫以小傳：云「筌官左羽林兵曹參軍直翰林學士內供奉上柱國」。然全唐文所載兩文，實出於二李筌，故此分之亦誤。陰符經疏三卷，今尚有珠叢別錄單本，以道家言言兵事，正與太白陰經合。其封安天王銘一文，純係道家言；而孫子注又純係兵家言。（在吉天保輯孫子十家註中。）然則集仙傳所稱，全唐文所錄，著有太白陰經陰符經疏孫子注封安天王銘之李筌，爲以道家而言兵者。嘗取莊子「得魚忘筌」之意以爲名，故又號達觀子，居少室山，迭任內外諸軍職。著閫外春秋中台志之李筌，則爲爲儒家言者。亦居少室山，終於布衣。著書擬於春秋，意在分別邪正，褒貶善惡。與驪山老母之徒之李荃，迥異其趣。海外無書，不能博考；幸羅先生尚健在，未審以吾言爲然否？

此卷卷首稍殘損，今裱一層薄紙，適在進書表上，故表文不能攝影，茲抄附於下：（五月三日）

臣筌言閫外春秋者記將軍閫外之事也師貞丈人有國之備弧矢利用天下之威涿鹿阪泉先王所難行也伏維開元天寶聖文神武皇帝陛下能德在天之明以正舞于戚馳捕東臣也書生蒿拖魏日不揆蒙恭輒有祖述成一家之書以黎蟀之才答貞明之化起周十有三年武王勝殷終于大唐武德四年太宗文武聖皇帝擒竇建德凡一千七百四十載成爲四十九國歷選明君良將戰爭攻取在師中言者恭書其美爲皆約史以成義必表年以首事褒善貶惡操於左丘明號曰閫外春秋綜八代以爲十卷君臣之體□□之事備矣介胄得之申胥之志韓白之謀可權而也天時地利無敢輒書人謀權變秋毫必載伏愧芹家揚于王庭臣筌誠惶誠恐頓首頓首死罪死罪謹言

天寶二年六月十三日少室山布衣臣李筌上表

勅：卿用意精通善能著述綜千載之事成一家之言論兵之要莫尚於此再三詳覽深可嘉焉仍付史館

八月十一日內品官表思藝宣

是除舊誌部各門類外，尚有臣僚，叛逆，大體，大紀及征伐五部，可謂體大思精矣。但不知已付刊者，是否多於一百四十卷，將內外諸書類有其他各部否？

爰之凡例及其依據，略加探索，可得數條。一，每類每門之前，多有小序，凡即附元體之小序可用者，則節錄元體之文，如帝王傳系門，用元體帝王部小序；閏位世次門，用元體閏位部序；列國譜系門，用元體列國君部序；宋長編用元體附臣部封邑部序；列國總世門，用元體列國君部鄰修條序；帝王朝系門，用元體創業部序；而世次譜統類，但用元體部序；四夷種族門，則采通典通志總序；其無舊序可采者，則自撰之，首究為理，亦使讀者明之旨，總關類序之義。二，凡引文總低一格，頂格者，按語也。三，凡總文注語，總低二格。四，凡著者論斷語及考證，概用「應實曰」，蓋應實非著名，乃自謙之詞也。應實所述，有簡約者，有詳至數千言者。五，凡出處皆注於引文之前，有稱書名者，有稱人名者，有書名簡稱者。如宇文金志，則宇文懋昭大金國志之簡稱也。六，凡未注出處者，皆原料，蓋即採自資治通鑑，或出於冊府元龜也。其中總采，以史傳為最繁多，子次之，編集又次之。以時代言，上古多據路史，而不甚采其說；中古多據通鑑及元龜，而多無出處；宋遼以後，則多據通鑑綱目，而不甚錄其詞。至於明代之事，多采丘濬，鄭曉，王世貞等，並陳諸家人之言，及明實錄，吾學編，弇州史料，大政記，昭代典則等書，故徵引詳贍，而議論特詳，則較前代為勝；蓋時人論時事，總所不能也。

書之價值，門類爲案之區分，頗有見地；人事之抉擇，亦煞費苦心。其中評論者，如卷六帝王傳系三代商殷世系，先據尚書大傳云：「殷之先曰契，高辛氏之子也，子姓。」然後引詩商頌玄鳥，次毛傳，次鄭箋，次孔疏，次集注，次引豐城朱氏曰，次商頌長發，又次引毛傳鄭箋，孔疏，豐城朱氏曰，次史記殷本紀，次蔡傳，次呂覽，次帝王世紀，次淮南修務訓，次拾遺記，次史記三代世表，次蘇轍古史論，次羅泌路史，次路史注，次蘇氏論，次引新安陳氏語曰，次引金氏履祥曰，次引胡氏曰，然後自作結論，用「應實曰」，謂舊言玄鳥生商，其說不一，今括而論之云云，其論雖無甚精色，而羅列比較，言簡意賅。其搜尋排比之功，可供治殷史之用矣。又如列國譜系卷十七，（通卷三十六，）外國篇苗族國第，於蠻夷戎狄之材料，蒐羅頗備，古異國章，則將山海經，竹書紀年，穆天子傳，拾遺記，酉陽雜俎等書所記之古國，總彙於遠夷列入。古國篇，將古異國名，地望所在，暨其傳說，又據元和志及大明一統志，注出在明代之地方，有裨考證。其並論之而略者，如列國譜系卷二十一頁三十八下，（通卷四十），莒公二年，總稱子莊與鄭戰，誓曰，克敵者，上大夫受縣云云。「應實曰，周禮之制，即所謂都也。縣大於都，郡大於邑。春秋前有邑名而無郡縣之名，春秋末有邑，有縣，又有郡，而受縣受郡，始見於傳，自是而後，小邑并而爲縣，戰國時則又縣小而郡大矣」。此與顧炎武氏之論郡縣沿革，蓋無多讓；又其紀上古之事，與馬驌繹史，亦相差無幾。顧馬二氏博洽，未審能讓此編否？其證前人之誤者，旨徵亦不鮮。如閏位世次卷三頁一下，應實曰，「曹魏據，弊命金，識爲朱曜所據，朱既爲三人，非朱姓氏名也，而新史妄引，以爲朱溫之名，謬矣」。列國譜系卷十八頁二十五下曰，「左宣公六年，召桓公逆王后，十五年，王札子殺召伯，以爲召戴公也，成公八年，又宣召桓公錫命，皆是桓之孫，有二召爭，必有一誤」。其他考證之處尚多，不及備引。而諸事以門類爲依歸，不以朝代爲起迄，亦與冊府元龜相入，同具卓見也。此外體例欠純，如卷子，亦頗具小瑕，蓋宗金文宗，不信書詩出夫子之筆，（見帝王傳系卷十頁二十一）而信周公有據位稱王之事，（列國譜系卷一頁二十一）考賊流被叢采不得，錯仲不數年，書亦誅數百卷，而帝王傳系卷十頁二十曰，「如堂論群序等，其而論其作，凡箋注所采傳者，無泛雜諸說，而無其謬。及讀李誠傳，旁稽博采，而後信諸說之果謬也」。據讀志又稱其「專有本源，尤精易理，與合解，實精能朱所未備」。可知每門小序，探究易理之因，又可知其雖於數年成數百卷，而業之有素，蓄意有日，故上古之部，特具精彩也。

若論其缺失，則卷帙繁重，令人茫然難得其頭緒，爲此書一大病。如一百三十六卷以後，均無目錄並一卷。卷一百二十五，署於目錄，見於卷首，而卷末又作「書道部卷一百七十九終」，卷一百八十一卷首門，而篇節附改一卷，不見目錄，未知何故。其他全書行數字數雖一致，而版框大小，幾於頁有出入，索書之難，所在皆是，蓋原稿浩繁未定，即匯刊翻印而又屢有錯誤，致令全書減色，此缺失一。篇目先者，出此入彼，作者既嫌免重複，讀者又苦難尋檢，此缺失二。取材詳略不均，詳於上古，略於中代，而上古西王母之事，徵引竹書紀年，穆天子傳，山海經三致，此缺失三。上古注出處，中古多不注，體例既不純一，徵信尤爲不易，此缺失四。臆斷帝皆據稽言，納叢帝王與主之議誤，而忽略典章制度之記載，此缺失五。雖然，如閏位世次，部族類編，多爲人不甚措意之史料，如叛逆名號，篡弒統

名等讀，良可供作中國革命史之張本；紀明史各部，書於明史之前，而體裁紊，頗費苦心；今明史已成，仍可供治明史之參考。而明代人著述，頗多滿清禁燬，如此編者，均經援引，主一貫之旨以編纂，並略示已見，蓋亦不多覯矣。

會依作者本旨，當入雜史類。現今觀之，當作類書，或入別史，二者可互見。明志無通史類，列入正史，未見允洽也。

書評

評中國地理新誌　衛梓

楊文洵葛綏成等六人合編　民國二十四年一月中華書局出版

這部書的企圖是想把凡屬於地理學的各部門，無不要包括在內的，因而成功了厚厚的一鉅冊；共其數因各篇字目為起訖，難於精考，約計之當可兩千頁，其字數則據編輯大意所載，約爲一百萬言。以這樣一部包羅萬象的書，求其能讓人完全沒有毀議，只怕難能；在開明全判這本書的時候，我便懷着這樣的態度而對之要取一種頗寬容的態度。

無奈，這部書編製之謬誤，竟又超過了我所能寬容的限度之外。先說其形式罷：

文字如此其多，在印刷方面自應力求其精緻，以期其便於攜帶并易於購買，而這本書却通體用四號字排印，遂使頁數因以加多，裝潢也雖然好看，所用紙爲普通報紙，而定價竟至六元四角，即以其現有之頁數計，亦未免太昂貴了。

既然是一部以地理學之全部門作爲對象的書，則至少應於每一篇章之內，附一些必不可少的插圖地圖，以便使用者即時查檢，復所印證，而這部書中却連一幅也沒有。只於前後封面的背面，附有「中華民國」疆圖及「中國天產物分布圖」兩幅，而又都是粗糙的簡圖，甚至連方位都不很正確，而圖中所用符號且不附以說明！

書中各編頁數自爲起訖，而全書並無一總的頁數，書後又不附以索引，以一部關於地理而包羅萬象的大部頭的書，竟又如此其不便於翻檢，不能不說是缺點之至。

再就其內容方面，作循序考察，便又可發見其無甚價值之處。最就書後所附「主要參考書目」而論，已可知其陋而隘之程度，雖在編輯大意中說「本書取材，不取自然方面或社會方面，均力求新穎和正確」，而關於現實的參考資料却不見有多少政府所發行的公報之屬，所舉者則孫大清一統志及天下郡國利病書二書，而此二書卻實在不足以供談論沿革地理之用。因而這書中的材料，隱約總以是爲書，而其實是其輪廓而已，雖然成篇，其中有科學的研究成績，也有傳統的謬說的遺民科學的傳說和記載。有些極端重要的材料多被遺漏，而許多毫不相干的東西反被大量收入。今試舉數例爲證：

1.第一編第七章爲「我國太古的生物和住民的起源」。其第一節「太古動植物的分布」之下，只羅列數十字，毫未說明其究竟，只敘有各紀地層中的化石或骨頁及古地誌中可以得到這問題的解答或證明，而整這是的這一節究竟列來何用呢？其第二節「住民之起源」下，引證了西人拉克伯里氏(Lacauperle)等人之說，而謂其爲「向壁虛造，荒誕謬說」，而對近今瑞典人安特生氏(Andersan)之極力想用地下所發掘出的材料以希冀證成中國文化西來說的另一種企圖，却一字未提，固然，安氏雖有些科學的根據，而其說尚未必能成爲定論。但畢竟這是近今流行的一種說法，安能置若罔聞？

2.第二編第一章第六節爲中國的「沿革」，其下之說明有云「我們有幾個可以考見的，為諸人民的禪未取史，有巢氏的構木爲巢，伏羲氏的畜牧，神農氏的耕稼蔬藝。到時還是部落時代。等到黃帝統一全國，纔將部落而行封建制度」……總人有巢……等人事蹟之可靠與否且不論，謂黃帝爲統一全國，並始將部落而行封建制度之人，真不知何所據而云然。

3.第三編第一章第八節爲南京市之「人口及住民」，其文字開首即是「明太祖既定金陵，將舊有居民，盡行驅逐到雲南，將富戶兵，民生凋敝；於是在洪武十三年，取蘇浙等處上戶四萬五千餘家，填實京師……後來永樂北遷，居民跟著移徙一空，南京就日益冷落。」按明太祖之定金陵，在元順帝至正十六年三月，其時他的勢力範圍僅有江南數郡之地，其外則敵人環伺，要雄正在角逐，故無論明太祖並無驅逐其地居民之必要，即使有之，遷於雲南也絕不可能。永樂之北遷，乃是一件一直經歷了許多年的事情，因其初封燕王，所立根基本即全在那裏，迨至靖難成功，改順天爲北京，纔建宮殿，初仍名爲行在而隨大巡幸，隨大南還，至永樂十五六年後方經常居此。以此國遷都情形，絕不會使得南京居民又跟着移徙一空。以上兩說本不見於正式紀載，然而那種野史稗乘式的語，竟並採入書中！

以上僅是就極平常的幾點，此外誤失，統略之說，所在多有，如行文本用白話，而有些處所則又兼用文言；於第二編第三章敘全國高等教育處所用者二十二年十月的調查結果，而於介紹各地高等教育時則又間用十九或二十年之調查（如北平市），數已經過改的尋於這里不斷，而已經取消數年的平民學院之類仍然列著；同一回族，而於第一編第七章則稱爲與族，於第二編第三章第一節的總敘中則稱爲土耳其人，而於同節的丁項之下則又稱爲回族；同一青島市，於山東省之「沿革」文內則說「今又歸道轄，翻置爲青島特別市」，而不知特別市之名稱早經廢除，於「膠東地方」文內則謂「膠方的膠州灣，曾爲德所租佔，膠爲日據，今爲直轄市」，以於青島市之外，尚有稱爲膠州灣市者？凡此等處均足以見編著時之粗率，蓋既於聚牛，而事前既未對材料及體例等作充分的擬討與訂定，只隨了各人的方便而雜湊成編，事後又無編訂之校訂工作，即妊送付排印佳。編者在「編輯大意」中說「我國現正在劇烈時代，各種地理狀況，變遷尤爲顯著。關於此節記載的書籍，現尚絕無僅有，同人等懷本此旨，輯成本書，」中國現時此類書籍之缺乏誠如編者所說，但這本書則如此其粗製濫造，則雖然出版了，亦仍然是不足以供職備一格之用的。

新書簡訊

中國陶瓷圖錄
Chinese Pottery & Porcelain in the David Collection

霍蒲遜撰 By R. L. Hobson
倫敦 The Stourton Press 出版
一冊　定價英金拾五磅

英國大維德氏 Sir Percival David 所藏中國瓷器甚多。今圖錄中所見各器，均曾屬清故宮舊藏之物，當時經前朝出宮時，即已售與該氏，共所錄宋元以來瓷器計一百八十件，皆精絕名品。其中宋瓷備有乾隆御題詩者凡十四件。書中圖錄，均以最進步之彩色精印，形象色澤，畢肖原器。其精美遠在於法則氏陳氏名瓷圖錄之上。書爲霍蒲遜氏所編，霍氏在西洋爲最著名之中國瓷器專家。所著關於中國瓷器之書凡十餘種，其最著者爲中國陶瓷專Chinese Pottery &Porcelain 一書，久已膾炙人口，爲自來中外論瓷諸書中未有之名著。今茲圖錄一書有精圖一頁，繪錄諸品名稱之觀察及形制，並圖各注明年代及特色之不同，爲研究中國瓷器者必備之書。（清）

圖書副刊

BOOKMAN 第八十六期

一 本刊登載關於中外圖書之介紹批評以及學術界消息
二 爲公開性質歡迎投稿
三 刊登本刊之文略致薄酬
投稿通訊可寄「北平文津街國立北平圖書館內圖書副刊編輯收」

毛鳳枝金石萃編補遺稿本

王重民

金石萃編補遺稿本一冊，清甘泉毛鳳枝子林撰。一九零八年，伯希和先生在西安購得者，今藏巴黎國家圖書館，在伯希和乙庫書中。(Collection Pelliot B)

顧燮光夢碧簃石言卷五，稱：「毛鳳枝以諸生幕遊秦隴，酷嗜金石，著關中金石文字存逸考十二卷。又曾應李雲生大令輶，作沂陽述古編，分山川文獻古蹟金石四類，體例精嚴，文字修潔，可傳之作也。未刊尚有金石萃編補遺，古志石華補遺，關中文字古逸考三種，其稿尚存余家焉。」按稿本無書衣，而伯希和先生題作萃編補遺，或別有所據；今徵之石言，亦有由來矣。是書著錄關隴新疆唐以前金石，幾三百品，甘肅新疆僅二十許事，蓋是未完之作；朱墨斑爛，簽黏如百衲襲裘，古人用力之勤，展卷油然生敬。目下間有按語，內有稱「因佚未久，故不列古逸考中」者，即顧氏所稱關中金石文字古逸考也；有曰「詳見存逸考卷第幾」者，即指關中金石文字存逸考十二卷，而吾人因以更知是書之纂輯，當在存逸考後也。子林先生居關中久，搜羅秦隴西陲石刻最備，故補遺之作，先從陝甘新疆始耶？至其全書體例，今不可詳知，就此初稿觀之，似不但撰補前書著錄之闕，并擬補其考訂之失，其體例或與咸同以來之補各史藝文志者相類。故凡爲前人所著錄者，則參考羣書，上起歐趙，下及當時，而係一索引於目下。茲以「李光弼碑」爲例，先金石目錄在卷第若干，目第若干，次石三，金四，雍七，關三，萃九，十二，寰四，存七，石謂趙崡石墨鐫華，金謂顧炎武金石文字記，雍謂朱楓雍州金石記，關謂畢沅關中金石記，萃謂王昶金石萃編，寰謂孫星衍邢澍寰宇訪碑錄，存則謂先生自著關中金石文字存逸考也。毛氏所藏拓片，亦太半爲伯希和先生所得，今亦在國家圖書館中，余爲整理編目時，見拓片背後，均著有石卷第若干，金卷第若干，雍卷第若干等字樣，初不解其所謂，覩此稿本，始恍然於其目的之所在也。又凡爲前人所未著錄者，則先徵府縣志，次注明有拓本，或易得，或難得，或更有重模本；若係新出土者，則注明爲某人訪得，原石今存何處，故知先生所懷抱者甚大，此稿本不過初步之初步耳。顧燮光謂稿本在其家，不知與此是否爲延津之劍耳。余初閱是書，欲有以介紹於國人，因限於學識，又無參考書，乃馳書至友楊殿珣先生，承其鈔示石言一條，乃獲著筆，銘感何極。茲更鈔附毛氏案語四條於後，更請殿珣持與存逸考一對，若不見於存逸考，益可藉窺萃編補遺之一斑矣。殿珣亦以爲然否？

有三先生以「毛鳳枝金石萃編補遺稿本」一文見示，並鈔錄智永千文考秦州刺史路侄墓誌銘杜府君夫人朱氏墓誌銘佛頂尊勝陀羅尼經幢跋尾四則閱讀之下，忻欣莫名。按王氏萃編問世後，金石學家，多有續作，如陸耀遹之金石續編，王言之金石萃編補略，方履籛之金石萃編補正，瞿中溶之古泉山館金石文編，（張鈞衡謂百六十卷，繆荃孫藏書續記謂百二十卷，已佚，適園叢書所刊者僅四卷，乃就湖南通志金石編八瓊室金石拓本摘錄而成者）黃本驥之金石萃編補目，陸增祥之八瓊室金石補正，均已刊行問世；此外尚有吳榮光嚴可均陳鴻壽毛鳳枝劉喜海沈濤潘祖蔭陳璜夏世敦陸心源邱于蕃繆錫會孫葆田王仁俊劉承幹諸家，繆荃孫亦曾擬續作，可謂多矣。推諸有成有未成者，有成而未刊者，如嚴可均平津館金石萃編稿本，藏于北平圖書館，劉喜海金石補編之目，藏于上海涵芬樓，毛鳳枝金石萃編補遺，藏於顧燮光家，其中惟嚴氏之書，曾得寓目，毛氏劉氏之書，則頗恨無緣耳。今有三先生於巴黎圖書館得觀毛氏稿本，並爲文紹介其內容，略述其體例，使國內人士，得知毛氏書之梗概，其欣慰當何如耶？按毛氏關中金石文字存逸考例言有曰：「是書以存逸爲重，故考據未能悉詳，而全文不能盡錄，所有全文，已經前人著錄者，注明見某書中，未經前人著錄者，拙作有金石萃編補遺及古誌石華續編二書，成書後再行呈教」據毛氏所云，是萃編補遺除錄全文外，且詳於考據也。有三先生據萃編補遺稿本所錄之秦州刺史路侄墓誌銘，見於存逸考卷五咸寧縣下，杜府君夫人朱氏墓誌銘，見卷一西安府下，佛頂尊勝陀羅尼經幢，見卷十鳳縣下，其跋語均大同小異，僅行文次第稍有變動耳；惟智永千文考一文，不見於存逸考，存逸考卷一關於智永千文，記載甚略，則此考當爲存逸考問世後所作也。檢毛氏存逸考卷二杜行方墓誌銘（太和七年十一月）附倚書八座考，卷三沙陀公夫人阿史那氏墓誌銘（開元八年三月）附金滿縣考後漢車師後部金滿城（一作金蒲）唐北庭都護府庭州金滿縣并輪臺金滿州源流異同考沙陀考，毗伽公主墓誌銘（開元十一年十一月）附和林考，則正與附智永千文考同一例也。茲附千文考於後，乃藉以略窺萃編補遺一斑之意耳。又按存逸考著錄陝西府廳州縣金石瓦當文字，七百九十六種，甘肅十二種，附錄八種，都計八百十六種，其注明全文見萃編補遺者，僅七十九事，只收造像碑文碑帖經幢題名題字等，並無墓志加雜其中，蓋毛氏有古志石華續編之作，故墓志則多注明全文見於古志石華續編也。至若懷諱師塔銘，（唐無年月）沙彌尼淨眞塔銘，（唐無年月）上都唐安寺尼廣惠塔銘，（大中十二年六月）光明寺大德僧慧了法師銘，（開成二年二月）夫人程氏塔銘，（文明元年十月）敬節法師塔銘，（開元十七年七月）則亦注明見萃編補遺者，則或因古志石華續編不收塔銘也。又有三先生所錄之秦州刺史路侄墓誌銘杜府君夫人朱氏墓誌，存逸考中均未注明見萃編補遺，意者其互見於古志石華續編與萃編補遺者，只注其一歟？然佛頂尊勝陀羅尼經幢僅注明續見金石萃編，或者存逸考付梓時，萃編補遺之體例，猶未定也。又據有三先生述萃編補遺謂「凡爲前人所著錄者，則先徵府縣志，次注明有拓本，或易得，或難得，或更有重模本；若係新出土者，則注明爲某人訪得，原石今存何處」，似與存逸考體例相同，或萃編補遺亦用此體例歟？余承有三先生先以此文郵寄，得以早日拜讀，謹述鄙見，就正於有三先生，倘望有以教之焉。二十四年五月，楊殿珣誌於師大白廟宿舍。

智永眞草千文宋薛嗣昌摸刻本在陝西西安府文廟金石萃編關中金石記諸書備列於隋代而歐陽公集古錄跋尾卷第四載有陳浮圖智永書千字文並云考其字畫時時有筆法不類者疑於其間聚其石有亡缺後人妄補足之趙氏金石錄目錄卷十第一千九百三十三亦載有唐千字文跋尾二十跋云千字文世傳智永書非也蓋智永陳時人而此書虎字民字基字皆缺筆以避唐諱乃明皇以後人所書不然筆法本出智永後來臨摹入石爾其間二十八行字畫不類蓋舊本不完國初時人爲補足之今以薛本考之歐趙所錄皆非薛本也歐趙所見本皆有補字薛本則筆法一致了無補綴之痕趙錄云虎字民字基字缺筆此本虎字民字皆從廟係帖體民字基字皆不缺筆世字亦不缺筆則趙錄所見亦非薛本況薛本類於

巴黎敦煌殘卷敘錄（六）

莊子殘卷 郭象注

莊子大宗師篇，郭象注，存第三十三行。[illegible]而未可知也」，今本作「而可知也」。[illegible]（四月十九日）

劉子新論殘卷 劉晝撰

敦煌本劉子新論殘卷，[illegible]

而襲其流 此句作「而襲其流也」

而禍者巧 此句作「而禍者巧也」

下民惡禍 此句作「下民益禍」

龍門不見 [illegible]

使百川東注於海 [illegible]

[illegible]

（四月七日）

大觀三年歲在已丑歐公卒於熙寧五五年無緣得見歸本尤其明證也（金石錄編亦謂歐趙所見即歸本因歐歐趙二跋無涉之未詳也）是編不錄智永千文並以歸關爲本歐趙本非錄也數刻類編卷八歸氏一跋有陳僧智永眞草千文在汴州又千文五百字在青州亦非歸本也歸本流傳已久幾於家有其書而源未能考究故詳刪之

從俗字的演變上證明京本通俗小說不是影元寫本

李家瑞

繆荃孫在上海刊行了京本通俗小說九卷，據他說是影元寫本，但是也沒有可靠的證據，不過因爲那書體精減筆小寫，而又破爛漫漶，看去好像很古似的。他們如王靜安先生也還相信他這個話，所以在兩宋平話考定京本通俗小說爲元本。到近來鄭振鐸的插圖本中國文學史裏，才提出了異議，然而也沒有人舉出很有力的反證。據我看來，比較還是從俗字的演變上去證明，可以有相當的把握，京本通俗小說裏簡筆或俗寫的字很多，全與元刊本是不同的，而且還是有時代的證據。所以我從我那兩部宋元以來俗字譜中抄出幾個字來看看：

	勸	權	觀	難	對	陰	陽	聽	風	當	會	醫
正字	勸	權	觀	難	對		陽	聽	風	當	會	醫
列女傳	勧	權	覌観	難	對				風			
取經詩話		権		難					風			
京本通俗小說	勧劝	权	覌観	难難	对	阴陰	阳	聴	风	当	会會	医
古今雜劇	劝勧	権權	覌観	難	對	陰	陽	聴	風	當	會	醫
三國志平話	劝	権	観	難					風			
太平樂府	勧劝	権	覌	難	對			聴	風			醫
嬌紅記	勧	権	観	難	對							
白袍記	劝	権	覌	难難	对	阴	阳				会	医
東窗記	勧	権	覌観	难難	对			聴			会	医
目連記	勧劝	权	覌観	难	对	阴陰	阳	听	风	当	会	医
金瓶梅	劝	权	覌	难	对	阴	阳	听	风風	当	会	医
嶺南逸事	勧劝	權权	覌観	难難	对	阴	阳	听	风	当	会	医

看上面的表，前五行『歡』『權』『觀』『難』『對』等偏旁，統寫作『又』，這是明朝時候才有的，在元刊本如古今雜劇三十種，全相三國志平話諸書裏，是絕對還沒有的，但是在京本通俗小說裏統寫作『又』了；又如第六七兩行『陰』『陽』字旁作『月』『日』，『聽』字旁作『口』，還是明朝的俗字，元明以前也還沒有呢，然而通俗小說裏又有了。又八九兩行『聽』作『听』，『風』字作『凤』，在元刊本書裏也還沒有像這樣簡寫，而通俗小說裏已這樣簡寫了。又十十一兩行『當』『會』字，在元人還沒有俗寫（姑字不算），而通俗小說裏已俗寫成『当』『会』了。又十二行『醫』字寫作『医』，也是明朝時才有的，可知通俗小說必是明人鈔寫的，最早還不能過宣德年間，因爲嬌紅記是宣德時刻的，通俗小說裏最簡寫的字，在這記裏都還沒有呢。這不是偶然的事，例子太多了。如俗字譜中『猶』作『犹』，『應』作『应』，『機』作『机』，『懷』作『怀』，『點』作『点』，『親』作『亲』，『遠』作『远』，『擡』作『抬』，在元刊本書中都還沒有的，但是通俗小說裏則和別的明刊本一樣統統都簡寫了。可知這書鈔寫的時代，不能像繆氏說的那麼早。

通俗小說裏所寫的俗字，不能比嬌紅記還早，那麼，牠在宋元以來俗字譜中的地位，應當也在嬌紅記下，這是我們應該在這見附帶申明的。

太平天國史事論叢序

太平天國之革命運動，其民族精神與建國後之改革，實爲歷史上革命之最有意義者，不六十年，餘輝所及，遂有辛亥革命之崛起。故太平天國誠屬近代史之最重要部分，惜其國祚僅十四年，又無日不在戰爭之中，及其亡後，在滿清方面視爲叛逆，凡關於其一切典章制度，維新組織，皆在焚燬之列。致其事未至百年，而其迹已渺不可稽，所可見者，非國內之偏袒官書，即海外之片段記載，均多語焉不詳或非眞象。入民國後雖掃除忌諱，而又往往牽之過情。毀譽逾恒皆不足以資信史。是以今日記載太平天國之書籍雖多，較爲詳核精審者，仍只賴一二而已。予七八年來即喜收輯太平史料，尋求之方約有三途：一爲國內所藏太平本身之直接記載，如忠王李秀成口供之類。二爲故宮前軍機處所藏亡清檔案，即今北平故宮博物院文獻館所保存者。其中迭次發現關於太平之珍貴史料，除公家印行外，予所抄者，如：天德王洪大全口供，及當以誠殺錢江奏報等，三爲當革命時外國旅居中土之領使或教士，將太平文獻攜至海外者。近來多已陸續抄回。如：程演生君所抄之太平天國史料第一集，及最近蕭一山君由英倫所抄回之太平史料（由商務印書館出版）。均極珍貴。大概言之，太平史料及文獻俱已先後發現或錄回。予往昔曾搜輯所獲，及所見者，仿陳壽三國志體作一『太平天國志』，辨其精粗，考其眞僞，以爲近代史家之參考，卒以茲事體大，未敢執筆。乃先將所藏史料之一部分擇其世所鮮見者，試作數篇，名爲太平天國史事論叢。首篇爲大英博物館所藏太平史料考，以見太平本身文獻之總和數目，及外邦學者對於太平史料之珍視。次篇爲太平曆法考，當時閒爲一切事實之基礎，故此篇當爲研究近代史者之工具。次爲朱九濤洪秀全姓氏考，以見當時凡起事者與秘密社會之關係。再次爲洪大全及錢江傳，皆因所得新材料後參考各書以成列傳之體。其他如李秀成供狀爲之辨疑，以存當時經過情形之眞正事實。又爲李昭壽作傳，因其史料太多，而昭壽之降清又確關係於太平江淮一帶之戰局，其後英王陳玉成之被擒，莫不受此影響。其餘數篇，皆將原來史料抄錄加入，蓋以均習通書中所不曾見也。最後爲太平外交史略，因當時外人態度之轉變與背向，均影響到清洪兩方勢力之消長。惟此關外國材料殊多，每欲逐譯，又恐失眞。當留待異日之增補。總之，此數篇關於太平天國之論文，皆不過嘗試之作，未敢以言研究，倘祈海內學人加以指正，是所祈嚮。是爲序。

民國二十四年三月八日射洪謝興堯自序於北平五知書屋。（太平天國史事論叢。由商務印書館印行不日出版）。

新書簡訊

慕組英華

東京座右寶刊行會出版 二冊 定價日金三百圓

刻絲刺繡二道，在我國亦自兩宋始盛。近人偶得乾隆時刻絲，已珍若拱璧，遑論宋明。此二冊中上冊計北宋以來迄於乾隆時之刻絲七十三幀，下冊計宋至清之刺繡六十六幅。原物爲紫江朱桂莘氏所藏，後因兵亂，流落瀋陽，今藏該處博物館中。日人取而影印成書，色彩之精美與原物無殊。其書於圖版外又著中英日三國文字之說解各一冊，並附朱桂莘氏之存素堂絲繡錄二卷。於絲繡藝術之淵源及派別實之甚詳。日人即據之撰爲說解，而每多誤會原文。如以思白（董其昌）墨林（項元汴）蒔美（文嘉孝）三印爲宋代女工之名，實屬笑士林之尤者。惟其書印刷術之精美，足與東瀛珠光，泉屋清賞，白鶴帖譜等相媲美，或且過之。其中名作如宋朱克柔，崔白，吳煕之刻絲；明顧繡，韓希孟之刺繡，皆天壤間之瑰寶也。（清）

× × ×

國際貿易論叢

（社會科學叢刊）

民國二十四年一月中華書局出版 定價二角五分

近年來因吾國國際貿易上入超甚巨，影響國計民生至大，頗爲一般人士所注意。以是近今關於國際貿易之論著甚多。惟此類文字，多以羅列海關統計數字爲主。是編所集文字，皆曾發載於新中華雜誌。內容除統計事實之外，兼重問題之討論。其目錄如次：

亦英：中國國際貿易論

關琛：國際借貸與國際收支

祝百英：從對外貿易上透視中國經濟

錢亦石：民國二十年上半年的中國對外貿易

武堉幹：中俄貿易與中日貿易

彭士丹：海關進口新稅則與民族工業之前途

周伯棣：英日商戰論

周伯棣：輸入比額制度研究（桐）

× × ×

白屋嘉書 吳芳吉著 任中敏輯

江都任中敏君，鑒於今日青年，多趨頹廢，有傷國家元氣。近因略仿梁任公曾文正公嘉言鈔例，從四川吳芳吉詩文全集中，輯錄白屋嘉言三卷，爲一般青年修養讀物。有長序一篇，發揮其旨。計分（一）序。（二）事略。（三）卷一，書札，文。（四）卷二，書札。（五）卷三，詩。每部一冊，定價洋壹角伍分。代售處，南京龍蟠里國學圖書館周光午君。

學術界雜訊

中國科學社等六學術團體將在廣西開年會

中國科學社將於八月中旬在廣西南寧省政府開第二十次年會，並有中國工程學會，（第五次）中國化學會，（第三次）中國地理學會，（第二次）中國動物學會，（第二次）中國植物學會，（第三次）亦於同時同地舉行年會。會期自八月十二日起至十五日止。會畢後，更往柳州桂林遊覽名勝。赴會會員舟車之費，除在梧州以前，有優待折扣外，在廣西境內，參觀遊覽之舟車費用，概由廣西省政府招待云。（凡）

× × ×

地質調查所製造中國地形模型

地質調查所繪製而由申報館出版之中國新地圖，與中國分省新圖，爲現代中國地理學上一重大貢獻。是圖特點，除經緯度，比例尺，及繪圖法等之比較精確外，其主要貢獻，尤在以分層設色法顯明地形之高下，而打破古來山脈之舊說。惟於平面圖上，表示立體地形，在不熟於參閱此種地圖者，未免仍感隔膜。該所有鑒於此，因在完成地圖以後，又謀製造一中國地形模型。其製造方法，曾載中國地理學會編行之地理學報第一卷第二期。但該項模型，體積巨大，不便轉運，故又製一較小者。全型計寬八十一公分，長五十九公分；平面比例尺爲七百五十萬分之一，垂直比例尺爲五十萬分之一。東部并包括日本在內，以明海陸之形勢。閱此模型，則中國地形之概況，可以一目瞭然，實地理教育上重要之工具也。該所爲普及起見，更用石膏翻製數具，已由北平圖書館及清華大學訂購。每具價值，僅收回材料工費洋二十元云。（密）

圖書副刊

BOOKMAN　第八十七期

一　本刊登載關於中外圖書之介紹批評以及學術界消息，爲公開性質，歡迎投稿。
二　刊登本刊之文略致薄酬。
三　投稿通訊可寄「北平文津街國立北平圖書館內圖書副刊編輯收」。

書評

戴望舒譯莎士比亞悲劇麥克倍斯

紀乘之

上海金馬書堂發兌　十九年十月初版　一冊共一四六頁　定價六角

（甲）略論本文

莎士比亞四大悲劇的中譯本，據我自己所知道的，僅有田漢譯的漢姆雷特和戴望舒譯的這本麥克倍斯。至奧賽羅一劇則未見有人譯出，李耳王一劇，以前孫大雨曾在大公報文學副刊譯出第一幕第一場爲詩劇，但是後來也就不見了。關於田譯一書，已有人評論過，現在我想提出戴譯的這本麥克倍斯來談談。這本書是十九年在金馬書堂印的，距今已經五年了，也許因爲社會上一般讀者對於金馬書堂不大注意的緣故罷，這本書出版了以後，並沒引起大家很深切的重視來，在過去四年間，祇是這樣無聲無臭的流行着，恐怕印出的冊數也不很多，所以有些讀者竟沒有見到，這眞是一件可惜的事情，不過，原作是一篇莎翁的傑作，而譯者又是在文壇上有聲名的，所以這本書仍然是有它的價值的。

麥克倍斯是莎氏四大悲劇中最短的一篇，原爲宮庭應酬時演來給國王看的，所以因爲時間上的限制，不能和一般劇團公演的譯本那樣長，這篇劇的本身是爲娛上應制之作，內容有不少地方是爲了討當時國王（詹姆斯第一）的歡喜而寫的。例如詹姆斯第一相信巫婆的興妖作怪是確有其事的，莎氏在這篇劇中就描寫到巫婆的預言和施行幻術等；詹姆斯第一是自詡爲英雄之後，班考的子孫，莎氏就描寫到八王幻景一球三杖等事，以博得君王的喜悅，結果國王曾親自寫信給莎氏，稱讚他這篇劇的優美。不過這一切都是就當時寫劇的背景而言，至於這篇劇的內容技巧方面，卻使我們不能不讚揚莎氏天才的偉大，他祇是利用當時傳說中的麥克倍斯事蹟和一般人所熟悉的巫婆神怪等故事，組織成了本劇的中心，他的目的卻是重在描寫犯罪者的恐怖心理的變遷，他在這篇劇中描寫了兩個人物，一個是麥克倍斯，另一個就是他的夫人——麥克倍斯夫人，[illegible]不但在人物心理的描寫上如此，即全劇的進展上，也是使讀者時時感到情節的緊張，[illegible]。所以康拜爾 Campbell 在「論莎氏悲劇的主角」一文中說：「麥克倍斯這篇戲是恐怖心理的研究。」[illegible]可說是「化觀念爲形象」的。[illegible]作品，介紹給中國讀者，[illegible]把它忠實地移在一旁了，這眞是一件令人感到美妙的事情。

（乙）戴譯的改正

戴先生譯的文字，還算流利，不過內中有些地方是譯錯了的，[illegible]有細心的地方，作者所用的英國文字，並不是現在通行的意義，是在研究伊利沙白時代的英國文字，所以譯出來時，會和原意相差甚遠的。現在把它一一列在下面，附着我自己改正的意見，這種意見也許是不對的，不過我希望戴先生和讀者們加以指教，如果認爲我的意見不甚錯切或措置適分的話。

（一）譯本第二頁第四行：「三女巫同說清朗就是陰沉，陰沉就是清朗」，這句話有點不合適，按原文 fair is foul, foul is fair 本來是指當時氣候而言，應該譯作「清朗而又陰沉，陰沉而又清朗」。又 Henry Cuningham 本的註裏說 Farmer 氏引斯賓塞的仙后中的句子，"Then faire grew foul, and foule grew faire in sight" 認爲是莎氏此句之所自出，解釋之則爲巫婆的本領可以使吉變爲凶，凶變爲吉的。

（二）第四頁第一行：「他能阻命運」，應該譯爲「他不顧命運的吉凶」。

（三）同頁第三行：「也來不及向他告辭」，原文是 nor bade farewell to him 應該譯爲「向他告別」而不是「告辭」。

（四）同頁第四行：「從臍看劈到顎骨」，原文爲：...from the nave to the chaps 應該是「從顎骨劈到肚臍」，因爲在莎劇中 nave 一字就作 navel 解。

（五）同頁第五行：「勇敢的賢卿」，原文是 valiant cousin 應該是「勇敢的表弟」，譯本後來也有譯爲表弟處，但不知此處何以譯爲賢卿？

（六）第五頁第一行：「是的」，按文中前句爲「這種情形可不是要使我們的麥克倍斯和班考將軍驚惶失措了嗎？」在英文中可以回答 yes，但譯成中文，應該是「不」。

（七）第十一頁第四行：「你爲什麼戰慄着」？原文爲 why do you start 應該譯爲「你爲什麼驚訝着」？

（八）第十二頁第六行：「西尉爾（麥克倍斯之父——譯者注）」，在這裏戴先生卻鬧了一個笑話，西尉爾是麥克倍斯未就職時一位前任的可道伯爵，而不是麥克倍斯的父親，因爲他們並不是世襲的。

（九）第十二頁第九行：「至於做國王，那事更又從何說起呢」？之下漏了一句「那比做可道伯爵的希望還少呢」。

（十）第十六頁第五行：「眼前的恐怖卻沒有在想像中的可怕」一句，原文 Present fears are less than horrible imaginings 中的末一字 imaginings，是指將發的幻想，故應譯作：「眼前的恐怖還不如那可怕的將發的幻想來得多」。

（十一）同頁第六行：「只有未來存在，此外什麼都不在我身上」，這一句的意思不甚明晰，原文是 and nothing is but what is not 應譯作「那些是我自己的幻想在作怪」。

（十二）第二十頁第一行：「我將要將國家傳授我的長子」一句下漏譯「麥爾考姆」一名。

（十三）同頁第五行：「又將得和陛下親近的幸福的消息諒給我的妻子聽」，原文……and make joyful the hearing of my wife with your approach 應譯爲「並且將陛下要到我們家裏去的消息告訴我的妻子，使她聽了歡喜」。

（十四）第廿二頁第十一行：「你性情太富有仁慈的乳汁」，原文爲 yet do I fear your nature, it is too full of the milk of human kindness 其中 milk 一字不作乳汁而應作柔弱解。

（十五）第廿三頁第一行：「並未沒有這種的志氣，卻是缺少必要的惡德，」原文是……are not without ambition, but without the illness should attend it 應該譯爲「你不是沒有野心，不過你卻缺少一分應有的狠心。」

（十六）同頁第六行：「我將用舌頭的勇氣來除去那就誤那錦繡的前程的一切障礙」一句中，錦繡的前程如

巴黎敦煌殘卷敘錄（七）

王重民

瑞應圖　不詳撰人

瑞應圖殘卷，長四尺七寸，存二十有二條，下幅爲說，上幅爲圖，圖與說均有目，說或不甚具圖，故說較圖爲多。[illegible]

[illegible]至所引用書，有尚書中候并注，春秋元命苞并注，[illegible]禮記大戴記文子淮南子，又足資考校焉。

又敦煌本沙州都督府圖經卷三，引瑞應圖四事，[illegible]下，讀者之腦海中，殆亦有同樣之波紋盪漾乎？

五色鳥　大周天授二年一月百姓陰嗣鑒於平康鄉界武孝通園內見五色鳥刺史李無虧表奏稱謹檢瑞應圖曰代樂鳥者天下有則見也

日揚光　慶雲　大周天授二年冬至日卯時有五色雲扶日比至辰時復有五色雲在日四邊抱日光彩甚鮮刺史李無虧表奏謹檢瑞應圖曰聖人在位日有大光天下和平又曰天子孝則景雲出游

蟲渤海五色　大周天授二年八月以來水清明澈底其水五色刺史李無虧表云淮海水五色大瑞謹檢瑞應圖禮升威儀曰人君乘土而王其政太平則河傾海夷也天應魏國當塗之兆明土德之昌

白狼　大周天授二年白狼頻到陸守忠莊邊刺史李無虧表奏謹檢瑞應圖云王者仁智明悊即至動準法度則見又云周宣王時白狼見犬戎服

第三條稱瑞應圖禮升威儀，當謂瑞應圖引禮升威儀語也。按之此殘卷引書之體例正同；則圖經所引瑞應圖，所據者即爲此本，此又一例也。四月二十九日。

白澤精話圖　不詳撰人姓氏

白澤精話圖殘卷，存者丈許。前幅有圖有說，後幅有說無圖。按開元占經卷百十六引孫柔之瑞應圖云「黃帝巡於東海，白澤出，能言語，達知萬物之精，以戒於民，爲除災害」，即此書命名之意也。南史梁簡文帝紀有新增白澤圖五卷，則所由來者舊矣！隋唐志並有白澤圖一卷，不著撰人姓氏，亦與此殘卷書名不相應。然此殘卷第三圖說云：「鬼夜呼少婦名者，老雞也，煞之則已」，按太平御覽九百十八引白澤圖云：「老雞能呼人姓名，殺之則止」，文詞雖小有差異，而所謂「達知萬物之精，以戒於民」者，則相彷彿也。清洪頤煊經典集林，馬國翰玉函山房輯佚書，均有白澤圖輯本一卷，只輯其說，實則無圖。此殘卷尚有圖二十幅，率以彩色，頗爲醒目，可藉窺吾國中世紀時人民對於萬物精魂之想像，彌足珍矣！

果不說也可以體會得到，不過和原文的用意卻不同了，這是譯者沒有體會到原文中這 golden round 一字是作王冠解的。所以應該譯為「……就就都作國王的一切尊榮。」

（十七）第二十五頁第五行：「超過了這渺茫無知的今日，」這渺茫無知是不為世人所知，而原文 the ignorant present 則是對於未來茫然無知的今日，意思不相同。

（十八）第廿六頁第五行：「只從沒有的雲兒」，這句原文為 only look up clear 應譯為「你只要臉上不露出憂慮的神氣來。」

（十九）第廿七頁第七行：「常到這廟堂中來的燕子」原文中 the temple haunting martlet 是「常到寺院中去的燕子。」

（二十）第廿八頁第六行：「我們祝福你不盡」原文 we rest your hermits 應譯為「我們願替你祈禱。」

（二十一）第廿九頁第一行：「我們很愛他，」這是國王自己說的話，應用多數，其實是單數，所以應是「我很愛他。」

（二十二）[illegible] 原文 if it were done, when it is done [illegible]

（二十三）[illegible] 原文 But here, upon this bank and shoal of time, we'd jump the life to come [illegible] Verity [illegible]

（二十四）[illegible] 原文 But in these cases, we still have judgement here, [illegible]

（二十五）[illegible] ……trumpet tongued, against the deep damnation of his taking off [illegible]

（二十六）[illegible] limbeck [illegible]

（二十七）四十頁第四行：「這是使犯人作最後睡沉的守夜人」按原文所要表達的意思比這還多，the fatal bellman, which gives the stern'st good-night 照註解說當時監獄中有一種守夜人，凡一個犯人判決明天要行刑的時候，這守夜人當晚必先來告訴他明天要殺刑了，臨走時對這犯人道一聲「晚安」，所以這裏宜譯為「這是那在對犯人告別的不祥的守夜人。」

（二十八）四十四頁第四行：註內「內叩門」，是舞台上的內場，在劇作上應是幕外，故當作「外叩門」，餘仿此。

（二十九）四十五頁第三行：在麥克佩斯夫人的說話以外，應該是麥克佩斯說的，未註明，且遺去一句，應添作「麥克佩斯：我現在應該做的最好是睡熟了（外叩門）」。

（三十）四十六頁第四行：「這是從前希望饑荒而自縊的農夫」按原文 here is a farmer, that hanged himself on the expectation of plenty 因為當時有許多農業資本家貯藏米穀，希望凶年得以高價出賣，而年成偏好，一時穀賤，故照註本應譯為「這是一個因豐收而自縊的農夫來了。」

（三十一）四十九頁第七行：「我們睡在那裏，煙囪吹將下來」，原文 Chimneys 不是「煙囪」而是「煙囪」。

（三十二）兩頁第十行後遺去兩行，應是「麥克佩斯：那真是一個惡劣的黑夜。蘭諾克思：我幼年時候的記憶中也沒有一個和這個能相比的。」

（三十三）五十四頁第九行，後遺去一行，應該添上「麥克佩斯：我們要趕快下決心，並且在大廳集齊，衆人贊成」。

（三十四）五十六頁第七行：「世界的火把」應該譯為「太陽」。

（三十五）六十三頁第三行：「我們作伴的弟兄們……」此應是麥克佩斯指鄧肯的兩個兒子而言，應是兩位「貴族」。

（三十六）六十八頁第一行：「使你們知道最確實的時間」按原文 acguaint you with the perfect spy of the time，其中 time 一字不是時間而是「世界」，故應改譯為「我將派一個世界上最好的偵探來和你們一塊兒去，」指其後之第三刺客而言。

（三十七）七十四頁第五行後遺去三行，應添為「第一刺客：點火來點火來。第三刺客：我見他。第一刺客：準備着。」

（三十八）八十四頁第五行：「沒有一家人沒有一個僕人在我這裏，」按原文作 there is not a one of them, but in his house I keep a servent fee'd 應該譯為「沒有一家中不有我會賄賂下的一個僕人在那裏作偵探。」

（三十九）九十八頁第八行：「有幾個我看見帶着兩層球和一支節杖」按原文為 and some I see, that two fold balls and treble seriptres carry 其 treble 是三倍，而不是一支，故應譯為「有幾個我看見手裏拿着兩個球和三枝王杖，」但一球三杖之事，譯者亦應註出。

（四十）一三八頁第五行：「你帶了令郎和我的兄弟去領頭隊」按原文 with my cousin, your sight-noble son, lead our first battle 應改譯為「你帶着令郎，我的姪弟，去領頭隊。」

大略譯來，已有這許多錯誤，其他語句不順譯者不合的錯誤還不少，現在不能一一指出了。不過在一本幾萬百餘頁的文藝作品的譯本裏竟有這些錯失，譯者是不能不負相當責任的。

一月二十五日於山東大學，青島。

新書介紹

世界哺乳動物誌

許逸超譯 [illegible] 上海新亞書店印行 實價洋四元

人類自己，是哺乳動物的一種，人類的衣帛，飲食或用途，都和哺乳動物有關係。這樣，我們對于哺乳動物，要有相當的認識，是誰也不能否認的！

今年是讀書運動的年頭，書店或印書館，大家爭先恐後的影印古書。叢書，類本，集成，文庫的廣告，充滿了各家的報紙，這些似乎可以滿足文學家，考古家，教育學家的慾望。可是在另一方面，自然科學的刊物，卻似鳳毛麟角，不可多見，這令愛好自然科學的人們，無限的失望了！

忽然的在叢書中，發現了一冊『世界哺乳動物誌』，是中華民國二十三年十二月出版。全書包括序及目錄一八頁，本文一二九頁，圖版三十（共一六九圖），附學名索引及中文索引十頁。

這幾年來，國內動物分類學，因為幾位青年科學家的努力，已經稍有成績，在國際學術界上，亦有相當的地位。這些科學家，日夜探討，從事于專門學術的獨立研究，不能分出一點時間和精神，來做一點通俗的著作。一本譯述的世界哺乳動物誌，是服務于大學生物系的學生，和中學生物學教師的歡迎，同時可以作為研究科學的讀物，這是可以引為愉快的！

本書的譯者許逸超，是一位精於魚類學的動物學教師。民國初年，他初從日本回國的時候，對于鯉魚在動物學上的地位，曾經下過一番研究。當時有人說鯉魚是兩棲類，後來詢教日本東京帝國大學的田中茂穗，知道鯉魚，確是魚類的一種。

譯者說此書是仿 W. F. Kirby 之書而作。Kirby 的 Living Animals of the World, Hutchinson & Co. London. 共二卷，第一卷叙述哺乳動物，在體裁上及材料上說，好像和此書很相同。

書中圖版彩色，與原來動物，不甚相附。這一點，中國印刷業的幼稚，當然亦是一種原因。不過和一般『兒童畫報』的作品相比，此書自然是比較是正確。

書中所用分類方法很舊，這是可以看出著者身邊缺少相當的參考書籍。有蹄類 Ungulate 下之蹄兎類 Hyracoidea 長鼻類 Proboseidea 奇蹄類 Perissodactyla 偶蹄類 Artiodactyla 等，現在均已獨立成目，拉丁語尾之 dea 印為 dae，使讀者有『失之毫厘，謬以千里』的感想。

兎科 Leporidae 等因上顎有四個門齒，近世哺乳動物學中，歸入 Duplicidentata 或 Lagomorpha 中，著者似未注意。

熊貓自熊，學名應作 Ailuripus Melanoleucus Milne Edwards 此外如學名的後方，不附定名者的姓氏之類，不必細論了。

（赤文）

W. Dean, First Lessons in the Tie-chiu Dialect（潮州話）Bangkok, 1841. 西南語學書雜談之一

聞宥

關於潮州方言之記錄，通常所知，以一八四七年 Goddard 之 A Chinese and English Vocabulary in the Tie-chiu Dialect, Bangkok 為最早。嗣後一八七七年有 Giles，一八八四年有 Partridge，一八八六年有 Gibson 等，諸家之書，今皆已不易得。此書則又早於 Goddard 書六年，以闻聞所見，殆當為第一本矣。

全書凡四十八頁，四開大本。共分三十二節，大都為單字，間有短句，每字先以英語，次以華文，再次以羅馬字注音，略有類於西語學書之例。注音方法雖不能盡精，大體尚可推知。如「五」作 Gnou，此 Gn- 當讀為 ŋ-，蓋其後所附為鼻音之韻母，則自當為 ŋ，固不必讀為英語之 "at the beginning of a syllable much as NG at the end" 而已可知者也。

作者身世不甚詳，以其作於暹谷推之，當為熟諳暹羅(Thai)語之人。故書首小序，雖極簡略，而於潮州語與暹語之關涉，則有扼要之論述。其言曰：

They may have borrowed some expressions from the Siamese, and others have grown out of their new relations; but in turn they have transferred a greater number of wonds from their own to the Siamese language.

惜以下未舉例證。今檢諸書非此冊所涉範圍外，其前者借自暹語之例，在本書中顯然可以見之。如其譯 Hi，與暹音相合，而潮州語則為不帶，；與暹 Kha，則與暹語東支 White Tai, Nung 等全合，皆其例。潮州語與暹語之關涉，今日學者固或尚少知之，而近百年前，作者已能為明晰之分析，此固語學上值得稱道之事矣。

此書余以數年前於東京之舊肆，得之書肆西人署名，惜以未識，已不甚可辨。封面有「暹羅英語一通」印，蓋當時暹羅國所有也。另附紙箋數一，題曰「暹音拼英字」，蓋亦暹氏手筆。

× × × ×

新書簡訊

新予季刊

武昌西山坡三十一號新予出版社編行。民國二十四年二十五日第一卷第一期出版，每冊定價五分。本期內容大抵以新舊政治之評論與文藝述作各占半數。在武漢出版界不甚繁盛之地，而有此私人創辦之刊物，亦屬難得。且該社同人，在卷首聲明「一期勝比一期好」云。

（柳）

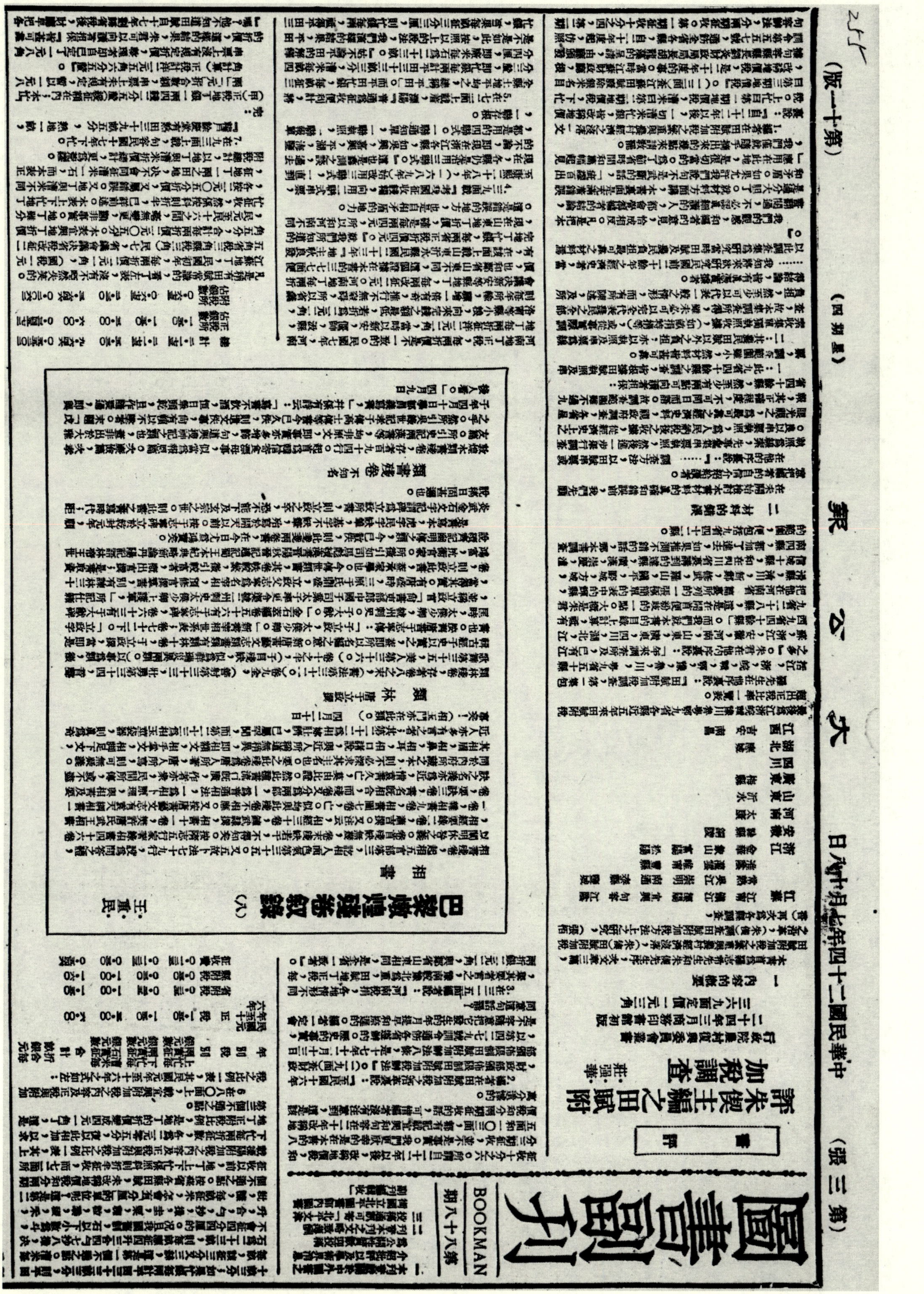

255

圖書副刊

BOOKMAN

第八十八期

書評

評朱偰主編之田賦附加稅調查

莊強華

行政院農村復興委員會叢書　二十四年三月商務印書館初版　三六九面定價一元三角

一　內容的概要

本書首爲羅志希先生和朱偰先生序，次文章三篇，田賦附加稅之繁重與農村經濟沒落，（朱偰）田賦附加稅之沿革，（朱偰）調查田賦附加稅方法上之研究，（張栢香）再次爲各縣調查，

江蘇	江甯　鎭江　溧陽　宜興　句容　江陰　常熟　吳江　崇明　南通　泰縣　鹽城　淮陰　灌雲　睢甯　豐縣
浙江	金華　象山　富陽　松陽
安徽	歙縣　銅陵
河南	太康
山東	沂水
廣東	梅縣
四川	
湖北	應城
江西	吉安　南昌

最後爲江浙皖贛豫川魯粵鄂九省各縣近五年來田賦附稅超出正稅比率一覽表。

羅先生在他序裏說：『田賦附加稅調查，第一集包括江，浙，皖，贛，鄂，豫，魯，川，粵九省五十縣之多』。朱君在他的序裏說：「年來調查所及，已有江蘇，浙江，安徽，河南，山東，廣東，四川，湖北，江西九省四十餘縣」。而我們就本書的目錄上計算，祇有九省二十八縣，這是在開首便紛歧的一點。大概是朱君把他在河南省太康縣裏所列的一張極簡單的表中的鄲縣，滑縣，淆川，新鄭，修武，羅山，鎭平，郾城，方城，信陽十縣，和在四川省裏講到的遂縣，廣漢，崇慶，潼南四縣，都加了進去，如果推測不錯的話，那本書調查的範圍，便包括九省四十二縣。

二　材料的錯誤

在未開始檢討本書材料的眞確和錯誤前，我們先願意把編者的自信介紹給讀者。

在他的序裏說：『…… 調查方法，以田賦串票或執照爲緣索，先事蒐集串票執照，然後進一步舉行調查。良以串票執照，爲人民納稅後之收據，從經濟史上之眼光觀之，爲最可貴之經濟史料，視政府調查，各省呈報，其正確程度，不可同日而語。故調查範圍雖不過九省四十餘縣，然至少有兩點可向讀者担保：

一：此九省四十餘縣之調查，皆根據田賦執照及串票，調查範圍雖小，然材料皆甚可靠。

二：其農民田賦以外之負担，亦以執照及串票爲根據，（如畝捐特捐等），或從事實際調查，故本集調查所得，雖未必可以完全代表農民之全部負担，然至少可以代表一般之情形，而有所陳述，及所得結論，皆有眞憑實據者。

…… 我知將來欲研究民國前二十餘年之經濟史者，當以此調查集爲研究當時田賦及農民負担最可靠之材料焉。』

我們的觀感，和編者的意見，恰成相反。凡是把本書翻閱過，不必認眞細讀的人，都會覺得編者的結論，是過分大胆了。就材料方面講，本書裏面是充滿着錯誤和矛盾。如果允許我們說句不是武斷的話，「紕繆百出」應用在此地，是很切當的。爲了節省時間和篇幅起見，我們僅就隨手摘出來的幾點來請教罷。

1.編者在田賦附加稅之繁重與農村經濟之沒落一文裏說：『自二十二年以後，一切漕米忙銀，皆改稱地價稅。上忙曰第一期地價稅，漕米曰第二期地價稅，下忙曰第三期地價稅』。（一三面）查江蘇田賦廢除銀米名目，改稱地價稅，是二十年度的事。當時江蘇財政廳，根據句容縣縣長劉炎財政局局長胡龍驤的呈請，由廳頒發訓令第五五五七號，通飭全省各縣，自二十年度起，仿照句容辦法，分兩期征收。第一期征收十分之四，第二期征收十分之六。所謂自二十二年以後，改稱地價稅，和分三期征收，並不是事實。我們更欣幸的是在本書的八五面和一〇三面，都有記載宜興和句容在二十年改稱地價稅和分兩期征收的話，可惜編者沒有注意到，這是該篇分析錯誤的。

2.編者在田賦附加稅之沿革裏說：『至民國十六年，財政部頒佈限制田賦附加稅辦法八條』。（一九面）查財政部頒佈限制田賦附加稅辦法八條，是十七年十一月十三日以第四二七九號訓令通飭各省遵辦的。歷史的事實，是不容隨意把它發生的年月提早和延遲的。編者一定會同意這句話罷？

3.在三一五面編者說：『河南稅捐，各地情形不同，畢竟要言之，豫南較豫北爲重，田賦地丁正稅，每兩折銀二元二角，與鄰省山東相同，是全省一致者』。河南地丁正稅，每兩折價是不一致的。民國七年，河南地丁每兩折征洋二元二角，當時以新安，偃師，汲縣，洛甯等縣小糧，向來完錢之額最低，若折爲二元二角，則每年所輸，驟增一倍有奇，推行不無窒礙，所以省議會議決新安等縣地丁，每兩改征二元。河南地丁每兩折價，也和鄰省山東不同，這個證據在本書的三七七面便有，在該面上載山東沂水縣民國二十三年『地主秋良發完地丁忙銀，每兩省正稅折價四元。』就我們所知道的，現在山東地丁折價，確是每兩四元，所以和河南不同。這是錯誤的地方，也是自相矛盾的地方。

4.三九面載『考我國征收錢糧，向用二聯式串票，至康熙二十八年，（一六八九年）始改用三聯式，一直到現在，各縣仍是沿用三聯式。』這也是臆測之談，過去的不論，即現在浙江各縣，如吳興，嘉興，平湖，海鹽，都是用的四聯式。一聯通知單，一聯執照，一聯報單，一聯存根。

5.在七二面上載着，溧陽『普通爲征收便利計，將全縣土地平均之，總稱「平田」。而平田忙銀，每畝征三分三釐，即忙銀每兩計平田三十三畝三分，漕米每畝四分四釐，即漕米每石爲二十三畝。』姑不論平田的解釋是不是如此，按照以上的稅法，我們演繹的結果，平田忙銀，當果每畝征三分三釐，則忙銀每兩，祇得平田三十畝三分，[illegible]

6在八〇面上，載宜興附加稅之內容及正稅與附加稅之比例一表，其民國元年至十六年之表如左：

年別	稅別	上忙每畝折銀元數	下忙每畝折銀元數	漕米每石折銀元數	合計	折合每畝銀元
民國元年至十六年	正稅	1·五〇	1·五〇	三·〇〇	六·〇〇	
	省附稅	〇·二五	〇·二五	1·〇〇	1·五〇	
	縣附稅	〇·三〇	〇·三〇	1·〇〇	1·六〇	
	征收費	〇·一三	〇·一三	〇·三〇	〇·五六	
	總計	二·一八	二·一八	五·三〇	九·六六	〇·三五三
	正稅所佔銀數	1·五〇	1·五〇	三·〇〇	六·〇〇	〇·二四七
	附稅所佔銀數	〇·六八	〇·六八	二·三〇	三·六六	〇·一〇六

凡是稍有田賦常識的，看了左表，沒有不啞然失笑的。江蘇地丁，民國初年，每兩折價二元一角，（國稅一元五角省稅三角縣稅三角）民七，省議會議決省稅改征二角五分，合計每兩折價二元〇五分。本表宜興地丁折價，民元至民十六之間，毫無變更，顯非事實。地丁雖分忙征收，然係按科則折半，已詳前述。本表上下忙地丁，各按二元〇五分折價，又屬錯誤。又地丁與漕米不同，征地丁一兩之田地，決不會同征漕米一石，而本表正附稅總計，以地丁與漕米折價總計，更爲荒謬。

7.在九三面上載，句容民國十七年下忙。

『糧戶餘慶堂有熟田三十九畝五分，熟地一畝，完：

（甲）正稅地丁銀一兩四錢二分五釐（稅征額在內；本忙兩」一元折合數額，串票上未有規定，暫以一元八角計算）正稅計洋二元五角六分五釐』。

串票上沒有規定折價，整理者即自己定了一元八角的折價，這樣的結果，朱君可以向讀者担保『皆甚可靠』嗎？他不知道田賦自十七年劃歸省稅後，財廳早把各

巴黎敦煌殘卷敘錄（八）

王重民

相書

相書殘卷，起相五官部第三，訖相人面色氣第三十五。又五故卜法七十九行，設爲問答之體，以闡明休咎之義。卷首殘缺無幾，卷末殘缺若干，不得知矣。按隋志五行家著錄相書四十六卷，相經要錄二卷，蕭吉撰。又注云，相經三十卷，鍾武隸撰，相書十一卷，樊許唐氏武王相書一卷，雜相書九卷，相書圖七卷，亡。似均與此殘卷不相應。又按唐書藝文志有袁天綱相書一卷，要訣三卷，書名既相合，而殘卷又分爲兩部，一爲普通相法，一爲相卜原理，與相書及要訣之名義亦爲近，惜袁書久亡，莫由比證。然此種書流行旣廣，作者亦衆，民間所傳，或不盡同於內府所藏之本，則不必深求其主名也。要之此殘卷爲唐人所著，唐人所寫，則可無疑義。其相眉，相鼻，相耳，相口諸說，與近人所稱道無稍異，即相額文，相手掌文，相脚足下文，近人亦多有言之者；共第二十二爲相妳肚臍，已屬罕聞，而第二十三爲相玉莖陰器，則眞爲奇事矣！（相玉門亦在此類。）　四月二十日

類林　唐于立政撰

類林殘卷，存者卷八之末，（書法第三十二。）卷九全，（善射第三十三，壯勇第三十四，音樂歌舞第三十五，美人第三十六。）卷十之半，（子目殘缺，似爲祥瑞災異兩類。）以事爲類，徵輯古經子史以實之，蓋即所以名編之意。新唐書藝文志類書類有類林十卷，于立政撰，當即是書也。按舊唐書于志寧傳：「子立政，太僕少卿。」新唐書宰相世系表，卷七十二下。「立政字匡時，太僕少卿，虢州刺史。子大猷。」金石萃編卷五十六有于志寧碑，卷六十三有于大猷碑，並稱立政官「尙書吏部郎中國子司業太子率更令渠虢二州刺史太僕少卿上護軍，」所記仕籍，當得其實。有唐盛時，三原于氏興盛，立政父志寧爲名宰相，預修官撰羣書，別有諫林三十卷，則立政此書，蓋承家學也。今傳世類書，共卷帙較繁，徵引較富者，概出官撰；是書取資鴻富，抗衡官家。所徵引如司馬彪續漢書晉陽秋晉記趙記蜀王本紀典略新論丹陽記語林帝王世說稽齊記幽明傳之類，今已散佚，則此寥寥兩卷書，在今日尤爲鴻寶矣。

是書寫本，虎字民字缺筆，基字不缺筆，殆寫於開天以前。按于志寧碑立於乾封元年，顧炎武金石文字記謂碑爲立政所書，則立政之卒，恐不能下及玄宗之世。則此書之著寫時代，距脫稿日固甚邇也。

類書殘卷　不知名

敦煌本類書殘卷，存者百九十四行。起首爲韓伯寄食漂母事，似當爲報恩篇。次廉儉篇，次孝友篇。所引史記兩漢書等，均非原文，即事實亦多增飾，句道與搜神記之類也，蓋非出於大雅之手。然所引與錄世記孝子傳高士傳等書今已久佚，則遺文佚事，尙有賴以不墜者。末題「戊子年四月十日學郎員義寫書，」并係有詩云：「寫書不飲酒，恒日筆頭乾，且作隨疑過，即與後人看。」　四月九日

歲地丁等項附省縣正稅的折價，定爲二元〇五分，所以一元八角的折價，是錯誤的。

8.二〇五面上載江蘇附加稅之調查如左：

「(1)民國十四年上忙

正稅每兩折征銀元一元二角八分

附稅

縣稅每兩三角

教育專款每兩四角七分

水利費每兩一角

以上共計附加稅每兩征洋八角八分，計合爲正稅之〇．六八倍」

在上文裏，不可思議的是每兩正稅折價一元二角八分，不知是指的何項正稅，當時的國稅，還是省稅？如果是國稅，便該是一元五角，如果是省稅，便祇有二角五分，如果是國省縣三項併計，那便該是二元〇五分，更足驚的，是十四年時，已有教育專款四角七分一目，我們爲便予讀者明瞭起見，備述江蘇省教育專款的沿革如左：

民國十三年，江浙發生戰爭，教費悉供軍用，國省各校，幾將停輟，於是國立四校，有劃出稅收專充教育經費之議。同時教育經費委員會，亦有劃出捲烟特稅及漕附省稅，專充教育經費之建議。時教育財政兩廳長，依據是項議案，會呈省長韓國鈞，劃出漕附省稅捲烟特稅爲省教育專款，屠牙兩稅爲國校專款，訂定大綱，設立教育經費管理處。十六年春，國軍定都南京，復經中政會會議議決仍保障教育經費獨立。是年七月，財政部以捲烟特稅改爲統稅，列入中央收入，教育經費無着，省政府議定於忙漕正稅項下，年撥一百八十萬元抵補教育專款。初時保在各縣應解正稅內，酌量派撥，嗣因收不足數，復經議決，自十九年五月爲始，將經征十八年份起忙漕，按兩按石分別提出一部份，劃歸教育經費管理處，逕行收撥，計忙銀正稅，每兩划撥四角七分，漕米在十六年以前，每石原已划撥一元，茲又加撥四角，共計一元四角。二十二年秋，因教廳建議免除省立中學學費，復於冬漕加撥二角，共計一元六角。

可知忙銀每兩提撥四角七分，是十九年的事情，怎會在十四年時，江蘇的附加裏，已有此欵呢？顯見得是正稅的折價表制製出來的，並非當時的事實。同樣的在一一二面載，民國十四年冬漕正稅每石折征二元六角，想是把省縣正稅都扣掉了，然而在附稅裏，又並沒把此兩項欵目列入。

9.在二七〇面載，民國十九年浙江富陽抵補金項下正附稅調査如左：

「正稅　每石三元

附稅　每石帶征省地方稅三角

每石帶征經收費一角二分一釐五毫

每石帶征自治附捐四角

每石帶征土地事業費三角

共計附稅一元一角二分一釐五毫

正附合計，每石征四元一角二分一釐五毫

附稅超出正稅〇．三七倍」

這裏面所錯誤的，倒並不是因爲附稅不及正稅一倍，而用「超出」兩個字，這是措辭的適當與否的問題，並不值得討論。我們所感到的，附稅裏面，是至少遺漏了全省一律帶征的建設特捐和建設附捐兩欵。建設特捐於民國十八年開始帶征，原名軍事善後特捐，始於民國十七年四月，地丁每兩，抵補金每石，各帶征一元，以十年爲期。建設附捐始於十六年，專充修築各縣公路之用，係按地丁抵補金正稅數目，帶收一成。我們不知道富陽附稅，是根據怎樣的「具體實際」編製的。(未完)

評蔡正雅所著中日貿易統計

蔣　旂

我國國際貿易之統計，關册而外，實寥若晨星。昨讀中日貿易研究所蔡正雅先生之中日貿易統計，深佩其內容之詳盡，搜集之廣博；足資研究中日貿易者之借鏡，第中間有出入之處，容逐一商討之。

全書計分兩編：第一爲提要及本論；首述我國國際貿易之大勢——中國對外貿易初期情形，及關稅入超抵補之方法，各國對華貿易額之序次，近五年來輸出入主要貨品及各國對華輸入之大宗貨品——繼述我國對日貿易概況；——對日貿易之史的變遷，對日輸出之主要貨品及主要之進口日貨——終論日本國際貿易概況；——日本對外貿易輸出入之增減與比較，日本對華出超之增加與夫因受各地排貨之影響而暫時減少，第二爲統計圖表：圖凡十八，表三十二，又有附表九。圖表而外，附以文字，綜以論說，註以辭證。洋洋大觀，不忍卒讀。

書中第三表甲爲我國對外貿易國別表，——輸入淨值實數——內容不免略有出入之處，茲分述如下。

先就第一項日本而言，民國二十年之由日本輸入淨值爲300,455,739。此淨值之如何算出，表中雖未說明，但假定其爲由日本輸入總值減去復出口至日本之差數。試以數字證之，根據民國二十年海關報告：

由日本本部輸入中國總值	290,186521
由台灣輸入中國總值	5,540598
由朝鮮輸入中國總值	10,760146
總計	306,487,265
復出口至日本本部	5,275014
復出口至朝鮮	691024
復出口至台灣	65488
總計	6,031,526

306,487,365—6,031,526

=300,435,739輸入淨值

用此法計算得來之輸入淨值，恰與書中第三表甲民國二十年由日本輸入淨值數相符。再用同樣方法計算民國元年由日本輸入淨值。

根據民國元年海關報告：

由日本本部及台灣輸入總值	91,016,652
由朝鮮輸入中國總值	3,155,334
總計	94,171,986
復出口至日本本部及台灣	1,507,546
復出口至朝鮮	2,011,275
總計	3,518,821

94,171,986—3,518,821

=90,653,160輸入淨值

用同樣方法計算得來之輸入淨值，又與書中第三表甲民國元年由日本輸入淨值相符，由此可以確知由日本輸入淨值實數，乃由日本輸入總值減去運往日本復出口貨物後之差數。惟是項復出口至日本之貨物，不盡爲由日本輸入中國後，再運往日本者，或由香港印度輸入中國後再復出口運往日本者。海關報告中爲 Re-exports of foreign goods to foreign countries 如民元洋貨復出口至澳門爲2,105元，安南爲38,856 僅有復出口貨物運往之地點，並未提及是項貨物之來源。因此吾人無從確知由日本輸入中國後，復出口往日本之貨物數量究係若干。書中第三表甲輸入淨值既係由日本輸入總值，減去復出口運往日本之貨物，計算而得者；自亦不免錯誤。該表除第十六項總計欄外，其餘如由美國，香港，英國，南洋，印度，德，法，比，俄，加拿大，等處輸入淨值；亦均由各該國輸入總值，減去復出口至各該國貨物數量後計算而得者；自亦不免同樣錯誤。因復出口之作祟，而使該表幾完全失其準確，實乃可惜之事。

書中第三表乙爲輸入淨值指數，該表中之指數乃由第三表甲表中各行實數以民國十五年爲基期所化成，除第十六項輸入總計欄外，其餘各項指數，亦因而連帶錯誤。

第三表丙爲輸入淨值所佔百分數，該表中之百分數乃由第三表甲表中各行實數化成者。茲用第三表甲表中第一項日本爲例以證之：

民國元年由日本輸入淨值實數爲 90,653,165，是年各國對華輸入總額爲 473,097,031用是項數字化成百分比則爲

$$100 \times \frac{90,653,165}{473,097,031} = 19.16$$

第三表丙民國元年由日本輸入淨值，佔各國對華輸入總額之百分比，亦爲 19.16。吾人由此敢斷言第三表丙表中之百分數，乃由第三表甲表中各行實數化成者。第三表甲表中數字之錯誤，前已詳爲論及；由該表中數字化成之百分比，自亦不幸而連帶錯誤。

第十表爲中日貿易淨值逐年比較表，表中輸入淨值，亦爲由日本輸入總值減去復出口往日本後之差數。茲就民國八年而論，表中輸入淨值爲248,218,259 依據民國八年關册，由日本輸入總值爲256,372,447(內朝鮮佔9,431,450。日本本部及台灣佔246,940,997。)洋貨復出口至日本爲 8,154,188 (洋貨復出口至日本本部及台灣爲5,997,206至朝鮮者爲 2,156,982) 由256,372,447減去 8,154,188 差數適爲248,218,259——與表中輸入淨值相同；其不準確之原因，與第三表甲表相同，茲不復贅。

第十一表爲中日貿易指數與入超百分數表，及第十二表我國對日輸出入貿易淨值折成美金及金單位表；因輸入淨值之略有錯誤，影響出超，入超，及輸出入總淨值之準確，並未復出口值佔全國貿易總額百分比尚小，稍有出入，無傷大體，如於重版時，加以更正，實區區所願望也。

新書介紹

義文法

Grammatica della Lingua Italiana,

王實書編譯　中華民國二十四年六月初版　北平傳信印書局印行　全書一四五頁　定價八角

意大利自墨索里尼執政以來，不問其主義如何，政治已入於另一形態，經濟軍事等方面亦形成新的情形，有造成所謂新意大利之勢，頗有研究之必要。然欲知其實況，舍了解其國文字語言，直接視讀彼國所出書籍以搜求原始資料外，別無他法，借重他語，爲其次着。按意大利語，與英法諸語同源拉丁；其在歐美，關於意語之著輯，已不下數十種，固不待言，即在東邦，近年亦稍有出版，吾國無之，是以R. S. Phelps 之 Italian Grammar, 及德尾俊彥之「意大利語四週間」，乃成爲國人初學意語之必要讀物。王君留學意京，研究有年，歸國之後，有鑒於此，編述是書，嘉惠士林，當非淺鮮。

是書取材，多據 P. L. Coli及 G. Rossi 共著之 Dolcissimo Idioma，蓋爲以國語譯述義大利文法之嚆矢。全書八十六節，除首尾數節講述字母，音節，詞類，及句法通則外，其他諸節，編列九章，分論名詞，冠詞，形容詞，代名詞，動詞，副詞，介詞，連詞，歎詞各詞類之種類，用法，變化等，井井有條，初學頗便。然自來文法之書，每苦段落，多附練習，取便學者習知運用方法，欲使「無師自通」，尤需乎此，本書却全無練習。又吾國譯述外國語書，英語方面最多，且習者最爲普遍，在小學中即已認識ABCD。意大利文，執一般情形言，當爲國人之第二或第三外國語。以國語譯述意文文法者，對於其所用名詞，是否與英文文法中國人通用之名詞相合，似應注意，庶幾能收使已習英文者得以舉一反三之效果。此書名詞，未能盡合，如 Congiunzione，即英文之 Conjunction，譯爲連詞；Gerundio，即英文之 Gerund，譯爲應句；Participio，即英文之 Participle，譯爲彙字，均非英文文法中之常用者。凡此二點，不免千慮之一失，不足爲全書瑕病也。所冀編者本其編述是書之精神，進而修編意文讀本及較深之文法，則其爲功當更溥矣。(思念)

× × ×

圖書副刊

BOOKMAN

第八十九期

書評

中國田賦問題

方中

孫佐齊著　二十四年四月出版　新生命書局總售　四七二頁　定價一元八角

許宋樓主編之田賦附加稅調查（續）

莊強華

府調查分類冊」爲正確。關於調查田賦方法的商榷，我們願意得其日討論，至於爲什麼要研究串票，不能得到正確結論的理由，我們願就本書所供給我們的材料，加以申述。

1.各縣串票，多爲以敗紙刊刻，字跡模糊，辨認爲難。本書裏面便有許多處，經作者申明不易辨別，如五三面江甯民五下忙的串票，五四面江甯民十三下忙及民十四上忙的串票，一一七面常熟民十八的串票，一一九面常熟民二十一的串票，一九八面淮陰民二十二第一期地價稅的執照，二三五面睢甯民四至民七的串票，其他各縣尚多，不必具錄。執照模糊，自然無從研究，如果妄加猜測，像第二節第七點擬定折價，那結論怎會可靠呢？

2.串票上所列刻的正附稅目，不一定詳細無遺，有許多附加，是另據征收的。如浙江的農行基金，測繪費，保衞畝捐等，都不載在串票上，固然也可以把這許多收據，設法搜集，但不一定能辦得到。如果不知道有，或是知道有而沒有取到，便貿然的根據存串推論，誰敢担保這是正確呢？

3.要明白一縣附加遞增的趨勢，必須將歷年串票都齊，而這件工作，不是十分輕巧的。以本書八六至一〇四面句容爲例，所搜集的串票，列表如左：

年別	糧戶	田畝	地畝
光緒三十四年上忙	譚鳳鞹	9,6	3,14
宣統三年下忙	吳慶連	22,7	5,1
民國三年上忙	吳茂崧	8,3	3,2
四年上忙	吳廷輿	—	—
五年上忙	陳安福	4,6	2,2
下忙	吳寶餘	18,9	11,66
六年上忙	陳恒恭	14,75	3,9
七年下忙	陳恒恭	14,75	3,9
漕米	吳廷有	17,15	15,1
十二年下忙	餘慶堂	39,5	1,0
十七年上忙	餘慶堂	39,5	1,0
下忙	餘慶堂	39,5	1,0
漕米	樊璽曜	52,95	1,0
十八年上忙	吳廷徽	4,15	3,6
下忙	芮廷富	12,00	2,5
十九年上忙	吳慶高	28,01	9,6
下忙	餘慶堂	39,5	1,0
漕米	樊璽曜	32,95	1,0
二十年第一期	樊璽曜	32,95	2,0
第二時	餘慶堂	39,5	—

觀右表，串票全年完備的，僅十七，十九，二十，三年，其餘年份，或祇有上忙，或祇有下忙，或上下忙均有而無漕米。串票不完備，便是研究的資料殘缺，由殘缺的資料演繹出來的結論會可靠嗎？再就上表以觀，串票雖是各年都有一二張，可是糧戶的姓名不同，糧戶田地的多寡不同，田地的科則不同，而附加的單位更不同，有按兩按石的，有按畝按串的，以這種不一致的原料，確個別的把它的正附稅比例計算出來，便借口開河般的講某年的附稅，較某年增加，某年農民的負担，較某年苛重，可有誰信這是正確的呢？

4.假定串票都列刻詳明，歷年完備，正附稅的比例，都算得很準確，我們認爲農民負担的輕微和苛重，仍舊不能由此得到適當的判斷。因爲每畝負担的輕重，决不是簡單地憑正附稅比例的高下，便可認爲正確的，附稅比正稅高一二十倍的田畝，所應納的賦稅，不見得比附稅僅及正稅一倍或超過正稅四五倍的來得苛重。南通稅科七分三厘九毫。如果本書一五面所轉載的正附稅比較表是有根據的，海門附稅超過正稅二十五倍，每畝約納一元八角四分七厘，南通附稅超過正稅五倍半，每畝便該納六元六角〇(該則田共一三一九畝八五七)海門最高的一則田，正賦併海門鄉中民田一則，每畝銀米正稅，便納一元二角，我們單看見人家代海門呼冤，却沒有人代南通叫屈。何則，在不明袖裏的人，以爲海門正附稅的比例較南通高得多，所以負担一定比南通苛重，孰知大謬不然哉！又每畝田負担的輕重，和畝分的大小，有極密切的關係。各縣畝法，向不一致，度田以弓尺，積弓以成畝，然尺有部尺，廩尺營造尺，魯班尺，裁尺的分別；弓的長短也不一，少或三尺二寸，多至七尺五寸；畝的弓數又互異，有二百四十弓的畝，有六百九十弓的畝。一縣之內，更有大畝小畝的不同。這項事實，决不能在串票上研究得出來的？

5.談到田賦積弊，想從串票上剔抉出來，也不過如前面第三節第三點裏所援引的極簡單的幾條。就積弊來講，在制度方面，地籍，稅制，征收三者，各有缺陷；就人事方面講，縣局，胥吏，人民三方，復互有情弊。不入虎穴，焉得虎子，不加以實際調查，不會曉得癥結所在。若憑一些殘缺的資料，便謂足够『草擬全國各省整理附加稅方案，』(四七面)便不免令人感到有點「坐井觀天」了。

五 結語

中央大學經濟學系師生，站在「救濟農村經濟之淺落，減輕農民之負担」的立場上，從事於田賦附加稅的研究，我們非十二分的同情和欽佩。因爲同情和欽佩，所以我們願意把我們在本書裏所見到的，提出來商榷和就正。

誠如羅先生所說的，『現在我國研究社會科學者的通病有二：第一是往往能高談理論，而忽視現實，第二是往往知道外國的材料，而不知道本國的材料』(序一)我們願意再指摘一個通病，便是知道本國的材料，而不知道加以爬梳剔抉，剪裁整理。這一個通病的嚴重性，不亞於羅先生所述的二點。因爲整理欠妥，不但是事實錯誤，淆惑聽聞，也不能如羅先生所希冀的來『創立以本國現實爲根據的社會科學系統』。

最後我們願意把羅先生的話，來做我們的結束。便是研究一個繁複的實際問題，如田賦附加稅，『决不是寄棲都市，深居簡出的人可以知道的，也不是高據沙發上坐而論道的人可以想像的』。（完）

新書介紹

鄭和下西洋考

伯希和著 馮承鈞譯 民國二十四年五月上海商務印書館出版 定價六角五分

伊人

此書原名Les grandes voyages maritimes chinois au début du XVe Siècle見一九三三年份通報(T'oung Pao)，乃是對於J.J.L.Duyvendak所著的Ma Huan re-examined一書的批評。Duyvendak此書即是將馬歡的瀛涯勝覽重新爲之翻譯，另冠以緒言二十三頁，全書共七十四頁。伯希和的這篇批評長至二百十五頁，比所批評的書多了三倍。伯氏比來不多作文字，這要算是近來所見最長的一篇了。

此文名雖是批評Duyvendak的譯本，其實却是對於鄭和下西洋的根本史料，從版本考證方面作一澈底的研究，「所以言版本考證之文遍半，餘爲校勘版本糾正譯文之文」；此文原題之所以作「十五世紀初年中國人的偉大海上旅行」者，其故在此。

此文所研究的材料，計有馬歡瀛涯勝覽，費信星槎勝覽，鞏珍西洋番國志，和黃省曾的西洋朝貢典錄四種。瀛涯勝覽除紀錄彙編本勝朝遺事本外，經張昇刪訂而爲伯氏此文所論及者有寶顏堂秘笈本，續說郛本，廣百川學海本以及天下名山勝概記本。星槎勝覽除羅氏影印天一閣藏兩卷本外，還討論到通行四卷的古今說海本，學海類編本，借月山房彙鈔本，以及合四卷爲一卷的紀錄彙編本。西洋番國志伯氏並未見，只就讀書敏求記和四庫總目的提要，加以討論。西洋朝貢典錄討論到借月山房彙鈔本，粵雅堂叢書本，別下齋叢書本；指海本提到而伯氏自說並未見過。所討論的範圍，除版本的考證校勘以外，並及於各書撰人的考證。全書以瀛涯星槎二覽爲中心，番國志和典錄審擇無幾。最後就Duyvendak的譯本，逐頁指正其翻譯的錯誤，約佔全文之半。

馮氏譯本，除忠實迻譯原書外，並將他所知道的新材料寫在自序之中。其中頗有足以補正伯氏之作，以及供後來研究鄭和事蹟之助者。如：三寶征彝集，伯氏據天一閣書目，疑其爲瀛涯勝覽別本，而未敢定，馮氏據抱經樓藏書志所著錄的明抄本三寶征彝集，而予以確定。抱經樓書多得自天一閣，這一部三寶征彝集說不定就是天一閣書目著錄的那一部；只可惜抱經樓藏書隨得隨散，以致這一部瀛涯勝覽別本竟無從蹤跡！此外還據西安羊市大清眞寺嘉靖二年重修清淨寺記，考訂鄭和第三次奉使的年月；以泉州城外回教先賢墓永樂十五年鎮撫蒲和日所立的鄭和行香碑記，考訂第四次奉使的年月。至於鄭和之爲一回教徒，袁嘉穀滇繹曾著錄李至剛撰鄭和父親的墓誌，可以證明。而馮序又據永樂元年鄭和刊本摩利支天經尾姚廣孝的題記，指出鄭和也會受過菩薩戒，法名福善。馮氏又指出永樂十四年下番之役，並有僧人慧勝隨往西洋公幹，見永樂十八年刊本太上說天妃救苦靈驗經經後題記。至於四卷本的星槎勝覽，爲之翻析者究屬何人，伯氏書全未道及，馮序引乾隆崑新合志卷三十五周復俊星槎勝覽序，疑所謂四卷本的星槎，即出復俊手。

版本方面，伯氏囿於見聞，遺漏當然不少，馮序曾指出瀛涯一卷本尚有國朝典故本，星槎兩卷本亦有國朝典故本；羅以智校抄本，中山大學排印本，以及四卷本之歷代小史本。國朝典故本的瀛涯星槎，當然是一重要的發現，其中可以補正紀錄彙編本和天一閣本者不少。瀛涯部分，馮氏已有瀛涯勝覽校注，折衷各家，成爲定本，星槎一書尚有待於好事者的努力。至於羅本除羅氏校語外原本並無勝處，交闌山一條且把詩說去了。中山大學本全未加以校勘，魚魯觸目皆是；歷代小史本比之他本亦無甚異同：今俱可置而不論。

格致叢書中亦有星槎勝覽，爲一卷本，伯氏會提到此本，然似乎並未見過。這又是一個本子，——一個刪節的本子。刪節者疑即是胡文煥本人；書題作新刻星槎勝覽全，結銜作錢唐胡文煥德甫校正，就是一個證據。所收爲占城，靈山，崑崙山，賓童龍，暹羅國，假馬里丁，交欄山，爪哇國，舊港，重迦羅，吉里地悶，滿剌加國，麻逸凍，彭坑，東西竺，龍牙門，龍牙加貌，九洲山，阿魯國，淡洋，蘇門答剌，花面國王，龍涎嶼，翠藍嶼，錫蘭山國，溜山洋國，大葛蘭國，小葛蘭國，柯枝國，古里國，榜葛剌國，卜剌哇國，竹步國，木骨都束國，阿丹國，剌撒國，佐法兒國，忽魯謨斯國，天方國。比之兩卷本大爲不同，大約即從四卷本刪節而成，胡氏本人疑未見兩卷本也。

西洋朝貢典錄的借月山房彙鈔本和指海本，即是一個本子；錢氏收得彙鈔版片，改頭換面，別爲指海一書。伯氏未見指海本，故於此本置而不論。典錄我還沒有見過明抄本，前年得知南中某郵有清常道人鈔本典錄，以定價太昂，不敢過問，如今對於這一部書的蹤跡，還是不能去懷！

伯氏考證版本源流，異常縝密，謹慎，就是我們自己去作，也許不能企及，後面對於譯本糾正違失，對於我們研究馬歡書，也極有用處。我們只能就伯氏所未及馮氏所未補者，略贅數言如上。至於鄭和卒於何時？何地？葬於何處？今俱無考。Gaillard 神甫南京史略所云南京牛首山附近的鄭和墓：乃是爲當地的傳說所誤；我會親自去看過，碑文及墓門橫楣都著明其爲鄭強的墓。鄭和埋骨之處，至今還待發現！順帶的要糾正最近報上的一點小小錯誤，便是：最近所傳昆明發現鄭和祖父的墓碑，文爲李至剛撰，其實就是鄭和父親馬哈只的墓誌，袁嘉穀的滇繹中早已將墓誌全文著錄過了！

最後還要說幾句話：關於鄭和的研究，明實錄中的材料不少，例如鄭和擒錫蘭王亞烈苦奈兒的一段事，實錄中就有很多的敘述，爲明史以及他書所不載的。日本山本達郎氏在東洋學報第二十二卷上發表了一篇鄭和西征考(王古魯氏有漢譯，見文哲季刊第四卷第二號及第四號，)曾引用了明實錄，而其考證，離我們的理想還遠。當仁不讓，這是我們自己應該開闢的一座園地！

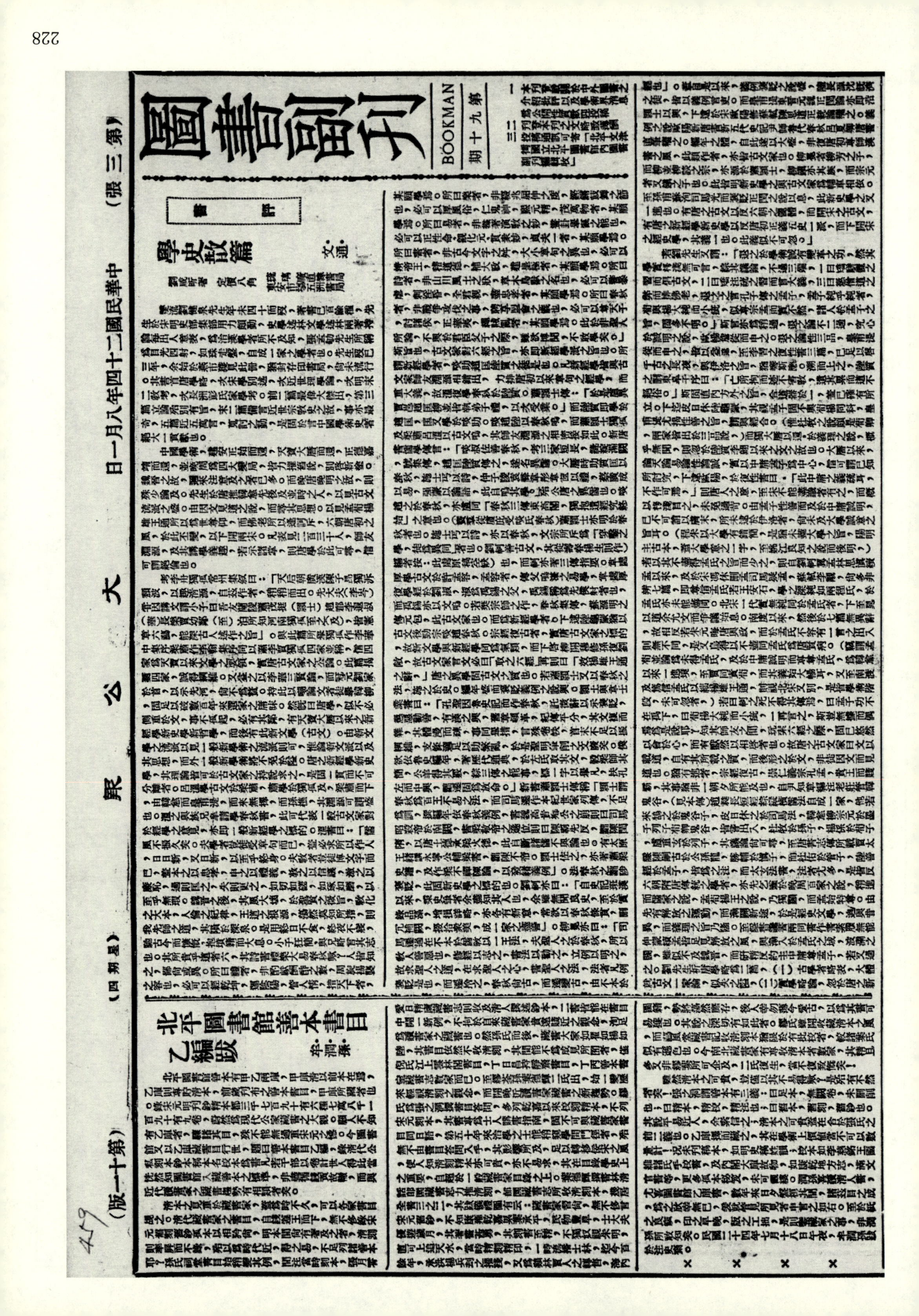

圖書副刊

BOOKMAN

第九十期

學史散篇

文 通

北平圖書館善本書目乙編跋

傘 潤 琴

史學未得其要，則汎及於唐初五代史，並三史注，元行冲老莊之注，及三教珠英之類，下及蘇冕會要，斯皆無與開天大曆之風氣。似初未由論唐文以漸及其他，故二篇不相應，而於唐人學術體係，翻有未融，斯殆由劉先生深惡編年義例之說，而篤信道家之言。故忽唐之新史運動，（史學述林書「北宋史家著史，皆有所長，然於史學皆無所論說。」此即由劉先生忽視唐人史說而然，別於宋史史學節評論之），而北宋史家之意燦然無待論也，吾已一究唐之新史學，不喜人排佛道。故卑視唐人之思想，是或一蔽也。要之實與之離，而何妄丁讓實及於禍，王叔文死而呂溫劉禹錫柳宗元皆敗，是皆欲以新學術運動，爲新政治運動，與清之戊戌政變，事同一轍。叔文於數月間召陸贄陽城，而罷德宗秕政，（免進奉關諧色罷宮市五坊小兒等），其銳然自嚮，互相推獎曰伊曰周曰管曰葛，其自任者重亦以所挾者貴也。乃不幸而敗，而史氏以醜詆之，斯亦有待於達類辨證者也。

（未完）

新書介紹

法書論

Chinese Calligraphy by L. Driscoll and K. Toda. The University of Chicago Press, 1935.

中國文字的結構和組織已經是很特別的了，而中國文字的書寫却因此種特性而成爲一種藝術，更是特別的特別。有些朋友雖然不承認中國字的書法是藝術的，但它在歷史上千餘年來被人當做一種藝術看待，確是無可否認的事實。

秦漢時代文字祇是一種表現的工具，書寫上無所謂「法」，由大篆而小篆而八分隸書（八分與隸書之別，唐宋以來已不能辨）大抵因爲應用之故，漸趨簡便。漢時文字的書寫有「書佐」專任其事，可知書寫的技術並未普遍於一般社會，東漢刻碑始盛，漸注意書法，而文字的書寫仍操於書佐之手，故漢碑例不著書者姓名，惟華山碑末署「書佐新豐郭香察書」（前人多以爲東漢僅王莽之禁，無雙名，故疑郭香爲單名，察者監察之謂，其實東漢雙名甚多，趙與時賓退錄卷九辨之甚詳）。魏晉間由隸演而爲正書而行書而草書，始講究書法。

魏晉而後，文字的書寫既成爲一種藝術，遂與繪畫等量齊觀，字與畫成了一件事的兩方面，同時論書論畫之作亦蔚然而興。唐朝張彥遠的法書要錄和韋續的墨藪，都是裒集魏晉以來論書法的重要的結集，宋陳思復採錄魏晉隋唐諸家精論而成書苑菁華，較書法要錄更爲完備，清代欽定佩文齋書畫譜論書一門，又擴而充之，集宋元明論書文字之大成。

近幾十年來惟包世臣的藝舟雙楫，康有爲的廣藝舟雙楫爲精到之作，而以康書最有獨見（中村不折氏曾譯爲日文，改題六朝書道論，附有書中所引碑帖插圖，並略加注解）。至於現在，我國出版的論書的書到有幾部，論書的著作，零星篇什而外，有卓君庸章草考，亦祇是收集前人的論說，還不會見到別的更有系統的著作。

近承著者好意，遠遠的寄了這部書來要我們寫一個書評，我們很感謝這番意思，不過恐怕我們所要說的話和西方人說的或許有些不同，是先得聲明的。

此書共六十三頁，嚴格說只算一篇論文，原是著者未成的「中國繪畫研究」稿中一章擴大而成。全書凡四章，一，中國書法之爲藝術的，二，論勢(Dynamic Symbolism)三，論結構(Organization)，四，法書之藝術的價值。論爲附注及中西譯名對照。其中第二第三兩章又分子目若干，爲全書主要的部分。書中所附插圖爲洛佛爾氏所採集之碑帖拓片，可惜都不甚精彩，近來中國日本出版珂羅版印的六朝唐宋名跡不少，而書中亦未選入，似爲遺憾。

大體說，著者對中國書法的主要觀點是正確的。例如，書中臨處提到「生動」(life-movement)「意在筆先」(idea in mind before the brush)兩點，祇就這兩點已經足以爲中國書法之所以爲藝術的價值了。謝赫的繪畫六法中有所謂「氣韻生動」，古人稱「吳道子畫意在筆先」，這兩個觀念都可通之於書畫，而中國書畫所以同源，也就在這些關係上。

前人論書謂晉人之書在於韻，唐人在於法，宋人在於意。但必以法爲基礎而後可以言韻，這是當然的。自宋以來有些人對於唐代書法每有微詞，至於清末康有爲氏抨擊尤力，研究中國書法，這些關係似不可不注意，而本書絕未提及或加以評述。

此外論中國書法最重要的還須明白南北書派的源流，而後始能體會入妙，阮元的南北書派論北碑南帖論之說，實爲發前人所未發，不過這些關係太複雜細微了，雖是很能欣賞中國書法的外國學者，未必能夠理出很分明的頭緒來。（龍）

× × × ×

章氏叢書續編

餘杭章太炎（炳麟）先生宗經古文之學，爲近世一代宗師，所著章氏叢書如國故論衡文始等，皆鎔今古，並世學人未有不實而心折者也。惜其入民國以後好侈言政事，遂稍掩其所學，成見亦漸深，然博聞彊志，海內聞風而欽仰者猶不衰息，今年已近古稀矣。廿一年一度來平，其弟子錢玄同馬裕藻朱希祖等復校刻章氏叢書以後之作，成茲續編，加以句讀，字體不復如前之篇雜正篆，自謂酌古準今，得其中道而已。書凡四冊，第一冊廣論語駢枝一卷，體撰錄一卷，太史公古文尚書說一卷，古文尚書拾遺二卷。第二冊春秋左氏疑義答問五卷。第三冊新出三體石經考一卷，爲錢玄同氏手書。第四冊菿漢昌言六卷。代售處北平琉璃廠隆福寺各大書肆。（龍）

× × × ×

古音系研究

魏建功著 定價二元四角

國立北京大學出版組發行

此爲著者在北京大學之講稿。書首有錢玄同周作人沈兼士三先生序，及著者自序。本文共六章：一古音系的分期，二古音系的內容，三研究古音系的材料，四研究古音系的方法，五研究古音系的條件，六古音系研究的實際問題。後爲著者後序。最後爲索引及勘誤表。第一章論古音應分七期（周秦，兩漢，魏晉南北朝，隋唐五代，宋，元明清，現代），皆極簡要明晰。第三章論材料，共舉十類。其中如(1)古文字之假借諧聲（兼及樂府中之段借），(9)漢字支音等，均爲向來學者之所未及(7)(8)論「中外譯音」與「連綿詞及古成語」，亦甚精審。第四章論方法，共舉四項。甲分部又分七事。乙審音又分十事，丙論變又分四事。丁探源又分二事。此爲全書最重要最精采之一章，占篇幅亦最多。其中如論語根轉變，論音軌原則，諸條，尤足予讀者以無窮之啓發。第五章論條件，甲知雜，乙理惑，丙持衡，亦皆具達識。綜觀全書，所討論之範圍極廣，所提出之問題極多，而又能不囿於中外諸家成說，觸處爲精湛獨到之解釋。誠近年來古音學上一極重要之收穫也。

全書尚有一優點，即與本文有關之材料，一律附入，極便學者之比照。惟印刷上不甚一致。如稱黻田之果羸轉語記王念孫之彙韵轉語爲大字，而王國維之與友人論詩書中成語書則爲小字，此確末節，然再版時似亦可加以劃一也。（才）

× × × ×

學術世界創刊號

世界書局發行 每月一冊 每冊二角

此爲最近出世之學術期刊。據其廣告所言：「介紹古今中外一切學術，是研究學術的唯一良導師」，眞使見者爲之狂喜。第一篇爲陸梓高先生讀書研究法」，第二篇爲「實業心理與心理工程」，其他則有「經濟的國家主義與世界合作」「研究論語答問」「各省市契稅概況」「談喪服經傳體說後記」等等，但就題目觀之，已覺「古今中外」四字，眞足當之而無愧。論文而下爲文苑，文苑而下則有所謂「紅學筆乘」者，計共四部，大抵抄襲而成。其「世界學者介紹」一欄中所列到羅素倫著作，謬誤屢見。此而言學術，吾人竊不敢有同。（約）

新書簡訊

人文地理學概論

野口保市郎著 盛叙功譯 民國二十四年二月開明書店出版 定價七角

又陳湜譯 民國二十四年二月商務印書館出版 定價一元

本書原序說：「著者常以爲人文地理學是應當把地視爲文化科學組織起來。」又說：「彼偏重自然而忽視文化要素，與偏重人而使地理學的研究脫離地理學的領域，都有同樣的危險。」這是日本講人文地理學和地理學通論的普通態變，和歐美的注重人地相關論的不大相同。所以本書中有一章專講種族分類和世界種族分布，還講到國家政體之類的文化要素。中國亦受了這種影響而變本加厲，所以有些人文地學和地學通論書中，往往有大講其人種學政治學以及其他社會科學的。我們覺得這辦法不很對。人文地理學是應當站在人地關係的立場上的，只要「忽視」的「文化要素」不和自然有關聯就並沒有什麼「危險」。

商務譯本並無原序，但較開明本多附洪保德，雷賓爾，李希多芬四地學家的照相，卷末又多一「參考書目」。

著者原序開頭便說：「本書是「供給高級中學以上學校學生地理學研究的參考書之用。」所以內容並不艱深，是比較通俗的述作。現在我們希望中國的地理學界一方面多介紹些世界的名著，一方面對於中國地理，應當努力於實際的科學的考察和研究，不論是人文的或自然的。（敏）

× × ×

八十九種明代傳記綜合引得

田繼琮編 本年五月燕京大學圖書館引得編纂處出版

我國史部書籍，浩如烟海，欲引古今姓氏傳略，奚啻累萬，每考某氏淵源，勢須披閱目錄，輒又疏遺，雖有史姓韻編等書，亦嫌依韻編次，尋檢未便。燕大引得編纂處，有鑒於此，採用新法，編纂史傳引得，順序排列，以便稽覽。顧傳記繁賾，決非暫時可成，乃斷代編輯，由下溯上。蓋已出三十三種清代傳記綜合引得，既便檢閱史傳，復資訂別同名，學者多利賴之。茲編之出，蓋爲下接清傳，專界研究明史者之用。所收之傳記，都共八十九種，訂爲三冊，計分字號引得，暨姓名引得二大部，此外有敍例，釋述體旨，傳表以明所自，並附各種檢表，俾諳用法。

來函

圖書副刊執事先生左右：

讀貴刊第八十八期莊強華評朱偰主編之田賦附加稅調查一文，至爲感謝。惟標題及內容，多與事實不符。查田賦附加稅調查係中央大學經濟資料室編；主編者爲中央大學經濟資料室。通觀全書，並無某某主編字樣。且每文及各調查之後，亦分別註明作者及調查者，以明責任。偰既不敢掠同人之功，亦不能強使負全體之責。莊君口口聲聲，謂偰主編，不知何所見而云然！至於其他各點，已由張柏香君在中央日報地政周刊第三十一、三十二、三十三、三十四期及半月評論第一卷第十一期，逐一反駁，已歷二月，似不必再贅。專此敬請

撰安！

朱偰謹啓 七月二十一日

圖書副刊

BOOKMAN
第九十一期

一、本刊登載關於中外圖書之介紹批評以及學術界消息，爲公開性質歡迎投稿
二、刊登本刊之文略致薄酬
三、投稿通訊可寄「北平文津街國立北平圖書館內圖書副刊編輯收」

鴉片戰爭時代 華北經濟史資料的新發現

萬斯年

在中國這種浩如煙海的簡冊裏，從事經濟史資料的蒐集，本來很費時力，何況除了這些正史，方志，文集，札記之外，還有無數的卷宗，檔案及各種賬簿。蒐集經濟史資料這種工作，自然是非少數人在短時期內所能勝任的。

在上述的資料裏，正史，方志，文集，札記四類中，除後二者比較的少數外，多有刻本，易於流傳，觀覽自便。卷宗，檔案雖非一般人所能觀覽，然無論是中央的或地方的，俱有政府負責保管，只要有相當機會與努力，是不難看到的。只有賬簿，無論私人的，或商店的，均不易見。原因是有人結算清楚，便不保留，至於商店，即不隨手扔去，也不過保存十年八年而已，至於保存在百年以上的賬簿，雖非全無，但爲利益關係，也多是秘不示人的。所以，百年以上的賬簿，頗爲稀有。再就可靠性上觀察，史冊，方志，檔案，卷宗，或爲官修書籍，或爲官方文件，不實不盡，在所難免，文集札記所載，亦非可盡信，至於賬簿是記錄一切交易事項的經過的，當事者很少自欺。而且，在史冊方志等資料來源中，十分之九俱無物價的記錄，所以，賬簿在近代經濟史料的蒐集上，必然是重要來源之一。

由應用上說來，賬簿可以供給我們的方面頗多：一、除了個人的之外，商店的賬簿可以告訴我們當時中國的記賬方法及其會計組織，這是屬於會計史方面的；二、無論個人的或商店的，都能告訴我們當時的物價，以推測其生活程度；三、工業經營的賬簿，可以告訴我們當時的生產狀況。所以，我們更應當對於賬簿加以大規模的蒐集。

但是，就我所知，學術機關裏，收有舊賬簿的地方，實不多見。據說中央研究院社會科學研究所裏有幾百本，清華大學裏也有幾百本，不過，我都未曾見到。北平圖書館裏，本來有蒐集這種資料的願望，但因工作繁忙，未曾實際着手。去冬突接寧津縣大柳鎮榮孟源先生的來信，打算把他保存的舊賬，贈送圖書館。自然，圖書館是熱誠接受的。榮先生已經見到他的賬簿於農村經濟，物價有關，但是他並沒有要什麼代價，只把由寧津到北平的運費收回而已。這種熱心的捐贈，是應當感謝的。

據說賬簿運到時有兩箱之多，極爲雜亂，經趙靜和先生草草整理之後，得嘉慶朝賬簿一百四十五冊，道光朝三百二十三冊。最早的在嘉慶三年（一七九八），最晚的在道光三十年（一八五〇），實際上佔有五十餘年的長時期，爲時距今在百三十年之前，是很不易得到的。

這種賬簿值得注意的地方，有下列三點：

一、固然帝國主義的勢力，在十九世紀初期，已經侵入中國，但是鴉片戰爭的砲火才把它的門戶打開，以後漸次淪於半殖民地化。鴉片戰爭給與中國社會的影響如何，我們是可以由當時中國經濟情形，與其前後的經濟情形作一比較的觀察而看到的。一七九八年至一八五〇年的這批賬簿自然可以描述鴉片戰爭時代前後的一部份的經濟情形的。

二、可以由橫的方面觀察。這是寧津縣幾個商店用的賬簿。寧津縣，清時屬河間府，位於河北省東南，當直魯之交，距津浦鐵路頗近。縣境東西廣八十里，南北袤六十里，（此據光緒二十六年縣志所載，康熙則謂東西九十里南北七十里。）至山東德州僅百一十里，距北平六百五十里，距天津尤較北平爲近，（約二三百里），據這地方的經濟情形，可以臆測華北的一般情勢，是不待言的。

三、中國舊式的記賬方法，大多不記物品數量只記錢文，使閱者無從計算，這樣的賬簿雖然內容豐富，年代遼遠，也少用處。現在這批賬簿，十之八九記有物品的數量，而且有的且記有物品的單位值。我們憑這種很精密的記賬方法，可以計算當時的物價等等，在近代經濟史上其價值可知。

用這些賬簿的商號有：統泰昇，公成和，康泰號，永泰號，豐泰號，誠泰號，公義號，恒泰號，義興號九個商店。以統泰昇的賬簿爲最多，康泰次之，公成和又次之，義興，公義，恒泰各號只有一本。此外還有未詳用戶的賬簿五種。依我看來，榮先生的府上，大概是統泰昇的東家，別的商號是不是也是榮府所開，無從得知，但是它們都是同統泰昇有往來的。至於這些字號，現在還存在否，不得而知。

統泰號是個雜貨店，規模很大，康泰號是個油房，公成和，誠泰，公義，恒泰，義興是大的或小的雜貨店，永泰大概是布店，豐泰是棉花店。雜貨店是名符其實的雜，它除了像北平的乾果店一樣賣紙張，白糖藕粉等之外還賣鐵（分加工鐵，雨鐵），大米，石灰，針線，布疋等。

統泰昇的賬，有出入流水賬，長灣店流水賬，柴胡店流水賬，日用賬，外欠賬，浮記賬（或浮記雜賬），浮存賬，各號存銀錢賬，長灣店老賬，本街欠賬（或貨賬），本街字號交易賬，四街總賬（或欠賬，老賬），本鎮交易賬（或浮字號賬），東鎮字號總賬，西鎮交易總賬，四鎮賬（或四街四鎮賬），四鎮字號交易老賬，西北鄉賬（或總賬），東北鄉賬（老賬，總賬或貨賬），東南鄉總賬，西南鄉賬，四鄉老賬（或總賬），四鄉四街雜貨老賬，字號交易賬，宅戶交易總賬，交易總賬，總賬，抄貨大賬（柴胡店用），長灣店入貨賬，長官老賬，南北往來總賬，買貨總賬（或入貨老賬），買米賬，耕種地賬，公議老賬，一本萬利賬（按即利息總賬），利息月銀總賬，出入銀賬，外鎮銀錢賬等賬。

康泰號有賣餅賬，賣豆油賬，買豆子賬，油房使用賬，院裏使用賬，油房交易賬，交易賬等賬。

公成和號有入貨賬，支使賬，州村買貨賬，東北鄉老賬，西南鄉老賬等賬。

永泰和號有買貨總賬，出入買賣花賬，出入老賬，白灣棗花店往來賬，各號存貨各人支錢賬，（顯爲永泰和號賬），等賬。

豐泰號有賣花發包總賬，軋脚錢日用工夫盤費總賬，交易總賬等賬。

誠泰號有出貨賬，出入貨賬（或出入貨交易老賬），買線出入老賬等賬。

義興號有存借賬。

公義號有出入錢老賬。

恒泰號有交易總賬。

此外尚有未詳用戶的地畝賬，入貨賬，會賬，各花店往來賬，欠錢賬，賣線賬，買線賬，泊鎮存貨賬，交易賬，出貨流水賬，出入線流水賬，數種。

統泰號大概是開在寧津縣城縣的一個舖子，它不止在城裏有兩個舖面，（一個大的稱爲南統泰：見嘉慶十二年的一本四街總賬的封面上即題有「南統泰」的字樣而且有南北往來總賬一本，即是南舖來貨取貨的記載，）在鄉間也有分號。而同時，在城裏，也一樣還同鄉間的個人或舖戶交易，如東南鄉欠賬（或總賬），西北鄉賬各鄉賬，這類賬簿便是這種交易的紀載。嘉慶八年的東南鄉賬裏記有孟家莊，宋家莊，七間亭，馬家莊，匡王家，東范家等村莊的欠賬或賣賬，這些村莊當在縣城東南。嘉慶十年正月立的西北鄉賬裏記有耿家園方面的賬，這地方已經在西北上距城有三十里遠。這種賬都是取貨收錢的記錄，無論現金銷貨或記賬銷貨都記在這裏，貨品都有細目（記有單位量和單位值），都是按銷貨客戶來分錄的。另外雖有四鄉總賬，但並不是這種賬的統馭賬戶（Controlling Account），也是同樣的記錄，不過記的範圍大了。它的本街貨賬（或欠賬），四街欠賬（或總賬）的記錄方法，同鄉賬一樣。至於四鎮字號交易賬，乃是秦村鎮，柴胡（胡）店，楊家坊子鎮，長灣店，寧邑（道光十年賬作寧邑城），各地舖戶或個人的收支錢文賬。前四處是寧津縣的重要集鎮，寧邑則當是縣城。這舖子，凡是有交易賬字樣的賬簿，便與物價無關，只記收支錢文而已；有欠賬，老賬，貨賬或總賬字樣的賬簿，則多列有物品的數量價格。不過，關係物價的，除此之外，還有買貨總賬，出入流水賬，日用賬（名爲串錢零用日用平用總賬），南北往來總賬等賬簿，關於收支錢文的還有外欠賬，外鎮銀錢賬，各號存銀錢賬，浮記賬，浮存賬等賬簿。恕不一一在這裏列舉內容了。

據所見賬簿說來，統泰號至少在大柳鎮，長灣店，柴胡店有着分店。寧津縣志記有大柳鎮爲邑北十八里逢二，七日的集場，長灣店爲邑東北四十里逢三，八日的集場，柴胡店爲邑東十六里逢五，十日的集場，而且大柳鎮在九月間，長灣店在五月間，柴胡店在四月和十一月間都是有廟會的。在經濟落後的鄉村裏，只有集市或廟會的期間是交易繁榮的時候，也只有有集市或廟會的地方才是交易繁劇的場所，自然，統泰號的分號是要開設在這種地方的。因爲這些分號都在東北方面，統泰號的分號或不止此，不過沒有得到它們的賬簿，無從斷定。長灣店有老賬，流水賬，入貨賬，柴胡店有抄貨大賬（按即入貨賬），流水賬，大柳鎮有日用賬，它們的記錄方法和總號的賬簿一樣。

在統泰號的賬簿裏，有幾種關係當時當地的糧價，銀價，利貸及民俗，是值得特別提出介紹的：

一、耕種地賬：只有一本，是道光十三年立的，前面記的永泰號方面的收支錢文賬，像別的交易賬的記法一樣。隔了幾頁便記入收入糧食的記載。計所收糧食有綠豆，黑豆，芝麻，蕎子，穀子，黃豆，玉米，高粱，棉花等，它的記錄是這樣：

十五年八月初四日入綠豆　一石
　十五日入綠豆　一石
　共二石八百合錢十六

其他可以類推。照這記法看來，是統泰昇號還自己有着地畝，這是地裏送來糧食合錢的記錄。所以叫做耕種地賬，原因在此。

爲了資料的容易集合，玆將道光十四年與十五年的各種糧價，列表如左：

糧食	道光十四年糧價	道光十五年糧價
綠豆		八百(斗)
黑豆		七百(斗)
芝麻		一千五百(斗)
蕎子	四百五(斗)	六百五(斗)
黃豆		七百(斗)
玉米	四百五(斗)	八百(斗)
小米	七百 八百(斗)	
紅高粱	五百 六百(斗)	八百(斗)
白高粱	六百(斗)	七百 八百(斗)
穀子	五百(斗)	六百五(斗)
麥子	一千四(斗)	
白谷子		六百五(斗)
黃谷子		六百五(斗)
棉花	二百三(斗)	

二、出入銀兩賬：這是白銀合制錢多少的記錄，記有各人或各號——即各客戶出入白銀合制錢若干的記載。共九本，是道光元年（一八二一年）至二十六年（一八四六年）的，可惜年份不能銜接。記載裏有白銀寶銀的區別。寶銀是成錠的，一錠五十兩，白銀則是散塊的零銀。這裏先拿道光元年二月間的寶銀白銀的錢價與二十六年二月間的作一個對比。

	道光元年合錢	道光二十六年合錢
寶銀	二千五百文	四千六百文
白銀	二千四百文	四千四百文

右表以兩爲單位

按清代法例，是以銀一兩易錢一千的。嘉慶以前，銀多錢少，錢貴銀賤，大抵銀每兩只不過合錢七八百文而已。十九世紀初年，中國對外入超，內地銀兩始被私運出口。道光十八年（一八三八）黃爵滋有請嚴塞漏卮以培國本疏說道：「竊見近來銀價遞增，每銀一兩，易制錢一千六百有零，非耗銀於內地，實漏銀於外夷也。」又有運銀出洋，運烟入口的記述，且謂自道光三年至十四年只廣東一省即歲漏銀千數百萬兩之多，自十四年至十八年竟漏至三千餘萬兩，而其他閩浙直魯各海口的漏銀尚不在內。在這裏，可以窺知道光廿六年銀價所以合錢至四千以上的消息。

三、利息月銀總賬：這是統泰的借入借出錢賬，所記出入都是錢文，可見當時雖銀錢並行，而市面還不流行白銀的使用。利錢有一分一的，一分六的，一分八的，二分的，二分五的，三分的不等，最高的是三分。期間也長短不一，有對月，二個月，三個月，四個月，個半月等，沒有到一年的。借錢的時候，以只憑口頭者爲多。有代借的，也有有中保人的。有借字的即注明「有貼」，「貼」（帖）係用一張紅單帖寫的。統泰的賬裏，夾的很有幾張，玆抄其一張於左：

統泰號借到
德盛當冶京錢伍佰吊整言明每月壹分壹厘行息定於明年三月交還立帖爲憑
道光十三年十二月十九日　立

冶是當時流行的幣制，即制錢九百八十文當作一千。

這種賬，只存道光九年至二十七年的十四本，且不銜接。嘉慶道光年間都各有「一本萬利」賬一本，卻不是月賬的總賬，而是該舖的資本賬，有關於本錢及每年所獲利錢的記錄。

四、公議老賬：這種賬是許多舖子聯合設立的，只有道光二十四年的一本，爲說書，綠簿，馬戲，戲法，小戲，小唱等開支的記錄，由此可知當地的娛樂情形及迷信程度。所以叫做公議賬的，我們可以由賬本前面的設公議條例裏知道，玆抄如左：

公議

近來修明修橋四街閑雜玩耍情由太繁舖家照料實費各務未靠難不過借小費亦不願有多事凡屬近莊村親友鋪方(坊)學臨者公議定式以應時之

每逢一歲修閘修橋大綠簿施錢四吊（一個爲度）中綠施錢一吊（二個爲度）小跳頭施錢二百文（十個爲度）過演戲開光日期概不上錢

每逢四街跑馬不論幾天出錢二吊不雜耍不出錢外境綠簿概不出錢

每逢四街雜戲法說書一切閑雜玩耍不論幾天出錢二百文　各舖按月輪流每月兩家照管一家寫清錢記公議圖書登流水一家支清錢文登老賬月滿兩家對清賬目續清支收送於別舖如有親厚所關私情難劑多出錢文多上綠簿類數者照京錢二拾吊以作公用如有綠簿本不足數兩家私自商議支出錢文希圖酒食求備綠簿數目者一經查出罰錢加倍。

後列參與公議的舖戶十六個，統泰在內。於此可見公議條例的嚴格及其記賬方法。

康泰號，不知道開在那裡，據賬看，一定是個小型的油房，它的賬都是嘉慶間的。最重要的有四種：一、油房使用賬及買豆子賬是記在一本賬上的，共有二本，是嘉慶八年九年的，另有買豆老賬，只有嘉慶十七年的一本。前者較後者內容豐富，除豆子外，還記有棉花等其他生產用費（多記有物品數量及價格）。如驢爲油房的重要生產工具之一而嘉慶八年賬所記買驢只支錢二十一千五百文，（賣驢只收錢二十千文），且黑豆每斗只三百餘文，可知成本的低廉。同時，且知當地所用的「油」都是豆油。二、賣豆油賬和買豆餅賬，這兩種銷貨賬多記在一本賬上，這種賬共四本，有一本只記油賬，由此可知當時的豆油與豆餅價格，如嘉慶三年的豆油賬上即有十月二十三日賣油五斤收錢五百文的記錄。它有院裏使用賬一本，記有每日零用如豬肉，雞，饅，（饅首），韮菜，葱的支出，在估記生活費上本來是很重要的，不過，它只記錢數而不記量數，便成爲無用的了。又統泰號有日用賬兩小冊，也有同樣缺陷。

公成和大概是個與統泰性質相同的雜貨店，也開在城裏，這是由它的入貨賬，東北鄉及西南鄉老賬知道的。三十村買貨賬則是一本記錄布疋和棉線等交易的。它的賬都是嘉慶四年或六年的。可惜只有這幾本。

永泰號大約是個布店，並且買賣線及棉花等，豐泰號當爲花店，但兼賣線桃木器。這兩個舖子開在那裏不得而知，公議老賬上的十六個舖子裏沒有它們。永泰號的買貨總賬（只有嘉慶十二年的一本），是由各舖戶或個人買入針，線，紬，錢，布，鐵等貨的記錄，記有貨物數量及其值。它的出入買賣花賬，出入老賬是棉種棉花價值及發包等事項的記載，可與豐泰號的賬簿參看。豐泰號的賬，雖有軋錢，脚錢，買花，發包，日用，盤費等記錄，但關於貨物除棉花外，其他無數量的記載，關於人工則軋錢脚錢等費並不記及人數，道路遠近及時間，只記錢文，是無用的。永泰的賬是嘉慶年間的，豐泰的賬是道光年間的。另有未詳用戶的出入紗流水老賬，出貨流水賬（俱是道光二三年的）買線總賬（道光元年），賣線賬（嘉慶廿五年）各一本，也是關於線價及布價的記錄。

誠泰號大約是個小型的雜貨店，它的賬都是道光朝的。可作統泰號的補充。義興（嘉慶），公義(道光)的賬，都是出入錢文的記錄，與物價無關，也無從知道它們是什麼舖子。恒泰號道光三，四年的交易有線價，帽價，布價的記錄。

未詳用戶的賬裏，除前面提過的之外，需要介紹內容的是會賬及泊錢存貨賬，前是只有一頁是記錄交易及借錢的草本，後者則是各號存貨的記載。內容重要的，是所謂的「地畝賬」，共兩本，一本是嘉慶二五年立的收買各處地畝的登錄，另一本年月不詳，記有地價，它的記錄是這樣的：孫連中地四畝價五十千，但只記了十一項，便記成各人欠錢了。

上面是這四百六十八本嘉道兩朝賬簿內容的概述，我們可以知道這批賬簿的內容總算是豐富的，它告訴我們當時利貸，銀價，糧價，布價，以及雜貨價錢的情形。這只是初步檢閱的結果，根據這些賬簿作進一步的探究是不難知道當時農村所用貨品的種類價值，道光年間的銀價變遷，以及利貸關係的。

據榮先生來信說，他還藏有乾隆年代的賬簿，希望他能費心把它帶來。並且希望大家藏有舊的賬簿的人，都能像榮先生這樣熱心，有所捐贈。更希望各地的大學或研究機關，都設法蒐集這類的文獻以便集其大成。那麼，這篇東西就當做賬簿對於經濟史的重要的介紹好了。

學史散篇（續）

文通

大曆以還之新學雖枝葉扶疏，而實未能一掃唐之舊派而代之，歷五代至宋，風俗未能驟變也。篤者息而新者發，則在慶曆時代，然後朝野皆新學之流。五季宋初，新派學者，皆猶在草野，若孔維邢昺杜鎬舒雅之校讎五經正義，劉昫薛居正之撰舊唐五代史，文則四六，詩則西崑，太平御覽冊府元龜文苑英華之集，皆舊派也。賓沿北堂書鈔藝文類聚之風。朝列所登，多吳蜀遺臣，則猶皆屬舊派。而唐以來之新派，皆潛伏無聞華。种穆柳孫既皆肥遯，而隱居以經術文章教授者尤多，研幾則以易，經世則以春秋，此固源於唐之新學者也。陸游曰：「易學自漢以後僅傳，宋興有陳摶先生，以易名家，同時种豹林亦專門傳授，傳至邵康節遂大行於時」，東都事略言：「王昭素陵棗人，著易論三十篇，李穆而下，有聞於時者，皆其門人也，子仁亦有潛德。」晁公武言：「昭素隱居求志，行義甚高，」趙汝楳言：「易災異於西漢，圖像於東都，老莊於魏晉之交，頼我朝王昭素胡安定諸儒挽而回之。」則陳摶先生於易學所系之重也。陳振孫言：「易甫泌著易辨，其學得之於常山抱犢山人，而龐鵬游中傳之，山人不知名，蓋隱者也。」東都事略言：「陳摶不樂仕進，隱居武當。又言种放隱居終南山豹林谷，聞陳摶之風往見之，張詠嘗稱放隱居求志，孝友之行，可勵風俗。又言穆修師事陳摶，而傳其易學，方是時學者從事聲律，未知爲古文，修首爲之倡，其後尹源與弟洙始從之學古文，又傳其春秋學。（余史言蘇舜卿擊亦從修學易，）又言「高弁從种放學於終南山，又學古文於柳開。」陳振孫言：「王洙嘗問易言象外集，其序謂學易於處士趙期。」文彥博言：「武陵先生龍君平陵陽人，藏器於身，不交世務，閉門却埽，開卷自得。」范仲淹言：「岷山處士龍昌期，論易深達微奧。」是見宋初新學諸儒，守唐人異學，皆避世無聞，風操峻遠。邵雍胡瑗孫復，何莫非幽棲巖穴，潛心道德，然後能光大其途。流風既廣，而後能挂千載之弊，一洗空之。初宋以還，其人既衆，其學亦博，若啖趙春秋之傳而專詳陳摶劉牧周邵之淵源統系，則似宋初之學，唯太極先天洛書河圖之傳耳，將轉有傷於柳穆之偉大，其所表見者八十餘人，亦將闇然無光矣。蓋自唐季以來，學術猥陋，風俗頹薄，宋興尚未能革，劉先生言「慶曆以前凡治南而後則治北」者，實先之觀學與後之觀學有殊，非北之冠晏學南之王錄，南之歐曾王蘇學北之柳穆孫石，經五季之亂，文章在南，晏寇一仍舊貫耳。慶曆以後新派物盛，無南北皆新派也。李方叔師友談記：「歐陽公五代史最得春秋之法，蓋文忠公學春秋於胡瑗孫復」。柳孫一派，殆至歐公而後顯。自是以還，政治學術，皆煥然一新，滌蕩污萎，拔一世於清正之域。自天寶大曆以來發其端，至慶曆而後盛，中間埋沒無聞者不知凡幾，其僅存者，而言學術史者(黃全學案)文學史者（謂古文選本）又不道及，非鑑泉先生之博學篤志，則宋之學將莫知其所以始，而唐之學莫知其所以終，則此區區兩表，於文化史之貢獻，亦云偉矣。

至論呂學王學蘇學三篇，於考核淵源，皆極明備，所發者多。論呂學頗有劉先生自況之意，亦不免有於道家之見，於王蘇兩論，廣其流於李邦直晁少蘊秦少游張文潛，具見博大深入，尤以論李張爲最精。新蜀兩派，原與洛學抗衡，此論出而後二派之學，本末流派始具，鄙意尚有應附此三篇而無者，則此三家於南渡學派之關係也。南渡之學，以女婺爲大宗，實集北宋三家之成，不僅足以對抗朱氏。而一變風氣，係於呂氏。以北宋學派應有其流，而南宋應有其源也。北宋之學重春秋而忽制度，南渡則制度幾爲學術之中心。考陳振孫言：「王昭與周禮詳解，其學皆尊王氏新說，」王興之言：「三山林氏祖荊公與昭興所說。」指林之奇周禮全解也。林氏之學出於呂氏，而成公又從林氏學，故王應麟云少穎說出至洛誥而終，成公說出自洛誥而始，則伯恭之於少穎，非泛泛也。蓋自荊公主變法師周官，其徒陸佃方慤馬晞孟陳祥道輩之，爲王門說禮四家，而制度之學稍起，魏了翁所謂方馬陳陸諸家，述王氏之說者也。至於林呂而女婺經制之學以興。浙江通志：言「鶴原少從王安石游，篤志經學，永嘉先輩之學以經鳴者，淵源皆出於原。」此女婺之學有源於王氏者，不可誣也。王淮言：「宋（晦菴）爲程學，陳（龍川）爲蘇學。」陸居通義：言「鑒臥奧先生目近時水心一家，欲合周程歐蘇之裂。」此女婺之學遠接蘇氏，又不可誣也。然慶曆而後，程王二派皆卑視漢唐，故輕史學，北宋史學一變之傳，則係於蘇，故至南渡，二李三年，上承范氏，史獨盛於蜀。史稱王應麟與湯文淸講西蜀之史學，永嘉之制度是也。女婺之學偏於史，可謂遠接蘇氏之風乎，呂梁二陳皆以文名，固亦規摹蘇氏，故朱子有伯恭愛說奧學，護蘇氏尤力之說。其先後相承脈絡固若此，而後人必以女婺之學系伊洛一派，然其爲學本末，判然與伊洛不伸，彰彰可知，以女婺之學亦有本之伊洛者則可，謂純出於伊洛則不可。黃溍曰：「婺之學有三家焉，陳氏先事功，唐氏尚經制，呂氏齊性理，在溫則王道甫實合於陳氏，而其言無傳，陳君舉爲說皆與唐氏合，葉正則若與呂氏同所自出。」袁桷曰：「女婺史學之盛，有三家焉，東萊之學，據經以考同異，而出事之法得之於夫子之議例，以襃貶而言者非夫子旨矣。龍川陳同甫念於當時之利害，召人心，感上意，激頑警愉，深以爲世道標準。說齋唐與政覈精要，綱擧領正，俾君臣得以有考，禮樂天人圖讖之會粹，力返於古。」楚女婺之學，浙洛蜀新學三家於一途，呂氏尚性理，則本於程者爲多，唐氏尚經制，則本於王者爲多，陳氏先事功，則本於蘇者爲多，既合三而爲一，復別一而爲三，衡學術流別，斯又未可偏而不論也。明時俗學，類書一派，多本之陳君舉，故四庫於呂唐典制之作，悉收入類書，而置論一派，導源蘇氏，實禰目義例一派，源於洛，宋流之弊，可勝言哉。

總劉先生之書觀之，殆意在補黃全學案之不足。若學案於浙東之學，不具綱維，上則混其淵源於伊洛。呂葉之徒，下及元明，柳貫黃溍吳萊一輩也，宋濂王禕胡翰又一輩也，而終於方孝孺，所謂金華文獻之傳者也。皆本經制爲文章，實上承女婺，淵源亦可考，學案又不能詳，而混其系統於朱元晦，其學之本末不伸於朱，猶陳葉之不伸於程，黃全必主於洛閩，不惜割裂變亂其系統而淆之，於其爲學大體，又未能具言，黃全爲清代浙東史學巨擘，晉是以知清代之浙東史學，固未足與言宋之浙東史學，斯亦賴於補正者也。姑因劉先生論王蘇呂氏三家之學而發之，若明儒學案之編立姚江派，與程朱派范編別之理學備考，正可相發，亦可取彼益此，以稍見一代規模，無使後人疑有明一代姚江之學偏於天下，而宋程幾乎熄矣，況又有正德嘉靖以來，反宋明文章學術之一大宗乎？兩學案自具宗旨，不必過責，而言宋明學者僅知此則隘矣。劉先生於近代理學一編，意在合淸世考據家於理學，自別有旨，不欲以鄙意衡之。而特述鄙意與劉先生相合而偶足以補其遺者。劉先生述及關中李元春，而未及其流。案清末西北理學，有蔚然復興之勢，與李元春同時者有倭良峯蘇菊邨李文園，皆中州人。而李氏之流獨廣，其弟子之著者有楊損齋賀復齋薛仁齋。賀氏之門著者有牛〇〇張〇〇。並時關中又有柏子俊劉古愚。是皆西北之傑。關中之先覺也。其源遠而流長，亦不可以弗論。吾求其書殆十數年而後備，將二十種，劉先生殆未之見，故言之亦未詳。吾讀劉先生之書，數未會有，足以開人心目。聊陳管窺，補其闕遺，正其統紀，以爲讀劉先生書者之一助。惜不得起亡友與共詳之。所幸通人碩彥，不吝匡吾兩人所未逮，以起千餘年來之墜緒，於承學之士，不無稍補也。

（完）

圖書副刊

BOOKMAN

第九十二期

一　本刊登載關於中外圖書之介紹批評以及學術界消息，爲公開性質歡迎投稿
二　列登本刊之文略致薄酬
三　投稿通訊可寄「北平文津街國立北平圖書館內圖書副刊編輯收」

論書目之體例

張西堂

簿錄之學，所以辨章學術，考鏡源流，自會稽章氏明斯義以來，學者亦夙已視爲定論矣。近今治圖書館之學者，雖多謂簿式之目錄不如卡式者之利便，雖多謂目錄之用在于有無之稽核，然而對于類例之區分，典籍之記述，亦未嘗不以辨章學術爲極則，考鏡源流爲要務。蓋目錄之功用，其多至十餘端，而所謂『即類求書，因書究學』者，實爲要圖；其必當以辨章學術，考鏡源流，懸爲職志，此在邇來之論者，猶可窺見其略也。近今之從事于圖書館之業者，多感分類與編目爲二大難事，時賢之論，亦多以此二者爲說，且多就卡式目錄立論，而于辨章學術，考鏡源流，比較尤有關係之書目之體例，則多弗甚措意，竊謂此亦當略爲一言也。

雖然，將欲明于所謂書目之體例，則于所謂書目之類別，不可不先爲之區分。胡應麟曰：『書之有目，體製雖同，評隲流品，實分三類：吳尤諸氏，但錄一家之藏者也；（按：唐吳兢西齋書目，宋尤袤遂初堂書目，俱非官藏，此語有誤。）隋唐諸史，通志一代之有者也；古今書錄，羣書會要，並收往籍之遺者也』。（經籍會通）龔自珍之言曰：『目錄之學，始劉子政氏，嗣是而降，有三支：一曰朝廷官簿，荀勗中經簿，宋崇文總目，館閣書目，明國史經籍志是也；一曰私家著錄，晁公武郡齋讀書志，陳振孫書錄解題以下是也；一曰史家著錄，則漢藝文志，隋經籍志以下皆是也，三者其例不同，頗相資爲用』。（上海李氏藏書志叙）孫德謙之言曰：『目錄之學，有藏書家焉，有讀書家焉，……今觀于班志，則知又有史家也』。（漢書藝文志舉例。張爾田序說略同龔自珍。）此數說者，類別目錄，約爲三支，或以官私與史爲判，或以藏書讀書爲衡，然所謂史家者，不爲官則爲私，而所謂藏書之家，亦非盡不讀書也。此其分類，蓋據撰錄之人，以爲準的，然未可據依也。

四庫總目目錄類小序曰：『其有解題，……今所傳者，以崇文總目爲古，晁公武趙希弁陳振孫并準爲撰述之式，惟鄭樵作通志略，始無所詮釋，……自是以後，遂兩體並行』。（龔自珍說略同）裴德驛之言曰：『凡目錄家派別：或專記宋元舊本，如欽定天祿琳琅，錢遵王讀書敏求記，張金吾愛日精廬藏書志，黃蕘圃士禮居題跋記之類是也；或依四部分列，錄爲一編，如家文莊菉竹堂書目，黃俞邰千頃堂書目，倪迂存江上雲林閣書目之類是也；或自成著作，損益劉班，如孫淵如祠堂書目，近張孝達輶軒書目答問之類是也』。（趙吾廬竹崦庵傳鈔書目序）近之論者，則謂『目錄之書，蓋有三類：一，部類之後有小序，書名之下有解題者。一，有小序而無解題者。一，小序解題并無，祇著書名者』。『屬于第一類，即有小序解題之書目，見存者如晁陳書目，通考經籍考，四庫提要之類是也』。『屬于第二類者，即有小序無解題之書目，見存者如漢隋志之類是也』。『屬于第三類者，即無小序解題之書目，見存者如通志藝文略遂初堂及各家藏書目皆是也』。此數說者，或以類例之損益，或以解題之有無，以區分書目之類別。今案：『解題之有無，不過體例之殊，實不足以定目錄之種類』。且解題之有無，亦難截然判別。即如漢隋二志，望之似無解題，實則或有解題。孫詒讓溫州經籍志叙例曰：『中壘校書，是有別錄，釋名辨類，厥簡綦詳。後世公私書錄，率有解題；自汲宋之崇文，還熙朝之四庫，目詣所及，殆數十家，大都繁簡攸殊，而軌轍不異』。陸顯之以『公私書錄，率有解題』；『目諦所及，殆數十家』；則所謂有解題者，固不拘限于晁陳書目之類，即漢隋二志，亦可謂之有解題。特其語甚簡略耳。漢志于一書下，或略述大旨，或僅記姓名；于易家古五子下云：「自甲子至壬子，說易陰陽」。春秋家世本下云：「古史官記黃帝以來訖春秋時諸侯大夫」。儒家周政云：「周時法度政教」。周法云：「法天地立百官」。讕言云：「陳人君法度」。公孫固云：「齊閔王失國問之，固因爲陳古今成敗也」。樂家雅琴師氏云：「傳言師曠後」。論語魯王駿說云：「王吉子」。儒家漆雕子云：「仲尼弟子漆雕啓後」。宓子云：「七十子之後」。此其所述，與所謂解題者，所以考一人之源流，述作者之宗旨，其實相若，或所謂「繁簡攸殊而軌轍不異」也。且如陳氏書錄解題，于呂氏家塾記下云：「侍講呂希哲原明撰。」鄂國金陀粹編下云：「岳珂撰。（并傳記

，即謂之有解題，亦無不可也。（近劉咸炘亦謂目錄『諸類亦皆有解題』。）然則據解題之有無以判目錄之類別，實未見其可也。（新唐志所謂無解題者，然如衛晉正義等書亦解釋甚詳。）且嘗綜之，如晁陳書目，通考經籍考，四庫提要，諸書體例亦不盡同；晁書只有總序而無小序，陳書間有小序而無總序，通考經籍考小序不全有，四庫則總序與小序並有，亦未可以等視齊觀。是則執體製之殊異，以判辨目錄之類別，實尤有待于商略也。

周貞亮李之鼎書目舉要析書目爲十一類，曰：部錄之屬，編目之屬，補志之屬，題跋之屬，考訂之屬，校補之屬，引書之屬，版刻之屬，未刊書之屬，藏書約之屬，釋道目之屬。陳鍾凡則益以自著書之屬爲十二。邵瑞彭書目長編則析爲財藏，史乘，徵存，評論四類。周李之說，既不以藏弆與否爲別，亦不以總專之分爲制，部類與編目二者頗嫌相濫，考訂藏書約之屬亦非書目，雖其列類較詳，實未可爲準的。邵氏之書，既『未能博訪周諮，蒐羅鈔錄目，毫無定則，而又編次失當，收之過濫』，（北平圖書館館刊評語）強立名目，甚多謬誤，已夙見抨彈，茲可勿論已。

邇來論目錄之類別者，或析爲總目，專門目錄，雜目錄三類，或析爲史家書目，學術書目，引用書目，書目之書目，版刻書目，書目考訂，書目解題，燬闕書目八類，或析爲一書的目錄，羣書的目錄，私人藏書家的目錄，公共圖書館的目錄，史書的目錄，方志的目錄，考訂家的目錄，彙刻本目錄，爲特種人編之目錄，鑒賞家的書目十類，或析爲總目，藏目，專目，選目四類。外此尚有以意分者。然或無甚定準，或其實相淆亂，其說之較善者當以劉國鈞圖書目錄略說之于目錄之分類。其言曰：『目錄亦有二類。就一人一地之所藏，撮錄其名目，以便于稽核有無者，若諸家藏書目，此一類也。泛錄書籍，不拘拘于是否爲一人一地之所藏，其範圍不一，或泛錄一切，或加以選擇，或僅錄某類，其體裁不一，或僅撮其名目，或考其歷史，究其板本，其目的在使人知天地間果有如是如是之一書，殆近于爲書作傳，此又一類也』。（圖書館學季刊二卷二期）竊謂目錄之類別，實當以藏弆與否爲準。藏弆之目，可以公藏私藏爲別，亦可再爲種類之分。（如以編纂形態與排列順序分。）著錄之目，則當先爲總專之別，而再詳爲種類之分，而所謂專門之目，更可以所著錄之殊異，特爲詳細分之，不使彼此雜厠，如以學術，文字，刊刻，裝訂，字體，圖解分者，而學術之部門極繁，文字亦有時地之異，刊刻有人代區域之分，裝訂有大小殘缺之別，字體圖解，其類非一，皆可詳細分之，而難以域限定。要之，藏弆之目，既限于所藏矣，其所謂之總目，實不能爲總目，其所謂之專目，亦未必真專目，著錄之目，既屬于著錄矣，則事雖出于公，其成或在于私，且有公私之判，界畫甚難嚴者，故不如以藏否爲判，轉可見其情實爲愈也。

目錄類別，實不外著錄與藏弆二者，則其體例，亦可言矣。藏弆之目，如爲公家之藏，如圖書館所藏，則詳便于稽核有無，出納迅速，自有分類編目諸法，其體例如何，時賢論之已甚詳，茲可勿贅。如爲私家之藏，則其目錄之體例，實存乎編訂之人。昔洪北江詩話論藏書家有數等，曰：考訂家，校讐家，收藏家，賞鑑家，掠販家；繆荃孫古學彙刊序目則分藏書家爲兩派，曰：賞鑑家，收藏家；葉德輝書林清話以謂私家藏書，或自撰目錄，或彙實版本；而于洪氏之說，則謂考訂校讐，是一是二，而可統名之著述家。綜合諸家之說，以論私藏之目，實惟記述，賞鑑，收藏三者。私家藏書，于古固有以辨章學術，考鏡源流爲志者；然私家之藏，網羅不必騐盡，奇秘不必並搜，欲其于一家之私藏，考鏡源流，辨章學術，其勢亦必有所不能。故藏家之目，每多無解題，即其流品之高者，亦但能略記版本；故如錢遵王之讀書敏求記，所謂扃鐍之中，視爲璵寶者，而彭元瑞謂其『書中無甚考證，間有舛誤，每舉舉于版本鈔法，乃晉淮家氣習，朱竹垞評閱者更嚴，徒作狂語耳』。（知聖道齋讀書跋）故如藏家之目，雖其體例甚善，亦未見其果能辨章學術，考鏡源流；則其體例若何，固可置勿論也。

今茲所欲言者，則著錄之目之體例也。今之說者，

有未盡。實試尋之，漢隋二志，實具六者：一曰序例，二曰總序，三曰小序，四曰名目（書名篇目卷數），五曰解題，六曰總結。而四庫總目，于六者外，復益以附註案語，蓋其組織之成分，實已備具七者也。今聞爲四分，分述于左方：

一，例序　序例之稱，雖始見于劉班以後，然漢隋二志，實已有之。漢志自「昔仲尼沒而微言絕」至「今刪其要以備篇籍」，隋志自「夫經籍也者」至「故列之于此志云」，劉所謂二志之序者，（姚明輝漢書藝文志注解謂之總序。或又謂之大序）。實則其全篇之叙例也。漢志之序，明其撮取七略，以爲斯篇；隋志之序，謂其『今考見存，分爲四部』；皆以叙取材之由來，定全篇之體例，非僅述典籍之源流，學術之興替也。雖名爲序，實爲叙例。王儉七志，『九篇條例，編乎首卷』，善心七林，『各爲總叙，冠于篇首』，或爲劉歆輯略之類，而有班志叙例之體；若阮氏七錄，其序文猶存，則雖亦名爲序，實所以定全書凡例者矣！隋志以後，作者彌繁，大抵並有前序，以發凡而起例，其較著者，如崇文總目之有序錄一卷，館閣書目之有序例一卷，四庫總目提要首列凡例二十則，近人審書書錄解題叟著序例六十餘則，皆所以上規劉班之遺意，而亦以略定全書之綱領；雖其名稱或有不同，或其繁簡相去甚遠，爽考其實，蓋無殊異。如以後來爲序例，而漢隋二志非序例，則非是矣。凡例之作，雖他書亦應有，而簿目之爲體，或著錄一國一代之述作，或專載一科一類之典籍，則全書之首，宜冠以序例，竊謂此尤簿錄之目之所必當有者也。

二，總序小序　四庫總目凡例：『四部之首，各冠以總序，撮述其源流正變，以挈綱領；四十三類之首，亦各冠以小序，詳述其分併改隸，以析條目』。總序小序之分，四庫言之甚晰，實則亦上規漢隋二志而然也。漢志於每類之後有小序，而於每略之後復有總序；隋志亦然，特四庫移之於前耳。（孫氏漢志舉例謂爲後論總論，未免失之過泥。）章實齋校讎通義曰：『漢志分藝文爲六略，每略又各別爲數種，每種始叙列爲諸家，猶如太玄之經，方州部家，大綱細目，互相維繫，法至善也。每略各有總叙，論辨流別，義至詳也。惟詩賦一略，區爲五種，而每種之後，更無叙論，不知劉班之所遺耶？抑流傳之脫簡耶』？（漢志詩賦第十五）金門詔補三史藝文志序曰：『唐興，長孫無忌等奉敕撰隋書，綴輯藝文，更名經籍，所云遠覽馬史班書，近觀王阮志錄，約文緒義，凡五十五篇，各列小序於本條之下，…條理森然，義既精密，…依類參稽，展卷瞭如，過漢志多矣』。章氏謂漢志總序論辨流別，其義至詳；金氏謂隋志小序依類參稽，展卷瞭如；總序小序，皆所以辨章學術，考鏡源流者。而四庫以總序撮述其源流正變，漢隋二志之論辨流別亦在總序，是則總序之功用，實較小序爲尤要。蓋小序只足以述一家一類之源流，而總序可用以叙一部一門之源流，其範圍有廣狹之異，其功用自不相侔也。孫德謙漢書藝文志舉例曰：『班志于一類後，既作後論以究學術之得失，其于一略中再用總論者，……蓋後論祇及一家，總論則包舉全體也。六藝略云：「五者蓋五常之道，相須而備，而易爲之原」。諸子略云：「合其要歸，亦六經之支與流裔」。一則明易爲六藝之原，一則明諸子之學其要皆本于六經。是其一家之中有不能盡言者，故復作總論以發揮之』。總序之要，甚于小序，觀孫氏此說，亦可以知之矣。總序之中，撮述源流，推陳利病，可以使學者『覽錄而知旨，觀目而悉詞』，如有小序而無總序，蓋必至于徒見其細不見其大，亦甚失所以論辨流別之本意矣。且小序之中，于一類著述，可以叙論其得失，推究其正變，指陳其綱領，而示從學以塗徑，固不止于考一家一類之源流；而總序之中，當因其會通，且以明其體變之由來，風氣之移易，時世之影響，將來之趨勢，亦不止于叙一部一門之流源；如于每部每類之首，各有極簡明之叙述，如近之所謂大綱者，既以示提要鈎端，亦以見門徑所存，使開卷不至茫然，而精神有所奮發，竊謂于古雖無斯例，而今亦當擬設之也。會稽章氏有云：『校書之人，……必取專門名家』。如以專門之學，作爲專門書目，而不詳厥源流，彙以指示塗徑，是謂考鏡辨章云者，不惟非著錄家之事，且非專門家之事矣。苟明于此，則知著錄之目，實當冠以序說，而總序之用，有甚于小序，必其體例兼具二者，乃盡善也。

（三）名目解題　名目之體，如書名之當詳爲開列，篇目卷數之當從實記載，凡此之類，可勿贅論。解題之體，大要不外四者：一曰撰人傳略。凡其姓氏里居生平事蹟，固當略爲之傳，尤當詳其生卒，說其性情，述其遭遇，明其師承，其軼聞瑣事，亦或加采錄；其本有傳者暴錄之，其本無傳者補作之，其有疑似者表明之，其有謬誤者辨訂之。二曰本書綱要。則當皆列著作之時地

則尤當詳舉例證而依次述之。三曰校勘異同，則當記列刻之後先，而或詳列其異同，以見兩本之得失，而省讀者之精力。如葉德輝郋園讀書志謂『書目答問有初刻本，再刻本，再刻之後，又有刻改本。舊刻校初刻，正目刪去三十餘種，增入百餘種，小注刪去三數種，增入六十餘種』。但云則有校記，而不詳爲開列，使欲知其究竟者，必耗無謂之精力，則非所以便學者也。(藏家之目，尤當詳列刊刻文字異同。)四曰考見得失，則或擇錄他人之題跋，或自著論以略評述之，此則學非專門，自不易于爲力。要之，神而明之，固存乎其人矣。邇來編目之法，猶多主于詳列，(以編書志之法編目，所謂書志體之書目。)公藏之目，猶且如是，若藏錄之目者，實可假以時日，共當詳列，則可知也。

(四)總結附注案語　所謂總結者，漢志已有之，孫氏舉例亦已言之。總結之用，便于統計，此在今世，尤不可廢。附注案語，亦非四庫之創，而四庫始多用之，蓋敘述既詳，自當有此也。其編製之法，則未可拘定。今欲更加詳明，則又當附以圖表(如版本源流表，異文校勘表，書影等類。)索引之類，(此本當列爲附錄；又爲一體，茲姑略附說于此。)不可以避難而就易也。

凡此七者，以觀公私藏目之但列名目(編目法所謂之書名卷數)解題(編目法所謂之著者版本稽核附注各項)其體例實懸殊。蓋此無分類法，故必有所謂序例；而總序小序總結案語之屬，或以撮述源流，或以提出綱領，或以便于統計，或以用于補敘；兩者之爲用不同，故其體例亦相異，非此故爲詳也。四庫提要兼具七者，故其類例雖不盡善，而其體例實較完備，故繆藝風著本書室藏書志序曰：『四庫提要，實集古今之大成』。近人張森楷賓國書庫輯略亦曰：『四庫書目，總集其大成焉。目錄之學，儼然名家，後有作者，弗可及已』！四庫雖集大成，然其全書體例，實亦遜劉班，其所增者甚少，此又言目錄之學者所不可或忽也。

以上所述，多就著錄之目立言，且多就學術書目言，良以『在一切目錄之中，大規模之總目錄，甚少透澈，詳細，正確，能令人親爲滿意者。其所記載，多不足據，不可以爲適用之圖書指南』。且學者之所需，多爲其所研究之學術之分類目錄，學者之于目錄，……多以爲檢查圖書之內容之指南』。(以上略用 Ferguson：目錄學概論說。)是則學術書目爲切要也。且學術書目之著錄，『於排比次序，得有詳細之說明，每書內容，得有忠實之介紹，或註論學術源流，或專研一科一義，或論某科之沿革，或便某科之探討，或備學者之研究，或供初學之瀏覽』。(用杜定友校讎新義學術書目八之三語。)是則總序小序爲切要也。目錄之學，所以辨章學術，考鏡源流，固非誣也。近今吾國國家書目雖未聞有纂修，而學術書目則即有從事者，竊謂其範圍當勿求其廣，(經則當專一經，子則當專一子。)而其敘述當極求其詳，不惟宜具篇目解題小序三體，而實當備具四庫所有之七者，且附以圖表索引之類，則庶幾乎真可以令人覽錄而知旨，觀目而悉詞矣。

新書簡訊

漢代壙磚集錄

王振鐸著　考古學社專集第四種　民國二十四年五月出版　定價三元

近來古器物之花紋圖案的研究漸爲人所注意，如各種銅器圖錄之出版，於考釋文字之餘，間有作花紋的討論者。惟輯錄銅器以外各種古器物之圖象者，尚少專著。此冊所收專爲帶花紋圖案之壙磚拓片。壙磚亦名塚磚，乃用以築墉穴及羨道者。以其腹空，置琴其上而彈之，以其鳴作用可使琴音愈爲清越，又名爲琴磚。其上花紋或刻畫而成，或由範模印成。磚的形制有長方形，有方柱形，有三角形。花紋可分幾何形圖案，鋪首，樓櫚，人物，動物，騎射，車御，建築物，貨幣九類。此書分上下二卷。上卷爲各磚拓片，凡七十六件。其原尺寸附記目錄之下。下卷爲各磚範模之原形，分上述九類排比，共一百三十四種。前有顧廷龍，孫海波序各一篇，自序一篇。順序發揮壙磚研究之義甚詳。附說一卷，分壙磚之命名，壙磚之制造，壙磚之應用，壙磚之範模分析四節。所收壙磚，除著者自藏者外，有清苑樊氏，東莞容氏，國立北平圖書館，北平中山公園，國立北京大學，北平燕京大學，及天津河北博物院所藏，惟附說排印不精，時有遺誤，未免美中不足。(于)

◇　◇　◇

越南藍山王陵石刻錄

Emile Gaspardone 編　Les stèles royales de Lam Son　河內法蘭西東方學院出版　一卷非賣品

越南黎氏朝自黎利開國至黎維祁讓國於阮氏，凡經三百餘年，蓋當我國明成祖永樂十六年，訖清高宗乾隆五十一年之際。藍山今在越南清化省壽春府當陽縣，黎氏朝諸陵在焉。諸王陵碑刻甚多，具見於裴輝璧之皇越文選，及大越史記全書。今河內法蘭西東方學院僑 E. Gaspardone 氏編成一冊，爲該院印度支那文獻叢刊之第二種。卷首有序文一篇，概述諸碑在歷史上之重要，次附攝影十二幀，爲諸碑所在地及陵墓之照像，共次爲珂羅精印之諸碑刻拓片。凡九種：計太祖永陵碑一，太宗祐陵碑一，聖宗昭陵碑一，聖宗挽詩石刻一，聖祖皇后坤元至德之碑一，聖祖皇后挽詩石刻一，聖宗皇后含弘光大之碑一，憲宗裕陵碑一，肅宗敬陵碑一。諸碑文字足以校證舊本者至多，凡治越南史者當人手一編也。(潛)

◇　◇　◇

改訂中國民事訴訟法論

著者邵勳　發行者北平朝陽學院　定價六元

以法治國，爲當今之急務，而法律之適用訴訟法(手續法)又先於實體法，蓋實體法無論規定如何完備，非訴訟法不能見其運用，而顯其功効也。民事訴訟法爲最近施行有効之法典，其亟應研究以濟實用，自不待言。東陽邵爲敦先生曩官北京大理院時，衆任各法校講席，擔任民事訴訟法一科，歷有年所。嗣在最高法院東北分院庭長任內，曾著有中國民事訴訟法論，出版以來，極爲當世學者及法律家所贊許。現值新民事訴訟法改正施行，且有鑒於近世東西各國民訴訟立法趨勢之變遷，故依據二十四年七月一日施行之新法將舊著從新釐訂。誠新法施行以來國內第一部有價值之巨著也。

全書共三卷，千二百五十頁，都十一編。第一編總論，第二編民事訴訟之主體，第三編訴訟客體，第四編訴訟當事人之負擔及訴訟上之救助，第五編訴訟行爲，第六編訴訟程序，第七編第一審訴訟程序，第八編上訴程序，第九編抗告程序，第十編再審程序，第十一編特別訴訟程序。書中對於德國民訴法改正令及日本改正民訴法多有比較說明，並附以中外判例，及民訴法練習問題，洵足供教學之研究，實用之參考，讀律之士，司直之吏，手此一編，裨益良多，故舉概略以爲之介。(喚周)

◇　◇　◇

中國娼妓史

王書奴著　生活書店發行　定價一元

娼妓制度似乎是一種不成文法，這種制度的產生，也許是隨着官僚政治而來的。近來廢除娼妓之說，已成爲社會問題。但若要根本廢除這種實際事業，事實上恐怕是辦不到的。此書目的在提供一些歷史資料爲近日留意娼妓問題者的參考，共蒐羅書。書中收集的材料亦豐富，可以爲中國婦女問題的另一種讀物。不過取材稍嫌不大嚴格，所舉書名出處又不注明卷頁。此外唐以前的妓(伎)，據我們看，似乎與現在的娼妓專以賣淫爲生的不大同。漢書中屢言伎爲樂人，唐代的伎大概多是歌舞伎，不見得專是賣淫的。書中敘此多不甚清楚。但著者用力之勤，卻值得我們鄭重地介紹。(東)

◇　◇　◇

庫頁島志略

石榮暲撰　廿四年七月出版　北平帝經堂代售　定價二元

庫頁島位於黑龍江口，近韃靼海峽，即明奴兒干都司轄境，清代隸於寧古塔將軍，每歲貢貂皮。自康熙以後，屢失於勘界，初亡於俄，復亡於日本，正乾嘉極盛之時，非國家微弱，亦非因戰爭之不得已也。其面積當臺灣全境，今則爲日俄軍事衝要之地。日名曰樺太，俄名曰薩哈連，此書仍以庫頁名者，以存我國之舊也。此書所記，凡十三項，一沿革，二疆域，三民族，四氣象，五農業，六畜牧，七水產，八森林，九礦業，十實業，十一交通，十二財政，十三習俗，首冠以圖二幅，一爲中國管領時期圖，二爲日俄分領時期圖，考據詳明，條理秩然，值茲東三省淪陷之際，而此書之作，不可謂非有心人也。(節)

平綏鐵路平包通車增加速度並改訂客貨列車時刻通告

茲爲便利旅客增加行車速度起見特將平包直達通車暨各客貨列車開到時刻重新改訂自二十四年八月一日起實行特此通告 新訂時刻表公佈於左

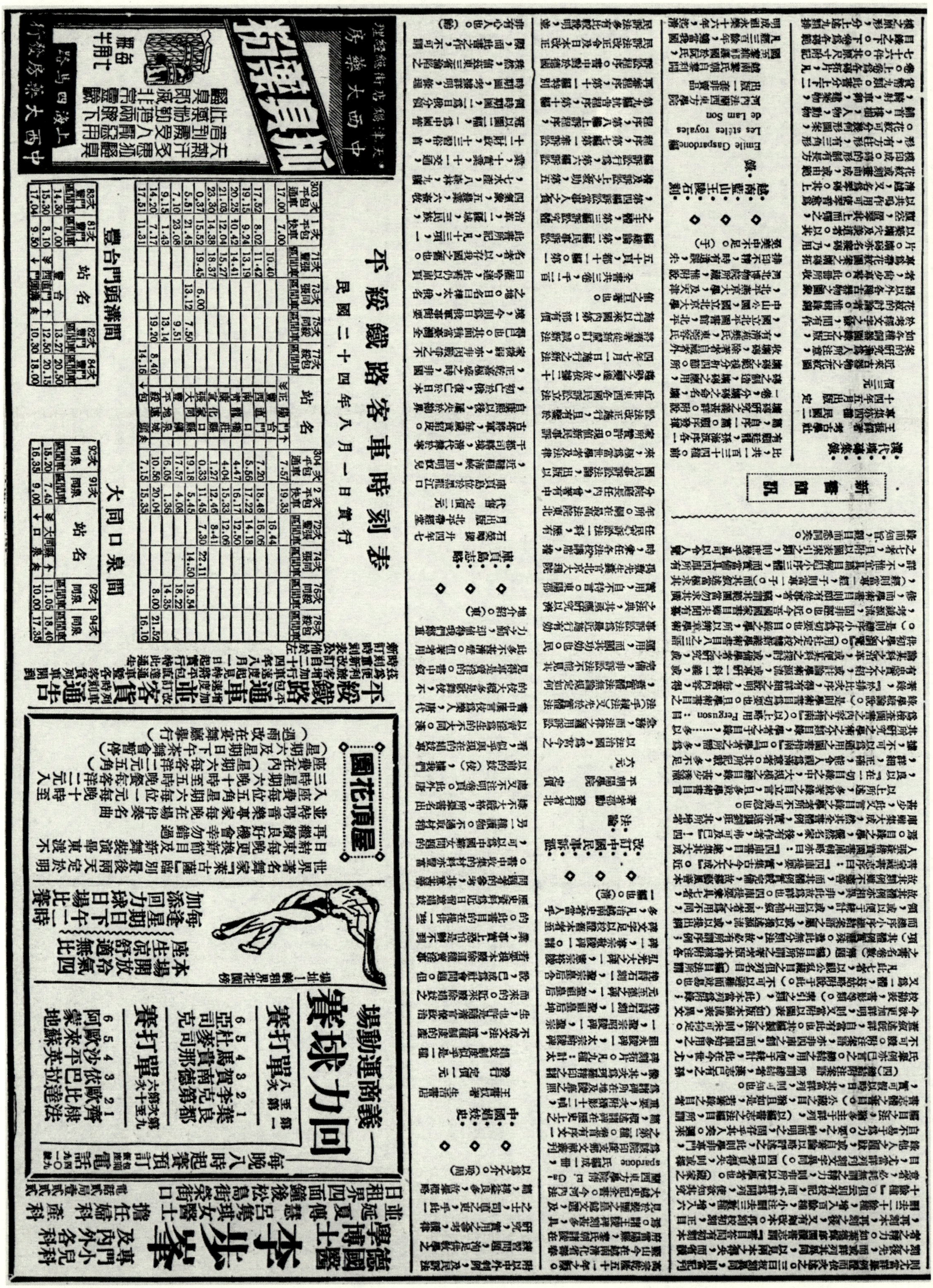

平綏鐵路客車時刻表

民國二十四年八月一日實行

303次 平包通車	1次 平包快車	71次 豐張區間車	73次 張同區間車	75次 同綏區間車	77次 綏包區間車	站名	304次 平包通車	2次 平包快車	72次 豐張區間車	74次 張同區間車	76次 同綏區間車	78次 綏包區間車
17.00	7.00					↓正陽門↑	7.57	19.35				
		10.40				豐台			16.44			
17.52	8.02	11.42				西直門	7.20	18.48	16.06			
19.15	9.24	13.19				南口	5.56	17.22	14.18			
20.25	10.42	14.41				青龍橋	4.47	16.17	12.50			
21.03	12.04	15,27				康莊	4.04	15.33	12.06			
23.30	14.38	18.37				宣化縣	1.27	12.46	8.41			
0,37	15.52	19.45	6.00			張家口	0.33	11.45	7.30	22.11		
5.51	21.45		13.12	7.50		大同縣	19.18	5.45		14.50	19.54	
7.10	23.08			9.51		豐鎮	17.57	4.08			18.22	
9.15	1.43			13.14		平地泉	16.05	1.36			14.35	
14.20	7.17			19.20	8.40	綏遠城	10.56	20.04			8.00	21.52
17.51	11.31				14.16	↓包頭	7.15	15.35				16.10

豐台門頭溝間

83次 豐門區間車	81次 豐門區間車	站名	82次 豐門區間車	84次 豐門區間車
14.30	7.00	豐台	13.27	20.50
15.30	8.10	↓西直門↑	12.50	20.15
17.04	9.50	↓門頭溝	10.30	18.00

大同口泉間

93次 同泉區間車	91次 同泉區間車	站名	92次 同泉區間車	94次 同泉區間車
15.20	7.45	↓大同縣↑	11.05	18.40
16.35	9.00	↓口泉	10.00	17.35

圖書副刊

BOOKMAN

第九十三期

一 本刊登載關於中外圖書之介紹批評以及學術界消息爲公開性質歡迎投稿
二 刊登本刊之文略致薄酬
三 投稿通訊可寄「北平文津街國立北平圖書館內圖書副刊編輯收」

書評

中英初次交戰之研究及其文獻 (A Critical Study of the First Anglo-Chinese war)

繆其昌

郭斌佳著　商務印行　二十四年發行

此書起自一八三四年（道光十四）律勞卑之來粵，終於一八四四年（道光二十四）中美中法商約之成立。全書凡十六章，共二〇八頁，附翻譯之文獻一百餘頁。著者序作於一九三二年（民國二一年），時在美國，蓋博士論文也。今印行之稿，略有更改，如第十六篇論及史籍，稱歐文英國對於中日之鴉片政策 (Owen, British opium policy in China and Japan) 一書，頗爲重要，而該書則一九三四年印行者也。

全書以鴉片戰爭爲主體，兼及戰前之平等爭執，商業問題，及戰後之善後事宜。英美著作關於中國，往往參看其國內之史料而成，對於中國史料參看者極少。其顯明之原因，一則英美人士能讀漢文者無幾，而史料散見文集政書，朝廷密諭且向不公布，外人無法參看也。名著如摩爾斯之大清帝國國際關係史亦不能免此弊。今則情狀迥異，故宮博物院刊印之史料甚多，如三朝籌辦夷務始末，史料旬刊，文獻叢編，北平圖書館印行之李圭之鴉片事略等書，對於外交常有新材料之供給。他如當事人之奏疏，如裕靖節公遺書（裕謙）等亦有細讀之價值。近時學者研究史料之論文，亦常發前人之未發者，中國社會及政治學報發表之文字，如耆英關於戰後之報告，美人要求商業上之平等待遇等，均是其例。

現時可參考之史料視前增加，利用中外史籍，應可發見不少之新智識與結論，乃吾人讀中英初次交戰之研究一遍，深感失望。著者對於中國史料參考甚少，史料旬刊鴉片事略及裕靖節公遺書等從未提及，亦未引用，似尙不知此種史籍也。引用之書仍爲英文史籍，所敍之經過，及所得之結論，類多同於大清帝國國際關係史，別無新義。此外著者翻譯道光朝籌辦夷務始末之文件一百餘頁，可謂多矣，然細讀此書，著者實未充分利用籌辦夷務始末中之文件敍述經過。

以上就全書而言，關於引用英文史籍，著者於小註說明，讀者略一瀏覽，即可明瞭，無須引例證明。書中各篇皆可爲證也。關於著者未見之史籍，可隨便引舉一例，以便有所證明。第二篇敍述英國取消東印度公司專利，律勞卑來粵，發生嚴重之爭執。著者所據，全係英文書籍，而中國方面史料，則未參看，如史料旬刊第二十一及二十三期刊印盧坤之奏疏，稱其不宜用武之原因，則市廛稠密，又値鄉試，而夷目尙無不法別情，封艙則衆商怨之，並禁入口，使其內外消息不通，內見逼於同類，外莫遂其陰謀，終不能久居於夷館也。及英艦闖入黃浦，理應用武，而盧坤則稱創之太甚，將擾於他地。此類文件，書中未有隻字提及。

關於未能充分利用籌辦夷務始末，例實太多，勢難一一引證。茲舉林維喜案以概其餘。著者於一一九頁引中國文庫雜誌 (Chinese Repository) 稱英美水手上岸酗酒，向村人索酒不得，毆傷林維喜，明日遂死。一二〇頁，又引 Lindsay 氏之記載，稱一水手酒醉半瘋，見二村人奔力走近，詐死，眼仍偷看，見村人用刀欲斷其頭，跳起，村人懼逃，追之，村人爬上一牆，林維喜跌死，並信美國水手對於慘案，亦有責任，義律應賞緝兇。二說迥不相同，Lindsay 並未親見，所記疑點甚多，殆不足信。中國方面史料，著者從未引用。林則徐重視慘案，奏報朝廷，言其經過曰：

五月二十七日，尖沙村中有民人林維喜被夷人酒醉行兇，提毆斃命，經新安縣梁星源驗明頂心及左乳下各受木棍重傷，訊據見證鄉鄰，僉稱係咦咭唎國船上夷人所毆，衆供甚爲確鑿，諭令義律交出兇夷，照例辦理，將及兩月，延不肯交。臣等給予諭函，亦竟始終不接（見籌辦夷務始末卷八頁四）

義律於九龍搶奪食物之後，更在澳門會見華官蔣立昂。林氏奏言交涉，關於林案曰：「至林維喜案，據義律稱：送得五人鬮酒，皆無兇殺之罪。又稱當日上岸滋事，亦有咪唎嘽人，請再細訪等語。當經蔣立昂以此案供確證鑿，兇手確係噶夷之言，向其駁詰。義律無可置辯，遂添寫說帖一紙，聲明願洋二千圓，報知何人毆斃滿擇，倘能發覺，即會官案代應等。……至咪唎嘽人於英毆林維喜時，並不在場，不獨該國夷人稟辯甚明，即岸上各見證供亦如一，且據夷獨託漢奸譯述三等與尼羅般合，其爲並無咪唎嘽人在場，更無疑義」（籌辦夷務始末卷八頁二〇）林案遂成嚴重時局，英人不得住於澳門，華官斷絕其接濟，九龍之戰，皆由於此。而著者何竟未讀林氏奏疏，且林維喜之『喜』字，誤引外書作爲『善』字。

著者參看之書不多，且於其翻譯之書尙未細讀，錯誤自不能免。茲舉數例：（一）頁六，稱行商於一七二〇成立，組織公行，壟斷國際貿易。此據外人記載，實則成立甚早。明代業已有之，清華學報曾有一文詳加考證，爲吾人所知，無須引證。（二）、頁一三四稱林則徐從廣州友善之外人，購得新砲二百尊，安置於虎門砲台。此係中國方面之訛言，從未見於公文檔案，亦未見於外國可信紀錄。廣州外人何能有許多之新砲？購於外國則爲時間所不許，次年春英艦封鎖廣州矣。（三）、頁一九三稱清帝許法使之請，於一八四四年開弛天主教之禁。此亦全據外人記載，與事實不盡符合。宣宗迫而許廢教禁，對於國內嚴守秘密，不欲教民知之。法令仍禁信教，信如葉名琛奏曰：『道光二十七年律例，但有禁天主教條例，無弛禁之文。』道光二十七年，爲西歷一八四七年，事實上官吏仍捕懲教徒也。他如譯名亦不統一，廣州有總督巡撫各一，著者於兩廣總督則稱 Governor of Canton（頁五九），蓋沿用外人之舊用名稱，實則極易混亂，如稱直隸總督則爲 Governor-General of Chihli，同爲一官，先後不能一致，殊爲不便。

總之，此書多據英文史籍著成，對於國內史料多未利用，籌辦夷務始末又不細心參看。余讀此書一遍，一無新知識可得。其翻譯之文獻，均見於籌辦夷務始末，對於外人或有便利，對於國人則爲贅文，實不知印行此書，有何意義？博士論文，關於中國題目，常無一讀之價值，讀此書後，觀念將益强矣。

讀書雜錄

趙士楨神器譜

玉年

北京大學圖書館藏明刊初印本

明代中葉，南倭北虜，俱擾中原。中原以承平日久，武備廢弛，致寇敵縱橫，莫之能禦。嗣後名將迭出，武備漸修，誅逐强寇，地方安謐。而名將復以戰法兵書傳諸後世：如戚繼光所著紀效新書及練兵紀實，俞大猷所著之韜鈐及劍經等書是也。殆萬曆朝，哱氏作亂於寧夏，未平而朝鮮失國告急之文又頻至，明廷出師救之，與日本相持七年，幸日本關白平秀吉死，始得罷兵；喪軍糜餉，不可勝算，而不能取一勝於日本，豈盡將士之不用命哉？亦器械之不良也。於是有文華殿中書趙士楨者，鑒於火器鳥銃不及日本之精良，乃取西洋製器方法，參以嚕密番銃之法，成新式火器，復將製造之方法，使用之技術，筆之於書，名曰神器譜，雖不堪與現代科學利器相比較，視昔日之刀槍，則勝百倍矣。

士楨號後湖，浙江溫州府之永嘉人，千頃堂書目謂：爲「太學生，中書舍人」。萬曆溫州府志選舉志謂：「以善書任鴻臚寺主簿」。永嘉縣志無傳，僅於藝文志中載其所著東事剩言一卷，續草二卷，而不載神器譜。惟千頃堂書目俱載之。蓋因是書流傳甚少，致其名亦埋沒無聞焉。

是書不分卷，首爲進神器疏，次爲原銃及各銃分析圖，放用圖，再次爲神器雜說，進神器各疏，防虜車銃議，（內附各車銃圖）倭情屯田議，中國朝鮮日本形勢圖略，神器譜或問，末爲續神器譜，（內附各種兵器圖）等篇。其首次進神器譜疏，爲萬曆二十六年，當時朝鮮未靖，故獻此器以禦外寇。朝廷僅付該部知道，未行依樣製造。延遲四年，北虜又作，故士楨復製車銃獻呈，因上第二疏。朝鮮復國後，日本屢次求和，腰猶堅永，實爲急務；故上屯田議形勢圖，以明彼己之勢，抵禦之法。又懼各器用法製造之不明，乃爲或問以申述之。其遺漏者，作續編以增補之。其用心良苦矣，故王程世序中有云：

「余友趙常吉，數上書策倭，又極言用兵之害，深謀遠慮，出自胸懷，所製神器，輕疾遠過倭銃，繪圖著說，悉臻妙理，可謂良工苦心矣。」

考當時兵器，以刀槍爲主，雖有銅發貢佛郎機諸器，體大而重，施放不易，難於收功，及倭始有鳥銃。嚮海圖

巴黎敦煌殘卷敍錄（九）

王重民

楚辭音　隋釋道騫撰

楚辭音殘卷，存者八十四行。起「駟玉虬以乘鷖兮，溘埃風余上征，」訖「爲余駕飛龍兮，雜瑤象以爲車。」書法秀，楚濃甚都，不避隋唐諱，然望而知爲隋唐間寫本也。望嵯峨而未迫句，註有云：「騫按弇茲之神居此山，因以爲名焉，」因知爲釋道騫楚辭音也。按隋書經籍志楚辭類有楚辭音一卷，釋道騫撰。序錄文云：「隋時有釋道騫善讀之，能爲楚聲，音韻清切；至今傳楚辭者，皆祖騫公之音；」今詳是書，多有謂協韻作某音者，協韻之說，前所未有，殆即所謂爲楚聲者耶？

支那學七卷一號，載神田喜一郎攜流之二大小學家一文，稱羅振玉印唐寫殘本文選集註卷六十六劉安招隱士，猿狖羣嘯註：「音決猿音煩，按此即字林所謂赤獑猢者也。蕭該等諸音，皆以爲猿音煩，非。」神田先生以蕭音爲蕭該文選音，騫音爲釋道騫楚辭音，固也；神田先生又以爲騫公楚辭音留存於今日者，此爲惟一鱗爪，余前日亦以爲固也；孰謂今日竟能親此殘編，存者八十四行，爲音近數百事乎？尤奇者，神田先生適來巴黎，余以影片見示，相對驚喜，誠且寡之遇也！

又豈珵美之能當句，注云：「本或作瑤字，非也；郭本止作程，取同音。」按隋志有楚辭三卷，郭璞注；騫公此稱郭本，當指郭璞楚辭注。余茲效神田先生之言曰：「郭璞楚辭注存留於今日者，此爲惟一鱗爪，」可乎？雖然余聞巴黎所藏敦煌卷軸，尙未及半，實願余今日所言者，能有以如神田先生前言之不驗也。

九月十二日。

文選殘卷

敦煌本文選殘卷，存王文憲文集序，然首尾均殘缺。起「海上名山之旨」句，訖「攻乎異端，歸之正義」句。今卷子本自「望側階而容賢」句，斷爲兩截，又爲裱工前後倒置，故余取閱時，不能驟得書名。既證知爲王文憲文集序，遂亦知羅振玉已付影印矣。然余考證所得，有足補正羅跋者二事。一事，建元三年遷尙書左僕射，今本文選作二年，按南齊書儉本傳：「建元元年，改封南昌縣公，明年轉左僕射。」則文選本不誤。二事，毀發帑壁，今本文選竄作廢，蠹在是矣，在上無蠹字，領軍將軍，上軍字作國。然並與五臣本同；五臣本淵源近古，此亦一證也。

四月八日

鷰子賦

鷰子賦一卷，劉半農先生從巴黎國家圖書館依二六五三號著錄者，抄回中土，列入敦煌掇瑣中。惜卷首殘缺。余茲檢及二四九一號著錄之一卷，首尾完好，可補半農先生抄本者幾四百字。因原卷墨色太淡，不能攝影，故錄補抄缺文於後。

仲春二月，雙燕翺翔，欲造宅舍，夫妻平章，東西步度，南北占詳，促遊將軍太歲，自然得福無殃，取高頭之規，壘泥作窠上，繋樑使爲葦茅爲宋安不避危不畏於風，暮下暖扇逐托弘梁錦爾纜了，警往坦塊乃有黃雀頭傾峻倒倚街傍爲强凌弱觀燕不在入來峻掠見他宅舍鮮淨便即穴白占着婦兒男女共爲歡樂自誇穗羅得伊遺作耕田人打兔蹠履人喫臘古語分明果然不錯硬努拳頭偏脫胳膊燕若入來把棒撩腳伊且單身獨手嚗我阿莽雖研更被唇口嗚嘘與你到頭尿却言語未定燕子即迴踏地叫喚雀兒出來不問好惡拔拳即差左推右聳剜耳搦頭兒搶拽腳婦下口齧燕子被打可喫屍骸頭不能舉眼不能開夫妻相對氣咽聲哀不會觸犯夠尾緣凌橫羅鳥災逐往鳳凰邊下下牒分析燕子單貫逃得一宅乃被雀兒槪奪仍自更著恐嚇明云勅括標入正格阿你浦逃落籍不會見你膺王役終遣官人捧荷流向擔崖彼白雲野鶴是我表丈人鶺鴒是我家伯州縣長官豈囊親戚是你下牒言我共和到頭並亦大急

下接「離我門前」句，半農先生抄本不缺。「離我門前」句上，半農先生抄有幾行廿餘字，蓋誤作錯，伯誤作百，亦遜此本。

四月三日

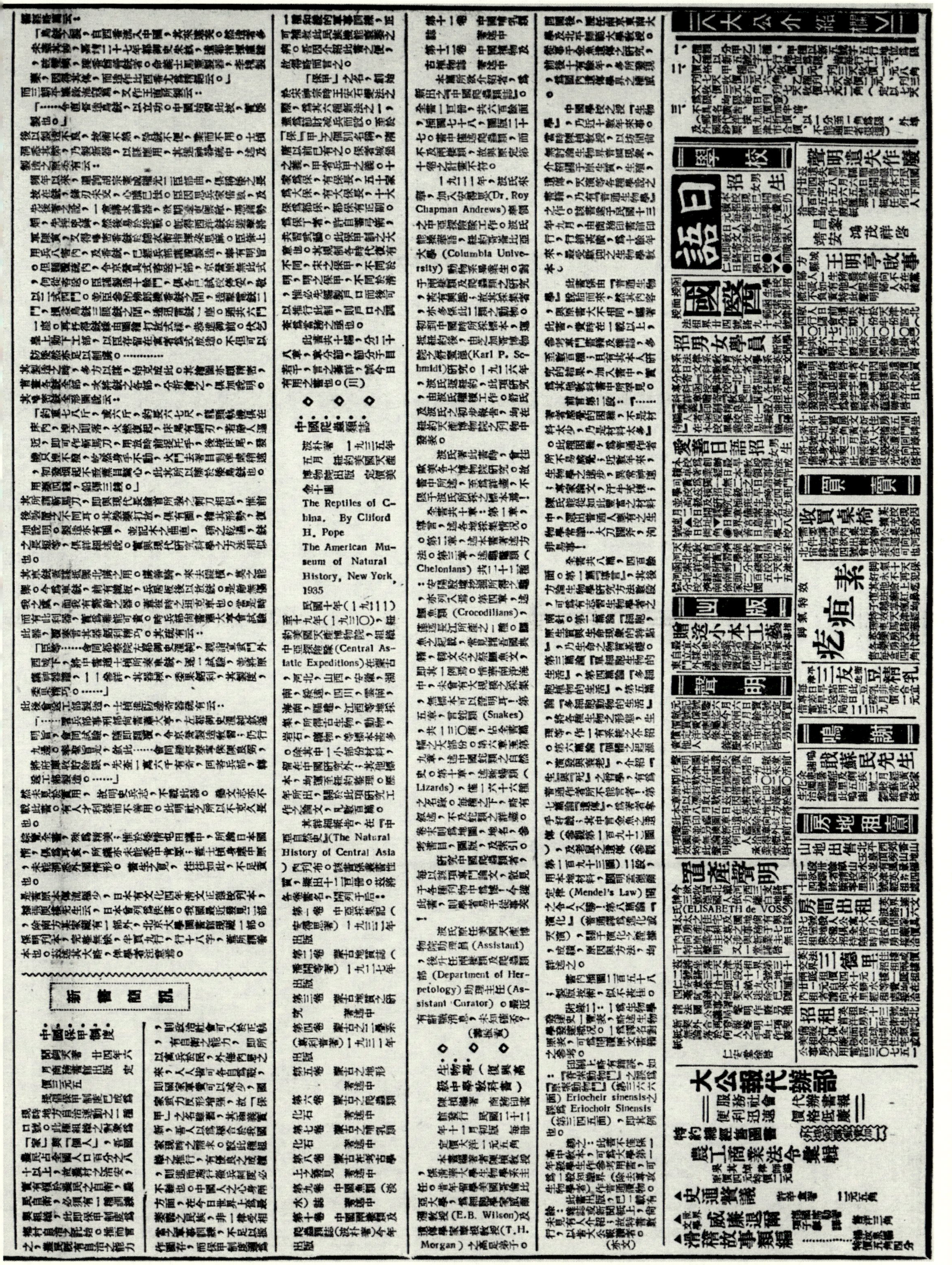

新書介紹

中國爬蟲類誌

The Reptiles of China. By Clifford H. Pope. The American Museum of Natural History, New York, 1935

Chapman Andrews

Columbia University

Karl P. Schmidt

Central Asiatic Expeditions

The Natural History of Central Asia

Chelonians

Crocodilians

Snakes

Lizards

Mendel's Law

Assistant

Department of Herpetology

Assistant Curator

E.B. Wilson

T.H. Morgan

Eriocheir sinensis

Eriocheir Sinensis

ELISABETH de VOSS

大公報代辦部

語日

國醫

招生

學校

（第三張）　中華民國二十四年八月二十九日　大公報　星期四　（第十一版）

圖書副刊

BOOKMAN
第九十四期
一　本刊專載關於中外圖書之介紹與批評以及學術界消息
二　投稿請逕寄北平清華大學或北平文津街國立北平圖書館內圖書副刊編輯[illegible]

跋大清宣統政紀草本（清華圖書館藏本）

谷霽光

大清宣統政紀草本七十六卷，朱絲欄寫稿本。封面油印大清宣統政紀草本題簽，右角下並印注總纂及纂修或協修官姓氏，每頁十六行，行十八字。字體端正，中多塗抹痕跡，卷端亦多批註。正文中復有浮籤，字體不一，有爲纂修官題注有爲總纂官批核；其浮籤上有書字而不署纂修官姓名者，亦有空白而未書字者。

按封面印注之總纂官及纂修官或協修官姓氏，此書總纂官爲錢駿祥（分修光緒三十四年十月至十二月份；宣統元年三月四月六月七月十二月份；二年八月九月份；三年二月六月九月十月份；共十四月。）熊方燧（分修宣統元年一月五月十月十一月份；二年一月二月六月七月十二月份；三年一月三月七月十二月份；共十三月。）帮總纂官爲藍鈺（分修宣統元年二月閏二月八月九月份；二年三月四月五月十月十一月份；三年四月五月閏六月八月十一月份；共十四月。）纂修官爲歐家廉（分纂宣統元年十月份；二年十二月份；共二月。）吳德鏞（分纂宣統元年十一月份；三年一月份；共二月。）王大鈞（分纂光緒三十四年十二月份；宣統二年一月份；三年三月份；共三月。）章梫（分纂光緒三十四年十月十一月份；宣統元年十二月份；三年二月份；共四月。）史寶安（分纂宣統元年二月份；二年三月份；三年五月份；共三月。）秦[illegible]（分纂宣統元年一月份；二年二月份；三年四月份；共三月。）吳懷清（分纂宣統元年閏二月份；二年四月份；三年六月份；共三月。）朱汝珍（分纂宣統元年三月份；二年五月份；三年閏六月份；共三月。）袁勵準（分纂宣統元年四月份；二年六月份；三年七月份；共三月。）金兆豐（分纂宣統元年六月份；二年八月份；三年九月份；共三月。）張書雲（分纂宣統元年七月份；二年九月份；三年十月份；共三月。）李湛田（分纂宣統元年八月份；二年十月份；三年十一月份；共三月。）溫肅（分纂宣統元年九月份；二年十一月份；三年十二月份；共三月。）協修官爲何國澧（分纂宣統元年五月份；二年七月份；三年八月份；共三月。）

此本蓋即當日纂修之原稿本。遼海書社刊行宣統政紀，又係根據此本之修正稿排印。兩本互勘，知草本（大清宣統政紀草本以下簡稱草本）保存未刊之材料甚多，且政紀（宣統政紀以下簡稱政紀）訛誤亦可因草本校正。（又按政紀無宣統元年閏二月初一至十四紀事草本亦可補其闕。）將來纂修清史，此本仍不失爲一良好參考，殊未可以草本之故而忽略之。

政紀既係根據草本之修正稿刊行，則其內容，應較草本爲完善；然就兩本比較觀之，草本反優於政紀。政紀所增者大都祭祀典禮之類，無關宏旨，組織方面仍一本舊例；其於書法之改正亦屬寥寥可數。姑舍此不論，而專就其取材，則其刪略草本之處，實有失修史之旨。政紀金梁跋序云：「夫史籍之可貴，惟在取材之多，足以供人擷取；至於組織潤色之工，猶居其次。」政紀刪略過多，於國際交涉又復遵實錄之例棄而不書，金氏此論已難自圓其說。然吾以爲史籍之可貴，在取材正確，不失史實之時代性。換言之：史籍之取材，須撮取時代之精神，而摒其枝葉，不能全無主旨，妄事增省。草本取材既較政紀爲多，且有一部爲極重要之材料，政紀均略刪不載。例如：

草本卷五八頁一〇至一四，石長信奏云：（宣統三年四月初七日。）

我國興造各省鐵路其病在事前並未議定如有一定方針使率土有所率從自無擾亂紛歧之弊夫鐵路者猶地之良法國與民所利賴然利賴之中有輕重緩急之分幹路枝路之別……今爲國計民生兼籌並顧惟有明定幹路爲國有枝路爲民有之一定辦法明白規諭咸知國家鐵路政策之所在此後上下有所遵循不致再如從前之群議雜淆無主宰……

按石長信雖不必爲主張鐵路國有之第一人，然其奏議詳確，於鐵路政策之更改，實具最大影響，朝廷既令郵傳部妥籌議奏，原奏自當列入。草本雖不載結案，以日後情勢觀之，其意見已見採納無疑。況川變根源早伏，石奏亦言及之，不知纂修官何以復行刪略。

又如六九頁六二至六四，劉廷琛奏云：（宣統三年九月初七日）

竊自武昌變起臣即應各省響應前奏請下詔罪己亦明知虛實無濟特以已變者固宜征剿未變者速宜安輯非朝廷有悔過之誠不足收已散之人心而使之不叛也不意旬日之間長沙西安九江相繼告變設遷延日久立致危亡自古變亂未有若是之迅且烈者推原禍始在人心離散人心離散在革匪煽惑以二百餘年覆冒之民而一經煽惑即從亂如歸則朝廷所以失民心而貽口實者必有在矣朝廷所恃者兵而兵變所恃者民而民亂非急從根本挽救別無救亡之策比歲綱紀破壞政出多門賄賂公行昌言運動內外大小官吏幾無一不由營求而獲宵小得志正士灰心而所行新政不知緩急但切進行征斂煩苛民生愁苦軍政財政操於一二貴人之手立法議法出於二三少年之私……擬仍請朝廷下哀痛之詔引咎自責使天下有更新之望人心稍定亂或可漸戢然非有實事補之猶恐空言無補也……

劉奏切中時弊，因犯朝廷忌諱，故至疏入不報。然其爲朝廷計，不爲無見，修史者又何所忌諱耶？況罪己之詔見之實施，劉奏尤不應刪。

此外如歐家廉之論憲法編修，宜本國情；（卷六一頁一四）溫肅之論憲法編修，不當操諸一二人之手；（卷四九頁五〇）溫肅之奏軍制軍餉軍訓，（卷四九頁八）增韞之奏辦學詳情；（卷五頁三〇）王乃徵之奏新政與財政；（卷四四頁一一）資政院之奏國家財政，（卷五二頁五九）均當日重大問題。宣統一朝政治，除憲政軍政財政交通教育等問題外，尚何可紀！捨此不書，徒見其支離破碎而已。

邊疆問題，在國家大政上亦自有其重要性。當日人士集中視力于內政之改革，邊防本少注意。其寥寥可數之邊疆奏議，如路士桓之議蒙藏，（卷二九頁一）資政院之應付邊務方策，（卷五三頁二六）或刪或略，殊爲未當。

政紀復有因誤解奏章，或因行文未能達意，致生訛誤者。觀草本原文可知纂修官實過於草率行事。卷三八頁一二趙炳麟奏，包括民政財政兩事，政紀刪奏而列上諭，措詞未能兼及民財兩政之意。又卷五〇頁一〇陸昌奏軍國大計十條，而借外債實施之方法，刪去方法一節，原奏不刪。至卷二七頁二九岑春蓂奏：有湘路趕修辦法四條，緊要辦法十條，計劃六條，獨刪去計劃一項。觀其全文，纂修者似欲求行文一律，而計劃六條，不能刪略爲每條一句一事，與前二項得有文字上之對比，故全略不書。

政紀刪略材料，賴草本存在可資增補，然草本亦同此弊。草本塗改甚多，被刪之重要材料亦不少，因係塗改，原文仍可閱讀。例如：

卷四三頁一八世珣奏云：（宣統二年七月二十日）

……乃立憲之詔既頒奉行者不顧財力因緣張大其勢任意苛求民不聊生挺而走險故有湖南山東等處之變臣恐憲法未立而亂即生甚非變法之良意也……所有創設局所選用人員一切新費津貼皆須由地方大吏認真覈定由公款開支不准隨意勒派……至于僻陋下邑水旱偏災即當隨地隨時從權辦理如此則憲法可以推行民心亦不致渙散不然徒事外表浪費金錢未至九年而民已離心……

因憲政而發生財政上問題，在當日極爲嚴重，匪獨中央爲然，各省亦莫不如此。草本對各省財政狀況，均經刪略，此或格於體例之故，不能獨收。世珣此奏，何得一併略之。

此外如卷一六頁五五，台布奏禁烟；卷二三頁七，農工商部奏推廣農業；卷三五頁一二，[illegible]奏改辦河爲行省；卷七二頁一〇，伍廷芳電主共和；均爲不應刪者。

草本爲總纂官三人分期主修，更經總纂官交由纂修官或協修官分修，體例取材，極不一致。草本似未經總纂官中一人全部過目，惟纂修官吳懷清曾校閱一部份，上有浮條題注，亦限於校字一端。草率如此，欲求其成爲良史，固不可得。特以政紀刪易過多，反賴草本以補苴校訂，故草本彌覺珍貴。研究宣統朝歷史者，或當於此取資焉。

草本原缺第七十六卷，茲照政紀鈔補以成全璧。其他錯誤，兩本互校之後，改正者亦不少，茲已另詳校記。

大清宣統政紀草本，故宮博物院藏有一部，因隨文獻館檔案南遷，未獲檢閱。並聞孟心史先生，亦藏鈔本全部。將來如能一一借閱，或可以校正本文之失，姑附誌於此。

大清宣統政紀草本書影

書評

宣統政紀

谷霽光

四十三卷　遼海書社印行　民國二十四年出版

宣統一朝，雖然只是短短的三年。然而三年之中，有繼統問題，憲政問題，財政問題，頭緒紛繁，日不暇給。另一方面潛伏着的革命潮流，大有一觸即發之勢，後來推翻滿清，結束二千年來專制皇帝的局面，在這三年中算是一個轉變的大關鍵。這樣的一個重要朝代，政紀的修纂，最是值得注意。我們希望一部政紀或其他史料選輯，可以收輯許多重要的材料來供學者研究。那就是說選輯不失時代性的史料，可代表時代的精神，表現時代的重要，適宜于任何學者參考的。

從另一方面看，宣統朝政治，一向被人認爲僅具官樣文章和例行公事的驅殼，實際上毫不重要。其實官樣文章和例行公事組成的宣統政治，正是宣統時代政治腐敗一方面的表現。從一方面的表現，可以看到其他方面勢力的潛伏；而此一方面所表現之時代性，全靠保存的史料昭示我們。政紀的修纂，更是不能不重視。

宣統政紀，（以下簡稱政紀）是選輯宣統朝史料唯一的刊本，印行以後，以爲能多少滿足上述的要求。然而這部書實際上只列佈一些按期分纂的詔諭檔冊而且是一些不完備的詔諭檔冊，不獨是取捨漫無標準，連裁剪也不得要領。專從體例上推證，又似乎是一部尚未完成的稿本，以致遺漏和錯誤，觸目皆是。當日時間倉促，工作草率，不容編修人精詳纂輯，這點或可爲編修人找一原諒的理由，然而從宣統政紀和大清宣統政紀草本（清華圖書館藏，以下簡稱草本。）互勘之後，發現草本反比政紀爲優。草本收輯材料多於政紀，並有一部份重要的材料政紀均經刪去。這是編修人忽略了史實的時代性，根本沒有看透歷史演變的程序，專憑個人判斷和私見選輯的。原稿至少已經兩次修正，兩次修正的結果，都比原稿遜壞，我已在跋草本一文詳細提到，不再例舉。

政紀遵實錄例，不載交涉，此點金梁氏在原序中，已經提及。不過外交爲行政的一部分，有時和內政發生很密切的關係。既稱政紀，又必遵實錄例不載外交，是否妥當，殊有商榷餘地。史例原無百世不移定則，自可由人變通，在現在看來，不能不說是一個遺憾。

其次是疏入不報或留中奏疏，大都不載。這可從草本比較得來。草本原載十四件留中奏稿，而政紀僅留兩個。按草本浮條批云：「留中之摺，刪之爲是。」編者不曾舉出刪去的理由，大概因爲「留中」關係，怕犯忌諱。例如草本六三頁一八高潤生奏，有涉張鎭芳串謀取利之嫌；六九頁二〇溫肅奏，有涉袁世凱擁兵自固之嫌；從清室觀點立論，亦屬無可忌諱。至於刪劉廷琛奏，（草本卷六九頁六二）尤爲不當。劉廷琛奏陳國家大計，頗切事實；請朝廷發詔罪己，又完全爲清廷設想。罪己之詔，當已施行，政紀刪去，似爲有意抹殺事實。

更次是參案問題。草本卷五浮條批云：「查辦參案，向祗載諭旨。今詳叙參案而列諭旨於後，不能不變例，似當以歸劃一。」查辦參案只載諭旨，此理由當然成立。但亦有參案而不查辦，因不查辦而一概不載，亦不妥當。草本原載許多參案，政紀均刪略。參案內容，很值得專家的審定，茲不詳述。

拘於上述之原則的限制，政紀取材範圍已經很狹。政紀在狹小的範圍內，無疑的仍要遺漏許多重要的材料。現在宣統朝檔案沒有整理，不能作嚴格批評，但從普通看得到的史料，仍然可以指出政紀的簡陋。譬如清史稿宣統本紀可算是簡略極了；然而光緒三十四年十一月乙巳立攝政王載灃，命其子溥儀[illegible]其事，政紀不載。又同年十二月丁巳，民政部上調查戶口表式，政紀也不曾提及。再和大清宣統新法令去比較，（商務出版，以下簡稱新法令）也有重要的遺漏。新法令卷二頁四二，與憲政編查館奏改河南省縣名一摺，係批在宣統元年二月二十一日；又卷十二頁十二至十八，民政部奏遵

民國二十四年五月十七日

新書簡訊

Charles S. Gardner，專見美洲各大學對於中國研究之演形，各圖書館所藏之漢文書籍，博物館美術館所藏之中國事物美術作品，一一條舉而記述之，列之成一篇。分由 Gardner 著，J. Davis Hatch 二人綜合；復由他人譯之，或爲英譯。今所見者爲第一分，所述止於東部加拿大及新英格蘭，其他各部分，不知何時可以刊出也。

此書緒論之後，分地敍述，各成一篇，計有 Montreal 之 Megill 大學，Gest圖書館；新 Hampshire 之Dartmouth 大學；撒倫 Salem 之庇包狄研究所，Peabody 博物院；波斯頓之美術博物院，Isabella Stewart Gardner 博物院；劍橋之哈佛大學；波斯頓之私人收藏家貝古藍爾人；波斯頓公立圖書館，波斯頓 Athenaeum；Worcester 之美術博物館；新田之 Bidwell收藏品；羅德島 Providenca 之羅德島圖案學校；康涅狄格哈特福之哈特福神學院；哈特福之Wadsworth Athenaeum；紐哈文之耶魯大學；凡十六篇。

緒論，一九二九年美國學術團體聯合會倡議設立一中國研究促進委員會，負責調查美國及加拿大所有中國研究之設備及材料。至一九三〇年，調查所得材料大致就緒，唯以過繁，故未能先就要錄，[illegible]及新英格蘭材料編之本冊發表。於重要之圖書館，中國美術收藏品等俱爲逐其大概。

圖書館方面，自以國會圖書館爲最大，所藏漢文書籍在十五萬餘冊，共中[illegible]

◇　◇　◇

Charles S. Gardner: Chinese Studies in American, I. Eastern Canada and New England, American Council of Learned Societies, Washington, 1935. ￠50

[illegible]

（第三張） 中華民國二十四年九月五日 大公報 （星期四） （第十一版）

圖書副刊

BOOKMAN

第九十五期

一 本刊登載關於中外圖書之介紹批評以及學術界消息
二 為公開性質歡迎投稿
三 刊登本刊之文略致薄酬
投稿通訊可寄「北平文津街國立北平圖書館內圖書副刊編輯收」

書評

西夏圖書略說

聞宥

羅福萇著 二十三年新印本 定價一元

羅福萇氏此著初版印於日本京都，實首著實據甲寅，實民國三年。改訂本載於辛酉年上海發行之亞洲學術雜誌，實民國十年。雜誌僅出四期，故全書未完，僅至「文法第三」而止。今此新印本之出，又後于雜誌十三年，作者逝世亦已久，凡所改訂，又有與雜誌本小異者。其為作者最後之改定，抑為其兄編成之竄易，則不可知矣。

以初印本與雜誌本比較，則雜誌本增訂頗不少，往年日人石濱純太郎在支那學上似亦嘗言之。以雜誌本與新印本比較，則雖有小殊，而大體無甚出入。此得以說字一章為例。

初印本考部類僅得十一部，雜誌本始增至二十三部，新印本亦仍二十三部。此初印本與後二本間之不同也。至二十三部之中，則分合及其詮釋，雜誌本與新印本亦小異。此得以新印本為主，對比如下表。

部類	新印本	雜誌本
□部	示氣象	示天象
□部	示液體	示水類及與水有關涉諸字

按雜誌本實與水有關，故例字中收「龜」「魚」等字，新印本無。新印本實示液體，故收「乳」「血」等字，雜誌本亦無。

部類	新印本	雜誌本
□部	示火	示火
□部	示火之用	亦示火類

按以分別體用論，似新印本較明于雜誌本。然所舉例字兩部實相混，故似仍以雜誌本所言為允。

部類	新印本	雜誌本
□部	示土類	示土類
□部	示金屬	示金屬
□部	示玉石	示玉類
□部	示樹木	示樹木菜實類

按此亦以雜誌本為善。

部類	新印本	雜誌本
□部	示菜蔬	示菜蔬類
□部	示穀物	示穀類
□部	示草類	示草類
□部	示飛禽	示鳥類
□部	示走獸	示口部字，又示獸類。

按雜誌本實示口部，故舉例有食飲饑渴等字，新印本皆刪是也。

部類	新印本	雜誌本
□部	示牲畜	示獸類

按牲畜與走獸實亦不甚易別。惟牲畜二字本身即皆從□，則此區別似不誤。

部類	新印本	雜誌本
□部	示虫豸	示虫豸
□部	示雜碼	示布帛

按此以新印本為明晰。

部類	新印本	雜誌本
□部	示貨財	示貨財
□部	示口及其作用	無
□部	示人及其心理	如漢文人部及心部
□部	示人心	如漢文心部
□部	示女性	示親族

按以上數者，皆以新印本為明確。□部尤審諦，以所舉皆為「母」「妻」「女」等，不得泛言親屬也。

部類	新印本	雜誌本
□部	示音響	無
□部	示言語	如漢文言部

蓋新印本有而雜誌本無者二部。其雜誌本有而新印本無者，則為(1)□如漢文疒部，(2)□如漢文示部，所舉例皆不多。（此類新印本在文後曾提及，惟不立專部，是所無僅一部）。兩相體較，新印本確較雜誌本為略有進步。然此分合，究為最後之論定與否，似尚難言。如第十二部□，以所舉諸例觀之，本極可信。然文海雜類有「鵝」字一例，實取鵝(禽)旁。乃所取者為□而非□，故鵝字作□（字中珠作□），此似省一筆，則知為類字下必皆從□，而□亦未必即足為鳥之代表矣。要之夏文結構，至今尚在不可索解之中，合于此者，往往悖于彼；同于甲者，又往往異于乙。故必須將現在夏文全部為一總歸納，一一求得其直接間接之關系，然後定為規條，庶較羅氏所得為近真也。

第三章文法，雜誌本所印未全，今持與初印本校，亦有增益。如第九語助字一類，即為初印本所無；其他例證，增益尚多。然此章似不及前章之精采，如所謂「與日本文法頗相近」之說，迄未刪去。此在Laufer文出世以後，夏語親屬已明之今日，其可以為此動之意者正當，不必復以日語相牽附，蓋無疑已。

第四章為遺文，小有增益，不再具論。要之羅氏此書，在過去自有其開山之功。今材料既富于往日，而研治之者亦漸多其人。凡所收穫，皆有逾過于往日羅氏初治之時者。故若以原書複印，以為學人購取之便，則吾人自無間言。若以為考索有進，更版重刊，則此區區補苴，似猶未足以饜習人之望也。

巴黎敦煌殘卷敘錄（十）

王重民

春秋經傳集解殘卷 昭五年

敦煌本春秋經傳集解殘卷，存昭公五年，始「夫子唯不欲毀也，」訖「吳子使其弟蹶由犒師，」共百四十行。不避唐諱，當是六朝寫本。持與今本相校，足資是正者頗多。傳文：「以示卜楚丘，楚丘曰，是將行，」今本楚丘二字不疊。「明而未融，故曰乘其翼，」今本而作之，唐石經宋淳熙本岳本足利本並作，而與卷子本同。「楚子以屈申為貳於吳」，今本申作伸，唐石經宋淳熙本岳本足利本並作申，與卷子本同。「何為自郊勞至于贈賄」，今本作「何為自郊勞及贈賄」。「請歸之間，如以師討焉，乃歸公」，今本如作而，乃作又，卷子本並較今本為佳，則又為唐石經宋刻本所不及。杜注尤多異同，惜不暇詳校也。羅振玉影印巴黎國家圖書館藏集解四殘卷，內有昭公二十七年至二十八年一卷，羅氏定為唐武德寫本。顧又從美國博物院影照英倫藏集解片，逢錄昭公六年一卷，印入敦煌石室碎金。此卷適為昭公五年，正可補羅氏所未見，惜未能一并付印，為遺憾也。

六月十五日

春秋後語

趙語 晉孔衍撰

此卷首尾殘闕，存者百九十行。首為張孟談治晉陽事，次豫讓為智伯復仇事，又次至卷末均為蘇秦說六國事。按二五六九號春秋後語略出本卷首，正殘存豫讓復仇事一節，次題春秋後語趙語第五，則豫讓事在後趙語第四，因知此殘卷為春秋後語趙語上第四矣。孔衍原書雖未盡出，而十卷舊第，今可復明。卷一二三當為秦語上中下，卷四五趙語上下，卷六韓語，卷七魏語，卷八楚語。倫敦所藏敦煌書目，有春秋後語注燕第十，則卷九齊為齊語矣。

章宗源隋書經籍志考證，謂御覽所引後語，並出注文，未知為衍本注，抑李昉等所增？羅振玉云：「據御覽服章部魏太子擊遇田子方於朝歌注，朝歌紂之所都，今衛州地。考衛州之名，始於五季，宋世因之，御覽成於太宗朝，已引注文，則作注者殆為五季人。」按藤原佐世見在書目，衍書下文著錄春秋後語十卷，范陽盧藏用注。又檢新唐書卷三十九地理志，河北道有衛州，汲郡望，本治衛，貞觀元年徙治汲，正為殷商舊畿。則衛州之置，蓋在前五代，盧藏用為盛唐人，稱朝歌為今衛州地者，固其宜矣。羅先生今世碩學，不知何所據而云然，乃竟不一檢地理志耶？倫敦所藏敦煌遺書，有後語注卷八卷十兩卷，余尚未見。姑先正羅說於此，俟抵倫敦，更冀有以證實吾說也。

五月三十一日

新書簡訊

伊闕石刻圖表（二卷） 關百益纂 民國二十四年河南博物館影印本 定價一元

中國所有佛教石刻造像，以北朝諸作最為偉麗；雲岡諸窟樹之先聲，洛陽龍門，不愧繼軌。雲岡創於魏，所有造像，大都繼承西域系統，中國雕刻藝術至是始由質朴古勁，易為柔和生動，而轉入一新的時期。逮夫孝文遷洛，於龍門別營石窟，雲岡遂漸湮廢，而龍門造像與雲岡者亦異其趣。其時洛陽為中原文化重鎮，又西域藝術傳入中土為時已久，交光互影，乃與閒有精神治為一爐；龍門造像作品，隋唐時代佛教石刻之傑，正為此一時期之代表的作品，因以此為其先路也。

顧雲岡僻處塞外，知者固寡，龍門一區論述稍多，然大都注意於其銘刻，至於造像之佳，少有及者。清季法儒沙畹（M. E. Chavannes）考古中土，始為之攝影傳布，自是龍門造像精妙，始大著於世。沙畹以後，龍門造像，除鄰邦東者偶有審述外，我國人士注意及此，為之傳布者，獨復罕聞，若關氏此篇，誠嘗龍門者空谷之足音也。

關氏書凡分上下兩卷，上卷為圖，首附伊闕著名石窟表，於著名諸窟之區域，次第，名稱，位置，一一列舉，為之說明。次構以圖，復分三部：一為總圖，凡二十一幅，龍門之大勢詳焉。二為分圖，所收為各窟佛像，凡一百四幅，龍門造像菁華，大概於此可見。總圖分圖，大都取自沙畹所作中國北部考古圖錄（Mission archéologique dans la Chine Septentrionale 1909—1915）一書中之龍門部分，而予以增補，計總圖增十八圖，分圖增五幅。三為銘文，即銘刻之有年代者，皆為椎拓影印。凡收北魏五十一品，西魏一品，東魏二品，北齊三品，隋一品，唐四十三品，宋一品，後梁一品，後漢一品，宋一品；總計一百四品。

近數十年來，龍門遺像摧毀特甚，沙畹所攝在光緒季年，距今將三十載，其中今已毀去者不少，唯龍門寺觀今已蕩為烟雲，求一稱流尚不可得，遙聞此猶可彷彿當年之盛。論其他，此書只取沙氏舊圖，而於現在情形，雖略有補益，尚嫌不足，又龍門關於供養人之遺像亦復不少，不唯足以窺見藝術，並可以藉此考證當時風俗，而關氏書於此未能廣事收羅，未免美中不足耳。

龍門銘刻，以前金石諸書著錄雖多，而拓本影印卻尚少見，坊間龍門二十品一類書籍，專重書法所，收又少，此篇收印達百餘品，雖只以年代為去取，顧就數量而言，則已大足饜吾輩之渴望矣。

下卷為伊闕石刻著錄表，根據孫星衍寰宇訪碑錄，趙之謙補寰宇訪碑錄，姚復中州金石目，楊鐸中州金石目錄，常茂徠洛陽石刻錄，吳式芬攟古錄，繆荃孫藝風堂收藏金石文字目，諸書，於現在諸刻，表列品名，年代，地別，諸家著錄四項，間有考證，輔之備考。所收自魏至元，凡二千二百餘品。至於方履籛陸增祥諸人書，以入覽較晚，俱未附入。共有各家著錄今訪未得者，另入伊闕石刻待訪目，凡二百八十餘品。此外如水經注，集古錄跋尾，集古錄目，金石錄，復齋碑錄，訪碑錄，諸道石刻錄，寶刻叢編，金石略，集古金石補錄，紀昀等續金石略，顧炎武金石文字記，潘耒金石文字記補遺，黃叔璥中州金石考，畢沅中州金石考，武億金石跋，王昶金石萃編，陸耀遹金石續編，趙紹祖金石文鈔，續鈔，洪頤煊平津讀碑記，李宗蓮懷珉精舍金石跋，河南府志諸書著錄所及龍門銘刻，亦一一為之注其存佚，附錄篇末。總計所收，將近三千品，比之方履籛書，有過之無不及，著錄伊闕銘刻目錄，當以此表為甲觀矣。（方）

× × ×

三國志注補影印 清趙一清撰 二十四年北京大學出版組印行 定價四元五（洋裝）

裴松之三國志注網羅繁富，凡六朝舊籍今所不傳者，尚一一見其崖略，考訂精詳，世無異議。清杭世駿復援拾殘騰，欲以博洽勝之，撰三國志補注六卷，然細大不捐，往往瑕瑜互見。清季仁和趙一清亦嘗為注補六十五卷，拒摭羣書，非如杭氏之雜採稗官小說，識護不足為據。其書僅有廣雅書局刻本，所印部數不多，後其版亦毀，故徐氏彙集廣雅叢書時，此種遂闕。當日據刻之稿本，現藏南京國學圖書館，陶君元珍曾以刻本對照，乃知經校閱者刪削及鈔胥遺漏處頗多，因錄其有關考證者若干條以為補遺，附於書末。則此書之出，更可為讀三國志者之一助焉。（國）

答方中先生評拙著中國田賦問題

孫佐齊

我這幾個月，比較事繁，昨承遠道友人來信，告訴我七月二十五日大公報圖書副刊方中先生對於拙著的批評，我感謝那位朋友，同時我也感謝方中先生。

我現在對於方先生所提出的重要三點，從略答覆一下：

（一）方先生說：「輯錄的材料大半不注明出處……例如第六章田賦經征第七節征收日期全節差不多完全轉錄鄒枋的中國田賦征收時期的形形色色一文（見銀行週報第十八卷第六期）幾乎隻字不易，卻不標明來歷……未免有掠美之嫌。」方先生的說法對不對，還是容易証明的，請讀者過細看看，是不是隻字不易。我記得征收日期這一節的材料，如福建省有按中秋端午年關征收，如四川有按貧富等級分期征收以及如雲貴等省征收日期的規定等等，完全是根據各省朋友私人的調查，鄒先生的形形色色一文尚無此項記載。此外如中國經濟立法院統計地政月刊這一類刊物，亦多記載。從各方多種搜集得來的資料，或更新整理修正的資料，亦何必一定強人要標明這是鄒先生的，這是銀行週報的。

（二）方先生說：「書中所載統計，大皆不注明年份，例如附錄各省田賦額，其中祇江蘇一省賦額年份有可稽考，其餘各省的年份都沒有標明，難以比較」。這一類附錄的賦額，大抵均係明清時代所定，賦額與徵收

67

238

十二家吉金圖錄 商承祚類次 金陵大學中國文化研究所叢刊甲種之二 二冊 二十四年五月初版 定價二十六元

晚近彝器之出土日多，斯學之研究亦日精密。如錢坫十六長樂堂古器款識考，曹載奎懷米山房吉金圖，爲著錄一人所藏而影其圖象者也。陳介祺簠齋吉金錄則專錄文字者也。他如吳式芬攈古錄與大澂集古錄等，則爲類錄衆人所藏以廣其傳者也。本書亦類集南北十二家所藏商周秦漢銅器而成，以北平貯羅王氏，江夏尊古黃氏所藏爲較多。計凡一百六十九器。每器皆著其色澤，詳其尺寸，攝影之外，拓其銘字，並附花紋。在昔藏器之著錄，多偏於文字，而略於圖象，此書足補此闕，蓋錄今日印刷術與西洋考古學方法之進步，故能臻此，其在古人則無可奈何者也。(節)

× × ×

[illegible]

在中國佛教史上占有特殊之地位，爲世所知。其地距北平僅一日行程。去秋日本東方文化學院京都研究所曾派人調查，此冊即其調查研究之報告也。今略述各篇概要如左：

塚本善隆氏之石經山雲居寺與石刻大藏經一文，論雲居寺與隋智泉寺靜琬所經造，據文獻及石刻所記，此石經之刻造，蓋爲恐「末法到來」，經文散佚，爲護法而造此石經。當時因北周武帝毀佛之後，故北齊以降，佛經刻石盛行，至隋而大藏經全部鐫刻之風尤盛。而房山一地多產石材，復因煬帝蕭后之資助，故雲居寺石經得以完成。文中於當晉洞妙法蓮花經等十七種經典，皆加以詳細之考證。並於唐遼金元明清各時代之佛教予以論述，以明雲居寺及石經刻造興廢之跡。次爲長廣敏雄氏之房山雲居寺碑塔記，爲關於雲居寺北塔基壇之調查報告。次水野清一氏之房山雲居寺石塔記，記房山附近之九座石塔，即北塔四隅之石[illegible]

[illegible]

兩附以考證，初稿曾發表於雜誌中，今復集而成此冊。其事之始末，以今觀之，可謂千百年無獨有偶之變局也。

楊么者晉國八百年前實行均貧富等貴賤之民衆領袖者也。先是鼎州（今湖南常德）武陵縣唐封鄉水連村有鍾相者，以等貴賤均貧富之說相號召，環數百里間民皆翕然從之，如是宣傳，凡二十餘年，聚衆至四十萬，蔓延之地，幾徧今之湖南湖北。時當南宋高宗之世，外有金虜僞齊之侵擾，內有潰兵寇盜之交訌，而政府橫征暴斂，在在與今之情形相似，故鍾相楊么得以乘時而起，鍾自稱天大聖，又稱楚王，楊么稱大聖天王，蓋當時民主思想尚未發達，則所謂等貴賤者，固未能實踐也。惟所謂均貧富之說，最爲平民所喜悅，故焚官府殺官吏，彼等所謂除邪法也，焚城市，所以除富商大賈也，焚豪右之家，所以除兼並也，殺儒生，所以除師說邪法也，焚寺觀神廟，殺僧道[illegible]祝，所以反宗教除[illegible]人也，獨不殺農工[illegible]自食其力，故鍾相[illegible]，春夏皆自耕耘，[illegible]號召一時。[illegible]相楊么之所以失敗[illegible]其主張及行動之通[illegible]在於實力組織之未[illegible]，徒爲烏合耳。故[illegible]三十五日而敗，身[illegible]子爲戮，然其黨徒[illegible]至楊么勢力較爲雄[illegible]船水師，陵轢官軍[illegible]無前，然其同黨之[illegible]都信道不堅，仍以[illegible]志，自相內訌，而[illegible]夏誠等之始終不渝[illegible]所信者，則寥寥無[illegible]雖征戰五六年，卒[illegible]岳飛所蕩平，威之[illegible]誘之以利，拯民於[illegible]貧以閒田，蠲免租[illegible]因悉解，其勢乃不[illegible] (虛)

× × ×

動物學 張作人 朱洗著譯 南京國立編譯館出版 上海及各省商務印書館發行 上冊 定價大洋二元八角 二十四年六月初版

[illegible]書係張作人及朱洗[illegible]作；張氏現任廣州[illegible]學動物學教授，昔[illegible]法比等國，關係專[illegible]學及原生動物學；[illegible]任廣州中山大學動[illegible]授，去秋北上，在[illegible]法大學，担任教課[illegible]在法留學，關係專[illegible]學及發生學。

[illegible]者自言：『我們這[illegible]根據法國巴黎大學[illegible]my Perrier所著的[illegible]s Elémentaire de [illegible]ogie 一書（一九二[illegible]九次增改版本）的[illegible]基礎，更由我們加[illegible]之一的新材料而成[illegible]rrier 原書，係巴黎[illegible]n et Cie 出版，共[illegible]面，插圖七百六十[illegible]

[illegible]生動物通論」之第一及第二各章，第三章首後生動物之分類，並未譯出，想已歸入中冊矣！

書中插圖，除卷首五幅彩圖外，與原書大致相同，極少變更。

晚近研究，與原著者意見相左時，譯者爲之列入附註中，以便參考。

著書非易事，若能以忠實之筆，譯一外國名著，其有功于吾國學術界者，亦非淺鮮！

當此科學刊物，寥若晨星之際，此書之出，或可稍解學者之渴慕！（亦文）

× × ×

蠑螈之解剖 (The Anatomy of the Salamander) 英國法郎士 (Eric T. B. Francis) 著 牛津大學出版部 (Oxford University Press) 印行 定價二十五先令 一九三四年初版

兩棲類之解剖，在國內大都以蛙爲材料。惟在歐美各國，則多用蠑螈爲代表。本書×者以坊間尚少紀載蠑螈解剖之專門書籍，乃在柯爾教授 (Professor F. J. Cole) 指導之下，將蠑螈作一譯書之解剖，並廣考群籍，集成此書。其在學術之供獻，可與 Ecker 及 Gaupp 二氏『蛙之解剖』並駕齊驅。以解剖學者，乎此一編，可以窺有尾類 (Tailed Amphibia) 與無尾類 (Tailless Amphibia) 形態上之異同矣！

法氏此書，共三百八十餘面，外附一彩圖及（係向倫敦動物學會年刊（Proceedings of the Zoological Society) 借用）二十五圖版。其敘述方法，與『蛙之解剖』，大致相同。首爲柯爾教授之導言，次述蠑螈(Salamandra)之分類及生活史，次蠑螈之外部形態及其變種 (V-[illegible]

[illegible]射新法，即其一例也！

著者對于分類及分佈，甚少研究。其言蠑螈之分類及分佈二段，譯誤雜出，全書之疵也！（亦文）

× × ×

林文忠公年譜 魏應麒編 商務印書館出版 二十四年 定價七角

林文忠公（則徐）爲近世史上第一流人物，婦孺皆知者也。其一生事蹟，以禁煙與治盜二者爲最繁賾，善政良法，殆難僂指數。其謫居伊犂，開墾回城，爲公生平愜心之事，而欽恨不磨，則未若防海禁煙之爲甚。煙禁旋弛，海患日深，徵特事敗於垂成，復變本加厲焉，當時議體贊聽者，一似公爲禍首罪魁，有斷斷不可免者，而公不避嫌怨，自能忠清共見，百世之下，猶可見其人格之崇高，見識之遠大，此吾人讀公之年譜而不覺低徊者也。

此書博採衆說，彙及時事，凡所稱引，皆明其出處，鮮雜己見，用力可謂勤矣。（虛）

× × ×

廣西近代經籍志 蒙起鵬編 南寧三管圖書局代售 定價一元

此書蓋繼廣西省志藝文略而作。省志輯於嘉慶間，故所錄之書，亦至嘉慶而止，計自前漢陳欽至於清嘉慶五年，歷時二千載，桂人之作僅得二百餘種。此書所錄，僅百餘年間，乃有四百五十餘種，幾增一倍，可知廣西人文之發達，至近代而漸盛。觀其所收，詩文集幾占全書四分之一，蓋山水鍾秀之地，或宜於詩文也，惟此書既爲專收廣西鄉邦文獻而作，則作者應盡爲廣西人，如孟心史氏爲陽湖人，雖孟氏於清季曾參邊幕，然非桂籍。王中榮氏爲嘉興人，雖嘗爲富川知縣，亦非桂籍。此於是書體例，似覺未純。（川）

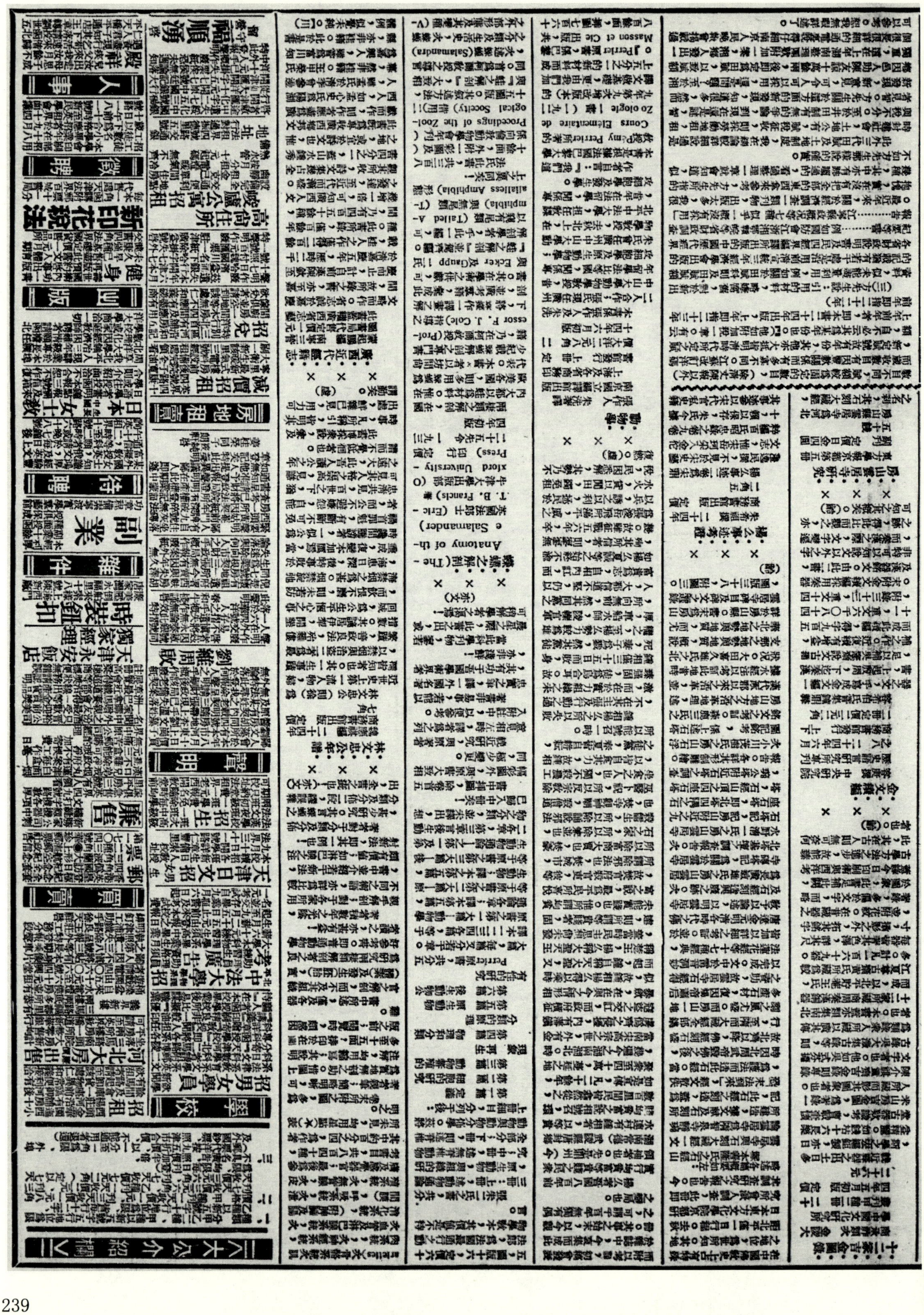

圖書副刊

BOOKMAN

第九十六期

一　本刊登載關於中外圖書之介紹批評以及學術界消息爲公開性質歡迎投稿
二　刊登本刊之文略致薄酬
三　投稿通訊可寄「北平文津街國立北平圖書館內圖書副刊編輯收」

書評

幾部中國外債名著

陳暉

中國政府的外債，爲一極複雜的問題，借款經過詳情和合同的材料，因常與政局有關，故極不易搜集，要作有系統的學術研究，頗感困難。不過，國民政府成立以前的外債，因有財政整理會的報告書，和各種借款合同彙編，材料的搜集已不是怎樣困難的事。現在此類專門著作之較有價值者，依我所見有下列幾種：——

A. G. Coons: The Foreign Public Dept of China
C. F. Remer: Foreign Investments in China
D. K. Lieu: Foreign Investments in China
賈士毅：國債與金融
賈士毅：民國續財政史第四冊

此五書各有相當的學術價值，其優點甚多，毋庸贅述。這裏所要提出來與各著者商榷的，係書中一部分個人認爲錯誤的地方。因自己學力有限，對於此五書的外債未能作全盤的批評，僅限於中國鐵路外債一部分，想來對於研究此項問題的讀者，當不無益處。

昆斯氏的中國之外債一書，出版於一九三〇年。此書涉及中國鐵路外債問題有第二和第五兩章。著者所根據的都是西文材料，提供給我們二個統計表，一個是有担保中國鐵路外債表，一個是無担保中國鐵路外債表，數字頗多遺漏或錯誤。遺漏得最多的是短期借款及墊款，如隴海，廣九，吉長等路墊款。至於數字的錯誤，則有下列四項：第一，一九一〇年的平漢贖路債券款爲二十二萬鎊與四十五萬鎊二款，前者爲日本橫濱正金銀行所承銷，後者爲英國麥倫銀行與費令公司（The London City and Midland Bank Ltd.; Messrs. Dunn, Fisher & Company）所承銷（見Mac Murray. Treaties and Agreements With and Concerning China Vol. I, PP. 756-9）；昆斯氏却把此兩筆借款都認爲發行於英國。第二，一九〇五年的香港政府粵漢鐵路借款，債額爲一百一十萬英鎊（見王景春等編中國鐵路借款合同全集下冊頁一一一四）；昆斯氏却誤認此借款年代爲一九〇六年，債額爲一百萬英鎊。第三，一九二〇年的隴海鐵路比荷借款，荷幣部分爲三千零七十五萬弗羅令（見鐵道部財務司編國有鐵路負債總表頁五）昆斯氏却誤認爲二千五百四十七萬四千弗羅令。第四、一九一六年濱黑鐵路墊款爲五十萬上海兩（見財政整理會編交通部經管各項債款說明書頁一五三）；昆斯氏却誤認爲一百五十萬盧布。昆斯氏之此項錯誤在於只看合同的規定，而不知實際墊款往往與合同相違。

劉大鈞氏的外人在華投資一書，出版於一九二九年，再訂於一九三一年。此書提供我們五個中國鐵路外債統計表，取材頗爲精審，不過尚不免有以下各項錯誤：第一、一九一二年的平漢贖路債款，債額爲十五萬鎊「見MacMurray: Treaties and Agreements With and Concerning China Vol. I, P. 758)；劉氏誤爲十九萬四千鎊。第二、一九一七年的吉長鐵路改訂借款，債額爲六百五十萬日元（見王景春等編中國鐵路借款合同全集上冊頁一九七）；劉氏却誤認爲六百萬日元。第三，涉興鐵路借款合同訂立後，從未交來過任何墊款，雖然合同有公司須先交來五萬鎊墊款的規定（見交通史路政編第六冊頁三六〇一）；劉氏即誤認爲此五萬鎊墊款已交與中國政府。

雷麥氏的外人在華投資一書，雖係出版於一九三三年，但其鐵路外債的統計，係轉抄英文中國年鑑的一九二九年的詳表。此表係抄自鐵道部財務司的報告，數字極可靠，不過缺乏一九二九年以後的新外債。雷麥氏尚有一以一九一四年爲結算期的中國鐵路外債統計表，則似乎有數處錯誤。粵漢川鐵路的六百萬英鎊借款，到一九一四還沒達到還本的年度，債款的本金自然還是完整的，就是到了一九二二年此借款未還本金尚達五百八十八萬九千餘鎊（見交通部負債表頁二一）；雷麥氏竟誤爲二千九百十九萬九千美元，約合五百八十三萬餘英鎊。浦信鐵路墊款爲十九萬八千餘英鎊（見交通部負債表頁三一）；雷麥氏竟誤爲一百萬零八千餘美元，約合二十萬餘鎊，差額爲數千鎊。關內外鐵路借款結算至一九一三年既應爲一百七十八萬餘英鎊，雷麥氏却誤爲八百六十七萬四千餘美元，約合一百七十三萬四千餘鎊。

賈士毅氏的國債與金融和民國續財政史第四冊二書，前者出版於民十九年，後者出版於民二十二年，都爲商務印書館發行。表面上此爲兩部書，實際爲一部書，蓋後一本的材料實大半出於前一本，不過書名改了。現在先說國債與金融一書。著者實際經驗，曾任上海銀行公會書記室長，及財政部賦稅司長，即其對於材料之收集，自較爲便利。研究中國財政之學者多稱讚其爲名著，出版界中凡有涉及中國內外債問題之作，無不以此爲重要參考書。但此書照錄財政整理會民國十六年所出版的內外債各種說明書及交通部經管各項債款說明書的地方，全未加以聲明，或注其出處。財政部經管內外債部分，不在本文批評範圍之內，可不論究。此書的交通部債款部分爲第四編，篇幅爲一百三十八頁，全抄交通部經管各項債款說明書。此書北平交通大學圖書館藏有一本，篇幅一百二十九頁。本來參考實際報告的書籍是對的，不過第一應註明其出處，第二應將其材料加一番精細的學術的整理。乃此書不但將原來材料照樣抄錄，且連說明的文字也照錄不誤。讀者如將二書對照，其開始一節說明交通部債務的文字，說明得最爲確當，所以凡關於此問題的著作，差不多都徵引的。原書的題目係「交通債務總說」，賈氏將最後一字改爲「述」，在「交通」下面加一「部」字。文章開始都是「交通事業，必須有充分之財力」。第四句原文係「確立基礎」，賈氏僅將「確」字改爲「穩」字。第六句原文爲「而我國創辦之初」，賈氏在「我國」之下添上「此項事業」四字。第三行中有一「盈」字，賈氏改爲「贏」字。第四行末原文爲「其間關於路政之各借款，大都復被挪作他用，所用於路政方面者，殆屬無幾」。賈氏將前二句删去，將第三句的「所用」二字，改爲「其間關」三字。所以反不如原文意義之正確。以下尚多，恕不煩舉。

至於民國續財政史第四冊一書，全書共三百九十四頁，除第一章二頁餘文章之外，從頁四至頁三百二十七，多係從國債與金融一書翻印出來，好在是著者自己的著作。不過其交通債款部分，既係抄錄交通部經管各項債款說明書而不加以聲明，使讀者無從作根本的研究。

巴黎敦煌殘卷叙錄（二）

王重民

還寃記殘卷　北齊顏之推撰

此殘卷書法甚佳，用筆如歐陽詢，而疎秀又如李北海，元之趙孟頫，其書法似從此卷來者。卷末署「冥報記」三字，墨色較濃，故尤爲遒雅。卷之上端有小字十餘行云：「中和二年四月八日，下手鐫碑，五月十二日畢手。索中丞以下三女夫，作設於西牙碑畢之會，尚書其日大悅，索賞設僧□已下四人，皆沾鞍馬縑緗，故記於紙」。則此卷爲唐中和二年所書，書字人雖未記姓名，然據此可知爲曾爲某尚書鐫碑者，宜其書法工秀若此也。今存者長可兩丈，爲姚萇（卷端殘數行。）李期，劉毅，（殘缺數行，仍與李期事銜接者，蓋後人又重爲裝池故也。）孔基，曇摩讖，支法存，張超，張稗，呂慶祖，諸葛覆，徐某甲，李龍，鄧琬，蕭懿，魏城陽王元徽，凡十五故事。

冥報記爲唐唐臨撰，自宋以後，已無傳本。清末楊守敬訪書東國，得古鈔本三卷。又從法苑珠林太平廣記所引，輯其佚文，釐爲十卷，以符舊唐志佐世見在書目所載原帙之舊，具詳日本訪書志中。嗣孫毓修就日本古寫本三卷，印入涵芬樓秘笈第八集。余於楊氏圖書簿錄之學，素所欽仰，既整理其遺書，爲訪書志作補編，更思有以續其未竟之業。於冥報記一書，嘗擬依其輯目，就珠林廣記二書，錄其全文，勒成一帙；然以巴黎所藏敦煌遺書，尚有殘卷，爲楊氏所不及知，冀或有出於楊輯以外者，故仍有待，未即著筆。及來巴黎，獲覩原卷，撫摩不忍釋手，而行篋却無秘笈與訪書志，莫由考校。乃遺書友人吳君藕洲，及吳君書來，急檢此姚萇等十五事者，不但不見於日本古鈔本，且不見於楊氏所爲輯目。初則大喜，以爲此兩丈長寶卷，盡佚文也；繼乃以卷中無梁以後事，且不應古鈔珠林廣記三書所未引，適均在此十五事中，則又大詫。

余乃考之太平廣記，孔基曇摩讖支法存張超鄧琬五事，並見廣記卷百十九，乃稱出還寃記，非冥報記也。又檢張稗事見卷百二十，劉毅事見卷百二十六，呂慶祖事見卷百二十七，亦並出還寃記，非冥報記也。及檢王謨輯刻漢魏叢書本顏之推還寃記，此十五事者，又並見該書中，於是始斷知此殘卷爲顏之推還寃記，非冥報記也。此卷署爲冥報記，其誤蓋在千年前矣！余生千年後，獲覩此卷，偶得訂知其誤，此中甘苦，海上人當有神會，故不憚辭繁也。

顏之推還寃記，四庫著錄本作三卷，傳刻本惟何鏜漢魏叢書爲足本，餘均殘闕不完。若王謨所刻，其自跋中詳述其殘闕矣！巴黎國家圖書館僅有此本，余持與相校，遺文脫句，差別譌字，滿紙皆是。冀他日返國，取何本，並類聚書所引，詳爲是正，可成札記一卷。附誌於此，用自勉勵！五月二十七日。

雜錄

鈔本紅樓夢攤簧

李家瑞

紅樓夢攤簧四本，緱生居士編，分元亨利貞四集，元集八齣，亨集十一齣，利集十二齣，貞集九齣，共四十齣，書目下標『逃情居士編』字樣，又將第一齣中『緱生』字改成『逃情』字，墨色均與原書不類，而書末本文中『緱生』二字，未及塗改，故知編者爲緱生居士，然亦未審其爲何若人也。全書將紅樓夢事跡，删繁就簡，改編成攤簧劇本，起首述作書原起云：

紅樓夢一書，不知何人所作，本名石頭記，曹雪芹先生删改數過，書乃告成。看他作書之意，無非打開情竇，喚醒痴頭。無奈篇冊浩繁，一時難以展玩，後有紅豆村樵改作傳奇，又祗是文人聲節，學士傾心，城市鄉村，不能週及，爰有緱生居士沿其舊曲，雜以俚言，節其冗長，歸於簡便。

其實這書與紅樓夢傳奇相差甚遠，詞句土俗，純是白話，與傳奇詞藻不相侔，所謂『沿其舊曲』者，殆是指歌唱方面而言。中國音樂史說：

蘇淞杭嘉間，更有流行之一種名攤簧，產於蘇地，故又名蘇攤，語句等於閒篇，惟閒篇獨唱無白口，攤簧有白口，不止一人，又與文書不同，其內容乃附屬崑曲所編改曲句爲七字體，所用白口，幾全同崑劇，究其用意，因崑曲語句高深，非普通社會所易曉，乃特立此體，以爲崑曲之輔。

可知攤簧就是相近崑曲的一種歌劇，紅樓夢攤簧與紅樓夢傳奇，亦必極其相近。在詞句方面，崑曲是一種代言體，是一種純粹的戲劇；攤簧是一種叙事體，是由說書變化而來的歌劇。如這書第三齣裏：

老太太對着這班兒女，笑着顏開，滿心歡悅，只不會見寶玉，因問道：『媳婦！寶玉那裏去了』？

老太太正在思念，忽奴婢上來禀道：……

這都是扮演老夫人的人口裏說的，普通戲劇中則絕無此種叙述語句，但在攤簧裏是很普遍的。又攤簧往往說白多於歌唱，這書也是這樣，即唱詞中也還有許多是說念，如書中唱句內之襯字都是。

寶釵亦淺笑着，暗暗的說道：這話兒要奪隨何坐，【却緣何】若言爲語把人傷，【我且】裝聾權當西風過，【只好】强自開懷入醉鄉。（第四齣）

歌唱時候，都是先念出襯字（即文中括弧處），然後接着唱出下句，念襯字時無音樂附和，唱唱句時，音樂纔一齊起來。潮陰曲初集說：

或灘簧等，大都白多唱少，調極簡單，僅起落稍佐琴絃。

其他書中標生，旦，淨，丑，一如普通劇本，頂格寫皆唱詞，低格寫皆說白，不另再標『唱』『白』等字，和其他劇本又稍稍不同。

這書已够土俗了，但較之市上流行的灘簧唱本，已是文雅得多。市上唱本，大半是唱灘簧的人編的，或是將實際歌唱鈔錄下來的，這書却是比較識字的人作的，所以在這種曲本中，是很特別的一種。想來也沒有刻本，鈔本也甚較難得了，因此在這裏特別介紹一下。

新書介紹

內蒙古：長城地帶

江上波夫，水野清一著　東亞考古學會發行　定價十元

本書爲日本昭和五年江上與水野二氏前以東亞考古學會之資助留學北平時，數次旅行蒙古及北方邊地之報告。本書所謂長城地帶，蓋指蒙古高原之南，黃河中原之北，中間爲萬里長城連綿一帶之小平原（table land）地域。全書共三篇：

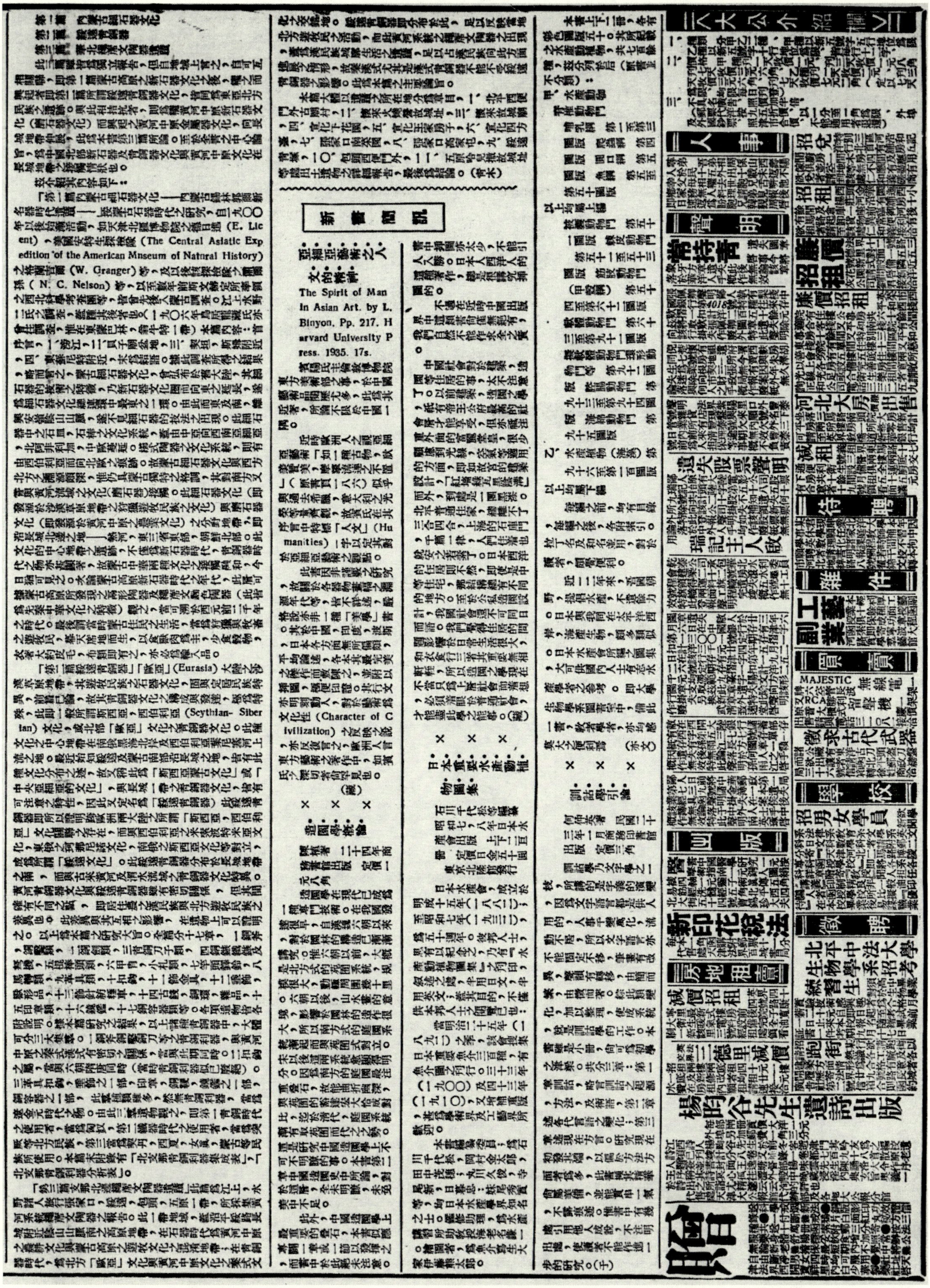

新書簡訊

亞細亞藝術之人文的精神

The Spirit of Man in Asian Art. by L. Binyon. Pp. 217. Harvard University Press. 1935. 17s.

(The Central Asiatic Expedition of the American Museum of Natural History)

(E. Licent)

(W. Granger)

(N. C. Nelson)

(Eurasia)

(Scythian-Siberian)

(Character of Civilization)

(Humanities)

人事

聲明

廣告

招租

廉價招租

待聘

雜件

副工藝

買賣

MAJESTIC

RCA

招男女學員

徵求古代武器

新印花稅法

北平法政大學招考新生

贈閱

揚昀谷先生遺詩出版

269
（第三張） 中華民國二十四年九月十九日 大公報 （星期四） （第十一版）

圖書副刊

BOOKMAN 第九十七期

趙幼祥君評拙著本草生藥學上之辨正

—原評見本年三月二十一日本刊第七十二期—

趙燏黃 徐伯鋆

本著之出版，係用浙江省立醫藥專科學校藥科教授生藥學講義之草稿，增加總論及各論之附錄而成。著者等以教授生藥時間之暇，與中央研究院工作之餘，編纂此書，疏漏之處，知不能免。尚有待於再版時之改正。特是著者所覺之缺點，評者鮮能道及，而評者之所舉發者，除原評（三）項以下，即評者所謂疑點者中之二三處，由於著者等失察者外，均非本著之錯誤，如原評中所謂「僅述其大者」即（一）（二）（三）三項之全部，以及疑點中大部分之指摘，凡稍有生藥學知識者，皆知爲評者之誤會。惟恐讀本書者，亦如評者之有誤會，故關於本書證評之處，不得不一一辨正之耳。

（一）所謂「取材龐雜」 批評第一節，論生藥學範圍或生藥學定義，引 Washburn及Blome 二氏合著之生藥學及藥物學之說，謂考察此種生藥上化學的性質時，無須特殊高深之學論。似乎言之過甚，與原意不符。蓋研究生藥學，固重構造，若考察其化學性質，則又完全爲高深之動植物化學，決非簡便之普通化學所能應用也。又評者之意見，謂原書總論，不必列化學研究法，須搜集生藥學上所須簡便之化學檢定法而詳述之。殊不知一種生藥之成分含量，須先行化學研究法，檢出其有效成分，驗明其確實反應，知其成分之屬於化學上某種某類，依其種類上之系統，及其系統上之性質，定其含量後，方能產生一化學上之檢定法。何能超越化學成分之檢出法，而先有其成分含量之檢定法乎。評者又謂既列藥化學及植物化學研究法，而50面之化學研究法亦嫌太少，此爲評者之意見，與著者編書宗旨不同之點，本書編著之宗旨，表明於凡例前列之一一，即第二三兩項，擧明各論之前，特載總論，而各論正文之下，復有附錄，正文所載，大抵學者公論爲有效之藥材，理學與化學或藥理方面，曾經研究而得學驗者，附錄所載，大部分採用國產藥材，尚未經科學的充分研究之品，即或有之，往往未能確實證明，或未經世界學者公認者甚多。會國內以科學方法，改良國藥之呼聲甚囂塵上，凡我藥學者，總期能以國藥代用外國產生藥，以塞漏巵。如欲達到此目的，自當於理學研究（包括生藥之原植物識別及顯微鏡的研究等）之外，特別注重化學之研究，希望能檢明國藥中未知之成分，以供實用。至於各論正文中已知成分之生藥，在其成分項下，原不過記載其所得之結果，何嘗詳其有效成分之如何分析，如何提煉，逾越生藥學上記載之範圍乎。評者又謂本書總論中，既列化學研究，而50面之化學研究法，實嫌太少，換言之，即嫌本研究法之太簡。殊不知此種化學研究法，僅言生藥化學研究法上有系統之一般通法，不必求詳，欲得其詳，因尚有各生藥在一般通則以外之詳法在也。除非將其詳法，盡載在各生藥成分項下，徒貽譏於評者之所謂逾越生藥學之範圍而已。且本著之主要目的，是備教授藥學生徒之用，當授課時，完全在教授者之能引伸其說，或補充其義。而在學生方面，尤在其能觸類旁通，舉一反三，否則雖將一部之有機化學分析法，以及所謂藥化學植物化學等，儘量編入，然遇有生藥上欲檢明其未知成分之疑難問題，爲化學研究法上所未能詳載者，則將拙著50面之化學研究法，雖擴充至十倍之多，恐仍嫌其少也。査最近出版之生藥學名著，如 G. E. Trease: Text-book of Pharmacognocy 全書，亦分總論與各論，總論之第九節，亦有簡單之植物體主要成分之檢出法，（不過占20面）內容與拙著，大同小異，此足證本書化學研究法50面之並不爲少。

至論本著之參考書籍，在凡例中於每一項下所載，原不過以主編時所用者，酌要略擧數種，已詳凡例第六面第12行之聲明。而評者不察，一則曰尚遺漏某某巨著，再則曰某某化學，亦均付闕如，最後又曰：關於植物成分重要參考書，如——C. Wehmer: Die Pflanzenstoff 並未列出。殊不知是籍，在本著各論第328頁中，已一次揭載，惜乎評者竟未見也。此種批評，無非評者急欲自詡其學博，攻人之短，炫己之長，蹈近時浮誇之惡習而已。再評者謂「就化學觀點考察各論取材一節，不應僅錄中華藥典所載之檢查法鑑別法含量測定法等」云云，此評者不明藥科專書目的之所屬，皆宜以本國頒行之藥典爲歸，因藥典爲一國規定藥品之專有法標，生藥藥品，不過占居藥典中藥品中一小部分，取材簡要而謹嚴，與生藥學專書，專論生藥者，其體裁當自不同，何能囿於藥典中所採一小部分之生藥爲範圍。然生藥學專書中，遇有本國藥典被採之生藥，必依據本國藥典而詳其法規，此爲先進國藥學家著作藥科中任何專書（不特生藥學如此）之慣例，因藥之爲物，有生命安危之關係，所以使藥學者，（尤重在開業之藥劑師）處處皆宜奉行本國藥典上之法律，有須臾不可離之勢也。故凡與本國藥典有關之藥學分科專書，皆當採取其法，引證詳明，即拙著總論中所謂遇必要時，則於適當項目之下，復記述中華藥典之檢查法，鑑別法，含量測定法等是也。本國藥典以外之生藥，可謂習用（即一國習慣上專用者）該生藥之國家藥典而詳之。換言之，即拙著之生藥學，實無此種記載之必要耳。至拙著凡例中所謂「供學者之參證研究，爲後日實用之材料」者，此對於原書各論之附錄生藥而言，此附錄生藥，成分未明者尚多，藥典未採，更談不到所謂藥典之含量測定法等。蓋評者於原書之分類界說，未能看得分明故也。再評者所問之洋菝葜根，（Radix Sarsaparillae）中華藥典既未採用，當有被採之外國藥典在，欲知其血克價如何測定，評者學博，所知之參考書籍，又在著者之上，何難查考而得之。又評者質問「麥角一物，貯藏過一年以上者，不可供藥用，此有效成分之損失與否，究如何檢出」云云，請評者試細察本編各論第13頁【註二】項下第11行至14行之說明類推之。再所謂「血克價 Grammblutwert 究如何測定，」質問「現代本草生藥學，於此類項下，未有說明，而總論中之化學研究法亦未述及其測定法」，此評者尚未分清醫藥兩科，各有專屬之科目，何者屬於醫學，何者屬於藥學，故有此種誤會也。査血克價測定法，本不屬於藥學，亦不屬於普通化學，更不屬於藥化學或生藥化學，不過在生藥學或藥典中，有必要時，僅能於適當項目之下，表示其血克價而止，往往不詳其測定法者，因非生藥化學範圍內研究之問題也。據評者之意見，須將此生藥化學範圍外之血克價測定法，應列入原書總論之第五章第二節之化學研究法項下，如拙著總論中原有之化學研究法，實嫌其多，換言之，即可以取消，如是則取材方純一而不龐雜，此則稍有藥學知識者，莫不嗤之以鼻矣。

評者責原書「第五章第一節內之顯微鏡器械類圖說，實嫌累贅」云云，以著者多年教授生藥學之經驗，因此種記載，不詳於中學預修課程中，爲便於藥學生徒專門實習生藥學起見，實有列入之必要。至評者所謂顯微鏡構造上之原理，即竟自可省略，蓋生藥學實習僅求其便於實用足矣。

（二）所謂「列序顛倒」 評者謂原書列粉末生藥檢查法及粉末生藥檢索表於各論之前，實覺不安，因指斥原書之列序顛倒。此蓋不通之論，何則，從前東西洋出版之生藥學，大抵無總論而僅有各論，一如辭書式等之記載，習生藥學者不易記憶，往往苦之。最近如 G. E. Trease: Text-book of Pharmacognocy等，往往設生藥學上之一般通論及一般實驗通法於各論前之總論中，所以引起初學者之興趣也。無總論之生藥學，或僅有一般通論而無一般實驗通法者，此粉末生藥檢查法及其檢索表，自當附在各論之後，如 Kraemer's: Scientific and applied Pharmacognocy 及下山氏生藥學是也。有總論者，此種粉末生藥檢查法，亦生藥學上實驗通法之一。既是通法，當然列在各論前之總論中，凡編纂此類專書，一定不易之通則也。原書各論之前，既有一般通論，在第五章理學研究法項下，復有一般實驗通法，而此通法，亦不止粉末生藥檢索法一種，其前有顯微鏡檢查法，其後復有灰像鑑定法。據評者之意見，惟有總論中粉末生藥檢查法及其檢索表一種，須特別提出，移在各論之後。然則其他實驗通法，或仍當列在各論之前乎？抑各論之後乎？是著者所不解者也。若僅取一種實驗通法，列在各論之後，而其他通法，仍列在總論中，則不倫不類，列序未免顛倒，恐適中評者之言矣。且評者亦知「粉末生藥之檢查，初學者先須對於各生藥之內部構造等，有相當之認識後，方能行之有益，」故本著總論理學研究法中，先列顯微鏡檢查法於粉末生藥檢查法之前，此方法非研究生藥的內部組織之方法乎。先習生藥的解剖法，再習生藥的粉末檢查法，此證明列序不顛倒之一。原書總論中之灰像鑑定法及其檢索表，在生藥學研究法上，其操作及認識力，更爲困難，故列序尤後，此證明列序不顛倒者之二。今即以表列之先後而論，粉末生藥檢索表，與植物科屬檢索表之性質相同，査最近出版之植物分類專書，開卷即列植物科屬檢索表於各論之前，依此類推，則評者亦當斥其列序之顛倒乎？至於教授生徒以此等科目，或前後順序教授，或前後互易教授，或前後同時互相參酌教授，此中外大學教授之慣例，蓋教授時自有伸縮自由，無人能批評其是非也。評者不察，竟出此謬論。

再評者謂「粉末生藥檢查在各論中，除大黃金印草根(Rhizoma Hydrastis)等少數生藥，附有粉狀物之特點說明外，除大多數均未述及，致前後缺乏呼應」云云，此殆未細讀全書，妄加評斷。査原書各論正文之關於粉末生藥，列以圖說，載明其鏡檢之有特點者，（各論之附錄生藥，關於漢藥者應不在其列）僅上編各論之正文一部分，（下編各論尚未刊行）凡屬重要者，均已特列粉末生藥圖說，尚有許多生藥，以組織上之特徵，及粉粉形狀之特點，另列一部分之放大圖以說明者，比比皆是，均可爲說明粉狀生藥之證，何得謂大多數均未述及乎？況 Kraemer: Scientific and applied Pharmacognocy 及 Ludwig Kock u. Ernst Gilg: Pharmakognostisches Practikum 及下山氏生藥學等書籍中，凡粉末生藥檢索表中所列之生藥，亦不一一完全按表列粉狀圖，敍述其粉狀物之特點於各生藥，因此種生藥學體裁，僅能詳敍生藥學上一般必需記載之事項，並非專論粉末生藥之專籍，故不能獨詳粉末生藥一項。本著各論之正文，有無列圖說明粉狀生藥之特點，悉據下山氏生藥學爲準據，不知評者亦曾參及是書否耶？

（三）所謂「有掠美之嫌」 此尤爲無稽之說。本著之編者，分頭担任，當時對於轉載插圖之一項，有贊成一一註明出處於圖下者，有贊成一律不註明出處於圖下，預備另以一言，聲明插圖之來歷，總括於參考書籍項下，如商務印書館出版之高等植物學是也。迨乎原稿陸續印成，圖版大半製就，在一方面未註人名之圖，雖欲補註而未能矣。即趙氏原圖，亦非趙氏自註，係協助編者代註，以明責任之意。且亦有遺漏未註者，如第261圖第262圖，第276圖，第279圖，第280圖是也。如欲存心掠美，可將本書所有插圖，一一均註爲趙氏原圖，直捷爽快，豈不更美，又何必有註有不註，又何必再表白於卷首。本著卷首凡例第5面第10行之聲明，可謂鄭重已極，而評者必指摘著者爲掠美，豈非以無稽之言，任意毀壞著書者之名譽而何。又評者謂「就文字言，書中第五章之粉末生藥檢察法，及其檢索表，既不註明出處於表之前，復不敍列參考書籍於表之後，其欲不令人致疑爲鈔襲者鮮矣」云云，此直違心之論，故入人罪，何則，粉末生藥檢索表，對於註明出處，敍列參考書籍，豈只能限於其表之前後乎。若本書之註明出處，敍列參考書，適不在表之前後，另列一處，（已載於凡例第一面第20行至21行）而評者又未目睹，即可目爲鈔襲者乎。總之，評者不將本著完全讀畢，再置可否，則亦已矣，乃復大放厥詞，作似是而非之論，自以爲得計，而不自知其自欺欺人也。

編者按：本文著者趙徐二先生原稿長約一萬六千餘言，皆據事實以答復評者趙幼祥先生之質難，本刊當有盡量刊登之義務，惟因篇幅狹窄，投稿規約原僅限於五千字以內，故特請著者删減至八千餘言，而本刊復因稿件擁擠，不能全載，不得已乃將本文下篇答復評者疑點八條約三千餘言抽出，敬乞著者諒之。又本篇原稿，將來擬發表於「科學」雜誌中，讀者倘可參考。

新書簡訊

中國哲學十講

李石岑著 廿四年世界書局出版 定價二元

李石岑先生爲近時東南治哲學諸賢中最努力之一人，初留學日本，返國後，在商務書館編教育雜誌有年，民國十六年漫游歐洲二載，以賣文度日，歸國後，在滬潛居陋巷中，自執炊事，恬然自得。近年講學於嶺南上海間，著作不甚多，今年春間病逝，此書殆其最後之結集也。

李氏爲人沉毅中而好譚辨，其行每有不拘，間爲世所詬病，然固無傷於彼也。其學初涉內典，既而泛濫西洋如叔本華，尼采及近之柏格生，復欲會通儒道，與西洋哲學比觀，自歐遊後，似稍有所變，而傾於社會思想，此書凡十講，皆爲二十一年在福建教育廳暑期講演會之稿，內容多爲儒道墨三家之說，關於禪宗者一。李氏欲撰著中國哲學史一書，此書所講殆其輪廓，惜未竟其志而歿。（藏）

× × × ×

反切上字解釋續編

施徵則著 二十四年北平來薰閣書店出版 定價五角

一八八一年德國漢學者格魯布 (Wilhelm Grube) 謂中國語在上古某一時代亦會爲多音綴並有形式變化及轉成字等。其後乃漸消失而成一種單音綴及無語尾變化之語言。故其音值極易轉移，而無法以保留之。漢時雖有讀若，讀爲，直音諸法，然應用時扞格亦多。其後乃有反語之法。反語之興，顏之推陸德明皆謂創於孫炎，章太炎先生謂應劭注漢地理志已用反切之法，則其起於漢末無疑。反切者以兩字定一字音，上字取其發聲，去其收韻，所謂雙聲者也，下字取其收韻，去其發聲，所謂疊韻者也。聲韻相合，自成一音，而一字之音值乃得以保留。惜乎作反切者，用字各不相謀，非有確定，學者苦之。然自孫炎創爾雅音義，迄於今茲，沿用此法，未嘗更易。番禺陳氏於廣韻中考得反切上字凡四百五十有二，蘄春黃氏據以列表解釋，命名反切解釋上編。施氏此書即根據陳氏之遺，復得八十字，又會集韻表，得反切上字四百零一，合廣韻所得共四百八十一字，踵黃氏體例而成。至於反切下字解釋，聞尚未成書。此書於反切上字之檢查，固甚便，然施氏必欲詆以羅馬字拼音之法取反切而代之爲妄棄國本，未免非妄誕之言。（臧）

× × × ×

佳夢軒叢著二種

東華錄綴言 滿語人名譯漢 燕京大學圖書館叢書之一 二十四年出版

民國二十一年燕京大學圖書館，從舊家購得稿本佳夢軒叢著十一種，爲東華錄綴言二卷，諡法輯考一卷，本朝王公封號附異姓公侯伯一卷，封諡翻清一卷，滿語人名譯漢二卷，侍衛瑣言一卷，補遺一卷，煨榾閒談一卷，哲談二卷，實見所及一卷，宗𧻓備談一卷，都凡二十一卷。今方出版東華錄綴言及滿語人名譯漢二種，全書初無總名，該館以書中有佳夢軒之名，爲題曰佳夢軒叢著。其書皆未署姓名，惟于序跋中分題愛蓮居士，墨香書屋主人，鶴侶主人。由洪都氏據東華錄綴言卷三記聖祖御書清讀勤三字條，自稱日勝，知即清史稿列傳六承襲裕親王碩塞傳中之奕賡，蓋道光廿二年以後所作也。東華錄綴言敘朝章典故，世系宗支，靡不詳實。滿語人名譯漢，則清史之國語解也。（盧）

× × × ×

元朝驛傳雜考

羽田亨著 東洋文庫叢刊第一附篇

羽田亨氏曩曾於東洋協會調查部學術報告第一冊中作蒙古驛傳考，粗疏淺略，未當於意，復著此冊以補正之，又得近來出土蒙古符牌，所論自較前爲精審也。書凡七章，一、緒言。二、論永樂大典所收經世大典站赤門。經世大典今已不傳，惟其站赤（蒙古語 Jamcl 即漢語之驛傳）一門收於永樂大典中，曩年徐星伯曾抄錄，今其稿本已流入莫斯科路米安只夫博物館（Rumjantzevskii Muzei）。此章大旨即論永樂大典所收經世大典之站赤與蘇天爵元文類中經世大典序錄之驛傳一名之異同。三、論經世大典，元史，元典章中關於站赤之紀載。四、驛站之管理，以見元代驛傳制度之密如星羅棋布，朝令可夕至，雖漢代傳舍之制亦不如也。五、站官。六、急遞鋪，即今之快郵也，元時每十里或十五里，二十五里則設一鋪，腰鈴傳遞，日行三四百里。七、海青牌，爲元代驛傳之符牌，分金虎符，金符，銀符，海青符，圓符等五種，今在西伯利亞發見者，爲上下作弧形之長牌，銀質兩面鍍金，有八思巴字即元之國書也。符牌則於傳遞急務時，分別用之。（臧）

× × × ×

太平天國起義記

二十四年燕京大學圖書館出版 定價一元五 北平隆福寺文奎堂代售

此本係洪秀全親密之堂弟洪仁玕於一八五二年在香港口述，經瑞士巴色會教士韓山文譯成英文，以一八五四年出版，歐美人士稱爲太平天國最眞確可靠之史料。以故海外爭相轉載翻印。顧國中則罕見其書，前年燕京大學洪煨蓮教授得一八六三年翻本印之，經簡君又文譯成漢文，並從他書抄得詩歌十一首，合爲一稿。乃燕京大學圖書館近又得一八五四年原本，簡君復據以增改，洪氏爲之校訂付梓，書爲中英文合訂。

× × × ×

千唐誌齋藏石目錄

郭玉堂編 洛陽東大街景景堂發行 二十四年五月出版 定價一元

金石學中墓誌之爲世所重，大約盛於清之中世，初或考辨書法之源流，或取證乎經史。而近時所取，爲識稍多，氏族同繫，功績所存，以及官職之異同，爵秩之遷轉，於諸史志傳所載，有可考證其得失，訂正其譌訛者，往往而有，此墓誌所以重於時也。近時出土魏碑已難得，唐碑一方亦非數十百金莫辦，舊流於海外者日多，故賈人重其價，藏家珍其藏。此目所載蓋爲新安張鈁氏所藏，首尾無序跋，未得諳其收藏原委，或藏石所在，未必乃特價而沽者歟？顏曰千唐誌齋，明其所藏以唐碑爲主，目中上自漢魏，下迄宋明之物亦有之，爲數甚少耳。倘能彙集其碑文以行於世，如羅氏之芒洛遺文，當更可觀也。（臧）

詞話叢編

唐圭璋校編 二十四年出版 全書二十四冊 特價二十元

詞集叢刻，自毛晉以後侯文燦秦恩復兩家續有增補。迨至近日王鵬運江標朱祖謀吳昌綬諸家，先後競刊珍本，古詞名闕，得廣流傳，藝苑稱盛。顧彙刊詞話之書，則無聞焉。唐氏校編此書，足以彌此憾事。此編所收範圍，大抵以言本事，評騭爲主，若詞律，詞譜，詞韻以及研討詞樂之作，皆不列入。惟其中如張玉田詞源，多究聲律法式，而此編收之，徐虹亭詞苑叢談爲有清一代擷萬人詞論之名著，原刻本固不易得，海山仙館本，又在叢書中，即清末鉛印本亦不多覯，本編雖曾聲明已超過預頁數，致此書未能附入，然吾人以爲似應先留此書之地位，及早印行，似較其他之作爲當務也。（臧）

× × × ×

重刊十家宮詞

二十四年臨榆田氏新刻本 北平琉璃廠舊書店寄售

康熙中朱彝尊曾刊十家宮詞。其自序云，據倪上元閣公家藏宋本重雕。今距朱氏時，已越二世紀。倪藏原本既渺不可尋，即朱氏重刊本，亦稀如星鳳。四五年前，秋浦周氏於北平市肆得南宋臨安陳道人書舖刊本四家宮詞。一曰宣和御製，二曰張公庠，三曰王仲修，四曰周彥質。以勘朱本，朱本亦時有譌奪。周氏以珂羅版印行，顏曰景宋刊宮詞四種，久已行世矣。最近旅津寓公臨榆田中玉氏，復據周本重雕。又從江安傅氏假朱彝尊刊本補得其他六種。計和凝宋文安王建花蕊夫人王珪胡偉等共六卷。合梓爲二冊。行款一依原版，古雅之至。每部售價陸元，未免太昂。世有嗜讀唐宋宮詞者，當以田本爲依歸矣。（清）

× × × ×

林琴南春覺齋論畫

燕京大學圖書館叢書之一 二十四年出版 實價一元

侯官林琴南先生號畏廬，著書之室曰春覺齋，曾時古文辭翻譯歐美小說文學作品甚多，中外欽重。其餘事書畫，俱到神境。此書於繪畫之人物佈景大小遠近，不合比例，乖於情理者，針砭尤力。蓋前人論畫多志收藏，鮮及審求理法，林氏獨研精於此，著爲論畫，以導學者，稿成未刊而歿。今燕京大學圖書館從其後人購得原稿，感其所爲春覺齋論文業已行世，故並刊之，當爲藝苑所樂聞也。

× × × ×

道藏子目引得

翁獨健編 二十四年引得編纂處出版

道藏數量之多，不亞於釋家內典，檢閱極爲不便。哈佛燕京社引得編纂處前有佛藏子目引得，甚爲稱便。關於道藏目錄索引之書，有明人道藏目錄詳註四卷，此外有魏哲（L. Wieger）所著 Taoisme 第一冊所載之道藏索引，然皆不甚完備。此書於道藏以外，兼收道藏輯經目錄與道藏輯要等，尤可省讀者檢查之勞。（盧）

× × × ×

廣雅堂論金石書札

張之洞著 許同莘編 民國二十二年十一月刊行 定價八角

此爲廣雅堂四種之一。張氏之書以此爲最後刊行者。四種者，駢體文二卷，散體文二卷，雜著四卷，及本書五卷。原稿藏吳縣潘氏，蓋皆張氏爲京官及四川學政時與潘祖蔭氏討論金石文字之書札。吳江費仲深（樹蔚）曾爲鈔出。華陽王雪岑（秉恩）欲刊之而未果。終乃由無錫許溯伊（同莘）爲之編印行世。其前四卷皆論金文。第一第二兩卷所收爲見於潘氏之攀古樓款識者。第三卷爲潘氏書所未載者。第四卷則略帶通論性質。第五卷專論石刻。論學文字易趨死板，此書因係尺牘體裁，（其中亦包含有考證體文字）立言簡易，莊諧雜出，使讀者對之發生一種實感，殊能引人入勝。張氏經濟文章彪炳一時，其在考古學上之地位遂爲所掩。其書雖戔戔一冊，然足以見其學識之廣，方法之謹，及考訂之精也。（于）

× × × ×

東北開發史

——原名滿洲開發史——

稻葉岩吉著 楊成能史訓遷合譯 民國二十四年六月初版 辛未編譯社發行 定價八角 北平民友書局代售

此書以東北三省爲一單位，而敘述其民族之興衰，政治之變化，經濟之發展，可稱爲綜合的著作。自戰國時代起，至清光緒之末止。全書分十二章。前七章偏重政治。後五章，偏重經濟。在政治方面頗多新的解釋。在經濟方面則亦頗新資料，例如第八章第一節滿洲道路與季節，可以說明歷來用兵東北之時期的選擇。雖因著者爲日本人之故，不免有主觀的見解，然而他山之石可以攻錯。前九章爲楊成能氏譯，曾發表於瀋陽東北學社之東北叢刊第四期以下各期。其餘各章則由史訓遷氏譯之，並就今年一月新出之增訂本補。前冠以校訂者卞宗孟氏之序，說明原書之價值，譯述之經過，版本之異同，著者在日本學術界之地位，及迻譯的方法等項。（于）

× ×

陝西金石志

陝西通志館編

關中爲周秦漢唐故都，商周金器，漢魏石刻，流播世間者不可勝數。其間陵谷貿遷，風雨剝蝕，埋沒摧殘者，亦不能以數計。是則不可不有以專書著錄也。在昔記關中金石者，有畢秋帆關中金石記，朱近漪雍州金石記，黃虎癡隋唐石刻拾遺，蔡雨田關中金石記，附記毛子林之關中金石文字存佚，先後蒐羅，惟多詳於碑版而略於吉金，至於瓦當後出，尤爲諸家著錄所未詳。本書凡三十二卷，上溯古初，迄乎明代，金石瓦當，各以時代爲次第。本爲陝西通志之一部，以通志篇幅甚繁，編覽非易，故取全書中金石藝文二志另印千部，以資考古者之觀覽焉。（盧）

出版消息

北平圖書館善本叢書出版預誌

北平圖書館輯印善本叢書，已有年矣，因商務印書館印刷愆期，至今尚未出版，良用歉然。茲聞該叢書第一集共書十一種，皆明代邊政邊防及外國史料。計籌遼碩畫四十六卷，明程開祜輯，明萬曆年刊本。三雲籌俎考四卷，明王士琦輯，明萬曆年刊本。皇明九邊考，明魏煥撰，明嘉靖年刊本。邊政考十二卷，明張雨撰，明嘉靖年刊本。行邊紀聞一卷，明田汝成撰，明嘉靖年刊本。西域行程記一卷，西域番國志一卷，明陳誠撰，明海鹽鄭曉[illegible]藏抄本。皇明象胥錄八卷，明茅瑞徵撰，明崇禎年刊本。日本考五卷，明李言恭郝杰合撰，明萬曆年刊本。使琉球錄一卷，明陳侃撰，明嘉靖年刊本。安南圖誌一卷，明鄧鍾輯，清初嘯山錢氏述古堂影抄明刊本。朝鮮史略六卷：不著撰人姓氏，明萬曆年刊本。以上共十一種，皆世所罕見，絕無僅有之秘笈。於研究明代史事者：裨益至大。籌遼碩畫全收明代籌遼奏疏凡數十家，此書僅日本前田侯爵家有之，故博士內藤氏曾假以印入所編滿蒙叢書中，亦僅得數卷而已。行邊紀聞，與通行本內容不同。使琉球錄，明代曾編入朱當㴐國朝典故，此則原刊初印，可寶之至。全書照四部叢刊版式，用本國手工連史紙石印。出版期，當在本年年底云。

圖書副刊

BOOKMAN

第九十八期

談叢書集成

清代文集篇目分類索引序

王重民

趙幼祥君評拙著現代本草生藥學之辨正（續）

介紹幾種生物學史

赤文

（完）

acid (Pikrinsäure) = Trinitrophenol 其化學式 $C_6H_2(NO_2)_3OH$

Methylglycocol $CH_3NH\,CH_2\,COOH$

Eugenol 即 Eugenic acid（Eugensäure）

$C_{10}H_{12}O_2=C_6H_3C_3H_5OCH_3OH$

$C_{44}H_{64}O_{19}=C_{31}H_{45}O_3(OHC)_2(CHOH)_6(CHO)_2(COOH)_3$（據 Tschirch und Gauhmann: Arch. Pharma. 246, 545 1908）

Richler's Organic Chemistry

The condensed chemical Dictionary

Beilstein Organische Chemie

Acorus Calamus. L.

(Acid. Glycyrrhizic)

Glycyrrhizinsäure

Pyrogallol $C_6H_3(OH)_3$

Phenol $C_6H_5(OH)$ Carbolic acid

Leptandra

(B) Veronica Virginica, L. = Leptandra Virginica Nutt.

R. J. Harvey-Gibson: Outlines of the History of Botany

A Short History of Botany

(Locy: Biology and its Makers)

圖書副刊

BOOKMAN
第九十九期

一 本刊登載關於中外圖書之介紹批評以及學術界消息爲公開性質歡迎投稿
二 刊登本刊之文略致薄酬
三 投稿通訊可寄「北平文津街國立北平圖書館內圖書副刊編輯收」

書評

評譚亞達編高中本國地理

劉玉衡

世界書局出版 定價一元三角

寫一本中國地理，是不容易的一件工作，有下列的二種困難，第一是取材方面的困難，中國書籍內所載的舊材料，既不豐富又不適宜；外國學者對中國地理雖有相當之供獻，但常是屬於片段的，非有常期的搜集與改編不可。第二是編制方面上的困難，若只從事於一小部專題之研究，對於材料上的取捨，還較容易；若寫一本教科書，句羅萬有，則編制上却非易事，一面取材得適宜，一面編著上還得有系統，同時還得引起讀者的興趣。過去之一般編者的作品，常是弄的乾燥之味，上面滿是某山多高，某水多長，既無系統，又缺少原理方面的敍述，讀了不但令人乾燥無味，也失去了本科在學術上的價值。譚亞達先生所編的這本『高中本國地理』，使我讀後，大致上感到滿意。本書共分九章，第一章是述中國的位置面積與地圖，第二章是述中國的地文，第三章是述中國的氣候，第四章是述中國的民族，第五章是述中國的產業，第六章是述中國的交通，第七章是述中國的都市，第八章是述中國的國防，第九章是述中國地理學的歷史發達的概況。大體看來，尚稱完善，很適宜作爲高中教材。不過內容尚有許多忽略與差誤之處，玆將其要者按頁數之前後一一列下：

（1）第一章第八頁上載『……但世人都信禹是生于公元前二千二百年頃，所以禹貢就是距今四千年前的古書了。據此，可知當時漢族勢力範圍分爲九州……』（a）關於夏禹的問題，現頗成疑問。據顧頡剛先生的假設，禹亦許是一條大蟲，狀若蜥蜴；山海經內的描寫，禹完全是一古代神話中之人物。禹究竟是人，是神，是動物，現在還不能決定。此書竟說『世人都信禹是生於公元前二千二百年頃』，恐怕不很確當。至於禹貢一書究竟是什麼時候的作品，現在雖沒有十分確定的論斷。可是，一般史學家，却很少承認是夏代的作品的。本書竟以禹貢代表商以前的政治地理至少是說得太肯定了。

（2）同章第九頁上所列之秦代政治區劃的四十郡所佔的現在地方之比較有忽略與遺漏之處。玆分述如左：

本書謂『內史，雲中，九原，上，漢中，諸郡是位於今之陝西境內（漢中郡跨及湖北）』。雲中九原二郡是完全在今之綏遠省內，雲中郡位於綏遠省東北部，雲中城位於今之歸綏城西南附近之『歸綏平原』上。九原郡是位於綏遠省之中部與西部，九原城是位於今綏遠省安北縣西南之後套東邊境上。今謂此二郡亦在陝西省內，未免疏忽。

又謂『代郡』是在今之山西省境內，實則代郡只三分之一在山西省內，其餘三分之一在今綏遠省東南，又三分之一是在今察哈爾省之西南，其代郡城是在察哈爾省西南蔚縣附近。

又謂『右北平郡，東郡，在今河北省內』，然實際上右北平郡亦佔熱河南部之一部，東郡亦包括今之河南省東北之一部。

（3）又同章第十頁載唐時之河北道是在今之河北山東及黃河以北的河南省。大致雖對，但將在熱河與遼寧省之一部略去了。

又此頁載唐時之『嶺南道是今之兩廣地方』；我們若翻開唐書地理志一看，便知嶺南道不但包括兩廣地方，還包括安南之富良江流域全部更由此南延，直至今之安南南海濱之平順地方（約在北緯十一度附近）。當時嶺南道之邕，峯，愛，驩，福祿，驩，武峨，武安諸州，都在今之安南境內，唐時之安南都護府即設治於富良江下流地方。所以原文「兩廣」二字之下，至少應再加安南二字。

（4）又同章十一頁第一行謂『宋代版圖與唐代略同』。此語實誤。編者若將宋代之政治地理與唐代之政治地理稍稍比較一下，便可見此語之不合。漢民族之建國者以唐代版圖最大，計李唐盛時之轄土，除中國本部外，還包括南方之安南。東北之滿洲全區，北方之內外蒙古並北延至西伯利亞。西北除新疆外，還包括中央亞細亞之東南部。西南除奄有西藏外，還一度征服印度，俘其王於長安。宋代版圖是漢族建國之較小者，南宋土地還沒有中國近今所謂本部那麼大，西北爲夏佔去（計寧夏全省及綏遠省黃河以南之部分及甘肅之西北部），北方則燕雲十六州地方爲遼佔去，宋京都才設于汴梁；後來又不幸成爲偏安，卒亡於蒙古，版圖最大的唐與版圖較小的宋，怎樣會能『版圖——略同』呢？

（5）又同章十一頁載『元代的中書省是今燕魯晉三省』我們若翻閱元史，便可知中書省除包括今之燕魯晉外尚包括今綏遠察哈爾全部及熱河之西半部。

（6）又同章十一頁載『元時之嶺北省在河北山西的北部，包含內蒙古。』此語可說完全錯誤。根據元史地理志我們知道嶺北省是適當今之外蒙古全部並北延至西伯利亞一帶地方。並非察晉北部與內蒙古。

（7）又同章十一頁載『元時之遼陽省是今滿洲南部。』實則元之遼陽省除滿洲南部外，還包括熱河省東南部及朝鮮之北部。

（8）又同章第十一頁載『元時之河南省是今河南及淮水流域』若改爲『……是河南省並南以長江之自歸州至江口之段爲界』比較適當。

（9）又同章十一頁所列之元代陝西行省及甘肅省下面皆未註明今地域，應該補註。

（10）又同章十一頁載『元朝之江浙省，是今江蘇，安徽，浙江福建』此句似太籠統，可改爲『是今福建浙江全部，蘇皖之長江南岸部分，及江西之東北地域』

（11）又同章十一頁載『元代之湖廣省是今湖北湖南貴州廣東廣西』，應改爲『是今湖北，湖南貴州廣西及廣東之西南部並海南島地方』

（12）又同章十一頁載『元代之征東省是今滿洲及朝鮮』實元代之征東省是僅朝鮮之南半部，並沒有包括滿洲。且『滿洲』二字亦太寬汎。

（13）又同章第十二頁載『明代之北直隸是今河北省。』大致是對，但還包括今之察哈爾及熱河之南部。

（14）又同章第十三頁上面所列之『各省省會表』載貴州省會是『貴筑』，『貴陽』雖是對，但是一過去之舊名。現在新名字是『貴陽』，已經改了數年。此書第五版是民國二十三年十一月印的，這時距改新名已經多時了，應當改正。

（15）第二章第三頁上載『例如黃河的開封，長江的宜昌，西江的蒼梧，都是最適的實例，三地都作成山關峽口的天險，下流的舟楫，大體在此告終，故爲交通上的咽喉』。蒼梧與宜昌是這樣情形。惟開封却不是『山關峽口之天險』。開封附近既沒有『山關』亦無『峽口』，河南之山大部在平漢路以西，開封距山地已百餘里之遠，完全在平原上，不知所謂『山關峽口』是何在？而且稱開封爲『交通上的咽喉』，亦似乎不大合適。

（16）又第二章第二十頁載『黃岡（黃州）城西的絕壁，相傳爲古代的赤壁的名所（？）』。作者自己在句末加上問號認爲有問題的。其實此處是有名的戰場，若參看古書，是很容易考證出是在現在什麼地方。按古時之赤壁是在今長江南岸，武漢西南之嘉魚縣西南八十里地方，後漢建安十三年（西元後二〇八年）周瑜大敗曹操於此。至於黃岡城西的絕壁，本名赤鼻，自蘇東坡誤『鼻』爲『壁』，於是後人多誤認『赤鼻』爲『赤壁』了，實是兩個地方，且相距亦甚遠。

（17）又第二章第三十七頁上的『渤海海岸的變遷』地圖，上有兩處不妥的地方。（a）此圖將『秦嶺』伸長至河南省東部開封地方。按陝西省南之終南山，亦稱秦嶺。及入河南西南部，則稱方山與伏牛山，再東南至河南之東南角稱淮陽山。（大別山）今將秦嶺畫至開封附近，似乎不對，而且開封附近並沒有山。（b）此圖將濰縣之東北也畫爲山地，是錯誤的。按濰縣東北沿『烟濰汽車路』至萊州（即掖縣）之一段完全是平原，只高出海面五十公尺以下，並非山地。

（18）又第二章第五十二頁載『天山山系之北部還有準噶爾盆地，這也是中亞的一個內陸盆地。這盆地向蒙古作成開放狀……』。按此盆地的東北，爲阿爾泰山所環繞，從整個方面上，此盆地是東部較高；西部較低，西部雖有山嶺，但有較低之缺口，其北方之略爾額爾齊斯河且向西北流。所以說準噶爾盆地是向蒙古作成開放狀，恐怕不甚妥當。

（19）又第二章第六十六頁論及新疆氣候變乾燥之原因，『是未能使用人力來抵抗自然』，並謂『是非不能抵抗，只要利用或地下水而施行灌溉工事，也未嘗不可擴充游牧地或耕地』這樣大的一問題，用上列幾句話去解釋，未免失之太簡。西北氣候自唐宋後便漸趨乾燥，唐代連關中食糧得仰給東南，可見關中這時亦隨同西北漸趨乾燥，故農作物出產較先爲少了。近來許多外人對新疆氣候趨乾燥之因，研究者不少。印度測量局長Colonel Sir Sidney Burrard 謂『新疆水量之減少，由於高山冰河之收縮，此種冰河乃太古時代之遺跡，數千年來，因氣候逐漸溫和，冰河因漸收縮，雖甚緩慢，而有繼續不斷之趨勢』。Dr. Ficber 考查阿母河流域之結果，亦主此說。Burrard 之說法有二理由，（一）喜馬山脈偉大之冰河，決是今日之雪量所凝成。（二）冰河上層有大堆之礫石，皆係過去冰河時代之遺留。因此可知，氣候之轉變，非人力可挽回，在第三世紀以前新疆園林茂盛之地，至今無法加以灌溉了，人的努力固然重要，天然之力亦不可忽視。

（20）第三章第一頁載『中國國土……北達夏至不夜之地，』此句顯然是不安。所謂不夜之地應在極圈以內。南北緯六十六度半）中國最北之薩彥嶺是北緯五十三度四十分。按北緯五十度附近之地，夏至晝長十六小時，並非不夜之地。與薩彥嶺約同緯度之倫敦（北緯五十一度三十餘分），莫斯科（北緯五十五度三十餘分），伯林（北緯五十二度三十餘分），皆非夏至不夜之地，何以薩彥嶺一帶就成了夏至不夜之地呢？

（21）第三章第二頁末言關於中國氣候的敍述，風向在一年之改變，大致詳明；但最好要加敍太平洋內氣壓之變化。因爲太平洋內氣壓之變化，於亞洲東南部之氣候有莫大關係的。

（22）第四章第二二頁載『其次解決中國人口過剩的把戲，是移居滿洲，蒙古，新疆，青海，西藏等地。……而人口極端稀薄到處待人開發墾殖……………國民可盡向東北，西北方面發展』。若說滿洲是『到處待人開發墾殖』倘可，至其餘三處則不可；蒙，新，藏三地因土質與氣候關係，對開墾上頗多障礙，如蒙新之沙漠內，及

巴黎敦煌殘卷敘錄（二）

王重民

劉子新論 北齊劉晝撰

劉子新論殘卷，起韜光第四之後半，訖法術第十四之開端，得整篇九，殘篇二。羅振玉於江陰何氏許，曾得一敦煌本劉子殘卷，起世情第三之後半，訖思順第九之前半。此卷與羅卷同者可五篇，又得多五篇，爲可寶也。羅卷每行十五六字，此卷每行十九字二十字不等；羅卷寫於初唐，此卷不避唐諱，當出於六朝之末。羅跋云：「此書唐志稱梁劉勰撰，宋志作北齊劉晝撰，四庫全書總目謂當出貞觀以後，訖莫能定爲誰何。惜此卷前題已闕，不可攷矣。然此本寫於盛唐，且遠及邊裔，其爲六朝舊著可知。」按此卷亦闕前題，繹羅氏此言，同此缺望，然換以唐人寫書之例，凡避諱字，或缺筆，或改用代字；又換以唐人著書之例，凡避諱字則還用代字。檢此卷崇學篇：「學爲膊儀，彫以文藻，則世人榮之，」羅卷世作代。又辯樂篇：「三王異世，不相襲禮，」羅卷世亦作代。則原書還用避字。不但可知此卷寫於貞觀以前，且可斷知此書非作於唐世矣。於羅氏所謂爲六朝舊著者，此爲一强有力之證據。此書於敦煌遺書內，除此卷與羅卷外，余尚見一中唐以後寫本，存知人至託附共四篇。然則此書固盛行於唐代，故能遠及邊裔，則纂附書者據以敘經籍，不足異也。羅卷凡世字皆作耶，而此卷凡歌字皆作哥，爲不可解。適今日尚有餘暑，乘興將此卷與羅卷相同之五篇，校於敦煌石室碎金羅卷排印本上，以知此卷實勝羅卷也。惟羅氏有校記，客中不獲見，爲悒悒耳。六月五日

附校勘記

韜光第四

丹伏光於眷山之底則腐肌之患永□ （按三五六二號卷子永下爲絕字。）

縣貫青天根繫黃泉 （繫作潛）

能韜光隱質故至全性耶 （韜光隱質作韜隱其質，耶作也。）

故鵑鶡斷尾獲免於犧牲 （故字牲字並衍。）

外害則形體不擾 （體作骸，擾作害。）

崇學第五

非立言無以明其況 （況作理）

未有不因學而隆道不假學以光身者也 （隆道作鑒道，以作而。）

而代人榮之 （而代作則世。）

則明珠不顯 （珠作璣。）

豐鍔金木金性包水 （金木二字衍，包作苞。）

冰生於水而冷於水 （冷作凉。）

不穿岐峯 （峯作岑。）

弗可以傳聞隸 （隸作稱。）

鑠古如指 （鑠作鏁）

西藏之高原，水量絕少，且其地多沙漠岩石，如是何能容易開墾？試讀翁文灝先生『錐指集』中之『中國地理區域與其人生意義』一文，可知西北一帶並非像傳統說的那麼富，不像東三省之『到處待人開發墾殖』的那種地方。故蒙新藏地方只能說有局部的開墾，如果說『到處待人開發』，是太忽略了當地的地理環境。

（23）第五章第一頁載『中國……國內幅員極廣，北極寒帶』不知所謂寒帶，是以什麼爲分界？如以北極圈爲界，那麼中國最北邊境是北緯五十三度四十分，而北緯六十六度二十三分半才是北極圈，相差十餘度，不能說『北極寒帶』。本人以爲此處可修改作『北入亞寒帶』，較爲妥當。

（24）第五章第五頁載『稻米是中部中國和南部中國的基本食料，雖則北部中國有些地方把小麥，粟，黍，玉蜀黍，當作日常食料，大多數居民還是需要稻米做[illegible]』[illegible]

（25）第五章第十三頁載『中國北部和東三省一帶，自開闢以來，歷經數千年之久，[illegible]』[illegible]三省的正式開闢爲農業區，始自清末，[illegible]有餘，所謂『歷經數千年之久，[illegible]』，似欠確當。

（26）第六章第七頁之『中國各省道路表』太過時了。據此表所載江西道路僅九三五里，餘省如冀晉陝粵皆係數千里。考江西自二十一年五月經委員開會發公路以來，公路之建築，突飛猛進。本書五版是在二十三年十一月，此時江西公路之多爲全國冠。此書仍根據舊材料，重版時未加改正。此外如記述杭江鐵路隴海鐵路等亦同樣的照舊不改。這是一般地理教科書常有的缺點，不僅此書如此。

（27）又同章同頁將滄石鐵路亦列入已成之鐵路系統內。此路是起自滄化鎮(博愛縣)止於黃河北岸之孟縣，從前只有此計劃要修，其實至今尚未修築。

（28）第六章第十四頁載『山東北部與南部，又是產煤區域』。考山東煤區是在山東『東部』及『南部』之山地，山東的『北部』是大平原，並不產煤。

（29）又法國在安南自河內修向廣西邊境的鐵路，目下是止於鄉芩（在同登之西北數十里），此書誤爲同登（見第六章第十五頁第一行）。

（30）第六章第二〇頁論到黃河有下列一段『濟南以下，增水期中（四月——七月）水深二十五尺至三十五尺，帆船往來頗盛，且間有上下的小汽輪』。按黃河自開封至濟南一段，帆船可航行無阻；濟南至海口一段，因泥沙之沈澱，深淺不定，航運並不重要；乃由小清河代替，由羊角溝出口。所謂『上下的小汽輪』在此段是不可能，亦從未見有小汽輪上下。遜清之末，德人曾以小汽輪試行，行至利津陷入泥沙；從此未有再作第二次試驗的。

（31）第七章第六頁論及武漢三鎮謂『三市居民，達數十萬』。這『數十萬』三字伸縮性很大，從二十萬到九十餘萬全是數十萬，未免太泛，應補充上比較確實的數目。而且三鎮的人口大概總在百萬以上，不止九十萬。

（32）第七章第十二頁載『長城的建築，可分爲秦漢三國南北朝唐末五代明的幾個時期』。此處應添上隋代，據隋書的記載，隋統一以後，作了兩件大事業。第一是開鑿運河，第二是重修長城。

（33）又第七章第十二頁載『長城多建於分水嶺或斷崖上，西部結構粗糙，東部多用磚石造成……』此說法太含糊。從建築上說，約可以陝西之榆林爲分界；榆林以東之長城，多用石磚建築而成。榆林以西之長城，則多土築。

（34）第七章第十四頁載『漢口人口數十萬……』，『數十萬』又是太空汎，亦應有確定之數目。

以上所列是幾處重要的地方；其餘小小的錯誤及文字上含糊之處尙多，爲篇幅所限，不能一一詳舉。本來寫一部中國地理並非容易的事。這書雖有缺點，但其編制方面是條理不亂，而敍述方面，又簡明而扼要，文字亦尙流利。若能將錯誤及陳舊浮泛之處於重版時加以修改，則此書之在現今仍不失爲一本較好的地理教科書。

民國廿四年六月寫於清華大學。

積漸之所致也 （致作成）
不知遠新明師 （新作斯）
仲舒重喪 （喪作亡）
刻伊庸人而可危哉 （伊作乎）
專學第六 （按學作務）
則雖譿不聞視而不見 （而作則）
必先正心而後理義入焉 （正下有其字，而後作然後○）。
二關外變親聽內隔 （變作應）
使左手畫圓右手圖方 （作使左手畫方，右手畫圓）。
國圍□之手 （之上爲撰字）
轡孤殺之 （孤作狐○）
離無耳而目不可嘗 （嘗作聞）
而聽察者聰明能深者是用心專一耶 （此句作而聽察聰明者用心一也）。
如黏之而擬 （如而二字互倒置○）
若響者之歌教人爲之 （教作效）○
則雖散矣也 （矣也作者矣）
鍾樂第八
人心喜喜則笑笑則樂 （喜作憘，不叠）○
使其音倫理而不愧 （音下有和字，理字衍，愧作詭）○
不使放心邪氣 （氣下有得接焉三字）
三五異代不相襲禮 （代作世）
先王開五聲播八音 （開作闡）○
此德音盛德之樂也 （德音下有之音二字）
明王競誠 （誠作浚）
而溺音競興 （溺音作淫聲）
夏孔甲作短斧之歌始爲東陰 （陰作音）○
則燕殺懾綾之聲應○ （綾作綫）○
齊趨頗未寒而服 （而作之）○
曰善哉也爲琴若此豈非樂乎 （也作乎，非作不，乎作哉）○
一 服信第八
知欲修行而不知立信 （修作立）
是猶遇而首向冥山 （向字衍）
興起不爲後稷之賞 （後稷作移表）
百穀不實則收成之德廢矣 （收成作方盛）
齊攻魯求其岑鼎 （此卷衍齊攻魯以下十七字）
君以鼎危國 （危作幸免二字）
信者亦臣之國今若詭言破臣之國全君之國 （衍今若詭言四字）
韓與公子舜今俱爲二國將 （與上有秦字，二作兩○）
秦伏韓而虜公子 （作秦伏甲虜之○）
衆成信之大義 （成作誠）
乃至蔑滅爲天下所笑也 （乃作卒，所字也字並衍○）
是故信必而言信之府也 （是字衍，而作如，府作符○）
必抗信而行 （行上有後字）
不失其所 （所作符）
以莅政則治 （政作事，治作正○）
行之爲信其德大矣 （作信之爲行其大矣○）

新書介紹

屠格湼夫（漢譯世界名著）

André Maurois著　吳且岡譯　民國二十四年二月商務印書館出版　定價八角

屠格湼夫作品大部分已譯成中文，[illegible]傳之譯出，[illegible]一九三〇年[illegible]原文，[illegible]。所以本書一共有五章：[illegible]背景，和[illegible]者的回憶[illegible]「父與子」[illegible]關係。第[illegible]意：屠格湼夫[illegible]晚年，他[illegible]盡了，他[illegible]去了「二[illegible]時造成的[illegible]以心理學[illegible] Maurois [illegible]。第五章講屠格湼夫的人生觀，是從他的作品中鈎稽推論而出。因爲屠格湼夫不僅他自己有信仰，而且他也認爲因地[illegible]門爭，[illegible]。Maurois 說：[illegible]幾首詩的[illegible]論，我們讀他的作品，[illegible]大夫似的。

全書分量不多，而文字很簡潔，[illegible]小記中[illegible]這本書是[illegible]卻請紙念[illegible]。不錯，這是一幅精美的輪廓畫。但把著者 Maurois 譯作[illegible]「[illegible]」可見譯者不知道法文的讀音。（凡）

× × ×

多桑蒙古史（前三編）

萬有文庫二集本　多桑著　馮承鈞譯　商務印書館出版　五冊

多桑書共七編，此僅前三編，與日本田中萃一郎所譯者恰同。聞全書馮氏業已全譯竣，[illegible]前三編[illegible]者恰同[illegible]全譯竣[illegible]知何故[illegible]爲治蒙[illegible]之要籍[illegible]，屠敬山[illegible]。今馮氏[illegible]茲不通[illegible]，厥功[illegible]來於沙[illegible][illegible]此亦勝前人處也。（水子）

圖書副刊

BOOKMAN

第一百一期

一 本刊登載關於中外圖書之介紹批評以及學術界消息爲公開性質歡迎投稿
二 刊登本刊之文略致薄酬
三 投稿通訊可寄「北平文津街國立北平圖書館內圖書副刊編輯收」

書評

吳承禧著中國的銀行

李紫翔

商務印書館印行　二十三年十一月初版　定價九角

中國的新式銀行，已有三十幾年的歷史了。但是關於牠的發生和發展，牠的性質和作用，牠與國民經濟的關係和地位，一直沒有一本系統的正確的著作。特別是當前的國民經濟的危機日益深刻化的時候，國人們迫切要求對於各個經濟部門的眞確知識，尤其是被目爲處在最高地位的金融業之眞確的認識。馬寅初先生的「中華銀行論」，楊蔭溥先生的「中國金融論」，不僅材料較舊，而「在銀行言銀行」的技術觀點的研究方法，卻祇能敘述一些銀行內部組織及業務現象的狀況，反而掩藏了銀行的眞相和眞義。站在國民經濟觀點以科學方法檢討中國銀行的短篇論文，雖爲近年書報上所習見的事，但多是一般原則的檢討，或是部分的論述，不能滿足我們的要求：即以正確的觀點和方法，綜合理論與實際，全體與部分的一個歷史的現實的著作。最近吳承禧先生的「中國的銀行」，出版了。這本書可以說是集合各部分研究的成果，而成功的一部比較滿意的中國銀行論的著作。因此，我們願意在這兒作一番粗略的介紹和嚴格的批判。

「中國的銀行」，是作爲中央研究院社會科學研究所叢刊第一種而出版的。關於本書的態度，觀點和方法，著者在序言上說的很清楚：『第一，敘述中國銀行業之史的演進和目前之一般的概況——約略的考察牠們過去三十餘年來之發展的過程，背景和特質；並略述銀行資本的大小，地方的分佈及銀行的類別等。第二，分析中國銀行業的業務——考察牠們資金的來源和去路，看看牠們對於中國的工商業，對於財政，對於國民經濟等等，究竟保有着什麼樣的關係；並藉以窺測牠們業務的本身是否已臻健全的地位。第三，檢討外籍銀行，內國錢莊和內國銀行的種種關係，從而指出並闡明中國的銀行在中國金融界上所處的地位。第四，把整個的銀行制度考察一下，看看今日中國的銀行制度究竟是如何的紊亂並且爲什麼會紊亂。質言之，本書的目的，是從中國經濟發展之特殊的性質上，以國民經濟的觀點去分析銀行，理解銀行。全書的系統和着眼點，都是一貫的把中國的銀行當作中國國民經濟的一環，從而追溯牠的由來，分析牠的業務，檢討牠的地位，闡明牠的作用並指出牠的特質。』這種從史的演進，國民經濟的觀點，以及中外金融業的關係上來檢討中國銀行的方法，無疑的是新的並且是最正確的研究法。從這本書中，的確給了我們許多有益的知識，但是亦不是沒有缺點或待商酌的地方。現將個人所覺得的優點和缺點，略爲說明如下：

第一，本書的最大特色，就是一貫的站在中國國民經濟的觀點上，追溯銀行的由來，分析銀行的業務，檢討銀行的地位，闡明銀行的作用，並指出銀行的特質。第二章至第四章的銀行業務的分析：關於銀行資金的來源與去路，用一切可能的材料，客觀的研究了資本的積累，資本性質和存款的比率；存款之量的變化，來源的檢討，活存與定存的比較；鈔票的性質，鈔票之量的變化及與活存的比較；放款之量的變化，與存款的比較，活放與定放，抵押品的分析，各業的分佈，利率的高度以及貼現之幼稚的原因；投資公債與地產的原因，其數量，其與國民經濟的影響，以及匯兌的情形及現金準備等等。並隨時引用資本主義國家銀行的常態的情形，以與中國的銀行對比。著者用了三分之二的篇幅，作了謹慎的詳密的分析，眞實的暴露了中國的銀行之本質及其作用，給了我們一個明確的認識。雖然因爲銀行家的保守業務的秘密，不能充分的得到必要的原始資料，可是著者已應用了綜合實際與理論，部分與全體的科學方法而獲得了最大的成功了。

第二，本書第五章對於外籍銀行內國錢莊與內國銀行的檢討，亦是寫得很好的。如從考察外籍銀行之歷史的量的發展和其執行列強對華的種種侵略設施的任務上，而指出外籍銀行『因爲通過種種不平等條約以及通過種種政治借款與鐵路電信等等投資的關係，更是直接或間接的：(一)控制了中國的國家財政，保持了中國財政收入的重要部門，如關稅與鹽稅；(二)攫取了各種鑛山的開採權；(三)佔據了中國基本工業的重要部門，如煤與鐵；(四)操縱了中國各地的交通命脈，形成了所謂各國在華經濟勢力範圍；……一言以蔽之，在華的外國銀行，非但是如帝國主義者對華侵略的大本營，策源地；牠們簡直還是中國國民經濟的最高統治者。』同時著者從外籍銀行之長足的發展，執掌了各種經濟財政的特權的考察上，指出對於內國銀行的壓迫與阻礙；又從外籍銀行吸收大量的華人存款，發行紙幣，保管稅收及輔助在華的進出口貿易的商人，投資中國鐵路的建築，濫作政治借款，扶植外人在華工業，經營房地產，和接濟保險業航運業等等業務上，指出中外銀行間的矛盾與衝突。同時著者又還更進一步的指出中國銀行在資金的應用上，一部份不過實際的在努力推銷洋貨，『替帝國主義者的商業金融資本當差；無疑的是盡了一點壓迫民族工業的任務，因而得以在外國金融資本家的手裏分得杯羹餘瀝，而爲前者盡其買辦作用之義務的。』所以中外銀行的關係，恰是一種附庸與買辦的關係。外籍銀行對於內國銀行之各種不平等的待遇，就是此種附庸關係之具體的表現。其次，錢莊由於歷史的悠久，對於現階段中國經濟發展之特殊的形態因其巧相適應的緣故，故錢莊的設立，遍佈於通商口岸與內地城市，而居於國內各地商業金融活動的主要源泉，形成各地金融循環流轉的重要地位；特別是中國自鴉片戰後大量的國際貿易發展以來，百分之九十以上的進出口生意，俱收給於外國資本，而錢莊因得外國銀行之信任的緣故，則成爲經營進口和出口貿易的客帮之調節金融的主要往來者。同時錢莊與內國銀行又有不少的資本和人的關係。一方面內國銀行自辛亥革命後供給錢莊的拆票，存放現款於錢莊，另一方面，則錢莊爲銀行的資金找運用的道路及代理銀行收解票據，推廣發鈔。這樣就把銀行與錢莊緊密的聯系起來，並且把外籍銀行，內國銀行和錢莊「三位一體」的妥協起來。因此，中國的銀行之買辦作用，亦完全暴露無遺了。

第三，著者一貫的應用國民經濟的觀點和中外金融業的相互關係的考察上，研究中國銀行之性質和作用，無疑的可稱謂成功，並且可以說給了科學方法的研究中國經濟的一個模範。但是本書也並不是沒有缺點和錯誤的。如第一章關於史的演進，和第六章制度的檢討。著者似最長於現狀的分析，而不長於歷史的觀察。評者認爲應提出商榷和批評的，有下列幾點：(一)著者首先指出近代的銀行，雖凌駕一切工商業之上而爲現代經濟組織中之最高統馭者，但畢竟不是超時代的產物，而是隨着產業的演進而轉變的。並且以這一基本觀點來衡量中國銀行的發生和發展，這是對的。如著者所說：『中國沒有經過自發的產業革命；鴉片戰爭後，帝國主義者一方面雖然在中國於某種程度內客觀的促進了中國新式工業之初步的發展，一方面卻又以一種半殖民地底經濟發展形態統馭中國，挽阻了中國民族工業之正常的發展。同時，國內封建勢力，因受帝國主義之扶植結納，對於民族工業之發展，更是壓迫備至，極力摧殘。以前中國的產業，是未曾發展，現在則又因受了帝國主義與封建勢力不斷的摧殘的結果，常常奄奄一息的無從發展；』另一方面帝國主義勢力的侵入與交換關係的發展所推廣了的中國商業信用範圍，既有在華外籍銀行爲之統制於上，又有內國錢莊調劑於下，更使中國新式銀行發展之園地，自始即就很小很小。因此中國銀行之長足發展的原因，很少由於經濟的，而主要的在於政府之濫發公債和借款的促成。不過這祇是中國銀行發展的一個主要特徵，此外還有一個主要的原因，卻被著者看掉了，這就是著者認爲中國新式銀行之所以遲遲發展的第二個原因——由帝國主義經濟勢力的侵入與交換關係的發展所致的中國商業信用範圍之推廣。這種商業信用，因爲外籍銀行及錢莊所包辦，固然一方面限制了中國銀行之發展，可是另一方面亦給了中國新式銀行之發展的一個重要助力。著者在考察銀行與錢莊的關係一節中，已曾指出一九一〇年的橡皮恐慌的發生，一九一一年的辛亥革命爆發，上海的錢莊大半倒閉之後，一直由外籍銀行供給錢莊的拆票，轉而由內國銀行來供給了。這一新的大批的資金之需要，無疑的要刺激內國銀行的發展，並使內國銀行直接參加到買辦資本的陣營中去了。況且成爲銀行業務之主要對象的商品抵押，地產，標金及匯兌之投機等，不都是直接間接出於帝國主義經濟勢力之發展所致的麼？所以評者以爲帝國主義之中國半殖民地經濟的發展，固然是阻止中國銀行之常態的發展，但是，同時亦是中國銀行之畸形發展的一個重要原因。否則，所謂『外籍銀行與內國銀行有衝突，亦有聯絡，有矛盾卻亦是有妥協的』，是不能完滿的去解釋；所謂「中國的各種銀行，名義上雖然都負了一種特殊的使命，但實質上，牠們都不過是了一種商業銀行的性質——牠們早就『商業銀行化』了」，以及牠的買辦性，亦不能得着歷史的根據。其次，在中國的銀行發生史上，評者以爲還應指出與錢莊的關係。錢莊，固如著者所說是最適合中國特殊環境的金融機關，但是我們還不可忘記中國的銀行的發生和發展，亦不是不適合這個特殊環境的，一直到現在，中國銀行，實際上還是馴服和滿足這一特殊環境之下，以分得餘潤殘羹，苟活圖存的；實際上並不曾負起改革這一特殊環境的使命。所謂中國各種各式銀行的「商業銀行化」的意義，我以爲就是中國銀行的「錢莊化」，這不僅在資本的微小，而是在業務的買辦性。銀行與錢莊，雖常立於業務的競爭地位，可是牠們更有相需相成的關係，尤其是資金的運用與供需關係上。況且中國的銀行之資本的和人的關係，一開始與錢莊就建立了密切的關係。如中國第一個設立的通商銀行的經理，就是當時在上海北市負有盛名的承裕錢莊的經理——謝綸輝先生。後來在「銀行的錢莊化」與「錢莊的銀行化」之相互變化的趨勢下，這種資本與人的相互關係，已經更趨於密切的了。著者在一二八頁所舉的例證，即有十個錢莊的股東或經理，同時就是銀行的董監事或經理，可供證明。總之，著者對於中國銀行之發生史的考察上，太著重於內國銀行與外籍銀行及錢莊的對立關係的考察，所以不免輕視了牠們的統一——這種統一，自然包含了矛盾和衝突，但是牠們所給於內國銀行之發展的助力，究是不可忽視的。(二)在中國銀行業之發展的過程上，著者雖然說明了中國銀行業之發展的特徵，但是我們還要向著者提出更高的要求：就是在業的發展過程的考察上應作質的變化之說明。雖然大體上中國的銀行之三十餘年來的演進，是沒有脫離買辦性的商業銀行之作用的。然而在這一發展過程中，還是可以並且必需分成階段，或列舉特徵來作連續的考察。我們似乎可以指出：中國第一個銀行（中國通商銀行）創立的原因，欲與外籍銀行競爭而發展中國之國外貿易，中國銀行的前身戶部銀行之創立，以總攬金融，推行幣制爲使命，交通銀行的創立，以總攬輪路電郵四政，收回權利爲主旨。這

巴黎燉煌殘卷敘錄（三）

王重民

帝王略論

此卷原題帝王論，前有序，已佚上半。卷一起三皇止秦二世，卷二起漢高祖，訖元帝。以下殘缺。於賢君愚主，均略述其事跡，其彰彰無所表見者不及也。其大賢大惡，又發以評論，以寓褒貶懲勸之意。凡記事均冠以「略曰」二字，凡評論皆於公子問諸先生答語中暢發之，殆即序中所謂「將爲子說治亂之迹，賢愚二貫」者耶？按藤原佐世見在書目雜史家，有帝王略論五卷，唐世南撰；唐書藝文志子部雜家，亦有虞世南帝王略論五卷，則見在書目唐字爲虞字之誤，而虞書晁陳書目並不載，則似五代以後即不傳。此殘卷有略有論，適與虞書命名之意合，且衡以卷第，東漢以後，尚應有書三卷，則卷數似亦相符。疑即虞書也。又按唐書虞世南本傳：「太宗每機務之暇，引之談論，共觀經史，每論及古先帝王爲政得失，必存規諷，多所補益」；然卷中有公子之稱，不似對太宗而發。意者世南在陳隋之世，遂主諸王幕府，或管書記，兼傳諸公子，而是書殆作於彼時耶？是書文辭簡淺，誠似爲初學而作；然若以此疑非出於虞氏手，虞氏固有兎園冊，頗行於時矣！五月三日

雜抄　三六三六

此卷長可兩丈，首尾殘缺，書名不可知。卷中民字缺筆，則當寫於唐代。閱其內容，似爲類書，然編次無法，且無類目，頗似學人之讀書札記，以備擷撦者。所引佚書，經類有五經通義易乾鑿度，史類有東觀漢記晉朝雜事前涼錄河西舊事宋元嘉起居注孝子傳皇甫謐高士傳益部耆舊傳列士傳袁山松宜都山水記王孚安城記裴淵廣州記雷次宗豫章記荊州圖記荊州圖副梁州記武昌記嵩山記外國圖，子類有魯連子氾勝之書世說相家書等，可見古人學問之博，與見書之多，故雖非著述，在今日觀之，已爲圖書淵府矣！又卷中「九流」一條，目下注云：「事在流子弟五十五章」，然後依其家數，錄新論九流篇原文於次。唐人稱劉子爲流子，余在二七二一與三六四九兩卷中並見之，雖未得其解，而此卷又引作「流子」，則唐人固有此稱也。七月二十六日

校讎學史（國學小叢書）

蔣元卿著 商務印書館出版 價五角五分

未。

出版消息

新書簡訊

吐血

圖書副刊
BOOKMAN
第一百零一期

一　本刊登載關於中外圖書之介紹批評以及學術界消息，爲公開性質，歡迎投稿。
二　刊登本刊之文略致薄酬。
三　投稿通訊可寄「北平文津街國立北平圖書館內圖書副刊編輯收」

中央亞細亞出土醫書四種

黑田源次著　萬斯年譯

勒柯克(Albert von Le Coq)與格林威德(Albert Grunwedel)二氏曾在西域探檢，所獲古文書，多藏德國普魯士學士院，內容豐富，爲世所知。日本黑田源次博士一九三三年冬遊柏林，得該院長劉德士(H. Lüders)教授許可，影印醫書四種，略加考訂，成文一篇，發表於支那學第七卷第四號，爰爲譯出，以饗讀者。

普魯士學士院所藏西域出土文書中，予得寓目者爲中文醫書四種，其目如次：

一、醫方書斷片(當爲張文仲療風方殘卷)
二、本草書斷片(當爲神農本草經殘卷)
三、醫方書斷片(耆婆五臟論殘卷)
四、醫方書斷片(諸醫方髓殘卷)

右列三四兩種，書於一紙之兩面，內容雖異，爲數則一。茲分述於後。

一　醫方書斷片

此殘卷長二二·七公厘，寬二三·七公厘。紙質柔白，字體剛健。藏架番號爲T II Tyr(2)。本文如次：

□□□□□□□
小重千金不【傳】効方
【桑】枝煎療一切風【及】偏風(不用全新嫩者)
右以水一大升煮取二大升夏月井中
浸　恐　壞每日空腹服一盞壽桑枝
一大升(切)並無所忌【常】
療一切風文仲四時服有效神方　防風六分　羌活六分
桂心六分　牛膝六分　伏神六分　人參六分
枳殼六分炙　五加皮六分　芍藥六分　丹【參】六分
松子人六分　乾地黃六分　大黃六分　青木香六分
薏以人六分　麥門冬六分
慈石十分研　檳榔人六分
右搗篩爲散蜜和丸丸梧子空腹以淸酒
□服十五丸日再加至三十五丸忌猪魚油蘇
□□鎮心丸療人五藏風虛驚悸
【伏】神四分　當歸四分　人參四分　赤
芍藥四分　遠志四分　桔梗四分

本文分四段

一，第一行(僅佳半行。行數數法，大行一行爲一行，小行兩行爲一行。)此行爲前段末尾，本文不明。
二，第二行至第五行。卽「桑枝煎療一切風及偏風」(此桑字紙破難讀，下文有桑枝一大升，故明。)
三，第六行至第九行。「療一切風」條。
四，第十行至十一行半。爲「□□鎮心丸，療人五藏風虛驚悸」云云一條。

此中二三兩段，皆爲關於風氣者，四段中有「五藏風虛」云云，亦當關於風氣。現存醫方書，與此殘文適合者，當推唐王燾外台秘要第十四卷中張文仲療諸風方九首。卽桑枝煎段當九首之一，療一切風文仲四時服有效神方當其三。中有文仲云云，當與張文仲方關。外台秘要桑枝煎項文如左：

桑枝煎療偏風及一切風方
　桑枝剉一大升不用全新嫩枝
右一味以水一大斗煎取二大升。夏月井中沈，恐酢壞。每日服一盞，空腹服盡。又煎服，若預防風能服一大升，終身不患偏風。無忌。

此本文出於桑枝煎，固極顯明。茲將兩者文字異同，加以對校。

【外台】	【寫本】
偏風及一切風	一切風及偏風
▲桑枝剉一大升	此文作桑枝一大升切，在本文之末。(外台較好。)
▲新嫩枝	新嫩枝(據外台，嫩爲嫩之譌。)
右一味	右
水一大斗	水一大升(升或爲斗，亦未可知。)
▲沈	浸
每日服一盞空腹服盡	每日空腹服一盞
無忌	並無所忌常(常爲衍字?)
▲又煎服云云	本文無(然參照本文標題「桑枝煎」時，外台似較正確。)

依此對校，雖小有不同，要之，兩文由來，當出同一根據。就此項言，外台較爲正確，右寫本錯誤爲多，外台本似曾加校訂者。

復次，療一切風云云當前述外台引用九首中之第三，共文如左：

又方仲云四時俱服神方十九味丸
防風　羌活　五加皮　芍藥　人參
丹參　薏苡人　玄參　麥門冬去心　乾地黃
大黃　青木香各六分
松子人　磁石各八分研　檳榔子十分
枳實炙八分　牛膝八分　茯神八分　桂心八分
右十九味擣篩，蜜和爲丸，如梧子。以酒服十五丸，日再服，稍稍加至三十丸爲度。忌猪肉魚蒜生葱酢蕪荑。

與古寫本對校。

【外台】	【寫本】
	療一切風
文仲云四時俱服	文仲四時服有效
神方十九味丸	神方
玄參	無玄參
麥門冬(去心)	麥門冬
松子人(八分)	松子(六分)
磁石(八分研)	慈石(十分研)
枳實(炙八分)	枳殼(六分)
牛膝(八分)	牛膝(六分)
茯神(八分)	伏神(六分)
桂心(八分)	桂心(六分)
十九味	無此文字(寫本作十八味)
蜜和爲丸如梧子	蜜和丸丸梧子
以酒服十五丸	空腹以淸□服(□當爲酒字)
日再服	日再
稍稍加至三十丸爲度	加至三十五丸
忌猪肉魚蒜生葱酢蕪荑	忌猪肉油蘇

兩方最大差異，在玄參之有無，故一方十九味一方十八味。此種差異以及藥量之互有出入，想均由師受及傳本之不同也。至於寫本中其他兩條：「小重千金不換効方」及「□□鎮心丸療人五藏風虛驚悸……」，(註)現存文獻中尚未發見與之適合者。

註　□□或爲四神?鎮心方卷三，治中風驚悸方第十四：
　補要方四神鎮心丸療男子讀誦健忘心神不定心風虛弱補養髓方
　伏神十二分　天門冬十二分　干地黃十二分
　人參八分　遠志皮八分　已上蜜丸，飲服十五丸日再加至四十丸
　又七寶鎮神丸方頗大異。

此古寫本殘卷究爲何書?如前所言，本文中既有「文仲」之名，且又見外台秘要引用，則爲張文仲療風方之一部，當已無疑。然則張文仲爲何許人?療風方內容如何?須稍加考究。

查張文仲略傳見舊唐書卷一百九十一列傳一百四十一方伎張文仲傳李虔縱韋慈藏附：

張文仲，洛州洛陽人也。少與鄉人李虔縱京兆人韋慈藏並以醫術知名。文仲則天初爲侍御醫，時特進蘇良嗣於殿庭因拜跪絕倒，則天令文仲隨至宅候之。文仲曰：「此因憂憤邪氣激也，若痛衝脇則劇難救。」自朝候之，未及食時，苦衝脇絞痛。文仲曰：「若入心不可療。」俄頃心痛，不復下藥，日旰而卒。文仲尤善療風疾，其後則天令文仲集當時名醫共撰療風氣諸方，仍令麟台監王方慶監其修撰。文仲奏曰：「風有一百二十種，氣有八十種。大抵醫藥雖同，人性各異。庸醫不達藥之性，使冬夏失節，因此殺人。唯腳氣、頭風、上氣，常須服藥不絕。其餘則隨其發動，臨時消息之。但有風氣之人，春末夏初及秋暮，要得通泄，卽不困劇。」於是撰四時常服及輕重大小諸方十八首表上之。文仲久視年，終尚藥奉御，撰隨身備急方三卷，行於世。虔縱官至侍御醫，慈藏景龍中光祿卿，則天中宗以後諸醫咸推文仲等三人爲首。

據此可知張文仲爲則天武后時人，奉武后命撰述「四時常服及輕重大小諸方十八首」，其中所謂「則天令文仲集當時名醫共撰療風氣諸方」，當卽療風諸方也。又舊唐書文中有「文仲奏曰」與外台秘要所引「臣文仲言」一適合，似以外台於原文爲近。外台秘要引上表文如次：

奉勅語，張文仲等，諸患風氣，醫人處方多不同，可共諸名醫修一本進來。仍令殿中監王方慶專勾當。臣文仲言：臣准勅。諸名醫集諸方爲一卷。風有一百二十種，氣有八十種。風(藥之誤耶?)則大體共同。其中有人性相異，或冷熱，庸醫不識藥之行使，或冬藥

王力　中國音韻學序

在這部書付印以前，承著者把原稿拿給我看，並且要我作一篇序。像我這系列同行的人當然是義不容辭的，所以就把我讀完原稿以後的感想和我十年來教授音韻學的經驗貫串起來寫成下面幾段話，想同著者和讀者們商量商量。

我時常說：音韻學並不是什麼「絕學」，也一點兒不神秘，因爲向來講韻學的書過於玄虛幽渺，烏烟瘴氣了，所以鬧得初學的人不是望而生畏，不敢問津，就是誤入歧途，枉費精力。舉個例來說罷：譬如謂齶舌齒牙喉「五音」本來可以按照輔音的發音部講得淸淸楚楚的，可是釋眞空篇韻貫珠集的總括五行分配例說：

見等牙肝角木東，　舌心徵火喚南風，
北方腎水羽脣下，　西面商金肺齒中，
喉案土宮脾戊已，　西南案晉日來同。
後進未明先哲意，　軒轅格式爲君明。

又如所謂平上去入「四聲」本來可以拿字調的高低抑揚來指明它的性質的，可是王鳴盛十七史商榷上說：

同一聲也，以舌頭言之則爲平，以舌腹言之則爲上，急氣言之則爲去，閉氣言之則爲入。

這眞是不說還明白，一說倒糊塗了！照這樣講下去，音韻學怎能不越來越神秘呢？王先生這部書能夠「首以玄虛之談爲戒」（本書自序），這是和我意見相合的第一點。

音韻學本來是口耳之學，要是聽見一個聲音耳朵不能辨別，嘴裏不能摹倣，而且不能把它所含的音素分析出來，那麼，無論在紙上講得怎樣「儼然有介事」也是根本不中用的。從前的人因爲缺乏工具，或者蔽於成見，或者囿於方音，往往有「考古功多，審音功淺」的毛病，就是有幾個心知其意的人也很難把他自己所了解的淸淸楚楚的寫出來使人看了就能懂得。現在既然有了語音學的幫助，對於從前講得玄妙不可測的東西，都可以把它「質言」，於是音韻學才能從玄學走向科學的路了。王先生這部書開宗明義就來講語音學常識，給讀者打好了審音的基礎：這是和我意見相合的第二點。

舊的韻學書裏往往有許多同名異實或異名同實的情形，鬧得人越看越糊塗，甚至於有些學問很好的人也會上了名實不淆的當。例如：同是所謂「聲」，而有的指聲母(Initial consonant)說，有的指聲調(Tone)說；同是所謂「陰聲」「陽聲」，而有的指字調的高低抑揚說(如「陰平」「陽平」「陰上」「陽上」之類)，有的指有沒有鼻音韻尾說(如孔廣森詩聲類所謂「陰聲」「陽聲」)：這便是同名異實的現象。至於講到輔音的發音狀態的，江永江有誥陳澧分「發聲」「送氣」「收聲」三類，錢大昕分「出聲」「送氣」「收聲」三類，洪榜分「發聲」「送氣」「外收聲」「內收聲」四類，勞乃宣分「戛」「透」「轢」「捺」四類，邵作舟分「戛」「透」「拂」「轢」「揉」五類。乍一看起來，很難知道他們有什麼相互的關係。其實稍有語音學常識的人一看下面的對照表，就可以了然他們所講的是什麼了：

語音學名詞	邵作舟說	勞乃宣說	洪榜說	江永等說	錢大昕說
不送氣的塞音和塞擦音	戛類	戛類	發聲	發聲	出聲
送氣的塞音和塞擦音	透類	透類	送氣	送氣	送氣
摩擦音	拂類	轢類	外收聲	送氣	送氣
邊音	轢類	轢類	外收聲	送氣	送氣
鼻音	揉類	捺類	內收聲	收聲	收聲

可見他們定名雖然不同，分類雖然有粗細，而實際上所講的是一回事，因爲彼此矜奇立異，所以把初學鬧得如入五里霧中！這便是異名同實的現象。現在講音韻學必須先作一番正名的工夫，把從來所有同名異實和異名同實的例都蒐集起來，用語音學的術語給他們每個確定一個淸晰的概念，以後就不至於使初學的人枉費許多心血了。民國十九年我在淸華大學教中國音韻沿革時，也曾經在講義裏零零碎碎的舉了幾個例；後來又在中央研究院歷史語言研究所集刊裏發表了釋重輕（第二本第四分）和釋內外轉（第四本第二分）兩篇，那就是我打算要作的等韻釋詞的一部分。現在王先生的書在語音學常識之後緊接着就是釋名一章，雖然爲篇幅所限還不能羅列很多，可是爲初學開示門徑也儘夠用的了：這是和我意見相合的第三點。

人類的語音是隨着時間和空間演變的。明朝的陳第說：「時有古今，地有南北，字有更革，音有轉移，亦勢所必至」(毛詩古音考序)。所以要想作成一部兼賅「古今」「南北」的音韻學，他所蒐羅的材料不單要上下幾千年，而且要縱橫數萬里。譬如代表隋唐音系的廣韻是現存的一部最古的韻書，治古韻必得拿它作階梯，治今韻也必得拿它作主桌：這誠然是不錯的。可是從音韻學史的眼光看起來，代表元明音系的中原音韻或洪武正韻也應當和它有同等的價值。要是專把廣韻當作金科玉律

夏用，或秋與冬用，多殺人。唯解氣，頭風，大風，上氣，此四色常須服藥不絕。自餘諸病，看發即依方吃藥。夫患者，但春夏三四月，秋八九月，取利一行甚妙。臣所進此方，不問四時皆得服。輕者服小方，重者服大方。藥味雖同，行使殊別。謹上。

據此以觀，新唐書文係採自此表者。唯稍有疑問，果依舊唐書所言，奉則天之命撰述之方爲四時常服及輕重大小諸方，則十八首無乃過少？依外台所引「諸名醫集諸方爲一卷。凡有一百二十種，氣有八十種」之語氣，當指勅撰風氣療方之內容。然則似有二百種風氣療方。隨身備急方爲奉勅撰述者乎？若然，則二書同書異名，亦未可知。唯上八首則成疑問。（註）

註　「四時常服及輕重大小諸方」之有大小，與外台秘要所引「輕者服小方，重者服大方」正合，可爲勅撰方書係「四時常服及輕重大小諸方」之一證。

關於隨身備急方，唐書藝文志有

隨身備急方三卷　張文仲

通志藝文略（醫方類上，方書），國史經籍志（卷四下，子類醫家方書）同。因而此書既存於鄭樵著通志之紹興，復存於焦竑著國史經籍志之萬曆，已成疑問，必需考求。何則？宋代之詳確書志如崇文總目及郡齋讀書志等，全然未錄，爲一問題。其次，則爲通志及經籍志所載未必可信。關於通志，四庫全書總目卷五十有云：

蓋宋人以義理相高，於考證之學罕能留意。樵恃該洽，睥睨一世，諒無人起而難之。故高視闊步，不復詳檢，遂不能一一精密，致後人多所譏彈也。

是引用書目未必一一詳檢也。（宋史四百三十六列傳亦謂樵好爲考證倫類之學，成書雖多大抵博學而寡要）。

關於國史經籍志，四庫存目云：

蓋萬曆間，陳于陛議，修國史，引竑專領其事。書未成而罷，僅成此志，故國史爲名。顧其書叢鈔，舊目無所考核，不論存亡，率爾濫載古來目錄。惟是書最不足憑。

據此書叢鈔，書目無所考核，不論存亡云云，則已說明本書叢鈔之文獻，未必爲明末尚存之證據。此二書當未過眼，隨身備急方，唐代而後即已散佚（註）。否，如吾後述，由外台秘要所引觀察，唐代中葉其書完本尚傳否，已屬疑問。

註　陳振孫郡齋讀書記論外台秘要方四十卷條謂「至小品深師崔氏許仁則張文仲之類，今無傳者，猶間見於此書，」爲此書宋代逸佚之證。

其一成爲問題者，係古今醫統大全卷一採摭諸書載有如下之一節：

救急方十三卷，唐張文仲著，武則天時侍御醫，與韋慈藏齊鳴。

據此，文仲著述除隨身備急方外尚有十三卷救急方耶？抑此書備誤爲救，而卷數亦將三卷誤書爲十三卷耶？二者未知孰是。以余觀之，救急方之名除此書外未見他書，當爲備急方之誤，且疑此書著者亦未見原書。（觀古堂本古今醫統上編所載救急方標題，實爲疑問。）不特醫統大全非引用本文之確證，且古今醫統採摭書目所舉書籍，亦決非經過實際參校。例如「御藥院方」附刻之丹波元簡跋文謂（前略）「徐東皋於古今醫統中引此書方藥，而於採摭書目則云宋太宗朝無名氏集，抑攷檢之不審也」。此書實未可信。

另一疑問，今舉於此。太平御覽（卷七百二十四，方術部五，醫四）載有：

隨身左右百發百中備急方十卷　王方慶（冊府元龜同）

王方慶之名見於前引舊唐書文中，及外台秘要所引張文仲療諸風方首文仲上表文中。唐書列傳云：

王方慶，太原人也。雅有材度，博學多聞，篤好經方，精於藥性。則天令監尚藥奉御張文仲，侍醫李虔縱，光祿韋慈藏等撰諸藥方。方慶撰隨身左右百發百中備急方十卷，大行於世。

於此亦見張文仲，李虔縱，韋慈藏等之名，疑即前勅撰方書。唯「隨身左右百發百中備急方」係另一方書，抑係與張文仲隨身備急方相同，頗成疑問。一書三卷，一書十卷，雖不符合，然如謂完全不同，而名稱則極相似。竊意以爲至少當爲傳寫之異同。書錄，卷數不同似係因分類不同耳！

最後，對於外台秘要之文，稍加論究。該書第十四卷「張文仲療諸風方九首」之首載有「元侍郎希聲集張文仲方九首。」一方面此固指示元希聲集輯之「張文仲方」，同時並說明外台秘要著者王燾之引用前文，初未得見張文仲撰述，不過由元希聲書轉引而已。茲據元希聲集張文仲方事而有疑問焉。即有元氏撰述「張文仲方」之獨立本乎？抑在元氏書述之「行要備急方」中引有張文仲「四時常服及輕重大小諸方」或「隨身備急方」之一部，王燾見而引之特稱爲元希聲集張文仲方乎？此事尚待解答。但由常識判斷似以後說爲妥。依上述以觀，此醫方書斷片，係唐代即已逸佚之張文仲撰述醫方書斷片，當係四時常服及輕重大小諸方或隨身備急方之殘篇。由此殘卷書法觀察，不下中唐，疑唐初盛行於世。又共一部份當已流傳在現存最古醫方書中留有形影之張文仲撰述醫方書之本來面目。

（未完）

，而抹煞其它時代的韵書，甚至讀書說話也拳想着和廣韵的音相合，都算是不識通變的錯誤見解。又如：現在經教育部定爲全國標準音的北平音系在現代方音中它的確合於構成國語的「簡單」和「普遍」兩個基本條件。可是，從教育的眼光看，我們固然極力希望統一國語，從學術的眼光看，我們卻不能忽略各地的方音——因爲從方音的錯綜中往往可以反映出古音的遺跡來。例如：閩粵語保存閉口韵的-m尾和入聲的-k -t -p尾，吳語保持全濁聲母，徽州語有「陰陽對轉」的實例，這都可以幫助我們解釋許多古音上的問題。王先生這部書的本論先把廣韵講明白（本論上，）然後再根據它來上考古音（本論中）下推今音（本論下）對於語音在時間和空間上的演變能夠窺探明了：還是和我意見相合的第四點。

最末了兒，我對於這部書還有一點兒感想。我覺得編教科書和作研究論著性質稍微不同：後者無妨「小題大作，」前者卻貴乎「深入淺出」。所以一部教科書儘管沒有自己的新見，而能夠兼綜衆說，抉擇精當，條理清晰，容易了解的，便算是好著作。要是一味的掉書袋子或標榜主觀的成見，讀者反倒望而生畏不敢領教了。著者在自序裏說：「此篇所述什九爲古今賢哲之說，一得之愚則存乎取舍之間，」這是很合乎教科書的性質的。因此我樂意給它作序。

中華民國二十四年九月十六日，北平羅常培序於北京大學文科研究所語音樂律實驗室。

× × × ×

新書介紹

中國地史上之爬行動物（地質專報乙種第八號）

楊鍾健著　中華民國二十四年四月　實業部地質調查所國立北平研究院地質研究所印行　定價大洋一元五角

吾國學者，從事於古生物學之研究，爲近十餘年來事。當時新起之古生物學家，受葛利普教授之影響，多致力于無脊椎動物化石之研究，成績斐然，頗得國外學者之讚許。惟脊椎動物化石之研究，稍覺落後。本書著者楊鍾健博士，即爲國內專事研究脊椎動物化石之第一人。楊氏早年留學德國，親受于古生物學大師許羅塞博士之門，回國後在地質調查所供職，已將十年；對于中國脊椎動物化石之研究，非常努力，在古生物學界中頗有地位，其研究各種化石之論文，或用英文，或用德文，散見于地質調查所出版之各種刊物中。其中文著述，有「去國的悲哀」，「西北的剖面」等，亦爲一般讀者所歡迎。

本書爲四開本（19×26），共五十六頁，附分佈圖，爲中生代爬行動物化石表及新生代爬行動物化石表各一。[illegible] 在使國人 [illegible] 所所長翁 [illegible] 動物概論 [illegible] 著爲中國 [illegible] 要及研究 [illegible] 著作中抄錄。

習動物學或古生物學者，均知爬行類化石，爲古代脊椎動物中最重要之一類；在地史上，有繁榮與悠久之歷史。學者稱中生代爲爬行動物時代；則其化石之豐富，地位之重要，可以想見矣！近年來歐美人士之來我國採集者，歲不乏人，其所獲之標本，類多重要；而爬行類化石之採集，尤爲珍奇。美國天產博物院安得思在蒙古發見恐龍蛋，震驚世界，幾爲一般學者所共知。其他各方面重要之收獲，爲數亦屬不少。惜典籍散漫，不便檢閱，而著述均悉西文，多爲國內人士所未知。楊氏有鑒於此，乃有本書之作；其有益于國內學術界者，實非淺鮮！

專門論文，普通人每感乾枯。著者爲避免或減少此種困難計，于必要處，略加系統的說明。

科學上專門名辭之翻譯，常感困難。本書所用各種專門名辭，大半由原文意義直譯，其少數不能直譯者，則用音譯或就其重要性質譯出。

十餘年前，吾國學術工作，多爲外人所包辦。爬行類化石之發見與研究，亦其一例焉！著者痛言：「吾人欲避免外人之不斷，端賴吾人自身之努力。必有若干青年，或不避危險，不斷勞苦，作野外之採集，或肯埋頭書案，作精確之研究……然後奇恥可削，國光可揚矣！」古生物學如此，其他自然科學，亦何獨不然！（理初）

新書簡訊

羅氏新著四種北平琉璃廠來薰閣代售

・・經義考目錄附校記　羅振玉編　定價六元

清朱彝尊經義考，體例精審，稱專門巨著，顧當時隨著隨刻，僅成百六十七卷，朱氏遽疾卒，未能續刊，乾隆間盧見曾轉運兩淮，就其採訪得原稿，重加校訂，補刻完竣，書前目錄，即盧氏所編，僅標某卷某類，而無詳目，學人檢查，至感不便，羅振玉氏有見於此，因爲補編，成書八卷，所有書名撰人出處存佚等，並依經義考原書錄出，更於書名下，注出原書卷數，尤爲便利，復以朱氏搜采雖備，然全書卷帙過多，疏失究不能免，當時未見之書，厥後四庫全書及存目與諸家藏書目錄，恆有著錄者，其注闕者，人間亦往往有傳本，即現存之書，朱氏亦依據史志及前人著錄卷數而不載今本卷數，或竟不記卷數，羅氏編目之餘，隨筆記注，因成校記一卷，至朱氏著錄之書，其書名卷數，與今傳本有異同者，撰人之名字仕履有誤者，已佚古籍清人有輯本者，並皆一一記於各書下，於學者尤便焉。

・・小學考目錄　羅福頤編　定價七角

清謝啓昆小學考，乃仿經義考而作，書前目錄，亦僅記某卷某類，不錄書名，但經義考原目，乃盧見曾補刻時所編，倉猝錄成，不免疏失，謝氏不之察，從而效之，羅振玉氏譏其師前人而失之過，實爲允當，羅福頤因仿其父經義考目錄之作，編爲此目，書名撰人存佚等，亦均依原書錄出，書名下亦各記其卷數，學者檢查，自極便利。惟此書與前經義考目錄，各書名下所標卷數，其旁既未注明係原書卷數，且亦未記，所據板本，前後序跋，亦均未及，羅氏之願有不明瞭之感，且經義考原刊本中「又二」「又三」等數目，浙江局本均已改正，而小學考除原刻本外，浙局本，石印本均極流行，學人所讀，非盡羅氏所據者，又將如何以檢查之，似不無疏失也。

・・李啓園先生年譜　羅繼祖輯　定價八角

李啓園名天植，登崇禎癸酉賢書，未習仕進，遭甲申之變，乃隱跡龍山中，自號龍湫山人，屏跡不入城市，凡三十年，感慨抑鬱，一寓之於詩，且其於明室之義，雖凍餓，[illegible]

・・俑廬日札　羅振玉撰　定價一元二角

[illegible]

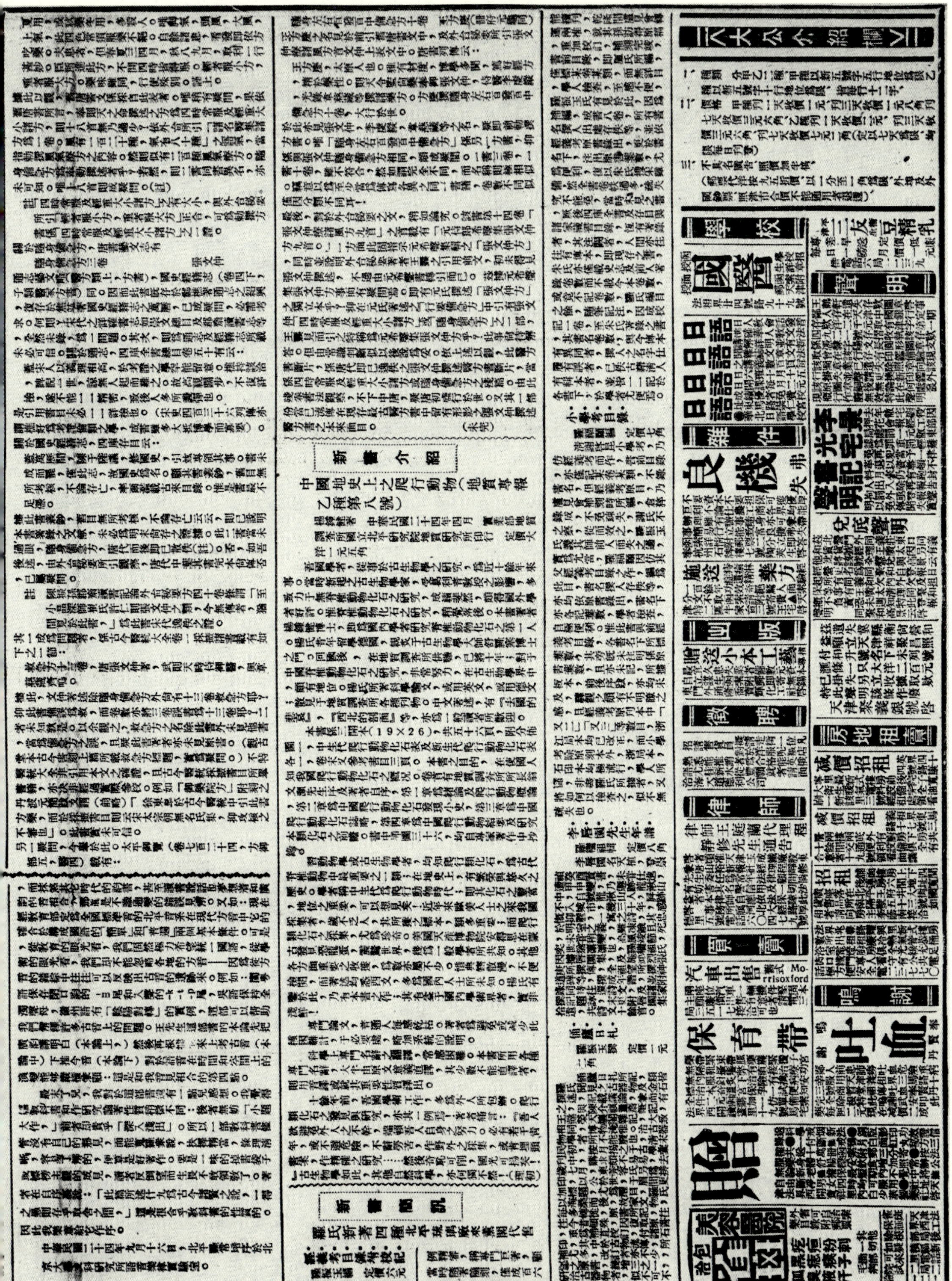

圖書副刊

BOOKMAN

第一百零二期

一 本刊專載關於中外圖書之介紹批評以及學術界消息
二 [illegible]
三 投稿通訊可寄「北平文津街國立北平圖書館內圖書副刊編輯收」

世界書局印「龔定盦全集」

王文濡編校 二十四年五月初版

張公量

復古的空氣，促成大規模的影排古書運動；影排古書運動又轉使復古的空氣至於無限的擴大。商人惟利是視，翻印古書，[illegible]，甚至欺人盜世，不一而足。[illegible]世界書局印的龔自珍六大名著中，有龔定盦全集一種，題「評校足本」。這是坊間定盦文集最完全的本子，我相信。但這裏面也包含着一件或者可以說是公案，我願提出來，請讀者加以是認或否認。

本書首刊王序一篇，尾署「民國二十四年四月俗佛日吳興王文濡書於上海寓廬」。又其中有云：

前言蕭遠，學術文敝，……定盦乃崛起其間，……自成家數，……洎及同光，風尚所趨，尊爲鄰學。[illegible]，偏於江浙。遺集流傳，經名家之評跋，[illegible]溪程公勛，陽湖趙惠甫，元和江建霞，其尤著者也。予所見約有數十家，其中以程公勛、趙惠甫[illegible]錄之，[illegible]其姓字。又於集外搜得詩文之遺佚者，稍而補之，從事於此，寒暑十周，重校一過，付印於世。

歸納起來，計有六點。(一)是書係王文濡編校。(二)編者所見前人評跋約有數十家，其中以程公勛，趙惠甫，江建霞爲最著。(三)[illegible]。(四)[illegible]。(五)編校前後歷十年之久。(六)本書係重校初版發行。

在批判上列六點之前，先行聲明：這是翻印國學扶輪社本而改頭換面的，[illegible]

[illegible]（一九〇九）六月[illegible]，一即同年九月峰峰子國學扶輪社刻本。[illegible]於光緒二十九年癸卯（一九〇三）[illegible]，又文字與同，並未注明，最不合科學的校勘法。它把「跋破戒草」，「跋少作一卷」兩篇刪出，別輯入定盦全集[illegible]

[illegible]

歸納起來，也有下列六點：(一)是書爲峰峰子編校。(二)編者所見前人評校本有程公勛，趙惠甫，江建霞[illegible]

[illegible]

十月十日于北平

× × × ×

中央亞細亞出土醫書四種（續）

黑田源次著 萬斯年譯

(二)本草經斷片

此斷片長二八・五公厘寬二七公厘。紙質稍厚，色微黃，類寫經紙。文字端正優雅，係寫經風格。藏架番號係 TII Trr 本文如次，原本朱書文字，則以黑體字示之。

裂肪膏煎藥無不用之勿令
之頁革脂入道家用其屎汁極治
又白豬曰【啼】雜青者不可□食豬
用田舍牡者尖頭不用食宅痞豬以田野
有効作藥法取臘月豬屎置空壜中豬屎和之壜
即氣病者絞汁服之二升即差天下良驗百如
【鷰】【屎】味辛平有毒主治蠱，毒鬼疰逐不祥邪氣破五
癃利小便生高谷山平谷（鷰有兩種有胡有越紫勾輕小者
是越鷰不入藥用匈斑黑聲大者是胡鷰世呼胡鷰爲夏侯其
作窠甚長人言有客一疋絹者人家富窠亦入藥與屎同多以
作湯洗浴小兒驚耶戶有北向及尾羽色白者皆百歲鷰食之
延年凡鷰肉不可食令人入水爲蛟所吞亦不宜殺也）
天鼠屎味辛寒有毒主治面癰腫皮膚說說時痛腹中血氣破
寒熱積聚除驚悸去面黑奸一名鼠沽一名石肝生合浦山谷
十月十二月取（惡白斂白微方家不用世不識此耳）
鼺鼠味鹹無毒主治癰疽諸瘻蝕惡瘡陰㽲爛瘡
在土中行五月取令乾燔之（世中一名鼺鼠一名鼯形如鼠
大而無尾長鼻甚強恆身耕地中行討掘即）

本文具有本草書形式，一望而知。文中鷰屎天鼠屎鼺鼠等條目，散見於經史證類大全本草卷十八十九。茲先就鷰屎述之，見卷十九，係自神農本草經轉引者。

鷰屎味辛平有毒主蠱毒鬼疰逐不祥邪氣破五癃利小便生高山平谷陶隱居云鷰有兩種有胡有越紫身輕小者是越鷰不入藥用胸斑黑聲大者是胡鷰俗呼胡鷰爲夏侯其作窠喜長人言有容一疋絹者令家富窠亦入藥用與屎同多以作湯洗浴療小兒驚邪也窠戶有北向及尾倔色白者皆是數百歲鷰食之延年凡鷰肉不可食令人入水爲蛟所吞亦不宜殺之唐本注云別錄云胡鷰卵主水浮腫肉出痔蟲（中略）今按陳藏器本草云鷰屎有毒（中略）臣禹錫等謹按孟詵云石鷰在乳穴石洞中（中略）日華子云石鷰暖無毒（下略）註

註又見新修本草（日本天平年間寫本，仁和寺藏）。今按以下文字雖闕，然文中亦有兩三字不同。新修本草以北向爲此河，完全不通。又文中除文之字，茲俱以黑體字印出。

大觀證類本草與寫本之異同如次：

【證類】	【寫本】
鷰屎云云白字	同文朱字
疰	注
高山	高谷山
陶隱居	無
紫身	紫勾
俗呼胡鷰	世呼胡鷰
喜長	甚長
容	客（容之訛？）
療小兒驚邪	小兒驚耶
尾倔色白者	尾羽色白者
皆是數百歲	皆數百歲
唐本注以下全文	此本無

可見文字差異極小。且無「陶隱居云」字樣，又「唐本注」云以下文字全然未載，則可確信爲追錄以前之文字。此部俗之追加者乃顯慶二年（西六五七）蘇敬所著新修本草。「謹案」在「唐本注」後，故爲唐初追加。此外，寫本年代之決定，亦與此有關。按寫本有「世呼胡鷰」云云，新修本草及大觀證類本草均作「俗呼胡鷰」。唐避太宗世民諱而用俗字，自不待言，顯慶所著新修本草從之，亦屬當然，至宋大觀證類本不過襲舊而已。總之，吾人據此以及無「謹案」云云，爲推定此寫本在唐代以前之重要根據。

復次，天鼠屎條見於大觀本草卷十八，依圖序言，鷰屎之矢爲伏翼，伏翼之矢即此矣。

天鼠屎味辛寒無毒主面癰腫皮膚洗洗時痛腹中血氣破寒熱積聚除驚悸去面黑皯一名鼠沽一名石肝生合浦山谷十月十二月取惡白斂白微方家不復用俗不識也唐本注云李氏本草云即伏翼屎也（中略）今注一名夜明砂

本文未見於新修本草，茲將大觀本草與寫本之異同加以對校：

【證類】	【寫本】
無毒	有毒
主	主治
洗洗時	說說時
黑皯	黑奸
鼠沽	鼠沽
合浦	合浦
白微	白微
陶隱居云	無
方家不復用	方家不用
俗不識也	世不識此耳
唐本注云以下	無

[illegible]

右寫本中「恒身耕地」[illegible]

[illegible]

【證類】	【新修】	【寫本】
鼺鼠	草	鼺鼠
入道家	入道處	入道家
極療		極治
又白豬		又白豬
不可食之		不可□食
陶註此此		多以下三行

[illegible]

證類俱未見，疑爲陶註之一部。

要之，古寫本文字與證類本草陶隱居注之神農本草經文字極相符合，可以斷定。且其所寫年代在唐以前，亦確實無疑。

唯茲尚需一考者，爲內容排列之順序。依寫本，作

　豬屎

　麝屎

　天鼠屎

　鼺鼠

據經史證類大全本草，豬屎與鼺鼠當卷十八總二十一種中之第一第七，麝屎與天鼠屎當卷十九總五十六種中之第七第九。又新修本草之序列卷十五獸下豬屎鼺鼠記於前後，無天鼠屎。麝屎卷終禽下始記。如此則三種全不符合，何者爲是？古寫本之次序不必過於嚴守，從各自便宜着眼，不當重視，亦未可知。然最古之古寫本順序如右，則應注意。

註神農本草經，版本不同，據隋書經籍志，即有八卷本，四卷本，三卷本等。

至於朱墨雜書，茲稍論述。朱墨雜書事實，見於經史證類大全本草所收「梁陶隱居序」。舉本草經卷上卷中卷下而述其內容概略有如次之一節：

右三卷，其中下二卷藥合七百三十種。各別有目錄，並朱墨雜書，並子註，今大書，分爲七卷。

關於各別有目錄，朱墨雜書事，大觀本草目錄：

　卷之三玉石部上品總七十三種

　　一十八種神農本經(白字)

　　三種名醫別錄(墨字)

　　一種唐本先附(注云唐附)　云云

　卷之十八獸部下品總二十一種：

　　四種神農本經(白字)

　　四種名醫別錄(墨字)

　　四種唐本先附(注云唐附)　云云

　卷之十九禽部三品總五十六種

　　五種神農本經(白字)

　　一十種名醫別錄(墨字)

　　二種唐本先附(注云唐附)　云云

又與本文引用文有關之處：

是知宋初本草因朱墨之區別而以墨地白字代朱字。今認此目錄爲本草經殘卷而加比較，則鼺屎天鼠屎以朱書當於刊本目錄之白字，豬屎刊本寫本俱以墨字相當於目錄性質名醫別錄之追加。此外寫本「麝屎」之有毒，「天鼠屎」之有毒，去冠黑斷，十月十二月取等墨字亦與刊本黑字相當，則此必爲陶隱居名醫別錄之文矣。朱墨雜書之意既明，刊本陶隱居云之注文，寫本係黑字不言可知。

陶隱居文，從來難於了解，自此種朱墨雜書殘卷出現，而後始渙然冰釋矣。

小川琢治博士在其所著「中國本草學之起原與神農本草經」中嘗論及「朱墨文與白墨文」(八節)之關係，謂陶隱居試分朱墨書之體裁，在敦煌本書寫時代已「雜其類，全文墨書，而於字中加朱點」。「進而當仁和寺新修本草據敦煌寫本於日本傳寫時，更以其殘存朱點視爲無用之物，而加刪除。」

博士又謂「代替朱墨雜書而用之朱點區別法，上自六朝，下迄唐代，一般盛行」，此語如加以修訂，改爲盛行於開元間，則可以承任；至於上自六朝，固屬疑問，而唐代一般行使與否，亦是問題。要之，正確鄭重之寫本，尚留朱墨雜書之遺跡，至少至宋初可以見之也。

又陶注大字小字之分，朱墨之別，大英博物館所藏敦煌發見本草集注序錄俱無之。據名醫別錄補充之陶氏補註，與舊神農本草朱文雜書或用別種大字記述，此事宋刊本以墨字記於目錄，甚爲明瞭。嚴密意味之注文——即宋本「陶隱居云」認爲小字墨字，在此殘卷中頗爲明顯，宋刊本實爲此種本來面目之留傳。小川博士前述文中及中尾萬三博士均不明此點。小川博士謂：

似唐本草以下陶注降爲小字，而序錄陶注依舊大書？然因殘缺，未能確知。

所謂陶注降爲小字者，最初陶注即作小字也。中尾博士謂

弘景本草經以神農本草而傳之藥品名，朱書；晉魏以來名醫所增之名醫副品藥名，墨書。三卷本，不施注，故雙方區別極明瞭；七卷本施注，爲防注與本文混雜起見，注前打朱點。又加以本說言如此之文字，其區別更爲瞭然(四五丁)

此說前段固當，後半所謂「注前打朱點」云云，似不正確。

兩博士論大英博物館所藏斯坦因發見之敦煌出土陶隱居撰神農本草經序錄，觀有「開元六年九月十一日尉遲盧麟於都寫本草一卷辰時寫了」之跋尾，其爲唐代文獻，確然無疑，極可珍貴。然因僅見序錄，則此爲獨立存在神農本草經之一部？抑與陶隱居撰述之新修本草有關，尚成疑問。日本天平古寫新修本草，因缺卷首，而無確證，實爲遺憾！竊疑猶有陶隱居序文也。然則寫於開元時代之本草書，非即奉唐高宗之命新修而盛行於世之唐本草之一部乎？此蓋非無理之推求。不然，係據古陶弘景原本者亦未可知，但俱須以觀諸新修本草之存在，方爲穩妥。

要之，本篇所記之本草書殘卷，雖不滿方尺，然足示六朝書寫陶隱居集注神農本草經之本來面目。同時，古人用心之深，「朱墨雜書」，可得與陶氏以前神農本草之形態相對照。此不獨在本草學上，即在一般書誌學上，均爲極珍重之資料，蓋可以斷言也。

（三）耆婆五臟論殘缺

本文爲長一三・五公釐，寬二〇公釐之殘卷。紙質稍厚，色白，反正兩面俱有文字，一面即此五臟論，他面爲大述之諸醫方髓。文字稚拙。藏架番號爲 T II, Y490。全文如左：

分右摀節爲散一服方寸匕□

如樂法五勞師勞則語聲□還心勞

則腰疼肺傷心即吐血傷腎即尿血

傷肥史即白骨疼思爽盜汗傷腸

即洩(痢)傷肺則語□不通傷肝即

眼膜腈　耆婆五臟論一卷

此中耆婆，當爲耆婆。然則此斷片斷爲耆婆五臟論之一部。此書名散見於宋代書誌：

崇文總目輯釋(卷三)醫書類

　耆婆五臟論(一卷)

通志藝文略醫方類(下)

　耆婆五臟論(一卷)

宋史藝文志　子類醫書類

　五臟論(一卷)耆婆

明代國史經籍志卷四下醫家經論條載書名。唯國史經籍志一書，前曾引四庫存目謂爲「舊目無所考核，不論存亡，率爾濫載古來目錄，惟是書最不足憑」，則實不足以爲耆婆五臟論至明萬曆年間經籍志編成時猶存於世之證據。然則，其亡佚抑在宋末明初耶？

此篇文字殘脫過甚，語意未能了了，現在醫籍中與此相合之文字，尚未之見。

（四）諸醫方髓殘缺

本文書於耆婆五臟論紙背，爲同一人之筆跡，頗稚拙。大小符號，一如前述。本文如次：

諸醫方髓一卷

夫天【地】□立之時□□異衆生福

重隨身光明飢後淋漓地味自然

粳米衆生受五欲樂君王有道无有

諍事衆生不識生老病□

四足床梵云伽囉都伽時□

如題所示，此文書爲諸醫方髓殘卷，現存書目中均不見此書名。因所得部分極小，不足判斷其內容，但末尾有陀羅尼類咒文及梵云衆生云云，可信爲一種佛教典籍，同時且大概具有道教之要素者。

此殘卷爲逸書補遺，彌足珍重。

追記

查張文仲方廣爲大觀本草引用，即：卷八蠡實治水痢，卷十附子療眼懸赤癢，卷十一菊藁治手足忽生疣目，卷十二槐實療腸痔，卷十七虎骨治痢又療卒魘等諸方。又醫心方卷第二十五亦引張文仲孩子欬嗽宜與乳母藥方。

(完)

新書簡訊

弓箭學大綱

張唯中著　民國二十三年十二月出版　南京黨公巷三十一號發行　定價一元二角

古者吾國教育，首重六藝，而射爲六藝之一。雖王琚李呈芬各有射經，程宗猷有射法直述，李恕谷有學射錄諸作，以闡射箭之道，惜其後無人作更進一步之研究。此書爲弓箭射擊之理論，歷史，演習方法等。書凡三編：上編弓箭總論除緒言說明本書之意旨範圍外，敘述現今提倡射箭的中心理論，弓箭學的意義，目的，弓箭射擊原理，初中高各級射法，神奇射法，射的的研究，弓箭的改造等；中編敘述中國弓箭的發生，發展，衰落的原因，以及歷代神射者傳略，射法名著，弓箭文藝，明清兩代弓箭制度的輯要；下編敘述未來弓箭的意義，理論根據，內容，趨勢，弓箭及射的之製造法，射箭自修法及比賽等。對於射法各章張君雖均以身作則，製版詳示，唯對於弓箭各部未能詳示，且對於弓箭種類未加說明，似爲美中不足。(思)

×　×　×

中國地質文獻目錄

(Bibliography of Chinese Geology up to 1934)

楊遵儀編　中華民國二十四年七月國立北平研究院總辦事處出版課印行

國內地質科學之研究，已有二十餘年光明的歷史。鼎革以後，因丁文江，翁文灝，葛利普，李四光，及其他地質學者之努力，地質學遂一躍而爲中國內成績最優之科學。以是關于中國地質科學之刊物，種類既繁，篇目尤多。有志研究者，每苦于此項文獻之零星散布，搜訪不易。清華大學地學系楊君遵儀有鑒於此，乃參考北平地質調查所圖書館及其他各大圖書館中之中西地質書籍及百有餘種之專門期刊，編『中國地質文獻目錄』。全書分前後二部，前者爲書目，以著者姓氏爲準，照英文字母之次序排列，共一百四十八頁。後者爲引得或索引，以地域及性質爲準，亦按英文字母之次序排列，共九十七頁。

卷首有目錄一頁，及王佐臣(寵佑)氏序言二頁。昔 J. M. Nickles 『北美地質文獻目錄』，自一七八五年起，至一九一八年止，共關于北美之地質論文與書籍，蒐集殆盡；一時學者，莫不稱便。楊君此書之編輯，王佐臣氏稱之爲中國之 Nickles 云。

總觀全書，除封面外，不見一個中文，實屬美中不足；中日地質學家者，英文姓名之後，再好添印中文姓名，而中文篇名或雜誌名譯成英文之後，亦宜附註原文，如此對于西人，既覺便利；對于國人，亦無不便之感矣！(寒)

更正

第九十九期所載之『評諸亞建編高中本國地理』內第(4)項：『宋代版圖是漢族建國之較小者，「南」宋土地還沒有……』，「南」字，應改爲「北」字。第(19)項：『崑崙山脈像大之冰河，決「是」今之雪量所凝成』，「是」字上漏一「不」字。又第一百期新書簡訊欄『舊石器時代之藝術』節中「相當於有正式記載之史前時代」應作「相當於有正式記載之歷史時代」

來函照登

編輯先生：讀貴刊第九十九期，承介紹拙譯「屠格涅夫」一書，甚感甚感，此書係從法文原本譯出，作者 Maurois 之名，當時譯稿上原未譯出，及至商務出版，始見已譯作「莫洛斯，」更正已無及矣。此書印誤極多，如第一章題目作「一個俄國貴族的青年時代文學的嘗試」，直不知作何語，其實稿中「代」字下有一句點也。可見錯誤之多。近聞此書已二版，但恐此等處仍故我耳。肅達祗頌著祺　吳且岡啓　十，六，

869

（第三張） 中華民國二十四年十月三十一日 大公報 （星期四） （第十一版）

圖書副刊

BOOKMAN

第一百零三期

一 本刊專載關於中外圖書之介紹批評以及學術界消息

二 [illegible]

三 投稿通訊可寄「北平文津街國立北平圖書館內圖書副刊編輯收」

論近代秘密社會史料的本子

羅爾綱

一 本書抄本的種類及其地域問題

近代秘密社會史料六卷，卷首洪門圖八幅，天地會起源考一篇，蕭一山先生編，國立北平研究院出版。此書原抄本藏不列顛博物院，年前蕭先生在英倫時與太平天國詔諭一併鈔回來的。天地會是近世中國最大的一個秘密結社，而國內刊行天地會史料而不失眞相者，惟北平圖書館館刊第八卷第四號所刊貴縣修志局發現的抄本一種，但與此書相較，其內容還不及此書十分之一。此書材料的豐富，收集抄本的眾多，在同類的書中，是空前的。

此書共收抄本九種。但因此書編制，是把史料各歸其類，分成爲圖像，碑亭，旗幟，腰憑，源流，誓詞及祝文，口白，詩句，茶陣，雜錄等十大類，另卷首揷圖四幅（其採自The Hung Society一書的四幅不算），所以各種抄本原來的獨立的樣子，在已經分類歸類之後，不很容易看得出來。不過編者在每節原料後面，都注明不列顛博物院所藏的編號，我們還可以從此去看出各種本子的整個的面目。因此我讀此書的時候，爲自己方便起見，曾列了一個各種本子檢查表，我這個表或許對讀者有些幫助，一併列在下面：

本子	本書定名	本書卷頁
甲本（不列顛博物院所藏抄本 Oriental 8207 D）	圖像第一	卷一，頁一——四七
	旗幟第三	卷一，頁七——二三
	西叁序	卷二，頁三——七
	三十六誓(一)	卷三，頁一——四
	詩句中(一)	卷五，頁一四——二六
	詩句中(二)	卷五，頁二六——二七
	詩句下(一)	卷五，頁三二——四〇
	飲茶總詩(一)	卷六，頁一——一一
乙本（不列顛博物院所藏抄本 Oriental 2339）	碑亭第二	卷一，頁一——五
	腰憑第四	卷一，頁二五——二六
	西叁敍事	卷二，頁一——三
	桃李劍敘	卷二，頁八——九
	三十六誓(三)	卷三，頁八——一三
	請神祝文	卷三，頁一三——一四
	先鋒對答	卷四，頁一五——二四
	截路打雞鵠口白	卷四，頁三五——三九
	詩句上	卷五，頁一——一四
	飲茶總詩(二)	卷六，頁一一——一五
丙本（不列顛博物院所藏抄本 Oriental 8207 E(1)）	洪門小引	卷二，頁一——二
	三十六誓(二)	卷三，頁四——八
丁本（不列顛博物院所藏抄本 Oriental 8207 B(1)）	稟進辭	卷四，頁一二——一五
	通用問答辭(一)	卷四，頁二九——三三
	詩句中(三)	卷五，頁二七——三二
戊本（不列顛博物院所藏抄本 Oriental 8207 E(3)）	會場陳設	卷四，頁一二
	問來路所見	卷四，頁二四——二九
己本（不列顛博物院所藏抄本 Oriental 8207 C.）	通用問答辭(二)	卷四，頁三三——三五
庚本（不列顛博物院所藏抄本 Oriental 8207 G(1)）	問答書	卷四，頁一——一一
辛本（不列顛博物院所藏抄本 Oriental 8207 B(2)）	詩句下(二)	卷五，頁四〇——四八
壬本（不列顛博物院所藏抄本 Oriental 8207 K）	洪門總圖一·二·三·四	卷首

上面表中甲乙等字樣是我加上的。我們看上表可以知道此書共收了幾個抄本，每個抄本的內容是怎麽樣。如果要做比勘的時候，我們便可利用此表去翻檢。

不消說，這九種鈔本共內容上文字上是會有不同的地方的。在這裏，我們不能一一的列舉出來。例如洪門傳說中最悲慘的桃李劍故事，甲本西叁序所記即和乙本桃李劍敘所記兩樣。而與中國秘密社會史本貴縣修志局本相校勘，也各自不同。（此點蕭先生已給我們指出，請參看本書卷二頁九——十）這本是很自然的事。因爲一個傳說，或一種口語相傳的詩歌，在經過了若干的歲月與分佈到不同的地域之後，是會逐漸的演變的。洪門起於康熙，遍佈及南中國，共傳說與詩篇，當然也不能不因時代與地域的不同而有所演變。所以這些不同的本子，正是給我們去研究洪門故事如何演變的最好的材料。

不過，我們要做此種工作，應該要先知道這些本子的年代與地域。關於本子的年代，編者只在乙本詩句上的說明裏注明不列顛博物院收存圖記爲一八八一年（光緒七年），其入於倫敦庫藏時間較他本爲先。別的都沒有注明。所以在此書中除了此本外，別的年代已經不能考見了。至於各個本子的地域，蕭先生自序本子的出處道：「余奉命赴歐，考察文化史蹟於英倫，得以餘暇稍讀不列顛博物院所藏中國書籍，……當時因蒐得史料，曾擇閱中國寫本，發見晚清粵人手抄之天地會文件頗多，皆英國波爾夫人Mrs. Ball在香港廣州購得者」。本子爲粵人所抄，波爾夫人購得的地域又在香港廣州，從本子的出處看起來，似乎各種本子的地域都在廣東。但從本子的內容研究起來卻不盡然。研究本子的地域最可靠的方法是從其方言上去研究。此書本子的方言大概可以分爲三種：一，純爲國語而僅夾有幾個粵語如「乜」字「冇」字「咁」字以及「開角」一辭者，乙本丙本丁本庚本這四個本子都屬這一種。二，純爲粵語者，如戊本己本辛本都屬這一種。三，有一部爲國語，一部爲桂語者（按廣西方言很雜，這裏所說的桂語，係指潯州一帶屬於粵語系的方言來說的），如甲本便屬這一類。第一第二兩種，我們一看就可以明白，第三種卻須略加說明，因爲粵語系的桂語是和粵語相差不遠的，其不同之處，往往只在毫釐之間。例如「什麽人」一辭，粵語作「邊個」，廣西潯州屬的貴縣則作「乜誰」，「乜」字取自粵語，共義解作「什麽」，「誰」字則取自國語，「乜」字與「誰」字聯爲一辭作「什麽人」解，這是貴縣的一個特別的方言。甲本裏的路引及烟酒應酬等詩中，如又姨問叔一詩：「你今前來拜候君，我夫係你乜誰人，一向並無同相識，爲何認作一家親」？便用「乜誰」這一個方言。又如有烟無火詩「合埋共一宗」的合埋，又叔答姨詩「恐怕旁人恥笑多」的恥笑，都是梧潯一帶通用的方言。再此本中的酬答詩如姨奉茶叔嘗曰晞詩：「㳚㳚綠綠壺盅茶，拾指尖尖咬銀牙，頭上梳光龍鳳髻，羅裙現出牡丹花」，及兄姨二人送弟詩：「携手未遠馬頭分，斷無此意送情人，此去未知何日轉，愁望東方日落雲」！同摺類哀艷的民歌，其情調與貴縣修志局本是一樣的，與潯州的民歌，也是一樣的。所以我們從上面三種方言的本子看起來，可以定第一種原是國語區域的本子，傳到廣東後，會衆傳抄，在無意之間，曾經加入了幾個方言進去。（天地會創始於福建，故知國語爲原來本子的面目，而粵語乃後來的加入。）這種本子年代當較早，如乙本據不列顛博物院收藏圖記爲最早收入的一本，正可以證明我的看法不錯。第二種純粵語的本子，不用說自是廣東天地會的本子，我們在此書中只能看見本子的一部分，不敢濫定其年代，但就這一部分全用粵語寫成的本子說，其年代當較第一種爲後。第三種本子，大概是廣西貴縣或貴縣附近潯州一帶的天地會的本子。但此本只路引及烟酒應酬等詩篇一部分爲粵語系的桂語寫成，其他全爲國語。國語這部分當是這個本子的本來面目，也必原是國語區域的本子，就國語這一部分來說，其年代當與第一種大概相近。

二 本書所輯本子多不諱言「七」爲違背天地會的禁條，疑有曾經以前鈔錄者改動之處

天地會傳說有斬七故事，拜會儀節有斬七的排場。七就是阿七，他的名字此書同治馮寶兒，中國秘密社會史本作馮儀緝，貴縣修志局本作馮二緝，據傳說他「乃少林寺第七條好漢，使鐵棍一條，重三十六斤，故此名叫亞七」。（貴縣修志局本語）他因爲打破少林寺寶燈，和迫奸人妻妹，給少林寺僧衆驅逐出寺，心懷忿恨，因帶清兵來火燒少林寺，殺害僧衆，他後來也給少林寺僧殺死。這人乃是火燒少林寺的禍首，所以天地會拜會有斬七一場，以他來做不忠不義的榜樣來警戒新入會的會員。斬七的儀式是用一個雄雞來代替的，故拜會詩篇有斬吉一詩道：「腳帶紅繩腳踏泥，落在人間夜夜啼。今晚捉你來作證，反骨奸心照此雞」！（見貴縣修志局本，本書斬亞七詩及又雞詩與此詩意相同而詩辭略異。）又有埋吉詩道：「西門城外一死屍，四海兄弟盡皆知。此人不忠又不義，千刀萬斬碎屍池」。埋吉詩道：「不忠不義亂乾坤，洩漏天機遇麥魂。捉他斬首西門外，永世不得轉人倫」。（均見貴縣修志局本）天地會不但在拜會時對阿七這樣痛心憤恨，就是平時會中也禁說「七」字。中國秘密社會史說道：「以馬儀緝武藝居第七，故會中至今禁言七」。（頁一四）中國秘密社會史的著者平山周是個出入中國秘密社會的人物，他的話自是最可置信。據我所見的貴縣修志局原鈔本天地會文件，凡遇「七」字的地方，除了起首反清復明根苗敘阿七一段的七字不諱外，共他概諱（七）爲（吉）。故廢七作廢吉，送七作送吉，埋七作埋吉，而七月作吉月，七十作吉十，與平山周的解釋正相同。故可知天地會原文件必禁言「七」，其不諱言「七」的鈔本必爲會外人不明會中禁條者所改動無疑。

我們拿這一條天地會的禁條來看此書各鈔本，遇「七」字之處幾乎都沒有諱。但在此書中也仍然有保留諱「七」爲「吉」的地方。如丙本洪門小引記道：

啓自甲寅年，吉月二十五日，丑未時，結萬二兄，在高溪廟起義。（卷二，頁一）

又如己本通用問答辭記道：

有人問你乜時辰出世，答曰我甲寅年出世，吉月廿五日丑時。

義兄問我乜年辰，歲次排來是甲寅。吉月孟秋念五日，時逢好位我生身。（卷四，頁二九）

考天地會傳說記盟會成立的年月爲甲寅年七月二十五日，這兩處都守天地會的禁條諱「七」爲「吉」，故「七月」作「吉月」，「七月孟秋念五日」作「吉月孟秋念五日」，此與平山周的記載合，與貴縣修志局本也相同。所以我們即從此書鈔本中也可以看出諱「七」爲「吉」的會中習慣。不過其他地方，都給那些非天地會員的「晚清粵人」在傳鈔時改動了。我們在此書他處記載同樣傳說的地方最易看得出，例如甲本西叁序記會盟的年月道：

飛龍甲寅年，七月二十五日，丑時生。（卷二，頁三）

又如丁本稟進辭記道：

今天於甲寅年七月念五日，丑時，結萬二兄，在高溪廟起義。（卷四，頁一三）

我們兩兩比較，可知這些地方分明是傳鈔的人改動的。這人他也懂一些天地會的傳說，不過他只知七月二十五日是天地會的立會紀念日，他卻還不明白天地會諱「七」爲「吉」的深意，所以便率意把諱七爲吉的地方都改回七字去，於是這樣一改，便把天地會的傳說與深遠的教訓的意義都失卻了。

三 幾個方言及借用字的注釋

在此書鈔本中，有一些比較難懂的方言，還有一些借用的字，那更不易懂了。我想把這些地方擇要來注釋幾個字或一兩個辭。

甲屬於方言的：——

(1)開角 共義等於「打秋風」或「敲竹槓」。三十六誓詞中第三十六誓云：「自入洪門之後，身中平安無事，假作身中有事有難，到另家兄弟開角，科甲錢銀，私自使用，此則損人益己」。（卷三頁七）

(2)乜誰 什麼人也。共語源已解釋於第一節中。

(3)豆皮 麻子也。通用問答辭云：「問你咁多豆皮」。（卷四，頁三〇）

(4)乜野 什麼也。通用問答辭云：「問你飲乜野乳」。（卷四，頁三〇）

乙屬於借用的字的：——

(1)俾 爲畀的借用字。會場陳設云：「十二老毋俾本錢三個」。（卷四，頁一二）

(2)轆 爲拙的借用字。會場陳設云：「二十一條轆詩」。（卷四，頁一二）蕭先生考此字道：「一本作二十一條拙轆詩云：『本弟才疎禮不周，相逢何必問因由？個讀條書才學淺，義兄才廣正相求』。轆字疑爲轆之誤。以下又有拙詩與此詩同，或拙轆二音相近而致誤歟？」按粵語稱人愚者有三個通用的字或說「戇」，或說「笨」，或說「拙」，轆爲拙的借用字，蕭先生疑爲因音相近而致誤的話是不錯的。

(3)妄 爲晏的借用字。先鋒對答云：「問你早來爲何妄到」？（卷四，頁一六）

(4)碯 爲睇的借用字，睇字在粵語作看字解。通用問答辭云：「問你碯個戲唔曾」？（卷四，頁三〇）

(5)出 聲的借用字。通用問答解云：「問你幾個錢唔？答曰，幾過唔。問幾幾出頭？答曰，幾五出頭。」（卷四，頁三〇）

上面不過就方言及俗語借用的字注釋了幾個出來。至於此書中還有許多天地會的隱字及隱語，我們不明白這些字語，也是不能了解其內容的。關於這方面，平山周在中國秘密社會史中已經給我們注釋出來了。（見頁六二——六四，隱字及隱語條）

聯綱附記：本文所列各種本子檢查表，是偶讀本書時逐條記下來的，寫成後曾細對兩次。但本書卷帙繁多，且每目之下，又分子目，子目之中，又常常包涵幾個本子，故錯誤遺漏之處當必難免。敬乞讀先生與列位讀者指正！

新書介紹

遼東志九卷附圖一卷

明任洛薛廷寵等重修　民國二十四年遼海叢書重印明刊單行本　定價五元

是書明西漢任洛薛廷寵等重修，洛河南鈞州人，左僉都御史，廷寵福建閩清人，工科左給事。是書始修於正統八年，創修人為王翱畢恭，弘治元年刊行，據全遼志修定姓氏，有新河陳寬，廣陽鍾斌，嘉靖八年東巖徐文華等改修，至十六年任洛薛廷寵重修書成，是為第二次之刊行本。至嘉靖四十八年，巡按御史李輔取任洛所撰之遼東志，重修釐為六卷，改題曰全遼志，名稱雖異，實即遼東志之第三次修改本。修明史者未嘗，獨用遼東志之名，六卷各分上下，故謂十二卷，非謂全遼志之外，別有十二卷本之遼東志也。全遼志雖間有傳鈔之本，而是書則流傳甚罕，天一閣書目雖有全遼志遼東志之目，中土久佚。日本前田侯爵尊經文庫，曾藏有其書，計志目分為九類，一地理，二建置，三兵食，四典禮，五官師，六人物，七藝文，八雜志，九外志，與圖十六帙。據日人稻葉岩吉跋尾，謂：「明代之治理滿洲制度，原分兩種，一為確實之領域，一為明之屬衛，即仿唐羈縻州之例，乃滿代官書，輒曰明初幾國東盡開原鐵嶺，遼瀋海蓋，其餘東北之境全為我朝之烏拉哈達葉赫輝發諸國，並長白之納音，東海之窩集等部，明人曾未一涉足其地。永樂二年倣唐羈縻州之例，設尼嚕罕奴兒干衛七年，改為尼嚕罕都司，後又續設各種衛所之空名，其疆域遼近，殊非所知，山川城站亦多在傳聞疑似之例」云云。此種解釋吾人未能信。抑知尼嚕罕用兵之事，並不僅載於皇明實錄，及黑龍江口之永寧寺碑而已。即檢是書之卷末則東北滿洲之交通經路，燦然具備。其間海西東水陸城站一節，所記自開原以北至哈爾濱附近，更折向東北循松花黑龍兩江之江岸下出於韃靼海峽，所有驛站一一詳列其中。吾人試按此等站名，就今日地名一為考察，則十之六七總可尋得。更自開原東北經長白山之北繞松花江之上源，以出於今之延吉，遂豆滿江而南經朝鮮之咸鏡南道，將所有驛站，一一檢查之，更可得十之八九。則謂明人曾未涉足其地，山川城站亦多傳聞疑似云云，豈非無稽之談哉。就稻葉氏之說，則是書所記關於遼東地理之沿革，其價值顯然，滿廷對於元明以來隱諱之史蹟，不辯可以自明矣。書前有晉安鄭用輔序，弘治元年寧夏越序，正統八年畢恭序，目錄序，凡例，與圖。日本大正間曾為印行，然流傳甚罕，近人金毓黻氏，乃將此書刊於遼海叢書中，復由高鳳樓，許敏英氏參稽史部各書，並與全遼志相校，考其異同，撰校勘記附之於後，其利於學人，爲惠多矣。（主）

× × × ×

全遼志六卷

明李輔等纂修　民國二十三年遼海叢書重印明嘉靖刻單行本　定價六元

是書明侍御李輔等纂修，是書即遼東志第三次修定本，按遼東志始修於正統八年，成於弘治元年，續修於嘉靖八年，成於十六年，全遼志乃據前書續修而成，凡前書諸序皆取而載之。是書之纂修始於嘉靖四十四年，巡按御史李輔，綱領志外議脫落，乃開館編次，越六月而志成。據是書凡例：今志事宜悉準舊志，但冗者刪之，如郡名，條法，營圖長編之類；缺者增之，如星野海運障塞馬政之類。其他綱目，由繁約省，多所更定，異於前次之續修，故易名為全遼志。卷目爲圖考，（星野附）沿革山川，（關梁海運附）賦役，（鹽運附）邊防，（墩臺路河路臺水利附）兵政，（軍器糧草附）馬政，（苑馬太僕二寺事）職官選舉，官業人物，典禮風俗方物祥異，故蹟，雜志，（流寓方技）藝文外志，（外夷國衛史攷）圖考十七帙。此書清乾隆間入禁燬書目，故刻本流傳不廣，所知藏是書者僅有三處，一爲瀋陽王氏藏明嘉靖刊藍印本，二爲上虞羅氏所藏明刊白棉紙本，今歸北平圖書館，三爲日本紅葉山文庫藏明刻本。至傳鈔之本，藏書家多有其書，然內容互有不同，如縣官一志，刻本均訖於王之誥之下，而鈔本增錄學會以下十七人，遼按刻本訖於李輔，而鈔本增王蔡臘揭以下二十八人，蓋舊志已歷有人增修矣。近人吳廷燮氏，據是書撰明萬曆遼東諸道年表等書，是郡邑志乘，不但可以知地理沿革，而可以考見職官之授除，此方志之所以有裨於史學也。今金毓黻氏亦列此書於遼海叢書中，復由高鳳樓，許敏英兩氏，據遼東志互相參校，撰校勘記一卷，附之於后，惟卷首有王之誥序，而闕用輔，韋樾，畢恭諸序，則付缺如。（主）

× × × ×

國立北平研究院青島市政府合組膠州灣海產動物採集團第一期採集報告

張璽著　中華民國二十四年八月國立北平研究院出版課印行

近十餘年來，國內習生物學者，常有海濱採集之舉。所至之處，或在青島，或在煙台。採集之初，準備有不甚充分者；採集期內，工作有缺少計劃者；採集之後，材料有不加整理者。年年採集，無甚重要結果可言！上焉者，利用其一部分之材料，以作實驗或研究之用。下焉者，則走馬看花，幾一無所獲。消耗時間，浪費金錢；欲求一較具詳盡之報告，可以觀察當地動物分布與生活之狀況者，實屬不可多得，識者憾之！

國立北平研究院動物研究所，自成立以來，即以研究中國海產動物，為主要目標。對于山東半島之海產動物，尤特別重視。故于龍口，烟台，威海，榮城，及石島等處，均有詳細之調查。烟台方面，並有海濱動物實驗室之設，以便長期採集觀察及實驗之用。山東半島南岸之海岸動物，爲研究便利計，決定以青島爲中心。但膠州灣內外，海水較深，面積較大，非有汽船及特種設備，不易採集。而魚類之遷徙，海產食用動物習性及繁殖等之研究，尤須有相當之儀器，與定期之考察，方可收效。

本年二月，北平研究院命該院動物研究所張璽博士，赴青島與沈市長接洽，擬合組織一『膠州灣海產動物採集團』，沈市長慨然允許，與以船隻及住宿等之便利，於是該團遂告成立。工作內容，包括海洋之理化及生物諸問題。採集區域，以膠州灣及其附近之海岸為範圍。定期二年，年分二期或三期，每期工作日期，自三十日至四十五日不等。該團成立後，即從事於採集用具及藥品之預備。如測深器，採泥器，深層取海水器，翻轉溫度計，海水色澤計，各種撈網，及浮游生物網等；至四月中，均已備妥。青島市政府，將撥港務局汽船『趙村』號為採集之用，並借用青島漁業公司二樓，為研究及整理標本之所。

該團第一期工作人員除張璽博士外，尚有張鳳瀛，顧光中，周啓暉，馬繡同四人；青島市觀象台海洋科，派宋組佑，協助調查，關於海水之理化問題。此外「趙村」號船員九人，亦於駕駛之暇，幫助該團拖網及揀拾動物。

該團採集方法，計分兩種：當朔望大潮時期，則在沿岸潮間上採集；潮小時期，則在海水較深之處拖網。共拖一百零五站，每站測量海水之深度，海底之沈澱物（泥，沙或石）。又每隔數站，測量海水之鹹度，透明度及色澤。每日所採得之標本，即行整理，視其種類及研究之目的，分別保存；附以標簽，記載採集地點及採集日期。自五月一日起，至六月五日止；所得標本，共千有餘號。

該團以各種專門研究報告，現在尚未發表；特將第一期工作情形，先行報告，以便海洋學家及動物學家之參考。

採集報告，係三開本，長二十六公分，寬十九公分；用一百六十磅洋宣紙印行，共九十五頁(面)，附照相七幅，並第一期採得之主要動物分佈圖一幅。第一頁及第二頁，爲緒言，採集團之緣起及組織；第三頁至第五頁，敘述採集區域；第五頁至第八頁，敘述採集之主要工具；第八頁至第五十八頁，敘述各站所得之標本；第五十九頁至第七十一頁，敘述海水之理化性質；第七十二頁至第八十頁，敘述採集區域內所得主要動物之分佈；第八十頁至第九十五頁，比較各站之海產動物。

報告書中，有二插圖，閱之頗感興趣。第一圖，在第三十四頁，係薛家島灣沙灘上鄉村婦女攝取蟶蛤蝦之實況；第二圖，在五十一頁，係膠州灣西北部膠河岸旁泥灘上漁人採取蟹類之情形。此種採集方法，在當地人固司空見慣；然在研究動物學者視之，則有至理存焉。

文昌魚之採得，爲該團重要發現之一。昔日僅聞廈門有文昌魚，今知此種原索動物之分佈，不僅限於華南。

近數年內，國內習生物學者，多從事於專門問題之探討，集中精力于比較狹小之途徑，而常忽其大者遠者。今張璽博士，除專門研究之外，能採範圍較廣性質較汎之工作如膠州灣海產動物之調查者，可謂獨闢途徑者！（理初）

新書簡訊

再續・補彙刻書目・十六卷　三續・補彙刻書目・十五卷

盧江劉聲木編　直介堂叢書本　民國二十三四年鉛印

劉聲木氏先編有續補彙刻書目，刊於直介堂叢書中。此為再續補集及三續集。按搜集叢書，須先立定義，即至少每書有二種不同以上之子目，始可入錄；不然必將汎濫無歸，無論何書皆可入目也。搜輯時最易闌入者，厥為類書及自著叢書二種，如圖書集成，錦繡萬花谷等書，均類書耳，不宜收入叢書；然李之鼎叢書舉要，業已列入，不免失檢。又如樂清標雖邱雜錄，每卷均有標題，本為雜記，實非叢書，列入叢書，則亦非倫。自著之書，詩文均有標題，求讀博者，皆行闌入，故後人所輯叢書目錄，自著一類，率超過古今著述，此以旁支蔚爲大宗，李氏叢書舉要，未能免此。近通學齋主人孫耀卿氏叢書目錄拾遺，又變本加厲。惟後人彙刻著述，如崇文叢刻三十三種，廣雅書局彙刻書，及私人著述，散在各處，彙爲一輯者，如常熟鐵琴銅劍樓所列影印之書，蘇源生著述散刻數處，後乃彙爲記過齋叢書，此可以見古人撰述之全，編入叢書，足以識學術之源流，尚不失爲宏通，若崔博采文集類書，以廣篇幅，則不免失於濫收矣。劉氏之書，其纂輯之旨，似嫌仍無範圍故如吳士鑑晉書斠注，長白麟慶鴻雪因緣圖記，履坦受宜堂宦遊筆記，師範撰前後憶人詩鈔，査初揆淑原堂初集，高斌固哉草堂全集等書，皆行採入，此與孫氏之書同出一轍，然搜輯勤劬之功爲不可沒也。（主）

× × ×

玉雅

李鳳公編　二十四年五月廣州林記書莊發行　定價六元

中國古代之於玉，在禮教上含有極大之意義，故洛佛爾氏（B. Laufer）著中國古玉考一書，欲以玉器爲中心史料，而說明中國古代文明與禮教發展之關係，卒能成其不朽之作。等此而下，不過考究其名稱形制而已。此書編者固知「三代以來，世之於玉，蓋重視矣」（見自序），然於斯學之研究，吾知其盡力不能勝而比於章氏之石雅也。全書體例亦極不純，此書既爲言玉之作，而卷首卻將編者所作畫幅附入，已覺不倫不類。書之上段爲言玉之插圖，而下段所引各書記載，則與插圖全不相印證。所引之書，誠所謂「蕪雜不精」，尚不足以言「考證簡賅」也。全書薄薄一百頁，而定價六元之多，亦爲可異。（雁）

圖書副刊

BOOKMAN

第一百零四期

一　本刊專載關於中外圖書之介紹批評以及學術界消息　爲公開性質歡迎投稿
二　刊登本刊之文略致薄酬
三　投稿通訊可寄「北平文津街國立北平圖書館內圖書副刊編輯收」

書評

評伍譯上古世界史　敬言

伍蠡甫譯　世界書局出版　民國二十二年十月初版　二十三年十一月再版

本書原名 "Ancient and Medieval History" 著者 Carton J. H. Hayes 和 P. T. Moon 二位是美國有名的史學教授，原書共八九三頁，而本書的伍譯本僅爲該書的前四編——即伍先生所譯爲上古的部分。

在舉出譯文錯誤之先，我們覺得這譯本有幾種不應有的重要缺點可以提出：

（一）不應把原書的序刪掉，更不能把「導言」當作「序」用。

（二）圖表對于讀者有很大的幫助，不應刪去。

（三）參考書表和註解都是深造時必要的參考，不應刪掉。

（四）歷史是整個的，聯續的，（見原序）不應把一本書分開。

現在就譯文錯誤的地方來校正一下：

（一）一二二頁——指譯本以下仿此——（一四七頁——指原本以下仿此——）第一行「以帖撒利爲首領的鄰邦聯盟，包括多利斯(Dovis)羅格里(Locris)……也來帖撒利治理。」應改譯爲：『「安非唐尼聯盟」(Amphictysnic League)又名「鄰邦聯盟」(League of Neighbors) 內中包有多利斯(Doris)羅格里(Locris)……和優俾亞(Euboea)諸邦，而以帖撒利爲領袖，此外還有六個小邦，也在帖撒利的卵翼之下。』

（二）一三〇頁，（一五六頁）第十行「採行助長國內經濟繁榮的政策。文化最高的愛奧尼亞諸城……」中間漏掉 "They build a Subterranean aqueduct to supply the growing city with pure water. They constructed good roads all leading to Athens……" 應補譯爲「採行助長國內經濟繁榮的政策，興修地下水道，以清水供給此新興的城市。建設大道以與雅典相通。文化最高的愛奧尼亞諸城……」

（三）一三一頁（一五七頁），第一行，「這末了一位暴君，在衛城上面，被敵人圍困，」原文爲"And Sparta sent her matchless army against Athens. The Tgrant was besieged on the Acropolis" 應譯爲「于是斯巴達以無敵之陸軍，進攻雅典，而圍暴君于衛城之上。」

（四）一五四頁（一八三頁）第九行，「于是一個個先後脫離了聯盟，把海上戰爭艱鉅和危險的職務……」原文 "One by one, states that had furnished ships and sailors found it more convenient to contribute money, leaving to the Athenians the more arduous and dangerous duties……" 原意是將那些責任委諸雅典人去擔任，並沒有「先後脫離了聯盟」的事實，也更沒有那種意思。應改爲「從前供給船隻和水兵的國家，因爲感到輸送金錢的便利，便一個一個的，將海上戰爭的艱鉅和危險職務……」

（五）一七七頁（二〇八頁）第一行「然而這種方略，使他煊赫一時的暴君政府，失去民衆的歡心。」與原義不合，應改爲：「然而此種方略，使暴君政府失去民衆信仰，其程度之深，正與其從前之聲望煊赫相仿。」

（六）同頁第五行：「斯巴達軍國主義佔勝利，約當六十餘年（紀元前四〇四至三七一年）。」原文 "For a third of a century (404 B.C. to 371 B.C.)……" 從紀元前四〇四至三七一年，正是三十三年，（一世紀的三分之一）不是「六十餘年」。應改爲：「斯巴達軍國主義之橫行，約共三十餘年（紀元前四〇四至三七一年）。」

（七）一八四頁（二一六頁）第三行「這些學術所以會這樣猛進，就是因爲這時候，希臘半島與埃及和西區的光大文明……」。文中之「西區」當作「西亞」同時 "Greeks" 一字不應譯作「希臘半島」，應當改譯爲「希臘人民」，或「希臘城市」。

（八）一九七頁（二二九頁）第二行「第四節希臘的文化」，這實在是一個驚人的錯誤，如果稍微讀過歷史的人，看到了原文，一定會知道的。原文是 "Helleinstic Civilisation"。"Hellenic" 與 "Hellenistic" 二字絕不相同，前者指古代希臘及其本土而言，故應譯爲「希臘的」，然而後者指亞歷山大帝東征以後之歐洲世界及時代而言，故依原意應改譯作：「希臘化的文化。」

（九）二〇一頁（二三四頁）第一行「文學」原文爲 "Literature" 表面上看起來，是乎沒有錯誤，然而仔細推研本段之內容，完全是關于希臘古代書籍的保存校正和補訂……故實非「文學」而應爲「文獻」，凡本段內之「文學」，皆應依此改正。

（十）二一十頁（二四六頁）第六行「（這種人類生活方式變革的情形，我們已從近東方面明白了）。」與原文本義不合，原文爲 "(The knowledge of which had doubtless been learned indirectly from Western Asia)" 應改譯爲：「（這種生活方式的轉變，已從西亞的情形，間接領略得十分明白。）」

（十一）同頁第十行「他們在那裏建築了十二個城市，相互距離三哩，甚是強盛，大部分意大利疆土，都在他們的勢力之下。」原文是 "The Etruscans built a dozen or so walled cities, which were united in a league strong enough to conquer most of Italy" 這裏沒有「相互距離三哩」的意義，而且譯文也不合乎原義。改譯如次：「他們在那裏建築了十二個有城堡的城市，各城市共同組成同盟，勢力強盛，足以征服意大利大部的疆土。」

（十二）二一二頁（二四七頁）第八行「西西里東部和意大利南部的面積，相當于希臘的領土。」原文爲 "Eastern Sicily and Southern Italy were really part of the Greek world." 原文是說西西里東部和意大利南部爲「希臘世界」或「希臘領土」之一部，不是和希臘面積相當，故改譯爲：「西西里東部和意大利南部，實爲當時希臘世界之一部分。」

（十三）二一三頁（二四八頁）第八行「羅馬在紀元前六世紀前，文字程度還很幼稚。」原文 "We have no proof that the Romans could even write much before 600 B.C." 這是說「至今仍不能証明共有若何之文字程度，並沒有肯定的說他「幼稚」，故應改爲：「在紀元前六世紀前的羅馬，其文字之程度，至今尚不能斷定。」

（十四）二一七頁（二五四頁）第十行「到紀元前六世紀又添選兩位長官，助理執政官的政務，特別是審判訟案及宣佈……」原文是 "In the following century, two "Praetors" were elected to……" 第一，這裏的 "following century" 是指着紀元前」第五世紀說的，當然應當譯爲「紀元前第四世紀」；第二 "Two praetors" 不是普通的長官，而是「司法官」，所以不應將官名刪去。

（十五）二一八頁（二五五頁）第一行，應將「（甲）Assembly of Curias」譯爲「貴族會議」，將（乙）Assembly of Companies」譯爲「兵員會議」，將「（丙）Assembly of Tribes」譯爲「平民會議」。且均應將拉丁文附上，即(甲) "Comitia Curiata"，(乙) "Comitia Centuriata"，(丙) "Comitia Tributa" 而 "Curias" 應譯爲「陷」或「組」。"Company" 及 "Century" 應譯爲「士卒」或「軍」，"Tribe" 應譯爲「族區」或「地方」。以後仿此改正。

（十六）二二〇頁（二五七頁）第五行「平民又被選任狄克推多，平民長官，和監察官……」宜照原文「平民長官」"Praetors"應照前（十六）項改正，而全句尤與原義不合，應改爲：「平民才破天荒的被選任爲狄克推多，司法官，監察官……。」

（十七）二二一頁（二五八頁）第六行「另有一條禁止任何人佔用三百三十三畝以上的公地」原文是 "Another of these laws forbade any one person to use more then 500 Jugera (About 333 actes) of the public land" 應譯爲：「另有一條法規，禁止任何人佔用五百「尤加拉」(Jugera)——約合三百三十三畝——以上的公地。」

（十八）同頁第十行「約自紀元前三五〇至二六五年，羅馬……」原文爲："While these political change were occuring, Rome was fighting…… from about 350 to 265 B.C." 應補譯爲：「約自紀元前三五〇至二六五年，當此政治變革進行之時，羅馬……」

（十九）二二二頁（二六〇頁）第九行「羅馬士卒紀律之佳，並不是完全由于長官的高壓手段，而是因爲用死刑來處理不服從的士卒，他們認失敗是不光榮的事，不光榮比死亡還可怕。」這裏用死刑來處理不服從的士卒，豈算不得「長官的高壓手段」嗎？我們實在有些不懂。請看原文 "Roman discipline was not wholly due to the fact that the consuls could punish disobedience with instant death. The Romans felt defect as a disgrace, and many of them considered dishonor worse than death." 我改譯爲：「羅馬士卒訓練之佳，並不是完全由於長官能夠對不服從的士卒，立刻處以死刑，而是因爲：他們的大多數能夠自覺——戰敗就是恥辱，恥辱甚於死亡。」

（二十）二三五頁（二七三頁）第十五行「是羅馬和迦太基死力鬥爭的開始。」原文于此句之下有 "The Word 'Punic' by the way, reminds us that the Carthaginians were Phoenicians, for the Latin adjectives punicus was derived from the word Poeni (Phoenicians)。完全漏掉，補譯爲：「由「布匿克」(Punic)一詞使我們知道迦太基人就是腓尼基人；因爲在拉丁文中，「布匿加」(Punicus)一形容詞，是由「布匿」(Poeni)一名詞轉變而來，而「布匿」就是拉丁人對腓尼基人的稱呼。（註——英文之「布匿克」與拉丁之「布匿加」意義相同）」

（二一）二三七頁（二七五頁）第七行「于是戰爭又延長二十五年」原文是 "fifteen years more"，把十五年誤作二十五年。

（二二）二三八頁（二七六頁）倒數第五行「他把迦太基的版圖，推到意大利半島南部。」這是錯誤，我們知道哈美克將軍(Hamilcar the General)是沒有如此偉武能幹的，原文是 "Shortly after he had suppressed the great mutiny we find him crossing over into Spain, with a small army, to recover and enlarge the Carthagivians possessions in the southern part of the peninsula" 上面明明白白的指示着是渡海至西班牙，所以後面所說 "Peninsula" 一定是指伊伯利安半島而言，決不是亞平寧半島，茲將全句改爲：「內亂平復不久，他就帶了些部隊，渡海到西班牙，去收復並且擴大迦太基在伊伯利安半島南部的領地。」

（二三）二五四頁（二九五頁）倒數第三行「使羅馬佔領西班牙南部和半島的全部，只缺西北一個小角。」原文是："The Second Punic War (218-202 B.C.) had led to the annexation of southern Spain, and the gradual conquest of the entire peninsula, except a small corner in the north-west." 原義沒有「佔領」半島全部，只是「逐漸」的征服，故應改譯如下：「第二次布匿戰爭」(紀元前二一八至二〇二年)使羅馬佔領了西班牙南部，並且除掉西北一角外，漸次征服了全半島。」

（二四）二五六頁（二九七頁）第九行「凱撒東征高盧」，原文是 "Caesar's Cammand in Gaul" 應譯爲「凱撒的統治高盧」或譯爲「凱撒爲高盧總督」，即使勉強譯爲「征服高盧」，也決不是「東」征高盧，應說「北征高盧，」因爲高盧在河爾俾士山的南北兩麓，在羅馬之北。

（二五）同頁第十行「他是一個野心的政治家，以爲祇有武力，才是政治成功的一條神聖道路。」原文是『……he was at this time an anvitious politician who realized that the road to power and prestige was the Sacred Koad-in other words, that military triumphs would paue the way for political greatness,, 應改譯爲「那時他是一位野心政治家，以爲有一條光明大道足以達到權力和聲望——就是必得軍威赫赫，才能把偉大的政功完成。」

（二六）二五七頁（二九八頁）第六行「因南高盧發生事變，阿昆退尼亞人 (Aquitanians) 的反抗，使他繼續用兵，乘勢佔了高盧北部。」原文爲 While his aide was subduing the Aquitanians in southern Gaul, Caesar himself was securing the north," 與原文完全不合，重譯如次：「當他的副將平復了南高盧，他自己也取得了北高盧。」

（二七）二六一頁（三〇七頁）第五行「在這大量外邦奴隸裏，還有許多曾任將士，因此很有……」一段之後半，與原文不合，原文爲："The possibility of rebellion of the large alien slave population, among whom were many exsoldiers, was also a menace. Such a rebellion, th Sicilian Slave War, occured in the year 136 B.C. Another thirty two years later, last for three years." 改譯爲：「在這大量外籍的奴隸裏，還有許多退伍的將士，很有釀成叛亂，威脅政府的可能，譬如「西西里奴隸戰爭」(The Sicilian Slave War) 便于紀元前一三六年發生，其後三十二年，又發生一次，延長了三年。」

（二八）二六六頁（三一〇頁）第六行「爲了實進這半於市價的穀物，他又提議增加亞洲省的稅額。」原文爲："He took the very radical step of providing for the distribution of grain to the poor of Rome at half market price. To obtain funds for such reforms he proposed a law to increase the tax revenue from the province of Asia." 我們由上面看出，供給平民半價的穀物，和增加亞洲租稅，完全是兩件事。增加租稅以爲改革的經費，所謂 "such reforms" 者是指本段內所述之一切改革而言，故改譯如下：「他對於分配半價穀物於羅馬貧民的事體，採用澈底的手段，他又提議增加亞洲省的稅額，以爲改革的經費。」

（二九）二六八頁（三一三頁）第六行「民政官」原文爲 "Praetors" 應宜（十六）改正。

（三十）二九二頁（三四三頁）第十三行「他曾經二次

……"Twice he make a tour of inspection requiring several years."……"several years"不是"Seven years"……

……"but in spare moments which other men would have wasted he had books read aloud to him, or……"……

一九三五，十，二十日 北平

新書介紹

文獻特刊 故宮博物院文獻館編印 二十四年雙十節出版 實價四角

[illegible]

中國植物學文獻評論 Emil Bretschneider 著 石聲漢譯 國立編譯館出版 民國二十四年八月 商務印書館發行 定價五角

[illegible] Laufer 氏之 Sino-Iranica [illegible] Emil Bretschneider [illegible]

[illegible] (Botanicum Sinicum 與 History of European Botanical Discovery in China) [illegible] Laufer 氏之 Sino-Iranica [illegible]

出版消息

國立北平圖書館發行卡片目錄

[illegible]

萊辛(G. E. Lessing)名劇「聖人納丹」(Nathan der Weise)中譯本題記

[illegible]

萊辛(G. E. Lessing, 1729-1781)是我們很熟知的一個人，用不到多來紹介。只要是讀過德國文學的，就[illegible]

[illegible]（Laokoon）[illegible]「軍人之福」(Minna von Barnhelm oder Das Soldatenglück)[illegible]「聖人納丹」(Nathan der Weise)[illegible]

[illegible]

一九三五年十月[illegible]

附國立北平圖書館排印卡片目錄說明

[illegible]

Mr. Viazigin's house 1. Passage Courbet Opposite French Club above Puje Restaurant Entrance through line.

[illegible]

仿宋名片 大方精美 價廉 訂件 大公報

第三張　中華民國二十四年十一月十四日　大公報　（星期四）　（第十一版）　197

圖書副刊

BOOKMAN
第一百零五期

一　本刊專載關於中外圖書之介紹批評以及學術界消息
二　為公開性質歡迎投稿
三　刊登本刊之文略致薄酬投稿通訊可寄「北平文津街國立北平圖書館內圖書副刊編輯收」

書評

墨經易解（武漢大學叢書）

與忘

譚戒甫著　商務印書館出版　價一元八角

墨經之校釋，清儒自張王俞孫以來，迄乎近茲，無慮數十百家；可說者大抵說盡，所遺則往往不可說。最近武漢大學教授譚戒甫，有墨經易解，自稱用力前後垂二十年，稿已三易。其書不僅於人人難說處，一一說之，精思眇慮，亦時有超諸家外者。誠近來一艱勤之著作也！惟粗一繙讀，覺有可商者數事：

一、治墨經首重校讀，校讀果得，說義自當，否則或不免郢燕之誚。本書校讀另附卷末，而本文則徑就審者校定文寫之，然讀者仍當先看校讀，再觀說義，殊覺費事。似當仍依以前諸家著例，先校讀，後解說為當也。

二、自來治墨經者，諸說紛如，今譚書晚出，最好將其扶同前說處一一標明，則讀者易於較覈，而譚書對墨經之新貢獻何在，讀者亦易尋得。今著者自云，「學問乃舉世公物，後先印合，固可並存。」此論自高，然非熟治諸家義說者，驟讀譚書，必感不便。

三、考釋古籍，闕疑之事，常所不免，而墨經尤難讀。今譚書逐條解說，用力固勤，然不如遇不自安處姑闕數事，不僅表示考釋者之謹嚴，亦足開示學者一良好之穩備也。其有自創新解，未見為十分之見者，亦當衆采兩說，以資比觀。

即如經上引「舉，擬實也。」32「言，出舉也。」兩舉字本相承而來。今譚書竟改32條為「言出故也。」下面即根據校定文施解說；讀者若不先看附卷之校讀，則不知此條原文尚有問題。而譚氏校改此條，只據小取篇「以說出故」一語，以意定之，別無他本，其所下解說，亦未臻自然朗暢。果譚書能先列校讀，次下義說，則讀者較易定其信違矣。

又如經下16條「景不從說在改為」，王校作「景不徙」，解者多以莊子「飛鳥之影未嘗動也」說之，本已無疑。著者因謂公孫龍諸人說與墨經根本相異，遂竟改此條為「景徙」。然列子仲尼篇載公孫龍有「影不移者說在改也」張湛註引墨子「影不移說在改為也」，此乃本條應為「影不徙」最堅確之明證。而譚云，「此句不字，疑衍之極早，乃漢晉學者照莊列諸書增不字。」不悟若是「影徙」，則前影即後影，何得云「改為」？張湛註列子云，「景改而更生，非向之影。」豈不甚明？譚氏必作「景徙說在改為」，殊屬牽強。然讀者若不先看校讀，則幾疑墨經原文自作「景徙」也。

又如經上92條「誹不一利用，服執說，(音利)巧轉則求其故大益。」三語，皆無說，治墨經者遇此等處，均感棘手。今讀譚書，一一依自已校定文徑下說義，令讀者全不見困難所在；幸譚解亦未臻明暢，否則豈不將誤認為墨經原文固如是乎？

又如經下14「宇久不堅白」五字，亦須先看校讀，始知著者自從兩條移來合成，並非墨經原樣也。

又如經上17條「廉作非也」，譚解，引釋名「廉，斂也，人所惡排去也。」而云，「作非者，曾已作之而惡者排去之也，即自檢斂之義。」「作非」二字，豈能增出如許字說之？且即從譚氏語，亦覺難曉。

又經上89條說「獂宿，成未也。」譚解「獂宿成未，皆即儺纂瘞昧之省文。詩小雅，「其葉有難。」注，「難，盛貌。」又衛風，「佩玉之儺。」注，「儺，行有節度。」論語，「足縮縮如有循。」疏，「言舉足狹數。」漢書律歷志，「昧薆於未。」釋名，「未，昧也。」說文，「昧，闇也。」綜觀諸義，其語甚明。蓋謂諸子之道，行有節度而日以盛也；小人之道，舉足狹數而日以闇也。」此處將「獂宿成未」四字，完全破讀，又加上如許曲折，而云其語甚明，竊謂如此訓說，不如仍以闕疑為是。

又如經上12說「忠，不利弱子，亥足將入，止容。」譚解，「『亥』，假為『其』，……其足將入止容者：入，猶大禹『三過其門而不入』之入。墨子法禹，形勞天下，突不得黔；故足將入室而有止容。……禮玉藻篇，「足容重。」鄭玄註，「舉欲遲也。」蓋過門將入，舉足欲遲；實不顧家也。不利子，不顧家，以利天下，所以為忠。」此等解法，其果為得古人之意乎？竊謂即不欲闕疑，下語亦當云疑是如此云云，庶使讀者知考釋古書之應有分寸也。

亦有前人校釋，大抵已臻明暢，而譚書轉守原文遂又失之者。如下經1條「止類以行之」之舊作人，孫校作之，極是。譚仍作人，解云，「行人：行者猶言變遷。人有變遷性，如一類雖主故常，而一類之人，則必流動不息；故曰行人。」以行人為性喜變遷之人，恐未確。況「止類以行人」一語更難解。竊謂此等處，縱在作者自謂別有創見，亦應先列前人校釋，則讀者可以知異同審別擇也。

又如經上62「有間中也」，引畢云，「間縣是二者之中」，其義已賅。又引梁啟超說亦是。而著者自謂「畢說未愜其義。蓋此「中」即由二間所成；易言之，猶云有二間必有一中也。」則轉嫌支離矣。惟宰並列他說，則讀者可自向背耳。

又如經上59「方柱隅四讙也」，譚謂讙乃權之假字，引大取篇「權正也」為說。然此正乃正變之正，非方圓斜正之正，則亦仍不如舊說較得也。今譚書於舊解惟實其不甚諦，而未引其說，則讀者未知優劣所在。

上舉數例，特於譚書體例上之商榷，如論大義，亦有數點可討論者：

一、首當考定墨經之成書年代也：譚書鑒以公孫龍說與墨經對比，似墨經多數均為駁正公孫龍說而發；然公孫龍年代已及長平戰後，在戰國晚世，豈墨經之作成倘在其後乎？又譚書一六五頁，論及五行，亦謂五行相生，[illegible]

二、[illegible]

續殷文存序

殷商金文之有專錄也，自上虞羅振玉殷文存之書始。北平王君獻唐重校之，所集墨本之富，遠邁羅書；而編次精審，則或過之。蓋君數年以來，心力悉萃于茲，且閱余治是學也久，時相商榷，今其書將印行矣，屬余為之序。蛻近世古器之學大昌，若吳大澂，孫詒讓，羅振玉，王國維諸老，研討金文，鑿空縋幽，每獲精解，均有功于斯學者也。間嘗以為殷商古文，不可施于解詁者，畝十有三四存焉。泥古之士，株守說文，僅古籀而不論，至于聰明卓絕者流，則又怪誕巧覈而善為窾言，欲求無一字之不識，無一義之不通，而穿鑿附會之說以生。僅而不論者過也，穿鑿附會者亦過也。考古文之所以不可盡識者，以圖繪與文字有別。大上之世，有語言而無文字，考文之聖，刻畫成文，以為事物之符，而圖繪以興。圖繪之紀事物，以記憶有所不能周，刻畫以識之，所謂希見生象，按其圖而得其彷彿者也。由圖繪而稍殺之，整齊之日，趨于簡易，是之謂文字。殷商去古久遠，圖繪之保留于銅銘契刻者甚微，刻畫之繁簡，脈絡不盡可尋，其不可識也固宜。古器物之發見于今者獨多，文字之變化，脈絡尚有可尋，其猶有可考識也亦宜。夫圖繪之所以異於文字者，圖繪乃事物之印象，文字乃語言之表達，文字每一形祇函一義，每字皆有固定之音讀，圖繪所示之意不囿于形，而聲或紐律，若鼎文之[illegible]，[illegible]文之[illegible]，殷文之[illegible]，觶文之[illegible]，父丁鼎之[illegible]，父乙鼎之[illegible]，父巳鼎之[illegible]，父癸鼎之[illegible]，且辛殷之[illegible]，父癸尊之[illegible]，父癸卣之[illegible]，父癸爵之[illegible]，仲子日乙殷之[illegible]，亞中觶足形父□殷之[illegible]，皆不能以單純之形象而示其音讀也。蓋先民識物，有質而無文，圖繪之模型，所示者為事物而非言語，不若文字以單純刻畫少而事物對之所時，人事之所需，審之于文史者，共圖繪之音讀，非複音不足以周于用。是說雖證有未足，然考之說文諧聲之字，如蕭泓世得聲，而讀與涉切，納泓內得聲，而讀奴答切，裸泓果得聲，而讀古火切，闌泓柬得聲，而讀落干切，皆一音而歧其讀，林語堂據以論古音之嘗有複輔音，竊謂圖繪漸進而至于原始象形文，即文字音符由複音嬗變而為單音之始，古音之所以有複輔音者，則即複音遞變之遺跡。執是論之，若下從夆之[illegible]，象人正立之形，與天大等字相侶，而音讀不必與天大等字同。鼎文之[illegible]，象人伏▲下之形，與令字相侶，而音讀不必與令同。爵文之[illegible]，尊文之[illegible]，與篆文鳥魚之形相侶，而音讀不必與鳥魚同。舉凡圖繪之字，其音未確定之前，雖有靈齊之說解，吾固心知其意也，而好事之徒，必以文字之爲律之，不亦傎乎。癸酉甲戌之交，余方以高郵王氏二十一部古韻譜甲金文字，于圖繪之字，亦思有所論列，顧限于資料，因循未果。然數年以來，蓄諸胸中懷疑而莫解者，未嘗無悵悵于懷也。今茲編所收，多奇瑰可寶之物，余向之欲見而未能者，莫不纂萃于斯，嗚呼，如君書者，可以傳矣。方今古器數見，日有所聞，其器銘必有為是編之所未備者，有類集而印存之，則以補斯書之不足，此余所望于獻唐者也。獻唐豈有意乎！乙亥九月潢川孫海波

春秋總論初稿

夏樸山

定海毛起著　杭州貞社出版　上海及各埠生活書店經售　北平景山書社代售　定價八角

[illegible]

頁3）按鄭玄標注「關關雎鳩」解，此所云殊非是。（二）又謂「六經之行于民間，是自始即已如此。（頁4）」「學術之傳播，總是由民間而王官，由下而上的。（頁5）」古代學術流衍之史實，恐非如此。又云：「一國的大夫，其政事何等繁重；那裏還有功夫可以教人讀書：（頁5）」此則誤于以後世之眼光推測上古之史事矣。（三）作者不信儒家出于司徒之官之說，（頁8）似亦與古時學術傳播情形不合，且史臣所謂「出于」者，蓋推原所自之意，固非必須詳舉例以說明也。（四）自序三謂「一春秋正是最好不過的讀書人之書，非特不比書詩與禮之三經爲編，而只有此精嚴的信實的。（頁3）」按其本文未及將其較優之點舉出，似嫌疏漏。（五）解「王者迹熄」（頁59）爲大我之變，似不免拘泥牽強。（六）作者云：「因爲事實上找不出孔子了，而又捨不得不找。……嫌有以已意參入之處，卻差不和孔學之真精神相違反。（頁151）」前自難免有附會之嫌矣。

上述乃管見所及，謹爲質正者。本書每篇既不分節，而僅有提要式之標題，自亦足爲著述之一例；惟既見于目次，似可更移于書眉，以資醒目。至若孔子遺說之存于三傳者，公羊穀梁之作者及先後問題，與夫關涉實面目之時實轉，則尤有此三作者之繼續研究，且願治國聞者因此書之評介而共與商榷者。評文係用語體，作者在序三中特別申述所以不欲改用文言之故。竊意文字之原爲工具，但求明暢簡潔，實學之作，原不必以文語有所軒輊。惟既用語體，似宜少參純文言之語句，又標點亦頗多誤點或不合式者。失段字亦不少，皆望再版時有以改正。一書同時三序，似爲近出書所少見，惟亦各有其實質。序二所云，則爲作者悼思其在法考友森給陳行叔君之語，蓋是書爲作者在法求學時所屬思，陳君期勉之甚殷，今始感念故人而成之；故扉頁即有紀念亡友某君之一頁，則探思之人，亦未嘗不厚于情者。要之，此書所實雖未必遽爲定論，而其思考似別有方法，讀書兼自具眼光。其自謂「此書並不在純粹的講國故，獨具有一個實用的目的，」（序二）在第四篇末復申言之，則作者之爲認孔子人格，表揚春秋價值，其用意固不僅在考證，而大歸無乖經世之義。是亦吾國古來治經史之學者之正統途徑也。

新書介紹

四川省雷馬峨屏調查記

（中國西部科學院特刊第一號）

常隆慶　施懷仁　俞德浚合著　中華民國二十四年四月中國西部科學院出版　北平大學出版社代售　定價實洋一元

西南情形，內地人士，不甚瞭然，或知之而未詳盡。四川之西南部，其人種，風俗，物產，氣候，在在與他處不同；而尤以大涼山附近之雷波馬邊峨邊屏山等縣爲甚，即本書所稱之雷馬峨屏是也。大涼山爲猓玀民族之集中區域，漢人勢力，從未達到。猓玀恃其地勢險要，負嵎肆毒。雷馬峨屏諸縣，以接近涼山，首罹荼毒。然其地雖荒，實爲膏腴之地，縱橫數百里，產物豐庶。諺云：「打開萬石坪，世上無窮人」，雖非信而有徵，亦可以照示吾人，涼山大有研究之價值焉！

中國西部科學院，爲四川閬人盧作孚所創辦，院址在四川重慶北碚里。該院全人，有鑒於此，乃有雷馬峨屏考查團之組織；由該院生物研究所派俞德浚（季川）施伯南等八人，地質研究所派常隆慶等四人，赴雷馬峨屏各縣，及大小涼山與黑覺故治實地工作。對該區之動植礦產，及地理氣候風俗等，作有系統之考查。民國二十三年五月十一日出發，至十一月始先後歸來。以其考查所得，著雷馬峨屏調查記。

調查記全書，共一二四頁，附銅版圖（照片）四十小幅，雷馬峨屏四縣合圖一幅（清末失地及民國以來失地，用紅線表示，閱之令人傷心！）大涼山地質圖一幅。第一章，旅程紀要：自出發至返院，分述于二十八節目中。第二章，地理：對于疆域，山脈，河流，交通，均詳言之。末附氣象紀錄，於雷馬屏三縣，曾得半年以上之紀錄，峨邊一縣，未曾久住，無可參考。考查期內，每站有一專員，逐日記載當地氣象情形。第三章，猓玀：詳述猓玀之種類，生活，語言，文字，曆法，社會組織，及夷族分佈，非但可供人類學家及社會學家之參考，即一般讀者，于茶餘酒後閱之，亦覺興趣盎然。第四章，夷務：凡猓玀之生活，猓玀之分佈及人口，猓玀之現勢及治夷之方略，均有相當之調查。第五章，動物：共調查事項，有全區動物之分佈，魚類及其產量，害獸，益獸，害鳥，益鳥，有毒蛇，無毒蛇，經濟昆虫，家禽，家畜，及最適宜于畜牧之區域，可闢爲漁場之地點，共所包括之範圍，如此之廣，非一二人之力所能及。此次成績之所以不能十分優異，亦在意想之中。除兩棲類，魚類，及少數經濟昆蟲外，其他學名均未確定，敘述各點，亦少精彩。第六章，植物：共分二段；第一段以生態學的眼光，敘述全區之植物羣落；第二段從應用方面着手，調查各地之經濟植物。作者于植物學甚有基礎，故能寫得條理分明，頭頭是道。第七章，地質：于地層系統，礦產及土壤之成因，均有詳細之調查。第八章，開發大小涼山之商榷：作者此次調查之結果，認雷馬峨屏爲最適于開發之區域。作者之意，最好能使其在官督民辦之下，成一純粹之墾殖區。其進行方法，分爲三項：即武力蕩平，法制立信，及墾殖開發是也。

一月前，盧作孚發表爲四川建設廳廳長。盧氏爲發起雷馬峨屏考查團之主要人物，此次執掌四川要政，則本書作者之意見，當能儘量採納，而墾殖區進行殆終有實現之希望矣！（亦文）

新書簡訊

化石人類學

此書係日本鳥居龍藏著，張資平譯，民國二十四年七月商務印書館出版，自然科小叢書之一，凡五冊，定價一元七角。

因舊石器時代或人類的遺骸和埋藏物，多已發生化石作用（fossilization），所以要研究先史時代的人類情形，是要靠化石人類學的。

這本化石人類學，凡十七章。計分總論，先史時代及化石人類研究發達史，第三紀之地形氣候及哺乳動物，直立猿人，曙石器時代，第四紀洪積期時代，地層之推算與冰河之原因，羽克氏（Penck）之古石器時代年表，下部古石器時代，下部古石器時代之人類，上部古石器時代，上部古石器時代人類生活狀態，馴鹿時代之美術，古石器時代美術之起源，古石器時代之宗教，馴鹿時代之人類，現代人類起源於具有鑛類特徵之化石人類。（按此書所謂古石器時代即吾人所謂舊石器時代。）

著者鳥居龍藏（Ryuzo Torii）氏，明治三年（一八七〇）生於東京，大正十年獲得博士學位，歷任東京帝大等校人類學教授，曾到西伯利亞，東三省蒙古等處探檢，著有「人種學」，「遼東民族」，「由人類學人種學見到之亞洲東北部」，「蒙古及滿洲」，「苗族調查報告」等書。此書對於舊石器時代人類之研究各方面都講一個大概可算是初學者入門之資，譯者張資平氏雖在文學上頗負盛名，但是他原是學地質的，譯這種書，自然適宜。譯筆係用文言體，尚暢達流利。（結）

×　×　×

民族學研究

日本民族學會編輯　本年一月起發刊　已出至第一卷第四號　每號八十錢

此爲東邦新出雜誌中之值得注意者。第一號有松村武雄之「異形族考」，第三號有金田一京助之「蝦夷語動詞之第三類」，第四號有白鳥庫吉之「隋書瑠求國言語考」等，皆不失爲可讀之力作。白鳥文中比勘瑠求傳中之九語，如「鳥了帥」「可老羊」「渴剌兜」之屬，以爲與Austronesian同源。爲說似尚多未密。然資料過少，又有異文（如鳥了帥亦作鳥丁帥），欲求爲明晰之考定，本亦爲不可能之事也。其他紀錄材料之作品，如第二號秋葉隆之「薩瑪之巫祭與大仙之巫術」，田邊尚雄之「馬蝦兒及客樂倫羣島之音樂與舞蹈」，第三號久保寺逸彥之「蝦夷古俗酒之釀造及其祭儀」，第四號太田武夫之「樺太土人ギリヤークオロッコ之民族制度」及Attic博物館論之「所謂足半」等，亦皆頗有用。每號之末爲新刊紹介及學界彙報二欄。新刊紹介有過濫者，然大體亦足供吾人之參考。

東邦與此類似之雜誌，有民族及民俗學等。民族以四卷三號休刊，改爲民俗學。今民俗學又停頓而代以此刊。以此首四期言，似較民俗學爲充實齊整。所慮者其果能持久否耳。其他若鄉土研究亦曾經一度之停頓，通俗的考古雜誌ドルメン又以最近休刊。是知此類期刊維持之難：即在文化比較發達之鄰邦，亦不能無同戚。吾人對此兩經營之艱辛，誠不禁以滿腔之熱忱，祝其前途生長之順遂也。（宥）

×　×　×

新疆紀遊附蘇聯游記

吳藹宸著　民國二十四年十月上海商務印書館出版　定價大洋二元四角

是書分上下二編，附錄二種，都三百四十三面，照片二十五幀，地圖二幅。上編記著者民國二十一年十一月十九日自塘沽出發，繞道日本，再渡日本海至海參崴，循西比利亞鐵路經蘇聯而入新疆，及抵新以後之種種經過，爲時一周年。其中有兩次政變（其一即二十二年四月十二日之歸化軍倡走金樹仁而擁劉文龍及盛世才），轟動一時之南疆獨立，及黃慕松與羅文幹二氏之先後宣慰新疆。此等事實，其時國內外報紙亦有紀載，祇以新疆地處邊陲，道路遼遠，且變亂之時，郵電不通，故紀載或不詳實。吳君親歷其境，且前後歷任省府要職，奔走和平，折衷壇坫，故其所紀，親切而詳。下篇則追述哈密之變亂（亦即兩次政變之淵源）及南疆獨立之始末，描述新疆複雜民族之複雜風俗及習慣，考其山脈水道及歷代對外之關係，並估定其在東西文化上之地位。附蘇聯游記，所紀多爲蘇屬中央亞細亞各地之現狀；此等地域，爲東西人士罕至之區，亦非蘇聯所歡迎參觀之地，吳君身歷筆述，出而獻諸世人，彌覺珍貴。末附新疆臨時通商協定，新疆知見書目一覽表，新疆外國書目提要，對於研究新省問題者，頗稱便利。今者「開發西北」，「到西北去」之口號隨國難之嚴重而愈高，但究竟西北有無可開發？如何開發？如何去法？以及果然去開發，是否引起另一強鄰之急視與壓迫，如吾人九一八以前對於東三省者？等等問題，倘持關心國事者加以實地考察與研究。吳君此書，固有參考之價值也。（仲）

×　×　×

東洋雜誌臺灣特輯號

日本東洋協會發行之『東洋』雜誌最近出有『臺灣特輯號』一冊，內容頗爲豐富，現任中川總督及各機關長官，均有所論述。他如臺北帝大教授奧田氏之「臺灣農業」，尾崎氏之「臺灣古代史研究」，村上氏之「鄭成功以前之臺灣」，稻垣氏之「鄭成功之舉動與日本占領臺灣」，井出氏之「由民族動靜上見到之臺灣與中國兩部」，鈴木氏之「理番政策之變遷與番人生活」，島田氏之「臺灣之植物」，堀川氏之「臺灣之動物」等編。皆有裨於明瞭臺灣之現狀者。吾國自甲午戰敗之後，而割讓臺灣，當時臺灣爲瘴癘之地，番人慓悍，號稱難治，今已四十年於茲。日本治臺成績，亦可略見於此篇矣。（辛）

圖書副刊
BOOKMAN
第一百零六期

一　本刊專載關於中外圖書之介紹批評以及學術界消息爲公開性質歡迎投稿
二　刊登本刊之文略致薄酬
三　投稿通訊可寄「北平文津街國立北平圖書館內圖書副刊編輯收」

地圖閒話

以中

丁文江先生在再版中國分省新圖序言中說：

「地圖有說明，是中國舊有地圖的特色，是世界通行的地圖沒有的。如果地圖的縮尺和投影是準確的，印刷是清楚的，附號是明瞭的，根本用不着說明，用不着解。舊圖之所以有說，是因爲非說不明的緣故。例如某處到某處多少里，舊圖縮尺和投影不準，或是根本沒有縮尺和投影，只好列之於說。新式的地圖，讀者儘可隨時照縮尺自己去量，用不着再用方輿紀要式的文章或是統計表來幫助牠。我們並不是說圖以外不需再有說明地理的文章。但是這是做地理教科書或是地理論文的人的事，不必附在地圖裏面的。」

這一節話論說解在地圖上的作用，甚爲確當！其實中國舊地圖之有說解，固然是由來已久，但亦有圖詳細而說解很少的。去年我曾經寫過一篇文字，論「地志與地圖」的關係，（見禹貢半月刊第二卷第二期）說明中國古來的地志，有許多是從地圖變化出來；而且地圖中說解之增多，正是表示地圖之淺落。這說法頗可與丁先生之說相引證。後來在四庫提要中又見到類似的言論，雖然話是說得很影約：

四庫書目提要地理類總序：「元明以後，體例相沿，列傳侔乎家牒，藝文溢於總集，末大於本，而輿圖反若附錄，其間假借夸飾以侈風土者，抑又甚焉！」

「輿圖反若附錄」這話暗示着「地志原來是以輿圖爲主體，而說解爲附」的意思。可見地圖之退化和地志中說解之太多，從前亦早已有人發過感慨了。其實明地志中以圖作附錄，或者竟沒有圖，那還不能算名不副實，不必苛求；可是，以地圖爲名的實至少應該以圖爲主體，決不能以說解文字來喧賓奪主的。

×　×　×　×

歷史是連續的，中國一方面保存着古代有文無圖，和圖少字多的地理圖志，一方面現在坊間成本子的地圖，亦還照例有說解附着。有些是圖說相間，有些上圖下說，圖和說分成兩部而合訂着。這體制都古已有之了。假使這些圖將來和古圖志遭遇同樣的命運，把圖散失掉而只剩說解，那還不是同有志無圖的元和郡縣圖志和元豐九域志之類一樣麼！而且，這些書籍的名目亦依舊叫做地圖，並不叫地志！

近來坊間流行的地圖附說越來越多，頗有將地圖「進化」而爲地志的趨勢。有些圖後附有表解，（這辦法亦是古已有之，明代的廣輿圖和[illegible]方輿圖之類差不多每圖之後都有一個表附着。）拆開了頗可獨立爲一本中國或世界地理表解。有的圖後的記述，幾乎自成一個系統，和地圖並無密切的關係。甚至於在世界地圖後面，可以從日月星辰等天文地理講起，那不但是世界地誌，並且是地學通論了！再近商務印書館又出了一本「中等教科適用」的「最新世界地圖集」，全書分量約有半寸厚，定價二元二角，價錢還不算貴。可是我們翻開來一看，但見正式的地圖集只占三十二面，除附表八面，地名索引五十九面外，其餘的附說卻占了一百七十五面。附說中間的統計表，照片，和插圖，都可算相當充足。我們如果把這本所謂「世界地圖集」改稱爲「世界地理志略」，或者竟用作中學的地理教本，倒不算是離奇的事。因爲現在歐美新出的地理教本中，其附圖之多，亦許有超過這「地圖集」的！

有許多地理上的事實，用文字不容易說明，或者說不明白的，卻很容易在地圖上表明出來。因此，學地理的人，有了好地圖作參考，比單看文字說解容易明瞭而記憶。這道理大概是無需乎經過教育心理學家的測驗才證明的。所以，近代歐美新出的地理書——尤其是地理教本——有揷圖日漸繁富，而文字反形簡約的趨勢，因爲事實既已在圖上表示了，說解本來是多餘的。這情形恰恰和咱們中國的地圖相反。

我們希望地圖的勢力侵入地志中去，而地圖中的地志，卻應該實行「縮短戰線」，最好是全部退出！

×　×　×　×

在古代，繪圖方法單簡，圖上畫不清，只能用表解說明來補充。現在繪圖方法進步了，統計表解多可以想法子在圖上表現出來，而我們中國新出的地志和地圖中間，亦還附了許多繁瑣的統計表和數目字的記載。這樣，彷彿把地志，地圖，和年鑑是三位一體！我們是不是沒有方法使牠們「各盡所能各取所需」呢？

本來，畫地圖不一定全是地圖專家的事，許多自然界和社會現象，要表示地域分布的，都可以用地圖畫出來。動物，植物，氣候，物產，交通，以及民族，語言，風俗，宗教，歷史，都有分布圖可畫，而且那些圖要靠各專家研究的結果，繪圖專家是不能憑空製繪的。地圖專家一方面在地圖的基本工作，如經緯度，比例，地勢，方位等努力求精確外，一方面各自然科學和社會科學專家，亦可以努力於中國的各種事物分佈的圖製作。單單開列着許多統計表未必是盡了科學之能事。

中國人之講人文地理和區域地理，已經有人談了好多年。可是，事實上用人文地理和區域地理的方法，對於中國地理作實際研究的，卻並沒有很多的成績可觀，少或竟可以利用的緣故。自然，有些圖是要地理學家在研究的時間隨時改製或創作，亦有些圖是一時不能造成的，因爲某種分布圖的完成，就表示那一種的調查研究亦差不多完備了！

近來商務印書館又出了幾張中等教科用的分類掛圖，如中國人口圖農林畜產圖等，這些圖雖是簡單，卻是很有用的工作。不過農林畜產把農林畜產都畫在一張圖上，看起來不甚明顯，最好農林與畜產分爲兩張。畫地圖本不必以詳密見長，亦應以簡明取勝。尤其是這種分類圖，最好每一個圖能給閱者以一個簡單而醒目的印象。

我們還希望各機關或私人有比這些更詳備的各種分類圖出版！

中國的新事業和新學術，彷彿什麼都剛在起頭，前面有不少坦蕩的大道需要我們去開闢！大家不必徑往那偏僻的斜道上擠！

太平天國起義記小考

羅爾綱

太平天國起義記原名洪秀全之異夢及廣西亂事之始原The Vissions of Hung-Siu-Tsuen and Origin of the Kwang-Si Insurrection，瑞典人韓山文 Theodore Hamburg所著，簡又文先生譯爲今名，由燕京大學圖書館出版，本刊已經給讀者介紹過。這部書是記載太平天國起事史最重要的一部著作，因爲向韓山文敘述本書事實的人，乃洪秀全的族弟洪仁玕。故此書所記洪秀全的家世，生活，思想，行動，都最可置信。即洪秀全入桂以後，仁玕雖不曾親與其役，但其間洪秀全曾兩次回故鄉，仁玕所述洪秀全在廣西傳教的事實，也必是親得自洪秀全。所以此書中許多地方都與潯州府志貴縣志武宣志相同，而爲其他著作所未經著錄者，最可以互相印證。然而書經轉述，仁玕既不會得讀韓山文此書加以訂正，著者誤聽誤記勢所難免。即仁玕所述，「事有歷時遼遠僅憑記憶追述者，則細小之乖舛，恐或不免」。（著者原序語）所以我們讀此書，考同考異的工作是應該做的。不過，詳細的考註，不是篇幅所能了，而本刊篇幅有限，我在這裏僅摘要提出來考論罷了，至於說對此書史實作精確的考定，卻不是末學所敢說的。

一　考同

洪秀全到廣西去傳教，在發難前最大的一件事，便是因毀壞神廟而與團紳衝突。此書第七章詳記洪秀全在象州毀壞甘王雛像及六洞廟，爲富紳王秀才上稟平南縣官控告，（綱按王秀才名作新，武宣人。又此言平南縣誤，應作桂平縣，請參看下引潯州府志武宣縣志。）縣官乃逮捕馮雲山盧六二人下獄。（綱按潯州府志武宣縣志均作王作新起團捕獲，從後來桂平縣官稱讒上帝會看起來，似以方志所載較可信。）上帝會衆在外籌集巨款來營救馮盧兩人，並入禀呈所信的十誡以求縣官秉公審查。馮雲山在獄也上時呈求伸冤。縣官漸有意釋放兩人。其時盧六已病斃獄中。縣官于是派差將雲山押解回廣東原籍，馮在路上與兩差役侃侃談道，感動了這兩人。行不到數里，兩人即願服其教，釋放雲山同到紫荊山入會。（頁一七—一九）綱按此事同見潯州府志武宣縣志。潯州府志記道：

秀全花縣人，與同邑馮雲山先至博白，轉至貴縣龍山，復往來平南鵬化山，後復寓匿紫荊之鵬隘山，主曾玉珩家。所至以教讀爲名，因綠廣東奸民朱（或作朱）九疇上帝會，誘鄰山樵。……附書日衆。團紳附生王作新率鄉民執之。秀全遁，獲雲山，獻於大黃江巡檢。桂平縣，發其叛逆狀。儘斥之。作新又曾在象州亦有毀祠廟事，且關之嚴，請轉詳，亦弗聽。知縣王烈翰其書，以爲邪教書。共屬科叛禁罔誅說，卒遣雲回籍。雲山途遇而歸，復入于紫荊。（卷五十六）

武宣縣志附錄採訪洪楊起事記並錄有當日府縣的批詞，所記更是詳細，記道：

洪秀全馮雲山廣東花縣人，道光二十六年至桂平紫荊山大沖曾玉珩（綱按「至」潯州府志作「玉」）家教讀，密訂盟約，勸人同拜上帝，往來博白潯州象州間。二十七年冬，打山內淫祠及社壇。生員王作新指爲謀叛。十一月二十一日起團獲馮雲山交保正曾祖光解官，被會黨搶脫。十二月十二日復起團獲馮雲山洪秀全曾玉珍盧六送大湟江司。該司止解馮雲山盧六過縣。作新將馮洪傳教呈縣稟明瑪爲邪會，捏圖謀叛。桂平縣批：「閱呈殊屬荒謬，該生員身列膠庠，應知敦倫。如果事有實跡，則當密爲稟呈，何得以爭毀社壇細故，揑飾大題架控？是否挾嫌滋累，亟應徹底根究，候即飭提兩造人等質訊確情分別斷理以遏刁風而勵功令。」馮雲山即以詭詐具控。府憲批：「馮雲

巴黎敦煌殘卷敘錄（十四）

王重民

云謠集雜曲子　伯二八三八

敦煌出云謠集雜曲子，有兩本，均不全。一藏倫敦博物院，存者十八首；一藏巴黎圖書館，存者十四首。校除複重，適得三十首。倫敦本先傳至吾國，朱孝臧據董授經先生攝影者，刻入疆邨叢書，朱氏有跋記其原委；羅振玉據伯希和先生攝影者，印入敦煌零拾，羅氏有跋記其原委，並附王靜安先生跋，考之甚詳。後劉半農先生來巴黎，始將巴黎本抄回中國，刻入敦煌掇瑣中。民國二十一年，龍沐勛據兩本，定著爲三十首，並以朱孝臧董康等校語，另爲校記一卷，又重刻之。於是全書復行於世。

余來巴黎，又據校記以閱巴黎本。鳳歸雲第二首：「豈知紅臉淚，」校記龍云，巴黎本臉誤作瞼，按原本不誤，劉鈔誤也。拜新月第二首：「國泰時清晏，」校記龍以劉抄本泰作秦誤，按原本實作泰。故余亟爲攝照一份，俾國人得識巴黎原本之眞。又魚歌子第二首，「虛把身心生寂寞，」原本把作拋，拋字大佳，諸家未能校出。傾杯樂：「生民深閨蒨，」龍刻本改蒨爲苑，則不知唐人寫書習慣，凡從死之字皆作宛。不但敦煌寫本如是，日本所藏唐寫本，亦莫不如是也。　五月二十七日

再跋帝王略論

敦煌本帝王論，余曾據唐志及見在書目定名爲帝王略論，疑爲虞世南作，但未有堅確之自信也。稿既發刊，東友神田喜一郎教授過余齋，談及東洋文庫近年購得虞世南帝王略論鈔卷，存卷一二四三卷，寫於鐮倉時代，與此正是一書。頗自喜撰於西而驗於東，吾說爲定讞矣。因歎著述之業，或盛行一時，或傳之永世，固視其絕對價值以爲衡，然亦有時尚之需要存焉。九經三史，萬世不刊，餘則百年之內，盛衰不同，不待易世，其跡可見也。西州莫高窟東國高山等寺，爲東西對峙之兩個唐代圖書館，而見在書目，即其公有目錄也。此問題至有趣，余將作論以明之。　六月十四日。

再跋劉子新論

余於敦煌本劉子新論，於羅卷外，在巴黎又獲見兩種。據三五六二號卷子以校羅卷，知原書不避唐諱，以補羅氏爲六朝舊書之說；至其撰人，應爲劉晝抑劉勰，余仍不敢贊一言也。余又謂此書盛行唐代，故能遠及邊裔，因思敦煌遺書內有所謂隨身寶者，所記經籍一門，均保當時最通行之書，不啻一部唐人書目答問也。余乃求之該卷，正有「流子劉協注」一則，知必係「劉子劉勰著」矣！於是是書盛行唐代之言益驗，而唐志劉勰之說，又多一證。雖仍不能必是書出於誰氏，而唐人多題劉勰，宋人始稱劉晝，約略可言；則袁孝政者，應有詳考之必要矣。六月十四日。

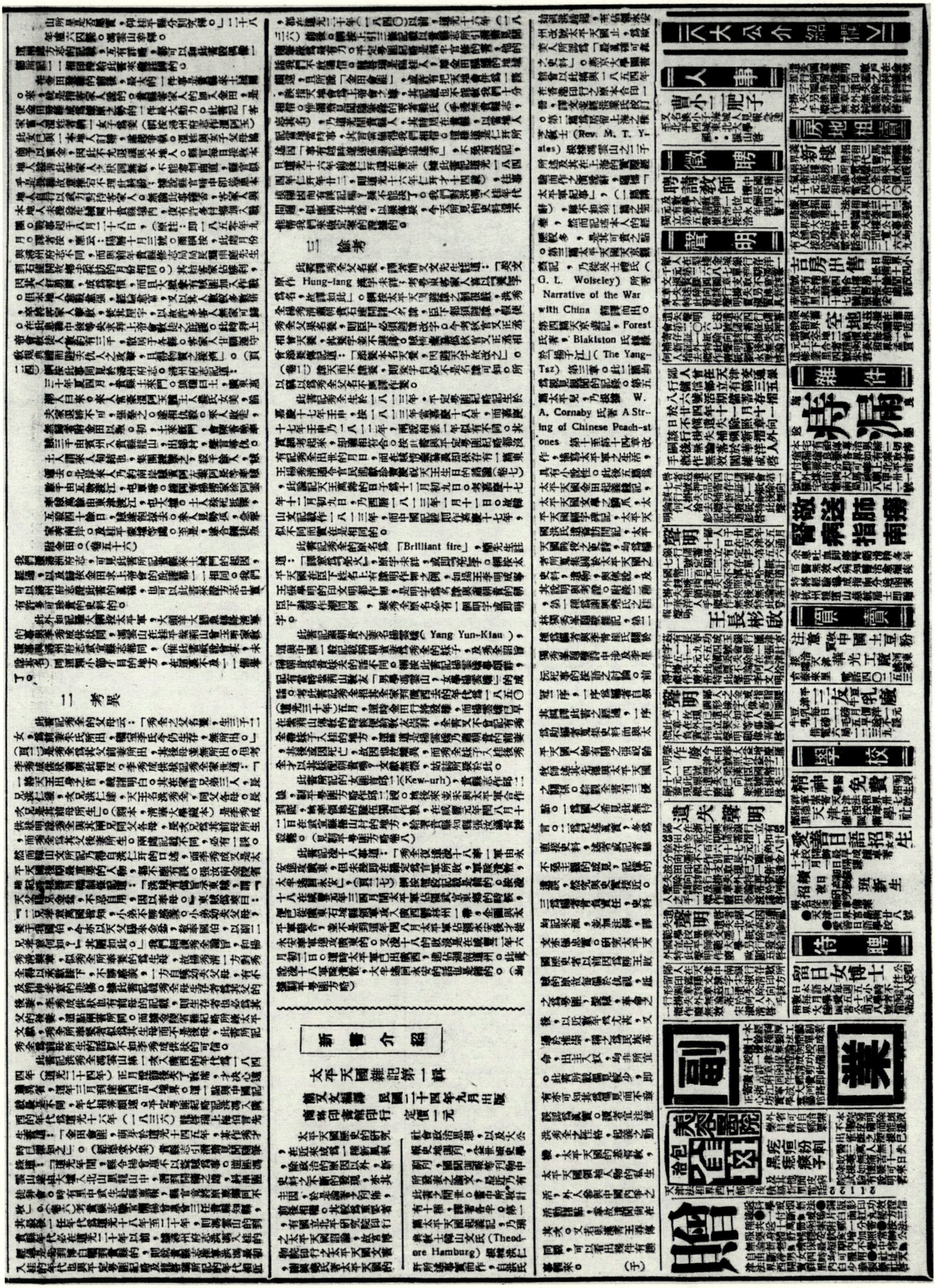
二 考異

三 餘考

新書介紹

太平天國雜記第一輯

簡又文編輯 民國二十四年九月出版

商務印書館印行 定價一元

人事

徵聘

聲明

雜件

學校

待聘

副業

圖書副刊

BOOKMAN

第一百零七期

一、本刊專載關於中外圖書之介紹批評以及學術界消息
二、為公開性質歡迎投稿
三、刊登本刊之文略致薄酬 投稿通訊可寄「北平文津街國立北平圖書館內圖書副刊編輯收」

記劉繼莊

覺明

——介紹王勤堉纂劉繼莊先生年譜初稿——

王君所纂劉繼莊先生年譜，初刊於今年八月出版的浙江省立浙江圖書館館刊上，我見到的是一種抽印本。

劉獻廷，字繼莊，一字君賢，別號廣陽子，直隸大興人。生清順治五年(一六四八)，卒康熙三十四年(一六九五)，享年四十八歲。生平交游如王崑繩源，梁質人份，萬季野斯同，梅定九文鼎，顧景范祖禹，戴南山名世，李恕谷塨，王黃旭錫闡，大都學通古今，爲一世大儒。先生自己，亦復淹貫百氏，不名一家，王崑繩佩服他和李恕谷到了極頂，至以爲「此二人者實抱天人之略，非三代以下之才。」

他的政治哲學大概見於他的懷古詩，所謂「古之兵皆農，農當兵亦強；古之士皆農，農楼士亦良。兵農一以分，甲胄無餘糧；士農一以分，束楹無文章。分之則兩傷，合之則一理。請諸當途人，治亂實此始。」王君以爲「此種兵農合一之主張，實與當時顏李學說極相吻合。」(頁二〇)

他在曆學方面，曾增定明史曆志稿。地理學方面，尤有創見：他打算爲酈道元的水經注作疏，但是並非斤斤於章句之間，他以爲「有聖人出，經理天下，必自西北水利始。」(頁三三)而酈注正詳於北而略於南，所以他說「予不自揣，蚊思負山，欲取酈注從而疏之。魏以後之沿革，事實，一一補之，有關於水利農田攻守者，必考訂其所以而論之。以二十一史爲主，而附以諸家之說，以至於今日。後有人興西北水利者，使有所考正焉！」(頁二四)因爲他特別注重西北的地理，所以於梁質人的西陲今略，不惜用二十多天的功夫，通錄一本，於是河西五郡，俱成爲他的囊中之物！而其在長沙悟南北物候之差異，由嶽而知地平與視距之關係，這在三百年前的中國地理學史上，確實是可以大書特書的一點。

他在音韻學方面，受等韻學和當時耶穌會士傳來的羅馬字標注漢音的影響，於是創定新韻譜，欲以此代替，以譜各地土音。說者以爲他在音韻學方面「治學的方法，跟態度，已經立下比較音韻學的楷模。」(頁四三)當時各方以智的音韻學，確受金尼閣的影響(參方著膝寓信筆)，劉繼莊楊選杞輩，皆是當時接受新思想新學說的急先鋒，何能例外！

近人論清代學術，往往以爲只有樸學可以作代表，並且極力用科學方法來傅會。更有一輩天主教人，又想把有清三百年的學術，全歸功於明末清初的那般耶穌會士。依我看來，稍有可以商榷的餘地。所謂科學方法，最重要的在從實地觀察，取得data，加以歸納，而演成原則，與記誦博聞似同而實有不同。用這一個標準去量度乾嘉學派，便可看出乾嘉學派用的只是一種歷史方法，或者考證方法，絕不能說即是科學方法。

清代的學術，以乾隆朝爲一分野：以後是乾嘉學派的天下。以前卻不然，如劉繼莊，如顏李學派，如顧亭林，都不是僅讀死書的人。他們不只要知古，並且要通今，他們不僅從書本上求學問，並且要從眼前所見事事物物上得到知識。所以如繼莊之悟物候，記僞車，這在乾嘉學派中是不多見的。要說清代學術與西洋科學的關係，清初一輩學者，勉強還可以勾連上去。繼莊之學在經世致用，是以「於禮樂，象緯，醫藥，書數，法律，農桑，火攻，器制，傍通博考，浩浩無涯涘。」(王崑繩撰墓表。)這些東西，正是明季徐光啟李之藻一流人所講求的學問；劉繼莊方密之，倒正是徐李學派的傳人！繼莊生平頗推重金聖嘆，說者以爲大不可解，其實聖嘆之不可及，在能放翻宇宙，不爲古人作奴隸。而徐李學派教人，亦即在不輕信古人，光啟所作毛詩六帖中常有此論。繼莊贊光啟爲天人，是以於聖嘆亦不覺有針芥之合也。

繼莊之學，身後見賞於全謝山，謝山因爲之撰傳。然謝山作傳時，於繼莊的著作，已經求之不可得，後考述繼莊之學的，大都只從廣陽雜記中紬繹而出，於其生平仍復不甚了了。王君此譜，除於廣陽雜記細加推考之外，又從南潯劉氏嘉業堂抄得廣陽詩集二卷，於是繼莊生平，學侶行踪，因而得知梗概。於近人說及繼莊如姚士鑾湯中的著作中的錯誤，也一一予以商榷，更正，這在講清代學術史者，的確是一椿可以快意的事。

廣陽雜記卷三曾記到康甲夫家藏有劉孔當著五經韻字五經叶韻，上附琉球紅夷字。繼莊此段所記，得之傳聞，有欠正確。明季荷蘭人入據臺灣，後爲鄭成功所逐。鄭氏滅亡，臺灣內屬，而荷蘭人卻仍有在那裏傳教的。那般教士曾教當地土人用羅馬字拼當地方言，學習這種拼音文字的稱爲數冊仔，大都以新港社人爲多。這種用羅馬字拼方言，並附漢字的文書，屬於康雍乾時代而傳留至今者，東西所存不下百餘種，時人概稱之爲新港文書。這是三百年前的「漢字拉丁化」，並不是「琉球」紅夷字。臺灣帝國大學曾出有新港文書一冊，用英文寫成，即專論此事者。

關於粵邊紀略的作者，歷來似乎有點問題？王君的意思，見年譜頁三九，他說「所謂粵邊紀略，豈先生遍錄時，因未錄西域諸邊圖及粵邊紀略而別爲題名耶？使今傳粵邊紀略而無此末二卷者，即蒙之臆測，或亦可信也。」後來在上海得晤王君，他說浙江圖書館所藏舊抄本粵邊紀略果無末二卷。粵邊紀略即是梁質人西陲今略的節本，西陲今略原本前藏鄧秋枚師的國粹藏書樓，國粹學報上曾披露一篇提要，並錄有黃燕贊序，就序文看來，似乎今略乃黃氏所作。如今略原本猶在人間，以與粵邊紀略作一比較，不惟紀略來源可以大白，而作者問題也聯帶可以解決了。此當仍留俟王君了此一段公案也。

廣陽詩集卷上集飽德堂偕仰今昔聿爾賦此詩中，有「滇黔亂人妄稱帝，燕秦懲少皆封侯」二語，年譜繫此詩於康熙十五年附注說「如指十七年五月吳三桂之稱周帝，則此詩當係康熙十七年以後所作。」按廣陽詩集卷末有顧嘉擧的跋，跋中說「三藩亂有招之者，獻廷匿包山者數年。」似可爲此詩作注腳，年譜未曾收入。此詩作於何時，頗難斷定，不過康熙初年，有一輩明季遺民都犯有參預恢復故國的嫌疑，如顧景范，如屈翁山，即是其中卿卿有名的。還有方密之，卒於康熙十年：因爲有人告密，說他與粵中暗地裏有來往，害得他的兒子方中通在桐城被繫，他自己也間關南行，想到廣東去投案對質，不料行至萬安，病歿途中。以前讀方中通陪詩，記此事隱約其辭，頗爲疑惑。十月初在南京見到朱逷先先生，以此相詢，他說起屈翁山確曾參預，方密之當亦因此被人所累，始爲恍然。至於繼莊是否亦在此時？與此有無關係？別無明文可考。惟充廣陽雜記中於明季遺民義士，表彰甚力，友朋中且有如張斐文之流，我們只有寧可相信其有！張斐文亦有遺集，不知其中亦有與繼莊有關係的文字否？

海途岑寂，藉消永日，因讀王君此譜，略爲介紹。如有錯誤，並祈王君和讀者指教！(十月二十六日)

書評

胡哲敷史學概論

齊思和

二十四年二月上海中華書局出版 定價銀七角

近年國人以新國史之要求日切，關於新史學之譯著甚多。就個人所知，西方史學之經國人譯成中文者，有魯濱孫之新史學(James H. Robinson, New History)，巴恩斯之新史學與社會研究(Harry E. Barnes, The New History and the Social Studies)，紹特威之史學史綱論(J. T. Shotwell, Introduction to the History of History)，巴恩斯之史學之發展(History: Its Rise and Development)，朗古魯與斯尼卜斯之歷史研究法綱論(Charles V. Langlois and Charles Seignobos, Introduction aux Etudes Historiques)，斯尼卜斯之社會史研究法(La Méthode Historiques appliques aux Sciences sociales)何炳松先生之通史新義即據此書改編。傅林之歷史方法概論(F. M. Fling, The Writing of History)，傅林特之歷史哲學史之綱論(Robert Flint Philosophy of History)，黑格爾之歷史哲學(G. W. F. Hegel, Die, Philosophie der Geschichte)，施亨利之歷史之科學與哲學之上卷(Henri Sée Science et Philosophie de l'Histoire)約翰生之歷史教學法。J. Johnson, Teaching of History)國人自著者，則有梁任公之中國歷史研究法，中國歷史研究法補編，與吳貫因之史之梯，劉劍橫之歷史學ABC盧紹稷之史學概要，而最近出版者，則又有胡哲敷先生之史學概論。以上所舉，限於見聞，猶未能遍。然即此觀之，可見年來國人對於現代史學興味之濃厚矣。

以上所列舉國人所移譯西洋史學之書，多係史學名著，雖其價值高下不同，要皆可供國人之不諳西文而有志史學者之參考。梁氏於國學雖極淵博，於泰西史學則所窺甚淺。其所根據者，僅一威爾斯之世界史綱。夫威爾斯本非史家，其史綱尤不足以代表現代西方之史學。而梁氏乃就其書以窺西方史家著作之體例，而纂輯史改革之發往。故其所論列多屬隔不着實際。吳劉盧三氏之作，內容更次，余嘗爲文以摘其誤而匡其失。(見二十年國聞週報。)胡氏之書，最爲晚出，宜其後來居上，突過前人，而其疎略淺陋，或較諸氏爲尤甚，此則余略覽一過，不覺爲之失望者也。

胡氏史學概論，爲中華書局刊行中華百科全書之一種。據舒新城氏總序，此叢書發刊之目的，『原爲供中等學生課外閱讀，或失學青年自修研究之用。』所以計劃之始，我們即約定專家，分別開示書目，以爲全部叢書各科分業之標準。』又曰：『這部叢書發端於十年前，計劃於三年前，中經徵稿，整頓，排校種種手續，至今方能與讀者相見。在我們總算是「借重時事」』可見主編者於翻譯作家之嚴，從事之愼，與其目的之大。但就胡氏一書觀之，則此總序中所言者，殆未實現。

夫居今日而談史學之改造，『與新史學之建設』，則作者不惟須於吾國舊日之史籍，能溯其源流，辨其得

巴黎敦煌殘卷敘錄(十五)

王重民

周易王弼注 三六八三

周易王弼注殘卷，書法不佳，且殘留甚短。存家人卦之下半，至睽卦之上半。睽：「以辯答也」，今本避作辨，卷子本作避，與宋本合。王注：「所轄之下，」今本轄上有下字。又「與四志合光」，今本四作人，岳本宋本足利本作四，與卷子本同。七月十三日。

春秋後語 秦語 晉孔衍撰 伯二七〇二背

此卷卷首殘闕，存者約可得八十行。中間又割裂爲數段，張儀說趙燕侯一條，裝裱顛倒，陳軫對惠王數行，又間隔於卷末，蓋誤作廢紙用以襯托二七〇二號卷子者，開之殊令人惋惜。羅振玉曾購得秦語殘卷，存字九十五行，印入鳴沙石室古佚書中。跋謂據師窟間以求九刪一條，亦見此卷中，則此卷爲別一抄本矣。又羅跋云：「往在京師，晤伯希和君，出其所得敦煌書目中，有孟說秦語中第二。考史通言後語始自秦孝公，終於楚漢之際；所謂孟說秦語中第二者，殆因秦事實較多，分爲三卷。此卷終於武王二年，乃秦語上第一；其秦語中首篇述孟說事，遂以首章記卷，古異之例皆然。」今按此卷，孟說秦語中第二一行，乃在卷二之末，非在卷二之首。武王與孟說舉鼎，絕臏而卒，事在二年八月，秦語中即止於此。則羅卷止於武王二年者，亦爲卷二，非卷一矣。余曾見一敦煌本殘類書，引公孫鞅事，即當在卷一也。此均據此殘卷而可推知者。余旅居海外，既未備來，巴黎更不易假借，所恃者惟一部雪堂校刊羣書敘錄，藉以知其大略耳。羅卷與此卷既非略出本，則內容必相同，此卷較多武王二年以後事十餘行，適足補羅卷之闕，爲可寶也。五月三十一日

附秦語佚文

此國之所謂危不如伐蜀便。惠王曰善。遂起兵伐蜀，破之。敗蜀王號爲侯，而使陳莊相蜀。既屬，秦以富強益輕諸侯矣。」惠王十二年，韓魏相攻，朞年不解。惠王欲救問於左右，左右曰救之便，或曰勿救便。惠王未能爲決。陳軫爲楚使來，王見之，曰子去寡人之楚，寡人甚思子，子亦思寡人乎？軫對曰：王聞越人莊舄乎？王曰不聞。莊舄仕楚執珪，有頃而病，楚王(按當作楚莊王)曰舄故越之鄙人，今仕楚富貴矣，亦思越不？中謝之士對曰：凡人思故在其病也。彼思越則越聲，不思越則楚聲。使人往聽之，猶尚越聲也。今臣雖

右二節，粘於二七〇二號之另一端，又被上一層薄紙，不能攝影。

公孫鞅衛人也，西入秦說秦孝公，孝公封爲商君，以與舍名，故云商鞅也。初說孝公請變法而治於是太子犯法，鞅曰太子君之嗣，不可施刑，刑其傅公子虔，黥其師公孫賈。後孝公卒，太子立，子虔等譖商鞅謀反，遂攻殺之。

李斯仕秦始皇爲丞相，始皇崩，二世立，無道，郡縣並興，乃責李斯禁令不切，李斯於即奏督責之申韓非之法，刑者三分道二，死者日積數千，快意稱心以爲威烈。

趙高秦二世佞臣也，譖丞相李斯爲謀反，二世令高推鞫，榜掠數千，後始具其五刑殺之。

右三節出一不知名類書。現存者方尺，尚未編號。

實與有[illegible]輯本，容再校。六月四日記

…（見 Max Nordau, The Interpretation of History, pp. 1-46。）…

… Mathew Paris, Lambert of Herzfeld, Joinville, Froissart …

…(Francis Bacon)…(Corning)…(Gruter)…(Gibbon)…(Ranke)…(Lamprecht)…

二十四年，十月，七日

新書介紹

柯鳳蓀先生遺著三種

北京大學研究院文史部出版

新元史考證五十八卷 定價三元

譯史補六卷 定價一元二角

十八卷 定價八角

來函照登

… a Load to him … he had books read to him (Pliny) … (Pliny) … ctated to a secretary …

485

（第三張）　中華民國二十四年十二月五日　大公報　（星期四）　（第九版）

圖書副刊

BOOKMAN
第一百零八期

一　本刊登載關於中外圖書之介紹批評以及學術界消息，爲公開性質，歡迎投稿
二　刊登本刊之文略致薄酬
三　投稿通訊可寄「北平文津街國立北平圖書館內圖書副刊編輯收」

瀛涯瑣志

蠕蠕生

——介紹新加坡的頼佛爾博物館及圖書館(Raffles Museum & Library)——

到新加坡的人固然不可不看新加坡的植物園(Botanic Garden)尤其不要忘記了去看紀念新加坡的創立者Sir Thomas Stamford Raffles 1782—1826)的博物館和圖書館。——這是研究馬來羣島人種習俗文化的一座重鎮。此外吉隆坡(Kuala Lumpur)的博物館搜羅馬來半島的鑛物標本最爲豐富，太平(Taiping)的博物館以搜羅馬來半島考古方面的材料見稱於世。這是馬來半島上三個有名的博物館。而新加坡的頼佛爾博物館，並附有一收藏關於馬來羣島書籍最豐富的圖書館，所以更爲重要。

頼佛爾博物館和圖書館是爲紀念手創新加坡的頼佛爾而設的。頼佛爾於一七八一年生於英格蘭的Yorkshire，十四歲入東印度公司服務，後爲爪哇副總督，佔有荷屬之馬六甲(Malacca)，歐洲方面，英法戰役終了，一八一四年倫敦條約仍以馬六甲還歸荷蘭，頼佛爾自然大不願意，而又無可如何。後以他的遠大的目光，注意到馬來半島的南端，遂於一八一九年佔有新加坡，隸於東印度公司，至一八六七年始改由英皇直轄。至今新加坡有Crossroad of the East之稱，爲英國在遠東第一重要海港，飲水思源，不能不歸功於頼佛爾。所以新加坡地方紀念頼佛爾的東西很多，差不多到處有他的遺像，如新加坡最熱鬧的 Raffles Square，如Stamford Road，都是由他而得名，至於Raffles College, Raffles Hotel等等，更是難以遍舉。頼佛爾博物館和圖書館即在Stamford Road 西北端將近盡頭處，位於路西，前面是一片綠草如茵的廣場，後面緊靠 Fort Canning Hill 山麓，新加坡正在設計中的第二座植物園，也就在附近。

我們乘的船於十月二十七日上午抵新加坡，三十日下午才開船，整整的停三天，我於是當天下午到 Alkaff Gardens（華人稱之爲阿拉伯花園）和植物園，走馬看花地遊覽一遍。阿拉伯花園爲阿拉伯的產業（新加坡的地產大半爲阿拉伯人所有，）是一座日本風的花園，沒有甚麼可紀的地方。植物園在遠東即頗負盛名，內中單是orchid 一科就有八百種；研究馬來羣島的植物，當然要以此爲淵藪。此外能引起遊人興趣的是植物園中的猴子，全任其自然生長在一片參天蔽日的大森林中，見了生人，了不畏懼，反簇擁上前，來要食物。

二十八二十九兩天，全花在博物館和圖書館中，上午九十點鐘去，下午三點左右才出來，連中飯也忘記吃了。所可惜的是博物館和圖書館都沒有史略概覽以及指南一類的書籍刊印發賣，以致我要想知道一點關於兩館的歷史以及組織內容的大概都不可能，而辦事人又無法與之接談，所以下面只能就我所看到或個人覺着有趣味的紀一個大概，藉以引起來遊者的注意，其中不詳不備以及或有錯誤的地方，那只有請讀者原諒了。

博物館和圖書館的建築前後正相連接；博物館位於前面，圖書館緊靠着博物館（參看插圖），後面即是Fort Canning Hill，兩館全日開放，自上午八時半起，下午六時止，星期日停止。博物館分兩層，進門處懸有一平面圖，今照錄如次，以後敘述，即以平面圖爲準。此館特別注重民俗習慣一方面，而我於此卻不甚感興趣，所以有從略之處。特此預先聲明。全館分爲兩層，今先從下面的一層說起，然後轉到上面。

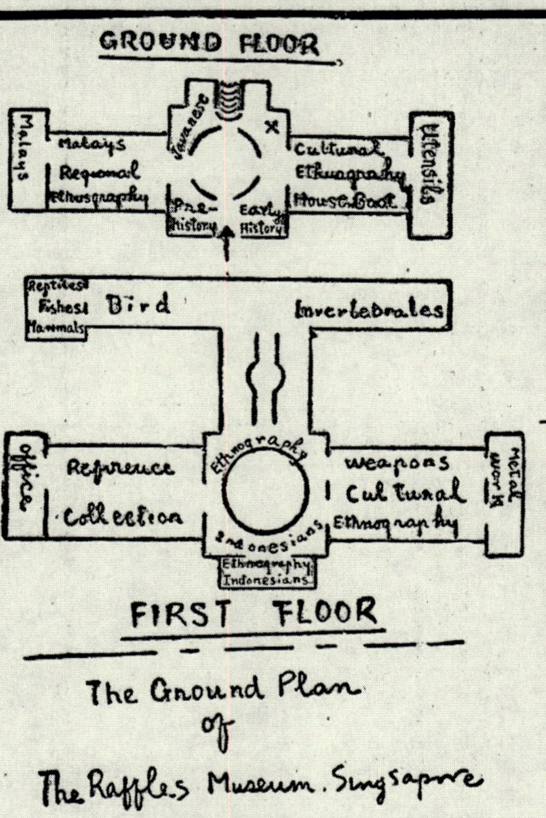

按圖：進大門爲一大圓廳，屋頂爲穹形，頂上爲圓玻璃，故光線甚爲充足。圓廳右方一大玻璃櫃，內陳一蠟製馬來女人，在那裏把她的孩子的頭部施行壓平的工作情形。用一種弓形的器具，夾住孩子的前額和後腦，這是馬來人的一種特別風俗，何所取義不得而知。左方也是一具蠟人，是Dyak 種女人織紗籠(Sarong 一種馬來人用以圍下身的布)的像。由此向右進到一間大室，裏面陳列的全是馬來人的房屋和船的模型。再進去一間，陳列一些馬來人的用具如陶器之類，此外還有許多馬來人捕捉飛禽走獸以及魚類的陷阱一類東西的模型。馬來人捉虎象等獸，和中國的方法不同，多用木欄和大木罩。第一間大室內還陳列有許多的墓石，大都爲十四五世紀之物。有的是蘇丹，有的是回回教人。其中一塊爲一四七七年到一四八八年在位馬六甲蘇丹'Ala' u'd-din Shah 的墓碑，Dr. R. O. Winsted 在 Journal of the Royal Asiatic Society Malay Branch, X, 1932, Pts. I & IV 上曾爲文論及，他所著的A History of Malaya (1935, Singapore) 也曾提到（此書最近出版，我另外有文介紹，茲不贅。）此外還有史前時代石棺一具，用好幾塊石片合成，也照原形陳列在此。由此出去，在圖中畫×處，用欄圍住，不能進內，只看見地上堆着十多個直徑一尺左右的大青花磁盤，完全是明朝的式樣，可惜盤底沒有翻過來，不能看清年代。但是從宋元以來，南洋群島即有中國的磁器傳入，這些磁盤之爲明代遺物，是毫無可疑的。進門的右方還有一小室，圖上注明 Early History，又左方一室注明 Malays 一室注明 Malays: Regional Ethnography，匆匆一覽，沒有記錄，茲不贅。其中進門左角一小室，圖上注明 Prehistory 者，今約紀所見如次。

此室所陳列者，大致可分地圖，銅版畫，古本馬來文書籍，頼佛爾及其他歸人手蹟，四類，此外還有一些零星器物。

（一）地圖：一共十八幅，還不是現代新測的地圖，而都是一些時代較古的作品。有的是原本，有的是翻製。一百年來新加坡市的變遷和進展，可以從這些地圖中看出一個大概。各幅的名稱和時代從略。

（二）銅版畫和油畫之類：一共六幅，所寫的也是百年來的新加坡一埠的風景。此外還有一幅一九二九年的日蝕照片，和海峽殖民地的徽章。(Coat of arms)。

（三）古本馬來文書籍：所謂馬來文，只是一種波斯阿拉伯文混合的字體。最原始的馬來文學，不過一些謎語俗諺和獸話，而其中也還雜不了印度教佛教和回教的影響。可是書籍印行實不少，即以荷蘭 Leyden 和巴達維亞(Batavia)所藏馬來文寫本目錄而言，已在一千二百頁以上，其豐富可想而知。此處所陳列者不過五種，茲紀其名稱如次：

(1) Hikayat Rajah Khaibar(紀先知者與猶太人Khaibar 戰爭之故事)

(2) Hikayat Smir Hamrah

(3) Hikayat Hang Tuah (紀古馬六甲王國之一名將並及一八一一年葡萄牙人攻馬六甲及一五六五年佔馬尼拉諸役的故事)。

(4) Hikayat Kalilah Dan Daninah.

(5) Hikayat Isnoa Yatim.

（四）頼佛爾及其他諸人手蹟：計陳列頼佛爾的照片一幀，一八二六年頼佛爾逝世的 Highwood 地方照片一幀。頼佛爾的信札布告墨蹟五件，John Crawfurd (新加坡僑民)及 William Mursden(頼佛爾的科學通訊員)的手蹟各一件。在頼佛爾的信札中，有一封是一八一九年六月十六日寫給Colonel Addenbrooke 的，其中有這樣的幾句話：

「新加坡是我自己的孩子，他將來的地位是怎樣的重要，用不着我去說。不過就我研究馬來而言，我還沒有看見紀述到此地的；不僅歐洲人，連印度也不知道哩！」

"I shall say nothing of the importance which I attach to the permanence of the position I have taken up at Singapore; it is a child of my own. But for my Malay studies I should hardly have known that such a place existed; not only the Europeans but the Indian world was also ignorant of it".

又有一件是他在一八二三年發表的一通布告，其中有這樣的幾句話：

「新加坡的居民已經繁殖了，現在更一天一天的激增，要使其有進步，須得爲之設施，所以對於他的將來和秩序，應該要予以適宜的注意。」

"The extant of the native population which has already accumulated at Singapore, and the rapidly with which it daily increases, renders, it expedient that in providing for its accomodation a timely attention should be paid to its future and regulation".

一八二三年是頼氏進據新加坡以後的第四年，他的目光便已注射到將來；新加坡之有今日之盛，並不是偶然，乃是由於不斷的努力，而造成的。華人在馬來半島上的歷史，最少比頼佛爾的經營要早一百年，而在今日卻淪於一種附屬的地位，領袖人才之不可少有如此者。因不避瑣屑，將頼氏的兩段文字抄錄如上，以供有志之士的參考。

此室中可記者還有一個銅製的東印度公司公文筒(despatch box)刻鏤甚爲精工。此外有丁家奴河中發見的一塊回教古碑，附有華文和英文的說明卡片，今將華文說明錄之如次：

「此碑銘刻最古之馬來勒書，其碑文乃書亞拉伯文字，當係回教傳入馬來半島時代最古之證物。此碑立於十四世紀時代 (?702 A.H., 1303 A.D.)，內載于犯回教法律某種姦淫罪所應受處罰。此碑係在丁家奴河中(R. Teresat near kuala Berang Trengganee)發見。」

又有殘石柱一段，上面的文字還隱約可見，據云爲爪哇人侵入新加坡所立的紀念物。其華文說明如次：

「此乃古代石柱之石碎，前曾屹立於新加坡河口。此石柱係在十二世紀時建立。厥後於一八一九年（即新加坡開港後不久時間）在山林中發現，時已被野草掩蔽矣。據人推測，此石乃爪哇人在新加坡戰勝時所建之紀念物，當在馬來亞未成爲回教化之前也。」

由圓廳後面有兩道扶梯上到第二層去。扶梯兩邊各置一銅鼓，古色斑爛，上面雕鑄一些獸形，都不是我們銅器中常見的東西，這確是一種南島的文化。第二層分成前後兩部分，後面一部分放的全是馬來羣島所特有的一些爬虫類魚類哺乳類鳥類和無脊椎動物的標本。到前面去的過道中懸有一具鯨魚骨骼。前面環繞圖中圓形處所陳列許多東印度羣島土人的各種用具，如衣服裝飾品之類。其中有Pustalia, Batak, upper Langkat的醫書，Langka Berkat Siantula 和 Lagaboti 的刻字的竹器，這種馬來來的文字，字體大約雜有 Nagari 體不少。右面進去，第一室陳列馬來人所用各種各樣的兵器，如標槍吹筒盾之類全有，而以馬來刀爲最多，式樣也最複雜。此外還有一些銅砲，都不很大，飾有龍蛇一類的東西附麗在上面；這大約是十四五世紀時代馬來人吸收西洋文化的殘餘品了。由此再進去一室，陳列馬來羣島的銀製器皿如碗盞之類，以及各地織的各色紗籠很多。銀器花紋有刻得很精細的。至於紗籠的花樣顏色更繁，織金線的一類尤其輝煌燦爛。此室的後面另關一小間陳列新獲的史前時代的遺物，爲數寥寥無幾。左方和此兩室相對的是所謂參考品和辦公室，也收有不少的書籍，因未能仔細寓目故不贅。

博物館的後面即是圖書館。圖書館大約分爲兩部：一是供兒童閱覽的 Junior Library，另外一部是供普通一般人閱覽的。還有一間Public Room，陳列各種中西報紙，可以隨便入覽。普通閱覽部分，必須先向圖書館當局請求，得其允許，方可入內閱覽。借書出外，須

入會費及會費‥‥ Subscription ‥‥ [illegible]

Bulletin [illegible] Quarterly [illegible]

[illegible] A.1 [illegible] A.33 [illegible] A.28 [illegible]

[illegible] (Malaysia) [illegible] (Celebes) [illegible] (Moluccas) [illegible] Q [illegible]

Class "Q" Malaysia

Q10	Malay Archipelago (general works)	179
Q11	British Malaya.	483
Q11.1	English-Malay, Malay-English.	32

新加坡的萊佛士博物館及圖書館

Q11.2	French-Malay, Malay-Fench.	10
Q11.3	Romanised Malay Works.	43
Q11.4	Malay in Arabic Characters.	44
Q11.5	Dutch-Malay, Malay-Dutch.	23
Q11.6	Javanese.	41
Q11.7	Sundanese.	16(?)
Q11.8	Kawi.	17(?)
Q11.9	Other Malay Dialects.	110(?)

[illegible]

Q12	Sumatra & Neighboring Is.	43
Q13	Java.	80
Q14	Borneo, Sarauak.	88
Q15	Celebes, Molucca.	24
Q16	Philippines.	48
Q17	Formosa.	?
Q18	New Guinea.	?

[illegible] (The Strait Settlements) [illegible] (The Federated Malay States) [illegible] (The Non-Federated Malay States) [illegible]

(1) Raja Keyber: Capture of Rajah Keyber by Mahomed and his Conversiou to Islamism(Q11.4-54).

(2) Sejarak Malay: Malay Chronicles from the time of Domar Lobar Daon. a descendent of portuguese in the reign of Sultan Mahomed. (Q11.4-13).

(3) Sultan Abdoel Moeiok of Barbary: Life and reign of in Malay. a. c. published by Roorda Van Eysinga, 1847, Batavia.

[illegible] Malaysian Duplicates [illegible] J.R.A.S.; B.B.R.A.S.; N.C.B.R.A.S.; M.B.R.A.S.; J.A.; B.E.F.E.O.; Asiatic Research; Transactions of Asiatic Society of Japan; Journal of the Anthropological Institute [illegible]

(1) BTLVKNI = Bijdragen tot de Taal-Land-en Volkenkunde van Nederlandschindie [illegible]

(2) TBG = Tijdschriftvoor Indische Taal-Land-en Volkenkunde uitgegeven door het Bataviaasch Genootschap van Kunsten en Wetenschappen, Batavia (& the Hague.)

(3) Natuurkundig Tijdschrift voor Nederlandsch Indie etc.

(4) Verbrandelingen van Het, Batav. Genootschap.

(5) Notulen Bataviaasch Genootschap etc.

(6) Dagh Register Batavia.

(7) Kon. Ned. Sardijkskunde Genootschap etc.

[illegible]

(1) Rev. Samuel Lee (the translater): The Travels of Ibn Batuta London. 1829.

[illegible]

(2) Les Voyages advantureux de Vernand Mendes Pints. traduits par le sieur Bernard Figuier. Paris 1645.

[illegible] Figuier [illegible]

(3) Captain Cope: A New History of the East Indies, with brief observations on the religion, customs, manners, and trade of the inhabitants. With a description of all the forts and settlements of the Europeans, and the trade carried on by the East India Co.; with an account of the wars they have been engaged in from their first settlement by Queen Elisabeth in the year 1601 to the present time London, MDCCLIV.

[illegible]

(4) Voyage de Gautier Schouten aux Indes Orientales, Commence'l'an 1658. et fini l'an 1665. traduit du Hollandois. 2vols, MDCCXXV.

(5) Recueil de Voyages qui ont servi à l' établissement et aux progrès de la compagnie de Indes orientales. 7vols. MDCCII-MDCCVII.

(6) Frauncois Valentyn: Oud en Nieuw Oost-Indien. &c. 5vols. Amsterdam, MDCCXXIV.

(7) M. Sonnerat: Voyage aux Indes Orientales et à la Chine fait par ordre du Roi, depuis 1774 Jusqu'en 1781, 3vols, Paris, MDCCLXXXII.

(8) The Six Travels of John Baptist Tavernieat Bar on of Abonge. Turough Turkey & Persia to the Indies during the space of forty years (the 2nd part describing India & the Isles adjacent,) made English by J. P., London 1684.

[illegible] (Valuable Collection) [illegible] (Yellow Book) [illegible] Siebold's Nippon. B. M. Campbll's Java, 2vols. [illegible]

(二十四年十一月一日記於新嘉坡)

新書出版

中國歷代社會研究

[illegible]

(續)

× × ×

[illegible]

二十四年十一月

三大公介紹欄

醫校

美國女教授

聲明

郭鴻鈞啓事

地皮出讓

鋪房出兌

招租

醫生

瘋病專家

人事

陳樹揚君注意

待聘

聲明遺失

徵聘

Mrs. M. Conings

徵募錄事

東田錫康光訂婚啓事

房地租賣

敬告病家指南

雜件

招租

招租

買賣

[illegible]

圖書副刊
BOOKMAN
第一百零九期

一　本刊專載關於中外圖書之介紹批評以及學術界消息，為公開性質，歡迎投稿。
二　刊登本刊之文稿致薄酬。
三　投稿通訊可寄「北平文津街國立北平圖書館內圖書副刊編輯收」。

書評

論京都帝大重刊「四譯館則」

藏雲

日本京都帝國大學文學部東洋史研究室刊行　昭和三年出版　上下二冊

明永樂五年，因四夷朝貢，言語文字不通，命禮部選國子監生蔣禮等三十八人，隸翰林院，習譯書，人月給米一石，遇開科仍令就試，仍譯所作文字，合格准出身，置館於長安左門外處之。此四夷館創立之始，事見皇明實錄永樂五年三月癸酉之條。○又據大明會典，卷二百二十一翰林院條，（據萬曆重修本，正德本無）祇四夷館譯語沿革云：凡四方番夷翻譯文字，永樂五年，設四夷館，內分八館，曰韃靼，女直，西番，西天，回回，百夷，高昌，緬甸。……正德六年，增設八百館，萬曆七年增設暹羅館。是永樂至萬曆間創立十館，其翻譯四夷語言文字之事，皆由國子監生員任之，而四夷館則隸屬於翰林院者也。永樂以前，翻譯之事，多由翰林院侍講編修主持，如洪武中翰林院侍講火原潔編修馬沙亦黑奉命撰華夷譯語，可以知之。○皇明實錄，洪武十五年正月丙戌命翰林院侍講火原潔編類華夷譯語，上以前元素無文字，發號施令，但借高昌之書製蒙古字，以通天下之言，乃命火原潔與編修馬沙亦黑等，以華言譯之，凡天文，地理，人事，物類，服食，器用，靡不具載。復取元秘史參考，紐切其字，諧其聲音○既成，詔刊行之，自是使臣往復朝漢，皆能通達其情○此明代華夷譯語纂修之始也○明華夷譯語今已散佚，中外所藏，皆非完帙，北平圖書館藏高昌館譯語一冊，此外日本東洋文庫，水戶彰考館，歐洲大英博物館，巴黎國家圖書館，亞細亞協會，柏林國立圖書館皆藏有零冊，其格式略與清代之華夷譯語同。（余別有明華夷譯語一文）。惜吾人不能盡搜集各本而校比其異同。

明時四夷館之地址，上文引皇明實錄謂「在長安左門外」，朱彝尊日下舊聞卷十引燕都游覽志云：四夷館在玉河橋之西，又同書引大明一統志：翰林院在玉河西岸，西夷館附焉。清順治元年改四譯館，後十年四月因翰林院授習四譯館太常少卿管職掌之請，撥照城門外廢館改為會同四譯館衙門，大約即乃今建於珠寶市東楊梅竹斜街，見余撰四譯館館則舊址一○。

四夷館專任翻譯者為「譯字官」，由監生考中一等而有冠帶者充任之，三年一試，連中者授品職，不中者罰退為民。子孫不許別圖出身○月糧一石○大明會典卷二百二十一記云甚詳。而諸生考不職者，輒生詭譎○國朝典彙卷六十吏部二十七記：永樂十九年八月，上謂譯書字中國官解其義，因選太學生聰明者習之，諸生多不悅，輒生誹謗，上怒，將置之，學士楊榮救免，遂命掌之，因通譯後，自是始輕，率皆有成，有官至五六品者。然自萬曆至萬曆間館事漸弛，所取子弟類多吏選，教師或多病故，或年深衰退，精力衰頹，故徐階有請考補四夷館師生之疏奏，見增定館則卷十二○至於明末，四夷館會見衰微，錢會有衰記彰王宗載四夷館考云：四夷館，……迄後緒暫旣殷，館記無徵，此館裁撤已久，四夷館日益衰頹，而四夷館已幾度徐奉，故王宗載乃有四夷館考之作也○清初始改明之四夷館而置四譯館焉。

考四譯館之置，當在清世祖順治元年，因前朝館員之投誠而設，四譯館則謂清初順治十年禮部右侍郎，胡等奏云：帝因四譯館隸屬翰林院所屬，其職掌亦自洪館林大有等三十二員，相應隸翰林院，照選史部○則四譯館之改置，因不始於康熙朝也○清初主持館事者，自孫北海至袁懋德凡二十有一人○典章規例，皆承舊制○至乾隆間，四譯館猶存舊典，而館事已日見衰頹矣。乾隆十七年，令華四譯館併入會同館，稱禮部會同四譯館，祇稍稍移於他處○則職掌頗非故矣○又云：此事所轄屬常行之職，其事已廢○然余尚有恨本館事故多端，而得考四百年廢置沿革，猶賴此編之存，未可廢也○乾隆中葉以後，各方朝貢漸絕，外藩羈縻，四譯館亦隨之衰頹矣。

關於四夷館與四譯館之紀載，有明王宗載四夷館考。此書未見全本，羅振玉東方學會印明鈔本四夷館考殘本，下卷之首已缺損，無目錄序跋，亦無撰人姓氏，羅氏跋云：「卷中凡詔勅朝廷明等字，皆擡行，傳錄頗多譌脫，故以明史外國傳，每有譏訛，亦以斷定。考遂古堂書目，有四夷館考十卷，不著撰人名○明史藝文志史部職官類，有四夷館則二十卷，四夷館考二卷，此本與明史卷數相同，或即汪氏所著」○按汪氏曾撰翰林院四夷館館則，見增定館則卷十八，而錢曾讀書敏求記卷二著錄云：「萬曆庚辰王宗載提督四夷館，蒐輯往牒」，創為此書○今鈔本四夷館考選錄館中有「宗載承之提督」云云，當為王氏所撰無疑○此外：G. Devéria所見，亦為殘本○(H. Cordier, Bibliotheca Sinica, Vol. 4, P. 2629.)今全書雖不得而知，但錢氏所謂「蒐輯往牒」，則其內容大約為輯四夷館之條例○按四夷館則，今較於康熙戊辰（二十七年）四譯館太常寺少卿劉鑒等增定館則中○據康熙癸丑（十二年）四譯館太常寺少卿郭鑒等重編，知明嘉靖二十二年郭鑒編纂四夷館則，萬曆四十年洪文衡復加補訂，更名續增館則，崇禎三年呂維祺又改訂為增訂館則，至清康熙十二年袁懋德復重刊其版，加入清初四譯館題奏公文，名新增館則，當於增定館則卷首，即此書之集，前後凡經四次之編纂○今京都帝國大學文學部東洋史研究室重刊本，即此增定館則，而由羽田亨氏改名為「四譯館則」者也。

此京都帝大重刊本增定館則（即「四譯館則」），據云在「文會」叢書中，為富岡謙三氏所藏，此叢書余未見，但余所見增定館則，亦係與新增館則合刻，二十卷本，與京都帝大重刊本完全相同，知其原本必為同一刊本○惟此本首有新增館則目錄，其類目有「纂修考錄」，堂官出差下有「五館鈔編纂」，而京都帝大本則誤「鈔」為「鈔」，當係排印之誤○原刊本中頗多闕板，故京都帝大重印本每遇字跡模糊不可辨之處，則以方框口示之，致有不能卒讀之感○余因知之，主其事者羽田亨氏實未見乾隆七年四譯館本帶余棟四譯館館則，如以重刊言，此本實較增定館則為精善，書凡二十四卷，據余氏序云：「館則原目二十一卷，裝增二十卷，後五卷為職掌纂，因略為十六卷，而以館考八卷附之，為二十四卷云」，館考，即明王宗載之四夷館考，篆於清時官太常寺，四庫全書史部政書類存目一，謂其中所記「國俗風土，則稍攄前代史傳為之」，多不確實○今讀其書，信然。

余棟四譯館館則，則譯義原則雖館則，二十卷舊為十六卷，但其內容頗多增益，卷目亦各有改動，如改增定館則卷一之進表錄為總綱，卷二之選授錄為譯考，卷六之題名為堂官，卷十一之雜志為館史，其他卷中目目亦略改易，正文則均仍其舊，而加以乾隆初故事○今特就京都帝大重刊本所缺之字，據余棟本列一一校補於後，以獨友邦人士抱殘守闕之德焉。

京都帝大重刊四譯館則（即增定館則）校補（據余棟四譯館館則校）。

重刊本卷之二
葉三上第十行當補「館准」二字
十二行補「世」
下九行補「思」
十二行補「比照禮部」「備」
葉四上第二行補「稱」
下四行補「榮身」
七行補「送」「行」
十一行補「考」「將」
十二行補「等例」「七」
葉五上第二行補「生量」
六行補「與」
十行補「中者」
卷之三葉二上第五行補「年」
卷之四葉一下第三行補「詳勸」
四行補「漸就」
卷之七葉七下第四行補「制」
十行補「先」
卷之九葉三下第二行「鑄」當作「[illegible]」
葉四下第十行補「增三錢」
卷之十葉三下第一行補「中堂」「又」「職差」
葉四上第三行補「立」
下第一行補「前」
二行補「館」
三行補「職者」
五行補「本堂」「外仍於」
卷之十二葉一下第八行補「力」
十行補「皆」
十二行補「眞」
葉二上第二行補「乏」「遺失」「事」
下第七行補「目」
八行補「致」
九行補「爲」「私」
十一行補「該」
十二行補「照」
葉三上第二行補「業」「概」
十二行補「革除」
卷之十三葉三上第十一行補「滿」
十二行補「再」「許」
葉四上第二行補「吏」
三行補「譯字官」
下第二行補「期」
三行補「諸查得陞授」
五行補「准」
六行補「聞」
七行補「合」
葉五上第四行補「准」
下第四行補「年所進事例」
五行補「滿後方與」
六行補「井」「同送考試合」
葉七下第七行補「聖旨」
十一行補「准」
葉九上第一行補「添」
五行補「金葉」
六行補「奏設」
七行補「教習」
八行補「員者」
九行補「譯業等」
下第二十行補「於」
葉十上第四行補「教」
五行補「員役秀」
葉十二上第五行「秦」下當補「嬾」字
七行補「告」
葉十四下第四行補「張應」
五行補「人役」
卷之十四葉十下第一行補「候補序」
二行補「揀選送」
四行「取□隨將」當作「缺出頂補」
葉十三下第三行補「守」
十行補「情」
葉十四上第十行補「該」
葉廿二上第三行補「日」
下第四行補「館」
七行補「估」
三行補「倣」「納」
卷之十五葉五上第一行「洪」下補「文衡」「卷」下補「在」
葉六上第一行「聊」下補「張一元」
十行補「賢」
十一行補「各」
葉七上第十行補「該」
葉十下第九行補「每月」「卯」
十行補「日記」
葉十一上第十行補「遊」「游」
十一行補「勸明作也」
十二行補「板」
卷之十七葉二下第八行補「余重」
九行補「不可勝」「道」
卷之十九葉一上第十行補「固益」
十一行補「次」
十二行補「質」
下第四行補「未」
六行補「路食」「格」
十二行補「篤」
葉二上第四行補「爭」
五行補「中冷」
六行補「空」「笑」
七行補「實有」

新書介紹

新「華夷譯語」

W. Fuchs 著

關於有名的翻譯機關會通館（西紀一二七六年設立）及四夷館，四譯館（一四〇七年設立），之歷史，時賢已屢有論及，其內部之組織及所編之譯書——通稱華夷譯語——之關係資料亦已出版○（註一）明時四譯館事頗盛，至清康熙間始重行改組（註二）一七四八年四譯館與會同館合併，改稱會同四譯館，館中各種語言研究之分派，大抵側重於東南亞細亞，及中央亞細亞之西域館（註三）○同時對於前代所存留之譯書，加以校正或拾補。

余於一九三一年夏間見有以數國語註釋之譯語辭典，似即此時代之物，今仍保存於北平故宮博物院內之壽安宮。（按此書今藏該院圖書館）因故未能詳加檢閱，今僅論其梗概如次：

華夷譯語今書共九十八卷，所收國語或方言共三十六種，譯言之為歐羅巴語六種，西藏方言九種，中國西南部土人方言十五種，及其他羅甸，緬甸，琉球，蘇祿四國語○然此書所收，於言語研究之重要言言，似不無脫漏○至於西藏方言，則嵬集頗豐富，其尤為可

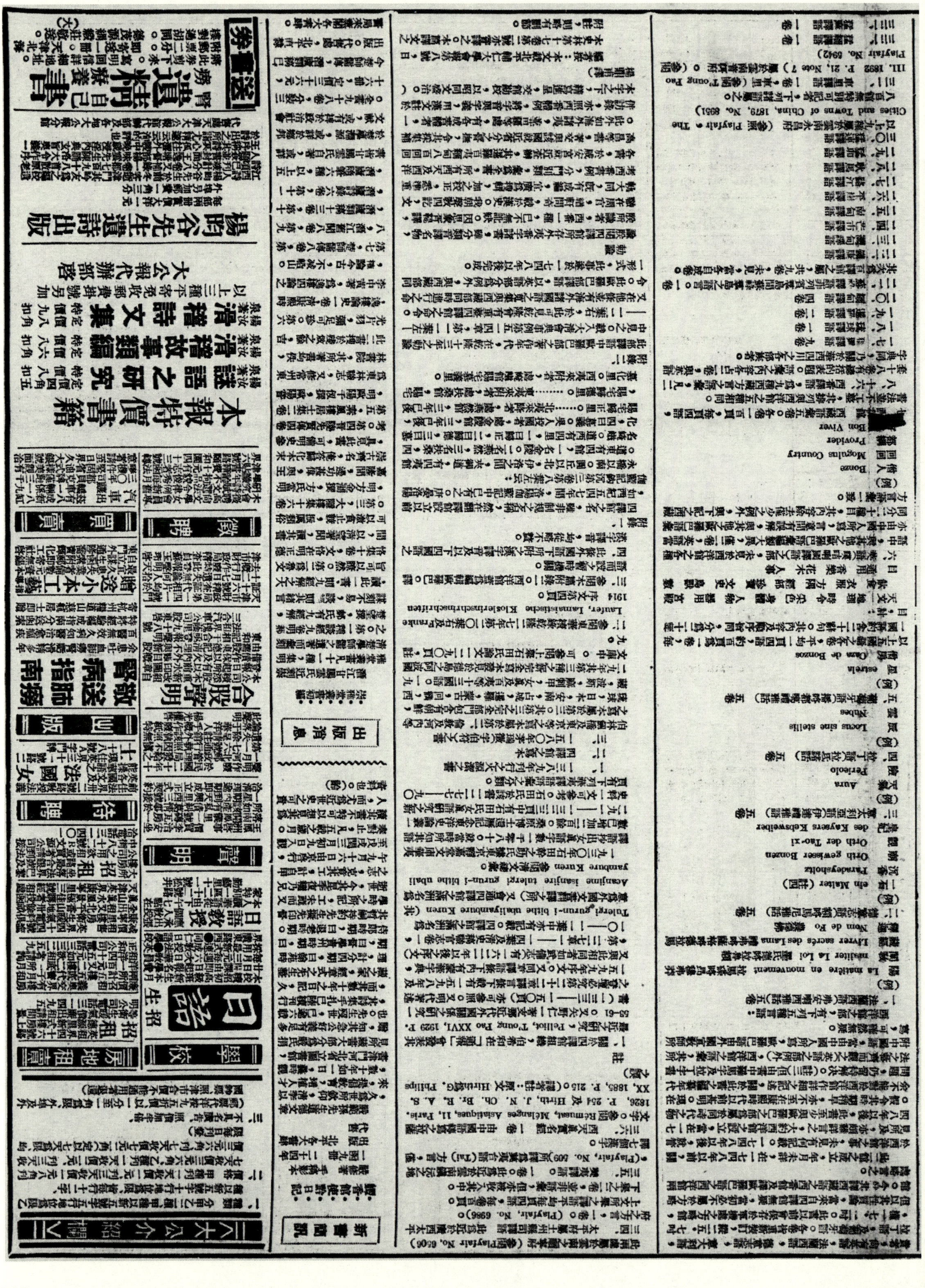

貴者，尙有英語，法蘭西語，德意志語，意大利語，拉丁語，及葡萄牙語。各卷皆重新裝訂，縱二五．七吋，橫一七．二吋。此書以前曾保存於軍機處之方略館，但以其性質論，當來自四譯館無疑，當初必不屬於方略館。今此其譯西藏語之西番館及譯歐羅巴語之西洋館兩處略言之。

此二館之成立，年月未詳，在一七四八年以前，關於西洋館之事，未見有何記載。一七四八年以後，就管見所及，亦頗難詳言之，大約西洋館之設立，當在一七四八年以後，此書至少與歐羅巴之部爲屬於同時代之物。假令其時期稍早，亦不至在康熙時代以前甚明。現在余不能對於西洋館作詳細之記述，關於此書之編纂年代問題，仍留待解決。（註三）但由書中羅馬字及拉丁字書法之特點而觀之（英語之部例外），西洋館之語彙，其所附中國語，當由中國人所寫，歐羅巴語由外國宣教師所寫，可確然無疑。

西洋館之部，有下列五種言語：

一、法蘭西語（弗安喇西雅話）五卷

（例）

陽　La matière en mouvement　拉馬喋哷昂穆弗莽

闡　résliter La Loi

藏經　Livrer sacrés des Lama　哷弗哷薩格哷德拉馬

釋迦　Nom de Fo　農德佛

二、德意志語（額哷馬尼雅話）五卷

（例）

一石　ein Malter（註四）

沉香　Paradeysholtz

喇嘛　Orth gewisser Bonzen

觀　Orth der Tao-zi

皇妃　des Kaysers Kebsweiber

三、意大利亞語（伊達禮雅語）五卷

（例）

天氣　Aura

險　Pericolo

四、拉丁語（拉氐諾話）五卷

（例）

辰　Locus sine stellis

雲　Nubes

五、葡萄牙語（播哷都噶禮雅話）五卷

（例）

星　estrela

僧房　Casa de Bonzos

以上五國語之各卷，平均一頁四語，約百頁爲一卷，每一國語約含二千辭句。其內容及順序皆同，分爲二十種目，計：

天文　地理　時令　采色　身體　人物　器用　宮殿　飲食　衣服　方隅　經部　珍寶　文史　鳥獸　數目　通用　香藥　花木　人事

六、英語（暎咭唎國譯語）之部，未見於西洋館之各種語中，與其他之歐羅巴語彙編製大異，僅二卷，英語當亦由中國人所寫，言意間有誤解，與其他之歐羅巴語彙同分二十種目，其內容除去僅少之例外，與下記之西藏方言語彙一致。

（例）

僧人　Bonze

回回　Mogulus Country

部綱　Provider

[redacted]　Bon Viver

七、[redacted]西藏語彙五卷。各卷一百頁，每頁四語，書法並不工整，其排列與西洋館之五種相同。

八、十六、西番譯語，爲九種西藏方言之語彙，凡二套十八卷有總括的表題。語彙之內容各占二卷，與英語字典同，乃關於華西四川之各部族者。

一七、猓玀譯語　九卷

一八、琉球譯語　一卷

一九、暹羅譯語　二卷

二〇、緬甸譯語　四卷

二一、蘇祿譯語　非列賓羣島間蘇祿羣島之語言。一卷

其次爲百譯館之屬，共九卷，未見，當各自成卷。

二二、鎮康譯語

二三、灣甸譯語

二四、芒市譯語

二五、南甸譯語

二六、干崖譯語

二七、隴川譯語

二八、耿馬譯語

二九、猛卯譯語

三〇、孟連譯語

以上九種屬於雲南永昌府（參照 Playfair, The Cities and Towns of China, 1879, No. 8851）

八百館無特別可記者，下列譯語屬之。

三一、車里譯語　一卷，車里（參閱 T'oung Pao III. 1892 P. 21, Note 7）屬於雲南普洱府。（參閱 Playfair No. 8942）

三二、猛緬譯語　一卷

三三、猛養譯語　一卷

此兩譯屬於雲南之順寧府（參閱 Playfair No. 6606）

三四、太平府屬土州縣司譯語　此爲近於廣西太平府之方言，一卷。（Playfair, No. 6986）。

上文所舉之譯語不均每頁四語，每卷百頁。下舉之二卷，並非語彙，但亦被收入其中。

三五、猓夷譯語。一卷。此爲近於雲南鎮沅之地。（Playfair, No. 509）所謂爲猓夷台語（Tai）方言，僅譯七個漢字。

三六、西天眞實名經　一卷　由中國語轉寫之拉薩文字。參閱 Rémusat, Mélanges Asiatiques, II, Paris, 1826, P. 254 及 Hirth, J. N. Ch. Br. R. A. S. XX, 1885, P. 215。（譯者註：原文 Hirth 爲 G. Phillips 之誤）

註

一、關於四譯館組織，伯希和在「通報」曾發表其最近之研究，Pelliot, T'oung Pao XXVI, 1929 P. 53–61。又矢野仁一著支那近代外國關係之研究一書（一三三——一五〇頁）亦可參照。又明代著述之登壇必究第二十二章譯言條下載有一五九八年及一五九九年序文。又同書譯語條下內有蒙番字典，又與此相同者如武備志（有一六二一年以後之序文），第二三七章一——一四葉及清史稿職官志卷一，一〇——一一葉中亦有記載。四譯館之滿洲名爲 Tulergi gurun-i bithe ubaliyambure Kuren（其意爲外國文書翻譯之所）又會同四譯館之滿洲名爲 Acanjime isanjire tulergi gurun-i bithe ubaliyambure Kuren 參閱清文鑑彙。

一九三〇年石田幹之助氏據東京靜嘉堂文庫華夷譯語抄出女眞語字數一千零八十。就當時所知其語數已增加二百餘。桑原博士還曆記念東洋史論叢一二九一——一三三三頁中有石田氏女眞語研究之新史料一文可參考。石田氏於該書一二七七——九〇頁有下列華夷譯語語彙之分類。

一、一三八九年刊行之火源潔之書

二、四譯館之寫本

三、一五八〇年茅瑞徵（字伯符）之書

伯林圖書館及東京等之寫本屬於第二，倫敦及河內等之寫本屬於第三。其第三之完全部門包含有朝鮮，琉球，日本，安南，占城，暹羅，蒙古，回鶻，西藏，波斯，麻剌甲，女眞及百夷等十三國語。一九二九年共第三種之新完全寫本發見於德島之阿波國文庫中。可參閱上舉石田氏論文一二九〇頁，註九。

二、參閱東華續錄乾隆二七年第二〇葉右及 Franke Laufer, Lamaistische Klosterinschriften 1914 序文第四頁。

三、參閱本篇附錄二。西洋館蓋爲編輯歐羅巴。譯語而設之暫時機關。

四、此條外國語下所附之漢字譯音及以下四國語之漢字譯音，均從略不贅。

附錄一、

四譯館之名，雖非制規之名稱，然在翻譯館設立以前，如西紀五四七年間，洛陽伽藍記中已有之。唐晏洛陽伽藍記鉤沉第三卷第八葉左云：

永橋以南。圜丘以北，伊洛之間，夾御道，有四夷館。道東有四館，一名金陵。二名燕然，三名扶桑，四名崦嵫。道西有四里，一曰歸正，二曰歸德，三曰慕化，四曰慕義。吳人投國者，處金陵館，三年已後，賜宅歸正里。……北夷來降者，處燕然館，三年已後，賜宅歸德里。……東夷來附者，處扶桑館，賜宅慕化里。西夷來附者，處崦嵫館賜宅慕義里。

附錄二、

此部譯語中歐羅巴部之著作年代，在乾隆十三年之勅論中見之。載入大淸會典事例第五一四章，第一一葉左——一二葉右，於此可見乾隆曾有重整四譯館之命令。又在他條並有海外諸國語之蒐集與西藏部同時進行之命令。此歐羅巴部譯語，以英語部分爲例外，與西藏部同一形式，此事殆於一七四八年以後完成。

勅諭

諭朕閱四譯館所存外夷番字諸書，雖分類音譯名物，朕所識者，西番一種，已不無訛缺。因思象胥鞮譯，職在周官，輶軒問奇，載於漢史。我朝聲教四訖，文軌大同，既有成編，宜廣爲搜輯，加之校正，悉準重考西番書例，分門別類，彙爲全書，所有西天及西洋各書，於咸安宮就近查辦，其暹羅百夷緬甸八百回回高昌等書，著交與該國就近省分之督撫，令其採集補件訪錄，亦照西番體例，將字音與字義，用漢文註於本字之下，繕寫進呈，交館勘校，以昭同文盛治。（楊軍甫譯）

編者按：本文載北平輔仁大學會報第八號，日本史林第十七卷第二號亦嘗譯之。本篇譯文之附註，則略有删節。

新書簡訊

蟫香館使黔日記

嚴修著　手稿影本

一函九冊　二十四年出版　北平各大書肆代售

嚴範孫先生道德文章，久爲世所欽仰，淸季以來，提倡教育，培植人才，數十年如一日，蘇時觀書津門河北省立圖書館，見所藏書大部分爲嚴氏捐贈，知其念公好義有足多也。先生歿世，已逾六載，其詩集手札已陸續刊行，而其數十年之日記，久藏之家，經章式之先生整理，計分四期，曰翰苑時期，曰督學貴州時期，曰侍郎時期，曰退老時期。其督學時期之所記，工未竣而又辭世，今其昆季復輔乃兄之志，克竟其工，計自甲午九月十六日由京啓行，至戊戌閏三月初九日入覲奏對止，凡五載之歲月。讀其書不特可以想見其爲人，而尤爲近世史之可貴資料也。（翰）

出版消息

崇雅堂叢書初編

潛江甘鵬雲氏近刻崇雅堂叢書凡十一種，集明淸楚學師儒之遺著而彙刻之。第一種談經九卷明郝楚望撰，郝氏有九經解，謀刻不易，該書即其精言，讀此一書，即九經解之大旨可以瞭然。第二爲魯文恪集十卷，文恪在明正德間，以淸望著聞，讀其書可以激貪止競，振厲頹俗。第三，大隱樓集十六卷，明方金湖撰，方氏當明嘉隆間，邊功甚偉，與王崇古齊名，俺答歸化本末，具見此書，可備明史參考。第四晉陵先賢傳四卷，第五，素風樓居士集二卷，明歐陽東鳳撰，歐陽嘗爲東林驗志，又修常州東林書院，其所著書均佚，此二書搜於殘散之餘，吉光片羽，彌足可珍。第六，逸樓論史一卷，淸康熙時李中實著，爲逸樓四論之一，權論今古，不減船山。第七，楚師儒傳八卷，第八，潛江舊聞八卷，第九，潛廬類稿十三卷，第十，潛廬詩錄六卷，第十一，潛廬隨筆六種，以上五書皆甘鵬雲氏自著，或詳於楚學淵源，或詳於鄉邦文獻，或有裨於政治社會。全書九十八卷，分裝三十六冊，定價三十六元，今楚師儒傳，潛廬類稿已出版。代售處，北平直隸書局來薰閣各大書肆。

圖書副刊

BOOKMAN
第一百零十期
一　本刊登載關於中外圖書之介紹批評以及學術界消息
二　刊登本刊之文稿略致薄酬
三　投稿通訊可寄「北平文津街國立北平圖書館內圖書副刊編輯收」

書評

Word Families in Chinese

了一

by B. Karlgren（高本漢）　Reprinted from: The Bulletin of the Museum of Far Eastern Antiquities, No. 5. Stockholm 1934.

高本漢教授這書是詩經研究(Shi king Researches)的續篇。詩經研究裏所已論及的聲類，在這書裏重加討論；其所未論及的聲類，也在這裏作詳細的探討。

高氏一起頭先說明「字族」(Word families)的研究在支那語系比較語言學上的重要。中國語—泰語，藏語—緬語的語言系統須先互相比較，這是中國語音史的一種重大的工作。但是，我們不能把中國的某一單字與藏語或緬語的某一單字相比較就算了事。因爲中國語裏的字並不像一盤散沙，而是成爲若干族系的。例如「目」字在中國上古唸 mi̯ôk，藏語把眼睛叫做 mig，我們不可就認它們同爲一物，必須先確定「目」字屬於那一個「字族」，然後可以斷言。與「目」字同族者有「眸」字，「眸」字在中國上古唸 mi̯ôg，藏語的 mig 該是與「眸」字直接相當。像這樣比較下去，然後能達到我們研究的目的。

我們完全承認高氏的字族的研究是支那語系比較的基礎，但我們同時感覺到這種工作的困難。中國上古語音的研究，至多只能得到一個近理的假定；對於某幾個系統的上古音，我們可以公認爲某種音值而沒有什麼爭論，例如「寒」之爲 an，「刪」之爲 an 等；但是，對於另一些系統，就很難得到大家公認的結論了。例如在這書裏，高氏把「尤」韻的上古音定爲 i̯ôg（故「眸」爲 mi̯ôg）「脂」韵的上古音定爲 i̯ər, iwər，都不見得是確當不移的。如果有人能證明「眸」字在上古不唸 mi̯ôg，那麼，它就不能與藏語的 mig 直接相當了。

在臚列各字族以前，高氏先討論齒音韵尾與喉音韵尾兩類的上古音值。高氏的古韵分部根據段玉裁與王念孫，實爲卓見。上古音值雖儘有討論的餘地，而上古音系統當以王念孫江有誥的結論爲定論。（高氏「東」「冬」分部亦依江有誥之說）。鄭安先生所謂「以至簡入有理，故不敢傅而據錄共樞」，高氏對於音值雖常有新見解，而對於音系則不能出段王江之範圍，這因爲史料相同，客觀研究的結果不能獨異的緣故。

在討論齒音韵尾的時候，高氏對於「眞」「文」兩部的上古音值，從喉聲母與齒聲母觀察而推定，眞是看得精到。如果我們不要求每一古韵部限於一個主要元音，那麼，高氏的說法是可以相信的。

但是，高氏最費力去研究的乃是「脂微齊皆灰」的上古音值。在這裏，高氏運用他素來的雄辯，說來頭頭是道。他主張這一部的上古音的韵尾是 r，而他這種主張是由「貳」「微」通押，「儺」「難」諧聲等現象所啓發的。他先說此種現象不能以陰陽對轉爲解釋，次說不能歸之於方言，次說「旂」「嚴」等字的韵尾不會是顎化的 n，也不會是較弱較短的 n，次說不會是 ɤ 或 d。中間又以假借引申之字爲例，並舉藏語爲旁證，結果才證明其韵尾爲 n, t, d 以外的輔音。但此輔音也不會是 s 或 ɤ，只能是一個 r。於是「衰」字收 ar，「回」「推」「雷」收 war，「幾」「豈」「衣」收 i̯ar，「水」收 i̯war，「氏」「弟」「棣」收 i̯ar，「師」收 i̯ər，「追」「歸」「遺」收 i̯wər，「脂」「尸」「皆」收 ēr，「懷」收 wēr，「几」「飢」「祁」收 i̯ēr，「癸」「遺」收 i̯wēr，並且推得更遠，「邇」「彌」收 i̯ar，「殿」「委」收 i̯war，甚至把「儺」字讀爲 nâr，把「皤」字讀爲 bwâr，以致「歌」部字也有收 r 的了。

這麼一來，中國上古就沒有簡單的 -i 韵；因爲高氏認「之」「咍」部的古讀爲 əg, i̯əg, ŭəg, i̯wəg，又認「支」「佳」部的古讀爲 eg, i̯eg, weg, i̯weg，（入聲則收 k 不收 g）今「脂」部又以 r 爲收聲，於是就沒有一個古韵是以 -i 收聲的了。這與清儒認上古沒有 -u 韵同樣地令人難於深信。

齒音韵尾討論完了，高氏接着討論喉音韵尾。在這一章裏，他與李方桂先生辯駁的話很多。但是，他雖則指出了方桂先生的一些錯誤，同時却因爲得了他的啓發而對於自己的舊說有所修正。他既贊成方桂先生的「東」「冬」分立，雖則不肯接受他所定的音值，然而不能不因此而將詩經研究對於「公」「宮」「冬」「恭」「降」諸類的音值修改。

在考証上古音的時候，高氏忽然悟到他從前所定切韵的音有須修改的地方。於是他把「臻」由 i̯ən 改爲 i̯en（以此類推，「櫛」由 i̯ət 改爲 i̯et），「耕」由 eng, weng 改爲 ɛng, wɛng，「麥」由 ek, wek 改爲 ɛk, wɛk。這也是很值得注意的。

最後，高氏依照他所定的上古音的系統，製成十一個「字譜」。凡韵母爲單純元音或複合元音者都不入譜，因爲高氏以爲它們的形體太短了。總之，凡同譜之字，必須它們的聲母的發音部位相同，同時它們的韵尾輔音的發音部位也必須相同。例如 kân, gi̯an, k'i̯wan 可以同譜，tung, tôk, dôg 也可以同譜。主要元音的異同與聲調的異同都不顧及。

現在把他的第一譜（發聲爲 k 類，收聲爲 ng 類的）抄了下來，加以說明，以見一斑：

景鏡光晃煌旺熒榮耿潁炯熒榮杲赫旭熙熹曉昳——皆含「光」義；

行徬往廷衢巷遇——皆含「行」義；

講告——皆含「語」義；

更改——同義；

韓醇——同義；

迎逆——同義；

穀殼殼——皆含「穀」義；

獷獷——義相近；

鴻鵠——義相近；

洛泓沃鴻——皆含「混」義；

形瑩影——義相近（高氏云：「形」contour, shape, form;「瑩」to draw a plan, to plan, to build etc.,「影」form, image, shadow）；

尢狂贛——義相近（高氏云：「尢」violent,「狂」violent, mad, furious,「贛」to be violent, quarrel）；

衡橫扃杠——義相近（高氏云：「衡」yoke of an ox, horizontal bar of a balance, cross-wise,「橫」cross-wise, horizontal,「扃」door-bar, bolt,「杠」cross-bar）；

巠涇桀潛江潢洚泳洚洪浩灝溝決汪瀇——皆含「水」義；

衡徑——義相近；

驕驚敬惶恇戱恭恐驚懼駭急懼惕恍惝驚驚——義相近；

岡梁陘嶸缸企起高蹻喬翹丘印昂仰崿嶽巖崖危巍嶢——義相近；

嶢興——皆含「高」義；

香馨馨——皆含「香」義；

炕曠涸槀槁熇亥稿熬烘熇——皆含「乾」義；

頸脛項——皆含「頸」義；

脛骹——皆含「脛」義；

康慶幸祺喜好——皆含「好」義；

謹詭惑乖詿謊怪欺兇狡蟜疑譎——義相近。

以上所謂皆含某義者，是我勉強替高氏解釋，未必能合他的本意。但是，他的意思至少是說意義相近。不過，他同時聲明他並不肯定地說每類中一切的字都是同族；對於某一些字，他只猜想它們是同族。在第一譜裏，最令人感覺興趣的是「衡」「橫」「扃」「杠」四個字；而最難令人相信的是「形」「瑩」「影」三字，在我們中國人的眼光看來，「形」與「瑩」在意義上不會有什麼關連的。但是，高氏既聲明在許多情形之下只是一種猜想，我們也不必吹毛求疵。現在我們只批評他的原則。

在表面上看來，高氏似乎以爲凡同族之字，其意義必互有關係。但是，我們只就第一譜觀察，已可見他把譜中的字再分爲許多小類；「景」字的意義與「鏡」字固然有關係，但它與「行」字，「迎」字，「穉」字，就沒有顯明的關係了。由此看來，「同族者義必相近」這一個原則自然不能成立。我們可否退一步而說「義相近者必同族」呢？這要看「族」的範圍而定。如果依中國舊說，以雙聲疊韵展轉孳乳，當然可說這話；但如果依高氏所謂「字族，」必須甲字的發聲與收聲的輔音發音部位與乙字的相同，然後認爲同族，那麼，有時候也可以遇着「義相近者未必同族」的情形，例如「光」與「輝」，「街」與「道」，「告」與「語」，「怪」與「奇」等等。由此看來，「義相近者必同族」這一個原則又不能成立了。

我們甚至連「同族者其義往往相近」也不能說，因爲依高氏第一譜看來，一百五十二個字當中就有二十三類的意義，決不能說是「往往。」我們只能說「義相近者往往同族。」

如果高氏承認他的意思只是「義相近者往往同族」，那麼，這並不是他的創見。章太炎先生的一部文始，無非發揮這一個原則。章先生根據對轉旁轉的道理，與高氏所謂「族」者，其含義頗有不同，然而他們實際上都把漢字分爲若干族，同族的字又細分若干小類，同類的字展轉孳乳。在有些地方，章高二氏的意見很相接近。例如章氏說：「行，人之步趨也，從彳亍。孳乳爲胻，脛耑也，與乎屬之脛相係。對轉魚變易爲脚，脛也。行又孳乳爲慶，行賀人也；爲衍，衍行水也。」（文始，頁一六○）。「行」，「胻」，「脛」，「脚」，「慶」，「衍」的字義都互相關連，又都可入高氏的第一譜。

總之，高氏沒有把上古音值研究得一個使人深信的結論的時候，他的字譜實嫌早熟。等到上古音值有了公認的結論之後，自然有人會把聲音相近的道理去解釋文字的孳乳；現在只有努力於探求古音的眞面目才是我們的急務。

文學論文索引三編序

郭紹虞

國立北平圖書館於民國二十一年出版張陳卿陳璧如李維垿諸君所輯的文學論文索引，二十二年又出版劉修業女士所輯的續編，最近，劉女士所輯的三編亦已完成，並且有出版的消息了。這是近年來文學論文的總結賬，同時，又給研究文學者以很多的方便。

國內學術界現在頗知注重工具書和材料書的纂輯。各處較大的圖書館均另闢索引組專編各種索引。北平圖書館所出版之索引如文學論文，國學論文，地學論文三種，其成績已昭昭在人耳目。將出版與正在編纂中者，有清代學術論文索引，曾本書籍題跋索引，金石題跋索引，亦極爲學者所需要。此外燕京大學圖書館之引得編纂處，由洪煨蓮先生的指導，編纂各種古書引得；共計劃之偉大，與方法之精密，尤有可以特別推崇之點。最近，浙江省立圖書館中金步瀛君所編之增訂叢書目索引，亦由開明書店出版。各圖書館的努力工作，實是推行索引事業最大的助力。

不僅如此，學校方面有清華大學之政治書報指南，廣州中山大學之教育論文索引；雜誌方面如中山文化教育館每月出有期刊索引，而人文雜誌等亦於每期之後附最近雜誌篇目索引。即在個人方面，如張德堉君之心理學論文索引，葉紹鈞君之十三經索引，楊殿珣君之元和郡縣志索引，賀次君君之山海經索引，無論已出未出，均足見一時風氣。尤其是楊家駱君以私人的力量，作大規模的編纂計劃，而且不限於索引方面，志大願弘，更爲難能可貴了。

這種第一步先詳儘搜集材料的方便，是近年學術界最大的功績。本來，這種方法，章實齋於校讎通義中亦已說過：

校讎之先宜盡取四庫之藏，中外之籍，擇其中之人名地號官階書目，凡一切有名可治，有數可稽者，略倣佩文韻府之例悉編爲韻，乃於本韻之下，注明原書出處，及先後篇第，自一見再見以至數千百皆詳注之，……以爲叢書之總類。

必有此良好的工具，於是「淵博之儒，窮畢生年力而不可究殫者，今即中才校勘可坐收於几席之間。」這即是索引所盡的功能。這種功能亦並不限於校勘方面。所以工具書和材料書的纂輯，一方面固由於學術空氣之濃厚，出於事實所需要，一方面也以有良好的工具，纔更足促進學術之發展。劉女士這幾年的努力，所便利於學者的，其功也不在小。

抑且照劉女士這樣的繼續努力，二十二年中出版一次，則一方面既盡索引的功能，一方面又同年鑑的性質，可以察知文壇的動向，可以衡量研究的成績，是固不僅助人獵取作獺祭的材料已也。

劉女士又言，有許多大題小做的論文，事實上既不能以意去取，然而浮薄膚淺，往往徒勞學者之搜求。所以更擬注明頁數或略撰提要，庶可由量的方面，察其內容之豐瘠，由內容的提示，以觀其論點之所在。這種精益求精的辦法，甚望其能早日實現；則其便利於學者者，當更爲功德無量矣。

二十四年十二月六日。

新書介紹

六朝陵墓調查報告

中央古物保管委員會調查報告第一輯　中央古物保管委員會編輯　全書一冊　插圖一〇五幅　調查路線詳圖七幅　民國二十四年八月出版　定價十元

江域被化，始肇於吳，迨夜鶩氣蒸，中原板蕩，衣冠文物，南流江左，葢夏變敎，乃澤被於勾吳于越之間，南朝六代四十帝，三百餘年烏衣門巷，秦城烟柳，猶令人想見當年繁盛之盛。唐張軌詩云：「文物六朝興廢地，江山萬里帝王都，」非徒發懷古之幽情已也。今文獻雖足徵而實物難憑。自宋以來，記金陵石刻，如張敦頤六朝事迹，王象之輿地碑目，王厚之復齋碑錄，陳思寶刻叢編及無名氏寶刻類編諸書，所載甚多，然存於今者，不及什一。相傳明祖營治都城，盡毀碑石爲街道之用，蓋六朝三唐，世次久遠，摧減陵毀，理固有之，然宋元與明相去甚近，而城內自夫子廟以外，絕無宋元之刻，錢竹汀謂其必爲洪武所毀無疑。意者，漢唐碑刻，自來西北多而東南少，殆石質有堅脆，氣候有燥濕之殊歟？抑東南人烟稠密，摧毀較易歟？是皆可影響於金石

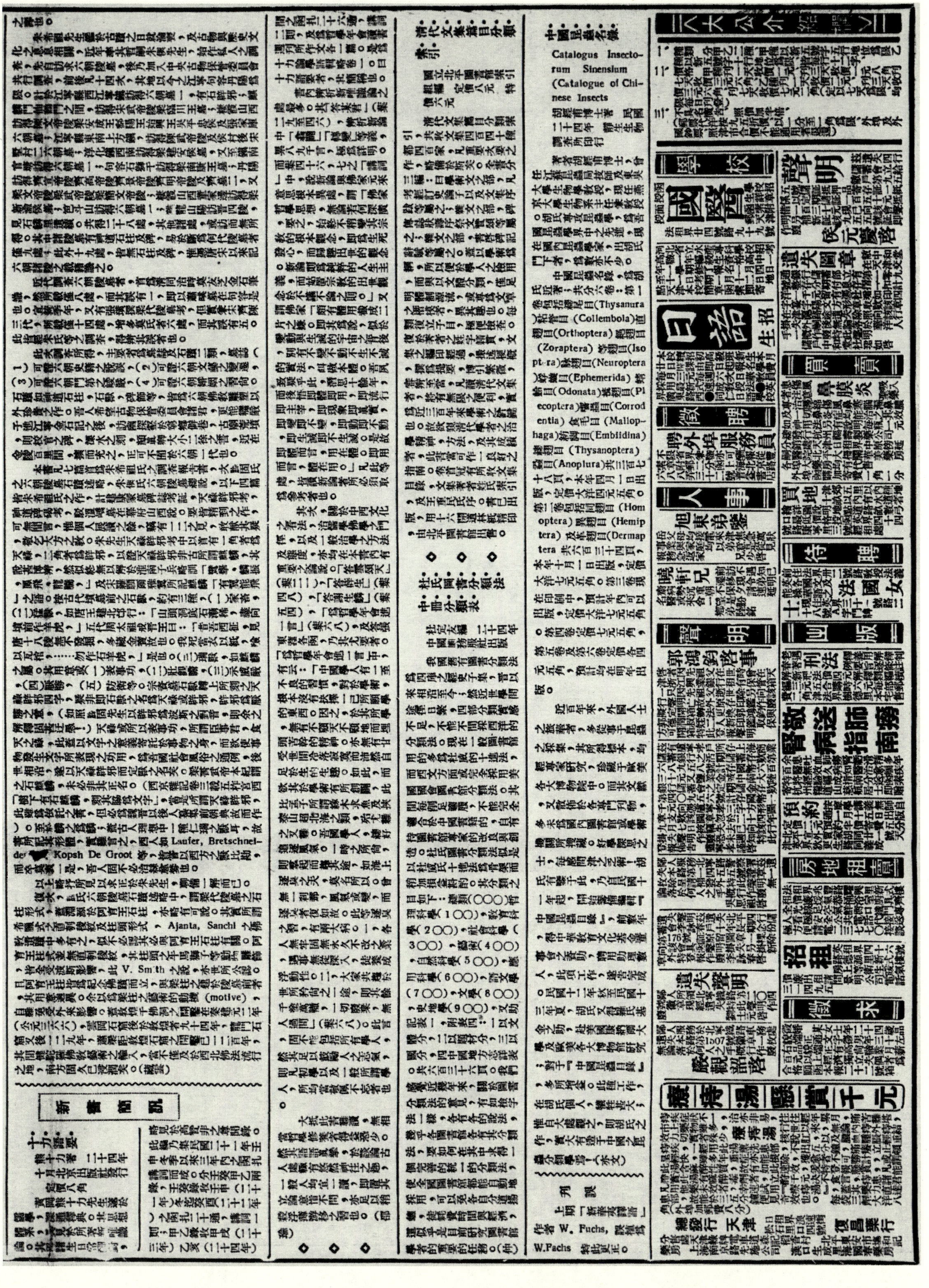
新書簡訊
中國昆蟲學雜誌
Catalogus Insectorum Sinensium (Catalogue of Chinese Insects)
Thysanura
Collembola
Orthoptera
Zoraptera
Isoptera
Neuroptera
Ephemerida
Odonata
Plecoptera
Corrodentia
Mallophaga
Embiidina
Thysanoptera
Anoplura
Homoptera
Hemiptera
Dermaptera
杜氏圖書分類法
清代文集篇目分類索引
列誤
作者 W. Fuchs
Kopsh De Groot
Laufer, Bretschneider
Ajanta, Sanchi
V. Smith
motive

圖書副刊
BOOKMAN
第一百一十一期

一　本刊登載關於中外圖書之介紹批評以及學術界消息
二　爲公開性質歡迎投稿
三　列登本刊之文略致薄酬　投稿通訊可寄「北平文津街國立北平圖書館內圖書副刊編輯收」

書評

桑弘羊年譜

馬元材著　中國史學叢書　商務出版　價五角五分

桑弘羊卒年可知，而生年不可知。僅據史記弘羊年十三侍中，與鹽鐵論稱獲祿受賜六十餘年兩語，固不能如朱希祖氏之輕斷弘羊年六十二歲，然亦同樣不能如本書著者之輕斷弘羊年七十三歲，而從此按年排譜，實爲無據不根。譜中列武帝時事，固與弘羊事業有關。然苟另一人爲公孫宏年譜或張湯年譜等，此等事仍然有用，疊牀架屋，豈不辭費。

弘羊在當時所主持之經濟政策，亦有其思想及理論之來源，此書首當闡述當時社會經濟組織之特點，及一般人對於生產事業及分配上之傳統見解，若專注意於武帝之對外用兵及財政崩壞之情態，實不够說明鹽鐵政策之背景，本書於此點發揮尙嫌不足。

山海之稅，本入少府，爲帝王私財，武帝首將鹽鐵稅收改歸大司農，即轉入國庫矣。此乃當時擁護鹽鐵政策者一重要之論點，而本書並未詳細闡說。當時人認田租與山海稅收爲絕不同之兩項進項，實根源於自先秦以來對於土地所有權之法理的觀點之不同，因此對於農民與商人亦引起其當然的合理的歧視，論述武帝朝之鹽鐵政策，而不把捉此點，終覺膚泛。

此外即如算車船與榷酒酤，亦當說明車船與酒酤在當時社會經濟上之地位及其與各方面之關係，否則此項政策之用意即難充分說明，而若僅見其爲在上者之設法斂財而已也。

凡關當時政治制度上及社會經濟上之有淵源的特殊狀態，本書均嫌闡發不透，其又一原因則當爲年譜體例所限，竊謂此書若改作桑弘羊傳略，則上述兩種缺點，均可彌補。實則武帝一朝經濟政策，亦並非弘羊一人之力所能左右，不如僅以武帝一朝之經濟政策爲題，更合當時情實也。

至於鹽鐵論一書，固爲論述桑弘羊一重要之參考書，然鹽鐵議起昭帝始元中，桓寬爲鹽鐵論則在宣帝時，書中桑大夫語，萬不能即認爲當時之實錄。今鹽鐵論中桑大夫語，頗有襲史記貨殖傳成文者，本書著者乃謂由弘羊對貨殖傳一書揣摩熟練，服膺甚深之故，（原書九四九五頁）誠淺之乎其論史也。（本書一一〇頁後，專據鹽鐵論說明弘羊主持新經濟政策之理由，亦失之誤識太淺。）

然本書尙不失爲一謹慎細心之作，亦無過分誇飾張揚語，如分疏均輸平準兩制異點，（原書六八六九頁）語淺意達，其考求漢代均輸官之設置，不失爲一種新得。（六八頁）卜式言算車船事，本書論爲弘羊有借此傾軋孔僅之嫌，（四〇頁）弘羊貶爲搜粟都尉，本書論爲由其昆弟子犯法，（八四頁）又如其論當時黃金之形制及其專營黃金交易商店之存在（八九九一頁）等，皆有可取也。（嘯）

討論

爲評墨經易解答與忘先生

譚戒甫

本月十四日，大公報圖書副刊欄內載有與忘先生評及拙著墨經易解一文；憶十七年冬，原有墨辯微評之議而未果，今忽坐而得之，不禁狂喜過望。予治此經，初無師友啓沃，祇因他事輟業，苦悟寸進，爲狀至難；今與忘先生許爲艱劬工作，誠知我者，尤爲可感也。此書前後易稿實十餘次，書名亦五六更，自從武大印作講義，又已四次，遞有刪改，致成今形，以其用作教本故耳。全書本名墨辯發微，自次附載書尾，此特其第三編之一分；故凡與忘先生所評，則有可得而言者。

初一，原書固校釋相次，今以教本之便，乃別列校讀，亦勢使然，且原亦各別置前，嗣復移後，凡例中業已聲明，特多費讀者一舉手之勞耳。次二，拙著例與文繁，不便多引；且近作或用語體，或極支蔓，刪之則意不達，全錄又厭其煩，初本一律采摭，後竟留存無幾。但例惟而義精者，仍載第五編之諸墨異義，未嘗全棄。其三，古人之書，私謂委曲自可求通，闕疑乃實不得已，拙著仍不免爲教本作想，故間有强解之處，然終不多。總之與忘先生此三，允爲譽作之楷模，自宜極端領受也。

三書以外，與忘先生又摘舉各條可議者數端，今亦略抒鄙見於後。

經上32條「言出舉也」，與忘先生謂承上條「舉擬實也」而來，拙著原稿實亦如是。但說語作「故言也者諸口能之出名（原作民）者也」云云，此故字與上文不接；若乙轉「故言」，以言字爲牒經標題，則下文成「故也者諸口能之出名者也」。茲準以後45 64諸條之同例，因適用小取篇「以說出故」，係改經文爲「言出故也」，則說之故也者一句有著落矣。與忘先生謂只據小取篇定，實未留心本條校讀後半之故。

經下16條「景不徙（原誤從），說在改爲」，拙著校解皆甚明晰；然此議所關頗大，茲再詳之。與忘先生曰，「若是影徙，則前影即後影，何得云改爲？」按余校（1）云，「下句既云改爲，則上句應云景徙；若云不徙，其義適相反。」今以鳥喻：鳥當棲止，僅有一影；及飛起時，不過影影相續而已。惟鳥飛極速，驟成長影，自此至彼，了無隙損；以名家崇實，故因改爲而影徙也。形名家主以定形爲準，形動非其所索。張湛謂「影改而更生，非向之影」，則後影非前影，係或影之靜止分言，故曰影不徙，正與莊子天下篇所載團龍等「飛鳥之景未嘗動也」同意。若名家不拘於形，故言影徙；試求之墨辯論式，尤爲易明。（本有論式例證在第四編）

經上92條「諸不一利用，服執說，（音利）巧轉則求其故大益」，與忘先生謂此三語皆無說。然拙著92 93 94三條之說，豈爲僞造耶？如不認爲僞造，則因錯簡誤字而移易原文，亦自來校書者所不能盡免也。既不能免，則此三條（1）經說符同，（2）說則他條皆不合，（3）拙校特較孫校加詳：想亦讀者所肯首也。蓋此三條，余自信費功殊久，用思至細，措辭極圓；今與忘先生謂全不見困難所在，又云未臻明暢，頗用爲疑。

經下14條「宇久不堅白」，誠然先閱校讀便明。

經上17條「廉作非也」。按補說語「已惟爲之」，因知經所謂作當爲已作。非字本爲排之古文。夫已作而又排去之，非所惡者而何？自檢斂句，本轉名訓解廉字之論證，以其適合，故引而明之。與忘先生謂難瞭，予頗不信。

經上89條「雖宿成未也」，與忘先生謂不如以闕疑爲是；此說余可拜受。

經上12條「忠，不利弱子，亥足將入，止容」，與忘先生曰，「下語當云疑是如此云云」，亦得。

經下1條「止類以行人」，與忘先生曰，「人，孫校作之，極是。譚仍作人，以行人爲性喜變遷之人，恐未確。」按據此言，知與忘先生實誤會鄙意也。余謂止與行，類與人，皆相對成文。至云「行猶言變遷，人有變遷性」者，蓋以人字有變遷性，非指人有變遷性也。若據孫讀作「止，類以行之」；類以行之固可解，謂類以行之爲止則難解。梁任公改止爲正亦未善。余校已明言，特未錄釋語，以孫梁書今易得耳。

經上62條「有間中也」，請與忘先生先看次條「間不及旁也」，方知余說之不清混。蓋此有間之中，乃由二不及旁之間所成，以此間係單立者。畢沅謂「間隙是二者之中」，間隙連文，則間即隙，亦即中矣。因又可讀作間之隙，語涉游移，故曰未竟其義。總之此62 63 64三條，須相互探索始得；余於64末有總括語，更可明瞭，豈得謂爲支離耶？

經上59條「方柱隅四讙也」，余明引畢孫張三說，特未詳耳。與忘先生謂未引其說，殆嫌未詳耶？果爾，余書必厚至盈尺方可。前有函譽拙著簡明爲淘沙得金者，誠屬太過；然與忘先生似覺其少，恐不免有爲讀者益惰之嫌矣。至謂之假爲權，引大取篇權正爲證，鄙意必如此始合「方」之義界。若如畢孫張三說，則方不方圓未定也。至分正爲正變斜正二義，而正固可引申爲方正之正，則權爲有正變斜正之兼義無疑。

以上各條，與忘先生所謂爲體例上之商榷者，今答辯大略如此。其論大義，亦有二點：

一，首當考定墨經之成書年代，此層本極重要，余曾於發微第二編墨經證義中言之極詳；即拙著莊子天下篇校釋近已印出，亦略論及，非不考也。余謂天下篇非莊周自作，或作自荀子後之儒家，故無扞格難通之病。至墨經之初，純爲論式例證，大抵創自墨子而告成於三墨。然疑三墨晚年，則又放棄論式，會說存經，今之經上下二篇，殆即當日編纂之本矣。迄後三墨徒屬俱誦墨經，乃又望經錄說，今之說上下二篇，當出自彼輩之手。然今存說上後半及經下說下，詳加研察，皆有增益之處，餘皆三墨門人後學之所爲，其時當最晚也。

二，宜辨名墨異同，按發微第二編之名墨參同，及形名發微中之名通篇，皆已論及。孫詒讓嘗謂經說四篇皆名家言（見閒詁敍述），後來承其說者不少。與忘先生曰，「今譚氏更以墨經歸之名家」，究非自余始也。又謂「別以公孫龍爲形名家，謂名家與形名家持論相乖」，此論則確自余發。先是治墨甚久，終嫌有矛盾不可通處；及發明二家各別之說，不覺迎刃而解。且不獨本經然也，即推而驗諸公孫龍子及先秦諸子，莫不嚗若合符。與忘先生謂遍搜先秦古籍，無此一說；苟古籍已有，何待余之發明？然拙著形名發微，固有所考也。至惠施本屬名家，余謂爲墨家後學者，以其持說多與墨經同也。蓋戰國名論，俱之墨徒，惠施亦即其一；故與公孫龍殿爾者，名墨惠幾無異致也。此論較複雜，非數言可了，容後日詳之。

與忘先生曰，「此兩點皆所關至大，譚書義據未堅，遽本以立說。」今余書未盡出，是猶探驪龍之珠，而又不俾睹之於光天化日之下，固無怪乎啓讀者之疑竇焉之言爲太早計矣。又曰，「即如經下4 14 37 38 39 43 46 47 60 61 66 67 68諸條，實皆有重新討論之必要。」余今敬告與忘先生及舉世學者，拙著他條當有可議；若如上列諸條，惟39不計，吾信之極篤，持之極堅，將質諸鬼神而無疑，百世以俟聖人而不惑，雖二家復起，亦不能或易矣。

經下16至29共十四條，皆言光力諸學，此在漢初，似爲周髀考工，淮南苑秘所組，問題亦大，非率爾可答也。

與忘先生末謂上述光力形名兩事，最爲拙著用意所在，實不盡然；蓋拙著最所用意者，一爲形名，又一即爲論式，而光力得之獨早，非其倫也。論式形名，爲吾書精神所寄，書前凡例特言之，後附發微序中亦言之，又商務書館出版週刊新一百四十二號亦言及之，徒以二事爲他書所無故耳。抑吾自發見二事以後，逐漸完成，躊躇幾至十年，不敢宣露；直至庚午，武大文哲季刊徵文，始行發布，及今五年未見有評議者。今歲易解書出，滿望質難必多，而惟與忘先生不吝賜教，且見學者雍容之度，愈足令我欽仰。惟一時之見，未及攻堅摧陣，而益我實已多矣。如能示以姓名住址，當寄奉拙作數種參考，藉酬高誼，或亦見余說之確可成立乎？

紀元廿四年十一月廿四日草於武漢大學住宅

× × × ×

答譚戒甫先生

與忘

著書難，評書更不易。墨經夙號難治，尊著既積力久而成，拙評瑣瑣，宜其無當。然拙評亦非毛舉小節，輕相摘疵，所欲於尊著爲鄙意之獻者，一盼尊著能先列校讀而後釋義，二遇義解未臻十分之見而前說差可存者，不妨多存異說，三能多留缺疑。如是而已。缺疑一項，幸蒙俯納，前兩義亦幸與尊意無大違迕。則拙評雖舉諸端，不過爲上述三項作例，尊意視爲無當，一笑置之可也。今乃蒙逐條解答，自信之篤，引辭之謙，高情雅度，彌增佩仰。雖所示各節，容有愚固一時仍未領悟者。然此如吾儕讀毛張俞孫諸家書，雖莫不持之有故，言之成理，而未臻十分之見，吾儕非不佩其鑽研之深，用力之劬，而未敢遽信其說之必是。此種意味，尊治是經如先生當尤十分領略透切也。今亦不須多爲往復，而有一意仍當略事剖辨者。前評經上92條，「諸不一利用」云云，來書謂「此三條自信費功殊久，用思至細，措辭極圓，今謂全不見困難所在，又云未臻明暢，頗用爲疑」。夫謂未臻明暢，此或下劣自短悟解，至云全不見困難所在者，不使亦稍治此經，豈不知著者遇此等處之費力，特謂此等極有問題，極費討論處，以尊著斷裁出之，將使初學者對此，全不見困難所在耳。尊著固是教本，又稱易解，然教射必志於彀，大匠誨人必以規矩，方今士不悅學，愈欲以極難解之書令人若爲易解，正恐愈求解人不得。凡鄙意所欲備左右商榷者，曰必先校讀，曰多列異義，曰寧付缺疑，正爲欲令學者知治此經必有如許層累，如許繁重，而猶未遽成定論。今轉謂鄙見有爲學者益惰之嫌，則鄙意亦謂尊著正可犯此病耳。然因此節，在尊見則謂可質鬼神，在愚固則尙無徵不信，蒙許又深幸鄙見之仍無大違於左右也。至論形名家與名家一[illegible]，賜以大文，開其閉塞，固所欣盼。至詢及賤名，自念辱[illegible]魚，尙爲此不急之閑文字，殊自愧慚，筆名與忘，正求與世相忘之意，左右若一時不能忘，亦知有其人者，實從頌一讀尊著，不欲浪費誤辭，而妄期爲塵山露海之效斯可矣。（與忘）

新書介紹

日本魚類圖說

岡田彌一郎　內田惠太郎　松原喜代松　共著　昭和十年（民國廿四年）九月　日本東京神田區三省堂發行　定價十二圓　特價十圓

魚類標本，易於採集，亦易於保存；故研究魚類學者，其人數恆較研究鳥類學或哺乳類學者爲多。研究材

有用有害及觀賞水產動植物圖說

田中茂穗等著　昭和八年（民國二十二年）六月　東京大地書院發行　定價日金八圓

Figures and Descriptions of the Fishes of Japan

Carl L. Hubbs

David Starr Jordan

R. Catesbiana

Rana

新書簡訊

出版消息

來函照登

介紹

學校

人事

待聘

聲明

遺失

買賣

房地租賃

雜件

出版

送書

懸賞千元

圖書副刊

BOOKMAN
第一百二十期

一　本刊登載關於中外圖書之介紹批評以及學術界消息為公開性質歡迎投稿
二　刊登本刊之文略致薄酬
三　投稿通訊可寄「北平文津街國立北平圖書館內圖書副刊編輯收」

新年初語

本刊在這內憂外患的艱危中，與讀者相見，不覺已兩年餘，隨着本報的遞送，將本刊所負使命，投到國內外萬千讀者跟前，又由遠遠近近的鄉村和城市帶同來許多信札和稿件，我們每接到一封從遙遙數千里外文化消息蔽塞的地方寄來的信，就感到無上的愉快，深幸我們的精力不曾虛擲！

這刊物本來也有些小小的計劃，但在這整個國家民族尚難有何種計劃的時候，我們且忍死須臾，即有計劃，談何容易。譬如我們想把一年來各方面尤其是文化學科的出版成績，分類各作一個總報告，以補本刊平時介紹之不足，可是，我們眼前身受着亡國破家之痛，精神上一種不可避免的損失，往往心有餘而力不足。又如我們想將若干同性質的新書，一批一批的系統地介紹或批評，雖有時勉強做到，究竟還有許多不如意的地方。

編輯上，除了特約外，投稿一向是公開的歡迎的，編者對於來稿之取捨，雖不能完全以內容之正確與問題之是非為斷，蓋人非全知，當然有所不知，而是非也無絕對標準，但我們卻有一個重要的權衡，便是審察來稿的態度——我們十分注意態度，一個明辨精深的作者，可以使人從他文章的態度中知其學識之素養，與其對於原著評論之忠實的程度，他能着眼於全書之大處，不斤斤以小節苛責人，使原著者有從容接受，或平心商討的餘地；他不單能幫助讀者對於原著的瞭解，並且還能供給原著以外有關的較系統的知識，然而他卻不能即以知識驕人。編者對於來稿的取捨，嚴格地保持着這個意見。

新書的推薦和批評，本刊也有幾個企圖。一是自然科學方面的，這層，編者完全是門外漢，本刊所載這類文字本來不多，但執筆者卻是有深厚素養的人。一是文化學科，尤其是中國文化方面，我們的意思，想間或把眼光投射到較遠的地方，如外國人對於中國文化的研究，時而也可盡些綿薄之力，略略介紹，這不是說外國的就是好的，但即是不好的，我們也得知道這些，我國人從來吃虧的，就在這點固步自封的成見。不過，本刊對於這層，也常力與願違。此外，並想多多刊布私家的出版品以為流通之助，但我們見聞有限，希望著作人和出版家在這方面多與我們互通聲氣，於己於人，皆有裨益。

學術消息和出版消息一欄，我們非得到確實的消息，不能隨意刊佈，如果本有聞必錄之旨，那便無異於造謠，所以這兩欄的記事雖然不多，卻自問還能審慎。

書序文字，以後希望極少登載，並請各方友好原諒，因為這類文字，將來反正要隨着原書發表的。

以上所說，大概是我們所不如意的，假如都很滿意的辦到了，那就是我們的計劃實現的時候。

讀者知道，這個時期一切事業都是朝不保夕的時候，學問事業更不能不蒙重大的影響，但我們還有一日的工作可做，我們就做一日的工作，這工作雖無補於民生日用，而這工作所寄託的精神，卻是「風雨如晦，雞鳴不已」，具有這種工作的精神，應用於別種有關民生日用的事業，便是救亡圖存之道。然而，這話自無與於士之飽食終日，無所用其心者。——編者

書評

讀雷馬峨屏調查記　聞宥

——專論第三章第三節——

讀本刊亦文先生之介紹，知調查記全書，雖以地質生物為主，而亦兼及於猓玀族之各方面，遂欣然購之。書中有關涉者，為第三第四兩章及第八章之一部。第四章及第八章所述為夷務及其收撫之法，可以勿論。第三章則述猓玀之種類，生活，語言，文字，曆法，社會組織及其分佈，前數者皆簡略，惟末一項較詳備。凡此種種，共有待於目驗者，吾人皆不敢為無責任之批評；惟第三節所述語言文字，則竊以為有可商榷者。以吾人所知，猓族之分佈，以川滇兩省為最廣。而居滇省者，以今日所知，有文字者，僅P. Vial神父所紀Gni一種。故以文字論，川猓實較滇猓尤重要。調查記所錄，實為國人正確紀錄之首次（下列第四項雖亦出國人之手，然其可信程度當然不及調查記）惜其所引過少，僅一百五十四事。此一百五十四事中，除數目，身體名詞，家族稱謂等而外，尚有地名，用具等，又適皆比較的不重要（如柴刀讀ㄘㄝㄉㄠ，明為漢語之借）。作者又明知「各筆畫所寫，多不相同，似變換之性極大」（五十六面六行），而不願多列重文以供參較。此皆吾人所認為極可惜者。雖然，即以此一百五十四文，與已往諸紀錄相較，仍可得不少啟發。試以其首列之數字為例：

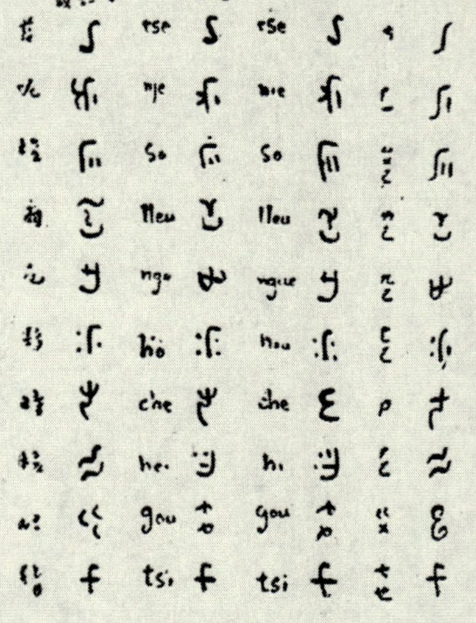

由此排比，可知諸種間實互有其小同異。詳晰言之，則與d'ollone第二種最近，不同者僅三字，文字學所載次之，不同者四字。d'ollone第一種稍遠，不同者五字。此所謂不同，或尚不無傳寫之異。如「二」字d'ollone及文字學皆作ㄦ，調查記所錄，當是省文。「五」調查記與第二種同，文字學與第一種同，此兩體亦仍得目為一源之衍。惟「八」之異體，則尚未見其連繫耳。試更檢Vial所紀雲南Gni族及d'ollone第三種得於威寧附近滇黔之交者，則如下：

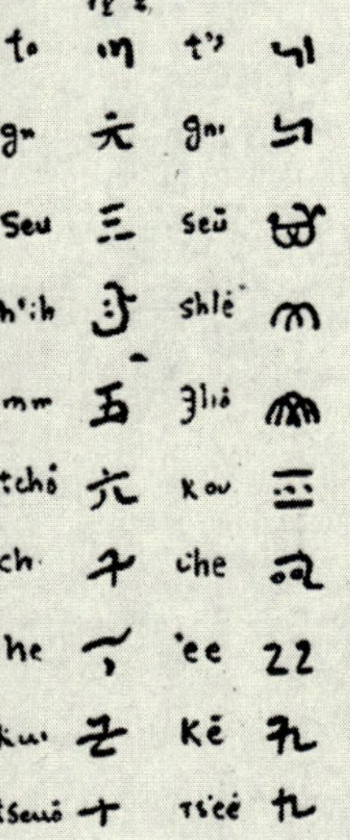

此則與上四種截然不同，可以一覽而得。惟若于異中求同，則Gni之「一」「二」兩文，仍得視為有關涉。「八」亦與調查記及文字學所載為近。此三字與川猓文之不同，乃在一橫列，一直列，其成分實無甚差異。由是言之，則川滇兩猓文，在最初式仍有其連絡（其他數字所以頗異者，尚有他說，余將別為文）。至d'ollone第三種，則完全襲漢字以為用，無甚價值可言矣。

更就讀音方面論之，則文字學所注為漢字直音，過於粗疏，可以勿論。調查記用注音符號，d'ollone用法文式拼音，皆尚遠不足以言嚴密。惟寫法雖殊，而其所代表之音值，則殆無甚殊異。更以證之滇省諸猓方言，則除上出二種而外，尚可得如下二種（Liétard神父原書不在手頭，故皆依Grierson在Linguistic Survey of India中所改寫）。

	Lola-p'o	A-hi
一	t'i	t'i
二	ni	ni
三	so	sō
四	li	li
五	ṅo	ṅo
六	ch'o	ch'u
七	ǧō	ǧō
八	hā	th
九	kō	kō
十	ts'ō	ts'ō

此除「一」之純塞聲與川猓之塞擦聲小異（上二種亦然，川猓與滇猓之區畫甚明。惟史祿國所記Bi族讀ɑ【cɯtʃ或tʃ】則以滇猓而讀塞擦聲，為例外。）而外，其他惟元音間有小異，其區別可謂極微。更以證之Bonifacy所紀ɕong-vàn兩方言則如下：

	黑猓	白猓
一	tu	to
二	ni	ni
三	ɖuṅ	ɖòn
四	zé	mói
五	ṅò	ṅå
六	ku	kò
七	khié	khi
八	ɖi	ɖi
九	ku	ku
十	tó ɖi	tó ɖi

此「三」「四」兩字皆與前出猓殊，是知川滇兩猓語言，隸涉極密；而東京諸猓，則較為疏遠。總之猓語內部之一致，雖不及Thai語，而較之同族他支，則猶過之。又由此排比之結果，可知調查記所書「五」字之ㄈ，仍當為ㄏ之誤。ㄏ在合口韻前變為ㄈ，雖在廣州語中有成例；然以此諸紀錄互勘，則似尚未為此發達也。

調查記又言：「猓語發音沉重混濁，多喉音。音調簡單，多ㄚㄛ二音。其文法主詞在前，動詞在後，頗類日文」。此數語似過於通俗。又言：「猓文來源頗難深考，就其形式而論，頗似仿照漢字製成」。此問題又過大。牽涉極繁。余方別為專文論之，今姑從略。

要之調查記作者諸先生本皆非研治語文之學者；此書所重，又本在其他方面。故上所云云，不過為個人讀後之感想，決不足引為全書之病。吾人身處數千里外，每念大凉山一帶之寶藏，輒不禁有「一身欲奮飛」之感。今諸先生幸能結隊深入，盡歷其窮崖邃谷，而其所以出示吾人者，乃豐富若此。此所以竊貢其愚，而更願諸先生之有以轉惠吾人者也。

十二月十六日，青島，信號山畔，看雲懷弟之樓。

讀太平天國詔諭　羅爾綱

太平天國詔諭影印一冊，共二十一件，蕭一山先生編，國立北平研究院出版。此書原物都存英國不列顛博物院東方部，最近蕭先生到英倫考察文化，才採輯同來的。這部書價值的重要，是不用我來介紹的，而且，此書在每文件之前，都冠以題跋，先記其版式，尺寸，花紋，紙色，璽印等等，然後考釋鈎提，對史料作研究的指示，這種工作，在中國編纂太平天國史料者，還是創舉。所以我讀了此書，很想把我讀後的愚見乞教於蕭先生及列位讀者。

天王詔旨說：「幼主名洪天貴福」，蕭先生考證說：「幼主之名洪天貴福，為秀全所遺三字之明，殊無疑義。其原名曰天貴，已見平定粵匪記略賊名記，求闕齋弟子記及太平天國軼聞。太平天國野史誤作天富貴，清官書以印璽上有眞王兩字並列，誤作福瑱，有此一詔，則不待辨矣。」綱按幼主後來在江西被擒，他的供詞也說明他自己初名洪天貴，後改為洪天貴福的事。沈葆楨訊明首逆供情摺道：「初五日據席寶田派訓導唐家桐等將洪福瑱解到省，臣親提研鞫，據洪原名洪天貴，嗣稱洪天貴福。襲偽號後，所刻偽璽，橫書眞主二字，故誤傳為洪福瑱」。（沈文肅公政書卷三）幼主的供詞可與此詔相印證。又同摺記幼主母親的姓氏，幼主出世的時地道：「母賴氏，已酉年生於廣東原籍」，這可與韓山文Theodore Hamburg的太平天國起義記The Vissions of Hung-Siu-tsuen and origin of the Kwang-si Insurrection的記載相印證，沈懋良江南春夢菴筆記說幼主為賴漢英之子，在武昌被擄的謬說，眞是不攻自破了。（請並參看救世眞聖幼主詔旨蕭先生駁沈氏的考證）

詔諭淸營官兵的李明成，是李秀成胞弟。求闕齋弟子記附賊酋名號譜作名成，乃係據自官書的記載。（見左文襄公奏疏初編卷十七附陳提訊忠逆之子李士貴口供情片）李秀成供狀作明成，與此諭同。（據清華大學圖書館藏原刻本）惟此諭印本李明成的明字作朙，據綱所見太平天國文件尚有寧王張學明的印文明字也作朙。（見太平天國文書聽王陳炳文上浙江提督軍門鮑禀）太平天國文件諱明為朙，其理由頗不易考。蕭一山先生考證引沈懋良江南春夢菴筆記云：「秀全父鄭國明，母王氏，賊中諱字甚多，國為郭，明為民，王姓為汪姓，諱洪逆父母名氏也」。但蕭先生對此說也很懷疑，所以蕭先生說：「編者固不知其命意所在」，因以疑傳疑，懸以待考。綱按沈懋良的話是不可信的。韓山文太平天國起義記述秀全之父名為Hung-Jang，其漢文原字雖未能確定，但Jang字漢文決不是國字明字則顯然可見。考太平天國改國為囯，本是洪氏一種迷忌的說法，張汝南金陵省難紀略洪賊改字删書條記道：「言太平天國之國為囯，謂王居於中也。」可見並不是如沈氏所謂由於避秀全父親的名諱。（即王之改為汪，或作黄，也不是同沈氏所謂諱洪秀全母姓之故，而仍由於洪氏家天下的思想，其用意和改國為囯一樣，故洪氏可稱天王，諸王亦

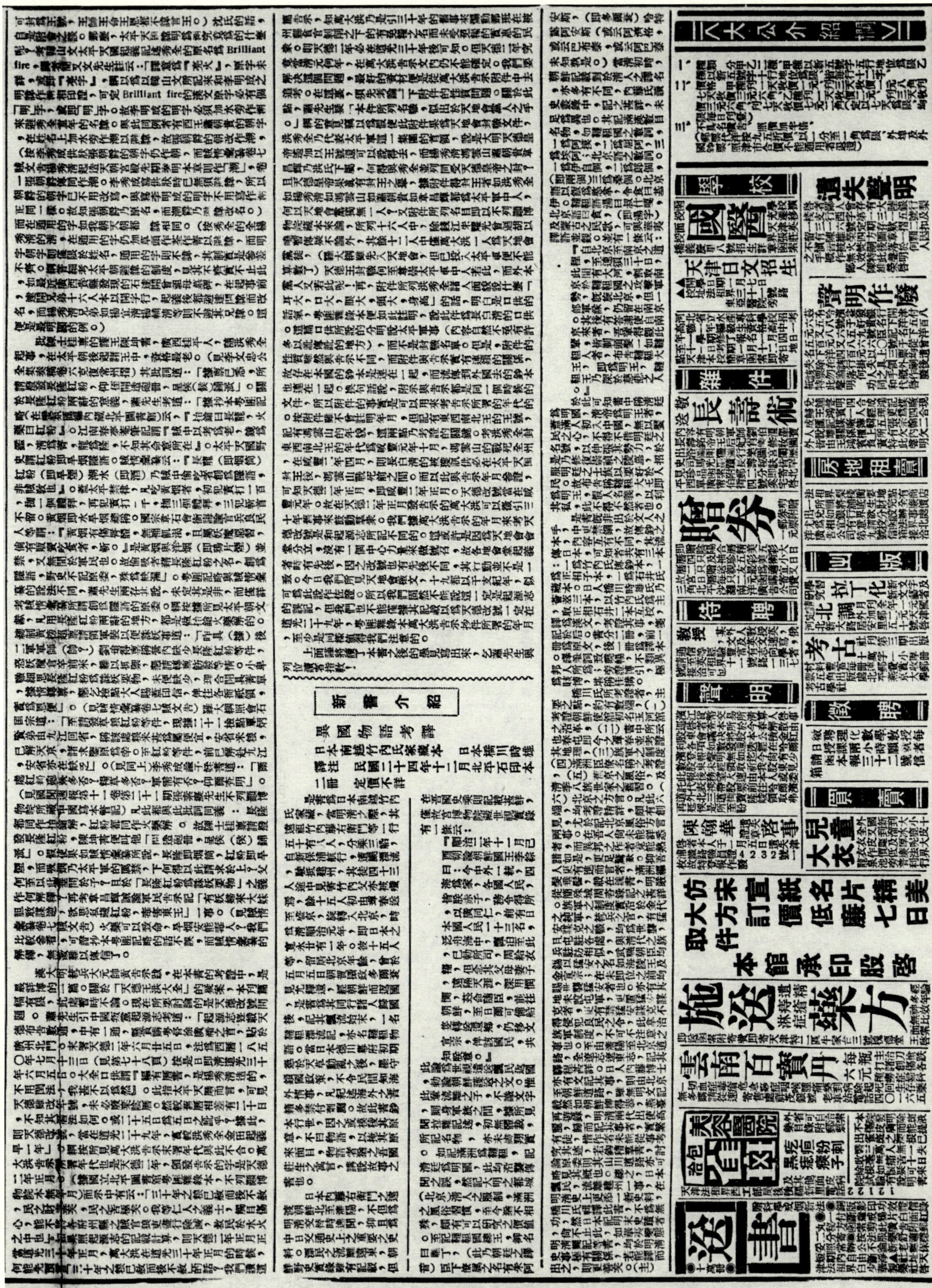

新書介紹

異國物語考譯

日本南越竹內氏家藏本

日本細川時雄譯注

民國二十四年十一月北平石印本

一冊 定價不詳

圖書副刊
BOOKMAN
第一百三十期

一、本刊登載關於中外圖書之介紹批評以及學術界消息
二、爲公開性質歡迎投稿
三、刊登本刊之文稿略致薄酬
投稿通訊可寄「北平文津街國立北平圖書館內圖書副刊編輯收」

書評

評中華二千年史（中冊）

徐世勛

鄧之誠著　商務書館大學叢書本　廿三年出版

現在國內通行的幾種本國通史，據我所知，恐怕沒有比鄧之誠先生著的中華二千年史結構更爲鉅大的了。鄧先生這部書曾經作過北京大學，師範大學，北平大學女子文理學院，輔仁大學，燕京大學好幾個地方的講義，而且經過六七次的修改而成。他自己說，『區區之經營，蓋已歷十六七年。……屢經刪削，棄餘之稿，尙盈箱篋。』可見這是多年心血的結晶，遠非率爾操觚者可比。他這部書，依我看來，剪裁謹嚴，上冊造端於秦，可見便有斷的，鄧先生說：

其所以造端於秦者，以秦以前……則楊朱所謂三皇之事，若存若亡；五帝之事，若明若昧。經傳所傳，宋人尙有故實翻案者。求證於金石甲骨，所得既渺，毋寧付之闕如。馬端臨不有言乎，乖異傳疑者不錄。故遂決然不作，庶幾竊比司馬光不作通鑑前紀之意。（敘錄頁四）

我們知道過去中國研究古史的有兩大派：一是正統派，述而不作，信而好古，只要古書上說過的，莫不曲解附會，信以爲眞，如清人馬驌的繹史便是代表。一是懷疑派，以清代中葉以後的今文學家爲代表，這一派和正統派針鋒相對，冰炭不容，其於古史多持懷疑態度，自爲解說。其實，兩派都有不是。正統派信而好古，固然不對；懷疑派一味疑古，亦有矯枉過正的地方。幸而近來有第三派出來，如王國維郭沫若諸先生以新實物考證古史，別開生面，始有走上科學道路的希望。不過，考古學在今日成績尙很幼稚，古史上未能解決的問題（如新石器時代，初期銅器時代，文字起源等）正多，要著一部比較合科學的中國上古史，實非易事。鄧先生這部書不肯輕談古史，正是他的高明過人處。

他這部書如其有可以商酌的地方，那就是取材了。敘錄頁五說：

『斯編取材，首重正史，次及政書，次始及於雜史，再次始及於其他。近人著述，耳目所接，未遑甄錄。』

鄧先生這幾句話顯然證明他不知道史源和參考書的分別。換言之，就是何者爲直接史料，何者爲間接史料，鄧先生似乎不大在意。正史不一定就是直接史料，雜史也不一定就是間接史料。正史之中很有根據雜史編輯成功的部分。雜史固然不大可靠，正史又何嘗都可靠？我覺得與其「首重正史，次始及於雜史」不如首重史源，次始及參考書，比較妥當。其次，近人著述，未遑甄錄，似乎也成問題。近人的考證確有許多高出前人之上。編通史的人自己不去考證，雖則可以，但別人考證的結果難道也不可以分別利用嗎？即以本書中冊而論，關於取材方面成問題的約有三點，列舉於後：

第一，研究沒有水準，有些已經考定不大成問題的史料多未採用。未成定論的研究不用說了，就是比較很可靠的也往往棄之如遺，好像一二百年以來學者專門研究的結果，鄧先生都不受理會，認爲他們是枉費心力，徒勞無功！這一點似乎有考慮的必要，假若我們承認史學是有進步有水準的話，便應當注意於此。現在略舉數條爲例：

一、遼興宗年號重熙（本書中冊卷四頁七，一八三，一八四）應作重和，道宗年號壽隆（頁七，一九五）應作壽昌，這是清代學者已經考定爲我們所公認的。錢大昕二十二史考異卷八十三說：

按洪遵泉志載壽昌元寶錢引李季興東北諸蕃樞要云，「契丹主天祚年號壽昌」，又引北遼通書云，「天祚即位，壽昌七年改元乾統。」予家藏易州興國寺碑安德州靈巖寺碑與中府玉石觀音像唱和詩碑皆壽昌中刻，東都事略文獻通考皆宋人書也，亦稱壽昌，無有云壽隆者，可證壽隆乃壽昌之譌也。遼人諱於避諱，……天祚名延禧，乃追改重熙年號爲重和，於嫌名猶必回避如此。道宗乃聖宗之孫，而以壽隆紀年，此理所必無者。

四庫全書總目卷四十六說：

文獻通考稱遼道宗改元壽昌。洪遵泉志引李季興東北諸蕃樞要云，「契丹主天祚年號壽昌」，又引北遼通書云，「天祚即位，壽昌七年改爲乾統」，而此書（遼史）作壽隆，殊不思聖宗諱隆緒，道宗爲聖宗之孫，何至紀元而犯祖諱？考今興中故城（即古爾板蘇巴爾，漢譯言三塔也，故土人亦稱三座塔云。）東南七十里，柏山有安德州靈巖寺碑，稱「壽昌初元，歲次乙亥」；又有玉石觀音像唱和詩碑，稱「壽昌五年九月」；又易州有興國寺太子誕聖邑碑，稱「壽昌四年七月」：均與洪遵所引合。又鈔學菴筆記載「興宗改號重熙，後避天祚嫌名，追稱重熙曰重和」；考興中故城鐵塔旁記有天慶二年釋迦定光二佛舍利塔記稱「重和十五年鑄鐵塔」，與陸游所記亦合。

又道宗年號太康（卷四頁七）應作大康。錢大昕十駕齋養新錄卷六說：

遼道宗年號大康，非太康也。晁氏歷代紀年，以字分類，當必不誤；今遼史刊本皆作太康，無人能正之者。

按今人馮家昇遼史源流考與遼史初校頁六九亦謂：百衲本尙多作大康，南監以後，則改爲太康矣。碑石所見，均作大康，未有作太康者，當以大康爲是。

可見著通史的人便應當注意這類結論的。

二、五代十國，南漢烈祖姓劉名隱，其祖安仁，上蔡人，後徙閩中，商賈南海，因家焉（卷三頁三四七）。按此說雖本之五代史，近經日本學者藤田豐八考證不確，[illegible]有採擇的價值。藤田氏在他所著的東西交涉史之研究南海篇頁一六三關於南漢劉氏的祖先問題文中，說南漢劉氏不是漢人，而是亞剌伯之回教徒。他引孫光憲北夢瑣言卷六：

承相韋公宙出鎮南海，有小將劉謙者，職級甚卑，氣宇殊異，乃以從猶女妻之。其內以非我族類，慮招物議，譴諸幕僚，請諫止之。承相曰，「此人非常流也，他日吾子孫或可依之。」謙以軍功拜封州刺史。韋夫人生子曰隱曰巖：隱爲廣帥，巖嗣之，奄有嶺表四府之地，自建號曰漢。

又引薛居正舊五代史卷一百三十五：

唐咸通中，宰相韋宙出鎮南海，謙時爲牙校，職級甚卑，然氣宇殊常，宙以猶女妻之。妻以非其類，堅止之。宙曰，「此人非常流也，他日我子孫或可依之。」

就是唐書卷一百一十五劉知謙傳，「韋宙以兄女妻之，衆謂不可。宙曰：「若人狀貌非常，吾以子孫託之。」原意雖失，痕跡猶存。又引伍崇曜跋吳蘭修所著南漢金石志引恭巖札記：

元妙觀西院功德林，有僞南漢主劉鋹及二子銅像，豪惡可憎，俗稱番鬼。

可見劉謙雖與漢人通婚，四傳之後，其曾孫劉鋹與漢人倘不相類。

因此，藤田氏根據朱彧萍洲可談卷二所載，謂廣州番坊，海外諸國人聚居，不食豚肉，其中劉姓亦爲夷人，殆即亞剌伯之回敎徒也。

平心而論，他這篇文章考證精確，在沒有提出正式的反證以前，我們說到南漢劉氏，似不應置之不理罷！

三、孟珙蒙韃備錄（卷四頁三零八，三零九）應作趙珙。如其要作孟珙，亦應加以注釋，以免發生誤會。

王國維蒙韃備錄箋證跋說：

此書題宋孟珙撰，書中亦自稱名爲珙，按宋史孟珙傳，珙未嘗使蒙古，疑別一人也。書中稱去歲庚辰年，今辛巳年，是此書作於辛巳，乃宋寧宗嘉定十四年，蒙古太祖之十六年也。……按齊東野語……嘉定辛巳使蒙古軍前者有趙珙，與此書撰述歲月及稱名相同，則撰此書者當即其人，後人不知其姓，誤以爲孟珙耳。

四、黨爭之誤國，安石爲實行政見，凡詆毀新政者皆斥逐之。而新舊黨派之爭愈烈。並引宋史卷三百二十七王安石傳爲證（卷四頁一三八，一三九）。按此說殊不盡然，蔡上翔王荊公年譜考略卷十七：

公（歐陽修）自……治平三年，以濮議見攻於呂誨彭思永。四年，以飛語見毀於彭思永蔣之奇。……自是力請外郡，出而知亳州知青州知蔡州以至於薨，則凡熙寧之立四年，公未嘗一日立於其朝。而公之除外，皆出於自求。累年告病，則尤在前時，於安石何與哉？

梁啓超王安石政治論考異十四：

公於韓富二公實不勝其嚮往之誠。而韓富與公，雖論新法不合，而私交始終未渝。其厪次乞休，亦實緣老病，未必專以新法之故。

所以梁氏於其第十六章毅然說道：

荊公之所以待異己者抑可謂盡其道矣。其於諸元老，則皆自乞居外，猶再三慰留，不獲已然後許之也。其於諸小臣亦不過左遷外補，未嘗有一人竄削其官秩，而治罪更無論也。其間惟鄭俠一人，下吏遣置，則荊公罷相歸江寧一年間之事也。（公以熙寧七年六月罷相，以八年二月復相，而鄭俠之竄英州，則熙寧八年正月間事也。）

鄧先生又引本傳謂鄭俠上疏，繪所見流民扶老攜幼困苦之狀，爲圖以獻曰，旱由安石所致，去安石天必雨，俠又坐竄嶺南。慈聖宣仁二太后流涕謂帝曰，安石亂天下。帝亦疑之，遂罷爲觀文殿大學士，知江寧府云云，殊與事實不合。梁啓超王安石政治論考異九辯之曰：

今案以此諸劄子證之（熙寧七年六上乞解機務劄子），則與宋史所記，何其適相反耶？乞解機務之疏凡六上，僅見聽許，猶欲強留之京師，帝果疑安石，乃如是耶？且繼相之人爲韓絳呂惠卿，皆安石所薦，帝如因俠及太后之言乃罷安石，則何爲更用所薦之人耶？是知宋史無一而不妄也。」

本傳又謂雱發安石私書，曰無使上知者，安石歸以問雱，雱言其情。安石咎之。雱憤，患疽發背死。……上頗厭安石。……安石之再相也，屢謝病求去，及子雱死，尤悲傷不堪，力請解機務，上益厭之云云，亦不合。蔡上翔王荊公年譜考略卷十五：

元澤（雱）久爲病中之人，熙寧七年則有安石謝賜男雱藥物表，九年而元澤卒，則必非由疽發於背可知。而乃徒爲紛紛說鬼，豈所望於講學君子耶？

卷十八：

安石歸金陵未久，而神宗撫問賜藥，既撫慰其弟之亡，又命醫其子之疾，其眷顧稠疊，不啻家人父子矣。……則元澤得病甚久，在京師又無幾時，益知發其私書皆雱所爲，因恚死疽，皆非其實也。

卷十九：

公於八年二月再相，九年春即辭至四五，久之既不得請，復乞同僚以助之；是神宗之於安石，可謂恩誼至渥矣。而史書乃曰，及子雱死，請解機務，上益厭之，罷知江寧府，何其妄耶？

梁啓超王安石政治論考異十也說：

「若如宋史所言，一則曰上亦厭之，再則曰上益厭之，又曰太后亦嘗涕泣宮中也，吾試有以詰之，使安石爲相而帝果厭之也，則竟罷黜之可耳，安石豈擁兵自重而帝有投鼠忌器之懼者耶？即不然，而曰優禮大臣，養其廉恥，則於其辭而即聽之去可耳，何爲每懇至再三猶未之允且至動斷來章耶？且上既厭之，則安石既去，新法宜可以速改，上有以慰太后之心而全其孝，而己亦得以少寬其厭惡之情，何新法行於元豐，十年如一日耶？夫呂惠卿所創之手實法，鬻祠法，惠卿一去而即罷矣；而安石之法，終神宗世無一廢棄，則知曾公亮所謂上與介甫如一人者，洵不誣矣。

宋史在諸史中，最稱蕪穢，前人批評它的很多。四庫全書總目卷四十六說「大旨以表章道學爲宗，餘事不甚措意，故舛謬不能殫數。」其後柯維騏著宋史新編，沈世泊著宋史就正編，皆糾正其謬。趙翼陔餘叢考二十二史劄記摘其敘事錯雜處，失檢處，謬誤處，遺漏處，牴牾處，各十餘條。其各傳迴護處，附會處，是非失當處，是非乖謬處共百餘條。而舛謬最甚數百年未有人起而糾之者莫如所記關於王荊公之事。幸而有幾個學者出來爲他考證辨誣，沉冤始大白於世。可惜鄧先生這部書講到新舊黨爭以及王荊公的進退大節，除了根據宋史而外，於蔡梁兩家之說竟不能採取利用，殊難令人滿意。

第二，史料沒有鑑別，史源與參考書往往並爲一談，分不清楚。這是鄧先生自己說的「首重正史，次始及於雜史」一句話，也未能十分做到。如像第四卷第十一，十二，十三，三編講蒙古史引邵遠平元史類編多至三十七條，比較很直接可靠的書如元朝秘史聖武親征錄元史譯文證補以及近人的蒙兀兒史記諸書反而不大引用。所以往往有將錯就錯不合事理的地方。試舉兩條於後：

一、本書三百一十二頁引元史類編卷一太祖紀云：

「札木合部者，與帝麾下有隙，遂與泰赤烏合謀，以衆三萬來攻，帝與母月倫，分部人爲十三翼，大戰破走之云云。」按此役舊說太祖得勝，元朝秘史所載則謂得其反。秘史在蒙古諸史料中地位最高，其價值遠在聖武親征錄及拉施特書之上，王國維先生已言及之（見王氏聖武親征錄校注序）。考秘史卷四說：

札木合因爲射殺他弟給察兒，領著他一種並十三部共三萬人，越過阿剌兀惕土兒合兀的嶺，要與成吉思廝殺。有……木勒客脫塔黑孛羅勒歹二人來報成吉思知了。於是他的十三圈子內也起了三萬人迎著札木合，到答闌巴勒主惕地面對陣。成吉思被札木合推動，退著於斡難河哲列揑地面狹處屯扎了。

秘史所載與舊說不合，而近人王國維屠寄馮承鈞諸先生則頗宗秘史。王氏聖武親征錄校注謂：

秘史謂是役太祖敗，此蓋諱之。

屠寄蒙兀兒史記卷二注謂：

是役之戰，成吉思直北退三百餘里，爲生平第一次大挫折，國史諱敗爲勝，惟脫卜赤顏直書之。

馮承鈞成吉思汗傳亦謂：

迎札木合軍，戰於答闌巴勒主惕，帖木眞兵敗，退守斡難河畔險隘之地。

且不惟近人之說如此，即在秘史本身也可以找到有力的

證明。秘史卷八說：

在前哨只答兒馬剌台察兒兩個的馬羣相搶劫的上頭，依特地謀反於巴勒渚納地面厮殺，趕入我者列揑地面的狹處，教我好生恐懼。

可見秘史太祖敗退之說，比較可信。親征錄以下諸書已經後人修改，故爾諱敗爲勝。而元史類編所載最爲間接，尤其不値得作我們的根據。

二、本書三百八十三頁引元史類編卷一憲宗紀云：「定宗崩，乃是三歲無君，皇后斡兀立海迷失抱皇太孫失烈門臨朝稱制云云。」亦與事理不合。按蒙古大汗之立，開會推舉，有所謂宗法會議（忽烈而台）在舊君已死新君未立的過渡時代，往往由舊君最親信的人非正式的出來監國，暫維現狀。太祖死，四太子拖雷監國二年；太宗死，六皇后乃蠻眞監國五年。及定宗已死憲宗未立之時，三歲無君，海迷失以皇后資格臨朝稱制，實是有例可援，不必一定要借重皇太孫失烈門，方能監國。這種情形和中國的母后臨朝不同：中國歷史上母后臨朝，垂簾聽政，必須借重沖齡之主。況且失烈門當時年事已長，亦非懷抱中人，所以屠氏蒙兀兒史記卷四駁它道：

按失烈門在太宗時代即有可君天下之論，計此時已非懷抱中人，且議立未定，不得有皇太孫之稱。

其說甚是。

第三，書中時有脫漏疏略之處，不能給讀者一個具體明瞭的印象。茲亦舉兩條於后：

一、唐代藩鎭多爲蕃將，可謂爲第三次異族亂華。唐初多用蕃將，前面已經說過。景雲開元之際，所置節度使中已有異族（如賀拔延嗣爲鮮卑族，睿宗時河西節度使；阿史那獻爲突厥族，玄宗開元初磧西節度使）。後來李林甫爲相，爲鞏固地位計，勸玄宗多用蕃將，於是異族的勢力漸大。天寶之亂，李懷忠安祿山史思明都是異族。當時率領官軍爲國宣勞的如高仙芝哥舒翰李光弼王思禮僕固懷恩等也都是異族子，玄宗以降，因爲中央政府的姑息失政，所以藩鎭之禍漸廣，而擴張此禍亂之風的係僕固懷恩李光弼李懷仙李寶臣李正己田承嗣薛嵩梁崇義，而僕固懷恩李光弼李懷仙李寶臣李正己便都是異族。所以演變到後來，五代之中有三代都是異族（後唐後晉後漢），良非偶然。

鄧先生這部書講到唐朝的藩鎭，只偏重他們對於中央政府的叛服離合，於種族問題似乎不大注意。試看卷三頁二十四以下所列中唐以後兩河藩鎭簡表，如魏博史憲成是奚族；成德李寶臣是奚族，王武俊是契丹族，王庭湊是回鶻阿布思族；盧龍李懷仙是柳城胡族，李可舉是回鶻族；平盧淄青李正己是高麗族，義武張孝忠是奚族。凡此種種，似乎都應該註明出來，使我們知道當時河北諸鎭異族稱亂的情形並不亞於兩晉。僅僅擁兵自衞割據稱雄是不足以說明藩鎭之全部的。

二、本書卷四頁二零四及二零五講西遼的歷史，僅根據遼史卷三十天祚帝紀四數十百字，似嫌太略。無論遼史卷二十九與卷三十所載顯有衝突，非參考他書不可。就拿西遼建國施政所以成功的原因來說，似乎也該敍述幾句。張星烺中西交通史料匯編第五冊頁二八七引阿拉伯著作家Ibn el Athir最早記哈喇契丹（即西遼）說：

回歷紀元五百二十二年（西曆一千一百二十八年，宋高宗建炎二年），秦國（即中國）葛兒罕，渾號「跛者」，率領大軍至喀什噶爾邊境。喀什噶爾王阿合馬哈，哈散之子也，聞警，徵集軍隊，馳至邊境拒敵，兵敗而死。葛兒罕離秦國抵土耳其斯坦時，其境內已有其本國人甚多，皆以前遷徙來者。其人服役於土耳其斯坦汗之軍中，受命防守東邊。葛兒罕至，秦人皆通款降附。葛兒罕因之得以征服土耳其斯坦全境。葛兒罕既勝後，不干涉境內之治理，僅徵收賦稅，每戶納一底那兒（dinar）。歸附諸酋長之衣帶上繫一銀牌，以示臣服而已。

這一段話有兩點値得我們注意：第一，大石所以能夠以少勝衆驟敗土耳其斯坦的大軍，全靠鄰裏的中國人通款降附；第二，他施政的方針在於薄賦愛民，採取放任主義，所以能夠維持八十多年。這樣好的一段史料，鄧先生竟沒有採用，未免可惜！

以上所舉的三點八條不敢說一定就對，而且我相信都是鄧先生所知道的。所以提出來說的原因，不過是「欲公崇篤新義」的意思。鄧先生是國內有數的史學前輩，他這部書的長處除前面所舉的而外，其它尙多。區區幾條遺誤，並不足以減少它的價値，這是我所敢斷言的。

新書介紹

古文字學導論

唐蘭著　民國二十四年出版　代售處北平琉璃廠來薰閣　定價二元八角　上下二冊

自宋歐陽修趙明誠以來，始注意金石，鐘鼎彝器的文字，亦漸爲研究的資料，至於近代，遂蔚爲大觀。自光緒二十五年殷墟龜甲文字發現以後，於是另加上一大宗較周金文更古的資料，這項資料現在雖然很多，但還在陸續發掘。大約非待出土的資料，完全告了段落之後，有人出來將近幾十年前後所得的資料，作一番比較綜合的研究，如歐洲人對於埃及的古文字研究的過程一樣，恐怕非數十百年後，不會有很大的收穫的。

本書所論古文字學的範圍，以上兩種資料之外，並包括「六國系文字」及「秦系文字」。全書分兩編，上編多論古文字的本身，下編多論對於古文字的研究方法。名曰「導論」者，乃唐氏計劃中所欲著的「古文字學七書」的一種發軔。雖非專題研究，可是新解很多，實可作爲有志研究古文字學的津梁，這里用不着多費詞。惟書中關於「上古」「近古」「古」等詞的用法，常常提及，似欠嚴密的定義，如上編引言頁四說，小篆當歸入於近古文字，而同時又將秦系文字認爲「古」。——不知著者的意思是否把古與近古兩詞同一看待，或「古」係包括「近古」與「上古」而言。——上編頁三十雖說「由象意文字的興起到完成，是上古期；由形聲文字的興起到完成，是近古期」。頁二十八又說，形聲字的發軔，至遲在夏初，那末，夏以前的是上古期，甲骨及金文當是近古期了。但頁四十一說「上古的人們既已用『大』和『人』……」及頁四十二說「在上古期裏……」以下所舉諸例，卻又似乎是近古期的，這都易使讀者對於著者的意見發生淆混，但也許是我自己誤會了。（萱）

× × × ×

汪悔翁乙丙日記

謝興堯

數年前鄧文如師以手寫本汪悔翁先生士鐸遺詩一冊見賜，細讀其詩，想見其人，余素喜蒐輯洪楊史實，及研究咸同時國內大勢，知悔翁爲曾胡上客，其詩鈔中，最喜其「十月十日洒淚書之」詠褒，老，病，死，憂，拙，貧，孤八首，工整精潔，語多見道，頗似老杜，後師告余，尙藏有悔翁金陵圍城中日記稿本，記咸豐乙卯丙辰間事，多及洪楊及曾胡軍事，道其肯綮，因從師假觀，苦於字體草率，不能辨識，有目覩寶山，未克探據之嘆。今歲暑期，師始輯校爲書三卷題名乙丙日記而印行之，命作跋尾，興堯不敏，受而讀之竟，乃深佩悔翁之卓見偉識，實不可企及也，其書所記，雖爲當時淸洪兩方之軍事，政治，及金陵攻守之情形，然當時大勢，已可由此得其梗概，洵爲極珍貴之史料。惟世人或以悔翁是書之極大貢獻，爲關于太平天國典章制度之記載，與夫江南淸軍戰爭之經過，余則以爲此等直接史料，固足重視，而是書之最大價值，更在悔翁對於當時社會治亂之源流，及政治腐敗之癥結，能見其大，超越羣流悔翁以爲土匪之鑄起，洪楊之叛亂，乃兩粤人口過剩之所致，（見書中記洪秀全起事。）增以政治腐敗之結果，遂演成社會變亂之現相耳。正本淸源，則病自除，其方策歸於崇尙申韓，此實文正文忠之所施行，或悔翁有以啓導之也。考道咸兩朝之南北叛亂，當時有識者，皆認爲乃「法敝民頑」之故，曾文正與徐玉山太守書，謂：「二三十年，應辦不辦之案，應殺不殺之人，充塞於郡縣山谷之間，痞棍四出，搶劫風起，鄙意以爲宜大加懲創，即吾身得武健嚴酷之名，或有損於陰隲慈祥之說，亦不敢辭」。而悔翁書中，則謂：「周孔賢於堯舜一倍，申韓賢於十倍，韓白賢於百倍，堯舜以德，周孔立言，然失於仁柔，故申韓以懲小奸，韓白以定大亂」。是不特亂國主用重典，且主以殺戮止暴亂矣。對於科舉制度，則主張：「自鄉舉以後，宜試以世事，不宜復言時文，論策宜實以史學，不宜試以詩賦」。又謂：「取才之道隘，盜賊之律太寬，州縣之任太輕」。皆切中時勢之言。並盛讚太平軍之楊秀淸，韋昌輝，石達開之才，非當時之翰詹及方面大臣所及。且稱洪楊之長，在去鬼神禱祀，無卜筮術數，禁烟及惰，朝起夕眠，殺之外無他刑，皆勝我萬萬。能言人之不敢言。凡此議論卓識，均能見及彼時政治社會之弊病，而爲根本之探求，實是書精華之所在，而爲硏究近代史者，所最須注意者也。除此以外，則爲關於淸洪兩方軍政之叙述，如洪秀全初起之事實，及金陵圍城之情形，均係目擊，自可徵信。最要者，如秀全父之名字，諸書所記，皆名國游，尤以沈懋良江南春夢菴筆記爲最足信，因沈亦居於太平軍數年，逃出後所述者也。據是書所記，則實名洪覩揚。考之旁書，此說極是。道光末，香港耶穌敎士瑞典人漢巴格(Theodore Hamburg)所著太平天國起義記，(The Visions of Hung-Siu-Tsuen and Origin of the Kwang-Si Insurrection)一書，乃秀全族弟洪仁玕所口述，多及秀全家世，其書印於一八五四年，（即咸豐四年甲寅。）稱秀全父名Hung Yang譯之即洪覩揚。（按友人簡又文譯此書時，譯爲洪養，似未妥洽。有人謂當咸豐初年，時淸廷正以太平軍爲叛逆，故是書所記秀全諸人之名，皆諱一字，亦誤。）中外兩可靠之籍全符，則名覩揚，毫無疑意。他如記太平軍之制度習俗，及淸將帥之怯懦無能，或可正他書之誤，或可補記載之缺，皆極重要之史料。又同治十三年修輯之上元江寧兩縣志，即悔翁與莫郘亭等所修纂，中有「咸同以來用兵年月譜」，專記洪楊之事，與是書所記，毫無差異，恐亦悔翁之手筆也。

× × × ×

新書簡訊

西夏文存

羅福頤編　二十四年秋校印

趙德明雄唐古志國，在宋眞宗明道元年（公元一〇三二），漢籍中多稱爲西夏，都於興慶（今寧夏），以佛敎爲國敎。又別爲一種字體，名曰「國書」，近於漢文之楷書，宋史謂爲李元昊所製，即今所謂西夏文，就近經東西學者之努力，始得漸識其文字。

西夏立國垂二百年，雖曾自製國書，然僅行於國中，聘交往還，仍用中土文字，顧流傳甚罕，自王仁俊西夏文綴出，乃有專書記之。今此編於王氏書二十篇外，增輯於續資治通鑑長編三朝北盟會編甘肅通志歐陽文忠集者凡四篇。又近來俄國科茲洛夫等於黑城發見之掌中珠序，施經發願文二篇，及西夏紀事本末所載諸文爲王氏失錄者四篇，凡補文十，共得三十篇。並爲王氏錄文之有誤者一一校正，共成一卷。餘爲外編八篇，則錄自吳廣成西夏書事者也，蓋吳氏所錄，不著出處，故此書以之爲外編，昭審愼也。書金史傳實稱西夏文章辭命有可觀者，今讀書中表奏之屬，良有同感，惜今世流傳僅此而已。（萱）

◇ ◇ ◇

始祖的誕生與圖騰

李則綱著　民國二十四年商務印書館出版　百科小叢書本定價二角

近代文化人類學的發達，對於古史研究有很多幫助。古史中許多荒誕離奇的傳說和故事，往往靠人類學上的事理而得到豁然開朗的新解釋。像古代民族中始祖誕生的託之于動植物等傳說，就可以用原始社會中圖騰的遺跡來解釋。此書即本此旨，列述中國古籍中關于民族或帝王的始祖誕生故事，而以圖騰的制度解釋之。所論雖少特殊發明，但專將這種傳說作綜合的考論的，此書尙屬創舉。不過我們還希望有志此道的最好把中國舊籍中關於這一項材料，儘量彙錄在一處，再按其性質之異同，時代之先後，以類編輯，作一始祖誕生故事總集；編者的考證和新解，以及他人已發表的考釋，都分別注錄在內，其一時無法說明的，則暫行闕疑，以待後來之闡發。這辦法似乎比較更澈底而切實些。（適）

圖書副刊

BOOKMAN

第一百十四期

一　本刊登載關於中外圖書之介紹批評以及學術界消息
二　爲公開性質歡迎投稿
三　列登本刊之文略致薄酬
投稿通訊可寄「北平文津街國立北平圖書館內圖書副刊編輯收」

書評

船山學譜

堂

王永祥著　二十四年出版　北平來薰閣代售

船山之學，在吾國近三百年學術思想史中，實爲卓然大家。其論物質不滅，性命日生，文明進化，知識本源諸說，皆極精闢，遠過前人，較之黃顧顏李諸家，殆有過之而無不及。顧其著述鬱[illegible]晦，而注意及之者甚尠，其哲學思想之系統，仍未大顯白于世也。是書著者王永祥氏，「仿陸子學譜子錄貢之例，將船山言論之涉及哲學者，分類纂輯，」加以組織，勒爲是編，使無暇多讀船山之書者，得以略窺其立說之梗概，實治船山之學，所不可不先讀之書也。

是書共四冊，第一冊自序，凡例，船山先生年譜，船山先生傳記錄。第二三四冊，共析爲六卷，卷一，根本觀念：天下惟器論，依有生常論，天人相通論，人本主義。卷二，氣化論：論氣化日新，論太極，論陰陽，論動靜。卷三，心性論：論性命日生，論理氣，論性善，論氣質之性，論情，論人心道心，論義內。卷四，修養論：論克己復禮，論念不可忘，論思維，論正心誠意，論求放心，論存養省察。卷五，論知論：論識知，論格物致知，論良知，論知行。卷六，歷史進化論：論文質名實，論五行。據目次觀之，敍述之詳可知，船山之學，久湮晦而不彰，著者是書，實難能而可貴也。

是書經著者之改編，較之劉王二譜，固覺多所進步，然于羅正鈞之船山師友記，則未能加以甄錄辨訂。年譜之後，附錄各家傳記及譚嗣同、梁任公二人評語，以省讀者稽檢之勞，其意至善。而于徐旭生氏之王船山的道德進化論，（民十一四月哲學第五期）比較有見地而又易于探輯者亦未以入錄，殊不知其何故？是書敍述船山思想，所依據者之重要材料，約爲周易內傳，周易外傳，周易大象解，尚書引義，詩廣傳，春秋世論，讀四書大全說，禮記中庸大學章句，讀通鑑論，宋論，張子正蒙注，俟解，黃書，思問錄內外編，薑齋文集，凡十餘種。此雖可謂爲船山之代表作，惜于前年重印之船山遺書，如四書訓義相宗絡索之類亦未加以介紹，則未知著者之不知是書之印行，抑著者是書稿已寫定未便補入也。

是書凡例云：「大凡哲人之興，皆有憑借，各種思想不能不有其受胎之因，船山先生獨重橫渠，故受其影響亦最大，其他如孟子程朱東廓佛理等，亦皆不無痕迹可尋，惟本書目的，專以闡發先生思想之原來面目爲主，其他引申比附參證之功，尚有待」。船山之學，誠如著者所云，深受諸家影響，然不明其淵源，則孰爲其創說，亦自不甚明瞭，著者之意，雖屬甚慎，固不如附之以說明，尤可使讀者得其真面目也。抑甚怪者，著者于東廓與船山之關係，且經指出，顧遺忘其與周易之關係，船山張子正蒙注序云：「周易者，天道之顯也，性之藏也，聖功之牖也，陰陽動靜，幽明屈伸誠有之而神行焉，禮樂之精微存焉，鬼神之化裁出焉，仁義之大用興焉，治亂吉凶生死之數準焉，故夫子曰：彌綸天下之道，以崇德而廣業者也。張子之學，無非易也。……張子言無非易，立天立地立人，反經研幾，精義存神，以綱維三才，貞生而安死，則往聖之傳，非張子其孰與歸」。其崇拜張子者，正以其學之無非易，而屢譏朱子以易爲占筮之書。（正蒙注序，讀通鑑論卷十五）船山之學，固深受易之影響者。其論物質不滅，本諸易之惟言往來，不言生滅，其論形命日生，本諸易之繼之者善，成之者性；其論文明進化，氣化日新本諸易之富有之謂大業，日新之謂盛德。雖張子亦云：「方其散也，安得遽謂之無」，「[illegible]命曰善，而日成之者性」，「遠化之功發乎動」，「日新者久無窮也」。然不可謂爲專受張子之影響而與易無關也。

是書卷一述船山之根本觀念，析爲四點，似爲詳矣，然既曰根本觀念，則當只有一點，析之爲四，未免過多。然于船山之天下惟器論，則以爲道與器不相離，此種說明，蓋深得船山之旨。周易外傳曰：「據器而道存，離器而道毀」。「器道相須而大成焉」。「形色與道互相爲體而未有離矣」。皆此意也。理氣之說，固不能謂與心性無關，然其性質，實當歸之于氣化論。著者所舉諸例，如讀四書大全說：「易有太極，是生兩儀，兩儀氣也」，「理只是象二氣之妙，氣方是二儀之實」。「天人之蘊，一氣而已，從乎氣之善而謂之理，氣外更無虛託孤立之理也」。思問錄內篇：「氣者理之依也，盛氣則理達，天積其健盛之氣，故秩序條理精密，變化而日新」。讀四書大全說：「天下豈別有所謂理，氣得其理之謂理也。氣原是有理底，盡天地之間，無不是氣，即無不是理也」，曰「盡天地間無不是氣」，曰「天積其健盛之氣」，曰「理只是象二氣之妙，氣方是二儀之實」，則理氣之說，與天地陰陽之關係較大，著者亦謂惟氣論括天人而言之，則似不如置之于氣化論之無悖于天人之序也。卷四論思維似與識知論關係較大，而著者以之入修養論，卷六論五行似與氣化論關係更切，而著者以之入歷史進化論，然此或著者別有見地未可知。

船山生當明季，身遭亡國之痛，且曾力謀恢復，則其政治思想，固不可無述也。其黃書後序曰：「仁以自愛其類，義以自制其倫，強幹自輔，所以凝黃中之絪縕也，今族類之不能自固，而何他仁義之云云也哉」？讀通鑑論卷四曰：「夷狄者，殲之不爲不仁，奪之不爲不義，誘之不爲不信，何也？信義者人與人相與之道，非以施之異類者也」。卷十四曰：「天下之大防二：華夏夷狄也，君子小人也，非本未有別而先王強爲之防也。夷狄之于華夏，所生異地，其地異，其氣異矣。氣異而習異，習異而所知所行蔑不異焉。……地界分，天氣殊，而不可亂。……防之于早，所以定人極而保人生也」。其民族思想，可謂强烈矣。然讀通鑑論卷三又謂：「遐荒之地，有可收爲冠帶之倫，則以廣天地之德而立人極也，非道之所可廢，且抑以紓邊民之寇攘而使之安，雖然，此天也，非人也」。宋論卷六亦曰：「語曰：王者不治夷狄，謂沙漠而北，河洮而西，日南而南，遼海而東，天有殊氣，地有殊理，人有殊質，物有殊產，各生其所生，養其所養，君長其君長，部落其部落，彼無我侵，我無彼虞，各安其紀而不相瀆耳。若夫九州之內，負山阻壑之族，其中爲夏者，其外爲夷，其外爲夷者，其中爲夷，互相撓需而降之馴之，使與駢肩聯陽相依而不相知，非無可治也，而非不治也，然且不治，又奚責乎君乎者哉？君天下者，仁天下也」。蓋不惟主張民族自衛，而且主張非侵略地同化其他民族，使登進于文明之域，此種民族主義之思想固極偉大也。

船山之經濟思想，則主張抑豪強而輕賦役。讀通鑑論卷二曰：「處三代以下，欲抑豪強富賈也難，而限田又不可猝行，則莫若分別自種與佃耕，而差等以爲賦役之制。人所自占爲自耕者，有力不得過三百畝，審其子姓丁夫之數，以爲自耕之實，過是者皆佃耕之科，輕自耕之賦而佃耕者倍之，以互相損益，而協于什一之數，水旱則蠲自耕之稅，而佃耕者非極荒不得輒減」。同上卷三曰：「夫尤要者，則自困辱商賈始，商賈之驕侈，以困民而奪之也。……且其富也不勞，則其用也不恤，相競以奢，而殄天物以歸糜爛。……故生民者農，而戕民者賈，……非此之懲，國固未足以立也」。其所以壓商賈者，蓋又以其影響政治，故曰：「嗚呼！賈人者暴君汙吏所亟進而寵之者也，暴君非賈人無以供其聲色之玩，汙吏非賈人無以供其不急之求，假之以顏色而聽其輝煌，復何忌哉」？船山之思商業資本主義，亦可謂慨乎言矣。其輕論什一之賦，論有田之法，論錢，論鹽，要皆不失重農賤商之旨，見乎叢參讀通鑑論宋論者甚多，茲不能備之舉也。

船山斥謂「古今之大害有三：老莊也，浮屠也，申韓也」。（讀通鑑論卷十七）而以爲「不可恃者法也」。（尚書引義卷四）然亦非絕對不主張言法者。讀通鑑論卷十曰：「任人任法，皆言治也。而言治者曰任法不如任人。雖然，任人而廢法，則下以合離取寵，上以好惡爲取舍，廢職業，徇虛名，逞私意，皆其弊也。……術有法以授之人，不得以玩而自暴矣。故曰：擇人而授以法，非立法以課人也」。而船山以申韓爲古今之大害，故以爲政之道在簡而勿煩。讀通鑑論卷二十二曰：「夫曰寬，曰不忍，曰哀矜，皆帝王用法之精意，然疑于縱弛藏奸，而不可專用，以要言之，唯簡其至矣乎！……簡者寬仁之本也」。宋論卷三曰：「言治者之大病，莫甚於以申韓之慘戮，竊入聖王居敬之道，而不知其病天下也。……夫勤儉與敬，治道之美者也。……儉之過也則吝，吝則動于利，以不知饜足而必貪。動之過也必煩，煩則責于人，以速如已志而必暴。……如是者其心恐肆，而持一敬之名以臨天下之不敬，則疾入於申韓而爲天下賊也甚矣」。然船山之意，實主張從寬。故曰：「寬以濟猛，猛以濟寬，……出于左氏，疑非夫子之言也。……嚴以治吏，寬以養民，無擇于時，而並行焉，庶得之矣」。（讀通鑑論卷八）其于死刑反對「與之磔之轘之」，（卷十九）而于肉刑反對「廢逮繫以成鍛鍊」，（卷二十六）胥此旨也。

船山于封建郡縣學校諸制度，皆不主張復古，其言曰：「易曰：變通者時也，三代之王者，其能逆知六國強秦以後之朝，而豫建萬年之制哉？……封建也，學校也，鄉舉里選也，三者相扶以行，孤行則躓矣，用今日之才，任今日之事，所損益可知已」。（讀通鑑論卷三）蓋船山既主張文明進化，故不甚古輕今也。[illegible]

評楊鍊譯長安史蹟考

周一良

日本足立喜六氏著長安史蹟之研究一書，圖片豐富，考訂精審，本刊會介紹之矣。[illegible]

[illegible]

不僅其筆鋒忽而已也。今止摘其誤譯及文字不明晰之甚者論列之。序頁二：『……一切都市生活之內容，使日本所醞釀之王朝時代士民之都市生活，促進上代文化之發達，而具唐風』。據原書序頁二當譯爲：『……所有都市生活之外表與內容，悉爲日本王朝時代都市士民所吸收，使日本上代文化發生發達，而具唐風』。全頁：『而日本遣唐使與留學生所勾留之長安城內外之風華景物，即使日本國民明悉，且得徹底的模倣之，則其鳳闕龍樓……使檢討……』據原書序頁二，當譯爲：『日本國民對遣唐使與留學生所勾留之長安城，於其城內外之風華景物，悉知曉之，且澈底地模倣之。其鳳闕龍樓：…則檢討……』全頁：『其城若以盛時皇城區域爲中心，則僅占其東北兩方而已』。據原書序頁三當譯爲：『僅以盛時之皇城爲中心，而稍稍擴張其北面與東面』。小引頁四：『就中尤以隋唐時代浸潤日本文化甚大』。據原書小引頁十三當譯爲：『與日本之關係爲最深』。本極顯明，若如楊氏譯文，不惟語意含胡，且似唐代文化受日本影響矣。頁十五：『匈奴種劉曜率其叔劉淵所建之一漢族自立爲王』。稍具歷史常識者應感是語之舛謬，據原書頁二十，當譯作：『劉曜——出於匈奴族而建立漢國之劉淵之族人——自立爲王』。頁二十一：『試以精測貨布各部之漢尺……而求其比率時』。據原書頁二八，當譯爲：『試精測貨布，求漢尺……之比率』。頁二五：『故知秦尺即小尺，晉前尺與秦漢尺相同』。據原書頁三二當譯爲：『故秦尺——即小尺——與晉前尺——即秦漢尺——相同』。頁三六：『現在洛陽至西安，爲鐵道線距離較短』。據原書頁四六當譯爲：『今洛陽與觀音堂之間爲鐵道，自觀音堂至西安爲車路，係鄭路故爲最短距離』。蓋著者寫此書時觀音堂至西安間鐵路猶未敷設也。頁五四：『而經營於死後之狀況焉』。據原書頁六六『於』字當譯作『其』。頁五八：『與三輔黃圖所記完全一致』。據原書頁七十，『完全』當譯爲『大略』，蓋三輔黃圖謂長安城周圍六十五里，而漢舊儀謂長安城方六十三里，固非完全一致，譯者何疏略乃爾耶？又頁五八：『又長樂宮之北，明光宮之西，未央宮之北有北宮及桂宮』。據原書頁七二，當譯作：『又長樂宮之北，有明光宮；未央宮之北，有北宮及桂宮』。衍如譯者所云，則與頁五七之漢長安故城圖不符矣。頁六二：『與城璧西端相並行』，據原書頁七七，『與』字當作『自』。頁六四：『黃腸以柏木黃心爲槨』。據原書頁八一，當譯爲：『黃腸乃柏木之黃心，用以累積於棺之周圍者』。頁六八：『而於陵高，則較不增加』。據原書頁八五當譯作『而於陵高則不按比例增加』。頁六九：『除西漢諸帝之山陵外，皆被盜掘』。據原書頁八五，當譯作：『西漢諸帝之山陵皆被盜掘，無一例外』。譯者適得其反。頁九二：『以舍利塔來聽者』，據原書頁一一三當譯作：『彼蓋米禮舍利塔者』。頁九三：『惟不得如上之推測也』。據原書頁一一四，當譯作：『惟不能作更進一步之推測耳』。頁九五：『復以不能辨認隋遺址之存在』。據原書頁一一七，當譯爲：『復無確能辨認爲隋朝遺址者之存在』。頁九六：『製作文獻上之長安城抽象圖』，抽象二字殊不得當，據原書頁一一七，當譯爲：『製作由文獻上看來之長安城構成圖』。頁九七記程大昌雍錄：『余猶未見其珍本也』。又：『稿成之後，見及明嘉靖年間刊行之定本』。據原書頁一一九，皆作完本。完本者足本之謂，譯者不之知，徑譯爲珍本定本。頁九七：『但經訓堂本，明嘉靖刊本以及唐宮城坊市總圖，唐皇城圖，唐京城坊市圖等書，類皆僅備其目』。據原書頁一一九，當作：『但經訓堂本，明嘉靖刊本中唐宮城坊市總圖，唐皇城圖，唐京城坊市圖等，類皆僅備其目』。蓋諸圖皆長安志圖中之一部分，著者謂各本長安志圖中諸圖皆有目無書耳，譯者誤以諸圖亦爲書，則『其』字將何所指乎？頁九八：『僅據宋敏求長安志城坊中之金石與隨筆等，而聊加增補。』據原書頁一二〇，當譯作：『僅據宋敏求長安志之城坊，更依金石隨筆等補若干事實。』頁一〇八：『是以照六典所舉之坊數，以長安實際之坊數，更控除西坊爲百八坊。』據原書頁一三二，當譯作：『故六典止舉計算上之坊數，長安實際之坊數，則須更控除兩坊，爲百八坊。』頁一二〇：『同爲相近百步廣闊之大街也。』據原書頁一二六，當譯爲：『同爲闊及百步之大街也。』頁一五三，述韋杜二曲及曲江，有：『地處城外，脫離城俗，然以接近城之東南隅，故與長安中心之熱鬧處相隔不遠。』意義頗不明瞭。據原書頁一八五，則當譯爲：『前者地處城外，脫離城俗；此則在城內東南隅，……』前者指韋杜二曲，後者則指曲江，截然有別，譯者混而一之，誠瞶瞶矣。頁一六五記昇親觀銘朱拓本可免水火之災，謂：『其被人尊崇，有足多者。』據原書頁二〇〇當譯作：『尊崇而信仰之者甚多。』譯文誠不知所云。頁二〇八：『相傳此墓係根據漢代偉功之霍去病墓先例。』據原書頁二五四，當譯作：『係取則於漢代霍去病之傳其偉績。』頁二〇九：『後世探望此碑者，類多以彳亍於田圃爲苦，而厭棄之，復因農民無知，破剝其文字。』據原書頁二五五，當譯作：『後世探訪此碑之雅人甚多，每每踐踏田禾，農民厭之，破剝其文字』。

譯者之疏忽，每沿襲日文所用字而忘更易，如頁五一：『村內有呼阿房宮古墳形之丘陵，』『呼』當譯曰『名』；頁五二：『即彼不許之心事也。』『不許』當譯曰『眞正』。頁六九：『僅殘柱礎。』『殘』當譯曰『剩』。頁九〇：『前方刻屏狀與錠形。』『錠』當譯曰『鎖』。頁一六四：『所載之寸法。』『寸法』當譯曰『尺寸』。又如半肉彫乃彫刻上之專名，而譯者不之知，頁一八三，一八五，二〇六，二一一，譯爲半裸或半裸刻，俱不詞。頁一六三，一六五之當局原書俱作按察使，譯者臆改，殊爲失當。又如頁二〇六謂昭陵著名石像『惜今未見其一』，語意若在而未得見者；實則當作：『今已一無所見』，蓋已俱不存在矣。其他文字欠妥類此者不一而足，不備論。原書徵引中國載籍，每有誤字，譯者未能改訂。反有原書不誤而譯本致誤者，如頁一五一之『天寶十年』原書頁一八二作『十載』；頁六五，七三之『尉侯』，原書頁八二，九一俱作『尉候』，是也。

要之，此譯本不可謂無遺憾，再版時能加修正，則所望於楊氏及商務書館者也。

二十五年元旦夜寫竟。

編者按：中國因未加入國際出版協會，故吾國凡譯外國文書籍，均可不必商求原著者之同意，而得逕自翻譯出版，此在法律上固無問題。蓋吾國對於各種新學問，猶在介紹期中，翻譯之事，自經濟上及學術上觀之，自爲必要。然對於原著必須忠實，凡損益删改之事，譯者宜當聲明，使讀者不致因譯本之謬誤而發疑於原書，此爲一種道德。若僅爲逐什一之利而草率將事，則非吾人所敢望也。

新書介紹

呂氏春秋集釋

許維遹著　全書六冊　定價六元　北平清華大學發行　琉璃廠來薰閣寄售

本書爲榮成許駿齋君所著。費時七八載，始克竣事。清華大學出版部爲出資印行。版式古雅，全加句讀，極便瀏覽。茲爲一言，以當介紹。案呂氏春秋一書，三百年來學者治之者，不若荀莊淮南之勤且多。畢沅校本最先出，所見參考材料苦澀。因之校勘與訓詁兩方面所得結論，亦多可議。此外梁玉繩著呂子校補，呂子校續補，蔡雲著呂子校補獻疑，陳昌齊著呂氏春秋正誤，呂調陽著呂氏春秋釋地，孫鏘鳴著呂氏春秋高注補正，雖不無一得可取，然非絕詣，識者頗能言之。許君之著此書，首先會萃排比前人成說。復於清人著述中，如臧琳經義雜記，徐文靖竹書紀年統箋，惠棟九經古義，盧文弨鍾山札記，程瑤田九穀考，段玉裁說文解字注，武億經讀考異，郝懿行山海經箋疏爾雅義疏，翟灝四書考異，焦循孟子正義，王引之經義述聞經傳釋詞，俞正燮癸巳存稿癸巳類稿，沈欽韓左傳地名補正，胡承珙毛詩後箋，王筠說文句讀，朱駿聲說文通訓定聲，汪遠孫國語發正，等書中之涉及呂覽者，鉤乙摘錄不厭其詳。而雜家言如筆記，喬松年之蘿藦亭筆記，蔣超伯之南漘楛語，張雲左暄之三餘偶筆，林昌彝之硯桂緒錄，徐時棟之烟嶼樓叢之四寸學，沈濤之銅熨斗齋隨筆，沈赤然之寄傲軒隨筆，李賡芸之炳燭編之類，亦竭搜博採，以備一格。將參考材料苦澀的嚴重問題，居然打破。是皆昔人如王先謙著荀子集解莊子集釋，王先慎著韓非子集解，近人如劉家立著淮南子集釋時，所不會想到做到者。

本書除博採前賢成說外，對於近人之說，如馬叙倫呂氏春秋記，吳承仕呂覽舊注校理，劉文典三餘札記，孫人和呂氏春秋舉正，亦悉數輯入。以上諸人之書，有現在尚未出版者。許君皆因師友之故得先利用。

書中引用古類書如初學記藝文類聚太平御覽，或古書古注如文選注，所引某書之片段，以校某書之現今通行本；自王念孫讀書雜誌出世以來，此法遂爲校勘家所必取之途徑。然用之不慎，反足爲累。許君此書於引用古類書或古書古注時，頗爲審愼，不輕下斷語。亦爲本書特色。

此書最後有附考一卷，於呂覽各種版本及前人成說，有所搜輯。蓋仿孫詒讓墨子閒詁之例而作。呂覽最古版刻，爲元至正嘉興路刊本，此外別無古於至正本者。故欲指出附考中有何遺漏，恐一困難之事。

近人所著書，亦有爲許君失採者如王靜安簡牘檢署考中，有段討論封泥之形製一節，與呂氏春秋適威篇「故民之與上也，若璽之於塗也」一節有關。許君於此處僅引鄭箋行證俗文之說，蓋千慮之一失。此外新出無名古類書及隋唐人所著五行大義臣軌注等中，恐亦有與本書相關材料。劉師培所著諸子校補甚多，涉及本書者，容或有之。凡此種種，俟再版時，許君想必有更多之補直也。（書芷）

新書簡訊

敦煌掇瑣下輯

劉復輯　中央研究院歷史語言研究所出版　定價四元

劉半農先生前曾將他在法國國家圖書館所鈔敦煌寫本中文件一百零四種，分類編輯，印爲敦煌掇瑣一書，共分三輯。上中二輯，早已出版。下輯未及付印，而劉先生已作古，乃由其友人門生繼續整理校對，付印出版，仍歸中央研究院歷史語言研究所發售。該輯即敘目中九九至一〇四各號，包含以下六書：一、唐韻序；二、守溫撰論字音之書；三、刊謬補缺切韻；四、字書；五、字寶碎金；六、俗務要名林。蓋全爲語言文字之書。全書後又附劉先生所作刊謬補缺切韻校勘記，凡六十餘頁，自成一冊。該記係用王國維鈔印之切韻殘本，及秀水唐蘭鈔印之刊謬補缺切韻，與夫蔣斧本唐韻，古逸叢書本廣韻，合校敦煌殘本刊謬補缺切韻而成者也。在音韻學研究中，甚爲有用之書也。得此記而敦煌掇瑣乃於供人閱讀巴黎所藏敦煌遺書之外，又供人比較研究古韻書也。（瑞）

× × ×

文淵閣藏書全景

二十四年十二月營造學社出版　定價四十元　精裝加二元　上海北平商務印書館寄售

此書上冊，計收紀文達手書四庫全書簡明目錄，四庫全書分架圖，陳耳山(錫熊)書御製文淵閣記冊，文淵閣記碑文拓本，文淵閣御製詩碑陰拓本，文源閣記殘石拓本，文源記地盤畫樣，而以紫江朱啓鈐氏所撰後記殿焉。後記詳述民國以來各方倡印四庫全書珍本及輯印本書之經過。下冊爲文淵閣實測圖說，營造學社劉敦楨梁思成二氏合撰。後附朱啓鈐跋文。此外復儀以朵印文淵閣內外全景十二幅。舉凡題額御座御榻書函裝潢縮影及閣外景色無不攝入，絢采奪目，彌可珍異。案文淵閣庫書全部，業經搬遷，已逾二載。時勢日非，恐無合浦珠還之望。此又吾人重覽斯編，所感慨無已者也。（芷）

311

圖書副刊

BOOKMAN
第一百十五期

一　本刊登載關於中外圖書之介紹批評以及學術界消息為公開性質數與投稿
二　投稿請逕寄「北平文津街國立北平圖書館內圖書副刊編輯收」
三　列登本刊之文略致薄酬

書評

再論猓玀文數字

聞宥

本刊第一一二期聞在宥先生「讀雷馬峨屏調查記」一文，當原稿寄到後數日，作者曾來函改訂，奈已付印，不及停止。今作者復為文匯中前意，多所更改。編者以為此類述作，雖非通常所習知，然天壤間不乏治之者，故樂為刊載。——編者識

月前以副刊編者昌羣兄之雅意，匆匆為「讀雷馬峨屏調查記」一文。時方患欬，又值講課之餘，書籍皆不在案頭，僅憑雜記中所錄存者為之，未嘗深致意也。文既流鄣，始覺所言皆未瑩澈。以調查記中雖未附 Text 然明言「書法係自右至左，橫行」—d'ollone書中記亦有 S'écrivent et se lisent horizontalement de droite à gauche 之說，與調查記同；而通常所習知之猓㑩書法，則為自左而右之直行。是表中前四者之所以直列，與後兩者之所以橫列，實非單字構造之不同，而為全文行列之不同。以 Lacouperie, Beginnings of Writing所舉例擬之，則前四種之作直筆者，其行列為 Oringinal Syriac 式：

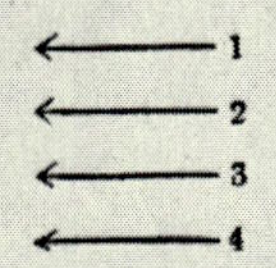

而後兩種之作橫筆者，其行列為 Later Syriac 式(亦即滿之式)：

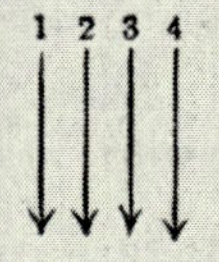

故同是三十兩字，在前者書為巳十，而後者書為巳十，兩者實不過方向移易之結果，絕非根本上之別異。猓文性質，本已如 Lacouperie 所謂 Extreme Corruption，故縱作橫作，縱讀橫讀，殆皆可以任意(今日涼山諸猓，不知亦有作直行者否，此非目驗不能明也)。憶已往記錄，向有作自右至左之直行與漢文同式者，是今日所知，已有二三式也。此事既明，積事搜求，則 Devéria, Les lolos et les miao-tse 一小冊，幸存篋底。因其所引，始憶 Baber, Travels and Researches in Western China 中所錄川猓諸文正皆直行，又劉重熙先生在雜誌 Man 上所記馬邊，文亦同。余當時竟未憶及，可謂疏忽。此數字比較之表，今得就手頭所有材料，揄補移易如下表：

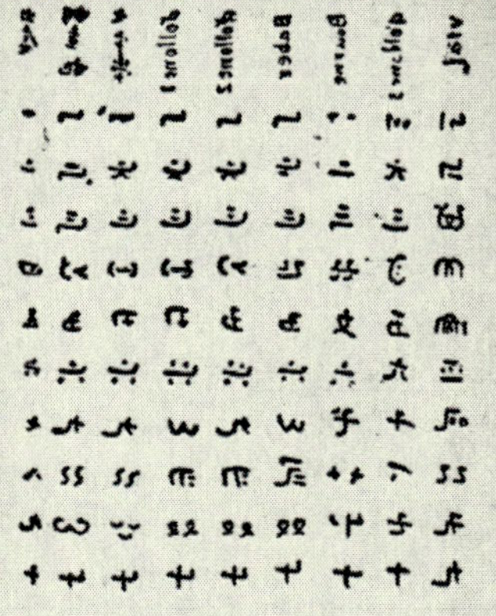

其中前五種出川中，末一種出滇省，第六 Bourne(得於舉節，第七 d'ollone（其「四」字疑當易位為㊃，以身邊無原書，未改）得於威寧，則皆在滇黔之交。其間遠近離合，及其沿襲漢字之迹，皆可一覽而得，不煩更為之詮釋。而末一種之性質，較近於純粹之 Syllabic writing 此似又可見川猓文字，確較滇猓為原始的也。

因此音字之使用，而同時使吾人聯想及於麼些文。麼些語與猓玀語之密切，此一九一六年 Laufer 以來所共知者也。而其文字之關涉若何，則向來未有明言之者。在麼些意字之中，本有數字，其作法如下。（第一種為余親受於友人幼輿兄者，第二種則 Bacot 所紀錄，以二者不盡同，故並出之，下所列音字與此同）：

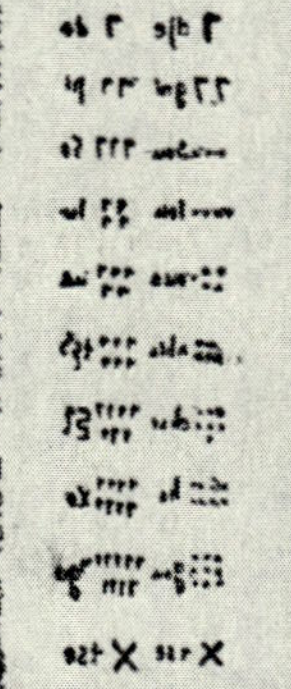

然意字而外，尚別有一種音字，即麼些人所自稱為嶲書，而 Bacot 所謂 Syllabique 者，此數字之作法則如下：

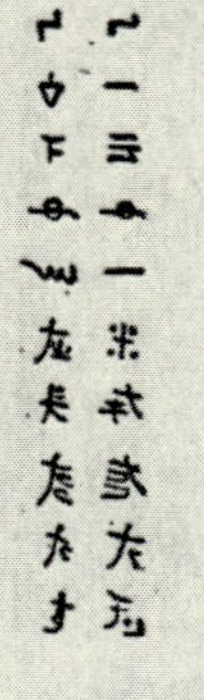

以之與漢文相較，其不同者雖多，而亦未嘗無相似者。此殆非麼些人所獨創，而與猓文有其較遠之關涉。惜在兩方音字，未作全部總比較以前，其說尚甚遠，正尚無可言也。

又關於音讀方面，除前著所出而外，其他紀錄亦尚富。今綜所記擇其較純粹者，列如下表（第一第二出於 Baber 上出書，第三第四出於鳥居龍藏「人類學上ヨリ見タル西南支那」，第五第六第七出於 Clarke, Among the Tribes in South-west China）：

瓦山附近猓玀	馬邊附近猓玀	會理附近黑彝	寧遠白夷	安順猓玀	威寧 No-Su	昭通 No-Su
Tsʻu	Tchih	tu	tu	dai	tʻa	ki
ni	ni	ɑni	ni	nyi	ni	ni
Su	Su	Sö	So	Se	Sö	So
Erh	li	li	li	lli	lli	bre
ngu	ngu	ngu	ngo	ngwu	ngu	nga
fo	Kʻu	hö	ho	chio	chʻö	chʻio
shih	shih	Sü	su	shi	shi	shʻi
shie	Hei	hé	he	heh	hö	hö
gu	gu	bu	gu	kö	chü	ku
Tchʻie	Tch'e	chi	ché	tsö	tsʻeo	tsʻe

此數者除寫法不同而外，其別異亦殊有限。惟可以證余前文之誤言二事：（一）「六」確有讀 ts 者，余前文妄疑工誤注，應加訂正。惟涼山猓諸書，調查記無稱一致，恐亦未必讀 ts 耳。記中未列異文，同其可惜。（二）「二」字純塞與漢語之不同，不必以川滇為限。大約在北部多讀純塞(音)，藏組與緬組之別異，與此略近。此兩者孰為古型，今雖未易遽決，且亦非本文所欲討論。然以 Laufer 所擬測者觀之，則諸塞聲實較正於純塞也。至於前文所舉東京猓語「三」「八」等字之異讀，則已如 Bonifacy 所列，明與他支相涉。故即以此數字觀之，亦可見純粹之猓玀，應在較北之涼山。此余所以對調查記頗重視，並甚本之。總之余前文多誤，應即致歉。以去國稍遠，索回不及，故更為此文，以誌吾過，且以乞教於調查記諸先生。

一月七日

新書介紹

顧千里先生書跋之輯刊

思適齋書跋　吳縣王大隆輯　刊本　即日印行
烏程蔣祖詒校

思適齋集外書跋　鄒百耐編印本　蘇州百擁樓排
定價洋壹元貳角

藏書之風，校勘之學，最盛於乾嘉時，而以黃蕘圃顧澗蘋為尤著。黃氏題跋，自潘繆兩家刊刻以後，增補至六次矣。顧氏之文，惟從嚴氏列入思適齋集十卷外，散載各書。論者嘗以其傳播之少，實在黃上，反不彰者，人之幸不幸如此，莫不以為憾事。

去年九月間，嘗讀燕京大學圖書館館刊第八十一期，載有章鈺王大隆所輯思適齋書跋之預告，知王已屬意於此，刊行在即。已於此時，遍見鄒百耐所輯印之思適齋集外書跋，已在前期。

將鄒輯本，得題跋七十種，史類二十七種，子類三十種，集類二十九種，共百五十三篇。並附顧氏書跋，校筆，函牘，提帖等，[illegible]，前有潘承[illegible]

距今已十餘年矣。為之題識，當尚在前，倡輯之議，早發彼時，是乃眞先鞭也。

惟兩本輯刊之先後，則甚難言。蓋王輯本于去年九月間即經事，章題可證，但今尚未見其印出。鄒輯本，序跋均成在去年冬月，而先已行世。實則木刻鉛槧，其工事之遲速迥異耳。嘗聞王鄒係姻婭至戚，向多往還。今同捃摭澗蘋，同為澗蘋功臣，何若未相知者耶？一歲中，澗蘋之書跋兩輯，可知當時題識之多，何讓蕘圃？他日不難有一續再續之舉，正視後人之努力何如耳。澗蘋之靈，「且發揚，樂哉！幸哉！」（圻）

×　×　×　×

國立北平圖書館館刊圓明園專號

全書一冊　定價九角

圓明園為清世宗潛邸賜園。原址在北平平則門外三十里，當掛甲屯之北，康熙己酉所建。雍正三年，加以增修，擴大其宮殿朝署之規模，以避暑聽政。乾隆之世，四海晏平，努力修備，以飾園居。南巡返蹕，更依安瀾園、瞻園、小有天等園江南名園之制，增置其間，並

巴黎敦煌殘卷敍錄（一六）

王重民

故陳子昂遺集殘卷

敦煌本唐陳子昂集殘卷，存卷八上西蕃邊州安危事之末，至卷十終。末附盧藏用撰陳氏別傳，卷尾題：「故陳子昂遺集十卷」，又小字旁注云：「合成一卷」，謂集十卷，合為於一卷子上也。按郡齋讀書志著錄陳子昂集十卷，直齋書錄解題著錄陳拾遺集十卷，陳氏云：「黃門侍郎盧藏用為之序，又有別傳，系之卷末」，是晁陳所見，尚為盧藏用定本之舊，今宋本已佚盧本失傳，似以明弘治四年楊春重編，楊澄校刻本為最古矣！楊春重編本，分前後集各五卷，仍為十卷，前有弘治四年張頤序，及盧藏用原序，後有楊澄後序。然持與敦煌卷子本相校，卷九卷十編次無稍異，疑楊春一仍盧本之舊，所謂重編者，本無其事，蓋明人喜名，特題「重編」二字以自炫耳！盧序雖未言有前後集之分，以此推之，前後集原為盧藏用舊第可知也。至文字之異同，茲校卷九諫靈駕入京書一篇以為例：

故雖周公制作夫子著明　明刻本明誤作名
北對嵩邙西望河海　明刻本河海作汝海
天下和平　明刻本和誤作利
昔者平王遷周光武都洛山陵寢廟不在西京宗社　墳塋並居東土　明刻本西京誤作東京東土誤作西土

即此一篇，唐本之足珍可見矣！

四庫著錄據內府藏寫本，提要云：「此本傳寫多譌脫，第七卷缺兩頁，據目錄尋之，蓋牙文葉海文在文苑英華九百九十五卷，弔塞上翁文在九百九十九卷，祭孫府君文在九百七十九卷。又後黃觀等序之後，據目錄尚有餞陳少府序一篇，此本亦佚，據英華七百十九卷有此文，今並查補，俾成完本。」英華八百二十二卷，收子昂大崇福觀記一篇，此集不載其目，殆偶佚脫」。按明弘治本卷七不缺兩頁，餞陳少

[illegible]弼序，於顧氏[illegible]黃氏題跋自潘文勤公首倡輯刊，後者補輯繼續，[illegible]今勢殊此輯為題跋之先聲。

先生與黃蕘圃並負校勘名，[illegible]

[illegible]即日刊行。……以錄首發此議，屬為弁言。曹君直名元忠，歿于民國十三年，

雜錄

劉譯蘇萊曼東遊記

蘇萊曼東遊記，原名「中國印度見聞錄」。書分二卷。第一卷成於回曆二三七年，約當西紀元八五一年。……蘇萊曼（Sulayman）……阿布賽德（Abuzaid Al-Hasan）……

[illegible]

唐人選唐詩殘卷

[illegible]

……Lettres Edifiantes et Curieuses 及 Incidents in the China War of 1860……

[illegible]

新書介紹

[illegible]

圖書副刊

BOOKMAN

第一百十六期

西書散記的參考資料

張公量

巴黎燉煌殘卷敍錄（七）

王重民

[illegible]

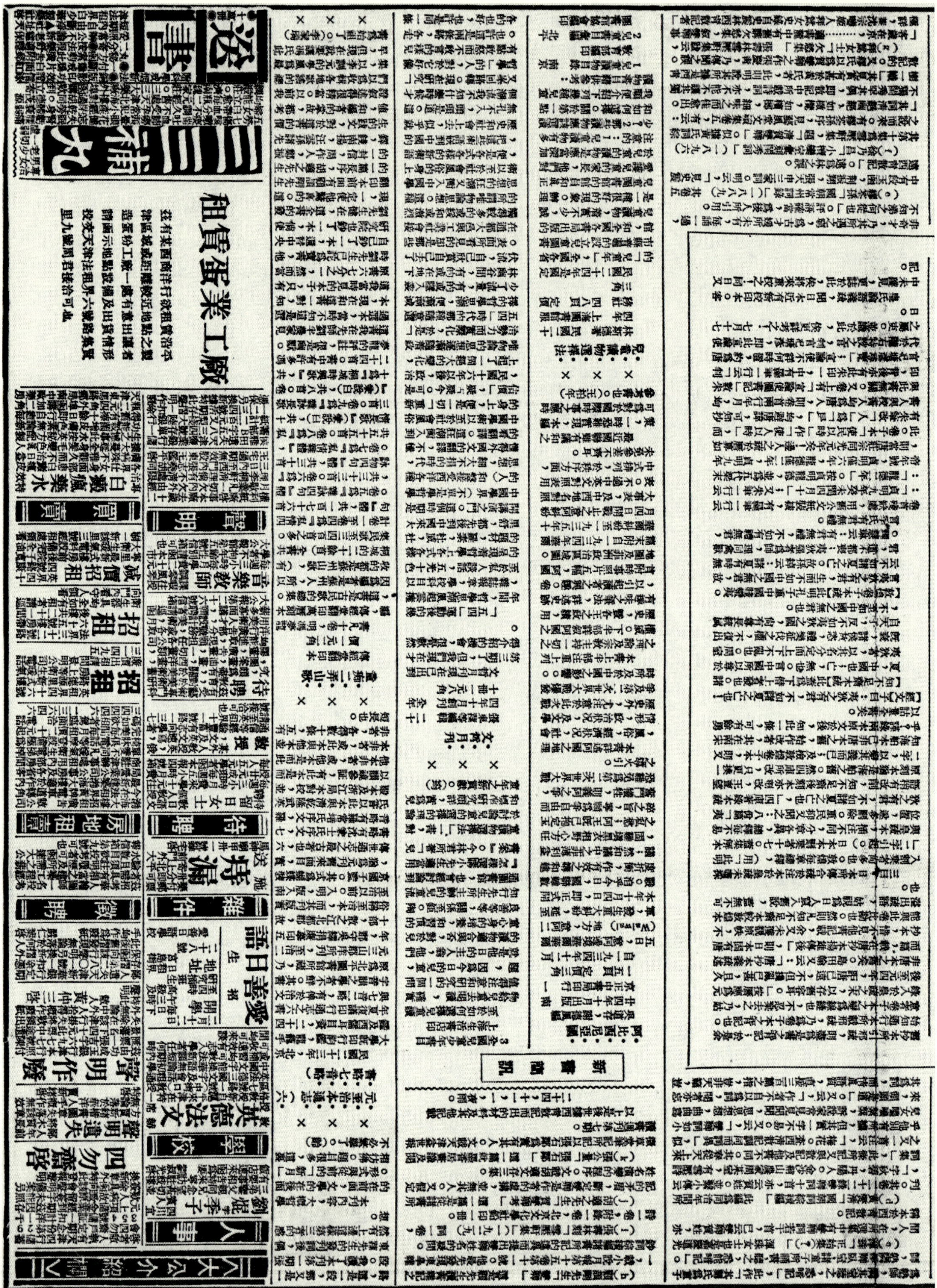

租賃蛋業工廠

茲有某西商洋行欲租賃沿平津區域或距離較近地點之製造蛋粉工廠一處有意出讓者請函示地點設備及出貨情形投交天津法租界六號路集賢里九號周君接洽可也

新書簡訊

三三補丸

送書

圖書副刊

BOOKMAN

第一百七十一期

書評

大同書

康有為著 中華書局出版

丁·鉢

馬克思的哲學

孫道昇

是所謂證法」(六十六頁),又在第三章六十六頁以下,反覆申明馬克思的唯物辯證法。凡此等等,皆不像是社會哲學,皆像是一種宇宙論。如果此種論調不錯,則馬克思固已有形上學的宇宙論矣,何得以反形上學稱之?

但這些都不足爲此書病,評者認爲此書算是近幾年來講馬克思哲學的一部有價值的著作。

新書介紹

考證法顯傳

足立喜六撰 昭和十一年一月十五日三省堂刊行 四圓八十錢

作者前年出過一本「長安史蹟之研究」,已爲學界所傳誦,並有人譯過。現在這部著作,又比那「史蹟研究」來得重要得多。誰都知道:「渡天」之記,沒有比東晉的法顯再早,又再詳明簡要的了。便是近今考古家,探險家所奉爲至寶的玄奘「大唐西域記」,其實還不如他。所以歷代的「大藏經」以及明季以來的著名叢書,無不收錄此書。西洋人翻譯的,也已有四五個本子。但是,我們所見的,西洋人翻譯的,多只是南宋改竄過的本子,甚中頗有訛錯。北宋藏,中土已不復可見;日本卻還有,並且兩種「福州本」——「東禪寺本」及「開元寺本」都有存在。中土朝鮮俱已無存的「高麗藏」,也有存在。古版大藏之外,還有不少古寫本。作者利用這許多善本,校合考訂;不僅訂出了個「定本」來,並且詳加考證註解,冠以「序說」,附以圖幅,索引——漢文索引及西文索引。此其爲益學界,真非淺尠:在「佛國記」的研究史上,可說是劃出一個新紀元的根本著作。作者不以專家自名,而用力於這樣根本的,全幅的大工作,以視自命專家的但趨細碎者,不啻午夜鐘,當頭棒喝。抑其研究態度,比了堀謙德氏的「解說西域記」還精審,比藤田豐八氏的「慧超往五天竺國傳箋釋」還周密。凡言西域史地,東西交通,文化交涉者,「解說西域記」與「慧超傳箋釋」是兩部必讀的日本書;如今卻添了這部「考證法顯傳」。實在論起來,「慧超傳」原是漢文,往年曾經以個人翻印過;「西域記」應該譯補,而大部頭不易辦,也不易得其人;這「法顯傳」倒是值得馬上翻譯的。現在只將作者所利用日本倖存的善本,介紹一番:

(1)北宋本(閩本,福州本):

(a)東禪寺本(等覺院本)——京都東寺,醍醐寺藏。題「崇寧三年十二月」(1104),尤爲現存最古之本。比之於高麗藏以下,及其他的叢書本,記敘「僞夷國」少十二字,「毗舍離國」少三百餘字,「師子國」少十三字。作者考論,這些原是別處竄入之文。

(b)開元寺本——宮內圖書寮,京都知恩院,德富蘇峯氏藏。德富氏的,是「金澤文庫舊藏」。此種宋本,題有「紹興戊辰」(1148),可見彫造不止於紹興十六年(1146)。論紹興已入南宋,而此本與東禪寺刻同一底本;還是北宋本。

(2)南宋本(浙本,湖州本,思溪本)——東京增上寺,埼玉縣川越喜多院藏。據增上寺的「緣山三大藏經緣起」:「湖州路思溪法寶寺彫刻,南宋理宗嘉熙三年版……日本後宇多院建治元年近州曾山寺僧傳曉入宋將來」;嘉熙三年(1239),去開元寺本開版九十一年;建治元年,當南宋末恭宗德祐元年,元世祖至元十二年(1275)了。這南宋本與北宋本大有差異,而與通行本多相一致,與高麗本又有些類似所以「法顯傳」在南宋本頗受過一番改竄。

(3)高麗本(麗藏本)——東京增上寺藏。麗藏有新舊:顯宗二年(1011)開彫的舊版,高宗十九年(1232)遭了蒙古兵燹;高宗二十四年(1237)再刻,由守其校勘經文,是爲新版。這「法顯傳」題「丙午歲」(高宗丙午=1246),與南宋本同時。守其的校勘,是很有名的;然而取與北宋本對校起來,頗有出入。例如北宋本的「祇洹精舍大援落有二門」,麗藏本作「祇洹精舍大院各有二門」,意義上便大有出入了。

(4)古寫本——作者採取的有兩本:

(a)石山寺本——滋賀縣石山寺藏。這寫本和北宋本極相似;並且「張掖王改業」作「段業」,「淨好白氎周市」作「淨好白氎周匝」還比北宋藏好。當是與北宋版同時而別有之本所出。

(b)南禪寺本——京都南禪寺藏。這是「應永七季」寫本,近於南宋本;卻很精。

(5)叢書本「佛國記」——秘冊彙函,津逮叢書,漢魏叢書,學津討源,唐宋叢書本。

從這許多經見不到的善本,考訂成了「定本」,又從而爲之案勘句讀。這樣考證下來,發見原作者於「夏坐」記得不遺不漏,是有意義的;自來於法顯的行程及遲留的久暫,多有推測之誤。細數他記的「夏坐」之數,可知其發跡長安是隆安三年,即是弘治元年的三月光景(399);不是弘治二年。從師子國出發是義熙七年八月光景(411);十一月光景到耶婆提國,義熙八年四月十六日出航(412)七月十四日回到青州。義熙九年四月十六日至七月十五日在京口夏坐,七月下旬到建康。

附圖有:(1)長安發跡至張掖鎮,(2)自張掖鎮至僞夷國,(3)葱嶺及西北印度附錫蘭島,(4)中東印度歷訪佛跡地,(5)印度洋及東海海流信風,(6)上陸地圖。(泉)

× × ×

希特勒征服歐洲的計劃

亨利 Henry 著 孟用潛譯 代售處 上海生活書店 天津書局 北平傳文書 定價 法幣七角

中國目前的危局,逼迫這一代的青年注意國際政治問題,希望從許多互相衝突的主義學說之中,尋出一個適當的方案來,作爲自己努力的目標。這不是容易事!因爲我們所要知道的,不單是空洞的理論,而且還要實際的事實;不是斷片的報告,而是有系統的機構;不是表面上的正或反宣傳,而是當事者所竭力諱飾的內幕。總而言之,這都不是一般報紙雜誌所能供給的。這本書,對於德國的法西斯主義,加以詳確的解剖,具備了以上所說的幾個重要條件。

看過這一本書,我們就明白,這位不可一世的英雄豪傑希特勒,實際不過是一個傀儡,背後更是沒有扯線的人,他是不能有所作爲的。而這個扯線的人,並非一些鬨烘烘的大小智識份子,卻是那個具有絕大的經濟能力的鋼鐵大王。

再看這一位英雄,不僅是一個裝金的傀儡,其本身還有許多缺點,隨時有被別個英雄踢下去的可能。他並非不想做出一點差強人意的事,來穩固自己的地位,可惜傀儡終究是傀儡,無論如何也不能違反扯線人的意旨,因此所能做的也就止於一種朝三暮四的欺騙行爲,這就是希特勒解決失業的政策!

扯線人的意旨是什麼呢?簡單得很,不過是一貫的資本主義政策;在國內犧牲勞苦羣衆,在國外犧牲弱小國家,靠了最殘暴的航空和化學戰爭,征服殖民地,造成龐大帝國,打擊鄰近的敵國,因而穩固和無限量發展自己操縱資本的野心。花樣是很多的,有所謂『蕃森的大陸計劃』,『希森堡計劃』……說來頭頭是道,葉落歸根,仍不外舊德帝國主義的復活而已。

雖然是在掘自己的墳墓,不過他們究竟不愧是過去歐洲最強大的帝國主義的繼承者,動作起來,的確有聲有色。試看所謂『新史黎芬計劃』和『高林的空軍』,眞是使讀者變色!不怪 Jan Parsons 要說是『駭人聽聞的一本書』了。立足於殖民地或半殖民地的國家,無端要裝成帝國主義者的身分,其他一切都不必談,但問究竟有多少實力,可與他人相提並論?結果未能發揚國威,先就造成國難。

歷史有它自己的軌道,它不認識什麼英雄;祇要你攔住它的路,它是無所顧惜的,把你粉碎了,繼續前進。不過它的進程,對於利欲熏心,或爲一種幻景所蒙蔽的人,是不大關著的。本書的著者因在最後加了一章:『對抗希特勒的勢力』,算是指出了一個方向。我們要用透視的眼來看它是如何的逐漸展開罷。

至於本書取材的豐富,斷制的謹嚴,在西方著作界已有定評,不待多說。譯者多年留心國際政治問題,翻譯起來,無隔閡費解之處。譯筆亦很流暢。(先特)

新書簡訊

經濟統計摘要

王麟霖著 二十四年 北洋保商銀行出版

此書蒐參考國內外國家主計機關,學術團體,及實業界之調查報告,達六十二種。如所收國內農業水田旱田租率佃農自耕農比例等表,均爲國內統計學者苦心調查之結果,新興工業,交通,金融狀況各表,亦研討國民經濟調整統制者及企業家絕好資料與參考,至鹽稅,關稅,棉田等統計所關尤不止此也。

筆者嘗謂:吾國研究社會學者頗不乏人,但多從事於原理及外籍翻譯。本國實用數學收集工作,雖經少數統計學者努力,而如德國之World economic hand book 日本統計局之各種統計手冊等冊子,尙爲鮮見,不圖此書以一私人力量,而能完成此初步工作。

此書最優點,即在圖表之外,不着一字,態度極爲忠實,至數字或不免有不正確處,則係國家計政上一整個問題,不足爲此書垢病。

著者王麟霖君係北洋保商銀行協理,以高級銀行職員而背努力於此種工作,其精神亦有足多者。全書精裝三百餘頁,報載最近期間由北平西單牌樓保商銀行分送,並不禁轉載。(章)

現行英國書籍參考目錄

The Reference Catalogue of Current Literature, 1936. London: J. Whitaker & Sons, Ltd., 1936 £4-0-0.

以前英國的參考書目是以幾百出版家的目錄裝訂在一起,附一本很簡的著者與書名索引;但最近的一本,因各方的要求,完全改了。一九三六本是純粹的著者目錄,附書名及主要字索引。二篇合起成一本二千頁的巨冊。這參考目錄四年出版一次,是供書業用的。賣書者是以簡爲便,所以我們不必以普通編目的眼光來論他。他的目的是在集1935年(下半年新書不在內)所有未絕版的英國書在一本目錄中;現在既有六百五十二家的書,約十三萬餘書名,放在裏面,他們的目的總算達到了。目錄內尙有一很有用的英國出版家指南,將各家的專長,叢書等都注出。所以雖然編輯方面不無可議,中國人名弄得亦有點那個,但在他的範圍以內,是一本很有用的參考書。買英國書的圖書館備了他,可以省許多事。

一月以前,上海生活書店出了一冊全國總書目,與英國的參考書目是同樣性質的,不過生活的是分類的。但兩相一比,未免小巫見了大巫。中國是文化之國,何以書如此少?(兌)

× × ×

國外出版消息

一九三五年英國出版統計

據最近英國出版周報(Publishers' Circular)之統計,去年英國出版新著書九千六百八十七種,譯書四百四十二種,改訂版四千八百七十一種,小冊一千一百十種,共一萬六千一百十種,較前年增四百八十二種。總數中小說一類佔量最多,爲四千九百五十種,若以之與本國之出版數相比,則此一項即已較多一倍矣。

津浦鐵路客車簡明時刻表

民國二十四年十二月十日起實行

上行車

站名	公里		302次 滬平通車(頭二三等車 臥車餐車)	72次 浦徐區間車 頭二三等車	22次 津浦快車(頭二三等車 臥車餐車)	306次 平浦通車(頭二三等車 臥車餐車)	74次 徐濟區間車(三等車)	76次 濟津區間車(三等車)	78次 濟津區間車(三等車)
上海北站		開	16.00						
浦口		開	1.40	7.10	9.45	16.20			
滁州	50	•	3.05	9.02	11.20	17.42			
蚌埠	176	•	6.38	13.55	15.18	21.15			
南宿州	266	•	8.47	16.42	17.49	23.24			
徐州府	341	•	11.06	19.00	20.18	1.39	6.40		
臨城	408	•	13.05		22.22	3.31	8.59		
兗州府	502	•	15.47		1.28	6.09	12.28		
曲阜	519	•	16.14		1.55	6.35	13.01		
泰安府	586	•	18.15		4.02	8.38	15.37		
濟南府	658	•	20.45		6.44	10.59	18.05	12.00	22.40
德州	776	•	0.25		10.15	14.04		15.34	3.20
滄州	889	•	3.29		13.30	16.46		19.21	7.39
天津總站	1010	•	6.55		17.19	20.03		23.15	12.00
天津東站	1014	•	7.30		17.29	20.45			
北平東站	1154	到	10.24			23.45			

下行車

站名	公里		21次 津浦快車(頭二三等車 臥車餐車)	75次 津濟區間車(三等車)	77次 津濟區間車(三等車)	301次 平滬通車(頭二三等車 臥車餐車)	305次 平浦通車(頭二三等車 臥車餐車)	73次 濟徐區間車(三等車)	71次 徐浦區間車 頭二(三等車)
北平東站		開				15.05	19.30		
天津東站		開	8.50			18.20	23.00		
天津總站	5	•	9.30	7.00	16.30	18.40	23.30		
滄州	125	•	13.22	11.04	22.05	21.39	3.18		
德州	239	•	16.58	15.21	2.18	0.20	6.49		
濟南府	357	•	20.37	18.40	6.05	3.33	10.31	7.20	
泰安府	428	•	23.07			5.43	12.51	10.29	
曲阜	496	•	1.01			7.14	14.42	12.58	
兗州府	513	•	1.41			7.50	15.31	13.44	
臨城	607	•	4.25			10.10	18.04	16.58	
徐州府	673	•	6.44			12.11	20.21	19.05	7.50
南宿州	749	•	8.53			14.00	23.16		10.36
蚌埠	839	•	11.23			16.19	1.43		13.37
滁州	963	•	15.14			19.36	5.32		18.33
浦口	1014	•	16.40			20.45	6.45		20.16
上海北站		到				7.45			

注意 南下赴京旅客請於下關站下車 由京北上旅客請在下關站下車 車務處 浦口 電話41394 問訊處 浦口車站 電話41152號

圖書副刊 BOOKMAN 第一百八十期

一 本刊登載關於中外圖書之介紹批評以及學術界消息
二 刊登本刊之文稿請逕寄「北平文津街國立北平圖書館內圖書副刊編輯收」

宋會要稿略說

齊成

宋會要爲宋史學者所公認之惟一可靠直接史料。惜書已久佚，幸嘉慶間大興徐星伯（松）自永樂大典輯出之本，尚存人間。數年前北平圖書館斥巨資購得徐氏原稿三百六十六卷，（一冊爲一冊）即延攬專家，組織編印委員會，積極籌備編印事宜。至去年秋季，始以全稿委託上海大東書局印刷所影印。預定今年三四月間出書。全書約有二百冊。用上等毛邊紙精印。定價一百四十元。茲爲普及起見，在二月底以前交款者，得享特價一百元之優待權。可向北平文津街國立北平圖書館出版品發行處通信接洽。書印無多，願購者幸勿交臂失之，以免向隅。本刊以此與關係中國近古史之研究至鉅，特闢專欄，採登此文，藉當介紹。海內外學人，幸垂鑒焉。

（一）

歷代史籍中之有斷代的會要，（斷代的會要，所以別於通史的會要。通典文獻通考，皆通史的會要體史書也。）自唐貞元中蘇冕纂修唐會要始。迄於大中，崔鉉等又監修續會要四十卷，上之於朝。建隆初，司空平章監修國史王溥，既增益蘇崔舊本爲唐會要一百卷，又采輯五季治亂興亡之迹，爲五代會要三十卷。自是以降，會要體史書與編年體之實錄，紀傳體之國史，鼎足而峙。皆足代表一代或一朝之故實。而趙宋一代，會要之輯，前後共歷十次，成書凡二千二百餘卷，開歷代會要體史書未有之紀錄。政府於秘書省設立會要所以專司其事，與國史實錄院日歷所互爲晉翰，規模之大，惟元修經世大典，差可比擬。若明清兩代之修會典，體制經緯，遠不及焉。永樂大典卷一萬九百四十二引宋會要云：乾道六年十一月六日，秘書省言，本省編修國朝會要，已降指揮。自建炎元年接續修至乾道五年，積準指揮，許逐旋關用建炎以後日歷編修。緣其間多經去取，未爲詳備。欲望特降指揮，在內令六部行下所屬，在外令諸路監司行下所管州軍，將建炎元年以後至乾道五年終，應被受詔書及聖旨指揮，內百司限一月，外路州軍限一季，並錄全文，赴省送納，照用編修，所貴大典不致疏忽，從之。據此知纂修會要時，其主要原料當是實錄與日歷。此外內而六部所屬，外而諸路監司所有檔案，無不在網羅搜集之列。所不同者，實錄與日歷，月纈日緯，雖然臚陳，不以史實之內容爲準。會要則就史實之性質，區別之歸納之，不啻一史的類書耳。

宋修會要，前後共歷十次。玉海山堂考索文獻通考等書，記述最詳。茲依湯愛禮先生之研究錄爲簡表如後。

書名	卷數	內容	修纂年月	修纂奏進臣名
（一）慶歷國朝會要	一百五十卷（直齋書錄八十五卷，當是節本或殘本也。）	總類十五。自太祖建隆元年至仁宗慶曆三年止，凡八十四年。	仁宗天聖八年七月詔修，慶曆四年四月奏上。	宋綬馮元李淑王舉正王洙同修，章得象奏進。
（二）元豐增修五朝會要（一作六朝國朝會要）	三百卷	總類二十一，自仁宗慶曆四年至神宗熙寧十年係新修，餘係增益舊文，凡一百一十八年。	神宗熙寧三年九月詔修，元豐四年九月奏上。	李德芻陳知彥同修，王珪奏進。
（三）政和重修會要	僅成吉禮一百十卷	神宗熙寧十年以後	哲宗元符三年十二月詔修，政和中奏上。	王覿曾肇蔡攸同修。
（四）乾道續四朝會要（一作續會要）	三百卷	總類二十一。斷自神宗之初，迄於靖康之末，凡六十年。（一云自元豐元年起）	高宗紹興九年十二月詔修，孝宗乾道六年五月奏上。	汪大猷刪定，陳俊卿虞允文等奏進。
（五）乾道中興會要	二百卷	高宗一朝，凡三十六年。	孝宗乾道六年詔修，九年奏上。	陳騤編類，梁克家等奏進。
（六）淳熙會要	三百六十八卷	孝宗一朝，凡二十七年。	孝宗淳熙六年七月進第一次，十三年十一月進第二次，光宗紹熙三年進第三次。	趙雄王淮等奏進。
（七）嘉泰孝宗會要	二百卷	同上	寧宗慶元六年閏二月秘丞邵文炳請修，嘉泰元年七月奏上。	
（八）慶元光宗會要	一百卷	總類二十三。光宗一朝，凡六年。	寧宗慶元六年二月奏上。	京鏜等奏進。
（九）嘉泰寧宗會要	改正一百十五卷，續修一百一十卷	寧宗一朝，凡三十年。	寧宗嘉泰三年八月進第一次，嘉定六年閏九月進第二次，十四年五月進第三次，理宗淳祐二年進第四次。	陳自強史彌遠等奏進
（十）嘉定國朝會要（一作十三朝會要）	五百八十八卷	自太祖建隆元年，至孝宗淳熙十六年，凡二百三十年。	孝宗淳熙七年秘監趙汝愚請修，寧宗嘉定三年奏上。一云至理宗端平三年始成書。	李心傳編類

宋時會要，除李心傳所編國朝會要總要，（當即十三朝會要之節本），曾刊版於蜀中。至實修原本，宋時從未刊行。惟政府可許臣民自由傳鈔。故南渡後國史散佚，程俱申請就知桂州許中家抄政和會要，而陳振孫書錄解題中亦得著錄會要有五種之多也。（李心傳國朝會要總要，即其一種。）宋時秘閣所藏北宋纂修之傳鈔本，及南渡後纂修之正本，德祐之變，當盡爲元兵劫入燕京，元修宋史時，即據爲修史原料之一。吾人今日所見宋史之志，實脫胎於宋會要。雖兩相比較，詳略之殊，有如霄壤。然宋會要之輪廓，宋志固全得之矣。明修永樂大典時，文淵閣所藏之宋會要殘本二百零三冊，當即元人所見之本。文淵閣藏書，明宣德間燬於火者大半。故萬曆間張萱孫能傳重編閣目時，已無其書。趙宋一代故實，至此幾掃地以盡。明以後人欲求宋會要之蹤跡，不得不訴諸宋明人所著之類書，職此故耳。

（二）

明初修纂永樂大典，將宋會要史事分隸於各韻。計有國朝會要，續會要，乾道會要，中興會要，光宗會要，寧宗會要，政和會要等七種。亦有泛稱宋會要而不冠以乾道中興等字樣者。知當時已十亡其三。故楊士奇所編文淵閣書目，僅載二百零三冊，下注闕字。焦竑國史經籍志，雖列有宋會要之名，然有目無書，不足深究。至孫竹堂書目所收，實即文淵閣書目之化身。梁水東時，決無得見是書之理，此可斷言者也。

清嘉慶十四年，大興徐星伯（松）入全唐文館，任提調兼總纂官。時永樂大典，已佚去一千餘冊，然所存尚得十之八九。徐氏簽注大典時，遇有宋會要，即另紙標以全唐文三字。蓋徐氏力不能置寫官，不得不借公濟私，假託宋會要爲纂修全唐文之資料，以授寫官鈔之錄副也。如是日積月累，據俞正燮宋會要輯本跋引徐氏之言，所得無慮五六百卷。卷帙之鉅大，可以推見。徐氏未及排比整理而卒。卒後其稿流落北平琉璃廠書肆，爲江陰繆荃孫所得。旋歸廣雅書局，時張之洞都兩廣，聘繆氏及武進屠寄任校勘，擬付剞劂，僅成職官一門而止。所有原稿，爲書局提調藥陽王秉恩所藏匿。民國四年，王氏藏書散出，吳興劉承幹以重金購歸。因嫌原稿部類不明，先後雜亂，因延請劉富曾與吳興費有容重加釐訂，而糾紛亦由此起矣。

劉富曾氏重訂宋會要時，自言其要旨有四。（一）有歸併兩類爲一類者。如帝系類宗室襲封，敘述紹熙時事，與紹熙宗室拜罷，而紹熙宗室又有賜名補官恩賜等分目，具多嘉泰嘉定開禧時。茲將襲封等條與賜名補官恩賜等，同列爲紹熙宗室雜錄，爲一類。（二）有將同一類目分錄於別種類目之前者。如禮類有郊祀奏告，另有告禮兩集。因郊祀奏告事主郊祀，而告禮則彙皆各典禮，不僅郊祀。故以告禮另列於祝文版與祭器之前。（三）有訂正原稿鈔寫之錯誤聯合爲全文者。如燕秀二王雜錄，原稿分散數處，今合爲一卷。如兵類討叛金國之後半節，誤接於楊大國倫之下，今移併爲一文。（四）有芟去重文而標明互見者。如食貨市舶類與職官提舉市舶司全同，則去文存目，即其一例。

案劉氏所陳，驟觀之雖似有理，然細加體認，則顯有不安之處。蓋大典之引宋會要，如冠以國朝乾道中興光宗寧宗等字樣者，乃從文淵閣所藏宋時館閣寫本錄出無疑。至單稱宋會要，則其出處，極有待於研究。蓋大典通例，凡引用史籍或總集類，注所出書之主名者固有之，然只注原書中引用之書名，以自示淵博，亦數見不鮮。如引用太平御覽中之東漢觀記，絕少冠以御覽字樣。一若東漢觀記一書，至明初尚未佚者。此種抄撮耳熟餘之習，吾人讀大典時，不可被其瞞過。其引宋會要，亦必如是。如上所推測非誤，則劉氏所舉之四項要旨，無不有重新考覈之必要矣。（劉氏四項要旨之有待商榷者，理由甚多，茲舉其瀛所跟，姑舉此點，以示一斑。）

惜劉氏見不及此，一意孤行，將全部徐氏原稿，痛加刪併。成初編二百九十一卷，續編七十五卷。

帝系八卷　后妃四卷
禮九卷　樂八卷
輿服六卷　儀制十三卷
崇儒六卷　運曆二卷
瑞異三卷　職官七十九卷
選舉三十四卷　食貨六十卷
兵二十九卷　道釋二卷
方域二十一卷　蕃夷七卷
以上初編
帝系三卷　凶禮十六卷

芸盦羣書題記

雯

蚓竅集十卷 明永樂刊本

右永樂中楚府刻本管時敏蚓竅集十卷。半葉十行，行二十字。詩以古今體類次。前後有王孟精寄越扮華文水道人諸印，審是義門何氏故物。卷六第六葉第二十葉義門掛別本手爲。卷十後，義門又補錄集外詩題張子正桃花春鳥圖一絕，當從其別錄者，彌足爲此本增色矣。持以校四庫全書本，實遠出庫本上。如卷三又從征古州蠻過鉅碑江十三首，此本大題後復以小題，如右過福州，右洪江右安江等，皆小題也。蓋列時先得分題，故以右字標之。庫本既刪右字，而原詩序次仍未改，于是前後之題未有不誤讀後一首者。此一事也。卷十重九登兄勉爲詩，此本三首俱全，庫本脫第一首。又初度日復呈兄勉詩三首，庫本全脫。此外二本詩題亦時有出入，如卷五之題是行庫本改作析足行之類，未易縷指。此二事也。提要稱鶴年與時敏皆楚王府中舊人，故并其詩評語於卷首云，時敏又有答道同送別詩，見朋子洽所作全集記，知其諸本亦作詩，又有答葉彭，與此本一簡，今有無考。此三事也。觀此三事，則此本之善不待煩言而解矣。時敏初名昴，後以字行，華亭人，與袁海叟交善，俱以詩名。洪武九年楚王府紀善，進左長史。丁鶴年入明，亦客居武昌，嘗有詩送時敏云，楚王獨敦此賢，齊王誰過管仲才。（見海叟集卷四）其推重如此，此集亦出鶴年評隲，彼二人之交誼，可於此想見之矣。

編者附注　永樂刊本蚓竅集，現藏北平圖書館。商務印書館曾據以影印入四部叢刊第三編，將於三月底出版行世。

吉禮十九卷　嘉禮十四卷
軍禮一卷　賓禮三卷
凶禮一卷　食貨十卷
刑法八卷
以上稿編

自此以後，原稿面目，縱天荒地老，亦不可復見。此誠憾事，吾人認爲最不愉快者也。劉氏又參照宋志通考玉海等書，移改舊史實，增入新資料，歸成清本，爲四百六十卷。計：

（一）帝系十二卷（卷一至卷十二）
（二）后妃六卷（卷十三至卷十八）
（三）禮七十六卷（卷十九至卷九十四）
（四）樂八卷（卷九十五至卷一百二）
（五）輿服七卷（卷一百三至卷一百九）
（六）儀制十八卷（卷一百十至卷一百二十七）
（七）崇儒九卷（卷一百二十八至卷一百三十六）
（八）運曆三卷（卷一百三十七至卷一百三十九）
（九）瑞異四卷（卷一百四十至卷一百四十三）
（十）職官九十五卷（卷一百四十四至卷二百三十八）
（十一）選舉四十卷（卷二百三十九至卷二百七十八）
（十二）道釋二卷（卷二百七十九至卷二百八十）
（十三）食貨九十八卷（卷二百八十一至卷三百七十八）
（十四）刑法二十卷（卷三百七十九至卷三百九十八）
（十五）兵二十九卷（卷三百九十九至卷四百二十七）
（十六）方域二十三卷（卷四百二十八至卷四百五十）
（十七）蕃夷十卷（卷四百五十一至卷四百六十）

如以劉氏新編之清本，與被剪裁之原稿較。吾人寧取原稿而舍清本。蓋原稿雖有誤文誤字，乃永樂大典編者或全唐文館中寫官之過，與劉氏無涉。且一字一句，靡是大典原文，吾人尚可據以推定其原來之序次。至所謂清本，總類子目，離合無端。其雜引他書，不注所本，有臆改原書之嫌，只能供讀原稿時比勘之用，不足據爲典要，是則有負劉氏——一番苦心矣。

（三）

民國二十年，國立北平圖書館由董授經先生介紹，斥互資四千元，從劉承幹氏處購歸徐氏原稿。復假得劉氏改編本，（即彼自稱爲清本者）以便互相比勘，俾明劉氏改編之旨趣。由圖書館委託闕銘葉左文先生從事研究，結果證明改編本分類肆事，頗多失檢。且發現有少數篇幅，確係大典原文，見於清本，而覆檢原稿，遍覓不得者。如立夏祀熒惑星一則，見清本儀制十二。三官告一則，見清本樂六。赴任二則見九年五月二十六日條，見清本兵十二。是必劉氏剪裁後無意中隨手棄去。幸已錄入清本，故左文先生得發其覆。由此知清本與原稿，實有合印並行之必要。然爲經費所限，不得不先印原稿，以償百餘年來史學界之宿願。如有餘力，當再謀印清本，以供得讀原稿者之參考。

民國廿二年一月，北平圖書館委員會以編印宋會要，事關流通故籍，因延請傅沅叔陳援庵章式之余季豫徐森玉趙斐雲葉左文諸先生爲編印委員，專司其事，並推定陳援庵先生爲委員長。籌備數年，至去年秋季，始以全稿委託上海大東書局印刷所代爲影印。哈佛燕京社以此舉關係宋史學之研究至鉅，特補助美金二千五百元爲印費。預計今年三四月間，即可全部出版。此眞學術界之盛舉，吾人引爲無限欣幸者也。

附註　本文參考湯愛理先生所著之宋會要之研究，（民國二十一年商務印書館出版定價一元）及葉左文先生所著之劉編宋會要目錄校注及徐鈔宋會要佚文目錄。（稿本未刊）裨益良多，謹此致謝。

新書介紹

先秦諸子繫年考辨（大學叢書）

錢穆著　民國二十四年十二月　上海商務印書館出版　定價國幣四元五角。

這是一部巨著。我說它是巨著，是因爲它在量的方面「總三十萬言」，共百六十三篇，八表，一索引；而在質的方面，則包括先秦諸子七十餘人，旁及帝王卿相，博涉經史子集。其寫作約「始壬戌（民十一年），訖庚午（民十九年），先後九年」。「一篇之成或歷旬月，或經寒暑，少者三四易，多者十餘易，而後定稿。自以創闢之言，非有十分之見，則不敢輕於示人也」。則用力之勤，態度之謹，直可上追顧亭林之日知錄，豈近今日陳一念頭明日即以之喧揚於世者所可比擬？

全書「分考辨通表兩部。考辨詳其立說之根據，通表著其結論之梗概」。每一通表，依次與每一卷相應，如通表第一，即與第一卷相應，餘類推。通表之後，有附表三種：第一，列國世次年數異同表；第二，戰國初中晚三期列國國勢盛衰轉移表；第三，諸子生卒年世先後一覽表。以附表與通表考辨參看者，則書中線索，更爲明晰；雖分篇條例，然可橫貫旁通，整然成帙。書後有考辨索引，依人名第一字筆畫多少爲先後，與門數對照，尤便檢索。

書中大意：第一卷及通表第一，大體爲孔子之一生，及其門弟子事蹟之一部，乃先秦諸子學術淵源所自也。第二卷及通表第二，大體爲墨子之一生及其弟子，及孔子弟子之晚出一輩；儒墨相抗。及其時時事之大者。乃先秦諸子學術之醞釀期也。第三卷及通表第三，大體研討自商鞅申不害，下及惠施莊周孟軻等，及其時時事之大者，乃先秦學術達於鼎盛之期。第四卷及通表第四，大體研討自荀卿公孫龍鄒衍，下及呂不韋韓非李斯等，及其時時事之大者，乃先秦學術之結束期矣。

全書除純粹之學術思想以外，凡先秦諸子——無記其國著或沉晦——之生卒年月，經歷事蹟，學說之受授，時事之有關者，無不搜羅殆遍，實近年來研討先秦諸子先秦時事之總彙也。

其中「創闢之言」，屢見不一見。例如一二七篇：「屈原居漢北爲三閭大夫考」，「附戰國時洞庭在江北不在江南辨」，「屈原沉湘在江北不在江南辨」，「楚雖三戶亡秦必楚辨」等，均前人絕自成一系統，少道及者，其他各篇均詳稽博考，多有發明，且能前後關照無自相矛盾之處，實非一般論著之但謀標新立異者可比。

是書爲二十四年末月商務所出版，今幾二十五年二月初旬，想至百花爭妍時，並世學人，對此促成吾國學術思想史上發光芒燦爛之先秦諸子，及先秦時事，必因先生此書，而引起熱烈之論戰。茲先藉數言，豈敢以云介紹？　（仲）

×　×　×　×

紹邵軒叢書

吳興王樹榮著　二十四年出版　定價洋五元　北平松筠閣書店代售

此書總目爲：續公羊墨守三卷，續穀梁廢疾三卷，續左氏膏肓六卷，公羊何注考訂一卷，箴箴何篇一卷，續公羊墨守附篇三卷，讀左持平一卷。共七種十八卷。是書爲專論春秋之述作，著者於歷代說春秋之書，引證甚繁，以明公羊何注之學，若何若瑤之公羊注疏質疑，張憲和之公羊何注記疑，固在搜采之列，而如李慈銘曾誠著袁簡齋朱彝尊諸家之說無足輕重者，亦不惜加以評彈，其取材之豐，用力之勤，如斯已可見其匡略，誠遍覽說經諸書中不可多得之巨製也。

公羊之學，本屬難治，非深明左穀之非，無以見公羊之是；非盡屏棄左穀之說，則亦必亂公羊家法。嘗謂孔廣森公羊通義論文十年楚子蔡侯次於厥貉，以見「當弒君之賊者。其國必有亂臣」，「當弒父之賊者。其家必有逆子」，立論非屬不善；而既襲取張洽春秋集註之意，又實援用左氏傳與毛詩之說，其是其非，殊不足憑。陳卓人公羊義疏僅取孔氏之說，家法稍未嚴也。是書續公羊墨守序云：「孔顨軒說春秋，意欲溝通三傳，崔懷瑾謂其作公羊通義，援左氏之事以亂之，是猶鑿冰求炭也。吾謂如莊方耕春秋正辭劉申受公羊解詁箋往往攔入穀梁義，亦不啻魚目之混珠，於此愈信任城墨守之學，誠顛撲不破矣」。著者之于春秋，其謹嚴至如是，雖謂之曰墨守，實當然之法也。

穀梁一書，史記儒林傳所敘者只「瑕邱江生爲穀梁春秋」一語，上下皆論胡毋生董仲舒，則此文爲竄入，穀梁之非眞傳，證極顯白。然至吳興崔氏始發左穀比而叛春秋之覆，是書著者于續公羊墨守序云：「游京師，吾鄉崔懷瑾先生以所著春秋復始見貽。」于箴箴何篇且謂「余游京師，承崔君以春秋復始見貽，……區區一得之愚，淵源有自」。皆足見其深受崔氏之影響。續穀梁廢疾序亦云：「今所傳漢書，多雜劉歆僞說，……其謂宣帝聞衛太子好穀梁因而立諸學官，亦既斷也。章帝建初三年詔曰：孝宣皇帝以去聖久遠，學不厭博，故遂立大小夏侯尚書，後又立京氏易；至建武中復置顏氏嚴氏春秋小大戴記博士，此皆所以扶微學尊廣道義也。其述宣帝廣立學官事，于春秋僅有顏氏嚴氏而不及穀梁，則宣帝並無詔立穀梁立于學官之事，審矣」。此所舉證，亦足補崔氏之所未備。果宣帝時穀梁未立學官，則穀梁信爲劉歆之徒所雜取傳記以造者矣。

是書續左氏膏肓六卷，列舉左氏六證：一曰左氏非編年之史，二曰左氏無釋經之例，三曰左氏有增竄之文，四曰左氏多乖悖之事，五曰左氏多違經之處，六曰左氏非傳經之傳。析類爲編，甚便檢閱。依俞曲園左傳古本分年致而擴充之，就今本左氏以致其原文，以明其非編年之體；于左氏之五十凡例，亦致見其與春秋合，且以左證左以明其自相違悖，原本無例；其他于史記探源諸書之說，亦頗有增補；持之以衡左氏，則其僞尤灼然也。

公羊何注致訂一卷于何邵公之說雖多所曲護，而亦間從何若瑤張憲和諸家之說以訂其非是。箴箴何篇則箴崔氏之說，而謂「何君援用讖緯，僅西狩獲麟章數條，其他皆妄人所增竄」。何注致訂亦謂僖十九年公羊傳「其用之社奈何？蓋叩其鼻以血社也」。昭十一年公羊傳「其用之防奈何？蓋以築防也」。注，「持其足以頭築防」，亦爲妄人增竄。著者如是之云，固爲持之有故，然在吾輩則又當爲「妄妄人」所推倒矣。

續公羊墨守附篇一爲史記儒林傳糾竄，漢書藝文志糾竄，漢書儒林傳糾竄，最十五傳糾竄，皆汎論古文經事。以爲「僞古文尚書之案定，而後僞左之案定，僞毛詩之案破而後僞穀梁之案自然迎刃而解」。于左國之關係：「今之左傳乃劉歆改竄左氏國語爲之，即一名左氏春秋者也；今之國語乃劉歆雜采他書爲之，絕非左氏之外傳」。立論與康崔兩相反，然皆今日治經學者所必當知之一說也。附篇二爲滅國五十二更正顏師古注劉向傳之誤，弒君三十六更正顏師古注漢書劉向之誤。附篇三爲駁正春秋穀論三則，則辨正朱鶴齡嘉定錢大昕若三家之說。讀左持平一卷，則駁正後儒譏左氏而不當者，在全書中，比較關係稍淺。（今是）

出版界消息

中國分省新圖三版將印行

……地質調查所製稿而由申報印行之中國新地圖及中國分省新圖，精圖新穎，美確，爲近年中國地理學界空前之創作。中國分省新圖因其售價之廉，初版萬冊，發行纔半年而售罄，因即改訂再版。近聞此圖再版又將售罄，故地質調查所於去年即由方俊氏從事訂正，改製，預備三版。（原製者曾世英氏現留美研究）且爲一般查閱者便利計，新增重要地名甚多。新築公路及其他人文上新改革，亦多補入，原圖之錯誤者均加改正。近已製成付印，不久即可出版。並聞三版內容，雖較二版更爲美備，定價仍照舊不加云。（穀）

×　×　×

中國地質學會將發刊地質論評

中國地質學會於第十二次年會在京開會時，學行理事會議，議決發行中文地質學刊物，定名爲「地質論評」，每二月出版一冊，內容有論文，報告，書評，及地質界新聞等，並組織編輯委員會，其名單如左：

編輯委員長　謝家榮
編輯委員　（一）動力地質　章鴻釗　（二）地層　田奇㻪　（三）構造　李四光　（四）岩石礦物　李學清　馮景蘭　（五）古生物　脊椎動物　楊鍾健　無脊椎動物　尹贊勳　植物　斯行健　（六）經濟地質　孟憲民　（七）地文　袁復禮

並聞該刊第一卷第一期豫備於三月十日以前出版云。（榮）

圖書副刊

BOOKMAN

第一百十九期

一　本刊登載關於中外圖書之介紹批評以及學術界消息
二　為公開性質歡迎投稿
三　刊登本刊之文略致薄酬
　　投稿通訊可寄「北平文津街國立北平圖書館內圖書副刊編輯收」

海外希見錄(二)

王重民

康熙三十九年閔明我等奏疏

治理曆法遠(臣)閔明我徐日昇安多張誠等謹奏為恭請睿鑒以求訓誨事。竊遠(臣)等看得西洋學者聞中國有拜孔子及祭天地祖先之禮，必有其故，願聞其詳等語。(臣)等管見以為，拜孔子，敬其為人師範，並非求福祈聰明爵祿而拜也。祭祀祖先，出於愛親之義，依儒禮亦無求祐之說，惟盡孝思之念而已。雖設立祖先之牌位，非謂祖先之魂在木牌位之上，不過抒子孫報本追遠如在之意耳。至於郊天之禮典，非祭蒼蒼有形之天，乃祭天地萬物根原主宰。即孔子所云郊社之禮，所以事上帝也。有時不稱上帝而稱天者，猶如主上不曰主上而曰陛下，曰朝廷之類，雖名稱不同，其實一也。前蒙皇上所賜匾額，親書敬天之字，正是此意。遠(臣)等鄙見，以此答之，但緣關係中國風俗，不敢私寄，恭請睿鑒訓誨，遠(臣)等不勝惶悚待命之至。

康熙三十九年十月二十日奏，是日奉旨：這所寫甚好，有合大道。敬天及事君親、敬師長者，係天下通義，這就是無可改處。

右件從 "Brevis Relatio" 書中抄出。原書今存巴黎國家圖書館，著錄號碼為 N. F. n°. 925。共六十一葉，內五葉為滿文，二葉為漢文，漢文即右所抄者是也。一七〇一年耶穌會刻於北京。高愛迪 (H. Cordier) 所編中國書目 (Bibliotheca Sinica) 頁八九一至八九四，及天主教士在中國譯著書目 (L'imprimerie Sino-Européenne en Chine) 頁六四至六五，均著錄，並摹印其首頁及末頁書影於卷內。在歐洲曾有翻印本並法文譯本，惟翻印本刪去滿漢文之葉，在吾人觀之，殊可惜耳！

清初，天主教士有所謂禮節之爭，是書為該問題原來史料最重要書籍之一，尤能表現當時耶穌會士之全副精神與根本主張。末頁為一七〇一年七月二十九日簽名，上康熙奏疏僅閔明我等四人具名，而此竟有十人者，則以此係寄教皇書，凡在京之耶穌會士，皆署名也。茲錄其中國名於下：

Antonius Thomas	安多
Philippus Grimaldi	格理瑪弟
Thomas Pereyra	徐日昇
Josephus Franc Gerbillon	張誠
Josephus Suarez	蘇霖
Joachimus Bouvet	白進
Kilianus Stumpf	紀理安
J. Baptista Regis	雷孝思
Ludovicus Pernoti	
Dominicus Parrenin	巴多明

按天主教傳行中國考卷六，謂是時閔明我已故，由格理瑪弟仲父頂替，故上康熙奏疏作閔明我，致教皇書署 P. Grimaldi 也。

又 N. F. n°. 5064，為是書原稿本，僅滿漢文，故高愛迪氏未道及。余為觀其「體例」，雖字跡難辨，故改為今名。余不能釋文，不能詳為介紹，此漢文奏疏，即是書之節要矣！七月二十三日。

× × × ×

就中亞出土劉涓子鬼方

一九〇二年德國探險隊在中亞所得古文件，以回紇文為最富，漢文件亦有之，今並藏柏林普魯士學士院。一九三三年，日人黑田源次遊柏林，得[illegible]學雜誌。本刊百〇一期，載有萬斯年先生譯文。今年二月[illegible]教授 (P. Demiéville)[illegible]八月間亦有柏林之遊[illegible]鈔本韻書及印本切韻斷片[illegible]（文化二卷七號）。及檢視所攜來[illegible]多於二氏者，蓋余遊[illegible]卒卒未暇有撰述。茲[illegible]，以補黑田氏所未見[illegible]，以先饗讀者。

[illegible]九後題：「劉涓子鬼方[illegible]劉涓子甘伯濟治[illegible]之小敘，云：「余以[illegible]于時闕居，參共為治[illegible]。既是所經，亦復通[illegible]。按唐志有[illegible]卷數正相符合，則[illegible]

[illegible]蹤跡至山下。見一小兒，云主人昨日為劉涓子所射，取水洗瘡。因問主人是誰，曰黃父鬼。乃共至其處，遂見三人：一人敘，一人閱書，一人搗藥。與齊書[illegible]，三人並走，遺一帙癰疽方，並一臼藥。涓子得之，後從宋武帝北征，被創者以藥塗之，隨愈。因方為治，千無一失，故號鬼遺方」，與卷十小敘不相應。蓋此為總敘，故述得書之由；卷十為劉涓子甘伯濟兩人合方，編者乃另為小敘，以歸始末也。未審五卷本有無殘缺，抑係別本？不得閱劉一校，實為悵悵！余夜若得遊瑯環，當先抽觀[illegible]矣。

劉涓子又有治癰疽神仙遺論一卷，陳振孫謂與此為一書，[illegible]氏非之是也。神仙遺論陸心源已刻入叢書校補卷二十五。　十月二十五日。

清代北京饅頭舖租賃唱本的概況

李家瑞

以前北京的饅頭舖（俗稱蒸鍋舖），除了賣蒸食的東西以外，還做一種附業，就是鈔寫唱本，租賃給人家看，差不多每一家饅頭舖都是如此。這種業務，不知起自何時，但直至光緒三十四年，這種風氣還有的。中央研究院收了鈔本鼓詞四五十種，都是從這些饅頭舖裏出來的。他們的書，都是很大的部頭，其中有三國志鼓詞一部，長一百七十三本，共有一百六十五萬多字，可算鼓詞中很偉大的著作了。這些書都是長二六公分，寬一二公分的細長的本子。每本都是用很厚的紙裱糊起來，自然為的是經得住摔了。每本葉數的分量，都是在二十以上，三十以下，因為他限制一定的時候要看完一本書。書的皮面，都印着很長的圖章，圖章內都是很多的話，現在我們隨便舉出兩個例：

一、永隆齋鈔本耕耨緣鼓詞上的長章云：『本齋出賃四大奇書，古詞野史，一日一換，如半月不換，押賬變價為本，親友莫怪。撕書者男盜女娼。本舖在交道口南邊路東便是。』

二、興隆齋鈔本大晉中興鼓詞上的長章云：『本齋出賃抄本公案，言明一天一換，如半月不換，押賬作本，一月不換，按天加錢。如有賃去將書拱拉，撕去書皮，撕去書篇，撕紙使用，胡寫，胡畫，胡改字者，是男盜女娼，妓女之子，君子莫怪。』

從此可知租書的手續，是先拿相當錢文，交給饅頭舖作押賬，然後取書一本，限一日看完，第二日再來換第二本，倘或你取去半月了也不來換，就把你交的押賬沒收了；若過一月還不來換，那把你押賬沒收以外，還要按天加錢。每本租賃的價錢，據三美齋天賜福書面標的，光緒元年是九文錢的，還不及現在的一枚銅元。聚文齋鈔本三國志鼓詞上有一個圖章說：『失書一本，賠錢一吊。』北京俗稱一吊，就是制錢一百文，可知他們的書，每本的作價，都是一百文。那末，租書的人，應交的押賬，自然也是一百文左右了。因為中國人的公德心很薄弱，所以出租的舖子，都在他們書面上印了許多警告的圖章：如『撕抹圖寫，男盜女娼』；『賃去不給，男盜女娼』；『撕燒圖畫，照樣補賠』；等等。

他們租書的規則，也有出乎常例之外的。如三美齋的『祝出兩日調換』，鴻吉記的『一天一換，過日罰錢』，聚文齋的『一天一換，過五罰錢』。租錢五天一交，那是沒有例外的，如同當地的旅館業，五天一清算的例。

有些甲舖的書，被乙舖抹去了字號，而印上去乙舖的字號，初看見不懂得是甚麼原故，後來在興隆齋的書上看見一個圖章是：『同行賃去，轉賃與人者，是男盜女娼。』才知道上面的情形，即是同行賃去，轉賃與人了。

以前在燕市積弊上看到過北京蒸鍋舖的記載，也是說他們租賃唱本，但是現在我們斷定這些租書的舖子，都是饅頭舖，那可不是靠這種記載。因為這些出租的書，裏面有很多是用饅首會賬執照裱糊的，而這些執照上的舖號，地址，也都同書面上蓋的相同，並且很多家還印着老壽星的像在書面，或是標着『壽星為記』字樣。我們知道老壽星是北京饅頭舖通用的商標，所以這些唱本都是從饅頭舖裏來的，似乎是無可疑的了。現在我們把各饅頭舖的舖號，地址，以及他們出租的書，與夫書上所標的年代，列成一個表，可以看得出一點大概來。

舖號	地址	出租書	書面年代
永隆齋	交道口南邊路東	三國志，隆慶昇平，耕耨緣，濟公傳，北宋，錦香，春秋，和[illegible]，拾金丹，桃花記，龍鳳[illegible]，果報春秋。	有光緒甲申（十年），光緒二十一年。
[illegible]	[illegible]	[illegible]	[illegible]

（表內其餘各行：永和齋、興隆齋、集雅齋、隆福齋、聚文齋、鴻吉號、保安堂、天順齋、三美齋等，[illegible]）

觀上表，出租三國志者五家，濟公傳錦劍春秋者各三家，可知這些書當時最為人所喜歡。又各家除天賜福，碧玉簪，雙仙緣等外，其他都是說唱鼓詞，可知說唱鼓詞當時在北京勢力之大。

可惜我們得的書太少了，又找不着別的材料可以參考，所以我們只能知道一點大概，但是在中國書籍流通的歷史上，似乎不能使牠湮沒了吧？

書評

農業氣象學

程純樞

陳遵嬀著，共三三三頁，圖七八枚，紙面小四開本，定價一元三角，民國二十四年九月商務印書館出版。

我國出版的關於氣象學的書籍（通論的）算起來也不下十本，有的是教科書，有的是通俗的。不過這些都是些「小書」。其中多數是編著的，直接翻譯的也有。不過到現在，一本大型的「氣象學」也未曾出現，所以大多國內學氣象學的或同此學有密切關係的學者都直接參考外國文的著作。

民元以來，尤其是中央研究院氣象研究所成立以後，我國對於氣象學研究的興趣已經是進步多多，而且在國內外有成就的學者也頗有其人，那麼為什麼還不見有一部大型的氣象學出現呢？原因我想不在「人」的問題而在經濟的問題，這種專門大著作，不比小說或是技術書，銷路不廣，所以沒有。出版「企業家」肯担承吧？

近來商務印書館出版的農業氣象學，是天文研究院陳遵嬀編著，顧名思義，這雖不是一般氣象學，但是此書篇幅不少（連頭帶尾三百二十三頁用五號字印）這不能算很小的書了；而況就中國情形而論，應用氣象學方面當然以對農業為最重要而應用也最廣，所以很值得我們考查一下：

× × × ×

此書分三十三章，共三百二十三頁，合為十篇：

第一篇　總論
第二篇　太陽輻射
第三篇　溫度
第四篇　濕度
第五篇　降水
第六篇　氣壓
第七篇　風
第八篇　空中電氣
第九篇　天氣
第十篇　氣候

各篇長短並不平均（當然也不一定要均）長者達四

十頁，著者僅七頁，不過在這農業氣象學中將空中電氣也列爲十篇之一實在不相宜，也不自然，何況這一篇只有七頁呢，不如酌減列三十三章的好。

我們若從側看全書，應有的內容也算是可以包括盡了。但是我們如果詳細一夜翻目就可以知道本書所講關於農業方面的還嫌太少——不出五十頁，約全書之十分之二，因爲既名農業氣象學，就非普通氣象學可比，是應該特別着重農業方面的。這一點也許不能全歸罪著者，實在這一方面國內的研究太缺乏，而國外的成績國內難登又不易的緣故——因爲多散見在專門論文和雜誌及政府出版的報告裏。

× × × ×

第一章：氣象學，這章大概述氣象學的定義，分類，與其他科學的關係及氣象學發達史。(1)著者將氣候學歸在氣象學下面，二者雖有特殊的密切關係，後者亦不能包括前者。氣象學是研究天氣或空氣的「物理的」變化方法，而氣候學是統計法的天氣之概括研究，所以現在說氣候學是氣象學中的一「類」，怕不很妥當。不過以後動力氣候學成立以後，許說得過去。(2)著者引用兩個「兩」的名 Wetter-kunde 及 Witterung-kunde 而譯爲「天象學」與「天候學」，這兩個德文名詞本是氣象學一字 Meteorologie 的俗名，無需特別介紹給我國讀者的，而且易譯爲「天象」與「天文」相混，此外在 Wetter 與 Klima 之間又加入一 Witterung（譯天候）也是多餘，何況是氣候中所特有的。(3)對於「氣象學發達史」著者沒有於三個明顯可分的時期分出，實在可惜，尤其一九五六年法國開始利用電報在氣象事業上以後，成爲發達史上一大關鍵，著者竟沒有提及，近代的重要發展亦沒有提而將次要的加入。

第二章：空氣，述空氣之由來，高度，成分，用途。以上四項敍述都相當的詳細，而且與生物及農業有關的敍述也很不少，但對於空氣的物理性質講得少而零碎，實是缺點。

第三章：農業氣象學，共四頁，這章敍述農業與氣象的關係，及概括提出五個「農業氣象學的問題」。在本書的立場上，當然是很重要的一章，只是敍述太概括，沒有加入實例同統計以及研究的方法，未免美中不足。

第四章：時，時與節氣的觀念對於農業者實在是重要的，本章有簡明之敍述，且附有二十四節氣新表與七十二候可作參考，這些是天文方面的，陳先生是天文學者，當然是游刃有餘，只是四季在氣象上的意義，其長短與緯度，地位的關係未述及。

第二篇　太陽輻射

第五章：太陽輻射之觀察，這恐怕是最任意的一章，著者用了十六頁的地位，詳細敍述儀器方法，以及光譜分析，在一本農業氣象學上可以說是絕對不需要的，最多用三頁簡潔的敍述就夠了；何況我國農校學生那本就沒有機會用這些儀器，這一章敍述又凌亂，而欠組織，並且有好幾個公式都不會說明其中因子的單位，所以也無須乎作詳細檢討，（最後一式將「‧之」誤數印成平行使人莫明其妙）

第六章：日光與生物之關係，這一大章敍述甚爲詳盡，也是本書重要的一章。

第七章：大氣中之光學現象，共八頁，敍述五種光學現象，甚明晰，但就本書而論可列最後幾章，本章又未述視程（Sicht weite）似應增補。

第三篇至第七篇——詳述氣象因子：溫度，濕度，降水氣壓及風共約二百頁，佔本書三分之二，此五章分述氣象學上之普通部分，取材當然較爲容易，著者敍來尚詳細周到；僅有數處轉用銅版圖說明亦多省略去，這亦許是爲讀者負擔着想的。敍雲式時，不僅無銅版圖，而素描圖也沒有，實是憾事，在風一篇裏著者用了兩頁半敍述大氣的環流，只用了一幅老式而極簡耗的圖，就是一幅極普遍的伯牙克耐斯的圖解也沒有採用，實是很不夠的，在溫度一篇所採用的二幅緯度氣溫等偏差圖在氣候的觀點上很有用。

這五篇所述的氣象因子，都是對農業作物直接有關係的，著者有三章特別分出敍述這一方面：（氣溫，濕度及降水與農業的關係），敍述尚很周到，是本書的中心，在植物的凍害一節，未將霜的預報法介紹一二，是一個缺點。這一類的方法或研究方法在國外近來已經不少。

第八篇：空中電氣，著者將這題目作爲十大篇之一，共十六頁，但是對於取材太略，其中的材料多一二十年前的。大氣電學上許多問題雖然是「現在尚未決定」，可是著者也沒將幾個重要的問題提出，如：大氣中伊洪的性質，產生伊洪的幾種放射，伊洪的遷徙，空氣中的電平衡，電荷的保存等等。我們當雖不能希望在一本農業氣象學上有充分的敍述，但是著者既然設了這一篇，至少也該給讀者一個簡單的概念，著者既然沒將這些基本問題好好地介紹，那大氣電學在氣象學上的貢獻——雷雨的構造，也就無從述起了，就是一個極簡單而普通的辛普生氏的雷雨時電上電化的圖說也沒有。（在本篇不見有 C. T. R. Wilson Simpson 這個名字！）

第九篇：天氣，共二章：一是天氣與氣壓，一是天氣預報。氣象因子是各部單件和另件而天氣是整部的生動的機器，所以這一篇應是氣象學——研究天氣的科學——的中心的，主幹的一篇，但是著者只是輕輕的放過了，上半部只用了三十六年前英國先鋒 Abercromby 氏的七種等壓線形式說明天氣，最近二十年來普遍採用的伯牙克耐氏的極面學說和那套有名的圖解在這裏竟看不到，這亦是遺憾，此外氣團的觀念，同我們很有密切關係的暖波寒波等等更不必說了。

下半部天氣預報，著者引用幾個人的經驗根據氣壓系統的變化以說明天氣變化同天氣預報，近代的進步著者介紹極少，這個題目本來是不容易寫的，尤其是在我國紀錄不足的環境下，僅多介紹理論同方法也是無用。所以我以爲應多加入一點不用儀器的「觀天望氣」的介紹和科學化地解釋俚語，因爲這些對於我國這種「設備不易」的環境下，對農業學生是很有幫助的。

第十篇：氣候，二章，一述氣候因子，及氣候帶，一述氣候與生物之關係。此篇材料尚好，但述中國氣區時（竺可楨氏）沒有將說明加入，而對我國氣候之因子未特別提出，很是可惜，還在農科學生卻甚需要。

× × × ×

總觀全書精之後，各有一章敍述與農業作物及生物之關係所以大體上尚能名符其實。不過取材陳舊，氣象學方面近二十年來之新說多未介紹，各篇取材的多寡，未按其重要性細加考量，分配不甚合式而且專門之名詞附註西文或英文或德文沒有一定，對於初學者不大便利。

至於如商務廣告所云（見出版周刊）：「堪可爲習研氣象學之讀物」評者不敢贊同。但是對於農校學生，還算是比較好的書。

廿四年十二月於清華園。

註：本書印刷上之錯誤多在專門名詞後附註之西文中，茲不列舉。共重要者如第四五頁最後一公式，本文已提出，又第二四七頁第二行之。應作P。

芸盦羣書題記　斐雲

野菜博錄　明天啓刻本

明人所著植物圖譜，通行者得四書焉。一曰周定王橚之救荒本草。二曰王磐之野菜譜。三曰周履靖之茹草編。四曰鮑山之野菜博錄。而以鮑氏書最晚出。四庫全書農家類著錄本，亦從天啓刊本傳錄。惟所據本，缺去中卷，故提要謂實得二百六十二種，與自序不符云云，以辨其失。又劃裂上卷野茴香以下爲第二卷，下卷蘇花菜以下爲第四卷，一若明時別有一四卷本者，可謂巧於作僞矣。庫本於卷一首葉改大藍爲靑荷，而提要仍稱此卷自大藍始，殊不可解。又庫本於刀豆苗後忽出蝸牽萬秋山角苗二種，蠶繭菊後忽出老兒鬮一種，檢明本未得，疑皆後補之葉，今一并附印此本後，俾覽者詳焉。涵芬樓藏有此書，稱稽初印，在此本上，惜燬於兵火之災。此則鳴野山房舊藏本，今歸北平圖書館云。

華陽集　明萬曆刻本

張耒撰華陽集四十卷，紹興間嘗刊版於秋浦郡齋，洪景盧爲之序，原本世久無傳。此本乃萬曆丁酉金壇于文熙覆刻本。乎喝之式蓋古，避宋諱輒注御名云：當從宋槧出也。以校文津閣四庫全書本，優劣自見。庫本因囿於淸高宗論旨，既闕卷三十齊詞全卷，又庫本卷數與原書不合，幾割裂卷二十九賀方數文各啓以下至關王運使啓五文，以補齊詞之缺，然并其所賀鄭統制太尉到任啓賀納直閣年啓賀鄭統制太尉年啓三文，亦冬刪，殊難索解。此其一。此本缺葉除卷三第三四兩葉，卷十七第八葉，可據庫本補配外，餘則庫本亦闕。惟庫本必於闕處，乃爲聯綴，一若其本未闕者。此其二。

【例一】卷二十六第四葉原缺庫本刪第三葉末一行賀呂相啓四字又刪第五葉前三行

【例二】卷三十二第三葉第四葉原缺庫本於第二葉末行賀我考妣機德下添一賤字以銜接第五葉首行之文

【例三】卷三十四第五葉第六葉原缺庫本刪第四葉末行右薦星三字及第七葉首行

【例四】卷三十八第九葉原缺庫本改第八葉堅所生母李氏安人挽詞五首爲四首又刪末行五字

又庫本卷十三缺宗乾道節功德疏之第六章，與乾道節滿散道場文銜接爲一，與此本異。又卷二十六，庫本刪卷首賀中書啓一文，而以卷二十七與詔使啓相補，亦未詳其故。此其三。庫本有此三失，則此本之善不待言矣。此本世極罕見，與友芳部位西齋目中俱未著錄。昔於庫時見海原閣藏殘帙，得補此本缺葉凡七。至其他所缺之葉，楊本與庫本俱脫，今無由校補矣。

（編者附注）上列二書，皆北平圖書館藏書，現由商務印書館借印入四部叢刊三編，下月即可出版云。

出版消息

「淸代文史札記子目索引」

北平圖書館前編淸代文集篇目索引，業已出版。茲該館又編有淸代文史札記子目索引，係與文集索引相輔而行。其編製體例門類及格式，亦依照文集索引。凡考訂經籍者，依經史子集四部分類編列。考釋一文一字一語一典，及記述事物，不專主於經籍中者，則依其性質，分若干門類：如典制，政事，經濟，地理，宗教，風俗，人物，傳記，文學，哲學，藝術，語言文字，雜事等門，各門又析爲若干小類。現已錄有卡片三萬餘張，所收之書，有顧炎武日知錄，惠棟松崖筆記，汪師韓韓門綴學，盧文弨鍾山札記，龍城札記，王鳴盛蛾術編，錢大昕十駕齋養新錄，趙翼陔餘叢考，焦循易餘籥錄，洪亮吉曉讀書齋雜錄，劉寶楠愈愚錄，孫志祖讀書脞錄，桂馥札樸，梁玉繩瞥記，宋翔鳳過庭錄，洪頤煊讀書叢錄，孫詒讓札迻各種。更擬再取十數種，彙爲一帙，無慮收三十種，陸續出版，於研究文史者將有極大之便利。至邵晉涵南江札記，專主經史，王念孫讀書雜志，專主子史，陳壽祺左海經辨，專主十三經，體例去採較嚴，故概不收入云。

北寧鐵路車務見習所電信班錄取新生名單

計開　正取生三十名

于守城　于學楨　劉振儀　石光曦　文英　王文曾

潘維藩　張漢民　劉寶慶　湯麥永　周鳳儀　馮世儀

卞志剛　李紅　張之翔　馮□　李金璧　許鴻毅

張伯全　張詠韶　周希淹　李希弼　金配雅　關紹文

許道昌　竇恨韶　蕭鍾堂　狄殿貴　吳保會　王孝德

備取十六名

何毓桐　王印慶　張興治　李柏遜　張炳珍　官英泰

王淺瑩　夏長全　趙保璋　晏剛　陳紹鑑

關紹賓　沈廣璜　潘維森　鄭□　陳紹舞

以上正取各生訂於三月二日入所舉行開學典禮屆期不到者以備取按名遞補。

津浦鐵路客車簡明時刻表

民國二十四年十二月十日起實行

上行車

站名	公里		302次 平滬通車（頭二三等車）	72次 徐浦區間車（頭二三等車）	22次 津浦快車（頭二三等車）	306次 平浦通車（頭二三等車）	74次 濟徐區間車（三等車）	76次 濟津區間車（三等車）	78次 濟津區間車（三等車）
上海北站		開	16.00						
浦口		開	1.40	7.10	9.45	16.20			
滁州	50	•	3.05	9.02	11.20	17.42			
蚌埠	176	•	6.38	13.55	15.18	21.15			
南宿州	266	•	8.47	16.42	17.49	23.24			
徐州府	341	•	11.05	19.00	20.18	1.39	6.40		
臨城	408	•	13.06		22.22	3.31	8.59		
兗州府	502	•	15.47		1.28	6.09	12.28		
曲阜	519	•	16.14		1.55	6.35	13.01		
泰安府	586	•	18.15		4.02	8.38	15.37		
濟南府	668	•	20.45		6.44	10.59	18.05	12.00	22.40
德州	776	•	0.25		10.15	14.04		15.34	3.20
滄州	889	•	3.29		13.30	16.46		19.21	7.39
天津總站	1010	•	6.55		17.19	20.03		23.15	12.00
天津東站	1014	•	7.30		17.29	20.46			
北平東站	1154	到	10.24			23.45			

下行車

站名	公里		21次 津浦快車（頭二三等車）	75次 濟津區間車（三等車）	77次 濟津區間車（三等車）	301次 滬平通車（頭二三等車）	305次 浦平通車（頭二三等車）	73次 濟徐區間車（三等車）	71次 徐浦區間車（頭二三等車）
北平東站		開				15.05	19.30		
天津東站		開	8.50			18.20	23.00		
天津總站	5	•	9.30	7.00	16.30	18.40	23.30		
滄州	126	•	13.22	11.04	22.05	21.39	3.18		
德州	239	•	16.58	15.21	2.18	0.20	6.49		
濟南府	357	•	20.37	18.40	6.05	3.33	10.31	7.20	
泰安府	428	•	23.07			5.43	12.51	10.29	
曲阜	496	•	1.01			7.14	14.42	12.58	
兗州府	513	•	1.41			7.50	15.31	13.44	
臨城	607	•	4.25			10.10	18.04	16.58	
徐州府	673	•	6.44			12.11	20.21	19.05	7.50
南宿州	749	•	8.53			14.00	23.16		10.26
蚌埠	839	•	11.23			16.19	1.43		13.37
滁州	963	•	15.14			19.36	5.32		18.33
浦口	1014	•	16.40			20.45	6.45		20.15
上海北站		到				7.45			

注意　由京北上旅客請在下關站購票　車務處 浦口 電話41304　浦口車站 電話41152號

圖書副刊

BOOKMAN　第一百二十期

一　本刊登載關於中外圖書之介紹批評以及學術界消息，歡迎投稿
二　凡登本刊之文略致薄酬
三　投稿請寄「北平文津街國立北平圖書館內圖書副刊編輯收」

唐代粟特城塞之發掘及其出土文書

岩佐精一郎著　萬斯年譯

對於隋唐時代粟特人勢力所予遠東文化影響之研究，伯希和，米勒(Müller)，桑原(騭藏)，羽田(亨)，石田(幹之助)諸氏不乏光彩燦然之名篇，又中世粟特(Sogdiana)地方之史的研究，文獻雖然有限，實瑪貝克(Tomaschek)，馬爾古瓦爾(Marquart)，巴爾脫爾德(Barthold)，吉卜(H.A.R. Gibb)大谷諸氏亦已有所敘述，尤其日本白鳥(庫吉)博士所著「粟特國考」，尤稱集大成之作。然粟特當地之文化狀態，至今未明，反須依據遠東文獻與其在新疆殖民地之遺跡間接加以考證。以言粟特國之歷史，其史料不外求之於中國史書或阿拉伯記載，自不免殘缺之憾。東土耳其斯坦探檢發見之粟特文書固可使千年以上之死語復其原狀，然有不幸者從來所獲僅以佛典為主(註一)，不但不適用於史料，且如高底奧(R. Gauthiot)所言，亦非完好之語言學研究資料。(註二)唯去年年底蘇聯學士院派遣之探檢隊發掘唐代粟特城塞之事，足補此種缺憾。而此次發掘，無論就最初調查粟特本地文化遺跡，或遺跡，遺物尤其文書年代有明確記載一點而言，均極可注意。

中央亞細亞大吉克斯坦(Tadjikestan)共和國內有回鶻文或粟特文書一通出土之消息傳入赤都，及其文書照像由蘇聯首都寄到列寧格勒之學士院大吉克斯坦部，時在一九三三年春。依傅瑞曼氏(A. A. Freiman)對此文書之研究，確定使用粟特文字或粟特語者其內容為致與撒馬爾干大員之書簡，且撒馬爾干大員依然使用粟特文之事斷定其年代至少當在回教教主(Caliph)政權確立於粟特國之八世紀半，又從粟特字體之進步程度觀察，最早亦不能出七世紀中葉。一九三三年春土人在大吉克共和國 Zakhmatabad 州 Khairabad 村附近孤立於 Zerafshan 河南岸名 Mug Kal's 山上發見柳條編籠，因派 A. V. Vasiliev 前往調查。瓦氏初至其處先與一與前次發見有關係之地方官吏，對其遺跡小試發掘，得文書二十通。瓦氏調查結果，獲得文書二十一通及若干遺物，確定此遺址為粟特之古城址。為防土民盜掘及預期發掘起見，組織發掘隊，為當務之急，於是學士院除前述之傅瑞曼氏外，加派吳柔奉夫(V. A. Vorobiev)，於一九三三年十月由赤都出發，自十一月八日開始，雇用夫役十八人，從事現地發掘，至二十三日凡歷十五日而畢事。期間雖短，而出土之品已達四百件。

一九三四年九月該學士院東洋學研究所(Institut Vostokovedeniya Akademii Nauk)及大吉克斯坦部(Tadjik'stanskaya Baza Akademii Nauk)合刊「粟特專刊第一集」(Sogdii - skii Sbornik, Sbornik statei pamyatnikax Sogdiiskogo yazyka i kultury naidennyx na Gore Mug v Tadjikskoi SSR, Leningrad, 1934, str. 121)，副題為該遺跡調查考之發掘及發掘品概報，為一種初步報告(Preliminary Report)性質。執筆者如傅瑞曼氏精伊蘭語，克拉克斯基(V. Y. Krachkovskii)氏精阿拉伯學，而克女士專攻美術，頗有聲名也。茲錄其綱目如左：

(一)「大吉克斯坦粟特文書與遺物之發見(概報)」Pp. 11 ……A. A. Freiman.
(二)「穆格山上之粟特城塞」(Pp. 15) ……A. V. Vasiliev.
(三)「穆格山所發見粟特文書考」(Pp. 19) …… A. A. Freiman.
(四)「中央亞細亞發見之最古阿拉伯文書」(Pp. 40) ……V. Y. Krachkovskii and V. A. Krachkovskaya.
(五)「大吉克斯坦發見之中國文書」(Pp. 27) …… A. S. Polyakov.
(六)摘要(法文)(Pp. 4)

卷末摘要，恐成於傅瑞曼氏之手，似節略(一)之內容而加以若干補充者。發掘經過見於(一)，一切要領足於(六)。遺址之平面圖及粟特文書之一部，阿拉伯及中國文書各通均製為圖版插入中。

第二篇中瓦西立甫氏對此遺跡及出土遺物均有所述，茲摘述如次：

穆格山位於撒馬爾干正東約百二十公里，Zerafshan 河與其支流 Kum 河合流地點，高出河面約百五十公尺，兩河圍其三面，南方背後之唯一通路，障以一山，山勢峻險。山頂有為此城塞內住所之構築物，石壁已埋於土。此構築物原來似係磚建之圓形屋頂。石壁東西並列矩形小室四，各室大小約為 27m×2m 左右。城塞西部，有一小土堆，遺物即自此構築物遺址及小土堆中出土。

小土堆上有瓦器片，織物及其他雜用器具破片碎屑出現，此殆顯然為一垃圾堆。第一室床下有牛羊之類排泄屎糞一層，其中出土者為角屑，木片，木塊等細木工碎屑，殆為牛圈及木匠房。第二室南部發現甕，鍋，碗等類之碎片以及木製櫃與殘存大量灰炭之爐竈遺跡等，北隅則發見大麥，豆，棉之種子，陶器，石臼。此室當為廚房。第三室殆全空，搜求結果始得瓦器破片，琉璃瓶及破片及桃一個，故此室性質不明，惟自日用家具均付缺如一點觀察，疑以供宗教上或儀式上之用者也。最後一室，遺物最富，計有長靴，食具，食帽(三個一為纏頭)，鏃，骰子，梳，鞘，小刀，短劍鞘，毛織物，衣服殘片，金銀飾品等，當為城塞主人日常起居之處。

除發見文書之材料觀察，有紙，皮紙，木三種區別。紙及皮紙部份，除第三室北部及第四室各存一通之外，悉由第三室西半部廣約七公尺之兩層磚間發見。此疑為文牘保存室，在二層樓上，天井陷落，同時被埋，木簡俱出於第四室。由小土堆之雜物層及羊糞層推測，此城維持期間，不出十年。

遺物總計約三百餘件，以材料言，大別為瓦器，木製品，革製品，織物，金屬器等。瓦器，木器，革製品三項無論手法材料概係當地製品，足證此種手工業流行之證明。以織物言，有金線或絹，但毛織物及棉製品佔大部份，且有原料發現。由飼養家畜之痕跡觀察，牧畜之事，頗為顯然。同時又有農具及種籽存在，足以說明此地農業生活。此外櫻桃，桃，杏等果核以及類果，葡萄皮等之殘餘，足證此種果樹之栽培，頗為盛行。(註三)此外應注意者為其武裝。出土木楯，表有皮膜，上繪一彩色騎士，不幸首尾俱缺，尚左帶直刀，右束短劍，前案左右，弓二張在左，稍外套，跨駿馬，與中世粟特戰士面貌相彷彿。發見之漆飾片為甲冑之一部。得鏃殊多，可分三種，其中有供騎用者。

以上遺物中，最感興趣者為遠東輸入品，即由第二室或土堆中發見之竹細工器物與漆器斷片者是。後者且顯然有中國風格之繪畫。又所得方孔錢，當亦係受中國影響。(註四)可注意者，為一物帶上刻有非粟特文之古突厥文字與同系統之 Runic 文字。(註五)此種語言雖尚未能解，但足以代表粟特本地文化，極應注意。

上述為瓦西利耶甫氏所述梗概，若能詳細發表，當可更有興趣。不幸此論文，不特對於遺物未加具體記述，且無一圖版，不得一窺廬山面目。詳細記述，當俟異日。

傅瑞曼於第一篇之後半對出土文書作一概述，於第三篇中略揭粟特文書篇目。出土文書有紙，皮紙，木之別，已如前述。總計斷簡，共八十一通，紙二十五，木二十三，其餘俱為皮紙。但此八十一通中，皮紙一通捲於小刀鞘內，已為所貼，未獲一覩，故所發表者，僅八十通。以文字區分，計有四種。第一，中國文書三通，殘為八片。第二，阿拉伯文書僅一通，皮紙，裂成二片。殘餘文書，除一通外俱為粟特文書。內計紙二十二(但其五片背書中文地籍斷簡)，皮紙二十九，木二十三。其唯一之一通，皮紙，上作 Runic 體古突厥文字，尚未知係何語。

由紙之質料觀察，依後述包氏研究中國文書之內容推論，當係中國輸入品。(註六)又皮紙附有二種印章，頗堪注意。三顆係以赤色粘土製成，作駱駝圖象，一顆係白色物質，惜僅一人物(戴髮，伊蘭型)之側面像。其橫圓印有文字五六字，尚未能讀。前三顆印得於粟特文書 5. B4 文字首行中央上部，實以革紐，書21, B18 者二，24, A2 者一，前者餘於捆文書之紙紐上，後者則同樣實以革紐，面積為 1 ×0.5 cm。文書俱為後述 Dγvāštyč 之書簡，故當為彼之印章，後一顆其實係為 Dγvāštyč 者。以木質文書言，無一斷簡，實通木簡及其他簡牘，全部為柳枝去皮之木棒。大小不一，長一公尺三十公寸直徑六公寸者有之，僅十公寸長者亦有之。此種木棒，當為此地最普通文書形式。

粟特文書俱為書簡。其大部份係致粟特王即撒馬爾干主 Dγvāštyč 之文書以及由彼發出之文書。此等文書最堪注意者為此王之稱號係 Srwdyk MLK'Sm'rkndč MR'Y dyw'štyč(意為粟特國王，撒馬爾干 MR'Y 之 Dγvāštyč)。然據 Tabari 記載，開元時代為撒馬爾干之主粟特國王者係 Ghūrak (唐書作烏勒)。據此粟特國王(Ikhshide) 冠有撒馬爾干主(afshin)稱號之事，可知 MR'Y 與 afshin 相當。(白鳥博士曾示作者謂 MLK' 即阿拉伯語之 Melik「King」，MR'Y 則與 Emīr(Commander, Governor)以及波斯語 Umeri 有關。然明此稱號有極重要之歷史意義。)

克拉期克斯基氏及克女士對於阿拉伯文書一通，研究頗為詳悉，恐與後述包利亞寇夫氏之研究俱為最後報告。第一節記文書收受人之姓名，日期等，大意譯文(Text)並加注譯，第三節排比見於文書之人物，四節考訂原文之形式，五節論述文書之歷史意義，六節觀察文書之材料，形式，最後並論及字體問題。此文書之發信者為 Dīvāštī，顯然為粟特文書中粟特王 Dγvāštyč 之阿拉伯語形。受信者係哈利發 Omar 二世所任命在回曆 99–100 (A. D. 718–719)間之布拉沙執政 Al-Djarrah。因此可斷定此文書之年代當在彼執政期間，即與唐開元六——七年間相當。故書簡中 Tarkhun 之子等云云之 Tarkhun，當與粟特文書中之 trγwn 相同，必係在 Ghurek 之前至開元初年之粟特王 Tarkhun，唐書作突昏。然則當時之發信者 Dγvāštyč (Dīvāštī)果爲何人？考當時粟特王即撒馬爾干主者爲 Ghurek 其人，與 Dγvāštyč 名稱並不一致，是以克氏以見於 Tabari 當時之一貴族 (dihqan) 擬定爲彼，此貴族則係七二二年當大食 Khujanda 經略之際，於 Afghar 築城反抗，其後與阿拉伯軍戰於 Kum 村，由附近一城被擄，相傳為 Dīvāštī。彼之最後古戰場 Kum 村在 Kum 河畔，被擄之城即斷為此當 Kum 河口之穆格山古城，彼既為擄，故其文書今尚饒存於此城也。唯為粟特 dihqan 之 Dīvāštī 何以帶有粟特王與撒馬爾干主之稱號，克氏尚未加以說明。雖然，其年代已確定，此物之古見與推定於回曆 90–96 年前後埃及發見之阿拉伯語巴比倫斯文書相比較，取以對照，有資於用語形式之處，自當不少。除其內容及其物本身均為政治史上貴重資料外，例如 Dīvāštī 自稱為回教徒事已在阿拉伯之 Al-Djarrah 上表明，此當與 Omar 二世(717–720 A. D.)初年粟特王 Ghūrek 在政略上假作歸依回教之事實相關。又見於文中之 Emir Al-Djarrah 稱號，當即 Ghūrek 上唐朝表中所指 Quteiba，呼為異密屈底波者。(冊府元龜卷九百九十九)。文體雅馴，且遵於伊斯蘭教公文程式者，似因與阿拉伯文涉而有熟悉此方面之書記 Dīvāštī 之故。

最後為包利亞寇夫氏整理解說之中國文書三通。氏各

巴黎敦煌殘卷敘錄（一八）

王重民

史記集解殘卷　伯二六二七

敦煌本史記集解殘卷，存世家二，列傳一。燕召公世家始「作甘棠之詩」，訖昭公卒年。管蔡世家始「蔡侯絲，絲其弟」，訖卷終。伯夷列傳始「太史公曰，余登箕山，」訖卷終。原卷始管蔡，次伯夷，次燕召公者，蓋既殘缺，後人隨意接續故也。淵字缺筆，虎字民字不避，殆因寫於武德初年，七廟未立昭穆未敘之故歟？世家每公皆跳行別書，與日本古寫本殷本紀同，形式雖爲近古。史文與注文足資校證今本者頗多，別著敦煌寫書校記中。六月二十六日

漢書刑法志殘卷　三六六九

漢書刑法志殘卷，始「及至孝武即位，外事四夷之功」，訖「所不能決者，皆移廷尉」。共存七十一行。世字作廿，民字治字缺筆，則當寫於高宗之世。所載諸家注語，不及李奇以後，與小顏注所徵引，亦繁簡不同，以余考之，蓋晉灼漢書集解也。按隋書經籍志著錄漢書一百一十五卷，班固傳應劭集解；又漢書集解音義二十四卷，應劭撰。錢大昕曰：「漢書序例云，臣瓚總集諸家音義，稍以己之所見，續厠其末，凡二十四卷，今之集解音義，則是其書；而後人不知臣瓚所作，乃謂之應劭等集解。依小顏說，知隋志所載，即臣瓚所集，非出於應劭一人，則應劭下當有等字，傳寫失之也。」重民按顏師古漢書序例云：「漢書舊無注解，唯服虔應劭，各爲音義，自別施行。至典午中朝，爰有晉灼集爲一部，凡十四卷。臣瓚又總集諸家音義，凡二十四卷。蔡謨全取臣瓚一部，散入漢書，自此以來，始有注本。」又晉書蔡謨傳。「謨總集應劭以來注班固漢書者，爲之集解」。依此則知隋志所載百十五卷注本，乃蔡謨所集，非出應劭一人，則應劭下亦應有等字，其義方明。然古人書錄之例，固如是也。說詳拙作隋志標例中。(近著友張西堂先生，作三國六朝經學上的幾個問題，其

[illegible]。
第一[illegible]一年(706 A. D.)[illegible]
（前[illegible]）
[illegible]（下[illegible]）
[illegible]十四口(?)
[illegible]
交城守捉使　大斗守捉使
[illegible]
（[illegible]）
口口[illegible]
（以下[illegible]）
第二[illegible]五片，[illegible]文字三行如左：
（前[illegible]）
[illegible] 口口 [illegible] 北[illegible]
[illegible] 口 [illegible] 北[illegible]
（上[illegible]）　[illegible]口（下[illegible]）(?[illegible])
[illegible]

[illegible]

[illegible]。

[illegible]之[illegible]文[illegible]。

補註

（一）英國斯坦因 (A. Stein) 所獲[illegible]，[illegible]文書[illegible]。

Reichelt, H.; Die soghdischen Handschriftenreste des Britischen Museums, 11. Teile. Die nichtbuddhistischen Texte, Heidelberg, 1931,

（二）Gauthiot, R.; A Propos de la datation en Sogdien, J. R. A. S. 1912. P. 341.

（三）[illegible]「[illegible]」[illegible]「[illegible]……[illegible]」[illegible]「[illegible]」[illegible]「[illegible]」[illegible]「[illegible]」，[illegible]。

（四）[illegible]，文[illegible]，[illegible]。（[illegible]「[illegible]」，「[illegible]」。）

（五）[illegible] (A. A. Diakov) [illegible]一九二七年[illegible] (Kouldja) [illegible] (deux pièces de monnaie, l'une de cuivre, l'autre d'argent, avec des inscriptions "turques") [illegible] (Découverte des ruines d'une cité ancienne dans le district d'Uli, Rocznik Orjentalistyczny, Vol. V. 1929, P. 104—5)。所謂 inscriptions "turques" [illegible]一八九八年[illegible]。(Verhandlungen des XIII. Internationalen Orientalisten-Kongresse, Leiden, 1904, S. 159)。

（六）[illegible]。

（七）[illegible](696 A. D.)[illegible]年(726 A. D.)[illegible]文 Dyvasty之[illegible]。Marquart 氏[illegible] Tabari之 Tygshada，[illegible](Eransar)[illegible]。[illegible] Dyvasty [illegible]之[illegible]。

（九）交城大斗兩守捉之[illegible]（[illegible]）。[illegible]。（[illegible]二十一[illegible]）

新書簡訊

影印本文選集注

日本[illegible]一冊，[illegible]一冊，[illegible]一冊，[illegible]一冊，[illegible]一冊，[illegible]一冊，[illegible]文選集注十九卷[illegible]八冊，[illegible]一百二十卷。[illegible]三卷。[illegible]

[illegible]今日[illegible]十九卷，[illegible]十餘卷。[illegible]。（[illegible]）

×　×　×

唐宋貿易港研究

[illegible]　民國二十四年[illegible]三角[illegible]。

（1）市舶司及市舶[illegible]。

（2）[illegible] Hira Vbolla Basra Siráf [illegible]。

（3）[illegible]，Khanfou [illegible]，[illegible] Khanfou [illegible]

（4）[illegible] (Ibn Khordadbeh) [illegible]（一）el-wakin（二）Khanfou（三）Djanfou（四）Kanton [illegible] Khanfou [illegible] el-wakin [illegible]，Djanfou [illegible] Kanton [illegible]。(于)

×　×　×

古今名醫[illegible]

[illegible]　第一[illegible]五角　第二[illegible]八角　第三[illegible]七角　第四[illegible]五角

[illegible]

[illegible]。

[illegible]。（[illegible]）

×　×　×

農村[illegible]

日本[illegible]　民國二十四年十二月出版　定價六角

[illegible]：第一[illegible]，第二[illegible]，第三[illegible]，第四[illegible]，第五[illegible]，第六[illegible]。第二[illegible]：第一[illegible]，第二[illegible]，第三[illegible]。（[illegible]）

出版消息

[illegible]之刊行

（一）[illegible]

（二）[illegible]

[illegible]。

[illegible]

[illegible]（[illegible]本）[illegible]，[illegible]一元，三月[illegible]止。[illegible]（[illegible]）二十四冊，[illegible]二十四元，[illegible]十二元，[illegible]十六元，[illegible]八元，六月[illegible]止。[illegible]。

[illegible]下列各書：

[illegible]

（[illegible]）

圖書副刊

BOOKMAN
第一百二十一期

一 本刊專載關於中外圖書之介紹批評以及學術界消息爲公開性質歡迎投稿
二 刊登本刊之文略致薄酬
三 投稿通訊可寄「北平文津街國立北平圖書館內圖書副刊編輯收」

地圖閒話（二）

以中

在寫了上次的地圖閒話（見本刊第一百零六期）之後不到二十天，就看到胡煥庸先生編著的江蘇圖誌，（中央大學地學系出版，南京鍾山書局發行，本報史地週刊第六十五期有洪思齊先生的介紹）這本書彷彿是爲我的意見作例證而著的。因爲我主張把地理圖誌中的說解取消或減少，又希望學者們多製些分類的地圖；這兩點都在江蘇圖誌中實現了！書的內容是以江蘇的地質，土壤，氣候，水利，農產，鹽墾，交通以及人口等分布圖三十三幅爲主體。各圖附着簡單的說明，是補圖幅之所不及，並不是獨立的地誌。所以這不僅是一本圖多說少的地圖，又可以說是以圖代說的地誌。（也就是所謂 Map geography）但同一般說解很多的地圖比較看來卻可以不叫做地誌而稱之爲江蘇地圖集的。

各圖中地名很少，在這圖上去找江蘇地名，亦許找不到，不過，我們如果要知道江蘇的地文，產業，交通等分佈的大勢，看了這本圖便可一目瞭然，比看許多繁瑣的說明和統計數字清楚得多了！由此更可證明講地理並不全靠說話，文字，和統表。

圖誌中獨缺少完備的江蘇地勢形圖。關於地形的，只有南京和鍾山兩圖。這在著者亦許以爲有申報館的中國新地圖，或中國分省新圖可以參考，不必複製之故吧？不過，地形圖是研究人文地理或區域地理的基礎，翁文灝先生在他的中國分省新圖序中說得很明白：

「中國近年之習地理學者，率以注意人地關係爲言。其述中國地理也，更多以自然區域爲術。空言相託，數學兩難。此皆非有適宜地形圖與人文圖相對照，不可得而明者也。良以自然區域，原非可以若干學者之臆想強分而適同者，亦非如政治區域之一綫劃分，清晰有定。不因地形之自然，而以某山某河，強爲區畫，亦益增其人爲的性質而已，更何以喻於自然與人生之關係。今如手此一編，則如四川之盆地，蒙古之高原，冀豫之平野，齊魯之邱陵，固莫不躍然紙上，不解自明。而何地人口之所以滋生，何區開發之所以不易，亦皆人人可喻，而初無待於繁言累說而後明也。此地圖之爲用，固當如此，而本圖所裒爲中國圖學之新紀元，作大輅之椎輪者，蓋亦在此矣。」

可是，僅僅有了地形圖而沒有地質土壤，氣候，以及各種人文分布圖來作參互比較的研究，那麼所謂人地關係也者，亦還是片面的事實，地理上各要素的關係和各區域的統一性，仍然得不到明確的着落。現在這本江蘇圖誌的編製，正可以補足這缺憾，——雖則內容的地域範圍還只限於江蘇一省，但以性質而論，研究區域地理的各要素，大致都完備了！所以，這一本圖誌的編行，不僅爲中國地圖另創一個新局面，並且替研究中國地理的開闢了一條正當的大路。

胡先生以前曾著「江蘇省之農業區域」一文；（載地理學報創刊號）又在前年同中央大學地理系學生數人往江蘇江北各地考查一月，編有「兩淮鹽墾實錄」一書。（本刊第七十九期曾介紹）這江蘇圖誌中一部分圖，就採用那兩種著作中的。胡先生還著有「安徽省之人口密度與農產區域」一文，「地理學報一卷二期」和「江蘇省之農業區域」可稱「姊妹篇」。我們希望胡先生或其他地理學者，能再有與江蘇圖志相類的安徽圖志，浙江圖志以及黑龍江圖志等等陸續編行。那麼「中國地理」之學，也幾乎可以定下一個穩固的基礎了！

× × × ×

丁文江先生在再版中國分省新圖序文中又勸人家少講些龍脈，少畫些「筆架」。其實筆架似的山，在舊地圖上固然不少見，而一般現行新地圖中的山，並不是「筆架」，卻實得有點像毛蟲，亦彷彿似水藻。（一時想不到更合式的比喻）這畫法頗便於和龍脈之說相「勾結」，而「筆架」法倒不大容易被利用的。因爲「筆架」本不過是山的符號，其意和三角點之表示高山相彷彿，所以把許多「筆架」連着表示來龍去脈的畫法，在舊地圖中亦不多見。

翁文灝先生的中國山脈考已經發表好幾年了！可是，我們試翻翻坊間現行的中國新地圖，還多數按照山脈分水的原則，畫着脈絡分明，枝幹蔓延的「水藻」。湘贛界上依舊畫着南北走向的羅霄山，幕阜山脈，河洛涇渭之間依舊畫着西北東南的梁山，橋山，和隴山山脈，嘉陵，涪岷之間，亦依舊畫着西北向東南的劍門，鹿頭山脈之類。在智識階級裏面，這種已經科學否定的事理，還是因仍舊貫，沿襲不改。可見社會改革家要想把他們的理想，用語言文字去改革大衆的生活習慣是多麼困難的事！

據日人小川琢治氏的說法，中國古籍中的五嶽眞形圖和近今的地形鳥瞰圖相類。（見所著支那歷史地理研究第一集中「支那地圖學之發達」一文）這說法頗近情。可是，這種近乎科學的地圖，其製法雖發明於中古，到後來便變成符咒，因是這種玄學似的山脈觀念和堪輿家龍脈之說卻依舊流傳於現代的中國！本來，原始的科學是宗教，迷信以及玄學的附庸；所有近乎科學的發明，亦無非偶爾從嘗試錯誤（try and Error）中得來。所以中國的宗教，迷信，和玄學等，對於中國學術史的關係很重要，我們決不能因爲牠們違反科學而不問。這眞是閒話了！

× × 七 × ×

如把畫着山水的地圖就算作地形圖，那麼中國的地形圖起源很早。山海經原來有圖的，那圖中間有沒有山水畫着，現在無從證實，姑置不論。周官大司徒和司險所掌的地圖都曾及「山林川澤」，管子地圖篇亦說到「名山通谷，經川陵陸丘阜」，可見古地圖上多畫有山水了！不過周官管子的著述的時代有問題，亦許不足爲典要。那麼史記大宛傳亦說「天子按古圖書名河所出山曰崑崙」，漢書嚴助傳有「以地圖察其山川要塞」之言，李陵北伐匈奴，亦「圖所過山川地形」。（據漢書李陵傳）可知地圖上畫着山川地形至遲在秦漢多已經實行，那是一定無疑的。只是那圖上的山川怎樣畫法，現在卻無從考究。大概至少有「筆架」作山的符號吧？說不定有更細密的山水畫着。因爲我疑惑「筆架」是較晚的的圖例，在有了刻版的地圖以後。據說，講中國繪畫史的，有中國山水畫源於地圖之說，（這是一位朋友告訴我的，後來我問他見於何處，他說記不得了！希望海內博雅之士，能以主張這一說的文字見示！不勝感謝！）這說法亦有點道理。因爲山水畫之成爲藝術是後起，而地圖上的畫山水是比較的早，從實用技能漸變爲藝術，頗有可能。拾遺記上還載着吳主趙夫人繡地圖的故事，又說圖上有「五岳河海城邑行陣之形」。刺繡該有圖畫作底子，可見當時畫地圖的藝術亦很精妙了！（但只是精妙而已，正確與否又是另一問題。）直到清初雖已有科學測繪的地圖，而現在所見清內閣所藏的許多舊圖亦還是山水畫似的，此法恐怕來源甚古，自魏晉以來沒有多大改變過！可是，這不足以爲山水畫源於地圖之論證。我們亦可以說地圖和山水畫是平行發展的。後來畫地圖的，亦許利用山水畫的方法。

× × × ×

裴秀所論制圖六體，（見晉書本傳）陳義雖高，事實上他的禹貢地域圖未必眞合乎他的理論尤其是所謂「高下」之體，決不能把山嶺原隰的高下眞確地畫出來。至多用文字約略注明距離而已。現在，據軍事家說，比例在二萬五千分之一以下的地圖不合軍用，即使畫着科學測定的等高線。這是因爲比例小了，兩條鄰近的等高線之間的山嶺，起伏在圖上多表示不出來。倒是舊式的地圖，卻可以老老實實的畫上各式的地形，或者用文字注明白。所以在古時候，用這種圖去行軍，亦很可以應用，而「獻地圖」等於「獻江山」的舊觀念。亦幾乎是家喻戶曉的。

據說，小孩子畫圖，往往把他們所注意而認爲有用的畫得特別誇大，其他都畫得很簡略，甚至於沒有。原始的地圖和小孩子畫圖取相似的態度；緊要而熟悉的地方，在圖上畫得特別詳細，篇幅亦占得大；荒僻無用之地，即使萬山重疊，曠野千里，可以畫得很簡略而占着極小的篇幅。這種地圖，自然談不上比例。可是，其中亦有一個補救之法，便是用文字來注釋。此所以舊邑圖之離不了說明也！

裴秀制圖六體中，既有「分率」一項（即今所謂比例）又有所謂「道里」，以現代的地圖繪法看來，似乎是重複的，因爲有了正確的比例，道里可以在圖上量出來，不用另費什麼。大概那時候地圖上的比例一定不正確，不能不另用文字來註明道里，「庶不致誤」。所以現在頗有人以爲舊地圖沒有比例，而不正確，根本靠不住的。其實，舊圖雖沒有比例，所註的道里多半是由實際旅行的經驗來，亦相對的正確。所以，現在中國雖有人看不起舊圖，而外國學者倒往往有誇獎中國舊地圖之正確的。現在坊間流行的新圖，不乏以比例尺點綴門面者，這種假科學的（pseudo-scientific）地圖，倒不如沒有比例的舊圖好了。

× × × ×

在平面上畫立體的地形圖，總不能表現得眞切。所以，現在有以立體表明立體的地形模型。這法子中國人已發明得很早。馬援「於帝前聚米爲山谷，指畫形勢」，（後漢書馬援傳）可說是以米作的活動地形模型，所以教圖緯之類的。劉宋時代謝莊的木方丈圖，想來亦是木製的模型地圖，上面刻畫着山川地勢的。

宋書謝莊傳「製木方丈圖，山川土地各有分理；離之則州別郡殊，合之則宇內爲一。」

這圖上如果不刻畫立體形勢，就無需乎做那樣笨重的木圖了。如果這推測不錯，那麼這種模型圖且不始於謝莊。歷代名畫記中有裴秀的地形方丈圖，梁昭明太子謝地圖書啓亦有「晉世方丈，比非其妙」的話，可見此法亦創始於晉世裴秀，——據所知的記載。

後來趙宋時沈括在木圖上以麪糊木屑及蠟寫形勢，其爲地形模型更無疑義。

沈括夢溪筆談：「予奉使按邊，始爲木圖，寫其山川道路，其初遍履山川。旋以麪糊木屑寫其形勢於木案上，未幾寒凍。木屑不可爲，又鎔蠟爲之，皆欲其輕易齎故也。至官所則以木刻上之。上召輔臣同觀，乃詔邊州皆爲木圖，藏於內府。」

朱子語類神宗朝：「論及木圖云：神宗大故，留心邊事，自古人君何曾恁地留心。」

那時內府所藏邊州木圖，大概在南渡以後散失了。南宋時黃裳作木圖，朱晦菴求之未得，而自己又以膠泥製作。

玉海地理圖「黃裳作輿地圖以木爲之」

朱文公集，答李季章書：「又聞黃文叔頃年嘗作地理木圖以獻。其家必有元樣。欲煩爲尋訪，刻得一枚，見寄。或恐太大，難於寄遠，即依謝莊方丈木圖以兩三路爲一圖，而傍設牝牡，使其犬牙相入，明刻標識，以相離合，則不過一大掩可貯矣。」又答李季章書：「前此附書，似是因季章州便中寄，欲借黃文叔

巴黎敦煌殘卷敘錄（一九）

王重民

籯金 唐李若立撰 殘

敦煌本籯金殘卷，對折冊葉裝。首尾均缺，僅存佛法篇第四十八，兩曜篇第五十三，北斗篇第五十四，戰陣篇第五十五，元戎篇第五十六，六軍篇第五十七，鋒陣篇第五十八。又一篇無題，引有東方朔傳非有先生論，王褒四子講德論等，甚長，與佛法篇綴在對葉，則當爲第四十七篇或第四十九篇。按二五三七號卷子，題略出籯金，爲張球寫本，羅振玉已爲印行；此卷是否爲略出本，不可得知，然爲羅振玉所未見，爲可寶也。

二五三七號略出籯金影印本，羅振玉無跋，劉師培敦煌新出唐寫本提要跋云：「是書唐志無著錄，若立張球事並無考，注中所引之書，民字治字率以百姓及理字代之。隱佚之序，亦有賢人避代之文，其他各篇，則明用治字，注中民字，亦不諱。東都篇敘，且直言基隆七百，惟御史文昌序題翻字，獨缺左旁一點，殆成於武后改唐爲周之世歟？」（國粹學報第七卷。）今按若立事無考，而張球事則約略可知也。

略出本卷第一下題：「宗人張球寫，時年七十有五」十一字。按四六六〇號卷子，有清河張府君諱祿邈眞讚一文，署「從侄沙州軍事判官將仕郎兼監察御史裏行球撰」，作於咸通十二年。（八七一）又二五六八號卷子張延綬別傳，亦爲球撰，後署光啓三年。（八八七）又二九一三號卷子張淮深墓誌銘，題張景球撰；考景球官銜與張球同，則景球當是張球之字，此文不署年月，而淮深卒於大順元年，（八九〇）則當作於大順元年以後可知也。敦煌所出雜文，題張球撰者，依余現在所知，以此文爲最後。大順以後不十數年而唐亡矣！然球卒何年，與球年七十五歲時約當何年，均無明白紀載。

舊五代史唐莊宗本紀：「同光二年五月，以權知歸義軍留後曹義金爲歸義軍節度使」，球自署「宗人」，當對歸義軍張氏而言，則球寫書之年，不得在同光二年（九二四）以後也。又假設咸通十二年球撰張祿邈眞讚時爲年三十五歲，則其七十五歲時，約當後梁開平四年（九一〇）前後。按歸義軍張氏，爲南陽郡望，而張氏乃清河張氏，則球與張議潮不同族望；且張氏一節度使耳，輒以宗人自署，於名分亦不宜。考新舊五代史吐蕃傳，並稱沙州梁開平中，有節度使張奉，自號金山白衣天子。意者張奉望屬清河，與球爲同宗，奉既稱天子，故球自署宗人歟？

書評

墨辯疏證（國學小叢書）

范耕研著 商務印書館出版 定價三角

[illegible]

又

[illegible]

（六月十六日）

又

[illegible]

（六月十九日）

[illegible]

（六月十五日）

新書簡訊

中國植物學文獻評論 Emil Bretschneider 著 石聲漢譯 國立編譯館出版 [illegible]

[illegible]

× × ×

明清之際黨社運動考（訂正再版） 謝國楨著 民國二十四年八月商務印書館再版 定價六角五分

[illegible]

× × ×

莊子今箋 高亨著 北平來薰閣 [illegible] 售價一元

[illegible]

× × ×

[illegible]

來函

[illegible]

圖書副刊

BOOKMAN

第一百二十二期

一　本刊登載關於中外圖書之介紹批評以及學術界消息爲公開性質歡迎投稿
二　刊登本刊之文略致薄酬
三　投稿通訊可寄「北平文津街國立北平圖書館內圖書副刊編輯收」

明儒學案的版本

趙九成

明儒學案是我國空前未有的一部學術史，我們想研究明代的學術思想，不得不于此書是賴，可是此書的版本卻是很成問題的，就以現在流行的本子看起來，至少也要有三四種不同的本子哩！此書成書在丙辰（康熙十五年）之後，那時黃梨洲已經六十七歲了，可是並沒有完全刻出來，這個在他八十四歲時（康熙三十二年）所作的自序中說得很詳細：

書成于丙辰之後，中州許酉山暨萬貞一各刻數卷，而未竣其事。然鈔本流傳，頗爲好學者所識。往時湯公潛菴有云：學案宗旨雜越，苟善讀之，未始非一貫。此陳介眉所傳述語也。壬申（康熙三十一年）七月，一病幾革，文字因緣，一切屏除。仇滄柱都下寓書，言北地賢士賈若水者，手錄是書而嘆曰：此明室數百年學脈也，可聽之埋沒乎？亡何，賈君逝，其子醇菴承遺命刻之。嗟乎？溫公通鑑成，嘆世人首尾畢讀者少，此書何幸，而累爲君子所不棄乎？暫徹呻吟，口授百家書之。

這是梨洲晚年的自序，其時已衰老不堪，不能握筆，口授其子代書，不久便去世了。所以我們可以斷定梨洲在世的時候，明儒學案已有四種本子，一種是許氏的刻本，一種是萬氏的刻本，不幸這兩種都是不全的，且是到現在也很難找到了。一種是流行的鈔本，再有一種便是北地賈氏的刻本。賈氏的刻本，大概梨洲並沒有見到，所以其內容是否梨洲的本意，是很成問題的。許氏和萬氏都是與梨洲關係最密切的人物，其所刻者大概不成什麼問題。至許氏所刻的本子到底是什麼樣子，內容如何，我們已沒有法子知道。但是萬氏的刻本，我們是可以推知一二的，因爲現在流行的本子，如二老閣本，莫晉刻本，都是從這個系統下來的。承接萬氏刻本的直接傳統的，當然是鄭氏的二老閣刻本，書于乾隆四年刻成，前面有鄭性的序，其序中有云：

康熙辛未（三十年），鄞萬氏刻其原本三分之一而輟。……今續完萬氏之未刻。

有梨洲孫千秋的跋：

先王父所著明儒學案一書，甬上萬管村先生宰五河時，捐俸刻之，未及半而去官，遂輟。其稿本歸勾章鄭義門，吾姚胡泮英言廣撫楊公文乾令子某欲刻之，屬千秋力求之鄭氏，書往而泮英歿，千秋與義門不勝歎惋，以爲必浮沈于覺海淼碌簡門不可得還矣。越數年而泮英之甥倪鳴鹿寶原本至，謂泮英歿時屬鳴鹿曰：黃子明儒學案一書未刻，並未取還，此我所死不瞑目者也。汝能爲我周旋，則九原感且不朽矣。鳴鹿不負所託，遂棄之歸，復還鄭氏，義門鼓掌狂喜，慶完璧之復歸于趙也。于是慨然捐貲續刻。始于雍正乙卯（十三年）至乾隆己未（四年）而竣，是書不終泯滅矣。

這是鄭氏刻此書的原委，此種刻本，題姚江黃宗羲著，門人萬言訂，黑口，半葉十一行，行二十字，共爲六十二卷，分三十二冊裝訂。其書的次序，是首爲副使鮑沖宇先生鉷，次爲鄭性所作的序，次爲梨洲自己作的發凡，次爲附案，中包括尚寶司丞應天彝先生典，周德純先生瑩，處德卿先生可久，杜子光先生惟熙。次爲總目，以崇仁學案爲首。次爲梨洲孫千秋所作的識，次爲鄭性的按語，次爲梨洲的師說，再次便入正文了。我們由此可知此種刻本的卷首的次序是很亂無章的。而尤奇者爲沒有梨洲晚年所作的那篇自序。

接鄭氏刻本之後的，是馮全垓的再刻二老閣本，在馮全垓所作的跋中曾這樣說：

板爲鄭氏所刊，久存于二老閣，垓以近年久未刷印，屢向鄭君杏帷探問，鄭君見垓志行是書，慨然曰：馮氏其與學案有緣乎？蓋指從祖五橋先生曾刊行宋元學案一書也。垓因向鄭君出資若干，携板而歸。今年春，修其殘爛，補其缺失，僱工刷印，冀其廣爲流布，略書數語于後，以誌嚮往。

此本爲二老閣本的修補本，和二老閣本是同出一爐，所以內容是相同的。刻成的年月爲光緒八年也。

由萬氏刻本系統下來的另一種刻本，便是道光元年會稽莫晉的刻本，在莫晉所作的序中說：

予家舊有鈔本，謹據萬氏原刻，重加訂正，以復其初，並校亥豕之訛，壽諸梨棗。

由莫氏的話，我們知道他是參校他家所藏的鈔本及萬氏原刻刻成功的，所奇者是他並沒有提到二老閣本，二老閣本是乾隆初年刻成的，莫晉是道光時代的會稽人，不應沒有見到，還是他沒有根據該刻本呢？還是曾以之作參考而未明言呢？不過我們現在比較這兩種刻本，的確沒有因襲的關係，就其內容說，有許多地方是不同的。就其外表說，也是不同的。此書的次序，首係莫晉所作的序，次爲梨洲康熙三十二年所作的序，次爲發凡，次爲師說，題姚江黃梨洲先生著，會稽後學莫晉實甫某附芝庭校刊，六十二卷，共裝二十四冊，半葉十二行，行二十四字，也是黑口本。

清光緒十四年的南昌刻本，當是根據莫氏的刻本刊刻的，雖然他的書中沒有明白說出，然而我們一觀其內容便可以道了。此書的次序是：首鄭序，次黃千秋識（末尾仍有此識），次梨洲自序，次莫晉序，次師說，次發凡，次總目，次正文，題姚江黃梨洲先生著，豫章後學熊明熊綱祖徐兆禰熊榮祖劉秉楨熊育鑫熊育錫周聯慶謝兆柄李興賓重刊，半葉九行，行二十字，分三十二冊裝訂的。這都是外表和莫刻不同的地方。然而內容卻是一樣的。

上面所敘述的刻本，都是根據萬氏刻本參以鈔本刻出來的東西，鄭刻和莫刻卻又形成了兩個派別，因爲他們的確是有不同的，如鄭氏刻本在吳康齋傳之末有：

以義論之，當日石亨勢如燎原，其薦先生以眩曜天下者，區區自居一舉主之名耳。向若先生不稱門下，則大拂其初願，先生必不能善歸，先生所謂欲保性命者，其亦有甚不得已者乎（明儒學案卷一）？

這一段在莫刻本及南昌刻本中都沒有，鈔本明儒學案祕書中有這一段，四庫全書本中沒有。在最近商務出版的萬有文庫本明儒學案中沒有，而其學生國學叢書中的明儒學案選註本中則有之，皆因根據不同，遂演成了上述的派別。再則上述的諸刻本中，內容雖不盡相同，但是目錄的次序卻全是相同的，都是以崇仁學案爲首，次白沙學案，次河東學案，次三原學案，次姚江學案，次浙中王門學案，次江右王門學案，次南中王門學案，次楚中王門學案，次北方王門學案，次粵閩王門學案，次止修學案，次泰州學案，次甘泉學案，次諸儒學案，次東林學案，次蕺山學案。以後再述兩種與上述頗不相同者。

在梨洲生前，此書便「鈔本流傳，頗爲好學者所識。」我們可以知道在當時流行的鈔本必定是很多的，鈔來鈔去，雖然同出一源，也會鈔成不同的。現在北大圖藏有一部明儒學案的鈔本，分量很少，只分四卷，內容和別本有很多是不同的。似乎是原輯的未定本，題祕書，題蕺山門生黃宗羲述，無序及師說發凡等，今鈔錄其目錄于此以備參考：

卷一　吳與弼（日記）
薛瑄
陳獻章
胡居仁
陳眞晟

跋今樂考證

婁雲

（一）

這是鎭海姚梅伯（燮）所著今樂考證的原稿。雖然他所謂今樂二字的界說，似乎不限於雜劇與傳奇。從第一冊緣起裏，知道一切民間唱本曲調，與文人雅士所欣賞的雜劇傳奇，都可著錄齊觀。但他事實上所收集到的材料，雜劇和傳奇幾乎占了全個的篇幅；此外僅有花部名目九十餘本，聊以充數而已。

這部書雖傳的只有五冊，但可認爲近代劇曲史料的一個總結集。在戲曲史的立場看來，其重要性不亞於鍾嗣成賈仲名的正續錄鬼簿，和徐渭的南詞敘錄。錄鬼簿是結元代和元明之間北雜劇的總賬而作的。南詞敘錄是結明中葉以前南戲的總賬而作的。自南詞敘錄行世以後，約過了二百五十年，又有姚氏出來結元明清三代劇曲的總賬。規模之大，遠在鍾徐二家之上。這眞是空前的傑作，和靜安先生在宣統初年編纂曲錄時的動機和背景完全一樣。

靜安先生編纂曲錄時，實未知五十年前姚氏已有此書。姚氏所根據的基本材料，如武林舊事裏的官本雜劇段數，輟耕錄裏的院本名目，錄鬼簿太和正音譜也是園書目裏的元明雜劇名目，揚州畫舫錄裏元明傳奇名目，後來靜安先生也同樣據以採入曲錄。彼此所見的材料旣略相似；因此部居劇曲的次序和所用的方法，也大體相同。所不同者，曲錄對於散曲曲律曲譜及劇曲選集總集之類，有見必錄；此則除了純正的雜劇和傳奇之外，別的大多不收爲異耳。

現將此書與曲錄所收劇曲名目（宋之官本雜劇金之院本除外）及作家人數，列成一表，以資比較。如下：

	今樂考證		曲錄	
元雜劇	八十三家	六百九十一本（內無名氏一百二本）	六十五家	四百七十四本
明清雜劇	一百十七家	三百五十二本（內無名氏八本）	四十家	四百五十九本（內無名氏二百六十六本）
明及明以前傳奇	一百十六家	三百零一本（內無名氏六十一本）	四十八家	二百九十八本（內無名氏一百二十本）
清傳奇	一百九十六家	七百二十二本（內無名氏二百五十本）	五十五家	七百四十本（內無名氏三百七十八本）

據上表所列，知此書所著錄的劇曲和作家的數量，無一不比曲錄爲多，這可見姚氏搜輯之勤。然有時亦不免草率將事，例如姚氏自藏的明清刻本劇曲，見於他自編的大梅山館藏書目錄卷十二裏的；以較此書，時有出入。他自藏的劇曲資料，尚未能悉數引用，則此外之有漏略可知。然則姚氏爲何匆匆忙忙的編此書呢？

我以爲姚氏之編此書，與他所纂輯的今樂府選，有連帶關係。今樂府選，一共有五百卷之多。可算是元明以來規模最大的劇曲大選集，遠非羣音類選歌林拾翠綴白裘之類可比。凡古今著名的劇曲，無不收入。姚氏在乾嘉以降狹義的經史考據學的氣氛裏，居然開發了一個老師宿儒所不屑去且不能去的文學史料的新園地，眞叫人欽佩無已。今樂考證，不過是今樂府選未完成以前的初步統計工作；這好比靜安先生之輯曲錄，事實上不過爲寫宋元戲曲史時的參考而已。

（二）

此書所收劇曲，其序次有前後倒置者：如徐渭南詞敘錄所載宋元舊篇名目，例應置於荊劉拜殺之前，而反屈居明人院本之末，又如葉憲祖的四艷記，即是夭桃紈扇，碧蓮繡符，丹桂鈿合，素梅玉蟾的總名，著錄六裏又別出四艷記，可見姚氏誤認爲傳奇了。洪昉思之四嬋娟，蓋仿四聲猿而作，與長生殿體例大不相同，姚氏誤入國朝院本之列，亦是一誤。王鑨的萬花臺十齣傳奇，書雖不傳，然據張鳴珂序，能觀闌同文詩，知是傳奇而非雜劇，姚氏誤列國朝雜劇之列，這都是應當代他改正的。

此書所列劇曲作家，多未能編考各書，詳其字里仕履。且將名稱字稱號互混，亦非妥善之道。有僅著其別號，而失著其本名者：如陳太乙之名汝元，劉東生之名兌，王漁翁之名漁，黃石牧之名兆森，黃方印之名方胤，藉留山之名永仁，邵文明之名宏治，周夷玉之名朝俊，周螺冠之名履靖，胡全庵之名文煥，朱素臣之名嵋，范香令之名文若，馬更生之名佶人，薛旣揚之名旦，朱良卿之名佐朝，姚氏皆未能深考。此外如若耶野老即徐翩，他山老人即李愼行，花韻庵主人即石韞玉，漏略牴誤，不一而足，是在讀者善於體會矣。

總之，目前我們所聞所見的資料，比姚氏時有增無減，如一一持以衡量此書之價值，當然有不少應當剔換修正的地方。但此書所昭示我們的新知識，也數不在少。如南詞敘錄現在通行刻本，眉端列有批注，向不知何人所作。據此書著錄七裏所載，知出何義門手。此雖細事，然於南戲之研究，裨益至大。讀者如以此書與曲錄逐篇逐段比較一下，便知二書頗有互相發明之處。爲省篇幅起見，恕不詳舉了。

（三）

我最早得知此書原委，是老友平湖錢南揚先生貽書告我的。那是民國十八年的事。南揚在寧波竹洲女子中學教書，課暇輒往當地書估最老的蓊書肆大酉山房巡視，在店主人林集虛處，得見此書手稿，驚爲奇蹟。即就肆中節抄一些目錄以歸，但知其部居與曲錄相似，未能質言其得失也。二十年夏，我和鄭西諦先生從上海迂道赴寧波，作四明訪書之遊。那時馬隅卿先生正在原籍養痾，我們三人志同道合，想用整個力量將曲錄重新加以修正。因此想起南揚的話，同赴林集虛處訪問此書下落。五冊毛裝藍格的今樂考證，頓時呈現於我們眼前。纔知道這是一部未曾完工的稿子，體例不甚謹密；所收劇曲的類別，未必能多於曲錄，但頗有曲錄所失收的。隅卿與西諦，即時有問鼎之意。林集虛表示，這不是尋常營業品，非千兒八百的善價，決不輕於脫手。我們掃興之，頓時氣沮。後來朱鄭卿先生出來調停，說可設法傳錄一部，以供我們參考。這一次在寧波，無意中發現了鈕網成的原本錄鬼簿和賈仲名的續錄鬼簿，這都是從來不見著錄的。於元明戲曲史的研究，關係至大，新資料的不斷發現，使我們愈覺得曲錄有從速改編的必要了。

那時西諦的情緒最緊張，最熱烈；又適我們到鎮江和任中敏先生會面。中敏致力於北雜劇與北散曲，歷有年所，自號曰二北以見志。曾在國聞週報，發表過一篇曲錄補遺。重編曲錄的呼聲，可算是中敏首先提出的。

羅欽順（困知記）
卷二　劉文敏　劉陽（當作劉陽）　薛侃　黃弘綱
何廷仁　陳九川　薛僑　黃綰　陸澄　冀元亨
魏良弼　魏良器　許璋　王貴學　王艮　王襞
鄒守益　歐陽德　徐愛　王畿　羅汝芳　季本
聶豹　劉邦采　錢德洪　王棟　徐樾　趙貞吉
卷三　李材（論學書　大學約言　孟子性善編）
卷四　高攀龍　顧憲成　鈔一本

這部鈔本當是鈔出來的未定稿，後來還經過許多增改的，此所以這部稿本和別本俱不同也。

流行于北方的明儒學案，那便是康熙三十一年北地賈氏的刻本，其時梨洲雖尚健在，然而我以爲他是沒有見過這種刻本的，因爲在他康熙三十二年的自序中沒有提到，而其門人則多對賈氏刻本，頗肆攻擊，言其失黃子原意，若果失黃子原意，而梨洲親見其刻本，能不發表意見嗎？所以我們可以說梨洲沒有見到賈氏刻本。至賈氏刻本究竟怎末樣呢？鄭性說：

康熙辛未，鄭萬氏刻其三分之一而輟。嗣後故城賈氏一刻，雜以臆見，失黃子原書本意。

莫晉說：

是書清河賈氏刻本，行世已久，但原本首康齋，賈本改爲首敬軒。原本王門學案，賈本皆改爲相傳學案。與萬五河原刻不同，似非先生本旨。

賈氏本今雖未見，但四庫全書中的明儒學案，採用的是山東巡撫採進本，也就是賈刻本，觀其提要便可以知道了。四庫全書總目卷五十八史部十四傳記類二載：

初周汝登作聖學宗傳，孫鍾元又作理學宗傳，宗羲以其書未粹，且多所缺遺，因搜集明一代講學諸人文集語錄，辨別宗派，輯爲此書，凡河東學案二卷，列薛瑄以下十五人。三原學案一卷，列王恕以下六人。崇仁學案四卷，列吳與弼以下十人。白沙學案二卷，列陳獻章以下十二人。姚江學案一卷，列王守仁一人，附錄二人。浙中相傳學案五卷，列徐愛以下十八人。江右相傳學案九卷，列鄒守益以下二十七人，附錄六人。南中相傳學案三卷，列黃省曾以下十一人。楚中相傳學案一卷，列蔣信等二人。北方相傳學案一卷，列穆孔暉以下七人。閩越相傳學案一卷，列薛侃等二人。止修學案一卷，列李材一人。泰州學案五卷，列王艮以下十八人。甘泉學案六卷，列洪若水以下十一人。諸儒學案上四卷，列方孝孺以下十五人。諸儒學案中七卷，列羅欽順以下十人。諸儒學案下五卷，列李中以下十八人。東林學案四卷，列顧憲成以下十七人。蕺山學案一卷，列劉宗周一人，而以師說一卷冠之。所列自方孝孺以下十七人，大抵朱陸分門以後，至明而朱之流傳爲河東，陸之流傳爲姚江。其餘或出或入，總往來于二派之間。宗羲生于姚江，欲抑王尊薛則不甘，欲抑薛尊王則不敢，故于薛之徒，陽爲引重而陰致微詞。于王之徒，外示擊排，而中存調護。夫二家之學各有得失，及其末流之弊，議論多而是非起，是非起而朋黨立，因歸轇轕，毀譽糾紛，正嘉以還，賢者不免，宗羲此書猶勝國門戶之餘風，非專爲講學設也。然于諸儒源流分合之故，敍述頗詳，猶可考見其得失，知明季黨禍之由來，是亦千古之炯鑒矣。卷端仇兆鼇序及賈潤所評，皆持論得平，不同所好，併錄存之以備考鑒焉。

仇兆鼇就是給梨洲報告賈氏刊刻學案的仇滄柱的名字，他所作的序是別本中所沒有的，今特由四庫全書中將該序全文錄出以備參考：

孔孟之學，至宋儒而大闡明。初得宋儒之傳者，南有方正學先生，首倡浙東。北有薛敬軒先生奮起山右。一則接踵金華，一則嗣響月川，其學皆原本程朱者也。獨天台經靖難之餘，淵源遂絕。自康齋振鐸于崇仁，陽明築壇于舜水，其斯道絕而復續之機乎？當時從學康齋者有陳公白沙，而甘泉之隨處體認天理，足以救新會之偏。其讀緒姚江者有龍溪近溪，而東廓從戒懼率性，念菴從無私識仁，亦足以糾二溪之繆。就兩家而論，白沙之靜養端倪，非即周子主靜之說乎？陽明之致其良知，非即孟子良知之說乎？然而意主單提，說歸偏嚮，遂起後來紛紜異同之議耳。雖然，白沙之學，在于收斂近裏，一時宗其教者，能淡聲華而薄榮利，不失爲閑修獨行之士。若陽明之門道廣，其才高，其流不能無弊。惟道廣則行檢不修者亦得出入于其中。惟才高則騁其雄辨者，足以驚世而惑人。如二溪之外，更有大洲復所海門石簣諸公，舌底瀾翻，自謂探幽抉微，爲說愈精，去道愈遠，程子所謂彌近理而大亂眞者，此其似之矣。後此東林學興，若涇陽景逸諸君子，皆足以維持道脈，而蕺山劉子一生用功，惟在愼獨，則孔孟程朱之學，合而爲一，其有裨陽明非小矣。吾師梨洲先生算輯是書，尋源沂委，別統分支，秩乎有條而不紊，于序傳之後，備載語錄，各記其所得力，絕不執己意爲去取，蓋以俟後世之公論焉爾。獨于陽明先生不敢少有微詞，蓋生于其鄉者，多推尊前輩，理固然也。先生爲白安忠端公長子，劉念臺先生高弟，嘗上書北闕以報父仇，又抗章留都以攻姦相。少而忠孝性成，老則隱居著述，學問人品，誠卓海不愧于諸儒矣。是書成于南雷，刊布于北地，亦可見道德之感人，不介以孚，而賈君若水之好學崇儒，眞千古有同心矣。

至若賈氏所評，散見于各卷中，是用低二格寫的。

統觀上述，雖在梨洲生前已有四種本子，但是除去許氏本失傳外，那只有三種本子了。可是同由萬氏本出來的鄭氏本和莫氏本尚有不同，亦可見其紛歧了。茲爲醒目起見特列表于後以備參考：

明儒學案
- 鈔本
  - 未定稿——明儒學案稿本
  - 已定稿
- 刻本
  - 許氏刻本
  - 萬氏刻本
    - 鄭氏刻本——馮氏刻本
    - 莫氏刻本——南昌刻本
  - 賈氏刻本——四庫全書本

二十五年一月一日于北大

因此我們有和他商榷合作的必要。隅卿因故留在蘇州獨遊虎邱，只有我和西諦同行。那晚正是新秋天氣，下了火車，踏着月色，到了中敏寓舍。彼此交換意見的結果，中敏願把全部稿子送給我們做參考。相約等到今樂考證不論正本副本到手時，大家便可開始做排比材料的初步工作。

暑假過後，我和西諦都在北平，隅卿仍留滯故鄉。一日忽來書謂林某虛有將今樂考證出讓的意思，惟須我們替他找到宋刻廣韻爲先決條件。這話太離奇了。廣韻與今樂考證，眞是風馬牛不相及。原來那林某虛生平有一弘願，費了半世工力，想把康熙字典加以修正出版。這是不可思議的事；所以牽連到宋本廣韻上去。事有湊巧，我那時正幫傅傚點校勘廣韻的工作，從江安傅先生處借到半部宋刻廣韻，就順手竊了一卷寄去，聊以塞責。這回隅卿在寧波，一因廣韻殘片發生了神秘的效力，二因朱鄭卿先生代爲疏通，居然以三百元的代價，全書歸於隅卿。西諦提議此書應由我們三人公有，後來終於由隅卿一人承受。不登大雅文庫（隅卿藏書之處）頓時爲之生色不少。

廿三年秋間，隅卿纔由原籍返平。行篋中攜有此書，當大想設法將他出版，終於因循未果。那時隅卿和我重編曲錄的興趣，還是相當濃厚。隅卿在到平後的一年裏，編了一部原本錄鬼簿的校註。我也收集了不少明清散曲的新資料，又把隅卿所發現的湯舜民筆花集，細細校勘補輯一過。工作始終沒有停頓。不幸的很，隅卿竟於北返後的第二年——即廿四年——二月十九日，以腦沖血症病歿於協和醫院。隅卿畢生的精力，大家都知道他全部寄託在戲曲小說的史料堆裏。料想著述未成，遽歸長夜。國立北京大學爲悼念他起見，特將他遺書中通俗文學的一部分，購歸公有。今樂考證，從此就進了北大的圖書館。因爲幼漁先生和鄭毅生魏天行兩位先生的提倡，得由大學影印出版。可惜隅卿已作古人，看不見這種盛舉了！

影印既竣，蒙幼漁先生不棄，要我寫一篇後跋。講隨如我，實不足以衡量此書之得失。惟念隅卿生前，和我交誼較深；且隅卿購置此書的一段歷史，亦惟我知之最詳；遂不辭而爲之跋，兼以爲隅卿逝世週年之紀念。隅卿有知，或不以爲忤乎！

二十五年二月十五日

書綏寇紀略後

陳叔陶

明末野史，紀流寇者，何止數十種？論其尤者，當推彭孫貽平寇志，吳偉業綏寇紀略。紀略卷數，多寡不一。初刻本爲梁谿鄒氏本，都十二卷，一曰澠池渡，二曰車箱困，三曰真寧恨，四曰朱陽潰，五曰黑水擒，六曰穀城變，七曰開縣敗，八曰汴渠墊，九曰通城擊，十曰鹽亭誅，十一曰九江哀，十二曰虞淵沉。四庫所收者，即爲鄒氏本。朱彝尊謂末卷虞淵沉尚有中下二卷，未付棗木，（朱彝尊曝書亭集卷四十四跋綏寇紀略）則當爲十四卷矣。嘉慶中，張海鵬購得梅村殘稿三卷，計虞淵沉中下二卷，附記一卷，因並前十二卷，刻入學津討原，而名後三卷爲補遺，則爲十五卷矣。十二卷本之非足本，當無疑義。惟十四卷與十五卷，則頗有考慮之餘地。朱彝尊在史館時，曾目擊梅村原稿，後又得之於吳興書估中，而云虞淵沉尚有中下二卷，未云虞淵沉之外，尚有附記，則無附記無疑，海鵬所得自云亦爲梅村手稿，係得之梅村親戚家者，而虞淵沉中下二卷外，又有附記。同爲手稿，故附記之眞贗，殊難斷定。考全書皆以三字標題，惟附記獨爲二字，又析之爲潼泉海寇，廣東山寇，水西，河北三叛，徐鴻儒之賊，河南寨，淮南四鎭，議爲殺降湖南殺高確源柴饑源中寨叛秦天王寺諸賊，體例截然不同，意者爲梅村本定稿歟？

是書原名，朱彝尊跋及四庫提要無所考證。據黃廷鑑張海鵬跋，當爲鹿樵紀聞，按痛史第一種亦有鹿樵紀聞，截然不同，豈別一本耶！

提要稱是書『回護楊嗣昌左良玉，亦涉恩怨之私，未爲公論。』考是書稱『嗣昌虛恢自用，又煩碎無大略。其上彝陵也，帶幕士飲酒賦詩，流連名勝，酷好形家者術，遇梵刹邱隴，指輿晉以防其驗否，舉棹於馬上算之。……駐彝陵一月，不進，取華陽第四卷，謂可訊鑿已乎，公獻下數郡邑，且以上聞。朝士聞而嘆曰：「文若其將敗乎？擁百萬之衆，衣服講經，其衰已甚，將何以戰？」』（卷七）稱『良玉擁兵觀望，又縱其下大掠，以光軍資。招徠降衆，張形勢以成跋扈。』（卷三）回護云云，非平論也。

民國二十五年二月二十八日於浙大

書評

考証法顯傳

達多

足立喜六撰　一九三六年一月十五日東京三省堂刊行

足立喜六氏此書在本刊一一七期（本年一月十三日）已有介紹。此書利用多種版本，校合考訂，成一定本，並且詳加考證注解，附以地圖多幅，其對於研究此書者，裨益實非鮮淺。前次本刊的介紹讀在「佛國記」的研究史上，可說是劃出一個新紀元的根本著作，這個評語，並不一定太過。就是本書載有石田幹之助的序亦說西洋人研究此書頗多錯誤，中國人著作又簡略，今得足立氏此書出世，至爲可喜。實在講起來，自從法人 Rémusat 在一八三六年刊印他的譯注之後，到今年恰經一百年。此一世紀中東西洋研究此書者比中國人多，而且較有成績。現在國內學界擾亂不安，讀書無心，救國乏術，其學問前途之無進步，不問可知。吾人對於日人整理漢籍之新成績，不禁愧殺。

足立氏此書校合日本現存各種古本，實與學者一極大便利。氏所根據之原本爲北宋版東禪寺本與開元寺本，而以石山寺寫本以及舊本共五種作參証。北宋東禪寺本特異之點，在其中記叙僞夷國少十二字，毗舍離國少三百餘字，師子國少十三字。按舊本毗舍離國多放弓仗一段三百餘字，初見於水經注河水篇中所引之法顯傳。今北宋本既缺此段，舊本所多之三百餘字係後人抄錄水經注竄入，抑係北宋本印行時原有脫簡，實爲一問題。足立氏因北宋版最古，既缺此段，則餘本多此一段謂係後來加入。其所陳理由，並不甚充足。又如舊本敘僞夷國事曰：

僞夷國僧亦有四千餘人，皆小乘學，法則齊整。秦土沙門至彼都，不預其僧例。（自字下十二字北宋本所無）法顯得符行堂公孫經理，住二月餘日。

按此謂僞夷國戒律整齊，中國沙門來，不能入其僧伽，受供給。法顯到此，幸而有符公孫之經理，而得住二月餘。北宋版缺不預僧例一句，遂使人不能明了何以法顯須受符公孫之供給。因此北宋本缺此十二字，實是刊印脫誤，並非舊本（及他本）刊行時此十二字自他處竄入也。（敍師子國舊本多十三字，文義亦較完足。）蓋版本年代甚早，固有價值。但版本之善否，不能全依年代斷定。按舊本（即高麗新雕本）源出於北宋官版，並且曾與丹本等校勘。據今日所存守其的校勘記說起來，其工作時頗爲審愼。故舊本之佳良，實應不下於北宋東禪寺刊本也。因此作者校勘多以所見之北宋本爲主，未見其甚確當也。

作者雖不能於法顯傳所有之問題一一詳加解答，材料搜集亦稍見遺漏，但其考證上常有創獲。而其謂法顯海行歸國後曾在京口夏坐，再往建康，則爲全書最新穎處。然吾人於此，不能完全贊同。按法顯傳原文敍其將著陸時情形曰：

（上略）棄夜十二日到長廣郡界牢山南岸，便得好水菜。但經涉險難，憂懼積日，忽得至此岸，見藜藿依然，知是漢地。（中略）此青州長廣郡界，統屬晉家。（晉一作劉中略）太守李嶷敬信佛法，聞有沙門持經像乘船汎海而至，即將人從至海邊迎接經像，歸至郡治。商人於是還向揚州。劉法青州請法顯一冬一夏。夏坐訖，法顯遠離諸師久，欲趣長安。但所營事重，遂便南下向都，就禪師出律。（此據北本宋版，他本律作經律，似較安。）

作者據通鑑一一六卷義熙八年九月庚辰（十三日）以劉道隣爲兗青二州刺史鎭京口，適在法顯歸來之後。又因劉道隣可稱爲劉兗州，（但通鑑同卷所言之劉兗州係劉毅從弟藩，足立氏謂係道隣，非也）似可稱爲劉兗青州，而上文劉法青州云云，法字乃兗字之誤，兗字與兗通，故劉法青州請住一冬一夏者，乃指道隣也。因此作者斷定法顯於義熙八年七月十四日到北青州後，便由海道南下，（參看附圖五）至京口得見道隣。明年夏坐訖，乃至建康。（時已九年七月）此說雖新，但仍有疑點。（一）法顯經涉險難，憂懼積日，甫得着陸，方慶更生，何堪仍循海路南下。（二）傳云，法顯夏坐後，欲趣長安，但所營事重，遂便南下向都。夫京口在建業之東偏北，似不能曰南下向都。又法顯如先已自山東境南下至京口，乃忽欲趣長安，亦甚可怪。按法顯歸國後首次夏坐不在京口實在彭城。水經注泗水篇云：

又東南過彭城縣東北。泗水西有龍華寺，是沙門釋法顯遠出西域浮海東還持龍華圖首創。此制法流中夏，自法顯始也。其所持天竺二石，仍在南陸東基堪中，其石尙光潔可愛。

此故事雖不可盡信，但慧皎（上距法顯之世不遠，約百年有餘）所記不能全屬子虛。據此法顯在牢山上陸後，必係由陸路南下，道過彭城，並在此逗留頗久，因而有故事之遺傳。又按宋書五十一云，劉道隣傳於義熙七年加北徐州刺史，移鎮彭城。合以通鑑所載，則道隣七年在彭城，至八年九月十三日奉命爲兗青州刺史，至早在此月後，移鎮京口。而法顯則疑於八年七月中在長廣郡。郡守李嶷或即李安民之祖父。（安民幼在山東且信佛法）自劉裕收復青徐州後，北方倚道隣爲重鎭，李嶷或亦爲劉家部將，彼既見法顯，因資助其南往彭城見道隣。其時道隣尙未南去，因留供養。（或即住於龍華寺）及道隣去後，劉懷愼以輔國將軍監北徐州諸軍事，鎭彭城。（宋書四十五）此地仍屬劉裕勢力範圍，（故傳文謂統屬劉家亦是實錄）自有人資給。義熙十三年即自彭城西進而彭城西通關洛，（劉裕伐秦）法顯在彭城安居之暇，徘徊岐路，故欲西趣長安亦與事勢相合。但因彭城以南，均屬晉土，自此發迹下都，其事順便，故於九年遂南下，約在秋冬之際到建康也。（按道隣在義熙十一年，始解兗青刺史。而依作者意，法顯傳作於十年，書中稱道隣爲劉兗青州，固亦無不可也。）

本書印刷精美，而標點甚多錯誤。例如下。

（頁四一）非夫彌勒大士繼軌釋迦，孰令三寶宣通。（句）邊人識法（無標點）固知冥運之開。（句）本非人事，（讀—下略）

（頁二六九）是以不顧微命，浮海而還。（句）艱難具，（讀）更蒙三尊威靈，危而得濟。

凡此類句讀錯誤，髮非均由於手民之疏忽。（原書每句下空一字上文通開二字下皆然）此雖細事，但此書主旨，原在校勘，於標點，似亦不應輕率也。

本刊聲明

「中國植物學文獻評論」一書，已於本刊一百〇四期介紹，而本刊前期（一百二十一期）又重見此書簡訊一則，係發稿時誤將不登之稿混入所致。

圖書副刊
BOOKMAN
第一百二十三期

一 本刊登載關於中外圖書之介紹批評以及學術界消息等公開性質歡迎投稿
二 刊登本刊之文略致薄酬
三 投稿通訊可寄「北平文津街國立北平圖書館內圖書副刊編輯收」

唐鷦安先生藏書考略

俞[illegible]

晚清有鷦安先生者，藏書甚富，尤多善本。校讎之餘，每加題識。距今不過百年，當日同好，皆以藏書著，獨先生之名未彰，殊爲遺憾。茲就見聞所及，粗述一二。

先生名翰題，號鷦庵，別號新豐鄉人，所居曰唯自勉齋，浙江嘉興人。廩貢生，咸豐初元游江北，襄理戎幕，由訓導保升江蘇知縣，歷署淮安同知，青浦，吳縣，柘林通判。同治五年九月補吳縣。六年十月擢太湖廳事。旋署通州知州，皆兼轄江南輿圖。所至有政聲。家新豐，與竹田里接壤，得睹祖張廷濟(叔未)指授，精鑒別，多蓄圖籍，金石，書畫，家撰輯事錄葦。著說文應說，荀子校注，唯自勉齋存稿。(據吳縣志嘉興縣志兩浙輶軒續錄補遺)

考唐氏藏書，當在道咸年間。旋值太平天國事起，江浙同罹兵燹，所藏遂失。事定以後，重訪所得，皆鈐一印曰「新豐鄉人庚申以後所聚」。(見景宋抄本尹河南文集)所收之書，以吳氏拜經樓舊藏者居大部。余所見者：宋振譽手校手鈔金薤琳琅二十卷，並補遺一卷，張如錦手寫自著輞目韻書十卷，元刊圖繪寶鑑十卷，楊衚木景宋鈔本北夢瑣言二十卷，舊鈔本紺珠集十三卷，楊衚木批校舊鈔許檢問極錄前後編，景宋鈔本春秋五禮例宗十卷，景宋鈔三山志四十二卷，元張甯寫刻吊山志十五卷，景宋鈔皇祐新樂圖記三卷，舊鈔周易議封，舊鈔毛詩指說等皆是也。

唐氏藏書多得自拜經樓，三山志跋紀及之，云：

丁卯十月予既攝太湖廳事，暇君復載拜經樓遺書百餘種過訪。廨居無事，復得三十餘種，舊鈔居其半，此其一也。檢藏書志所錄序中闕字，亦復相同，書傳鈔只此一本耳。卷首尾俱有拜經樓藏印。

吳書之散，當在壽暘歿後也。唐氏作宰三吳，政事樂劇，每以餘暇，從事校讎。跋史通有云：

時在吳任，壓氛塊案，未獲卒業，十四年矣。偶一翻閱，思之爽然。

其時往還友朋，有孫敬亭，劉彥清，張芙川諸人。始豐韓跋云：

戊辰四月十六日訪孫敬亭大令，觀所藏秘籍，與劉彥清通判同行。余借是本，彥兄借舊抄淮南鴻烈解，歸各一一校勘所藏之本，幾不知身在宦海中也。書一記一痴。

又問經堂跋云：

此本亦彥清劉司馬爲余購得者，亦拜經樓中舊抄秘籍也。丁卯五月履長前日。

又題咸平造像記拓本詩序云：

嶢山張君芙川(鏡蓉)出示杭州龍泓洞宋咸平間造像記拓本，冊首七子爲余外曾祖張叔未解元分書，後有我師闞吳亭孝廉(鳴珂)及忘年至交陶文鈕[illegible]遺跡，皆余先輩，撫觸于懷，感賦四十字。

孫氏身世未詳，劉彥清名履芬，號泖生，性嗜書，遇善本必傾囊購之；其不能得者，手自鈔錄。張芙川名鏡蓉，雯之孫，娶姚氏名畹真，號芙初女史，亦精鑒別，故其夫婦藏書印曰「雙芙閣」。唐氏所交，皆名藏書家也。同好商量，盍簪多樂。無何而泣裘啼花，風流雲散，藏書亦漸出。光緒元年春，由王頌蔚(芾卿)之介，以宋元本若干種售於滂喜齋。如北宋本爾雅疏，爾雅，北宋本白虎通，南宋本風俗通義，老子，荀子，文中子，元本呂氏春秋，皆是。(見綠督廬日記鈔)。嗣後鈔校舊槧，盡歸海豐吳氏重熹(仲飴)石蓮闇中。仲飴宦轍多在豫燕，迨庚子以後，充會辦電政大臣駐滬上者四年，所得唐氏書，疑是其時。近年吳氏遺物擁散，始獲見其鱗爪。

唐氏所藏精本，得之拜經樓，拜經樓則或得之道古樓，或得之得樹樓。自唐氏流出，則入滂喜齋與石蓮闇，淵源可溯，衍派清明，今惟滂喜無恙，石蓮則零星散佚，從此不能復知其流落維何人之手矣！鷦安先生精力所聚，恐將湮沒，爰撮爲此記，俾熟知其遺事者，有以補正焉。

唐鷦安先生批注愛日精廬藏書志

嘗見唐氏手批愛日精廬藏書志若干條，記版本甚詳，亟以錄出，以資參考。

原書卷葉

讀易舉要(宋俞琰撰) 一，十三
按此當作元俞琰撰，見敏求記。余藏本卽有閣易集冊三十六卷，凡四十卷，與敏求記同。

周易經義三卷(元涂溍生撰) 一，廿七
余得拜經本，卽從是本傳出者。伊仲與從翁同好，而雅稱莫逆者，見槎翁手跋。

周官總義三十卷(宋易祓撰) 四，一
乾隆間商邱□□有刻本。

周禮句解十二卷(宋朱申周翰撰) 四，一
朱家所藏卽此本。

周禮集說十一卷 四，一
余藏元□至戊子刊本，後十二二十三將復古編，又集注綱領二卷，通十五卷。

儀禮經傳通解續二十九卷(宋黃榦撰) 四，四
余藏明初翻元刊，是正德間南張刻本。

禮書一百五十卷(宋陳祥道撰) 四，十六
會見上海郁氏藏本，與樂書同時刻，惜季直通篩一飽□□而已。

春秋左傳句解七十卷(宋林堯叟注) 五，十三
每葉行數十二至十四不等，亦舊槧之罕見者，當從宋本橅出，行款尚存其舊。

樂書二百卷目錄二十卷(宋陳暘撰) 六，十五
家藏本缺卷三十九至四十三五卷。

爾雅注疏十一卷(晉郭璞注宋邢昺疏) 七，二
甲戌曾得單疏本十卷于吳門，上有嵯峒化城白文小印，凡百六十葉，北宋初刊。元文宋時修補，各八十葉。後爲仔觀坐索而去。是本爲元刊宋時公牘紙印，朱墨印爛可觀，尤足賞心，從四字小印度之，或卽季氏藏本，錦曳記。

說文字原一卷(元周伯琦編注) 七，十七
余藏明初修元刊本，及元坊刻本，元坊本，闕說文字原，但有正譌五卷。

史記一百三十卷 八，一
元中統亦本此傳出，然間小字本史記，以乾道本爲最，中統本次之，游明本又次之。中統游明二本，行字數同，與宋本不同。近得元刊本與此同，當是元復宋本。

通鑑釋文辯誤十二卷(元天台胡三省身之撰) 九，六
是十二卷與通鑑合刻。

宋史全文續資治通鑑三十六卷附宋季朝事實二卷 九，十八
余藏元刊史記，亦有此數字，蓋元季明初書林之卓卓者。史記本于中統本，猶此本之本于諸儒集議也。爾時所稱者當皆善本，惜乎強作解事，不求原書之本，而別爲標題以新觀者之耳目，抑亦陋矣。

契丹國志二十七卷(宋葉隆禮撰) 十一，三
影抄本，汪閬源舊藏本。

戰國策十卷(宋鮑彪校注元吳師道重校) 十一，七
是書初刻于至正十五年，再刻于至正二十五年。初刻者爲劉廷修。隆中所歸憲司，乃卽陳仁祖序所稱顧君也。劉君廷修(璞)爲食祿爲吳正傳故人，隨實司來吳郡，偶剩是書，隆亦當時所行。迨劉君舉重刊，仍以冠于簡端。元時刊書，無不依此，蓋所刻皆官爲提綱也。隆未仍有十五年可見已。劉按四部叢刊所景印之元至正十五年刊本卷三後，至正乙巳劉舉校正一行，明爲二十五年覆刻本也。

雲間志三卷(宋楊潛撰) 十六，三
已有翻宋刻本，甚精工。

剡錄十卷(宋高似孫撰) 十六，三
已有刻本

赤城志四十卷(宋陳耆卿撰) 十六，四
會見于孫敬亭明府處。

海鹽澉水志八卷(宋常棠撰) 十六，六
拜經樓有明董穀續志同刻本。余近得之，惜失此二序，當補抄。

嘉禾志三十二卷(元徐碩撰) 十六，十六
有元刻本，今藏仁和朱修伯學士處。有閩人志宋刊本同藏。

大唐六典三十卷 十八，一
近得抄本，卽從此傳出。

中興館閣錄十卷續錄十卷(宋陳騤撰續錄) 十八，十一
會見士禮居藏宋槧元印本，中多闕葉。

官箴(宋呂本中著) 十八，七
宋槧百川學海有此。

中說十卷 二十一，四
近得宋市舶本，與此同。

新刊惠民御藥院方二十卷 二十二，十五
近見元刊元印本，爲孫敬亭明府藏。

古迂陳氏家藏尹文子二卷(宋刊本) 二十四，四
卽孝陵陳氏，元大德時人，此定爲宋槧。

獨斷二卷(漢蔡邕撰) 二四，六
宋本百川學海有此種。

沈下賢文集十二卷(唐沈亞之下賢撰) 二十九，十二
余所得于王韻甫計氏乃吳枚菴盟鷗抄本甚精有芝張氏本傳出有朱筆手記

古靈先生文集二十五卷附錄一卷(宋陳襄撰) 三十，十三
同治丁卯余得兩宋槧本於拜經樓卷目與此本同惟失去年譜及李序而卷末於六篇附錄後尚有陳輝跋及使遼語錄諡議三篇此本所錄之陳紹跋語則又無之陳輝之仲子也輝題于紹興三十一年十月在煥製年譜之後一歲集刻成于紹興中而缺筆則擴慎皆缺當是後來刷去者據跋記輝題是集先有里人徐世昌刻本至是乃命縣令知縣夫年譜冠于簡首刻于東齋者傳本絕少影抄已足珍貴況原刊本耶審刊本字畫遒勁無可疵議紙色墨色是宋時印本間有缺葉俟抄足之李序跋當乞精楷先鈔補之年譜倘尚存天壤間庶幾遇之歟

伊川擊壤集二十卷(宋伊川邵雍堯夫撰) 三十，十八
余藏明精宋本多集外一卷

廣陵先生文集四十二卷(宋王逢原令撰蜀吳說編次) 三十，二十一
廣陵集吳說論者十二卷此刀字衍當再訪的有王安石墓志

後山先生集三十卷(宋彭城陳師道履常著) 三十，二十四
余得拜經抄本卽通河氏手校者精

寶晉英光集八卷(宋襄陽米芾元章) 三十，廿八
余所得寶晉英光汲古舊抄藏印甚多後有戒菴當卽指戒庵筆叢之胡應麟也惟只六卷與此不合當再校

倚松老人詩集三卷(宋饒節德操撰) 三十，二十九
吳氏拜經樓宋人集本卽此

具茨晁先生詩集一卷(宋清豐晁沖之叔用撰) 三十，三十
吳氏宋人集卽此

謝幼槃文集十卷(宋謝邁撰) 三十，三十七
詩七卷文三卷

高東溪先生文集二卷附錄一卷(宋高登撰) 三十一，廿四
吳氏宋人集只錄詩一卷

梅溪先生文集五十四卷(宋王十朋撰) 三十一，四十三
余僅得詩集奏議五卷

誠齋集一百二十二卷(宋廬陵楊萬里廷秀撰) 三十一，四十六
余藏拜經抄本四十二卷僅鈔詩集耳

龍洲道人詩集十四卷附錄一卷(宋西昌劉過改之撰) 三十一，四十八
拜經鈔本同

陸文忠公文集二十八卷(元張養浩撰) 三十二，十七
嘗藏元刊明印曾經佣補錄本後以呈天水趙師

許白雲先生文集四卷(元許謙撰) 三十二，三十一
余藏石門呂氏藏鈔本凡四卷又有鈔補先生集六卷

秋澗先生大全文集一百卷(元王惲撰) 三十三，一
近見元刊明印本，正板多刓缺，紙亦脆接，爲可惜耳。

馬石田文集十五卷(元馬祖常撰) 三十三，二十一
余藏舊抄詩五卷。

圭齋文集十六卷(元[illegible]撰) 三十四，五
余藏余亦陶手抄，卽此本。

傅與礪文集十一卷附錄一卷(元傅若金撰) 三十四，六
余藏舊抄詩八卷。

蛻菴詩四卷(元張翥撰) 三十四，十二
余藏金亦陶手抄詩五卷詞二卷後附史本傳

鶴年先生詩集四卷(元丁鶴年撰) 三十四，三十九
余亦陶手抄乃正統間傳出上三卷

梧溪集七卷(元王逢原吉撰) 三十四，四十三
拜經舊藏天蓋鈔本十二卷首王安石墓志記三十卷廣陵先生文集下此誤棄出

石門先生文集七卷(元梁寅孟敬撰) 三十四，五十二
近石得卽從此錄出

草堂雅集十三卷(元顧瑛編) 續二，一
余得之芙川張君舊藏者十二卷本乃拜經物皆非全本

資治通鑑綱目五十九卷 續二，一
余藏滁州舊得宋槧本綱目宋劉明修胡通鑑元刻元印杜詩千家注儀禮圖等通等書以尚非難得之本旋以族貴不給去之至今思之惘然

續編資治通鑑三十六卷附宋季朝事實二卷 續二，三
余近見拜經樓宋史全文以爲非元刻今檢此稱信聽見之不謬也而校猶費贊覓居奇不貲售可笑也。 續三，七

習學記言序目五十卷(宋葉適撰) 續三，八
「孫之宏序而縣下萊兵之患上官受」二字爲抄補

唐李長吉歌詩四卷外卷一卷 續四，二
嘗見元刊印元本于孫敬亭處

東萊集六卷外集一卷 續四，十九
惜不錄薄集寶序全文

宋學士文粹十卷補遺一卷(明宋濂撰) 續四，二十一
余所得乃明官書

文苑英華纂要八十四卷　　　　　續四，二十四
全蜀正德會通館刻本尚有闕正十卷亦似從元刊補刻
據古鈔本補有第三卷等刊本今作鈔序則是宋時已刊矣
所謂見鈔本乃指第四卷第五第二卷也
仔饋存詩一卷遺詩一卷（元劉禪子敦書）　續四，十八
合刻序
按卷首有類安長方朱印每批一則多加鈐字朱文小章首卷
尚有一白文方印曰「我作得遠到過否」

書評

白眉初著「中華建設新圖」

杜明甫

中華民國二十四年八月北平建設圖書館
初版　定價二元五角

嘗讀中華民國省區全誌，錄白先生之名。客歲閱世界日報中之學人訪問記，知先生研究地理有年，爲著名之地學專家，心嚮往之。及後見禹貢半月刊載有代售先生新著之中華建設新圖之廣告，其中列舉特點頗多，不僅以爲此書既出先生之手，則其精詳美備，必冠他作。詎知既經購閱之後，見其中錯誤層出，一若此書非出于先生之手者，抑製圖者另有人而白先生疏於校勘歟？是令人不能已於言也！爰特將其誤謬之處，分別類舉於後。

一、比例尺度不合——地圖中之比例尺，關係至爲重要。蓋以藉其尺度，可以測知地面之廣袤與夫各地相距之遠近。乃此圖之比例尺度，非錯誤，即不符，或僅列華里，或僅列公里，求其完全無誤者，僅得數幅。如第四圖（指圖旁所印紅色數字而言，後仿此。）標明爲二千七百七十萬分之一，其中之二千華里，約合四十二公厘，而三千公里僅爲三十七公厘。第五圖爲二千四百萬分之一，其中之一千五百華里，竟有三十八公厘之長。第六圖爲二千五百萬分之一，一千二百華里約合二十六公厘，而其公里二千，尚較二十六公厘爲短。政區圖爲三千萬分之一，而其尺度與二千五百萬分之一者並無二致（按此圖似亦當爲二千五百萬分之一）。第十一圖中之二百華里，尚較二百公里爲長。第二十八圖爲四百八十萬分之一，第二十九圖爲五百萬分之一，而後圖之尺度，反較前者爲長。第三十圖之比例，應爲五百萬分之一，而標爲二百六十萬分之一，且其尺度亦完全不符。第三十一圖亦爲五百萬分之一，而一百華里僅十一公厘，與第二十九圖之一百華里長十四公厘者亦爲不合。第三十四圖似在五百萬分之一之譜，而標爲二百六十七萬分之一。第三十三圖之一百華里約當十一公厘，與五百萬分之一之數不符。其他三百萬分之一各圖，每一百華里之長，應爲十九公厘強，乃各圖非失之於長，即失之於短，其完全無誤者，才數幅耳。

二、省界不符——此圖各幅之省界，每多不符。如江蘇圖之南界與浙江圖之北界，其屈曲之形不一。浙江圖與福建圖之沿海接界處，亦難吻合。湖北圖與湖南圖之在洞庭湖濱接界處，其形狀不同。山東圖中在河北省之飛地，並未以紅色界線標出。黑龍江圖與遼甯圖所繪之接界處，亦完全不一。西藏圖與新疆圖之接界處，又迥不相侔。

三、方位錯誤——地圖中各地之方位，首重正確，方可取信於人。否則同一地也，忽而在此，忽又在彼，將使觀者無所適從。此圖之第四圖及第六圖中之羅布泊，繪於四十度之南。其餘各圖中者皆在四十度之北。第六圖中之玉海繪於四十度之北——實在四十度之南。第七圖中之與與在一百二十度之東，而第九圖中則繪於一百二十度之上。第七圖中之楊店距浙江西界約有二十五里，而第九圖中則密邇西界。衢口本在安徽，而第七圖中竟繪於浙江境內。第七圖中之慶元在一百十九度之西，而第十二圖中則又在其東。第十一圖中之定南距江西南界尚遠，而第十五圖中則緊臨南界。第十二圖中之小溪在龍江上游東岸，而第十五圖中則又在其西岸。第十四圖中之黔江縣與第十八圖中所繪之地不同。咸陽一縣在第十六圖中在錦江北岸，而第十九圖中又在南岸。石首，華容二縣，在第十六圖中幾於南北相對，而在第十四圖中又成東西斜對之勢。四川圖中之德昌在安甯河東岸，而雲南圖中又繪在西岸。第二十六圖中玉壘山在西，祈城山在東，而二十四圖中二者東西互易。第三十三圖中之磨口在白龍江北岸，而第十八圖及第二十七圖中則繪在南岸。以上諸地，均應重新考定，精心繪記，以求無訛，免致誤人。

四、缺漏不完——本圖之缺漏處亦不少見：如第十一圖內之九江圖中缺南潯鐵路。第二十四圖及第二十七圖中鄖省均未標名，並缺電報局符號。第二十八圖及第三十七圖中，亦皆缺電報局符號。其餘各圖中之電報局符號，雖未完全缺漏，然如四川之巫山，大竹，彭水，秀山，江津，西昌，廣元，貴州之貴定，河北之邯鄲，韓長發，山東之沙河等地之電報局符號，則均未繪入。河北阜平之王快鎮，宛平之三家店，皆僅有符號而未註名。第二十七圖中山西之河曲，第三十四圖中西康之巍款，又皆僅有地名而無符號。浙江圖中之杭江鐵路已築至江山，而江西圖中玉山以東並未繪入。第二十四圖及第二十七圖，於山西之同蒲路均未繪入。

五、不符現制——此圖自敍之特點五（見原圖封面內），即爲選材與國家最新制度相符，而內容則竟有其反。如江西之南岡已移治其西南之龍市，圖中仍在舊治。湖北之蘄水縣已改爲浠水，圖中則仍舊未改。江西之平赤縣及河南之艮治縣，早已裁撤，又河南之平等自由兩縣，已裁撤而改設伊川縣，圖中則三縣仍舊。四川之金湯本爲設治局，而圖中則逕以爲縣。遼寧省之復興前已移治瓦房店，熱河之圍場已移治錐子山，圖中則皆仍在舊地。熱河之天山及魯北本爲設治局，而圖中則繪爲縣。山東壽光之清水泊本在縣治之西北，且濱湖已涸，而圖則仍舊繪出且偏於東北。山東實業廳早已撤銷，教育廳移實業廳舊址，而第二十五圖中之歷城圖則兩廳俱在。福建之漳廈鐵路僅至江東橋，而圖中則繪至龍溪。江西之玉南鐵路在此圖出版時尚未通車，而圖中則繪爲已成路綫。粵漢鐵路南段並未築至郴縣，而第十五圖中則未完全繪入。

六、各圖不符——此圖各幅彼此不符之處甚多，擇其大者如下：第十圖中江西北部有修江及樂安河，而第十一圖中則作修河樂安江。第十一圖中寧都城東爲陸地，而第十四圖中則城東居然有湖。廣東和平縣南之水，在第十一圖中名定南水，在第十四圖中名龍嶺河，而第十五圖內又名湘溪。湖北利川縣南之水在第十四圖中名清江，而第十八圖中又名利川河。湖北圖中洞庭湖及長江，與湖南圖中所繪者完全不同。廣西省全縣之西北本無西延縣，而湖南圖中則無端繪入。第九圖中福建浦城北繪有九牧鎮，而福建圖中卻無其地。第十八圖中以康定爲西康之省會，而西康圖中則爲巴安。第十九圖中之草海與第二十一圖中者不同，而應以後者爲是。第十圖中河南商城北至周家口繪有大路，而河南圖中則無此路綫。陝西圖中之清澗河，在第二十六圖中並註無定河之名，其北尚有一無定河。甘肅圖中之甘州河，與在青海圖中者不同。青海圖中西南部吉丁西林之西，尚有高入雪綫之山峯，而西康圖內其地之高尚不滿五千公尺。第三十五圖中之穆斯塔格山，在新疆圖中作穆格塔斯山。以上所舉，或誤於此，或誤於彼，以致何者爲是，何者爲非，令人難於莫辨。至各圖中附繪之省會及重要城市等圖，除與申報館所出之中國分省新圖所繪相同者或可無誤外，其餘各圖，似係採自甲種中華析類分省圖，多不按等高綫設色，且各圖所繪，多與省圖不符，茲不能一一論列，僅舉其謬誤之大者言之：如廣州灣圖中之硇州島，省圖中本作硇洲。成都附近水道圖中各地相距之遠近，與省圖中者多不相符。巴縣及江北圖中江北城西北本爲陸地，而其城則孤立江中。三峽險要圖與析類分省圖中之設色相同，各地距離，與在省圖中者不符。伏牛山脈之交通圖中各地之地位，與省圖中所有者不同。正太沿綫圖雖按等高綫設色，而其比例與省圖不合。陽曲圖雖與中國分省新圖中者相同，而圖則染綠色，似其地之高在五十公尺以下。膠濟圖則按三省分界設色。寶雞附近河渠圖與析類分省圖中者相同，分縣設色亦同。伊犁附近圖中各地之位置，與省圖亦不相符。江西省之吏蹟圖及物產圖，對於婺源光澤二縣之地面，均未繪入。

七、一般錯誤——吐魯番盆地本在東經九十度至八十八度之間，而第一圖中卻註於其地之西近八十五度之處。西藏有地名江孜，而第五圖中則作甘孜。貴州之南籠已於十一年改稱安龍，而第五圖中仍舊。江蘇北部之嶗嶧鎮，圖中誤作嶗嶧。安徽之九華山尚達九百公尺，而圖中則設色不明。浙江西天目山附近高在千公尺以上，且在於稽之北，而圖中繪於昌化之北。江西舊平赤設治地，本爲龍南，而圖中誤作南龍。萍株鐵路東至安源，而湖南圖中繪至安源以東。廣西之武陵水與清水江本不相通，而圖中則連爲一水。雲南有水名一泡江，而圖中則作泡江。山東之歸礁島，訛作蜂礁島。遼甯之連山關，訛作連山門。新疆之騰格里山及哈爾克套山已高入雪綫，圖中並未繪出。以上各點，似宜詳加修改，以求完善。

八、圖說不符——本圖後附圖說，密行細字，共計四十七頁，核其字數，約在四萬餘言，堪稱巨製。惟其篇幅既多，錯誤屢見。（一）圖說之首有「國都與京市省縣數目一覽表」，表中所列，殆半與此圖出版時之行政區劃相同，雖稍有錯誤，然爲節省篇幅起見，姑闕無論。惟表中所列各省之縣數，與各省說明中所列之縣名表，頗多不符。如在此表中河北省則列有一百三十縣，而該省說明表中，竟有一百三十一縣（多定都）。廣東省雖前後皆云有九十四縣，而表中則實列九十五縣（多博羅）。河南省列有一百十一縣，而說明表中實得一百十三縣（多民治，平等）。安徽省列爲六十二縣，而說明表中爲六十一縣。湖南省列爲七十五縣，而說明表中註爲七十六縣，實列七十七縣（多陽明，並實列醴陵）。雲南省列有一百零八縣，而說明表中註爲一百十三縣（表中漸漲縣，實縣詳校）。四川省列有一百四十八縣，而說明表中僅列一百四十六縣（實缺寧南，寶興）。廣西省列有九十四縣，而說明表中則有九十六縣，實列九十四縣（多西疇，缺萬承）。貴州省列有九十四縣，而說明表中僅九十一縣，且中多舊名（缺納雍，金沙，道真）。自第四頁而下，錯誤尤甚，非將設治局列入，即數目不符，苟一一爲之校勘，誠非此區區短評所得閱述也。（二）說明似係利用舊稿，（於江西浮梁縣，西康之康定等處見之）未甚改作，以致與圖每多不符，且誤字脫文，又不一而足。如一一爲之辨正，亦恐非數千言所能盡。至各省之山脈，河流，交通等說明，與圖尤多不合，或圖中本無此地，而說明及之；或圖中既有此地，而反略之無說。

九、編排錯亂——此書之首列有全目，共三十七圖，以數字別先後。乃圖之實際排列，則與編目不同。且每圖幅邊所印之紅色阿拉伯數字，幾等無用。圖說目錄，雖與後附之圖說次序，並無不同，然圖說之排列，與省圖之先後，又各不相侔。實圖綴說，頗費翻檢之勞。此固甚末節，無關重要；但可見圖與說之不能使人認爲無憾矣！

綜上以觀，則此圖之外觀不精，已可概見。惟在地圖製印之術尚未大昌之時期，如必求其盡善盡美，丁無訛誤，固多苛求。茲願白先生將此圖重加修訂，另行印製，使其底於完善，則幸甚矣！

二五，二，一九。

新書簡訊

通鑑補正略

明嚴衍撰　民國二十四年十月商務印書館出版　定價二角

資治通鑑一書，包括首尾約二千年的中國史，連目錄考異共有三百餘卷，參加工作的又不是一人，錯誤遺落是免不了的。明萬曆中，嚴衍撰通鑑補一書，據錢大昕嚴先生衍傳所引自序述其體例如下：

「其補正文之例有二：有通鑑所已載，而事或闕而不備，文或略而不暢，則逐節補之。有通鑑所未載，而事有關於國家，言有繫於勸懲，則特筆補之。其補分注之例有三：一曰附錄。事雖可采，而或涉於瑣，或近於幻，攻不以入正文。一曰備考。通鑑之所載如此，它書之所載如彼，雖兩不相合，而事屬可疑，故兩存之。一曰補注。胡身之注所未備，或舛錯，則以己意釋之。其所取材，則十七史居十之九，稗官野史居十之一，而要以法戒爲主，其有關勸懲，雖小史必錄，苟無所取則，雖正史亦刪（中略）。蓋其自序如此。」

除了上述關於增補的一方面外，還有關於書法的。傳又云：

「又謂周赧雖滅，秦命未膺，昭襄雖彊，不當遽以紀年。朱梁石晉之惡浮於黃巢，周雖彼僭於此，然北漢未亡，梁氏豈得臣之。故於周赧入秦之後改稱前列國，五季漢蜀之世改稱後列國。進蜀漢於正統，黜武氏爲附載。此又取紫陽綱目之義以彌縫本書之闕者也」。

書未刊行，僅有抄本流傳。至清道光中，敦仁張氏錄青中改正，仔疑，備考，補注各條爲上下二卷，名爲通鑑補正略。其始末見於書前張氏序中。此書內容可分校改文字，考訂事實二項。校改方面佔全書之大部分，對於閱讀通鑑甚爲便利，惟未說明所據版本，是一遺憾。考訂方面爲數雖少，亦合實事求是。其中間或參雜主觀之見，不免爲白璧微瑕。總之此書是讀資治通鑑的重要參考書。（于鶴年）

× × ×

最新刑法釋義

閻麟中編著　天津法政學社出版　定價一元六角

這是明顯的事實，在現時代這樣綜錯複雜的社會裏生活，法律智識是不可少的。尤其是刑法與民法，和我們的生活行爲上有密切的關係，更不能不有相當的了解。有時我們的行爲，在無意中的觸犯了刑章；有時我們該有的權利，因不明法律而不能享受。有時我們誤解了法條或是不知法條變更，而受了相當的損害，也是常見的事。所以我們不只知道了法律條以爲已足，必須要知道那最近的，更進一步的要去了解它。

然而法律的條文的規定，是與社會意識形態和人民生活習慣的改變而修正改善的。以刑法論，民國以來，先是暫行律，以後改爲刑法，至去年七月一日又頒佈現行的刑法，可是其中條文與以前的刑法相差很多。

律師閻麟中編著之最新刑法釋義一書，可以說是現行刑法條文解釋的最近一部著作。全書兩冊，第一冊總則，分十二章，內有新刑法增添的「保安處分」一章，第二冊分則共三十五章。全書將刑法三百五十七條逐條用很簡明流暢的文筆，根據法理與原來大理院，司法院的解釋例和判決例詳爲解釋。這無論是對於現在法界服務者用以充實狀詞中所引用條文的理由與增加辯護時的引證，或是對於初學法律與想知道法律常識的，都有幫助。

印刷術精良，不過書中常見錯字，雖一看而知爲手民之誤，可是校對者不慎，也不能不說是小疵。盼望再版予以修正。（參國）

× × ×

玉篇反切考

二十四年十月天津縣文學會出版　定價八角

此爲天津汪桂年君所著。全書共分四編：（一）叙言，（二）聲表，（三）韻表，（四）後記。大體仿番禺陳氏考定廣韻成法，而論辨較詳。書尾跋語，自言「分聲別韻，逐字鉤稽，歷二載而覺類隔類得」，其勤劬考索之精神，殊可欽服。惟作者所見似未廣。故原本玉篇僅知黎氏古逸叢書本，而未睹上虞羅氏之印本，更未睹東邦近年所印諸卷子。顧氏原本玉篇真相，今頗存於萬象名義之中，而其所出反切即與今大廣益會本頗異。此亦作者所未知也。至其考定之法，亦多可商。陳氏切韻考於帮，非，滂，敷，並，奉，分爲六類，而明微合爲一類，囿於方音，致成此異。今作者已知唇音不分重輕，而亦分帮非等爲六類，同時亦并明微爲一類。實則以近時所考知者言之，一二四等反切上字與三等反切上字之所以不相聯系，爲單純聲母（Pure Intial）與顎化聲母（Yodise Intial）之別。故若不分此二者，則八母合併爲四類可也。若分此二者，則亦仍當爲八類。作者沿陳氏之失，定爲七類，則進退兩無所據。陳氏之書，雖自言「不以口耳爲憑」，而終爲方音所限，于同一音之兩切語，採集未備。此中古聲韻之研究，最近以國內外學者之努力，其所得之縝密精審，已遠在陳氏切韻考以上。作者似多未涉獵，故所論每感隔膜，亦作者所未知也。總之，然能羅列排比，使治學者得一參考資料，則其勞亦不可沒也。（蓬照）

圖書副刊
BOOKMAN
第一百二十四期

一 本刊登載關於中外圖書之介紹批評以及學術界消息爲公開性質歡迎投稿
二 刊登本刊之文略致薄酬
三 投稿通訊可寄「北平文津街國立北平圖書館內圖書副刊編輯收」

敦煌舊抄楚辭音殘卷跋 附校勘記

聞一多

敦煌舊抄楚辭音殘卷，不識隋唐歸，存者八十四行，起「駟玉虯以乘鷖兮，」迄「雜瑤象以爲車，」凡釋離騷經文一百八十八，注文九十六，希世寶也。舊藏巴黎圖書館。王重民先生近校書巴黎，始發之叢殘中，並據卷中茲字下「蹇槳」云云，定爲隋釋道騫撰楚辭音，又以理下云「郭本止作裡」，謂即郭璞楚辭注之孑遺，（巴黎敦煌殘卷敘錄九，見圖書季刊二卷三期。）其說皆灼然有據，無可易者。夫自漢王逸以下逮宋之洪朱，約及千數，然楚辭學者，代有名家，而郭注騫音之名，尤赫然在人耳目。顧其書自唐中葉以還，似已湮然靡存，而史志所載，空有其目，譬如豐碑鉅轂，徒足令人歎噓憑弔耳。孰謂騫音殘卷，一旦發現，而郭注鱗爪，復在其中，是非旦暮之遇乎？自殷虛之役以來，數十年間，驚人之事多矣。即以重民先生近所剔發於巴黎者言，此尺幅斷軸，亦毫末之於馬體而已。然而於楚辭之學已不啻啟一新紀元。重民先生之功爲不朽矣！比因友人秦公輯先生郵書巴黎，代請翻本。重民先生乃慷慨寫失真，餉以影片。歡慶感激，夫復何言？既拜領嘉貺，尋繹終朝，謹寫箋定，乃記其一得之見如次。尚幸重民先生有以教之。

以今本楚辭章句校此卷，注「邑於綸，」綸作鉛，以左傳史記證之，疑係誤字。說詳校勘記。注「不可卒至」，明至德本楚辭及唐寫本文選集注並作偶，今卷亦作偶，則卷是而今本非也。自餘異文，十九勝於今本，以其義雖不殊而字則近古，說亦具校記中。至夾注中往往引章句語，其有裨於校勘者，雖下引王逸曰「篿，小破竹也，」與文昌雜錄二所引正同。今本破作折，蓋涉下文「結草折竹以卜曰篿」而誤。以上爲卷中涉於離騷經與章句本身之可紀者。然卷之價值尙不在此。

理下引郭本作裡，郭本當指郭璞楚辭注，重民先生既發之矣。然而謂「郭璞楚辭注存留於今日者，此爲惟一鱗爪，」則未必然。

茲字下：郭云「止日之行，勿近昧谷也；」

鴆字下：郭云「凶人見欺也；」

鳩字下：郭云「姦佞先己也。」

案「止日」句釋經文「望崦嵫而勿迫」也，「凶人」句釋「鴆告余以不好」也，「姦佞」句釋「恐鵜鴂之先鳴」也。既皆冠以「郭云，」則非郭注而何？取彼隻字，捨此全句，亦千慮之一失已。雖然，謂郭書之存於天壤間者，祇此卷中數語，猶未締也。嘗欲纂採由漢至隋間詩文家用楚辭與王逸異義者，理而董之，如清儒之於羣經者之爲，顧爲楚辭遺說考。年來羅掘所及，於郭璞亦得一事焉。○文選江賦曰「悲靈均之任石，歎漁父之櫂歌，」李善注曰：

楚辭曰「名余曰正則，字余曰靈均。」又曰「望大河之洲渚，悲申徒之抗迹，（今作跡）驟諫君而不聽，重任石之何益？」又曰「懷沙礫而自沈兮，不忍見君之蔽壅。」史記曰「屈原作懷沙賦，懷石自投汨羅。」懷沙即任石也，義與王逸不同。

案李善謂王郭異義，是也。「重任石之何益，」悲回風文。王逸注曰「任，負也。百二十斤爲石。言已數諫君而不見聽，雖欲自任以重石，終無益於萬分也。」蓋校石一作䄷。說文「䄷，百二十斤也。」是王讀石爲䄷。若郭賦上下文所隸事，如陽侯，奇相，羈，飲飛，要離，周穆王，鄭交甫，皆與江相關，而此又與「歎漁父之櫂歌」相爲偶句，是其解楚辭「任石」爲抱石沈江，審矣。作賦用楚辭義如此，注騷時不宜自異。然則江賦此句，可視爲郭氏楚辭遺說，亦即其楚辭注義矣。愚意郭書之在海內，名雖亡，實亦未嘗盡亡。重民先生倘不以爲讕乎？

卷中所存佚書，郭氏楚辭注而外，似尚有宋人所稱無名氏之離騷釋文。鴆字下曰：

文釋曰『鴆鳩一名鷤，今謂之伯勞，順陰氣而生，賊害之禽也。王逸以爲春鳥，謬矣。廣疋「鷤鵊，布穀也。」』案江之意，秋時有之。詩云：「七月鳴鵙，」毛傳云「鵙，伯勞也，」箋云「伯勞鳴，將寒之候。」

案文釋似非人名。注漢書者有文穎，然釋之與穎，形聲俱遠，無緣致誤。竊意文釋當爲釋文之倒。其書洪補注屢引之。隋唐志不載。鄭樵通志直齋書錄解題並有離騷釋文一卷，解題云「古本，無名氏，洪氏得之吳郡林虙德祖。其篇次不與今本同。」案釋文篇次異於今本，而與王逸注暗合，又據洪所引，率多古文奇字，蓋隋唐以前舊籍也。鄭公所引，必此書無疑。葢宋人云其書無名氏。今細審剖揭鄭公語，上引釋文駁王逸曰「王逸以爲春鳥謬矣，」下云「案江之意，秋時有之，」則江是釋文作者之姓矣。

釋文今既不傳，此條又不見於洪氏所引，而作者姓氏久湮，復獨賴此卷存之，斯不僅爲遺說考之新資料，抑亦好古者之所當共慶者歟！

其他所引古籍尚有尚書三則，（內二則有僞孔傳，）毛詩五則，（皆有傳，一則有箋），左傳並杜注一則，公羊傳一則，論語並孔注一則，世本一則，穆天子傳並注一則，山海經三則，（內二則有注），漢書並文穎注一則，淮南子二則，（內一則有許注）司馬相如賦一則，爾雅，方言各二則，說文六則，廣雅十三則，蒼頡篇，埤蒼，聲類，字書各一則，字林三則，字詁二則。以上世本，淮南許注，並蒼頡篇以下皆佚書，當有裨於輯佚工作，自餘諸書，或亦有裨於校勘。義證異身未暇覆案也。至引相玉書一則，與王注所引徵有出入，既不明言轉引王注，其果出自原書與否，蓋難言之。

卷中文字頗有幾寫失次者，上揭「文釋」二字，是其一端。然尚有舛譌甚於此者。鴆字下曰丈沁徙藤二反廣疋曰其雄曰鵾日其雌曰陰諧山海經曰女几之山多鴆郭璞曰大如鵰紫綠色長頸赤喙食蛇淮南子作鸂日字或作鴆日或土俗云千年潭鳥成同力千年同力作鸂日字郭云凶人見欺也成鴆鳥也三千歲也亦不詳審斯言之虛實

自「千年同力」下，文義不屬，試乙正之如次：

……淮南子作鸂日，字或作鴆日，或作鸂日。或土俗云，千年潭鳥成同力，千年同力成鴆鳥也，三千歲也，亦不詳審斯言之虛實。郭云「凶人見欺也。」

懷南異物志曰「鸂雞，鴆鳥之別名」。鸂雞即潭鳥，亦即鴆鳥也。鴆潭音同隸部，轉入寒桓，則爲鸂。名醫別錄「鴆鳥，毛有大毒，一名鴆日，」陶注曰「鴆日大如黑傖雞，……作聲似云同力，故又名同力鳥。」是鴆也，潭也，同力也，一物而異名，故知此當以「千年潭鳥成同力，千年同力成鴆鳥」相承爲文。唯「三千歲」之三似當作二，不則「土俗云」下或尙有脫文。

至於所注音讀二百八十餘事，自爲討治隋唐古音之正確資料。事涉專門，力有未逮，故缺而弗論云。民國二十五年三月十八日。

校勘記 四部叢刊本楚辭章句用楚辭音殘卷校

日忽忽其將暮 卷作奠

望崦嵫而勿迫 卷作奄茲（案今本下文注引禹大傳「崦嵫之水，出崦嵫之山，」唐寫本文選集注殘卷作奄茲，宋胡穉簡齋詩集箋注五引同。）

吾將上下而求索 卷作索（案此求索本字，見說文，廣雅。經傳皆用索，用索者此爲首見。）

注 不可卒至 卷作偶（案明至德刊本楚辭亦作偶，唐寫本文選集注同。）

總余轡乎扶桑 卷作總（案明隆慶夫容館覆宋本，朱氏集注本，錢氏集傳本，唐寫本文選集注並作摠，文選陸士衡前緩歌行注引同。）

聊逍遙以相羊 逍遙一作須臾 卷作須臾，云本或作消搖。（案義仍是逍遙，作須臾者，古字假借。本書九思守志篇「陟玺山以逍遙」注「逍遙須臾也。」）

雷師告余以未具 注 言已使仁智之士 卷作知。

紛總總其離合 注 總總猶傯傯聚貌 卷傯傯作傯下引此注 未有也字（案夫容館本亦有也字，文選甘泉賦注引同。）

相下女之可貽（貽一作貽）卷作貽，云又貽同。（案正德本亦作貽。）

吾令蹇脩以爲理 注 伏羲時敦朴 卷 作戲

英倫所藏敦煌經卷訪問記

王重民

清季，敦煌石室秘藏古寫經卷，既先後爲斯坦因（Sir Aurel Stein）伯希和（Paul Pelliot）所發覺，即攜其菁華，捆載歸國。學部始得消息，派員整理其餘歸於京師。其稍有價值者，又在途次盜竊以盡，故今世之治敦煌學者，莫不以倫敦與巴黎爲兩大重鎮。民國二十三年秋，余來巴黎，執役國家圖書館中，因得遍閱伯希和敦煌書藏。搜幽剔佚，所獲實多。更念斯坦因書藏，其數且倍於此；然一水之隔，每以不能先睹覽其儲藏情況爲恨。去年歲杪，我國藝術展覽會既開幕於倫敦，因乘聖誕節假期之便往觀焉。

先是斯坦因所得敦煌經卷七千卷，既移歸大不列顛博物院之東方部保管，即由該部主任翟来斯博士（Dr. L. Giles）整理編目，已將脫稿，即擬付印。故余至倫敦之次日，即投刺往謁。而翟博士適因假期到鄉間小住，因先轉赴劍橋，閱大學圖書館藏漢文書藏，幾太平天國官書十一種，爲前人所未覩。三十一日過午，返至倫敦，抵寓舍，見翟博士書，歡迎參觀，大喜過望。稍進午餐，即赴大不列顛博物院。

承翟博士迎入公事房，稍談片刻，見其體貌清臞，爲人和藹，一望而知爲儒者；蓋其親承家學，所從讀於漢籍者深也。翟導余參觀藏經室，室在翟博士公事房隔壁。先登第二樓，滿室均貯敦煌經卷。其陳列方式，用書架先構四壁一週，中間復並列二排，恰成一「轉」字之目字形。架上遍置長方盒，盒有隔，成爲上下二層。每盒長可二尺，寬約尺半，斯列經卷於其中。每其寬適爲經卷之長度，而其長又適可容斯列之經卷，從二十乃至三十也。則每盒視經卷之粗細，盛四五十或六七十不等。貯而庋以綠漆，頗秀雅。又導至第一樓，半貯經卷，半盒則本爲文書。經卷之保藏方法，一如第二樓。閱余三樓專儲華文書。

在第二樓第一轉參觀時，翟博士輒開啟經盒，俾余詳觀其裝潢方法。凡經卷之完整者，則另加厚紙作捲葉，以保存其原狀；其破損者，則重爲裝裱，而於卷端餘出素紙一段，以代捲葉，蓋即古人之所謂玉池也。其原爲冊本式者，亦或間加硬皮。方法至爲妥善。

與藏經室相對之書庫，爲日文書藏。未入觀，即隨翟博士仍回其公事房，觀其所編目錄。

目錄爲卡片式，每卷一卡片，先書錄號碼，次書名，次撰人姓氏，又次爲考按。其有應特別注意之點，統於按語中說明之；尤重要者，則爲互見片，蓋目錄之中，而有索引之意存焉。余見所加考按，往往卡片之一面不能容，輒又接書於背面，其用力之勤，可以想見。按巴黎所藏不過三五九〇卷，其目則伯希和所編者，從二〇〇〇至三五一一，鄭波利真所續者，從三五一一至五五四一，而余又續至五五九〇號。專經三人，時歷三十載，方克有成。翟博士乃以一人之力，作加倍之工，非專心篤志，何克臻此！觀此目錄，益欽仰焉。

翟博士更欲余選閱數卷，以盡餘興。余初不肯多就延其時間，觀其意實出至誠，乃就目錄卡片隨手拈出三卷號碼，翟博士即爲余親手取下。一爲杜預春秋左氏傳集解，敦煌殘本甚多，不詳記；餘二卷則甚重要，記之如下：

一、唐明皇御刊刪定禮記月令，李林甫等注，著錄號碼爲S.621。首尾殘缺，李林甫陳希烈陸善經等進表，獨存下半。按今開成石經，猶存刪定經文，並李林甫等進表；而李注則散佚已久。考宋三朝國史藝文志：「初禮記月令篇第六，即鄭注。唐明皇改黜舊文，附益時事，號御刪月令，升爲首篇。集賢院別爲之注。厥後學者傳之。淳化初，判國子監李至，請復行鄭注，詔兩制三館秘閣集議。史館修撰韓丕張洎胡旦條陳唐本之失，請如至奏；餘皆請如舊，以便宣讀時令。」（文獻通考卷一八一引）又李燾續資治通鑑長編：「大中祥符八年七月己未，龍圖閣待制孫奭上言：唐李林甫作相，抉擿微瑕，蔑棄先典，爲之注解，升其篇卷，冠於禮記，誠非古也。當今大興儒業，博考前經，宜復舊規，式昭先訓。臣請將鄭注月令一本，伏望付國子監雕印頒行。既而翰林學士晁迥等言：若廢林甫之新文，則國家四時祭祀，並須更改，伏請依舊，從之。」（光緒七年浙江書局刻本，卷八十五頁十四上（又景祐二年二月乙巳，直集賢院賈昌朝，請以鄭司農所注月令，復入禮記第六；其李林甫所注，自爲唐月令，別行，從之。仍詔唐月令以備四孟月宣讀。」（同上刻本，卷百十六，頁五下。）晁公武郡齋讀書志亦稱：「國朝景祐初，改從舊文，由是別行。」觀晁氏以『唐月令』標題，則所據殆是別行之本矣。當時詔令雖仍有錄以宣讀時令之語，蓋僅藏在秘府，民間傳本遂希，亦遂不見諸家著錄，蓋其亡也物罕者，至亘且要。此卷猶爲李唐舊物，原爲單本，抑係禮記殘卷？莫由考知。然千年以後，復覩李注原文，展卷之下，有不勝其驚喜者！

二、春秋後語下卷第三，晉孔衍撰，著錄號碼爲8,713。按巴黎國家圖書館藏孔衍春秋後國語略出本一卷，存趙語第五，韓語第六，魏語第七，楚語第八，（Pelliot 2569）又魏語一卷（Pelliot 2589）而羅振玉又購得樂語一卷，並爲印入古籍叢殘。余來巴黎，又得趙語上卷第四（Pelliot3616）趙語下卷第五，（Pelliot 2372）樂語中卷第二，（Pelliot 2702）並爲孔氏原文，差較略出本爲勝。又羅氏考訂其所自得者爲樂語卷第一，余亦據二八七二號卷子正其誤，蓋同爲卷第二也。且卷末多十餘行，可補羅卷之缺。今茲此卷，則又適可補巴黎殘

[illegible]之昭紹兮（楚文集作紹）敦作[illegible]（案此古字之通假者。）

[illegible]兮　敦於此字下出注字（案[illegible]今所據本此處[illegible]，[illegible]也，今本脫之。）

[illegible]之一紘　注　因[illegible]以二五而為佩　敦作[illegible]（案少陵集注，尤[illegible]及史記[illegible]作[illegible]，[illegible]作[illegible]。此[illegible]。正德本作[illegible]，則又合二本而並作之。）

[illegible]兮　注　[illegible]也　敦作[illegible]（案[illegible]本文選[illegible]作[illegible]。[illegible]。[illegible]四年「甲兵不[illegible]，」[illegible]「甲兵[illegible]」，是[illegible]「[illegible]兮」。）

[illegible]　敦作[illegible]，云又作[illegible]（案[illegible]作[illegible]。）

[illegible]以[illegible]兮　敦作[illegible]

注　[illegible]也　敦[illegible]字下引作[illegible]（案宋[illegible]元[illegible]文[illegible]一引亦作[illegible]。）

注　[illegible]以下[illegible]　敦[illegible]字下引[illegible]以字

[illegible]兮（[illegible]一作[illegible]）敦作[illegible]

[illegible]兮（字一作[illegible]）敦作[illegible]，云[illegible]字，[illegible]字[illegible]。

[illegible]以[illegible]兮（[illegible]一作[illegible]）敦作[illegible]

[illegible]之[illegible]　敦作[illegible]（案[illegible]古字，[illegible]之，[illegible]作[illegible]，[illegible]。[illegible]古字[illegible]，[illegible]，[illegible]久矣。作[illegible]者本出[illegible]一[illegible]。[illegible]，不[illegible]，[illegible]一字[illegible]矣。）

[illegible]之[illegible]兮（[illegible]一作[illegible]）敦作[illegible]（案[illegible]，[illegible]，[illegible]山[illegible]十二字引作[illegible]。）

[illegible]人之不諒兮（諒一作[illegible]）敦作[illegible]

[illegible]化而[illegible]　敦作[illegible]

[illegible]以[illegible]兮（[illegible]一作[illegible]）敦作[illegible]，云又[illegible]，[illegible]作[illegible]，同[illegible]。（案[illegible]八九，文選[illegible]，[illegible]五引[illegible]作[illegible]。[illegible]三〇又引作[illegible]，[illegible]。）

[illegible]兮[illegible]　注　[illegible]（[illegible]一作[illegible]）敦作[illegible]

[illegible]以[illegible]　注　[illegible]也　敦作[illegible]，（案[illegible]作[illegible]。）

新書介紹

利瑪竇對於中國科學之貢獻

Matteo Ricci's lcientifié Contribution to China, by H. Bɜrnard Henri vetch, Peiping, 1935.

中國歷來並不是一個完全非科學的國家，中國人也非先來便是一個反科學的民族。單就以數學說，在唐時曾列入考試科目之一，宋元之間尚不十分衰落，我們只看[illegible]明李治[illegible]一行諸人對於曆法的製作，便會用了少許印度傳來的成分，曆算上天文上也是如此。元代的郭守敬和朱思本是接受阿拉伯科學的結晶。這些例子都可以表現中國人向來對於科學是能接受外國輸入的，只因正統不承認，禁[illegible]讀曆算，理學心性還未[illegible]。[illegible]明[illegible]學之理，[illegible]，[illegible]，王[illegible]諸人對於讀書士的[illegible]，更可見今的現象。中國歷史上一個最[illegible]科學的最大的罪人，就是明朝的第一任皇帝朱元璋，他把[illegible]的精[illegible]於中國的知識界身上，強他們把畢生的精力去對付一種[illegible]合的八股文，自此以後，中國人在科學的路上便一天比一天[illegible]了。在十五世紀之末，歐洲的文藝復興的狂潮，把一切[illegible]的思想[illegible]之後，也[illegible]。到十六世紀之末，歐洲還不曾有自然科學的建設，化學一類的科學還是迴翔於煉丹術（Alchemy）一面一的，不過數學比較有進步，但仍不及古代希臘，（參看本書頁三三）。這時代正是明朝[illegible]八股的時候，到如今四五百年的過程，中國與歐洲在科學上便相去一道鴻溝了。

利瑪竇就是在這十六世紀下半葉，一五八〇年，當明神宗萬曆八年來中國的。他是意大利人，這時來中國傳教的耶穌會士，以意大利人與葡萄牙人居多。在他之前，有聖方濟各(ST. Francis Xavier)羅明堅(Michel Puggleri)已來中國，都沒有大發展，他來時初到廣東肇慶府，又至韶州，後至南京，建立教堂，與中國的士大夫往來，有相當的聯絡之處，所以頗為當時人所敬。後來到了北京，朝見了神宗，萬曆二十八年上表陳情，他對於中國科學上的貢獻，便在這時開始了。

法國教士裴化行(H. Bernarel)的這本書，就是專講利瑪竇在這方面的貢獻的書凡五章，前有序言，後有結論，末附關於研究利氏的書目，內中有地圖，很難得到，尤以北平西什庫天主教的北堂所藏，向來是深閉固拒的，這書裏竟可看見四幅了。第一章是述十五世紀末阿拉伯科學在中國與歐洲的影響。第二章述利瑪竇在歐洲所受的科學訓練，他那時在羅馬學法科，這時還未入歲（一五六七—一五七一）。後來改學教學，學幾何，學館業，學地理，學物理天文，學哲學神學，教他這些學科的人最得力的是克拉維斯神父(Father Clavin)，利氏對於這些學科的知識，不過僅曾得些小聰明，他曾對人說『在這裏（中國），他們說我是一個科學的奇人，真使我好笑』，又說，他對於天文學只知道一點兒，還不十分能決定行星的軌道和位置，或計算日食月蝕呢。（本書頁三六）。這段書是很可注意，近來我國研究利瑪竇的人，似乎還不會提到。第三章論利瑪竇與中國科學。第四章論中國天文學上的問題。第五章論一六一〇年（萬曆三八年）十一月十五日的日蝕，這是一件當時科學界激刺眼睛的大事。全書論旨簡賅，他關於中國方面的材料，著者的應用能力似嫌不甚充足。（鍵）

× × × ×

江蘇省立國學圖書館圖書總目

民國二十五年出版　二十四冊　江蘇省立國學圖書館鉛印本定價不詳預約拾六元

按江蘇國學圖書館圖書目，編印已久，至今始能完全出版，是書凡分經史子集方志叢書六部四十四卷，二十四冊，計[illegible]書[illegible]萬八千九百二十二冊，共[illegible]五萬[illegible]於清[illegible]四庫全書。自民國十六年[illegible]江[illegible]南[illegible]典守[illegible]館，[illegible]常[illegible]用[illegible]目，創立[illegible]例，未[illegible]。又延王[illegible]佐[illegible]事[illegible]理，[illegible]八九年之功，始克成書，其業可謂偉矣。吾人略一披讀，其[illegible]理[illegible]比，[illegible]，實有足稱者，茲先述其內容，次及其體例。

（一）內容　吾國圖書館創辦，最早者為前北京之京師圖書館，即今國立北平圖書館之前身，其次即江蘇省立國學圖書館。而斯二館之創始者同出於江陰繆荃孫氏。當清光緒間，繆氏承兩江總督端方之時，創立江南圖書館，[illegible]。[illegible]山[illegible]，[illegible]。[illegible]入[illegible]書，[illegible]，[illegible]人[illegible]書[illegible]，[illegible]山古寺，[illegible]十丈[illegible]中也。當清之季年，[illegible]陸[illegible]氏，[illegible]書[illegible]氏，八千卷樓丁氏，[illegible]陸氏，號為藏書名家。[illegible]陸氏之書，其少數[illegible]歸北平圖書館，其大部分皆為日本岩崎氏，即今之靜嘉堂文庫是也。至八千卷樓丁氏之書，由端方氏購歸江蘇省立圖書館，其其舊藏，中多秘籍。後繆氏又繼武昌范氏木犀香館藏書，其金石拓本，[illegible]多明清鈔帙。民國以來，繼增[illegible]宋氏之書，參[illegible]行之本，[illegible]。自是歷年[illegible]有增添，遂有今日之富，[illegible]全國圖書館藏書之多，除北平圖書館外，當推江蘇國學圖書館。而斯二館均出繆藝風氏[illegible]已。

不特此也，繆氏於吾國近代刻書之業，實有推轉之功。繆氏著有藝風堂文集，詩集，[illegible]版本題跋，[illegible]理[illegible]，久已[illegible]人口。[illegible]刻叢書，[illegible]，[illegible]小品，對[illegible]，[illegible]刻書本，不遺餘力，而當時刻書之家，刻叢古籍，多由繆氏肇定。如[illegible]之古學彙刊，[illegible]繆氏所輯，[illegible]之[illegible]叢書，[illegible]叢書，凡清季文人學士，所刊刻之書，殆無不出於繆氏之手者。繆氏不獨精於古書，且善[illegible]碑帖，其纂修四川[illegible]志，[illegible]山[illegible]，[illegible]，參為人間[illegible]見之碑，其所[illegible]金石[illegible]及石刻總不下[illegible]千種，今歸於北京大學圖書館。是繆氏於[illegible]之功，實有造於近世之學術，吾人於述[illegible]館圖書之歷史，不可不附帶縷述繆氏之為人也。

（二）體例　圖書分類之法，在昔日科學未發達以前，當首推四部，然四部分類之法，實亦由六藝七略遞禪而成，非古人之所長，而[illegible]其所短，亦[illegible]其苦心精詣，[illegible]而成。惟由四部分類之法，至今又一二百餘年，學術日進而無窮，諸科遞變而愈異，如自然科學，社會科學，以及[illegible]百工之事，聲光化電之學，試問仍用四部分類方法，將何以容納？又近日所出之書皆日不同，昔日為君主，今日為民治，昔日史部有紀分類，首帝王紀實，地理類首宮殿，時至今日，則安所用之。又有昔日僅可附庸，而今日則蔚為大國者，如金石一類，附於目錄，今則金石書籍滋多，勢必另立專門。又如[illegible]工藝[illegible]明[illegible]造法式僅列於故實考工，今則科學造[illegible]步，亦須另立一目者也。由此言之，四部分類之法，本為由六藝七略遞進而成，四部既有古人之不足，則今日又何不可改進四部之未備，此[illegible]語人，當無[illegible]者也。故今日圖書分類，多從[illegible]而生，而其採[illegible]杜[illegible]氏之十進法者，有創立新目者，[illegible]類繁多，不可悉舉。其通行者有[illegible]劉[illegible]鈞氏之分類法，及王雲五氏之分類法，[illegible]氏取美國國會圖書館之分類法，而稍加變改。因[illegible]西人之法而亦能準諸故習，故其分類之法，實有可議之處，但大體尚善。至王雲五氏之分類法，則巧立名色，不免牽強。是書分類仍依四庫，而子目加詳，其中為四庫所無者，而今目所有者：如史部則增著史，史表，金石，史[illegible]等類；子部則增工家，商業，交通，哲學，自然科學，社會科學，等類。至集部兩部，大致與前人略同。其每類子目，如易類一項，已分為白文讀本，傳說，圖說，[illegible]法，文字音義，古易[illegible]，[illegible]等目，較昔人為密。凡科學，工商等事，昔人所不能列入，今均可以詳覽而無餘。此誠有功於目錄學之事也。然所分子目，亦有可以商榷者，如上列易類各目，即不免繁瑣；至子部雜家類，雜說雜述，小說類雜事[illegible]，[illegible]其內容，難[illegible]分別，凡此諸事，均有待於訂正者也。至其體例尚有可稱者約有二事（一）每書冠以撰人姓氏，皆注其籍貫，吾人因此可以知地方之文獻；（二）每書凡有數種版本[illegible]名不同者，均一一著其異名；如易類，[illegible]易[illegible]，[illegible]山[illegible]本[illegible]氏易解，[illegible]刻本[illegible]易[illegible]解；[illegible]易[illegible]，名從主人，吾人於此，也可知其本來面目，非此[illegible]可比。凡此諸事均有可取法者也。大抵是書就大體而言，組織要為完備，在今日所出各目尚無出其右者。最近學術界有[illegible]四庫[illegible]分類法產生，則斯目分類方法，已[illegible]，各地圖書館，如因此目而增訂之，亦可[illegible]事[illegible]矣。

抑吾更有進而言者，國人於圖書分類索引事業，每喜於未工作之前，先立方法，即以索引而論，已有各種方法之不同。吾人未讀其書，必先習其方法，甚有[illegible]而退者，則又何如用舊有參考分類之[illegible]便了當，其利便學人為何如哉。吾[illegible]國人[illegible]事[illegible]實際作起，而無專於宣傳，則學者幸矣。（雨）

新刊簡訊

華裔學志(Monumenta Serico)創刊

Journal of Oriental Studies of the Catholic University of Peking, Semi-Armual. Edited by E. X. Biallas, Vol. I, fase, 1. 1935.

十九世紀末以來，歐洲人之對於中國文化，漸由主觀之好奇而入於客觀之研究，英國之皇家亞洲學會雜誌(JRJS)創刊於一八二七年，法國之亞洲學報(J. A.)創刊於一八二三年，其最著者也。此外如中國[illegible]雜誌(Chinese Recorder)中國叢報(Chinese Repository)創刊雖早，而其內容則貧弱，遠不及前二者之科學化。至於荷蘭萊頓出法國學者伯希和氏主編之通報(T-p)，與安南河內之遠東學院學報(BEFEO)，皆創刊於一九〇〇年，此二種於東方及中國學術上之貢獻尤大，今欲得其全份，頗不易，求其紀載有多量關於中國與東方研究之刊物，然皆在歐美出版，其在中國出版者，惟中國雜誌(China Journal)，內容又不能盡關於學術之研究。惟印刷精良，頗能引起[illegible]讀者之趣味。今華裔學誌之創刊，或可彌補此憾。據編者[illegible]言，該刊以專研究中國民族語言及文化為宗旨，並亦注意於史前史及人類之學。擔任撰述者，以北平輔仁大學之外籍教員及其關係之人為多。本期中如 W. Schmidt, The Oldest Culture-Circles of Asia, 據近時古生物學史前史及人種學研究之結論，以為亞洲實為「世界人文之母」(Mother of humanity)，「世界民族之祖國」(The Greatmother of thepeoples)，[illegible]，[illegible]，[illegible]三種之原始文化，皆起源於亞洲也。次如 Von Ernst Schieslitz(謝禮士)，ZurTechnikder Holztypendrucke ausdeur Wu-Ying-Tien, 考武英殿活字版之程式，亦為極要之作。其他各篇，不及細舉也。（鍵）

學術消息

關於北平圖書館採集和林碑之經過及新近搜集金元碑之消息

和林在唐為突厥地，自唐闕元[illegible]，突厥內附，唐遣使往，建立有毗伽可汗碑，闕特勤碑，為考史者所重。元代興起蒙古，後據歐亞，上都和林諸地，均為元代名城，中外人士，輻輳雲集，遠如意大利，傳教之士如柏朗嘉賓，(John of Piano de Carpini)羅伯魯(William of Rubruick)諸人均不遠萬里，來集和林，因之元代上都，遂震動於寰宇。惟[illegible]風念[illegible]，曾不能久，元運告終，遂群消歇，和林之名，亦漸不為人所道。明初李文忠，常遇春，嘗一至和林，永樂以後，直以丁字北海視之。嘉隆萬曆以還，文員疏遠，明士惟以分疆為慮，已無遠略，學者並上都之不知，遑論和林哉！[illegible]

[illegible]

文字約十五六種，附以和林詩，選錄詳加考訂，考證多詳，近人羅振玉氏復據三多所藏和林碑拓本重校，校出拓補多，較李氏本為善。蓋蒙古故城古地，異族文字，非深金石碑版無以知其究竟也。北平圖書館歷年搜羅金石文字甚多，其關於和林者，其精者亦始甚富，較李氏所輯大體已備，然為李氏所無者，如元日字碑文碑，明重修靈泉寺碑，蒙古國書碑，沙門島碑，大朱[illegible]碑，[illegible]寺[illegible]碑，不下七八種，元明以來研究和林之金石文字，惟平館為最[illegible]矣。

該館所藏和林碑以外，尚搜有熱河出土之遼陵石刻，及最近熱河大名城河南小柳[illegible]林子出土大遼靜安寺碑銘，契丹文及漢文凡四種，又熱河赤峰縣[illegible]州城出土元[illegible]國公碑，張氏先德碑，竹溫台碑，[illegible]儒學記碑等，約數十種。凡以上所述諸碑，皆為九一八以後日人採獲所需者，在昔日軍閥跋扈以前，實無人問及，今者東北史蹟，日趨發現，吾人思之能無慨然。故該館於金石碑版一項，頗專力收集，現有遼金元碑碣石刻，已[illegible]不下三四百種，可謂集學者共同[illegible]之。

（左欄下接）

制之所限也。

若斯眼福，均屬萊斯博士之惠與，謹致謝忱！並向為余寫介紹信之伯希和先生，同此鳴謝！

余赴英倫之前三日，往謁伯希和先生，叩以敦煌文獻及週學史等問題，伯先生應之。余又曰：「[illegible]王考訂敦煌寫本，約在二三十年前，以今觀之，容有未備，極應及時重訂。然想法國人亦或已有所補直或改正矣！」伯先生不以余說，且曰：「[illegible]氏既未身到流沙，且未詳閱所出經卷，固應闕而。然余在敦煌工作時，在千佛洞石窟中，凡有關於歷史之問題，為影相所不能攝者，均有手錄清稿，尤為重要。此稿保留，亦已三十年矣！」言已，從身入書架，取來兩個木匣，長尺許，寬六寸許，高寸許，滿貯手稿。余為展觀，有題，有跋，有款，有贊，上起北魏大統，下迄元明。其書明年月者以晚唐及五代為最多，西夏蒙古，亦間有之。依圖作證，參閱史書，可補舊本文件所闕。而圖說之中，不但有年月可稽，有官銜可考，且圖繪毛幼，一題其名，既可明其世系，且可知其行第。若滿義第之張氏，曹氏，世族之陰氏翟氏等，史籍既已放失，寫本文件，又復不全，在今日此題為唯一實貴史料矣。余既細觀，乃向伯先生曰：「敦煌圖錄(Les Grottes de Touen-Houang, 1920)既已印行，此稿不可緩。此不但為藝術之闡明，亦為研究西北史地者之最重要史料。且在此三十年中，千佛洞經遊人之塗鴉，風雨之剝蝕，恐原物與城亦殆盡，則天壤間一線之傳，或在先生兩個木匣中矣！盍即整理印行？」先生頷之。然恐事忙，不果成。余因表示願襄助，先生欣而許之。約於今春開工，每週以半日之力為之，則數月後或可成書。余以此項史料，其重要不在敦煌圖錄之下，因並及之。想亦國內注意敦煌學者，所樂聞也。

• 二十五年一月七日，巴黎

圖書副刊
BOOKMAN
第一百二十五期
一 本刊登載關於中外圖書之介紹批評以及學術界消息爲公開性質歡迎投稿
二 刊登本刊之文略致薄酬
三 投稿通訊可寄「北平文津街國立北平圖書館內圖書副刊編輯收」

明代輿圖彙考

—總圖之部—

王庸

中國古來輿圖除方志，總志及類書中之附圖外，大抵以邊防水利及總輿圖三種占其多數，而邊防水利之圖，又多附於記志考諸之中，鮮以地圖爲主體者。拙編明代北方邊防圖籍錄（見民國二十二年地學雜誌）及明代海防圖籍錄（見清華週刊第三十七卷第九十兩期文史專號）所述明代邊防圖籍，蓋已十之八九。關於水利圖籍，則茅乃文先生近方以知見之中國水利書籍，（不限明代）逐一作爲提要，不久可以公之於世。故是篇所述，僅以明代總輿圖爲限；而此等總圖之中，固又常有邊防及水利圖附見也。至於歷史沿革圖，則性質不同，爲數亦少，且擬不以明代爲限，另草「中國沿革地圖之沿革」一文，故爲是篇所弗及。其他明代零星地圖亦當於另篇述之。

明代輿圖，大多淵源於元代朱思本圖；羅洪先之廣輿圖，爲繼往開來之中堅，而陳組綬之皇明職方地圖可謂「殿軍」。其非朱圖系統之下者，大抵皆官府中傳統的繪法，在地圖史上無有特殊意義。逮清初教士測繪中國地圖之後，而朱圖之支流餘裔，乃不甚通行。故有明一代之輿圖，蓋可謂爲朱思本圖勢力所籠罩，至清初康乾以後而始稍沉耳。至若利瑪竇輸入之世界全圖，雖爲中國地理知識史開一新紀元。但當時一般士大夫，似仍故步自封，少重視及此。近洪煨蓮先生等爲禹貢半月刊編利瑪竇地圖專號，日內可以公之於世，其於此圖之研究，自當特爲精詳，可無用更爲贅述也。

李默天下輿地圖一卷

見千頃堂書目。世善堂書目作「李默大明輿地圖六十卷」，卷數疑誤。明史李默傳未言其作圖事。康熙甌寧縣志名臣傳云：「李默，字時言，高陽縣學人。……第進士，（據明史本傳在正德十六年）選翰林院庶吉士。……改戶部主事，陞兵部員外郎。……調入吏部。……常因計吏條上地方事宜，論次爲輿地圖數卷；凡形勢要害，兵賦條貫之略悉具。冢宰桂萼見而奇之，特爲奏聞，世廟嘉悅。文武會試，皆充同考官。因歷論實轄位次，忤王司馬。（按明史本傳此事在嘉靖十一年）……所著有羣玉樓稿，孤樹裒談，建安人物傳，朱子年譜，輿地圖，行世。」可見李氏與戶，兵，吏三部，均有因緣，而此圖之作，則「因計吏條上地方事宜」，與邊防圖籍之源於兵部者有別。惟此圖之「行於世」，並非李默之名，桂萼之皇明輿圖，蓋即李氏此圖。詳參下條。

桂萼皇明輿地圖一卷

北平圖書館藏明萬曆刊修攘通考本 南京國學圖書館藏乾隆刊本

明世宗實錄：嘉靖八年六月「戊辰，大學士桂萼進輿地圖十有七，各有敍記。上曰：覽圖敍事明白切要，具見體國經濟至意。圖本留覽，還寫副存留內閣。」今按修攘通考中所刊皇明輿圖，卷端有桂氏奏稿，所述與此大體相合。惟李默所奏輿地圖，康熙甌寧志謂其爲冢宰桂萼所奏聞，其時約在嘉靖初年。而桂氏之入閣爲大學士，始於嘉靖八年二月，中間曾經免職而復任，迄十年正月而以病乞歸，八月而卒。（據明史本傳及宰輔年表）是則李圖之上奏，總在此二三年之內。（嘉靖八年二月至十年正月）與桂圖之奏進時期（八年六月）大約相同。在此二三年內，桂氏當不至爲己，爲人，同時奏上兩種性質相似之地圖。故吾人謂桂氏之圖，即據李圖爲己有而奏進者，殆未可爲武斷歟？其後李氏之名與此圖之關係，幾乎「默」爾而息，僅於甌寧志中偶露消息，而兩圖之作，又似各不相謀者矣。萬曆中何鏜彙刊圖籍四種爲修攘通考，桂氏圖即居其一。何氏總序中有言「安仁桂公咨諏述職，以詔敍政，而甌寧敍事，論列要領，悉得利害，於是爲大明輿地圖」云云。此所謂「甌寧」，自指李默而言，則桂圖與李圖爲二而一之作品，可無疑矣。

四庫全書提要地理類存目，著錄桂萼輿圖記敘二卷。又云：「是編即嘉靖八年爲大學士時所上，首爲總圖，次則兩京十三省各爲一圖，附以四夷圖；但略具兵馬錢糧之總數，併府州縣衛之名，亦不俱列；所述利病，亦皆敷衍之詞。其奏進疏乃稱披此圖如祖宗之親歷地方者然，世宗批答，亦稱其明白切要，具見體國經濟，皆不可解也。」此輿圖記敘，當即皇明輿地圖無疑。敍文辭意，概略浮泛，又附修攘通考中所刊此圖，亦頗粗率，並不畫方。提要所評，並非苛責。蓋此圖製於羅洪先廣輿圖之先，而內容則較劣，且似與朱思本圖無關也。

此圖名稱，各書目著錄頗不齊一。除四庫所謂「輿圖記敘」外，明史藝文志稱「明輿指掌圖，」脈望館目稱「輿地指掌」而不記作者，千頃堂書目稱「大明輿地指掌，」百川書志作「大明輿地指掌圖，」讀書敏求記，晁氏寶文堂書目，及也是園書目，均稱「一統輿圖」。且按修攘通考本此圖卷端所列奏稿，題爲「大明一統輿圖奏稿，」惟奏稿以下各頁版口，均稱皇明輿圖。一書名稱不同，往往有之，但差異如此之多者，殊少見耳。此圖卷數，四庫目既作二卷，而也是園書目並列兩一統輿圖，一作一卷，一作二卷，其他書目多作一卷。圖數則讀書敏求記言「爲圖十六。」百川書志謂有十七圖。今按修攘通考本確有十七圖，計兩京，十三省共十五圖外，更冠以一統圖而以四夷圖殿之。敏求記所謂十六圖，疑有缺失，或係誤記。國學圖書館藏此圖之乾隆刊本，不知是否即出修攘通考本，未見其書，不知究竟。

又按千頃堂書目著錄大明輿地指掌一卷，於桂萼所著歷代地理指掌之下，並註云：「嘉靖六年十二月進呈。」此時期與明實錄及桂氏奏稿所記之爲八年六月者不同。疑六年十二月爲桂氏奏歷代輿地指掌之時。惟北平圖書館藏明實錄之嘉靖六年九月至十二月之一冊，未獲查見，不知記有進歷代地理指掌之時日否耳。

羅洪先廣輿圖二卷

北平圖書館藏明萬曆刊本 南京國學圖書館藏明嘉靖刊本

羅洪先，字達夫，吉水人，嘉靖八年舉進士第一。明史本傳云：「洪先歸，益尋求守仁學，甘淡泊，鍊寒暑，躍馬挽強，考圖觀史，自天文，地志，禮樂，典章，河渠，邊塞，戰陣，攻守，下逮陰陽算數，靡不精研。至人才吏事，國計民情，悉加意諮訪。曰：苟當其任，皆吾事也。」羅廣輿圖事，並未嘗及之，僅於藝文志中列「羅洪先增補朱思本輿圖二卷。」惟羅氏自序略言其製圖源委云：「嘗偏觀天下圖籍，雖極詳盡，其疎密失準，遠近錯誤，百篇而一輿之能易也。訪求三年，偶得元人朱思本圖，其計里畫方之法，而形實自是可據。從而分合東西相侔，不至背舛。於是悉所見聞，增其未備，因廣其圖至於數十。其諸沿革統馭，不可盡載者，咸具副紙。山中無力備書，積十餘寒暑而後成。」又於序後附記言「朱圖長廣七尺，不便卷舒，今據畫方，易以簡編」云。由此知此圖係據元朱思本輿圖縮小增改而成。關於朱思本輿圖及其事蹟，有日人內藤虎次郎所著「地理學家朱思本」一文考之甚詳。（原文見日本大正九年藝文雜志，後集刊於內藤氏「讀史叢錄」中，並有吳晗先生譯爲漢文，更加附考，載北平圖書館館刊七卷二號。）今朱圖已不可得見，僅恃羅氏此圖略可推見梗概耳。

普通廣輿圖刊本坊間不難購得，但多係清初翻萬曆刻本，原有翻刻之序文，通常均不可見，蓋爲坊賈扯去，以充萬曆本者。余所見北平圖書館藏本，即此種翻刻本也。卷首除朱氏及羅氏自序外，有嘉靖辛酉（四十年）胡松及徐九皋序各一，嘉靖丙寅（四十五年）霍冀韓君恩序各一，最後爲萬曆己卯（七年）錢岱重刻廣輿圖序。胡序云：「佐余意程梓總費，是正讎校，則武進左子丞之勞宜多矣。」韓序又云：「余鄉羅先生考訂增定，從而廣之，家藏未傳。冢宰我柏泉胡夫子，刊布著論，始傳於浙。猶歉未廣，夫子以恩爲門下士，付刊本命翻刻焉。」可知此圖最先由胡松刊行，繼而韓君恩又爲翻刻，至萬曆錢岱之刊行，已屬第三次矣。今萬曆本已不易得，而南京國學圖書館書目圖部中記有此圖之嘉靖本，頗足珍貴。丁氏善本書室藏書志著錄此圖，亦註爲嘉靖刊本，並言及霍冀胡松，徐九皋三序，而未及錢岱序，殆即第二次刊本也。按國學圖書館書目例，丁氏書皆註「丁書」字樣，而此圖不註，未知是否書目漏註，抑非丁書。但嘉業堂書目亦記有嘉靖刻本。

羅氏自序附記其圖有「兩直隸十三布政司圖十六」，「九邊圖十一」，「洮河松潘虔鎮麻陽諸邊圖五」，「黃河圖三」，「漕河圖三」，「海運圖二」，「朝鮮朔漠安南西域圖四，」又言「凡沿革附襲，統馭更互，雖以旁綴者，各爲副圖六十八。」今檢此圖，除黃河，漕河，海運，書各一圖，而分畫爲二三幅外，另有琉球日本二圖，爲胡松刊布時所增，（胡序言：「爲補倭及琉球兩圖」）而卷末尚有華夷總圖一，朝鮮圖後有東南海夷總圖及西南海夷總圖各一，羅氏未曾述及，疑爲萬曆錢岱重刊時加入，因錢序中有「紙舊本稍加增拓，增雜而未入者入之，圖說有未詳者詳之」之語耳。至於羅氏所謂副圖六十八，今亦不見，未知是否向未刊行，抑爲後來翻刻之本所刪略。惜今未見嘉靖刻本，不得爲之一比較也。

韓君恩序云：「因質諸霍副憲君，少參徐君，僉憲王君，咸曰：美哉，太平輿章也。然則覺，愛則傳，因各出耳目聞記，并增桂見山先生進呈圖叙十六首，許默齋先生邊論九首，付青郡杜守校刻爲書。」所謂桂見山進呈圖叙，即桂萼輿圖記叙，「許默齋邊論」，即許論九邊圖論。可知此皆原圖稿及第一次刊本所無，至第二次刊行始加入者。

胡松廣輿圖二卷

見千頃堂書目。此疑即羅氏廣輿圖，因胡氏爲始刊此圖作序文而誤。

羅欽順廣輿圖

見千頃堂書目，明史本傳未言其作圖事。

項篤壽考定輿地圖十卷

見千頃堂書目，明史藝文志及康熙秀水縣志典籍志。秀水縣志先達云：「項篤壽字子長，嘉靖壬戌（四十一年）進士，初授刑部主事。……已遷職方，多所擘畫。尋陞廣東參議。致仕。篤壽學於外父鄭端簡公，故能博綜今古，通達國體。未究其用而卒。所著有路紀，今獻備遺，奏疏雜著。」此輿地圖當爲任職方時或其以後所作。其時較廣輿圖之著作較晚，與朱思本圖不知有關係否。

沈元華輿地圖志三十卷

見千頃堂書目。康熙秀水縣志典籍亦著錄，未記卷數。秀水縣志文苑：「沈元華字遂伯，嘉靖壬戌（四十一年）進士，殿試傳臚。授禮部主政。使朝鮮，賜一品鱗服，戴羈持大體。朝鮮甚尊敬之，贈以金絲幃及他物。悉却之。圖其國山川形勢要害扼塞以歸。…推日擁書史自娛。尤善鍾王筆法，有輿地圖註，未梓」。（「註」殆係「志」字之誤）由此可知此圖志對於朝鮮地理，或較詳確。其編著時與項氏輿地圖相彷彿，但疑與朱思本圖無關。

汪作舟廣輿考

北平圖書館藏明萬曆刊殘本

此書雖不以圖名，而實具輿圖之規模。北平圖書館所藏殘本係下半部，卷末有跋，亦不全，不見作者姓名，但知爲編此書者之子。據內藤氏「地理學家朱思本」一文中言及萬曆三十二年汪作舟刊廣輿考，當即是書。但不知刊此書之汪作舟氏，是否即編者耳。內藤氏稱此書雖無廣輿圖之朱序，羅序，而其以朱圖爲根據之痕跡仍存。今按所見殘本，其實際，蓋不但編次與圖之體制相似，即九邊圖中所附建置表格，亦幾乎完全相同。蓋天一閣書目（薛振玉氏印玉簡齋叢書本）著錄有廣輿考二本，殆即此書。

程道生輿地圖考六卷

武進莊氏選鈔第四卷九邊圖考石印本

此書入禁書全燬書目，海鹽縣志藝文志著錄，不記卷數，並言程氏字可生，「明季坊行本有自序。」汪氏振綺堂書目著錄六卷四冊亦謂「明海鹽程道生可生撰，自序。」民國八年武進莊氏曾將程氏此書中之九邊圖考摘鈔印行。莊氏序文云：「九邊圖考者明天啓時海鹽程道生所撰輿地圖考六卷中之第四卷也。其書述北直兩直及諸行省，府，州，縣，衛，所，與明史無大出入，而敍九邊事特詳備曲盡，蓋皆明史所未曾言。但以種爽考一編，猶詞觸忌，爲人子孫臣僕所不忍聞，故清時懼其全書於禁燬之列，敢有收藏者，輒匿之，以是傳布甚稀。今原書得之於粵東，茲摘鈔付印，以廣其傳。」由是知此書成於天啓間，傳本今當存在。惟全書編製體例，按莊氏之言推之，殆與羅氏廣輿圖近似，而後此陳氏之職方地圖與吳學儼等之地圖綜要等，亦復相類。至其九邊圖考當爲莊氏所稱賞而鈔印者，亦不過與許論九邊圖論相彷彿。明代此類著述頗多，爲一時風尚，內容大抵互相沿襲，無甚精要也。

仙克謹中邊圖制考

見禁書目。其事略見拙編明代北方邊防圖籍錄引康熙寧國府志。按其「中邊」之稱，當不限邊防「圖制」，而兼及腹裏，故附記於此。

陳組綬皇明職方地圖三卷

國立北平圖書館藏明崇禎刊本

此圖入清代禁書目。內藤虎次郎地理學家朱思本述及此書，謂爲朱思本輿圖系統下之作品。但其所引僅及職方地圖卷首之或問，其下在皇明地圖總論之後，更有皇明職方地圖大序一篇，述及所據已成之圖及內容改進之處，較或問爲詳，茲節錄如下：

「元人朱思本計里畫方，山川悉矣，而郡縣則非。羅念庵先生因其圖，更以當代之省府州縣，增以衛所，註以前代郡縣之名，參以桂少保萼，李太宰默二公之圖叙，廣以許論之邊圖，鄭若曾之海圖，易以省文二十有四法，可謂精覈簡制，略無異議。但以天下幅員之廣，道里無數，則東西南北莫辨。舊圖於郡縣惟紀其名，不書其險，所以郡縣可考，而山川之險阻莫測。京省郡縣，全在實於內，故凡補遺罅漏，不可不備。舊圖於邊腹圖其內，不繪其外，所以圖以內易見，而圖以外難知；九邊之要，全在謹備於外，故外夷忠浚，不可不詳。舊圖邊鎮不分，大寧開平興和東勝四邊皆失，豈二祖之版圖也，烏可並棄而不問？舊圖有黃河有漕河，皆今昔異辨。而無營丈人之孤實河山圖，無江山圖，無弱水圖，無黑水圖，以此高山不足以列旅，大川不足以濬源。舊圖漕河太略，無海防而有海運，無太僕圖。舊圖在萬曆以前，今無兩世，朝代與則沿革異，制作異。故不揣復因七氏之圖，而加廣之：爰作天下大一統圖二，以辨令覽；作兩直隸十三布政司圖十五，以知官守；作衛藩九邊圖七鎮圖十有五，以驗大防；作山川圖四，以察地勢；作河漕海運圖二，海防圖一，以別水道；作太僕統轄圖一，以知馬政，而亦尾以朝鮮朔漠安南西域島夷圖終焉。」

今以廣輿圖（據清初翻明本）與此圖相對照，知上述職方圖之特點，除薊埸大寧開平興和東勝四邊圖，江山圖弱水圖黑水圖海防圖太僕牧馬圖以及萬曆以後地名沿革之修改外，其他諸點，則兩圖大略相似，所言新圖特色未免稍誇。廣輿圖之漕運圖係漕運河，而職方圖之漕黃治蹟圖則黃河與運河合繪，關於運河沿岸地名反較漕運圖稍略。惟以大體觀之，則職方圖較爲寬大，而圖中所註文字較小，不若廣輿圖之擁擠雜亂，（此據清初翻本廣輿圖而言，明嘉靖或萬曆刻本，不知較佳否），而圖繪本身亦較明晰美觀，圖旁及圖後記註亦較詳。此外則廣輿圖有東南海夷及西南海夷兩總圖，而職方圖則併爲皇明朝貢島夷圖；廣輿圖末有華夷總圖一而職方圖無之；又廣輿圖中有日本圖（鄭若曾所製圖）而職方圖代之以日本入犯圖，此亦二圖互有詳略之處也。

至於大序中所謂「七氏之圖」大抵係指上文所言朱思本，羅念庵，桂萼（大明輿地指掌）李默（天下輿地圖）許論（九邊圖論）鄭若曾以及所謂農丈人七家之作而言。農丈人即余寅，鄞人。

此圖所引用圖籍，除上述各種外，尙有數種，註於本文中。如卷中薊州邊鎮表後考略末尾註云：「並崇禎二年本部左侍郎太倉州人申用懋所著，後九邊做此。」按絳雲樓書目有申用懋九邊圖說，所引當即此書。又卷上江西驛官表下引方輿勝略，蓋即程百二之方輿勝略；傳是樓，述林堂，持靜齋，振綺堂各書目均著錄。（傳是樓目作「程百二撰，振綺堂目作「程幼輿闕鼓撰）此外則卷下漕河列表下又引邵寶，陸鉞，席書，及何孟春言。千頃堂書目有邵寶漕政舉要錄十八卷，（明史藝文志作漕政錄，而邵寶傳作漕政舉要。）所引邵氏語，殆據此書。席書何孟春二人，明史均有傳。何孟春傳云：「召爲吏部右侍郎，會蘇松府旱潦相臻，而江淮北河水大溢，漂沒田廬人畜無算。孟春做漢魏相條奏八事。」此圖所引何氏語，殆即此「條奏八事」中語。席書著述未知有涉及漕運與水利者；惟本傳中有「因災異條陳時弊十餘事」之語，此圖所引，或即條陳中文字歟？陸鉞著述未詳，待考。

又據卷首或問稱記其參考圖籍：「有本朝寰宇記，（殆即景泰中修之寰宇通志）大明一統志，大明官志，及廣輿考，疆記，京省圖邊鎮圖，川海圖，河運，海運，江防，海防，河防，諸書：」並列合同纂修者四十六人。而言其「編記之始，則少保張公之志。」或問又云：「地圖之修，肇於乙亥（崇禎八年）之春王正月，越八月而編次訖，丙子初夏而剞劂竣，凡十有六月而圖成」。由是知此圖之編製時期甚明。此時距廣輿圖之初刊蓋七十餘年矣。又據道光武進陽湖合志人物志之宦蹟傳，言陳氏爲「甲戌（崇禎七年）進士，授兵部職方主事，勤勞盡職，以其暇著職方圖。……丙子（崇禎九年）奉命典試山東，役竣星馳赴部。」可見知其任職方司之初，即著手編此。其職方地圖大序末署「崇禎八年歲乙亥，冬十月望日壬辰，兵部職方司主事臣陳組綬盥手序。」

吳學儼地圖綜要三卷 北平圖書館藏明崇禎刊本

此書爲天都吳學儼，淮陽朱紹本，錢塘朱國達，瀕江朱國幹四人全編輯。卷首有崇禎癸未（十六年）臨川李茹春鑒源氏序，其後即爲朱紹本，朱國達，及朱國幹序各一，繼爲吳學儼凡例，更列參閱姓氏一百十餘名。李序言此圖編者係及朱支百（紹本）吳敷勝（學儼）二人。乾隆江南通志書目，及康熙徽州府志休寧書籍，亦記吳學儼朱紹本編。千頃堂書目，振綺堂書目，及棟亭書目均記吳學儼輯，而述古堂書目作朱紹本編。振綺堂目及棟亭目著錄四冊，千頃堂目作三卷。今按原書，並不記明卷數，但分爲「總卷」「內卷」「外卷」三部分。總卷大抵爲全國道里，山水，及形勢要害等總圖考。內卷爲兩京十三省分圖志。每一京或一省之首爲「程途總數」，次「分里圖」及「分界圖」各一，再次爲「各府州縣志」，最後爲「總論」，及「事宜」。其所謂分里圖，即以每方百里爲比率之圖，蓋亦朱思本，羅洪先系統下之地圖，分界圖則較分里圖爲簡略，又不畫方，僅於四周約註某府州界而已。「各府州縣圖誌」則每府所記有雜志，名山，大川，土產，名宦，流寓人物，土產，古蹟，關隘諸項目。雖所記不甚詳，亦可謂「末大於本」，而輿圖反若附錄矣。（四庫提要地理類敍記中語）外卷爲江防，黃河，漕河，海運，海防，九邊，四夷諸圖說。其中江防圖說，特較以前爲詳，其故則於凡例中有特著一項標明云：「我國家傾柔置壑，中外帖靖，故江防無事，間有紀錄，亦祇詳自潯陽以下，用閑草竊。今與寇抗行，實觀關洛，自荊襄而抵蘄黃，三流悉稱要害。茲遂採前史，傳綜與宋綢繆之策，較之往牒，實爲獨周。」是可見此圖之獨勝前作者，亦可謂應時勢之要求也。其九邊圖則於各邊分里圖之前又各冠一沿邊圖。分里圖畫方，殆亦直接或間接出廣輿圖。其沿邊圖則出原於兵部職方司之九邊圖，自許論九邊圖論以降，在明代甚爲通行者。由此以推，則此書中各京省之分界圖，殆如桂萼輿地圖之類，乃朱思本系統外之傳統的輿圖，而地圖綜要則將此兩種不同系統之輿圖，並列而刊行之耳。此外四夷圖考中之朝鮮，日本，琉球，東南海夷，西南海夷，安南，西域，朔漠諸圖，大抵亦出廣輿圖。

潘光祖輿圖備考十八卷 清順治刊本

是書詳細名稱爲「彙輯輿圖備攷全書」。原書記關中潘光祖彙輯，邗江李雲翔參訂。卷首有順治七年李長庚序，次爲崇禎癸酉（六年）宗敎一序及李爲霖序。知是書成於明崇禎之初，至清順治初而始刊行。全書十八卷，只第一卷爲圖，第二卷爲總考說，第三卷至十七卷爲南北直隸及十三省志，末卷則記四夷。故按此書內容，與其名爲輿圖，不如稱地志之較爲合式。其中所記於山川，物產，屯田，鹽政，及古蹟，祠廟，寺觀，陵墓，等事外，更雜記名宦，烈女，仙釋諸端；蓋已俱備一統志與方志之體裁矣。

第一卷之圖除總輿圖，南北直隸，十三省，及黃河，漕運，海防，九邊（只有總圖無各邊分圖）爲當時一般輿圖所常有者外，其中更有夏禹治水圖及璇璣玉衡圖各一。而諸圖之首，則冠以天文纏度圖二，即東西兩半球圖，亦即當時所謂山海輿地全圖，由利瑪竇傳入中國者。卷末附纏度圖說，即稱引「山海輿地全圖各圖經緯略。」卷首凡例中亦聲明「是集則以利西泰之進呈四大部州輿圖併纏度爲首；」採錄諸書目中亦列「利西來（泰字之誤？）經緯略。」利西泰，當即利瑪竇之異譯。至於南北直隸及十三省等圖，雖均不畫方，但其形式與廣輿圖無大差異，故不敢斷爲與朱思本圖毫無間接關係也。

輿地圖 北平圖書館藏舊抄本

此種抄本地圖，並不少見。北平圖書館藏有兩份外，書肆中亦往往見之。按此圖內容，不係爲朱思本系統下之地圖，且疑即由羅氏廣輿圖增刪而成。蓋其圖均畫方，圖式及數目略同，惟少羅夷總圖及日本琉球三圖。各圖所附建置表格，亦大體相似，但不附桂萼圖敍及許論九邊論耳。海圖兩旁多有附註，大抵記述山水爲主，是爲羅圖所無，而又間引羅氏語。惟其中有數圖兩旁全白無註，北平圖書館所藏兩鈔本，其全白處相同。因疑此爲原稿之未完成者，並非鈔錄者之遺漏。

季滄葦書目，有「精抄輿地圖一本」不知即是此圖否。

許重熙輿地分合指掌圖

見千頃堂書目及常昭合志藝文志。

袁中道輿圖考一卷

見千頃堂書目及徐氏家藏書目。

姚星吳輿地圖

康熙杭州府志人物文苑有姚星吳傳略云：「字太獻，少及李春耕之門。萬曆庚午，鄉試第一。博覽經史。嘗手輯輿地圖，九邊形勝考，蓋志在用世也。謁選授閩之南靖令。南靖處萬山中，苦溪水湍，民不便耕稼。星吳相度形勢，爲築堰防奔潰，利及他邑。行保甲，講鄉約，彰癉互用，比戶向風。」此輿地圖殆未刊行，上述抄本輿地圖，或與此有關。

周子德輿圖

振綺堂書目著錄「一冊，不分卷」。近古堂目著錄「輿圖」二種，絳雲樓書目亦有「輿圖」十六冊，未知是否此圖。

沈翅楚廣輿圖考

培林堂書目著錄，「二冊」。傳是樓書目錄，「二卷」，「一本」。雍正浙江通志引山陰縣志錄廣輿圖考十二卷，並註張天復撰，是蓋張著廣輿考之誤，非沈氏此圖。

方輿圖

孫氏祠堂書目著錄，「四冊，明刊本」。

中原地理總圖

菉竹堂書目著錄。

地理圖十卷

季滄葦書目著錄。

李日華輿圖摘要 清初刊本

前年於坊偶見此書，內容如何，不能記憶，惟知其書雖以輿圖名，而內容則並無輿圖，僅有記志。此如宋代之九域志謂爲地圖之「化石」可乎？

新書簡訊

中算史論叢（二）（三）

李儼著 民國二十四年十二月上海商務印書館出版 第二冊定價一元 第三冊定價八角

民國二十年本書著者曾將中算史論文之發表於各雜誌者，輯爲中算史論叢第一冊，近復續有所作，輯爲第二第三兩冊。李氏實有志於中算史之撰述，十餘年來屢爲文發表其所得，撰有中國數學大綱，中國算學小史，中國數學史導言，中算史論叢等書。關於中國算學史之工作，李氏可謂篳路藍縷之功者也。其中算史論叢第一冊所收敦煌石室算書，明代算學書志，明清之際西算輸入中國年表，梅文鼎年譜等九篇；第二冊所收者凡九篇：

1. 中國數學史導言
2. 中算史之工作
3. 二十年來中算史料之發見
4. 二十年來中算史論文目錄
5. 永樂大典算書
6. 宋楊輝算書考
7. 東方圖書館善本算書解題
8. 明清算家之割圓術研究
9. 李善蘭年譜

第三冊所收者亦九篇：

1. 九章算術補註
2. 孫子算經補註
3. 籌算制度考
4. 珠算制度考
5. 中算家之縱橫圖（Magic squares）研究
6. 中算家之 Pascal 三角形研究
7. 中算家之方程論
8. 中算家之級數論
9. 三角術及三角函數表之東來

是書對於中國古代算術之理論及中算史料之整理，多所發見，洵爲近代治中算史者重要之作。其餘未收之作，當待諸四集，李氏歷年所爲關於中算史論文，詳目見圖書館學季刊八卷三期（民國二十三年）所附目錄，讀者可以參看也。（筠）

× × ×

劉永福歷史草

（史地叢刊） 羅香林輯校 南京正中書局 民國二十五年一月初版 實價一元二角

凡研究近代中法關係，尤其是中法戰爭的人，無不知有黑旗將軍劉永福其人者。然其身世功業，略焉不詳，今羅君校輯此書，留心此段史事者，可稱快也。

據羅君序其校輯之經過云：史草所述，半爲黑旗將軍劉永福抗法禦日經過，半爲劉氏剿撫兩廣土匪情況。作者欽人黃海安，嘗隨永福，效力行伍，永福晚年居里，黃爲之課兒孫讀書。永福令之草黑旗事蹟，自爲講述，日一二時，講罷，黃輒錄之。至民四，稿成八冊，長十萬言，未及清理，黃即未具，而永福遽於翌年卒，稿藏海安家，世莫得見。謝君富瞻，欽人也，函向海安家索出原稿，即送以來，爲之清錄一通。釐爲十卷：一劉永福與太平天國及天地會，二初抵越南之劉永福，三黑旗與黃旗之角逐，四劉永福之助越抗法，五劉永福之克服黃旗，六劉永福二度抗法，七中法戰爭與劉永福，八黑旗軍之歸國，九劉永福之渡海援臺，十劉永福之內渡。

此外有校者敍言一篇，分輯錄之目的，輯錄之經過與史草內容及黑旗將軍劉永福略傳三節，於全書作扼要之敍述，且注明輯錄校補時所用各名著者及版本。書首有劉永福遺像及與其有關係之人物馮子材，丘逢甲，唐景崧遺像各一幀，讀者見之，當油然生景仰之感。可謂近代史上不可忽視之材料也。（仲）

× × ×

錫山尤氏叢刊甲集

尤桐輯校 民國廿四年出版 每部二冊

梁溪遺稿文鈔一卷詩鈔一卷。宋尤袤撰。清尤侗編集。據李振唐宜秋館鈔四庫全書本，用盛宣懷常州先哲遺書本，道光辛巳尤氏興詩刻本，道光庚寅尤氏雙劉本及各選本校之。

遂初堂書目一卷。宋尤袤撰。據陶宗儀說郛本，用潘德畬海山仙館叢書本及常州先哲遺書本校之。

文選考異一卷。宋尤袤撰。此書考訂五臣註本與李善注本文字之同異。據常州先哲遺書本重印。

萬柳溪邊舊話一卷近話一卷附述祖詩一卷。三書均爲述祖德之作。舊話元尤玘撰。用陳世隆藝圃搜奇本，鮑廷博知不足齋叢書本及常州先哲叢書本互校。近話尤鏜撰。用道光庚寅祠本重印。述祖詩清尤侗撰。用康熙庚戌家祠刻本重印。

尤氏歷代文存一卷詩存一卷。尤桐輯。均爲尤氏先人之作，見於各方志文集宗譜詩話雜記中者。

全書輯者尤桐氏於蒐輯校刊用功甚深，除校刊文字異同以外，各本序跋以及書目著錄悉皆採錄，並自爲序跋，說明究竟原委，殊便讀者。此爲甲集。輯者尙擬倣玉函山房輯書例，輯勾吳閒見錄，梁溪雜事等數種，併印全唐詩話，清賞記，及西堂集外文爲叢刊乙集焉。書爲非賣品，可向各大圖書館假閱，因輯者曾向各處寄贈也。

× × ×

杜詩索引

飯島忠夫等編 昭和十年 東京松雲堂發行 定價二圓五角

少陵詩不易解，亦不易讀，古來有千家注杜五百家注韓之語，言其難也。蓋少陵博極羣書，馳騁今古，周行萬里，備嘗世態，而復以絕大之同情心出之，黃山谷謂杜詩無一句無來歷。故讀杜詩，大抵必爲中年以上之人，於以上種種條件皆一一經嘗之後，方能察覺杜詩之偉大，非徒以其行間瑰瑋，吐屬瑰麗而已矣。故千餘年來，杜詩直如人體之解剖，條分縷析，無微而不至。愈解剖而愈精，亦愈覺杜詩之奧妙無窮，世人所以比杜詩如泰山北斗，籠蓋古今詩壇。

杜詩既難讀，篇什亦浩瀚，全詩約二萬句之多，檢索爲勞。佩文韻府稱引杜詩，每曰杜甫詩而不舉其詩題，不便檢閱。此書以仇兆鰲杜詩詳注爲底本，以五十音爲序，以一句爲單位，以中句末一字相同之韻字並列之。每卷詩題，皆編以號數，每單位下則注明卷數號數。詩句索引之後，又有韻字索引，再附以字彙索引，俾便檢尋。飯島氏以彼邦天文學者而用其餘晷寄心於詩情古意，亦如吾國葉紹鈞氏以小說名家而以業餘成十三經索引之鉅作，爲人所以爲已也。（鈞）

657

圖書副刊

BOOKMAN
第一百二十六期

一　本刊登載關於中外圖書之介紹批評以及學術界消息
二　爲公開性質歡迎投稿刊登本刊之文略致薄酬
三　投稿通訊可寄「北平文津街國立北平圖書館內圖書副刊編輯收」

藝風年譜與書目答問

陳　垣

新刻藝風老人年譜一卷，爲繆藝風所自訂，至宣統三年止。藝風生平刻書甚夥，嘉惠士林，有清末葉，無與倫比。

書目答問爲光緒元年張之洞督學四川時所刊布，不數年即翻刻數本，幾於人手一編，康有爲講學桂林，至謂書目答問常擕懷中，學問自然增長，其推重可想。

顧書目答問人多謂爲繆藝風撰，吾嘗疑之，李慈銘好臧否人倫，衎稱非己出，實爲己作，難免譏諷。同治二年張之洞以第三人及第，越縵堂記云：探花張之洞，壬子解元，少有時名，近日劉其年劾吳台壽一疏，傳出其手。此謂張之洞爲人捉刀也。

光緒五年二月越縵堂記云：嘉庭來，以張香濤書目答問相商，此書余未嘗過目，乃已有翻刻者，今日閱之，所取既博，條例復明，實爲切要之書，惟意在自炫，稍病貪多，非教中人之法，又經學諸門，所注太略，集部出入，尤多不塙。是李慈銘對書目答問，頗有微詞，然未嘗謂非出張之洞手也。

潘祖蔭與張之洞繆藝風往還甚密，同課金石目錄之學，光緒九年潘祖蔭丁憂在籍，陸心源與潘札有云：張中丞所刊書目答問，世頗風行，如考古精圖，流傳絕少，惟天祿琳琅及葉氏平安館有其書，答問列之通行，朱石君知足齋文集乃散行，而列之駢體，毛嶽生，吳仲倫，劉孟塗，皆與之，稱姚門四傑，而獨遺毛氏，亦百密之一疏也。陸氏所議，今范希曾本書目答問補正尚未爲補正，然當時未聞此書出藝風手也。

光緒十九年葉德輝跋書目答問初印本云：同年友楊叔嶠銳爲吾言，此目出繆太夫子小山先生手，實非南皮己書。故葉氏題記，屢爲是說。民國十年上海朝記書莊翻印書目答問，竟題曰藝風老人原著。嘗論之，藝風雖籍隸江陰，然既以四川籍鄉試中式爲蜀紳，張之洞督蜀學，何至請蜀紳代撰一書，稱爲己作，以告蜀中生童？且書中所述，與張之洞生平所論，及其後勸學篇輶軒語，同出一轍，而與藝風學派不同，謂出藝風，似乎不類。

今藝風年譜光緒元年條云：八月執贄張孝達先生門下受業，命撰書目答問四卷。是藝風自言此書出其手也，然光緒三十四年藝風爲半巖厂所見書目序，僅云助理。序云：同治甲戌，南皮師相督四川學，諸生來問應讀何書，書以何者爲善，謀所以嘉惠蜀士，於是有書目答問之編，荃孫時館吳勤惠公督署，隨同助理。助理與代撰，本有不同，此語在張之洞未卒之前，較可信據。

民國二年藝風題邊袖石詩詞手稿云：光緒乙亥編書目答問，南皮師屬以袖石詞入詞家，今甫得讀全詞，相隔四十餘年矣。此語在宣統元年張之洞既卒之後，今年譜又復云云，二公皆已作古，無從質證。余近得光緒二年張之洞與王懿榮手札，述此書緣起甚悉，爲張文襄全集書札門所未載，大可爲此事作證。札云：

弟在此刊書目一卷，以示生童，意在開擴見聞，（一）指示門徑，（二）分別良楛，（三）其去取分類，及偶加注記，頗有深意，即是無數語言，非僅止開一書單也。更有深意，欲人知此所列各書精美，而重刻或訪刻之。特自知譾陋，以職司所在，不敢諱避，其間舛漏必多，特寄上一本，請爲補正，至感。補正後，請分條疏於別紙，速即寄川，以便改補。又一本並一函，寄繆小珊進士，望轉交，屬其訂正，亦即詳列見覆爲要。此物可作公牘觀，不可作著述觀，蓋不得已也。或與潘少宗伯一觀，必無暇詳覽，但能指摘其體例大端亦好，所以不逕寄者，嫌於自衒。如非同道，不必與看，免致徒招譏舌。然此舉作法自斃，於實書大不便矣。又輶軒語一本，說更淺陋，亦呈一覽。此眞是告示公牘一例物事，本不足登大雅之堂，不過欲使執事知弟在此勞精弊神，舌敝脣焦，大率皆爲此等事。此物雖潘宗伯亦不可與看，見之徒令其罵耳。

末署四月十八日，重慶行署，蓋光緒二年閏五月也。據此，則書目答問由蜀刻成後寄京，由王懿榮轉交藝風，屬其訂正，與寄王懿榮之請爲補正，及請潘祖蔭指摘，同一用意。然則此書王懿榮及潘祖蔭諸人，皆曾爲之訂正，不過未若藝風之先爲助理，復爲訂正，關係較深耳。然助理與訂正，均與代撰不同，今以此札與半巖厂書目序互證，彼年譜命撰之說，稍爲過當也。民國二十五年三月二十八日陳垣。

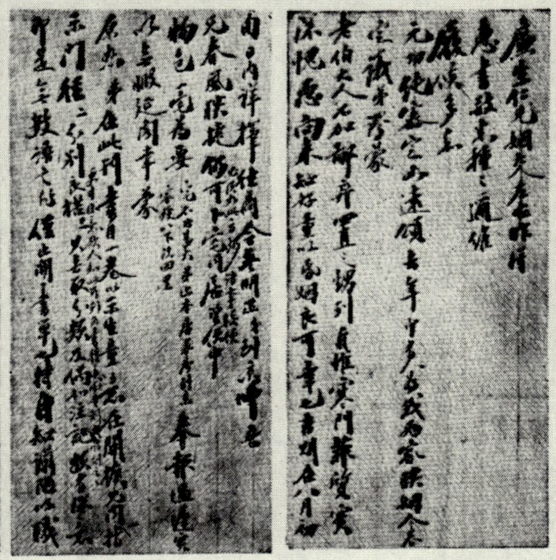

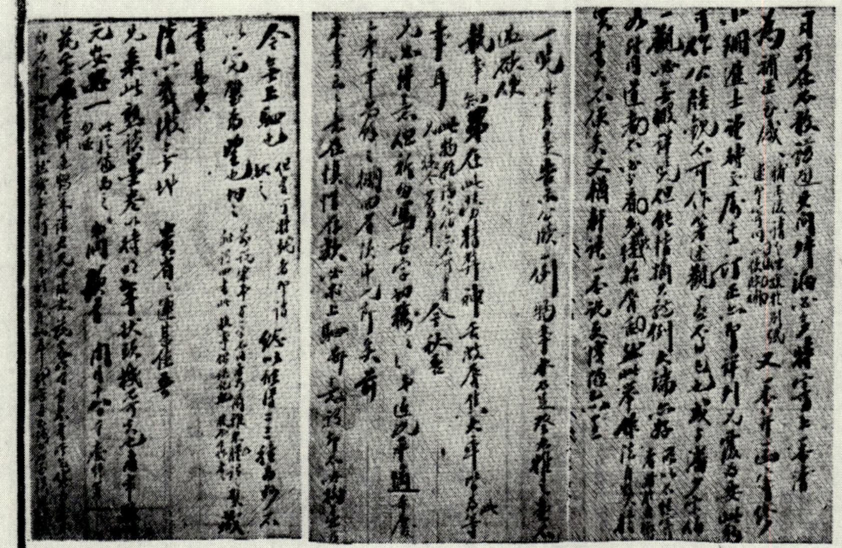

張之洞與王懿榮手札 ←

書評

陳著中國近代史糾繆

劉藜仙

陳恭祿先生中國近代史一書，自去歲出版以來，頗能應社會之需要，風靡一時。余於本月始得四版一本，可見成都遠僻西陲，購書之不易。披閱十數頁，即發現三大誤點，遂毅然止而未讀，不知其後尚有錯誤否。初擬逕函陳君，私相商榷，奈郵寄無處投遞。既而思之，亦無妨公之於世，以爲世之讀其書者，知其誤而有所取擇焉。此書四版自序云：「讀書競進會選爲大學組必讀之書」，尤恐其自身之錯誤小，貽誤於來學者大，故不惲千里飛書，略指其誤，世之君子，倘能更進而評騭其全書之得失，是豈區區所企望者哉。

（一）本書自序第四頁第四行云：「國名載於舊籍者，或先後迥異，或交相雜用，如英或稱佛郎機，或稱大西洋，或稱紅毛，非外國書籍證明，殆難辨別。葡萄牙則稱大西洋，美稱米，法稱佛等，書中均改用今名」。

案職方外紀：「歐羅巴西海迤北一帶至冰海，海島大者曰諳厄利，曰意而蘭大島」。瀛環志略：「英吉利，（英機黎，英圭黎，諳厄利，膺咭黎，英倫的，及列的不列顛，）歐羅巴强大之國也，地本三島」。文獻通考：「英吉利，亦名英圭黎，國居西方海中，南近荷蘭，紅毛番種也。」海國圖志：「英吉利一名諳厄利，一名英機黎，一名英圭黎。……自古未通中國，明天啓時始有聞」。文獻通考：「佛朗機，一名荷蘭西，亦紅毛番種也。東與荷蘭接，其國都名巴黎云云」。海國圖志：「佛蘭西國總記，（即佛郎機，一作佛朗西，一作佛蘭祭，一作法蘭西，一作和蘭西，一作勃蘭西），佛蘭西古曰俄爾，北與英吉利對峙」。

愚按：據上舉諸書，英吉利即英國，共有不同之名七。佛郎機即法國，（明史中有稱西洋銃砲爲佛郎機者，蓋以專名而爲通名也），共有不同之名六。然其譯音大略相同，從未有以佛郎機三字稱英國者。且各書明言英吉利與佛郎機各爲一國，況下文緊接又云：「法稱佛」，則此何以又言英或稱佛郎機？則著者常識之缺乏既如彼，而粗心草率，自相矛盾又如此，史家宜若是乎？至葡萄牙方有大西洋國之稱，亦從未有以大西洋名英國者。紅毛之稱，乃統指明清之際英，法，荷諸國人而言，非專指英國也。不知陳君何所見而云然！且各舊書記載雖略，名稱可得而詳，又何必待外國書籍方能證明乎？未免自欺欺人。

（二）本書上卷第一篇第二頁第一行云：「古代航海術未精，船舶淺小，水手無犯風濤遠渡海洋之勇氣，沿海七省，除海盜而外，別無侵擾之國，居民安居樂業」云云。

案文獻通考記波斯國云：「乾元（唐肅宗年號）初，從大食襲廣州，焚倉庫廬舍，浮海走」。

廣東通志海防篇云：「乾元初，廣州奏大食波斯圍州城，掠倉庫，焚廬舍，浮海走。」文獻通考又記交趾國云：「至道（宋太宗年號）元年春，廣西路轉運使張觀，欽州如洪鎮兵馬監押衛昭美皆上言，有交趾戰船百餘艘，寇如洪鎮，掠居民，劫廪實而去。」明史叢記日本國云：「明興，乘中國用兵，屢寇濱海州縣，洪武二年三月，遣行人楊載賚詔書以即位告，且詰其入寇之故，謂宜朝則來庭，不則修兵自固，倘必爲寇盜，即命將徂征耳，王其圖之。日本王良懷不奉命，侵掠如故」。

日本國志云：「倭寇之亂，與明相終始，而自嘉靖二十六年至萬曆十六年四十年間，沿海州縣，被禍尤酷，閭巷小民，至指倭相罵詈，甚以噤其小兒。」又本篇第二十九頁云：「及明中葉，倭寇之患大作，時人深信海上貿易爲其禍根」云云，豈非與前說自相矛盾？或陳君以倭寇乃日本人民軌外行動，與其國家無關，然取明

[illegible]

Sino-Siberian Art in the Collection of C. T. Loo by A. Salmony

[illegible] (M. Rostovtzeff, Inlaid Bronzes of the Han Dynasty in the Collection of C. T. Loo) [illegible] (P. Pelliot, Jades archaiques de la collection C. T. Loo) [illegible] (Tch'ou Tö-yi, Bronzes antiques de la Chine appartenant à C. T. Loo) [illegible]

[illegible] (Scythian) [illegible] Sino-Siberian [illegible] (J.G. Andersson) [illegible] Der Weg über die Steppen (Bulletin of the Far Eastern Antiquities, No. 1, S. 150) [illegible] "Sino-Siberian" [illegible] "Scythian" [illegible] "North Eurasian" [illegible] (Ordos) [illegible] (Hunting-Magic in the animal style, Do, No. 4, P. 224) [illegible]

[illegible] (A.M. Tallgren) [illegible] Collection Tovostine [illegible] Collection Zaoussailov [illegible] (E.H. Minns) [illegible] "Sino-Siberian" [illegible] (H. Yule, Cathay and the Way thither, Vol.I, CLVII) [illegible]

[illegible] G.J. Borovka, Arkheologicheskoi obsledovanie srednewo techeniya r. Toly, Severnaya Mongoluya II, PP. 72-75 [illegible] A.M. Tallgren Trouvailles tombales en 1889, SMYAXXIX [illegible]

[illegible] (S. Teploukhov) [illegible]

讀漢碑校讀（五種）

[illegible]

新書簡訊

The Chinese on the art of Painting, Translations and Comments by O. Sirén, Henri. Vetch, Peiping, 1936

[illegible] (Motive) [illegible] L. Binyon [illegible] Chinese Art [illegible]

圖書副刊

BOOKMAN
第一百二十七期

一 本刊登載關於中外圖書之介紹批評以及學術界消息
二 爲公開性質歡迎投稿
三 刊登本刊之文略致薄酬
投稿通訊可寄「北平文津街國立北平圖書館內圖書副刊編輯收」

書評

評岡崎文夫著魏晉南北朝通史

周一良

日本昭和七年九月弘文堂出版 定價五圓

此書分內外兩編，內編第一章魏晉時代，第二章東晉五胡時代，第三章南北朝時代——南朝，第四章南北朝時代——北朝。外編第一章魏晉之文明，第二章南朝之文明，第三章北朝之文明。每章分若干節，每節內又有子目。自序說：「內編主於究權力之移動，外編專記人文化成之迹。」換句說，就是內編是政治史，外編是文化史。這樣分割本是很勉强的，但爲叙述或駕馭材料的方便起見，也不必厚非。全書斷始於東漢官者之害，終於北周之亡。內編第四章末尾說：「李延壽北史中包括隋朝事迹，我却認爲隋朝乃揚大唐帝國之先聲者，隋唐的歷史自當另起爐竈」。這是很合理的斷限。從政治上講，隋朝統一了南北，不能單把它歸到北朝。再說文化方面，如隋朝的開始融合南北派經學，如因煬帝的武功而輸入東北西北方外族的文物，都與北朝迥異其趣，而開唐之先河。自然該留着與唐代相提並論，不能包含在魏晉南北朝史中。

此書內外編所叙述的對象不同，著者所根據的資料亦復不同。內篇注重政治方面，以資治通鑑爲骨幹，間或參考八書二史，採擇比附。書中常常也著明某段的叙述全本於通鑑。通鑑本是一部極好的政治史，去取之間既然經過考證，可以信據；而文字也明暢生動，當得起「上下通達，臭味相依」八字。所以此書的內篇大致無可評騭。岡崎氏的文筆很流暢，徵引文字簡短的照錄原文，如果冗長或稍稍費解，他便用日文意譯。既然是普通的叙述，而非考證，這辦法對於東邦的讀者反倒相宜吧。外篇注重制度文物和學術思想。前者雖然有通典通考和各史的志，但並不能完全抄錄，許多地方還待整理和補充，至於學術思想，更沒有成書可以依據了。因此，外篇大抵是著者綜合稿有史料研究的結果，也許可以說是此書精采所在。這三章之中，以第一章魏晉之文明，第二章南朝之文明爲佳，而其中尤以第一章後漢之經術主義等三節，與第二章江域被化小記等三節最好，曾在「支那學」上發表過。

今略讀全書一過，將個人認爲可以商榷者，試舉幾點於下：內篇第四章第三節——北魏之全盛——說：「魏世祖統一北方，對高車柔然大加壓迫，伸長其威力於北狄。同時爲完固北邊的邊防，而試設六鎮。六鎮是懷朔，武川，撫冥，懷荒，柔玄，禦夷。從楊圖看來，大體散在察哈爾綏遠境內。」（頁三五一）案清沈垚有六鎮釋，載落帆樓文集卷一，考定北魏六鎮爲沃野，懷朔，武川，撫冥，柔玄，懷荒。除了撫冥鎮之外，都指實後代地望，其說精湛不易。不知著者何以未曾參考？其所據或是楊守敬歷代輿地沿革險要圖的北魏地形志圖，但楊圖采引顧氏方輿紀要和元和郡縣志兩說，並未決定六鎮的鎮名，著者之言未免失於武斷。同節又說：「但是六鎮何時成立，史無明文。太宗時始在北邊築長城，想像起來，那時大約已經駐軍於要害地帶。世祖初伐柔然，大多數的降人都配置在六鎮，當時六鎮想已存在。」（頁三五二）北魏設鎮始於何時史書雖無明文，但魏書太武五王傳廣陽王深上書說：「昔皇始以移防爲重，盛簡親賢，擁麾作鎮。」皇始是太祖道武帝的年號。北魏重要的鎮都在北邊和西北邊，廣陽王深所謂皇始時的「作鎮」雖然沒有說明方向，但六鎮定在其中。周書楊忠傳說：「高祖元壽，魏初爲武川鎮司馬。」武川是六鎮之一，所謂魏初，自是皇始前後了。至於六鎮這兩字，則最早見於魏書明祖太安五年紀，自然不能據以推斷六鎮的成立時代。總之，六鎮是北魏諸鎮中較先成立的，可無疑問，而北魏的設鎮在太祖皇始時，下距太宗即位約十二三年。雖然不能積極地證明六鎮成立的年代，消極地却可以推翻著者「起於太宗或世祖時」毫無根據的判斷。

外篇第二章第三節——南朝治下的江南一般經濟狀況和中央政府的財政政策——敘述鄉里制度和賦稅的關係，追溯到漢代的鄉里制。在引用續漢書百官志以後，著者便說：

依照它的本注以五家爲伍的組織爲單位，進而爲什，爲里，里是由百戶所組成。沈約宋書百官志即載錄漢制，以爲里是百家的組合，十里爲亭，亭千家，鄉萬家。後漢書不像沈約所述那樣明瞭，但推本注之意，當和沈氏相同。以戶數爲根據的鄉村制度本是周禮管子等書所主張，我的意思，至少前漢的制度與此大異其趣。自然，十里一亭，十亭一鄉的組織也見於前漢書百官公卿表，（原文作「見於前漢書志」，誤）此處所謂里和亭，其中並不含有一定數目的戶口。據漢官儀，十里一亭，五里一鄉，以里爲里數之里。……亭是聚集十個里，而主其治安訴訟的機關，里的意思等於部落。總統這十個部落的亭的配置，大約是依里數來定。所以一個里內，它的戶數團沒有一律的必要。漢朝大體以自然發生的部落爲基礎，更統括以亭鄉的制度。……自治制度崩潰以後，鄉官的權力漸微。所以通典所載晉制每縣五百戶以上爲鄉，率百戶置里吏。這是以戶數爲標準的鄉村的新組織，續漢書百官志（原文作後漢書，誤）本注百家爲里的話，恐怕是以晉制擬漢而言。沈約根據百家爲里的單位，算出鄉亭的戶數，認作漢制，於是更推廣司馬彪（原文作范曄，誤）的錯誤了。（頁五七九至五八二）

今案岡崎氏主張漢代不百家爲里，這話是對的。班固的百官公卿表止說：「大率十里一亭，亭有長。十亭一鄉，鄉有三老，有秩，嗇夫，游徼。」並不曾說明若干戶爲一里。晉司馬彪續漢書百官志才說：「里有里魁，民有什伍，善惡以告。本注曰：里魁掌一里百家，什主十家，伍主五家，以相監察。」據百官志總序：「世祖節約之制，宜爲常憲，故依其官簿，粗注職分，以爲百官志。」劉昭注云：「故凡是舊注通爲大書，稱本注曰。」一里百家之說見於本注，可見是司馬彪的話，而不是後漢官簿所舊有。梁沈約宋書百官志裏說：「漢制，……五家爲伍，伍長主之；二伍爲什，什長主之；十什爲里，里魁主之；十里爲亭，亭長主之；十亭爲鄉。」這才把百官公卿表與百官志混合，認定司馬彪本注所說爲漢制。杜氏通典馬氏通考同，顧炎武日知錄卷八鄉亭之職條正文引漢書百官表，而自注中引宋書百官志作注脚。以爲漢代每百家爲一里。然而我們看百官公卿表：「縣……萬戶以上爲令……減萬戶爲長。」應劭漢官儀一縣……

三省礦防考跋

謝國楨

三省礦防考二卷，明隆慶間刻本，上卷七十四頁以後，下卷一至十一頁，及卷末均殘缺不完。卷首題云：『仰中軍坐營都司成大器，即將發去三省礦防圖說，刊刻成書，送本部院覆閱。』是此書爲成大器所纂刻者也。

是書記明嘉靖四十五年浙江，南直隸，江西三省，流徒嘯聚，盜掘礦場，遂致劫掠地方，攻破婺源城邑，勢極猖獗，明廷乃命浙江巡撫劉畿加總督江直軍務之職，以統一事權，從事剿撫。未幾爲劉畿及都指揮陳大成，成大器所討平，封閉礦區，嚴加防守，猶恐事久玩忽，弛禁殃民，乃復書圖附說，刊布於世，以資警戒。上卷彙輯剿平礦匪奏議條欵，下卷彙輯三省礦匪出入之區，浙江衢州，嚴州，溫州，處州，南直隸徽州，寧國，池州，太平，江西廣信，饒州，九江，礦區之圖，及三省礦山總圖，各省分圖，於各省產礦之區，條分縷舉，最爲明晰，假吾人以研治地質學及地理沿革之便利，猶不僅爲明瞭明代礦亂之事而已也。

按明代礦稅之事，始於萬曆，惟至萬曆其禍乃尤烈。是書所言三省，即今浙東皖南江西東部之處，山勢毗連，爲盜賊出沒之區，山寇得以盤踞。是書所載，兵部爲條陳總督事宜，嚴武備以弭寇患疏云：『竊惟江南之患，在倭寇則其跡顯而易見，在礦寇則其機伏而難知。』礦寇與倭寇並題則其禍之烈可知。然明史不爲劉畿陳大成等立傳其記礦賊之亂亦語焉不詳。惟朱國禎皇明大事記記礦賊之亂，較爲完備，茲錄礦賊條於后：

「四十五年，浙江開化，江西德興礦賊作亂，劫掠直隸徽寧等處官軍捕之輒敗。二月終突入婺源縣焚燒縣治，大掠而去。給事中嚴從簡，請加浙江，巡撫劉畿，總督江直軍勢艱衝，責之剿蕩。南科道甄沛劉庠等，請設兵備於徽寧管江浙附近州縣。應天巡撫周如斗請增設兵備於嚴衢，兼館饒徽，疏俱下。兵部議總督宜暫設，事平即罷。兵備宜設於浙江以杜盜源。其饒州萬山礦洞，宜嚴加封閉防守，兵備官事兼三省，毋得參謁撫按，致廢職業。上乃命陞畿兵部侍郎兼僉都總督浙直江西軍務，仍撫浙江，陞徵三省官兵剿賊，設兵備一員總轄徽饒嚴衢，都於衢州，陞江珍爲之，數革金衢道僉事，歸其事於新設兵備江西廣信府玉山縣，並屬以防礦賊。賊自婺源流劫玉山縣遂掠安，興西安新賦東西相應，勢甚猖獗。畿移駐衢州，遣都指揮陳大成，成大器等，分道追剿，檄守備盧相爲援，相，用大器破西安賊於樟村，大成敗遂安賊於柴家村，餘黨奔遯，我兵乘勝追擊，盡殲之。捷聞，錄畿一子爲國子生，賞銀幣，珍大成等各陞一級，盧相等賞銀有差。』

其見於明實錄者，世宗實錄卷五百五十四嘉靖四十五年正月條云：

『門（門字係開字誤）化礦賊攻徽州，婺源縣破之，流劫德興玉山等處，事聞詔奪巡撫周如斗俸一月，知府何東序二月，下知縣李志學及置縣事同知張子鍇等巡按御史問。』

三月條云：

『是時浙江開化，江西德興礦賊作亂，劫掠直隸徽寧等處，其勢日熾。二月中乃突入婺源縣，焚燒縣治，大掠而去。于是給事中嚴從簡，請加浙江巡撫，劉畿總督江直軍務職銜，責之剿蕩。南京科道官員甄需劉庠等則請設兵備於徽寧兼管江浙附近州縣。應天巡撫周如斗則請增設兵備于嚴衢兼管饒徽。疏俱下，兵部議，總督宜暫設，事平即罷。兵備宜設於浙，以杜盜源，其雲霧山礦銅，宜嚴加封閉防守，兵備官事兼三省，仍禁毋得參謁巡撫，致廢職業。上乃命劉畿爲兵部右侍郎，兼都察院右僉都御史不妨巡撫總督浙直江西軍務，令率徵三省官兵剿賊，設兵備副使一員，總轄徽饒駐劄衢州，封閉山場，禁止參謁，俱如擬。』

十月條云：

『初浙江礦賊既破婺源，流劫江西玉山縣，還掠遂安，與西安新賊東西相應，勢猖甚，提督御史劉畿移駐衢州，遣都指揮陳大成，成大器等分道追剿，守備盧相爲援。于是相大器破西安賊于柴家村，大成敗遂安賊于樟村；餘黨奔遯，我兵乘勝追擊，盡殲之。捷聞，浙江巡撫御史龐尚鵬劾上劉畿功最大，成大器相及，分守金衢嚴道右參政江珍分巡金衢道僉事李㦂等次之，把總李相樂徵與九等功，衢嚴二府同知薛應元閔之甄，遂安知縣郾學仁又次之。上從部議蔭畿一子爲國子生，仍賞銀二十兩，紵絲二表裏，大成等各陞一級，李相等賞銀有差。』

皇明大事記與明實錄所記略同。蓋朱氏之書，即撮輯實錄而成。至明史食貨志坑冶條，僅稱：『浙江江西盜礦者，且劫徽寧，天下漸多事。』記三省礦防，寥寥數言，更可知是書爲輯當時史料之可貴已。

大抵採礦一事，有明之初，雖經太祖制止，然務掘開採，歷朝仍不能廢，考諸史籍，頗有可徵，明史食貨志坑冶條云：

『坑冶之課，金銀銅鐵鉛汞硃砂青綠，而金銀礦最爲民害。徐達下山東，近臣請開銀場，太祖謂銀場之弊，利於官者少，損於民者多，不可開。其後有開陝州銀礦者帝曰：「土地所產有時而窮，歲課成額，徵銀無已，言利之臣，皆戕民之賊也。」臨海承乞發山海之藏，以通寶路，帝黜之。成祖斥河池民言採礦者，仁宣仍世禁止，填番禺坑洞，罷嵩縣白泥溝發礦，然福建尤溪縣銀屏山銀場局爐冶四十二座，始於洪武末年，浙江，溫，處，麗水，平陽等七縣，亦有場局，歲課皆二千餘兩。永樂間開陝州商縣，鳳皇山銀坑八所，遣官湖廣貴州採辦金銀課復遣中官御史往蒞之，又開福建浦城縣馬鞍等坑三所，設貴州太平溪交池宣光鎮金場局，葛溪銀場局，雲南大理銀冶，其不產金銀者亦屢有革罷，而福建歲額增至三萬餘兩，浙江增至八萬餘兩，宣宗初頗減福建課，其後增至四萬餘，而浙江亦增至九萬餘。英宗下詔封坑穴撤閘辦官，民大蘇息，而歲額未除，歲辦皆洪武舊額也。閘辦者永宣所新增也，既而禁革永煎，姦民私開坑穴，殺傷嚴禁不能止，下詔宥之不悛。宦者復請開銀場，則利歸於上，而盜無所容，乃命侍郎王質往經理官歲課，福建銀二萬餘，浙江倍之。又分遣御史曹聯馮傑提督供億過公稅，民困而盜愈衆，鄧茂七，葉宗留之徒，流毒浙閩，久之始定，景帝嘗封閉，於以盜礦者多，兵部尚書孫原貞請開浙江銀場，因並開福建，命中官戴細保提督之。……武宗初從中官秦文等奏復開浙閩銀礦，既而浙江守臣言礦脈已絕，乃令歲進銀二萬兩，劉瑾誅乃止。世宗初閉大理礦場，其後蘇縣齊晉川滇所在進礦砂金銀，復議開採以助大工。既獲玉旺峪礦銀，帝諭閣臣廣開採，戶部尚書方鈍等請令四川山東河南撫按嚴督所屬，一一搜訪，以稱天地降祥之意。於是公私交鶩礦利，而浙江江西盜礦者且劫徽寧，天下漸多事矣。……』

夫採山興澤衆利所趨，雖嚴刑重刑，猶不能禁，於是不逞之徒聚相嘯聚，藉開採之名，行劫掠之實，在正統間則有麗水盜陳善恭，慶元盜葉宗留，合衆盜福建寶峰場銀冶。嘉隆間則有五峯山礦賊之變。江浙有開化德興礦賊倡亂之舉，洎夫萬曆之初，盜礦之風，更爲流行，在北直隸則有西山礦盜齊本敬，珠窩礦盜李庸，山西有礦盜王張佳，河南有礦盜王西華，陝西有礦盜楊椒，當時礦盜與倭寇並稱。瞿九思萬曆武功錄云：『余適大梁之墟，求間歲歲爲郡邑所患苦者，皆曰礦盜。』則其禍之烈可以想見，當時朝議封禁既不可能，乃不得不採取公家開辦之政策，於是言利之臣起矣。

衛宏漢舊儀（孫星衍校集漢官六種）都有同樣的記載。一縣戶數最多到若何程度，現在不可考，續漢志劉昭注引應劭漢官儀說：「三邊始孝武皇帝所開，縣戶數百，而或爲令。荆揚江南七郡惟有臨湘南昌吳三令爾，及南陽穰中，土沃民稠，四五萬戶，而爲長」知道大縣戶數能達四五萬，小縣只有數百。再拿漢書地理志續漢書郡國志所記每郡縣數（續志稱城，與縣同）和戶數平均分配一下，每縣戶數大抵還在萬戶以下。如果依照司馬彪沈約的說法，百家爲里，千家爲亭，萬家爲鄉。那麼，十分之八的縣都已經不能統鄉，而鄉本身却足以獨立爲縣。即使說只有大縣才統鄉，但漢代這種鄉里制度本意在求「風教易周，家至日見；以大督小，從近及遠，如身之使手，幹之總條。」（魏孝文帝立三長詔語）一鄉的戶數如果這樣多，早已有尾大不掉之患，全失去「身之使手，幹之總條」的意義了。周禮管子等書所載鄉官制度都是理想，未必見於實行，姑且不論。但晉以後的鄉里自治制度怎樣呢？據通典職官典鄉官門所載，晉縣五百戶以上置一鄉，三千戶以上置二鄉，五千戶以上置三鄉，萬戶以上置四鄉，鄉置嗇夫一人。試取晉書地理志每郡下所記縣數和戶數平均分配，每縣戶數什九在一萬以下。萬戶以上的縣既不多，縣置四鄉，每鄉所統戶雖在二千五百以外，但必不能超過很多。唐朝則百戶爲一里，五里爲一鄉，一鄉也只五百戶。北魏的三長制據魏書食貨志說：「五家立一鄰長，五鄰立一里長，五里立一黨長。」一黨所統僅僅一百二十五家。可見後代凡是實行過的鄉里自治制度——且不論實行的久暫，因爲沒關係——都在縣的管轄之下，最大的單位也絕對沒有到萬戶的！沈約在百官志中記載他所謂的漢制之後，便說：「其餘案驗，或此縣有而彼縣無，各有舊俗，無定制也」。南齊書百官志和隋書百官志所載梁陳制度，都沒有鄉官，可見南朝鄉里自治制度本極廢弛。因爲東晉時中原人士渡江，僑置州郡縣，地方制度呈一種變態，於是不能行承平時代的鄉里制度。桓溫行土斷而不成，宋高祖再行土斷，雖然成功，但積習難反，兩漢西晉的鄉里制終不能恢復了。沈約也許受了司馬彪的騙，相信漢代確有百戶爲里的制度存在；但他還知道，劉宋時代這制度絕不會施行。他之所以祖襲司馬彪的話記在百官志中者，不過是以備一格，自己已經聲明「無定制」了。所以，我認爲續漢書百官志本注和宋書百官志百戶爲里的解釋，不但絕非兩漢的制度，劉宋時也未嘗實行，止是一種以訛傳訛的理想而已。岡崎氏也反對漢制之說，但沒有舉出證據，故爲推論補充之如此。但他還相信百戶爲里第一等鄉里自治制度實行於劉宋時代，便錯誤了。

岡崎氏既不從續漢志和宋書的說法，於是有一個新意見。他主張百官公卿表所謂里和亭其中並不含有一定數目的戶口，將十里一亭的里字解作距離的里，以爲亭的配置是依照里數來決定。據我的意見，里和亭中不含有一定數目的戶口是對的，而解十里一亭的里爲距離則難成立。第一，兩漢以前理想的鄉里自治制度和兩漢以後實施的鄉里自治制度，無一不是用戶數作單位，從無用地域距離來劃分的。鄉官的制度所以求由小至大，由近達遠。假如亭的分配按照里數遠近，同一縣境內戶口的分配自有疏密，也許第一個十里地中有幾百戶，而第二個十里地中只有幾十戶，這就太不平均了，怎樣能實現自治的功効呢？第二，一縣所統土地往往犬牙相錯，參差不齊，絕非一律地長方形或正方形的。即使百官表十里一亭的里指距離而言，必須說大率方十里一亭，如同後面說縣大率方百里一樣，才可以計算。現在百官志既不說方若干里，又沒有其他限制，若把這里字解成距離的里，便無從計算和分配了。岡崎氏唯一的根據是應劭漢官儀：「設十里一亭，亭長亭候。五里一郵，郵間相去二里半。」衛宏漢舊儀文同。（孫星衍校集漢官六種）文義不甚可解，史記留侯世家索隱引漢舊儀「郵間」作「鄉人居間」，意義也不可曉。我認爲漢官儀十里一亭的亭，與百官表十里一亭的亭是截然兩事。百官表的亭是鄉里制度的單位之一，亭長和有秩，三老，嗇夫，游徼等相同，是掌地方教化與治安的。後漢書劉玄傳：「資亭長賊捕（疑當作捕賊）之用」。李賢注：「漢法十里一亭，亭置一長，捕賊掾專捕盜賊也。」。虞延傳：「少爲戶牖亭長，時王莽貴人魏氏賓客放縱，延率吏卒突入其家捕之。」逸民傳逢萌傳：「家貧給事縣爲亭長，時尉行過亭，萌候迎拜謁。既而擲楯歎曰，大丈夫安能爲人役哉！」漢官儀：「亭長課射，游徼徼循。尉，游徼，亭長皆習設備五兵。」（漢舊儀文同）都指鄉官的亭長而言。它的職守不但是治安，還兼及教化，後漢書循吏傳仇覽傳：「選爲蒲亭長。……覽初到，亭人有陳元者獨與母居，而母詣覽告元不孝。……因爲陳人倫孝行，譬以禍福之言，元卒成孝子。」是一個好例。至於漢官儀的十里一亭，里字確指距離而言。但這裏所謂的亭是交通制度上的亭，大約設在交通要道上，五里一郵，十里一亭，和置於縣治的傳舍相聯絡，所以方便行旅。漢書高祖紀：「爲泗上亭長。」師古注：「秦法十里一亭，亭長者主亭之吏也。亭謂亭留行旅宿舍之館。」其餘如項羽傳：「欲渡烏江，烏江亭長檥船待。」後漢書趙孝傳：「嘗從長安還，欲止郵亭。亭長先時聞孝當過，以有長者客，埽灑待之。孝既至，不自名，長不肯內。」獨行傳王忳傳：「到官，至釐亭，亭長曰，亭有鬼，數殺行客，不可宿也。忳……即入亭止宿。……女子乃前訴曰，妾夫爲涪令，之官，過宿此亭，亭長無狀，殺妾家十餘口，埋在樓下。……忳問亭長姓名，女子曰，即今樓下游徼者也。」說文「亭，民所安定也，亭有樓」。與王忳傳合。釋名也說：「亭，停也，人所集也。」鄭康成注周禮三十里有宿云：「宿，可止宿，若今亭有室矣」。都是說交通制度上的亭。還有幾段更有力的證據，後漢書衛颯傳：「颯乃鑿山通道，五百餘里，列亭傳，置郵驛。」魏志張旣傳：「諸縣好作義舍，如今之亭傳。又置義米肉，縣於義舍，行路者量腹取足。」以亭和傳舍，又以亭傳和郵驛對舉，可見是一系統中的不同單位，與鄉里制度的亭迥異。漢書循吏傳黃霸傳：「使郵亭鄉官皆畜雞豚。」師古注：「郵亭，書舍，謂傳送文書所止處，亦如今之驛館矣。鄉官者，鄉所治處也。」明明郵亭和鄉官兩事，郵亭不在鄉里制度中，而鄉里制度中又自有其亭也。顏師古分辨得很淸楚，岡崎氏徒然因爲都是十里一亭，於是勉強牽合了。其實漢代亭字的用途非常泛濫，鄉亭郵亭之外，又引申爲邊塞烽候要地之稱，如史記大宛傳：「於是酒泉列亭障至玉門矣」漢書食貨志：「新秦中或千里無亭徼。」匈奴傳：「行攻塞外亭障。」後漢書王霸傳：「築起亭障，自代至平城，三百餘里。」而衛宏漢舊儀：「長安城……十二城門，……百二十亭。」應劭漢官儀：「洛陽……十二門皆有亭」蔡質漢官典職儀式選用：「洛陽二十四街，街一亭；十二城門，門一亭。」（俱見孫星衍校集本）這又與鄉亭郵亭亭障不同了。

復次，我爲什麼主張里和亭中不含有一定數目的戶口呢？有兩個理由。第一，百官表和續漢百官志——即後漢官簿——都不會明說若干戶爲一里。百官表記鄉官組織淸晰，里是鄉里制度的最低單位，如果有一定的戶數，絕不容忽略不言。再看兩漢以前書中，除去周禮管子一類後人僞託以表見其政治思想者外，凡是講到里的，都僅有邑或居的意思，看不出一里中有一定戶數的痕迹。漢人如毛公傳詩，鄭康成注禮，以及劉熙釋名應劭風俗通等，解釋一里的戶數互不相同。許君說文每用當代制度說字，並非盡是本義，但里字下也只說「居也」而已。古時的里猶之後代的街或巷，一條巷裏自然不能限制它有一定的戶數。不但先秦爲然，漢代亦復如是。所以諸家注經不一其說，都不外是猜測之詞，而百官表中因爲沒有定數，也就不提了。還有第二個證據，百官表：「縣大率方百里，其民稠則減，稀則曠。鄉亭亦如之。」我以爲這一段的意思是：一縣土地大抵方百里，但也有出入。如果這地方人口密，方百里內却遠超過「萬戶以上」——即大縣的戶數，便分割其土地，使它的戶數不至超過一縣所應有。於是變成方九十里八十里，甚至於六七十里了。如果這縣戶口稀少，它的屬地須多也只方百里，聽它曠着，而不擴充此縣的土地。這是兼顧戶口和土地兩方面，折衷調和而定的制度。所謂「鄉亭亦如之」者，每里戶口本不相同，大率是十里一亭，假如五里的戶數已經相當於普通的十里時，這五里便成爲一亭。同樣，五亭或六亭的戶數相當普通十亭時，這五亭或六亭便爲一鄉，所以百官表說「縣大率方百里」，「大率十里一亭」，大率者，可上可下之詞也。前人注漢書，對於這一節似乎都忽略過去，我覺得字面雖簡，若不注意「大率」二字，便很費解。除了上述的解釋外，不易有更適當的說法，而上面的解釋恰恰能支持里亭無一定戶數之說。續漢書百官志上載鄉有有秩，三老，游徼；亭有亭長，里有里魁；並不說若干里爲亭，若干亭爲鄉，也足以做一個消極的證據——里中無一定戶數，因之亭不統一定里數，鄉也不統一定亭數。宋書刪去大率二字，一律十進，便譯以千里了。至於里亭鄉普通所包括的戶數究竟若干，便不可以得知。劉昭續漢志注引漢官：「鄉戶五千，則置有秩。」也許這就是漢代里亭鄉所統戶數的大率，依此數推算，每亭當五百戶，每里當五十戶麼？

以上僅就本書內容所摘出的幾點加以商榷，至於著者在史料的認識和解讀方面，有些地方似乎也不完全正確。例如上舉外編第二章第三節引司馬彪續漢書百官志，稱爲後漢書百官志，頁五七九，五八〇，五八一凡四次提到這段記載，竟稱范曄（誤植範）。頁四四一，以爲如何。（頁五八一作班固）以及范曄的解釋云云。其實後人取司馬彪續漢書的志篇入范書紀傳後面，自從明監本把志升於紀之後傳之前，並不載司馬氏姓名，於是有人誤會爲范氏原書了。然而這是普通常識，著者何以如此疏忽？誤解史料的地方更多。例如頁三五五：「又依照高閭的意見，使太宗時所計畫北邊長城之說復活，（魏書五十四高閭傳）於是北邊防備次第完成。」[illegible]孝文帝一詔曰，「覽表具卿安邊之策，比當與卿面論其事。」頁三六八：韓顯宗對高祖說：「從來中書監（中此字誤衍）祕書監等掌詔命的人的子息將來果能堪其任麼？」高祖說，「如有特別人材，自當不拘門第來拔擢！」這兩句問話邏輯上沒有因果關係，似乎弄一句可以不說。再檢原文，便知由於著者的誤解。魏書六十韓顯宗傳：「顯宗進曰，『不審中祕書監令之子必爲祕書郎，頃來爲監令者子皆可爲不？』高祖曰，『卿何不論當世膏腴，爲監令者？』顯宗曰，『陛下以物不可類，不應以貴承貴，以賤襲賤！』高祖曰：『若有高明卓爾，才具儁出者，朕亦不拘此例。』」韓顯宗意在反對高祖只用膏腴子弟，所以說：「如果一定要中書秘書的監令的兒子[illegible]

[illegible]

校對太不精細，也是此書一大遺憾。普通的字尚不要緊，歷史上的專名若有誤植，往往遺誤不小。[illegible]

[illegible]然，還怕不是著者所當負的責了。

二十四年十一月二十六日寫竟於燕京大學圖書館

當夫萬曆初年有平播，平哱平朝鮮諸役，軍事既興，財用日絀，又復屢興大工，動輒萬計，公帑既不足以應用，輔臣新建張位乃首建開採之說，閹黨羣相附和，礦稅之議始起，中使頻出。於是令張忠往山西，曹金往兩浙，趙欽往陝西，陳增駐山東，高寀領福建，楊榮鎮雲南，邱乘雲駐四川，李敬據廣東，郝隆劉朝用采池州，陳奉領湖廣，魯坤開彰德衛輝，大璫雜出，諸道紛然，而民生其間，富者編爲礦頭，貧者驅之墾采，而尤以大璫陳增高淮陳奉等騷擾地方，禍及婦孺，爲害尤烈。甚故李三才請停礦稅疏之言曰：『皇上愛珠玉，人亦愛溫飽，皇上愛萬世，人亦戀妻孥，奈何皇上欲黃金高于北斗，而不使百姓有糠粃升斗之儲；皇上欲爲子孫千萬年而不使百姓有一朝一夕。』其言何其沈痛也！于是變起蕭墻，民離畎畝而民變之亂起矣，以故高淮激變遼東，梁永激變陝西，陳奉激變江夏，李鳳激變新會，孫隆激變蘇州，楊榮激變雲南，劉成激變常鎮，潘相激變雲南，如水鼎沸，不可制止，此亦明季流寇，猖獗之成因也。

當時變於內監擾民，請停止礦稅者，尚不止李三才一人，楚撫張向達等有撫楚疏稿內有請停止礦稅疏記內監禍楚之事甚詳。惜其書極罕見，沈鯉亦玉堂稿卷三因災陳言疏云：

「蓋自礦稅興，而中使徧天下，中使出而四方無藉之徒，臨以爲爪牙耳目者或分布鄉村城市，或把持關津渡口，或武斷於商賈稅泊所在，乃無不攫黃旛，揭聖旨，都輿從張，氣燄以稱，名內監者，而內監不能盡知也。其吮人之血，吸人之髓，孤人之子，寡人之妻，如蝱集中，如蠅附羶，內監亦不能別其眞僞，而使不假借也。又非如此而已也；前方征後復權，既征權復告訐，或誣爲斷截皇櫃；或誣執容隱罪人；或以爲曾發古塚而得奇珍；或以爲曾開古窖而致鉅富；或云某宅有礦也壞其宅，某墓有礦也掘其墓，其禍慘如是觀，其吞噬如虎狼，在在不聊其生，人人莫必其命，一林之內而縱數百鷹犬以蒐之不盡其卵殼不止也，一池之中而下十數網罟以漁之不竭其鯤鮞不止也：故總計天下之財，十分百率，皇上之所得十二，內監之所得十三，羣小之所得十五，利乃分於衆，怨總歸於一人，民安得不窮，而心安得不離也。」

又卷五請罷礦稅疏云：

「臣原籍河南，當東西南北輻輳之衝，四方民隱，無不與聞，而頃者奉詔北來，所至皆觀風考俗，悉其情狀，乃知當今時政，最稱不便者，無如礦稅一事，蓋採権之始，皇上本以權宜濟乏不欲重征，其分遣內臣亦以區畫下情，便於上達，乃內臣不能仰承德意，濫用羣小，布滿州閭，窮搜遠獵，而羣小之中，又各有爪牙羽翼，虎嚥狼吞，無端告訐，非刑拷掠，激爲臨淸之變，武昌之變，蘇州之變，已煩皇上處分；而近日廣東遼東陝西雲南尤復紛紛未已，臣竊觀天下之勢如沸鼎，同無一片安樂之地，貧富盡傾，農商交困，流離轉徙，賣子拋妻，哭泣道途，蕭條巷陌，雖使至愚之人，亦知如此景像，必亂無疑，乃今市井奸民，猶復肆爲欺罔，皇上祇見其目前所入如此豐盈，寧知其私充囊槖十得八九，彼假公圖利，一旦生事，彼固擧家自肥，獨使朝廷當百姓之怨耳。」

要之礦稅收入實有可觀，故神宗嗇於出此，藉裕國用，然礦使四出，均假手於內監；而內監又假手於流氓，層層剝削，百弊叢生，於是朝廷所獲之利，實不抵所生之弊。綜括上文，吾人可知有明一代礦稅一事，徒以封啓無時，禁令不一，始則惟利所趨，人民窺伺，繼起爲盜，此一時也；繼則嚴禁私掘，化私爲公，乃中使頻出，流氓蜂起，滋擾地方，激起民變，此又一時也；卒之財源日竭，流寇衝斥，其主因雖不全由於礦使之苛虐，而實亦官逼民反之一因，蓋徵收礦稅，發揚自然產物，以供民用，而裕國帑，何能嘗爲弊政？而卒成爲弊政者，則因行使之法不良，所用之人非當，吾人不可仍存昔日之見，徒觀其流弊之發生，而即謂礦稅之不良也，其不良者，乃礦使之紛擾，而非開採之礦政，是不可不辨者也。

余既述明實錄等書所記可以補是書事實之缺者條錄於前，復陳礦稅之顚末於此。抑余更有進而言者，吾人藉此可知採礦一事，在明代業已盛行，而當時財賦之狀況，民變之成因，藉明代流傳之書，假吾人研治學術不少之便利者，不妨略述於下。張向達之撫楚疏稿一書，既是以說礦稅擾民之狀況，其尤要者則有。文秉撰之定陵注略，卷四內庫進奉條，記萬曆二十二年以後，各省礦監，進奉內庫銀兩數目，歷有可徵，若統計出之，可以知萬曆間礦稅收入之狀況。卷五地方激變，記內監騷擾情狀，極爲詳悉。又萬曆間礦稅之外復有天津店稅，廣州珠榷，兩淮餘鹽，京口供用，成都鹽茶，湖口長江船稅，荆州店稅，及門攤商稅，油布雜稅，凡此諸項稅則，雖由內璫分職，橫肆誅求，然於明代經濟狀況，均有可以研究之價值。瞿九思萬曆武功錄記萬曆朝礦盜之亂甚詳。若是書所列礦區諸圖，尤於研究地質學者有關。去年冬傅斯年先生出此書相示，命撰跋尾，余恒欲引用是項資料，撰明代礦稅一文，徒以人事紛紜，未遑整理，乃所見史料略述於此，供學者探討焉。民國二十五年三月廿三日。

853

圖書副刊

BOOKMAN

第一百二十八期

一　本刊登載關於中外圖書之介紹批評以及學術界消息爲公開性質歡迎投稿
二　刊登本刊之文略致薄酬
三　投稿通訊可寄「北平文津街國立北平圖書館內圖書副刊編輯收」

翻印舊書之風

無忌·

張香濤書目答問中「勸刻書說」說：

凡有力好事之人，若自揣德業學問不足過人，而欲求不朽者，莫如刊布古書一法。但刻書必須不惜重費，延聘通人甄擇秘籍，詳校精雕。（刻書不擇佳惡，書佳而不讎校，猶糜費也。）其書終古不廢，則刻書之人終古不泯，如歙之鮑，吳之黃，南海之伍，金山之錢，可決其五百年中必不泯滅，豈不勝於自著書自刻集者乎，且刻書者傳先哲之精蘊，啓後學之困蒙，亦利濟之先務，積善之雅談也。

葉德輝書林淸話開篇第一條以爲他這話在當時曾發生很大的影響，晚淸刻書之盛幾倍於乾嘉時代。可是他的話如今不適用了。現在「刻」已經不通行，叫做「印」，如今人卻不是因爲「自揣德業學問不足過人，」也不因爲「欲求不朽」，才來翻印古書。現在的古書已經成爲不受酬不要稿費的無代價的商品了，一切意義都可在這商品二字中去求。這裏就從商品的意義說罷，一個健全的社會或國家裏，需用的商品當是健全的，一個不健全的社會或國家裏，卻隨處可以見到不健全的商品。時下翻印舊書的風氣，也同別的商品一樣，這裏不必論其是非，祇把我所見到的兩種現象寫出來，希望一般製造這類商品的人想想。

從民國二十二年六月起，我們就見到一種十六開本的所謂「國學文庫」的舊書新印，亦不知其出版處及編者姓名或其他重印緣起，聽說從前在東三省印行，有外國人從中幫助，入民國二十五年，書面便有北平隆福寺文殿閣重印字樣了。我所得到的，自二十二年六月出版的第一編明鄭曉皇明四夷考，至二十五年三月的第二十八編站赤上冊，共二十八種，想來以後還將繼續出書，在某種意義上這部「文庫」算是很有系統的選擇，而且有若干種在叢書中，或傳本極少，還值得當新書介紹，將其目錄依次抄錄於後：

1 鄭曉皇明四夷考
2 王寂遼東行部志
3 葉隆禮契丹國志
4 洪皓松漠紀聞
5 膠澳租借始末電存（章高元與當道往來電）
6 高麗交涉史料
7 王仁俊遼文萃
8 元史外夷傳
9 滿洲實錄
10 程德全庚子交涉隅錄（李鴻鶴輯）
11 高拱邊略五種，
12 沈雲台灣鄭氏始末
13 葉向高四夷考
14 萬表皇明經濟文錄（九邊篇遼東篇）
15 皇明留臺奏議兵防類
16 蒙古博明西齋雜錄二種（西齋偶得鳳城瑣記）
17 曹履泰靖海紀略
18 粵海關志第一冊（皇朝訓典前代事實）
19 皇明經濟文錄（薊州篇宣州篇大同篇）
20 瞿九思萬曆武功錄
21 粵海關志第七冊（貢舶市舶行商）
22 楊儒中俄會商交收東三省電報彙鈔
23 趙汝适諸蕃志
24 瞿九思萬曆武功錄（東三邊西三邊）
25 王國維「蒙韃備錄黑韃事略」箋證
26 藤田豐八島夷志略校注
27 欽定蒙古源流
28 站赤（上冊）

這二十八種中，如高麗交涉史料是據北平歷史博物館所藏鈔本，欽定蒙古源流據文津閣四庫全書本，站赤據東洋文庫影印永樂大典本，選擇頗爲審愼。雖然這類書大概對於一部分學歷史的人比較感覺興趣，但從方法上說，我以爲翻印古書，無論在那方面，似乎都可採取這個途徑。淸代彙刻叢書之風盛行，但選擇極爲龐雜，往往一部叢書的幾十百種中，一個人所需要的不過二三種，購買既不經濟，檢査亦極感不便，倘使系統地以類相從，這兩種弊病都可避免，近來如二十五史補編，十求叢編和這部「文庫」等的印行，不能不說是出版界的健全的現象。

另一種現象是文學書籍的翻印，如世界文庫等的印行，本來是有系統的計劃的，但自此以後，我們便隨處可見到金瓶梅詞話和竟陵公安派之類的明人小品充斥於市，這不是說這類書現在不該翻印，我們含學術上的是非不論，祇以出版家應守的道德說，校對的錯誤，已經誤人不淺了。我不信中國文學書中祇有金瓶梅詞話和竟陵公安派的小品才是爲青年人文學修養的必讀之書？一個人儘可自由享受超等的細膩的生活，誰也管不着，但若硬把這種生活態度向社會倡揚，以爲這纔是文學的生活，那就大可不必了。有一個朋友說，他先繳了二十元加入某處的「奇書欣賞會」，得到的第一部書又是金瓶梅詞話，（一年之間，此書的翻印，恐怕不止四五處）他因爲怕別人看見那前面的插圖，偷偷地深藏在櫃裏，後來打算插入架中，寫上「理性大全」的書籤，這眞是一部道地的理性大全了。一種純文學的作品，本身雖然不負道德的責任，可是，有人要把它作爲宣傳之用，便不大妥當了。

陸游跋花間集說：「斯時天下岌岌，士大夫乃流宕如此，或者出於無聊」，其實亦可以反過來說，士大夫流宕如此，天下所以岌岌。現在的士大夫對於社會國家的責任，一味推諉於政治，似乎他自己是不在那個社會裏的。我們知道一個健康的身體，須得有健全的細胞，一個健全的國家須得有健全的人民，出版界的責任，是在供給社會以健全的精神！

書評

M. Honnorat, Demonstration de la parente de la langue chinoise avec les langues japhetiques, Semitiques et chamitiques. Paris. 1933.

宥·

三月以前，偶於書肆目錄中見此書之名，頗訝其着眼之遼闊，以書既新出，度其必有新論證足以啓示吾人也，遂函訂焉。邇者書到，檢視之則爲一不足百頁之薄本，又以書首所署，知作者本爲一研治法學之人，于是漸感失望。更視內容，則首爲一極短之引論，本文爲六百七十六單字之比較，其後則附錄數種。于是先讀此主要之六百七十六字，則鄙雜可笑，達於極度。請得於第一頁十字中擇抄三字爲例：

2. YEN—Oeil, vision. —Français dialectal et

崔東壁遺書序

胡適·

顧頡剛先生開始標點崔東壁遺書是在民國十年，到現在民國二十五年，快滿十五年了。這部大書出版期所以延擱到今日，顧先生自已在序文裏曾有詳細的說明。最重要的原因當然是顧先生不肯苟且的治學精神。他要搜羅的最完備，不料材料越搜越多，十幾年的耽擱竟使這部書的內容比任何東壁遺書加添了四分之一。在這些新發見的材料之中，最重要的是嘉慶本的東壁書鈔，東壁先生的詩稿和夜田牕筆，他的兄弟崔邁的遺集四種七卷。嘉慶本書鈔使我們可以看見東壁先生屢次改訂他的著作的不苟精神，借此也可以推見他的見解演變的痕跡。他自已的詩稿和他兄弟的詩文稿給我們增添了不少的傳記材料。崔邁的遺著裏很有一些有見解的文字；他研究尚書，議論古史，討論文學，都有點不隨流俗的創見。這些遺著的發見使我們格外明瞭崔述不但受了他父親的大影響，並且得了這一個天才很高的弟弟不少幫助。

夜田牕筆雖是殘稿，但其中保存的東壁遺札二十一封，很多重要的傳記材料。其與陳介存弟一札中有云：

雖素好考核，然常不敢自信。今歲所爲，明歲輒復竄易。補上古及洙泗兩考信錄近已多所更定。乃吾介存竟以稿本付梓，令人駭絕！是彰吾過於天下耳，豈愛我乎！朱子將易簀時，猶改『誠意』章注，何況吾輩庸人？王右軍一點一畫失所，輒若眇目折肱，愚亦同有此癖。介存何不相諒也！

這是何等可敬可愛的治學精神！這樣一位『好求完備』的學者的遺著，在一百多年後居然得着一位同樣『好求完備』的學者顧頡剛先生費了十多年的精力來搜求整理，這眞是近世學術史上最可喜的一段佳話！

崔述生於乾隆五年（一七四〇），四年後（民國二十九年，一九四〇）就是他的二百年紀念了。他的著作，因爲站在時代的前面，所以在這一百多年中，只受了極少數人的欣賞，而不會得着多數學人的承認。現在我們可以捧出這一部搜羅最完備，校點最精細的『崔學全書』來準備做他二百年祭壇上的供品。我們對於顧頡剛先生和他的同志洪業先生，趙貞信先生等等，都應該表示最大的感謝，並且慶賀他們的成功。

× × × ×

我在十四年前，曾說：

我深信中國新史學應該從崔述做起，用他的考信錄做我們的出發點，然後逐漸謀更向上的進步。……我們讀他的書，自然能漸漸相信他所疑的都是該疑，他認爲僞書的都是不可深信的史料：這是中國新史學的最低限度的出發點。從這裏進一步，我們就可問：他所信的是否可信？他掃空了一切傳記讖緯之書，只留下了幾部『經。』但他所信的這幾部『經，』就完全無可疑了嗎？萬一我們研究的結果竟把他保留下的幾部『經』也全推翻了，或部分的推翻了，那麼，我們新史學的古史料又應該從那裏去尋？等到這兩個問題有了科學的解答，那才是中國新史學成立的日子到了。簡單說來，新史學的成立須在超過崔述以後；然而我們要想超過崔述，先須要跟上崔述。

（科學的古史家崔述，頁五——六）

這一段十四年前的預言，在今日看來，有中有不中，有驗有不驗。在古史研究的某些個方面，中國的新史學確然是已超過崔述了。崔述的材料只是幾部『經』之中他認爲可信的部分。近十幾年的新古史學居然能夠充分運用發掘出來的甲骨文字，金文，和其他古器物了。試用崔述的商考信錄來比較最近十年中出版的關於殷商史料的著作，我們就可以知道，古史料的來源不限於那幾部『經，』『經』之外還有地下保藏着的許多古器物，其年代往往比『經』更古，其可靠性往往比『經』更高；他們不但是不會經過漢以後的學者的改竄誤解，並且是不會經過先秦文士的洗刷點染。這樣擴大的材料範圍，是考信錄的作者當日不會夢見的。所以在這些方面，我們可以說今日的古史學是超過崔述的了。

我那一段預言裏曾說：『他所疑的都是該疑；他所信的是否可信？』但依這十幾年的古史學看來，崔述所信的，未必無可疑的部分；他所疑的，也未必『都是該疑。』例如他作洙泗考信錄，不信緯書，不信家語，不信孔叢子，不信史記的孔子世家，這都是大致不錯的。但他不信檀弓，終不能使我們心服。檀弓一篇的語言完全是和論語同屬於魯國語的系統，決無『後儒』所能捏造。崔述不信『孔子少孤，不知其墓，』又不信孔子一家有再世出妻的事，就以爲『檀弓之文本不足信。』這都是因爲崔述處處用後世儒生理想中的『聖人』作標準，凡不合這種標準的，都不足憑信。——這樣的考證是不足服人之心的。

又如崔述最尊信論語，但他因爲論語有公山弗擾和佛肸兩章，都不合他理想中的『聖人』標準，所以他疑心論語『非孔門論語之原本，亦非漢初論語之舊本。』『乃張禹所更定。』我們當然不否認論語有被後人添改的可能，但我們也不能承認崔述的論證是充分的。最可注意的是崔述要證明佛肸不會『召』孔子，於是引韓詩外傳，新序，列女傳三書作證，證明『佛肸之畔乃趙襄子時事，……襄子立於魯哀公之二十年，孔子卒已五年，佛肸安得有召孔子事乎？』（洙泗考信錄二，頁三七）崔述最不信漢人記古事的傳記，然而他在這裏引證的三部書都是漢人的記載，豈不是自壞其例嗎？何況左傳哀公五年（孔子死之前九年）明明有『趙鞅圍中牟』的記載呢？

這樣，凡不合於理想中的『聖人』標準的，雖然檀弓論語所記，都不可信；凡可以助證這個標準的，雖是漢人的韓詩外傳新序，也不妨引證。這豈不是很危險的去取標準嗎？

總而言之，近十幾年的古史研究，大體說來，都已超過崔述的時代。一方面，他所疑爲『後儒』妄作妄加的材料，至少有一部分（例如檀弓）是可以重新被估定，或者竟要被承認作可靠的材料的了。另一方面，古史材料的範圍是早已被古器物學者擴大到幾部『經』之外去了。其實不但考古學的發掘與考證擴大了古史料的來源；社會學的觀點也往往可以化朽腐爲神奇，可以使舊日學者不敢信任的記載得着新鮮的意義。例如檀弓左傳等書，前人所謂『誣』『妄』的記載，若從社會學的眼光看去，往往都可以有歷史材料的價值。即如檀弓所記孔子將死時『坐奠於兩楹之間』的一個夢，崔述以爲『殊與孔子平日之言不類，』然而在我們今日看來，卻正是很有趣味的史料。

以上所說，只是要說明，今日的新史學確已有超過崔述的趨勢，所以有人說『崔述時代已過去了，』這也並不是過分的話。

然而我這番話絕不是要指出崔述的古史學在今日已完全沒有價值。崔述是一百多年前的史家，他當然要受那個時代的思想學術的限制，他的許多見不到的地方，都是很可以原諒寬恕的。他的永久價值並不在這一些隨時有待於後人匡正的枝節問題。崔學的永久價值全在他的『考信』的態度，那是永永不會磨滅的。我在十四年前說的『先須要跟上崔述，』也正是要跟上他的『考信』的態度

ordinaire Yen, Yel, Yels, Yeux, Sémite Eyen, Yn, anglais Eye, même sens; breton-arabe Eyen, Ayen, fontaine pure; cymrique Yen Eyen, glace neige, frimas.

8. YE—Nuit; hier—Carélien Yé, hongrois Eyé, finnois Yo, mannois Oyé, irlandais oyé, même sens; français Jé, jais, mineral noir brillant, Jé geal, oiseau noir, Yer, hier; germanique Yester, hier.

9. JE—Soleil, jour—Mannois Jé, jour; russe Je brûler, incendier, bulgare, Jég, chaleur.

此其所據印歐、閃、含諸語之性質若何姑勿論，而漢語則完全爲mandarin也。並「眼」之ŋ-，「日」之ȵ-及-t，倘存其面影於吳粵諸語中者，亦竟未之知。至於「夜」之以諧聲（例如液掖）假借（例如夜夜之作昔昔）而得推知其爲z-g者，則更無論矣。如此荒昧，而亦貿然推證其與他語之關涉，寧非奇聞。其他諸字，大率類此，每檢一遍，遂廢然不欲更視。夫此書不足道，作者亦不足責。然吾人于此，竊願舉以告國人者，則有他義。第一，以漢語與他語相較，本不自今日始。遠者姑勿論，艾約瑟之China's place in philology (1871) Schlegel之Sinico-Aryaca (1872)，今日所謂爲啓蒙期之著作，蕪雜廣泛，早成過去者也。然前者實有其豐長之推論，後者亦有其獨特之結構，以視此書，猶勝多多。至於Conrady, Maspero, Laufer以迄最近Simon, Wulff諸家之書，與之更有天淵之隔，自不待論。必欲比擬，則日本植物學者松村任三Etymological vocabulary of the Japanese Language 1916, An Etymological vocabulary of the Yamato Language 1921二書，庶幾同其蕪陋。松村之書，雖尚比較的有組織，而早爲通人所嗤笑（見Karlgren, philology and Ancient China），于以知凡事究非外行人所宜爲，此一事也。第二，閃含兩族，與漢族同有邃古之文明，故向來易起學人之聯想。閃族方面之比較，Lacouperie, Ball之書，既爲國人所習知，且已失其權威，可以勿論。埃及方面之比較，一八四二年Pauthier亦早爲之（余覓其書尚未得），至於最近，尚有日本醫士名板津七三郎者，爲一極可笑之書，曰埃漢文字同源考，與此書遙遙爲東西之相對。平情論之，必欲以漢族語文與此兩者爲若干原則上之比勘，亦非絕不可能之事，然自有其途徑與步驟與限度，決不能如板津及此書所爲。此類膚淺的牽附不廓清，則眞相反爲所翳，此又一事也。至於作者雖未著國籍，然大致當爲法人。今日之法國，固Meillet Lévi Maspero之法國也，而不圖尚有作者其人，觀其所習，徹所希聞，不見通學，未嘗覩字例之條，而悍然爲此可笑之書。於以知「不知而作」，無地無之，則以文化落後之我國，今日斯文學上所見種種可笑之議論，固又不足深責也已。

四，十四，落照堂。

度。

『考信』的態度只是要『考而後信。』崔述自己說的最好：

大抵文人學士多好議論古人得失，而不考其事之虛實。余獨謂虛實明而後得失或可不爽。故今爲考信錄，專以辨其虛實爲先務，而論得失者次之。（提要上，頁三四）

虛實即是僞與眞。『虛實明而後得失或可不爽』是一切史學的根本方法。『考信』的態度只是要人先考核某項材料的眞僞虛實，然後決定應疑應信的態度。崔述著書的本意在此，故全書稱爲『考信錄』。可惜他受傳統的儒家思想的影響太大了，有時也不能『先考而後信，』有時竟成了『先信而後考！』例如上文說的幾個例子，他先信孔子決不會不知道他的父親墳墓，決不會出妻，決不會受公山弗擾與佛肸之召，然後去考定論語檀弓的眞僞，——這就不是『考信』的眞義了；這就成了先論其『得失』而後考其虛實眞僞了。他自己也曾警告我們：

人之情好以己度人，以今度古，以不肖度聖賢。往往逕庭懸隔，而其人終不自知也。……以己度人，雖耳目之前而必失之。況欲以度古人，更欲以度古之聖賢，豈有當乎？……故考信錄但取信於經，而不敢以戰國秦漢以來度聖人者遽據之爲實也。（提要上，頁六－八）

崔述自己不知道他自己也往往用宋明以來『度聖人者』來做量度聖人的標準，先定了得失的標準，然後考其虛實，所以『逕庭懸隔，而不自知也。』

這都是時代風氣的限制，不足爲崔述的罪狀。他這一部大書之中，大體都是能遵守他的基本方法，先定材料的虛實，而後論其得失。他很大膽的定下一條辨別史料虛實的標準：『凡其說出於戰國以後者，必詳爲考其所本（考其所本即是尋出他的娘家，）而不敢以見於漢人之書者遂眞以爲三代之事也。』這樣一筆掃空了一切晚出的材料，就把古史建立在寥寥幾部他認爲最可信的史料之上。在那些他認爲可信的材料之中，他又分出幾種等級來，第一等爲『經』的可信部分，第二等爲『補』（源出於經，而今僅見於傳記，）第三等爲『備覽，』第四等爲『存疑。』這都是辨其虛實眞僞的態度，最可以作史家的模範。他的細目或有得失可以指摘，這種精神與方法是無可贊議的。

我們必須明白，崔述生於二百年前，不但時代的限制不易逃避，當時所有的古史材料實在是貧乏的可憐。我們現在讀他的古史諸錄，總不免覺得，古史經過他的大刀闊斧的刪削之後，僅僅賸下幾十條最枯燥的經文了！我們不要忘了他自己勸慰我們的話：

昔人有言曰：『買菜乎？求益乎？』言固貴精不貴多也。……吾輩生古人之後，但因古人之舊，無負於古人可矣，不必求勝於古人也。（提要上，頁二七）

他在那個時代，無法『求勝於古人，』只能做一番刪除虛妄的消極工作。但我們深信，『考信』的精神必不會否認後來科學的史家用精密的方法搜尋出來的新材料。例如商考信錄，固然只是滿簿的兩卷枯燥材料。但今日學者實地發掘出來的甲骨，石刻，銅器，遺物等，其眞實既已『考』定，當然是可『信』的。故『不必求勝於古人』只是崔述警告我們莫要濫收假古董來冒充眞史料，而不是關閉了擴大古史料之門。王國維，羅振玉，李濟，董作賓，梁思永諸先生尋出新史料來『求勝於古人』，正是崔述當日所求之不得的，正是他最歡迎的。

最後，我要指出，崔述的『考信』態度是道地的科學精神，也正是道地的科學方法。他最痛恨『含糊輕信而不深問』的惡習慣。他一生做學問，做人，做官，聽訟，都只是用一種精神，一種方法，——就是『細爲推求，』——就是『打破沙鍋問到底。』他要我們凡事『問到底』（提要下，頁一九，）他要我們『爭，』要我們『訟，』要我們遇事『論其曲直』（無聞集二，頁一五——二一○）他要我們『觀理欲其無成見』（考信附錄，頁三四，）遇事『細爲推求，』『歷歷推求其是非眞僞』（提要下，頁二一○）這都是科學家求眞理的態度。這個一貫的態度是崔述留給我們的最大的遺訓。

二十五，一，二十七晨六時。在上海滄洲飯店。

附記：我本想寫一篇較詳細的介紹，現在只能拿這篇短序來塞責，這是我很抱歉的。我盼望全書出版後我能利用新出現的傳記材料，繼續寫成我的『崔述年譜，』完成我十四年前介紹崔述的志願。 胡適

四庫全書提要叙 武·

上海醫學書局發行 無錫周雲青箋注

四庫提要爲讀羣書之門徑，而提要叙則又門徑之門徑也。前人已有定論，無煩贅言矣。然經，史，子，集，卷帙之多，令人興歎。擷其精英，明其流變，悉粹于此寥寥之小冊，其立義之嚴，措詞之簡，想可知矣。故無較善注本，雖國學根柢俱者，猶難探究竟，況其下焉者。

無錫周雲青先生箋注此書，實爲當家，然智者千慮，必有一失，其中雖有失當者，或疏略者，要不足以一疵掩也。茲就管見所及，論之如下。

一、原文謬誤而未糾正者

本書四十一頁，詔令奏議類叙叙文云：文獻通考始以奏議自爲一門，亦居集末。然檢閱文獻通考之經籍考集部，所列者乃章奏，非奏議也。且章奏列于集部，陳氏之直齋書錄解題已然，亦不始于馬氏之文獻通考，當爲辨明。而箋注只云：何人撰，分若干門，凡若干卷而已。

本書四十八頁，史部載記類叙叙文云：惟越史略一書，爲其國所自作。據四庫全書總目史部載記類所附錄者，尚有朝鮮史略六卷，非僅越史略一書也。箋注于釋明越史略後，更應申述數語，以補叙文所缺方安。

本書五十二頁，職官類叙叙文云：南唐書徐鍇傳，稱後主得齊職儀，其書罕觀，惟鍇知之，今亦無舉其名者。據隋書經籍志載有齊職儀五十卷，齊長水校尉王珪之撰。又齊職儀五卷，未注撰人姓氏。今據徐鍇傳，知其爲周穀所撰。叙文所書齊職制，想爲齊職儀之誤，注應更正。

本書八十二頁，類書類叙叙文云：皇覽始于魏文，晉荀勖中經簿，分隸何門，今無所考。據隋書經籍志知皇覽一書，晉荀勖中經簿，列于丙部（中經簿之丙部，乃史書，非子書。）叙文所言，失之不考。

本書八十五頁，釋家類叙，叙文云：梁阮孝緒作七錄，以二氏之文，別錄于末。據王儉七志，已將釋，道列于子部之末。特王志先道後釋，阮錄則先釋後道之差耳！何得謂始于阮錄乎!?箋注未言，深爲遺憾。

二、譌誤

本書六十一頁，子部總叙叙文謂：或古無其目而今增句，箋注謂：如漢書藝文志止有道家，而無釋家。今四庫依阮孝緒七錄別增釋家者是。然道家之外，別增釋家，始于王儉七志，非阮孝緒之七錄也。參閱前文，即知其謬。

本書七十頁，農家類叙叙文謂：因相牛經及相馬經句。箋注云：唐書藝文志：相馬經三卷。伯樂相馬經一卷。徐成等相馬經一卷。據隋書經籍志已有相馬經二卷，則不始于唐志明矣。

本書二十五頁，小學類叙叙文謂：隋志增以金石刻文句。箋注謂：隋書經籍志：又後漢鐫刻七經，著于石碑，皆蔡邕所書。魏正始中又立一字石經，相承以爲七經正字。據近年洛陽所出魏石經，每字皆先古文，次篆文，次隸書，乃三字石經，隋志所言，顯係錯誤，而箋注不之辨。

三、簡略

本書三頁，經部總叙叙文謂：今參稽衆說，務取持平，各明去取之故，分爲十類。曰易，曰書，曰詩，曰禮，曰春秋，曰孝經，曰五經總義，曰四書，曰樂，曰小學。又本書二十九頁，史部總叙叙文謂：今總括羣書，分十五類。首曰正史，大綱也。次曰編年，曰別史，曰雜史，曰詔令奏議，曰傳記，曰史鈔，曰載記，皆參考紀傳者也。曰時令，曰地理，曰職官，曰政書，曰目錄，皆參考諸志者也。皆應注明其來歷，如四書入經部，本明志例。樂入經部，本經籍考例。詔令奏議入史部，本唐志例。立別史一門，本宋志例等等。則流變自明。然箋注未及之。

本書五十六頁，史部目錄類叙叙文謂：案漢書錄七略書名不過一卷，而劉氏七略別錄至二十卷，此非有解題而何。據清洪頤煊，馬國翰兩輯本，知七略別錄原文，確有解題。而箋注只云七略別錄若干卷，何人所撰，解題之有無，則未嘗及，略矣。

新書簡訊

三國食貨志 陶元珍著 二十四年十二月商務書館出版 定價四角五

二十四史中自史記漢書以下，多有總括一代社會經濟變遷之作，即之食貨志（史記稱平準書），惟後漢書三國志宋齊梁陳北齊周諸書及南北史新五代史無食貨志，學者每以爲憾。清代僅郝懿行補宋書食貨志一卷，其他諸史之補作，尚無聞焉。此書略如錢文子補漢兵志之例，雖有異於前史之食貨志，而精密實過之。書中論斷，皆援引證而發，實而不華。全書凡八章，一戶口，二勞動，三土地，四農業，五貨幣與物價，六交通與都市，七工商業，八人民生活與國家財政。其鉤稽史事，用力之勤，誠堪欽佩，惟於前後史事稍乏貫通之見，蓋三國爲中國第二次大一統崩潰之時代，漢家政治制度，社會情形，此時正當蛻變之際，不可不於兩漢史事略述其流源，先知其因，而後可以明其果，此正史食貨志之難作也。書中如頁二十三論東漢末諸豪強在社會上之勢力，舉仲長統昌言損益篇，然漢時豪強勢力之大，實以東海潁川二郡及京兆等地爲甚，讀漢書尹翁歸韓延壽趙廣漢張敞諸傳可以知之，其勢力之養成，蓋有自來也。又如頁一一三謂「三國時有所謂軍市，」似謂軍市始見於三國，而其實兩漢時邊塞或內地屯兵處皆有之，軍市有稅，多爲駐屯軍餉給之來源，亦國家財政資源之一種。他如論吳時海上交通，而不言康泰朱應使扶南事，皆百密之一疏也。（餘）

× × ×

雁影齋題跋 李希聖著 二十五年三月湘鄉李氏出版 定價不詳

清季巴陵方氏碧琳琅館，雖書名海內，戊戌之際，其後人挈遺書入都，置於琉璃廠工藝局中，連樓充棟，爲卷逾數十萬。庚子亂後，其書四散，存者輸入國庫，尚餘十數萬卷。方氏搜討之勤，購藏之富，曾不數年，遂舉而讓，渺不可追求。方其書輸至京師時，湘鄉李希聖曾館其家爲定書目。今此編所記，觀方氏所藏，雖祇存十一於百千，然古刻秘鈔，爲世所希覯者，固已網羅無遺，且於卷帙之異同，款刻之行格，收藏之印識，咸條分縷析，詳著於篇。其中若顧亭林之修文秘史，朱竹垞之百六叢書，杭司馬之藝餘類纂，皆號爲秘籍孤本，今不知流轉何歸，多賴此篇略知其書之梗概者也。（風）

× × ×

史記校 王筠著 民國二十四年十二月故宮博物院圖書館校印 定價八角

安丘王貫山爲道光間舉人，博涉經史，深說文之學，所著說文句讀，折衷段玉裁桂馥之說，獨闢門徑，論者稱二家之勁敵。又有說文釋例，說文繫傳校錄，及禮記讀儀禮鄭注句讀刊誤等，爲清儒中小學之名家。此書爲王氏稿本未刊行者，蓋據漢書以校史記之異文，其中或史記傳譌者，或漢書傳譌者，或漢書改史記而是者，亦有改之而非者。至其用字，或史用古，即漢用今，史用今，即漢用古，互相關發，義蘊斯然，惟紀年食邑及首虜之數，參差者甚多，有不可考者，亦有可考年表而得者。大抵不著其是非，而以客觀之態度比較之，不加論斷，此亦清代樸學之精神也。（餘）

圖書副刊

BOOKMAN

第一百二十九期

一 本刊登載關於中外圖書之介紹批評以及學術界消息爲公開性質歡迎投稿
二 刊登本刊之文略致薄酬
三 投稿通訊可寄「北平文津街國立北平圖書館內圖書副刊編輯收」

辨宋祁漢書校語

黃雲眉

宋慶元本漢書有宋祁校語，明監本引之寥寥，清殿本又據以補入，世頗多信之。其實乃不學者所依託，非出宋祁也。因草是篇，以告重印殿本漢書者。

考校語十之七八，爲以意增刪虛字，强冠顏簡實之文以辭順習。予京修唐書，言艱思苦，當時或笑爲摹古太過，何獨於校書之頃，反疑古人之文必諧語順習乎？其矛盾不應如此。然虛字增刪，雖屬多事，未至不通。

……

「舊」與「獵」「獲」稱，並田犬之名，解詩者未有異義，而校語云：「職疑當作職獻」，則是未讀詩傳與西京賦也。揭胡朱梅云傳贊「昔仲尼稱不得中行，則思狂獧」，師古注「論語載孔子曰：不得中行而與之，必也狂獧乎？狂者進取，獧者有所不爲」。此皆論語文，其下始爲師古自解。而校語云：「進取下應添於道二字」，按孟子盡心篇引此，但改「行」爲「道」，亦無「於道」二字，校者殆誤認進取語乃師古文，故輒加二字以爲補足義闕，是則雖論語孟子亦未熟讀矣。先生之稱，或稱「先」，或稱「生」，不必二字並稱。史記鼂錯傳學申商刑名於張恢先，漢書作張恢生……

[illegible]

竊近流布舊籍，尚爲風氣，殿本二十四史之重印，坊間屢見不一見。竊以爲謝山之文，尚在殿本校刊之前，當時既未注意及之。後之讀漢書者，因以殿本採入宋祁校語，乃經幾許翰苑書宿之審閱，不容更致疑於贗僞。其嘗見謝山文者，又以謝山所辨，或出後人攙雜。夫物之眹目，則嫫姆倭傀，數呎日而有遠醜。僞校語之頗爲世尊信殆以此。故吾更從依託者之不學，摘其尤可發噱之處，以取驗於讀者。俾世知其鄙陋不通，雖稍識書者亦不至此，不特筆行稱引之乖舛已也。抱流布古籍之願者，倘以吾文繼謝山之後塵，於重印殿本漢書時，能毅然削此僞校語而忽留隻字，雪古人之污，絕方來之惑，則謝山與吾爲不徒辨矣。

新書介紹

永樂大典本水經注

續古逸叢書之四十三　商務印書館影印　八冊定價二十五元　永樂大典卷一一一二七至一一一四一

[illegible]

金石萃編補略訂誤

金石萃編補略二卷，仁[illegible]年秋，見王氏自序。至光緒[illegible]浙江督學使者太和張譽鶤序[illegible]。陰面有『光緒八年太歲在[illegible]』是書編製方法，全仿[illegible]詳：

齋居無事，因檢萃編所[illegible]餘種，做趙泉先生之例[illegible]越四旬，書成二卷，亦[illegible]上卷凡十八種，下卷凡二十[illegible]有多種排列時代錯誤，本文[illegible]此書第一篇張蒼公墓記[illegible]五字，其實此篇前半並非後[illegible]備後文參證之資。

(一)蒼公墓記：『□公[illegible]今宿塞是也。』凡百四[illegible]古今文，黃緒幼婦外孫[illegible]大爲『詩曰』二字提行[illegible]行，均低二格寫。

(二)詩後列碑側第一紙[illegible]云云，末行『曹君平五[illegible]第二層書衛縣□老上宣[illegible]，第四層貴軍假司馬衛[illegible]曹史趙勹等，第二層書[illegible]掾長馬琪等。

茲先論其(一)：蒼公墓[illegible]，圓一尺二寸，額有蒼公碑[illegible]生所藏拓本文字正同。橫額[illegible]右至左。碑文計九行，前七[illegible]字，第九行十四字。後有『[illegible]蓋曰』雙行十六字。下列詩[illegible]陰有額，上刻『蒼大宋蒼公[illegible]吊尺重畫一過，碑長四尺[illegible]。長九寸六分。碑文計二十[illegible]字不等(前六行較爲完好，[illegible]

[illegible]

本徒災刊布，世人不能見，疑之者信之者均無從質證。

水經注收於永樂大典卷一萬一千一百四十一至一萬一千一百四十二，斷字韻內，共八冊，道光二十一年辛丑，張穆於翰林院見之，爲全氏水經注辨誣一文，歷指戴趙，及趙用全之跡，附刻全校水經注後，其事宜若無可疑矣。而王先謙仍不信之，民國十一年壬戌，王國維獲見前四冊於烏程蔣氏傳書堂，取以校戴本，其後更見宋刊殘本孫潛校本，乃爲聚珍本水經注跋，立說同張穆。戴氏竊書案幾成定讞矣，日人森鹿三氏仍未相信，揭一文於東方學報，爲戴氏辯護。

蔣氏所藏大典本前四冊後歸涵芬樓，後四冊在高陽李氏許，今商務印書館合併影印，延津劍合，依然完書，王國維所一再惋惜者，可無復遺憾矣。

大典本出，首可解決者，厥爲戴趙校語相合問題，戴震校水經注自云依據大典，今以大典本校之，其云近刻誤者，大率皆大典亦誤，而其所改者則多同趙氏，吾人取大典本趙本戴本三本共勘，孰爲盜襲，不待煩言而決，戴雖百喙莫能辯矣。

楊守敬邃於史地之學，尤熟於水經注，新會陳援菴先生藏有楊氏致梁鼎芬手札二通，力言戴襲趙，全書不僞，說甚精碻，所撰水經注疏凡例亦發此義，楊氏固未嘗見大典本，其識見之卓越於是可徵。

全祖望校水經注，發明甚多，尤要者爲分別經注，其水經注題詞云：「經文與注文頗相似，故能相淆，而不知，熟玩之則固判然不同也，經文簡，注文繁，簡者必舉撫於地望，繁者必詳及於淵源，一爲綱，一爲目，以此思之，蓋過半矣。」又云：「世但知是書之經與注混，而不知注之自相混也。夫注何以自相混，蓋善長之注原以翼經，故其專言水道者爲大注，其兼及州郡城郭之沿革而不關於水者乃小注，其旁引諸雜書沿革逸事又附注之餘錄也，故大注爲大文，小注即小字，如毛詩之有鄭箋。不知何時盡鈔變爲大文，而於是注中文義遂多中隔不相連屬矣。……前人從未有見及之者，曾發之，先司空公，實爲創獲，其後先宗伯公始旬出以朱墨分其界，先大父贈公又細勘之，至予始直合釋寫爲大小字，雖未必一一盡合於舊，而較若列眉矣」。

趙一清與全祖望友善，得見其書，得友其人，故撰水經注釋悉採全說。戴氏校水經注分別經注之例甚詳，提要云：「經文注語諸本率多混淆，今考驗舊文得其端緒，凡水道所經之地，經則云過，注則云逕，經則統舉都會，注則兼及繁碎地名。凡一水之名，經則首句標明，後不重舉，注則文多旁涉，必重舉其名，以更端。凡書內郡縣，經則但舉當時之名，注則兼考故城之迹，皆尋其義例，一一釐定，各以案語附于下方」以今別經注爲己功，張穆斥之，甚力，謂其襲自全氏。段玉裁則以校正經注之功歸諸戴氏，其說甚辨，然使無全氏，發其端緒，趙氏沿用其說，則戴無所依傍，當不能如此精審，此亦戴襲全趙之一旁證。然後人轉以謂趙與戴暗合，

4.而去以有文字恐人書靈之而鬼哭龍藏也
5.蒼公者黃帝時史官也蒼公即古文篆書是
6.蒼頡傳云兗州西南八十里有蒼公□冢之
7.蒼即古今存焉蒼公墓者蓋在雍州東北之
8.同州界白水縣東北彭衙城是也
9.黃帝墓季坊州內即古今喬陵是也

蒼公集志譯古今文
黃絹幼婦外孫虀臼

並爲比勘如左：

1.夫公者黃帝時諸侯也　『夫』『諸』王錄均作『□』，觀拓本與下列各行齊，並無文字。
2.龍□潛藏　『□』拓本亦不明。觀下文有『鬼哭龍藏』之語，疑是『鬼』字。
3.以有文字恐人書墮之　『以』『畫』王錄均作『□』。
6.蒼頡傳云　『頡』王錄作『□』。
7.有蒼公□冢之　『□』拓本亦不明。蒼下『即』字又微似『址』字，王錄作『□』。
9.坊州內即古今喬陵是也　『內』王錄誤作『尚』。『即』王錄作『□』。

詩曰

（拓本）	（王錄）
鳳凰山勢藍天□	鳳凰□勢藍□□
軒轅勒碑祭金□	軒□□□□□□
東望梁山龍門谷	事□□□□□谷
西臨洛水□文宣	□□□□□文宣
巫山古跡南邊枕	巫山□□南邊□
北耕蒼龍洹水連	□□□□□水連
每到季春清明節	每到季□□明節
後代儒宗各爭先	後□儒宗洛□先

按王錄碑文第一行三行五行各缺三字，拓本只三行五行各缺一字。王錄六行七行各缺一字，九行誤一字，缺一字，拓本則均完好無損。又七言詩八句五十六字，拓本只前二行末各缺一字，四行第五字不明，王錄竟缺至三十一字。所餘二十五字中又誤三字；三行首字『東』誤作『事』，七行第三字『季』誤作『李』，八行第五字『各』誤作『洛』。其所據拓本之模糊，即此可見。

一五，四，十，於鄘大。

或指全書爲僞，則本末倒置矣，楊守敬於水經注疏凡例中論此事甚允。

水經渭水注脫簡一葉，全祖望於揚州馬氏許，見柳僉校本孫潛校本據以校補，趙一清則據全氏本補，戴氏自言據大典本補之，今大典本具在，戴氏所補不同於大典本，而反同於全趙本，謂非見全趙之書不可矣。是全書不僞，趙非與戴暗合，於楊守敬說外，又得新證，此大典本出，又一問題得解決矣。

至於戴氏得見趙書，則直隸河渠書中尚有明證，張穆曾於全校水經注辨誣文引之，王國維更以浙江採集遺書總目證趙書入四庫館在乾隆三十九年之前。近有人謂張王諸氏未能詳考，實不然也。

水經注宋刊本惟江安傅氏雙鑑樓藏有殘本十一卷，外此無聞焉。存世善本全帙當推海鹽朱氏所藏明鈔本，其行款與宋刊本同，佳處誤處與字之別構亦同，王國維盛稱之。如能影印流傳，其有益於水經注之研究，當遠勝於大典本，商務印書館舍彼而謀此，或非計之得也。（海遺）

附楊守敬致梁鼎芬手札二通

節庵仁兄閣下：昨日席上談及戴趙兩水經注本，稱戴氏盜襲趙書，已成鐵案。敬韙其說，葉君浩吾謂世稱戴所云永樂大典本皆直無其事。敬嘗讀段茂堂經韻樓集力辨戴不襲趙，意以戴氏所學似不應有此，故亦信之。後得張石舟手校寰宇記，其中有引水經注者，深以戴校爲不然，亦未明言其盜襲趙書也。（聞別有說，在近刊全校本中。）近日張翰翁重刊趙本序，且辨世猶有謂趙襲戴者。因假葉君王益吾所刊合校本，攜歸復讀之，適恍然悟戴氏襲趙有確據也。大典本雖古，亦只原于宋刊，故[illegible]，黑，涇，洛，虖沱，諸篇皆已亡佚，足徵不出崇文著錄之上，而書中所訂正今本者，幾于萬言。因思前明趙清常朱謀㙔皆嘗得宋本校此書，謝兆申之舊時稱據宋本，（趙氏疑爲假託。非也，唯無孫序，是其見本偶脫）。然不過數十事。如果有戴氏所舉，則諸家清常何以疏略至此？且錢曾王尚藏宋本，未必諸家皆未寓目。孫潛夫自稱得柳趙影宋本，而亦不著之，何耶？又戴氏所稱訂正者，十之七八出于趙氏意訂，未必宋本皆一一與趙意合。而趙氏于書凡言脫誤不可訂者，戴本亦同其誤，此其爲襲趙書無疑也。獨怪當時紀文達陸耳山並爲纂修，曾不檢大典本對照，遂使東原售其欺。（戴氏所據書中，水經注本但有正本，不一一言大典原本如是，是其清夜不泯者歟。）至疑趙氏襲戴者，不過以趙名亞于戴，又其書後出，故云爾。今檢凡趙所訂正，除意改之外，皆能引出所出之書，而戴氏反略之，豈人考能若是耶？倘戴校悉若趙書一一列旁證，則爲趙氏襲戴，成千古之冤矣！然謂大典本與朱墨本絕少異同，則又不然；凡趙氏所訂，戴氏亦有不盡從者；且有出于趙氏所不疑，而一經改正，便豁然者，未必盡由戴氏意改。且酈亭原序，趙氏據孫潛夫得柳本抄出，而自不能不猶以下脫，實未足爲典要也。

敬好讀異書，昨讀合校本，喜其便于翻閱，此書想不難得，而鄂垣書店無之，能爲購得一部，尤爲至感！

守敬再拜

節庵仁兄閣下：昨日致一書，論戴趙兩水經注事，意猶未盡，復錄之以供談助。經注混淆之說，發于宇文虛中，後來皆奉爲至論；然無能訂之者，至戴趙始一一釐定。戴氏舉其例于提要中，趙則未明言，而悉與戴合；兩家用力至深，可以冥契暗合，未足爲彼此相襲之證。唯趙氏援引他書以正此書者，戴氏皆歸之原本，此則可疑之甚。至于注中有注，（如音釋之類）則趙詳而戴略，趙氏于注字分大小，其意以專釋水者爲大字，旁涉典故者爲小字，而實有割裂之痕。然古人有注中雙行經，（如賦經中，賦如三蔡豆之重是也。）而無字分大小之注，（古人有朱墨之分，如證類本草，朱書墨書是也）。其字分大小者，起于明閩李元陽之刊十三經注疏，（宋十行本，黃唐本注疏皆雙行。）而明監本汲古閣本因之，實非古式。趙氏效之，頗爲不典；（其意蓋以爲易混淆之漸。）戴不從之，是其所長。余甚此書，文從戴錄，體仿趙籍，亦其失也。

又余喜於近世爲水經之學者，殘篇斷簡皆爲附入，而於陳蘭甫先生訂正水經西南諸水說，曾不載之，豈未之見耶？

又聞新刊全校水經，昨論以爲僞造；若論其書，亦云然。竊意今人盜竊他人之書法名者有之，僞造前人之書圖利，則甚罕。蓋此等非沈酣古籍者，不能，末學淺生一知半解便欲著書，兔園冊子比比皆是，何肯自愧醜惡，推之古人？以云獲利，則今之翻刻舊古書者，無不斷折。徵意或謝山未定之本，好事者鄭重毀棄，故爲刊之，惜此間無此書，使我一讀之也。謝山史學豈容譏議；昨閱仲修日記中，謂謝山于兩漢書未熟讀，何容易也！即如此書援引全說皆至精核，略涉班范書者，何能窺其涯岸？大抵仲修日記敘述簡雅，頗似漁洋之偶談筆記，而故爲高論，則遁形其未深入。如謂阮刻十三經注疏是骨董家物，反不如毛刻；又謂羣書治要是僞書；又謂鐵橋所輯唐以前文，是孫淵如之作；此豈可令好

學深識之公一探按耶？因論謝山乘逵及此，爲秘之！連日閱畢，未能走謁，即頌刻安不莊。

守毅上

新刊簡訊

明日之康藏滇桂問題

方秋葦著　民國二十五年三月　上海世界書局出版　定價國幣五角

自民國二十年「九一八」事變發生後，國人目光完全集中到東北，因東北之被強佔，暫時無法收回，乃又聯想及於西北之危機及其對於今後國防之重要，於是政府則有西安陪都之設，民間「到西北去」的呼聲亦高響入雲，至於與強鄰接壤有數省之地域的西南，反而無人過問。其實西南的危機正不下於東北。

該書共分五章。第一章列強對中國之爭奪，是一種歷史的回顧。說明帝國主義奪取一般殖民地的必要及其奪取中國之步驟和瓜分中國之迫切。第二章從政治地理觀察西陲國防，說明西藏西康雲南廣西在國防上之重要性。第三章英法在西陲侵略勢力之延擴，其間包括一、英國對西藏之野心侵略及近年西藏對中央政府異動之背景等，二、法國對雲南之覬覦及近年中法邊界問題之糾紛，三、英國對雲南之進攻及近年中英邊界問題之糾紛，四、英法在西陲之角逐，五、西陲之危機等。第四章昨日和今日形勢之展望，說明因英帝國主義之作祟而有藏軍內犯及西藏與西康青海三者間的複雜糾葛；英國侵滇之政治的及經濟的背景及片馬事件，江心坡事件，野人山事件之回顧；過去西藏政治之鳥瞰等。第五章今日和明日形勢之窺視，說明西藏因第十三世達賴喇嘛圓寂後政治上所發生之變化及其對於中央政府關係之轉機，列強如英法蘇日等對西陲國攻之形勢並提示及估量我國將如何應付等等。其中以第三第四兩章最爲重要。而尤以說明英法兩國對西陲之明爭暗鬥最爲透徹。全書以政治經濟地理三者說明西藏西康雲南廣西和強鄰所發生的關係和糾紛，見解亦頗正確。惟全書無一地圖，極爲遺憾！如滇緬，滇越界爭是非常複雜的，如附地圖，實可助讀者之瞭解。（仲）

來函照登

爲中國近代史答劉藜仙君

陳恭祿

頃讀大公報圖書副刊第一二六期陳著中國近代史糾謬一文，評余言之謬誤，共有三點。夫以偶爾披覽所得之三點，推論六十萬言之全書，即屬確爲事實，亦爲牽強武斷之論。況劉君尚未顧究全書，且稱『世之君子，倘能史捷而評論其全書之得失，是豈區區所企望者哉』。劉君明以學識有限爲言，而所言者限於三點，當非謙辭，原無答復之必要。而余所以答復者，一以劉君重視之甚，謂將貽誤學者，不憚千里飛書，一則藉此說明著者之立場，然限於時間不能多所引證，茲略言之於下。

一、劉君據職方外紀等書，謂中國近代史自敘稱英國爲佛郎機爲誤，其考證所得有佛郎機即法國地理書，即展轉抄襲之文之語。按劉君所據者，非其言各國地理位置，自必統一，不能混亂。余敢忠告劉君批評余言之得失，當從古人文字本身求之，不必只據此類書籍也。茲就記憶所及，摘引一證。夏燮於中西紀事卷一曰：『自佛郎機屢犯邊境，朝廷加意防守，於是諸番之至者，悉爲佛郎機假託。』其言自有根據。更非明史佛郎機列傳而言，修史者所言之佛郎機，實指葡萄牙，傳末又稱『其時大西洋人來中國，亦居此澳。』信如其說，當爲兩國，事實上則爲一國，蓋古人限於語言，錯誤嘗不能免。清李中葡訂約，均稱葡萄牙爲大西洋。佛郎機是否爲法國，須視著文年代及內容而定。舊譯名稱之不統一，不如外人叙述其經過之可信，當如中國近代史自敘所言，劉君竟不之知，亦不知其錯誤之甚，反以惡言相加，愚之一笑。

二、劉君稱『古代航海術未精，船舶淺小，水手無犯風濤遠渡海洋之勇氣，沿海七省除海盜而外別無侵擾之國，居民安居樂業』爲「大誤」，其援引之例爲大食焚掠，倭寇滋擾。余非不知此類事蹟，顯其人爲海盜，目的全在刦掠貨財，非有兼併土地或奪取政權之野心。古代商船遠航海外，常有禦盜之兵器，水手非良善之人，遇有機會常掠貨財，稍讀世界史者皆能知之。著者知大食商船之性質，故未以國目之。關於倭寇，著者曾於書中提及，如頁三二一九稱『日本自敗蒙古兵後，……倭寇爲害於沿海諸省』。不以侵擾之國視之者，亦以其性質同於海盜也。劉君不能辨別，竟誤解至此，且其根據之書，亦非重要著作，故不知倭寇非始於明，元代蓋已有之。此非吹毛求疵，不過說明劉君之推論而已，一笑！至於安居樂業則與邊境比較而言，亦爲事實。

三、懷宗自縊實在一六四「四」年，『明年』係『斯年』之錯誤，由抄者或校對者之疏忽所致，顧余不願卸責於人，自有相當責任。劉君稱余不知斯年，並強不知以爲知，豈余不知檢查中西史日曆乎！實一新奇之推論，殆可視爲二十世紀知識界之邏輯，一笑！關於年代，書中排誤者甚多，如第一版第二七七頁第一行稱雍正於一「八」三三年遣使赴俄，一八三三年爲道光十三年，豈余不知雍正在十八世紀乎？又如第一版第六三九頁第二行稱一九〇六年爲光緒「二」十二年，豈可據此推論，謂余不知其爲三十二年耶？第四版均一一修正矣，校對實一難事，如現時出售之第五版，反有第三版，著者固難一一負責。一人之知識有限，校對亦疏忽之處常無避免，凡以善意或惡意指正中國近代史之錯誤者，果爲事實上之錯誤，余皆欣然接受，惜劉君尚不足以語此，然其指正之錯字，余雖知之，亦表示謝意。更當聲明者，第五版之錯字亦尚不少，近時迭有發見，非第六版時不能修正。讀者蓋如劉君執一二錯字，並強不知以爲知以「不錯」爲「大誤」，將答不勝答，余實無此時間，一笑置之而已。若劉君者，不讀中國近代史，余心固無所憾。

308

圖書副刊

BOOKMAN

第一百三十期

一　本刊登載關於中外圖書之介紹批評以及學術界消息爲公開性質歡迎投稿
二　刊登本刊之文略致薄酬
三　投稿通訊可寄「北平文津街國立北平圖書館內圖書副刊編輯收」

書評

王益厓編高中本國地理

劉玉衡

世界書局印行　定價二元四角

王氏高中本國地理，內容分三大編，共四百二十六頁。第一編總論，分三章：一、概說，二、自然地理上的特異性，三、人文地理上的特異性。第二編中國區域地理，分六章：一、西北區，二、中央區，三、東南區，四、西南區，五、東北區，六、高原區。第三編是地人相互關係上中國民生綜合的研究，內容包括四章：一、概說，二、我國人口分佈和產業的開發，三、產業開發在地理上的研究，四、述產業開發和外人在華的經濟勢力。觀其內容取材之廣，當非一短時期所能完成。今先論此書之優點如下：

（甲）書中取材甚廣，各部分之叙述，皆非常豐富；除正文以外，在每章或每節之末的註內，時常引入許多重要的參考材料。此書初版在民國二十三年十一月，而其取材則截止於二十三年二月上旬（見本書第一百八十六頁）。故其取材之新與豐富，是爲他教科書之所不能及。

（乙）書內插圖及統計表亦較他書爲多。圖及表佔篇幅少而條理清楚，使讀者容易明瞭及記憶。譬如將某一處的地形，如以文字叙述牠何處是高，何處是低，何處是交通大道及何處是山川湖泊，雖洋洋數千百字；反不若畫一圖省事，佔地方既小又條目清楚，讀者不但節省時間，又易於瞭解。同樣，一數字的統計，若用文字一行一行的寫出來，常是顯得條目不清，容易模糊；若以表代之，便免去此種弊病。此書共有插圖一百三十餘幅，統計表則有八十餘；合計共二百一十餘圖表。

上二項是本書二大優點。同時，書中亦有許多地方須提出討論，應再略加補充或修改，今擇其要者分述如下：

（1）此書區分中國爲六大區域，即西北區，東北區，中央區，東南區，西南區及高原區。（見本書第十六頁後附圖）。按此分法，中央區與東南區以長江爲界；如是則長江三角洲，安慶盆地，豫章平原及雲夢平原，皆被分割爲二部。此種分法，似不甚適宜。因長江三角洲爲長江下流之沖積平原，此三角洲橫跨大江之左右，不應畫分爲二。又如安慶盆地及豫章平原也是地跨長江南北兩岸，亦不應分述。雲夢平原包括湖北省中部江漢流域及洞庭湖與其附近之地域，關係一自然區域，亦不應區分爲兩部。故以上諸區，都是橫跨長江南北兩岸，應將牠每區當作一單位去叙述。本來，區分中國地理，原非易事；以政治區域的劃分爲準則，既不適合；而按照自然區域去劃分，至今尙無一適宜區劃爲標準。所以這一項，就成了當今地理課本編輯者的最大困難之點。

（2）邊疆問題，應再補充材料。如東北區之間島問題，中東路問題及中俄黑松航權問題；西北區之外蒙古問題，中俄伊犁事件；西南區之西藏問題，片馬問題等等，此皆關係重要，而書內之叙述却甚簡略。有的，在本文內僅略道一二；有的，在小註內雖提及，但究竟字體太小，叙說亦簡，恐爲讀者所忽略。有的竟根本未曾提到。那些邊疆問題，應當在每區之後，特別提出專題討論。使引起讀者對邊疆問題之注意。

（3）書內的統計表，常有錯誤。此書今雖已出至三版，但仍未修改。此錯誤一部可歸咎於排印者，一部也恐必是作者自己的疏忽。現在把偶然所發現到的，列記如下：

	總數應爲	誤爲
第五〇頁統計表之一	一三七·〇〇八·七三〇	一三七·〇〇八·四三五
第九三頁統計表之一	一一·三六四·五八四	一一·三六四·八四〇
第一六四頁統計表之一	七·二七〇·七〇三	七·二七〇·六九九
第一八〇頁統計表之一	一三三·六四五	一三五·六四五
第二三九頁統計表之一	九四七·七一二	九四七·七三〇
又同上之另一	六七七·八二七	六七七·八二三
又同上之另一	二四·七四一·三五〇	二四·七六一·五五六
第二六三頁統計表之一	一一四·〇一一·一三九	一一四·〇一一·一三七
第三〇八頁統計表之一	九六一·四八二	九六一·三八二
第三五一頁統計表之一	九·七六二·三三九	九·七六二·三三四

以上諸數字的錯誤，希望於重版時，加以修正。

（4）第二十二頁叙述華南邱陵地之位置，是「雲貴高原以西長江流域內的南嶺山地」此係錯誤，應修改爲「雲貴高原以東長江流域內的南嶺山地」。

（5）第二十六頁概說內謂長江之全長爲五一四九公里。其下之分論內劃分大江爲四段；源流段自發源至宜賓計長二四一四公里，上流段自宜賓到宜昌計長九六六公里，中流段自宜昌至漢口計長六四四公里，下流段自漢口到入海處計長九六六公里。此四段總加爲『四九九〇』公里，與概說內之全長『五一四九』公里不相符。在同一章內其長度前後不同，使讀者不知孰是孰非，似不甚可。這大概是作者根據兩種參考材料之故。固然，長江之全長至今尙未有一確定之準數，但編一教科書，應前後相符，如同時引用不同之材料亦應加以說明。

（6）第三十三頁：『自鄭縣到山東的灤口……試行小輪，終歸失敗。灤口以下……水運的便利，却不如灤口以上』。內中『灤口』之『灤』，全是錯字，應皆改寫爲『濼』字，『灤』與『濼』其音大不相同。其所以稱『濼口』之故，水經注內解云：「濼水出歷城故城西南，泉湧若輪俗謂之娥英水……北流注於濟，謂之濼口」。（按：古時濟水，即後稱大清河。清咸豐五年，爲黃河所奪，變爲黃河下游之河身）

（7）第四五頁之『草原氣候區』內謂：『……如採用新的耕法，也可改成小麥產地』，（見本頁與四四頁之圖）。但實際上此區內有數處地方雖採用新的耕法也不能改爲小麥產地，作者應當提出。此書之氣候區域；是根據竺可楨氏之劃分。照此分法，綏遠省之鄂爾多斯高原及寧夏省之阿拉善沙漠（又稱小戈壁）的東半部都屬此區。此二處除僅有零星之水草田外皆爲乾燥之沙漠地；而雨量絕少，即改用新的耕法，以求其變爲小麥產地，是不可能。

（8）第五一頁論中國之人口謂：『人口多（指中國），就是國力大，也就是民族力量强，近百年來，中國的國勢，雖是不振，但是列强不能來併吞，就是爲了他們的人口，和中國的人口來比較，還是太少』。作者此種觀察，是忽略了歷史的事實。人口多，國家未必强；人口少，國家也未必弱。大概一健全的民族擁有組織的能力，其國家亦必强。反之，一衰老民族，內部處處不健全，則其所組成之國家亦必是衰弱。例如英國最初併印度者却是一武裝的東印度公司，英政府並未費九牛二虎之力，其因即在此。漢族自漢唐後，即走入衰落的階段，自後即數爲異族征服。作者對中國所以維持到今之根本原因，沒有抓得住。十九世紀是西歐列强瓜分及解決非洲之時，對遠東未充分急進，中國在此期雖失去邊疆不少之地，終因列强所提出之『門戶開放』『機會均等主義』得以維持至今，並非中國人口比西洋多之故。二十世紀便是解決遠東問題的時期；近數年來，中國所遭受的變故，已不得了；將來許還有大的惡運輪到漢族的身上。那時，人口雖多也是無用。

（9）第六十六頁叙述塔里木盆地謂：『這是阿爾泰山崑崙山蔥嶺天山博格多山等圍繞的盆地』。按此處「阿爾泰山」定是『阿爾金山』之誤。

（10）第一二二頁叙述『山東半島山地』有云：『其間南北兩膠河，水道互通，這是明嘉靖十七年所鑿的膠萊運河，若是此河繼續開鑿，和德國基爾運河那樣可通海輪時，那麼既可免出成山角的繞道……也可縮短航程不少』。但據今本地人說：現此南北兩膠河，水道並不互通。按膠萊運河之開鑿，是起自元朝至元十七年，終以勞費難成而罷。明代復繼續此種工程，嘉靖十七年山東巡撫胡纘宗奏請繼續開鑿，亦未成功，其後又數次動工，皆以工程困難而止。總計元明兩朝，議鑿此河者共九次，卒未成功，原因是（a）膠萊河之南北兩入海口處水淺，沙多，易淤。（b）兩河流之水源不多。（c）兩河中間之分水嶺馬家壕地方，長數十里，地高難鑿。（見明史河渠志）故此河若希望其開鑿後能通行輪船，事實上恐不可能，亦不能與德國之基爾運河（Kiel Canal）相比。

（11）第一二三頁言：「自河上流稱沽河，源出獨石口外山中」句中之『上』字應改爲『下』字。

（12）又同上之頁又謂：『……大清河，一稱清水河，又名上西河。集白溝河滹河唐河豬龍河四水，經西淀（即白洋淀）至天津西北藥，總稱淀水，注入沽河』。按白溝河之水並不經流西淀，白溝河是注入拒馬河，故因此也稱「拒馬支流」。拒馬河會白溝河之水後，流至白洋淀之東，才注入大清河。

（13）第一二五頁：『……（黃河）……自滎澤以東，直達山東的利津，各有斷續的隄防』。『榮』字是錯誤，應爲『滎』。『榮』『滎』二字之音義都不同，『滎』字本地人讀若『形』。滎澤是一古名，水經注云：『滎澤在滎陽縣東南』。禹貢：『滎波既瀦』又：『導沇水東流爲濟，入於河，溢爲滎』。在字形上這二字相彷，所以常是爲一般人所誤會，這便是習而不察之故。

（14）第一二九頁：『……沂水，源出山東蒙陰諸山……』。按：沂水上游有一支流名汶河，是源於蒙陰諸山。沂水之正源，是源於沂水縣北境之沂山。此正源位於其支流汶河之東。

（15）又一二九頁內：『沭水，源出莒縣北境……』。按：沭水正源，亦在沂水縣北境之山中。並非『源出莒縣北境』。

（16）第一四〇頁之註內：『召信臣，漢壽昌人，南陽太守，爲民興利』。按召信臣，他是九江壽春人，非壽昌人（見前漢書卷八十九）。

（17）第一四四頁述雲貴高原氣候區：『在中央區內，是甘肅南端及鄂西山地的區域』。按此書之氣候分區是據竺可楨氏之區分，本書第四四頁上載有竺氏之圖。據此分法，則中央區之在雲貴高原氣候區內者，尙有漢中盆地（即陝西省秦嶺以南之地）全部及河南省西南角一小部，故應當補入。

（18）第一七一頁述山東煤田帶之所在地：『一是魯西山塊南斜面煤田帶，分佈於萊安萊蕪甯陽新泰蒙陰莒縣費縣臨沂棗莊等地……二是魯西山塊北斜面煤田帶，凡章邱淄川博山淄縣坊子的煤田，都包含在此帶上』。愚意以爲『魯西山塊』之名稱，不甚適當。山東之主要山地是在黃河南岸之膠濟鐵路以南及津浦鐵路以東之地方（膠東半島山區不在此範圍內），可說是位於山東全省之中央地帶，故可稱『山東中部邱陵地』或是『中央山塊』。書內所舉出之莒縣已是屬魯東南區；淄川博山淄縣坊子諸地位此中央山塊之北斜面，已是屬於魯東區了。

（19）又一七一頁載：『鄂北煤田帶：一爲興山秭歸煤田，二爲當陽遠安煤田』。按興山秭歸當陽遠安四縣，俱在鄂西，故此處應改稱爲『鄂西煤田帶』，較爲適當。

（20）第一八七頁之黃河水運：『……至鄭縣以下，至山東的灤口間，水運稱便』。內中之『灤』字又是錯誤，應改爲『濼』字。（參看第六項）。

（21）第二〇一頁載：『濰陽，位在膠濟烟濰兩路的交點上』。按山東省，並無『濰陽』縣之名，當爲『濰縣』之誤。

（22）第二一三頁載：『長江三角洲，即大茅山以西的太湖流域的原隰……』。『西』字誤，應改爲『東』字。

（23）第二七二頁載：『三都澳，位在三沙灣內三都島的西南岸，是光緒二十五年我國自開的商埠』。按我國開放三都澳爲商埠，是在光緒二十四年，即西歷一八九八年，並非光緒二十五年。

（24）第二九〇頁述『西南區氣候』之屬於雲貴高原氣候區者，尙遺去一部，即廣西省西端約至少有六分之一的地方，也是屬於雲貴高原氣候區，應當補入。

（25）第三五九頁言吉海鐵路是：『自永吉南至朝陽鎮……係屬省辦』。按吉海鐵路是屬吉林省官商合辦之路，其資本之一部是由吉林省的商民所集，並不是完全由省政府所担負，應改稱爲『官商合辦』爲較宜（據日人田中秀所著東北之交通）。

（26）在昭烏達盟所屬之旗內，有一旗名『敖漢』，亦稱『鄂罕』。本書第三六七頁稱之曰『敖罕』，但『敖罕』之名不常用，故應改爲『敖漢』或『鄂罕』爲宜。（據張穆蒙古游牧記卷三）。

（27）在青海省內之蒙族和碩特部是二十一旗，本書第三百九十四頁則誤爲『二十旗』，應改爲『二十一旗』（據蒙古游牧記卷十三）。

總之，錯誤是各書中所免不了的，不獨此書是這樣，在上列之二十七項內，除有數項是屬於討論的性質外，其餘諸項之錯誤，很是顯然；此書至今雖已出至數版，仍是照舊未改，這是作者的疏忽，希望於重版時，加以修正。至於書內小的錯誤，如第一九九頁的『天水』誤爲『大水』之類等，概略而不舉，以省篇幅。

中國地理之研究，正在開始，各部分大多尙未到一段落，有些地方，還得靠外國人替我們所整理出來的材料。在此情形下，編一本教科書，殊非易事，只材料的搜集，便是編者最大之困難。此書竟在此種困難情形下，編輯的這樣豐富，已是不可多得；而內容插圖及統計表之多，更爲他書所不及，可稱爲當今比較好的一種著作。

此書用作教本，尙屬適宜，亦可以作爲中學教師或一般學者的參考書。

民國二十五年三月寫於北平清華大學

讀海外希見錄

白維翰

大公報圖書副刊第一百十九期（二十五年二月二十七日），載有王重民先生輯的「海外希見錄」。第一則爲「康熙三十九年閔明我等奏疏」一文。這篇奏疏是關於天主教中，多年不能解決的「儀禮問題」。這個問題自利瑪竇開始，以後不少爭論。自萬歷末或崇禎年間以來，經過不少的周折和衝突，實是明末清初，天主教中一件大事。

這「儀禮問題」已經有不少文章討論，並且有不少材料可以利用。如以高弟爽（Henri Cordier）的「中國書志」（Bibliotheca Sinica）中所著錄的，已經不下四五百篇。何況高弟爽完成此書以後，還有不少續出的文字，更難已統計。但是中國的材料保存的倒不少。前幾年，陳援庵先生在故宮博物院中，整理出一部「康熙與羅馬使節關係文書影印本」。這十八通的資料，實在很可寶貴，陳先生更加以精密的考証。又在法國國民圖書館，和英國大英博物院中，各藏有康熙五十三年所發的「紅票」原本。也是很有用的資料。此外就要輪到王先生這篇「康熙三十九年閔明我等奏疏」，從巴黎抄錄回來，仍是一篇重要的資料。

這篇奏疏，原在黃伯祿所輯的「正教奉褒」中，已有著錄，載於黃氏原書（光緒三十年甲辰孟秋月版，此書前後版本頁數不同）。第一百二十二頁，原題「閔明我等奏請訓示祭祀本意」。比較黃氏與王先生的著錄，除去一二字稍有不同，或增減外，大體是相似。並且後面所附御批也一致。茲不贅錄。

然而王先生的著錄，在學術還有很大的意義，牠的價值並不絲毫減低。原來黃伯祿的「正教奉褒」，是光緒九年的書。我們只可說是一部次等的資料。現在王先生由海外抄來此奏疏，更可以証明黃氏書，大體並無脫誤。所以這奏疏本身的價值，更值得注意了。

樊國樑的「燕京開教略」中篇第四十八葉，也提到這奏疏，說道：

「羅瑪開辯之初（按即指「儀禮問題」）。正係康熙三十八年。降生後一千六百九十九年也。是年耶穌會士閔明我，徐日昇，安多，張誠等。同上奏疏。請皇上訓示中國禮儀之眞解。皇上以閔明我等奏本內所寫甚好。不准他人再駁」。（句讀悉照原書。）

在這段記載中，所列舉的教士閔明我，徐日昇，安多，張誠，完全與黃氏，王氏所輯出的書錄相同。並且所說康熙帝的御批「奏本所寫甚好。不准他人再駁。」同原來御批道：

「這所寫甚好。有合大道。敬天及事君親師敬長者。係天下通義。這就是無可改處。欽此」（見黃伯祿正教奉褒，第一百二十三葉。）

也頗一致。不過文句減少，可是意思也就如此。所以我們可以大膽假定，「燕京開教略」所述，即指此奏疏。

但，燕京開教略說：「是年」，承上康熙三十八年，如果現在僅憑「正教奉褒」所說，康熙三十九年十月二十日，不能斷定燕京開教略的錯誤。今有王先生從巴黎國民圖書館中，得到「Brevis Relatio」，從中抄出此疏，又有黃氏的著錄，是足可以證明樊國樑說：「是年」，當爲「明年」之誤。

王先生又說：「末頁爲一七〇一年七月二十九日簽名，上康熙奏疏僅閔明我等四人具名，而此竟有十人者。」我們由此更可以看出：閔明我在康熙三十九年（即西曆一七〇〇年）。上疏後：得到皇上的承認御批，可以說得到一個保障。次年一七〇一年，五月八日又有「Déclaration de la Faculté de théologie de Paris」（見「中國書志」Col. 870），所以耶穌會士們，把上年的奏疏簽字，寄往羅馬以爭此問題。爲增加他們的力量，所以有十個人署名，是無可疑者。

王先生在其全體教士的名單中，將 Philippus Grimaldi 注爲「格理瑪弟」，卻有待商榷。案正教奉褒書後附有「敎士姓名籙洋合璧」一表，注明閔明我即 Philippus Maria Grimaldi, S. J., Italus 閔明我爲意大利國人，已無可疑。（見王韜，泰西著述考，及正教奉褒。）如徐宗澤所著，「明末清初灌輸西學之偉人」一書後所附「西士所著宗哲及科學書籍表」（按此表依「泰西著述考」備成。）及日人後藤末雄所著，「支那思想のフランス西漸」，亦附錄此表。想必爲有可取的價值。又在高弟爽之「中國書志」第二卷中則寫作 Philippe Grimaldi。又Pfister書中亦作此名。其中僅英法文寫法不同，然足可以證明Grimaldi即閔明我，非另一「格理瑪弟」也。（編者按：此點本刊第一二二期，馮承鈞先生來函已言之。）

蕭若瑟之「天主教傳行中國考」六卷第三百十三頁，記載楊光先教案後，康熙九年十二月間，開釋拘留於廣州的二十五位神父事，說道：

「惟二十五位神父中。五六年來。已死四人。歸登之初。又死二人。生存者。僅餘十九人而已。幸廣東總督金光祖。素與神父相善。准隨便命澳門神父。頂冒死者姓名。入中國內地。時有多明我會修士閔明我者。因病出缺。耶穌會神父格理瑪第。即頂替其名。來廣州寄居。自稱閔明我。（句讀依原書）。」

由此可以證明，「格理瑪弟」即閔明我無疑矣。

王先生似將上文誤解，故曰：「按天主教傳行中國考卷六，稱是時閔明我已故，由格理瑪弟神父頂替，故上康熙奏疏作閔明我，致教皇書署P. Grimaldi」。

閔明我之頂替，遠在康熙九，十年間。當時儀禮問題，尚未衝突至康熙帝面前，何況原奏疏注明在三十九年。又多明我會，聞以反對容納中國儀禮，更不會上此等奏疏。

耶穌會士之閔明我，即格理瑪弟（Grimaldi）於康熙十年九月，以曉曆選京，事見正教奉褒第六十九葉。其非多明我會之閔明我無疑，且前錄燕京開教略亦注明「耶穌會士閔明我……」可知。

閔明我自康熙三十九年後，尚有四十二年，閔明我謝頒獎襯訓卒後哀榮；四十四年五月二十七日，閔明我等上疏奏閔鐸羅抵粵事；四十六年二月，閔明我等中訴閔鐸禁止傳教奏疏。俱載於正教奉褒書中，是可証耶穌會士閔明我，在此時尚未卒去。至舊日之閔明我，與此事甚少關係。

天主教傳行中國考卷六第三百三十九頁記載：

「康熙四十六年閔明我去世。以紀理安神父補欽天監。」（句讀依原書。）

亦可証明閔明我，非卒於一七〇一年以前。唯徐宗澤之「西士所著宗哲及科學書籍表」中，謂閔明我卒於一七一二年，即康熙五十一年。但不知有何根據。然以正教奉褒，並無閔明我卒去年月，只自康熙四十六年以後，再無閔明我的記載。故天主教傳行中國考，所謂四十六年卒，似爲可信。然亦無積極的明証。

茲又據Pfister著Notices biographiques et bibliographiques sur les Jésuites de l'ancienne mission de Chine 1552-1773 記載亦與徐氏所記之年相合。如此閔氏卒於何年，亦頗可疑，不然黃氏之正教奉褒，何以自康熙四十六年以後，即無閔明我記載？此時資料不足考訂，故仍存兩說，以待先進考證。

廿五，三，十三，於廣州。

慎子校正

（商務印書館出版）

讀慎齋

漢書藝文志著慎子四十二篇，至宋亡三十七篇（註一），故自宋代官私書目，以至淸代四庫全書，皆止五篇。後羣書治要來自東瀛，據增輯二篇，故嚴可均四錄輯本，錢熙祚守山閣本皆七篇。近人張均衡忽得明愼懋賞刻本，稱爲「高出各本上」，載入所著適園藏書志，繆荃孫亦藏有鈔本，嘆爲「驚人秘笈」，「見藝風堂文漫存卷四」。商務印書館四部叢刊據繆鈔本影印，分內外兩篇，較他本多出十數倍。孫毓修跋謂「愼子善本，當推此也。」實則爲僞書，僞書亦未必無價值，如列子爲晉人僞作，近已漸成定讞，然其在學術上之地位，固不因此減減，因其本身有價值，故雖非列禦寇作，亦可珍貴。惟愼氏僞愼子，則毫無足取，其中除與他本同者外，率抄自他書，絕無新義。最可笑者，人人盡知之墨子孟子韓非子戰國策諸書，亦全章或整篇逐錄。愼懋賞之淺妄不足怪，而張繆諸氏皆有名之目錄學家，竟爲所蒙蔽，視爲秘笈善本，商務印書館又據印流傳，抑亦盲目之甚者也。

商務印書館印四部叢刊時，誤信張繆諸人之言，據以影印，尚可原恕。叢刊出書後，梁任公先生首於古書眞僞及其年代卷一訟言其僞，稍後即有羅根澤先生作愼懋賞本愼子辨僞，載燕京學報第六期，後又收入古史辨第四冊。前年又有方國瑜先生作愼懋賞本愼子疏證，載金陵學報第四卷第二期。乃該館於去年十一月又出版王斯睿所作愼子校正，仍據愼氏僞本。固然序中已謂其：「不盡道法家言，且有與愼到之學相背馳者，疑爲後人附會。」書中已間言其僞。然第一抉摘不盡，第二既知其僞，何以又據作校正，斯亦不可解矣。

即謂此書應當校正，而王氏之鄙，亦不堪其任。羅方辨僞疏証之書，絕未寓目，尚可解謂作文字校正者，不必計篇章眞僞。至版本同異，則爲萬不可忽略之事，四部叢刊本出繆鈔愼懋賞刻本，愼懋賞刻本，不惟張均衡有存藏，近中國學會已影印行世，各舊書坊皆有代售，而王氏亦未寓目。疏陋如此，遽爾校書，自誤誤人，莫此爲甚！惟其未見愼刻本，故往往迂迴鉤稽，浪費筆墨，牽強附會，妄爲辨說。茲一一校勘，擇其重要者列表如下：

頁	行	繆鈔本	愼刻本
二	十	不干時	不得干時
七	十一	皆忠臣孝子	皆有忠臣孝子
九	八	此皆之賢	此皆國之賢
同	九	而刑法以正	而刑法正
十一	九	罰亦不必必不當暴	而罰亦不必不當暴
十四	四	不可當者	不可不當者
十五	八	飢荒	饑荒
廿一	十	然仁者不爲	然且仁者不爲
廿三	二	南方之博也	南方之博士也
廿六	十	當今之世	當今之主
同	十二	君實欲天之治	君實欲天下之治
廿八	六	目不能偏示	目不能偏視
卅一	一	能謹百節之禮	能謹百節之禮
同	十	人以讓子州支父	又以讓子州支父
同	十一	子州父	子州支父
卅二	八	害其身	害其生
同	十	可以治天下	以治天下
卅八	三	由刑罰過則民不賴其生	由刑罰過刑罰過則民不賴其生
卅九	五	故養心必先自愼也	故養性必先知自愼也
四十	四	親民非也	饑民非也
四一	一	死則膚骨	死則傷骨
四二	三	每合莫爲	每合莫焉
同	九	郡廟社稷	群廟社稷
同	十一	雀性爲淫	雀性好淫
四三	十一	陰多滯服	陰多滯伏
四四	二	故作爲以宣導之	故作爲舞以宣導之
同	同	皇帝令侖者	皇帝令侖者
五十	八	故有道者之之有也	故有道者之有也
同	九	有道者宜處之	唯有道者宜處之
五一	二	而民無天遏之誅	而無天遏之誅
同	三	則使之有時	則使人有時

兩者相較，自以愼刻本爲勝。不惟此也，愼刻本有七事（註二），爲繆鈔本所無，亦當據補；又愼刻本有注解，亦當參閱。

王氏校正，末附集說，內分事實及卷帙，學術之眞僞及其批評，所收殊少。愼刻本首有愼氏序，王錫爵序，愼氏撰愼子傳，愼氏撰愼子評語，後附愼氏輯傳補，湯聘尹愼子後序，內外篇皆有愼氏直言。此對王氏所言事實卷帙，學術批評二事，亦超出倍蓰。故愼懋賞之淺妄已可哂，而王氏又在愼氏之下。自謂「不敢就正大雅，聊備初學諷誦」。初學諷誦，則必受其誤妄也。故表而出之，以告世之讀其書者。

（註一）通志藝文略，漢藝文志考證，皆云亡三十七篇，黃氏日鈔，郡齋讀書志亦曾止著五篇。惟崇文總目著三十七篇，周中孚鄭堂讀書記云：『崇文總目爲陳氏所引，當有脫字，斷不止目三十七篇』至明代宋濂諸子辨，焦竑國史經籍志，亦皆言五篇。

（註二）愼刻本內篇七事，爲繆鈔本所無：繆鈔本內篇三事，亦不見愼刻本。但繆鈔本「苟知過則不累其志矣」，「志矣」二字，愼刻本作「能及」，文義不通，二字適在第十八篇第一行，故疑有缺頁。繆鈔本所多三事，愼刻本所多七事。皆在其後。故疑愼刻原本無缺，今無繆鈔本三事者，有缺頁故也。惟內篇「愼子仕楚」一事，愼刻本省略一段。

新書簡訊

辨僞叢刊十二種

顧頡剛等輯點

北平景山樸社出版

研究歷史，首須審察史料以去僞存眞。一切文籍器物莫非史料，莫不待審查，故考訂之學興焉。我國古籍至繁，僞者亦衆，苟不於著作人，著作時代，及其所記者之然否一一辨明之，則僞品得以肆其欺罔，作史者必將鑄誤虛實以僞事實，而舉世之人胥受其愚矣。

前代學者對於此等問題之討論，結果已多，惜其散見各書，不易覓。民國十年胡適之錢玄同顧頡剛諸先生倡議編輯「辨僞叢刊」，欲將零星材料薈萃一編，對於大部書籍之不盡關於辨僞者，則摘錄之。八載以來，所輯已得數百萬言，並集合各種本子加以校勘。先後出版者已有十餘種，爲省讀者檢索之勞，略介紹於此。一、書序辨，集朱熹姚際恒康有爲崔適四家關於書序之言論，讀此而後可於書序之眞僞問題，可得一結論也。二、明宋濂諸子辨，蓋從宋學士集全集中輯出者。所論諸子書，自周迄宋，凡四十餘種。三、宋高似孫子略，此係高氏讀子書時之筆記，有考証其眞僞及批評其思想者，其書本在百川學海中。三爲清姚際恒古今僞書考，此書繼四部正譌而作，其眼光較胡應麟尤犀利，提出問題之多，實可驚人，原列知不足齋叢書中。四、明胡應麟四部正譌，所論者有一百餘種，視諸子辨多出一倍，原列少寶山房筆叢中。五、宋王柏詩疑，以金華叢書本與通志堂經解本對校。此書直斥詩經中若干篇爲淫詩，其意甚爲衛道，但轉足揭發詩經之眞相。六、宋鄭樵詩辨妄。自詩三家亡而毛傳衛序鄭箋，遂成完義。歐陽修作詩本義，理加駁辨，鄭樵繼之，作詩辨妄，專攻毛鄭衛，其議論，尤激烈，世人駭怪，不久亡佚。此爲輯其逸文，又以周孚非詩辨妄及宋元以來對於鄭樵詩說批評等作爲附錄。七、清劉逢祿左氏春秋考證，左傳一書爲劉歆分析以比附經文，至劉逢祿始綜覈全書，又將左傳之傳授系統一一批評。以上七種皆顧頡剛校點。八、論語辨，趙貞信輯點，此書上編爲輯崔述考信錄，下編爲輯袁枚趙翼康有爲崔適梁啓超及近人辨僞論語之文。九、朱熹辨僞書語，白壽彝輯點，蓋從朱子文集語錄及專著中輯出，所得四十種。十、廖平古學考。廖氏在著此書之前，著有今古學考說；明經今古文學之異同，但其中頗多誤點，故又作此書以糾正其前書之誤。十一、唐人辨僞集語，以上二書皆張西堂輯點，此書輯唐人顏師古劉知幾以下二十餘人辨先秦經子之文。吾人今所得見者，僅以上十一種，皆爲北平景山樸社出版。唐人辨僞集語，則爲最近出版者也。（冬）

× × ×

Yuen Ming Yuen (圓明園), L'Oeuvre architecturale des anciens Jesuits au XVIIIe Siècle' par Maurice Adam. Peip'ing, Imprimerie des Lazaristes, 1936. $6.00.

此書爲亞當氏（Maurice Adam）研究圓明園史蹟遺稿之一部分，專論圓明園之西洋建築。亞氏生平對於中國宮殿史料極感興趣，而於圓明園之材料搜集尤爲豐富，惜一九三二年未竟其志而遽逝世，今由其故舊整理出版。其中所存圓明園遺蹟之照片，當時猶未十分殘毀，今則除遠瀛觀之[illegible]翻石柱而外，已盡成廢墟矣。書中於十八世紀時來中國而供奉內廷之耶穌會士如郎士寧（Castiglione）王致誠（Attiret）蔣友仁（Benoit）等，參預是項設計與工程之人，皆論之甚詳。全書計四十四面，附圖多幅，可與北平圖書館刊圓明園專號並觀也。（華）

圖書副刊

BOOKMAN

第一百三十一期

一 本刊登載關於中外圖書之介紹批評以及學術界消息 爲公開性質歡迎投稿
二 刊登本刊之文略致薄酬
三 投稿通訊可寄「北平文津街國立北平圖書館內圖書副刊編輯收」

巴黎敦煌殘卷敍錄（二〇）

王重民

故唐律 唐武后時寫本 三五二

故唐律殘卷，存者十八行。左角又有缺損，故所存整行僅十有三。以今本唐律疏議照之，起卷十四戶婚律違律爲婚條之次節，訖卷十五廄庫律乘官畜私馱物條之第三節。僅載律文，蓋猶出自永徽以前，長孫無忌等未作疏義之舊本。書法雖非上駟，而校勘最精，持與疏義相校，幾無差誤。蓋法律之書，一字之差，關係至鉅，不得不爾也。唯今本嫁娶違律條第二節，作：「若期親尊長主婚者，主婚爲首，男女爲從。餘親主婚者，事由主婚，主婚爲首，男女爲從。事由男女，男女爲首，主婚爲從。」卷子本衍「餘親主婚者，事由主婚，主婚爲首，男女爲從」十七字，當係脫誤，非疏義本律文較增也。又廄庫律卷子本在第五，旁注云：「凡貳拾捌條」，今本亦二十八條，而在卷第十五者，則因疏義析爲三十卷，故唐律類爲一卷，共十二卷，此猶是未析以前舊本故也。卷子本每條無小題，僅於起端空一字，而識一大硃點。按余所見江西李氏所藏疏義，（羅振玉印入敦煌石室碎金。）及巴黎所藏殘卷，（Pelliet 3608.）亦均無小題，然則小題殆爲宋人所增刻歟？著之待考。

又此卷內有武后新字，則爲唐武后時寫本。上距永徽已三十年，僅載律文，不著疏義，殆以邊陲之地，尚未奉行長孫氏書歟？

二月五日。

今日偶閱仁井田陞氏論文，謂疏義多雜入開元時事，此亦可爲疏義流行較晚之一證。 四月二十日又記。

歷代三寶紀 隋費長房撰 三七三九

敦煌本歷代三寶紀殘卷，存者東晉傳譯佛經錄第五，前秦傳譯佛經錄第六，後秦傳譯佛經錄第七。分卷與今本不同，今本東晉錄在卷第七，前後二秦總爲一錄，在卷第八。又東晉錄之支遁竺僧度二紀，今本次在竺僧敷後，而卷子本則次在康法邃後，且傳文簡略，僅云：「餘如高僧傳說」，不知今本爲後人據僧傳所加，抑卷子本爲當時抄者所節？然賴此可知今本與古本之不同。據此殘卷，余頗疑今本之刪改，似在隋煬帝時，否則今本依煬帝時寫本也。考卷子本不避唐諱，則爲寫於隋代可知。其間凡有異同，亦莫不以卷子本爲優，然則今本支遁二傳羨文，殆爲後人據僧傳所增溢。蓋吾人既得知卷子本之優，方有膽量以懷疑今本異同之故，既得其異同，惡者便歸之劣本，而言亦往往皆中，「桀紂惡居下流」，而理論與事實恒如此，其可奈何！茲摘前秦錄一節以見例：

「前秦苻氏錄者其先蒲健本氐武都人也因二趙亂據有關西子孫乘機僭立稱帝號秦都長安至第三主諱堅字永固生有神光從天鳳地銘見其背曰草付臣堅改蒲爲苻氏」卷子本

「苻健本氐武都人也因二趙亂據有關西子孫乘機僭立稱帝號秦都長安至第三主諱永固生有神光從天鳳地銘見其背曰草付臣堅改苻氏」日本校訂藏經本致字號卷八頁五十三上。

卷子本文句較今本稍繁，蓋因卷子本分前後秦爲二錄，每錄各冠敍錄一篇，後人并爲一錄，遂亦節合兩敍爲一敍，其繁簡之因，疑以此故。然吾人所應注意者不在此，應一思卷子本「第三主諱堅，字永固」，今本則刪去堅字，而以字代諱之故。若更覆校下文，更發見凡卷子本作堅之處，今本並以「永固」二字代之。蓋「堅」爲隋煬帝諱，卷子不諱堅字者，必寫於煬帝以前；今本避堅字者，則因刪改於煬帝之世。此雖孤證，而事實則甚顯明也。按三寶紀成於開皇十七年，（五九七）下距煬帝大業元年，（六〇五）僅八年耳，然則此卷當即寫於此八年之間，最爲逼及原本。又如前秦錄釋道安傳末，較今本多一段，云：「依檢安公出家之始，西晉愍帝建興之末年，僞王道振，乃居東晉，孝武太元之晚紀。今取著述之時，故在斯錄」此述安公所以不入晉錄而入秦錄之故，頗爲重要，今本刪之，則著述之旨不明。其他異同甚多，惜客中鮮暇，不克詳校，爲悵悵也。

十二月一日

三、跋帝王略論

余既知日本有是書傳本，得確定爲虞世南作，閒細太平御覽引用書目，（原稱經史圖書綱目。）有虞世南公子先生論一條，知亦爲是書，則宋時似仍有傳本。但千卷之書，不知徵引在何卷內，又無暇翻檢，以比勘文字之異同，耿耿於心未能或釋者久之。翻閱郡齋讀書誌晁馬總通歷云：「粗述其君賢否取虞世南略論，分系於末，以見義焉」，不禁雀躍而起，或尋通歷不能得，更檢諸家藏書誌，始知尚無刻本，僅有傳鈔，且前三卷已佚，以爲海外無緣獲見矣。又覬覦者久之。今日偶檢陸心源唐文拾遺卷十三，則通歷所引要略三十八事盡在焉。並別輯趙蕤長短經所引九事，則爲余所不及知，尤爲喜出望外，因益嘆讀書之難。此殘卷止於卷二漢元帝，而通歷所引始於三國之末，則因前三卷已佚故。此所存者適在通歷缺卷中，亦巧合矣。長短經所引九事，始於西漢文景，訖於東漢之末，當在原書卷二卷三中，趙蕤殆亦未見全書耶？

卷中「先生」字樣，長短經所引，均代以虞南二字，衍世字以避諱，亦唐代通例。其漢宣帝條；「起自閭閻知人疾苦」，卷子本人作民。然則作先生者爲世南原本，稱名者爲太宗以後改定本矣。馬總所引作先生，而隋文帝條有「留心政理」之語，蓋寫於高宗以後故也。由此觀之，是書因盛行於唐代，余前跋謂著述之業，或盛行於一時者，此尤其明驗矣。

通歷原書十卷，上起太古，下訖隋代，其分卷似正依此書。通歷引隋文帝條，有：「卜世不永，豈天亡乎」之語，則當作於唐代。余前跋疑爲作於隋者誤也。

× × × ×

十月二十日

書評

中國原始社會之探究

覺南

曾友松著 二十四年商務印書館出版

中國史前社會的研究，是一件最困難的事。關於中國史前社會，究竟是怎樣一個東西，雖然是一個很有興味的問題。但是這個問題，至今還是一個謎，沒有人能夠明白描繪。這是歷史的限制，是無奈何！然而因爲近年學者對於古史的努力，中國史前社會，似乎也露出些朦朧的殘影，這總是中國史學界一個新的收穫。曾先生的中國原始社會之探討，可說也是這種新收穫之一。本書共分九章：第一章緒論，第二章北京猿人是否爲漢族祖先考，第三章漢族在原始時代遷移之階段，第四章原始社會發展之階段，第五章中國始石器舊石器時代之討論，第六章中國新石器時代，第七章中國銅器時代，第八章中國原始藝術，第九章結論。全書不過八萬字，對於史前社會各重要問題，如：人類的祖先，民族的遷移，社會發展的階段。各時代裏的文化遺址，文化區域，經濟生活，社會制度，意識形態等等，均都說到，可說簡而要。現在就著者對於中國史前社會的意見，值得我們注意的幾點，揭舉如下：

一、懷疑北京人爲漢族的祖先。謂『北京猿人的體質與現代華人的體質相較，頗爲差異，但亦有相同的地方，特別是中頭指數與華人極爲相似，然而我人却不能因此而斷定北京猿人是或不是華人之直接祖先。我以爲要回答這個問題，至好由民族遷移之年代，及其分佈的區域來作深究之根據。』他從民族遷移及文化區域考察，決定『漢族之從中亞細亞遷入，是後於始石器時代，而最早也只能開始於舊石器末期或新石器初期的時候。』那末，『北京猿人爲第一次間冰期時代的人類，則距漢人之從新石器初期遷入中國地界，相差有數十萬年之久，以北京猿人爲漢族之直接祖先論者，不是錯誤是什麼？』

二、著者確認華人是從新石器時代遷入中國，『新石器時代之人種，爲現代華人之直接祖先。』對於中國始石器舊石器之有無，均加以懷疑。謂關於始石器，『奈博士等在蒙古發現的石器中，是否有始石器，無論如何？還是疑問。』『假如蒙古之有始石器時代，決不是華人的遺留，就是是否爲蒙古人的遺留也是一個問題。』關於舊石器，著者依據安特生的意見，亦加以否認，謂『在西北各地發現的石器，是否爲華人祖宗之遺留，是值研究的問題。但從中國原始文化分析的結果，華族在舊石器時代是沒有遷到中國來的。』所以著者確定『華人由中亞遷到陝甘等地，是在新石器時代的事。』

三、著者確定中國史前文化區域是：（1）在舊石器末期或新石器初期，新疆是漢族文化的發源地。（2）甘肅是新石器時代中文化的中心，（3）河南是銅器時代文化的中心。謂『中國漢族原是從中央亞細亞遷入的，所以她的文化無疑是和中亞發生一個最密切關係。』『自漢族遷入黃河流域後，新疆便成了中國文化與西方文化交通的橋梁。』所以『新疆是漢族文化的發源地。』因爲『人口的遷移，同時便是文化的遷移。在新石器時代，特別是新石器的末期及銅器常用時代的華族文化，其中心是在甘肅，』……『待銅器時代之時，人口大都屯積於河南及其鄰近各地帶，到了這時候，文化中的中心區域，又從甘肅移向於河南來了。』所以『河南山東等地爲中國銅器時代重要遺址，同時也是爲中國文化在原始時代最重要文化遺址。』『總之，新石器時代及銅器時代之黃河流域一帶的文化與藝術都是同一的區域。不過，其中心區域有很顯明的改變罷了』：新石器時代的藝術中心，正和文化中心一樣，其地帶是在甘肅，但是到了銅器時代，藝術中心跟着文化中心的遷移，又轉入於河南去了。』

四、著者分別圖騰制度與氏族制度的不同，並確認中國史前是經過圖騰制度的。謂『圖騰社會很容易使人和氏族社會相混淆，甚至有人以爲有氏族社會而無圖騰社會；而且還有人把圖騰社會和氏族社會視爲一樣的東西，或混淆而名爲「氏族圖騰社會」。』『要知圖騰社會是建築於動植物之崇拜而形成社會制度，而氏族社會，則建築於血統的關係之上，而構成一種的社會形式。在年代上說，圖騰社會是先於氏族社會。』而且『圖騰社會與氏族社會，無論在經濟基礎上，政治制度上，或意識形態上，都有絕大的分別。』至於圖騰制度在中國史前是怎樣呢？在『新石器時代的社會組織爲圖騰聯邦制；銅石兼用的時代的圖騰制度則漸見解體，而氏族的組織則漸見形成；到了銅器時代，圖騰聯邦制已經完全破壞，代之而起的爲氏族獨裁制度。』著者對於中國史前時代的劃分，認『夏商以前爲石器時代，而夏商兩代爲銅石兼用時代。中國銅器時代之開始，實際上就是在殷代的時候。』所以著者認古代專關於黃帝堯舜的傳說，多有圖騰制度的色彩。在禹的時候，『仍是半圖騰半氏族的聯邦政治。』到了啓的時候圖騰聯邦制便消滅，代之而起的爲氏族獨裁制度。『所以啓掠奪益的地位，使有扈氏族不服，而致引起夏后與有扈兩氏族的大戰，硬要用武力去壓服各氏族，使他的統治能够鞏固。』

關於上面這些問題，都是研究史前社會最難解決的問題，現在由著者用綜合的方法，把中國史前社會繪給我們一個輪廓，雖然這個輪廓，尚有討論的地方，然而我們拿此去遙矚史前社會，似乎比較容易明瞭，這是值得我們贊許。至於本書所應用的方法，著者曾在緒論裏列舉（一）考古學的方法，（二）人類學的方法，（三）唯物的辯証法，誠如林惠祥先生在本書敍裏所說：『是一種新的嘗試。』我們希望這種『新的嘗試，』不獨研究史前社會是這樣，應該拿來治一切歷史。

此外我們對於本書懷疑的兩點，也不能不把牠揭舉出來：

（1）據帝王世紀：『帝盤庚徙都殷，始改商曰殷。』著者亦把商殷分作兩個時代。如說：『實際上我國的紫銅器開始於夏（？）商，到了殷代之際，纔真正入於銅器時代。』（八八頁）『殷代雖然是銅器時代，但在夏商之時，吾人不能說那時就沒有青銅器。』（九四頁）『吾人稱夏與商代爲石銅兼用的時代。然而，到了殷代之際，青銅完全佔據了整個時代，』（九四頁）『中國進於石銅兼用時代，大概是在夏商之際，到了殷代的時候，始由石銅兼用時代轉入於銅器時代，』（一〇〇頁）『畜牧最盛的時期是商殷兩代，這到了現在差不多是沒人否認了。』（一〇二頁）都是把商，殷的時代分開。但究竟商代是始於何時？終於何時？殷代始於何時？終於何時？著者未嘗指示出來，若以著者引王亥與有易的故事，屬之殷代看來，（一〇一—一〇三頁）則殷的年代，由盤庚更上升到二十五世。據卜辭殷代先公先王世系。王亥之前有帝嚳，契，昭明，相土，昌若，曹圉，冥。王亥之後有王恒，上甲微，報乙，報丙，報丁，主壬，主癸，始至湯，自成湯更歷十八世，始至盤庚。不知著者所指示的商代與殷代究竟是各起止於何時？這是一個疑問。

（2）著者在中國原始藝術裏，敍述藝術的發展，謂甘肅的陶器，『便是石銅兼用時代的藝術方式，其幾何體漸減少，而寫實體的紋樣反漸漸加多。』『從這我們可以證明舊進化論派或莫爾幹學派的幾何體後於寫實體的謬誤。』（一四五頁）因而認銅器時代之龍紋，『是石銅兼用時代回紋演繹出來的』（一四八頁）並說：『這顯然是原始藝術從幾何體紋樣演化到寫實體的一個很好的例証。這裏，正反証出舊進化論派（即Margan學派）的藝術演進階段的錯誤。』（一四九頁）姑無論藝術的演進，先爲寫實體，其後方爲幾何體；抑先爲幾何體，其後方爲寫實體。但著者既主張幾何體先於寫實體，而在本書裏同時又說『甘肅新石器時代的藝術爲寫實體與幾何體平行，但在河南的遺址，則傾於幾何體紋樣，而極少寫實體的模形遺留。有之也只有少數類似的日月圖騰的繪畫，至於和甘肅較的動物圖騰之繪畫則爲極少。』（一三二頁）又說：『紫銅器時代或石銅兼用時代的甘肅，其藝術仍帶有極濃厚之圖騰繪畫，但在河南銅器時代之藝術，其圖騰繪畫已經是沒有了。』（一三三頁）並說：『從河南遺址中所採取的陶器，其藝術方式多爲幾何體，其紋樣很複雜，如直線，曲線，弧形，S形，螺形，帶形，三角紋：列有直邊，凹邊，常自類作曲線。半圓或全圓之花紋，或單形，集心形，圓盤形或半圓睛形，及細長圓形等。」（一四八頁）以証明河南陶器藝術幾何體之豐富，著者不是認甘肅文化早於河南文化嗎？何以甘肅的特徵爲寫實體，河南的特徵爲幾何體呢？這個矛盾，著者未加以說明，也是讀者欲解釋的一個疑問。

二五，三，一五。

劉繼莊年譜初稿質疑

巨來

王勤堉君劉繼莊先生年譜初稿，於去歲登於浙江圖書館館刊，其後向達君爲文介紹於本刊，二文並轉載於方志月刊。

繼莊才學兼人，當時在京師中，卓然高覩，爲名賢所傾服，實與李恕谷先後媲美。乃中道沮喪，遺著蕩然。後世所得考見者，僅廣陽雜記一書而已，又非其經意之作。近年始聞有拜經樓舊藏雜錄講疏出現於肆，未及見已爲人持去。今王君獨於繼莊二百餘年之後，鉤稽蒐求，竟得廣陽詩集，以成此譜，與全謝山有同功焉。謂爲「一大快事」，信不虛也。

繼莊學術大略，已見向君文中。今僅就譜中事關考證者，條舉數事，以爲商榷。亦識小之意云爾。

一、繼莊與恕谷之關係。年譜順治十六年己亥先生十二歲：

是年友人蠡縣李恕谷塨生。

又康熙二十六年丁卯先生四十歲：

先生……入京參明史館事。……時同館於徐者有大興王崑繩源。崑繩爲先生性命之友，……二人爲學亦頗相似，先生懷古詩有云……（按已見向居文中）……此種兵農合一之主張實與當顏李學說極相吻合。……殆時丁國變之後，有爲之士，悲故國之殘破，究治亂之淵源，因而有同感歟？抑崑繩受習齋恕谷之影響，因而影響及於先生耶？

按恕谷始識崑繩，在康熙三十九年庚辰，恕谷年譜云：

庚辰……入京會試……晤王源崑繩，論學甚契。……崑繩與先生同榻，中夜呼先生寤曰：吾受業習齋決矣。

而繼莊已先於三十四年乙亥歿矣。故繼莊詩旨之有合於顏李，實因其環境同而思路近。固非假手崑繩，而間接受習齋恕谷之影響也。

王君謂恕谷爲繼莊友人，恐亦未確。二人似未嘗識面。繼莊在都門，與萬季野齊名，亦最相推許。季野之外，即屬崑繩。故劉坊萬季野行狀云：

其時京師熟名之士，風傳二先生（季野繼莊）博聞兩正，學無不窺？

崑繩劉處士墓表，載繼莊語崑繩曰：

吾生平知已，舍子其誰。

及乎繼莊殂謝，恕谷繼之。季野之識恕谷，亦在三十九年。其後季野謂恕谷曰：

天下惟君與下走耳，閻百詩洪長集，未爲多也。（見李譜及恕谷後集。）

其投契若此。崑繩則因恕谷得執贄習齋之門。而繼莊弟子黃曰瑚宗夏，亦師事恕谷。（宗夏初識恕谷在康熙四十一年，求師恕谷在四十二年，均見李譜。）蓋繼莊與恕谷，二人之思想風格實甚相似。故三子之傾倒二人，亦無異致。今恕谷年譜，於交遊記載甚詳，且每繫一小傳於其人卒之年。若二人相識，當爲契友，而繼莊又先恕谷卒，不應恕谷年譜不記其事也。

二、廣陽雜記卷一：

大兄云……。予謂人至晚年，漸歸根本。……予十九歲去鄉井，寓吳下三十年，飲食起居，與吳習，亦自忘其爲北產矣。丙辰之秋，大病幾死。少愈，所思者皆北味。夢寐中所見境界，無非北方幼時熟遊之地。以此知漢高之思豐沛，太公之樂新豐，乃人之至情，非誕也。

年譜按語：

按全祖望撰傳謂：「繼莊卒年四十八，亦恐非也。繼莊弱冠居吳，歷三十年，又之楚之燕，卒死於吳，在壬申之後，則其年多矣。」所謂居吳歷三十年者，當即據此「寓吳下三十年」之一語。但以事考之，則繼莊之楚之燕，乃均在此三十年之內，非三十年以後事。用知此則雜記乃記於先生逝世之年（即先生四十八歲時），自十九歲以至四十八歲，屈指計之，豈非適屆三十寒暑哉？近人姚士鰲撰述大興劉獻廷先生之地理學說一文中，謂以時考之當作二十年，竊以爲非也。

按王君謂「繼莊之楚之燕，乃均在此三十年之內」，疑有未當。繼莊自十九歲寓吳下，至丁卯四十歲北歸，正二十年。又丁卯返里，以其子付於其兄御史賓廷（王源撰墓表），此條或即爲當時之談話。故「三十年」若作「二十年」，則於人事地理均無不合。雖此後乙亥繼莊亦嘗再至京師（見後），似亦可係於此年。惟繼莊丁卯以後，在京師者三四年，在楚中又三四年，其在吳下者不過二三年，而不在吳中者有七八年。若並爲計入，於義似有未安。

三、廣陽雜記卷三：

乙亥春，同譜子游楚弁。……歲在辛亥，予年二十三歲，偕顧小謝初遊臨安……屈指計之，二十六年矣。」

王君保此於辛亥先生二十四歲下，附按語曰：按先生生於順治五年戊子，至辛亥乃二十四歲，此云二十三歲，有誤。由乙亥至辛亥計二十五年，此云二十六年亦有誤。

按自乙亥上溯二十六年爲庚戌，時繼莊年正二十三。疑「辛亥」當爲「庚戌」之誤。

四、王源劉處士墓表云：

「留京師四年，有奇遇，而訖不見用。庚午，復至吳，遂南遊衡嶽，因而歸，方謀與同志結茅著書終老，乃不一年死矣。」

全祖望劉繼莊傳云：

「晚更遊楚，時復至吳，垂老始北歸，竟反吳卒焉。」

按是則繼莊於乙亥楚遊後，又曾一至京師矣。此外尚有繼莊事蹟，見於雜記及墓表，而無確切歲月者，年譜每未採入，似尚可酌爲增補。聞王君又將有繼莊學侶考之刊行，當可與此譜互爲發明，吾人拭目望之矣。

二五，二，二三。

新書介紹

名公書判清明集

續古逸叢書之三七　五冊　商務印書館影印　定價貳拾肆圓

清明集原爲宋樓舊藏，今歸日本靜嘉堂文庫，宋刊本也。中華學藝社曾自東瀛借照，涵芬樓乃據以影印。已去之書重見於故土，不可謂非書林快事。

書僅戶婚一門，目錄如下：立繼十八條　戶絕一條　歸宗三條　分析一條　檢校三條　孤幼四條　女承分一條　遺囑三條　別宅子一條　義子一條　取贖八條　爭業二十五條　違法交易九條　僞冒交易九條　墳墓九條　屋宇一條　庫本二條　爭財二條　婚嫁十一條　離一條　接腳夫一條　雇妾三條

皆宋代判牘也。原書當不僅此數？姚際恒好古堂書目，史部法令類有此書，作十四卷。錢大昕竹汀日記鈔云：「讀宋刻名公書判清明集，止戶婚一門。」是錢氏亦未嘗見全書也。姚氏好古堂書目之十四卷即係全書否？亦不敢定。四庫全書總目提要子部法家類存目：「名公書判清明集十七卷永樂大典本」殆四庫館開時，即未見此書宋本，故從永樂大典中輯錄之歟？

去年獲見某氏所藏明藍印本名公書判清明集十卷，首有浦坂張四維序：

「余校錄永樂大典，於清字編見有清明集二卷，皆宋以來名公書判；其原情定罰，此物引類，可謂曲盡矣。命吏錄一帙，藏之。殆後校判字編，則見所謂清明集者，篇帙浩，不止前所錄；而前所錄者亦在其中。未論二卷先行後纂者（?）併收之耶？將原爲一書，或於其中撮錄之耶？顧其始末不著，作者姓氏不可考。……因併錄置笥中，侍御盛君以仁時出按遼左，語政間，偶及是編，取而閱之，謂讀律者必知此，庶幾讞獄不謬。遂携之入遼，爲之校訂詮次，以鋟於梓。隆慶己巳八月朔日。」

則此書明時已不多見，故張四維自大典中輯錄之耶？四庫館臣所見或即張氏輯本？明本無卷數，無目錄，無從知其果缺佚若干？四庫館臣曾否輯錄此書，尚不敢定。書中判語所稱年號，有紹興，乾道，淳熙，紹熙，慶元，嘉泰，開禧，嘉定，寶慶，紹定，端平，嘉熙，淳祐等，皆在南宋時。其中署名，亦皆紹興至淳祐間人物。存目謂是書：「輯宋元人案牘判語，分類編次。」殊不可解？是蓋未見宋本殘序圖署景定也。

明本卷一二爲官吏門，卷三爲賦役門，卷四至九爲戶婚門，卷十爲人倫門。官吏，賦役，人倫三門皆宋本所無，殊爲可珍。戶婚門子目亦與宋本有出入，或緝錄時與類分，或如張四維說原本有二，皆未可遽斷。

首利用是書者，爲日人仁井田陞著有唐令拾遺，及唐宋時代之家族共產與遺言法，（市村紀念）清明集戶婚門之研究（東方學報）諸文。稱靜嘉堂宋本爲天下孤本。於是書研究甚詳。吾人始讀其文，於中土之無此書，殊引爲憾事。茲幸涵芬樓影印行世，且知此間尚存明人輯本，聊可彌復前憾矣！

（牟潤孫）

雜錄

康丕揚三關圖說殘本跋

以中

拙著明代北方邊防圖籍錄（民國二十二年地學雜誌）記李茂春三關圖說云：「棟亭書目著錄三冊，註稱『明山西提刑李茂春撰。』乾隆杞縣志人物謂「李茂春，字蔚元，萬曆庚辰（八年）會試中式。……出爲陝西僉憲，備兵雁門。」此書大抵爲萬曆中葉所著。」又記康丕揚三關志云：「雍正山西通志經籍志著錄。康丕揚爲山東陵縣人，（山西通志職官志誤作臨縣人）萬曆二十年進士，會任巡撫山西御史，事蹟詳道光濟南府志及陵縣志。但兩志中藝文志，均著錄康氏他著，而未及三關志，疑因康氏非實際修志人之故。」此下更著錄康丕揚三關圖說三卷云：「見傳是樓書目，不知是否即康氏三關志。否則疑爲李茂春三關圖說之複修本。」

茲所見三關圖說殘本，猶有西路圖說。首爲西路總說，總圖，自實家堡起，至保德州興縣爲止。實家堡東鄰大同西邊，而西路邊牆亦東接大同，西達黃河，與東路中路之在大同邊內者形勢不同。其次爲「分布拒守援剿事宜」。再次爲各城堡分圖說。卷末有後序三篇：首爲東路雁平等關兵備李茂春序，次爲中路寧武等關兵備郭光復序，末爲西路哥嵐偏老等處兵備劉餘澤序。可知所謂三關，此本只有西路之偏關圖說，而缺雁門寧武兩關。三序之首，均言此書爲「直指康公」所編。康公之爲康丕揚，蓋無疑問。而此書之編者，大抵由各關繪圖著說，而康氏總其成者。各後序均不著年月，其編刊時期，殆在萬曆中葉。拙著明北邊圖籍錄已疑康氏三關志與三關圖說爲一書，而不知李茂春之三關圖說，亦即康氏此書。棟亭書目蓋著錄其第一卷東路之分纂人耳。由此可知目錄之學，貴乎目驗原書，徒憑簿錄記志，總難得其眞相。而世之憑間接史料以求闡明史實之眞際者，其可靠程度固頗亦有限制矣。

來函照登

關於中國近代史

朱文長

編者按：關於陳恭祿先生中國近代史，本刊第一二六期有劉藜仙先生的「糾謬」一文，後又接到陳先生的答復，今又接到朱文長先生來函，本刊本「持之有故，言之成理」之旨，對於這些稿件，都有登載的義務，惟因篇幅狹小，希望於所論諸點以外，不必更引起別的是非，並且希望這個小小的討論，就此告一結束。

今天讀到本刊第一二九期陳恭祿先生的「爲中國近代史答劉藜仙君」，覺得有幾點要說：

一、劉藜仙先生指出中國近代史自序：『國名載於舊檔者，或先後適異，或交相雜用，如英或稱佛郎機，或稱大西洋，或稱紅毛，非外國書籍證明，殆難辨別。……』的錯誤，說是『從未有以佛郎機三字稱英國者，』亦從未有以大西洋名英國者。』

據我想，陳恭祿先生只要將他所見，稱英作佛郎機，大西洋的「舊檔」，拿出來給大家一看，就足以答復劉先生了。誰知他並不這樣。他說了半天，却只告訴我們：『佛郎機是否爲法國，須視書文年代及內容而定。』這似乎可說是答非所問。

二、劉先生指出同書上卷第一編第二頁第一行：『古代航海術未精，船泊淺小，水手無犯風濤遠渡海洋之勇氣，沿海七省，除海盜而外，別無侵擾之國，居民常能安居樂業。』的錯誤，說是乾元（唐肅宗年號）初廣州有大食的浮海來襲，明時有倭寇從海上來掠海邊各省。陳先生承認了這些事實，却不承認錯誤；似乎忘記了他自己曾說過：『航海術未精，船泊淺小，水手無犯風濤遠渡海洋之勇氣。』請問：既然沒有「犯風濤遠渡海洋」的勇敢水手，那這些「海盜」又是從那兒來的？這可以說是自相矛盾。

三、劉先生指出同書上卷第一編第四頁十一行：『一六四三年流寇首領李自成進攻北京，懷宗自縊而死。明年山海關守將吳三桂因其愛妾之憤，乞師於清。……』的錯誤，說是懷宗自縊在一六四四，非一六四三；吳乞師在同一年，非明年。

陳先生說這些是校對人的錯誤。那沒有話說，我們只好怪商務書館的排字工友和校對先生太差勁，竟在短短一段裏將兩個極重要的字排錯，並且還錯得「銅山西崩，洛鐘東應」的若合符節！責備「賢者」，也仍得說：此之謂疏於檢點。

四、陳先生批評劉先生的第二點，說是：『劉君…根據之書，亦非重要著作，故不知倭寇非始於明，元代業已有之。』

「史料」和「史實」不同。史實有所謂重要不重要，史料却只有「眞」和「假」的區別，無所謂「重要」「不重要」。歷史學本不是件容易的學問，正因爲竹頭木屑都是材料，不能隨便抹殺。我們對於人家引的書但當問其「眞不眞」，不當問其是否「重要著作」。因爲不是「重要著作」的破爛殘簿，每每就正是歷史家鉤稽思之的一等史料。要是都像陳先生的非「重要著作」不引，那我們學歷史的倒省事了！

即使退十步說，史料有所謂重要不重要，請問又拿什麼作標準？難道劉先生引的文獻通考，廣東通志，明史都不重要，陳先生引的中西紀事却就重要了嗎？這可以說是妄作解人。

其他的我不願多說了。總之，一個做學問的人只要將「眞實」拿出來，是不怕人不低頭的。如果避開眞實不說，只會目空一切的漫罵，即使罵得人不屑回答了，但是非之間，豈能盡掩天下人之耳目？

更正

本刊一百二十九期載『金石萃編補略訂誤』一文，字句間有譌誤，茲爲更正如左：

第一欄「(一)着公繁記」：『夫公著，黃帝時諸侯也……』『著』當作『者』。

第四欄「2.龍□酒藏」，『2』當作『3』。『3以有文字』，『3』當作『4』。

第四欄最後一段「按王錄碑文第一行三行五行各缺三字，揭本只三行五行各缺一字。王錄六行七行各缺一字，九行誤一字，缺一字，揭本則均完好無損」。當作『按王錄碑文第三行缺一字，六行缺二字，揭本各缺一字。王錄第一行缺三字，四行缺二字，七行九行各缺一字，揭本則均完好無損。』

圖書副刊

BOOKMAN　第一百三十二期

[illegible]

書評

蕭錚先生「中國的土地與人口問題」辨誤

李旭旦

本年四月初旬京滬津各報同時刊登了一篇驚人的文章，就是蕭錚先生的「中國的土地與人口問題」，筆者在讀了這篇文字後，懷着滿腹疑慮，即請教於吾師胡煥庸先生，經胡先生查考的結果，才恍然大悟，原來蕭先生在數字單位上，犯了一個絕大的錯誤！蕭先生這篇文字是特別注明請翁文灝陳長蘅二先生的，因想翁陳二先生自會出來校正，但直到現在，翁先生或許因爲太忙，沒有發表什麼意見，陳先生雖在新民報四月十三至十九日發表了一篇答蕭先生的「中國土地與人口問題」，對于土地利用的觀念，有所辨正，並指出蕭先生文中英畝與華畝誤用各點，但也沒有把文中所引最嚴重的人口密度數字單位錯誤指出。

蕭先生這篇文字的主要着眼點，是在駁翁陳二先生主張的中國人口密度之高和耕地之少，全篇大致完全根據德國地理學者拉采爾(Ratgel)的數字，用政治經濟的眼光，來反復說明中國人口之並不過剩，和可耕地之廣大，抱極端樂觀的態度；蕭先生並下了個結論，說：「人口問題者，非爲生齒之過繁，而爲分布之不均」，又說：「此分布不均之弊，因交通之阻塞，邊疆之割裂，而益見甚」。蕭先生全篇文字中，對于我國西北的氣候和西南的地形，竟沒有提到一字，把自然環境完全丟開不談，一若中國只要政治改良經濟技術進步，就馬上可以把西北的沙漠化爲沃壤，西南的高山夷爲平地的樣子，一若中國邊疆只要政局安定交通開發，就馬上可以把東南的人口移一半到西北，作一個平均的分布的樣子。蕭先生的缺乏地理常識和漠視自然環境，不禁使我們聞之咋舌？

我現在所亟於提出的，就是蕭先生文中所引數字單位的嚴重錯誤。蕭先生在第二節「土地與人口之謎」內，將羅希氏(M. Rocher)著國民經濟原論所引拉采爾之人類地理學中的各民族的人口密度轉引出來；固然，拉采爾是人生地理學的大師，所著人類地理學(Anthropo-Geographie)(蕭文中譯爲人生地理學)實在是人地學上第一部名著，雖或年代較舊，如能引用得當，也還不失爲一個有力的證據。可是蕭先生實不該如此粗心，忘了拉采爾是德國人，他寫的德國文字，用的是德國單位，竟把方德里誤爲方英里(哩)，鬧了一個天大的笑話！

我們已替蕭先生翻了一下字典，原來方德里和方英里相差之大，實在不可以道里計，一個德里等於四・六四英里，即等於七・四二公里，若是計算面積，那末，一個方德里要合到二一・五方英里，或五五・○二公里，這就是說，蕭先生把方德里誤作方英里，這裏面就生產了二十一倍半的大錯誤！眞是「差以毫厘，謬以千里」！

所以蕭先生轉引拉采爾各級民族人口密度的數字內，中南歐純粹農業區每方英里人口密度四千人，實在是一百八十六人之誤，印度純粹農業區每方英里人口密度一萬人，實在是四百六十人之誤，農業兼工業區人口密度每方英里五千到六千，實在是二百三十二到二百七十九人之誤，歐洲大工業區人口密度每方英里可至一萬五千以上，實在是七百人以上之誤，換句話說，蕭先生所引拉采爾的人口密度數字，假使眞拿方英里作單位的話，就得統統把二一・五去除一除，假使要拿方公里作單位的話，就得統統把五五・○去除一除，才是眞正的數字，才是拉采爾的原意。

引用數字來作論證的根據，當然是具有充分科學精神，但若是引用數字時，不加考慮，不顧單位，那末，數字一錯，論文就全盤的失其根據。蕭先生只因區區方德里和方英里的沒弄清楚，就造成了二十一倍半的大錯誤，數字單位既錯，論文的全盤機構就十崩瓦解了。蕭先生在駁論翁先生時，有一段動人的話：『翁先生所列五區(即我國本部人口稠密之五區)無論在地理之任何方面言，不能謂爲不及中南歐純農業區，而拉氏謂平均每方哩密度，可至四千人，今五區平均密度尚僅五○○，最高亦不過八百至一千，而翁先生即大相驚駭，謂爲已無可再容，似太過也。』今請把文中每方哩密度四千之誤，改正爲一百八十六人，再請蕭先生把上文朗讀一過，恐亦將忍不住啞然失笑也。

今再將蕭先生轉引的拉采爾的原文(見拉氏著人類地理學第二卷一七三頁)，譯錄下來，作一個比較(註二)可見蕭先生之根本錯誤。

文化階段	每方德里人口密度(即蕭先生誤爲方英里者)	每方英里人口密度	每方公里人口密度
一、人類居住地邊緣之漁獵民族(註一)	○・一—○・三	○・○○四五—○・○一四	○・○○二—○・○○五
二、草原地帶之獵族	○・一—○・五	○・○○四五—○・○二三	○・○○二—○・○○九
三、獵族之附少許農業者	一○—四○	○・四五—一・八	○・二—○・七
四、河岸及海岸地帶之漁民(註三)	可至二○○	可至九	一・八
五、飼畜之遊牧民族	四○—一○○	一・八—九	○・七—一・八
六、遊牧兼農耕者	二○○—三○○	九—一四	三・六—五・五
七、農業稍兼工商業者	一○○—三○○	四・五—一四	一・八—五・五
八、漁業兼農業者	可至五○○	可至二三	九・一
九、亞洲西南部地中海沿岸之回教各國(註四)	二○○—五○○	九—二三	三・六—九・一
十、	五○○	二三	九・一
十一、	五○○	二三	九・一
十二、中南歐之純粹農業國	四・○○○	一八六	七三
十三、印度之純粹農業區	可至一○・○○○	可至四六○	可至一八○
十四、農業兼工業者	五・○○○—六,○○○	二三二—二七九	九一—一○九
十五、歐洲大工業區	可至一五・○○○以上	可至七○○以上	可至二七○以上

[illegible]

（註二）原文Ökumene係人類居住地之意，[illegible]

（註三）原文Küsten係海岸之意，蕭先生譯爲「港岸」，[illegible]

（註四）原文Länder Des Islam係回教國家之意，蕭先生譯爲「回教國」，[illegible]

[illegible]

「羅布荒原除兩極外，可稱世界最荒涼之區域，在洛羅布淖爾四圍六十萬方里以上地與江浙二省相等之面積以內，絕無居民，因水量缺少不能耕種及畜牧之故，使人類不能生存」。又曰：「區域雖廣，風景極爲單調，余等在此中旅行四月不足二天，並未遇見一人！」又羅布淖爾東部鹹灘之困難云：「日暮駐地帳幕不易支起，因鹹灘過硬，透鐵釘不易擊入，並不能得平底鋪蓋之處，平日駱駝經長途旅行之後自然倒地休息者，至此雖使其下蹲，亦立即起立，以鹹灘銳利堅硬，不勝其痛苦之故」。陳氏最後云：「就實在情形論，在如此無水(即有水亦味苦不可飲)之荒原旅行，僅冬季數月以內，用駱駝作交通工具，運冰雪以作飲料，方不至於渴死。然在此中旅行者，心中不定，前進緩慢，而步行艱苦，觸目無盡處，亦不知其目的地之何在……」。這裏引錄陳氏的話，目的不外想使國人明瞭沙漠荒原是怎樣一個艱苦的環境，在這無水無草無生命的荒原上，除科學家作偶一冒險的探險旅行外，實絕無墾發農事移殖人民之可能。我們在可能範圍內雖可運用政治力經濟力來適應環境，改良環境，但我們卻無從超脫或逃避環境的勢力。世界著名人地學家法國白呂納氏(Jean Brunhes)在他的La Geographie Humaine一書中，對人與自然的關係講得最明白最透徹，(參考拙譯人地學原理)，他說：「人生活動可以在某種限度下自由變更其動作和方向，但卻不能無視環境，人類可以改造環境，但卻不能勝過環境，所以人生活動常須受環境的影響。」又云：「科學調查所以減殺我們鉅大的野心，使我們不致作種種大膽妄爲的舉動，因爲人類若一意孤行，強逆自然，則歷年辛苦經營之作，結果常有一旦毀滅的危險，人類征服自然愈多，則自然的反動亦愈烈。」白氏又予我們以精審的警告：「人們若慾望太高，耕作超出於自然環境所允許的範圍，則事業必愈弄愈糟，反不能有良好的結果。」又曰：「人定雖然似乎勝天，但實際上天定仍能勝人。」又曰：「人定勝天，必須適可而止，否則，一旦失敗，結果便不堪設想了。」白氏的警語，實在值得我們現在談人口問題的人反復三思。

現在一般言論界還很多深信中國是地大物博，大可開發，大可增加人口的，他們抹煞事實，無視環境，毫無根據的發出樂觀論調。我們講中國人口過密，並不是故意危言聳聽，彈唱悲調，但是事實俱在，我國自然環境之不佳和人口問題之嚴重，實在無可諱言。

第二，我們要知道各地人口密度若以世界各國地方相等面積相仝的地方來比較，即知我國人口密度之高，殆已舉世罕見。胡煥庸先生著「中國人口之分布」一文，對我國各地人口密度有精確的計算，該文大意說，我國人口百分之九十六，集中於東南半壁，而東南半壁之面積，僅佔全國面積之百分之三十六，東南半壁之內，人口分布也不一致，僅集中於少數區域，大約長江三角洲與之江嘛叭口的平均人口密度爲每方公里四百至五百人，華北平原約三百左右，四川盆地在二百至四百，東南沿海在一百至四百，長江中流約在一百五十至二百五十，東北松遼平原在一百至一百五十之間，胡先生更把全面積之世界其他各地相比，知我國江蘇安徽兩省之人口密度，平均每方公里二百十三人，較全面積之英國還多二十四人，我國冀魯蘇三省之人口密度爲二百四十八人，較全面積之日本多七十人，江蘇省之江南人口密度五百三十三人，較全面積之比利時(比利時是世界人口最密之國，每方公里平均二百七十人)竟大出二倍！中國人口之稠密，是一件鐵樣的事實，蕭先生有新的正確的統計不用，卻去引用數十年前的舊統計，更把數字單位弄錯了二十一倍半，無怪要創造怪論，淆惑視聽了。

蕭先生說：「人口問題者，非爲生齒之過繁，而爲分布之不均。」這又是似是而非倒因爲果之論。要知道人口分布之不均，是受自然環境的限制的結果，決不是因爲人口分布不均，就可以把中國人口用政治力來平均分配，就算把人口問題解決，事情決沒有這樣簡單。我們決不能把江浙省內平時吃慣白米飯的人，移到不見樹枝草根苦水的沙漠去，就像我們坐在大洋房裏辦公的大人先生們不能在五千公尺的西藏高原上伸一次呼吸一樣。

近數年來，中國科學研究雖不能謂爲成熟，但二十年來，我們地理學上之研究，經翁竺諸氏之倡導研究，也不能謂爲毫無成績；至少，中國有多少人口，多少面積，多少耕地，已獲得相當可靠的數字。關于討論人口問題的著作，各方都有，雖或研究方法不全，其結論則大致相同，其中比較著名的除翁先生之「中國人口分布與土地利用」外，有竺可楨先生之「論江浙兩省之人口密度」(東方雜誌二十三卷一期)，陳長蘅先生之「中國人口之幾方面觀察」(統計月報一卷九期)及「我國土地與人口之初步比較」(地理學報一卷四期)，張印堂先生之「中國人口問題之嚴重」(地理學報創刊號)等。胡煥庸先生年來研究中國人口分布，發表著作甚多，如「中國之人口分布」「安徽省之人口密度與農產區域」「江寧縣之耕地與人口密度」(以上三文俱載地理學報)以及「江蘇省之人口密度」(見氏著江蘇地志)「中國地大物博人稠之真相」(地理教育創刊號)等都有正確可靠之數字作根據。到現在中國人口問題的研究，雖不能謂爲完全成熟但至少當具有七八成正確性，今蘇先生抹煞一切，竟「不客氣的說：中國問題之各種研究，大家都還粗疏得很」，只是蘇先生把大小相差二十一倍半的方德里，當做方英里，來作理論的根據，才是荒謬而可驚的「粗疏」哩！

（完）

陶尼著中國的土地和勞動

連士升

Land and Labour in China by R. H. Tawny. London, G. Allen Unwin Ltd. 1932.

這是外國人考察中國問題最深刻最澈底最有啓發性的一本書。作者陶尼教授（R. H. Tawney）是英國第一流的經濟史學者。他的著述很多，對於教育設計也有豐富的經驗。以這樣一個學問淹博眼光敏銳對於中國極表同情的人來考察中國，同時又得國內專家如陶孟和方顯廷劉大鈞諸先生，和實地調查中國農村問題的外人如貝克，戴樂仁諸先生的幫助，所以他在短短幾個月內的考察，能夠得到很大的成績，並不是沒有理由的。

本書共分六章：第一章導言，第二至四章論農村問題，第五章論工業，第六章論政治和教育。作者討論每個問題時，先窮究各問題的癥結所在，然後提出改革的基本條件和進行的步驟，取材翔實，議論中肯，實爲注意中國問題的學者和實行家必須參考的一部書。自出版以來，蔣廷黻先生和戴樂仁先生（註一）即盛稱本書的價值，而外人之研究中國政治，經濟，社會，教育等問題者幾乎把它看做唯一的嚮導。個人曾展讀再三，覺得本書有介紹給國人參考的必要，故敢不揣譾陋，執筆寫這篇文字。

本書作者深知中國農村問題的嚴重性，所以他費了二分之一的篇幅專門討論這問題。他說中國人對於什麼東西都講經濟，如愛惜空間，愛惜原料，愛惜農具，愛惜燃料，但是，對於森林則毫不吝惜地加以斫伐，弄得牛山濯濯，土質因之變壞，人工因之白費。（第四八頁）又說中國人不注重牲口，所以凡是可以耕種穀物的田地都不拿來飼養牲口；野草寧願拿去做燃料，不肯用來做芻草。（第二七頁）但是，中國的農業最嚴重的問題，還是因爲田的面積太小，（第三八至四〇頁）資本太少，用人力太多。（第四九頁）這對於將來大規模地發展農業時是很有妨碍的。

農業進步的條件是什麼呢？這不外發展交通，普及教育，利用科學，實行信用合作，消售合作，同時把零零碎碎的小田面化爲整塊的大田面，（第八二頁）以便大規模的經營。關於交通的問題，他很迫切地告訴我們說還是當務之急。反正中國無業的游民和兵士這麼多，假如當局能夠利用他們來築路——以鐵路爲幹線，以公路爲支線——資本不夠，不妨利用外資。因爲交通一發展，農產品一定能流通，農產品流通，則農村的購買力高，而工商業也因之而發展，反之，交通不便利，則一切建設復興的口號實等於空言，對於實際的情形怎能有半點裨益。

中國是個災荒的國家，馬禮立（W. H. Mallory）甚至把這句話做他的書名。（註二）我們知道中國可耕的地方這樣小，人口分配這樣不平均，農業技術這樣落後，在豐收的年頭農民已難免於困苦，一遇水旱兵匪蝗虫，農民只好束手待斃。我們翻開正史的五行志如本紀，知道災荒的情形幾乎繼續不斷。關於這問題的補救法，本書極端贊成利用現代的工程學來興水利，除水害，並且發展交通，以通有無，假如中國能夠停止內戰，同時能夠籌得大宗欵項，延攬國內外技術人才來做這種興利除害的工作，中國農村的復興是指日可待的。

中國古代手工業的精巧，眞是舉世無匹。可惜這種技巧發展到相當程度的時候，便停止不進了。現代的工業的特點是電力機器，股份公司，大規模的組織，而中國舊式工業的特點是工具簡單，資本微小，組織散漫。以簡單的工具，微小的資本，散漫的組織，當人家的電力機器，股份公司，大規模的組織，失敗自是意中事。又現代重工業的基本條件是煤，鐵，油，和水力。中國的煤的儲量固然不少，可是它只集中在晉，冀，遼，桂幾省，而且只有一部份適宜做焦炭；鐵的儲量不多，平均起來，每人只能得兩噸（美國人每個可以得三七·九噸），油的來源幾乎沒有什麼，雖然，中國南方的水力可以充分利用。在這種環境下，中國暫時不必好高務遠，侈談重工業，她最好先把輕工業發展起來再說。如在國內做絲做羊毛，用不着把生絲和羊毛運到外國去製造；自已種水菓，做罐頭，用不着輸入加里佛尼亞的罐頭水菓，發展麵粉廠，油廠，洋灰廠，自備鐵路原料和電廠。（第一三六頁）諸如此類的工業，如能充分發展，一定能夠堵塞一個大漏巵。

中國政治的腐敗，是無可諱言的。而現在的情形已進化到這地步，非努力掃除積疾，勵精圖治，一切經濟的設施都談不到。關於良好政治的條件，作者提出幾點：如公務員的選和訓練，各部工作的分配，各部間的相互關係，任期的規定，昇黜的嚴明，中央政府和地方政府的關係的確定，使前者能夠控制，可是並不妨碍後者的創造性。（第一七一頁）這些問題卻是非常重要的。至於進行的步驟，作者根據十九世紀德國意國的先例，（註三）主張選擇一兩個地方做改良的試驗區，在這試驗區裏，一切政治組織和行政技術須嚴加整飭，希望能給人民以實惠——安居樂業。到了這時候，政府的威信立，人民的期望殷，然後擴充範圍，把已得到的寶貴的經驗推行全國，事半功倍，只有這一條路。

復興農村，改良工業，肅刷政治，這是我們努力的目標，但是，要達到這目標必須先從改造教育入手。可憐中國深中科舉的毒，教育機關不知道因時制宜，不知道發展學生的個性，不知道啓發學生的想像力觀察力，弄得教員一天忙着授課，沒有工夫作進一步的研究，學生一天忙着考試，沒有餘暇自修——彷彿教員把教科書講好，學生把教科書背熟，就算盡教育之能事。結果，畢業生的數目一年一年增加，而失業的人數也隨着增加。因爲大家高談理論，不着實際，高談外國的工業資本，不知道近郊的農民的生活，高談海牙法庭的機能，不知道中國政府的眞正機構；因爲讀書志在畢業，聽講可助談資，你也重清談，我也重清談，談談了事，並沒有學會應付問題的本領；所以當大難臨頭的時候，這班只有畢業文憑，毫無辦事能力的讀書人，除打幾個電報，喊幾個口號，寫幾篇『道三不着兩』的應時文章外，什麼責任也不能負，雖然其中也有少數的例外。

關於改良中國教育的方法，本書的作者和他的幾個同志曾有專書（註四）詳論小學中學大學教育的利弊得失，這裏他只提出幾個基本的步驟：（一）大學的入學程度須提高；（二）聽講的時間須盡量減少，把這時間騰出來自修，研究，實驗；（三）取消學分制度，減少考試的次數，最好在大學四年間只考試兩回；（四）大部份的課程必須與中國的生活有直接的關係，那個教授沒有實地考察中國材料的能力，學系當局就不該聘他擔任社會科學的教授；（五）教授應該知道一個大學不光是講堂上的集合，而且是精神團結的所在。他們的機能是要和學生有密切的關係，做學生的導師；（六）各大學的代表和教育部特派員組織了一個大學委員會，給教育部建議，那個學校該給它立案，補助費該怎樣管理，准許立案的條件該怎樣確定，並注意到大學教育的利益和進展。（第一九二至九三頁）爲政不在多言，辦教育也是這樣。聘請專家定個方案不是難事，最重要的是負責人須抱定實行方案的決心，不助長，不畏難，總期各大學能夠多出幾個有學問有能力的人才。

本書的貢獻既略如上述，現在要和作者討論兩個極小的問題：（一）作者說到農村高利貸的情形時，曾慨嘆中國的利率太高，可是他又說押當的東西值原價三分之二。（第六二頁）這種估計似乎太大。據我知道，押當的東西，最多只能夠得到原價三分之一，因爲農村的利率很高，利息很快就和資本一樣大，假如押當的東西能夠值得原價三分之二，那麼許多人把東西押當出去之後，一定不想拿回，這對於高利貸的地主或商人是很不利的，因爲在這種情形下，他們的資本的運用將感覺不大靈通。（二）作者知道中國工廠勞動者的問題很嚴重，可是和一般苦力（Coolie）相較，這問題現在還算很輕。（第一二二頁）接着他又說，爲什麼大家都集中注意力於前者，不大注意後者。這問題我想可以這樣答覆：因爲中國的社會運動者是受過西洋的影響，他們看見西洋的社會運動以工廠勞動者爲主要的對象，所以他們也不知不覺地先注意這問題；另一方面，中國的苦力雖然人數多，可是他們散處各區，不易號召，工廠的勞動者雖然爲數寥寥，可是他們都集中在幾個大都市的工業區裏，宣傳組織，都比較容易，因此，研究勞動問題和實際參加社會活動的人當然先注意這問題。

此外，本書有兩個中國地名的譯音不對。在第一一三頁末後的一行裏，『景德鎭有名的瓷器工業』，作者把『景德鎭』三字譯成Kingtchen，應改爲K'ingtehchen；第一五二頁第四行裏，『汕頭』譯成Swantu，應改爲Swatow。又第一二二頁倒數第八行裏，No less than 42 per cent 的 than 被手民誤植爲 then。這幾點是翻譯家和手民的錯誤，作者不能完全負責，希望再版時把它們更正。

我們記得當工業革命的前後，英國曾出了兩個有敏銳的觀察力的旅行家——德孚（D. Defoe, 165?—1731）和楊格（A. Young, 1741—1820）。他們到各地去考察農業和工商業，把考察的結果寫成遊記。他們的遊記現在已變成研究十八世紀的英國經濟社會史的人不可不讀的名著（德孚的大不列顚全島遊記已由柯爾重新編訂出來）。本書的價值實遠在上述兩位作家的遊記之上：一來作者生在這時代，受過幾十年嚴格的科學訓練，所以能夠找到更確實的材料；二來作者是有意識地有目的地受兩個國際機關——太平洋國際學會和國聯教育委員會——的委託來考察中國，比前人隨便參觀的性質不同。因此，我敢斷定本書有永久存在的價值。

（註一）蔣先生的書評見中國社會及政治學報第十六卷第四期，一九三三年一月版；戴先生的書評見倫敦皇家經濟學會出版的經濟學雜誌第四三卷第一七〇期，一九三三年六月版。

（註二）馬禮立的書名叫做…………China: land of famine. 一九二六年美國地理學會出版。

（註三）德國以普魯士（Prussia），意國以皮特蒙（Piedmont）作統一全國的根據地。

（註四）中國教育的改造（The Reorganization of Education in China），一九三二年版。

一九三六，五，一〇　於北平

雜錄

子弟書鴛鴦扣唱本

李家瑞

孔德學校藏車王府鈔本　中央研究院藏百本張鈔本

近來有人說俗曲裏沒有很好的文學，我聽到這話後，未免大吃一驚，想把俗曲裏最有文學價值的作品，給續介紹一些，借以證明這種武斷的話是錯的。現在就請從鴛鴦扣一種說起：

鴛鴦扣一書有二萬三千餘字，分二十四回，共得一千數百句。全書敘述一家八旗世家公子的婚事，從提媒相親一直敘到回門住娘家，眞是一絲不漏。在具體的故事裏，敘述旗人的婚嫁風俗，排場應酬，寫得委婉細膩，精巧周到，而又處處插些很有趣味的小事，使你看起來絲毫不覺得呆板。描寫細膩的作品，往往失之於鬆懈，但這書卻緊張得使你不肯看到半中放下來。這書雖然是唱本，但沒有一句是虛設的話。描寫婦人女子的口吻，再像沒有了。

這書通體用的是北平話，而且是下層階級的土話，但是意義明顯，不至於使你看不出意味來。因爲牠是唱本，句調裏有很自然的音節，念起來更是好聽。

這書在中國文學裏無可比擬，說牠像長恨歌罷，白居易體貼細微處不及此書；說牠像紅樓夢罷，曹雪芹的切實精采處不及此書。總之牠是中國文學裏另一種體裁，是跳出了摹仿格律以外的文學作品，然而這種平民文學的作者，是不有法子考證得出來的。但是牠在中國文學史上占一個位置，是可以預卜的。

新刊簡訊

最近日人研究中國學術之一斑

王古魯編　二十五年三月出版　上海生活書店經售定價四元

此書爲近來我國出版界關於日本研究之一部較有系統的專書，內容大抵爲敘述日人對於中國各種學術研究之過程及其研究機關之狀況，取材多依據日本各雜誌及報紙，頗爲詳細，實爲有意留心國外消息者之良好指南。全書共分四章，約三十餘萬言。第一章學校，分普通學校與特殊學校二節。普通學校如六帝國大學即東京，京都，東北，九州，臺北及京城各帝大之講義題目卒業論文等，皆有詳細之記述；次爲官立大學，如商科大學，文理科大學；又次爲私立大學如慶應大學，早稻田大學之講義題目及各種學會之概況。特殊學校如二松學舍，斯文會，東洋大學，大東文化學院，懐德堂等之出版品及其講求中國學術之情形，次爲帶有政治經濟背景之學校，如拓殖大學東亞同文書院等。第二章學術機關及圖書館，如帝國學士院宮內省圖書寮，內閣文庫，東京帝室博物館。足利學校遺蹟圖書館等之沿革及其出版物；次爲私立圖書館及學術機關，如東洋文庫，靜嘉堂文庫，斯文會，啓明會，東亞攷究會及其他各種學術團體之活動情形。第三章爲研究中國問題的公私機關，大抵屬政治社會商業經濟之調查爲多。第四章利用庚子賠欵所辦之文化事業，皆有詳細之記述。得此一編，可以爲『他山之石』之助焉。（未）

× × ×

暨南學報創刊

國立暨南大學編譯出版委員會編輯　開明書店總經售　定價七角

吾人常覺我國東南諸省人物殷阜，乾隆朝修四庫全書，東南進書最多，號稱爲『人文淵藪』。民國以來，尤以上海一隅，大學之興如雨後春筍，然或如曇花一現，不數載便銷聲匿跡，求其能培植專門人才，研究高深學術，其可得乎。即聲譽卓著之學校，亦每因人事變動多端，致教者不安其業，時有五日京兆之感。而上海又爲華洋雜湊之地，生活匆忙，往往重近遺遠，所以在此種環境中，求其能在純粹學術上冥心探索，一往無前，非抱甚大之毅力，不易有所成就也。吾因有感於大學之環境必須獨立，教授生活必須安定，此即凡百事業皆然，而大學教育尤甚，故偶爾論及於此。

暨南學報之創刊，正可見其在此種環境中一種努力之表示，吾人希望其不爲通常所謂『裝門面』之刊物也。

此第一卷第一號中，文史方面有何炳松氏我國史前史的輪廓，周予同氏緯讖中的皇與帝，陳竺同氏漢魏南北朝外來的醫術與藥物的考證，羅香林氏唐代波羅球戲考，張世祿氏中國語音系統之演變等。其他爲羅鴻詔氏唯物論及其批判，周憲文氏商本質論，劉秉麟氏經營經濟學之成立與其發展，張素民氏康門斯之經濟學改造論，薛愚氏醱化酵魚黃鹼素之研究等。（給）

× × ×

科崙比亞百科全書

（The Columbia Encyclopedia）

一九三五年美國科崙比亞大學出版　一九四九面　美金十七元五角

善於讀書者，手邊少不了三種普通參考工具，即字典，地圖冊，與百科全書是也。字典與地圖冊爲讀者每日應用之物，取置便利，翻閱簡易，而百科全書，因其包羅萬象，篇帙浩繁，翻閱不易，像之價値昂貴，爲一般普通讀者所不易辦，科崙比亞大學有鑒於此，乃從事編輯此書以享讀者，特爲之介紹如左。

此書爲四開本，計一千九百四十五面，條目五萬個，有字五百萬餘，方式依據英文字母順序排列，取材不求專門，因專門學術，自有特別專門參考書。此書則在以清晰正確的文字，介紹一般普通知識與讀者，爲求不與字典或地圖冊上的材料重複，而省地位，凡曾經在字典或地圖冊上已登載者，概不列入此書中。如地圖類可還於地圖本中求之，如拼音釋義等可於字典中求之，有時亦有例外，如某字音某字源，爲讀者便利起見，亦皆詳加解釋，然其本意固非欲取字典而代之也。此書固不包括專門學術上之材料，但極注意關於地理，或聖經上專門名詞。編輯者，對於此書苦心一志，在事實上力求正確，全書取材謹嚴，所採皆爲專家研究之結論，像之印刷精良，裝璜美觀，是一種簡便良好之普通知識參考書也。（本）

487

（第三張） 中華民國二十五年六月四日 大公報 （星期四） （第十一版） 津

圖書副刊

BOOKMAN
第一百三十三期

一 本刊專載關於中外圖書之介紹批評以及學術界消息
二 爲公開性質歡迎投稿
三 投稿請函寄「北平文津街國立北平圖書館內圖書副刊編輯收」

五代的刻書與藏書

戴振輝

一、

在最古的年代，中國人只知道用甲骨金石和竹木等記載文字，至於紙的製造，雖相傳始於漢之蔡倫，但大約至西晉年間才流行的。據近考古學發掘的結果，最古的紙是西晉元康六年（西曆二九六年）的諸佛要集經的手寫題跋，（見大谷光瑞西域考古圖譜序）。西晉時雖然知以紙爲書，但只會以筆在紙上書寫，尚未知道雕版印書，雕版印書是後至唐末五代才發明的。（註）

猗覺寮雜記（舊五代史明宗紀長興三年注引）云：

雕印文字，唐以前無之，唐末益州始有墨版。

沈括夢溪筆談卷十八云：

板印書籍，唐人尚未盛爲之，自馮瀛王始印五經，已後典籍皆爲版本，慶曆（宋仁宗年號）中有布衣畢昇又爲活板。」

由此，知唐末是印書的啓蒙時期，五代始爲盛行的時期。在五代時有兩次的印書值得我們注意。一在後唐明宗時，五代會要卷八經籍：

長興三年二月中書門下奏請依石經文字刻九經印版，勅令國子監集博士儒徒將西京石經本各以所業本經，廣爲鈔寫，仔細看讀，然後僱召能雕字匠人，各部隨帙刻印板，廣頒天下。如諸色人要寫經書，並請依所印刻本，不得更使雜本交錯。

主其事的爲馮道，道由唐明宗長興三年開始辦理，至周太祖廣順三年（公元九三二——九五三）才相次完成。歷時凡二十一年，其間政治上的領袖已經變換幾個，朝代亦換了數朝，但刻書的進行，並未因而受其影響。其次，爲後蜀政府的刻書，和後蜀貴官毋昭裔的刻書。

焦氏筆乘：

蜀毋昭裔請刻版印九經，昶主（孟昶）從之。自是始木版摹刻六經。景德中又摹印司馬班范諸史，並行於世。

又云：

蜀相毋公蒲津人，先爲布衣，嘗從人借文選初學記，多有難色。公歎曰，恨余貧，不能力致，他日稍達，願刻板印之，庶及天下學者。後公果顯於蜀，乃曰，今可以酬宿願矣，因命工日夜雕板印成二書，復刻九經諸史，兩蜀文學由此大興。

毋氏的書風行海內，竟以此致富，足見其刻書之多了。

二、

因爲刻書風氣的流行，書的出產加多，而書的交換過程也跟着擴大。同時有錢的人可以大事收買而藏之。所以其時雖干戈擾攘，文教衰頹，但藏書的人，仍不算少，可謂是黑暗時代的一線曙光了。舊史卷十四羅紹威傳：

紹威形貌魁偉，有英傑氣，工筆札，曉音律，性復精悍明敏，服膺儒術，明達吏理，好招延文士，聚書萬卷，開學館，置書樓，每歌酒宴會，與賓佐賦詩，頗有情致。

羅氏可說是位大藏書家。

後梁貴官孫騭亦是個藏書家，他家藏有六經漢史等，校勘甚精，舊史二四本傳：

騭雅好聚書，有六經漢史洎百家之言凡數千卷，皆簡翰精至，披勘詳定。得暇即朝夕躭翫，曾無力怠。

後唐貴官王都乘唐莊宗滅梁之候，不惜貨財，收買圖書，多至三萬卷，版本也好，舊史五四王都傳：

都好聚圖書，自常山始破，梁國初平，令人廣將金帛收市以爲務，不責貴賤，書至三萬卷。名畫樂器各數百，皆四方之精妙者，萃於其府。

而楊守業和張憲家中皆有書，舊史六九本傳云：

（前略）憲與里人韓惲皆精力遊學，弱冠盡通諸經，尤精左傳。嘗袖行所業謁判官李襲吉，一見欽歎。既辭謂憲曰，子勉之，將來必成佳器。石州刺史楊守業喜聚書，以家書示之，聞見日博。（中略）憲沈默寡言，喜聚圖書，家至五千卷，視事之暇，手自刊校。

後梁節度使趙匡凝亦有不少的書。新史四一本傳：

匡凝爲人氣貌甚偉，性方嚴，喜自修飾，頗好學問，聚書數千卷。

趙氏這些書籍後來盡爲朱溫所奪有。（參看舊史卷三）

同人和凝「爲文章以多爲富，有集百餘卷，嘗自鏤版以行於世」。所以他既是個著書家，同時又是個刻書和藏書家了。（見新史五六本傳）

和和凝同以文章知名的王仁裕有西江詩集百卷，諒必也是位著書的藏書家。（參看新史五七本傳）

北夢瑣言的作者孫光憲是荊南的學者，好學不倦，家有藏書，苦心讎校，宋史高氏世家云：

孫光憲字孟文，陵州貴平人，號葆光子。博通經史，尤勤於學，聚書數千卷，或自鈔寫，孜孜讎校，老而不廢。

宋初貴官丁度的祖父藏書，是爲子孫計的。司馬光涑水紀聞云：

丁度字公雅，開封祥符人。祖顗，盡其家貲聚書至多八千卷，爲大室以貯之，曰，吾聚書多，雖不能讀，必有好學者爲吾子孫矣。父逢吉以醫術事眞宗於藩邸。

前面提過，西蜀是刻書的中心，自然藏書的人更多。郡齋讀書志說：「皇朝（宋）孫抃字夢得，眉山人，六世祖長孺喜藏書，貯以樓，蜀人號書樓。」焦氏筆乘謂：「蜀相王鍇……藏書數千卷，一一皆親札，並寫藏經。」十國春秋卷五二謂「毋昭裔性嗜藏書，好古文，精經術。」王銍國老談苑卷上謂「（曹）彬下蜀回，輜重甚多；或言悉奇貨也。太祖令伺之，皆古圖書，無珠金寸錦之附。」

由這些零星的記錄看來，蜀中藏書必是很多的。

同時因爲蜀中是當日最平靜的區域，往那兒避亂的中原人，隨身帶了不少的圖畫及書籍，黃休復益州名畫錄上趙德玄條：

蜀因二帝（唐玄宗僖宗）昭宗遷幸，自京入蜀者，將到圖書名畫，散落人間，固亦多矣。杜天師在蜀集道經三千卷。（趙）德玄將到梁隋及唐百本畫，或自模搨，或是粉本，或是墨跡，無非秘府散逸者本，相傳在蜀，信後學之幸也。

又鄧椿畫繼卷九雜說論畫：

蜀雖僻遠，而畫手獨多於四方。李方叔載德隅齋畫而畫手居半。德麟貴公子也，蓄畫至數十函，皆留京師，所載止襄陽隨軒絕品多已如此，蜀學其盛矣哉。

又畫繼序文云：

予（鄧椿自稱）雖生承平時，自少歸蜀，見故家名勝避亂於蜀者十五六，古軸舊圖，不期而聚，而又先世所藏，殊爲絕異之品，散在一門，往往得免於劫。

所以蜀中不但是個藏書之藪，而且是個畫苑之林。

南唐李昪李璟李煜三主頗愛儒術，嘗網羅人文，興

巴黎敦煌殘卷叙錄

（二）

王重民

文選殘卷五種

敦煌本文選殘卷五，並無注。甲卷著錄號碼在二五五四，存六十五行，爲謝靈運樂府一首，鮑明遠樂府五首又半，在今李善注本卷第二十八。乙卷著錄號碼在二四九三，存百四十五行，爲陸士衡演連珠，在今本卷第五十五。陸氏所演連珠，共五十首，此卷第一首及末首缺，第二首及四十九首殘。以上兩卷，與二五二五號文選殘卷第二十五，筆跡相同，蓋原爲一書，陳隋間寫本也。〇二五二五號卷子，羅振玉已印入古籍叢殘，卷中虎字作虎，羅氏謂爲避諱，因定爲初唐寫本，則恐非是。何也？甲卷會吟行：「滮池溉粳稻」，溉字作漑，而乙卷演連珠第七首，淵字不避。按虎字因淵字而避，絕無未避淵先諱虎之理！蓋虎字從儿，隸變本作虎，非由於避諱也。丙卷著錄號碼在二六四五，存三十四行，爲李蕭遠命運論，在今本卷第五十三。丁卷著錄號碼在三三四五，存五十四行，爲王仲寶褚淵碑文之後半，並原書後題：「文選卷第二十九」，在今本爲卷第五十八。筆跡與丙卷相同，當同爲一書，惟渲染稍重耳。戊卷著錄號碼在二六五八，存二十六行，爲揚子雲劇秦美新之後段，及班孟堅典引之開端。在今本爲卷第四十八。以上三卷，均不避唐諱，蓋亦並爲六朝寫本，在李善注以前。按李善文選注亂於五臣，今人類能言之，而李善依據六朝舊本，不避唐諱，則李匡乂猶及見之，以照五臣竄改之跡，彰然易見，備載資暇錄中。乙卷演連珠第二首：「是以物稱權而衡殆」，今本稱作勝，李善注曰：「勝或爲稱」，則此卷與善所見或本合，意者善注此卷，採用劉孝標舊注，殆遂以劉本易昭明舊第，而又校其異文以入注？然則善所稱或本，其即爲蕭統原書耶？故能與此本相同。是李善亦未嘗無竄易，則又爲李匡乂所不及知也。隋唐之間，「選學」極盛，傳鈔者衆，差誤滋多；然此五卷約均與文選原編爲最近。茲更詳校異同，以明其善。甲卷會吟行：「肆呈窈窕容」，今本肆作肆，肆容不得言窈窕，善注引周禮並鄭玄注，訓肆爲陳列物處，則因誤本而誤釋之。出自薊北門行：「嚴秋筋簳勁」，今本簳作竿。結客少年場行：「九衢平若水」，今本衢作塗。「車馬如川流」，今本如作若。東門行：「絲竹徒滿座」，今本座作坐。苦熱行：「吹蠱病行暉」，今本病作痛；「茵露夜沾衣」，今本茵作菵。白頭吟：「點白信蒼蠅」，今本點作玷。乙卷演連珠第六首：「時風夕泛」，今本泛作灑。第十首：「是以充堂之芳，非幽蘭所歎；繞梁之音，乃縈絃所思」，今本歎作難，乃作實。按歎思對文，難字當誤。第十一首：「不爲勢屈」，今本勢誤作世，「淩飆之羽」，今本飆作飇。第十七首：「則芳澤易流」，今本芳作芬。第十八首：「是以修虛器者，非應物之具」，今本修誤作循。「修虛器」與下文「釋空言」對文，若作循，則不對矣。第十九首：「鑽燧出火，以續暘谷之晷」，今本出作吐，暘作湯。第二十一首：「習數則興」，今本興作貫；「習史淸耳」，今本史誤作叟。考異云：「袁本茶陵本叟作史，按此尤誤改也」，是也。第二十四首：「而動神之音已滅」，今本而字衍，音作化。第二十七首：「非假北里之操」，今本北誤作百。考異云：「按五臣百作北，袁茶陵二本校語云，善作百，五臣作北。百里不可通，此必有誤。疑里當作牙，劉及善無注，以百牙自不煩注耳。」按北里亦何煩注，自是劉本之誤。第三十三首：「隕景東隅」，今本隕作秀，第三十七首：「不殊之於已」，今本殊作誅。第四十二首：「周京無佇立之蹟」，今本蹟作跡。第四十三首：「俯仰殊用」，今本殊作異。又自第四十三首以後，次序與今本不同。卷子本第四十四首，爲今本第五十，四十五爲今本四十四，四十六兩本同，四十七爲今本四十五，四十八爲四十七，四十九爲四十八，五十爲四十九。善今本亦蒲劉本，劉本非昭明原書，此則爲蕭氏舊帙故也。丙卷運命論，異同尤多，舉其要者：「而言不行於定襄」，今本襄作哀是也，卷子本誤。「聚已萇高」，今本聚作封，善注引韋昭國語注：「封，厚也」，厚已不得謂爲萇高，作聚爲優。「不辭於濁」，今本辭作亂。「不傷於濟」，今本於作共。又此卷「西河之民，肅然歸德」，今本民作人；「後世君子」，今本世作之。李匡乂謂：「國朝避諱，五臣易而避之」，殆斯之謂乎？則此亦可爲善注劉自六臣本之一證。丁卷褚淵碑文與今本異者：「嗣主蒞意於天位」，今本主作王。「暇晉機樞之功」，今本絕作統。「時膺十寓」，今本寓作宇。「蕘於弟，」今本弟上有私字。「衞君當紹而餞紀」，今本紀作禮。「齊侯屋車而行哭」，今本侯作君。「戮后棍慟於下」，今本慟作動。考異云：「袁本茶陵本動作慟」。「給節羽，葆鼓吹，增班劍爲六十人」，今本鼓吹下衍增字。「儀刑長邈」，今本刑作形，邈作遐，善注有「音遐」二字，遐與邈音義爲近，則善本亦作邈也。戊卷字跡草率，不詳校。

「又羅印殘卷第二十五，及此甲乙兩卷，不但書法甚工，且點識甚精，於黃紙墨畫間，歷歷如赤珠，閱之殊爲醒目。乙卷無句讀，然點識四聲，則與羅卷及甲卷同，可知其點識之意，尤偏重於四聲。顏氏家訓音辭篇云：「江南學士讀左傳，口相傳述，自爲凡例。軍自敗曰敗，打破人軍曰敗，（自注云，補敗反，以釋文證之，疑是補邁反之誤。）諸記傳未見補敗反，徐仙民讀左傳，唯一處有此音，又不言自敗敗人之別」。經典釋文敘錄云：「河北江南，最爲鉅異。夫質有精麤，謂之好惡；（並如字）。心有愛憎，稱爲好惡。（上乎報反，下烏路反。）當體即云名譽，（音預。）論情則曰毀譽。（音餘）及夫自敗，（蒲邁反。）敗他（補邁反。）之殊，自壞，（呼怪反。）壞撤（音怪。）之異，此等或近代始分，或古已爲別，相仍積習，有自來矣！」然則顏氏所嘅爲穿鑿，陸氏已採用而不疑。蓋自五馬渡江，中原板蕩，北雜胡音，南亂僞語，久而久之，音讀之分，遂以長江爲界。漸及陳隋，南北之交通已繁，學術之合流斯啓，於是聰明俊達之士，乃又謀所以統一之方。陸氏釋文，遂集經讀之大成；法言切韻，斯成四聲之總匯；曹憲之「文選學」，即在此種潮流中，擴二家之長，爲別一支派者也。巴黎所藏敦煌卷子，別有文選音殘卷，（Pelliot 2833）或用反切，或用直音，亦有僅標四聲，以明音讀。如陸士衡漢高祖功臣頌：「慶雲應輝」，應下注「去」字，謂應讀去聲是也。因知此三卷硃筆點識，其用與音義相同，羅氏雖未言之，余則敢斷言而無疑也。顏氏謂「江南學士，口相傳述，自爲凡例」，其法如何，今不得知；而此種點識方法，凡例已見於紙上，吾人倘得窺知一二。茲以羅卷爲例：「傳說去爲殷相」，說相二字並點去聲，而「因此相沿」之相則讀如字。「晉朝王石」，朝字點平聲，「陪辇朝夕

辦教育，收實圖書。李昇收實圖書的精神最可佩服。劉崇遠金華子雜編云：

始天祐間，江表多故，洎及寧帖，人尚苟安。稽古之談，幾乎絕侶，橫經之席，蔑爾無聞。及高皇（李昇）初收金陵，首興遺教，懸金爲購墳典，職吏而寫史籍。聞有藏書者，雖寒賤必優辭以假之；或有獻書者，雖淺近必豐厚以答之。時有以學王右軍書一軸來獻，因償千餘萬緡爲副焉。由是六籍臻備，諸史條集，古書名畫，輻湊絲帷，俊傑通儒，不遠千里，而家至戶到，咸慕置書，經籍道開，文武並駕。

後繼的李璟李煜，也添辦了一些。江南別錄云：

元宗（璟）後主（煜）皆妙於筆札，好求古跡，宮中圖籍萬卷，鍾王墨跡尤多。

所以史稱「江南藏書之盛，爲天下冠」。藏的不但量多，而且質也好。這可從馬令南唐書卷二十朱弼傳看出：

皇朝（宋）初離五代之後，詔學官訓校九經，而祭酒孔維檢討杜鎬，苦於訛舛。及得金陵藏書十餘萬卷，分布三館及學士舍人院。其書多讎校精審，編秩完具，與國本不類。

猶可注意的是李昇所建築的圖書館，同書卷九陳覺傳：

烈祖（即李昇）以東海王輔與作禮賢院，聚圖書萬卷，及琴奕游戲之具，以延四方之士。政事之暇，多與之講評古今。

這情形頗和十九世紀英　之政治改革家普勒斯（Francis Place）家中的圖書館相若。

杭州錢鏐一家亦頗富藏書。十國春秋卷八三云：

俶璵（鏐子）天性英敏，頗致儒學，聚書數千卷。文奉（鏐孫）所聚圖籍古器無算，雅有鑒裁，一時名士多依之。

惟治（鏐孫）好學，家聚法帖圖書萬餘卷，多異本。

惟演（鏐孫）文辭清麗，名與楊億劉筠相上下，於書無所不讀。家儲文籍，侔於秘府。

昱（鏐孫）與從父儼皆以文章知名，中朝比之二陸。

又雅善琴奕……尤好學喜聚書，多所吟詠。

易（鏐孫）喜觀佛書檢道，藏有金閨之瀛州西垣制集一百五十卷，青雲總錄南部新書洞微志一百三十卷。又有錢氏家話一卷。

昭序字爽明，好學聚書，書多親寫。

由此看來，鏐的後人與鏐不同，鏐是個無賴的小鹽販，而鏐的後人卻多服膺儒術，好藏圖書，是很有文采的。

（註）雕板印書的發明蓋與由印度傳來的「蜜印」（即佛印）和由六朝以來的「拓墨」有關係。前者暗示了書版的雕刻，而後者暗示了書的印刷。

」則讀如字。「九重隗絕」重字點平聲，「以爲權不得重」則讀如字。更證以甲乙兩卷，東武吟「心思歷涼溫」思點入聲，「棄席思君幄」，則讀如字。恩倖傳倖「會不知鼠憑社貴」，會點平聲，演連珠「盜跖挾曾史之情」，則讀如字。其例甚多，不勝枚舉。魏志王肅傳注引魏略儒宗傳曰：「董遇善左氏傳更爲作朱墨別異，」又隋志有董遇春秋左氏經傳朱墨列一卷，其書並已久佚，後人莫得窺其詳，今以此推之，當並是章句之別法，其意不過得其彷彿也。

又今之點識四聲，爲加圈於字之四角；此卷則用點識古字，應閱韓王氏父子之書，未能輒有深悟。近更久不用圈，而點在字之中央。其稍所偏左以標某聲者，非細辨不能明。此亦爲前人所未見，因附識之。四月八日

數年前，余頗嗜校勘訓詁之學。然以不適應世，不彈此調，偶擇珍本，僅取以比勘文字之異同而已。今日偶檢薛傳均文選古字通，其所說「勝稱」「寓宇」二義，適可與此所校陸氏演連珠相證。因錄於下，以備遺忘。

四月十八日又記

勝稱

陸士衡演連珠：「是以物勝權而衡殆。」注：「善曰，勝或爲稱。爾雅曰，稱舉也；一曰，稱亦勝也。果錄，子胥曰，越未能與我爭稱負也。」傳均案：周易「吉凶者，貞勝者也。」釋文：「貞勝，姚本作貞稱。」考工記弓人：「角不勝幹，幹不勝筋，」注：「故書勝或作稱。鄭司農云，當言稱。」說文：「爯，并舉也，」與勝義相近。「稱，銓也，」與勝義無涉。蓋爯乃正字，稱乃假借字耳。稱從爯得聲，勝從朕得聲，爯與朕古音同部，故可通也。

寓宇

東京賦：「威振八寓！」注：「八寓，八方區宇也。善曰：蒼頡篇曰，宇邊也。說文曰，寓籀文宇字。」傳均案：本賦下文，「德寓天覆」善曰：「國語，物縱曰，君之德宇，何不寓裕也，寓與宇同。」江文通雜體詩：「曠哉宇宙惠，」注：「文子曰，四方上下謂之宇。」顏延年和伏武昌登孫權故城詩：「聽功興寓縣」注：「蒼頡篇曰，宇邊也。」一切經音義七，「宇古文作寓。」皆寓即宇之證。

書評

四庫全書提要敍

粱菱

上海醫學書局發行　無錫周雲青箋注

閱本刊第一百二十八期，載有「武」君評無錫周雲青先生箋注之四庫全書提要敍：略分三部：曰原文謬誤而未糾正者，指敍文之謬誤也；曰謬誤，指周氏箋注之誤也；曰簡略，指敍文之尚須箋注而未注者也；引證頗精到，足爲周氏之諍友。惟武君所述，尚有漏略者；茲依其例，表而出之；或不無賦山驛海之効歟？

一、原文謬誤而未糾正者

本書四三面傳記類敍文云：今略爲區別，一曰聖賢，如孔孟年譜之類。箋注引四庫提要略謂：二書宋本均題元程復心撰。案四庫全書總目有孔子編年五卷，提要云：舊本題宋胡舜陟撰，書首有紹興八年舜陟敍，乃自靖江罷歸之日，命其子仔所撰；是書雖錄孔子言行，以論語春秋三傳禮記家語史記諸家所載，按歲編排，體例亦如年譜，不曰年譜，而曰編年者，尊聖人也；……仔所編次，猶爲近古，故錄冠記傳之首。此敍不稱引孔子編年，而引存目中之孔孟年譜，未免失當，注應更正。

本書五五面目錄類敍文云：鄭玄有三禮目錄一卷，此名所昉也。考文選任彥昇爲范始興立太宰碑表注引劉歆七略云：尚書有青絲編目錄。則目錄之名稱，實昉於秦漢間，而不始於鄭玄三禮目錄矣。敍文已誤，而注未加更正。

本書七六面術數類敍文云：曰陰陽五行，雜技術之有成書者，亦別爲一類附焉。稽之總目，則無此類，考之存目，載有雜技術種種；敍文云別爲一類，迨指存目中而言歟？注未訂正，惜哉！

本書七七面藝術類敍文云：射義投壺，載於戴記，諸家所述，事異禮經，均退列藝術，於義差允。案明人所著射書壺史之屬，四庫未入目錄，但入存目雜技中，敍文所言，儼若總目中有之，是不可不明辯，而注亦未言之。

二、謬誤

本書三七面別史類敍文云：漢藝文志無史名，戰國策史記，均附見春秋。箋注引王先謙漢書補注云：隋志史記，蓋實後來著錄，改從今名。案太史公書稱史記，始見於漢武榮碑，隋志題史記，蓋本之漢人。王言既誤，而箋注復引之，可謂一誤再誤。

本書五〇面地理類敍文云：元和郡縣志，箋注引四庫簡明目錄云：元和郡縣志四十卷，唐李吉甫撰，舊有四十七圖，冠諸鎮之首，至宋已佚，此本又佚七卷有半。考唐書藝文志地理類，李吉甫元和郡縣志五十四卷；莫友之郘亭知見傳本書目：元和郡縣志四十卷，注云：影宋鈔本，作元和郡縣圖志，宋淳熙三年張豫仲之子頗刻，有目錄二卷，今存杭州蕭氏。簡明目錄謂舊有四十七圖，唐志宋本作圖志是也；惟謂至宋已佚，殊爲失檢。（當云圖佚於宋以後）而注復引之，誤矣！

本書六一面子部總敍文云：古各爲類，而今合。箋注：如鬻子一卷，鶡冠子三卷，漢志皆入道家；尹文子一卷，公孫龍子三卷，漢志皆入名家；墨子十五卷，漢志入墨家；慎子一卷，漢志入法家；鬼谷子一卷，隋志入縱橫家；是皆各爲類，而四庫均併入雜家者是。案如名法諸家於雜家類內者，明史藝文志已開先例，清四庫蓋做效之耳，注未加說明，深爲遺憾！

本書七七面藝術類敍文云：自漢白元朱。箋注引元吾邱衍三十五舉十九舉曰：漢魏印章，皆用白文，自唐用朱文，古法漸廢；案據此知朱文又始自唐。敍文謂朱文自元始，而注則謂自唐始，二者均誤；近時收藏家收晚周朱文小鉨極多，則朱文固不始於元及唐矣！

三、簡略

敍文除周氏已箋注者外，尚多須加注明者；武君本篇舉例既極簡單，作者亦聊舉一二，以示略例耳！

本書六七面兵家類敍文云：故兵家恆與術數相出入，術數亦與兵家相出入；要非古兵法也。案漢志兵書略兵陰陽類有風后十三篇，術數略五行類有風后孤虛二十卷，此術數與兵書相出入之明證，而箋注則略而不言。

本書七四面天文算法類敍文云：惟算術天文，相爲表裏。案四庫提要天文算術類後有案語云：數爲六藝之一……如律呂推步，皆由是以窮要妙，而測量之術，尤可取資，故天文無不根算書，算書，雖不言天文者，其法亦通於天文，二者恆相出入，蓋源別而流同云。此於天文算術之相爲表裏，言之何等透澈，而箋注捨而不取，僞以內外訓表裏之字意，略矣！

二五，五，三。於近聖居。

新書介紹

爨文叢刻甲編（中央研究院歷史語言研究所專刊之十一）

丁文江編纂　民國二十五年一月　上海商務印書館發行　每冊定價國幣十元

全書共十一種。一、千歲衢碑記。是玀玀文和漢文合璧的，可惜搨工太糙，不很清楚。二、說文（又名宇宙源流）三、帝王世紀（又名人類歷史）四、獻酒經。五、解冤經上卷。六、解冤經下卷。七、天路指明。八、禮祀經。以上八篇，是丁先生在貴州大定會黨的白玀玀人羅文筆先生所藏的，也是羅先生費了三年的功夫才翻譯出來的。他懂得注音字母。書的譯法是：先抄玀玀文爲第一行，再用注音字母譯音爲第二行，然後用漢文逐字對照直譯爲第三行，最後一行，乃用漢文譯意。「因爲要保存玀玀真象，只好用羅文筆先生的墨跡石印。」其中大部分說的是玀玀人的歷史及對於神祇的敬仰等。九、夷人做道場用經，是夷漢對照的。十、玄通大書，也是玀玀文，書名則是羅文筆先生定的。十一、武定羅婺占吉凶書。其中除去夷人做道場用經一篇以外，其餘十篇都是丁先生自己從雲南貴州所搜集的玀玀文。這是這書的來源。

玀玀是雲南的俗語。他們自稱爲「黑彝」，是雲南最重要的土人中之一種。分布在四川雲南貴州三省。四川雲南交界的大涼山是他們最後的根據地。他們說漢話的時候自稱爲夷家，雲南通志稱他們爲儸儸。華陽國志中講諸葛亮平南中「移南中勁卒青羌萬餘家于蜀……與其羸弱配大姓焦，雍，婁，爨，孟，量，毛，李爲部曲。」可說「亮受其俊傑建甯（今昆明縣）爨習，朱提，孟琰及獲爲官。」這是爨人，見於史者的第一次。爨大概原來是當日這種人中大姓之一。現在所存的大小爨碑，又都是在玀玀的區域以內。幾種的爨者的名類稿中說「西爨爲白蠻，東爨爲烏蠻。」途程篇又說「第七程至竹子嶺。嶺東有暴蠻部落；嶺西盧鹿蠻部落。……此等部落皆東爨烏蠻也。」因此丁先生推定「玀玀當即盧鹿的轉音（亦即武定之所謂羅婺）。」而這書叫作爨文叢刻，也就是這種意思。

這書除了可以研究玀玀的歷史以外，還是一部極好的研究語言文字的材料。（向仲）

新書簡訊

中國郵政上卷

張樑任著　商務印書館出版　二十四年十月初版大學叢書之一　定價一元三角

據著者自序說：中國郵政，全書有上中下三卷：上卷爲郵政行政，中卷爲郵政業務，下卷爲郵政經濟。中下二卷，尚未出版。上卷中國郵政行政，共二五二頁，分爲四編：

第一編　中國郵政之沿革　敘述中國郵政制度史的演變分三章：一、試辦時期，二、正式成立時期，三、獨占時期，共二十五頁。

第二編　中國郵政之組織　敘述中國郵政機關組織的體系，分爲四章：一、郵政之行政組織——集權制與分權制，二、中國郵政組織之歷史，三、中國郵政現行組織之靜態觀察，四、中國郵政現行組織之動態觀察，共七九頁。

第三編　中國郵政人員　敘述郵政人事制度，分七章，一、文官制度概論，二、中國郵政人員之等級，三、郵政人員之產生及退職，四、郵政人員之待遇，五、郵政人員之職責，六、郵政人員之獎懲，七、郵政人事制度之檢討，共七三頁。

第四編　中國郵政人員之組織　敘述郵工的組織和運動分三章，一、公務員結社權與罷工權問題，二、中國郵政運動進展史，三、中國郵政人員團體組織之概況，共四二頁。

此外書前有緒論占五頁，書末有附錄二五頁。全書的結構，如此：

中國自有新式郵政以來，已有數十年的歷史，可是從沒有人做過一部系統的綜合的著作，著者潛心研究，從千端萬緒的郵政問題中整理出這樣有條不紊，內容充實的著作來，應該是值得欽佩的。我以爲這本書，有以下幾個優點：

一、條理清楚　就全書佈局而論：先述中國郵政的沿革，然後述中國現行郵政行政的組織；從橫的方面，剖析各個單位組織，從豎的方面，闡明各級單位組織的統系。有組織，而後有推動組織的人員，故繼之以中國郵政人員的敘述。有人員，於是有人員的結合，故最後又述中國郵政人員之組織。全書篇幅雖大，卻有一貫的線索，就各編各章各節而論，也是綱舉目張，有條不紊的。

二、內容充實　本書內容不僅把中國郵政現行行政制度，敘述得詳盡周到，並且把歷史的變遷，理論的根據和現況的批判，都闡發得透澈。

三、立論謹嚴　著者欲評各個問題，始終以客觀態度，重事理的闡發，不作空泛的議論如批評郵政司和郵政總局的重疊組織（郵政司現已裁撤）郵政人員的考試權，華洋郵員待遇的不平等，郵工運動的立法態度，都是不偏不倚的公正言論。以服務郵政界的人，評述郵政問題，持論如此謹嚴，這是難能可貴的。

我讀了這本書，覺得是一部成功了的著作，就是蔡孑民先生朱騮先先生在序言中，盛稱這部書的價值，也不覺得過譽，卻是公正的評價。

可是讀者認爲也有幾點，可以提出商榷的：第一、緒論一篇短短五頁，內容甚多，所以敘述時，文字沒有其餘部分暢達。第二、第一編中國郵政之沿革，只有二十五頁，似可把緒論的內容，略加擴大，把牠併到緒論裏面去的：第三、第三編編名，不如逕稱中國郵政人事制度爲醒目：第四編編名不如改爲中國郵工組織及運動，或中國郵工團體運動，爲直截，這幾點，當然都是無關宏旨的，不過讀者有如此感覺而已。

最後，我覺得郵政雖然是一個專門問題，卻不僅郵政界和預備進身郵政界的，才有研究的價值，此外的人，在郵政研究中同樣可得很多的資料。例如郵政人事制度是可供一般事業和行政方面參考的；郵工運動，是有關勞動問題的，郵政業務組織，是研究郵政會計制度所關心的，外郵問題，是研究帝國主義在華經濟侵略的資料，郵政條約，是外交領事官的常識，郵政金融，是整個貨幣銀行的一部分；郵政政策，是交通政策的一部分，郵政經營的策略，同時牽涉于財政問題，此外研究政治經濟的，和郵政問題的關係，當更爲密切！因爲郵政，一方面是個專門問題，同時也是個普通問題，所以我不揣冒昧把這書介紹於讀者界。（魏建猷）

二十五年三月二十五日于南京

（第三張）　中華民國二十五年六月十一日　大公報　（星期四）　（第十一版）　肆

圖書副刊

BOOKMAN
第一百三十四期

一　本刊登載關於中外圖書之介紹批評以及學術界消息
爲公開性質歡迎投稿
二　刊登本刊之文略致薄酬
三　投稿通訊可寄「北平文津街國立北平圖書館內圖書副刊編輯收」

書評

中國古代旅行之研究

側重其法術的和宗教的方面

以中

江紹原著　中法文化交換出版委員會編輯　民國二十四年九月商務書館初版　定價一元二角

十多年前，中國學者們因爲考辨古史的關係，對於中國民俗的研究曾經熱鬧過一時。近來很沉寂。除了極少數的人類學者從事於國內半開民族的調查工作外，只有少數文學和史學研究中副產的論著，以及小報和大報報尾上不成系統的風俗瑣記。至於從古書中對於中國民俗認眞當作專門學問來研究，如江紹原先生者，現在幾乎是「鳳毛麟角」了！那本是不足怪，這年頭兒大家都忙着講飛機，化學，土木工程，社會經濟等爲國爲民之學，誰有這閒情來幹這種不急之學呢！可是，話得說回來：在一百個科學家中間，偶然有一兩人憑着個人的嗜好實地做那種比較無直接功用的學問，該比一般作救國八股的好些吧？其實，我們如果存心作八股文的話，亦未嘗不可「拐灣抹角」，講出一篇民俗學救國的大道理來，還不必談什麼純粹學術的立場。

江先生這本「中國古代旅行之研究」，現在印行的，連附錄後記在內，有一百二十多面，還不過是全書的第一章，據序說，全書一共至少有六章。所以單在分量上說這不能不算一部巨大的著作。可是，書面和版權頁以及商務書館的廣告上，都沒有特別記明所出未全，關於書的性質，卻特爲注明了：書名下有「側重其法術的和宗教的方面」字樣。這自然亦缺不得，否則讀者單看書名，很容易叫人疑惑這是研究中國古代舟車道路等實際狀況的書。

全書考證甚爲詳細，可見著者用功之勤，用心之細。但不知是否因爲急於付印的關係，著者似乎把隨時增改的原稿本付印，而沒有經過系統的整理。所以全書編制，不大有秩序。書中本文（五號字）之外，有許多注；（六號字）卷後有好幾節附錄和後記；（五號字）本文中有通論，有考證，有長長短短的引證；注的下面夾着加注，又有每條上加着三角點的附注，而附注又往往牽注着兩三條；卷後附錄中又另有注。本文和各注以及附錄互相參考之處甚多，著者雖隨時注明，而看的時候前後翻閱不勝其繁。又有幾處注明要讀者參考那沒有印行的第二第三章。還有附錄中的七八兩項，只出了題目而叫讀者「且聽下回分解」，令人失望。我想著者如果在付印前稍爲多化些時間去整理一下，至少把性質相類相近的文字設法「化零爲整」，這在讀者一定方便許多。至於那有問無答的題目，簡直可以不提無妨等到第二冊出版時說起。因爲這不是大學以下的教科書，似乎可以不必用教育家「引起動機」的辦法。

此書的基本觀念，大意是當我們旅行時，路上不免礙到種種危險，而這些危險，在原始的人類是認爲有精怪作祟，因此就有種種神話傳說，並且有對付這些精怪的法術。著者根據這種民俗學的觀點，去考研中國古籍中所記離奇怪誕的事跡，這當然是很正當的途徑。不過著者因爲這觀念，把旅行的事實牽連得很遠。有些事不一定與旅行有關係，或者即使有關旅行而不必是旅行所專有的神話和法術。即如木石山水之精，固然在旅行時可以礙到，在家居或其附近許亦可以遇到。逆旅中有鬧鬼的事，在別的屋裏不見得全不鬧鬼。又如著者所舉周宣王和杜伯以及齊侯和公子彭生的故事，（第五六頁）雖都在路上礙到，但故事的中心在寃鬼報復，并不是一般旅行者所常礙到的，性質不同。總之，在路上礙得到的事，不一定是旅行範圍內的事，這觀念本書似乎沒有分清。自然，我並不是說一本書的內容，只能限於題目以內，不能涉及題外。像日人桑原隲藏氏之考蒲壽庚事蹟，其中亦有好些考證是和蒲壽庚並無直接關係，而那本書卻不失爲一種精要之作。不過桑原氏那書，本文極少，記註考証反成主體，各條考註都有標題，翻看起來亦還便利。而這書內容，既不分主客，亦不立條目，系統既不甚清楚讀者的觀念亦易於混淆。我想著者如果能把原稿稍爲改編一下，略加標題，或將書名的義意稍爲放大一點，那麼讀者的觀念多少可以明顯些。這亦許是淺人的通俗之見吧？可是，這意見無論如何淺薄，我倒並不主張把專門的著述編成講義或是演義體裁的。

著者對於山海經一書認爲古代的旅行指南，其功用是和所謂九鼎是同樣「使民知神姦，故民入山林川澤，不逢不若。」這解釋自然不算錯。可是，山海經中有些記載，亦不一定專爲旅行者說法。即如其中有許多祭祀鬼神和對付各種精靈的方法，恐怕是當時所知各地方宗教迷信的集錄，旅行的人固然要「爲之備」，就是不出行的本地人亦應當各自知道各地的「神姦」。所以有一位朋友說，山海經亦許是古代的「封禪書」。我自己曾經說過山海經圖與職貢圖都是原始地圖的地圖，（見禹貢半月刊第一卷第三期拙著「山海經圖與職貢圖」）這些解釋都是「見仁見智」，各以其一方面去說明山海經的性質和功用。其實山海經就是山海經，原始時代並沒有旅行指南，封禪書，職貢圖，以及地圖等各別的典籍。我們把後來「分工」的述作去解釋以前混合的舊典，固然不能說不合，即又不能說全合，多少有點出入。如果不得已而必定要給他一個近似的解說，我以爲還不如稱之爲「原始的地理圖志」比較概括些。不知江先生和讀者以爲何如？

著者又因爲山海經講到治「足𤻮」的藥，作爲山海經是「行人寶典」之一證，（一〇六頁）我有點不大贊成。因爲山海經中講到治病之物的不止足𤻮，就在著者引的那一節中「可以爲底」之上，就有「佩之不聾」一語。此外還有「食之已心痛」「食之已瘿」等類的事物。這些都不如足𤻮之可以和「行人」聯上關係。那麼與其因此而稱之爲「行人寶典」，倒不如稱爲醫藥寶典較爲概括些了！而且西四山經中有鳥名鵸𩿧「服之使人不厭」的話。「厭」，通常訓作夢魘。如此訓不錯，我們可不能因此作爲山海經是「臥人寶典」之一證。

我的「山海經圖與職貢圖」，著者在附錄中，曾爲提及。對於禹鼎的問題，江先生說比我更大膽，這話我相當的承認。不過我那篇文字的主意是在打通九鼎，山海經圖，職貢圖，以及地圖的連貫處。關於這三種圖的關連，我還有些旁證沒有講到，現在附帶在此提一下：

隋書裴矩傳引西域圖記序略云：「臣既因撫納關市，尋討書傳，訪採胡人，或有所疑，即譯衆口，依其本國服飾儀形，王及庶人，各顯容止，即丹青模寫爲西域圖記。」

新唐書百官志：「兵部職方郎中員外郎各一人，掌地圖，城隍，鎭戍，烽候，防人道路之遠近，及四夷歸化之事。……凡蕃客至鴻臚，訊其國山川風土，爲圖奏之，副上於職方。殊俗入朝者，圖其容狀衣服以聞。」

新唐書藝文志著錄西域圖志六十卷，並註云：「高宗遣使分往康國吐火羅訪其風俗物產圖以聞。」（唐會要安西都護府註略同）

由此可見古時外域地圖不僅他的內容，和職貢圖，山海經圖差不多，而且牠的來歷亦極相似，但從形體上說，雖不像後世的地圖的形式，而都是根據各國朝聘，官吏游歷所得的風土習俗，人物山川等材料。不過山海經中的事實，比後世的外域圖和職貢圖，其真確程度較差，而宗教迷信的成分較多而已。所以，從山海經的功用上說，牠是和以前認爲國寶的九鼎，同以後兵部職方司所管的圖籍，以及近今參謀本部的地圖，其爲政治軍事之寶典，彷彿都是一脈相承，古今一轍的。可是，我依稀膽小，我不敢說這是不易之定論。

如果依照江先生的意見：以山海經爲古代旅行指南的話，那麼這指南亦不過是少數王公大臣的指南，和近今旅行指南之人人得而參閱者，多少有點差別。而且那些殊方異域的風俗，在中央的王公大臣看來可算是旅行指南，在各方各域的土人看來，便成本地風光了。

這本書中間主要的發明，而且考證得最爲精詳的，是關山海經中，「嬰」字的解釋和魍魎罔象彷徨方相等名詞中意義的說明。著者的結論，我們覺得都不錯。無話可說。不過我因此有一個感想，我覺得有志研究中國民俗學的，最好先做一點基本工作，把中國古籍中的神話辭或長編，或將古今神俗神鬼等名詞編成字引辭典之類，那不僅如江先生這一類的考證研究工作可以省去許多翻查參考的時間和一般浪費的討論，而且有許多新解和新發現，亦易於從此產生。可是，這工作不是一兩個私人所能輕易辦到的，在這樣民窮財盡的時候。

此外書中還有些新鮮的創解：例如解「五世之廟可以觀怪」之「觀怪」爲「館怪」，（七二頁）解孔子警語「天厭之」之義爲「天壓之」，（七四頁）又勘「商羊」爲「商羊」之誤，而「羊」非有血肉之眞羊，（一〇二頁）都是很巧妙的新說。至於解「儋耳」「離耳」之根源於耳飾，大概是不成問題的了！

我以前翻閱水經注的時候，常見到某某塢某某亭等地名，初不知有何淵源。後來讀到陳寅恪先生的「桃花源記旁証」，（載最近清華學報）「塢」的意義才明白。現在江先生說亭是古時的旅館，這解釋亦不錯。著者不研究古代實際旅行狀況，所以對此尋不會多講，我想如果有人將水經注和別的古書中以亭名的，作一綜合的考釋，或是更能因此表示出來，這工作對於古代中國的內地交通史多少有點用處吧？

最後有一點是值得稱道的，就是著者的態度始終很平穩，既沒有像然學者的嚴重氣息，亦沒有僞幽默文字的輕薄相。不過著者對於時下學術界之輕視此道，未免有點牢騷吧？其實這種學問本不能引起許多人的興趣，學者如果對於某一種學問，有眞實嗜好的話，一般人的重視與輕忽，本可不管的。我們希望江先生繼續努力，不要灰心！

中國回教史研究

白壽彝

金吉堂著，定價四角　二十四年十二月北平成達師範出版部發行

本書共分二卷。卷上爲「中國回教史學」，內分中國回教史上應解決之問題，中國回教史上應認識之各問題，及中國回教史之構造，三章。卷下爲「中國回教史略」，內分回民在中國歷史上之僑居時代，回民在中國歷史上之同化時代，及回民在中國歷史上之普遍時代，三章。前有目錄，後附引用書目。全書約七萬言。

去年春間，本書下卷第一章曾發表於月華七卷二期。時余在開封主編伊斯蘭月刊。該刊第四期「談座」中，揭有「中國回教史料之輯錄」一文，即余讀此章後，有感而作者也。余在文中，指陳中國回教史研究之短促的歷史，及回教徒對於中國史實追求之眞摯。余謂：「回教入中國千餘年，而中國回教史專書之作絕少。五六年前，陳援庵先生講回回教入中國概略於北大，馮沅君記之，刊於東方雜誌。此爲中國人對於中國回教之第一篇有系統的講述。據此篇序引，援庵先生固有意著中國回教志，蓄意二十年，以實際調查困難，擬改撰中國回教史。距今雖又已五六年，以援庵先生治學之謹嚴，此書不知何時可以行世也。近在晨熹旬刊廣告欄內，見南陽某君有世界回教史之作，共名甚煊赫，實僅一萬餘言，諒不能多所發揮，月華七卷二期刊有金吉堂先生回民在中國歷史上之僑居時代，所討論時期甚有意致，然立論不註出處者多，而材料範圍是否能有創獲，以現在發表者尚少，不能確知。」余又謂：「然中國回民非不憧憬於其已往之歷史，非不依戀於其祖宗先賢之故蹟。今試一誦回回原來，雖其荒謬怪誕，出乎常理，然徒以其係傳述回教入中國之故事，讀者莫不悠然神往。斯時，吾固見追求歷史的慾望，躍躍於讀者之肺腑，可以穿胸臆而與吾人相見。」今時逾一年，中國回教史之研究更無別項新的進展。去年夏間，雖有馬子實先生以阿拉伯文著中國回教概觀一書，刊於開羅，風行埃及各地，然偏於現狀之敘述者多，不得以中國回教史目之。著者此書之出版，與伊斯蘭月刊之停辦，鎭江回報之創刊，同爲最近一年內，中國回教出版界最可紀念之事。而著者此書，雖

巴黎敦煌殘卷敘錄

莊子殘卷　三二〇四

莊子逍遙遊篇殘卷，起「故夫知效一官」，訖「彼且惡乎待哉」，存者僅二十二行。世字不諱，或猶是六朝寫本。本文「冷然善」，今本皆下有也字，斯爲小異。郭注則異同較多。「猶乎榮辱之境，斯已矣」，郭注云：「亦不能復過此」，今本此誤作比。然余所據刻本，猶是宋刻，有「百宋一廛」「黃丕烈印」，「復翁」等朱印，原爲士禮居所藏，今爲伯希和先生所得，寄藏巴黎國家圖書館中。（Pelliot B. 1671.）蓋宋刻與六朝本遇，固當退避三舍也。二月三日。

蒙求殘卷　唐李翰撰　二七一〇

李翰蒙求殘卷，存者二十六行，始李良進表之後段，次李華序，次蒙求原文二十八句。按是書中土久佚，東國天瀑山人得古本，印入佚存叢書，始復行世。今余於敦煌遺書中，復獲殘編，可知其在唐代流行之廣矣！卷子本李良進表後，有附注一行云：「良令國子司業陸善經造表，表未行而良授替，事因寢矣。」然則是書固未獲進呈，故雖載良表，而特爲注明，古人之不苟於事，於此可知。溯自日本古本未傳以前，世人誤見原書序表，故四庫提要以翰爲後晉人，邵晉涵以爲遼人。（見南江文鈔卷六，李氏蒙求補注序）日本古本旣出，而李翰之身世可考，敦煌卷子本復出，而表文之撰人可知，古本之有裨考訂，有如是者。良表

調明暢，所用材料頗有新的發現，余向所推揚之點亦全加以改正。此書之前，雖有世界回教史，亦爲回教人之作品。然譯自陽水自立先生而示，後者亦僅係一講稿，爲人不告而刊者。故回教人正式發表其對於中國回教史之整個的看法者，實以著者此書爲首創。

余對於本書所述，最感興趣者約有三端。其一，爲「張審造反」及「長安紀聞」等民間的史料之稱舉。其二，爲近代教民著述之綜述。其三，爲中國禮拜寺內不授歷史之原因的推測。前二點，爲治中國回教史者不容忽視之資料。後一點，則係一極重要的問題之提出也。

雖然，本書需要修正補充之點亦甚多。今依原書之次序，略舉其要者如左。

一、卷上第二章第一節中，「番」「胡」「獠」「夷」等名，與「回夷」「答失蠻」「木速蠻」等名不同。後者係專稱回教徒，前者係對於外國人之泛稱，不過有時亦對於來自外國之回教徒，用此種名稱而已。此二者，宜分別言之也。

二、卷上第二章第二節中，以「大食」爲Danish之譯音，恐距事實較遠。以余所聞，「大食」應爲波斯文Tazi之對音，其含義不良，乃波斯人對於阿拉伯人之惡稱，非如Danish之可譯爲「明哲」者比也。「大食」一名，在中國回教史的研究上，頗爲重要，應加改正。又，本節所舉波斯文阿拉伯文著作中之中國名辭，似不出日本桑原隲藏氏所稱引之外。此類名詞之重要者，決不只此。如波斯文稱茶爲Cha，稱茶盞爲Chadan，其歷史的意義之重要，亦不在Zayton等名字下也。

三、卷上第二章第五節中，論中國回教興盛不同，僅引馮沅君記錄陳援菴先生之演講，[illegible]不無遺憾。

四、卷下第一章第三節及第五節中，論回教商賈在東土經商，僅言及人數之衆，及納稅之多，而於回教商賈與唐宋文明之關係，則未及之。[illegible]

五、卷下第三章第五節中，[illegible]

此五點外，標點之使用，行文之修辭，以及字句之校勘，似亦有加以注意之必要。[illegible]

（三一）

王重民

：「余觀志學，闚樊書之門，伏膺依奢，書授一驗，」日古本余觀爲令，伏膺下衍「依奢」二字。李維序：「以授童幼」，日古本童幼二字誤倒。又：「李公子以其文辞(句)不敢傳(句)諸識者所務(句)訓蒙而已」，日古本作：「李公子以其文辞(句)不敢輕傳(句)達識者所務(句)訓蒙而已」，或互有脫誤，故句讀不同。徐子光注本，海外未能見，考提要云：「其書以蒙求原文，冠於卷首；後以每二句爲一節，各爲之注。」此殘卷所存原文二十八句，正所謂以蒙求原文，冠於卷首者。蓋李翰原本正如是，徐子光尙存李翰原本之舊。日古本無白文，則傳寫者爲省惜紙筆，省之也。四月七日。

四跋帝王略論

昨日從伯希和先生借來哈佛燕京社編印之太平御覽引得，檢御覽引用書目所載虞世南公子先生論，在書內卷百二十九。持與唐文拾遺輯本相校，正在馬總所引卷內，因確知即帝王略論也。而此作公子先生論，殆當時別有此名歟，抑爲御覽纂修官所改歟？唐文拾遺於此條有校異二處，其與文選與御覽所引合，不知爲陸心源據御覽所校？抑馬總原書如是？然「是與太子宴者也」句，唐文拾遺缺「宴」字，梁武帝北魏道武帝兩條，唐文拾遺復有校異，而原文不見御覽徵引，不知何據？讀書之難，有如是者！尙有待於一檢通歷也。四月十七日

最後，余願提出兩點，與著者商榷。第一，本書係歸納式的敍述，似不必於書名上用「研究」二字。第二，「回教」與「回民」之含義不同；中國有外國回教徒留居，與中國之有回教，原係兩事。本書卷下，既總稱爲「中國回教史略」，而卷下之三章概以「回民」命題，竊以爲有所未安。各章所述，似亦關於「回民」者爲多，關於「回教」本身者爲少。此於本書義例，恐有未諦。從一方面言，回教固不能離回民而存在；從又一方面言，回民之各種活動，並不必亦決不能爲完全回教的也。至於中國有外國回教徒之留居，以及中國之有回教，本書未分析地言之，亦未免有觀念不淸之嫌也。

綜觀本書全書，不無可訾議之點。然當中國回教史之研究方在萌芽時期，專題之研究及材料之編譯，均無相當之成績，可資吸取。著者以一人之力，於授課之餘完成此編，實已難能，中國穆士林與治中國文化史中國宗教史者，均可一讀者也。

新書介紹

中德文學研究

此書爲淸華大學德國文學教授陳銓先生所著，由商務印書館出版，定價七角。書中對於中國文學對於德國文學的影響，從歌德起，一直到現在，作一系統的敍述。[illegible]

[illegible]（淸源）

× × × ×

叢書子目書名索引

廿五年淸華大學圖書館出版　定價甲種四元五角　乙種三元

[illegible]

引。本索引優點有二，一，其檢字雖以正楷爲主，但同時也採用俗字，通用字，會見于後面，方便檢查，二，書名之題名不同者，或一書之有二名者都一併採用，而以書的原名爲主，不致使運用者因誤會而查不着。內中除頻伽精舍本大藏經，涵芬樓影印續藏經，及正續道藏，日本印大正新修大藏經等書子目因燕大印有佛藏引得及道藏引得的緣故未列入外，所收進的書一共有一千二百七十五種，雖不能算十分完備，但比較同類的索引却要豐富得多了。近年北平圖書館謝國楨先生編的叢書子目類編規模較大，共分四部，輯各圖書館的藏書約有二千多種，其經部分現已交開明書店付印云。

× × × ×

現代中國作家筆名錄

袁湧進編　民國二十五年五月　北平中華圖書館協會出版　代售處：北平佩文齋人文書店　上海中國圖書服務社　一四四頁　書末附索引　定價一元

名字之興，說者以爲起於周世，周人尙文，命字以表德，因以字爲尊稱。後世字外又有號，平交稱以字，尊者以號。而別號之昉，不詳自何時，詩書易春秋無一見焉。若乃潁城睢陽之類，蓋出於莊列之寓言，劉向所記列仙鬼谷鶡冠之號，亦春秋戰國之間，道家所傳，同無足以徵者，西漢之初有綺里，東園等之名。爾後羽流隱逸之士，或自署五柳，七松，抱朴，玄眞之類，不暇枚舉。自宋以後，士大夫率相稱以號，逮至明淸，其風益熾，甚或一人之號多至十數。推原其故，或因瑰奇之士，不得志於時，放浪形骸，兀傲自喜，假言託喻，用晦其名；或因時避嫌，假著述以自見；或爲隱逸之士，不求聞達；或爲時尙所趨，嗜好相尙，至於近世，因言論之易得禍而化名異號，以明其志者，不勞煩論也。

歷代撰述所署別號，多爲羽流隱逸之士，書畫名家所題，類喜用之，至於小說戲曲以至俗文諧俳之文，作者各署別號異名，追成習尙，學者苦於稽考。輯前人別號之書，宋有徐光溥之自號錄一卷，及馬永易之實賓錄十四卷，淸葛萬里有別號錄九卷，史夢蘭之異號類編若干卷，徐石麒之古今靑白眼二卷等書，所錄皆明淸以前之別號也。至於搜集近人別號之作，曾見武昌文華圖書館學專科學校季刊，民國二十年，三卷二期，載有某君所輯一目，惟所錄不及五百，故輯近人別號之大成者，當推袁君此書爲最備焉。

袁君服務國立北平圖書館，任編目之職有年，平日對於搜羅近人各家筆名別署，用力至勤，微訪調查，力求眞確。得著者眞實姓名凡五百五十餘人，別號都一千四百六十餘條，以眞實姓名爲經，首字筆畫爲其次第，而以別號爲緯，一一分注其下，又益以字號索引，俾便檢查，遇有一別號而多人相同者，則互爲注明，以免混淆。竊謂今人之別號有最難辨者，爲別號之名，間有類似眞名，如蘇曼殊之別署「沙鷗」，楊實江之別署「李沸菩」，又署「李膺揚」，又如高君曼(女)之別署「高歌」，則與高長虹之弟「高歌」同稱。諸如此等，袁君均詳爲考訂，其於編目與供學者參考之需，裨益至鉅。余亦素喜從史傳雜記中搜羅前人別號，所積累而未及董理，今讀袁君書，嘉其搜羅之備，編纂之密，匪僅供圖書編目之助，且有裨於了解現時文化動態者也。（竹鈞）

新書簡訊

西北攬勝

邵元沖主編　許師愼攝影編輯　民國二十五年四月南京正中書局出版　精裝一冊　實價國幣四元

這書是去年民族掃墓節(淸明節)，中央派邵元沖先生等祭掃軒轅皇帝等陵及遍歷西北以後所編成的。書中所包括的地域是自河南鄭州始，沿隴海路西向經潼關到達西安。在陝西祭掃皇帝陵及周秦漢唐等陵後，乃再西向經皋蘭至靑海；祭海以後，又轉至甘肅之武威張掖酒泉安西敦煌，西北達陽關及玉門關。循原路回至蘭州後，折而東北經寧夏至包頭，遶山西循平漢路南下至鄭州。

書名「西北攬勝」，自然是游記的性質，但全書沒有記帳式的文字，也沒有天晴天雨的日記式的播寫。全書以三百六十餘幀淸晰的攝影，及所附簡短的說明和古人或邵氏等自製的吟詠，給讀者一個明確而深刻的印象。如軒轅皇帝下有：「軒轅皇帝(民元前四六〇八——四五〇九在位年)爲中華民族開創之始祖，雖年代悠遠，史實難詳，然較之伏羲神農諸時期，已爲信而有徵。且其拓土開疆於黃河流域，爲民族立深厚之基礎，功德巍巍，國民崇報之忱，固亙今不替也。皇帝陵在陝北中部縣橋山，因名橋陵。山周圍五里許，古柏千餘，沮水環之，風景幽古。……陵前尙有漢武帝祈仙台……又有掛甲柏，爲漢武帝祭陵掛甲之處。後人均立碑誌之，爲橋陵之古蹟也」。玉門關與陽關之旁有：「玉門關在敦煌城西北一百七十里之西湖旁……爲古來自西域輸送至石之門戶，故名玉門關。……陽關在敦煌城西南一百四十里之南湖東，以居玉門關之南，故曰陽關。漢以玉門陽關爲西域門戶…漢書載『西域三十六國，東則扼以玉門陽關』，在漢唐時當爲通衢大道。唐王維送元二使安西詩，有『勸君更盡一杯酒，西出陽關無故人』。王之渙涼州詞有『羌笛何須怨楊柳，春風不度玉門關』句。後漢班超久羈西域，年老思故土，上疏曰『臣不敢望到酒泉，但願生入玉門關』，送別曲亦有『陽關三疊』之名，當時盛況，可見一斑。……今則四顧荒凉……二關距離南京約五千八百餘里」。

攝影三百餘幀，約可分爲五類：一、歷史的，如軒轅皇帝陵周陵秦陵等，看了那巍巍的石碑，壙起的墓地，參天的古樹，對於我民族之創始及光大者，不禁心懷景仰，肅然起敬，並以自勉自勵。二、藝術的，如敦煌千佛洞的壁畫及塑像，大同雲岡的佛像等，躍然紙上，栩栩欲生，莊嚴美麗，並世無兩。三、風景的，如太華之峯峭，長空棧道之險阻，恒嶽之雄姿，賀蘭山之壯觀，使人看了起臥游之感。四、民情風俗的，如黃河上游之皮筏，皋蘭之水車，雪山之犛牛，蒙古女子之裝束等，如見其形，如聆其聲。五、歷史地理的，如武威張掖酒泉敦煌陽關及玉門關等，使人想起這些地方，在歷史上曾佔據過多末重要的地位；爲了奪取或防守這些地方，曾流過多少先民的鮮血，暴過多少先民的白骨！如今，我們是不是還能守住這西北的國防呢？

書首有簡單地圖一幀，書末附邵氏西北視察途程表，使讀者把空間和時間兩個觀念聯繫起來，再加上各種攝影及說明，就眞如身臨其境，眼見其景了。如果定價再低廉一點，就更是讀者的運氣了。（仲）

圖書副刊

BOOKMAN
第一百三十五期

一　本刊登載關於中外圖書之介紹批評以及學術界消息，爲公開性質，歡迎投稿
二　刊登本刊之文略致薄酬
三　投稿通訊可寄「北平文津街國立北平圖書館內圖書副刊編輯收」

書評

三皇考

孫子高

顧頡剛楊向奎合著　二十五年一月燕京大學哈佛燕京學社出版　定價四元

三皇考，書之內容，序文兩篇除外，附錄一篇除外，跋文一篇亦除外，單就正文說，共爲二十九節所構成。由第一至廿五節，敍論三皇與太一各自的起源，演變，和消沉，廿六廿七兩節，則專論河圖洛書之起源，演變，和消沉，廿八，廿九節，論三墳與古三墳書，卅節，論近代對於三皇的祭祀和信仰。總計全書，長約十餘萬言，在這種長的一篇大文裏面，著者解決了三皇的問題，澄清了太一的問題，掃除了河圖與洛書的問題，還有顧先生的自序可證。三皇問題，這本書固然沒有解答好，但演變的線索，已大略具備，這問題可算完全解決了。讀了這本書，對於中國史學之貢獻，據我的私見，以爲應有下列五點：

（一）關於三皇的：著者所用他的「層累地造成的中國古史觀」之方法，「把三皇的來源，同他的傳說之演變，考證得清清楚楚」（童序語）。他考證出三皇的一生，是：皇字在戰國以前，只是形容字，到戰國以後，才變成名詞。在楚辭中皇字表示上帝，在呂覽中皇字表示人王。秦統一天下，才有天皇地皇和泰皇之三皇出現。天皇是皇天之倒轉，地皇是后土之譯文，泰皇是東皇太一之縮語。這種三皇說，可以叫做舊三皇說。三皇在西漢曾一度消沉，到新莽才又復活。緯書承新莽之續，建立出所謂天皇地皇和人皇之新三皇說。東京以還，有人名的三皇出現，先後提三種不同的學說：一主三皇是伏羲燧人和神農，一主三皇是伏羲女媧和神農，一主三皇是伏羲祝融和神農。六朝而下，道教中更有初中後三級三皇之稱，降及元代，三皇出上帝被貶爲醫流之祖師，關後，便銷聲匿跡，不聞於世。

（二）關於太一的：著者考證出他的一生是：太一出現於戰國末年，極盛於西漢中葉，消沉於王莽稱尊。到了兩晉時代，太一降爲五帝之佐的同輩；到了李唐時代，太一的祀典降爲第三階級。趙宋之世，太一雖曾一度起用，無如他的黃金時代已過，終究恢復不了他以前的地位。「明清以後，天皇和太一的祀典，都被革除，於是轟轟烈烈的太一」，就這樣長逝，壽終正寢了。

（三）關於河圖洛書的：著者告訴我們說：河圖之名，初見於尚書顧命。戰國以後，「河圖洛書只是一種祥瑞」；西漢末年，河圖洛書乃定爲八卦和洪範之所本；及緯書興起，又爲帝王受命時所接受的天書。從後漢到唐末，七八百年中，對於河圖，似乎沒有新的見解。到了宋代，河圖洛書，才又有更新的發展，五光十色，有過於從前任何時代。至明，始停止製造。到了清代，對於圖書的批評和不信任的人越發多了。於是河圖洛書，遂失去了他的權威，斷送了他的靈魂，僅成爲學術史上的一個名詞。

（四）關於人皇的：著者以爲天皇地皇和人皇之新三皇說，是根據劉向父子的天統地統和人統之新三統說而建立出來的。他指明「人皇」一詞，初見於緯書，他指出人皇是泰皇之代理人，他更指出人皇的誕生時期是東漢。

（五）關於盤古的：著者根據夏曾佑的中國古代史之提示，考證出盤古是由南蠻之始祖槃瓠，蛻化出來。其初出現之時期，當在六朝初葉。

對於三皇，太一，盤古，河圖洛書等等問題，從前並不是沒人提出，只是沒人作系統的研究；從前並不是沒人懷疑，只是沒人作歷史的探索。對於這些問題，肯作系統的研究，歷史的探索的，便要首數顧楊合著的這本三皇考。「開山之功，豈在禹下」？

「三皇問題，與殷周無關，只是秦漢以來宗教史的問題，而不是古代史實問題」（顧自序）。因而著者便要把他從古史裏請出去，請到宗教史裏去，……使他們得到一個最適當的地位」（原書引言）。掃除中國古史上的垃圾，是三皇考一書的重大使命，也便是顧楊兩先生的最大貢獻。

三皇考一書，雖然詳實瞻博，「本沒有多少可以挑剔的地方，但是像這樣長的論文，自然也難免有一二疏忽之點」（童序）。除已經童序指出者外，評者以爲尚有下列四點可以商量：

（一）三皇考第三節云：「其稱爲帝的，只是上帝的簡稱。……及戰國以後，帝的意義有些變了，也可作人王的稱位了」。又第四節云：「帝本來是神，自有戰國的帝制運動而化爲人。」這些話似與史實不合。「帝」字作人王之「稱位」，商周已然，不始戰國。其見於卜辭者，則有：

丁巳卜貞帝□

貞帝□三羊三豕三犬（殷虛書契前編四，十七，五）

（此二帝字，有疑爲祭名者，實則非也）。

己卯卜□貞帝甲□其眔且丁口（殷虛書契後編上，四，十七）見於周金者，則有西周時寡子卣的：

「□不叔口乃邦，嗚乎！□帝家。以寡子乍永寶口」，見於易的，則有：歸妹六五的「帝乙歸妹，其君之袂不如其娣袂良：」

泰六五的「帝乙歸妹，以祉元吉」

見於書的，則有

酒誥的「自成湯咸至于帝乙」，

多士的「自成湯至于帝乙」，

多方的「乃惟成湯……以至于帝乙」

或引孝經云：『嚴父莫大於配天』，古者，王死而嗣王祀之如上帝，上引諸例，乃死王之稱，非人王之位也」此言不然，何以故？因帝甲帝乙皆實有其人故。據此，可見帝字作人王之稱，在殷周之際，已甚普遍。

（二）三皇考第三節云：「楚辭是一部楚國的詩歌集。……其中最早的一篇，應推天問。天問……頗有詩經以後，論語以前之風」，這一段話，大有問題。天問篇首一大段，說的什麼？「陰陽三合，何本何化」云云，明是攻擊陰陽家倡導的宇宙論，「論語以前」，那得有此？此其一。天問篇懷疑遂古帝王之事跡，謂爲荒渺無徵，明是攻擊孟子道德和陰陽所僞託之古史，「論語以前，那得有此」？此其二。天問懷疑遂古帝王云：

女媧有體，孰制匠之：舜閔在家，父何以鱞？堯不姚告，二女何親？舜服厥弟，……眩弟並淫，危害厥兄。……禹之力獻功，降省下土；焉得彼嵞山，而通之于台桑？

離騷贊揚遂古帝王云：

濟沅湘以南征兮，就重華而陳辭：……湯禹岩而求合兮，摯咎繇而能調。……說操築於傅巖兮，武丁用而不疑，呂望之鼓刀兮，遭周文而得舉，寧戚之謳歌兮，齊桓聞以該輔。

前者「毀五帝，罪三王，訾五伯」，後者「譽五帝，褒三王，奬五伯」。戰國諸子，只有楊朱一派，反對託古崇賢（見淮南子汜論訓），楊朱一派，則出現於「論語以後」。天問篇對於遂古帝王之態度，既與楊朱學派相同，此其不能爲論語以前的作品之明徵。關於天問篇之作者，我曾假定爲荀氏之儒。荀卿受楊朱之影響甚大，「識天，非古，法後王」皆其著於外者。拿天問與屈原的作品比，只覺其遠，拿天問與荀卿之作品比，反覺其近。荀卿晚年居楚，應死蘭陵。本其勘天主義與法後王論，作爲天問，以洩其忿，甚有甚大之可能。此假設如能成立，則天問一文之出現，尚在屈大夫歸天之後，謂爲屈原本人的作品尚不可，何況謂其爲論語以前之作品！此其可商量者二。

（三）三皇考第十八節云：「槃瓠的命運太好了，他竟在無意中變成了開天闢地的人物——盤古。……大概是把盤古作爲開天闢地的人物之後，乃將燭陰（山海經中）的故事拿附上去的。」評者的意見，則與著者的意見稍異，主張盤古開闢說是印度的產物，隨從佛教，輸入中國。印度古有金胎（金卵）化成說。黎俱吠陀卷十所載生主歌（從李翊灼譯）云：

有金胎兮出太古之初，是惟一之大原兮爲萬有之主。既安天而便覆兮復立地而使載，此何神兮吾其云何供養而奉獻。

浩浩洪流兮中有金胎，赫赫大光兮明徹九垓，斯其諸天兮生命所自來。

伊金胎之渾淪兮具威神之大力，本生德而光兮匯洪水而爲質，是造一切之最主兮諸天之五。

斜塔巴塔梵書一一，一六，一；云：

太初立，最先有水。水自思如何乃得繁殖？思維之極，運熱致熱，而生金卵。金卵既生，遂有歲時。一歲既終，金卵遂能游於水，又一歲終，由金卵生出原人，是爲生主。生主生時，歸人牝馬牝牛皆同產生。生主據已破之金卵，爲其居所，……」

此與藝文類聚卷一所引吳徐整三五歷紀說的：

天地混沌如雞子，盤古生其中萬八千歲。天地開闢，陽清爲天，陰濁爲帝。盤古在其中，一日九變。

何其相似？可見盤古開闢說，非由山海經的燭陰之故事隆附而成，多半由印度的金卵化成說蛻化以出。否則，盤古何以亦生於雞子耶？漢魏六朝，印度思想，萬斛狂瀾，傾灌中國。其攜來之神話，亦必甚多。金卵化成說，當係其中之一種。所以我說追求盤古之來源，不當求之中國古籍，而應當遠溯於印度的文獻。此其可商量者三。

（四）三皇考二十三節敍述太一下行九宮，關於材料的搜集，似乎不無遺漏。顧炎武日知錄卷三十云：

太一之名，不知始於何時。史記天官書，中宮天極星，其一明者，爲太一常居。……易乾鑿度，太一行取其數，以行九宮。……南齊書高帝紀云云。

南齊書高帝紀上云：

史臣曰：案太乙九宮占推，漢高五年，太乙在四宮，主人與客俱得吉，計先舉事者勝，是歲高祖破楚。晉元興二年，太乙在七宮，太一爲帝，天目爲輔佐，迫脅太一，是年，安帝爲桓玄所逼，出宮。大將在一宮，參相在三宮，格太一，經言格者，已立政事，上下格之，不利有爲，安居之世，不利居動。元興三年，太乙在七宮，宋武破桓玄；元嘉元年，太乙在六宮，不利有爲，徐傅廢營陽王。七年，太乙在八宮，關囚惡歲，大小將皆不得立，其年，劉彥之北伐，初勝後敗，客主俱不利，云云。

關於此點，著者在該書中，應當有所論列。

上舉四點，或許是個人的偏見。縱非偏見，而其關係甚小。

總之：三皇考一書，對於中國古史，確有澄本清源之功。可謂體大思精，考證周密，以上所舉，其亦求全責備之意云爾！

中國及中國人

萬異

林語堂氏近著「中國及中國人」一書（原名 My Country and My People），由倫敦 William Heinemann 出版，發售以來，頗爲英國讀書界注意，報紙爲文評騭者，以余涉閱所及，已有三篇：一見去歲年底倫敦星期太晤士報，一見本年二月七日倫敦晨郵報，一見同月十九日倫敦標準晚報。三評所記，大都有利著者，尤以奧斯本（E. B. Osborn）氏之批評（載晨郵）爲能盡褒揚之能事；其於著者運用英語之正確與能力，既表示驚訝，而認著者之分析中外弱點，亦能深遠獨到，故嘆爲平生僅見之作。

中國人作文評此書者，以余所知，有湯良禮氏一文，湯文載去年十二月民衆論壇（Peoples' Tribune），對林書講中國近年政治各點，頗示不滿，其言亦激。實則林書之能引起外人興趣，或在其全書；而其足以引起中國人之注意者，恐多在其結論中之最後三段（結論共分四段）。湯氏之批評，亦全置重於此。

林氏於序文中，謂此書所述之意見，乃多年長思苦慮之結果；彼於中國未嘗失望，彼能揚發中國之困難；彼亦愛國者；惟不恥申述自己之弱點；彼似頗信眞理在握，似孔子之著春秋，胸懷知我罪我之心情，大有成敗毀譽，在此一書之概。以是吾人知林氏非徒以戲筆寫幽默文章，則正闕如吾人者，正亦不妨忝儕論列，願於拜讀之餘，略抒私感，冀與林氏及國人一商討之。

該書全部，計分兩編，上編題曰基礎（Bases），而於中國民族之形成，中國人之性格，中國人之心理與生活之理想，加以剖析；下編題曰生活（Life）而於婦女生活，社會政治生活，文學藝術生活，以及生活之方法，有所論列。書末殿以結論，探及人生之目的，中國之實況，中國出路之問題等。

第一，吾人意念所先及者，爲著者愛國之熱情。其行文梯突處，或贏得外人之大噱，而其句裏之眞意，則必爲其同胞讀者所痛哭。蓋其同胞乃一廣大之民族，有其綿遠之歷史，其文明燦耀於此者，垂五千年，其文物制度，類能自備一格，其理想達於成功者，既所在而多有，其尚未成功而無法證明其終不能成功者，亦正爲世人所考慮。其自視甚高，而對人無間，乃以輕視小道（註一），致貽大誤，造成畸形之發展，而蒙稀有之困難，見譏無知，取惡有識。（註二），力竭民窮，若不能復者。吾人生今之世，處此兩大矛盾之間，讀林氏書，緬懷往昔，蓋不禁百感繫之矣。

第二，吾人感覺所接觸者，爲著者態度之誠實，著者於此，似下一番決心者，其於中國事，不問短長，無論新舊，類於關涉處，坦白直陳，平心論述。然余竊欲於此一加商榷者，即事實之徵引是。坦白誠實，固爲莫大之美德；精選善擇，言所當言，亦爲不亥之學問，林氏於述婦女生活章中，而以一節專論纏足，其事不甚可解，乃復引十九世紀初年英國婦女束胸習慣以陪襯之，更有近於自護己短之嫌。且婦女纏足，乃中國民族一大恥辱，中國歷史一大污點，吾人甚願此悲慘之景象，速付遺忘，非絕對必要，可不復稱述。昔富蘭克林有言，「自道不幸者，不啻予敵人以工具。」（To mention misfortune is to give fools to enemy）吾人寧願是認富氏之言，不知林氏以爲何如耶？

第三，吾人應注意及著者文筆之流暢，其於述事寫情，類能得心應手；其間雅像及細處，體貼亦能入微；試舉其描寫舊日婦女青春期之心理爲證（頁一四八至一四九）；其言曰「情之爲物，似從珠簾外以窺人者，似充滿後園者，且復動盪於少女之衷腸。伊或無所屬焉，

[illegible]

[illegible]文均有整齊之布局，均爛雅可愛；然三文所及者，亦均人生之俗事。且以余觀之，已充分發揮散文之力量。余意散文學家所嘗寫之題目與散文字所能寫之題目，雖然爲兩事。自文學見地言之，人生諸俗事理之應用描寫，一如人生俗事之應用描寫，爲無意義事理之應用描寫，一如乎有意義事理之應用描寫。文人抒寫，苟在不爲是非好壞之區別，則古人之愛網雖因無用於吾人之重乎俗也。余個人意見，乎爲簡單，即良好散文之內容應雅俗兼著，應網羅雅俗，應不拘於文章之長短或字數之多少，應能充分發揮散文之力量。以是余謂利用散文字可以講此，散文已非講此。此吾人未敢完全與著者表示同意者也。

復有一點爲吾人所不能從同者，即著者之論「文學與政治」。吾人初意，以爲著者於此必當述及中國文學在中國政治上之勢力，及其交互所生之影響，中國文人與中國政治家之關係，及何以中國有政治家必「先天地」（姑如是言）爲一文人。著者均未曾及此，其所斥斥者，爲宣言通電告示標語之文章。誠然，著者雖以 Literature 爲題，行文則用 belles lettres，然則此亦覺不類。蓋宣言通電告示標語與二者兩無關係；換言之，宣言通電告示標語既非 Literature 亦非 belles lettres 也。

此外書中間有刊誤或一時筆誤之處，今並爲舉示如下：（一）原書第九頁倒數第六行之 oepn 或爲 open 之誤。（二）原書第十八頁倒數第十一行之 Honan（河南）顯爲 Anhui（安徽）之誤，蓋明太祖起家鳳陽，鳳陽在安徽而不在河南也。（三）第二一九頁倒數第十五行之 Ssŭlin（「四六」之譯音）爲 Ssŭliu 之誤。（四）第二三〇頁倒數第十八行之 as 似爲 at 之誤。

著者於書中描寫中國之現狀與前途頗詳，其言極爲沉痛。其意謂吾人今日生於毫無意義之亂局中，混亂而無方向，騷擾而無變化，空言而無信守，盲動而無目的，痛苦而無希望。舊俗破壞，既盡誠以盡，而新制不立，法度蕩然。在人民，饑寒有餘，卑鄙是依；在官吏，奔競鮮恥，貪婪是尚。言救國者，發言盈庭，一無是處；而實人學者，羞與爲伍，均避地而遁跡矣。雖然，中國亦非無希望者，蓋吾人有偉大未開之潛蓄力，惜無物以出之耳。吾人有良好之士兵，而無良好之軍官；吾人有良好之人才而無良好之方策；有良好之朋友而無良好之集會所；有良好之公民而無良好之政治家；有良好之民主政治者而無良好之共和。依著者之意，此無疑爲中國之主要困難。然則如之何而可耶？著者以爲西方文化不足恃，武力不足貴，揭發國民，打倒，會議，乃至講經，均屬無濟大計，猶待之至。欲求中國得救，惟有以法治政府代替臉面，運氣，與恩惠支配下之政府。法治政府產生之結果，爲貪官汚吏之消滅。其方法亦至簡單，即槍斃是也。法治政府將如何而致之耶？試看，數者來矣，持一大劍，推正義之旗，放愛世之，求自身壩，行近大街，萬民歡騰，市長迎矣。於是遍貼布告，法律至高，不服者斬。於是歡三讀碑，打倒臉面，運氣，嗣愛之神位，樂其爲正義碑。大放令劍下而死者，則多系出名門，類爲劫奪欺害人民者。三日之後，城鄉安民，安若如常，而其城繁榮矣。著者於此勸美國人且存希望，勸其國外朋友且存耐心。

著者非政治家，其於中國目前之出路，雖無切實之方案，然吾人自不否認其分析中國病態且有許多是處也。

附註

（一）子夏語：「雖小道，必有可觀者焉，致遠恐泥，是以君子不爲也。」余意「小道」乃對「大道」而言，小道大道之分，亦猶形下形上之異。

（二）譯自原文「其樂無窮，其樂有極。」余譯原其意，而仍已言。

（三）外人譯中國詩者大困難，爲語辭障礙，蓋中國詩詞措之妙處，往往爲彼輩所無能爲手總其者。如李白詩「浮生若夢」句，譯爲 Life is like a dream 而西人翟理斯作 If life is a dream. 又如杜甫之飲中八仙歌詠李白一節，[illegible]，而 Florence Ayscough 女士譯「天子呼來不上船，自稱臣是酒中仙」爲：

The Son of Heaven summons him to the Presence,
he does not board the boat;
He styles himself "Official Who is an Immortal of wine."

讀書雜記

元和姓纂十卷

（唐林寶撰 洪瑩校刊本）

岑仲勉

注史齋讀書記之一

[illegible]

元和姓纂十卷，唐林寶撰，其書久佚，清修四庫全書，始自永樂大典重輯成書，入子部類書類。今通行本提要署十八卷，文津閣本亦然，而書實十卷。北平圖書館藏有姓纂鈔本，與文津閣著錄本同，始自四庫館鈔出，所附提要則作十卷。校上年月，鈔本爲乾隆三十八年，文津閣本爲乾隆四十五年。二本提要亦有小異，鈔本略，而文津閣本詳。可知鈔本在文津閣本前也。當是元輯成十卷，其後館臣議編十八卷，通行本提要沿襲其說耳。二本校上年月雖有先後，而內容目錄均無歧異，館臣未及統改也。

洪瑩刻是書，據孫星衍所藏鈔本，見洪瑩後序。孫本必係傳鈔四庫本者，而孫氏序是書不言之，故述其門目：

唐林寶撰姓纂，其佚文存在永樂大典，皆附于宋姓之下。宋鄧名世作氏族略，王應麟作姓氏急就篇，皆得作證姓苑，俱引其文，又多爲永樂大典所遺。今依韻譜書，依林氏原書例，先以當時皇族，餘分四聲，仍爲十卷。其非永樂大典，而見他書者，注明出處。

若孫氏輯自大典。洪氏後序謂：「大典作十八卷，今仍釐爲十卷，從其朔也。」尤爲顯妄。洪氏亦不過沿提要之謬耳，何能見大典耶？使後人不察而信其說，則元和姓纂竟曾有十八卷本矣！

林寶原書舍卒編定，後人多指摘其違誤，加說則往，不僅臚引。四庫本出自永樂大典，輾轉鈔錄，其爲謬訛脫漏者定所不免。洪瑩刻是書時，曾以諸書所引者校補，頗爲了草。近人羅振玉嘗爲元和姓纂校勘記二卷佚文一卷，刊諸雪堂叢刻，雖可補洪氏之未備，亦未能盡也。閱孫武陵余季豫先生（嘉錫）亦曾校補是書，而尚未脫稿。潤孫在燕京時，嘗據錢明保士元姓纂所引姓纂，得數十條；更以通志氏族略，翰苑新書所引者校之，亦略有所獲。去歲假得文津閣本之佳，因取以校洪刻本，始知洪本雖出自四庫，而亦如原本遠甚。

杜姓條姓纂脫誤，見洪刻本卷六頁二四至二八，其頁二八第十行自「悅生乾邢武德實錄」共五十字，實爲羼姓之文，誤竄於此。檢文津閣本，則洪刻本頁二八第九行，適爲文津閣本卷六頁四五前半頁末行。閣本頁四五後半頁，洪本全脫。洪本頁二九第八行，適爲文津閣本頁四六末行。閣本頁四七前半頁，洪本亦全脫。閣本頁脫在此之前，洪刻本顯與其序：更檢閣本頁四七後半頁首行「悅生乾」以下五十字於杜姓文中，於是乃謬料錯乃不可理矣。今爲正之如左：

洪刻本卷六頁二八第九行後，應補入以下諸行，即文津閣本卷六頁四五之後半頁也。

成都　魏初杜雄入蜀，因家焉。子卿。

河東　狀云，延年後，屯田員外杜頌，右郎中，又給事中杜賓王。又補闕杜頌。右職方郎中杜賓客，生右庶子倫賓。刑部郎中杜敏，並云京兆人。

濮陽　狀云延年後，皇太子太保，行禮部尚書令，梁王杜威，賜姓李氏，生彥為，右諫議大夫，開國公。

襄陽　杜氏右庶子杜崇[illegible]，生崇貞，監察御史中丞。全希進，右補闕，又殿中侍御史，兵部郎中侍御史大夫。

此下即接洪刻本頁二八後半頁首行「杜佐故河東人」云云，蓋杜武郡姓實御史大夫，即杜佐故所能官也。

洪刻本卷六頁二九第八行「杓元」「元勝」作「立」，其下應補入下列諸行：

洪昔義陽太守。鄴，給事中，杜楚城，右補闕，生冀，生兆，杜紹，殿中侍御史，[illegible]

[illegible]開臨川公，生光祿，孝基，孝學；孝基附騎都督中大常少卿，生光；孝基給事中司農少卿；孝羣殿中侍御史。閣五代孫德瑞濟州刺史，生敏，敏生季真，後魏瀛州太守，生產，右衛尉，生孝徹北齊左衛尉，生君意。

京兆　狀稱與范陽同出，後魏有杜于忭孝寶入關，官至武州刺史，生大通，大通生孝讓，元規，元軌，

元

此下即接洪刻本勝姓下之「魏生乾」五十字。

至於二書字脫文，尤不勝枚舉。錄卷二校勘記，以見其概：

卷二

五支　隋　「花隨昭縣」，「隨昭」洪刻本乙，原注云：「案隨昭唐志作昭隨」，洪刻改爲「案昭隨舊本作隨昭。」

六脂　伊　業　「後魏駙馬都尉業六帝」，洪刻本「馬」作「[illegible]」。

尹　遂　洪刻本「遂」作「逐」，下二「遂」字均作「逐」。

七之　治　「何氏纂要，曾通」，洪刻作「出何氏纂要文。」

司馬　「無擇生希」，洪刻「希」作「喜」。原注云：「按史記太史公自序，及漢書本傳俱作昌生無擇，無擇生喜，此誤。」洪刻無注。

「天台道士」，洪刻「台」作「白」。

「今號江南司馬氏」，洪刻「今」作「令」。

司徒　原注：「案此下疑有脫誤」，洪刻「此」作「丸」。

「或云河內人」，洪刻「或」作「成」，「人」作「入」。

八微　熙氏　「帝譽」，洪刻作「帝倍」。

韋　「生曾」，洪刻作「生謝」。

「官司門郎中」，洪刻無「官」字。

「生彤戡，晏宣誠」，洪刻「誠」作「成」。

「識生元方」洪刻「識」作「誠」。

「五代祖識」，洪刻「識」作「誠」。

九魚　蒲　「其先」，洪刻「先」作「生」。

十虞　于　洪刻脫此行。

「仲文隋右翊大將軍」，洪刻「右」作「左」。

無　「著夫論」，洪刻「夫」上空一格。

間亦有洪刻改正閣本之誤者，未必盡非。如洪刻本卷三頁二五第九行後漏脫一行，幸于姓。洪氏不知閣本不脫，注云：「于姓應別入于字組下，原本誤附殷字，今仍之。」而翻稱舊新書于姓于後。實則所脫之一行，僅一于字，繫于殷姓之文後形近，然閣寫之，則別圖甚易也。翰苑新書（即洪氏所見之秘笈新書）所引與原輯自大典者無甚出入，且徑係姓源，何增之有？洪氏實過慮若是！

新書介紹

脊椎動物發生學

(Introduction to Vertebrate Zoology)

美國舒滿博士(Waldo Shumway, Ph. D.)著
一九三五年　三版　定價美金四元

本書著者舒滿博士（Dr. Waldo Shumway）係美國伊利諾大學（University of Illinois）動物學教授，對於發生學，頗有研究。舒氏以平時講授所得，編爲此書，以備初習發生學者閱讀之用。初版于一九二七年行世，一九三〇年再版，頗受各大學教授及學生之歡迎。一九三五年，重行編輯，增入新材料不少，爲發生學教本中之佳著。

本書除入門外，卷首序言及目錄十二頁，中間本文三百六十頁，末附發生學術語十三頁，索引十六頁，全書插圖二百四十枚，可以補文字之不足。

本書共分五編（parts）：第一編至第三編，可作教本用，後二編，可作實驗教授用。第一編——緒言，言發生學發達小史，及脊椎動物之生活史（Vertebrate Life-history）；第二編——初期發生學（Early Embryology），言生殖細胞，受精，卵之分裂，胚層之形成，胎形及胎外構造，並附以近世試驗發生學之成績；第三編——器官發生學（Organogeny），即後期發生學，言各胚層所形成之器官；第四編——脊椎動物胚胎之解剖，分述三種胚胎，四種雛胎，及一種豬胎之解剖；第五編——發生學方法，言發生學所用材料之預備及發生學研究法。

本書用新聞紙印，有翻印本，定價國幣六元（七折），約合原價三分之一。翻印西書，於法律上及道德上，均所不許；惟當此過渡時代，中文書籍，既少科學教本；西洋書籍，又價不易購置；則翻印西書，亦無可如何中之一辦法耳。（趙知）

新書閱訊

張介侯先生年譜　馮國瑞編　二十四年　國立北平圖書館刊　北平文奎堂代售　定價八角

清代學術以乾嘉爲盛，大師輩出，雖東隅時如朱竹垞，元等，皆以提倡漢學自命，南北學人如王引之段玉裁輩各行其說之人，皆能獨樹一幟，氣類相求。惟關隴以西終嫌簡陋，雖承學之士，中州人士多避地河西，中原文物一時之盛，唯在涼州，而近古以來多尚理學，經行實踐，有足多者，然如關以東深沉漢學之學風，則少所聞焉，至於甘涼一帶，更無論矣。蓋因交通阻隔，文風未蒸，而地理之限制，使其人民無暇從事學問，故古來多出名將，文人學士，則屈指可數。清乾嘉間張介侯名澍字時霖一字伯淪，號介侯，武威人，以少年科第，飽觀於甘涼。十六歲舉京師，涉歷陵遂入門，二十一歲後，署貴州玉屏遵義諸任，後又署四川屏山縣，皆遠離之地，而著述不輟。中歲得交王伯申段懋堂諸公，[illegible]相與上下議論，生平著述數十種，尤精於氏族之學，所著姓氏五書凡三百餘卷，稿既繕本，「誠非其實」，其卷中附孫名世等遺作諸人註。能親見。」他如其本人所之，輿地遺佚氏族及所輯之書，收入二酉堂叢書中者，今有西北史地資料大觀。今遍氏族共業述叢書等文集，姓氏五書遂得其手校本一百餘卷存及所附氏守籍堂文集中，與介侯往復之作，爲年譜，並附錄成敘王壽誠諸人，論學之書。蓋馮君與介侯同鄉里，宜譯其書而深切知其人也。（芬）

× × ×

中國歷史上之主要經濟區域

Key Economic Areas in Chinese History, by Chao-Ting Chi (冀朝鼎) George Allen & Unwin Ltd London 1935.

此書論中國歷史上之主要經濟區域，而側重於歷代水利工程之發展，以說明歷代政治上之鬥爭，與其分裂統一之故。著者自謂此點雖不足以解釋歷史上諸般問題之全部，但亦可以爲對於中國歷史演進之一種解釋，於中國經濟史之研究，固大有裨益。此書所根據之材料，大抵皆採中國方志及歷代官書水利之書。全書凡七章。第一章述古代主要經濟區域與水利工程之關係。第二章水利工程之地理的關係與經濟區域之分野。第三章水利工程之設施及其發展。第四章水利爲歷代國家經濟之主要命脈。第五章黃土層區域及黃河中部爲古代之主要經濟區域。第六章黃河流域與揚子江之聯絡。第七章江南之經濟勢力。末附插圖八幅。（蔗）

圖書副刊

BOOKMAN　第一百三十六期

一 本刊登載關於中外圖書之介紹批評以及學術界消息
二 爲公開性質歡迎投稿
三 刊登本刊之文略致薄酬 投稿通訊可寄「北平文津街國立北平圖書館內圖書副刊編輯收」

書評

中國近代史商榷

張延舉

四月十六日，劉駿仙先生陳著中國近代史糾謬一文，指出該書前十數頁中有三個錯誤，並云「不知其後尙有錯誤否？」不佞近讀該書變法運動一篇，覺着其中亦頗多可以商榷的地方，茲寫出聊以求教於陳先生。

原書第十篇，四九九頁，末行云：「翁【同龢】氏主張變法，與之（按指康有爲）常有往來。及保國會被劾，康氏欲回籍養母；翁氏留之。」

陳先生以爲翁同龢與康有爲一樣，是一個主張澈底變法的。但光緒二十四年四月七日翁同龢的日記內却這樣寫着：「上命索康有爲所進書，臣對與康不往來。上問何也？對以此人居心叵測。曰前此何以不說，對近見其孔子改制考知之。次日又問康書，臣對傳總署令進。上不允，必欲臣諭張蔭桓傳知。」從這段日記內看，翁同龢與康有爲之意見一致不一致？陳先生書內並言「其日記所言，殆爲免禍之計，不無可疑之點，不足盡信。」或陳先生所懷疑的日記，就是我所舉的這一段吧？那末我們對於翁同龢是否有意作僞，亦得檢討一下。

第一，先從這段日記本身看，可不可作僞。這段日記，是記翁氏與光緒所談的話，如爲「免禍計」而僞造事實，那他就不怕光緒帝之怪罪麼？他寫日記的那個時候，絕對還不會知道光緒將有遭囚的事啊！

第二，我們再從翁氏的思想看，這段日記能不能是假的。翁同龢的思想，本極守舊，曾以「夫就阻修鐵路，」後來贊成行新政，不過是因爲受了戰敗的刺激，把守舊思想略爲改變，澈底變法，他是不會贊成。他之所以舉薦康有爲不是爲了變法，而是爲了黨爭。當時大臣中分「南北二黨」，各想擴張自己的黨勢，翁舉有爲，是看到有爲有才想援爲自己的助手。後見康與自己的主張不合，遂而疏遠。關於這一點，慈禧外紀內說得很明白：

翁同龢蓋薦康有爲於帝，言康才勝彼十倍，意康得帝信任，助南派以制滿人，而抵抗其仇敵剛毅徐桐二人，翁之意實止於此，不意康既得志，乃設謀以圖太后，亦翁所未料也。蓋翁不過欲鞏固其權位，而擴張其黨勢耳。（陳冷汰譯本第十二章第三段）

這些話我想絕不會是無稽之談。如以爲這些話是外國人說的，不足盡信，那末我還可以從中國人的記載中找出證明。胡思敬是戊戌政變過來人，他的黨人列傳將翁列入新黨，而不列之於康黨，足證翁與康意見並不一致。其序中並云：

予恐後世操史筆者，不知道來始末，凡率得禍諸臣，概以康黨目之，使被陷者忍而與此終古，因采摭諸臣行事，分爲兩黨而著之篇，俾當時知所勸戒，而俟後人之論定焉。

拿這些議論與翁氏日記相對照，翁氏日記內所說的話，絕對不會是假的。陳先生說他作僞，請舉出一點證據。

原書第十篇，四六二頁七行內說：「朝臣之贊助變法者，有李端棻，徐致靖，張蔭桓，孫家鼐等。」

陳先生以爲孫家鼐是贊助變法的，我覺着不大妥當，因爲他明明在那裏阻撓變法。陳先生以爲他贊助變法，大概是對於他的言行沒有仔細考察的緣故。光緒二十四年六月甲辰孫家鼐奏籌辦大學堂摺內說：

諸家先聖先賢著書垂教，精粗大小，無所不包，學者各隨其天資之高下，以爲造詣之深淺，萬難強而同之。若以一人之私見，任意刪節，割裂經文，士論必多不服，蓋學問乃天下萬世之公理，必不可以一家之學，而範圍天下。昔宋王安石變法，創爲三經新義，頒行學官，卒以禍宋，南渡後旋即廢斥，至今學者猶詬病其書。可爲殷鑒。（東華續錄，光緒一四六）。

這種話是贊助變法，還是阻撓變法呢？我想看懂了這一段話的人都會知道。如嫌這說的不明顯，我們可再抄一段來看看。同年五月辛巳奏摺：

方今聖人在上，新進有爲。康有爲必欲以衰周之事，行之今時，竊恐以此爲教，人人存改制之心，人人謂素王可作，是學堂之設，本以教育人才，而轉以蠱惑民志，是導天下於亂也。履霜堅冰，臣竊懼之，一旦犯上作亂之人起於學堂之中，臣何能當此重咎。（東華續錄光緒一四五。）

請問這些話是贊助變法，是阻撓變法？我想陳先生不但沒有細讀原史料，恐怕連當時人論斷孫家鼐的書也沒有用心看。胡思敬戊戌履霜錄內說：

宋伯魯請改時務報爲官報，仍令梁啓超主其事，事下孫家鼐議，家鼐以啓超既任編譯，不過兼顧報館，力若康有爲主上海官報，欲因是擠而出之。詔如所請。……新法初起，鼐雖依違其間，心實不慊。（履霜錄卷一，頁十二）

這是說他贊助變法，還是說他阻撓變法？豈孫家鼐自己的話與當時人說的話不如陳先生之話可靠麼？

原書第十篇，四七四頁第一行「張之洞原傾向於變法，資助強學書局，著作勸學篇。」

這段話的意思，我想讀者都會明白，是說勸學篇是張之洞主張變法的代表作品。但沃丘仲子作近代名人小傳却說牠是張之洞自文其變法主張的著作。如他說：

「戊戌初，（張）偕陳寶箴主變法甚力，屢有論列，政變，乃著勸學篇以自文，君子譏之」

他說政變，張著勸學篇以自文，稍微與事實有點不符，因爲勸學篇實作於政變以前。但他說張作勸學篇是自文，却可以見出勸學篇之內容與性質。如我們對沃丘仲子的話不相信，可以再翻一翻清史稿的列傳，那上面說張之洞「先著勸學篇以見意，」故得免於罪禍。勸學篇是怎樣的一本書，不是很明顯的麼？如果對清史稿也不相信的話，那我可以再舉兩個更有力的證據。翼教叢編是搜集戊戌政變前反對變法議論的一本專書，那裏面也將張之洞的勸學篇列入，如果勸學篇是張之洞主張變法的代表作品，守舊派將牠列入翼教叢編，用意何在呢？張文襄公全集卷二二八弟子記內說：

戊戌春，僉壬伺隙，邪說遂張，乃著勸學篇上下卷以闢之。

這些話也不可靠麼？如果認爲此亦不足爲憑，那我們只好把勸學篇之內容抄一二段來看一看了。勸學篇序：

舊者不知通，新者不知本，不知通則無應敵制變之術，不知本則有菲薄名教之心。

這裏所說的新者，即是指的康梁。勸學內篇：

方今中華，誠非雄強，然凡百尙能自安其業者，由有朝廷之法以維繫之也。使民權之說一倡，愚民必喜，亂民必作，紀綱不行，大亂四起，倡此議者豈得獨安獨活。

請問這種議論是有害於變法，還是有利於變法？張之洞是一個兩面人，說他曾傾向變法，固無不可，但舉勸學篇爲例，却是絕不相宜。陳先生僅看到了勸學篇中有「知變」的字句，遂認爲牠是張的主張變法的代表作，那知牠正是張的反對變法的代表作呢？

原書第十篇四八〇頁第九行「乃袁世凱無勇敢之精神，猶預不決，更念榮祿之厚誼，遂叛新黨，而置國事不顧，二十日請訓回津，即往督署，以內情告於榮祿。

這一段批評袁世凱的話，與事實一點不符合，且正相反。凡是留意近代史的人，我想大多數都會知道袁世凱是一個膽大而決斷力很強的人，說他無勇敢精神，猶預不決，未免太寃枉人。他與榮祿固有厚誼，然譚嗣同待他亦不薄。戊戌履霜錄說：

世凱以臬司內擢侍郎，嗣同所密荐也，特推殿恩，自以爲緩急可恃。（卷二頁八至十）

榮祿之厚誼可念，譚嗣同之厚誼，就不可念麼？以厚誼來解釋袁世凱叛變的原因，未免有點淺之乎測袁世凱了。我們知道袁世凱是一主張立憲的人，贊助變法，不會不是出自他的本心，那末他爲什麼又叛變了呢？這當然不能隨便亂說，而需要史料來給我們證明。我找到履霜錄：

世凱許諾，請回天津，簡軍實，戒將士，先誘誅總督榮祿，疾驅入都，聽命闕下。嗣同領之，戒勿洩，世凱至天津，適聶士成以軍事上謁制府。士成淮北驍將，統武毅軍五千人，駐蘆台，非有急，不輕離營。世凱疑榮祿已覺其謀，北洋兵權盡萃督署，士成外，尙有董宋兩軍，勢不敵，遂叛有爲。（卷二頁八至十）

袁世凱之叛變，原來就是這末一回事。因爲他太會隨機應變，太會當機立斷，太會不顧私誼，所以他背叛了譚嗣同康有爲，而把密謀告訴了榮祿。陳先生說他「猶預不決」，何所據而云然。能審度輕重，不妄舉，就是不勇敢麼？

原書第十篇四八〇頁十一行：榮祿「及聞其謀，電告慈禧。」

陳先生這個「電告慈禧」的說法，不知是根據何書，不過我總覺着這個說法不大妥當。胡思敬說：

榮祿大懼，遣人變服冒蠻青，馳告奕劻，奕劻言於太后，（戊戌履霜錄卷二，頁十。）

我以爲這個說法比較可靠。因爲胡思敬是清末守舊諸臣中的一個，對於守舊派的秘密，總會比別人知道的清楚。慈禧外紀內說：

袁到津，榮祿即乘專車，於下午五點鐘後抵京，直入西苑。

這或須是傳聞之誤，但也可以間接證明天津曾派有人來而不是打的電報。

一篇裏便有這些可議論的地方，雖然是「六十萬言的鉅著」，然而，未免有點太不精細。這篇文字寫的匆忙，說話或須有太不客氣的地方，請陳先生原諒吧。

二十五，五，廿五日清華園。

校讐新義之命名

武·

杜定友著　中華書局發行

自來言目錄者衆矣，或附文集之中，或詳雜記之末；而能論其部次，辨其源委，勒爲成書，名一家言者，厥爲鄭樵之校讐略，章學誠之校讐通義而已！然此亦以主見太深，失之偏頗，未能善也。故杜定友先生毅然以此責自負，「取其成法，融會而貫通之。」（本書自序）著校讐新義十卷。其內容之豐富，立論之緊嚴，固無留喙餘地。而其命名之失檢，則又不能默然而息，用敢略陳其愚，惟君子察焉。

漢書藝文志序云：「每一書已，向輒條其篇目」蓋「向歆著錄，多以篇卷爲計，大約篇從竹簡，卷從縑素，因物定名，無他義也。而縑素爲書，後于竹簡，故周秦稱篇，入漢始有卷也。第彼時竹素並行，而名篇必有起訖，卷無起訖之稱，往往因篇以爲之卷，故漢志所著幾篇，即爲後世幾卷。」（文史通義篇卷篇）則目者即卷數也。「隋書經籍志七略別錄二十卷，漢劉向撰。七錄十二卷，梁阮孝緒撰。今考七錄序曰：昔劉向校書，輒爲一錄，論其指歸，辨其訛謬，隨竟奏上，皆載本書。時又別集衆錄，謂之別錄。又孝緒自言：總集衆家，更爲新錄。凡爲錄七，故名七錄。是錄者爲書籍解題之謂態。（隋書四部書目總錄纂例）則錄者即解題也。若無目則不明一書卷數之多寡，無錄則不知一書內容之精粗，目錄俱而後一書之表裏，無不明矣。至於校讐則異是。

呂氏春秋云：「晉師三豕涉河。子夏曰：非也，是己亥也。」至晉而問之，則果晉師己亥涉河也。」此校書之始，而名猶未立也。別錄云：「讐校一人讀書，校其上下，得繆誤爲校。一人持本，一人讀書，若怨家相對爲讐。」（文選李善魏都賦注引）此得名之始也。

故參訂字句之謂校讐，部次類別之謂目錄。大抵治目錄學者，或有事校讐，而事校讐者，不必即爲目錄學

巴黎敦煌殘卷敘

文選音殘卷　二八三三

敦煌本文選音殘卷，起任彥昇王文憲文集序之後半，（在文選原卷第二十三〇）訖于令升晉紀總論。（文選原卷第二十五〇）卷內出標題及原文一二字，而用直音或反切作音於下，絕不及字義，故知爲「文選音」也。考隋志有蕭該之選音三卷，唐藝文志有曹憲文選音十卷，許淹音十卷；而日本藤原佐世見在書目，除曹許二家音外，又有李善文選音義十卷，公孫羅音決十卷，惜今並佚不傳，不能據以考知此殘卷爲誰氏書也！

日本有古寫本文選集註殘帙，多存古注古音，羅振玉已爲印行。今存第九十三九十四兩卷，適當文選原卷之第二十四；蓋文選昭明太子原帙爲三十卷，李善注爲六十卷，古寫本集註爲百二十卷，此殘卷存昭明原帙第二十四卷全卷，在百二十卷本，適爲卷九十三至九十六也。持與集註所引音決相校，多不相同，則此殘卷非公孫羅音可知。王子淵聖主得賢臣頌：「清水淬其鋒」，集註引音決云：「曹七對反，蕭子妹反」，曹爲曹憲，蕭爲蕭該，此殘卷作「之對」「子妹」二反，與曹憲音不同，則又知非曹憲書矣。李善音間存選注，許淹音蓋已無存，而此殘卷所載「子妹」一音，適與音決所引蕭該音合。余雖僅得孤證，在未見許淹音以前，無寧假定此殘卷爲蕭該文選音也。

此卷殘存九十七行，民字治字不缺筆，而國字作圀，爲僞周所製新字，則寫於武后時可知也。七月三日

持誦金剛經靈驗功德記　二〇九四

金剛般若波羅蜜經持誦金剛經靈驗功德記一卷，並有翟奉達跋。金剛經跋云：「布衣

○劉咸炘目錄學弁言云：「所謂目錄學者，實在鄭章學術，考鏡源流，與西方所謂批評學者相當。其後任著錄者，不能具批評之能，并部次之法，亦漸失傳。至宋鄭樵，近世章學誠，乃明專家之說。」此目錄學家也。繆荃孫藝風藏書記云：「毛氏刻書，改換行欵，喜易古字，與本標一作於下。遇時參合各本，擇善而從。後來盧抱經孫淵如嚴守此派。陸敕先則據一宋本，雖誤描似，即訛字亦從一。縮宋本于今日所謂下眞跡一等者。後來黃蕘圃汪閬源嚴守此派。兩派一屬校讎，一屬賞鑒，均士林之寶也。」朱一新無邪堂答問曾文正論學，恒推秦氏通考，及高郵王氏之書，斯其所以爲文正也與！下注云：王氏以經學名，實即校讎之學。而無放言高論之失，漢學中較爲無弊。盧抱經顧千里亦校讎名家，間有武斷擅改者，未嘗足據，不及王氏之精審也。」此校讎學家也。

復有所謂校勘學者，按其性質，則與校讎學，異名而同實。說文云：「勘，校也。」則勘與校，原非二義，言勘言校，固無別也。玉篇云：「讎，對也。」一人爲獨，二人方可言對。故校勘與校讎，混言之，同爲廣集衆本，勘正羣籍之事。析言之，則別錄一人讀書，校其上下，得謬誤，爲校勘。一人持本，一人讀書，若怨家相對，爲校讎。其間相差，不能以寸。

目錄與校讎之別，已如上述。然二者時相互爲用，若古今典籍，訛文錯字之繁，更僕難數。嘗觀顧炎武日知錄云：「凡勘書，必用能讀書之人。偶見焦氏易林，舊刻有曰：環緒倚鉏。乃環堵之誤。註云：緒疑當作塡。並壇水刊，乃木刊之誤。注云：刊疑當作利，失之遠矣。幸其出于前人，雖不讀書，而猶遵守本文，不敢輒改。苟如近世之人，據臆改之，則文益晦，義益舛，而傳之後日，雖有善讀者，亦茫然無可尋求矣。然則今坊刻，不擇其人而委之讎勘，豈不爲大害乎!?」又觀王念孫讀書雜志，俞樾古書疑義舉例，古籍訛文錯簡，何其夥也！胡應麟四庫正譌，姚際恒古今僞書考，古書之託僞者，何其多也！幸有校讎家爲之考訂，區分眞贋，一切附會之言，莫不証定，古籍之僞託者，無所逃矣。廣集衆本，辨別乎一字之微，並推其致誤之由，古籍之訛文錯簡者，煥解冰釋矣。

于是目錄家得依其性質而分類，使學者可即類求書，因書究學，不致費無益之心思，易收會通之實效。若無校讎家之鑑別訂正，則眞僞不分，是非淆亂，目錄家將束手無策矣。

是以治目錄者，必先事校讎，此自古已然。漢書成帝紀：「河平三年秋八月，劉向校中秘書。」漢書藝文志：「詔光祿大夫劉向校經傳諸子詩賦，步兵校尉任宏校兵書，太史令尹咸校數術，侍醫李柱國校方技。每一書已，向輒條其篇目，撮其指意，錄而奏之。」由此以觀，則目錄學之起源，實以校讎爲權輿也。

然目錄學之起源，雖以校讎爲權輿，究各有專實，若混爲一談則誤矣。既不可以目錄學，並入校讎學，亦不必强校讎學，附庸目錄學。宋鄭樵不明此義，以專研部次羣籍之學，而名校讎略，清章學誠因之，爰著校讎通義，目錄學與校讎之學相淆。近人孫德謙撰劉向校讎學纂微，范希曾制校讎學定義。（范氏云：「校讎學者，治書之學也，比勘篇籍文字異同，而求其正，鈎稽作述指要，以見其凡，綜合羣書而明其類之學也。其事以校勘始，以分類終，明其體用，得其綜理，斯稱校讎學。」見史學雜誌）即文併目錄學爲校讎學之一部矣。

考本書目錄：

類例第一　四庫第二　經部第三　史部第四　子部第五　集部第六　編次第七　書目第八　藏書第九　校讎第十

再察其子目，（子目甚多，恕不備錄。）所言太半爲部次羣籍之學。力排舊說，獨申己見，立義之嚴，徵引之詳且盡，可謂無間然矣。以目錄名，實爲允當，而獨爲校讎者，其意何居？

本書共一百廿六頁，而言校讎者，僅居六頁，宜志其大而遺其細。茲則反是，捨其大而志其小，吾未見其可也。

本書自序云：「近來歐化東漸，圖書之學，成爲專門，取其成法，融會而貫通之，亦我國言校讎者之責也。」上冊第六頁云：「校讎之術，鄭樵最精。……後之言校讎者，以章學誠爲最詳。」上冊第六十頁云：「總之四部之法，經史子集，無一云通；緣于司校讎者，均不明類例之學乎？」其他各篇，亦多有校讎二字，而其義界，多于目錄相淆。是不明校讎與目錄之分乎？則又不然，本書下冊書目第八書目學論云：「吾國書目之刊行，爲數至夥，爲類至繁。自七略別錄而下，凡公私藏書目錄，無不流而爲目錄之學。治目錄學者，必言類例。言類例者，必曰學術源流。言學術源流者，必兼校讎。言校讎者，必及版本。言版本者，必及藏書。言藏書者，必及編目。于是書目學，目錄學，校讎學，版本學，圖書學，混而爲一，不復明其界限，別其用途，以至錯綜雜亂，不可言狀。」（其他尚有校讎第十正名論，文長不備錄）是又自投羅網，不可拯救矣。

鄭章諸人，既已乖舛萬分，難可糾詰，吾輩應爲匡救，力拯其敝，而可重蹈覆轍，以自取沾乎！

且下冊校讎第十正名論云：「子曰：名不正，則言不順；言不順，則事不成。是故研求學術，必也正名；名位正，而後條理別。古今學術之淆亂，中外名詞之抵觸，無不因名物不副而轉滋訛會。校讎之學，代有淵源，流義亦廣。」本書之命名，可謂正乎？可謂副其名物乎？如此，而欲古今學術之不淆亂，中外名詞之無抵觸，又烏乎可！

錄（三）

王重民

弟子翟奉達，依西川印出本內，抄得「分數」及「眞言」，於此經內添之，兼遺漏別也。」功德記跋云：「于唐天復八載，歲在戊辰四月九日，布衣翟奉達寫。」則經爲奉達據印本所校，記爲奉達所寫也。其刻本眞言，伯希和先生得一份，著錄在四五一五號。然爲天福十五年刻本（九四九）奉達所據乃天復八年以前（九〇八）刻於西川者。別詳拙作唐宋五代西川刻本考中。此功德記不署撰人，今已印入大正新修大藏經卷八十五。矢吹慶輝博士鳴沙餘韻解說頁八十七載之，然未加詳考。茲將書中所載靈驗事十八則，考之他書，有九則與初唐人撰述相同，蓋爲作於初唐或中唐之世。趙文昌事見法苑珠林卷七十九，（太平廣記卷百零二引珠林同。）遂州人事見珠林卷十八，（廣記卷百零二引珠林同。）此不出人姓名，而珠林作遂州人趙文信。畦彥通事見廣記卷百零二引報應記，廣記「畦」作「陸」，按晉書載記後燕慕容寶時有中書令畦邃，則廣記或是傳寫致誤。寶室寺僧法藏事見珠林卷十八引冥報記。荀居士事見珠林卷十八，廣記卷百零二，並引三寶感通記。王陁事見廣記卷百零三。崔善沖唐晏二事並見廣記卷百十二引報應記。竇氏事見珠林卷十八引冥報記。文辭事跡，並大致相同，與冥報報應二記，所同尤多。然則撰述時代，謂與唐臨相前後，當無大誤。又廣記卷百零五引廣異記有魏恂，而是書有魏昫，事雖相同，詞頗有異，所以然者，廣異記成書較晚，則此又可爲此書撰自中唐之一反證也。段成式有金剛經鳩異一卷，載入酉陽雜俎續編中，蓋即昉於是書，自茲以降，法華觀音等經，均有斯作，道徒效風，文昌陰騭諸文，亦有關響。溯其淵源，均當以是書爲濫觴也。四月二十二日

新書介紹

察哈爾省通志

[illegible]

……部分記述過詳，有如動物學。亦有應詳而不詳者。如政事編各門均極簡略。蒙古編亦然。至於可稱贊之處雖多，可以（一）注重民生及（二）注重近代二點括之，如山則記其高度，面積，土質，水泉，能否利用各點，川則記其長度，能否利用各點，井泉池沼則着重利用，堤壩，橋梁，溝渠，堡寨則均專列一門，物產着重利用，生產各點，村莊戶口表內詳記村中井數，井質，井深，水味，日出水量各點，都可以表示編者對於民生的重視。（總纂梁建章氏爲華北有名水利專家，與此不無關係。）至於注重近代一點，則隨處可見，不必細說了。（子）

× × × × ×

朝鮮金石考

葛城末治著　朝鮮京城本町大阪屋號書店發行　定價五圓

朝鮮金石總覽，對於治朝鮮金石者及讚研朝鮮史實者，給與莫大之便利，自不待言。吾等同常尊重日本故小田幹治郎氏之卓見與力行，但同時亦復念及葛城末治諸氏專心埋頭於其編纂刊行事業之功。金石總覽之續編即葛城氏以獨力出之也。今後數年或數十年間依賴金石總覽之處正多，則編纂者之苦心益爲世所知矣。

誠如葛城氏金石考序文所言，諸氏對於朝鮮金石文淵源頗久，且其研究歷程已長。以虛心之故，發表不多，而其孜孜不倦，故其所獲業績如此。曩曾揭其研究之一端於朝鮮史講座，學者受惠不淺，咸拭目待其完成也。

朝鮮金石考，因此之故，足代表其業績之大成，內容分概說篇，各說篇，研究篇。研究篇收錄已發表關於金石之論文，則各說篇之附篇或補充也。

概說篇之朝鮮金石學概說，曾揭於「青丘學叢」第十四號，然大加補訂，已屬完備。不特關於朝鮮金石，即就中國日本之金石研究言，能立如此有系統之說者，亦未及聞。「金石文之種類及名稱」，「金石文字之書體與系統」，「文體與其變遷」等文，俱爲氏之創見，且復對集字碑，女眞字滿洲字碑，吏讀，避諱與缺筆，建號等，一一言及，可謂集朝鮮金石文研究之大成者也。

「各說篇」題金石文選釋，蒐爲樂浪郡及三國時代，新羅統一時代，高麗時代，就百餘金石文，加以詳密詮釋。雖謂選釋，然主要金石網羅殆盡，恰及金石總覽卷上所收之半。其間曾發表於朝鮮史講座者不過四十四篇，大半爲新稿或秘藏篋中者。此「各說篇」爲本書之核心，其敍事詳釋極爲詳細，愼重之至，足窺著者之功力，各條下列學參考論著目錄，尤爲便利。

吾等認爲金石總覽之唯一遺憾，在於官務操之太急，不過一一參察原碑，不過蒐集大小精粗之拓本，加以審讀而已。此點與海東金石苑同，因而陷於同一誤謬者不少。葛城氏當編述本書之際，在可能中蒐集優良拓本，校對比勘，頗費苦心，補正金石總覽之不足者極多，其努力與熱心，堪爲驚嘆。然不幸未得機會親臨原碑加以參正，不得不爲著者惜也。此種大著，以氏之經驗與學識方可完成，後之來者無復加也。余兩三年前曾爲學生講金石志，就金石文一一讀解評釋，且調査其沿革，費力多而尚不達其志之半，未能努力到底，良用嘆息。以此所得經驗，對葛城氏大著益覺傾服，而知其苦心。茲聞該氏繼續致力於其餘金石文字之研究，竊願早日行於世。

「研究篇」大小十篇論文中，除「寶林寺毘盧舍那佛考」，「大興寺塔山寺鐘考」二篇外，其他俱發表於「朝鮮」，「青丘學叢」，「東洋學報」等誌，尤以「新羅葛文王考」，「由攝戲觀察古代日鮮關係」等爲學界推賞之論文，「新羅幢及幢竿考」，則爲小田先生頌壽記念論文集執筆之長篇著述。

茲有不能已於言者，爲著者對於黃草嶺新羅眞興王巡狩碑中大昌文字位置之考證（本書一四四——一四五頁）。冒頭題記大昌之大應較他行高一字之意見，當係以今西龍先生遺著「新羅史研究」中所收之碑文爲根據，然此實因余等校正之粗陋，對實際第一行高一字未加注意，不得不爲故今西先生申辯，以致葛城氏之非常疑慮，謹陳謝並加訂正於此。（藤田亮策著　祐譯）

新書簡訊

文季月刊創刊

巴金，靳以合編　上海良友圖書公司總經售　二十五年六月出版　全年定價三元六角。

民國二十二年，巴金，靳以諸位在荒漠寂寞的北平文藝界，創辦了一個巨型的文藝刊物——文學季刊在那樣經濟的人事的艱難中，他們撐持了兩年多。他們沒有什麼憑藉，祇是朋友與朋友間的可貴的熱情，維持了那個局面。後來，文學季刊停刊了，大家都爲它惋惜。現在這文季月刊的創刊，就是文學季刊的復活，不過改成每月出版罷了。本期目次甚繁，長篇有靳以等三篇，中篇有張天翼等三篇，短篇有葛琴等九篇，詩二篇，散文隨筆四篇，劇本一篇，論文一篇，譯文四篇，書評一篇，插圖六幅。雖然是月刊，而質與量都和以前的文學季刊一樣。（未）

× × ×

唐代社會概略

黃現璠著　民國二十五年三月出版　商務印書館印行　定價五角

此書無論是從形式上或從內容上看，只是一種附有解釋的唐代社會史料雜鈔，而不是稱爲唐代社會概略。因爲凡是稱爲概略的，多少總帶些通論的性質。此書的內容分配既不勻稱，體系又欠整齊。書中共分四章：第一章階級，第二章風俗，第三章借貸，第四章交通。前二章是在社會範圍以內的。後二章則應該屬於經濟方面。至於關係重要的家族制度，社團組織，社會病態等均未曾加以論列。即在已有論述的各門類之中亦缺掛一漏萬。例如第二章風俗之中有婚姻而無喪葬，有女子服裝，而無男子服裝，門第觀念討論極少，而唐人所極重視的「譜」竟付闕如。又書前無序例，讀者無從求知著者的意旨，亦屬遺憾。然而此書亦有一讀的價值。如第一章階級的篇幅佔全書百分之六十三而強，材料甚多，當此唐代的階級制度尚少被人注意的時候，以此爲較詳，分析亦較細密，除了分類稍有不妥外，頗足以資參考。書中取材，每有採取國內發表的論著，而不略加聲明，亦略欠忠厚。（于鶴年）

圖書副刊
BOOKMAN
第一百三十七期

宋刊大唐六典及通典（上）

玉井是博

一、大唐六典之纂修與頒行

關於大唐六典纂修之歷史，尤其纂修之年代，加藤繁博士「唐宋時代金銀之研究」分册第一第二章註中，已詳論之，謂：「六典纂述之年代，雖未明記，然據其他記錄，知爲開元十年着手纂修，至二十六七年頃始成。」其主要論證，蓋據韋述集賢記注佚文，及新唐書藝文志史部職官類六典條文。但新唐書之言，實亦不過隨意摘錄集賢記注之文而已。集賢記注一書，直齋書錄解題（卷六）及宋程大昌考古編（卷九）均作集賢記注，而舊唐書經籍志，新唐書藝文志，郡齋讀書志（卷七）直齋書錄解題（卷八）玉海（卷五一），則皆作集賢注記。當作集賢注記爲是。郡齋讀書志（卷六）著錄集賢注記二卷云：

右韋述撰。述在集賢四十年，天寶內中，摭院中故事修撰書史之次及孝明時學士各氏，頗著敘事。

是知此書爲玄宗天寶十五載集賢院學士韋述所撰。述爲參預六典撰修官之一，今本六典體裁，仿於周禮六官，蓋出於韋述之力也。（新唐書卷一三二韋述傳）。故集賢注記之言，最足可信。此書今已亡佚，惟書錄解題（卷六）職官類唐六典條引其佚文云：

開元十年，起居舍人陸堅，被旨修六典，上手寫白麻紙，凡六條，曰理教禮政刑事典，令以類從撰錄以進。張說以其事委徐堅，思之歷年，未知所適。又委毋煚，余欽韋述，始以令式入六司，象周禮六官之制，其沿革並入注，然用功艱難。其後張九齡又以委苑咸，二十六年奏草上，至今在書院，亦不行。

而新唐志唐六典條所據，當亦出於集賢注記：

開元十年，起居舍人陸堅被詔集賢院修六典，玄宗手寫六條，曰理典敎典禮典政典刑典事典。張說知院，委徐堅，經歲無規制，乃命毋煚余欽咸廙業孫季良，韋述參撰，始以令式，象周禮六官爲制，蕭嵩知院，加劉鄭蘭，蕭晟，盧若虛，張九齡知院，加陸善經。李林甫代九齡，加苑咸。二十六年書成。

此多可以補書錄解題引集賢注記之缺。

第一，纂修六典之總裁官，張說之後，有蕭嵩，張九齡之後有李林甫。陳振孫蓋隨意摘錄集賢注記，而誤遺蕭嵩李林甫二人。張說曾代元行冲爲麗正殿修書使（大唐六典卷九集賢院書院條），據舊唐書（卷百九十中）賀知章傳，此事在開元十年：

開元十年，兵部尚書張說爲麗正殿修書使。奏請知章及秘書員外監徐堅監察御史趙冬曦皆入書院，同撰六典及文纂等，累年書竟不就。

則張說爲麗正殿修書使時，亦嘗總裁六典之撰修。開元十三年四月，麗正殿修書院改稱集賢殿書院，以學士及直學士代修書使（舊唐書玄宗本紀）故張說爲最初之集賢院學士知院事，而徐堅副之（大唐六典卷九集賢殿書院）。則張說奉命改纂陸堅撰修之六典，當在開元十年至十三年之間。集賢院隸屬中書省，中書令爲集賢院學士者，則知院事，（大唐六典卷九集賢殿學士）。今據舊唐書玄宗本紀張說以下爲中書令者，列示於后：

開元十一年正月——十四年四月　張說
開元十四年四月——十七年六月（空位）
開元十七年六月——二十二年五月？　蕭嵩
開元二十二年五月——二十四年十一月　張九齡
開元二十四年十一月——？　李林甫

中書令得爲集賢院學士知院事，得爲六典纂修之總裁，故張說，蕭嵩，張九齡，李林甫爲六典總裁官之時次，可以無疑。

第二，書錄解題所引集賢注記之佚文，所舉六典撰修官，僅徐堅以下五人，新唐志則有徐堅，毋煚，余欽，咸廙業，孫季良，韋述，劉鄭蘭，蕭晟，盧若虛，陸善經，苑咸十一人。上據舊唐書賀知章傳，當補賀知章與趙冬曦二人。是六典撰修官共爲十三人。

六典之成書在於何年，書錄解題，玉海及考古編引集賢注記皆言在二十六年。今本六典，無開元二十六年之題記，惟見奏上者李林甫官銜。林甫爲兵部尚書在開元二十四年七月，同年十一月兼中書令，二十七年四月遷吏部尚書，仍兼中書令（舊唐書玄宗本紀），則開元二十六年，李林甫爲兵部尚書兼中書令者明，大唐六典每卷之首皆標「御撰」「集賢院學士兵部尚書兼中書令修國史上柱國開國公臣李林甫等奉勅注上」，與此正相符合。故六典奏上之年爲開元二十六年，殆無疑義。但於此尚有一異說，唐會要卷三十六修撰條云：

【開元】二十七年二月，中書令張九齡等，撰六典三十卷成，上之，百官稱賀。

然玉海卷五十一六典條引會要此文，則「七」作「六」，可知現行本二十七年二月，蓋爲二十六年二月傳寫之誤。惟此書尚有可疑之點。六典卷十著作局條「著作佐郎四人從六品上」，下注云「開元二十六年減置二人」，又「校書郎二人正九品上」，下注云「開元二十六年減置一人」。按舊唐書玄宗本紀，開元二十六年三月己巳朔「減秘書省校書正字官員」，則六典所記著作佐郎及校書郎之減員，恐爲二十六年三月之事。著作局固屬秘書省也。此層容當後考。

大唐六典本冠有玄宗御撰序，北宋曾鞏元豐類稿卷三十四乞賜唐六典狀云：

臣向在館閣，嘗見此書，其前有序，明皇自撰意。而其篇首皆曰御撰李林甫注。及近得此書不全本，其前所載序同，然其篇首不曰御撰，其第四十一篇則曰集賢院學士知院事中書令修國史上柱國始興縣開國子臣張等奉勅撰。蓋開元二十一年張九齡實任此官，然則此書或九齡等所爲歟？不敢以疑說定也。

曾鞏所見館閣本及不全本，皆有明皇自序，但不知何時此序始亡佚，今日吾人所見刊本，皆不載之。

大唐六典因何之故，久不頒行。仁井田陞氏「故唐律疏議製作年代考」（下）（東方學報東京第二册）已略言之。如玉海卷五十一引集賢注記云「至今在書院，亦不行用」，此語亦爲書錄解題及考古編所引用。據此，六典至天寶末年猶未頒行，仍藏集賢殿書院。而宋晁公武程大昌以爲集賢注記之言爲誤而論駁之，其實不然。晁氏云：

雖不能悉行於世，而諸司遵用，殆將過半，觀唐會要請事者往往援據以爲實，韋述以爲書雖成而竟不行，過矣。（郡齋讀書志卷七唐六典）

程大昌云：

然白樂天詩：陽城不進矮奴曰，城云臣按六典書，任土貢有不貢，無道州水土所生者，止有矮民無矮奴。吾君感悟璽書下，歲貢矮奴宜悉罷。即是陽城嘗援六典爲奏，得罷貢矮奴，豈是成而不用耶。桑維翰傳，晉天福五年，詔廢翰林學士。按唐六典歸其職於中書舍人，而端明殿與樞密院學士皆廢。則六典之書五代猶遵用之，不知韋述何以言不用也。（考古編卷九）

晁氏程氏皆以天寶末年以後之事，非難韋述集賢注記之語，其誤自不待言。但據二氏所舉之例，德宗憲宗時，六典固已頒行無疑，程氏引樂天詩雖不知其作詩年代，然樂天固貞元元和間人。晁氏雖謂觀唐會要，請事者往往援據以爲實。但據今所傳自永樂大典抄出之唐會要中援用六典之處，早見於德宗建中二年六月六日門下侍郎盧杞奏文，其次爲貞元二年勅文，又三年裴佶之奏，又四年勅文，又九年太常之奏，又十年勅文，皆曾引據六典。此後元和長慶太和會昌之勅奏，皆有援據六典之處。是則德宗建中二年之時，至少六典已見頒行矣。呂溫呂和叔文集卷五代鄭相公請刪定施行六典開元禮狀（四部叢刊本）有云：

玄宗承富庶之後，方暇論思，爰勅宰臣，將明睿旨，集儒賢於別殿，考古訓於秘文，以論材審官之法，作大唐六典三十卷，以道德齊禮之方，作開元新禮一百五十卷，網羅遺逸，芟剪奇邪，亘百代以旁通，立一王之定制，草奏三復，祗令宣示中外，星週六紀，未有明詔施行。（中略）臣請於常參官內，選學藝優深，理識通敏者三五人，就集賢院各諸異同，量加刪定。

文中所謂「星周六紀，未有明詔施行」，以上文論六典之[illegible]

元豐北宋本——紹興南宋本——正德明本——嘉靖明本……掃葉山房本……享保近衛本

三、紹興刊六典殘本與其價值

今日所見六典最古之刊本，以正德本最爲珍貴，然其中譌字不少，缺脫極多。掃葉山房本廣雅書局本及日本官板訛字尤多，且補正德本缺脫之處，往往不註明出處，貽誤學者，不堪卒讀，最爲惡劣。近衛家熙考訂本，博徵羣書，訂明本之譌誤，補其闕脫，積二十年之苦心而[illegible]

二、大唐六典之刻板

[illegible]

年劉序跋云：「予近得南宋紹興本唐六典三十卷，遺去序文，即朱竹垞太史跋語抄補卷首，俾好古者得以考證」，而不知此北平圖書館藏本，實正德本，所以誤爲宋刊者，大約因卷首王鏊序文缺佚之故。

余於昭和五年（民國十九年）遊學北平時，聞諸內藤（虎次郎）博士言，彼邦有六典宋刊殘本。入其地，即先訪國立歷史博物館，見其陳列室中展覽蝴蝶裝宋刊六典一本，始知其書之體裁。次得於北平傅增湘氏雙鑑樓觀其珍藏宋刊六典殘本，（雙鑑樓善本書目卷二著錄）據傅氏手校，知現存六典宋刊殘本之卷數，驗諸文集。殘卷所存者爲卷一至卷三第十葉，卷三第十二葉至同卷第二十二葉，第七至卷十一，卷十二至卷十五，卷二十八至卷三十，共計存十五卷，達全書三十卷之半。

宋刊殘本今分藏於四家，本同一部，不知因何分割。傅氏雙鑑樓本之行款，板框橫九寸九分，高六寸九分，左右雙線，半葉十行，一行大字多者二十字（稀者十九字或二十一字），小字雙行二十三字，白口本，原爲蝴蝶裝。卷三十末尾有紹興四年詹棫題記。雙鑑樓善本書目謂爲宋乾道刊殘本，實爲紹興刊殘本之誤。

此紹興刊殘本，板面已磨損，多難判讀。因而致正德本之誤讀或闕脫處頗多。例如卷一令史書令史條下，磨損殊甚，不可辨讀者十一二字，而正德本則闕五十八字，脫二十一字。

宋刊本之闕字，如卷二有四字，卷七有五字，皆未刻，誤字亦不少，其最甚者，如卷三「先從邊州爲定次從關內」之關字，誤作開「工商之家不得預於士」之工字誤爲二。「度其肥瘠寬狹以居其人」之度誤廣。「凡道士給田三十畝，女冠二十畝」之冠誤官。「國公若職事官二品四十頃郡公若職事官從二品。三十五頃」之三誤作五。「若襲爵者祖父未請地」之請誤爲諸。僅五葉之間，便有六字之誤。此蓋當時州學教授張希亮校正之疏漏也。

然紹興刊殘本價值之大，固不能因此瑕疵而掩。第一，正德本以下諸刊本之誤字，得此而校正之者不少。試舉一例，卷二「朝議大夫條下，宋本爲「漢官儀大夫以上得奉朝儀」，正德本以下諸本誤官爲班。司封員外郎條下之注，宋本「龍朔咸亨光宅神龍開元並隨曹改復」，正德本以下開元二字皆作間，即近衞家熙亦未能考訂，宋刊殘本始得訂正之。

第二，尤爲重要者。明本多數之闕字脫字，據宋刊殘本可得而補。如上舉卷一令史書令史條，明本闕字五十八，脫字二十一，其中近衞本補其闕字二十六，脫字十二，然十之三四皆不當，而宋刊本雖有十一二字不能辨讀，然大部分可補明本之闕脫。至掃葉山房本以下，則取通典（卷二十。）職官四尚書上之文補之，極爲武斷，且多不當，其中如「梁陳後魏北齊雖項品秩叁」下七字，明本闕，近衞本亦未補，掃葉山房本則採通典之文補「見卑冗文案繁屑」，而宋刊本則爲「又□失其革選已」，則掃葉本所補一無當也。此不過一例耳，其實每卷幾有之。

第三可特書者，明本卷三闕葉一，卷七脫葉一，據宋刊殘本可補之。卷三闕文，全部郎中員外郎條自「若雜綵十段則絲布二匹」下至「從三品三百六十石」之前，宋本卷三第二十一葉全部可補之，大抵王鏊所見內閣藏紹興本已闕此一葉矣，近衞本以舊唐志及通典之文所補，僅得其十之四五。掃葉以下諸本僅依舊唐志之文補之，而不明記出處，一無是處。宋本雖存此一葉，不幸板文磨損頗多，有二十五六字不能辨讀，然終可得補正德本以來之闕葉，誠屬可慶之事也。

卷七脫葉，屯田郎中員外郎條「凡天下諸」以下至小注「子右春坊各五頃」上，適亦與宋本卷七第十葉之文相當，蓋亦王鏊見於中秘之南宋本所原闕也。嘉靖本於「子右春坊」上補「七」字，以與大字「天下諸」相接，而掃葉本則復於「天下諸」下補「侯」字，爲

天下諸侯（七子右春坊各五頃）云云

近衞本始指摘其必有脫文，而以舊唐志及通典之文補之，十得四五。今有此宋本一葉爲之訂正，此闕文遂成全璧矣，宋刊殘本價值之大，不言可知矣。

紹興刊殘本共十五卷，若以之與通行本校其異同，而作一校勘記，是則有待他日也。（未完）

譯者按：前代官制，史多著錄，然其書恒不傳。南唐書徐鍇傳稱，後主得齊職儀，其書罕觀，惟鍇知之，今亦無舉其名者。世所稱述周官外，惟唐六典最古，顧其書繁重，鮮爲人所傳觀。宋神宗元豐變法，官制全祖是書。范祖禹唐鑑雖病其官多重複，殆有所爲而云然。此書歷來傳刻甚少，即清代二種刻本，近亦不易得，明本更無論矣。日本近衞與天保官板二種刻本，亦殊罕覯，去歲京都帝國大學文學部重印近衞本，始稍稍易求。國內出版家倘有能將宋刊殘本與正德本近衞本合校，著其異同，重刊以行世，使此一代典章不致久而放失，誠莫大功德也。

本文作者玉井是博君爲京城帝國大學助教授，篤留意於隋唐之中古史。文中引證，大抵已見於前人之說，惟考訂六典本之源流，多清晰可取。至論六典無進覽月與顧著之人則稍覺言之未詳。據大唐新語卷一錄唐會要以爲此書係九齡所上，而李林甫所注，蓋九齡以開元二十三年（當作二十四年）罷中書令，林甫代之，則注成而上，或在二十七年，而書之進御，當在二十四年。朱彝尊曝書亭集卷二十四唐六典跋據劉氏之說，謂「徐學所當考正，去小人之銜名，而特書文獻所上，可也」。其實六典自始至終既屬蕭嵩修而後，張說構撰皆嘗爲中書令知集賢院事，總修六典，九齡繼張說之後，林甫又繼九齡之後，而書適成於林甫知院之時，若爲九齡不平，則於張說蕭嵩又何說也。宋陳振孫南宋館閣錄卷四，載書局有總修不總進，總進不總修之例，張說九齡等皆所謂總修不總進者，固「因君子小人而有好惡之分也。此猶晉天福間劉昫監修舊唐書，至開運時書成上之，而首列劉昫之名，蓋昫爲相時，總書適修纂，遂由昫表上，其實非昫私修，故歐陽二史劉昫傳，俱不載其有功於唐書之處，但書其官銜監修國史而已。

本文載（支那學）第七卷第二號，分上下二篇，本期所譯爲上篇，專論唐六典。下篇專論通典，載該誌第七卷三號。文中第三節論紹興刊六典殘本，謂：（宋刊殘本，今分藏於四家，本同一部，不知因何分割），所謂「四家」，原文未明言，或有所諱，據所聞，大約即雙鑑樓傅氏，木齋李氏，歷史博物館，內閣大庫四處，此四處之物，不知何日可以延津劍合，影印行世，嘉惠士林，又文中引零古編載白樂天詩，斷句屢屢錯誤，且有誤植，今爲改正。彼邦人士讀漢籍，每不善於點讀，此蓋一例也。

蘇瑩輝譯記

新書介紹

段王學五種

劉盼遂編著　二十五年五月北平來薰閣印行

清代學術，以考證學最能代表其精神，自惠棟戴震以下，迄於乾嘉諸大師，蔚然成爲宗派，一反宋元以來空疏談理之學。然惠氏一派，王引之嘗曰：「惠定宇先生考古雖勤，而識不高，心不細，見異於今者則從之，大都不論是非」，故以博聞強記，尊古守漢儒家法爲究竟。戴氏之學所以異於惠氏者，惠僅淹博，而戴則主識斷精審，上溯古義，而斷以已之律令，實事求是，不主一家。無稽不信，不信必反復參證而後即安，故不泥於今古，淹博而不泛濫，最能專精。

戴門之後，名家輩出，而最能光大其業者，莫如金壇段玉裁，高郵王念孫及念孫子引之，故世稱戴段二王焉。段氏所著書，最著者說文解字註，六書音韻表。念孫所著書，最著者讀書雜志，廣雅疏證。引之之書最著者曰經義述聞，經傳釋詞。而皆以小學爲學問之本，引之曰：「吾之學于百家未窺，獨治經，吾治經於大道不敢承，獨好小學。夫三代之語言與今之語言如燕越之相語也，吾治小學吾爲之舌人焉。其大歸曰用小學說經，用小學校經而已矣」。（本書高郵王氏父子年譜葉三十五）。故汪容甫論次當代通儒姓氏僅八人，而王氏有二。顧千里謂近代通儒經微君經學，錢少詹史學，汪明經文章，高郵王氏父子小學，天下五人而已。

劉氏此「段王學五種」，一爲經韵樓文集補編二卷，王石臞文集補編一卷，王伯申文集補編二卷，段氏年譜一卷，王氏父子年譜一卷，段氏年譜曾刊於清華學校，王氏父子年譜曾刊於女師大學術季刊，今較原訂之譜，其文字約增三分之一。劉氏浸淫於段王之學有年，質而不華，頗有乾嘉諸老之遺風。此書所收近人所藏段王佚文遺墨雖不多，而其搜羅綴輯之勤，亦可見也。按高郵王氏父子年譜，今世所行，尚有民國十六年閔爾昌氏之作，皆可並存，惟閔氏譜之所謂其書「較繁瑣」者，今則後來居上也。（齡）

× × × ×

太平天國叢書第一集

蕭一山編輯　廿五年三月國立編譯館出版　商務印書館發行　十冊定價四元五角

太平天國一代，擁有中國版圖之半，爲時十四載，標反清復明之旗幟，行公田平等之制度，實爲種族社會兩大革命之首創。迨至滅亡，清室猶深惡而痛絕之，務使其思想學說滅跡於人間；而一般士大夫階級，則以其崇拜邪教，貶損孔道，故亦少同情之者，加以禁忌森嚴，其文獻流傳於今，日益稀少。當時雖有官方紀載，如賊情彙纂，李秀成供狀，平定粵匪紀略，欽定剿平粵匪方略等，但以多方捨曲事實，竄改原文，今日讀之，頗難得其眞象。民國以來，清廷文字之禁開，史學之研究，較前進步，此一代史料，始稍稍爲之整理，其中爲外國所保存者不少，蓋其時同教異域之士，爲之蒐拾零編，保存彼都，故得賴以弗墜也。如民國十五年劉復先生印行之太平天國有趣文件十六種及同年程演生先生自巴黎國立東方語言學校圖書館錄得而編印行世之太平天國史料第一集，與蕭一山先生得自倫敦而編輯之近代秘密社會史料（二十四年七月出版，其中雖多收天地會之文件，而天地會實太平天國之前身），太平天國詔諭等。在我國發現者，則有二十二年故宮博物院影印之太平天國文書，北平圖書館影印之太平天國史料等。此外如日人稻葉君山氏，內藤虎氏等亦曾見倫敦所藏之太平天國文獻，或著書徵引，或爲文論述。至於西方人士之著述關於太平天國者如瑞典韓文山著之太平天國起義記，英國林德力所著之太平天國外紀等，亦可以爲研究太平天國歷史者之一助也。

以上種種，或爲零篇斷簡，或爲個人著述，惟此書包羅最多，材料極可珍貴，其中如：一，准旨頒行詔書總目共二十九部，而此書已有其中二十部，佔三分之二以上。二，關於太平天國中重要制度之文獻，如太平禮制，太平軍目，太平條規，太平天國癸好三年新曆，太平天國辛酉十一年新曆，天朝田畝制度，行軍總要，欽定士階條例等均在其中，由此等文獻可窺知太平天國之軍事政治經濟禮俗各方面。三，太平天國最重要設施之一即爲田畝制度，其天朝田畝制度一書雖前爲程演生君編入史料第一輯，惟其書爲排印，而此書則爲太平天國癸好三年新鐫之影印本，其能現示原史料之價值，固勝一籌也。此外本書尚有影印原書全文或影印原書封頁者，均足予治史者以無限之愉快。聞其第二輯即將問世，吾人拭目以待之可也。（向仲）

新書簡訊

顧鼎梅　金石叢著

出版處杭州新市場龍翔橋金佳石好樓。

會稽顧燮光氏字鼎梅。民初，應河北道尹范君鼎卿之聘，編纂河朔古蹟志，乃遍歷河北道區，窮搜遠討，大啓秘藏。范君解組，乃息影西湖，從事著述。先後印行關於河洛金石各書多種茲並爲介紹，以供學人搜訪。

一、漢劉熊碑考二卷

漢酸棗令劉熊碑，爲漢碑中逸品，昔負重名，隸釋曾著錄全文。自北宋後，原石久佚，拓本稀如星鳳，巢東卿翁覃溪巴俊堂趙之謙吳紫龕，皆有詳細考證。並雙鉤製圖，排列行式，惟散在各書，稽討頗難，顧君一一集錄。又附以在延津學宮所訪得殘碑陰一方，存字數十，附於篇末，亦前人所未有也。

二、夢碧簃石言六卷

顧君講金石，喜蒐集衆說，而取其長，不輕下斷語。是書六卷，計分碑刻，墓志，造象，法帖，區域，人物，著作，各類。採輯衆說，著爲此書，專言石刻佚聞瑣事，雋永有味，足與語石相頡頏。繆筱珊稱爲金石學中幽棲派，信不誣矣。惟金石一道，日新月異，該書所載，與現今又復少異。聞顧君擬作續集，甚願早日出版，以惠士林。

三、河朔新碑目三卷

顧君訪碑河朔，所搜得碑刻，自漢迄元，計七百餘種。彙錄成河朔新碑目三卷；每種皆詳記其時代區域於下，俾便省覽。卷末附古物調查表發誤一卷。此書係就河朔古蹟志，採要編輯而成，故特詳明，古物調查表，係民國初年，內務部通飭各省調查所屬古物，分類列表，意至善也，乃主其事者，未必皆好金石，多假手胥吏，任意塡鈔，訛脫滋多。顧君嘗訓金石之業，非實踐不爲功。河北一區各縣，當時所列之表，竟舛誤若此，則他處可想而知。

四、古誌彙目六卷。

此書薈萃各金石書百餘種，凡關於墓誌者，皆摘錄，按時代編次，並注藏石處所。自漢迄元，計得三千餘種。世之考家墓遺文者。得此足爲索引之一助。

五、古誌新目初編四卷

民國以來，發掘之風日盛，洛渠各地，發見墓志，層出不窮，此書據拓本著錄。自丙辰至辛未計一千餘種。然壬申以後，芒洛冢墓遺文，出土日衆。二編之續，或可坐待。此書既載各誌出土年月，復註明藏石處所，至爲詳明，與古誌彙目，均可供研究墓志者之參考也。

六、兩浙金石別錄二卷。

此書據趙氏竹崦盦金石目，孫氏寰宇訪碑錄，趙氏續寰宇訪碑錄，吳氏攈古錄，凡關於浙人所藏金石拓本，皆摘錄之，彙集而成。名別錄者，實所記各種金石，皆爲浙人所藏，然非浙中物也。此書所載各種，今已大半佚失，古物日見淪亡，至可感歎也。

七、虔州石刻記一卷

虔州爲江西省名郡。作者年少，隨宦萍鄉，春秋佳日，乃携行縢，爲探幽之舉。若萍鄉楊岐山之唐乘廣禪師碑及甄叔塔銘，虔州府署各宋碑鐘山峽宋孫俊題名及化成巖各宋元人題名，遍拓無遺。其中多前人所未著錄者。

八、河朔訪古新錄十四卷　附河朔金石目六卷待訪目一卷

河朔爲彰德懷慶衞輝舊三府區域，殷商北齊之舊都，夙爲金石淵藪，豐碑巨碣，所在多有。據孫氏訪碑錄，吳氏攈古錄，黃氏中州金石考，繆氏藝風堂金石字目，參合採錄，已逾七百餘種。民國三年，顧君編纂河朔古蹟志，乃深入太行，鑿幽剔蘚，搜採錐拓，八年之久。續訪得古人未著錄碑刻至七百餘種，卒成河朔古蹟志八十卷，古物圖象二卷，河朔金石目十卷，河朔金石待訪錄二卷，改名爲河朔訪古新錄。分縣分區，著錄極爲詳明。

九、河朔訪古隨筆二卷

作者訪古河朔，著錄石刻，已俱載河朔古蹟志。復將古蹟志所未能羅列者，拾其餘審，編次而成此書，佚聞瑣事，足資考證。惜書中顧延津安陽兩縣，未爲全豹，願顧君廣續補入，勿使散佚。

以上爲顧君所纂輯之書，尚撰有義籃叢佚齋文集。顧君討論金石文字大半在斯，其古代石刻，爲顧君所訪得者，則有漢劉熊碑陰，晉振威將軍鄯林太守趙君墓闕，晉齊太公呂望表碑陰，魏武猛從事五百人大造像，韓山峽宋孫俊題名，等石皆爲昔人所罕見，而皆爲瓌寶者。顧君訪碑之勤，堪與黃小松之尋碑嵩洛，相頡頏也。（吳兆璜）

出版消息

開明書店刊印「清名家詞」

塡詞始於李唐，盛於南宋，下逮元明，雜劇代興，而詞學寖衰。清代三百年間，學問之業絕盛，經史辭章，遠邁前古，詞亦勃然中興，風尚所趨，浸成流變。然兩宋金元之詞，已有毛氏汲古閣刊行於前，四印齋彊邨雙照復再校輯於後，而清操兩宋之墜緒，蔚成大國，獨無彙刻之者。四庫全書網羅搜訪，可謂至博，而當代詞集，僅收曹貞吉一家，存目亦僅七人。至於單卷孤帙，流傳不廣，即藏書家亦罕著錄，年深代遠，久而易散，理所然也。蠡時朱彊村嘗欲甄錄清人詞爲百家詞選，因循未就，而黃峯紓等亦嘗爲清詞之選。以卷帙紛繁，殺青有待。今海寧陳君乃乾復有彙刊「清名家詞」之舉，由開明書店印行，綿典雅之墜緒，嘉惠詞林，誠盛事也。今錄其編輯之例如左：

一、清代詞人，數以千計；茲先印百家，俟續有搜羅，再印二集。

一、茲編所採，皆詞集之有成書者。若僅見選本，或詩集後附刻數闋，並無別集單行者，雖佳弗錄。

一、明代遺民，眷懷故國，使與新朝顯宦並列，有違作者本意，如王夫之屈大均輩，概從割愛。

一、一人之集，每有數刻，篇幅多寡，或不相侔，今取以互勘，俾成足本。如吳偉業詞，以本集及家藏稿本孫默刻本合校。龔鼎孳詞以本集及香嚴齋三十二芙蓉詞合校。納蘭性德以通志堂本顧貞觀輯本袁氏汪氏許氏諸刻本合校。惟晚年自定者，則採定本。如王鵬運用半塘定稿，朱古微用彊村語業。

一、圈點符號凡三，○爲韻，・爲句，、爲讀。共有句讀不合律處，則隨文句讀。

是書現已售預約，本年八月十五日截止。預約價五元六角云。

圖書副刊

BOOKMAN　第一百三十八期

一、本刊登載關於中外圖書之介紹批評以及學術界消息，爲公開性質歡迎投稿
二、刊登本刊之文略致薄酬
三、投稿通訊可寄「北平文津街國立北平圖書館內圖書副刊編輯收」

宋刊大唐六典及通典（下）

玉井是博

四、通典之撰述與流傳

通典通行本亦與六典同，皆未記載其撰述之年次，自宜有探究之必要。通典成書之年，有以下三說：（一）貞元十年說，（二）貞元十七年說，（三）貞元十九年說。今依次論列之。

第一，貞元十年說之根據，爲杜佑進通典表與玉海引中興館目。杜佑進通典表，今通行本已闕佚，而鐵琴銅劍樓，雙鑑樓，宮內省所藏宋刊本，則卷首皆有之。此表末云「貞元十年月日表上」。王應麟玉海（卷五十一）唐通典條：

貞元十年表上（中興館目云通典貞元十年撰以事分類）

按中興館目蓋指南宋孝宗淳熙五年所上之中興館閣書目三十卷（直齋書錄解題卷八目錄類）。

第二，貞元十七年說，見舊唐書德宗本紀及杜佑傳，德宗本紀貞元十七年十月庚戌條云：

淮南節度使杜祐(佑)進通典，凡九門，共二百卷。

杜佑傳云：

書成二百卷，號曰通典。貞元十七年，自淮南使人詣闕獻之。

王應麟玉海（卷五十一）：

舊紀，貞元十七年十月庚戌，淮南節度使杜佑進通典，凡九門，二百卷。

此當據上舉舊唐書德宗本紀之文所引。

第三，貞元十九年說，見唐會要（卷三十六）修撰條：

（貞元）十九年二月，淮南節度使杜佑撰通典二百卷，上之，其書凡九門。

玉海（卷五十一）引會要之文，亦與此同。

以上三說，究以何說爲可採？第三貞元十九年二月之說，蓋誤以杜佑節約通典而成理道要訣十卷表上之年月爲通典撰上之年月，內藤(虎次郎)博士撰策一道（載狩野教授還曆紀念支那學論叢）中已辨其誤。內藤氏更以爲第一貞元十年之說亦非，而採第二貞元十七年之說，其論斷之理由，雖未明記，然通典卷首唐李翰序云：

淮南元戎之佐，曰尚書主客郎京兆杜公君卿，雅有遠度，志於邦典，篤學好古，生而知之。以大曆之初，實纂斯典，累年而成。

可知通典之起稿當在大曆元年（公元七六六），更檢杜佑進通典表（表文亦見舊唐書杜佑傳及全唐文卷四百七十七，惟字句略有異同）：

自頃纂修，年涉三紀，識寡思拙，心味詞蕪，圖籍實多，事目非少。將謂功畢，有愧乖疎，固不足發揮大猷，但微臣竭愚盡慮，凡二百卷。（留眞譜第四影印宋本通典）。

是通典起稿以來，經三紀三十六年成而表上之，蓋自大曆元年起稿經三十六年正貞元十七年（公元八〇一）也。此事王鳴盛十七史商榷（卷九十）杜佑作通典條已詳論之，最爲有力，余當隨貞元十七年通典成書表上之說。

通典所冠唐左補闕李翰之序，王氏十七史商榷以爲係初稿之序。其序有云「淮南元戎之佐曰尚書主客郎京兆杜公君卿」，所謂淮南元戎即淮南節度使韋元甫也，主客員外郎，據舊唐書杜佑傳蓋即檢校官，爲韋元甫所奏署者也，王氏謂其時杜佑尚在元甫幕下。若然，則李翰序當在韋元甫在淮南節度使之職時所作。檢舊唐書代宗本紀，韋元甫被任淮南節度使在大曆三年閏六月庚申，六年八月乙卯卒於官。舊書韋元甫傳亦云「在揚州三年，政尙不擾，事亦粗理，大曆六年八月以疾卒於位」。是通典初稿之脫稿，蓋在大曆三年至六年間也。自大曆初年起稿，逼逦亙六年之久，故李翰謂「累年而成」也。

李翰序中，明刊大字本殿本皆僅謂「凡有八門，號曰通典」，而不記其卷數，雙鑑樓藏北宋本記之，謂「凡有八門，勒成二百卷，號曰通典」，玉海（卷五十一）唐通典條所引與此同，蓋明本殿本脫「勒成二百卷」五字也。據此，通典一書八門二百卷，體裁具備，起稿以來，六年之間而成二百卷之鉅著，誠共驚歎。王鳴盛於此頗有微詞：

九門中禮居其一。禮共一百卷，自四十一卷起，至一百五卷止，既已應叙吉嘉賓軍凶五禮矣，而於一百六卷以下至一百四十卷共三十五卷，俱撮取大唐開元禮之文，鈔謄入之，仍以吉嘉賓軍凶爲次，何其繁複乎。既以劉秩書爲藍本，乃自序中隻字不及，復襲取官書，攘爲己有，以佑之事力，撰集非難，而又取之他人者若是之多，則此書之成，亦可云易也。

王氏之言，蓋極貶毀之意。

李翰序謂「上自黃帝至於有唐天寶之末。」杜佑自序末尾小注亦云「本初纂錄，止於天寶之末，其有要須議論者，亦便及以後之事。」是通典初稿蓋迄於天寶末而止筆，然現行通典所記天寶以後之事不少，當爲初稿以後所補入。天寶以後之記事，多補以夾註，但初稿以後補筆，不加於本文，而附加於夾註。本文中屢見天寶以後之記事，其天寶後之年號見於本文者，有至德乾元上元寶應廣德永泰大曆建中貞元，是天寶後迄於貞元之年號悉有之，貞元最後之記事爲：

貞元十二年二月，御撰廣利方五卷，頒天下。（下略）（卷三十三職官十五州郡下醫博士）。

然則初稿以後之補筆，所加者迄於何年？如上舉貞元十二年二月之記事，見於本文中，而注文中亦見之，如：

貞元十三年勅，郊壇時祭燔柴瘞埋，並依天寶十三年例，自今以後，攝祭南郊。（下略）（卷四十三禮三吉二郊天下）

此雖爲貞元十七年進書以前所補，然通典成書以後，似亦曾多少有所增補，如卷一百八十四州郡十四：

嶲州（今理永定縣）秦屬象郡，大唐置淳州，天寶元年改爲永定郡，乾元元年復爲淳州，永貞元年改爲嶲州，領縣三，定定，武羅，靈竹。

永貞元年去貞元十七年四年，此明爲進書後所加之筆。又卷一百八十四州郡十四峯州下列嵩山（舊唐志同，新唐志作高山）珠綠二縣，據新唐書地理志此二縣下各注「元和後置，」此亦當爲進書後之補筆。然此增補之筆，果爲杜佑所自施，抑爲後人所攙改，不得而知也。惟現行通典明爲後人所改竄者固有之，如卷一百七十八州郡：

鎭州（今理眞定縣）（中略）漢高帝置恒山郡，後避文帝諱，改曰常山郡，亦屬眞定國後漢屬常山國，晉復爲常山郡，後魏因之，後周置恒州，領常山郡，隋初廢，煬帝初州廢，復置常山郡。大唐乾元【元】年復爲恒州，或爲常山郡，天寶十五載改爲平山郡。元和十五年改爲鎭州，領縣九。

據舊唐書憲宗本紀杜佑傳及權德輿杜公墓誌銘（權載之文集卷二十二），杜佑卒於元和七年十一月辛未，則何以元和十五年改鎭州之事得以記入，是明爲後人所增加。舊唐書地理志鎭州條云：

天寶元年改爲常山郡，乾元元年復爲恒州，興元元年升爲都督府。元和十五年改爲鎭州。

又新唐書地理志鎭州常山郡條：

天寶元年更郡名，十五載曰平山，尋復爲恒山，元和十五年避穆宗名更。

自通典州郡門之體例推之，此文大唐以下「大唐爲恒州或爲常山郡」，必係他人從舊唐志取「乾元【元】年復」數字挿入於「大唐」句下，又採新唐志「天寶十五載改爲平山郡」之句加入，而復以舊唐志「元和十五年改爲鎭州」之文附於後。且將乾元元年置於前，反將天寶十五載改置於後，體裁乖亂，足見改竄之跡。北宋本旣已如此，則必爲北宋人所爲。再者，宋本及明刻大字本，屢見稱咸通年號者，咸通爲懿宗年號，杜佑自所不知，似爲後人所增補，惟此係杜佑避肅宗之諱，而將肅宗年號咸亨改爲咸通者，故殿本咸通悉改爲咸亨矣。

欲尋初稿以後增補之跡，則通典州郡門爲最適宜之資料。蓋唐代地名常有改稱，州郡門中所載地名爲初稿以後所補訂者，其所以補訂之故，可得而知也。如武德元年五月，改郡爲州，玄宗天寶元年二月復改州爲郡，然至肅宗乾元元年又改郡而復爲州。於是地名又大加更改。故州郡門中，天寶元年所改正者，固可知之，而天寶後所改正者，亦屢屢有之，於是知天寶元年所改正之部分爲初稿之筆，天寶元年以後所改正者爲後來所增補，自無差誤。但天寶元年所改正者，或記或不記，體裁亦不一致。例如新唐書地理志隴右道條臨州狄道郡下「天寶三載析金城郡之狄道縣」（舊唐志卷四十同），而通典（卷一七四）將狄道縣置於蘭州金城郡下，而不別立狄道郡。是以一則於天寶三載所改正者並不爲之補記，一則如上所舉自至德乾元寶應大曆永貞更下至元和所改正者，則又記之。此其故蓋由全書屬稿至完成之時，經三十年左右之歲月，其間隨時追記或改正，每不一致也。

通典一書大爲當時人所稱讚，流行甚廣。杜佑爲淮南節度使時，劉禹錫在其幕下，其許州文宣王新廟碑（四部叢刊本劉夢得文集卷二十九）有云：

故丞相岐國公之孫。岐公弼諧三帝，嘗著書二百餘篇，言禮樂刑政古今損益，統名曰通典，藏在石室，副行人間。

又權德輿杜公淮南遺愛碑銘（權載之文集卷十一）云：

文博極書術，詳觀古今，詳王體，斷國論，其言有章，聽者皆悚，作爲通典，以究理道，上下數千百年間，損益討論而折衷之，佐王之業盡在是矣。

又同書（卷二十二）杜公墓誌銘亦云：

至若閱天下之義理，究先王之法志，著通典二百篇，辨章閎識，錯綜今古，經代立言之旨備焉。

而符載淮南節度使檢校公杜佑寫眞讚（全唐文卷六九〇）稱述尤甚：

公之爲學也，冠冕六籍，衣裳羣史，服屨百氏，每讀書，取其實而不取其華。深研著述，號爲通典，大抵自閎闕旁行，至乎歷代，有兵食財賦職官禮樂，交關於當世者，莫不摘拾其英華，滌濯其膏澤，截煩以爲約，裁疏以就密。其有覽之者，如熱得濯，如饑得食，五車萬卷，盡爲冗廢，得不謂立言盛範歟。

雖放辭稱讚，要非過言。斷後通典之價值，與時俱增。其刻本歷宋元明清，代有刊刻，流行之廣，與六典大異其趣。

五、江安傅氏校宋本通典

通典之北宋本，世所知者有三，一爲鐵琴銅劍樓本，一爲雙鑑樓本，一爲宮內省圖書寮本。惟宮內省本有謂爲高麗覆刻本（古文舊書考卷四）者，今姑從北宋本之說。雙鑑樓本，聞今歸東京田中慶太郎處，雙鑑樓藏書目（卷二）著錄：

通典一百七十三卷。

北宋本，十四行二十六七字，白口雙闌，有薛玄卿印晉府印。缺三十六至四十，一百四十六至一百五十，一百八十四至二百，共二十七卷。

據余於北平傅增湘氏許所見雙鑑樓本，亦如鐵琴銅劍樓本及圖書寮本，半葉十五行，書目誤爲十四行，又記所缺卷數亦誤。傅氏以北宋本對校明本，査其所缺卷數爲：

三十六至四十，一百四十七至百五十，一百五十六至一百六十，一百八十四至一百九十二，一百九十六至二百，共二十八卷。

據此宋本以考訂通行本之譌誤，今尙無其人，良以卷帙浩繁故也。然傅增湘氏以前後亘九年之努力，成就此校勘事業，洵爲學界之盛事。其苦心孤詣，可見於傅氏校宋本通典跋（圖書館學季刊第三卷第一二期合刊本，民國十八年出版）：

庚申夏南游，獲北宋本通典於寶應劉家，凡二十八冊，爲卷一百四十，半葉十四(五)行，行二十六字，蝶裝古式，每葉紙背鈐進齋白文鼎式小印。收藏有元人薛玄卿明代晉府各印，嗣得(?)宋刊殘本，行款同前。凡七冊，爲卷三十三，先後共得一百七十三卷，視海虞瞿氏日本圖書寮所庋，卷帙爲多，意世間宋刊本無過此者矣。爰取明刻大字本對讀，自庚申歲展卷，至甲子祇畢十卷而輟。丁卯入秋，人事稀簡，乃發憤從事，自仲秋以至歲暮，程功殆已過半。今夏猝遭淩夫人之戚，意緒摧傷，無以遣日，乃銓志復理丹鉛，起自六月之杪，訖於冬月初，於是全書一百七十五（三）卷，乃得蕆功。溯庚申迄於茲，時閱九年，時事之變遷劇矣，外而朝政之翻復，內而家族之喪亡，所歷驚心怵魄勞神摧志之境，殆非人世所堪，而余一身獨處其間，寧孳卷帙，傳徙山林，幸得粗完此願。日盡一二卷，多至五六卷，少或數十得一卷。（下略）

昭和五年（民國十九年）余留滯北平，請於傅氏，過錄其手校本，慨然見許。所幸對校之底本亦爲同種之明本，事遂錄其校語，僅以二旬之力，遂完全藏事。

此校勘底本爲明刻大字本，例有序跋，然其載有明方獻夫之序似不多觀。葉德輝郎園讀書志（卷四）著錄云：

通典二百卷目錄一卷（明嘉靖戊戌方獻夫序刻本）

唐杜佑通典並目錄二百一卷，明嘉靖戊戌巡按廣東御史王德溢提學僉事吳鵬刊行，方獻夫爲之序。每半葉十行，行二十三字，白口本，版心上刻門類，黑魚尾下書名，下刻刻工姓名。（中略）即此本之可貴，一在留本書原式，一在校刻無訛誤。宋本既不易見，當以此爲第一善本矣。余從子定侯藏一本同，但爲白綿紙印者，此則黃繭紙印，前有稽古館圖書五字朱文篆書方印，似是日本人圖書，蓋曾流入海外復歸本土者。前序文已失，據定侯藏本，知爲此本也。

定侯藏本，有方獻夫序，其序所言大約記嘉靖戊戌（十七年）巡按廣東御史王德溢提學僉事吳鵬共刊之原委。

此方獻夫本，非如葉德輝推賞爲校刻無訛誤之善本，傅氏校宋本通典跋，指其脫誤甚多：

然以宋刻勘之，脫誤乃不可勝計，每卷或改數字，多者至二三百字，如一百二十八，二十九，三十各卷，視它卷尤甚。此三卷中增訂，竟有六百六十餘字，尤異者第九十四卷山前二十行，宋本行間有小注凡十五處，凡三百一十一字，而明本皆失去，未

審其傳刻源出何本也。

如傅氏所指摘宋本與明本異同最之處爲卷九十四禮五十四奔喪及除喪而後歸制最初之部分，明本不僅脫佚夾註十五處三百一十一字，而本文之異同，亦復不少。殿本雖多少有出入，而此等夾註則有之，據此點言之，殿本似較明本爲近於宋本。以下略舉宋本明本殿本互異之處，以示其例。本文從宋本，其下所記爲明本與殿本之異同。

(一)取一價二爲倍稱，稱舉也，今俗所謂舉錢。(卷一食貨一田制上亡者取倍稱之息下注)

明本殿本倍下皆脫稱字，「錢」亦誤作「債」。此文蓋據漢書食貨志注「如淳曰，取一價二爲倍稱，師古曰，稱舉也，今俗所謂舉錢者也。」

(二)其後漸加，至天寶十載，滿二百五十萬石，每週用車千八百乘，自九月至正月畢。天寶九載九月河南尹裴迥以遞重恐傷牛。(卷十食貨十漕運條注)

明本殿本「十載滿」，皆作「七年運」，又「九載」作「九年」，亦非。

(三)三十斤爲一鈞。(卷十一食貨十一平準銅器千鈞注)

明本殿本「三」皆作「二」。漢書律曆志「三十斤成鈞者，一月之象也」。說文「鈞三十斤也」，則一鈞爲三十斤也。

(四)所以劉毅云，下品無高門，上品無寒士。(卷十四選舉二歷代制中魏代注)

明本殿本皆作「上品無寒門，下品無勢族」。文獻通考(卷二十八)選舉考採錄通典之文與宋本同。

(五)時羣臣議，五帝即天隨時王而殊號耳，名雖有五其實一神，南郊宜除五帝座，五郊同稱昊天，從之。(卷四十禮二郊天上晉代條注)

此三十八字宋本作夾注，明本殿本皆作明文。

(六)於是后以瑤爵酌盎醴齊以獻尸，謂之，再獻，凡八獻也。(鄭玄注司尊彝云，王酳尸之後，后酌亞獻，尸乃酳后，后飲酳酒，次諸臣爲賓，酌盎醴沈齊以備卒食三獻，凡九獻。(司尊彝注，王及后各四，諸臣一，祭之正也。)(卷四十九禮九祫禘上)

明本殿本均脫「尸乃酳后」以下本文二十七字，注文十六字。

(七)六年又令刪定律令格式，名爲開元後格。(卷一百六十五刑三刑制下)

明本殿本皆脫「元年」「令」「格式」共五字。按玄宗開元之世律令格式之刪定凡三次，即開元三年七年二十五年所奏上。大唐六典(卷六)令下原注云「開元初姚崇，四年宋璟並刊定」。此四書通多以爲係第二次勅命刪定之年，然據舊唐書刑法志（冊府元龜卷六百十二定律令四所引亦同）：

六年，玄宗又勅吏部侍郎兼侍中宋璟(中略)等九人刪定律令格式，至七年三月奏上，律令格式仍舊名，格曰開元後格。

但六年開始七年奏上之說，與六典所記不合。通典六年之記載與兩唐志所記刪定開始之年相通。此爲六年勅命開始之說，一有力之佐證。唐六典正本以下諸刻本均作「四年宋璟並刊定」，此四年未知是否爲六年之誤。不幸宋刊六典殘本適缺卷六，無由確知宋本作四年或六年爲憾。

以上爲明本殿本皆誤之例。

(一)穆帝時頻有大軍，糧運不繼，制王公以下十三戶共借一人，助度支運。(卷十食貨十漕運東晉條)。

明本「共借」作「昔借」非。殿本與宋本同。

(二)一經及第人選日請授中縣尉之類，判入第三等及蔭高授上縣尉之類，兩經出身授上縣尉之類，判入第三等及蔭高用緊縣尉之類。(卷十七選舉五雜論議中舉人條例)

明本「判入第三等及蔭高授上縣尉之類」一句，置於「兩經出身授上縣尉之類」下，且脫「判入第三等及蔭高用緊縣尉之類」十四字。殿本除「用」作「投」外，皆與宋本同。

(三)又陳留爲司空，府故事以計吏至時自以下會屬籍，不通賓客，以防交關。(卷二十職官二司空條注)

明本脫「以計吏至時自以下」八字，殿本不脫。

(四)神龍初復爲尚書省(亦謂之南省。)(卷二十二職官四尚書省)

明本「南省」作「省臺」，殿本與宋本同。陸游老學庵筆記云：「唐人以尚書省在大明宮之南，故謂之南省」，則作「南省」爲是。

(五)課績以考之，北黜以勵之，拯斯刓弊，其效甚速，實爲大政，可不務乎。(卷十八選舉六雜議論下之宋)

明本於此評語之下，附加小注云：

「遂寧王氏曰，士爲四民之首，有關世教大矣。詩不云乎，濟濟多士，文王以寧，但當操其實用汰其浮，文士正患其不多也。今此論欲併士農而農工商衆，吏員可省，黎庶可安，因噎廢食，不思甚矣。」

宋本殿本皆無此七十四字小注，殆爲後人所攙入。所謂遂寧王氏未必即宋之王均耶。

(六)「各內豎嘗侯，則覲齋元而襲，」至「旨甘柔滑，孺子餕之，在父母舅姑之所，不敢噦噫嚏咳」。(卷六十八禮二十八天子諸侯大夫士之子事親儀)

明本「各內豎言疾，則觀齋元而襲」至「旨甘柔滑孺子餕之在父母闕」，恰脫去一葉，檢其葉數，「前四」「後四」相續，則似最初已脫去此葉矣。殿本不脫。

以上爲明本誤，殿本不誤之例。

(一)大唐置安(東)都護府前上元中移於所（今府於遼東城)（卷一百八十州郡十安東大都護府條)

明本與宋本同。殿本此文如左：

「後魏時高麗國都其地，大唐總章元年李勣平高麗，得城百七十六，分其地爲都督府九州二十四縣一百，置安東都護府於平壤城以統之，用其酋渠爲都督刺史縣令，上元二年徙遼東故城，儀鳳二年又徙新城，聖曆元年更名安東都護府，神龍元年復故名，開元二年徙於平州，天寶二年又徙於遼西故郡城，至德後廢，領縣州十四。」

查新唐書(卷三十九)地理志安東山都護府條，其文全與此同：

「安東上都護府，總章元年李勣平高麗國得城百七十六，分其地爲都督府九州四十二縣一百，置安東都護於平壤城以統之，用其酋渠爲都督刺史縣令，上元三年徙遼東郡故城，儀鳳二年又徙新城，聖曆元年更名安東都護府，神龍元年復故名，開元二年徙于平州，天寶二年又徙于遼西故郡城，至德後廢，土貢人蔘。(有安東守捉，有懷遠軍，天寶二載置，又有保定軍。)

殿本大唐總章元年以下，恐係採新唐書之文補改。而最後「領縣州十四」一句，則採自舊唐書卷三十九地理志也。

(二)汀州(今理長汀縣)歷代土地與長樂郡同，大唐開元二十六年分置汀州，或爲臨汀郡，領縣三，長汀，龍巖，寧化。(卷一百八十二州郡十二)。

明本與此同。殿本「領縣三」之「三」作「二」，龍巖二字刪去。蓋宋本明本龍巖縣皆置漳州之下，重複登見，故殿本據新唐書地理志在汀州下刪去龍巖。舊唐書卷四十地理志龍巖係汀州領縣，但新唐書卷四十一地理志則置之於漳州，漳浦郡下，附注云「中下，開元二十四年置，隸汀州，大曆十二年來屬。」

(三)左右司郎中(隋煬帝三年於尚書都省，初置左右都郎二人，品同諸曹郎，從五品，掌都省之職，大唐貞觀二年改郎中，龍朔二年改爲左承務，咸通元年復舊，今掌副左右丞所管諸司事，省署抄目，勘稽失，知省內宿直，判都省事，若右司不在，則左併行之，左司不在，右亦如之。）員外郎（武太后永昌元年置與郎中分掌曹務，神龍元年省，二年復置。）(卷二十二職官四尚書上)。

明本左承務之「承」作「丞」外均同宋本殿本亦「承」作「丞」「咸通」作「咸亨」，「抄」作「鈔」，並將此二雙行小注悉改爲本文。

以上爲明本同宋本，殿本異於宋本之例。

依據以上所舉諸例觀之，明本與殿本之間互有長短，大體殿本較明本爲近於宋本。明本脫文頗多，而殿本則大多爲之補錄。殿本因何可以補訂明本之脫誤，雖不得而知，大約當依據北宋本而補訂其脫誤者，是殿本可謂有善本矣。本篇結論，能得幾分明瞭於諸本之優劣者，實全爲傅氏校勘之功。傅氏校勘全書目錄二百一卷中，僅得一百七十三卷，其殘闕未校之二十八卷，當可據圖書寮本爲之補校，此則尚有待於他日也。(完)

譯者按：玉井氏此文，論宋明清通典刻本一節，頗有疏誤，近仁井田陞氏作通典刻本私考一文，專補正此文之失，載東洋學報第二十二卷第四號，讀者如讀過此文，必請參閱仁井田氏之作。今略舉其補正玉井氏文中疏誤之處如下。一、現存宋刊通典除本文所舉三種外，尚有東方文化事業總委員會圖書部書目【宋刊】宋刊通典卷百九十四及百九十五兩卷。二、元刊通典有北平圖書館藏本靜嘉堂文庫藏本，玉井氏文中未言之。三、明本通典有(1)方獻夫刻本，天一閣書目，故宮善本書目，鄰園讀書志等皆著錄。(2)李元陽刻本，北平圖書館善本書目，北京大學圖書館善本書目，八千卷樓書目等皆著錄，(3)明刻刪本，一般書目皆記爲「通典明本」或「通典明板」此本無刊行年代及刊行者名氏，除李瀚序而外，別無序跋，邵亭知見傳本書目及楹書隅錄善本書目皆著錄。此即傅氏與玉井氏文中所謂明本或明刻大字本，而二氏皆誤認爲方獻夫刻本者也。據仁井田氏之說，方獻夫本及李元陽本與殿本反多相同或近似之點。其實殿本蓋校刻者當時參考各種傳本而成，必不止一種，一本有脫落則以他本補之，故殿本非如玉井氏所言係據北宋本，而可視爲善本，因其集諸本而參考之，故較明刻刪本（即所謂明刊大字本）爲優，執是故耳。四、傅氏以九年之力校通典，而日本尚有竹添光鴻氏亦嘗據圖書寮北宋本以校岡治學海堂重刊本，較傅氏早四十餘年，其手校本今藏靜嘉堂文庫，可謂後先媲美也。

——譯者附記

新刊介紹

地圖底本

顧頡剛 鄭德坤編纂 二十五年六月禹貢學會出版 總代售處北平景山書社

無論做什麼工作，都依賴精良的工具。這就是所謂「工欲善其事，必先利其器」。研究地理學，或研究有關於地理的其它學問，如歷史，經濟，語言，以及旅行調查之類，所需要的工具是什麼？『地圖』，自然是首先舉出來的！

說到地圖這項工具，大家或者覺得是不難得到的，因爲很多的書舖裏都有地圖出賣，我們只要肯花錢，那會買不到。其實，事情是沒有那樣簡單的。我們要得到一點常識，當然買來的地圖已夠用。但是我們如果要求深入，必須尋一種足以供我們研究時或調查時打草稿的地圖，那就沒有。因爲原有的種種，不是嫌篇幅小，就是嫌顏色太複雜，着墨其上顯不清楚；而且普通的合裝本地圖，關于某一地方，買一本只有一張。這一張給我們打了一回草稿，就不能用了，要打第二次草稿時，必須重買一本，這是多麼的不經濟。要自已畫罷，也是夠困難的。一來呢，製圖的技術不是每個人都會。二來呢，製一地圖實在大費時間。其三，即畫了一幅圖只能使用一次，同一地方，使用幾次就得繪製幾回，這豈不是太費功夫？

凡是研究地理沿革史的，讀了古人的地理書，大蓋全感到滿紙是地名而沒有圖，不要說記不住；就是讀了也等于不讀，彼此心中都感覺十分的苦悶。想替他們補畫圖罷，那寓是不勝其煩；而且沒有一個公同的標準，就是畫了也合不攏來。因此，顧頡剛諸人從二十二年三月起，開始畫『地圖底本』，目的有下列幾種：

(一)用經緯線分幅，比例同大，這張和那張，分得開，合得攏，要大要小都隨着使用者的心意規定。

(二)每幅皆分印淺紅，淺綠，及黑版套色三種，使用者可以按着自己添繪文字和符號應用之色調的採擇，免得雜色不顯。例如研究地理沿革的就把古代地名及路線記上，研究經濟的就把各地人口，物產，賦稅記上，研究氣象的就把各地雨量，溫度之類記上，要作統計圖的就把比例數畫上；他不必費大氣力就可有想像中的一幅地圖出現。凡購紅綠單色圖者，如更購黑版套色圖以作對照，便可一目了然。

(三)每幅於裏圖廓邊，將經緯度每度之分度，每十分畫一分劃，以便使用者根據此分劃，精密的計算經緯度而添繪各種事物。

(四)爲免除地物繁密礙及添繪畫綠之清顯，及預備使用者之多量添繪起見，本圖除將天然地物及有關行政之界線，城，市，關，隘……列入外，他如道路，鐵道……概從省略。

各圖分爲甲乙兩種，總共七十九幅。每幅取一個最重要的地名作爲圖名，以便記憶。其甲乙種分幅的方法，及各幅的圖名，另列表如下頁。

甲種地圖底本，各幅皆係二百萬分之一，每經度八度緯度四度爲一幅。東西自東經七十四度至一百四十度，南北自北緯十八度至五十四度，共五十二幅，中國全國皆已包括在內。

乙種地圖底本，各幅皆係五百萬分之一，每經二十度緯八度爲一幅。東西自東經五十二度至一百六十度，南北自北緯二度至五十四度，共二十三幅，除中國外，又把西伯利亞，中亞細亞，以及日本，琉球，南洋，呂宋……諸地包括在內。

至於製圖方面，也有許多特點可說：

(一)經緯度皆依據圓錐投影法作標準製。

(二)山脈用暈滃線法繪製，使脈絡顯明，也仍參考多種地圖，不加臆斷。

(三)河流，湖泊，島嶼，海岸線等皆依據投影原理，依照光線的射入而分畫線的粗細，使其易于識別。

(四)所用字體及其大小各有分別，例如：國都用四米粒等線字，縣治用二米粒五等線字，省會用三米粒五做宋字，市鎮用一米粒五等線字，河流用斜體宋字，湖泊用斜體等線字，山脈用聳肩字，務使一目了然。

(五)參考材料，除中外最近出版地圖數十種外，又設法搜羅各非賣品及政治機關實測調查的圖書多種，用爲依據。並對於民國十七年以來，新置，改名的縣治，盡量採錄，就是不當它底本用，也是一部最新的地圖。

新書簡訊

地理教育 編行者 中國地理教育研究會 定購處 南京中央大學地理系

價目 每月一冊實價一角 預定全年連郵一元

我國近年來定期刊物一天多一天，好像雨後春筍一般，很有些蓬勃的氣象。單就地理學方面講，已有好多種了。注重專門創作研究的有地理學報，側重整理區域志的，有方志月刊，專究沿革地理的有禹貢半月刊，資格最老的有地學雜誌，各有各的特色和範圍。但這些刊物究屬偏於專門，在學術空氣不甚濃厚和科學研究不甚發達的中國，普通的人們似不易直接地領略，所以他們的影響並不怎樣安遠。要知道一種科學的發展，應當有兩個途徑：一方面固應從事專門研究，鞏固牠的基礎，創造一個自立的科學；一方面也應當用淺顯的文字，使類深的科學，得到普偏的認識。我們中國地理教育不發達的原因，就因爲過去地理學界忽略了下層工作。現在南京方面的地理已經感悟到這點，毅然組織了中國地理教育研究會，很迅速地辦了一本地理的通俗刊物——地理教育，已於今年四月一日出版了。每月發行一次，材料豐富，編法新穎，印刷精美，眞是一本價廉物美的刊物。他們辦這刊物的目的，已在創刊號發刊詞中，說得很明白——其目的除從事一般科學地理之研究，與地理智識之傳佈以外，尤注意於地理教育之改進。該刊內容計分十五項：(1)論評，(2)研究(3)講壇(4)地圖(5)教材(6)教法，(7)參考資料，(8)統計，(9)方志或遊記(10)圖書評論(11)書報介紹(12)試題纂要，(13)問題解答，(14)消息(15)時事日誌。也謂包羅宏富。現在出了四期，通論方面已經有了好幾篇精彩的文章。像創刊號中胡煥庸的中國地大物博人稠之眞相，第二期中張其昀的中國國富概況與國際關係，說明中國物博的眞相，和胡先生的文章可以並觀的。此外實用教材方面有王維屏的分省教材，和續期刊載的參考資料，地圖統計，圖書評論，論文索引試題纂要等都能直接供給中學教師們參考。第三期中胡煥庸的中學地理教師應備參考書目，做了中學教師自修的一個重要的嚮導。現在的中學教師因時間，經濟和環境的關係，空存深造向上的念頭，竟得不到繼續研究的機會。現在有了這本理想的，按時出版的刊物，豈不是中學教師的福音麼？希望該刊能秉着他們的宗旨和目標向前努力地邁進，同時希望全國的中學地理教師們能夠接受這新的潮流。我想不久的將來，這種新動向，對於地理教育和科學的前途，一定有很好的影響。(術)

（第三張） 中華民國二十五年七月十六日 大公報 （星期四） （第十一版）

圖書副刊

BOOKMAN
第一百三十九期

一本刊登載關於中外圖書之介紹批評以及學術界消息，爲公開性質，歡迎投稿。二刊登本刊之文，略致薄酬。三投稿通訊可寄「北平文津街國立北平圖書館內圖書副刊編輯收」。

書評

爨文叢刻甲編 王了一

（中央研究院歷史語言研究所專刊之十一）丁文江編 上海商務印書館出版

丁先生這一部書，對於語言學，社會學，民族學，及其他各方面，都可以有很大的貢獻。他很客氣地說這是粗疏的材料，但我覺得搜集材料與著書立說不同：著書立說，如果粗疏，該受評責；搜集材料則有時代環境所限，勢不能做到十分精密的地步，我們不能不特別諒解。粗疏的材料保存下來，至少我們可以「披沙見金」，當然要比沒有材料的好。看了丁先生的自序，我們知道他搜集材料時遇着不少的困難，我們除了感謝他之外，該沒有話說。所以本文批評的對象只是材料的本身，而不涉及編輯的好壞。

現在我想就語言學上批評本書，分爲語音與文法兩方面來說。先說語音方面。丁先生因爲羅文筆先生（原是猓猓人）懂得注音字母，於是請他用注音字母去譯猓猓音。我想這眞是一種不得已的辦法。用注音字母來注北平音，拿語音學的眼光來看，已經覺得ㄓ只合實用而不十分合於音理了。若用它來注上海音或廣州音，它簡直是不能勝任。因爲人類可能的語音無窮，而注音字母的數目有限；它既專爲北平音而設（大致如此），就不能移爲注別處方音之用。我們不能只求一個大概，因爲有些大概注音法是語音學所能容許的，另有些大概注音法是語音學所絕對不許的。而且一個曾受語音學訓練的人與一個沒有語音學常識的人所感覺着的「大概」又不相同。例如普通人會把注音字母的ㄅㄟ去注英文的bay，因爲他們覺得北平的「杯」字是與英文的bay字同音的，至少是大概相同；但若從語音學上說，這種注音就幾乎完全沒有價值。（ㄅ是清音，b是濁音；ㄟ比較開口，ay比較閉口。）依羅文筆先生的注音看來，猓猓語該沒有b,d,g,z,dz一類的濁音，因爲注音字母是不能表示這些音的；但我們一看丁先生的自序（頁六），就發見猓猓人呼「父」爲ba，以「出」爲dou，呼「子」爲za，以「食」爲dza等等。在這矛盾的情形之下，令我們無所適從；不過，我們比較地相信丁先生的自序，因爲丁先生所據的是法國人維亞爾的字典，法國人對於清濁音分別得很清楚，決不會把猓猓語注爲ba，或把ㄙㄚ誤注爲za的。此外，羅文筆先生所注猓猓音的ㄓㄔㄕ是北平式的捲舌音呢，還是廣州式的混合舌葉音呢？所注的ㄏ是北平式的舌根摩擦音呢，還是英國式的喉頭摩擦音h呢？由此類推，一切都令人迷惑。所以單靠羅文筆先生的注音去研究猓猓音，是很危險的；至多我們只能從此窺見猓猓的語音系統。不過，拿這系統去印證維亞爾的字典，也許有多少用處。總之，它的用處算是微小的。

書中有些注音是頗難捉摸的，例如「六」注爲ㄑㄛ，「夜」注爲ㄒㄚ，「綠」注爲ㄑㄝ，大約是ㄑㄧㄛ，ㄒㄧㄚ，ㄑㄧㄝ之誤。「以」注爲ㄛㄟ，大約是oi音。至於「路」注爲ㄐㄥ，「閃」注爲ㄐㄨ，就更難揣測。最奇怪的是獻酒經第二十九頁，「放」字譯爲ㄉ日，令人不知所謂。

羅文筆先生也知道拿注音字母法注猓猓音是很困難的，所以他在人類歷史的篇末說：「此書內有字音國音不能拼者，揀有同類或半音或七分音之字以代之。……這十五個字只有第十一字國音能ㄦ，但無中文，不過哈字找不着下半的音。餘十四字不但國音不便，即舌頭亦難舒轉了，所望者不要拘泥字音，任其訛者仍訛，正者仍正，照以上國音字讀，是了。」他所謂「半音」或「七分音」，我們不懂；所謂「舌頭亦難舒轉」，也不很明白。總之，他自己也不滿意於他的注音方法。就注音方面說，眞是丁先生所謂「粗疏」了。

丁先生在自序裏說（頁六），猓猓語有讀書音與說話音的分別，例如「人」字，在普通話裏音是ㄘㄛ，在文字裏卻讀爲ㄙㄥ。我想讀書音與說話音的分別恐未必是一字兩音的唯一原因。本書的說文（又名宇宙源流）第七第九等頁的「人」字都注作ㄘㄛ，正是ㄘㄛ音，可見這也是讀書音；在說文第八頁另有一個「人」字注作ㄉㄨ，二十五頁又有一個「人」字注作ㄙㄝ。我們首先該注意，ㄘㄛ，ㄙㄥ，ㄉㄨ，ㄙㄝ四種音，在猓猓就有四種寫法，顯然應該認爲四個字，並不像祿州人「人」字有讀書音與說話音兩種，而寫起字來只有一種寫法。「天」字在本書裏也有許多音，或音ㄇㄧ（說文，頁一），或音ㄊㄠ（說文，頁一），或音ㄇㄨ（說文，頁十五），或音ㄏㄨ（說文，頁五）。同樣，我們也注意到每音各有一個寫法，也許可以說每音各有一字。這不會完全是讀書音與說話音的分別。一定還有意義的分別在內，甚至也許有文法的影響在內。其中如音ㄏ的「天」，顯然是等於年月日的「日」字，所以羅先生在說文第三頁譯爲「天」（「一天一節轉」），在第十九頁卻譯爲「日」（「今日雁回去」）。其實「一天一節轉」的「天」字與「今日雁回去」的「日」字在猓猓文裏都寫作ㄏ，可見音ㄏ的「天」並不是天地的「天」。

還有一些小問題也值得說一說。丁先生在自序裏說：「『人』字白狼文爲『閨』，與羅文筆先生的ㄙㄥ相近。」按以「閨」字譯「人」音，見於後漢書西南夷傳，漢時「閨」字的讀法現雖不能詳知，但「閨」屬畢母（濁唇切）或溪母（苦倫切），總該是ㄎ，ㄍ一類的音，與ㄙㄥ音不能說是相近。丁先生又以爲漢時「附」與「路」或者也是同音，「補」與「悟」或者也是同音（自序頁八），這是決不會有的事。「歸」字ㄊ譯「路」又譯「附」，「部」字之譯「悟」又譯「補」，恐怕有其他的理由。在語音學上，ㄌ與ㄅ或ㄆ與ㄇ都是很難相通的。

再說文法方面。丁先生注意到否定詞放在動詞的後面，形容詞放在名詞的後面（自序頁八）。這只是偶然的舉例，其實我們在本書中可以發見更多的文法事實。我們只要肯仔細把羅文筆先生直譯的句子與意譯的句子比較研究，再加上歸納的工夫，大約可寫成一部粗具輪廓的猓猓文法。這裏我只想談一個大概。

猓猓的動詞，就普通說，是放在目的格的後面的。例如：

直譯	意譯
女兒白衣穿	阿女穿白衣（解冤經上，頁一）；
人青馬騎	青人騎青馬（仝上，頁八）；
一月災來怕	只怕一月災（仝上，頁十九）；
馬背跨冷	騎馬坐鞍寒（解冤經下，頁十）。

這是直譯與意譯對比之下顯然了的。此外，另有些地方，羅先生在意譯一行裏似乎仍用的是直譯的方法，例如：

意譯	似該改譯爲
王宮獻稅徵（解冤經上，頁五）	王宮徵稅獻；
房脊大雁住（解冤經下，頁三）	大雁住房脊；
枝長四方散（說文，頁廿九）	長枝散四方；
惟德天感應（說文，頁十五）	惟德感應天。

但是，有許多特別情形是我現在還不能了解的。動詞既該在目的格的後面，天路書明第二十九頁直譯的「吃藥是病好，」爲什麼不寫作「藥吃是病好」呢？形容詞既該在名詞的後面，爲什麼「女兒白衣穿」不寫作「女兒衣白穿」呢？獻酒經第一頁直譯的「獻不成以時」，意譯爲「不獻酒之時」，丁先生所謂否定詞放在動詞的後面的話是應驗了，但獻酒經第二十九頁直譯的「他不至以間」，意譯爲「不到會場間」，否定詞即在動詞之後。再者云「至」爲內動詞，「獻」爲外動詞，不能相提並論，那麼，說文第十六頁直譯的「何云仁不施」，爲什麼外動詞「施」字也居於「不」字之後呢？

這一切都待將來與別的材料對證。我們所引爲憾事的，乃是羅文筆先生的中文程度不很好，書中有不少費解的語句（當然指意譯一行而言），令我們懷疑到他的譯筆是否忠實。若就語音與文法兩方面比較，我們覺得這書較適宜於作研究猓猓文法的資料，因爲如上所論，書中注音部份的價值是太微末了。

顧譯政治學大綱 楊驎

美國著名政治學家 James Willford Garner 所著 "Political Science and Government" 一書，素以切合實際，引証淵博，爲學界所稱道，而公認爲比較完善的，適於大學校用的，政治學教本。

據我所知，此書在我國已有兩種譯本：（一）商務印書館出版的大學叢書中，孫寒冰先生譯的「政治科學與政府」。（二）世界書局出版的「政治學大綱」，爲顧敦柔先生所譯。二種譯本，譯名雖不相同，而內容則均根據Garner於原文譯出。不過孫寒冰先生的譯本，祇譯出原文的前半部，所以不能稱爲完全的譯本。現在該書的唯一的完全的中譯本，要算顧敦柔先生的譯本了。

顧譯的「政治學大綱」在篇幅上雖然可以稱得起「完全」，但是在內容上卻非常欠缺「完善」。

第一，譯筆過於生澀，給讀之上口：我承認翻譯是一件難事，我並承認，翻譯此種內容繁複的社會科學書籍，更是難上加難！但是，我們對於顧先生的譯文，卻很難加以原諒。因爲我們覺得中西文字的距離雖然很遠，然而總有個限度；一個有能力的翻譯者，才能在這個限度中，運用生花的妙筆，溝通中西的語言的隔閡。但是顧先生的譯文，卻反而增加了中西文字的距離。我曾聽過好些人說，我們如讀該書原文，倒覺得比顧氏的譯文，更容易明白些。

第二，譯文刪去原文註解，實爲重大的不忠實：本書原著的唯一特色，乃在其精詳的註解，而顧譯本竟將其全部刪掉，我認爲至少有下列二弊：（一）原書卷帙浩繁，引証極夥，其引証他人學說，往往斷章截句，憑空而來；對於閱者常有捲卷其宗之苦，原書幸有極妥切之註解，註明其本源出處，在何書何頁，俾閱者可以按圖索驥，今譯本將註解全部刪去，縱使讀者如墮五里霧中，感受極大之不便。（二）原書因係教本性質，故文字力求簡明，於是常有「質勝於文」的弊病，不得不求補救於註解中，所以原書註解對於了解正文有很大的裨益。今譯者將其刪去，實有悖於原著者之初衷。由以上二弊觀之，原書註解，絕無刪節的理由；而譯者竟全部抹殺之，眞令人大惑不解。我曾經仔細推想過譯者刪去註解的理由，認爲祇有下列兩種可以算作可能的解釋：（A）原書註解引用書籍甚多，有拉丁文，法文，德文……有柏拉圖的，斯賓塞的，拉斯基的……假使譯者無相當素養，極易弄出笑話，與其錯誤百出，倒不如一筆鉤銷。（B）原書篇幅太大，翻譯費時，非三四年的工夫不行，也許譯者爲了早日脫稿的緣故將註解取消。以上兩種理由，也不能代譯者作辯護。故無論如何，這是有點辜負原著的。

第三，譯文曲解原意，誤譯甚多。茲僅就譯文與原文意義不符之處，擇要略舉數例，以求教於本書之譯者與讀者。（該書譯本係民國二十二年出版，我根據的是二十四年的再版本）。

（1）原書一八六頁云 "Supreme Power limited by Positive law, said Austin, is a flat contradiction in terms." 譯文一六一頁譯作：「奧氏所說最高權利受成文法的限制，是完全言辭矛盾」。這是一個可笑的錯誤，假使譯者曾經照顧到上下文，（上下文是說的主權不受任何限制。）假使譯者知道奧斯丁對主權性質的主張，（這個分析法學派的領袖主張主權無限），這兩錯誤是不應有的。現試改譯爲「如奧斯丁所說：最高權利而受實在法之限制，乃是言辭上的絕對矛盾」。

（2）原文二二六頁云 "As the lowest type of animal is all stomach, respiratory surface, or limb, so Primitive Society is all Warrior, all hunter, all hut builder, or all tool maker." 譯文一八六——一八七頁譯爲：「最下等動物有胃，呼吸器官，和四肢，原始社會也有戰士，獵夫，瓦匠，工匠」。假使譯者有一點生物學的常識，一定會知道最下級的動物身體，絕不會有如此複雜的機構，假使譯者有一點社會進化的觀念，一定能辨明原始社會的組織，絕不會有如此詳細的分工。故應改譯爲：「如同最下級動物一樣，牠的本身既是胃，同時又是呼吸器官，或四肢，原始社會的大衆，都是戰士，同時又都是獵人，瓦匠，工匠」。

（3）原文一八七頁云 "During the eighteenth century the sovereignty of the state was generally

芸盦羣書題記 燮雲

校筆花集跋

右湯舜民筆花集不分卷。黑格藍紙寫本，乃正嘉間人手跡。舊爲天一閣范氏藏書，阮文達督浙時編之目均未及，（薛錄於天一閣書目）蓋秘笈也。全書計套數四十有四，重頭小令一百六十有六。第二葉首有缺失，今據郭勛雍熙樂府卷二陽所闕北宮詞紀卷四校補，知是雙調夜行船送湯景言回虎林花柳鄉中自在仙一套。第三葉前亦有缺文，據北宮詞紀卷六校補，知是商調集賢賓友人愛姬爲權豪所奪雲花案玩來瞧討一套。此外斷爛訛脫之處，不一而足。以雍熙樂府北宮詞紀及盛世新聲詞林摘艷北曲拾遺樂府羣珠彩筆情辭北詞廣正譜九成大成譜諸書一一迻校，居然條暢可誦。雍熙樂府引南呂一枝花套曲最多，除贈妻人繡底事謫瞻方丈臺一套，實志自憐玉纍狂一套，贈教坊張韶舞善吹簫篇潯陽萬傾沉一套外，幾乎全部徵引。然悉不注主名，非以此本叫勘，不能知爲湯莊作也。樂府羣珠傳世明抄殘帙，其書屬獨例出一單字，以暗示所引用之書名。如引樂府羣玉只注一玉字，引太平樂府只注一太字，引雲莊樂府只注一雲字，引梨園雅調只注一梨字，引陽春白雪只注一陽字，共引湯莊所作小令，則獨注一筆字。此即筆花集三字之省。知明人輯羣珠時，亦得見此書也。羣珠引雙調天樂迓丁起東回陝一曲：

玉立照青春。金屋消白日。調和內景。寵化玄機。嘩無陽添情。還有醇醲味、執手河梁君須記。再相逢何處追隨。知他在華陽武夷。知他在丹山赤水。知他在玄圃瑤池。

爲此本所失收。是所據本，實較此本爲優。此本版心不注葉數。細審之第一葉第二葉第二十七葉後，均有闕失。故他書所引湯莊套曲小令，頗有出此本外者。輯而存之，錄目如左：

（一）正宮端正好天日朝賀一聲聲報上林鶯套（雍熙樂府卷二第二十八葉北宮詞紀卷一第九葉引）
（二）正宮端正好暗暗月黃昏向綠陽春長鳳枝新套（雍熙樂府卷二第四十五葉北宮詞紀卷四第四十六葉引）
（三）正宮集賢秋懷美一會家想多情救我眠僽抱套（雍熙樂府卷二第十七葉彩筆情詞卷十一第十二葉引）
（四）南調集賢賓客會值贈倚帳泉一聲長嘆套（雍熙樂府卷十四第二十葉北宮詞紀卷四第三十葉引）
（五）雙調夏入松翻馬氏吳山景卷十年際路走應舉套（北宮詞紀卷四第四十四葉引）
（六）雙調新水令送王姬往錢塘十年無夢到京師套（雍熙樂府卷十二第四十七葉北宮詞紀卷六第七十五葉彩筆情詞卷七第二十五葉引）
（七）雙調新水令秋夜夢回有感鳳凄空無伴鳥驚寒套（雍熙樂府卷十一第十七葉北宮詞紀卷六第七十六葉引）
（八）雙調新水令秋懷碧天鳳露桂香衫套（雍熙樂府卷十一第二十一葉北宮詞紀卷六第七十八葉彩筆情詞卷九第九葉引）
（九）雙調轉宮曲冷清清人在西廂（北詞廣正譜雙調第九葉引）
（十）南呂一枝花送車文卿歸隱棹帆艙頭堆套（雍熙樂府卷八第二十葉北宮詞紀卷三第二十九葉引）
（十一）南呂一枝花贈令檀呂周臣三千丈霜雪白髮生套（雍熙樂府卷八第十葉北宮詞紀卷三第三十葉引）
（十二）南呂一枝花贈錢塘儀者三萬六千日有限期套（北宮詞紀卷三第三十一葉引）
（十三）南呂一枝花旅中自遣錦囊寬限風雲套（雍熙樂府卷十第十四葉北宮詞紀卷四第二十四葉引）
（十四）南呂一枝花題白梅探處羅浮山接瀛芒套（雍熙樂府卷八第十二葉北宮詞紀卷四第四十葉引）
（十五）南呂一枝花贈謂明嗣秀昇洲上居潮生白鷺來套（雍熙樂府卷八第十七葉北宮詞紀卷四第五十六葉引）
（十六）南呂一枝花贈錦中沙子正賦得挑燈三題任屋套（雍熙樂府卷八第十一葉北宮詞紀卷四第五十三葉引）
（十七）南呂一枝花送蕭思溟將天上靈套（雍熙樂府卷八第十八葉北宮詞紀卷四第五十三葉引）
（十八）南呂一枝花贈王觀音奴出西方自在天套（北宮詞紀卷五第十五葉彩筆情詞卷一第三十葉引）
（十九）南呂一枝花贈玉簪才子會將千眼佛楊柳枝套（北宮詞紀卷五第十六葉彩筆情詞卷一第三十一葉引）
（二十）南呂一枝花贈妓宋湘雲惡跎瑤下九天套（北宮詞紀卷五第十八葉彩筆情詞卷一第三十二葉引）
（二十一）南呂一枝花贈妓宋蘭秋清芬媚月中套（北宮詞紀卷五第二十一葉彩筆情詞卷二第二葉引）
（二十二）南呂一枝花冬景題情一輪紅日沉套（北宮詞紀卷六第四十九葉引）
（二十三）仙呂賞花時送人回鳳淮安錢塘金楊壯九關套（北宮詞紀卷四第三葉引）

以上共總得套數二十有二，（雙調轉宮曲是小令而非套曲。）約當此本所收套曲之半，其散佚之多，殆出想像外也。

[illegible]正樂府，元明之際，頗著聲譽。雖屬染堆梁雕之習，然猶有元人遺範，不失爲清麗典雅一派，與喬張格調相近。同時作者，殆罕其匹。後人罕其詞名，因目之爲元人。實則其人至永樂間尚存。賈仲名於永樂中著錄鬼簿云：

湯舜民，象山人。號菊莊。補本縣吏，非其志也。後落魄江湖間。好滑稽，與余交久而不衰。文皇帝在燕邸時，寵遇甚厚。永樂間恩賚常及。所作樂府套數小令極多。語皆工巧，江湖盛傳之。

今集中又有一枝花贈英國公套曲，其爲明人，不待辯矣。乙亥仲夏，假平妖堂藏本重錄一過，並以旬日之力爲之讎校，漫書其後。

confused with the absolutism of Particular kings, and therefore the doctrine of unlimited sovereignty had few defenders except among these who, like Hobbes, were the apologists of kings who sought to rule arbitrarily and without regard to the right of their subjects." 譯文一六三頁譯爲：「在十八世紀，國家主權大半和君主的專制主義相混，所以很少有人提起主權無限說；除非是極端擁護君主者，例如霍布斯說：『君主是專制，可不顧人民的權利』。」應改譯爲「在十八世紀，通常把國家主權和特殊帝王的專制權混爲一談，所以除掉那些爲專制帝王辯護，不顧人民權利的人如霍布斯輩外，很少人贊成主權無限說的。」

（4）原文二一六頁云 "Each individual has to a large extent the shaping of his own life; and his place in the organism is not determined for him nor are his activities wholly regulated by the state." 譯文一八九頁爲：「……各人大半已形成自己的生命，在有機體中，各人的地位並非由其自己決定，但各人事業也非全由國家規定。」今改譯爲：「每個人都可在最大限度中安排他自己的生活。他的位置在（國家）有機的組織中，並非爲他而決定，他的行動，也非全部受國家的束縛。」

（5）原文二〇七頁云『Moreover, the interests of individuals as conceived by themselves are often contradictory and it is consequently impossible to determine what is the sum of them, in which case the only ascertainable collective interest is that of the state.』譯文一七九頁譯爲：「更有進者，個人的權利利益，在他們自己看來常是衝突和相反，所以很難決定它們權利利益的總合，在其中止有確實的集合權利利益，方才是國家的權利利益」。應改譯爲：「更有進者，從個人自己看來，則他們的利益往往互相衝突，而要決定什麼是個人利益的總合，當爲不可能之事，在此種場合下，唯有國家的利益方才是唯一的，可確定的，集體利益。」

（6）原文一六三頁云『It may attaint a man of treason after death』譯文一四一頁譯爲：「剝奪人民死後的公權」應改譯爲「牠可以宣告一個已死的人爲叛逆。」（按：牠，指英國國會）

以上所舉數項，不過信手拈來，書中誤譯太多，篇幅所限，總不能一一列舉。再如（A）原文一四七頁「語言問題的結論」一段，幾乎將全段譯錯，把原文意義根本誤解，量使人將Garner先生叫屈，原文太長，不便舉引；（B）顧氏譯文常將Sovereign一詞誤爲Sovereignty；（C）原文三三五頁"The Chamber has in fact been reduced to the roll of a mere Consultative body." 譯文將此句完全略去，本句甚爲重要，實無刪節理由，且甚短簡，亦無刪節必要也。

總之，顧先生的譯文，錯誤甚多，不勝枚舉。希望顧先生自己加以注意，重新作一番仔細的工作；那麼該書第三版時，也許會使讀者滿意了。

——一九三六，六，三，北平——

新書介紹

社會調查與統計學

陳毅夫著　民國二十五年一月出版　定價三元
南京中央書局代售

社會調查與統計學有不可分離的關係，這是一般人所知道的，社會調查，從編製調查表起，已經需要統計學的幫忙；而統計學則先要有了社會調查的內容才能應用。所以有些統計學書，是先由社會調查說起。但那種書對於社會調查不過略一提及，仍是以統計學爲主體。像這本書似的，把社會調查同統計學作爲一本書的對等的兩部份看待加以討論，也很需要。

自清末統計方法輸入以來，國人研究，進步甚速，近年已由介紹階段入於獨立研究階段（社會調查與統計學，都有了獨立的發展。李景漢氏的「實地社會調查方法」，王仲武氏的「統計公式及例解」及金國寶氏的「統計學大綱」等，便可以爲代表。至於本書，在社會調查與統計學的並重上，可以說是獨開生面了。

作者曾留美研究社會調查與統計學，歸國後，就江蘇省立教育學院教授，他的講義，便是本書初稿。凡分三編，是：總論，社會調查，統計學。所載圖表一百八十餘幅。

第一編凡二章，述社會調查與統計學的重要，科學的定義，分類，方法，性質，哲學的性質，科學與哲學的關係。爲書十四頁，說明調查與統計的重要及其科學性。自第三章至第十五章爲第二編，述社會調查的意義，方法，困難，調查員應有的訓練，編製表格注意之點及其種類，材料的選擇，分類，記述，樣本的重要，選擇標準及方式，改進社會調查的方法，普通社會調查案的實例，社會病態調查案的實例，犯罪調查案的實例，填表的實習，我國急需調查的普通社會問題及社會病態等。本編舉例材料多取自內政部調查統計，申報年鑑，新聞報等，使讀者覺得親切。

自第十六章至三十八章爲第三編，入於統計學範圍，分述統計學上應注意之點，頻數表，直方圖，頻數多邊形者，修勻頻數多邊形，圖示法，直線繫聯，非直線繫聯，平均數，中數，衆數，變數，四分差，標準差，百分位數，指數，機會與機率，機率曲線，機差，相互關係等。其取材多自R. E. Chaddock, Principles, and Methods of Statistics G. U. Yule, An Untroduction to the Theory of Statistics O. H. Rugg, Statistical Methods Applied to Education；及I. Fisher The Making of Undex Numbers等書。

本書社會調查與統計兩方面並重，把這兩種不可分離的學問聯在一起，使學者從此一書，可以完全了解，用意頗善；所舉實例，材料多取自本國，自非泛泛裨販者可比。茲僅就個人感覺所及，聊陳數端，以質之作者。

一、統計圖表，在社會調查與統計上，是不容忽略的。[illegible] Frequency Table [illegible] Frequency Polygon [illegible] The Equaion of a Straight Line [illegible]

新書簡訊

都市社會學

[illegible]

都市社會問題與農村社會問題，本質雖大體相同，而形式各異。良以此二種社會結構不同，表現方式乃各異也。如同爲勞動問題，就其表現方式言，在都市則爲工資問題，工時問題等；而在農村則爲佃農問題，雇農問題等。因此，都市社會學與農村社會學，由其母體「社會學」分離獨立，而成爲個別研究矣。本書爲「都市社會學叢書」之一，凡十章，第一章緒論，說明都市社會問題的意義。發生，分類，特性，都市社會問題與社會問題，農村社會問題，都市社會學之關係，區別，以及都市社會問題之研究方法等。第二章以後，分別討論都市社會的勞動，人口，婦女，兒童，娼妓，犯罪，土地，住宅，衛生等問題，敘述詳明，堪可一讀。都市社會學，自一九二七Bedford著述「都市社會學讀本」Reading in Urban Sociology以來，始成爲專門學問，其在吾國僅有吳景超氏所著「都市社會學」而已，茲者此書問世，當與研究社會學者以不少便利也。（皓）

來函

圖書副刊編輯先生：

貴刊第百十九期，載出拙作「閔明我等奏疏」一文，無任感荷！查該文作於去年七月二十三日，投稿後不久，即發見熙朝定案第三冊，正教奉褒頁百二十二，並載有明我等此疏原文，則久有傳刻，惜當時未能檢及。故於八月上旬，致書請勿發表。乃刊出以後，於貴刊百二十一期，拜讀馮承鈞先生來函，爲更正訛誤三事，無任感激。其「第九人華名南光國」一事，獲益尤多！馮先生爲當今治西北史地與中西交通史最有功績之一人，如此不吝教言，深引爲莫大榮幸。但倘能稍加解釋，想亦必爲馮先生所樂聞也。馮先生謂：「白進應作白晉」。按白晉等五人，於康熙二十六年由暹羅附粵商王華士船到浙，浙撫金鋐，即以疏奏，與禮部擬題，並作白進，有巴黎國家圖書館藏當時刊刻之奏題時與朱印本可憑（Courant 1327-1328.）稍後寫本，據以刻入熙朝定案。（Courant 1321.按此書余已爲國立海路工程局季樂之先生攝影一份。）即最近印行之正教奉褒，亦作白進也。蓋白晉原名白進，故直至康熙三十八年所發上諭，猶作白進；此奏疏上於康熙三十九年，則余譯作白進，似勉強可謂爲無訛誤。此次我國倫敦藝展會，有郎世寧畫扇面一幀，陳列號碼在三〇五六，爲英人Sir Percival David所藏，其題款署作「郎石寧」，今人多見「世寧」，少見「石寧」，因而或疑其僞，殊不知故宮博物院所藏康熙五十九年嘉樂來朝日記，諸神父署名，正作「郎石寧」也。則郎爲世寧早年作品無疑。又善畫人物之王致誠，乾隆三年六月來華，而同年九月郎世寧等奏疏則作王之臣。原疏刻入熙朝定案中。（Courant 1337.按此書余已爲故宮博物院袁守和先生攝影一份）。此可證諸教士初抵華土，華名不大一定。以上所舉，雖無裨於考證，然可資談助。至白進更名白晉，似在康熙三十八年以後，四十五年以前，則余偶翻撿本朝史案與康熙朝實錄知之。至確在何年，以馮先生之淵博，或有更進一步之考證也。馮先生又謂：「格理瑪弟即其閔明我之原名，非另有一人。」[illegible]明我即頂替眞閔明我者，不但原名格理瑪弟，而且眞是格理瑪弟。蓋馮先生於眞假閔明我，似未辨別清楚。此中情節，正如以前之沈㴶教案，王豐肅變姓名爲高一志，謝務祿變姓名爲曾德昭，所異者一則頂冒死者，前後爲兩人；一則姓名雖變，尚同爲一人也。此事既蒙馮先生懷疑，當補稽羣書，以明教史有誤，抑Pfister傳記書錄略而未嘗？再作進一步之探討，把此問題弄明白，使後人不再懷疑，想必爲馮先生所樂爲也。

馮先生又云：「王先生行篋或無費賴之Pfister傳記書錄」，可謂道破底蘊。余行篋實無此書。然已託友人向上海購買，月內或可寄到。說句老實話，重民於此道，實在幼稚萬分；因巴黎藏此種書籍較多，來法後始稍稍涉閱書指數，興趣亦漸濃。故將來若爲時間所允許，擬於整理敦煌卷子以後，依Cardi-er與Pfister兩家書目，西訪書於三島，南巡禮於羅馬，一準乾嘉舊法，錄而錄之，名從主人，遺記行狀，於國人實用上，或能較二氏書爲尤方便，即所願於大雅匡其不逮者正多也！即請

撰安！

王重民寄自巴黎　四月十日

圖書副刊

BOOKMAN

第一百四十期

一、本刊登載關於中外圖書之介紹批評以及學術界消息，歡迎投稿。
二、投稿請寄北平文津街國立北平圖書館內圖書副刊編輯收。

書評

羅維的「初民社會」

司印昌

羅維(Lowie)著 呂叔湘譯 商務印書館出版

如今世界上雖然有許多古老的和新興的文明民族和國家，可是，也還有許多民族依然保存着他底原始的野蠻狀態。如孟加拉灣的安特曼人(The Andamanese)，摩特拉斯山野中的各種族，奧里沙地方的楊格人(The rnangs)，錫蘭島中的吠陀人(The Veddahs)，非洲的補須曼人(The Bushmen)及阿卡人(The Akkas)，北美洲的可羅拉特紅人(Colorado Indians)，中美洲的加勒人(The Caribs)，南美洲的勃路賽爾人(The Bruzilians)，婆羅洲的帶阿克人(The Dyaks)，格林蘭及拉布拉陀的愛斯克摩人(The Eskimos)等，都是純粹原始人的極好研究資料，因此引起一般學者的注意，而從事研究，藉以求得人類祖先的生活情況，希望有一個比較正確的解釋。

幾十年來不少從事於此的學者，如郝維德(A. W. Howitt)斐孫(Lorimer Fison)，斯賓塞(Baldwin Spencer)，吉倫(Gillen)等，他們與澳洲大陸的姿著相密門，作實地的調查，已經有了不少偉大的供獻。而最偉大最驚人的供獻，還算摩根(Lewis Henry Morgan)。摩氏是美國社會學者，生於一八一八，沒於一八八一，他費了畢生的精力，去實地調查，搜集材料，研究美洲土人的生活狀況，數十年之久，才發見美洲印第安種族已由原始人類社會進展至宗法社會，著有『古代社會』(Ancient Society)一書，為十九世紀科學上的一部傑作，對于上列諸家學說，多所補充。該書出版于一八九九年，在研究古代社會的著作中，算是一部最有權威的著作，這書中幾個主要的論點是：一、單型進化論，以為人類的精神，在一切個人中，一切部落中，一切民族中，本來相同。其力量所及的範圍，也都被限制。所以是工作於同一的道路上。先進民族給了後進民族一個整個的「自己未來的肖像」。「一切民族的兩性關係家族形態，都經過亂交，血族結婚，亞血族結婚，氏族同居，父權家庭及偶婚制六個階級」。二、他將生物學上「系統發育的原則」應用到人生。以為種族的演化，在個體的演化上，必須重演一遍。換言之，人類全體的演化，在個人生命發育上一定是重演一遍。三、他以為人類都經過蒙昧，野蠻和文明三個連續階段；而前兩個又各分為上中下三個階段，根據工具及技術為劃分階段之標識。總之，摩根的理論，幾十年來，舉世風靡。我國的學術界，前此亦曾一度受其刺激，欲求藉此以解決中國古代社會的實況。以中國古籍所載或古物刊保存的史料，應用到摩氏的理論上去。最顯著的是郭沫若氏的「中國古代社會研究」。如他認為「商代才是中國歷史的真正起頭」，「商代的產業是以牧畜為本位，商代和商代以前都是原始共產社會」。「商代還是母系中心的社會，還是一種『彭那魯亞家庭』」。又說「中國的社會，在西周的時候，剛好如古代的希臘羅馬一樣是一個純粹的奴隸制的國家。」因此對於中國古史的結論：西周以前是原始共產制，完全是民族社會組織，無階級性，西周時代為奴隸社會制，王侯與百姓對立，庶民與臣僕對立，春秋以後為封建制社會，官僚與人民對立，地主與農民對立，師傅與徒弟對立。完全形成了金字塔式的身分的階級。總之，此種解釋的是非曲直，當作別論，而摩氏的「古代社會」一書對中國學界影響之大，就此可見一斑，所以有人說：「摩根氏的社會進化學說，靠了他的名著古代社會的譯本，在中國佔有極大的勢力，尤其在社會主義者的目光中，這種階段式的一系演化論，幾乎是一種天經地義的真理。就是許多史學家也正在競相利用了日在發現的考古資料，硬把中國古代社會去湊合摩根式的系統」。(見吳澤霖氏星期標準書介紹「初民社會」詞)這一段話，我們也不去論究其是非曲直，我們只注意到現在假如有一本書，能證明摩根氏已往解釋或論斷的錯誤，其影響之大，一定比「古代社會」還要高出許多。有了，這一本書就是羅維的「初民社會」(Primitive Society)因此，對於這本書，實有介紹之必要。

在人類學中，有「一系演化論」，「傳播論」及「批評學派」三大派別。「初民社會」的著者羅維(Robert Heinrich Lowie)，便屬於最後一派，主張以文化解釋文化，以一民族之文化歷史及文化環境解釋其現有文化，其研究方法之周詳慎審，有足多者。所以他不但對於摩根氏的一系演化論表示不滿，即對於葛拉本納(Graebner)及伊里斯密斯(Eliot Smith)也不肯同。羅氏生於一八八三年，十歲時舉家遷美，後來在哥倫比亞大學從F. Boas教授治人類學，一九〇八年得博士學位。旋入美國自然史博物館為研究員凡十四年，一九二一年起任加州大學教授，畢生專門研究北美平原區。其著作除論文專刊外，單行者有文化與民族學(Culture and Ethnology, 1917)初民社會(Primitive Society, 1920)國家之起源(Origin of the State, 1927)我們文明嗎？(Are we civilized, 1927)諸書。羅維氏為什麼著「初民社會」書呢，他的序言中有這樣一段話：

在人類學的各部門中，尤以社會組織這一門最為痛切地感覺缺乏一本跟得上時代的提要書。社會學者，歷史家，以及研究比較法學的人，都需要人類學上的材料，可是因為沒有良好的書作嚮導。他們只能求之於摩根的古代社會。摩根著此書時，科學的民族誌之學還在萌芽時期。自一八七七年以來，人類學者不獨已經蒐集了無數具備資料，且已發展了好些新方法和新見解，使摩根的書，成為無可挽回的古董。……今日之下還要向那裏面求關於初民社會的知識，這簡直等於向達爾文(Charles Robert Darwin)以前的生物學者那裏學生物學，摩根的書是研究人類學歷史者所必讀，卻萬萬不足供現代一般讀者之用。

又說：

前在加利福尼亞大學講學一年，見修習人類學諸課的學生也因為缺少此類論述初民社會組織的入門書而大感困難，其程度不下於一般讀者以及研究與人類學相關諸科的人。為供應上述三種讀者的需要，寫成此書，用以闡明近今美國人類學者的態度。

吳澤霖氏亦說：「文化的內容無非是人類適應環境的努力，藉以維持種族的生存。各個文化的背景不同，過程亦異。因此我們至今尚沒有評判文化高低的客觀準則。但是我們一向受着民族中心主義(Ethnocentrism)的影響，總以為凡與我們相異的習俗和制度均為劣等的野蠻的。本書(初民社會)的著者，卻處處指示出這種主觀見地的錯誤。」

我介紹本書的目的，主要的意思是在希望，研究上古史的人，擴大眼界，用一種新的觀點來估計我們一切的傳統觀念和我們祖先留下來的制度文化和風俗禮教。

羅氏之著此書，得到許多人的幫忙，最要者要算波亞斯教授(Prof. Franz Boas)給以科學方法，威斯勒博士(Dr. Clark Wissler)與以實驗於北美印第安人中的機會。克婁伯教授(Prof. A. L. Kroeber)給以講學機會，菲爾伯利克教授(Prof. Francis S. Philbrick)給以初民法律的見解。其他參加批評，校正者尚有多人

敦煌石室寫經題記與敦煌雜錄序

胡適

敦煌石室所藏寫本，凡數萬卷，三十餘年來，分散各地：斯坦因氏取去的，現藏倫敦英國博物院；伯希和氏取去的，現藏巴黎法國國家圖書館；清末學部運回北京的一萬件，現藏國立北平圖書館。此三組為最大宗，餘則散在私家。私家所藏，李盛鐸氏所收為最多，去年賣到日本去了。

這幾大組的敦煌寫本，巴黎的目錄最先出，但很簡略；倫敦的目錄開始很早，到最近才有完成的消息。北平的目錄，胡鳴盛先生主編，近年才編完，雖然沒有印行，另有陳垣先生的敦煌劫餘錄流行于世，共考訂之詳，檢查之便利，已遠在巴黎倫敦諸目之上了。

湖南許國霖先生是胡鳴盛先生的助手，他曾用他的餘暇，編成兩部關于敦煌寫本的書：一部是「敦煌石室寫經題記」一部是「敦煌雜錄」。

「敦煌寫經題記」共收四百多條，是一組最有趣味又最有歷史價值的材料。伯希和先生曾對我說，他在敦煌挑選這些寫本，曾定出幾個標準：第一挑有外國文字的卷子，第二挑釋藏以外的材料，第三平常佛經只挑那些有題記可供考訂的卷子。北平所藏，是伯希和挑剩的卷子，居然還有這四百多條題記可錄，這是出於我們意料之外的喜事。將來若有人能將巴黎倫敦以及私家所藏的敦煌卷子的題記全部記錄出來，成為一部「敦煌寫本題記全集」，一定有不少的重要材料或問題可供史家的研究。

就許君抄錄的「題記」看來，這裏面已有許多很值得注意的材料。第一，寫經的年代可考的有四十五卷，最早的是北魏的太安四年七月三日(四五八)，最晚的是宋太平興國二年閏六月五日(九七七)中間相距五百十九年。(此限於「寫經」的題記。敦煌雜錄中有「至道元年(九九五)僧道猷往西天取經牒」，年代更晚了。)第二，有些題記可以使我們知道當初寫經的情形。有些經是和尚自己寫的，有些是學童(學仕郎)寫作習字課的，有些是施主出錢僱人寫的。一部大般涅槃經(潛十五)的題記說請信女令狐阿咒出資財為亡夫敬寫大般涅槃經一部，三十弔；法華經一部，十弔。大方廣經一部，三弔；藥師經一部，一弔。這是很有趣的經濟史料，不但表現宗教風氣而已。又如六部「佛說閻羅王授記勸修七齋功德經」的題記，就有好幾種不同的情形：一部是比丘道真自己受持的(鹹七五)，一部是一個患病的比丘尼發心敬寫供養的(字四五)，一部是一個「八十老人手書流傳」的(列二六)；三部是同一個人為「阿孃馬氏」追福，在「五七」「六七」「收七」三個齋期寫的(閏四四)。這都是有趣味的宗教社會史料。第三，有些題記使我們知道當時寫經的校勘工作。寫經本是宗教的工作，是應該十分鄭重的。如「四分律刪補隨機羯磨」題記云：

> 午年五月八日金光明寺利濟初夏之內，為本寺座主金耀寫此羯磨一卷，莫不研精盡思，庶流教而用之也。至六月三日畢而復記焉。(民四六)

這最可以表現寫經人的宗教精神。所以我們時時看見「勘了」，「一校竟」，「校定無錯」的題記。還有二校或三校的，如一部金光明經(有九十)記「校一遍」，如一部無量壽宗要經(劍四一)題著三次校勘者的名字。寫經重在校勘無誤，而敦煌寫經所以有無數錯誤，大概都由於不大識字的學童小和尚的依樣畫葫，或者由於不大識字的女施主僱的商業化的寫經人的潦草塞責，校勘工夫是不會用到這兩類的寫經上去的。

「敦煌雜錄」是繼羅蔣芳雜振玉羅福葆劉復羽田亨諸先生的工作，專鈔敦煌石室所藏非佛教經典的文件，蔣氏之書最早(宣統元年)，三十年來，這類佛教以外的敦煌文件陸續出現，最大的一批是劉復先生從巴黎鈔回來的敦煌掇瑣。但這些都是外國的敦煌文件。北平所藏的經典以外的文件，除了向達先生鈔出的幾件長卷之外，差不多全沒有發表。所以外間的學者只知北平所藏盡是佛經，而不知道這裏面還有許多絕可寶貴的非教典的史料。

許國霖先生鈔的這些文件，大約可分為幾類：第一是藏外的佛教文學，如變文，佛曲，勸善文，淨土讚之類。第二是一些訓詁及訓蒙的殘卷，如館記音義，論語音義，太公家教之類。第三是一些俗世應酬文字的範式，如祭文程式之類。第四是許多民間經濟往來的文契，如借麥種歷，雇作兒契，典兒契，賣地契之類。第五是雜件，如幽冥點勸帳，如姓氏錄之類。

第一類的佛教通俗文學，近年來早已得着學者的注意。許君所鈔之中，最重要的是幾卷「變文」，雖不如巴黎所藏「維摩變文」和我所藏「降魔變文」的完整，但我們因此可以知道當時「變文」種類之多，類量之大，所以是很可以寶貴的。這裏面的「佛曲」，如「歎娘讚」，如「散花樂」，如「歸去來」，都屬於同一種體製，使我明白當時的佛曲是用一種極簡單的流行曲調，來編佛教的俗曲。試舉「歎娘讚」為例：

> 如欲入山修道去，好住娘，
> 兒欲入山坐禪去，好住娘。
> 兄弟努力好看娘，好住娘，
> 回頭頂禮五台山，好住娘。
> 五台山上松柏樹，好住娘，
> 正見松柏共天連，好住娘，

這是民間流行的曲調。下面是用這曲調編的佛曲。

> 好住娘，娘娘努力守空房，好住娘。

這種曲是很惡劣不通的；但我們因此可以知道當時「俗講」的和尚本來大都是沒有學問沒有文學天才的人，他們全靠借這種人人能唱的曲調來引動一般聽衆。五更調等，與此同理。

第二與第三類，殘闕訛誤太厲害了，沒有多大用處。

第四類之中，有許多有趣味的經濟史料。此中「借麥種歷」最多，可以推知當時寺僧的經濟狀況。最詳細又動人的是「盧貝跛蹄雇作兒契」。我們讀這文契，不能不回想到漢朝王褒的僮約。我們從前總想王褒的僮約是一篇遊戲文字。現在讀了這篇雇作兒契，我們才知道唐朝的雇工生活還是一種牛馬式的奴隸生活，王褒在一千年前寫的僮奴生活，雖是詼諧的作品，離實際的生活並不算很遠的。

雜件之中，我且鈔兩首寫書手的怨詩作此序的結果。一個寫書人說：

> 寫書不飲酒，恒日筆頭乾。
> 且作隨宜過，即與後人看。

又一個寫書的人說：

> 寫書今日了，因何不送錢！
> 誰家無賴漢，迴面不相看！

這是兩個「人」的歎聲。可憐我們在一千年後的同情心已不能救濟他們的口渴和貧窮的了！

二十五，七，三〇。

討論

「中國近代史商榷」之商榷

陳恭祿

信史之成立，必須專家鑑別史料可信之價值，及辨明史蹟之眞僞。近代史之材料，種類繁多，而可信之價值不同，研究歷史者，當能知之。余著中國近代史，限於時間材料，原應一時之需要，現時雖受國內知識界之歡迎，固不敢自以爲重要著作，其待修正或研究之問題尙多，故常言凡指正中國近代史之錯誤，果爲事實上之錯誤，無論其爲善意惡意，皆願接受。六月末，余乘輪船東下，船中讀張延舉君之中國近代史商榷一文，因其關於史蹟之眞僞，即欲答復，奈以事務纏身，無暇執筆，今始根據記憶之所及，作一簡略答復。

張君所言，限于中國近代史十九篇中之一篇，名曰變法運動是也。張君謂余稱翁同龢與康有爲常有往來爲不足信，其根據則爲翁氏日記，及慈禧外紀。二書余非不知，乃關于此點，不之信耳。翁氏日記，關于與康有爲往來之記載，余久疑之，其理由詳言於下。慈禧外紀係英人濮蘭德 Bland 等所作，其人輕信謠言，常不能辨別眞僞，美使芮恩施于其所著之 A Diplomat in China 以之爲言。Lautrette 于其所著之 China, Its History and Culture 批評濮蘭德之書，濮氏竟以訴訟爲恫嚇。實則濮蘭德編著之書無若何價值，現時已爲定論。關於翁氏是否與康氏常有往來，今有下列諸書可以爲證。

一、南海康先生傳。

二、戊戌六君子遺集。

三、戊戌政變記。

南海康先生傳係其親信弟子張伯楨所著，其言翁康之關係尤詳，決非僞造。蓋康氏之地位甚高，無須依附翁氏，且書作于近時，無所諱忌，以求免禍，故可信之價值甚高。茲就書中所言，舉數例于下。

一、時公卿中吳縣潘文勤祖蔭，常熟翁師傅同龢有時名，以書陳大計而責之，京師譁然。（第八葉）

二、惟國子監祭酒盛昱，翰林院編修黃紹箕，刑部主事沈曾植深服其議，翁同龢亦韙先師議，然恐以此獲罪，遂不敢代遞。其時粵人李文田許應騤皆官侍郎，深疾先師。一日，翁與許李同祀天壇，在翁前大訐先師，同龢默然意沮。（第一四葉）

三、先師戰試朝考，皆直言時事，讀卷大臣李文田與先師有宿怨，抑之；…… 先師謁翁同龢。同龢具以始末告之。（第一八葉）

四、時翁同龢以師傅當國，頗思振作，訪先師不遇，先師謁之，相與講變法事，反覆講求。……時同龢銳意變法，先師說以宜先變科舉，同龢決欲行，令陳熾草定十二道新政旨意，將次第行之。（第十九至二十葉）

五、先師知所志不行，決歸粵，臨發，翁同龢來留行。明日給事中高燮曾奏薦先師于朝，請召見，并加卿銜出洋。翁同龢在德宗前力稱之。（第二十二葉）

一、二係指康初入京及第一次上書而言，康以詩文謁見公卿，上書不得達呈，均爲事實。三述一八九五年康氏未得入翰林院之原因，朝考似有錯誤，而翁與康氏之關係則極可信。四係中日戰後之事。五則敘述康氏組織保國會失敗後之欲歸粵，而翁氏阻之。此事經過且見於戊戌六君子遺集。遺集係張元濟所編輯，乃六君子死前之文字。張因變法獲罰，其所輯者，均極可信之文字。其中有康廣仁致友人書，稱其兄欲歸，而翁稱述上意，勸其留京。中國近代史曾引用該書，惜張君不知，或未詳讀耳。戊戌政變記係梁啓超於政變後逃日所作。梁初在京，參與變法，其所作之政變記，對于德宗備極詆毀，而於翁氏則稱其力薦康氏，並有其才勝臣百倍（？）之語。其實當有根據。

凡此種種，皆可證明翁與康氏關係之密切，而翁氏日記所言，則爲免禍之計，蓋政變之後修正或改抄日記，均屬可能，現時雖無事實可證，而其所言與可信之史籍不合，則爲事實。尤有進者，英人李提摩太贊助變法，翁氏曾親謁之，並贈禮物，而日記亦未提及，翁氏殆多忌諱。文悌先與康氏往來，後力詆毀之，其奏疏亦稱康氏，於保國會被劾後將回籍養母，康廣仁張伯楨均言其爲翁氏所留，當爲事實。故余認日記不足信，而信翁康常有往來。此中國近代史之根據也。常有往來，固不能認爲意見一致，意見一致與常有來往，原爲二事，而張君以此責論著者，實爲誣枉。

孫家鼐張之洞與康有爲之見解不盡符合，人所共知，中國近代史亦曾敘及，有書可考，而著者稱其贊成或傾向變法者，則就其立場而言。孫奉旨辦理强學書局，後管辦京師大學堂，其所辦之事業，在當時爲新事業，嘗親訪李提摩太，勸其出任總教習，並厚贈禮物。其與康有爲亦有相當接近。後李提摩太應康有爲之電召入京，其時康將出京，謂德宗召見之諭旨，將由孫家鼐或翁同龢傳達，其經過詳見英人李氏所著之李提摩太傳。其書者利用其日記及書信等材料而成，可信之價值甚高。余謂其贊成變法者此也。張之洞初主維新，[illegible]，中日戰後，對於變法事宜，多所建議。庚子亂後，更主張積極變法，謂其傾向贊成變法，當爲事實。吾人對于現狀之見解，通常別之爲四，一、極端保守派，二、保守派，三、改進派，四、極端維新派。一派之中，意見固不盡合，然吾人決不以其意見不同而謂其不屬于某派也。張之洞與康黨之關係，尙不止此。惜吾人現時可信之原料太少，憶前讀張文襄公全集電稿中有一電致其親信弟子，頗有[illegible]可辱，此爲一種建議，想張君之所願知也。

關于袁世凱之變節，張君殆未細讀余述事變之經過，如稱原書謂袁氏因榮祿之厚誼而叛康，實際上此僅一小原因，其他主要原因，張君反而抹殺，如直隸駐兵太多，而袁氏所部無幾，直接行動將有極大之危險，非有勇氣者，絕不敢爲。袁氏權衡輕重，終乃變節，余謂其無勇氣者此也。張君不察，以袁爲果決之人，非無勇氣。實則此爲一事，果決又爲一事，決不能存有成見武斷一切也。吾人遇有非常之變，往往彷徨有失常態。例如武昌革命軍起，袁氏奉命督師，吾人果謂袁氏已有取而代之決心，則去事實遠矣。張君解釋袁之變節，謂其主張立憲，亦屬於幻想，未有確證，立憲思想之發達，乃在日俄戰後也。

總而言之，張君雖「研究」戊戌政變，而所讀之書猶少，對于史料之鑑別亦少經驗。觀其所言，關于翁同龢康有爲之關係，足以代表現時强有力之一種說明，故余藉此將其辨明。關于其他諸點，或出於誤會，或由于牽强，余亦不敢接受其意見。所可異者，評文專就一篇而言，竟稱『中國近代史商榷』也。答覆至此，余嘗附帶說明，頃自武昌東下，以事留于鎭江城中，身邊未有一書，雖中國近代史亦不可得。今借得南海康先生傳，始乃草成此文，故所引之書不能抄錄原文，或註明頁數，甚者雖外籍著者姓名，亦無法檢出，尙望讀者諒之。更當說明者，中國近代史原爲大學教本之用，故未一一註明出處，以致時常引起誤會。所有誤會，一一答覆，事實上決不可能，友人常勸余置之不理，而余所以答覆者，爲求辨明史蹟經過之眞像，現時亦感覺爲時間所限，關係評文支節附會，而非關係重要者，將不答覆矣。

○參考書目，計一百八十八種。所舉佐證實例的人種，達一百六十六種。初民所居住的處所的例舉，達二十二處，除歐洲外遍全球。全書共分十五章，以緒論始，以結論終。舉凡初民之婚姻，家族，親屬待遇，氏族，婦女地位，財產，社會，階級，政治，法律等等在討論範圍之內。以極審慎的方法，客觀的態度，旁徵博引，證明摩根氏理論的錯誤。

總之，初民社會一書的性質，與因摩根一派之綱述而流行於世間者，頗有些兩樣。不是沈悶無味的千篇一律，是斑斑駁駁的變異多方；不是只有氏族這唯一模式在那裏積累，是有好多種社會單位存在。有時和民族相聯繫，有時取氏族而代之。要想把千殊萬狀的現象納入一個年代系次，這種企圖是無望的，惟有就各個型式之社會單位或社會現象單獨觀察之方可見其循一定系次之階段而進展。但若謂一般文化的進步和社會組織的進步可以各不相謀，這也是不通之論；羅氏始終主張獨立發展的學說，排斥另一說是相信有一種定律在主宰着獨立發展的經過使之產生同一系次的若干階段。雖然有些情況是在不同的地域重複出現而產生相似的結果的。但這裏面並行現象是範圍極小的。又能以文化傳播的事實，證明無論是出於相同原因的獨立演化之例，或是出於不同原因的同歸演化之例，都不能確定社會進化之內在定律。可以根本推翻任何歷史定律之說。比較進步些的民族的文化演進固然是由於外來思想之接觸，但比較停滯些的民族的文化演進，又何嘗不受外來思想的影響。認識了文化現象之複雜與特異性，認識了這主要地爲傳播作用之結果。應當拋棄簡捷公式之尋求，而保存其眞象。第一，否認歷史的定律並不就否認與時間因子無關而爲社會生活的本質上所必有的一致現象（Uniformities）第二，會同着這些社會學的原理而供給某一文化特色之意義之解釋者，正唯有構成那個特色的背景（Context）或過去歷史之與衆不同的特色結合（Singular combination of traits）。此外一切皆爲無能力。不必去乞靈於變幻莫測的社會演化之定律。這樣看來，羅氏主張與摩氏之說自然有特異的地方。這裏爲篇幅所限，不能暢敘其說。只稍作介紹而已。至譯筆良否。擬再爲文討論。

廿五年，六月，于鶴大。

新書介紹

史學集刊

第一期　民國二十五年四月出版
編輯者　北平研究院史學集刊編委員會
定價　每冊國幣八角（郵費在內）

近來吾國史學界雖進步甚速，而史學雜誌則殊感缺乏。數年來經各地學術團體創辦者固已有多種，惜大都曇花一現，即音訊渺然。現今所存者惟北大之史學叢刊，燕大之史學年報一二種而已。或絀於經費，或限於體例，如年報僅能年出一冊，出版時間相隔過遠，讀者憾之。最近顧頡剛先生鳩合北平研究院同仁及院外學者，發起史學集刊編輯委員會，刊行史學集刊，第一期已於本年四月中出版，略書數語，用當介紹。

本期共有論文十二篇，合約二十萬言。就中如徐炳昶先生之「校金完顏希尹神道碑書後」，正吉林通志釋文之訛誤而補正其考證之缺漏；王日蔚先生之「唐後回鶻考」，採輯遼金五代宋史及筆記類書關於回鶻之記載，依年編纂；吳世昌先生之「密宗塑像說略」，考証自南宋末年以來歷代密宗塑像之概況；顧頡剛先生之「禪讓傳說起于墨家考」，以古代典籍證禹禪讓之傳說係起於墨家之託古；皆爲有價值之作。雖文論持說，未必皆吾人之所能贊成，要皆能持之有故，言之成理，爲究心國史者之所不容忽略。其餘諸篇亦皆精審可喜，以限於篇幅，不能一一介紹。竊以爲該刊既有固定之經費，復有顧頡剛徐炳昶諸氏主持編輯事宜，則來日發展，誠未可限量。吾人於其誕生之初，願獻「無疆」之祝，深望其勿蹈其他史學雜誌之覆轍，出一二期後，即行夭折也。

顧吾人於本刊亦略感美中不足者，即其缺乏新書評論是也。按現今學術雜誌體例，書評所佔之篇幅，大抵與論文相埒。吾人試一檢法國史學評論（Revue Historique），德國史學雜誌（Historische Zeitschrift），美國史學雜誌（American Historical Review），英國史學雜誌（English Historical Review），以及日人之史學雜誌，即可以知其每期之論文並不甚多（平常僅一二篇，多亦不過三四篇），大部篇幅盡用於刊印書籍評論與史界消息，抑其最使人感覺興趣者，亦在其書評與消息也。蓋學術雜誌中之論文，性質極專，範圍極狹，非惟一般人對之絕難發生興趣，即其他史家，苟非其專門所在，對之亦不易感覺興趣，抑亦非其所能了解也。如埃及學專家考論闡述最近在埃及所發現某石碑之釋文，或希臘史專家爲文據新發現之希臘古幣重訂希臘某國之世系，此豈治現代史者之所能感覺興趣，所能了解者？但各專門範圍之內容，雖非門外漢之所能了解，而其進展之概況則爲一般史家之所當知。于是有專家焉，將其同好之新著，撮述其內容，批評其得失，以介紹之於一般學者。於重要著作則撰爲詳細之評論，於次要者則加以簡單之按語。更或搜集近來關於某一問題之書籍論文而撰爲批評書目（此類文字尤爲有用，但僅法國史學評論有之），或搜集各學術機關及學者個人之工作近況，而撰爲新聞消息（其體例以美國史學雜誌者爲最佳），則讀者一披閱最近之史學雜誌，即可了然於數月來新著之得失，史學各部發展之近況。其便利爲何如耶？至於初學得此于新書可知所選擇，著者于其作品可加以改正，尤不俟論矣。

年來吾國學術界受西方之影響，書評文字作者漸多。既有專刊此類文字之雜誌，而各重要學術雜誌，亦多有圖書評論之欄，讀者便之。獨史學年報，史學集刊於此尙付缺如，令人不無遺憾。年來國內外史學書籍出版日多，已漸使人應接不暇，而有待專家之介紹批評者日益迫切。此則責賢求備，不能不於史學集刊諸編輯先生望之矣。（齊思和）

新書簡訊

中國森林植物學

Forest Botany of China

李順卿著　上海商務書館印行　二十四年九月初版（現已再版）　定價大洋八元

關于中國樹木之書籍，至爲稀少。民國十二年，陳煥鏞君，有中國經濟樹木學（Chinese Economic Trees）之作，由著者個人發行，內中敘述之植物，並不甚多。民國十三年，鍾心煊君，有中國木本植物目錄之作，由中國科學社印行，僅一名錄，普通閱者，不甚適用。民國二十三年，周漢藩君，有河北習見樹木圖說之作，中文本由靜生生物調查所印行，英文本由北平博物學會印行，學者稱便，惟其地域，僅限于河北一隅。本書作者，有見于此，乃趁休假之便，赴美國哈佛大學（Harvard University），研究中國樹木

○著者當年，會研究森林之學，回國以後，歷任各大學植物教授及講師者多年。雖非植物分類專家，但在中國教育界上，確佔有相當地位。

全書九百餘頁（pages），卷首有哈佛大學芮德（Alfred Rehder）氏序言，及著者自序，最末有術語及索引三十餘頁，中間插圖二百七十餘幅，可以補敘述之不作。

書中敘述方法，大體相同，詳其性狀，略述分佈狀況。可供研究植物分類學者及從事于森林事業人員參考之用。初版行世，未及一載，即已告罄，可見社會上需要之一般矣！

統觀全書，共中同名異物之未妥，排列次序之未善，檢索表之不全；凡此種種，專門學者，自有定評。惟以普通目光觀之，則此書之出，于中國樹木學之基礎，不無供獻！所可惜者，著者本人，已脫離學術生活，而爲行政人員，則異日此書之改訂，尙有待于他人耶！（赤文）

× × ×

果樹園藝學

（大學叢書教本）　胡昌熾著　民國二十五年二月　商務印書館出版　每冊定價三元二角

我國先民在最古之時期已知利用有益於人生的植物，如五穀之種植已成爲我國最重要之產品。但人類需要，隨文化程度之增高而有加多，故食物在防饑足飽之外，尙有味美適口滋養等等之要求，於是本爲奢侈品或觀同小兒玩物之果品，乃成爲文化人所必需之食物。因其不獨爲娛口舌之嗜好物，除富於糖分蛋白質及其他營養分，可供食料外，且富於有機酸，香氣，維他命可增進食慾，促助消化，强壯身心，消殺病菌，落果等且可供家畜之飼料。故果樹爲絕對的經濟植物。偶植庭院，可資點綴；擴大栽種，足得副產；廣營田園，可成專業。我國面積遼闊，全國本部多屬溫帶及亞熱帶，在世界文化地帶之內，故世界一切植物，均可適宜生長，果樹亦然。然我國科學落後，種植栽培等少得其法，多聽其天然生長，故出品量少個小而質劣，比之歐美日本之加以科學的人工培植者相去殆遠。因而利權外溢，不知凡幾。雖然其原因複雜，如外貨運輸便利，稅率較低，而國貨因交通不便，運輸困難，且苛捐雜稅過多；外貨以科學方法收藏得宜，無損壞，而國貨則腐爛損失者多，因而價昂等；但其根本原因，爲質地不相敵也。故根本療治，乃爲研究如何以科學方法栽培果樹，使之爲最大且最佳之出品，而成本且甚低廉，此亦胡君此書之本意也。

全書分二編，三十九章，附錄二，共四百二十二頁，有插圖若干幅。第一編總論，其重要章節如第五章果樹之栽植，自選擇苗木起分節敘述至果樹之結果年齡止，第六第七兩章果樹之整枝及果樹之剪定，第十五章殺蟲殺菌劑之製造法等均極有價值。第二編各論，對於日常重要之果品，如梨，蘋果，桃，葡萄，柑橘，柿，李，杏，梅，棗，荔枝，龍眼，香蕉等均列爲專章，詳加論述。讀之可取爲參考，將舊樹加以改良，新種如法培植。可見國人年來潛心實用科學之努力及社會人士對於實用科學之重視也。（仲）

圖書副刊

BOOKMAN

第一百四十一期

一本刊登載關於中外圖書之介紹批評以及學術界消息爲公開性質歡迎投稿

二刊登本刊之文略致薄酬

三投稿通訊可寄「北平文津街國立北平圖書館內圖書副刊編輯收」

書評

評鍾鳳年國策勘研

吳顯

燕京學報專號之十一　定價三元

按本書凡例全書凡分八部。

1.姚本鮑本合勘一目而繫以說，曰國策分目錄。

2.文字錯亂舊考，評爲論證，曰戰國策辨誤。

3.擇其有迹可尋者，依事次先後，仿六國表，列爲一表，曰國策擬年考及表。

4.七國疆域，分期製爲圖說，曰戰國疆域沿革圖及表。

5.策中戰國時人，凡其爵里事蹟可考者，均錄爲一表，曰國策人爵考。

6.是書所敘諸戰爭，均摘列一表，曰國策戰事表。

7.彙諸舊說，逐一評其當否，曰國策補注得失表。

8.集先秦西漢諸子史文同國策者爲一編以相參證，曰國策旁證。

而全書則名國策勘研。惟本書內容，則僅分目錄及辨誤兩部。著者自謂上兩部分於二十二年秋已脫稿，本欲將凡例中所舉者全部完成後一并付刊，而燕大急待印行，故應補或其他部分只得緩圖，則是實際脫稿者，似亦僅止於上述之兩部也。

第一部國策分目錄，分姚本戰國策分目錄及鮑本戰國策分目錄兩編，於兩目每章互注彼目所在，於姚目則曰鮑某某第幾，鮑本則曰姚隸某策第幾。著者自謂要期條貫分明，事有統系，係仿哲遺編，奠更散亂，此二目之所爲作，共策文互有關涉，及文之別見他書，或待論證者，則並爲附錄，著於每章之後。故凡例所舉第三第八兩項，雖著者未及完稿，而此中實可稍窺涯略也。惜爲體例所限，往往語焉不詳，亦有只云詳擬年考者。擬年考既未成書，則著者之意，仍令人無從詳悉。（實則一三兩項乃連帶之工作也）偶爾稍檢亦有考訂疎失處。如姚本分目秦策一張儀說秦王章，謂當屬韓非，而不信黃氏札記之辨。不悟此文以爲張儀固失之，認爲韓非亦未是。韓非使秦已在始皇十三年，本書乃云，所舉類皆昭襄王事，故必爲韓非無疑，此其疎也。又如姚本分目秦策三，應侯曰鄭人章有平原君，與師道已加校正，本書亦不信，謂史記六國年表趙惠文元年稱以公子勝爲相封平原君，四年圍殺主父，可證策文不誤。不知史表惠文元年以勝爲相之語根本已誤，何得據以定策文之非誤。此處昔人已多剖辨，惜著者未加深究耳。又鮑本分目錄秦策惠文王下論及梁惠王生前未易號，乃襄王追尊，此乃戰國史一絕大節目，自司馬氏通鑑顧氏日知錄以來，下及清代研治竹書紀年諸家，類能言史記之不可信，著者只據史記輕下斷語，似於前人成績未加理會，故於燕策齊宣成燕等事書中並未討論及之，而姚本分目齊將封田嬰於薛章下，雖述及史記竹書異同，亦未能辨其得失，僅據國策魯仲連說辛垣衍一語，駁紀年未盡足據，實亦考論之疏也。

其辨誤部分共二百餘條，佔全書篇幅三分一而強。自謂因少可考之書，係能粗具輪廓。著者蓋似一用力甚勤而不稍博涉之士也。近人有貴陽金正煒仲璧著戰國策補釋六卷，於策文脫誤舊注差失，頗多辨證，取與本書甚近似，惟本書似將第七第八兩項剔出，故所得不如金書之富，金書刊於民國甲子，雖流傳不甚廣，然勝求匪難，甚惜著者爲此工作，於同時人同樣之書籍，未能注意及之也。

比讀兩書，有立說全同者。如本書辨誤第一條東周策秦攻宜陽章，不如背秦援宜陽句，依黃本改援爲拔，又謂背字乃晉字形近而譌，集韻晉持也，句言持秦拔宜陽也，立說即與金氏補釋全同，其他相同者尚多，不勝舉。亦有兩書立說相同，而金書較詳密者，亦有兩書俱立一說而補釋爲稍勝者，如辨誤秦策三天下之士合從章，於是唐睢載音樂云：謂是乃昔字之誤。補釋則依鮑本於唐睢上補使字，兩說相較，金說遠勝。緣上應侯對語者稱王乃昭王，而下文昭侯對語者稱公，即唐睢，知辨誤改昔字之必誤也。其他兩書可互相補足者尤多，若本書著者先得一讀金書，則所有成績決不止此。

本書尚有序論一篇，備述戰國策版本及與有關係各撰作，惟所舉清代著述僅及[illegible]張琦釋地程恩澤地名考及林春溥紀年四種，殊嫌漏略。又張氏釋地收入廣雅史學叢書，而序論誤記爲式訓堂，程氏地名考在粵雅堂叢書，而序論誤記爲竹柏山房。可證著者用心所在，似限國策於本書，而前人成說或不甚留意，故書中論戰國史事，每網引呂東萊大事記蔵偶及林春溥紀年，而他家少見援引，一人聰明有限，深希著者將來積成凡例第三項以下時，能多觀前人成業，庶乎後來居上，網羅衆是，成一完整之工作也。

叢書子目書名索引

陶漪

施廷鏞編　民國二十五年三月北平清華大學圖書館出版　定價甲種道林紙一冊大洋四元五角乙種新聞紙一冊大洋三元

凡是把兩三種以上不同的書彙刻在一起的都可以叫做叢書。中國之有叢書到現在已竟有七百多年的歷史了，（俞鼎孫俞經合編的百川學海大家似乎都公認爲最早的叢書，編于宋嘉泰元年。）區分起來，大概有以下的幾種：（一）性質不盡相同的書，著者又不限於一地方一朝代的叫做普通叢書。（二）所收之書都可以把牠歸入某一類的叫做專門叢書。（如經學叢書史學叢書小方壺齋輿地叢鈔）（三）每一部書的著者都是屬於某一朝代的叫做斷代叢書。（如國朝典故都是明代人的作品，昭代叢書都是清代人的作品。）（四）每一部書的著者都是屬於某一地方的叫做郡邑叢書。（如豫章叢書武林掌故叢編）（五）把一個人的著述彙刻在一起的叫做自著叢書。（如沈季蘇遺書章氏遺書）此外還有彙集已竟散失了的書，（如馬國翰玉函山房輯佚書王謨漢魏遺書鈔陳運溶麓山精舍叢書）雖然種類並不甚多，而專門研究學問的人，卻可以從此得到很寶貴的材料，所以這一種在學術上的地位非常重要，我們不妨稱牠爲輯佚叢書。

自有叢書以來，究竟有多少種，似乎還沒有精確的統計，大概總在二千種以上吧？最早把叢書及其子目著之於簿錄的要推顧修的彙刻書目了。那部書初刻於嘉慶四年，到了光緒元年朱學勤又代他增補了若干種，現在流行的有光緒十五年上海[illegible]書局刊本。後來傅雲龍有續彙刻書目，十二卷，光緒二年刊本。朱記榮有行素堂目睹書錄，全書分十編，光緒十年刊本。羅振玉有續彙刻書目十卷・閏集一卷・民國三年刊本。楊守敬李之鼎有叢書舉要八十卷，（王謇有續叢書舉要見江蘇省立蘇州圖書館館刊第一第二號）民國七年刊本劉聲木有續補彙刻書目三十卷，再續補彙刻書目十六卷，都是直介堂叢刻本。沈乾一有叢書書目彙編民國十七年上海醫學書局鉛印本。杜聯喆有叢書書目續編初集，民國二十年北平燕京印書館鉛印本。孫殿起有叢書目錄拾遺，十二卷，民國二十三年鉛印本。先後一共有了九部，諸書體例有一點幾乎是傳統地完全相同，就是都拿叢書書名爲主，分附各子目於所屬各書之後，這只能使人知道某一部叢書包括些什麼，而仍然不能告訴我們某書究竟有多少叢書本，所以還是一個缺憾。前四五年陳援菴先生編了一部叢書書名錄，金步瀛先生編了一部叢書子目索引（民國二十年浙江省立圖書館印行所出版。）總算把這個缺憾彌補了，但是前書係未定之稿，後書所收錄的也不過三百九十餘種，而且只限於浙江省立圖書館的藏本，似乎還不够應用。聽說北平圖書館謝剛主先生已竟費了好幾年功夫大規模地把所能見到的叢書編成一部子目索引，並且還加以分類，將來他所得到的收穫，一定大有可觀。在那部書沒有出版以前，我們現在可以應用而覺得比較滿意的，要算施廷鏞先生編的叢書子目書名索引了。此書付印於民國二十五年三月，由清華大學圖書館出版。前有洪有豐朱自清序，施氏序，敘例各一篇，次檢字，部首檢字，次子目書名索引，又次附編，附編分五類：一本編所收叢書一覽說明，二圖書分類簡表，三本編所收叢書分類詳表，四本編所收叢書一覽，附增補，五叢書書名索引及叢書書名簡稱索引，附增補。據敘例該書所著錄的都是清華大學圖書館在民國二十五年一月以前收藏的書，共計一千一百七十五種。比較普通一點的叢書，差不多都被收錄在裏面，所以用處非常大，凡是做學問的人都應當把牠看作重要參考工具。然而工具一類的書，也正和其他的書一樣，總還免不了有訛誤，現在只拿我個人約略翻檢得到的幾條列在下面：

第一該書著錄有遺漏的地方，如荊湘近事樵海在木志有說郛本，一見第三十易，一見第一百四十易，此書竟沒有記載。若說清華所藏的說郛不全，也應當預先聲明一下，最好把缺失的子目附錄在後面，，（原缺的自然不必鈔錄。）以便檢閱。又適園叢書，（見叢書一覽，頁二十三，共一作張氏適園叢書，同書而給牠起了兩個名稱，似乎也不大妥當）。但叢書書名索引只舉了兩部。又「適」字應作十五叢作十四叢誤。又雪堂叢刻，叢書名索引下注見羅氏續彙刻書目王集頁二一九，今查羅氏目未見。

第二該書著錄有錯誤的地方。如史略六卷，宋高似孫撰。（原書頁二〇六）只要知不足齋叢書，而誤以爲知不足齋叢書，雖是只有一字之誤，而閱者便會感覺到很大的失望。該書附編叢書名及簡稱索引說明內列舉彙刻書目八種，其第一種彙刻書目二十卷，作朱記榮原編，這是一個很大的錯誤。彙刻書目原編者是顧修，（修）實在施君已經在他的提要中聲明過了，何以又說是朱氏原編呢，按朱氏曾經編過行素堂目睹書錄，但與顧書無涉，增補顧書之不足者係朱學勤。學勤是唐棲人；記榮是吳縣人，分明是兩位，豈得混在一起？

第三該書所舉書名過於繁瑣，轉給讀者以翻檢的困難。如宋少保岳鄂王行實編年，宋仁山金先生年譜，宋丞相李忠定公輔政本末，宋簽判龍川陳先生文鈔，元劉郁西使記地理考證，明范文忠公畫象官蹟圖題詞，江陰李氏得月樓書目，這幾部書的前幾個字如：「宋少保」「宋」「宋丞相」「宋簽判」「元劉郁」「明」「江陰李氏」儘可以完全削去，倒覺得直捷了當，否則也應當多列幾條，互見的書名，以便尋檢。

第四同書而異名的還沒有完全注明，如使琉球錄明陳侃撰，（紀錄彙編本，見原書頁四三六）又名琉球使略（說郛本五朝小說本，見原書頁六七三）。該書竟把牠分列在兩處，很容易使人誤爲兩部書。應當採用使琉球錄，再于說郛本五朝小說本後注「是書作琉球使略」，另于十一畫內列舉琉球使略一書後注「見使琉球錄」，這樣或者不致再發生別的誤會。

第五該書編著的體例有未純的地方，如叢書一覽所舉的版本，約有以下的幾種：

（一）藝術叢書，丙辰（民五）年保粹堂琅玕館叢書版重編印本。（二）唐宋傳奇集，一九二八（民一七）年上海北新書局印行。（三）老學叢書，乙丑（一四）年楊氏北平刊本。（按此條似應作……北平楊氏刊本。）（四）樸學齋叢刊，逐攬五種，未晚樓全集各題「……鉛聚珍版印本」。有的舉甲子，有的舉西曆，有的連甲子屬於何代也不注明，也有的喜歡隨便使用新奇的名稱。如「鉛聚珍版印本」之類。這種種都足以證明編者似乎沒有預先定出通盤的計畫，拿統一的方法來編纂這些材料，所以體例不很一致。

第六編著的方法有應當加以改良或補充者，略舉於下：（一）增加四角號碼檢字，因爲採用這個方法所省的時間比筆數檢字來得多。（二）增加著者索引和分類索引。該書附編既然列有叢書分類詳表，又何妨把這種分類的方法引用到子目上去？（三）書名所佔的地位過多，不妨改用五號字，著者與叢書簡稱都用六號字。叢書號可以完全刪除，因爲已見叢書簡稱索引，本文內無需乎再重複了。如果依照這個計畫改良下去，那全書所省的篇幅一定不少，而檢閱起來也格外覺得方便了。（四）本書內容有急需擴充的地方，譬如說郛小方壺齋輿地叢鈔既然已竟收錄了。那麼說郛小方壺齋輿地叢鈔初編再補編也似乎不應當不收錄。又如含雅堂叢書我所知的一部有六十八種，（光緒十五年文選樓刊本），而該書著錄的只有二十三種，那也應當設法添補的。這雖然與編者沒有直接的關係，但是往往能影響到本書的內容，所以

巴黎敦煌殘卷敘

失名古類書

失名古類書殘卷，今斷爲數截，分別著錄在二七一一，二九八[illegible]，二五四九，三八七一，三六五五七等號。甲卷存二百零二行，子目有謙卑推讓家誡三部。乙卷存六十二行，子目有人物達節兩部。丙卷存四十五行，子目有貞烈部。丁卷存十五行，無子目。所載爲屬忠孝事，與丙卷開端相銜接，似當爲「忠孝部」。戊卷殘端下截斷損，存殘行三十，整行百九十有二，子目有賢行言行親賢任賢舉賢薦賢六部。筆跡與前四卷不同，則爲另一寫本。然則是書在當時，流行亦廣矣！按丙卷羅振玉已印入古類書三種中，羅氏有跋云：「體例每段不出題目，與御覽同。貞烈部所引献皇后曰，又引羊皇后曰，而不著書名。又載鍾夫人及李勢女諸葛誕女許允妻阮等六事，並見世說新語，而不舉所出何書。與世說文多異同，疑即採自世說賢媛篇。」今檢乙卷人物部約可二十許事，亦並見世說，其他部中，所引郭象張湛之語，曹羲王文舒之訓，蓋亦襲自世說。則是書固多本於劉義慶，羅氏所疑者是也。然甲卷家誡一部，則又多與藝文類聚卷二十三同。且詳略間出，其是書襲類聚，抑類聚襲是書，驟不能判定，如梁簡文帝誡子書，司馬徽誡子書，向奭女誡，此書所載，均較類聚所引爲多。張奐誡兄子書，徐勉與長子山松書，則類聚所引，詳

我特別提出來討論，供給著者和讀者們參考。但無論著者的責有何小小的缺憾，凡是研究學問的人仍舊不能不看重。我做這篇文章的動機，與其說是批評，無寧說是給這書的介紹。

新書介紹

山東鄒平實驗縣實驗規程彙編

鄉村建設研究院編　二十五年四月出版　定價一元二角

在縣政建設救國論的聲浪裏，實驗縣成了最時髦的名辭。在南方的江寧蘭谿，北方的鄒平定縣，菏澤，都有他們的一套理論和辦法，在實驗着。這種不同的方法的試驗，實在基於他們對中國問題認識的不一樣而出發。例如在鄒平所看見的中國問題是一個政治問題，要想解決中國政治問題那必須先要養成農民新政治習慣和組織的能力。方法是採進新式科學技術的工具，而達到農業經濟的開發與進展。於是有組織農民的鄉學村學，有武裝農民的自衛訓練，有使農民經濟合作的各種合作社等。在定縣則認爲中國問題是貧，愚，弱，私，於是針對着這四個問題，有生計教育，文字教育，衛生教育，公民教育。實施的方法則有三大方式：（一）家庭的，（二）社會的，（三）學校的。在菏澤則認爲中國問題是一個民族解放問題，民族爭生存的問題。結果，就產生了訓練民衆組織，民衆的鄉農學校。整個的把農民武裝起來，平時防止鄉村社會的擾亂，國際大戰起後，做國防軍的後備隊，以爭取中華民族的生存，現在鄉農學校的辦法，已普遍推行於山東三行政區的二十七縣，將來要推行到全山東，預計全年一〇八縣能夠訓練十萬左右的農民，渡過來日的民族大難！南方的蘭谿與江寧是推行中央的政令，已經能推行的，如何使牠更有效，不能推行的，研究牠爲什麼的原因！

這些實驗縣因爲人才和財力的比較充足，都有些各自的不同的成績在表現。鄒平是實驗縣的鼻祖，二十二年內政部第二次內政會議通過的各省設置實驗縣大綱的條文，有許多是採取了鄒平的長處。因此，牠引起全國人士的注意，無論研究的或從事政工作的人們，都要到鄒平做實際考察。認眞說來，聊天談話，走馬看花似的參觀是看不出來什麼的。但現在我們可以不用到鄒平而可以看到縣政建設的實驗情形了，那就最近出版的「山東鄒平實驗縣實驗規程彙編」一書，裏面共包有十一章：（一）總則（二）縣政府組織（三）財政（四）合作（五）金融（六）自衛（七）教育（八）建設（九）戶籍（十）風俗改革（十一）其他。在前實驗縣縣長王伯桐先生序言裏頭，曾說：「鄒治……荊公維新，余則兼而有之；……所爲政令之動機，均在掃除已往不取之貴老政治，而以策進民衆……爲趨向；……其手術俱見於各種條款。」

目下討論縣政問題的只有……新縣政研究一冊，偏于理論的討探，沒有實際辦法的陳述。理論探討固然重要，同時方法問題也不能忽略，否則將終被空談救國者所誤！這冊彙編裏詳列各種縣政條款，都是針對着縣政問題而發，含有普遍的同一性的。從事縣政工作或研究縣政的人們，不可以不一讀。（李與之）

錄（二四）

王重民

於此書。劉向戒子文，兩書所引，又互有不同。其程曉女誡，陸景戒盈，羊祜戒子書等，又大致無異。其他部類，或尚有同者，惜巴黎國家圖書館無藝文類聚；此書卷帙繁重，又不便向私家借覽。家誡一部，余僅據嚴可均全文所引，展轉參五，證知一二。其書有不能言喻者，然樂亦在其中矣！

是書體例，如類聚與御覽，然編製無法，引書則四部雜糅，比次則時代莫辨，且多不注出處，蓋非精謹之作，宜其不能傳久。但此五殘卷，已得五百餘行，十有三部，觀其「賢行」與「言行」異部，「讒賓」與「薦賢」分居，則全書之繁重，與分類之詳細，或尤在御覽以上。其所徵引之書，似止於梁，然其寫時代余不欲估之甚古！修文殿御覽，宋志固尚著錄也。

此五卷中，前四卷筆跡相同，當爲寫於一人之手。字小而行密，工楷而清疏，且不避唐諱，疑爲出於北宋之世，最早亦不過上出五代。然家誡部錄勉與長子山松書：「家代清廉，常居貧素」，與晉書勉本傳及類聚卷二十三引，代並作世。人物部：「陳仲舉歎曰：若周子居者，眞理國之器」！世說賞譽篇理作治。若此字偶未回改。至其書名與作者姓名，似不必射覆；因擬議之言，即能言之成理，與事實亦未必相合也。四月十八日。

新書簡訊

先秦天道觀之進展

郭鼎堂著　中法文化出版委員會編輯　民國二十五年五月出版　商務印書館印行　定價九角

「天人相與之際」是中國哲學史最重要的問題。本書就是將起於殷商迄於戰國的中國人的天道觀念的進展概括的敘述。書分四章。每章敘述進展的一段。第一段是殷商人的天道觀。彼時已經有了至上神的觀念，起初稱爲「帝」，後來稱爲「上帝」，最後稱爲「天」。這個神是一種能支配一切的有意志的人格神，又是殷民族的宗祖神。第二段是周人的天道觀。周人一方面爲政治的便利，因襲殷人對於天的信仰，以便維繫人心，一方面又懷疑人格神的天的存在。後來竟不信天了。第三段是春秋時代。春秋時代人的天道觀念祇是一種虛名。老子取消了殷周以來的人格神的「天」之至上權威而建設了一個超絕時空的形而上學的本體，稱之爲「道」。孔子避去了老子的道的名稱而用其精神解釋傳統思想中的天。墨子則是純信有人格的天的。第四段是戰國時代。這時代的天道觀念繼續着春秋時代而發達。子思用五行說以解說宇宙變化的起原，又以「誠」代抽象的「道」。孟子主張天人合一。莊子則衍老子的餘緒。到了荀子乃融合儒道二家底主張，自然即是神，亦就是天。最後易傳的作者以爲「易」即是道，亦就是神。書中有幾項新穎見解值得提起的。（一）周公的思想，懷疑天的存在，而又利用之爲愚民政策。（二）老子五千言是環淵作的，環淵即是關尹。（三）洪範作於子思。這幾個問題在中國哲學史上很有關係。作者眼光銳利，不爲成說所囿，足供學者參考。（于）

× × ×

古匋文孴錄

顧廷龍著　國立北平研究院史學研究會文字史料叢編之一　二十五年六月出版　定價二元四角

近六十年來古匋時出，而有記號文字者，則始於殷商，盛於七國，殷商之匋，近年殷墟時有出土，前此所見而多文字者，則光緒初年所出七國時物也。方今古器物之流傳，以七國之物爲最少，而古文之異形，亦以七國者爲最衆。當茲古文字學稍盛之日，殷有卜辭，周有銘刻，秦漢有小篆，皆可代表一代之制作，尋其變遷之跡，而七國匋文實爲之樞紐。惟自出土以來，研治之者猶少，記錄不詳。陳介祺吳大澂潘祖蔭王懿榮丁艮善諸家嘗從事於此，所得多爲齊魯所出，惟完善而字多者，則不多覯。燕趙所出，羅振玉亦有所獲，其時皆約在光緒初年。吳氏嘗著古匋文字釋四卷，惜未見傳本，蓋爲治古匋文字之第一人。至考錄匋文者，則王氏所藏，後歸劉鶚，劉氏即以拓本景印爲鐵雲藏匋，是爲匋文有專書之始。其後治此者雖不乏人，而要以顧君此書爲最有統系。此書所集，除陳氏所藏之外，尚有吳縣潘氏家藏墨拓及周季木氏所藏並近時諸家藏錄，萬爲一編，手摹眞錄，分別部居，汰其重複，選其完整，凡傳摹之字，概不收入，其審愼將事有足多也。（鳳）

× × ×

參加倫敦中國藝術國際展覽會出品圖說（四冊）

倫敦中國藝術國際展覽會籌備委員會編輯　民國二十五年四月上海商務印書館發行　定價國幣伍元　中英文對照本

一九三五年，英國爲紀念前英皇喬治第五世登極二十五週年，在英京倫敦舉行盛大之慶祝會，中國藝術國際展覽會亦爲其中節目之一。當我政府決定徵選藝術品參加展覽之時，因其徵選方法，過重外人意見，故國內學人，曾有電請停止之舉；今者時逾經年，品物已安然回國，且曾於前月在南京公開陳列，任人觀覽，差可告慰也。惟此類品物，既多爲稀世之珍，外間少能得見，而在南京陳列，亦只能飽一開之眼福，故編印成冊，廣爲流傳，實所必要。籌備會當局亦有見及此，乃分門別類，成此四冊，且爲中英文對照，便於中外學人之閱讀也。

第一冊銅器。其中所收上起殷商，下迄戰國。照片之前，於銅器之種類，時代，地域，中國銅器在藝術上之價值，中國銅器在史料上之價值等略加說明；其次乃爲銅器照片，附有簡單說明，共分六種：一、烹飪及食器類，二、容器酒器及飲器類，三、尋常用器類，四、樂器類，新鄭銅器等，壽縣銅器等，共一百零八件。其中如康鼎大鼎銘文極多，於史料上更有價值。第二冊瓷器。照片之先冠以瓷器概說，將瓷器原始，歷代名窯，瓷器胎骨，釉色，紋片，景德鎮窯，琺瑯彩瓷等略加說明，次爲瓷器照片，上起北宋，下至清乾隆，共收三百五十二件。第三冊書畫，有說明，分總綱，書學之演進及其名家，畫學之演進及其名家，中國畫之特點及其繪畫之法，此次出品概要等五章，內收唐迄清代書畫共一百七十五件。如唐李昭道，宋徽宗，米芾，元黃公望，倪瓚，明吳偉，唐寅，董其昌，清王原祁等之作品均有收錄。第四冊收其他雜類。其中所收織繡，玉器，景泰藍，剔紅，摺扇，傢具文具，考古選例，珍貴古書等共三百餘件，此中略可窺見吾國手工業之精華。（仲）

× × ×

「中國內亂外禍歷史叢書」之編述

中國歷史研究社選擇歷代野乘私志傳略筆記之有關於內亂外禍者三百餘種，特爲中國內亂外禍歷史叢書，由神州國光社刊行，分訂三十六冊，預定一年半出版完全，這是一個很好的消息。邇來翻印舊籍輯成爲叢書的風氣極盛，但各叢書多混雜收羅，經史子集各備若干種，無獨特旨趣。此編雖亦翻印舊籍，卻能矯去此弊，別具一種眼光，供給專門研究歷史上內亂外禍的參考，誠適合現時需要。惟要達此種目的，選目頗非容易，據編者例言說：「選目甚難，是編幾經斟酌，始底於成，然猶有不甚慊於心者，刊布時，仍當遂加訂正，以期美備」，是此編選目，尚有商討餘地。竊抒己見，以當芻蕘。

一宜多增單行名著　此時，是書所選目觀之，以摘錄自各叢書或編別集中者，占十分之七八，且原書多非難得之本，除稍刊一帙取便翻覽外，無何稀書材料。苟將此若干篇幅，改選單行名著，如吳永之西狩叢談，尚秉和之辛壬春秋等，均係難購之書，則內容較見充實，是供讀者利用，至於叢書，叢編，別集，所收，已有普及本者，能一律印入更好，否則亦須編附選刊目錄的索引，亦無不可。因一面固當謀讀者參考的便利，一面也當顧慮到讀者經濟的損失。

二宜多增未刻鈔本　昔人關於內亂外禍之記載，已刻者固多，未刻者實亦不少。此編之輯，似宜旁搜求此類秘稿。筆者閩人，試就閩中此類書籍言，如清初無名氏之榕城紀聞，係述明末閩垣之被圍情狀，不亞於揚州十日記諸書。又如魏子安之咄咄錄，係述太平天國之史事。均爲未刊之本，一般人多未寓目。此種書，如能翻印，其收效必較普通叢書已印者爲宏。且筆者相信此種書存在著舊間尚非少數，惜未能備舉其目，望編者留意焉。

三宜多增長篇巨製　近來叢書喜收短篇零製，大約貪其種數多，而篇幅少，印工省而成功速。此編之作，亦未能免俗。試看各書卷帙一卷者占最多數，實則既以考鏡歷史上之內亂外禍爲目的，凡有珍異之本，均應盡量收容，勿屏巨帙。如揚捷之平閩記，張德堅之賊情彙纂，在可能範圍，均應收入。

以上三點，姑就我的感想寫出，是否可採，還希編者指正！（薩士武）

（附記）榕城紀事咄咄錄二書福州烏山圖書館均存有鈔本，不難借印。

× × ×

嚴幾道年譜

王蘧常著　民國二十五年一月商務印書館出版　定價五角五分

侯官嚴幾道先生，爲清末名儒，幼受科學洗禮，長致力於歐西學術思想之介紹，舉凡歐西之名著，如斯賓塞之 Study of Sociology，達爾文之 Origin of Species，赫胥黎之 Evolution and Ethics，亞當斯密之 Wealth of Nations 等，均以一人之手，輸入國中，其在近五十年來思想之啟發上，實佔有極重要之位置，宜乎應有年譜之作。且先生當西洋文明與東方文明開始正面接觸之時，亦非年譜無以觀察其思想之來蹤去脈。王君服膺嚴氏，幾二十年，二十二年冬，開始此年譜之編造。於考訂之餘，並與勗先生後嗣及其老友，用力亦甚勤也。（鍔）

來函

圖書副刊編輯先生：

頃閱副刊第一三九期王重民先生來函，對於拙說頗有辨正。白晉亦作白進，誠如王先生之說，當時偶失檢。惟關於閔明我姓名屬於何人，似有不能已於言者。當時有兩閔明我，誠如王先生之說，一爲順治十二年至康熙八年間在中國之閔明我，一爲康熙八年至康熙五十一年間在中國之閔明我。前一人原名 Dominicus Navarrete，係西班牙人；後一人原名 Grimaldi，係意大利人。康熙三年禁止傳教，次年拘禁各省傳教師二十五人於廣州，康熙八年前一閔明我得脫走，後一閔明我繼至，乃頂替其名入禁所，即自康熙八年以後，中國人所識之閔明我祇有此人。前此因見副刊一一九期載康熙三十九年閔明我等奏疏，王先生所譯十數師名缺二名，特不惴冒昧爲之補入，故未及前一閔明我。天主教傳行中國考謂：「多明我會修士閔明我者因病出缺，耶穌會神甫格理瑪弟，即頂替其姓名」，語有訛誤，前一閔明我脫走後，於康熙十六年被任爲中美 St.-Dominque 城大主教，後歿於康熙二十八年，王先生謂「眞閔明我死於康熙十年以前」，未知何所本。後一閔明我之歿年，費賴之書作一七一二年十一月八日，則在康熙五十一年矣。當時西士姓名頂替變更，其例凡數見，若謂後一閔明我爲假，則似不必譯執此眞而彼假，康熙時領兵部文差往俄羅斯及在欽天監治曆之閔明我，不將盡改爲格理瑪弟歟？王先生素所佩服，前函不過狗尾續貂而已，且原函有「可否即用王先生名代爲更正語」，不意一二一期副刊竟用鄙名發表，並刪去前語，遂致發生誤會，不勝抱歉之至。王先生有志編錄西士姓名，此鈞有志而未能者，甚願其早日成書。西士姓名傳寫至今不無訛誤，如 Semedo 諸本多作魯德照，然證以南懷仁之道學家傳及北平圖書館藏二三六五八號寫本並作曾德昭，即其一例，費賴之書不盡可恃也。用再錄呈一得之愚，以備王先生參考。專此祇頌撰安。

馮承鈞啓七月十六日

圖書副刊

BOOKMAN

第一百四十二期

一本刊登載關於中外圖書之介紹批評以及學術界消息爲公開性質歡迎投稿
二刊登本刊之文略致薄酬
三投稿通訊可寄「北平文津街國立北平圖書館內圖書副刊編輯收」

切韻與鮮卑

陳垣

此文英譯在北平輔仁大學華裔學誌第二卷發表。今從陳先生假得原文，特錄於此。 編者識

切韻五卷，陸法言撰於隋仁壽元年，（西六〇一）至唐儀鳳二年，（西六七七）長孫訥言爲之注，各見本序。今廣韻雖非切韻之舊，然卷首仍署「陸法言撰本，長孫訥言箋注，」紀其朔也。

觀切韻隋志不著錄，而兩唐志所著錄之切韻則題陸慈撰。嚴可均全隋文陸法言小傳云：

「法言名慈，以字行，魏郡臨漳人。開皇中爲承奉郎。父爽，嘗奏更皇太子諸子名字，及太子廢，而爽先卒，文帝追案，坐除名。有切韻五卷。」

此小傳雖未明著所本，然可知其綜雜兩唐志，及宋本廣韻，並隋書陸爽傳而成。至慈與法言是否一人，尚有疑問。因法言切韻自序，法言之名凡三見，序稱法言，何以書題慈撰？或以倭名類聚鈔所引有陸詞切韻，詞與言正相應，但法言弟名正言，見元和姓纂，詞與法並不相應。則以字行一節，亦推想之詞，須俟其他確證。

至法言之先，本出鮮卑，亦見姓纂，前人多不注意。姓纂河南陸氏條云：

「河南洛陽陸氏，出自代北，代爲部長大人，號步六孤氏。後魏孝文遷洛，改爲陸氏。與穆奚于賀劉婁爲北人八族。征西大將軍東平王陸俟，生麗，馛，歸，馥，騏驎，……騏驎孫隋中書舍人，生法言，正言。法言，隋承奉郎，撰切韻。正言孫大同，遂州刺史。」

今本姓纂，輯自永樂大典，恒有脫誤。據魏書官氏志，太和十九年（四九五）詔八姓有穆陸賀劉樓于嵇尉；據通典職官典，隋有內史舍人，無中書舍人；此字句之脫誤者也。曰正言孫大同，則與大唐新語合，大唐新語陸大同條云：

「大同門雍睦，四從同居，法言即大同伯祖也。」

據隋書陸爽傳：「爽，魏郡臨漳人，祖順宗，父槩之，子法言」；郡望先世，均與姓纂不同，又不言其撰切韻，何以知此即爲撰切韻之法言。據魏書陸俟傳：「俟，代人，季子騏驎，騏驎子順宗，順宗子槩之；」槩之即法言之祖，騏驎即法言之高祖。今本姓纂，騏下脫驎字，復脫中間一代，故謂騏孫生法言正言耳，非先世有異也。

據北史陸俟傳：「騏驎子孟遠，孟遠子槩之，槩之子爽，爽子法言；」更爲明晰，但孟遠與順宗不同，則一人二名耳。

至於郡望，魏書於鮮卑例稱代人，遷洛以後，則稱河南洛陽人。今隋書爽傳，不稱河南洛陽人，而稱魏郡臨漳人，蓋爽父仕北齊，此從北齊遷鄴以後之稱，非郡望有異也。北史以陸爽附陸俟傳末，宜矣。

然正爲隋書陸爽傳不稱河南洛陽人，而稱魏郡臨漳人，故人莫知爲鮮卑。且陸本漢姓，非據姓纂，莫由知爲鮮卑之陸。非參考北史，莫由知爲鮮卑陸俟之子孫也。

唐時即有誤法言爲吳人者。李涪刊誤切韻條云：

「陸法言著切韻，吳音乖舛……夫吳民之言，如病瘖風而噤，每啓口則語淚喎吶，隨聲下筆，竟不自悟。」

是以法言爲吳人也，趙璘因話錄曰：

「有人檢陸法言切韻，見其音字，遂云此吳兒眞是翻字太僻，不知法言是河南陸，非吳郡也。」

蘇鶚演義亦曰：

「陸法言著切韻，時俗不曉其韻之清濁，皆以法言爲吳人；……此大誤也，法言本代北人，號步陸孤氏。」

清俞正燮癸巳存稿書廣韻後，因唐宰相陸氏皆吳郡，猶疑法言爲吳郡陸。今欲明法言一家統系，應合魏，齊，周，隋，北，五史，及姓纂，成鮮卑陸氏世系表，則法言之爲鮮卑陸然矣。周嘉猷南北史世系表有河南陸氏世系，然僅據北史，未爲完備，另譜如下：

鮮卑陸氏世系表

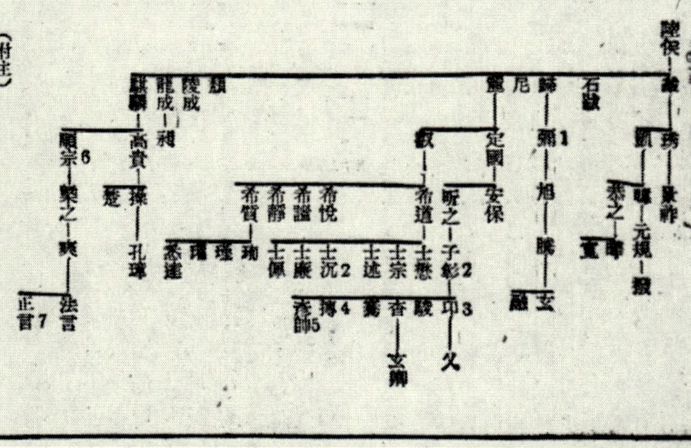

（附注）

1彌，北史作琇，此據周書騰傳。

2子彰即士沉，希道子，入嗣昕之。

3卬殿本魏書作昂，此據北齊書本傳及隋書彥師傳。

4搏，殿本北史作摶，此據元大德本北史卬傳。

5彥師，隋書來義傳亦作魏郡臨漳人。

6順宗，北史作孟遠，此據魏書俟傳隋書爽傳。

7正言，據元和姓纂。

據表，陸俟至法言凡六世。雖系出鮮卑，以武功世其家，然再傳至琇，史即稱其雅好讀書，三傳至暐，已有述作，嘗擬急就篇爲悟蒙章，及七誘，十醉，章表數十篇，弟恭之，所著文章詩賦，亦千餘篇，見魏書各本傳。

從弟旭，好老易緯候之學，撰五星要訣，及兩儀眞

書評

尊古齋所見吉金圖初集

立庵

定價國幣三十六圓 代售處北平琉璃廠來薰閣

號稱爲文化區域的北平，近年來淪爲邊疆，日漸蕭索了。在往時，這裏確是全中國文化的中心，因而造成一個文化的商場，那就是琉璃廠。古書，書畫，碑帖，玉器，磁器，銅器，古錢，以及筆墨紙，沒有一樣不以廠肆爲總匯。廠肆之名，聞於天下。

在廠肆裏面的商人，很有些精鑒別，識源流，爲士大夫們所器重的。以銅器而論，近三十年來，有尊古齋主人是黃濬，字伯川，他的鑒別銅玉器是頗有聲譽的。近年他的鋪子已停業，但他所編的材料書却方源源不絕的印行，已出版的有鄴中片羽初集，衡齋金石識小錄，衡齋藏見古玉圖，尊古齋古鉩集林，和最近出版的本書五種。

廠肆既是國中最大的古物市場，那末，除了有計畫的發掘外，凡是藏家收藏而新脫手的，和新出土的古物，大都是在這裏經歷過的。黃氏本是這裏頭的魁率，又立意要蒐集這一類的材料，前後費了三十年的心力，所以成績是很可觀的。

本來，蒐集這種材料是很困難的。除了清宮所藏有大批銅器外，近世的材料書，大概有兩種，一種只是個人所收藏的，一種是徵集各家藏品的。私人收藏，是有制限的，而徵集各家藏品，却因散在各處，極不容易。許多藏家，往往把古物秘不示人。又有極精貴之物，出土後旋歸外國，在國內欲見一拓本而不可得。這種困難，是學者們所常常遇到的。

在這種場所，商人們蒐集材料，比學者便利多了。藏家秘爲奇珍，學者守其禁臠，常有不肯公開的，但在他們那裏，却只是商品而已，除了在買賣沒有完成時，無須秘密。

學者們以材料的蒐集流布自期，而材料的來源，常常感到缺乏，也就不能不求助於此類商人。但材料的蒐集流布和研究學問究竟是兩回事。在材料過於貴乏的時候，學者固然不得不親自着手去蒐集，但這畢竟是曠時失業的事情。試問一個每天跑琉璃廠，聽聽行市，看看貨色，找幾張拓本，照幾張像片的人，怎麼能靜下心來把一個問題作精詳的研究。我們只看陳簠齋對於鑒別收藏，確是卓絕千古，但對於器物或其銘詞本身的研究，却極有限。孫仲容研究銅器銘辭，近世罕匹，但他所收藏的銅器，只有兩件。近時的羅叔言和陳氏相近，王靜安便與孫氏相近。可見鑒賞收藏蒐集流傳是一事，研究整理考證發明又是一事，顧此則失彼，最好的辦法，是分工合作。

假如要分工的話，那末，蒐集流布等工作，最好讓收藏家和商人們，或接近古物商的人去做。一個清寒的學者，和不能久抛書卷的人，對於這種工作，是不能討好的。與其向商人們乞其餘瀝，辛辛苦苦去編輯，反不如讓別人編好了，再去整理。在目前，大部分的材料都已流布，待解決的問題太多了。流布材料，固是有功於學術，但研究整理，在學者的責任上，比之蒐集流布，重要得多。

因此，我們對於黃氏編輯這些材料書很重視。以本書而論，黃氏所收銅器凡百九十一種，大抵皆極精之品，在同類書中，實爲巨擘。我很希望黃氏能把初集所未穀的，像濬衞土遜毀（見于序）和楚王鼎鐏戈等都印出來，作爲二集，自然還希望有三集四集。同時，還希望別的古物商人也來效法一下，各把所見的材料公佈出來，在學術界上，也是無量功德。

蒐集材料的書，除材料的眞僞問題外，就是編次的方法。本書在編次方面，無特點可言，惟除標目外，每圖之前不冠器名，檢閱少嫌費事耳。眞僞辨別本頗不易，雖極有經驗者，偶罹情感，亦必僨事。濬衞土遜毀初出，學者或疑爲僞，本書所穀同人所作之器甚多，可以無疑，罐兒鼓初見拓本，商錫永氏斥其僞，豬於「古代彝器僞字的研究」一文，後見其器，則非僞，怳然自失，今黃氏亦收之本書矣。黃氏鑒別之精，衆所交推，然其所錄虢鐘，或亦疑其僞刻。又卷四有虎節，文云：「王命傳賃，」似頗可疑。因偶有所謂龍節者銘云：「王命傳賃，一擔飤之」，其辭本在可曉不可曉之間，今截取其半，而又爲虎符，其眞僞殆必睹器而後能定。

此書的總目寫得不很好，亞夾鼎的亞夾兩字合文，寫得很奇詭。鴞鼎的鼎字沿舊說誤作鼐。擊數的擊字，明明即果，而不敢識，此類甚多。不過，這於材料本身是無足輕重的。

關於古物的掌故，黃氏所知道的，一定很多。在什麼時候和什麼地方出土，和流傳的歷史，都是我們所很願意知道的，可惜在本書裏，他一些沒有記錄。我很希望以後他編輯這類材料書時能注意到這一方面。不過，他如要單寫一本書，那就更好了。

總之，這一部吉金圖，材料的豐富，本是值得一看的。尤其是編者是古物商人這一點，是特別值得重視的。古代商人常常編輯些材料書，例如宋陳思的寶刻叢編，近代朱氏的經學叢之類，我很希望把這種風氣延展到古器物學方面。蒐集流布自有人在，我們的學者也就可以埋頭几案間，多做些整理或發明的工作了。（完）

中外條約彙編

王鐵崖

于能模黃月波鮑釐人等編 二十四年商務印書館發行

條約的彙輯編訂，無論在現實國際關係上，抑在學術研究上，均爲重要的工作。在現實上，條約爲國家對外關係的基礎，國家所締結的條約，表現國家的國際法律上權利義務；在學術上，條約彙編是研究外交史所絕對需要的工具，同時，條約爲國際法的主要淵源，那麼，條約的研究亦爲國際法學者的基本工作。但是，彙編條約並非容易，實有若干困難。第一，政府雖常常公布或彙印條約，但不輕易從事編訂工作，因政府總不願担負編訂的責任，而另一方面，私人從事彙編的工作恐難完全利用政府所得利用的材料。第二，條約的彙輯編訂有兩種不同的標準：一係把政府所締結的一切條約彙輯編訂，一則彙編僅限於現存有效的條約；前者的缺點在於不易明顯表現國家的現存的國際權利義務；但後者更有危險，蓋條約的部份或全部的有効與否常爲國家間的重大法律問題，似非編訂者所應擅自斷定。第三，條約的彙輯編，如欲其完善，必須做到「詳」與「確」的兩個目標：所謂「詳」者謂，不論依何標準，應當編入的條約盡量編入，不使有所遺漏，所謂「確」者，狹義指條約應證以條約原本，廣義則謂彙編條約應包含一個精密的考訂工作。

中國條約的彙刻始自光緒初年的「通商條約類編」，光緒十二年續有「通商約章類纂」，此後做這樣工作的逐漸增多，主要的如浙江的「各國通商條約」，湖南的「約章分類輯要」，以及北洋洋務局顧世清氏所主編的「約章成案匯覽」甲乙兩篇。民國十六年北京外交部復編印「中外約章彙編」，已經完成了中日中俄中美等部份。但是這些條約彙編，都未臻完善，均有可批評之處。反之，外人方面對於此工作倒有他們的貢獻；學者和外交家如Rockhill Myers Hertslet Mac Murray等都有他們極有價值的作品。現在最重要的是：（一）The Maritime Customs: Treaties, Conventions, etc., between China and Foreign States（二）MacMu

學術界雜訊

清·

（一）宋初李昉等所修太平廣記，爲卷五百。網羅前代遺聞故事，至爲詳博。爲研究文學史及中古期史事者所必取資。顧其書體例，引用一書，散在各卷，漫無倫次，不便檢閱。最近武進孟心史（森）先生特取新印。嘉靖談愷刻本，大施裁剪，重行排比。凡編中引用之書係同名異卷者，悉數爲之集中，以便學子校讎稽覈之用。用意至爲深美。聞全書改編，業已竣事。交上海大東書局，以活字版印行。年內即可出書。如此本出，則一切明清舊板，皆可廢矣。

（二）海鹽張菊生（元濟）先生，耆年碩學，望重中外。創辦上海商務印書館，執現代中國出版界之牛耳。豐功偉績，世人莫不知之。三十年來，復銳意收輯殘編舊籍，古槧名抄，創立涵芬樓。其後又擴充爲東方圖書館。全館圖燬於一二八之難，然涵芬樓所藏古籍之倖逃劫燬者，僅數萬卷。海內學子得窺見其藏書者，無不交口稱道。此外又創印四部叢刊續古逸叢書四庫全書，而以影印百衲本二十四史一事，尤有功於史學界。今歲九月，適值先生七十壽辰。中央研究院院長蔡孑民氏，北

圖，歷太行山，屢徵不起，見周書[illegible]傳。

四傳至元規，常從北齊文宣征討，著皇帝實錄，見史通正史篇。

從弟暉，篤志文學，齊律序卽暉之詞，見北史恭之傳。

從弟爽，爲太子洗馬，與宇文愷等撰東宮典記七十卷，爽卽法言之父，宇文愷亦鮮卑也，見隋書爽傳。

五傳至肆，通陰陽律曆，見北史肆傳。

從弟印，博覽羣書，善屬文，甚爲河間邢邵所賞，所著文章十四卷行世，齊郊廟諸歌，多印所制，見北齊書印傳。

印子乂，五經精熟，時人謂之石經，見北史乂傳。

此皆鮮卑陸氏之家學。偃武修文，曾不數世，翕然華化。法言生於其間，濡染既深，撰集記述，遂爲韻書不祧之祖。觀孫愐唐韻序，知天寶間（西七五一）音韻之書，惟陸氏切韻盛行於世，但人不注意其出於鮮卑耳。當陸俟再傳至叡時，孝文猶未改代人氏姓。故魏書叡傳云：

叡襲平原王，娶博陵崔鑒女，鑒謂所親曰，平原王才度不惡，但恨姓名殊爲重複。

蓋其時仍稱步六孤也。今魏書不稱步六孤俟，而稱陸俟

rray: Treaties and Agreements with and Concerning China, 1894-1919, 和(三)Carnegie endowment for international peau: Treaties and Agreements with and concerning China, 1919-1929，此三書可以說是完成了一部整個的彙編。因爲本國尚未有完善的作品，一般學者遂不得不借重牠們，雖然也感相當的不便，特別後兩種僅有約章的英文本。

這本于能模等所編的「中外條約彙編」可說是民國十四年商務印書館所編輯的「國際條約大全」的改編本。我們知道編者之中有係現在服務於外交部條約委員會者，他們以私人資格編訂中外條約，我們希望他們能盡量利用外交部所供給的材料。不幸，他們的工作使我們失望，他們的彙輯只是「歷朝條約」和北京外交部的「中外約章彙編」的合訂——以「歷朝條約」補充「中外約章彙編」所未印行的部分；如果外交部把未印部份審查印行，則此書將成爲重複，毫無用處。並且，此外他們關於中日部份還採用東北外交委員會所印的「中日條約彙纂」，這個「中日條約彙纂」是否可靠，還待研究。

本書的彙輯編訂，係以條約的效力爲標準。我們已經說過，這個標準有很大的危險：一個條約的一部或全部，如果被新約所聲明作廢，問題自較簡單；但是，條約的喪失効力除了條約明文規定外，還有許多複雜的法律上和事實上的原因，不但學者的討論不能得有一致的見解，即是締約國政府，也不能堅决確定。以此標準爲編訂的工作，遂致引入編訂者主觀見解的要素，難免減低工作的價值。所以最妥當的方法當爲，如 Mac Murray，把所有約章彙輯起來，以附註指明約章的効力；至少也應當把編訂者所認爲失効的所有約章編爲附錄，以備參考——何况即是失効的約章，在法理上和歷史上仍有牠們的價值。

因爲本書編訂的標準，係條約的効力，編訂者的見解或有不同，因此對於本書的「詳」否，很難加以批評。不過我們知道本書係以「歷朝條約」和「中外約章彙編」爲根據，而後者二書並不能算是詳盡，如果把牠們和 Mac Murray 的作品或東亞同文會的「東亞關係特種條約彙纂」比較，我們會發現許多重要的約章，未包括在內。（在這裏，應特別提明本書的國際條約部份更不合理：中國曾參加過許多重要國際條約，明顯的例如國聯盟章和非戰公約，其重要不在九國公約之下；本書既爲中外條約彙編，並有國際條約部份，此等國際條約理應一概列入。）我們以爲從事條約彙輯編訂工作，應當詳細參閱一切中外公私的作品，中外已發表或未發表的外交檔案，當然包括在應注意之列。在「確」的方面，本書

京大學文學院長胡適之氏，商務印書館總經理王雲五氏，特邀名流碩彥暨學術界鉅子撰述專門論著，刊成專冊，爲先生壽。如前後中央研究院歷史語言研究所刊行蔡元培先生六十五歲論文集故事。聞國內學人參加此項撰述者甚多，十月中由商務印書館集稿付印。其內容之豐富，當不難想像也。

（三）前歲如朱範成法師，赴陝中放賑，於長安臥龍寺，得北宋槧本慈悲道場懺法三帙。文字與通行本梁皇懺全異。其書開版寬大，每開三行，行十字，字徑逾寸。刊工古茂深厚，有龍門始平公造象意味。紙色暗深，一望而知爲北宋早期北方刊本。國內公私藏家所著古本，其刊版時代殆無有出此書前者。（巴黎之五代刻佛像及韵書，倫敦之咸通本金剛經，日本之北宋開寶藏殘本，當是例外）。最近範成法師攜來北京，江安傅沅叔吳興徐森玉陳援菴張庾樓諸氏相與欣賞，驚爲邦家之寶。因由諸氏設法聚資，影印百部，俾廣流傳。聞日內即可見諸事實。又範成法師在長安，又覓得元至元庚寅。江淮諸路釋教都總統楊璉真伽刻本唐釋一行所著華嚴懺儀，亦爲中外久佚之秘籍云。

\+ + + + + + +

者，魏收修史，例用新姓，不用舊姓耳。由此可見鮮卑種人華化之速矣。

不獨此也，集注切韻之長孫訥言，亦鮮卑也。訥言事迹不多見，僅由故宮王仁昫本切韻知其曾爲德州司戶參軍。又由姓纂長孫氏條，知「教生師，黃門侍郞，師生訥言。」姓纂殘闕不全，不敢信其無脫誤。惟長孫氏之爲鮮卑，較他氏爲易證。周書長孫儉傳云：

儉，河南洛陽人，其先魏之枝族，姓托拔氏，孝文遷洛，改長孫氏。……儉容貌魁偉，音聲如鐘，大爲鮮卑語。

訥言其裔也。舊唐書長孫无忌傳云：

无忌，河南洛陽人，其先出自後魏獻文帝第三兄，初爲拓拔氏，宣力魏室，功最多，世襲大人之號，後更跋氏爲宗室之長，改姓長孫氏。

今傳唐律疏義三十卷，即長孫无忌等奉勅撰，訥言其同族也。切韻之撰者注者，均屬鮮卑，不可謂不奇。故特表而出之，以供研究音韻者之參考。

新書簡訊

考古第四期

未能引証條約原本，僅以官印本爲根據。The Maritime Customs 所編的 Treaties, Conventions, etc., between and Foreign States 曾說明若干約章係印自原本；此項工作自屬繁重困難，但是惟有經此困難，條約的編訂方有絕大的價值。其次則各個條約均應分別註明其出處，使讀者得據以研究其可靠的程度，因而增加其信任心。早先的條約多半已經失去原本了，條約編訂者更應有精密的考訂工作，這一點本書也非常缺乏；特別是中俄早先條約，如尼布楚條約若干學者已加討論，清代錢恂氏對於中俄界約曾加研究，這是本書編訂者所未曾注意的。還有一層，中國所訂條約多以英法等外國文爲準，編訂條約者如要達到「確」的完全目的，雖不能將「爲準的文本」同時刻印，至少也應註明牠們的可靠的出處。

本書編訂方法係承襲「國際條約大全」，依照普通的方法，條約依國分類，書首附以檢查表。這當然比依事項分類的方法較爲妥當；書首的檢查表類似索引亦便利於讀者的翻閱。本書在彙輯條約之外，編排各國條約之前，加以簡單說明；特約之前，對其要點略加擘敘；並把未訂新約前或新約未完全代替的舊約列入附錄。但是，這三個編制法都有可議之點。第一，各國約前的簡單說明，既未敘述中國與各國訂約的略史，復未能對於條約一一評解，且大部份說明與各約前的要點擘敘時時重複。第二，所謂要點擘敘關於條約內容方面，實毫無實義，在印刷上且常與條約本文相混，致引起誤解。第三，附錄所以列載未訂新約或新約未能完全代替的舊約，但書中編製並不一致。至於中德條約內附錄凡爾賽條約條文兩條理應註明中國代表未曾簽字，對於中國從未發生效力。

最後，本書印刷上的錯誤也是很多，一部份應由編訂者負責。例如，頁一六內中英會議藏印條約八款的最後一段，似應列在頁一七內中英會議藏印條款九款之首。再如中俄璦琿東界約八款，見於頁三四七至三四八，而後見於中俄烏蘇里河東界約的後面（頁三三四）。而另一部或者手民也應負責，例如在中俄勘分西北界約記十條內，我們發現若干的遺漏和錯誤；頁三三五第二條第一行「自瑪呢圖」下漏「噶爾」兩字，頁三三六第一行「流水之庫」下漏一「克」字，第三行「河屯」兩字係「倒置」，第四行「故」爲贅字，「之」應爲「齊」字，第十五行「賓古魯」下漏一「克」字，同頁第四條第六行「博」應爲「胡」字，第六條第十一行「至總」下漏一「立」字，第九條第六行「里」應爲「理」字。我們應知道一本條約彙編如果發現印刷上若干不可原諒的錯誤，這編本身也就失其價值。

考古學社社刊　民國二十五年六月出版　北平燕京大學考古學社發行　北平琉璃廠來薰閣上海市博物館代售　定價七角

考古學社自前歲成立以來，由考古家容庚氏負責主持；社務日臻發達。本年四月中，復公推葉恭綽氏爲社長。葉氏獨助巨額捐款，以供社刊印刷費。于是此三百七十九面之小型刊物，遂得安然誕生。在貧乏蕭條的故都學術界，得此不無有生氣物物之概，至可喜也。

本期所收文字，有爲專題研究者。如唐蘭氏「釋四方之名」，董作賓氏之「說英」，于省吾氏之「井侯敦考釋」，陳夢家氏之「令彝新釋」及「釋底漁」柯昌濟氏之「毀昭王之諫敵」，」岑家梧氏之「圖騰考」，童書業氏之「中國山水畫南北分宗說辨僞」，徐中舒氏之「論古銅器之鑑別」等均是。諸文發揚奧蘊，詮譯陳說，嗜古者殊值得一讀。

陳夢家氏爲新興之金文學家。其令彝新釋一文，共分六章。一疑明保爲召公。二釋周公宮爲周之公宮。三釋伯卽尤字。四釋三事釋里君。五釋公尹爲官名。六釋宣。洋洋千餘言時有特發之覆。與時賢之說，頗相鑿枘，要可視爲近年研究青銅器文字進步的象徵。

徐中舒氏補商承祚氏古代彝器僞字之研究一文之未備，對於鑑別銅器文字的方法，提供三條極合理的原則。（其一）銅器著錄（卽兩書出版的年月）相差過遠，其後見著錄者，僞者居多。（其二）非同一人一地或同一地域之器，而其作風相似者，尤其特殊之作風，則此類器除一二器或有視爲原本外，其除大率皆可視爲僞作。（其三）凡器銘在器上的地位，各種器都在一定的所在，其不合者，大概都是僞作。上舉三條原則，除第一條許有若干例外，須另加詮釋外，其餘兩條，都是極少有例外的。研究銅器文字或研究古器物學者，對於此文應當格外注意。

除專題研究外，尚有多篇爲古蹟和新出古物調查報告。如許敬參氏「魯山縣新出二石記」，「漢都鄉正衛彈碑和北周宇文恪起龍華浮圖遺像記」李澣磻氏（卽現任河南省政府委員之李培基氏，聞李氏收藏石刻拓本及古璽印甚富。）之「記魏宕昌公暉福寺碑」，周一良氏之「雲岡石佛小記」，葉恭綽氏之「磧砂延聖院小志」，（此文爲影印宋藏而作，故又刊入磧沙藏重刊始末記後。）張希魯氏之「跋楚雄新出土南宋高公墓誌」，孫文青之「宛南訪古記」，鄭師許氏之「爲上海市博物館蒐收曉鏡館收藏古錢小記」等均是。此項論文，讀者當然感興趣。我們希望第五期出版時，能比這一期材料，更加豐富。以第三期只有二百五十八面，和這一期相比，想來我們的希望決不會落空的。（書）

\+ + +

雁影齋題跋

李希聖著　民國二十五年一月鉛印本

此書爲湘鄉李希聖氏所著。共四卷，一冊。李字亦玄。光緒間巴陵方柳橋（功惠）觀察遺書至京師，李氏爲定書目，擇其善本，撰成題跋。凡宋刻書二十四種，元刻書三十三種。舉凡卷帙之異同，版刻之行格，收藏之印記，靡不條分縷析。其用力之勤，以視其所校訂之[illegible]梅苑，固相伯仲也。

然其中頗有以元刻爲宋刻者，如儀禮圖，古今源流至論，韓昌黎集，柳柳州集，均是。又有以明刻誤爲元刻者，如宋史，稽古錄，百川學海，李文公集，虛堂智禪錄，歐陽文忠公集，存復齋集等，皆是。蓋偶然之疏誤，要不足深責也。

細閱編中著錄之書，其後流歸他所，今日尙可得而考知者，如宋本白氏六帖，爲董康氏所得，現歸吳興張氏。宋本東萊觀瀾文，現歸吳興劉氏嘉業堂。宋本中吳紀聞見近錄二書，歷藏江陰繆荃孫杭縣吳昌綬，最後則歸江安傅氏藏園。明弘治錫山會通館銅活字本記纂淵海，現歸國立北平圖書館善本書庫。明十一朝實錄，每冊卷首有東海璜溪臣錢容保拜手恭讀者，自臨清徐氏處轉歸國立北京大學圖書館，已非完帙，至可浩歎。此外如明季李東陽所輯南詞八十七卷，曾藏彰文勛知聖道齋，後歸武進董康氏，今且不知流歸何所。據李氏跋文，知南詞中所見舊本詞集，爲毛子晉侯懈王鵬運三家未刻及世無刊本者，尙得十三家，卽已有刊本者，其字句亦與毛刻多異。李氏此言，雖未必能得南詞一書之眞價值，（因誤以李獻王達爲宋人故）然亦大可供人玩味。

今巴陵方氏藏書，已成烟銷雲散之局。其藏書目猶存黃陂陳士可者，亦僅僅鈔殘帙。持此一編，恍如得見碧琳琅館故物，可謂慰情聊勝於無者矣。（齊）

\+ + +

中文參考書舉要

鄧衍林編　民國二十五年六月國立北平圖書館出版　中國道林紙印　定價五角

圖書館之設立，在於增進社會人士求知之便，然古今書籍浩如烟海，學者治一問題，若欲遍檢羣書，皓首窮年，其心力所費者巨而所得者少。近代圖書館爲適應社會上此種需求，乃有參考書籍之編製。

所謂參考書者，範圍極難確定，學者治學，每檢一書，莫不可謂參考。學術之部門既多，若就此廣汎意義，編訂參考書目，實不啻一普通書目而已。是以所謂參考書者，如書目，索引，類書，辭書，字典，年鑑，年表等是焉。

吾國參考書籍，編輯規模之大者，首推類書。此種書籍，卽西方所謂百科全書。此外，書目，辭書之類，代有所作，年鑑，索引等，近復時有編纂，即就各科之參考書論，爲數已大有可觀。是則參考書目之編輯，爲不可緩也。

英美如 Isadore Gilbert Mudge及John Mints諸人曾有參考書目之編輯，體例謹嚴，網羅宏富。北平圖書館，有鑑於此，乃效其成法，編爲中文參考書目。董其事者，爲鄧衍林君。鄧君在該館擔任參考事務有年，每一參考問題發生，博檢窮搜，答復不厭詳盡，茲由舊稿，詳加增訂，得各科重要參考書籍千五百餘種，雖非網羅殆盡，然已大體具備，其有利於學人實用，爲功自不在小。

本書凡分書目，類書，字典，期刊，普通年鑑，會社，經濟，哲學，宗教，自然科學，應用科學，社會科學，歷史，地理，傳記，古物學，語言學，文學，藝術等十九類。於每一類中又依其性質，分別類居，如書目類卽有書目之書目，書史，版刻，考證，校勘，叢書索引，名著選目，知見書目，徵存徵闕，藝文志，公藏目錄，圖書館書目，國外藏書目，私藏書目，題跋及讀書記，書影，禁書，叢書，政府機關刊物目錄，營業目錄，其他特種目錄，圖書館等項目之區分；而自然科學類亦有書目及索引，數學，天文學，物理學，化學，地質學，礦物學，生物學，植物學，動物學，生理學等細目之規定，綱舉目張，有條不紊。末附書名索引及著者索引，極便檢尋。不僅爲參考上之應用，且可知吾國參考圖籍發展之概況也。（思念）

（第三張） 中華民國二十五年八月十三日 大公報 （星期四） （第十一版） 律

圖書副刊

BOOKMAN
第一百四十三期

一本刊登載關於中外圖書之介紹批評以及學術界消息爲公開性質歡迎投稿
二刊登本刊之文略致薄酬
三投稿通訊可寄「北平文津街國立北平圖書館內圖書副刊編輯收」

惜陰堂彙刻明詞記略

趙叔雍

比數年來，從事於彙刻明詞。先就插架所及，再求之於各地公私書藏，乃至朋好之篋笈，隨得隨刻，將三百家。而迻鈔同寄，[illegible]，尚復有少[illegible]持。乃承損書見訊者，具問一切，爰先述此，用作嚶引。

一、輯刻之契機

十餘年前，隨操翰，尤愛金荃蘭畹之集。時時從況蕙風先生問學，[illegible]訂律拈詞。蕙風先生嘗一日見語，[illegible]自汲古閣六十家[illegible]精心校訂，尤爲[illegible]之大業。惜朱明以後，[illegible]。余深韙其言，[illegible]。迨癸亥間，蕙風先生所輯歷代詞人考略，已至元季，將欲續撰，亦苦於明人詞集之難得，[illegible]。此輯刻明詞之嚆矢也。[illegible]

二、輯刻之凡例

余既輯刻明詞，所收自廣，因自訂凡例，茲列舉之：

(1)明人詞籍之單行本，全收照刊。（如易震吉秋佳軒詞等。）

(2)明詞附刻詩文集者，裁篇付刊。（如高季迪扣舷詞等。）

(3)詞曲之雜見者，刪曲而存詞。（如楊升菴花洛詞等。）

(4)明人之相互唱酬者，全收。（如萬壽祺題清唱和等。）

(5)明詞選本，不論明清人所選者，全收。（如沈際飛之草堂精選，王昶之明詞綜等。）

(6)明人所選之唐宋元詞，如分朝代者，僅取明詞。[illegible]

(7)明人所選之唐宋元明詞，明人不多而不以朝代分者，不收。[illegible]

(8)明人所選之唐宋元詞，非罕見者不收。（罕見者如楊慎百琲明珠。）

(9)明詞譜，非罕見者不收。（罕見者如萬惟檀詩餘圖譜等。）

(10)明人所撰之詞話，多述唐宋舊聞，無專述明詞者不收。

(11)明人所撰詞韻，照收。（現未得詞韻，至曲韻當然不收。）

(12)明詞附刊之眉批，及序跋之有關詞人傳略者，照刊。

凡上所舉，[illegible]明且拙本勝於宋刻，[illegible]足道，然斝華之後，論以騷逸，而黍離麥秀之思，又往往流露於行間字裏，則較之宋明季遺民之作，當亦爲原心者所不廢也。（友人有勸余[illegible]，尚未遑及。）

三、明詞之特色

今人之治詞學者，[illegible]

(1)明代開國之初，[illegible]

(2)[illegible]

(3)[illegible]代大臣，多古文之士，會一品，[illegible]

(4)明代武職，多有能詞者。[illegible]謂異曲而同工者。

新書介紹

倫敦出版

中國藝術論集

練君

Chinese Art: An Introductory Handbook to Painting, Sculpture, Ceramics, Textiles, Bronzes & minor Arts, by Roger Fry, Laurence Binyon & others. London, Batsford Ltd. Dec. 1935. 15s.

西人於近二十年來，對於中國藝術的研究，十分熱心，並有綜合的進步。關於繪畫、陶瓷、銅器等學問，專家不少，所出專書，圖版精美，索價頗貴。[illegible]去年在倫敦開中國藝術展覽會，[illegible]本刊已介紹過[illegible]在英倫方面，則Batsford書店（15 North Audley St. Mayfair, W 1, London）亦趁去年底出版此中國藝術論集，計通論六篇，而冠以中國公使郭泰祺夫人之序。所收六篇文字，雖非鉅著，然皆出於專家精撰。主要根據十年前已發刊之柏林頓雜誌（Burlington Magazine）中[illegible]

第一篇文字，是已故之 Roger Fry 氏的著作，通論中國藝術。[illegible]國相近。因此我們對於中國畫不怕不能瞭解也。歐洲人對於線條輪廓，非不重視，但繪畫藝術的發展，中西不能一致的。西洋畫到Rembrandt輩，則幾一無線條輪廓之可言。此乃中西之異也。進一步討論，中國畫用線條輪廓，如是則無面及立體？亦不盡然。此與西洋傳統又大異。中國畫多淵源的地方，表示體。恐怕中國人對於立體的觀念，從圓球形與柱形出發，而與西洋人從立方體出發者，根本不同的。歐洲藝術傳統，遠溯希臘，即注重人體，而且太注重人體了。中國藝術可以補救此不足。無論在雕刻或繪畫方面，人體不及西洋之精；而於禽走獸，以及花卉，特別精妙。又對于飛禽走獸花卉，不求形似，因藝術家並不如西洋人一般着重於外物之精密的觀察，而注重領會動植物之內在的精神，所以特別高妙，足補人體藝術不發達之缺憾而有餘。氏之所論，此數點，皆可謂能見其大也。

第二篇Laurence Binyon 論畫。此篇乃新近改作的。體裁取歷史的敘述，分四節：（一）唐以前，（二）唐代，（三）宋代，（四）宋以後。疎略之處，在所不免，例如明清的畫家，差不多都沒有說到，所以不能說是篇完美的文章。有幾處有獨到的心得，他對於顧愷之的女史箴說，起初看來，沒有什麼好。但二十年來，觸目夫標，乃天天發見其奇異。（按氏在英倫博物院時也）。其意味如何說？我想乃是全民族之努力，由質俗而歸於文雅，方能生此畫家，以有此雅筆耳（觀其畫中女子手腕之柔，目光之靜，以及凝神含情處，均宣示無上之端莊與自然）。再一步看，欲瞭解中國畫，同時必須瞭解中國書法。中國畫乃是書寫的一支，假如不能欣賞中國書法，對於畫之領略上也有缺憾的。觀愷之心中有了全稿，然後用筆寫下，觸處生姿，非常流動，而尤善用長弧線，絕無斷折突兀之累，故其所寫人物，乃如在春風中也。（原書頁七）。氏之論畫，出神如此！又謂唯中國人能知「空」，老子曰：「埏埴以爲器，當其無，有器之用」。故中國人無論在詩上畫上，均能有含蓄及靜默之妙。留下空白，使人可以游想其間。所畫之有空白，亦是畫也。此論亦精。又言中國人高明處，在放棄對稱，歐洲人喜對稱觀念，故對稱觀念，牢不可移。中國人眼光看得遠，常常看樹。樹之絕不對稱，枝柯橫斜，却也站得穩耳。（頁十一）。

第三篇 Osvald Siren 論雕刻。此篇目光注於亞洲藝術之比較研究上。需要專門知識，方能論其得失。從漢說起，迄於元明。氏謂漢代石刻走獸，可見西方藝術之影響。主要有二派來源。一是南派，由大夏安息北印度傳入，希臘影響甚深。一爲北派，從西比利亞蒙古傳入，源自遊牧民族之文化，Sarmatian 作風爲著。此一說也。氏又謂唐以前石獅子，如南京附近之梁墓所有，輸以雙翼者，以及其他所見，皆是 Sarmatian 作風，印度影響未來。唐代及唐以後，則印度派石獅子來了。兩種不同處，北派兇猛，是一猛獸像。印度派馴伏，作佛寺的看門獸。此又一說也。氏於雲崗龍門討論稍詳。於山東陀山雲門山特別一提，謂隋代雖短，可代表中國雕刻到成熟的時期。於唐代提及楊惠之，而謂其作品，今已無存，不知何故。又謂唐以後石雕衰落，因佛教衰微之故，其說誠是，但宋代以後，塑像發達，民間以塑像代替石雕，此亦主因，在研究佛教藝術雕塑兩項似不能分也。氏之此篇，太偏重佛教藝術，而忽略其他雕刻，又於佛教藝術中，略去塑像；又於雕刻中，着重人獸，其他如圖案花紋，略而不論，皆其缺點。

第四篇 Bernard Rackham 氏論陶瓷。氏爲英倫維多利亞亞爾培博物館陶瓷部主任。故論述偏於該館所藏之材料。氏謂英倫博物院所藏之唐瓷疑爲漢，或謂晚品，年代不古，一時紛爭莫決。氏以近年來出土之唐代冥器，比較參證，定爲唐瓷，確定無疑。餘文略於唐宋以來各窯如哥窯定窯之有代表品在歐者，舉示說明。均極普通，不涉專門，國人讀之，或嫌淺近耳。

第五篇 A. P. Kendrick 氏論織繡。於漢代述司坦因在中亞考古所得漢絲織零片，於唐代舉敦煌所出佛菩薩像織繡。謂中世紀織繡圖案，有采自波斯者，則舉日本東京博物館所藏之狩獵圖旗爲證。凡此數件，皆較重要，而不製圖板，殊爲遺憾。圖板中之有趣味者爲「聖安多尼繡像」（St. Anthony of Padua）圖板第四十六）。此爲清代繡織，海運已開，葡萄牙將論到西方者。今藏英倫。此圖聖安多尼，執花長袍，抱小救主，執十字架，背山襲也。兩旁雲山花鳥，以及有翅天女，皆中國式。研究中國文化西漸史者當視爲珍品。

第六篇 W. W. Winkworth 論青銅器玉器等。分兩部分，前爲泛論，後爲插圖說明。通論文字有力，而感情用事，議論有忽東忽西之病。對於歐洲東方學者，亦頗留疑詞。氏謂倫敦大學，雖設有講座及中國美術考古之課程，但學生以得學位爲目的，雖實研究，而且此種未成熟的學問，只能鼓勵學術團體之研究則可，列入大學課程，不甚相宜。又謂一件銅器，銘文明明刻着，而經過多少學者之通信討論，年代不定，相差尚有數百年之巨，反難於埃及古文，其故何歟？故氏認爲中國古文字及古史探討，最爲重要。此則中國談金石學者本來如此也。圖板第六十二即猷氏所藏（Eumorfopoulos Collection）銅器盆，其蓋上之溝畫，爲朱雀玄武花紋，朱黑燦斑；此可與樂浪所出漢代漆畫比較，畫史上之珍品也。又六十四圖，清高宗御題硯，氏據所鐫樹木畫，定爲南宋。並不妥當。所題詩有「洮石雖然稱嫌端」句，則其不古可知。

(5)理學家往往托迹大儒，力屏聲歌，初不知考亭之舞多秀句，魯齋之亦猶慢聲也。明代之以理學稱者，若邱仲深許鵬沂，陳龍正，顧憲成諸家，卓然名世，然亦均有詞附集以傳。且其流美之情，正不亞於廣平之梅花作賦。用是可以證小儒迂拘之執，見賢者沖雅之情已。

(6)女史詞在宋之季朱大家，昭昭在人耳目。元代即不多，林下詞選，雖稱備其家數。而明代訂律拈詞，閨秀形史，多至數百人，彙刊一集，題錄均詳。（董氏復印拙藏本大東書局發行）而笄珈若吳氷仙，徐小淑，烟花若王修微，楊宛之流，所值較豐，又復膾炙人口，視爲勝唐之隹作片玉，既甚之僅付歌譜，自又當適之足資評議也。

(7)道流爲詞，白玉蟾恐爲首唱，嗣道園每紹宗風。然道陵嗣系，初少傳位，惟正嘉間會溪張宇初爲天師哲嗣，所著峴泉集附詞，闡龍虎之金訣，發丹華之玉音，斯爲詞人之別裁，亦鳴鶴所不廢者。

(8)盲人治詞，無可徵考。明季南陵盛於斯，因盲坐廢，家居數十年，猶有著述，亦事塡詞，顧人亡國，返聽收視，亦蟹黨之傑出，而前此所未聞也。

凡上所陳，雖不足盡明詞之概要，然其特色所在，亦足供研精者考索之資，援其崖略知不至挂漏之失也。

四 明詞之統系

明詞統系誠復有之，金砂雜揉，瑜瑕異體，試論其失，約舉數端：

(1)詞貴境界。夫五代之促拍，進而爲北宋之長吟，約其消息，則小令多以韻味勝，北宋清微淡遠，斯爲新境界。迨南宋之述情寄詠，托興詠物，爲又一境矣。至於柳七之筆力矯健，東坡之清雄豪絕，美成之雅正，白石之逸上，開宗成派，莫不各樹一幟。○明[illegible]，則大都有所因襲，未獲闡揚。斯其境界之[illegible]是以際其聲華也。

(2)詞出於歌詩，而律歆爲之體式。宋人大晟之作，選歌訂聲，一字不苟。明人多昧於此旨，顛倒淆亂，比比皆是。雖以張南湖，程明善之製譜，亦不能少糾其失。迨於有淸萬氏詞律出，始獲釐正，於是明詞益不掩其瑕累，爲世所輕，信有由矣。

(3)明人多能製詞，而絕少論詞之作，因之斯道，卓之不尊。其較著名者，如升庵詞話，即失之淺陋。陳聲伯洛山堂詞話，又僅略存散佚，且多追紀唐宋閒事。下至王弇州，俞爰園諸家，更均寥寥數語，未嘗能探詞苑之消息。而升庵之評草堂，若士之評花間，眉批陋習，匪特不足爲增重之資，亦且使覽者爲其敷衍之矣。

(4)選家之學，門係所係，於詞亦然。花間一編，卓絕千古。草堂繼之，家喻戶曉。元代廬陵選本，雖出書估之手，亦多經意之作。明人治詞，獨少總集。百琲明珠，詞林萬選，均宋選之芻狗也。錢允治沈天羽諸家，廣草堂，增廣花補，其於唐宋各家，固不足盡探驪之妙，而於明人所作，既不能求備家數，又未能獨溯淵源。在昔秘笈一珍，流傳較少，凡所見之明詞，要多托於總集，宜其未足爲人重視矣。

(5)明詞特色，略舉於前。然最怪者，豪門學人，忠義士女，多有佳作。獨所謂夏威名噪山林之輩，其詞未必能工。如祝枝山徐文長，唐六如，陳眉公，施子野之儔，咸復若負時譽，高僧玉侯，著述甚博，然凡所爲詞，雖均不足一觀。而一時人士，多目此數家爲宗工，風行草偃，明詞之不振，亦其一端也。

(6)由盛夏之所謂，至於漢魏之樂府，唐詩宋詞，元代之獨到，即按一技之宗風。明人既以南北曲見長，詞經遂爲所掩。此學者談曲，多主於朱明，而詞即歸之於趙宋。塞瑞華之席，掩案景之芒，所由來矣。

總之，明詞家數，因總集之罕傳，一時未易得其統計。然即據蘭皋，選本，及明詞綜約略計之，亦有六七百家。今所列之三百家，見於選本者約三之一，而著者之不列名選本者，亦復數十家。且因朋好之纂爲流通，寓目見示，可以增補者，即今尚有二十餘家。執此以觀，則明詞非不繁富。惟因多附見詩文集，且有清一代，絕少搜輯之者，故未易窺其全豹。即此不圖，後更無及。光愚公移山之願，竟精衛塡海之功，亦談茲道者所樂許乎。

至於明詞盛衰之跡，與夫得失之要，以余所見之未邃自是，固不敢即爲肯定之詞。然縣謂其淵源統緒，要不外於前所述者。夫就學詞以言詞，因明詞之謬於律韻，以及無新境界之可言，自可暫置勿論。然若以詞學而言詞，則前承宋元，下開清代，（清初浙派，詞學極盛，大都均循明季之遺風。）作者更僕，綿世三百年，又豈可漫加鄙薄。噫風先生，督余刊明詞，以爲彊邨之後，蓋爲詞學言之也。於今聲黨大盛，言詞者輩起。遜庵先生，且輯清詞鈔，網羅至數千家，積稿數百冊，行亦付梓，則明詞寧有見遺之理。所惜賦生，人事冗迫，所藏度者，既不足以盡流傳，朋好之惠我者，又日積而月累，遂至前後垂十年之久，猶未能全部殺靑，就正於同好。今雖刻意校讎，排日督課，尚非經歲，不易觀成。然儻此經歲之中，或可別增秘笈，庶足以少彌遷延之失，則尤所想望而不置者矣。

巴黎敦煌殘卷敘錄（二五）

王重民

古文尚書殘片

第一殘片爲禹貢，（五五二二）紙幅橫斷，存者十一個上半行。第二殘片爲禹貢訖五子之歌，（五五四三）亦橫斷，存者二十個下半行。第三殘片爲胤征，（五五二四）起「遒人以木鐸徇於路」，至後題，存者二十七個整行。末有識語云：「天寶二年八月十七日寫了也」。驗此三殘片，潢染顏色，書寫筆跡，以及卷內點識，莫不相同，則原爲一書可知。此書寫於天寶二年，次年衞包即奉詔改古文爲今文，在時間性上，含有一特殊意義。按巴黎所藏敦煌本尚書殘卷，羅振玉既影印兩卷，余又續獲八卷，今又得此殘片三，盡萃於是矣。梅賾原書，將復獲其半，而日本所藏古寫本，其時代可與此相上下，今亦同時大出人間。神田香巖氏既影印其所藏周書太誓以下五篇，羅振玉又購得洪範至微子之命一殘卷，印入吉石盦叢書。內藤虎次郎又影印卷第三，第五，第十二三殘卷，共十四篇。然則古書之出，實未有盛於今日者也。乃者友人神田喜一郎君，援武內義雄氏例，稱三島所藏古文尚書，更有發現，可配梅書爲全帙。余於驚喜之餘，獨嘆其不出於乾嘉之世也。清儒之治古文尚書，考證文字方面，余最服膺金壇段氏。段氏精識古字，凡所改定，以敦煌本及日本古寫本照之，中者十八九。余前歐二七四八號周書殘卷，嘗舉段氏所詮「寍」字以示例。茲於段氏於甘誓篇釋「共」字，謂恭敬字不作共，共奉字不作恭，古經或假共爲龔，作札記十八條，舉例百餘則，如將漢魏六朝唐宋舊本，備置案頭目勘手校者然，其博引繁徵，又在「寍」字之上。乃檢此五五四三號殘片，甘誓篇適「女弗龔命」並作龔。（「今予惟龔行天之罰」句殘缺，然據此可推知必作龔。）段氏亦謂：「唐初尚書本實有作龔者」，然以墨子史記漢書作共，李善李賢所引尚書作龔，遂以共爲本字，龔爲假字；以今觀之，則容有待商之處。蓋班固高誘孫盛所引，亦有作龔者，則安知尚書原作龔，而假借作共乎。蓋隸古文舊本，亦爲梅賾所傳，若據梅氏舊本，以漢魏羣書所引參驗之，不但事半功倍，則眞幾於壁經之孔安國今文讀本矣。故余獨嘆其不出於乾嘉之世，若果出於乾嘉之世，段氏得據以立說，其成就當不止此也。二十五年六月十五日。

新書簡訊

北平圖書館方志目錄二編

譚新嘉編 二十五年七月國立北平圖書館印行 每部一冊 定價六角

是編所收方志，僅以民國二十二年至二十五年六月該館入藏者爲限。其中纂修時代較古之本，大抵乃該館從平滬濟津等處書店購入。至民國以來纂修者，則出於公私各方捐贈者居多。綜觀全書，共收省志縣志八百六十二部。編次體例，與二十二年該館出版之方志目錄相同。各志下方，注明卷數，册數，纂修者姓名，版刊年月，及有無藝文志金石志等等，必備之條款。卷末殿以索引，尤便檢閱。

該館收藏方志之多且精，夙已馳名海內。即以此目新收諸志而論，亦多罕見罕傳之本。舉其尤著者，如程嗣功等纂修之萬曆應天府志，明韓浚等纂修之萬曆嘉定縣志，明張寧陸君弼等纂修之萬曆江都縣志，此屬於江蘇省者。明鄒衡纂修之正德嘉興志補，明楊等仁徐鑑等纂修之萬曆嚴州府志，此屬於浙江省者。淸錢文泰曹京等纂修之乾隆望江縣志，明戴瑞卿等纂修之萬曆滁陽志，明朱沅陳鉤等纂修之正統和州志，明邵德久等纂修之嘉靖六安州志，明李天界陳惟淵纂修之正德盱眙縣志，此屬於安徽省者。明唐寧林雯民等纂修之嘉靖興國州志，明吳道邇等纂修之萬曆襄陽府志，明朱崇學等纂修之正德宜城縣志，明徐天祐等纂修之萬曆荊門州志，此屬於湖北省者。淸仲坑石文成纂修之乾隆平江縣志，明馬協吳瑞登等纂修之萬曆辰州府志，此屬於湖南省者。淸蔡巘榮錢受琪等纂修之康熙四州總志，淸吳美秀程濟等纂修之康熙敍州府志，淸張松孫李芳穀纂修之乾隆潼州府志，此屬於四州省者。明韓相等纂修之嘉靖薊州志，明徐准涂江等纂修之萬曆永平府志，明詹榮纂修之嘉靖山海關志，明成性纂修之萬曆滑縣志，淸周僑觀重訂明張杰周祚纂修之遵化縣志，明葉恒嵩等纂修之嘉靖南宮縣志，此屬於河北省者。明張鵬董鉉等纂修之嘉靖內黃志，明黃似華李本固纂修之萬曆汝南志，明鄭南金李明通纂修之隆慶登封縣志，此屬於河南省者。淸劉榮孔尙任等纂修之康熙平陽府志，明劉魯生李廷賓等纂修之嘉靖曲沃縣志，淸陶自悅等纂修之康熙澤州志，明喬永股纂修之嘉靖樂平縣志，此屬於山西省者。明任道亨馮從吾等纂修之萬曆陝西通志，明張應詔纂修之萬曆咸陽縣志，明于邦棟南宮等纂修之岐山縣志，明鄭汝璧纂修之延綏鎭志，此屬於陝西省者。明郭從道纂修之嘉靖徽郡志，明余新民鑿逵泰等纂修之萬曆階州志，此屬於甘肅省者。此外，尤有他處絕不經見之本，屬於福建廣東兩省之方志，名目繁多，茲不備舉。

近人之治中國方志學者，如朱士嘉之中國地方志綜錄，張國淦氏之歷代方志考，所見所錄，固稱美備。然以此目核之，二氏之書，尙有遺珠之憾。據此可知該館近年徵集之勤，與夫此目之不可不作矣。（棻）

×　×　×

唐宋以來官印集存

羅福頤輯 二十五年四月大連墨緣堂石印本 北平琉璃廠來薰閣書店寄售 每部一冊定價一元

十年前，上虞羅振玉氏，曾有家藏唐宋以來官印之輯。共得五十六品。此據舊目增訂，上起李唐，下迄淸季，總得九十有六。各印按時代爲次。印文以朱色套印，鮮明奪目。其中宋代官印如漳州主管常平官記，一寶晉合同印，金代官印如逵城縣酒務記，山東東路按察司差委火字號印，及西夏國書諸印，俱非常見之品，尤有裨於一代典制之研究也。（禾）

＋　＋　＋

不是集

淸浦起龍著 燕京大學圖書館叢書之一 二十五年六月排印本 每部一冊定價一元八角

此書著者，浦起龍，字二田，江蘇金匱縣人。雍正八年進士，官至蘇州府教授，淸浦王昶嘉定錢大昕，並出其門。以著有史通通釋一書知名於世。顧其文集久佚。昔年曾有釀蜜集一種，板行吳下。此本自署曰不是集，有文無詩。其書序記傳狀跋書引，諸體咸備。燕京大學圖書館，以原本罕見可貴，特付鉛印以傳。光緒金匱縣志藝文志稱不是集十二卷，不知即此本否。（孔）

×　×　×

西南亞細亞文化史

中原與茂九郎 杉勇著 楊鍊譯 民國二十五年一月出版 商務印書館印行 定價四角五分

書分兩部分：（一）正文，中原與茂九郎作。（二）補篇，名西南亞細亞文化之源泉，杉勇作。此書所謂西南亞細亞，以底格里斯，幼發拉的兩河流域地方爲主。自新石器時代敍起至波斯帝國征服此地止。正文之第一章敍石器時代。第二章敍金屬之使用及文字之發明。此二章均從文化人類學的觀點上討論。因爲補篇對於蘇撒地方及兩河流域南部諸城市的考古學發掘的結果有詳細的說明，所以此二章的內容著重於補篇所未及的地方。第三章則敍述政治，法律，經濟，文化各方面。在現在出版界，關於亞述，巴比倫的文化史，尙以此書爲最詳。大凡中外歷史每有類似之處，讀者可互相印證，引出新解。如巴比倫第一王朝建設的情形，殷周之際可以相比。又如各條法文可與中國古代之刑書對相對照。（于）

×　×　×

皇清奏議

二十五年大連庫籍整理處印行 定價十八元 北平隆福寺修綆堂書店寄售

此書正編六十八卷，起淸世祖順治元年，訖高宗乾隆六十年。續編僅四卷，起世宗嘉慶元年，迄十年。從淸內府舊藏寫本錄出，付諸石印，較從有木活字版印本，增出續編四卷。活字本脫文訛字，觸目皆是，此本行則活字本可廢矣。

考宮史續編著錄滿漢奏疏四十冊，起順治元年訖乾隆九年。又考故宮博物院圖書館所編殿本書庫目錄，載奏議八百九十冊，始於順治，迄於光緒，當是史臣隨時編定增入。顧故宮藏本，由順治訖嘉慶，此五朝奏議，已多殘缺。順治朝缺三年至十二年。康熙朝缺元年至十年，又五十七年至六十年。雍正朝缺三年以下。乾隆朝缺十八年以下。嘉慶朝缺五年至十年，及十二三年十五六年及十九年諸冊。是此書故宮已無完帙，傳世者要以此本爲最備矣。

此書編年爲次，與宋代趙汝愚國朝諸臣奏議明永樂間敕編歷代名臣奏議，以內容性質爲類者不同。編中所收民政漕務水利選舉兵事邊務諸章奏，尤有裨於史事。治近三百年史事者，不可不注意及之也。（齊）

出版界消息

（一）山西聞人馬君圖（駿）郭可階諸君，近擬彙刊山西先哲遺書。茲探得其內容，計有晉孫盛之晉陽秋，（湯球淸人輯本），唐武元衡之武元衡集，宋文彥博之文潞公集，明王翰之梁園寓稿，王國光之司銓奏草，王瓊之晉溪本兵敷奏，戶部奏議，北虜事略，西番事略，張四維之條麓堂集，淸張鈺之國史紀聞等等。詳細目錄，尙未定奪。按上舉各書，以王瓊著述，最爲難得，爲研究明代中葉兵事邊務者所不可缺之良好參考資料。晉人深冀其能早日付印，以慰史學界喁喁之望也。

（二）聞廣東陳濟棠未下野前，夙有（繼伍崇曜後）刊行續嶺南遺書之計畫。已定議矣，而陳氏出走香港，於是此事遂成泡影。徵聞當時擬刊之書，中有明代興寧所著西國全集與西國聞見錄云。

（三）關於湯若望之著述，近時中西學者，搜輯不遺餘力。聞北京大學明淸史料研究室，從內閣大庫所存檔案中，覓得湯若望稿本多種，記述當時曆法至詳。擬校用版組擬即日付之石印，以供中西學者研究云。（霈）

圖書副刊

BOOKMAN

第一百四十四期

一本刊登載關於中外圖書之介紹批評以及學術界消息爲公開性質歡迎投稿
二刊登本刊之文略致薄酬
三投稿通訊可寄「北平文津街國立北平圖書館內圖書副刊編輯收」

宣統三年調查之俄蒙界線圖考證

孟森

宣統三年調查之俄蒙界線圖，從理藩院舊藏檔案中散出，今年流入北平市肆，國立北京大學圖書館特斥巨欵購藏，乃近世外交史之珍貴參考資料。茲於該校歷史學系教授孟心史（森）先生處，得見所撰考證，亟錄如次，願國人三致意焉。聞原圖有付商務印書館出版之議，未知能成爲事實否。編者附識。

中國與俄羅斯分界，東北西北，皆有條約可憑，界碑可考。惟正北與外蒙古喀爾喀四部之接境，歷來不見更動，一以內府輿圖及會典事例爲憑。何秋濤朔方備乘載之於前，黃彭年補作中俄交界圖詳之於後。中俄界線，以此一段用外蒙爲屏障，爲最安全。蓋以籠絡外蒙爲政策，不作畸零侵占，而以善意鄰好示之。問諸蒙人之世官於理藩部者，言滿季外蒙之奉朝覲於中國者，其王公輸奉行故事，而部人則早樂與俄親矣。事緣華商之貿易於外蒙者，其取利之計，在要結王公而壓迫其部屬。俄商則乘間以公平交易之，常軌既銷，其貨物又博其歡心。朝廷不知禁約，任其自然，已足開爲淵驅魚，爲叢驅爵之漸。當時朝野上下，恆以閉塞爲鞏足之道。不知天道久而自變，民智積而漸開，守一窟穴，以相臨制，國家爲自毀其藩，商民爲自隕其業，迄今同歸於盡。然吾謂東方人種之親切，歷史之悠久，處之有道，終必合并，不能視成吉斯汗之子孫，於禹甸謂無甚深之關係也。今考中俄界線，東西皆有歷次分劃明文，獨外與俄，係恃乾隆朝內府輿圖繪其疆界。歷次載入會典者，亦以此爲本。竟未見後來有實地考查而爲可信之紀述者。故府圖籍，傳之百餘年，保無暗中遷變，或以爲疑。今得理藩部宣統三年檔，覓得宣統三年，庫倫辦事大臣三多等奏調查卡倫鄂博圖表，始知俄蒙間界線如故，而鄂博之詳密，每一卡倫所屬之鄂博皆具，爲前此圖籍所不逮。又詳其每一鄂博，環繞本卡倫之四正四隅方向，庶因表而覓圖，舉目可見，亦爲前此所無。此實地調查之究勝鑽研故紙也。國家晦盲否塞之運，會有已時，若五族仍爲一家，則彼此之戎索疆理，應共相習而相爲謀，則此檔刊布傳習，實有足補內府圖之缺，拾朔方備乘之遺者。會典祇載卡倫，不詳鄂博，尤非肄業之所先已。

× × × ×

理藩部原稿三多奏咨原委

宣統三年六月十五日

司務廳

一件庫倫大臣咨具奏調查卡倫邊情密陳等因鈔奏並表圖咨部由

打到筆帖式

司務廳夜字二百七十三號

典 司務廳印 印

宣統三年六月十五日交司

副 郎扎押

正 郎吉

副 郎麟押

四 堂

委署主事顯押 庫倫咨具奏調查卡倫邊情抄奏並表圖咨部由

委署主事秀 表一套附圖 原奏

桂 聯

宣統三年六月十五日到長字五百三十四號

密字表一套 附圖

原奏粘連

咨 印

欽命副都統銜庫倫掌印辦事大臣三 爲

密咨事，本大臣於本年四月二十七日單銜具

奏，調查庫倫各卡倫，請將中外邊情恭摺密陳等

因一摺，相應粘鈔原奏，先行密咨

大部，請煩查照，須至密咨者。

計粘鈔原奏並呈卡倫圖表各一分

右 咨

理藩部

宣統三年六月 印 初五 日

收發委員 武爾功

監印官驍騎補用鹽大使方器

奏爲調查庫倫各卡倫請將中外邊情恭摺密陳仰祈

聖鑒事。竊維尙書載愼固封守之文，周官設掌固司險之職，漢制邊都，皆置亭障：蓋王公設險，所以限戎馬之足，而保磐石之安者，法至善也。我國家幅員式廓，超邁漢唐。康熙以前，如雅克薩尼布楚等處，亦皆隸入版圖。百餘年來，在

中朝方計出萬全，止戈爲武，而彼族則妄思一逞，賡圖以須。溯咸豐十年，同治三年，八年，九年，光緒九年，迭次與俄人議界，而每議一次，必喪地若干，同治三年，光緒九年之約，所失尤巨。非盡議界諸臣之退讓也。蓋一因蒙古地名，譯作漢語，緩急輕重，言人人殊，當局者未易研求，彼意得指鹿爲馬。一因蒙地輿圖，向無善本，僅據私家著述之言，難免今昔滄桑之變。彼則於山川形勢，經緯度數，精心測繪，瞭若掌紋。有此二因，而成敗利鈍，無待蓍蔡矣。然果使亡羊於前，補牢於後，則兩戒山河，尙可作金湯之固。無如臣自去年到任，即將庫倫所屬東西各卡倫，詳細査考，問其兵則衣食不給之老弱也，問其器則窳敗無用之弓矢也；而俄邊各卡倫，種植畜牧，均已蔚成村落，甚至郵政銀行學校敎堂，無不附麗其中；雖每一卡倫駐兵不過四五百人，而一旦有事，則此等負鋤荷笠之居民，即執戟荷戈之勁敵，優勝劣敗，實已無可諱言。伏查庫倫邊地，東迄黑龍江，共二十八卡倫，西迄烏里雅蘇台，共一十九卡倫。東西兩路，各設總管一員，副管二員，或數卡倫設扎蘭一員，每一卡倫設章蓋毘都各一員，蒙兵二十名上下。每年由圖車兩盟長及各該總管往查一次，春秋兩季，由各該盟在庫駐班官員往查一次。每屆十年，辦事大臣往查一次。如三年中卡兵無過，例給

賞項，由庫倫委員前往，以放賞之便，行稽查之事，定例不爲不嚴。乃積久玩生，無知係屬，每以此等要差視爲調劑，足跡所經，於官兵之勤惰，地方之險易，界限之有無更改，鄰國之如何舉動，悉置不問。現當邊防重要，外患日迫，豈容稍循舊習，視作具文。去秋適値放賞之年，經臣查得圖什業圖汗盟郡王車林巴伯恰克圖章京郡丹珠，於邊情均尙熟悉，當委令分道馳往，實地調查，並派略習測繪之巡警官覺羅銘佑等隨同前往。業將辦理情形，電呈軍機處軍諮處在案。嗣據該王等查竣回庫，繪具圖表。並據聲稱，各處界址，尙無更易形跡。惟邊西俄境，禁備極嚴，不能身履其地，故圖中未將俄卡所在一律繪入。其表中所列，乃沿路采訪所得，均係實在情形等語。臣查蒙古測繪，現准軍諮處來電，飭令陸續舉行，已由兵備處核議，另案籌辦，數年以後，必有精細地圖。此次該王等所呈圖表，不無挂漏，然得此而知鄰國之居心叵測，邊陲之扼吭宜防，似亦籌邊之一助爾。抑臣更有陳者，自來籌邊事者，首殖民，不首駐兵；蓋駐兵可暫難久，殖民一勞永逸。況庫屬各卡倫，綿亘數千里，地非不毛，尙宜墾種，即森林礦產，亦富厚無涯，有非急起自圖，尤恐慢藏誨盜。臣受

恩深重，責在防邊。昔漢臣趙充國宋臣范仲淹等，治邊政策，皆重屯田。擬將所練新軍，俟將來照章退伍後，即令前赴卡倫，各給地段，興辦屯戍。惟庫倫退伍之兵，究屬無幾，且亦緩不濟急。可否令內地已成各鎭協，將退伍各兵，酌量變通，資遣來邊，藉以興地利而固

國防。如果辦有起色，則舊日駐卡蒙兵，皆可裁撤歸旗，以示體恤。一得之愚，伏候

聖明飭下主管各衙門，詳細核議，請

旨遵行，邊疆幸甚，大局幸甚。除將圖表咨呈內閣軍諮府，暨分咨外務陸軍理藩三部外，謹恭衙專摺密陳，伏乞

皇上聖鑒訓示。謹

奏。

× × × ×

計表四冊。封面皆用滿蒙漢三種文字，黏貼庫倫辦事大臣之印。

第一冊 東卡倫經緯線詳細表。

第二冊 西卡倫經緯線詳細表。

其表式，縱分六層，首層爲應塡事項，下五層爲五個卡倫。東路二十八卡倫，每葉塡五個卡倫，故爲六葉，而空最後兩層。西路十九卡倫，爲四葉，而空最後一層。

其應塡事項爲十一項，橫列十一目：

一 相對俄卡。
二 俄卡相距里數，中間有無山川林木。
三 俄卡兵數。
四 俄卡情形。
五 俄卡經度線。蒙
六 俄卡緯度線。蒙
七 南北直徑里數。
八 東西直徑里數。
九 四週里數。
十 四週鄂博總數。
十一 距恰直徑里數。

所列表以恰克圖爲中心，故東卡次序由西而東，西卡次序由東而西。餘兩冊同。

第三冊 東卡倫詳細里數表。

第四冊 西卡倫詳細里數表。

其表式，第一行不分橫格，但塡（東西）卡第幾某名卡倫詳細里數表。

第二行以下分七層：

第一層 鄂博名稱。此行實際在第二層。
第二層 譯名。
第三層 方向。
第四層 山名。
第五層 山之高度。
第六層 鄂博相距里數。
第七層 河流。

每葉一卡倫，故東路冊二十八葉，西路冊十九葉。

冊外有圖。

計圖兩大張，每張中間用印。

第一張，東卡倫所在，恰克圖以東，車臣汗部土謝圖汗部二部所轄。

第二張，西卡倫所在，恰克圖以西，三音諾顏部札薩克圖汗部二部所轄。

淸會典理藩部旗籍淸吏司，掌內蒙事。其第一條以：「凡疆理，各識其山河之名而表以圖。以定其游牧。無山河則樹之鄂博。」注云：「各游牧交界之所，無山河爲誌者，或平原，或沙磧，皆壘石爲誌曰鄂博。」蓋鄂博爲壘石所成，原屬塞外各部落之分界標誌。草昧之穉，不藉文字爲用。累石成堆，以供識認，不必圖界，乃各部凡有分區所常用也。

又典屬淸吏司，掌外蒙事。其第二條云：「凡外札薩克之游牧，各限以界，以山河鄂博之名。表其四至，如內札薩克。若邊徼，若禁地，則以卡倫守之。於要隘處設官兵瞭望曰卡倫。」蓋卡倫惟用於邊界，爲設兵防守之意。而於兩國互守卡倫之間，及本國沿邊此卡倫與彼卡倫之間，多設鄂博，以表界址。故一卡倫所屬，多至十餘鄂博。少亦必有兩鄂博以上也。各書不紀鄂博名數，惟本圖表獨詳，內府圖有鄂博而不備。

卡倫本係譯音。今於邊隘守望所設之隘，恒謂之卡，似即由卡倫而來。其初並不定用此字。朔方備乘獨作喀倫。其北徼喀倫考叙云：「更番候望之所曰臺，國語謂之喀倫，亦作卡倫，又有稱卡路喀龍者，皆翻譯對音之轉也。」此卡倫之名義也。

本圖表四十七卡倫，皆屬庫倫辦事大臣管轄，與朔方備乘所紀不同。備乘據會典事例，乃嘉慶會典之事例，當時外蒙四十七卡倫猶爲庫倫辦事大臣，與烏里雅蘇台將軍分管。喀倫考叙云：「北徼喀倫之設，始於雍正五年。郡王策凌伯四格，侍郎圖理琛等，會同俄羅斯使臣薩瓦，勘定疆界，並設喀倫五十九座。極東之十二喀倫，就近屬黑龍江將軍統轄，輪派索倫官兵戍守。迤西之喀倫四十有七，以喀爾喀四部屬下蒙古。按其游牧遠近，每喀倫安設章京一員，率領兵丁，皆令携眷戍守。其對面俄羅斯，亦一體安設喀倫。所有兩面喀倫適中隙地，蒙古語謂之薩布，石堆曰鄂博。凡薩布處所，皆立鄂博爲界。間有叢林無可堆石，即削大樹爲記。是時庫倫尙未派駐大臣，凡喀倫事務，俱係辦理夷務之喀爾喀王統轄。至乾隆二十七年，始設欽差大臣駐庫倫，專理恰克圖貿易事。自是以後，喀爾喀四十七喀倫，分屬於庫倫烏里雅蘇台。而烏梁海平後，科布多增設喀倫。準噶爾平後，搭爾巴噶台伊犁增設喀倫，一如前制。」據此則外蒙四部喀倫，祇有一部分屬庫倫辦事大臣，其餘部分屬烏里雅蘇台將軍。至其分屬之處，則自東路二十八喀倫之後。即云烏里雅蘇台將軍所屬各喀倫，蓋以恰克圖爲界，西路十九喀倫屬烏里雅蘇台將軍也。

本圖表由庫倫辦事大臣三多所製，以其職權主調查之事，豈有錯誤。且其西卡倫經緯詳細表末尾注云：「自恰克圖至毛都鄂博，直徑一千五百五十一里二十丈，

庫倫所屬，恰克圖迤西至十九卡倫，西至毛都哪博格，共哪博又西，接金吉哩，亦設有卡倫，歸烏里雅蘇台管轄。」又西卡倫詳細里數表末尾注云：「自毛迤西，歸烏里雅蘇台所屬，庫倫所屬恰克圖迤西十九卡倫，至毛都格」華萱申明，喀爾喀四部之卡倫東西兩路四十有七，皆隸庫倫，再西乃屬烏里雅蘇台。倫東於恰克圖西扎喀倫之後，則列科布多參贊大臣所屬各喀倫；圖表則自此起始屬烏里雅蘇台將軍。其不同之故，蓋前後變革之遞改，非有誤也。

清光緒會典，理藩部典屬司：「喀爾喀社爾伯特阿爾泰烏梁海之北，沿邊一帶，東接呼倫貝爾所設之察漢鄂勒卡倫起，迤而西，係庫倫辦事大臣所管，設有枯布勒哲庫，布拉各卡倫，以接於恰克圖，由恰克圖迤而西，設有察漢烏蘇……巴彥布拉克各卡倫，以接於近吉里克卡倫，皆北與俄羅斯爲界，迤而西，係科布多參贊大臣所管」。據此則恰克圖東西四十七卡倫，皆庫倫辦事大臣所管，與本圖表之說合，與備乘之說不合。即光緒以來庫倫辦事大臣所管卡倫，非嘉慶會典所載之舊式明矣。惟更迤而西，爲科布多參贊大臣所管，不烏里雅蘇台所管，則又與備乘合，與本圖表不合。其實科布多參贊，即參贊烏里雅蘇台將軍。會典事例：「烏里雅蘇台，定邊左副將軍一人，參贊大臣二人。雍正九年，設阿爾泰軍營，駐定邊左副將軍，參贊大臣，科布多，參贊大臣一人，幫辦大臣一人。乾隆二十六年，派烏里雅蘇台參贊大臣一員，領綠旗兵一百名，往科布多屯田，仍領喀爾喀兵一百名備差。」據此知科布多之參贊大臣，即烏里雅蘇台二參贊大臣之一；則科布多參贊所管，亦謂之爲烏里雅蘇台大臣所管，無不可也。庫倫辦事大臣之設置，其起因與烏里雅蘇台之定邊左副將軍爲同時，而其初名位未高，缺額未定，至乾隆末年，乃爲經制。會典事例：「庫倫辦事大臣一人，幫辦大臣一人，雍正九年，庫倫互市處駐司員經理，後改駐辦事大臣一人，乾隆四十九年，奉旨增派大臣二人，同辦庫倫事務，係出特簡，不爲額缺，尋設辦事大臣二人，內一人係蒙古王公台吉兼任」據此則庫倫辦事大臣之職權，由漸而定，其所管卡倫，前後數有多寡，未足爲異。且烏里雅蘇台初設定邊左副將軍時，原以重任額駙策淩之故，賦畀甚大，兼轄喀爾喀四部及所附額魯特輝和特各蒙古，父子相繼任事後，漸漸稱爲烏里雅蘇台將軍。庫倫辦事大臣專辦俄蒙互市事，其頭道實在卡倫。光緒會典已載四十七卡倫皆屬庫倫所管，本圖表正相合也。

惟圖表實有訛舛之處，不可不爲之指出。東路二十八卡倫，原係由恰克圖起，向東順數，與備乘之沿邊界綫，悉自東而西列序者不同。其第十卡倫，正當備乘之外蒙段內第十九喀倫，其十一卡倫，正當備乘外蒙段內第十八喀倫；圖表第十卡倫名齊爾混，備乘第十八喀倫名庫木里；圖表第十一卡倫名齊爾混，備乘第十九喀倫名集爾渾際注一作齊爾混；則是東西適相反也。再檢內府輿圖，確是齊爾混在東，庫木里在西。會典所載卡倫，亦是由東向西順數，齊爾混在前，庫木里在後。心以爲異，蓋圖表出於實勘。豈故籍盡不足憑，而由三多始發其誤耶？幾乎爲無可證明之事。既而思之，表列鄂博甚備，因檢齊爾混所屬之鄂博，如其所指東南西北之方向以求之，皆庫木里所屬之鄂博也。庫木里所屬之鄂博，再如法以求之，又皆齊爾混之鄂博也。則是僅將卡倫之名，上下塡錯各一，其餘未動也。又細檢圖中，逢卡倫之名，既塡於圖，又各揭一浮籤於上，其浮籤與圖中本塡字相同，或不同字形，而對音仍可辨，爲即圖中本名。惟齊爾混上之浮籤，則作庫木里，庫木里上之浮籤，則作齊爾混。是圖已經用浮籤更正，而表冊則皆誤列。且粘貼浮籤，他籤俱略粘易揭，亦有已脫者，惟此兩籤實貼甚固；然則發此咨文時，非不知其誤者。何以圖可用粘籤改正，表冊竟不改，貽以誤人？蓋思之而得其故也。大約塡圖製表時均粗心致誤，旋發見其誤即闔置，無人查勘，且即重勘亦無處分，遂懶改作之勞，或已將奏摺所附之件改正，其餘咨部之件，明知到部，將誤者附咨文投部。今既幸而流傳於世，不應聽其爲孤本。久仍湮滅。擬用北大史料室名義，向商務請求照約代印。惟訂其誤點所在，以便校正。且今圖紙已微有穿破，不可不急謀印行也。又黃彭年之中俄交界圖及俄羅斯圖各一紙，本以補光明方備乘書中，最易損失。其俄羅斯圖洋文本者自有，中俄交界圖尤難得，擬並重印，與此蒙俄界圖並存，於究心邊事者不無便益。

三多原奏，末言：「自來實邊事者，首殖民，不言駐兵，駐兵可暫難久，殖民一勞永逸。況庫屬各卡倫，地宜墾種，森林礦產尤富厚，非急起自圖，恐慢藏誨盜。擬將所練新軍，俟退伍給地，與辦屯戍，恐緩不濟急，可否令內地已成備協退伍兵，資遣來邊，與地利而固邊防，辦有起色，則舊日駐卡蒙兵，皆可裁撤。」此數語雖辦法迂緩，未足應事勢之急，但知以殖民保邊，未嘗非警於俄人，而知猛省。自古以來，中國能知此義者甚鮮。明代能用此法，滿清安得坐大，遂以代興。外蒙之在清初，視滿人入主中原，與明何異。本亦倔強難服。其爲清驅除者，乃準噶爾之發興，據喀爾喀三汗地，諸部奔潰，本議投俄。而其大喇嘛即土謝圖汗袞布多爾濟之弟，所謂哲卜尊丹巴胡土克圖者，倡言俄羅斯素不奉佛，俗尚不同我輩，異言異服，殊非久安之計，莫若全部內徙，投誠大皇帝，可邀萬年之福。衆欣然羅拜，乃決內徙。事見松筠綏服紀略圖詩注。聖祖因其自來，乃得處之內藩。旋以噶爾丹尙肆南侵，聖祖以兵擊之，三駕而後，噶爾丹走死。三汗復國，受清冊寶，遂爲不侵不畔之藩屬二百餘年。是爲清收藩屬之一大關鍵。若失之毫釐，折入俄國，北徼全局皆變，必爲俄國兼收額魯特之先機，後來所定新疆天山南北兩路，恐亦難改形勢。故清於哲卜尊丹巴，尊禮甚至，非宗教之關係，乃政治得其樞要甚大也。雍正元年正月丙申，上親臨弔哲布尊丹巴胡土克圖，遣使護其喪歸。東華錄叙其事云：「先是理藩院奏，澤卜尊丹巴胡土克圖，原係法教內之第一人，數世行善，垂九十年。當噶爾丹叛亂時，身率七旗之喀爾喀等來歸，最爲有功。伊係喀爾喀汗之子，土謝圖汗之弟，遭逢聖朝，疊蒙殊遇。前年聖祖仁皇帝面諭之曰，癸卯年朕壽七十，爾壽九十，大慶之年，爾必前來，斷勿食言，胡土克圖領旨而回。今歸年遇衰病，遵旨來京，謁見梓宮，志願已遂，泊然示寂，請照達賴喇嘛班禪額爾德尼之例，給賜名號印冊，以示優典。得旨俞允，命給予名號印冊。既而上且臨弔，喀爾喀土謝圖汗等，以停止往弔奏謝。諭，胡土克圖稱蒙皇考軫念，屢遇加隆，皇考升遐，係甲午日，今胡土克圖圓寂，亦係甲午日，佛果聖因，證明不昧，胡土克圖非尋常僧人比。朕躬親往，懸帛供茶，以盡朕心。將此旨傳與喀爾喀王汗諸馬及胡土克圖徒屬知之。至是理藩院以移送澤卜尊丹巴胡土克圖龕座，請派大臣官員護送前往。上命敦郡王允䄉世子弘晟，齎賜印冊賻儀，又命散秩大臣尙崇廣等，護送胡土克圖龕座前行，所過蒙古地方，毋得任意需索」此可證綏服紀略圖詩注所言。外蒙之不入於俄，得力於喇嘛。王公惟喇嘛是信，蒙民惟王公是從。是以清代馭蒙，以此爲綏服之至計。繫喇嘛之心，則取得西藏。收達賴喇嘛爲所奉之教主，又能以術駕馭，祇用以魔藩屬，不似前代君主受佛之魔。即以西藏而論，元明以來，所謂西天大寶法王，崇奉之無不亂政蠹姦，靡財廢事。觀於高宗御製喇嘛說，於前代之謟敬番僧，竊形譏相，又自述其處置喇嘛，自達賴以下，皆不許彼族依憑佛旨，自覺其轉世化生之呼必勒罕，以胞兄弟叔姪姻婭，轉相傳襲之弊，製金奔巴瓶，爲之簽掣以定之。以政馭教，可謂智矣。至籠絡其王公，則純師漢代和親之策。蓋蒙古爲元代帝王之後，皇后娶自蒙古，公主嫁之蒙古，年班朝覲，至別設公主皆子孫班，以示榮寵。遂使名王斷角，候火無光。所謂王公名號，亦皆中國所封授；而其汗其扎薩克引以爲榮。亦御之有其道，能使名器不褻也。曾與理藩部舊人追敍往事，有可供研討蒙情者，皆爲舊籍之所不載，輒書於此。

理藩部舊專用蒙古人，原名理藩院。其尚書則爲滿人，左右侍郎亦滿缺而間用蒙人。則以蒙人爲額外侍郎。郎中員外主事，亦參以滿缺。其實辦蒙族事多由蒙員。蒙族以蒙文章表至，則譯滿文以達於上。不用漢文也，故亦無漢缺。至光緒末辦憲政，乃改院爲部，添設編纂調查二局，派漢員入焉，事在三十二年。夫果揭櫫新政，自當破從前蒙昧故習。用世界政教眼光，自保其藩屬。豈知名實乖舛，無絲毫覺悟改革之意。三十四年，西藏達賴喇嘛，方以英印侵逼之難，來朝謀所以相庇。理藩部以爲千載一時，掌司要人，待盆鉛擊者無數，備辦儀品一用順治年隆重故事，號召蒙古，使來參拜。達賴居黃寺，蒙古富人以布施參謁來者，安定德勝門外，卓帳如雲。理藩部日派員司，彈壓其入拜之秩序。達賴亦忘其所以，日日高坐蓮臺。前設巨稱秏數十，蒙人頂盤元寶塊銀，或他珠寶，爭擲稱秏中，以頭搶地於臺下。達賴執雞帚條所縛之拂，時時展動，或適觸膜拜人之首，則其人以爲大福降己。甚有納貲至巨萬，而求活佛一摩其頂者。達賴摒載現金數百萬，有數塊布收受分肥。其時德宗幽囚，西后昏耄，達賴則貪饕，於國難無暇商量。會帝與太后並崩，達賴亦回藏，憂危之故一不暇及，惟部員之供應報銷，喇嘛之苞苴饋惑，各饜其大欲而散。來藏事益棘而清亦由此亡矣。佛教之宗主，不可救藥如此。猶欲憑以維繫蒙古，而聽他人以實力進占，我以違反蒙古多數民衆之虛文應之，今猶未有以易此也，則甚矣其僨矣。

新書簡訊

自治學　長野朗著　東京建設社刊行　一九三六年六月出版　定價二元二角

明治維新以後，日本拼命的吸收西洋文明。無論在政治經濟文化種種方面都顯出了西洋文明驚人的進步。不過，西洋文明的弊害也不免同時移入日本，因此，在歐美發生的困難，同時也在日本發生。尤其是農村的痛苦異常深刻。從五六年前起，救濟農村的口號就高唱入雲。這種運動，是企圖立脚於日本傳統的自治觀念，而以實行改造日本爲目的。他們以爲日本從來的政治，是以自治爲根本。他們以爲人類只有以純性純情在和平生活條件之下，纔能夠共存。

在政治方面，他們主張要順人情之自然，以「人民自治」爲原則。他們以爲人民的生活隨地不同，人民是樂意各適其適的。因此，使民自治，不要強其所不習。實行自治的各郡縣，可使其歸順中央，但中央決不可以強力去支配，這也是根據日本歷史的傳統的。

在經濟方面，他們主張要注重民衆生活的安全。他們以爲應該做到全國沒有一個饑民，全國沒有一個饑儘，全國沒有一個沒有房子住的人。因此，他們主張必須竭力排斥生活的不平衡，他們主張必須嚴禁古來人民所恃爲生活的土地及其他資源的獨佔和兼併。

在文化方面，他們主張各地方應該保存各地方的習俗，應該避免人爲的不自然的變化，應該使其順乎自然去發展。因此，他們竭力反對以支配者之好惡爲歸趨的「官治」。

在國際方面，他們主張與鄰國親和，以共存爲原則，互通有無，使國民彼此均可安全生活。

上述這種自治的傳統，到德川幕府時代只有一脈僅存，明治以降，幾乎完全破壞。近年來，農村痛苦日益加深，農村漸漸自覺，農村從新要要求恢復潛在的成俗了。因此，這種運動漸漸成爲農村運動的主流，還有進而成爲改造日本之主流的趨勢。

長野朗君，是關心中國問題的日本學者。他曾經發表過四十多種研究中國社會經濟的著作。最近五六年來，他是日本新興農民運動的指導者，尤其是理論的指導者。他爲着『自治學』費了十年苦功。現在全書五卷已經脫稿，第一卷總論篇已經發行，其餘經濟篇，政治篇，文化篇國際篇均將以次刊行。

現在研究日本的人，只容易看見窮兵黷武的猙獰的外面，至於骨子裏農民大衆如何陷於水深火熱，是很少有人注意的。在目前，日本的階級鬭爭雖然表面上看不出什麼，而社會的矛盾和衝突究竟相當厲害，長野君這部書，雖然是唯心的，和平的，溫情的，或者還不過是一點軟弱的呼聲，但在帮助我們了解日本眞實情況的一點，實在有很重要的作用。因爲我們在討厭日本軍閥咆哮之餘，還可以從另一方面一些有人性的一羣裏，聽到許多堅苦奮鬥的聲息。

在人類趨向和平的途徑上，長野君這本書是代表日本一部分主張和平革命的一羣人的意見的。（沈其震）

× × ×

蘇門嘯　民國二十五年武進董氏影印明刻本　北平琉璃廠書店寄售　每部四冊定價二十元

這是明末杭州人傅一臣所作短本傳奇總結集。共收十二個劇本。卷一賣笑局金，卷二賣情扎囤，卷三沒頭疑案，卷四截舌公招，卷五智賺還珠，卷六錯調合璧，卷七賢翁激壻，卷八義妾存孤，卷九人鬼夫妻，卷十死生讎報，卷十一蟾蜍佳偶，卷十二鈿盒奇姻。每個劇本，少則四齣，多則七八齣。用的雖是南曲，然而結構和布局頗有雜劇的意味，所以可稱爲南雜劇。

原書閒板清朗，版心下方鐫了敲月齋三字。首有全圖式繪圖十二幀，出雕板家項南洲洪國良氏手，可以代表明朝末年武林盛行最精緻的徽州派雕板畫。

傅氏此書，內容奇詭，文辭淺陋，無甚足稱。顧以卷首有了金堡一篇序文，所以在清代流傳極少。武進董授經先生，十年前好容易在日本西京大學覓得原刊，偕良工以玻璃版印行，今日中土重見傳本，實董先生力也。

董先生提倡搜輯元明戲曲史料，最早且最勤，前後歷四十年，興趣愈來愈濃厚。所校刊的古書，如盛明雜劇初二集，石巢傳奇四種，雜劇十段錦，讀曲叢刊，都是極名貴的秘笈。現在聽說繼此書之後，又要搜刻清初鄒式金編的雜劇三集；這眞是研究戲劇史的人們所應當感謝的。

× × ×

皇明遺民傳　清代朝鮮人所著　民國二十五年五月國立北京大學出版組影印本　定價二元五角全書三冊　北京大學出版品發行處出售

全書凡七卷。松紙，墨書。撰者姓名不詳。其首附載引用書目八十九種。以清初人別集居多，間有引用朝鮮人著述。如朴世堂之西溪集，田井一之田氏述先錄，成大中之青城集及青城雜記，及通文館志國朝寶鑑別編等等。在我邦極少流傳，賴此得窺見一二。

此書撰成後，似未付刻。現任國立北京大學國文學系教授魏建功氏往年客居朝鮮時所得，至今年乃付北京大學印行，爲治晚明史事者之一助，亦盛事也。

此書著作年代；據魏氏考訂，當在清乾隆五十六年至嘉慶五年間。（西一七九一——一八〇〇）所以知者，本書卷七末附明鮮民避地入鮮者李應仁傳中云：「先是如梅之子應忠死於深河之役，其子成龍逃入朝鮮，子孫多居海曲。肅宗甲申，築大報壇廷臣有以成龍之孫白，即命錄用。英宗庚申，命立如梅主不祧。當宁戊申，又命如梅主不祧。」案朝鮮英宗李昑在位五十二年，當清雍正三年至乾隆四十一年。英宗卒，正宗李祘繼立。傳中當宁指正宗而言，正宗在位二十四年，起乾隆四十二年迄於嘉慶五年。故知此書之成，亦必在此期間也。

此書成時，明社之亡已百餘年。而作此書者，猶大有故國之思。此項動機，與朝鮮王室設大報壇以祀明帝，立萬東廟以祀明援鮮有功武將，同一心理，殊足發人深思。

本書之首，冠以北京大學史學系教授孟心史氏序文。其後又殿以魏氏跋文。於此書源流，闡發至詳，讀者幸加注意。

出版界消息

（一）國學大師王靜安先生（國維）遺著，前由上虞羅振玉氏，爲之校印，署名王忠慤公遺書，匆匆製版，內容殊多漏略。事隔十年，至今坊間已無傳本。去年曾由王氏家族囑託趙萬里氏重加整理，交商務印書館發行。聞今冬以前，即可出版，定價亦較初版本爲廉。茲探得重訂本之特點如次：（一）觀堂集林篇目初版本誤入別集者，如元朝秘史跋，王保卿買地券跋等十數篇，一律移入集林，以符王君著述之旨。（二）觀堂別集初版本，因編者非一人，故內容雜亂無章。茲改編爲四卷，且增入未刊之文多篇。（大抵從王氏生前友好處抄得。）（三）增刊靜安文集全部。（內有名著紅樓夢評論等等文字。）（四）從教育世界雜誌及他處，輯得王君早歲治哲學通俗文學時所作論著多篇，定名曰靜安文集續編。（五）增刊重輯蒼頡篇全部。（案此書代姬某作毛公明者，故初版未及之。）（六）[illegible]，均據最後稿本加以修正。（七）圖表附刊別冊。以上所舉，乃其犖犖大者。此外優點尙多，不備舉。

（二）清順治初[illegible]于室氏，[illegible]之子，[illegible]學，著有[illegible]，較沈璟南[illegible]，沈自晉南詞新譜，尤爲精確。爲治南曲史者必不可少之參考書。乃自來無刊本，故世人知者甚少。今年春有人覺得清初鈔本一帙，由燕京大學[illegible]發起影印，閱月內即可出售，由北平[illegible]文奎堂書店總經售云。（齊）

圖書副刊

BOOKMAN
第一百四十五期

一 本刊專載關於中外圖書之介紹批評以及學術界消息
投稿請致通訊處北平文津街國立北平圖書館內圖書副刊編輯部收

敦煌寫本張議潮變文跋

孫楷第

（上缺）諸川吐蕃兵馬還來劫掠沙州。奸人探得事宜，星夜來報僕射，吐渾王集諸川蕃賊欲來侵抄掠，其吐蕃至今尚未齊集。僕射聞吐渾王反亂，即乃點兵，鏨凶門而出，取西南上把疾路進軍。儻經信宿，即至西同側近。便擬交鋒。其賊不敢拒敵，即乃奔走。僕射遂號令三軍：便須追逐。行經一千里已來，直到退渾國內，方始趁趂。僕射即令整理隊伍，排比兵戈；展旗幟，動鳴鼉，縱八陣，騁英雄。分兵兩道，裹合四邊。人持白刃，突騎爭先。須臾陣合，昏霧漲天。漢軍勇猛而乘勢，拽戟衝山直進前。蕃戎膽怯奔南北，漢將雄豪百當千。○處

忽聞犬戎起狼心，叛逆西同把險林。星夜排兵奔疾道，此時用命總須擒。雄雄上將謀如雨，蠢爾蕃戎計豈深？十載提戈驅醜虜，三邊獷悍不能侵。何期今歲興殘害，輒爾依前起逆心。今日總須摽賊首，斯須霧合已摧殘。將軍號令兒郎曰：烈士無辭百戰勞。丈夫名宦向槍頭取，當敵何須避寶刀，漢家持刃如霜雪，虜騎天寬無處逃。頭中鋒錠陪壇土，血濺戎屍透戰襖。一陣吐渾輸欲盡，上將威臨煞氣高。

決戰一陣，蕃軍大敗。其吐渾王怕急，突圍便走。登涉高山，把險而住。其宰相三人，當時於陣面上生擒。祗向馬前，按軍令而寸斬。生口細小等活捉三百餘人。收奪得駝馬牛羊二千頭疋。然後唱大陣樂而歸軍幕。敦煌北一千里鎮伊州城西有納職縣。其時回鶻及吐渾居住在彼，頻來抄劫伊州，俘擄人物，侵奪畜牧，曾無暫安。僕射乃於大中十年六月六日，親統甲兵，詣彼擊逐伐除。不經旬日中間，即至納職城。賊等不虞漢兵忽到，無準備之心。我軍遂列烏雲之陣，四面急攻。蕃賊麞狂，星分南北。漢軍得勢，押背便追。不過五十里之間，煞戮橫屍遍野。處

敦煌上將漢諸侯，棄卻西戎朝鳳樓。聖主委令權右地，但是兇奴盡總攝。昨聞擬欲侵伊鎮，俘劫邊甿旦夕憂。元戎叱咤揚眉怒，當即行兵出遠收。兩軍相見如龍鬭，納職城西赤血流。我將軍意氣懷文武，威懾蕃渾膽已浮。犬羊纔見唐軍勝，星散迴兵所在抽。遠來今日須誅剪，押背擒羅豈肯休。千人中矢沙場殪，銛鍔鋼鋒（七彫反）墮賊頭。枷鍊紅旗晶耀日，不忝田丹縱火牛。漢主神資通造化，殄卻殘凶總不留。

僕射與犬羊決戰一陣，迴鶻大敗，各自蒼黃拋棄鞍馬，走投入納職城，把勞而守。於是中軍舉華角，連擊錚鉦，四面□兵，收奪駝馬之類一萬頭疋。我軍大勝，疋騎不輸，遂即收兵，即望沙州而返。既至本軍，遂乃朝朝秣馬，日日練兵，以備兇奴，不曾暫暇。先去大中十載，大唐差冊立迴鶻使御史中丞王端章持節而赴單于。下有押衙陳元弘走至沙州界內，以遊奕使佐承珍相見。承珍忽于曠野之中，迴然逢着一人，猖狂奔走，遂處分左右領至馬前，登時盤詰。陳元弘進步向前，稱是漢朝使命北入迴鶻充冊立使，行至雪山南畔，被背叛迴鶻劫奪國信，所以各自波逃，信腳而走，得至此間，不是惡人。伏望將軍希垂照察。承珍知是漢朝使人，與馬馱，至沙州，即引入參見僕射。陳元弘拜跪起居，具述根由，立在帳前。僕射問陳元弘使人：於何處遇賊？本使伏是何人？元弘進步向前，啓僕射：元弘本使王端章，奉勅持節北入單于，充冊立使。行至雪山南畔，遇逢背逆迴鶻一千餘騎，當被劫奪國冊及諸勅信。元弘等出自京華，素未諳野戰，彼衆我寡，遂落奸威。僕射聞言，心生大怒。這賊爭敢輙爾猖狂，恣行凶害。向陳元弘道：使人且歸公館，便與根尋。由未出兵之間，十一年八月五日，伊州刺史王和清差走馬使至云：有背叛迴鶻五百餘帳，首領翟都督等將迴鶻百姓已到伊州側。（下缺）

巴黎國民圖書館藏敦煌本失名卷子一本，（北平圖書館藏影本）編號二九六二。其紀事以說白與歌讚相間，乃變文之體。蓋係徒宣唱時事以頌軍府之功者也。第其本已不全，事不具首尾。今以見存者觀之，其文初記吐渾國王糾集吐蕃犯沙州，僕射引軍取疾路由州西南進師，至西同側近，吐渾衆逃走。追逐一千里，直抵退渾國內。決戰，斬其宰相，虜獲甚衆。然後唱大樂歸軍幕。云云。次記迴鶻吐渾衆居納職縣（按納職屬伊州）頻來抄掠伊州。僕射以大中十年六月親討之。大勝而還。次記大中十年，大唐差冊立迴鶻使御史中丞王端章持節北入迴鶻。行至雪山南畔，爲叛亂迴鶻千餘騎劫奪國信。使者與其屬各自洮奔。其押衙陳元弘信步至沙州界，州遊奕使佐承珍以聞。僕射怒，擬討之。未果。至十一年八月，伊州刺史王和清使報，有叛亂回鶻五百餘帳，其首領翟都督等將迴鶻已到伊州境。文至此止，不知其究竟。按文所記三事，皆涉外族。其一爲吐渾吐蕃，其二爲迴鶻吐渾，其三爲迴鶻。沙州居河西西陲，與此三族雜處，故此文敘事皆及之。然吐渾在唐初爲吐蕃所併，吐蕃迴鶻至大中時皆已衰微。文中所記，乃其餘孽。今約述其始末，以本文證之。

一　文於吐谷渾青吐渾，亦作退渾。按退渾乃唐末通稱，新唐書吐渾傳所謂今俗多謂之退渾，蓋語疾而然是也。考吐渾以晉永嘉末西渡洮水，奄有今青海之地。至唐高宗龍朔中，爲吐蕃所滅。其可汗諾曷鉢內屬，居靈州境。帝爲置安樂州。餘衆詣涼甘肅瓜沙等州降。其後安樂州爲吐蕃所陷，其部衆又東徙，散居朔方河東之境。自此而後，其酋之見於史者，貞元間有慕容復襲可汗。復死，停襲，封嗣遂絕。唐末有赫連鐸據振武蔚州，爲李克用所滅。五代時蔚州有白承福，晉開運中爲劉知遠所殺。今新五代史唐晉漢周諸本紀，及遼史太祖本紀所稱吐渾，大抵皆內徙之朔方河東吐渾也。至吐渾故國爲吐蕃所有者，其餘部如何，史書未有記載。惟舊書吐蕃傳，於廣德元年後，屢書吐蕃以吐谷渾黨項羌或羌渾之衆入寇。新唐書吐蕃傳載吐蕃相尙與思羅，合蘇毗吐渾羊同兵八萬保洮河，以拒尙恐熱。蓋爲吐蕃所收，供其役使，無復部落可言。然如李吉甫元和郡縣志，及長慶中劉元鼎使吐蕃歸，述所經見，尙以吐渾爲言。元和郡縣志卷四十志瓜州云雪山南連吐谷渾界。又見其水自吐谷渾界流入。舊唐書吐蕃傳載元鼎語云，莫賀延磧北自沙州之西乃南入吐渾國。今按憲穆之際，去吐渾之亡已百餘年。吉甫元鼎非不知之。此於文宜稱吐蕃，何以仍以吐渾爲言。若以其地係吐渾故地而稱之，則洮水以西鄯廓以南皆吐渾舊壤。顧何以他處不然，獨於瓜沙邊境稱吐渾？疑吐渾亡後，其種落多居瓜沙南境，雖隸屬吐蕃，而吉甫等據其族稱之仍曰吐渾。此變文記吐渾在沙州西南，與劉元鼎之言合。蓋是時吐蕃已衰，其酋有自立者，結吐蕃迴鶻入寇沙州。使府既敗其軍，復窮躡之，抵其牙。故文中有吐渾國之名也。使余所說不誤，則吐渾餘部在吐蕃者，大中時尙有自立之事。雖其勢微弱無關史局，然亦吐渾民族之片段史料矣。至新唐書沙陀傳新五代史唐紀俱稱李克用取雲州，赫連鐸亡入吐渾。通鑑繫其事于昭宗大順二年，云奔吐谷渾部，亦同。此吐渾殆指朔方河東間之吐渾舊帳，非沙州南之吐渾。因鐸出奔，旋歸幽州，復與李匡威合兵爭雲州，至乾寧元年卒爲克用所殺。其必非遠走可知也。

二　吐蕃迴鶻在唐號爲雄强。其吐蕃先并吐渾，與河隴接壤。及天寶以還，中原多事，乘機盜據邊城。歷肅代德三朝，河隴諸州以及安西北庭，先後爲吐蕃所陷。自是寇擾京畿，抄掠近郊，爲患最甚。至會昌初，其國內亂，國勢始衰。至迴鶻助討安史有功，唐待之甚厚，自肅宗以來，每以和親羈縻之。然自是氣凌中國，驕恣亦甚。至開成末，其國爲黠戛斯所滅，諸部潰散。其南徙近塞者爲烏介可汗，數擾唐北境。會昌三年爲河東節度使劉沔所敗，保于黑車子部。居三年，爲黑車子所殺。其西奔者，一支投安西，一支入河隴境，皆役屬于吐蕃。（以上據唐書，舊唐書，吐蕃迴鶻二傳，及新五代史四夷附錄三，約略述之。）是時吐蕃亦大亂。渭州將論恐熱與鄯州節度使尙婢婢相攻不已。唐因之規復河隴諸州。大中三年，收秦原安樂及石門等七關。五年，沙州人張義潮復沙州，旋略定河隴諸州。朝廷因以義潮充歸義軍節度河沙甘肅伊西等十一州管內觀察使。義潮領河西十餘年，至懿宗咸通八年入朝，始留京師。此文所載，皆大中十年左右之事，則文中稱僕射乃指義潮無疑。（羅叔言丙寅稿補唐書張義潮傳書大中五年十一月以義潮爲節度管內觀察處置押蕃落營田支度等使，金紫光祿大夫，檢校吏部尙書，兼金吾衛大將軍，乃義潮最初官階，據此文稱僕射，知義潮於大中十年前後曾加左右僕射也。）其與吐渾相結寇沙州之吐蕃，乃吐蕃殘部。雖不知爲何部，以尙婢婢部爲唐用而與論恐熱部積不相下推之，或即論恐熱部。其大中十年與吐渾寇伊州之迴鶻，以及十一年伊州王和清所報叛亂迴鶻首領翟都督等，以當時形勢言之，必爲安西迴鶻，亦無可疑也。

三　王端章出使事，事關當時方略。端章所冊封者，乃安西回鶻龐特勤。龐特勤乃回鶻可汗外甥。當開成中，迴鶻爲黠戛斯所破滅，龐特勤與回鶻相馺職率十五部西奔葛邏祿，寓於安西。旋自立爲可汗。其稱可汗，不知何時。唯通鑑唐紀武宗會昌四年載李德裕奏，謂訓知迴鶻上下離心，可汗欲之安西，（按可汗謂烏介可汗此時依黑車子）其部落言親戚皆在唐，不如歸唐。云云。似是時龐特勤在安西，已能安輯其衆。舊唐書迴紇傳，記烏介可汗之死，弟遏捻立，依于室韋。大中二年，黠戛斯相阿播率蕃兵七萬來取之，盡收其衆歸磧北。所存數帳散藏山林，盜劫諸蕃，皆西向傾心，望安西龐特勤之到。龐特勤已自立爲可汗，有磧西諸城云。是龐特勤之立爲可汗，至晚亦在大中二年之前。至宣宗遣使冊封，事在大中十年。通鑑二百四十九頗載其事。唯所記

新書閱訊

中國青銅器時代考

日本梅原末治著　胡厚宣譯　民國二十五年五月出版　商務印書館印行　定價二角五分

中國考古學者對於古物特重文字款識的解釋，因而用以考證歷史。而西方的收藏家，則偏於古物的美術價值，所重視的是花紋與形式。至於器物本身，以推論古代文化及其他考古事上的問題，乃極少見。著者根據個人考察之所得，參以西方研究的成果，對於中國青銅器時代作一新的觀察。

×　×　×

英國文學史

Story of English Literature, by Gerald Bullett

A. and C. Black Ltd., London, 1935.

pp. 96. Price 2/6

×　×　×

Percy Lubbock 的 Craft of Fiction

La vie Littéraire

J. de Gaultier

Bovarysme

Causeries du lundi

Creative Spirits in the 19th Century

39.

圖書副刊

BOOKMAN
第一百四十六期

一本刊登載關於中外圖書之介紹批評以及學術界消息爲公開性質歡迎投稿
二刊登本刊之文略致薄酬
三投稿通訊可寄「北平文津街國立北平圖書館內圖書副刊編輯收」

張東蓀的多元認識論及其批評

朱進之

新文哲叢　世界書局出版（價五角）

本書凡六篇（另有序有跋）除第一與第二以外都是批評。現在所要介紹與討論的只限于第一篇。因爲這一篇乃是作者經過深長的思考，綜合各派的精華，而成功的一個新的系統。本文不想從一枝一節去批評，祇是從大處落墨，就個人所能見到的，指示出這篇論文的重要貢獻。

第一，關于作者的根本態度。凡批評一種新創的學說，先須考察作者的根本立場。如果作者在枝節處有貢獻，而他的根本立場卻站不住，則他的工作依然是失敗的。反之，如果立場是正確的，內容卻不妨有漏洞，因爲後起者儘可加以修正，補充。思想家的工作本來是最艱難的。他工作的對象，一班俗人永遠看不見。許多學人終身的精力消磨在裏面，到頭來一無所成，也由于沒有把捉得住這個對象。所以假使有一個學者而能夠不爲家派所囿，不爲潮流所惑，替我們開闢一條新路，這確實是無上功績。即使說這新的路向依然是不明顯的，這新的系統依然是不周密的。

要想知道多元的認識論有沒有替我們打開一條新的路向，不得不先考察作者的根本立場。這卻須從哲學史上說起。

在哲學史上認識論之成爲論，後于本體論和宇宙論。由本體論和宇宙論進到認識論的探討，很可以看出人類在求知程途中的反省精神。完成認識論的是康德，先乎康德的英倫經驗派的哲人都是康德的開路人。其中最顯著的當然是休謨。休謨在哲學史上雖然佔一個重要地位，然而他並不是一個認識論者。徹極端的經驗主義祇是很利害的一種批評工具，不能用爲建設工具。認識論卻是一門建設的學問。所以休謨所持的依然是一種玄學見地。自洛克以至于休謨，都是對于大陸理性派的反動。到了休謨把這一個態度發揮到了頂點，後起的哲人難以爲繼，所以康德出來又是對于休謨的反動。又重新回到理性主義。但康德比笛卡兒高明多了，進步多了。他拋棄了外界事務本質的玄學問題。他的問題是：「畢竟我們的『知識』是怎樣一回事」？這一個轉變是一個大進步。因爲態度是愈進愈謙遜，問題是愈來愈親切。這一個轉變便康德成爲劃時代的人物。

當代哲學的主要思潮是歐美的實在論。在這一個旗幟最出色的人物，當然是到中國來過的羅素。系統最偉大的當然是懷特海。這一派思潮可以說是對于康德的一個反動。多元的認識論，在我看來，又是對于這一派思潮的一個反動。東蓀先生是在相當範圍內接收了實在論和唯用論。他根本的立場依然是回到康德。

[illegible]

取的地位，這是我們的自由。但東蓀先生這一種治學的審慎態度，確足以爲學人之法。我們也應當用審愼的態度來抉擇我們所取的地位。這是我由研究多元認識論的立場而得到的一點教訓。

以下便轉入多元認識論內容的討論。

上文說多元認識論仍有幾分兩元論的痕跡。蓋一方面有一個認知的能，另一方面有一個被知的所。不過這能是什麼，我們無法知道。所是什麼，我們也無法知道。所知道的祇是這個能所間的交互作用。交互作用的結果便是知識。多元認識論的目的，不想超過知識的邊境以窺探能所。反之，爲了方便起見，因爲他們超過了知識範圍而假定他們都不存在，換言之，即無真的外物與真的內我。此意東蓀先生曾以圖明之。（見認識多元論及其批評頁八三）多元認識論便是想在知識範圍之內設法分析由能所構成知識的複雜情形。分析的結果，乃發現了知識的構成，其間有若干層次。而每一個層次其自身都是最後的，不能將他們互相歸併。所謂多元者，便是指這些層次而言。現在引東蓀先生自己的話：

「我以爲在根本上是五種互相獨立的。由感覺不能知外物。由格式不能知感覺。由設準不能知格式，由概念不能知設準。這便是我的主張與歷來認識論上各種學說不同之故。他們的學說可以名爲認識上的一元論或兩元論。而我此說則當名之曰認識上的多元論。（同上頁六四至六五）

這一種主張可以名之曰認識論上的平等觀。這一種平等觀的確可以解無限的糾紛。過去的思想家想將能歸併於所，或將所歸于能，或說能所都是由更根本的一元分化而出，結果，依然都是在玄學的範圍裏打官司。東蓀先生在這裏是截斷衆流，認爲講認識論根本不必牽涉得那樣遠。在這個範圍內，知識是最後的，唯一的。除此外，另有何等樣的實體和知識有怎樣的關係，一概管不着。祇是分析這些構成知識的條件，分析的結果，是什麼便還他一個什麼。這是很乾脆的一種手段。的確替研究認識論者開了一條光明的道路。其所以致此者非他，因爲作者把握住一個正確立場之故。所以我們應得明白東蓀先生「不可互相歸併。」這一句話的意義是指在認識論的範圍內。感覺，範疇，格式等等種條件，缺一便不成知識。認識論的責務便是說明認識這一個歷程由外而內的過程層次。一定要把他們歸併爲感覺並非是不可能的。例如唯覺主義者把一切都歸併到覺，實在論者把一切都歸併到外界的條理等等。但這又是把認識論當做探玄的工具。

關于構成知識的這許多層次，東蓀先生以感覺爲樞紐，他把感覺認爲是個中間物。旣不存在于內界，也不存在于外界。由感覺向外推定外界的條理，向內推到認識上的立法，由認識上的立法推到名理上的先在格式。外界的條理經感覺的媒介，達到了名理上的先在格式，結果便是概念的知識。這一個進程大體可算是十分對的。據此，可知實在論者把感覺推出去認爲都是宇宙間的一個單位，不免失之太遠，觀念論者所謂純粹感覺也祇是一種推想。實則感覺祇是一個引子。好比介紹人一樣。一對夫婦所以能夠結合，介紹人實頗具有力量，但已經結合後，介紹人便沒有地位了。

現在我祇想再提出多元認識論的兩個重要之點。第一點，是東蓀先生對于路易士的修正，這一點我認爲也是多元認識論的一個貢獻。第二點，是東蓀先生和康德不同之點。這一點，我疑心在理論有未臻圓滿之處。

路易士把先驗的視爲名學上所不可缺少的。多元的認識論則以爲時空在名學上並非是不可缺少的。時空又決不是經驗的。知識的構成又決不能沒有時空，所以時空之爲先在的，其性質決不同與範疇。易詞言之，決不是名學上的。所以多元認識論把時空視爲認識上的先在格式，這個分別當然還是本諸康德，但自其修正路易士而言，卻不能忽視這一個修正的重要意義。

東蓀先生雖然自承他仍是循康德的這條軌道，然而有一個根本不同之處。這不同處在于他想吸收實在論的學說，認爲外界也自有其秩序。不過不是完全的。知識乃是內外兩種秩序合併的產物。東蓀先生也知道站在他這樣的立場不易說明外界的秩序。現在我們看他自己的話：

「至于我們如何知道有這些條理在外界呢？這些問題，仍須在認識論上求解決。我以爲外界條理映于我們的認識上，正好像帶了眼鏡看東西，而必先經過眼鏡一樣。我們既無法撥除這個眼鏡，則我們祇有就眼鏡中設法爲之分析。……所以分爲兩大類。一類是經過眼鏡而現于眼鏡中，然依然不失爲屬于所對的外物。一類是屬于眼鏡自身的。……」（同上頁二三三至二四）

外界的條理映于我們的認識，……好像陽光之透入重簾，透入的實是很少很少……」（同上頁二四至二五）

據上所引，可見東蓀先生的態度非常愼重，他對于外界的條理也非常懷疑。至于所謂透入重簾的外界條理，東蓀先生以爲在積極方面有三個。一原子性，二連續性，三創變性。在消極方面有一個，即是可測性。

這裏論外界的條理東蓀先生分明是受了懷特海的影響。我上文說東蓀先生非不醉心于當代宇宙論者的學說，現在可以得了一個證明。不過懷特海已把東蓀先生的所謂範疇概念等都推出去，在他已無所謂內界了。東蓀先生既把這些都拉進來，依然積極的主張有個外界秩序。我想這裏面一定有困難。在這裏我不願推得過遠，我覺得東蓀先生要主張外界自有若干秩序，知識的條理不是完全由主觀一方面產生出來的，不但可以，而且是十分對的。但這一點不能從認識上講。因爲所謂外界的條理既不是接知，也不能擬感覺向後推。盡頂多祇能說感覺不是自動而是被動的，說我們的知識不能憑空，換言之，即其背後確有點什麼，然而對于他積極絲毫不能有所置說。

外界的條理旣不必從認識上來講，當然惟有從名學來講，這一點，其實東蓀先生多元的認識論已經指示得非常明白：他在論概念時說：

「可見歸類固與外界固有性質沒有十分關係，卻祇能把外界所有的性質移來移去。」——或移到這一類中，或移到那一類中。但卻不能憑空由有而變爲無，亦不能由無而變爲有。」（同上頁七二）

東蓀先生這一段話不是已經充分表示外界的根據了麼？蓋知識的最基本的材料是感覺，感覺既如東蓀先生所說是個中間物，物當然兼有內外兩界的性質。那末，知識的條理其不能純粹歸于內界豈不彰彰明甚？詳言之，我們祇須承認外界確有若干條理，即外界確有相當的硬性，這樣主張可以增加知識的確實性與可靠性。外界的條理即由名學上的預立法則祇能控御自然，而不能無中生有，創造一個自然可以證明。但站在東蓀先生的地位，卻沒有法子從正面來討論外界的條理。這樣的討論分明是又侵入了宇宙論的範圍。在這裏，我覺得東蓀先生提出了一個對于認識論新的立場，但是他自家卻未能嚴格遵守這個態度。由此可見這個新的立場，在實際的運用上，不是如同僅僅了解牠那樣容易。我們希望東蓀先生和一般有志研究認識論的學人繼續在這個立場下努力。

本文不願意寫得太瑣碎，入手便說祇是想從大處說明這篇論文在歷史上的淵源，考察他的站腳地是否堅實。現在這工作已經做完了。我相信東蓀先生的確是胸中先有一個問題而後才寫這本書。這的確是關于認識論的一本專門著作。

「」正文已經做完了現在略說幾句題外的話（

我在上文還保留了一個問題，現在得討論一下。東張先生說研究哲學，我們于方法上主張應以認識論為出發點。我私心以為精當。東蓀先生這裏所謂哲學當然指形上學而言。形上學向來分所謂本體論和宇宙論。照現在哲學界的趨勢看來，過去形上學的問題現在已不成問題。如那樣意義的本體論當然沒有了。但本體論這一門學問是打不倒的。不過講法不同而已。懷特海的哲學便是一個極好的例子。這一種新的講本體的方法，如表以佛家術語，便是「即用顯體」。「即用顯體」這一條原則，運用時當然有無限巧妙，因時代和個人的性格，才調而有變易。但是這一條原則，我敢說，是天不變，道亦不變。在這一點，我以為講玄學不必一定要以認識論為出發點。

再有一點，自康德竭一生的精力治認識論，後起的黑格兒便太息說形上學經康德的手以後，便消滅了。康德也是把認識論當做工具，但工具後來便成為目的。一成為目的與形上學根本便不相干了。所以我以為玄學永遠是玄學，而認識論在今日雖說不上，但在將來，總可望其變成一門科學。東蓀先生的研究便是在向着這個方向邁進。我以為玄學永遠祇是一個精神。在具體方面，固然看不見牠有什麼效用，也說不上牠有什麼固定的方法。牠在種種方面，可以助認識論獨立，然而認識論愈獨立，便離開玄學愈遠。

七月二十二日

文藝心理學

向培良

朱光潛著　二十五年開明書店出版

我國今日，為一思想上最紛擾的時期，思想上的追求，為一般人所迫切需要，此種趨勢，自然轉入藝術界中，於是文藝的創作不能滿意一般人的欲望，又轉而趨於文藝理論。在藝術的價值之外，甚至於在藝術的價值之上，着重於思想的價值，實為近年來文藝活動上的一特徵。文藝理論書籍之介紹，至今約不過十五年（似始於耿濟之譯藝術論），至今已頗為可觀。而托爾斯泰的藝術論，廚川白村的苦悶的象徵，以及馬克思主義一系的藝術理論，均發生甚大的影響。至於國人自著，還不過三數種。能以卓特的見解，自成一家言的，要不能不自朱先生的文藝心理學始。

在社會進化的現象中，有一通例，即思想運動本身之發展，帶有很重的情感作用。當其籠罩一切的時候，大抵是淺觀學說本身的時候，通常所謂思想，都以熱情為轉移，而不去作冷靜的理智的研究。文藝上的思想運動，自然也是如此。故十餘年來一般之注重文藝上的思想，卻很少去作學理上的研究的，此方面的書籍介紹，幾於四分之三是關於馬克思主義一系的。雖其中亦不乏重要作品，如盧納卡爾斯基的藝術論，蒲理契的藝術社會學，瑪察的西方藝術史（只譯上卷）等，然大抵陳陳相因，毫無精義，作文字上的術語之遊戲而已。朱先生的著作，在指出正當的研究之途徑一點上，應該說是劃時代的。

我於數年前既得讀朱先生的談美一書，深佩其態度謹嚴，析理明暢。後來在文學季刊上看見文藝心理學的一章，即甚盼能窺全豹。今日得讀全書，實在是一種快事。

此書大體是以克羅齊一系的形式美學為主，如作者自己所聲明的。克羅齊的美學的優點，在於斬斷藤葛，徑直把住要點，既以直覺為藝術，以直覺為人類精神活動的基礎，又以完全的直覺即表現，則對於藝術所加的種種糾纏議論，自可一掃而空。至此藝術精神，才能獨立，不至成為別的活動的附屬品。這是克羅齊的最大的功績。不獨如此，以直觀為藝術（朱先生所謂形相的直覺），最為明白通達，鞭闢入裏。然後一般人對於藝術，才能夠有正確的認識。在這一點，朱先生的著作是異常之確鑿的。

但，作者也未嘗全部採取克羅齊的學說，卻加以若干修正。作者歸納為克羅齊的機械觀，傳達論及價值論之點。關於機械觀一點我想留到後面再說，此地先論作者對於克羅齊的傳達論和價值論的批評。

克羅齊的傳達論，以為藝術不是物理的活動，當其在直觀中有了完全的表現時，即已完成，而無所事於作品底創造。照他的說法，則藝術品只為物的美之再生的誘因，與藝術本身及創作者均似無根底的關係。且對於藝術品的瞭解，如無傳說及歷史為助，即無能為役。（此點與弗萊乙特一系的藝術觀殊途同歸。）朱先生對於此說的批評則以為「第一每個人都能用直覺，都能在心中想見種種意象，但是每個人不都是藝術家。為什麼呢，藝術家除着能想像以外，還要能把所想的像表現在作品裏。藝術決不能沒有藝術作品」（原書一七一頁）第二「克羅齊的學說還有一個更大的毛病，就是他沒有顧到藝術家在心裏醞釀意象時，常不能離開他所用的特殊媒介或符號……這就是說，克羅齊所謂直覺或創造，與他所謂傳達或物理的事實，在實際上是不能分開的。」第三，「創造意象受傳達的影響，還不僅在媒介，最重要的還在心理的背景。想出意象來預備傳達出去，和想出意象不預備傳達出去，心理的背景大為不同。一個受社會影響支配，一個不受社會影響支配。」（一七二，三頁）這三點批評克羅齊的傳達論，都是對的。克羅齊的美學之最易受人攻擊之點，即在他的傳達論，故我以為朱先生的批評似尚未十分充分。我以為離藝術品而論藝術，根本即失之空洞。創作與鑒賞，在事實上固為事之兩端，缺一不可，而表現與傳達，更為一事之兩面，相需而成。離表現固無從傳達，而離傳達亦無由表現。故在藝術品未完成之先，即無有表現，亦無有完成的意象。若謂先有完成的意象存在（此種意象，不必探究其為克羅齊所指之直觀或通者所指之內容），然後以「物理的事實」轉移為可以察知的藝術品，還是在邏輯上不能成立的，因為完全的意象已經有其完整的形式，而藝術品又有其完整的形式。如謂兩者為不同的表象，則何以由前者轉變為後者？其程序如何？如謂兩者為同一的表象，則何以能產生兩種完成的形式？所以在藝術品未完成之先，並無藝術，只有一種衝動，或是一種傾向。

加之，假如我們認藝術為情緒的傳達，或者至少承認藝術的內容為情緒的，則更不能承認在藝術品之外，別有一種表現，在傳達之外，別有一種意象。因為情緒只有在完整的對象或完整的行動之中產生。藝術底創作，即為形成情緒之完整的行動。舍此以外，情緒固無由產生也。

照上面的意見，則朱先生所說意象不能離開媒介之理由，也可以闡明了。我想朱先生所謂不能離開媒介，應指不能離開確定的行動；即在構思的時候，已經開始創作。至於不能認為思想形式的藝術，如繪畫雕塑等，則離開了手的動作，也就沒有什麼意象可言。這也就是形式美學所以排斥內容的理由。

至於克羅齊的價值論的批評，即是對他的傳達論所必至的結果。朱先生謂克羅齊無視傳達，即是無視價值，已甚透澈，不必贅言了。

假如我們承認直觀即藝術，並承認克羅齊所謂直觀對智力獨立，則我們對於「美感經驗即是形相的直覺」一語，似必再追求其究竟，而不能以直觀即是對於個別事物的知識一義為滿足。在這一點，我覺得朱先生似應比克羅齊再走進一步。因為照朱先生所說的：「美感經驗是一種極端的聚精會神的心理狀態。全部精神都聚會在一個對像上面，所以該意象就成為獨立自由的世界。」（十頁）則這種不變的獨立的靜的境界似為實際所無。因為藝術的活動，無論是創作或是鑒賞，其特徵均在動而不在靜，所存在的乃是一種刻刻變易的綿延的意識之流。朱先生雖在後來（第八章）主張「美感經驗只是藝術活動全體中一小部份」，究未能使前義圓滿。照我個人的意思，則形相的直覺應是一種情緒，而情緒即是一種行動。凡不產生情緒的對象必不能牽引我們，凡不體之以行動的情境必不能完成情緒。此義究否恰當，想朱先生必能評審而加以指示的。

全書第二個主要的論點是所謂「心理的距離」。除第二章專論此點而外，第八章文藝與道德（二）理論的建設，第十六章論悲劇的喜感均以此說為根據。這雖然是一種極其明白的說法，但推論至極，似乎與盧納卡爾斯基的實證美學有同樣的危險。盧氏以為悲劇的功用在於能夠訓練忍受痛苦與恐怖的情緒。其說不當，顯而易見。朱先生的說法，如原書二六六至八頁所論，雖遠為精緻，但以為「藝術的欣賞把畏懼和恐怖所帶的痛感消滅」則不免也許會引到同樣的結論罷。況且一種既不太遠也不太近的距離是無法可以決定的事，正如盧氏所稱既不太少也不太多的刺激與感覺之無法決定一樣。

至於說：「我們何以有情感而不能表現於藝術作品呢？這就是不能在自己和自己的情感中留出距離來，不能站在旁觀的地位去觀照自己的生活。」也似乎不能解釋距離之必須。因為，既成的情感，實無與於藝術，只是一種素材而已。藝術家在創造作品之際不是表現既成的情感，既係描寫自己的情感，亦係重新生發一次。否則便全陷於何以能從一種完成的形式變到另一完成的形式（既成的情感已具其完成的形式）這困難了。所以從實用的態度轉到欣賞的態度，實為從知識的態度轉到情緒的態度，可以不必藉助於心理距離說。

朱先生另有一重要的論證，散見於全書各處，而且比作「談美」時已經不同，似乎又更進一步了。這就是說美感經驗並非藝術活動的全部，而以評克羅齊的機械觀為文具體的表現。我也感到美不是藝術的全體，美感經驗有時與藝術的體驗不相同。在我所寫的「論美」一文（我所計劃的一部著作之一章，發表於文藝月刊）即企圖把美和藝術分開來。藝術的活動，就是美感經驗也是的，必然牽涉到人類精神的全體，不能夠劃為一獨立的部份。論到這一點弗羅乙特一系的文藝批評頗為着力。但他們偏於病理的搜索，有背藝術的原義具足相。但我們不能不從更深的根底去討論美和藝術，則為決然的事實。在這一點，朱先生已着先鞭，想來不久當有更深宏的理論給我們：

除了個人（像弗羅乙特的說法，負着種族之整個過去的個人）的根底之外，更有其社會的根底。這是馬克思主義一系的藝術理論所亟力探討的。此派學說，在國內頗為盛行，其本身系統亦相當嚴密而企圖以新的姿態出現，此學說而論則他們是離本實論的心理的美學，並無新的態度。在闡明藝術與社會的關聯這一點，亦誇張過甚，時時失去研究學術的純正的態度，但朱先生既提到文藝與道德，也偶然提到弗羅乙特，獨對於此派學說，未加批評，則不知者似乎以為忽略了藝術與社會的關聯。因為他們雖不能當作一純正的美學派系，但為國內較流行的學說，又因國人此時方熱衷於思想，則我們當然盼望像朱先生這樣的人能發揮他的意見了。

希望這一部書出來，在國內能逐漸建立純正的美學及藝術心理學的研究。

新書介紹

太史公年譜一卷附祠墓錄

張鵬一編　關隴叢書之一　北平各書肆代售

史記一書，創定體例，貫穿古今，文直事核，信為一代鉅作。顧其書流傳之際，不甚流傳，頗有殘闕，梁玉繩史記志疑張照史記考證，言之甚詳。其後各家補入既多，龐雜叢衆，漢書張湯傳如淳注謂，成帝時，馮商受詔續太史公書十餘篇，後書班彪傳注，楊雄劉歆褚少孫史孝山等，皆嘗續史記，故非考定史公生卒年代，不能明史記之限斷，而史公生卒年代，自序與班書皆不詳，他無明證，故學者多不一其說。

關於太史公生年之考證，以王國維氏太史公繫年考略（廣倉學宭叢書第一集）為最早，王氏復有太史公行年考（觀堂集林卷十一），大抵皆關於其太史公生繫年之說。此外尚有張惟驤氏太史公疑年考（戊辰三月小雙寂庵刊），並欲糾王氏之失者。民國二十年鄭鶴聲氏復著司馬遷年譜（商務出版）。本書著者張鵬一氏為關西碩學，嘗集漢司馬太史公集（關隴叢書），而此太史公年譜，則成於癸酉（二十二年）者也。

王氏太史公繫年考略，以元封三年太史公年三十八為太史令，應生於孝景帝中五年丙申。張氏太史公疑年考，以太史公自序元封元年年二十仕為郎中推之，則元封三年年二十二為太史令，實生於武帝元光六年壬子。王氏以太史公卒年絕不可考，以為約卒武帝末昭帝初，為六十歲左右，其受腐刑，則在天漢三年，年四十八。張氏則謂卒於武帝後元元年，年四十二，其受腐刑，亦在天漢三年，年三十二，此二書之大較也。鄭氏司馬遷年譜大體據王氏之說，而或略有所補正。此外日本桑原隲藏有司馬遷生年之一新說（載東洋文明史論叢）一文，以王張諸氏之說皆有弱點，而獨以太史公生年在建元六年。此近時治史遷繫年諸說之不同也。

張鵬一氏此書亦主太史公序注集解正義均以武帝太初元年為史公年四十二歲之說，則由太初元年上推，正景中五年為太公生年，與王氏之說同。惟史公卒年此書訂為在元平元年，卒年七十二歲。此層則頗有可疑耳。

此書雖為年譜，而於史公平生事實之可互證處，則旁搜側剔而相成之，如武帝巡幸所至，史公悉與之。征伐四夷之事，太史嘗與蘇魏李廣諸人過從友善，匈奴大宛各傳事實，必得之蘇李諸人之談論，不讓取資於石室金匱之藏，凡此之類，本書皆具列事實，互相發明，為治史記之學者一新貢獻焉。（鈴）

新書簡訊

怎樣研究哲學

王特夫著　上海三江書店出版

本書著者王特夫氏近數年來作過幾種關於哲學的著作，如甚麼叫做物質，論理學體系，人類學體系，世界生成論等（以上各書均由辛墾書店出版）。這些書，都是用新興的銳利的方法寫成的。在我們這尚在介紹新哲學期的中國，這些書之完成，可說是很可慶幸的事。如果讀過上述各書之一而又對於理論有過相當浸潤的人，我想大概有這同樣的感覺。

「哲學這種學問，它是把自然，社會及其與人類的思惟之關係的全般的根本原理，加以體系化，使之成為統和的，有組織有系統的知識」這是本書第一章「哲學是甚麼性質的一種科學」中所下的定義。同時又批判了現代主張哲學消滅論的人的意見，他以為科學和哲學各有各的對象，哲學並不因科學之進步而被代替。「哲學所論究的對象，並不同於別的科學之處，只在於它係偏於探求思惟與存在之關係，探求這些客體之最一般的和最根本的原理與法則作為任務，而各種別的科學，則是以部分的，人類的事務之原理與法則為對象」。著者在本書中反對那些把各哲學家的學說，如觀念論，獨斷論，一元論，二元論等作為哲學的學型，而主張哲學的學型只有哲學這門學問本身的分部，如認識論，方法論，本體論三種。

第二章是說的哲學與生活和哲學與科學，一般人以為哲學是傳閑階級及茶餘酒後的空談和哲人學者在書齋裏的玄想與思的意見，都是錯誤的。「所以研究哲學的要求，乃是人類的實際生活的誘導和逼迫所引起的」；「反過來說，人類的實際生活也是創造哲學的思惟，豐富和發展我們的哲學思想的泉源的。理論出於實踐」。「沒有理論，就沒有行動，所以對於宇宙和自己的已存狀態之認識，更是正確的行動的起點。」其次說到哲學和科學之關係時，他以為新哲學是科學的哲學，以科學為其基礎，為其標準，而綜合科學，指導科學，轉成宇宙觀。這也是同那主張哲學高居於一切科學之上和那主張有了具體的各部分的科學而就沒有了綜合的哲學的意見是不同的。讀了這一章「為甚麼應當研究哲學」，便可明白了。

第三章是講的「哲學研究中的實證的和經驗的方法」，先說明辯證法（主觀法與客觀法）之對立，繼說如何運用客觀的例子（現實的自然和社會）於哲學研究中，再說到哲學的研究和實踐，在最後一項中又深刻地批評了現在主張理論可以離開實踐來研究的說法。第四章敘述怎樣進行分析的研究，第五章是怎樣進行綜合的研究，第六章是如何進行批判的研究。在這幾章中，大體把哲學的研究方法都說明了。第七章是談到研究哲學進行的步驟，這是屬於單純的技術方面的問題。

末尾附有可作本書的餘論或附錄看。

總之，這一本小小的哲學研究法的書，已經把研究哲學的各種方法——理論的和技術的——都告訴我們了。這方法是精確的。使我們不但知道了怎樣去研究哲學，而且我們也學得了怎樣去研究一切學問的方法。所以哲學不但在解釋世界，而且在改變世界。（譚輔）

× × ×

袁世凱與中華民國

白蕉編著　人文月刊社發行　二十五年二月出版　實價九角

袁世凱為中國近代史上關係最鉅之人物，近二十年來，中國政治之混亂，軍閥之橫暴，社會之不寧，人心之欺詐，皆與袁氏當國之際所行在在有關。論者謂袁小有才者，術賦以忠之德性，濟以洞察大勢之智能，未必不能使中國久已乎成一「現代國家」，乃既無道德以為體，又無學論以為用，徒挾帝制殘餘之思想以盜民國，則其才適足以濟其惡耳。向使袁氏而能公忠謀國，無洪憲帝制之事，則其時人心厭亂，局面小康，財力稍阜，足以種設一新國家而無大阻礙。當時正歐洲多事之秋，中國大有為之時，日本今日之富強，大抵即能坐收此漁人之利，袁氏不此之謀，乃專以權術播弄於朝野，卒至身敗名裂，貽患國家，後世，此治近代史者論袁氏功罪之定讞也。

是書共分五章，取材大多出於當時之報章文件，極為有據，正文用五號字，引證則五號字，少一稍已見，最為矜慎。讀此書可知一知袁氏當國之始直如一新式大家庭中婆媳姑嫂之爭而已，民族國家之前途，非彼輩當時所措意也。是書曾經吳門紅梅閣評閱，黑批甚多，古紅梅閣主盡多身經其事者也。（山）

圖書副刊

BOOKMAN

第一百四十七期

一本刊登載關於中外圖書之介紹批評以及學術界消息爲公開性質歡迎投稿
二刊登本刊之文略致薄酬
三投稿通訊可寄「北平文津街國立北平圖書館內圖書副刊編輯收」

記萬曆刊本毛詩六帖

陳樂素

據上海徐氏宗譜，徐文定光啓有孫爾默，字含之，號容庵，生萬曆三十八年（一六一〇），卒康熙八年（一六六九），嘗於隆武元年（一六四六）至永曆十一年（一六五七）間輯成文定集若干卷。其文定集引有云：「文定公生平著述與年俱富，咸成卷帙。悉歸捷足。運逢百六，散佚殆盡。余竊搜博訪，僅購什一。時不我與，權多掣肘，家業荒凉，糊口不給，竊謂妄槩，洵濟難快，因田謹見，聊爲銓次。毛詩六帖，公嘗以爲未竟之業，爲書賈竊刻，刻而燬，燬而余續成之，以竊諸家塾也」。引作於康熙二年（一六六三）重九。霽庵集成已六年。是容庵續成之毛詩六帖至少有六年之存在。然世鮮有言及之者。殆秘藏至相當時期而絕矣。書賈竊刻，不知當時所印幾何，散在人間者又幾何。今燕京大學圖書館有殘本三冊，爲吳氏拜經樓舊藏鈔本。首有吳槎客及錢振玉題記各一。吳記云：「毛詩六帖世鮮刊本，故朱氏經義考不著卷數。予購得此三冊，首題二雅，而實止小疋。未知世尚有全本否。辛亥秋中槎客記」。吳爲乾嘉間人，辛亥則乾隆五十六年（一七九一）也。錢記云：「考明史藝文志謂毛詩六帖六卷。四庫存目著錄范方重訂之本，計十六卷。經義考載六帖之目，一曰翼傳，二曰存古，三曰廣義，四曰攟藻，五曰博物，六曰正叶。此本之首標擧六帖之次，作四曰博物，五曰攟藻；與朱氏所述四五二目互異。惜不得足本原書一證其孰是也。此書以明志卷數考之，確爲殘帙，然究是徐書本來面目。經義考不記卷數，豈所見亦殘帙耶？足證全本之罕觀也。光緒乙巳（三十一年，一九〇五）夏得此書於歸安吳氏，故冊首拜經吳氏藏書印外，尚有吳平齋讀書記印。書衣毛詩六帖鈔本共三冊，亦吳平齋手書」。按四庫存目「詩經六帖重訂十四卷」，非十六卷。云：「方字令則，如皋人。前有方序謂，徐光啓六帖後先錯互，爲未定之書，爰爲重訂，而去其博物一帖，其餘五帖皆移定其次。卷首有光啓韻譜說幷例。考明史藝文志載毛詩六帖六卷，是每帖爲一卷也；方既刪博物一門，則六帖僅存其五，安得復以六帖稱乎」？據此，則四庫館臣亦僅見范本而已。三百年來惟顧棟高毛詩訂詁數引其說，此外殊不多覯。

上海徐家匯藏書樓夙搜文定遺著，聞燕京大學有拜經樓舊藏，民國二十二年文定逝世三百年紀念，曾託家大人爲錄一副本。雖非全帙，已不勝寶貴。最近藏書樓主任徐潤農司鐸忽以新得刊本見示。相與嗟異久之。不謂二百餘年之後竟能白也。

書凡三冊，無封題，開卷有唐國士序，次六帖目，次毛詩韻譜說，又次爲本文。本文首題「新刻徐文定先生纂輯毛詩六帖講意」。板心則簡作「毛詩六帖講意」。文旁加圈點。每篇，目低一格，次爲詩序，序低二格。次六帖，傳，箋低一格，餘頂格，然亦間有例外者。板匡高二十二公分七，寬十三公分七。每半葉十一行，行二十八字。共四卷。第一，第二卷各爲一冊。第三，第四卷合一冊。第一卷國風一百五十七葉，第二卷小雅一百五十五葉，第三卷大雅八十七葉，第四卷三頌四十八葉。已至商頌殷武之末章。首尾似完好無闕。惟第四卷末二葉板心題卷五，爲可異耳。今將序，目，韻譜說及本文各卷標題詳列於下：

毛詩六帖序

詩六帖乃徐太史玄扈先生下帷時所輯也，太史爲藝林宗匠，說詩尤多獨見，研精抽秘，不止匡鼎解頤，當時弟子爭相傳錄，藉以指南者，非一日矣。第寒儒轉寫無資，咸冀殺青，又十餘年，書賈始擷善本鋟劂，命余序之。余亦學詩人也，夙沾太史膏馥，故深知是書妙處，能補紫陽之缺略，闡箋傳之精微者也。蓋昭代尊崇紫陽，傳註外一切抹殺，即毛傳鄭箋確有正見，亦不敢竄入一二，僅襲紙上陳言，互相影附，沉涸日久，將千古風人性靈都不及探索。又安望其漱芳而資博耶。太史恪遵考文，首翼傳，次存古，旣能調劑兩家之說，所爲廣義攟藻博物，又多箋疏家所未及，無論紫陽已，此於明經者關大有裨益，而叶韻一帖尤古樂復古之端也。古者里巷吟咏，俱播之樂官，其諧聲應節，原宛轉相通，東遷後樂師失其官，而孔子刪述又在散佚之餘，故未得詳示其故，迨休文四聲一出，僅堪守轍，惟韻學是泥，即紫陽亦多牽强處，而古音遂湮沒矣，今太史審音諧韻，但按節以和，韻不拘一而章法不淆，叶不泥古而聲調自合，和平頓挫，聽之琅然，當日樂府節奏，恍然在目，自此尋繹風雅遺意，今人俱可做模，寧非復古之一助歟，或曰，是書爲太史帳中秘，奈何謬懸之都市，不知太史志乘三立，雅不喜以文字炫長，故未及壽之梨棗，今藉手嘉惠後學，正太史淑世念也，閱之必當究翻，快覩有驚焉。

旹

萬曆丁巳夏月吉旦

海上唐國士一鶚父題于長春樓中

唐印國士　玉屏山人

毛詩六帖

翼傳　依附紫陽，研尋經旨
存古　毛傳鄭箋，存其雅正
廣義　傳箋以外，創立新意
攟藻　詩賦雜文，憲章六義
博物　鳥獸草木，搜採異聞
正叶　考求音韻，審辭訛舛

毛詩韻譜說

嘗謂古樂不復，第其節奏散亡，乖於聲音之譜，生人至今，相傳不易，故樂有古今，韻無古今也，徒以方俗不同，故一字有至數十音耳，今人讀詩，動稱古叶，與今韻霍然不類，博洽之士，旁引曲證以識其說，要其中間竟多附會，以愚而論，定無古叶之說，若知樂聲轉註，則知宛轉相通，自然成韻，不容絲毫造作也，自恨識劣，於詩理本無所見也，僅此一事，似爲獨得，靈茲義顯然嶽於人口，但能屏去古叶二字，便得了了，亦不必多爲之辭，謹摹所知，條列如左，其有未詳，闕之以竢，如博雅君子以爲良然，乞爲正其訛，補其未備也，音聲轉側，難以實窮，反覆相從，不拘一則，若加反切，仍屬方隅之見，故今所次第，又亦略諸，其每篇會最篇首，不以分章爲斷，使爲韻語者有所徵矣。

首章⊖⊖●●⊖　鳩州逑一
二章●⊖●⊖⊖●⊖　流求　寤服側
三章●⊖●⊖●⊖●⊖　采友　芼樂

右韻譜句作一圈，無韻之句作黑圈，有韻句作白圈，中間一二三四字，其隔句用韻無關大體者，止改作白圈，有再隔者，間以雙白圈，其第二句欲轉韻，而第一句仍上韻者，止作一白圈，韻有古今者，緣沈休文著書泥滯一隅，但自用其方音，取求順耳，不暇通知諸俗，憲章古典，而唐人禮部韻復因仍其書，用以取士，故約書盛行，至今見易詩等書及騷賦中有與之不合者，輒稱爲古韻，遂有古今之目

安雅廛藏書目錄跋

顧廷龍

嘉興唐鷦安先生，循吏儒林，鑑雅多藝，藏度圖籍金石書畫富稱一時，百年以來，人鮮知之。余見海豐吳氏石蓮闇，藏書散出時，每以唐氏遺物爲多，且題識印記，煥然猶新。惟以唐氏行誼勿詳，藏目無有爲憾！頗欲畢存其目錄，又苦所見未足。乃就所聞事蹟，撰爲唐鷦安先生藏書致略一文，揭載于本刊一百二十三期（二十五年三月二十六日）。冀其熟知其遺事者，有以補正之也。

刊登詰朝，友人朱君宰江（士嘉）走相告，謂其友平湖葛詠莪君藏有鷦安先生藏書目稿本，聞之狂喜，函乞觀借，及旬而安雅廛藏書目錄三冊郵傳至矣，積想爲之渙釋。

安雅廛者，唐氏藏書處也。書目共三冊，紅格半葉九行，板心魚尾上刻『唯自勉齋』，魚尾下刻『書畫藏卷之』等字。第一冊以四部分列，凡善本，並記行款，印記，間錄題跋，亦附自記，係出唐氏手筆，行草瀟洒，塗改行間；餘兩冊則按書箱號編錄，字體似出他手，書名與第一冊略有異同。

唐氏於同治丙寅作宰吳門，分其養廉，以易佳槧，吾吳當咸豐庚申之難，所被兵燹甚烈，舊目藏家，若藝海樓顧氏，懷米山房曹氏同罹灰燼，五六年來浩劫未復，無人能與之競購，故其時收書，亦較易也。書藏序自述搜書原委甚詳，錄之如右：

安雅廛書藏序

嘗讀錢警石甘泉鄉人稿記海甯吳槎客先生藏書，及拜經樓藏書題記，心竊嚮往之；迨庚申浩劫，浙東西藏書家雖甯波之范氏天一閣尚不免散佚，，而拜經樓巋然獨存，益嘆先生之遺澤孔長，非幸而致也。丙寅八月奉命除吳縣令，九月自青浦調任，風塵奔走，未遑於故紙中討生活，明年丁卯春有同嗜走告曰，『拜經祕籍著名善本，已不脛而走，尚存八百種有奇，十之五六耳，而宋元古刊，影鈔精稿，咸萃其中，邑人士估書者，購以千緡，權子母利于滬濱，行將細載至吳市矣。子盍圖諸』？予聞其言，爽然若有失，旣念力弱不足自附于先生後，爲之悒悒不快者纍日，然此心未嘗不怦怦動也。爰屬同嗜，間爲羅致，瀏覽飛鳧，時來就觀，寓目所及，錄得三四。越十月調署太湖事，閒暇事簡，紬書未忘，整理故籍，以當散悶。計此一歲中先後所聚，不足萬卷，而拜經遺書，往往而是。先生家海甯，距吾郡百里而近，東南故多藏書家，海甯陳氏之安瀾園，楊氏之玉玲瓏館，查氏之得樹樓其尤著也。嘉郡則有項氏之萬卷堂，高氏之稽古堂，朱氏之潛采堂，曹氏之倦圃，汪氏之古香樓，故家舊族，流傳有緒，印識燦然，閒遇一二於其間，則不啻鳳之毛麟之角矣。爰次爲目，略記不盡傳刊源流，卷葉行款，及收藏校勘題識圖記之足資考証者，備書于次，益以吾家先世儲藏，母氏遺留之未爲刧灰者。庚申後游歷所得者，凡爲種一千八百有奇，爲卷二萬有奇，錄既成帙，署曰安雅廛書目，安雅廛者，先大夫課不肖幼年讀書所；蓋取韓文清讀書錄中，書有雅鄭之義也。敬念義方之訓，明望之殷，撫茲身世，老大徒傷，而敝廬燼毀，手澤勤存，能毋惕然警，愴然悲耶！謹述簡端，示我子孫，庶念先德所自來，尚其愼守而善讀之，以勉旃于勿替哉！

同治七年戊辰八月書于太湖東山官廨。

讀此序，閱全目，知所得吳氏遺物爲多，是拜經之傳人也。

目中鈔本最多，明清本次之，宋元本又次之，其中罕見之本頗多，尤爲可貴。茲略擧其最稀者記之：

爾雅單疏，目云，『本北宋初刻，元修元公牘紙印，諱只追前數字及太祖太宗兩世，恒貞均不缺。』按是書實推人間孤本，其後爲宋所有者，疑即此也。

茅山志十五卷，目云，『元天曆元年張雨寫刻本，配永樂刻本卷三四五六七共五卷，劉履芬手寫補配卷十十一十二又十四十五共五卷。』按此書余嘗寓目，劉氏所寫，楷書工飭，渾樸古雅。茅山志元刻本旣難得，而益以劉氏手澤爲尤難，且劉氏寫成未久，即罹慘變，則難之尤難也。劉未有跋，僅題『光緒丁丑仲春補寫二十八日訖江山劉履芬。』唐氏于目錄中注云，『近見茅山志是本永樂補者，丙子丁丑間，析金石第十五卷贈彥淸，求其鈔全，彥淸有手記，留示子孫，毋忘口交。鈔完是靑，而彥淸以代理嘉定縣事，遽罹奇慘。天道之不可問如是，傷哉！』

國語，目云，『明陸敕先手校錢氏述古堂宋明道刊本，每卷後有陸自題校勘月日圖記，卷末自跋，洞庭葉石君跋，閱今二百數十年，光晉如新，當與宋本並珍已。』又記云，『是本爲平湖錢氏舊藏，丙辰歲余游澉浦，八弟受增購得以寄。庚申之亂，寄儲桐溪陳氏，得未罹刼火，與高寓公手序駱問禮椶羊棗集同于壬戌各攜至淮安，時八弟咯血遽逝，相距不數日耳，而吾弟已不及再見矣，書以志慟！』按觀圃所藏，僅爲過錄之本，此乃廬山眞面也。後入石蓮闇，近歸天津某氏矣。

古文尙書寃詞補正，目云，『國朝海甯周春撰，與鄰序，次自序，後周廣業跋，題簽槎翁分書，中夾黃簽校正數字，嘉定錢竹汀宮詹手筆也』。按此書係槎翁手鈔，爲松靄遺書中所未有，刻本亦未見。

兩浙人物志，目云，『卷首均有陳仲魚徵君小影圖記，仁和沈廷芳輯，一十六卷』。

浙江山川古蹟記，目記，『仁和杭世駿稿本，有親歎圖記。六卷，似從原本影出』。按余嘗見此原書，卷尾唐氏有跋，目中則未錄，跋云，『余旣得仁和沈椒園先生所纂兩浙人物志十六卷，閱一年，後得是冊，蓋一時傳錄之本，同爲陳仲魚外翰所藏，圖記如一，浩刼後，故家藏書十佚八九，是書離而復合，未始非緣也。卷中有抱經堂印，何夢華上舍石印，皆曾經鑒藏者。灝如孫觀察朱書，乃親筆也。丁卯夏五月嘉興新豐鄉人記』。以上鈔本三種，均未經刊刻，不啻原稿之珍琦也。

目中所錄各家題跋，雖不甚多，而亦有外間所未見者，如槎客之周易經義，歷代地理指掌圖諸跋，均爲拜經樓藏書題跋中所未有；抱經之宋槧白虎通德論跋，亦不見抱經堂集中。唐氏又間有綴記，亦可資考聞。如茅山志記彥淸之逝，又于明刻初印漢魏六朝百三名家集注云，『此家塾課本，愼守之書，切勿輕視至囑。』又云，『百三名家，近時精本已不可得，況原刻乎？』類此者尙多也。

目之上下方，均批價碼，上端似爲售價，下端似爲買價。上端價旁或注睇字，蓋歸陸存齋皕宋樓也。唐氏所藏及身割讓，事非得已，書目簡端有云：

，說古韻者又復不能深求，但任意以數學為主，而以數學强效其學，試尋其所以然之故，了不可得，所以合者固多，失者亦自不少，而後人復仍其謬誤，綜緝成篇，目為古韻，為古詩騷賦者用焉，是則毗上之毗，而千歲不覺也，今韻始于沈休文，是以至是，令邢子才魏收王褒輿倡之展為之，定不乃韻。

詩本韻格不同，至其疾徐輕重，緩急抑揚，如天籟之鳴，感觸自然，不由造作，自魏武以還，聲律盡亡，僅此紙上之言，唯循其音韻，倘可得其脈絡節奏於萬分之一耳，今一味牽强，音調乖外，是以私心欲希是正，雖古樂無傳，然妙解今世音律者，亦必不以愚言為妄也。

荒謬之譏，豈敢求勝前人，但欲求其所以然之故，求其故而不得，雖先儒所因仍，名流所論述，援因辯說如雲如雨，必不敢輕信所據，妄著一字。

吳淞徐光啓識言　太史　章

新刻徐玄扈先生纂輯毛詩六帖講意國風卷之一
吳淞　徐光啓　子先父　輯
東吳　鄒之麟　臣虎父　校
金陵書林廣慶堂唐振吾　刊

新刻徐玄扈先生纂輯毛詩六帖下風卷之一
吳淞　徐光啓　子先父　輯
金陵　唐國達　廣慶堂　梓
（此題見卷一第六十五葉補衣之首）

新刻徐玄扈先生纂輯毛詩六帖講意小雅卷之二
吳淞　徐光啓　子先父　輯
金陵　唐國達　廣慶堂　梓

第三，第四卷之首，除「大雅卷之三」，「三頌卷之四」外，餘與卷二同。惟卷三無「講意」二字。

千頃堂書目及經義考載毛詩六帖均不著卷數，明藝文志作六卷，不知何據；恐不過因六帖之名，假設每帖為一卷耳。

此書卷首有「九葉傳書」白文印及「星渚千元仲珍藏書籍」朱文印各一。第二，第三冊首各有一「元仲珍藏」朱文印。

拜經樓舊藏殘本即刊本之第二卷。拜略校之，譌漏頗不少，蓋屢經傳鈔之故。又刊本祇首卷列六帖之目，他卷無之，殘本為第二卷而有此目，且四五二目互殊，疑非從刊本鈔出者。

據康熙上海縣志卷九，唐國士字玉屏，萬曆三十四年（一六〇六）舉人，曾官福州通判。校者鄒之麟，武進人，道光武陽合志卷二六：「鄒之麟萬曆三十八年（一六一〇）進士，官工部主事，博學負才名，書畫為時所重，文章尤工小品，年八十餘卒，自名逸麟，又名昧庵老人」。刻書之唐國達或即國士之弟兄，所據恐即國士

鈞簡年甫弱冠，痛失怙恃，內憂外患，怵衝靡止，頓祖宗遺規，支持家政十二年，至咸豐庚戌春，方釋負荷。內無私蓄，身負公虧，祇此方寸，可質鬼神。念先人創守之艱，何敢暴棄，以滋罪戾；遂賦遠游，餬口四方，于湖朱觀察山泉，爾雅兄弟交也。時官中河通判，書來尋舊約，辛亥二月游袁浦，自是歲星一周，率歸家作二三月句留以為例。七年奔走，幸博微名。八弟子壽，權主家政，深得其力，內子眼勉有無，以補不足，兼餅雖儉，內顧無憂。庚申春捻逆寇清淮，夏四月粤逆寇吾郡，族人揆集，僅以身免，井里淪亡，家口無恙。是冬遣僕開道接眷，子壽弟間關奉觀母出險，兩房眷屬隨侍，以十二月二十七日始抵淮安城，一家團聚，共慶更生，非叨蒙先澤不至此。時余方司清淮防勤局務，漕河總督王雨山侍郎，識拔於儕輩中，頗有得一知己之感。流離瑣屑，全家安集，亦云幸矣。三年權淮鄱丞，而櫓撓者亦因是集矢中傷之。迨甲子初冬，隨萬伯軒方伯渡江，頻饒吏部力，以創辦江南糧臺受知于湘鄉合肥兩爵相暨劉郭兩中丞。自是代理南通州，署甘泉，補吳縣，調太湖，先後凡六年，迁拙如故，未由建樹，徒呼負負而已！庚午冬丁權母憂，辛未二月扶櫬回籍，先人敝廬，蕩焉煨燼，東洲新居，僅屋六楹而已！拮据口穿，奮租糊移。三年服闋，飄蔽風雨，先世祠堂，敬謀奉安，而布衣囊底已屢告匱矣。計前後游宦二十年，一燬于捻逆，再燬于粤逆，歸田讀禮，所戴與俱者祇此長物二萬卷，回念疇昔，憂患交訌，惟恐自我失墜。迨家難漸消，而浩劫洊至，厄頻于危，相距十年間事，嗟乎殆哉，甯復與有今日哉？其得至今日者，豈不有始願所及哉？書夫略于藏書目錄簡末，以志遂善觀志，且令後人讀是書者，知得之不易云。時維大清光緒元年四月朔鶴曳六十初度，記于松林通判公所之愛速書屋。

越四年，翻檢舊目，頓觸滄桑之感，又為跋云。

自我得之，自我失之，夫復何憾。同治庚午奉權母氏諱旋里，凡售去文獻及傳文韵府等書，又金玉數件，得值不足千元，而歸葬之資藉以撫播。迨後吳門再到，以及稍姪飭兒入泮完娶之費，所不足者，皆取給於此二千二百餘洋中，亦可以無憾矣。惟顧雅算疏，百六十葉，新歸記，宋內府本百四十餘家

（第三張）　中華民國二十五年九月十七日　大公報　（星期四）　（第十一版）

圖書副刊

BOOKMAN
第一百四十八期

一本刊登載關於中外圖書之介紹批評以及學術界消息[illegible]
二刊登本刊之文稿略致薄酬
三投稿通訊可寄「北平文津街國立北平圖書館內圖書副刊編輯收」

宋初三館考

陳樂素

此文爲著者宋代國家藏書考之一篇，全書待持稿時，今得陳君同意，先將本篇發表。　編者識

一　唐三館

宋以昭文館，史館，集賢院爲三館，蓋仿唐制。唐六典卷八注：「武德初置修文館。武德末改爲弘文。神龍元年避孝敬皇帝諱改爲昭文。二年又改爲修文。景雲二年改爲昭文。開元七年又改爲弘文，隸門下省。儀鳳中以館中多圖籍，置學士校理。自垂拱以來，多大臣兼領。館中有四部書。貞觀初褚無量檢校館務（褚無量[illegible]典作褚亮），學士號爲館主，因爲故事」。

又卷九注：「開元五年於乾元殿東廊下寫四部書以充內庫，令右散騎常侍褚無量，祕書監馬懷素總其事。七年於麗正殿安置，爲修書使。十三年召學士張說等宴於集仙殿，於是改名集賢殿，修書所爲集賢殿書院，以說知院事」。

通典卷二一：「武德初因隋舊制，史官屬祕書省著作局。至貞觀三年移史館於門下省北，宰相監修。自是著作局始罷史職。及大明宮初成（貞觀八年），置史館於門下省之南。開元二十五年宰相李林甫監史，以中書地切樞密，記事者宜其附近史館。諫議大夫尹愔奏移於中書省北」。

唐之三館如此，其制度之詳否，姑不具論，然可注意者，則各有其所，各有其務，故各有相當之名稱。因其位居清要，特以大臣相兼領，且所以寵之（見韓文公集卷二一送鄭十校理序）。此與宋時三館大異。

三館之稱，先此已另有之。如冊府元龜卷五十：「永徽元年六月詔三館學士有業科高第，景行淳良者，所司簡試具以名聞」（學士當爲學生之訛）。又唐會要卷七七：「永徽二年三月詔太尉趙國公長孫無忌及中書，門下及國子三館博士，弘文學士：故國子祭酒孔穎達所撰五經正義，事有遺謬，仰即刊正」！以上所謂三館，蓋六典卷二一，乃指國子，太學，四門三館而言，與此名同而實異。此稱弘文，集賢，史館爲三館似始於晚唐。唐會要卷六十：「大中三年十一月御史臺奏，乞勒中書，門下自此更不許三館奏取御史充職」。卷六四：「大中六年正月集賢殿大學士馬植論奏，始奉今三館學士不許行香。六月弘文館奏，三館制置既同，事例宜等」。馬植論奏詳見東觀奏記卷上。故三館之設，以開元集賢爲最晚。然大中距開元已踰百年，未必百年後乃有此稱。五車韻瑞三館條引[illegible]相公啟有「三館之中以信史爲急」語。唐藝文志稱[illegible]爲大尉起居郎，則更在唐末矣。以上所引各條雖未明言三館爲何，然合而觀之，第一條可見三館屬中書，門下兩省，第二條可見三館中有集賢，第三條可見三館中有弘文，第四條可見三館中有史館；並可見三館已爲當時一慣用名詞。然史館，弘文館，集賢殿書院，弘文，集賢有學士，史館無學士；弘文隸門下，集賢與史館隸中書。其稱不一，組織與系統亦有異；併稱三館，實爲牽強。併稱之理由殆不外二種：三館同類而皆，一也；宋敏求春明退朝錄卷上言：「唐制宰相四人，首相爲太清宮使，次三相皆帶館職，弘文館大學士，監修國史，集賢殿大學士；以此爲次」。二也。

職官分紀卷十五：「唐昭文館隸門下省，史館寓集賢，尚未合爲一；梁貞明中始以今右長慶門東北小屋數十間爲三館」。史館寓集賢，雖未明著何時，然大抵在唐末。開元中勸吳兢就集賢修史，卒因李元紘奏而罷（見唐會要卷六三），可知其界限分明。唐末亂離，或竟沿襲故事而併之。三館之制遂由此變矣。

二　五代三館

朱全忠稱帝於汴，開五代分據之局。汴自戰國魏而後，未嘗爲都，梁初百事草創，旋又遷洛，不數年而帝被弒。末帝貞明中始於汴置三館。所謂三館，不過如上述小屋數十間，小屋云者，殆現成之民居耳。舊五代史敬翔傳：「貞明中史臣李琪，張袞，郄象，馮錫嘉奉詔修撰太祖實錄」。梁當時三館設置原因即由於修史。因修史而設史館，史館寓集賢，並弘文而稱三館；其時圖書貧乏，未能效唐之分地藏庋，擁而並置於此，因陋就簡，遂襲唐習以三館爲名。亂世無法，固不足怪。而唐三館原制至此盡變。不圖宋之竟效之也。

自梁貞明置三館，通考卷一七四有「歷代以來未遑改作」之語，至宋太平興國初乃改建於左昇龍門東北。然五代會要卷十八史館移置條云：「周廣順三年九月勑入厚載門內東地爲宇，宜令弘文館，集賢院於此分勢解署」。是中間曾經一度遷移，而宋初既仍貞明以來舊址，則或廣順移而未遷也。又後唐都洛而非都汴，洛都自有集賢，史館（史通卷十一），皇家建國，別置史館，西京與東都，東都與陳池相接），雖經黃巢之亂，故址當存；後唐既東都事，三館必非仍梁之舊徵於汴也。

三　宋崇文院

玉海卷一六五：「建隆元年二月詔改弘文館爲昭文館」。唐宋稱弘文，宋改崇文（見五代會要卷十八），後復弘文。宋又仿唐舊改昭文。據麟臺故事殘本卷一，蓋避宣祖諱而改也。時即以首相范質兼昭文館大學士，次相王溥監修國史，魏仁浦集賢殿大學士（據宋史宰輔表）。名爲沿唐制，實則襲周之舊，因范，王，魏本皆周相，至此不過換一宋字。官稱如此，實際上之三館亦一仍周舊。終太祖之世未嘗改作。太宗即位，始議營頓。宋會要輯稿職官十八：「太平興國二年太宗幸三館，顧左右曰：[illegible]度左昇龍門東北[illegible]府地爲三館。三年二月成，乃下詔曰：國家聚典籍，大集羣書，宜錫嘉名，以光策府，其三館新修書院宜爲崇文院。自梁遷汴都，舊制未備，貞明中始以今右長慶門東北小屋數十間爲三館，即後國西館是也。據樓梁棟，僅蔽風雨，周廬徼道，出於其旁，衛士騶卒，朝夕喧雜，每受詔撰述，皆移他所，至是故撤弃。院既成，盡遷西館之書，分於兩廊。以東廊爲昭文書庫，南廊爲集賢書庫，西廊分經史子集四部，爲史館書庫。凡六庫書籍正副本僅八萬卷」。資治通鑑長編，職官分紀，玉海，通考等所載大略相同，蓋宋初三館情形及新院之重要記事也。

按宋之初興，外環者猶有六國，其時情勢彷彿五代，基礎未固，專有不得不從權承舊。太宗即位，大局已定，典章制度自當納入正軌。既沿唐制有三館之稱，自當分建三館以求名實相副。若以三館爲非善，則當改之，或另創新制。乃兩皆不爲，仍沿五代之舊，併而爲一，又無端冠以崇文之名，名實既乖，事遂不順。春明退朝錄卷中：「本朝合三館爲一，並在崇文院中。祕閣中修籍目在崇文院，餘各置局他所，蓋避眾人所見。太宗實錄在諸王賜食廳，真宗實錄在元符觀，祥符中修冊府元龜就宣徽南院廳。自後修國史、會要，名曰編修院。又修仁宗、太宗實錄在慶寧宮。史館領日曆局，自爲編修院，而日曆等書皆祈歸編修院」。夫修史不能公開，勢不得不另就他所，當建院之始，豈有不知；然則自始即賜爲專主藏書之所耳。既視爲專主藏書之所，則當曰三館，祇以崇文爲名，別建史館。何以院中仍分昭文，集賢，史館三庫？不特此也，端拱建秘閣，又在其中。祥符一炬，精華盡毀。非祇宋之不幸，實中國之大不幸也。而天籍以後補葺，猶分館閣四庫。通考卷一七四：「熙寧四年集賢院學士史館修撰宋敏求言，三館秘閣各有四部書，類多訛舛，累加校正，尚無善本；蓋逐館幾四萬卷，校讎之時，務存速畢，第數既多，難得精密」。此不特徒勞，且貽誤後人矣。皆名實乖於前之累也。又史館既附於崇文，卒至不能獨立，修史既須另設局，甚至本朝史亦不能藏其中。蓋亦避衆人見歟？崇文總目乃合館閣全部書銓次，宋之實錄國史等尚皆一見於目中也。

四　宋初以史館主藏書

續資治通鑑長編：「建隆二年正月王溥等上唐會要一百卷。詔藏史館。乾德元年十月張昭上新撰名臣事迹五卷。詔藏史館。」史書藏史館，宜也。麟臺故事卷二：「乾德元年平荊南，盡收其圖書以實三館」。不謂爲史書，故不曰史館而曰三館，亦宜也。長編：「乾德四年五月，上遣右拾遺孫逢吉（與撰職官分紀之孫逢吉同姓名）至成都收僞蜀圖書法物，乙亥逢吉還，圖書付史館」。麟臺故事卷二：「開寶八年冬平江南，明年春遣太子洗馬呂龜祥就金陵籍其圖書，得二萬餘卷，悉送史館」。通考所載同。二者必非盡史書，何以俱言付史館而不及昭文，集賢？以三館言，昭文居上；以藏書言，唐史館藏書最少。宋所得於諸國者，江南與蜀特富，今皆言藏史館；則當時已異於唐，以史館主藏書矣。何以言之？太宗新建崇文院，東廊爲昭文書庫，南廊集賢，西廊史館，而史館獨分四庫，蓋因其書特多，亦存宋初舊制也。宋初舊制，又淵源於五代。五代雖擾攘亂世，撰述[illegible]

書評

漢魏六朝韻譜

王了一

于安瀾著　二十五年五月出版

本書分爲三譜，第一譜敍述漢代的韻部，第二譜敍述魏晉宋的韻部，第三譜敍述齊梁陳隋的韻部。每敍述一個韻部，先將屬於此部的字臚列於部首，然後用較小號字，另起一行，低一格，把韻文裏凡屬於這時代而且屬於這韻部的韻腳都鈔錄下來，以爲例證。全書之首，有韻部沿革總敍，韻部分合表；又有劉盼遂，聞宥，錢玄同三位先生的序文。

這是呆板的工作，同時也是難能可貴的工作。于先生費三年的時間，獨立以成此書，其毅力非常人所能及。固然，錢玄同先生所指出的三點：(一)韻字應該依類符排列，並注明廣韻反切；(二)韻部標目，兩漢宜用三百篇中最先見韻之字，魏晉以下宜用廣韻韻目；(三)材料尚有可增補者，都說得很對；但這些都是不難做到的事。再版以前，略加更改補充，就行了。

首先令人佩服的，是于先生有判斷的眼光。由韻文裏研究韻部，該下些判斷的工夫，不能因一二字偶然相通而把兩個韻部的畛域泯滅；否則三百篇的韻部必不滿十部，而不能分爲二十二部或二十三部了。于先生在韻部分合表裏，認晉宋的唐韻與泰相爲一部，山韻與仙先爲一部，又在韻部沿革總敍裏，認沈約的魚虞模獨取三韻分立之說，皆與拙著「南北朝詩人用韻考」不謀而合（見清華學報十一卷三期）。實際上，晉宋的刪韻與山韻也有合用的例子，如傅玄滕九秋篇以「環」韻「閒」，稽叔以「頒」韻「山」「閑」，陸機日出東南隅行以「頒」韻「閑」，謝士衡以「鏡」韻「山」，瓜賦以「班」「頒」韻「山」，何承天上陵者篇以「攀」「斑」韻「山」，張華遊獵篇以「還」韻「閑」，曹毗對儒以「患」韻「山」，郭璞江賦以「頑」「姦」「還」韻「閑」，沈約的衰德也有合用的例子，如反舌賦以「菲」「栗」韻「間」。但是，于先生並不因爲這些合用的例子而把刪山或併爲的界限泯沒，這正是細心的表現。（刪山在晉也許同部，在宋決不能認爲同部。）聞宥先生因班固傅毅諸人已以侵韻字與蒸登通協，遂以爲「是歷唇舌之混，遠自東漢已肇其端」（見序）。這一點與我的意見不很相同。我以爲漢魏六朝的侵韻字與蒸登字偶然與蒸登通協，只是因爲它們的主要元音相似，頗像西洋所謂 assonance，並不能因此就斷言它們的韻尾相同。（參看拙著南北朝詩人用韻考，頁八一八○。）于先生韻部分合表以侵蒸分立，界限截然，與鄙意正相符合。此外，蒸登分立，脂微分立，祭霽分立，都是很合理的。

于先生整理材料時，甚注意於地域之現象，及歸納結果，此現象實不顯著（見自序）。錢玄同先生推原其故，以爲自古以來即有如後世所謂「官音」者，又以爲自有韻書以後，用韻必漸遵韻書。鄙意以爲後一理由恐怕不盡然，因爲六朝的韻書在社會上並不能佔勢力；陸法言說它們各有乖互，可見未能定於一尊。至於「官音」，自然是會有的；但如果當時各詩人的方音複雜，有時候也會離開他們的籍貫話來；鄙意，他們用韻就不該如此整齊。最近陳寅恪先生考定六朝時代江左文人皆用北語（將有文章發表於中央研究院歷史語言研究所集刊），然後此問題得到滿意的解答。

于先生雖注意於地域的關係，沒有充分地注意到個人的關係。他注意到沈約的魚虞模分立，這是很精細的地方；但其他每個詩人用韻的寬嚴，似乎不甚注意。例如謝靈運與鮑照雖然大致同時，但謝靈運用韻較寬，鮑照用韻較嚴。謝靈運的眞諄臻文欣併爲一部，鮑照卻分爲兩部；謝靈運的元魂痕先仙山刪寒桓併爲一部，鮑照卻分爲三部（參看拙著用韻考，頁八一六至八二二）。這種個人用韻的參差，或由於各人審音程度的不齊，或由於各人押韻的寬嚴，甚至於是否有方音的歧異，就很難說了。

本書有一個頗大的缺點，就是往往弄錯了廣韻的韻部。譜中援引例證的時候，凡遇二韻同用之部，皆就其較小的韻之旁標以符號。但于先生的符號往往誤用；本該屬於甲韻的字，卻在字旁加上乙韻的符號。有些是手民之誤，例如漢代韻譜第六頁反面第八行第一個「形」字誤加耕韻的符號，第二個「形」字卻加上了青韻的符號，此後凡遇「形」字也都帶著青韻的符號，可見第一個「形」字所帶耕韻的符號是手民誤排的。有些恐怕不能歸咎於手民之誤，例如同譜第九頁敍述陽唐韻部的時候，先在韻目之下說明唐韻字在旁加圈，但「剛」字屬唐韻，而字旁並未加圈，以後凡遇「剛」字，也都沒有加圈，竟與陽韻相混。除「剛」字外，唐韻字如「藏」「桑」「旁」「葬」「狼」「綱」「湯」「康」「荒」「喊」「岡」「亢」「黃」「尪」「杭」「滂」「阬」「抗」也都被誤認爲陽韻的字（因爲並未加圈）。又如魏晉宋韻譜第八十六頁敍述錫韻的時候，說明錫韻字加圈，但實際上加圈的字有「適」「軼」「瘦」「釋」「尺」「石」「射」「隻」「白」「掖」「赤」「飾」「斷」「譯」「辟」「約」「碧」，其中除「適」「辟」「約」屬錫韻外，其餘都不是錫韻的字。像這一類的錯誤恐怕不少。但這是很容易救的事，著者如能在再版以前再校勘一次，就可以完善無缺了。

總之，此書瑕不掩瑜，三期之分，尤見恰當。如能再加重訂，將成傳世之作。

宋初，至朝明以來，已遷修史。因修史而書籍皆歸於史館。史館位置如實錄置。同一處所，三館各分。冊府元龜卷五七五：「後唐天成二年十二月都官郎中庾傳美訪圖書於三川，得九朝實錄及殘缺雜書千餘卷。並付史館」。此可爲當時偏霸藏書之證。所謂弘文，集賢之類，不過史館之餘而已。宋初所得不止一處，史館館者以置三館。故崇文初建，始有三館之分。長編：乾德四年閏八月，詔求亡書，凡吏民有以書籍來獻者，令史館視其篇目，館中所無則收之」。王溥等上言乾德六年史館新定書目四卷。幾書以館之有無爲標準，不曰三館書目而曰史館書目，皆爲宋初以史館主藏書之證。

五　八萬卷之疑問

驗官分紀卷十五：「初乾德中得書一萬三千卷，開寶中平吳又得三萬卷，參以舊書爲八萬卷」。會要輯稿職官十八亦載，惟謂平吳得二萬。按宋初藏書，來源可分爲四。長編：「建隆初三館所藏書一萬三千餘卷（麟臺故事卷一及通考卷一七四作萬二千餘），此五代周之所遺，一也。其次爲新撰諸書，如建隆二年正月唐會要一百卷，五月三禮新圖二十卷，八月周世宗實錄四十卷，乾德元年七月刑統三十卷，五代會要三十卷，開寶六年四月開寶通禮二百卷，七年閏十月五代史一百五十七卷等皆是（以上俱見長編）。其次爲平蜀國所得。又次爲求訪所得。長編：「乾德四年，是歲三館[illegible]，三條彭倖，樂與朱樂悉誼闕上書，總千二百二十八卷」。崇文院初成，總計以上四類爲八萬卷。

乾德得書凡二次，元年平荊南與四年平蜀。得於蜀者，麟臺故事，長編，通考俱言一萬三千卷。獲得書萬三千卷者，專指蜀而言。得於吳者，麟臺故事，長編，通考俱言二萬餘卷。驗官分紀作三萬，[illegible]數。會要輯稿作二萬，殆傳寫誤。以總數八萬言，除吳蜀所得，尚[illegible]萬。[illegible]云者，若專指五代周之所遺，固無此數，[illegible]朱所獻，亦不足二萬。若荊南所得之數甚微。故八萬之數究未知何來。玉海[illegible]，據卷五二有註云：「凡得蜀書一萬三千卷，江南書三萬餘卷」。合之與總數八萬甚近。惜未言其所根據。或問蜀本如何？按乾德六年已有史館書目，而驗官分紀及會要輯稿俱有「六庫書籍皆以類相從」之語，可知當時藏書。書於諸國及周所遺，自必有相同之本，此館爲主，餘歸昭文，集賢。正副之分，卷即史館與非館之分。蓋當時未聞有職寫之事，所謂副者，即來本，非別鈔之本也。宋史王[illegible]傳：「太祖平吳，獨所獲文史副本，分賜大臣」。此語如確，則吳，蜀副本之若干部分或全部先已散在人間矣。然姑無論此事如何，當時副本必已入收書總數之內，若除外則史必有明文也。余季豫先生云，宋史藝文志序，記宋國史藝籍志著錄之數，明言太祖太宗真宗三朝，僅三千三百二十七部，三萬九千一百四十二卷，則太祖一朝，安得已有八萬卷乎，雖史志著錄，例須刪除複重，然即合副本數之，恐亦無如是之多也，驗官分紀之言，不足據明矣。

六　得吳越北漢南平書不多

五代十國，宋初猶存其六：南唐，後蜀，南漢，北漢，吳越，南平。六國平，史言收其圖籍者五，唯南漢闕焉。據長編，開寶四年二月劉鋹出降之前夕，其臣龔澄樞等縱火焚府庫宮殿皆盡。及鋹至京師，造參知政事呂餘慶勅問龔澄及焚府庫之罪。龔等以此被誅。是則非不欲收其圖籍，特無可收耳。

南平歸宋，北漢資實亦未嘗及，南漢則中國故使楚，殷亂荊南，以印本五經遺高從誨（見史目東漢紀及宋史敍傳），似已無唯一之資料。其餘可作參考者，則爲北宋以好學之士，使高氏三世皆在幕府，孫光憲數千卷而已。然以地理言，南平所有雖不過荊歸峽三州，而實居諸國之中心，爲南北東西交通之要道。五代史宋傳言：「魏王繼岌破蜀，得金帛四十餘萬，自峽而下，而荊宗之雖作，季興聞京師有變，乃悉邀留蜀物而殺其使」。又云：「南漢，閩，楚皆奉梁正朔，歲時貢奉皆假道荊南。季興，從誨常邀留其使，掠取其物。其後南漢與閩，蜀皆稱帝。從誨所向稱臣，蓋利其賜予」。圖籍之來源或由此歟？

長編：「太平興國三年，初淮海王俶入朝，命其子惟治權知吳越國事。八月惟治悉奉兵民圖籍帑廩管鑰投知杭州范旻，與其弟惟演，惟灝皆赴闕」。按錢俶是年三月入朝，五月上表納土，太宗即命范旻權知兩浙諸州事。至是錢族遂赴闕。故吳越之降，實未勞一兵。錢氏書籍，會要輯稿崇儒四：「太平興國六年十二月詔訪錢俶書籍。是歲兩浙節度使錢惟演以錢俶，王誼之，唐明皇讚畫凡七軸獻（時錢惟治節度使爲惟治，此事並見宋史惟治傳，演字當爲治之誤）。八年秘書監錢昱又獻錢俶，歐之書跡八軸」。又據宋史，惟治，惟演皆富藏書。以此推之，吳越之藏必有可觀。惟通鑑言：「天福六年七月吳越府署火，宮室府庫幾盡」。舊五代史五行志：「開運五年四月吳越王錢佐奏，十日夜杭州火，燒府署殆盡」。圖籍雖倖免焚，故得於吳越者恐不過其後十餘年來之積儲而已。

會要輯稿又言：「太平興國四年五月太原平，命左贊善大夫雷德驤入城點檢書籍圖畫」。按北漢自太原時嚴重不缺，太平興國四年太宗親征，始以契丹援斷而降。其城經亦被鑠。太原久爲巢穴，五代唐，晉，漢皆據之而起，又未聞兵火之嘗。雷德驤點檢者，殆五代以來之遺也。

以上四國，南漢無所得，餘皆得而不著其數。史不著數，殆無煩表示其數不多。會要輯稿崇儒四：「僞國皆承圖籍，惟吳，蜀爲多，而江左頗精，亦多修述」。此實爲最扼要之結語也。

七　五代之遺

舊唐書經籍志：「昭宗即位，秘書省奏：當省御書七萬餘卷，廣明之亂，一時散失；後來省司購募，尙及二萬餘卷。及先朝再幸山南，尙存一萬八千卷。驪知京城制置使孫惟晟收在本軍，寄付當省。從之。及遷洛陽，又喪其半。平時載籍，世莫得聞」。舊長則絕，微猶可采。唐末之書雖散而未絕。舊五代史梁紀：「開平元年十月山南東節度使楊師厚進納通匡殘本書籍」。匡凝傳言師厚所獲千卷。此或可稱爲五代最早之官藏。又王都傳：「天成三年四月削都官爵，遣王晏球討之。都好聚圖書，自常山始破，梁國初年，令人廣將金帛收市，以得爲務，[illegible]不計其府。四年三月都敗，奔馬歸府第，縱火焚之，[illegible]書至三萬卷，名畫樂器各數百，皆四方之[illegible]，一夕俱燼」。梁官藏當有務於都手而[illegible]同盡矣。然據刑法志，都官藏唐格式律令二百八十六卷。則都書亦有歸於後唐者。

上引冊府元龜卷五七五言後唐天成庾傳美得九朝實錄[illegible]。其下接云：「同光已後，館中[illegible]」。按後唐秉書甚切，先此[illegible]（見冊府元龜卷五十）。此云同光已後館中圖籍無幾者，當指四年四月莊宗被弒時事。明宗紀：「[illegible]月丁亥朝至壽子谷，聞[illegible]莊宗遇弒，帝[illegible]，朱守殷遣人馳報京城[illegible]迎帝至京師。己丑帝至洛陽，分命諸將止其焚掠。百官縗衣旅見」。當時之情形可想。天成[illegible]見五代會要卷十八及舊史所載）。冊府元龜卷六〇八；以後，[illegible]於蜀，復購募於兩浙荊湖「[illegible]中，精選通儒校定三館圖書」。宋史張昭傳：「清泰二[illegible]召判史館兼點閱三館書籍，[illegible]」。[illegible]數必非過少。此[illegible]三年能刻板印九經，此事不無關係。又[illegible]，載書數千卷，共[illegible]賜甲第一區」。[illegible]當時突欲之藏物存，自當沒入官矣。

清泰三年十一月唐主從珂自焚於玄武樓而石敬瑭入洛。明年四月遷都於汴。晉雖不過十一年，而頗不廢撰述；撰成唐書，即其著者。然據五代會要卷十八，當時監史館官奏所撰修書條例，共於圖籍云：「唐初以降，迄於開元，圖書大備，歷朝纂述，卷帙實繁。諸下秘書省，自唐以來古今典籍，經史子集，元撰人姓名，四部大數[illegible]，以選撰述經籍志」。而稍後仍不過本館兼等之書，祇餘開元四部目。恐亦以官藏圖之耳。晉亡於契丹，遼史紀云：「晉諸司僚吏，嬪御，宦寺，方技，百工，圖籍，曆象，石經，銅人，明堂刻漏，太常樂譜，諸宮縣鹵簿，法物及鎧仗悉送上京」。此事未必盡實。然觀歸所錄，能完者鮮矣。

冊府元龜卷六〇七：「張昭爲兵部尚書，世宗親征淮南，表進所撰兵法。其略曰：臣竊觀前代兵家所著，篇部頗多，自唐末亂離，圖書流落，今蘭臺祕府，自餘亡存。其餘討論，困難詳悉。今所採臣家所有之書，衆其兵要」。又六〇八：「周顯德二年尹拙奉詔，准勅校勘經典釋文，雕造印板，非多聞博識，熟國閱微之士重其南，必致乖訛，如兵部尚書張昭，太常卿田敏皆博文儒之領袖，或家藏萬卷，或手校六經，乞同詳校」。以官藏而借助於私人之藏，在當時固不足奇，然周藏既如是貧乏，乃遺於宋者竟一萬三千餘卷，實不爲少。

八　蜀與江南

自經安，史，黃巢之亂，長安文化移植於蜀，浸及五代，發展異彩。五代史前蜀世家：「蜀恃險而富，當唐之末，人士多欲依建以避亂。建雖起盜賊，而善待士，所用皆唐名臣世族」。建倡此風，影響於文化甚大，故前後蜀不過五十餘年，而文學，美術與工藝上之印刷術皆有相當之貢獻。人既移於蜀，物亦必隨之，有唐之書，入於蜀府者恐不爲少。

據長編，乾德三年正月十三日宋將王全斌受蜀降表，故宋史紀載是日蜀降。三月孟昶離成都，四月至汴。其時蜀將全師雄擁衆據成都北之彭州，自號興蜀大王，與宋軍抗。邛，蜀，眉，陵等十七州應之，屢戰至乾德四年末師雄病死，蜀亂始平。故三年四月孟昶雖至，九月乃遣孫逢吉往取圖書，法物；翌年五月乃還；皆戰亂之影響也。孫雖而逢吉未至之間，成都在王全斌手。長編言：「偽蜀臣民往往訴王全斌及王仁贍，崔彥進等破蜀時豪奪子女玉帛及擅發府庫，隱沒貨財諸不法事」。後三將皆因此獲罪。逢吉至時，猶得蜀書萬三千卷，可謂厚幸。

江南圖書，宋人所豔稱，然記其藏書者，類皆詳於傳聞。如陳彭年江南別錄言：「元宗，後主皆妙於筆札，好求古迹，宮中圖籍萬卷，鍾王墨跡尤多。城將陷，謂所幸保儀黃氏曰：此皆吾寶惜，城若不守，爾可焚之。城陷，黃氏皆焚」。馬令南唐書因之。然據郭若虛圖畫見聞志李主印篆條：「李後主才識清贍，書畫兼精，嘗觀誌書。今內府所有圖軸暨人家所得書畫，多有印篆。曰內殿圖書，內合同印，建業文房之寶，內司文印，集賢殿書院印，集賢院御書印，或親題畫人姓名，或有押字，或爲歌詩雜言」。此足證宮中書畫之多。故陸游南唐書改之，祇云後主以來藏帖，然究有無此事，尚不能無疑。馬書卷二三：「宋朝初離五代之後，詔學官訓校九經，而祭酒孔維，檢討杜鎬苦於訛舛。及得金陵藏書十餘萬卷，分布三館及學士，舍人院；其書多讎校精審，編秩完具，與諸國本不類」。姑勿論得書十餘萬卷之不易。據宋史孔維傳，雍熙三年乃擢司業，祭酒尤後；校經之命，玉海言在端拱初。皆在得江南書之後。宋史張洎傳：「煜籍洎，爲建大第宮城東北隅，及賜書萬餘卷」。宋亡人之國，所得殆不過二萬餘卷，且已爲諸國之冠，而南唐一人之賜乃逾萬耶？

關於吳，蜀藏書之記載雖少，然要之宋初三館以得於吳，蜀爲多。圖畫見聞志秋山圖條：「太平興國中秘閣曝畫。時陶穀爲翰長，因展秋山圖一面，令黃居寀品第之。居寀一見動容曰：此圖實居寀與父筌奉孟主命同畫，以答江南信幣，紙縫中有居寀父子姓名。觀之果驗。會有人於向文簡（敏中）見十二幅圖，花竹禽鳥泉石地形皆極精妙。上題云：如京副使臣黃筌等十三人合畫。圖之角印有江南印記。乃孟氏贈李主之物也」。國際上之往來，風雅如此。使人懷及詞壇四主，藝界徐黃；而宋初文士，幾盡吳，蜀之裔。文化上之承唐開宋，蜀與此長江上下游兩地；不獨圖書已也。

新書簡訊

近世中西史日對照表

鄭鶴聲編　民國二十五年二月　國立編譯館出版　上海商務印書館發行　每冊定價國幣七元

有些書，我們叫做工具書，如字典，索引，人名辭典，地名辭典，大事年表等，史日對照表，也是一種工具書。工具書就是幫助學者檢查之便，而節省許多不必要的時間。史日對照表的功用，也是這樣的，如中華民國二十五年，爲西曆一九三六年，日本昭和十一年，在我們今日說來，自然是極容易的事，但過了千百千年之後，那時的人就很難於記憶了。加之歷史上的時代又是更複雜的，遠如南北朝，近如太平天國，要把它和同時代列國與域外的年代對照起來，再加以星期甲子紀年紀月紀日等，那就得頗費一番時間了。所以史日對照表這一類的書也就成爲工具書中重要的一種，爲治學者所不能不備的了。

關於這一類的書，如陳厚耀的春秋長曆，不過只限於考訂春秋一書的曆數，錢大昕的宋遼金元四史朔閏表，亦只限於四朝，汪曰楨的二十四史月日考，歷代長術輯要等書，雖其包括時間頗長，而不及西曆，今日應用，頗多不便。關於中西所對照的，前有日本內務省地理局於一八八〇年編的三正宗覽，僅載中西回曆，後有我國瓊海關監督[illegible]，於一九〇五年所編之中西年曆合考，一九二〇年南京黃伯祿教士著的中西朔日對照表，及一九二五年陳垣的中西回史日曆，一九二九年劉大白的五十世紀中國歷年表等書，其中陳書最爲完備，而劉書時間包括獨長，但表式過於簡單。至於最近出版的，則敢要數這部近世中國史日對照表了。表起明武宗正德十一年（西曆一五一六），下迄民國三十年（一九四一），凡四百二十六年。表分三種：

一、爲中國年號，日本年號，朝鮮年號，甲子，西曆紀元，距民國前六項對照表。如中國明武宗正德十一年，爲日本後柏原永正十三年，朝鮮中宗十一年，丙子，西元一五一六年，距民國前三百九十六年。

二、爲陽陰曆的月份和星期，干支，節氣，對照表，旁註年份干支，西曆紀元及中國年號。如陽曆一五一六年一月十號，爲陰曆明武宗正德十一年，丙子，十二月初七，星期四，己未，大寒。

三、爲太平天國陽曆與陰陽曆史日對照表。

這書的優點是：

一、陰陽，星期，干支，節氣四項俱備，應用極廣。

二、因爲包括的時間短（四二六年），所以篇幅不很笨重，攜帶檢索，都極便利，不比中西回史日曆的累贅。

三、翻開本文，即可一目了然，不必預先記熟序例等文；如王雲五的四角號碼檢字法，須記得先背熟他的方法，然後才能應用他的書，實在是工具書中之最不經濟的。（仲）

◇　◇　◇

涿縣誌

周存培　張星儀等纂　民國二十五年七月印行

[illegible]，繼始於民國二十年，翌年脫稿，而未付印，二十三年再加補充，二十四年修竣，二十五年印成。凡分八編，十八卷。訂成四冊。體例參酌新舊，尙無大疵。可注意者爲第八編專記三坡。此地僻在山裏，對於外間來少交通，人民獨立生存，鮮受政治干涉，所以其社會組織，風俗，言語等均極特殊。然而記載之者不多，不甚引人注意。民國十八年以後，與山外交涉稍繁，時有片段文字，見諸報端，而系統的記載，當以此誌爲首，所記出於實地調查，自然可信。惟近來生活狀況已有變化，亟宜爲科學的調查，斯則人類學者，歷史學者，及民俗學者之責任也。（于）

◇　◇　◇

內閣大庫現存淸代漢文黃冊目錄

北平故宮博物院文獻館編印　二十五年四月出版　定價一元

淸內閣大庫所存檔案，種類繁多，黃冊僅其一，又分滿文漢文二種。案淸代黃冊制度，內而部院衙門，外而各省臣工，凡關於報銷，或緣例請奉事件，均須撰具黃冊，隨同題本進呈御覽。並另備清冊（淸冊用黃色，又稱黃冊），分送各科，以便互相核查。淸冊備送部科，不在大庫典藏之列。黃冊則進呈御覽，奉旨後，有隨本併發者，有留覽者，併錄之冊，係於本下時，由內閣發交各該衙門，經辦發鈔事，奏送典籍廳貯存大庫。留覽之黃冊，例於每年年終由內廷發交內閣典籍廳貯庫。此係黃冊存庫之由來。至其內容包羅甚廣，凡臣工題奏事項，凡隨本需冊進呈御覽者，冊衣概用黃色，均可謂之黃冊也。

故宮文獻館現存此項漢文黃冊共六千餘本，悉爲京內外各衙署隨本進呈者，其內容以報銷收支數項者爲最多，大抵分列舊管，新收，開除，實在四項，謂之四柱。然清沿明制，全國度政例應奏銷者，主管衙門均遵照定限繕造黃冊，進呈御覽。黃冊所載雖僅具崖略，然其方式，已漸具近代統計之雛型，倘能加以鉤稽比較，足覘有淸一代法政經濟之沿革概況。此編以衙署爲別，依各冊之性質，分類列目，按年排比，計有吏，戶，禮，兵，刑，工六部，及都察院，理藩院，太常院，光祿寺等署，計五十一類，一百二十四目，合作爲之編號，於治近代史者，誠莫大之便利也。（山）

（第三張） 中華民國二十五年九月二十四日 星期四 大公報 （第十一版）

圖書副刊

BOOKMAN

第一百四十九期

一 本刊登載關於中外圖書之介紹批評以及學術界消息爲公開性質歡迎投稿
二 刊登本刊之文略致薄酬
三 投稿通訊可寄「北平文津街國立北平圖書館內圖書副刊編輯收」

新書介紹

渤海國志四種

剛主

按渤海爲位於朝鮮和吾國東北的一個古國，歷李唐五代，垂紀二三百年，文物制度，頗有可觀。在唐代張建章著有渤海國記三卷，見於唐志，久已不傳。後來新舊唐書冊府元龜，大金國志，松漠紀聞，通志五代會要都有此項的記載；但編輯起來，做一部渤海國史的，尚乏其人。清光緒間，朝鮮徐相雨，著渤海疆域考兩卷，記渤海的地理。率賓唐宴著渤海國志四卷，記渤海國的歷史，分原始，紀年，後紀年，志表列傳，上起肅愼下迄金源，記載頗有系統。都刻在吳興劉氏求恕齋叢書中。跟着崇仁，黃維翰研治東北史地之學，著了一部三卷的渤海國記。遼陽金毓黻，他搜輯之力，更爲勤苦，著了一部十卷的渤海國志長編。雖然巨帙，供獻於社會，民國二十二三年間在大遼出版了。可是黃維翰著渤海國記，他研治東北邊陲史地時間很長，用心極爲純篤，他畢生的心力要纂修一部較好的黑龍江通志，先成了黑水先民傳，不幸齡老無成，遂然長逝，黑龍江志，和渤海國記，都沒有完成。他的朋友塞育整理他的遺稿，成渤海國記三卷，去年雲陽涂鳳書氏爲之刊刻行世，所以黃氏的著述，纂輯在金氏之前，而成書反在金氏之後。雖然這幾種渤海國志，都是遠則數十年，近者兩三年的刊物，至金氏渤海國志長編，日人稻葉岩吉氏，已在靑丘學叢上爲之介紹，但是在吾國學術界裏，彷彿尙沒有什麼人注及。以現在的形勢而論，關於邊陲史地實有注意之必要，所以我這個簡括的叙述，與其說是一個批評，無寧說是一個介紹。

渤海民族本肅愼氏的苗裔，在唐朝初年有舍利氏乞乞仲象者，姓大氏，是女眞粟末部人，粟末因粟末水爲名，在今松花江地方，渤海原先是附於高麗的，唐高宗時李世勣滅高麗，仲象率他的部族保挹婁之東牟山，以泥河爲境。武后萬歲通天中契丹降酋李盡忠，殺營州都督趙翽反，仲象與乞四比羽及高麗餘衆東走度遼水，保太白山，樹壁自固。武后封比羽爲許國公，仲象爲震國公，赦其罪。比羽不受命，武后命玉鈐衛大將軍李楷固去討伐他們，比羽戰敗被殺。那時候仲象，已經死了，他的兒子祚榮，引着他的殘部東竄，收集高麗和靺鞨的舊部，整頓內部的軍隊，戰敗了李楷固。可巧契丹與突厥和好，阻梗了唐師東征的道路。祚榮乃得合併了乞四比羽的部伍，自號爲震國王。既然內部和協，他看他邊境上最強的就是突厥，於是派人與突厥和好，他把東北高麗扶餘沃沮一帶的地方，完全歸入他的版圖。有五千里的土地，十餘萬的戶口，和數萬的雄兵，很足以稱霸一時，但是他覺得雖然實力雄厚，是不能與盛唐抗敵的，不如趁早與唐室和好較爲得計。在武后聖曆中，就稱臣朝貢；而唐中宗也派張行岌來渤海慰問，祚榮就遣子門藝入侍唐朝，從此渤海內附，無事相安者計幾十年。不幸祚榮逝世，他的長子武藝即位。那時渤海的北境當現在黑龍江地方，黑水靺鞨朝唐，唐朝以其地爲黑水州，以其首領爲黑水都督，諸部的刺史都隸屬於黑水都督之下。渤海頓時起了恐慌，就派門藝去攻黑水，門藝曾入侍唐朝，是知道唐朝的情形的，立刻諫諍，武藝不但不聽，反疑心他的弟弟私通唐朝，門藝就此投奔唐朝。武藝遣使入唐請殺門藝，唐朝不許，武藝就派兵攻打登州，想擾亂唐朝的邊境，也未能得逞，武藝祇好屈服了。渤海自從祚榮立國，傳了十二三代，都是相安無事的，到了大諲譔的時候，契丹日强，後唐同光天成間，遼兵屢次來攻，一直打到渤京忽汗城，諲譔只好內袒出迎，投降契丹，遼主心猶未足，把諲譔俘歸上京，賜諲譔名爲烏魯古，妃曰阿里只。烏魯古，和阿里只，爲遼主阿保機，與后述律氏受王降時所騎兩個馬的名字。

原來遼太祖阿保機長子圖欲，和次子堯骨，都是有衆人之勇，聰敏過人，太祖伐渤海，就派圖欲堯骨，同攻忽汗城。大諲譔降後，把他的人民都遷居到遼境上，多流離到高麗去，高麗把大氏之子孫均賜姓王氏。太祖改渤海爲東丹國，以圖欲爲人皇王，建元甘露，改忽汗城爲天福城。聰敏的圖欲，他覺得他的魄力實在不如堯骨，而感覺得太祖和其母述律氏有立堯骨爲太子的意思，正好避嫌遠引，馬上辭了人皇王的爵位。未幾太祖崩，堯骨即位，就是德光皇帝。圖欲回到遼京，去葬太祖之喪。歸國以後，他的性情全改恬靜了。他愛著醫巫閭山，風景優美，山川明秀，買了數萬卷的書，在山的絕頂上，建築了一個書堂，額曰望海，作樂田園詩以紀其事。圖欲以爲這樣的消遙自在，庶乎可以免了堯骨的猜忌了。但是終究德光帝的雄才大略，不能容他的老兄在醫巫閭山讀書，圖欲也覺得大好河山，不能久居，不如遠往他國，以成吳泰伯之名，就立木海上，刻上一首小詩，他的詩是：

「小山壓大山，大山全無力；羞見故鄉人，從此投外國。」

圖欲終於携着高美人，越著浮海，投唐去了。不幸石敬瑭滅了後唐，圖欲亦來連被害。那時有一個僧人，收拾圖欲的屍骨，歸葬本國。

契丹雖然滅了渤海，平了他的忽汗城，把渤海的人民遷徙到四遠的邊境，把契丹的親族重建了東丹國，但是渤海的民族恢復的精神，是始終不變的，一遇機會，他們就要勃發。堯骨平渤海未久，就有渤海王弟領兵攻圍扶餘府，事雖未成，也足使契丹怯膽。繼而有烏玄明上表宋朝，自稱渤海遺孽，保據方隅，自請討伐契丹。三而有大延琳建國興遼，改曰天慶，四而有古欲之敗遼師，高永昌自稱大渤海皇帝，改元應順，時當遼天祚帝衰微之世，攘了遼東五十餘州，卒破遼軍，惜女眞部族突起東北滅遼之後，永昌亦與之俱亡。但是渤海民族，僑居高麗的，依舊聚族而居，保北國有民俗；而渤海的士大夫君從顯襲斷，遠婪王庭琦擊，習向華風，能文賦詩，與唐朝日本來往聘使，唱和不絕，至今在白山黑水之間，時常可以發現渤海的遺蹟。

我們既明白渤海簡要的歷史，復次凡是研究邊疆史地吾人所應當注意的，約有兩個問題：

第一是地理疆域： 即以渤海疆域而論，據舊史所稱：『自今開原縣東盡於海，北抵黑龍江南，則渤有高麗咸鏡平安二道，皆其舊封，置五京十四府六十六州，一郡一寨百三十八縣，幅員五千里。後剪於契丹，遂其州縣，寄治遼東，遼史遂以遼東之土壤，冒渤海之舊稱，會利氏之故封，因失其眞』。不但渤海疆域，難以推測，乃遼史地理志所載五京十六府就有很多的錯誤，要用遼史地理志，來定渤海舊壤，是最不可憑的事情。所以讀史者，於遼金元三史地理志，最爲難讀，治渤海史蹟於地理沿革，尤當注意，徐楓兩氏渤海疆域考於舊史錯誤之處亦多舉正，如謂：『今之海城縣，實遼之南海軍，而非渤海之南海府。今之承德縣，實遼之瀋州，而非渤海之定理府』。凡此諸事，都茎可憑信，金毓黻氏已收入所撰長編地理考中，吾人自當因徐氏之書，作更進一步的研究。

第二便是部族和姓氏的問題： 新唐書稱渤海本粟末靺鞨附高麗者，靺鞨本肅愼氏之後裔，在東北的民族便有肅愼挹婁，勿吉，靺鞨，等等異稱。在大氏這一族姓裏面有「大氏」，乞乞仲象的「乞乞」乞四比羽的「乞四」「大舍利」的官名，這些名詞有怎樣的解決呢？日人稻葉岩吉氏，他讀金氏長編的大旨，以爲「乞乞和乞四均爲女眞的初音『乞乞』和『乞四』 Chi-Chi, Chi su 聲音很爲相近，猶如女眞爲渤愼之轉音。至於新唐書所謂渤海本粟末靺鞨附高麗者姓大氏，大氏爲靺鞨之疊音，實由靺鞨二字所譯出，靺鞨與梵語 Makha 之音相當，爲大字之意。女眞人呼其長爲「靺鞨」因而廣泛爲部族之名，可證東北部族受釋教東漸之影響甚深。猶如渤海稱其君長曰可毒夫，可毒夫爲蒙古稱其可汗爲呼圖可圖的對音。滿太祖名爲奴兒哈赤，而朝鮮則稱他爲「馬法大人」與此例，可以相通。

更進一步而言，舊唐書五代會要謂大氏爲高麗之別種，新唐書例又說渤海本粟末靺鞨附於高麗者，兩說殊不一致，何者爲是，實在別無旁證。或者如金之始祖函普來自高麗，後婚於女眞，完顏部之女，就姓了完顏氏，就其部衆而言則爲粟末部人，而其王族則來高麗；所以五代會要稱他爲高麗別種。稻葉氏就假定了兩個推論：（一）舍利即女眞語衆字之意，華夷譯語衆作「舍厄」衆爲高麗的大姓，如泉蓋蘇文，泉男生爲朝鮮著名人物，乞乞仲象，乃實朝鮮大姓，藉以號召羣衆，猶如清太祖稱姓佟氏，佟氏爲遼東之名族，乞乞仲象之稱舍利氏，大致與滿太祖之稱佟氏其意相同。（二）由新舊唐書所記，吾人一一爲之分解，可得以下之意義，即「大」爲「靺鞨」之譯音，舍利爲衆之意，「乞乞」爲女眞之對音。所以把「舍利」名詞插入的緣故，渤海國之成立，爲「乞乞」之女直，和「舍利」高麗之泉氏合作，而成的一個暗示。稻葉氏之說，頗能貫串一切不同的名詞，作一個有系統的解釋，可以補金氏長編之未備。至於寬氏叙書維論渤海國記，他以爲金源及愛新氏，其源始實皆出於新羅舊國，他說：

「新羅國金其姓王城曰金城，其國內又別爲雞林。遼朝之愛新覺羅，愛新國語金也，覺羅亦作交羅，無定字，求之聲音爲韻，國與雞林音近，似其衰發源於此乎？」

寧宜氏謂金源愛新祿源新羅，其說雖未必確當；但是女眞朝鮮，壤地毗連，人民互相遷婚，貿易往來，所以後來不能把他的部族，一一的劃分淸楚，這是無可疑的。

以上不過舉地理及氏族上，兩個例子，東北史蹟日漸發現，就以渤海而論，要解決的問題甚多，正不止這幾個問題。

我們再說到關於渤海國的四種著述，不過搜輯了許多材料，並沒有解決許多問題，僅可供學人的探討。徐相雨的渤海疆域考，唐宴渤海國志，所採材料爲新舊唐書五代會要等書，取材不免簡陋。金毓黻氏的渤海國志長編把徐唐兩書已包括在內，更加了許多新材料，尤其是遼使日本的一部分，於中日交通最有關係，更爲他書所無。他採輯雖勤，但係排比史料，即以總略兩卷而論，重複累仍，可以刪減的地方很多，名副其實，祇成了一部長編，轉不如黃維翰氏之渤海國記，有剪裁有法度，到是一部精審的著述，可惜未能成書，下篇雜識有好幾條可以併入正文的地方，這都可以見到是黃氏未完成的著作。以史料而論，金氏之書，可以取材的地方正多；而金氏搜輯之功實有不可及處。

四庫提要辯

武陵余季豫先生高年碩學，所著四庫全書之辯，搜其中習見之目，將先後於本刊發表

論衡三十卷 漢王充 雜家

漢王充撰。充字仲任，上虞人，自紀謂：在縣爲掾功曹，在都尉府位亦掾功曹，在太守爲列掾五官功曹行事。又稱，元和三年徙家辟詣揚州部丹陽九江廬江，後入爲治中。章和二年罷州家居。

謹案後漢書卷七十九（列傳立三十九）有王充傳，略云：「仕郡爲功曹，以數諫爭不合去，著論衡八十五篇，二十餘萬言。刺史董勤辟爲從事，轉治中，自免還家。肅宗特詔公車徵病不行，年漸七十，志力衰耗，乃造養性書十六篇。永元中病卒於家」。與自紀雖詳略不同，然提要之例，凡撰書之人，史有列傳者，皆只叙其名字爵里而括之曰：事蹟具某史本傳而已。今此條獨據自紀，詳叙其出處，究之不過歷仕州郡，無大關係，何其不憚煩也，豈不知後漢書有傳耶。

其書八十五篇，而第四十四招致篇有錄無書，實八十四篇。考其自紀曰：書雖文重，所論百種，案古太公望，近董仲舒，作書篇百有餘，吾書亦纔出百，而云太多。然則所著實百餘篇，此本自錄八十五篇，已非其舊矣。充所作別有譏俗書政務書，晚年又作養性書，今皆不傳，惟此書存。

案本傳云：「著論衡八十五篇二十餘萬言」，提要乃謂今本八十五篇爲非其舊，且一字不及范書，是眞不知充有列傳矣。隋書經籍志雜家類有論衡二十九卷，後漢徵士王充撰，疑除其自紀一卷不數，否則唐初所得隋煬帝東都藏本偶有闕佚也。然兩唐志皆作三十卷，是其完書具存，今本篇數與本傳合，卷數與唐志合，固當是相傳舊本。提要乃據自紀之文，謂其所書當有百餘篇。今案自紀歷叙其所著書有譏俗書（十二篇）政務書論衡實論，（亦所作書名提要未引），然後假或人之論，設爲問答，自辯其著書體裁甚詳。考

書評

秦漢美術史

姚漁湘

朱傑勤著 二十五年七月商務書館出版 定價四角五分

秦漢美術史，共分三篇：第一篇，秦代美術概況，第一章建築，第二章金石（彫刻），第三章書學，第四章繪術；第二篇漢代美術概論，第一章建築，第二章金石（彫刻），第三章書學，第四章繪術；第三篇文具雜考，第一章筆考，第二章墨考，第三章紙考，第四章硯考。餘爲結論，附註，共一百八十三頁。

此書材料豐富，方法亦頗周密，但以藝術與歷史之關係而言，則不免猶有小疵之處，今分條略論於後：

一、叙述詳略不當 第一篇第二章秦代金石（彫刻），其中石刻一節，關於立碑之經過，立碑之用意，石鼓之考証，殖寬不厭其詳。而於藝術之意義，反闕而不言

，似忘其書爲秦漢美術史也。

第二篇第二章漢代金石（彫刻）一項，關於銅鐵部分，言之太略，其花紋制作，尚極重要而不詳言。言之而反詳於第四章繪術中，且不錄金石索中之金索，而引鄭昶中國畫學全史之語，可謂失其所據。又關於印章之印鈕，製作，及種類，述說甚多，而於各種印鈕之裝飾，則付闕如。論漢之玉刻一節，對於顏色，種類，及出產地，則不憚瑣碎，而於玉刻之裝飾等意義反僅之不顧，亦不免輕重倒置也。

又同篇同章漢代金石（彫刻），詳列漢碑一表，（七十一——八十五頁）。而於碑之式樣形體等之述說，則甚學未提。

同篇第四章繪術中，詳列漢代武梁祠孝堂山祠等石室畫像，余意此種石刻，宜歸彫刻一項中，或著者之意以爲鄭氏中國畫學全史曾將漢代石刻畫像，僅之繪畫史中，故亦從而列之繪術中；然鄭氏之書，爲畫學史，故關於金石之彫飾花文，不得不述，而此書既有彫刻一門，似不必屋上架屋也。

二、遺漏 第一篇第一章建築中，僅述長城，阿房宮，而於驪山冢之建築，但就寶山，述說築之奢侈，附帶言之，（本書十一——十六頁），似宜特別提出。

同篇第二章，秦代金石（彫刻）中，對於金石人物之像，多缺而未述。如咸陽宮之十二銅鑄金人，彫飾蟠螭之玉燈，（見西京雜記卷三）漢五柞宮青梧觀前之三石麒麟，（始皇驪山冢墓物，見三輔黃圖卷五。）驪山冢之金銀鳧雁，琉璃龜魚，玉象鯨魚，（見拾遺記卷五）列高之以漆點目之玉虎，（拾遺記卷四）秦子嬰海上之石人，長一丈五尺，大十圍。（段成式酉陽雜俎卷十物異）。以上三書之眞僞，雖有可議，但不失爲晉間之著作，亦可認爲研究秦漢藝術之間接資料。

第二篇第一章漢代建築中，僅述宮殿及觀之建築，其餘陵墓，亭台，苑池（如漢天台上林苑昆明池等）等，多付闕如。又漢代明器中之建築遺品，如：豬圈，（燕大國學研究所藏，見鄭德坤中國明器三七頁圖版十一）羊舍，（同上三八頁）囷屋，（見關野貞氏樂浪郡時代之遺蹟）漆屋舍，（Hobson R. L: Catalogue of the George Eumorfopoulos collection of chinese Corean and persian pottery and porcelain London 1925 18版104圖）漆樓閣，（見伊東忠太支那工藝圖鑑第五支那建築篇第二頁，解說二六頁）等，亦未之採及。

第二篇第二章金石（彫刻）於漢代木刻塑像之記載，及明器之制度，亦多未述。明器之制，詳見後漢書禮儀志。關於明器之遺跡，詳見羅振玉古明器圖錄，濱田耕作支那古明器泥像圖說。至於木刻塑像之記載，如昭陽殿之椽構，刻作龍蛇，（西京雜記卷一）雲帝之木虬龍，（三輔黃圖卷四池沼）武帝太子宮之木桐人，（前漢書江充傳）琳池船上之木燕鶴，（同上）祭祀之木馬，（漢書郊祀志）丁蘭刻木爲親形，（孫盛逸士傳）匈奴之郅都木像，（史記酷吏傳）祭祀之土鬼，（論衡解除篇）如此之類，不勝枚舉，雖然木刻塑像明器之類，不屬於金石，然本書既爲藝術史似不應不述也。

又同篇第二章金石（雕刻）中，於石人石獸之記載，遺漏頗多，如漢武帝李夫人石像，（王子年拾遺記卷五）昆明池之石魚，（西京雜記卷一）昆明池之石鯨及牽牛織女石像，（同上卷四）（以上二段雖見本書建築內，亦未注明出處），張良墓之石馬（西京雜記五）霍去病冢上之石人馬，闕門之兩石人，（水經注卷十六）董賢墓之石人馬，（前漢書本傳師古注）武氏石闕之石獅子，（金石萃編卷八武氏石闕銘）等，亦付缺如。

同篇第四章繪術中，述畫題，畫家，畫論，材料甚是豐富，本無可議。然亦有遺漏之處，漢書楊惲傳：「惲上觀西閣上畫人，指桀紂畫謂樂昌侯王武曰：天子過此，一二問其過，可以得師矣。畫人有堯舜禹湯不稱，而舉桀紂。」後魏書律志：阮諶禮圖並載秦漢以來輿服。隋書經籍志載有三禮圖九卷，鄭玄及後漢侍中阮諶等撰。又後漢書東平憲王傳：中元六年冬，東平憲王蒼上疏求朝，明年正月帝許之，蒼既至，賜以秘書列仙圖，道術秘方。以上不過略舉一二爲例。其實古代經籍中關於漢代藝術之材料甚多，即以漢代石刻畫像言，亦可以寫成一厚册，而本書作者謂「漢代美術之材料本不甚多，縱有人焉，竭力以赴，其所得，亦當不大過於吾文者！」（本書一六〇頁結論）未免言之失當矣！

三、出處不明 近代史學方法，凡引證他人之語，必注明出處，以示信而有徵。本書所引古人古書之語，向不注明出處，令人疑其材料之來源，等於向壁虛造也。

二十五，九，十日於師大。

□證 余嘉錫

□書提要辨證之稿，業業殺青。近欣然惠本刊發表之。究心四庫之學者，幸垂覽焉。

編者附識

雜家類四

其文義，蓋自紀一篇，乃統叙平生之著述，不獨爲論衡而作，其間所稱著書體裁，除指明論衡者外，亦兼他著述言之，論衡八十五篇皆以譏俗書政務書實論，固嘗有百餘篇，惟養性書爲晚年之作，叙在自紀各條之後，不在此數內耳。漢志太公二百三十七篇，其下復分子目爲：謀八十一篇，言七十一篇，兵八十五篇，蓋其書非一種，故隋唐志著錄太公書，有六韜陰謀陰符金匱兵法之屬。董仲舒本傳云：仲舒所著皆明經術之意，及上疏條敎，凡百二十三篇。是漢志儒家所錄董仲舒書，其文亦非一體，尤以二人所作書，提要乃謂八十五篇者，非其舊本，誤之甚矣。吳志虞翻傳注，引會稽典錄載翻對王府君曰：「有道山陰趙曄徵士上虞王充各洪才淵懿，學究道源，著書垂藻，絡繹百篇，釋經傳之宿疑，解當世之槃結，或上窮陰陽之奧秘，下據人情之歸極」。此所云絡繹百篇，亦舉其平生著述總計之，不專指一書也。（謂所著有吳越春秋詩細歷神淵等書）信如提要之言，論衡有百餘篇，則趙曄所著之吳越春秋，亦當有百篇矣，然乎否乎。高似孫子略曰：袁崧後漢書載充作論衡，中土未有傳者，蔡邕入吳始見之，以爲談助，談助之言，可以了此書矣，其論可云允愜，此所以攻之者衆，而好之者終不絕歟。案蔡邕以爲談助之說，即充本傳章懷注所引袁山松後漢書之語，隋志有後漢書九十五卷，注云：「本一百卷，晉秘書監袁山松撰」。舊唐志亦作山松，惟新唐志作袁崧耳。考山松晉書附見袁瓌傳，但云山松少有才名，博學有文章，著後漢書百篇，不云名崧，則高似孫爲承新志之誤明矣。

× × × ×

新書簡訊

陶齋古玉圖

王大隆編 二十五年上海來青閣發行 定價十二元

古玉之有著錄，今傳世者，有宋呂大臨之考古圖，元朱德潤之古玉圖數家而已。至宋龍大淵之古玉圖譜則四庫提要已舉十二疑以證其僞。然呂朱之書，收集無多，且摹繪淺陋，不足以貽經證史。故四庫入譜錄類中，與硯箋墨譜並列，而未有知爲攸關典禮之重且大也。蓋玉之爲物，古代固實爲重器，與鼎彝同尊，非徒玩物已也。以聶崇義之深通經術，而三禮圖多出臆定，蓋乏實物以爲證也。歐陽修趙明誠之博雅好古，而集古金石二錄，亦略不及此。清道光中嘉定瞿氏始爲古玉圖錄六卷，其後吳大澂氏亦爲古玉圖考一書，於是人知古玉與吉金貞石同爲考古之資，而有裨經義爲尤巨。然瞿書考證雖詳，而圖形甚謬，吳書借材他氏，而非盡已藏。浭陽端午橋當清末之世收藏冠海內，其陶齋吉金錄，藏石記，藏甎記，藏印等書，久爲世所重，而古玉圖之纂集，則世少所知。前年（乙亥）吳縣楊壽祺氏於徐州龍甫汪瀕果古玩肆中始得陶齋手稿本古玉圖，紙墨散漫，凌亂不成書，歸而整理，乃與吳縣王大隆氏詳加編纂，雖其中玉物瑯環等稍已散佚，然如璧環以次之稱，則圖形墨拓，傳模精雅，所附考釋，又悉出午橋手書，遂爲董理付印，得璧琮以次百五十餘器，依類編次，原闕者仍之，可據者補之。雖原書未成而復殘佚，然即此百五十餘器，已足駕瞿吳二書而上之矣。惟吾人別有所感者，此書釋義之審，象形之精，繁畫圖徑尺寸之詳，在清末之際，而能具此卓識，固已有足多矣。近時東西學者論玉之書如 Laufer 之 Jade, Pope-Hennessy 之 Early Chinese Jade, H. R. Bishop 之 Investigations and Studies in Jade 以及上野有竹氏所印之有竹齋古玉圖譜（前羅振玉所藏），或據研之勤，或印板之精，皆有裨吾國考作而上之概，此海內考古家所宜努力者也。（諭）

× × × ×

北平各圖書館所藏中國算學書聯合目錄

鄧衍林編 中華圖書館協會北平圖書館協會印行 二十五年六月出版 定價八角

吾國純粹科學之發達，由來甚古，惜多秘而不傳，或其理論之艱深，不易爲人所了解，年湮代遠，遂成絕學。如算學一科，本爲一切科學之基礎，自周髀算經以下，代有述作。古有疇人專司其事，算學書亦列爲六藝之一矣，唐宋之時，朝廷開科取士，猶以算學爲考試之一，迨至明初，以八股文牢籠士子，而算學亦隨之而不興盛。明後數百年間，此學遂不爲國家所重，寖至於結揩之一途。民國即有好學深思之士，皆視爲疇人方技之流，不爲社會所視，而吾國科學之不發達，至今日吾輩始食其果，良可慨也。

此等書籍多散見於各種叢書中，檢查不便，而獨鑽古今算學叢書所收，亦多掛漏，而書籍之散在各處者，欲集尤爲不易。鄭樵通志校讐略曾言，有專門之書，則有專門之學，有專門之學，則有世守之能。人守其學，學守其書，人有存沒而學不息，世有變故而書不亡。此專門目錄之所以有其必要也。此編乃就北平十九個圖書館所藏中算書作一聯合目錄，研究中算史者，當感無限之方便也。（川）

× × × ×

南雷學案

黃嗣艾編著 二十五年七月正中書局印行 實價一元六角

黃梨洲先生爲晚明躬行力學之士，其學承劉蕺山之傳，闡王陽明之說，實合漢宋諸儒之旨要，申慎獨之義，務期反身而誠，直尋良知，其時身當國破家亡，身餘九死，乃以孤臣孽子之心，拯世救民，爲黨人，爲游俠，呼號奔走，以冀共圖恢復，故其交遊稱廣。其於史學則開浙東學派之先河，此世所知者也。生平著述，多至七十餘種，而流傳之刊本，則僅居其十之四。本書編者黃嗣艾爲梨洲之後裔，其中材料，有得自家藏者，如遺殘手稿及家譜所記，皆有補萬充宗全謝山阮芸臺江旦庭等諸家所作碑傳碑文云。（山）

× × × ×

福建建設報告述概

福建省政府建設廳編 全書十冊 民國二十五年六月出版

近來國內各省建設日新月異，研究地方地理者每苦無新書可憑。即撰述編纂地理者，亦感搜集材料，轉瞬黃花，因而束手。就福建省言，林傳甲大中華福建地理志，係民國八年出版，陳文濤福建民生地理志，係民國十八年出版，此二書至今猶爲研究福建地理之專籍，不亦陋乎。故吾人不得不於此二書之外，向官書報紙雜誌中參考記載，然短帙零篇，翻閱爲難，且無統系，又多缺略。因書之情況，爲供職圖書館界者所常接觸而深知也。

今福建省政府建設廳編印福建建設報告十冊，在吾人視之，不能當爲普通官書。因其實足爲研究福建地理之參考資料：舉凡交通之變遷，物產之改進，水利之修濬，地質之調查，城市之建設，書中皆有詳盡新穎之記錄，並附有圖表。

全書已出十冊，每冊包含論題多則三四種，少則一種。各種論題皆由專家執筆，故分開可獨成單行之著述，尤爲此書之特色。想以後或尚有續出。茲將十冊標目列下：第一冊（一）公路（二）電訊（三）閩江（四）汽車，第二冊（一）長樂灌田（二）船舶管理所（三）閩江運輸處（四）閩江驗船所（五）各縣水利，第三冊（一）本省徵工（二）本省射擊場（三）省會工務（四）廈門工務，第四冊（一）度量衡（二）小保險儲蓄（三）參加台灣博覽會，第五冊省會自來水初步計劃，第六冊（一）森林（二）測候，第七冊礦務，第八冊長樂農場水稻試驗報告，第九冊調查閩北路北寧報告，第十冊閩建築業之研究。

此書不曾載明定價若干，不知是否非賣品。然吾甚望出版者須記明現在需要之殷切，能公開發售，給予讀者之便利，俾此書有普及之希望。（薛士武）

讀書雜志

顧柔謙山居贅論拾零 夏定域

清初，以地學名家者，有錫山顧宛溪祖禹，山陽閻潛丘若璩，常熟黃子鴻儀，德清胡東樵渭，吳江劉繼莊獻廷諸氏。諸子固以纂修清一統志，得聚首一堂，相與砌磋，各成有不朽之名著；而宛溪地學之精，尤出諸人之右，（本全謝山語），觀於閻氏尚書古文疏證，胡氏禹貢錐指，劉氏廣陽雜記諸書中之相推重可知已。然宛溪地學，實淵源於庭訓，（尚書古文疏證中已云然）其父柔謙，別號耕石，以明諸生隱遯終身，除督促宛溪成其名著方輿紀要外，其地學著作，未之或見，蓋散佚失傳耳。惟尚書古文疏證卷六引其山居贅論曰：

「大河之流，自漢至今，遷移變異，不可勝紀。然孟津以西，則禹迹具存，以禹爲鑒，則千古不易也。自孟津而東，由北道以趨於海，則漳濟其必經之地，由南道以趨於海，則會是其必經之地。河趨滑必由陽武之北而出汲縣胙城之間，河趨單必由陽武之南而出封丘開封之下，此河變之所始也。由濬滑而趨之，或出大名，或從濮范，趨博州以入海，從德棣以入海。由曹單而趨之，或從鉅野，浮濟鄆，挾汶濟以入海，或經豐沛，出徐邳，奪淮泗以入海，此其究竟也。要以北不出漳衛，南不出長淮，中間數百千里，皆其縱橫糜爛之區矣。」（按禹貢錐指卷十三引同此）「自古大河深通，獨爲一瀆。今九河故道，既湮滅難明，即歷代經流，亦壞淤莫據。大抵決而北，則注漳衛，決而東，則侵青濟，決而南，則侵淮泗。昔人謂河不兩行，某謂自漢以來，河殆未嘗獨行矣。」

「天下之水，大河而外，重濁而善決者，在北則漳與沁，在南則漢。漳附衛入海而後漳水之決少，漢附江入海而後漢水之決少。沁本濁而又并入於河，故河之決最多。或謂河合於淮，藉淮以刷河而河庶幾可治，然淮終非河敵也，又安能使河之不至於決哉。」

禹貢錐指卷十三亦引山居贅論曰：

「自陽武而入封丘，河益東南流，荊隆口直東，則經長垣東明，出曹單，直達大清河矣，較之出徐沛，合淮泗以入海者，道爲徑易。夫河行之道，宜直不宜紆。入海之口，宜近不宜遠。河之兩岸宜闊，而歸流宜深。平水則宜留斗門，且多設之，用王景更相迴注之意，使不至旁溢，河未必不可東也。雖然，大河東則會通河廢，會通河不廢，則大河不可得而東，二者不並立矣，此大河所以屢決而東，抑之使南也歟。」

以上贅論之一鱗片爪，猶幸得見於今日者，其言河流形勢，至爲明確，足窺其地學精深之一斑。按上所引列，一，二，三，三節亦見方輿紀要川瀆卷三，四，惟不注明出山居贅論，每節首以考字起之；則依此例推，川瀆中起以考字者頗多，或皆本自山居贅論歟？錢林文獻徵存錄稱耕石先生著山居贅論十餘卷，想其中必有不少涉及地學者，惟原本不可得爲憾。今幸有潛丘東樵二氏在宛溪處曾讀其原稿，各選錄入於著作中，留此吉光片羽，用俾後人得稍窺宛溪顧氏家學之淵源，是不可謂不幸事矣。

二十二年夏，記于杭州。

圖書副刊
BOOKMAN
第一百五十期

一本刊登載國內外圖書之介紹批評以及學術界消息，爲公開性質歡迎投稿
二刊登本刊之文稿致酬
三投稿請逕寄「北平文津街國立北平圖書館內圖書副刊編輯收」

讀爨文叢刻

—兼論爨文之起源—

聞宥

本刊第一三九期曾載王了一先生讀爨文叢刻一文，王先生之文係就讀書之注音立論，聞宥先生此文，係就讀書之編纂文加以檢討，讀者可並參覽焉。編者

丁在君先生以其數年在滇黔川諸省所得爨文，集爲爨文叢刻甲編。全書凡九種三百九十葉，又冠以千歲衢碑記爨本八葉。蓋已往所未有之大結集也。吾人對於此方面頗興趣者，於此書重視與推崇之流傳，誠不禁有喜見爨字之樂。

此九種中，末二種，支通大書及「武定羅婺古吉凶書」皆無譯文，「夾人做道場用書」（此名未安，今姑仍之）則附有意譯而非逐字對比。惟自第一至第六（「說文」「帝王世紀」「獻酒經」「解寃經」「天路指明」「權神經」）諸種，則每句凡四行，第一行爲原文，第二行爲注音符號讀音，第三行爲逐字漢譯，第四行爲漢文譯意。蓋在君先生所發凡起例，而成於羅文筆君之手者也。

逐字對譯，本爲處理語學上 Speciman 之成法，而在羅文尤要。以其爲無組織（或亦可稱組織不健全）之 Syllabic writing，不如此則將無從知其含義也。以往著錄羅文之最要者，莫如 Vial, d'ollone 兩家。Vial 在其 Les Lolos 中，收 Epoque de la carétion du Ciel et de la formation de la terre, L'époque de la sécheresse universelle, Le déluge universel 三者。在其 Dictionnaire français-lolo 中，又別收六者。所用方法，皆與在君先生所定者略同。惟以法文組織之密，故所示意義亦較漢文爲明晰。d'ollone 之書，在君先生似未之見。其排列實較 Vial 爲更密。其第一種 Kang Siang Ying 羅文之旁，首以羅馬字注音，次以法文逐字對譯，旁又附以法文意譯，附注亦頗多，今不遑具引。其中尤要者，實爲其每字皆有編號，其同字異讀者，皆註「重文」bis。故編制索引，爲事至便，而檢讀者亦有左右逢源之樂。[illegible]

更就羅文筆君所爲注讀之，則在君先生之條例，似亦未盡其發揮之能事。第一：羅君譯漢文程度殊不高，又似好弄文。（觀其所譯羅者即可知），故有時第四行之意譯，較第三行之直譯轉更晦。[illegible]此其格格不達，自在意中。第二：羅君所注音亦未盡精。羅語以無尾聲爲其特徵，近來借入之漢字，似亦同化於尾音（參史語所「記猓玀音」二百○一葉）。惟此類尾聲既至稀微，似仍可辨。Liétard 所記 A-hi Lolo 及 Lolo-p'o 語中，借字甚多，仍皆無尾，然本語實皆無之。羅君所紀鼻尾聲殊不少，[illegible]而實則皆錯誤。此得任舉二字，對比如下：

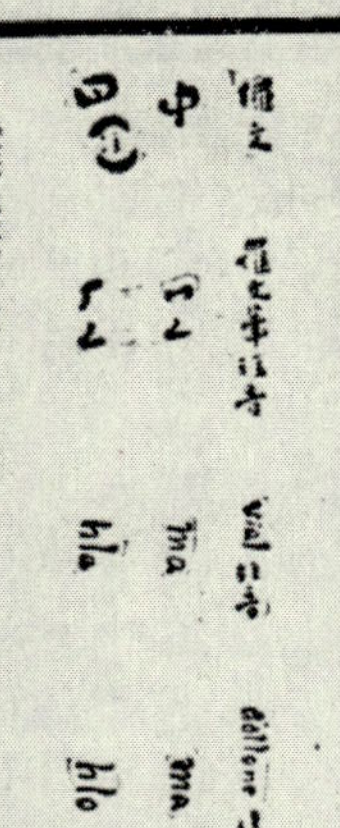

（注）此本「月」字，Gni 讀 hla, A-hi 讀 hlo, Lolo-p'o 讀 ho。羅君之ㄏㄌ及譯語之誤，當即指 ho，與 Lolo-p'o 略同。

此皆顯然爲誤注。其所以致誤之由，實不在乎羅讀爨文，而在乎未知注音符號之正確音值。貴州大定之方音若何，吾人雖未及調查，然以羅君注音觀之，則大抵ㄓㄔㄕ不分，如長江諸語，鼻尾聲不固定，或僅存鼻化，或竟全消滅，則如西北諸語及西南若干元音（余別得一麗江某君所注摩些音字，共以「爭」當 Xe，以「秋」當 Ko 之類，與羅君同）。此其消息，我人得於第二種帝王世紀中讀帝王譯名得之。請亦舉數例如下：

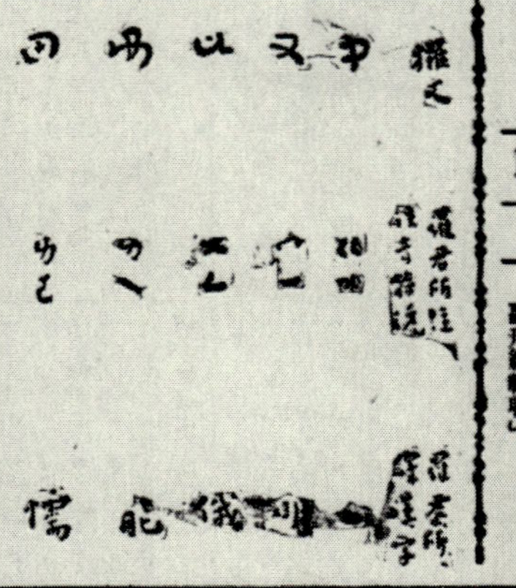

就一二四諸例，足以知羅君所讀漢字之無尾聲（上出譯語注音之失，當與之同其性質）；就四五兩例，足以知羅君所讀ㄉㄧ之不別（田 Vial 注 non，漢字欄不誤，注音符號ㄉ誤）。因口語中無穩固之尾聲，讀注音符號遂亦不能準確（如第三例之ㄥ），此其情狀，可以推想而得。而此書注音之價值，遂極有限，並 Vial, Liétard 等粗疏之羅馬字，亦復不可幾及矣。

音值之可商既若此，其所注調值，尤極粗疏，不足爲典據。在「帝王世紀」之末，有一所謂十五字音表者，舉半音四分音七分音云云，令人茫然不知其所指。或者謂 Vial 書中注有調值，或可比勘得之。然大定羅語與 Gni 羅語之聲調，既未必全同，而 Vial 書中所紀五者如所謂 Franchement aigu 云云，亦不過略示牽較，至多如 Grierson 所謂之「‾na, ─na, ╲na, ╱na, _na」而止（參 Linguistic Survey of India, Vol. I. Part II. Introduction, P. 22）。以言精審，相去固亦尚遠也。

至於此六種之內容，則「帝王世紀」一種，已如在君先生所言，實爲水西安家之歷史。吾人平日讀「明史」「炎徼紀聞」及「貴州通志」中安氏叛服始末等，每苦於其淵源不甚詳。得此自爲一極要之材料。其他諸種，亦皆有其價值。而尤要者似爲第八種，玄通大書。吾人別在他處得一 MS.，形式極相似，惜亦未通其讀。他日或能由此勘以得其梗概，此時則尚無可言也。

內容之稱述既畢，請再讀在君先生之長序。序中創義甚多，足以啓發吾人者至富。惟亦有可商者數事。第一、在君先生謂「千歲衢碑記」爲羅文最古之文獻，此語實誤。此記作於嘉靖丙午，乃西紀一五四六，而 d'ollone 書首所載祿勸附近之土官知府鳳詔碑（亦曾爲 S. Charria, Les Inscriptions lolo en Lou-k'iuan 短文所著錄，惟未出碑上之漢字，見 B. E.F.E.O.T.V, 1905），則作於嘉靖甲午，爲西紀一五三四，尚早十二年。d'ollone 別錄禮宇崖一碑（亦見 charria 文），以年代尚未明確，姑勿論。其他滇黔僻壤，有無更早於鳳碑者，尚不可知。在君先生遽謂千歲衢碑記爲最古，蓋失之未考也。

第二：在君先生以「人」普通讀ㄙ，而羅文筆分中解人者有ㄙ字，注音爲ㄙㄥ，以爲可以暗示羅文有久遠之歷史。按此實在君先生誤以二字爲一字，同時羅君注音亦誤。羅語中 Vir 與 homo 兩者不同字，其事狀如下：

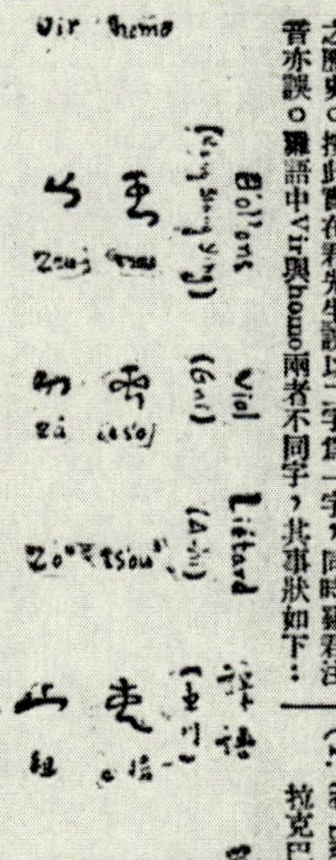

在君先生併爲一談，[illegible]

「栄」，其鼻尾聲甚明）而以ㄙ誤當ㄌ聲，蓋爲兩及工具所限，羅君實不自知其誤也。

第三：Vial 之著錄，或較以前諸人爲重要而進步，然必謂其源，則 [illegible] Père Crabouillet 之 Les lolos，乃一八七三年載於 Les missions catholiques 者（[illegible] on a newly-Discovered Lolo MS. from Szechuan, China 文中已言之，文載一九三二年 Man）。其次 Hyde clarke 之 Lolo and vei Characters（載 The Athenaeum, 1882），亦早於 Vial。至若 T. de Lacouperie，其所論述，亦專在 Les lolos 未出以前（在 Les lolos 以前，Vial 先有 De la langue et de l'écriture indigènes au Yünnan，作於一八九〇，即答 T. de Lacouperie 所早見），故此學之開山祖，似不能必歸於 Vial 也。

至於在君先生序中，頗有意推論爨文之起源，而聯想及于後漢書之白狼三歌，以爲白狼或已有文字，即今羅文之前身。此問題則可分二層論之。

第一：白狼歌之性質，誠如王靜如先生及在君先生所考，有若干單字，合於西夏語或摩些語，故得目爲西夏係摩些語派（Laufer 所定，大體尚無誤。參 The Si-Hia Language. Toung Pao. 1916）之共通祖語。然西夏爲契丹式之漢字支裔，摩些文有二種，除一種爲 Syllabic writing（麗江人稱之曰格巴）與羅文略近而外，其一完全象形，實與羅文不同。其祖語既有文字，何以其後代語之文字乃分歧若此。故就此現象觀之，其論斷當不出二點：（甲）白狼無文字，故其後裔之散居者，各就其所受之影響，獨立爲文。如西夏之效法契丹，摩些之依仿西藏是也。此爲最妥之結論。次之則（乙）白狼雖有文字，而其後裔有傳有不傳。如此則吾人亦得假定摩些象形文爲白狼文之嫡派，而羅文仍不必與之有關。以依通常文字史之眼光言之，形字每較意字音字爲原始。則與其以羅文爲白狼文之後身，猶不如以摩些象形文爲白狼文之後身。兩者雖同其無據，而揆之情理，猶爲彼善於此也。總之無論白狼有文與否，在目前尚無法以羅文與之遙繫。

第二：在君先生之所以假定白狼有文者，以其歌中借用漢語至多；如「聖德」「荒服」之類，皆爲文言，果非寫爲文字，殊不易于借用也。按此猜度誠在情理之中。然以性質言之，此白狼文者，又必爲一種寫音文字，而後借用漢語，乃可以自由 Transliterate 而無礙。吾人翻檢近代譯語，誠亦不乏類是之例。然在時間上觀之，則兩時之白狼，顯然不能具此音字，白狼歌之可寶，吾人自亦不願否認，然竊以爲其價值應有限度。年代遙遠，苟無中間之論證，則與近代材料，遙繫爲難。一也。史書所紀，不盡可憑。漢狼時譯，其準確程度何若，今皆無法覆勘。二也。至其借語之多，則吾人之意，竊以爲別有解釋之道。此三歌作者，疑出漢人。朱輔者，傳文所謂「好立功名」者也。此時殆以遠夷來歸，乃作爲此歌，使田恭等譯爲狼語，譯以上聞，以爲鋪張邀寵之具。此其性質，疑即等於陸次雲「纖志志餘」卷尾之苗歌。此苗歌作者雖亦未明（其文字余將別考），而以其對譯情況觀之，則明是先有漢文，轉翻苗字。今檢漢狼對文，除在居先生所舉而外，「是漢」即「大漢」，「萬柳」即「萬里」，「中換」即「慈母」，以及其他品詞之位置，皆顯然同於漢文，非吾人理想中之白狼語法。至於歌辭意味，亦不似出於白狼人之手，更不待論。故此歌之先有漢語，亦事狀之至明者也。既爲以漢譯漢，則遇有譯語，直譯原音，自是意中之事。而借語之多，又不足爲已有文字證矣。總之無論此歌性質何若，又相距過久，材料又短少，絕不足引爲若何主要之論證。

涉論至此，可知欲決羅文之起源，仍須于羅文自身求之。向來學者對於此題，頗有異說，略似朝鮮之諺文。然諺文則以有 Phonetic Writing，組織終甚明白；故無論 Rémusat, Hulbert 之以爲出於梵文，Klaproth 之漢源說，白鳥庫吉之八思巴源說，李荃齋之象形源說等，其短長得失，猶可得而覆按。而羅文則本身組織，先在茫昧之中，頭緒紛繁，爬梳爲難，故發說可以任意。然吾人仔細求之，則值得注意者，厥爲拉克巴里（T. de Lacouperie）及 P. Vial 之兩說。

拉克巴里者，主羅文原爲音字者也。一八八一年著 On a Lolo MS. written on Satin (J. R. A. S. pp. 119–23, 1882)，既從事分析，以爲羅文在[illegible]雜之中，自北音的主幹。如以ㄡ表ㄎ，以ㄌ表ㄎ之屬，推其歸約，約得十餘事。而又溯其原始，以爲與印度 Harrapa 羅文有關。共同系統而尤近似者，則爲蘇門答臘之 Rejang。其後著 Beginnings of writing，又解釋其後來所以組織之故，而爲之辭曰：

……But they no more understand it as such, and are unable to compose new groups or disentangle the old ones. They often use each word or groups as an ideo- or phonogram.……The clustering of the characters in groups, which, as in chinese is a characteristic of this writing, has helped to the obliteration of the characters individually; they can no more be used otherwise than in these groups of ancient make representing the old pronunciation And these groups are now considered as inseparable ideograms, and used accordingly without knowledge of the respective values of their component characters. This writing, once phonetic, is returning to the ideographic stage.

Vial者，主譯文所爲單字者也，在其Les lolos第九章之首，即大書曰：

Les caractères lolos se rattachant, dans leur origine, au système idéographique. Dans leur développement, c'est le syllabisme, le phonétisme syllabique, qui domine.

以下文舉(Gni 羅文)籍中尙能保存形字之風格者四十四事，以爲例證。

此絕對相反之兩說，殆懸于吾人之心目中者久矣。以語文學及他方面之才識論，Vial○固遠不如拉氏，而以了解羅族之深度論，拉氏亦遠不如 Vial，然則吾人于此兩者，其果將何棄而何從乎？

第一：請先就拉氏之論證觀之，其所據之材料，蓋僅爲 Baber 所得之數種，而主要者爲一羅漢對譯之 MS 即今見于 Travels and Reseavches in Western China p. 126 之對頁，而拉氏所稱爲 Bilingual document 者也，此 MS. 之出於誰手，今已無法確知；然以漢字方音多歧之故，欲知其所示羅文之音值，必先估案其自身所代表之方音性質○乃拉氏于此，則絕未注意○觀其所以證明系者所列爲如下六事：

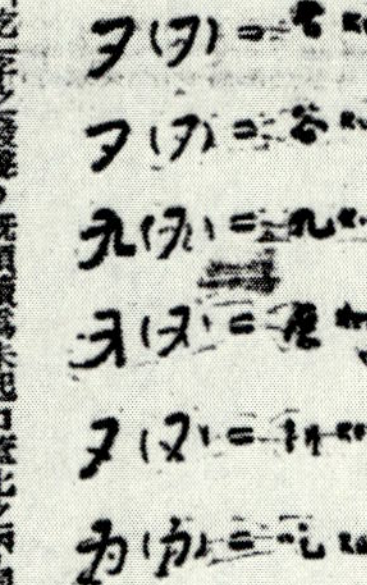

此「吃」字之發聲，既須讀爲未起口蓋化之K-同時更須保存t尾，而證其爲"in the compound we find again the character for t'"，此二條件皆非粵語不辦（吃廣州讀ket）○然按之情理，則此注音固未必出于粵人之手也○更分別言之，則九明是漢字之借（羅文此字發聲誠讀K然注者之讀音則未必讀K○在此不過以九當九，明其同字而已○「吃」字之性質與此不同），而漢字九之7，固無代表K音之可言也○ㄉ中之1，在字形上固可如拉氏所言，目爲t之符號○然其中間之，既無法證其爲母音符號，則世間固無此既非alphabetic又非syllabic之怪文字也（羅語本身決無t尾，ヌヌ兩字亦無ng尾○此在當時或尙未知，故此處不舉以實難）○吃果有t尾，則谷亦當有K尾；而求之於ヌ，此7符固又只見一次也○

且退步言之，拉氏所舉即皆可信，而遍觀此MS.全文，其所注漢字讀K-者尙有如下數字：

又依拉氏標準求之，則屬於古見母者尙有如下數字：

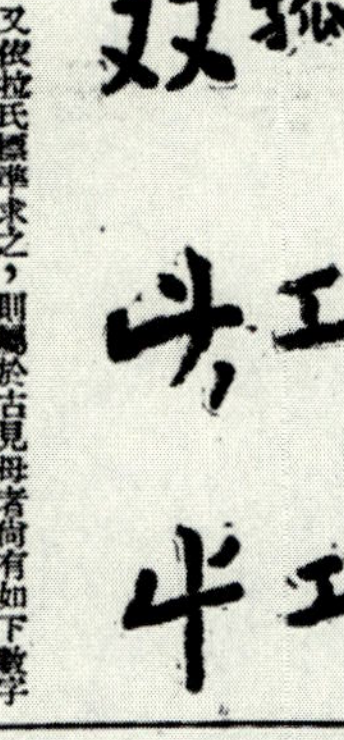

又吐氣與不吐氣兩者，拉氏似不甚分，則更有如下數字：

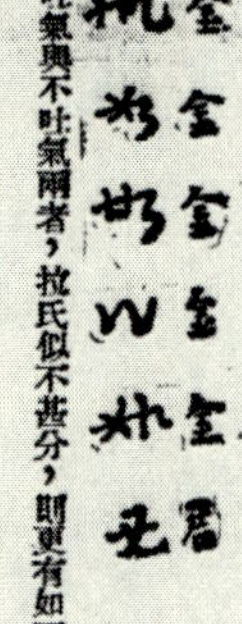

此其不皆有ㄱ符甚明○（有數字反合於拉氏所謂t符，如苦工等之ㄴ是也○）反之其具有ㄱ符者，亦尙有如下數字：

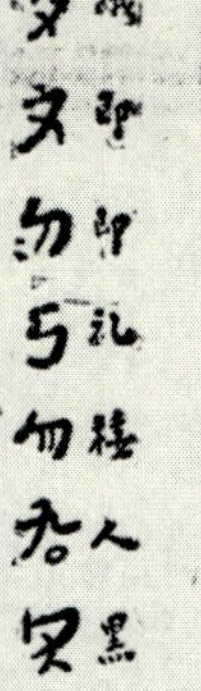

此以拉氏之法求之，似亦皆可目爲

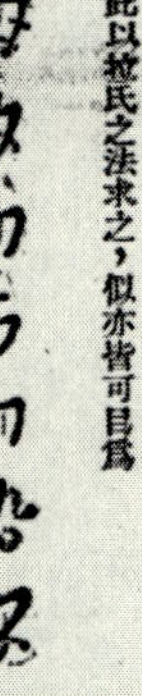

而其不讀爲K又甚明○故即以此寥寥一百三十三字（去其重複，實僅六十字）之MS.而論，拉氏之說，已左支右絀，不復可以自持○其從事分析之前，蓋已先有一種成見（如諺文ㄱ(K)爲君字初聲，ㄷ(t)爲斗字初聲，ㅂ(p)爲彆字音之屬，參照Gale, The Korean Alphabet及上述諸家論文），故不惜爲削足適履之謀也○

（未完）

新書簡訊

泉州之雙塔

The Twin Pagodas of Zayton, by Gustav Ecke and P. Demiéville. Harvard University Press. 1935.

福建泉州今稱晉江縣，即元時馬哥孛羅遊記中之Zayton也○此地當宋元之際，爲東西海上商業之會萃之大市，馬哥孛羅稱爲當時世界兩大商業港之一，可見當年之繁盛○當入港之地，有石湖塔在焉，塔建於宋徽宗政和元年，似爲青石所築，殆爲泉州之華表，其體製與雙塔相似○雙塔分東西二座，建於南宋理宗紹定間，正趙汝适寫成諸蕃志之時○塔爲五重，全爲石築，其簷柱斗拱等，皆可占宋代建築之法式○其上石刻浮彫極爲精緻，實可以代表唐宋時代之意匠○

在西籍中對於此塔有所記述者，首爲一九〇七年C. C. Brown, 其次一九一九年J. J. M. De Jroot 皆有所記述○此後沙畹氏亦於此有所研究，惜中道而逝○本書作者G. Ecke 承沙氏之後，於一九二五年在廈門大學與 Demiéville 氏復開始雙塔之測量及細部雕刻之照相○全書分二部，上部爲 Ecke 擔任，分四章，叙關於泉州概略之紀述及雙塔之建造情形，其次爲石刻狀態，以及文獻上材料○下部爲 Demiéville 所著，爲關於雙塔細部之研究○全書圖版七十餘幅，頗爲精細○Ecke 氏尙有關於同類塔形之研究，已在華裔學誌(Monumenta Serica)第二期發表云○(芬)

×　×　×　×

苗族調查報告

鳥居龍藏著　國立編譯館譯

日人鳥居龍藏氏於一九〇二年旅行我國西南各省，實地調查苗族生活○翌年歸國，以其考察所得，旁徵中西載籍，成苗族調查報告一書，出版已有多年，今鳥居氏已改變其研究趣味，而注意於我國東北諸省矣○此書問世已二十餘年，而我國始有譯本，良可慨矣○全書皆關於苗族之語言風俗習尙等之記述○按我國西南諸省所住各部族如苗猺羅羅之屬，蟠據深山，自成部落，各有其語言風俗習尙，苗猺之文化程度較高，而羅羅則獷悍野蠻，叛變不常，國家政治清明，防禦尤實時，則俯首貼耳，遇有變故，輒傾巢騷擾漢人之土地，掠奪殺害，極爲殘酷，邊徼之民，不聊其生，身家產業，可以在旦夕之間化爲烏有○民國以來，內政不修，爲患尤鉅，此目前政府靖邊之亟務也○至於苗蠻之語言文字社會情形等，即在純粹學術亦至有研究調查之必要○近二三十年來，西人於苗蠻之著述不下數十種，而我國人注意於此者，除一二學術團體偶然發起調查研究之舉，亦僅於人力財力，無若何成績，有識之士，今後應當多注意於此爲人所不注意之事業，則吾人最所企望者也○(山)

×　×　×　×

中華民族之改造

張君俊著　中華書局出版　二十四年八月發行
價洋一元

此次在德國所舉行之奧林匹克國際競賽大會，中國選手百餘人，未得一分而歸，反之，同文同種相去一衣帶水的日本人，却能橫行歐陸，所向披靡，相形之下，令人意沮！事後論者謂此中原因，坐於國人體質衰弱，不克持久使然，此種論斷，頗見眞確○

本書著者於此書中，即謀扶發體質之重要性與其間轉移之關係○全書大旨，係根據丁文江先生二十四史人物統計表，及朱君毅先生清代及民國人物統計，列爲兩表，證明明以前，人物產生的中心，係在黃河流域，明以後，始轉到長江流域，認爲由於北人向南移動之故○而移動的原因，不外乎外侮，內戰與飢饉○復據此以爲前提，乃進而探討北人南徙後，是否適合於民族之發展，則頗懷疑○於是以身長體重論，華中華南之長度及重量，均不及華北○以兒童及成人死率論，華北爲低，愈南愈高○以氣候論，凡民族在北緯三十三度至二十度一帶者，多現衰老相，而華中華南都正居此帶上○北人食麥，南人食稻，而稻之營養料，遠不及麥○以疾病論，南方之疾病，較北方爲多，而尤以寄生虫爲甚○於是著者假定北方優秀分子，既漸次南渡，所而遺者，率爲體力較强而智力較弱之人○其南渡之優秀者，又因氣候營養疾病之關係，體力漸次退化，智力亦受其影響，故每每萬事不如人，終不能在國際上占最優之環境，不能不認爲全體民族體力之衰老○最後以爲重生民族之道，政治問題，實其中一先決之條件○

自本書意義中，可以提供的特點有三：(一)爲品質之說，因中國人比年以來，生活環境日處於水深火熱之中，心體皆極感痛苦，故體格日差，品質日劣，此無可諱言者○(二)根據可靠之統計，故其取料，不至陷其結論於荒誕無稽之說○(三)北方環境，適於發展生機力之說，此最可注意○又本書每章，皆有結論，易使讀者得一簡且深之印象，此種論述方法，堪爲稱道○惟以著者求論過切，又多少先具成見，書中不免有若干矛盾與武斷之處耳○

（李絜非）

×　×　×　×

文化論衡創刊

民國二十五年九月一日出版　定價每冊二角　上海雜誌公司北平人文書店經售

文化因時因地而異，是有時間性與社會性的○文化依存於社會生活○它的範圍，不僅包括着科學，文學，藝術等科學的所謂上層機構，應當由這學術思想的圈子，推展到社會生活的全部○文化論衡，這一雜誌，即是以這樣的文化定義爲內容的○

因此，文化論衡便成爲一個綜合性的探討刊物○在目前，除了中山文化教育館季刊，文化建設之外，這類刊物很不多見○尤其「文史」停刊以後，這種刊物，在中國北部刊行的，已經絕跡了○

第一期裏重要的篇題，略爲介紹於左：

穆爾霽的「文化之基本認識」說明文化的範疇，並對文化的社會性加以理論的分析○李星可的「易經中的古代社會」，用科學的理論，由經濟結構，政治制度，社會生活，精神生產上觀察易經所表現的中國古代社會，對於郭沫若氏「中國古代社會研究」中的說法，批判最多，是一篇力作○柳若訊的「中國古代農業經濟形態」，闡明了中國農業經濟基礎的建立問題與西周時代的農業形態○譚丕模的「宋元明時代思潮的進展」，對於周敦頤，張載，二程，朱熹，陸九淵，王守仁諸人的思想來源，給一社會背景的說明○萬斯年的「人類學民族學民俗學之範圍及其關係」，係博用安登C. H. Haddon, R. R.Marett, C. S. Burne, B. Malinowski,C. Wissler 等氏之說○譯文方面，「格里牧J. Grimm 的生平及在語言學上的供獻」，「蘇聯科學研究院在蒙蘇邊界一帶之考察工作」，均可一讀○文藝方面，「一個乞丐的哀訴」這首五十二節的長詩在形式上及韻律上，值得注意○

（蔚）

×　×　×　×

古詩十九首集釋

隋樹森編著　二十五年六月中華書局　實價四角五分

古詩十九首在中國文學史上佔很重要的地位：古代的四言詩在周朝充分的發達了以後，詩界便漸形沈寂，直到新體的五言詩起來，纔又另現出一番燦爛與光輝，而古詩十九首便是這五言新體詩的星宿海○它的藝術價值也到了純熟的境界，既有完整優美的外形，復有豐富充實的內容○它是五言詩的規範，後來的詩人，不但多受其影響，並且還有許多作家擬作，鍾嶸許爲「一字千金」，可謂推崇之至○

古詩十九首，因爲離我們的時代較三百篇爲近，所以讀起來比三百篇也容易懂，但是要對於詩的脈絡及字句的意洞徹了解，便引起了後人無數的解釋○這本書便是集前人各種說法來解釋這十九首詩的○全書分考證，集注，集解，評論四項○集解一項，搜集諸家以下十餘家之作，合而觀之，對於讀十九首詩的人自然方便多了○可惜像俞平伯君的那篇古詩明月皎夜光的大文，不能同時一齊在這裏讀了○本書文筆還明暢，不過稱引典實，不注出處，反如不注，是美中之不足○(芬)

×　×　×

金石書錄目

容媛輯　中央研究院歷史語言研究所單刊乙種之二　民國二十五年六月出版　定價一元二角　商務書館發行

吾國專錄金石之書，計有四種，一爲集錦之金石書目，清宣統二年西冷印社印行，著錄金石書凡四百九十二種，不著時代，不分類屬，然其書譌誤雜出，有標目誤者，有撰人誤者，有卷數誤者，不一而足，大抵皆未見原書故也，民國十四年又有田士懿之金石名著彙目（自刊本），正目所錄二百七十一種，續目三百一種，補遺五十五種，失錄三十一種，共六百六十二種，以時代爲次，目下間注版本，然所收亦多掛漏○民十五年復有黃立猷金石書目，書分十類，一金文類，二石文類，三匋文類，四骨文類，五地方類，六法書類，七義例類，八題跋類，九彙考類，十目錄類○著錄凡八百七十八種，補遺四十七種○十七年又有林鈞石廬金石書志，著錄九百七十種，以分地，斷代，錄文，存目，圖譜，石經，記載，考證，釋列，字彙，法帖，雜著爲十二類，記載較以上三書爲詳審矣○

容氏金石書錄目以器物之種類區分，一總類，二金類，三石類，四玉類，五甲骨類，六匋類，七竹木類，八地志類，而於金類之中，復分錢幣類璽印類二目，都凡十類○每書之下，各注板本○中附方志中金石志目，金石叢書目，末附朝代人名通檢及書名通檢，較以上舉四書則爲精密矣○其實此書取錄實屬於考古學之範圍，非狹義的金石書錄○書中間有未備者，如竹木類既列陳直漢晉木簡考略，則陳邦福漢魏木簡義證便當收入○石類字書之屬，既列隸韻漢隸字源等十七種，則尹彭壽之漢隸辨體亦應著錄，凡此之類，皆有待於補充者也○(齡)

圖書副刊

BOOKMAN
第一百五十一期

一本刊登載關於中外圖書之介紹批評以及學術界消息爲公開性質歡迎投稿
二刊登本刊之文略致薄酬
三投稿通訊可寄「北平文津街國立北平圖書館內圖書副刊編輯收」

讀爨文叢刻（續）

聞宥

——兼論㑩文之起源——

以上云云，蓋皆以深信此MS.之價值爲前提，且又以爾時之知識爲限度言之也。今若更放觀Baber以後較富之材料，則此MS.之注音，拉氏及Baber所謂approximate者，其用處已極有限，本不待論。而關於字案之擬成，其所見現象與拉氏之假定相衝突者，尤多至不可彈記。此不勞吾人之博徵，但以d'ollone所收觀之，已極顯白。d'ollone分析Kang Siang Ying㑩文爲十大clefs如下：（注）

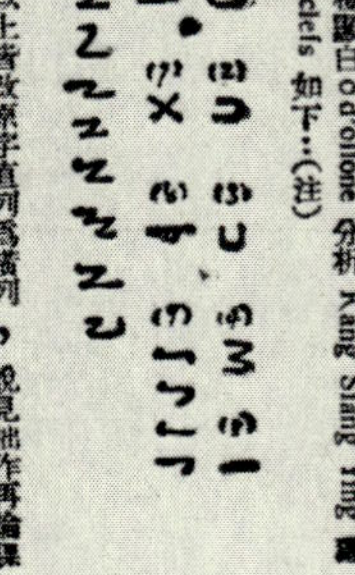

（注）以上皆改原字直列爲橫列，說見拙作再論㑩文數字。

此第一類者，固與拉氏所定S b兩音案相當者也。拉氏定⊖爲S，○爲b未舉例證，固不能知其詳。以上舉MS.觀之，S之推定，疑即據田（石）日（四）等字（Kang Siang Ying亦有田字讀nieu日字讀ppuh，皆不相合，疑此有誤）。b之推定，疑即據⊖lou ◎pi ◎vou等字（此當據Vial所記錄）d'ollone第一類中所收較廣，其間誠有不能等齊觀者，然即以與上舉諸字相似者觀之，其不合亦可立見。以下得任舉數字爲例：

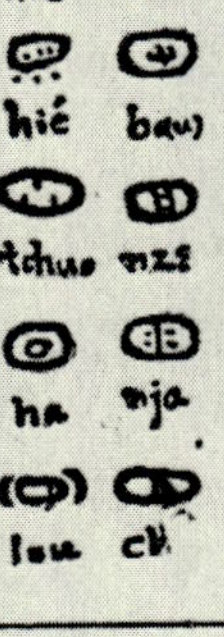

此皆顯然可以立辨者，S b既若此，其他準是，故拉氏得意之估計，所謂其總數能數至若干者，實皆沙上架空之圖也。吾人誠自慚愧，尚未見蘇門答剌之文，不知拉氏所謂酷肖者，其程度竟何若。然即以上述諸節觀之，其對於㑩文自身之認識，既已若此，則比較上之相肖更可勿論。拉氏又頗以Harapa㑩文相比擬，此以最近G. R. Hunter, The Script of Harappa and Mohenjo daro觀之，其無絲毫直接之關涉，亦自無疑。此印度古文與南海文字之聯絡，最近雖以de Hevesy（參Sur une écriture océanienne paraissant d'origine néolithique, 1933）之推證，而㑩形其密切，且得溯源于印度支那（注），將來或更能推勘及於他文。然在今日，固尚絕不足以語此也。

（注）最近日人桑木所物紀加羅林土人木皿上之文字，亦有與此相近似者，且有與㑩文逼肖者，惜其源亦未明。

且其間尚雜有與羅馬字全合者，故其性質似亦頗混雜，一時未易辨定其早晚也。

拉氏之說，既不足信，於是請進而讀Vial之說。Vial重要之論證，首在於其所舉之四十四字，今備引其文如下（原書未標數字，今爲稱述之便，加之）。

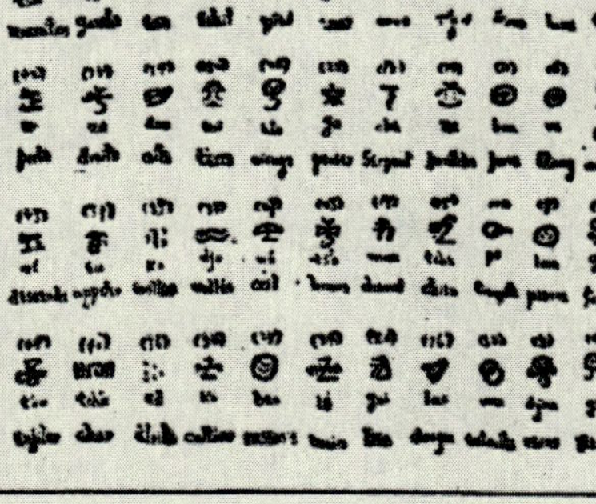

Vial未習東方古文字學，故於字形之稍具姿態者，皆欲目爲idéographique。由吾人觀之，則其中有若干實不足以稱此。如13, 15, 19, 33等其尤顯著也。自餘諸文，誠有近似象形者；亦有意象不甚明晰，而在疑似之間者；又有雖近象形，而所象未必如Vial所定者（如第一之ꝏ疑當如d'ollone第一類所出爲grenouille之象形；第二十六之ꝏ，疑亦不象面形，本書別有羊字，d'ollone書及譯語皆有之，似象鼻以代面是也）。要之其所列雖不盡足據，而終不失爲推測原始㑩文之良資。余嘗就其中多見于各書者二十二字，加以比較，其異同略如下表：

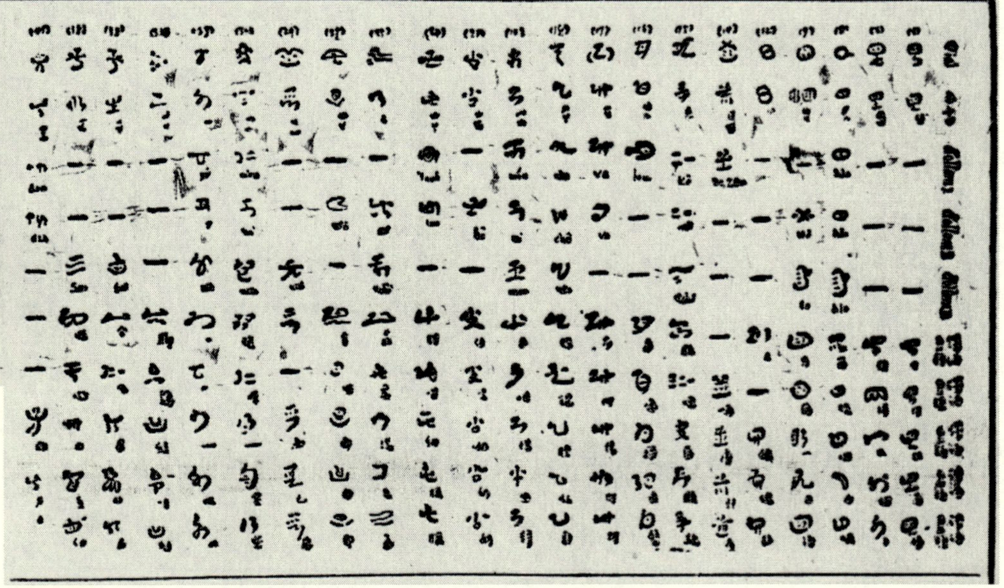

由此看來，[illegible]

（a）[illegible]

（b）[illegible]

（c）[illegible]

（d）[illegible]

[illegible]

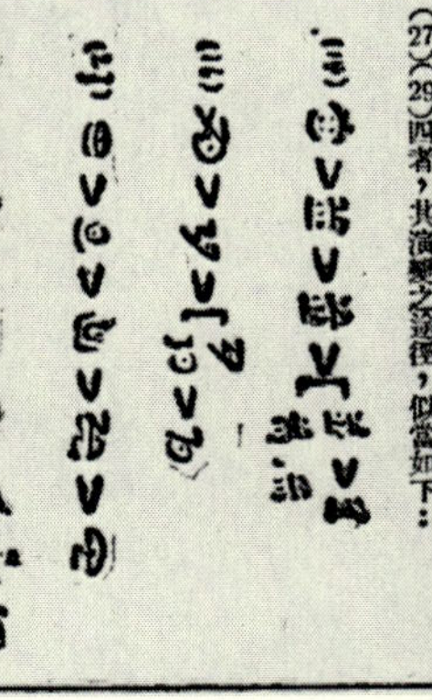

（注）此裴克象人面形，以人面表太陽，北美Delawares土人象形文中有同例。

[illegible]

爲瀛涯勝覽校注答伯希和教授

馮承鈞

前年我將伯希和教授的鄭和下西洋考轉爲漢文，因爲我後有將來不久瀛涯勝覽或者有一部校勘本一句話，我大膽地發表了一部瀛涯勝覽校注。當時搜集材料以校勘的版本固然不少，可是有一缺陷：國朝典故本得之太晚，而又僅見兩一本，所以我在序後聲明：「惜脫誤甚多，故僅摘錄其異文之重要者，至與吳本黃錄相合之寫法，未能遍註」。其實要做一部精密的校注，必須先就幾部國朝典故本校勘，這是我視爲最難的事，因爲得到一本已費九牛二虎之力了。不然的話，不致於用猜謎式去校勘，李有幾點猜着了，可是馬歡序「與諸番貨」下脫「易」字，竟想不到。（參看圖書副刊第八十四期書評）所以祇有這樣成績，然而我相信大致不差。去年兌溫達（Duyvendak）先生來平時，我很希望見着他，不幸他祇見着胡適之先生，胡先生又很忙，結果他僅得到一部鄭和下西洋考的譯文。不然的話，我，尤其是向覺明先生，可以供給他不少材料。

這一部譯文同這一部校注，據我所知道的，很發生不少影響：清華學報第十一卷第一期有吳晗先生的撰文，大公報史地周刊第五十七期有鄭鶴聲先生在吳郡文粹續集中檢出的通番事蹟記，又第八十期薩士武先生所列布的長樂南山寺碑，又第九十四期管勁丞先生的雜考。南山寺碑本年一月早經顧頡士先生寄贈我一張拓本，我得到這張拓本以後，才信鄭鶴聲先生的考證是不錯的，我當時很想讓伯希和先生首先發表，所以抄了一本寄到牛津，託向覺明先生閱後轉寄給伯希和先生。

最近見先本年的通報（二一〇至二二三頁，編者按：即第三十二卷第四號）伯希和先生對於我這兩部書的[illegible]

以見其衍化之跡。然吾人所以敢確信今日玀人所用之音字，至少有一部分必自意字遞變而成者，尚別有說。Vial 在Les lolos p. 41中文曾言：

...... Cependant, après un reste de tradition, certainsmots, c'est-à dire certains idées, ne s'écriventencore qu'avec certains caractères, et de plus, chaque tribu a conservé, à part soi, l'usage decertains signes, oubliés ailleurs, pour exprimer des choses sp'ciales.

此數語之重要實勝于四十四字之實證。今若即以 Gni 猓玀文爲例，則在Vial字典中表gni 音者凡得九字如下：

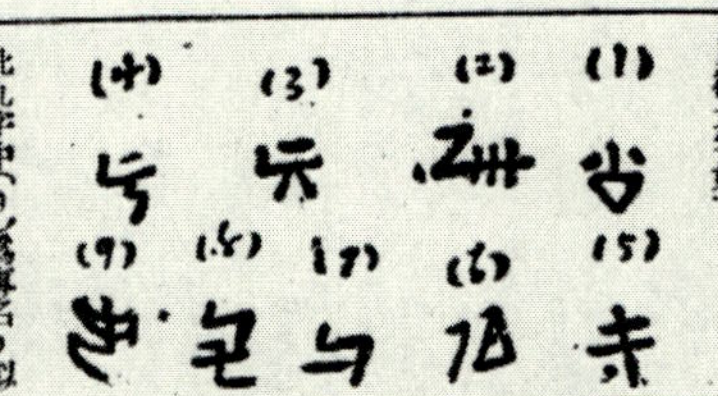

此九字中(9)爲專名，似尚未見於他種玀文，其有特殊性可以勿論。其他八字中，(1)用以表「心」，(2)用以表「紅」，(5)用以表「牛」，(7)用以表「二」，雖音素全同，而用

之明徵然不素。Vial 字典爲鄰族編纂之書，或不足以爲證，則請證之於其他紀錄(參已見上表，不再出。)

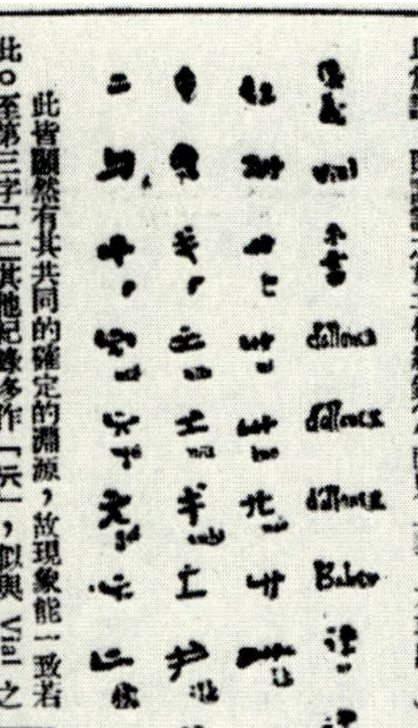

此皆顯然有其共同的確定的淵源，故現象能一致若此。至第三字「二」其他紀錄多作「兵」，似與 Vial 之「兵」不同，而反與其(3)兵相合。然 Vial 所紀兵兵兩字本爲一字之衍，兵即兵之倒文，兵與兵又係繁簡之異（觀 d'ollone 第一種所收共有異文兵兵兵三式即可知）。此即以 jour 一字爲證：

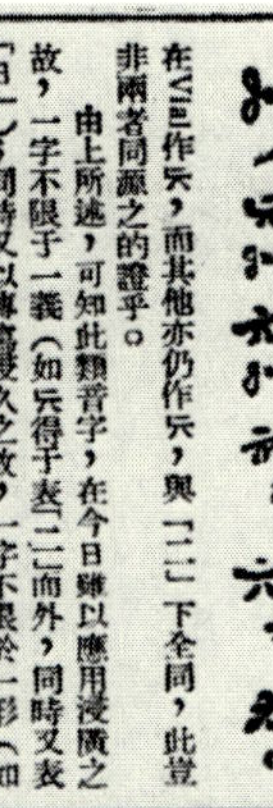

在Vial作兵，而其他亦仍作兵，與「二」下全同，此豈非兩者同源之的證乎。

由上所述，可知此類音字，在今日雖以應用淺廣之故，一字不限于一義（如兵得于表「二」而外，同時又表「日」）；同時又以傳寫淺久之故，一字不限於一形（如上所舉，d'ollone 所著錄之二，即有異文三式）；在表面似已極其混亂。然在無形之中，則此歷史的系統，固尚完全保存，「兵」實爲「二」之變體(注)，「キ」則爲牛之爲文「兵」之組織，亦當如Devéria 所測，有其意義的機構（見Les lolos et les Miao-tze, p. 13. Journal Asiatique, 1891）。此其爲意字所遞變衍化而成，固無庸不可疑也。

顧或者將謂既若此，何以解於上述b 類完全不同之字。曰：此正羅文問題核心所在也，以常識言之，此類完全不同之字，固得釋之於如下兩種之解釋：

(甲)此數字製作稍久，別異日甚。故在 Gni 羅尚保其形字，而在他支則已爲各自不同之音字。

(乙)吾人目前所有材料，尚未充富，故不能推勘其遞衍之迹，他日川滇黔諸地多事搜集，或能發現此missing link之所在。

然以其他a c d 三類諸字證之，此二說顯然皆不足信。由甲說言，則類此諸字，其製作未必晚于左右等字，而在諸支間固尚甚一致也。由乙說言，則普通同源二字，雖已乖離，終有若干迹象可尋，且以材料論，此十餘支之排比，亦明已不能謂過於貧乏也。故知說明之道，終別有所在。

Vial 所著錄，其間頗多不同于他支，而字形特古，或較近漢篆者（即其同于他支者，作風亦往往小異，此則當是Vial 加以畫一及經一度之摹印而然）此但讀上表及稍檢其字典者所能共知者也。然同時在他支之中，近似象形而不見於 Vial 之書者，亦間有之。此得任檢數字，列如下表：

凡斯之類，其不見于 Vial 者，同時亦往往不見于他支。故除月字如前表所列，他支無與譯四相同外，chanvre 則譯三譯四譯五皆作「丑」；céréales 則 Vial 書作×+(Sè)，亦皆與之不同。以此 chanvre 在譯三譯四譯五間相一致，及前表(36)本書及譯一譯三譯五相似，(37)譯三譯五相似，(38)譯四譯五相近等觀之，唯一妥當之解釋，厥爲其初本未造意字，沿用音字，故諸支間仍相同或相似。其後乃偶有一支，創爲形字（或受他族影響，說詳下），而在他支間並未通用是也。由此說言之，則前表四十四字中之諸形字或意字，如(36)(37)(38)之屬，乃 Gni 所自創；此表所列三字，乃東州羅羅及 Kang Siang ying 羅羅所自創。而其產生時代，則或轉在共通音字之後矣。

涉論至此，請得對于全部羅文之性質，及其發生之順序，爲一完全之觀測，以著者臆見言之，羅文之若干重要單位，大致襲自漢文。其襲取似又經過較長之時間，大約時襲時斷，不皆保存，各支間又不皆一致。故今日所見，有留存近似篆文之痕迹者，如Vial所收之□ gu明是「女」，□Kou 近似「廾」（羅語象尾蟹循例脫落，Kou與 Kung甚相當），□pi明是「卑」，□ lai明是「回」是也（他若□ ai 近似「也」，□ la 近似旅之古文，或尚可商，故不列入）。有完全與楷書相合者，如各支間共通之一二三等數目等是也。此二者間除字形稍有不同而外，兼有其性質上之殊異。□彝諸字，但取音讀，猶日人所謂萬葉假名也。而一二三等，則採取漢義，賦以羅音，又正猶日人所謂訓讀。總之此二者皆與漢字有直接關涉，此第一部分也。外此則有羅人自作之單位，雖不襲用漢字，而作風宛然相同。如作□以讀ma（其原義未詳，疑是fruit），作中以讀dou（原義爲piocher, Vial所說），雖與漢字「中」「叉」全同，而音義各分，明其實不相涉也。同時又取若干最基本之成分，斟酌損益而爲之（注）此如Devéria 所測□與□相涉之類，其相似者如main 作□bras □，似以▽爲心之根號，以□爲手之根號。又如d'ollone所歸納之十clefs，其間亦有若干屬于此類是也。凡此爲羅人自身之創作，或別受他方面之影響，要之不與漢字相蒙，此第二部分也。第二部分之成立，其是否與第一部分同時，今已無從考索，兩者又往往雜糅而不分。羅人自身，殆亦早已不能細辨，總之單位一多，則轉而爲假借式之使用。如□本是「三」，而「氣」亦作□（見譯○二）五本是「五」，而「魚」亦作五（見譯五）是也（九本有九而往往作双者，則又後來假借式使用發達以後之事象）。此一法後來用之至廣，遂將已往若干符號式之意字（本甚神秘而不明瞭），盡化而爲表音之字。以其一音不限于一字，故以漢字學之名稱言之，只能目爲假借，而不能目爲有組織之syllabic writing，此第三階段，亦即第三部分也。至各支中偶有一二獨特之形字，如上所述，則疑是後來分支以後所產生，且爲數不多，實非羅文主要之所在，此第四部分也。

(注)關於此若干基本成分，劉咸教授on a Newly-Discovered Lolo MS, from Szechuan, China 文中述之甚精審，見Man, 1932, 268.

羅文之大體，私見所能測知者既若此，今請更進一問，此第四部分，所謂獨特之形字，其果爲羅人所獨創，抑別由他族輸入乎？欲答此題，似又得移轉視線而一觀羅文與摩些象形文間之離合。但就上表所出諸字，加以比較，則如下表：

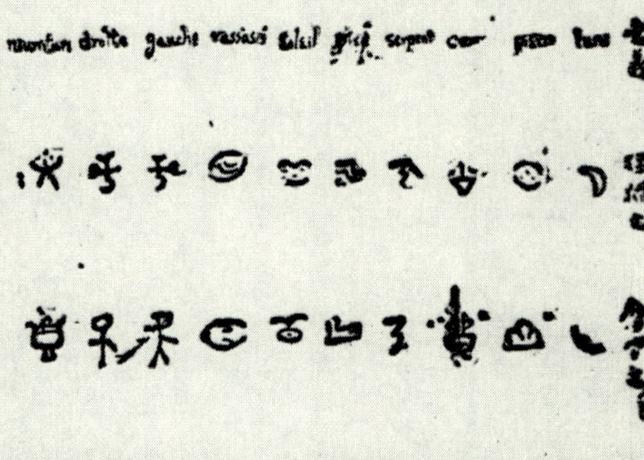

(注)摩些文有星號者，皆出于光宇兄所教示，餘依 Bacot 書。

此其間有極近似者，亦有貌雖不甚同，而抽象的表現法則相合，且同時與漢字古文之表現法迥殊者，吾人自得疑其有相當之關涉。然以兩者作法，今已大異（摩些文宛如圖畫，羅文則已完全符號化）觀之，即使果有關涉，爲時亦已甚久。同時更觀音字，則其性質與用法往往與羅文相同（如chien作「犬」，本借漢字，讀爲k'heu。寖假而即以「犬」爲聲符，如racine讀kheu，亦寫作「犬」是也。惟訓讀字則遠較羅文爲多，其詳余別有論列）。惟以地理上之關係，故往往附有藏文式之Vowel Signs，而羅文則無之。其基本單位之是否多同，在兩方未作總比較以前，亦尚不可得而說(如ヌ讀 go，義爲malade，與羅文之ヌ，形同而音異。中讀 lu，義爲milieu，乃訓讀字，亦與羅文之中異，類此者正多)。總之以今日所見材料言之，羅文與摩些文之關係，實尚不如與漢文之明白而親切。其由此以上溯白狼古文，如上節所論云云，更非今日所能討論也。

吾人對於羅文之認識大抵若此。以讀在君先生之序，故縱書年來所蘊蓄于懷者，以乞海內方聞之教。草稿既成，適以叔永先生之邀，行將于暑後入蜀。甚願得有機會，深入涼山，更廣搜滇黔諸地之羅文，以一探此神秘文字之究竟。則此區區小論者，亦不過他日追悔之資而已。

此文因本刊編者之囑，起草於三月中旬。中吏疾疢，作輟不恒，至七月始畢。病後不多讀報，故圖書副刊所載丁文江先生之文，于稿寫過半後始得見之。又劉重熙先生曾許共同討論，今倉卒付印，亦不及先以稿本請益。甚願刊布而後，劉王二先生各以其高見賜教也。

八月十六日書畢記

新書介紹

後山詩注補箋

冒廣生撰　二十五年七月商務印書館發行　定價三元二角

詩之格，自唐李杜之出，焜燿一世，後之言詩者，皆莫能跨越其範疇，至韓柳孟郊張籍諸人，激昂奮厲，終不能與前作者並。元和以後至於宋，詩歌之作，多依效舊文，未盡所變，自有江西詩派，唐宋之詩始有顯著之分野，乃足與唐詩相對衡，而後焉。然昔人謂詩盛於唐，壞於宋，唐人不言詩法，詩法多出於宋，而宋人於詩無所得，所謂法者，不過一字一句，對偶雕琢之工，而天真興致，則未可與道，其高者失之捕風捉影，而卑者至於黏皮帶骨。此詆江西詩之短，正亦可以見其長也。

江西詩派之說，發自呂本中所作江西詩社宗派圖，列陳師道以下二十五人，師法相傳而皆出自黃庭堅，圖中推師道本與山谷同在蘇門六君子之列，然歸田詩話謂陳後山少爲曾南豐所知，東坡愛其才，欲牢籠門下不屈，有向來一瓣香，敬爲曾南豐之句。而其詩則學黃庭堅，其妙處或謂過之。其詩格極高，如其爲人，與秦少游才思有遲速之異，蓋後山詩得自苦吟，覃思幽僻，未嘗無謂而作，故其言外寄托，亦難以臆揣，任淵後山詩註謂：讀後山詩大似參曹洞禪，不犯正位，切忌死語，非冥搜旁引，莫能窺其深處。任淵生南北宋間，蜀中名士，又嘗注山谷集，去元祐諸人不遠，佚文遺躅，往往而存，即同時所與周旋者，亦一一能知其始末，故所註排比年月，鉤稽事實，多能得作者本意。然其疏漏誤解，亦往往而有，四庫提要例舉書中寄侍讀蘇尙書詩及寄寇諸詩有所指摘。此固詩註所難免，不必深譏。惟其註爲宋時之作，當時註語，至今復有須加箋釋者固多也，若後之人心儀於江西詩派者，則山谷後山之詩，更又當奉爲圭臬也。如皐冒氏此書，於斯二者皆有所致意。全書無序無跋，蓋一仍後山詩註原本，惟於注下加箋而已。　（綸）

新書簡訊

老子說

石田羊一郎著　民國二十五年七月出版　東京文求堂發行　北平來薰閣代售　定價一元五十錢

日本石田東陵氏，研讀老子多年。所著十翼宝遺書，有大學說一卷老子王弼注刊誤二卷教餘集解二三卷書滄海詩選六卷東陵詩四卷，蓋東瀛漢學者之較博者也。此書爲其手寫本，成於易簀之前日前者，未及有序，亦無凡例。按老子五千言，古今來解說之者，不下數百家，以老子一書義蘊深遠，旨趣微妙，見仁見智，闡其說即所抒發一己之思想也。老子之學以退爲進，以守爲攻，以無爲得，非如後世道家之煉丹化汞，假老子之名，而行敎派之實也。日本學者關於老子之著述，如高敏愼老子道德經解一卷，太宰純老子特解二卷，大田敎良老子全解五卷，渡政輿老子集說一卷，皆各有所得。石田氏此書，大抵名物訓詁皆採說文爾雅釋名之說，又能會通先秦諸子，旁及古今人之說，自附按語，亦頗具新解。如謂道可道，非常道，解「常」爲恒，爲不變，解「道」引莊子知北遊道不可聞，聞而知道也。皆有可取。自謂夜注老子而寢，忽而高山峨峨，流水湯湯，不知何處，倘徉岸頭，獨自吟詩而不已，蓋耽嗜於此久矣。（綸）

× × ×

中國參考書目解題

鄧嗣禹　畢乃德合編　燕京學報專號第十二號　二十五年哈佛燕京社出版

這本書是專爲外國人研究中國學問參考的，全書用英文所寫，材料方面是鄧氏擔任，而由畢乃德氏(K. Biggerstaff)轉爲英文的。全書分八部分，一，書目類。二，類書類。三，辭典類。四，地誌類。五，人名辭典類。六，年表類。七，年鑑類。八，引得類。這書的體例似較鄧衍林君的中文參考書舉要爲清楚，解釋也頗扼要。至於材料的取舍和分類，編者在序中已說過，也許有人不同意的地方，但這類的書沒有一定標準，也不必過於吹求。其中凡是重要的參考書都加以星號，以爲識別，這對於初學的人是很有幫助的。（元）

圖書副刊

BOOKMAN
第一百五十二期
一 本刊登載關於中外圖書之介紹批評以及學術界消息，為公開性質歡迎投稿
二 刊登本刊之文略致薄酬
三 投稿通訊可寄「北平文津街國立北平圖書館內圖書副刊編輯收」

空想的水利學

——讀董毓琦治河管見——

以中

治河管見，是清光緒初福州船政委員補用知府安徽候先補用同知董毓琦所上的治河條陳。所陳有固本清源二策。第一固本策，主張如福州海隄仿外洋鐵坪的辦法築隄：

「一曰固本。書所謂本固邦寗。近時治河，積習相沿，惟以廣築為隄，雖以沙土。其本根未固，每遇大溜沖決成災。[illegible]觀柱事，伏波之銅柱千秋，砥柱之中流萬載。故外洋跨海為橋，河隄如鐵，皆有鐵柱固其本根。雖大溜如山，千載兀然不動。即今福州船政，濱海為隄，初建時排椿壘石，不旋踵為水所坍。乃仿外洋鐵坪之法，鐵螺成柱，入土丈餘，中繫鐵條，名曰鐵水坪，至今十八載如新。每遇輪船試車，如開濟鏡清寰泰三艘，每艘繫柱，拉以二千四百匹馬力，而柱如故。其鐵柱之製入土者，尖有螺紋，旋轉而下，入堅如鐵，吃土如膠。每柱數節，每節領螺而上，無論洪溜急注，勢如繫柱擎天。若照舊時廣築雜泥，昨成而今決，東築而西坍，費銜石塡海之工，終無實濟。統積年河費，鑄金成岸而有餘。矧此些須鐵柱，大約鄭州決口八百丈，每一丈一柱，只須用八百柱，而隄岸成，千載無虞黃溜，此一勞永逸之法。大約八百丈鄭口，不下二百萬金，即成鐵岸。現船政已有規模，不難仿模鑄鐵。臣於船政身歷目覩，當不河漢斯言。若照舊時泥塞，虛靡雖千萬金，尚無把握。此照船政鐵坪成岸，遵部議二百萬款，似可觀成，無須開捐籌餉。不妨小試鄭河之口，如得法擴充餘隄，為萬年不拔之基，省往日塡海之費，為我乾水固金湯。」

這辦法究竟行不行，要請水利工程專家判斷，可是我們亦可發生一個問題：就是黃河之患，不僅在堤岸之潰決，尤在河槽沙泥之淤積。董氏鐵坪成岸之法，即使可行，而且比較牢固；但河床因淤泥而日淺，河面上昇，鐵岸即不能無限制的增高，將來終不免有氾濫或是改道的災害。不過這問題在董氏「理論的體系」中似乎不成問題；因為按董氏對於水道「理論」，他有他的「政策」可以使黃河中的泥沙不致淤積。只看他的第二策便知道了：

「一曰清源。問瀾者究源頭之水，剪草者先根本之變。故揚湯止沸，不如釜底抽薪。黃河之水，起於火敦腦兒，譯言星宿海，及青海灌而為一。北極高三十四度，偏西十八度處，積石山之南，河為川蜀所阻，逆流遶積石而北，至河套入龍門，南抵直豫平原，旁無山石，易決成災。臣竊以為水皆東流，至積石阻於蜀外之山，不得已而北，逆流千里。若於北逆處順其勢南演入海則甚便。查此處與金沙，雅龍二江，相距不遠，由偏西十八度處挖百餘里，與金沙，雅龍二江合一，復由金沙江白那山處挖五十餘里，通於瀾滄江而出於南海，復於瀾滄江白水河處挖三十餘里，通於怒水而出緬海。三處分黃河之源，中土永無河患。雖金沙與岷山導江，而瀾怒二江分其水勢，其流必殺，徑直江淮，永爲樂土，且金沙原在青海，瀾怒二江源在前藏，所挖之處，隸於雲南，皆中華自注，無須假道於人。現在新疆駐防各軍無事，不妨分撥挖河，加以小惠，則踴躍從公，通河如反掌耳。」

這一節話，我們覺得有趣的是董氏並沒有理會到黃河，雅龍金沙瀾滄以及怒江諸水間的高山大嶺，彷彿那兒是一片平原毫無障礙的。所以他雖未必有愚公移山的精神，而話卻說得那樣輕便，易「如反掌。」不過這種不切事實的方法，無非是因爲地理智識欠缺所致，對於董氏治河政策的理論基礎，還沒有重大關係。現在我們可以特別注意的是在乎他對於黃河所以汎濫和「萬水皆東流」之原因的一種特殊解釋。關於黃河所以汎濫之故，董氏有下面一段似乎言之成理的議論：

「凡土能蓄水，故南方以土爲陷，蓄水插禾，北方沙不蓄水，故宜麥，水見沙皆透漏而過也。瀚海戈壁，東起於蒙古東西盟，西及和闐博羅爾，終古未有大河經戈壁沙而成溝渠者。蓋沙皆鬆質，水至此伏流在下，故沙積處皆無河。如阿非利加之撒哈拉沙漠，澳大利之散狄沙漠，萬里不毛，無水故也。實因地球東轉，萬水東流。（按此語理由詳下）歐羅巴之匯於裏海，水無出路，幸該處東即回部法基沙漠，再東即和闐戈壁沙，其間雖有葱嶺巴克達山，其地皆沙質，裏海之水，伏流在下，如泰山之石穿溜，即俗語地脈是也。至星宿海湧地而出，至青海滙洮及秦晉齊梁，萬派朝宗，匯爲大川以入海。自孟津以上，兩岸山土夾溜而下。至鄭萊之間，地質下土而上沙，水欲穿沙，致塞外之戈壁，由下有土質，水至土即止，乃上浮與沙融化；萬孔如蟻穿珠，其沙漸鬆，上無厭重，堅隄必泛濫，而左沖右決。所以豫直歷代有河患者，此也。且萬水皆黑，獨黃河挾沙而行成黃。水爲沙母，緣裏海發源之處，地中穿透法基沙漠及和闐戈壁，穿地中數千里之沙成水脈，其力透沙，如養由基貫穿七札。獨匯中華萬派，力更洶湧。至河南[illegible]兩之沙，能天塹拖險，丸泥封關否？其決勢有由來也。故挖兩海使數千里貫穿沙力之水母，不入中華，始無河患。否則長江之水，大於黃河十倍，何不泛濫？因江源自西域地面上來，河源自星宿海地中來，兩有區別。……長江之受萬派，過於黃河之受晉梁沁洛，而來源九千八百餘里，夏汎高於尋常二丈，並未聞泛濫沖決，皆因來源一能穿沙，一受土蓄，遂不同[illegible]。故統地球大河，受域內之水萬派，未有如黃河之沖決。即印度之恆河，粵緬之湄，怒，俄之裏納胡靈，奧之多惱，皆大於黃，未聞如此泛濫。凡水東行，必有出路。星宿之源，實穿沙力，水母及豫直有沙，以爲同氣相孚，亦効穿沙之力。奈中土上沙下土，不及尋丈，水爲下土所阻，仍泛而上浮，與沙融洽。遂無堅實之隄，決東則東，決西則西，非鐵柱之重，不足以鎭之。查秦西各海，俱有出路，紅海出於[illegible]，黑海通地中海出於葡萄牙，喀拉海及白海出於俄北，波羅的克海出於瑞典口。獨裏海與死海，介於波斯土耳其阿富汗俄羅之間，縱橫三千里無出路。該處必如禹未通河以前，洪水爲災。幸東即布哈爾法基沙漠，夥沙透水而入地中，潛過戈壁湧出星宿海而東行。故治河以靑海之曲，通金沙江入南海之爲得也。」

這一篇議論其中可以歸納成三個主要觀念。第一是他認黃河重源不僅來自羅布泊和塔里木河，而且遠溯至歐洲之窩瓦等河以及裏海，由裏海過中亞，穿葱嶺，（董氏未曾及葱嶺，此由其意推之），而通羅布泊以達星宿海。第二是「沙」和「土」性質不同。河水經沙漠即穿沙伏流。第三觀念是以黃河之水與沙一體，能穿越沙漠，彷彿另有一種神祕的生命力，和其他河水不同。這三個觀念如果不涉空想而有實際上科學的根據，那麼董氏之治河方略，即使不易實現，亦未嘗不是一種偉大的計劃。只可惜這三個大前提，並未有科學的實證而已。這中間的破綻前引原文之下，附刊倪文蔚的一簽，已經稍爲見及：

「至於淸源一說，即昔人塞外鑿渠，勿使河經中土之意。夫河在西域，豈即異於他水？星宿發源，十數程外，猶深淺可涉。羣支衆派等處，灌漑之利，全藉黃流，其所以爲患者，祇緣源遠流長，自洮泚以東，若秦之灃，渭，涇，汭，晉之汾，沁，梁之伊，洛，瀍，澗，齊之濟，汶，洙，泗，其間山泉溪谷，千支萬派，不得不會爲大川，以求入海之路。而自出孟津，土性鬆浮，頹岸沙灘，河流湍急，遂有縱橫潰決之變。鑿諸於靑海開渠，導入南海，恐祇能導域外本不爲患之河，而與域內之河患無與。陳天一氏嘗溯源窮流，論此甚詳，似不謬也。」

這裏倪氏只見到靑海開渠入南海之不足以治河患，而於靑海開渠之不容易，以及董氏對於河患的理論基礎之不合，都不曾注意。大概中國從前有些學者，對於河道之發源地有一種神祕的觀念——尤其是黃河——彷彿一條河的發源處是河道的命脈，而河的支幹分合，又同舊的山脈觀念一樣，自有奧妙的脈絡系統在裏面。董氏對於河源竟「大膽」地上溯至裏海以及窩瓦等河，恐怕就是這種神祕的河源觀念從中作祟。所以董氏還更進一步，利用地球自轉的事實去解釋「萬水皆東流」之源因，而且說明河水可以由下上行，越高處而入海：

「現新黃河之銅瓦箱，已被東省士民堵塞，則舊黃河徐宿豐沛一帶，淤塞高於豫河，以鄭口雖合龍，即水既不能入新黃河，越過銅瓦箱，又不能歸徐宿豐沛。黃河淤塞之故道，勢必另決一隄，爲建瓴之口，但此患不可不防。琦依西法算理推之，故道之黃河，可爲出水之路。何則？地球乃圓體，依秦西

「彙纂元譜南曲九宮正始」跋

陸衎廬

（其一）

近來以某種因緣，得讀徐於室鈕少雅合編的九宮正始鈔本。從本書卷首各序及方志上，大略考得此這兩位著者的生平。一八一八年宋如林等修的松江府志卷七十『藝文』的集部詞曲類說，『九宮譜，明徐迎慶，於二室』。又卷四十八『選舉表』的錄蔭表說，『徐迎慶，于室，中書舍人元普子，補父蔭中書舍人，未仕』。一八七八年姚光發等修的華亭縣志卷二十『藝文』的集部詞曲類也說，『九宮譜，徐迎慶著。郡府志。案：迎慶，元普子』。又卷十三『人物』的選舉下錄蔭說，『徐迎慶，于室，階曾孫，元普子，補父蔭中書舍人，未仕』。他的父親元普字澤夫，著徐澤夫詩四卷，記序二卷，尺牘二卷，祖父璠字普卿，以尙寶丞兼工部主事，擢太常少卿，贈太子太傅。曾祖階字子升，嘉靖二年（一五二三）進士第三人，四十一年（一五六二）代嚴嵩為首輔，萬曆二年（一五七四）卒，贈太師，諡文貞，明史卷二一三有傳。著作有岳嶼集四卷，二鑑鈔及存齋語錄各若干卷，少湖集七卷。由此可知於室是位家學淵源的文士。據鈕少雅自序，知於室卒於崇禎九年（一六三六）。自序中說徐『字子室，諱慶卿』，與方志異，不知何故。至於鈕少雅的事蹟，具見於自序中。略作一年表如下：嘉靖四十三年（一五六四）少雅生於蘇州。萬曆五年（一五七七）其師張五雲成進士。崇禎元年（一六二八）始與於室合編九宮正始。十三年（一六四〇）九宮正始第七稿成。越二年（一六四二）第八稿成。以明清易代，工作中輟。順治六年（一六四九）亂定，始修改舊稿。二年後（一六五一）第九稿成，作自序，謂年八十八，生年即由此推算。翌年（一六五二）吳亮中作序。十三年（一六五六）姚思作序，謂書幸刊成。其實還是預擬之詞，書大約並沒有刊成。姚序作於自序後五年，仍說少雅八十八歲，那顯然是錯誤的抄襲。十八年（一六六一）馮旭作序，說少雅已九十二歲，實在是九十八歲了。他的卒年無考，或許在康熙初年罷？他自序中詳記他追求音樂名師的熱烈，所以終於成就一個研究有素的樂工。這樣一位樂工與那樣一位文士合作的九宮正始，其對戲曲的貢獻不消說是很大的。民國二十五年五月，記於燕京大學。

（其二）

徐於室鈕少雅合編的九宮正始，對於每曲調所引的例子，大都是已佚了的元南戲，他們稱之爲『元傳奇』。我們知道『傳奇』二字含義極多：唐人用以指短篇小說；宋人亦然，但亦有指諸宮調者；元人始用以指戲劇，或以指雜劇，或以稱南戲；到明代方專指南曲。元傳奇之有刻本流傳者，僅十餘種。近來趙景深錢南揚兩先生都曾做過輯佚的工作。趙先生在宋元戲文本事（一九三四年八月北新書局本）裏輯得五十種，錢先生在宋元南戲百一錄（一九三四年十二月哈佛燕京學社本）裏輯得四十六種。兩書去其重複及其已有全戲發現者，實得五十六種。這個收穫不可謂不重要了。然而九宮正始所收元南戲之爲趙錢兩先生所未見者，達七十一種之多。茲依戲名首字筆劃爲次序，列舉於下：十孝記，子父夢，王子高，王仙客，王母蟠桃會，王陵，王賈，王瑩玉（王玉瑩），方蓮英，史弘肇，玉清庵，朱夫人，朱心心，西廂記，宋子京，宋心心，李玉梅，李亞仙，吳舜英，京娘怨，金童玉女，岳陽樓（呂洞賓），洪和尙，宣和遺事，柳穎，鬼子揭鉢，耿文遠，孫元宰，浣紗女（浣紗），祝英台，高漢臣，高漢卿，留鞋記（郭華），梅竹姻緣（竹姻緣），曹伯明，淮陰記（十大功勞，登壇拜將），章台柳（韓翊，芙蓉仙），現團圓挂輪，陶學士，貂蟬女（王允），張文學，張希，張浩，張翠蓮，張瓊蓮，崔懷寶，琵琶亭，無雙傳，溫太眞，童秀才，楚昭王，詩酒紅梨花，甄文素，甄皇后，楊曼卿，趙彥，銅雀妓，蔡均仲，鄭信，鄭瓊，[illegible]燈時，蔣愛蓮，蔣蘭英，絕寃少君，薛包，賽金蓮，賽東牆，賽樂昌，韓彩雲，羅惜惜，關[illegible]聯芳樓。不過九宮正始對於十孝記，宣和遺事，耿文遠，高漢卿及張翠蓮的一部分認爲『明傳奇』，現團圓挂輪的一部分則認爲散套。還有王仙客與無雙傳雖譜一事，但已於注中說明是兩本，當然分列爲二；又如章台柳與芙蓉仙雖爲二名，但已說明是同劇，那自然合併。但如岳陽樓與呂洞賓，留鞋記與郭華，貂蟬女與王允等，是一是二，便不易臆斷了。此外，如史弘肇與史洪肇，朱心心與宋心心，高漢臣與高漢卿等，究竟是二劇，抑係鈔誤，亦不易査考。但無論如何，九宮正始包含南戲的多，卻是有目共睹。即在趙錢兩書所已收的南戲，也有四十三種可以增補若干曲的。其較多者，如西廂記增二十七曲，孟月梅增二十曲，柳耆卿增十五曲，陳蘇秦增三十二曲，張資增十五曲，崔君瑞增十四曲，劉文龍增十三曲，樂昌公主增二十曲，薛雲卿增十七曲，蘇武增十三曲等，均極可注意。詩人說，『擒賊先擒王。』做南戲輯逸的工作，必須從九宮正始作起，方算擒了王呢。民國二十五年六月，記於燕京大學。

（完）

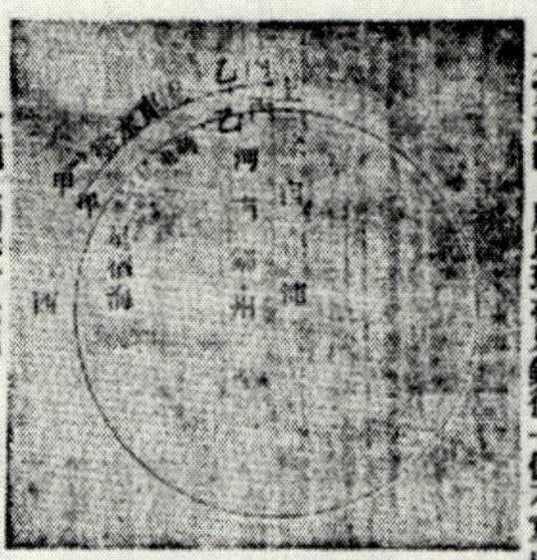

四庫提要辨證

余嘉錫

新書介紹

醫籍考

丹波元胤著 二十五年九月上海中西醫藥研究社發行

新書簡訊

英國產業革命史略

諾爾斯著 張一凡譯 上海商務印書館民國二十五年初版 每冊實價一元五角

Beard, H. L. Beales, W. Kappard, A. Bezanson, A. Toynbee, P. Mantoux ... L. C. Knowles

Industrial and Commercial Revolutions in Great Britain during the Nineteenth Century

× × × ×

內閣大庫書檔舊目

中央研究院歷史語言研究所編輯 民國二十一年九月 歷史語言研究所出版 實價國幣一元

內閣大庫書檔舊目補

中央研究院歷史語言研究所編輯 民國二十五年六月 歷史語言研究所出版

圖書副刊
BOOKMAN
第一百五十三期
一本刊登載關於中外圖書之介紹批評以及學術界消息爲公開性質歡迎投稿
二刊登本刊之文酌致薄酬
三投稿通訊可寄「北平文津街國立北平圖書館內圖書副刊編輯收」

記許纘曾輯刻太上感應篇圖說

陳垣

許纘曾，號鶴沙，華亭人，順治六年進士，官至雲南按察使，著有滇行紀程，東還紀程，寶綸堂稿等。母爲徐光啓孫女，奉天主教至誠篤，殊有名。纘曾事母孝，然信仰不盡與母同，事蹟具予所爲傳。寶綸堂稿卷九有感應篇彙事箋，凡十五條，序云：感應篇圖說，余刻有全編矣，猶有見聞，筆之於書，以示勸戒，其纂輯二氏者不錄。據此，則感應篇圖說，當有許氏刻本，然久求未獲，故傳不之紀。今坊上最通行之感應篇圖說，乃乾隆二十年廣州鎮總兵官黃正元著，光緒十五年上海仁濟善堂石印，改名太上寶筏圖說者是也。其凡例有云：感應篇圖說，始於雲間許鶴沙先生，借印者則有樊公化鳳，輯刊者則有朱公作鼎，王公繼文，鄒公玉麟，流傳海內，是編仍師鶴沙先生故步，而所引事實，多採新聞，無非欲動聞者之目，興起其從善去惡之心，實之鶴沙先生，諒不以爲戾也。又云：是編剞劂告成，欲廣佈傳施，費繁力薄，謹法許鶴沙先生成規，將鏤成之板，公諸善信，有携紙墨到寓刷印者，概不敢吝。據此，則感應篇圖說之輯，實自纘曾始，不但出貲刊刻而已。

寶綸堂稿卷五有鶴沙自序，述一生經歷，云：康熙四年因湯若望案罷歸，輯有勸戒圖說八卷，母見之，猶以其旁涉二氏，尚須改正，乃可行世，至今生計日蹙，無力刪刻也。至今云者，當指康熙三十四年撰自序之時，時纘曾年已七十，勸戒圖說尚未刪刻，則與感應篇圖說似另爲一書。近上海聖心報重譯耶穌會士柏應理著許母徐太夫人傳，謂纘曾所著書有涉及佛家報應者，母夫人命送天主堂燬板，譯者以爲即勸戒圖說。夫勸戒圖說未刻，從何燬板？自序謂母見之，猶以其旁涉二氏，猶以云者，必其前已有旁涉二氏之書，今復有之，乃可云猶。然則感應篇圖說之刻，必在著勸戒圖說之前，果有所燬，亦感應篇圖說耳。然感應篇圖說既燬，何以復爲勸戒圖說，又爲感應篇彙事箋，且彙事箋記事有至康熙三十年者，纘曾時六十六矣，可見其未嘗以此舉爲非也。

寶綸堂稿卷七又有育嬰堂勸善文，云：吾于康熙乙巳後，家居五載，編輯感應篇圖說，以行於世，間有見是書而遷善改行者，輒斤斤自喜，以爲不負此舉。康熙乙巳，即康熙四年，據此，則勸戒圖說似即感應篇圖說。然明云以行於世，何以自序又云無力刪刻，豈燬版後無力再刻乎？日者有客以大批勸善之書求售，中有感應篇圖說多種，許氏之書，赫然具在，則順治十四年刻本也。其他諸本，或覆刻，或改刻，或增輯，追論原始，莫不以許氏此刻爲祖本。然順治十四年既有刻本，何以勸善文又云康熙乙巳後編輯，頗不可解。惟纘曾之家居五載，凡有二次，一爲順治八年辛卯，因父病告歸，至順治十二年乙未，服闋入都，凡五載。一爲康熙四年乙巳，因湯案罷歸，至康熙八年己酉，原官起用，亦凡五載。未識勸善文有錯誤否耳。今將感應篇圖說之時代較早者數本論列如後。

一、順治十四年許纘曾原刻本

書名太上感應篇圖說，無卷數，分金石絲竹匏土革木八冊，凡八百三十一頁，五百二十二圖，第一冊封面有廣告一段云：感應篇一書，海內名家後先發明者指不勝屈，此刻博採許家纂述，彷彿通俗演義之意，訪求名筆，每事繪圖，又遍覓旌邑良工，雕鏤三載，方得竣事，俱用梨棗鐫成，製墨扣印，日後有翻板者，誠係好善一念，但恐圖畫草率，魯魚豪刺，且滿文點畫，絲毫不可假借，外省梓人，未諳書法，必致以錯悞取咎。如有發願廣播者，不妨自備紙張，竟來刷印，因工料不敷，未能遍送故也。

封面後有順治十二年御製勸善要言序，蓋不自作序，即以此爲序也。次爲感應篇正文，次爲滿文翻譯感應篇，凡十四頁，廣告所謂滿文點畫，絲毫不可假借者指此，纘曾在翰林，因嫻習滿文也。次爲凡例十則，其第一則云：感應篇非孔孟之書，然其詞深有符於聖賢之旨，且本朝曾命詞翰諸臣翻譯刊布，則其非異端之書明甚。第三則云：雕製刻費，閱三年而始告成。語與封面廣告同。凡例末署：順治十四年，歲次丁酉，仲春穀旦謹記。以順治十四年而云雕刻三年，則此書之輯，當在順治十一年以前，而不在康熙四年以後，明矣。篇首書名後題：右春坊右中允，兼內翰林秘書院編修，加一級，許纘曾彙輯。此正順治十四年纘曾所補之官也，十五年以後即外補矣。書每半頁十行，行二十字，圖繪精美，第一圖有細款二行云：華亭价人李濤寫，旌邑鮑承勛鐫。李濤善山水人物，見圖繪寶鑑續纂。圖說之外，每句先彙註，後引經，今坊上通行之翰苑分書感應篇引經彙註，則先引經，後彙註，始著以爲皆惠棟撰註也，今始知其引經實與此本同，特不題許氏之名，而赫題惠棟箋註耳。

二、順治末梁化鳳印本

書與許氏原本同，惟卷首多梁化鳳識語，云：雲間許鶴沙先生，敬刊此篇，繪圖釋事，集成八帙，余駐節茲土，藹然有同善之念，欲廣其傳，而鳩工翻鐫，未有若斯之盡美。謹遵原板，備紙刷印壹千部，施給諸者。末署：關中梁化鳳識。無年月，何以定爲順治末，則以有晉宮太保章也。據黃正元本卷首得子靈驗條云：陝西梁公化鳳，爲蘇松總鎮，海寇圍金陵，公率兵禦之，以功晉松江提督，年踰五十，祇生長公子鼎，身弱多病，時以爲憂，一日覽許鶴沙先生感應篇圖說，大喜，捐俸資刷印五百部，廣爲勸戒，次年即生次公子鼐，鼎仕至浙閩制府。梁化鳳清史稿有傳。鄭成功圍金陵，順治十六年事，十七年化鳳擢蘇松提督，加太子太保。此本之刷印，當在順治十七年後，然則育嬰堂勸善文所謂康熙乙巳後編輯者何耶？

三、康熙間存桂齋改刻本

此本無刊刻年月，惟凡例有云：原本李生畫手，固已擅場，鮑氏梓人，尤稱絕伎，今兩人一已故，一已老，遍覓良工不可得，但取其近似便爾滿望。以是推之，刻此本時，順治十四年原刻之梓人尚存，則此刻當在康熙三四十年之間，其所以必須改刻，不依許氏原本者，則以間有增減，然不及二十之一。惟許氏原本，前圖後說，翻閱不便，此刻改爲右圖左說，可省翻檢之勞，嗣後諸刻多從之，然卷首十四頁滿文，此本已不復刻矣。

四、乾隆十年長蘆鹺使伊拉齊覆刻存桂齋本

此本板存長蘆運署，年久漫漶，因其右圖左說，知爲覆刻存桂齋本。卷首有嘉慶三年運使同興識語，稱其繪圖釋事，多出原任中允許先生手。稱纘曾爲中允，必其曾見許刻原題，苟爲康熙乙巳後輯，則結銜不稱中允矣。

五、乾隆十九年嘉興朱日豐重訂本

此本亦由存桂齋本改刻，右圖左說，序云：爰取家之舊本會經宮允許先生爲之引經徵理，繪圖徵事，而存桂齋主人張子附以論斷者，重加校訂，登諸梨棗。稱纘曾爲宮允，亦必曾見許刻原題，足證初刻時纘曾正爲宮允也。

六、乾隆二十三年蔚州僧際常覆刻許氏本

此本結銜稱中允，並有滿文十四頁，前圖後說，與許氏原本同，惟卷首有知蔚州事師家相序，稱：太上感應一篇，自宋以來，爲之注釋引證者無慮數十百種。至雲間許氏復爲之圖說，援經據典，每條各列以圖，垂教之意，纖悉具備。余來治蔚之明年，僧際常將重鋟是書，恃檀施高瑧諸人丐言於余云云。則此書又由道家轉入釋家之手矣。今許氏原本不易得，而以上諸本尙時遇於冷攤殘架之中，若聚而觀之，亦足窺許刻之本來面目，惟勸善文康熙乙巳後編輯之語，究不知因何致誤，若以爲指勸戒圖說，則勸戒圖說尙未行世，若以爲即感應篇圖說，則感應篇圖說早已刊行，姑付諸闕疑之列可矣。

雖然，勸戒圖說是否即感應篇圖說，關係小，順治既有刻本，又云康熙時輯，即有錯誤，關係亦小；惟纘曾輯刻有感應篇圖說是事實，晚年尙爲感應篇彙事箋亦事實。夫感應篇道家言也，而爲之圖說者，乃天主教世家，則關係大也。今人遊書林者，孰不見有感應篇圖說，然孰注意其撰者爲何人，即通行之黃正元本明謂圖說始自雲間許鶴沙，然孰注意鶴沙爲何等人，茲特著其爲天主教世家，亦人所不及料也。寶綸堂集五卷，四庫附存目，有詩無文，余所藏舊鈔本寶綸堂稿十二卷，爲著者七十時所手定，鄭堂讀書記著錄，與余藏本同，亦有感應篇彙事箋，惟詩三卷作詩四卷，當係傳寫之譌，附識於此。中華民國廿五年寒露，新會陳垣。

書評

評墨辯新注

楊寬

墨辯新注　魯大東著　中華書局出版　價八角

年來治諸子之風氣，已較前稍衰，獨注疏墨經之作，仍層出不窮。蓋諸子之學，本甚通達，已足大顯於天下，獨墨經上下及說上下與莊子天下篇之名家言，語言人人殊，俱未得其會通。墨經辭約義豐，當時墨者，已多竄句游心，倍譎不同；而欲二千載後之學者，詮釋其奧義，斯固難矣。（莊子天下篇言墨者「俱誦墨經而倍譎不同」，所謂倍譎不同，疑即指墨經之詮釋言。又駢拇篇云：「駢於辯者，纍瓦結繩，竄句遊心於堅白異同之間，而敝跬譽無用之言，非乎，而楊墨是矣」疑亦指墨經堅白異同言）。

詮釋墨經之眞義固難，苟覃思精勘，探本窮源，上下文句，一一比較其義例，明瞭其大旨之關鍵，固非不可一通其義也。何如晚近學者，用力雖劬，但着眼於一字一句，終未能究心於全篇之義例。是故一讀諸家之校釋，求之一字一句，固多可通，換之全篇義例，終不相協。余謂墨經之校讀，當先明其體例，然後貫其義，更推尋其錯亂，錯亂既粗爲校正，更乃分其章句而觀其會通。單辭片句，雖妙思巧解，必應先觀其上下文義之如何。不然徒爲一己之說，終非眞義也。晚近諸家用力不爲不勤，巧解不爲不多，而終碎亂不能通其義者，大抵坐此病耳。

往歲商務曾出墨經注疏二種，一爲譚戒甫氏之墨經易解，已有與忘氏之批評，一爲范耕研氏之墨辯疏證，余已嘗評之，均見本刊。本年中華亦出一種，即此魯大東氏之墨辯新注，魯氏此書，卑卑無甚精義，更不逮譚范二書矣。

晚近墨經之專著，不下十數種，而魯氏所得據讀者，似僅孫氏閒詁及梁氏校釋而已，即如伍非百氏之墨辯解故，恐魯氏亦未寓目。伍書於校勘，略有發見。如：

『(八十九)聞，耳之聰也。
(九十)循所聞而得其意，心之察也。
(九十一)言，口之利也。
(九十二)執所言而意得見，心之辯也。』

伍氏以(九十)句即(八十九)句之說，(九十二)句即(九十一)句之說。此四句本皆無說，而上下句意頗相類，舊說之錯入於經者，古書說解之錯入於經，其例甚多，伍說良是。其後胡韞玉張純一諸氏，亦皆從之，獨范耕研氏非之，無當也。今魯氏此注，將「同異交得」句說「比度，多少也……」十三句，割裂置此四句下，而云，『竊疑「比度」……云者，所聞或所言之謂，是舉例也；「多少」……云者，心察心辯之謂；固斷知也。然究何句釋聞，何句釋言，已難明辨矣』。此類似是而非之釋義，殊令人費解。

晚近諸家校勘之失，多在故爲立異，即如首句：

『(經)故所得而後成也。
(說)故：小故，有之不必然，無之必不然，體也。若有端。大故，有之必無然。若見之成見也。』

說「有之必無然」，孫氏校增「然」「之必不」四字，作「有之必然，無之必不然」，梁氏校刪「無」字，作「無之必然」張其鍠校增「不」字，作「有之必無不然」，今魯氏作「有之無不然」，增「不」字與張氏同而又刪「必」字，諸家所校，義既相同，而校文絕異，皆絕無依據，無非故爲立異而已。疑仍當從孫說爲是，經說本多對偶也。

魯氏此注，不特故爲立異，其新校之字，竟無一字，可信從者，其注釋更無論已。茲姑舉其卷端論之：

『(七)(經)仁，體愛也。
(說)仁：愛己者，非爲用己也　。不若愛馬。著若明。』

說「著若明」三字，當涉上(六)句而衍。孫詒讓疑「著」爲「者」，屬上，而刪「若明」二字，非是。經說之喩多舉事，如「若衣裘」「若人過梁」等，皆無「者」字，今魯氏校爲「著爲用」，謂「著與貯通」，又以「愛己者，非爲用己也」，不得斷爲全句。釋云：

『……然若愛己者，不欲以己身爲世之所用，雖於「爲身之所惡，以成人之所急」則將所珍愛良馬，積貯爲用之不若矣，復何用其愛一己耶？』

魯以「用己」釋爲「以己身爲世之所用」，增字爲解，未足信據。其不以「也」字斷句，與下「不若愛馬」相屬，又以「著爲用」承「不若愛馬」言，皆乖墨經體例。墨經之喩，有同喩，有異喩，「若某某」，是謂「同喩」，「不若某某」，是謂「異喩」，此「不若愛馬」，蓋異喩也。喩皆不與上文相屬成句，僅在喩釋上文之義而已。

『(一〇)(經)行，爲也。
(說)行：所爲不善名，行也；所爲善名，巧也。若爲盜。』

按王引之疑「善」爲「著」，固非，善猶好也，(見曲禮疏)善名猶言好名也。蓋謂所爲不好名，是眞行；所爲好名，乃取巧。伍非伯氏於「善」字句，以「不善」與「善」互易，云名猶實謂，非是。今魯氏則又句讀作：

『所爲不善，名；行也。所爲善，名；巧也。若爲盜。』

而釋云：

『所爲不善，是以其名之不善也而非其實，當觀其行爲之結果以爲斷。所爲善，亦以其名之善也而非其實，當觀其技能之致力以爲斷。』

魯氏句讀，故爲立異，乃至釋義迂回紆繞如此。經說之

新書介紹

唐寫文選集注殘本　張秀民

民國二十五年日本京都帝國大學文學部影印

文選，梁昭明太子蕭統所編，吾國詩文總集之冠冕（仕[illegible]

[illegible]

新書簡訊

[illegible]

……反如不治之為愈也。

圖書副刊

BOOKMAN
第一百五十四期

大唐西域記之譯與撰

賀昌羣

[illegible]

……則今本西廂記譯人熊式一之譯作，[illegible]至今尚令人[illegible]。

書　評

西廂記的英譯（The Western Chamber）

蕭　雲

熊式一譯 Methuen & Co. Ltd. London. 1935.

從一種意義說，文學的作者在語言的技巧上是一個 master of language，文學作品是他的語言底技巧的表現，所以由一種語言翻譯成另一種語言的純文學，尤其是傑作，無論小說或戲劇，往往除了那故事的情節外，原著的情調造句所蘊蓄的微妙的地方，翻譯起來，大概未有不失敗的，這是無可如何的失敗，不能苛責任何譯者，原因是語言本身所具有的先天的限制，就是……[illegible]

[illegible]

……所以純文學的翻譯，我以為除有些意境上大體可以使讀者領會，一般說來效果也並不小，若說到原著的語言文字所蘊蓄的美，就翻譯於完全徒勞。

像西廂記的翻譯，便可以用上述的說法來看，它的失敗似乎在意料之中，然而，它的成功却分外可以驚異。譯者[illegible]……他譯時用不用韻，但讀起來卻似 R. Tagore 的散文詩，有一種自然諧美的韻味，所謂 Spoken tone. 所以這譯文的本身，已多少帶有創作性。而且現在流傳的西廂記雖然還可以演唱，北曲西廂記，早已成為案頭之劇，而為文學的，非戲劇的（literary and undramatic）了，如果仍然依原翻譯，在歐洲不能上舞臺，——這譯本和譯者的「王寶川」（Lady Precious Stream）與「孟母教子」（Mencius was a Bad Boy）都是為歐洲的舞臺而工作的。

[illegible]

正於人」她譯：（本書頁五一）

The red blossoms have fallen in hosts;

And thousands of petals, twirled in the wind, make me sad.

[illegible]「曲江」詩中語，正如[illegible] F. Ayscough的「杜甫」集中[illegible]：（ Tu Fu, 頁一九五）

Ten thousand atoms whirl on the wind; verily men grieve.

[illegible]

My many sorrous are gradually wearing me away,

And now spring, the romantic time of the year, is nearly over.

[illegible]

On a high red stand are the small lilies, yellow as gold.

[illegible]（頁一九一）

Grey are the clouds in the sky and faded are leaves on the ground.

[illegible] faded leaves, [illegible]

新書介紹

戰國式銅器之研究

梅原末治編　昭和十一年東方文化學院京都研究所　定價十五圓

十九世紀末葉以來，亞洲考古學上有三種發現，因而引起中西文化交通史上三種思潮：（一）為土耳其斯坦與今波斯境內蘇薩（Susa）安諾（Anau）諸古代遺物之出土，與我國甘肅……之關係。（二）為我國西北部[illegible]……之關係。（三）為俄屬土耳其斯坦……斯西亞（Scyth ian）遺物之發現，與我國內蒙古……所謂秦銅之關係。三者中（一）為關於中西史前交通者，即 Pampelly, Andersson 等諸人所論。（二）為關於中古[illegible]文化者，此項成績較多，其結論亦較決定。至於（三）所謂秦銅器與斯西亞（[illegible]）關係之研究，則十年來尤其近六七年頗為學界一時之[illegible]，如 M. Rostovtzeff 及其門人 G. Borovska 之主張最為有力。E. H. Minns, P. U. Yetts 諸人亦從而附和之。他如 H. Laufer, Ardenne de Tizac, O. Sirèn 之論，則[illegible]。反對之者，亦頗不乏人，如 E. Blochet, L. Ashton, 及日本濱田耕作，原田淑人，梅原末治等，[illegible]……Minns 之 Scythians and Greeks 一書，[illegible]……Minns, Rostovtzeff 諸人之[illegible]……此 Rostovtzeff [illegible]

[illegible]

……L'Wannieck[illegible]（Li-yu）[illegible]

[illegible]

……（Animal Style），[illegible]……R. ostovtzeff 所言六項，[illegible]（參閱 Animal Style in South Russia, P. 25-28）。而 R. Fry 之[illegible]……（參閱 Burlington Magazine, May, 1928 所載氏對於 Borovska: Scythian Art 之書評）[illegible]

[illegible] Sino-Siberian Art 者，（A. Salmony: Sino-Siberian Art in the Collection of C. T. Loo.）[illegible]（ G. Salles: Les bronzes de Li-yu 見 Revue des arts Asiatiques, Tome VIII, No. III.）[illegible]

梅原末治氏此書，[illegible]「所謂秦銅器之研究」，其後乃改題今名「戰國式銅器之研究」，[illegible]……凡收百二十六器，插圖三十七幅。（蠖齋）

×　×　×　×

近三十年中國思想史

郭湛波著　民國二十四年十一月北平大北書局發行　實價九角

[illegible]

……所以我說這書只是一種編纂的[illegible]……這不是作者個人的責任，而是[illegible]的緣故。（仲）

新書簡訊

故宮博物院年刊

國立北平故宮博物院編輯　民國二十五年七月　北平國立北平故宮博物院出版物發行所出版　定價貳元八角

[illegible]

……及西人對於我國[illegible]……均有[illegible]的敍述。（仲）

✣　✣　✣

Journal of the West China Border Research Society. (華西邊疆研究學會雜誌) Printed by the United Church of Canada Mission Press. Chengtu, Szechwan.

四川成都私立華西大學的外國教士們同時也大半是該校的教員，創辦了這個刊物，自一九二二……

[illegible]

圖書副刊

BOOKMAN

第一百五十五期

一、本刊登載關於中外圖書之介紹批評以及學術界消息爲公開性質歡迎投稿
二、刊登本刊之文略致薄酬
三、投稿通訊可寄「北平文津街國立北平圖書館內圖書副刊編輯收」

宋孝宗時代之刻書

張秀民

引言

宋自靖康之禍，中原淪陷，高宗倉皇渡江，疲於奔命，時危勢急，兵弱財窮，未遑文史之事。紹興末年，始刊補監本書籍，搜訪遺書，四方之藏于是稍稍復出。孝宗以太祖之孫，入承大統，英毅有爲，銳志恢復，適値金以世宗（號「小堯舜」）當國，國富兵强，無隙可乘，收復失地不易。然易「表」稱「書」，改「臣」稱「姪」，減去歲幣，金人始不敢有易宋之心，故史稱南渡賢君，首推孝宗焉。天厭南北之兵，民得小休，搢紳先生，得以談道德而論文章，理學之士，郁郁彬彬，而帝亦天資卓異，博聞强記，中興館閣之藏，四萬四千四百八十六卷，視慶曆崇文總目所載有加焉。嘗謂刻書事業，與一國之政治，經濟，文化，相爲表裏，苟其國之秩序安定，公私饒足，文化發達，則刻書自多，而孝宗時此種條件皆具，故其刻書亦特盛也。自隆興元年至淳熙十六年，二十七年間鋟板之書，總凡二百零八種，惟原槧之存于今者，十之一而已。此二百零八種中，若以經，史，子，集，四部分之，則經約四十種，以宋人說易之書爲多，史約四十六種，圖經，志書，較多，史記，前後漢，南史，五代史，咸有刻本。子以醫方爲多，士大夫喜以其平生用之有驗，或家傳良方，刊以行世。又淳熙九年，道士陳會亮得內賜道藏，歸以鋼之仙居灝眞宮，（據嘉定赤城志卷三十），此道藏豈亦印造於乾淳間耶？集部，宋人時文別集，總集，約五十餘種，合之宋以前集約七十二種爲最多，蓋自唐以來恒以集部之書爲四部冠也。統此四部言之，亦以宋人之著述爲最多，凡一百五十六種，而前代之書僅五十二種，蓋古書之流傳于後世，自不敵當世著作之數量也。由刻書之年代言，則隆興二年間，鋟板九種，乾道九年間，六十六種，淳熙十六年間，一百三十三種，平均每年約刻七八種，而以淳熙三年之十六種爲最多，較之同時金國大定二十九年間所刻，亦僅十六種，（另有詳考）不啻十餘倍矣。故論刻書史者，此時實頗重要，亦可謂宋代刻書之最盛期也。此時期刻書之「人」，刻書之「地」，與夫「梓匠」，「裝背匠」之姓名帙事，及工料書價，凡可考見者，略述於左；於刊于見聞，疏誤之處，仍復甚多，幸閱者有以教正之。

一、士大夫刻書之盛

宋時士大夫，宦遊所至，最喜刻書，而孝宗時此風尤盛，秘書郎莫叔光所謂「今承平滋久，四方之人，益以典籍爲重，凡搢紳家世所藏善本，外之監司郡守，搜訪得之，往往鋟板以爲官書，所在各自板行」是也。其間所刻，約分數類：有以家藏善本付梓者，古人著述，賴以傳世，其功最巨，如尤延之以家藏荀悅申鑒，鋟梓江西漕台，（淳熙九年，以下簡稱淳九。）有刻其地之鄉賢，及舊時名宦遺著者，尙友先哲，鼓舞後學，表章前修之功，爲不可沒矣，如東平趙彥老，假守合肥，鐫孝肅包公奏議（淳元），邵武俞翊，鄱陽郡齋鏤范魯公范文正公集，（乾道三年）。有爲子孫弟侄輩，刻其父祖先世遺著者，追源報本，世德淸芬，于焉益著，如鄭良嗣梓其父剛中北山文集（乾九），周易窺餘（淳二），章能定刻其祖顯錢塘韋先生集（乾四），蘇詡刊其曾祖轍欒城集（淳六），陸游刻其高祖太傅公修心鑑（隆興二年），徐蔵刻其仲父兢宣和奉使高麗圖經（乾三），陳韡刊其伯高祖襄使遼語錄（乾元）。有爲門生至友，刻其師友之書者，足見古人相與，道義情深，如劉渙刊其師誠齋先生南海集四百篇（淳十三），解百禧刊其友周孚遺文詩賦，爲鉛刀編（淳六）。亦有自刻其著作者，如張功甫自鐫，其所著皇朝仕學軌範（淳三）。凡此之類，其刻書之費，或動用公帑，或自出俸貲，捐金出粟，相與樂成，原其用心，無非「樂與人爲善」之意，動機純正，初非有營業謀利之念，存乎其間；惟唐仲友守台州，以官錢開雕小字賦集，荀揚韓王四子，裝成六百六部，（每部十五冊）除送與見任寄居官員等二百餘部外，悉數發歸婺州本家書坊貨賣，審錢肯漿，絡繹途上，動以一二十計，假公濟私，以士大夫而爲書賈之行，宜乎朱文公劾其貪殘不法矣。

其時士大夫刻書之著者：曰山陰陸氏，放翁自少時即好岑嘉州詩，以爲太白子美後一人而已，擕蜀爲時，刻岑詩八十餘篇（乾九），守桐廬，刻釣台江公奏議（淳十三），皆所以致平生敬仰之意也。爲新定郡守，重刻南史劉賓客集世說（淳十五），以存一邦故事，又于江西會司，刻陸氏續集驗方（淳七）。曰梁溪尤氏，山海經流傳最古，世鮮善本，延之以十數本參校鏤梓付梓。（淳七），又以售餘錢文選李善注，于池陽郡齋（淳八），實說友實助其費；無四明韓上袞節語句之病，是爲胡克家本之祖，又於江西漕台刊申鑒（見上）。曰吳郡范氏，石湖刻錄續四卷於蜀（淳四），此三子者，與誠齋楊氏固所謂尤楊范陸中興四大詩人也。曰晦庵朱氏，假守南康，鋟太極通書於學宮（淳六），曰南軒張氏，刻范文正公尺牘於桂林郡齋（淳三），二氏皆理學大儒也。曰鄱陽洪氏，适以觀文殿學士知紹興府，安撫浙東，刻其自著隸釋，又以王充論衡帳中異書，漢儒之所爭覩，以數本俾僚屬參校，刻木藏諸蓬萊閣（均乾三），元微之守越，越未刻其文，乃求元氏長慶集亦刻諸蓬萊閣（乾四）。仲弟遵刻洪氏集驗方於姑孰（乾六），及守建業，又自刊其所編翰苑羣書，並其父忠宣公皓松漠紀聞附補遺（均乾九），鄱陽洪氏，父子兄弟文學之盛，彷彿眉山蘇氏也。曰吳興施元之，假守信安，鐫王文康公五代會要，范魯公五代史，蘇子美集（均乾七），新儀象法要（乾八）。曰吳郡胡元質，刊楊氏兩漢博聞於姑孰郡齋（乾八），又鋟其自著左氏摘奇于當塗道院（乾九）。曰晁子健，知汀州，刻其祖說之嵩山集周易太極傳太極外傳太極因說（乾三）。曰梁棟，裔公幹之用，刊鄭獬鄖溪集於安陸郡學，又以餘板鋟趙善譽易說（淳十三）。他若姚憲辛數呂大器李安世陳森沈公雅鮮于侃黃玠韓仲通吳蒂熊克江溥卞圜韓元吉趙不慙王猛梁安世彭椿年陳應行司馬伋蕭數十人，所刻各一二種不等，未遑更僕數，另詳編年目錄，此不贅。

二、國子監及書坊刻書

南渡草創，監書多闕，曾監經史，多取江南諸州板籍，不無訛謬脫略之患，與汴京舊監本，大有逕庭。淳熙四年，陳騤編館閣錄，內載諸州印板書六千九十八卷，一千七百二十一冊，此豈即所謂監本歟？監中刻印可致者，玉海載淳熙元年，國子監言，順序前後有增改刪削，及多差舛，詔校正刊行。四年二月，令監中重鐫刑統板，頒行。八年四月五日，詔國子監印經史子書各一帙，賜吳益王府，所印何書，則不得而知矣。宋史孝宗本紀，「淳熙七年五月己卯，申飭書坊擅刻書籍之禁。」「南渡後，有商人持起居郎熊克中興小史及九朝通略等書，欲渡淮，盱眙軍以聞，遂命諸道察郡邑書坊所鬻書，凡事干國體者，悉令毀棄，」（分類歷代通鑑輯覽卷三），意者當時書坊謀利，擅刻違礙私史，政府恐其流入金國，有干國體，故有七年之禁歟？其時坊賈之著者，曰建寧府黃三八郎，曰閩山阮仲猷，曰建安余仁仲，皆閩人也。建寧麻沙坊肆林立，爲括帖場屋書之出產地，急于貿錄之利，未遑詳校，脫略訛舛，不逮監本遠甚。黃三八郎，其書肆即名黃三八郎書鋪，印鉅宋重修廣韻（乾道五），韓非子（乾元年中元日），韓非子二十卷，顧廣圻謂其未嘗校改，亦頗有誤。阮氏淳熙三年，刊春秋經傳集解三十卷，附刻牌子云：「謹依監本，寫作大字，附以釋文，三復校正刊行，如履通衢，了亡窒礙處，誠可嘉矣。兼列圖表于卷首，迹夫唐虞三代之本末源流，雖千歲之久，豁然如一日矣，其明經之指南歟？以是衍傳，願垂淸鑒。淳熙柔兆涒灘中夏初吉，閩山阮仲猷種德堂刊」。全書諱字俗體，即如牌子中窒礙之「窒」誤作「室」，而尙曰，「三復校正」，誠欺人之談矣。惟余氏所刻最善，岳珂九經三傳沿革例所稱，建安余仁仲本是也，建安余氏世業刻書，爲宋代坊肆翹楚，而仁仲又爲國子進士，（見其所刻紹熙本穀梁經傳），宜乎高出黃三八郎阮仲猷輩也。其在淳熙時刻者，爲黃倫尙書精義五十卷，（淳七），余氏萬卷堂跋，有「釋褐黃公，以是應舉，志于經學者，倘能嗜晴是書，不必他求」之語，猶是書賈廣告口吻也。

三、刻書地域之分布

宋元豐間，分天下爲二十三路，其後復置京畿路，宣和四年，又置燕山府及雲中路，爲二十六路，宋代疆域之廣，于斯爲最；靖康禍作，中原板蕩，故土淪沒，偏安吳會，版圖失其大半，所存者兩浙，兩淮，江東西，湖南北，西蜀，福建，廣東西十五路而已。故南渡刻書，亦僅限于此十五路，若長淮以北，中原所刻書，則已成金刻，不得謂之宋板矣。

孝宗時刻書，有地域可考者，約一百四十餘種。屬於兩浙路者，約四十五種，幾等於江東西，湖南北，廣東西，兩淮，西蜀諸路所刻之總和，可謂盛矣！蓋兩浙路有魚鹽布帛秔稻之產，俗尙奢靡，臨安又爲政治重心，衣冠文物之所萃止，書肆鱗列其間，而衢婺二州，亦爲南渡著名彫書籍處，且出藤紙，紹興溫州或出紙，或出楮紙，印刷裝潢，就地取材，自較便利，故其刻書特盛，而浙東又勝浙西也。浙東以台州鋟板爲多，計有橫浦心傳錄橫浦日新（黃叢編刻淳元年），三禮圖（淳二），顏氏家訓（淳七），荀揚王韓四子，後典麗賦（淳八），春秋左氏傳事類始末（淳十四），三隱詩集（淳十六），十種。紹興府衢州次之（見上文洪适施元之刻。）婺州（周易義海撮要乾六，經子法語淳十三，又東陽刻周易程氏傳乾五），處州（盡言集淳五）明州（四明圖經乾五，象山縣漢雋淳十），溫州（儀禮及釋文識誤乾八，春秋權衡淳十三），又次之，浙東諸府州，無不有鋟板矣。浙西平江府（東萊先生詩集乾二，重刊韋蘇州集乾六），鎭江府（毛詩指說乾八），湖州（魏鄭公諫錄論語集說均淳六），嚴州（見上文又，紀事本末淳三），江陰軍（高麗圖經乾三），亦咸有刻本，而以臨安府爲多，（見前監本，又易數鉤隱圖乾三，春秋經傳集解淳三，中興書目淳五，作邑自箴淳六，呂忠穆集，昌化縣劉賓客嘉話錄乾九）。次於兩浙者爲福建路，所刻凡三十三種。史稱福建有銀銅葛越之產，茶鹽海物之饒，民安土樂業，生齒繁夥，士多嚮學，喜講誦，好爲文辭，登科第者尤多，宜乎建陽麻沙一帶，書肆林立也。建寧府除上述黃三八郎等外，又有麻沙劉仲立，刻前後漢書（隆興二），麻沙劉氏書坊，梓尙書解（淳熙間），麻沙鎭南齋虞公千里，刊王先生十七史蒙求（乾五），及李安世建寧郡庠刻游酢易說（隆二），韓元吉建安郡齋刊大戴禮記（淳二），汀州陳晃子建章能定所刊外，（見上文）晁氏又刻孫公談圃（乾二），邵武亦刻高峯先生文集（乾七），而以泉州所刻爲最，竟駕建寧府而上之，共刻板有孔氏六帖（乾二），蔡忠惠公集（乾五），沈忠敏公龜溪集（淳三），演繁露考古編（淳八），致堂先生讀史管見，濟康（淳九），司馬文正公集（淳九至十年），資治通鑑舉要曆（淳十一），而彭春年陳應行刻程大昌禹貢論後論禹貢山川地理圖（淳八）於郡庠，至出公帑十五餘萬，以佐其費，可見泉郡之富足，宜其刻書爲諸州冠也。

與福建路相等者，爲江南東西路，兩路川澤沃衍，爲當時財賦之區，而建康府實國府之重，徽州池州之紙，亦爲印造書籍所不可缺也。東路以建康（除洪遵所刻外，又有文昌雜錄乾三，四家禮範，溧水縣淸眞詞淳七），饒州（見上俞翊刻，又范忠宣集，乾三，又刊補范文正公集淳十三），池州（尤刻文選外，又昭明太子集淳八，班馬字類淳十一）所刻爲多。信州（滄水集淳九），當塗（見上胡元質刻，又楊氏家藏方淳五），宣城（燕喜詞淳十四），南康（產科備要淳十一），廣德軍（史記淳八）次之。江南西路撫州所刻四種，（西塘集隆二，六經圖，乾元，和靖先生遺墨，禮記淳四），江州（西塘集乾三，鐘鼎款識及篆韻，淳熙間），吉州（杜審言集乾六，盧溪集淳十四），鄱陽（欒城集淳六），臨江（公是先生弟子記乾八），建昌軍（演山集乾二）次之。

次於福建江東西者，爲淮南東西路，此兩路當今江北皖北鄂東之域，與金國接壤，宋金用兵，恒在其地，兵燹所過，損失最大，至是地方元氣恢復，故修學刻書之事復興焉。如揚州（淮東路）既擧新學宮，又斥餘默，重刊沈氏夢溪筆談（乾二），爲養士亡窮之利，合肥（淮西路）亦重鋟包公奏議（見上趙磻老刊），以附新學。此外山陽郡（楚州）刊春秋左氏傳事類始末，（淳十二），泰州刊吳陵志，（淳十二），高郵軍刻淮海集，（乾九），高郵志，（淳四），此屬於淮東路者也。舒州鐫大易粹言，（淳三），獨斷（淳七），齊安郡（黃州），刻搜書古法，（隆興元），蘄春郡刊著作王先生集，（淳三），賈氏聯珠集等（淳五），此屬于淮西路者也。

川峽四路，僻處西陲，刻本除三國志（淳十二），隸續（淳四），璩季集（乾二）外，惟鮮于侃斥學糧之餘，鋟板資中學宮之李氏易傳（乾二），及陸游刻岑嘉州詩集（見上陸游刻）二種而已。世稱宋板，動稱蜀本，而乾淳間，所刻殊鮮。荊湖南北廣南東西路，交通不便，文化發達較晚，山林翳密，有瘴霧之毒，凡命官吏，雖優其秩俸，亦視爲畏途，故刻書亦較少。其鋟木者，有荊湖北路鄂州之花間集（淳十四），安陸之鄖溪集易說（均淳十三），南路潭州（長沙）賈誼新書（淳八），永州柳州集（乾元）。廣南東路廣州之使遼錄（見前），肇慶之誠齋南海集（見前），西路桂林之桂林志（乾五），范文正公尺牘三家昏喪祭禮（均淳三），象州之補文堂集（淳十四），十餘種。而邊遠如肇慶象州亦有刻本，可見宋之文化日被于南矣。

四、刻工與裝背匠

刻工梓匠，素不爲人注意；惟洪邁夷堅丙志，（卷十二）載刻工蘄州周亮，建州葉濬楊通，福州鄭英，廬州李勝，於舒州刻太平聖惠方（紹興十六年，淮南轉運司，刊太平聖惠方板，分其半于舒州，州募匠數十輩），書酒懶惰，急于板成，將字書點畫多，及藥味分兩，隨意更改以誤人，同日爲震雷擊斃事；然此亦僅見於宋人小說者也。孝宗時刻工，以蔣輝爲最著，因朱子劾唐仲友而得名，刻工之有詳細事實可攷者，此爲第一人矣。蔣輝即蔣念七，係婺州人，（此據丁志供，或云明州百姓，恐誤）淳熙四年因僞造官會事發，斷配台州牢城，差在郡酒務着役，輒雇人代役，每日開書籍供養，唐仲

友命其就公使庫開揚子荀子等印板，輝共王定等一十八人，在局雕開，後義烏縣住台州提轄，前去証對公事，爲唐氏使人邀回，仲友乃逼其雕會子板，以土朱，靛青，棕，墨等物，共印二千六百餘道，迨提舉封庫，輝又被捕，押赴紹興府禁勘。輝男名亞德，嘗具狀，理稱其父被義烏縣弓手打傷，人命難保，知輝在台州刻書時，蔣亞德已不小也。與輝同開荀楊印板等十八人，今皆見于宋槧荀子，曰：蔣輝李忠吳亮宋琳王定葉祐林俊徐通金華陳僧王震林楠周侍周珣周言陳顯陳僐徐通周安。陳顯王定之名，亦見於按唐仲友狀，惟狀中又有印匠陳先之名，爲此所無。蔣輝爲造假會老手，或其刻工最精，荀子字大如錢，書法全摹歐陽，稱宋槧上駟焉。

當時其他開字匠，文獻無徵，無從詳悉，偶見一二字於宋槧板心，訛舛俗字，或僅知其名，而不知其姓，如詳，學，廉，在蘇州劉氏聯珠集(淳五)，未悉詳學廉果爲何姓也。有姓名可舉者，略如：金昇等之隆興二年鋟管子，沈忭(或作卞)黃康徐瑩裴學沈忻陸榮(或作六榮)於徽江郡齋鏤宣和奉使高麗圖經(見上)，毛用黃憲，乾道六年開洪氏集驗方，翌年，又刊傷寒要旨及藥方，蔡清毅世榮余全余塤張仲寶張明結皺良臣柯文吳欽王用劉升張璟於豫陽郡齋鏤(淳五)，宋敏於江西漕台，刻呂氏家塾讀詩記(淳九)等是也。

印造書籍，除刻工印匠外，必需裝背匠之裝潢表背，始爲成書，西洋古書，有經名手裝訂，而增其值者。蝶裝書盛行于宋元，明代清初尚用之，其法不用綫線，或紙捻穿釘，惟用糊漿黏連書頁板心，裝潢表背，故曰「裝背」「表背」，而不曰「裝釘」也。自來裝背匠姓名可知者，一二人而已，如元翻宋史爲郭成裝背，而宋代裝背匠，余惟見于北平圖書館宋刻宋裝之文苑英華中，黃綾書面內，有黑戳印一行云：「景定元年十月二十六日裝背臣王潤照管訖」，(潤或作汩)，又或作十一月初一日，以墨筆填寫。王氏爲宋內府裝背匠，故自稱臣，每卷前半葉與上卷後半葉，黏附黃黑染色小綾片，如今西書之「指標」，尤稱特色，鈐有朱「緝熙殿書籍印」與「內殿文璽」方印，此「緝熙殿本」，黃綾裝潢，藍綾題簽，(墨筆書)，表背最爲精工，與歐陽修所言秘閣藏書，並以黃綾裝潢謂之「太清本」者正合，而明清內府圖書，以黃綾包背裝訂，其來舊矣。孝宗時有表背匠余絳者，唐仲友令其將印好書集，打角一百部，作七擔用筆籠盛貯，差人由台州押歸本宅，亦見朱子按狀，余絳爲唐氏雇用表背所印荀揚等書者，其爲唐之同鄉與否，不得而知，而前于王潤者尚八十年，可謂世所知最古之裝背匠矣。

五、工料及書價

宋本之可貴者，非特其刻板年代較古，其書之本身亦爲優良之美術品也，字體端秀，紙墨精良，開卷即有異彩，蝶裝歷七八百年而不脫落，設非當時之加工選料，何能如此？其刻書材料之可考者，雕書板則用「棗木」，如趙彥清刻杜審言集(乾六)，左廊司局刻春秋經傳集解(見下)，亦用「梨木」，如蔣輝雕後典麗賦，雙面刻字，其他鏤板，刊木，要亦不外此類「梨」「棗」也。其印書，所用之紙，多質地優良，堅韌耐久，當時黃州麻紙，衢婺藤紙，撫州萆鈔紙，徽池紹興蒲圻之紙，蓋皆可用以印書者。又印書有一種「椒紙」者，可以辟蠹，淳熙三年四月十七日，左廊司局內曹掌典，秦玉禎等奏聞：「壁經春秋左傳國語史記等書，多爲蠹魚傷損，不敢備進上覽，奉敕用棗木椒紙，各造十部，四年九月進覽。」此紙之功用，蓋與廣州汀州釘書所用之蓋黃綱頁紙相同。又有用官牒故紙，反背印刷者，如洪氏集驗方(乾六)，以淳熙七八兩年官冊紙背所印，花間集(淳十四)，用淳熙十一二年鄂州使庫公文冊刷印，紙背有江夏縣丞溫，鄂州司戶參軍戴等銜名，此種紙質地堅厚，故兩面可以印寫，昔葛稚川沈麟士以反故書，宋人又以公牘舊紙印書，可見古人之愛惜物力矣。

其印書所用之墨，未詳所產，要其爲良墨無疑，故晶瑩發光，非如後世之黯淡無色，每一翻閱又易污手也。刷印用糨，裝背用糊漿，蝶裝之經久不脫落者，蓋漿力之功。刻本中有詳記物料工價書價者，如舒州公使庫刻大易粹言，有淳熙三年正月日，雕造所貼司胡至和具牒文：「今具大易粹言壹部，計二十冊，合用紙數印造工墨錢下項，紙副耗共一千三百張，裝背饒青紙三十張，背青白紙三十張，棱，墨，糊藥，印背匠工食等錢，共一貫五百文足，賃板錢一貫二百文足，本庫印造見成出賣，每部價錢八貫文足。」象山縣學，漢雋，淳熙十年有記云：「象山縣學，漢雋，每部二冊，見賣錢六百文足，印造用紙一百六十幅，碧紙二幅，賃板錢一百文足，工墨裝背錢一百六十文足。」凡此皆可考見當時印造圖籍之工料價目，近代出版之書，雖標明「定價」，而工料之記載，則未之有也。

新書介紹

禹貢學會邊疆叢書 第一種甲集之一

西域遺聞　清陳克繩撰　據江安傅氏藏舊鈔本印　一冊定價國幣六角　發兌所北平成府禹貢學會發行股　代售處北平各大書舖

邊疆叢書之刊行，爲禹貢學會編纂事業之一，其意爲發揚邊省文化；表彰先賢遺著。所訂凡例，擬以未經付梓之稿，列爲甲集；已刊而傳本絕少者爲乙集；已入他種叢書者爲丙集。又所收以前人所著關於邊事者爲合，如專著志乘筆記等類俱可，不斷朝代，不限方域，但其人存者，其書不錄。至刊印邊疆叢書之緣起，則曰：「吾國幅員遼闊，人口審庶，邊地與中土之語言習俗往往絕殊，徒以道里山川之窵遠梗塞，而隔閡隸益增甚。自道光壬寅以來，內患叢起，外人乃乘茲瑕隙，肆厥陰謀，國土斷喪，實堪痛心。自昔已然，於今爲烈。若長此含垢忍辱，不思振拔，則兇燄一發，恐將無以自存。自存之道維何？曰，在使居中土者，洞悉邊情，以謀實地考查，溝通其文化，融洽其輿情，庶隔閡漸除，邊圉以固矣。欲究邊情，必考典籍。邊識者咸因先儒著述之不易蒐訪，遂謂講求邊事，舍外人之書，幾無可讀。不知彼亦取材吾國，即或出自近今之實地採據，亦大都各有作用。倘吾人取爲藍本，即不免蒙蔽之慮。吾國在昔，殫心邊事者，曾不乏人，若大吏之獲譴遠戍者，又類爲明達之士，其于因革興復之間，愈能審厥利弊，故筆之于書，皆成鑿鑿史實。顧以輶軒之採不力，致使鴻編鉅製，委棄于山陬屋壁，而湮失其傳，後此遂無從以窺其奧，滋可慨已！夫居今日而言邊事，實地調查固其首要，而考究歷史以明鑑變，亦確屬當務之急，此邊疆叢書之所以必有也。用是亟求先儒遺著，彙而列之，俾講邊政者，資借鏡焉。」

其列布叢書，用意至善也。甲集第一種爲西域遺聞，清歸安陳克繩衛北氏所撰，雍乾間人。以進士官保縣知縣，擢茂州，特題補打箭爐同知，出守嘉定，分巡川東，故其所著是書，皆身歷之途，目擊之事。全書分十二門，曰西藏事蹟，曰疆域，曰佛氏，曰政教，曰風俗，曰物產，曰屬番，曰輿圖，曰鄰番，曰裏巴二塘，曰川邊驛官。于事蹟所載準噶爾兵始末，大兵進藏等事，詳于他書，蓋當時身參戎幕故也。又于鄰番所載桑昵略海產白鹽，藏民資以食，廓爾喀兩次用師，實因鹽巴沙土之細故，醸成絕大風波，而平定巴勒布紀略，平定廓爾喀方略，均未提及。是書獨載底蘊之原，尤見詳人所略。然則是書實今研究西藏史者之良資也。(喜)

×　×　×　×

二渠村舍叢書

王芷章著　二十五年十月北平楊梅竹斜街中華印書局出版　四冊　定價一元六角

此書總目爲：清代伶官傳三卷，北平圖書館藏昇平署曲本目錄三卷，腔調考原一卷。共三種七卷，都是關於戲曲的。按戲曲之學，從前多視爲末技小道，元明清三代，雜劇傳奇的作家及量數，也很可觀，而四庫擯而不錄，姓氏湮沒不彰，在戲劇史始終未得着地位。自王靜安先生，始注意及此，給中國文學史上開闢了一個很新的大路；自後接踵而起，繼續努力的，頗不乏人；但其範圍只在於雜劇傳奇散曲等方面的整理，而對於現實劇場上所唱之腔調，及內容材料，藝人事蹟等，皆未嘗談到。其原因似乎，仍免不掉有蔑視的觀念存在着。近三四年中，雖有一二作品問世，又皆散出單行，未成鉅觀；其能裒聚叢著，列爲叢書的，尚不能不推這一部作品爲其嚆矢。茲將其內容，分別介紹如左：

(1)清代伶官傳　爲伶官立傳，始於歐陽修的新五代史，後即僅再見於遼史，其他簡冊，尚不多觀。清代爲供奉諸伶人，雖無關於國家大事，不宜列入正史，但觀所挑選之衆多，與演戲之頻繁，不但可以看到清廷對於聲色之浪費，支取之無當，而其荒於聲色，不理政事之處，亦可由此看出，這也不能算和政治是沒關係的。從另一方面說，這些伶官也實在值得立傳。從藝術方面說，演戲是百藝之一，歷代相沿不廢，如唐崔令欽的教坊記，宋周密的藝流供奉志等，全是爲此作紀錄的。而這部伶官傳之所撰述，要比崔周之作，却更詳盡多了。其次再按戲曲方面說，當元明極盛的時候，皆是新詞脫手，可即搬演，若僅有名家作品，而無伶人演唱出來，便也不能成其爲戲曲。但歷來只重作家，而不重演者；至清代中葉，始有燕蘭小譜的刊行，乃稍稍留意於伶人之事蹟，迨後接續作譜的，亦復不少。惟所記以旦色爲主，且十九屬私寓中人，其藝事既高，享名復盛的人，則每付闕如。今此書，上起乾隆，下至現在，所包括名伶如譚鑫培孫菊仙汪桂芬陳德霖王瑤卿金秀山王長林等生旦淨丑角色，至三百餘人之譜，對於個人事蹟，生卒年月，及擅長各戲，悉有詳確記載。

(2)昇平署曲本目錄　從清代中葉直到現在，作戲曲目錄的，誰都知道以姚梅伯之今樂考證，和王靜安之曲錄的數量爲最豐富。在姚作書中，對清內府所撰之雜劇傳奇，一種也未收入；王作曲錄，則僅按嘯亭雜錄所記，收入七種，而對月令承應法宮雅奏九九大慶之子目，則概付闕如。自昇平署曲本展轉讓歸國立北平圖書館後，始能將從前之秘藏，公開於世。今此曲目既編就，於中不但能將月令承應等之子目一一列出，又於勸善金科昇平寶筏等傳奇以外，發現世人所從未寓目的作品約六七十種之多，故凡研究戲曲學者，想皆無不以先覩爲快也。

(3)腔調考原　此書共分十章，計爲皮黃正譌，西皮考，黃腔考，二簧考，秦腔及梆子腔考，勾腔考，其他各腔，弋腔考，崑腔考，結論。其最大供獻，在能將數十年來全國所公認二簧出於湖北之黃岡黃陂，及西皮出於黃陂之謬說攻破。由考證所得，知二黃應作二簧，原爲徽調，乾隆末至京，所謂四大徽班(三慶春臺四喜和春)之所唱，悉屬此調，但迄今已早歸消滅。黃腔爲漢調，即今日所通行者，道光十年前後至京；時二簧已歸衰微，時人乃將黃腔誤認爲即徽調之二簧，並將簧字去竹，强解爲發生於湖北黃岡黃陂二縣，相沿至今，已成定論。而此書獨能將其致誤之源委，剖析明白，予社會以正確之認識。其論西皮，亦謂當源於甘肅，謂出於黃陂者，乃民國以後之謬說，在清人著作中，無此說也。若弋腔則近來雖已絕迹，而在清代，則屬極盛，惜世少能知其源流沿革者，此書亦能詳爲述明，使讀者一閱，便可瞭如指掌。(文)

新書簡訊

十韻彙編

北京大學文史叢刊第五種　廿五年北京大學出版部印行　定價十元

音韻之生本爲人類語言之一種天籟，發乎自然，但語言爲流動的，具有時間性的，一變即逝，不能如文字形體之不易變易。故欲以人力相當保持語言之流動性，則研究音聲，韻之方法興焉，如反切，四聲，聲類，韻譜等是。我國韻書相傳始於三國時李登之聲類及晉時呂靜之韻集。六朝隋唐而下，代有述作，無慮百數十家，而今所存者不過十種左右，廣韻以前之韻書，則鮮知矣。自敦煌石室之發現及新疆考古之發掘，而廣韻以前之韻書，乃重見於世。

本書之結集，即爲彙編近三十年來國內外新發現之韻書並總其數爲十種而成。計劃初由劉半農氏所擬，後由羅常培魏建功二氏抵於成。凡彙輯唐寫切韻殘本五種，刊謬補闕切韻殘本二種，唐韻殘本一種，五代刻切韻殘本一種，及大宋重修廣韻一種，故名十韻彙編云。(芬)

×　×　×

故宮博物院十一週年紀念文獻論叢

故宮博物院文獻館編輯　二十五年雙十節出版　定價一元二角

故宮博物院文獻館，去年雙十節，曾出文獻叢刊一冊，今年所出文獻論叢，篇幅較去年爲多，內容亦較去年豐富，所收論文多關於明清兩朝代史事之作，內容二編，一爲館外人所撰，一爲館中職員之報告，第一編中有陳垣氏之四庫提要中之周亮工，孟森氏之擬梁曜北答段懋堂論戴趙二家水經注書，吳廷燮氏論清光緒時之財政，朱希祖撫幾疏草跋等。卷首插圖二十餘幅，皆故宮所藏，尤爲名貴。讀此一冊，並可以知博物院及文獻館之內容及近年工作之狀況，非僅屬專門之論著也。(逸)

×　×　×

中國河渠書提要

茅乃文編　民國二十五年　南京水利工程學會

吾國自古以農立國，故對水利治河之道，亟爲重視，歷代設有河防專使，以守責成，故論治河之術，防河之法，迨成專門之學矣。自史記以下，歷代正史中之河渠志外，代有專著，不能備舉。民國二十一年秋，强鄰壓境，又値洪水瀰漫，天災人禍，莫此爲甚。近復國運日蹙，有識之士，咸以復興邦國，首重建設，水利治河，亦爲當前之急。故年來朝野上下對於水利河渠之之著述文獻，深加注意，如國立北平圖書館，水利委員會等公私家，皆極搜求，以應社會國家之需。或專力於水利土木技術之研究，或致力於治河文獻之整理。

杭縣茅乃文君服務於國立北平圖書館輿圖部，留心水利著述，嘗佐朱桂莘先生搜集水利圖書藏諸存寄堂。去秋曾輯有「中國河渠水利工程書目」一書，所收關於中國水利河渠之書約及千種，今復就其所見撰作提要，分期刊載於水利月刊卷一各期，每書詳載其板本時期及其內容大略，凡有記述可稽者，亦多論列。惜因分期刊布之故，檢理尚欠系統，檢查稍感不便，甚望茅君及早脫稿，重爲類列。則便利於學者多矣。(喜)

×　×　×

緇文夏小正

北平溫家街一號邵毛發行　珂羅版影印　定價一元四角

杭縣邵氏藏緇文夏小正十葉，無書人姓名及年月，紙墨類宋拓，首葉有「青來」「師橋」三印，末葉有「六琴十研齋」印，爲乾隆時天津沈銓舊庋。遍檢歐趙以來言金石者，均未涉及，以本文考之，小正舊本，以傅崧卿爲最古，此刻正月獻祭二字作祭獻，顯爲異文。餘如洪震煊疏義，顧鳳藻集解，黃模分箋及異義，與夫孔廣森汪中爲大戴禮學者。如正月始用暢三字之爲經爲傳，五月啓灌二字，十一月十二月隕麋角三字，兩見重文，與此刻或合或不合，均未嘗取證也。以字形證之，多摹石鼓文散氏盤，尤與英國倫敦維多利亞亞爾伯特博物院中所藏之晉侯平戎盤，筆意如出一手。賞鑑家定盤爲宋人僞造，此刻當亦同爲宋刻無疑，因附印於後，以資參證，雖源委不可考，要爲篆墨中奇品。

×　×　×

民俗復刊號

民國二十五年九月十五日廣州國立中山大學研究院文科研究所民俗學會出版　兩月刊　每期三角　全年一元五角

民國七年北大有歌謠研究會及風俗調查會之組織，是爲吾國民俗學運動之開始。民國十六年中山大學語言歷史研究所成立民俗學會，努力傳播，當時廈門，福州，汕頭，鄞縣等處，均有民俗學會設立，盛極一時。中大民俗學會，出版民俗學叢書多種，且發行民間文藝週刊。該刊後改爲「民俗週刊」，出版至一百二十三期，因故停止。本刊即爲民俗週刊之復刊，當此民俗學之姊妹科學即民族學已爲國人注意之時，北大民俗復刊之際，自屬更有意義。本期所載重要作品有楊成志現代民俗學之第一章歷史與名詞，王興瑞海南島民俗誌，劉偉民東莞婚俗的敘述及其研究，張爲綱江西南昌的民俗，王啟澍貴陽的喪葬一般，陳興湖南同縣的茶葉來與黨饒，陳廣樵先秦時代的宗教與婚喪，區世輝新會潮蓮鄉的大王菩薩，高貴揚高要的幾種地方傳說，張觀發客家山歌的社會背景等。(思)

165

圖書副刊

BOOKMAN
第一百五十六期

一本刊登載關於中外圖書之介紹批評以及學術界消息為公開性質歡迎投稿
二刊登本刊之文略致薄酬
三投稿通訊可寄「北平文津街國立北平圖書館內圖書副刊編輯收」

瀛涯瑣志

——記牛津所藏的中文書

[illegible]生

一

牛津Bodleian Library之有中文書，據F. Madan和H.H.E. Cruster合編的Summary Catalogue of Western Mss. in the Bodleian Library所記，最早的是一六〇四年（明萬曆三十二年）有名Henry Percy者贈石馬靑林陳瑞卿刊翰林校正栢案分章正文一冊；一六〇六年Matthew Chubbe贈脈訣卷一殘本一冊，John ClaPham贈嘉靖蘇州刊本方脈類集的丹溪心法附餘殘本一部三冊；一六〇七年入藏者為醫學入門外集殘本二冊，金陵周日校刊黃帝內經素問一部殘存九冊，馬啓註證脈訣正義殘存一冊；一六〇九年入藏者為萬曆丙申秦會廷刊海篇心鏡殘存五冊；一六一三至一六一五年入藏者為閩南書林余明泉刊四書程墨會元五冊。一六二九年至一六四一年Archbishop Wm. Laud為牛津校長（Vice Chancellor），曾於一六三五，一六三六，一六三九，一六四〇，前後四次贈大批抄本（一一五一冊）給Bodleian Library，其中也有若干刊本及抄本的中文書在內。還有富春堂刊的重修政和本草殘存二冊，崇禎元年一經堂刊增補素翁指掌雜著全集一冊，也是明季入藏，確實年代，不甚明瞭。十七世紀牛津所藏中文書，其可考者，約略如此。這都是就大學圖書館（Bodleian Library）而言，其他各學院圖書館（College Libraries）的情形，我不大明白，今置而不論。

現在Bodleian Library的中文書都藏在Schola Philosophaia Naturalis室中，約由兩大Collection集合而成：一是Alexander Wylie（偉烈亞力）的藏書，一是Edmund Backhouse（巴氏）的藏書。總數約在五萬冊左右，其中屬於巴氏者約三萬冊，屬於偉氏及其他者約兩萬冊。偉氏書入藏在一八八一年左右，巴氏書入藏在民國初年。五萬冊中，除去總理衙門石印本圖書集成五千冊，基督教書籍約兩千冊，其餘四部書籍約佔四萬多冊；此外還有字畫一百多件，古董十餘件。

牛津所藏中文書中，有永樂大典十二冊，這是大家都知道的。此外明版書約二百餘部，舊抄本若干部。清代刊本無甚好書。整個書藏的內容是：正經正史，大致齊全。子部集部極為貧乏，宋儒家除朱子全書外其餘名家可以說是全無，集部中無漢魏六朝人集，無李太白集，宋元明清重要作家俱無；叢書倒有三十多部，重要的約畧俱備。法律方面只有一部大清律例。關於民國以及清季之書寥若晨星。佛教方面無大藏經，道家方面除老莊列諸子外並無其他；回教書只有五薄本；基督教的書籍還不少。關於太平天國的書也有十五種，五十餘冊。

二

牛津中文書藏內容大概如上。但是其中亦不無一二善本可以值得紀載的。今為分成四節，敘述如次：本節所述限於普通版本書；第四節關於小說戲曲；第五節關於明代職位者；第六節為基督教書籍，或非基督教書籍而與之有若干關係者。至於永樂大典，國內已有副本，茲不贅述。

本節將牛津所有版本較好的中文書略依四部列目如次，版本及藏印即註於書名之下，識語可記者附錄於後。

【經部】

春秋經傳集解三十卷（明嘉靖刊本半葉八行行十七字）
有「寶沙堂陳氏收藏印」「廉齋過眼」「姜氏家藏圖書記」「許印自昌」「衍生」「重生」諸印與文定公批
周易全書（無撰人明刊本）
有「乾隆御覽之寶」一印
周易傳義大全廿卷
詩傳大全廿卷
有「蒸齋鑒定」「宛平王氏家藏」「寶翰堂藏書印」
四書集註大全
以上三書俱永樂時官板
洪武正韻明劉以節刊本
古今韻會舉要嘉靖戊戌劉儲秀補刊本
有「大司成章」「琅邪王士禛貽上氏一字曰阮亭」「國子監印」諸印

【史部】

戰國策（張一鵾刊本）
有「光緒辛巳南海孔廣陶檢閱」一題識
史記（汪諒刊本）
宋書
隋書
二書俱明代遞修元刊十七史本
舊唐書（聞人詮刊本）
遼史（萬曆二十三年沈淮等校刊本白棉紙初印寬大）
有枕經閣「寶齋家藏」二印
漢書（德藩本）
晉書（南監本）
梁書，周書，北齊書，新唐書，新五代史，金史
遼史（清代修補明北監本）
稗文書法備五卷（明朱囂輯）
萬曆蘇州刊本
人代紀要卅卷（明顧應祥編）
嘉靖三十七年黃嚴刊本
本朝京省分郡人物考百十五卷（明過庭訓纂）
天啓元年刊本　有「北海孫氏萬卷樓圖書」一印
資治通鑑（元刊明正德嘉靖遞修本）
文獻通考（明刊半葉十行二十二字本）
又一部嘉靖三年司禮監刊本
通志（元福州路刊萬曆十七年補修本）
有「曾在李鹿山處」一印
職方外紀（天啓刊本）
石墨鐫華（萬曆刊本白棉紙初印）
有「汪士鐘讀書」一印
天下金石志（明刊本）
有「迪庭圖書」「古歙浩溪黃氏聚藏書畫之印」
天下郡國利病書（舊抄本）
有「二百蘭亭齋藏書之印」
貞觀政要（成化內府本）

【子部】

纂圖附注五子殘存四子（明刊本）
二十家子書（吉府刊本）
三子口義萬曆甲戌蒲州刊本
朱子語類大全（明成化本）
有「恭邸藏書」「安樂堂藏書記」二印
孔子家語（明嘉靖本）
此是屠敬山先生故物，卷末識云：光緒十二年秋七月，據日本信陽太宰純增注本略校一遍。武進屠寄識于武昌使院。
黃氏日抄殘存十九卷（明正德刊半葉十二行行廿二字本）
五倫書（正統內府本）
有「中和甫」「[illegible]國敬一道人世傳寶」二印
幽怪錄（舊抄本「出自明正德本」）
有「謙牧堂藏書記」「謙牧堂書畫記」「韓氏藏書」諸印
續列仙傳七卷（明張文介輯）
明萬曆刊本有「明善堂覽書畫印記」「安樂堂藏書記」二印
符籙秘訣（明內府抄本「硃絲闌」）
丹溪心法附餘二十五卷（明方廣類集　嘉靖十五年刊本）
又二部俱不全
醫學入門外集殘存二卷（明湯建中刊本）
醫方考殘存二卷（明吳崐著萬曆刊本）
藥性歌訣雷公炮製大全殘存六卷（萬曆丁亥周對峯刊行）
新刻京板小兒良方全嬰（明金陵都前大醫院板）
嬰方（明籃格珍袖抄本）
飛頁上有拉丁文題識時在一六二二年
皇極經世全書（萬曆辛巳劉堯誨刊本）
兵鈐十六卷（清魏承恩呂磻輯）
開花紙舊抄本有「曾存定府行有恥堂」一印
文公先生經世大訓十六卷（嘉靖三年河南按察司刊本）
樂律全書（萬曆刊本）
丹鉛總錄（嘉靖三十五年福州刊本）
歷代君鑒（景泰四年內府本）
類雋錄（明玉蘭草堂刊本）
有「兼廳」「東海」「吉父」「蘇英珍藏」諸印
太平御覽（明刊半葉十一行行二十二字本）
藝文類聚（明刊半葉十四行行二十八字本）
有「季印振宜」「滄葦」二印
又一部，
初學記（明安國刊本）
事文類聚三集（萬曆甲辰唐富春刊本）
錦繡萬花谷四集（嘉靖丙申秦汴刊本）
有「宛平王氏家藏」「蒸齋鑒定」「朱炎臣父藏書印」「古歙州吳氏[illegible]藏書」「[illegible]之[illegible]之甚不孝」「吳甌庚堂」「劍華堂藏書印」「朱焦孫」諸印
古今合璧事類備要（嘉靖丙辰夏相刊本）

【集部】

集千家註杜工部詩（嘉靖刊本）
朱文公校昌黎先生集
增廣註釋音辯唐柳先生集
二書俱明刊本書賈冒宋版
司馬溫公文集八十二卷（崇禎元年吳特亮刊本）
范文正公集十二卷（萬曆戊申毛一鷺刊本）
薛文清公全集五十三卷（弘治己酉張鼎刊本）
弇州山人四部稿（萬曆世經堂本）
倚宗藏稿五十卷（明濟南楊參選撰　萬曆刊本）
睡庵稿三十六卷（明湯賓尹撰　萬曆壬子刊本）
四然齋藏稿二十卷（明黃體仁撰　萬曆壬子刊本）
穀山筆塵十卷（明于愼行撰　萬曆癸丑于氏刊本）
文選（嘉靖癸丑汪諒刊本）
又一部十二卷（萬曆乙未吳近仁刊本）
有「廣川」「宋弼」「河上草廬」諸印
又一部（張鳳翼纂註本）
續文選（萬曆三十年希貴堂刊本）
文苑英華（隆慶元年福州刊本）
有「長沙陶澍」「資江陶氏雲汀藏書」「賜書樓陶氏之記」及文毅象印
唐文粹（晉藩本）
宋文鑑（天順九年嚴州刊本）
有「蘧德書院之記」「沂陰胡氏家藏」「遂性草堂胡氏所藏」「讀書爲善作人家」「南清河胡氏遂性草堂鑑藏金石書畫印」「紅櫚書屋」諸印
又一部（弘治胡韶刊本）
文章辨體（天順八年刊本）
崇古文訣（嘉靖松陵吳氏刊本）
有「朱印櫟之」「致明」「侯官楊俊」「太史之章」「帝里師儉」「金氏仁父」「元齡私印」諸印
古文眞寶（萬曆十年司禮監刊本）
選詩補註（嘉靖刊半葉十行行十九字本）
唐雅（嘉靖辛丑刊本）
八代詩乘（萬曆丙申刊本）

太平天國所刊諸書，牛津計藏有天父上帝言題皇詔，天父下凡詔書，天命詔旨書，天條書，太平詔書，太平條規，太平禮制，太平軍目，幼學詩，三字經，太平救世歌，舊遺詔聖書創世傳，資政新編，太平天國癸好三年新曆，太平天國癸丑三年新曆，共十五種。此中僅洪仁玕所著資政新編一種較為重要，然劍橋大學圖書館亦有一部（關於太平史料，當以劍橋所藏為最好，王友三先生已有文述之）。關於太平三年曆，則牛津有癸丑與癸好兩種，只封面不同，內容一樣；顯然初印時為癸丑，隨即改為癸好，所以癸丑本甚為少見。又太平所刊聖經，照理應該不少，而只見舊遺詔聖書創世傳一種，（所據即馬禮遜本）何以流傳不廣？亦所不解。

在這些書中間有幾種東西曾引起我一時的感慨。其一是臺灣鄭氏所刊大明中興永曆二十五年大統曆。（牛津計藏有兩部（大英博物館亦有一部而不及牛津者之清晰），永曆二十五年即清康熙十年。曆本黃綢封面，標簽作「大明中興永曆二十五年大統曆」，本書第一葉第一行標題作「大明永曆二十五年歲次辛亥大統曆」。以此與康熙十年「廣城陳良駿詳選便覽通書」相較，兩者微有不同，如：康熙通書正月大癸丑朔，而大統曆作正月小甲寅朔，計遲一日，於是雨水在十一日，驚蟄在二十六日，俱較康熙曆遲一日，康熙曆春分在二月初十日，淸明在二月二十五日，而大統曆則在二月十二日和二月二十八日，計遲兩日到三日。大約康熙曆是照西法推算，而大統曆猶循舊術，致兩者差異如此。大統曆封面印有識語五行，今錄如次：

皇曆遵頒未至本藩權宜命官依
闕譜　頒製

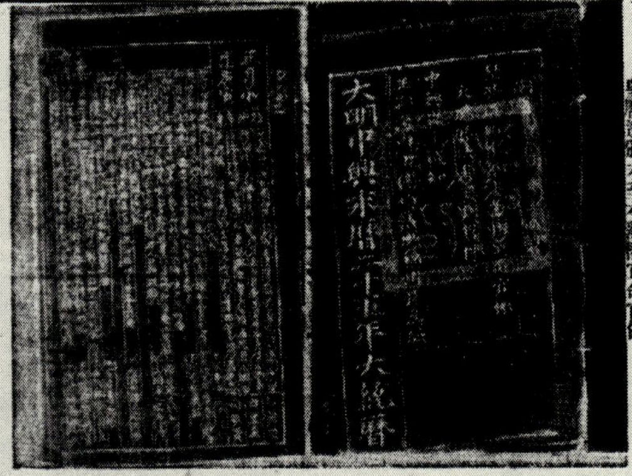

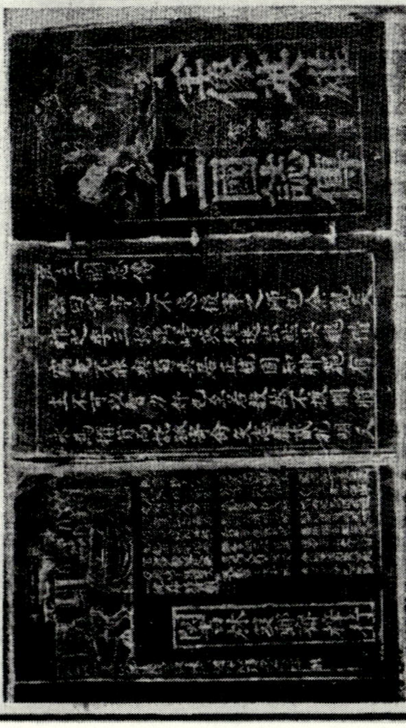

Notes on Chinese Literature

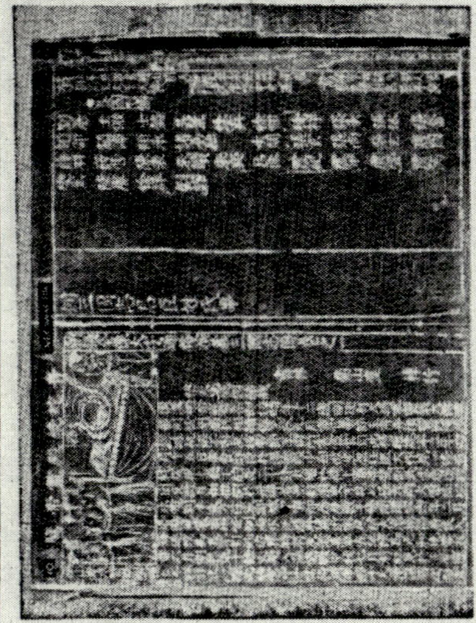

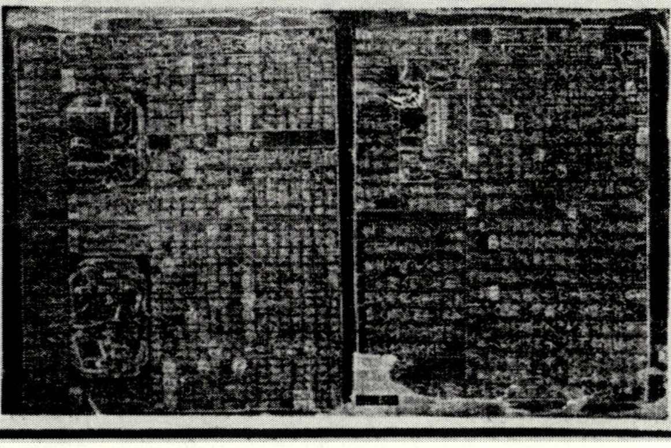

圖書副刊

BOOKMAN
第一百五十七期
一　本刊登載關於中外圖書之介紹批評以及學術界消息
為公開性質歡迎投稿
二　刊登本刊之文略致薄酬
三　投稿通訊可寄「北平文津街國立北平圖書館內圖書副刊編輯收」

瀛涯瑣志(續)

嚮[illegible]生

——記牛津所藏的中文書

四

牛津所藏關於中國同西洋以及海南諸國交通的史料並不多，其中如萬曆四十五年張燮東西洋考，許地山先生已爲印行，茲可不贅。我於許先生所發表的兩種之外，還找到一點，今略述於此。

明黃省曾在西洋朝貢典錄的序上說：

余乃摭拾譯人之言若星槎瀛涯鍼位諸編，一約之典要，文之法言，徵之父老，稽之寶訓。……

張燮在東西洋考的凡例上也說：

舶人舊有航海針經，皆俚俗未易辨說；余爲特考而文之，其有故實可書者，爲銷飾之。渠原載針路，每國各自爲障子，不勝破碎，且參錯不相聯。余爲鎔成一片，沿途直敘。中有汜路入某港者，則書從此分途，軋入某國；其後又從正路提頭直敘向前；其再值汜路亦如之；庶幾尺幅具有全海，稍便披閱。……

黃省曾所說的鍼位編，以及張燮所說的航海針經，俱不見羣書著錄，僅從東西洋考凡例中得知大概。大約是因爲出自舶人之手，文章俚俗，又無刊本，只有舶人流傳的鈔本，遂不爲一般所注意。三年前我在長沙的一個冷書攤上偶爾得到一部抄本，並無書題，內中說的都是由福建到兩洋以及臺灣、日本海道的方向和更數。當時就疑心是所謂鍼位編一類的書，而後邊殘缺，大約只到安南一帶爲止，因也不敢十分斷定。此次在牛津的 Laud Collection 以及 Backhouse Collection 中又看到兩種鈔本，和我舊藏的一種，大致相同，而較爲完備，和東西洋考凡例所說無一不合；參來和武備志卷二百四十所收「自寶船廠開船從龍江關出水直抵外國諸番圖」比較，所記針位更數，也大致吻合；其即爲明代相傳的鍼位編或航海針經，可以無疑。

Laud的一本，書中副葉上題有贈書的年代：

Liber Guil: Laud Archiepi Cant. et Cancellor Universit. Oxon. 1639. 一六三九是崇禎十二年。Laud 贈給牛津圖書館的抄本有一部分原是歐洲一耶穌會大學的藏書，據我的推想，這一部大約由在中國的耶穌會士攜到歐洲，歸於耶穌會大學，後來輾轉爲Laud所得。抄本上未注明年代，最遲也當爲啓禎間的舊抄。

原本無書名，封面上題「順風相送」四大字，似乎只是一種吉利話頭，和普通商家賬簿上題日進萬金的情形一樣，並不能算爲書名。本書開始有小引一篇，今鈔小引的第一段如下，以見一斑：

昔者周公設造指南之法，通自古今，流行久遠。中有山形水勢，抄描圖寫終悞，或更數增減無有之，或籌頭差晃無有之。其古本年深破壞，有無難以比對。後人若抄寫從眞本，惟恐悞事。予因暇日，將更籌比對稽考，通行較日於□天朝南京直隸至太倉並夷邦巫里洋等處更數針路山形水勢澳嶼淺深，攅寫於後，以此傳好游者云爾。

由此可見原來還有古本。小引的末一段又說：

永樂元年奉差前往西洋等國開詔，累次較正針路，牽星圖樣，海嶼水勢山形圖畫，一本山爲微簿。務要取選能諳針深淺更籌，能觀牽星山嶼探打水色淺深之人在船。深要宜用心反覆，仔細推詳，莫作泛常，必不悞也。

永樂元年往西洋等國開詔的是鄭和，大約後來舶人推崇鄭氏，所以關於針路更數之書，也要假藉他的大名。我藏的那一部，開首小引也提到鄭和和楊敏諸人，但是羅經下針請神文中明明提到大清國康熙年字樣，其爲假藉名義，可想而知。

此書大致可分成兩部分。第一部分除小引和地羅經下針祝文以後，便是敍述行船更數，取水，下針，觀風勢，定潮水消長，觀星辰，定日月出入等等關於海上氣象方面觀察的方法，總之爲各處州府山形水勢深淺泥沙地礁石的一般記載。後面並附符籙之類。第二部分便是各處往回的針路，以福建及廣東爲出發點，東至臺灣琉球日本，南至勃泥爪哇文萊，西邊一直到忽魯謨斯阿丹和祖法兒，於沿途經過的地名，羅針方向，相去更數，以及水勢深淺，礁石有無無不詳記。此種記載的可靠性到甚麼程度，固然還待考證，但是在十四五世紀間，中國的艨艟巨艦，縱橫於今日的南海和印度洋上，往還萬里，布帆無恙，其間並非是全憑命運。這般海上健兒實在是有他們的精密的組織（參看紀錄彙編中前聞記所記鄭和事），並且有詳細的紀錄作他們的指導和參考。所以這一部明代的鍼位編，在實用上固然已成過去，但是最少在研究十四五世紀中國海上雄飛史的人看來，却總是一件可以注意的資料。

Backhouse 藏書中類似鍼位編的一種也是鈔本，附於盧承恩和呂磻輯的兵鈐後面。呂磻齋陽人，盧承恩廣甯人，父名盧崇俊。對盧承恩的自序，他的父親「指劃運籌，底制復關；勘定南粵，督師九省」。又說「自余高曾暨祖及父，家世元戎，勒功麟閣」。盧氏原爲將門之後，學於山陰何良棟，乃與同學呂磻就其父所著盧子兵略，輯爲是編，分內外書各八卷：內書雜采孫子思谷子素長衞公問答而成；外書分爲軍政，軍例，陣圖，軍器，火攻，水攻，軍藥，軍占，凡八篇。牛津藏此書開花紙舊抄，全書七冊，有「曾存定府行有恥堂」圖書。鍼位編在第七冊，不入目錄。前面也有小引一篇，題曰「指南正法」，是書名還是小引的名稱，無從考定。這又是一種清代改定的本子，小引第一段說：

昔者聖人周公設造指南之法，通行海道，自古及今，流傳久遠。中有山形水勢，描抄終悞，或更數增減，籌頭差錯，別查本年朽損，難以比對，指定手法。乃漳郡波吳氏氏寓澳，擇日閑暇，稽考校正。……

以下與前一本差不多，只沒有永樂元年云云的末一段。而定羅經中針祝文中有「伏念大淸國某省某府……某船主某人興販某港……」字樣，是此本乃是淸初一吳姓者改定之本也。（兵鈐首有何良棟序，作於康熙乙卯）。此外與前本大同小異，唯所記各地往回針路不及前本之多，馬來羣島以西的地方，俱不見於本書。這或者是由於淸初中國商船在南海航行的範圍，不及前明之廣，因而刪去許多不必要的記載，亦未可知。

五

關於基督教的中文書籍，牛津所藏雖近甚兩千冊，而多屬耶穌教的宣傳冊子（Christion Pamphlets）無甚可取。今擇其比較罕見者，雖非基督教書籍而其人或書與教士有關者，以及其他可資談助者，並記梗概如次。

第一先說天主教的書籍。此中比較罕見的要數朱宗元著的答客問和拯世略說二書。朱氏鄞縣人，順治三年貢生，五年舉人，康熙鄞縣志稱其博學善文。曾助陽瑪諾譯輕世金書，又和張能信帶孟儒望撰天學辨敬錄。答客問和拯世略說俱見康熙鄞縣志，牛津所藏猶是初印原本（答客問有康熙間重刊本及一八九三年香港排印本，而舊本言天處大都易爲天主，蓋其時諸「禮」紛紛，朱氏書用亦不免爲教中人所追改。）拯世略說全書六十八葉，每半葉九行，行二十二字，據論天地原始一段（原書葉十六），知此書之著在順治甲申。書分二十八節，共目爲：學以明確生死爲要，宇宙之內眞教惟一，物必返其所本，儒者獨見大原，二氏不知尊天，天釋不可相渾，必須降生，罪人之功無功，義人之罪非罪，聞教與不聞，爲善不可以無所爲，天主性情美好，天地原始，天主教者功罪有辨，禍福皆繫上主，死後必有賞罰，賞罰通別人世，愛仇復仇說，禁妾守貞之訓，祀先當循正道，世俗鬼神皆非，氣質所以不齊，聖事寓奧於跡，神功萬不可已，空中自能變化，魔鬼能爲變幻，輕棄世福爲先，受苦爲大吉辭，天地之終有期。乃是一部用天主教的辨証法來建設基督教哲學的書。答客問之作較拯世略說爲早，原書四十三和四十八葉都提到西士至中國僅五十年的話，利瑪竇至中國爲萬曆九年，由此下推五十年當是崇禎四五年左右；答客問之作當在此時，據卷首張能信序，其時朱宗元才二十三歲。到崇禎末年壬癸之交重加改訂，成爲今本。此書與拯世略說的體裁稍有不同，設爲主客問答之辭，於天主教義，世俗迷信，俱詳爲剖晰說明。若以此書與闢邪集比讀，對於明季天主教與非天主教人雙方的思想及其論據，必可得一有趣的對比。其中有一段辨華夷之別，今爲摘錄如次：

客曰：「儒者之學，莫大于春秋，春秋莫謹于華夷之辨；身教縱有種種妙義，其如來自殊域何？」曰：「孔子作春秋，夷狄而中國，則中國之；故楚子使椒來聘，進而書爵。中國而夷狄，則夷狄之；故鄭伯伐許，特以號舉。是其貴重之者，以孝弟忠信仁義禮讓也，不以地之遠也。其賤棄之者，以貪淫殘暴，強悍鄙野也，不以地之邇也。若必以方域爲據，則是季札不足賢，范蠡不足智，令尹子文其忠不足稱，繇余其能不足道也。況大西諸國原不同于諸蠻貊之固陋，而更有中邦亦不如者。道不拾遺，夜不閉戶，尊賢貴德，上下相安。我中土之風俗不如也。大小七十餘邦，互相婚姻，千六百年不易一姓；我中土之治安不如也。天載之義，格物之書，象數之用，律曆之解，莫不窮源探委，與此方人士徒尋心于文章詩賦者，相去不嘗倍蓰。則我中土之學問不如也。宮室皆美石所製，高者百丈，飾以金寶，綠以玻璃；衣裳楚楚，飲食衎衎。我中土之繁華不如也。自鳴之鐘，照遠之鏡，舉重之器，不鼓之樂，莫不精工絕倫。我中土之技巧不如也。荷戈之士皆萬人敵，臨陣勇敢，誓死不顧；巨砲所擊，能使堅城立碎，固壘隨移。我中土之武備不如也。土地肥沃，百物蕃衍，又遍賈萬國，五金山積。我中土之富饒不如也。以如是之人心風俗，而鄙之爲夷，吾惟恐其不夷也已！」

就在三百年後的今日，求之於一般主張全盤西化論的人們當中，又有幾個敢發這樣大膽的議論！

明版的天主教書籍還有艾儒略的天主降生出像經解（崇禎丁丑晉江景教堂刊本）和孟儒望的天學辨敬錄（崇禎壬午刊本）。此外如金尼閣的況義，湯若望述王徵譯的崇一堂日記隨筆，張星曜的天儒同異考，皆是以前我所想看而沒有看到的書。牛津有同治時的抄本，以非原刊舊抄，故不備述。

耶穌教（Protestant）的書最多，約在一千六七百冊以上，新舊約譯本之外，全爲宣傳冊子。新舊約的譯本之中並有不少是用羅馬字拼各地方言的。可惜的是並不完備，大約要說到這方面，將來非到倫敦的 Bible Society 去作一番研究不可，牛津所藏是不够的。如今只能選幾種比較有趣的略記一二。在一八五九至一八六〇年艾約瑟(Rev. Edkins Joseph)所輯的中西通書上有一篇譯印約書備考（頁二九），其文云：

時英馬禮遜(R. Morrism)米憐(W. Milne)維琳已至中國（按指道光二年），精心繙譯，三年譯竟，印于麻喇甲，爲袖珍本，十二年再印大版。後麥都思(Rev. W. Medhurst)在噶嚁吧成新約。十九年重印袖珍本於新嘉坡，續又印大板。二十年麥都思偕郭士臘(Rev. Gutrlaff)譯新約。郭又獨譯舊約。二十二年印；續譯舊約，五年付印。（這大約就是(Legation version)。其高德(Rev. Goddard)裨治文(Rev. Brilgman)所譯新舊約皆未全。他若粵東香港上海寧波所譯聖經，有全有否，有英字有華字，有文理有方言，其細莫得而穫焉。統計各處方言文字已經譯印者不下百餘次。其譯而未印，或印僅一二卷者，尚不下數十種。……

耶穌教人繙譯聖經的初期歷史，由此文可以知道一個大概。

同治八年，美國醫生柯爲樑（Dr. Oeagood）和福州，同治十年著醫館略述；十二年到十三年又作醫館略述二書和三書。在同治十年的醫館略述卷首，有西醫沿中國設院送診敍由一文，略云：

嘉慶九年，英國公司沈醫官始來中國，往廣州經理醫事；寓澳門傳種牛痘；留寓二十七年，道光十二年始去，嘉慶二十四年公司醫官同臬譯漢文馬禮遜亦在澳門著作醫院。道光七年公司醫官高呢士亦來澳門施醫。道光十五年美國巴家來廣州，專治眼科，留院十八年。十八年又有醫官牧司總商等在廣州立總院。十九年合信（Dr. Hobson）及雒二人來中國。合氏嘗遊香港澳門廣州上海等處，著書甚多。雒在舟山設院，又往上海設仁濟醫館，經辦十二年；後有韓雅各醫生繼之。前數年厦門福州寧波廣東之惠州有醫院，近來北京潮州廣州台灣亦各設院。咸豐五年美國家醫生（嘉約翰？John kerr）原爲廣州總院首，又另在廣州府分設兩院，又於佛山石龍地方送診。向有中國王醫生學習西醫，過海至英京，入醫館，依例考試，已獲簡拔，現料理家醫生事務。前福州於道光十七年有美國懷得先生，講書兼理醫事。後又有英國溫敦先生Rev. Weldon暨美國懷德繼之。同治三年，英國司徒醫生於南台梅塢山設立醫館，嗣鮑葛兩醫生料理醫事；先在天安鋪，後移東姚設濟世醫館。余自同治八年冬間航海抵閩。六年二月念一日先在福州城內太平街福音堂設立施濟醫館。……柯爲樑誌。

按西洋醫學，在明季即已傳入中國，鄧玉函譯人身說概，羅雅各譯人身圖說，康熙時白進張誠等用淸文譯解剖學。馬國賢等並以西藥進呈御用。想當時的天主教士也必有「講書兼理醫事」的，至於是否也正式設立醫館，却不得而知。柯爲樑這篇敍文，最少對於初期耶穌教人在中國設館行醫的情形，可以供給一個大概的觀念。

既然設館行醫，西醫之逐漸流行，可想而知，而其中影響最大的要算西洋種牛痘法之傳入。牛津藏書中有一八五八年香港排印本英國哆啉文輯的新訂種痘奇方詳悉一書，此書原刊於一八〇四年，這是後來翻印本。書末有云：

英吉利國公班衙命來廣統攝大班貿易事務哆啉文敬輯
英吉利國公班衙命來廣醫文敬訂
英吉利國世襲男爵乾隆五十八年隨國使臣入京朝覲現理公班衙事務斯當東翻譯
與外洋會隆行商人鄭崇謙敬書
一千八百零四年新刊

書中說的是種牛痘的方法。一八〇四年距E. Jenner發明種牛痘新法不過六年。新法種痘傳入中國，大約要以此書爲最早了。記得以前語絲和現代評論上有人考過西洋種牛痘法傳入中國的事，是否提及此書，一時却想不起，因姑記於此，以備遺忘。

此外還有一部雖與基督教無關，而實是受了當時耶穌會士的影響，並與西洋畫傳入中國的歷史有一點關係的書，那便是年希堯著的視學。年希堯是年遐齡的兒子，官至工部右侍郎，雍正間大約因爲年羹堯的關係奪去官職。他是清代一位西法算學家，疇人傳著錄他的算學書甚多，而不及視學，書目答問中著錄此書而入之於算學類中。其實視學乃是一部專言投影畫的書。牛津所藏爲 Donce Collection 中的一部。

我以前研究明清之際西洋美術傳入中國的情形，看見清初耶穌會士如郎士寧，艾啓蒙，巴德尼，潘廷璋諸人俱供奉畫院；金廷標等且常與郎氏合作；宮廷中固然大達其西洋化，民間如蘇州桃花塢張星聚也大刻其翻板的或仿西洋風的板畫；西洋美術之在當時的中國可算是蓬蓬勃勃的了。但是一說到畫學，如鄒一桂等雖然提到西法，總是表示鄙視的意思。那時覺得奇怪的是何以言西洋畫學的書當日竟沒有一部呢？在此看到視學，才多少明白當時未嘗沒有人鼓吹西洋畫學，只是一開始就用數學來解釋，未免使人見而却步，其所以不流行，其所以爲當時的中派畫家所反對，大半都由於此。視學一書，全部都是投影畫，間附解釋，版刻精工之至，單就版畫而論，也值得珍視。此書既見於書目答問，想必國內藏書家總有收藏者，而各家書目似少著錄，不知何故。書刊於雍正乙卯，卷首有年氏自序兩篇，批評到中國畫的畫理方面，是講明清之際西洋美術傳入中國的歷史中值得注意的文字，因不避累贅，轉錄如次，以供留心此事者的參考。

視學弁言(第一篇)

余囊歲即留心視學，率嘗任智殫思，究未得其端緒。迨後獲與泰西郎學士數相晤對，即能以西法作中土繪事。始以定點引線之法貽余，能盡物類之變態；一得定位，則蟬聯而生，雖毫忽分秒，不能互置。然後物之尖斜平直，規圓矩方，行筆不離乎紙，而其四周全體，一若空懸中央，面面可見。至於天光遙臨，日色旁射，以及燈燭之輝映，遠近大小，隨形呈影，曲折隱顯，莫不如意。蓋一本乎物之自然，而以目力受之，犁然有當於人心，余然後知視之爲學如是也。今一室之中而位置一物，不得其所，則觸目之頃，即有不適之意生焉。矧筆墨之事，可以含混哉！然古人之論繪事者有矣。曰仰畫飛檐，又曰深見溪谷中事，則其目力已上下無定所矣。烏足以語學耶？而其言之近似者則曰透空一望，百斜都見；終未若此冊之切要著明也。余故悉次爲圖，公諸同好。勤敏之士得其理而通之，大而山川之高廣，細而虫鳥花魚之動植飛潛，無一不可窮神盡秘而得其眞者。毋徒漫語人曰，眞而不妙。夫不眞，又安所得妙哉！

已酉二月之朔偶齋年希堯書。

(第二篇)

視學之造詣無盡也，予曷敢遽言得其精蘊哉！雖然，予究心於此者三十年矣。常謂中土工繪事者或千巖萬壑，或深林密箐，意匠經營，得心應手，固可縱橫自如，淋漓盡致，而相賞於尺度風裁之外。至於樓閣器物之類，欲其出入規矩，毫髮無差，非取則於泰西之法，萬不能窮其理而造其極。先是余粗理其端緒，刊圖問世，特豹之一斑，而聊之一譬，雖已公諸同好，終不免於膚淺。近得數與郎先生諱世寧者往復再四，研究其源流。凡仰陽合覆，歪斜倒置，下觀高視等線法，莫不由一點而生。迨細研一點之理，又非泰西所有，而中土所無者。凡目之視物，近者大遠者小，理有固然。即如五嶽最大，自遠視之，愈遠愈小，然必小至一星之點而止。又如芥子最小，置之遠處，驀直視去，雖冥然無所見，而於目力極處，則一點之理仍存也。由此推之，萬物能小如一點，一點亦能生萬物。因其從一點而生，故名曰頭點。從點而出者成線，從線而出者成物，雖物類有殊異，與點線有差別，名或不同，其理則一。再如物置面前，遠五尺者若干大，遠一丈者若干大，則用點割之，謂之曰離點，而遠近又有一定不易之理矣。試按此法，或繪成一室，位置各物，儼若所有，使觀之者如歷階級，如入門戶，如升堂奧而不知其爲畫。或繪成一物，若懸中央，高凹平斜，面面可見；借光臨物，隨形成影，拱凹顯物，觀者靡不指爲眞物。豈非物假陰陽而拱凹，室從掩映而幽深，爲泰西畫法之精妙也哉！然亦雖以枚舉隸述而使之賅備也。惟首知出乎點線而分遠近，次知審乎陰陽而明體用，更知取諸天光以臻其妙，則此法之若離若合，或同或異，神明變化，亦略備於斯三者也。予復苦思力索，補縷五十餘圖，並爲圖說以附益之。亦可云先物類之變法，而廣點線之推移，直探斯法之源流，爲視學之梯航矣。倘於退食之暇，更得窮無盡之造詣，精思以殫其蘊，而賢諸高明君子，藉所裨益焉，則又予之願也夫！雍正乙卯二月之朔偶齋年希堯書。

這部雍正乙卯刊本，是第二次補訂本，已酉序的當是第一次刊本，不知至今是否倘有傳本！（參看插圖四）

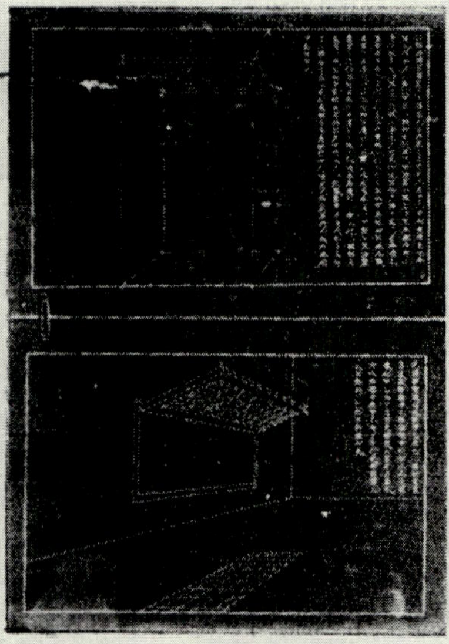

圖四

圖五

前面提到蘇州桃花塢張星聚所刻翻雕或仿西洋風的板畫，日本黑田源次所印版畫集中曾收有一套，矜爲孤本。雍乾間中國民間所刻板畫帶西洋情調者，以前所知，僅止於此。最近我在牛津的Donce Chinese Collection又看到好幾幅版畫，都是黑田氏書中所未收的。其中兩幅是西湖景，一幅是蘇州景，兩幅是翻雕西洋畫。西湖景中一是斷橋殘雪，上端題詞云。

斷橋雪，和靖梅，天然點綴西湖；綴勝景名標無復著畫圖，補美占花魁。

又一幅是雷峯奇蹟，上端題字作「雷峯奇蹟，白狀元西湖認母姑蘇桃花塢張星聚戲寫」；左下角刊「姑蘇桃花塢張星聚發客」一行。這兩幅和蘇州景，陰影黑白分明，其爲采西洋法無疑。翻雕西洋畫的兩幅上端西洋字亦照樣翻刻，可惜不易辨認，難以考知原本。今將翻雕的西洋畫製版一幅，以示一斑；（參看插圖五）其上雖無張星聚字樣，而刻工形式與「雷峯奇蹟」諸幅大致相同，其爲出自一家，可以無疑。

最後我要舉徐光啓的一部書來作這篇文章的結束。前年文定逝世三百年，國內不少的人，爲文紀念這位三百年前首先介紹西學的先進，文定的著作從海外傳錄回國，以及重刊行世的也頗不少。不過牛津還藏有一部文定的選著，似乎還沒有人注意到，那就是「徐文定公詩經傳稿。」這是倫烈氏藏書中的一種。書名作「徐文定公詩經傳稿」，書內標題又作「徐文定公詩經傳」，目次前面結銜作

上海徐光啓 著　後學 徐時勉 王光承 評　孫爾默 輯

曾孫 以嘉 以輔 以性 以儀 以恪 較

國較參

錄後有「旌邑劉元珍刊與鄒張九扶書」兩行，書口有「淵源堂」三字。內收詩經制義一百篇，鄉墨會墨，無不具在。首有王光承序一篇，缺去第一葉，今錄如次：

(前闕)剽竊耳食，獵取科名，經義一道，瞠乎後矣。吾鄉先達相國徐文定公，掄元京國，樹幟詞壇。生平制藝，才法兼備，海內人士，久已奉爲山斗矣。文孫容菴中翰志懷繩武，向集經義百篇，藏爲家寶。今令子若孫學予闢初謀付剞劂，廣示同好，問序于余。余捧而讀之，溫良而樂易者如讀風，廣博而疏達者如歌雅，寬靜而正大者如歌頌。且比物連類，一唱三嘆，庶幾乎上如抗，下如墜，曲如折，止如槁木，纍纍乎端如貫珠焉！此季札所爲嘆觀止，賴生所爲稱昭散也。微言未泯，典型尚存，遐嗣復古，舍此而誰。猶憶文定當年經濟大業，曆治曆毛詩六帖等書數萬言，探賾索隱，不僅以制義著。而即經義一編，已足有功風雅，嘉惠來學；若此，視世之剽竊耳食者，不大相逕庭歟！吾聞之言爲心聲，文爲國華，吾願後之學者因心而生文，因文而華國，於以鼓吹中和，力追正始，斯世斯文，實嘉賴之。誰謂古今人不相及哉？

康熙癸丑孟秋同郡後學王光承玠右氏拜手謹題。

這部書的本身不過爾爾，但是書以人存，用特介紹給留心文定著述的人！

——廿五年九月十八日草於英京——

新書介紹

中國機械工程史料　石斧

劉仙洲編　國立清華大學出版事務所發售

西洋各國機械工程發明史的著作，已有專書出版，中國方面尚沒有人從事這種工作。推其原因，不外機械工程是一種專門的科學，牠的發明史不是普通人所能做的，欲作機械工程史的編述，非有這種專門學識的人不能作，同時學機械工程的人，大多數是在學理的研究和實際工作方面用工夫，對於不關緊要的中國過去機械發明的歷史，很少人注意到。現在劉先生有中國機械工程史料的編輯，目的在「以供他日編輯中國機械工程史之參考」(見緒論)，將來劉先生的中國機械工程史出版後，以往的中國機械文明遂不致長久的湮沒無聞了。在劉先生的中國機械工程史未出版以前，我們讀了中國機械工程史料一書後，亦可知道中國過去機械文明的情形，所以這本書是值得一讀的。

本書內容共分十三節，第一節是緒論，其餘十二節則每一節敍述一類的機械的發明史。本書優點甚多，有幾點值得我們特別注意的。

第一點是編製得體。本書各節的分法以類來分，每類中敍述的東西的次序的排列，則又以發明時代先後爲次序，同時各節排列次序的先後又顧及時代性，例如：車船各節列在前邊，計時器雕版印刷各節列於後邊。所以條理清晰，便於閱讀。

第二點是材料豐富。本書收集的史料，多罕見者，例如第十一節引宋朝陸環作的金臺苑聞說明中國活字版最早用鉛字的地方是在毘陵。這種用鉛字史料的發現是很有興趣的。並且有許多史料是個人從實際上得來的，如關於風轉翻車的材料，第八節云：「風轉翻車：在塘沽及大沽口一帶多用以排海水晒鹽。」

第三點插圖精美豐富，使人愛讀。全書附圖六十餘幅，有的是著者自己收集的，如車上加帆圖，風轉翻車圖等，皆是珍貴。

此外，據讀者個人所見，本書亦有幾點須加補充的。

第一即是關於渾天儀的材料太少。在傳說上渾天儀有的很早。隋書天文志論蓋圖記載云：「晉侍中劉智云：顓帝造渾儀，黃帝爲蓋天，然此二器皆古之所製」。所謂渾儀即渾天儀也。書經舜典說：在璿璣玉衡，以齊七政。疏云：璣爲運轉，衡爲橫簫，運璣使動於下，以衡望之，漢世以來渾天儀也。由此可知至晚在漢時已有渾天儀。先生關於渾天儀的材料只有晉南北朝以後的。

第二關於輪船發明者的名字未指出來。劉先生引新唐書太宗九王傳說輪船是曹王發明者，而沒有說明是那一個曹王。我們由舊唐書卷一三一李皋傳，我們知道發明輪船者是曹王李皋。李皋傳云：「曹王明玄撫……常運心思巧爲戰艦，挾二輪，蹈之翔風鼓疾，若掛帆席。」

我們念了這本書以後，知道中國在魏晉時代機械工程最爲發達，及至以後不但不能把許多巧妙的機械改進利用，反而有許多機械發明湮沒失傳，以至今日中國所用的機械有許多反不如古人所用者爲精巧，這是多麼一件憾事。欲知中國以往機械文明者，這本書是不可不讀的。

× × × × ×

田野考古報告第一冊

國立中央研究院歷史語言研究所專刊之十三　李濟總編　民國二十五年八月出版　上海商務印書館印行　定價三元

以前國立中央研究院歷史語言研究所考古組曾陸續編印了四冊殷虛發掘報告，又刊行了一本中國考古報告集之一的城子崖，還有少數的工作報告在該所集刊中發表。現在考古工作較前進步已多，範圍加廣，並且各遺址及所發現古物有時互相比較，將發表的方法加以改變，其較有系統能成一段落者由中國考古報告集發表，其他則由田野考古報告發表。此冊除有總編輯李濟一序略述原起外，共收報告六篇。

第一篇梁思永著「熱河查不干廟林西雙井赤峯等處所採集之新石器時代石器與陶片」。以前在熱河各地採集者日人鳥居龍藏氏之著作中缺乏實物之分析及表現，對於推論的根據得不到眞確的印象，而法人桑志華氏所發表的天津北疆博物院所藏新石器時代遺物，編印不精，所以此文着重所獲石器陶片的圖象及記述，以資補充。因爲未作發掘工作，未有重要的推論。

第二篇劉燿著「河南濬縣大賚店史前遺址」。這是淇水邊一個遺址的發掘報告。在中國北部已發現的三種陶器文化的關係由此得到另一證明。

第三篇董作賓著「安陽侯家莊出土之甲骨文字」。此報告中最重要部分是此次同時發現的七塊刻有文字的龜甲。董氏對於刻辭除詳加討論外，並且逐一爲之考釋。關於發現的骨片及遺址的情形都有考釋和說明。惟其他遺物則述說甚略。

第四篇郭寶鈞著「濬縣辛村古殘墓之清理」。此次清理者有八十餘座。關於墓制，葬法，殘骨，遺物均有說明，而遺物一項的解釋尤爲詳細。據著者推論，定爲衛君之墓，時代至遲當在成公以前。

第五篇吳金鼎著「高井臺子三種陶業概論」。文中詳述在此地發現之紅黑灰三種陶片之質料，彩色，製法及堆積情形，並推論其間之進化的關係及時代。

第六篇李景聃著「壽縣楚墓調查報告」。近來淮水流域古物之發現以壽縣楚墓爲最有名。古物出土者甚多，流散各地，有一部分歸公家保存。因爲省縣爭執古物之保管及挖掘工人隱匿盜賣古物，發生許多大糾紛。此報告於發現的經過，盜掘的情形，糾紛的始末，遺址的狀況，古物的收藏調查極詳，尤其關於歷次糾紛的公牘文件摘錄甚多，足備從事發掘工作者的參考。(于)

363

圖書副刊

BOOKMAN
第一百五十八期

一本刊登載關於中外圖書之介紹批評以及學術界消息為公開性質歡迎投稿
二刊登本刊之文略致薄酬
三投稿通訊可寄「北平文津街國立北平圖書館內圖書副刊編輯收」

新書介紹

東洋美術史（上卷）　于鶴年

史岩著　上海商務印書館出版　民國二十五年七月印行　定價二元四角

中國人關於美術史的著作比較的不多見，有幾部亦是關於世界的，西洋的，或中國的，至於敘述東洋全部美術之發展的，恐以此冊東洋美術史為第一部。已印行者僅為上卷，自上古起，至中國之五代止，凡十六章，共四百七十頁。今分論其優劣之點，以供讀者參考。

（一）條理整齊　此書範圍所及雖說包括東洋全部，然而其主要的部分乃是中國，印度，日本三國，此書即以這三國為綱；其他各國則就其便利於以上三系統內述之，如爪哇列入印度，朝鮮列入日本，所以綜觀全般的發展極為明瞭。

（二）圖版豐富　圖版在美術書中最為重要，假如空有解說，而無圖以資說明，猶如「扣槃捫燭」，令人難於捉摸。此書圖版計一百八十八幅，於參考上殊為便利。至於全書內容，皇皇一厚冊，材料自然是很豐富的，在現時中國出版物中，足以供給一般社會的需求，不過嚴格地從學術的眼光看來，大體上有幾點是我們所不滿意的。

（一）敘述中國古代文化史部分欠精確　中國古代史近來經過一次大革命，所發生的各種問題雖未能完全解決，而其主要各項大致可算確定。本書第二第三兩章敘述中國古代文化史的地方，依然是三十年前的說法，大率以經史傳說為根據而加以臆解附會，驟然看來，像是持之有故，言之成理，然而由史學的眼光觀察，可以確信者很少。在開端的地方既沒有穩固的基礎，以下就難免發生錯誤的推論了。

（二）未能儘量利用最近考古學上的收穫　最近的考古學的研究已經因為發達而分道揚鑣，各成系統了，如陶器，銅器，石器，甲骨等是，其從藝術方面研究者則有銅器之花紋圖案的研究，陶器及磚瓦之刻畫的研究，均有相當的收穫。書中關於這幾項都未能儘量的採納：如甲骨係略述研究之開始，於其後來的進步，及其同時發現的有花紋的骨角等遺物未曾論及；陶器有圖而少解說；關於銅器多為不切實際的說明，於形式的種類，花紋圖案之組織，及使用之目的，均未解釋；漢磚上的題畫有曉畫的性質，瓦當上的文字亦有美術的意味，書中亦不置論；石鼓的時代似已有定論，此書仍沿舊說；關於筆的起源未論及新發現的居延筆：凡此都可以見出著者蒐討的範圍尚未十分周到。

（三）內容分配不均　全書內容，關係佛教之美術及不關係佛教之美術篇幅各佔一半。若依作品之性質分類，則石刻最多，銅器繪畫次之，建築又次之。圖版的各門類的百分比如下：石刻佔百分之四十五有奇，繪畫佔百分之十八，銅器佔百分之十一有奇，建築約佔百分之七，其他各類約佔百分之十九。中國古代的銅器（包括漢鏡和漢印），玉器，陶器（包括明器），敘述甚少。佛教美術所佔的篇幅特多。固然亦有事實的關係，難以平均分配，然而相差不能如此之甚，這亦是蒐集不周的緣故。

（四）文字名詞問題　關於文字名詞等問題似乎較為瑣碎，然而對於內容之完整，多少亦有點關係。如譯名有的前後不一，如 pose 或譯為姿態（第一二〇頁），或譯為姿式（第三二四頁），或竟不用漢譯。又如 relief（第二二九頁），arch（第二三一頁）等名詞亦未漢譯。人名有已有通行的漢譯而不用，另行新譯，如匈牙利人 Stein 通譯為斯坦因，此書譯為斯湯，法人 Pelliot 通譯為伯希和，此書譯為伯里歐（均見第三三二頁）很容易使讀者誤會為另一人。書內有幾個地名是清朝通用而現在已經變了的，例如「直隸」（今改河北），「唐山」（今改常山），似乎都因為錄自他書，未加詳考。此外還有些無用的閒話，如第七三頁論禮教是虛偽的一段，無謂的批評，如第二七八頁批評日本人器量之狹小，都不是專門著述之中所應有的。

其他不妥之點如下：（1）圖版中的拓片應取原形，不應取剪本（第二二頁及第六二頁），（2）地圖不應算為繪畫（第一八頁），（3）拾遺記中的傳說不應信為事實（第六五頁及第七六頁）。至於不關緊要的錯誤，如以黃帝時有十二章（第九頁），以蟠螭時的彝器現在尚有存者（第九頁），雖是可笑，亦就不必多說了。

四庫提要辨證　余嘉錫

太平寰宇記一百九十三卷　宋樂史撰　地理類一

史進書序謂賈耽李吉甫為漏闕，故其書採摭繁富，惟取賅博，於列朝人物，一一並登。至如題詠古蹟，若張祜金山詩之類，亦皆並錄，後來方志，必列人物藝文者，其體例始於史。蓋地理之書，記載至是書而始詳，體例亦自是而變。然史書雖卷帙浩博，而考據特為精核，要不得以末流冗雜，追咎創始之源也。

嘉錫案：謂一統志不當及人物，其說始於萬斯同，而閻若璩稱述之，因謂著書自有體段，苟其人其事無關地理，不容闌入。（見閻氏校本困學紀聞卷十及尚書古文疏證卷六上）。然閻氏之言特為明一統志之誇多泛濫者發耳，於寰宇記之志人物，猶有取也。（閻氏云近覽太平寰宇記，一州內或人物無，或僅姓名貫址，即州學生平，亦寥寥數語，不似明一統志誇多泛濫，令人厭觀）。提要始謂地理書之記人物自樂史始，體例自是大變，然猶稱其考據精核。至洪亮吉作寰宇記序，（見卷施閣文甲集卷三及萬氏刻寰宇記卷首）遂謂史於地理外，又編入姓氏人物風俗數門，因人物又詳及官爵詩詞雜事，遂至祝穆等撰方輿勝覽，竟盡廢沿革，而人物流事必登載不遺，實濫觴於此，此其所短也。又謂史自序毀賈耽之漏失，吉甫之缺遺，不知己之病適與之相反。（洪氏撰乾隆府廳州縣圖志，惟詳地理沿革，其餘一概刪去，意在矯樂史以來之陋例也）。其詆諆樂史可謂至矣。蓋自萬氏倡地志不當及人物之說，閻氏和之，提要因以立論，洪氏又推廣其說，持之益堅。然考李吉甫元和郡縣志序曰：古今言地理者凡數十家，尚古者或搜古而略今，採謠俗者多傳疑而失實，飾州邦而敘人物，因丘墓而徵鬼神。是則自吉甫以前，地理之書敘人物鬼神者多矣，吉甫意不謂然，乃從而矯之耳。今考太平御覽諸書所引古地志，如隋圖經十三州志，顧野王輿地記，郎蔚之隋諸州圖經之類，凡敘山川州郡，莫不備紀先賢，修陳神怪，其所敘之廣泛，較之寰宇記有過之無不及，安得謂著述之體例，至樂史而大變乎？元和郡縣志刪除雜事，專志地理，固不失為謹嚴，然因此遂謂古地理書皆不記人物，則尤非也。隋志雜傳小序曰：自史官曠絕，其道廢壞，漢武帝從董仲舒之言，始舉賢良文學，天下計書，先上太史，善惡之事，靡不畢集。司馬遷班固撰而成之，而操行高潔不涉於世者，史記獨傳夷齊，漢書但述楊王孫之儔，其餘皆略而不記。後漢光武始詔南陽撰作風俗，故沛三輔有耆舊節士之序，魯廬江有名德先賢之讚，郡國之書由是而作，推其本源，蓋亦史官之末事也，載筆之士刪採其要焉。又地理書小序曰：漢初蕭何得秦圖書，故知天下要害。武帝時計書既上太史，郡國地志固亦在焉，而史遷所記，但述河渠而已。其後劉向略言地域，丞相張禹使屬朱貢條記風俗，班固因之作地理志，其州國郡縣山川夷險時俗之異，經星之分，風氣所生，區域之廣，戶口之數，各有攸敘，與禹貢周官所記相埒。是後載筆之士，管窺末學，不能及遠，但記州郡之名而已。晉世摯虞依禹貢周官作畿服經，其州郡及縣分野封略事業國邑山陵水泉鄉亭城道里土田，民物風俗先賢舊好，（案以上二十七字，蓋即是畿服經之分類子目，知摯虞書於每一郡縣之下，皆列有先賢一門，然則地志之記人物不始於樂史亦明矣。）靡不具悉，凡一百七十卷，今亡，而學者因其經歷並有記載，然不能成一家之體。齊時陸澄聚一百六十家之說，謂之地理書，任昉又增八十四家，謂之地記。陳時顧野王抄撰衆家之言，作輿地志。隋大業中，普詔諸郡，條其風俗物產地圖，上于尚書，故隋代有諸郡物產土俗記一百三十一卷，區宇圖志一百二十九卷，諸州圖經集一百卷，其餘記注甚衆。王謨輯地理書抄有通論十二則，（今王氏書刻本不載通論，吾邑趙文恪公慎畛據王氏稿本錄入日記中，余從趙公後人借讀轉引）。首引隋志地理書序論之云：謨案，此畿服經，乃秦漢以下實書目亦不著錄，諸傳注類書絕不見稱引，（案隋志明言其已亡，且不言梁有此書，則其亡甚早，疑在永嘉之亂時，故諸書絕不見稱引也）。然其體例亦大略可見，雜言民物風俗先賢舊好，靡不具悉，固已並郡國書而一之，則謂一統志不當並載人物，未為篤論。又引閻若璩之語論之云：謨案，班固志西漢地理以風俗為端，而人才為風俗之本，故於魯地言周公教化，孔氏庠序，漢興以來，魯東海多至卿相。于齊地言周末有子路夏育人民慕之，故其俗剛武尚氣力。于巴蜀則言司馬相如鄉黨慕循其迹，後有王褒嚴遵揚雄之徒，文章冠天下。于吳楚則言屈原宋玉唐勒以及嚴助朱買臣，貴顯漢朝，文詞並發，則地以人重也。故謂地理志不必及人物，終屬偏論。其言可謂深切著明，通知著作體例者矣。余嘗即其言而更推論之，漢書地理志曰：凡民函五常之性，而其剛柔緩急音聲不同，繫水土之風氣，故謂之風，好惡取舍，動靜亡常，隨君上之情欲，故謂之俗。孔子曰：移風易俗，莫善於樂，言聖王在上，統理人倫，必移其本而易其末，此混同天下，壹之乎中和，然後王教成也。由此觀之，則古之言地理者，未有不留意於風俗者也。風風也，教也，風以動之，教以化之，（詩大序語）。其郡國守相，及其鄉之士大夫，能以風教率下，則其民化之以成其俗。班固志地理於蜀郡言司馬相如王褒等，於吳楚言屈原宋玉等，固為地志敘人物之始，王氏既言之矣。然班志又於蜀紀文翁，於南陽紀召信臣，於潁川紀韓延壽黃霸，於東郡復紀韓延壽，此非地志敘名宦之始乎？若其於秦，則言有后稷公劉太王文武之遺風，好稼穡，務本業；於衛則言康叔之風既歇，而紂之化猶存，故俗剛強，多豪傑；於陳則言元女大姬好祭祀，用史巫，故其俗巫鬼；於燕則言太子丹賓養勇士，不愛後宮美女，民化以為俗，男女無別；於齊則言太公治齊，而其士好經術，矜功名，襄公淫亂，而其民至今以為俗；於魯則言周公孔子之教化，雖去聖久遠，而其好學猶愈於它俗；於宋則言其為堯舜成湯之所游處，故其民厚重多君子；於吳則言國廢勾踐皆好勇，故其民至今好死易發。其他皆推此意言之，由斯以談，地方風俗之美惡，曷嘗不以其人哉。其後摯虞作畿服經，遂以先賢舊好為郡縣中之子目，亦依仿班氏而為之也。謂地志不當及人物，然則班氏非歟？自漢武帝詔天下上計書，凡四方人物風俗善惡之事與地同在太史，東漢以後，學者承風，各有撰述，於是傳先賢耆舊者，謂之郡國書，敘風俗地域者謂之地理書，至摯虞乃合而一之，南北朝人著書，記州郡風土，多喜敘先賢遺蹟，耆舊逸聞，如盛弘之荊州記，雷次宗豫章記，陸翽鄴中記之類，隋志皆著錄於地理類，（史通雜述篇以盛弘之荊州記，常璩華陽國志，辛氏三秦記，羅含湘中記為地理書）。考其佚文，皆李吉甫所謂飾州邦而敘人物，因丘墓而徵鬼神者。酈道元注水經，采此等書，加之雕飾，遂為不朽之盛業。蓋郡國書可不記地理，而地理書則往往兼及人物

內外動物原色大圖鑑

吉田貞雄監修　小野田勝造及小野田伊久馬共著　日本東京市神田區二松堂書店內動物原色大圖鑑刊行會印行　全書十三卷　預約日金肆拾叁圓

人類為動物之一種，人類之生活，與各種動物之關係，至為密切。故認識或了解各種動物，實為急不容緩之事。

然動物之分布，如此之宏汎；動物之系統，如此之繁歧；動物之種類，如此之衆多。個人之能力有限，勢難全部研究。故從來專門學者，均研究某一部分；其著述之範圍，自然狹小。欲成一包括動物全體，所謂綜合的系統的大著作，殊非易事，誠學術界之憾事也！

內外動物原色大圖鑑，為日本大阪帝國大學教授吉田貞雄博士所監修。著者自言：十餘年來，埋頭研究，排除萬難，完成此巨大之動物辭典。

全書十三卷，其中第四，第六，第七，第八，第九，第十一各卷，均已出版。茲將各卷內容，分述如下：

第一卷	脊椎動物	＝哺乳類編
第二卷	同	＝哺乳類編
第三卷	同	＝鳥類編
第四卷	同	＝鳥類編
第五卷	同	＝爬蟲類編、兩棲類編
第六卷	同	＝魚類編
第七卷	同	＝魚類編、原索動物、圓口類編
第八卷	節足動物	＝昆蟲編
第九卷	同	＝昆蟲編
第一〇卷	同	＝蜘蛛類編、多足類編、甲殼類編
第一一卷	軟體動物編	
第一二卷	棘皮動物編、紐形動物編、毛顎動物編、前肛動物編、扁形動物編、圓形動物編、擔輪動物編、環形動物編	
第一三卷	腔腸動物編、海綿動物編、原生動物編	

本書可為一般動物研究者及鳥獸飼育家參考之用。凡對于動物有興趣者，讀此可知自然之偉大。

本書收載日本及國外動物，總數達八千餘種，其中與中國所產動物相類似者種類不少。全部用原色圖版印成，且附名稱，性狀，形態，特徵，分布，繁殖，利用等項。雖太簡略，明之亦可知其大概。

本書分類方法，自高等而至下等，與演進之順則不

新書簡訊

A History of the Far East, by G. Nye Steiger, Ginn and Company, Boston, U. S. A. 1936,

許多西洋人著遠東史，尤其是關於中國，印度，和日本的，都只注意近四百年……

對於評中華建設新圖之答覆

白眉初

圖書副刊
BOOKMAN
第一百五十九期

一本刊登載關於中外圖書之介紹批評以及學術界消息爲公開性質歡迎投稿
二刊登本刊之文略致薄酬
三投稿通訊可寄「北平文津街國立北平圖書館內圖書副刊編輯收」

西域聞見錄之板本與著者

萬斯年

有清初葉，中原粗定，未遑遠略，聖祖三次親征噶爾丹，平定朔漠，世宗亦復屢命征討，然於西北之經營，未有如乾隆之盛者，高宗衡康雍兩朝西征奠定之基礎，英錄大略，武功赫然。既定準部，復平回疆，設官駐兵，禁屯興牧，建設之道，既已講求，羈縻之策，亦且決定，故乾隆撫治回疆之策略，爲嘉道諸朝所奉行弗渝者也。

乾隆之世，蒙疆以外各部，相繼臣服，乃於新疆設治。乾竺特內附之次年，伊犁始設將軍，節制南北兩路駐防官兵，撫綏部屬，監督外藩，爲統治新疆一帶之最高領袖。武功既竟，撰述以興，伊犁之設將軍在乾隆二十七年，而欽定皇輿西域圖志之敕纂，亦在是年，於是乾隆一朝，關於新疆之著作，遂蔚然而起，撰述之盛，邁越前代，非偶然也。如傅恒之欽定平定準噶爾方略（乾隆三十七年奉敕撰），魏源之聖武記等，爲關於乾隆西征軍事者；祁韻士之西陲要略，汪廷楷松筠等之西陲總統事略等，爲關於政治者；至於祿爾德之回疆志，和寧之三州輯略，松筠之欽定新疆識略等，則爲關於當時新疆各方面之總述。

西域聞見錄，似爲乾隆朝頗流行之書，觀其名稱版本之多，可知其流通之廣。年來留意於此，所見計有六種，名稱各異，而內容實相雷同，一，西域聞見錄，二，新疆紀略，三，異域瑣談，四，西域總志，五，西域記，六，新疆外藩紀略。福慶嘗本異域瑣談編爲「異域竹枝詞」，吳省蘭注云：

是書（按指異域瑣談）共同官刑部侍郎阮葵生易稱爲新疆紀實徵信錄，序而行之。

則「新疆紀實徵信錄」之名，尚不在內。茲將各書異爲敘錄，以資比較：

一、西域聞見錄

凡八卷，刻本版心頗小，半頁九行，行二十一字，刻法精細。內容分新疆紀略，外藩列傳，西陲紀事本末，回疆風土記，軍台道里表。因前三者均離爲上下二卷，故爲書八卷。卷首輿圖，亦頗精緻，連繪六頁。著者於序中述其身世及著述之由，爰錄於左：

地在天之中，彈丸耳，中原在地之中，一隅耳。約之郡邑，均之一身，眇然一塵耳。而目能視，若或見之，從目治，目域於形，隔牆之矣，而耳能聞，衆目所見，皆可因讎以得其情，從耳治。余生於燕，長遊於宦，秦晉楚吳越之郊，轍跡幾遍。南及嶺表，東越醫無閭，渡遼水而婚，壯年復西出陽關，逾河源三千餘里，而履於殊異之鄉。目見夥矣，性復好知其事，耳聞且復殊然中國九州紀之典故者既確且詳，而伊吾以西，不常見於簡冊。列史所載，証以目之所見，既多翻駮而未安，意者滄桑之變，人事之各不相蒙耶。我皇上神聖文武，卓越前朝，西陲疆域，闢擴萬里，自古之所遠不到兜頭負固之地，莫不歸入版圖，而言語侏偶衣冠詭異之倫，罔不知執事，隸諸臣僕，且懷德畏威者，遍及於西海之濱。爰命廷臣纂輯圖誌，一時載筆之士，互相鴻毅，燦燦乎嗟嗟于古矣。然其卷瑣屑之事，殊方猥瑣之情，或棄擲而不言，或采擇所弗及，而遊於其地者歸述於人，非附會之失眞，即抑揚之過當，最足以誤聽聞。余居其地最久，考究最詳，於是不揣冗俚，作爲是編，目見存矣，而耳之所聞，少無可據別識之。既無左氏浮誇之才，敢爲鄒衍荒唐之論哉。乾隆四十二年歲次丁酉十二月十九日椿園七十一序於復四山房。

此書所謂新疆紀略，爲新疆地方志，除「雪山」一節爲描述天山者外，以次哈密，巴里坤，烏魯木齊，伊犁，塔拉巴哈台，闢展，哈喇沙拉，庫車，沙雅爾，烏什，葉爾羌，喀什噶爾諸節，均爲清代尤其乾隆時代對於各地建置，概述。外藩列傳者，爲哈薩克，布魯特，安集延，拔罕，温都斯坦，克什米爾，巴達克山，退木爾沙，沙闘記，塞克，鄂羅斯，控噶爾，郭罕，退擺特，控里薩普斯，哈拉特良，布哈拉等部落，當時所謂外藩之概述。所記以風俗，習慣，種族，物產爲多，儼然一西域邊外之民族誌也。並附絕域諸國考。卷五六爲西陲紀事本末，總輯準噶爾，阿睦爾撒納，布拉敦霍集占，烏什之叛亡紀略及土爾扈特投誠紀略而成，平定新疆經過之略述也。卷七回疆風土記，爲南疆風俗物產之概述，爲目凡四，曰天時，土宜，風俗，物產。並附雜錄，以誌異聞。卷八爲新疆道里表，表列嘉峪關西至哈密，哈密西至闢展，哈密北至巴里坤，土爾番西至哈喇沙爾，土爾番北至烏魯木齊，哈喇沙爾西至庫車，庫車西至阿克蘇，阿克蘇至葉爾羌，至伊犁，至烏什，葉爾羌至喀什噶爾，至和闐之里數及台站者也。

七十一氏之書雖有數名，西域聞見錄則爲新疆圖志藝文志所著錄，故其名稱及內容，當以此書所紀爲準也。然則此書殆爲七十一氏所著數種中之初刻原本耶？

二、新疆紀略

抄本，紙已黃黯，半頁十行，行中有二十四字者，有二十六字者，或多或少，爲數不一。字處行間，頗有書卷氣，當根據稿本，率筆抄來，故不計其字數之一致與否。文字上亦與前本有所出入，如前序云「目能視，若或見之，從目治，目域於形，隔牆之矣」，作「目能視隔之矣」序後書曰：

乾隆四十二年十二月，椿園先生身歷回疆紀略。

此書未著撰人，共稱「椿園先生」而又名此書爲「回疆紀略」者，或爲七十一氏之幕下所爲歟？

此本卷首無圖，亦不分卷，以準噶爾紀略等前書所謂西陲紀事本末部份列於首，次爲回疆風土紀，新疆道里表，新疆紀略，而以外藩紀略居於卷末。此書所附絕域諸國，僅爲轄提一項，回疆風土錄部份亦不附雜錄。

三、異域瑣談

凡四卷，竹紙抄本，半頁八行，行二十二字。楷書，雖端正而極幼稚，當出於書賈之手。此書無輿圖，亦無輿圖設略。卷一之殊方風土，共內容即西域聞見錄之回疆風土記及軍台道里表，唯無天時，土宜等標題，且段落先後亦不一致，字句之間亦有出入。卷二西陲軍事，即西陲紀事本末，卷三雖亦題西陲軍事，實即前二書之新疆紀略部份，但未錄雪山一節之正文，僅錄按語。卷四爲外藩列傳，有數處未抄，當係以原本字跡模糊或殘草，抄者不識，未敢擅錄，而又無人校訂，故仍其空白也。

四、西域總志

刻本，嘉慶戊寅歲（二十三年）鐫，强恕堂藏。卷首有嘉慶八年五月周宅仁序，謂其原名異域瑣談，此本係根據其幕友李翰軍君所得抄本而刻。故每卷之首，仍題異域瑣談，唯版歸改刊爲西域總志而已。周氏曰：「其以瑣談名者，謙詞耳，其談也，實誌也，余因易爲西域總誌云」，則西域總誌之名，特爲周氏所刊異域瑣談所改耳。

此本半頁九行，行二十二字，楷書，惟刻法不精。此書既依異域瑣談刊刻，故次序與前書相同。卷三仍題新疆列傳，足証前本之誤。卷首無七十一氏之原圖，而僅有周塨坦所補繪者。周塨坦於「補繪西域圖說」中謂「椿園先生舊繪輿圖，底稿無存」，是周氏所據本爲無圖者。塨坦之圖，僅示方位，不辨東西，錯雜紊亂，極爲離奇，取以展觀，自覺可笑，較西域聞見錄所載地圖差蓋不啻霄壤也。

五、西域記

嘉慶十九年甲戌仲秋味經堂刻，半面九行，行二十二字，按語部份，半幅較正文部份爲小，卷首刊該年仲秋既望武寧盧浙容華氏序，序中有云：

西域之記，有大唐西域記，爲唐釋元奘撰，後有佛國記，爲宋法顯撰，二者皆記異端之語，吾儕忝居仲尼之徒，不可一日而聞也。又有使西域記，爲明陳誠撰，西使記，爲元劉郁撰，二書皆記其涉歷，於風土人情未免遺漏，讀者不無餘憾也。長白椿園先生居西域有年，狡其山川，按其風土，細情巨事，筆之於書，歲久告成，編分八卷，元元本本，無不詳確，校元奘諸書，又高一籌，其間擴事抒詞，悉邇欽定西域圖志，尤足信今傳後，而我朝車書一統之盛，亦于斯見焉。

大唐西域記等書之價值如何，今人已有定論，無待煩言，而顯倒西域記與佛國記之時次，又以法顯爲宋人，知其實未讀其書，而妄加議論。此本分爲八卷，次亦悉與西域聞見錄同，唯中縫刻爲「西域記」卷首書題頁亦刻爲「西域記」，然目錄上仍刊爲西域聞見錄，足徵係根據西域聞見錄刊刻。卷首所載輿圖刻法雖不精，但亦如西域聞見錄之格式。又有安福盧鎭氏跋。

六、新疆外藩紀略

刻本，書凡二冊，各具上下卷。半面九行，行二十五字，楷體。首冠原序及輿圖。上冊以新疆紀略爲上卷，新疆道里表及回疆風土記爲下卷；下冊以外藩紀略爲上卷，以叛亡紀略爲下卷。所謂叛亡紀略者，即西域聞見錄中題爲西陲紀事本末者也。此書與西域聞見錄次第雖不相同，然就回疆風土紀之不題爲殊方風土言，似可斷言其爲根據西域聞見錄刊刻。書中地名號作矩形框，人名號作單線，官名作三角標識，爲他本所無。

綜上以觀，七十一氏之書，共名雖有六種，而其來源實皆出於西域聞見錄與異域瑣談也。前者爲新疆紀略，西域記，新疆外藩紀略所本，後者爲西域總誌所本。而此西域聞見錄與異域瑣談之異同，則在於前者有七十一氏所繪西域輿圖，而後者無之。觀西域聞見錄，新疆外藩紀略及西域記均有輿圖，可以爲証。而新疆紀略所以無輿圖之故，當爲輿圖難於抄繪，此其一。其二則爲前者所題回疆風土記者，後者題爲殊方風土，西陲紀事本末題爲西陲軍事。至於段落之先後，文句之不同，則其次焉。此書尚有「新疆輿圖風土考」，（光緒八年上海點石齋石印本）及「新疆紀實徵信錄」等異名，要皆爲同一來源。更以西域聞見錄卷數之釐然與其輿圖刻法之精細而言，則七十一氏之書，似當以聞見錄爲定本，而異域瑣談，或爲七十一氏之未定稿也。福慶異域竹枝詞序謂：

部曹椿園所撰異域瑣談，分新疆外藩及絕域諸國列傳，山川，風物，土俗，民情，歷歷在目。

福慶，爲與七十一同時人，全名爲福慶鈕祜祿氏，字仲餘，號蘭泉，滿洲鑲黃旗人，由筆帖式歷部曹鎭廸，後任貴州巡撫。其所見本，既名爲異域瑣談，則七十一氏之書，初或名異域瑣談耶，新疆圖志特根據其定本之名著錄之耳。

今西域聞見錄及西域紀卷一之後均刻有「長白七十一椿園著」，西域記則多「武寧盧浙容弁参訂，安福阮憬歸升甫同校」字樣。新疆紀略稱「椿園先生身歷回疆紀略」，異域瑣談及西域總志則題爲：

「椿園七十一著」後者既爲周宅仁刻本，故多「巴西周宅仁汝江輯」及「男堉坦安校訂」兩行題名，至新疆外藩紀略，雖於卷一書名之次行列：「椿園氏著」而原序之末則列爲：「乾隆四十二年歲次丁酉十二月十九日椿園七十一序」。然則著者椿園七十一究爲何許人乎？

異域竹枝詞「部曹椿園」下吳省蘭注云：「名七十一」，新疆圖志藝文志亦著錄爲七十一著，可知題爲七十一者不誤。考清初旗人之以數字爲名者，背數數見，西陲總統事略中有四十七之名，三州輯略中有四十六，六十三，六十七，六十八等名，國朝耆獻類徵中有五十九，六十六，七十三，七十八，八十，八十三，八十一，八十六，九十等名。且耆獻類徵中（忠義二十一及二十二）又有兩七十一，其一滿洲正紅旗人，姓博和哩（附見專塔傳），其二滿洲鑲黃旗人，姓伊拉哩（附見多隆武傳），此殆與清史稿中所謂七十五瓜爾佳氏（列傳一百三十五）同，知七十一特二人之名，非其姓氏。此書僅知著者之名，而不知其姓氏。新疆外藩紀略以爲其年歲，洪鈞元史譯文證補以爲七十七叟，雅頌集以著番社采風圖考之六十七併爲一人，均誤。

八旗文經著者考記述著者事跡，謂：

七十一字椿園，滿州正藍旗人，乾隆十九年進士，著有西域聞見錄八卷，一名西域瑣談，蓋官徵員時作，故新疆識略庫車大臣表無其名。

其言多不可據。考庫車大臣即爲庫車辦事大臣，設於乾隆二十四年，清史稿疆臣年表十（各邊將軍督統大臣表）自乾隆二十四年起有庫車辦事大臣一項，第一任爲德舒，以次遞叙，並無此書著者之名。所謂「故新疆識略庫車大臣表無其名」之語，一若著者曾任其職者。遑論今本新疆識略中並無庫車大臣表乎？至八旗文經所著錄西域聞見錄序，序末獨作「於庫車軍署」，意者或爲該書輯者或昱氏偶據傳聞，故以「復四山房」改爲「庫車軍署」也。不然，著者作序之年，正常爲任庫車大臣之時，安得有兩大臣同時出現。至於所謂「蓋官徵員時作」，亦不可信。按鎭迪道轄員三，一，庫爾喀喇烏蘇糧員，二，精河糧員，三，喀喇巴爾噶遜糧員，前二者設於乾隆四十八年，後者設於五十六年，而著者之序則作於四十二年，則八旗文經之說，自難信據。周宅仁序謂：「有椿園七十一者，旗人也，其學淵博，其才宏肆，曾任鎭迪觀察，居北地，覩其情，且遊歷殆遍，考核甚詳」。則著者似曾爲鎭迪道觀察。

考乾隆三十八年設分巡鎭迪糧務兵備道一，駐烏魯木齊鞏寧城，係由乾隆二十五年所設烏魯木齊同知管理地方事務及監放兵餉等事蛻變而來，轄有鎭西府宜禾縣等府縣，且設有鎭廸道衙門（見三州輯略卷二）。異域竹枝詞之作者福慶，即曾任斯職也。

鎭廸道，即分巡鎭廸糧務兵備之簡稱，三州輯略列有歷任鎭廸道姓名表，所列自德平始計十三人。其間有福慶之名，謂「乾隆六十年六月任事，嘉慶三年十月卸事，與福慶傳（據耆獻類徵，清史稿無）所記五十九年調鎭廸道正合。然此表亦無著者姓氏。如周宅仁所紀爲可信，則著者必係於乾隆三十八年至四十六年十一月之期間中任此職，蓋姓名表所列始自德平，德平係乾隆四十六年十一月以迪化州知州護理，而此職則設於三十八年也。

據吳省蘭注，知著者與阮葵生爲同官，且福慶亦稱爲部曹，吳氏乾隆二十八年由舉人考取咸安宮官學教習，歷充四庫全書館分校官等職，卒於嘉慶十五年，與福慶及七十一同時，其語自當不誤。然據阮傳，係自乾隆三十六年補刑部主事，五十年任刑部右侍郎，五十四年卒。著者旣與同官，則其服官刑部當在三十六年以後五十四年以前。

如上所述，傅恆之語既不可靠，而周氏說法，因無佐證，亦未可遽信，故此二說，均不足以詳知著者之事蹟，其所能確定者，明為著者曾官新疆，其職不顯。與氏之說，備見為著者先官新疆而後任職刑部之說明，而任職年代亦不能確定。

關於此書之批評，毀譽參半，盧浙，關隨及周宅仁評語，已如前述。而陳康祺謂：「西域聞見錄，乾隆四十二年滿洲七十一撰。七十一曾奉使西行，故語多確鑿，書中多乖謬，不甚奇幃武功，尤為紀述佳手，蓋阮吾山司寇葵生實為潤色云。」此語與姚椿所說謂「或云阮吾山侍郎嘗為潤色，書中多乖誤之辭，不妄奇幃，自是紀述佳手。」阮葵生跋亦有「西域記八卷，長白椿園先生撰。先生居西域有年，雖疆域沿革，風土人情，皆考據精確，記載詳明，誠有功邊陲之書也。」之詞，皆為稱讚之者。

何秋濤氏有「辨正西域聞見錄」之作，（見朔方備乘卷五十六）其敘曰：

原任部員，長白七十一，撰有西域聞見錄，亦名異域瑣談。其書共有八卷，記新疆及回部之事內惟回疆風土條得諸目睹，多資考證，其外藩列傳，如哈薩克布魯特之類，歲時朝貢，土爾扈特和碩特之屬，已列藩封，耳目較近，紀述亦詳。若絕域諸國，則皆得自傳聞，山川道里，半涉茫昧，其舛誤尤甚者，莫如記鄂羅斯，控噶爾二篇，但以世間多有其書不加辨正，沿譌含甚，今故備載原文，正其譌謬。又松筠，俞正燮，姚瑩，魏源諸家，皆有辨正是書之語，分見各卷中，可以互為考鏡云。

何氏治西北地理之學，爲當時之權威，其言自可置信，然則著者所云「而耳所聞，少無可據即價之」，究非可盡信也。至新疆圖志藝文志，亦有所論：

所記回疆風土，得諸目覩，多資考證。雖以難卜達爾爲星宿海，蘇勒河爲疏勒國，偶而疏譌，不爲鉅病。其藩屬列傳，耳目較近，記載亦詳。至述案國，退木爾沙之釐妄，愛烏罕爲敖罕，波斯誤爲塔克，謂鄂羅斯一姓相傳，不知閱錄千年，屢做於控噶爾；稽首稱臣之類，烏有之事，孟浪之談，蓋料以西各國，妄聽傳聞，十謬七八，如控噶爾，荒唐不勝糾云。

其意殆申何氏之論耳。

要之，此書對於回疆風土，因係目見，記述頗詳，至於藩屬列傳中所誌各國，雖或失於傳聞之誤，然其在當時，嘗爲注意回疆風土方面之唯一著述，宜乎回疆通志等書之數爲引用也。

書評

尹文子校正

研尹

校正者王愷鑾　二十四年十二月商務印書館出版

定價一角五分

現存尹文一書，本非漢志之舊，近今論者，多謂其為僞作，然雖力加抨彈，亦以其書偽則僞矣，而其言審瞭，文簡理當，折衷衆說，棄短錄長，大體固亦雅馴。其書文字稍淺，故傳寫之僞誤亦較少，清代錢熙祚汪繼培嚴可均孫詒讓陶鴻慶，咸有校訂，至民國初年王時潤集錢汪孫三家之說，間下己意，成爲尹文子校錄一書，雖未及採嚴陶二家，然不失爲一較佳之注本也。民十左右，北大研究所羅君曾有尹文子校釋，聞其搜羅甚富，功力甚勤，頗只列爲成績，而未印爲專書，則未知其何故。忽忽至今，又十餘年，不意是書乃先羅釋而印行問世，據自序所言，則甲戌之夏，始屬稿也。

是書所據以爲校正者爲四部叢刊覆江南圖書館藏明刊本，清儒之說則只採取錢熙祚汪繼培孫詒讓三家。王氏校錄，亦多採取。首著者自序，次仲長氏序，次大道上，大道下，次附錄。附錄共析爲四：一，事實，二，佚文，三，逸文，四，集說。粗讀一過，覺其可議之處甚多，而其不可掩者則爲：

（一）見聞弇陋　王氏校錄，于各家校記未收者，有嚴可均之校道藏本，是書于民十四五年間，已由上海中國書店印行，爲校訂尹文子之要籍，校正作者，乃弗之知。如大道上『處名位雖不肖，不患物不親己，親疏係于勢利，不係於不肖與仁賢。』嚴校道藏本于『雖不肖』下據文選任昉爲蕭揚州薦士表注補『不患物不親己在貧賤』『仁賢』十二字，而校正乃云：『此段說誤甚多，文選任彥昇爲蕭揚州薦士表注引此作「處名位，雖不肖，不患物不親己，在貧賤，不患物不疏己，親疏係乎勢利，不係乎不肖與仁賢也。」……』，既不知嚴校已補『雖仁賢』三字，而其所云，實一本于王時潤之校錄，乃並王氏之名亦不著。他如『宣王如射』，嚴校道藏本實作『宣王好射』，『其實所用不過二石』，嚴校道藏本實作『三石』，大道下『鄉君子之鄉，亦君子之恥也。』王氏校錄云：『鄉與嚮通，疑當作恥。』嚴校道藏本正作『亦君子之恥也。』今審者之爲校正，乃不知有此本，于『如射』之當作『好射』，則云宜據呂氏春秋改爲『好』字；于『二石』之當作『三石』，則云宜當據下文『宣王用不過三石』句改正。于嚴氏校本尚不之知，而即輕易著述，亦足見其陋矣。

陶鴻慶讀諸子札記十六讀尹文子者共十二則：如大道上篇：『形而不名，未必失其方圓黑白之實，名而，不可不尋名以檢其差。』陶氏云：『名而下當有「不形」二字，「名而不形」與「形而不名」相對爲文，即上所謂有名者未必有形也。』此與孫氏札迻所云『名而下當有無形二字』，說雖不同，可以互相印證，實見其有據也。又大道上『使善惡盡然有分，雖未能盡物之實，猶不患其差也。』陶氏云：『盡然當作畫然，以形似而誤。』以盡然當作畫然，在胡適之中國哲學史大綱亦如是云，然『盡然』二字，亦非不可通也。又大道上『世有因名以得實，亦有因名以失實』，陶氏云：『此當云「世有因名以失實，亦有違名以得實」，二義正相反也。下文云：「宣王悅其名而喪其實」，又云：「此違名而得實矣」，皆承此言。』此與王氏校錄說同。又大道上『我之與彼，又復一名，名之察者也。』云：『又復疑各得二字之誤。上文云：「賢不肖善惡之名宜在彼，親疏賞罰之稱宜屬我」，彼我各有所宜，是各得一名也。』陶氏札記于大道上篇共說甚精，其他各條，亦足以備一說。陶氏札記，今頗有流傳，而校正作者乃不之知，其見聞之弇陋，亦可知矣。

（二）校訂疏略　著者以是書校正文字之譌，雖亦有一二出自己見者，然而大體疏略，頗有當舉正而未舉正者，如(1)大道上『大道治者』句，王氏校錄據下文『以名法儒墨治者』謂當作『以大道治者』。下文云：『是道治者，謂之善人；藉名法儒墨者，謂之不善人。』竊謂『是道治者』，當依下文作『以道治者』；『藉名法儒墨者』，當依上文作『藉名法儒墨治者』。(2)『因圓之自轉，使不得止；因方之自止，使不得轉。』嚴校道藏本『圓者之轉』，『方者之止』，此實當補二『者』字也。(3)『智不能得夸愚，好不能得嗤醜』，兩得字並疑爲衍文。(4)『此俗之所齊，物之所飾，故所齊不可不慎，所飾不可不擇』，兩飾字並當讀爲飭。(5)威以爲寡鳳凰，貴欲以獻之，遂聞楚王，王感其貴實欲獻于己。（據嚴校本）『貴欲以獻之』，語意不甚合，當據下文作『貴實欲以獻之』。(6)『楚東我寡，請其未悉濟而擊之』，此數語本依左氏傳，則請下亦當依左氏傳增即字。(7)大道下『三者獨立，無致親致疏之所。』致當讀爲至，所當詁爲時。(8)『治世非爲矜窮獨貧賤而治，是治之一事也。亂世亦非侮窮獨貧賤而亂，亦是亂之一事也。』『亂世亦非』下亦宜據上文增一『爲』字。凡此皆不必據古本及清儒校記而可以上下文推證之也。校正著者，云于甲戌之夏，取上海涵芬樓四部叢刊尹文子讀之，反復校讎，迄秋脫稿。則爲時甚暫，無怪其疏略如是也。

（三）攘善掠美　著者亟于成書，不免多襲前說。如(1)大道上『老子曰：「道者萬物之奧，善人之寶，不善人之所寶」』。校正云：『所引老子語，見道德經第六十二章，大寶字彼作保。王弼注云：「保以全也」。寶保二字古通。』實襲錢校語。(2)『設復言好人，則彼屬于人矣。』校正云：『汪繼培曰：「彼疑復」。孫詒讓曰：「宋本正作復」。』全襲王校語。此類甚多，難以枚舉，著者之意，豈謂讀者未必取王校諸書一一對照之，而欲一手掩盡天下耳目耶？然攘人之善，實爲不德，果欲躋于著作之林，則不當如是也。

雖然，此書亦間有可取者，如大道上『楚人擔山雉者』，王氏校錄以爲『擔上宜增有字』，而此書據華希閔廣事類賦注引此『擔』上有『有』字，宜據補。則足證王說之不謬。他處亦有引事類賦注以爲說者，然如『田父稱家大怖』，錢校謂『稱字誤，御覽引作共，無「田父」二字。』事類賦九引御覽同，而校正獨不加徵引，而曲從王氏校錄之說，以爲『稱猶舉也』，實不如作『共家大怖』之爲愈。要之，是書非無一善足取，在商務國學小叢書中，尚非至惡劣之作。王氏校錄流傳甚少，有是書以備初學閱讀，亦未必大誤人。余以夙好尹文子，頗留心關于尹文子之撰述，故因是書而備論之，亦非謂是書之絕不可一讀也。

新書介紹

南北響堂寺及其附近石刻目錄

國立北平研究院史學會編　民國二十五年九月出版

定價一元二角

中國境內現存石窟佛寺遺蹟，最有系統而風格最顯著的，一是山西北部大同的雲岡，一是河南洛陽的龍門（伊闕），一是甘肅敦煌的莫高窟即千佛洞，河南鞏縣的石窟寺，山西太原的天龍山，河北磁縣的白帶山，都遠不及這幾處的宏偉瑰奇，在佛教藝術史上占很重要的地位。

雲岡的石窟，自日人伊東忠太於一九零二年實地調查以後，研究遠東美術的人，始相驚歎，日人亦即以此自豪，法國沙畹繼之，播揚於西方學術界，於是雲岡的石佛寺，遂名高於世，近來平綏路有專爲遊覽雲岡的旅行車，到那裏瞻仰佛洞摹所謂犍馱羅（Gandhara）佛教藝術遺蹟的人更多了，也更方便了。中外關於雲岡的圖錄和調查報告，不下十數種之多。

敦煌千佛洞自一九〇二年匈牙利地學會長洛克濟（L. de Lo'czy）及斯希尼（Szechenyi）探險隊發見，僅爲稱揚，謂爲「洞中雕像之富，冠絕東方」，至一九〇六年——八年，斯坦因第二次入新疆至敦煌，竊取敦煌石室寶藏，繼之以伯希和之席捲，敦煌之名始爲國內少數學者所注意。伯氏更詳細調查千佛洞的全部，並攝影數百幀成敦煌圖錄六大冊。此後國人雖有慕其名而往參觀者除陳萬里氏較有系統的調查外，別無成績。

至於鞏縣的石窟寺，太原的天龍山，磁縣的白帶山等處，在已故日人關野貞的支那佛教史蹟中都有較詳細的紀載。而河北磁縣及河南武安兩縣間的南北響堂寺，則因規模較小，考古學者尚少有注意的。南響堂寺在磁縣城西北五十里，北響堂寺在武安縣城東南六十餘里，都同在一鼓山上，這山是跨連兩縣的，故寺有南北之稱。北平研究院考古組於去年九月派人將寺內所有石刻全部照相，推拓，內容分造像，花紋，刻經，造像銘及題記等四大類。本年九月曾在北平中海懷仁堂將拓片展覽一次，觀其推拓工程，實爲不易。響堂寺之建立，據高僧傳及三寶感應錄諸書所載，蓋始於東魏之末。據說，石刻中時代之最早者爲北響寺北齊天統四年之涅槃經，及武平三年之唐邕寫經記。自此以後，歷唐，宋，金，元，明，清，代有修補。其雕刻製作之精，因可爲我國北齊一派藝術之代表，即衣冠人物伎樂等刻劃之工，亦可作研究我國北齊以來制度文物之考證，與雲岡龍門之可以代表北魏藝術者，實有同一之價值。至其中刻經一項，爲大規模刻經之最古者，足與後世木刻本相參證。

本目錄所載，共分三類：（一）造像記及碑碣類。（二）佛經類。（三）經幢類。全目編製先列石刻之名，次爲石刻所在之地，再次爲備考。條理頗爲簡明。從事於此者爲該院考古組主任徐炳昶氏，及何士驥氏劉厚滋氏，而編校考訂，則多出於何君之手焉。（銘）

新書簡訊

黑格爾學述

賀麟譯　民國二十五年九月商務印書館出版　定價七角

德國的哲學，始於康德之發表純粹理性批判至於黑格爾之死。康德的哲學是第一期，是以前的許多勢力的集合點，又是康德以後的惟心派的出發點。第二期的哲學家，便是費希特，謝林（Schelling）黑格爾，海巴特（Herbart）這幾人又是康德哲學裏的一派，而這一派的惟心論，又以黑格爾而集其大成，他可以說是將以前許多惟心論者的線索歸入於一個系統中，他的解釋是一種事實的解釋，他尊重事實，不夾雜感情，他雖是一個浪漫派，亦是一個無所不知的歷史家，所以黑格爾的哲學，就是以歷史爲基礎的，他認爲哲學就是世界歷史所給吾人的教訓，本書譯者在譯序裏說，黑格爾的哲學，如果用太史公自序所謂「究天人之際，通古今之變，成一家之言」，幾是描寫黑格爾哲學的最切當不過的話。

黑格爾和康德一樣，是一個謹愼穩當的思想家，終身從事於學術，因生活的平凡，大概也影響於他的文字的表現，他的文字很艱澀，用專門術語又極生硬，採用哲學名詞與尋常名詞，但求與他自己適合，所以要了解他，要介紹他使別人也了解他，實非易事，這就是譯者所以要翻譯本書的動機。譯者對於西洋哲學，尤其是對於近代德國惟心派的哲學，最有深湛的研究的人，謹嚴地翻譯了魯一士（Josiah Royce）這幾篇論著，魯氏是美國最偉大的新黑格爾主義者，是美國系統哲學成立的柱石，他與詹姆士齊名，又是好友，同時又是對頭，他是最善於闡釋黑格爾，而能道出黑氏之神髓，揭出其精華而遺糟粕的人。譯文共收六篇，第一篇是撰魯一士的近代哲學之精神，其五篇，則自其近代理想主義演講中譯出。

譯者對於翻譯哲學名著的意見，在本書譯序中曾立了三個具體而明確的原則，他對於中國哲學又是具有熟篤的人，所以能融和許多中西相同的術語，翻譯起來，能令讀者有親切深厚之感。我們以爲現在翻譯外國名著，應該不是從前那樣祇懂得外表的語言，便可以譯任何著作的，應該是對於原著內涵的思想也得透徹，猶之會說外國話的，不能都可以充做外交家一樣。譯序中譯者對於譯名術語，如論時下流行的辯證法之抄襲日譯爲不當，應改譯矛盾法，並解釋黑氏之矛盾法，以及譯英文的 The Absolute 爲太極，the Infinite 爲無極等，都有很詳細的申述。翻譯西洋哲學或欲求了解黑格爾的人，不可不一讀。（觀）

海外消息

向覺明君留英整理敦煌卷子近況

近接向覺明先生來函，時述在倫敦大英博物院整理敦煌卷子近況，逐錄於此，想爲關心敦煌學者所樂聞也。——編者

（上略）在牛津九月，因頗不堪，來時意興爲之索然，兄處遂稍上牘，尚祈諒之。牛津工作於八月廿九日交代，三十日休息一日，三十一日即赴倫敦，二日博物院看管交涉辦安，於是又隨班逐日日過其鐵板式之生活，旁人草草，莫可如何也。弟現住所離博物院十分鐘可到，尙屬方便。自來此至今，逐日閱覽卷子，計漢文卷子已閱五十餘卷（自十六日開始），回紇文，粟特文，東伊蘭語，藏文等，亦查過百餘號，不久即開始攝影。西域古文字撰擇完整者全部照回。在目前雖少知音，然我國學術界如欲在東方學上卓然所有自立，則此等材料固不可少也。漢文卷子就目前所已閱者而言，其足以補羅氏影印諸書之缺者，爲數不少。弟看卷子，先從非宗教文獻看起，以次及於佛道諸家。此間所藏亦以佛經爲多，總數七千卷，是否可以翻閱一遍，全無把握，將來擬每日最少以十卷爲率，（佛經亦加速度進行），兩年以後，重要者或可全部照回。惟經濟方面，目前最多只能維持至廿七年四月，倘須過起碼生活，而世事變幻無常，即是否能至廿七年四月，亦在未可知之列也。倫敦所藏西域古文字諸殘卷，公開閱覽，已有數年，而吾國知之者尙不多，原有一目，名 Preliminary List of Mss. in Languages of Central Asia and Sanskrit, from the Collection made by Sir M. Aurel Stein, K. C. I. E. 約記各卷內容，弟擬俟稍暇將其譯漢，參以弟所記錄，寄呈左右一覽。國事蜩螗，不知如何了局，海外聞報，每每熱血憤騰。（下略）

圖書副刊
BOOKMAN
第一百六十期

一本刊登載關於中外圖書之介紹批評以及學術界消息爲公開性質歡迎投稿
二刊登本刊之文略致薄酬
三投稿通訊可寄「北平文津街國立北平圖書館內圖書副刊編輯收」

續通鑑紀事本末書後

孟森

續通鑑紀事本末一百十卷，李銘漢撰，其子于鍇補成之。銘漢字雲章，甘肅武威人，道光二十九年己酉科副榜貢生，事蹟具屠寄所撰墓碑。然碑中所載，皆番禦回變時，籌防籌餉及清厰治水諸有功鄉里之事。晚主甘州書院講席，大吏疏薦耆儒，加國子監學正銜，年八十四而卒，未嘗言其著此書，蓋本家所作事狀不及之也。考此書刊版，首署光緒癸卯開雕，丙午夏仲竣工。銘漢卒於光緒十七年辛卯，後十三年始撰碑，則碑撰於癸卯，正與開雕此書同時，且其前由于鍇補其未畢。又服官山東，延清河范右文勘正有年，其八十九卷爲銘漢所手成，後二十一卷乃于鍇補。于鍇以事狀乞人作墓碑，竟於此大費心力之著作，不提一字，未知何故。今聞其書，悉用建安袁氏通鑑紀事本末之法，標續通鑑爲百一十題，共一題中包數事之首末者，分標子目，取畢氏原書隸之，原書所有，不動一字，所無不增一字。而據于鍇後跋言，紀事以事爲主，關制度者不紀，亦仿袁氏之意，殆以此事讓諸續三通及會要等書也。

李氏既成續通鑑紀事本末，且已刊行，爲時不過三十年，原版必甚完整，不知何故外間知者甚少，坊肆亦不見其書，北京大學圖書館購得一部，價亦甚貴，殆已視爲希見。以前余屢提議欲撰此書，謀諸商務印書館，組一編此書之專部，余願任其事，未有成議。繼又於北京大學歷史系，欲合諸生共成此學，亦未成事實。近始知圖書館已有是書，可以不作，然不可不提倡學子使共知也。夫吾國無通史善本，與各國史學系統比，正以紀事本末一體，未能上下貫徹之故。各國史書，多用此體，或述一國，或合諸國成歐洲史。皆有此徹上徹下之通史，撰述家就其間抉取爲教課應用之本選擇材料，斟酌篇幅，估計講授時日，較合宜者便成名著。中國正史之體，各國所未具，其習西史者遂輕本國史，謂皆一朝君主家譜，無國民公共之紀載，君主亦國民中之一人，中國史家專章此一人，而國家與國民，皆成其所有之物產，致爲不合。夫此說誠亦不無印象，然思想隨時代而轉移。作史之方法，則中國史體例，紀表志傳，實能備紀述之體，史之來源，數千年根據右史記言左史紀事系統，國之有政，未施行之先，已入史館，可以使史無漏筆，政事無能逃史筆之外者，其創制之嚴重，實勝於世界各國。而爲改革政體以後，累年未能復舊之一事，余別有專論，今不具列。若夫前代之史，則同出一源，已歷代各有專書，就而取材成一通史，不應久久無善本也。

顧自紀表志傳之正史斷代爲書以後，欲化成一貫徹之紀事本末，殊非易事。作紀事本末體之史，不以自古至今爲直系，而分一時一事爲一首尾者，何可勝數。大者如國家所修方略，小者如文人書事之文。又或就一代之史或一種紀事本末，其間又分兩種，或就一代史料爲之，成於未有正史之前，或就正史爲範圍，取材不過正史之外。此等紀事本末雖多，仍是作通史之原料，與學校應用之通史，相距尚遠也。孔子成春秋，諸賢分任作傳，而後有編年之史。至馬班改正史之體，編年史僅居其紀之一體，表與列傳，分詳其經緯之用，而別有志之一體，以制度爲分類，鑒其沿革變遷之致，而後史法爲大備。自溫公作通鑑，則復於編年一體，而擴大各史之本末，取表志傳中之應著爲法戒者，盡隸以年月，而以紀包他三體之事實焉，夫而後通史之骨幹文矣。

通鑑既理清其年月時日，又分別其事之鉅細，關係法戒之要否，以爲删存。歷來亦有續通鑑所載不及史文之詳，因有補正等作，若嚴衍談允厚諸君是也。案其所補皆於資治之目不合，溫公自删其繁瑣，未可以好奇嗜博之意，輕用於鑑，鑑者，以古爲鑑，非搜殘擧碎之書也。通鑑既成，建安袁氏就而作紀事本末，其勢極順，可以見其手眼者，惟有兩事，一標題，二隸事。標題之難，要能盡一時之要政，而適其限斷之宜。隸事之難，要能使屬於本題之下之事，俱成本題之筋節，雖與他題相涉，而若移屬彼題，即變正文爲閒着。本此兩義，手眼不差，則逐條抄撮，較之從全史泛濫中，求其貫串成篇者，省力不可以道里計。張天如有全史定，則通鑑成，通鑑行，則本末出之說，正謂此矣。續通鑑世以畢氏爲定本，行世百年，而有紀事本末踵成，中更兵燹，畢氏原書版片毀損，同治中亂定重修，于鍇跋稱當時已蒙置一編，而爲之紀事者尚鮮，其尊人乃發憤爲之，洵及時必有之著作矣。

是書於標題隸事二義，其標題又較袁氏作通鑑紀事本末時爲易，蓋宋元兩史，已有紀事本末，書出陳邦瞻一手。其所標各題，頗可斟酌去取，既題目大體易定，惟有就題隸事爲手眼所在耳。當續通鑑所書之時代，今更有撰紀事本末者二家三種，李有棠撰遼金二種，張鑑撰西夏一種，李氏皆未及見。其紀載範圍，既以畢氏書爲限，於諸家之書，亦不願多涉。惟既有畢氏之續通鑑，必需有一紀事本末，上接通鑑紀事本末，爲戰國至元一直系之通史。推而上之，則馬氏繹史爲開闢至秦之紀事本末，中間重一戰國時代。引而下之，則谷氏之明史紀事本末，楊氏之三藩紀事本末，所留待再續者，則清鑑清紀事本末耳。不得李氏之書，使家喻戶曉，於據撰通史之資料，不無缺憾。是以擬爲重付影印，多餉學界，即促成中國通史之一道也。

李氏之行實，於清同光間西陲回變，頗有關係。其墓碑亦足登碑傳集補編，閔氏補碑傳集時，亦搜輯不及此。屠君晚年以全力撰蒙兀史，未將散文裒集印行，故世莫能見，亦待所著書流行，而後其人之本末並顯。李氏若原版尚存，吾願其急刷印問世，無使人望久絕。倘經此諍勸，數月後無嚳息相聞，則吾輩代印流傳，固亦李氏後人所應許者矣，書以俟之。

關於「新刻茘鏡奇逢集」

歸見

本刊十一月十二日載蟠生先生讀謝瓊志敘牛津所藏中國書一文，曾提及新刻茘鏡奇逢集（二卷，嘉慶甲戌尙友堂刊本）一書，此書所敘陳必卿，黃碧琚（即陳三，五娘）戀愛故事，爲現閩南（泉州）普遍流行之民間故事。且爲當地戲（如七子班）常搬演之流行戲，魔力之大，遍及窮鄉僻壤，雖婦孺亦知有陳三，五娘之名，同時，故事發生之地點既爲泉潮二州，故在潮州亦極風行，關於此種故事之各體寫定本，除蟠生先生開列在海外所見之三種（另係繡像荔支記陳三歌，及重刊五色潮泉插科增入詩詞北曲勾欄荔鏡記戲文全集二種，後者在泉州確不易見。）外，尙有數種刊本，如：

（1）道光丁未刊行之新增荔鏡奇逢集，每頁板心署爲荔鏡記，卷首有兩序文。

（2）光緒戊申刊行之木刻本增註奇逢全集，卷首有光緒丁酉雙合主人序，序文與道光本所刊者異，封面註明石印，但爲木刻，刻工較道光本優美。

（3）上海大一統書局鉛印本繪圖奇逢集全傳，板心題增批加註奇逢集，有序文，與光緒本同，唯改換作序年月爲宣統元年。

上列三書均爲荔鏡傳（奇逢集），共節目計有：

一、陳必卿實錄
二、王（黃）碧琚實錄
三、正月三日必卿往任
四、必卿過丹霞驛
五、必卿遊寶尚驛
六、正月十四日必卿在潮
七、次日入謁韓文公及陸公廟
八、元夜卿，琚偶會
九、卿題烟火
十、春慰琚
十一、卿辭潮入廣
十二、卿到惠州入謁蘇東坡廟
十三、卿會見於五羊驛
十四、林氏謀求碧琚之婚
十五、琚謀改林之婚
十六、琚祝於春熙亭
十七、卿辭歸
十八、卿回至潮
十九、五月六日琚投荔於卿
二十、卿爲荔留
二十一、琚夢鏡壞
二十二、卿破鏡於王家
二十三、卿左軒自寓
二十四、琚吊鏡
二十五、卿示意於琚
二十六、琚步鏡園
二十七、卿敘鏡
二十八、卿琚論帶
二十九、春正月卿在潮操琴
三十、琚觀樂論人
三十一、琚論荔
三十二、卿偃掃。
三十三、春試琚
三十四、卿遺書於琚
三十五、卿執盟
三十六、琚歸於春熙亭卿竊覷之
三十七、卿求春
三十八、琚觀鸞柳圖
三十九、卿病於相思
四十、琚邀卿
四十一、琚思卿
四十二、琚病於思
四十三、卿及春得攻詞
四十四、諸婢亦相與投詞云
四十五、卿與琚盟於春熙亭
四十六、琚散約
四十七、秋八月望後卿私琚
四十八、卿與琚復會於含香軒
四十九、卿琚論人物
五十、卿下赤水莊
五十一、卿抵赤水莊
五十二、琚思卿
五十三、卿從赤水莊歸
五十四、玳訟於官
五十五、卿琚及春奔至黃崗驛
五十六、琚至麼花山渡脂粉深
五十七、卿被執以歸
五十八、[illegible]
五十九、卿屈於官
六十、卿至海豐
六十一、琚與卿別於江濱
六十二、王氏獻家書
六十三、卿遇家人於海豐
六十四、卿會兄於道
六十五、琚思卿
六十六、琚得卿書
六十七、卿回潮復會於王
六十八、卿畢於官事
六十九、必卿迎王氏以歸

（4）光緒十年刻本荔支記。此本類似傳奇，有科，白，詞曲，大部分爲泉州方言，間雜以潮州方言。（如明，憐仔。）與荔鏡傳情節，人名（如改王五娘爲黃五娘，林玳爲林大）均頗差異，錄其節目如下：

一、送兄餞行
二、五娘賞春
三、林大邀朋
四、益春調李姐
五、元宵賞燈
六、士女答歌
七、林大托媒
八、黃門求親
九、林門納聘
十、五娘責媒
十一、命婆訓女
十二、調女逆婚
十三、五娘投井
十四、別兄回潮
十五、遇歇李公
十六、伯卿遊街
十七、偶投荔支
十八、求藝李公
十九、伯卿磨鏡
二十、設計爲奴
二十一、伯卿掃廳
二十二、代捧盆水
二十三、五娘賞花
二十四、月下自歎
二十五、安童尋主
二十六、益春留傘
二十七、刺綉孤鸞
二十八、五娘相約
二十九、林大催親
三十、益春退約。
三十一、私會佳期
三十二、益春送衣
三十三、上庄收租
三十四、設計私奔
三十五、阿媽尋五娘
三十六、小七報阿公
三十七、林門討親
三十八、林大告狀
三十九、公差鎖拿
四十、鞠審奸情
四十一、五娘探牢
四十二、起解崖州
四十三、發配崖州
四十四、憤送封書
四十五、小七送書見二爺
四十六、途遇家僮
四十七、遇兄榮歸
四十八、五娘思君

新書簡訊

[illegible]

……圖書館運動經多方之努力，迨已進入第三階段之趨勢，公私圖書館除公開任人閱覽外，更謀如何便利學者之研究，即參考工作是也。故現代圖書館之機構，對於「採購」「編藏」「參考」實有三位一體之重要性。

普通謂求書之道有八：一、即類以求，二、旁類以求，三、因地以求，四、因家以求，五、求之公，六、求之私，七、因人以求，八、因代以求。近世科學日新，中西典籍浩繁，故圖書館之採購工作至感困難，而又極為重要，是圖書館之採訪購求首應確定購書政策，并謀事務上之簡捷與系統化。政策決定，則所選購之書方切實用，不致漫無系統；採訪工作組織健全，不但可節省經費與時間，且可增進圖書館之效能。故任圖書採訪工作者，對於「何者當求」「何者可求」「求之於何地」，非精稔此道者不為功。至於徵購登記之手續，購書經費之分配，文件與賬目之整理，複本書之交換處理以及圖書之裝訂修補等等，皆為採購工作者之重要事務也。

論圖書選擇與購求法之專著，以美國圖書館協會出版之「圖書選擇法」及「圖書購求法」二書（Drury, F. K. W.: 1, Book selection, 1930; 2, Order work for libraries, 1930.）最為完備，中文方面僅有杜定友之「圖書選擇法」（民十五年商務出版）及浙江省立圖書館所出版之「圖書之徵購」與「圖書之選購」等書而已，邢君雲林研究圖書館學有素，服務於燕京大學，南開大學，齊魯大學等圖書館，任圖書採購工作有年，近將其歷年研究及經驗所得，著為「圖書館圖書購求法」一書，對於採購事務行政之組織，圖書經費預算與使用，選擇圖書之要點，中外書店之動態，訂購與登記之手續，文件與賬目之整理，贈送與交換等等，均詳為述敘，附以應用表格樣張。書末並附中外書店舉要，俾便查考，惟外國書店舉要中僅略舉英美德法及日本之國家書目或出版總目，而對於選購歐美之期刊雜誌，各國政府出版品以及國外之舊書店等之參考書，未及備載，用特略舉補誌如下，聊備參稽焉。

（一）主要西文雜誌期刊總目：

1. Newspaper press directory. 1936.
2. Willing's press guide. 1935.
3. Ayer's Directory of newspaper and periodicals. 1936.
4. Sperlings Zeitschriften und Zeitungs Adressbuch. 1935.
5. Annuaire de la presse 1935

（二）國外政府出版品總目錄

Gregeory, W. ed: List of the serial publications of foreign governments. 1815-1931.

[illegible]

（三）世界各國古舊書店名錄

Internationales Adressbuch der Antiquare. 1935.

（鈐）

[illegible]

量，則漢之壁中經，晉之汲冢古簡，皆遠不能及。王國維氏稱敦煌古本與殷契，漢晉簡牘，明清檔案，為近世新出之四大重要史料，誠知言也。顧其重要者，皆流入英法，幾近東西學者轉或影印行世，而世人視之已同拱璧。然一鱗一爪，以視寫本全部，誠不啻太倉之一粟也。

國立北平圖書館有鑒于此，特遣館員分赴英法，整理海外敦煌本古籍，赴法者為王君重民，赴英者為向君達。而王君之行，先於向君者年餘，今出其二年內考校舊文所撰題跋四十餘首，輯為一編，凡四卷。其屬於經部者，古文尚書以下十二首，史部史記集解以下十一首，子部劉子新論以下十二首，集部楚辭音以下六首，附英倫所藏敦煌經卷訪問記一首，又聞一多氏跋楚辭音一首：都凡四十三首，曾陸續在本刊發表。今裒集成一冊，為第一輯，想以後尚有第二第三以下之輯相繼問世也。

＋　＋　＋

古本道德經校刊

何士驥編　北平研究院史學研究會考古專報第一卷第二號　民國二十五年九月出版

定價六元

老子一書，義蘊深遠，宣趣微妙，雖寥寥五千言，而古今來解說之者，已無慮數百家；其書言道德，道者世道，德者德性，故魏晉以來謂之道德經，漢人引之，僅稱老子也。吾嘗謂老子之學，以退為進，以守為攻，以與為取，非如後世之煉丹化汞，假老子之名而行教派之實也。其書不必究本體，故亦非純粹之哲學書，大抵為儒家思想之反動，對於現實社會，否定其所有之制度，然却肯定其社會之存在，故貌似消極的而其實為積極的。此讀老子者，所宜理解者也。

其書古來流傳甚廣，傳寫鏤板而外，復有石刻，與儒佛之石經等量齊觀，其間各本各刻之異同頗多，因而訓詁家或莫衷一是。此老子之注本所以聞於儒家之經解也。北平研究院考古組何士驥君民國二十四年於陝西寶鷄縣東南五十餘里之磻溪宮發現元大德三年之道德經幢，遂因而彙聚河北易縣，邢台，北平白雲觀，江蘇焦山，浙江杭州，甘肅慶陽，陝西盩厔各地同類之石刻，並北平圖書館所藏之寫本刻本，凡十九種，合而校錄一過，以成此書。所惜未得據唐寫本卷子及近時日本影印古寫卷子本，再為之參互勘校，然即此所輯，已非淺鮮矣。（鈐）